吴容甫 点校
中华书局编辑部 修订

王闿运日记

第一册

中国近代人物日记丛书

中华书局

图书在版编目(CIP)数据

王闿运日记/吴容甫点校;中华书局编辑部修订. —北京:中华书局,2022.5 (2024.5 重印)
(中国近代人物日记丛书)
ISBN 978-7-101-15702-4

Ⅰ.王… Ⅱ.①吴…②中… Ⅲ.王闿运(1833~1916)-日记
Ⅳ.K825.6

中国版本图书馆 CIP 数据核字(2022)第 061270 号

书　　名　王闿运日记(全六册)
点 校 者　吴容甫
修 订 者　中华书局编辑部
丛 书 名　中国近代人物日记丛书
责任编辑　吴冰清
封面设计　刘　丽
责任印制　管　斌
出版发行　中华书局
　　　　　(北京市丰台区太平桥西里 38 号　100073)
　　　　　http://www.zhbc.com.cn
　　　　　E-mail:zhbc@zhbc.com.cn
印　　刷　北京新华印刷有限公司
版　　次　2022 年 5 月第 1 版
　　　　　2024 年 5 月第 2 次印刷
规　　格　开本/850×1168 毫米　1/32
　　　　　印张 93⅛　插页 14　字数 2500 千字
印　　数　2001-2600 册
国际书号　ISBN 978-7-101-15702-4
定　　价　420.00 元

《王湘绮先生像》，载《湘绮府君年谱》

1910年瞿鸿禨第内超览楼前合影

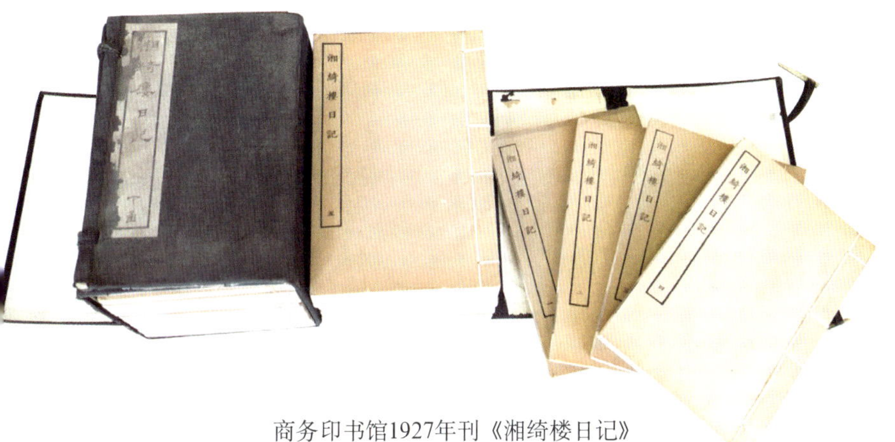

商务印书馆1927年刊《湘绮楼日记》

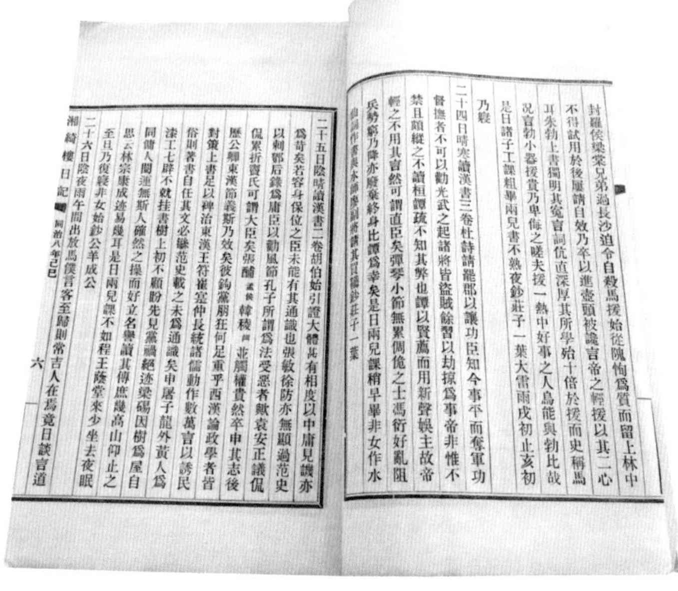

封羅侯梁棠兄弟過長沙迫令自殺馬援始從隗恂爲質而留上林中
不得試用於後屢請自效乃卒以進壺頭被讒言帝之輕援以其二心
耳朱勃上書獨明其冤言詞伉直深厚其所學殆十倍於援而史稱馬
況言勃小器援貴乃卑侮之嗟夫援一熱中好事之人烏能與勃比哉
是日諸子工課粗畢兩兒書不熟夜鈔莊子一葉大雷雨戌初止亥初
乃寢
二十四日晴寒讀漢書三卷杜詩請罷郡以讓功臣知今事平而奪軍功
督撫者不可以勸光武之起諸將皆盜賊餘習以劫掠爲事帝非惟不
禁且頗縱之不讀桓譚疏不知其弊也譚以賢薦而用新聲娛主故帝
輕之不用其言然可謂直臣矣彈琴小節無累倜俛之士馮衍好亂阻
兵勢窮乃降亦廢棄終身比譚爲幸矣是日兩兒課稍早畢非女作水
仙詞作書與木師廖嗣將請其買福鈔莊子一葉

二十五日陰晴讀漢書二卷胡伯始引證大體甚有相度以中庸見譏亦
爲苛矣若容身保位之臣未能有其通識也張敏徐防亦無顯過范史
以剌鄧后錄爲庸臣以勸風節孔子所謂爲法受惡者歟袁安正議侃
侃累折竇氏可謂大臣矣張酺韓稜並觸權貴然卒申其志後
歷公卿東漢節義斯乃效矣彼鉤黨朋狂何足重乎西漢論政學者皆
對策上書足以裨治東漢王符崔寔仲長統諸儒動作數萬言以誘民
俗則著書自任其文必縱范史載之未爲通識矣申屠子龍外黃人爲
漆工七辟不就挂書樹上初不顧盼先見黨禍絕迹梁碭因樹爲屋自
同傭人閻運無斯人確然之操而好立名譽讀其傳庶幾高山仰止之
思云林宗康成迹易幾耳是日兩兒課不如程王蔭堂來少坐去夜眠
至旦乃復寢非女始鈔公羊成公
二十六日陰夜雨午間出放馬僕言客至歸則常吉人在焉竟日談言道

湘綺樓日記 同治八年己巳 六

同治八年正月二十四五日日记

《中国近代人物日记丛书》出版说明

编辑出版《中国近代人物日记丛书》，旨在为学术界提供完备、可靠的基本资料。

日记体裁的特殊性，使其具有其他种类文献所不具备的史料价值。日记中的资料，有的为通行文献所不载，有的可与通行文献相互印证、补充，有的可以订正通行文献中的讹误。中国近代许多著名的历史人物都留有非常丰富的日记，较为著名的有晚清四大日记翁同龢《翁文恭公日记》、李慈铭《越缦堂日记》、王闿运《湘绮楼日记》、叶昌炽《缘督庐日记》等，都是具有较高史料价值、经常被学者征引的重要文献。

然而许多日记文献藏于图书馆、博物馆、研究机构或个人手中，学者访求不便。为此，系统发掘整理这类文献，是一项很有意义的工作。中华书局于二十世纪七十年代开始策划《中国近代人物日记丛书》，出版了多个品种，受到学术界的重视与好评，《翁同龢日记》、《郑孝胥日记》等至今仍是引用率较高的近代日记整理本。

新世纪以来，我们继承这一传统，加大近代人物日记的出版力度，试图通过进一步完善整理体例、新编更便利使用的索引、搜集更完备的附录资料等方式，使这套丛书发挥更大的作用，继续为学术研究贡献力量。

编好这套丛书，一定会遇到不少困难，但我们相信，在学术界、文博界和公私收藏机构与个人的大力支持下，这套有着悠久历史的基本文献丛书将会有更多更完备、精良的品种问世并传世。

中华书局编辑部

总　目

第一册

第二册

第三册

第四册

第五册

第六册

目　录

前　言

王闿运（1832—1916），湖南湘潭人，清末民初著名学者、教育家。字壬秋，又字壬父，号湘绮。据《清史稿》载："幼好学，质鲁，日诵不能及百言。发奋自责，勉强而行之。昕所习者，不成诵不食；夕所诵者，不得解不寝。于是年十有五明训诂。" 17 岁应童子试。19 岁应县试，拔置第一，与武冈邓辅纶、邓绎，长沙李寿蓉，攸县龙汝霖结兰陵词社，号称"湘中五子"。咸丰七年（1857）乡试中举。次年赴京参加会试落第，但其才华为户部尚书肃顺赏识，待之以上宾。咸同年间，入曾国藩幕府，胡林翼、彭玉麟等皆加以礼敬。但王闿运自负其才，所如多不合乃退息。同治十年（1871），王闿运再于北京参加会试落第，自此无复经世之志，转而潜心著述与教育，前后长达四十余年。先后主持成都尊经书院，主讲长沙思闲讲舍、衡州船山书院、南昌高等学堂等。宣统元年（1909）年由湖南巡抚岑春蓂举荐翰林院检讨，后晋侍讲。民国三年（1914）由北京政府任命为国史馆馆长，主持编修清史，兼任参议院参政。民国五年（1916）去世。王闿运经学治《诗》《礼》《春秋》，宗法《公羊》。诗文在形式上主要宗法汉魏六朝，为晚清拟古派所推崇。所著除经子笺注外，有《湘军志》《湘绮楼日记》《湘绮楼诗集文集》等。并编有《八代诗选》。门人辑其著作为《湘绮楼全书》。

王闿运日记，二百五十余万字，内容丰富，清末民初的重大历史事件和社会生活，王氏友朋往来、治学和教育活动、诗文创作，等等，皆有详细记载。日记始自同治八年(1869),止于民国五年(1916),时间跨度长达47年。这段时间,正是清王朝经历同治中兴走向覆灭和民国兴起的重要阶段,也是中国近代社会剧烈变动的重要时期。当时许多重要的历史事件,如洋务运动、派遣驻外公使、中法战争、反洋教运动、中日甲午战争、维新派与守旧派的斗争、义和团运动和八国联军侵华、学制变革、立宪派与旧士绅的分化、辛亥革命、南北议和、袁世凯筹备洪宪帝制与护国战争,等等,在日记中都记录。作为中国近代历史的亲历者,王闿运在日记中记录了与许多人物的交往,其中就有中枢和各省的高级官员,以及驻外公使,如曾国藩、左宗棠、李鸿章、彭玉麟、丁宝桢、曾国荃、张之洞、刘坤一、瞿鸿禨、陈夔龙、赵尔丰、端方、袁世凯、曾纪泽、郭嵩焘,有维新派、立宪派和革命党人,如陈宝箴、陈三立、梁启超、杨锐、刘光弟、谭延闿、宋教仁,也有学者和士绅,如文廷式、王先谦、叶德辉、孔宪教,甚至还有日本驻华领事和僧人、外国传教士等。交往之广,实属少见。透过友朋间的日常交际、诗词唱和、书信往还,王闿运不羁自负的个性展现得淋漓尽致,他对人物和事件的评价、态度、心情,也于经意与不经意之间流露。治学和教育活动几乎是王闿运的日常。正如商务印书馆版本的刊后记写道:"先生刻苦励学,寒暑无间,经史百家,靡不诵习,笺注抄校,日有定课,遇有心得,随笔记述,阐明奥义,中多前贤未发之覆。讲学湘、蜀,得士称盛。自课子女,并能通经,传其家学。其学而不厌、诲人不倦之勤劬,日记中皆纤悉靡遗。"他如绅民百态、社会风俗、灾异物价等,于日记中亦屡屡可见。这部日记,是研究王闿运其人和清末民初政治、人物、社会的重要史料。

王闿运日记遗稿原由湘乡彭次英收藏,于民国十六年(1927)交商务印书馆首次刊行。由于当时手稿就已有散佚,刊本日记中不乏缺佚之处,时间较长的如同治十二年(1873)七月十三日至光绪元年(1875)六月初五日,光绪十年(1884)七月二十七日至光绪十三年(1887)四月底,光绪二十二年(1896)十月底至光绪二十四年(1898)二月底。其他部分空缺,或数月,或数日。且手民误植者亦不少见。为此,马积高等先生访得光绪十四年(1888)五月底至同年十二月底的日记佚稿补入,由吴容甫先生校点,并根据当时所能查考的材料,作了注释,以保存相关资料,供读者参考。该整理本最终于1997年出版繁体竖排的《湘绮楼日记》。本次整理出版,将之纳入"中国近代人物日记丛书",并按丛书统一体例,更名《王闿运日记》,改为简体横排,订正讹误、脱漏部分,对原注进行了一些订正和增补,删去一些语词性的注释。日记正文中原底本有错讹的地方,在〔 〕内改正,增补脱字用〈 〉,衍文用[ ],底本缺损的字用□代替。文字方面,余、馀,仇、雠等,用法如底本,太、大,属、嘱,辨、辩,灯、镫,愒、憩,途、涂等,本意相通,或现代仍然并行且无歧义者,以及人名用字,一般不做改动,保留原貌。日记中一些表述,因作者身份、时代的影响,难免带有局限性,如将辛亥革命时期的革命党、革命军称为"贼""盗"等,出于提供原始文献之目的,不作改动,请读者明察。

中华书局编辑部

2022年2月

同治八年(1869)己巳

正　月

初四日　大雨

读《汉书》一卷。得张东墅先生书,言《清泉志》列女事;程商霖茂才书,言刻《桂阳志》事,均二十五日发。天雨,向暮无聊,假寐,遂至戌正起,旋就寝。

初五日　晴

午后,渡蒸水,至对屋王宅,旋归,与儿女摊钱,至亥罢。

览《汉书》三卷,未点。班氏以充与蒯通同传,贬通大过。江充自请使匈奴而以黠横败,余请使英吉利得无过乎?

初六日　早晴,日昃微雨

早饭与十子论《论语》,圣人所无可如何者有四:一、饱食终日;二、群居终日;三、不曰如之何;四、法语不从,巽语不绎。因及周公迁殷顽民。此数者,皆无显过可摘,然圣人无如何,足以困圣人者,此类人也。易笏山每作日记,辄记过自责,日日有过,日日自责,亦近顽矣。览《汉书》二本,未点,心颇惮劳也。论周仁溺裤事,颇合训义。夜至戌寝。溺裤,今圆裆裤也,古裤开裆。

初七日　寒雨

读《贾谊传》。谊,王佐之才也,直以庸臣见谗,用其言而弃其身。班氏以谊未为不遇，发愤之词耳，至以五饵之术为疏，谬矣。又谊陈政事在见谗之后，而今世论者讥其躁进，尤为巨谬也。是日点《汉书》半卷。剃发。

初八日　雨水。晴寒

点《汉书》半卷。梁孝王欲得容车之道，自梁属长乐宫，以朝太后，此英吉利火轮车道始见于史传者也。

午间常仪庵来，因肩舆出，拜常文节墓。归，留仪庵及其弟晴生、从子汉桃午饭。观衡阳诸生揭告程春甫擅主志事，其词颇条鬯，萧圜桥笔也。申刻仪庵去。戌正寝。

初九日　晴，暮雨

点《汉书》半卷。论董仲舒不及贾生，其三对汗漫而无实，徒儒而已。午至石门，观上水船上濑，触破一船。晚归放马，遇雨，几湿衣。至亥寝。

初十日　雨

点《汉书》两卷。论戾太子真叛逆，昌邑王非大无道，赵充国屯田乃夺羌人业，及诸葛、邓艾皆屯敌人田，平世无屯法。又考证训义数处。甲夜，常元卿来，送其《家集》二卷，留宿东斋，至亥罢，寝。

十一日　阴

晨至常氏茔，观李子葬处，还。书与仪安，告之，使往诘问盗葬之故。

点《汉书》一卷。魏相表阴阳月令，言高帝述书，议天子春夏秋冬所服。孝文帝时，以二月施恩惠于天下，赐孝弟力田，及罢军卒、祠死事者，颇非时节。朝错[1]奏言其状，愿选明经通知阴阳者四人，

① 即晁错。

各主一时,以和阴阳。李寻奏哀帝,言朝廷忽于时月之令,诸侍中、尚书、近臣宜皆令通知月令之意,设群下请事,若陛下出令,有谬于时者,当知争之,以顺时气。此汉人月令之政未废之验也。王莽春夏斩人,而论者知其将亡。《鲁恭传》亦详载恭疏,以盛夏断狱为非。行所当行,亶不顺时,犹足致灾;况今世以来,月令久废,政事随心,日食频数,不亦宜乎?魏、丙贤相,魏主安静,丙持宽大,丙似胜也。《考工》戈矛为卢[①]事,汉少府有若卢令,汉旧仪以为主治库兵,即此卢也。

晚观非女作词,至子寝。

十二日　阴晴

点《汉书》一卷。《王尊传》:"翦张禁,酒赵放。"晋灼云:"作翦、作酒之家。"《食货传》又云:"箭张湖三老公乘兴讼尊,以为长安大猾。"[②]贡禹有田百三十亩,而云无万钱之产。匡衡取谷千馀石,廷尉奏直十金以上。一金万钱,千钱十石,百钱一石,其大数也。然衡多取田四百顷,而止收谷千馀石,则一顷不过数十石,租赋轻矣。班氏书少所刺讥,而独《张禹传》微文可寻,至谓其少好立卜相旁。为相,闻天子疾,辄露蓍筮其吉凶云云。禹之鄙陋如见。顷者,胡文忠用邢星槎、周笠西、文咏吾,世或讥为皆卖卜测字之人,如禹者其流耶?

夜掷骰,至亥寝。

十三日　大晴

出游山中,还,点《汉书》一卷。二十二本。《朱博传》复有阙字未补。杜邺,张敞外孙,从舅吉学,得其书。吉子竦,邺外弟也,又从邺

---

① 《考工记·庐人》作"庐"。

② 查《汉书》卷七十六《王尊传》:"尊坐免,吏民多称惜之。湖三老公乘兴等上书讼尊,治京兆功效日著。"无"箭张"字。颜师古注:"湖,县名。"

学。郰子林亦有雅材。杨季官庐江太守，至雄五世，而传一子，故无他杨于蜀。雄死而无子，蜀杨氏绝矣。后人以草书“杨”作“扬”，遂以为非杨姓。又改《左氏传》“灵杨韩魏”之字作“扬”，以其独一家也。晋灼注《汉书》引张衡云“雄为杨食我之后”，反以雄自叙范中行氏逼杨侯为误，因谓其谱谍疏谬。后世儒者与人子孙争言其父祖之事，反云其子孙不知，而为驳正焉，往往如此，不足听也。雄之为文，艰深屈奇自喜耳，犹在王褒之下，而世以好奇，竟久得名，至今传之，朱熹尚以为儒宗而攻击焉，何作伪之易雠也！

日侧，与妻共和匀药泥。昏时假寐，至三鼓时起。大月。濯足。

十四日 雨

点《汉书》一卷。黄霸入钱赏官，后免，复入谷补吏，此捐班捐复之祖也；然称循吏，为宰相，捐班中大有人。《货殖传》：岁万息二千，二分利。自秦始，户租二百。一亩收一钟，六斛四斗，今亩收毛谷五石。明矣，古量一〔十〕斗为斛，今一石也，汉亩大于今亩之验。百二十，钱也，今丰年谷或二百许，钱亦相近矣。荅布千石，今搭连布也。淡干鱼为鲰。许员外孙有郭解。

午后，乡人傩，镫来，三十馀人，迎布龙，留饭而去。剃发。

十五日 阴

感寒，至午后起。乡人傩，凡三辈来。其一辈侏儒獶杂，未令入门。晚祠群神。至子丑时，月出。其夜壮热。

十六日 阴

疾倦，至申方起，一食犹二碗。点《汉书》半卷。《匈奴传》论和、战二端，既谓夷狄兽心，不可以理义法度论，而又欲使曲在彼，譬如与犬、羊斗而使犬、羊负曲名，欲其不我抵噬，不可得也。郭筠仙最好班氏此论，以为得制夷之要，谬矣。严本姓庄。尤谄事王莽，何知大计,谬言三策,弃内役外,今犹踵之。自汉以来,争以治夷为患,何其暗治体耶!

戌刻,啖包子三枚。月出复眠。

十七日　　晴

点《汉书》一卷。王章上书攻王凤,而欲立定陶王,逢帝一时,终犯其忌,其死非不幸。赵合德自杀不对状,后乃诬成其杀子,非信史也。王船山以耿育所奏为非,谬矣。船山论史,徒欲好人所恶,恶人所好,自诡特识,而蔽于宋、元、明来鄙陋之学,以为中庸圣道,适足为时文中巨手,而非著述之才矣。

夜亥归寝。

十八日　　晴

点《汉书》二卷,凡廿六卷皆点毕。王莽捕翟义党王孙庆,使太医、尚方与巧屠共刳剥之,量度五脏,以竹筳导其脉,知所始终,云可以治病。此英吉利剖视人之法所始见于史传者也。

午间,常耕臣来,留东斋。

十九日　　阴

陪耕臣出游,至夏家弯,见王荫堂茂才,葆澄之父也,留酒。出至塘弯,见贺赤轩茂才及其弟,留酒。顷之,赤轩父金滩归,留饭。暮归,至亥寝。

《王莽传》事,怪谲至多,尤奇者,地皇元年闰月丙辰诏书赦天下,并除民丧服。是岁,莽妻丧,天下大服,除之,因除民父母丧服,古今赦令所无也。

二十日　　阴

《王莽传》:严尤、陈茂败昆阳下,书〔走〕至沛郡谯,自称汉将。闻故汉钟武侯刘望聚聚〔众〕汝南,称尊号,地皇四年、更始元年八月。

尤、茂降之，十馀日败。十月，更始奋威大将军刘信击杀望于汝南。

是日蒸暖，至夜微雨，旋止。至戌寝。功儿读《士丧》毕。

二十一日 阴

晓雨。午晴。耕岑去。读《后汉书》二卷。班固为汉报使匈奴，至私渠海，未入其国。宜有文采赋咏，而今无闻焉。殇帝以十二月立，方生百馀日，明年八月崩，计正满岁，而史云二岁，则古不作周晬也。邓后策命安帝，初称侯，末乃称皇帝，册帝文始见于此，可以为式。湖南僻远，而东汉官位最盛，临湘祝良字邵卿，刘寿字伯良，当顺帝时同时达官。良以选为九真大守，史为数语记其事。寿由光禄勋为司徒，五年乃罢，《长沙耆旧传》："寿尝乘通幰车。"见《隋书·礼仪志》引。遂无闻焉。灵帝初，长沙刘嚣为司空，嚣字重宁，盖寿子姓，在位年馀罢。《前书》令昭后受经，后邓后临朝，亦诏刘珍等五十馀人校传记奏御。身从曹大家受经书。邓后作伪以终其身，而窃贤名，范史传之，有微旨矣。

是日两儿倍书三篇，计十子钞书五日，得十五叶，比去年日少一叶也。夜又读《汉书》二卷，钞《庄子》一叶。

二十二日 雨寒

读《汉书》二卷。隗嚣儒生负贵，欲倾扰于兵间，然名望久著，汉终不能禽也。子〔王〕元请丸泥封关，而降为县令，迁国相，坐死，何昔今之殊势乎！世祖亦儒生标置，一失于邯郸杜威，再失于彭宠，又谲谢躬而乘其败，故石勒轻之。开国御雄，宜有大略。寇荣亡命上书，其词切直，佳文也。桓帝庸主，何能相容？

是日，十子钞书四叶。次女桂窊入学，仞字二十三。孝兴读《礼记》六十字，钞《庄子》一叶。吉来读《礼经·乡射》不熟，遂至一日夜。庆来《地官》亦生。非读《长门赋》二百字。至戌寝。

二十三日　惊蛰。申雨雷

读《汉书》二卷。岑彭、吴汉攻荆门,留夷陵,装露桡船,盖今三板船也。清野之说,始于陈俊。俊攻五校贼于渔阳,将轻骑出贼前,掠民放散在野者。民乃坚守,贼无所得,此身自为贼耳。宝〔窦〕宪弟瑰徙封罗侯,梁棠兄弟过长沙,迫令自杀。马援始从隗恂为质而留上林中,不得试用,于后屡请自效,乃卒以进壶头被谗言,帝之轻援,以其二心耳。朱勃上书,独明其冤,言词伉直深厚,其所学殆十倍于援,而史称马况言勃小器。援贵,乃卑侮之。嗟夫! 援一热中好事之人,乌能与勃比哉!

是日诸子工课粗毕,两儿书不熟。夜钞《庄子》一叶。大雷雨。戌初止。亥初乃寝。

二十四日　晴寒

读《汉书》三卷。杜诗请罢郡以让功臣,知今事平而夺军功督抚者,不可以劝。光武之起,诸将皆盗贼馀习,以劫掠为事,帝非惟不禁,且颇纵之,不读桓谭疏,不知其弊也。谭以贤荐,而用新声娱主,故帝轻之,不用其言,然可谓直臣矣。弹琴小节,无累倜诡之士。冯衍好乱阻兵,势穷乃降,亦废弃终身,比谭为幸矣。

是日两儿课稍早毕。非女作《水仙词》。作书与水师廖副将,请其买鞴。钞《庄子》一叶。

二十五日　阴晴

读《汉书》二卷。胡伯始引证大体,甚有相度,以中庸见讥,亦为苛矣。若容身保位之臣,未能有其通识也。张敏、徐防亦无显过,范史以刺邓后,录为庸臣,以劝风节,孔子所谓为法受恶者欤? 袁安正议侃侃,累折窦氏,可谓大臣矣。张酺孟侯、韩棱〈伯〉师并触权贵,然卒申其志,后历公卿。东汉节义,斯乃效矣。彼钩党朋狂,何足重乎？西汉论政，学者皆对策上书，足以裨治。东汉王符、崔寔、仲长统诸儒，动作数万言，以诱民俗，则著书自任，其文必繁，范史载之，未为通识矣。申屠子龙，外黄人，为漆工，七辟不就，挂书树上，初不顾盼，先见党祸，绝迹梁、砀，因树为屋，自同佣人。闿运无斯人确然之操，而好立名誉，读其传，庶几高山仰止之思云。林宗、康成迹易几耳。

是日两儿课不如程。王荫堂来，少坐去。夜眠至旦，乃复寝。非女始钞《公羊·成公》。

二十六日 阴，夜雨

午间出放马，仆言客至，归则常吉人在焉。竟日谈，言道光中监司之贵，州县倾动，所以召乱也。然州县今轻大吏，亦非治征。晚与吉人谈，忽发寒噤，归寝，顷之愈。诸儿罢学一日。

二十七日 阴

午初，吉人去。读《汉书》四卷。马融以饥寒附邓氏得官，仍申伉直，及忤邓忤梁，再废几死，然后改节，以终富贵，女乐纱帐，年至耄期，天之劝恶沮善如此邪！左伯豪限年以举孝廉，至陋之议也。然陈蕃、李膺、陈球均以此选。永熹蒙法，察选清平。又奏十二岁通经者谢廉、赵建为童子郎，而博士向学。观雄之举措，分学与政为二，以收一时之效耳。然限年举人，不足以示天下，又用巧辞以诘徐淑，雄为失议矣。陈寔称贤久矣，观其受污杀人，而托召杨吏，人姓名。外署阉党，而事君以谄，独吊张让，身为媚首，矫性欺人，诚无取焉。圣人恶乡原，诛闻人，其在寔乎。不然，何以致三公之屡让，三万人之赴吊耶？李固治郡，颇闻方略，前后所陈，亦见政体，然立帝遇弑，不能推问，便可知难而止，何颜复为三公，与梁氏竖子同皂乎。身死家破，贤女所为叹太公也。郭亮汝南。童子，夏门亭长，诚贤士乎。

吴季英、史公谦不畏强御,季英遂终寿考,九十八。弼乃受诬以免,祐为优矣。"凉州三明",皇甫求试辄效,其亦遇时成其功名耳。陈蕃、王允同传,范氏之见也。杨政劫见马武,足快贫生之意,然列于《儒林》,不亦忝乎。

昏,登后园,凄然有怀。诸儿课粗毕。至戌寝。夜雨。

二十八日　阴晴

得仪安及叶丽山书。阅《汉书》三卷,皆方技、四夷,略载其迹,不及《前书》精密。范论方技,有誉词。又言西域当奉佛,则习气所为也。钞《庄子》一叶。

《后汉书·郡国志》:零陵郡,重安侯国,故钟武。永建三年,更名烝阳侯国,故属长沙。长沙郡,雒阳南三千八百里。"三"当作"二",以江夏郡在洛南千五百里,长沙去江夏九百一十里,得二千四百里耳。或以湖险加之,或计长沙边酃、茶陵等地耶?或者八百里"八"字亦误,当作"五"也。长沙郡酃,《湘东记》曰:"县西南母山,周回四百里。"《荆州记》曰:"酃湖周回三里,取湖水为酒,酒极甘美。"是夜,翻《后汉书》四卷。

二十九日　雨

钞《庄子》一叶,改钞一叶,第五篇注成。阅《三国志·魏本纪》二本。武王奉帝许昌,而己都邺,盖袭桓、文之迹耳。不朝会而执国权,无所不可,惟以杀伏后为谬。以孟德之明智,乃快意于妇人,以恣其恶,而犯天下后世之讥,亦何心哉!荀彧谏其受九锡,正为此也。大势已成,雄心自骄,宜其受赵宋以后数百年之辱诋矣。朱晦翁者,殆荀文若之转世邪?子桓雅人,受禅而愧见旧主,设坛而自匿,封后以笃终,死谥生事,绰乎有礼,篡臣之仅见也。直以不幸遇赵宋学究,乃父子蒙恶如此,人言亦可畏,至今儒生羞称焉。

晚坐观船山杂说及其所作北曲，书谢小娥事，凄怆悲怀，独至子正乃寝。是日剃发。

三十日　　雨

读《三国志》一卷。田豫克敌，而程喜诬以放散珠金，以明帝爱珠故也。江宁之克，朝廷未求金帛，而曾氏上言一无所有，岂藏珠而有愧心乎？是立言之谬也。牵招继豫。田豫守西边，亦有时名。曹纬〔伟〕以白衣登江上，与书孙权，以通京师，魏文诛之。伟之求赂可谓异矣。王昶，坦之高祖也，晋阳人，浑之父，后为名族。昶字文舒，论考课以为当责达官，比京氏远矣。彦云甥舅并典兵淮南。钟士季母张昌蒲，以妾擅宠，至出其嫡，死为命妇，亦侈矣，然其才德盖有可称。士季以密谋帷幄，一出而灭蜀，遂骄矜狂愚，亦可怪也。观其起事而尽坑诸将，宁有济乎？姜维从之，邓士载谓为"雄儿"，亦有愧矣。

夜雷。非女读《士丧》毕。

二　月

初一日　　癸卯。阴，未后晴

点《魏》、《蜀志》各一卷。观陈氏叙次，诚非佳史，而后颇推之，以其所采词采犹近古耳。史才不易，亦何容滥予人名，若以鄙人秉笔为之，当不在范、班之下，因慨叹久之。又作《大宗师序》一篇。

夜与梦缇坐，至亥乃寝。

初二日　　早雾，辰刻大晴

点《吴志》半卷。衡阳之名始于吴孙亮，太平二年即位六年，三改元。春二月，以长沙西部为衡阳郡，东部为湘东郡。孙皓天玺元年，立十五年,二改元。湘东太守张咏不出算缗,就斩之,徇首诸郡。夜点《吴志》一卷。

食包子二枚,至亥寝。十子钞修书毕。

初三日　大雨,雷

点《吴志》一卷。《凌统传》:“见本县长吏,怀三版,恭敬尽礼。”则今见尊长用三帖,自汉始矣。作重安长。舒燮传,吴诸将以领兵为世禄[1],领兵之致富也久矣。伪《古文尚书》起于东晋,而陈寿《蜀志·先主上》言:“用恶直丑正,实繁有徒。”《吴志》骆统上疏引“众非后无能胥以宁;后非众无以辟四方”。又陆抗疏引“与其杀不辜,宁失不经”。知当时儒生潜用王肃伪文窜易吴臣章疏,以求雠其技也。本朝诸儒未见论及此者,当以问诸老生。夜观《律历志》,仍不能解,方将从师学之。钞《庄子》一叶。功儿课不如程。

初四日　雷,大雨

点《吴志》一卷。《三国志》毕点。《诸葛恪别传》:“母之于女,穿耳附珠,何伤于仁。”《魏都赋》“镰耳之杰”注引《山海经》曰:“青要之山,神武罗司之,穿耳以镰。”郭璞曰:“镰,金银之器。”盖外夷始穿耳,而《山海经》所见神已穿耳也。《庄子》曰:“为天子之诸御,不穿耳。”又《陆允传》,华覈称允“内无粉黛附珠之妾”。则周末犹以穿耳为耻,汉末乃以穿耳为美矣。初二日,窅女穿耳,云“龙抬头日宜穿耳”,因为考之。

桓彝,桓阶之弟。孙綝废其主亮,彝为尚书,不肯署名,琳怒杀之。阶祖父超,历典州郡;父胜,复入为尚书,著名南方。阶四子皆关内侯。长子祐早卒。弟嘉嗣,尚公主,封高乡亭侯;子翊。阶弟

① 《三国志·吴书》无“舒燮传”,事见《孙邻传》。

篡,散骑侍郎。阶孙陵,字元徽,有名于晋,至荥阳太守。吕蒙争南三郡,过鄙,载南阳邓元之。元之,零陵太守郝普之旧也。蒙言破樊本屯救鄙,逆为孙规所破。破樊盖蜀将督之号。

是夜,欲钞《庄子》,未成,即寝。

初五日 阴雨

钞《庄子》一叶。检《王船山遗书》,校其目录,舛误者数处。沅浦请诸名人校书,而开卷缪误,故知著述非名士之事也。船山学在毛西河伯仲之间,尚不及阎伯诗、顾亭林也,于湖南得为风气之先耳。明学至陋,故至兵起,八股废,而后学人稍出。至康、乾时,经学大盛,人人通博,而其所得者或未能沈至也。至今,道将明矣,然天下不向学滋甚,恐未能如明季,可不勉哉!

夫道不可谈,谈道自战国始,至五代极乱,而宋儒失师傅,乃始推《佛经》,中六朝文士之戏言,以求于周、孔,以为圣人之道不可浅近,故赵宋、元、明诸人狂骛焉。至国朝而始厌之,乃求汉人训诂,而犹未悟道学之非道也。余寻佛、老之言,见《僧祇律》,而后知佛经之所言微妙不可思议之法皆非其本;因而求之《庄子内篇》,而后知佛经之枝流乃《庄子》之波及;又求诸《庄子》之本,而后始知道之不可谈,谈则必非道也。于是始悟宋儒之所以深求圣人者,误于佛经;佛经之所以虚无者,误于不善读《庄子》。故作《庄子七篇解》,以明圣人不言性与天道之意,而千古儒、墨之是非定矣。嗟夫!人苦不思耳,思之则诸疑早释,不待智者。而宋人之蔽塞聪明,自陷异端,独何为哉?师法废,而以训诂为浅近;实功废,而以虚无相崇高,与战国之簧鼓等弊也。然而天下之治乱,初不以此等辈千百儒生而有所异同者,则道本非谈所能明,亦非谈所能晦也。而孟子乃曰能距杨、墨,圣人之徒盖亦非孔子之意矣。

初六日　　社日。阴

重阅《晋书·帝纪》两卷,作五赞。晋武以荒淫而延祚元帝,宽大之报也。衡阳内史滕育死寇难。简文帝咸安元帝〔年〕,放新蔡王晃于衡阳,十一月丙辰。初荐酃县渌酒于太庙。十二月辛卯。"宣夜"之书记自汉,秘书郎郗萌云,先师相传,"天了无质。日月众星,自然浮生虚空之中,其行其止,皆须气焉。七曜无所根系,故伏见顺逆无常也"。此今日西法自谓秘妙确测者,不知其为"宣夜"也。虞喜作《安天论》,谬附"宣夜",而以为天确乎在上,地魄焉在下,葛洪又以无天讥之。虞既不通"宣夜",洪又不知本无天,皆谬矣。

钞《庄子》一叶。食包子三枚。寝。著书,研为丰所破。

初七日　　晴阴

阅《晋志》二卷。出游,携孝兴、三女、两儿泛舟,归有诗。衡阳郡统县九,户二万一千。重安、烝阳。湘东郡县七,户一万九千五百。酃、临蒸。四县皆衡、清地也。钞《庄子》一叶,又补初四日一叶。

初八日　　春分中。阴晴

出游,携窅、苓两女,丰儿。窅不能行,呼六云迎之归,梦缇不喜也。阅《晋志》三卷,《律历》不能明也。王船山讥陈卧子三月而毕《二十四史》,以为置诸志不观,宜其迅疾。虽然,不明占候推步,则观之三年亦犹一览耳。诚早通之,何不可一日而了?故知船山语似精而粗。

昨多写《庄子》一叶。今午倦,小眠,醒,读书毕,已暮。酉正寝。

初九日　　阴雨,寒

钞《庄子》二叶,读《晋志》二卷。魏明制天子服,刺绣文;公卿服,织成文。织成,今刻丝也。今刻丝贵于刺绣。又过江冕珠无美玉，顾和奏用白璇珠，盖今烧料。前冕饰有翡翠、珊瑚、杂珠，则因魏明。妇人之饰，可怪甚矣。“五百”者，卿行本应五百人从，以数人代之，名曰“五百”耳。

是日剃发。夜大雷雨，甚寒。亥正寝。

初十日 寒，阴

白桃花落一朵，仅存五朵矣。钞《庄子》二叶。

晋后羊氏五废而配二主，曜胜于惠，不虚也。褚蒜子经六帝，四临朝，年六十一耳。何法倪哭太庙，羊氏何可同日语乎？孝武太后李陵容，以昆仑而召幸，由相法贵，相之可凭如此。谢安选王蕴女，而适得嗜酒骄妒之后以配孝武。王肃女配昭而有名德，后为太后。杨芷上表子妇，稽颡称妾，卒绝食而死。作《晋书》四赞，阅一卷。

十一日 雨寒

常季鸿来，闻李少荃已至鄂督任矣。鄂，中流之重镇，若得雅望镇之，从容持威，其地绝胜。钞《庄子》一叶。

阅《晋书》一卷。新蔡王司马腾以惠帝时迎驾于邺封，子确嗣，无子，以汝南王祐子邈嗣。邈子晃拜散骑侍郎，桓温废武陵王，遣其弟逼晃自列与武陵谋反，免晃为庶人，徙衡阳死。孝武帝立，晃弟崇嗣爵。衡阳太守淮陵刘翼斩湘东太守郑憺，应谯平〔王〕承[①]。李重，江夏钟武人，孙〔若〕冠为本国中正，计当晋初。《地理志》江夏无钟武，盖汉时改钟武入江夏，以钟武为重安。是夜雷电。

十二日 阴寒

阅《晋书》一卷。非问《易传》曰：《易》之兴也，其于中古乎？作《易》者其有忧患乎？文王演《易》，孔子不容不知云云者何？答曰：

---

① “郑憺”，《晋书》作“郑澹”。东晋时，王敦在武昌起兵构难，谯王司马承与刘翼等盟誓，举兵讨伐王敦。

此言《易》之用盛于中古。太古以前,民气朴质,人少忧患,无所用防变虑祸之道也。文王圣人,亲遭大变,故为民示法,作象彖之文,以德为本,然后民知险阻耳。危者使平,易者使倾,明天道自然,福谦祸盈也。《尔雅》"鸡未成曰健",《国策》"六国之不可合,犹健鸡之不可俱止于栖",喻小弱也。钞《庄子》一叶。至戌寝。

十三日　阴寒

得仪庵昆仲书。长工周敬本来。乡人来言渡船事,允捐十千。钞《庄子》一叶。梦缇以怒挞妾,妾横不服,欲反斗,余视之,不可呵止,遂不问也,然室中声震天,食顷止。阅《晋书》一卷。见新燕。

十四日　雨,阴寒

阅《晋书》一卷。吾彦领交州,重饷陆机兄弟,此送同乡官别敬之始也。马隆以三千人平凉州,此今日攻云、贵、陕、甘之所宜。诸儿课粗毕。钞《庄子》一叶。啖包子一枚。至亥寝。

十五日　阴晴,寒

阅《晋书》半卷。前所作《晋书》传赞,昨检,失之,殊怏怏也。若早知失去,必不作前赞矣。钞《庄子》一叶。吃酥饼。亥寝。六云二日未见女君,亦徐听之。午出试马。

十六日　晴

先考忌日,素食。钞《庄子》二叶。第六篇注成。庆来作赌具,与其兄受笞,十陷孝兴,以溉为漉,孝兴受笞,同学皆不直十也。至午又私出,欲挞之,以无益而止。海棠始开,夜独坐,至三鼓出看月。二鼓时有盗撬门入,及余出时,门已虚掩,余见其未扃,为扃之。及寝,盗从窗入,登余床旁椅子,开箱未得佳物,复至侧室,余是夜宿焉,乃开箱取八衣而去,遗一羊裘,未及收也。六云醒乃知之,天已明,盖十所勾引也。

十七日 大晴

早遣人询盗踪迹，仍少睡，至辰正起。作诗赠盗云："犬吠花村月正明，劳君久听读书声。貂狐不称山人服，从此蓑衣便耦耕。""囊橐曾行万里来，海波烽火不能灾。多应错认长源宅，便欲催登宰相台。""罢舞霓裳越七春，空箱间叠缕金裙。世间嫫母皆衣锦，何必西施不负薪。六云绣裙皆失去。""羊裘珍重与严光，好去持竿大泽旁。见说金环须剪发，不妨留压嫁时箱。梦缇衣饰一无所失也。"辰刻，王荫棠来。午间作书与春甫，遣在和去。未间，书与仪庵，遣敬本去。申刻，骑至查泥塘，待荫堂。入徐店，见一邓姓，言语容貌无非盗也，与之约，宜送来还我，遂纵之去。初夜归，至亥寝。

十八日 晴阴

阅《晋书》一卷。著作郎陆机上疏曰："前蒸阳令郭讷，风度简旷，器识朗拔，通济敏悟，才足干事。讷归家巷，栖迟有年。可太子洗马、舍人"云云，盖吴时令也。陶侃都督江州，领刺史，以范逵子珧为湘东太守。逵为孝廉，过侃，侃母剪发易酒肴者也。周颉子闵，方直有父风，历衡阳太守。《庄子》方送城装订，故未钞书。

十九日 晴

阅《晋书》一卷。周佣回，得仪安兄弟书。王葆臣来。徐店妇服毒死，遣十视之。此妇以异乡孤居，见其夫匪人，愤惧而死，余不能料也。一出而杀一人，其子又甫三月，可哀也已。因命徐甲善养其子，每月予以乳资。钞《穀梁》三叶。至酉寝。

二十日 大晴

阅《晋书》一卷。韩伯子珍为衡阳太守。伯字康伯，颍川长社人，母殷氏，高明有行。王敦颐〔版〕虞潭为湘东太守，以御杜弢，潭以疾辞。《王彪之传》：简文命殿中侍御史奚朗补湘东郡。彪之曰：

“湘东虽复远小,所用未有朗比,谈者谓颇兼卜术得进,未足充此选。”孔愉父恬,为吴湘东太守,有名江左。会稽山阴人。钞《穀梁》三叶。齐责楚曰“菁茅不至,周室不祭”。言楚不服,则未至太平,不能封禅。《管子》言江、淮之间,一茅三脊,以为藉足封禅之礼物也。若宗庙之中不用苞茅,又何至以无茅而不祭乎?夜啖饼二枚。

二十一日　阴晴

连日晨雾。钞《穀梁》三叶。阅《晋书》半卷。徐德茂来,与钱四百,使葬其妻,问其情,终不肯服。晚观洗马。是夜珰女免乳,寝未酣,珰遂安眠竟夜。

二十二日　阴晴

夜大雨,钞《穀梁》三叶。阅《晋书》半卷。小疾,至亥寝。食鼠耳卷。鼠耳或云水苣,余家旧采和糯,上冢时食之。

二十三日　阴雨

疾发,体小热,至午方起。邓佣归庀祭器。钞《庄子》二叶。阅《晋书》半卷。遣人求鸭不得,至申乃得之。夜斋,宿外寝。

“淑气回青甸,倾筐采绿茸。年年傍丘陇,恻恻忆儿童。晴雨新春色,流传故土风。粉粢叨荐庙,还与涧蘋同。”水艾,余家旧以清明上冢采归,和糯为卷,或相赠遗。王船山谓之鼠耳,云《诗》卷耳也。鼠耳又曰鼠茸,与水艾声相近。然古人未宜采此至弱小之草,今仍乡人名之。

二十四日　清明节

祠祭三庙,礼毕,雨。仪安昆弟来,留宿东斋,谈至丑正,寝。子夜饮胡麻浆,啖包子三枚。

二十五日　晴

巳刻,王荫棠来,留饭。午初,仪安昆弟去。还,小睡不着。贺金滩来。午未饭，出游八里。归，钞《庄子》一叶，阅《晋书》半卷。

二十六日 阴

遣丁福往楂江。捕役三人来见。得陈俊臣、程春浦书，作书复春浦，与李申夫、郭筠仙通问。钞《庄子》一叶，阅《晋书》半卷。《晋书》芜杂，在次序失位。如《外戚传》全不述外戚事，但载后母家人，何必别出。夜作书与唐义渠。

二十七日 雨

阅《晋书》半卷。午睡一时许。得仪安书云："获邓三。"即前所纵盗也。复书谢之。钞《庄子》一叶。注《庄》者，《隋·艺文志》：晋散骑常侍向秀二十卷；东晋议郎崔撰《注》十卷，梁著录，隋亡。司马彪二十一卷，隋存十六卷。郭象三十卷。李颐《集注》三十卷，隋存六卷；孟氏《注》十八卷。徐邈又《集音》一卷。李轨《庄子音》一卷。又司马彪《注音》一卷。向、郭《音》各一卷①。《讲疏》十卷。梁简文、张〈讥〉。宋李敬〔叔〕之《义疏》三卷。周弘正《内篇讲疏》八卷。戴记〔诜〕《义疏》八卷。梁旷《南华论》二十五卷，《音》三卷。王元古二十卷。李充《释论》二卷。冯廓《正义》十卷。陆德明《文句义》二十卷。杨上善《注》十卷。卢藏用《注》十二卷。道士李含光、成元英《注》三十卷，《疏》十二卷。张游朝《南华象网说》十卷。孙思邈，柳纵，尹知章，甘晖、魏包，陈庭玉并亡。元载《南华通微》、张九垓《指要》三十三篇。今《四库》惟存郭注耳。夜至亥寝。

二十八日 雨

钞《庄子》三叶，作序一篇。《内篇》注成。阅《晋书》半卷。《桓元传》：元既受九锡，殷仲堪党新野人庾仄起义兵于襄阳，江陵震动。

---

① 据《隋书·经籍志》，郭象撰《庄子音》三卷。

桓亮于罗县起兵,以讨仄为名,自号平南将军、湘州刺史。长沙相陶延寿以亮乘乱起兵,遣收之。元徙亮于衡阳,诛其同谋桓奥等。及元败,亮自号江州刺史,侵豫章,又自号镇南将军、湘州刺史。元兴中,衡阳有雌鸡化为雄,八十日而寇蕤〔冠萎〕具。元自号大楚,自篡至败,八旬也。亮与元将苻宏寇安成、庐陵,刘敬宣讨之,走入湘中。又与桓振袭破江陵,刘怀肃、唐兴破之。亮、宏复出,寇湘中,害郡守,檀祇讨宏于湘东,斩之。郭弥斩亮于益阳,诸桓皆平。惠帝,张昌作乱江、沔,遣其将陈贞、陈兰、张甫等攻湘东、长沙、零陵诸郡,树立牧守。领南帝〔蛮〕校尉刘弘遣司马陶侃等讨平之。又杜弢为醴陵令,在湘中蜀流人奉以为主,南破零陵,东侵武昌,王敦、陶侃等讨平之。

夜命丰儿钞《庄子》半叶。吃虾仁面过饱。

二十九日　雨

阅《晋书》半卷,得旧作《晋书赞》,观之不惬意。听丰儿读《相见礼》:"大夫士,则曰寡君之老。"取注、疏观之,讹落不可读,因为申其义:"士"当作"仕",或作"致仕"也。钞《穀梁》二叶。至亥寝。

三十日　雨寒

得春甫书,言申夫竟为少荃所劾,捕其私人矣。少荃一至而报怨,犹贤丁近世人吏暗挤而外容者夫。

钞《穀梁》三叶。是日总阅《晋书》,检点所作诗赞,成一卷,《载记》一函已失去,约略为作数语。

三　月

癸酉朔　寒雨

点《宋书》一卷。元嘉元年秋八月甲辰,立第七皇弟义季为衡阳王。八年，以王师阮万龄为湘州刺史。钞《穀梁》三叶，作《春雨》诗。后废帝元徽元年，立衡阳王嶷子伯玉为南平王。

二日 阴雨

点《宋书》一卷。元嘉二十九年秋七月壬辰，改封第十一子淮阴王彧为湘东王。宋废帝年十七，多行无道，小儿不知人情耳，而史臣乃拟之商纣、昌邑。昌邑犹可，纣非其比明矣。七律始见《宋书·律志》。荀勖令太平令刘秀、邓昊依律作大吕笛以示，列和吹七律，一孔一校，声皆相应。

钞《穀梁》三叶。欲作《春秋事比》，始为《即位表》，未善。夜寝，至丑起，始解带就寝。

三日 阴晴

点《宋书》一卷，钞《穀梁》三叶，皆夜补作。其日骑出，从夏家湾王宅至红弯贺宅，过市，并水行五六里，至南头坳，更下行里许，渡水还。

四日 晴暖

点《宋书》一卷，钞《穀梁》三叶。珰女请登前山，坐林中，食顷乃归。薄暮，子重弟来，叔父有书。夜至亥寝。

五日 阴暄

点《宋书》一卷。旧说三月上巳，宜云上己。凡干则有上中下，支不能备三也。盖以古有事，惟筮日枝，如上丁、上辛、上戊之类也。案《宋书·礼志》引旧说，后汉郭虞以三月上辰产二女，上巳产一女，明是日干，非用枝也。上巳说始《韩诗》，云郑国之俗，亦无确据。然不言“巳”、“己”异字，明当作“上巳〔己〕”矣。孝建元年六月，湘东国刺称，议太后忌日礼云云。夜钞《穀梁》三叶，至子寝。

六日 阴

点《宋书》一卷。魏明帝奏《章斌之乐》，奏云：“文武为斌。”则斌字起于汉末。“文武为斌”,盖“马头人为长”之类也。

午间常笛渔来,申去。又遣子重弟至查泥塘。夜钞《穀梁》三叶。

七日　晴,风

点《宋书》一卷。至山,移红踯躅二本、黄杜鹃一本归。钞《穀梁》三叶。作《登山》诗。是日与梦缇论其母家事,不合,梦缇以为我累之也。余不能谐世人,至使妻有储胥之憎,诚有过矣。然梦缇处家庭,而不能使余受屋乌之爱,独奈之何哉! 夜大雨。

八日　大雨,午后晴

钞《穀梁》三叶,点《宋书》一卷。沈约作《符瑞志》,文意深曲,有良史之风,而今人多訾之。凡古人始创一事,必有意义,如《史记·封禅书》、班《古今人表》、范《皇后纪》、宋《符瑞志》、唐《世系表》、赵宋《道学传》,皆深眇之旨也。若《五代史》,名目诡异,则吾不知矣。宋孝武大明八年六月甲子,白鹿见衡阳郡,湘州刺史、江夏王世子伯禽以献。又作《公羊战泓解》十。钞《三都赋》毕。夜至亥寝。

九日　晴。谷雨

钞《穀梁》三叶,点《宋书》一卷。吴孙权时,长沙东部酃得宝鼎。《论请礼乐征伐自诸侯出》云“十世”、“五世”、“三世”,马注云“自隐至昭十世”云云,非也。十室〔世〕,谓天子自惠至定,十世也。五世,谓伯主自晋平至出公,五世也。三世,则谓三桓。下云“政逮四世,而子孙微”是也。陪臣执国命,惟有鲁耳。阳虎先世子,不见于《左氏》,何云三世执命乎? 又陪臣执命,势不可终日。

日昃,出试马,衔脱而归。有数人来,言牛医藏盗事,纵之去。

十日　晴

辰刻,贺、王二团总又捉一狗盗至,云:“当送官。”余意不然,因往告仪安。骑而去,始闻布谷。投暮至,谈至子,宿其客舍。夜大雨。

十一日 雨

留常宅。早游潭印阁，摘青梅。饭罢，家信至，言盗至，窃金玉玩器去，知在内为轨也，因遣在和纵昨盗。还，夜谈至亥，宿常宅。

十二日 阴雨

常宅早饭毕，骑而行二十馀里，至龙骨塘常吉人家，留食面。大雨，与谈异梦：平旦时，梦骑至一市镇，有数伧人扣马相问，因下。至一宅，见湘潭郭四坐案边，陈设赌具，将摊钱者，见余至，恐余入局。余去，出与数人坐谈，举二事令余作联语四句，醒忘其一，文字不可解。其出语云："从菊两开□□□□"，对云："母鸡一去始觉街宽"。甚以为工切，未知何取也。

午后归，以十子欺罔，逐令去。曾祖妣生辰，设荐毕，遣人追十子，治盗金器事，待至四更，遣六云就梦缇寝。

十三日 晴

王葆澄来，十子自言钟弟遣盗诸物，欲往贵州军中。钟抵谰，曲诱，不吐实。午后睡久乃起，并逐钟令去。夜至亥寝。

十四日 晴

再诱钟，令实言，其色愈惨恶，杖之数十，因悲哭甚哀。饭后，十、钟并【下缺】之。点《宋书》半卷，五行【下缺】。四年四月，湘东鄜黑石【下缺】。至亥寝。

十五日 雨晴

点《宋书》半卷。沈书《州郡志》，用司马《续志》、《太原〔康〕地志》、王隐《晋书》、《永初郡国》、何承天《志》、徐《志》相校，于侨立最详。侨立郡县，所以息土著客民之争也，土断所以隐括客民之赋役也，古人处之有精心。而今广东土、客案，历岁不定，由未知侨郡之法耳。

是日在和归,钟复游词作书来,封呈叔父,并劝因之。钞《穀梁》三叶。[①]

六　月

十九日　　晴热

钞《穀梁》三叶,《襄公》成。为诸儿倍书各百叶。点《魏书》一卷。夜听儿女讲《酒诰》。

二十日　　晴。中伏

钞《穀梁》三叶。补作《魏书赞》数首。听讲《杍材》。又倍《离骚》三四过。《屈子》之述仙游,真有陵到景、驱浮云之概。史公赞其争光日月,知言也。夜呼六云出看月,纳凉。

二十一日　　晴。申后阴

钞《穀梁》三叶。作《魏书赞》。听讲《召诰》。问无非:澶渊之会,晋赵武、楚屈建之力也,此会屈建不会而云云者何? 功对曰:“屈建为宋之会,赵武为此会。以俱在宋,故终言之。”非女倍六朝赋数篇。夜眠庭中,风凉遂寝,经时许,起,食粥二盂,即寝。

二十二日　　晴

钞《穀梁》三叶。听讲《洛诰》。夜至子寝。

二十三日　　晴

早阴,欲雨未成。点《魏书》一卷。为非女点《史记》,见武王言未定天保事,乃悟“顽民”即王所云“名民”也。此篇开卷即见,而说经者不知引用,知看书与读书功力不同如此,人不可不熟读群书也。

---

① 三月十六日至六月十八日日记阙。

孙渊如博引史籍以说《书》，而舍此不取，尤为疏矣。余非与非女讲授，亦不明也，为之甚喜。

钞《穀梁》三叶。夜听《多士》未终，已倦睡矣。梦至一官署，入空屋三重，房室甚丽，无人承候，余乃厉声呼仆从。俄焉右扉启，一妇人迎余，视其头，被冠帔，若泥塑莲巾也。余将解衣，此妇来近，意甚狎，余怪之，心念此洪秋帆明府为余供帐招伎侍余耳。未及问而寤，盖入古庙也。是日凉适。

二十四日 晴，有风

点《魏书》半卷。钞《穀梁》三叶。功儿《大射篇》生，笞捶数十，终不能熟。听讲《毋佚》。

二十五日 晴

点《魏书》半卷，钞《穀梁》三叶。论五伯者，荀子《王霸篇》云齐桓、晋文、楚庄、吴阖闾、越句践；赵岐注《孟子》，无吴、越，而有宋襄、秦穆；杜预注《左传》云夏昆吾，商大彭、豖韦；颜师古注《汉书·诸侯王表》，用荀子说，而改阖闾为夫差，去句践入秦穆。余以《公羊》定之，盖齐桓、晋文、宋襄、楚庄、吴夫差也。《传》文各有霸词，故知其审。然古称五伯始于《左氏》齐宾媚人。《左氏》好改易人词语，未必媚人时已数桓、文为五也。三王者，三统之王；五伯者，五行之伯，本不必数人以当之。听讲《君奭》。陆德明《经典释文》释《乐记》"封黄帝之后于蓟"云：黄帝，姬姓。疑召公是其后。《春秋传》以燕为周之介子，盖疏族耳。夜至亥寝。

二十六日

点《魏书》一卷。晴热，夜凉。钞《穀梁》三叶。听讲《多方》。命儿女作《顽民说》，以蚊未成。亥初寝。

二十七日 阴凉

出放马。邻女出嫁，遣非女观贫家物力之难也。钞《穀梁》一叶,倦甚,睡少时,起,钞二叶。《魏书》未点。夜听讲《多方》。亥正寝,凉。

二十八日　阴凉

钞《穀梁》三叶,点《魏书》一卷。《儒林传》云:"学制,悉日直监厨,刁冲虽有仆隶,身自炊爨。"今朋馆日供,其由久矣。夜罢讲,戌初寝。

二十九日　晴凉,风

为儿女倍《礼记》至《玉藻》,乃得《士相见礼》"非以君命使,则不称寡,大夫士,则曰寡君之老"三句之谊,解说于篇首。钞《穀梁》三叶。作书与春甫、峋云、俊臣、张东丈,各送物,专遣在和入城。夜听讲《顾命》,为非、功改论。戌眠,至寅初就寝。微雨。

三十日　雨凉。是日庚午立秋,又末伏日也

辰初起,携窅女看牵牛花,叶密,仅见三朵。点《魏书》一卷。与梦缇及诸女后池看雨。钞《穀梁》二叶。晚命儿女作《平苗策》,罢讲。

七　月

辛未朔　阴雨

点《魏书》一卷,钞《穀梁》二叶,以纸尽,故不满程也。听讲《费誓》及《吕刑》半篇,至亥寝,点书朱〔未〕尽,且止。

二日　晴阴

录赠申夫诗,改定四句,末二句云:"新人显达故人隐,去日匆匆来日同。"自谓如李东川"沛水"二句也。又因长沙清明游湘西寺,而误记十日赛城隍亦长沙之事,翻《杜集》求之,乃江宁事耳。杜《送许

八拾遗归江宁省觐》中云:“赐书夸父老,寿酒乐城隍。”[①]隍即闾里之谓,不知何人改作此二句,以为城隍神,而余又误记以为长沙城隍也,所谓“杜十姨”矣。持诗与梦缇观之,梦缇午睡,未便惊之,乃与非女读之。

阅《宋史》一卷。《太祖纪》:赵敬夜呼开清流关,匡允曰:“父子固亲,启闭,王事也。”诘旦,乃得入。杜太后丧,九日而释服。建隆三年十二月甲辰,衡州刺史张文表叛。明年,慕容延昭讨之。三月壬申,湖南平,得州十四。赐南唐建隆四年历,而明年十一月竟改元。《宋史》无建隆四年也。《宋史·本纪》庞杂无法,了莫寻其事实。夜蚊多,罢讲。

三日 晴

卯起钞书,至午得十二叶,《昭公》毕,《穀梁》成,钉七本。计自入承上,凡钞《易》、《书》、《春秋》、《周官》几十馀万文矣。今将专意撰述,且以此付非女也。

阅《宋书》一卷。真宗始求隐逸之士,而贤相继踵,若李沆、张齐贤、寇准、王旦、吕蒙正,吕端乃太宗旧臣,故不数之。皆非二太朝所有,其孝敬慈俭之美不一,末年惑于天书,亦以澶渊破胆,而归功福祐耳。人主崇信符瑞,但不害治,亦非大过,乃后人深讥之,史臣乃又曲为之说,以辽人好神,宋臣欲以夸之,则陋儒之言,其谬甚矣。仁宗以天书殉父,非所宜殉,又赞为贤,岂虑仁宗读其父书而亦好天书邪?仁宗时,韩、范用事,朝廷议论,始兴边事,大棘洞猺亦炽。观其措置,未为贤君,论者扬祯而抑恒,殊不知其所由也。作《宋史赞》四。观功儿《平苗策》,颇有文理。听讲《吕刑》“今尔网不由慰日勤,

---

① 《全唐诗》,“省觐”作“觐省”。

尔网或戒不勤。”[①]戒不勤者有戒,是欲人不戒不勤也。伪孔《传》云:女网徒念戒而不勤。既念戒矣,自当日勤,其说非也。因读“勤”为“瘽”,以戒在民,言君人者无有徒戒饬民以法,而不瘽忧之也。

亥初在和归,得岣云、春甫、俊臣、黄叔琳、周南坡、李桂林兄书。

四日　晴热

阅《宋史》一卷。神宗之立,裁恩幸、节冗费,市马务农,慨然有平治之想。专任安石,亦其美德,安石负之耳,神宗非暗主也。点《魏书》一卷。高句丽人头着折风,其形如弁,旁插鸟羽,贵贱有差,盖今凉帽花翎之制。百济王馀庆,魏延兴二年上表,文辞甚美,疑非其国所有。勿吉国盐生树上,今长白山在其国南,是满洲之地,而其俗与今绝殊。波斯王即位之后,密书其子贤者之名封之于库,王死,发书视名立之,此世宗立嗣之法,未知为见史而效之,为暗与之合也。

听讲《文侯命》、《秦誓》二篇,续诵《离骚》。

五日　晴热

阅《宋史》一卷。点《魏书》一卷。夜讲《诗序》,非女引《史记》为诂,甚有证据。比夜皆至子正始眠,卯正起。

六日　晴热

阅《宋史》一卷,未了。《宋史·本纪》芜秽閅略,意欲改为之,未暇也。点《魏书》半卷。听讲《尧典》半篇。

七日　晴热

阅《宋史》一卷。点《魏书》半卷,又一卷。夜云阴,不见天汉,初月甚明。梦缇作饼,令六云作热饮,遂待之,至丑始寝。

八日　晴,热甚

点《魏书》一卷。未正大雨,旋止。听讲《尧典》。

---

① 《尚书·吕刑》作“今尔罔不由慰曰勤,尔罔或不戒不勤”。

亥初，重阅《宋史》一卷。宋代时，以从子缵绪者英、孝、理、度四君，以弟及者太、徽二主，传子之法不为典要矣，而明代独以大礼起大争，何哉？

九日 阴晴

点《魏书》半卷。阅《宋书》二卷，《帝纪》毕。魏天赐二年诸州刺史置三人，一宗室，二异姓，此元之所本，亦满、汉并用之始。又尚书尚左，亦外国之制。

比日功儿写包，非女作启，均未讲书。戌正寝。酉初大雨，至夜仍作。

十日 阴，不凉

点《魏书》半卷，又一卷。凡九十二日，二十六本，百卅卷，始毕。阅《宋史·律历志》二卷。功儿讲《尧典》。

十一日 阴，晴热

卯起作书与弥之、俊臣、春甫、若愚、妹夫陈芳畹、黄叔琳、唐艺农、刘竹汀。午睡二刻。夜出田陇上看月，风来甚热。归讲《皋陶谟》半篇。亥初寝。

十二日 晴热

阅《宋史·律数志》。宋历十六改而不能合。太祖时，王处讷造者曰《应天》；太宗时，吴昭素献者为《乾元》，皆御序。真宗时，史序等编为《仪天》，郑昭晏议其失。真宗时，又用张奎造新者曰《崇天》，晏殊序。英宗时，周琮改者曰《明天》，王珪序。神宗时，熙宁有《奉元》，哲宗元祐有《观天》，崇宁有《纪元》。皆官历。绍兴时，常州布衣陈得一造曰《统元》，孙近序。光州士人刘孝荣作《七曜细行历》，孝宗赐名《乾道》。李继宗造者曰《淳熙》。绍熙中，黄艾造者曰《会元》。庆元中，杨忠辅造《统天》。理宗时，曾〈渐〉造《开熙〔禧〕》，又改《会天》。度宗时,用臧元震言造《成天》,冯梦得序。德祐在海上,尚造《本天历》。宋人皆以刘羲叟为知律,羲叟之言谓历不必求合,则历可不修,何为乎其知之邪？权度量衡,用和岘历为尺[①]。刘承圭〔珪〕始制法马等子,各县三豪,以星准之,锤重六分,盘重五分,为一钱半之称。仁宗著《乐髓新经》,以西域声音合乐。丁度以古钱较尺寸,定尺十五种:一周尺,二晋田文〔父〕玉尺,三梁表尺,四汉官尺,五魏尺,六晋后尺,七魏前尺,八中尺,九后尺,十东魏后尺,十一蔡邕铜龠尺,十二宋氏尺,十三太府尺,十四刘曜土圭尺,十五梁俗尺。其后房庶为《汉志》脱文之说,范镇主之。后胡钟〔铨〕、蔡元定、程迥、欧阳之秀、李如篪皆论乐律吕,然莫能明也。

钞《左传》半叶。夜斋宿。

十三日　阴

尝祭三庙,卯起庀饬,未时行礼,五刻毕。始尝新稻。

宋分天下二十三路:京东东路,京东西路,京西南路,京西北路,河北东路,河北西路,永兴路,秦凤路,河东路,淮南东路,淮南西路,两浙路,江南东路,江南西路,荆湖南路,荆湖北路,成都路,潼州〔川〕路,梓利州路,夔西蜀州路,福建路,广南东路,广南西路,后又置京畿路。宣和四年,金分与以燕山路山前七州,曰:涿、檀、平、易、营、顺、蓟。又有景州,契丹置也。平、易、营三州,契丹所自取也。云中路曰山后九州:武、应、朔、蔚、新、毅、儒、妫,合云州为九也,于《禹贡》无冀、雍之地。是日观《宋史·地理志》、《河渠志》二卷。

亥寝。梦左壬叟问余八社。余臆对以五方之社,及太、王、亳三社为八。五方无中社,中即太也。古今亦无八社之名,妄问妄对,疑

① 《宋史·律历志》载和岘等"以影表铜臬暨羊头秬黍累尺制律,而度量权衡因以取正"。

别有应。八者，壬叟父景乔丈之弟行。社者，土示。景丈其不久矣。

十四日 晴，热甚

阅《宋书·礼志》二卷，因观其合祭天地之义，遂阅《文献通考》，见苏轼请合祭，而刘安世驳之。或以告轼曰：刘待制议若上，恐必不合矣。时辙为门下侍郎，遂令罢议。安世议竟不上。议礼争胜，其可笑如此。天地合祭，渎礼之大，惟方泽为祭地，与圜丘配，则恐不然。郊社相配，经有其证，方泽为地，一见《周官》，自是别礼，非社祭也。郊社并以稷配，圜方则无所配，明二丘之非郊社矣。后有王者，郊祭天而社祭地，罢二丘之祀可也。宋王俭云："中朝省二丘，以并二郊。"别立二丘之祀，而不入郊社之中，亦可也。通而一之，其碍多矣。至后人疑夏至不可服大裘，此妄疑也。大裘但祭郊，不祭圜方，郊必以三微月，唯可裘也。圜方宜冕服。则未知大裘之名冬夏可通，如今言袍，有貂有沙，而以儿戏之言，为合祭之正，是乌足据乎？蔡邕《独断》："祠南郊事毕，次北郊。"则汉武南北二郊不合祭，亦不分在二至。盖得《周礼》。宋蔡履以为出东京《礼仪志》，邕引之。

夜听讲《皋陶谟》，钞《左传》一叶。

十五日 阴晴，热甚

钞《左传》一叶。点《齐书》一卷。得常耕臣书及采访簿，旋作书复之去。得春甫书及新刻《桂阳州志》，样式尚可，用当定艾，梓人刊之。夜令三儿各倍词赋一篇，至亥寝。

十六日 丙戌，处暑。阴晴

钞《左传》一叶。阅《宋史·礼志》二卷。点《齐书》一卷。明帝建武二年，改封广汉王子峻为衡阳王，立三年，永恭〔泰〕元年春诛之，及湘东王子建。四月己未，立武陵王子坦为衡阳王。和帝二年，诛湘东王宝晊。夜独坐至亥，微雨间作。

十七日　阴晴

钞《左传》一叶。点《齐书》一本。《州郡志》衡阳郡、湘西、益阳、湘乡、新康、衡山。湘东郡。茶陵、新宁、攸、临蒸、重安、阴山。《百官志》“卫尉”条下云:“诸楼本施鼓,持夜者以应更唱。太祖以鼓多惊眠,改以铁磬。”此今更点之始也。宋太宗制:立夏日,祀南岳衡山于衡州。大中祥符加帝号,奏《嘉安之乐》,曰:“作镇炎夏,畜兹灵光。敷与万物,既阜既昌。爰刻温玉,式荐徽章。昭嘏神意,福熙穰穰。”绍兴祀用《成之乐》,曰:“神曰司天,居南之衡。位焉则帝,于以奠方。南讹秩事,望礼有常。庶几嘉虞,介福无疆。”夜讲《禹贡》。宋英宗御容赴景灵宫奉安《导引》曲云:“鼎湖龙去,仙仗隔蓬莱,辇路已苍苔。汉家原庙临清渭,还泣玉衣来。凤箫鸾扇更裴徊,帐殿倚云开。春风不向天袍动,空绕翠舆回。”《乐志》所载歌曲四言,则陈腐无生色。曲子则以经语入俳优,皆无足采。此篇结二句,可谓情文相副也。

是日得仪安书、张东丈书、全明府廷珍书。仪安送鹅一双。

十八日　晴

钞《左传》一叶,阅《宋史》二卷,点《齐书》一卷。太祖庶兄衡阳元王道度。王敬则封重安子,五本。吕安国封钟武男,恐非此地。萧《齐书》抑扬侧伏,有良史之识,惜笔弱不足振之,今芜没,与《晋》、《宋》诸史等列耳,有暇亦欲删削之。

令两儿过邻家饮。夜听讲《禹贡》、《甘誓》。至亥寝。

十九日　阴

早过六云眠,遂起,时方卯初也。阅《宋史·选举志》,昏倦,睡片时,起,点《齐书》一卷。游后圃见豆花,欲作词,不成。夜至亥寝。

二十日　阴凉

作《魏书赞》四篇,钞《左传》半叶,点《齐书》半卷。白桃一实熟堕,甘香似奉宸苑银桃,家人分食之。阅《宋史·职官志》半卷。出压马,行二里,无平地驰骋,掉鞅而还。功儿讲《汤誓》。

二十一日　阴晴

点《齐书》半卷,阅《宋史》一卷。杨亿论员外置官之弊,及州郡之制,其文甚切。宋制以不满三百户为下县。案《南齐书》顾宪之云:"山阴户二万,赀不满三千者,殆将居半。"是古制以赀较户也。因命功儿作《唐虞以来户口考》。淳熙六年十一月,臣寮奏湖南一路唯衡、永等数郡宜麦。两税五赋。嘉祐四年,命转运司裁定衡阳所输丁米及钱绢杂物,无业者弛之。建炎[1]四年,令诸州租籍不得称分、豪、铢、厘、丝、忽。金银成钱。调绢布之制,衡、永市平絁。刘挚监衡州盐仓,以论免役事助知东明县贾蕃也。蕃为令不受诉,而使数百民诣开封府诉,突入王安石私第,又至御史台乃散去。果民不便,不至便散,此必蕃募人至京,以困执政耳。挚乃右之,则挚亦与谋可知。不然,既至御史台,挚何不受而听之以奏上,乃令其散邪?此东明人疑亦京师人伪为之。

听讲《盘庚》,补注一条。复全知县书。

二十二日　晴热

点《齐书》一卷。阅《宋史·食货志》。《宋志》惟此篇清晰,盖名手所作也。民生当令自阜,上不可代谋,宋、明以来,经济学盛,君言惠爱,臣务建树,大扰闾阎,诡设法度,害民之政,实原如此。有国家者,宜念烹鲜。钞《左传》一叶。听讲《盘庚》。书与皞臣、仪安。

二十三日　辰微雨,旋晴热

阅《宋史》一卷。青苗法即今放生谷之法。安石见富人笼利,效

---

① 《资治通鉴长编》卷四、《文献通考》卷四《田赋考》,均作"建隆"。

之以益国耳。平世加赋,亦未至巨乱。宋人好议喜事,见此法病民,人人攘臂欲为名臣,奏议惟恐其无缺,故乘而攻之,遂使清流闻风而格诏,小人因缘而并进,皆此号为君子者使国速乱也。若上下一法,直告民以加税助边之意,不设名目,何至扰攘。民穷为盗,乃奸人恐吓之词。损益上下,互有其时,何至为掩耳盗铃之小术乎?令人慨然。自恨不乘权秉钧,一使俗人惊也。此以安石自命,士各有志,此犹经济之见。

点《齐书》一卷。午倦,睡十二刻,夜亥初寝。功儿讲《高宗肜日》、《西伯戡黎》。

二十四日　阴

点《齐书》一卷,凡十日《齐书》点毕。《孝义传》:建武三年,大使巡行天下,表衡阳何弘疏从四世同居,并共衣食。诏表门闾,蠲租税。

酉刻携六云、帒、珰至夕阳径瞻眺,六云半途还。帒、珰摘秋花数种归,秋色殊胜。命儿女作《蓼花赋》。讲《微子》。

二十五日　阴晴

作《穀梁申义》,凡七条。是日始凉,再讲《微子》、《牧誓》,至亥寝。萧畅为衡阳郡王。梁大监六年夏四月,分湘、广二州,置衡州。十三年,立皇子绎为湘东郡王。普通六年,以魏元景隆为衡州刺史,韦粲为衡州刺史。

二十六日　晴

点《梁书》一卷,钞《诗经》五叶,阅《宋史·刑法志》一卷。宋制始禁州郡杀人,小儒以为仁政,不知一命之微必待帝决,不唯天子不能,县断终为文案所蒙。且付以民社,而不信其无枉杀之事,是牧令固不免为暴人,而监司亦不能察酷滥矣。任人求贤,方将望之以圣贤材智，而乃视之为昏暴无行之尤，则天下几何而不倾哉！立法之密，莫甚于赵宋以后，然其效可睹。他日有达治者，必以吾言为知治也。聊记其意，以待知音。

是日早罢，出放鹅。夜为儿女改赋，为常生改文二篇。至亥寝。

二十七日 晴，夜雨

点《梁书》一卷，钞《诗》三叶，阅《宋史·艺文志》二卷。宋版为历代所无，作《志》者不能征其源流，但略叙一二语，尚系周时刻版事，岂秘阁所藏仍非刻本邪？作史者漏略，遂至元、明因之，钞刻不分，亦何取乎为《志》也？珰女发热。讲《洪范》，至亥寝。

二十八日 阴

点《梁书》一卷。钞《诗》三叶。阅《宋史·世系表》：太祖二房，燕、秦。传十三世。太宗七房，汉元佐、商元份、镇元偓、楚元系〔偁〕、许元僖、越元杰、周元俨。传十二世。太祖字系曰："德、惟、从、世、令、子、伯、师、希、与、孟、由、宀〔宜〕。"太宗字系曰："元、允、宗、仲、士、不、善、汝、崇、必、良、友。"英宗传六世而讫，诸帝皆无开房者。魏王廷美八房，字系曰："德、承、克、叔、之、公、彦、夫、时、若、嗣、次。"亦传十二世。殆二三万人，皆三匡旁支子孙也。其正宗则时绝时续，续者又不能昌，亦传十二世。宋人始讲墓穴吉凶，若此者所谓不利长房者与？

二十九日 阴，昨夜雨

点《梁书》一卷，钞《诗》五叶，阅《宋史·后妃列传》。宋初兄弟从子相戮之祸，始于杜太后。杜以妇人浅识，妄论大计，太祖从而信之，虽免匡义篡弑及匡允诛戮之事，而廷美、德昭诸人俱由此死。又况无杜氏之言，匡义或不致生心乎？至亥寝。

八　月

庚子朔　阴

点《梁书》一卷,钞《诗》三叶。阅《宋史·宗室传》,叙次总杂不可读,又不及魏收叙人名官位之了了也。

是夜始讲《诗经》。功儿作《夷羿考》不能成,改作《蟋蟀词》。至子初寝。

二日　阴

钞《诗》五叶,点《梁书》半卷。邻人送鲤鱼,是日白露节。县学府君生日,设荐。

兰钦督衡州三郡兵,讨桂阳、阳山、始兴蛮,破平之。衡州刺史元庆和,为桂阳人严容所围,钦往援,破容罗溪,授钦衡州刺史,在州有惠政,其年日当以《本纪》考之。羊侃为衡州刺史,[中]大通〔同〕九年。于两艖艄起三间通梁水斋,观者填咽。子正寝。讲《诗》及《杜诗》。

三日

点《梁书》半卷,钞《诗》三叶。大和坤陈新堂贡生来,论"原隰褒〔裒〕矣,兄弟求矣"二句之义,因命儿女作解。至亥寝。

四日

点《梁书》半卷,钞《诗》三叶。重阅《宋史·宗室传》及《公主传》。独坐至丑寝。二日皆阴。

五日　雨

遣在和送莲子、藕粉至湘潭十六族母家,因作书寄四叔父。卯初去,雨未甚也,辰乃大雨。点《梁书》半卷。

婆利国偏坐金高坐，以银蹬支足，今独炕也。中天竺国出火齐，状如云母，色如紫金，别之则薄如蝉翼，积之则如纱縠重沓，盖今碧霞犀也。是日丰儿生日，罢课。于阗国相见则跪，跪则一膝至地，旗人请安也。齐世顾宪之著《衡阳郡记》。钞《诗》三叶。

六日 晴

丰儿小疾，因命功儿并停点书。点《梁书》毕。马岱青振淄及其高足弟子夏涟春书来，留宿东斋。岱青言《左氏》记事神妙，呼功儿听之，不解其语也。夜谈至亥刻，感寒不能支，客兴未阑，乃入睡片刻，起，至子正还室。周桂自省来。

七日 晴

与客至夕阳径，还至常氏墓下，论碑字，岱青言："何贞老书，唐以前妙品也，在颜真卿之上。"余以李北海书在近传王右军之上，皆创论也。晚要邓六叟在和父也。来小酌，至亥散。与客谈至丑，寝。

八日 晴

桂始华。客去。点《陈书》半卷，阅《宋史》半卷，钞《诗》七叶。酉正倦眠，至亥正起，吃包子四枚。

九日 晴

命六云至园中折桂。钞《诗》五叶。梦缇暴怒，非女喻劝不止，六云又怨余不宜激怒其女君也。余告以三尸神专喜人有过失，汝等乃三尸教汝多事耳。六云无言，遂睡去。已而佣工与周桂争于灶下，余笑曰："三尸神出生事矣。"亦喻止之。

十日 晴

点《陈书》半卷，钞《诗》五叶，阅《宋史》一卷。赵普几不免于太祖之忌，而史臣以为君臣之际无间，其矛盾如此。普以告廷美阴谋固宠，太宗于其死，犹言与之有间，则初亦为普所间也。斧声烛影之事,疑实有之,然为普所挟持者。普盖别有术结主,亦当时不敢轻杀大臣之风气未漓,故得免耳。夜至亥寝。

十一日　晴

非女与六云生日,食汤饼甚饱。申初,在和自湘回,得族兄得一书,知高祖祠堂已卜地城中。又闻流民过白杲,盖转入江西矣。钞《诗》五叶,点《陈书》一卷。

十二日　晴

钞《诗·大雅》成,计十七日,得六十五叶。非女亦钞得三十篇,钞书以此为最勤也。连日理诸儿温书,并不能熟。教非女作赋。讲《诗·伐木篇》。

论天下友有三道:一曰亲亲。父子、兄弟、夫妇、君臣虽分各有在,至其投契,皆朋友之义也。有父子异同、君臣道不合者,若兼友道,即天伦之至乐矣。二曰友贤。取益于人友之正也。三曰故旧。不必皆贤,但与我周旋患难,契阔岁时,即有友道,亦不可弃也。《序》以三者该友道,旨微而谊宏矣。

十三日　晴热

点《陈书》一卷。遣在和至衡,为马岱老送信。为功儿倍《礼经》毕。

陈氏自废、后二君不为正主,其缵统者皆支子也。世祖以从子而父高,高宗以母弟而继世,皆别立后,奉其所生,则当时无异议敢生也,且两君皆篡,犹顾大义。明人大礼之纷纷,实原于濮议,乃宋人不学陋见耳,学者自可以一笑置之。石守信闻太祖黄袍之言,遂乞病,以散官就第。为诸将谋,诚善矣。然太祖饵之以歌舞,拒武行德,等以论功,汲汲焉恐其不罢兵也,岂大度所为邪?爱州防御使石保吉以竹木渡关,罚一季俸,盖罚俸所自始,王承衍亦然。王审琦为中正军节度，部内令斥黠吏不言府，仲宝容之，知大体矣。祝天饮酒，殆非诚语，史臣采之，失于限裁。子承衎知潭洲，从孙克臣监潭州税。高怀德为岳州防御使，善度曲。韩重赟私取亲兵，赵普论不宜诛之，苻彦卿管军，又沮之，二意相反，实同一忌也。苻昭序拒父守徐州，贼不能挟质攻城，史臣书于《彦卿传》，岂彦卿所教邪？不然，叙次无法。彦卿名闻辽中，至唾马咒之，两朝赐诏不名，然未见奇功。是日点《陈书》毕，以节近散学。

十四日　　晴

夜月如昼，珰女戏月下，至子始眠。为儿女讲《天保》。子正寝。

十五日　　晴热

纻衣过中秋，余三十八年未见此热。至酉，云起东，风起南，须臾天阴而热不减。以昨夜观之，中秋夜月必佳，乃出意外，竟终夜昏暗，幸余与妻子设宴庭中，不必赏月而自欢也。月饼、菱角自入乡五年无此味，今皆得之。茗话甚欢，命六云歌一曲，但歌也。亥正，余倦先寝。

十六日　　阴

功儿作《桂赋》甚佳，未知能常如此否。因观余少时所作及今年诸诗，少时专力致工，今不及也。凡谓文章老成者，格局或老，才思定减。杜子美则不然，子美本无才思故也。学问则老定胜少，少时可笑处殊多。是日钞《诗》三叶。至子寝。

十七日　　阴有雨

钞《诗》三叶，点《周书》半卷。

宇文泰与高欢终身不敢谋帝位，又皆不居京师，此曹公之故事。北人俗朴于南，刘裕诸人不能也。开基之主而遇幽杀者，惟宇文觉。护手立三君，横恣被祸，而无叛篡之志。其所以败者，一出征齐而失师,故众心不畏,又有不忠之迹。要之,护可谓无学之伊、周,故邕亦卒复其封嗣也。

十八日　丁巳,秋分。阴

钞《诗》三叶,点《周书》半卷。祖妣生日,设荐。非女读《两京赋》,功儿读《诗》,丰儿谈书,皆起是日。

奉新有尹姓者说《诗》"缵女维莘",谓太姒为继室。吾友曹镜初亟称之,曰:"文王初聘乃伣天氏之妹也,既死,而天又命文王于周京继有莘之女,则长子维行,而生武王。故《关雎》左右淑女,思得贤妃以主祭祀,而至于寤寐反侧,以内主不可旷耳。文已备嫔御,而太姒后至,故以不妒为至难。"余喜其巧,而畏其无据也,今得二证以助之:其一曰《序》称太姒皆曰"后妃"。夫后妃不并称,且太姒何以为后妃之专称? 后者,後也。文王後娶之妃,宫中相呼为后妃,故因传于后世,此与"缵女"文同也。其二曰《海外西经》形天与帝争神,帝断其首,葬常羊之山。《宋书·符瑞志》有神龙首感女,登于常羊山,生炎帝。则形天国在神农之前,在西海,疑是西戎之国,故与邰为昏姻也。古人谓妹,皆男子谓女子后生者,若譬妃为妹,其词未雅,比后于天,其言已僭,"伣"、"形"音近,又同在西,明伣天即形天也。梦缇闻之曰:"君为太姒争娘家,而得一以乳为目、脐为口之国舅,恐文王、大姒均不愿也。又假使误结发为填房,则官事方起,不如不作干证,以免拖累耳。"因大笑而罢。

周桂求书荐衡州,作书与张衡州。亥初寝,至寅,梦独宿一处,空房甚多。起小便,见一鬼行阶上,闻余起,惊避。余大惧,反避之。鬼遂寻声至,出其面,一十六七女子,肤色莹白端丽,而衣甚故敝,似人家虐使之婢也。惊而醒,起视,时正寅正也。小坐一刻,还寝。

十九日　阴

点《周书》半卷。宣帝宣政元年九月诏:"诸应拜者,皆以三拜成礼。”今礼三叩所自始也。古三拜为简，周与今三拜为敬，今通行于尊长达官矣。又帝召京师少年为妇女装，入宫歌舞，是天子狎优之始也。

钞《诗》十叶，阅《宋史》半卷。骑马。

二十日 阴

钞《诗》五叶。至亥寝，丑起，与六云闲话，遂睡至辰起。

二十一日 阴

钞《诗》二叶，纸尽。阅《宋史》一卷。《宋史》繁而无事，宜删削其大半乃可观，去其十分之九乃可传也。宋代大约无真人材，为历代最劣之朝。元、明次之。所以然者，元、明尚无虚负盛名如赵普、韩琦、欧阳修诸人，是非未尽紊也。夜点《周书》半卷，至戌寝。

二十二日 阴

出率珰女及两儿骑至石原，拾梧子盈升归。钞《诗》一叶。得峋云书，索书抵长乐。初夜作书，稍倦，遂假寐，至丑方起解衣。

二十三日 阴

巳午时，有浓云起，似将甚雨，俄晴，秋气也。为杨云帆副使书横幅千馀字，遣峋云信骑去。俄获马盗二、马二，复加遣在和送府。夜钞《诗》五叶。

二十四日 阴，辰雨

阅《宋史》一卷。陈承昭习知水利，而建壅汾之策。李琼信佛，年七十三，四月八日诣佛寺，遇疾卒。此与北魏胡国珍事同。天下事无独必有耦，往往如此。王仁镐、陈思让、李琼周人、郭琼、李万超汉人。陈思让子〔孙〕若拙传云：“幼嗜学，寡学术。”二文不相照。以太平兴国进士第二人及第，当时谓之瞎榜，长于理财。钞《诗》三叶。夜点《周书》半卷，至戌寝。始寒。

二十五日　雨

钞《诗》三叶,《邶风》成,计二十九日,钞书六卷,共七十五篇。点《周书》半卷,至戌寝。

二十六日　雨

点《周书》半卷,钞《诗》三叶,非女《周颂》成。

二十七日　霁阴

钞《诗》八叶,《鄘风》成。《桑中》诗不似刺奔之词。江文通云:"桑中卫女,上宫陈娥。"是用庄姜送戴妫之说,盖为优也。《诗序》子夏所传,未知何缘指为窃妻之作,疑毛公所加,取《左传》巫臣事附会之耳。

得周南坡、玉生表兄、春浦书。至子寝。与梦缇话久之,至寅乃寐。

二十八日　晴

点《周书》半卷。常吉人来。

二十九日　晴

小疾。钞《诗》三叶。常寄鸿来,《采访》四本,皆明晰雅饬。留宿东斋,谈至子寝。

九　月

己巳朔　晴

钞《诗》三叶。常宅取《宋》、《明》、《四史》及《四库书目》去,并还《通志略》二十本。眼生小疡,不能多看书字。

二日　晴

连日甚燥。钞《诗》四叶。桂再华。骑至将军山,觅橡栗,树高二三丈，子未熟。

三日 晴

钞《王风》一叶。点《周书》半卷。

四日 壬申，寒露节。晴

曾祖考忌日，素食，设奠。寄鸿去。

五日 晴

骑至咸欣寺，会诸乡人，议振荒事。会者十七人，出米八石馀，众以为多，余照例出五升，亦为多矣。非女作律诗尚佳。至亥寝。

六日 晴

钞《诗》六叶，《王风》成。帉女周晬，以颈疡不能拜，无所陈设也。连日料理前所阅齐、梁诸史，命功儿钞集其赞，暂罢《周书》未阅，改作《穀梁申义》。常吉人来。

七日 晴

钞《诗》三叶。吉人送其父问心翁集来，阅其诗，亦时有奇气。内记黄颐斋以清漕忤县令周某，以赌案陷之下狱，常石潭为之周旋，常亦忤周，事发，几不免，常毅然不顾也。捕黄者为福道台，嘉庆丁卯年事。戊辰，问心赴乡试，与刘念璋同寓，刘梦题，告同寓并作之，入闱果然。放榜前夕，问心梦报单来，已名首列，再视则姓朱，再视则姓杨矣。是科省元为杨培之。又黄卜洛未鬻宅时，问心梦至其宅，闻哭声，视之，其宅已改造，匾县四金字灿然。明年，果鬻宅，改造匾字，宛然梦也。其《中乡山行》诗云："争路乱云随脚起，扫空修竹盖头来。"颇有别趣。至亥寝。

八日 晴

梦缇生日，作汤饼受贺毕。至午少睡。申刻贺金灏来，酉刻设宴于房，顷之，梦缇起，退。钞《穀梁申义》四五条。遣六云待女君寝。

九日　阴

丁丑寅初初刻第五女生,嫡出也。家人尽起,遣在和问方和药。产母时晕去,六云甚惊惧,至巳稍愈。钞《诗》二叶,倦睡,时起时眠。六云仍侍女君寝。

十日　晴

梦缇益愈。骑至红鸾庙,问振荒事。有流人三四辈至寓,视之皆猾巧无藉之人。因论流民为荒政最下策。凡能流者,必非良弱,即良弱亦不足深哀,以其能自存也。荒政以民无流亡为上,使假事以州县,能办此矣。在红鸾庙又遇流民首领二人。因寻陈作舟,议合团公振事,陈欲余出传单也。归钞《诗》三叶,非女钞三叶。晚作《流民》诗。

十一日　晴

五女洗盆毕,告三庙,命名曰玮,小名曰胜萸。茱萸,九日之佩也。《离骚》曰:"椴又欲充其佩帏。"萸非嘉佩,故欲胜之。钞《诗》六叶,《郑风》成。

十二日　晴

足疥不能行。申刻与循来,谈至丑,留宿西斋。

十三日　晴

无事。至丑寝。

十四日　晴

申刻得文心书。岣云专人来约出城,议与与循同行。夜掷骰至子。

十五日　晴

足肿甚,作书复文、岣,约之来,并书与王选三经历,又作书复陈芳畹。连日未作一事,梦缇云:“黄子湘作一书,半日不成一笺,今此四书,抵四日课为多矣。”夜教儿女作诗。坐至丑。

十六日 阴

遣仆马送与循去,巳初行时,黯阴方合,凉风乍起,扶杖望尘,颇生别愁。与循与镜初意趣不合,在此颇言镜初之短,余未敢信也。及去,得镜初书,亦言与循,惜未得证质之。镜初书二月二十八日发,今日始到,近七月矣。又言雨苍到京,余前寄书未达,当再补寄也。分芍药下土,移梅于盆。

十七日 雨寒

钞《诗》三叶。睡竟日,方起钞《诗》,非女云:“懒而能勤也。”乡人求书扇。

十八日 雨霁

钞《诗》六叶,《齐风》成。作《穀梁申义》三条。常吉人来,云将入城。夜梦缇发寒,三被蒙头,一时许,热得汗而解。酉刻即寝。

十九日 晴

钞《诗》七叶,《魏风》成。作《穀梁申义》。是日丁亥,霜降。戌刻寝。

二十日 晴

始袍。曾祖国子府君及显妣生日,设荐。午始朝食。作《穀梁申义》。点《周书》十馀叶。梦乘白骡,自广州夜还宜章,炊黍顷,达湖南界,闻人言而寤。骡能人言也。夜月甚皎,起看月。

二十一日 晴

钞《诗》二叶。作《穀梁申义》。

二十二日 晴

钞《诗》九叶,《唐风》成。点《周书》半卷。连夜早寝,比夜脚痛少眠。

二十三日　晴

因脚痛晏起,至午时复发热,不思食,强起点《周书》十叶。送与循人夫回,致牡丹一本,夕命栽之。栀子生虫,下之圃中。得常耕臣片,送来《访册》二本。得黄叔琳书,求作寿文。余初学为文,力戒不作寿序,在京师为两座师作两篇耳。及至衡州,此风遂开,几于无月不作,亦可厌也。明人陋习,流毒无疆,然其本自退之谀墓来,故曰八家不灭,寿文不绝。然由于名未高耳,若作,尚待年九十庶可以免。非女嗌痛甚剧。

二十四日　晴

窊女生朝无钱,惟买一斤肉与之食之,至午饭犹有七品。是日乡人设傀儡,儿女均出观。钞《诗》一叶。邓八回,得与循书。点《周书》半卷。

二十五日　晴

钞《诗》二叶。为黄晓岱御史作疏稿,请立博士,此亦救时之策耳。流弊终趋文而畏学也,然鼓舞得宜,冀可为百年之盛,若此疏果上,冀一时风动也。

夜坐,点《周书》一卷,至亥末寝。非女、丰儿、畇女均梦寐惊怖,梦缇睡如泥,余为调护殊劳。又梦缇在月,家俗夫不入房,而余以儿女尽病,妾不得力,遂躬身营视,寄榻而寝,亦非礼也。非女惊甚,遣六云伴之。

二十六日　晴

早起洗脚,视其疡,无一指大,痛剧如此,遂至半月,可怪甚矣。

是日点《周书》毕,若释重负。李迁哲父为衡州刺史,襄阳土豪也。作书复镜初。镜初分刑部,书中仍申论人命太重之弊,使丁伊甫学士一辈人咋舌惊绝也。作书与春甫借钱。过侧室眠。

二十七日 阴

足痛甚。功儿又嗌痛,余坐床上,至酉方下。钞《诗》三叶,点《隋书》一叶,作《梁书赞》三篇。

二十八日 晨小雨,巳见日

钞《诗》二叶,《秦风》成。初计功,此日可毕《豳风》,今乃止此,可惜可叹。

《渭阳序》云:"赠送文公。""赠"字衍入。此诗乃康公即位,修好于晋之词。溯前送舅之恩,为吊襄通好之本。赠车马琼瑰,赠死之赠也;送舅氏,送生之时也。《序》乃合云赠送,则康公以太子而擅赠舅氏以诸侯之礼,攘其父物而曰我赠,失礼甚矣。自研经以来,疑义浸广,皆以己意通之,人病不思耳。

《隋书·食货志》云:"晋自过江,凡买奴婢、马牛、田宅,文卷万钱输四百,名曰散估。"此税契之始。但彼税卖者三百,买者一百,今则不分买卖耳。若收人物税契,犹当有益军储,惜郭筠仙未闻之也。点《隋书》二十叶,又作《梁书》三赞,钞《陈风》三叶。

《说文》"媄"字,引《诗》"桃之芺芺"以证。"媄"为女笑貌,明"芺"即"笑"字。隶书⺮、艹互用,今遂不知"笑"即"芺"字,而妄附"笑"于竹部,或又欲依"哭"字附犬部,真可芺也。宋刻本改"桃之芺芺"作"桃之媄媄",尤误,媄乃女芺,岂可引桃以证女邪?

二十九日 阴

钞《诗》七叶,《陈》、《郐风》成。点《隋书》二十叶。

三十日 晴

钞《曹风》四叶。点《隋书》四十叶。为唐艺渠作寿文。

十　月

己亥朔

早起写唐序未毕,在和回,得唐、王、程、张各书,春浦送蟹四脐。冯姨子来,言在正阳镇盐局新归,李少泉已往贵州督军云云。留宿东斋。钞《豳风》一叶。点《隋书》四十叶。

二日　　阴,大风

钞《豳风》五叶,分钞《诗》毕工,计六十八日,钞《诗》十八卷,馀付非女,使终之。点《隋书》四十叶。

三日　　晴风

冯弟去,赠钱四千。点《隋书》,毕二本。珰女又病头痛,既暮未食,而马岱青及其从兄小涛来访。内则儿女饥啼,外则人夫喧扰,逾时乃得饭,殊饿甚也。二客宿东斋。

四日　　晴,始霜

食蟹。客去,睡竟日,起点《隋书》三十叶。非女始学女工,令未时写字,戌时读书,馀悉随母起居。是日壬寅酉初立冬。

五日　　晴

点《隋书》十叶。始叙次《衡阳志》,考其沿革。

六日　　晴

点《隋书》十叶。《经籍志》部数与书目均不相合,算良久,未知其致误之由也。

七日　　晴

点《隋书》二十叶。作《衡阳古今事纪》。夜作《穀梁申义》。

八日　　晴

点《隋书》三十叶。夜出池边看月。

九日 晴

梦缇出月。点《隋书》三十叶。夜看《文献通考·舆地考》,未为佳作也。凡作地理,当明其沿革改易之本,历代郡县省并为最要,而但举州郡大纲,不过供对策之用耳。惟叙五代得州多少,甚明晰有益。《五代史》为欧九所乱,全无考据,余屡欲补三国、梁、陈、五代《地理志》,未遑作耳。

是夜复寝,子丑之交,珰女醒啼而下床,遣梦缇捉之,因与论教子女之法,及其近年颇伤暴急之故,语良久,梦缇领解余意,不以为忤也。凡人贵切磋,不在其诚至足感动,在其进言明快耳。己不了了于心,何能益人?因此念古今箴规训谏之无益者,由其无术耳。若余于夫妇之间,过于父母之训,而遂能深识恩义,莫逆莫逆则未必,终不若掩义之说,由恩竭则怨也。于心,诚平生之一快也。

十日 晴

廖老人来送藕,欲要余过其家,辞以明年。留之饭,食蟹。亥初寝。

十一日 晴

点《隋书》。作书与与循。戌正寝。

十二日 晴

功儿口痛,又生颈疡,困甚。余亦小疾,甚懒,点《隋书》四十叶。作《穀梁申义》。戌正寝。

《隋书》周罗睺父法嵩,仕梁为临蒸县侯。周法尚安集岭南,西衡州刺史邓嵩〔暠〕降。桂州人李光仕举兵,王世积与法尚讨之。法尚发岭南兵,世积征岭北军,俱会尹州。世积所部多遇瘴,不能进,顿于衡州,法尚独讨光仕,斩之。

十三日 晴

辰初早饭,骑行六十里,饭于杉桥,中正到清泉学舍,晤章凤衢,入城,宿程春浦宅。得唐艺农书。寄陈芳畹书。

十四日　晴

常寄鸿来,饭后与春浦访张东丈,见东抚杀安太监钞报。遇杨耕云。归程宅,何芜亭来。得俊臣书,即复一函,寄《志》稿五本。得孟辛书。饭后访吴朴翁,留饭至戌,宿程宅。

十五日　晴

杨子春、唐昆山来,吴朴翁、张蔗泉继至,张衡州于东丈处遣人相闻,因过谈。至申,骑访贺寅臣同年,出城,宿章斋。夜大风,寒。书与张力臣。

十六日　风寒

寅臣来。早饭,步出访李竹屋、王岣云、杨子春,至程宅少睡。诣张衡州,遇苻介臣,夜归章斋。得果臣四月书。

十七日　阴,有雾

岣云、王选三来。张衡州来,选三避去。春浦来,同饭,入城,宿程宅。

十八日　阴,有雨

与春浦过沈曦亭。出城买皮衣三领,去钱八十千,假之程也。渡湘赴杨氏饮,岣云同坐。归宿程宅。

十九日　小雪中。晴

张衡州携酒过章斋同饮,午集申散,岣、春、凤三君同坐。酒罢入城,赴贺氏,招耕云及其子师同坐,戌散。出宿章斋。

二十日　晴

入城访张蔗泉,过春浦处,闻颜接三当至,留待至未。与接三对榻,宿程宅。

二十一日　晴

送接三往长沙,旋出城治装,凤衢赠柚。唐昆山来,言罗衡阳无钱。夜宿章斋。得刘竹庭书。

二十二日 晴

辰饭章斋，骑行九十里至家，日未落也，放马作饭。梦缇告余以病，寅初始就寝。

二十三日 晴

书与果臣，托凤衢寄去。午后睡至申起，出书室少坐，旋寝。

二十四日 晴

为儿女倍书，点《隋书》半卷，至亥寝。

二十五日 晴

梅蕊欲绽。点《隋书》半卷，始记月日。梦缇疾甚多怒，恐成重证也。

《隋书·礼仪志》仪曹郎朱异云："旧仪，祀五帝，先酌郁鬯，初献清酒，次酃终醁。"夜至戌寝。

二十六日 晴

骑至弯坤，议修石路。点《隋书》半卷。检晋、宋《地志》，考衡阳、湘东郡沿〔治〕所在，未能详也。晋有酃，而宋仍有酃。又云湘东去州，水陆七百，与衡阳郡相隔三百馀里，尤为未详。齐时湘东治茶陵，则有七百里也。亥寝。

二十七日 晴

点《隋书》半卷。检《齐书》衡阳事。至子寝。

二十八日 晴

廖生父兄要余过饮。午去申还，酒馔甚费，陪者王、陈二姓，一农一士。到家，玉生表兄待于门外，相见甚欢。得王霞轩、何镜初、陈芳畹及叔父书。谈至子寝。

二十九日 晴暖

睡半日。隋制，军旅之间士卒着黄袍，今犹用之。点《隋书》

半卷。

十一月

戊辰朔　雨竟日

点《隋书》一卷。儿女课懈,悉笪之。

寄王清泉、席研香、凤衢及淦亭书。玉兄有随丁唐宪章,都司也,从玉兄,欲入营中,因荐与研公,初未见面,自云天耳通也。钟弟凶顽,劝叔父收之,并令唐都司走送。

二日　雨竟日

夜检《衡阳沿革表》,论《新唐书》误云临蒸并重安为未读《隋书》;又论班固"健子婴"为非;又考《穀梁》"有孤不爵大夫"之义;列"尹氏"等十条,俱有心得。至子寝。

三日　阴寒

点《隋书》一卷。《左传》秦医和云:"是谓近女,室疾如蛊。"近读者皆以"女"、"蛊"为韵,是也。室疾,今言房劳也。又"女,阳物而晦时",杜云:"女常随男。"盖仍旧解之误。阳物,犹阳事也。男女之交,命门阳动,故云"阳物晦时",故为晦疾也。梦缇疾发,服逍遥散。至亥寝。

四日　雨

梦缇发疾,足痛甚剧,盖血证所变,危证也。竟日陪坐,未出室户,至子寝。梦缇服桂枝汤,并二剂为一剂。

五日　雨寒,欲雪

梦缇未愈,夜发肿尤苦。因与论死生之理,劝以学道。为解《庄子》及佛经、圣贤处生死之方,大有所悟,疾日增,神日胜也。至丑寝。是日大雪节。

六日 阴霁

欲出书斋,因玿女病,非女写字,留内斋未出。夜点《隋书》半卷,子正寝。梦缇少愈。

七日 阴

见日,见雪,皆俄顷而止。先孺人忌日,素食,设奠。玉兄来行礼,距助殡时九年周矣。夜谈至亥正寝。夜霰。

八日 阴

始裘。点《隋书·天文志》。因翻《史记·天官书》及李播《大象赋》,考订数处。夜与玉兄谈至子寝。雨霰。

九日 阴

晨瓦缝有雪。点《隋书》一卷。夜阅《梁书》。

十日 晴暖

点《隋书》一卷。作书与王霞轩,并寄一诗。又书与叔父、外舅、洪明府、程春浦。送玉兄钱六千,饯别,食炒银鱼甚佳。

十一日 雨

玉兄去,遣仆二人送之,骑送至菜花桥,天霁。点《隋书》一卷。自酉睡至子正始起,旋就寝。

十二日 阴

点《隋书》一卷。夜检《陈书》,至子寝。

十三日 阴

点《隋书》一卷。梦缇小愈。

十四日 晴暖

点《隋书》一卷,史咸点毕,馀《北史》未阅也。

夜得仪安、芳畹、正斋弟及俊臣书。仪安报孟辛凶问,云"九月死”,不得其日,震悼久之。死生由自然,然孟辛志大材高,在交友中当与子春、伯元颉颃,此外殊难其比,均遘夭阏,使人气尽。因与梦缇数平生交好,感怆久之。子初寝。

十五日　大晴

补作《隋书赞》。复仪安书。得春浦、岣云书。春浦借书,岣云赠蟹,并报孟辛死问。在和归,言玉兄乐近市井无赖人,盖晚年改节,将无禄矣。牡丹新移竟芽。

十六日　晴

作《隋书赞》毕。《秦本纪》昭襄王二十七年,因蜀攻黔中,拔之。三十年,蜀守若伐取巫郡及江南为黔中郡。江南,桂阳、零陵郡地。三十一年,楚人反我江南,江南复反为楚也。始皇二十五年,王翦定荆,江南地始为秦矣。

十七日　晴暖

检诸友往来事迹,作《王氏交友传》。寻祁门水名,翻《图经》,念孟辛桂阳之游,凄然罢去。梦缇闻鄢太愚往席军,因言子春死而曾兰生代之,正斋死而龚湘浦得拔贡,孟辛死而鄢友石往,三事相类也。余因戏言程氏不谐,而卿代之,岂亦似此邪?余吊受庵诗云:“应须留用与铅刀。”盖古今名言也。

十八日　阴

点《唐书》一卷。高宗溺情哲妇,然治绩可观,盖亦内助之力。武氏以妇人而赋雄才,非易唐为周不足申其气,其害止于缙绅及浮动子弟称兵者耳。《唐书》遽以起兵与李敬业、琅邪王冲、越王贞,未可为允。当武氏之朝,唐子孙有力能讨乱者,宜审而后动,动而必胜,则庐陵亦无复立之望矣。若异姓之臣,非复子明辟,不足动众,则五王之为是也。若敬业、贞、冲之为,谓之好乱可也。

十九日 阴

晨饭,骑往仪安家,探晴生母病。行七里,至洪落街,马蹶堕地,市人无笑者,若在城市,必哄然矣。午初到,遇孙恭瑚、常吉人谈,不忍别,比行,已未正矣。渡烝已暮,驰十六里还寓,尚未上镫也。县长书来,命修县志,加以七叔父及与循书,外列十馀公名字,皆前辈老生,万不敢当其命,然不可不往也。夜暖不寐。

二十日 丁亥,冬至。阴,午后雨

祀二,祀三庙,行礼毕,食炒蟹、蒸羊、薄饼甚美。夜至亥寝。酉初,吉人子元卿来。

二十一日 阴雨

遣县信先发,作书复七叔父,退关书,约天晴即到,以吊孟辛之便也。

点《唐书》半卷。宋欧作《唐书·本纪》,茫然不知其事迹,惟见封官杀人而已,是断烂朝报之不如,不知何所取也。总为孔子《春秋》所误耳,阅之恨恨。

梦缇率六云酣睡,自酉至亥不起,余独坐饥甚,求食不得,遂亦就寝。

二十二日 阴

昨暮得马岱卿书,送《采访》十三卷,内有监生彭植棠,字召亭,解人也。欧阳牧云则书手尚佳,若开志馆,求写字,宜问之。作书复岱青,并论传体。

二十三日 阴

点《唐书》半卷。午食薄饼甚美。作风门成,躬自糊纸。又戏作《状元筹经》文,甚似秦汉人作,大手笔则不能佳,可怪也。

二十四日 阴

睡竟日,治装往湘。

二十五日　阴

骑行十馀里,微雨,旋止。暮宿黄梅塘,行六十里。

二十六日　晴

早行十馀里,至湘乡南乡腰里,遇曾澄侯,彼此不相顾也。三里去大坪,沅浦新宅有城市之气,杂客五六人及南岳僧同饭。出至花桥宿,凡行四十里。

二十七日　大晴

骑过童稂山,有诗。遵路行,至莲花桥,取间道至孟辛家,凡行八十五里。孟辛子圭生、女环珠皆出拜。饭罢,孟辛夫人出拜,始闻孟辛死状。夜与孟辛姑子二彭君及其子师曾秀才谈至亥,宿其书室。

二十八日　大晴

晨谒孟辛季父,老病甚矣。见左母谈家事。已哭孟辛,遂行。至湘乡城,过龙星伯,留饭未食,出至昭忠祠,访孟辛友人成隐吾名传道,谈二刻。昏暮矣,宿铜泉渡,计行二十二里。成君赠先集,灯下尽读之。

二十九日　晴

余生日也。自隐山中,惟第一年与妻子同宴,比四年皆在外作客,隐者固如此乎?未初至妇家,计行七十五里。

三十日　晴

饭后行二十五里至县城,入志馆,见七叔父及诸先生。少顷,洪明府来谈。夜与谭心兰沄。谈算法。

十二月

戊戌朔 晴

答拜洪公。至两学，见陈可斋，谈武陵事。晚间，邹咨山来。从孙名鐕来见，字韵秋，梦缇所最不赏者也。问乡中事。夜拟修志章程，与心兰谈经。

二日 阴

借唐友石丈《湘潭赋役案》稿阅之，得衡阳一事。夜访玉生，劝其播迁，玉兄妻必欲从夫，执谊明介，不能强也，然郭氏殆矣。至长寿亭，谒源远祠，高祖庙也，新建于城旁，自此王氏始有城祠。

三日 早起欲归，风雨大作

七父及唐丈坚留，遂遣丁福先归。是日遇郭春元，昨遇王辅臣，均二十年前旧亲识也。

四日 阴，大风

往十六从母家，询诸族人，近岁渐兴旺，午后还。读周星、郭金台集，均非作手。族子代绅来见。是日小寒。

五日 阴，寒风

与循来志馆。从子代黻来见，作书与席按察。

六日 阴

翁佩琳来志馆。代绅言："祠旁有田，旧属其家，今欲变产，而无敢买者。"乡人负债，田不得卖，则大困。余因劝与循为其姊买之，向洪明府假二百金。作书告妻父。夜妻侄蔡子耕来见，佳子弟也。

七日 阴

万星榆归志馆，会议已定。

八日

早饮腊八粥,饭后与与循同访佩翁乡居,三人偕出。余先至,主人后归。其居有水竹幽胜之致,在古塘桥旁三里,曰青石坤,文氏屋也。夜宿其西斋,计行四十八里。

九日　晴暖

佩琳治馔相款,早饭后行,已过午矣。与循归,余取大路急行四十五里,至盐步,访樊诲卿同年于红绫坤,夜宿樊斋,小酌甚适。

十日　风雨

取山路出花石,行七十里,至灌底,宿逆旅,夜雪扑被。

十一日　风雪

行七十里到家。马行甚稳,扬鞭甚乐,因忆山东道中遇雪二诗,自和二首。《乙丑十一月二十八日河北大雪马上作》:“六月炎洲火作山,冬来齐赵雪盈鞍。冰天热海皆经过,不觉人间万事难。”“六花偏傍锦裘飞,湿逗重襟火力微。湘绮楼中他夜雪,好将鸳瓦当油衣。”《己巳十二月十一日冒雪还山作》:“雪抹烟横千万山,玉骢归路不辞难。苏家麦粟寻常意,红帕盘金盖马鞍。”“骢尾缠冰雪未开,渐看鸳瓦认妆台。莫辞笑靥灯前出,十七年中第一回。”梦缇和作:“开尽红梅向北梢,熏笼添火自朝朝。只应夜雪怜鸳瓦,飞近琼楼逐旋消。”【下缺】[①]

十八日　阴

得唐艺渠、张文心书。文心送绣佩六件,谢媒礼也。白梅始开,甚艳。夜点《唐书》一卷。唐之亡,与周同,非庸主所任咎。

十九日　大寒。阴

得殷竹伍、张力臣书,言荐怀亭于席军,未知来否。始食腊肉。

---

① 十二日至十七日日记阙。

“臘”，今作“腊”，古字也。但以为臘日之名，则非其义。臘日，自从猎取义；腊月，宜作蜡月，从蜡祭取义。腊肉取腊干之义，而俗则以臘月熏肉为义耳。夜校《仪礼·礼记》，用王兰泉所校《石经》订之。

二十日 阴

作书与张东丈、张衡州、杨耕云、程春浦。寄东丈《法曲仙音》词云：“回雁霜钟，湘东梅萼，游宦未妨羁旅。选句挑灯，消寒添酒，华簪雅共簪〔尊〕俎。奈冰雪、刘叉去，无缘问联句。 潭州路。记扁舟、犯寒东下，早孤负、官阁翠酣红舞。鸳瓦不留人，又吟鞭、敲雪何处。粥嫩糕甜，好年光、正在岁暮。便貂裘典尽，差胜黄绸衙鼓。”

寄张衡州《一萼红》词云：“碧云深。正霜轻日嫩，梅萼破疏林。驴背行佳，翠禽眠好，去住还费沉吟。料何逊、风流未老，想白发、幡胜正堪簪。紫印泥封，绣衣貂暖，俊赏须寻。 卧雪披云世外，倚邦君政美，随兴登临。腊鼓占丰，灶觚催醉，重闻盛日和音。莫便惜、年华去也，只应为、诗酒惜光阴。寒尽山中班春，愿听瑶琴。”初东丈以仲冬下湘，值霜风戒寒，衡州以诗戏之，有“尹、邢避面”及“珍重懒寒”之语。“尹、邢”谓东丈去而余适至也。余又以雪中自湘还，故词中均及之。“鸳瓦”句，即自用“鸳瓦油衣”语也。时与衡州索宪书，故有末句。

又寄耕云索金橘、龙井茶、《五代史》。诗云：“湘上园林雪后开，垂垂卢橘送香来。吾家旧写来禽帖，更乞明珠三百枚。”“龙井茶香见许分，不须长揖上将军。玉川老婢能煎吃，肯为苍生恼使君？”“欧九空修五代书，事文残阙义粗疏。君家殿本传刘薛，遣伴双姝度岁除。”“双姝”，即茶、橘二品也。余初欲与雪琴索茶，而耕云许分，故言不须将军耳。春甫书则送湘平银还志款，无他事云。遣丁福、邓八同去。

二十一日　　晴

为非、丰倍书毕。检《唐书》诸《表》九本。唐宰相本不皆名族，宋子京为作《世系表》者，阴仿萧、曹《世家》以重宰相耳，然甚无谓。大概《新唐书》、《新五代》皆文人志传之书，不谙史体，文笔较健耳。《新唐书》人知訾之，而不敢议《五代史》，可怪也。

二十二日　　晴

得马岱青书。

二十三日　　雨

复马岱青书。夜遣六云侍梦缇祠灶，六云佯睡，起已不及事矣。作《送灶词·祝英台近》云："玉饧香，红烛艳，良夜永清漏。爆竹声催，新泉酿芳酎。年年三六盈虚，瓶尊报塞，还略记、梦华风候。

一年又。为问叶爨阴羊，人间几贫富？每度梅开，每度醉村酒。饶他土铿铛空，寒宵镜听，应不解、替人僝僽。"三六盈虚者，小除之兴，乃以期三百六旬六日之说，故除六日为除夕，又以小除第一夜为送灶之夕，其实即除夕送灶之说也。吾湘谬云小除夕送，除夕又迎，故作此正之。

二十四日　　阴雨，见雪

扫舍宇。非女作《送灶词》云："蜡烟轻，梅萼瘦，绣阁杏帘静。画马迎神，珠盂酌芳茗。便教阴氏晨祠，复涂宵梦。应长忆、良辰酩酊。　　玉箫冷。花院残雪初凝，琼枝弄疏影。冬鼓声催，未觉漏签永。明年寒食香饧，玉厨新火，又添了、一番清景。"非女词笔秀润，但思迟耳。是夜书与仪安。儿女放学。

二十五日　　阴

与丰儿游山水间，见天阴将雨即归。丁福等回，得春甫、耕云书。耕云送蟹、茶、金橘，并借《五代史》，江西版也，甚不足观。

二十六日 晴

春粉作年糕。校改欧《梁纪》一卷。欧、宋尤不善作《本纪》,均为《春秋》书法所误,真千古不寤之愚也。夜至亥寝。

二十七日 晴

仪安遣人来馈岁,作书复之。遣周满送风肉、二蟹、冬笋、年糕及钱十千与马岱青,明早去。夜至亥寝。

二十八日 晴

命非女书汉乐府《青阳词》,又作门联一幅,用唐人诗句云:“人情已觉春长在,溪户仍将水共闲。”自然好桃符句也。非女书遒丽可喜。又检书籍,挂字画,夜至亥寝。

二十九日 岁除。晴

风景甚艳,梅花香发,意甚闲适。辰初,祀文昌,望祀善化城隍,刉用鸡牲祀中溜,皆旧仪也。得岱青书。申正团年饭,戌初梦缇祀灶,亥初拜三庙毕,家人辞岁,祭诗,饮屠苏,肴果精美,为加饭二碗。亥正祀门,子初寝。

同治九年(1870)庚午

正　月

五日　　晴。辛未,卯正立春

卯初起,儿女皆起,迎春行礼毕,食糕资〔粢〕。骑至查江,访彭雪琴于何隆老屋,旧宅三间,其未达时所居也,父、母、弟、妇皆殁于此,今富贵复居之。两亲既亡,一妻被出,旁无侍者,子弟又已远析,虽归心空门,识诸假合,然人情恋本,物态变迁,一想今昔,但有怆恨。雪琴殊自偃仰,不以为怀,宜其脱屣轩冕,捐弃声色也。坐谈久之,观其祠树花药,皆萌芽甲拆矣。

饭罢归,遇常吉人于途,约明日见过。到家饼正熟,食十六枚未饱,复添饭一碗。夜掷骰,至戌倦眠。

六日　　阴

天气清冷,欲雨欲雪。三猪误食芦菔㸑,一刻许皆死,敛血骤尽故也。昏黑时马岱卿来,饮酒大醉,留宿西斋。至子寝。

七日　　阴,小雪

贺赤轩秀才来,岱青去,贺亦旋去。阅《五代史》一本。卢多逊等以七言绝句入史,其理万不可驳,而其体谬丑可笑。世之言文者,必欲纪实,大要如此,故欧阳起而改之,乃至全无事实,弊又均也。夜雪簌簌,至子寝。

八日 小霰

常吉人来,一饭去。夜摊钱,负进八千。至丑寝。

九日

卯正两儿入学,释菜先师。丰儿始读《春秋》,为功儿说《七月》一篇。七月皆劝女工之业,周人始重女教,故以《关雎》首《风》,以文母为乱。此农家兴富之本,而推以治国,则近于繁碎,故周末文胜矣。然士农欲兴其家,非女助无由至,大族贵人则不事此。周道农业始重,妇功也。校《五代史》一卷。

昨夜冰,颇寒,是日,以家人早睡,各加诘责。梦缇伏枕假寐,唤起已子夜矣。

十日 晴,雪销

校《五代史》二卷。乾祐三年十一月,朗州马希萼破潭州,十二月十八日,缢希广,明日希萼自立。湖南枕子茶、乳糖、白沙糖、橄榄子,周广顺元年己卯,诏免减诸贡。广顺元年冬十月辛丑,陆孟俊执希萼,迁于衡州,立希崇为留后。十一月己未朔,淮南边镐入潭州,希崇降。二年十月三日,大将刘言自朗州趋长沙,十五日至潭州,镐遁。十二月,言遣牙将张崇〈嗣〉入奏,十月十三日收湖南。王进逵、何敬贞、周行逢等十指挥入潭州,尽复湖外。三年正月乙卯,升朗州在潭州之上。闰月,刘言奏遣敬贞击广贼。己巳,奏敬贞众溃失律,为进逵所斩。三日,赐言绢三百匹。八月,进逵奏言通淮贼,为诸军所废。己巳,至朗州,诏言勒归私第。显德元年正月,诏潭州依旧为大都督。王进逵加特进侍中。七年〔月〕,世宗即位,加中书令。进逵仍为朗州节度使,世宗二年,领兵入淮南界鄂州。《九国志》:进逵领众逼宜春,出长沙,耀兵金波亭,有蜜蜂集伞盖,遂令毛玄领兵南下,以潘叔嗣、张文表为前锋。至醴陵,拥众叛,进逵走,叔嗣追杀之于朗州城下,行逢斩叔嗣于市。七月辛卯朔,以行逢为朗州大都督、武平军节度使。十月壬申,以宇文琼为武清军节度使,知潭州军府事。

是日,闻常晴生生母之丧。王荫堂秀才及夏秀才同来。二龙来。

十一日　晴

唐昆山大令自城入乡。由常宅来,闻少荃有督黔军之命,小荃来督吾楚。国家渐有畏忌藩臣之意,故周旋慰抚如此。昆山来晚,设饭已冷。夜观梦缇作汤圆,至丑始罢。

十二日　晴

卯起送昆山,遂早饭。午后骑行至王、贺、李三家答拜。至吉人家,见天将雨,因留止宿。吉人款待殷殷,使人不安。夜为定其先集,又观《叶向高集》二本,乾隆时《翰林馆赋》四本。子初就榻。家中一龙来。

十三日　雨

吉人将同往仪安家,余幞被巾箱皆无雨备,遂骑而还。雨漫空如雪,其细不可见,油衣不能御,袿袍沾润,泥溅于襟,扬鞭直归,渡头滩浅,不及马腹,故不下马而过蒸也。此朱晦庵九江之一。今日真不减宋康王泥马渡江矣。归家,一龙来。

十四日　阴

巳起,午饭。梦缇病,一日不食。五龙来,灯火甚盛,以妻病,未之赏也。戌正即寝。

十五日　雨

卯初,梦缇渴欲饮,呼婢进茗。即起盥洁,祠三祀。吉人来送陈酒,云四十年家酿也。顷之,自来,留饮,宿西斋。亥正拜三庙,礼毕受贺。梦缇病卧,三、四、五女皆早眠。食汤圆十枚。二龙一师来。夜至丑寝。

十六日 晨雪,未晴

吉人午时去。校《五代史》二卷。观其将富兵横,矛戟森森,与今时无异,恐中原复有五季之势,为之鼿机。余去年过湘乡城,如行芒刺中,知乱不久矣。梦缇稍愈,夜月。

十七日 阴冷

儿女倍书各三本。功儿《诗经》未熟。校《五代史》二卷。遣佣工周满去,有言其私邻妇也。

十八日 晴

倍书各三本,校《五代史》三卷,种竹五竿。视插杶柳已芽,芍药苗白,桃蕊为雀所啄,命捕之。

十九日 早雨

午刻,贺金滩来,言人命事。

与功儿说《诗·郐风》"狐裘以朝",知锦衣狐裘,诸侯朝服。因言《秦风》"锦衣狐裘"为朝服,"黻衣绣裳"为祭服。又说《丰》及《东门之杨》为亲迎,女有不至者,诸侯因此不亲迎云云。

夜梦伯元,笑语如平生。余因问:"君死已久,何以仍无恙?"伯元云:"余未死而人殡我,至咸丰九年修墓乃得出,变姓名在左季高军中,今始复位耳。"又言"冥中有鬼,惟鬼客舍,主人曰鸟,买卖甚刁诈"云云。索余赠衣,余以韗裘赠之,且言此裘窄袖,君子之服也,曩年客乐平时衣,今以还君,廿年矣。其语甚了了,醒时为怊怅久之。

廿日 丙戌,丑正雨水

巳刻,王、贺二姓遣信要余往元功塘公议息讼,戌正始归。早雨夜霰。

廿一日　阴晴

王、贺诸人来,言讼已息,请书与程春甫,托罗衡阳了之。校《五代史》,倍书各三本。晚携六云登山。

廿二日　晴

将种竹织篱,农人言二戊不可。校《五代史》二卷,倍书各三本。

廿三日　晴

校《五代史》二卷,第四本毕。晚过邻农王氏新宅,屋舍甚整,令人有躬耕之想。倍书,两儿各三本。

廿四日　晴

校《五代史》五卷,第五本毕。

廿五日　晴

校《五代史》三卷。晚渡蒸,视石泉,渫不可食,且生鲋矣。两儿倍书三本,非女书皆生,不可理。夜至子寝。

廿六日　晴

校《五代史》毕,补《五行志》于欧书,补《礼志》未成。贺氏来送钱,却之。

廿七日　阴晴

改《五代史·本纪》未毕。夜与梦缇议为非女办装。

廿八日　晴

水仙尽开,芍药芽发二十馀枝矣。课工穿篱,拟为花架。

廿九日　晴

早起,梦缇尚睡,因复寝,至巳起。骑行四十里,至杜家台访马岱卿,留宿客房,是夜风。

三十日　晴

晨起与岱青诣夏濂春家,中途逢夏来,还。叙一日,同坐七人皆夏氏也。夜仍宿马宅。

二　月

初一日丁酉朔　阴晴

夏秀才招饮，坚留停宿，力辞而行。骑六十里至城，宿春浦宅。得曹孜轩书，左氏赴文，孟辛于去年十二月十五归骨矣。乙夜与春浦同访萧绮笙章京，即送其度岭之行。

二日　晨雨

在和送雨衣至城，知章凤渠已于寅时病故，骇叹久之，要春浦同临其丧。子妾殊无章程，因留料理，至夜入城。是日，见李竹屋、朱叟、龙经历。

三日　雨

巳刻至清泉学舍，视凤渠大敛，同官惟李、朱至，王清泉竟不来。因与竹丈言：昨夜遣信告王知县，非欲其来，欲其知世间有视敛之义耳。若人人告之，至再至三，至百至千，彼必知天下尚有恩谊之说，盖清议不可少如此。李、朱旋去。廖都司、张蔗老皆来唁。未初，余亦归城，访张东丈。陈培之少尉及罗立庵来谈。

四日　阴

早饭，竹丈来。与春浦同诣清泉学舍，观凤衢家人成服，至则朱广文先在，四秀才来助丧。申刻出访岣云及段培元粮储。培元文雅彬彬，湖南军功中最有学子气象者。夜归程宅。

五日　阴雨

不出，作章、常二挽联，薄绫如竹纸，自书之。凤衢联云："城南旧友散如烟，惟与君廿载数相逢，最难忘夏口藏船，湘东酿酒；新岁遨头裁满月,惊此日重来成永诀,忍独看园中柚折,池上荷枯。”常晴生母挽联云:“以不死济忠臣烈妇之艰,虎口夺诸孤,鞶帨衿缨今绕膝;当中年见家国兴衰者再,鹫峰参六观,老生病苦不妨心。”

是日,培元、岣云、立庵来。惊蛰,闻雷。

六日　阴晴

校《五代史》一卷。午后与春浦出,买皮衣笔墨,访沈老曦、唐昆山,晚归。作书与殷竹伍、杨雪帆、程花楼、陈芳畹、黄再一、徐子云。是日陈泗来见。

七日　雨

校《五代史》一卷,倦眠。晚赴厘局饮,二客三主,童春海知州恩前未相识也。连日欲疾欲愈,此夜始安。

八日　雨

午后阴。校《五代史》一卷。观演《西游记》,申归。

九日　晴

辰正张蔗老来,同至柴步门,与东丈泛舟耒口,顾少尉设宴舟中,暮还城。是日雪琴来,不晤。

十日　雨

遣在和往湘阴迎竹伍,午后行。校《五代史》一卷。申刻春甫邀饮,同坐者张衡州宾戚四人,李敬轩职方谈刘霞仙抚陕事,霞仙定可人耶?

十一日　雨

校《五代史》二卷,总校补毕。春浦招饮。同坐者东丈、蔗老、童春海治中、张鹤帆同年。童君谈穆武英事,言当时权相不取府道金银也。夜雷雨,丑寅时醒,闻雨声潺潺至曙。

十二日　晴

渡湘答拜雪琴,看鹤。归访立庵、仪仲、王清泉、童治中不晤,晤寅臣、竹屋丈、朱仙舟训导。晚至沈曦老处晚饭,同坐者岣云、春浦、许秀才、沈弟礼堂,食酱凫脯、风肉、鱼肚、煅鲍、香稻饭。是日,春浦长子商霖秀才始归。张都转、李、朱两学官来访不遇。

作小诗二首,归示六云:"十月春云压屋山,早眠应不讶宵寒。无端红药催离思,一夜新苗满玉阑。""艳曲新声偶忆云,绿杨风袅碧花群。阶前朦月窗前雨,迸作春光四五分。"

十三日 晴

北风颇寒,饭罢访张蔗老,同春浦渡湘至雪琴处,谈竟日,留饭,食糟蟹甚佳,同坐者仪仲、子春、耕云。晚与仪仲、春浦同渡。是日王清泉答拜,不遇。

十四日 晴

始更小毛。午观技,演《铁冠图》及《杨家将》,人如堵墙,嚣尘溷襟,乃出。赴竹丈饮,同坐者蔗老、岣云、寅臣兄弟、春浦七人,主客谈不惓。有一永顺人,自称为顾工谋害,及庶母谋毒令哑,不受钱帛,惟问路程。予与东丈求之数日矣,今日又至岣云处,因呼之来。自称前年在学馆,余审其字,乃始把笔所为,因送之东丈。东丈与之公文,不敢受,始信其真骗子也。当其来时,应对无方,而情词终不符,故予知之。

晚归程宅。程委员殿英自席营送孟辛柩归,云仲敏不能事其母云云,及席营恶习甚详。是日,童治中答拜不晤。

雪琴赠予远物八种及梅花四幅,漫作诗谢之,云:"姗佩迟来山自春,琼枝今斗百花新。逋仙未了梅花债,犹欠江南两玉人。"雪琴始下军时,予属以克江南时,为我致如张、孔者两人。"虎仆鸾笺烟墨飞,与君年少吐囷奇。如今各有闲身在,留写裴刘唱和诗。""糖〔糟〕蟹双螯酒面香,鲈鱼纤尾压熬霜。尚书枉忆江湖味,夜雪围炉割子羊。"湘乡相公屯河南时,走骑索糟蟹于雪琴,今更远不能致,而赠予蟹螯鲈鱼,故云。“修心元是不看经,要转华严作水瓶。龙井香芽天目笋,一灯闲似在西泠。”吴竹庄刻十三种释经,皆取最近于俗者。“旧踏苏堤过虎丘,轻携笠扇作山游。善游者四时必具一笠一扇。馀杭便面劳垂赠,欲逐春风渡越州。”“清供珍奇手自分,送来犹似带烟云。分明八咏亲题句,却是华阳九赉文。”雪琴自署八种,数之乃九种也。“懒和还山十二章,小诗投报不须偿。贪泉廉水凭君酌,寡欲多情两未妨。”雪琴嫌予所求太贪,今和诗则廉也。“归路全开踯躅花,小桃春色早夭斜。重三节近休为客,凑八诗成喜到家。”凑八诗者,余诗本七首,而以归途二句凑一诗成八,以答雪琴来书“凑八色”之语也。

十五日　晴

晨起拜程母生日,食面五碗。耕云、雪琴诸君俱来会。张小华丈遣其从子来约午饭。客散,睡两觉。贺仪仲命改其文,点毕,峋云来谈。申入府,赴张丈招,同坐者李敬轩职方、魏乃农秀才。魏言土匪结大成会,余言拜会不足为乱。张丈因言:“昔禽二匪渠,一称幼主,一称丞相,云:‘后年运至当即位。’既将就戮,乃君臣大笑云:‘当作平肩一字王也。’如此痴呆,何足称乱!”二鼓,骑马踏月归,误转一湾至正街,盖马性疑,妄行耳。老马识途,殊未然。夜与立庵、花楼对榻,听其言淫事房术,皆不知而妄说者。

十六日　阴

晨起。以先考忌日,素食。辰骑五十里,秣于土地庙。驰行,申正到家,设荐始毕,家人方饭,食芥根菜茎。夜丁福归。月甚明,至戌寝。

十七日　早晴,午后雨

功儿作诗文甚佳,赏以一橙二笔。观妻妾女工,均秩秩有度,不负春日也。芍药苗长五寸馀,白桃只三花,老树将萎,为之惘然。海棠花蕊亦不多,惟杜鹃白者最盛也。夜假寐,遂眠。

十八日 雨

翻《通鉴》三本。观左氏《论刑书》、《刑鼎》二篇,命功儿论之。

十九日 雨寒

儿女倍书各一本。翻《通鉴》六本。夜至亥寝。丑正春分,气至大雨,梦缇眠不醒。过六云,谈一时许始寐,比觉向辰矣。《通鉴》乃胡克家嘉庆末依元本刻者,假自常氏。

廿日 丙辰,春分。晴

翻《通鉴》七本。司马结衔,胡本自九卷以下《汉纪》起,与前八卷殊异,未知当日进书,竟用何衔。岂前八卷先进,故未之改乎?后来刻者何以不改归画一,令人自迷也。

夜作十二诗,和皞臣。余居城中十五日,出城门则万蛙鸣噪,如又入一世界,欲写此景而不能也,三改乃得句云:"十日城中雨,陂塘一夜蛙。和风吹柳带,新水蘸棠花。逐路晴光散,依田鸟舍斜。桃源非世外,只隔俗人家。"又改第九首结句云:"饶君增胜事,终是在天涯。"馀依原稿入集中,不录于此也。夜至子寝。

廿一日 晴

翻《通鉴》五本,点《遗教八觉》、《四十二章经》三卷。夜雷雨。

廿二日 晴

翻《通鉴》五本。马氏据潭州,州城门有清泰门,吴容出御希萼,今北门也。杨涤出长乐门,盖草潮门也。希广葬浏阳门,东门也。边镐出醴陵门,桥折。注云:"城东门。"今南门之东有醴陵坡,则南门也。显德三年,周行逢以衡州刺史莫弘万权知潭州。衡州刺史又有张文表、杨昭恽。昭恽父谥,女为希广妃。昭恽女为周将韩令坤所虏,然报家仇,杀陆孟俊,亦一奇也。《通鉴》注引薛史云"昭晖,长沙人"云,今薛史无之。

拟《室思》诗一篇,代六云作。诗曰:"朝雨周四除,空房寂无端。言别未永久,荣华始欲蕃。期近思逾促,戚戚不暂宽。沉阴蔽所望,将食废晨餐。庭户无仿佛,何时照光颜?"其一。"青青园桑枝,熠熠飞蛾翼。出门日有程,思君复至夕。良缘百年中,飘若空中画。恩私良已周,佳期何由积?忧来不自保,依依自菀悒。"其二。"冲风入屏帷,飏飏搅余思。思心不皇宁,屣履其何之?昔分永暌绝,今为五日期。自君之出矣,芳草成华滋。思君如春水,澶漫谁能持?"其三。"床灯影复光,夜短何时明?忾然思君子,诉我故时情。华枕犹在御,独寐长悠悠。闱门下重关,但见明星流。自无翻飞愿,息意还衾裯。"其四。"晨兴临明镜,见我昔欢爱。人离还复亲,冀与我君会。从来向七载,诚愿永不遂。贱躯恃鸿恩,岂觉已愆害。自顾菲陋姿,非君孰覆盖?"其五。"无亲欲何依,茕茕想念之。不伤年时晚,惧为中道遗。进人退亦礼,高义君所知。虽惭金玉质,承眄既有时。君子念簪履,傥来垂惠施。"其六。

廿三日　晴暖

海棠、山茶并开。丙儿倍书。翻《通鉴》三本。食饼。改作时文二篇,为人应科举式也。

廿四日　晴,暖甚,可御衫

作书与皞臣大儿验仙。教匠穿篱。翻《通鉴》四本。《通鉴》编卷,或分上中下各为上下二等,或云一二,或云甲乙,亦非一手。盖缮校分人,而君实殊不自检,亦可怪也。君实看书,以版承端,坐读之,宜其不能校改画一。盖必写成自校,不敢用笔涂乙耳。是日,功儿少倍书一本,非女一日不读书。

廿五日 晴，仍暖，申后风

点《唐书》九页，翻《通鉴》三本。为贺仪仲作其外姑墓铭。丈母之称，始见《通鉴》唐德宗纪，即今称友母为伯母耳。是日，六云小疾，两儿倍书。非女作海棠词。

夜假寐，梦入深山中，大雪，入一房，中有人熟寐，不知何人也。外山谷中有诵佛讽经之声，又闻二人喧笑，云彭雪琴与其友也。余在室倚卓子，视案上有一诗，题曰《咏童修撰》，诗五言古体，一“先”韵。大意言童先世河南人，当崇祯时，有高第者。童以状元来湖南，文采风流，照映湘上。其妻亦有才貌，盛宴游。已而童忤巡抚李某，告归，为人冒名应学使试，为武弁所挟，自认送考传递夹带褫官，居顷之死。诗句艳逸，余高咏之，而彭、友并无声闻。咏未毕，外呼有盗至，遂出而醒，正子时也。梦缇尚未眠，旋就寝，一时许复往六云所，又一时许，闻雨雷大作。

廿六日 寅雨卯晴

起视海棠尽落矣。猛雨顷刻，不足滋润，适足摧花耳。然雨亦无心，为气所使，花开乘暖，暖极而雨，又何怨焉？因指示六云。六云又言：“春雨愁人，富贵离别者甚；秋雨愁人，贫贱离别者深。”余曰：“然。”余正居富贵贫贱之间，所谓出入苦愁者矣。辰后阴凉，点《唐书》十一页。申刻携子女、六云将登前山，大风不果。至后园，观春耕，农人送踯躅一窠，高八尺馀，平生未之见也，植之后池，未知得性否。夜作看耕诗，欲拟陶令而不能似，至子乃眠。是日儿女未作字。

廿七日 阴凉，比前日可加绵三重

点《唐书》廿五页。独登前山，踯躅满岩，觉足力不及三年前者十五六，盖由习懒，非尽衰也。出舆入辇，为痿厥之机，圣人所以不尚隐遁,亦为耽安乐也,余将择日而行脚矣。翻《通鉴》八本。儿女倍书。夜假寐,比觉,已丑初矣。梦缇凡三呼余,余始起就寝。俄起听雨,雷电交至。

廿八日　寅雨卯止,阴寒竟日,可裘

翻《通鉴》三本。儿女倍书。苻坚以纵寇赦叛,自亡其国,盖小人不可以礼化。庄、释之不争不杀,专论圣道耳。仁而无断,其弊与暴虐同,故佛氏之说不可为后世薄俗道也。圣经六艺之言,无专尚仁慈者。余近颇溺于宽恕,当亟戒之。点《唐书》九页。

廿九日　梦雨弥日,寒甚

翻《通鉴》三本。新移踯躅有生意,下金橘于池边。作书与保之,兼封发皞臣、雪琴、寅臣、春甫书,遣邓九明日去。夜雷,拟作《陈苗事疏》,子寝。

三十日　大雨

试书折子,字皆生毛,盖久不作楷也。手冷笔冻,翻《通鉴》五本,至子正寝。是日丰儿书熟,非女、功儿补昨日书。

三　月

丁卯朔　雨寒

起甚晏,点《唐书》十七页。儿女倍书。六云怒畅女,推之于地,责挞之。新燕来。《通鉴》注:"宋人以蜜渍物曰粽。"《玉篇》:"粽,俗糉字。芦叶裹米也。"《广韵》同。无蜜渍之谊。宋永光挑刘义恭眼睛,谓之鬼目粽,卢循遗刘裕益智粽,皆以蜜渍为长。且岭南出蜜煎,今犹然也。胡注又讥义恭不宜名子以伯禽,则似不读《宋书》,盖著书之难如此。夜至子寝。

二日 雨

翻《通鉴》三本。两儿倍书，丰儿书熟。作《春怀》诗十二首。夜至子寝。

三日 阴

正逢上巳，惜寒气方盛，未能出游。在和归，得竹五、陈芳畹、七叔父书，云湘乡蠢动，省城戒严。可谓无事自扰也。申刻邓九归，得李桂老、沈老羲、寅臣、春甫书，并豫丰拨钱备祭品，命家人治具，儿女散学。

四日 阴，有雨

致斋外寝。览马氏《通考》所引宋人禘祫之说。命功儿作《禘祫考》。夜视馔，至子正宿于外，梦缇至丑正方寝，六云丑初先眠云。

五日 晴

祠祭三庙，巳正行事，未初而馔，饮杏酪，应清明节候也。吉人遣送陈酒一瓶。戌初即寝。是日食蒸鲤甚美。

六日 晴，稍暖

两儿倍书。功儿《聘礼》不熟。翻《通鉴》四本。贺秀才来。晚行水边，树尽绿矣。夜食面条。作诗十二首。

七日 晴阴

丰儿倍书。功、非并无课。晚骑至太和洲，逾山而还。作诗十一首。自乙丑至今春，始得百首，为一卷。

八日 阴

书孟辛挽联云："奇气郁风云，凄恻五溪秋雨夜；灵文露鳞爪，流传万本桂阳图。"孟辛平生尽之矣。

午刻族子搢生来，自龙口徒步及此，近二百里矣。申刻仪安来，偕二地师同至。地师居其庄屋，仪安留宿南斋，夜谈至丑寝。

九日　阴凉

遣两儿陪撍生出游,因观技而还。午夜梦与裕时卿食汤饼,因广论和面起糨之法,未得食而寤。与仪安泛谈,至丑初寝。

十日　雨阴

早要仪安、熊地师、撍生便酌,饮馔不甚精,惟烧葱可啖耳。午初仪安去。

周宇文护置毒糖饐以进世宗。胡注:“陆法和具大饐薄饼。梁人入魏,果见此物,盖北食也。今城市间元宵所卖焦饐,即其物,但较小耳。”饐,丸饼也,盖今汤丸;云焦者,炒食之耳。近十馀年士人多相呼以“尊兄”,初起于曾武英为侍郎时,与州县书,辄云“尊兄”。余谓之曰:“法孝直称诸葛为尊兄,高俨呼高纬为尊兄,皆至敬之词,今何为尊之?”侍郎云:“犹尊驾、尊姓耳。”京师轻薄人相呼辄云尊尊,余故不用此二字也。比三日两儿未点书倍书。

十一日　阴,微雨

翻《通鉴》七本,点《唐书》一本。《仪卫志》皇太后至妃嫔,皆有六柱,未知何物也。旧仆陈四来。夜至丑归寝。是日闻皞臣父丧。

十二日　阴晴

点《唐书》十馀页,翻《通鉴》四本,作家书二封,又荐书与张衡州及其从子心泉。是日,曾祖妣生辰,无面。子初寝。夜雨。

十三日　晴

甲夜雨,乙夜大月。点《唐书》半本,翻《通鉴》四本。观诸臣立高、中之朝,亦有忠佞奸良之分,为之叹息。惟朱敬则一疏,论妙策刍狗,差为善谑耳。娄师德教子弟以谄,而失声于去官,乃鄙夫之尤。狄、张亦富贵中人,不足尚也。安乐公主有织成裙,正视旁视,日中影中,各为一色,今闪色也,直钱一亿。君实改宋璟讥萧至忠之言,以“萧傅”为“萧君”,此何异改金根为金银乎？钞《诗序》二叶。

食包子甚佳。遣功儿骑出,贺李姓生日。

十四日 晴阴

揩生、陈仆并去。骑至夕阳径,新雨绿阴,舟漾东日,杂花时鸟,白袷青骢,亦春游之最乐也。翻《通鉴》九本,十函毕翻一过矣。

《通鉴》当昔未点群史时,讶其浩博。今日重翻,知君实特专补宋人《唐》、《五代》二史之略,自唐以下采稗史为证,有裨欧九等阙误不少。自唐以上,尚有可增删也。凡一代奉敕书出,必有人阴纠之,《通鉴》其最也。

申后至后圃,蔷薇落尽矣,半月未来,竟不及见其一花。归点《唐书》一卷,钞《诗序》二页。

十五日 大晴

夜大月。暴衣。点《唐书》一卷。暴书。申后眠,至酉正方起。钞《诗序》一页。呼六云出看月。

十六日 晴

至午雨,旋止。至酉大风雨。点《唐书》半本,钞《诗序》一页。中庭白杜鹃盛开,六云数之得二百四十三朵。之罘刻石,称仲春阳和方起,知秦亦用夏时,特正朔不同耳。

十七日 雨

作《穀梁申义》,得五千馀言,未治他事。新秧已绿。

十八日 晴雨不定

作《穀梁申义》,凡四千馀言,未治他事。食包子三枚,子正罢。《穀梁申义》成书,其义精而辞辨,恐有过求附会之失耳。欲坐重席,不得不如此。比三日阴寒。

十九日 阴

午携珰女循水登前山,行六刻乃归。桐花盛开,刺花亦满野,山上黄杜鹃殆千万,本草花黄紫遍地。张季鹰《暮春》诗“青条”“黄花”对举,得体物之精。余因推之,春花红先,白次之,黄最后。黄,土气也。菜花,冬末开;葵,夏末开;菊,秋末开,皆土气也。家花则不然,人力胜也。梦缇言家花有规矩,野者不堪玩。余因戏:“卿夫人宜为此论耳,彭雪琴必不为此言。”孙月坡咏野花云:“折归持镜照,不及道旁看。”亦自谓得其旨。余论野花,正以横斜疏放杂于榛梗为贵,家花正以羞涩拘束婉弱娇贵为美,必不可植家于野也。家、野皆宜者,惟梅、桂耳,皆非丽种。若牡丹临涧,桃树当窗,非不芳鲜,殊乖物性。

点《唐书》半卷,钞《诗序》二叶。夜至子眠,为鼠所惊,复寝,至寅始寐。

廿日　晴

钞《诗序》六叶,《小雅序》毕。点《唐书》半卷。夕携三小女循水至山下,采野草诸花,将昏,六云来迎,同归。是日丙戌谷雨。

廿一日　晴

作衡阳传二篇。夕与两小女登山,夜为功儿改《禘祫考》,未毕。点《唐书》半卷。熊弁来见,言陕西贼起。

廿二日　晴

早起。功儿出门,为猘犬所啮,招杨姓来治之,出白树根节一包,似松根而色殊,云名去风树,煮糯米为粥,食之三七而愈。杨姓言:“狗瘈,狗疫证也,故传染,发则动风。”又云:“狗瘈亦不妄噬人,人有灾星则逢之。”余喜其言中理,留之饭。

点《唐书》一本。唐州县名诡异者,有铁杷属合浦、零绿罗州、乔珠柘州、松州以产甘松名,当州以产当归名。其土贡:苏州有鲏鲳,郢州节米,通州白药实,瓜、甘诸州胡相〔桐〕律,北庭截根,交河煎皱干，伊州阴牙角，未知何物也。向夕，子规声甚厉，蒸暖。

廿三日 晴

早饭后即困倦，睡至未正方起，不成一事。申后作书与席研香、文丽峰、曹镜轩。始闻布谷。

廿四日 晴，大风，煊甚

作《衡阳志》传二篇，点《唐书》半本。熊弁去。

廿五日 阴凉

作《衡阳志》传一篇。阅《明史·本纪》二本，作赞九首。

廿六日 阴

阅《明史》二本。《显帝纪》记六岁谏穆宗骑马事，知衔橛故事，而十馀岁初读《论语》，不识字音，史臣粉饰之词也。作传二篇。夜梦缇过书斋，坐半刻去。

廿七日 雨

阅《明史》四本。作赞四首。明定礼，每月朔望祭火雷神，至今沿之，未知其特崇二祀何意也。棂星门，《礼志》作“灵星门”。上帝用龙椅锦褥。盖自古以来，祀天莫侈于明。世宗分祀天地，与太祖合祀天地，均以意为礼耳。然世宗意是，至罢父子并配之礼，则尤伟也。严父配天，而至孙即罢，亦立说之未思也。湖广祀，独李芾载祀典。又明诸帝皆不讳，至熹宗由校始避御名。作传二篇。

廿八日 阴

李福隆招饮观技，酉正归，马行甚乐，作诗云：“碧草春泉罨画溪，玉骢饮罢欲骄嘶。罗衣叶叶东风里，未许轻尘涴马蹄。”“芳甸馀春艳夕晖，管弦催送酒人归。垂杨细路频来往，只恐青山翠湿衣。”作传二篇。

廿九日 阴

阅《明史》二本。明乐章鄙俚庸浅，殆不可耐，亦云一代之制，是皇帝所不料也。冷谦,道士,张鹗,妄人,而为制作之师,何数百年之无人!其朝贺则全用优人典牌,俨然一戏台也。郊祀乐章自称蝼蚁,宗庙自称小孙,尤为谬陋。轿中福寿板,今曰扶手扳。八人轿始于明,宏治中文武官概用四人。嘉靖中霍韬言定制京官三品乘轿。紫禁城乘轿,始于黄淮。高禁钉靴,武造靛翎。嘉靖贵蟒,一品得服之。初贵斗牛,三品乃蟒耳。湖广衡、永、郴学政属上湖南道,凡考教官,以举人多少为殿最。明世宗辛丑考庶吉士,诗题曰:"读大明律"。后有洪秀全尊天父为天王,所谓无独有偶也。

是日微雨间作,夜作传一篇。

三十日　晦阴

作传一篇. 阅《明史》二本,作赞五首,又传一篇。

四　月

丁酉朔

阅《明史》八本,皆诸志、表也。作赞十首。连日阴而不雨。夜将作传,殷竹老至,为画图来也。县志非图不能起手,相见喜甚。

二日　阴,有雨

客来,停课。

三日　卯初大风,惊而起,顷之雨,至午晴

陪竹老登道山,测量四五处。

四日　阴晴

作传一篇。为功儿改《禘祫考》。

五日　晴

陪竹老登庙山,见七十老人曾凌云,健步过我也。阴雾不能望【下缺】。

九日 雨

诣春甫处早饭。旋移寓西禅寺。普公往南岳,留一沙弥守庵,径入据之。仪安遣一医曰聂大年来,丁福送之至城,昨宿饭店,今遣迎之。

十日 雨

竹老遣呼铜木匠来,议制地平仪、记里车。作传一篇,校《穀梁申义》讫,装订之。

十一日 雨

送《穀梁申义》与李竹丈,作传一篇。杨耕云来访。

十二日 雨

遣聂医还,丁福送之。作《志》传一篇。常寄鸿来访,余昨函请入局,总理图表,兼代余采访,寄鸿许诺。

十三日 阴晴

入城,至春甫处、冯表弟处,与竹老、春兄渡湘,赴子春招饮,因先访雪琴,旋至杨宅,同坐者又有唐葆吾、左秀才。晚借三版船归,触估舟几破,踏月归。

十四日 大晴

李竹丈、张蔗翁、唐葆吾、马岱青、夏南琴先后来,谈几竟日。作《志》传一篇,校《清泉志》二卷。

十五日 雨,旋晴

入城,回看唐葆吾、春甫,访沈老羲、常寄鸿,还寺,作《志》传一篇。祖妣忌辰,素食。李竹丈书来,欲招客。

十六日 晴雨无准

入城谒张兵备,东、蔗二老,李、朱两学师,寻马岱青不遇。雪琴来访,并赠笔七枝,菜四篮。仪安来,留饭。是日始访岣云,遇沈老曦谈《天雨花》、《五虎平西》,不见此等将廿年矣。

十七日　晴

作篆字不成,凡三易纸,余舍此未一年而全失故步矣。

十八日　晨雨,旋晴

以家中无人,暂归视之。辰初行,凡三遇雨,步行卅里,未至一里而昏黑,舆夫大惧,乃然炬而行,至家雨益甚。至戌寝。

十九日　阴雨

翻王船山《永历实记》及《莲峰志》、《文集》,欲作传,颇倦而罢。是日,玿女生日,食包子。

廿日　大晴

作《船山传》及《廖孟津传》,夜未戌而罢,至亥寝。

廿一日　丁巳,小满。午晴未阴申雨

作《志》传,阅船山《黄书》,其见未卓。夜大雨。

廿二日　大雨,有雷

作《志》传,阅张子厚《正蒙》十八篇。昏暮与梦缇坐池边看萤,因忆八年前湘涟舟中夏夜望堤上灯萤影,曾有诗,今忘之矣。夜至亥寝,梦呓而寤,丑初复寝。

廿三日　大雨

早起。六云拘畇女于房,命放出,不肯,语侵我,怒而棰之廿。凡女子性柔,其发也至很,有非刑所可服、德所可拊者。孔子慨女子之难养,而竟出其妻。余少时殊不知妇德之难驯如此,盖惟严乃可治家,近日殊无威仪耳,当振厉以庄莅之,名士风流一豪用不得,《易》所以明家人之义乎?

是日,检旧《衡阳志》有传者,并留其名,咸已著录。申初,常秀

才新进来谒，仪安第三子也，名国篔，字素岩，同至者其二从兄、一族父字海平者，均宿南斋。

夜梦八友为我作生日，皆夏服。设宴园亭，砌路烧瓦玲珑，方修未毕。宴处小屋三间，当门两陂陀，小屋在陂下，甚精洁。圆桌九人，推余首坐，而阙一位。余忆园主甚熟，而忘其姓字，问坐客园主何不来，客问为谁，余不能答。一客言是李伯元邪？余言非也。然心怪伯元知余生日，何不来。俄见一妪抱一小儿，顶发作双桃，见客遽入，闻其语声在耳，则梦缇呼婢语也。设席甚精，肴果始陈而寤，惜不见其俎实耳。起语梦缇："君前生定园中妪、幕上客而谪人间也。"

廿四日 阴雨如丝

阅《明史》一本。周王房睦㮮好汉学。庆王房寘鐇、宁王宸濠、汉王高煦皆反。宁王房谋㙉宸浬〔泘〕曾孙著书。谷王以上各得名。郑王房载堉善历。弘治十二年，雍王祐枟宪宗子。之藩衡州，乞移山东不果。正德二年，地裂宫室坏，王薨。福恭王常洵最骄。王之明为五日天子。皇子共七十七王。宁国公主，梅殷妻。庆阳议和，武昌黄宝妻。长平婚于异代，盖已改服矣。夜至亥寝。

廿五日 阴

阅《明史》一本。明开国功名，殊无可观。薄暮假寐，至子方寤，旋解衣酣眠。

廿六日 阴晴

阅《明史》一卷，《元史》一卷。世祖至元二十五年，调德安万户府军士一千四百六十七人分置衡州清化、永州乌符、武冈白仓，立屯田。二十七年，募衡阳县无土产居民，得九户，增入清化屯军，民五百九户，田百廿顷十九亩。

湖南盗詹一仔诱衡、永、宝庆、武冈人，啸聚四望山。湖广左丞刘国杰破之，斩首盗，馀众悉降。将校请尽坑之，国杰曰："多杀不可，况杀降耶！"乃相要地为三屯，每屯五百户，降者无田宅，使杂耕屯中，皆为良民。十四年，衡、永等郡寇发，贾文备以昭武大将军守潭州，悉讨平之。文备字仲武，蒲临人，后官湖广行省参知政事。

张康字汝安，号明远，潭州湘潭人。祖厚安，父世英。康早孤力学，旁通术数。宋吕文德、江万里、留梦炎皆推重之，辟置幕下。宋亡，隐衡山。至元十四年，世祖遣中丞崔彧祀南岳，就访隐逸。彧兄湖南行省参政崔斌言康隐衡山，学通天文地理。彧还，具以闻，遣使召康，与斌偕至京师。十五年夏，至上都见帝，亲试所学，大验，授著作佐郎，仍以内嫔松夫人妻之。凡召对，礼遇殊厚，呼以明远而不名。尝面谕：凡有所问，使极言之。十八年，康上奏："岁壬午，太一理艮宫，主大将客、参将囚，直符治事，正属燕分。明年春，京城当有盗兵，事干将相。"十九年三月，盗果起京师，杀阿合马等。帝欲征日本，命康以太一推之，康奏曰："南国甫定，民力未苏，且今年太一无算，举兵不利。"从之。尝赐太史院钱，分千贯以与康，不受，众服其廉。久之，乞归田里，优诏不许，迁奉直大夫、秘书监丞。年六十五卒。子天祐。

衡州净居寺碑文近千言，许有壬一览背诵无遗。有壬曾随父至衡未至衡，见拓本耳。

至元廿五年，振桂阳路饥民。廿六年，宝庆路饥，下其估粮米万一千石。桂阳路水旱寇乱，下其估粮米八千七百二十石振之。至元廿八年二月，常德路水。二十九年六月，华容县水。元贞元年五月，常德、沅江、澧州、安乡等县水。二年五月，醴陵州水，一为岳、澧水。大德元年五月，澧州水。七月，耒阳县、酃县大水，溺死三百馀人。

十一月，武陵大水。至大四年七月，桂阳、临武水。皇庆二年五月，沅陵水。延祐元年五月，武陵水，坏庐舍，溺死五百人。七月，沅陵、泸溪水。二年，永州江水溢，害稼。泰定元年七月，辰溪县火。大德元年，桂阳路旱。泰定二年五月，茶陵州旱。大德七年七月，常德路饥。九年三月，常宁州饥。十年四月，道州饥。七月，沅州、永州饥。十一月，辰州饥。延祐元年六月，衡州饥。三年五月，宝、桂、澧、潭、永、道饥。至治三年十一月，沅州饥。十二月，澧州饥。泰定元年正月，临湘、华容等县饥。八月，常德、桂阳、辰州饥。二年四月，潭州饥。天历二年十月，常、澧饥。三年正月，衡州路饥。至顺三年五月，常宁州饥。大德九年，桂阳郡蝝。元贞十一年，营道县暴雨，山裂百三十馀处。至元四年，桂阳旱。十三年，永州、桂阳大旱。十四年，永、宝大旱。至元元年，沅、道州饥。二年，沅州饥。五年，衡州饥。

湖南道宣慰司廉访司天临路湘潭州，元贞元年，升衡州路。至元十三年，置安抚司。十四年，改衡州路总管府。十五年，置湖南宣慰司，以衡州为治所。十八年，移司于潭，衡州隶焉。户十一万三千三百七十三，口廿万七年〔千〕五百廿三。宋立兵马司，分在城民户为五厢。元至元十三年，改立录事司。县三：衡阳、安仁、酃。

廿七日 晴

翻《元史》二函。至元二十一年二月，邕州、宾州民黄大成叛。梧、韶、衡州相挻〔挺〕而起，湖南宣慰司使撒里〈蛮〉是年入为翰林承旨讨之，以征日本造船劳扰故也。二十八年，立湖广行枢密院，治岳州。四月徙治鄂江〔州〕。常德水，免田租二万三千九百石。六月，益江淮行院兵二万，击郴州、桂阳、宝庆、武冈四路盗贼。十二月，改辰、沅、靖转运司为湖南道转运司。二十九年三月庚申，免宝庆路邵阳田租万三千九百七十三斛。元贞元年七月,衡州蛮寇窃发,以军民官备御不严,抚字不至,责降有差。六年十二月甲子,衡州袁舜一等诱集二千馀人侵掠郴州,湖南宣慰司发兵讨之,获舜一及其馀党,命诛其首谋者三人,馀者配洪泽等陂屯田,其协从者振谕复业。五年,湖广行省发兵征云南诸蛮。八年十月,蛮平。十二月,免潭、衡等路税粮一年,以转输军饷劳也。九年,潭、衡、郴诸郡饥,减直粜粮。仁宗延祐元年六月,衡州饥,发廪减粜。五年,流卫士朵带于衡州,以诸王不里牙敦叛,持两端也。泰定帝闰正月,衡阳县民饥,振粟有差。二月,衡州、潭州诸路饥,再振之。文宗至顺元年正月壬申,衡阳猺为寇,劫掠湘乡州。丙午〔子〕,衡州路饥,总管王伯恭以所受制命质官粮万石振之。七月,衡、永诸处,田生青虫,食禾稼。二年四月,衡州路比岁旱蝗,仍大水,民食草木殆尽,又疫疠,死者十九,湖南宣慰司请振粮米万石,从之。顺帝至元二年正月庚子,分衡州路衡阳县立新城县。

廿八日　申后雨

钞《左传》二叶,已不能成字。翻《元史》一函。《元史》再翻毕。翻《明史》列传。韩文为湖广参议,升巡抚,以一疏忤刘瑾得名。子士奇,湖广参政。张敷华,湖广布政使。杨守随知馀盐非大事,而独论八虎。许进子诰建敬一亭。诰弟赞、论,俱大官。雍泰、陈寿清节,抚秦有声。熊绣,道州人。潘蕃、胡富、张泰、张鼐、王璟、朱钦左布政。右十四人,可删十一,而附三人于别传。何鉴为兵部,有方略,马中锡偾事,而与同传。陆完亦平刘七而通宸濠。洪钟、陈金、俞谏平江西盗。周南、马昊果锐。此数人皆可不传。

廿九日　早微雨,俄止

骑五十里至上杉桥,遇陈芳畹专信来借钱,并言二舅母死,黄觐臣等醵钱葬之。因令来人同行,至下杉桥雨至,行二里复霁,复前至松亭渡,雨大作,油衣不能御,左足尽湿。少避,雨仍不止,恐暮不能进,因急行。至西禅寺,普明和尚已归,与竹老同话。

五　月

丙寅朔　雨寒

午少寐,一日无事。

二日　雨

作书与与循、黄觐臣、陈芳畹及叔父,并借席研香银百两。

三日　雨。少霁,夜复雨

作《常文节传》未成。遣陈四往长沙,并送陈母银廿两。还黄少昆捐项百两,还舅母葬费十二两,又与陈四盘费钱九千。

四日　雨

将看经,春甫来,谈半日。为普明和尚写经签数函。

五日　晴

和尚设粽。午间常耕岑、程商霖来,留饭未吃,同至花药寺,夕归。夜看小乘经十部。

六日　晴

李竹老携孙来,坐久之去。得研香、花楼书,属迎孟辛母夫人来,作书与仲茗,别与孟辛妻一函商之。吴少村巡抚从祖弟颖函与峋云来访,云与碧湄、文卿俱友善,大论镜海之谬。颖函自江西来,游湘入蜀,盖张罗也。少村巨富,其弟殊贫,不似阿兄。

七日　晴

遣功儿归,在和送之,即往孟辛家探问。午后骑诣春甫,又答拜吴颖函,要段培元出谈,一时许还寺。下马大雨,迟一刻即沾衣矣。是日衡阳贺子泌淇来访,谈文。

八日　癸酉,芒种。阴。雨晴娄变,夜月又雨

连日检阅寺中经,见未见者十馀种,此日翻毕。贺子泌送文来。

九日　阴雨

仪安荐匠人曾昭质来。为吴颖函题《独坐图》二律,又题《四艺图》。

四艺,开封倡女也,以情死,作《睡鹤仙》记之云:"汴宫流水咽。剩秋花,无人更与攀折。幽情自萦结。只繁霜吊雁,暗香藏蝶。轻怜重别。泪涓涓,罗衣皱褶。恨清尊易竭,关山一去,愁烟万叠。

凄绝。微根地弱,残梦天寒,恁时消歇。人间一霎,生共死,为谁说?待看花人问,孤芳寻断,正是销魂时节。替西风,补入图中,伴他明月。"

岣云送时鱼,蒸食甚美。夜阅《僧科仪》。

十日　晴。夜大雨

为雪琴作《山房记》未成。是日蒸暖。

十一日　雨

清《采访册》。罗少庚秀才来,芝麓从子也。罗氏与吾家不相闻廿三年,今始略询之。芝麓长子最无似,而其子竟成立,亦可喜也。少庚居柑子园,自吾当门户,未尝往其家矣。夜作《山房记》成,索茶未得。

十二日　阴,见日

丁福来。入城至岣云处。入南门访张东丈。答拜罗少庚。东丈要李同知瑞澜便饭,因约同坐,遣马还,步回张馆,坐客有童春海、张蔗泉、王选三,步月归。是日张兵备赠画扇。

十三日 晴热

遣信与雪琴。耕云送文字。春甫、唐昆山、姚西甫、贺子泌、程商霖、姚子先后来。家忌，素食，和尚设斋。在和归，得左母书，云孟辛兄弟已分。

十四日 晴

早骑往访常耕臣。贺同年、段培元来访不遇。午后李竹丈、吴颖函、罗立庵、耕臣、商霖同来，留吴、罗诸君午饭。商霖对阅节女名氏，日落始去。

十五日 晴

早饭后眠，至午方起。渡湘访雪琴，看字画十馀种。耕云来，同饭。常生来借马，归寺，遣送与之。耕岑送题来，已暮，不能执笔。

十六日

晨起为耕臣作文一诗一，恶劣之作也。又作《石鼓山闲眺》诗云："二水空明一屿圆，丛丛树影接城烟。苍崖旧镇东西郡，薛碣空题汉晋年。六尺鼓鸣孙亮县，千艘粮运武侯船。于今弦诵留佳处，选士应逢宋子渊。"

午后入城，访李竹丈、张兵备、程春兄。竹丈言湖湘老辈皆有名法。又言贺耦庚尚书抚贵州，疏陈百年来银价，穆相以为笑谈。蔗农御史三疏劾琦静庵，于广东事若烛照数计，以留中，遂乞病归，逢人但问何处可避兵，而乡人以为其妾死失志，皆深负老臣心也。张兵备言省城官士浮冗，一年不如一年，米贵至六百一斗，诸县岌岌然。又言耒阳游兵劫杀事。过春甫不遇，见其子。寓书郑秀才催《采访》。将访罗立庵，待月不出，乘星光还寺。夜月甚皎。得镜初二月十二日书。

十七日 晴热

酣睡无事，夜校《节烈表》稿。

十八日　晴

早起,吴颖函来,留饭。耕岑及贺赤轩来。常生送马还。往耕云家,要同雪琴游鄜湖。正午骑轿同发,不甚热。未正至湖边田家,农人云:"有一室,夏凉冬温,出气如烟,一缕直上,数十年矣。"予疑是龙穴,而曾氏以为吉地,百计谋之。又闻宋总兵国永自芜湖回湖东寺,遣招之来,泥饮三十馀杯,又加三大钟,耕、雪皆醉,宋尤沉湎。将行,耕云拉宋堕田泥中,耕云起,湿一股而已。宋卧泥中,三四转,出拉雪琴。雪琴持之,宋不能动,乃送之还田家更衣,而急登舆马。余意欲急还,雪琴欲便访宋,遂行至湖东寺。入寺瞻铜佛,寺僧送茗,立饮之。出过宋庄,宋坚留,余要雪急驰还城,耕云为宋拉,不相顾也。行五里,少待不至,遂行。从太史渡渡湘,误泊其上流。入新城,行里许,至岣云处。待月还寺,夜课毕矣。

十九日　晴

晨起,蔗老及芮问渠、郭馀翁来,留饭。芮君孤身为客,持正不谄,但好洋药耳。午间作书与席研香、程明府,为贺君定文二篇。日暮,陪竹老入城答芮、郭,蔗老留面。遇章素存,狂谈一时许。过春甫,少坐还寺。

廿日　晴

食时雪琴、春浦、耕云先后来。耕、春留午饭,谈竟日。暮要竹老俱入城。送颖函,遇培元谈少顷,与颖函同过岣云,茶罢即行,还寺已昏黑。

廿一日

东丈来,送《庄注》就正之。通校《采访》新节妇已毕,包送商霖。税局张、吕二君来,早饭,巳。去后,申。出试记里车,铜薄,轮败。

廿二日

送扇求东丈书。将遣丁福归,福事不了,改命在和同行,余亦假归,期明日发。酉正,乡人来告粜,余大惊,以为真荒也。夜思之,乃欲得减粜耳,减粜殊亦非善政。是日,城中无赖子围道府县署索谷。

廿三日 晴

入城乞粜。春甫得石米,乡人辞不担,知非乏米也。午间又闻谣言云:“城中募勇入城。”至公所觇之,已树旗矣。是日,与培元、春甫、耕云论荒政,各有所见,而俱未妥,余不敢言也。黄昏骑访贺子泌、郑啸樵,俱未遇。是日戊子寅正夏至。夜丑正,骑行十里,曙。

廿四日 晴

骑且行且秣,未正还山,人马不伤。家中久无工力,处处尘积,始命泛扫之。以起早,未夕而寝,至子乃起乘凉,旋就寝。

廿五日 晴,有雨

为儿女理书,俱生,不成诵矣。渊明五男,不好纸笔,竟无闻于当世,余独何人哉!

廿六日 阴

始作《衡阳事记》。以考证为注,近代陋习,所谓未能免俗者也。遣在和至曾昭吉家,送钱三挂与之。

廿七日 晴

为儿女倍书毕,作《志》稿。午与梦缇论家道由妇人而隆,虽无夫无子,不妨为清门也。夜食粥。

廿八日 晴

倍书,作《志》稿。在和回。

廿九日 晴热

倍书,作《志》稿,午睡甚沉,醒食饼粥。

六　月

丙申朔　晴,午后阴凉

作《志》传,倍书,夜讲。

二日　晴阴

农人送绿豆。翻《唐书》四五本。倍书未如程。夜讲《书》、《易》。庆来始讲。喻以六爻,妃六人。《乾》初若伯夷、叔齐,二若皋陶、稷、契,三若伊尹、周公,四若孔子,五若三皇五帝,七若箕子、比干,用九若舜也。因言古有不知退亡丧之圣人,盖其性高亢,与世不宜,若屈原、焦先亦近之也。庆来讲书似有悟入。余儿女皆小时了了者,庆来尤好新也。

三日　晴,未刻雨

作《志》稿,倍书,讲《书》、《易》。夜月始见。

四日　晴阴

治凉棚,挂阶帘,作《志》稿,倍书。申刻,丁福送舅子蔡连生来,得两叔父、皞臣、覲臣、芳畹、与循、竹老书。闻七从祖母之丧及仲一夫妻死问。仲一客死蓝田驿,彼方唐代殂贵人多矣。七母为诸从父中最老姒妇,事从祖、祖母几七十年,姑殁,除丧而殂,其于子姓亦有恩礼,诚贤妇也。当作铭传之,亦以为报。又闻二妹得一子。又闻唐母殂而亲家夫人欲于期服内取妇,因命儿女议之。夜讲《书》、《易》。至亥寝。

五日　晴

倍书。讲《书》、《易》。《坤》六二:“不习无不利。”荀爽以为阴不敢先有所习,则无不利。干、王皆以为虽所不习,无所不利。非也。“能不我甲”，诗人所刺，“学而时习”，孔子所传，何不习而利乎？习与性对，凡阴柔性，狃于习，故戒以积习之弊耳。先迷者不为天下先，以先则易迷也。西南得朋，阴气之始，东北丧朋，阳气之始，皆各有利也。得朋则与类行，义之和也。丧朋而终有庆，事之干也。丧朋即不习也。夜有雨。

六日 晴，有云而热

作《志》稿未一叶而罢。因问家人：“吾初读书，三伏灯下未尝少休，亦无蚊苦，今乃不能，起于何年？”不亟出门，则不可医矣。神仙家变形游市井，盖亦此意，弛而不张，不可为也。故隐者必躬耕，未有求享福而隐者。享福而隐，与俗人何异？余不能耕，聊以出游，为习劳之业。孔子栖栖，盖亦此意。樊迟请学农圃，欲止其游邪？夜设凉棚，食粥。

七日 阴，午晴

风凉而气热，亦未能久坐。为两儿倍书，俱不熟。夜讲《立政》。《屯卦》：“宜建侯而不宁。”郑作“能”不宁，如柔远能进之“能”，其义为长。屯难之寇，皆非好乱，故建侯以能之，即求昏媾之义。昏媾者，和合之也。“小贞吉，大贞凶”者，屯难之君，膏泽不广，或能抚其一国，必不能临天下，故小则当吉，大则当凶也。夫治草昧之天下，宜求贤以自辅，徒恃恩泽，何能遍及？大人贞固，不为私惠，博施济众，尧、舜病诸，故曰“未光也”。上六云“不可长”，亦谓宜奋起济难，不宜徒忧劳也。而《象》言“勿用有攸往”者，正谓不宜独往耳。初九“居贞”，“居”读若居积之居，言积材以待用也。

点灯后，试入室中坐片时，书字数行，亦尚能耐，以食饼而出。

八日 晴

检书，将往城中。作书与皞臣、镜初。

夜为功儿改祷雨文。凡作上湖南天必五日一雨,六日则旱矣,十日未有不祷雨者。然为文颇难措词,余因改四句,云:“皇天哀此穷黎,心惔焚而俾遁。虽雩时其未可,嗟人力之已尽。”其末云:“阴溥兮阳施,山出云兮水增波。歌华黍兮报景福,十日一雨兮万民和。”此衡阳已上雩词,他处不可用也。夜大风少雨,食顷止,遂罢行。作诗寄镜初。

九日　甲辰,酉初小暑。晴

丰儿倍《仪礼》毕,《书》、《易》、《周官》先毕。功儿倍《礼记》毕,馀俱不倍。非女倍《书》、《易》、《礼记》毕,馀诸不读。

午后骑行至大胜,遇孟辛家使人来告迁析,作书复之。又得皞臣及竹老书。未,至台源寺,雨作,少停市中。寻夏濂春,要同访萧圜桥,比发已二更矣。乘微月,崎岖五六里,迷道,又绕行三四里,至萧宅。圆桥在城,见其二子、二从子。鸡再鸣,主人设食,比寝已晓。

十日　晴阴

早饭后濂春去。阅《十国春秋》十卷。光化元年五月,马殷将姚彦章请取衡、永五州,以李琼、秦彦晖为岭北七州游弈使,张图英、李唐副之,将兵攻衡州,斩杨思远、荆南成汭,岳州刺史邓进忠降,改衡州刺史。开平四年冬,辰州蛮寇湘乡,溆洲蛮寇武冈,命临州刺史吕师周将衡州兵五千讨之。乾化二年,蛮降。

《旧唐书·地理志》:湘潭,后汉湘南县地,属长沙郡。吴分湘南立衡阳县,属衡阳郡。隋废郡,属潭州。天宝八年,移治于洛口,因改为湘潭县。湘乡,汉钟武县,属零陵郡。后汉改为重安。永建三年,更名湘乡,属长沙郡。衡州中,隋衡山郡。武德四年,平萧铣,置衡州,领临蒸、湘潭、耒阳、新宁、重安、新城六县。七年,省重安、新城二县。贞观元年,以废南云州之攸县来属。天宝元年,改为衡阳郡。

乾元元年,复为衡州。旧领县五,天宝领县六。增衡山也。在京师东南二千四百三里,至东都二千七百六十里。衡阳,汉承阳县,属长沙国。吴分烝阳,立临蒸县。吴末分长沙东界,立湘东郡。宋、齐、梁不改。隋罢湘东郡为衡州,改临蒸为衡阳县。武德四年,复为临蒸。开元廿年,复为衡阳。衡山,吴分湘南县置。旧属潭州,后割属衡州。周羽冲《三楚新录》云:"希崇禽希萼,囚于衡阳。既而悔焉,遽命舟楫追之。路经衡山,廖光图等劫而立之。"

午后借书五本辞去,马上阅郑《志》三卷,至杉桥已夕,禾气甚热,三鼓至寺。竹老邀耕岑在此共谈,少顷各寝。余翻诸联、小说,至将晓始灭灯。

十一日 晴

申雨凉,感暑作寒热,竟夜沉沉睡,不省事。是早李菊坡来,江南秀才也。

十二日 晨雨,竟日阴晴,午后始起

竹老与耕岑出画城图,余后往,阛闭不得上。至春甫处,见唐昆山,旋与春甫至万丰看戏。还程宅,遣人寻竹老,已还寺,追之问故,则车铁断矣。萧圜桥、夏濂春来谈。

十三日 巳刻大雨,半时止,竟日阴凉

作书复皞臣,又凭李艺坡带江南书二函,一与眉生、碧梅,一致莫五丈,并诗寄莫云:"山居易徂岁,索处难为年。江东与君别,蚀月二七圆。久客便所寓,怀归惮山川。沅澧日夜流,旷望秋风前。虽耽琴书乐,岂胜昔所欢。华发对藜床,缁衣感洛廛。旋遁既殊趣,风波谁与言。常谣影山句,枉勒钟庭烟。傥有松桂兴,暂来宅湘堧。"傍晚与竹老同访艺坡,托致三书,未晤。至厘局访鹤帆同年,见蔗老、张、吕二公。

十四日　　晴热

鹤帆来,谈竟日,问同年半已死亡,馀略受官矣。日暮耕岑辞,与鹤帆俱去。夏濂春来。

十五日　　庚戌,初伏日

卯初起,送竹老入乡,闻喧钟救月食,二刻止。辰初竹老始成行。寺中人尽出,与老僧对眠。起书扇,书上七父唁叔母丧,并还湘局银二百,托春甫寄去。午饭后与悦众师入城,至程宅,见商霖,知乃翁出吊,与谈图表事。过张东丈谈官事文体取士法。还程宅,春兄已回,知天津夷务甚棘。还寺雨至,一夜未已。

十六日　　阴

出访萧圜桥,逢耕岑至,因留写课卷,至暮诣萧,归寺已昏黑。谢金卿来谈。

十七日　　阴凉

过厘局,见吴朴农同知及局中诸公,廖青亭副将在焉。至春甫处算帐,遇耕岑同午饭,与春甫至山陕馆访耕云。雨至,借轿归,送竹老夫回,至戌雨大至。普明言南乡谷贵,以公田多莲子、凫茈田,夺禾利也。张咏拔茶,盖有所见矣。

是日,雨中望云霞甚奇丽,作诗纪之,云:“夕气清陂塘,天容绚林壑。丹霞映元霄,金晕相鲜灼。残阳明遥甸,素雨昏丛薄。丹赤煊西云,青苍负南岳。惊浪翻千荷,摇香满郊郭。萧萧同一声,愔愔触妙觉。雾近望仍空,光连象惟漠。到影如可陵,超尘视寥廓。”

十八日　　晨阴午晴,溽暑甚闷

曾昭吉来,得仪安书。午间耕云遣送远镜。春甫来谈,申雨。

十九日　　阴

骑行十里至松亭桥,日出甚热,车败不可进,命邓八从船行,独骑前进。赊饭于台源寺，遇常氏信力同行，至家日将落矣。甫昏假寐，子初起，食粥二碗旋寝。复仪安书。

廿日 阴凉

竟日睡无事。曾昭吉回。

廿一日 晴凉

为儿女倍书。与书皞臣、春甫，夜至子寝。

廿二日 阴凉

晚与竹老至石门，禾风甚热。是日倍书，夜倍词赋，作龙襄翁行状。

廿三日 晴热

族兄惕吾走书来，并送小菜，六云见之喜曰："此湘潭味也。"余云："汝何能知乡味，而意固可取。"因谕以成家之道。作书与皞臣及复惕吾论族子搢生录科事。录科无名，监生所畏，故还来求书也。

廿四日 晴

是日出行蒸水，待月出即起，行十里至洪罗庙，小愒寿佛寺。巳正行十里至大塘堰。车败，重治之，入李姓舍中久坐乃行。八里，饭于马溺河，十二里，至常宅，已昏矣。车铜复损，至亥乃来。

廿五日 庚申，大暑，中伏。晴热

移榻潭印阁。晴生属作其生母墓志，送行略来。

廿六日 晴热

观常氏藏书，取《说郛》销夏，阅廿本。仪安托请封诰。

廿七日 晴热稍减

翻《会典则例》十本，阅《旧唐书》本纪二、渊起太原，挟侑据秦。岂乐推戴，望不孚人。结援召寇，疑子危身。徒言开国，未足称君。高祖一、孝广乘运，十八英英。虽矜己伐，善任股肱。授受无纪，作法其凉。刑噺管蔡，治拟成康。太宗二、治承考基，坐收高丽。有将无相，魁柄内移。高宗三、曌矜果悍,良史称懦。夫昏子暗,遂擅天坐。凡百奔走,如沸如火。穷妖白首,盖亦冥祸。武后四。是日仪安招陪竹老早饭。

廿八日　晴

辰起翻孙渊如《庐州志》、郑子尹《遵义志》,皆近代详核之作也。又观明王行《黄宗羲墓名举例》四卷,浅陋无足取。阅《旧唐书》本纪。孝和、元贞,皆有〔肖〕先人。率情苟〔背〕礼,取乐于身。夷涂不履,覆辙攸遵。扶持圣嗣,赖有贤臣。中、睿五。孝明幼颖,七龄叱武。睿不知幾,再作高祖。姚宋经营,乃败一女。〈西〉内幽忧,宁忆元武。元宗六。刘氏盛推明皇过于太宗,又盛称代宗,皆别立一论者。宣兼文武,阴谋渡渭。假号绥众,亦克主器。艳妻导荒,父子弗比。闻丧感伤,未曰谐乂。肃宗七。武始诛张,义正睿元。优容委政,亦足容奸。仆田既叛,程鱼始迁。终归厚德,贬护衣郇。代宗八。

大历二年八月辛卯,潭、衡水灾。四年二月辛酉,以观察使、衡州刺史韦之晋为潭州刺史,因是徙湖南军于潭州。秋七月己丑,以澧州刺史崔瓘为潭州刺史、湖南都团练观察使。五年夏四月庚子,为兵马使臧玠所杀。五月癸未,以羽林大将军辛京杲为使。十二年五月辛亥,罢团练使名。孝文德宗建中元年四月壬戌,以衡州刺史嗣曹王皋为潭州刺史、湖南团练观察使。三年十一月,李丞为使,皋移〈洪〉州节度。四年八月,丞卒。十二月甲子,以留后赵憬为使。三月十一日丁丑,憬为给事中。贞元二年四月戊辰,以元全柔为使。三年五月丁酉,以左丞畅悦为使。闰十月乙卯,以司业裴胄为使。七年正月,胄移洪州,常州李衡为使。十二年五月,衡州刺史齐映为桂管观察使。八年正月,衡移洪州,苏州齐抗为使。十二月,李巽为使。十一年十一月己酉,潭州献赤乌。十六年七月,渭卒[①],八月,河

① 据《旧唐书·德宗纪》,"渭"为人名,当指"吕渭"。

中尹王□为使。十八年,太常少卿杨凭为使。德宗九。

廿九日 阴,微雨间作

翻吴镐《汉魏碑铭例》二卷,补王行而作也。翻《元和郡县图志》。岱南阁本胜于殿本。湘潭县,紧。东北至州百四里,陆路百廿里。本汉湘南县地,吴分立衡阳县,晋惠帝更名衡山,历代并属衡阳郡,隋改属潭州。天宝八年更名湘潭。涓湖,溉良田二百馀顷,县西七十里。衡州,秦属长沙郡,汉为酃县地。吴分长沙之东部为湘东郡,晋以郡属湘州。隋开皇九年置,罢郡。太和元年十二月丁酉,右金吾卫大将军〈王〉公亮为使。三年,韦词代之,中书舍人。四年十二月癸丑,词卒,同州高重为刺史兼御史中丞,充使,湖南大水。五年六月,湖南水害稼。六年后,李翺自桂管来为使。八年,宗正卿李仍叔为使。开成元年,湖南观察使卢周仁进羡馀二万贯、杂物八万段,不受。七月丙申,进十万贯于河阴收贮。二年六月,给事中李翊为使。李宗陶〔闵〕贬衡州司马,三年二月,起为杭州刺史。昭献统天,洪惟令德。心愤仇耻,志除凶慝。未矜夔魖,又生鬼蜮。天未好治,乱何由息。懿宗十五。咸通二年,康永〔承〕训神策将军。率禁军及江西、湖南兵赴援安南,林邑蛮为寇【下阙】。

七　月

八日 晴

翻《全唐文》九十六本,内少十六本。三百廿本一千卷毕览。内奇文有岑文本拟《剧秦美新》及陈子昂《郭姬文》,殊为独出心眼耳。

待晚辞竹老归理家事。从仪安言,取山道还,渡桥迷道,误行田中十馀里,月斜惧迷,乃还渡马溺河。丁福前道多误,行塍埒间,投暮乃至家,遽寝,天已曙矣。

九日　晴

午睡少时,倍书三本。

十日　晴

昨夜热甚,浓睡不觉也,晓起殊不凉适。改文一篇。夜倍书。

讲《易·蒙》之《蛊》“见金夫”,虞氏以为淫夫,王注以为刚夫。金性虽刚淫,然“金夫”二字相连,必当时共知之称,非文王可杜撰为之也。今多以金为财货,古财货无专云金者。金者,刀兵之称。金革之金,众所共晓。金银之金,后世之货。此金夫谓挟刀兵而胁淫女,女惧而不有其躬,似顺而大不顺者,蒙昧之性使然也。若好货财而被淫,此女性荡而贪,非蒙之象。又古无女闾,未有以财求女之事。强暴侵凌,正文王时风俗。金夫,谓上上有寇象,故曰金,本三之配,故曰夫耳。上之〔九〕不利为寇,又谓为寇者皆不利,御寇者得利,施政教以禁寇,非谓为寇者别有利时。《蒙》六爻,惟五为童蒙本象,馀皆训蒙者。《需》不速之客为乡饮射众宾,故三人也。

夜独与梦缇纳凉室中,六云眠,呼不起。

十一日　晴,热甚

改文一篇,倍书,讲《顾命》。

十二日　晴热

讲《论语》。文胜质则史,史乃府史之史,非史官也。命家人庀祭器。梦缇手疸,不入厨,遣六云视饔爨。夜斋宿,丑正起,厨人方炊,家人始寝。是日丙子寅初立秋。午间凉风至。

十三日　阴

卯初起,视涤濯。辰初祠二,祀三庙,巳正毕事而馔。连日热不可衫,此日承祭,将毕事,微觉热耳。馔多而渴,得杏酪解之,饭未饱,怯汗遽散。

十四日 晴热

倍书,讲《易》,改文。

十五日 阴

昨夜雨,有秋意。倍书,讲《易》,改文毕。夜校《尔雅·释言》、《释训》二篇。腰痛。

十六日 晴

早晚凉。梦缇检行李从船付长沙。弥兄遣使来告期,期以十月二日非女当嫁。兼得辛楣书、媒氏书,即作复,以行李付来使将去。

十七日 晴

邓信去。遣在和送新枣、陈脯饷竹老,及与仪老兄弟借书还书。夜讲《吕刑》,儿女半遗忘矣。因就灯校补《顾命注》一篇,校《尔雅》三篇。

十八日 晴

得竹老书,云已请刘醉林画图。醉林之名,甚似画家也。曾地师来,言仪安欲迁其母柩,吾闻之儒以诗礼发冢,此其是欤?夜初在和回,得竹、仪诸君复书。校《尔雅》三篇。腰痛殊不减,呼马驰三四里,还,稍愈。

十九日 阴凉

五日之间,时候顿异,初所不料也。呼莲工剖莲子。作书与耕云,遣在和去。校《尔雅》二篇。

廿日 阴

校《尔雅》九篇,字句粗定。自书一篇,视之不成字。腰愈矣。

廿一日 阴

翻《旧唐书》十本。钞《尔雅》一篇。夜至亥寝。

廿二日　阴

凉甚,微雨。讲《吕刑》。连日心纷然,殊不能伏案。夜翻《旧唐书》二十本。刘氏甚诋李泌之相业,诚无可观。然谓其以左道进,则诬也。《新书》、《通鉴》甚谀之,为其家传所惑耳。张博物进《金镜录》五卷,宋马避宋讳,“镜”作“鉴”,遂为张书定名,至今仍之,可怪也。至亥寝。

廿三日　晴,午热

在和归,得耕云书,闻崇侍郎使法琅西。曾侯治天津夷务,有民变之机,殊非佳兆。前十馀年天津民拒洪寇,人人叹其义勇。今天津民又毁夷馆,杀领事官,民岂能为此,亡命掠夺之徒耳。朝廷政失平,则小人思动,假义而起,终激祸患。此事国家如阳罪民而阴纵之,民既笑其懦,又轻我政,甚不可也。若大申夷而屈民,天下解体,又不可也。朝廷有失政,为民所挟持,大臣士人当疏通而掩覆之,固不可抑民气,尤不可长民嚣,曾侯未足以知之。

午食瓜梨,视梦缇治装,夜至子先寝,比梦缇料检毕,已鸡鸣矣。

廿四日　晴

卯起严驾,辰正梦缇率非女及窊、珰、帏女陆行,丁、邓、萧妪侍。率莲弟骑送,至查江饭,又送二里许,乃归,申正还家,行甚迟也。入室虚静,颇为感怅。酉正眠,遂寐,至亥正起,旋寝。

廿五日　晴

两儿倍书,讲《书》、《易》。

廿六日　晴,复热

始汇编衡阳《采访》各稿。倍书,讲《书》、《易》。

廿七日　辛卯,处暑

编《采访》稿。两儿《春秋》不熟,读竟日。帉女左肩下生一疡,竟日不安,余亦小病。

廿八日 晴,愈热

编《采访》稿。倍书,讲《易》。《履》六三"武人为于大君",谓大君用武人为政,则刑法暴疾,如虎咥人。夫军容不入国,爪牙非腹心,犹眇者不可明,跛者不可行也。今欲定民志而尚威刑,当乱世而贵武力,其败宜矣。《泰》上六"城复隍,不用师",为太平而忘备,此武人为大君,乃拨乱而用武,均失之矣。午食包子五枚。

廿九日 热甚

倍书,讲《易》。《泰》之《临》云"于食有福",未详所食何指,疑是食福贤人也。《洪范》曰:"凡厥正人,既富方谷。"谓执政者当富之谷之。此云"食有福",亦谓食之福之也。《周官》:"八柄,生以驭其福。"天运平陂,勿忧不泰,能信用贤,食之福之,靡不治也。四云"不富其邻",则不能养贤,譬"不戒"而欲其"孚"。孔子云"不戒视成谓之暴"者,徒心愿其然,实不能行,与五之行愿相反也。比夜地至热,四更不退,烦闷过三伏时。

晦日 闷热

念殷竹老若已出,恐不支此炎威也。丁福误取卓帷去,乡中无缯彩可作,陈坤求得半幅红呢,六云藏有半幅绿羽毛,并凑成之,竟整丽可观,缝成甚喜。凡物以适用为佳,古人困顿,得一士如鱼得水,不虚耳。丰儿倍书似胜功儿。申杪送轿六人回。得与循书,知梦缇于廿八日到母家矣。又闻介卿兄已回吾乡。新谷斗百七十。

八　月

乙未朔 晴

早起问两儿姑姊何人?两儿皆不知姑为父姊妹。渊明儿子不识六、七,比此,真神童也。各挞三二十而罢。马岱青荐一王甲来刻字,无字可刻,且请其钞书,馆之北斋。点《唐书》十页。倍书。夜出池上纳凉。

二日　　晴阴

祖考生辰,设荐。暇阅旧作诗篇,自乙卯以前有超秀之气,乙卯至丁巳三年,遂至二百首,殊多扭捏,求好之弊,宜大删削之。作《唐书赞》二首。倍书。轿夫回。

三日　　晴热

阅《唐书》,作赞八首。倍书,讲《易》,编《采访簿》。

四日　　晴热,午雨不凉

阅《唐书》,作赞。倍书,讲《易》,编《采访簿》。刘史志虽阙略,而事详晰可览。宋欧词人,固不知史,《新唐书》直可焚也。

五日　　晴热

丰儿生日,放学,食汤饼。阅《旧唐书·志》八本,又以校《新书·百官志》。《新书》详于官职,而略于阶级,卅品之级不明。然史殊于礼,诸职掌略具而已,不必详也。夜讲《书》、《易》。功儿作诗。

是日晨未起。六云问《琵琶记》"雨过南轩"曲意云何,因告以孟士《摩诃池词》及东坡《洞仙歌》。因及海门师于丁巳夏覆试诸生以"摩诃填词"为赋题,而与循得第一,此风雅学政今无有矣。又念与循当赋此时,翩翩未婚,而今已鳏,人生风流,真如梦境,徒以好光景作恶因缘耳。因命功儿拟此词作一首,词成颇佳。

六日　　晴热

功儿既能作词,因命之作论。乘暇补点《唐书》二本。《艺文志》须以《旧书》校之,自校二卷。将暮,呼功儿对校一卷。夜课蚊多,独携灯帐中,至丙夜而毕,家人睡熟,庭户无声。

七日 晴热

校《唐书》一卷。《新书》言宣宗不母郭后,及宣母为李锜妾,言之凿凿。刘司徒晋人,何必为讳?而盛羡郭后福寿,又言郑太后盖宫女,疑《新书》采访不实也。

丰儿倍书,功儿作论,又作诗《赋得明月白露光阴往来》。余亦作之,诗曰:"光阴靓遥夜,思子下庭阶。花竹摇风重,轩窗背烛开。虫声更岑寂,萤照独裴回。秋桂休惊响,无人起夜来。"

八日 热

校《唐书》一卷。编《采访》各条粗成。昼热闷,夜蚊恶,殊不能有所作为。两儿倍书,讲《易》。《易》文简奥,至今几尽不可解。先师逸说今存者,惟言象而不及文义,如"鸣谦"、"颠颐"、"于丘颐"之类,自五帝所传,无此文法。余以意说之,心知其非,而犹愈于前之传者,亦欲次录,名为《周易燕说》,以授子弟,如《论语举义》也。

九日 晨阴雨

始有凉意,望雨久矣,意甚忻适。自钞撰《易说》十叶,计四千字,未觉倦也。

十日 阴

撰《易说》四页,校《唐书》一本。两日骤凉,未识长沙贡院中诸君何如。夜撰《易说》五页。

十一日 阴凉甚

着帽。六云生日,出拜。庆来以其姊同日生而今离家也,惘惘然,依依然,余察其情,放学半日。撰《易说》九叶。

十二日 晴凉

呼木匠治仓。乡俗治仓辄须一斗谷,余初不知也。补一孔如钱大,与之斗谷。钞《易说》五叶,夜阅《唐书》一本,倍书,停讲。功儿近颇开心孔,且令优暇之,以发其机也。

十三日　　白露。晴,晚阴

钞《易说》十叶。与两儿至石原,寻梧子,未落,高不可攀。待连弟送马,至昏不至,复步归。夜至子始罢,独小婢未睡耳。校《唐书》一本。是日丁未。

十四日　　晴

丰儿始钞《曲礼》,功儿作赋,甚有佳句,放学半日。兼携四女至龙江渡,欲济,无舟而还。钞《易说》十叶,计六日当为四十九叶,而有五十六叶,夜钞未暇数耳。夜闻六云已睡,而窗外有声,疑是野狸,试惊之,则六云立门中,为之抚掌。

十五日　　晴,微热

《易说》成一卷,自校一过,七日而成,五十八叶,将二万字,非常之勤也。惜无小笔,书甚潦草。夜初月,尚朦,诣三庙行礼,及中溜、灶,而祀文昌星行香。儿女拜月,食饼置酒,酒罢掷骰,至子罢。月甚皎。

十六日　　晴

作《易说》七叶,倍书,讲《易》。桂花。

十七日　　晴

校《唐书》一卷。午假寐,梦至常氏宅,将乘大月游聚湖山。出门,邻家大火,烟烬覆屋,避入文节祠。晴生云柳氏火作,故及其家也。未出祠而醒。为晴生母作墓志,作《易象解》。夜月甚明,露冷不可出。

十八日　　晴

祖妣生日,设荐。作《易说》五叶。常宅人来,知竹老无恙,甚幸。又闻其登山勤苦,甚可感也。余为人作事用十分心力,余之友为余作事又倍焉。然则曾、胡言求贤不得者,定不求耳。即此知余之可为宰相,而知余所友之皆君子也。

十九日 晴热

命两儿检书,晚作《易说》。昨日帉女弄钏,失之。

廿日 晴热

作《易说》,检旧钞《礼记》,倍书,讲《易》。连夜月明,倦不能赏。

廿一日 晴热

常澹秋来,言天津战败。留早饭,止其庄舍。作《易说》,校《唐书》一本。

廿二日 晴

作书与竹、仪两叟,交澹秋带去。作《易说》,倍书。

廿三日 晴热

作《易说》,说《大畜》甚佳。庚臣来,徒步五十里,留宿南斋。

廿四日 晴

与庚臣同迎竹老,两儿侍。至南塘湾遇其舟,同归。饭罢,晴生来,不期而集,甚喜甚盛,同宿南斋。夜雨。

廿五日 晴,时雨,热甚

命六云治具款宾,坐中闷热,饭罢出坐,至戌刻乃雨。

廿六日 阴凉

庚臣欲去,呼轿马并不能得,徒步还,主人甚惶愧也。午间竹老呼舟去,与晴生同送至石门,水行三里,秋风吹衣,欣慨盈襟。晴生还余宅,飧饭亟去,已申正矣。余亦倦寝,至丑方起。

廿七日 晴凉

发行李,检点长物,留书未携也。作《易说》,计十二日成三十九叶,分之一日不能四叶,以象数繁赜耳,犹须细检,乃能成书。是夜,命两儿登舟。

廿八日　　晴

率妾、女自寓宅登舟,是日壬戌秋分,风水澄鲜,泛行甚适,廿里宿查江,见飞雁一行百馀。

廿九日　　晴

阅《唐书》一卷。

九　月

甲子朔

从台源寺骑行六十里,午正至西禅寺,询知竹老早至,因入城,至春甫处相见。顷之,仪安亦至。闻江督被刺,祆教主枪击天津县事,大乱扰矣。同仪老访萧屺山、张东丈,东丈未晤,夜宿程宅。

二日　　阴,有雨

早偕春浦访唁寅臣于王仓,旋至仪安处,归饭,与竹老同访廖清廷,过雪琴处午饭,同坐者更有岣云、耕云、丁笃生。是日,雪琴赠非女奁物及画梅。耕云来访。

三日　　阴雨

清亭招饮,因托买舟下湘,将登舟而榜人暴死,乃改坐其哨船,子女未至,且待之。因与竹、仪、耕三君,张心泉通判同渡,访张都转于巡署,乘舆归。是日屺山来访。

四日　　大雨,蒸湿热甚

遣周桂及竹老仆人迎小船,至巳始至。岣、仪、春送非女添妆物。周稚威来访,得仲茗书,酉正登舟,泊湘东岸。是日曾祖妣生辰，以在外不获荐食。

五日 晨雨午晴

湘水长将及丈，舟行百五十里。雷石不榷，亦不看船，以坐炮船故。泊衡山城下，闻朱亭被焚劫，云流民为患也。

六日 阴，午晴

九十里至淦田，率子女等诣叔父。见二妹及陈甥云鸿。叔父处已雇舟，将走湘潭，二妹无舟，遂以我船借之。身率庆来登叔父舟，夜至四竹堑，见火光，复迎三弟来，炮船先发。

七日 晴

早行三十里至山门，入厘局，见吴少卿，留侍叔父。饭顷之，水师船过，云贼已渡湘。仓皇俱发，是夜行百廿里，至湘潭。

八日 晴热

早入城，至志局，见唐友丈、万星翁、秦麓生，张、李诸君，介卿从兄、十一从弟。复过团局，论贼事，遂与从兄弟同回船。叔父已上岸，换舟行。傍晚至长沙小西门外，以为妹等已入城，与梦缇作生日矣，试寻之，仍在舟中。

九日 晴热

侵晨入城，至宅，梦缇未起，陈母在宅，问讯毕，二妹先归。饭后至弥之处，遇唐研农，坐久之。出访杨蓬海、韩勉吾、朱若林皆不遇，归宅。吴颖函来，黄伯初来。出吊龙皞臣、李篁仙。李宅遇丁逊卿，知秩老已死，肩舆还。高主政来。夜早寝，至四更觉，不寐至曙。

十日 晴热

弥之、皞臣来，纵谈至未。程花楼来，谈会匪，云吾乡公请其查办，庶无枉滥也。仲茗来，绝口不言其家事。颖函又来，同出访若愚不遇，至皞臣处纵谈，芝生出坐。夜过答访邓鸣之，见罗秉臣，诣文心处剧谈,归,复饭而卧。是日,梦缇率妹诣张母。张母有女而爱,适陈氏,为妹叔姑,盖疏矣,而情甚亲。昨死于母家,妹居其家,闻死而惧其鬼,乃亟还,张母闻之勿善也。妹当往谢,嫂恐其不能辞,故往谢之。

十一日　晴,热甚

丁逊丈来。吴颖函来送纸。若愚来,代买缎匹。罗子沅、芝生来谈。夜为篁仙作家奠文,非礼也,而今尚之,推其义,盖读诔之遗耳。

是日,孝兴头破出血,余责功儿,梦缇不服,遂相纷竞。妇人之护儿,虽严如梦缇而不免,可叹也。盖自言则可,人言则必护。

十二日　阴,昨夜雨,今晨热解,风寒甚

院司择此日换暖帽,可谓知天乎。辰刻鄢友石、程花楼来谈。午初若林、觐臣来纳征,文心夫人及张四嫂开合受币。古人使有司,而今以有子女富贵之妇人,此可从也。弥之聘币甚丰,盖亦夫人所为。设茶款媒,俗曰:过礼日,女茶男酒;送奁日,男茶女酒。古醴宾之义也。午后出访力臣、仲茗,饭于仲茗家。昏归。过芝生略谈。

十三日　阴,微雨

出,报谒程、吴。诣篁仙家,陪吊客,见成静斋、唐斐泉、李仲云、唐荫云、张莼生、左锡九、朱宇恬、黄觐臣、许准吾、陈营官、毛孝廉、徐寿鹤、王葆元、郭筠仙、李臬台、黄藻臣、蒋章、陈伯屏、舒兰生,凡三十许人,与弥之同待至暮,无客而散。

高济川来,郑耕五送文丽峰书至,未见。伯屏来访,友石要谈,均未得遇。丁逊丈言将有兵变。

十四日　雨

卯起,步送李伯发引,至大西门渡头返。拜客十八处,午未朝

食,饥甚还宅。蓬海来,索作孟文。伯屏、汤惠老见过。刘竹汀来,未遇。

十五日 晴

皞臣、弥之来,谈竟日。招筠仙来食蟹,食罢,筠仙始至。吴颖函来借钱。皞臣送银。

十六日 晴

叔父举家来避兵。出访皞臣,要弥之同访吴南丈,出过朱若林、陈芳畹,还觐叔父。文心、若愚、仲云、罗子沅来。

十七日 晴

朱若林早来,南丈、谭文卿、李黼堂、黄子寿、唐斐泉、张力臣、余苹皋来谈。汪少尉肇昌来,未遇。午同力臣过友石饮,同坐有陈贻珊,纵谈饱食,归作文。是日,早诣陈母拜生辰。过文心谈,遇新化知县关某。是日族子搢生信来。

十八日 晴

劳仪卿、弥之来,弥之留食不托,月出始去。作书上七父、外舅,遣邓八去。

十九日 晴

单衫步出,答访仪卿,遇盛朴人,言花楼明府以荒诞撤差。花楼始欲往吾县办团,余止之甚力,非爱其名,报枏运之勤也,今果为辱笑,甚哉!访南丈、文卿、陈蓟生不遇。吊刘琯臣同年。归寓,南丈来,以《易说》、《穀梁义》、《庄注》呈之。子沅比日来索馆。友石来,同过力臣。读曾、李夷疏及南丈《诗旨》,创说新而多确,近日经师渐异,恐风气又变矣。

廿日 晴

出诣詹有乾兑钱。过文心寓,遇黄翰仙、成静斋,谈久之。往来坡子街,遇杨耕云、黄子明。过子明寓,谈食顷。三访韩勉吾皆不遇,归,仲茗来。若愚比三日皆来久谈。得七父书,索信诣永州守令,托文心书致嵇零陵,作复上七父。又得杨云帆书,托其带粤货,俱至矣。

廿一日　晴

命非、畇二女上冢,三弟及两儿、珰女同往。皆不识涂,余躬率之去,拜毕,过皞臣兄弟谈,饭于其家。答访谭心可。子明来,不遇。

廿二日　晴暖

周南坡经历来。皞臣、文心、耕云、朋海先后来。仪卿长子凯臣名启捷来,问其得名之由,答曰:文毅官粤臬时,以己酉岁征张家祥于南宁,闻生孙而命也。过弥之处,少坐即还。若愚晚来。

廿三日　晴

子明、若林早来,同子明过筠仙处,遇南丈。归,全樨园、力臣来。步出访樨园、耕云、钟君黎愈、成静斋、翰仙。耕云已去,钟君,殷竹兄之女夫也。翰仙处遇黄宅生。二鼓归。是日,买菊七本。

廿四日　晴

弥之来,同过罗子沅、汤惠老,畇女同往,怀橘而归。午间答访劳公孙。邹咨山学师来。若林来。送门礼,窊女生日,皆忘之。

廿五日　晴

午过朋海饮,遇李黼堂于道,立谈数语。同坐者,文心、若林、弥之、力臣、谭心可。归,改朱卷。

廿六日　己丑。晴

翰仙、友石、子沅、罗芝士来。芝士,余总角交游,廿四年前余居杨园,从刘芝庄师读,芝士、庚甫及余子徵、陈聘三过从最密,今存芝士及余耳。竹伍女夫钟棣生来。

廿七日 晴

刘竹汀、余苹皋来。与竹汀同过筠仙饮,同坐者马少尉、欧阳匏叟、曾志明,谈僧王败走赵北事。

廿八日 晴

非女将嫁,风俗,前数日送奁具,本以嫁日仓猝拥挤,先事从容。《礼记》云:"官陈器皿,官受之。"《诗》言:"烂其盈门。"为正昏之日。《传笺》以九女为盈,不言馀车。《鹊巢》言:"百两将","百两盈"。知古人亦先送妆具也。余草草嫁女,而诸君助妆者不少,裁用少半与女,而器皿用百人送之,知诸侯百两,非夸大词也。是日设具请二媒人朱若霖、黄觐臣,请力臣、朋海、若愚作陪。力臣先到,旋去。仲云来贺。

廿九日 晴

无事,看非女作篆。唐斐泉来。未后阴凉,出访弥之,帉女同行,不遇。见刘仲卿。还,访子惠、文心不遇,至石禄巷遇雨,因过芝生谈,见龙母及济生。钟棣生来。是日壬辰霜降。

十 月

癸巳朔

非女加笄,唐人云上头,今云开容也。俗以有福寿妇人二人弹线,仆妪卒事。姻家送酒,女家宴客,是日至者八人而已。

薄暮筠仙来,谈钱女事。筠仙未尝弃妻,而众人欲故意难之。余欲筠仙公言迎妇,妇必不至,则树倒胡孙散耳。若妇果至,必能相安,使老夫无妻而有妻,尤快事也。流俗之论,不明事理,不察人情,而天下倾倒于中,可笑也。是日仲云、斐泉来。

二日　甲午

非女出适邓氏弥之子曰国瓛,期以午迎。辰刻文心二子来,文心、力臣、子沅、芳畹、若愚皆来。巳正媒氏来。午初瓛子来,不执雁,余迎于庭,与之入,坐于客末,三茶毕,纵谈久之。天热甚,待非女妆,至半时未竟。婿衣棉,面汗如雨,因催内妆。婿升堂,又立一刻许,女始出,入轿加景遂行,客皆去。余过弥之称贺。辛眉自武冈陆行,刻期而至,二姓皆喜。忆廿年前,弥之兄弟雁行不离,使人羡妒。近岁以多故分析,颇不相谋,弥之遂不敢令其弟,而辛眉乖崖之名益著。余作书要辛眉来会娶妇,乃能刻日践约,然则乖者非乖,而疑畏者过矣,得此使上下欢然,两姓称庆,乃真快事也。坐两时许,新人不得出见,热甚亟归。朋海踵门入,余已解佩褫绅矣。

三日　晴

比日热似七月,易纱衣而出谢客。珰女畏生人,又恋其母。其母当过婿家会亲,余乃携珰女出拜客,凡入文心、竹汀、力臣、周南坡、若愚五家。又至姻家,见弥之继母及其妻女,婿出拜,入新房少坐,热甚亟归。子茂来。至夜,弥之兄弟来谈。

四日　晴

愈热,衷夏布衫而出,谒郭母,遂至弥之家。弥之设高坐,坐我于群客之上,非礼也。礼当以我为苟敬而客我,非所以优贤亲亲,余辞不能。就坐,未食三四肴,腹痛甚,强待终席而散,归即就寝。

五日　阴风

篁仙屡遣相要,遇暇过之,出哀启相示,似行状体,又出其乐府词及杂文属序,余袖而归。若愚来,余属借钱,而告不能,乃自往汪伟斋馆中谋之,得存钱,又许谋百千。归,辛眉先待于斋中,子沅继至,谈夷务。辛眉言当克江宁时,宜以劲兵实京师,而罢遣归农,非计之得。余欲徙曾、李都下,或实封云、贵,意正同此。然妄言耳,安有局外为出位之思乎?二鼓,辛眉去,余亦寝。

六日 阴风,始凉

弥之来,早饭去。帉女日日索从拜客,携之过文心,怀橘而归。济生来,不遇。呼功儿同觅旧书,乃无所有。薄暮,辛眉来谈,至三鼓去。子寝。

七日 阴,微雨

出答拜瞿孝廉鸿禨,春陔主事之子也。瞿、李总角交,春陔贫而黼堂富,春陔又失明,省城人鲜寻之,黼堂日日步过穷巷访焉,亦近日之高躅也。黼堂非古道者,尤当亟称而表章之。午归,女婿来见,女亦继至,非礼也。《公羊》以为如双双之鸟,而今俗通重回门,余不能违姻家之意,乃别宾之。晚间弥之要过听曲。夜归,览辛眉《井言》,上下古今,多取少弃,志为博通之儒,盖宪章《志林》、《日知录》而作,颇好程、朱,近王船山。然余于船山薄其隘,而不欲深非《井言》,则以船山已成之书自为一家,听其生灭可也。辛眉之学无师,而亦屡变,会当有精通时,此时不可与争也。王、邓皆豪杰之士,一则为宋后义理所锢,一则为宋后议论所淆。要之,两人诚宋后通儒,与马贵与、顾亭林伯仲乎?既翻廿二本,至子寝。

八日 阴雨

文心来,同过汤子惠。子惠言王舍人逢年穷,死不能葬,天之畏权势而厌贫贱也如此。余昨与文心言:"巡抚始至,及牧令到官,皆宜先礼贫士之有守者,以示薄俗。"有味乎其言也!非女复归,夜始去。

九日 阴

过筠仙少坐,主人不出,余不辞而归。非女又归。余设宴请女婿,以劳恺臣、张宝吾兄弟为陪。力臣来,纵谈。仲茗继至,留仲茗为宾,女婿为荀敬。肴果甚精,六云之力也。

仲茗旋去,辛眉来,居首坐,筠仙亦至,席散,辛、筠共谈。筠仙言:“天定胜人,人定胜天,古今无解此者。”请其说,谓:“治乱皆由人心,则天不胜人矣。”辛眉云:“即惠迪逆凶之旨。”余谓天定胜人。君臣父子诸伦,日月山川诸名,本非实事,而莫能违之,此天定也。天欲治而人欲乱,天欲生而人欲杀,此人定也。夜至子寝。

十日　阴

弥之招饮,同坐者邹咨翁、皞臣、觐臣、朋海、主人兄弟,凡八人。设馔甚丰,饮一日。与皞臣、弥之、辛眉步过篁仙谈旧事。篁仙云:“湘中五子,皆不得意。”余谓五子未必为同荣辱忧乐之人,使篁仙得志,弃五子如敝屣矣。乘暮归,夜作《嘉会篇》,以箴五子也。

十一日　阴

叔父移寓孙家桥巷。余赴陈蓟生世兄饮,命两儿至陈宅。筵散,步访皞臣,见其子长矣,欲叩所学,而仲云遣催,遂往赴招。本约看艺〔菊〕,乃无艺〔菊〕看,徒叨殄而还。夜已二鼓,要子沅、汤惠老来谈。惠老言:“咸丰九年火药发火前,五夜闻鬼兵呼杀,既复鬼哭,火发之时,麓山寺壁皆动,奇火也。”

十二日　阴

皞臣、辛眉、仲茗、伟斋、文心、子茂、若愚先后来,遂尽一日。客去作书与曾涤丈,论荐彭笛仙。

十三日　阴晴

与文心过皞臣,途入书铺,得《通鉴》及《艺文类聚》二部。适惠老与左子重来。惠老议价共三十二两。子重觅得《经典释文》、《黄氏日钞》等书,价五十千。余自谓得便宜也。

既至龙宅，弥之兄弟、筠仙相继至。文心先去，余五人遂留饭。皞臣挑筠仙论抚粤事，季丈劾筠老，而子重在席局脊不安，幸无连及耳。皞臣子验仙，清灵可赏，若得名师，当可大成，胜吉来一等。筠仙言："船山书精华在《读性理大全》。"吾闻之一惊，惊其一语道破，诚非通王学，熟读全书者，不能道此语。然《性理大全》，兔园册也。此与黎先生笺注《千家诗》同科，观其书名，知其浅陋，而筠仙力推船山，真可怪也。船山生陋时，宜服膺《大全》。筠仙生今世，亲见通人，而犹曰《大全》、《大全》，不重可哀耶？要之，论船山者，必于《大全》推之，然后为知船山，片言居要，吾推筠老。

十四日 阴，风寒

诣叔父寓，还过力臣，议孟星家事。弥之兄弟、翰山、筠仙继至，坐饮至二更散，以左氏五百银归交梦缇，至子寝。是日，曾楠生妹婿自陕还，来，未遇。楠生复至力臣家，亦为门生所阻。

十五日 晴阴

船户来揽载，议价十九千。胡蓟门属济生为其四子纳采，今云过草庚也，以窅女草庚答之。弥之率其子及罗秉臣同来。旋出，过书店，得毛刻《十三经》一部，价银十二两。弥之以《通鉴》及《类聚》去。余别行，访贺竹泉，久谈，归饥甚。

筠仙昨言：有余生游左帅军中，欲去不得，问计刘克庵。刘云："寻小事与相反唇，则去矣。"余生从之，左帅大怒，叱之曰"〈滚〉"。"〈滚〉"者，满洲大人叱奴子走出之词也。余遂得去。而时人为之改古语曰："一字之衮，荣于华褒。"丁心斋司使闻之，喜曰："十年一对，今始得矣。"京师有携人妻逃出古北口者，时人语曰："彼妇之走，可以出口。"真绝对也。

昨又与翰山议仪安为文节请赠衔封典一事，翰山云："宜出奏，俟至京时议之。”是日丁未亥正二刻十一分立冬。

十六日　晴

召泰益班演戏于李真人祠。前二十九年,先孺人为从弟祷疾报塞也。凡塞神,以钱二百与庙祝,四十与班中掌鼓版者,馀则包办于管班。余不能祠祷,命功儿行香。至叔父寓,遇若愚。还寓,惠老来,送印泥。始发行李。出买白菊,因至觐臣处,遇辛眉,取觐臣园中菊四盆而归,不待问主人也。任芝田来访。黄七嫂属为其从子觅生计。夜点邓七丈行状及皞臣、翰仙诗稿。送瞿春陔第三郎绣佩,贺新中式也。是日与循来,报生子。得郭五兄书。

十七日　晴

早起。先府君生日,在客未荐。发行李。点定翰仙诗送去。弥之兄弟及芝田来,同出遇皞臣谈。赴刘竹汀招,客未至,因访仲茗,论其家事。申刻刘使来催,至则有二倡佐酒,同席为柳子元、秦翁、皮孝廉、常涤叔,倡女金桂旧识余于衡阳,意惓惓欲泥语,余辞以将去,不能醉也。朱雨恬遣人相招,踪迹至刘所,因步至朱宅。弥之、翰仙、济生、芝田皆先在,辛眉后至,纵谈甚欢。翰仙要余过韩勉吾,未晤。丁福误取道永丰仓,闻道边老妇言:“有三胖人同行,轿从其后。”知为弥之诸人也。至白马巷口,果遇芝田,将别去矣,谈数语,复与弥之兄弟同行。月色甚好,路上多游女夜行,盖省城近日风俗甚薄,筠仙所谓极力学广东者也。夜复阅邓丈行状,怯寒遽寝。是日连发曾侯二书。

十八日　晴阴

子惠、勉吾、文心来送行。非女归,余促家人悉登舟,步别叔父、陈母,乘轿过弥之、力臣。力臣处得罗小溪书。遇陈贻珊、曾楠生。登舟,芳畹、三弟先在,子沅来送,移泊西湖桥。宇田送酒。

十九日 晴

入南门，访楠生，遇于途中。复至书店买《通鉴》，前书为弥之所夺也。书贾故靳之，遂去不顾。过别芝生，未回。至弥之寓，方招客，留坐甚欢。左丁叟报仪庵凶问，骇愕不知所喻。余以深心交天下士，师友称盛，然犯难致身之人，惟严受庵、左孟辛及仪庵耳。受庵尚不必能当大事，孟辛、仪庵使相与辅翼周旋，岂独为一道主人？方今势趋重上湖南，其豪杰之士多阔略而少真实，吾欲倚仪庵而联络五府，结团立本，今闻遽丧，上游顿空。《诗》云："人之云亡，邦国殄瘁。"独伤之情，宁有喻邪！辞饮回船，过孙公符，探确信。至小西门，遇非女轿入城，寄声谢弥之。登舟闷卧，晚饭减一食，至亥寝。

廿日 晴

连日日无光，照人如隔一重纸也。入城欲买衣，因过力臣谈。过别汪伟斋、彭子茂，子茂不遇，见湘乡王步先。从力臣处得吴南丈《诗说》，出城行且观，未十叶，自大西门至舟矣。南丈说诗，必合之史，虽未得实据，要如其说，则诗乃有用，真可谓知人论世，以意逆志者也。力臣录得副本，因以此册交弥之，还于巴陵，以赎吾所著三种。酉初开，行三十里，泊观音港。

廿一日 晴

辰开，微风至，未始盛。酉初至湘潭，入志馆，见唐友丈、秦麓生、万合楼，招曾岚生来。晚饭出城，至十二总广东马头登舟。遣梦缇归宁，酉正提灯发轿，以帏女行。

廿二日 晴

晨待六云治装，遂至日午，儿女尽诣外氏。余得为昏姻，外舅姑生日年节未一往贺，今始遇便，故尽室偕往也。酉初余始行，迷道，至亥正始到，贺外舅生日已迟暮矣。家云卿三兄及妻侄蔡子耕、妻外弟张三弟等先在赌牌。余不作此十年,试一为之,以对门连胜,竟不得牌,因先眠。

廿三日　晴

留蔡宅一日,与循竟日昏睡,不得谈。

廿四日　晴

从蔡宅雇夫至湘乡,行十二里姜畲,十七里云湖桥,十五里马托铺,入湘乡界。又十里宿新研铺。湘乡民团往来稽察者每十里立一簿,呼人问姓名而已。是日行五十四里。

廿五日　晴

午后欲雨不成,风甚大。行三十五里至孟辛家,见其舅父王翁、叔父星槎。入客室,左母出,言欲移长沙就仲茗。孟辛妻出,论移居事,以其母家田未雠,须闰月。余不能待,遂约明春迎之。未二更而卧。

廿六日　阴

昨夜浓云,欲雨不雨。左氏早具食,左母及星槎丈俱未及送,余辞而行,七十里,还宿七里铺,去姜畲七里而名也。

庚戌孟冬,余经石牛塘故宅,有诗。今廿年,情事又异,乃为数篇纪之。其一曰:“故宅沿明代,艰难托子孙。石牛空识主,驷马不容门。荏苒人先老,苕亭屋尚存。寒塘休照影,青鬓晓霜繁。”其二曰:“旷土弥无际,苍苍一望中。田园民废业,家国道终穷。准拟十年计,横栽百万松。自云湖桥至姜畲旷土方卅里。犹怜卧龙客,徒作种桑翁。卧龙种桑,自为谋耳。”其三曰:“将军昔贫贱,乞食众人哀。谓王明山提督。一剑君恩重,三年甲第开。余族中无赖子以故宅卖之。愧无芹藻化,谁养栋梁材。提督达后,人遂不能以礼教示之,故其性开爽而习粗鄙也。莫恨人才少,徒惊富贵来。”其四曰:“桥上当垆女,双金绣额圆。巧拢苏罢髻，咸、同之间，妇女盛为拖后髻，曰“苏州罢”，盖服妖也。娇索市门钱。旧日村牢落，穷嫠泣泫然。庚戌过云湖，惟见老妇乞食，今则妇女施朱粉坐市门矣。繁华非盛事，饥乱况频年。”其五曰：“此土真吾土，今游异昔游。儿童看作客，灯火照仍愁。鸡犬枌榆外，龙蛇战伐秋。负薪差自勉，料理敝貂裘。”

廿七日 晴

大雾，行四十里，还舟，闻叔父先到。午饭后，至十六族母家，询知已发。与云卿至岸，寻舟不得，要云兄小坐，谈食顷，云先去。

是日，作黄五挽联云：“万骑肃军门，拊背嗚然，想见裼裘公子；斜阳依宝应，伤心行处，不逢飞舄王乔。”黄名上达，初至江南，有太子少保提督公负弩郊迎，盛具供张，黄于众中拊其背曰：“阿利，阿，读若阿哥。湘人平等相呼曰“阿利”，盖“儿那”转语也。好便宜黄马褂耶，好便宜宫保耶！”提督公惭愠谢去。余游江淮，黄摄宝应，访之不遇，自此遂不相闻，故下联云云。

又作王春波挽联云：“生同姓，籍同名，又鄂渚同游，官阁谈心移月影；病相缠，火相惊，更兵符相迫，清泉馀响咽琴声。”王名与余名同，宰清泉，故云。

廿八日 晴

登岸，至得一兄处，约云卿入市，买衣不成。入城至志馆，麓生留饭，因同看菊，购八本归。芙蓉园主留茶，遇黄翰臣、孙玉林、徐子云、段福田话旧，同饭于志馆。李润生来。万星老回馆久谈。剃发毕，与云卿同诣玉生，仍劝其弃家行遁。玉生夫妻有凄惨之色，甚不达也。然先有子女成一家，今止一幼女，随母依亲戚以居，郭氏惧绝，亦人生之至苦尔。余命六云回舟。丁福来，云无轿夫可觅，又云近十馀里明火劫一齐家，蔡宅亦议迁徙，可怪也。玉生无烟饮[①]则可

① “烟饮”，今作“烟瘾”。

同往乡居,此苦乃自诒耳。乡人来信云:“王明山大掠于南乡,奸兟民女数人。”恐传之过,或者王本不能治军,今又恃贵也。

廿九日　晴

在舟候梦缇等。麓、玉两公来访。午后眷属至。玉兄来索钱。晚入志局,遣梦缇省十六族母,俱止宿。

三十日　壬戌,小雪中。晴煊

志馆早饭,登舟,催梦缇归。作挽联寄黄宅,并与书张力臣言左宅事。丁福求去,因遣之行。云兄买狐褂及床来,留谈。酉初发,五里泊杨梅洲。

闰　月

癸亥朔　晴

南风甚煊。卯正发舟,行三十里,泊马家河。帉女始授《礼》。

二日　晴热

南风,缆行四十馀里,泊株洲上游。两女理书,并多遗忘。

三日　阴

北风,帆行。读《唐书》一卷。夜泊山门,行四十里。水师二哨官来访,一罗锦泰,一邹汉章,伯宜、岳屏之族人也。戌亥间得雨。

四日

雨水增及丈,北风。上空泠峡,景色似仲春时,三十里泊淦田,三弟在局,遣呼登舟,谈一刻许去。

《雨过空灵滩诗》云:“烟岫蒙蒙白,秋枫瑟瑟青。归帆开雾雨,细浪响空灵。水驿双鬟报,滩声一枕听。霜鳊不易得,随处问渔汀。”

五日

【阙】三十里泊金鸡潭。

六日 雨

北风，阻弯不进，榜行十馀里始帆，行四十馀里泊石弯。钞改新诗十五首。

七日 雨寒

读《旧唐书》一本。当武氏易代之际，人士无可仕之理。其高宗旧臣，已致显位，畏祸苟禄，密图补救以自慰其方寸，犹可取也。狄燕公以天授初入朝，身受非常之宠，处不疑之地，内总枢机，出握重兵，苟忠于武，犹为桀犬，心在唐室，将谁欺乎？中宗暗君，大臣所废，死生微矣，何与唐朝？荐张之言，以久不遇为请，望其尽节，盖为武谋，后之反正，非狄所料，且五王终败，大功安在？以此归美，抑又无名，而千载以来，声称不绝，惑矣。景龙朱〔末〕，桂州都督景城王晙奏罢衡、永运粮。初，桂州有屯兵，常运衡、永等州粮馈之，晙始改筑罗郭，奏罢屯兵及转运，开屯田数千顷。

是日，行十五里，至衡山县，泊一时许，遣在和至陈宅视杉材，未合所用，俟躬至辰州购之。又行十五里，泊雷家市。

八日 阴雨

北风，帆行六十里，泊站门，衡阳界也。闻竹老半月前绘图至此。读《旧唐书》一本。

九日 晴

北风甚壮，行四十五里，至衡州城，泊柴埠门，风止浪静。入城访春甫不遇，其子商霖文学出见，始知仪庵以九月廿六日死，将葬矣。春兄归，谈久之，过访张东丈，复至程宅谈，晚归舟宿。

十日 晴

呼小舟至，拨行李。春兄要医生萧丹墀文学至舟，视梦缇病，因留早饭。客去,余亦上岸访峋云,因同出访秦啸山总兵、李竹丈、段培元。峋兄复登舟少坐去。夜作书与张力臣。衣皮褂太厚,热作甚烦,遂寝。

十一日　晴

贺子泌来访,谈经义,问"汉有游女"。余言汉南盖沿蛮风,跳月唱歌以为昏,后被文王化,定昏礼,遂行亲迎。故游女不可求,非指一女也。又言《行露》诗,盖男女不待父母命而私昏,女父不从,如太史敫之于君王后,足正风俗,故曰"谁谓汝无家",言女悦男,欲从之,女父不讳,而以礼义不可,室家不足也。与子泌同过春兄谈,托寄《桂阳志》与吾县志馆诸公,又寄陈芳畹一片,及桂阳曹敬轩一函,向索《志》稿。又与商霖同访萧丹墀不遇。归舟宿。

十二日　晴

换船讫。入城至春甫处,待发,遇祝价人、马稚泉、普明僧,坐久之,舟仍未开,复上船催行。至承口,泊柳下宿。

十三日　晴

巳初缆行,水程四十里,泊鸡窠山,盖以形似得名。王万澍改之为羲和山,羲、和二人,不得名山,若有"羲和山",定有"尧舜岭"也。读《旧唐书》一卷,误检第六函,因就阅之。

十四日　晴

行四十里,泊西渡,夜月甚皎。阅《唐书》二本,无所论赞。

十五日　丁丑,大雪节。晴

北风甚寒,始知节候有验也。舟中以被为幕,家人伏聚其中,不能读书。缆行五十里,至阮亭渡宿。

十六日　晴

风止,行四十里,泊石灰町。余率丰儿步还石门,山月照檐,凉露垂松，欣然有山居之乐。入门则桂花微香，双梅已蕊，深窗独坐，悠悠自适焉。

十七日 晴

早起遣丰儿迎舟，己亦躬往，携三小女步还，至未始毕起行李。六云贪得新床，功儿靳之，遂至忿争。盖女子之不广大有不可情度者。余遂留床自用，俟冬至日当予之。戌寝。

十八日 阴

扫书室，理书籍，张字画，遂尽一日。

遣足送石至常宅。作仪安挽联云："灵药乞来迟，遥知鹤咳秋寒，洒血未倾家国恨；保安团练在，当此猬毛盗起，上游真觉桂零空。"仪安以咳疾属余求药，未送而闻其丧。今岁议团练，院司求衡州总办之人，余举仪安，故云。保安，仪安所筑堡也。至子寝。

十九日 晴

霜气蒸山，寒苍可望。检长物，得二镜，以与六云。晴生送皮衣还余，其长工及帐房司事先后来。薄暮倦寐，至亥起，理《唐书赞》。月出风寒，掩窗坐，至子正寝。

廿日 晴

阅《旧唐书》一本半。

廿一日 阴

阅《唐书》一本半。刘相叙高仙芝、封常清扼潼关事，令人泣下。又其叙夫蒙灵察责仙芝，及常清起自傔从为留后事，皆奕奕有神。而子京曲恕哥舒，为之极笔，殊不可解。当大乱初兴，庸主必以骄气乘之，促兵平讨，计日而定，一闻溃败，则斩大将，二世之于章邯，元宗之于封、高，明怀之于孙、杨，皆是也。文宗能恕塞、徐，遂收曾、左之效。后之言兵者，慎无以军法误人主哉！王琚，衡、郴刺史，河内人。

夜坐未久,意趣索然,因就寝。

廿二日　阴晴

力臣专信来,约余会于沅州,辞以不能,复书令去。因寄笺叔父,又书挽联一付。裵回庭户久之。阅《唐书》一本。夜至亥寝。

廿三日　晴暖

阅《唐书》一本,亥寝。

廿四日　晴暖

阅《唐书》二本。刘作赞颇参差,不纯用四字句,盖知《史》、《汉》赞体,如《张路传赞》甚合例也。其载李泌与王琚同传[1],盖亦有见,《新书》采繁,家传不足信,而泌自此得盛名矣。夜至子寝。

廿五日　晴

阅《唐书》一本。关播招谕王国良,因论求贤而得李元平,盖言易而行难如此。刘史以妄男子言事作宰相者同传,正戒此也。亥寝。

廿六日　晴

阅《唐书》一本。

廿七日　阴

饭后肩舆赴吊常氏丧,至香炉砦,天开见日,申初到。先临仪安丧,后吊晴生母。与雪琴、屿云、春甫、耕臣同止潭印阁。作书寄竹老。

廿八日　阴

辰正晴。生母发引,比出大门,巳正矣。送者未行十步,大雨沾服,宾从尽散。予归寓,大电以雷者二,顷之雨止。雪琴去而后还,

① 《旧唐书》,李泌与王玙同传,王琚与李林甫同传。

坐谈一时许复去,予等留阁。

廿九日 阴雨

巳正还石门,薄暮至。弥之挽仪安联语甚壮,云:“过大梁者尚想夷门,况余同谱倾襟,空向衡云哭公子;得剧孟者隐若敌国,方冀维桑借箸,顿令承水失长城。”

十一月

壬辰朔 朝食时冬至。阴雨

午告非女昏成归,至于三庙,遂谒贺至节,受贺乃饮。夜寝微暖,知将雪矣。

二日 果雪,厚及寸

赏玩竟日,索炭不得,乃然枯竹枝,明照一室。至亥寝。

是日,书萧屺山章京母挽联,联云:“郎君许入禁廷,名誉动公卿,谁知画荻丸熊苦;新妇初谙食性,晨昏奠羞膳,犹是陔兰泪鲤心。”萧续娶未一年,故云然。

三日 晴,雪消

山苍秀尤胜。新筑一室成,因额曰“快晴”。督莲弟及在和治艺〔菊〕畦。城信送马来,得七父书、麓生书。七父竟至永州,尚安稳,可幸。读《唐书》一本,段、夏两生来访,谈《西铭》。

四日 晴

阅《唐书》一本,与丰儿讲《通鉴》。亥寝。

五日 晴

阅《唐书》一本。萧复为舒王行军长史,以父名衡,改为统军长史。“行”、“衡”声同,盖唐时声读也。今则“行”、“刑”同声,与“衡”

不近。高崇文不通文字,厌大府案牍咨禀之繁,不习朝仪,惮于入觐,朝廷用武人,其敝如此,蒋益沣似之。夜至仪安茔所,视之甚硗确,不可葬。戌始归家,少坐即寝。

六日　　晴

早念雪琴当来,以为未能早至,至辰正未起,俄报客至,遂跣而出。谈一刻许,雪琴去。甫入坐,而王生来送礼,留之小饮。得耕臣片云:竹老已至常宅。客去,薄醉少眠,梦缇呼食不托,强起啖六七枚,至夜不饭。作祭仪安文。

七日　　晴

先孺人忌日,设奠。问两儿记祖母否,功儿云忆之。丰儿失王母时甫一岁,宜不记也。然询其甲子亦不知,则蠢甚矣。是日独坐不事,至子寝。

八日　　晴

早起入园,见苦竹出新笋甚多,因念草木早凋者皆美质也。松柏、竹樟、荆棘、丛灌,皆四时发生,而美恶异等,盖生气最足者不随时为盛衰,如大贤大奸,皆挺然自立,而宣尼独以后凋叹松柏,岂非以其胜梁栋乎!

作书上七父,托春甫寄永州。午后骑行三十里,至水口迷道,从山田间行,由石坳至常宅。竹、雪、峋、春、耕臣诸公皆先在。饭后祭仪安毕,宿潭印阁。得张东丈书。

九日　　晴

留常宅,夜阅《九华山志》。

十日　　晴

与雪琴谈十六年前湘潭、岳州战事,思之如梦。又言衡阳唐玉田提督拳其兄仆地,逃出作贼,复从李世忠为捻子,投诚,至大胜关遇母、妹、外甥事，又如一部小说也。

八都民传仪安已为神，因与诸公论因果及修道之要，竹、雪两公似不甚河汉余言，岣、春两公似不悟也。应以岣、春身得度者，当现岣、春身而说法，余之道未至耳。夜雨，追感战事，作诗一篇。

十一日　　阴晴

步送仪安柩，行四里，至雪琴舟上小坐，饮鬲烧龙井茶二碗，视柩登舟。衡阳人不知用独扛竹节舆机，挽郎皆泥行田中。又谬言柩重至二千斤，可怪也。柩未及安，天已欲过午，乃辞而行。至荷叶步，遇竹老从人来告资斧。行十五里，遇竹老相待于寒婆坳，因过王弯，借钱于陈商山秀才，留饭，食风鱼甚佳。辞行十五里，至库宗桥宿，竹老先在矣。

十二日　　阴

晨过白鹤铺，至常二嫂墓，视其地平平耳。仪安云大吉，外人云大凶，殊为多事，然其长子葬母羡门甚谬。雨至急行，过演陂，驰山坡甚乐，马少驽耳。茶于洗狗岭，宿于阴陂，行三十五里。夜雨。

十三日　　雨

不可骑，呼小舟，行二十一里，泊神山。遣在和陪曾昭吉陆行，测地界及二小水源，上岸去。

十四日　　雨

行四十里，二更至易赖街码头，舁登岸，与竹老宿岣云书房，夜阅杂书廿馀本。

十五日　　阴

早饭后与竹老至春甫处。得曹镜轩书，还《志》稿。介卿从兄来送七父寄书。出访张东丈。耕云来。全西园通判来，与朱烈轩同知同至，夜谈。是日晤竹澹溪，主人春甫子师也。西园言罗春山县丞有子已入学。春山非科目流内之官，曾馆余于郴局，迎送甚恭，当恤其后。问其子名字,西园不知也,作书田懋堂访之。[1]

廿五日　阴晴

昨日曾昭吉回,行水步道已毕,将画图,而余久居城中,无事将归。得七父永州书。刻工艾姓、贺子泌、陈商山来谈。夜阅全祖望《经史答问》。出访沈老曦。王选三送菘、蟹。

廿六日　晴

阅孔广森《经学卮言》,论《齐诗》四始五际生于律。《大明》在亥者,《大雅·文王》以下三篇,律中应钟,举中篇以该上下,故曰水始。《四牡》在寅,谓《鹿鸣》、《四牡》、《皇华》,律中大蔟,为木始。《嘉鱼》在巳者,《鱼丽》、《嘉鱼》、《南山》,律中仲吕,为火始。《鸿雁》在申者,《吉日》、《鸿雁》、《庭燎》,律中南吕〔夷则〕,为金始也。《汜历枢》又曰:午亥之际为革命。卯酉之际为革正。辰在天门,出入候听。卯,《天保》也;酉,《祈父》也;午,《采芑》也;亥,《大明》也。《常棣》、《伐木》、《天保》,律中夹钟也。《沔水》、《祈父》、《白驹》,律中南吕也。《六月》、《采芑》、《车攻》,律中蕤宾也。辰在天门,宋均以为戌亥,余以为卯卯天门,辰乃辰巳之辰耳。孔以次推《采薇》、《出车》、《杕杜》当辰位,依《小雅》次之:《鹿鸣》三为寅,《常棣》三为卯,《采薇》三为辰,《鱼丽》三为巳,《蓼萧》三为午,《六月》三为未,《吉日》三为申,《沔水》三为酉,《黄鸟》三为戌,皆幽王以前之诗。自《无羊》以后,乃为变雅。故以《大雅》首三为亥,《棫朴》三为子,《皇矣》三为丑,而不数《生民》以下及《小雅》、《南陔》六诗,盖《齐诗》之异如此。孔又言《论语》:“有酒食先生馔。”为食先生之馔,文意甚新。

---

① 十六日至廿四日日记阙。

午与春甫同访朱烈轩同知、杨耕云、刘敬三。耕云处索得《历日》一本。敬三代买绸帐百十四尺。夜请竹老算《王制》古田、东田，与梅氏法合。郑君改经误字甚当，孔疏谬算耳。复七父书，送银钱四枚。

廿七日

辰初起。烈轩来答访。天雨，呼轿归石门，行五十里，薄暮。雨一日不止，轿夫甚苦，宿于土地庙。

廿八日 阴晴

在和遣轿先行，欲余骑马，初畏晓寒，勉骑行一里，甚暖，遂弃轿而驰。少憩于台源寺，因命在和待担于庙山，駷马而行，到家未午也。

睡二时许，在和始来。夜坐无事，欲六云陪余蒱博，六云云："女君唯好读书、刺绣，不喜戏也。"余感其言，入书室读《唐书》一本。

廿九日 阴雨

梦缇来贺生辰而晚，余辞之，改辰为午，子女行礼毕，食薄饼、汤饼均美，然未饱也。夜读《唐书》一本。子寝，不寐，欲得食物，六云小疾先睡矣。

晦日 阴晴

计此月九日晴，八日雨，十三日阴，遂觉沉昏若九幽，知阴黯之为众恶也甚矣。夜理《志》稿，读《唐书》半本。作书与筠仙，为七父求永州讲席。亥寝。

十二月

壬戌朔 大寒中。阴晴

为两儿理书，讲《易传》：大极为一画，两仪为一--。四象者：三画之卦,惟有三阳三阴,一阳一阴各一象,故云四象生八卦,言画卦之始也。即《老子》一生二,二生三也。生三以理言,生四以象言。入夜微冷,亥寝。

二日　阴雨

作《志》稿,作书寄李、殷两竹老。读《汉书》,欲学其茂密不能也。吾才不及司马,学不及班氏,若论识,孟坚差不如,但恨读书少,亦天所限耶。夜半寝。

三日　阴,暮雪

在和入城,余睡至未初始起,一食而已。夜检《志》稿。

四日　稷雪

竟日室中围炉间理《志》稿。梦缇问"礼不逾节",余答以过恭、过哀、过俭。

五日　雨霰

积雪半消。朝食后与六云塘上看雪,群山皆若淡墨扫烟,殊有画意。夜理《志》稿。比五日颇怠于学,明日当振之。亥寝。

六日　阴

晨起作《衡阳官师传》,寒甚手僵,书字多恶劣,至亥,吹火自温,复入书室,少坐即寝。

七日　晴

作《志》传,表章罗隐,兼考得于环为湖南观察使及前后官,甚快人意。日夕,段、王两生来谈,论孟子性善,荀子性恶,孟为贤智言故云善,荀为愚贱言故云恶。今蠢愚人欲食则纱兄臂,欲妻则搂处子,自以为率性也。若言性善,彼必不信,故荀告以恶,亦垂教之意,未可厚非。性善之说,未可全是,以欲食欲色,贤智亦知之,亦是性也。孟云"君子不没性",则性竟是四端之苗,而非七情之未发者邪?孔子言“性相近”，则精深广大矣。又论嫂叔不通问，为命士以上言之。兄弟异宫，相见有时，不白母兄，而径问嫂，则致词宜云夫弟遣问嫂，有嫌疑矣。若今同室居，时得相见，交语固其常也。问，乃遣问疾或问事，非交语也。

八日 晴

携珰女至道山桥，两儿从，倍《仪礼》二篇。作《志》传。

《宋史》赵善应寒夜远归，从者欲叩门，曰：“无恐吾母。”露坐达旦。善应家贫，从者乃能侍之露坐，然何以不假宿逆旅而晚归也？见星而行者惟奔丧，孝子不服暗，何有半夜投门而不入者？此矫诬非人情，而史载之，谬甚。因检《赵汝愚传》附录之。夜先寝。

九日 晴

作《志》传。同梦缇至后园挑菜。两儿倍书。作《志》传。比日稍静，功课渐增，反暇于前数日，勤之效也。

十日 晴阴

始作《书笺》，成二叶，携丰儿视仪安殡所，归作《志》传。亥寝。

十一日

常生笛渔来，久谈，属作其父墓志，午间去。作《志》传，连日文思甚壮，若有神助。夜雨作复止。亥寝。

十二日 晴

在和回，得竹老及汪伟斋书。伟斋寄学使观风题至，欲余作经解，为拔贡地也。书中云：“卅年已困秋风，五十而思夏后。”为之哑然。

廖君题有《春近》四绝句，想亦词客，故题颇纤巧。偶携畇女行田，以其题作四绝云：“龙池璧水漾轻澌，正午风微日渐迟。杨柳未黄萱未绿，嫩春先转碧桃枝。”“消寒连日泼新篘，试数梅花下酒筹。

倚醉不知霜月冷,夜行初卸紫貂裘。”“寒菜畦边偶一花,土膏潜长碧云芽。东风莫便催芳草,却恐游人早忆家。”“雪上琼楼旋旋消,绿窗斜日透疏寮。为嫌指冷停新曲,近欲重拈白玉箫。”复代作《咏史》诗一首,《姚江学辨》、《中西算法考》各一篇。至亥寝。

十三日　晴暖

作杂文三篇,八韵诗一首。文有《求忠书院记》颇佳。王生来,言刻志事。夜录《书笺》。水仙盛开,与盆梅香相发。鸡早鸣,子寝。梦缇问“因缘妃耦”事,因为言爱不可极,怨不可结。假如夫妇相怨,必交失道也。若卫庄公不答庄姜,姜能无怨,夫必改而礼之。贾大夫妻不答夫,夫仍媚之,妻终笑言。天下无一人独行恩怨之事,况夫妻乎?此论曹镜初尝发之,余更申其说耳。然男情易移,妇怨难消,故古圣重防女子;非防女子,实自防耳。人物各媚其妇,《左氏》以火为水妃,善谑哉!

十四日　阴

因作《九江考》,解《禹贡》“导山导水”,大有所悟。古言导山皆云山势,导水皆为水道,岂禹作帐簿记帐乎?郑康成以醴为醴陵,大别为霍邱,皆离江千里,而其说阙略。余乃寻绎,知导山为禹随山刊木之始,未治水也;导水乃施功治水时所行也。凡言“至于”者,禹所至,非水所至也。言“过”者,禹所过,不必施功之地也。言“会”者,已治之水也。经例既明,郑义大通,自以为昭然若发蒙也,乃作《九江考》。

明日立春而值家忌,改于酉正行礼。微月正佳,意兴甚适,鸡鸣始寝。

十五日　阴

丙子立春。曾祖妣忌日,素食设奠。一日无事。

十六日 晨雨，竟日阴

轿行三十五里，宿台源寺。渡水，一荒寺僧出，无一人，设榻厨房，竟夜微月，不甚寐。

十七日 晨晴

行三十五里遇雨，冒雨行二十五里，至城外，访贺子泌。余请其校《桂阳志》，已毕工矣，欣然携入城。至春甫处，竹老图已成稿，将归矣。自昨日早饭，至今申初始饭。夜访李竹丈，还宿程宅，夜雨。

十八日 晴

同竹老出过罗衡阳谈，顷之出，分道行。余过贺同年、张衡州，不晤。渡湘访廖清亭，后遇竹老，同过耕云、雪琴家，均未入门。渡湘同过王峋云，不晤，分道行。余过段培元，段遭父丧已还乡。访萧屺山，不晤，还程宅。屺山来，清亭及唐昆山、沈曦亭、峋兄、竹丈先后至，同饮程宅。春甫为竹老饯行也。是日子泌来，待余一日，余未暇多谈。夜作书复伟斋，并寄一片与非女。朱亭复有土寇之警，殊可虑。

十九日 阴

晨起送竹伍去，颇有别离之意，老人多情，引余怀耳。子春兄弟、寅臣同年来送行，沈老曦、唐昆山送路菜，屺山送路用食物，均受之。作书寄叔父、外舅、陈母、弥之、与循、俊臣、竹老。明日遣在和去。

夜屺山见过，久谈，论马谷山事。谷永、耿育论朝廷不宜发扬贵臣阴事，余尝韪之。郑尚书若知此，必密以实奏，而寝其事，潜销其谥传及恤典而罢其举主可也。其罢举主，但云所荐非人，而密示以实奏，则得大体耳。夜书二幅。

廿日 早晴

舁行六十里，至台源寺遇雨，过荣弟店，索面一碗，吃毕遂行。

夏某送至店,托其寄一片与岱青,请其作文一篇,许润笔六千,云减价发卖也。雨行三十里,昏黑,借炬火于庙山,借笼灯于楂泥塘,复添一夫助舁乃归。舁夫王姓,从云南归,言刘荩臣军事。又言杜文秀之妹送金师八对与贺冲天,行反间,后又降于全提督,誓为夫妇。全似说部中情节。又言回人衣重甲金盔,军器用叉,官兵月饷一两二钱,日领升米,米肉甚贱。刘得一苗女为妾,国色也,其姓薛云云。听未毕而至家,一日未饭,索饭二碗,食毕遽寝。

廿一日　雨

饭后理《志》稿,考衡阳古城。少休,常晴生来,请余作书与曾沅伯,留宿北斋。夜至子寝。

廿二日　雨

晨起送晴生还,舁行至龙骨塘,贺吉人妻生日及娶妇之喜。新昏家王氏有一老诸生及朗生文学二少年送亲。陪饭毕,已昏黑,又雨竟日,舁夫惮行,留宿斋中。其新郎因疹未合床,余亦未入新房也。

廿三日　阴寒

巳初辞归,申初始至。梦缇不为余磨墨十四年矣,今始研一池入铜斗中。是日送灶,变不亲祠,遣窅女代行礼。两儿、六云均懈怠,藏匿不敢见正人,余不日督之,恐梦缇真不能治此将败之家。渊明责子,以继妻耳,两儿全不畏严母,岂非顽钝之尤,念此叹恨。比年送灶,惟今年败人意,王戎所云:“卿辈意亦复易败也。”作《女冠子》词一首戏遣之:“年年箫鼓,总是一家儿女。闹深宵。酒薄寒仍在,香轻春共摇。　　饔飧何日了,车马不辞劳。消受饧糕粥,更鏖糟。”夜雨,子寝。

廿四日　阴

为两儿理书。梓人来,属改刊《桂阳志》九叶。夏生为其师来索钱。岱青之贫，众所共知，然闻有资助，则如索逋，师、弟如此，亦自断钱源也。又得晴生书，送润笔土物八种，殊俭于用，俱复书遣信去。夜阅《唐书》半本。寒雨种梅花。

廿五日 雨

午后阴。作书请贺子泌课丰儿读，遣足去，附书春甫。阅《唐书》一本。常生来，旋去。亥寝。

廿六日 雨

阅《唐书》二本。为丰儿倍书。《唐书·韦温传》，温七岁能日念《毛诗》一卷。念书始见于正史。

廿七日 雨

阅《唐书》一本。丰儿倍《礼经》、《春秋》、《孝经》已毕，明日放学。

崔从廉正，除麴税、羊算，不请门戟。子慎由，大中十年入相。孙允亡唐。兄子彦曾启乱徐州。崔珙，会昌初入相。弟子远，乾宁初入相，遇白马之祸，为"钉坐黎〔梨〕"。卢钧仁廉著于南海，其妇女观出军而召乱，大中时入相。裴休不食鹿肉，会昌中入相，领漕，无沉舟之弊。杨收神童，母俟其及第始食肉，让兄，咸通八年入相，以赃赐死。弟子涉，乾符中入相，涕泣，竟善终。韦保衡由进士，咸通中六年入相，公主薨，赐死。路岩，咸通中入相，年始卅六，八年而罢。夏侯孜，咸通中入相，出治蜀，无政。刘瞻，咸通中入相，以谏杀公主医官，即日罢相。曹确，咸通中入相，谏伶官为将军，不听。毕諴齐名，积谷邠宁，咸通中入相，以同官任情，固辞相位。杜审权，咸通中入相，出作苏杭使，再入相。子让能，昭宗时入相，以讨邠、岐赐死。刘邺七岁能诗，论李德裕冤，咸通初入相。豆卢瑑，乾符中入相，大雷雨。《旧书》以十九人合一传，阅之迷目，故为次序之。

夜命功儿作《岳阳楼记赋》,检滕宗谅、王拱辰、范仲淹传阅之。《宋史》以仲淹以天下为己任,开朋党之风,此至言也。作秀才以天下为己任必轻宰相,至己作宰相时仍秀才见识耳。秀才好名喜事,宰相则之,必乱国矣。宰相倡此风,则天下秀才皆以天下为己任,而纷纷攻宰相,此时奖之不可,拒之不可,故相道乃穷。然则作秀才而任天下者,必终身不遇而可耳。此言自孟子倡之,宋儒述之,而天下秀才益多事矣。不意《宋史》能见及此,亦良史也。夜寒,子寝。

廿八日　雨寒

常吉人来送节物,得雪琴、春甫书,全西园书。子泌复书,定初八日下乡,似太早临,然当与快谈数日耳,不遽起学也。

廿九日　阴,夜雨

除日也。余小疾,已始起。望祠善化城隍神。午食年饭减省,用四碗一火尉,饭三碗。夜祭诗友,计十九年来未尝料人数,今数之,并仪安才十人。仪安不能诗,未必来享,余以恩纪祭及之耳。祭时妻妾必有一人在侧侍祠。今年梦缇以目疾不出,妾在灶下,亦未出也。欲待祀门而疾颇甚,遂眠,果体热不安。

同治十年(1871)辛未

正　月

辛卯朔　辰正,雨水中。阴

起祠三庙、文昌星、灶、中溜毕。受贺。遣两儿出贺邻家。食枣,煎年糕。早饭罢,邻人老幼十三人来贺年,留茶去。

梦缇以严怒待儿女,节候当嬉戏,皆凛凛然,然亦背之盗弄淘气,无所不至,父子之道苦矣。余欲助之威,则下无以为生;欲禁之,则下益玩法。汉宣帝言:“乱我家者,太子也。”慕为贤明母而未得其术,其患甚大。故谈宋儒主敬整严之学者,其子弟率荡佚,败其家声,若用以治国,则天下大乱,此岂竖儒所能知耶!儿女既屏息远去,予不可与妾相对,遂卧一日,至亥寝。

二日　阴

早起见瓦缝微雪,业已下床,遂盥着,食年糕。入东斋少坐,见儿女摊钱,亦往看局。至子寝。

三日

晓起大雪满庭,厚二寸许。出赏雪,百顷皎洁,人迹殆绝,非僻乡不能有此清净琉璃世界也。竹树低垂,草菜森挺,冰雪能摧刚为柔,化柔为刚,前人《雪赋》未及此。命马驰行三四里还,妻、儿、女、妾同摊钱,余亦入局,至亥罢。

四日　阴,雪未消

常生来,留饭。刻字两王生来,旋去。午饮三杯。亥寝。

五日　阴晴

常晴生及二从子来,少坐而去。游民假冒流人来乞食,竟日始去。作仪安墓志成,亥寝。

六日　晴

雪半消,夜又雪。摊钱至丑罢,卯归寝。是日,雪、春两公送赆,夜作书复谢之。

七日　阴

李福隆来。夜算衡阳丁粮银数不符。作书寄春浦,并送《志》稿。夜至子寝。

八日　晴

阅《旧唐书》二卷。赵隐、张裼俱以子仕梁而得传,殆得斛米也。李蔚引名臣奏以谏饭僧,寻入相,守淮南、太原有政声。崔彦昭思文乾符初称善相,奉母孝。郑畋字台文,议抚黄巢,后捍岐陇,有重名。卢携举宋威不致,遂欲激巢乱,力倚高骈,卒得罪自杀,鄙夫也。凤阁王氏徽字昭文,权京尹,有抚绥之效,掌选无滞。三文补苴,郑极慨慷。始议官巢,谋岂不臧。携也鄙夫,酿寇促亡。赵张庸庸,蔚有谏章。萧遘自命比李德裕,为同年所忌,不屈于田令孜,而召朱玫,以致僖宗奔播,躁人也。孔纬承命危难,借李昌符五十缗而达行在,亦致克用之兵。韦昭度将王建讨陈敬瑄,遂为建所弄。崔昭纬连藩镇以倾之,卒自受殃。张濬学鬼谷子,因杨复恭以进,后又欲假兵势去之,致李克用之师,然犹以重名为朱温所忌,潜遣盗杀。子格为王建宰相。郑綮寄钱庐州,贼盗不犯,杨行密乃送还京师。綮好论时政而致宰相,三月避位,犹知耻也。刘崇望定杨守信之变,弟哭麻以沮李谿,而兄不食。徐彦若、陆扆俱无相业，扆差有识耳。柳篋子以诗骤相，而报怨兴祸，天假手于昭宗也。遘比袁绍，召玫祸禧。昭相十人，不若置棋。度伟〔纬〕相倾，纬濬致师。刘驻含光，禁林前驱。扆沮徐将，亦云识务。綮近知耻，璨为邦沩。乾宁好诗，衣冠逢虐。幽人好乱，克融还立。义（李载义）颇媚朝，两卒制鹘。牛谬论边，视为异域。杨（志诚）李（可举、全忠）再奔，张（仲武、允伸、公素）拔于军。李相善驭，收功蓟门。匡威淫躁，背镕自偾。张（匡筹妻）实女戎，再倾李燕（朱克融等列传）。田死魏乱，史狗盗城。逆生顺死，五姓（何进滔、韩允忠、乐彦祯、罗弘信、承业）窃名①。威歼孙军，势弱乃平（史宪诚等列传）。河中反正，李钺授王。义武应之，国势始张。田夺盐池，遂兴晋阳。爽起贼徒，见美澄清（重荣、处存、爽，二王、诸葛列传）。千里世将，威申南交。养寇自困，晚节为妖。青徐么膺，草窃一朝（高骈、时溥、朱瑄列传）。独孤女贵，恩萌异念。窦世国姻，阿畚何谄。武十九王，亡也如剡。攸绪巧慎，优游岩险。太平类母，三朝焰焰。溆独犯难，湊流名检。开元肃克，外家自贬（独孤怀恩、德明、怀贞、承嗣、延秀、三思、崇训、懿宗，攸暨、妻太平公主，攸绪、韦温、王仁皎，吴溆、弟湊，窦覦、柳晟、王子颜）。元始任奄，思勖奋武。高开贿门，犹曰谨惧。静忠（李辅国）握珠，始典禁旅。朝恩观容，遂临戎伍。德倚窦（文场）霍（仙鸣），大总文武。守澄立穆，掌握人主。前宋（申锡）后郑（注），俱困社鼠。田（令孜）杨（复光、恭）崎岖，恭敢犯御。搏（王搏）欲和难，反死允（崔允）口。光化荡除，四星掩蔀。欲检《良吏传》，以倦未果。还内室摊钱，鸡鸣乃寝。

九日　　晴

携珰、畇二女至水边，蒸流盛长，然有春意。还阅《唐书》二卷。申泰芝，《吕諲传》作奉芝。唐代良吏多在刺史，盖非畿县希专割断也。治物之寄，令守所赞。唐别畿赤，外州劣县。大府之纲，长司攸典。高设

---

① 据《旧唐书》列传第一百三十一，“五姓”当指魏、镇、燕三镇的史、何、韩、乐、罗五家。无名字为“承业”者。

按察,使权攸显。咨册三子,并称循选。杨蒙九褒,贾纪双善。张蒽权木,严察为浅。高恤丞尉,庶乎知本。惠登涤瑕,隋歌来晚。酷吏之兴,端在盛时。始开丽景,以钳百司。李杨秉钧,罗织其私。毛敬裴毕,技终不施(《酷吏传》)。夏侯端忠于武德,有苏武之节而仕隋。清官劝人作反,徒欲立名取官,岂曰忠义乎?王义方名行有闻,其劾李义府尤为矫矫,当别立传。尹元贞、成三郎为周拒唐。王同佼〔皎〕、周憬但可为侠。苏安恒敢言触势。俞文俊越位戆言。王求礼可谓直节。燕钦融与安恒同。张介然、崔无诐□上见杀,有失守之咎。程千里生为俘囚。符璘降将反正。赵晔患贼中早年[①]。张伾能守临洺。《庾敬休传》惟叙官阶。诸人并不宜入《忠义传》。张道源孝子。李元通陷贼自杀。冯立、谢叔方忠于所事。安金藏以乐工赠兵部尚书,封代国公。颜杲卿起兵拒贼。薛愿与张、许同功。袁光庭独保伊州。高沐、邵真、石演芬、张名振能引大义。甄济洁身求免。辛谠求救,贤于南霁云。高叡、李憕、卢弈、蒋清、李公逸、刘盛〔感〕、常达、吕子臧、张善相、刘放〔敦〕儒亦孝子。贾直言饮鸩代父,鸩泄于足,事李师道、刘悟,能引大义。诸人皆宜别为次叙。《旧史》总载,盖当时宣付立传者,未能分别耳。守土殉城,六子致命(刘感、常达、吕子臧、李公逸、张善相、常〔高〕叡)。张(介然)崔(无诐)束手,未习军政。李(憕)卢(弈)危坐,毅色逾劲。壮哉元通,醉观自刭。张(巡)许(远)薛(愿)颜(杲卿),愿名弗著。袁(光庭)亦保伊,伾胡卖女。辛谠挥刃,壮于南霁。在藩引义,甄(济)乎智士。邵(真)高(沐)石(演芬)张(名振),皎然泥滓。贾生(直言)饮鸩,移忠刘李。张(道源)孝改乡,刘(敦儒)鞭悦母。元武操戈,冯谢不回。乐工(安金藏)剖腹,茅土自来。表其义侠,以愧三台(《忠义传》□)。文士六二,山谷污隆。并用鳞羽,属我唐风。员(半千)谏控鹤,刘(蕡)识始终。稹较李杜,乃为雕虫。夜至子寝。

---

① 按《旧唐书·忠义传》称晔为陈留支使时,"安禄山陷陈留,因没于贼"。

十日 阴晴

检书籍。子泌来，到馆。遣信要姚西浦不至，留彭静卿作陪。申初丰儿、甯、瑎二女入学。舍菜，酉设饮，与子泌久谈，鸡鸣寝。

十一日 阴晴

子泌属余点《礼记》，兼笺异义，自《曲礼》至《玉藻》十一篇。常吉人来，留宿南斋。得春甫、晴生书。福隆遣二人来，拨钱与吉人。子泌谈夷务。子泌精于农田之事，复论开垦事。鸡鸣寝。

十二日 阴晴

治装，携功儿赴长沙。贺赤轩、李福隆以龙灯来送行，乡人亦以三龙来，升堂而拜。因悟《郊特牲》及《论语》言乡人傩，朝服立阼，存室神也。旧注以为恐惊室神，非也。室神非厉鬼，傩何能驱？若非知礼之家，不以朝服立阼，岂室神尽惊而去耶？存者，存问之义。乡人傩必入庙，入庙必有礼，众人以其喧哗，草野多视为儿嬉，而不答礼，故宜朝服立阼，以示为主。不答拜者，傩入庙本非宾客，疑立俟之而已。此非身历不知。余早年见傩入辄避去，今年适相值，见其入庙设拜，故悟此义也。是日留客饭八桌，共六十许人，扰扰竟日。至申乃行，廿四里入据江彭祠，静卿为主人。

十三日 早晴后阴

静卿设食，彭氏来陪者四人。巳乃行，卅里至灵川寺，道中游珍珠广[①]僧六人击钟鼓而迎，余不拜佛，以其盛礼，不可不答，亦作一礼，然后与僧为礼，礼也。

灵川刘生谈军中旧事，言陈玉成以数十万之众援安庆，人结如饼，炮轰旋合，苦敌十夜而解，自此贼败矣。不求战略，而虐用其众，

① “游珍珠广”，似为僧名。

未有不败,况狗盗乎！主人烧四烛,烛尽乃宿。

十四日　阴

行里许,遇在和及弥之家人,得弥之、芳畹书,无非及其婿书,仍遣信至家去。行四十里至白果[1],过赵氏药店,问梅卿同年,云已入城。复行十五里,至鸦口铺,遇一王姓,言相墓法。

十五日　雨

添一夫,行五十里,宿石弯。旧送与循诗所谓"石弯双折垂杨枝"者也。市人放花爆,亦有节景。

十六日　雨

挑夫病,不能行。五里至古塘桥,访翁佩琳于青石坤树德堂,借一力,从梅龙巷取梅花渡,越山行。功儿骑导,访检头坤,登蔡家岭,至外舅家,已二更矣。妻父小病,余今日亦腹痛大作,竟日不食,连进姜橘汤二瓯而眠。是日丙午,惊蛰节。

十七日　阴

早起。梦缇遣人送书来,即留来夫同行。过访李云根丈,至县薄暮。到志馆遇万鹤楼,留夜饭。唤船夜发,一夜雨行四十里而曙。

十八日　雨

午至长沙,遣功儿先入城,弥之遣人来发行李。舟人王姓谈三河败事,涤庵骄气为之也。未正至弥之宅,少惕,出寻四叔父,因过访篁仙、文心、皞臣、正斋母夫人、李仲云兄弟,叔父已移湘潭矣。黔局亦不知何往,使人如有朝市迁流之感。皞臣病甚,入室久谈。三李均未遇,还过筠仙,遇唐荫云、左壬叟,言王孝凤劾丁巡抚谋杀马总督,其词不经。还寓,至四更乃宿。

---

① 下文亦作"白杲"。

十九日 雨

晏起。始沐，仲云来。芝生、黼堂、篁仙、健郎、文心、筠仙继至，遂尽一日。谈徐寿蘅荐余于朝而蒙显责，及马总督事，又拟论修通志事。篁仙又云王司使欲一相见，然未闻司使何日来访余也。篁仙又言其傲忤张力臣，及力臣足恭之状，余甚疑之。黼堂言刘御史却八百金而保全其名，已以银二两报之。芝生言皞臣将于三四月招功儿往就学，今暂寄弥之也。夜刘仲卿来谈，托寄京信。湖南九府四州厅，其半无名人，余亦不能访求表章之，未为知好贤也，愧甚愧甚。因与筠仙论《志》事而觉之，书以为他日之鉴。

廿日 阴

弥之设荐。余早出谒陈母、左孟夫人及力臣，还就席。力臣、芝生已先至，文心、筠仙继至，纵谈《庄子》，酒罢已暮。全西园来答拜。夜命非女作词，以“灯前细雨檐花落”为题，成一词不佳，余欲作未能也。

廿一日 晴，晚阴

出吊黄子寿、杨朋海，过文心饮。东丈遣相闻，约会于文心宅，同坐者弥之、力臣、芝生，论附洋舶事，酒罢日西矣。与力臣过筠仙处，索《庄子注》。筠仙盛许为知言，惜无副本，不得留正。旋回，过仲茗，见左母，论迁衡阳，左母不欲，余揣其意，恋仲茗也。因先为仲茗谋之，而事果行。坐顷之，辞归，欲登舟而城闭，还宿弥之宅。罗秉臣自乡来，同居停于邓氏，少谈各散。作书与程春甫，并寄家书。

廿二日 阴

早起力臣来，送汇票十七万钱，又馈赆白金二斤，而辞曰：“助功儿膏火。”余前早与芝生让坐，以父子不同席，遂坐芝生之上，戏言今日以子贵也。今馈赆而曰与功儿，故余谢之曰：“想亦以子富之义耶?"弥之设汤饼、煎饼为饯,已食而行,舟中杂客六七人,有杨子争席之效。是日不发,泊西门对岸。

廿三日　阴

早行十五里,泊三汊矶守风,遣在和入城送书,请弥之寄丰儿。余本欲携书疏入京点定,因此船不可写字,洋舶更不必施笔研,在京日无几,故不作著书之想。读《庄子》七篇一过,夜早眠。本日会计:此行入程拨银八十两,常拨百八十两,彭赠五十两,程赠二十两,外舅与廿两,张赠卅二两,计共三百八十二两。

廿四日　阴雨

行七十五里泊青牛弯,午间过靖港。在和来,李荇仙片遣陈升来随余至京,以其京城人,习北俗也。得弥之《细雨词》属和。钞《穀梁申义》三叶,文心所属也。

廿五日　风雨,始雷

守风青牛弯,钞《申义》五叶,和弥之《细雨词·睡鹤仙》云:"别愁萋满院。正晚来、疏帘和雨都卷。春痕背灯见。又烟丝碧润,露华红断。潇潇线线。绕回阑,寒轻夜浅。被东风、迤逗相思,刚落檐花一片。　休缱红楼隔冷,珠箔通光,做成闺怨。天涯纵远。诗共酒,尽消遣。但西窗剪烛,东阑对雪,年时几回相见。好殷勤、爱惜良宵,莫催银箭。"

廿六日　雨

仍泊青牛望。钞《庄子序》。作书与筠仙、文心、弥之、力臣。

廿七日　阴,大风

唤渔艇,逆风行九十里,夜至营田,投竹老妹婿易子杰盐店中。大雷雨雪,已而大雨,至夜半止。

廿八日　晴

晨起肩舁行三里许,访殷竹伍于屯民段,屯,读若军。见其长子、三从子及其从孙，殊儒秀，无村气。其三子默存赠余以诗。早饭待至未，又坐至申，辞而行。竹老赠余食物及全肴，副以钱二万，亲送至营田市，视余登舟乃归。促舟人即发，行三十里，泊琴岐望。邻舟有太子太保旗，厚庵子也。又有一钦差大臣，则不知为谁。

廿九日 晴

早行九十里，欲泊鹿角，入孙坞访吴南丈，舟子方将帆风，余亦念匆匆不尽怀，俟归途寻之，遂行七十五里，泊岳州府城岳阳门。登城楼，观新修工规，殊不壮丽，不知何用六千金也。与道士谈彭雪琴、曾沅浦、谢麟伯。道士又盛称尚太守庆潮之美。楼下刻石有李沄自陕甘督楚，自署星沙人，余甚讶之，及审视，乃自督幕旋楚耳。其人全窃张竹汀之名号，又欲督楚，未闻楚督剿袭一御史之名也。一茶而去。

登舟复发，行廿五里，望江口正从西东进而为洞庭，前望澧口，乃在湘西。马君以为江东至于澧，误甚矣。澧口谓之布袋口，在鹿角下五里，江口今谓为荆河脑，在陈陵矶下十里，江去澧八十五里，洞庭两受之。《山海经》所谓九江之门，即君山、艑山。先秦人说九江，盖亦误会《禹贡》东至于澧之文耳。余自甲寅至今，凡七上岳阳楼，甲寅十月、十二月，壬戌五月、十二月，甲子九月，乙丑五月，今辛未正月。经十八年而皆独游。当乙丑归时，自以为不复再至，今复翩然来此，古今须臾，可胜慨哉！

览李竹亭刻石之词，辄作一首，归与道士刻之壁上。用辛稼轩《摸鱼儿》韵，云："问汀州、几多芳草。青青远黏天去。少年儿女春闺意，又对流光重数。留不住。烟波恨、逡巡踏遍湖边路。凭阑不语。待更不伤心，此心仍似，一点未飞絮。　人间事，离合悲欢总误。无情犹有痴妒。愁来漫写登楼赋，未遇解人休诉。梁燕舞。还只恐、洞庭也化桑田土。当年战苦。谁更忆周郎,谓雪琴。风流尽在,千古浪淘处。”词成,已行五十里,至螺山鸭阑对岸也。是日行二百四十里。

晦日　阴风,颇寒

早行五十里,至新堤,小停买米。旋发七十里,过石头关,小石阜上刻“赤壁”二字。凭篷远眺,感孙、曹之战,孟德不先收南四郡,从安成、醴陵袭豫章,而欲先平劲敌,故宜致败。然兵势无常,多以攻坚收功者,事后论事,易为识耳。

沿江碧草映天,春色远秀,江鱼肥美,帆楫安闲,惜不得携家闲游,一快情郁也。泛宅浮家,人生之至乐,但儿女累人,他日两儿能当门户,终当一了此愿,不能效禽、向步入五岳,有芨涉之劳矣。申初泊老矶头,汛兵云赵夹口,鱼童云上峡口。去嘉鱼县城十里,有水师坐船,盖都守以下官也。询营兵知为千总。登岸见菜花、蚕豆花,其香扑人,麦苗青青,民居垂柳嫩黄,鸡犬安静,有村居之适,忘其频年水患为苦也。是日行百六十里。

二　月

辛酉朔　春分中。晴

泊小泠峡,呼厘局验船,巡丁辞不敢上。近日厘局皆谦谨,以改用官吏也。

余出游廿馀年,未尝以早春泛江,今为此行,乃知汀洲芳草,伤心如此,古今诗人,岂欺余哉!作小诗志之,《青草湖曲》云:“湖草最先春,芳心自千里。汀洲偶然望,客恨连天水。平生不省江南怨,柳眠花飞春始见。谁知露叶烟丝中,一水一堤情万重。平波隐隐随空曲，极浦萋萋迷雨风。湖光草色春相引，扁舟暗觉东风近。行人来去莫相思，天涯易尽愁难尽。"又忆壬子二月朔日春分，作小诗五首，此时初聘梦缇，故末章云："正忆绯桃色，无言解泥人"云云。今廿年，因效五代人"四月十一〔七〕"小词，作《女冠子》云："二月初一，十九年前今日。正春分。酒绿香如雾，腮红晕作云。　　娉婷轻嫁了，旖旎暗怜人。惟有迷离梦，暂留春。"

是日，行百六十里，泊东瓜脑。榜人落水，衣裤尽湿。盖余学道，而好作绮语，故以此相警也。明当戒之。李云丈昨与余言，向老久静，不知七情为何物。余已能去怒、惧、恶、欲矣，而未忘哀、乐，亦缘文词为障，《庄子》所谓以香自煎也。携妾不障道，殆非诚语。

二日　　晴阴

行百里至汉阳，望武昌对江三城戍，雄阔冠东南，水陆形便，宜可建都，而自古皆以江陵为天府，所未解也。咏芝经营指挥，坐致富强，而身未终享，官、李庸庸居而有之，天下以为固然，凡事颠倒何可胜道。然鹏之运也，则天池负风；鸠之飞也，则枌榆抢地。庸人何能居大镇，彼视为一城一墙，儿女之闺房耳，而余乃张大其形势，不亦过乎！

舣舟晴川阁下，遣问许总兵，前托春甫介绍为觅洋船，书竟未达，余又不喜见武人，遂泊沔口南岸嘴，步至汉口万安巷，访程尚哉，十二年不见，老矣。尚哉云，郑尚书已刑讯张文祥，作海寇定案。又言盐务行引，皆自下流逆挽，不从便运，盖有深意。当淮纲盛时，川、粤并不多产盐，余言当就场征课，尚哉虑灶户数万家失业。余于盐法未数数然，不知何者为长计也。询知李小泉已入觐，廿六日陆行矣。作家书，兼致弥之。夜间不眠，邻舟盗铁锚去，殊不闻声。

三日　　晴暖

晓起眺望江、汉，作诗一篇。遣在和买铜器，至夷人信行定船。

作书与殷竹伍云:“高轩暂话,群从欢然。策马应科,反劳遣送。饯赠隆厚,躬枉湖濒。斜日将沉,未能款曲。别情载路,感荷交并。登舟始知二万贶钱压舟同下,盖以闾运前阙地主之礼,故琼琚以报木瓜,或者仁兄廉介久闻,不欲费故人夷器之馈,不然无此礼也。谨即载往沪上,代购胡书并火轮各机,但未知子登去否,及行程办否耳。舟达沔口,帆楫安闲,二日觅舶,四日发去。久居山中,颇惮远游。直尺枉寻,殊近多事。惟以习劳自勉,不敢告劬。比至京师,即谋归计。洞庭水满,试一临江。相见在近,谢不多及。”

竹老从子默存赠予诗,末句云:“衡岳云烟洞庭水,载将春色上蓬莱。”佳句也。聊押韵和之云:“竹室铜盘有异才,明珠五六夜光来。白鱼岐转沙棠楫,三凤声和紫阁隈。春色萋萋连去浪,晴光滟滟动离杯。长安卿相须年少,莫把丹经问老莱。”

向午煊甚,念山中当已绵衣,行人可单衫也。夷行嫌银低,又不肯用其国旧钱,余遂不作上海之行,遣雇小车三两至汝宁,每两六千二百,车行加篷钱各五百。酉初行五里,宿汉口街尾通济门内,旧名三家店。初月一钩,林树新绿,夷人建楼屋甚盛,树已成阴,不胜辛有伊川之感。小车余初学坐,两仆均为平生未经之事,试观其吃亏何如也。刘庸诐言凡事最须耐烦。邓保之云吾等当吃亏。余今愿行其言。

是日,程尚哉来舟中答拜。作书与弥之、春甫,寄梦缇,兼告陈母以不复求试之意。交车行送信行,未知达否。

四日　晴

行十五里,饭于澮水池,十里至油湖。以须两渡,觅舟溯滠口,驿馆寂然,旧垒弥望。居人言官兵过,无不扰民,曾军与僧军同横,惟胡抚军差戢耳。论兵贵智,非料敌也。智足以知情伪,则兵将不敢骄，涤老不智，故不如文忠矣。滠口至双庙才三十里，而驿人言四十五里。又十五里，宿雷家集。辇夫甚驯朴，吾此行所逢船车人皆良善，盖心平和则逢吉祥，感兆之理也。汉口尾边为沙邕，无复麦地。然自汉口起，平原湖皋颇有北景，兼以小车客店腥臊如燕、赵，使人登车即有河朔之感。雷集人颂黄陂旧令朱君循政不容口，且言其精技击。云湘乡人，名际昌。余不知也。

五日 晴

行十五里，饭于火烧桥。辇人云，有贩猪人误烧人积谷，罚令造桥也。又卅里羊店驿，孝感地也。辇人取驿右小道行，云近十馀里。卅里至杨家冈，店屋甚盛。十五里宿刘店。黄、孝人读“冈”，俱作去声。

六日 晴，北风

廿五里过小河驿，城若大县，前当富繁，寇乱焚半矣。驿道渡水西行，径道循水左右，澴水也，自孝感来。入汉卅五里，渡水即阳平口。上下二梁，水涨有义渡舟。十五里宿二郎店，早饭长冈。

题神女祠二律云：“解佩曾过汉水浔，重扃今叩玉墀阴。相当便许分明看，不语方传眼色深。纵作锦鞋终有恨，得拈裙带已同心。蕙櫋春月应长好，谁识青轩夜独吟。”“玉女留门凤掩扉，坐中春色有谁知。青鸾暗啄鸳鸯瓦，仙鼠偷眠翡翠帷。芳草有情遮去路，杏花无计避相思。红巾本自君怀得，抛向君前赠别离。”

是日，初见李花。澴水右关岩前有石觜，辇人云“猪母觜”，年倾黄豆一车为饲。今夜计账，自长沙交在和九千，殷送廿千，换银九两馀，得钱十六千六百。计三次换船并饭食赏钱十一千，发车行钱八千一百，馀路费钱十三千五百。

七日 晴

风日燥亢，尘沙扑人。十里饭于彭子冈，辇人云恶婆冈也。五十里过三里城,土人筑大堡以防捻寇。

同治初大发兵,二王、三相、三督、四抚,驰骛防守,屡败于寇,论者以为必不能平,然刘省三等一战而定。廿年巨患,倏然而消,非兵力能胜也。民寇不合,而官兵四出,寇不能存,所谓坚壁清野之效也。若洪寇稍与民合,故必大胜而后定。凡治盗贼宜审其机,若明者治捻,不劳兵力,专委守令,省费亿计,庸人不能,则大举以图之,及其成功一也。洪寇势大,非稍用智略不定,今之曾、李,少胜洪、陈,因收其功,亦非天幸。后之论者,未识几人知此。十二里至沙子岭,全入山中,为河南罗山县地。沙岸大石如岛,高可七尺馀,里人云,西域胡言中有自然金盆,欲凿取之,土人不肯。又行十里,日西,余试步行七里而暝,颇为沙石所困,改乘后车,一里至杨家坊宿。道中棠梨盛开。

八日　　晴,南风

行廿里,早饭塞冈。三十五里三里店。辇人用牛挽行沙中里许,钱廿。云路有卅六坡,例加人挽,须百廿钱,因车轻省费耳。渡汝水,自息县来入淮。渡水为三里店,信阳地也。卅里宿九家店,遇汉口德昌店商余姓,谈夷商奸诈及日本陵蔑英夷之状。又言贼据徽州,遗民拔手归种,岁得大收,而尽为贼掠,民、贼自此俱困矣。

连日北风沙起,今乃不能扬尘。仪安常云:“北风沙自塞外来,馀风不能扬沙也。”以余度之,北风劲,故卷地而起,仪安言或然。

九日　　晴。早南风

行廿里,饭于消黄店,信阳地也。十里渡淮为堵沟,正阳地也。过寇垒二,城壕犹存。六十里宿正阳县南门外,未至正阳八里。有垂柳桃花,北风扬尘,殊无春色,作诗一篇。

十日　　晴

大风扬尘而不翳日,盖余诗所感。行廿里早饭山东铺,六十里马乡，汝阳地也。风甚不可行，车夫欲止者数，以贪赏强进。六十里宿汝宁府南门外，渡石桥，可八九丈，所经最长桥也。桃花缘路八九树，瓣长于湘、汉，花色艳不如。至府遣觅大小车皆不成。

十一日 晴

大风停一日，呼马牙人来选马，入南门，尘涨眯目而还。汉贡汝南鸣鸡入禁掖，汝阳诸县鸡种果大，然鸣声不异馀方，犬豕耳皆绝大。妇女装束甚村鄙，黄叔度妻未必尔尔。道旁府县德政碑相望，城中荒冷无佳胜处，府治殊不宜在此，欲控襄、汉，临淮，或移周口可耳。凡大城无繁富之实，徒烦官吏，无益控守耳。

十二日 晴

行十八里，饭于油坊店。辇人言，店北二里许，有孝感张氏，富室也。其祖以负担挽辂起家，存其车筐，以示子孙。此与宋武意同，而其子孙能勤俭念先人，刘季奴不如也。又言：昨汝宁府悦来店妇女皆工技击。五十七里临颍塘，上蔡地也。又廿五里宿东岸。车中偶念夷务，拟陈一疏。比夜月色皎然，春气和煦。东岸旅店尚在大道北，仍从市南行，方投正道也。

十三日 晴，甚煊

行廿里饭于乌台，十八里过商水东郊，遇数车谒太昊陵者，皆扬旗发炮而行。又十八里至周家口，汴、汝、泗三水交会处也。入店，衣一绵略寒，二绵又暖，方知夹衣之用。

黄冈林职方镛同年之从子字午山来访，因到三日无车，留待旅店，儒素知学人也。谈久之，言张香涛视学湖北，立经心书院，以兴实学，曾聘莫子偲为院长。子偲不就，今为薛介伯，亦知名士。夜步月往答访午山。遇一陶生，昨与余同寓，见余草疏而云用功甚好，自云将观北闱，真木天中人也。

十四日　　晴

略少旱熯之气。早起步市中,至剪股街,见淮宁、商水二令示禁小钱。市中金针行最盛,未知为鹿葱为穿线针也,此处土宜鹿葱,盖是草非铁,言考据者必以吾言为然。

小车自汉口起至周口,程行十日。輂人有歌曰:“七紧八慢九消停,十天到口正相应。”又言陈州路漫云:“脚踏陈州地,十里一十四。脚踏陈州府,十八二十五。”公车行者率言輂人不进,以钱少耳,余从汝宁加钱千六百,一日半而至周口。又换二车至汴梁,每车价二千八百,殊不昂也。遣仆买一马,钱十九千,整顿遂行。林职方之子藻卿来访,年廿矣,前年归娶,贫不能成礼,仍还京师,京官之贫如此。因约同发,渡汴廿里宿许家集。

十五日　　阴晴

行八里,早饭于桃李冈。梨桃杂开,榆柳相映,骑行甚适。輂人病不能进,强行六十里,宿陈家楼,扶沟地。

十六日　　小雨旋止,竟日阴

是日丙子清明节。先府君忌日,素食。五里饭于毛桥。廿五里吕潭,大市也。骑行廿里,輂行十五里,宿江村旅店,颇静洁,云陈州太守昨宿此。出门寻得三碑,嘉庆初岁贡王步云作,言江村自来不知差徭,自扶沟某令为知府,具馆舍,而民始苦役。属吏为上司具馆舍,乃情理所应有,而遂至开徭役之弊,官中一举措,诚不可不慎。自周口至此,皆小车经道,道中行人甚稀,虽有大车辙南去,车所遇财三五辆耳。

北地春景宜雨,南方宜晴。汝南已全北景,古人称中原,风景殊不及泽国明秀。未必人情好燥而恶润,好尘土而憎花树?彼不见南方佳景,徒以卑湿概之。故后世北人皆乐南方,而北日益贫弱。窃意圣人之讲沟洫,兴水利,必早知今日北不敌南也。

十七日 阴晴

行十五里,饭于邸阁。廿五里过通许北门,有碑云:“宋置县,名咸平,金改今名。”又五十里宿赤仓,稍在大道东,祥符地也。初欲宿望陵冈,余至一破寺,问塾师汴京遗迹,塾师甚窘,仆来促去,乃免。是日骑行廿里。

十八日 晴,西风

行四十里至河南省城,入东门,步行城中。城中巷多云“角”,宋人稗记常云“南角”、“西角”,妓曰“角妓”,称角盖沿宋旧名。陈升先觅南土街一店,无茶水酒饭,所谓干店也。遣约尹杏农一谈,杏农以谒巡抚为辞,夜遣要饮,相见甚欢。然观其意颇郁郁,若有求而不得,视在台时两人矣。夜大风起,笼灯而还。

十九日 晴

早又买一牝马,钱十八千。觅篷车一两,与林君兄弟同乘而行。廿五里至黑冈口,待渡,有县差来争马槽,午山叱仆棰之而逃。酉初渡黄河,顺风泛舟。车夫云,赵藩使母所设义渡,大车取钱二百,以次为差,商贾便之,故不由陈桥驿道也。十五里宿围场,封丘地也。

廿日 阴

行四十里,饭于延津南门。又行五十里,日暮。夜行卅里,宿卫辉府城北门,汲县地也。见管才叔题壁恶诗,旁有恽亦韩嘲笑之词。才叔诗言“年卅”,盖咸丰九年之作。夜不饭,吃饼三枚。是日西风甚狂。

廿一日 晴

行五十里,饭于淇县南门。淇水润泽犹存,稻田盈望,村落甚秀。昨过汝、颖〔颍〕、河、汴,沙石枯焦,意宋以前尚不至如此。凡地气将败,则水邕沙长为害,今北方尽沙漠,不可兴矣。江、汉之间,亦有邕沙,然则古人言海中扬尘,定不虚也。天下皆沙,则神禹恐不能施治,佛氏所言三灾,意即指此。地球将毁,土不生物,安得圣人及时治之,为之感喟。骑行十五里,乘车廿里,宿大赉村,观戏半折。淇女尽梳元宝髻,殊无靡曼之态。

廿二日　晴

早行五里始曙,四十五里饭于汤阴,余两过皆由城外,今始见城也。四十五里宿安阳桥北,桥碑云"鲧背桥"。元时建汤阴,有吴下阿芙题壁诗,甚楚楚可怜。

廿三日　晴

行卅五里,渡漳,饭于平乐,饮人参酒半杯。廿里过磁州,林属于山,风物殊秀,州北门外,市廛尤盛。行廿五里至石济闸,民房多为寇毁,荒凉盈望。骑行十里,宿太城铺,非正站也,以日暮投宿。滏水以北,妇女颇多,古言赵女,以其多耶?

廿四日　晴

早行廿五里,骑行十里,过邯郸。乘车行廿里,饭于黄果村,入卢祠,观旧题犹在,筠仙题,不知为何人所恶,而画破其款,可笑也。四十里过临洺关。问永年县城,在关东里许。大风蔽目,飞沙涨天。自祥符至京,冬无雷,春无雨,每值阴霾,必有大风,旱甚可忧也。

自磁州北经寇乱,凋残满目。余前过临洺,有诗写其荒寂,今临洺稍盛,而邯郸尤敝,因作一篇寄示六云云:"君不见昔日汉宗置酒论恒赵,慎姬清瑟声要妙。壮心苦忆年少时,凭阑自指邯郸道。慷慨悲歌泣数行,人生哀乐信难忘。魏公英姿定河朔,邺城馀恨惜分香。二公得意尚如此,何况丛台兵火荒。旧游飞沙没车轨,七年闭门风日美。闺中偶论清苑游,有梦不渡漳洺水。羞言十九处锥囊,岂忆三千蹑珠履。鼓角歌钟两寂寥,门前五柳春风里。归云无心仍独飞,黄尘何意污人衣。颓墙败壁凄满目,榆荚棠梨春影稀。朝市兴亡如转毂,忙者自喧闲自寂。惟应岁月同迁流,玉颜暗老蛾眉蹙。画阁鸣筝久集尘,渑池击缶任旁人。徒怜赵女如花貌,一闭阿房十一春。"诗中多用旧诗中语,以彼时六云年十八,故以玉颜暗老为寓意耳。结句则六云未必知其意,待后来读者妙悟得之。

行十五里,宿搭连店。店出搭连布。搭连,囊橐之称,未知其字。沙河地也。

廿五日 晴

行十八里,步二里,至沙河城。见县令劝种桑及沈幼丹请立算学通谕。幼丹始以攘夷要名,晚节附会以求合,真鄙夫也。若随流平进,仍不失督抚之位,好名心亟,乃至于此,悲夫!自祥符北,明人石阙弥望,工费甚巨,每得一第一官,必竖通衢,此甚可笑。但吴、楚间存者甚少,何以北方不作柱下石用之。行卅里过顺德府城,邢台地也。余两过皆不由城中,今始游览。城南门外廛市甚夥,入城可里许,鼓楼当冲途,而建关庙塞之,车行两旁,城制甚奇。余欲步入,畏日不能下。至北门外,无店可秣,勉投镇标拨马店,早饭已日午矣。风霾遽作,行五十里,昏暮,道旁有游徼、屯兵护行人,时呼相闻。乞火笼灯,又十里,宿内邱南门外,车夫借余马引车,而后能达,其马鞭之不行,真驽骀也。夜食豆粥。

昨日车中咏《卫诗·泉水》、《蝃蝀》、《竹竿》三篇①,皆言女子有行,远父母兄弟,《传》、《笺》各随文解之。窃谓言重词复,不可不察,三章盖一事也。《蝃蝀》止奔而言"在东莫敢指"。阶西而雨,为怀昏

① 《泉水》属《邶风》,《蝃蝀》属《鄘风》,惟《竹竿》属《卫风》。

姻。若寻常奔女,何不敢指之有?齐在卫东,昏姻之国,跻西而雨,阴盛可知。女子有行,盖宣姜也。齐人强公子顽通宣姜,以强公室,亦如田恒纵宾客通后宫二女。二子皆托为宣公之子,故后戴文得立,其事必秘,史臣知之,大夫刺之,国人未必尽知,列国未必尽闻,故畏齐之强,而言“莫敢指”。“跻西”,谓在卫为小君。“崇朝而雨”,刺其淫也。夫女子从夫,当远其父母兄弟,而乃如之人,怀昏姻之私,强与人事,以私生子,而托为公子,岂非大无信乎?不知国强不在子孙之众多,而徒欲树党,岂非不知命乎?故卫女嫁者皆耻之。《泉水》之女,思娈诸姬,宁问姑姊,而不省宣姜,以遄臻之有害也。《竹竿》之女,钓淇莫致,自闲以礼,而出游写忧,以宫闱之多黩也。二女皆以女子有行,微刺宣姜。故《蝃蝀》取其言而适斥之,比例而观,殆不虚矣。“有狐绥绥”,盖亦刺顽。“无裳”,失下节也,“无带”,不自束也。“无服”,非所事也。淇、卫之望,故主言之。《硕〔相〕鼠》之诗,促其“遄死”,乃赐死之词,非诅咒之语。疑当时别有大臣,效顽所为,文公立而赐之死,然后国俗正也。“许人尤之,众稚且狂”,言许人以卫女为稚狂,非穆姬敢以许人为稚狂,故下告“大夫君子,无我〈有〉尤”也。“众”,王引之读作“终”,是也。《谷风》之妇,盖以无子出。《氓》之女,自主其昏,盖孤女也。若淫奔,不得自言“不爽”,及责人以“良媒”、“信誓”也。若再嫁,则不得言“总角”。

廿六日　早阴午晴

昨夜得雨,郊原晓润,风静尘轻,骑行六十里至柏乡,过魏文毅墓,扪碑读文殆遍。魏氏葬者数十冢,人人有碑,而无佳文。早饭南门外待车,久之始至。睡至日西,辕马未饱,复骑与藻卿同行,五十五里宿赵州桥,车至乙夜始到。

过柏乡魏裔介墓,作诗吊之:“兴王初革命,求试太匆匆。文毅丙戌进士。守道归仁主，真儒岂诈忠。秘书参贵近，高论启宸聪。今日攀松树，徒怀劲直风。”

廿七日　　晴

行四十里，早饭栾城南门。又六十里，宿真定南门。渡滹沱时已昏暮，城南无店，强宿车厂中。邯郸、顺德皆北无店，真定南北俱无大店，城甚荒寂。早过赵州午山，往东门柏林寺观吴道子画，水云已剥灭将尽矣。

廿八日　　早阴午晴晚阴

行四十里，过真定城，至伏城驿早饭，较比日差早。又行五十里，由新乐东门外过。前过临城，昨获鹿，今笔城，皆去县城远，而置更铺颇谨，缘途屯戍，声势相接，乱后不可无此。自新乐行十里而暮。〈午〉要藻[午]卿同行，十□里入官树阴中，如行深山，景色幽异，以阴暗未宜骑行，下马待车至复骑。投明月店，遣在和觅居停，主人待余以下室，谩云满无住处。藻卿入视之，上房虚无人，乃入据之。此次随人皆畏人如虎，至不敢开口向人语，亦可笑也。明月店店大异馀处，旧有技女，而今无之。栾城旧无，而今又有，盖避兵去耳。昨始见蛾蝶，今见新昏轿三乘。

廿九日　　阴

早饭定州十里铺。车夫马暴死，骖马亦死，强行投清风店宿，行六十里。清风店以清风泉得名，市肆昔盛，今荒落矣。夜间有四川南川举人傅垣西来同店，言行路之苦。伊自家二月初启程，昼夜驰行，始能至此。又言何贞老督蜀学政，为近日第一。及吴仲宣督蜀，颇优士人云云。晚饭食炒肉甚佳，夜雨。

卅日　　晴

早行五十里，步十里，饭于方顺桥，满城地也。换轿车行六十里,宿保定西门。旧游满六年,道路皆不复省记,欲入城中,门闭不得入。林生兄弟晚来同寓。

三　月

辛卯朔　晴

五十里饭安肃北门,六十里宿白河,过故城,镇市店亦盛,未知为定兴故城安肃故城也。是日谷雨。

二日　晴

早行六十里,饭于松林,过涿州桥及琉璃桥,七十里宿窦店。

三日　晴

行五十里,过良乡东门外,饭于长新店。十里至卢朐桥,关人问税务,取一片去。卅里入彰仪门,门人求饭钱,予以百文,皆无稽留。入城投粉坊琉璃街黄晓岱御史宅,问镜初已移出,遂止晓兄宅,见其弟樾畴五兄及其二从子。遣信要镜初至,谈至戌去,复少坐,还寝。

四日　晴

早饭后与晓岱同车诣倪豹岑宅,遇高仲陶梦璧,碧眉弟也。谈顷之,复同访许仙屏未遇,见刘云生,南海人,云与筠仙交好,晓岱亦称之,余在广州未知其人。觅车与晓岱分行,余访镜初,遇徐叔鸿,谈久之。同访与循,烟具横陈,赌友杂沓,殊不可坐。遇周禹门主事,云十八岁时,县考曾相见也。与叔鸿同出,访周荇农学士,留饭至暮,示余以章学诚《文史通义》,因假以还。夜与晓岱同出,访左楚英、蒋寿山两同年,过唐斐泉宅,未遇。还阅章书,言方志体例甚详,然别立“文征”一门,未为史法,其词亦过辨求胜,要之以志为史,则得之矣。章字实斋,毕秋帆督楚时修通志者也。《诗》亡然后《春秋》

作,此特假言耳,《春秋》岂可代《诗》乎? 孟子受《春秋》,知其为天子之事,不可云王者微而孔子兴,故托云《诗》亡,而章君入诗文于方志,岂不乖类? 晓岱云赠答诗可入传注,亦裴松之之例。余以诗词不入志为宜,特修《桂阳志》,为人所牵,而载之《小说篇》。他日修志仍不选诗,自馀佳文要语,各附本传,乃合体矣。

五日 晴

叔鸿送银票来。始往见钱辛伯师,未遇还寓。刘云生、许仙屏、倪豹岑、高仲陶、碧眉之弟也。张香涛先后来。晓岱招同诸君饮。同坐者有史香圃懋兰,长沙武举也。香涛言直督议开水利,余言沟洫非引大川之水,以蓄雨耳。豹岑言沟洫有不可行之地。云生言本毛旭初以限防英夷,特假名水利。又言天津张太守激变好名,故入人罪,发遣犹为轻典。至亥散。

六日 晴

早诣镜初,遇云生,又谈夷务,盛称文尚书有弓燥手柔之巧。镜初亦言今政得黄、老之道,余不以为然也。两君疾悠悠之口而为抑扬之论,岂足以经远乎! 留饭毕,晓岱至,同车诣叔鸿。还寓检笔墨入城,至观音胡同,与翰仙同寓,见瞿子久,春陔兵部次子也。黄倩吾来谈,访黄小麓。是日入闱,考官为朱凤标、毛昶熙、常恩、皂保,知贡举为志和、潘祖荫。

七日 晴

黄泽生呼我起,同饭。与子久访诚静斋,遇萧雨航,言山东旧事,不忆之矣。还少愒,樾畴来,呼我起同饭,与子久访叔鸿,遇之砖门,见余名已改今字。遇与循,得卷票。还见豹岑车在仲陶寓门,谈数语,入仲陶室,少坐而还。寄家书。

八日 晴

晓起入贡院东右门听点,午初入场,坐"闰"字号。申初大雨,一刻止。

九日　晴

题纸下。“有子曰信近于义”一章。“人一能之”五句。“天下之善士”二句。“移花便得莺”,得“移”字。酉正,文诗成,写二篇,早睡。

十日　晴

写文诗毕。辰正出。晓岱坐待,索文看之,面色如墨。予问尚有望否,怫然云:“尚何所望!”

十一日　晴

午入场,坐“寒”字号,夜雨甚冷,有乡人同号,携有夹褥,惟恐余借,言语支离,甚可笑也。以夹衫蒙头而睡。

十二日　晴

题纸下。“日月丽乎天”二句。“曰肃时雨若”,“大发尔私”四句①。“春,城小谷”,“大夫以鱼须”至“可也”。酉正俱成,写四篇,然烛半枝毕之,夜甚寒。

十三日　晴

辰正出。

十四日　晴,甚热

巳正入,坐“生”字号。与程雨苍同年同号。高明区君,名为梁,字慎铭,头场同号舍,今复同坐。武陵梅君,名采,字石卿即后湘潭学官也来访余,谈久之。

十五日　晴热

题纸下。一问经注篇目,二问正史得失,三问畿辅水利,四问练兵,五问农官。

---

① 《诗经·周颂》作“骏发尔私”。

余以练兵无益为对,嫌其骂题。五问乃以骈体敷衍了之。石卿钞稿而去。申正毕。雨苍初成一篇也。

十六日 阴

晓气溟蒙,春蒸甚润。晓起已纷纭出场矣。归翰仙寓,与同出城。晚与翰仙同访皮小舲、蒋寿山。小舲处遇陈伯屏。是日荇老来,索余《易》注及《穀梁义》去,并携文稿去。

十七日 丁未,立夏。早雨旋止

饭后刘云生来谈夷务,云英人欲兴兵端。又言养兵无益,及洋炮轮船不足学造。持论甚核,与余意同。出访斐泉,遇黄翰臣、周禹门、曹价藩、叔鸿、幼梅、子久,谈久之。斐泉要余及翰仙、叔鸿诸君饮于广和居。苏少泉后至,食北菜,均不能适口。余近岁颇留意于肴馔,遂至择食如此,宜戒之。

归寓,林笙谷来访,荇老招饮,同坐者樾畴、翰仙及子久、张少衡、冶秋。余要镜初同谈,镜初论尧、孔不及释迦,佛弟子之常谈耳。天下入世法至圣人而止,自宰我以孔子贤于尧、舜,后世遂以西域圣人胜东土圣人,岂通论哉！荇老示余《经解》,考小谷地所在,见引《水经注》云,去鱼山四十里。欲求地图考鱼山所在,未暇也。又示我翟云升所校《穆天子传》,即以赠余。还,值雨初过,云阴甚浓。镜初复过晓兄宅,少谈去。夜雷雨。

十八日 晴

早起访刘筠生于虎坊桥,不见十二年矣,适逢其开复知县来引见,相逢信有缘也。筠生任县令十年,而全无官气,比之梅生、杏农,诚为质美。留早饭,与同访敖金甫、张叔平。又与叔平同至琉璃厂,寻旧书不得,同余还寓。斐泉来谈久之,复与叔平、筠生同寻与循不遇。两君去,余卧与循榻上,少寐起,赴仙屏饮,同坐者晓岱、翰仙、豹岑、云生、镜初、仲陶、谭某,纵谈几有殬言矣。晋人风流,其先任达,后遂忘名教,故知礼之不可已也。曲终奏雅,犹为改过。至亥始罢。

十九日　晴

早饭后出谒客廿一处,见者周禹门、黄翰臣、夏竹轩、曹价藩、张竹汀、胡湘琅、谭心兰、程雨苍、罗海安、汤霞轩、黄立五、林午山、隆太初、吴嘉甫。驰驱甚倦,还欲少休,而钱犀安师在寓相待,谢麟伯继至,遂与麟伯同车至淑鸿处,贺其父生辰。留饭,同坐者黄艺圃指挥、晓岱、涂新畬、毕纯斋、楚英、价藩、小舲,至亥散。与麟伯同过镜初说鬼。

廿日　晴凉

饭后拥被眠,筠生、竹轩来,皆未见。敖金甫、香涛来谈。黄宅生携余《史赞》去。晚与樾畴同过涂心畬、毕纯斋处小坐。

廿一日　晴

与循、筠生来谈。过钱师处未晤,还至湖广馆,同县京官周禹民、黄翰臣、胡湘亭三主事招公车十四人饮,余坐西席,同坐者黄丙斋、谭心兰、吴仲芳、朱卓夫、万春潭、黎宝堂及周、黄二主人,至戌散。纯斋过寓谈。三日翻《日知录》一过。

廿二日　晴

与樾畴同访刘筠生,遇倪豹岑,还访荇农未遇,见其子虎生,谈久之。晚与翰仙同过寿山、云生、张雨珊兄弟寓小坐。雨珊寓保安寺,余十二年前旧寓也。寺新修,制度未改,旧游宛然。遇子久同还。是日,吴子健元炳学士来访,石臣弟也。石臣质朴,其弟温藉而有光辉,殆胜其兄。程虎溪来。

廿三日　早阴

今帝生日,闻礼部言:上衮衣躬执役事于两宫之前,外议以为过礼也。心兰及杨润生来，筠生及李少白来，午山来，荇丈、意山、芝亭、楚瑛、子久来，同要晓岱、寿山、纯斋小酌宴宾斋。散后访筠生不遇。

廿四日 竟日昏霾，若将有大雨至者，至暮终无雨

过周禹民处少谈。是早云生来，午间纯斋招饮未赴。

廿五日 晴

作家书及寄外舅、弥之、子泌、力臣书。家书无事可报，小别亦无须言相念，乃仿六朝人空话为之云："十年相守，一旦分襟，既殊少小之愁春，复异关山之远役，想卿独处，应不劳思。然孔雀五里而徘徊，文君白头而蹀躞，况于燕、楚之异地，凉暄殊节者乎！当阶红叶，寸寸芳心，入室燕雏，喃喃款语，中人偶望，远感仍来，又足以驻景延年化公为童者也。沔口还书，已恨汀洲之草；都堂纳卷，独听残月之钟。虽曰暂游，诚为多事。但道远难梦，昼永空销，已骛缁尘，终迟革鞔，分无壶公缩地之术，而有景纯愿夏之心，岁月将驰，优游而已。子吟桂树，我咏条枚，既见不遐，方谋同老，安神房内，蠲忿忘情，如曰相思，手书为慰。"又与弥之书论京师友人云："刘通而劲，吴稳而清，谢任真超，张居华贵，高专温藉，许太匆忙。"下语颇确。

申刻斐泉、子久来，云镜初等相待，欲吃梦，与翰仙同车去。至宴宾斋，梦神为曹价藩，同局者又有王晴舫、曹五叔、叔衡共八人。至戌归，镜初逃席先去。

廿六日 晴

早饭后访筠生、李少白、豹岑。还寓，筠生来。与翰仙同至琉璃厂看屋，遇周吟樵谈数语。又访叔平，托觅书籍，与翰仙同归。晓岱招饭，同坐者有雷菊潭、武冈人，甚言保之乖僻。陈文园、金曙堂、黄宅生，戌初散。雨珊来，谈诗词，至子初乃去。左邻火，焚棚架，起看已灭。

廿七日　晴

早饭后过与循处,不遇,遂留其斋,钞《灵飞经》二千字。与循归,与谈近事,终夜未寐。

廿八日　晴

早约筠生来,因议移寓与循处。还晓岱宅,闻端门火灾烧卅丈。觅车赴天宁寺,香涛招饮,同坐者杨、李、钱、王、仙屏、翰仙,至酉散。麟伯复约赴龙树寺,同乡十八人共饮,遇李筱泉于槐树下。筱泉呼余,问何为而留须,余视筱泉亦老矣。因有二三品朝官不相识,一揖而退。至亥酒罢,还与循寓。

廿九日　阴

日色甚惨。午谒钱师谈《易》,还小坐,赴林笙谷招饮,同坐有河南高雨人治中、林静山孝廉,湖北陈子政郎中、洪右臣庶吉士、翰仙。亥散,翰仙送余还贾寓。

四　月

庚申朔　晴

钞《玉藻》二千百十四字。考郑注说国君"搢本",士竹笏,饰本以象,文谊甚明。而孔疏说本象乃以竹为本质,何谬如此!"史进象笏",上云:"适公所",则诸侯之大夫。熊明均云:"有地大夫。"则大夫孰无地乎!熊氏云误多"象"字,是也。凡夕食不炊,以熟饭水浇热食之,故通谓"浇饭为飧"。侍食之飧,则既饱,食已难,迫而强用汤浇食之,所谓"强饭"也,三而止。孔子食季氏,欲速食而去,故不食肉而飧。飧有三名,水浇则同。水浆不祭。若祭者,公食礼,宰夫执浆,宾受,坐祭,所谓"为已偞卑"也。公遣宰夫躬执偞卑之役,故宾为其甚卑而加敬,其馀虽本国臣不祭,以宰夫不执也。冠用缁布自诸侯始,天子则用元冠,不云加布。郑以紫緌为僭宋服,未闻其说。案紫色非列采,盖季康子之奇服。《论语》"吉月必朝服而朝",《记》云"卒朔然后服之",盖即记吉月朝服之义。疑鲁不视朔,故不皮弁,而但朝服以视朔。后因遇朔不朝服,故孔子特言之。"而朱里","而"当作"君"。"终辟","辟"读若襞积之襞,今云积珠子也。"凡带有率","率"者,今云帷,针子也。孔子,季氏之士,故阳虎得馈蒸豚,而孔子以敌礼往拜谢之。孟子误记礼文,以为阳虎假季氏命以赐之,非也。

万春潭、荇丈、叔鸿、左子谦先后来,自未谈及戌方散。

二日 阴

饭后过云生处,兼逢仙屏,谈一时许。至晓岱处,要樾畴同访镜初,遇张子容,名惟俊,甚称余经文。坐顷之,与樾畴同过贾寓午饭。周静斋、郭意亭、周禹门、万春潭先后来,至戌亥间尽去。

荇农言近人课八韵诗《赋得牛戴牛得弓字》,无合作,欲余为之。戏作云:"选角逢良匠,全牛在目中。价论兼镒换,名与戴邱同。蜀使疑金便,齐师误火攻。犁骍嫌异体,项背俨争雄。重累徐熙画,低昂敕勒风。横腰双剑卖,回首一群空。岂有犎将犊,浑如鹿长茸。莫辞供五库,欣荷帝铭弓。"

三日 晴,风月亢燥

饭后阅《通鉴》二本。雨珊来,将同过麟伯,遇黎宝堂而还。午饭后访荇农,出示《虱处头而黑得生字》八韵诗,中有云:"蚊比巢从睫,虫原叩有声。沐防三日具,细逐片云行。"行韵甚巧。后有云:"射去疑如铁,裈中或不黥。尚书夸早贵,彼豸亦分荣。"视余"牛"诗有工拙之异也。是日壬戌小满中。

四日　晴

雨珊、心兰、春潭先后来，留心兰饭。周同年沃棠来，陆太初来。答谒文允臣。胡湘亭来，旋去。筠生来夜谈。有人自内出，传言湖南十四人，无余卷。余来本不为试事，而勉赴试期，今银钱在南，浮寄京师，必当坐困，徇人之害如此。余试文有云："独修于家，则悔吝无因而至；一接于世，而荣辱忽已在人。"有味乎其言之哉！余前自谓能无怒欲，未涉世之谈耳。一经小试，辄已怫然，除情根，信非易易，况又沉酣于哀乐乎！非与循及朱桐轩不能为我针砭，谚曰：经一事，长一智。谅然。明当扫除世缘，一雪此羞。比日市上芍药盈担，繁华秾丽，使人思小院春光，复有天涯之恨。

五日　阴

晏起，索饭未熟，出还黄宅，饭后仍遣仆幞被来。陈文园理泰言："李谅臣世申诗赋甚工，郑炳臣业晋有志经学，皆长沙生员中有名者。谅臣年卅，炳臣老矣。"饭后访子久、斐泉，遇徐寿鹤、苏少泉。大风起，还寓。

六日　晴

拟温《周官经》，甫开卷，人客间至，午后与樾畴赴寿山招饮，同坐者芝亭、子谦、雨珊、竹礽，酉散。

七日　晴

早饭后与晓岱同访豹岑、仲陶、竹轩、伯屏、小舲、子久处，皆久坐乃还，大风扬沙，几不能行。午饭后与子久同访左丁叟不遇，过李幼梅处，遇何伯元，谈顷之，已暮。幼梅复同至叔鸿处久谈，吃面，二更还，子久笼灯送至门。

八日　晴

饭后与樾岑同过筠生、区慎铭、名为梁，肇庆高明人，场中同号。叔平处，看书画。小麓来谈，四人同至延寿寺，访郑兰生，见叔雋。还寓与翰仙同访雨珊不遇，至小舲宅。同年京官六人同要会试同年五人会饮，主人至者黄、左、蒋、皮、徐五君，余及梁、吴、龙、韩为客，陈伯屏为宾，至戌散。与寿山、楚瑛同过荇农，谈顷之还寓。

九日 晴

写扇二把。蒋秩臣、寿山从子。兰生、麟伯、斐泉、心兰来。酉刻与翰仙同车赴湖广馆，斐泉为主人，同坐者涂心畬、左亦仙、斗才，蜀人。胡湖庭，戌散。

十日 晴

辰初至保安寺雨珊寓室，待叔鸿同饭，偕游圆明园。入顺城门，出西直门卅里，访廖枫亭参将，承恩。留饭，同廖车游六角桥、八方亭，名廓如。访砖殿铜殿，皆已毁矣。湖水半涸，铜犀无尾，以荆棘围之，东南诸山，苍翠无恙。还寻扇子湖澄怀园旧游，无可识矣。游鸣鹤园，惠王赐第也。戌初归泄水湖，即廖所居。廖君澧州人，被水灾，依其姻家，入都补兵伍，从赛、僧军，得官至副将衔圆明营步军西营游击。甚好客，命其妻出拜，夜宿其园室，与雨珊、叔鸿同榻，夜小雨，旋止。

十一日 晴

甚煊。廖君设饮，午至故宫角门，寻董二太监同游园中，循出入贤良门西行，过正大光明殿、勤政殿、保和殿，皆无复阶陛。由殿下循石路稍西，过极福堂，后寝也，堂东为帝寝，题曰“天地一家春”。皆临前湖。湖前石山为屏，即正殿，湖后皆坐落，名不可胜纪。益东为福海，琼岛在焉，甚远，不可往，乃西上石山。题曰“四面云山”。望湖水山树，苍秀静旷。后湖前文宗新建清晖堂亦毁矣。穿石洞，登一亭，又西至双鹤斋后殿，曰“廓然大公”。房舍未毁。登龟背桥，行廊相通,然俱低窄。太监二人引行,谭道、咸宫中事甚晰。日西欲归,循石道出,过舍卫城,廿万尊佛均毁矣。至董监处少坐,还廖宅辞行,与雨珊同车入平则门。叔鸿在后,得题名录以示余:子久中式,同年十九人,同县十五人,均下第。饭于保安寺,雨珊送余还,过子久谈数语。天风雨雹而雷,遂别而归。

十二日　晴

饭后要翰仙同过镜初、叔鸿,遂至便宜坊天聚楼吃烧鸭,几凳宛然似十二年前位置,鸭炙殊不美,忆往岁脆嫩,殆有百倍之劣。宋嫂鱼羹,因时美恶,岂独士大夫一蟹不如一蟹而已!叔鸿遣要雨珊兄弟同饮,叔鸿兄寿鹤先亦同至,七人谈久之,散去。余独过云生、仙屏,至子还。金楚英送墨卷来。

十三日　晴

午日燥烈殊甚,遣送马与叔鸿,便令在和扫除协中馆寓室,将移居焉。协中会馆,太谷人建祀关侯,俗曰高庙。念往日友朋追寻之乐,不觉心恻。未正访荇农,未起,亢旸不可行,疾还黄宅。申初过楚瑛从弟子谦、松年处谈,罗君芝士弟子也。往与芝士过从,两君初授经,今不觉廿年矣。戌初移寓寺中。叔鸿先除三间屋,篆额曰“定庐”,苇树幽胜,窗户静洁,佳处也。

十四日　晴

作书寄刘景韩、蒋养吾,兼托耕云寄家书。钞《诗》未毕,麟伯、雨珊来约游万柳堂,余怯风日,未欲往,俄而镜初来,遂定同去。坐曹车,道农坛下,约十馀里始至夕照寺。周桂坞、左丁叟、叔鸿、野秋、成静斋均在,云待久矣。坐挹翠轩吃面,至万柳堂,廉野云别业也。子昂有图,今无,吕才补之,阮元记之,存壁间。康熙中,冯溥得其地,募人种柳五株,即为地主,傍城堤上,柳阴浓绿,今无一存矣。堂左有楼，石廷桂摹仁皇御书于上，盖后归石氏也，今为拈花寺，无可观者。叔鸿欲出沙锅门，看肃王墓盘松，镜初不欲往，麟伯调停其间，乃登法藏塔。镜初云："弥陀劫前为法藏比丘，故造塔藏舍利。"塔七级，殊不高，入其中，如笼鸟窥外，余遂先下。日夕亟还，过前门，至镜初门下车，步还寺，镜初送余至小丘上，各踏月而归。

十五日 晴

祖妣忌日，素食。镜初来，竟日谈。翰仙、毕纯翁、寿鹤兄弟来，日夕去。与镜初步麦陇中，乘月各还。书与李少泉。夜醒闻雨。

十六日 阴凉

书扇三把。午饭甚晏。出访张香涛，至其门，不识其家，见车马在门，逡巡复前，寻不得，乃还问，香涛适出矣。过镜初宅，与竹丈、价藩谈。还寺，顷之，竹丈及二从一族曾孙字六皆来，月止乃去。寿山送历日一本。

十七日 晴，风凉

为张雨珊书册叶十六，皆录《春怀》诗，就便改正。又书扇一柄。舒兰生送《淮南子》来，明刻至陋，以价贱得之，因读十馀篇，皆模《庄子》，而直钞其文，以为贵人之谈柄，作枕中之鸿宝，所以不废者，博富可喜也。近世《浮丘子》所以可厌者，空疏可笑也。余初读刘书，但讶其奥博，今重披览，语语皆习见之文，其实于《鸿烈》未成诵也。以其有片段可寻，故易熟如此。《吕览》则不然，其精深缘于六经，可为学者之山渊矣。

荇农以扇索赠诗，久不得也。夜坐无事，聊作一篇云："长沙学士才名羡，澄湘楼下初相见。当时鼓角翻江波，取别匆匆若飞电。七年卧疾黄鹄矶，即君留滞周南时。汉口霜凫冻冲网，有酒相呼斟酌之。我年过壮君已艾，众中许我倾流辈。鹦鹉洲前狂笑来，祢衡惊起仍相怪。古来盛名多零丁,看君早入承明庭。浮云富贵长过眼,三台跂足如蓬瀛。嗟余抱璞求高价,白须趋走都堂下。人生得失苦相欺,与君同被时人嗤。一回相逢一回老,惟有诗思如婴儿。郭侯知君复知我,酒边论君每移坐。为言年少妒风流,高堂挟瑟双倭髻。即今老去看文君,丝竹馀音不忍闻。颇忆东山谢安石,还如西第沈休文。南洼明月清光绝,古往今来圆又缺。且应击缶对高吟,莫遣当窗照华发。余亦长歌归故关,白云幽涧水潺潺。他年乘兴一相见,分作淮南大小山。"诗成已鸡鸣,少坐乃寝。

十八日

早起稍晏,饭后过保安寺,答访曹六皆,与静斋、雨珊兄弟过何伯元、麟伯,日烈不可步,已而大风扬沙,过柴市,见陈尸三,肥白无头,复无衣蔽,视病死者差可观也。然劫盗本迫饥寒,何为冤斩之,令人恻恻。至黄小麓处,静、雨三君去,余久坐,观黄《易》,文笔健畅。小麓赠余影宋《列女传》,价三金。又观钞报:刘荫渠起为粤抚,吴子健开缺迎养,蒋菊人原品休致,枢廷于刘独得之。车还,过晓岱不遇,遇左丁叟于唐门,同入,斐泉招三张、成、曹小饮,余视子久写大卷半行,出。还寺,镜初先至,已而复来,谈一时许去。感风早眠。

十九日　戊寅,芒种节。晴,大风

观尘海比云海尤壮。昨夜小疾,不朝食,过午乃饭。月湖僧、莼斋及其族孙刘筠生先后来谈。申初赴云生招,同坐者陈一山、乔松、晓岱兄弟、豹岑、镜初、仙屏,以余为客。主人又有王补庵衮,老吏也。一山诗壮秀,非岭南词家。并世能诗者大有人。至亥散。坐曹车还寺。雨珊自号词缘,欲余为说,说曰:"有缘之说,自释氏阐明于世,乃至无圣凡不离于缘。湖外旧无词家,船山曲妙一时,而词掉书袋。近世邓辛楣词近南宋,然伤秾涩。此外才慧文人,皆不措意,岂非缘不偶耶？雨珊才清思深，而尤好为词，好者，缘也，才思所以满缘者也。词于文章，文章于道，不逮大海一滴水，然非缘乌能相近乎？既自号词缘，属叔鸿篆之，闿运述其说。辛未四月甲子徐树钧并书。”是日林午山来，未晤。

廿日 晴

早饭复初。湖北何伯方索书名盛矩，书道上二诗应之。刻工送《桂志》十四版来，殊草草不成款式，姑令装订，借寿山廿金与之。雨珊、少衡来谈，日夕去。晚饭食蒸杏甚佳。

廿一日 晴热

荇农来谈甚久。竹轩同彭集初来，彭丽生之子也。言其妹烈冤甚详，欲余为诗。余不为节烈忠孝诗久著名矣，而彭请不可辞，允为作之。送两君出。过钱师未遇。邀翰仙过寿山、叔鸿处谈。叔鸿处遇易汉乔、雨珊、六皆，待寿鹤还，至夜乃归。顷之雨，是日，仆人张升来，长安人也。

廿二日 晴

早起，作诗云："独居临晨风，悠悠庭树阴。所思不可见，天路霭深沉。良友欢初遘，穆如来德音。和颜惠相怡，臭趣赏人心。谁俏西方美，迟余晚相寻。京尘易为缁，末路类青衿。均倪信可和，愿欲结朝簪。猿鹤已余狎，岩阿终寤吟。""恒风无休时，思心怨朝阳。离披小麦蔫，萧散春苇长。贤臣怀膏泽，忧时步旁皇。曰余泉石人，宁此共枯荒。既来观憔悴，重户避炎光。泠然君子声，披襟赠风凉。庄生有遗旨，旱浸已无伤。胡然怨泥中，归兴斥鷃翔。幸能乐蓬艾，内外各依方。君留九门下，未异污池旁。曹张去骎骎，岂不劳辙行。所愿尊酒会，终然绝高张。燕歌烦我心，雅咏侻赓飏。"

日出，骑访笙谷未起，过筠生，舍马遣归，索面一碗，味涩恶不可食。复过舒叔隽,索面亦劣。要兰生出,寻书,得《尚书大传》一本。过叔平、小麓,均托寻书。日已西,遇麟伯、二张、成、徐、丁叟于途,约会饭广和居。余过荇农,少坐还寺。方食,麟伯来,告以倭艮峰大学士之丧,当入城临,不复聚矣。

廿三日　晴

刻工来送书,令其装十部。镜初、王晴舫、雨珊先后来。镜初告行期,同访月湖于龙泉寺,观诸僧晚课。还写诗于扇,以赠麟伯。

廿四日　晴

早饭后出送镜初,遇叔鸿。余视镜初登车南还,旋还寺小愒。杨商农来访,谈半日,留饭,同至南横街,商农欧吐甚苦,遂劝令觅车还店。余答访彭集初,送纯斋行,因过子久,遇晓岱于心畬处,逢伯屏于途,夜还。刻工送《桂志》来,甚草草,不可用。

廿五日　晴,大风

早饭前陈亦山来,留饭,谈岭表形势,甚有壮志。午间斐泉、叔平、翰仙来,翰仙留午饭,谈徙民江南事。云生、豹岑先后来,豹岑传潘伯寅翁、叔平语,致问殷殷。又言今日天子升殿,朝会甚盛。

廿六日　早阴,午后雨,至暮益繁,似南方春雨

早饭后至保安寺访雨珊、静斋。与静斋同访商农,见杨泰阶,醴陵丁卯举人也。遇雨,与静斋同车还其寓。雨珊世父竹汀翁来要饮天聚楼,同坐者更有六皆、子衡,食品不美。至酉散,车还。夜为商农作书与曾侯、何莲舫。

廿七日　阴雨

遣送《桂志》与潘伯寅。

为彭女作二律云:"长沙二女传高节,晋代留芳始在兹。断臂岂明贞妇恨,露筋遥拜女仙祠。箱奁碧绿空留施,图史丹青有怨思。

一月沉吟八年梦，始知冰蘗是甘饴。”“一死从容饮玉丹，九重延伫结幽兰。清心直映重湖底，冤气能令六月寒。周李上书镌石定，郭黄遗义铄金难。人生忠烈原非幸，泉路重思泪暗弹。”此二诗虽不佳，殆可谓题无剩义。

廿八日 阴雨

昨夜廉纤至，今朝食时颇似南雨也。饭后睡至申乃起。夕食体中似稍佳。笙谷招明日饮，辞之。香涛来，久谈。

夜坐念《玉台》诗，夏景绝少。余好为闺语，亦不叙夏日风物，乃补作《九夏词》，不恃景物点缀，专取白描也。其词曰："玉阶风过朱成碧，单罗褶作轻云色。重衣隐肤初避人，那惜余香遥度君。”“窗帘早凉调新燕，晨妆手轻云发卷。脸红初润不施朱，当轩发色胜芙蕖。”“洞房四角通光影，屏帷风轻罗袂静。碧纱帐薄裁隔烟，语郎长日不胜眠。”“槐阴梦起新蝉语，映帘斜日如初曙。玉纹越簟融粉光，谁能轻薄学啼妆。”

廿九日 晴。早寒晚热

午间麟伯、桂坞、雨珊、冶秋、叔鸿、丁叟及寿衡侍郎子闰生同过，邀游陶然亭。余正午餐，不得独食，遂去吃点心，不饱。麟伯再坚广和居之约，余与约不得再负而后诺之。遂至晓岱处，翰仙留饭不吃，枵腹而往赴席，兼要翰仙同行，至则杳然，盖好人之荒唐，其天性也。以脾气著名者，言必信，行必果，吾独无奈此好人何。遂与翰仙同车还，至珠巢街而迷路，车夫亦好人也。遇此两好人，而圣道穷矣。又回车至堂子巷，乃得归，翰仙小坐去。

又作《九夏词》五首，云："中庭月地明如雪，云鬟冷处流萤滑。玉簟端然一尺腰，可怜无计度良宵。”“井华煎香供新浴，粉汗轻红凉一握。玉体凝脂羞自看，感郎娇惯不羞难。”“珠兰瑟瑟香如蜜，清泉朝露劳相惜。帐中微暖一夜开,谁能取冷入君怀。""冰纨避午深深过,翠刀破瓜凉满坐。寒香散衣生绡轻,赧颜拭粉玉钗横。""荷池急雨风初断,十二重帘一时卷。昼长无事最相饶,怪君从妾索良宵。"

卅日　阴

出访伯寅,谈著作须为朝官,及朝官不能著作云云,风采未减昔日。过寿衡处未遇。至琉璃厂遇静斋、少衡,同过叔平小坐。还至保安寺,与雨珊、六皆谈顷之,出谒钱师不遇,还寺少惕。商农来,留午饭,与同过价藩、禹民、翰臣、荇丈、小舲、伯屏处,遇周福生,翩然美士也。李云轩、郑太生方打牌,少坐独归,已夜矣。

五　月

庚寅朔　晴

伯寅来,旋约饮龙树寺,与香涛同为主人。四方之士集者十七人。无锡秦谊亭名炳文善画。南海桂皓庭文灿。绩溪胡荄甫澍,子蓟之族也。吴许鹤巢赓飏。赵扮叔云:戴子高属访余,必欲一见。元和陈培之倬。会稽李纯容慈铭。赵扮叔之谦。长山袁鹤丹启豸。洪洞董研樵文涣。遂溪陈乔生亦山。黄岩王子裳咏霓。钱唐张子馀预。福山王莲生懿荣。南海谭叔裕宗浚,玉生翁之子也。瑞安孙仲容诒让,琴西子也。朝邑阎进甫乃兟,丹初之从子也。其父与余同居月馀,而忘其字,寓内城西洼沿桂中堂祠堂。研樵曾与文卿同寓挂甲屯晋阳馆,余尚识之,亦山最熟。皓庭、纯客皆曾相见,王、张、孙不多语,孙年最少,亦廿四矣。胡、赵同寓果子巷,胡官户部,明当访之。伯寅各出一纸属书,意在得诗也。

余归,乘兴作一篇云:"西京垂惇诲,六艺赖昌宏。岂惟群廉孝,兼得翼承明。华选今在兹,大雅竟谁名?达人独订谟,敷席礼奇英。元辰偶休暇,胜集耀西城。高轩静风埃,夏雨宿馀清。谈酢时间作,赏乐既云并。嘉鱼昔何美,苹鹿贵款诚。曰余久邻德,无德厕周行。群贤实元凯,济济作皇桢。苞稂岂终慨,行苇泽无赢。得人斯维竞,企子陟台衡。西园徒文宴,愧兹冠盖情。"

又作赠香涛云:"良使闳儒宗,流风被湖介。众鳞归云龙,潜虬感清哕。振翼天衢旁,嘉期偶相对。陆荀无凡言,襟契存倾盖。优贤意无终,归仁得所慨。招要宏达群,重续城隅会。方年各耆妙,比迹殊通晦。宾筵导温恭,明体俱撙退。从来京洛游,俊彦相推迈。流飙逐颓波,倏忽陵往辈。终贾无久名,音恭岂专贵。飞蓬偶裵回,清樽发幽噫。金门隐遁栖,魏阙江海外。聚散徒一时,弦望旋相代。君其拔泰茅,人焉远唐棣。无曰四难并,终然奏阳薤。"

二日　　晴

雨珊、嘉甫、月湖、笙谷、价藩、伯屏、金曙堂来。嘉甫殷殷论作令,余告以直道可行,捐班不可为也。董研樵送所作诗稿来。伯屏论居翰林当读何书,自言失学。余劝以勤读多看,即从作赋学起,自名家矣。

三日　　晴

从苻农处假得岑建功所刻《旧唐书》,补校前所作赞,竟遗儒学未及,亦可怪也。翻董诗四本,专以避熟为主,词意生苦。笙谷云其命薄,殆不虚也。叔鸿遣要晚饭,吃烧猪肉,至者价藩、李幼梅、向子正,饭后又与叔鸿索四笔回。

四日　　晴,大风

翻《旧唐书》,补作《孝友传赞》。刘史传孝友必衣冠盛德,诚史臣之体也。《隐逸》惟载征士,仅王绩一人为隐士,则失之过慎耳。

新作《方技》、《隐逸》、《烈女》三赞，此本去年除夕可全毕，一解怠遂至如此，故为学不可不自策也。伯寅遣馈节物卅金，受之而不用，存之翰仙处。黄昏时雨珊来告别，有不自得之色，余亦惘惘无多语，送之渡洼而还。夜归，尽补《外国》及《逆臣传赞》，于是《唐书赞》成，为之一快，若在去年，成亦未觉其难也。此如失守江宁不见罪，而克复江宁为大功，人情大抵然，故赏罚难言矣。

比日闻益阳、龙阳失守，以余料之，谣传之奏报耳。李督、刘抚必能使南人不反，若反成，亦无暇奏报矣。

五日　　晴。端午节。是日甲午，卯初夏至中

去岁在西禅寺，僧供角黍，今则无矣。角黍唯六云能作之，馀亦不中啖。午初翰仙来，论湘抚迟报军事，余意覆奏必云北抚早报耳。去岁江西先报，而尚无谴，况今有李督为缘饰耶？失守小事，何足烦朝问。近日外权偏重，亦不可长也。假使刘抚去，又未知何抚代之，使人闷闷。午过价藩饮，同坐者张少衡、向子政、金曙堂、郭子庭、曹六皆、润之、李幼梅，酉散。赴晓岱饮，已散矣。与晓岱同过亦山、豹岑、荇丈，仍还晓岱处。知葆芝岑入觐，及郑王承志谋刺主事福某事。夜还晚饭。

六日　　阴

车出访笙谷、金甫、黎葆堂，均不遇。送雨珊行，亦未相见。过小麓处，同买团扇、铜墨合诸物。至叔平处小坐，过谢孟馀给事。至湘潭馆，闻尚留二人未出京。还黄寓小坐回。是日洪编修良品来访。夜雨。

七日　　晨雨，午阴，晚晴

再闻布谷，颇有归思。余在家已恨此鸟，客中尤厌之，为其声壮而鸣痴也，幸其一鸣，便不复闻。小舲来，请其视同寓山东杨生病，

病深矣。若南人骄贵,医卜盈门,北人殊不自重其生如此。遣问豹岑幼子已死,余相之,早知其不秀也。越畤、叔隽及其从子兰生来,舒氏仆甚无状,怨其主人不归也。世家奴多如此,吾不可以见之,低头而已。连日检《禹贡》作笺稿。夜得力臣书。

八日 阴雨,晚晴

王六潭来访,赠黄岩人诗文四种:宋杜范集,戚桂裳《东鞶集》,赵韵花《酝香楼集》,王乐雍《炳烛斋诗》。韵花,盖妓女也。夜作《禹贡》笺。闻夷船泊海口,意不可测。

九日 雨

午初晓岱来,雨甚,谈一时许,愈滂沱大作。余欲入城,车待已久,与晓岱同出门,分途行。余入城,至豹房法华寺访葆芝岑未遇。雨中行将廿里,甚倦,因过香涛谈,观其《宴集诗》。饥甚,辞出还寺。晓岱恐余傲寿衡,镜初防余忤涤丈,皆未为知我也。余待两君甚恭,两君于我甚厚,所谓夫妻打架常事,和尚扯闲奇事也。

十日 阴

比日凉甚,午过叔鸿、翰仙处。叔鸿处遇张竹丈,久谈,避雨,将由刘云生处归,恐雨大至,急还,已而无雨。小麓来谈。《老子丹诀》云:近多炼师,黄金可成也。越畤画居然成章,余读书卅年而不能成,愧甚愧甚。夜借得段长基州判《地理表》观之,阙落殊甚。重检严氏地图,全不辨山川,述作之难如此。注《禹贡》"豫州"毕。

十一日 阴凉

张升不守其职,遣之去。午饭甚晚,出,答访王子常不遇,还过云生,辞以移寓不见。云生与申夫一流人也,不近人情,而以为率真,故所至受诟病矣。还寺,李敬轩来,谈长安形势,尚王,以为可都。寿衡来,谈时事,问人材,至夜乃去。寿衡与伯寅均倜傥光华之材,寿衡好奇,故学识日进。

十二日　　晴

书扇二柄,并楷字。新庶吉士毛少卿、陈立园、曹润之、瞿子久来访。逸山及其同年新宁余云眉名尧寿来谈,余亦倜傥,逸山云:“留心经世之务。”留面去,日斜矣。叔平遣送角黍,误致扬州馆王生,王遣人代送来,食二枚。出访寿衡,先过晓岱,遇斐泉,同车往,谈一时许,斐泉先去。寿衡言湖州陆存斋甚有藏书,朱久香刻有《左传服注疏证》。又纵论督抚材能,及浙江石笋甚奇。又言饮馔之法,无所不通。遣车送归。先过晓岱门,晓岱下车,余遂乘月还。注“梁州”毕,又注“雍州”,夜半毕。

十三日　　壬寅。晴

祖考忌日,素食深居,敖金甫来要饮,辞之。月湖僧来,谈甚倦,少寐。葆芝岑来,谈一时许,言丁果臣已回长沙,兼邀招毅生去矣。又言越闽民情及内政甚敝,云湖南不易治。余因诘之云:“湖南士民甚驯谨,而诸公言跋扈,此大谬也,君何以亦为此言?”芝岑亦不能举其实证。又言王补帆之能而盛赞李黼堂。又言此寺廿九年前曾读书其中,今同学俱不可寻矣。

十四日　　晴

食苦瓜甚美。洪右臣、林午山来。右臣以诗稿四本见示。又论为学之要,甚有进修之志。谈至半日,将饭而去。日夕出访子久、文园不遇。遇子政,同过湖襄亭,禹民、翰臣、幼梅先在。禹民言文园分别甲乙榜。余欲为文园辨。禹民云,其仆问京官,非科甲者即不拜会。乃疑余为文园游说,进言之难如此。坐久之,始知齐新甫在对房,亟待问讯,酬应之难又如此。新甫余旧交姻家,初以为引见后去矣,今日始知在其京,且峙嵋于京外官也。归钞《禹贡笺》二页。

初更后，叔平步月见访，相见喜笑，开窗延月，蒸鱼进食。谈画梅，时人不能出五枝，及山水金碧古图已失，今无从画，乃始写意耳。叔平于画深有所得，其言无装饰，当为近代名通家也。留宿余榻，对枕谈至曙乃去。数年来夜坐甚稀，今年第一回也。

十五日 晴

始更纻衣。早起遂不能寐，饭后少瞑。芝岑送满制糕饼一合，分少许与叔鸿小女。钞《禹贡笺》三页。说鲧障水，其识高明，特太早违时耳。鲧公数千年乃有知己，自诧何其通了如此，时有赏音，岂非许、郑！

作诗赠芝岑云："喜气龙楼晓，恩光豸绣新。军容依仗进，天语略班春。乡国今为客，圆明昔望尘。九迁非幸宠，真作老边臣。""虎穴探牂舸，驼装费转输。屡闻搜粟尉，亲问牧羊奴。君新从南海督黔军，输捐至轻，复议减价，力持不可，仍得十馀万金也。大体仍长算，三郊有峙刍。此行光照乘，何用海南珠。""十丈甘棠树，长沙似故乡。别愁兰芷地，新谱荔枝香。兵驿归廉使，澄清寄海疆。沅湘近飞檄，无计觅循良。""南洼太平馆，公子读书台。余所寓寺，君旧读书处也。林树从新长，轩窗俨旧开。不辞言荏苒，且共月裴回。犹有阶前石，应知听屐来。君入觐，亦暂客寄，而手疏相问，谓有地主之谊，故戏及之。"是夜甲辰望，戌亥之交月食。

十六日 晴

辰正未起。张冶秋来，留谈一日，要之同车过米市，冶秋还寓，余访寿衡，谈一时许，复同车访荇农，谈一时许，夜已分矣。本出看月，月乃不明，所谓美赏难并者乎。三更还，钞《禹贡》二页。

十七日 晴

巳初始朝食。钞《禹贡》一页。周禹民来，晓岱、叔鸿继至，未刻去。少愒,得芝岑、荇农片,告酒集事。余欲与荇老同作主人,荇老意欲独办,芝公亦似欲为主,且俱听之。酉刻车出,将访余云眉。至街中见寿山、翰仙,同过斐泉,遂入坐,更要楚瑛来谈,竹丈继至,谈一时许。访小麓不遇,见彭子茂在周鹤泉处,问省城四月内近事。送子茂还店,雨云甚厚,亟还寺而霁。连日因月佳夜游,及游无月,意殊懒矣。叔平来,未遇,留《古文苑》一册而去,写诗一首为证。

十八日　晴。午后阴

钞《禹贡》四页。此日意兴甚佳,不昏昏矣。翰城来谈。晚出答访余云眉,逸山留饮,食鸽鸭,同过晓岱。二更觅车还,车夫惮远自去,余正厌乘,遂步归,畏狗,因过珠巢街,呼曹仆送至旷野,乃独还。香涛赠诗,兼送银廿两,复书暂存彼处。

十九日　晴

食时香涛来谈经,云常州有许子辛注《禹贡》多心得。又言鹿都匀建专祠,欲余作碑,而欲借李帝师之款。余言汉碑人人可署名,不劳借也。顷之送行状来,庙碑存者,惟蔡中郎、桥公东西二碑及孔庙碑,皆非此式,《表忠观》正是此式,又无体例,当考索之。晡时翰仙来,待余饭罢,同车出,至黄宅,取银交小麓,欲为夫人带少许京物也。夜访麟伯、子久,并不遇。天风云阴,早还。

廿日　晴凉。午雨

寿山来,钞《书笺》五页。昨小麓言:"《参同契》本《易纬》,魏伯阳补作三相类①,故有二序。"其言甚确。申后访叔鸿不遇,过子久、文园处久谈,吃沙果。

遇价藩,云:"前交空函,乃雨苍塞外书也。"余视其子〔字〕似力

① "三"字疑有误,意谓魏伯阳补作之《参同契》与《易纬》相类也。

臣，误以为力臣书，十馀日不之省，归乃重思之，其书六字云："君高升，极鼎足。"三月所寄也。又云与诸同事打破猜透之。夫鼎足势成，则余无事闭门耳，何高升之有？雨苍错料天下事，而何打破之难乎？夜闻醇王操练火器，果精熟，然不知临陈之无用也。是日己酉小暑。

廿一日 晴

午遇小麓，呼之起，将出，云阴，遂留半日。遇叔鸿、小舲、赵季海、子茂长谈。申刻过金甫处小酌，同坐者但幼湖、景某、颜建侯、李湘门、廖言如、筠生，设食尚精洁。饭罢将出，车皆不到，来往三四，然后敖仆往觅，京城车必俟候门外，不似外间轿夫，此盖敖仆未能料理也。送筠生至店，还寺二更矣，雨大泥深，殊不驶行。是日，楚瑛、筠生、湘亭、新甫来访，均留片而去。余昨闻香涛言，有许生能治《禹贡》，因缘访得之，俗儒也，装模作样，中无所有，谓荆、扬不逾五岭，梁州有南海，岂非梦话！

廿二日 晴

晚热，得风而解。叔平赠画扇，月湖僧来，请作《募经疏》，拟《鹿丕宗祠碑》，草创粗就。夜雷雨。

廿三日 早晴

昨夜不寐。蒋寿山太夫人生日，将往贺而晏起，饭罢剃发。竹丈来谈，值雨，久坐去，已未正矣，雨不止。饭罢将睡，寿衡遣车来迎，冒雨往，留饮，同坐者竹丈、幼梅、叔鸿，观张旭正书《郎官壁记》，云出自王敬美家，伪作也。字仿欧、虞，而不知用笔，乃云唐拓。毕、耆两相藏之，陈沧洲、王梦楼有题跋，皆不甚确，富贵人收藏希物耳。竹丈言去岁有太监欲刺宝尚书，近日风气殊可虑。余幸不立朝，若当权正色，恐有伯宗之祸。圣人不死，盖知幾括囊，余初以为人无不可化,一试于与循,而大不验,故感而记之。徐车送归。雨竟日,夜平地水二尺,少寐旋醒。起钞《禹贡笺》三四行,已曙矣,晓色照人甚倦,因复寝。

廿四日　早晴

午后雨。文园、子久、伯屏先后来谈,余昨梦六云,因出行水濒,携一女而去。六云所出四女,而仓卒询三女。此梦甚异,姑记之以待验。筮之,卦遇《鼎》之《旅》,曰:"鼎有实,我仇有疾,不我能即,吉。"《鼎》初得妾以子,我仇匹也。妻有疾无子,故妾欲即之。今妻有子,而妾携女行,从水去,以阴从阳,庶不干嫡。盖妾当生子,而妻疾之兆。《旅》曰:"得童仆,贞。"有疾无尤,未至死也。

廿五日　晴

久未访竹翁,因出,过价藩,看青州魏、唐诸碑。伏魔寺答访毛少卿不遇,与曹润之谈读书。今年吉士皆有志于学,足知湖南风气之转,惜余无力,不能倡之。至保安寺,竹丈已出,见野秋,看苏灵芝铁像碑字,殊有笔气。过地藏庵,访但幼湖不遇。至小舲寓,见李幹吾世法、周苐生、蒋寺城、子久,与伯屏、幹吾同至庆乐园。翰臣招客,坐上有禹民、新甫、湘亭。苐生继至,要周鹤泉同来。诸君大会,必有侑酒,上坐四旦。余懒于应酬,遂先归。过晓岱昆季,谈少顷还寺。乐部中一武旦,年未十二三,班中护惜甚至,盖倚为门面也。京班旧多老手,今乃恃小旦卖技为生活,其穷可知,京师遂不能养此辈,可为三叹。夜寝,觉湿蒸甚重,起作诗赠韫原。即文园也。

廿六日　晴

钞撰《禹贡》,成卅八页,钉纸已完,遂辍工。计廿日,耦暇为之,未能专工也,然亦有效。为韫原作《大禹勤求贤士论》,朝考题也。以《皋陶谟》说为禹立科目,似较家令为核,家令亲受书伏生,生老故不传大义耶？抑忘之耶？《淮南·氾论训》云："禹之时，以五音听治，县钟、磬、鼓、铎、鞀，以待四方之士，一馈而十起，一沐而三捉发。"亦可为说，然不若用经义之切当耳。余近说经史，有左右逢原之乐，殆将通矣。

子久来，问读书之要，因以所闻者书之于扇曰："夫学贵有本，古尚专经，初事寻摭，徒惊浩博，是以务研一经，以穷其奥。唐以文多者为大经，文少者为小经，限年卒业，立之程课，解列六艺之名，而视性之所近。今亦宜就己所好以求师说，师说存者，如郑君《诗》、《礼》，何公《春秋》，皆具有本末，成为家学。其已绝复明者，若李鼎祚《周易集解》、孙星衍《尚书疏证》，亦能抱残守阙，上绍渊源。但求一经，群经自贯，旁通曲证，温故知新，恃源而往，靡不济矣。古今学术，约有三涂：一曰儒林经师之所传习也；二曰文苑学士之所极思也；三曰道学儒生之所推致也。文苑之中，复分三等：长记述者，谓之良史；精论述者，谓之诸子；工词赋者，谓之才人。史以识为先，源出《尚书》。子以理为骨，源出《论语》。词赋似小，其源在《诗》。《诗》者，正得失，动天地，吟咏性情，达于事变。观夫《京都》之赋，该习朝章；枚、傅之篇，隐维民俗。今馆阁作赋，赋岂易言。诚能因流讨源，举隅知反，则山川形势，家国盛衰，政俗污隆，物产丰匮，如指诸掌，各究其由。故曰登高能赋，可以为大夫也。况赋者，兼通训诂，尤近《雅》、《文》。《尔雅》、《说文》。而子云叹其雕虫，宜德祖讥其老妄矣。夫赋无空疏之作，世鲜通博之家，但患为之不精，何至远而遂泥。于此留意，是为政也。"荇农、樾畴暮来。鹿滋轩同知传霖来谢作碑。

廿七日 早晴

欲答访翰臣，遂过圆通观，访魏子纯吏部、郭子恬刑部、潘虎臣工部，皆新进士也。旋过翰臣、禹民，皆方起，留谈。顷之小舲及丁竹云至,云约打牌,余聊留入局。过午大雨,遂竟一局,二更散,负百廿千,宿于翰臣榻。是日周茀生来,亦至夜不能去。

廿八日　早晴

主人未起,余开户而还。至寓见荇农书,始知芝岑负约不至,荇老甚愠,并群客亦不要矣。文园来,至午大雨,留谈两时许,极论为学之意。午前魏子纯来,亦芝士弟子也,曾馆子明家,与谈作吏部。余无力济物,惟劝人为善,差不倦耳。

伯屏招饮馀庆堂,呼车不至,步行泥泞,不得已而还,甚负之也。顷之杨三车至,遂出,至大街,客车已集,入见晓岱及郴州陈寿山、张恬臣。寿山云曾在杨氏同席。恬臣曾见《桂志》也。内屋有周子岩、人甚朴实。子容、楚瑛、新畬、子政、子纯、幼梅、竹老、麟伯、桂坞、小舲,后至有一孙君,未交言,不知何许人也。酒罢至麟伯处,看竹老奏稿,桂坞亦在,俱云未妥。竹老欲去,遂各还。夜雨不止。

廿九日　晨雨甚密,竟日浓阴

考《禹贡》数条,为竹老拟折片一件,馀无所事。

卅日　大雨

鹿滋轩送润笔白金,并贻先集,鹿伯顺之文也。文不离明进士习气,其最得意者,在除定兴籽粒税耳。中论孙承宗备边事,近知兵者。京师雨,车步皆不可行,欲出不得。

六　月

庚申朔　初伏日。雨

午晴,出访晓岱,大雨旋至,觅车还寺,遂出答拜滋轩,不遇,过幼梅处,索小门丁食之。出访寿衡、荇农,问“刑赏忠厚之至”出何书,未能指证也。新进士中当有知者否,无从问之矣。雨遇子久,略谈数语而归。书册叶十五叶,钞旧词与小舲,既书二句,嫌结句不吉利,乃就改为《南乡子·赋得惜花春起早》云:“春恨压屏山。细雨欺花困牡丹。雨若再晴花再艳,应难。唤起双鬟摘下看。　凭软曲阑干。晓逗微光似不寒。忽地玉阶风过觉,衣单。重入罗帏又懒眠。”此词甚有北宋人意致。

二日　早雨,晚止,凉甚,至夜倾盆

蚊飞成雷,北方有毒蚋伤人,肿痒至数十日,创不平复。春夏之交,初不见形,今乃睹之,似牛蠓而色白,此间呼为白灵,至伏日长大,故为人所见,遂不得免。又词人言“飞蛾扑明烛”,今以为蚕蛾。蛾虽扑光,然不多死,且有无蛾之地,飞蚁则枕藉于灯下。蛾,古蚁字,因而误耳。□虫争集,不过妨我钞书耳,吾当避之,则彼技不施,遂灭灯而睡。是日郭子恬庆治刑部来访。

三日　霁寒

无所事,晡后出访叔鸿,遇寿衡,翻《白孔帖》及《玉海》,求疏题所出,未得也。过香涛不遇。谒钱师,剧谈经书。发学官者,《易》、《书》无佳本,复无师学,他日一通人径取上旨足办矣。余《易说》极见贵于犀师,谆谆属录一通。余前送去时,即云发钞。至今未能钞一字,盖贫甚也。携归晚饭。

四日　晴,蒸热颇似南方五月

为楚瑛书横幅,兼书扇赠寿山。余携《桂志》入京,择人赠之,人无解者,故赠诸同年各一部,唐、皮、左、蒋、潘、张、徐、周、葆、李各一部。则各有所求也。张、瞿各一部,则交情也。倪、钱各一部,则彼所索也。

郴州月湖僧欲募化请经回湖南,为作疏头云:“盖闻释迦垂经,

菩萨作论,经论弘演,本传中土。中土禀五行之秀,尤好文词,故达摩际断,而梁武不契,使遇世尊,因物度物,台城之灾,立可澹销,何至以求蜜之殃为舍身之无效。故知玄奘翻经,用成贞观之治,教各有宜,而面壁之功劣也。末法不闻深义六七百年,本朝三皇,以佛应世,颁法藏于直省,选上德为法师,近今凌迟,钟磬不鸣。余惟敷教之方,莫若讲坛之设,况今湘州繁会,才彦云集,虎士脱剑,泮林未修,直切救时,佛法第一。南岳藏经,岁久阙蚀,又僻于深山,赴会艰难,尝欲修复麓山沕潭道场,延僧开经,然世尊制诸比丘不得安坐受施。又欲广诸功德,及诸海内,未能出家行孱,此愿未酬。今郴州僧习圣发大宏愿,广历十方,求诸檀那,助资请经,先至神京,以结胜缘。乃由江、淮,以及秦、陇,皆兵燹之地。福种之留,具此一念,龙天必应,闻言欣悲,何假劝募,谨为疏引,使习僧持诣福德居士门,随缘得之。”夜蚊成雷。

五日　　晴阴

昨与叔平约午谈,勉步往,汗下如雨,解衣看画稿数十本。遇香涛兄远澜,名之濰,云南丽江令也。叔鸿继至,拊掌甚欢。日夕归,从孙公园误入一巷,遂不辨东西,信步来往十馀巷,穿入永光街。过金甫谈,饮苦茗甚佳,借烛独还,夜行反不迷道,以留心也。见钞报,陈少海尚一直隶知州,何宦涂之淹滞!少海凶问,得之半月矣。初起乱,余即忧少海不能免,以久留乡里,斡官事太多也。然不至杀身,岂有宿业耶?叔平拳拳有故旧之谊,金甫亦叹息也。

六日　　乙丑,大暑中。晴

昨夜不寐。今早起,饭后过黄宅,晓岱三昆季未起也,留坐久之。剃发毕,与樾畴同过小麓,亦尚未起。待其饭罢,同步至桂林轩买妆奁物百廿千,近物甚昂贵,而无佳者。小麓畏暑亟还,呼车与樾畴同过其寓。午饭复与翰仙同车出访麟伯不遇,过叔鸿谈,遇张子容惟俊,余投暮还。今日南风,湿气尽除,翰仙云:"方知解愠阜财,言不虚也。"

七日 晴

早起作烦热。不思食,此暑炎所致。因命买瓜,食一半,果觉腹中溃动,小泄而愈。治小疾药力不旋踵,但须知证耳。午间向子政、李幼梅来谈。顷之月湖僧来,论募化事。客去得安眠一时许,饭二碗,食豆粥,甚不甘。

八日 阴凉

疾愈气弱,早未饭,午饭一碗。卖靴人来,强欲吾买,勉为留三双。逸山来谈画,云叔平画梅,入门未得正法。余令作一枝帖壁上。晚间豹岑来,见叔平画,亦云未善。令视逸山作,则云可学。逸山本初学,豹岑素知其能画,特未知此梅为所作也。元鉴不爽,殆称真赏,余为拊掌大笑。是日遣书约芝岑同行,得书云须七月,兼属改《谱序》。是日凡再出寺,皆未百步而还。

《食瓜有作》:"河朔留佳蔓,京华破碧瓤。寒消三日酒,味省十年香。玉手曾团雪,龙须只独凉。无因凭驿使,一为款渔庄。""蝉鸣清昼迟,消夏辄相思。黟赣闲曾品,蒸湘恨不宜。餐霞堪送老,种玉恐无师。却笑蛮方长,炎天贡荔枝。""灌园徒有愿,消渴苦难胜。客里逃三伏,归来守一塍。风沙撼西域,烟雨满东陵。此物能忘暑,青蝇莫语冰。""五色同甘脆,苞苴压李桃。剖香初满席,画水不胜刀。风入疏帘静,星悬银汉高。生绡最芳泽,拭粉莫辞劳。凡食瓜,瓜香必透肤出,衣生绡乃传其香,罗纨不能也。"

九日 晴

早凉甚,可二夹衣。午饭过圆通观,寻子久未遇,与潘工部、郭刑曹谈良久。至晓岱宅,与翰仙同访逸山不遇。过寿山不遇,与其从子秩城谈数语,翰仙还。余访夏竹轩不遇。过小舲、伯屏处,寿山、心畬亦来,宾客喧阗,打牌不成而散。过寿衡宅,则已前招余矣。余初闻寿衡饮馔过人,因求代治具,要同志数人饮,而难于铢两悉称,乃约伯寅、豹岑、香涛、荇老,晓岱,试为一集、伯寅、豹岑卒辞不至。食面茶、珍珠米粥、茄脯甚美。得种木耳香菰法。木耳以新木盆,菰用湿沙。设馔太多,饱不能遍。寿衡云:"无虎豹故也。""虎"谓伯寅。子散,坐徐车还。作小米粥法:以米为骨,置细面盘中,滚之如珠,以水若煮汤圆法即成矣。

十日　　晴

晏起,刻字人送版来。子久来,谈甚久,为余钞改葆芝岑《谱序》一篇。月湖来谋募化,甚有俗僧之态,遣之去。少愒,卖翠花人选钗枝。戴宝函同翰仙来,戴,武陵副榜,名世缃,翰仙子师也,余前访之,故来报谒。为豹岑写小幅五行。

十一日　　庚午,伏日。阴

睡半日,傍晚周禹民来。

十二日　　晴凉

为禹门作《谱序》。价藩、右臣、午山来。出视文园疾。夜作诗未成。

十三日　　晴凉

作《圆明园诗》成。彭子茂、张竹汀丈来。饭后访叔鸿、荇农、楚瑛、豹岑,豹岑未遇。归,晓岱兄弟在寺留待,谈至月高步还,余送至大道。月中行,甚有初秋之意。香涛和《食瓜》诗甚佳。

十四日　　晴凉

叔鸿属写篆字,久不作此,笔势全非矣。寿衡和《食瓜》诗,意境开拓。遣问伯寅"刑赏忠厚"语所出。复云庞葆生拟题,即从《古文渊鉴》中寻扯,不知出典也。南书房侍臣议论如此,使后生何述。夕访香涛不遇,过竹丈,遇之于途,与星畲同车,云将访叔鸿。余过粉坊,遇翰仙,遂同由价藩处,将往叔鸿处会谈,则星畲已在,云竹丈去矣。翰仙、价藩送余还寺,踏月还,夜月甚佳。

十五日　　晴,稍热

早起见日出,苍蝇始飞。因思《齐风·鸡鸣》诗首章言晏起也。妃侍寝而警寐,以为鸡鸣当起,岂知已日出而苍蝇飞鸣,不觉失时,故下章乃见月出,而以为东方明矣。月出即起,又过于早,君必怨其警寐,故下章言非不甘与子同梦,恐群臣因君晏起而憎妃宠,托为君词,以深道其款款也。夫人称"君",不得曰"子",故知为托君词耳。闺房旖旎之词,足使贤者倾心而愚者自劝,安得此婉娈姝子以妃君子哉!

叔鸿来,尚未饭,匆匆而去。朝食后颇热,将卧,曹润之来谈,有志经史之学,以余为老马也。今年三吉士皆下问于余,益知余不可以再求试矣。荇农送诗来,伤心于故宫,至为发病,余诗不能愈疾,而反致人病,如何其可!午饭后访子茂、小麓,遇与循,憔悴不似,为之惋恻,无可致词也。过寿衡、晓岱,皆乘车往还。遣送诗伯寅,并询疏题,云:"东坡已不知出典,宁□散为三百东坡也。"伯寅复书云:"为之失笑。"事正如此,他日问信近于义,则以辛未会墨为数典之祖矣。香涛亦遣信来,索《哀江南赋》稿,并还余所注书。

十六日　　阴

昨夜香涛来,谈至寅始去。帐蚊相扰,至将晓乃眠,不知曙也。巳初野秋来,始起朝食。福严寺僧海庵来,致衡山诸友音问,并云汤子惠已死矣。谈久之去。野秋留午饭已,同出访叔鸿,旋要之同过涂心畬、陈伯屏处,伯屏新移涂宅也。过晓岱,与翰仙同出。过斐泉少坐,黄、张至圆通观,余送叔鸿还家,至南横街,遇价藩将东去,遇余等而还。叔鸿未饭仍归。余与价藩过保安寺,访竹翁,留食饼,待月而还。

十七日　阴,不凉

昨夜微闷,不朝食,午初饭一碗,始浴。从叔鸿假得红漆盘,甚似家乡器物也。楚瑛、斐泉来,将出而暮,遂罢。

十八日　阴

出访洪右臣,先过笙谷谈火锅事,因要午山同至右臣处,遇张吉士楷,略谈而去。右臣、午山要听戏,至庆德园,人多不可坐。往听四喜班,竟一日,十二年所未有也。还将雨,过小麓处少坐,至骊驹巷,泥不便行。过云生,谈夷务,云崇侍郎至法国,见侮于其君臣。外夷皆不直我,以天津所杀囚非真犯也。又言陈荔秋欲送机器,曾、李右之,毛旭初独异议,云生主毛说也。觅车还,至寺。大雨竟夜。

十九日　阴晴

午颇蒸热。过叔鸿、香涛处,皆久谈。香涛处食瓜,谈《易》。又言旧祭天地日月,皆别有乐器。夷人入京,日坛器毁,所司不能制作,乃假月坛器用之,垂帘兆也。太常工人不知制度,竟未能制。又言"随"盖古"骽"字,故《易》云"不极其随"云,其必实指一物。"夬"盖象手持刀刻画之形,故云"易之以书契"。香涛自云喜高邮王氏之说,新而中理。又言"孚"为抱卵,因为凡胎卵之称。豚为胎子之多,鱼为卵子之多,故云"信及豚鱼"也。有它者,蛇食卵。鹤鸣者,鹤或胎或卵,有孚挛如,挛生子也。又言"需于血","血"当作"洫"。当采之入《易说》。"需于洫",所谓决渠降雨。

廿日　雨,夜大风

读《列女传》七篇。晓岱来谈。日仄出访曹润之不遇,将往铁门,泥不可行。从幼梅借车,遇周虎生,遂同幼梅至寿衡处晚饭,同坐者贺仲肃、梁、杨两君,皆浙吏也,至子散,坐李车还,水深一尺矣。作面茶法:炒面好水调无滓,先用锅煮水以待,入面略煮使稠,加芝麻酱,微盐,起锅入盏。食新苹果,寿衡云奈〔柰〕,别种也。观褚书《魏王造像记》,仲肃云《三龛记》也。又闻周寿山死矣。怀庭在杭州书局,子登与丁雨生不合,流离杭州,今往江宁矣。

廿一日 庚辰,三伏。早雨,午晴阴

为价藩录《圆明词》,并作注数千言。日夕野秋、少蘅同来。荫渠移抚广西,苏虞阶调漕督,张移广东巡抚,许仙屏提学陕甘。

廿二日 辛巳,立秋节。阴雨,寒可绵

刘云生来,言世道人心万无可转,劝余修饬己身,然后劝训友人,以回风俗。不知余已屡以正论直言见咎矣。然非正直之咎,不自修而好议论之咎。秋雨凄清,颇感归思。

申睡,梦有人请余作文而问为纵体缩体。梦中亦知有纵缩二体而未能辨,问于长老,长老告余,言凡作寿文,一寻五缩,寻者总括,缩者分列。余自念,余为散体无此文格,仍是纵体而已。命六云检纸将作书复之,六云必欲寻他人名片,遍检不得,未及书而醒。周荇丈送和瓜诗及赠余诗来,齿宿意新,和韵而不见痕迹,最为妙作矣。若不□□,未见其巧【阙】润之以芳脂,则涂油也。故梁元世子以五色线辫鲍泉须,辫须古制,五色为异耳。又宋画《列女传图》,徐吾似弓鞋,云出顾恺之。

廿三日 雨寒,始绵

叔平赠研来,云荫渠旧赠也。为逸山看定诗稿二卷。偶阅《古文苑》所录齐、梁诗,久不拟,仿若逢故人。聊拟作《南洼高阁感秋》诗云:"暮雨下太行,秋风吹蓟县。桂树未皇荣,兰华忽已晏。阴云

傃櫚端,凄氛掩京甸。悠悠咫尺间,佳人不我见。巾车久裵回,逝舟自遥衍。谁谓情可通,千言不如面。”

夜雨尤甚,香涛来,相见甚喜,客中破闷,致可乐也。谈《易·大壮》,当为“大戕”,“戕”,伤也。卦中“壮”字皆可通,惟《序卦》“《遁》受《大壮》,不可终《壮》而受《晋》”,“壮”字似当作牂牁之“牂”,系船物之杙也。刚以动,故被系不得遁矣。故以“壮”制《遁》,以《晋》通《壮》也。系羊本作“壮”,后乃改偏旁作“牂”耳。又论《损》“三人行,则损一人”,谓三阴进,则一阳被制而从阴,临象成阳,被制不行,《传》言有□也。“一人行”,而下从二阳,则得友而成《泰》。故传言“天地絪缊,男女构精”也。皆精确,发人所未发。

廿四日　雨

叔鸿送文来,《圆明园诗序》也。文甚古秀,笔有逸致,夜为点定之。

廿五日　晴

与月湖僧访海岸僧,闻龙华寺欲卖,其价甚廉,宋兴诚寺也。香涛招往快谈,遇陆广尃编修,询知“刑赏忠厚”语出伪孔《书传》,云故友杨汀鹭所说。杨名开第,以殉母死十馀年矣。王莲生同夜饮,谈金石文字。

廿六日　晴

出访叔鸿、价藩、文园、晓岱,遇夏竹轩,问桂阳有来书否。过杏农,未起,与金曙堂谈顷之。过禹民、翰臣,还寺。叔平送画二幅。麟伯、翰仙、伯屏来,彭稷初来。

廿七日　晴,蒸湿甚热

海岸及估客数人来。翰臣、葆堂来,留饭。叔鸿来,酌叙文增损。仙屏要饮,豹岑、云生及余为梦神,马雨农学士、谭敬甫、敖金甫、黄晓岱及仙屏展梦，不居招客之名也。雨农言明年将有恩科，以母后四十生辰作万寿也。余大以为不可，惟豹岑稍然之。祝厘之礼，必过五十，三十称庆，已有前鉴，况女四十而可寿乎？亥散步还，甚热。

廿八日 阴雨，蒸热

寿衡送长沙汇银百两来。始食蒲桃、梨，皆未熟。午至翰仙处看皮衣，即要月畴、寿山同至柴市店中看衣。还，热未减，夜半大雨。

廿九日 小寒，阴晴，时小雨

曹润之来谈，因同出，欲吊桂坞，至圆通观而雨，遂还寺。

潘工部迎大驾于太庙，先一日视祝版也。上九叩礼毕，即还。孟秋时享，遣恭王代。潘云传筹三过，黄伞先出而辇至，仪仗皆夹道先设之。午饭后酣睡。麟伯来。阅《淮南·说山》、《说林》、《修务》三篇。

七　月

己丑朔 晴凉

斐泉午来，价藩晚过。与价藩同诣翰仙，观镜初书，六月初自江宁发，云途中甚苦雨，江南蒸湿尤甚也。暮还寺。

二日

早起，逸山来作画，同饭。诣香涛，尚未起，因访其同居王莲生，出视唐《马氏张女墓志》，云出土始拓一本，而鬼物为祟，故题曰“无双本”。观仇十洲画《登瀛图》，伪作也。唐六如《金陵图》尤伪，无可观。逸山一一指其疵。坐两时许还。

日夕，荇农来，谈甚欢。莲生出示牟庭所著书目。乾、嘉时，栖霞诸生乡中议论甚多,独考定《易林》为崔篆作,非焦氏。焦学传与京房,主占候,梁人。而今《易林》题“建信天水”,乃“建信大尹”之讹,“建信”即“建新”。其说甚佳。又言《艺文志》言《尚书》古文经卌六卷为五十七篇,而《史记》书篇名有六十三篇,当合《太甲》、《盘庚》、《康诰》为一篇。六十三篇去六篇,是五十七也。其云为四十六卷者,又加《太誓》一篇,《汤诰》、《咸有一德》、《明居》三篇,《伊训》、《肆命》、《徂后》三篇,《咸乂》、《太戊》二篇,《高宗肜日》、《高宗之训》二篇,《太誓》、《牧誓》二篇,《馈禾》、《嘉禾》二篇,《多士》、《无佚》二篇,《召诰》、《洛诰》二篇,《丰刑》、《毕命》二篇,皆共序。共序者,共卷五七,去十一,是卌六,出于杜林《桼书》,杜林得书目一卷耳。言亦精确。又曰孙卿子云:“《诗》、《书》故而不切。”故者,训故;切者,实指。以不切,故有四家《诗》、二家《书》,因作《诗切》。观其序意,不知《诗》以垂教,而以后世诗说之,遂使周诗若唐诗,殊不可以言经。又言《汉书》赵广汉“精钩距”,是“通句股”。故云马价,先问狗,已问羊,又问牛。假如狗得三,羊得五,牛得十二,即不问而知马价廿也。狗为一率,羊为二率,牛为三率,四率为马云云。其说甚新,而作《重差图》。牟氏终身著书,皆骋己说,又不如王夫之,然其佳者胜之,考据长于王,时为之也。

三日　晴

买粉翠奁具四十五金。子久、彭稷初、香涛、小麓来。子久赠余书、梦缇折扇。稷初来,谢余为其妹作诗。小麓送银卅两。香涛自午谈至酉,留饭未饱,复要余及小麓至宴宾斋,遣要董研樵来同饮,意不在酒,借地坐谈耳。香涛欲余习《左氏》学《韩诗》,仆病未能也。研樵言吕洞宾附叶改诗,有句云“夕酒连晨醉”,叶改“连”作“回”。又云:“松标太古春,雪异人间白。”小麓云吕诗派似之。小麓又论禘祭为三年后致亡者于天,而大祭之。《国语》所谓“终王”者也,故曰“不王不禘”。禘于明堂,以新配天,故推远祖而及祖之所自出,若夏、周禘尝是也。群庙之主偕来,故《公羊传》曰:“自内出者,无匹不行。”言新亡者必合群祖而后配天也。“自外至者,无主不亡”,言就明堂太祖庙也。以新禘,故有大蒸尝。又三年而就祖庙祭,又三年而就曾祖庙祭,又三年而就高祖庙祭,则群主亦皆往,故曰祫。各皆二年而还太祖庙,仍曰禘。亡者先就太祖庙配天,而后入庙,故曰“先王飨于帝立庙”。其说甚佳。饭散,街车皆卸,待驾而还。

四日 晴

风凉而日烈,欲出未果。马雨农学士来。王莲生来,许赠我郝氏十种。作书与涿州牧郝近垣,兰皋之孙也,求其祖书。又与书左季丈、蒋璞山,因仙屏寄去,皆通候,无事。楚瑛来送银廿两。晚候竹老,遇晓岱,出过董研樵门,入谈,携其诗稿归,钞本颇胜所刻也。又赠《声调谱》,夜翻一过。声调之说,诗中必有之理,然按谱填之,则断无人能为,要当吟咏自调耳,赵氏已多事矣。

五日 晴

早起,过翰仙,要同入城。翰仙当入部司,不果偕,留饭其宅,遂同樾畴访逸山、叔平、小麓。樾畴留小麓处,余独访马雨农不遇,过寿衡、叔鸿处,少谈还寺。林午山来,留饭去。夜临北海书,未能提笔,殊不得似。

六日 晴凉

早饭后为子久书与曾侯。海岸来,翰仙继至,同车入城。至二龙坑劈柴胡同见豫庭二儿,一曰徽善字信甫,出继故郑王端华,二曰承善,年十八,甚英发。园亭荒芜,竹树犹茂,台倾池平,为之怅然。出过麟伯、桂坞,谈顷之,复访谭敬甫、王补庵不遇。至米市口下车,步过正孺饮,赵抑甫、胡垓甫、香涛先在,潘太翁绂庭后至,莫次公酒半始来,戌散。

七日　阴

伯寅来送行,并赠书,贶银卅两,云当入直,未能再晤也。意拳拳而色匆匆,甚有惜别之感。午间览所赠书四种,内有王象之《舆地记》,中《碑目》二卷,可备考核。天阴殊重,恐雨,因先至晓岱处,请樾畴买衣。申正过荇丈处,设酒饯余,寿衡、晓岱先在,研樵、翰仙、香涛后至。亥散,微雨步还。

八日　丙申,处暑。晴阴

潘太翁来。晓岱、豹岑、云生、马雨农、谭敬甫载酒饯仙屏及余于寺,金甫本约为主人,酒罢乃至。价藩、彭稷初、幼梅、心畬、禹民先后来,故郑王子徵善来,余本约豫庭子承善来,字智甫,又云禹阶。其弟同善,字禹襄,独与母出居于外。盖豫庭二妾不和也。而以无衣冠不能至。旗人仍习气讲排场,不能变也。谈久之,无策可振之,宗室禁严如此,亦定制之未善耶?

夜坐凄清,有诗为证,以《七夕饯饮》为题,云:"云聚感天衢,星离怨河曲。念别霄始清,联镳宴宜数。澄阴绿槐市,帐饮藤花屋。良节动秋吟,深情驻行毂。是夕最妍沾,遥思几翻覆。佳人望何远,岁会欢已促。昔伤灵匹睽,今悟前游续。乖违岂仙然,间关念予独。漏转酒未阑,尘清雨犹宿。凉飙袅曲房,轻帘影明烛。留连如可思,贻君忆川陆。"

九日　晴

辰出辞行四十处,皆居方三里之内,殊不为劳。午赴竹老饯饮,酉赴七同年公饯,设馔均美。是日芝岑、荇老、仙屏、香涛共贶银百六金。买小毛衣四十八金。

十日 晴热

早凉可绵。夏竹轩、麟伯、子久、野秋兄弟、小舲、芝岑、豹岑、王补庵、谭清臣、毛少卿来。豹岑夫人欲回南,遣人至通州雇船,余亦托豹岑多觅一只,因东便门船至通,须京大钱卅馀千,与车价略同,改由陆赴通也。补庵与云生至交,皆欲为一代名人,然无奈官何也。潘太翁送其诗词来,词甚雅细。麟伯送烝盆一,包子二盘,因留少卿饮,兼邀幼梅、子久来,叔鸿同至。亥寝。

十一日 晴

研樵赠诗,云生赠扇,皆送别之辞也。方起,笙谷、云生、海岸、㧑叔、斐泉、香涛、月湖、叔平、小麓、莲生、研樵陆续来,剧谈一日。㧑、香、叔、小、研五君坐最久。

研樵以其嫡妾不相能而问于余,盖意料余善处耶?亦知余家亦不相能耶?余以正言告之,当自屈以尊夫人,以慰妾,则得之矣。文宗作卅万寿而裁损后生日之礼,盖礼臣不知尊嫡之义。故今垂帘,遂为两尊,非古圣诗书之义矣。因今日为皇太后生辰,忆庚申之事,故及之。其相讥也,小则不过问,要无使妾胜嫡,则自立于无过,而妾不敢怨。近世争以家事为讳,而不谋之朋友,若研樵可谓贤矣。余虽言之,仍当还问夫人,以决是非,故特记之。应以嫡妻得度者,即现嫡妻身而为说法,妇人之性,非余所能尽知也。

㧑叔赠余名印,同人以为奇遇,不易得也,然刀法殊不在行。

十二日 晴

早晏起。子久来,逸山继至,同出过圆通观少坐。至晓岱处,遇叔鸿及马姓武官。旋与樾畴同出买衣,至叔平处观画。买乾隆时笺纸及匠画工崽四幅。还过禹门晚饭。笙谷前招,几忘之矣,道中始忆之。遣人往探,适逢催客人,遂同往,客未尽至,顷之入坐。同席者王鲁香礼部、洪右臣、王弟优贡一等知县某及林氏父子三人。设馔皆家制,颇有真味,为之一饭。再至周宅,已饱矣。同坐者小舲、李果仙、郁华、魏子纯,主人陈伯屏、周禹门、黄翰臣。至亥踏月过子久,谈数语而还。

十三日　晴

子久、研樵来,与研樵同过龙树寺设饮,同坐者张松坪、德容、温味秋、忠翰、伯澄、香涛,秦谊亭后至,剧谈半日。要伯澄同过寺,快谈一时许。研樵属题杜像,云出自南薰殿本。伯澄云本朝南薰殿藏历代画像也。是日新放本省按察涂,名宗瀛,安徽人,旧为江宁府。

十四日　晴

翰仙、子恬、子纯来。买皮衣四件,检行李。

《题杜像》云:"内府传真迹,乡祠礼昔贤。文章曹植后,图画剑南先。旧静千官影,今归尺五天。平生忧国意,凄恻曲江边。""清高遗像在,无命作宗臣。失路依藩府,留诗竟替人。迟回度陇日,秀发使韶春。相对同忧乐,宁关宠辱身。"

出访荇农,齿痛不能见。过胡襄庭、齐新甫及李果仙处,皆无聊之应酬也。赴香涛招饮,同坐者潘太翁、伯澄、松坪、逸山、研樵、味秋、莲生,伯澄、香涛皆赠余诗。伯澄又题杜像一篇甚佳。松坪为余题《食瓜图》一词,谐语甚趣。潘翁亦立成一绝。研樵云拟作未成。莲生赠余玉印泥合甚佳。香涛泛谈及余前咏二物对句甚巧,余不能忆也。前十年曾行酒令,以不相类二物各咏一句,赋得翎管、水烟袋,余句云:"双貂翠珥云南玉,二马黄磨汉口铜。"二马车,水烟袋之名,以汉口为佳,故有此对。一时无聊,流播京师,余因言颦笑不可不慎也。又谈"蒹葭苍苍",为老而可用。馀年四十,香涛云正苍年也。伯澄云五十曰艾。余因广之,云:"一岁曰赤,十岁黄,廿朱,卅青，卌苍，五十艾，六十耆。耆，黎也。”夜饮极欢，至子散。

十五日 癸丑。晴

治装出京，与豹岑家属约同由运河旋南，舟车皆倪家料理。余早起作书与伯寅，为子久索书。片与芝岑，令陈斌随之出京。买乾隆内制笺纸四百，京钱十八千文。车价廿六千，两辆单套，至通州也。晓岱、翰仙、寿山来送行，视余登车者价藩、樾畴、子久、戴保函、子恬、潘辅丞六人。价藩独送至延王街口。余至倪宅会齐，未初启行。张厚甫孝廉太湖人，名堃。同倪媄行，其内戚也。共七车，尖于定福庄。傍城一带皆贵官坟园，此方尤重扫墓，男女络绎，使人思古不墓祭，不修墓，为防贪痴流敝耳。投夜至通州，云四十里，殆可五六十里。小船拨登舟，舟行略似拖罟，舟人云名“京膀”，亦云“大划子”。船价至江宁百廿两。余占一舱，价四十，先与十六金矣。道上落去靴叶，后车人得而争之，遂还与余。余托豹岑换票，得银三两，而落舟舷边，入于水，探之深八尺，不可取，盖信失物有数也。此次入都与前庚申若印版文字，殊不可解。

本日会计：共到京入银四百卌两。买纸绡等十四两，香翠等四十五两，冠靴等十五两，帐被等十两，皮衣百六十两，送钱师廿两，船价四十两，尚存廿四。果菜六两，与在和八两，刻书廿两，计新增书《穆天子传》、《淮南子》、《烈女传》、《古文苑》，帖《碧落碑》、《铁像颂》、《先茔记》，房钱三两，吉林参二斤，砚一方，笺纸四百，画六幅，玉印合一，印一，玉杯二，冠二，帽一，带一，衣二，袍褂三，被一，帐一，皮箱二，女衣二，女鞋六双，靴三，翠花卅件，香粉一包，扇五，赠诗四，赠书三。共行李二担，约四百斤。馀银十六两，连船价四十两。在京计用九十馀两，共来去用银八百卅两，凡百廿三日。

十六日 晴

早凉甚。倪宅遗信物在京，遣人往取，留一日。作《建除谱》，始知其分派之由,不关休咎,惟"除"字不作除去解,与《诗传》合,盖古谊也。夜大雨,顷之止。得豹岑书。

十七日　晴凉

行一程,泊西岸码头,云九十里,殊不足六十里。两岸禾黍半青半黄。

十八日　晴

晏起,午睡,两梦还家,以舟行摇摇,使人倦怠也。榜人发甚早,行二程,泊杨村西岸,云百八十里,驿程百四十六里。武清地也。陆至马头九十。

十九日　晴

帆风行八十一里,午后至天津东岸,岸上祆教堂制作颇精,在工部关之上,水师环其下,旗帜甚盛。祆教之与佛教,俱为异俗,先王之所必禁也。中土教衰而他教始入。佛之来也,中土自迎之。祆之来也,外夷强致之。魔道之分若此。然若谓其大为我害,则必不然。吾闻用夏变夷者,未闻变于夷者也。人心趋夷,虽无外道,岂能为国?俗人以李少荃之月课,为胜于法琅西之礼拜,岂其然乎?

廿日　晴热

泊天津,片告少荃,而竟不来。倪宅有事留一日。

廿一日　晴热

早入天津北门,石路滑不可行,还舟,至申开,行五里,泊南门外东岸。舟人云非顺风一日不能到,水没纤路也。夜闻厚甫谈其县司空山之胜,云月夜时常见龙虵丹沙,石壁峭阻,不能上也。

廿二日　晴热

过杨柳青,西岸。大市也。北方无复水道,旱则平陆,潦则洪沱。余推其故,自五胡久据,民务于战,沿及明、清,不能课农,故化中原为异域,以上农为游惰。因作《望水诗》一首,已录。补注《庄子》数条。正月此日亦于舟中读《庄子》,半年而复读也。晚泊独流下十里东岸,出好酢,静海地也。行六十三里。

廿三日 晴热

连日向西南行。余居前仓,正被日熇,不减三伏时。午前望川流,水性不似江南。作《青玉案》词一阕,殊不尽意。行五十五里,泊西岸胡家新庄,静海地也。点《淮南子》二篇。

廿四日 壬子,白露节。热晴

点《淮南子》二篇。《览冥训》,乃淮南客讽谏书也,沉郁悲凉,使人兴感。过青县,两岸屯兵颇众,皆置之无用地耳。行六十里,驿程不载。泊司马庄西岸。

白露届期,舟暑未减,晴窗风槛,有忆凉时,作《寿楼春》一阕,云:"看西风吹云。只偷年换节,助老欺人。刚有疏芦瘦柳,为他消魂。残月影,秋烟根。又豆花、依依遮门。奈暑气低篷,阴尘笼店,无趣问江村。　　良时去,佳期新。怎闲眠闲坐,闲过黄昏。忆得新秋凉味,画楼平分。嫌酒暖,愁香薰。到恁时、罗衣温存。空梦着今宵,银河玉阶清露痕。"夜微雨,醒闻一蟋蟀鸣甚壮。

廿五日 晴

行七十五里,泊花园西岸,青县地,东为沧州地。岸上林树幽静,妇女贫乞,往来颇众,亦有大小车辙迹。

廿六日 晴

早行廿里至沧洲东岸,入城西门,行里馀,殆无鸡犬声,城外房屋多颓倾闭塞,怏怏而返。北方州县若此者甚众,而欲壮三辅,难哉!又行卅里,泊砖河东岸,沧州地。问土人云林凤祥、张总愚未乱时州城尚繁富,近愈敝矣。

廿七日　晴

南风甚壮,缆行五十四里,至亥始泊七里堰。驿程名戚家堰。东岸,南皮地也。陆去拨头□里,水十八里。拨头,大市,交河地,与南皮夹河。见香涛兄远澜舟泊焉,未得通问。

廿八日　阴

顺风帆行漕渠,水刚流疾,舟水相激,声甚壮。早热午凉,雨为风散不成。出望北岸,苍苍有秋意。过东光,已行五十二里,遂泊谢神祠下。余偕厚夫步入城中,从西绕北望南,殊无廛肆。问药店一马姓,云此县赋税,官取浮馀者,除用度,岁可得六千,而甚訾县令,浙江陈姓。城南又有甘捐局。云进士官不顾声名也。秋风卷地,吹沙入舟,河山已复摇落,作《秋风辞》一篇。是日仅行半程,至未而停。

廿九日　阴雨

倪仆还京,附书豹岑、香涛、研樵。又告香涛北方兴农田之事,及寄词与潘太公。告研樵以和妻妾之道,大抵主于谨颦笑,使妾有畏而已。船留不发,议论久之始行,盖船主不能说众心,故长年偷惰也。帆行二时,廿三里过连镇口西岸,云景州地。渔师甚众。又廿三里,泊一渡口,土人呼十五里口,吴桥地。陆去连镇十五里也。夜寐不着。

卅日　风雨

帆行六十五里。过桑园,又四十五里。泊松官园。驿程不载,无店有村,德州地,陆程廿里至州。行百十里,始及夕食时耳。比日点《鸿烈训》廿篇全毕,复以意释古文《穆天子传》奇字,皆无聊之攻课,差胜无耳。夕观村人剥枣。

八　月

己未朔　阴雨

帆行卅里至德州,东岸。欲买藤冠,为邓佣所误,泊舟二时许,不可以小事久留众人,故不复求之。复行十八里,泊芦菔渡。点《尚书大传》五十一叶。加笺□焉。食参蒸雏鸡颇美。

二日　阴雨

帆行廿七里,过四女寺。舟人云,昔有四女,学道不嫁,其父与约,令溉枯槐,槐复茂者,许遂其志。三年之后,枝叶青葱,父便感悟,舍宅为寺,故以四女为名也。又三十里泊故城西岸。故城,盖德州故城也,今属河间,古名清河。城甚荒寂,船漏检箱,扰扰久之。

三日　风雨

不能行,强缆数里,泊一荒洲,德州地。钞己所作文一篇。

四日　风雨

不能行。寒甚,着大毛褂,灾异也。连七日小雨大风,阴晦甚盛。夜坐校《尚书大传》。偶念家中待余久不归,未知梦缇以主持家事而倍振作耶?抑怨望耶?近岁余两人颇不能相知,比往年殊异。健妇持门户,则必化柔为刚,其敝也可不夫而独处,故昔人以司晨为家索,势使然也。余鲜兄弟,而惟恃内助,乃使家事悉仰成焉,非独过劳,又惯其性,未知古人何以处此,岂当托于友耶?深山之中,何从得友?

感念叔平,因作书,俟至临清寄之。"叔平三兄函丈:法源之侣,半月馀耳。京华重至,独觏同心,一夕对床,十回造膝。其间信使赠劳相望,濒行复荷步临,兼投硕果,匆匆促辔,未及重辞。途中检点来章,把持赠物,恩情盈路,交谊恻心,风雨孤舟,始增忉怛。虽平生轻别,弦望有时,日月几何,动期一纪,心乎菱矣,能不悲哉!归溯漕渠,忽焉经月。秋阳暴暑,则生絺欲烟;寒飙吹雪,则狐裘如水。气候炎变若此,其可骇也。居民被潦,十室九倾,粱秸红稀,枣林黑烂。吊僧、胜之旧垒,见英、法之新仪,欲泣则近于妇人,五噫亦嫌于逐客,唯可高歌送日,嘘气成云。今之出山,迷途未远,天下之事,岂鄙人所可问乎!喧寂异居,应求同气,倘逢驿使,无玉其音。闿运白。"

五日　阴雨止,未申间见日

行五十里,维舟郑家口,故城地西岸。与厚夫登岸,市肆皆闭门,久雨故也。复行廿里,泊南家浅,恩县地。钞《尚书大传》一叶。

六日　阴

行十里过甲马营东岸,又卅里泊武城县东岸,入城,土垣修洁,壕树青茏,西门内有弦歌书院,以此武城为南武城,殆误矣。此为齐地,子游、曾子皆不得至此也。是日钞《大传》注十叶,今年始治正业也。

七日　阴晴

行卅里过油坊东岸。又卅里泊王家浅东岸。钞《大传》注十叶。论周服九章及虞十二章,为郑误说,用伏生说。以五色用粉米、黼黻二法绣之。粉米即今打子花,粉,碎也。如碎米点。黼黻即攒纱,又曰纳锦,皆两己相背,黑白成文也。皆绣而非画。其说甚新。夜雨。

八日　晴

行卅里至临清州,过二闸。与闸头钱百文。二闸曰砖版闸。书吏持帖求赏。凡过闸先须少与以钱,否则后难继。泊钞关下,有明万历时主事萧复阳题字。今州官署毁,借居税局。城外店肆犹盛,城中破屋将为茂草矣。将入城,以远而罢,望西门楼犹亭亭然。山东吏治久废,至一直州廨廿年不营复,亦可叹也。知州管关,倪宅持帖去,即得免票,无留难也。官船皆与笔赀四百文,则贵于商客。夜月。钞《大传》十页。注少。

九日 丁卯,秋分中。阴晴

钞《大传》十叶。书纸将尽,故先钞《五行传》,小字较多,日可省一二纸也。舟人半夜发,扰扰终日,仅行六十五里。将泊魏家湾,有巡检。清平地。云周之贝邱,去东昌七十里。而邻舟不住,又匆匆而行,殊为可笑。自十五日东行,凡廿四日,行七百八十里,以水道计之,千三百卌里不足。吉行五十,殆谓此也。夜闻人言河坝将开,遂发。至子少休。

十日 阴晴

自昨夜暗行,至今午至东昌府聊城西门外,水程云百八十里,可百四十里耳。共过三闸,少泊,仍冒夜行。是日因无纸,意不欲多钞书,恐纸尽也。及买纸至,而前纸仍馀三叶,徒自误耳。夜乃急钞成十叶。子夜到周家店,去东昌三十二里,水浅胶舟,遂止不前。舟人议论,竟夜不寐。

十一日 晴

遣在和还东昌觅车,倪宅仆往张秋觅舟,将择利而从之。已登岸,问拨行李车价,岸人大喜,以为此奇货可居也。六十里小车索千五百钱,亦殊不多,而情状可笑。还舟钞《大传》十叶。邻舟德定斋名葆县丞、周笙鹤县令来,谈水。德曾任石城,为李黼堂所劾。周,新进士也。在和回,东昌车价尚平。夜半水发遂行,舟人欢噪。

十二日 晴

昨夜至今酉初,缆行七十里,至八里庙,入黄河,泊河岸东。河至张秋穿运,船收在八里庙阳谷地也。连夜为舟人所扰,今午大睡三时许。钞《大传》十页,计七日得九叶。中两日钞甚快,今稍懈怠,仅得如额。

十三日　晴

舟师补帆,泊一日。昨夜望月作一诗未成,补成之,云:“游客便江湖,河舟始乘兴。翩然夕风前,览此清秋胜。汀洲漫安流,轻烟拥平乘。鱼山青若云,澄渊月如凌。南舻既津通,东行恣游凭。徙流念周衰,会谷歌侯应。寒露川梁深,飞光别愁凝。谁言一苇航,鳞鳞不余塍。”

豹岑弟子叶竹香来,其父字醉菊,令邯郸,死于京寓。其姑夫蒋朴山助之资,扶柩回新建,愤道路之阻滞,余劝以耐烦也。夕与厚夫登岸,至河神祠,观明景泰时勒碑,及徐有贞碑,万历时谢肇淛碑。言景泰时河决张秋,为东南害,及万历时霖雨祠坏。云自明时已名八里村,今云八里庙也。明诏书及谢文俱雅饬可读。祠废,仅存神像耳。庙祝老髯,苍古可观。钞《大传》十页。

十四日　晴阴

早起。倪恭人请厚夫与余为其门生觅船,得一衡山船,遣令过载,办理尚如人意,叶生颇快。归钞《大传》十叶,夜钞八叶,四卷成,共百十八叶,明日当序而存之。夜半叶生来谢舟。

十五日　晴

早起闻舟人与在和口角,起呵止之,倪宅内媭又口角,何秋节之热闹也。饭后遂呼水手荡舟至张秋买毡货。床毡称四六,大毡行铺则云三六。又有毡帽、毡包、毡女袜、桌毡,为买需用者九两五钱。此处平用漕加三,称亦用漕厘三,可笑也。夜归,月不甚明,和衣假寐,至曙起,望月犹可三丈许。

十六日　晴阴

晓发,行六十里至彭家口,入黄河汊,逆风不能上,未午而泊。

登岸至西龙山看村戏，山去东阿十里，产石。乾隆中县令封禁，以民多避水上山，惧铲平之也。夜向德定斋借《运河水道程记》，钞三叶。

十七日 晴

北风，帆行，溯河六十里至戴家庙。清秋朗然，黄流激湍，意兴甚王。前舟入汶后驶行不泊，遂亦衔尾而进。至夜行三十里，泊王家庄，汶上地。叶竹香来，言其曾祖名之筠，目睛有赤点如豆，明察秋豪，能自见颈发，八十馀于稻米上书“天下太平”字，膂力过人，终于县令。

十八日 晴

缆行四十里，过分水龙祠。祠当汶阳，祀龙神及宋公、白老人。初开运渠，引汶南流，北水不旺，白叟指其地，令分水南三北七，言已不见。宋公则明河督也。余至祠下，视其水，所谓投稻秸而分流者必不可验。漕渠成否，无关国计，何劳诸神出为护持，是知人力所并，神祇亦为所转，至今思之，殊多事耳。

北漕永不可通，则燕、赵尚有富强之日，天生贾、鲁，以误明、清，仰食东南，骚然烦费。至于南粮既阻，海运方兴，误解《禹贡》，甚于莽读《周官》之祸，他日有明君贤相，宜采斯言矣。过祠十馀里，渠旁林树幽映，水流静碧，楼船相接，颇洗寒伧。曹镜初至徐、扬而始浣洛尘，已为晚矣。夜泊寺前铺，汶上地。是日行七十里。

十九日 晴

早起。泛舟望汶、济西南，湖泊弥漫，民田村舍，尽为巨浸，皆河水所灌也。江湖水入，退即淤沙，数浸数枯，沃壤为漠，最害于地利者也。若不急治，齐、鲁亦无以自给，而江、淮愈为人所觊觎，南北交困矣。行六十里至济宁。

寄书徐、黄、周三君。“伯澄先生侍郎阁下：兴、平快聚，几欲忘归,江湖之人复知阙下之乐,以主持风雅,如东海之纳川也。漕渠秋清,游人欣慨,南衡北斗,俱在天涯。独寐独兴,劳于转毂,非有翰墨,岂代萱苏?但浮云西驱,龙门难望,胜游招致,亦忆归人,今寄上近作诗一篇,并补注《书大传》叙一首,聊当面谒,见寂寥之远致,期奇赏之奖成。驿便将书,以荣空谷,短笺奉谢。敬颂安和。不宣。""自庵大丈学士函丈:北行南返,自致途穷。奖许之馀,加以赆饯。少陵以左丞一诵其句而回首渭滨,以此况之,当何如矣?临行三会甚乐,而从者不来,趋以奉辞,又闻卧疾,歉然惘然,戴此情而还耳。漕渠风水顺利,于仲秋中旬竟达沛宁。途中补注《尚书大传》四卷,钞序呈览,还山再当奉书,先谢厚意,不胜区区。""晓岱仁兄年先生御史:京华假馆,恩纪绸缪,未步后尘,尤孤至望。但芙蓉桃杏,各有其时,他日华年,终持白帖耳。漕渠安泛,秋色清佳,周店胶舟,一夕水至,渡黄百里,皆得顺风,以此卜之,颇获天佑。惟河流倒灌,沂、兖沦胥,满目波涛,慨然有议河渠兴农工之想。思深忧集,不复愿归,俟至南昌,当谋赀宦。三年之后,赋亦百万钱,乘传而行郡国矣。因倪宅致书,先附申谢。"

晚与厚夫同入东门,出东门还,从南门登舟。河督署已为茂草。云二月曾一至州,州官亦出,城中颇繁盛。泊西门。

廿日　晴热

可单衣。舟人觅带小货,请停一日。薄暮过闸,至西岸闲眺还。夜雷电,风雨甚凉。

廿一日　晴

东风甚壮,不能帆,傍岸行。风稍定,渡南阳湖,采菱,作一诗,云:"湖天中朗然,乘流纵虚棹。秋云气澄鲜,轻阴愈光照。浪浪驱卧听,张厚夫以"潺潺"似泉声,故改为"浪浪"。皎皎明孤眺。空清信无边，逸兴翩已到。微波积深青，晴澜激寒峭。文鳞既承桡，浮藻约可钓。偶怀持竿人，因歌采菱调。游隐岂异情，欣寄从所好。烟开防山秀，树密湖陵奥。尘缨久已遗，长谣涉江操。”行八十里，泊南阳闸下西岸，鱼台地。夜不寐。

廿二日　　晴

晏起未发，放鸭闸下。初舟人献鸡鹜各一为节物，余未欲杀之，散放仓中，工人恐其走，牢系之。昨夜有客附舟，空鸭仓居之，遂系两足置船头一夜。解之不脱，刀割其系，投使从群。虽知终被刀俎，且令得一时适，倚窗观之，甚快意也。甲子秋在江南道中，曾放八凫入水，皆不能飞游，卒为傍舟得烹之。鸭本不飞，而游泳自乐，物固有以无用为用者夫？舟人惮行，诡云当待风。泊一日，夜寝甚安。

廿三日　　阴

行七十里泊徐家口，舟人曰徐家营房，滕县地西岸。日尚初酉，同行舟并停也。

廿四日　　阴

闲甚无事，读郝氏《尔雅疏》，将刊补之，惮繁未起手也。帆行九十里，将泊郗山，滕地东岸。见后舟不拢，匆匆复发。四十里至万年闸，未欲泊也。闸版石启，又芒芒而停。西岸峄地，沿湖石堤数十里，殊为劳费，今皆破散矣。是日从湖中行可五十里，莲荇犹绿，湖水不及南阳。

廿五日　　癸未，寒露

九月节。昨从堤上望湖水，案郗山湖，即巨野泽也。《禹贡》大野属徐州，《周官》□州，《汉书》山阳。《水经注》云“南通洙、泗，北连清、泲”，郗山湖正当之。《大传》云“巨野菱”，今泽中犹多菱芡矣。行四十里泊台庄，峄地。东岸有保甚大。至关祠，一军人让入少坐。

言昔避寇入保者共三万馀家,旧设台庄营参将,分八汛,兵六百馀人,今裁减犹五百人。山东人相见皆让路,问答皆起立,甚有礼,异余邦也。

廿六日　晴

行八十里,泊一村庄,下邳州地,曰张家庄,非正地名也。前数里曰某庙,乃站口,以其名庙,亦懒问之。夜数觉。

廿七日　晴

行卅五里,泊陶弯。凡烧匋器穴名陶,以必依阜为高也。许氏字书有"窯"字,从羔声。自是瓦陶别呼。而今人以为古写,形声相远,强附为文,舍最古之皋陶字而不用,可笑矣。登岸行保中,见宿迁龚令催湖课告示。此间物产丰殷,米肉价贱,殆沃土也。然民气殊寥落无欢意。问贾人云,时有土寇劫掠。自余初经此已然,未知余自悲羁旅而视人皆悲耶?抑民果不乐耶?舟人不行,任停一日。

廿八日　阴晴

晏起,舟人亦晚发,同舟人皆不催问,余屡欲诘之,以异众而止。行七十里泊宿迁县西岸东门外。与厚夫入城,步二里许,城小而低下,形势颇秀。买丝带六副,妇女系藕覆及裤履者,杂色者六百一两,大红者千二百一两,犹可减少,不便与市贾论价,故随而与之。

宿迁城在大道西,余前两过,皆未入城。城中石路亦无车辙,城门有军官捕贼告示,云得贼马驴招领。又言高粱茂时,劫贼辄来。盖习俗好剽掠也。感事作诗,云:"东道曾三宿,秋城始一看。织绚民利薄,萦带漕渠寒。骆马方征税,椎牛自揭竿。空言米肉贱,难遗吏民安。""夜客逢秋雁,传声似唤人。芦花凉自袅,城火望来真。苦战难惩盗,丰年始见贫。弭兵殊未得,何处免风尘?"

廿九日　晴

是月小尽。桃源县寄嘲尹杏农,作八句云:"御史贤声久,才多困一官。上书忧国易,持笏看山难。汴泗波澜小,江淮桂树寒。桃园[1]津要地,休作避秦看。”行七十里泊蛇渡,桃源地东岸。

九 月

戊子朔 晴

早行廿里过桃源驿,众兴集有商船欲逃厘,托云余舟,而不余告。巡丁觉之,拘系一水手而去,捶打出血。余视之两俱可恶,遂不过问,催舟急行五十里,泊马头西岸,清河地。

二日 晴,甚暖

早过天妃三闸,行卅里至清江浦,未过闸,为江督船所阻,不得前。昨闻涤丈至此,果得相遇,急往寻之,而巡捕以例依班传帖,久不余达,待二时许矣。若十年前必直入大呼,今老不可怒,遂待至三时许,而后刺通,相见甚欢,左右以为未尝见客谈笑如此。甚矣,权贵之不可居也！所见客皆不能欢,则其苦可知。余欲以所作经说质之涤丈,而仓卒不尽怀,自请同行至徐州,而后仍还淮安,舟中可快谈。又闻镜初亦在此,遣问,云淮阳镇道公请相侯,作陪客去矣。已而镜初游说欧阳健飞持帖来迎余,音尊三席,左则钱楞仙,右则张西山。主人三人:营务处二人,一则李勉亭,十二年不见矣。幕士二人:一为薛叔眴,晓帆明府之子,其弟与余同年;一为陈蓉斋。看戏七出。见《王小二过年》,因语涤丈:“此必中堂点也。”曾问何故,余云:“初起兵时已欲唱。”涤丈大笑,因遂请和季高,曾色甚愉,但云:“彼方踞百尺楼,余何从攀谈。”戌散,还至镜初舟,又过勉林舟,三鼓

① “桃园”,下文作“桃源”,驿名。

还舟。

作书与吴竹庄,送《桂志》一册。书与豹岑告别。又作《书解》一篇。鸡鸣寝。

三日　晴

未曙,有盗登舟,榜人觉呼而去。余遂起,至辰车行卅里,饭于鱼沟。道、州旗旐车马甚盛,主客不相顾。余无所归,欲入辕门,则曹、薛、陈三君均在外,王人虽尊,不可加于幕府,王人,客也。幕府,贤也。遂从其类,依镜初焉。

余为薛、陈二君言湘营旧事。薛云李少荃云:“自鸿章出而幕府废。”人之无耻有如是耶?少荃首坏幕府之风,以媚福济者媚曾公,而幕府坏,军务坏,天下坏,曾公亦坏,乃为此言,故余不得不记之。君子表微,恐误后世也。夫记此言于草纸簿中何能示后世,然一记则少荃已服上刑,此《春秋》之义也。

又行三十里,宿众兴集,一日未见主人。群雁清唳,殆似家鹅。

四日　晴

霜寒,至午乃煊。行四十里,尖仰化集,桃源地,有桃园驿。又行五十里,宿宿迁县钟吾书院。是日两渡漕渠,夜诣涤侯,谈修志事,涤丈似以善恶兼载为不可。

五日　晴暖

行四十里尖早河,宿迁地。供帐于龙神祠。遇徐海道吴子梅及直隶营官吴小轩,名长庆,武人也而有文气。又行五十里,宿旧邳州城,康熙七年前邳治也。明河患沦于水,因迁治今城,去此九十里。旧地割以益睢宁,即于旧城分界。是日邳州差人为兵所捶而逃。余饭于欧阳健飞处,与勉亭同坐,食蟹虾俱鲜。在和与镜初之随兵争利而嚣,余谕止之,而令在和谢罪。两怒俱解,可谓善教也。诣涤丈谈。

六日 晴，煊甚

驿道洼水，迂道行三十里，尖石碑，睢宁地。柳将军庙有老僧，名宗持，八十一矣，健而和。又行三十五里，宿双沟，铜山地。与镜初寻勉亭至街后，一冢书“明烈士王载鸿墓”。视其碑文云：“烈士明季诸生，灵壁人，与妻曹氏同殉甲申之亡，仅传遗诗数首。”冢中二人适与冢外二人同姓，亦因缘之巧也。勉林与笃臣、健飞同寓，小轩亦至，诣涤丈问疾。

夜与叔耘谈人材，约尽一烛，未爝而寝。闻外间人声如苍蝇，初不为意，已而有言急取湿絮，知失火也。起看已然透屋顶，遽呼镜初挟袜而出，念吾家子敬雅步下床，非不可学，不必学也。同寓人俱出，余乃至行辕呼材官派兵救火，又寻巡检出救，又至勉亭处呼二营务大人起。勉林出视火，余踞健飞榻外，径卧一时许，事定已丑初矣。未失馀物，惟去一灯盏耳。

七日 晴，早凉午煊

行五十里尖于杨家洼。杨绛州别业，杂花颇艳，有村落秋兴。又行四十五里，至徐州府城铜山县，城外一水，盖睢水也。城低于堤一丈馀，随制军居考棚，两问疾。日记本得之火焰之中，殊可宝也。“姓名幻入《红楼梦》，夫婿曾鏖赤壁兵。”戏赠贾小乔瑚。

八日 晴煊

出访徐海道吴子梅世熊、铜山令张金门振镄、吴提督小轩，皆报谒也。张与余为乙卯同年，广西人，年卅六。又诣笃臣、勉林、方元珍，名同谟。皆不遇。至健飞处少谈还。发京信与翰仙、叔鸿、麟伯、寿山、楚瑛、斐泉、价藩、筱林、伯屏、禹民。涤丈来，介见方子可，元珍之子也。程尚哉子来谈。

九日　　晴煊

出南门,至校场看操。朱徐州供饭,吴兵备为主。马射未毕,还登戏马台,一无所有。至云龙山见院长刘慈铭,星房都转子也,属问何莲舫寄银事,与谈夏光遹存甫及夏宅近状。镜初、叔耘登放鹤亭、石佛山,余不欲往,独与刘坐久之。待二君至,蓉斋又来,乃还。涤丈遣问归否。因见新闻纸及李少泉书,言法夷欲兴兵端。余正欲言,方元琛至,未尽其词而罢。

十日　　晴

独至城西门,访燕子楼故基,正在城上,今为炮台。文天祥诗云楼在城东,而此改在西。苏轼又云徐州城大,而今城小。唯戏马台在南不改耳。还作九日阅武诗。刘慈民庠、元珍父子来谈。吴兵备、张同年先后来送行。蔡县丞三来求见,余辞之。为托兵备及张铜山求一差,以其与夫人同姓也。夜过涤丈谈家事,及修好左季丈事。涤有恨于季,重视季也。季名望远不及涤,唯当优容之,故余为季言甚力,正所以为涤也。此隙起于李次青、刘霞仙,而李、刘晚俱背曾,可为慨然。

十一日　　戊戌,霜降中。晴

从徐州府城行九十五里,仍尖杨洼,宿双沟。双沟旧店火焚,改馆街后。夜与叔耘、镜初同诣军门闲谈。阅《徐州府志》,颇雅洁。

十二日　　早雾,至午方晴

行四十里,仍尖石牌。睢宁令刘君仟来访,涿州人,未及问字而去。又行卅里,宿旧邳州。阅《铜山志》。铜山,雍正十一年置,以县有铜山而名,可谓不典。

《吊燕子楼》四绝句云:"烟锁彭城暮色秋,绕城无复旧河流。唯馀节度东楼月,照尽繁华照尽愁。""罗帐留香被不温,只将寂寞报深恩。安陵约死非难事，争及三妃泪竹痕。”“洛阳霜露不同归，自检空箱旧舞衣。颇怪韩冯为蛱蝶，尚贪生作一双飞。”“婉娈恩长一死轻，舍人原不解深情。多应爱惜花枝好，不放云鬟白发生。”

十三日 早雾晨晴

行九十里，仍尖早河。晚渡顺河。与勉林、笃臣同寓，夜踏月。勉林言赈荒事。宿迁令龚舜衡来谈。

十四日 阴，午后微雨

行百里，至仰化集甚早，待薛、曹、陈三君至乃行。到桃源驿，雨势已成，大风微凉。淮扬道刘受亭咸，萍乡人。来谈。夜大雨。见廷寄问李世忠。

十五日 雨寒

车行泥中甚迟，四十里仍尖鱼沟，三十五里到清浦。吴总兵家榜字昭杰，以长龙船借我。登舟，先至涤丈处，小坐回船。漕标游击吴某来谒。镜初来，同探逸〔勉〕林疾。健飞送酒菜，与陈、薛二君同酌。连日为鱼翅所熏，虽未一尝，而甚厌见之，若连啖之，不知作何状也。昭杰遣丁差官来泰州人。听使。

十六日 阴晴

巳发清浦，行四十一里。午寐，过淮安未觉也，起从窗中见城门书额乃知之。帅舟未至，留待二时许。涤丈招饮，遣小舟来迎，复牵舟溯流二里得遇，与镜初同酌，食粉蒸鱼翅甚佳。且饮且行，廿七里泊平桥，乃还本舟。夜过受亭舟，至勉林处，又相遇健飞，并拉饮，同坐者又有笃诚、朝杰、田鼐臣，观饮甚豪，为之尽欢。丑散，露下月明，惜稍寒耳。稍坐鸡鸣，作歌以记豪饮，文多不录。

十七日 晴

昨闻苏抚张之万督闽浙，何小宋移抚苏。受亭云山西抚盖钱姓得之,至扬州知为鲍花潭,人颇讶之。余言山西抚本京缺也,近日迁除,皆在人意中。又言景剑泉逼棚规,天长令投水死。涂臬使开银号,而为市侩所劫,云欲京控。涂讲宋学,固宜如此。景似未至若是。至安庆则物议沸然,然无如何。巡抚犹可使小儿为之,总督一方重臣,今不论贤否,但论小泉、子青,岂可踞此坐!瑞由故相,吴推旧恩,馀四皆起军功,固副中外之望耳。行百六十五里泊高邮。涤丈和赠诗一篇。健飞赠银,辞之。汤衣谷遣人觅镜初,喜得相遇,瘦损无复容光,意趣亦减。

十八日　晴

卯初衣谷来谈。至午出望露筋祠,七十里过邵伯埭。涤丈复特设招饮,镜初同坐。行百六里,水驿云百廿里。泊扬州徐宁门,东南门也。酒罢登岸,与镜初同至会馆,见黎友林兄弟,复访莲舫、子偲丈。莲病偲去,见杨子春,托其告衡州友人,云余在此逗留之故。健飞送袍料,友林送纸,均受之。叔耘来,云刘开生至,未得相见。夜过勉林,笃臣、竹林、友林先后来。扬州城中尚荒落,不似苏息时。

十九日　阴

方子箴送馔,过镜初船对饮。白云轮船至瓜步来迎帅舟,缆其后,行五十里渡江,十八里泊金山。恒副统惠、字泽民。方子箴、沈仲服、秉成,常镇道,新授上海道,能写北碑。薛世香、书常。师竹安、荣光。吴朝杰招陪涤丈会饮山寺。登藏经楼、留云亭,下至山堂,设席廿坐。同坐者徐仁山、笃臣,主人二坐,迭来陪谈,惟薛不至。戌散,大风。朝杰送馔。夜过探蓉斋,送健飞行。李质堂提督朝斌。来访,言苏州会馆事,托余致意雪公云。勉林同来。

廿日　晴

早起欲留,船不前,而进退皆为舟塞拥,至镇江南门,与镜、蓉、耘三君同入城。至镇江府前，旧铁瓮城已毁，鼓楼将圮，登其右，有明钟尚悬。从丹徒县门前出北门，登北固山，望金、焦如两鼓。大江当前，雄城助壮，实胜金、焦也。下至甘露寺基，寺僧送至试剑石边乃还。登舟，劼刚来省亲，过舟谈。朝杰、仲笏招陪同饮，镜初、健飞亦至。夜诣涤丈辞行，涤丈旋过舟送行，并赠赆，受之。质堂送路用四品，受之。与朝杰借丁外委送余，车还。劼刚要同诣江宁，定明日待轮舟，先移行李过仲笏船，夜作书寄伯足、子偲。

廿一日　晴

晓过镜初船早饭。帅舟往丹阳，从舟毕发，乃同劼刚至风神庙，仲笏所扫除也。健飞与成楚材副将设饮祠楼。金安清眉生。来访劼刚，同坐至席散乃去，未相问讯也。时时横肱坐，余肘之。金出问曾："彼何人斯？"曾告之。乃曰："我固疑是此人。"世香、竹安招同劼刚、健飞饮于金山寺，观东坡玉带及仁宗赐砚，及玉佛像。戌散，舁还仲笏船。健飞来谈。是日泊镇江关下。

廿二日　晴

辰刻过健飞舟早饭。白云轮船来，劼刚要登舟，委员马汉卿延坐中仓。仲笏送馔，谈饮舟中。酉刻至江宁，移行李过铁皮轮船，遣丁外委送幞被至吴子登寓，己与马令步行入旱西门。少惕马宅，呼舆至夫子庙尊经阁吴寓，子登出见，留宿书斋。丁外委甚能，先送幞被入矣。投夜入城，事颇皇遽，得主甚喜也。

廿三日

早起，桂香亭来照像，因约游莫愁湖，先至书局访戴子高、张文虎。出水西门，登湖楼小坐，循步檐至小亭，香亭要饮其寓，戌散。闻子偲之丧，过吊其庐。复访梅村，喜其健在也。问"箘簬枯"之说，云俱见《吕氏春秋》。又告余以诸子校本。亥还吴宅。

廿四日　晴

早过督署,见劼刚兄弟及陈嵩生,栗諴颇拳拳相留,为之久坐。出还吴宅,与子登同出,买马褂一件及帽鞋等,遇厚夫侍者朋九,衣饰甚都。劼刚赠《史记》、《国志》。子登赠《墨车照帖》。西出城,至下关登轮舟,已夜矣。出江宁城,若冬日须巳午便行,否则不便。与欧阳心泉同伴,牧云翁长子。因遣丁外委回瓜州。管船委员邵紫成同知处我以房仓。夜煊甚。

廿五日　晴

卯刻开行,百廿里泊芜湖。

补忆《金山诗》寄方子箴:"长江双岛瓜步头,金山南路看客舟。轻阴竟日扫烟霭,悄然万顷当清秋。豪情不数孤游乐,谁能寂寞招猿鹤。挞金伐鼓横大江,铙吹空响摇旌幢。元侯临军好整暇,始上浮玉开晴窗。宾僚衣冠尽英彦,了了山川眼中见。云连北固起楼阁,涛随东海驱银练。古往今来同逝波,江南江北兴亡多。人生随境作哀乐,遂令景物如空华。安知至人有真赏,坐收元气清山河。江淮大定经八载,往者非复平非颇。纷纷治乱偶翻覆,亦如江流变平陆。冯轩把酒呼浮云,千年不改焦山绿。水中蛟鼍那敢横,天风但有波涛声。夷舟双轮作前导,一丝牵过微澜生。昔思掣鳌访龙伯,移山转海何由得。即今俯槛看凫鹥,万里云帆过枕席。山堂望远形神开,苍然暮色群山来。主人金罍不辞醉,更倾秋水成新醅。胜游遭逢亦偶耳,高轩欲去须裴回。出城列炬喧江上,舳舻安闲笳鼓壮。留云亭前夜望空,山色娟娟□相向。扁舟西去江湖间,门前灵境唯君山,巢由有时在箕颍,邹枚未碍游梁园。试将魏阙比江海,岂令鸥鹭欺鹓鸾。他日披榛访日月,且磨苔石镌苍烟。"

廿六日　晴

卯刻开,行百八十五里,戌泊荷叶洲,大通对岸江浦也。是日癸丑，立冬节。

廿七日 晴，风，稍凉

行百八十里，未正泊安庆西门外。步入藩使署，访吴竹庄，留止署中，与管才叔对榻。见许馀山、钱榆轩，竹庄客也。竹庄以酒后忤英抚，乞假一月，有去志，留余换船移行李。

廿八日 晴暖

饭后出视吴舟，旋登岸。才叔前求母墓碑，未得寄稿，令钞一通。

廿九日 雨

竹庄设宴饯余，有画师同坐。

卅日 晴

为吴竹庄题《延穷图》四绝句，赠余藏墨丝带、《庄子注》、《广列女传》、《指月录》及夷钱四十枚，皆受之。未刻登舟。

十　月

朔戊午 晴

北风，帆行百廿里，泊华阳镇。船窗清敞，天水朗然，心数归期，不皇赏咏，亦可笑也。谢康乐云“周览倦瀛堧，况乃陵穷发”，彼以久居耦游耳。余水行七十五日，饱于烟波，留此佳境，为他日卧游之图画，且以见尘虑之未消矣。爱缘所牵，如蚕自缚，则何贵于学道哉！

作书寄伯寅、笙谷、正孺、云生、马雨翁、敖金甫、张竹老，并谢饯行。

二日

卯刻将发，大风【阙】雨，暮飞雪片，浪打舟至岸□三版，勇丁助掀之,一时许乃得水,仍移泊昨缆处。子偲藏书,书今见在。壬父积爱,爱落何方?此中大有得失,到得哀乐穷时,方为自在。终不成子偲不知书。将不去也,被后人议论著。

三日　　晴

始寒,衣裘。南风,舟复不发。阅《指月录》,大似白日见鬼。当时诸僧亦复错送身命,故佛法至宋衰矣。虽然勘破,竟不知"露柱"是何物。

四日　　晴

南风,仍泊故处。夜大风,舟振荡不安。因作文,引子路缊袍事。不耻狐貉,谓虽贫贱而见重于人,非己不惭也。贫不羞富,稍有识者能之,况狐貉非贵人衣,正使子路与盐商立,何处可耻?又下文"不忮不求",别是一事,非孔子称之,□类记之耳。不忮害人,不求责人,则人不怨之,子路所常致力者,子言是亦一道耳,虽不臧何足为臧?盖人贵自修,不徒免怨,故勉尽之。如□说,则一予一夺,何其太速!

五日　　晴

舟人待风,四日不得,乃勉行,西风正打头也。望小孤单椒秀绝,似园林片石,作诗云:"径欲移危石,当门作翠屏。金焦未崭绝,云树倚空玲。险压江流去,寒教日气清。风波太孤冷,挥手谢仙灵。""百尺岑楼在,神工云构刊。年来喧鼓角,天遣助江山。血浪看犹涌,沙鸥影自闲。归舟何太急,只欲趁风还。""还"韵神理不匮,有"江上峰青"之乐。

行八十里泊太平关,彭泽地。夜读《庄子外篇》十五篇。

六日　　晴

行四十里,泊龙潭口,日方西也。舟人通呼柳丝桥,桥在口内十五里,余十年从湖口往建德,尝过之,亦通饶州也。剃工言:“今皆湖北倡家,卖酒唱歌为业,口岸棚屋数十间,茶烟馆居其半,桥市亦如之,起同治时。”闻之愁然。

昨夜不寐,偶作子偲挽诗,成二句,日间遂成廿韵,凡十八折转,无唐以后言筌,真名作也,惜无人赏之。

阅《庄子杂篇》四篇。《外篇》皆庄子所作,文有首尾衔贯,异于《内篇》分段也。《杂篇》同于《内篇》,同自为段,而无甚精深。《寓言》为周自序。《列御寇篇》弟子记周杂事。《天下篇》叙《庄子》全书,其文雄深,盖高弟子所作。《让王》四篇拟《庄子》而作,浅陋可闵,大似褚先生一流人所为,必非周、秦人。

七日 晴

行廿五里至湖口,登石钟山,最高处为飞捷楼,亭院十馀所,石洞最妙。雪琴专营之而复舍去,真英雄也,吾所不及,裵回久之。还舟,入彭蠡卅里,泊大孤塘。竹庄为送余,舟税费廿金,虚承其惠,甚为惭荷。凡行途宜少诣人,殊悔孟浪耳。本可一钱不费而至汉口,何苦以猪肝累人。

八日 晴

泊姑塘。还关税,税丁丈船,当税六两九钱,依钱价折至九两。余登岸,买磁器两席,白定百廿八件,博古百廿四件,九子碗九件,共钱卅一千有奇,合银十六两有奇。

午初开行,顺风扬帆,过彭蠡,作诗一篇,如有神助。又寄题莫愁湖亭一联云:“同治十年重新莫愁湖亭,桂芗亭司使要游索题。余案乐府词,莫愁,河中人,嫁卢氏,卢亦北方名族。而石城艇子,说者歧异。盖丽质佳名,流传词赋,如宋子、齐姜之比,不宜侪之苏小、真娘也。故为引附,以谂好事云。

莫轻他北地胭支,看画艇初来,江南儿女生颜色;尽消受六朝金粉,只青山无恙,春时桃李又芳菲。"船窗清闲,望南康城在西,庐山隐于烟霄,益知《禹贡》东迤之说,为指鄱阳湖,郑说精确也。太史公登庐山而观禹疏九江,自禹以后,几人有此盛览?远公、谢客未免小眉小眼。"小眉小眼",蒋□堂语。余今日所作诗,方直接史公,一吐壮气也。

行百廿里至吴城,登望湖亭,似胜岳阳楼。小童开窗,余心悸,似梦中常登之危楼,但不见水耳。夜移舟过对岸,泛下十里,泊竹庄所居吉山,三更始至。

九日　　晴

竹庄寄家中信物,舟留一日。作书与荇农、钱师、涤丈、镜初、勉林、寿山。午至吴宅,半亩园地甚小,而亭室狭矮,饶有别趣。藏书满万卷,亦足自豪。

十日　　晴,南风甚煊

移舟仍泊吴城。作书与香涛、竹庄、果臣、方子箴。遣问陆路可行否,云大水断道,一日不能至。

十一日　　戊辰,小雪中。晴

行六十里,过昌义,有巡检,泊桥下,有水师营。计程不足百里,舟人妄报耳。

十二日　　晴,煊甚

行五十里,初泊鸡笼山,移泊杨柳桥,去城五里。

十三日　　晴

早至江西省城,泊章江门,新建地,滕王阁故址下。当余廿岁游南昌,初不自意能成立如此;及余卅岁重游,又不自意不富贵如此;今余卌岁三游,盖不自意老大如此。

城郭旧游,已不复忆。因令吴守备导至镜海寓,谈久之,留早饭。出访邱云斋,与同出寻旧书,询庄木生店已闭矣。浣薇轩颇有书籍,价不甚贱,只购《诗纪》一册。又觅故衣不得,独访霞轩,闻寿衡复补侍郎,颇出望外,然余早为香涛言之矣。还邱宅晚饭,镜海遣迎去,宿其斋。

十四日 晴

霞轩招饮,命肩舁先还船,犒赏水手。作书谢竹庄。入城赴霞轩之约,镜海继至。霞轩第五子字又霞,今名鹏运,补御史,将出作监司矣。年廿馀,知慕余《庄子》之学,因令出陪。席散已暮,至邱宅少愒。镜海招饮,杨素园、李芋仙作陪。素园名照藜,补用知府,余廿年熟识,每至必见之,然未来往也。亥散,留何斋。镜海言所作骆文忠、江忠义诸人挽联甚佳。又高谈学问之方,则甚鄙谬,盖文学不可以聪明悟得也。比夜主人去,独坐看《荡寇志》至四更,说部而有其子跋语,云"先君子所为",亦天下奇闻也。

十五日

何宅早饭,镜海从子出陪,亦云少时向慕余名,至今犹忆之。饭后出,遇吴颍韩,吴不识余矣。余闻人言,吴取妓为妻,妻复为妓,人皆不齿之。余遂呼吴与言,要其同至邱寓。与云斋觅旧书,得《晋书》,配余十七史中所失去者。复得《书录解题》,亦难得之本。买尺木堂纸笔。暮还邱宅,送其二女银钱二枚,买书价银十两。芋仙赠予《墨子》、《韩非子》、《荀子》、《春秋繁露》。云斋荐随丁张贵至。昨日过孟辛外姑之门,因入视袁夫人,光景甚窘。因遣人问有书与其女否,袁夫人言寄声六儿妇,六郎柩须早下葬云云。午过杨安臣,致寿山意。安臣夜来答谒,并送程仪五种,受之。镜海送银,却之。云斋招同安臣、李仲寅夜饮。镜海来谈,至亥去。

十六日

邱宅早饭未熟,先登舟,命过载入城。游湖心亭,东湖水浅狭,不似当日矣。过芋仙,未起。前日遇文竹云,因过访,亦未起也。还邱寓,霞仙送银,自来致之,三辞而后免。饭后登舟,颖韩来谈,并送《齿谱》,易公申所作。申刻开舟,移泊文公庙。

十七日　晴

遣问《旧唐书》残本,索价银八两,遂置不买。辰正开,行六十里,泊岐山,丰城地。注《墨子》四篇。

十八日

风雨颇寒,似冬景矣。行百廿里,泊章树,清江地。注《墨子》七篇。墨翟真乡曲善人也,专忧人之国,而患其贫寡。虽知尊贤,未为知本。虽曰救时,仍治其末。差可与荀、孟同功,尚不及申、韩也。夜雨敲篷,拥被稳卧。

十九日　阴,时有飞雪

行六十里,泊滩头,临江府城西北卅里,清江地。忆壬子冬过此遇雪,坐一破篷船,携一蠢仆,泊舟中流,至午始起,吃羊肉面一大碗,吟《白雪》之曲,意兴甚高,不知何等乐也。今坐官舫,具厨传,行装甚富,图史左右,不唯诗兴不似往时,即羊肉面亦不欲吃。此岂境能移情,盖少壮自豪,老大自衰,虽以吾强自标致,有不觉其颓然者。然则索乳争枣栗时,其意气复当何如?夜阅《墨子》一本。

廿日　晴寒

读《文选》词笔八卷。注《墨子·经说》廿馀条。行六十里,泊罗坑,新喻地。

廿一日　晴阴

读《文选》赋六篇。点《墨子》半本。行六十里,泊新喻浮桥上东岸。

廿二日 晴

行七十里，泊严家渡，分宜地。

廿三日 晴

行五十里，泊涧前弯。分宜县上有小浮桥，甚整洁，题曰“春晖桥”。稍下有高阁，曰“瞻岵”，亦有佳树临川。先将往游之，以其名似讲学家，又既曰“瞻岵”，则游客当助主人悲思肃敬，不可嬉游，故止不往也。看《荀子》四篇。荀、墨、孟皆务诋人以自申，然后知庄子之道大也。

夜梦，当有怨者来杀我，或劫我，甚惧，而无以待之，独寝一榻，屏息以听。既而闻屋上有声，若掷樵苏，心以为至矣，甚战栗，单衣而起。一人短衣执箕帚入，不相识也。起而迎之，强云天寒取衣自覆。其人干笑，似以我为强颜也。已坐而言：“君妻果能明，余顷知之习矣。”又问：“画扇已有人先画之耶？”取以示我。余心喜以为怨解矣，佯不知而索扇。有一人持画谱来，则僧鞋菊花四本，下方一丛，每花上题一“蚨”字。其人悔恨，似以为不知而致误，愧其不若人也，取以拭手，怏怏而罢。余窃喜免于大难，又若前此已经斯事，更谓之曰：“花上题蚨字，盖此花即青蚨耳，古人题以为记，故今传之云云。”此梦甚异，因起记之。

廿四日 晴

注《墨子》八叶。阅《韩非子》一本。行四十里，泊石壁，过午而停。

廿五日 壬午，大雪节。昨夜微雨，竟日阴

行卅里，午初至袁州府城，泊桥南。遣觅小车五两运行李，每车六百文，一挑五百文，一轿千二百文，送萍乡。本约即发，装毕已暮，

行李先去宿店中,余一人留船上。静忆北固山之胜,欲作诗,将一月未能道只字,忽得句云:“江流半天地,高城掘阳隈。馀险未及宁,为山何壮哉。奔情极远流,岂忆身崔嵬。长风过我前,收虑坐丛台。平皋引逶迤,恍若在堂阶。双鸟左右之,灵象夹我怀。空明白日光,势与浮云来。安知观听中,率尔陵九垓。愿学成连子,拏舟沧海崖。”

廿六日　阴雨,不湿道耳

舁行七十五里,宿珠亭山。道上颇有土倡留客,余初诧之,既而思宋玉赋云:“逆旅主人之女,为臣炊雕胡之饭。”则此风最古,余自少所见耳,因和颜接之。

廿七日　雨

行七十里,宿水口,萍乡西八里。逆旅妇泥余不去,与之四百钱乃免,兼再三谢之,彼妇甚欢也。柳下坐怀,未为难事,所难者如阮籍眠邻妇侧而人不疑耳。余素不逆人之意,尤惧逆奔女之意,颇以自喜,为作一诗纪之,文录于后。

《萍乡赠逆旅主人女》:“浮舟就渌口,乘欙度醴西。寒风卷行幰,密雨沾路歧。栊镫始欲照,雕胡方自炊。婵娟主人女,留客初昏时。低鬟工巧笑,拢袖掩冰脂。袜香长护乳,绵柔稳着肌。撩情烛应摇,非眠服〔眼〕自垂。不缘心震荡,唯伤容盛衰。劳君玉钗挂,密意久应知。扬子有争席,长卿无丽衣。常羞孟氏幂,将抽叔子茨。留君爱款款,还余情自持。思多长夜短,室暗晓声疑。眷眷门前路,繁霜徒见欺。”戊寅乃改作“触”,“拢袖”句不似冬日语。“掩”作“捻”又纤仄。所谓艰于一字。古人言夜长夜短者多矣,“思多夜短”,未经人道,可谓百炼之句。与“山青若云”,只是工转换耳,惜不令伯元见之①。

① 此诗原录于廿八日之后,据上文移前。

廿八日 阴晴,甚寒

行廿里至湘东,觅舟而发。行卅五里,泊见头洲。舟人云:有神人网仙鲤,逐至此处,鲤鱼举头中流,网之已去。至醴陵下网,误罥石壁,鲤遂升天,至今壁上有鱼形也。

廿九日 小尽。阴,午前飞雪

行廿五里,泊醴陵桥下,一时许复行。舟人欲至家,投夜泛滩六十里,宿石亭,醴陵地。听棹唱山歌,文情并美,有古诗之意。大抵借男女之私,以劝诫村人,乃知风骚美人之词,托意正如此也。又有《裁衣歌》云:"我的衣要联,鱼骨头缝云托云暗托肩,韭菜边,粗粗绵布要做缎子联。"风趣殊美,且见一时之制,古乐府不过是也。

十一月

丁亥朔 阴晴。北风作冰甚寒

强行卅里,宿漉口,醴陵地。读齐、梁、陈诗数卷。古艳诗唯言眉目脂粉衣装,至唐而后及乳胸腿足,至宋、明乃及阴私,亦可以知世风之日下也。余作诸诗,惟昨一首言及乳,故记其言如此。

二日 晴冻

行卅五里至淦田,登岸见叔父健在,喜甚。又闻吾家有一人入学,尤为大庆。自余入学来廿二年矣,家中无人应乡举者又十五年,衰族之可叹也。得一族兄死,余尚负其一篇文字,当还寻补作之。换舟至衡阳,匆匆一饭而行,十五里宿花石戍,仍吾县地,杜子美泊舟所也。二妹家佣妪李氏子,附舟还鹤桥。

三日 晴,大霜

行八十里,泊黄田,衡山地。

四日　晴

严霜滑不能步,南风甚冷。行三十里,过衡山县未泊,又十五里至雷家市。

五日　晴,霜

余廿六岁始于建昌道中识霜,作赋一篇,而佚其稿,今又十四年,而知衡湘故自有严霜若此之厉也。川光为霜所蒸,晴日如雾。

作书与刘岘庄:"岘庄先生侍郎节下:伏处湘濒,闻高名旧矣。荣晦异趣,末由相逢,今秋在江淮,涤丈盛言节下之美,以谓不可不见。至南昌,霞轩亦云然。然闿运客游九州,寡于介绍,辕门尊严,恐适伤贤侯下士之名,故不敢径谒也。镜海深蒙知赏,亦言不可轻干,空怀慕仰,失之夹毂,歉甚。方今时政因循,兵气未靖,士女游惰,侈靡日增,吾乡伏莽尤多,江汉殆无复纲纪。闻有能政如节下者,虽在山海,犹思自结,况异苔同岑、交榆映社者乎!他日缘会,终当抵掌华轩。先此道意,以代踵门。想宏达远揽,恕其率尔。敬颂台安,不宣。王闿运再拜。"岘庄于督抚中有能名,故与书试之。

又书与李若农:"若农先生侍者:自乙丑在清苑阁,黄御史传雅意,采访及于莽材,感荷皇惕,恨不得一登门也。今春以赴试为名,出寻通彦。至京师,论名品者无不以执事为称首,中心钦钦,务欲一当,故迂道南昌,就询轺车。窃以为若在康、九、袁、临、吉、瑞之间,犹可随传骁骁,藉窥冰镜。乃娟娟秋水,远在东垂,别家经年,役车岁晚,怅然西迈,劳也如何。香涛与闿运一见欢然,十旬款洽,虽才谢若人,而谬蒙引纳,独不得与执事上下其论,以豁鄙怀。闷闷存存,诚不自已,故于还山遣书相闻,以达十年迟仰之忱。江西素多文人,今当选贡。搜岩访穴,必有国桢;浏览名邦,定多赋咏。傥承相示,幸甚无涯。十一月壬辰闿运叩泐。"

善化许次苏者，以奔走形势取官，一摄盐运，致赀巨万。晚节满足，恣意自奉，居扬州，操衡纩以候交游，甚自得也。长子取同府王氏女，貌陋性刚，积不相能。许溺爱其子，亦厌王氏。许子娇逸，惑于野容。扬妓艳者，号曰金珠。金珠有五，最名者为洋金珠，许子娶以为妾。妾之入也，泾渭相形，鸩鸠同室，嫌猜日构，妇愈不容，会其有身，谋因产而毙之。王氏知其情，迎女以归，及生一女，遗信报许。许父子因此枉证，报书离昏，云非许氏之种。女方在床，闻信号踊，即以剪断女喉，因自刺死。死之日，许氏次子即见嫂至，发病谵言。其妇审知嫂声，焚香跪祷，言非其罪。即作鬼言："渠兄非不能书，何为代作离昏，今当索命，先须为从。"呼謈三日而死。家人皇皇，咸谓冤至。次苏自恃钱神，以己福厚，不为意也。未半岁次苏发疾，见其妇来，寱语喃喃，唯诉非己。鬼又附言："汝，家之主，咎当有在。"音声朗然，闻者悚栗。如此旬日，病遂绵惙。稍醒，谓子："此事发矣，吾不能免，汝宜慎防，渠后六旬，必来索汝。"言讫而死。由是王女之厉，煊赫淮扬，道路言者，至不敢有偏斥，常若王女之在傍也。越六十一日，许子果暴疾而亡。或遂言洋金珠亲见女君指而詈曰："汝亦当死，且留汝寡居数年，亦后殛汝。"余至淮浦，闻之灼灼，即今岁六月事也。余谓曹镜初言："天下事矫枉过正，但取快意，非圣、佛之法也。"王女一死而报以三命，报之过当，盖由冥司诸祇瞋恨最盛，助之为虐，以理论之，此女徒增罪孽矣。若能化冤明亲，达之大道，许氏父子何足剪除，王氏超然，永离鬼趣。而为此过甚，荼炭一门，虽足快一时，固非至道之所喜乎？何镜海，明恩怨者也，乃以此事为足劝惩，劝余记之。

今世俗惊呼之声曰"阿呵"，字见《赵书・陇上歌》"阿呵於乎奈子乎，呜呼阿呵奈子何。""呵"，或读若火，或如字。"阿"则皆读上声。又余尝与香涛论“欸若”字用最广,而无正字,亦不见他书也。

是日行八十里,宿白马料,衡阳地。

六日　晴

行廿里,午至衡州城北,泊石鼓山。晋庾阐为零陵刺史时有诗。自鸣钟始见《旧唐书》,云“拂菻有候时金秤”。菻方盖法琅西也。以其有坠,故名以秤。登岸诣程宅,主人适出,坐久之,其子师段晴麓出谈。乘兴访张蔗丈不遇,复还程宅。春甫回,闻刘抚解任,吴子健除湘藩。商霖还,谈久之,留宿春甫前斋。

七日　晴

先孺人忌日。呼舁三人,还石门,竟日不食,未昏到家,梦缇已还母家矣。功儿于五月从皞臣读书。弥之赴荫渠招至桂林,岂欲出山耶?五月十日六云生一女,至今始知之,名之曰滋,小名蒲芳。滋者,多也,女滋多于是矣。夜与子泌谈,常寄鸿亦至。子宿侧室。

八日　晴

留寄鸿半日谈。与子泌谈竟日。功儿言其在长沙取经课,曾列第三,未假人助,甚可疑也。

九日　晴

丰儿不问而擅出,余罚令作《履霜操》,不成当逐之。已而作六句,尚通顺,亦未知有假借无。

十日　晴

子泌欲解馆,勉留一日,令作数肴为饯。子泌乃要功儿外游不归,余待之至暮不得食,戌饭不能多也。子泌问“祭仲行权”事。《公羊传》言:“是不可得则病。”余未得其确解也。

十一日　晴

子泌去。行李船至,暮到石门,晚检行箧。在知守舟乃先私还,靴尖踢之,犹有军中习。是日丁酉,冬至。余以衣冠未备,遣功儿行礼。

十二日 晴

比日连八晓皆霜,昨今无霜,天气稍煊。海棠霜中作花,余归尚馀三朵,六日不谢,盆梅亦发矣。为丰儿倍《春秋》、《礼记》各一本。

十三日 阴,煊,更衣小毛

丰儿倍书至"从服,公子三〔之〕妻为公子之外兄弟",文有疑难,因命作解,亦尚通顺。功儿作文仍无章程,以余观之,丰儿尚少进也。

十四日 阴

为丰儿倍书,点《礼记》。明日将告至,斋宿于寝。

十五日 阴,暮雨

钞《礼记》三叶,倍书二本。是日晨起谒庙,始理家政。作书与菼渠、弥之、皞臣。

十六日 阴晴

钞《礼记》三叶。为丰儿理书。帉女始学切字,即识十字,因事多,懒专教之耳。

十七日 阴晴

钞《礼记》三叶。解"妇人不杖",据《礼记》以为出嫁之女子,似胜郑君也。

十八日 晴

遣书及土物送雪琴,得其回书。倍丰儿书二本,《礼记》全不上口,亦姑任之。钞书三叶,夜月甚明。

十九日 晴

读《礼记》一篇,钞三叶。检《衡阳志》稿。王姓来,欲求一文弱事,给日食,无以应之,许以月千六百文,请来钞书,约以十二月来。丰儿倍书二本。

廿日　早阴午晴

钞书四叶,倍书二本。畛女念母,携之出游。邻狗噬杀一鸽,蒸食之,夜饭二碗,归家后甚加餐也。

廿一日　阴

叙《志》稿一篇,钞书三叶。

廿二日　阴

检衡阳钱漕数目。钞书三叶。王生兰台来访,谈《尚书》。

廿三日　晴

钞《丧大记》一篇,成,共廿九叶。

廿四日　阴,煊甚

算衡阳钱漕,未得总数。钞书三叶。始命功儿钞《书笺》,每日一叶。

廿五日　晨雨,竟日阴

钞书三叶。自检《书笺》,命功儿每写一叶,辄送余笺之。

廿六日　阴晴

钞书三叶。检《衡志》。作书唁俊臣,并寄奠分,请颜接三致之。〈作〉书与筠仙。是日壬子,小寒节。

廿七日　阴,颇寒

六云遣邓八至城,为余办生日食物,余不禁也。笛渔来送仪兄墓志四十分。雪琴书甚有法格。钞书三叶。

廿八日　阴

携畛女出行山间,家人为余张设,两儿放学,邻人来送庆物者十三家。常吉人自来送酒。比暮,笛渔复来,留宿内斋,吉人宿东斋。夜饮,食河北面、小米粥。

廿九日　阴,微雨

早起家人并贺生辰。李福隆来,留面,共三席。午间,隔岸三陈生、两王姓送礼来，并留饭，及邻人凡十八人。竟日喧扰，至子乃罢。常生及李客未午饭去。吉人仍宿东斋。

十二月

丙辰朔 雪至地已融

午初吉人去，余少惕，命家人检张具。

二日 阴晴

钞书三叶。王兰台偕罗春根来访。夜作书寄湘潭、长沙，各送京物。

三日 阴晴

遣张贵下湘。钞书三叶。夜得殷竹坞书，送衡阳图来，遣曾昭吉赍至，留宿外房。得孙君贻书，问作文法，芝房之子也。

四日 阴

钞书三叶。王生来钞《周易》，馆之外斋。昭吉去。命六云试歌唐人绝句。六云云四句嫌无尾声，须重一句。唐诗唱《阳关》第四声，为“劝君更进一杯酒”，此言暗合。

五日 阴，早雨

理《志》稿，钞书三叶。常晴生书来问京物，计所托买价八十六金，便以付之。又得其母墓铭卅分。沅浦书居然成家。六云读唐人绝句，日二首。

六日 阴雨

钞书三叶，理《志》稿，作《书笺》。

七日 阴雪

作《官传表》两篇，钞《书》叶半。是日寒，居内寝未出。

八日　阴雪

早饭,雪琴来,留谈竟日,食饚、粥、杏酪。夜访彭,舟已去。

九日　阴,小雪,至夜屋上可寸许

钞《书》二叶,笺《书》一条。王生钞《乾卦》毕。

十日　雪,稍暖

钞书三叶。邓三回,闻梦缇尚留母家,甚不怿。夜月。

十一日　阴

钞《祭义》毕。笺《书》二叶,补连日所阙工皆讫。说"五礼五器",依经文为证,甚确。

十二日　丁卯,大寒中。阴

钞《仪礼》二叶。呼缝人来作铺垫。作《官师表传》成。六云读唐诗,窊女讲二首,亦明白。

十三日　雪

散学一日。钞书纸尽。

十四日　雪

笺《书》二条。夜与六云池边看雪,连六日积皓未销,山如淡墨,水碧无波,殊有幽冷之致。

十五日　稷雪如珠,入雪有声,若碎玉

曾祖妣忌日,素食,设荐。钞《杂记》三叶。

十六日　雪

钞《杂记》二叶。骑出道山,田塍甚窄,须把滑而行,甚不调适,数步而还。连日不霁,山中人迹绝矣。

十七日　密雪

早饭后梦缇携二女从雪中还,冷寂孤居,忽逢良会,始知风雨人来之快意也。夜遣人入市,得力臣书,云孟星母夫人已殁。又闻刘

抚事由巴玉农将军。近日将军颇生事,以枢廷私书而去一抚,亦为贵豪持权之渐。

十八日 雪始消,阴

笺《书》一叶。为梦缇与女妾讲《列女传》一篇。亥寝。

十九日 阴

钞《书》二叶。讲《列女传》。亥寝。

廿日 阴,雪犹未消,寒气殊甚

钞书一叶。常吉人荐李妪来,作书复之。王鼎坤来,钞《乾卦》毕。夜寒,讲《列女传》。早寝。

廿一日 阴

钞书二叶。讲《列女传》。六云读唐人宫词,得卅六首。丰儿倍《礼经》、《周官》俱讫。略理家人岁课,将放散诸人,使各少休也。一岁之功,欲于此月整理之,殊忙而无益,然不可已,因知古人督劝张弛之道,亦复如此。□□□□□□□侧室。

廿三日 晴

作年糕百斤。往岁和粉,生熟难调,今年甚易熟,以为佳兆也。夜梦缇祀灶,命两儿作《灶神司命考》。子寝。

廿四日 晴

杀家猪作腊肉。养之一年,得二百馀斤,计利十倍,然余家不能获其利,徒多费耳。畜马之家不察豚,岂真恶言利哉!是夜笺钞《尧典》册六叶毕。作书与孙君贻,论作文法。校改《易说》。子寝。

廿五日 阴

作书与子泌、春甫。讲《列女传》。论定姜以送去妇为美。余家有夫死而妇去者,其姑怼之,惜未读《燕燕》之篇也。

廿六日 雨

欲出城而不可行,遣在和去。钞《礼记》三叶,笺《书》一叶。讲

《列女传》。是日辛巳立春,酉正行礼。夜食粟糜、薄饼。

廿七日　雨

笺《书》一叶。讲《列女传》。钞书暂停。夜闻梦缇咳,似有重疾。中夜还寝。

廿八日　雨

笺《书》一叶。讲《列女传》。张贵回,得力臣、皞臣、邓氏婿、芳畹、镜海、县志局及叔父书,又闻晓岱母丧。亥寝。

廿九日　阴寒

在和回,得子泌、春甫书。笺《书》二叶。讲"颐溜垂拱,颐溜如矢"。以中溜为内朝出入之节,以端行为朝服,弁行为庙中之服,其谊甚新。亥寝。

除日　阴

早起,望祀善化城隍。未中吃年饭。戌刻梦缇祀灶。子刻报祀司命、灶神。谒三庙。家人辞岁。祭诗。丑正命功儿祀门。家人皆睡乃寝。夜大雪。

同治十一年(1872)壬申

正　月

丙戌朔

晓觉已辰正矣。六云先起，乃呼儿女皆起。巳，盥，冠服，祀二，祀三庙。受贺。食枣莲、年糕。巳正饭。大雪平地五寸，风光甚丽。邻人来者十五人，邓五、陈六、钟二、刘一、杨一。留茶去。两儿出贺年。钞所作诗三首。夜至亥寝。

二日　　雪

妻女摊钱，至子乃罢。

三日　　雪复积四五寸

午睡两时许。邻人来贺年者五人，留茶去。邻妇来亦如之。摊钱至子寝。

四日　　晴，雪消一半

春雪与冬雪大异，虽无日亦自消矣。舟人来贺年，不坐而去，不知何姓名也。补作雪诗一首。子寝。

五日　　晴阴

笺《书》一叶。又命丰儿翻《说文》。"戺"字古作"户巳"。《尔雅·释文》："宧，深貌。"解"颐溜"为深入堂户巳之下。又考得"廇"有门廇、堂廇之名，以补郑注。亥寝。

六日　晴

家人浣衣。竟日未出外斋。夜月甚佳,携窊、帉、帏三女出庭中放花爆。是日贺赤轩来。

七日　晴

携珰、帉、帏三女及两儿渡龙洄,登石山,望来舟甚多。蒸流雪水盛涨,东风颇狂,渡舟横流,激浪有声。归剃发。李福隆来。夜掷投。亥寝。

八日　阴

王鼎坤来,值余将出,少坐。余骑渡龙洄,从南塘弯过红螺桥,复渡蒸水,至龙骨塘,还取夏家弯、道山桥而归,答拜九家,入门已昏暮。晚风甚寒,食薄饼、杏酪,复饭二碗。六云无礼,午间训饬之。余自忏悔,即前说也。

九日　晴

笺《书》二叶。与梦缇携妾、女出踏青,从茶山循常墓前还。王荫堂王氏子来。亥寝。

十日　晴

出外斋,理《志》稿,笺《书》一页。亥寝。

十一日　丙申,雨水中。早雨

曾昭吉来,留饭去。晡后携儿女至夕阳径,观蒸曲林树。珰女屡欲登山,余着扬州鞋,不能登陟,扬人士骄稚如此。薄暮常晴生兄弟来,宿东斋,谈至丑寝。大雨。一龙来。

十二日　雨

懒不欲起,辰正乃盥。晴生兄弟去,复假寐片时。郑六叟来,强出。还掷投。一龙来。子正寝。

十三日　阴

四龙来。黄龙蜿蜒,本兴自汉。雷鼓惊蛰,傩钲散寒。加以烛耀，亦助群欢。节物足纪，以祛郁烦。夜掷投。雨。

十四日 阴晴

左秀才鉴及对岸客五人来，未见。笺《书》一页。掷投。亥寝。

十五日 阴晴

九龙来。王南台来谭《书》，以余所说"元祀，天降威"为未安，余深然之，未知所易。本区人夜以龙至，留茶而去。亥祀三，祀三庙。礼毕，梦缇始出。食汤圆，古谓之䭔，煎食之，今以䭔为饼也。丑寝。

十六日 阴雨

清理书室，定程课，意大振作，复初入乡中之业，未知能否。梦缇理家政，大庀器具。余午睡至申方起，夜早眠。

十七日 雨

早起定日课：辰课读，午修《志》，酉读史讲经，亥钞书、课女、教妾读诗以为常。

阅《宋史·列传二十》。李琼宜在《五代史》。陈承昭不知其里籍，乃云江表人。知水利，治惠民、五丈河、朱明池，官龙武统军。李万超杀契丹使，复潞州，有功于汉，宜在《汉史》。白重赞唯识马缨伪制，他无可称。王仁镐、陈思让或可附见《周史》他人传中，从孙若拙为瞎榜，亦不宜厕于诸人之列。焦继勋字成绩，守西京，息盗劫。子守节，香药墆课，真宗不迁其官，犹有帝度。刘重进、袁彦并庸庸。祁廷训贩竹木，张铎侵曲饼，李万全能挽强，田景咸、王晖尤龊龊可删。此卷至戌课毕。

作书寄竹伍、果臣、子健、非女。是日得芳畹书，朱若林、张嗣沄、果臣并有书。子登有书，尚是去年春夏间语，人已相会，而书后达也。

夜待两儿交卷，闲坐无事，再阅《宋史》一卷。李榖字惟珍，有人望,无政绩。昝居润称知人。窦贞固准继烛。李涛滑稽。王易简论《渐治》,有二品楼。超〔赵〕远字上交,长愚,复糊名,卒以鬻第败。张锡小官。张铸善蝇头书。归谠、刘温叟传呼过帝,有清节;了〔子〕烨有行谊。光范不敢知举,善供亿工役。几有干略,好言乐。刘涛、刘载、程羽皆以知举得立传耳。

十八日　阴

斋中读书,皆能如课。窦偁字日章,为开封判官,面叱贾琰。太宗时领尹,出偁于外。后即位七年,令参知政事,赏其公正。此事可书《帝纪》。石熙载友于异父弟,事继母牛氏以孝闻。古有继父同居之服,若凝绩可谓继兄也。《史》称其严谨有礼法,则过矣。岂有严谨之家,而留异姓乎?李穆直词以告李煜,庶乎能传常言者。亥寝。

十九日　阴晴

陈使去。书课如额。钞《礼经·士丧篇》。"缋缁絇纯",注引《士冠》"缁絇缋纯"。疏云"缋虽在上,亦用缁可知"。"缋"字《说文》无。郑注《周官》云:"礼家说以采丝砾其下。"郑司农云:"下缘。"贾疏二礼皆以为"牙底相接之缝"。又口授畛女《罗敷行》。"敷"本一作"纣",声不相近。《说文》:"紨,布也。一曰粗绸。"则罗、紨皆丝货之名。戏作一对云:"好如秦氏,名是罗紨;娇入左家,字为纨素。"是日三客来。夜阅功儿文,颇佳。亥寝。

二十日　阴雨

书课如额。得刘岘庄书。

《宋史·李惟清传》:官盐一斤,钱六十,茶百五十钱一斤。三四斗稻方可买一斤,则斗稻二十钱。稻盖谷,非米也。钱澹成修《太宗实录》,不书义犬。甚称太祖制边之能,在不立行营部署。苏太简为学士,年未满三十,为参政三年馀,卒,年三十九,赐玉堂之署。郭仲仪为真宗师,赐诗云:“启发冲言晓典常”,甚似圣制诗。李言幾母梦八仙授字图,即今所传八仙邪?后刻七经,合五经为十二经。辛月〔之〕翰烧壕草而盗自首。王楚望善读进士卷,性苛察,陈恕亦苛察,两人相忤。温仲舒与寇准谓之温寇,徙羌渭北,人言其生事,后获巨木之利。巨木之利几何,何至登于国史?王化基永图请立尚书,子举正能举宪职,孙并尹两京。夜至亥寝。

二十一日 阴

课如额。讲“孚号有厉”,以为若舜退四凶,盘庚迁殷,虽令出民信,不能无危,其危乃所以光也。

张宏字巨卿。赵昌言字仲谟,与梁灏、陈、董游饮,几兴大狱。“鼻折山根,颇有反相”,以威断立名。陈恕字仲言,南昌人,少为县吏,为三司使。太宗留意金谷,亲召司吏询问。又募吏言利病,创立茶法,能不尽利。至真宗,命条具钱谷,则托言恐启侈心矣。赵得王旦,陈得王曾,好门生也。恕之荐寇,颇有大臣之度。魏垂天判三司,分十道,理文簿,请复封驳。刘禹谟骤用。张洎论长史,庶能正名,初不奉准,后乃愈谨,善迎合者也。李直臣谏义军。柴禹锡告廷美。张逊置榷易署。杨守一、赵镕、周莹亦佞幸之臣。王纵〔继〕英,祥符人,赵普幸史,四子至大官,五显。论澶渊事,颇识兵机。史臣称纵〔继〕英,以其贵盛也。陶谷本澧州刺史唐彦谦之后。扈蒙颂圣功。王著被发见帝。王祜〔祐〕,旦父,保全符彦卿,不足立传;孙质送范仲淹。杨昭俭、鱼崇谅,全无事实,又非宋人。张澹与殿试,黜官,与今翰林考同。高锡请禁兵器,而诣匭上疏,可怪也。

二十二日 雨寒

课如额。夜寒早寝。

二十三日 寒雨,甚闷

课敷衍如额。

颜衎以送上司礼物受杖,入宋唯以致仕为荣。剧、苏一怒〔恕〕一酷,俱定《刑统》。赵逢“铁橛”乃规避兵事。高防采没边珝狼山盐、秦巨木①。冯瓒守梓州。段思恭判角市、硇沙,灵州②,赵普以交通秦王陷之。王明平广州有功。许仲宣谕交州得罢兵。杨克让市银作器。侯陟倾邪。李符附赵普。魏丕鬻马骨,典工作。董枢桂阳银③。吴虔裕不告老。张廷翰赂马。张藏英报仇。陆万友银圬。李韬守白文珂营。郭廷谓,南唐名将。赵延进持书,不依阵图。

夜雪,寝闻屋瓦声,重溯篷背茅店之情,始得知此闲适之美,为之不寐。

二十四日　雪消,阴晴

坐室中如雨未止也。

《宋史传》连篇累卷,无一可传,史臣想甚困窘。但尔时年代未远,作传必当世名人,如近日罗泽南、李续宜之流,以叙述不工而至如此。名者,实之宾也。有实而无名为幸邪?传名为幸邪?无名为幸,则圣人何异乡人;传名为幸,则潜德不如文士。令人懵然。亥寝。

二十五日　晴

课如额。《宋史》:王昭远坠于冰,二公傍扶出之。“公傍”,今跟班也。

二十六日　晴。辛亥,惊蛰节

刘保勋少寐。滕中正举四爵。刘蟠能食淡。孔承恭刻木于道,令“去避来”。宋珰无一事异人,惟不肯告病。袁廓凿冰。樊知古作

---

① 《宋史》本传载,高防曾采秦木;边珝课鬻盐于狼山,岁增万馀石。

② 《宋史》本传载,段思恭代知灵州事,“回鹘入贡,路出灵州,交易于市,思恭遣吏市硇砂,吏争直,与之竞。思恭释吏,械其使,数日贳之”。

③ 《宋史》本传载,董枢曾兼桂阳监使。

浮桥采石，耻于外运。在蜀致王小波之乱，[司]波、顺遂炽，以榷蜀锦者众也。郭载同知古奔出。臧丙请治石州宿直入罪，以冯汝士自杀也。徐休复无事。张观请太宗临朝少讲话。陈从信计费运米。张平市木大积。王昭远治勤州铁山。馀子俗吏，空劳考绩。尹宪。王宾妻妒，从至亳州，杖一百，一夕死。安忠不愿为大将军。《宋史》汇为一传，今无可书。

午携丰儿及三小女出游，傍山，因下至王之大、邓六叟处，答拜新年。还，彭静卿、王兰台先后来。昏游夕阳径。梦缇始移中室，余戏之曰："四十致仕，不亦早乎？"亥寝。

二十七日 阴，午后雨

课如额。丰儿为邓六叟招去午饭，连日《礼记》甚生。

张鉴督王继恩胜军出境。姚明白论血山，太宗毁假山。索湘为转运，锹水济军。宋太初为中丞，狱成乃上闻，三教合一。卢之翰无可取。郑文宝喜言边事，而无所成，唯知弃地。王子舆敏决。刘综请以河朔人充本土州县。卞衮残酷。许骧父为商，见进士羡之。裴庄请置广听院西垣学士，闻者嗤之。《史》亦云无学术，未知何故。牛冕、张适、栾崇吉起令史。袁逢吉四岁诵《尔雅》、《孝经》，七岁通《论语》、《尚书》。韩国华，琦父，与裴庄俱为江南巡抚。何蒙请以金代税，真宗不许。慎知礼岁读五经，子从吉善作馔具。夜读《易》二卷。

二十八日 晴

早起钞《礼经》一叶。招王兰台、彭晋卿午饭，谈半日，酉散。夜阅《宋史》一卷。诸课并停。山蕙作六花。

二十九日 雨

课如额。夜阅《宋史·寇准传》，言帝问左右："吾目中久不见寇准。”左右莫敢对。《丁谓传》又言帝欲以江淮间处之,两府并闻其言,王曾质之。自相歧互。今案仁宗初元再贬准,则后意可知,然谓帝不知则未闻。真宗昏愦他状,何独于准而然!准谋废立,罪有应得,而仅仅谪远,又得取洛带以敛,宋政诚宽矣。夜早寝。

二　月

乙卯朔　早晴晚雨

春蒸甚润,似去岁三月十六京师骑马出前门时。夏彝存介兰台来借《诗疏》十四卷去。课如额。《宋史》:陈尧咨为翰林学士,以先朝状元,班旧学士蔡齐上。翰林馆班次不论前后辈,此以先朝初榜特升,今不能,然仅私论前后辈耳。宋公序试礼部第〈一〉,今会元耳。而能伏阁争吕〔郭〕后之废,又不对资政策。祁去三冗,节三费,甚得本论。又不用马,与今宰相曾、李用夷器攻夷之计不同。而包拯甚疾其兄弟,遗令亦能自知。《刘沆传》:衡州大姓尹氏,欺邻翁老子幼,欲窃取其田,乃伪作卖券,及邻翁死,遂夺而有之。其子诉于州县,二十年不得直。尹氏持积岁税钞为验。沆曰:“若田千顷,岁输岂特此耶?尔始为券时,尝如敕问邻乎?其人固多在,可讯也。”尹氏遂伏罪如敕。“问邻”者,盖宋制田券当有证佐,如今中人也。

二日　晴,蒸热

更夹衣出,登前山,携珰、畇两女。珰女上山如飞,甚有樵牧童子之风。余以扬州鞋,一步不能行,匍匐而下。课如额。新柳尽绿,池边赏之。

三日　晴雨无准

课如额。后园李树已作数花,天气似三月时。

四日 晴雨无准

为两儿倍书，并不能上口，前此为枉费力矣。古人本无读书之法，今人能颂五经者，不过数人，余自恨不能熟读，故令两儿读之，亦殊无益也。

《宋史》：高琼疾，真宗欲亲临之，宰相不可，盖都指挥使，贱役也。琼子继勋颇识行陈，然号曰神将，则以擒盗于蜀耳。范廷召恶闻禽驴之声。驴声吾亦恶之。葛怀敏，霸子，非名将，郭达知之，其败颇似李涤庵。然则涤庵亦非名将也。泾原路镇戎军褊江、定川砦，在渭州西。曹利用使契丹，自以为功，直斥李迪。迪诚懦儒，有以取之，遇王曾无计矣。章献呼为侍中而不名，孙继邺知其祸。张耆居室七百楹。杨崇勋尚作真宗弟子，可笑也，泄寇准谋。夏守恩等并无可书。史之芜杂，莫《宋史》甚也。夜风。

五日 大雨竟日

池上看新柳，裴回往来，作小诗赠之："新柳柔枝碧到尖，不因风起总纤纤。楼前一夜春分雨，挂作重重翡翠帘。""带雨和烟手自移，如今看到碧丝丝。行人莫讶成阴早，未遣伤离折一枝。"

李谘计粟盐算缗价，一黜一陟。夏侯峤翰林侍读之第一人。盛度一言而罢四相，有人拜则骂之，与张咏同。丁度献《王凤论》；论大钱不可用，言弊衣直数百钱，则钱价至轻矣。张观弛盐禁。郑戬习〔行〕边。明镐不治杀倡妇者，平王则。王尧臣，状元，罢夔课，守贵州。孙抃作中丞，喜荐人，不纠人。田况谏攻元昊，与韩、范齐名。

春甫、俊臣书来，约余入城。得方子箴、黎友林书。夜入房见儿女横卧，呼起令睡。

六日 食时大雨

新生员刘生来。刘质夫族子也，年三十二，殊无雅致。留饭，待雨住乃去。未间夏南琴来,送土物四种。论作志当传与否,甚有武断之词,余随语应之。夜至子乃入侧室眠。客宿东斋。

七日　晴

客去。余少还坐,殊扰扰不定。近岁精神颇困酬应也。与梦缇坐池边看新柳,又至蒸水岸观游。还乃作《志》传二篇。为两儿倍书。三女功课未暇也。丰儿问"鷵鸽宜穴"。余说以鷵鶇、鷗鶔,如鹊短尾,衔矢射人,在鸟鼠同穴之次,证为穴禽。鷗鶔合声为鸽也。丰儿又以追王太王、王季为非礼。余言自迁邠后,周已为外藩,其势敌商,非殷侯服矣。商王以术羁縻之,封为西伯,以捍御戎狄。虽受其封,势非相制,自创之业,亦非商恩,故推为王也。禹不帝鲧,汤不帝主癸,明人臣不可帝矣。夜还寝。

八日　晴

晨起,补钞《礼经》一篇。书课如额。唯未修《志》传耳。得子泌书,言"举者出户,出户袒",毛本误作"尸","出户"是也。

九日　阴

晏起,书课如额。亦未撰传。

韩丕知制诰,文思艰涩,为宰相所诟。师顽〔颃〕字霄远。张茂直以发鬓不死。梁颢,字太素,登第十八年,年九十二卒。杨微〔徽〕之恶寇准,喜李昉,十年流落。吕文仲读《文选》,与王著均侍书。著,成都人。吕祐之借钱得货,遇风悉投之。潘慎修,江南使,奉表请罪。善奕,累为巡抚。杜镐强记闻,忌日鼓吹,以武〈王〉载木主歌舞对。查道,雷破柱不惊,僧劝以仕,得冰鳜。赞曰:"侍从之贵,兴自太真。诸子碌碌,并以位传。查感冰鳜,潘念旧君。扬之恶寇,自托老臣。吕王书史,亦与丝纶。"夜雨。

十日　早雨

骑至石门,附舟行六十里,至台源寺,答访夏南琴,已至昏夜,请一王生引道，至伞皮塘海会庵，夏所馆也，留宿其榻。

十一日 阴晴

遣约马岱青来谈。论骈文，余以为最忌人开合，又忌合掌。岱青似不以为然。此君专恃己长而讳其短，故学问少进，亦可惜也。午饭后同至台源寺故址，又逢一夏生及杀人之高生。有人至高生馆，生师不在，而踞其坐，遂相口角。及出，此人被杀，讫不能明也。裴回往来，遂至日夕，呼舟不得，颇为所窘。夜始得一舟，登舟大睡。及夜半醒，初忘身在何所。

十二日 晴

过巳始起。阅《宋史》。原鲁悻悻，击蛇辞酒，如见其状。行六十里，至申到衡州府城，访子泌不遇。春甫方宴客，即入席，饭罢同至俊臣处少坐还。俊臣、子泌来谈。遇陈培之少尉及冯姓、萧姓，谈钱粮事。亥散，与子泌宿程宅。是日丙寅，春分。

十三日 阴

春甫请客，复与席。坐客为魏召庭、彭寄生、廖青廷、贺寅臣、马智泉。将出，遇俊臣、罗荔安，还，谈至夜，雨。

十四日 阴

渡湘访雪琴、子春兄弟及春庭。子春处召客，同坐魏、彭、丁、贺仪仲，食烧鸭。春庭遣舟送还城。访岣云、童春海、陈培之，遇接三同至程宅，谈至鸡鸣始眠。

十五日 晴

早起贺程母生辰，留面。耕云兄弟、春庭、仪仲、春海、培之、岣云来答拜。沈曦亭遣弟理堂来答拜。常耕岑、段晴六、常七兄、张蔗丈来谈。午饭后出访荔庵，遇俊臣，同至其寓，谈至亥散。

比日闻蒋朴山、左丁叟均死矣。李子和得闽督，文卿得陕藩，邵汴生得晋抚,新命也。得筠仙、张雨珊书。

十六日　晴

先府君忌日,素食。接三来辞行。寅臣来,同探李竹老病,甚危惙。看赵、李祠新工。

十七日　晴,甚煊

早与春甫渡湘,赴青亭招饮,同坐者子春兄弟、魏召庭。饭罢,耕云要同青、春渡湘看石鼓山院工程。耕云久与蔡可堂谈,余三人先还,赴雪琴招,同坐者俊臣、峋云、魏生,看桃花石洞。昏渡湘入城。俊臣同至程宅,先过贺仪仲,谈顷之,还寓,谈至亥乃散。

十八日　晴

与春甫过峋云早饭,看屋,遇萧圜桥同饭。午还程宅,议以四百金与峋云质其宅。峋云借钱不得,余代借之,非为屋也。俊臣来,仪仲来,报曾侯之丧,凄怆久之。午间王选三要饮,已再辞不获,勉往赴之,同坐者张蔗丈、金理堂同知、青庭、春甫。昏夜家人以马来。

十九日　雨

不能行。酉刻出城,宿子泌家。

二十日　雨,寒甚

俊臣、仪仲约为婚姻,设饮招余入城,酒罢复还程宅。是日得芳畹及吴子健书。作书寄张岳州、张衡州、张永州、颜接三、张力臣、郭筠仙。

二十一日　雨小止,阴寒

渡湘遇耕云同船,因访雪琴,详问曾侯死状,无疾而在正寝,近有道也。过冯宅,看紫牡丹,杨园看花。子春招饮,同坐者寅臣、仪仲、青庭、萧屺山。夜还程宅。

二十二日　雨

屺山来,同赴仪仲家饮,坐客更有子春兄弟,俊臣未至,留马青庭处秣之。身留程宅，幞被寄贺宅，殊不便当。夜间俊臣来，春甫治具为之馔生日，有八七客来贺，留饮。俊臣留宿，连榻。

二十三日 早雨，午后晴

俊臣生日，春甫为设汤饼，午设宴，有江瑶、□乳甚佳。

二十四日 晴

俊臣还四竹砦，余亦骑还。辰正出城，过子泌小坐，欲待草笠，张贵殊淹滞，遂骑而去。马绝驶，不可勒约，少纵即驰，到家九十里，日方斜耳。热甚，换衣而冷，蒙被卧，日夕起，饭二碗。亥寝。

二十五日 雨

久不骑，昨行一日，腰痛，睡两时许。阅《宋史》一卷。《陈希亮传》文似志状。希亮，慥父。盖慥友苏轼所为也。

二十六日 阴雨

入书室理日课，写经二叶。算衡阳丁口数。阅《宋史》一卷。讲《列女传》。明日祠事，斋宿外寝。

二十七日 辛巳，清明。阴雨

祠祭三庙，巳正行礼，午正始朝食，率家人咸馔。申正入内斋，点钞《易》六十八叶。丰儿问"牲出入"，疑已杀不可为牲。检《疏》引"醴其犬、豕、牛、羊，出烹于外"，故云牲出也。功儿问"尝、许"。《毛传》云"南西鄙"。余以尝为薛，薛近齐，齐在济西，故尝为西鄙。许田泰山下，为鲁南鄙也。

功儿今日写呈礼节，字体甚佳，赏羊毫一枝。讲《列女传》。亥寝。

二十八日 晴

倍书写经。午睡一时许。常霖生及三从率仪安长孙来，小字掖门。留饭，宿书斋，霖生先去。亥寝。

二十九日 晴

笛渔兄弟早去。留寄鸿助理《志》稿，检《选举》、《诰命》、《实官》三表。写经、讲经、倍书。

阅《宋史》一卷。陈、杨振靡,运使善交。游于丁、王,不损其操。沆虽恶洵〔询〕,未败浮嚣。马元方贷民钱输绢,下其法于诸路行之;被酒欧知州。薛田、寇瑊置交子务;瑊治蜀夷,颇有淫纵。以妻封邑曰〔回〕封祖母,自瑊始。杨日严、李行简、章频,无事。陈琰。李宥,成之孙。张秉每宴会,自挈肴膳而往。张泽行、郑向、郭稹累荐充直讲。赵贺察吏。高觌。袁抗,衡州推官。徐起、齐廓、郑骧,皆无事。张旨,安平尉,善捕盗劝捐。齐公弼蠲税①。亥寝。

晦日　晴热

课如额。寄鸿作《恩赏职官表》甚核。

夜阅《宋史》一卷,殊无可书。王臻治〔治〕闽人服毒诬仇。吴及亦然。鱼周询,庆历对时政五条。贾直孺慕汲黯,喜言,以菡啖人。李京无事。吕万〔景〕初攻狄青。吴及力请减宦官,初为检法官,抗三司之议。范师道裁女御才人。李绚饮酒,闻于帝,命转运湖南。何中立无事。沈邈在广州与妇女笑言,当能粤语也。庆历求言,鱼生切对。吴患阉儿,范防女谒。直孺慕汲,颇嫌细碎。绚以酒知,始按湖外。景初攻青,一何多怪。子初还寝。

三　月

乙酉朔　晴

课如额。未讲《列女传》。作书唁曾劼刚并送曾侯挽联:"平生以霍子孟、张叔大自期,异地不同功,戡定仅传方面略;经术在纪河

---

① "齐公弼",即齐廓,公弼为字,《宋史》作"公辟"。

间、阮仪征之上，致身何太早，龙蛇遗憾礼堂书。”又与书弥之、荫渠。阅《宋史》一卷。

二日 晴

检《志》表稿。竟日停诸课。

三日 阴雨

昨与寄鸿约踏青，因雨不果。课如额。

得臣度领，衣锦广南。鼎称强干，绩败禁盐。讽发曾粟，诡激自任。直奖王济，高下在心。馀子斗筲，及颇清廉。（刘师道等列传可删。）大年精爽，媚于天子。手录时文，变例为史。明远典诰，凤毛继起。子仪出院，殊面有泚。始重论策，号为振靡。景阳工奏，徒勤案儿。泌开四库，引体讥俑。汉公献议，拱正和戎。纶请封建，华论劝农。公礼淹缓，亦有文征。柴耻见劾，宋政未弘。

四日 阴雨，甚暗

课如额。午间邻家以伐树事罚酒，请寄鸿及武生杨春轩、彭静卿，余作陪客，至酉散。

阅《宋史》二卷。乔维岳以肥乞外。张雍守梓州有略，在三司置簿，有“急中急”之目。董俨阴躁。魏廷式不肯与宰相议事，裁判湖南讼产。卢琰无事。宋抟沈漕。凌策六印加剑，王旦颇喜之。杨覃钳民手送粮而请减刑。陈世卿佐雍守梓州，懦儒皆遣出。李若拙两使交趾。陈知微无事可书。雍之守梓，世卿佐之。放遣懦儒，盖得兵宜。廷式乘传，自结主知。凌印加剑，六牵蜀丝。拙能越使，抟干漕司。乔之乞外，食蟹何肥。

五日 阴晴

陪寄鸿过红络桥，观优演《刘金定》。余洪学仙，为鬼还山，感叹今人，念曾侯魂归故山，真如大梦，惜其赍志有不敢行者，可惋也。丰儿侍行，昏还。春阴夕丽，景物甚美。夜寝。曾昭吉送图来。

六日　阴,夜雨雷电

课如额。丰儿书生,限令夜读。

阅《宋史》。上官正扼剑门而李顺气沮。卢斌救曹彬之败。周审玉、裴济镇定兵乱,济死于夏人。李继宣御契丹。张旦父子没于契丹。张总〔煦〕御王均。张佶捍夏边。

七日　阴

课如额。桂女《列女传》尚馀二赞未读,故停讲。

王兰台、夏彝存及一夏生同来。夏问《诗》"展我甥兮",余告以国人以为齐侯之子。非雅谈不可说经。王问"自牖执其手",答以未详。伯牛疠疾,故先师云不欲见人。然自牖执手,或为就明处视之,未宜不见面而又执手也。若不见人,何必执手乎?阅《宋史》。

八日　阴

课如额。未讲《列女传》。阅《宋史·王曾传》。曾殊庸庸,似潘文恭。因阅潘笔记,乃知状元、宰相自是一种人,有缓重之度耳。夜雨。

九日　阴晴

写经一页。携儿女出行,渡红螺桥,取南塘而还。夜微雨。

十日　晴

课如额,未检《志》稿耳。

十一日　阴雨

课两儿倍书,暂辍女讲及《志》稿。郑爱侯文学来送《陈玉清传》稿①。

十二日　雨晴

曾祖妣生辰,设荐。遣在和往各都送启。得弥之、荫渠、镜海、

① 三月十三日日记作"邓爱侯"。

雪琴、耕云、春甫、寄鸿书。改《昭忠祠记》。闻曾侯赠太傅，谥文正。内出毛旭初为江督。翰林渐出，国政将改易矣。见廷寄，催雪琴入见，盖将大用之。曾昭吉送图来，始理《水道》。

十三日 丁酉，谷雨中。晴

写经阅史，教子背书，皆如额。出访王兰台、邓爱侯于咸欣寺，两君送余还坐，待月乃去。

十四日 早大雨，旋晴

课如额。阅《宋史》。张方平争刺壮丁，议西北，得轻重之理。然讲漕运，使富弼读奏至漏尽十刻，檄出王安石，盖亦王旦、李迪之流也。王，状元，亦恶范仲淹，又争新法。张昇言仁宗孤立[①]。赵概和平，比娄师德。胡宿通五行灾异之学，不学点金。

十五日 晴雨无准，夜大雷雨

课如额。未阅《宋史》。为张雨珊妻作墓志，文思甚涩。

十六日 阴雨

作书复春甫、耕云，兼与书竹伍。诸课如额。宋郑獬论求言，甚中后代之弊，然欲置官领之则赘矣。赐烛入舍人院而外不知，死不能葬。陈襄始倡性天之学于闽，与陈烈、周希孟、郑穆号四先生，荐三十三人，首司马光，终郑侠，皆平青苗法者。钱公辅、孙洙、丰稷一年徙六州，章惇欲因以道路困之，策甚奇也。吕诲首议立英宗，后劾韩琦争濮议，又首论安石，三居言官，皆弹大臣。刘述六论章辟光离间岐王[②]。刘琦、钱颉共劾安石谋杀刑名。颉大骂孙昌龄。郑侠之

---

① “张昇”，据《宋史》校勘记，当作“张昪”，此处或为湘绮所阅《宋史》版本不同所致。

② 据《宋史》本传，刘述曾言“章辟光宜诛”，又曾与刘琦、钱颉上疏论及章辟光事。“六”字疑有误。

诋王安石,中其深慝。因旱上《流民图》,神宗不寐,立罢十八事,三日大雨,亦一快也。及后又上图,则无聊矣。终得善终。

十七日　晴雨相杂

王生钞《易·上经》毕。功儿钞《书》成一本,馀课如额。惟未讲《女传》。盼女小疾。梦缇连日不饭。

十八日　阴雨

课如额。自钞《书笺》一页。

石普自夸陈图,使曹玮必胜。请罢建醮,省七十万缗。张孜,人以为真宗之子,韩绛至家居待罪以争之。许怀德奉敕减年。李允则诡治守备,用之今日,大得朝誉矣。张亢喜论兵,颇中时弊,亦能行陈。刘涣请章献还政,后将黥之,又争废后。弟沪城水洛。刘平请讨元昊,宜其以轻敌败。援延州,先进至三川口,还行二十里,雪中劳困,日暮遂溃,徒死一铁杵郭遵耳。遵弟逵遂亡宋矣。任福亦轻敌,死一铁杵王珪,皆范雍、韩琦不知兵之过也。桑怿善捕盗。耿傅以督粮从死,甚不值也。夜至亥寝。

十九日　晴

课如额。钞《书笺》二页。景泰、王信、蒋偕、张忠、郭恩、张岊。张君平父,死王事,己习水利,未称善变,可谓大谬。史方、卢鉴、李渭、王果。郭谘善方田,三司倚以均税。以水御敌马,毛旭初之师也。又欲以独辕弩制胜,又李少泉之师也。田敏为曹彬传书,契丹惮其锋。侍其曙。康德舆庸劣。张昭远。景郭恩麟,蒋张英贺。虽曰死绥,未云致果。敏袭北平,毡帐移营。谘夸辕弩,阻水勒兵。

二十日　晴,大风

课如额。笺《书》二页。王安石避吏于厕,好改刑名,逐名人三十人,以子死而自免。王安礼颇与兄异同,以判狱动辽使,颇有吏干，而累为御史攻去。安国则以论兄而为帝怒，卒以兄累夺官。

二十一日 阴冷

将出捉马，马登山逸去，会雨而止。课如额。夜闻子规甚悲。亥寝。

二十二日 雨

课如额。侧室眠。说“降水”有珍珠船之获。

二十三日 早晴，旋雨

作书寄葆芝岑。得岣云、寄鸿书。说“小人革面”，新奇可喜，当录寄香涛证之。京华再游，殊令人思，故隐士不入城市，有由也。李清臣阿时，策倡绍述。焘稍持体。段〔履〕工排击。宗孟奢妄，璪最反侧。谁谓蜩螗，化为蟊贼。梃〔挺〕老至开，韶取熙河。向能供粟，粢〔窠〕成夏和。聊快时用，不足称多。熙宁十钻，愚躁一哄。秩好新法，低首侍从。绾游王吕，计拙弥缝。儿进重图，益京乃用。陶始攻琦，姜生奚控。元丰初，双流〈蹇〉周辅为三司度支副使，始请运广盐数百万石，分郴、全、道诸州，而增淮盐配潭、衡，湘中愁困。颛主夏事，参兴青苗。俱好静镇，边书不嚣。张景宪按罗〔啰〕元〔兀〕城为部使，仁宗时多课，新法行，不劾一人。张瓌谥钱惟演，讥刘阮〔沆〕。为两浙淮南转运使，三司督羡馀，进金半两不足。钱家〔象〕先蔡州留讲。弗〔韩〕璹为澶州，后郡守不能改作。王吉甫争白露屋。孙长卿不收园利。周沆、李中师、马仲甫开洪泽渠。王居卿立河扫〔埽〕。孙构兴夔、辰、五溪。张诜开泸州。沈遘刺事，知人食蟹。从第括作《南郊式》，知辽地界，多论著。李大临为秘阁校理，自秣马，大似刘庸斋。辰溪贡丹沙，至叶化为雉，汝州李大临知之。吕夏卿通谱学，作《新唐书·世系表》，死时身如小儿。祖无择有重名而无事。楚建中披腹受夏人箭。张颉知益阳。卢华〔革〕十六登第，卒年八十二，子秉亦状元。夜至子寝。

二十四日　　阴雨

课如额。《宋史》殊令人昏闷,暂停一日。检《汉书·志》,令功儿钞读之。丰儿温三《礼》、《书》、《易》一遍。《春秋》两过,较前稍熟,其问经义,颇有所解。

二十五日　　大雨

与梦缇后池看雨,六云、诸女皆侍。顷之电起大雷,馀声簸摇,雨旋小疏。入书室,两儿云窗纸震动,近骇霆也。山居春雨景剧佳,城中但知泥污之苦耳。课如额。颇欲作诗,为经史所【阙】。

二十六日　　晴

写经笺《书》二叶。【阙】诸课皆停【阙】。

二十七日

【阙】留饭,夕去。早眠。

二十八日　　壬子,立夏。晴

笺《书》一叶。检《志》稿《采访》,略率殊甚,无以下笔。

二十九日　　晴

课如额。阅《宋史》。李师中识王安石乱天下。滕甫慷慨。陆诜拒纳绥州。赵卨荐郭逵而误交事。

四　月

十日[①]　　晴

行二十五里至湘潭县十六总。□晴生过铁店少坐,余邀之至敬一堂,蔡氏留馆,门琐,强开之,坐一时许。晴生觅舟去,余骑行过孙

---

① 一日至九日日记阙,从石门赴湘潭事。

家巷,入视十六从母及云卿族兄,留饭,且知七父已到志馆,因入谒,留宿。得李若农书。见唐友丈、李润生、罗藕畦、张笛村、郭午谷、吴仲房、万鹤楼、邓葵甫。是日馆中宴客,余陪饮,客为吴莲石、任芝田、陈芝轩、郭子田。陈,湘乡人,督销盐局者。

十一日 晴

早饭后骑行七十五里至长沙,入南门,投皞臣宅,见其兄弟,知胡蓟门以忧水死。吾县英材,多沉湘波,可怪也。夜与皞臣同访次青、意城、研生丈,又过笏山,询少海死状。少海尚有母在笏山寓,去年亦死。夜止宿龙宅。

十二日 晴

邓氏婿来。辰出访瞿子久、陈芳畹、张雨珊、吴南丈、何镜海。遇意城于何寓,谈久之。出视非女,还过正斋家,吊其母夫人之丧。又至力臣家,遇笏山及新长沙令劳香亭。视孟辛妻子,访蓬海,过黄子寿,谈久之。过孙公符兄弟,与晴生少谈。遇殷绍曾于道。夜还龙宅。次青、篁仙、朱香荪、力臣、孙公符兄弟、晴生、绍曾先后来。

十三日 晴

芳畹、蓬海、笏山、镜海、南丈来。杨商农来,坐至未,遇雨,遂不成行。非女欲归,余以其子夭,姑方忿恚,止之。夜仍止龙宅。得徐芸丈书。

十四日 阴

风凉。辰出城,省墓,行三十里渡诞登而霁,遂行,投暮入湘潭城,宿志馆。夜过县令麻竹师明府谈。见王怀钦。

十五日 晴

戊辰小满。祖妣忌日,素食。居志馆。张甥来,年十八,字韵笙,名则未问。从子䜩来,及其师子黄亦星来。谈顷之,黄寅宾、亦星父。袁喜亭兰皋翁子。来。晚出,至外舅寓所,闻其家已析产矣。夜还志馆。

十六日　晴

怀钦、邹咨山、从妹夫段福庭及其子、族子代绅、鸿□妻侄子耕、从姊夫徐子云、万星畬先后来。星畬主请罗研丈,而俏张于其事,故后至也。申刻骑行,渡萃湘渡,复渡集义渡,宿吴家巷,行二十七里。

十七日　晴热

骑行八十里,从茶园铺巷取道淦田,省叔父,宿局中。是夜月食。

十八日　雨

午刻骑行四十五里,宿大桥,衡山地。

十九日　雨

行四十五里,至衡山城东门外,大雨,城中水奔涛,出门冒雨行二十二里,宿贺家山。

二十日　阴晴

行二十二里,饭于九渡铺,衡阳地。四十都产桐、茶,有尹家店,少妇当垆,未察其所为也。饭罢,行五十里至衡州城。寻春浦未遇。至岣云处问移居事,云其妻为妖所凭,犹未愈也。城中不可放马,复行二十里,宿版桥,已乙夜矣。

二十一日　晴热

行七十里至家,始未刻耳。在和在后屡遇雨,余一无所沾也。去岁浴未净,今始浴,浆如泥,京尘殆浣矣。夜至亥寝。

二十二日　晴热

休息一日,未昏而眠,遂熟寐,至子乃解衣寝。夜三闻雨。

二十三日　阴凉

钞经笺《书》,读史如额。讲《谷蓷》诗,欲上知小民之情,轻弃室家而重农务积也。蚩蚩之氓，何足为刺！兔狡雉介，狡者恒免于难。乱世兴兵，善良先死，如李涤庵、多礼堂诸公皆雉也。其存者富贵优闲，皆兔也。是日牧儿见赤虎于前山，余常携儿女登览之地，虎背有旋如金钱，尾黄黑文，云在弯冲食一牛而至此，咄咄逼人。人虎相伤耶？两存耶？亥寝。

二十四日 阴雨

课如额，未检《志》稿耳。笺《般庚》一叶。阅《宋史》，甚厌其冗俗，不若与六云谈。乃废书而眠，晓乃还寝。

二十五日 阴雨

课如额。

阅《宋史》既烦闷，乃静心专看之。苗授，苗傅之祖，战河湟有功，云毡牌且至，羌遂惊乱。盖彼时藤牌为制胜之最。王君万亦王韶裨将，子瞻夺十一官，盖降十一级，不依品，依转官也。张守约，欧阳修所荐任广南事者，亦以平羌得功。荐燕达等，名知人。王文郁、周永清御夏人。刘绍能，羌人内附，守边四十七年。王克〔光〕祖御吐蕃，子襄得萧禧青罗泥金笠，盖今纬帽。李浩功在黔。和斌，广西、秦渭争欲得之，今奏调也。刘仲武亦名于河湟。曲珍，陇干人，家世材武，徐禧不用其言而殁，珍缒而免。刘阆。郭成，成庙曰“仁勇”。贾嵓、张整。张蕴征安南，后御夏，娶皇后母。王恩不用车战。杨应询在北边无一可取。赵隆不附取燕、云。赵挺之力排元祐，与蔡京不相下。张商英继京有名。刘正夫与京小异同。何执中谨事京，最富贵老寿。郑居中亦有时名。张康国、朱谔、刘逵、林摅、管师仁皆京党。侯蒙稍自立，为户部不知钱法当改，与郭筠先不知广州换守，同为无术。

二十六日 晴阴

课如额。追念正斋，作其母夫人挽联云：“壶仪礼法自成家，忆当年总角嬉游,两孤成立,岂料衰门难盛,屯难偕臻,一失母,一亡儿,凄绝庚申悲往事;姑氏凋零危若线,惟令子湘城流寓,三徙传名,即今暮岁看孙,诗书有泽,传贤明,传贞顺,编题甲乙补刘书。"

宇文昌龄,状元。张闰〔阁〕当制遒拔。张近、郑僅皆从官。许幾、程之邵理财。龚原、崔公度皆王党,不知何以须传,且时代亦在前,何以反后于何栗〔㮚〕,盖与下卷沈铢等同卷而误分也。

二十七日　　晴

感寒,卧一日。

二十八日　　晴热

得周桂信,云岣云已下船,其住宅质于我。耕云、春甫、接三、晴生为我醵三百七十金,得之,以便入城修志书,促遣人料理。乃遣莲弟送马先往。余觅船将行,王兰台、夏彝存、段晴麓来谈经义。命两儿检行李书籍。

二十九日　　晴,有雨

巳初发舟,携两儿及珰、帉二女行,张桂侍。行六十里,泊草塘,未至西渡二三里。夜热甚。

三十日　　晴热

行九十里至太子马头。《桂阳志》所云太史马头也。宅小房甚多,皆暗湿不可住。左斋稍明敞,携儿女居之。甫入宅而大雨。旋夜,幞被而寝。梦余三姑子俱在余家而不相见。余寻之,夏容甫出,云:"有人杀人而遗其尸。"余言此不足忧,觅人负出之。负者人索百馀钱,许之。见其以布裹尸出,遂醒,近三更矣。容甫久未见梦,今入宅而梦之,可异也。因而记之。

五　月

甲申朔　雨

料理几席。峋云、春甫先后来。春甫谈半日，饭后去。

二日　雨

督两儿读书，钞经笺《书》如额。《宋史》自宇文昌龄、许幾、程之邵、龚原、崔公度、蒲卣、沈铢、路昌衡、谢文瓘、陆蕴、黄寔、姚祐、楼异、李伯宗、汪澥、何常、叶祖洽、时彦、霍端友、俞臬、蔡薿二十二人①，人既无算，位复不高，不知何滥传之。是日芒种。

三日　阴雨

检程生赋，改数段。又检《说文》脱叶，钞补半版，遂移半日。峋云索屋价甚急，出寻春甫，借三十金与之，乃得成行。便访蔗老、曦亭。蔗老出移榷戍不遇，曦亭处食粽而还。

四日　阴晴

检视峋云存书，得夏嗛甫注吴次尾《剥复录》甚核，观之移□。春甫送节物六种，受之。呼□□来开牖塞户。夜笺《书》一叶。雨。

五日　端午节，晴

湘水二日长及丈馀，下水船驶如箭。张蔗丈、鹤帆同年、章芝林来谈。春甫及沈礼堂来。程子商霖晚来。夜笺《书》一页。

六日　晴

写《礼》钞《书》如课。为两儿倍书。未刻出，访竹屋丈不晤。过蔗老，留饭。同坐者廖总兵、蔡明府、芝林、鹤帆及罗、郭、萧三君，食

① 据《宋史》，漏书沈积中一人，在楼异之下、李伯宗之上。

菜过多,未暮散,还宅,两儿犹未饭也。蔗老论“君子疾名不称”,以为圣人以名诱劝世人,其论甚确。

七日　　晴

竹屋来谈,精神尚完,因益知读书修业可以延年也。写经、笺《书》、倍书如额。

阅《宋史》。贾易、董敦逸攻苏氏。上官均争经义取士,请复常平,罢青苗,而攻吕、苏,起史祸。来之邵以司马光为鬼诛。叶涛当制,丑诋元祐。杨畏专为宰相作鹰犬,为“杨三变”。崔台符字平反〔叔〕。杨汲亦□官。吕嘉问行市易,为“家贼”。李南公子譓献幓〔蟾〕芝。董必城通道六砦,置靖州。虞策论国用,弟奕亦佳吏。郭知章,曾布之党。崔鶠再上书攻蔡京。张根贻封祖父母,已遂致仕。言花石纲。任谅论直达纲,又论辽事,甚合古法,而非当时情事也。周常碌碌,亦云京不能容,盖以论节俭也。

夜常耕臣来谈。《盘庚》笺毕。

八日　　阴晴

晨闻罗井泉美,携畇女往寻之,殊不清冽。还,热甚,欲解衣,则段晴麓在客坐,与谈《春秋》,待余饭罢而去。写经、笺《书》、阅《宋史》如额,未倍儿书耳。《张浚传》掩其不善而著其善,使人视之,浚有功无过,果可信耶?此必采其家传语也。

九日　　晴热

写经一叶。饭后春浦来,谈竟日,晚偕出市肆,买纻布。

十日　　晴阴,有风

钞《易》,人来校讹字。呼土工拆屋,因布置器具,遣迎眷。颜妪来上工。午间感朽湿气,头闷不能饭。刻字人及贺金灜来。刘程夫来。夜写经一叶。

十一日　阴雨

病卧一日。夜起写经,命功儿钞《书》笺。耕臣及夏濂春至,不能出见。家中遣人来,得竹伍书。缝人一工来。

十二日　雨

课如额。李光乘时肆言,幸国之祸,惟善待乱军,守宣州有功。为秦桧党,面叱秦桧,举措如古人。许翰,李纲党。许景衡,高宗思其忠直。张悫立巡社。张所,进士,李纲以为将才。陈禾引衣劾童贯。前辈也。蒋猷亦多言国变,引去。良臣起于乡兵中,与金人战即有名,入为康王左军统制,用法严,金山水战,实寒敌胆。平闽寇及湖南白面山。置为〔背〕嵬军,始胜于仪征。为武功第一。

木工安窗竟,缝人加一工来。

十三日　阴晴

祖考忌日,素食。竹丈招饮,以其老贫,设食不易,强诺之。又与萧杞山连席,亦少食肴品,但不饱啖耳。梦缇携宥、帏二女来,夜归始知之,在途遇大雨也。是日写《士虞礼》成。笺《书》一叶。亥寝。

十四日　阴晴。夜雨

是日倦卧一时许。唐昆山来。昨日与子春、寅臣兄弟及杞山同席,闻言"近日有食菌遇毒者六人,皆见阎王。长须,浙江人。责数谭生,以口过令其自言。子春父立山先生着衫见诸人,颇为缓颊。仍携仆持水烟袋侍后。冥王亦单衫。六人言皆同。"竹丈言魏叔子云:"笔削穷而有果报,果报穷而地狱兴。"此为名论。余因推言业缘之说,凡毁誉亦缘也,然多毁究由少道。韩退之云"道高毁来",则未闻道之言。

是日笺《微子》成,自校《易说》二卷。亥寝。

十五日　戊戌,夏至。晴。夜骤雨,一刻止

写《礼记》三叶,笺《书》一叶,阅《宋史》。是日答访唐昆山。亥寝,大雨,始闻蝉。

十六日　阴凉

笺《坶誓》成,写《礼记》三叶。

洪迈知婺州,军士拥其轿。外官坐轿,始见正史。胡铨请斩王伦,亦非奇议,金人何至募书千金。其请斩宿州败将,则名论也。铨流衡州,后归庐陵,以名位善终。王德,刘光世裨将,似鲍超,封侯,赠少傅。王彦隶宗泽,两河健将,岳飞前辈,后守金州,将八字军,怯懦有名,而史称其勇锐,推为名将。魏胜翻取海州,金之叛民也。张浚遂夺其州,何以使人?卒以弃海州陷胜于死,义兵夺气,宜矣。杨再兴,曹成贼将。牛皋、张宪宜附飞传。胡闳休,盖小说所谓骂阎王者。向时中、冯澥宜与唐恪等同传。徐处仁似曹辅。赵开列蒲江六井盐额,谓之鼠尾帐,可对鱼鳞册。

十七日　阴雨

写《记》、笺《书》、阅《宋史》如额。家中遣小奴来,六云留乡居不至,殊嫌孤弱,晴当往视之。亥寝。

十八日　雨

课如额。春甫晚来谈。夜阅《宋史》,戌寝。

十九日　雨,凉甚

耕云来谈。今年夏寒,殊似李申夫罢官年。城中不及乡中干敞,甚懒闷也。课如额。作书致霞轩。

规守郢、颍,赞锜破〈金〉,功赏未酬。季陵论攻失节士大夫,其言甚是,意则非也。二卢缮守东西典〔两〕州〔川〕。庠不讳党,四命

承休。卫优高丽,乃能抗金。刘箴十端。张鬻授蔡京子弟,问其学是〔走〕否。始荐杨时,其造舟,以一小十倍算一大舟,则谬矣。曹勋以状元为武吏。夜至亥寝。

二十日 雨,一日不止,至夜弥盛

午间舁出答访黄禹臣式夔,翰仙族子也。在东洲盐厘,昨来访,言缉私当多设子店。刻字人艾贞安来。马岱青来。写《记》笺《书》如额。夜别笺《金縢》一叶。亥寝。

二十一日 雨,日夜不止

写经笺《书》各三叶。亥寝。是日艾刻工来入馆。庚臣来。

二十二日 雨

写《记》笺《书》各三叶。《杂记》毕。出答访杞山、子迁、耕云,兼访段培元、仪仲,见谈。访廖青庭、寅臣不遇。暮渡湘还,水正涨,云承水、钟水出蛟也。蔗老来,闻曾涤丈柩已至长沙,余初起馆,未能赴,伤之。戌寝。

二十三日 雨

湘涨似月初。携两小女出观久之,无一下水船,盖桂、零近凋敝如此。写《记》笺《书》各三叶。讲《列女传》。亥寝。

二十四日 雨阴弥盛

写《记》笺《书》如额,《金縢》成。阅王夫之《永历事记》及列传。子寝,鸡鸣矣。讲《列女传》。

二十五日 雨阴

写《记》笺《书》如额。亥寝。是日耕臣来。

二十六日 雨

课如额。昏假寐,遂至四更,起少坐,宿书室。

二十七日　雨。巳刻见日,已而大雨

廖青庭来,云将下湘,余未能去。午骑访李竹翁,称病,未入视也。彭寄生、常笛渔来。夜补课如额。比日理《全唐诗》,付坊贾重装之。寝不寐,起小食复寝,已鸡鸣矣。

二十八日　朝雨

段培元来,见示京钞,知倪豹岑出守荆州,成俞卿得郧阳总兵,沈玉遂甘肃总兵,皆相识者。黄孝侯得正詹,而不知马雨农何往,岂有事故耶?问阅京报者,云已转阁学矣。笺《书·大诰》成。出访詹诚之,谈作墨,云松烟最粗,唯桐油烟可用。五石油得百两烟者至上上矣。杵不能过万,过则黏矣。李廷圭墨能入池水经三年者,用漆不用胶也。过厘局晤二张一章。蔗翁言刘云房取管嗣铭"享礼有容色"。享礼平列,下接"私觌",据《礼》笺《传》。房官不荐,改命他人乃得中。又盛推刘有学问文采,以不礼乡人见恶,惟好与江南人游耳。余因言尔时湖南风气未开,诚不足多友,因及左景翁死年七十,早作名士而无所成,可惜也。夜检《志》纪。亥寝。

二十九日　晴凉

钞《书》无纸,停一日。遣约春甫来,议刻志事。段子迁来,闻峋云妇死【阙】。

六　月

甲寅朔

朝食未毕,仪仲来,寅臣继至,同出过李竹丈,欲约同舟下湘。竹翁老衰,余劝其勿往也。出看李忠节祠假山,遇罗秋云,索点心欲食,而刘敬六、左逸仙、陈甲来,同登尊经阁,纵谈至未申间乃散。还

浴乃食,倦宿书室。

二日 乙卯,小暑。晴热

写《记》笺《书》如额。薄暮蔗老、鹤帆来谈。亥寝。

三日 晴

写《记》笺《书》如额。书郭母挽联。丰儿论晋〔秦〕《无衣》为刺诗,合于古义。夜热,亥寝。

四日 晴

出访黄禹臣仍不遇,过龙神祠,遇王选三。还,写《记》笺《书》如额。夜热,子寝。是日祝澹溪及程生来。

五日 晴

写《记·少仪》成。王姓钞《易》卦成。申骑至西禅寺,与普明僧谈,功儿、帉女侍,暮还。六云携滋女来城,夜宿南室。

六日 晴

春甫、昆山来。写《记》笺《书》一叶。周桂从余二十年矣,今将绝食,命其母、妻、女来,与以傍屋饭之,投夜乃至。余熟寐不觉至曙矣。

七日 晴

庚申初伏。写《记》四叶。耕云、耕臣来,王代山去。

八日 晴

招唐昆山便饭,食饼,兼约蔗翁、鹤帆、仪仲、春甫,日旰不得食,主人甚窘,至申乃散。詹成之、沈曦老来,谈昨失马,属王选三觅之。夜间王选三来。客去,倦眠至戌寝。

九日 晴

写《学记》成。笺《书》二叶。艾寿峰来钞稿。作书寄雪琴。扫除后院纳凉。

十日　晴

辰初王明轩清泉来访,以未谒地主,辞不敢见。酉刻往答拜,因访童衡阳,夜归。

十一日

卯刻童衡阳、王清泉同来,索观城图,因借以去。贺世兄来还钱,余正乏用,始知借帐之有益也。普明及其徒来,谈设千僧斋之仪,必供一僧为主,及布施衬钱结斋之法。阅《宋史·志》。

十二日　晴,夜得雨

写《礼经》三叶,殊不成字,笺《书》一叶。

十三日　阴凉

写《经》笺《书》如额。暮乘凉访春甫,过艺老。俊兄从江南还,留谈游踪,遂宿程宅。

十四日　晴,蒸热

早还笺《书》,《酒诰》成。艺、俊两君来访,旋要过春甫处午饭,食火腿甚佳。詹诚之同坐,谈阴阳,夜还。

十五日　晴,夜雷雨

笺《书·杍材》成。程州判求作文寿其母。因叙幕友盛衰,为文千馀言,殊可备考据。夜凉,乡寝。

十六日　晴

笺《书》一叶。作书寄程生。昨与艺公谈扬州伎欲从良,属意巡抚,劝艺公纳之。将发书矣,因其已久失身江湖,人多识之,艺公年位均尊,似不雅闻,遂止不说合也。

十七日　庚午,中伏日,大暑中。晴

笺《书》一叶,检《志》稿。左斗才、逸仙明府来,谈去年京师同席人,殊有科名之感。程夫来,欲余荐之当铺,为予书段培元。培元已

赴吊曾侯去矣。寄鸿来，言曾家见吊客不开中门，又不回帛，省城颇怪之。

十八日 晴。夜有雨

耒阳足回，言已得马于平原中，盗马者不知谁也。典史周翔阁书来告，即作书，与以二夷钱，属交去足领回城中。失马不利卖而利寻，寻之赏犒同于卖，而人人得分钱。又马止一卖，不止一寻，此钱思公子弟所以盗笔格也。此次余定计不寻，而众人强嬲之，亦去五千矣。笺《书》二叶。

十九日 晴凉

梦缇思女甚强，余送之往长沙，畏暑，怯小舟，久不成行也。仆人来告，逸仙下省有大船，因附同行，携丰儿、帏女，俱薄暮登舟。与逸仙谈至子正寝。

二十日 阴

未得大雨。帆行甚适。向子諲首佐康王军资，两知潭州，一走一执。其云夺南楚门，盖醴陵门之改名。陈规为安陆令、德安府，不与贼妓，协刘锜守顺昌。季陵奏疏可观，殊不见佳处。二卢称材，知原守温、台，法原守兴、阶、成。陈桷从福州乱兵，诡奏帅臣自弊，朝廷以为知权。此与近日徐之铭杀邓尔恒事大同。胡舜陟守庐。沈晦以才具称。李璆治蜀有称。卫肤敏力争后族从官，事无大如此者乎？刘珏论营缮，陈十端，在靖康时。刘一止，高宗亲擢，由六察除二史，宋惟三人，而以论执政，一日即罢。胡交修世掌丝纶。綦崇礼由起居郎拜舍人，赐三品服，后又以御笔除学士词命。夜泊老雁塘。

二十一日 晨雨，阴凉

行二十馀里至衡山，泊一时许复行。水静风凉，笑谈甚乐。阅《宋史·勾龙如渊传》，言勾姓本出勾芒氏。避高宗名，更勾龙，似高宗名芒矣。高宗名构,盖“勾”字本作“句”,而读为“构”,今改作“勾”,读“钩”耳。夜泊淦田,颇冷,不欲上岸,遣妻女至叔父处一省视,闻若愚丁忧往蜀矣。三弟来舟中少坐去。

二十二日　阴凉

阅《宋史》。戌刻至湘潭,登岸至志局,见七父及友石诸君,谈少顷还舟。

二十三日　晴

丑初开行,巳初至长沙,舣舟南湖洞。登岸步三四里,至南竹冲临曾文正殡所。途遇劼刚,吊问数语,辞劼刚,令还城,余仍至曾墓礼毕,与守茔刘提督谈数语。步还,从南门入,过李仲云、篁仙、朋海、皞臣处,皆久谈,饭于皞宅。暮还舟,梦缇已入城矣。

二十四日　晴阴。申得雨

送丰儿至其姊家。辰初入城,访李竹丈、贺仪仲、皞臣、筠仙,皆久谈。皞臣至舟,未遇也。省陈母,无非夫妇皆在陈宅,坐少许。赴朋海招饮,同坐者篁仙、镜海、镜初、商农、伯屏,至酉散。是日过笏山处少谈,遇成隐吾,言左氏婚事。阅邸钞,董研樵放巩秦阶道。马雨农得阁学。又闻楚瑛卒于大同,谬传也。文锡已撤内差,张御史景青疏劾甚轻,无宋、明沽讦之习,名奏也。投暮还船。

二十五日　晴

唐昆山来。午初入城,过皞臣处,遇何镜海,过吊二曾氏,皆不遇。至筠仙处早饭,同坐者黄子寿、子恒,刘、姚、汤三地生,酉散。访张蔗丈,遇成静斋。子寿至舟中相访,不遇。

二十六日　晴

换小船,亦洁净可坐。程花楼、文荔峰、裴月岑来,久谈。月岑言夷兵最畏地网,可以困虏。又言吴莲石即志局所陪之上客。因伎女而拘杖团差，刘巡抚右吴，郭意城至欲以去就争之，可怪也。朋海、商农、黄兰丞先后来。兰丞白铜烟袋甚佳。论保甲事，亦有才辩。

午间与朋海同入城，过镜海处，遇力臣，同至篁仙处午饭，果臣先在，次青、香孙后至，酉散。与果臣同过左子重处少谈。左宅朴陋，颇有先辈风气。夜宿荷花池丁榻，与次青谈至四更。访罗研丈，蔼然可亲矣。余小时为研丈激赏，以文字相知者二十年。自县志招余主修，力辞不就，终有陵逼之势，使一入局将夺罗五百金，故可恨也。罗乃嗾张倬汉力攻余文，余遂不为众论所与，既为张困，罗亦不怨余矣。怨起于不防，消于不争，可为龟鉴。

二十七日 早雨

左子重来访余于荷池，饭后过张蔗丈处，同雨山访商农不遇。至陈母处，遇左孟辛夫人，议罢昏事。未刻答访月岑，遂留香孙处晚饭，同坐者筠仙、皞臣、镜海。夜论志事，戌散。宿龙宅。

二十八日 晴

早饭龙宅，旋过花楼处早饭，便访汪伟斋，假钱三万程氏，同席者荔峰、孙玉林、吴、赵诸子。未饮子寿处，同坐者皞臣、朋海、镜海、力臣。谈祁门兵事，传闻失实，余力辩其诬，何以父母为誓，辞色甚窘，既而悔之。还宿龙宅。芝生比夜皆出谈。香孙夜来谈。

二十九日 晴

比日盛暑，余日不再食，徒步日中，亦无所困苦也。巳集张宅，先过孙公符、左仲茗处少谈。力臣设宴园中，字画十馀幅，皆明、清王氏名人之笔。同集者筠仙、次青、香孙、皞臣、笏山、镜海、二黄、镜初，兼命丰儿侍坐，申散。过镜初寓，假寐，过陈杏生，酉出，复集月岑宅，皞、笏俱会。香孙出，谈修通志事，余谓须先清厘定增减乃可言也。皞臣以轿来迎，同过商农处，少谈，还龙宅。

七　月

癸未朔　晴

作书与徐仁山,论郭、钱昏好事,略云:“太仓之出,事起匆匆。媵妾侍奴,不能委曲。鱼轩炫路,火炬留城,事为通国所知。去以夫人之礼,初何尝有幾微谴斥,毫发参差。既而翩帐共归,拂衣永诀,群言交责,观听惊疑。于是有还书之事,言词褊急,宜若过情。而妇顺弥贞,深居思咎,默而自守,又已八年,两姓前愆,亦可消矣。”此论殊足尽其事变。持示筠仙,筠言李少泉亦有书来。钱女若来,须在余家暂住察看,余亦应之。又以告徐,由官封寄扬州。筠仙又追书与皞臣云:“和尚劝间奇事;今不惟劝间,又迎其妇居于庙中,奇之又奇也。”余思之不过为畏事者借口耳。

酉过力臣,要朋海来,借五百金分五家,犹未能足数,以余积年所藏者足之,先还左氏也。投暮还船。

二日　晴

昨夜热甚,以熟寐受暑,颇惮行。已而大风,邓氏婿来送行,皞臣、笏山继至,笏山以二十金易余《桂阳志》。丰儿登舟,梦缇亦来,遂发帆,行甚疾,四时许至湘潭。余病不能起,竟夜昏然。

三日　晴。午后阴,颇凉

辰遣丰儿觐七父。李荷生属其为父母遗集作序,诺之三年矣,忽忽忘之,今乃为作数语,病不能写也。“闺房酬唱,传自秦、徐;钟嵘品诗,称为有妇。自是以后,作者滋多。然嘉感皇灵,淑嗟茕独。虽流篇什,未荣黻佩。才丰遇啬,自古然矣。吾县邦媛,嘉、道尤盛。家姑传徽于大宛,梧笙燕誉于江湖。虽夫婿清华,家庭具美,读其遗集,何异商音?将非清瑟之悲哀,非帝女破弦之可禁乎?李氏世有闻人,至蓝田丈而不得仕进。孺人黄氏,诸父皆一时名士。虎痴先生与邓湘皋丈齐名,邓丈采辑湘、沅歌诗,虎痴助其搜集。其时女士之作莫盛于潭焉。孺人少依季父,问字习经。长适李门,才秀相映,安贫劝隐,煮茗弹琴。姻鄙闻之,以为仙侣。少无离别之怨,室有欣赏之奇,影响相随,终焉可也。俄而蓝田丈以客游至浙,感疾还舟,卒于鄱湖。行箧并散,随身诗卷,亦付飘零,并孺人三十以前之作皆失其稿。艰难迎柩,哀顿毁容;畴昔闲情,徒增忉怛。盖钟期绝音于赏心,郢匠辍斤于涅质,况乎连枝半死,独茧不丝者乎!次子鉌,既克凿楹,乃谋编竹。广求遗咏,各得数十篇,或在删弃之馀,或为随笔之作。然杯棬之思,一器犹珍;风泉之悲,宛然如见。比夫选录,固不相侔。以闿运谊托崔、卢,学窥陵、统,宜明孤臆,以付传人。窃以比竹双声,宫徵之谐已末;芳兰并气,咷笑之应方同。情有合离,时无哀乐。廿年以往,自置千龄;才遇偶然,当前为快。固不蕲之身后,亦何论其已工。至于宝刻遗文,寄其孝思,睹而呜咽,别有感凄,则直通性情,不在章句。雅音未寂,其必有弹乌雏之操者矣。"

是日缆行四十五里,泊上弯,株州上十五里。

四日 丙戌

立秋节。北风,帆行凉快,未暮泊渌田。上岸省叔父,坐定而雨大至,食顷止。遣迎梦缇上岸,携子女俱居局中,余还舟。

五日 晨雨,竟日间作

巳发渌田,行四十馀里,泊黄石望下。

六日 晴。南风

缆行五十馀里,泊杨园。比日大睡,一无所作。

七日 晴。南风,大热

自登舟至今半月,惟此日觉闷暑损人,夜坐篷顶作七夕诗。夜泊龙石港,行五十里。

八日　晴阴

甚热,竟日偃卧。梦缇、帏女均病暑,颇以行舟为苦也。暮遇李竹丈船,彼此过谈,联泊堑门,行七十里。堑门去衡州四十里,而《图志》无名,惟有七里站之名耳。

九日　晴

缆行竟日,薄暮始至寓中。

十日　晴

春甫来。王代山来,送所钞《易》半卷。

十一日　晴

命功儿钞《书笺》。竹丈早来,谈龙山岩壑之奇。又言明人采办材木,乘水放下,塞酉水不通舟,其木横直架构皆巨材也。其地狭而饶沃,稻一穟至三百粒,长沙穟多者不至百粒。山僻穷乡,诸物皆美于都会也。夜出访春甫不遇。

十二日　晴热

为族兄得一作《中和堂记》。视功儿钞《书》。夜宿斋。

十三日

尝祭,望祀三庙,未正行礼,酉初利成而馔。六云作饼甚佳。

十四日　雨,溜水如瀑

功儿笺《书》,余检箧得《墨子叙》,更点定录存之。

十五日　晴

功儿笺《书》,余作书上七父、外舅、云卿兄、搢生族子。夜写《墨子序》,注其《经说》。骑至雁峰,观城中人作中元,宛如十八岁在戴氏祠读书夜起时。尔时曾作《盂兰盆歌》,今决不作矣。夜携帉女及两儿看河灯。笺《召诰》成。

十六日 晴热

功儿笺《书》。孙渊如不知黎水所在，余考之，即淇水也。地理之学，初未究心，今忽有逢原之妙，甚以自喜。注《墨子》数条。

丰儿问："郑注父为天子、诸侯，子为士，谓以罪诛者，何以知其然?"答曰："长子必嗣，支子不祭，自非亡国天子诸侯之子，不得为士也。"

十七日 晴

早起，凉风入席，颇有秋兴。作书寄筠仙："筠仙仁兄先生道席：盛暑还舟，神与北风，得上昭陵滩，乃逢狂雨，回望书屋，兰雪洒然。抵寓后复逼秋阳，七日不事，暇检故箧，得旧点《墨子》。墨之色黑，可以胜皓皓之日，遂补注数千言，并为序其意，钞稿呈览。镜初居士方欲觅《墨子》本，先生所藏有佳本乎？墨学久不传，我圣朝稽古右文，九流并包，岂可不讨论绝学以诧来世？幸以馀闲与曹居士共论之，闿运愿为禽子再拜再拜也。其书唯《经学〔说〕》四篇最奇，闿运所注尤傀异，吾斯未信，冀闻先觉。相处恨远，尤冀移居衡山，以永朝夕。省城扰扰，可以知仁义为蘧庐耳。前闻皞臣述追书云云，何其胆小。江南书来，方知料事之明，此易见也。因意奉书，唯起居恬和为颂。闿运再拜。"补作曾侯哀诗。又书与皞臣、力臣、芳畹、镜海、笏山、春甫及詹诚之。□玉笙来相宅。夜出访仪仲，谈未尽兴，复往石鼓，欲寻萧杞山，门闭不可呼，以读科举文者聒耳，亦畏扰之。步月还，殊热。

十八日 晴热

午出访李竹丈、段培元，还已过晡矣。竹丈论诗，颇道人意中不安处，惜其未知古法，不能为余改定，要亦可为师也。夜送《书笺》就正之。功儿钞《书笺》一叶。

十九日　晴热

检衡阳陈亡人数,至未颇倦,得大雨少寐。起检《墨子·经说》,颇寻得错简端绪。珰女晨见一小儿逾窗入,拍手戏房中。疑是肉芝移榻。候之至晓,无所见。

二十日　晴。壬寅,处暑

检衡阳军功武官,至申颇倦。仪仲来,同过石鼓,屺山留粥,送归,已二更矣。

二十一日　晴燥

检衡阳列妇作表传。段培元来,谈李黼堂善过河拆桥之法;刘岘庄作客如居家,而甚推沈幼丹。笺《书》二叶。至亥寝。

二十二日　晴热

作《列女传》两篇。王清泉课士"小国如蘖赋",又"濯锦以鱼赋",皆佳题。命功儿作之,不能成。

二十三日　晴热

不能伏案,歇一日。口授功儿作小赋及诗。夜有电无雨。

二十四日　晴

改旧《列女传》稿。王荫棠来,言五月获积盗周刵耳及其党,俱沈之水。前三年馀所购捕不获者也。笺《书》一叶。丰儿钞《礼记》成。

二十五日　晴

检《列女传》未数条,王兰台来访,饭后同访贺子泌。子泌疾病,面色如纸,不能坐起,余与谈半时许,精爽稍胜。暮过程宅,访段晴麓及春甫父子,闻扬海琴连舟过衡,将居浯溪。海琴雅人雅甚,故余不欲访之。夜宿侧室。

二十六日　晴热

昨夜晴麓、兰台均宿书室。早饭后晴麓去。贺金瀏及常吉人之子来，留饭去。近日西乡以口角大讼衣冠殷实之家，来者四十馀人，荫堂、金灜为之主，余劝以和息，然已大扰矣。若余在乡居，当不至此。兰台要两儿同游石鼓，申还，饭后兰台仍去。余书室有毛手夜出，丰儿曾见之，故客避不孤宿也。

二十七日 晴

凉风始至。与兰台过李竹老处，遇刘弼臣，闻李太守欲访拿萧圜桥。余因问李君，审能致其罪否；不能，则访拿一次，张其声势而已，不如召之来，督令读书。张石樵、春甫、仪仲、罗立庵先后来。与仪仲闲步过沈老曦，值其侄孙将死，怏怏而返。

笺《洛诰》成。是日计算今年二百四日，笺《书》百八十八叶，一日一叶，尚少十六叶。其实一日有至四叶者，但有时以事未暇，不及补笺，遂至日计有馀，岁计不足，当即补之。夜凉独寐。

二十八日 阴，晨有雨

兰台去。补钞《书笺》八叶。屺山来。翻《明史》，作《事纪》一叶。亥寝。

二十九日 晴凉

文元周店送《经解》来。沈老曦来。笺《书》一叶。作《事纪》一叶。

三十日 晴凉

骑出答拜胡经历。连日翻诸家经说，笺《书》三叶。耕岑来，同出，答访张石樵，过程商霖书房暂坐，夜还。

八　月

癸丑朔　晴复热

晨笺《书》三叶,《多士》、《毋佚》并成。翻《经解》。笺《书》二叶。

二日　晴热

童衡阳来谈。祖考生日,晨设荐。食汤饼。《衡志》开刻,设酒犒刻工六人。笺《吕刑》一叶,《君奭》二叶。翻《经解》。

三日　晴热

水口两刘生来。笺《书》二叶。翻《经解》。检明代衡阳政事,多佚不传。

四日　晴热

段子铨来,为十一都争讼事,殊不易了。衡阳好讼之习,自宋相传如此。晚命丰儿登城,数垛口,量厚薄。余与子铨过王、贺二家,劝息讼,无成而还。北南俱发火,南门外焚砒霜行,去余居可百许步。春甫命人来护视,子铨亦来,火自酉至亥熄。笺《书》二叶。

五日　丁巳,白露节。热如三伏

春甫早来,留饭。十一都七八人来学讼。昔太公为讼师而得散宜生诸贤,余竟不能也。丰儿生日,食牢丸过饱,不夕食。笺《书》二叶。检《衡阳人物志》。

六日　晴热

巳刻渡湘,骑访廖青庭、杨子云兄弟,与耕云同渡,至同仁堂及贺寅臣、王右卿、李竹丈、春甫宅,饭于李忠节祠。夜宿侧室。

七日　阴

耕云要至春甫宅,劝十一都人息讼,遂访童衡阳,夜还。笺《君奭》成。亥寝。

八日 阴凉

夹衣甚适。仪仲来，同出，兼携畇女看天后宫花。与李翼卿谈，又过李忠节祠，穿石洞，看秋花。至培元处看花。闻刘秉璋仲良放江西布政使，王霞轩又署臬使矣。晚携珰女出看戏，暮还。笺《书》一叶。

九日 晴

检《志》稿。子春、笏卿来谈。贺子泌来，病半年矣，见其能起，喜甚，留饭，遂竟一日谈。夜笺《书》一叶。

十日 晴

检《志》稿，笺《书》二叶。耕云暮来。夜作书与李筱泉、吴竹庄。

十一日 晴凉

六云生日。子泌能步行见过，谈半日送之出，至书店寻书。暮访仪仲，谈蒋霞舫与梁矩亭讦奏事甚详，起衅因索火腿，罢官者四人。干糇失德，不在民也。秋月甚明，无端生感。

十二日 晴

检《志》传。得殷竹伍书。笺《书·多方》成。暮渡湘，与仪仲访秋于蓉藕山房，秋花零落，瘦鹤支离，有天涯之感。耕云来，代陪客，因同至其宅少坐。夜渡湘，秋风甚壮。

十三日 阴

检《志》传。笺《书·立政》二叶。骑访子泌，夜还。李易卿、陈冕堂来。亥寝。

十四日 阴，有雨

立庵、晴麓、商霖、耕岑先后来。检校《志》传。笺《书》二叶。

十五日 晴

早祠井、灶、门三祀。立庵来。夜拜三庙，礼毕，家人贺节，设饮看月,月光皎然,大星皆隐,鸡鸣乃寝。

十六日　晴

笺《书》二叶。检《志》稿。子泌来。

十七日　晴热

乡中人来。笺《书》二叶。借《列子》,命丰儿钞之。丰儿作赋颇有佳致。

十八日　阴,有雨

祖妣生日,设荐。笺《书》一叶。作《志》传。得皞臣书。桂树已花,令人思山林之乐。

十九日　微雨竟日

骑行九十里还石门山居,将暮始至。途中唯弯坤有桂花香,至门乃闻老桂浓薰,秋藤过墙,垂柳出檐,鹁鸠啼暝,凉雨随至,视石砌皆如银装玉琢,令人心神俱爽。不居城市,岂知此乐!因倦早眠。

二十日　阴晴

作三律题壁上,以志终隐之愿。遣信约王兰台来谈,同至夕阳径,暮乃还。二更后寝。

二十一日　晴热

遣人采桂花,皆已枯,不可致。夏彝存知余还,与兰台来相访。偶翻船山诗,得郭风跹二事。食山芋甚佳。是日秋分。

二十二日　晴阴

四更起食还寝,待天明,乃行九十馀里至城,始夕食也。遇萧圜桥于道,下马谈数语。

二十三日　晴

春甫、沈礼堂来。寅臣来。检《志》传稿。王荫堂子来。笺《书》二叶,《顾命》成。

二十四日 晴

耕岑来。检《志》传。

二十五日 晴

遣丰儿仆马送畇、滋二女及六云还山居，亦就便照应种菜灌花诸事。巳发，当以两日至耳。仪仲来。作书与李若农、王霞轩。笺《书·吕刑》成。

二十六日 阴，晨雨

检《志》传。笺《书》二叶。

二十七日

笺《书·文侯之命》成。检《志》传，将清厘毕矣。出遇春甫、寅臣，还看戏于屠夫会馆。见扮观音者仆仆往来。叹大士以迹近遭此侮弄，而佛法无碍，不可怒也。学佛者诚不可入此五浊之世，故仲尼独受天刑制礼法矣。得成总兵书，送沙袍料。

二十八日 晴

笺《秦誓》成。王岱山来，送所钞《易传》至，犹未竟也。出登岳屏书院，地不幽胜。下至花药寺，寻普明，谈少顷而还。

二十九日 晴

乡间人来索钱，从仪仲假二万钱与之。因过竹丈、祝澹溪、张蔗老处，皆久谈还。

申生以死安骊姬，知君非姬寝食不安，子之善体亲心者。今有姬如此，去之则君不安，留之则国家大〔不〕安，当如之何？亦先多方以安君，毋使姬独安君而已。《采绿》不哀旷怨，而刺旷怨，然后知《诗》之无邪。

九　月

壬午朔

得俊臣信,来催周叟寿文,甚懒作而不得辞,唯恨明人之作俑耳。检《志》传稿。讲《讼卦》“归而逋”,“而”当读若“尔”。

二日　晴

萧圜桥、黄瓒臣来,张蔗老、耕云、耕岑继至,夜乃去。检《志》传。

三日　阴雨,颇冷

祝澹溪、罗秋云来。翻《经义丛钞》,采方廷瑚“上宗奉同瑁”,“同”,古“钟”字。《说文》:“钟,酒器也。”“兴旧耆欲”,洪颐煊以为“兴旧耆欲”“旧”,古“观”字。前十年阅孙星衍言郑不识古文,今始得此说。洪、孙相友善,故孙用洪说也。

四日　朝雨,竟一日

检《志》传毕。曾祖妣忌辰,设奠。夜雨滴阶,颇怀凄恻,人生愁绪,何必羁孤。因检《书》篇卷,得卌六、五十七之异,不胜狂喜,解忧过酒远矣。

五日　阴晴

出询春甫乡贤及石鼓五祠,不遇,还。晴生来,送之渡湘,风作水激,颇有江湖之兴。检《志书·典礼》。

六日　晴

帉女生日也。去岁今日几焚于火,余不焚死,而滌公疾死,岂胜怅然!

登雁峰,右得一亭,甚收湘川之胜。寺僧贫甚,不能造屋,可惜也。作诗记之。《乘云寺右阿秋望有作》:“承湘芽可航,信美岂宣旷。登丘览回势,曲直秋涛壮。紫盖横青云,苍苍送江漾。目穷想逾骛,风起帆初王。澄阴霭晴城,平芜秀霜嶂。尘中绿槐合,桂谷丹华飏。但惊祝融高,岂识幽人尚。卷阿隐余情,山海劳君望。且宜树松竹,蔚焉托闲放。”

又作周序:“桂阳居五领之中,耀鹑火之祥。自汉以来,文教累洽。学校专官,始自有宋。而衡州宋文仲当孝、光时为学录,膺部使之荐,芳徽流传,想闻弦歌。今乃有衡山青帆周先生。先生来司训吾州,适东南兵寇方兴,窥临岩城,学子奔迸。士杰投簪擐甲,驰驱往来,岁月不遑。州官握符,欲解靡由。学舍被兵,薪木毁伤。他人闻当补桂阳学官,则百计避去;惟独先生幅巾儒衣,从容有常。亦督义徒,部署城守。始或发策,洞中机要。州人奇之,而未有以测也。风尘廿年,乃获宴安。荆榛既开,皋比再设,群从诸子,得游门墙。因暇过从,谈燕甚欢,审其风规,弥钦异焉。先生夙禀含章之贞,少无适俗之韵。爰在弱冠,蜚采泮林。于时宣宗初元,士重科第。左中丞江左俊彦,搜岩撷芳。长沙两书院,非材不选。鼓箧之士,英英一时。祁相国以博洽之儒,视学湖外。适会选贡,兰芷并升;连冠大庠,第名居首。同舍敛衽,伫充翘材。犹以英妙不先老宿,奖其青云之志,屈其一蹴之能。果逢薛、卞,屡扬文誉。时则罗文僖、劳文毅,咸青衿之秀子,騕袅之捷足,联袂云路,策名天衢。才同运殊,忽焉在后。十载文战,减产增贫,浩然西笑,言游八水。夫汉廷试士,先讽律文;有唐设科,别开名法。儒吏分途,由来旧矣。而以达政之材,试通艺之效,佐治州县,沛乎涌泉,无困簿书,有称几案。兼心恤民隐,多劝平反;车币交迎,遂显关陇。业本儒术,士林推贤;雍州文学,响然求友,金闺兰台之隽,投纻赠缟之欢,暇游旧京,访碑咏史。

罗、劳二公亦以分司莅陕,文酒之会,乐于麓山。闲则投书,间以谐谑。先生雅抱素志,本无宦情,及乎强年,已谋归计。谓友人曰:'渊明作令,徒劳解印耳。青毡冷官,可以优游。'乃注籍训导,因旋乡里,一摄宁乡,诸生颂之。又十五年方补今官,三及俸满矣,例久当迁,又恬澹不问。屡书上考,而名宠无惊。教女课孙,自适而已。令子持家,孺人偕老,观其晚福,其胜乎佩金印、建大纛者与!士杰闻之,显晦时也,福寿天也。先生当尚文之时,而声誉徽美;值明法之世,而详慎著称。左、祁,文宗也,异等拔之。张椒云,老吏也,而倒屣迎之。平生不可谓不遇。今日者,以杖国之岁,为乡饮之祭酒;当悬车之年,无贪荣之高位。使其早据要津,极恣于富贵,则进退失据矣。赖以闲静,处之裕如。耄期称道,孔子所宾。学校之官,正养老之地也,自有虞氏而已然,况群弟子之扬觯乎?虽不习文,窃慕零、桂耆旧之传之作,俾诸生续而赓之。"

得王峋云书。

七日　晴

渡湘访常晴生于彭、杨二宅,皆不遇。从柴步门入城,至天后宫看戏。夜食饼,至戌寝。是日戊子寒露。

八日　晴

梦缇生日,儿女拜贺,设汤饼,食毕已过午矣。出过仪仲,遇屺山,云皮六云考拔,外间有烦言,嫌太骤耳,若乡、会试作状元,人亦不能议之。过寻祝澹溪不遇,遇耕云,闻州县常祀有历代帝王及日月,当借《会典》考之。夜至亥寝。

九日　晴

作《衡阳货殖志》成。携两儿登雁峰寺,烈日照空,令人炫晃,遂还。复俊臣书。培元来,闻文式岩放桂藩,兼召用仓少坪、严渭春。

雪琴已入京矣。夜月甚皎。丑还寝。

十日 晴

检《衡阳艺文志》。童治中招饮,约辰实未,散已酉矣。耕春同坐。夜讲《大有》"无交害"、"匪其彭"。《大有》以有为义。初三何以有害,又谁当小人?盖初变则《鼎》"颠止",三变则《睽》"人劓",不应五,则小人也。

十一日 晴

检《艺文志》及《书》目录。功儿钞《书序》成,故自定目录四纸,分《亡佚》及百篇之次第。夜携珰女上雁峰寺看月。两儿讲《谦卦》,说"㧑谦"为"指㧑"。仆役亦用《谦》道。

十二日 晴

至子泌处寻《华阳国志》,得重安侯李阳。因求李阳不可之言,检类书未得也。夜与子泌过程宅,还检《褒忠传》。亥寝。

十三日 晴

作书与朱香孙、裴月岑。挽胡蓟门:"湘水古伤心,恨十载人来,拍岸惟奔千叠浪;遗书终不负,便万金家散,凿楹犹有十三经。"作《褒忠传》。至沈老曦处寻小说,乃得李阳事在《王衍传》。

十四日 阴

昨夜月甚皎,独步苑中,方欲延赏,及晓起,已将雨矣。邓在镐来,言有盗穴墙欲入,人觉,取酒壶而去。遇一糊涂知县,遂坏一乡土风,可恨可恨!作黄母挽联:"名门仰母仪,南陔长养三枝桂;时贤尽哀诔,空谷殷勤一束刍。"兼书唁翰舟。检《志》传。耕岑来,云已得衡山聘,将行矣。

十五日 阴,有雨,热似七月时

仪仲来,屺山继至,闻长沙选贡得人,喜而有作,奉寄李谅臣、王怀钦、殷绍侨、皮麓云、胡大兄家樾。是日《书笺》成,计始功去年十有一月廿有四日,至今二百五十六日。

十六日　　阴,有雨,愈热

蔗老、春甫、礼堂来。作书与成俞卿楚材总兵,谢送沙袍。

十七日　　雨,寒可绵

得张东丈和词及书,情深于文,殊增凄恻。仪仲约访耕云,舁出至江雨田同知处,访蔗老,要同渡湘,至则已晚,不及登楼。约屺山来,纵谈而还。细雨蒙蒙,大有寒色。录《褒忠传》毕。

作书与朱香孙:"香孙仁兄先生道席:长沙快叙,归梦犹欢。秋风忽凉,佳期未践。桂香招隐,葭露遗贤。当乎此时,无任吟想。迩来集会,论何文政廷璋一案①,致劳神蛇金刚之伦左袒右袒,吾等局外,不妨私议。试以尊意报我,无若郑尚书屈杀张文祥也。《衡阳图志》寂寥,无甚可观,须十一月乃得刊竟。近撰《周易》、《尚书》并成,《尚书》实古今之名作,尚有未通者,须良友讲论,俟之来年耳。人便奉笺,祇颂多福。闿运再拜。"

十八日　　阴雨

一绵尚寒。检《列女传》。莲弟自乡宅来。功儿仍钞《礼记》。

十九日　　阴雨

作书寄皞臣、力臣。讲《噬嗑》中四爻为戒在位肉食者之词,引《礼》为说,甚有证据。此日危坐,竟日不懈,至酉觉倦少愒,戌起子寝。

廿日　　阴

曾祖、先妣生辰,设两荐毕。食面。送省信及衣寄陈母。检

① 廿四日日记作"李廷璋"。

《志》传。晚过春甫处，见雪琴奏水师积习，文笔条鬯，侃侃陈词，大似涤侯手笔，文与年俱进，方知徐公不以学问为长也。得李小泉书，文词亦美。其幕中亦自有张子布一流人。夜寝不寐，独坐。霜雨寒风，已有冬意。

廿一日 阴

午间七父及族子蒇来。张从九自省来，携有陈芳畹信物。申送七父登舟，同船上至门外湘岸小泊。送蒇去，仍下。答访张君，小泉赠《说文义证》、《经典释文》、《文选》各一部。又得竹伍及其从子默存书。李竹丈来。

廿二日 癸卯，霜降。阴

寅臣次子娶常氏女。早过贺寄鸿，即至贺宅，待新妇拜见。与春甫过段培元。阅《经钞》。

作书与小泉："小泉先生尚书大公祖节下：九月廿一日得赐书及寄惠官刻书三部。循览来教，文美谊高，以宏奖之心，寓乐仪之训，虽薄植谀闻，未足承荷。然九九之见，一一之吹，因事量材，通于为政，以兹宣德，敢不拜嘉？间登雁峰，延望江、汉，秋清铙吹，霜肃戟门，载路依仁，还辕保福，幸甚幸甚！闿运八年闭户，一出求书，经史研寻，斐然有述。比已写定《易》、《书》笺说，方搜治《公羊春秋》，他日谨当缮本呈鉴，或资过庭之训。昨检所寄《文选》，重出一函，想侍史偶差，致以二部为一。此多上册，则彼少下函。傥系架藏，无难更换。今谨奉上，希饬查明，将下函补发，以成全璧。如无从考索，即希别赐一部。重为琐渎，无任悚惶。复谢嘉仪，恭叩侍福。闿运叩头叩头。"又与李玉阶书，索《通鉴》。鸡鸣寝。

廿三日 阴

江雨田同知及张蔗泉丈、李竹丈来谈，同江、张至雁峰，还赴贺宅饮。李仲京镐中宪见访,因往答拜。暮过春甫,谈数语还。亥寝。

廿四日　阴

子泌来。王鼎坤钞《易说》毕。篁仙自省中来,久谈。申刻登篁舟,舆马甚都,仆从亦盛,所以报京师之白眼也。见其局促小舟,令人有烝羊之意。因赴李衡州剧饮,同坐者耕云、春甫、丁笃生、吴厚庵。李命伶人侑酒,有周生,年廿许,衡州以为美旦,与语羞涩,颇似三十年玉凤也。篁仙云:“李廷璋父逼其子妇、孙女死,诬以挟左道。”与外间所传甚不同。观戏至丑乃散,房中无烛矣,少坐即寝。讲《列女传》六篇毕。并钞《颂》,窊女诵之。

廿五日　晴

早气颇寒。再登李舟,遇仪仲,约午饭,还为朋海写横幅,并作书与之。又复殷默存一函,荐周桂。作雁峰东寮一联云:“明窗啜茗时,半日闲,三日忙,须勘破庭前竹影;画船携酒处,衡山月,嶷山雨,冷思量城外钟声。”申过仪仲饮,同坐者屺山、耕云,皆陪篁仙,食芋甚美。酉散,亥寝。与耕云借表还乡用。

廿六日　晴

早命仆夫送梦缇及三女还山居,就安便俟月辰也。培元来谈。王兰台、夏彝存相从读书,留居左房,余自骑送梦缇行十五里而相及,暮宿土地庙。行五十里,借村店妇室安顿眷属,未戌而息。

廿七日　晴

辰起同行至台源寺,余先归,未初至家。饭罢,携两女及妾从茶山至弯坤,遇梦缇舆回。

六云见木芙蓉呼之为葵,云红葵白葵,岭表通称。因悟柳浑诗以戎葵似牡丹,不虚也。凡唐诗言葵花,疑皆木芙蓉,惟向日葵则非耳。晚桂馀香,初菊将花,裴回久之。暮雨复至,未亥而眠。

廿八日　　阴晴

就原轿携畇女出山，行三十五里至台源寺，从荣弟、夏翁借一空房停行李。南琴及凌晴生来谈。夜间一法师来，令言狐鬼，次且不能对。

廿九日　　晴

早饭土地庙，未至城。戌寝。

卅日　　晴

至厘局见吕小香。登雁峰，视新成东寮，遇春甫、接三。闻长江提督授李与吾，用人之难也，去一人，易一人，又不如所去者，若争之则起嫌疑，忍之则非任事之义。夜检《志》表。

十　月

壬子朔

检《志》表。遣火夫去，寄食刻工处，以用人不称意也。得皞臣寄诗。午过春甫，陪接三饭，同坐者唐叟、傅客、山西太平人。唐葆吾。归将至门，街间地光如月，仰视见一流火，碧色，大可升许，尾作赤焰，未至西南隅而没。盖电气之小者，离地可里许耳，似有声而未谛也。所见流火，未若此之巨怪。

二日　　晴

子泌来竟日，与登乘云寺，还夕食。接三来。是日乡中客至者数人，邹荆山翁为著，余不记姓字也。夜检杞国事，悟杞在周已非二王后，盖既封鲁则退杞也。《春秋》唯宋为公，杞常为伯，知非后削之故。《左传》曰："诸侯宋、鲁，于是观礼。"孔子两言"杞不足征也"。

三日　　晴

寄鸿来。撰表。仪仲来谈。得力臣书。

四日　晴

诸生出看操兵,独坐理《志》稿。申至雁峰,赴江雨田、张蔗丈招,陪永兴孙子培、耒阳刘子昭、常宁孙兰士、金丽堂、童衡阳、王清泉、李衡州、蔡永安、耕云、春甫、郭翁育之。饮于乘云东寮,至子乃散。闻雪琴署兵右,赏朝马。

五日　晴

书答张永州,兼检《志》传。晚携畇女登雁峰右阿,望山水城郭清旷如画,裴回久之。王巡抚登山寺,寺外喧然,乃还。作书寄张东丈。

六日　晴

寄鸿来。检图表。蔗老、雨公招饮雁峰东寮,同坐者有罗培堂,闽商也。清泉友人来,设席同饮。午间李恭人携子女来看花,其子纯乎长沙人也。亥散。

七日　晴

蔗、雨重招宴,听曲,少坐而还。是日戊午立冬。比日皆衣夹。

八日　晴

得三弟书,知从父中风不遂,方将娶子妇,观书意尚明晰,或不至遽凶耳。寄鸿来,同访澹溪,校正图地名字。

九日　阴雨,始寒

澹、寄来。检表。耕云招饮辞之。淦田人去。

十日　雨寒

寄鸿来。检表。

十一日　阴晴

得保之书,知弥之未归。闻雪琴得弹压宫门差。是日停课。

十二日　晴

检《褒忠》、《世职表》已讫。出过仪仲,同访培元。西禅寺僧送橘。

十三日 晴

晨过春甫饭，同坐者江、张、唐葆吾、耕云、蔡齐三、金立堂，申散。与江、张诸君至江寓少坐。与蔗丈访李竹丈，闻其将验看，欲乞病，李衡州慰留之，许为作书告子健，待其行，当为达之。作罗姓寿文。

十四日

寄鸿来。检表。得笏山、力臣书。笏山笔札甚进。萧杞山弟礼卿代整时表来，此表坏一年矣，居然可用。夏生还乡，春甫馈蕈酱。昨梦身为女三世矣，有夫将杀我，知其谋，自投于井。入水见异光，若彗星上属于天，以此念正，得以文章自娱，佛氏生天说不诬。光缘竿而上，竿傍立一人，若仇我者，怒目而视，则从弟世钟也。冤亲亦有所由，何以度之？江雨田送菊廿盆。

十五日 晴

寄鸿来。对表。子泌、商霖来谈。作书寄保之。醴陵罗权如埙之从子来告乏，并示其伯父诗。

十六日 晴

培元、竹丈来，论屯田。夜检《礼志》。

十七日 晴

检《礼志》。午间屺山来谈，同登雁峰，下，赴李竹丈饮，同坐者吴称三训导德襄、李先白父子，言恭王调和两宫事。竹丈盛称李兰生协办之贤。称三索题石笋山房诗，云石霜寺即在山后，又有明兰寺，皆古道场也。并示诸公题咏。余为题云："去岁乘欙度醴东，霜山晴簇青芙蓉。廿年九过负清景，灵岩近在东山峰。山人为我话奇石，夜窗斗撑千丈碧。石霜寺外钟泠泠，溪声不喧松声寂。小斋平天风月宽,藏书避劫如仙坛。四文阁灾武英火,独抱遗卷明琅玕。暂辞松筠琐门去,却入夫夷最深处。归时双笋应更高,劳尔年年长烟露。”

十八日　晴

吴称三及竹丈来谈。检《礼志》。

十九日　晴

子泌来谈。畇女点豆。补作《魏瀛传》。命木工治后院破屋为书室。携畇女出看戏,甚不可观,而畇女好之。人性各有所好,畇之好城居,喜繁华,天性也。梦缇之风衰矣。

廿日　晴

早不寐,午乃昏睡,申起。检《礼志》。翻《明史·职官表》。

廿一日　晴热

杨子春取孙妇,余欲不贺而情不可,自出觅对笺衣料送之,以无钱,当赊贷也。便命丰儿携畇女同出,安置之戏场,自往墨香斋,得一幅纸。还过仪仲,视其迁寓,遇寅臣,谈顷之还。屺山、晴生来谈。曾昭吉来。检《水道》地名。

廿二日　雨凉

渡湘至萧、杨宅,子春留饮,同坐者江雨田、张蔗丈、萧屺山、常晴生。子春女婿谢姓,村人也,夜还。子泌来,留宿。

廿三日　阴

作书与殷竹伍。昭吉去。检《志》稿。讲“景员为河”①,以为九河合一,殷以为受命之祥,而周亦颂翕河,以证予《禹贡》之说。

廿四日　雨寒

子泌来,代领学徒,余将往淦田省叔父也。是日已晚,因请子泌

① “为河”,《十三经注疏》,作“维河”。

同校定衡阳书目,依《七略》编之,夜谈至子寝。

廿五日 晴

春甫来,云罗翁欲以四十银饼为润笔。恃文买〔卖〕钱,未必遇如此好事之人,余文不卖,因辞之,云器币则可受耳。与子泌定《艺文志》。夜作《志》传。饮酒二杯。得成总兵、陈芳畹书。

廿六日 晴阴,颇寒

五更起食,质明携畅女行。至庙山将暮,乃舍轿徒步,令舁夫更迭随行,到家方上灯。因悟"贲其止,舍车而徒"之言,谓不通车则义当徒步也。至家知昨日复得一子,产母平安,且以为喜。又女来无已时,得此小住之。

廿七日 晴

午时洗儿。翻船山《愚鼓词》,定为神仙金丹家言,非诗词之类也。《柳岸吟》、《遣兴》诗亦禅家言。《洞庭秋》、《落花》诗则无可附。《伊山》诗:"心识回峦外,沿溪曲径深。云烟开绿亩,金碧动青林。香篆迎风入,钟声过鸟寻。萧清初觉好,风雨更幽岑。"又败叶庐侧有梅冢,船山七岁女瘗焉。

廿八日 阴,有雨

将行而停。闲谈竟日。筮子名,得《屯》变《剥》,命曰代舆,小名恒子。

廿九日 晴

巳初骑行,投暮至城,寓中殊无章程。请子泌来而阙于礼,当留一日料理之。夜谈至子寝。

晦日 晴

送小婢与程姑,复命莲弟修灶自爨。有刘金坞来,入门大骂张贵,自云与吾友好。以其盛怒,未敢见之。

十一月

壬午朔　晴

辰初起,巳初行,骑随小童,缓步六十里,至桐泉岭宿,衡山地。

二日　晴,早有微露

辰初行四十里,饭于龙堰桥。午正过衡山县,从北门投小路渡湘,傍沙际行二十五里,至石弯,前由船渡,今可揭也。复行二十里,宿大桥弯,前宿店也。以昏黑几不留客,主人识我而迎入,否则惫矣。大桥弯山水甚奥,多文姓富家。

三日　晴热

行十五里过朱亭,又卅里至淦田,甫入局门见红对,知昏事成矣。入见叔父,卧竹椅上,言貌如常,曾兰生在焉。谈顷之,三弟及新妇出拜,胡氏女也,年十五,长成似十七八岁人。午陪三、曾及居停萧一峰饭。钟弟复出见,言辞荒谬,不足与谈。夜宿局房。

四日　晴热

议叔父后事,欲迎之至衡,而老人贪微糈不肯去,且亦听之。夜作书寄李、唐,交秦麓生,又书与外舅拨银。夜有雨。

五日　阴

午辞还,便道访兰生,行数里遇曾使来迎,遂至其宅,十年前曾再宿焉。兰生弟梅生出迎,治具相款,其子师陈静生及王、齐诸人陪饮。入与八妹少谈,甥竹林出见,夜宿客房。雨。

六日　早雨

停一日,待天色之定。王莼浦秀才来谈,琴舟之兄亦至。莼浦言蜀人黄鼎字彝封,以诸生将偏师,累有功,而为冯、陈所扼,左帅不能用之。又言左帅甚好谀，及管敬伯为众所诋，离合其字作联，有“财苟得，难苟免；妨人贤，妒人能”之语。又云：“不敬莫大乎是，公伯其如命何。”陈静生又言：“湘潭诸生作骈文，诋讪修志诸人，皆有工巧之句。”此风滥觞于周末，而后遂盛传律令，纵有拟绞之文，不能禁也。比夜斗牌，负四十千。为祝林作字。

七日 阴

先孺人忌日，素食。午从楮木潭行，十五里出朱亭，又五十里至衡山，渡湘已暮矣。夜至县中，寻常耕岑，见嵇伯润，留宿县斋。与张元素、王伯云夜饮绍酒甚佳。伯润壬戌举人，大挑至湖南，月生族叔也。七父在零陵时，与为宾主，谈次大骂李衡州信劣绅杨澍之言，夺胡氏田为谭氏故物。澍即耕云也。耕云勇于收捐，不顾情理，李仲京遽为出票传人，诚有谬误，然何至如嵇所云云。余因解之，云助义美事，兴讼则非，此田为闲田可也。胡氏骗诒耕云，令耕云自根究之，府县可以不问。伯润又言阎丹初为山东巡抚，清节冠一时，而误杀张七，骈戮避乱官民数百家，实为过举。此狱余亦有闻，云王伯尊所为。张七，张历城令之兄。历城梦迁济宁州而入昭忠祠，故避不当，卒迁临清，死于寇。以亏空受诬，七欲讼之，群官醵金为赂，致富数十万。当在临清时，有学某知天象，先年辞去，约三月十五必来。其日临清破，故七神之，受学焉。颇有妖言。夜谈至子，宿元素斋中。大雨。

八日 阴

早欲行而主人未起，设杏酪，与元素、耕岑谈。见钞报，知雪琴辞官还山，朝命优渥，许其一年一巡江防，江、湖二督为供张。又见亲政诏书，封后父承恩公而仍领阁学之职，及推恩内臣，诸诏皆有中兴气象。雪琴此去，使京中王公知天下有不能以官禄诱动之人，为益于末俗甚大，高曾、左一等矣，令人感涕且自愧也。

早饭毕已未初矣,行四十里,十里乌石。又十里马岭。马岭山道石磴,远望正如梯阶。又十里萱州,出衡山界矣。宿九渡铺尹店。今年过此见少妇当垆,甚讶衡阳不宜有此,审之则良家女,内外甚有别。前此盖偶然宴集,非胡姬也。银鞍五马,均可无峙嵋耳。

九日　阴

行五十里至城寓,段晴麓在书斋独坐,与谈久之。段去,余未朝食,至申犹未饭,颇倦,少愒。兰、彝二生还,子泌次子顺琅侍父亦在此同饭。顺琅去。

得皞臣、樾岑、香孙书,大概以《桂志》见毁为言,又以惜余不修通志。悠悠之论,庸人知其不足校,诸君以此为不平,浅之待我矣。通志诚不可修,修成竟亦何谓。然云当道见忌,则非也。当道何人?忌我何事?三君未免世俗之见耳。将必使李小泉、王夔石聘币交于道而后为行其道乎?若然,则葛石腴诚贤人耶?荐人于朝不用犹无损,所谓见忌者,如我欲求,而彼欲与,旁人尼之,乃谓之忌耳。或者无端欲拘我,亦可为忌,岂有是哉?

十日　阴,夜有雨

午睡起,子泌来谈,云比日事多。复去。独坐检《志》稿,甚蒸热,颇似春时。夜改成总兵《广学额记》,欲为作颂,而懒构思,且置之。

十一日　阴晴

出访李衡州、童衡阳、王清泉、李竹丈、吕小香。还,检《志》稿。为彝存及丰儿看诗赋。

十二日　雨,夜尤盛

童衡阳来。此日检《礼志》毕。

十三日　阴

遣童子还乡。为接三作寿文。詹诚之、春甫来,论雪琴作江督辞否，及与夷和否。余以涤公在天津，使雪公当之，则必出见夷酋，见则不示弱。涤公不以气胜，故不辨此。

十四日 阴

作绵被一铺。余一生有浪费之名，然自新昏至今，无杭湖丝被，唯在保定作一铺，以与六云，今始作此耳。虽监门之养不觳于此矣。为成总兵改《广额碑记》。王清泉来，辞不见。夜阅衡、清《试事公款录》，其言孳孳为利也。而今岁有入冥者，云阎浮罗鬼王盛称之。今日是非，人鬼略同，余不独生不得为柱国也。梦缇遣人来。

十五日 阴晴

为丰儿理书，遂尽一日。申刻江雨田、金礼堂来，闻李小泉有解任之说。又云有人劾之，留中不行。又言衡阳已委代矣。薄暮渡湘，寻屺山、彭子不遇，还过培元，谈安南求援中国，而为我叛军所扰，据其数城，我师脱身还。盖安南复将内属之兆耶？夜检《衡阳水道篇》，灯下殊不了了，乃定明日理之。改两儿课读于夜间。《宋史》可厌，久不阅之矣，细思终不可不毕工，乃复阅一卷。

十六日 晴

廖生鹤琴与安化一游学谭生来。仪仲来，同游雁峰，少坐，程商霖出谈。出至花药寺，普明留饭，归已暮矣。检《水道图》。

十七日 晴

竹丈、仪仲来谈。邹州同鲁贤、姨子冯廷昆来。检《水道》，未能清晰。罗秋云来，托载蔡可堂奉遗命捐田事。可堂勇于为义，归美其亲，固美事也，然亦近名矣。务成其名，故曲从之。复考之，乃为子孙应试计，非好名也。

十八日 晴

作书与樾岑、芳畹。为程生改课艺。出访莫香泉、江雨田，留饭。蔗丈、立堂继至,李仲京知府亦来,谈论甚谐,戌正乃散。理诗回,问梦缇不来,甚为失望。

十九日　晴

子泌及夏兄来,谈半日。冯洁卿子灼孝字俊三来访,器度颇大方,殆胜其父。晚过仪仲,遇萧端亭同年,不识之矣。入书肆购《晏子》,初索钱四千,今以七百文议成,盖店贾之误也。夜还,少坐即寝。

廿日　晴

遣莲弟入乡,视梦缇能来否。检《水道志》,作五百馀字。比日功课甚懈,以心杂耳。读书不患事多,作文颇为事妨,当思振之。培元来谈。沈友篪、许昆甫、段晴麓、程四秀才来。书雁峰东寮联。

廿一日　壬寅,冬至

作《水道志》千馀字。午饭后出渡湘,答访冯生及耕云,皆不遇,还。兰台来。

廿二日　晴

午后阴。作《水道志》千馀字。昨日饭早,可三餐,今又迟晏,家中事殊难整顿。子泌及许莘吾、姚西浦、魏鹤楼、唐金波四秀才来,谈半日,犹不妨日课。夜讲《易传》"一阴一阳至",引《中孚》等七卦,以意说之,居然可通。

廿三日　晴

春甫来,与同出,独往柴步门,寻姚、魏、唐三秀才不遇,还。张蔗丈来。江同知招赴乘云寺斋厘局,五公、春甫亦在。饭罢过程生斋少坐,同蔗老下山,已昏矣。夜改《石鼓书院记》。

廿四日　晴

作《水道志》数百字。得非女诗信,诗少润色,颇近鄙俗,焚之,为藏拙也。芳畹又介张从九来求荐书,殊扰人意。刘姓人又直入我房,欲骂之则不可,欲与语则不解,正无奈何,乃出避之。

夜讲:大衍数五十,用四十九,揲之以四,无奇则不归,此必然之理也。三无奇,则仍挂一之一耳。一次奇,四合一为五。二次奇,四合五为九。三次奇,四合九为十三,去十言三,皆阳数也。如此者左右皆六,六合一为阳,则为七,阴变阳也。一次,左奇一,右奇三,合为四。二次,左奇一,右奇三,则左为二,合五为七,右为六,合五为十一。共为九,则左合一为二,右合一为四,共为五。三次左奇一,右奇三,则左为三,合一为四。右为九,合一为十。如此者,左为六,合一为七。右为七,合左六为十三,合一为十四,去十言四,则为四也。以四合一为五,以二合一为三,以六合一为七,以三合一为四,以九合一为十,其初六九交而生四,为父母所生女也。若第一次左三,合四。第二次一,合五。第三次三,合八。右则一一、合二。二三、合五。三一,合六。如此者,左为七,合一为八。右为六,合左八为十四。去十言四,亦四也。而左八,长七。右四之所生,两皆六子,长子中女所生,为少阴也。若左一,合二。一次,合三。一三三,合七。右则一三,合四。二三,合七。三一,合八。如此者,共十三,去十言三,则三也。而其初左五右七之所生,中子长女,为少阳也。若左一,合四。三二,合七。三三一,合八。右一一,合二。二一,合三。三三,合六。左为九,右为五,合为十四,亦四也。而左七右五之所生,两皆中子,则阳生少阴也。

廿五日 晴

作《水道志》,未半叶,张使来,因复无非书。旋移学堂,设客房。莲弟回,闻六云当随来,重为铺张,遂至半夜。

廿六日 晴

竹丈来,同谈海禁。余意谓古无禁隔华夷之制而中外相安。中行说教匈奴不通汉,强夷狄之术耳。夷之慕华,自古今同,然明人反其道,终受其祸。论者不悟,猥以不守祖法为咎,谬矣。竹丈耳聋,误以为海禁当严,争论劳神,未深辨也。

同步入城,赴厘局饮,同坐者王清泉、耕春两君,四主人。二更还家,眷皆至,梦缇犹有所避,而言语失礼,以人夫大队新来,未能遣令还耳。

廿七日　晴

无事。宿侧室。

廿八日　晴

金兆基、立堂进士及蔗丈来。程夫来送礼物,辞之。既而它处绝无送者,复受之。家人馔具。至子寝。

廿九日　晴

兰、彝二子为余作生日,爆竹之声振耳。春甫、耕春、曦老、许春甫、夏子卿、子泌,雨、蔗、立三公,寅、仪两同年先后来。燔豚以待之,复设索面,面尚精洁,未正散。雨田索见六云,命出拜。遂留意钱,至酉罢,负万五千。设食全不旨,甚愧客也。夜雨。亥寝。

十二月

辛亥朔　阴

出谢客,渡湘循岸至石鼓山对崖,复上,从潇湘门渡入城,上至南门,还出大西门,至小西门,过衡阳学舍,访同县马教谕汝梅乃归。夜未亥而眠。

二日　晴

萧秀才济霖来,报大桥铺新出有《宋真宗墓志》,钞文来看。真宗初文、韩未盛，欧未生之时也，雅饬可爱。许莘吾、子泌、程郎来。得殷竹老书，已游扬州矣。竹老有心计，而所如不合，盖多心人也。曾昭吉来，留之校图。亥寝。

三日 晴热

换绵衣，萧秀才复来，请作《山海经分韵编类序》。乡中人未知述撰，每好撰典故，以为博雅在是，殊不能谕晓之。酉出，赴江雨田招饮，同坐者廖、程、杨、张、蔡、金共八人，看陈沧洲、王船山伪迹，戌散，骑还。亥寝。

四日 阴，反风有雨

检《水道图》，旷工十日矣。得裴月岑、胡郎元仪书。夜作和皞臣寄赠诗。皞臣颇为余惜不遇，故以广之。凡伏处而叹不遇，必得位而鸣得意，学道者所宜先除者也。

五日 晴

子泌、夏梓卿来，论举人主讲书院事。余以为近代各私其亲爱，托之公举，上既不信，而又不肯驳诘，遂成请托之事，可不必效颦也。检《水道图》，作四百字。亥寝。

六日 晴

检《水道》，作四五百字。改《艺文志辑略》。

七日 丁巳，小寒。晴

作《水道志》五百字。亥寝。

八日 阴

煮腊八粥。送花药、雁峰供众米及供佛蜜果。夜始理《志》稿。得李制军书。

九日 雨

作《水道志》三百字。申正渡湘，赴子春招饮，同坐者张、江、蔡及仪仲,食烧鹅、麂肉,麂肉包饼甚美。夜冒雨骑还,亥寝。

十日　雨

欲检《水道》,寄鸿来谈。张蔗丈、金立堂招饮,同坐者童治中、廖总兵、春甫、齐三、雨田,设席雨田寓。谈三父八母说,以为当除本生父母,或以为出母、嫁母分为二。余以意断之曰:"本生父、同居继父、不同居继父,此为三父。本生母、嫡母、庶母、继母、出母、生母、慈母、乳母,为八母。"三八之名,盖起宋时,八母之名近不典矣。夜至戌散,亥寝。

十一日

萧云谷约看宋墓志,舁行十里,骑行廿里,先至芦冲陈学究墓穴,乃还至大桥铺,酌洪罗井,宿萧宅。

十二日

云谷设食,四萧作陪。内一萧云谷兄子欧阳牧云之婿在李竹丈处教读,颇习应对。未初始得饭,盘飧烹饪,甚劳费也。舁行十里,见日暮,疾骑而归,已上灯矣。渡水湿两足,亦不觉寒。亥寝。

十三日　【阙】

十四日

【阙】寄鸿来。□《志》,未起手已暮。又闻文式岩过衡。石樵饭后匆匆去。今日约寄鸿不至。江雨田约登雁峰看雪,步出,由龙神祠至乘云寺,见昆甫、程郎、李介甫,少坐,惧夜乃还。约雨田见过。夕食烧羊肉、鱼子甚佳。戌散。

十五日　阴

曾祖妣忌日,素食。便衣骑出寻李竹丈、段培元、常寄鸿。寄鸿不遇,以《志》表须问之,恐其归,故破忌往寻之,竟不相值,徒多一出耳。还设奠,夜饿,食索面。亥正寝。得二殷书并诗。

十六日 阴，午后雪，晚颇寒

春甫、寄鸿、耕岑来。刻工算帐散工，各还其家，共刻字十万八千。

十七日 雪

竟日围炉。书寄张永州。

十八日 雪

释芦屏来。骑至花药寺，寻海岸僧谈，普明上人留茶。酉刻赴李竹丈招饮，同坐者朱仙舟、李易卿、欧阳理、字夔卿。罗秋云、今字小坪。李生，亥散。

十九日 雪

夏生归家，午渡湘，骑至廖青庭处，贺祭旗，观剧，戌还亥寝。

廿日 阴雪

骑至赵忠定祠，为李衡州书关庙碑，罗秋云为主人，两时许毕。过访周稚威。廷琨去，附书艾生，寄食物献七父。凡《地志》寺观苦无安插，夜坐思得一法，仿《水经》录《禹贡》山水所在，悉编《水道》之后，诚妙法也。

阅《宋史》一卷。罗汝楫子愿，有文学、政事之长，死于岳飞像前。事乃不经，不宜附父传，飞亦不宜殛之。亥寝。

廿一日 阴

周稚威、屺山来。稚威言文式岩嗔陈诒珊，讥以佐杂幸进。式岩泊对岸，陈肯访之，是特情也。无端受侮，以此知文之骄，陈之谄，可为笑柄。申初春甫与马稚泉同来，俱赴龙神祠看晴江亭故址。住持恬熙设斋，未昏步还，泥泞殊甚。

廿二日 阴

王生还家。晏起，莲弟还山寓。自刷马欲出，逡巡已暮。

阅《宋史》一卷。葛邲五世登科,邲由荫官登第,光宗时相。钱端礼助汤思退,后主和。孝宗时。周葵不主战。孝宗时。施师点不退班,金人称为正人。萧燧、孝宗时。龚茂良闻待恢复乃召,即手疏恢复六事。福建子不可信如此。朱熹感其荐,为讳之,亦主和者。孝宗时。

廿三日　癸酉,大寒。晴

作灶。仪仲来,闻寿衡丁内艰。得芳畹、殷绍侨书。阅《宋史》。秦桧有兄棹,知台州,金安节劾其附梁师成,罢之。程郎、许春圃来。夜至丑寝。

廿四日　晴

春甫来。得岣云书,言文竹云已死。京中同居诸人,丧亡略尽矣。夜阅《宋史》。昨夜马逸出,遣寻不见。

廿五日　晴

佚马自还。子泌来,言王、夏二生未为发愤读书。余因言课当有常,无常课者,虽忘寝食无益也。今年徐为《志》书所牵,而精神散漫,欲读经史,似乎旷功,欲力钞撰,又颇厌怠,孟氏所谓舍田芸人之病,诚有味乎其言之欤!

夜坐室中检诸辨访条件至鸡鸣。野狸龁鸡上屋去。鸡声甚厉,似可闵者。死于狸,死于刀,又何择乎?人恶狸残而不悟己酷,可谓智乎?妻妾均熟寐,呼之不应,已乃俱觉,谈顷之,寝。

廿六日　晴

检字纸。阅《宋史》。暮得三弟书,言叔父病甚,促余急往。

廿七日　晴阴

梯城出,至恒丰店制敛服、绵帛诸物还。呼舟,携功儿由柴埠至石鼓觅下水船不得,仍还。欲陆行,莲弟还城,遣人觅舟。夜得兰生书，言叔父已卒，廿八日大敛。余少受教育，情若父子，中因小缪，遂至参差，虽礼未敢失，情已疏矣。感怆久之。假寐俟旦。

廿八日 晴

晨起发行李下船，功儿先去，及余至石鼓，附舟又发。乃更至耒口觅行舟，行卅里至樟木市，以待后舟，未午泊。

廿九日 阴，有雨，北风大作

行六十里至老牛村，以风大即泊。

除夕 阴晴

行十五里，泊雷石。大风，遂不复行。补作《列女传》。至暮登岸梳发，携儿循岸觅舟，灯火甚盛，几迷所投，乃呼之，则已至船边矣。

同治十二年(1873)癸酉

正　月

辛巳朔　　阴晴

舟人候子丑时即起，爆竹迎神，乃复寝待旦。早饭毕开行，恩关，故不呵问。四十五里泊一荒崖下，云地名龙湖觜，所未闻也。

二日　　晴

行三十里，泊舟买米，登岸见告示，知已在湘潭境内矣。问知陆路去朱亭十五里，欲由陆行，舟人促发，又六十里至淦田，船不能抵岸。方知淦字之义，此名必古，非唐以后所能造也。呼划子至岸，登局门，入临叔父之丧。见停柩小屋，曾不容棺，念其笃老，为微糈所牵，哀哭有声，已乃问状拜宾。从妹夫陈若愚先至矣。

三日　　晴

居局中，同居王、萧来。因与萧兄见聂莲仙夫人，李三丈之妻、亦峰之妹、梦缇从舅母也。见其挽联颇妥帖，又久欲见余，明日将行，故见之。《礼》："大功以上，人请见之则见。"盖正谓在丧次而有异方之宾，因欲见之者。故下又云："大功不执贽。"乃别言非丧次而见人也。状如男子，殊不及亦峰。欲余代作挽兄联语，以其孤贫，不敢固辞。还寓，书与吴莲石同知，此人三见矣，盖一红人。李仲云为三弟欲得淦局事。

半夜作亦峰挽联："玉堂雅步继家声，恨无缘视草，有分栽花，度岭驰驱五千里，待得宦成名立，日望归来，又谁知寓馆空存，菟裘未卜；柳絮联吟原乐事，奈野藿长饥，蜀茶频寄，累兄营护十馀年，自怜镜破珠沉，天生薄命，到此日梧桐半死，荆树仍摧。"

四日 晴

昨暮闻曾兰生当来，留若愚待之。至未祝甥来，云父病目不至，饭后俱去。送若愚至川岸，遣张桂同往看船，送柩下湘也。

五日 阴

同居王绰生来谈，言其祖父任东昌同知，名璟，字曦亭，由中书舍人外用。岁入三万金，若运硝可七万金，颇藏字画，今半散卖矣。检《志》稿，作《列女传》三篇。命功儿学读六比文。蒋德峻作《泰伯三让》，殊乖经旨，乃别作一篇示之。

凡经传言数目，而下无列目者，必众人共知之事，如此云"三让"，若数适吴奔丧等事。何以取定？《太史公序传》云："太伯避历，荆蛮是适；文武攸兴，古公王迹。"明以王季、文、武为三矣。

六日 雨

晨起，闻三弟生母哭甚哀，往即位朝奠，听之流涕，为罢朝食。储在文论卫辄事不当，亦为作文正之。王生强余作字，涂抹十馀幅，惟八分一联尚佳。鸡鸣时闻邻舍迎春，乃睡。

七日 丁亥，立春。晴

夜月甚妍。以盆盥面，水中见月。忽忆乙卯人日自武昌归与龙、李同游时，匆匆十九年，旖旎风光，垂垂老矣。数年后有尘市之缘，又不如山居时，再复数年，故人益故，甚无憀也。夜作《列女传》五篇，亦至鸡鸣。

八日 晴

昨夜不寐，至曙晓睡，遂至日午，起，检《列女传》，作分书。

九日　阴雨

检《列女传》。刘生月楼来谈。

十日　阴寒

检旧传毕,凡今年新作传十九叶。妇女贤德卓行,暗合古人者殊不乏人,何以男不如女?盖一至之行较易邪,然何以男子绝不能仿佛一二?余作《列女传》,甚讥夫事不肖夫而为之死者,窃以为女畏清议之效,男无清议之过也。若令男有过行,而亦如再嫁者之耻,则风俗必大转矣,以此悟东汉之所以有节义也。竟夕不寐。

十一日　阴

张桂押船到,价万九千。得仲云复书及邓氏婿书。左妹婿兄、陈乔松、从九树霖浙江来书,犹问孟辛,可为叹息。改人日诗,觉小疾。

十二日　阴雨

比日天沉阴,寒湿逼人,殊不憀赖。检《节烈表》始毕。此表经七八次矣。若记览过人,当已熟诵,而余犹懵然,殊足自愧恨。凡为文人必有过人之姿,盖非学力所到,余学人耳。

十三日　阴

二妹设奠,诏相其礼。

十四日　阴雨

至王綍生家看帖,所藏《阁》、《绛》、《汝》、《潭》、《鼎》皆有,余殊不辨妍蚩也。兰生送钱卅千来,始营启事。

十五日　阴,有月

再检王帖得四十馀本,兼得《九经文字》,正余所欲者。观晋人草书,仍不知其佳,盖墨迹必有精采耳。

淦田促营丧事,厨人索喜钱,舁夫为上客,舁者十六人,而有一挑夫,一夫头,共十八人,每人六十馀钱耳。土俗以分白布广及为敬,乃至其家皆及之。

十六日 阴

迎王纯甫知府、周逊斋封翁及琴舟兄立斋、兰生来相礼。朝祖奠,夕遣奠。兰生携有《通礼》及《会典》,误以祭舆为遣奠,而以遣奠为祖奠。祖庙无奠,专谓朝祖。余曰必司马、朱家误也。然从诸君行之。至夜吊者皆至,甚可观。礼毕哭殡,鸡鸣乃罢。

十七日 晴

辰起发引。刘生路祭甚悲,殊足感人。登舟奉安,复祭川神。兰生行礼,余作文曰:“春风渡兮物色醒,三门不浪兮空泠清。乘晴澜兮望岳麓,指极浦兮扬舲逝。川悠悠兮夜不舍,感徂年兮劳写。固古今兮自然,眇愁予兮胡为者。川流兮安闲,素旐兮翩翩。吁来棹兮勿疑,神德灵兮千年。”其首曰:“岁惟癸酉,月在甲寅,乙亥统日,己巳御辰。湘潭某官某人之灵柩将还长沙。某官某人谨以牲酒”云云。舟中议应否朝夕奠,谨按:葬日虞,途迩故也。太公五世葬周,依途中委积之理,必当有奠,脯醢而已。是夜泊淦田未行。

十八日 晨开

舟中临草书一纸。夜至易俗场,闻人语以为泊矣,顷复闻舟橹声,方知未泊。柩不著宿,既已无可泊,遂听之,至湘潭城外已三更矣。

十九日 晴

遣报云门,待诸兄弟临哭。顷之超群八兄先至,不识之矣。已而云门、青浦、俊民诸兄至,岑弟同来,外舅来,郭玉兄来,谭福龄表兄来。夜登岸至外舅寓,坐一时许还舟。徐子云从姊夫来。是日要玉兄同至省,彼三葬吾家丧,故欲其终此事耳。

廿日　晴,大风

行卅里,至鹞子崖下面泊。天寒欲雨。习草书一纸。

廿一日

守风鹞子崖。玉兄云鹞子崖旧为燕子崖,宋刘锜故宅也。

廿二日　晴。壬寅,雨水

南风,帆行七十五里,巳正至省城外,泊西湖桥下。至祖墓视地,尚有馀地可葬。还舟,若愚来,云倪地师择廿六,玉兄亦同过定议。旋入城,至镜初处,见商农,谈顷之,遇曹馀帆,不识矣。过月岑、香孙谈,筠仙亦与,遂宿朱榻。见邸钞。过陈母家。

廿三日　晴,南风

辰起,月岑留小食,出过力臣,登舟,月岑先来吊,未及遇也。复至墓所,视葬中封还,入城,力臣约果臣、筠仙、笏山、仲茗、香孙同蔬食,留张宅。

廿四日　晴,大煊

晨出至舟,吊客果臣、仲云、李禹门兄、力臣、笏山、芳畹、孙公符、郭花汀先后来。若愚作陪,余为主,孤子哭柩旁而已,不答拜也。丧无二孤,以主为孤。又《礼》云:"知生者吊,知死者伤。"正主谓宗子及伯叔兄弟之丧,若父子丧,不得谓不知生不知死也。叶介唐来,论东安修志事。郭提督遣傔来通意,欲余作其母墓铭。得接三、程郎书。

廿五日　晴。煊□

吊客张少尉、李荇仙、陈梅生、黄伯初来。发扛行钱六千三百廿六文。凡舁丧者,扛有大小,随人所用,大约四五千方可。其馀仪卫则随派照算,而以吹手为最贵,用一刻许,非千钱不可也。呼之来,则一无所用,不知俗人何以必重之。

午间朱香孙遣约往席研香寓，面论东安修志事，因往便饭，文丽峰在坐。研香病偏枯，其仪表颇似夏惕庭，甚非意中跋扈精悍之人也。因明日须早出，研香欲留城，余固不欲烦官吏，因自请止宿城中。晚饭罢，舁至镜初寓，谈至子。又阅曾侯日记，殊草草不足观。且当彼卅岁时，静坐即昏睡，亦何至尔。

廿六日 晴，北风

晨还船。仲茗来吊，因共饭罢。若愚来，预备发引，午刻自西湖桥设檰，赏钱四百。由城墙根上醴陵坡，至祖父墓下开圹县窆。路人观者颇以容色蹙否为讥美，知清议未泯。未初下棺，申初书主，若愚奉之。余与功儿反哭，两弟待盈坎。登舟，礼毕甚困倦，乃入城，仍宿镜初寓。镜初言屈子谋反怀王，顷襄不愿，故发愤自沉。此言近理，若无故自死，非贤达之行矣。

廿七日 阴，北风甚冷

早观曾侯与次青书札，无甚可取。旋出城登舟，命舁仆衣冠入城，谢客廿一处，见者叶介堂、仲茗、陈母、笏山、研香、果臣、朋海、郭花汀。果臣处遇荇仙、筠仙，约明日饭，因往辞之，便留晚饭，同坐者唐荫云、鲁英、黄子寿、子襄，谈种花菜诸事。子寿言笏山云往者月食，已为圣母请命，有安社稷之功。今日亲政，亦筮得《履》之八，有"履帝位不疚"之词。功过笏山也。戌散，投力臣处宿。是日有雨，夜大风。

廿八日 阴

早遣人至仲云处取钱三万，呼儿入城买衣物，因约劼刚兄弟、镜初、商农、朋海来早饭，至午装办乃登舟，已暮矣。玉兄先在，因要同还，泊灵官渡。

廿九日 晴

晨发，或帆或缆，行九十里，初更至湘潭小东门，泊中流。送玉兄登岸。是日钞《诗》三叶。

二　月

庚戌朔　阴雨

待风,至巳始发。问功儿"缌不祭"。又云外丧自齐衰已下行也,若一家有昆弟兄弟数十人,岁弱其一二,则士有终身不得祭之时耶?若不同居则可祭,主人当何服?功儿不能对。代答曰:惟有终身不祭者,故以祭为吉礼。诸子弟咸在,皆无缌功之丧,此其所以为大吉祥也。行五十里,泊筲箕港。

二日　阴

微风帆行。作叔父墓志及《郭氏义庄记》。墓志有稿,《记》无稿,恐其再索,乃录之。"军兴廿年,湖外起家开府专阃者百数,皆自贫生致饶利万倍。或厉清节,或慕豪举,然各讳言其富。其有籍巨万之产,举契县府,腾章朝廷,不以营殖为嫌,而朝廷亦无几微诘问之词,奖以好施,许其行义,天题昭睹,表为义门,登诸阁钞,播告天下。则凡百开府专阃者莫之为,而吾县郭氏独得之。郭氏旧为富家,至赠公玉阶而贫,传其子而贫益甚。遭际中兴,功名烂然,乃得成父之志,悉推田宅,建为义庄。而吾友李协办推其原,徐侍郎明其说,李按察数其典,郭巡抚题其□,文章洋洋,其事益著。余尝览《洪范》,称圣王锡福则民富,乱世不□则民贫,贫非美事也。今有人焉,诅寿者为短折,则必怫然怒;及以富人为贫,则听然喜,是何心哉?年者人之所不争,财者众之所同欲也。专众人之所欲,而益以矜诩,则祸难日至。故闷之深守之严而失之也,忽然憯消,人不及知。唯其私之也,故□之也。善用财者不然,大者富其〔天〕下,其次富国,其次富乡，其次富家，未有人富而已贫者也。义田著者范氏，然仲淹微时不能赡一身。赵宋官禄薄于今日，何所得资以立田业？岂不闻孙叔敖之风欤？而仲淹为之而不□，其子广之而无讳，以公覆私之效也。公者，利而可曰义；私者，有福而自畏于用。□观郭氏之所为，不其信哉！称富于众人所讳之日，而天子及闾里莫不嘉叹，唯其所处耳。顾吾闻之矣，范氏义田至今颇为民害，而今作记者有钱、洪、吴诸君，皆范氏乡人，言不及之。意者吾所闻谬耶？凡立大事宜慎求之。或更访范氏之利病，而损益其条规，俾吾县富者资此为法，则富及□国矣。"

行九十里，未暮至淦田，送主反寓，以无备未虞，设脯醢之奠而已。至萧、王处小坐。罗姬娘留功儿晚饭，坐待至二更乃还舟。得吴莲石同知复书，作书与徐氏族二姊，论族九母及寡弟妇困于衣食，宜馆于我。

三日 阴

微有北风，帆行百五里，泊石弯，夜有雨。作颜寿文，并与书接三。

四日 雨止风急

三时许方行卅里，过雷石，湘受洣处，中一石洲，石正如烧炭柤，湘身尚狭于洣也。余每过此或值水涨，或未出观，今始谛之。稍前为斗米洲，舟人云此洲先饶高粱，岁纳税斗米，故名，今荒废矣。缆行卌五里，泊杜公步，疑少陵之故迹也。惜一帆风迟我一日程，殊为怏怏。

五日 阴

行六十里，到衡府城。凡此水驿，舟人必多报其里数，自府城至衡山县号十塘，每塘十五里，则百五十里。自衡山至朱亭九十，朱亭至淦田六十,淦田至湘潭百五十里,湘潭至省城百里,共五百五十里。今数之四百八十里,多七十里。而《晋书·地志》云水七百里。较今又多百五十里。又不识《王制》所云千里而近者,何其寥阔也!凡缆行多不能至六十里,故知其里短耳。湘水又北为七里滩,舟人买米之市。《图经》失考。《图志》皆为七里站。临湘岸曰站门,未详目站之义也。澄澜积漱,浅色铜潺,至于夏涨未波,蘋风始动,行舟上下,衔尾分洪,千篙扣石,有脆霜响,镜空照影,溅溅七里,但旁岸夷旷,不类严陵矣。

作书致董研樵:"研樵仁兄年先生节下:前岁道中奉寄二函,已入鉴否?复闻分守巩秦,不得近聚。又彼中荒冷,当此时艰,虽抚驭勤劳,未展骥足。京都敲韵,雅会难追,唯勉勋名,以树边略,亦足壮诗情也。闿运还山,苦为州县图志所累,笔墨尘冗,无异簿书,久欲奉笺,因忙遂辍。新年湘上舟中,偶得小诗奉怀,附录呈览。如有佳问,由文卿兄可达耳。专颂道安不具。"

作《西忆》诗四首。夜还寓宅,子寝,复起宿侧室。

六日　雨

早饭后复睡,午起。作书致唐艺农、谭文卿、左楚瑛。笺《墨子》二叶。

七日　丙辰,惊蛰。阴,午后甚冷

骑出诣程、贺二家,见仪仲还。六云设食不美,未饭。张蔗丈招至雁峰龙祠晚斋,坐客江、金、蔡诸君,恬僧为主。斋罢至乘云寺,遇鹤帆、吕小香、张野秋。鹤帆去,余七人登台看烟火,夜冲泥步还。笺《墨子》二叶。检采访纸条。

八日　晴

冶秋、寅臣兄弟、春甫来。冶秋见示以诗,诗字俱进。兰台钞余

《书笺》成，更校定之。自《尧典》至《大诰》十一篇，改正二处，颇胜前说。夜笺《墨子》二叶未满，甚倦而罢。既罢复不倦矣，衰回久之，独至鸡鸣。

九日 阴雨

收马将出，子春来谈。雁峰二僧来，遂待饭，饭殊不至，已暮矣。在省城闻魏吏部言：罗君芝士馆于廖协，遣问到否，得片果至矣。芝士，余总角友，自己酉以后遂稀过从，然每岁必一二见，今得同聚异县，可喜也。夜笺《墨子》二叶。子寝。

十日 阴雨

出访李竹丈、江、张、金三公及冶秋、鹤帆、段培元。闻江督放李雨亭，余所谓幕府亦李之巨擘也，然太安静，惟恃清慎以率属耳。晚阅《宋史》一篇。功儿重钞《尚书》，亥寝。

十一日 阴雨

李竹丈来，骑出渡湘，访二杨、芝士、子泌，皆久谈。访杞山、青庭未遇。申过雨田饮，同坐者子春、蔗丈父子、青庭、齐三、春甫，戌散，设馔甚多。亥寝。

十二日 阴

晨过杞山饮，同坐者刘琢堂院长、寅臣、子春、耕云，待子春甚久，至午乃至，未散。甚煊。六云至江宅访同乡，未晚还。

十三日 晴

检《易说》，补钞副本寄钱师。申刻过彭寄生荫生宅饮，同坐者江、张、常耕臣、罗秋云，酉还。蔗丈、陈文源来谈。夜讲《周官》。

十四日 晴

检《易说》。午后鹤帆、芝士、野秋来，小酌。杞山晚至，少坐而去，言火眼唯热鸡子熨之可愈。子寝。

十五日　大雨,至午止

夜复廉纤,始有春色矣。午过厘局,答访陈吉士,论庶常无上衔,尊翰林也。无单名,示谦也。二者不同意。而今单名谦于愚弟,则仍宜用单名。至不用上衔手本,殊非自卑之道,不必法也。明制翰林未甚重,今其署有一仪注手卷,甚自尊大,而尤重前后辈。衣钵相传,入翰林者,必奉为金科。谬称奏定章程,盖始于乾隆时。道光时尤重此官,几至亡国。今翰林益轻矣,而故习私相授受,入其署者,遂无能自拔,亦可悲也。使清议如陋规,岂不少助风俗乎?夜钞《墨子》二叶。

十六日　雨

先府君忌日,素食设奠。检《墨子·经说下》粗毕。比日授诸女及六云诗赋,每日须二刻许。又为两儿讲《周官》及唐诗,亦须二刻许。日间应酬休息,竟不成一事也。

十七日　阴雨

骑出访李衡州、王清泉、童治中、蔡兴安。归少坐,赴雁峰东寮,江、张、金、蔡招饮,四坐廿馀人,轰饮大醉,余独醒,坚坐待散,骑还。子寝。

十八日　雨

阅《宋史》一卷。为意城子题《读书》图二律:“闻君少日有诗名,只羡闲吟不羡荣。手校芸香依殿本,坐听松子落衣声。懒凭门第求清宦,正赖山林养道情。湘上年年秋树绿,西风凉处褐衣轻。”“十年梓木万山中,偕隐曾传左郭风。一自为儒逢世难,廿年巉壁长秋蓬。名心洒洒吹兰雪,高咏重重怨蕙丛。莫琐筠松轻入世,挂书牛角未英雄。”

十九日　雨

南昌黄少瑚同知观海来访,云与高伯足旧识,知余久矣。己未在京曾相闻,颇谈前事。

廿日 晴

命六云治具请客,来者李竹丈、陈文源、廖清亭、黄禹臣、寅臣,子春作陪,各饮三升酒,禹臣醉去。是日竹丈未谈一语,以聋甚,隔一尺便不闻也。戌散。亥寝。

廿一日 阴

早饭甫毕,欲少愒,仪仲来,遂谈至暮。待诸客会饮,张蔗丈、蔡齐三、江雨田、童春海、杨耕云先后来。饮酒不及昨日,菜亦不及昨日,戌初散。

廿二日 辛未,春分。晴,甚煊

骑出答访张同知,遇李仲京道台,云成静斋已至,将见过。遂还,便答访张仰垣宜都未晤。至家少坐,往东洲,赴禹臣之招,坐客有文垣、冶秋、青庭、罗少庚及弟阳生。酉散,步还。作书致曾沅浦、张文心。亥寝。

廿三日 阴

子春兄弟招陪文源、青庭、少庚便饭。看杏花,已大半落矣,未散。过屺山久谈,暮还。仍寒。得晴生书。与书李仲云,为孙公符谋馆。

廿四日 阴晴

刻字人到,将理《图志》。李竹丈、芝士、文源、吕小香、罗少庚相继来,遂尽一日。夜校《易说》粗毕。为文源作书与刘荫渠。夜阅《宋史》一卷。子寝。

廿五日 微雨

研香遣来约会于舟,便访文源。得芝士书,云子征弟欲得廿金迎眷。谋之未得,甚为怅怅。还拟东安采访章程。作书告丧于七父。子寝。

廿六日　大雨

拟东安采访章程,研香欲以《图志》事见委也。午过罗培堂老人处饮,同坐者秦蓉城、镡〔覃〕蓉生、刘耕臣、杨耕云。

廿七日　阴

检《水道志》。午过培元饮。屺山来辞行,同至培元处,陪研香谈,酉散。子寝。

廿八日　晴

巳出,送研香、蓉臣。答访成静斋于石鼓山,遇府县官九人送学,江雨田来贺,均略谈。还,检《水道》一二条。

廿九日　晴

骑至花光寺寻春,还。约蔗丈,欲于明日宴东洲。信未去,雨田、蔗丈,吕小香来,便携两儿四女同出。沿湘岸,桃花数十株,李花百馀株,皆盛开。荆槎祠地颇幽胜,至花光小坐,坐三版船至东洲万圣宫,设饮小醉,还已暮矣。蔗丈、小香复过谈数语而别。是日蔡齐三亦携其子同游,有童子七人,老叟二人,得风沂之乐。

三　月

己卯朔　晴

晨起,瞿子久自长沙来,静斋、子泌来,遂尽一日。留子泌午饭,同过段晴麓。

子泌言《易》“寇”、“戎”通用,我伐人亦谓之寇,后遂专施于敌,后又专为不美之词也。又言《诗》六义有比,唐人以如字当之,其义陕小。诗中有通篇不及正意者,如《鸱鸮》、《鹤鸣》之类是比也。说甚精确。晚过子久谈,遇符子琴、刘镜芙,皆仿佛识之。

补昨日游诗:"一月城中雨,新晴乐事同。山川依丽日,桃李及春风。引步芳堤软,看心古寺空。年光始骀荡,留赏莫匆匆。""汀洲茸草碧,幽映覆青霞。午润蒸桃颊,春流敌橹牙。依楼半城日,回棹一船花。君见韶光丽,方知薄宦奢。"①

二日 晴

约晋斋、子久、子泌、春甫、仪仲午饭,酉散。蔗丈复约登雁峰,同江、蔡、瞿、贺晚饭。吴子登赴母丧。

三日 雨

巽出送子久行,午还已晴。步过仪仲饮,同坐者屺山、蔗丈、子久、春甫,寅臣来陪客,戌散。检《志》稿。丑寝。

四日 晴

蔗丈来,言黄翰舟暴病死。甚言三杀五黄,足致凶祸。

作子登母挽联:"偕隐高介母之风,江海安行,鱼笋承欢同禄养;示疾念观音之力,期颐知命,蕈蓍委化入漻天。"与玿、翂上雁峰看桃花。

五日 晴

姚西浦来,言《志》传例意。检送来诗稿,欲采一二篇,未得佳者,存其名姓,当代作之。子寝。

六日 晴

岣云仆引进仆人王益来。李衡州过访。作书寄香涛、荇农。王清泉招饮,再辞不获,便服诣之。同坐者吴雨生,武进人;吴平翁,汉阳人;蔗丈,立堂。亥散。

七日 晴热

检《志》稿。发京信,寄土物。

---

① 诗末两句,据《湘绮楼诗集》补。

八日　晴热

子泌、芝士来,留子泌饭。商霖至。同出。魏萝村来,少坐。步过童治中寓,暮还。

九日　丁亥,清明节

当春祠,以期丧不祭。昨约春翁至岳屏踏青。访仪仲,未后骑往不遇。入西门,过雨田不遇,再过培元,遇屺山。屺山先过余少谈,今至段宅,恐有别事,故不久坐,辞还。雨,至夜雷电。

复作书寄伯寅:"伯寅先生阁下:辛秋奉别,两上谢笺。还山再春,瞻怀千里。虽频因阁报,见想委佗;野酌园花,每思清宴。子牟存神于阙下,茂宏长慨于洛贤。昔有斯情,心乎蔆矣。玉堂宿望,斧依新对;赞左初服,岂谢芮彤。达政难期,好贤为最。海内之愿,殆有所归,雅步三台,非所为颂。湘省近颇平静,戎士皆复归农。筠仙颇寻礼学,时得聚讲。闿运钞撰《书笺》廿九卷已成,《易说》亦粗整理,近为列县图志所溓杂,未能覃研,一二年内仍当提椠京师,希咨通博。往与曾文正言,阁下单本希籍之刻胜于巨编。若能联合外台,于辇下别设书局,使周、汉子说悉得刊行,兼以馀闲删定经疏,广求才识之士,使闿运亦得趋走其中,诚为盛业。尔时即已与书孝达及钱师,询其可否,便欲资本江督,择日北行。术业有缘,曾侯即世。然此举不烦奏请,得一二督抚可行,似胜于开馆修书、鸿词征士。傥有侍论,庶资启予;若谋及同志,尤易易也。杨师复直,计常相见。久未谒觐,辄附一笺,乞转致为荷。今岁星轺分出,惜所居惟当桂驿。湘、桂小典,不辍大臣,惟冀孝达盛总南选耳。因萧君赴补,冯通此书。敬颂台祺,不百一。闿运顿首。"又书上杨仲鲁师。

夜大雨,将睡复起,待雨止,丑正乃寝。

十日　阴

试写地图一叶。未正出,送屺山,携两儿三女泛舟以往。至石鼓，恐其不来，登山访静斋，遇齐三于磴道，同入则蔗丈、雨田皆在，清庭继至。雨田强我饮于太和，先遣抱两小女去，因留船遣儿代送。步往北门外，遇童春翁，复同往太和，子春兄弟皆至，待菜殊久。闻炮声，知水师送军机矣。借舆往川岸，已不能及。雨田乃送帉女与余同还，殊未饱，呼饭又得小杯，殊不快，姑食尽而客欲去，及送客复再食，已不饥矣。夜雨，山中送杜鹃花来。

十一日 雨

牡丹得四花，皆不佳，又为雨损二，风折一，亦可笑也。折置水盂中，乃更精神，一夜花高至寸馀。检《志》稿始毕。

十二日 雨

曾祖妣生日，以今年废祭，晨起竟忘之，夜始省记。虽本不设荐，然一家无言及者，荒忽可惧。补《艺文志》稿，作《辑略》。亥初已倦就寝，忽不能寐，鼠声甚厉，数起驱之，至丑乃寝。

十三日 雨

检《艺文辑略》。张桂求书往桂阳投陈俊兄，与书遣之。晚过厘局，约蔗、雨诸公游岣嵝、莲花诸峰，待晴即发。复过李竹丈谈，竹丈喜言山水形势，以分水为龙行，云东三省尚当有兴者，俄罗斯必臣于中国，皆以地形决之。

十四日 雨

作《艺文志》毕。食雉凫三头甚美。功儿言廖学使课士，诗题有“堕巢乳燕拳新竹”，不知何人之作，颇难刻画。因命作之，得“巢”字。余戏拟一首，颇似吴谷人、熊雨师。两公皆以试帖得名，余竟无能诗之目，亦可嗤也。宋明、梁武与臣寮争书弈之名，故是结习。

十五日 雨阴

得李若农书。雨、蔗两公来，同游花药寺。上岳屏院，不遇仪仲,乃入寺小食茶果而还。畛、帏侍行。夜作《方技传序》,检旧《志》,子寝。

十六日　阴,有雨有月

湘水长丈馀,已平堤矣。骑出,问仪仲从子病,兼访子泌,遇王朗生,谈顷之。还,与诸儿出门观涨。子寝。

十七日　晴,夜雨

丰儿书愈劣,乃令钞《左传》,取《礼经》自钞,钞《士相见》二叶。讲《周官·天官》毕。

十八日　雨

晨起检衡阳旧《志》。饭后欲有作,蔗丈遽来,要同过石鼓,冯合江亭看新绿。渡湘至杨慕李处午饭,竹老先在,彭寄生继至。饭后,至园中看残牡丹,取文无一盆以归。钞《士相见》半叶,已毕。丑初寝。

十九日　雨寒似仲冬

比日旷废殊甚,无以振之,始定钞经之课。写《礼经》二叶。钞《诗经》三叶。酉初大睡,亥初方起,检点毕,已丑正矣。

廿日　雨,霄雪

写《礼》钞《诗》如额。得文心书,言前寄《穀梁》等未至。又欲吾改《庄子序》二语。随笔成文,至烦友诤,亦可知见待之厚也,谨当改之。

廿一日　晴

遣莲弟送马往滏田,将为宜春之游。萧云谷来。程生送赋二篇,点定之。晚过蔗丈,及门遇成静斋,比入,蔗丈避生日早去矣。与金立堂谈,复过雨田,旋别去,还。写《礼》钞书如额。丑寝。

廿二日　晴

雨田来,携畛、帏两女出看戏,以己轿让与之,而步行随去,余不得已陪往天后宫，复遣丰儿从去。至李易卿处少谈。还钞经二叶。蔗丈与马智泉来。

廿三日 晴

钞经二叶。遣觅船下湘。培元来，言及刘岘庄颇为快快。申正附舟，携一童自随。夜闻子规，城中尚无此声也。夜露甚濡，亥宿。舟行至晓不计里。

廿四日 壬寅，谷雨。晴

午过雷市，泊久之乃行，夜遂不泊，至晓已过淦田矣。是日钞经二叶。戌宿。

廿五日 晴

早换渔舟溯流上，至淦田登岸，见厘丰移处，入问之，乃知已易人。旋至三弟寓中，云已到株洲，其二母已将迁往也。二弟同饭，马早至矣。将见若农，检类书，求罗上加网事见《太平广记》未得。日昃添一力荷担，骑行廿里，宿长领，醴陵地。逆旅翁八十一，谈老事，夜饭只取百钱。

廿六日 阴

有数点雨，骑行至乐。少长道涂，不知春游之美，今乃得之，作诗以记："闲游不数晴，每趁碧山行。数点分秧雨，双呼布谷声。驿程平过岭，春嶂绿无名。转惜年华意，芳华起别情。"

五十里饭于铁江口，漉水津步也。廿里至醴陵，误渡水，遂还过浮桥，八里宿八里坳。

廿七日 阴雨竟日

从雨复行，竟未沾衣。七里饭樱桃领，七十八里宿水口，前逆旅主人女留客处也。寻之不得，门径亦迷，夜雨滴檐，作小诗云："萍县西头水口亭，柳条深处坐黄莺。于今独宿青山雨，始觉从前是薄情。"青山铺在西二里,故诗中云"青山雨"也。

廿八日　大晴,甚热

八里过萍乡县,五十里过芦溪,袁水通舟处也。卅里过仙峰市,甚繁盛。五里宿白沙铺,店妇粗丑,强余服洋药,聊令栉发代之。

廿九日　晴煊,可单衫

晓起,望店外有砖碑,往视之,余焕忠女易秀坤妻旌表详文也。同治三年死叛卒之难。萍乡道多游女,嘉钦义烈,有异常贞。又伤其不死盗寇,而殒于官将,为作二诗题之石上。"麝粉兰烧香不灰,分明题字照新苔。琼枝朗朗春风里,羞杀桃花不敢开。""兵灾已过复传烽,一颗明珠堕掌中。借问春霆见余女,何如巢妾对唐宗。"

行六十五里至袁州府城,宜春地也。入城径至试院,见门闭无一人,乃还。至西门下店,询知学使未至,复亲往府学询之,云今日可至。乃出城,欲往东门看船,而误由北门,遇群官还,云明日入城耳。既行渐远,遂□就视之,行可五六里,见舟泊对岸,乃自往通谒,若农学士出迎,留谈如旧交,遂宿其榻。湖北黄耀庭出谈。

卅日　晴

辰初开船,至北门码头,先登岸入锁院,见其客徽州江芷香、董业勤。若农还,未刻封门。余宿西斋。闻陆广甫、吴荄甫之丧。

四　月

乙酉朔　雨,稍凉

是日考生员诗赋。仲约设馔见招,同坐者济宁郭寿农、南海何次山。仲约言:"新会九江乡有渔师能先知次年水大小。其法以十月初旬秤水,日重一分则月高一尺,如二日重则二月水长。"以此知张平子地动仪可测而知也。是日晏起早眠。

二日 阴晴。午间大雨。

阅袁州赋卷十七本。读仲约《四库书表注》四本。仲约之学，盖喜通博。又市〔示〕我黟人俞正燮理卿《癸巳类稿》。余好闭户覃思，颇有独得。至丑寝。

三日 晴热

阅袁州赋卷十馀本。与仲约谈内庭宫监事，云宫监不以官品为荣，以差使为贵。又论夷务，筹今可将者殆无其人，可为太息。耀庭见赠五言，依韵和之。又示我纪事百韵诗，奥折颇似退之，盖近今楚材也，似胜王怀钦。夜至丑寝。

四日 晴热

仲约设饯，将以西行，待诸生交卷已暮矣，遂止不去。招莲弟等入锁院，郭寿农询及郭提督何在，托寄挽联，因亦作一付："笃谊荷天题，圣母深褒贤母德；中兴育名将，郭家堪并李家荣。"寿农写《元苌碑》，有书名，请其代写与之。夜与仲约言前八仙后八仙之局，深以变更为惧。又言夷务，恐当侵削。

余因作诗赠之，末章云："从容耀台衮，颠沛守中原。投艰岂有术，民仪翼戎轩。请为颂樛瓠，聊以慰周爰。"谓得人斯无难也。夜雨，丑寝。

五日 雨

将行复止。阅袁州一等生文十馀本，取十名，后两卷置第一、二，天雨意为此二人当补廪也。因寻万载童生卷，复取一人入学。仲约谈广州闱姓之局确有消长，作表示我。

六日 辰雨午晴

未初出院，驰四十五里，酉初至分界铺宿。

七日　雨行八十里，宿萍乡十里铺

是日且行且止，室暮乃达。细雨连山，蒸作绿雾，甚奇景也。

作子登母挽联："有子成名介母后，几人偕隐；百年知化法轮前，一转超凡。"前已作之，今复改也，然不及前作。

八日　晴

过萍乡，饭于水口，以马未至，留待久之，假一榻以眠，饭后始得前年旧寓。"旧游如梦复如醒，只忆娇娆不忆名。刚举玉杯成一笑，茗华朱字甚分明。"一年之别，老似十馀年，殊有刘、阮白头之感。又诗云："桃花落处玉成烟，仙药从来不驻年。比似刘郎犹易老，等闲头白作神仙。"

行八十五里宿樱桃岭。

九日　阴晴

十五里过醴陵，循山行，六十五里宿八宝坳。道中茶包络绎，一日已见二百挑，夜中犹未绝也。芳原走马，人生之最乐，偶作小诗云："逆水枉抛牵缆锦，胡沙空费辟尘犀。南朝惟有东昏后，解向春郊斗马蹄。"是日丁巳立夏。遣莲弟至长沙。

十日　晴

行卅里至淦田，三弟已移去矣。少愒萧宅，遇齐逸仙秀才及团局刘、曾等，议育婴费。设饮，余为上客，同坐者曾立斋、萧一峰、陈君，未后散。余假立斋钱四千，开销夫价及帖帐乃行。欲宿青塘团局，与逸翁期会，比至而曾达斋及其从子新吾要于门外，云葳生约宿其家。客从主度，遂夜行五里宿槠木塘曾宅，八妹出见。

十一日　晴

与逸翁待饭罢，同行至朱亭，少愒其宅。闻南舫族父有女，为其从妇，往访之。并见逸翁弟，春翁族妹之舅也。妹婿齐凤喈已往嘉峪关，将从祥兴出规伊犁。有二子二女，妹年卅三矣。二十岁时曾一见余，余遂不记之。南舫先生与余颇有知赏之谊，余入学又认为保，卒已廿年，唯存二女，一在省城，更不相闻也。觅夫甚难，待至申始行，廿里宿大桥弯。

十二日 晴

南风甚壮，行七十里宿依田铺，衡山县南卅里。连夜甚为蚊子所苦。

十三日 晴

北风，日色甚烈。行廿里饭于九渡铺，驰五十里还寓，见七父书，知介卿兄得狂疾，方悟此兄前此不近情之所为，盖以疾致然。

十四日

晓起将出，待小食，久之不得，雨至乃罢，散卧竟日。

十五日 晴

祖妣忌日，素食。子泌来，留馂荐。

十六日 晴阴

出贺春甫新宅，访唐艺丈、李幼梅。程宅见唐价人书，言岣云旅卒，光景甚累，然柩将归矣。遇蔗丈、郭育之谈衡山游兴未罄云云。艺丈约过耕云同饮，还家饱食，欲不去，念与老人期不可不赴，乃渡湘至杨宅，则宾主方待我，坐客更有刘琢翁及春甫，至亥散。是夜月食。

十七日 晴

艺丈来谈，往年营于齐河，龙神化蛇，降其营中，演戏十日，三蛇乃去。蛇知礼让，蟠曲成“福寿”二字，土人皆识之，所谓金龙四大王者也。

十八日 有雨

春甫来。两儿讲《周官》，考“翳翳”同异。注家多以旄牛毛为翻,殊乖从羽之义。郑司农以为羽葆橦,许叔重以翳为华盖。华盖若今之伞,未宜用作指麾。许盖与《尔雅》异说。颜师古以为雉尾扇,近得之矣。

十九日　阴

出访春甫、艺丈皆不遇。至童治中处少坐,遇大雨,食面而还。莲弟还,得芳畹书。

廿日　晴

李幼梅来,言安仁有洁爱泉,不知其名所始。余考府书,不得其说。又言《王制》养老,周用三代礼。检郑注示之,疏内引熊氏言"一礼备三礼",似非也。午过春甫饮,陪唐艺丈、李竹丈,同坐者沈曦亭、吴品高、耕云,戌散。过吊贺仪仲,有从子之丧也。

廿一日　晴

湘水暴长。张蔗丈及厘局章、郭、周治侯。三君,幼梅及罗少南来谈。丰儿读《公羊》,因考叔术反国夏父之事,以邾颜无绝世之道,当坐杀人身抵而已。竹丈招陪艺丈饮,同坐者廖、程、杨、马四君,晚散。过马智泉宅少坐。

文心送君山茶至,并书问史事二条,答之。"文心世仁兄先生道席:前月得复书,适以春游,访李若农于袁州,往返二旬,未及作报。比归,复得手教,及寄到鹤茗,清映心目,喜慰无量。承示删改《庄叙》,谨即如所箴涂易之。闿运平昔不攻宋学,以不相为谋之道,惩辨生末学之言,凡所著述,未涉唐后,缘论禅悟,顺笔及之,遂荷指正,焉有不怿者乎?《穀梁申义》于前年钞呈,由郭筠仙转达,奈何中没,今并补上。彼系手书,此则传写耳。比年作《书笺》廿九篇已成,近又作《诗补笺》及《礼记笺》。初命生徒创稿,多发古义,有可观览。惟独学无友,鲜启愤悱,学之不讲,是吾忧也。廖学使颇勤恳于学政,昨以枪替,致乌合市人连拆民屋,以此知处事之难,非倭学可办。仁兄殷殷于《近思》,无亦致精于圣道,盖儒圣之分门久矣。所索碑拓,俟考后寄呈。经策本无蓝本,策问有孙芝房《刍论》一册,可赅大政。至经史疑义,多是陈言,以敷衍了之,无异条封也。近日经学将兴,贞郎尚宜留意。闿运两儿,材志驽劣,一无可言。乘邮奉问起居,不具。"

廿二日 晴

姚、刘两秀才来谈,甚言耕云之劣。耕云本由仪安诸君誉之,今审之,未为平正。既交游有年,不可绝之,复交浅,不可规之,泛听而已。以此知择交未可因人,有若所云"因不失其亲,亦可宗也",盖言因人结友之弊。晚答访蔗丈诸君不遇,遇雨,过春甫,访艺丈复不遇。春甫宴客,与童、金诸君杂谈而散,复少坐,至暮还。

廿三日 有雨

钞《志》稿数叶。亥寝。

廿四日 晴

约艺丈便酌,请幼梅、杨慕李、春甫作陪。仪安子国篁充拔贡,以曾学文于余,来谒谢,留之饭,云有应谒处,遂去。客至酉正始集,亥初散。始补《诗笺》。

廿五日 癸酉,小满。晴

出送艺老,已去,与程郎少谈,过子泌西禅寺及幼梅处,皆久谈。还过姚西浦,值其将出,少坐同出。此日小病,无寐。钞《诗笺》一叶。

廿六日 晴

王生归。过端午,因命功儿还石门,检书早行。余借病晏起。子泌及王朗生来。常宁校官李拱轩衣冠来,云东安人,闻余修《东安志》,欲一见,强出见之。言宗涤楼修《永州志》,大言不必与州人看,以此见疾零陵王令,故意涂改之,宗抱稿而泣云云。余问元稿今存否。云不知矣。李幼梅来,皆久谈。二客在内,默坐而已。夜笺《诗》一叶。作安南阮交《史论序》。

廿七日　晴,午大雨

舁出,答访拱轩、幼梅,遇安仁校官李与吾,谈顷之。作书唁子登、寿衡,皆寄挽联。徐母挽联云:"偕老未终随,富贵白头犹有恨;名贤争诔母,升平彤管定传徽。"又书与芳畹。常生来。

廿八日　晴,未大雨

慧堂三僧来。为畇女写诗二首。

廿九日　阴

未欲雨不成,颇凉。芝士及其从子来,言余子贞有孤弟,贫苦无依。余欲招之来同居,先须廿金假之。因出访培元,遇其有客,乃过蔗丈少谈。驰还,雨至。

五　月

戊寅朔　雨

钞《志》稿五叶。笺《诗》一叶,补前二叶。说《桃夭》"蓁蓁",古训始明。衡阳新学生常集熙来。

二日　晴

钞《志》稿五叶。钞《诗笺》五叶。培元假余钱八万,寻春浦换银不遇,遂往詹诚之处,言广东闱姓赌场事。功儿乡中还。

三日　晴

春甫退还余银廿八两,因得寄余君书,并与书芝士。钞《志》稿五叶。笺《诗》三叶。

四日 晴

笺《诗》三叶。子泌来,言《行露》非听讼之词,与《野麇》同意。余以其背《序》,不敢信也。饭后与同游湘濒,至柴步遇仪仲,呼余同至其家。寅臣出谈,暮还,欲钞《志》稿,蚊集而罢。

五日 晴

命功儿祀三祀。余至午乃起。常石渠及其子季华来,久谈。是日竟日未饱饭。

六日 雨

欲出未果。钞《志》稿二叶。笺《诗》三叶。寅臣招饮未去。

七日 晴。有雨

写字七幅。作书与雪琴,又慰问七父,以介卿兄病狂也。笺《诗》三叶。检《志》稿半叶。

八日 雨

检《志》稿四叶。笺《诗》二叶。欲说参、昴何月昏在东,遍检《经解》无说者。

九日 雨

笺《诗》三叶,二《南》成。计十四日得卅叶。

十日 晴

钞《志》稿三叶。笺《诗》二叶。春甫、段槐堂来。程郎送文来。培元来谈,与同渡湘,问杨子春疾,夜归。微雨。

十一日 晴

钞《志》稿一叶。笺《诗》三叶。出送金立堂行,并赠以《桂志》、石茗。又访蔡齐三,不遇而还。

十二日 己丑,芒种。阴,大水

张、金、蔡三君来谈,兼约晚饭。笺《诗》三叶。梦缇至贺宅会食,甯、珰侍行。余待至暮,乃赴厘局,遇仪仲及卜允哉。允哉,若愚姊夫也。久坐至亥。立堂留别,设酒二席,至者十人,菜颇旨洁。子散。刘敬三、陈培之来。

十三日　雨

祖考忌日,素食,设奠。笺《诗》二叶。检《志》稿,钞二叶。

十四日　雨

笺《诗》二叶。检阮刻《经解》,观本朝唯古文《书经》大明,其馀学尚阙略,礼制较多钩考耳。钞《志》二叶。录陈学究志铭未毕。

十五日　阴

出,答访陈、刘、符三君,皆相遇。欲往子泌处,畏雨不果。还钞《志》稿半叶。笺《诗》二叶。暮大睡。

十六日　阴晴

钞《志》稿三叶。笺《诗》二叶。春甫及段悦堂向荣。来。许昆甫及程生来。亥寝。

十七日　雨

笺《诗》二叶。过子泌处,谈经两时许还。撰《志》稿三叶。过竹澹溪。

十八日　晴

笺《诗》二叶。翻宋、元人衡州诗文,钞《志》一叶。亥寝。

十九日　晴

笺《诗》一叶,钞《志》一叶。考《水经》记重安、酃县而无临承,得其确证为郭璞所作,非也,郦生别引郭说,盖不知为璞作。郦尉以其在南朝,故不移其名耳。是日始絺。

廿日　晴

早起,闻人言罗芝士暴病死,骇叹。顷之,即往视尸。章芝林先在,为之草草敛毕,假春甫处一棺与之。成静斋、程春甫、张蔗丈、蔡齐三、罗少庚、郭育之均来视。吾乡重友谊,尚古道,殊可感叹。申刻同送芝士柩登舟,急还。芝士与余交廿七年,其人敦笃谨介,不改其度,虽文采不足,可为畏友,余以湖衾襚之。与章、成渡湘还。

廿一日 阴雨

笺《诗》三叶。得李郎书,并见赠柱帖十六字。廖清庭来。

廿二日 阴晴

笺《诗》二叶,《邶风》成。数之十三日得卅四叶,以每日二叶计之,多八叶。故友余子征之弟子振来,余招之也。

廿三日 阴

子泌来共读,设坐同室。其长子兆琅侍来,坐之后斋。段晴麓来。笺《诗》四叶。作《志》稿一叶半。丑寝。

廿四日 晴

春甫来。笺《诗》三叶。作《志》稿一叶半。子罢。两儿作文并成。

廿五日 阴

作《水道志》一叶,承水成。笺《诗》。

致龙皡臣书。"希蟠仁兄先生道席:正月至宅中,闻已治办,刻期出作选人,心颇不以为然。然成事不说,遂不谏也。今已半年,尚未成行,殆有所裵回而待朋友之决定耶?闿运不言,计无有不面谀而后言者,请试论之。夫官者无止境,而遭者有幸否。以令长为致身之资,则已末矣;以弦歌为三径之资,则未可料矣。今居省城,视昔居省城时何如?何忧其不足乎?为贫而仕,非兄志也。直以材志飙发,久闲不试,思欲一显其神明之誉。特不知出遇僻地,逢恶长官,将一无所施;或补大缺,迁高官,将欲罢不能。五十之年,仆仆形役,此有官癖者为宜,而以老兄之初志,又未屑与悠悠者浮沉矣。吾辈才德有限,必无富贵令名并集一身之事。以近事论之,咏、涤、季、霞,皆艰苦成名;筠仙最逸,犹卧矛杆;眉生弃家,乃得徐、海;杏农高名,困于张、李;庸斋上德,被谤广东;弥之九伤;辛眉坐啸;申夫再劾;闿运长歌。出处之分,校然如此。将欲与官、瑞为列,而先冒良吏之名。或欲与陆陇其、陈鹏年并驱,而今有理问之第。语曰'知止不殆',兄其止乎? 断事最难,幸无谓进退绰绰也。夏寒沉阴,起居珍重。"

廿六日　阴

笺《诗》四叶。检《武水》,殊疏略,不能成文。至雁峰答访许昆甫。李竹丈来。

廿七日　昨夜雨,晓止,竟日阴。是日甲辰,夏至

笺《诗》四叶。与子泌过春甫不遇,独游石鼓,访静斋,闻篁仙至此,谒知府而去。还过蔡齐三处,食楂饧。

廿八日　阴

笺《诗》四叶。检次《列女传》。亥寝。

廿九日　阴

骑出,答访宋云孙,少梅司使之子也。余小时书室悬少梅所书《韭花帖》一幅,故识其与余家有交往。昨来拜,未见。今往,又不遇。与蔗丈少谈。得文心书。复遇齐三,留面,旋同蔗丈访竹屋,遇耕云,云子春病甚。得张文心及七父书,报族兄介卿之丧。介卿荒唐卌年,竟以狂死,其人有高志而无实心,故可惜也。

晦日　阴

得同学罗子乔书。子乔亦轻脱,近颇收束,久不通问矣,作书复之。兼报李郎书。检《列女传》毕,请子振誊之。赴厘局饮,过童治

中谈。

六　月

戊申朔　晴

笺《诗》四叶,《卫风》毕。阅《经解》一本,《采记》廿一条。始停夜课。郑通判耕五来。

二日　晴

笺《诗》一叶。阅《经解》一本。出,答访郑耕五、贺寅臣两郎。赴子泌饮,未设馔,起赴石鼓廖总兵之招。子泌处同坐者许莘吾、王朗生、郑啸樵、段海侯、程商霖。石鼓同坐者李衡州,丁次谷同知、成静斋、程春甫,亥散。丑寝。

三日　晴热

作书寄李若农。得李郎书。骑至石鼓,与静斋渡湘,唁耕云,其长兄子春于前日卒,年六十。坐客有石经历、张宜都,丁笃生支宾。耕云谈其兄事,颇不庸劣,亦君子之徒也。午饭,热不能食,俄顷反风,夜凉,子寝。

四日　凉

笺《诗》四叶。阅《经解》一本。

五日　凉

得邓氏婿书,非女于四月廿八日得一女,其家讳之,俟满月乃报也。笺《诗》四叶,补前二叶。闻岣云柩还,其子来,甚困苦。与子泌过春甫、竹丈处谈。①

① 六日至八日日记阙。

九日

子泌去,春甫来,言岣云子欲还本宅,耕云百金即以傅之,春甫亦傅以六十金,余傅以廿金,又以衣一袭抵五十金,乃得成就。纷纷竟日,诸课皆停。夜子泌来。

十日　晴,有雨

仪仲来还屋契与王儿。遣觅舟还石门。耕云来。李宣伯来。

十一日　晴

蔗丈来。寅臣来送行。

十二日　晴

作书与李雨亭,论江南刻书事。复与朱雨恬书,荐余子振。又为许拔贡改赋一篇。检旧纸得《诗说》二条,皆胜于后说,知一人之见,时有不明也。午送子振还长沙,送子泌还西门,待眷属毕行,乃出吊岣云,渡湘吊子春,复渡西岸,步至子泌家,骑而行廿里,至版桥宿。

十三日　庚申,小暑。晴

早行十五里,饭于杉桥。日烈不可进,两儿行日中亦甚困,强前至大胜,解鞍大睡。复命店主作白粥,店妇出咸菜佐食,日晚乃行,乘月从楂林塘取平路投道山桥还家。别山居又一年矣,园池未荒,殊可喜慰。子寝。

十四日　晴,有雨

扫除南窗,设笔研,以书船未至,泛览余氏丛书十馀本。

十五日　晴热

两儿仍理所读书,为各倍二本。命诵《离骚》,尚不如八年前时。亥寝。

十六日　晴。夜雨

翻范直侯诗,感朋友少年相投之意气,其后乃落落不如前时之亲款,可为太息。

十七日 晴阴,午后雨凉

作颜翁挽联。检碑帖。命两儿作“与奢宁俭论”,不成。凌生兴益来拜客。

十八日 晴

作《常文节夫人传》。

十九日 晴

始注《春秋》。检《春秋义例》,每日条列四年事。书咭颜接三,上七父。子寝。

廿日 晴

检《春秋》四年。夜读书八篇。家人未夜已尽睡去,两儿为学子亦既夕而眠,殊可怪叹,朽木难雕,亦不复呼之。亥初便寝,已而复起,小坐乃寐。

廿一日 晴热

检《春秋》九年。夜热,独坐庭中,思作一诗,闲写情韵,麇集竟无所成,信江郎非才尽也,正以才多而更涩耳。

廿二日 晴

未后阴云,似有大雨,已而云散。检《春秋》九年。

廿三日 晴

未后复阴,检《春秋》七年。至庄公四年。是日庚午,初伏。常寄鸿来,闻孙公符妻死。子寝。

廿四日 晴阴。颇凉

检《春秋》廿年。贺赤轩来,送其弟妇殉夫事迹,求作传。常吉人次子同至。亥初寝。丑正感梦,起坐顷之,乃寐。是夜梦见故交五六人,最欢愉矣。最奇者梦入一室,空中有声,一人大惊,谓刺客至矣,出碧霞犀带照之,其物堕外房。余审视所坐屋顶上有巨石,似土穴,与外间亦无垣窗之隔,视所堕一黄狸如犬,死矣。彼人呼为贝,云不死,可得宝物,余强令试剖之,乃发机作声,物自起能行,化为二鸟,如鸜鹆,故惊而寤。已又梦有人从碧湄所来,为委员求见余。余寓某节署,冠带出,其人坚坐不起,似未见我者,已乃出碧湄书。

廿五日　晴

王先辈盎甫来谈,云萧汉溪提督所取进,卅四年老诸生矣。检《春秋》十年。夜凉。

廿六日　晴。午后阴,似有大雨,已而云开。夜热

检《春秋》十年。读《九章》,以曹镜初新义释之,幽义悉昭。因叹古人心迹可见,而为众说所汶,可叹也。王兰台来。陈生富春及夏生彝存来。

廿七日　晴

早凉午热。检《春秋》一年。行李船至,视工人运之,竟日不事。子寝。

廿八日　晴。有雨

扫除书室。改笺《诗》一篇。

廿九日　晴。丙子,大暑

笺《诗》未两行,常吉人来,留宿北斋。晚饭后同访王盎甫,兰台及两儿同往。过龙冈渡,雨至,少避田舍,雨止,吉人行山径困顿,悔不宜率老人履险,甚不快。三里始至烟棚庵,问盎甫何以名烟棚,云此山常出烟蓬蓬然也。谈次雨至,坐久之不止,乃去履袜,易草履而行。兰台等皆赤脚,吉人留宿庵中。余率从者五人涉承水而还,水可没胫耳。至家已丑初矣。梦缇未觉,六云候门,已而梦缇起,啖豆粥二碗,又少坐乃寝。

闰 月

丁丑朔 晴阴

吉人、盎甫辰后同过,设食毕,皆去。笺《诗》四叶。检《春秋》四年。至僖十八年。作《志》传一篇。此后定日课如此,不如程当补之,有过无不及也。两儿夜倍经各二本,赋三叶,三女亦皆有程。

二日 晴

笺《诗》四叶。作《志》传三篇。检《春秋》五年。改两儿《子产论》。

三日 晴

笺《诗》三叶。检《春秋》五年。翻《地理志》,寻诏安县所始。补作三传。

四日 庚辰,中伏。晴。夜雨

笺《诗》三叶,《郑风》成。说《溱洧》有名理。检《春秋》五年。《僖公》毕。补《孝义志》。子寝。

五日 晴。时有雨,凉似早秋

笺《诗》三叶。检《春秋》四年。

六日 阴凉,夜雨

笺《诗》三叶。作书与外舅、弥之、若愚、力臣、芳畹、子泌、邓氏婿。发零、桂唁函。鸡鸣不寐。

七日 阴

早遣莲弟下湘。欲检《春秋》,未展卷,王盎甫及王式侯秀才来谈,同至石门观看荷花。晚复携四女两儿同看荷花。村妪送新枣一斗。笺《诗》四叶,说《南山》颇有精义。

八日　晴

检《春秋》四年,补前二日七年。笺《诗》三叶。暮雨大雷。夏生来。

九日　阴凉

笺《诗》三叶。检《春秋》四年。《文公》毕。理诗回,得子泌、春甫及陈从九书。子寝。

十日　阴

笺《诗》三叶。补考"骊牡三千",以邦国六闲,特居四之一计之,牝马当二千八百三十二匹,云三千者,大数也。以《左传》三百乘计之,良马三种,当一千二百九十六匹,云三百乘,亦大数也。驽马三之,则诸侯当有五千一百八十四匹,然则闲非厩也。卫马四千一百廿八匹,少于定制一千五十六匹,而孔疏云"非礼制",误也。赵商算不误,郑志亦失之。

此十日功儿倍《礼经》一过,内少《丧服》一篇。《周官》一过,《春秋》一过。《礼记》自《玉藻》起至四《制》。钞《汉书》五叶,并读钞《礼记》八叶。丰儿倍《礼经》一过,《少牢》未倍。《礼记》一过,《曲礼》、《檀弓》未倍。《周官》至《夏官》。写字。

又考《史记·十二诸侯年表》:桓王二十三年,伐朔立黔牟,朔立三年矣。次年为庄王元年,则其年王崩也。《春秋》桓十五年十一月,天王崩。十六年十一月,朔奔齐。庄公三年,葬桓王。六年,朔入于齐,黔牟立八年。何休云:"黔牟名留。朔之出由王命。"故年表就而书之。《偕老》诗云"胡然而天",言宣公薨也;"胡然而帝",言不幸天子伐朔也,王入庙称帝。此诗当作于黔牟二、三年,齐始令公子顽通宣姜,以求复也。

十一日　阴,夜小雨甚凉

笺《诗》四叶。检《春秋》十年。补昨日五年。钞唐诗二叶。讲

“母也天只”。天者,夫也。妇人不二天,既嫁天夫,故在母之次。“善戏谑兮,不为虐兮”,盖谓幽王朝君臣媟嫚,文侯在其间,能善之,使不为虐,所谓“乂不格奸”者。亥寝。

十二日 晴热

检《春秋》八年。《宣公》毕。笺《诗》三叶。《魏风》毕。得皞臣、程郎及张少县书。皞臣云:“三《礼》郑注多与经违。”未知其何所见,当移书问之。夜小雨,月出甚明。亥寝。

十三日 晴热

坐客室未觉暑也。笺《诗》三叶。为窊女写王仲初《宫词》成。

十四日 晴热。是日庚寅,中伏

曾昭吉来,附书与晴生、研香。笺《诗》三叶。检《春秋》八年,补前四年。夜改夏生文,文思甚涩。

十五日 辛卯,立秋。晴热,惟风来颇凉

笺《诗》三叶。检《春秋》五年。夜月露凉,独坐甚适。作诗得二句云:“烛摇知露重,衣凉见月来。”未暇续思,以家人并酣睡,乃寝。

十六日 晴

笺《诗》三叶。检《春秋》五年。《成公》毕。钞谷永文一篇。余欲选知大体发奇策之文为一编,使后学观览,久而不就,因功儿录《史赞》,乃附检之。夜月益凉,至子乃寝。

十七日 晴

笺《诗》三叶。陈秀才及夏生来,问《黍离》齐诗之说。余不之省也。检《春秋》四年。夜热。

十八日 晴

笺《诗》四叶,补前一叶。《唐风》毕。检《春秋》五年。与六云看月至子,梦缇起,同坐至鸡鸣。

十九日　晴

晨临邻叟之丧。笺《诗》三叶。检《春秋》五本。

廿日　晴

甚热,无可坐处。强笺《诗》二叶。欲检《春秋》,避热而罢。晚得雨,愈热。

廿一日　阴,午雨遂凉

午睡小不适,起已日晡矣。得刘荫渠、殷竹伍、春甫、芳畹、余子振书。此十日功儿倍《书》、《易》、《尔雅》,《诗》至《大雅》。钞《汉书·序传》七叶毕,钞《礼记》□叶。丰儿倍《易》、《诗》、《书》、《孝经》皆生,不能成诵。补《礼记》三篇,《有司彻》一篇,钞《左传》五叶,学张桂帖。夜小疾,笺《诗》二叶。补检《春秋》十年。

廿二日　雨阴

钞《诗》三叶。检《春秋》六年。讲《周官·冠弁》、《大表〔裘〕》,补郑谊。

廿三日　晴,雨热

笺《诗》一叶。为夏生改文数篇。莲弟回,得月岑书,外舅、非女及芳畹书。湖南考官放不知谁何之人,房官亦复庸庸,今年空开一科矣。

梦缇自谓智人,而畏邓氏婿取妾,可谓愚而又愚。非女随吾十馀年,而信其母言,受制于人,尤为可恨。既闺房之事,亦姑任之。

廿四日　阴。不凉

笺《诗》五叶。《秦风》毕。检《春秋》十一年,补昨日。《襄公》毕。亥寝。

廿五日　阴

笺《诗》一叶。检《史记》一过。注《儒林传》数条。讲《周官·

家人》。

廿六日 阴,晚雨始凉

笺《诗》五叶,补昨二叶。检《春秋》十年。子泌来书,请为其姻家朱姓关说,作书与李仲京巡道,以贺书示之。

廿七日 阴

笺《诗》三叶。检《春秋》廿三年。《昭公》毕。作陈序。与书程郎,交夏生寄去。

廿八日 阴

笺《诗》三叶。检《春秋》五年。讲"吾不与祭,如不祭"及"敝之而无憾"及"致□物"云云。

廿九日 阴,暑气颇甚

检《春秋》五年。笺《诗》三叶。《陈风》毕。

卅日 阴晴,甚热

检《春秋》五年。《定公》毕。讲僖公非庄公子,故逆祀。笺《诗》三叶。讲《苌楚》、《浮游》,皆有新谊。夜至子寝。

七　月

丁未朔 处暑。晴热

笺《诗》三叶。《曹风》毕。检《春秋》五年。

王生问"绀緅饰"。答曰:"绀"字未见经书,《说文》:"深青扬赤色。"紫,"青赤色"。问之梦缇,以为绀,今压蓝红也。"緅",郑读为爵。爵弁首服,绀盖韎鞈之色。韠,下饰。不以饰衣者,避爵弁之正色。诸侯始命服爵弁,故避之。

此十日功儿钞范书赞五叶。《礼记·王制》毕。倍《礼记·曲礼》至《内则》。作论一篇,未成。诗一首,未见。丰儿钞《左传》四叶。打手三次。倍《论语》一过。《礼经》四篇,《士丧》至《少牢》。《春秋》《隐》至《成》。五本。

讲"君子居九夷"。君子,谓九夷中有君子,孔子不宜自命君子也。问三:子由之瑟何为不可入孔门?鼓瑟少差,何至不敬?又由也不得死,何不训戒之于平日,而辱之于侍坐之时?侍坐宜行之邪,则不可以死惧之;不宜行之邪,则宜直告之,何为而为此詈语?又死有分定,不得死亦未必非,贤若子路果不当死,何为覆醢?

二日　晴热

放学一日。检《春秋条例》粗毕。夜子寝。甚热。

三日　阴,不凉

笺《诗》三叶。翻《经解》书四本。夜子寝。

四日　阴凉

笺《诗》四叶。理《志》稿。夜为丰儿讲《周官·典同》,注有"飞钻涅韽",颇畏其难。戏作试律诗,得"钟"字:"鬼谷飞钻术,微声可喻钟。涅如加默点,韽岂待春容。秘密曾钤虎,兵法有《虎钤经》。之而未作龙。气先关口夺,辖岂载脂从。《说文》:"钻,膏车铁。"响动千家杵,音迟两序镛。不缁虽黑守,"涅而不缁"。厥篚类黄封。"厥篚韽丝"。雀有雕文细,五代时多涅臂为花纹。鹑宜字体重。郑司业读为"鹌鹑"之鹌。仪秦应抵掌,一劁试神锋。"

五日　晴

笺《诗》三叶。讲《周官》舂、牍、应雅三器,皆筑地作音,未详今之何器。

六日　阴热。比日暑气兼舂,人甚不适

笺《诗》三叶。夜有雷电而无雨,电光甚照灼正赤,雷不能响。

作字数幅。亥寝。丑犹不寐。

七日 阴,有数点雨

笺《诗》四叶。《邠风》毕。作书复皞臣、月岑。夜诸女候织女,设果茗小坐。作诗一首。子寝。

八日 阴,有雨

阅《宋史》三传。萧圜桥子馨遣人送莲子卅斤。余前月初书托之,三十里之程,一月而信始达,乡中不足为异也。

九日 晴燥

得李雨亭书,闻戴子高已死。子高闻声相思,拳拳见访,仅得一面,报书恐亦未达,闻其夭逝,为之怅然。笺《诗》三叶。《小雅》始。阅《宋史》二传。

十日 晴

笺《诗》三叶。阅《宋史》三传。发省信。

十一日 晴

笺《诗》三叶。阅《宋史》三传。功儿此十日倍《周官》一部,《公羊》至成公,《论语》廿篇,《礼》四篇,作诗二首,钞《汉书》四叶,少一叶。写包。丰儿倍《论语》、《公羊》一部,《礼记》至《内则》,钞《左传》二千馀字。

十二日 晴

笺《诗》三叶。①

① 七月十三日至本年末日记缺。同治十三年甲戌日记全缺。光绪元年乙亥正月起至六月五日日记缺。

光绪元年(1875)乙亥

六　月

六日　晴热

始理课业。香孙、禹门、海叟、润生来,尽半日,甚热,卧地少愒。余子振来,辞不能见也。晚饭后,浴罢稍凉。芳畹、邹咨翁来。今日俗家多曝衣,云关云长晒袍之日。海、力二君均言之,方知此俗。昏过仲云谈,黼堂先出后送,复访劼刚兄弟、雨恬、勉吾皆不遇。诣洁园寻梅生季谷,力臣出谈。比日皆言二李将衰之意。还寓,两儿均睡去,独帉女候余,饮梅浆。琍女旋起。作书复雨苍,未毕已倦,乃眠。

七日　晨大雨

黼堂来。晚过意城、兰丞长谈。过子寿、次青不遇。夕饭香孙寓,海翁、樾公同坐,谈时事,倦欲睡,乃辞出。过陈母少坐,还。

八日　晴

早起,仲云来,闻龙母生日,往贺。还阅俞荫甫杂著,说《般庚》上篇乃迁殷后政,甚确。其校诸子亦有可采。然于经学未也,词章尤小家数。栗諴、子寿、雨恬、淦郎来。陈总兵海鹏来。午后梦缇携帏女、恒子至,云窊女得风证,留外家治之。

九日　晴凉

晏起。帉女读《顾命》毕。琍女得母,始肯理书。涂郎来。意城、君诒晚过谈。

十日 晴凉

出访咨翁、刘总兵、培元均不遇。遇瞿春阶谭。过谭藻庭同年。名世翊。出街，日将午，甚照灼可畏，乃还。过有乾少坐，至宅大睡。禹门来。

十一日 晴

瞿子瑞、俞子振、润生、陈、夏两生、芳畹来。发雨苍、雨田复书。寄殷竹伍书，约其入城。晚过李道台仲京、胡通判少卿谈。

十二日 晴

润生、兰丞来。润生两谒海琴，不得通刺，废员之威犹如此。兰丞又言江西李玉墀字丹山，以同知在湖北，被何小宋劾罢，投俄罗斯，入安南，今为国王，故王阮甲已入内地矣。公符来夜谈。

十三日 晴

晨欲出，无从者，待莲弟出城买黄土，因答访陈总兵，遇胡久芬还。改《般庚》未毕。外舅及桐生六弟来。黼堂来谈，言国史例，巡抚、副都统、左副都例立传。传稿往往失去。夜率二子诣小瀛洲，省其外王父，步月还。湖南考官梁、尹。与书李总督。

十四日 晴热

晨起颇早，午初大睡。商农来，云人言余向沅浦言，余厮役皆可督抚，语有之乎？余云理实有之。然沅浦身为督抚，自视巍巍，必不问谁堪督抚，此语无自发也。因言东方朔事经班氏刊存，他日传吾语者，有理路则真，无理路即伪也。劳世兄来，云荫生可补缺，将于今冬入都。又言刘督奉批折，有交印李督之语，此亦无理路之言，其不然乎？

《列子》书，唐人所伪造有《汤问》一篇。简文注《庄子》云"汤大棘小",若彼时有伪《列子》,不得有此注也。《庄子》"始乎谅",《淮南子》云"始于都"。俞樾说"义而不朋"为"峨而不崩","厉乎似世"为"广乎似泰"。"莫胜",向秀注云"莫见其迹",读为朕〔眹〕。

十五日　晴

晨起阅余评《穀梁》。饭后少寐。桐生兄弟来,三弟从常德来,均止余宅。少顷外舅移至。勉吾、咨翁、芳畹、公符来。

十六日　晴,昨雨脚未散,颇凉

早过陈母,答访次青,樾岑出留饭,复留谈,设汤饼。李秀才桢佐周出坐,言坐客杨子介经学颇长,有宋人之风。日斜乃散。过商农还。梦缇已来城中,事事不如意,谩骂家人,余叱之不能止,顷之自悔而解。

十七日　晴。未雨,地才湿,稍南西数十步大雨,有行潦

李、蔡、翁三秀才、验郎来。二弟来,从三弟宿,余欲止之,亦未能也,令行于家庭诚难矣哉!晚过力臣,遇子寿,同步访劼刚,登台,湘岸皆成晦,隔水镫火甚盛。曾氏起此台,唐氏甚恶之。余初至省中,即闻人言,以为大不可。及居理问巷,家有晒楼,临余卧室。唐之恶曾,必其欺人惯耳。闻曾沅浦移豫抚。劼刚言其乡中有屠人,与沅公同年月日时生。子寿云:此屠人日内必小有迁移也。梦缇携两小儿女省陈母,留两女在宅,余还已皆睡。

十八日　晴

刘总兵培元来。余子振、郭郎、蕺子先后至。梦缇暮归。张妪呼李儿来服役,生硬不能从出,姑留应门。仲茗来,作画而去。功儿作赋颇佳。

十九日　晴

樾岑、皮明经、贺郎来,均久谈。午赴天心阁,陈总兵设酒,坐客

次青、意城、镜初、劼刚，申初散。行烈日中甚热，过海琴，未见。访黼堂谈，顷之，次青至，纵谈至日暮。言周南康汝筠惨酷无官理，及手书杀人状。竹汀送菜还，食未半，仲茗及袁七来。

念日 晴

帉女读《甫刑》毕。晚过子寿饮，次、意、力臣先在坐，更有饶立云，面貌似曹价藩，戌散。前闻子寿与劼刚言，设烛置水，蚊自投死。一以为死于水，一以为死于火。力臣云得之自验。余固不信，试之果无一蚊也。

念一日 丙戌，大暑。晴

搢子来寓。改名炳元。

念二日 阴，午后雨凉

过海翁、香孙。

念三日 晴

胡氏三郎来。帉女书读讫。

念四日 晴热

桐生入院试赋。子明来。

念五日 晴

两儿试经赋，余病暑颇剧，强往送考，以外舅年过六十，犹频夜风露步行五六里，余不能不往也。过午丰儿已出，试四解尚无不知者。待功儿，至暮乃出，云场中病，饮人药，报之以赋三段，故迟迟也。试“尺木赋”，功儿纯用议论，亦自可取。唯起句泛，官韵谬，恐见摈耳。族子代绶来。

念六日 晴

暑病未愈，大睡一日。锡九衣冠来，送彭女草庚，强出见之。蒧子改名寿曾来，言昨试诗赋题并全作，问其稿，无有也。晚过力臣饭，香孙先在，意城、黼堂、两曾继至，曾三郎窃刘总督之字甚好，谈京华时事。夜步还，甚热。

念七日　晴

樾岑、黄叔琳、罗郎来。连日儿女病困，城市烦嚣，令人不乐。

念八日

晨出，过周春丈、咨叟、子明、友乾，还早饭，大睡及夜。遣伺学案，两儿俱未取，场中人盖有知而无识，有目而无心者，非吾徒也，吾不能使两子舍学而从之。丰儿颇闲暇，不戚戚于得失。验郎夜来。

念九日　晴

因论《公羊》是月为提月，盖念九小尽之名，传例晦虽有事不书，故不以是月为小尽。考朱墨卷所始，元和时停明经口义，试墨义。吕夷简卿〔乡〕墨卷。淳化三年殿试始糊名，景德四年礼部亦糊名，大中祥符八年始誊录，朱卷之始则未闻也。

七　月

乙未朔　晴，稍凉

两徐甥及族子代缙来，改名桂森。留之饭，徐甥去。长名承均字渭莱，次名承基字砚耕。刘竹汀送瓜十枚。添菜，招妻弟叔止便饭，桐弟为客。晚步访黄、汪、曹俱不遇。过童治中谈。一等案发，湘潭取十三人，其五皆取古者。邹叟送《樊川诗选》来求校，校毕，得若愚及郭提督书。梦缇称疾。改钞《盘庚》一叶。周小帆来。

二日　晴

作书寄春甫，兑钱六万，与六云还谷价，并与书慰问之。王老虎含章来。钞《书》一叶。晚过孙、张不遇。君诒夜来，言瞿子久放江西正考，皞臣为同考，瞿必有纳善之美。

《题邹太仆朱卷》："册闻吕公刻墨卷，宋时许州有吕夷简乡试墨卷。马生通考资典型。科场故事光册府，又见朱卷传缃青。李书魏笏贵先册，况昔方物登明庭。尊藏持护十一叶，诗书德厚芹藻馨。云孙之孙早乡举，高格不入千名经。文华经术绍祖业，复号耆宿金盈籝。博征篇题显旧德，共睹程式追彝铏。我生已后五壬戌，拂拭兰若疏萤荧。自从贞观定长策，礼部经义最首令。元和停口始著墨，宋真特设誊录厅。元明史志阙不具，朱研未晓从何龄。科条定自洪武载，疑彼緟事改用赪。黄昏眯目夜烛炫，谑政欲眊离娄睛。相沿五百岁作祟，睹之色骇声喌喌。惟公纳卷闱彻棘，五策岂达东楼听。防倭备狄议侃侃，空付故纸堆窗棂。一官庄浪未施设，南畿马政空在垧。都梁兰芳念归养，洋溪卅载飞鸡鹊。官书治谱不料理，矧彼年少敲门丁。宁知后代作瑰宝，欲拟功伐镌悝铭。关中倭寇久息焰，作者恫喝费百营。感公持议责守令，先砭严赵镜沈丁。抚时触事还自憾，思莼策疏达扆屏。即今功令禁言事，老□□读科罚轻。向来条例又一变，各抱空策相夆甹。两闱黜落始领卷，发朱留墨塞笼笭。□讹蓝抹不挂眼，何如此卷曾通灵。朱家考字补家谱，何叟慨想申五名。同时春榜百馀军，几人家世光楣显。前贤后生得照映，为君标榜寅宾亭。"

三日 晴

午毒热，卧地昏睡。子振、黼堂来。晚过竹汀，遇其妾送白虎。更过海琴听曲，仲茗在坐，二更还。李氏门已闭。钞《书》一叶。

四日 晨阴，食时雨

钞《书》一叶。晚出访胡子威兄弟，见印生，呼茶不应，知其应门人不在，又晚，乃辞而出。至府城隍访次青，看盂兰会，遇任鼎卿吉士,便诣陈母还。梦缇熟睡,鹷女侍余食酪粥乃寝。

五日　早凉

覆被而寝,颇有岑寂之感。旋起看元好问诗,大似十八扯,其《赤壁图》云:“事殊兴及忧思集,天淡云闲今古同。”绝妙科白也。锡九、两胡郎及其从父印生来。彭氏昏事不谐。申雨夜凉。钞《书》一叶。

六日　晴,复热

钞《书》一叶。周春翁、两徐甥来,晚会曾祠看荷。杨海翁、三李、郭樗叟并集,两力为主人,东轩甚热,酒罢坐桥上,稍凉。还与公符谈经,三更乃寝。

七日　晴

北风,午有激霆,正如屋上然炮,云理问厅厨舍折一树。已而微雨,遂连至暮。吴萱阶及葳子来。衡阳夏生来,云萧圜桥为王抚所拘,下省狱。萧子来求救。彭仆去。

八日　壬寅,立秋。晴

族女婿南大兄女婿也。崔郎士瀛来。伟斋、禹门来。午热,熟睡。今岁伏日,无日不在睡乡,意兴殊不佳。商农晚来,同饭,出访樾岑,省陈母。

九日　晴

梦缇病。申雨。陈、夏、宋三秀才来。夜遣功儿要言访臣来诊疾,半夜外舅呼舁还乡,竟夕纷纷。龙佣来。

十日　晴热

妻疾稍愈。晚过香孙,觅厨人。阅上海《申报》。

十一日　晴

晨遣功儿要陈鲁瞻来诊疾,云寒证也。晚过力臣,连日以妻病懒作事，又热甚，唯卧地而已。

十二日　晴

因将尝祭，得鲜胡桃、佛手柑，新香可爱。胡桃仁味如菱，殊不及干者。龙眼鲜者亦不可食，物固各有宜也。梦缇小损。出至郭、李门，遣人入约明申之集，正似古人宿宾，宾主不相见也，京师惟请坐师礼如此。还与公符小坐，食瓜，甚热，申刻阴云风凉。视涤濯庀器备斋。宿前寝。

十三日　晴，有云，暑已退矣，节候不爽如此

晨起，视烛台已被偷去。承祭不谨，其咎在余。自乙丑以来，祭品必由妇职，今妻病，妾在乡中，唤厨人助治，四俎七豆，内造十六豆四俎，改于午后行事。请桐弟、揩子等赞礼，三弟摄亚献，礼颇秩秩。申刻请邹咨翁、力臣、公符馂，天暑人倦，不复能饱，晚又大雨，匆匆而罢。

十四日　晴

三弟、功儿、揩子、梓庭赴学院试。余昨夜甚困，命丰儿伺夜，及晓闻叩门乃起。午后出接场，遇功儿已出。余仍至院门接梓、揩，天雨将至，三弟不出，乃还，至暮始皆归。询题则“扫”至“草木”，阅文，功儿尤谬。公符、验郎夜来。

十五日　晴

锡九来。济生命验郎为主人，坐客周春丈、咨翁、张训导。刘馨室道台来辞行，往武昌，余欲送以诗，方缀思，遇事而罢。午饭龙宅。

十六日　晴热

外舅还湘潭，出牌招覆，三更乃出。余夜诣樾岑，访衡阳萧生事，遇彭静卿于又一村。既至樾寓，遇其代巡抚阅决科诸卷，略翻前列，无当意者，辞出。见明月清澄，要樾公同步访香孙，谈至三更乃

散。独行又一村,寂无一人,颇欲裹回,恐下栅,行至寓,莲弟看案久不还。五更,余睡觉起,呼丰儿及搢子同往,遇莲弟,云皆无名。欲知䄂子取否,亲往教官处问之,栅闭,无灯。还取灯,呼栅开,至三府坪,仍有号无名。唯知徐甥取列。复至鬼来庙街,见子云,略坐而还,犹未晓。

十七日　晴

晨出草潮门,送馨室,犹未登舟。还过海老,谈张海峰遗事,午还。搢子议六年前放责事,云其从子贫窘,唯以田抵偿,而李姓强占祠旁田,欲余往解之。约以日暮,与三弟等同船上湘。咨翁来,久谈,出城已暝,呼小舟,逆风行一夜。

十八日　阴凉

晨得北风,朝食时至县,泊白公渡,省十六从母,云卿兄留饭。石亭八叔之子十二弟与同居三十二叔之从孙丙二亦来会。十一叔士最之孙,父世琎,生二子,长代让,号和一,开粉坊。次代谕,本以屠为业,今开碓坊致富,为公祠经管,号晓堂,有一子,小名长生。午前梓庭来,言三弟已附朱洲船。搢子约余坐船往姜畬,乃辞出,至白渡取行李,至沙弯觅船,遇三弟犹未去,小坐李姓行啜茗,遣莲弟觅广东饼,待至未正不来,恐其迷道,三弟往迎候。登舟将发,忽有二妇人附舟,一跃而登,禁之不可。因思王船山讥庄定山不宜与俗子同舟,当自顾船。余亦自顾船而遇此,船山又何以处我?帆行,浪拍船,驶入涟口,反行逆风甚迟,蒸、涟皆与湘水倒向也。投夜至姜畬,搢子邀至乾元店,店主许大八,二十四叔士暹之孙婿也。暹叔先居灵官坝,今移高家坪,子世璨,字辉楚,时人呼之鹤膝,有二子代诏、代诰,今与许同开杂货店。许氏女及诰均出见。许婿设酒,留宿楼上。

十九日　晴

许郎、诰子食我以五俎。许氏女婿周生出坐,满和尚之子,名系

□,方从省试还。饭后撍、梓先行,余舁行十二里,至柳树塘宅,旧为献廷三兄所营。玉台四兄、琢英六兄及玉华二兄同居。三号"扯皮",四曰"花四",六则忘之矣,问其从兄云"六麻拐"。今二房唯有绥子及其妻葛有三子,所谓韵、树、镜三秋者也。韵有二子。三、四、六兄嫂,杨、邹、夏皆在。四兄子国瑞,谱名代纯,前年甫入学而死,有二子,长曰秀儿,貌颇韶令。四嫂年四十七,六嫂四十八,三嫂最长,年七十也。余二十六年前至故乡,诸兄尚同居于树塘,号最盛。越八年再至,始分二宅,力犹有馀。以后渐贫,今则产不敌债矣。向暮梓子归其家,余宿撍子家。凉月照窗。

念日 晴凉

晏起,饭后与撍子、韵生步往杉树塘,过石牛坝,要路砌石如桥,立碣曰"坦桥",旁署"里人王之极立",余族祖祖父暹叔之父也。云尝乘骡蹶于淖,归召匠累石,无水造桥。当时诸翁豪健类此。极翁字一斋,弟十为余高祖父仲兄之子,以资雄于六都。杉堂屋后有太高祖墓,田宅皆无契约,盖创自国初,吾家老屋之仅存者,五嫂、九兄、满兄及大兄子居之。五兄子黻庭亦从县步还。九兄惕吾嫂戴、十兄莹生嫂黄,有妾无子,以二兄孙为孙,有曾孙矣。饭于梓庭家。省太高祖墓。将留宿,以三嫂烹鸭,约晚饭,仍要九兄、梓庭、撍子、鐕孙步还。今日与李姓论田,李姓云当会议。因定议明日往勘田成契,谈至夜分乃散。

念一日 晴

早起,待李姓不来。午与撍、梓、韵仍过杉塘。余舁行,鐕弟名镒,学为农,以无舁夫,强舁以行。至杉塘,要黻子五人步往刘冲,舁在后。至祠旁三房二兄世文子代芸号本立家,不相识。复至佃户谢五家,五外出,期以七日至柳塘相见,立佃约。复至五房三祖之得子士临家,族人呼石门八公,年六十,鳏居,衣食粗足,人爽谐有致,习于祠田,斫竹为签,导余等签田十五丘,共八亩,畸零星散,非佃人不能辨也。殷殷留食,又调馓饴我。启祠门,省庭宇。日昃,余舁往许家桥,投刺李曙村,省曾祖墓。曙村年五十六,须发皓然,陪余往,云此穴开口木星,不能大发,仅一榜,官止知府,然当有两举者。留饭及舁人皆有酒肉。上镫,余告辞,步行十里至石子冲,舁行三里至长虹塘。复步行六里至柳塘,诸兄子皆在,已夜分矣,又少坐乃散。

念二日　晴

晏起,饭绥子家。号丰万,小名又二。九兄及诸子咸在。午间李姓二人、一曰宅中十六胡子,一曰蓴初胡子。甲总黄吉阶来,议退田事,期缓数日而去。余比日倦坐,小寐及亥,三嫂、九兄、绥子久待乃起。杂谈无章,或言有鬼,或言无鬼。族子瑞林将死,魂至一大宅,三妇人设食,比苏,呼口渴,云食肉一器。屋后有三女冢,皆亲人,然不相识。

念三日　丁巳,处暑。晴

早起,饭后辞行,呼舁至蔡家岭,未发,试遣至姜畲觅夫还石门,顷之还乾元。借钱二千,云农忙无人。午后行过石家坊,黼庭御史宗也。旗头弯,袁漱六知府宅。墙宇犹整,不似衰门。至蔡宅,谒外母,王氏姨及桐弟妻、循妾皆出见,窊女痴不知问讯。云病已愈,日服药一剂,已五十日矣。适蒸鸡,待谭母不至,滋侄待食,夜复啜豆粥。看梁茝林《丛谈》八本。张妪宿余于下厅,尘榻狼藉,忆宿此十四年矣。

念四日　晴

晏起,滋、年两侄并依依牵余游后园。饭后外母停工送余至县,暂止正一堂,呼人往白果市,甚难得。余又不欲重过双板桥,遂定舟行。至十六族母处,留饭。还黄龙街,呼小艇至中流附行舟,久之不得,后乃附到杷船。凡附舟必至岸旁包一小艇,乃免劳神,今日若自唤船,费无限唇舌也。

与左总督书:"季高十三丈中堂:去岁由里第附上一函,计达钧察。西征筹笔,明习敌情,昨读大疏,不减充国。黄升刘退,见用人之至公,知公晚年殊进也。腹里事益形沓泄,闿运惟有闭户读书,以永朝夕。族子树楠前从成道台差委有年,人颇勤慎,今以卑官托于宏幪,微贱不能自达,用介一言,俾谒庭下,伏惟兼纳并采。门无弃材,或留供驱策,或试以州县,必能恪供所职,兢业自勉。否则与以一札,使随群帅,窥开基之情,亦器使之雅意也。湘中人材日复寥寥,岘、时两公进退维谷。大吏方整官纲,以临民士,视嘉、道公卿,有其隔膜,无其雅望,思之令人不怡。想公方劳心于西略,顾不料善地不如恶地耳。本欲相访,道远惮行,辄先以书达。"

北风,棹行至晓。

念五日 晴

卯正泊小西门,甫登岸,闻后舟招呼,二弟立船头,云二妹来视余。还家,呼舁迎之来寓。饭后詹小云、程石臣来。程、贺郎及公符继至,久谈。遣人约竹伍,闻其方食,将来过我。念彼六十老翁,余当先往,甫着衫,竹伍已至,云去年又生一子,今九子矣。与同过力臣,力臣接之,未甚殷勤,因要俱出。余与力臣同过海琴、仲云、意城均不遇。至子寿处谈,设点心,意城亦至,戌散。过朋海,欲问刘督事,未晤。步至东牌楼,力臣登舁,余还寓,颇倦。以二妹来,别设榻上室,假寐。梦缇来送衣,惊起,遂至鸡鸣,求茗不得。

念六日 晴

饭后将出,遇商农还。出访陈、孙、石,遇程殿英,恶劣可厌,少坐辞出。过仲茗、罗郎、芝士子。陈母、香孙,寻何蔼堂、蕺子不值,过胡子威兄弟。还家闻樾岑、春海来,又闻锡九、镜初将会朱宅,往朱雨恬处,主人辞客。至曹竹苏处少坐,锡、镜、商已至,主人亦出,留坐,顷之,伟斋、杜石衡来,饭于心远楼下,戌散,步还。闻李润生、竹伍来。

念七日　晴

竹伍、子明、镜初、樾岑来。与竹伍同访意城、子寿,独诣唐荫老,不遇。至竹汀处食面,遇陈子兖、刘秀才。还寓少坐,遇公符兄弟小谈。至樾岑处,与香孙夜谈,设饼。过何蔼堂不遇。

念八日　晴

携功儿访言舫丞、程郎、竹老,独诣伟斋、勉吾、子明,不遇。李润生、龑子来。午过贺郎,遇罗琴甫。淦郎、仲茗来。为畇女倍书二本。

念九日　晴热

校《墨子》二本。笛仙、健郎、晴生来。酉刻陪外舅饭,咨翁、家福、世侯、王迪庵、黎竹林同坐。夜还,至学院看遗才,案未补发。公符兄弟来。

晦日　热

幼鱼来,言其从兄千里来归,未能入场,又言罗芝师身后光景甚不佳。竹老、力臣来。同力臣过仲云兄弟早饭,罗研翁、次、意、雨田同坐,久谈。看仇十洲所临《上河图》,还已日斜矣。陈三元从子署安福,为罗世弟觅书启一席,托仲云荐之。晚间,程生、淦郎及其弟璨来。璨郎果循循不似两兄。得弥之书,闻文心来省,将入帘同考,故未往见。子寿夜来。

八　月

乙丑朔　晴

竹伍、常寄鸿、验郎、健郎来。寄鸿言《衡阳选举表》魏瀛、魏煐即一人，而两著之，程商霖之误也。余云商霖方自以为功，凡知其误者，今宜更访。君诒来。午后雨，本欲上湘，怯泥不往。外榻已彻，还内寝。

二日　雨

自晨至午凡三大阵，扣门者大抵求录名送试者。已而徐甥承璹，即承基。肩异来，云已无名。竹叟又告归，因至力臣处商，欲公请竹叟，遇子寿。力臣言已明日生辰，因不久坐。

三日　大雨，水深三尺

公符引孔静阶敏来，谢录名之惠。夜阅杨李诗，石梧太保之妹也，商农乃其夫兄子，故属余作序。

四日　雨，申后晴

岱青、子明来。公符来，言刘监生录名事甚切。翁七郎亦来，言求名事。作《李淑仪诗序》。看桂宫梯。日盰虀子来，言永州信至，父病甚，告去。公符、润生来，皆为遗名。余将上湘，遣功儿应之。投暮出城，附人载船，坐卧七八人，无风，行念里而泊。

五日　晴，复热

南风烈日缆行，至未正始达小东门，循岸步进，见潭令迎文司使，水步甚盛。至孙巷见十六从母，询云卿质库所在，导至鄢巷，遇胡四弟，九妹婿也。形状不甚记识，计别十六年云。至泰珍堂小饮，食羊丝、卤鸭、中连面，已觉饱厌。今晨未食，午饭鹞崖，仅半盂，至此独不饥,暑甚故也。宿云卿榻,其长子招同眠。

六日　晴

昨夜至振兴碓坊,属族子丙二觅熟力下乡。饭后丙二来,言已办。至黄龙巷正一堂,呼蓬弟同行。念里饭龟亭,余不食,过姜畲乾元小坐。至柳塘,搢子言债事犹未了,遣呼黄甲总,久之不至。与汪郎同饭,搢妇兄也。网得鳙鱼,极美。暮时九兄来。甚热,避客早眠。

七日　晴

呼赵冬甥来治行榻,午后毕工。计日尚有闲,因还视六云。申正行,念五里渡涟水,宿石潭,街市甚繁。山谷间多石荆花,舁人云治小儿热疡。

八日　晴

行念五里饭郑坳,又十里愒回水弯,去黄少昆居五六里。舁夫冒进遇雨,避田舍。雨旋止,复行。震雷起于右耳,视云尽墨,急避村店,雨又霁。凡三进,至仓坤,才行五里耳。舁夫饭,乃大雨。饭已复晴,步从连花寺渡涓五里,舁五里至花石,宿鸦口,衡山地。夜月甚明。

九日　晴。癸酉,白露

行七里饭瓦铺,又十三里至白杲,"杲"之取义未闻,今俗人皆书为"果",乡人演戏或书联云:"白战不持寸铁;果然夺得锦标。"土作爆仗,甚细而响,买二千试之。经关帝殿、灵川寺,主人询余仆马,马失三年,至今犹念其驯驶,若留之,当已早死,不如此有未尽之思也。宿石头桥,昔年迷道之处。是日凡行七十里,或曰八十里。夜食阴米粥。

十日　晴热

行卅里,而步者十三里。午刻到家,滋女离八十馀日,已不甚相亲矣。夜与六云小饮,未尽一觚而醉,地上酒香犹熏席也。

十一日 阴凉

六云卅生日,无面,设粉条,衡俗也。检家中书,十子唯有《列子》一本,王生钞《管子》一本。理二箧毕。检《论语》亦未得,《经解》尤丛杂不可料,乃置之。夜阅《列子》,张序辩其伪作在唐初。与六云池上看月,山径寂冷,虫树悲秋,殊感人欢怨。还食汤饼,贺生日。

十二日 阴,雾雨,食时晴

舁夫早起治装,余以昨夜微饱闷,晏食。留莲弟治屋,令礼诗从行,愒水桶庙,获事毕矣。舁夫饭于石头桥,宿观底,胡云谷妻抗节处也。凡行七十五里。逆旅妇云娘子曾舍此两次,又言郎君昨岁亦寓此。多胡姓。

十三日 晴

行七里饭关店,又十三里至白杲,裹回戏场观赌卓,率二人相与博,以诱来者。人言爆竹有七折,遣人买之,不肯折算,盖贩客乃得折耳。宿锦石。凡舁行四十五里,步五里。

《锦石怨》:"高堤沙软填平石,马蹄旧踏今无迹。眼前何物识秋情,二十年来草犹碧。罗衣折黄钗股刓,故庭红桂生暮寒。欢怨如烟散云树,晴丝细罥黄金鞍。涓溪引恨牵春线,客愁正有青山断。蕙帷寂寂蚊欲飞,当窗新月如银片。"店人云匏叟宗人多居于此。匏叟自是磊落人,而无成,可慨也。

十四日 晓阴,大风

行卅五里饭于高师岭。晚寒特甚,衣七衣行。渡涟登湘岸,几为风吹落。至窑弯便步行,至丙子店,留宿其家。撍子来交契。闲过云卿,彼忙不暇语。闻七父之丧。夜与撍子同榻。

十五日　晓雨

北风大作,不能舟行,乃仍原夫力,从陆下省。此路前五年一行,再前则庚戌一行,不甚记忆矣。循后湖菜圃至汪桥樟树岭渡湘,白波簸舟,咏河激之歌,舁夫饭于岸旁,日已侧矣。且乘且步,上豹子岭,入南门,到寓饭后乃暮。出场者已过半,便询陈、龙俱未出。夜省陈母、樾公、海老,门已闭。游兴未已,怏怏而还。微月影云,宿于外寝。

十六日

晓出接考院,门未辟,立顷之,出者纷纷,唯见邓氏三郎,挤排人众乃还。公符来,送黄氏女庚。过郭提督、力臣,均未起。至邓鸣之处少谈还。是日,与公符兄弟、殷默存访晴生、王理安,均不遇。过胡稚丈父子谈。午饭罗研丈处。

十七日　晴

默存、晴生、郭提督来。过樾岑午饭,海老、香孙同坐。功儿与程生同赴笛仙约饭,晚归。为默存书扇。

十八日　晴

徐甥、胡郎入学,各赠一银一扇。携功儿还朱钱百千。过伟斋,询闱作,颇异众手。至力臣处看芝郎文,未能庸熟。子威兄弟来。龙宅接梦缇游其园亭,因往问陈母疾。邹咨翁夜来。

十九日　晴

岱青、向子振、罗少庚、皮鹿云、香孙,陈、夏、程三生来。外舅归家,送至西门,便访镜初,遇勉吾弟闵子,还过曾小耘,彭仆欲余与联络,以为进身之地也。余子振、三弟、搢生皆求馆,彭、窦、陈三仆皆求主,殊未有以应之。至郭宅小坐,遇孙玉林二妹,至其夫弟家。余还内寝。

念日 晴热

樾岑、李佐周来。闻晓岱到城,往访之,兰丞出谈,俱论郭筠仙出使英夷事。晓岱疾未愈,殆不能复仕矣。出诗二本示余。还过黎竹林,遇友林子及诸杂宾,云为作生日,卅八岁也。留饭,辞出。

念一日 晴热,似三伏

润生、晓岱、研丈来。午至洁园与力臣合宴二海翁、樾、宇、黼、香、镜、意、研丈、劼、栗、美诸君,未集戌散。海琴所书《张碑》甚整。得研樵书及诗集。

念二日 晴热

岱青、商农、验郎、润生来,久谈,遂尽一日。晚阅晓岱诗、李、杨二女诗。

念三日 晴热

晴生、公符来,云俱将上衡。栗诚来,初以为有事,左氏欲求昏。亟出,乃闲坐耳。

沅浦赴其妻丧,作挽联云:"富贵极中年,谁知夜织晨舂,依然德曜贫时事;税榆随冢妇,独恨荇枯蘋冷,无复河洲助祭人。"又挽罗芝师云:"请业事犹新,至今牛磨声中,仿佛青衿闻洛诵;高才命不偶,从此羊湖川口,凄凉秋笛似山阳。"又作书复研樵,欲为一诗寄之,未能也。夜雨乃凉。

念四日 晴凉。戊子,秋分

为晓岱、验郎改诗,一日谢客乃毕。陈文台二妹夫兄与其弟楠、梅二生同至。梅生闱作有不可遏抑之气,殆可在孙山之内。彭宝庵丈、言舫丞来诊畇女病。丰儿自十八日背生一肿疡,七日左六翁来三视之,傅药二次,竟无所苦,于此知发背非剧疾,溃乃剧耳。凡疾痛经历多则不惑,然丰儿背有一洞,亦深半寸许。晚赴海老招,便过姚桂轩,云胡文忠老友也。文忠在军,日讲书,而聘桂轩,未免村夫子举动。

念五日　晴凉

胡稚泉、郭子美来。午间招晓岱饮,商农先至。研丈、力臣继来,酉初散。阅京报,龙芝生分乡房。

念六日　晴

昨夜不寐,起作诗寄研樵:"室远思不遐,别久意如新。凉风起庭户,始忽望远人。良使从官政,黾勉徂三春。朋从怨睽违,氓俗念相亲。独居恒早寒,企彼劳霜晨。浮云日夜驱,陇路一何勤。岂不怀远志,阔略楚与秦。惟恨平生欢,愧此比目鳞。秋华尚可期,嘉会近无因。欲振飞鸿羽,千里一来宾。"致研樵书。

舁出,拜客九家,晤者实丈、笛仙、竹汀、福世侯。吊罗芝师。十九年不至铁佛寺,今始一过耳。与书郭筠仙。又书唁怀庭。晚驰还。君诒及王理安来。

念七日　晴热

福世侯来谢,未见。樾岑、皮六云来。晚出,答访向子政未遇,过春阶、仲云、黼堂谈。春阶闻其子为筠仙写论夷务书,戒其不谨。余云此小事,何用虑之。春阶云此立身大节,何谓小事！春阶行己未能协,而训子如此,可谓义方之训也。又言常文节闻母疾,上书即行。或云不待命,必革职。常云此时何暇知有职。其居丧,晨必自扫庭室,皆其子孙所未及知者。夜凉忽醒,入内寝,待晓乃出。

念八日　晴热

仲云言:"司天言日下一尺,当暍死三四千人。"岂果然耶？余子振、陈松生来。松生言易清涟兄弟尽死,独清涟夫妇在耳,犹有五子。午过力臣不遇,至幼愚处,答访伯仁。晚至樾岑处,谈地球将毁,故人无令见。又言改易服色事,择善而从,人心自说。因言所注《康诰》,遣人送往,请观之。验郎来借诗。

念九日 晴,晨后阴,微雨

海翁来,言城中无可谈。午出,别商农、晓岱、香孙,两遇济生,还,君诒、晓岱来。

九 月

甲午朔 昨夜雨,始凉

岱青来谢,未见。世侯复来,怡生、袁七、理问及君诒来。怡生言黄女多能干,可娶也。钞《般庚》三行,目不甚明,因置之。为翁郎书《园词》一卷,未尽纸。

二日 阴晴

为功儿定黄女为妇,今日纳吉,女媒黄芷琴,男媒孙君诒,庚帖后题年月日,太原郡。订盟姓称郡望,俗所通用,余亦无如何也。压庚四金饰,外喜果。长沙俗用鸡鸭鱼肉,殊非挚不用死之义,亦姑从之。申刻醴宾,陪客陈芳畹,邓郎子元、邓生、淦郎均来贺,留饮,兼招罗郎同坐,伯宜庶子也。芷琴出汤而去,馀客戌散。今午李佐周招饮,欲去已晚,遂失约。补写《般庚》成。

三日 晴

黼堂、樾岑、佐周来,谈至午后。出访五客,惟海翁处入谈,便吊曾符卿,遇勉吾弟,云镜初礼南岳去矣。赴春阶招饮,坐客彭丽生、申甫,谈陶云汀与程梓庭争陆生事,弃官救师之孙,殊有古义,又世人所不能为也。晓、黼继至,皮小舲之子桂生与坐。春阶肴必家制,甚洁丰,胜诸家,云其子妇及妾为之。戌散。

四日　阴,复煊,可絺

咨翁来,欲赁此宅,遣丰儿送房租念四千。送健郎扇钱,送怀庭奠分万钱,请意臣带去。兼答访志臣,云在筠仙家,日出颇照灼可畏,乃还。梦缇往别陈母,诸女并去,大睡时许。任鼎卿吉士来,亦云欲归读书。何近日翰林之谦如此乎?殆有转机矣。鼎卿又云陶翊云古文家也,近开客寓,余以为甚俗而雅。遣两儿觅船。校《管子》数条,殊不能静细,夜始毕。禹门、仲茗来。

五日　阴,稍凉

袁理问、芳畹、海琴、力臣、志城来。梦缇归。彭郎、辛叟来,送之出,同诣任鼎卿,不遇。

六日　阴煊

海老、幼愚、罗世兄、振绂、彭丽生、申甫、力臣来。遣人送还郭、张二家木器。晓岱以居停有丧,移来同寓。梦缇及二妹、丰儿、诸女附舟先发,午前去。与晓岱夜谈至二更。夜雨凉。

七日　雨

晓岱起甚早,余不能睡,亦早起。王雁峰通判来,晓已出矣。题其《芝霞诗卷》,因序及本朝为五言者殊不多人。午出访彭丽生不遇,省陈母,赴樾岑饮,香孙亦至,纵谈求人之难,及无求之高。戌散。过志城不遇,还。晓岱回,君诒来,三更去。

八日　雨

梦缇生日,食蒸盆、羊肉面。遣功儿出探榜。健郎、润生、劼刚来,久谈,润生赠长歌。作书与易笏山。为验仙钞《园词》。翁郎属书匾曰"诗境门"。"门"字笔枯,涂墨别作一浓钩甚奇,记之以待后世考石者。晓岱夜还,闻已报榜名至四十五矣。自往院坪视之,人嚣杂殊不可驻。便过力臣,知所取人未允。因至其甥子处闲谈,三更还，晓岱犹未睡。顷之钞榜至，相识者惟公符缀榜末，相知者粟幼东为解首，陈荪石第四，郭郎虎宣、易郎顺鼎皆与。榜出，鸡再鸣矣。

九日 雨，朝食后少止

步过香孙饮，海、樾均在，意臣后至，饮散，过别笛仙，已夕食矣。徒行甚倦，雨又至，还寓。晓岱已去。力臣来，言三弟可求盐局，与朱雨恬谋之。验郎来学诗，谈至夜分。

十日 雨

晨起辞禹门，便别济生，济生未起。夷灶束装，命呼舟，至午未定，乃复爨而食。商农、文心来，文心待余行而送之。余复过别海琴，留久谈。至舟，舟人不余载，委行李于船头，将暝乃别附一舟，镫上始得食。

十一日 阴。甲辰，寒露

船不发，薄暮雨，登岸会饮海琴宅，坐客张立之、娄莲生、田少忠、王云生福田从子、力臣。海公以余去而复还也甚欢，待戌乃入坐，亥正散。宿力臣之洁园，与梅生、芝郎夜谈。曾金泽来晤，云不相识矣。夜雨滴阶，颇有凄感，独寐清绝，偶然为诗寄息叟："闲居爱重九，登览贪晴昼。独有离别晨，宜此风雨留。高宴续坠欢，明镫喜重侑。节移风景新，酒静尊罍旧。微醒复凉雨，馀兴妨街漏。虚斋任高枕，秋檐梦泉溜。客去庭菊闲，桂晚山花又。良期在涪浅，冥鸿渡衡岫。岁晏岩壑清，无令负橘柚。"

十二日 雨

晓卧，待园中人起，至辰正，力臣遣要出话，遇西枝沙门来，嫌其俗僧，起，出过镜初，索饭长谈。午后过别咨叟，还舟小睡。

作诗记遐龄庵话之景："达人灭闻见，城市岂不喧。寂然精庐坐，朝暮开重门。尘中郁冠盖，伊余暇相存。秋雨凉二屐，晨烟闲一飧。空馆久已旷,放浪迹与言。冤亲既平等,孔墨道空论。去住各所宜,兹景勿可谖。”

又赠樾岑:“高轩日相寻,僮仆忘冠盖。萧然连榻上,澹若空山对。清话逾十旬,崇论观百代。欢游未云厌,寒露忽已暖。还舟候秋潮,凉风振帆背。乘流若俄顷,回首百里外。青山久余要,良朋复劳爱。欲以松桂情,期君三径内。”

补九日朱香孙宅集,作一首:“八月暑未徂,时菊岂能芳。佳节及晨兴,惜此风雨凉。斗室有馀清,高谈傲羲皇。闲居阅荣落,斗酒劝流光。炎炎不复久,寒露下严霜。征鸿伺云飞,鹰隼候风翔。煊凉变倏忽,何草不元黄。谁能登高丘,旷览使我伤。请从瞑居叟,伊洛有笙簧。”

申初开行,帆风正驶,忽浪静风息,泊鹞崖,方二更,行七十五里。

十三日　阴晴

寅初行,平明至湘潭。舟人避马头费,泊中流。遣功儿上岸视其母,未至,因留一日待之。作诗寄黄海叟。薄暮,梦缇率帉女、恒子登舟。舟人未还,夜二更乃发,行廿里,泊易俗场,谭心兰云唐之洛口也。

十四日　晴

帆行五十里至朱洲,登岸寻三弟,云率诸女看马会,已而俱还,余率以登舟。三弟生母至船,云梦缇与三弟妇尚未相见,须登岸,帉女从往。北风甚利,不得行,薄暮乃发。丰儿、珰、帉、帏女俱会。行六十里泊空灵峡,土语云空洲也。夜月甚明。

十五日　晴

风甚微。又遇〔过〕黄石望,缆行半日,泊牌亭,计行百一十里。

十六日 晴

帆行过雷石丰未泊，丰人无言，彭仆反骂之，非礼也。晚泊草鱼石，计行百三十里。

十七日 晴

南风，缆行四十里，日昃至石鼓泊船，余登岸，命两儿觅小船，溯承还山。入北门，访仪仲，病废矣。夕至程宅，春甫待余夕食，同过黄兰生、李镜轩。兰生言吴子健覆试，赋得“春尽雨声中”，诗云“富贵春无尽”，己诗云“隔院替花愁”，此升沉之所以殊也。朱誉之与梁姓同过长谈，春甫云：“誉之非正人，不可近。”晚宿程宅。

十八日 晴

晓登舟，殊未熨帖，因谕两儿以当自检点，余不能仆仆供妻孥也。复入城，欲西误东，至潇湘门，见营兵送石朝珩还沅州。春甫云石为都司，甚能恤兵丁，堪云廉将，故其行甚有遗爱，以不合于朱协而去耳。折西穿城访子泌，谈半日，复与子泌同至程宅，犹未朝食，春甫因留午餐，一汪姓同坐。顷之，洁卿、蓝楚臣来，略坐同出。子泌、程生送余至易赖街，两儿来迎，余登舟即发。道上遇常耕岑，有齐、鲁之志，索余书甚切，允为登舟作之。及上船，狭不可儿，曲躬坐卧而已。泊松亭桥。

十九日 晴，复热

行五十里泊新桥。

念日 晴凉

行四十里泊黄沙潭。

念一日 晴

晓行三里至台源寺，登舟。托荣弟店觅夫力六人，送妻女山行还家，余与两儿步行卅五里，申初至，轿夫已食毕去矣。梦缇甚喜于乡居,乡中菜疏实美于城市也。前欲作黄诗不成,取陶集规模成之。

念二日　晴

入外斋,看《大戴礼》,得进差旌之义。又检《事父母篇》:“若夫坐如尸,立如斋,弗讯,不言。”俗以“若夫”为更端之词,不知其引《曲礼》文也。郑君以“夫”为丈夫,必卢君之师说,因便取孔巽轩本为补注之。日暮毕一本,十九篇。

念三日　阴

三女入学,畇以病未至。王生来。写诗寄长沙。薄暮少愒,竟寐至夜分,六云来迎,始入内寝,凡再起乃寐。

念四日　晴

王生求改文,为点定一篇。作书为耕臣求馆,寄丁稚璜、俊臣各一函。搢子来,致九兄书,留居外斋。

念五日

晨遣莲弟出城送信。点《大戴记》五篇。曾昭吉暮来,云将往山东,留居北房。竟日小雨。

念六日　乙未,霜降。小雨

点《大戴记》百篇,复取汪容甫、王引之校本互助。为《大戴礼》之学者甚多,皆取他书以校字句,无能言大义者。夜作书上外舅、云卿、愓吾兄。与书郭提督、葛生员,皆为搢子事。莲弟回。

念七日　阴

早起送搢子,云须朝食后乃去。复少眠。巳初,携丰、舆、瑺、帏、滋女至石门,望秋山苍翠,云有异色,裵回久之。还登南室新楼,点《戴记》一篇,《文王官人》甚难句解。

念八日　阴晴

彭仆去。寄裴、黄二书及劼刚书一册。点《戴记》十篇毕,惟得

“步自周”一证,《大记》与《小记》殆不可同语。携畅女登道山,摘新橘十二枚还,以分家人。

念九日 晴煊

点《荀子》一本。荀子欲杀《诗》、《书》,罢声器,法后王,正李斯之所设施也。论者乃惑于其称仁义,以为迂儒,谬矣。读《荀》者何以不顾文义而妄论之?今观其大意,唯恐人争富贵,而欲以礼定分耳。又云人主当美饰,富厚威强,以矫墨子之弊。夫墨子虽有此言而势不行,本无弊也。荀矫为此言,李斯进之,始皇好之,而以之亡秦。后人列荀于儒家,幸哉!其无用与孟子同,持论不及也。

晦日 晴

得果臣寄数书五种。《测圆海镜》、《益古演段》,皆元时书。《百鸡术》,方程术也。物不知数,求一术也。《发典生息》,开屡乘方法也。又有《割圆书》二种。点《荀子》二本。为两儿改文。夏生来。

十　月

甲子朔 煊,可单衣。晨微雨如春

连日食菌,四皓所采芝也,芝以大为奇,菌以小为美。钞补《荀子》一叶,字不匀,因命丰儿钞之。

二日 阴,晚风

无事。夜听丰儿诵苏明允《管仲论》。以管仲不荐贤不可以死,持论甚正。因论之曰:管仲、郑侨、葛亮,皆法家也。法家自用而不用贤,所用者皆不如己者也。彼必以供驱策,赞叹悦服者为可委任,贤者又安肯履其廷干其忌乎?且法家唯自用乃能成功名,若知有贤于己者,及与己等信者,已非法家之法,则于小白,于七穆,于刘备之时,亦未肯出身为之用,以希相权也。后世功名之士大抵皆名、法家,明允乃以儒生之义责仲,可畏〔谓〕资章甫而适越者。

三日　雨,始寒

点《荀子》一卷。晚为两儿改文,文颇有头绪。

四日　雨

点《荀子》一卷。《宥坐篇》引子曰"伊稽〈首〉不其有来乎",昔有说,今忘之。

五日　晴

冬色甚清,昔人未及赋咏,暇欲为诗写之。陈生来,要其就余读书,使二子共学焉。读《管子·侈靡篇》,讹舛不可通,甚烦闷,日不能一叶也。渊明读书观大意,盖为此耳。

六日　晴

出寻松菌,唯得粗大者。暇思四皓采芝,盖作木耳客,故可以供衣食,若采菌,不足继饘飱。今商山犹饶芝、栭。书[①]

七日　晴

偶阅十年前诗,不当意,改作《北岳篇》,亦未能佳,姑置之。读《管子》二叶。

八日　晴

午至文昌宫,为道士请客。闻常生北榜捷报。夜作书唁常霖生,及与寄鸿。算谷帐,借钱者三四处,皆无以应。因转托夏子青假百千,略分布之,亦微生乞醯之类也。为两儿改文,文不成章,改则奇妙。

九日　晴

点《管子》五叶。《侈靡篇》读竟,其中错夺不可数,可通者略分

---

① 原文如此,下有脱文。

为廿章，亦未尽与侈靡相应。观其大意欲流通粟帛，则必贵无用之物，使富者以有用易无用，邻国以有用易无用，则君之物产尽化而为粟帛，所谓官山府海，操轻重于上，上仍以节俭自持。但以侈靡害人，甚非君子之道。然古之为市，意亦如此，此诚在操之者得宜，不然则民弃本而趋末，故又严出乡之境也。

十日 晴

作书与镜初、芳畹，兼加一片寄果臣。得晴生书。夜作书寄惕兄，约其来衡。至三更忽头痛壮热，急引被发汗，五更后小愈，乃得睡。

十一日 甲戌，立冬。晨雾

丰儿来，言轿夫久待，始惊觉，不饭而行，步卅馀里，比夜到城。过子泌不遇，至程宅，春甫亦往衡山。遇陈广元，桂阳人也，云曾相见。又遇一京话人，云是徐昆山。夜宿程斋。

十二日 阴

晨未起，闻人言似客来，起视则子泌裴回门外，留同朝食。楚臣来，云欲渡湘。同过雪琴、洁卿，皆不遇。遇雪琴于耕云家，要同至其楼下，谈外事，无甚新闻，唯丁日昌管船政，杨乃武案将翻，光化贡生案已定耳。旋同楚臣复访廖青庭，来往湘岸者四次，风起欲雨，乃还。往惠孚借洋报。夜坐，春甫归，讶其速返。三更后雨。

十三日 晨，阴雨

午初雪琴步来，云泥滑，犹未可步。其材官云王君入城，例有雨也。余询其昨申冤狱原委，言之甚详，记其事以备后考。

自咸丰以来，节镇权重，以喜怒为曲直，以爱憎为生死。湖广居江湖腰膂，官伯相恣睢专断者十二年。而合肥李氏兄弟前后相继为总督。湖广官吏之视总督，若实封斯土者，凡所议建，莫敢枝梧。李兄起州县，至台司，以持重镇物为治，然不喜清议，听师友寮旧之言不及属吏，属吏之言不及左右。尝枉断光化[illegible]狱，再诉西台，辄下覆奏，卒不得一直。湖北民悚息其权势，而其所部留防勇丁割据水陆，统领营官皆由私授，又非属吏之比。内自妾媵婢仆，外及巡捕材官，取盈于各营官，光化妄杀黄生者，其一也。其陆营统军刘提督，本黄州降贼，握部兵不解甲，岁有增统，连十有五年矣。所部淫掠，仍群盗馀习，湖北人皆呼之“刘长毛”，自总督以下尊礼之曰“刘军门”。凡刘军门事，有司官不得问，跋扈江汉，势倾司道。其营官谭祖纶，湘阴人也，与辰州张清胜俱起散丁，洊至副将。张军散遣，失职闲居，时初昏刘氏，妻家为累，旅居汉口，桂玉无赀，落寞晨昏，谋于谭。谭则领军黄州，饶有妻妾馆舍之奉矣。既艳刘氏，乃谓张曰：“今制汰省员弁，弟新被除名，因缘复进，此固难矣。兄有至交，方领军秦、陇，挟书往谒，必有所成。吾弟久历戎行，驾轻就熟，鹏飞之路特在指顾，诚能远游，事可图也。”张曰：“奈眷口何？”谭曰：“此即在新妇母女。然日食所需盐米之费，请竭吾力，黾勉有无。”于是张归告其妻，以为至庆。即赁宅汉口，更与一嫠妇同居。嫠妇夫亦为军官，与刘乡里，故刘亦呼为母，时人谓之勒太太，则未知其夫姓与母姓也。张既持谭书至秦，乃无所遇，进退狼狈，留滞年馀，亦未知谭之诳己耳。刘氏独居，又有二母，谭或时至，未能他语，求贷之际，颇致骄难。会刘父自蜀来，相与诉说，深以谭未可恃，恐有嫌衅，乃谋移居襄阳，渐近陕路。而以负谭旧债，畏其逼索，遂约勒氏一夜潜行。越日无知闻者，私相欣慰，以为脱于坑阱矣。舟至宜城，岸上人马噪嘶，皆犷骑持洋枪，呵止刘船，以负债私逃，当受绁缚。舟人畏累，舣泊待命。有谓刘、勒者："今舁汝等面见大人。"即呼舁径至黄冈，悉入谭宅。既被劫胁，黾勉求生，改事新人，一家温饱。

十四日 晴

楚臣来。饭后出城访普公，老病将归，以念佛劝我。入北门访仪仲，还寓，耕云来，约同度湘，待至未乃至。余又过沈礼堂，赊火腿有乾。送信与春甫，俱赴雪琴饮，坐客又有仪仲、马智泉、霖生、丁笃生，设宴不甚精，客亦无多语，茶则妙绝。步月还，过楚臣少坐，觉畏寒，还寓，疾大作。

十五日 阴

命舁还，竟日不食。舁夫告困，犹强行卅里，投暮还，即上床蒙被而寝。

十六日 雨

卧侧室，竟日寒热。

十七日 晴

卧半日，强起拜先府君生辰。王生来，言夏生母死，属书铭旌。食汤饼半瓯，旋卧至夜。

十八日 晴

卧半日稍愈，起午食。为两儿改文。看《书录解题》。

十九日 晴

陈生来，命功儿同往吊夏丧。欲为珰女篆《书经》，念当考古文著之，未能率尔，乃翻《说文》，求古文存者。夜疾复发。戴姓来，讲王守仁之学，以为朱晦庵之学也。

念日 阴

戴姓殊不去，卧而对之，蒙蒙竟睡去，已乃还寝，大睡。为丰儿改文、诗。得雪琴、殷少侨书。

念一日　晴

玬女初授《春秋》。帉女受《诗》,先《大雅》,以帉女未毕读也。体气仍倦,甘寝一日,至夜乃起,丑初还寝。闻雨。

念二日　晨雨午晴

检《说文》一篇至五篇。《说文》古文皆诸经所存者,大约《诗》、《礼》、《春秋》、《左传》十之三,而《书》得十之五,今取《书》所无字别记之。

念三日　晴

午初惕吾九兄来,不到余家十四年矣。默坐无多语,要入书室,余仍勘《书》,摘《说文》古字九篇毕。以当入室,移研新南斋,留九兄居旧南斋,而虚小南斋,为避丐盗故也。儿女均暂停课。

念四日　昨夜雨,晨晴

族子树楠字梓庭来,欲游甘、凉,来作别,因送余菌、鸡食物。梓庭家贫,钱不易得,又疲于道路,余力辞,沮其来,不能止也。闻今年举人第三名先死于水,并其弟溺焉。谣言也。

念五日　晴

与惕兄、梓子、两儿、三女至常氏墓,芳草弥望,令人思仪安。陈生粲字富春昨移研来居外斋,欲令两儿共学也。

念六日　己丑,小雪。雨

梦缇为梓子设酒,余作书与谭文卿,托其就近为荐一席,令得度岁。

念七日　晴,午后雨

梓庭去。余病足不能行,夜发热,卧甚困。

念八日　雨

始移新斋,糊窗治阖。帉女兼读《春秋》。余篆钞《尚书》,日三叶,字体甚劣,聊免旷日耳。

念九日 雨

钞《书》三叶。为生徒改文,论能以礼让为以让化争之道,与《庄子·齐物论》意同,盖当时明法家皆好言礼,但不让耳。

晦日 晴

钞《书》三叶。写扁对,了笔墨债。家中儿女多,人力少,百事废弛,殊无往年隐居之乐,仍欲出游,以豁怀抱,命呼舟出承,俟至长沙,乃谋所向。

十一月

甲午朔 阴

命帏女入学,受《孝经》。以书斋让九兄居之,请其摄理,午时上学。夜大雷电雨。

二日 晴

钞《尧典》毕。观江声《书集注》,真大笑话也。但欲多写罕见之字,以惑世人,其鄙气可掬,本欲携以备考,因此掷之。

三日 晴

为道士作募疏。船至,检点已晚,未成行。夜雨。

四日 雨

晨起登舟,蒙被卧。至查江,遣问雪琴,未归。复行十里,大北风荡舟不能进,泊洋湖困。夜风欲雪,被不能温。

五日 风仍未止,天大晴

早饭后,饭碗无故自破,筮之得"坤之师",大吉之兆。舟人畏寒风不行,泊新桥。

六日　阴晴

昨夜风萧萧似雪,晓起大雾得霜,故晴也。以待船行,至松亭桥乃起,未饭,步从易赖街过子泌,略谈入城,诣春甫,云正约雪琴饮,遂待客集,同坐者又有孙总兵、姚素卿、马八、耕云。洁卿亦至,云其弟子将死,匆匆去。戌散。送雪琴出门,霜风颇寒。

七日　晴

晓未起,为许千总喧呼所扰,乃起,与许及萧医早饭,登舟,令莲弟入城买肉菜。余亦入北门,访仪仲。坐顷之,还柳树弯。复入城买碗不得,再至程宅,遇子泌,同出城。日夕换船,误上炭船,不能植坐。寻常每人至长沙价二百,而今三百,又匍匐,甚困也。得樾岑、三弟、芳畹书。夜月甚凉。初乘兴出游,感念山居,颇有悔意,独坐寻诗卷流览,少解所怀耳。①

① 自此至光绪二年丙子二月九日日记均缺。

光绪二年(1876)丙子

二　月

十日　　壬申，惊蛰

雨午止，欲出，泥不可行。钞《春秋例》十年。遣借轿，未至，念陈母处去太迟，芳畹又先来，乃着钉鞋过力臣，问舍，云小东街有一宅。往看，甚低暗如纸屋。因至海老处久谈，海老甚喜，云今岁尚未出门也。陈宅前改造，几不辨门径，入坐，茷女睡未起。旋诣樾岑，已暮，至戌笼镫还。子寿送破轿来。

十一日　　阴

早出谒客十二家。文心、子寿、仲云兄弟得遇，均久谈。香孙处遇济生、李佐周、赵惟鏻。赵字剑翁，许仙屏同年也，南丰人。省龙母，济生已归，验郎出谈。便过禹门，云其婿家一宅，觅典价七百金，然不可看。还已将暮，犹未饭。理安来谈。萧圜桥之子来，示其父所作诉状，殊不似讼师手笔，然中牵余自助。因与弟子言，交游不可不慎也，若康、雍间，余亦入狱矣。夜大雨。钞《春秋例》十年。

十二日　　雨止

仲济来。余佐卿来，久谈。蓬海招饮，前日已知余到，耳目颇长也。陈四旅居，不能供日食，乃呼之来。至青石井看屋，太小，不可居。将往六堆，杨已速客，往则皮筱舲已至，辛未一别，又六年矣，户部始补缺。言崇文山云,毅后遗折历评大臣,言甚恳切,缅缅数千言,不见采听,甚可痛也。坐客又有龙、饶、某三人。某字云翁,官山西,竟坐不发一言,酉散。钞《春秋例》十八年。夜月。

十三日　午雨

朱雨恬来,以其将避雨,延之入谈。遣功儿相宅。六云送卤鸡、包子、卷子,包、卷不知何厨所为也。钞《春秋》十年。出访蓝楚臣,云遍访不知余住处。过春陔久谈。看京腔巷一宅,亦不可居,而月索廿千,奇哉。还少睡。闻理安与功儿言"史佚,尹氏之祖,周之旧亲",云余"伯禽名逸"之言未确。又云"老聃,老氏,宋有老佐,其族也"。起,晚饭。钞《春秋例》毕,计自廿二日至今日廿二日,始毕二百卌二年,于是功讫,大致尽通矣。刘伯固自湘乡来,同寓。夜雨。

十四日　阴

检《公羊释文》,校隐至闵四篇。樾岑、佐卿、文心、蓝楚臣、力臣来。入城,人言力臣暴窘,询之,云卖田还帐,仅存二千租。樾岑论"朝闻道夕死可矣",问文文山、谢叠山可以为闻道乎?余曰:"南宋积弱极乱,二公求仕,有方州之任,而无一成之基,不可以为闻道。"晚过东茅巷看屋。至吴翔冈家,旧谌氏废池依然,忆童时嬉游之场,寻与贺御史相遇之地,光景犹昔,宅已五易主矣。屋傍一小宅,纯波离为笼,使人不得出气。翔冈欲馆余于其所,不可居也。夜月甚明,耕云来。

十五日　晴

校《春秋》二卷。仲茗、海翁来。午初遣呼盼女至,携之登台,望湘水风帆,麓洲芳草,犹似腊尽春初之色。出访五客【阙】。

十六日

【阙】振子早去。留此无益,如为陕甘之行,勿问策于我;若欲教蒙童,当为觅馆耳。振子旋去,罗子沅又来觅馆,坐顷之,海老来。黄子襄来谈。贡院佐卿遣招饮,舁往,遇大雨,仆丁衣尽湿。坐客凌、刘、陆、陈。陆字恒斋,谈经文相命。戌散,与伯固同还。镜初归,云空借文正祠傍屋。余昨见佐卿谋迁,甚高兴,不宜沮之,镜意殊不然。夜看功儿经解,颇佳,为点定之。

十七日 阴

蓬海、黄兰丞、唐鲁翁、余芳臣、佐卿来,遂竟一日。校《公羊》十叶。与镜、芳、佐、松、伯固饮凌公处。松生先在,酒罢,松、芳、佐复至刘寓送行,长谈往事,二更后乃散,复饭一碗。伯固送小菜。是日帉女来温书。夜雨至晓,睡醒,遂不寐。

十八日 辰霁

功儿讲《礼记》。因考天子告祖祢之礼,以典、瑞、造、赠宾客为四项,以造于祖为造,用璋。以皮为豹皮。虽未尽确,较孔疏为不漏。理安云:"王肃以鲁孝公有慈母,本于刘子政,即郑君所云昭公无慈母者也。"余论《烈女传》鲁孝义保,乃《公羊》所云臧氏之母。昭公妾于齐,归其嫡母。何君云嫡夫人是也。郑君好记《左传》,故有此误。饭后松、佐来,同送伯固去。凌公、健郎、吴雁州、陆衡斋、邹咨翁、曹芸翁镜初四叔及其子焌湘字告辰来,又竟一日。欲校《公羊》已倦矣,将夜补之,未有日荒而夜忙者,俟明日再酌之。夕佐卿乃去,与朱继元、张东生立谈,又看月,三更乃睡。

十九日 晴

校《公羊》二卷。讲《礼记》慈母。刘伯固借钞余《书笺》,张东生来钞,馆中人尽出,无所容坐,开东房借纸与之。午饭后,文丽风来,留谈。与镜初同出,访左锡九、小龄、佐卿。丽、镜别去,余与佐卿再游曾园,至松生处少坐还。锡九来。是日徐子云来,未遇。

廿日　晴

三弟及功儿入贡院甄别,停讲。饭后出访力臣、六云,六云索移寓甚急。因过樾岑处谈,留饭。约香孙、力臣来,酉散。少倦,倚枕听理安谈,不觉寐去。

廿一日　晴

街始干,可通行。仍未讲书。松生来。遣工修墓。济生、文心各假钱五万,将移宅也。畇女出疹,往视之。过香孙少谈还。校《公羊》毕。夜雨。

廿二日　雨

午出,至陈母处,命六云暂寓后宅,因留坐少时,便访文心。文心云适至寓相寻,不遇而反。方欲谈,宋玉璐至,排门直入,余匆匆而去。仲茗来,夜谈,无所发挥。夜读文宗诏谕,三更毕。

廿三日　阴

讲《曾子问》外丧,于死者无服。齐衰杖期者,已嫁继母,于父为路人。三月者,旧君及君母妻不同居,继父于父为路人。大功无受者,皆内丧。大功九月者,无。小功五月者,从母。缌麻三月者,外孙,贵臣婿,妻之父、母,舅、舅之子。郑君专据缌为说,以经云"缌不祭"故耳。而不举外孙以下者,从易知者言之。午步出访兰丞,旋过力臣饮,海翁、樾、香先至,镜初后到,戌散,步还。夜雨。

廿四日　雨

樾岑约游报慈寺,力臣、黼堂继至,登曾楼。黼堂先去,与樾、力同过桂井,至寺后,茅舍三间,颇有别致。寺云定王为母荐福所造也。寺僧了尘出言,房钱岁须百馀金。樾公欲余居之,议上巳后移寓。旋出南门,省墓还。入浏阳门,至龙宅,邹咨翁、唐鲁英、镜初先在,晚饮,筱林后至,戌散,舆还。

廿五日 雨。丁亥，春分。甚寒

饭后欲出，天晦甚，不敢行。遣三弟办祭品。子沅来。修书寄梦缇、雪琴。得唐藪公凶问，心为震恻。此公与我交不薄，愧无以报之。常宁方正孝廉实来办遗折，因书唁唐子葆吾。兰臣来催客，舁同镜初往，罗香阶子先在坐。去年妻继母询余香阶近状，问人，多言此人不足问。今乃知其曾被访闻，名在告示，亦不知其所居处也。筱林、蒋辑五、黄子寿同饮。不见辑五十九年矣，戌散。余至陈母处，因留六云所，视房舍已整治，而地湿不可居。今日遣三弟还，资以二万钱。送愓吾钱十四千。寄纸鸢还家与梦缇，乡中宜放风筝，殊少善制，亦清明一景物也。与芳畹少谈，会其客至，因还室早眠。

廿六日 晴

早醒晏起，饭后答访刘康侯、黄子明兄、朱若霖。惟刘得见，霞公次子也。时寓佐卿宅。还，康、佐复来，锡九、子明继至，谈至夜。

廿七日 阴，有微雨如露

作书复春甫。力臣送银票至。镜初云宜在汪伟斋店换钱。因过伟斋。入乾元宫看戏，不知何故事，但觉无聊耳。还未午，春陔来招饮，因至南岳祠答访方小溪，遇之门，正送谭金振，彼此不相识，问乃知之。云王抚以递遗折为难。镜云遗折由本县申递，不必问巡抚可否也。至瞿宅，辑五先在，筱林、鹤皋、佐周继至，不见鹤皋二十馀年，但讶其似郭意臣。春陔言易笏山得陈氏提拔，及其成立，所以报陈者有大罪三，不慎为择婿其一也。又云其九郎挽张竹汀一联甚佳："清介一生，谏草已焚诗卷在；凄凉九日，黄花无恙哲人萎。"筱林因言王怀钦以文名至京师，为人嘲薄。余云王有内心，无特操耳。坐中又甚言试场五策宜空疏，有议空疏者为大不韪，以此知科场中别有天地。戌初散，步还。重阅孟郊诗，殊不知其佳处，观其谀颂符郎,亦一鄙细人。

廿八日　晴

晨出访蒋辑五,已出城矣。至六云处早饭。过海翁处久谈。海翁犹未饭也。便诣力臣还。镜初家人来迎,彼去,余仍还北宅,果臣同行,犹健步。

廿九日　晨晴

为蚡女理书,半不成诵。访果臣,遇曹十三丈久谈。果臣欲至余宅尝点心,令六云作待之,竟不来。午间樾岑要往议宅,报慈僧亦至,定付百千,赁屋十九间。樾岑留饭,雨至,舁赴蓬海饮,坐客任芝田、朱若霖皆总角游,七年未相见者。又有张蕙郎、小林、松生。主客劝酒,纷纷二时许,亥散,还南寓。

卅日　晨晴

朝食后,昼晦,雨大至。樾岑来避雨,坐一时许。余出城访荫渠、陈海鹏、蕙郎皆不遇。舁还北宅。若林来,请一郑匠代办木器,价皆甚贵。寄《衡志》、陈《铭》与张松坪。为蚡女理书。宿北宅。初就枕颇不安,殆煊热使然。夜大风。

二　月

癸巳朔　阴

为蚡女理书,《春秋》已熟。出过香孙、黼堂皆不遇。至咨翁处久坐,遇刘敏该,未发一言。咨翁言邵阳令甘庆增,道光中曾有差童斗很拆屋之案,亦因女祸。今年邵阳复有此事,先后一揆,惜俞令非甲科耳。还南寓,黼堂已先来,不遇。果臣、锡九来谈。偕锡九至檠园看海棠,旋至吴宅寻果臣及曹十三,同出过济生不遇,访胡稚泉丈,果臣与其兄紫芝旧识,要出小坐,欲暮乃别,还北宅。

二日 阴

帉女书生,守读久之。乃出访笛仙,答访子和,白须飘然,赠蜀物四种,仍还北宅。午饭后始出,遇果臣,以拆屋无坐处,复同诣笛仙,遇马子政,云不见二十馀年矣。笛仙又得一孙。辛郎出,论芳畹事。廖童来言,藩城堤有一宅,余疑是吴宅,至,果然,入与吴雁洲少谈,还南寓。为功儿讲《礼记》五学。理安来谈,夜半闻雨。

三日

晨起钞《礼记》一叶。锡九属作恤无告堂联,为题四句云:"世上苦人多,一命存心思利济;湘中民力竭,涸泉濡沫念江湖。"置案上忘送去。异夫来迎,还北宅朝食。帉女点书毕,出踏青,循长沙学宫墙,至三忠祠,诣果臣略谈,见秩翁子,殊不似其父。果臣将食,因出过香孙门,见一舁入,乃海翁也。香孙本约夕食,讶其太早,入坐,樾岑继至,言时事多拂人意。余不欲闻,唯传骂筠仙一联云:"出乎其类,拔乎其萃,不容于尧舜之世;未能事人,焉能事鬼,何必去父母之邦。"筠仙晚出,负此谤名,湖南人至耻与为伍。余云众好众恶,圣人不能违。海翁坐三时许,精采俨然,余等叹以为恐不及。亥散,还北宅。

四日 阴晴

午还南寓,讲书毕,还北宅,为帉女倍书。携两女及陈女看桃花。夕至樾岑处闲坐,二鼓还北宅。

五日 晴

遣六云携滋女上墓,余携帉女至荷池看紫荆、李花。遇黄小坡,强语余云:"杨蓬海言洪秀全故桂王弟五子之裔,以乡团治盗,遂为盗魁。其祖穴被掘后,生大藤,至甲子而枯死。"余未欲详闻也。果臣归,要余还坐,顷之复循城至曾祠,遇松生,同至佐卿处小坐。循阑登楼看桃花,欲雨,乃至松生处小坐。帉女入访曾女,曾女不知余为其父友也,而其弟女乃知帉女为夏嫂之妹,世情之好自尊而卑人也如此。出至贡院看号舍还。滋等亦归。饭后过南寓,得荫渠书,约会于舟。晚过文心谈。

六日　晓雨

出城路甚湿,至水陆洲下访荫渠,适朝食,坐客三人,唯识一黄教官,余入坐啖一饼,半盂饭,还。帉女来,随功儿上墓,顷之还,舁送归北宅。余作三书:一谢丁稚璜百金之赠,一告俊臣《湘志》之作,一与江雨田索楠木器。又为荫渠拟一折片。还北宅,为帉女理书。果臣来闲谈,同出,余赴海翁饮,樾岑先在,香、力继至。樾岑以王抚之不我谀也,意甚忿忿。力臣又觍言金眉生之论夷事。谈殊不欢,夜归。得荫渠书,词意恳挚,稍为释俗而增哀耳。是日家佣熊三来,得九兄书,又告跌伤。丰儿寄文来。

七日　晴

闻镜初来,饭后急往南寓,至则已出。验郎、殷默存、余佐卿、香孙、刘玉春、荫部将也。楚臣来。楚臣云麻竹师母柩至。玉春传少帅命,留船候余。因与镜初商议,劝荫渠疾进,以为事理无过此者。书略云:"今之伟人,未尽如意,此有二故:一则富贵之见未化,一则世俗之见未除。恬淡之人,脱屣千乘,而不离于乡原,故绳尺之为累也久矣。今日督滇不能避难,则当疾以赴之,一以收部内之心,一以慰朝廷之望。且使西人传告,惊其神速,岑抚折服,必且郊迎,投袂之辰,气机已振矣。"书成,驰送,且自愿往助之。留宿南寓。

八日　阴

晨得荫渠书,云未能即行。镜初叹息,以为深慨。余视世事热于镜初,而不知镜初之不忘用世如此。遣人南北五返,然后吊麻之礼备具。彼回人,用茶油、飞面、安息香。吾中土人,好用挽联。两用其俗。联语云:“翟茀旧荣华,湘上版舆如故里;龙鸾毓文武,湟中阡表报慈晖。”湟中,回部旧地。麻氏,回中大姓第一也。与竹师略谈数语,至客舟,有蓝顶者招余坐,云其父问安。湖南声音也。久思之,乃知为裕时卿之子湘溥。楚臣亦在,顷之文心来,久谈。一老翁至,乃散。入城,功儿告余王人树来,云有要事,须见余。余本约至祠助祭,乃遣功儿代往,午后乃行。余还北宅,为畛女理书。陈母云昨闻将往云南,通夕忧虑,闻不去,甚喜也。朱雨恬遇余于麻舟,交银三百,以三十金借陈芳畹,以二十金寄梦缇。夜辛郎来,讲《论语》。雨至晓。

九日 阴晴

樾岑来寻,谈一时许,云快意事不可多得。还督畛女书,遂尽一日。读海翁诗,有所感,作《清明行》一篇:“长沙二月愁霖积,不觉春光暗相逼。橘洲芳草雨中青,一片湘川晓城碧。十日阴晴花乱开,匆匆春色满城来。已绿皋兰香被径,还催泪竹笋成胎。今年上巳连寒食,桃花未发梨花白。东风处处作繁华,指似儿童不知惜。谁家年少趁春游,事过情迁倦亦休。海棠飞絮俱无力,三日芳菲任狼藉。蜕宅池枯云馆关,婴园新锁芋园闲。连云第宅无新主,兵火墙砖有旧斑。醴陵门柳湘春树,坊巷分明昔游处。江燕衔泥不入城,牡丹避湿长蔫雨。充隐衡山十二年,重来无宅寄青毡。丁令应迷汉城郭,秦人反讶晋山川。汉阳夫子五朝客,坐对浮云向寥廓。惟将比兴托篇章,何须幽竹陶哀乐。坚坐看春不出门,中庭苔绿花纷纷。鸣鞭海淀当年梦,问俗桃源旧日村。旧日当年谁解记,湘波未浊人皆醉。朝来拄笏看山时,唯应劝酒流莺至。”夜过力臣,以为必去矣,乃犹在家,入谈数语而别。力臣今年以盐田折抵大贾银廿万两,计占利六万金,城中士商无一直之者,余谬承知好,欲进规之,而未可入,亦随众腹诽而已。还南寓,与镜初谈。

十日　壬寅,清明。晴

钞《礼记》一叶。还北宅朝食。课畇书,毕早程。答访海翁,兼送诗,谈永州事,及骆文忠无能无量,皆世人所不敢言者。坐久微倦,还少睡未着,妾女呼食甚急,饭毕,畇温《易》不熟,不能久待,出访仲茗,少坐,会夜,还北宅。

十一日　雨竟日

为畇倍书至暮,欲访杨性翁,已不辨色,乃还南寓。钞《礼记》一叶。

十二日　晴

钞《礼记》二叶,已至朝食后。过性翁,遇黼堂、文心久谈,至午乃还北宅,食。畇女倍书毕,出过仲茗少谈,仍宿北宅。

十三日　晴,始有春气

还南寓。钞《礼记》一叶。功儿自湘潭还,云李云丈于二月十五疾终。去余见时仅九日,神明未衰,殆有道者善死也。命功儿视龙泉舍,已可扫除。过轩辕庙看戏,还北宅少愒。樾岑促客,往则海翁已到矣。性翁、香孙继至,巹谈至亥散。

十四日　晴,春气风日正丽

至火神祠少坐,单衣甚适,南中少得如此春晴也。前时省城,唯善化城隍祠戏最多,今乃歇绝。而火祠日日有戏,亦风气之变迁也。又长沙北有小白龙,云系鳗化。军兴时祷祠日盛,遂建大殿,而旁奉神农,亦可笑也。至南寓少坐,阎季容、左锡九来。与锡九同出,寻雷神祠看戏。还携畇、滋及干女往看,暮还。步月至笛仙处久谈。

笛仙送至玉皇坪。余过雷祠看夜戏,镫火甚盛,月映春林,有繁华之色。更起乃还宿北宅。

十五日 晴热

帉女默《庄公篇》毕。余至南寓已暮矣。功儿已入报慈寺。无所事,翻《唐诗》一卷。夜大风。

十六日 阴凉

晨起剃发,至新宅,命移家具。帉、滋先来,六云暮至。到城一月馀,乃得聚居。城中地密,几无容席处,视昔所游处,皆湫隘不可入,非独境异,亦情渐奢也。夜雨甚猛。

十七日 晨雨,午复阴

香孙招陪杨性翁饮,海、樾俱先在,散已暮矣。为帉女倍《庄公》。功儿讲《礼记》。得丁稚璜及俊臣书。俊臣云雨苍已往凉州,乃文中堂令继左督之后耳。文犹有心于时事。

十八日 雨

帉女始读《僖公篇》,欲钞定《例表》,三易稿未善也。日已暮矣,芳畹、富春来,未饭去。

十九日 雨竟日

看《四库书目》一本。樾、性、力臣相继来,谈一日。夜理家用帐记。雨至晓。

廿日 晨雨,朝食后霁

佐卿来。帉女倍书。少暇,未作馀事。夜作程从九之母挽联一首。程与余通家,而人近可憎,不欲吊之,继念亲故之义,勉当一往。联云:"礼法数名家,再承鸾诰褒贤节;艰贞抚孤子,终望鱼尘保令名。"

廿一日 雨寒

连日少息,懒作事,然勤于课读。帉女读书将毕,乃出吊程生,遇何爱堂,未能少谈,客坐甚隘也。出至南寓,篋被已尽移矣。与镜初诸君少谈,过李仲云不遇,视邹咨翁新宅,甫入门,云又将移居。此公以迁徙为乐,甚可讶也。夜看各处。复郭、曾书。湘军作志,美事也,到处求金,则成陋举,此盖欲以敌《通志》之官费,而主见已错矣。其中如王德榜部下十四部将之五十金,作何开销,殊令人周张。

廿二日　雨

晨作《春秋笺》,并钞二叶。以《传》低一字,不合,命功儿更誊之。萧子再来询李仲京,仲京颇下石于其父也。余辞以不能请托,令之去。咨叟、雨恬来谈。夜风寒。搢子来。

廿三日　阴雨

黼堂、朋海、镜初、文心、绂、振二子、殷默存、唐郎、福恒字。佐周来,尽半日。彭子和招饮,往赴之,客未至,旋赴文正祠,雨、力作主人,海、樾、镜三公先在,文心同入。性朋、左逸仙、黼香继至,循廊行,风似江湖中,惟谈匿名诗,酉散。过佐卿。徘徊祠门,以俟异夫。过理问街,已昏黑,至济生家,武夫塞门,云杨载福与芝生结昏。唐兰生及佐周作陪。验郎请作"黄流在中"诗。还,程生送墓志来看。夜补钞《公羊》二叶。

廿四日　丙辰,谷雨。阴晴

默郎、梓子索书抵左、刘二督。验郎索诗,程生索文,畇女倍书,滋女仞字,纷集于前。余又须补昨日钞经一叶,手口耳皆不停,半日尽了,欲出拜客,则不能矣。宁乡崔生来见,乡人也,而欲作官,余以为不可。晚送梓子去。步过镜初谈,兼托黄笏堂催功儿昏事。理安亦来谈,二鼓还。夜雨。

廿五日　阴

饭后方剃发,笏堂来。樾岑、雪琴继至。笏堂不出见,余出陪两君，坐遂移时。雪琴谈声颇雌，后稍壮耳。客去，余觉坐太久，少息。畇女倍书，半未听审也。唐郎处当回拜，夕食后，勉一出，谈未片刻，已暮矣。便访左桂林，过洪井寓，不暇入至力臣处。遣归取镫欲还，又遇杨性翁谈良久，归。补钞《公羊》半叶，并晨钞得二叶，足一日之课。

廿六日 雨

欲晨出访雪琴，失晓，去已不遇。还至门遇之，询余将何之，余以昨言当谒曾祠，云将陪往。雪琴未辞也。乃同往，坐良久始散。还寓甚雨，稍霁，遣送诗、扇、芍药为贶，已开船矣。陈松生来约，至余宅，始悟佐卿今日生日，舁往，便访徐年丈、黄芷琴。至佐卿处，同坐三陈、一姚、二余、两僧，至亥散。欲补钞经，已倦即眠。藩使迁桂抚。

廿七日 晴

钞经一叶，写扇三柄。陈郎鲁瞻及佐卿、唐楠生、性翁、果臣来。留果臣午饭，正其晚饭时也。送出，至黄子湘处，入罗瀛交书室少谈，复送至东长街，还过黼堂。搢、绂两子去。

廿八日 晴

钞经二叶。彭子和、左锡九、马智泉、凌问樵、陈海鹏相继来。与书徐伯澄，又与叔鸿。郭春元来，五年未见矣。欲出谒客，适海老来速客，比往，樾、性、香、力已到矣。戌性老先去，主人留客久谈，众皆服其矍铄。

廿九日 晴，大风

钞经二叶。欲补钞，甫半叶，夏十子来见，前逃去，余已绝之，锡九屡为言，故令入见。松生、佐卿、笠云僧、果臣、胡稚丈、黄芷琴相继来。客散少息。禹门来速客，张子衡、张六、黼堂、介生、春元先后至。子衡谈果报，及癸酉闱中见关侯，后解元杨延竟死白莲教徒事。又闻蔗翁已来,旋往石鼓矣。酉散,步还。假寐起,补钞《公羊》二叶。

四　月

壬戌朔　晴,甚煊

风似北方,有旱气至南邪。唐生昆山来。出访刘馨翁、陈郎、香、樾,皆久谈。过笛仙家,其次孙满月,设食。果臣先在,瀛交、李郎继至,酉散。步还,已昏黑将雨,误行至浏阳门,仍还过李宅,问春元,已去矣。呼舁还。写经半叶。

二日　北风,阴

遣六云省陈母,滋女欲随去,携至洪井,答访笏堂,遇朱继元、理安略谈,出至火祠看戏,滋女云甚可观,坐久之乃还。郭子美提督来,索饭同食乃去。徐梯云、郭志臣来,均未遇。得三弟书,云三月廿一日已至石门同住矣。补钞《公羊》一叶半,计十日尚少二叶。功儿讲《书》至十二律、十二衣〔次〕,多所未知。

三日　雨

馨室来。左仲茗移来暂寓,省逆旅火食也。出答访志臣、子美,并还郭钱五十万。至陈母处,干女欲随余至宅,携之同舁还,甫入门,啼哭求去,遣送还。钞《公羊》一叶。

四日　雨寒

马智泉来,请余作其女请旌表事状。写扇二柄。答访杨性翁,观诸贵人书札中有书启师【阙】。

六日

【阙】弟幞被来,以子昂《八马》相视。抽空作家书,遣文柄归。往年见周笠西、徐芸丈,今年见之,皆敷腴雅谈。十五年之别,气象不同如此。余举止殊未有进,愧之矣。樾岑琐琐言袁守愚与陈女离昏事,无以止之,所谓仁义樊然者。子寿再遣人促饮,至则性老、志臣、香、力先在,樾岑后至,殊无佳言。余又失言于张罗之昏,亦不慕富贵之习惯如自然,遂至矢口而出,戒之哉! 夜钞经二叶。在山日钞六叶不烦一时,今竟三日,拮据以趋工,犹少三叶,明日当突过程式耳。庭中芍药红白十馀花,不及石门一朵之香,亦钞经之类邪?

七日

晨起钞经二叶。春陔昨遣来招,又须答访向子振,便问志泉,均不遇。至洪井寻杨仁山文令〔会〕,镜初称其佛法第一者也。适陪涂朗轩拜曾文正墓。朗轩喜于开府,故推其自出而感曾耳。镜初亦出。佐卿在帐房相呼,松生继至,略谈将去,松生留坐,久之乃还。过春陔,云彭丽生欲与常氏昏。告以陈氏已出八字矣。还寻塘弯无路,还从菜园假道归。夜倦早眠。讲《礼运》毕。

八日 晴热

钞经二叶。昨与佐、松约赴浴佛之会,晨临春风,颇有上巳之和,欲作一诗,未暇也。《公羊》两言"与伐而不与战,故言伐"。初欲破何义,以为当作"故不言伐"。今思之殊不然,本未言"伐"而云"故言伐",明系推开经例,何注精确。畇女午课毕乃出,至文正祠,坐久之。果臣、性农、镜初、仁山、子振,阮生、杏生三兄弟、三僧、二主人、凌问樵、佐卿子恒士,僧俗老少十八人,设净馔作佛会。期而不至者一人。酉散。步还已夜。讲《礼器》"筠、心,二者居天下之大端",三易其说,犹未知当否。入仲茗室,遇苏晴山,黄南坡之甥也。盛称荷汀。昨日春陔又言王璞山之起义及徐、大名之城守,安危所系云云。

九日 阴

佐、松索饭无器具,便以家常菜应之。更约果臣、香孙来。未午伟斋、杏生、镜初、仁山相继至。团局三委员来访。至未客散。钞经二叶。香、果来,乃更催佐、松,已昏矣,幸无菜,要仲茗入坐,酉正散。

十日　雨

钞经三叶。出寻张玉森不遇。任郎伯华来,余在江西所见之稳保也。匆匆旋去。黼堂来久谈,言耆九峰之险,又云吴甄甫扣缺与邓七丈,宣宗怒云:"我放人总不行,他用人皆好,我偏不依,另放史致谔去!"其后耆卒得史力,致督抚,而误事不少。邓亦因此中伤也。当时人寻隙修怨,犹有数十年之计,今不能矣。

十一日　雨

钞经二叶。答访任郎不遇,遣问委员,亦不知姓名。便诣田懋堂,年六十九矣,手颤不能举盏,贫老甚可念,官之害人如此。过海翁饮,便至力臣处探病,坐久之。至海馆,樾、志已先在,香孙后至,谈左、郭之仇。左有幸灾乐祸之意,郭甚衔之。又言首府委员往讯办,因骂府县。余云必巡抚意也。"兄弟阋墙,外御其务",岂可以乡人相争使官吏听之?劝郭无言,而左之曲自见。嗟夫!张、陈父子,泜水横尸,友道陵迟,伊谁之咎?比散已二更矣。

十二日　阴。癸酉,立夏

帉女书久未倍,为理《庄公篇》,《易·泰》至《离》,《书·康诰》不熟。芳圃僧遣催客,步至曾祠,性、佐、松、池、问先在,仁、镜、果、济继至,饭毕,往池上看雨,舁还,已暮。为帉女倍《西京赋》。

十三日　雨

田茂堂来。子泌自衡阳来,寓余宅。是日招客五人俱不至。别请五人,文心先到,陈郎来,谈医,旋去。仁山、镜初继至。子寿来,留饭。雨恬后至,谈笑甚欢。本期早散,遂至继烛。

十四日　晨雨不止

文柄回,见丰儿与其兄书及其日记,颇有意致。又闻乡中有盗入书室，家中皇皇如也。与子泌谈，殊废事，勉坐钞经二叶，《隐公》成。次青来，久谈。唐八弟促客，舁往，坐客唯识凌问樵，镜初不至。询知孙季方，小石子也。不知余与其父交游，以平等相待，而似欲自居于耆旧。为子弟者不可不知父事，此非孙郎之过，乃子弟之通过也。又一人为刘云翁，又一朱孝廉，又其从子，佐周为陪客，盛谈李篁仙，余亦随而短之，未昏散。《隐公》钞毕。

十五日 雨不止

祖妣忌日，素食。李郎幼梅来，误着吉褂而出。验郎来，谈“大衍之数五十”，未得其解。晚钞经二叶。

十六日 晴

唐郎来，言城中客多，颇废事，匆匆旋去。午间约樾、次小饮，济生、子美作陪，本约子泌、仲茗，俱出，二君均逃席去。余食过饱，未夜散。钞经二叶，未讲书。程生夜来。

十七日 晴

晏起，六弟去。与子泌同登定王台，椅槐交阴，饶有夏景。还始朝食。十子来，云已午矣。出访次青、果臣，遇李郎，省陈母，候力臣、运仪，还，夕食，小寐。运仪旋至，谈《易》。要子泌出，同坐。钞经二叶。

十八日 晴

昨暮得九兄、搢子书。九兄仍欲至余宅。搢子送来新茶三十斤，云梦缇属购者。又欲索钱，余心倦焉，姑置之。夜与仲茗看月，至丑正乃散。今晨晏起，未钞书也。经课问“圭璋特”。余解琥璜爵为五等诸侯，圭璋为二王后独用。与郑义异。以郑说爵为行酬，文理不可也。五日未讲《礼记》，颇形积滞。滋女屡欲出游，携至洪井，与杨仁山略谈。镜初还，得杨商农书。又云锡九约见过，余不欲至刘宅,乃出至火祠看戏。还已暮。杉塘信不能出城矣。

十九日　晨晴

遣信约樾岑为开福寺之游,兼约李、郭。将午,仁、镜、锡三君来。同行过锡九处,啜茗,出城访铁佛寺旧塔,循大路可二里至开福寺,紫微山也。樾、美、佐、嵩,嵩弟池生先在,笠云僧亦同至,住持常静引从碧浪湖堤看湘水。其地水太多,似不便营筑。还寺,畛、滋二女来,携面设食,坐者十二人,日斜各散,同步还。复过香孙少坐,仁、镜、锡已别去。旋过府城隍祠及松生宅穿曾祠出,归。

廿日　晨雨

三弟及丰儿来。杉塘人去。莲弟亦来,遣发行李至宅,已过午矣。黼堂来谈。唐佐周遣招饮,至则朱樾仙、春陔、镜初先在。入席,镜初谈乔松年事,春陔面斥之,坐者不堪,余引以他词,春陔亦悔。既而又骂裴樾岑,余不能堪,屡折其角。春陔欲见寻,会酒散而罢。饮食有讼,可为小戒。夜朗照,至仲茗处吹笛。讲《礼记》三叶。

廿一日　晴

为弟子看定《经解》。性翁来。雨间作。钞经一叶。吴锦章字云谷来,访帖署"年愚弟",未知是否。云十馀年不相见,余亦忘之矣。云谷有才名,从刘督为幕官,已捐升道员矣。申赴刘馨翁处饮,三客均辞,惟樾岑及余二人,不胜酒肉,戌散。

廿二日　晴

钞经半叶。桓会皆月,犹有疑意。仲云来。是日仲茗生日,设汤饼。归生来。午赴唐官饮,便诣云谷,不遇,至唐宅,文心、镜初、左斗才先在,济生一坐而去,子寿后来,盛推王抚之美,酉散。与文心同步过力臣,力臣以闹表为警枕,可谓居之不疑者。

廿三日　晴

黼堂来,值饭未食,子泌等久待,余亦忘有客在未招呼也,比去,已午食矣。彭秀才廷弼来，晓杭学博之子也。果臣、禹门、镜初、松生、佐卿、运仪、释笠云、仁山同至，会雨，八人去皆入于泥，余恐桂井轿价顿高矣。为弟子改赋。借《金石萃编》考之。钞经二叶。

廿四日 雨，午后寒风大作

钞经一叶。子泌告去，以程、陈二生约同发，不能挽留也。得梁辛畬凶赴，往吊其子，遇知客章生略谈，云其兄、子皆归里矣。夜作李烈女诗云："董逃夜唱胡笳秋，琼珠堕地春烟愁。世间但识避捻发，宁料官军为貉髳。国饷私分上下手，一夜霆营叛金口。无人解作招抚司，五渚投鞭径南走。安仁城小如破巢，桂树雏乌端坐高。落花不肯委蜂蚁，昆山玉烬香兰焦。伯姬待火台千尺，十二诸侯齐太息。可怜一寸掌中珠，烧作神娲补天石。"欲再钞经，会寒雨飒飒而罢。

廿五日 雨寒

衣小毛。欲钞古碑文，命功儿检《古刻丛钞》为格式，弟子并钞之。樾岑来，言筠仙足病，进退维谷。松生招饮，步往，凌问樵、运仪先在，仁、镜后至。又有王涤来，曾文正甥也。佐卿、池生均陪客，释笠云亦在，游浩园登楼，风几落帽，未夜还。钞经一叶。得殷选拔湘潭来书。书扇一柄。

廿六日 晴

书扇三柄。钞经二叶。食枇杷不能佳。帉女倍《僖公》、《系词》、《隐公》、《桑柔》、《西征赋》、《尧典》均生。饭后滋女欲出游，携帉同行，至城隍祠、洪井，与理安、笏堂略谈，仁、镜先出后归，复少坐。至火祠，人多看戏不可入，乃还。夜过李郎幼梅，谈京中事。

廿七日 晴

看唐碑《宗圣观记》"飞蝗满野"，用《周本纪》引《书》文"飞鸿满野”事也。“蚩”即负蠜之字省文,与螽同类,然则飞鸿即飞蝗也。钞经二叶。何注“生与来日”谓子生之日,与郑异义。晚过运仪,闻进士报。樾岑夜来。

廿八日　阴

钞经三叶。左斗才来。将出,畇女课未毕,少待之,已而大雨。果臣送书,匆匆去。夕食毕,已暮矣。风云阴寒,是日己丑小满,颇有秋感。任芝田书来。

廿九日　阴

钞经三叶。姚立云来,始知刘琯臣及第。补科同年,未尝脱科,亦佳事也。要禹门、子和、运仪、伟斋、幼梅、仲茗会饮。香孙来谈。得黄晓岱书。酉正客散。再钞经一叶。

五　月

辛卯朔　雨

钞经二叶。遣信还山。为果臣寄算书与外舅,意在集费也。因寄节物与梦缇,将行,赵冬甥送筐筥来,旋去,已暮矣。得晓岱书。

二日　晴

李桂林来,言冤事。余曰覆检之日,万目共睹,皆以为有伤,君独以为服毒,天下宁有是事耶？今赦出,不可入官府,宜且居此读书。不应而去。会劼刚来,少待,留饭。饭后余出访杨安臣,过子寿,遇陆莘农族孙及兰丞,久坐。过力臣,遇香孙,又久坐。过李四如少谈还。杨郎湘臣、任郎伯华及章生来。左斗才招同仲茗小饮,已三速矣。仲茗留烟不去,至夕乃往,杨性老及子寿、唐寿官待已久矣。二更散步过劼刚,遇佐、松、雨恬,同谈至亥。雨恬异去,余三人步还,迂道至柑园分路还。会烛灭门闭,几不得还。

三日 晴

小麓遣舁夫来,至巳乃行。出小吴门渡浏,其津曰回溪渡,距城六里。又五里鸭子铺,又十里白茅铺,又十里石子铺,又十里龙花岭,渡一水曰高桥,水入涝水而入湘。又十里马鞍铺,又十里安沙,皆旧驿道也。运仪云:“明王伟居近其旁,始奏改今驿,以避徭发。”远望一山曰汉家山。循大道右行五里至运仪家居,宅朴古,犹旧家家制。其弟少羲先出谈,设角黍,旋设酒馔,谈至鸡鸣。少羲言金丹,颇有心得。唯言房中须少女,而不为妾妇,似非圣人之行。

四日

辰食后,黄宅遣力舁行二十馀里,从麻陵大道行。《水经注》云:麻溪水,湘浦也。”麻陵之名,疑因此矣。熊羽胪师居洞泉冲,在麻陵市西可四五里,师年八十三,扶杖相见,聪明不衰,而意气颇减。留饭毕,辞出,从小道取宋桥至唐坡朱宅,若林偶出,其子寿九及雨恬子鄂、荷、菊三生出见。少子曰乔生,皆出陪。顷之主人还,同至园中,因山高下为屋,檐窗相接,颇似培元寺,非园亭宴居所宜也。夜谈往事,将及子半。

五日 晴热

嵇月生孤子粹酬客,朱氏出见,云已移家乡居矣。同早饭。若林遣力送余还城,行六里,合安沙大路,比申初至小吴门。门者以端节休假各还,皆早闭城矣。循城至浏阳、醴陵二门,皆不得入。往金步寻陈总兵复不遇,已将安顿仆从宿城外,自下船往衡矣。程初来请至寓小坐,縋城请钥,昏暮乃入。至洪井小坐,步还。闻家人亦留浏阳门,未下钥,复遣谢之。告已入,乃饭。仲茗客苏晴山同坐,十子来贺节,六云等打牌,余先寝。

六日　晴

樾岑、镜初、贺郎、幼愚、陈鲁瞻来,坐半日,客去已暮。讲《礼记》"食尝飨禘",始明尝禘之义。

七日　晴热

闻陈母小疾,往视之,便省龙母,与验郎同诣熊镜生、韩勉吾,别出,独往陈宅,久坐,食粉糕、枇杷。过樾岑长谈,留饼。至海翁处遇香孙,日已晚矣。步还觉倦,未讲书。

八日　晴热

为弟子改课文三篇,睡半日,他无所作。暮诣张玉森,彼来一月馀,未暇往答。尚有袁理问、子寿、黄提举、禹臣亦未去也,既归而忆之,已又过一日矣。熊世兄镜生来。夜过黼堂。中宵因热暂起,西风骤发,暑气未甚减,五月所仅见也。

九日　晴,有风稍凉

竟日未出门,仍无所事。又改文二篇。勉吾、楠生、杨幻于来,为贺郎债务也。贺郎、袁理问晚来。夜讲《礼记》。

十日　晴热

滋女生日。还香孙二百金。樾岑来谈,云:"吴、涂两巡抚为布政,以循柔见称,及去皆小发怒以见气骨,此鄙夫之态也。"余云:"此其平旦之气,悔心之萌,尚有一线本体之存。"樾云:"如君言益刻鑯尽致矣。"余熟思之,人性之相近终在此。夜讲《礼记》。出访禹臣,便过镜初谈,遇彭丽生、黄笏堂,皆乖张人也。仁山肉袒来,谈良久,屋热,步月还。王巡抚赠仲茗三十金,真盛德之事。李篁仙闻之,必改容于仲茗矣。

十一日　晴

不钞书十日矣,将补其功。钞经四叶。余佐卿来。天欲雨,至夜果雨。龙八自家山来。夜讲《礼记》"朝市西方"未达。

十二日 晴

钞经三叶。仆妪龂龂不理于口,余一以宽驭之,惟文柄好斗狠,将挈以行,待北风,未果发。晚与仲茗过劳郎不遇,遇庄心安、陆尔真、刘升夫,其一忘其名字。入劳房少谈,过袁理问,途遇郭童生雨楼,三十年前同学也,立谈久之。与仲茗分道,余还,遇陈怡生。怡生云曾过余,似不足信,而言之甚便利,又似不诬也。是日壬寅芒种。夜讲《礼记》"出火"未详。

十三日 晴凉

先祖考忌日,日暮始忆之,甚为惭悚。为帉女理书又一过,犹生。子和、仁山、张东生来。钞经三叶。禹门来。晚遇唐八弟寿官。至罗师母处,未入。

十四日 晴凉

陆祐勤彦琦来,湖北知府,故陆辰沅之从子也。言:"岑署督豪杰之士,颇读书,明史事,非但李钦差不及,虽今大吏鲜有及者。"又云:"李熙泰,缅人也,已与英和。今英更求主使,意在岑公,岑去云南无口舌矣。英人云:'汝李大人何为畏岑宫保?'李云:'英人畏岑,故为此言。'郭侍郎之劾岑,不知其故。与英、李相反者何也?"午饭甚热。夕出城访陆、陈均不遇。入城过熊世兄、文心、笛仙谈,云果臣就王初田宅小馆,出志局矣。夜倦未讲。钞经三叶。

十五日 阴燠

钞经一叶,《桓公》成。计课程少十六叶。黼堂早饭后来。庄心安弟心言、心肃来,久坐。卫生之子也。济生暮来。夜樾岑来,三更矣。讲《礼记》三条。

十六日 阴雨,颇凉

钞《庄公》六叶。看《四库书目》。纪昀初不知《春秋》为何物,自宋以来亦无一专家之学,可叹也。笛仙昨言何楷有《诗古义》,征引甚博。以《书目》征之,乃非善作者。余自负《诗说》甚确,如楷及罗典似亦嚆矢,但不知后有名家否?凡说经以不放空为佳,穿凿之弊犹小,楷、典正未可厚非。

十七日　晴凉

黼堂来,赠羊豪及须比。因示何楷诗,略阅,似非行家。贺郎以为经课秘本,因暂还之。若林、鲁英先后来。余子振、镜初、释海岑来,已暮矣。出至桂井,将雨,遣呼舁同行。访三庄均不遇,过仁山,误入朱室,旋与笏堂同至镜室少坐。过若林谈,还。讲《礼记》三条,钞书二叶。

十八日　阴雨

子和来,久坐。李郎问贾傅祠古碑,不知也。徐五兄送茶、肉。钞书二叶。为风蚊所扰,未得骋其笔势。得非女书,夜作复。并与书弥、保。

十九日　雨

笛仙来,少坐去。问《礼记》"朝市西方",不答,但云失之矣未必失,引"是嫂亦可谓之母"句为证,云古人文气非今文气也。再问之,又无言,似有所得,恐余不信者。钞书二叶,出赴樾岑招,陪海翁、陈道台饮,至则客不至,惟性老、香孙在焉。未夕散,余留少坐,谈官场事,当不可亲疏,庶不为巧宦所弄。暮过力臣。

廿日　大雨,凉

陆尔贞晚邀若林、黄芷琴、勉吾、兰生、鲁瞻便酌,客不饮食,未解何意也。戌正散。钞书二叶。

廿一日　大雨竟日

钞书二叶。闻湘水大长,欲往视之,以仲茗将出,又舁夫方挑水还,当稍休,俟饭后乃出,至咨山、禹门两处少坐,已暮矣,乃还。

廿二日 阴

钞经二叶。勉吾选日,为功儿婚期往问笏堂事例,因与镜、仁谈,海岸亦在洪井。余失银票,疑客仆,遣告若林,及还,乃知余两傔所拾也。殊无知人之明,因并逐之。然以其缴还,各与四千。庄心安来。

廿三日 雨

晓岱来。钞经二叶。

廿四日 雨

甚凉,着单袍出,觉寒风袭人,遂至受凉。过陈母、佐卿、松生谈,将晡乃还。钞经二叶。讲"八蜡表啜〔畷〕"。

廿五日 大雨

钞经二叶。过晓岱、若林、镜、仁、力臣谈,二更还。遇朱少卿,沅浦之女甥也。若林言张鸣梧为仲梧之弟,索《衡阳志》。未知张何许人。夜讲"蜡祭榛杖"未详。《记》云"伊耆氏始为蜡"。《秋官》"伊耆氏供杖咸。"祭必无杖,余因说以为乡老主蜡祭,而天子莅之尔。

廿六日 晴煊

钞经二叶。因受凉,夜发热音哑,甚不适。庄心安招饮,步往,周稚威、仲茗、劳郎及其子皆先在。心安弟心言同陪客。仲茗云庄氏肴馔甚精。因疾未饮食,散已二鼓,与稚威同步还。

廿七日 大雨,朝食时止

作书复若愚,因闻塞外兵困,及回人犯后藏之说,恐文报难通也。出过樾岑不遇,问海翁疾,遇曹韵之观察,当涂人,从小吏至监司,劳愚庵劾罢之。口操京音,颇通医理。久坐,雨不止,以海翁病恐倦,辞出。过文心不遇,至勉吾处,适黄晓岱移寓其南斋,因入谈,遣舁夫归。待暮,勉吾设酒,朱少卿、若林、济生、任昂千知县同坐。任生纨绔而形容憔悴,语言颇轻脱,杂谈无章。戌散。

廿八日　阴

晨未起,唐郎来,倦,谢之。少顷韵秋族孙至,云送家中雇工熊三来省报水灾。言廿日承水溢,山居屋坏,妻子居田舍,器物刚者尽碎矣。余癸酉有诗云:“暂隐衡山十二年。”自乙至丙仅十二年。而雪琴赠余云:“作客衡阳十二年。”竟皆成谶,此亦大劫也。然以早移室而不至狼狈,此室不坏,吾必不离石门,殆有前定,不可久居邪?今年盗入室,亦其兆也。先已遣莲弟呼舟,饭后携功儿以行。功儿念母,故不违其志,并携三舁夫备登陆之用。午后发,行五十五里泊鹞崖。

廿九日　阴雨

钞书一叶,殊不能下笔。姑置之。行八十里,且帆且缆,泊筲箕港。

卅日　阴雨

庚申,夏至。置版藉纸,钞书稍便,写三叶。得北风,帆行九十里,泊淦亭。广西藩使杨庆伯同泊。

闰五月

辛酉朔　雨,无风

钞书八叶。缆行九十里,泊张陂。夜见星。

二日　雨蒙蒙,时作雾丝

缆行七十五里,泊寒林站,耒阳舟人云石林站。钞书五叶。道中见一丧舟,为江西水师营官道员之母,未知何姓人也。勇丁广装而操衡音。

三日 晴

钞书三叶。始悟赤为未逾年之君,《春秋例》真不易言。

过大步,闻山中布谷,别有幽静微远之意。作诗赠之云:"舟行山水喧,鸟鸣独有世外言。鸟习山,山习深,世人不到山鸟心。不辞清响与人听,知音自识非尘音。城中布谷唤烦俗,强与农官劝禾谷。今年河北无麦收,饥民仰天思汝肉。城人山居十数春,惯闻山鸟如故人。朅来一声两声止,知入千山万山里。山空水回春碧深,隐思寥寥在心耳。吾将舍汝去入城,山中人去鸟自鸣,城中梦听山中声。"

过午颇热,缆行甚速,望章木寺犹久未至,既至又久不移,方知川流之迅。湘波甚浊,遣酌山泉,亦不佳也。九十里泊大石渡。买得出网时鱼,肥鲜异昔品。

四日 晴

早行十五里,至耒口对岸,船人惧矶不上,遂悉登岸,余先舁行,将及草桥,龙八滑跌,步至桑园,寻桂发馆安顿夫力,自往迎功儿,来往三四不遇。入城至仪仲处,未晤。至春甫家,功儿已先到矣。略谈少饭,已午时矣,乃行。出城阻水,遇舟渡马者一人识余,呼余上船。至五里亭,日已昃,又阻水,挤渡一小舟,几倾覆,乃得快行。未五里,夫力皆畏热不敢进,自步十里,至李子园,陈二暑病甚,不能从,处处待之。至杉桥,犹未暮,度急行可到家,舁夫甚苦,乃宿土地庙。功儿旋至,云欲宿台源寺。复去,一曾姓老翁与余同逆旅,人甚朴质,有儒者气象。夜雨。

五日 雨寒

早饭台源寺,至荣弟店,设麻茶款余。午后至菜花桥,店舍倾倒,几不识路。将至门,文柄云眷属已还河居矣。望庐舍犹在,入门则坏水颓垣,不可行步。四婶迎呼,亦忘慰问,妻女幸未受惊耳。周视旧居,凄然增恋,鸟声树色,弥念昔娱,山水有灵,今伤别矣。器物十未损一,蔬蓄则荡然无存,当食颇不能甘,至戌寝,再起。

六日　阴雨

晏起,至午乃朝食。钞经六叶。㸦女每视一叶成,则喜,因与约,成一叶,赏一钱。遣人呼舟及检点木器,间出督视,至夜寝。甫寐,闻老妪呼有贼盗,已拨余笠去,惶怖弃于地。梦缇遂起,鸡再鸣矣。余独寐至晓。

七日　阴,欲晴

晏起,钞经一叶。王生伯戎来,留竟日谈。对客再钞一叶,毕一日课而已。陈、夏两生继至,均有惜别之意。顷之大雨,至雨止已暮,三生去。余少寐起,功儿已睡,独坐笺《礼记》廿卅条。鸡再鸣乃寝。

八日　阴

钞经六叶。发木器下船,与书晴生告辞,徘徊庭宇,自惜其去也。夜月甚明。亥初即寝。

九日　晴凉

早起,功儿下船送至岸侧。此来五日仅得一出耳。复至夕阳径,瞻眺久之,还早饭。钞书四叶,《庄公篇》毕。计程多十八叶,补前少数讫,犹多二叶。晴生遣送食物四种,正副所需。李福隆来送行。王生来借《易》。王刻字来还《管子》。发衣箱下船。与书常吉人告去。

十日　晴,早凉午燠

辰初素服告庙,祀。及三弟祢祀。奉牌主迁于舟。李福隆、王生、邓叟来送，诸女、弟妇、四母、梦缇继至，余仍还宅，别诸邻，约在石门下登舟，与王生藉草坐，久之觉饥，欲还船具酒食，循岸行，闻喜爆声，知船已开矣。此次梦缇行，送者甚众，爆竹声不绝，殊荣于余，妪妇有泣者，解缆时日昃矣。王生眷眷，待余行而后去。行卅里，频胶于沙，泊楂江。夜蚊，凉。

十一日 晴

待菜担至天明乃行。作曹藜渠挽联云："中山甫捷谤书闻，一笑解兵符，转赢得十年林下乐，想从前鸡鸣夜炬，陈德晨炊，更洺沙雪角春旗，都间作分甘馀话；湘上论兵楚材萃，群公避狂客，独我出三见手书来，忆与君销夏头陀，敲冰清党，又游宴双蹲不□，尽他时泉路交期。"

行七十里泊新桥。会假寐，至二更后乃起出船头，新月映山，川树寒静，闻渔舟收罟声，心境清冷，对月眠殊幽适也。

十二日 晴

行五十里，将午至易赖街，访子泌，知功儿已去矣。诣程宅，春甫父子均出，其次子月樵作主人。致唐郎书，促余往常宁。余觅舟不得，天暑，人众热不能行，乃出过沈礼堂、胡少卿问船，皆不得。沈处遇覃蓉生，胡处遇秦云生，皆少谈，还舟已暮，烦溽不可奈，移舟对岸，始觉凉爽。月照眠。

十三日 晴

晨起访廖总兵借船，留饭毕，过庚云，云明日可赴唐丧。又云彭郎已往扬州，冯洁卿先往唐氏，东岸无相知者，可不辞行。又言张雨珊随父在石鼓。因渡湘至石鼓，蔗丈父子及竹汀御史之子号啸石者，年廿七岁，同出谈，小坐合江亭。向午乃请雨珊同至程宅，写挽联。罗子沅来。过蓝楚臣饮，蔗丈父子先在，厘局二委员、廖总兵同坐，未酉散。诸君皆步过余寓送行。夜初子泌来谈，旋去，送至考棚街，还宿程宅。

十四日　晴

卯起舁出大西门，至两路口，贺仪仲呼我，行数步，仪仲先去，同饭石桥。午饭龙树塘，余但未饭。将行，庚云至，舁中甚热，多愒而少行，至栗江铺，云行七十里，已暮矣。无店，不可宿，坐涧中小舟出湘，至柏坊，水程十里，与耕云同宿源顺店，仪仲宿许店。

十五日　晴

行卅五里过常宁县，仪、耕要往隆把总处午饭。出西门行三里，愒一亭，七年前舁夫争道处也。仪仲怯雨不行，余视云无雨，步前，遇常宁吊唐氏客甚众，人人如旧识，宛然常宁儒生图也。至唐宅，门满乞丐，几不可入，停舁门外。醦面毕，入哭义渠，奠酒三拜。主人馆余于书室，在其正宅对面数十步。春甫、洁卿、接三、芜亭、文芝坞弟俊臣子方正孝廉先在，仪、庚继至。至夜乃得食，与冯、杨同室居。至三更，唐子三人俱出，言丧事及作墓志行状诸事，久之不去，诸客皆睡，余与洁、亭后眠。

十六日　晴

唐氏出柩，晓起，主人饬馔，宴客以特豚之馈。余昔论礼，客食肉，又疑客不当食肉。今唐氏之丧，施食贫者至费钱百万，筵客日辄数十万，常宁人谓之“食苞俎”，其古语之犹存者乎？《论语》曰：“子食于有丧者之侧。”谓与有丧者同坐而独食，非食于丧家也。丧家但具祖遣之奠，而邻里为縻粥，则客无从得食，食苞俎可也。《易》曰：“包荒朋亡”，其谓是与？送葬宜执绋，唐氏柩前拥挤不可近，立门外树下，候送载床时，有冷风吹旗幡者三。诸客别从山道先往，烈日灼人，汗出如雨，至日昃始至圹所，其地为大道，不可葬。地师云：“有吉穴。”观者殆万人，妇女坐其门前山上，遂成人山。唐氏倾家厚葬，众皆非之。余独以为有念亲之意，近代所无也。与何、颜、冯、程、杨、贺、萧、方同行。颜南，余八人东至县城，方、何别去。余六人仍为隆朗臣意得都司所要。别持一帖曰“张济清”，常宁市侩也。同行皆欲宿城内，城无饭店，姑就止焉。张曾讼唐郎，后虽和，不宜往也。余终席未与接谈，亦非礼也。芜亭及二陈来谈，芜亭近颇游猾，要洁卿开铅丱，坚坐至三更始去。余与洁卿宿把总西夹室。夜雨。

十七日 晴

出北门，见宜水新长，颇有舟楫之兴。饭于桐子坪，至柏坊犹未午，畏热俱登舟。呼小舟三，每舟顾值千四百，由轿夫派出。余语仪仲以为非教勤俭之道，又非不言多寡之道。仪仲亦以为然。洁卿往报子岭去。贺、程、杨、萧、余同一舟，纵谈轮回，稍有所规劝。至三更不寐，春甫为余特煮干饭，饭一碗许，米有霉气，众皆不觉也。耕、仪论肃裕亭不宜劝东巡。余云：“君臣父子兄弟夫妇朋友有所为，未有因人言而止作者，唯圣人可与谋，亦唯圣人可回人意，不然龙、比不至死也。”半夜过东洲，雨至，仓中尽漏。更夫呼止船，称总局名号以过。萧生夜去。

十八日 晨雨

仪、耕各乘一舟去。余与春甫坐一船，向铁炉门，至辰未起，春甫颇愠，余亦笑其早计也。及起，舁犹未至，久之，春甫先去，余亦至程宅早饮，询梦缇已于十三日换舟登岸，至程母处住五日，昨始还舟耳。余亦渡湘，见行李狼藉，文柄先去，无可清理。坐舟中热甚，夜开船乃得眠。

十九日 晴

庚云来送行。饭后雨珊兄弟及廖总兵来，要上岸，饭于廖处，兼剃发,过午乃行,九十里泊萱洲。待月出放舟,夜不停,四更过雷市,闻更夫呼船声,及过石湾,未闻呼,盖余已睡着耳。

廿日　晴,风凉

早过黄石望,暮至湘潭,行二百六十里。四母及三弟妇欲还其家,遣舁夫先舁四母处。问黄茅司后街龙屋程宅。复遣杨一送信与桐生,泊通济门待之。久之三弟至,以其妇子俱去,三弟仍登舟略谈。月出开。行云接月疑有风,至昭山风稍大,幸未狂,乃至包殿,闻鸡鸣,泊牛头洲。

廿一日　晴

失瘖。明窗晓日,卧无覆掩,诚惭惶矣。舟人皆失瘖,移舟渡湘,已将朝食,泊回龙巷,入小西门,至镜初处借轿还寓。遣两儿上船,移时梦缇率三女一子入宅。松生招饮,同坐者仁、镜、商农、李叔和、何价藩、佐卿、释笠云、叔和。举人,双圃司使之族孙,左楚瑛女婿,佐卿妻弟也。价藩馆于陶氏,与阎季容同居。申散。舁夫至陈母处接梦缇,至暮乃来。夜凉早寝。

廿二日　晴

早诣仲云,以其三遣人问灾,又书至衡阳相问,故先诣谢也。未遇,与黼堂谈,遇济生,知芝生典云南试,皞臣告退矣。还,邹咨翁、杨仁山、朱少卿、释海岸来。出访江雨田不遇,至佐卿处,欲写书,未两行,松生来。沙弥石果来催客,至文正祠住持处斋饭,皆昨日同集诸人也,外有凌、陈,申散。还过樾岑,步诣力臣谈,借镫还。亥寝。

廿三日　晴

晨起欲出,待帉女理书,玿女上学。樾岑来,久谈,遂至日午。外有童子入报,言二邪〔耶〕来。疑棣生在江西不当来,遣迎之,果棣生。顷之验郎、力臣、芳畹、子云相继来。今日本约松、佐来试鄌酒,至暮与笠云俱至，要子云、棣生同饮，未散，外舅来，戌正客去，子云独留入谈，至亥乃去。

廿四日 晴

黼堂来闲谈，比去欲出，会龙嫂来。久之仆从乃集，舁出，诣咨济、禹门、海翁、笛仙、香孙、陈母，皆入谈。笛仙又要果臣来会，并示保之所撰《武冈志》书。还，再过外舅寓处，棣生后还，留食面条。觉右手张痛，急还，痛不可奈，汗出气促，须臾腹外筋痛乃愈，竟不知其何证也。夜阅《武冈志》，疆域山水，果有异庸众，唯文过泛耳。当在《宝庆志》之上，《桂阳志》之下。鸡鸣乃眠。

廿五日 晴

两女理书竟日。春陔、陈楠生来。楠生母建坊，欲作铭，故来拜求文。有人来言王抚被劾，张西山来代之，亦非佳事也。外舅及棣生来，至夜去，始理积帐。

廿六日 晴

课读半日。视安神座。出送外舅，过子明不遇，至洪井，答访朱少卿，与理安、笏堂、朱继元谈黄氏姻事。夜诣江雨田，还斋宿。

廿七日 阴凉

仲云、济生、子明、壬国璋、镜初、海岸、禹门相继来，自朝至于日昃。因安神座，谢客，沐浴设荐，行礼毕。唐楠生、孙小石、孙香孙、张东孙来，招幼愚、验郎馂俎，未尽一席，主客已饱，餐饭而散。丑寝。

廿八日 晴凉

海翁来，衣冠出见之。竟日为女理书。健郎、马岱青来，俱谢未见。锡九来，勉出一谈。顷之，程从九殿英遣约相待，至仍无一语，吃茶而去。钞经一叶。

廿九日 晴凉

岱青、海岸来。梦缇出，六云复以事多，怨怼不理家务，独携小儿女褏回梧庄久之。出访春陔、仁山,遇佐卿于海岸寓,及笠云僧五人,同过遐龄庵与镜初夜话。偕佐、笠步还,看《曾文正年谱》。念熊师、张东丈处久未复信,甚因循可笑。

六　月

庚申朔　晴,午雨夜凉

钞经一叶。唐佐周、彭子和、袁子寿来。壬国璋来,言周姓买蜀女为团防所掠。引二周姓来见。晚诣商农不遇,过樾岑久谈。出访黄芷琴,言功儿婚事,亦未遇。至黼堂处已暮,舍舁步还。

二日　阴。夜雨

夏子常来,邛州人,名贵伦,官府经历,贞翁门生也。言学使闻功儿观风文,恐有委屈。余因示以课文,云民自以为不冤也。改文毕,欲暮出答访唐楠生、程州判。过庄心安处不遇而还。夜作策问五道。

三日　雨凉

王理安、陈总兵、李幼梅来。梦缇往省陈母,儿女纷呶,留宅嗔厌之,竟日未出,亦未事也。初昏即寝,至三更始觉,闻雨。

四日　雨,不甚凉

庄心安来,过午始去。作《陈氏节孝坊铭》。过陈楠生、夏子常,均未遇。诣香生谈,要樾岑来同吃面,至二更呼舁还。金四来,言摺子母病,索钱二万而去。得常生、耕岑及黄德斋山东来书。

五日　雨

帉女读《宣公》毕,暂停,待珰女同读,为点《小雅》。樾岑、李郎来。陈、程二生自麓山渡湘来,大风起,匆匆旋去。彭丽叟属题南园画马，因坐久谈，云：“南园以忧去，由通副降主事，特命改御史，以弹军机，便令在门外监察，受风寒成疾以死，和珅所为也。”午饭后过洪井，与笏堂论儿婚事。理安、燮老、仁山、朱生皆晤谈。遇松生同还宅，携《桂志》二册去。刘伯固送茶叶、竹箑。

六日 雨，午热

力臣来。作书上熊师、张东丈。晡后诣商农、次青均未遇。遇罗八弟，言伯宜妻丧，见其次子及伯宜十弟。过子和，遇陈郎。过文心不遇。至海老处欲久谈，会暮促还。作龙母八十寿联：“大〔火〕枣交梨，会仙无暑；碧鸡金马，应寿为祥。”

七日 凉

朝食，三弟来，饭后遣迎其二母、妇女入宅。张嫂、陈妹俱来，竟日纷纭。勉吾、郭寿楠来。书寿对一副。

八日 晴

晨出贺龙母八十生辰，其家人未起，便诣彭朵叟，留久谈，还朝食甚甘。雨恬来，欠申坚坐，似甚欲谈而不能者。连日窘于改课文，草草了事。题钱沣所画十二马册子：“吾闻九方相马如相士，谁其继之钱副使。当年佩玉临沅湘，欲骋康庄驭龙子。时平奇骨不易见，十二闲中无騄耳。北风霜劲心眼空，突扫凡才弃駃騠。四十八蹄皆不羁，丰草长林从所为。莫随奚奴入天厩，官家刍豆容奸私。浦公暗伺和公意，一时仗马喑无气。巧将历块绊霜蹄，阪上悲嘶竟何计。巴丘九疑天地宽，虞舜昔时扬玉鸾。只今画里追风骑，不识人间行路难。”

文心来，言外间传余不入贾祠，以题匾不雅也。世人多以疏傲事附之于我，他日必得班作朔传、寿载孔书乃足以明耳。罗柢夷及其弟子来。

九日

济生、黼堂来。周姓来,求还女事。余云:"余与樾岑交好,樾岑误,谏不听,余不宜论其误也。"连日补六月日课,督两女温经,未尝稍懈。风凉宜游,答访寿楠、子寿。子寿言宜起孝廉堂课举进士者。黼堂言宜起书院招致不为科举者。两君言各有当,皆美举也,而不得其法。又言王孝凤弹威妥马,请斩之以谢天下。快哉迂儒,殊胜筠仙。夜雨。

十日　阴雨

补钞经三叶。余子振来。夜过力臣,遂至西门,访张、韩、朱皆不遇。步还甚热。

十一日　雨凉

补钞经三叶,始得廿叶,补六月十日之课。次青来谈。倒帐,十子送银折来,以三百金存陈忠如店也。夏子常来夜谈。子寿招饮未去。

十二日　雨,云甚黑,若有大雷雨者,已而复霁

文心来谈。晚过春陔,其子索余赋稿,久忘之矣。钞经二叶。

十三日　雨

周稚威、樾岑、海翁、子寿、黎竹林来。女书、经钞并如程。夜讲《内则》。请竹林为窊女医痫病。

十四日　晴

此月唯今日无雨。女书未倍。钞经二叶。要海岸僧午斋,笠云陪坐,兼要彭丽生、松、佐会食。丽生长斋半年,云食肉即作恶。自午至戌乃散。子云来送诗稿,请余润色。夜讲《内则》。郑注"水为清耕",向未之觉,殊觉皇愧。

十五日　阴

钞经二叶。寓书若农。为寺僧作字。袁守愚来,戴尧峰之流

也,与之谈《庄子》。夜讲《内则》"糗饵粉酏",尚有确见。三更后雨。

十六日 雨,至辰止,阴湿不甚宜人

为子云改诗二首。寺僧求诗,仿唐人体作一首:"绀宇存旧宫,城芜换人世。静法无灭生,尘劳愿乘愒。因山启高轩,平望通远势。曙烟蒙东寮,凉月恋南裔。有时长沙雨,正欠城中霭。得地自招陵,观人徒蕞芮。释子古法王,转轮今已辍。遽暇了不谋,安知阿育利。倘有物外游,题诗记年岁。"

钞经一叶。笛仙来片,言"清新"鄂经本作"清新",阮校勘记有之。翻之果然。官刻校刊记无此条,偶阅一二叶所漏脱甚多。夜讲《内则》"牛脩"至"徒食"。

十七日 雨

平地水一尺。钞经二叶,补昨一叶。力臣招饮,同坐者刘连捷、次青、凌问樵、香孙、子寿,戌未散,食新蟹、韭花。还,讲《内则》"脍"至"养老"。入理家事甫毕,樾岑来,言丁果臣仍还待死。

十八日 晨雨甚酣

今日丁酉立秋。农家云不宜雨。振子自平凉还,传谭文卿问讯甚勤。又云自西安至玉关,新柳夹道,盖自汉、唐以来西道久荒,今将复盛矣。商农来谈,云李次青以一盐票货周御史复淮纲地。余不知其何心也。湖南大蠹在粤,而李、张遏川,盖周生财运耳。笺《内则》"养老"节。

十九日 晨雨,风凉,朝食后晴

改课文三篇。阅曾《年谱》毕。饭后出,已暮矣,过黎、陈不遇。省陈母少谈。至海翁处,剪烛夜话,言次青谒王抚不得见。又罗衡阳被京控,盖天符大帝所为也。外议揣度李小泉不上川督,朝旨久不补湖督,皆不知何意。余云欲得双分炭金耳。

廿日　晴

海岸、朗照二僧来。补钞经二叶,又钞二叶。三弟生母携七女还湘,振子同去,莲弟送之,余步送至城门,阻水不得前。舁访陈总兵,入城至洪井与仁山、少卿、笏堂、东生杂谈,还已暮。讲《内则》“八珍”。

廿一日　晴,风凉

钞经二叶,校《书笺》一篇,汉碑六通,作陈墓志半篇。两女课亦粗毕。邹咨翁来。自入城以来未有多功如今日者。珰女始点《上林赋》。夜讲《礼记》“夫妇之礼,唯及七十”。作“虽”作“唯”皆不安。

廿二日　晴,颇燠

钞经二叶。校《书笺》一卷,汉碑七通。作陈志毕。诸女看戏,自至马王祠视之。唐昆山来。唐与程殿英皆趋走小材,甚可任使,一旦得知县,遂自谓富贵,人亦无用矣。又不值李小泉等辈一笑者。

廿三日　晴,风凉

钞经二叶。作杨墓志毕。刘南云来,久谈。欲校《书笺》,蚊多而止。舁过檆岑、力臣,探新事,云有剪辫妖人自江宁至宁波、上海、安庆、武昌。孙使库丁被其试法。安庆获四人,供云九龙山有纸人七万,须辫二万则出矣。余语檆岑云:“岂如涂鹤须三世人血邪?不然何必历九州而相辫也。”力臣处遇子寿,谈至二更还。待梦缇醒而后寝,已鸡鸣矣。是日陈郎鲁瞻来。复为窅女诊脉。

廿四日　阴,欲雨,凉甚

刘南云人有精采,宜早答拜。遂出过商农,云已出。遇松生及夏君入,随入,商农故未出也,谈久之。至荷池访次青,遇黼、力、张子廉长谈。力臣以盐票买周御史事,京省藉藉传之,而咎予不应造此言。岂疑予讦其私邪?不然谣言何足深论,余不解其何意也。出城答访余子振,未遇,即驰归。过阆青、子常、南云、□斋,皆不遇。还,馁甚,视弟子方写课卷。任郎伯华来,匆匆去。夜半寝。

廿五日 阴

钞经二叶。凌荫庭来,云黑茶为理藩院所占,故不能销,今谋复归化城,旧引地也。两女各倍半日书。校《书经》二篇。过济生少坐。看验郎文殊平庸,以其家学,未便深谈。将暮酣眠,至鸡鸣起,五更乃寝。

廿六日 阴凉

钞经三叶。校唐碑五通。晚出过庄心安,少谈步还,稍觉热。彭子和、黄莘畬来。朱雨恬送鱼。

廿七日 阴晴

黄少羲来,送之出,过城隍祠,日出畏热即还。钞经二叶。作书复殷绍侨九兄,上外舅。瞿郎鸿锡来,未入。晚过海老宅,答访莘渔未遇。取道从贡院后往,还不得通,更出贡院街,至松生处,门遇二黄,执礼甚恭,忘其何处相见也。入问少溪未来,至曾祠寻松生,还坐,商农继至。复由祠园访佐卿,谈至初更,商农先去,少溪亦来,大雨,二鼓乃出,祠门已闭,留顷之,药店门开乃得归。

廿八日 雨。辰止

循城至南门还。见彭山屺宅,念廿三年前曾面诃之,遣送《衡志》一部以谢吾过。山屺,衡阳人,为曾文正巡捕。余议当疾发水师攻湘潭,山屺持令不行,余厉声叱之乃去。此事今不复见矣。子振、芳畹均来借钱,无以应之。松、佐来,久谈,同至马祠访陈杏生,遇雨,二鼓还。

廿九日 阴晴

马岱青来,唐佐舟继至,言其从父石生有诗,欲入《耆旧集》,盛德事也。岱青视所为文,文笔稍进,未饭去。钞经一叶,计此月仅得五十八叶,不能多一字,亦可笑也。理安来,留午饭,同访袁守愚,未遇。至春陔处,微言阻其讼彭、丁,意颇嘉纳。还,左逸仙来,笼镫始去。子寝。

七　月

己丑朔　　晴,午大雨

文心、子云来,借《公羊》、《诗笺》而去。张东生来,未及谈,陈鲁詹来,遇雨不能去,至暮乃行。钞经二叶。夜讲《玉藻》。珰女读《文公篇》毕。

二日　　阴,午雨

袁生来,略谈与陈氏事,言其夫妇参差之由。因言宋儒以道自重之敝。食饼过饱,午饭草草而罢。钞经一叶。理安来假钱二万二千。与书瞿子久。复黄、常二幕宾书。

三日　　雨

午止,城中讹言益甚,有奉定湘道者,建议延两县城隍出游。冒雨泥行,甚可笑也。钞经二叶。

四日　　晴

官府祈霁断屠,城人又迎陈道人像入居斗宫,街市甚闹。瞿郎子纯、力臣来。力臣代购翠花十七枝,云价廿两,未付也。又云《方略》已由驿发到,曾、胡嗣子各一部。而文云"与家属",公文之不通如此。过洪井问之,云尚未到。取道欲迎会看之,竟不能得。还为文心作和夏诗,诗成已暮,竟未能钞《春秋》也。樾岑夜来谈,言谣言为乱之始基。又言一狂人被诘获,词连抚、臬、府、县。或欲杀之,且恐王抚恶其连己而欲灭口，思所以救之之法。余亦踌躇。樾去，余大悟，此无难也，樾为欲活人而欲枉道，故动辄窒碍耳。夜补钞经二叶。子寝。夜雨。

五日 晨雨，至午止

钞《公羊·僖公》成，计六十八叶。夜看《明季北略》至子丑之交。

六日 雨至午止，申初复大雨

龙八回，借监照未得。畇女告病。得外舅、弥、保书，云非女有疾。竟日校《书笺》，未皇他营。咨叟、徐甥、研根来，相对，心殊不在客也。至夜分犹仅校得《吕刑》下四篇，及《书序》、《目录》各一篇，《禹贡》至"导山"止。因已过六十叶，又新有暑疾，遂少坐而寝，家人尽睡矣。

七日 晨雨，朝食时晴

校《书笺》毕。诸女出看迎城隍神，往来街口久之，甚热，欲往北门，三遇人挤拥，更由西门，复再遇，挤至火祠，将看戏，不可看，至洪井少坐。还颇倦，少眠，起饭，已暮矣。复携滋、恒至塘弯看柳树。夜小雨大风，少时止。

八日 晨雨，辰止

黼堂、润生来，至午乃去。同润生过咨翁，留谈久之。还，衡阳萧贡生云谷来，少坐去。济生来，云胡荫生死，其妻割股，陈氏女也。胡稚翁十日之中丧一女一子，子妇复将殉夫。黼堂先言之，余云宋学之为害，使人凶祸不可当，方知毁不灭性之义精也。钞经四叶。两女入秋未课，今日粗了。夜过黄子寿谈，还讲《玉藻》"深衣袪"未了。

九日 晴

唐作舟、程生、郭寿南来。言徐、宿寇起，迤西复叛；英夷被兵云云。商农招饮,步往,无一客,顷之皆至,坐者九人,仁山、朱少卿、杏生兄弟、佐卿、向子振、杨妹婿何,纵论人物,为月旦评。酉散。过陈母、罗子沅,见伯庚孤子略谈。过樾岑,遇蔡学苏,踏月访力臣,遇子寿,絮谈还,月已落。补钞经一叶。陈生来,留宿。文柄复至。唐郎准纶来,未晤。

十日　晴

唐酌吾来。韩勉吾送礼,不知儿昏之改期也。钞经二叶。夜作蓺渠墓志,至鸡鸣未成。理安、袁守愚来夜谈,招入蓺隐寮看月,以袁生诗甚丽也。

十一日　晴

命丰儿代授读,作志铭成。力臣来,以扇像索题,作七言长句应之。子云、禹门继来谈,同出过唐郎,言作行状事。步月还。

十二日　晴

晨命功儿代授读。将作文,伟斋、佐卿、胡子夷、子正、心安、邓婿、徐甥来。文心索改诗,子振候借钱,力臣催申夫书,交午于前,今日弟二忙也。作申夫书,会客,尽一日。昨日安床,设榻后房,为斋宿所。斋当居外寝,而皆弟子学舍,不尊严,故居正寝之后也。

十三日

尝祭,午正行礼,申成。三弟祀祢,往行礼,乃馔。要徐甥、夏子来食,微醉。唐郎、子寿暮来。

十四日　晴热

三弟代授读。作湖北公呈稿成。心安请作《石床名〔铭〕》,遣使来催,夜成之。

十五日　晴燥

作安徽公呈未成,消一日。

十六日 阴

龚提督来。午后大风凉雨。酌吾来辞行。书扇一柄。夜讲《玉藻》“衽当旁”,未明“左衽”之义。

十七日 晴热

仲云、曹价藩、子和、刘伯固、樾岑来。自朝至于日中昃,客去,即出答拜龚提督。吊胡志翁,未出,请其子妇弟陈生出陪。遣觅胡子威出谈丧事。旋吊价藩,答访伯固,赴向子振招饮,坐客姚立云、杏生、佐固[①]、商农,戌散。过价藩谈,同至曾祠园中看月,待月将午,乃步还。过舒叔隽,遇陈德生。

十八日 晴热

陈杏生、池生、罗秉臣、价藩来。钞经一叶。理安来,与同至曾祠,抱滋儿以行。设宴。浩然要商农、子振、立云、三陈、佐卿、曾小澄、伯固及理安夜饮桥上看月,三更后散,与云、安、杏步还。过十栅,唯二栅未闭。还得雨苍书。

十九日 晴热

闻镜初来,往视之,遇海峰僧守屋,久之镜初还,仁山亦来谈,有客至,出至学署看考还。小澄、劭卿来。钞经一叶。唐作舟送其从父石生遗诗来,求点定,为改二首。三弟录科出场,鸡鸣矣。

廿日 晴

子云、黼堂来,云怀庭自湘还。顷之镜初与俱至,谈至午乃散。陈郎、叔畴及湘乡谢人初来,寓新寮。倦甚少睡。杏生招饮,坐中主客十一人,三陈、佐、云、刘春禧、马秀才佐卿子师也子云、和障、陈子闰官、商农。蛙鱼甚美,戌散。与怀庭略谈,鸡鸣乃寝。

---

① 佐固,上下文并无此名,疑误,或为伯固之讹,或为佐、固,即佐卿、伯固二人。

廿一日　晴热

未起,作舟来。文心、海岸继至,与怀庭、作舟同过芋园饮,仲叔出陪,镜初、瞿郎同坐,午散。看周茂兰血疏题跋,凡作诗者皆可厌,盖忠孝最不宜诗也。还浴。锡九、舒叔隽、袁守愚来。袁赋《看月诗》甚富丽。晚访劼刚不遇,与仁山、劭卿、子微、东生、理安夜谈,笏堂出坐,还过樾岑宅,新移郭氏大屋,云不索房钱而值过毕。余不以为然,未可谏耳。论筠仙被枉事,不觉愤激。得果臣片。仁山云果臣已来矣。戴子高五年前寄书,沉滞始达,已成遗笔,百年转瞚,亦不必多伤也。夜和熊师诗。

廿二日　晴热

客来不断,竟不能记为谁某也。唯果臣不死仍来,可为异事,与同出至藩围后分道,余赴佐卿处,姚立云设饮,劼刚先在待余,略谈,以人多未敢多言。比入席坐者主客十一人,劼刚及李子字子城先去,三陈、佐、振、商、固俱在,饭罢论李发甲抚部祠事,议各考生捐鱼、肉、钱以为工费,亦可得二千四百千钱。

廿三日　晴热

伯固来,饭后怀亭出访镜初,余欲同往,畏热不敢,稍理荒课,钞经　叶,看唐碑一篇。立云来,言佐卿无坚持之操。

廿四日　晴热

早出往镜生处送和诗,答访胡子威兄弟、任雨田,遇一官字湛清,北人而学湘话,不知其姓也。过小澄处,遇商农。将往雨恬处,日已皎烈烁人,乃还。遇黼堂访怀亭,同坐久之,乃饭。钞经一叶。晚饭思贤堂,二松为主人,坐客十四人,亥散。

廿五日　早热晚凉

劼刚、若林来,少坐。钞经半叶。为二女钞赋。赴曾祠饮,凌问樵为主人,坐客十六人,生客有陈牛、陈鹏、余郎。旧火夫陈堂出见,自云能管监禁。遣借菜送龚云浦,不受,为慰。谈至戌正,始忆与香孙约,急往赴之,已二更矣。遣约志臣来,谈争产事甚有理。余知其不可劝,漫曰此家事,理如此也。坐至三更辞还。

廿六日 凉甚

劼刚闻人讙云馔之美,欲尝之,因命治具约客,乃暴病不能至。少庚、梅生、守愚、润生来,又陈生、马郎来,未出见。徐甥与王纯甫来。二邓郎来,甫数语,客至,及即席,已暮矣。坐客樾岑、志臣、怀亭、杏生、凌问樵、荫庭,食甚饱,亥散。

廿七日 凉晴

黼堂、镜初、仁山、海老、张子廉、培仁、子明、心盦、香孙来。自朝至暮未入室。培仁言金丹可成,房中术可习,又言林德彝得道,甚谬也。刘伯固欲募修李抚部祠,余为作通启。晚过王纯甫,书扇二柄。遇唐春湖、汤汉龙言宾兴事。子明言力臣占其宅,悍不还,力不理甚,无法制之。纯甫云宜用刘璞堂也。

廿八日 晴

怀亭欲去,治装久之。司吏设投卷局于寺外,初谓宜先到县中安顿,樾岑谓易与耳。今仍至此,僧骇怒,力争,吏亦汹汹,余晓以和悦,声势稍息。出访罗少庚、陈梅生、黄季鹄不遇,至贡院庆成工,少坐,与镜初俱出。余过志臣,与杏生、问樵同入,旋别去,诣陈母、海老、汤姓、张子莲,均坐久。还,怀亭、司吏俱去矣。送遗才条及议捐李祠钱者、交帐者纷集,心目间为之扰乱。顷之,问樵、黼堂来,一议宜捐,一挠其议,余皆唯唯。

廿九日 晴,复热

王怀卿来。罗八弟及其从子伯存来。彭郎保初来,持其父册去。过樾岑送遗才名条,留食饽饽。晚过学院看案,至洪井少坐,笼镫还。讲《玉藻》。

卅日　晴

积压功课甚多,稍理之,改文二篇,钞经一叶。从子虢来,旋去。罗郎少庚夜来,为其从父言遗案无名,欲必得之。庄心安有贷于子明,往说不肯。便过贺郎不遇,其从兄伯仁出谈,亦言无名。夜改文半篇。晴生来。

八　月

己丑朔　晴热

子威来。出过晴生,贡院遇理安,同访怀卿,遇李郎幼梅,复至贡院。过志臣、翁七郎均不遇。诣笛仙、果臣久谈。答访保初,还已夕。讲《玉藻》,无难处,唯韠制未得明,当详论之。钞经一叶。

二日　晴

祖考生辰,设荐。黄叔琳、袁守愚来。王生伯戎、桐生弟新到,均来,钞经一叶。陈生来谈文。吴称三、黄少溪、梁仲玉、黼堂、商农来。晚诣外舅,舁还。讲《玉藻》毕。

三日　阴凉

钞《经》一叶。出唁左逸仙。送商农行,未遇。过外舅,少坐还。王生移来小住,与同至学院看遗才案还。外舅来。写扇三柄。

四日　阴凉

作吴山夫《说文引经考》序一篇。校改《格术补》一卷,积案稍清矣。晚过樾岑谈。胡子正、唐作舟、朱□翁、樾、轩同来。从子借、虢来。

五日 雨

为刘伯固评墨卷，钞经一叶，李润生、黼堂来。午过咨叟，陪外舅饭，同坐有曹桂亭知县，颍生巡抚之子也。语必称父，又自矜吏治军政，主客不能儳一言。席散，异夫不至，急步出，还，伯固来。夜讲《明堂位》“蕤象山罍”未确。

六日 雨，午霁

胡子政及其弟□□来，春阶继至，盖送考也。□□诸女欲看入闱，往探已过时矣。步出访常寄鸿，寻曹价藩不遇。过松生处，遇少溪、佐卿、伯固、凌善人。佐卿意兴甚恶，余辞出，过外舅寓略谈还。运仪来。钞经一叶。是日甲午秋分。

七日 阴凉

钞经半叶。出送考，自南门绕小、大西门、草潮门、小吴门、北门还，几步行卅里。夜少寐，惊觉，以怀亭、三郎须早赴贡院，先往至坪中木棚内，听炮候门至旦。

八日 晴，日出

衡阳人毕入。出至棚中解衣冠，还家朝食，复至中路候送本县人。及午尚拥挤，点善化未尽，乃还午食，携三弟、佶子去，犹嫌太早。自来湘潭入场，未有晏至此者。又还，夕食，携两女往观场，暮还。

九日 晴

昨两日废事，拟静坐一日补之。饭后，若林、翁强生、殷郎仲衡来，谈至午去。钞经一叶，补昨半叶。为两女理书。午饭后出，答访春阶、心龕，过镜初，与同至果臣处夜谈，异去，步还。讲《明堂位》。

十日 晴

为两女理书。钞经一叶。午出过运仪兄弟，遇两王生，鼎新钱店之子弟也。至贡院前已放牌矣。三题均正大，疑可取佳文也。至子常处小坐,食面,再过香生,还遇陈郎于街,已出场,复往游也。此郎磊落有吾辈风。夜弟子俱未出,倦寝,比觉,三弟仍未归,心甚疑虑。鸡鸣乃出场,视其文平平耳。佶子文稍可,而讲甚拙。

十一日　　晴

夜子时舁往贡院,看出场,至点名犹未毕出。送府学头牌入乃还。六云生日,放假一日。往陈宅闲坐,留茙女在家,殊不忆娘。蔗丈、静斋、罗郎来。子云夜来,谈郭志臣争产事。

十二日　　晴凉

钞经一叶。倍书三首。写联幅十馀纸,字恶劣奇古者相杂,一挥之后,不复再视。午睡时许,夜月甚丽,庭桂微芳,步往蔗老处夜谈还。讲《明堂位》。

十三日　　晴

钞经倍书,竟日未出。作拟墨二篇。说"射主皮"为君臣不复留意于射,似甚确当。晚过程郎,看闱作不佳。访果臣,已去。仁山云镜初今日生辰。与与循同日,二人不相好,何也?夜还,改文。得五经题,均似有经学人所拟题也。

十四日　　晴

寅往贡院,看点名,则三路无应者,唯担夫荷扛而立,可叹也。过外舅寓,携帏女同行。还访称三、樾岑,留朝食,论力役之政,以"条鞭"为便民,非知治者也。日烈步还。为两女理书,令明日放学。钞经半叶。镜初、锡九、镜兄、杏庄来长谈。晚过罗研丈长谈,舁往舁还。过运仪兄弟少坐,借镫笼,恐犯夜也。胫创小发,不能行。

十五日　　阴

足不能行,又畏寒,不能起。至未强坐,钞经一两行。看丹徒陈世箴《述记》,内唯《王岩韩默传》云史可法复睿王书,系默所书,足备掌故耳。外舅及子云来。夜钞经一叶,计此半月及前月共得卅叶。

十六日 晴

樾岑来,强起会谈。三曹、一吴来,少坐去。晴生来,心盦继至,芳畹又来,遂尽一日,钞经一叶。

十七日 晴

钞经一叶。为两女理书。夏芝岑粮储来,云久赏吾文。洁卿两郎、焌三、子英来。松生、黼堂、润生至。暮,客去,欲稍休,闻玉泉山已集议作乱,亟往樾岑处,欲令会同府、县营兵严行禁止。至则邹叟在,力言必激变。事不干己,遂未尽言。见黄祁农工部之子淑丞,眉目甚隽爽。询其兄弟四人,母年五十一,有田足自给。

十八日 晴

先祖妣生日,因召客,以其肴设荐,至巳乃得食。坐客谢、陈、胡郎、王生皆远来,宜设食。晴生亦宜有一食之礼,故为此集。锡九为宾,散已未矣。中坐陈生、程郎、夏莘轩来,席间唯言诸生作乱事。胡子夷及王怀钦、李幼梅、性甫、邓婿、徐甥、桐弟皆来。陈恒玉监生来谢,未见。夜钞经二叶。王生去。

十九日 阴

晨起钞二叶,《文公篇》毕。唐楠生、彭丽崧来,设食。招怀钦、梅生、季鹄、邓郎子元、徐甥渭来、彭郎、辛叟早饭,少羲作宾,实午饭也。酒中,外舅、翁强生、验郎、邓婿、子筠兄俱来。酒罢欲出,胫痛大作,乃遣人往吊左庆贺。贺伯仁续弦,左逸仙明日遣葬其母也。挽联云:“问疾在中元,方期笙鹤从容,晦日瑶池促仙御;官箴承母训,正有笋鱼供养,秋风锦水怅归帆。”

廿日 阴

唐鲁英、彭子和来。出过春陔,遇仲云兄弟久谈。答访夏粮储未遇,还过曹十三,吴大汉出谈。曹云七父可立主孝子祠。又言余当作公呈,举祀孝弟,并徐八丈同举。唯唯而还。为两女倍书三首。钞《春秋》一叶,加钞《礼记》一叶。是日戊申,春甫欲为笛仙作寿屏,笛仙辞之甚力,云此时已为家主,无自寿之礼也。余两嘉之。罗研丈来,谈邹咨翁宜开缺。余云天下言不怍者,咨翁与郭志臣也。无以谏之,腹诽而已。夜雨甚大。

廿一日　雨。己酉,寒露

佐卿来,示劼刚及己所为《刘王夫人寿诗序》。余云骈文非纱帽所能为,余今已不能矣。六朝人罕有老者,故骈文最妙。盖须壮盛心力乃能成之。又须有少年气韵,亦不妨稚巧,皆与达官老宿不相类也。陈郎来,日晡矣。钞经二叶。倍书各二首。黎竹舲招饮,坐客咨翁、张振孙、左子异。竹舲云爱妾新死,兄知扬州云云。戌散。过济生处看文,又不甚佳。夜大风寒。讲《丧服小记》。

廿二日　雨

睡一日。翁强生来,为杨氏求墓志,言养马事,外行也。钞经二叶。催儿课文已十日矣,尚无消息。乱写屏对五纸。

廿三日　晴

岱青来,言卖文事。饭后往营盘街看屋,陈郎鲁瞻以其祖居质于我,先已付价百廿两银,今乃往相度开窗等事耳。屋虽小,殊有幽静之意。遣龙八随莲弟往,督工匠修饰之,以烓往爨。果臣来。钞经二叶,夜讲《小记》三叶。倍书珰、帉各三首。夜有大声发于楼,似盗从屋下而踣者,因坐久之。看守愚诗一卷,乃独寐。

廿四日　阴寒

钞经三叶。两女倍书各二首。樾岑、济生、健郎、守愚、子筠来。省城会客一大功课也。沈郎友篪来,送火腿、莲子。子筠言得湘潭信，五叔寿终。吾家比丧老翁，殊非佳朕。五父亦一奇人，晚节不惬族众，余亦疏于省觐，为可感惜。夜讲《小记》。

廿五日 晴

绂子来，偕子去。姚立云、李润生来。闻黼堂丧婢，欲往唁之，无舁夫不行。钞经三叶。两女倍书六首。得九兄书，举六嫂节孝，与片志局。作书寄段培元。

廿六日 晴阴

陈知县万全来访，云在郴州常一见。观其颜色，有求者也。察其才质，必不见赏于王抚。钞经三叶。两女课粗毕。暮往黼堂处，遇丽生、作舟、某生。遣儿吊胡烈妇。绂子去，挟余书往江南也。思此时江行，凫嫩蟹肥，风清日皎，兴复不浅。

廿七日 晴

钞经三叶。唐继淙、章素存来告急，云其街栅败，劝王永章修理，得钱五千，今事发，非君不能解也。此人张衡州颇善之，物论不与，余亦厌之，感信陵门下之诗，借钱六千。章云今不能还。其言尚朴实，不虚此借也。得若愚肃州书，并其家用银。夜过价藩、果老久谈。冥行还，寺钟已动矣。路甚暗，幸有放镫者，大得其利。

廿八日 阴

早饭后过北宅，君豫、果老来，王氏添丁之兆也。与君豫同过守愚，独访笛仙、子和还。北宅工未毕，不可居，稍坐还寓。马先生来告去。过樾岑，言初三日白虎入宅，不可移居。

廿九日 雨

向子振、唐兰生来，云沅浦得晋抚。海丈来。惕吾兄来。为果臣校《格术》一本。为研老看吴嘉纪诗一卷。嘉纪，字野人，泰州人。其诗在玉川、东野之间。诸人序之，未有一言及者，但称好好而已。

然则野人终无知音也。以笔墨入新宅。未钞经二日矣。黼堂、健郎来。咨翁送花镜。

九　月

戊午朔　雨

舁入北宅。补钞经六叶,以为足矣,数之仍少二叶。珰、帉两女来。夜看吴野人诗一卷。

二日　晴

补钞《春秋》二叶。钞本日定课二叶,《礼记》一叶。芳畹、锡九、果臣来。晚过香孙。子和送烛、爆、包子,受之。

三日　晴

笛仙送镫彩烛爆,陈母送包子、定糕,罗子元送茶包,皆受之。钞经三叶。镜初、锡九、夏子常来。陈五弟妻来迎梦缇,入宅留饭,夜去。梦缇定居西夹室。亥寝。

四日　晴

晨起步至南寓,为曾祖妣生日设荐,因留陪九兄,食汤饼。午过果臣便饭,还甚热,可夹衫耳。为商农钞诗,杏生写扇,翁强生作杨氏墓志。张东生来。初夜假寐,至三更后,六云来言城上钟声更漏甚乱,人嚣嚣若有变。余云此街上失火。起呼工人,无在者,唯熊三病,惧不敢出。寺僧重扃,悄然暗登后山视之,火光在大西门,乃安心还寐。大风小雨。

五日　雨

朝作杨志成。春陔来,言将为豫游。讽之不能止。一月前与余言,必不赴子官所,何其明也,今若忘之,又何惛也。海翁言翁玉甫遇一小事，面色改常，非有用之人。余于春陔亦然，初已觉其俗，后与谈甚有理致，今乃定之矣。午出答访陈知县不遇，过海翁久谈，还北宅食菌，补钞经二叶，欲罢，念尚早，补《礼记》一叶。鲁瞻来。

六日　雨

钞经三叶。木匠粗毕工，散去。作书与春甫、二妹，大睡半日。

七日　晴

朝食时三弟回，云其生母同至。遣迎未至。黼堂、叔麟、润生、淦郎来，守愚、镜初、向子振继至，陈母遣馈梦缇生日礼，三弟母携七女来，纷纭一日。钞经三叶。

八日　晴

早起，恐芳畹来，衣冠待之，未至。淦郎来。畇、滋两女入宅，儿女贺其母生日，设面。钞经二叶。心盦、洪郎、刘馨翁均来贺入宅。三弟妇及六云均入宅。

九日　阴，午后雨

晨至南寓，仁山、东生来，久谈。客去已过午矣。与九兄、四母均无可谈，睡半日，初昏，告三庙二祀当移居。欲言"奉迁"，迁庙非此之谓，乃直言"移宅"而已。今夜放榜，寓中殊清静，超若世外。

十日　晨雨，旋晴

木匠来移神坐，三弟同至，乃闻济生叔侄同举。韩勉吾、吴雁州、曹谷生、汪伟斋、李禹门之子字仲穆，皆得隽，今年殊胜去年也。奉移尚早，因出至李黼堂处，其子字幼梅，中副榜一名，因留谈久之。至龙宅入贺龙母，至李宅贺禹翁，皆久谈。还，轿夫犹未至，顷之乃集，安主舆中，步导以行，路甚滑，行迟，汗湿重衣矣。少休，盥须。殷竹老及果臣偕至，居停陈郎来贺新宅，验仙来问经文题义。子和、溶翁、樾岑并至。樾翁示新科闱墨。子云亦来，遣催瞿春陔。今日设荐,请诸客老福者,兼发新宅也。然匆匆未备,颇劳从者。未初行礼,酉初入席,戌正散。龙母来索信与皞臣,催其早归。

十一日　晨晴,朝食时雨

稍部署匠人,欲补课程。唐作舟来辞,不得已出见之。得黄运仪书,词翰并美,来使待复。怀亭复至,入草草答之。李作周来,久谈。怀亭索食未至,仲云来,汤生来,客去已暮矣。钞《礼记》一叶。补作《礼记》"蜗醢菰食"一节笺。

十二日　雨阴

钞经半叶,舁出谢客,至佐和、笛仙、果臣、夏粮储、子筠、心盦、怀庭、馨室、许子敬〈处〉。于果臣处遇怀庭,子敬处遇龙郎。晚至作舟处饭,坐客怀、镜、黼三人。

十三日　晴

小不适,未朝食。姚立云、幼愚、叔畴两郎、罗秉臣来。午后出,答访冒、黄、樾、仲、春,惟李宅得入,黼堂出谈。晚至济生处辞酒,陪验郎蒙师也。夜过香孙,遇阎陪优,牢骚已甚。锡九来,亦痛诋中卷。卷中有刘郎文甚佳,云郑小谷之作也。

十四日　晴

病不能起。怀庭来话别,卧谈半日,起陪饭,肴菜甚劣。

十五日　晴

怀庭片来告去,强起书扇作小诗四首赠之。"昔别干戈满,今来鬓发衰。通人非祸乱,端坐有推移。仕隐俄同辙,江湖任所之。无端一旬促,堪又十年思。""富贵从时局,文章养道心。谷溪雌白守,前后牡丹吟。泪竹秋成束,苍梧日易阴。湘波无限意,直下海门阴。""便欲从君去,同看万里秋。江流终有岸,晴野惧登楼。麓寺云长覆,吴山树独愁。西湖非隐地,彭李误菟裘。""学道仍难隐,应官岂便炎。洞庭今更浅，清镜雪频添。五度期霜蓺，扁舟溯露蒹。来宵酒尊畔，别思在明蟾。"研仙暮入房中谈。

十六日

病。为果、竹两翁强起，还，改文二篇。病少间，舁出，赴樾岑招，坐客晦老、性翁、香、镜，惟谈杂事，稍及今科文。余云今科文之不能言不通，犹西枝比丘之不能言知足也。盖人各有识限，惟五十步者好笑百步耳。晚衣冠过陈母祝寿。陈母今年八十矣。联云："湘寓十年，清贫益寿；秋花九月，晚景如仙。"步还。

十七日 阴雨间作

早贺陈母寿，坐客一北直人，一罗润生，一淦郎，食汤饼三盂还。幼愚先在斋中，谈未久，得张东丈书，送张小浦奏章。得俊臣、雨苍书，春浦书。春浦甚言蒯辫之确，余终不信也。镜初兄弟三人及吴生雁洲来。又有一人先在坐，余以为同来客者，未问其姓名，久之，客反问余姓，乃知其非曹党，是祁阳邓生来寻祴子者。客去，作《易经》文一篇，得"繻"字本义。《诗》凡言"六辔如濡"、"羔裘如濡"，"濡"皆当作"繻"。繻、缛双声，繁采之色也。因教两儿以凡事有益如此，不识此字近千馀年，余亦二十馀年矣，令人惊悚。夜作书与张东丈。

十八日 雨

晏起，昨夜风甚寒，人殊瑟缩也。凌生来，言有师生求阅卷。允为向庄心龕求之。涂聋来，久坐，甚苦之。杏庄、锡九、彭郎来，禹门、验郎亦来，少坐去。夜寒早寝。

十九日 雨寒

文心来。有汪开第者贸贸焉求见，人乃知其误也。饭后作"腶脩蚳醢"五句题文及"河曲之战"文二篇。子明、济生、理安、性农来。

视阁生二三场作,殊不佳。五经文,余已作四矣,何不再作《诗经》文,因作两行,无可敷衍而罢。

廿日　晴

始再钞经,停工八日矣。先曾祖、先妣生辰,各设荐,已正礼毕。黼堂、润生来,竹伍午至。申刻过香生饮,研、海、樾、性四公。戌散。

廿一日　晴

钞经三叶。子云来。吴雁洲之父招饮,陪左锡九及诸曹也。申集戌散。尚有二黄,云一举人,一典商。遣丰儿往武冈迎其姊。与书弥之。

廿二日　己卯,立冬。晴

出贺胡郎子正及海翁幼子昏。答访五家,惟凌、杨得遇。至报慈寺看旧寓,乘兴还。作书与张东丈,谢其为七父作墓铭也。夜过香孙,谈曾、曹之交。

廿三日　晴

六云早起,何妪尚卧,呼之。六云恐其怒,反抚慰之,因骂六云。深悟蠢人之别有心眼也。晏起,欲饭,师竹生来,为其子求信往永州,坐待乃去。梦缇已作,子女纷绕。携四女往府城隍祠,游荷池,至研丈处少坐。循宫墙至副衙坪,观李真人祠归。足创复发,少寐。夏粮储招饮,舁往,彭、徐、李、赵、黄先在,左心农继至。粮署亭榭甚卑曲有致,登楼坐待日落,张镫看菊,饮陈酒甚佳,戌散。街上人犹多,还,闻西初复得一子,母子平安,甚可喜也。钞经二叶。

廿四日　晴

钞经二叶。锡九率其子兴育字志和来,并属余具酒就饮。张子廉来,客避入书室。顷之李润生、曹杏庄来,镜初继至,樾岑、霖生来,顷之去。二曹一左留,待馔黄昏不至。遣约香孙来,比即席,已上镫矣。设食甚洁、可食，客主皆饱，亥初散。

廿五日 晴

陈郎来贺三朝。文心送菜，陈母送肺。肺为祭主，盖周时之遗礼，今犹存者。午洗儿，告庙行礼。黼堂、竹伍来。子筠来，留饭。尚早，与九兄同至城隍祠，率四女以行，人多不可立，乃还。饭罢，钞经三叶，夜讲《礼记》。

廿六日 阴

钞经三叶。姚立云、瞿郎子纯、理安、凌问樵来答拜，陈郎、彭辛郎、左生均在，旋同来谈，将饭去。果、镜两君来。饭罢，送果翁至竹翁处。竹翁复送余至贡院坪。余往霖生寓少坐还。钞《礼记》半叶。夜雨。

说《礼记》"量鼓"。服虔引以释《左传》一鼓铁。孔疏驳之云太小。其疏《礼记》又引《隐义》云鼓十二斛。斛，即石也，百二十斤为石。凡用铁千四百四十斤，铸刑书可矣，而操鼓以献则太重。"量鼓"之鼓当作"鼓"。"鼓"，击也。击量者概也。今收漕有踢斛，其量鼓欤？

廿七日 阴

钞《经》三叶。出送瞿郎行，便诣晓岱寓谈，勉吾出，坐良久，复过洪井，与果、仁、理谈。果臣云有才女嫁农人，郁郁不得志，其父喻以诗云："英雄自古轻离别，惟有田家守白头。"女得之释然。此可以为诗之用得《三百篇》之意者。又言但少村与陈淀生争宅，欲殴之，淀生献诗云："蜗角何须骋蛮斗，鹊巢无奈已鸠居。"但亦释然。因杂论诗解。出诣瞿宅，瞿郎已出，入与春陔谈，黼堂在坐。余言欲往黼处看菊，黼便邀往午饭，设食，有旧家风。问其火食，已包与厨人，则又不似旧家典型也。凡火食无论丰俭，必不可包。包者明知其中饱而但图省费,则泽不下逮,权不上揽,浸久而家人但知吃闲饭,以家主为债主而已。

廿八日　阴雨

郭玉告假,门口无人,移研出书斋坐。顷之,向子振、晓岱、邓翼之来。翼之执弟子礼甚恭。子振云盐道欲作堂联,嫌不佳,诡云失之,属余拟作:“资湘北汇总无波,看列城控带黔吴,山水钟奇多将相;纲引东来承旧法,更禺荚旁通领蜀,倪桑著论待经纶。”雨苍书来,问“吾弟”“吾”字提行何本?案《龙藏寺碑》“我大隋”、“我皇”,均以“我”字不空。澧水桥陈叔毅《孔庙碑》亦然。北魏《敬使君碑》“今上”,“上”字始空格。齐《西门豹碑》“我太祖”,“我”字不空。自唐初犹然,至欧阳询《九成宫泉铭》“我后”,“我”字空格。《张琮碑》“今上”,“今”字空格。《圣教序》“我皇王”行满书。《韩仲良碑》“我高祖”,《尉迟公碑》“我后”,《岱岳观开元八年记》“我皇”,并同。自此以后,不可胜数。其后权怀素书《平百济碑》“我皇”,“我”字不空。午过张子莲看菊,菊不能佳,坐客刘春溪、施进士、何知县、张立之、任小棠,二更散。甚寒,为功儿改《诗经》文。

廿九日　雨

一日无客,钞经三叶,两女课亦不能毕。常霖生来,夜谈。

卅日　雨

玉振无息银,遣询龚提督银有续至者否。樾岑暂借五十金来,庄心安复假百金于我,无以应之。竹伍来,留午饭。樾岑来,言恭王为筠仙移书王抚问上林寺事。余云三者俱失之矣。筠仙托于和夷,以挟制地方官,王大臣不问民事而惧毁教堂,王抚畏势而不敢言其非,体纪安在乎!此事王抚当捕乱民,筠仙宜置不论,恭亲王等若移书当令奏明情形,治郭、王曲直,今以三细民至惊动朝廷,乱之甚矣。

十 月

戊子朔 雨

检所钞经,《礼记》少六叶,补钞三叶。钞《公羊》二叶。为两女更定课程,今日粗毕。竟日无客,夜讲《小记》。

二日 阴

晨坐甚久,乃得食。饭后出,答访邓翼之,并见秉臣略谈。过海翁,遇新化新举人,未及谈,樾岑来,纵谈郭氏二案,倚势欺官,王抚无可如何,但能劾李彝章也。还,钞书四叶。《礼记》补毕。两女课粗了。书字亦可观。夜讲《小记》。

三日 晴

钞经二叶。作书与方子箴未成,竹伍招饮贾祠,亭屋布置甚有曲折,夏小润胸中之瓦殆多于曾涤公。坐客胡秋衡知县、果老、黄子均、吴大汉,未昏散。过勉吾家,催客者至,则瞿、余、曹、黄四辛亥,唐作舟久入坐矣。复食十馀肴,还觉腻饱,食红薯半枚。

四日 晴

钞经一叶,《成公》成。计日课二叶,少七叶。《曲礼上》亦钞毕。作子箴书毕。闻筠仙已出京蹈西海矣。张力臣为二等随员。文心来,久谈。向子振遣赴其兄丧,当往吊,以胫痛,遣功儿往。步与文心同至小东街,余独入,与樾、性、香孙夜饮,觉腻饱。

五日 晴

钞经三叶。见湘潭经课题,殊无以胜。邹咨叟、锡九、淦郎来。

六日 晴

饭后淦郎来,与论其家事,言子之于母,不可以顺为孝。父犹有争,子从母之命,焉得为孝乎?午出过笛仙,贺其六十生日。至晓岱寓少坐。过镜初,问果臣,已去矣。与黄笏堂、理安、仁山杂谈。于晓坐中见黄啸泉,聘妇黄氏之叔父也。言昏事。还,将出借钱,闻郭提督来,前约送五百金,姑待之。钞经三叶。

七日　晴

得辛眉书。钞经二叶。竹伍来,择来月八日取妇。子筠来,请改诗。夜诣樾岑,遇性农久谈。

八日　晴

唐郎酌吾专使来,言鄂、皖抚均诺为义公出奏,请祠谥,催墓志。午约晓岱、两胡郎、邓翼之便饭,罗研丈为客。淦郎来,留令入坐。酉食戌散,觉未饱,更饭一盂。

九日　阴

晏起,心甚不静,一日未事。帉女复告疾,珰女一人毕课而去。重考九江异说,及"忧瓯飏"异文,为弟子改数句。钞经二叶,看黄诗半卷。出访夏子常不遇,过香孙处少谈还,暮犹未饭。钞经二叶,补昨日一叶半。唐使去。

十日　晴

竹伍来贺。幼愚来辞行。唐使北去者来索书,复书与之。席客送《东安志》,还玉印盒来。钞书三叶。两女课并了。

十一日　晴

钞经四叶。文丽峰来。两女课毕,出游又一村看菊,已残矣。望人家垣内枫柳,偶有所感,口号一绝句:"夕照微阴似欲霜,井梧池柳半凋伤。莫言城里秋寒晚,一夜西风万木黄。"

十二日　晴

帉女复病。晏起,为功儿改小文。黼堂、镜初、郭子美来。午赴胡子威兄弟宅饮，同坐者陆恒斋、邓翼之、张介眉，新亲也。镜初欲夺杨性翁之席，而别筹数百千与罗研老。余以为不可。恒斋言看经课，众欲以委我。余以为不可当也。凡事专计利，则必不得利。美利，利天下，不言乃为利耳。天下美利，利我，则众怨之府也。况非美利邪？步月归，钞经三叶。

十三日 晴热

钞经一叶，出访杨海翁、黄亲家、张金刚、文丽峰，道逢夏使，约为贾祠之游。比往，海、性、杨、石、坞皆先至，庄心安后至，食北来苹果、蒲桃，未集亥散，游谈甚适。

十四日 阴凉而未寒

海翁、邓翼之来。海翁云其父味禅先生与厚丈至交，促谈甚殷。帉女出疹甚剧，珰女亦无心课之。弟子应湘潭经课，专人往交卷，遣莲弟往。李润生来。力臣、香孙来夜谈。钞经二叶。熊敬生来，言羽师约于廿一日一聚。

十五日 阴

晨出送力臣，得筠仙公启，言王船山从祀事。过翼之、胡子威，均未入。往视罗世兄，唁其妻丧，适于今日开堂受吊，入行礼，少坐出。过洪井，欲雨未入，出城至鸭婆桥看船，问郭提督，已入城。还诣海老，遇仲云杂谈，殊无章，归家已过午。帉女呼痛甚扰人，避妻产室少寐。李禹门、胡郎子威来。子威留谈《说文》，又言“曰赞赞襄”，“曰赞”二字并宜刊去。夜钞经三叶。

十六日 阴，有雨

阅邵蕙西《书通义》，殊无用处，为之作序，不得不讨究耳。以其不足观，故不用己名。

十七日 晴

钞经一叶。先府君生日，设荐。李润生来，问《说文》古音，以其无益,姑摭数字语之。樾岑来,小坐去。出诣晓岱,请其告昏期,舁往步还。子寿、海丈、辛郎、幼愚继至。夜钞经一叶。畇女小愈。

十八日　晴。夜雨

钞经三叶,补钞经二叶。王伯戎自衡阳来。禹门、志和、幼梅、子筠来。志和问《礼》,颇有心得。畇女复小剧。

十九日　晴

钞经三叶。珰女有疾。黄次云来。午至荷池访研丈,遇黼堂还。舁出,请孙、陈作媒人。孙涵若得见,陈郎未出,云其父怡生卧病久矣。锡九来,同过香孙夜谈,至街更起乃还。

廿日　晴

理安来,未去。余命舁往熊师家,当宿朱氏,恐晏乃行,已午矣。渡回西水,渡两津,行六十里至安沙,取右路至屈家新屋,若林新居也。主人不在,其子荷生出陪客。久之,若林还,设食,请其子师张叟作陪。宿南房,主人出对榻。

廿一日

辰起,饭后同若林步至中间屋,黄小麓之居也。少溪正在门前送客,同入略坐,设小食。巳舁行廿六七里至洞泉冲,见熊师及其孙子培。师坐至二时许不倦,意兴甚佳。未暮,伯元、幼梅来,同食罢,外报瞿八哥来,心知彤云之子也,向未相见,询其字曰伯皋,共坐谈,至子乃散。余宿延年堂正室。

廿二日　晴

看《长沙县志》,师友同谈一日。熊师设酒,甚费且精,以人多不可久留,夜告辞,师诵新诗二首,兼示今年所作诗三卷,老而有豪气,其音甚欢。

廿三日　晴,雾

辰初饭后伯皋先去麻林,余与何、李同往朱宅,取道宋桥,可廿里，至塘坡入昏恬园。主人长子萼生迎客，遍历廊亭，还少愒。若林来，留食已，同客俱至新屋。曹竹苏在馆，与张叟同出谈，黄少溪兄弟继至，纵论无所不及。竹苏问“食不语，寝不言”，“言”、“语”何别，未有以应。小麓言“禘，自既灌而往”，谓君不亲灌，待祝史灌毕，而后自往。往，谓往室中也。酒罢，小麓去，何、李、主人、竹苏先睡，余与少溪谈至丑。少溪多攻辨宋说，犹非通雅。

廿四日 晴雾

巳初辞行，何、李在后不相及，余先渡涝，已而大风，疾还，过访佐卿，留食未能，待到家则诸女皆出疹，呻吟三室中，畇女幸未沉疾耳。行倦，欲稍寐不得，姑就妻榻傍眠。少顷起，还室，新楼房已成，地未燥，不可居。

廿五日 雨

钞经二叶。樾岑、涵若来。李润生来借钱，未有以应。功儿作杨墓志成，改之。涵若云女家复请展期。许之。偶思“食不语”，谓当食不语人以事，恐防其食也。“寝不言”，不责问以事，以既寝，可待明日也。语多于言，语，论也。

廿六日 阴

劼刚来。十子贷陈姓银二百两于我，算帐起折，忙久之。舁出，过海叟少谈，得雨师诗函。欲过李郎，会晚，笼镫至洪井，与镜、仁、君豫谈至二鼓还。钞经一叶。

廿七日 阴

钞经三叶。文心来。子和来，少坐去。和熊师诗三首：“城市苦喧浊，山风洗耳听。行寻洞泉水，重见老人星。负极惊年逝，开尊喜客停。欲知林下乐，兰菊共青青。”“京辇看全盛，公卿数故知。浮名堪一叹，禁树惜全枝。丰啬天无负，文儒世有师。犹怜渭滨叟，亲理钓筒丝。""老年惟念旧,此外尽逍遥。故屋松犹长,轻霜菊尚骄。耆英时过从,俗客不曾要。高隐非逃世,休疑壮志销。"

师仲瑚秀才来。

廿八日　阴晴

始移楼居。非女自武冈及二妹、鸿甥同来。遣丰儿送非女往省其姑。弥之夫人闭门不见,乃还。得弥之书,言其妻妾勃谿事,甚无道理以处之。心盦来。钞书二叶。次青来。

廿九日　阴

钞经一叶,《曲礼》成。秉臣来。

卅日

九兄去。夜雨。钞经二叶。朱雨恬来。

十一月

戊午朔　晴

帏女病剧,殆不支,忧之煎心,姑出行游,诣黼堂、春陔谈。洪井散馆,请同事诸公,以余及果臣作陪,镜初及松生为主,客或不至,复邀锡儿来,谈杨性翁素餐专利,欲去之。余力争以为不可。劼刚赠余二百金,湘潭票也。夜过香孙谈。

二日　晴

小疾。钞经二叶。瞿彤云子伯皋来。得陈虎溪诗函。

三日　晴

出送王人树,答访陈虎溪不遇,过海翁久坐。论性老作顾氏母寿文,言事翁姑扶持抑搔,为用经语不检;陈又明娘哀启,云闻曾文正死,其母哀痛,为用史语不检也。还,性老来,余因极言征诗不可不开局,请以火食脩金略分充公费,于今年内定章,以调停杨、罗、曹、张,似为至善。

四日 晴

帏女疾未损,遣请镜初未至。寿南、樾岑来,盛言幾者动之微,吉之先见者也。凡幾发于此而应于彼,不知其所不然,故君子慎之。寿南以兄子为后,既授室矣,其子自请绝,此人伦之大逆,寿南处之颇裕,亦不可及也。然其端始于拜水。拜水者,妇盥馈之遗礼,惟舅姑可当之,故不施于其本生姑,遂以此成衅耳。怀钦、果臣、仁山、佐卿继至,登楼久谈,日暝乃去。

五日 晴阴

帏女病甚,镜初来,为处一方,恐无以救之,夜守候至鸡鸣,心甚旁皇也。

六日 癸亥,冬至。天忽阴寒,光色甚惨

闻帏女当死,不忍见之。步寻镜初不值,与仁山、理安、笏堂略谈。还循西街过又一村,遇涵若,言适从吾家来,女尚未死。仍入室,六云云五姊待一诀。不得已入呼之,已不能应矣。勉语之云:“女此生无益,可转世得佳处。”仍出至荷池,与研丈谈。又访寿南不遇,试至杨海翁宅,问消寒会者至否,云已有来者。入则性农先在,黄海文、次青、仲云、香孙、研丈继集。余见周仆来,不敢问帏女死否,强谈饮,终席还,殡已在西阶矣。以下殇之礼,用下等棺,仍俟三日乃葬。尝思帏女八年,无可述忆者,与诸儿女迥异,此其所以夭也。作哀词以送之。“八岁长依母,濒危苦恋余。孝经初上口,古篆偶寻书。身小衣恒薄,眉长发喜梳。世缘同一幻,怜尔别魂孤。”十为治殡。

七日 阴

素食,先妣忌日,以帏丧,令三弟、二妹摄荐。前数日与子寿约

集,两改期,而彼定今夕,难再辞之,比昏往,果、仁、镜、佐先在,寿、佐怪余神惨,殆意度耳。主人谈无章,戌散舁还。

八日　晴

本期今日为功儿纳征,以殇服暂废。晨当葬帏,久伺无人声,起视,已去矣。步至醴陵坡,遇王生、十子还,余命周仆导余往,则葬丛冢中,不合意,欲迁,又非礼,惘惘而还。过樾岑久谈,食梨、莲、索饼。还,钞经二叶,《襄公》成。

九日　晴

镜、果、佐卿来,同出访次青。佐卿不去,余三人至荷池,与李、罗谈,虎溪约当来,出遇子筠,言已在家相待矣。还,与谈史。罗诚斋、汤啸庵、黎竹林来,遂至一夜,还寝。

十日　晴

钞经二叶。理安来,久坐半日。雨珊来,示余淑鸿书,殊不佳。得绂子金陵来书,云培元已南还矣。夜至子寝。

十一日　晴热

复换绵衣。三弟生母生日,几忘之,闻鸿甥言乃觉,设汤饼。子和来。为向子振书条幅三纸。夜陪打牌,亥散。以梦缇哀未忘,仍别榻寝。

十二日　晴热

为夏粮储作贾祠甘颂,九月所属也,八分书之。左生、彭郎、黼堂、雨珊来。凌问樵来送银票。樾岑招饮,息柯、性农、香孙同坐,海老不至,盛谈督抚之自尊,司道随丁不得入。樾岑言次青疑余自托于曾郎而挤性农。初闻信之,既思此性农之言也,次青虽鄙不至此。

十三日　晴

果臣、孙次咸来。钞经一叶。晚过怀钦不遇,至文心处少坐而还。

十四日 晴

程虎溪来辞行，索诗，云王阮亭有重名，赵执信攻之，遂侘傺失志，前辈不可不慎。意欲感余也。余固不敢比文简，程亦未必为《谈龙》，姑示弱，作诗二首答之。夜躬访焉，不遇而返。诗曰："零陵耆旧盛，今日渐凋零。师法传篇什，儒风见典型。史谈奇破石，秋思冷扪星。更有从军记，寒宵愿一听。""早日寒花句，才名二纪馀。何杨惜不见，王席肯相疏。返棹非谋隐，求官为著书。今年梅信早，且卧故山庐。"

十五日 壬申。晴

为功儿纳征黄氏女，媒不至，请孙涵若往。纳币首饰二合，衣裙四袭，羊、豕、鸡、鸭、鱼各二，礼饼二百，茶瓶一百，盐一瓶，酒二瓮，雁一，加以烛爆花红拜书卌封，从长沙俗也。午后会燕，陪客陈芳畹、陈鲁瞻、彭辛叟、王伯戎，戌散。钞经二叶。

十六日 晴，夜雨

十七日 晴

与镜初议开思贤讲舍，发帖请客。其启曰："湘岸盐捐助修曾文正祠，议既定，【阙】资力充裕，增开学舍，及后广延实学，选刻所著。其或著述之才，暂难其选，阙而有待，亦各因时。校写之人，兼领选诗及《军志》应缮之本，或家居撰著卓然可传者，代为钞录，不取笔资，概由司事察阅送往。今年始基，比照杨先生脩金火食计算，岁共合钱七百五十千文。有张力臣兄所定罗先生火食二百四十千，尚未致送。总共允筹之项，得九百九十千，由朱雨田兄通筹，每月用费钱八十千，无闰之年，共需钱九百六十千，交闿运经理，试设一年，暂借荷池精舍，于本月廿四日起学，先此告于乡大夫乡先生君子。"欲至荷池看屋,果、镜均不肯往,乃罢。钞经二叶。凌善人夜来。

十八日　晴

果、镜同来。仲云来。钞经二叶。

十九日　晴

与果、镜同至荷池看屋,待至午,镜初与佐卿同来,力臣继至,似以性老专办为不可,未及论他事。香孙夜来。钞经二叶。盼女耳痛不眠。

廿日　晴

果、镜来,始往看屋。还,答访力臣,遇夏子常,云已移居药王街矣。至黄学正处不遇。钞经二叶。

廿一日　晴,颇有霜,寒

左、松来。仲云兄弟招饮,樾、次、研先在,海琴后至,设食甚费,而不精旨,中席赌食汤丸,樾岑食十五枚,余食七枚,已觉饱矣。镜初片来,言成舍人不肯借公【阙】。

廿二日

【阙】舍得干脩,言力臣之意,力臣不切也。钞经二叶。

廿三日　晴

章素存、罗伯存来。理安移行李来舍。子筠来。麻竹师来。遂尽半日。钞经二叶,数之少六叶。香孙、锡九夜来。

廿四日　晴热

今日召客,议立思贤讲舍。凌问樵、李次青先来即去,镜初继至又去。徐芸丈、子寿、力臣来,谈久之,甚饿,命设小食。镜初、研丈、任编修、雨田来,酉正散。

廿五日　晴

晏起,子明、咨翁来,饭于客坐。午后登楼,钞书二叶。盼女理书作字。文心来，适晚饭，文心已食，余复饭于客坐。中间尚有麻理孝廉来，未见。京控人胡国光来，告以官讼必输之道，一茶而退。一日大半与客谈。

冒小三通判《枕戈录》，一时名人题记者多嘉其复仇，述其循政，以为称美。以闿运曾游岭南，悉彼中名俗，因出见示。尝以为古之所谓复仇者，皆施于□以上，而通判所诛者，先君之乱民，疑未可以言仇。谢【阙】恐其不得当，岂区区复仇云乎？自赵宋以来，州县不能杀人。通判非逢今时，假使宜从军兴例，则此数人者其能伏诛与否，未可必也。监司慎重人命久矣。《立政》之书曰“文王罔敢知庶狱”，而今之监司必遥知之。通判虽欲复仇，使当平时，诚有所不能，虽岭南论盗颇从严，而以成例论，□□通判且不能，虽必临乳源，又何以复仇哉！夫谋自人发，而顺有天助，宜诸公之推本于孝思也。

廿六日 阴

答访竹师、咨翁未遇。佐卿招陪仁山饯饮，至则已散，坐客有何价藩、章伯和、镜、松，酉初步还。

廿七日至廿九日

以功儿昏期近，兼余生日，内外纷纭，殊无可纪。

十二月

丁亥朔 晴

黄氏送嫁奁，来者卌人，请陈鲁瞻及十子管帐，彭郎、左生司书帖。

二日 晴

乡俗通用翠冠绣衣，人家或有，不胜其借，皆旧不堪着，妇女必欲得此以成正配,舍新取故,不可理喻。明日新妇上头,当送冠衣,借于庄、黄,皆黯淡不可用,更赁之店肆,竟日遣人奔走,亦甚可笑也。

三日　晴

昨夜似欲雪,今复晴,寒甚。【阙】稍成寐。

四日　晴

择辰时亲迎,媒人迟至,发轿已将巳初矣。外舅、文心、心盦、子筠、芳畹均来会,彭、左、陈、夏诸郎相礼。午后奠菜三庙,遂见宾亲,女宾张、黄、陈、彭、杨诸嫂。设三筵,合卺具特豚。女母来送,戌去。子初客散。

五日至十一日

请客谢客。间至皞臣处视疾。芝生使还省亲,亦谈一二次。九日至力臣处,为清寒第三集,会者海琴、研叟、樾、香凡六人。樾公请理庵入志局,香孙云宜往谢。余以为樾宜先施。明日理庵诣裴,樾亦诣王,余以为皆得其礼。王生告归,赆以十千,其六千取之春甫处。佶、韵来,留居。理庵去。

十二日　阴

比日求雪,得小雨。芝生来。钞经二叶,《昭公》毕。夜讲《少仪》"无旁狎",记有读"旁"为"谤"者,可谓【下阙】。

十三日

【阙】道光《湘中耆英图》有十馀人不相识者,言词浮强,神甚不属。午出答访许子敬、麻竹师,麻又未遇。过黼堂,遇春陔久谈。至佐卿处晚饭,坐客小麓、袁岱垣孝廉、程、荫两善士、镜、松,饮已半矣,戌散。过香孙小坐。子云来告行。

十四日　雨

唐酌吾遣送润笔钱百千。陈力田、章素存来。罗郎来,言其从父欲从段培元往江西。罗研叟言醵钱送张东生。余子振又送《水雷图》来换钱。唐郎来议其父祀乡贤事。夜始钞经，至子罢，闻雪。

十五日

雪积寸许，将出报谒，以曾祖妣忌日，便服出城，至杨四庙岸，不可下，乃还。过心盦不遇，至皞臣处视疾，又易医矣。过禹门小坐，至樾岑寓，登楼看郭氏回廊，颇有华贵之气。

昨作喜雪诗，起录于后："愆阳寒雨怨疑多，一夜祥霙酿太和。陈骆未应夸善祷，旱蝗先已息民讹。官梅雀啅珠如粟，晓辔骢回玉作珂。莫道庾公尘正急，也须先和郢人歌。""暮雪寒在席[1]。岑寂十步间，欲往惜无屐。深宵想清吟，高致爱远僻。饮会不可招，佳□□自适。余情早好暇，今来苦形役。枉赠久不酬，岁晚时又逼。澹怀偶一遣，窗梅动相忆。渊明得贫趣，于世恒自隔。脱有望松诗，为君扫庭石。"

十七日 阴寒

登楼钞经二叶。若林来，夜斗牌。

十八日 阴

钞经二叶。卜云吉来，言委龙山提案，年内无衣，不能去。暮过研老，斋舍寂寞，街市生寒，殊有岁晚之意。夜斗牌，至丑乃罢。大雨。

十九日 雨

钞经二叶。力臣送赠张东生钱十千。三弟为二妹移家具，自县来省，居间壁。二弟来见。香孙夜来谈，云至息柯处，衣冠客二八，为东坡作生日，故未入谈也。宁乡崔甥来，言其族妹始嫁被杀，疑其

① 此句上脱一句。

姑有奸也。余前十日闻此,即云宜诛凶手,旌烈妇,释其姑不问。今仍以初意告之。崔甥云不可。余不复言。盖崔女以逾月新妇,仓皇引决,其壮洁诚可敬畏。至必暴露夫家之丑,而于烈女不加美,诚非此女本意矣。【阙】宅,以泥不往,闻扣【阙】夜半雷电雨雪。

廿日 雨雪杂下,起视庭阶,又积半寸矣

至邓宅视女婿治丧事,尚未有棺衾。坐久无事,唐氏、竹林方总其务,因辞出。至洪井,镜初已归去矣。过力臣早饭,还西房,二女理书,余钞经二叶。至二妹宅看其铺设,夜待儿女迎春,至子雨雪凝寒,吃春卷,少坐乃寝。三月未居正室,今始复寝也。

廿一日 雨

入西房钞经二叶。梦缇携育儿出邁至陈母处,留饭。余酣睡至申。杏生、汤同知来。夜讲《学记》“申为慕,讯为呰”。“呰”,形声,但不相近,未知何以歧异。“慕”当为“摹”,模也。盖以“佔俾”为“笘毕”,“笘”者书版,不可呻吟,故改为“摹”。亥初寝。

廿二日 晴

宁乡崔姓来。古之第一伤心人也,以不合于镜初,故称为崔姓。言王抚有二委员,着小泥皮褂,以崔烈女死为自刎,迎合抚意,曲全委员,问计于余。余告以徐允文即王文【阙】,又言阜宁有烈女狱,受赂将和,委员夜寝,闻床下有异声,鬼神不可欺也。

作后喜雪诗二首。“三日交春雪是灾,六花连夜趁冬来。南州地暖销温旱,电气枢回起瑞雷。应似飞霜明庶妇,料无淫潦犯城台。消寒近日催文宴,二八宾僚尽上才。”“山川佳气远夷看,要识清湘彻底寒。蹄迹未能通鸟兽,园林新见长琅玕。流民挟纩怜黄口,破研烘冰割紫肝。借问渊明望松处,荆薪明烛夜吟难。”时有英夷人及沛南饥民入境,故并及之。子夜寝。

廿三日 阴雨

邓嫂成服将往，忽暴下，卧不欲起，遣妻子往，从者俱去，竟日自应门。文心来。黼堂假我十万，以了年债，分润贫者。钞经六叶，《定公》成。梦缇暮始还，而六云亦过妹家，还更晚。亥初送灶，忆昔年风景大不同矣。因命功儿钞比年日记内小词看之。子初寝。

廿四日 雨

晏起，子和来，云笛仙昨大病，曾沅甫明春必移东南。又示余子茂书。又云任编修父生日【阙】之，乃去。钞经十叶，夜。

廿五日

【阙】菜，今请竹师代办之，彼天方教，不吃猪者，必可相合也。钞经八叶，《襄公》成。凡《春秋》十一卷，起三月廿日，讫此日，凡三百四日。夏臬使送糕饵、梅花、黄甘。郭五兄来借绨袍，迟回无策，留其使暂待，与姊家二李谋之。

廿六日 雪

杉塘使来，告播子母丧，索田价，亦留使待计。薄暮禹门使来，送二金，黼堂四金。连日甚寒，无所事，子夜寝。无非还家。锡九来。

廿七日 雪

晨作书与潭信，均遣还，各赠以四千。息柯来谈。明日宜略早。陈郎来，言王抚飞章奏罢张参赞官，历数生平，甚为得意。盖以其奉旨后过诧巡抚而怒之。夜雪甚寒，遣迎二妹与妻女围炉听雪，打天九至丑，寝。

廿八日 雪阴甚寒

子和来，为庄假百金。示我一浙客书，言唐艺农颇有官气云云。竹师、心安、文心来，坐待息柯、刘馨室【阙】。

廿九日

【阙】出腾越，价亦不贱。芳畹来告贷。送陈母五金，陈母甚喜。

暮赴息柯饮,樾岑先在,何伯元、力臣、香孙继至,坐中见张钜诗,云庚子岁饮梁芷林处,为东坡作生日,今穷困无赖。余感悲之。钜欲告贷十金,慨赠以二金,力臣亦赠五金,息柯三金,合十金矣。此事不可无纪,因作小诗为寿苏者劝,亦为斗方名士增色也。

除日

欲早起祀城隍,未能强兴,命功儿代祀。辰起,左锡九来,云夏子荒唐,已出百金为了帐。假我五十,坐待久之乃去。申初吃年饭甚饱。易郎来言官事,至夜乃去。卜云吉来。欲出,复勾留,未能也。香孙送酒肉,余答以启,并馈果糕。至夕辞岁,午夜祭诗,独坐至鸡三鸣,听钟声已寅初矣。年例必宿正寝,今夜推梦缇不转侧,乃宿侧室。

光绪三年(1877)丁丑

正　月

壬寅丁巳朔　　阴

晨起,家人尽起【阙】。

二日

【阙】香孙、春陔处得入,于春陔处遇子和。力臣为王抚所揶揄,而强颜云不妨。此君殆不能为豪雄也,香孙望其改辙为名士尤难矣。香孙处遇李佐周,还尚早。霞轩来未遇,将往答访,舁夫未食,遂止。

三日　　晴

以国忌不出。稍理去年帐目。与家眷打天九、摊钱,登楼看火,夜至丑乃寝。

四日　　晴,大霜

卯正起,出访霞轩,辞以剃头。至锡九处亦未起,乃还朝食。命功儿、莲弟及两工往祖墓培剃土草。黄次云、力臣来。

五日　　晴

松生、佐卿、霞轩来,谈至午乃去。舁出未数步,松、佐前步,下行至三丰口,别而登舁。访任雨田,至海翁处陪霞轩饮。竹师、立之、周啸仙、刘峿樵、施进士先在,设食不甚旨,看麓台画,亦甚不佳,申散。妻妇子女均出,假寐至夕,弟妹【阙】摊钱,鸡鸣乃罢。

六日　晴

作诗【阙】饮往则太早。久之,王润生、张正卿、任雨田父乃【阙】。妻妇送客毕,妇还其母家。

七日　晴

昨夜作赠王诗二句未成,早起足成之。遣约霞轩来谈,过午果与向子振来,久谈。罗子沅、锡九来。

八日　晴

珰、畇始理书。遣仆拚除后苑。午出送霞行,复未遇。至黼堂处,唁其失妻。仲云衣冠出,坐久之。凌善人来,泛谈,未还。六云犹不起,功儿复病【阙】。

九日

【阙】全大令来,辞未见。薄暮立门口,雨田来告去。余以功儿在家骄逸,欲令出作客,托之于力田,约以节后往,梦缇以为不可,余不能听也。夜过香孙处久谈,步月还。

十日　晴煊

作书与怀庭,兼问讯唐艺农,又为陈妹寄甘肃书。劼刚、镜初、张沅生来,至暮乃去。秉烛登楼,改钞《曲礼》一叶。今日女客来者四辈,唯出见黄二嫂。

十一日　阴凉

晨起,黄伯初来。出答访劼刚、镜初,遇松、佐、凌、黄、左郎、余弁,无多语,舁还。步出过陈母少坐,再至洪井,遇力臣、聂郎。赴易郎招,至马王祠,杏生、池生在坐。酒馔未具,复赴师竹生招。步至王堤,仲云兄弟、任雨田先在,登楼设饮。半席雨至,舁还马王祠,熊韵胪、僧紫云、松生皆先在坐,酒亦将阑矣,食皆不知味。家中舁夫来迎，二炮散。还值大风，笼灯被吹灭，幸已及贡院后，乘朦月归。今日登楼写字半【阙】。

十二日

【阙】均集余宅，设食极欢，终饮不觉饱，更饭一盂，亥初客尽去。青石桥失火，登楼看烟焰甚远，乃眠。

十三日 朝雪，食时晴

罗郎伯存来。出答访黄明府子冶、王湘乡、陈总兵，皆不遇。还，易桃生来。黼堂来，匆匆去。凌善人来。登楼钞经半叶。

十四日 晴

改功儿《孟子》文一篇。看街。夜打牌。

十五日 阴

晨祀二祀。舁出诣樾岑、子莲、凌善人。赴竹师招，张玉森大令先在。广西某知县寻至，谈官事，顷之去。海翁、力臣来，庄心安不至。未食，申初散。步还，着方靴行甚迟，又雨，顾红轿还，将暮矣。小睡未饭，夕起谒三庙。三弟母兄、陈氏妹母子均来。吃汤圆八枚，复睡，比醒，已子初矣。月食未见，还寝甚热，乃独眠。

十六日 雨

樾岑来。姚立云来谢。未【阙】。

十七日

【阙】舁夫在皞臣寓房，因入谈。皞臣似将愈。弥之疑余有参差，不敢来，将请皞臣居间，何其不能相知如此。因要同还，登楼月出乃去。入春以来唯今日事较多，亦颓废甚矣。

十八日 阴

文心前来，言朱学使思复校经堂。暇拟条款四纸。彭郎来，云笛仙索篆书。余云命非女作之。笛仙书来，责其背殡。良友不忘箴规如此。理安来,留晡食毕,余出访弥之不遇,还得广督刘岘庄书,送银五十两。正欲借钱,适济所需也。夜登楼钞《礼记》一篇,讲《乐记》五叶。

十九日　雨

连州成从九、力臣来。锡九暮来,云学使观风出赋题甚纤。庄心安来,言廷寄复议江防,亦及校经堂事。夜钞《记》一叶。讲《乐记》五叶。易郎来交银票,请为居间。

廿日　晴

黄郎、陈郎来。佐、松请打诗牌,午往戌还,得诗三首。疲【阙】。

廿一日

【阙】邹松谷来,致程生书,取寿屏。计日已迫,始将作之。玉振钱店朱翁来见,备言二曾之盘剥威逼之状。出视合同,则钱店本曾氏所开,而责朱氏荡产以偿,吁可畏也。暮过任、姚俱不遇。至眼光祠,寻汪铁笔,见所刻贾祠记甚佳,登小楼亦可坐,其所作卷棚,工甚省,亦可仿也。至弥之处少坐,步还。

廿二日　晴煊,晚尤蒸热

林小霞来,十年不见矣。余初相之似夏憩庭,以为必至藩臬,今尚不过五品耳。其子于二弟处受学,又可笑也。闻两徐甥、段生来,云欲于近处读书。易郎来,看作寿序。改丰儿赋。三弟楷字极进,内心则茅塞之矣。镜初来,同步至护国坊,舁入粮署会饮,沈润生、心安、赵环庆、张星伯继至,看并蒂兰、玄芝。亥寝。

廿三日　阴凉

黄郎及朱翁、朱生来,朝食时乃去。下楼遇三甥。瞿郎子瑞来还银,坐久之。子筠来,登【阙】。

廿四日

【阙】属其钞六十序文,云散文已为虫食无稿矣。李幼梅、张郎鸿来。作邓八嫂挽联:“三十年事同兄嫂,转因姻嗣至差池,愧诫女无书,承欢难俟,空悲朝露寒泉,更何堪束缊人来,羹汤弃养;七二洞望断云山,岂是神仙好离别,但成家有愿,在富如贫,长伴鸡声镫影,谁省识严冬病里,荆布仍寒。”弥之夫人久留省城,其实恋其资也。扬善称美,故辞如此。然其死后,余入其庭,位置洁静,实亦不愧此言。郭志城来,送十二《伤心词》,浮烟涨墨,殊不足观览。

廿五日 雨

朱若霖、弥之、瞿郎、黄生、彭郎、竹师来。彭子和招饮,芝生、任宇田、罗生、陈郎、彭子同坐,夕散。至洪井,镜初已回乡去。还至又一村,舁夫与郭志城争道,因入郭宅略谈。夜讲《乐记》。

廿六日 雨

张冶秋来。楼上风雨不可坐,移研入内,殊无所事。午间南瓜和尚设斋,步往,芝生、松、佐、吴、孙、香孙均先在,打诗牌,得诗二首。二更还。

廿七日 雨雪

朱增生、曾讼师、周、黄【阙】曾氏欺陵【阙】。

廿八日 雨

雨田来。午过力臣饮,其外姑病甚,将绝矣。余以为当以此席为始死之奠,众客助丧焉,不能从也。坐客海琴、心盦、雨田、黼堂、香孙、鲁瞻、志城,将设粥,香孙、志城云病者已绝,可散矣。乃仓皇去。力臣运气甚低,故请客亦不顺如此。还讲《乐记》。

廿九日 阴

陈生来,余诘其意,云欲谋馆。其意甚梦梦。余云久寓绝粮,仍我之责,不若径来居此之妙也。因及衡人颇急于谋食,亦一蔽也。钞经半叶。阅叔勬遗书,殊无可传。夜改唐墓志。得春甫书,催寿序。

晦日　阴晴

改两儿及三弟文。作驺书序，钞《记》数行。改两儿诗未毕，霖生来。

二　月

丁亥朔　阴

《唐艺渠行状》久未作，始为编次，成四叶。欲钞《记》，将食而罢。夜讲《乐记》，舜歌《南风》，夔赏诸侯。则舜未帝时，作《南风》之诗。《尸子》云"解愠阜财"云云者，盖后人见王肃伪家【阙】。

二日　阴

【阙】往弥之处陪吊。李价生、刘湘士、黄徵斋、龙芝生继至，胡少卿先在，瞿子瑞后来，其馀吊客，不可悉记。唯朱若霖以孙病急归，令人错愕耳。申刻以子莲催客，早散。黄、瞿独留子莲处，香孙、志城先在，许心□府经历后至，谈洪寇之事起于一女，以土客相斗聚众也。许居距金田村三里，云得其实。戌正还。竹师送寿屏来。作书与春甫、子泌、程郎。

三日　晴

晨起即饭，出过竹师未起，至邓宅，刘郎已先在矣。陪客十许人，至暮犹有来者。弥之示所作哀辞，亦颇真至。胡少卿、陈玉山论观风题。玉山颇喜言算学，云圆锥数书未见。

四日　阴晴

始更夹衣。朝食后至弥之宅送葬，过春陔处少坐，步由鸡公坡出南门，因率弟子上墓，还省陈母。子寿、任郎、笠云僧、两徐甥、黄生来。笠僧要过松生，打【阙】携三女、恒子游浩园看新柳，遇黄倩吾与易桃生【阙】。

五日　晴

以连日【阙】得子久书。

六日　壬辰，春分

章伯和及松生、笠僧来。作《唐行述》四叶，钞《记》一叶。春气甚煊，家人尽出。偶与梦缇坐后堂，感其衰疾方生不苏，为之惘然。夜煊，诣海老谈，今年始相见。

七日　晨凉阴

出，答访霖生、竹师，归。两儿书不熟，笞之。作《唐行述》四叶。说"云从龙，风从虎"以《屯》、《大过》，似颇有得。

八日　雨，大风寒

钞《记》一叶。作《唐行述》。锡九来夜谈，说"鲁髽〔髽〕而吊"为君母之丧，及考筵席之制，及子张"丝屦组缨"，均有新义，已载入《礼记笺》矣。

九日　雨

看《贾子》卢校本，甚谬。彭子和招陪夏皋台，未午催客，及往，任编修、张兰槎先在，徐芸丈继至，皋台不来，遣其子代焉。陈鲁瞻先言夏多疑忌，殆有所见。酉散。携帉女往游，同舁，重不能举，此儿复已长矣。

十日　晴

子筠来。作《唐行述》二叶。十六《记》已将毕矣。艺渠在襄，甚有迹，良牧令也。任过其量，殊可惋惜。外人督余课子甚急，不知两子之不可【阙】姑徇俗，令废课一月，作应小试之文，其题为"阳虎曰""微管仲""唯□智"，独功儿仅作一篇。【阙】作而又言必应考，殊不知其何意。改试帖六十四句,文五篇。弥之、刘馨翁来。

十一日　晨【阙】后阴晴

朱宇田来,言盐务唯助啟曾集,听其将钱作何支用,今尚无着落也。写字二张。樾岑、任编修来。夜钞《记》一叶。袁守愚、怀钦来。

十二日　晴

汪啸霞来,云眼光菩萨在周、秦之时,王君豫所言也。余正欲访君豫,同往问之,褒回荷池,轩门反锁,不胜今昔之感。比还,君豫来,云并无此说。又言前考书院,题云"君子未有不如此",甚难为文。余即以之试弟子。夜雨雷,作《唐行述》。黄稚泉来。

十三日　阴晴

出访馨翁、笛仙、春陔、怀嵚,皆久谈。诣弥之未遇,还钞《记》一叶。改定"尧二女"之说,为误以二媵为英妃姊妹,以三妃证三夫人,以厘降二女为饬下二媵,可谓奇而正也。

十四日　阴

出吊黄笏堂,作其父翰卿挽联云:"德文高世不知名,正仁里结邻,处士星潜南极曜;官学传家欣有子,恨春晖同暮,东风草没旧茔青。"舁往步还,雨至登楼,钞《记》二叶。弥之、熊镜生、培元、力臣来,遂尽一日。改《富弼使契丹论》二篇。文题为"桃应",丰儿知引桃氏,甚有心思。亥寝。

十五日

晨出送培元不遇,过子明谈,遇曹识山翁,言夏惕庭宜祀名宦,余未有以应也。还遣约培元饭,不至,约晴生来便酌,文心适来,留谈,戌散。钞《记》三叶。

咸丰中,宪和侍先侍讲游湖外,时初学缀词,侧闻庭诰,言湘中官吏能文学者,南有黄海华丈,北则若宇太守。又廿年,奉檄守武冈,太守知宝庆,以属吏谒见,咨禀官政。暇及词翰,时欲请观全集,自以谫陋,未敢窥长者涯涘。

逾年受代,太守亦以公事留省城,治善后。宪和又为局吏,朝夕奉接,每事受诲,乃多及文事。太守因示所作文诗,且曰:“子先公尝点定,宜有以志文字会合之缘。”宪和伏读感怆,又眩骇于浩博情藻,循诵还复而不知所称,既而叹曰:“夫文以道事,诗以宣心,岂可伪哉!”太守当清时,居贫不累华膴,故其词幽而秀。及官湖外,值资格平进之世,上下安静,不愿乎外,故其词安而雅。军兴,人才争自见,而独守素志,不厌簿书,故其词恬淡而正。及夫东南稍安,时局更新,曩之先辈流风,不复可睹,后进小生,起持节旄,不获见儒雅坛坫之事,太守乃独与耆隐优游唱和,盖其年亦将老矣。今观其集中所酬答之人,大半云散星沉,而湖湘时局之变,亦略可推睹。宪和窃幸从先侍讲时,得闻高名,而三数年间再从公游,不至以俗吏自隔,所谓“何意永嘉之后,得闻正始之音”也。至其格律词意,读者可因其言以知其政事学术,固不俟赞颂而始者耳。

培元送段匹,城门役竟榷其税,为之皇悚。遣查问,已无可如何矣。

十六日 晴

为任编修与书广督:“正月十日奉惠书并赐银五十,循诵祗领。窃寻硕论,弥深欣仰。度领人士传颂威仁,互市贾胡无复骄肆。盖由内政之先理,故觉游刃之有馀。益知张皇夷务,即不知治本,安得入赞密勿,为国宣威,俾当代识有转机乎?又闻兼管税司,使金如粟,脂膏不润,溥利无疆,吏士欢颜,单寒有赖。《绵蛮》歌其教载,衿佩喜于嗣音。德化和平,嘉征有子。明公公勤积累,早应钟延,而必待海峤之讴歌，乃适符《斯干》之颂祝。此可见天之施福，亦待时以成美谈也。凡在乡闾，无不欣喜。闿运衡阳充隐，山潦为灾，移家省城，已无故宅。买山难俟，卜宅城中，虽得三椽，仍谋田舍。《军志》近始创稿，大约冬杪可成，其意不在表战功，而在叙治乱得失之所由。节下鸿筹所及，虽未施行者，不妨相示，非欲闻斩级禽渠之功也。浏阳任雨田编修，温饬倜傥，尤敦内行，告归侍养，家计颇艰。王巡抚仅能岁致百金，此外如厘局嵯纲，又非所乐。早年南海为陆贾轻赍，近则蚁慕麇来，无复纲纪。因闻新政整饬，流品分明。羲之十万之笺，延赏人船之赠，古有其例，亦视其人。炫玉诚难，荐士为上，用特介之左右，节下其能修雍、乾之故事耶？专肃通忆，敬达谢忱。"

忌日。素食，偕子同一龚生来。黼堂来。

十七日　阴

弟子均应书院甄别，入场去。作《唐行述》。夕改卷文六篇。三弟写□至子正，待之还乃眠。锡九夜来。

十八日　晴

钞《记》二叶【阙】。午要罗小云、熊镜生、黄次云、瞿郎便饭，待黄甚久，戌散。杏生要斗诗牌，步往□，集词一首，还已下钥矣。是日□□二生去。

十九日

改课文二篇。左生来。钞《记》一叶。作《唐行述》。午眠，至酉乃起。黄亲家来。

廿日　阴

笛仙来，谈理学。萧希鲁来。午步诣朱吉士，遇小云略谈。至文正祠，弥之、笠僧方打诗牌，余亦分一盘。复与笛仙行浩园，还入坐，希鲁、香孙同席。戌过皞臣视疾，小雨舁还。至黄宅作新亲，陪客周弁、李儿、黄氏二兄弟及其族人禹臣也，戌散。斋宿。

廿一日 阴。丁未，子夜清明节

祠祭三庙。午馔后舁出，送芝生，便贺竹师取新妇，以太晚未去，便诣任雨田还。儿女点豆，宿西室。夕登楼看雨，招次青、弥之、黼堂、佐卿、笠云来赏春，斗诗牌。客至已暮，设馅饼，至亥散。

廿二日 雨

昨黼堂言其兄生辰，往贺不得入。诣樾岑，以清明家祭，插柳不见客。至竹师处，见新妇。过子寿久谈。至次青处不遇。看新柳春雨，还，登楼作《唐行状》。夜取《千文》选韵，携三女同选，至亥，出唤家人，皆睡去矣。

廿三日 阴晴

钞《记》二叶。改课文二篇。若林来，登楼密谈。陈郎放纸鸢，因与儿女试放之，引线亦颇有远趣。【阙】过力臣饭，黄海翁、息叟、樾岑、弥之、香孙□□。

廿四日 晴阴

谢客课徒，作《唐行述》。□□放纸鸢。若林求作《江方汉学论》，命丰儿作之，竟不交卷。

廿五日 晴

卯起，待舁夫未至，晨饭后出小吴门十里东南渡，渡浏水，又行十里潭泉岭。折回小路，访解家屋，寻陈杏生宅。至门，见数人将出，则松、池、六三生，夏琴南、易桃生、孙海槎、子云僧及不相识三四人皆在。杏生四十，昨日已过生日，余偶忘之也。朱宇恬亦于昨日生日，则始知之。杏生子懋伯出见。打诗牌，至夕乃食。初意即日还，已不能行。至橘园看屋，屋不可居，杂花尚多，亦不足珍。夜雨，杏生复设食,谈至丑。

廿六日　雨甚密

巳待诸客同行,久不成装,乃先发,竟无雨,未正入城。得胡七丈诗函,及何庆治赴闻。子敬,嘉兴之子也,余曾承十金腊肉之惠,故以见。及申过香孙饮,海琴、弥之、力臣、锡九同坐,海琴先去,诸客戌散。

廿七日　阴

三日未理事,朝食后登楼看课文五篇,陪两女温书,钞《记》一叶。午赴笛仙饮,陪弥之,果臣、香孙、锡九同坐,未集戌散。

廿八日　雨阴

将出送弥之,闻其当来,待之。钞《记》三叶。文心来催客,舁往,携茷女同舁,至门乃遣之还。坐谈顷之,力臣、黄西垣、香孙继至,弥之至晚乃来。西垣云郭湘屏有一女,甚端慧,属为媒。湘屏之名不闻十馀年,其面不见廿年矣。戌散。

廿九日　雨阴

钞《记》二叶。课读半日。淦郎不告行。玉生表兄率妻女来相依。□子亦从江宁回,云欠船户钱□千一百。欲取于我。余子振又来告贷。其窘不可言,搜家中仅二千四百钱,又可笑也。弥之来告别,恐暮,促之去。黄二嫂来,言其子欲托童研芸谋生计。梦缇登楼,云脚软怯行,老病可闵。

卅日　晨雨,顷之,见日

出城送弥之,并迎果臣来早饭。有张生在坐,云有异种荷花,五心同苞,未知来自何处,盖四夷交侵之兆。坐久之,果臣欲去,乃登岸步至黼堂处,谈玉兄事,意甚拳拳。及至禹门翁处论之,则大以为不然,云此其兄子春元事也。乃废然而反。丰儿送汉碑钞本,内有画象,题“三州孝子”,庾子山赋所云“三州则父子离别”者。午省陈母。

三　月

丁巳朔　阴

钞《记》一叶。未午黄次云亲家遣招饮,以新亲,故早往,至则寂无人,主人久之乃出,其弟少云亦出见,谈二时许。陈少汀、章生、周弁、李郎继至,禹臣亦来,酉正散。黄氏有婢两为妖迷,入井不死。呼出相之,殊无吉凶。

二日　雨

钞《记》二叶。督两女理书竟日。夜雷电大雨,子女并登楼看电光,奇采炫耀,更甚于江湖夜泊时。讲《乐记》。

三日　大风

钞《记》二叶。作何郎挽联云:“斜雪酒旗风,忆丁年旅泛鸳湖,官阁清吟曾一听;故乡寒食雨,又丙舍春飞燕子,江南旧恨莫重提。”何妻死于寇,其归葬即其父子敬所终之宅也。余过嘉兴,彼方为少爷,而未见面,敬翁留余一饭,故有此感。怀钦来,剧谈。夕寐至晓。

四日

寅正起,晴。解衣就枕,顷之已见曙光,遂与六云谈至辰,少寐。帉女来倍书,始起,闭门谢客。遣三弟吊彭三丈,小时曾一见之,后绝不相闻矣。钞《记》二叶。翻王夫之《礼记注》,亦有可采者,而大段不可观,乃知著作之难。君豫来,久谈。梦缇省陈母之病,未愈。夜讲《乐记》。帉女书差可上口,已劳神数日,方知前在石门之多功也。

五日　晴

钞《记》二叶。袁守愚、徐甥、英子来。午至储备仓看牡丹,有紫者一朵,遣问,价七千。还,松、佐、海岸先坐客座相待。罗世兄、彭子和来谈,不得发言而去。留僧晚斋乃去。登楼看义衢抚皖时上谕,至夜分乃了,期以明日成《行述》。下与梦缇小坐,遂及鸡鸣。

六日　阴

钞《记》二叶。张沅生来,言将谋食,拟为荐浏阳。彭郎又须荐善化,罗世兄又谋宁乡,皆见弹而求鸮炙者。午携滋女看戏,不得人而还。过省陈母。杨海翁来未遇。芳畹来。夜诣香孙谈。涂郎昨来催其父墓表,夜作半篇,月落楼,觉寒乃眠。

七日　晴

晨畇女早起来唤,见日在屋角,即起。作涂表成。竹师来。午出,往来西长街,待莲弟负滋儿未至,过镜生,其从子子培亦在,少谈,复至西长街江南馆,滋女仍未见。过力臣谈,云筠仙有书还。未知见英主与否。力臣云昨得其书,洋洋千馀言,不可示人也。然亦不知其所布置。还作海琴母寿对:"九州名士尊贤母;三月春荣满寿杯。"已暮过访佐卿,因先诣松生处谈,章伯和亦在,盛称雷正绾。杏生出,略话,穿浩园至佐卿处,出正门步还。

八日　晨雨,巳晴

将出吊涂郎,涂郎又来,初以为似其父母,乃厚重有乡气,佳子弟也。登楼作书寄筠仙,并诗一章,大意言宜化夷为夏。诗未成,樾岑来,因要之上楼以示之。又为罗兄言阅卷事,许加函与唐宁乡。樾去未饭,彭朵翁、力臣相继来。对客夕食,遂坐至暮。得棣生书,亦未暇复也。与力臣步至黄墅,寻香孙新寓,入则黄共安先在坐,为之愕然。此人筠仙欲死之,赖余以生,然余实恶不愿见之也。筠仙补兵左,代胡小泉,适以其六十生辰得报。因有黄生,心不乐久谈,乃别去。致筠仙书。怀钦与书论修《宋史》。

九日 阴晴

作书与龚提督,为棣生求官。与唐宁乡,为罗世兄求馆。携往樾岑处,托其发去。坐论久之,天晦冥,甚恐误章伯和期,乃出,大雨□,舁夫随人衣尽湿,至□□祠雨顿止。至则镜初已先在,萧希鲁、曾省吾、三陈、佐卿、竹师继至,汤碧泉亦来,至园中看花,申刻入坐,酉散,打诗牌未成。还,得辛眉书。

十日 晴阴

出访福世侯,回拜黄禹臣,均不遇。至镜初处久坐。松、佐来聚谈,并假松百廿金。与晓岱书。赴春陔处饮,其家诰封,改题三代。俞鹤、朵翁、子和、子云均先在,地湿不可一刻安,幸衣着甚单,未至大热耳。酉雨戌还。

十一日 阴晴

督课,帉女始能完一日功程。钞《记》一叶。怀庭寄《宋史》至,并《浙略》一部,多谀颂左公之词,其序他事,则颇有关系。

十二日 晴

福世侯【阙】辰正设荐,曾祖妣生辰。至午客至,【阙】书与晓岱毕,出访海翁,试过皞臣,值其立庭中,神色似佳。过香孙,遇性翁。

十三日 雨

钞《记》一叶。出访世侯。理唐奏稿。至暮,章伯和与海、笠二僧来,久坐。香孙来。笠僧躁妄可憎,竟坐我客榻弄枕,悔以词色假之。锡九夜来谈。改丰儿课文。

十四日 晴

为三弟及功儿改文,皆不成章,别作之。左生来,前以父怒逃去,余问其何意,不能答。英子昨移来,云当以文就正,竟未之见,唯见一诗耳。黄禹臣、杨芷生来。邓生少洪来。芷生名荣光,湘潭人,凌吏云其善骈文,与之谈,亦略有所闻见。汤炳玑、熊敬生、罗小云来。海叟招饮听戏,客土二席。土人性老、陈滇捐、聂三品、何伯周、子愚之子。陈怡生。戏甚无聊,菜尤可笑,未终席,还啜餐饭半碗。钞《记》一叶。

十五日　晴热,已有夏气

为罗郎改文赋杂作,始改定"三过其门"之说为治淮、泗、汝。帉女课早毕,请假看戏。价藩来,登楼。江雨山来,订浏阳之行。命功儿率珰滋同往。午后余往视之,遇彭郎同还。邓鸣之、梁仲玉来。夜热早眠。

十六日　晴,风热

杨耕云、理安、力臣、问樵、性老相继来,自巳至未客乃散。钞《记》一叶。酉欲出,子和来,少坐去。出访鸣之不遇,至春陔处,送银票五十。遇樾岑小坐,遂至上镫,吃饼一粥一。性老又来,复坐久之,还已二更矣。

十七日　阴晴,单衣犹热

胡郎子威来,言陆恒斋母死,无以殡,允为假借应之。遣告彭朵翁,便答访耕云、力臣、性老,均不遇。松、佐和合,同来谈宗法。步出看戏,行三处均无可看。还,朵翁来。晡后钞《记》一叶。帉女疾,珰女读不成声,甚恨之。"杜蒉"一作"屠蒯",屠盖屠岸贾之后。子威夜又来。

十八日　晴

早起,家中请女客,避出外,遇力臣、竹师,均久谈。来往南正街,无所之,至天妃宫看戏,卅年未到矣。日照不可坐,又出过刘故抚门，看看戏者，唯见王抚妻绿舆垂帘而至，婢妪以百数，何用多人自随如此，至人家又作何安插，此辈殊不解其礼体。向见慈安太后吊四公主，女官宫监十许人耳。午后归，客未去，坐楼上久之。梦缇入房，言黄二嫂颇言其兄劳苦。余云婚姻时间言，不必听之。三更乃寝。

十九日 晴热

夏子裳来，但谈城门厘金之弊，未遑他及。为弟子及左生改文三篇。楼居颇燥，芍药十盆，仅开一花。

廿日

闭门谢客。钞《记》一叶。为两儿倍书。弟子应经课，题甚支离，各作均可取，未加笔削也。

廿一日 大雨

钞《记》一叶。唐继淙来，久坐。家人以立夏秤轻重，余重九十三斤。王君豫来。出访罗研丈、松、佐，夜还。

廿二日 晴。戊寅，立夏

闻丁果臣十四日化去。钞《记》一叶。子和、竹师来。午出答访汤碧泉。赴朱、张招，至浩园，海丈、研、丽、性老均先在。又有一熊鹤村，年七十九，甚似谭荔仙，非老更之列也。香孙、黼堂后至，饭后同朱、张、李过皞臣少坐，复遇佐卿冷谈，二炮归。

廿三日 晴

弟子应课，赋题“进学解”，三弟不能措一词，为改全篇，每行直涂去，不留一字，唯官韵八字仍之耳。此本不当改，又不当令钞去，而彼意在得奖银，拂其意必私怨恨，利之中人，害无巨细也。夜改诗，亦无一佳句。

廿四日 晴

钞《方言》六叶。家无此本，计父子三人一日可毕，故分钞之。

而两儿竟未起手,余亦或作或辍,得二千馀字而止。

廿五日　雨晴

钞《方言》三叶。怡生遣招看戏,往则公饯周达武,又有乾和火计在焉。刘竹汀、丁营官、陈老、张、朱、乾升、常涤叔等为主人,群旦咸在,至子散。

廿六日　晴

早诣子常、劼刚不遇,还贺佐卿卅一生辰,遇雨舁还。遣弟子辈上湘县考,欲以数千钱与之,借至四五家竟不可得,乃以买石钱一千为船价,令之空手往。绂子自杉塘来,留居书室。作书寄弥之兄弟。

廿七日　晴

考"懿伯",未知何人。懿伯之"忌"说为忌日,未知叔父无忌日也。叔父有讳则有忌。夜过劼刚久谈,遇柯三,亦轩昂可喜。前所谓多论京事者,柯三向有恶名,殊不然。

廿八日　晴

钞《记》一叶。作书与俊臣,为唐师耶求差使。前夜过张星伯,答访唐师耶,遇陈华甫,蓝山旧交也。唐亦程从九之流,此等人殊无以拒之。至夜,星伯及唐同来,语言伤易,亦无怪王抚之白眼。夜至子寝。

廿九日　晴凉

明日当行,家中无一钱,竹师来,乃假得百金。至夜春陔又因子和还我五十金,遂饶裕矣。闻雪琴臂疾,书问之,竟无以满纸,杂凑不成文。海翁来,遣还松生五十金。杏生送饶学斌《古诗解》至,请余跋尾。其意以十九首为一人之作,云系桓帝初党锢被徙北方者,蔡邕之徒也。因此求诗,大胜于泛解神韵者,但太凿空,未敢公言证实之。省陈母,未敢言明日当行,恐其依缱也。

四　月

丙戌朔

晨起，待异夫不至，饭亦未熟。作书与三弟，并寄考费。又留片镜初，为羽师索书。师仲湖来，未暇出见也。雨大至，卧久之乃行。从小吴门渡东南渡，取廿里泉塘岭，二月访杏生所行道也。又廿里黄花市，谣云"九岭十陇田，黄花在眼前"，言畦陇相间之形，颇为善状。又十里永安市，宿一店，客房颇洁，饭三碗，酣眠。

二日

晨起，将行而雨，待少止乃行。廿里饭于封禅铺，冷不可食，雨亦未止，垂帘箕坐，一无所思。又廿五里至蕉溪岭，廿六年前从乐平还，曾道此，彼时皆由椰梨大道至省，正洪寇围长沙之日，余犹未昏，异夫怯不敢登，余徒步直上，青石甚滑，颇有危栗，今云树皆不可仿佛矣。辄作二诗纪之："积雨横空泄雾遮，童山当路石梯斜。风门翕忽寻仙洞，官道东西隔暮霞。忆昔琴书偕短剑，危城烽火望长沙。儿童不见兵戈久，谁识当年邓仲华。""弱冠行登最上头，振衣千仞看清秋。云林二纪多新树，春雨三更滴旧愁。词客豪情官后减，李篁仙有《登蕉溪岭》诗。骑兵交谊死前休。谓刘德谦运使。同时友人，以其起傔从，悔与往还也。惟因独擅承平乐，闲对桑麻绿影稠。"雨田遣人迎过岭，又遣人待于岭下，又遣人执炬来，同行廿五里，至浏阳县署犹未夜。见其友人邹老翁、李献卿、瞿海虞、杨拔士、李菊坡、莫芗泉。晚饭毕，宿右斋。

三日　晨见日，至午复雨

师秀才仆夫待钱，催唤甚急，自朝至巳未得，余为借钱给之，钱至而四处送钱皆至。凡事之不先料理,其困如彼,及其解,又甚可笑也。雨田言浏阳有插青邪术,能隐形入人房闼,而不能盗财物,昨夜考测一人即是也。午后大睡,诸友先后相访,献卿谈甚久。又见雨田弟雨城,及其侄婿傅卿士,外间物议,疑此侄女故估人妇,不应与认亲耳。夜雨田设宴,两学官陈善墀字丹阶、胡运甲字镜川作陪。胡与余同榜,久未之见,今老矣,无妻而有烟癖,闻人甚朴拙。同坐者献卿、菊坡、海渔、仲珊。夜钞《记》二叶。

四日　雨

何满等去。晏起,阴雨甚寒。从海虞借《浏阳志》阅一过。志书甚有条理,云陶翊云、涂优贡所辑,中叙兵事尤善,可备考证。浏阳前代令长有谷朗汉太守、孙盛秘监、何承天东晋中丞、杨时赵宋学士,人士云有祝良、易雄兴长、汤璹君保、欧阳元原功、周镗以声。夜钞《记》二叶。

五日　阴晴

钞《记》二叶。出寻胡氏诸郎谈,借《水经注》及文道《毕氏丛书》。丹皆、镜川来,同晚饭,初更入考棚,待雨田久之,不至。同事二李、瞿师均睡去,余独坐至五更,雨田乃来。顷之天已明,丹、镜复至,遂不睡。

六日　阴

晨出文、诗题"鲁卫之政"一章,"观水有术"二句,赋诗"随山望菌阁"。申初少寐。有罗启明请面试,年十五,甚恬静,文理粗通。夜看试卷五十本。

七日　晴

看课卷二百馀本,皆细心过笔,无佳者。李菊坡得二卷,均可第一。谈王抚考试事。丑初寝。

八日 晴

看课卷数十本,定甲乙,午前毕,写案,初更出牌。本日考经,以无治经者,出《中庸》题:“庶几夙夜”、“孝无终始”二句。此县人甚认真,经论皆不苟。丹、镜夜来,惴惴唯恐不公,亦不知外间物议何如也。子正寝。

九日 晴

息一日。钞《记》四叶,《檀弓》成。

十日 微雨

初覆“吾见其人矣”二句,“一片承平雅颂声”,“道吾山龙湫”。诸生衣冠升堂者七十二人,为之讲题。夜阅堂卷毕。

十一日 晴

阅诸君荐落卷四百馀本。至暮,闻公和福茶号有幼女被戏,观者不服,且挟嫌拥入,毁其茶箱。遣告雨田往弹压,已亦往观之,人声鼎沸,殊无头绪。乃遣约两学来考棚,雨田亦至,外间塞街喧哗,两学不敢出,余促雨田出,沉吟未敢。余云:“戕官事亦恒有,不可坐待辱,或破门入,则吾等终身耻也,又未必不死。相持至五更,雨田怒马率健儿五六人出,外间竟喧呼阻道,冲人而驰,百馀人辟易,余等乃寝,已天明矣。

十二日 晴热

遣人往视雨田,云无事。已而童生聚考棚,余惴惴恐其入,欲出谕之,而嫌自见。饭后假寐至午,人乃散。与海渔、仲珊出,至火官殿看戏,有就余问讯者。海渔起出,还考棚。雨田送禀来,余力止之,云不宜并案,考自考,闹自闹也。顷之又送长沙信来,余为拟一回信稿,至暮事大定。学官云明日仍考。夜阅卷三百馀。

十三日 晴阴

晨起阅遗卷百馀,得刘世嵩一卷甚佳,以迟交,前取廿九牌,颇屈,故首拔之。童生应赋试者百九十人,赋题“品泉煎茶”,以“水酌中泠茶香试院”为韵。又“虞教授封圭斋文寄子集”,以“三掌成均六入翰林”为韵。又经解二道,“稽古同天”、“惟苇及蒲”。赞八首“浏阳良吏”、“浏阳先贤”。

又补《水经》浏水注。

十四日　晴

晨未起,两学来,遂起不睡。监内号前十名,出二题,“伯夷”至“怨乎”、“短同”。各为讲说。刘生清,吉生老,皆兢兢恐首选不得也。坐阅赋卷百五十馀,取八人,附取廿八人。一日未离坐,至未乃退,眠半刻,吃烧猪不佳。

十五日　晴

阅遗卷三百馀本,复阅选卷二百馀本,拔刘向燮、刘名鼎、刘人焘、李德岑。雨田送补试三人来,请余面试,坐一日不得退。至夜出访子夷兄弟,问昨刘郎卷,乃胡郎所作,甚喜。又问浏阳佳士,对以唐贤畴,归搜其卷,果老手,但不逢时耳。至丑乃眠,求汤茗皆未得,人已静矣。

十六日　晴热

重搜落卷,得黄孝衡、李尔康。是日出案,早眠。

十七日　晴,申后雨

晨起出题,分三处:“为政不难”一章,“君子有三乐”一章,“何为其莫知子也”一句。有徐正乾者,文颇好奇,亦特试之。彭声璈以赋进,别作赋“周孝侯从二陆受学赋”,以“斩蛟射虎,遂从机云”为韵。“隔竹见笼疑有鹤”得“唐”字,“高人以饮为忙事”得“招”字,“夜吟应讶月光寒”得“山”字,偶拟作八韵四首,无佳处,稿不录。此次十名,吉耀丁者自以为第一,余斥其文,愤沮不欲完卷。又前取第一之毛鸿翥，亦以连黜不入试。进退人才之召怨也，末世公道不彰之故也。

十八日 晴

阅内号卷五十三本喻济勋卷，以“莫知子”为诘词，非疑词。其文亦圆熟，首拔之。晚得刘世嚣卷，以“三乐”为愿望之词，文中无乐有忧，亦奇作也。此人年始弱冠，足不出乡里，何幽怨之天成乎！使加陶成，必在王怀钦之上，然文实未能斐然。午阅外号卷，皆以得罪巨室，为君罪之，似乎不合。所谓为政者，孟子自谓耳，方于“得罪”字无碍。其下言四海者，推言之也，亦无此理。一国慕之，如孔子为鲁司寇。天下方疾之，岂慕之乎？夜作二诗题李菊坡扇上，用其“庵”、“亭”韵。“昔年秋饯合江亭，十载征衫领尚青。同劫红羊同值未，故园仙鹤幸还丁。论文律细知名早，感旧诗成对酒听。人世相逢几回醉，莫辞残烛照晨星。”“故人几辈踏秋风，看遍槐黄与杏红。万事升沉狂醉里，十年光景客愁中。兰香楚国嗟时暮，春尽江南有梦通。闻道征帆须及早，清尊何处更相同。”看落卷五十本，颇有升沉之感。“名场辛苦望谁知，未死春蚕尚吐丝。只恐柯亭不重到，枯椽烧尽玉龙枝。”

十九日 晴

晨定案毕。以雨田起迟，出城访镜川同年，先至东斋，丹阶辞客，至西斋小坐，与菊坡同来，略谈入城。还考棚，雨田至，出案，终场犹取百廿人。闻湘潭以少取，至生事也。胡子彝来夜谈，云其兄已还。功、丰有前列之说，亦可怪也。

廿日 晴

晨起终覆诸童，出题“始可与言《诗》”合下一章。刘生卷竟不能佳。午散，移厨传出，无所食宿，仍还县署。余昨约镜川具食，与献卿、海仲步往,先访丹阶。贺麓翁至,老不能行坐,犹喜谈风月。丹阶邀观礼乐所铜壶漏,因至孔庙,瓦当纯用花瓷,太侈丽,不合制,非也。出棂星门,至镜川处饮,正饥渴矣。未昏散,舁还县斋。夜过胡家久谈。

廿一日　晴

雨田仍招十八人入试,出题"市脯不食,不撤姜食"。未暇看卷,唯见邵振覃一卷颇佳,刘、彭皆不佳,然不能以此定长案,仍以彭声璈为首,以能赋也。子威四兄弟来谈。雨田送纻缎甚多,再辞不得,真如布贩矣,未刻唱戏相谢,看五六出,少食菜果,以咳逆颇不适也。请题小照者二人,各作一小诗付之。坐客有一黄姓,不知余姓名,余漫应之。三更散。丹阶、胡郎并送脯茗。

廿二日　晴

晨起将行,以用人夫多,改顾一舟,请师仲瑚发行李由水运,自率郭玉由陆,辰初行,雨田、十七弟及莫湘泉、海渔送我于七里桥,更遣两民壮及一仆送我,仅至蕉溪铺,止民壮,辞不肯止,遂同行八十里,宿永安市。

廿三日　晴热

晨起不饭,行卅里饭于泉塘岭,渡浏,雨至稍歇,行廿里,未正入城,弟子等赴考已归,陈母已从子往衡山矣。家人言湘潭童生闹考事,殊堪发指。诣樾岑问抚司意如何,云将以告示了事。余不怒近十年矣,颇有攘臂下车之意,悒怏而归。

廿四日　晴

拜叔父生日毕,将出食,有生客在坐,乃避入。午后诣海翁、镜初、劼刚、力臣还,家中犹未举火,待至酉,香孙来,及戌乃食。

廿五日　晴

午诣息柯、春陔、皞臣,闻会榜报至,二孙中式,余无相识者。复诣松生处探之,杏、池均在,云未有闻也。还已暮。

廿六日 晴

晨起,待饭毕,出城送劼刚,劼刚问入都云何。余云凡事请教于宝中堂,最忌李中堂,有书疏代乞恩耳。又问夷务,余云主战公私之利也。坐良久,将诣荷池,道访周昺,周与夏子常同宅,因共谈,甚热,出过怀钦,遇姚舸丞还。樾岑来,谈筠仙海外日记,无以异于斌椿也。午饭后少睡,诣香孙,复遇樾岑,少顷俱出,余复诣皞臣,遇萧希鲁久谈,还,初更过矣。西门火,登楼看光焰甚烈。

廿七日 阴凉

仲云来。黄伯初暴死,其母无所得食,因与谋寄书子寿。子寿与其伯兄有旧怨,而黄嫂以为有旧恩,家庭之间难明也。香孙约夜集便谈,樾岑先在,力臣不至。始见《题名录》。

廿八日 晴

海翁来。松生送筠仙日记至,殆已中洋毒,无可采者。力臣来,刺探争产事,又盛言盐务。夜访理安、研老、次青,均相值,遇毛生兰阶,语言莽撞。

廿九日 阴,夜雨至曙

始理笔札。

五　月

乙卯朔

熊兆松署正、黼堂、文心来。黄伯初死,唯存宣纸二百五十张,张樾岑允为分送官场代买之。文心又欲设一所以收养废疾。近日兼爱之风颇被上下,墨学入中,国人暗趋于其术而不自觉也。作《唐行状》二叶。食鲥鱼甚美。

二日　晴

凌善人来送银票,云镜初手交也。余询平塘曾庄,云可看。遣郭玉侍莲弟视之,夜雨未还。作《唐行状》二叶。夜寝不寐。

三日　大雨,巳正少止

出,答访熊署正,诣樾岑、子寿、黼堂、夏粮储、彭朵园,大雨,如行江涛中,至上镫乃得还,四仆沾涂困甚。得唐艺农书,送湘茶、石耳。平塘看屋回,云尚可居。

四日　雨

子寿还券,并再借百金,始得还麻竹兄以践前约。朱乾升来,言彭仁和家资二百万,今亏空二百万,故银币不源流也。

五日　午节

晨寤而不能起,至巳乃起,不知何以困劵〔倦〕如此。行香三祀,朝食后,待午拜三庙。梦缇称疾不出,亦竟日未暇与言。未正步往贾祠,夏臬使招二署幕友及杨息叟、性老、孙阆青、汪啸霞为荐屈之会,酒肴甚旨。

六日　晴

作贾祠招屈诗五言律四首,夏作五言一首。朵翁、唐蓬州、佐卿来。息叟送糊、蕻。樾岑送黄、罗二君助资。酬应纷纭。晚同佐卿访阎季容不遇。遇性老略谈,至松生处杂谈。昨得文卿、研樵书。研寄诗翰,居然名家,可与弥之抗行。文卿云丁督欲招余,岁致三千金。嫌其币重。锡九来劝行,未能决也。

七日　晴

樾岑,熊、罗两世兄,罗研翁,性老来。熊师急欲得曾选百家文。镜初固迟不与,皆不可解之事,天下所以多事也。作唐《行状》。夜食鱼粥过多,颇觉闷逆。

八日 晴

朝食后出访师竹生父子不遇,过凌善人、罗世兄、唐蓬舟。得俊臣、若愚书。作《唐行状》成,自二月朔至今,凡费九十六日,其难如此,成之如释重负。为两女理书。陈力田来。殷竹伍送《格术补笺》来,其子孙奉书来见。夜过文心,问《公羊例表》成否,竟忘卒业矣,其忙可闵也。向樾岑借曾《钞》送熊师。

九日 晴

置书箱窗外,欲于楼中设榻,因检群书。作《秦州北山杜祠记》。北山盖即所谓隗嚣宫也。研樵于癸亥年属余记之,今又五年矣,早年笔札无迟滞如此者。运、仪、松、佐、曾小澄来。小澄今字介石,留晚饭,待月登楼,谈至二鼓而去。

十日 晴

作《杜祠记》成。卜允斋来,并送火腿、茶叶。向子振来。子和来,坐二时许,二鼓始去,已困乏思睡矣。

十一日 乙丑,夏至。晴

作书寄丁稚璜,言吏事。复俊臣书,又复文卿书。出,答访夏臬使、冒通判、向子振。向处遇佐卿,将饭,饮一杯,纵谈久之。过春皆、卜太翁,至海叟处,众客待久矣。海华先生先在,性农、雨恬、伯元、力臣俱在,二更散。过运仪谈,携其《易笺》以归。彼以十八爻配九卦甚确,然未免有附会。

十二日 晴

瞿鲁翁庶子及其从子伯高来,初以为美秀少年,及见,肥黑厚重,出人意表。夜过佐卿,遇向子振,同至浩园看芙蓉,松生兄弟适钓得肥鱼,要往共饮。与笠僧同至皞臣处坐月。

十三日　晴

祖考忌日,素食。作杨蓬海兄麓生挽联:“孝养慰椿庭,方期两守夹河,同庆期颐还洗斝;能名传桂郡,独恨清湘载旐,更无廉石压归船。”性、息两翁来,行奠毕,出吊杨丧,少坐,过樾岑夜谈。

十四日　晴热

为弟子及左郎改课文,午毕。三小女出看戏。过笛仙、子和、海老处谈,暮还。师郎来。夜诣理安、研老、香孙。

十五日　晴

海翁来,言麓山重修万寿寺,阎季容为碑文,不可用。季容新得名甚盛,然实不能文,吾欲直言之,则近于毁忌,不言之,则无是非,唯唯而已。出看戏。力臣来,长谈三千之事,因留面而去。仍往看戏,殊无可观。曾介石来夜饭。发陕西、山东、甘肃、四川信。

十六日　极热

师竹翁、黄子寿来,遂坐过半日,客去已困敝矣。罗郎伯存来,便坐见之。少愒,闻外舅来城,未能往视也。待暮乃出,途遇刘馨翁,问安仁试事,及所出题,皆大方,信不愧为弥之师也。发衡阳、常宁、衡山信。两女告病。

十七日　风凉

看运仪《易注》。佐卿来相招,舁往,则介石欲为一小集,遣要杏生兄弟。闻乡中赁宅事,云不如何氏一宅最佳,当问孙海槎。杏池俄去,运仪复来,遂留同饮。暮过皞臣、希鲁闲话,介石复遣要问菜,云明日复为一集。二鼓还。

十八日　雨寒

作书复若愚,兼寄诗雨苍云:“高楼望别离,草绿玉门时。冰糒行看远,莺花梦见疑。八城愁日暮,一剑报谁知。出塞谋全胜,休言守在夷。""六月夸车甲,中兴无武功。安边先自治,智士莫临戎。扰扰风沙外,翩翩坐论中。昔闻班定远,垂老悔英雄。"由邮递去。午舁至松宅,赴介石招饮,陈臬、凌善、运仪同集。夜谈克安庆事,水陆各以为功,究不能明也。搢、绂两子来。

十九日 雨

黼堂来。佐卿暮来。始有意于撰军事,翻《方略》二函。读《史记》。改课文。

廿日 晴

功儿生日,以其初娶,为设五姐之会。松生夫人招诸女及六云看荷花,午往。浏阳童生吉曜丁字敏卿来见。樾岑来,谈读《史记》。锡九夜来,久谈,复同过香孙谈,二鼓还。亥寝。

廿一日 阴

阅《方略》二函,自庚戌年五月十九日。庚戌广西寇乱始闻,以招降张家祥为咎。是时庆远、柳州、武宣、象、浔、平、乐并起,陷修仁、荔浦五府一州。督盗〔抚〕讳盗,以会匪为名。其年七月湖南巡抚骆秉章奏英德寇犯怀集,窥岭东,旋屯里松,逼江华。以永州镇谷韫璨、衡永道张其仁屯防濠界。诏曰:"楚当剿捕之馀,不堪扰累,万难任再蹂躏。"起张必禄于四川,征广西盗。罢广西提督闵正凤,以向荣代之。于是广督徐广缙请大臣督办。调湖南、贵州、云南兵各二千,银卌万两。九月辛丑,召前云贵督林则徐为钦差大臣。十月,祖琛罢,起前漕督周天爵署巡抚。是月则徐、必禄先后病卒。赵怀庆秀才、镜初、运仪、子云、刘生、世嵩字翀主来。

廿二日 晴凉

邵生振覃、彭生克辉来见。出看戏。还,刘世兄、伯固、曾介石来。出访刘馨翁。陈总兵海鹏新移本街,招同鲁瞻饮,以余欲问广西事。约陶藻同坐,罗子乔亦先在,卅年前同舍生也。夜散。改弟子课赋。作《耆英赞》。

廿三日　晴凉

池生、沈用舟、笠僧来。衡山专信来。陈母寿终,竟以痈溃而死,可伤惧也。陈母自至湖南廿二年,恩如母子,竟缺于一诀。昨夜起登楼看月还,梦舁出,过陈旧寓,置轿卓子上。贺仪仲出,言刻名印事。甚恍惚,未知何祥。出访伯固、力臣,欲诣蓬海,竟忘之。还,又改课赋。研丈来。

廿四日　晴

作力臣《耆英图赞》成。改弟子赋记。丰儿胸中并无打油诗,可笑也。殷默存送广货四件。彭郎来,言昨解"明都"为"萌渚"甚有心思。张沅生送文章来,言取十五牌,自以为屈。午约朵园、镜初、二黄、伯固、池生斋饭。少溪新从京师归,不甚知时事,而云有福建谢通判能为水轮船,二轮每时四十里,出海十六轮,每时可三百廿里。又能作烧铁火药。妄言也。外舅来,言田事。佐卿来,言镜初甚不自得。亥散。

廿五日　晴

当答访浏阳四生、少溪、江十七,未及出,外舅约在家待之。言新塘田水事,蔡买而不罪蔡,反罪接受之李姓。李诉状甚直,而意未了,欲为剖晰,竟不知两意所在。因与书殷绍侨,转告黄公,云:"敝县好事人多,阳以蔡为豪强,阴以李为鱼肉,藉此小讼,簧鼓百端。盖深知吾乡之俗者也。"作书未成,张力臣、彭子和、浏阳唐生来。唐名贤畴字寿泉,胡氏兄弟旧友,困于童试久矣。六比文有意学高手,而笔气不称。其来也,耻为门生,则不必来见。今来见,而词意傲然,殆自命不凡者,总不离寒士习气。坐久乃去。还入作书毕。热甚,乘间浴。浴罢,殷默存来,自广州送土物四种,余责以不俭。略询刘岘庄事,观其气色敷腴,不似前年侘傺时矣。暮异出,答访唐、刘、吉、殷。殷居孙氏,以有丧不入坐,立谈数语而别。过禹门至贡院,步至二黄寓,谈京中事。

廿六日 晴

昨夜以子弟五人府试,待至丑初乃眠。晏起,始读《史记》,有述作之志。午雨,两儿携卷出,眷视其文,丰儿平平,功儿多不妥,令改作,至暮未成,丰儿已交卷矣。因至贡院门,看出入者如市,吏治坏弛至此,可畏也。还阅功儿二篇,尚成章。三弟竟不还。姚立云来。

廿七日 辛巳,小暑

理安来久谈,顷之,子明、刘仲翥、松生继至。子明坐至未乃去,已疲矣。为两女倍书后稍愒。腭破不能食稻,午饭半盂耳。当访姚立云,遂过福世侯、黼堂、蓬海。黼坐遇镜生、易茂翁。步过皞臣,言新用庶常三人。盖颇知编检之多,计自同治以来,盖积五百人矣。曹仆黄二暮来。

廿八日 酷热,竟日不事

晨访镜初不遇,至江寓小坐,其辎重尽移来矣。入彭朵翁寓,方念经,未敢扰之。腭未愈,还食豆浆、包子。子明、松生来。子明坐半日,留面去。晚过海琴,遇杂客三四人,送《万寿寺记》与之。两女放学。夜愈热。

廿九日 晴热不可柰,似三伏盛暑时

沅生来,言求馆事。刘、唐、彭三生及陈丹阶、袁守愚来。文心暮来,谈《公羊》。为守愚书扇。三更湘潭团案发,唯功儿在五十人之后,馀皆头牌也,未免有情耶?

卅日 热稍减,犹如伏日,不能事

瞿海渔来。长沙赋题"人镜芙蓉"。"人镜"字不甚可解。

六　月

乙酉朔　热

诸女租屋看赛神,唯老妪及六云未往。午间会出及半,李献卿来,谈江雨田馆不终局,脩金亦少送,欲谋局事。弟子出场,文诗均可。

二日　晴热

赛神者行游街内,铙鼓竟日。试作文,未三行而罢。

三日　晴,稍凉

过海丈少谈,至北门看会,尚早,还食包子,复往,已过半矣。乃至寿星观,甚凉多风,人马拥挤,殊可厌,闲行将归,

遇许子敬,呼留坐香店,见其二孙。夜案发,三弟竟黜。

四日　晴,有雨

将答访李、瞿。滋女必欲往南门看会,携之行,竟至通判坪,无可驻足,遇六云舁,停粮道坪,送滋往。独至善化署,看陈设甚盛,日映不可停,小坐课棚,访春陔,往来南正、吉庆之衢,处处不可通,乃从定王台下出浏阳门,又遇神舁,随至藩后,过樾岑,闻韩胖死又苏,苏又死矣。又言丁稚公改轮为酌,孙琴西尽改为轮,吏治无善法云云。出临寿南之丧,坐客六七人,无作主者,自巳至戌未敛,问其资用亦无有,乃还。欲令郭五嫂往而不可,乃遣三弟视之,先赙四千。

五日　晴凉

约两瞿、献卿、丹阶、霖生早饭。霖生辰至,中间力臣、仲云来,姚立云后至。至未始得食,散时已戌初矣。一餐费一日,省城未有之奇也。始食瓜。杨六十来。

六日 庚申，初伏。凉

左郎来，讲“入公门”一节，为《聘礼·乡党考》，已先言之。得弥之书。午出，访镜初，诣朵翁处午斋，同坐者俞九、石三、常石林、阎季容、陶、孙。酉散。过镜生谈。归，湘潭案出，三子均被黜。夜至贡院，送之入场。

七日 晴。大暑。凉

献卿晨至，佐卿午至，甚疲于接对。晚凉稍愒，武冈使来索信，起作书寄弥之。三子出场，题为“颂其诗”三句，不知孟子何以不识“颂”字也。

八日 晴

刘生来，呈所为文。因示余所拟作。楼生〔上〕不可坐，两女均病，遂停课。晚诣曹价藩。案出，佶、韵被落。

九日 晴

两儿终试，卯去巳归。凡终场每人持卷易票题，云终场待席，无者不得入。余试时无此票也。又礼房佣工，席置一碗，以待投钱。昔试已有之。郭五嫂闻其说，余初忘之，以为妄言，及问两儿，方知不诬也。夜案出，丰儿拔置十二。

十日 晴

丹阶来，谈绾臣子竟得府首。近年考试，有可操券获者，始知驼浦迂民之谬。始理常课，钞《王制》二叶。夜讲《杂记》。帉女读《诗》毕。作郭寿南挽联：“乌衣游处最相亲，自壮年漂泊江湖，各有无穷家世感；素业凋零伤族从，况身后孤茕儿女，九泉难慰母兄心。”

十一日 晴

出吊寿南，过力臣，客来竟日。夜与松、佐、笠僧食粥。

十二日 晴热

樾岑来，言何金寿本名何铸，昨疏劾郭筠仙有二心于英国，欲中国臣事之。有诏申饬郭嵩焘,毁其《使西记》版。铸本桧党,而不附和议,甚可怪也。又言楚人好自相攻,张居正、杨嗣昌皆败于同乡,亦风气使然。又言汪参将代韩副将,所乘马从城上跃下,败瓦坜无数,其马为破瓦刳腹而死,凶杀可畏。暮诣香孙、佐卿,入石洞,遇其族人瀹斋及笠僧同在。佐卿亦设粥,要松生来,啜于环青榭。又过皞臣,二更乃归。

十三日　晴

六云羡两儿应课之利,余因为畇女作一卷,课题"德行颜渊"两句。文竟不能成,勉凑书之。诗题"每依南斗望京华",颇有佳句。夜改弟子文。勉吾来,送金顶。子寿来约昏,云六女小岁半,四女长岁半,从吾意。余以黄氏子弟无过,可妻也,许之。杨芷生来。

十四日　晴阴,热

朵翁、力臣着衣冠来。张沅生来,言谋馆事,竟不成。绂子来,言佶子病。遣丰儿往视之,便得课卷还。"子产君子之道四",未拟"四"字不取,余所未及知也。锡九、子和、子筠来谈。本欲出,以晚而罢。二妹夫生日,亦未能往。

十五日　雨凉

出访杨、李、任郎皆不遇。至城外,送陈郎行,又误向北,乃还。作"厥名包匦"解。以"厥名"与"厥贡"、"厥包"、"厥匪"相例,大申郑说。唐蓬洲来,盛称李兰森,颇抑黄晓岱。二女复理书。夜讲《杂记》。钞《记》一叶。梦缇暴病,一吐而愈。

十六日　庚午,中伏

为陈丹阶作诗题图,信笔写成,甚有文理。作"斗穀乌檡"解。以为夷言翻译之始,甚奇确也。三弟妇兄胡迪生来,留住书房。两女理书。夜讲《杂记》,无心得。蓬海、黼堂来。子和贷百千与我,几县釜矣。陈郎告行,送以扇对。

十七日 晴凉

张生来,久坐。解《橘颂》为橘容,以为刻木像,其说似确。汤肖安、熊敬生、罗小云、章素存来。素存未言先笑,甚属无谓。午招陈郎陪胡舅,兼招张、彭、左三生饮,弟子陪客,余出访笛仙、子和,夜还,客犹未散。二更后胡舅告去。

十八日 晴

晨将起送胡,闻三弟已起,遂罢。早写字数行,作《橘颂赋》。子寿招饮,又当往媒氏报日,遂出访禹门,不遇。至黄宅尚早,坐久之,黼堂、张力之、力臣来,谈鲜生地之能杀人,使韩副将缩阴死云云。又言王松云冤死,见形于崇伯,崇为出赏格,募其妻,亦新事也。子寿令四子出,见其行六者曰清儿,即求昏者。未散,过春陔,遇子和,将访镜初、熊三,告饥乃还。今日城南课题"夷逸、朱张",丰儿不能下笔。

十九日 晴凉

小病,两女理书。珰女读《春秋》毕。晚过海翁谈,便诣皞臣,遇香孙久谈。曹十三欲举张乙舟入《名宦》。海翁以家传交余。因访作四六者,城中殊少此笔。

廿日 晴凉。夜微雨

刘生送赋来求改,殊不斐然。瞿伯高来,云彭宅昏期在冬。又言黄兰丞可补汉阳。两女理书,未讲《杂记》。

廿一日 晴凉,遂秋矣。高处尤先觉之

力臣来泛谈。改赋不成,作赋诗六七篇以示弟子。朱送百金至。

廿二日 晴凉

病仍未愈,求瓜不得佳者。改赋一篇,甚劳神,近才退于昔矣。

檝岑、王二丈来,在家竟不及知,可恨家人之愦愦。伯高又来,言捧合,求代借江宅者一看。海翁来,论米芾游湘时有年谱,余未之见。夜坐百虫扑镫,死者百千,乃息火下楼,至子大雨。

廿三日　晴

昨夜雨倾盆,恐有覆压之灾,晓遣问,无之。午初力臣来送黄庚,因谈劼刚,甚有微词。凌善人来,泛言衡、岳贫民无食之由,由盐、茶也。夜阅周声泮课卷,篆书颇工,非不知下笔者,胡棣华卷则胡说也。邹、连,必以第一人待之,则非余之所知。钞《记》一叶。夜半疾小减。

廿四日　晴阴

四母七十六生日,率诸子女称贺。檝岑来。登楼小睡。钞《记》一叶。夏按察招饮,期申时,未正往,诸客已集,同坐者胡光化列五、赵攸县蓉生、沈润生、汪啸翁、杨海老,酉散。步过勉吾不遇。讲《杂记》。

廿五日　晴凉

常霖生借银,云:筠女适左者将死,已借左金,急无可还。因以昨送百金与之。杨芷生言谋馆事,坐颇久,余倦于应客,乃出过松生,欲诣佐卿,至则松生等为子云僧设馔,留待夕食。杏池、刘松林、郑少樵为主人,一小童萧姓及沈用舟为客,自午谈至酉,颇欲归,未能行己意也。留食毕,乃还,已亥矣。久不居正寝,懿儿暑疾,梦缇不眠,余假寐久之,起过侧室,将曙又还寝。讲《杂记》。

廿六日　晴热

楼上已凉,可坐矣。曾省吾、黼堂、彭峻五、杨芷生、曹价藩来,坐及二时许。黼堂冠服挂珠,云今日万寿正日也。顷之刘馨翁来,则不挂,亦久谈。甚倦小寐,起钞《记》二叶。诸侯庙制,王子始封者,不祭天子,则无太祖及四亲庙耶?太祖立不可毁,故卫不可祭文王,而卫之文王庙又何以得立?无祖庙,则凡礼当于祖庙行之者,何所冯依?两女理书,校常日为能,早毕。

廿七日 晴。日热风凉,已非暑日矣

出送滋女庚帖,请黼堂转达,遇宇恬,过镜初、力臣小坐还。黼堂嫂五十生日,铺张甚早,不可不有所贺,作一联送之:"薇花恩诰儿亲拟;林下高风秋更清。"款云:"晋貤一品夫人李母徐太孺人五十初度。闿运再拜撰祝。"命女无非篆书。

夜讲《杂记》。

廿九日 晴热

晨出访朱若霖,过龙际云未起,至李宅贺生日,未面。诣樾岑,遇周笠西,言张松坪劣迹及己治状。过王怀钦,遣二黄去服役,还家尚未饭。钞《记》二叶。作书与子泌、芳畹。申过息叟寓,息叟与力臣作主人,为瓮叟称寿,临坐不至。研翁、香孙、樾岑同坐,戌散。夜讲《杂记》。

补廿八日 壬子,立秋。晴热

竟日偃仰不见客,亦不作事,唯理书钞《记》,讲《礼记》如额。

七 月

戊申甲寅朔 晴热

子明所开南店歇业,遣往结帐。泛览罗《文选》,吾乡先辈大有梦忳人。王霞轩放安肃道,巧宦闻之短气。钞《记》,夜讲《杂记》。珰、帉始读《曲礼》。

二日 晴热

作书复子泌、芳畹,托常霖生寄去。楼日照灼,避中堂,为两女

理书,夜讲《杂记》。

三日　晴,至酉大雨震电

钞《记》一叶。理安来,云将回易俗场。又言庄委员索皮卵。盖近日苞苴通行如此,不与者,不为众议所与也。夜讲《杂记》。

四日　晴

雨珊偕罗邸敷来。若霖来告行。看罗《文征》,讲《杂记》。

五日　晴热

病甚强起,为雨珊写横卷。子筠来,云有王世沂者,八分甚佳,夏、连皆疑为余家子弟,属访其人。香孙、樾岑夜来。樾岑问:"《宋史·艺文志》有李昌龄《感应篇》。昌龄有二,此宜何代?"香孙欲与子分财,又欲全不与之,而以托友。余以为近世子得父产,以为天经,非友所能主也。李昌龄书在王松年《仙苑编珠》之下,朱宋卿之上。王松年五代人。文心来。

六日　晴阴

出寻皞臣借钱,过松生,遇问樵、善人共谈。同至曾祠,过次青斋所,见力臣在坐,入谈未尽,刘姓至,乃出。皞臣已还家,与萧希鲁少坐,力臣继至,同出。复还寻佐卿,又遇善人,谈顷之,觉气不甚属,还家偃息。龙际云来,出则袁守愚先在,际云甚有阔派,若胸有蕴蓄者。二日因病未钞书。昨讲《杂记》毕。今夜讲《丧大记》"未小敛"当敛出否之节,士于大夫当敛而至则辞焉。然则云未小敛者,即当敛亦出也。周升以微罪去。

七夕日　竟日雨,从来七夕所仅见也

力臣招饮,便过海丈谈,至张宅,黼堂、香孙已先至,至二更散。诸女乞巧,陈新景甚雅,命设于楼。珰女投针,有圆、方、直三形,亦一奇也。非女不能事,训饬之,乃不知过。不意此女蠢强如此,殆得母

性者耶。讲《大记》。

八日 阴

钞《记》理书如额。次青来，谈作宋四六者难其人。厘金提调王述恩死，云为枣皮所杀。屡欲过理安处，未暇也，闻其去，乃携小女四人寻秋荷池，命丰儿率以往。还，余过研丈，方卧疾，起谈，次青亦至，言贾都司马过菜圃而惊，启其土二尺，有二柩，白蚁盈石，女尸也。均翠钏、翠镮、钗簪，唯一无朝珠为异。殆停柩佛寺而被墙压者，今改葬义山，每岁盂兰为主，曰“冥漠氏”。又言黄杰用人皮为薅缰，为鬼所责。又言边晓堂自称“边忠魂”，求超度，皆盂兰故事也。夜讲《丧大记》。

九日 阴

子寿衣冠来，将结昏，故新修礼也，拳拳恐余为俗所指名，其意甚厚。钞书督课如额。

十日 雨

钞书督课，兼令非女作篆，功儿书丹，忙竟日。雨田来，假我廿万。连日贷钱，唯力臣许二万，犹期五日，岂真穷耶！

作七夕雨诗二首：“凉气惊秋早，玄霄隔雨看。烛移飞焰小，花湿堕香寒。绮阁离堪数，疏帘梦度难。年年玉钩月，空是映檐端。”“织锦机应倦，垂槎路已通。关河空怅望，风雨付冥蒙。无睡频敲枕，轻离惯转蓬。寻思天上事，幽怨与人同。”

十一日 雨

无事，夜诣松生、皞臣。钞《记》一叶。

十二日 雨

致斋居楼，家人治祭馔，夜宿楼中。得撍子书，来索钱。钞《记》一叶。

十三日　丙寅

尝祭三庙。功儿妇生日,因招客馂。午正祭毕尝新,外坐十二人,内六人,黄氏妇弟来,字仲容,十七龄,似廿许人。未刻袁守愚、萧希鲁、王怀钦、徐子筠、彭隽五先后来,酉集亥散。武冈人来接书,书与二邓。作斋宿听雨诗。

十四日　阴晴

海丈衣冠来。力臣、子和、张沅生继至。出访朱、汤不遇,过黎三品,遇一北人求带勇甚切,未敢久谈。还,闻锡九来,已再过不遇矣。遣要来谈。夜钞《记》讲《记》。

十五日　晴

珰女病,帉女独读楼上。计周尺、古尺、东田尺,以法求之,竟日不能得。梁仲玉来,问功儿"四时田、三时田"之异,功儿不能答也。松、佐、笠僧来。余闻松能算,请其用新法直算东田步数,不承上八六四之赢,以免改字也。梦缇回母家,夕去。

十六日　晴热

巳出,答访子寿,过息柯、馨室谈,还已未正矣。怀钦、东生来。夜过松生,问田步。东先怀后,俱至浩园赏月,二余、萧僧同谈,二更犹不欲散,松生逐客乃归。

十七日　晴

出吊陆恒斋、孙公符兄弟。陆已移寓,过公符,殡前久谈,还已逾时矣。春元来,见郭五嫂,云欲迎之同居。珰女病。

十八日　晴热

仲云设食,招李禹翁、鹤帆同年、春元同集,议郭事也。黼堂置妾,来者盈门,未散。便贺瞿女出嫁,过唐兰生、江雨田,答访潘进士,热甚亟还。

十九日 晴

雨田送蟹，以尝祭曾食新，遣馈海丈。作舟来。待畇女课毕，出过松生问算法。由浩然〔园〕赴佐卿饮，庙门已闭，不得出，裵回久之，从监门去。袁、萧、笠僧先在，怀钦、松生继至，高云汀后来，打诗牌，无佳句，余瀹斋同坐。戌饮亥散。

廿日 晴热

命非女、六云出城，临陈母殡。在家改诸弟子课文。鹤帆来，登楼谈。夏子常、罗小云来，皆有所属。夜考"三田、四田"之异解。《春秋》书"蒐狩"，非时田之蒐狩也。

廿一日 晴热

杨石泉巡抚来。杨主唐宅，因怀庭知我，因唐□通谒[①]艺渠、荫云间，不及岘庄而大胜希庵。自言曾作官，虽罢犹有官意，贤乎浊世之公卿矣。畇女病，珰女读书，已不及其妹三日矣。沈生来。夕出答访石泉，便过作舟饮，春陔、兰生同坐，散已亥正。因热登楼，坐少时。作舟挽子久妻一联请改。

廿二日 晴热

雨田、吴翔冈、徐芸丈来。钞《记》二页，《王制》毕。作屈、贾文合篇序。书复李献卿。樾岑夜来。

廿三日 晴热

申大雨。钞《记》一页。得若愚书，知西事将了。研樵母丧去官。乘凉访文心，值其沈氏女丧，未入。过樾岑、皞臣谈。看醇王、文治、徐寿衡、宝廷等议祧庙各疏。

廿四日 晴

微有暑意。八牛来。署臬来谢，未见。出访笛仙久谈。过子

---

① 此处疑有脱漏。

和,闻子茂复撤任,可怪也。与两女理书,粗毕其课。答访恒斋,初晡餐已暮矣。夜少暇,作书复怀庭、研农。

廿五日　阴凉

饭后将出,怀钦来。出访海丈、力臣、翔冈、夏按察。力臣病坐房中,不能出。夏公坐中见子筠,欲久谈,已过午,乃出城省墓,幸完好。入城,循城根访镜初,过朵园而归,已夕矣。甚倦,不嗜食。为丰儿考"中星",取舍各家同异。又作"为人后者为之子"解。功儿、非女俱病,甚寂寞也。钞《记》半页。

廿六日　阴凉,有风

竟日伏案而无所作,仅钞《记》半页。沈生、蒇子来谈文。沈亦矫矫者,似胜阎季容。又言吴少芝能为宋四六,以举名宦事属之。松生告杏生来,暮出访之不遇。闻南瓜、佐卿均往乡祝李仙寿。又云陶仙与靖节兄弟行,肉身不坏,长沙最古之尸也。

廿七日　晴

杏生来。罗秀才率其弟子来,小溪之子也。松生约食蛙。余受祖母戒,牛、蛙不上灶,然尤嗜蛙,故私食之。得怀庭书,送赵惠甫《平捻记》,阅竟乃过松宅,则佐卿初未去,方与孙海槎志焄围棋。主客食蛙,余未饭,谈半日,过皞臣,欲诣香孙,会暮乃还。重阅《儒林外史》,后有金和跋,云全椒吴文木所著。虞博士者,吴蒙泉也。文木名敬梓,自命不凡,而其名字未达于外。

廿八日　阴凉

张子莲、黄子寿、江雨田坐过半日。同县彭生来,云研樵有书而踪迹我,不得书,仍北还矣。此人保知县,他日糊涂可想。午间怀钦来,约往朱玉振议帐,以三折了事,恐尚空言也。帐主为陈、聂,居间者李璞阶总兵、高孝廉、王怀钦,至戌散。复书云卿,言古砖。遣龙八迎梦缇。

廿九日 雨

出吊陈总兵，遇李、黄、凌、周，留坐顷之。还，为两女倍书，携滋女看戏，正见相杀事。欲留看，报竹伍来，思少留，恐非敬老礼贤之意，步还，与登楼少谈，旋去。汤啸庵、龙际云俱来，久坐。际云取一倡女，而为善化役隶所持，求解于余。皞臣曾言其谬，余以为不可不料理也。袁守愚曾言吾道广，果道矣，何患广？高云汀、李璞阶来。夜坐小楼，雨镫凄静。得陈杏生赐诗，欲和，嫌太幽怨，非阔人之所为，故未把笔。

八　月

癸未朔 白露。晴

步出答访罗郎师弟、张子莲、殷竹老。过夏子常，则已归去矣。闻功儿作书抵殷生，言县试未取事。索观之，殊不然。还诘丰儿，乃伪言书在孙宅。小儿好诈，殊堪发指，立命取还，果不在孙宅。此儿好欺，功儿好干犯人，他日必受其害，为之愤懑。

二日 阴

竹伍及其从子绍侨来，言书小事。余云："败国亡家，鲜不由此，君未涉世难耳。"钞《记》一叶。得"荐鞠衣"之说。先祖考生日，设荐。晏食，午后子和、香孙来。子和久坐，甚似唐二棒槌。三女看戏，余亦往看一出。夜讲《杂记》。

三日 晴

钞《记》二页。龙八还，梦缇未归。丁篁村子健相来见。

四日 雨

钞《记》一页。午要竹老便酌，辞疾未至。要杏生兄弟、刘春禧、孙海槎、际云、佐卿同饮。夜看刘氏藏书图册,有宋于庭、沈栗仲、杨子卿、何子贞诸老留题,邵香伯画,又有刘亮、刘基定,不知何许人,亦名家也。今日皆不可得。春禧在道光初主持风雅,今虽困,当有以礼之。

五日　大雨竟日

钞《记》二页。作孙芝房继妻挽联:"华灯桂树看初昏,至今雏凤成巢,始识廿年冰雪苦;人镜芙蓉传唱第,方幸双鸿得路,谁知归日荻灰寒。"昨得李雨苍、陈若愚书,由谭心可带来。今午当会饮,因往答拜,兼答丁郎,冒雨往来,至松生处,海槎作主人,坐客杏松、佐卿、刘瑶卿、何、左,季、蕃两生,孙氏戚也。食未半,闻力臣已催客,往则亦半食矣。单开客,全换人,唯余与黼堂未改,馀俱不至。海琴、香孙则新约者也。设馔不旨,清谈甚久,大雨舁还,笼灯几灭。

六日　大雨

题刘藏书图:"昔年十五初咿唔,长沙诗人徐与吴。此时文字贱如土,叩门索米家家无。沩山有客独好事,囊金省市觅酒垆。高吟狂叫得一醉,有如冯煖乘高车。世人好金君好书,酒徒诗客争凫趋。一时高名动郡县,我生未面心先输。湘中风气正朴鲁,不识服郑惟程朱。坐令宋沈笑绝倒,何杨解嘲言嗫嚅。忽闻君家富书史,百城坐霸张为图。城中画手数汤邵,邵工泼墨尤酣濡。图成题画尽时彦,至今卅载存古橅。亡何兵气动江海,南州子弟抛书斪。飞腾将相只唾手,高门甲第塞路衢。群姬杂宝看不足,要有插架万卷储。武达文通似相倚,诸生讲学窥经郛。少年开口论苍雅,春秋有何易有虞。全万臧张尚肤浅,江东名士窜且逋。君今白发再来觏,时人未见不敢呼。独携此卷私示我,开函感事增长吁。山中松老书未蠹,有子能读兴不孤。他年求书访旧本,图中想象承平儒。"

际云来言取妾事。朵翁来。夜作诗酬杏孙。钞《记》一页。帉女读《曲礼》毕。

七日 雨

作书寄俊臣,由丁郎携去。钞《记》二页。今日甚暇,晚研丈、文星、怀钦及朱心涧来。英子来,言书院逐斋,沈生被拘。夜过松生,食牢丸。

八日 晴,甚湿

三弟与帉女口角,以成人之礼待之,甚无谓也。自处甚难,要先除欲见而后可入世,固不足为不学者言之。丁郎来,未见。沈生、绂子均来。理安来,公言易院长之短。瞿八郎来,谈王少庚女事。

九日 雨甚

出吊公符,唐、李两公子陪吊,余亦少坐,陪胡子潘进士、某举人。还,钞《记》一页。帉女诵《曲礼》毕,通温《诗》全部。少睡,樾岑来,谈《庄子》去。因温《庄子》一过,训丰儿以处世之道在戒生事,齐是非而已。未赴贾祠怀钦招,同文心、程伯翰、章伯和、麻彦门、罗叔珊饮,酉散。

十日 阴雨

帉女倍《诗》一过,甚熟。钞《记》二页。昨有族兄超群八哥者来,云将往江南,求路用,甚可怪也。遣三弟视之。海丈来,竹伍继至,登楼谈算。申出,步至西长街,朱宇恬招饮,樾岑、力臣、海翁继至,谈易院长事甚详。

十一日 晴

非女、六云同日生,余在家为作生日。两儿均病,不能兴。非女匿房中,六云亦不相见。帉女又口痛。来者袁守愚、师仲珊、左致和。为左生改文一篇。钞《记》一页。作诗《继杜若兰孙作》云:“杏嫁桃蓁又十年,重登绮阁奏湘弦。芙蓉渐老秋仍艳,桂树新香月欲圆。为惜别离增宴乐,偶看城郭忆林泉。旧栽垂柳禁烟露,犹傍栏干待舞筵。”

十二日　晴

力臣来,言周同年譓枝字近凡有从弟为长沙所拘治,属为解之。出访松生,遇湘乡四品一人,云姓王,盖王开琳之族类也。过樾岑、仲云,遇镜生、笠云久谈,诣春陔、竹伍,还已暮,甚馁。夏臬使送牢丸至,食三枚。钞《记》一页。

十三日　晴

钞《记》二页。看《方略》竟日。际云、释了尘来。为丰儿改课文,及左生课文。锡九来,夜过研、理。

十四日　晴

料理节帐。理安来。庄心肃来,其兄心安还九十金,甚济所需。余得银未尝喜,此收帐,出望外,为之拊忭。际云送银廿两,则义不可受,又不可喜也。钞《记》一页。

十五日　晴

诸生五六人来贺节。余子振来。钞《记》一页。夜待月上,祠二,祀三庙。受贺毕。诣浩然〔园〕看月,会者廿四人,皆少年,以余齿为最长。弹琴吹箫,杯盘交错,至夜分归。妹弟等打牌,余入局,连负,后连胜,尽复故所输,赢钱二枚乃罢。

十六日　晴

日燥风凉,体殊不适。理家政。作书唁研樵,并致文卿。钞《记》一页。竹老、陈舫仙、陆尔瞻来,俱久谈。殷默存来。锡九来,言罗姓事。性翁来。

十七日　晴

帉女始读《檀弓》。与书力臣,言周生行止不端。佐卿、涂郎来。

姚立云招饮，已正催客，欲出答拜庄、刘，恐暮，仅一诣性老。至姚宅，客至者吴云谷、李黼堂，言禁烟事。盛一朝改名后至，与吴皆烟客也。不亿不信，诚难先觉。夜过皞臣，赴涂郎招，复饮浩园。

十八日 晴

昨遣莲弟迎梦缇。早饭唯龙八一人，当买肉菜设荐祖妣，起问之，尚未回，待至巳，乃荐。弟妇及新妇入厨，以六云自言非彼不办也。午出访畇谷、芳畹、海丈、默存、孙氏兄弟，俱相遇。其未晤者不书。奔驰竟日，亟还。欲饭，子和来，久坐不去，至暮乃去。料理回合礼物，饬具待媒。家人竟日忙，丰儿之力为多。夜再集浩园，萧希鲁为主人，会者九人。打诗牌，分一盘，无相凑合者，久之忽成一首，甚为得意。"治邑多纷久去官，早驱百虑引轻欢。慎微勉克承家宝，传敕终思俯陛丹。翔步郁冈通竹岫，散巾画雨滴荷盘。羊玄竞秀嵇神旷，西向秦都问鞠兰。"三更散。归，家人尽睡，无觉者。登楼钞《记》一页乃眠。

十九日

晨未起，际云来，言讼事，促之乃去。饭后铺设待媒。樾岑来，言立法无良法，无往而不为病，甚叹筠仙之迂。客去稍倦，登楼钞《记》半页。黄氏请媒，黼堂、力臣二君来，留坐待，写庚书告庙，回合毕，茗饮乃去，已及申矣。黄氏招饮会亲，入见子寿生母，及其妻王氏、弟子襄。陪媒设饮，怡生陪客，至戌散。

廿日

晨闻莲弟语，知梦缇已还，至朝食后始至家。芳畹来，迎看墓地，往至红山，无可营兆者。便过鹤帆同年谈。入城访竹伍，尚未去。答谢力、黼，力臣处入谈。为海翁写扇。钞《记》半页。

廿一日 晴

朝食。问丰儿以"谢医以钱为非者"，其议发自何人。对曰非女。闻之大怒。盖老庄流于申、韩,儿女异议,渐不可长,切责之。竹伍父子、姚裔云、龙晖堂来。夜与梦缇辨送瓜事。妇人之情,甚不可解,无端喜怒,了不近人。

廿二日　晴

觉燥热。过孙海槎,问佃屋事。便访勉吾。出城送黼堂,云已去矣。勉吾处遇唐蓬洲,甚颂丁公之治。钞《记》二页。

廿三日　阴

子寿来。陈雪翁、孙雨樵、汤啸庵来,久坐,遂尽一日。傍晚鲍世兄来,忘其字。云以通判当入都,寓其妻家。言其乡人少多怪,有蝴蝶生手足。钞《记》二页。

廿四日

检书下乡,谢客不见。周春帆世丈闯入,遍问家人,令妻子出见,并见偕子,匆匆去。钞《月令》成,自此始合功儿所钞得四本,至《玉藻》矣。运仪偕袁岱垣来。

廿五日　晴

觅船下乡,检书箱木器先去。汤啸庵荐一佣工来,即留同往。午后出访何芝亭居停,根云尚书之子,杨宾石师之世兄也。蓝顶白面,颇似浙人,其兄弟八人,尚足自给。答访鲍世兄不遇。钞《记》二页。

廿六日　晴

早起欲出,待饭已将午矣。舁访周春丈、杨海翁,均久谈。解带步行,过俊卿,松生、杏生留饭。诣皞臣久谈,还已暮,丰儿先发矣。得文卿书。夜过运仪。钞《记》二页。

廿七日　阴

谢客,微行过樾岑、曹十三,遇翔簿、子明。还,饥甚呼食,理安闻声,不得不出谈。希鲁、笠僧、东生相继来,殊不得自休。钞《记》二页。

廿八日 阴

仍谢客。竹伍来,亦未见。得二邓书。钞《记》二页。丰儿来,告乡宅殊不足容人,若强移佃户,必失人心,其见甚是。

廿九日 晴

熊三还,言乡中无菜土,当废田为之。若林闯入。送陈宅奠仪。作书复二邓。钞《记》二页。

卅日

两女课毕。出诣李禹翁,贺生日。与熊敬生、黄子均、张某同席,吃面一碗。还钞《记》二页。陈松生、罗研丈来。汤啸庵夜来。

九　月

癸丑朔 晴

今日换冬帽而热甚,未知诸人何以施领。雪琴从江南还,遣送方物,并约来谈。午初来,看非女作字。未初客去。钞《记》一页。镜初、曾介石、竹伍来,谈竟日,未作他事。丰儿还,言乡宅不佳。往问孙、陈,言极佳。余无以定之。既移家具,且待其让出再往看之。作书寄程郎。

二日 晴

钞《记》二页。帉女告假一日。松、佐及曾省斋、潘子诠来。

三日 晴

常耕岑来,言丁稚璜信谗而慢客,意甚忿忿。余言今之督抚,与战国之君相似,皆自以为是,则无不是也。得程郎书,言王生伯戎溘逝。子泌书,言谭教官遇鬼,皆怪事也。伯戎读书近十年,未能大通,赍志以殁,谁复知荒山田舍中曾有此一人,然究为余所知所哀,则荒山田舍中人又谁能得此,为之凄恻。诸女出游寿星观,余亦步往看戏,而心殊郁郁。夜风凉,登楼钞《礼记》二页。为帉女讲“拱而尚右”,未得确据。

四日　晴

曾祖忌辰。梦缇云去岁误作生辰。检日记果然。盖余不详察,闻家人言则行礼,家人宜更不察也。以诘梦缇,妇以承祭祀为职,何以独罪我?当更修省,清坐思愆。秋风吹楼,心殊不宁。出诣海丈、皞臣,还,钞《记》二页,意稍静定。设荐素食。夜过香孙。曾介石言禹讼事,遣问陆尔瞻曲直。

五日　晴

湘潭亲友曹、徐、二唐来,谈半日。樾岑来,言巡抚大堂频有人挟刃闯入,昨初一日复有一男子怀刀入,此何祥也?余云妄人阑入禁省,贱将陵贵之兆。此盖湖南妖异,非王抚能当之。因言凡获此等人,但当纵之不问。樾岑因言方观承奏保定狂人犯驾事,为人所称,意亦如此。又言北院严饬临湘一案,王抚殊难自处。盖临湘令汤某加赋蚀公,本不宜究言者何人,但当究事有无耳。李督此举甚得政体,名下固自无虚。诣敬生、怀钦均不遇。钞《记》二页。曾介石所问事尚无消息。

六日　晴

帉女十岁,散学,为延五老,并主人共四百馀岁以张之。曹、李二公不至,性农、春帆、研生三丈来。春翁登楼甚健,言则谆谆然。设食皆软品,甚饱,戌散。陈女来,家人无照料之者,未食而去。作《请祀名宦公呈》稿。曹翁欲祀张锡谦,而益以夏惕庭,恐无一呈举两人者。

七日 晴

高筠庭招陪孙小峰，不见十七年矣，俱不相识。坐客尚有聂、杨。食蟹羹，腹颇不适。酒罢，复议玉振事。曹翁、皞臣来。皞臣欲谈，见余匆匆乃去。过仲云、樾岑。仲云言《实录》龙袱二百馀被窃。非女云恐是奸人以作旗。亦为机警，所宜虑也。夜儿女弟妹为梦缇馔生日，聚会颇盛，酒毕斗牌。钞《记》二页。了尘僧送蓺十种。

八日 晴

午阴，夜大风。儿女馔具无章。余携小儿女及陈甥看戏竟日。庄心肃来。言介石语不甚确。梦缇避余如新妇，一日未交语，廿四年所无也。钞《记》二页。

九日 风阴

佐卿约作重九，演剧曾第，会者十八人。珰、帉、滋三女侍往，女眷会者亦十馀人，均读课毕乃往。钞《记》二页。夏臬使亦前约饮宜园，午正先至曾宅，申正至粮署。性老、汪生、子筠、小园、沈润生俱先在。顷之海琴至，携有王蓬心画《浯溪图》。又李伯时、赵松雪画，皆伪笔也。戌散，仍至曾宅观剧，傩鼓甚盛。亥初与佐卿及余弁步还。月色甚幽，夜行烛灭，见墙上月痕，殊有所感，少年盛游，不易复矣。

十日 晴

朱生、汤啸庵、任编修、曾介石、理安、守愚俱久坐。留理、守午饭。二女未点书。命觅舟将往萧洲，一避俗嚣。且家中一月烧煤几三十石，甚可慨也。[1]

① 十一日至十月六日日记阙。

十　月

七日　　晴

客来竟日不绝,姓字记于号簿。惕吾兄□□,家人俱未起,甚以为愧。钞《记》半页。非女移房。

八日　　晴

早起待饭未至,钞《记》一页。朝食毕,日西矣。出答贺客数家。访仲云问疾,看蓺,甚热乃还。六云移房。

九日　　晴

惕兄去,卯起同舁出,答访贺客廿馀家。赴息柯招,为闰九之会,至则坐客已毕集相待。贺麓翁、罗研丈、黄海老、朱香孙、吴昀谷、张星伯、杨性翁及余与主人而九,申散。过胡稚泉久谈,还已暮。闻柏丞久游不归,颇有凶问。得张东丈、彭雪琴书。

十日　　阴

移寝室于左房,躬视部署。彭亲家约送木器,工力四人尽往运担。家人均有力役,半日始定。外庭复有木匠、缝人、弹工,喧于十步之内。杨钰舅、张庾兄又来觅荐,纷纭久之。登楼钞《记》一页。晚过研丈、香孙。夜雨。

十一日　　雨

钞《记》二叶。作宴集诗,甚舒卷有格韵。又解"杜举"为宰夫扬觯之礼,亦有依据。午间闻今日为三弟妻廿岁生日,家人殊不言及。因问三弟,则云是今日,顷又言非今日。归余家已五年,尚不知其生辰,可闵念也。聊命煮茗庆之。夜读阮诗九首。答杨性农《见讯山居》诗。

十二日 阴

钞《记》二页，毕一本。海老送诗来，颓唐颇甚，而以峻洁许余，正谓余诗气尚完整耳。午食炒面甚佳。始广东无炒面，伊墨卿守惠州日始为之，故曰"伊面"。今年司、道迎巡抚索点心，云有伊面，崇藩台不知其何物也。崇固贵族，此乃有儒者气象。以炒面为伊面，市井语耳，不宜出之士大夫之口，然伊面实不如吾家炒面也。

十三日 阴雨

呼工易檐，使后房通光。《檀弓》孟敬子云"不能居公室"，谓居丧不归私家也。郑注云"臣礼"，殊未明晰。又敬姜未以子就公室，盖恶季氏之奢汰，而不令往也。此自述其能教子。注以为到公室观其行，亦无此法。夜读阮诗九首，《礼记》一本。以明日覆试两儿，当黎明去，恐失晓，竟夜未酣眠。五夜风寒，披裘起，呼家人办饭，乃还眠。

十四日 晓雨甚大，且风寒

工人俱未备雨具，久不返，便令六云具食，食毕家人尽起，乃解衣寝。李雨翁约说喜事。郭玉以约午已过，呼余起，冒雨出门，便答贺客数家，晤雨翁、龙济生、吴畇谷，龙宅遇周吉士，年未长成。忆周丈庆元尝决余十八必入词馆，余十八犹一无所知也。周丈好谈八字，于余有阿好，然差不负其望，词馆则非所冀耳。周吉士尚孩气，虽入词林，恐未能读书。瞿子久长二岁，老成于周多矣。还家钞《记》一页。两儿至二更乃归。文题："尽信书"、"其取友必端矣"。

十五日 阴

作书复雪琴。萧希鲁来。晚步过海老饮，樾、畇先在，息、香后至，亥散，舁还。海老言弈纪于道光间抉卟，宣宗问国祚，判云"春秋"。明日有某公问卟言"春秋"何意？卟言不知。至今未知何祥也,客亦无解之者。作书与张松坪荐杨舅。

十六日　　晴

晨霜颇寒。诣香孙处,性翁治具招客,海、息、樾、畇至,香孙犹未起。息柯作长篇纪宴。海老云太大,不称题。余亦云然。又余言海老诗结未住,似不以为然。息、樾先去,海老久坐,余等不敢先散,至未正乃罢,历三时矣。还家,江雨田来,久谈。舁出答谢黄孝廉舒昺,初涉性理之说,援宋入汉,言语俯仰。又云李敬轩弟亦举方正也。馀客皆不遇。晚还,将及门,遇镜初会余于途,下,要同还,晚饭客去。复雨。

十七日　　阴

竟日料理娶妇事。曹介藩、龙济生来。

十八日　　雨

始裘。午赴龙宅饮,陪萧希鲁,坐客又有杨、孙、周三庶吉,怀钦。

十九日　　雨

出访杂客数人。

廿日　　晴阴

余佐卿、袁守愚来。同佐卿出过怀钦不遇。至镜初处,食腊豆干。同过曾介石、彭朵翁,镜初别去,余与佐卿复同至陈仲英、熊署正处,二鼓乃归。熊处打诗牌,赋得“残菊”,各得五律一首。余竟日未食,佐卿甚虑其饿,熊买汤饼二碗款客。归,至三鼓乃饭。

廿一日

寅刻闻叩门,李仲穆至,为余发帖请媒纳征。彭氏期卯刻,禹翁恐失期,促令早来也。主人犹未起,甚以为愧,然烛写庚帖。至辰正,瞿海渔来,巳初,诸人始集,凡十八筐,二抬合。午初还,微雨,恐客使沾濡,促令早还。午后遣要仲穆,不至矣,甚歉愧也。酉初设席,海渔为客,怀钦、敬生作陪。杨性翁中至,留饭,不坐而去。

廿二日 雨寒

六云有违言,谕之不止,威之愈怒,家人咸集劝,犹不可柔。此女性直强,余驭之殊不得法,盖苛细之过当纵之。夏三嫂子妇陈氏来,其夫无行,己不肯嫁,众哀其穷,故余收留之。锡九来。是日新妇安床,扫舍宇。

廿三日 雨寒

登楼改文一篇,旷工殆半月矣。

廿四日 雨

命家人治具发帖,湘潭人回,亲族无至者。

廿五日 大雨竟日

彭氏送妆,至申始来。余取妇,妇家用夏布白帐。后凡嫁娶,无白帐。此回以彭氏故家,有馀风,必用夏布,家人皆以为必从时用洋布,至以绸帐廿四床为赌。及见新妇白夏布帐,不觉拊掌。四母又言乾、嘉时嫁奁必有碗、桶,今亦有也。夜喜轿先陈于堂,厨人治具至五更,余先睡。

廿六日 阴

晨起与两儿论庙见礼,新妇初来宜如何入庙。余以为于时祭后,必有一特祭。必于时祭者,不敢轻辟庙门。必知特祭者,以教成推之。今时俗不用庙见礼,而以入堂拜祖为庙见,似亦可通,而究未敢言礼也。久待女媒不至,顷之来告病,仓卒以左致和摄之。午初命丰儿去,午正新妇轿至,贺客来者廿许人,坐处狭小无以容,或相拥挤。熊鹤村年七十七,犹登楼赋诗饮酒,戌刻设宴,内外七筵,主客四十人。子初寝。

廿七日　晴

送亲姊、嫂告去。朵翁来,言其弟十女婿佣书者,家贫甚。家人又言此萧姊甚明慧。余于赠送新亲果币外,别致四种,及银钱四枚,以示礼贤亲士之意。

廿八日　晴

彭氏两兄来,请樾岑、师竹生为陪,巳集申散。丰儿及新妇诣彭氏。

廿九日　阴

出谢客。晚诣吴畇谷饮,海、息、性老、樾岑、香孙俱会。看息柯近作。

卅日　阴雨

贺客补来者数辈。补请前送礼者设一筵,有汪姓俗客甚可恼。

十一月

壬子朔

诸学发落,两儿晨往,值雨,命之乘轿,余自步往学署视之。至巳未点名,往府学则门未启,乃还。庀〔庀〕具待三子谒先师还,告荐曾祖庙,以一献礼。酉初礼成,始食。

二日　阴

早视天欲雨,又风寒,本约海老饮,恐老人犯寒,因改期待晴,及朝食,天不雨,已辞客矣。佐卿夜来,谈袁生事。

三日　阴

出补谢客,过香孙,遇海老,乃能出饮,樾岑、仲英皆会,留谈久之。还家,刘生相请,已自来速客矣。佶、韵待改文甚急,登楼为点定。乃往刘生寓，正然烛矣。陪客一人，今年所受业者，言其县廪生彭某已褫革，怜其将出贡而陷于罪云云。夜始复讲《礼记·祭义篇》。得春甫书，即复一缄。

四日 阴

检咸丰时废案有军事者，零落十不存一，摘钞数十条。介石招饮，云两子入学及昏，皆未受礼物。故请两子，因及诸人也。坐客熊光禄为首，向、高、朱廪稍稀会，馀皆日相见者。镜初甫入坐即去。谈及遐龄庵事，云樾岑垂涕故哀之，而香孙教之上告督抚也。夜过皞臣谈。还，改功儿赋，又为仲英作寿序一篇，未成罢去。得张东丈书。东丈不轻与人书，今连得二函，未作复。

五日 阴

晨作陈序。熊署正来，勉出见之。仍入，作序成，读之颇条达。萧希鲁来，请改经文。

六日 阴

作"嫁女之家，三夜不息烛"四句文，以三夜为前三夜。王理安说以为后三夜。余文有云"女有外成之道，故教之以思离"，义似长也。胡子正以"不举"为娶者之父。说与余同。两儿展墓，便拜客。外舅来，匆匆去，往已束装矣。

七日 阴

先太孺人忌日。黄子明来。夜讲"居鬼从地"，地之所以成者，皆死物，则皆鬼也。

八日 阴

帉女读《檀弓》毕。作书复张东丈。出答拜数客。夜讲《礼记》。

九日 阴

蓬海送诗文刻本，请余为序。家人治具，约黄海丈、杨息翁、邹咨山、陈仲英、朱暝庵便酌，申集戌散。

十日　雨

得戴立本书。先祖妣侄曾孙也。连书桥来，钱塘诸生也。

十一日　阴

佐卿来。辰过陈母宅，贺其生母生日。还，陈伯屏来，言翰林有艾生，颇博览。汉阳樊生，亦有文名。袁生请作母寿文："天下达观之论众矣。禄位田业，先人之遗，子孙所宜世守也，而圣人以患失为鄙。《礼》有之曰：'四方者，男子之所有事。'故守田园者为乡人，况夫赀财玩好之物乎？赀财玩好之不藏，禄位田业之不系心，于是有藏书之家。藏书始于孔氏，其后遂因有集录之学。然世代绵远，人事迁变，虽天府秘籍，不能不俟后人鉴之。乃为过眼之录、曾藏之印，以归于达观，彼知其无可如何而作达者也。藏书之意，以传子孙，与田禄同。顾古者封建，百世不去其乡，后世以游宦显名。若徒居田里，守典籍，终必不能自达，而亦非先人所期望。是故谨守者非男子之事也。《易传》有之：'地道无成，而代有终。'《礼》之言取妇者，亦曰：'从而事焉，从而共焉。'故曰：妇者，家之所由盛衰也。男事于外，女守于内，子宦学于四方，而母主其家。微独使田禄隆昌，其所以绵《诗》、《书》之泽者，实远且大。吾于同县袁太夫人知之。太夫人姓杨氏，武陵尚书谥文敏之曾孙也。家世清贵。年廿，归松江府君漱六袁先生。袁于湘潭为强门而苦贫，以授徒供养。君姑老病，于妇是依。奉汤药，备甘旨，必尝而进。井臼、纺绩、纴补之事，无不敬也。及夫君官编修，从宦者十年。朝官中先后称有内助者，何文安夫人以明惠，曾文正夫人以勤俭，陈池州夫人以孝敬，而皆推重袁君妻，曾、陈皆请昏焉。军行南还四年，而夫君外补江苏知府。于时风尘澒洞，寇盗充斥。凡从夫官所者，皆还家避兵，而夫人独戒装至宜春。途塞,还,改道汉、淮赴松江。松江君已患劳疾,得夫人侍护,稍稍支柱。逾两年,乃卒。寇乱愈亟,江、浙瓦解,达官朝使,莫敢驿行。而松江君官中外,所得书无虑万卷,资力半耗于驮运。至是,议者皆以累重不可致,欲缓俟道通。夫人独先部署,以馀资悉用运载遗书先还,而身率孤子女扶柩后发。曾文正时督两江,遣书迎候,谋资斧,夫人已自南昌还里矣。是时行者,单车轻骑犹惴惴,袁氏归装重橐,行数千里,观者皆叹息,以为非独贤明知轻重,乃其才不可及也。袁氏既以藏书名湖南,及闻嫠孤致书还,或羡且妒,百方谋出其书,不翅觊财产。夫人毅然以守弆自任,来譬说画计者,漠然若无闻见。迄今廿年,藏书全然尚完。然后人知松江君悴精力于求访者,恃夫人之能守也。守遗书以待子孙,与保禄位、田业者,其艰苦坚定无异,而清浊且殊绝矣。袁与石给谏家为重姻,今所居距石氏里甚近。余尝过石故居,慨然有乔木蔓草之悲。及过袁氏门,垣墙缮完,闬宇闳峻,不类故官宅,又益以知夫人之有功德于袁氏也。夫人长子曰秉桢,任侠开济,足迹半天下,以军功官三品,晋封母为太夫人。以今岁冬仲为太夫人六十称寿,因述母德,言松江君兄弟居贫,尝析爨,及有官禄,夫人请于娣姒妇,各告其夫,推财而同居,及其他懿行甚详。余以为其远量贞德征于其守藏书者为最著。故专取古人之祝永受者,以为耄期之庆。”松生有客,设素食,招余往饮。

十二日 阴雨

辰出,答访五客皆不遇。过樾岑处,则已上院矣。昨日王巡抚内召,新臬抵任,五日移署藩,盐道旗人,故署臬。今晨遇首府县相率奔走,忙迫可笑,不知他人迁除,府县群奔何为也。以为伺候,即各有其职,亦无三人同往之理。近世以此等为事理当然,令人失笑。还作书与蓬海。得春甫寄书。理两女经课。晚过佐卿处。向子振设食,陈仲英、高云亭、曾介石、刘伯固、凌善人均会。过皞臣,论晋捐。陈蕴原来。

十三日　阴,寒风

午饮香孙处,海琴、性农、研老、济生先在,仲英后至,夜散。雪意满街,得句云"狭巷光长雪意来"。

十四日　阴

出答访四客,海老、雨田处久谈,性农、仲英均去。

十五日　阴雨

过樾岑、春陔处略谈。答访曾澄侯不遇。两儿上湘。

十六日　雨。大冰,寒甚

昨夜大风,两儿犯寒去,甚无谓,然其意方盛,亦少年有为之象,故不止之。今日屋树俱冻,风吹物辄作冰声。佐卿招饮,以为必有佳设。梦缇出谢客未还。为两女理书。料理俗事,荐馆托情之类。欲登楼作字,甚寒且风,燎薪以暖。申过佐卿,则其兄芳臣及陈蕴原、释笠云先在。夜饭甚陈腐,虽意在聚谈,亦殊无部署,此近日达官派也,非办事之材明矣。佐卿欲学阔派,而无阔境,故如此,正似乡间暴发人,未敢面劝之,亦不忍腹非之,故记于此,以俟传播。

十七日　晴

仅十九日未见日,如沉九幽者然,披云为快。然冰凌未解,登楼仍寒。房中课读毕,赴刘馨翁招,陪裴樾岑、陈少卿、□业、李仲云、芳宇、廷桂饮,设燕菜烧猪,而馔实不丰,戌散。

十八日　己巳,冬至。晴寒未减

两女倍书,均在房中,然薪以御冰气,犹凛凛也。午过松生,遇黄少溪,云人出三百,为松生设饯,已十二人矣。佐卿亦大会诸客,凡十八人,至者曾澄侯、高云亭、向子振、陈伯屏、陈蕴原、李叔和、曾省斋、熊鹤村、余柳潭。余至陈宅吃野鸡片，还至余宅，犹未设席，上镫乃坐，送钩赌酒，饮罢看弈，二鼓后乃还。

十九日 晨雪，旋止

余云调霜雨也。梦缇云从未闻有调霜雪。余云以地气寒雨为稷雪耳。已而果晴。佐卿及其兄芳臣来，同过伯屏、蕴原。蕴原不遇，遇成晋斋，要与同诣曾宅。佐卿必欲诣李叔和，同往不晤。至洪井，澄侯父子留饭，设牛肉、白酒，晋斋先去，饭罢，访镜初，松生继至，遇黄子寿久谈，复过对门看余千总新房，云塔智亭旧寓也。还已暮，行颇彳亍。

廿日 阴晴

两女至午不上书，各笪之十数，已日旰矣。午设斋，要朵园饮。朵园犹用新亲过门之礼，以罗研翁作陪，松、镜、佐旁坐，食汤丸，甘软殊胜，馀菜亦洁，至戌正乃散。黄宅请梦缇交亲，先夜当去，已携恒儿以往，余守其房，厚被奇寒，终夜未温。

廿一日 阴

当出送曾行，贺余、黄昏，以无舁不果。俟至日晏，步行至息机园，滋女从行。至黄宅，上客有陈雨舲、高主事、陈雨樵，又有杂客数人。房堂狭小，不能容回旋，看新妇亦未审，易衣步出。赴海琴招，海老、樾、昀、香孙为消寒第一集。坐客有潘蕉坡，俗吏也，香孙闻声而恶之。又有张星伯，放言轻薄，亦乖雅致。

廿二日 雪

晨起登楼，琼窗玉宇，饶为明丽。欲出寻皞臣，踌躇于舁屐，俄而君诒、理安来，久谈。中间高主事来，以左督诧余，然正自有趣，倾听久之。客去已暮，入室与梦缇闲谈，意甚怡悦，未知其何所乐也。凡人喜怒有因，而哀乐无端，有感有兆，不关情性。

廿三日　霁

未起,高维岳来,云有二大事,须面见。出则求书与席研香,要入伙。又为袁守愚作媒。饭后作书与研香、瞿子久。出访香孙,遇左锡九,谈多凡近,意极相助。过皞臣问疾,已不能食食矣。风证转利,至危之兆,殆不复腊耶?然观其神明,尚可一二春。因泛论陶宅求师,极言馆师主讲之非师道。纵言及诗,快谈而还。夜理家用帐记。畇女齿痛。余踵冻肿,得一方,以稻秆烧灰入水洗之,甚效。《王制》言"雕题交趾","交"当为"校",盖着校于趾以为饰。或曰今徭人烙足使皮厚,盖别有使趾相交者。"不粒食",谓面食也。"粒"者,黍、稷、稻、粱。"衣羽毛"者,纺毛为衣,便于出入穴。"衣皮"者,不用缯帛。

廿四日　阴

松生留别设食,期辰刻集其宅,余以为在舟也,久未往,饭后遣人来,云镜初已至。往则客已毕集,共十五人。待馔久不得,比设已夕时矣。佐卿要过其家,章伯和从谈时事,问身世所宜。佐卿自以为天下奇才,人皆未之许,余亦未信也。然余亦以天下才自命,则佐卿不为妄,他日当细问之。得晴生书。

廿五日　阴

早起,饭已熟,因余饬莲弟宜早,畇女亦早起,故较常日为早,家人仍晏起也。饭后出门,送刘伯固、松生护曾眷往安庆之行。午初舟发,余与佐卿、介石、释笠云登岸,见波平山暗,乘兴渡湘,访三闾祠、吹香亭,登赫曦台,见麓山碑委民舍草土中,外环土墙,甚无规制。拾级二百馀,至万寿寺,访六朝松,仅存根穴,殊无蟠结之固。读《白鹤泉记》,泉已屋覆,恐亦将败。复循山磴登三百级,至云麓宫会仙寮饮茶,食豆、瓜子。下至万寿寺,寺僧设斋虎岑堂,为饭一盂,别而出，直下不停步，渡湘过洲，复渡至城岸，入城始夕食耳。介石别去，与佐、笠访曹价藩，复同曹访陈蕴原，一更后归，暗行甚昧。昨得弥之书，复之。又复怀庭书。

廿六日 阴雨

晨未起，两儿自湘潭还，来起居，因出问家事。午出，答访朱肯甫学使，名逌然，余姚人。曹价藩云战国有赵烈侯逌然，未忆他名有同否。学使非地方官，而有院体，难于书刺，因以通家晚生帖往相见，意气甚洽。今年复得一友，与陈仲英可谓二奇矣。梦缇问其状，余云湖南无其比，略似彭雪琴，而有诗书之气，无其假托客气，同胜流也。看城南菜圃，索价三百千。答访杨芷洲不遇。遇大风吹轿顶去，入城急还。新妇满月，设饼食杂饵。未饱而闷，遂不夕食。锡九来。

廿七日 晨

得李勉林书，以为江南来也，发函乃已归浏阳，言廪保枪替事，为托文心向首府言之，并予书陈丹皆。定非女温书工课，以其诗书气少也。自今日始诵《小雅》一什。看两女写字，晚计一年食用，须米五十石，肉千斤，菜万斤，油四百斤，盐二百斤，煤炭三百石，茶叶百斤。菜独多于群食，乃知古者重蔬圃之义。

廿八日 雨冰，研墨俱凌

郭虎宣狷父来。六云暴疾。家人治具为余馔生日。午后寒益甚，待两女倍书，非女诵《嘉鱼》什，已不能上口矣。夜雪，食果面。

廿九日 雪

晨起，家人皆已妆竟，贺生日，设食三席，莲、钟弟未至，犹有廿二人。佐卿来，欲留与消寒，以未白瓮叟，嫌自专，故未言。文心辞不至，别约孙君诒、樾岑、息柯、瓮叟、香孙、畇谷相继来，是为消寒第二集。息柯本创此会,而匆匆欲去,言母病,顷刻不可离也。已又久坐,其无操持如此,不足与同事。其所赏友兰厨人,亦不胜人。是日樾岑来,报尹杏农之丧。余因言杏农蛇足甚长,几廿年方了。樾岑言其所得富贵几何。余云报之已丰矣,必欲享福,则官文、李瀚章其选也。樾岑云彼心中冷热自战,亦不得宁。余曰古人所以贵闻道也。坐中香孙又言庸人有疑难事,己能解之。余曰人能求人解难,非庸人矣。因及黄海翁办邵、澧巨案,皆大化小,小化无,能者所以可贵在此。若能者与庸人谋,而必以公正大义强庸人以失富贵,又安贵此能人哉!畇谷言童公遣属椽问薪水,已只得以卅馀金让之,如此何以使人不争。余以为宜迟日遣贷卅金,以破其术,此亦妙策也。而诸公以为戏言,盖古人逸趣,今久不识耳。亥散。

十二月

辛巳朔　雪止冰合

踏雪寻皞臣,尚未起,坐待其早饭毕,诣谢佐卿,留久坐,恐冻解不得归,辞出。访彭子茂未遇,遇芳畹、静斋。答访郭郎未遇,还,向申矣。借洋报翻阅卌馀纸,不觉已冥,然镫阅,竟及三更。夜讲《哀公问》,注疏未能发明。左生来。

二日　晴

晓,小不适,又怯寒未起,比起竟伤食,胸腹殊不空灵。子寿昨来约,引去年喜雪诗为证,漫用"珂"字韵再作一首。今日司道公饯王抚,故诗意指之云:"冰山犹自倚嵯峨,玉宇高寒去若何。鵶鹊几时随剑佩,斑骓还恐冻关河。冲泥莫羡行人早,把滑长愁冷眼多。端坐输君闲枥马,华堂深处听鸣珂。"今日课题"泛爱众"四句,意在扼重行有馀力，以破半日静坐之谬。冰见日不释，寒气殊重。陈万全、彭子茂来。

三日 阴

冰犹不释。早饭后为两儿讲昨题意。补笺《哀公问》首章。冰萦墨，笔不可书，改用朱笔，亦随点画成冰。房中稍暖，殊嘈杂不可坐。午过香孙为消寒三集，息柯先遣书，言母病不能至。仍以君诒为客，亥散步还。讲《礼记·哀公问》为刺以妾为妻而发。

四日 又雪

得雪琴书。为两儿附学，奖以十元。江雨田欲赁曾宅，来约余暂候，余报以无须面见也。李献卿来，坐甚寒。

五日 阴

冰甚。出访三客皆不遇。过仲云、文心谈。暮还讲《礼记》。

六日 阴

冰愈甚。李勉林复遣书来，赠海物。其从弟兴钊，字保亭，执贽来见，辞谢之，许为作书解释枪替事。曾介石、释海岸来，要至文正祠小坐。还欲作饼食，竟怯寒，重烦人。晚饭未半，子寿来，久谈。夜未讲书，星月增寒。

七日 阴

作书复勉林、雪琴。比日两女课粗了。夜讲《仲尼燕居》。

八日 晴

雪始半销。帉女以腊八请放学一日，因命作诗，成二半句，亦尚有意。书扇一柄。晚舁出赴瓮叟招，作消寒第四集。樾岑又先在，香、畇、君诒继至，息柯以母病不能赴，亥散。行冰上，舁夫甚困。

九日 晴阴

雪不甚销。息柯来告丧。步往则司道均先在，因过邓四弟，遇熊叔雅孝廉,镜蓉之弟也。遣视,杨客甫散,武弁、善化令又至,因念息柯道广,文武贤愚,无不与欢,可谓能荣其亲者。入唁之,香孙继至,客来不绝,遂出。着钉鞋行冰,几滑倒泥中,还登楼。袁守愚来,与同出访理安不遇。过研丈,则束载将还矣。赵秀才闯入,借钱三千,不得已应之。李献卿夜来。常森生来报生子。

十日　阴

子筠来,同出看王抚出城,行装备卤簿,典制所无也。张沅生来。乘家人尽出,独睡一时许乃起,已亥正矣。讲《仲尼燕居》毕。

十一日　阴

冰冻不解,南中奇寒也。出过陈妹,贺生日还。介石及邓副贡来,言雨苍寄居当散差,甚不得意。熊鹤翁招饮,坐客陈伯屏、佐卿、池生,设食亦洁清。看棋一局,未夜还,微月。

续畹女《腊八粥诗》云:“残雪阶前尚未消,东风先暖卖饧箫。粥香酒冽催年事,未觉京华旧梦遥。”“蔬角清谈佛地严,木鱼呼粥雪如盐。西堂镫碧斋厨冷,崖蜜如今似旧甜。”

十二日　小雪

夏粮储送《贾子书》。丁郎峋义来,取《格术补》六十册去。子和、理安来。畹女读《王制》毕。珰女始毕《檀弓》。瞿子久送炭金。

十三日　晴

冰半开。觅巺夫,久始至。出答访昀谷,贺霖生生子。诣朵翁,闻熊师之丧。答访湘乡邓副贡,已往甘肃矣。过夏粮储,子筠出谈。诣春皆,值其醉卧,甚可骇怖,顷之清醒。答访蒋松甫,申甫府丞之弟也。昀谷属诣长沙府,未晤。过贺瞿郎昏,还已昏暮。

十四日　阴

作书复子泌。欲校《贾子》,未二叶,姚立云来,介石来,俱久坐。

寓书吴石卿,荐澧馆。夜讲《孔子闲居》,论“志气塞乎天地”,以细密乃能塞,孟子欲以刚大塞之,非知志气者也。闻瞿子久署巡抚,未必有其事,其时地亦可矣。若在宣、文时,乃竟可代李之位。又闻湘抚已有人。邵阳案已结,俞令军台效力,仿浙案也。

十五日 阴,寒甚

曾祖忌日,设奠时立门外,几于冻僵。佐卿、介石、唐蓬洲、文心来。夜大雪。

十六日 雪

龙八自武冈还,得弥之书。弥之今年五十,无以饷之。过皞臣问熊师奠分,云送八元。晚间问仲云,送四十金。皆弟子也,余欲送十金则太丰,少于皞臣又太薄,亦送八元。当语皞臣加之。今日消寒第五集,而江雨田约集余宅,因先往樾岑处久谈,瓮叟亦早来,共坐一时许,将暮乃还。遇香孙于门,比至家已上镫,蓬洲、雨田、子莲先在,福世侯、仲云后至,设食,食甚多,犹未饱,亥散。讲《孔子闲居》毕。讲《坊记》“千乘百乘”未了。夜月。

十七日 阴晴

释海岸、殷默存来。出贺伯屏迁居东邻。访廷芳宇,为黄郎家累事。芳宇有意拯之也。不遇。过香孙谈。还,殷郎来。得竹伍书。

十八日 晴

谭敬甫来,报董研樵父子之丧,为之凄惋。佐卿来,要过伯屏看棋。遇姚知县徽典,杨石泉所谓吏才第一者也。其人躁扰,佐卿易视之。余云此必大奸慝,不然不能为能员也。遣儿入乡检书粜谷。众以为丰儿能,余不欲功儿之不能也,乃遣功儿行。

得杨息柯赴书。昨闻香孙挽联甚佳:“享富贵寿考而兼令名,孟舍乍停机,看天下群儒缟素;有金石刻书以新其德,欧碑无浪墨,胜人间八坐荣华。”余亦拟一联云:“就养历沅湘,便竹笥迎船,版舆过岭,总高年富贵欢娱,示疾不淹辰,八十七龄成佛果;登堂尽英彦,看砻石题碑,倾城会葬,更四海名贤哀诔,临丧愿观礼,六旬孤子是婴儿。”联语甚滞,属思无兴,姑已之。朱送百廿金来。得雪琴书,催马女诗。

十九日　阴

晨起答访敬甫,未起。敬甫昨言起甚早,故试之也。龙八回,功儿不欲在乡间买谷,且诉其苦。任雨田来,欲托催干馆于江雨田也。

廿日　晴

约佐卿、伯屏来弈。佐卿先至。遇张东生,欲假十千,相与言物力之困,许为与书刘馨翁谋之。熊鹤村来。李生来告急,与书畇谷问之,报语支吾,误乃公事矣。敬甫暮来,设食,与伯屏同作主人,余有疾不能多食。敬甫访杨玉田,余略知之,而无以应。亥散。

廿一日　晴

雪始欲化,夜初仍冻。锡九来,言杨玉田与马子政昏姻,遣告敬甫。敬甫自云访其家少知之者矣。十日未登楼,试携小说,临晴窗一坐,滋、莪喧呼乃下。瞿郎海涵来,托荐厘局一小差,云其妻兄。不知其妻父何人也。竹师来,言零陵令复有一匿名帖事,与浏阳同,而引浏阳为证。观此疑有造假印者居于城中。帉女倍《书》、《诗》、《春秋》毕,《书》最熟,《春秋》次之。得若愚书,并寄其家用银,言南八城已克四城。此亦当复之信。作书为息柯送贺函、陈画,交李生带去。笔札衣冠,殊不得闲,廿年所无之境也。今年当作者,尚有蓬海序,雪琴、竹师诗,蒋申甫书书后,熊、丁二挽联,研樵挽诗,罗研生画题,甘肃、湘阴书。

廿二日 晴

病甚困。龙郎来见于房。至午强起,诣佐卿,请写字。答访姚立云,过子寿、竹师久谈,至暮还。夜作热。

廿三日 晴

病未愈。佐卿、笠僧来,起,与登楼,吃面片。陈芳畹来责言。余初迎陈母时,已有人言,恩过必仇,今将然乎? 与书直责之。

廿四日 晴

病至申乃起。与书若愚。出过樾岑,谈曾劼刚疏留王抚殊出情理之外,未知劼刚撞骗邪,糊涂邪? 宝佩蘅装憨邪,真蠢邪? 民之情伪尽知之殊不易易。三日未饭,为之强饭半盂。夜吃米汤泡炒米两碗,味似小胜。

廿五日 晴

饭后过皞臣未遇,诣佐卿略谈,张东生闯然来寻,索钱十千。同出步数武,大街甚湿,仍独还。少愒,以不思饭,聊步出寻瓮叟,过芳畹门少坐,芳畹不敢申一词。复诣笛仙,途遇任雨田同行,至,谈三刻许,会暮乃还。今日四父忌日,竟忘之。子弟行奠而已。归见馂,乃悟之也。夜寐不熟。

廿六日 阴雨

昨夜训饬六云,几千百言,至晓觉倦,待辰正乃起。诣息叟处陪吊,廷芳宇、周啸轩、聂、劳三品为同事,待至未乃早饭,毕,迎夏粮储来题主,匆匆行事,客来者亦寥寥,亟思遁去,强坐待酉乃出。子寿遣要过饭,云朱刻《圆明园词》,有露才扬己之意,少忠君爱国之心,不可之甚者也。余以子寿不解诗,随其意而诺之。

饭后辞出已暮,还,为杨蓬海作诗序:“诗贵有情乎? 序《诗》者曰:发乎情而贵有所止,则情不贵。人贵有情乎?论人者曰:多情不如寡欲,则情不贵。不贵而人胡以诗?诗者,文生情。人之为诗,情生文。文情者,治情也。孔子曰:‘礼之以,和为贵。’有子论之曰:和不可行。和不可行而和贵,然则情不贵而情乃贵,知此者足以论诗矣。昏宦功名,人情之所溺也。长沙杨子几四十而后昏,从军西南至黔、滇,东北至九河,得三品阶官,而无方面之权。为诸生,贡优行第一而不试,复举于乡,一试而出礼部之籍。凡人情之所贪,杨子掉磬焉。头童而好儿嬉,酣醉而手大斗,折腰而持手版。凡人情之所澹,杨子踌躇焉。观其人,一有情,一无情。读其诗,一往于情。情之绵邈,愈淡远而愈无际。情之宕逸,如春云触石,时为惊雷。其往而复,如风止雨霁,云无处所;其往而不复,如成连泛舟,而涛浪浪。故其浩轶骀荡,知其能酒;其抑扬抗坠,知其能歌。见杨子者,未见,而或訾之;既见,不知意之移也。见杨子之诗者,未见,而揣之;既见,忘乎已之何好而不能舍也。善文情者,杨子邪?善文杨子之情者,杨子之诗邪?闿运与交几廿年,读其诗,意其人,穆穆温温,如在寤对。既又观其诸杂曲,诙嘲颓唐,想其清狂。初无以品题之,直以己之情知杨子之善治情,而后知诗之贵情也。丁丑除夕。”遣龙八至彭氏妇家,因赙熊世兄。

廿七日　　大雪

晏起未饭,因唤房妪,梦缇不知何事,以为余有所怒也,遽来诃子骂女,余不觉盛怒,为辍食。至暮乃饭,欲出访皞臣,香孙来,相与言雪夜聚谈之乐,亦不易得。

廿八日　　晴

异出过佐卿、皞臣,因登浩然楼,看残雪。作熊师挽联:“同学公卿久寂寥，始知南岳传经，不羡浮云富贵；弟子渊骞散风雪，犹有西华作志，与闻夫子文章。”斗诗牌以终今年文事，夜还。挽丁果臣：“城南结友推老苍，卅年道路风尘，谁知共向湘城老；□□□草倍哀痛，今日行踪□□，无复高吟除夕篇。”

廿九日 阴

今岁负债二百千，不能还。又加以百六十金，不能敷衍。乃为张、罗劫去廿千，不足，加以二金。舍己芸人，未有若此者，亦聊使子弟知有此事耳。张、罗者不足扶持之人，犹倾身以济之，况贤于张、罗者乎？子寿送果子狸，味甚不佳。

卅日 岁除

早起祀善化城隍神。晴色甚佳，欲出不果。佐卿、锡九来。遣人送镫陈母，忘制镫，购之不得。申吃年饭，六云小产不能出。男女分三席，共十九人。戌祀三，祀三庙，受贺，祭诗，饮屠苏。丑初祀门，检点扫除。寅初寝。陈总兵处假百千未得，得五十千。张素存、余子振来告急，略分润之，不能满其意也。

第二册

吴容甫 点校

中华书局编辑部 修订

中国近代人物日记丛书

中华书局

目　录

光绪四年(1878)戊寅

正　月

辛亥朔

卯正起,黄雾微雨,待妻女妆毕,祀三,祀三庙。受贺。出至陈妹家,旋还。霖生、文心、佐卿、彭郎、孙涵若均入谈。午睡至申乃起,饭罢出诣香孙、皞臣、佐卿谈。戌正还,街上灯火冷落,颇有盛衰之感。梦缇齿痛,促余就侧室。

二日　　阴

晏起,将出贺年,畇、莪两女欲看迎春,遣轿送至曾祠。儿女摊钱,余大负。樾岑来。过午遂罢,出。夜复摊钱。佐卿、池生、海槎、释笠云同来。要伯屏及于吉甫围棋,未至,先移摊局,试会戏,余大胜,未终局。陈、于对弈一局,陈负四子。三更散。

三日　　阴

以国忌不出。过佐卿博戏竟日。夜还。

四日　　晴

出贺年数十家,唯笛仙处及黄宅得入。见子寿两母,久谈。佐卿亦来。晚过樾岑饮,香孙作陪,设腊肉、风鸡、四碗菜饼,初更散。至熊署正处,践昨日戏局之约。携水围筹还,呼儿女共掷投,三更始罢。连夜均不安眠。力臣自扬州还。得汪伟斋书。

五日 晴

昨日笛仙约来，以其不轻出诣人，故在家待之。头创大发，作寒热，蒙被卧竟日，犹出见锡九、黄叔琳、沈用舟、笛仙、余子振。夜集家人博戏，余不能起，卧听而已。竟夜未解衣，反觉少安。半夜起，自煮茶啜一盂，复剖一橙，食之而眠。

六日 阴

出拜年。竹师、陈母家，瓮叟、孙公符、息柯处，皆自入谈。还家，彭亲家遣迎女婿，人力已至，云今早起程，行八十里，到犹未晚。步出，赴孙海槎招，鹤、佐、易、陈、于、何、孙兄、余郎皆先在。余诣皞臣略谈，佐遣来催，往则舒叔雋在坐，云已戒洋药，将试令湖北矣。报易昀陔之丧，将晚始去，上灯入席，肴丰而不旨。夜雪，舁还。

七日 阴

丰儿及新妇回门，至巳初方行。余以过五日不宜谢客，来者并请入谈。俄报师竹生来，此不宜请者，嫌其朝令午改，因出陪之。佐卿、力臣继至，鲍世兄亦来长谈。闻力臣与佐卿谈宦情，戏占一绝云："风平浪静洁园空，有客闲谈笑顶红。欲把道台谋一缺，十年前已薄夔翁。"夜过伯屏看弈。

八日 雨

欲出，闻舁夫已担担往彭宅，乃止。携儿女博戏。子寿来，盛称易昀陔之美。闻所未闻，然善于附会，亦不能谓其诬也。其联云："青阳誓守，祁门独留，不伐不矜，临大节而不可夺；重以昏姻，约为兄弟，同心同德，微斯人吾谁与归？"

九日 雨

与儿女博戏。彭郎树鑫字雋五来，云庆来等于前日行六里暗路，到其家不过初更也。昨日行则甚困，未能入城。又云熊师终时无疾,黄晓岱则加病矣。夜寒早眠。

十日　雪

携儿女博戏,未终局,功儿言煤炭已尽。余愍家人之不能理事,默然不乐,为之罢戏。凡居家者,腊正不买煤,为力钱之加增也。此虽小算,而预备节省,具有经画,今并此不知,故可嗟感。少寐,夏芝翁来,约作麓山之游,长谈而去。得怀庭十二月十四书,言浙江冰冻同于湖南,亦以为灾。与余之见同也。即作复书,并复伟斋,又为陈妹作书致梅生,言文台殡事。十日得怀庭书,感寄二首:“春回无暖律,赖有先春书。冰雪连天地,呻吟共草庐。湘筠干欲折,湖柳冻逾疏。莫倚陵霜节,寒松亦自孤。”“正旦占黄雾,连旬感锢阴。飞光劝汝酒,六沴果何心。远莫愁秦晋,寒仍恋枕衾。稍须膏泽动,同播广都琴。”夏粮储来,久谈。姚立云欲入,为所阻,以皆生客也。

十一日　晴

锡九来,论湖南今日无幕府材,又言郭意城犹为明白者。陈妹设食,请卜允哉,卜未至,余独食。力臣催客,舁往,袁、熊二叟,锡九、伯屏先在,君诒后至,戌散。松生送花爆、把杯来。

十二日　阴

与六云论事有感,读《庄子·天下篇》一过,意为豁然。夜过皞臣,劝其不可轻徙大宅,轻弃故宅。皞臣云其母意。梦缇见龙母,云非母意也。夜雪,寝觉微热,雪已深矣。

十三日　晴

出,报谒夏粮储,因过陈佩秋、鲍世兄、韩勉吾、瞿春陔、李仲云、袁子文,均入谈,还尚未晚。十二叔之子七兄世镛来。字和斋。荒货为业,以好铺张,人呼“七仰”。

十四日　阴

龙郎来,言其宅已卖当,可翻覆否。余以不卖为是。鲍世兄、文心、胡启爵、黄亲家来。丰儿自乡还。晨设食招仰七兄、卜世兄、陈甥便饭。与书俊臣,索《玉函丛书》,历城马氏所刻也。

十五日

佐卿、伯屏、文心来,谈一日。暮客去,张灯然烛,作汤圆,祀三,祀三庙。礼毕,掷骰至夜分。竟日雨雪,至是见月。夜梦登一高亭曰"冷虹"。

十六日 雨

始登楼,钞《表记》二叶。睡半日。息柯招往素食,力臣、王海珊去年大红人也。在坐。夜与力臣赴刘总兵招观剧。怡生、肖庵俱在。三鼓还。

十七日 晴

登楼钞《记》二叶。过香孙还,睡半日。息柯再招力臣、香孙同集,戌散。过文心不遇。畇、珰先后登楼读书。

十八日 阴

早饭甫毕,佐卿来久谈。释海岸、笠云、池生继至。约明日戏局。登楼抄《表记》三叶。听两女温书。熊鹤翁来。高主事来。出答访陈万全、高主事皆不遇,瞯亡之意也。过伯屏,云唐宅有摊局,鹤翁踊跃欲往,佐卿不赴也。余还,饱食而去,戏三局未毕,伯屏大负,草草散。余负万钱。

十九日 雨

晨卧听,颇感昔欢。李伯元诗云:"十年前夜秋千院,阑外潇潇是此声。"余听之则非此声也。饭后公符来。黄子湘来。午出赴佐卿约,云局不成。遣招熊老掷骰,行官格。至初更过皞臣谈,少坐乃归。去年曾祠游宴最盛,今年唯存余氏,皞臣亦移去,谈友稀矣。钞《记》一叶。夜讲《坊记》。

二十日　阴,夜雨

登楼,钞《记》二叶。两女温书。张冬生来。袁予文教官来,问余何不赴挑,惜其不得知县。余唯唯而已。午睡一时许,出赴任雨田招,陪子师林子瀞。遇李次青次子拔贡生某,颇欲扳谈,余亦漫应之。李去,客入坐。王子谦、彭子和、彭郎、辛叟同席。雨田陪客,而其父出名,犹有儒礼。夜讲《坊记》。文心来辞行。

二十一日　寒雨

钞《记》二叶。张冬生来。两女温书写字。非女染木作小筹,绿色不能显,盖用绿太好之故。凡油漆,绿最显,质甚粗也。畇谷招饭,樾岑、盛锡吾、君诒、胡启爵皆先至,让余首坐,官礼也。樾岑出筠仙海外书,自悔其庄语,引《庄子》为证。余谓庄子言不可庄语,即孔子不敢危言之意。庄子言更切于听耳。夜还,讲《礼记》。

二十二日　雨

袁守愚来。出访瓮叟,便诣皞臣,至子孙庵,酒肉沙门舲宇设食,请唐氏六人,李仲云父子,陈、任二编修,俞开甫。唐氏令要余往,云有赌局。至则无有,其地非余所宜至,以正月好戏耳,然足损人。暮未散,余先出,赴池生招,已不能食,聊入坐,看二席赌酒,恐有泥醉者,力阻之,幸各罢。散,掷投一局还,云已三更矣。舁人冒雨甚苦,亦不宜也。今日有两过举,兼未钞书,令两儿讲《礼记》,庶乎奏雅于曲终耳。

二十三日　晴

梁仲玉来。文心约其往衡阳看课卷也。饭后出吊杨朋海父丧,便过樾岑、文心,皆遇阎季容。文心处又遇潘恭敏。诣子襄未遇。姚立云来,同过伯屏饭。主客十人,酒罢摊钱。众人闻赌胜负,不赌银钱,半不乐。唯伯屏与余同好。立云、李拔贡亦尚不汲汲于赢输,未终局,散。余与伯屏皆负,然犹未豪也。伯屏颇胆大,余则把细,各有所长,惜其技皆不精,有愧于袁彦道。近人不知赌趣,以赌为必须钱,宜其禁赌。厨中无米,往池生处借钱十千。

二十四日 晴

新年初值佳景,竟日闲寂,颇为恬适。瞿郎海渔来。登楼钞《记》二叶。看谢茂秦《诗话》,诗初未成句。彭子和来,对之欲昏睡,及去,大睡一时许。夜讲《坊记》毕。

二十五日 【阙】

二十六日 【阙】

二十七日 阴晴

晓眠,未欲起,闻许家桥李孝廉来,以曾祖墓在其宅后,勉出见之。云其舅成雨林方欲构讼,请余往议之。许为一诣县。客去甚倦,仍睡外间。传书信者纷至,又起勾当,至午始食。作书复浏阳李生。出诣香孙还。余儿女移乡庄读书。钞《记》一叶。讲《中庸》。为高主事改诗。

二十八日 阴晴

早饭出,报谒常霖生及常生笛渔、阎季容、张子莲。出城展墓,见茔旁有隙地,欲为陈母茔兆,呼菜佣萧姓往询。入浏阳门,甚饥,还,午食已具,饭毕出城,坐小艇附行。舟酉正开行,子正至竹步涧,无风,泊待晓。

二十九日 早阴

缆行二十里至湘潭,入观湘门,寻泗洲巷黎家亭子佶、韵宅,均尚未起,顷之一嫂、及从子妇、从孙、男女均出拜。早饭毕,与佶子步至西禅寺,寻李石贞孝廉兄弟,过先高祖祠,见俊民九兄寄居祠中,甚不相宜。然俊兄已肿病不能起,亦不便促其移出也。至碧珠七弟、云卿三兄处,遇雨舁还。饭毕少睡。李翁煦村来,言许桥墓事。言词虚张,甚不以为然,姑妄听之。遣招成姓,以李在不入。夜至子,宿偕书室。

三十日　阴

出诣县令,云往郭宅作吊,入见其子莘渔。至五父处补行赴丧,族弟外出,见其继母。至西禅寺,答访李建八。还,段甥、沈生、七弟、李翁、黄莘渔相继来。大嫂侄自宁田寺来,同饭。夜李叟又来言讼事。顷与莘渔言及,莘渔怫然有怍色。李云莘渔受贿故也。余初亦愠,继思之,非我事,何烦强与。夜看《圭斋文集》、《庄氏丛书》。寅正大雨,床有漏,呼人起,漏亦止。梦监试,诸生有二人不能完卷。其一饬令不必再作,其一则功儿也。余云女诗赋尚可,可试他题。试其赋,以"三年化石"为韵,属草半就,因为改一联云:"小孤来往之间,□风□□;落日盘旋之地,赤石摇杉。"既而见其稿,则仄韵,有"秦"、"齿"二字。俄然而觉。

二　月

辛巳朔

晏起。李叟又来,久坐不去,将食乃去。大雨兼小雹雷电,待久之,始集舁夫,出瞻岳门。舁中作杂诗六首,凤竹庵前晚雾生,闲吟无限古今情。湖堤处处皆非旧,新种芭蕉雪打声。　仲雅风流酒一卮,吟成刚被雨湖知。当时已讶无名辈,犹道徐凝有恶诗。　白马骊驹咏可哀,平涂堪并禹功开。后人那识泥行苦,芒屩棕鞋得得来。　隐士庐空冷暮晖,再瞻琴画泪沾衣。寻知旦暮无生死,不见人间杜德机。　仙女山边十顷田,每来松竹故依然。辛夷出屋花如雪,闲忆新昏廿五年。　怨长轻绝感交亲,谁识恩深却误身。今夜一灯听雨卧,窗前剪烛更无人。又赠黄子冶令君一首。积雨无时惕,平芜绿自春。一城荒似昔,大邑久忧贫。俗敝耆贤尽,商凋巧利新。宓琴闲独听,兄事愧无人。

行二十六里至蔡宅,外舅已入县矣。家中方噪言与循急病将死,仓皇殊甚,久之病愈,与循出见,略谈,不及正事也。叔止逾窗避余去,蓟女亦竟未出,二侄甚依依。是日大雷电雨。

二日 雨

留一日。棣生自赣洲回。外姑促令为桐生改赋二篇。翻范《汉书》一过。出赋题八。

三日 晴

饭后约与棣生吊李舅之丧。棣云将谒祖墓。余亦同往,赋一诗云:"千粒寒松覆墓青,老成遗范想平生。至今百戏朝正节,莫讳当时任侠名。"

已过李宅,阒无一人,棣生亦竟不入,可怪也。遂行至城外,过外舅寓,亦无一人,觅钥开门,入卧半时许,外舅还。待饭熟已暮。至湘岸,大水平岸,船多开行,又昏黑不便事,仍还。李建八待余决讼,止之不可,乃诳之云已说矣。闻黄令君来答拜,又请饭,亦不能去也。

四日 始定晴

晨起,待饭至巳初,乘小艇至中流,附湘乡倒爬以行。三时许至省城外,从大西门登岸,朝宗门入。非女姊妹七人、三弟夫妇已于初二日下乡矣。家中去十三人,犹不觉寂寞,可谓浩穰也。夜寝未熟,至晓始酣睡。

五日 晴

辰起,独携莪女饭。饭后登楼,欲作张、夏事略,检未得。欲钞《礼记》,丰儿亦带去。闲看钱大昕《杂录》。袁守愚来,前托竹师荐从涂抚书记,涂来拜而未约同行。询之不知何意也。午睡至申方食。佐卿、理安来,同饭,至暮去。同行看省城隍祠,徙作三殿,殊费财力。以新雨,街后湿,恐夜难行,至香孙门未入而散。至家,竹师遣要,寻其旧寓,门闭不启,内有湘乡人云已移白鹤井。复至香孙宅傍访得之。杂谈而还,雨又作。

六日　雨

阅《养新录》。仲云来。得子寿书,寄银恤其嫠嫂。弥之、保之遣使来。陈生亦以书至。乡中人还,促余入学,云滋女思归也。明日当去,遂弃城中诸酬酢不顾矣。夜作书复二邓,程、陈两生,瞿子玖。至子寝。

七日　朝雨辰晴

命舁夫饭后舁行,出小吴门,凡十里一愒,三愒至东山,余仿佛以为槩梨市也。未问途,舁人初未经涉,乃傍水行,久之觉路差异,已至屋前而路皆不熟,入青龙祠,问居人,老妇指柏树转弯,傍涧行半里入山庄。诸女皆上学,滋女思归,少劝之即止。命埽上房,铺床设坐,以诸女均暂居书房,俟张宅移去,乃定居也。亥寝。初至时钞《记》二叶。夜丰儿讲《中庸》"于父母其顺",未达《记》意。

八日　晴

钞《记》二叶,《缁衣》毕。以辰起待饭久,饱食,少倦,暂卧二刻许。撰《军志》一叶。携滋女浏岸眺望,以坐斋中湿气颇寒也。遗礼书还【下缺】仍撰《军志》半页【下缺】曾侍郎事王定安所记洽与【下缺】《年谱》又为镜初扣去,姑辍之。【下缺】《中庸》。是日出游,见白梅始开,桃李已蕊,柳荑与花并发,有绿意矣。梅之粉红者香色俱佳,谓之江梅,若常梅殊不及桃、李,但微香耳。为滋女讲《史记》一叶。夜将半雨又作。

九日 雨,竟日沉阴

钞《记》二叶。作《军志》一叶半。湖南提督历任官亦宜考核,以备记载。讲《中庸》"春秋修其宗庙",乃悟余闱墨之谬。为滋女讲《史记》一叶。

十日 阴雨

钞《记》二叶。次咸丰五年军事,殊不明晰,因念《褒忠录》虽断烂,既有成书,不可不详观。因为钞撰营官之可考者,此书毕,将遍阅曾、胡集而摭拾焉。今日看两本。

十一日 阴

钞《记》二叶。翻曾涤丈《文集》,见其少时汲汲皇皇,有侠动之志。因思诸葛孔明自比管、乐,殊非淡静者,而两人陈义皆以恬淡为宗,盖补其不足耶?然则余当以跌宕为志,不宜幽怨也。检《忠录》二本,颇不若昨日之条晰,知其无益而不可不为者,此是也。为之则当有文理,今日殊草草,明当改之。为丰儿改文十馀句,题为"学而不思"一章,彼未能畅发。王鳌亦有此一句,文更寥寂于丰。夜讲《中庸》"行之一也",凡二见,似赘设无著落。为滋女讲《史记》三叶。军中左右袒,所以分别去留。犹言反者右袒,报国者左袒耳。军士以吕氏即刘氏,故为晓之,其言当不止此。是时平、勃犹畏死,产、禄可知。殊不及仇牧之【下缺】汉臣一死而产、禄必败何用【下缺】以为厚重,此固不可无学也者。

十二日 雨

晏起。钞《记》二叶,《奔丧篇》毕。看《忠录》一本,河南马德顺者,前为湘军马队将。余在祁门,从问牧马,方别十九年,遂不相闻,以为留江、浙补镇将矣。及阅阵亡册,乃知其于十二年前战死甘肃,愕然伤之,为作一诗。往曾侯议立马队,何应祺利之,而怯于败,漫取几上书占之,正得《杜集》诗云“苦战身死马将军”,丧气而止。余尝笑之,君定不战死,诗妖无验耶? 此唯余识之,将廿年乃悟其谶。意者德顺名不当泯,不然何精神往来于吾心也。德顺官至提督,谥武毅。诗曰:“曾侯昔起田间师,将用拙速胜巧迟。腰镰执梃五千众,大捷湘上名天知。当时提督一马竿,突阵横贼风电驰。南人好船不好马,水师万舸横江湄。三河一败兵如灰,虽有舟楫无由施。陆军气夺贼马蹄,都统扬扬建两旗多隆阿。始知骑步定天下,曹公不敌董卓儿。驱勒农夫学腾跨,项强胫直百不宜。我年二十骋身手,超坑堕堑抛金羁。驽骀多肉骥多骨,炎方刍稻难调治。马侯将马识马性,如造父孙汧牧时。是时王师苦不利,曾侯避地黄山陲。骅骝蹇驴尽无用,相与蚁垤为娱嬉。据鞍一笑何生痴,壮士恨不革裹尸。清秋一桨下鄱水,归来但觅果下骑。春风秋日偶盘骤,骨脉和协心颜怡。马侯牧方聊小用,千金擗纩越女蚩。尔来廿年不问事,死生贵贱和天倪。偶纵蠹牍见名姓,使我心热神伫疑。松阴长簟恍未冷,苦战身死真何为。忆尔伊凉骋千里,郁气一吐月晕亏。战马长嘶饮河水,谁甘老死皂隶笞。余亦放马衡山阳,梦中不听晓角吹。马侯马侯身死莫问功成败,君不见湘乡石马青苔滋。”

又看《忠录》一本,犹未夕,惕息甚暇,夜为三弟作文一篇。讲《中庸》五叶。为帉女讲《史记》一叶。

十三日　雨竟日,淹凄沈阴闷人

钞《记》二叶。阅《忠录》一本。又翻名册五本。熟思《军志篇》之局法,颇难见长,反不若史传、地志之有纲领,亦甚闷闷。午睡一时许,讲《中庸》五叶,反覆推陈,颇嫌词费,似有意为文者,与《礼记》各篇不同。《乐记》虽博称而文昌明,《中庸》似精深而意吞吐,殊似《淮南子》,后代佛书之权舆也。夜为滋女讲《史记》一叶。

十四日 始晴

登后山眺望，迟梅尽落，早桃未开，节届春分，寒犹未减也。连日无微风，昨暮始拂拂生飕，今晨动林木矣。弟子将归，止之，令待路干。钞《问丧》二叶，于是《礼记笺》毕。《史记·孝景本纪》“禁天下食不造岁”，《汉书》无其文，盖令民积一岁食之意。造，犹至也，当时语。民多贪贵粜，故禁之。阅《忠录》二本，未摘录。频出游水边山旁，对山一株梅犹盛。夜为弟子改文四股。月明不甚寐，作研樵哀诗四首：“寄书常隔岁，闻死信可真。薤露催三世，边城坐七春。官闲空领郡，体弱竟妨身。空谷音尘绝，如闻倡和新。”“之子温如玉，相逢语不凡。昆湖春满路，秋阁泪沾衫。信美宜花妒，贪吟怒激严。相思无闲日，百遍展遗函。”“知君定不死，恨我未忘情。交谊期千载，音尘断此生。魂归洪洞月，梦递隗嚣城。又绿湘皋草，谁听楚些声。”“骨瘦吟诗苦，情多忆□□。外冠簪鸿羽，无时奋□□。精诚分不隔，长见廿年心。”

十五日 雨

晨闻人声，起问之，乃知今月半行香者。弟子昨欲归，应书院试，余留待晴准，今乃更雨，冲泥去。以《礼记笺》毕稍休，觉甚无事，仍钞《中庸》一叶，改《檀弓笺》，以服勤为丧礼，引《问丧》为据，似较旧说为安。补《中庸笺》。阅《忠录》二本，未钞。夜讲《史记》一叶，滋女日课也。

研樵挽诗殊不入格，更改三首，其词云：“寄书长恨缓，闻死怪邮传。薤露悲三世，荒城坐七年。官闲虚领郡，体弱况多煎。倡和音未寂，寒窗孤月圆。”“久作昆湖别，重逢意始亲。中年诗更老，秋夜语能春。书到妻拏〔孥〕喜，途长梦想频。遗篇看百遍，佳句尚如神。”“瘦骨知吟苦，交情比宦浓。边庭幸无事，俗吏偶相容，怅望湖南雁,独看城北松。风流岂终抱,石室有遗踪。"

十六日　雨,午阴夜晴

钞《记》二叶。先府君忌日,素食。黄二来,送运仪、商农书。郭玉送木器、煤炭来,言朋海回,将葬父。当往赴葬,作挽联云:"才名七十年,岂徒艳福鸳鸯,喜见双星再花甲;佳儿二千石,一自分飞鸿雁,难慰三洲寸草心。"又作书与王石卿。王卸湘乡,荐瞿海渔也。运仪兼属荐一仆。又书与樾岑请查各县兵事。

又商农父八十,属作一联云:"传经令子作名师,定知五豆称觞,讲舍春风桃李笑;学语曾孙说眉寿,待得九龄锡嘏,南宫勺舞杏花香。"又与书两儿,论杂事处分。是夜畀夫当往迎梦缇,丑正即起,搅余眠。

十七日　阴晴

钞《记》二叶。余佐卿索赠诗,久不成,每见其扇,辄若负债,因晴有感,走笔成一章。儿女【下缺】母当来竟日瞻【下缺】祠视之日昃来【下缺】入内伴之。半夜始寝。未阅《忠录》。

十八日　戊戌,春分。社日

钞《记》二叶。为佐卿书扇,诗云:"沉阴闭春百日凌,鸣鸠拂羽催春兴。皇天运行往当复,世间安有千年冰。宋玉泥污枉长叹,何不走向山崚嶒。我今冒寒出城去,归来果见大清澄。桃花柳枝春满眼,愁吟仰屋真苍蝇。青山诗人坐掉〔棹〕头,中夜却思万户侯。龙骧虎步生苦晚,儒冠纨绔俱堪羞。忽闻春风入庭户,翩翩欲作天边游。不知书剑向何处,江涛拍岸寻扁舟。儿童抚掌笑语痴,三十未老何缡褷。即今西陲又肃清,俄英和好不下旗。下首高居作将相,枢廷悔用马上儿。四方上书尽报罢,郭公相业此最奇。今尔何为心慨慷,妻孥不复谋耕桑。曹司卑官羡斗粟,入殿那及陛楯郎。饱食鲜衣尚憔悴,要踏秦晋看灾蝗。古来豪圣不如此,坚坐且笑浮云忙。

我闻此语未贤达，为君起舞翻离肠。浩园闲敞春气醒，风止雨霁月满亭。陈生东游老龙徙，长歌短咏无人听。人生日月不暂停，不游不仕鬓发星。识君冉冉组三龄，至今枯坐守一经。君不见宗生卧游不寂寞，胸中五岳撑天青。"

又和杨石淦《桐园即景》诗，兼凭唐作舟寄研农八首云："达人随处即吾庐，况是征帆甫卸初。燕寝香清无鼓吹，闲吟仍似昔贫居。""寻乐何须问孔颜，古来名利不如闲。西庄莫笑松筠锁，时许同心共往还。""桐门列戟共花垂，旧第前临洗药池。后院前墀好松柳，香山栽种也忘疲。""莫问钱塘小有园，主人归后暮蝉喧。廿年苦战兼□□，空与飞鸿认雪痕。"①"□□□□□□然，又忆壶天□□□。□□□□□秋月，为他催老客中年。""罗山儒雅惜三馀，旧托尚书里第居。等是客中何显晦，输君归老种瓜蔬。""毕竟林塘主客谁，马兰苔石有离思。家书好报杭州吏，正是胡麻欲熟时。""自卜新居山水间，白鸥黄鹄玉笼闲。从君卧看西湖画，最忆苏堤万柳环。"字韵殊不新颖，须别觅。玉环、金环、人名环之类，又嫌太纤新。凡此皆积压之应酬文字，以为无味而不为则不为，认真作之又劳而无益也。看曾《集》。定两女日课。出游后山，夜月甚佳。

十九日　晴

竟日闲坐，偶看曾《集》。多出游览，桃柳已不胜春，想牡丹欲花矣。光阴迅速，静中乃觉之。钞《记》二叶。看《南北史捃华》，仿《世说》而作，然无异阅兔园册耳。沐洒休息，为滋女讲《史记》二叶。栾大佩四印，谓五利、天士、地士、大通也。汲古本衍"天道将军"四字。然后又刻玉印曰"天道"，而下云佩六印，则并数公主当刻一印欤？

---

① "痕"，据《湘绮楼说诗》补。

二十日　　雨

晏起。钞《记》二叶。看曾《集》。夜讲《史记》二叶。为余、蔡书扇。

二十一日　　晴

晨作《湘军篇》,颇能传曾侯苦心。其夜遂梦曾同坐一船,云初八当去,初十定行矣。张参赞同诸人宴客昭忠祠,以余当增一客,送单请添入。余取笔书四川同知道衔知府曾传理,字似题壁。又邀曾一往,曾谢以不愿,而取帖送余往作客。余牵一羊暗行入曾祠,以羊交笠沙弥而还。仍与曾坐,误著曾朝鞋。已得己鞋,乃狼皮鞋也。甚讶何时著此。俄焉而觉。

二十二日　　晴煊

春事【下缺】百草已有火速向【下缺】叶。作《志》一叶。以家中人来,遂罢。磨墨书杨对四字,殊不成章,令非女书成之。家送菜饼来。

二十三日　　阴,春色蒙蒙,温凉正适

早起作书复商农。梦缇还城,巳正行,携滋女以去。看非女作篆,竟日未事。书扇二柄。彭慎郎请余书与林贞伯、曾挚民。曾或犹相知闻,林岂能相闻耶?又有彭述者,更不知为何人。

二十四日　　早阴午雨

作《军志》叶半。时尚早,而天已暮,又雺风震电不静,遂停。龙八冒雨来。得若林书,送菜子八种。郭玉报王抚以兵部侍郎入军机。余犹以为讹传,盖举措无如此之闪烁者。然在王抚已有夺我何贺之叹矣。非女作篆屏二幅,请余正字,遂延半日,至夜乃补钞《记》一叶,又钞二叶。

二十五日　　晴

作《军志》,竟日成三叶。出游水边,看新绿。昏时眠,至初更起,待两女读《诗》毕,补钞《记》一叶。夜雷电阵雨。

二十六日 雨阴

钞《记》五叶,《中庸》毕。以正月二十日起计之,尚少五叶。以中间往县七日除之,尚多九叶也。薄暮出游,见踯躅已开,春桂欲香,一春花事不过四五日耳。夜作《湘军篇》二叶。

二十七日 阴

早起复睡,遂宴,幸未过辰耳。作《湘军篇》,因看前所作者甚为得意,居然似史公矣。不自料能至此,亦未知有赏音否。熊三复来送【下缺】洪。得汤、李、陈生书。【下缺】抚颇【下缺】湖南久不见清流矣。夜览涤公奏,其在江西时,实悲苦令人泣下。然其苦乃自寻得,于国事无济,且与渠亦无济,反有损,要不能不敬叹,宜其前夜见梦也。世有精诚定无间于幽明,感怆久之。彼有此一念,决不入地狱。且吾尝怪其相法当刑死而竟侯相,亦以此心耿耿,可对君父也。余竟不能有此愚诚。"闻春风之怒号,则寸心欲碎;见贼船之上驶,则绕屋彷徨。"《出师表》无此沉痛。

二十八日 雨

作《曾军篇》成,共十二叶,已得二年军事之大纲矣,甚为得意。课两女书,俱早毕。

二十九日 阴

将归祠祭,以大雨将至未去,俄而开朗。作《胡军篇》。看咏芝奏牍,精神殊胜涤公,有才如此,未竟其用,可叹也。

三十日 晴。煊甚,单衣犹挥汗

午初行,携舆儿同舁。舁夫又以竹篓系后,观者皆云重不可胜,因步还,共坐五六里耳。申初至家,犹未夕食,待饭后出诣黄亲家宅,不遇,至运仪兄弟处久谈,遇袁克钦、王仲霖、黄子襄。子襄欲设创疡药局,请余作公启,云鲁四兄之意也,夜为成之。遣丰儿下乡侍祠。

三　月

辛亥朔　阴寒,犹夹衣

舁出访朵翁、镜初。镜初不遇,见海岸,求住持事。复过皞臣、验郎借《八代诗钞》。樾岑、海琴、闻仲茗在江南病故,又言沈宝昆孝廉在成都。雨田还。曾介石、王鹑甫、李献卿、海岸来,为片告向子振求住持遐龄庵。

二日　大雨,极寒

重裘以居,斋宿湘绮楼。李榛必欲相访,出,则为其妻弟托照应,云余将往四川,故来先言。此亦见弹求炙之早计也。李禹门、郭志臣来,为争产案至今为梗。向晚闻雁。作王纯甫父寿序,一诺十年,今始践之。阅王夫之《中庸衍》,竖儒浅陋可闵。夜雨达旦。

三日　大雨

祠祭三庙。卯起,待事,至午初始行礼。冠佩趋跄,仪文甚备。未初馂饮一爵,微醉少愒。江雨田来,言桂林无云而见虹,又成三龙,鳞爪毕具,此何祲也。全州欲破,而兴安犹讳盗,殆不如庚辛时。今日知垣雨圮,梦缇登楼视工,留小坐,谈居宅不易,尚不如赁庑之无累也。得怀庭书。理安、东生来。夜早寝。

四日　阴雨

楼不可登,无书可读,甚闲闷,唯可与妻妾谈,而妻妾又无暇,徘徊半日。樾岑、海僧、验郎来,与樾岑论兵,与验郎论经,遂至暮。生今之世,观俗人不解义理,犹无损于我;观俗人不解事,遂以致乱亡,使我家室不得保,吾何以处之哉! 墨子所为上说下教强聒而不已也。

五日 阴

朝食后少睡。霖生、仲云、陈佩秋来,久谈。舁出过香孙、李献卿、春陔,遂至雨田处会食。坐客俞鹤皋、瞿海渔、张子莲、湘郎、蔗生,酉集亥散。作书复怀庭。子初寝,雨,待梦缇寐熟乃寐,觉夜甚长也。

六日 雨意甚浓

坐小楼作诗寄怀庭云:"高阁犹清坐,春空尽雨声。阴阴风动地,拍拍水欺城。远望终无极,徂年只自惊。繁花不知恨,三日眼中明。"袁守愚、蓝楚臣、黄子绶来。复黄子寿书。理安来,不入。功儿入学去。

七日 阴

丰儿自湘归,云俊兄病故。是日已先约诸亲便饭,缌之丧,未能废也。不聚居则不能有哀情,亦时势使然。镜初、运仪来看《军志》,镜云太略。霖生、鸣之、小云三亲家公及彭石如来,未集戌散。夜寝不寐,而梦缇酣眠,闻雨起,挑镫坐久之。

八日 阴。有雨

作《陈尔嘉传》,仲英之父也,去岁所属,今乃了愿耳,便作书寄去。常晴生欲余介之于文心,未知其何意,亦依而与之。子筠来,甚言佁子之短。步诣黄海翁,遇余子振于途,昨有信借二千,今见之,未便言不借之故,然从不相逢而偏巧遇,亦可知诳言之自窘也。未刻诣李禹门斋食,陪彭丽叟,同坐者袁小山、张子衡,瞿郎妻家一人,不知其姓张耶,姓陈耶?胡子威来。去年欠债,唯有张、夏名宦四条未拟,亦疲于津梁矣。雪琴子丧,未唁。

九日 阴。有晴意

牡丹作一花,娟然可爱。樾岑、怀钦、张冶秋来。汤碧泉来,言汤屠昵一倡,数月而死,倡抱育婴局女称遗腹,与汤妻争产,樾岑误断予之。凡樾所作事,率类此,然乎,否乎?

庚午春雨,寄六云二绝句:"十日春云压屋山,早眠应不讶宵寒。无端红叶催离思,一夜新苗满玉阑。""艳曲新声偶忆云,绿杨风袅碧花裙。阶前朦月窗前雨,迸作春光四五分。"

锡九来,言北门有鲍大如斗,昨入湘,冲堤而去。因忆甲子连雨,余有诗刺诸附和曾督者云:"春郊流水长茭筠,赤鲍黄鳅也自神。乞与泥坑三尺水,欲成龙去奈无鳞。""出岫高云倦欲休,四山重雾合成愁。无端共作黄昏雨,一夜廉纤不自由。"

彭郎及子茂大儿来,久坐,意欲余作书为干谒黎、易,求官于黔也。

十日　雨

丰儿诣书院上学。营兵来争地界,笑谕之,然家人不能平。此木匠误出数寸,而营弁乃张大其势,以启人竞心,使非明人,则营弁危矣。

十一日　晴

自城还山,道逢两女换夫力而来。闻三弟暴怒无礼,殊为可讶。彼自岌岌不安,而尚横蛮,未知其作何结局也。作彭郎挽联:"千年烝上始相逢,十七回池柳重生,休向瑞芝寻旧迹;甲第门中最醇谨,五千里昙花一现,空留美誉在京朝。"并函吊雪琴。与书黄县令。夜雨,然烛闲谈。

十二日　雨

撰《军志》。向夜舁夫还,闻三弟尚未去,甚怒,作书斥责丰儿,既以为太过,改书责三弟,然怒未已。

十三日　大雨竟日

撰《军志》。遣熊三还家,呼莲弟来。送课题,丰儿竟未作,功儿又不能作，自作之，并作试律一首，以为必第一，将三更乃寝。始【下缺】。

十四日　雨

【下缺】早去。撰《军志》。催功儿钞书，自去秋至今才十叶。

十五日　晨雨

饭后定儿女日课。得三弟书，诉口角事，云无非起衅。两人合五十岁矣，犹如小儿也。作《军志》一叶。为功儿改诗。教非女画地图，兼为讲《诗经》一章。

十六日　阴

看胡奏稿、书札及《方略》，见庚申年事，忽忽不乐。又看曾奏稿，殊失忠诚之道。曾不如胡明甚，而名重于胡者，其始起至诚且贤，其后不能掩之也。余初未合观两公集，每右曾而左胡，今乃知胡之不可及，惜交臂失此人也。乡非余厚曾薄胡彰著于天下，则今日之论，几何而不疑余之忌盛哉！丰儿今日当来，久不至，至暮乃到。移书室检经藉〔籍〕，得彭雪琴赴书，先一联久未书，夜始令磨墨，至子【下缺】。

十七日　阴晴

早起，定丰儿日课。看功儿作字。非女浣沐告还城。作书复雪琴。撰《军志篇》成，读一过，似《史记》，不似余所作诸图志之文，乃悟《史记》诚一家言，修史者不能学也。《通典》、《通考》乃可学，郑樵《通志》正学之，亦智矣，惜其笔殊不副，然不自作不知之，则余智不如郑久矣。欲作《曾军后篇》，连日正不喜曾，乃改撰《水师篇》，再翻《方略》，便撰大事作表，半日毕一函耳。依此推之，五月乃可成表。夜无事，戏作经课文，乃悟"初税亩"为不课公田，尽以予民，但纳民什一税耳。此图省事，与归并地丁者同，而皆为大害。

十八日　戊辰,谷雨。晴

作《水师篇》【下缺】卷早毕【缺】作经解二篇【下缺】祖当为尝,以文王受命无可祭也。而《周颂》无祭尝之诗,竟未知其审。

十九日　大雨

雷若颓墙,移入内斋。终日作课卷,殊可笑也。夜翻《方略》十卷。

二十日　大风,晴

出看浏水汹涌如江涛,因吟"春江壮风涛,原野秀荑英",正目前即景,无异"池塘生春草"也。看曾批《汉书》竟,又移于《汉书》,觉《史记》尚逊其沉博,盖余性于典实为近。午钞《杂记》二叶,嫌功儿太迟故也。闻新巡抚丁忧不来,山公信天授。珰、帉并至,闲谈久之。作《军志》一叶。

二十一日　卯正晴

朝食。作《军志》二叶。午令珰女师功儿,帉女师丰儿,受经入学。午正夕食。钞《杂记》二叶。日长不得暮,以作文不可多看书,逍遥而已。夜作《军志》二叶。

二十二日　晴

辰初起,作《军志序》。田镇战事,颇近小说,然未能割爱也。夕食后大睡。起翻《方略》,未钞也。作表亦殊不易。

二十三日　大风,晴

辰初作《军志》,至午稍息,登后山,还,仍作《志稿》,未小睡。夜作书寄若愚,并发雨苍、曹识翁两书,题五言八句于雨苍书后,招其来湘。为霖生作胡文忠妻挽联。

二十四日　晴

作《军志》。遣熊三归,交卷。竟日翻曾、胡奏及《方略》颇劳。

午后携两女出看新苗,已半损矣。龙八来。

二十五日　晴

作《军志》,看《方略》,曾奏将毕矣。然叙次殊不及前,以彭、杨、曾构陈事,三人皆不欲载,有依违也。故修史难,不同时失实,同时徇情,才学识皆穷,仅记其迹耳。

二十六日　晴

作【下缺】毕。【下缺】书疏宕之气,其不及者,字面不古耳。修词最要,凡言今古无殊者,强词也。制曰"可"与奉上谕"知道了。钦此",岂可同读乎?

二十七日　晴煊

未正至城外,为陈母寻墓地兼省墓。入南城,至皞臣处小坐,雨将至,步过有乾送程信,行数武,雨大至,入力臣门少愒,不见一人,复出,至又一村,逢一佣人,假簦覆我,已沾衣矣。入门热甚,夜寝未适。

二十八日　晴,单衫犹热

昨日复来营弁二十许人,指画楼前,云:"楼地系盗侵得之。"余云:"何以为验?"答曰:"契必以滴水为界,此出丈馀,无异词,则不宜混言滴水也。"余曰:"信然。然此非余宅,即非余契,君等但寻宅主,吾乃可让,否则他人之地,尺寸当为坚守。"二十馀人诺而去。欲访亦无可证者。出访佐卿,怀钦招饮,席于佐宅,已先在矣。同坐者麻竹师、涂次衡、王理安、向子振、曾介石。余先过荷池访王、涂,并见罗研丈。李献卿来琐谈。

二十九日　晴,暮雨

午携莪女过香孙处,莪女睡去,因久谈,俟醒乃归。饭后诣海琴、蓬海、樾岑,昇还。

四　月

庚辰朔　雨复寒

署善化唐蓬洲来。伯屏、佐卿来。余苹皋来,请余序其《史例》,自云分五类,甚清晰也。又示余李、俞二序。樾岑来。

二日　晴

伯屏要同苹皋、鹤村过佐卿手谈。刘伯固来城,云欲入都。与伯固同诣曾侯。

三日　晴

不记事,唯买地是一大事。研丈来。

四日　阴

佐卿早来,约同游东南城。待之至晡,与同过子寿不遇,与子襄略谈。至苏巷,遣招锡九出,同过镜初,遇张皮箩,言督销事。逮夜,与佐、锡同过皞臣,还至贡院西乃别。澄侯今午来。

五日　阴

周秀才、乡和尚来。佐卿、伯屏、张子容、刘伯固先后至。家中少人,欲出不得。午后步访笛仙、瓮叟,遇曹咏芝。雨至帽湿,至朵翁会食,镜初、汤孝子、聂小蓉、陶少云、沈地师同集。踏泥而还,夜寝甚热,已而大雨。

六日　大雨

酣眠失晓,饭时院中如小池矣。午出送杨殡,因拜客九家,香孙、竹师、伯固、佐卿、子容、伯屏、敬生、谭主事、海琴、雨田、王石卿,均久谈,已向暮矣。急赴黄宅,则刘、余、曾介石、伯屏已先在。子寿琐谈,客多笑之。皆言平江土匪者纷纷,或云浏阳请兵,或云已过义宁，或云散去，余一不问也。初军兴犹有恨官吏者，今日视为固然。

七日

自城步还山，日甚照灼，无阴可息，因急行二时许，至，闻读书甚清壮，饭后早眠。

八日 晴

晏起，频睡，盖昨日行倦也。晚作《军志》三叶，令非女画一图，自书地名，似尚可用。片告黄子寿，令查厘税数目。明日遣莲弟去。

九日 晴热

郭玉来，云雪琴送小菜及其子墓志来。舟尚在平塘，盖欲相见，以其行每飘忽，故不能再入城也。罗、余来求贷。怀钦为人求诗，题高丽王画兰，兰似茸絮，署款为"石坡道人"，又有大院君章，姑置之。作《军志》三叶，叙次未明晰而已。钞《记》二叶。申后睡。夜月裵回，殊无纳凉地。凡高丽称君者，其宗室，非王也。

十日 晴

龙八失晓，呼之起。作《军志》三叶。钞《记》二叶。午睡，梦看戏，甚可骇眩，起而大雨。教非女作《湖北省图》。为丰儿改文。

十一日 大雨，甚凉

晏起，作《军志》。咸丰六年至八年，湖南协济江西军饷银二百九十一万五千两，此左生之功也。左生于江西殊胜曾公。钞《记》一叶。

十二日 晴凉

作《军志》第五篇。钞《记》二叶。检《水经注》作图，比《注》图远胜。夜看曾书札，于危苦时不废学，亦可取。而大要为谨守所误，使万民涂炭，犹自以为心无愧，则儒者之罪也，似张浚矣。

十三日 晴

作《湖北图》成，非女所画也。钞《记》二叶。莲弟来，闻雪琴至家。梦缇出见。【下缺】作【下缺】昨【下缺】两儿读书,教之若以墨卷,殊非义方之训,然通人游戏狡狯亦可耳。丑初乃寝。

十四日

晨起,莲弟已去,厨火未发,仍还眠,辰正乃得食。作《军志》,叙多功于曾军,使稍生色,亦以对砭其失。军不可惧,孔子以惧教子路,言其轻死耳,非谓行三军当惧也。

十五日　晴

钞《记》二叶。祖妣忌日,素食。画《九江进军图》,作《军志》。看曾书疏,未尝一日忘惧,似得朱儒之精矣,而成就不大,何也?夜大风,使人危栗,而乡人高眠晏然,此亦失惧字之意。熊三来,送经课题。

作胡文忠妻挽联:“昔年姑女荷深慈,早闻贤比钟羊,当代名门推极盛;往日鄂城曾授馆,不独功铭侃峤,显章灵表愿摛词。”又代常霖生作一联云:“先慈京辇昔相亲,最伤多桂园中,凭吊绣衣全节地;名世中兴成内助,还听断机声里,得看蒲壁拜恩年。”因与三女讲《诗》。夜半风止而雨。

十六日　晴

看功儿、非女作字。钞《记》二叶。王守备,妻从母之夫也,有子生事,为樾岑所拘,作书请之。遣熊三去。作《军志》二叶。看曾书疏竟日。

十七日　晴

晨起作《军志》二叶。昨钞《记》,误落二条,补一叶,又不足,乃漫衍其笺,备论袝礼。虽不能转败而为功,因丑而益研〔妍〕,亦尚不等于饰非文过之为,要论正礼,则当重钞为是。莲弟来,得张松坪书。闻前日大风,城中屋瓦皆飞,此间山中亦吹倒一茅屋也。夜看功儿经解，说"织文鸟章"不了。检余补笺，依郑义，为将帅之服，了无证佐。因博考毛说，定为旃旐致民之旗。盖古者出军大征发，则云旃旐也。

十八日

舁行二十里，至大桥，遣莲弟与轿工以空舁还。独与龙八步至城。夜雨，梦缇身痛，寝时惊觉。黄莘渔来。

十九日 晴

晨起，待饭久，仍假寐。饭后，怀钦来，言功儿书题不称先生，殊为好怪。午出诣蓬海，问湖北书目，择其可买者如左：《公羊》、《尔雅》、《仪礼》、《穀梁》、《周礼》、《礼记》、《释文》、《通鉴》、《国策》、《史记》、《班》、《范》、《陈》、《晋》、《宋》、《齐》、《梁》、《陈》、《魏》、《北齐》、《周》、《隋》、《南》、《北》、《唐》、《旧》、《新》。《五代》、《旧》、《新》。《辽》、《拾遗》、《金》、《元》、附志表。《明》。子书不零买。《新序》、《申鉴》、《中论》、《大玄》、《说苑》、《潜夫论》、《齐民》、《易林》、《独断》、《论衡》、《风俗通》、《神异经》、《搜神》并《后》、《博物》并《续》、《续通鉴》。诣樾岑，遇谢小庄，二十年不相见矣。春陔、夏粮储、皞臣处俱久谈，还已向暮。

二十日 晴

樾岑来。游学王生来，献诗，自言名文翰。出题试之，颇有对偶，与以二百钱，欢喜而去。研丈来，同赴贾祠夏公招。徐、李、彭同坐，至亥始散。过香孙。

二十一日 晴

出城支布帐房于先茔，待陈母下葬，卧一日，申正始窆。入城啜茗于龙宅，留谈至暮。陈母自来湘正二十二年，今始永讫永毕此四字见《曾文正集》差无负耳。十八族父之子，弟三者，徒步贸贸然来，云年五十矣。烟饮甚深,推之不去,今日始设榻,而来此恶客,闷人亦笑人也。

二十二日　晴

晏起,作《淮北李苗志叙》,未尽善。午阴,出访子寿、仲云,省海翁疾,大有病容,自云名宦必可祀,此生亦不虚。盖此老于吏治颇自命也。子寿留饮。夜还,为诸妇女作影本。与书文心、梁仲玉。竹师来。

二十三日　晴

遣郭玉入乡,告珰、畅使自还,坟工殊未毕也。子寿、子筠、锡九来。子筠云麻氏子师徐玉书曾来访我。郭玉还,交功儿一卷,殊无可取。

二十四日　【缺】

二十五日　晴

【下缺】晨遣要过【下缺】庄出东门,因便往会。莪女欲随余入山,携与俱行,同至黄宅,则子寿大儿约来观学规,恐余遣迎,而为韩勉吾所知,更约自来也。出城,北风起,未带单夹衣,甚冷。莪女则余为包绵夹衣来矣。为人谋则周至,为己则疏,亦自恃之过也。愈行愈冷,雨又至,仅而得达,儿女已夕食矣。待饭毕已暮,觉倦,遂寝。雨竟夜。

二十六日　凉晴,三夹衣犹未足

理《军志》,作一叶。钞《记》二叶。说庐制未了。父子同居庐,则不可。兄弟同居庐,可耳。父为长子庐,亦似不可也。莪女不甚思家,时来问讯,喃喃了了,亦自可喜。

二十七日　晴

晨犹凉,午后乃暄。作《军志》二叶。钞《记》二叶。午饭甚早,夜更饭。阅《方略》二十本,检《江西军事》。

二十八日　晴

作《曾军后篇》成。且暂息,未钞《记》。

二十九日

雨水平田,将至门矣。昼晦且雷,懒于作事。睡半日,补钞《记》二叶,又钞二叶,足本日课。夜校《湖南水道》,浪水入广西柳州,不甚可解,岂据图偶误耶?又看怀庭《平湖纪》,亦颇详悉。

三十日 己酉,晦

遣两儿还家过节。功儿课文未成,至午犹不能就,乃挟卷去。改作丁果老挽联云:"夜雨忆书镫,人生少壮几何,须发似君惊早白;熏风吹宿草,世事匆忙休笑,光阴磨我为刊青。"练而后吊,犹如昨日,尘中岁月,真苦短也。校《晋书·地志》,悉注今地,以《水经注》晋代书,故先令州县可考,乃标于《水经注》旁,以考水道。余近岁于山川颇能说左【下缺】。

五 月

庚戌朔日

作《浙江军事篇》未两叶,不称意而罢。缘《浙纪》颇详,未能裁割也。钞《记》二叶。为丰儿改课文。得唐真铨书,未知唐何如人,而自称愚侄,可怪尔。省报云唐濂来办捐,濂即真铨之类耶?北斋多蚊,夜不可坐,故无所事。

二日 晴凉

郭玉来送怀庭书。是日正阅怀庭《平湖略》。改昨作《志》二叶。钞《记》三叶。说耕制不瞭。莪女时来琐语,携之出看秧田,夜还正室,大考耕制,仍未得解。

三日 雨

家人以端午强来迎,恐增劳费,因命非女携莪女先归。既去,卧思𨐈制,起忽得之,作六图以明之。既明,重看郑注,并通郑说。唯郑说有两可疑,余说犹有一可疑耳。钞《杂记》毕,共四十叶,计三月二十日起至今日四十三日,日二叶,当八十六叶,往来城中费二十馀日功。乡居之暇如此,但作《志》不能不稍休,亦未为废日耳。夜作《浙篇》一叶。注晋《地志》二州:兖、豫。

四日　雨

家中遣熊三来迎,待雨未止,题高丽君画兰二绝,作《浙篇》半叶而行。未至东山,大雨,舁夫衣尽湿,待久之,欲返,怯泥,觅夫未得,仍前进,至大桥得一矮人代龙八,龙八乃还。至城雨又甚。

五日　雨

本欲出游,见此闷损。验郎来。至午雨稍止。行礼受贺毕,饮蒲酒于东房,少寐。昨夜起待旦,与书锡九,请劝捐。锡九来,请改之以示刘抚。为书二纸送去。

六日　晴

刘前抚送《援黔奏稿》十来本,检钞竟日。

七日　晴

【下缺】武冈【下缺】留止书斋【下缺】俱来谈。检《援黔奏稿》毕【下缺】。

八日　晴

出谒刘前抚,以彼遣孙来访,且约会饮也。因过皞臣、镜初,吊唐寿官,还与保之夜谈至丑。

九日　晴

钞《记》二叶。伯屏、守愚来。笛仙来。

十日　晴

巳出,至唐宅陪吊,与子寿、伯屏、竹师、李次云、雨恬、黄云岑、陈程初杂谈。申陪保之会饮刘宅，坐客雨恬、锡九、勉吾，酉散。饮三杯，小醉还，早眠。

十一日 晴

钞《记》二叶，《学记》成。功儿《少仪》亦毕，钞书课稍停。看保之《读书记》，大约似汉人，《论语》诸篇，多平正阅历语，然不可摘录。夜同保之过笛仙久谈。

十二日 晴

出送唐葬，与伯屏过皞臣早饭，仲云、唐作舟来。前湘潭县令李炽福之子来觅差事。看《读书记》。

十三日 晴

夏粮储来，谢未见。先祖考忌日，素食，午设奠。昨与伯屏论忌辰雨缨冠非典制。余循家例冠之，今始改用吉冠、黑褂甚热。采九遣人来相闻，三十二年旧友，今与保之俱集，甚奇快也。以忌日未往，至夜乃常服往访之，握手如昔情，出示所作《庄子》，二更还，保之已眠。

十四日 晴

采九来。王人树、周蒀、袁予文、蓬海来。早为两儿改课文。约伯屏与保之对弈，观一局。步至皞臣处晚饭。怀钦、保之先至，子寿后来，酉集亥散。听子寿诵所作诗，亦激昂往复。连日稍热，无所作。

十五日 阴

朝食后过人树、瓮叟。雨作，至朱雨恬处午饭，保之、伯屏、怡生、黄含生同集。登心远楼，看麓山如屏，湘水如席，俯仰十年矣。中饭雨大至，申散。便过周蒀，昏昏欲睡，强过予翁略谈。因过庄心安寓【下缺】为弄斧巷，今亦十馀年矣。心安【下缺】开朗，令人破睡。周稚威亦至，杂谈桂阳旧事，遂忘移晷，将暮乃还。保之犹未食，登楼共饭,续谈受庵发病事。今日袁予翁言:左季高父养金鱼一缸,以子多少为门徒盛衰。一岁子多,其父数及门某某当入学,不及季高。左年九岁,甚愠,乘隙尽杀缸中鱼。父诘之,对以情。又言:左景乔与兄同岁考,父欲其兄高等,因携二子试经古场。诗题"卿云河汉",不知所出,问景乔不答。案出,贺麓樵第一,景乔第二。父讶之,视其诗,首句云:"掞藻推扬马。"父怒批其颊至红肿。暇改《江西篇》。明日将誊之。

十六日　阴

子襄、兰生来看保之,邀出久谈。登楼,钞《军志》稿二叶。

十七日　雨晴

竹师来。运仪来,言古者并建三正,非仅存二代之正朔。因言《淮南·天文训》有其说。余欲寻《淮南》书,问之城中无其书。携余文诗去。钞《军志》三叶。刻工刻来一叶,不可用。

十八日　阴,极蒸热

出吊何五嫂,遇石卿、笠西、仲云,雨大至,少坐待霁而还。钞稿三叶。夜改丰儿课文。

十九日　阴晴

晨看丰儿课文,颇有所似。余都司来,言江南蝗出恐伤稼。又言沈幼丹无去志。治具招采九、保之会饮,锡九、运仪为宾,未集酉散。

二十日　晴

作《军志》。闻谢麟伯之丧,惊其有郁积而无表襮,未知天道何等也。午过仲云饮,陪采九,保之、二周为宾。仲云颇赞女无常之美,及程正揆字【下缺】。

二十一日　晴

作《军志》。殷默存及其妻【下缺】来。香孙、伯屏、樾岑夜来。

二十二日 晴

出访默存、君诒、采九、春陔、夏芝岑、皞臣。还,作《军志》。贺伯仁、姚立云来,夜谈,言毛少卿妻为夫兄所刻窘,午节其子当送师四百钱,求不可得,遂自尽。又言李右臣与华容令互讦,及益阳令鬻试事。锡九来,属改其子诗,遂忘之。

二十三日 晴

作《军志》时,见案上诗稿,为改八句,至经一时许,以诗题为"大田多稼",无可作也。善化令唐朋洲、君豫来。卜允斋来,言晋捐事。君豫言程正揆孝感人,明末侍郎,为二臣,字端伯。

二十四日 晨雨,辰初霁

饭后率小儿女往城隍祠观迎神,雨作即还。已复率诸小女至北门观城隍神出游,牌题"左伯侯",向以为谬,今思之,此殆秦、汉古字,左伯者,今佐霸也。城隍祠起于唐,岂马氏时天策学士好用篆书代楷隶,故有佐霸之号耶?左季高初封伯,人知其必侯,以此为符,亦祯祥之先见者已。季高再辞侯封,近于知耻。比日每作《军志》,辄不过日数行。午作《志》未百字。出至抚署看游神,大雨如墨,似有暴冻,急还,才霡霂而已。俗传神出不遇雨,似亦有验。

二十五日 雨

以楼上检箱,不可坐,大睡两时许,至未乃出。过姚立云、子寿谈,出大雨,舁人衣尽湿。至贾祠,唐善化设饮,请采九、保之,余与楠生、福世侯作陪。坐楼上,北风凉冷,山色冥蒙,颇有遥集之望,设席寻秋堂,未夜散。采九赠余及保之诗,属和焉。诗中自命贤豪,骤难寻解,余初以为贤豪谓我也。便过运仪谈,少溪亦至城,观所为《大学中庸义》、《孝经内传》,皆近宋人讲义,唯"抑而强","抑"字不作语词,"天地化育"谓孔子文,言具有精理。又出示《河洛书》两篇。

二十六日　雨

《浙江篇》草草成。中多未核,依怀庭书略去其铺张者而已。采九来,本约竟日谈,意匆匆,不肯住。保之复汲汲诣客,余亦因庄心安来,在外坐稍久。采九独坐楼上,殊无宾主之迹,客去乃陪往曾祠,登楼看雨丝甚奇,出遂分道还,作诗,俱未成。

二十七日　大雨

晨作歌赠采九,题曰《云鹤篇》。饭后袁守愚来,久谈庄、管。听保之论历代儒术,言之娓娓,而以庄子为自恣,与余见异。守愚去,入房写诗。采九来,出示贾祠四律。午赴笛仙招,陪保之,锡九、黄蘋圃、子和均入坐。为笛仙叙祖茔状。祠还,作《贾祠集饯采九》诗二首:"胜地新分席,良朋旧盍簪。道因词翰重,交托古贤深。城郭前游迹,轩窗远别心。有才堪自信,千载待知音。""宦迹忘中外,于今更爽然。便成王佐业,何似酒杯前。湘水看逾旷,浮云去可怜。且将幽咏地,披豁对晴川。"

二十八日　雨

蘋渠行状成,校一过,似未精审,姑令先改之。午陪保之饮胡少卿家,其所居许竹士翁旧宅,四十年前余尝至焉。其表兄曰廖翰钊,湖北州县,颇似佐杂,戊散。过雨田、皞臣处谈,皞臣复追恨刘岘庄,殊不可解。

二十九日　晴寒

【下缺】迎神出游。【下缺】散漫萧条,令人有今昔之感。【下缺】将不禁而自强,然后知"顺成之方,其蜡乃通",古人所以验盈虚也。午过采九,即至福世侯处晚饭,蓬洲、心安、唐兰生、保之及余兰生先去,余待客散,复过樾岑谈。采九寓门已闭。书扇二柄。

六　月

己卯朔　晴

饭后登楼作《军志》，未数行，验郎来，问韵学，坐久之。出看迎神，裴回长城、李真两祠间，经二时许，还少愒，步过瞿郎，赴子寿招，陪采九，保之与怀钦，任、孙两前辈，运仪同集。保之先去，相者言其将有疾，不宜冒暑。余以人行止非人所代谋，不能止之也。食品未纯，腹中不快，过蓬海夜谈还，梦缇久睡乃醒，因亦早眠。

正四更，梦入一大祠，祠外有十许人，内有左季高，言与李次青同战鹰爪有奇功。当战时，约以一矢著城上为信，余疑矢力不到城，旁有为明弦弧远近者，云可到也。俄而外间火起，出视之，则二沙弥方呼天以救火，在天神座一龛上，实未然也。遂与十许人同入一祠，祠荒冷殊甚，或云有磷，多鸾怪，赌能入者。余心不欲入，而十许人者先行，随以往，则前行中一人大叫，欲以自壮，余知其怯，摇手戒之，而默前行。帉女亦先入，即退出，云磷高如人。余乃先入，则无所见，见若有光者，亦不甚显，暗中壁角，若有人面隐映，皆不明。见其正殿，殆高广数十丈，循左廊飞登，其壁上悬龛，并累旧红木箱，摇动甚危，余踏箱上行，至正面，未数箱，误踏其下一层，【下缺】路绝不可往【下缺】十红凳正【下缺】形参差相【下缺】五尺出一凳角劣容足，亦摇动欲坠，余踏而飞下，遂出殿墙外。当入时，非女从在后，及出，非女未出，余呼之不应，连呼乃应，手持一物，状如鸭，又如鳖，云得自池中，其名曰恤勿。部中有卵，鬼怪之所化也。恤勿者，隐语，鬼头由字耳。既及门，帉女乃亦在，同出，未逾阈，有老妪年可六七十，肿白，貌不善，方乳子，呼帉，帉不敢应。非女云可呼伯母。余亦念此怪无恶意,令畅女呼伯母。此怪大喜,遽下其所乳子,欲起有言,耳中方闻呼声,乃畅女唤老妪耳。

二日　晴

汤碧泉来,送唐中丞祀名宦详奏稿,仿佛杂谈而去。午出,看赛神,久坐湖北馆门外,凉风甚快。遇陈梅生略谈,旋绕小径至刘韫公宅,勉吾借酒招陪保之、子寿,宾主杂谈甚鬯。刘公词未毕,保之忽起,坐客皆讶其匆匆。保之文笔未退,而聪明大减,盖久居乡,又素略于世故,故至于此,然正是衰态。锡九与余步还,途中颇言宜留之不仕。余未能言也。何彤甫、孙味擅及其从子来。

三日　晴

晨起,部分燕客事。遣借浩园设席,饭后步从池生家入园,见一客从楼下出,则陈丹皆已至矣。顷之保之、采九、蓬海来,巳集申散。

四日　晴

验郎及张生竹初来,早饭。两儿皆病,欲遣信还衡,无人执笔,乃自为之,兼为畅女理书。锡九来,同过香孙。顷之保之舁来,同步还。香孙论采九诗不足成家,可谓不阿者。

五日　晴

未起,闻外舅来,屣履出谈,留早饭。樾岑遣邀至志局看志书。【下缺】零散无可征矣。看新刻《通志》。数过研丈谈,闻邹咨翁死日,云得传闻,非实也。志局留饭,九俎。饭后水驿报新抚邵公将至,余亦当往采九处话别,遂散。还家,待日落,至采九寓,值其将浴,约浴毕乃畅谈,因先过外舅,坐久之,还过采九,遇梅孝廉,云辛未同号人也。保之亦舁至,又报饶尉来,坐别室。余以坐久慢客,乃起辞。

六日　晴

晨饭,呼舁下乡,便过采九拜别,未坐而出。至外舅处,解衣遂行，出浏阳门，道上迎风甚凉，到山庄未午，小睡遂移日，起已饭毕矣。龙八专种菜，圃中无青蔬，以其憨懒不可用，遣之。

七日 阴

晨睡甚美，以当遣人还城，不可久睡，强起，待饭后龙八去，乃令莲弟还家唤杨思晓。西斋虚无人，移入。看《方略》六十本，少倦，假寐，遂酣，微闻有人来，不知何人也。又久之，见一人窥帘，乃绂庭自乡至城，相寻而来，云祠山有盗草者，又言九兄病甚重。余适未饭，因令作饭与共食。及暮，城中人至，无非书言顾工皆不能来。请人挑水，而自浣衣且浴。浴毕，烹浏水煎茶，饮三碗，觉腹中空空，切饼，食四之一。看黄少羲《道德经注》，颇为精实。

八日 晴，稍有暑意

周升来。昨遣龙八去，未有所顾，而频来三人，皆足以供爨，亦巧值也。午始觅一童子执炊。作书，处分割草事。看《方略》，欲作《江西后篇》，翻四十本止。

九日 丁亥，小暑

绂庭去。刻工苦蚊，亦去。翻《方略》二十本。将有所撰，偶阅《东安水道志》，忆前游【缺】物外颇有独往之志【缺】作诗寄怀【缺】。“山川寄物外，车马不能喧。偶有独往志，霞石横眼前。昔游如有神，今怀亦可欢。散发东山庐，沉吟永桂篇。岩虚午风静，松疏夏日寒。村舍远相望，樵牧方来言。岂伊慕灵契，离尘是为仙。闲庭虽自清，未若漱云烟。世事托妻子，将从性所便。”

十日 晨起甚凉

早饭后作《江西后篇》成。鲍超许弯奇捷而无所述，乃知史公附骥尾之说。午后浴，颇热。看曾奏及文宗训，聊以遣日耳。郭玉来迎，米亦告罄，乃议还城。

十一日　晴

四更起,检点厨饭,已晓乃行。本谓连日有风,步往为适,至辰热甚,巳乃解温。入城,坐陈池生处少休。至家,保之外出,丰儿伤热病困,梦缇亦病齿,待饭久之。保之归,纵谈诗法,云唐人能与古为新,学诗者不先从唐入,则为明七子也。《唐诗选》又以《诗归》为善,先隔断俗尘。《诗归》为世所訾议,非吾辈不能用之有效也。夜寝,梦缇颇呻吟,昏睡。今日初闻蝉,而家园犹无蝉鸣。

十二日　晴。庚寅,初伏

笛仙来。梦缇遣告丰儿将死矣。余亦未候诊其状,但闻汗如冷珠,疑其亡阳。往荷池询罗研丈,丈云寒厥不足忧也。笛仙言宜许神。余云巫医并进可乎。至午少愈。出访香孙、畇谷。畇谷为三弟觅一啖饭处,故往谢之,未遇也。香孙论保之诗五古【缺】如余在摹拟【缺】未化,亦为知言。余论保之诗亦【缺】其近体为高也。然无古法不得成近体,故近体亦未易言。夜月风凉,作书寄雪琴、萧章京,皆为保之介绍。

十三日　雨凉

黄海翁来,以无客坐,未延入,然海翁能出,可喜矣。君豫来。英子至省已久,今日始来见,余正午睡,出甚迟,亦不意君豫至,殊慢客也。保之午去,云出城,暂信宿,便长行矣。张岳州送茶。

十四日　早凉

园中柳树始有蝉。午蒸热。出访瓮叟,遇樾岑,旋至龙宅吊芝生妻,赴至成服。陶少云欲上行礼,余以未成服,不可行礼而出。出城送保之上陈母家,答访张子莲而还。保之来辞行。子寿来夜谈。校写《志》五叶。子莲处借近人小说。

十五日　阴

早饭后,夏粮储招饭,步至贾祠,谭荔生、子筠及黄郎、某甥先在，与荔、筠步过怀钦，已移麓山矣。过芳畹、黄小云亲家略谈，欲雨即还，大雨旋再作。看近人朱某小说，云与魏般仲相识。又载左孟星一联。馀无可采。

十六日 晴

得唐朗君书，即复，寄墓志石及行状稿去。镜初来。得杨商农书。与书松坪，并赠《南诏碑》。邓生子石来，言弥之取妾，误取人妻，以二百千身价尽与之矣。此等局骗，殊令人笑恨。而邵公以生离人妻，罚作猪，又其受骗之甚者也。彭子和、王叶亭余师及【下缺】来。

十七日 阴凉

易桃生、陈韫原、子筠、郭健郎、张冬生、竹师、芳畹相继来，坐谈一日。

十八日 阴雨

翻湖南奏稿。两彭郎来，坐半日。江石坞、李献卿来，未见。夜过韫原谈，遇姚立云。翻宋诗，寻咏贾祠诗未得。

十九日 雨凉

闲检宋、元诗，倦再眠。张元郎来。偶阅《古文苑》，贾谊有《旱云赋》，似是在长沙傅时所作，以为祀名宦之证。樾岑赠余新地图，省志局所绘，亦居然有可观。

二十日 雨凉

检钞宋、元诗毕。理《志》稿。韫原来。锡九来，言渠欲刘公荐余于邵抚，邵以沈、郭为对。甚矣巡抚之愦愦，虽罢官闲居，人以为明白，而胸次如故也。余前不欲败其兴，今当自悟矣。梦缇病齿畏寒。

二十一日 阴，有雨

登楼作《志》数行。瞿海郎来，言善化诗题“酒碗茶铛全部史”得

"瞿"字。瞿式耜诗也。余未之见。午过谢研丈、君豫,还过二妹家,送三弟往郴,还诣姚裔云饮,韫原、怀钦先在,陈程初、皮又舟后至,戌初散。欲诣子寿、运仪处,皆以雨将至不果。看《述学》,贾生年表未为精核。

二十二日　阴。庚子,中伏。热

书房平地。饭后小睡。吉耀丁来。出访黄诗人不遇,过子寿,留饭,同诣樾岑,晚出,独过蓬海。

二十三日　晴

黄诗人来,言须觅一馆地。晚出访子和,遇【下缺】其为【下缺】叶亭也。夜过瓮叟,言明日辞差告老矣。至运仪处谈。

二十四日　晴

晨起登楼作《志》稿。闻爆竹声,过拜四母七十七生辰。还,少卧。六云携小儿女三人俱往。梦缇病甚,家中寂寥,而不清静,意兴殊不佳。公符、默存、守愚来。

二十五日　晴热

福世侯来,当官益阳,荐袁生往掌记,面结之。今日次妇彭二十生日,命设汤饼,治具甚晏,正饥欲食,萧希鲁来,顷之陈力田来,言有一席,无用处,欲送来,余恐不可食,未敢约客。已而菜至,尚洁清,乃遣约二陈编修、陈总兵,邓生、陈芳畹。陈、邓不至,而子和、步仙、守愚,常霖生、易桃生不期并集,食不可口,酒尚豪举,戌散。伯屏、桃生对弈二枰。夜卧楼上。

二十六日　晴

健郎来,未见。检湖南历年奏稿。果臣孙来退邓宅奠分,且欲谋馆。果臣遗令能令其子孙不敢受赙,亦美事也。夜热不能寐,至三更始还寝。

二十七日 晴热

王石卿来。逃暑无事，看《指月录》。午浴。曾介石、王步仙来。饭餲不可食。邓生来，同食瓜，夜觉饥，已无所得食矣，吃面一碗，遂成腹疾。

二十八日 晴，极热

袁守愚来辞行。陈、任两编修来，议兴释奠礼。坐半日，苦矣，卧侧室门中，闻陈五弟来，不能出见也。至夜微风，始有苏意。香孙来。

二十九日 晴

晨出访萧希鲁，送福世侯。世侯已行，遇之街口。过仲云，遇熊子修。春陔处遇唐作舟。看皞臣病，云掖、胯、耳、眼俱出水，恐不久矣。促观余《军志》，明当自写与之。镜初处遇曾介石。过王步仙，日已午，乃还。郭庆藩来，言语轻率如麻雀，查查半时而去。为任编修改条呈。

三十日 晴热

浏阳马生来，言去岁考童顶替事犹未了，欲求首府保释之。余辞以不识何公也。得若愚书，言往阿克苏去，距肃州将八十站。颇言左督事未甚妥。夜过心安谈，遇吕、陆，食瓜，初更后还。夜寝至三更，热，更起。

七 月

己酉朔

热不能事，但卧而已。午正意城来，谈甚久，杂及天下事，甚诋黎庶昌，云刘云生方往德国，未撤回，他日误国事，筠仙能辞咎耶?

非女病甚,今日始起。夜登楼颇凉,室中犹不可坐。

二日　　晴热

蓬海约饭,怯日不敢步,舁而往。过伯屏,邀同去,二熊先在。熊镜蓉安假鼻,视之恶怖,终席不安,食又甚久,至申乃散。出访陈教授、张雨珊、皞臣,俱久坐。舁夫告饥,乃令先还,暮步归。

三日　　晴。庚戌,三伏

望雨解热不可得,坐卧竟日,勉为健郎、刘生点定文赋。夜卧楼檐,至鸡鸣。

四日　　晴

韫原来。饭后写包三十。陈总兵要过陪客,以为二张在,至则未赴,与三编修谈,谭荔生在座。饭罢,各写对联,余作三幅。风雨暴至,始解烦暑,至暮散。次青来,甚言余知李续宜之不能军,为有特识。因言曾文正至死不悟李劣,胡文忠知之矣。然则官文亦知人。官谥文恭,余误以为文端。夜早寝。梦缇坐通夜,云齿痛也。

五日　　早凉

写包四十五个。任编修、彭慎郎来。午后热,睡半时许。晚过次青。莪从看佛事【下缺】遇刘小山。摺子遣来索钱,与之十金,还书戒之。

六日　　阴凉

晨写包毕。许昆圃、樾岑、子寿来,坐谈半日。樾岑言苗沛霖围蒙城,四角安营,环以长壕二十五里,连营至下蔡,其形如龟。陈国瑞攻破之。苗欲自出合众,为下人所斫,送首王万清营。万清杀而攘其功。子寿以为不实。传闻之异如此。夜诣竹师,遇雨。

七日　　晴

出访昆渤,过皞臣、蓬海谈,还至省城隍看戏。至香孙处,遇陈幼铭。

八日 晴

率一嫂携其蠢子来。健郎来，久谈。锡九暮来。次青夜来。

九日 晴

蓬海、伯屏、罗研丈来。次青招饮，同坐九人，有理安、稚蘅，夜步月还。看雨珊、蓬海词。胡子正兄弟来。

十日 戊午，立秋。晴

吴翔冈来，言祁阳之役，周宽世转战入，以骄致败，颇言李续宜之功。雨珊、子和来。曾介石、洪涛同来。

十一日 晴

验郎来，言其叔母代夫先死，问可旌否？余云此非妇道，而近例必旌，亦一节之行，不可以是非言者也。夫病未至死，乃先死以殉之，在战国为妾妇之行，大要近于鬼迷。黄莘渔、任雨田、彭辛郎来。任拟整饬府学释奠礼乐事，近可成，属为要朵翁。彭占僧房，而为无赖所驱，颇亦好事。疑墓讼亦由其从臾。笛仙宋学，故不明也。

十二日 晴

斋，不见客。闯入者张冶秋、戴道生表侄、理安。钞《志》稿五叶。夜宿湘绮楼，心境清寂。是日庚申末伏。

十三日 辛酉。阴晴

晨兴稍迟，以家人馔具未毕也。巳正羹定，以初秋天热，减八豆及加笾，改用一献礼。【缺】夏冬共【下缺】用孟月，春孟用次丁，恐与元旦相值也。若值国忌，则用季丁，夏用上丁，冬用上巳，秋仍十三，旧尝日也。行礼一时许，毕，补行香报三祀，乃馂。午后健郎、邓生来饭，招彭、黄、胡、陈俱不至。夜待两儿作课文，以邵公自负能衡鉴，故为点定之。言舫臣来。

十四日　大雨

吉耀丁、汤柄玑、蓬海来。看张雨珊词毕。钞《志》稿一叶。出访黄莘渔不遇,见瓮叟,遇畇谷,过胡郎,问考事。作书寄朵翁,请其来城,任编修之意也。

十五日　晴,甚蒸湿

钞改《志》稿。看功儿写公呈。午后雨。竹师来,言文抚奏调,与杨耕云同荐。骆勤广县丞来。

十六日　晴。午雨

周稚威来。钞《江西后篇》毕。始理奏案,作《援军篇》。非女书扇谬误,反厌人求,甚乖处世之道,且应对不逊,厉责之。因促功儿书。功儿反以白扇缴掷还之,不屑教诲也。吾儿女皆谬妄,念之惘惘。

十七日　晴

作《军志》。吴少芝、樾岑来。骆丞送土仪,收二种。得敖金甫书,乃知四川仍有院长之聘。未正出赴府学,会议习礼事宜。至八角亭,遇大雨,入力臣宅少避,门者必欲请余入坐,与黎生久谈,大似《儒林外史》王举人避雨情事,但无瓜子壳耳。至府学已议罢入席,与两院长余、周同坐,日斜散,以熊三等未夕食,急还。登楼欲撰《志》书,觉倦,栉发毕,小坐入宿。

十八日　晴

揩子来报丧,言惕吾九兄死。回思其兄弟盛时,恍惚如梦,后事茫茫,令人寒心也。遣人下乡,将仍率两儿往读。任编修来,言府学首事把持,不容人搀入,筹思退步。余云公呈已进,不可追矣。章十兄第三子来乞钱。风渠在时,已不收录,今仍落魄,而烟引甚深,此等子弟应运而出,初不知其何心而学坏也。家中唯有九百钱,尽举以予之。价藩来谈经。价藩每至必及经史，其先无所学，而好学耳。他日殆未可量。雨田遣来要议，师竹生、彭郎在坐，二更乃散。久未适寝，嫌太疏阔，月明秋清，将与梦缇清谈，而呻吟竟夜，殊不顾人。《诗》曰："独寐寤歌，永矢勿过。"又曰："彼美淑姬，可与寤语。"人信有各适其适者乎？

十九日 晴

得曾省吾书，送扬州筒扇。作《江西援军篇》三叶。会客数人，忘其名氏矣。遣两儿下乡，己亦将往撰著也。

二十日 晴

晨饭罢，呼昇往任宅，待久之。同访杨石泉，遇李仲云，旋过唐作舟，出至府学宫后梧轩桂堂之间，无人为主，余令佣人为发火汲水具食。午后，杨石泉，唐，朱镜初，彭朵翁，陈、黄二学官来。浏阳邱庆篇字联泉来教乐，壬戌举人，道州训导也。八人一席，余为主。雨田陪分教诸生为一席，又办事杂客为一席，至戌乃散。热。

廿一日 晴热

将往府学，先遣昇送丰儿出城，觅兜子不可得，仍还家中。两佣不肯入乡，俱遣之，近日农氓之情如此。午至府学，幞被郭大人住房，盖修省志书时所题也。客来者不记。夜热，几不成寐。

廿二日 晴热

寓郭房，客多不记。【下缺】同过陈丹阶，日烈可畏，宿梧、桂之间。

廿三日 晴，热，不可耐

一无所事。昨夜欲还浴，为朵翁所留而止，今更不能待，乃与价藩还。

廿四日 晴

得两儿书，言乡居之苦，欲自往，留夫力以待。族弟玉岑来，为设鸡菱之馔,待其来饭,至暮不至,乃食。伯屏来,同饭。夜已寝矣,玉岑复来,言二、七弟将加租于公田。吁可怪也,亦可骇也。留之书斋宿。

廿五日　凉晴

新佣复不肯下乡,乃呼两儿还。午至府学,来客络绎,言人人殊。

廿六日　阴

竟日无客。凡昔言不可改作者,今皆愿改章矣。袁岱垣来,坐一日,留之点心、晚饭,与同归。六云送豆乳极佳,在寓中得之,几非人间之味,甚哉,人之易于溺也!谭荔生及丹阶来。今日为彭郎改文一篇。

作诗三首赠伯屏行,录二首。"秘直还东观,和颜奉北堂。云清天路近,江静彩衣凉。房玉鸣知喜,陔兰远更香。此行无别恨,扶路赏秋光。""水阁犹馨桂,南洼定长蒿。使装贫不改,文酒会仍豪。岛鹤从容步,霜鹰顾盼高。看君持大体,终不忝词曹。"夜寝,梦缇病热,且汗,余终夜不安。三更后雨淅沥有秋声。

廿七日　晴

谭荔生来。饭后登楼改《湖北篇》,叙多礼堂战略,尚不能得其万一,然已褒矣。多平生恶文字,何以得此报哉!

廿八日　晴

任雨田来,要入学,未去。外间传闻有资翁来,知是柏丞,急出迎,果然,握手询踪迹。余近事,柏丞尽知之,柏丞事,余不能知也。言自广东遂至陕西,留二年,今方归耳。意兴犹昔,背已驮矣。留谈一日,送之,同往天妃祠,宿梧、桂间。

廿九日　阴晴

过柏丞谈,约同午食,仍还府学论事。至晡时,柏丞自来,食罢,乘凉步还。得子泌书，即复二纸，并问程郎刻工来期。遣莲弟往石门收帐。夜过香孙，遇雨，舁还。

八 月

戊寅朔

作书寄丁、方四川，为骆县丞干谒。登楼撰《军志》二叶。方夕食，力臣来，门生以例不传，食毕方知之。至香孙处，询之未在，遇竹师、池生。竹师方食，未入。池生有病，小坐还。

二日 晴

晨起，左生来告其庶母丧。往吊锡九。先县学生辰，具汤饼之荐，午初方毕。得夏生书，文词甚美。午过力臣久坐，遇君诒，至府学已午食，遂同镜初至遐龄庵送价藩，谈至夜。郭玉先归，竟半日未食，唯啖两饼耳。

三日 晴热

试习合礼乐，来客无数，无纨绔儿耳。周生自以为娴礼，不容人立一议，既行，众交訾之，周生无以自容，遂发怒而去。家中送菜，咸不可食。今日欲往乡看两儿，朵翁云听其自爨亦佳。乃遣郭玉往唤之归。夜看演礼，寂静颇有肃穆之意。两学官来。

四日 晴热

定礼仪单，与官礼生相校并同，唯少九叩耳。两庑四案，何时改为二案？云系祁寯藻奏改。盖欲尊儒比贤耶，所未详也。祁寯藻又何以轻议礼，亦不可解。唐蓬洲、李南生同来，坐久之。今日客比昨日较多显者，乐生纷纷请去，教习皆有怒色，浏阳分党之故也。余往劝之，众皆无词。乐生多轻薄少年子弟，而屈于礼，故知王道之易易也。黄昏大雨,舁还。

五日　晴热

丰儿二十生日,命六云为作汤饼,至午始得食,热甚不能饱。袁岱垣屡来约往府学,因与同往,则司道均集矣。本命两儿往执事,亦迟到,游观而还。江西黄姓来谈道,云系总查委员。未知为丞耶,令耶?其朴实迥非署缺之官,未知何以得差。至暮欲归,云电甚可骇,似有大雨者,少坐遂夜,雨竟不至。柳学究来谈经史,自云颇知推步。

六日　阴

今日人集颇早,早饭有七人,待雨田定议告巡抚后,试办事大致粗定。乃辞归。过柏丞少坐,欲诣朋海、子寿,取道东茅,见东北雨正浓,折出小巷,至理问街视李禹翁,值府学会议公事,留饮甚坚,饭毕已暮矣。遂至樾岑处少坐而还。

七日　晴风

避客闲居。蓬海来,谈半日。晚间又有杂客数人来。竟日无所作。

八日　晴

作书复金甫,兼吊芝生。看杂书数本,仍谢客。薄暮,余佐卿遣信相闻,往看之,问京城江南故人新事。章伯和、曾介石俱在池生宅,同至浩园看月,二更还。

九日　晴热

至府学,因过吴教主,甚畏市人攻劫之,强颜大言,殊可怜厌。略坐,至学,值演礼,衣冠毕集,竟日言议,至夜早愒。午夜起,饭,衣冠出,看祭。

十日　丁亥

鸡鸣,巡抚及僚属释奠孔子,诸生百馀人将事,虽未娴肃,亦颇郑重，较胜乡试送考，大阅观陈也。作小诗记之云："南郡人文首，东胶礼乐宗。儒臣新节使，雅咏古车攻。星汉彤廷丽，英贤玉佩从。储材归重学，非但美笙庸。""郁郁熊湘阁，当年抛火惊。至今吴选士，多用鲁诸生。城阙秋容静，弦歌晓殿清。老儒投笔久，歆及见升平。"

今日起过早，苦昼长，人散无事，又值微雨，因步过力臣，谈二时许，待其客集同饮。入坐八人，熊、罗、袁【下缺】君诒及余与力臣为四少也。夜还月明。

十一日 晴

六云及非女生日，作汤饼，至午乃得食。贡院首事约勘水地，及修李发甲祠，往参之，至者十馀人，无所容其异议，碌碌而还。四母及妾女斗牌，看局戏半日。夜乘月过竹师不遇，至香孙处少坐而还，月亦不明，乃眠。

十二日 己丑。晴

杜门谢客。有佳客三四来，不及知也。竹师来言事，因请入谈。为锡九妾作墓志，叙述不及百字，而宽然有文。夜大雨。

十三日 雨凉，旋晴

考两儿功课多荒，因自计亦废日殊甚，仍定日钞三纸。未半叶，客来又罢。周春翁曾见先君，故不可以不见，入内室久谈。午过子寿饮，佐卿、鲁英先在，力臣、雨田后至，戌散，步月还。力臣、佐卿均舍舁相从。力臣至东牌楼分道去。与佐卿访曾介石未遇，过熊鹤翁而还。

十四日 晴

为两儿改课文。出诣瓮叟、朵翁。府学改服，步访雨田，遇丹阶。过皞臣，谒周丈不遇。至刘前抚宅，刘谈南北韵异同之故。及交趾、高丽使臣异尊云云。答访二孙,久谈,竟日未食,不觉饿也。复至佐卿处,论明夜要客看月之局。夜还饭,生不可食。

十五日　阴

鹤翁早来,匆匆去。理安、镜初及其季父竹苏子、佐卿先后来。二曹及余,自未坐及酉,谈甚洽。看香孙小说,殊不成书,似专为标榜王氏而作者,颇觉害事。夜祀三,祀三庙,及礼月。自以为非礼,不敢用大祀仪,因四拜,示仍旧俗也。受贺毕。至四母处贺节。更衣步至浩园,为看月之会。意臣、力臣、理安、介石、怀钦、章伯和、陈雨三、佐卿、笠僧、萧希鲁、佐卿子、怀钦子均至,食饼甚佳,午夜散。行庙下,遇汤肖安及诸候补官,念十年前张、郭之盛,必有媚行来者。【下缺】寂寂笑人。熊鹤邨后至,已醉,与理安步还。

十六日　晴

功儿当入学,乡中无章程,因令暂居府学。午后步访少羲、尹和伯皆不遇。答访罗郎伯翼,见其师孙生。过周丈杂谈。至府学饭。作浏阳李载珪祖母邓氏家传。彭郎克斋亦来,任、师俱先去,遣要镜初亦不值,乃过介石。送考还,佐卿复招会浩园,往则萧希鲁、笠僧迎候于门,坐客有吴止斋、周生、佐卿父子,亥散,异还,月光更朗,欲作诗,忽忽遂辍。

十七日　晴

易郎来,言吞吐无章。饭后锡九、谭荔生、蓝楚臣来,久坐,觉倦,强钞《记》二叶。蓬海约饮,至则李式法字幹吾者先在,湖北知县,甲子举人也。力臣、樾岑、畇谷相继至,食蟹、羊、笋、芥,皆新品,大论香孙小说之无谓,未散。任雨田遣告,已待于裴。樾岑先归,余与力臣步往,镜初、竹生亦在,大要言院司必以李仲云为重,仲云不至,则前请款事必不可得。余云宜缓之,以待其定,行之如故,则众议息，自圆成矣。众亦唯唯。与力臣、镜初、竹、雨步出，至东牌楼，分三道各归。钞《记》一叶。得文心书。

十八日 晴

先祖妣生日，设荐。彭子和来辞行。彭郎克斋来送钱票。湘潭胡姓来，言郭六兄宜改葬。吉耀丁来索馆。纷纷俱去。乃为子和写横幅。吴袄教请客，往则客未至，过畇谷谈，再至吴处，客至者数人，皆不相识，有陈丹阶而自居主人，顷之入坐，罗香阶、李仲云为客。吴欲开学宫，责俞嵩庆，李持不可，殊无章程。夜散，过镜初、力臣，问〔闻〕曾劼刚出使，筠仙可还矣。力臣处遇子寿。丰儿上湘。

十九日 晴

登楼补钞《记》半叶。袁镜亭来借钱。为黄绂堂父作墓志成，钞未毕，尹和伯、王理安来，同出，独至佐卿处，遇程伯汉、萧希鲁两贡生。佐卿要过皞臣略谈，至力臣处吃饼，坐客郭春阶及其从子意臣、朱雨田、黄子襄，戌散。同佐卿过曾介石，独过香孙。

廿日 晴

郭玉无故逃去。为唐妾作墓铭。唐以遣仆有违言，非女盛称其贤，余无所折衷，姑以慈惠谀之耳。竹伍来，云丁督以三百金礼之入蜀，欲与余结伴去。余辞以书未毕，不能也。袁氏送书目，无异书。钞书无纸，率二女糊窗。申正黄氏新妇生子，是日丁酉，为戊寅、辛酉、丁酉、戊申也。余自出报黄氏，因诣学宫，遇功儿令还，自过蓝楚臣、春阶。夜还，钞书一叶。

廿一日 晴

言舫丞、王纯甫、涂稚蘅、余佐卿、陈蕴原来。考子见之礼。古射六方，不足为典法，盖仿上古禳辟之意，云有事者非也。今试士不以射，则负子者出而见祖父可矣。夜寝，颇沉睡。

廿二日　　晴

长孙三朝,治具迎其外王母。竹伍来。瞿郎来,辞未见。待至未,洗儿,犹未毕,余率功儿释祠于祢,礼毕,儿出,一视之,即解服步出,寻佐卿久谈。子寿、力臣、怀钦、雨田、子襄、验郎先后同集,食饼,设馔颇鲜新,为致饱。席闲谈诗及学宫事。子寿微醉,散已二更,还家过蕴原,已闭门,家中客亦早去。夜寝甚甘,小儿啼久,与梦缇再起呼之。

廿三日　　晴

早书对二幅。诸客有来贺者,谨谢未见。曾介石、佐、稚夜来,同过文原,待其居停陈总兵还,询宁波教主行止,云欲上岸,县官贿止之。午间过贺笛仙新居。遣人报外舅生孙。

廿四日　　晴

彭克郎来,辞不能止,入谈顷。丰儿还,询乡中事。暮出过竹伍。

廿五日　　晴热

王淳甫、罗郎伯翼来谢,未见。午闻书院传梆会劫吴、刘二教家,出察之,乃寂然,唯壁上有"步上林鸿烈"云云。去岁乱民劫上林寺,官不之禁,今乃以为鸿烈,益知湖南之乱也。比月常德、平江、益阳、永绥时有劫杀事,官皆不能问。往者以无兵而讳盗,今以见惯而不惊,时事可忧,孰过于此!余亦以昼察夜观而付之天命耳。作书报曾省吾。淳甫已去,过力臣,谈王孝凤争樊口案,朝命雪琴为查办大臣。又有言王夔石出军机,翁叔平代之者。至彭祠寻朵翁,叩门无人应。答访陈生,诣瓮叟、芳畹还。梦缇出至黄宅,六云染卵,黄昏无聊,假寐至二更乃起。梦缇亦还。

廿六日　　晴热

积客酬应甚多。舁出答访瞿、言、向、唐皆不遇。至佐卿处,谋送姚氏赙，合作一联，聊以塞责耳。过皞臣、朵翁、子茂久谈。中过朱、周不遇。还，夕食，作姚兄挽联云："埋玉感慈萱，四百九旬双涕泪；飞鸿怨秋草，五十三年好弟兄。"姚姊不嫁，于去年三月中死，今其兄又死，年五十三也。姜白石诗"五十三年老弟兄"，故借用之。遣人送佐卿写之，约明日同去。步过荷池，罗、王、涂均出矣。至香孙处谈，及暮还。两儿入府学去。

廿七日 晴。甲辰，秋分。奇热

晨得曹识翁书，其训吴翔冈，言言金玉也。佐卿来，同吊姚氏，过子寿，留食饽饽，出分道，余过樾岑，论吴氏父母奉教，不能喻之于道，圣人宜如何？余云凡教各有主，如天主教，但不立主，乃其数十世祖已深讳有栗主。今强立之，非其祖父心，而曰吾以为孝，无是礼也。门凿十字，彰其祖父之奉邪教，无是法也。《春秋》于篡弑之主，仍不夺其君臣之名。吴氏之祖，其罪比篡弑轻矣，而谓其子当反父祖以为孝，有是理乎？吴氏子但从身已后仍用中国之制，禁绝邪人，不使入门足矣，若谓必逼其亲反教以避祸，不知祸不因其教而生也。还，夕食不甚饱，向暮朵翁、刘春叟来。夜登楼钞《记》三叶。

廿八日 晴热如中伏

钞《记》三叶。周春丈、汤柄玑、验郎来。作书与雪琴，极论立言之体。钞《记》一叶，《坊记》毕。

廿九日 晴，热汗如雨

钞《记》一叶。晨出，贺长沙令及蓝楚父生，李拒门，蓝设面。遇冯郎俊三秀才，还至白马客舍，答访陈云孙解元，黄二颟顸，寻不得，舁夫跌地，还。浏阳马生来，任编修、冯秀才、卜经历继至。帉女疾，珰女理书不熟。夜诣竹伍，已去矣。答访陈、冯还。作书致文心、王莼浦、曾省吾、三弟，并交冯去。热不可事，蝇又扑镫，乃寝。

九　月

丁未朔　阴，热未减

钞《记》一叶。出送竹师行，遇力臣，还过局关祠，见吊者，始悟黎竹林今日受赙，曾再饭其宅，虽无深交，以一元赙之。子襄约会荷池，议李瀛仙中丞祀事。往则设食，研丈、运仪、佐卿、君豫皆在，稚蘅亦与，又有一玄衣人，吾以为黄共安，继知非也，未问其姓字。至酉席散。步与佐卿同还，登楼夜谈。雨田来，二更始去。

二日　阴

子明早来，久谈。易郎及曾甥、曾省吾继至，至巳不设食，频呼乃得之。本约雨田集浩园，以巳正，已过时，步往。力臣、师竹生先在佐室，顷之易郎、雨田、子襄、笠云沙弥皆会。论府学集费事。力臣言宜公呈直请。口授其词，甚为了当，公牍好手也。唐宅催客，舁出，谢周春丈、释冠服，步至唐宅。遇杜式蘅、汪伟斋，顷之李绍皋、曹竹苏至，余与子襄又要力臣来，宾主九人，设二席，戌散。与竹、力、襄同步至八角亭，竹竟舁去，余三人过意城谈，论九日之集，二鼓乃散。六云病作，拥被眠。客坐有雨田、彭郎，相待已久，子初乃去。

三日　晴风，仍热

晨起检请客帖，则错误百出，尽掷于地，闷叹而已。曾甥来。庄心盦、殷默存、刘仲翔来，坐谈半日，对客钞《记》一叶。

四日　晴热

夏粮储来。今日曾祖妣忌日，误用常服见之。凡忌日宜谢客，而忘语门者，帖入不可辞，故出见之。言朱学使欲立校经堂，欲与余相商云云。履安又来，言学使欲令学官举优，宜作何谢之。余言但不考经古，自不妨入场也。力臣、验郎、袁守愚来，客去乃设奠，两儿亦归，随行礼。佐卿晚来久坐。黄次云亲家来。

五日 晴热

李建八之子石贞、刘馨翁、朵翁来。客坐竟日，既去颇忘其人。运仪来，谈“目巧之室，则有阼、奥”。阼、奥，皆主人所以自隐，更在墙内。夜过外舅寓，见桐生，似不甚得意，亦无多话可说，坚坐半时许，步还。钞《记》一叶。

六日 晴，风炎日炙，更甚三伏

辰出，步过贾祠，途遇子襄同行，入学堂坐佩秋亭。力臣、佐卿继至，心安、怀钦亦来，竹师后至。设无猪菜，公饯竹师，庄、王为宾，午上申散。先设于楼，避日更下饮于堂，多言故抚事，又言新抚之来，有事辄游移，即如府学再递公呈，抚辄以示司，司请不批，未知其何意也。或云柔暗，或云巧滑，以余观之，庸人大抵然耳。与力、佐同过朵翁、意城，复与佐至府学巷，过子筠门，遇两儿，要筠、佐同入文昌祠寮少坐，两儿仍报名去，待久之始还。筠别去，余与佐同访徐定生，过皞臣，步月还。今日设汤饼会，女客至者仅四人，乃设三席，可谓费矣。

七日 晴

晨登楼，燥热，汗如雨。昨闻湘潭训导言，余劝王君豫不试，以为异端。君豫之取三等也以谬误。其革廪生以绁误。今年学使忽欲置之高等，且以优贡属之，训导承旨，告以举优。君豫商于余，余云无自行举优之理，且婉谢之。故以不考经古避一等。训导乃以为大谬。又云已报名，且举优矣。故书告君豫，令其随众。盖今日人之干进，有似古人之高隐，举世美之，见不进者则以为至怪，不可以理晓也。唯有不与人作缘，则可免，否则必为人牵。然当此天运至变之时，而哓哓论理，亦可谓迂矣。明晨两儿入场，当往监之，以梦缇生日，留一夜。适绂子来，令先往。夜寝不怡。

八日　晴，极热

家人当贺生辰，余避出。张语山告弟丧，遣邀余往，则已去。至府学，钞《志》一叶。竟日无人来，而无所作。至申，丰儿出场，问经解题，无中肯綮者。酉初，功儿出，问赋诗题，甚佳。诸生皆以为难，信知作知之均难也。遣二子归，拜其母生，余与绂子留府学。雨田夜至，出视抚批云“学礼可行”。

九日　晴，极热

起甚早，待异夫来，已朝食时矣。出答访数客，均未起，唯见曾省吾、刘馨翁。热甚烈，还少惕，时已过午，出答胡、常两公子，皆不遇。至余宅待客，余与力臣、意臣、子襄、雨恬为主人，招客会浩园，为茱萸会，至者熊、袁两翁、研丈、罗瀛桥、樾岑、刘润如、师竹生、陈程初、佐卿、怀钦、运仪、验郎、释芳圃、任雨田，分十四寒韵，人各六字，熊讳得“棺”，又避一难字，止四韵。子襄先去，庄心安设坐未来，亦止分四字。馀十七人，凡一百二字，加十二字，共百十六字。馀几字，则未暇检也。戌正凉风始起，宾主尽欢，步月而还。余不还家，直至善化学巷视外舅，已闭门清卧，乃入府学，两儿亦眠。夜北风大寒，四更起，送入场，则皆著绵矣。凡至热至冷，则必有大风至，以变其气。余未著裤褶，冷甚，以布围腰而往，视诸生毕入乃还。

十日　大风，寒

拥被眠竟日。待放牌，至院门，遇彭克郎同还，两儿同出，公饭已尽，更炊之，久未熟，余竟日未食，啖红薯二枚，家中送菜来乃饭。雨田复来，言明日散馆，诸乐生皆去。余还家料理，梦缇无病而呻，且梦语，竟夜喧扰。

十一日 冷

得怀庭及六弟书。六弟书文词甚美,不知何人捉刀也。蓬海来,谈赋。心安兄弟三人继至,谈久之。心安登楼未坐,皮筱舲来,两儿亦归。外舅及桐弟来看女。意城来,久谈,将暮乃去。陪外舅饭罢,梦缇谢客犹未归,乃俱出,至又一村遇之,褰帘呼父,殊有阔派。同至学院门,看案未发,至府学,陈、李、黄、任、康请客未散,丰儿、绂子犹在,少坐,笼镫过力臣,谈盐务经费。还家,家人无知者,至寝已闭户矣,呼启户,少坐仍就侧室。

十二日 风,阴

遣移府学书被还。令莲弟入乡,呼畀夫来迎,将往毕业也。周知县来,谈广东事。今日客少,又以将还山,未事。夜初经赋案发,两儿均取录,当覆试,须待明而饭,家人无解者。余自数漏刻以候之。寅正起,呼内外盥漱,甚寒,烧柴煮茶,向火乃暖。

十三日 风,阴

黎明步送两儿入场。因看案,则杜俞列第二,所谓杜云秋者也,不知何以见赏。余初不欲丰儿覆试,而未知可否。既至,见学书皇皇传人,知不可不覆也。直入堂下,闻学使将出乃还。过问佐卿,因过笠沙弥、池生告别,还始早饭,高卧谢客。祝甥来,令入谈。为两女理书,讲定公顺祀,叛者五人;文公逆祀,去者三人。若是典故,于文为赘。《传》言三五,皆谓卿大夫也。定公书"盗窃玉弓",盗比大夫为贱。今贱者得国葆,则大夫亦叛,可知讥定不修政而务虚礼也。文公孙敖奔莒,而曰卒,以起文不子,去者无讥,下又为齐胁而受其丧。由子不子,故臣不臣,讥文身不正,令不行也。此怀疑已久,今偶有一说耳。《公羊》初无望文生义乡壁虚造之疏家,故必附会而成之。避客深居,闻有来者便辞之,既去,见其刺则黄星槎也,来往两次未见,亟追入谈,出李镜轩寿序见示,全不成文,而擅能文之名,为杨总督、王侍郎、李道台所敬服。余初未见其文,但闻其博学鸿词耳。夜过运仪谈,还已二更,少坐即寝。

十四日　阴

梦雨如尘,山川萧静,殊想舟车之胜赏矣。登楼理书。待汲者还,乃出吊筱舲,遇子襄,少谈还。验郎送诗来,甚佳,为点定三字,又为改送叔父长篇一首。与书际云,言夏、孙事。得春陔书,为其弟属托孙小峰。赵姓又欲求一亲兵缺,须觅樾岑言之。夜待发案,先睡俟起,半寝,人还,言改期矣。初睡时似有疾,已而大愈。今年稍觉寒暑不为灾,殆体气日充也。乡中夫力来,明日将去。

十五日　阴雨

以风,六云留待一日。遣迎外舅来谈,不至。为两女理书,钞《祭统》二叶。夜发一等案,功儿无名。

十六日　雨更甚

晨遣异送丰儿覆试,因还睡,至巳,乃饭熟。钞《记》一叶,得"斋十日,会太庙"之说。弥之书来,复欲迎无非,词甚闪烁,意颇不说。自总角与之游,皆以为仁厚有馀,今不见其肫渊,但见其城府耳。复雅南书。为瞿春陔致书孙小峰,托其庶弟。丰儿暮还,言一等生多老儒。

十七日　阴,无雨

晨出访杨石泉,为钟弟,托其挈带赴甘肃也。遇黄云岑,不得尽其词,还复作书。唐生贤畴来,留少坐。遣两女先发,顷之刘生世禹来,未入坐。镜初来,日已午矣。呼异,索佣三倍乡力之值,因步出小吴门,城外夫力仍倍乡值,遂独步而南,休于大桥,再休于绵羊山桥,比至山庄,已申正矣。非、窊女云初到未逾半时。乡中笔墨俱无，稍拂尘几，待饭，已上镫矣。

十八日 阴

以无事晏起。饭后，黄长送书来，刘一始去，仍大睡半日，至申方起，作《援广西篇》二叶，钞二叶。

十九日 雨

作《志》二叶，成一篇，钞二叶。夜至子乃寝。与书弥之。

廿日 晴

钞《志》二叶，阅《捻寇事略》一册。作《表》一叶。薄暮黄长来，得樾岑、心庵、子茂片。阅丰儿一等文，甚不对题。闻湘潭案发。

廿一日 阴

偶出水边，见隔岸林叶已黄矣。遣周佣归，取书研。钞《志》一叶，余阅《捻略》五册。

昨梦有妖寻仇，化为道士，将甘心于我。我知不敌必死，而理气甚壮，毅然作章，诉之斗母，然心恇惧，下笔几不成字，行草书之，首题"大清湖南举人"云云，以后忘其词，书满幅而词未尽，更回复书之，末云"强弱势殊，仰恃恩命"，上禀笔势，宛然可记也。既，怀诣斗母室，上梯，而楼窗隔街，斗母殿上有三五俗人，议修饰祠宇，祠甚冷落，似有余佐卿呼余，更下梯，出民屋，乃能登阁。余初书词时，旁来一人传妖言，俟余上章而后斗。既见像饰荒残，心疑神未必灵，自援枹欲击鼓，而祠无鼓，唯旁壁画一女像龛内有布鼓，击之如絮。焚词香炉，炉内落一纸，拾视之似音释字书也。章烬香烟起，而殿后壁左角地若陷，圆如车轮，烟出雷震，屋瓦不动，余几踣于地，心知彼妖死矣，惊神之灵，感泣而归。遂醒，竟不知何祥也。今夜复梦，则颠狂可笑。比醒，夜雨滴阶，林叶萧萧，出五浊而登净土矣。改丰儿文一篇。

廿二日 雨竟日

作《志》三叶。阅《捻略》十册。黄、刘均去，周佣未来，两女均执爨烹事。夜镫无油,早寝。

廿三日　阴

作《志》四叶。周佣日晡时始来。瞽妇送茅栗。

廿四日　雨

黄长又来,送王平凉书,言陈廪生被枉。陈生事,余所发也。平凉将以余为鬼蜮耶?复书详问之。适作《临淮篇》将成,殊不暇顾,而黄长往来如热蚁,勉为一纸,遣之去。作《志》第九篇成。嫌课太少,改定钞《志》、作《志》各四百馀字,钞《记》一叶,看《方略》二十卷。今日如额。唯看《方略》便作表,终不甚细密。

廿五日　雨

课如额。唯《方略》少阅一函耳。

廿六日　雨

课如额。得张力臣书,送九日宴集诗。定《临淮图》。

廿七日　阴。午后雨

课如额。改停看《方略》,增钞二叶。

廿八日　雨

课如额。

廿九日　雨

课如额。以明日当还城,加钞六叶,《祭统篇》及《援贵州篇》,钞《江西后篇》,皆成。

三十日　晴

当还烝祭,留两女山居,将遣婢伴之,及莲弟照料,省往还也。舁行甚迟,至城已过午,雨又将至,舁夫云不能再行,遂罢。得子泌书及柏丞书。两君皆执古义而河〔所〕求殊卑。夜寝不寐,与梦缇谈竟曙。

十　月

丁丑朔

治馔开单，欲出未果。验郎、李七弟、力臣、彭克郎、吉耀丁、刘春叟相继来，皆探余入城而相诣，不可不见者。逡巡已暮，步至樾岑处久谈。遇杨性老，雨作，舁至，还过蓬海，已二更矣。舁人著鞋甚滑，兢兢如履冰。六云疾作先眠，余独坐作《军志》一叶。

二日　阴雨

家人执爨，两儿庇具扫堂涤濯。余斋居楼上，钞《军志》六叶，《贵州篇》成。子筠来，论学使除益阳方以智名，为快人意。方以贿求举，曹诒荣为令，录送弟一。县人大哗，至辱及曹妻，方行贿数千金以息事，曹遂解任。而知府何枢者，恶诸生之敢议官也，故置方高等，且尝第一，长案乃第三。逢人赞其文材，胜枢远甚，意在阿私乱黑白，至是尽绌。肯甫真可人，其尤奇者，先置第一，以杜请托，榜发，径除之，使人愕然。

三日　己卯。晴

今年始考礼，定四时祭，春夏用孟月丁，秋仍用孟月十三，冬孟月上巳。今日烝祭。久雨忽晴，吉祥止止，坐待饔饪，巳初行事。①

八日　雨

午前在城写扇条，作王谱序，及应复各片，俟晴乃行，路略干可步，傍晚至山庄。

九日　晴。晨午雨，晚复晴

加课至七叶，钞四撰三，俱如额。

---

① 四日至七日日记缺。

十日　晴。有雨

课如额。夜钞《祭义》一叶。看胡渭生《禹贡图说》,书生故纸可闵。

十一日　阴

甚闷,课毕未晡,步至水边,欲乘暇入城,雨蒙蒙似不可行,还仍不雨。杨春来送刻字人样本,甚不佳。夜作九日诗序。阅任编修诗,奇可笑。

十二日　雨竟日

课如额。钞《仲尼燕居》毕。

十三日　阴

课如额。写应酬字二纸。夜作书复贺麓翁。麓翁年八十七,望其子入学甚迫切,无以慰之也。改袁、任诗,将刻之,以贻好事。

十四日　晨雨

遣迎梦缇入乡小住,令得少休暇,兼以将远行,小聚谈也。钞《祭义》,改定数处。说孔子宗子宜有主妇,疑伯鱼是庶子为嫡者,幵〔丌〕官夫人盖无出也。暮望前山,以为佳人不来,及上镫,梦缇乃携舆儿至,办饭毕,已及亥矣。《志》课尚少二叶,撰成之,乃寝。夜雨。

十五日　阴

钞《记》四叶。撰《志》一叶。午食后,以为饭晏,将晚矣。梦缇方作屦,余因少惕,则天阴非暮也。寐久之乃觉,已二更矣。城中送索面,始得饱食三顿。闲谈久之,撰《志》一叶半,油尽镫灭,乃寝。少课半叶。

作二诗寄黄晓岱:"思君又隔岁,相访恐多劳。山静心长定,霜寒病独鏖。养生无禁药,怀旧有庭蒿。一事堪消日,扶床醉浊醪。""近欲梁州去,知君忆弟情。有官归更好,为客老无成。卧听秋鸿翼,闲销夜雨声。养疴与樵隐,总觉胜浮名。"

十六日 雨阴

欲还城不果。日课如额。《湖南防守篇》草草成,结有衰飒之音,岂机势不祥邪?舆儿思归,梦缇亦闷闷,山中非读书人不能久居也。遣莲弟还。

十七日

先府君生日。欲归阻雨。钞《记》四叶。夜翻《方略》。作《平捻篇》,阅三函,已四检矣。梦缇意稍适,女工甚勤。

十八日 晴

功儿将拜其外王父生辰,钞《祭法》毕,步去。余钞《记》四叶,《祭义》毕。《礼记笺》告成,踊跃欢喜,因步入城,行时日已酉矣,恐门闭,不停趾,至城门,日尚高二丈所,坐炮上少愒。过樾岑谈至夕,因诣朱家,闻其宴客,曾约余饮,欲寻力臣谈事,至则寂然,乃知改期矣。复从西步至家,计今日两时行四十里。六云云保之复至。遣要保之、力臣来谈,至三更散。

十九日 阴,有日

晨教丰儿以处世当有道术,不可径情直行,家中多不喜之也。早饭甚多,饭后稍愒。保之送南物,兼约过谈,步至白马巷,遇张雨珊于犁头,立谈久之。逢袁守愚未交言。至保之寓中,看新诗,遇胡棣华。携保之《井言》道观之,出城坐兜子至东山,步至山庄。与梦缇论家事不合。夜作书告朱学使。又与书弥之,颇有争论。闻四川更遣童华、恩承两侍郎劾东乡事。又闻罗小溪之丧。又闻崇福病痢。又闻琦静庵之子恭鉽病狂,斫其妻十一刀。

廿日 雨

始作《平捻篇》,检案阅图,殊费目力。杨春来。梦缇继母之母丧。

廿一日　晴

杨春去。遣功儿往吊杨太母之丧。作《平捻篇》三叶。与书朱肯甫,论立书院事。

廿二日　晴

刘一来送朱肯甫复书。作《平捻篇》,翻《方略》,头绪纷繁,未皇他及。

廿三日　晴

始定还城。遣莲弟还。作《平捻篇》,颇有条理。夜莲弟归。

廿四日　晴

作《平捻篇》。看赵惠甫《平捻记》,自胜王定安。日中与梦缇登后山。乔松年言,陈湜平日大言敢为,要挟永宁州,二十三日到省,闻贼渡河,二十六日乃去,至赵城坠马。丁赴任邱、雄县迎剿。官、左、李、李均严议。刘松山、郭宝昌、陈国瑞先至,宋庆、张曜次之。京师戒严,恭王巡防,英翰请援。正月破都州,杀署牧胡源。正月乙亥左宗棠总统,先逾垣曲,杀王国宝。潘鼎新言王必安冒功讳败。五月癸未,恭节制大臣,四月,定限一月灭捻。崇厚奏起刘铭传。闰月,神机营奏用都兴阿,亦钦差大臣。陈国瑞自赴前敌。用银一万七百九十馀万,钱九百万贯,钞七百万两。平洪用银二万八千馀万,钞七百六十馀万两,钱八百十八万贯。

复唐酌吾:"前闻太夫人寿辰,适已过期,阙于遣祝。又闻慈躬微恙,旋已有痊,幸甚!昨得程春甫书,并寄到惠函及润笔三百元,具征孝思无穷,损己扬亲之美,钦喜惟陪〔倍〕。但碑铭例有人事行状,不以利终。先公于某某忘年雅契,同事廿龄,大德遗文,素所仰悉,故稍加诠次,即已斐然。若因而受谢,弗彰公道,既使某某有伤廉之讥，又伤先公知人之雅，抑令人疑贤兄弟私愿荣亲，喜于闻誉，故不敢承领，非自外也。状版早交春翁宅中，李次公碑文尚未寄到，尚须诸兄函索之。兹附呈奏稿六本，并所寄三百元，统希察入。某某以丁宫保前岁久要，于十月内《军志》告成即行，买舟入蜀，游期久暂未定，眷口尚寄城中。明年秋试，铸兄当送考来省否？酌兄何日之官？樊口事以平淡了之，鄂中今无事也。”

廿五日 晴

遣非女先归城，辰发。独与梦缇携窊女、舆儿居，方撰集捻事，未觉寂寞也。

廿六日 晴

杨春来。得春甫汇唐银、书及罗郎致书保之论湖南大盛书。知保之尚未去，且约会饮张家，《捻篇》适成，明日可去，而无夫力，乃留杨春待之。

廿七日 阴

重阅川陕事，翻《方略》八函，至暮毕。梦缇颇理行装，余未暇检校也。

廿八日 晴

晨齿痛未食，舁夫只四人，尚搜索得之，乃步行先发，坐绵羊山待妻女，久之始至，余步从，颇瞠其后，至东山呼舁先行，则女轿相距绝远，频待不来，乃至大桥换班，则遇一乡人，曾不知舁步，横行如蟹，亦姑任之。又再待不来，乃入浏阳门，过蓬海宅，遇姚立云谈久之。至皞臣处坐一时许，萧希老、性翁、保之、意臣、力臣、樾岑先后至。皞令验郎作主人，饮至亥散。

廿九日 晴

力臣约来谈，坐家中待之。汪宗海巡检来，致钱馨伯师书，拳拳以汪为托。问其所欲,则巡捕、监印、营饷三差委署一途也。强人所难,殊无以应。罗郎、涂聋、彭克郎、验郎、力臣踵至,樾岑、保之亦久谈,夏粮储速客,保之乃去。余晨未食,饥甚,命作蟹饺,留力、验共食,乃咸不可吞,勉食十数枚。与验郎同步过南街,余赴粮署饮,坐客性翁、保之、丹阶、子云、王世兄常熟人、汪铁笔,至戌散。复过皞臣,久谈而还。

十一月

丙午朔　晴

陈佩秋来求馆,言子春母今年八十。镜初、介石、余都司来。丹阶来,先去。与镜初、余司同至荷池看理安及研翁、涂郎。理安言研讼邹咨文甚雅饬。过曾祠,道访香孙,值睡不出,至海翁宅,已游湘潭矣。归家,乡船至,绂子、龙八来。子云来。家中冗闹,几无坐处。作书复程春甫。亥寝。

二日　阴风

篷海约早饭,性翁、樾岑、俞鹤皋、力臣、姚立云皆在,保之以吉时出城,辞不肯来,未散。过子襄还。登楼觉寒。锡九及其子均来。看左调元文,胜于萧生。至佐卿处,访周志甫。了尘送花珠,无以酬之。

三日　阴

作《振威将军武提督碑》:"提督武君,讳明良,字赞臣,溆浦人也。其先出于武丁,铭功作族。汉顺之世,斑为哮虎。唐有伯苍,攻蛮义陵,实清序水,因为县人焉。自兹以后,彰于谱牒。曾祖嗣镐,受朱氏《论语》,翔声县学。祖昌仁,以耆寿慈仁,见敬州闾。父讳钦贻，艺稷供养，谨身克孝。君生而直质，材力兼人。山田硗瘠，不赡于食，负米百里，获倍其群。然独有大志，辍作而叹。咸丰初，群盗波迸，敢犯大都。巡抚张公顿节选士，咸怀观望，君乃毅然一见，奇其魁伟，遂补百长。浮湘冯汉，多获首虏。拔把总，以疾告归。岁在丙辰，大举援江。时则有田千总兴恕，号为骁果，推君之勇，请与俱行。克万载、袁州，胸面四创。擢千总，并赏花翎。自此名显，留江西为别将。援乐安，守邵武，攻光泽。陷陈先登，有众三千。久役婴疾，民为斋祷。论功超进都司。侍郎曾公，统制湘军，广求熊罴不二心之士，再檄从征，大捷太湖，冒炮追奔，火丸绝嗌。曾静毅以介弟之贵，躬吮痈之仁。非夫绝伦之勇，孰能致此矣！两湖义师，缘江转战，曾不半载，收安庆、庐江、无为、巢、和、含山，上功皆最。积阀阅，记名总兵官，褒号'振勇'。军声既雄，懦夫思奋。乘流轻进，栅于石头。寇乃逞其犬噬，日夜雷攻，穴地穿壕，誓将并命。勇者伏尸，怯者凶惧。君独当险所，不移尺寸。地中飞火，沙土为霆，守垒之军，俄而灰灭。君为火冲激，腾身忽堕，土壅腰腹，咸谓已死，属有天道，震而复苏。然后知古人卧积火，斗霹雳，不足以言勇也。维君以坚劲之姿，加之以忠朴，虽口不言功，而气陵其上。副帅曾公，贪其干城，患其强直，投艰于躬，让赏于人。合围二年，有百其战。钟山连城，寇橧石垣，伪号为'天保'、'地保'，峻于易京。君赴鍼在前，奏勋在后。乙酉之役，作地道者，皆君所部，然附于李臣典。登城九将，君倡其誓，然附于朱洪章。军中知者，谓君与罗逢元戆，掩其功，众惜其屈，君不心其竞。全功既成，谢病辰阳，优游奉养，忘封侯之贵。旧劳形伤，宜寿而凋。年五十有四，光绪元年正月甲辰卒于里第。其年二月戊寅，附于祖墓，山向丙壬。于是本府刘君，以君兄弟三人，两为国殇，老父幼子，莫上功状，追维昔年同袍之义，有感今日闻鼓鼙之思,乃命所司,书行考迹,授意作文,伐石龙关,以媲五溪铜铭之烈。其词曰:惟皇中兴,文武蒸皇。鹑火作耀,四海扬光。矫矫虎臣,蹶起沅疆。始夺一剑,经营吴方。蹋城天惊,地作雷硠。百万解甲,东南大康。有赏弗居,还褐于乡。既孝于养,亦慈于丧。建櫜观礼,升我府堂。昔穆二年,磨山蛾斗。惟溆之人,夫知吁救。君时西归,弦不及彀。冒雾乘障,如风吹垢。神鹰抟空,其威云覆。国赖爪牙,户乐翁妪。庶几山藜,不采之祐。如何斯良,有禄无寿。谁营祁连,以示尔后。"

午赴子茂饮,笛仙、锡九、镜初同坐,多谈考试身家事。以有易、熊两生向余求开复也。

四日　　晴

早过力臣,遇唐蓬州言盐务捐膏火事。力臣闪烁,殊无早日喜事之意。久谈不休,因促之同过子襄。雨恬、陈总兵、验郎、镜初先后至,坐散已暮。过春陔小坐,还。至力臣处,意臣继至,雨恬、子襄复同集,亥散。

五日　　晴

始出辞行,过笛仙、何芝亭、镜初、皞臣。至陈丹阶处午饭,研老、黄东轩、杨丌第、张生、彬州人,陈妻弟。陈朴山同坐,设家制果干,怀之而归。道访数客不遇。赴樾岑饮,力臣、蓬海先在,戌散。连日甚厌蟹翅,而无如何,以为樾岑当有蔬食,而亦设翅,殊为繁费。

六日　　晴

樾岑来送行,同赴刘馨翁饮,但少村同坐,至申乃散。往辞刘蕴抚、夏粮储,复过皞臣,遣约镜初来谈,晚归,已掩关,遂留一夜。

七日

先孺人忌日,当留设奠,居楼中。镜初、锡九、验郎入谈,因留素食。子襄、师竹生来，方行礼，镜、锡出陪，余奠毕亦出谈，理安继至，客散未去，子寿、君诒、陈程初来，至二更乃散。早寝。

八日 晴

晨起呼丰儿对《春秋表》，改定数处。北风作，己亦不欲行，往妹家作别。稚蘅、理安、镜初来，午后斗牌，至戌散。

九日 晴

张贵来，告当发。与陈力田步出草潮门，三子三女及绂子送至舟。舟小而宽，坐卧颇适。巳初行，饭后遂卧，至申起，复饭。帆行八十五里，宿青牛望，夜月甚明。

十日 晴煊，南风

帆行三十五里，舣陵子口。《水经注》有陵子潭，余初误以为临资，非也。改左生及两儿课文。暮泊湘浦，去老龙潭二十里，无地名，夏水则洞庭波中也。自陵子口溯沅十里塞子庙，复下五十里而泊焉。

十一日 阴

帆风渡湖，水天蒙霭，行百馀里，泊宵光庙，疑亦皇英祠之类也。看《水经注》二本。

十二日 阴，见日

帆行五六十里，绝沅入澧，《水经》言沅、澧俱入江。《注》又以为澧别渎入沅。若洞庭水满，即俱入湖，今冬涸经行，亦可证澧水入沅之说。湖本江池，入江入湖一也。故《水经》湘水亦云入江。洞庭之为江池明矣。又四十里泊西港，龙阳地。取图视之，殊不相合。夜月甚明。

十三日 晴

帆南风行三十里至梁荐，十五里舣北夹，有厘税局。又行六十里泊三漾,安乡地。黄郎亦往成都,邻舟见过,樾畴长子也。看《水经注》一本。

十四日　己未,大雪节。晴

行六十里,舣藕池,步上岸有一草棚,扁曰“调关”,以调弦口而名,榷船税千二百,云荆州所分半也,而题曰监督,盖亦有关防在道员处。舟人云藕池旧不通江,当从太平口出,顷年江决而入洞庭,遂成江浦,自此遂入大江,石首地也。自溯水以来,三日南风,行舟顺利,六日可抵半月程。江水自沙市来,于此包络平广,气脉甚大。作《出藕池决口泛江》诗:“皋络通千里,茫茫付大荒。奔流终古壮,平水万舟杭。一发围黔楚,先声挟澧湘。朝宗百灵会,始识霸功强。”行百二十里,泊郝穴上十五里,不知地名,遣问,云萧家弯,去沙市九十里。夜雨,看《水经注》半本。

十五日　晨雨,北风

行二十里泊斗北堤,守风荒江半日。看《水经注》一本。作书与倪豹岑、柳播阶。夜风息,复行七八里,泊观音寺下,亦无地名。

十六日　阴。午前有日,暮雨

作家书。以风稍寒,未看《水经》。缆行五十馀里,泊沙市,《方舆胜览》所谓“沙头”。李诗“沙头候风色,早晚到三巴”,杜诗“买薪犹白帝,鸣橹已沙头”是也。去江陵十五里,行旅盘堤之地矣。沙市下犹有一厘局,不榷上水。遣莲弟与杨春往荆州,送书府县。看杜诗一本。杜以饥驱,有食则喜,无食则才思亦减,乃云“陶不达道”,何也?观其所作,宜世之轻文人。

十七日　雨

待荆使还,遂停一日,未上岸,柳江陵书来问讯。看《水经注》一本。武隧新城,对为南北,武隧盖今雄县。郦述广昌岭甚似五台也。

夜雨。

十八日 阴

辰开行，帆六十里，缆十里，至王家闹泊，江陵地也。荆人名地多以“闹”，盖村落之“落”音转耳。看《水经注》半本。北魏都大同，其地最繁盛，后即于戎，山川舛互，水道多不详矣。以《注》正地，犹可得其仿佛，惜未往游访耳。

十九日 雨，阴

缆行十里，帆三十五里，舣董市，买豨膏，以沙市上食豆油，余不惯故也。枝江县地。至此始见山，黛色寒天，深岚积石，有异东南翠微矣。行三十里泊洋溪对岸青泥铺，宜都地。

廿日 大风，有雪

停一日。看《水经注》一本。夜风愈盛，然三烛看《水经注》一本。

廿一日 小雪，颇寒

船人不欲行，移泊枝江对岸，遣信与易清涟相闻。午后清涟遣官舁来，坐小舟登岸，桃生已来迎。至县廨清涟方出，顷之还。二十年未见，无复前时意气，然矜平躁释矣。邀入内堂，其幕友吴生笏珊、贾生棣生益阳人、曾县丞荆山出见，同夜饭，留宿，谈至四更。

廿二日 阴晴

早起，二从俱未觉，睡至巳初自起，出至县门，门者云船人来二次矣。复还。午正早饭于曾县丞处，见刘愚《罪言》，并闻其已在丁公处总书局。饭后将登舟，清涟已迎力田来，并闻其治具，必欲留一饭，坚不可却，遂留一日待之。与力田、桃生步至舟，为清涟与书李先资，延来教读，附发一纸家书毕，复步入城，绕西行，登覆船山，入丛祠，一老僧颇朴诚，少坐，下循城，绕至北，过学宫，入县斋，看新志书，云此明代移治,旧治百里洲,江乃枝分,今城江无枝也,二治相距五十里矣。枝江,晋分为旌阳,志无旌阳事,何也?《水经注》又以为故丹阳,在归州对岸。吴省钦有文引众说以疑之。今城甚无形势,自明以前凡咏枝江者,皆非此地。县斋后有老杨树一株,大可四抱,高过五丈,夜秉烛往看之,力田不能从。饭后坐至三更,为易郎、吴贾书扇册毕,乃与力田同出,清涟步送至船,坐谈久之。残月正中,寒星映空,白露湿衣,送易父子登岸作别,乃补书二日日记。清涟有小儿甚有生趣,此行送银炭,犒及舟人,甚为之费。

廿三日　晴

自入舟以来,晨光最霁也。看《水经注》半本,颇倦频睡。帆南风行六十里,泊磨盘矶。

廿四日　晴

缆行六十里。看《水经》一本。申正至宜昌,城翼江渍,颇为壮府。昔秦得蜀以制楚,遂以烧夷陵胁之,惜楚人之弃夔也。不因其本而争上国,今英吉利是矣。行将换船,颇惜去国,盖楚地将尽,异乡方始耳。泊老鹤庙。夜黄郎福生及曾荆山弟丹山来,言换船事。定一云阳船,价二万七千。曾、黄并云至万县货船迟久,甚不便,故自顾一只,凡川船供客盐炭,并有船关税,其关口彝关,犹称工部抽税也。

廿五日　晴

换船泊一日,饭于原船,宿于新船,四仓十一人,甚挤,乃卧于舵尾。登岸答曾丹山不遇。看《水经注》一本。

廿六日　晴

船无缆工,再泊一日。看《水经注》半本。

廿七日　晴

舟子晨兴,饭后开行九十里,泊黄牛峡口,唐人谓之黄陵峡,今有黄陵庙也。中过平善坝，近议遏川盐之要道，有厘局，未登舟。夜阅《水经注》半本，又阅《江水篇》，言黄牛峡有石象人牵牛，今询舟人未之知也。出宜昌，江已隘，未至蔽亏曦月，但两山如城，苍白岚气，颇眩心目。夜卧不适，兼多杂梦，梦从多桂园欲登景桓楼，乃反入隘巷，居民甚杂，为盗所窘。

廿八日 阴

晓行，望旁山较开朗，行五十里过獭洞滩，乱石为洲，江流湍急，云水昏蒙，上有盘鹰如洞庭神鸦也。舟用八人牵而上，未觉难也。又四十里泊青滩。行山中，望江水，恒如𥢆池中游。青滩盖新崩滩，讳崩但称新滩耳。【缺】风。舟人语云："清叶未是滩，空领鬼门关。""空领"，即《荆州记》之空泠峡，音转而讹耳。

廿九日 甲戌，冬至

晨过新滩。余以蜀江船徒叫扰无真技，恐船不稳，因步上，过滩乃下。饭后复入一峡，石壁圆孔似月，盖所谓明月峡也。乃过此壁，再视则方如台，殊不能圆。三十里过旧归州，缆上石门滩，余复步，与黄郎福生、陈生、莲弟及随人四，行十里至归州，城石门上有碑，嘉庆二年知州李炘题"宋玉故宅"。城门有二碑，道光九年知州郑邗题"王嫱、屈原故里"。《水经注》"县城东北依山即阪，南临大江"，今新城在江北，殆即古县所在，所谓刘备城矣。在江南者，《水经注》所谓楚子熊绎始封之都也。《注》又云夔城"东带乡口溪"，今香溪矣。步从南门入，西门出，至转子角槎潭下，裵回久之，船不至。至暮，与黄福生坐小舟泛江下乃遇，杨春言船小损，幸未湿行箧。满船匆匆，独卧舵楼，久之乃得食。土人云昔有槎没潭中，后乃为神。又有卖姜者为所摄，号皮、罗二将，甚严，祀之。夜微雨。

晦日 阴。风不甚寒，有雨

晨过雪滩，一曰叶滩，语云："有青无叶，有叶无青。"言大水则叶险,小水则青难也。道光中汉口商人于此伐石作堨,以维佑舟。林文忠为奏听贩油免税。因以油篓烧石,火然绝烈,须臾石烂,然莫能损其豪厘,唯石堨工作颇为壮巨耳。自入峡,舟不畏风,又无东西之别,唯言下上风,以为顺逆。昨夜至今晨,大风动江,人为悚胁,而诸船如无闻也。看《水经注》一本。六十里至告复步上岸,帆行十五里,泊黄蜡石,巴东对岸。

十二月

丙子朔　晴

晨过巴东,帆行三十里,入巫峡。山石粗恶,未尽所闻之美。袁山松云"素瀑县泉",今不能有瀑,唯高猿属引,不异往昔耳。三峡,《水经注》以广溪、巫峡、东界西陵为三;唐人以黄牛、明月、巴东为三;又以巴、巫、明月为三。今无三名,唯以巫为大峡,所云"百七十里不见天日"者也,殊非实迹矣。六十里至巴东界内,十五里泊万流。看《水经注》一本。

二日　晴

帆行四十里过巫山县峡,亦未见峻,石粗疏不能生草木,所谓亏蔽曦月者,北人语耳。余所见川峡若此者不可数,无此长耳。过巫峡矶及下马滩,皆步上,又三十里至将军滩,疑郦注误以新崩滩在此也。会暮,泊滩下。看《水经注》一本。

三日　晴光甚皎,青霄朗然,时和如春

晨发甚迟,行二十里至焦滩,步上,又十五里至凿开峡,《水经注》所谓蜀王开之者也。阅《水经注》一本。略考郡县名今古沿革粗毕。

四日 晴

下风,不能缆,泊界矶一日。偶谈司马长卿、卓文君事,念司马良史而载奔女,何可以垂教?此乃史公欲为古今女子开一奇局,使皆能自拔耳,即传游侠之意。虽偏颇不中经,要非为奔骗者劝,自来无人发明。因拟李太白诗体作一篇:"厮养娶才人,天孙嫁河鼓。一配匆匆终百年,泪粉蔫花不能语。君不见卓女未尚长卿时,容华倾国不自知。簪玉鸣金厌罗绮,平生分作商人妻。良史贱商因重侠,笔底琴心春叠叠。一朝比翼上青霄,阙下争传双美合。使节归迎驷马高,始知才貌胜钱刀。古来志士亦如此,胶鬲迁殷援去嚣。卓郑从今识文理,有女争求当代士。锦水鸳鸯不独飞,春来江上霞如绮。得意才名难久居,五年倦仕谢高车。华阳士女论先达,唯有临邛一酒垆。"

五日 晴

晨发三十里至夔门,望峡口颇为灵秀,滟滪石正似盆中假山,但色质不润耳。稍上有盐灶,舟人云名殠盐矶。以前盐不可食,近岁有贫子得肉无盐,试濡之,咸香可食,因有煎灶也。十里泊夔州中关下,入南门,遍行城中,至鲍超宅、府协署、考棚、诸神祠、少陵书院,访山长,辞以外出。欲访武侯祠,同行陈弁不愿往,遂还。关丁小船频来讹索,无技可施而去。夔州府黄君,名毓恩,字泽臣,见余帖知名,送放行票来。水手故意与船主争喧,欲加七千乃行,途适窘乏,无以应也。

六日 晴

早起同舟人合钱四千与舟人,巳初行。自此以上颇有土山、麦田、豆坡,江水始清,似甚平静。六十里至安平滩,急湍悍流,不似湘、越诸水,乃知江力固壮也。缆以八篾为韧,二十人挽之不断。其大缆则四篾包破竹为心,巨如壮夫臂,不易断矣。舟人言元旦三日,夔关免税,多设花红、彩钱、爆竹迎书巡,有欢喜升平之景,为他关所无。安平滩亦谓之老马滩,自此至云阳,汉设三橘官,今惟黄甘颇佳,未见橘也。又橘橙相类,不知其所以异。

七日　阴

昨舟人言当雪,今视风色未佳,故晏起,颇寒,仍著绵未裘也。昨梦李云根舅,余慰其丧子,李云已营葬矣。又言己书尺二大字颇佳。仿佛在妻家,见外王姑,予前问讯,呼之外婆,彼摇手,若恐人闻者。因言李书联杜撰,视之则正楷,可十许字一幅,皆成语对句,甚生涩,有"而"字以白纸补之,有"潘"字、"馋"字,又摘予书四字,不典,内有二酉部字,余以有典据未检,唯检水部,而何人检食部,得二语甚平淡,云李增成之。及醒,追感旧仪,为诵"隐士庐空"之句,遂觉。至旦,头疡复发,转侧不适,因卧竟日,夜未解衣也。

行百里过二滩,俱未上,泊大沙矶,去云阳十五里。云阳,唐云安地,汉朐腮也。询土人不知有朐忍虫。朐又作昫,亦不知其取义。有盐井。

八日　晴

过云阳城,在江北。遣莲弟买果糯作粥,散同舟,粥少不能遍,供十人耳。日间颇昏,睡两时许,无所事。行八十里泊九堆,云阳地。比夜新月甚明,微有霜寒,略似湘中正二月,无冬初肃杀之景也。此行惟畏雨雪而日日晴,一月至万县,以为至速,同舟周客乃以为至迟,其同伴亦多笑之,盖迟速从心也。

九日　晴,大霜

行九十里,不至万县十馀里,泊一荒洲,估客喧呼竟夜。

十日　阴

晨至万县。唐万州,汉朐腮地。诸客皆登岸,余独留舟,发家书一封。夜头创颇剧,寒热交作。作《巫山高》一篇:"楚人捕蝉忘黄雀,百战连兵向伊雒。东收鲁越弃夔巫,蜀郡迎来司马错。夏水浮江江石崩,秦兵四日烧夷陵。丞相从容曳珠履,寿春城脆如春冰。屈原含冤宋玉老,年年犹梦高唐好。雨散风离十二峰,瑶姬泪滴阳云草。蛮夷问鼎入中原,敝国伤财不足论。莫矜江汉轮船便,已见风沙印度昏。"《梁甫吟》一篇:"秦军取蜀烧夷陵,吴人上峡烧蜀兵。雷鼓缘山动江水,卧龙空守八陈营。平生只解吟梁甫,错料关张比田古。寂寂荆州九郡城,共听吴蒙一声橹。契合君臣自古难,潜思孝直涕汍澜。荆湘襄越势尾首,谁令骄将开兵端。曾闻令尹争南辕,清晨先鼓压晋军。江湖咫尺不相顾,空复崎岖五丈原。"

十一日 阴

夫行借银未至,留一日。余移入城内福源店,卧病未食,略游城中。

十二日 阴

待银,再留一日。病未愈。夜梦舟行见一山,玲珑窟穴,其高际天,而峭薄若屏,山石质空苍,透光处如镂丝,叹为奇绝,殆瑶姬之神,故示神异,以洗粗恶之诮也。因语诸同行而记之。

十三日

晨发万县,夫力七名,价四百六十二,担止八十斤,嫌余衣箱高大,莫肯肩,余以六云所检,坚不肯解,近于拘愎,已而担者无异言,遂行。出西门二十里漕粮铺,未知何以名也。二十五里节孝坊,石阙颇佳。此乡各就其里为表,异于馀省在城者。二十里望云关,二十五里分水宿。山行景物,胜于在峡。颇饶佳蔗,紫皮,劣于广州青者。病亦大愈。夜霜寒作冰,室中未凝耳。

十四日 晓晴,见赤日,已而大雾

渡风波领,岚气苍白眩耀,中有黑洞,行十许里至一山,盖绝顶也,度可与岣嵝峰齐矣。然初登山望远峰在南岸,正直履下,意是江上诸山,则此处地势高于岣嵝峰三倍。作二诗赏之:“峻阪造逶陀,舆人拄杖过。幰边镵石瞰,辕下远山多。九叠劳高下,清霜肃涧阿。征途忘岁暮,时听采薪歌。”“雾散山全失,天穷涧更深。偶然青竹合,如渡碧溪阴。绝险风惊眼,飞岚曙惬心。经过正领略,知不异幽寻。”

此间无山不被耕烧,正以山多逼人,人不复能让之,亦失其孤高耳。饭于孙家巢,二十五里。又二十五里响鼓领,十里伍口,三十里宿梁山,忠州属。发夫价。

十五日　　阴

早行二十里饭沙河铺,二十五里过拂耳崖,所称最高险者也。舆夫加班不得,欲加纤,无纤索,请余步上,力田必欲从行,崖高不三里,峻斗如梯,比上已汗喘矣,复下五里则反凉。健过赛白兔,亦高坡难上,白兔,栈道驿名,此险赛之,俗以胜为赛也。五十里宿袁坝驿。夜小雨。

十六日

未明笼镫行七里始曙。昨过梁山作一诗:“城临峡山首,西望俯苹苹。雾暖昏晨气,风强起雪声。倚筇田水碧,抛鞚马蹄轻。度岭堪回跋,逶迤缓去程。”三里饭石桥铺,雾气满山,至午后稍开朗。行八十五里至大竹,中有黄泥塥,陂陀甚长。汛官彭德和来见,兼送脯糕。发夫价。夜雨。大竹,绥定属县。

十七日　　雨,颇寒

行十二里饭于鹞子崖。道中多有牛驮运盐,旁山皆种胡豆、大麦,陂陀泥滑,舁夫彳亍,行不能速,二十三里度九盘山,行人呼为九盘寺。十五里至卷洞门,未知洞在何处。同行陈弁欲止宿,余以将雪，宜急进，与陈、黄轿俱行，留担在后。及行。担者俱来，微雨昏黑，泥愈滑，不至者五担二人，张桂与焉。三十里宿理旅？李？渡河，渠县地。渠，绥定属县，古宕渠也。夜雨，竟不成雪。

十八日

未辨色，出店登舟，泛宕渠渠水，行九里登岸，六里饭于观音寺。此路步者皆船行，人八钱，故俱早至。辰后见日，旋阴。二十五里至吴家场，坊额改为有庆场。换银发夫价。二十五里至干坝，小愒榕树下，树垂垂有子，土人呼为黄角树，豫章之变种也。闽、越、蜀则变，他土则否。章，美材，榕，散材，地气入界则不同，未知其由，大要土碱则如此。二十里宿新市镇，张桂亦至，担夫俱集，山行陂陀，颇似衡、邵间，入店皆云冷，买薪生火，然无围炉者。

十九日 阴，见日

四更然炬，山行十里，度杜崖，小愒广安邱，广安州地也。三十五里至罗家场，众行者皆已饭，余不饭而行。三十五里兴隆场，蓬州地。居民多操零陵土音，云客土各分，零陵人不改乡音也。然土民实亦多永州语，妇女操作亦如永俗，盖习渐始然。沿途盐贩不绝，道隘人众，殊不畅人意。廿五里宿长乐镇，土名跳动坝，南充地。莲弟疾发未食，余饱餐而眠。

廿日 晴

晓行三十里饭于东观场，六十里宿顺庆城内文翁祠，将至城，可二十里，皆平冈广原，下一坡则近嘉陵江矣。嘉陵江色蓝碧，余所见天下水此为最丽，舟人亦知有嘉陵江也。渡江便至城北门。城内外廛居皆低小，似河北屋制，而盖瓦不整，便有破落景象。土多茜草，春收红花，为大利。暮诣黄忠壮祠，从府城隍祠入，见神牌塑像，为设三拜。余诣曾祠未尝拜，以其鬼必不依祠，今子春死事如此，或为顺庆民捍患未可知,故至祠若登堂也。

廿一日　晴

出西门,循山陂陀涂,皆担米、豆上,买盐下者。米、豆出广元、乐至,盐出蓬溪,小民以为生计。土民乏粮,多恃薯蓣、芦菔为食。至此始有橘,犹不及黄甘之多。三十里饭八角铺,步二十里,舁五十里,宿李坝场。正站在蓬溪,百二十里,日短不能至,故早行早宿,至店时方申初耳。途中以早息为安,从者俱得休。

廿二日　晴

然烛行十里,又十里过蓬溪,饭于大石桥。始有盐井,从石上凿一洞,口不过径三寸,深可数十丈,浅者犹十许丈,皆以刚铁舂之,见盐而止。上施鹿庐转盘,系篾于竿,竿及井底,则一竿通为一筒,筒可容水一桶也,筒汲卤水上矣。篾长短视井深浅,井佳者日得水十许桶,少者一二桶,桶可得盐五六斤,井费百千,用功五六十日。取水时用二人,利未为厚也。舁夫云蓬、射盐不如富顺,又无火井,差足供民衣食。二十里版桥,啜茶,步十馀里,舁三十馀里,宿党家铺,亦非正站。舁人曾至云南,言岑、杜、马、杨事甚详。甚以岑、杨为不然,而盛称沈,与今日朝议异也。党家铺又名金山场,射洪县地,潼川府属。

廿三日　大雾

行三十里至太和镇,渡绵水,有城如一县,饭于镇西,发夫价,巳正始行,遇长胜左营校旗还,可百馀人耳。出镇便无盐井,五六里乃见日,三十里过高坡,三十里宿景福院,三台县地,潼川倚郭县也。步十许里,投暮方至。土人不以小除为节日,送灶则同。

廿四日　晴

待晓行三十里,饭于观音桥,三台地。又三十里落板桥,途中默诵《诗》,自《关雎》至《小弁》止。步十里,舁二十里,至柏树垭宿,中江县地。垭盖坳之俗字,坳读如幺,幺、亚声转也。《采蘩》诗凡三见,其二皆言蚕事。以蘩为菹,《礼》书所无,《左传》谬说耳。《采蘩》言夫人不失职,夫人之职,以蚕桑为正。沼沚涧,所谓近川之室也。宫即仞有三尺之室也。公侯,诸侯之称。盖方伯称公侯也。被,所谓副袆受茧者也。归,谓还室也。《豳》诗曰"公子同归",茧成则归也。世妇及室女入桑室,夫人不在郊外久居也。夫人能率诸妾,故不失职。夜诵《诗》至《韩弈》。

廿五日 雾雨至晓

行二三里乃无雨,盖山谷气异,故隔里不同。四十里饭于大桑磴,发夫价。山行来,惟今日得平路。诵《诗》毕,复诵《书》,自《尧典》至《大诰》。五十里宿兴隆场,甫申初耳,犹中江地。询李眉生家,故在北郭外。中江山多童,稀垦种者。同店有长沙游勇,自成都昨出,言二使已到,多所按问,将不利丁公云。又言丁妾金颇擅权,与其司阍纳贿。余在湘亦有所闻,至当考之也。

廿六日 晓晴

景色甚丽,作诗云:"严霜不入蜀,原隰冬葱茜。霞明阴谷曙,雨过晨光净。披拂悦征途,旷朗开余性。"意不续而罢。度山坡十里,饭于观音桥,金堂地。检《书》,温《雒诰》至《多方》五篇。三十里至赵家渡,渡郫水,久待仆从行李,过厘税半,遂至晡时。赵渡夹水,一从梁涉,一从舟济。渡二水后有一旧城,舁夫云怀州故城也。二十里宿姚家渡,望金堂浮图,知城甚近。今日本约宿新店,以夫力不继,恐至昏暮,遂早宿,可未末耳。福生不能驻,因独前行,余与诸人皆止,唯遣黄仆从耳。若余家子姓从晓岱行,晓岱必坚止之。余素通脱,亦以此不如晓岱也。暮至姚家渡,看金绣桥,桥长二十许丈,水断其六炮,云灌县所下水。

廿七日　阴

早起待曙而行,三十里新店,未饭,二十里二台,华阳地。有号房误以余为候补官,来营差使,成都谓为内差。行十里又有来者,步至欢喜庵,有阿桂文成祠,继勇公祠,十五里迎恩亭,有丞相祠。道士挂单,方午餐,序进者二十许人。蜀人亲诸葛,直谓之丞相,然未知何丞相也。五里入四川省城北门,翰仙两遣仆来迎,余以当先晤之乃可定居停,遂径诣铁版桥机器局,殷竹翁、曾元卿、刘栋材、陈鲁詹及其甥章俱在。先至翰仙处谈,后诣竹老处,竹老虚榻以居我,饭于翰仙处,福生先至矣。从元卿觅银七十两以了夫价,可谓缘矣。丁稚公遣人来相闻,云欲先来。余告以明日当往。夜与诸君杂谈,二更各散。竹老、鲁詹留坐至三更。今日舁中点诵《雒诰》至《秦誓》止,尚馀《康诰》三篇未倍。《多士》、《多方》意不甚了,三复乃得之。夜看英人力、化诸说。

廿八日　晴

早起处分夫价毕。陈力田来。午正出访丁稚公,牙参未散,先诣方子箴臬使,翰仙先在,快谈半时许。子箴论海防及兵勇,颇中时弊。适有两候补道员来,遂散。访黄麓生,冉过督署,与稚公谈安南事,不相合。又论凡国无教则不立,蜀中教始文翁遣诸生诣京师,意在进取,故蜀人多务于名。又言蜀土薄,米菜俱无实味,议颇入微。余三辞掌教,不见从,且姑徐之。过劳鹭卿不遇,还机器局。鹭卿来,人平平无才气,殊不称其纨绔名。夜看子箴杂文及新诗,至丑寝。

廿九日　除日。阴

起颇晏,欲出寻张仪楼,以稚公坚约见过,宜待之,至申不至。

盖岁除本不诣客，稚公未思，因而失约，亦不明之一端也。温《康诰》三篇毕。元卿请余早饭，翰仙约晚饭，皆饯岁也。除日例出游，待竹老饭罢同出，栋材、元卿从，欲至城西南求宣明门，以远不果。至洗马池，新建骆文忠祠，后有池树，而房室甚少，无甚可观，步还已暮。翰仙客王宾秋、周恬五、黄云生已久待，设食颇清洁，酉散，小坐。

子箴送诗来，依韵和之。时二使至，诸官皇皇，消寒会散，因以调之云："白兔楼边夕照开，锦江春色隔年来。轻舟始渡千重峡，胜会迟倾五九杯。入蜀例教诗胆壮，索逋先试骑兵材。独怜萧寺清尊寂，不及官斋并蒂梅。"子箴有《消寒示姬人》诗，故结句云云，以忆六云也。

每岁祭诗，唯就寓斋居室，今所寓嚣杂，借西邻岱祠行之。子初往，祠轩清敞，小道士亦解事，焚香设拜。还要竹老及其弟四郎、黄郎啜茗食果，石榴颇佳。栋材、元卿、鲁詹俱馈岁，元卿送梅二枝，一红一黄，黄者甚香，水仙虽盛开而无香，腊梅气足故也。夜至丑寝。

光绪五年(1879)己卯

正　月

乙巳朔　阴

稍寒可裘。避客,待辰正方起。衣冠诣答局中员司十数人。陈力田来,与切论世情。又与竹老切论公事。公事全虚,世情务实,愚不肖皆知之,而贤智乃不知也。故君子恒败,小人恒胜。

昨和子箴诗,意其今日必再叠韵,因再作以挑之:"诗筒应候戟门开,和作还须隔岁来。晴色晓浮骢马辔,春光寒尽碧螺杯。佳篇遍览随珠集,新制惭无蜀锦材。为问扬州何水部,何如杜老咏江梅。"①

翰仙招晚饮,麓生先来谈,又有不识姓名数人来。酉初集翰仙处,竹老、麓生同坐,劳鹭卿后至,戌初散。方看小说,鲁詹送糕,闲谈至子初去,丑初寝。

二日

晏起,小雪。饭后出贺年,至督、藩、臬、盐署及劳、丁、黄三道公馆,均未入。访刘筠生于珠市巷,方丁忧卧病,谈于内室,见其七岁子。过子和、力田处,均略谈还。稚公及程豫、蔡逢年均先过,翰仙亦出,待至夜始饭,看《二知轩诗》,颇有熟巧之境。子箴、海琴意兴相似,广交亦同,吾所识者,几无不与游宴。使当承平时,必胜于毕

---

① "佳篇"、"何水部",据《湘绮楼说诗》补。

秋帆、曾宾谷，惜其人未足供挥霍，而海琴尤穷，甚可念也。筠生送糕、粽、茶、饼。衡山旷凤冈超一来，旷以县令分川，今在厘局。

三日 阴，有小雪

陈力田来。子箴送叠韵诗三律来，再和之。《二日喜雪》："新岁遨头宴未开，铺霙光〔先〕送六花来。朝衣尚宿沉香火，冬酒深斟白堕杯。光路玉珂应借色，祥庭木屑想储材。撒盐莫斗君家富，调鼎如今但作梅。"读子箴集，三日未尽，叠韵诗已四至，走笔奉答："读画论诗怀抱开，词源直似蜀江来。授经室敞光珠海，仪董文成拟《玉杯》。近欲高吟压冰柱，不教馀恨恼渊材。偏师且喜长城近，未待江南寄折梅。"

夜作家书，及外舅、二妹问讯书，樾岑书。"别后骛于征途，未及笺报。久闻三峡奇秀，又加以香孙赞扬，及至其间，殊失所望。盛名难副，岂独论人？惟滟滪一孤石，差为不负此游耳。云安遵陆，半月山行，除夕前宵，税驾白兔，而二使星已前至蜀，不独按问东乡，至乃注意丁公，牵连仆妾。道员中丁、劳、唐，州县中田、李，并登白简，加以丑词，语甚含沙，情同舞剑。盖由自恃廉俭，少所匡绳，致此纷纭，足以沮挠。虽怨轻樊口，终必消弥，而揆以情势，义当引退。闿运好劝人去官，又当摅所见矣。尊经讲席，虚县二年，诸生住斋者，至百馀人，恐不能不稍为料理。严武自去，杜甫自留，亦大非求友之本志。将俟钦件稍定，生徒上学时，为之粗立规条，或勉留一岁。倘主人留镇，仍不改弦，近有见闻，岂容默尔，便当辞师居友，聊尽所长。忠告数疏，古人所叹，更不能久待也。瓮叟先生颇关情于旧僚，幸以告之。西陲新有覆师，南中久无消息，驿邮不速，他无所闻。成都花果蕃庑，谷蔬早熟，地和物阜，最便闲居，惜舟道艰迟，移家不易。新春多暇，伏想安和。见香孙时，乞为诵此。"

"梦缇孺人无恙。新年忆远,当复劳思,善护玉躬,以迎春福,幸甚。途中游景,已具前书。除夕前宵,遂抵蜀郡。主人相见,专以主讲为辞。辞湘就梁,殊非吾意。但此间官事樛葛,二使多所吹求,故未暇正议开筵。诸生皆还渡岁,且俟仲春方定章程耳。成都风土,夙称浩穰,然北俗多而南物少,亦未遽为天府。唯冬暖如春,晴多如雨,行不遇雪,脚免冻皲。蚕豆、芥茎皆已上市,江梅、海棠殆可同时。较广州地少湿蒸,最与居游相适。惜无缩地法,令诸女妇妾侍卿暂一来游也。无非闻之,更当叹息矣"云云。

四日　阴

刘伯卿、庆咸,知府。汪式甫、本一,同知。子箴来。汪谈相命,云识李雨苍,知其当遣戍。又知文式岩当为兼提督之巡抚。云曾在京当差十年,今分四川,在机器局为委员。子箴畅谈吏治,云有当革者三:一轮委,一夫马费,一官盐,皆新不如旧。申刻稚公招饮,翰仙、竹老同与。竹老忽患风肿,余荐鲁詹治之,因不会,改招曾元卿往。欲论治理,稚公惟谈闲事,因唯唯而罢。此公盖与刘荫公同,其天质美,故好善,其心境狭,故少思也。闻黄耀庭亦在此,此则其所搜采者,亦不得为不求才,但不得其任耳。昔余言胡文忠能求人才而不知人才,曾文正能收人才而不用人才,左季高能访人才而不容人才。稚、荫二君乃能知能求而不能任。凡此皆今世所谓贤豪,乃无一得人才之用者,天下事尚有望耶!曾、胡往而刘、丁兴,他日或有流风,留天下一线之路,若刘表之在荆州,亦未为无功耳。为感诗人招禄之义,故再言讲席,亦不复辞,聊以一岁,答其雅意而已。

五日　阴,有雨

出游市中,至仁寿馆看戏,未登场,见密云甚浓,乃还。黄州同字霓生,从怀远镇来省见访,月岩翁之少子也。申后元卿、栋材复陪至仁寿馆一望,会暮旋还。看《四川省志》一本。城西楼,即张仪楼,楼临见江,《志》误分为二,遂不知张仪楼所在。成都城市已非唐、宋之旧,明当访之也。作书约耀庭来谈。

六日 阴

黄麓生、马伯楷映奎、朱次民在勤三道台,薛季怀福保来访。与朱、薛初见,久谈。朱云与孝达旧交,亦颇谈及经义。薛则叔沄之弟也,多所通解,敝衣朴貌,较叔沄尤质实有风趣,佳人也。晡倦少愒,看《蜀志》一本,有《樊敏碑》一通。夜补作《淫豫诗》,又览近七年所为五言,颇嫌薄弱,盖久不读古人诗,自谓成家,殊少精思也。录近作数首于诗卷。

七日 阴

子美所谓"元日到人日,未有不阴时",注家以为忧时政,今日不能无忧也。看《蜀志·沿革表》,殊不清晰,俟定舍,当为作之。步至督署,答访季怀、耀庭,见章公静,无锡人。彭芝生孝廉出谈,吉安人,仲约之选拔生,运仪之房荐中式者。季怀云其人有拳力。纵谈久之,出至上翔街,看子和,值其招客,坐有周知县、费总兵,皆湘人,略谈,还寓已暮。夜校《水经·江水篇》。余《禹贡注》以金沙江为洛水,今考《经》次,先后不合,洛水仍当为沱水,若水乃金沙耳。

八日 晴

饭后出答访刘岳曙玉田、朱在勤次民、马映奎伯楷三道台,子箴,伯卿,霓生,张声泰,王运钧诸人,均未见。还寓与竹翁、莲弟及殷郎、安民至湖广馆看戏,武昌、蒲圻诸估客为会,留坐,顷之还。鲁詹送蟹十脐,费银三两六钱,与翰仙同食,遂未饭。看《蜀志》二本。成都士女务于游观,街市填咽,人庶浩穰,实甲于天下。岁首嬉遨,唐、宋盛事,余所至无盛于此者,亦承平佳景也。

九日　晴

王心桥教谕来,癸卯举人,尊经监院也。午出看戏,至暮还。闻此邦重上九节,镫游甚盛,出观之,乃一无所有,唯各家挂镫及镫牌楼,通城有之,费烛不少。耀庭来谈,言樊镇子名增祥,已选庶吉士,字云门,颇能骈文及词调。此湖北新有闻者,亦不满于黄莘渔,云孝达过誉反害之。凡诱进后学最难,抑之使自废,推之使自满,古人所以贵育材也。

十日　阴

无一事,但看戏,午后还,倦,假寐。薛季怀来。鲁詹送柚,不可食。夜续成《金堂山行》诗:"搴林惜叶卷,步竹欣篁迸。幽如故山适,未觉征途敻。智公游已远,段翳居难诇。徘徊面前坡,墟烟霭来径。"补作《除夕行成都市遂至洗马池》诗:"神龟肇二城,连星翼七桥。名都昔隐赈,闾里今填嚣。繁富始秦守,兴文俪汉朝。通衢揭百坊,市火烛玄宵。镃货通梯航,川原贡沃饶。华实茂春芜,蔬豆翠冬苕。士女闲且都,锦绮艳翔遨。朝寻葛姜宅,昏联王郤镳。阛肆虽久盛,隆替非一朝。二九门既堙,双江洫不潮。财伤杼其空,儒缓朴为雕。方承古人末,恒患岁运辽。羁旅幸多暇,星躔将转杓。适野叹何加,行国念找聊。抚树临霜池,玩夕启风寮。追怀李固游,近采严遵谣。八州感周行,浊隐轼清标。岂伊矜天府,于以告风轺。"合前二首。夜雨。子正寝。是日心桥率书院书门来。

十一日　阴

看《蜀志》一本。七言百韵,诗家所无,所见唯汤海翁集中有之,今始见宋薛田《成都书事》百韵诗,可谓何代无才者也。子箴午见余诗,戌初和韵来,舒卷自如,可谓敏捷勤勇者。余亦报之:"昨读《梦园集》,色骇舌亦挢。闭垒防大敌,恒畏楚陈嚣。譬如鲁弱侯,正月但修朝。简师偶挑兵,晨发不及宵。岂徒步武精,且见风趣饶。雄如斫蛟鼍,秀若摘兰苕。自云簿领牵,春宴阻不邀。隔岁草堂约,逡巡候鸣镳。匆匆逾上旬,犹若在诘朝。梅花已如雨,诗思方如潮。当机语绝妙,知不烦镌雕。所惜公府忙,遂令酒国辽。二星待指南,从海视斗杓。谤书诚有因,绮语固无聊。谓义女事。且当作主盟,慎勿笑同寮。君诗即老吏,我作成风谣。闲中劫亦急,传简当飞轺。"

十二日 阴

将出局中,留待丁公,因钞诗半叶。莫组绅来,辞未见。学使谭叔玉来谢,未见。盐道遣送聘书,定尊经讲席,受而不辞,以既来不可辞也。至夜稚公竟不至。夜作家书,寄日记,托夏粮储转交,因并致夏书。

十三日 阴

尊经院生六人来见,略谈课规。闻晓岱之丧,入唁翰仙,论为位成服礼。出答督、臬、学,盐茶、成绵二道,锦江院长伍嵩生编修,麓生、筠生,尊经监院王心桥,行城中几遍,唯未至西城耳。督、府、司、道俱未遇,王亦归郫县,见其长子馀俱久谈,还寓已暮。因翰仙闻兄赴,未便会食,将令曾宅设食,翰仙仍送饭来。竹老外出,无人共谈,步出看力田,其寓中无赖子频来,不可与坐,旋出,暗步还。偶问曾、刘、陈打牌事,因亦入局共戏,子正散,负千钱。

十四日 戊午。晴。午正立春

翰仙设位岱祠,有吊客,往相之,与张怡山、朱次民两道台及麓生同坐客次,吊客谈久者子箴,至暮方散。蔡研农盐茶夜来。竹老将往测水,检点至夜分。鲁詹复来,谈至丑。借刘栋材银一两八钱,还。

十五日 阴,有日

送竹翁父子去。以待饭尚早,与曾、刘同看故衣,唯一绉绸帐尚佳,琐屑不宜视之,遂还。饭后出游江南馆,有昆曲,意不欲听,至浙江馆,看四川土戏,亦甚可厌。暮还,元夕无月。云生来谈,因同过翰仙,夜作汤丸颇佳,食七枚,犹未过饱也。

作晓岱挽联云:"选举得英材,方期东阁招贤,竟蹉跎痼疾重忧,壮怀摧减;亲情联棣萼,依旧西窗剪烛,只枨触湘南蓟北,年少欢娱。"

十六日　阴

晨起未饭,翰仙遣招陪子箴,至则张怡山亦在,谈至二时许乃去。饭后书挽联未毕,季怀来,索观诗本,携去。云近奉部文,停捐纳,不知何因有此美政也。闻传呵声,以为盐道来,往陪客,则已去。今日见许世福、李绪之子、罗辉五、陈梅芳之子,皆乡人。见王天舫湖北人,代办成都提调。及不知姓名数人。与劳鹭卿少坐,酉散。成都士女倾城出游,名为游百病日,未暇往观。

十七日　阴

王天舫知府来,书刺名树汉,余初不知其名,问乃知之。乙未举人,官三十二年矣。好作诗,又在子箴下远甚。饭后,麓生来,久谈。出步市中,无所遇,还寓。张声泰通判来。申初,丁稚公来答拜,久谈。夜为黄福生书册叶。翰仙来谈。于世法应答拜者张怡山、蔡研农、方子箴、丁稚璜,皆再拜。王天舫长揖。刘汝霖县丞未见面。夜月,眠至寅初醒,遂不寐。闲思馀梦,迹则梦也,意则云也。

十八日　阴

陈力田来,同出闲游,至江西馆看戏,杂立人丛,佣保为伍,甚非雅事,自此戒之。申初还。王心桥来,言适馆事。馀以器具供张,当须定为公物,不得取携,且告以帐褥自备,无烦公制。夜作五号家书。寄银赙晓岱,余以与六云。以家用有定,故数金亦须外筹,既思丰妇与六云同当嫪娩，因并及彭氏，此亦善推恩者。黄文甫州判来，问蝯叟与张石舟题匾云“知唐桑艾之室”出何典记，余初不知所自，记与两儿考询之。

十九日 阴

终日伏案，作书与朵园、皡臣、笛仙、子寿、力臣、香孙。至夜鲁詹还，仍与曾、刘打牌，胜千钱，亥散。是日鹭卿来。

二十日 阴

鲁詹要游市中，与曾、黄同出，至火神祠，看幻术，复至玉沙街贵州馆，看丁公题匾，馆祀南霁云，南岂贵州人耶？又游骆祠，观恒保记赵顺平故宅兴作之由，还寓已暮。莲弟取薛涛井水还。张桂作图说，亦有条理，又呈四诗。还曾银九两七钱一分。退。

二十一日 阴晴

衡州黄苏文、李爱吾当还，作书谢易枝江、程春甫，因寄信子泌。幻人至岱祠作技，突锋吐火，弄盘搬运，良久乃罢。刘庸夫送《子春集》及其所作文诗来，兼钞余往年所与书。庸夫好托忠义，历诋公卿，凡与相知闻者，莫不畏而厌之。余亦嫌其忠愤不近情，又以其失意，不敢公绝之，不知古人当何以处此乃尽善也。因便再发家书六号。

二十二日 雨

久阴，得此颇快人意。午出答访刘庸夫、劳鹭卿、刘桂三、王天舫，遇廓尔喀使公宴回，威仪颇盛。至稚公处久谈，略言书院规制变通，使官课不得夺主讲之权，主讲亦不宜久设，仍当改成学长，学长亦随课绌取，庶免争竞也。至臬署答访娄丽生不遇。子箴已要客，怡山先在矣。次民、麓生、沈鹤樵、顾又耕继至，纵谈无讳，遂及冶游。子箴言前在慧山有女冠名细宝，赠联云：“不知细叶谁裁出，如入宝山空手回。”语有风味,兴不浅也。又言南海旧游,诸伶尽散。此公风流自喜,不宜为宪司耳。又闻张幼樵劾大臣子弟不宜保荐,指刺宝鋆、翁同龢。得旨豪无瞻顾,尚属敢言。今年新闻朝政皆清明,是可喜也。戌正散。竹老已还,言灌口堰工冒销则有之,砌石未为不可。彼处劣衿以分肥未及为恨恨耳。此事号为难明,然意度之,亦不出此数语。次民言南霁云曾为贵州刺史,盖其赠官,而贵州、湖广、四川俱祀之,号为黑神。余云黑神乃辖神之讹。辖神,长沙轸星度中星也。此言本江蔗畦之兄,见《清泉志书》。

二十三日　晴

饭后子箴复来谈,言敖县令谄总督,为其先人立名宦祠,及二使来,民诉者十七人,云丁、敖俱干宪纲。余谓此来诉者,乱人奸民也,当杖杀之,以存上下之分。敖令则特劾罢之,而置丁不问。方意乃欣欣向诉者,二使亦以为丁之罪,不可解也。竟日无所作,夜为笺上钱师。今日还饭于黄。

二十四日　阴晴

王心桥来,言其子丧。心桥初言监院屋不利,避之亦不利。竹老复言机器局在省城三杀方,故不利于长官,丁被劾,程再有阴讼,总局事者,两遭丧两被劾。余问可禳否,云不能矣。与心桥论书院用费章程,要宜大雅,不独不可防诸生之不肖,并不可防官吏之不肖。院长初至,规模宜定于今也。

看《蜀志》三本。蜀人祀李冰为川主,而祀马谡为江主。元王禄《新记》云叙州民于宋咸淳八年请于朝而祀谡。李撰有文,今未见。宋杨安诚言白帝非独公孙述。《华阳国志》云蜀五丁力士未有谥,列以五色为主,庙称青、赤、黄、黑、白帝,然则力士五丁之属与?

独坐甚暇,始觉昼长。看《蜀志·人物篇》,前代甚盛,本朝唯有岳钟琪、张鹏翮较著。鹏翮曾孙问陶亦颇有名。申正出寻夏芝芩妹婿孙知县,未得其住处。麓生招饮,往则唐鄂生先在,子箴、崇扶山继至。此间一设客,动费十六金以上,菜殊不旨,可谓不节也。鄂生坦直寡言,扶山略似李雨苍,无公子气局,亦简于言。戌散。翰仙来谈。夜看《蜀志·人物篇》,毕一函。

二十五日 阴

饭后,劳鹭卿来,刘庸夫继至。闻二使当来看机器。又闻李有恒对簿,不容申诉,竟送县狱。有恒信有罪,然传讯而不讯,亦非法之平也。与鲁詹至马从九寿琪处听戏,扮陈香、秋哥,尚是童时所曾见,今了不忆,殆如隔世矣。

刘庸夫来,问叙周、鲁时史称孔子当名否。余以马、班书汉高未帝时事,已云高祖。《宋》、《齐》书齐高、梁武为臣时,直改其名曰讳。有此二例,则或云孔子,或云孔讳可也。又《王莽传》称高祖名曰"赤帝行玺某",即赤帝行玺邦也。依《书·金縢》读发曰某,则某亦可称。夜阅《蜀志》经籍目。颜之推说谢炅、夏侯该云蜀才是谯周,或云范长生。朱睦㮮云李鼎祚,资州人,唐秘阁学士。刘庸夫言院生有张楷者,能读《公羊》,贾人子也。

二十六日 阴

阅《蜀志》物产叙录,甚有法。吴省钦记黄葛树,以为疑即榕树。余一见即识之,以此知博览之益。凡未见而考求者,虽是而疑非也。孔子论多识鸟兽草木之名,识鸟兽草木不难,知其异名为难。《尔雅》所称今悉在目前,但不能名耳。以此复有意于释《尔雅》矣。李蕴孚知府宗蔚,巴陵人。唐鄂生、子和、黄麓生、崇扶山来。

二十七日 阴

湖广公所团拜,请余为客,欲与局中同乡俱往,午前已各去,偕竹老、鲁詹至,则客主已大集,相识者不过十人,湖广旧有会馆,商人为主。文武官共立一公所,亦费万金。前提督胡中和所为也。今以李总兵忠楷、锦芝生道台及鹭卿、王天舫、李蕴孚为值年,其首事七八人,皆未知姓名。二班合戏,设二烛,诸人拜毕就坐。向设三席,中文、左武、右幕。今年幕客唯巴陵方在督署,娄丽生在臬署,馀或未至,或未请也。舒颐班一旦唱《藏舟》甚佳,麓生赏之。唤至则貌奇陋,姑令唱《惊梦》。而班中不知行款,乱杂纷纭,钲鼓聒人,《惊梦》仅草草终场。麓生甚愠,遂去。余与莫总兵并坐,亦欲去,嫌太早不欢,勉终席而还,夜漏十二刻耳。池中四席,楼上二十席,放赏者仅三人,不满二十千。借鲁詹钱六千四百。

二十八日　阴,午后晴

自至成都始得此一日澄朗,春气已盛矣。出答访钱保塘铁江知县、唐鄂生、麓生、陈济清云卿总兵,又诣昨日会馆首事诸君门,申正乃还。今日《蜀志》看毕,内无事纪一门,盖纯用地志之体,不及政事,而首载宸章,殊为谬矣。铁江甚诋之,余则惮其浩博,不敢妄议,以省志万无条理,无所谓佳劣也。

二十九日　癸酉,雨水。晴

晨见日色即起,方卯止,遣告监院,二日到院,宜先豫办。饭后,成都陈、周两生来见。周道洽润民、陈观源酉生。陈馆于候补县令王宅,周居城中,前曾来,未值也。作书寄荇农。鲁詹引华阳马生来。三生皆有贽,唯受马二生鱼,一蒸食之,一送竹老。与周、陈言,宜先为有恒之学,唯在钞书。遣人至督署接书,以稚公许赠我马氏《辑佚书》,尚未送来也。午后人还,始见马氏书,皆搜采亡书,为存其名。前有匡鹤泉序,云书凡五百馀种。大约仿孙渊如丛书而益搜之,唯孙氏间有全书,此则凡有书者皆不复录耳。马国翰,字竹吾,道光中人，为县令，藏书五万卷，身死尽失，此书亦未成，其所刻版归李氏，始为印行，而山东书局补版入官，鹤泉掌教，故得作序。余与匡同善肃顺，久不知其存亡，今乃知尚在，又如逢故人也。王君豫初为余言，与书俊臣求此书，俊臣未报。余既愧不知有此书，又愧不知有马君，未暇报君豫。记于此，令两儿见之，先为我告。书不多，易致也。夜，庸夫来。

晦日 阴

程立斋藩使、马从九、王夹江、陈云卿总兵、王心桥来。与子箴索笔研，送来新石一方，及店笔一匣，笔制甚俗，试之尚可用，不知何以不选管也。云卿送灰鼠褂皮三件，貂袖一副。留一件两袖，复于衣店买袍一件，价十二金。庸夫遣其子心民来见。

二 月

乙亥朔 朝阴，食时晴

日光煊丽，遣莲弟率火夫单满往书院作灶。华阳龙生启弟来见，陈镇昨为先容，余见名刺，忘其所由，及见始悟之。竹老、元卿、鲁詹设饮延庆寺，召幻人叶慈巴作诸杂剧。慈巴以搬运幻技，起家累千金，擅名成都，凡镫彩铺垫借办，皆取资焉。余为宾，莫、李、力田、惠庵、张玉侯皆与饮，设馔甚费，蒸豚最佳，自未至戌乃散。骤暖，仅可衣绵，徐步往还，犹觉热也。

二日 晴

晨起二使索观机器，局中人纷纷有事。余与翰仙、竹老言，局务无章，误在相忍，宜委权曾元卿而督责其成，否则终无济也。监院遣五人来，移书箱幞被去。巳正舁至君平里尊经书院，陈设已备，竹伍父子、澧州高生、余得贵、王心桥及书院诸生二十馀人,张怡山道台、马从九、黄郎福生、伍嵩生院长、曾元卿先后来,久谈。忠州方生竹泉执贽来见,言居馆在城内,恐不能住院云云。心桥送酒肴,与福生晚饮,即留之居东厢。发六号家书,夜遣张桂出,久乃还。

三日　晴煊

辰起厨人皆出,久未得饭。饭后翰仙来,鄂生、麓生来便饭,因闻余家馔颇洁,试余旅食旨否也。令莲弟作菜蔬十馀品应之。元卿、鲁詹、文劭丞来,鲁詹恐余不办,又送肴四品来,自入厨视治具,云费银五两。余费钱二千,似犹胜之。酉初设食,而饭不熟,又忘设粥。初夜客去,小睡。定书院条规章程。

四日　晴

辰正饭。稚公来,设拜执礼甚谦,近今大吏所难也。云湖南、山东均有查办事件,京官多言,殊无益于政,筠仙所为欲废台谏也。子和、凤冈来,诸生续至者十许人。得春甫及唐酌吾书,闻唐兄丧,唐复送银二百两,改为馈赆,亦当辞之。衡州书反先到,长沙书必浮沉矣。锦江监院凌敬之来,李眉生同县人,曾为陈湜客,在山西有年。院生复来二班。竟日著皮褂,热甚,苦无夹衣。又坐南窗日下,正似三月杪春时。夜作书复春甫、唐郎。受唐银钱百枚,退还二百枚。

五日　晴

将出答访诸客,有院生数班来见,莫总兵、刘栋材府学、范、薛华阳、周、陈力田、江式甫相继来,日晏遂不出。江油两刘生来,谈申夫事甚悉。鹭卿暮来。院生掌书者全不经理,凌杂无章,可为叹息。福生午出,夜始还。致余家书,两儿寄课文五,为改一篇,夜已子矣。

六日　阴晴

定日课。于辰初朝食,申初夕食,戌初点心,子初即寝。日看唐文三本，钞《诗经》二叶。俟十九起学后行之，先行饭课。巳初出，答四学官、伍院长，唯见伍略谈。见庭中杏花，误以为桃，疑桃无此大而矮者，伍乃告余误也。春色已深，尚未一游，可笑也。旋诣稚公，云唐、宋皆有遨头，吾不遨而见。谓姬人出游亦将择日而遨，余云能遨，则民吏欢矣。《诗》曰"吾王不游，吾何以休"。一笑而罢。至机局谢翰、竹、曾、汪、文，至凤冈处送衡信，见方琐系逋税者，云潼州官罢还者也。答访曹桐轩诒庆，曹兖生之从子，自工部出试知府，曾蒙穆宗召见，询诘甚英明，有文宗之哲。过张怡山、程立斋、崇扶山。程言女口不吉。崇则气色晦昧，耳目俱不相听，啜茗即辞出。复过力田，见刘伯卿，答访子和。行城中几遍，历四时之久，颇饥困，乃归。饭后已暮，小愒，作家书七号，多告戒之词。改功儿文二篇。作书与锡九，夜已亥正，乃寝。

七日 阴晴

以国忌，令诸生于明日乃入见，教以尊朝廷，重丧纪也。院外诸生，难于往返，则便见之。刘庸夫便衣来。藩使程立斋来，辞之不得，亦入谈良久，论近日使者交驰，由多疑多诿，非朝政所宜，宜有言官论之。焦生鼎铭来见，字佩箴。鲁詹来，留便饭，季怀、公静同来。季怀问曾涤丈督两江，为余荐之于肃裕庭，又言六云身价三千金。皆了无其事，何世人之好刻画无盐也！吴春海太守来，即徐荫轩尚书荐主尊经讲者，余甚愧之，坐间谈《论语》解三条，出所作文相示。衡阳左生弼字葆丞，芨涉崎岖，来投曾氏，曾无以待之，乃上书干余，余恐其流拓，姑留同寓。午去移幞，投暮已来，居之西厢。

夜看唐文三本。钞《诗经》二叶。王无功《游北山赋》，序甚似子山，而赋不称。中叙其兄淹事独多，注言门人多至公辅，而唯称董恒、程元、买〔贾〕琼、薛收、姚义、温彦博、杜淹，不及房、魏，盖不满之。后乃有疑文中子为伪者,世俗势位之见也。其答杜之松论《丧服》五条亦通而疏。《梁孟赞》云"五噫绝赏,双眉独齐"二语,饶有风致。祖君彦《檄洛州》云"隋氏缵承,鸩毒先皇",又云"先皇嫔御,并进银环",既以隋主为先皇,何得斥其窃神器?又云"狐媚"、"胠箧",上下全不相应,斯为谬矣。陈子良为弟作诔,直称其名,文中子祖杰谥献,无功屡引献公《礼说》,即其祖父书也。明日当祭先师,减去夜点心。亥初斋寝。夜雨沾足,有雷。

八日

寅正起,致祭尊经阁先师位,行九叩,盖凡学通祀先圣也。退次小坐,还,食饼,然烛,看唐文三本。天明往湖广公所,一人未至,小坐,文武同乡以次俱集,推余主祭先师周茂叔,行六叩礼,礼毕,已午初矣。未饭先退,过访方司使,云有构我二人者,彼不信也。夫流言止于智者,子箴何以使其说得终,盖先疑而间之耳。答拜吴春海。春海昨来致敬,而今意匆匆,亦不知其何事。还院已晡,遂不朝食。见院生三班,刘生宏模引锦院五生来。周、郭、陈、高、罗。开县谢生送其师陈昆集,昆字友松,以辽、金有史,遂为《西夏史》。昆死,其孙藏之,云今秋当送阅。昆常宰宜春,识俞芝田,余久不记有俞,今忽在耳目也。钞《诗经》二叶,亥初寝,夜雪。

九日　阴寒

仍裘,晓起阶除雪已融,惟瓦缝见白。院生来谒者五人三班。看唐文三本。《陈友松集》六本,颇有才识,胜于余所识蜀人,钞《诗经》三叶。作教征院中残失书:"顷检阁书,残缺陵乱,未及五载,遂至于此,意甚恨焉。《传》曰:'玉毁椟中,谁之过与?'管书两生言旧管人当来,而无期日,一日三月,子衿所叹也。今先停两生二月膏火,以戒私受,限本月尽将存书退缴验收,如有遗失,依定例每本罚银三两，由监院借钞补完。夫毁成籍，沓泄公事，旧管新受，固有咎矣，监院院长，独能安乎？故特示限，如旧管生逾十九日不至者，专饬书办，各至其家，根究失书所由，务得其主，以存官籍。"

又为子箴题《话雨图》，其因公至广州时，与从弟南韶道子严同寓所作也。"韦家画戟香凝寝，却忆山中共长枕。苏家兄弟感谪迁，翻思风雨对床眠。宦游那及君家乐，金印貂蝉镇方岳。南海熊幡相继来，新种甘棠成棣鄂。江上相思闻雁声，天教度岭慰离情。官厨酒暖常欢宴，画烛秋光当夜明。即今使节遥相望，听雨巴山莫惆怅。好凭驿骑传新诗，昨宵碧草生春池。"

鹭卿属题其父愚庵先生《补经图》："单骑惊回纥，遗民识汉官。来苏三载后，素业一毡寒。定变资经术，披榛立讲坛。时危重修学，事比阮公难。""虎节还乡日，清仪偶一瞻。高怀八州隘，占毕小儒嫌。未觉云台贵，长思石室淹。越冈丛桂好，遗荫满书帘。"

十日　阴寒

岳威信来。孙嗣仪来见，言其世职在七房，今其父袭轻车尉，其兄颇知风角。又言其家书尽失散，其先公奏议，为其长房族子匿而不出，请告学使征遗书出之。写诗于二图。

看唐文三本。褚登善《请千牛不简嫡庶》，及《不穷窦智纯事》，及《谏五品妻没官》，三表皆有理识。又《请敕宫人眼花浪见不得辄奏》，是小说言太宗见祟〔祟〕事果有之。又采《太史公侍妾随清娱铭》，则作伪者之所为矣。杜襄阳正伦《弹李子和妻丧奏技文》，有任彦升之格。岑景仁文本《拟剧秦美新》，则不知其何意。《尉迟恭碑》云洛州人，史云翔州善阳人。曾祖本贞，魏封渔阳郡公。祖益都，周济州刺史。父伽，隋卫王祀〔记〕室。恭，隋光裕大夫，入唐年七十四，卒于私第，官止仪同，追赠司徒，谥忠武。唐小说诬其为铁匠，殊可谓不考之甚也。

周教谕道鸿字仪吉来,昨来持手版,余不敢当,门者乃麾之去,遣持名片,告以错误,故今又来。言蜀中宜开局刻。书院生范溶来,华阳人,字玉宾,人甚文秀,亦不浮佻,佳士也。与谈读经史之乐,劝其早勤学,恐登第则不暇矣。丁价藩士彬暮来,瘦小闪烁,以能人自负。午钞《诗》一叶。申后甫钞而丁至,夜乃补足一叶。鲁詹送子鸡。

考《尔雅》:“皇,黄鸟。”又云:“鶠,其雌皇。”今本“鶠”下有“凤”字,《说文》无之。《尔雅》鶠在桃虫之后,《说文》亦在鷚之后。鶠鸟,偃鼠,凡匽皆有小义,而以为凤,误加字明矣。凤一名鶠,《说文》亦有此说,他籍所不见,殆不可信。《诗》云黄鸟集灌木,言女子无远志高想,若在母家而志配侯王,必非贤女。毛、郑以喈喈为声之远闻,得无过邪?集丛木而求远闻,亦不善于体物。

十一日　阴

昨夜寒,卷缩而卧,仅能取暖,盖严冬不独宿已十四五年,故怯冷如此。晨起看唐文,员半千敢为大言,文皆俳体,其《青城县令达奚思敬碑》,叙其祖睿由富而贫,云“金玉满堂,化为道德”,语有阔宕之致。卢升之,新都尉,有宴梓州南亭、绵州泛舟序,其《五悲文》雅,稍繁,奇作也。王心桥来,言将往青羊宫趁花市,又言市有紫檀书几,索价三钱一斤,计重八十斤。木以斤论,所未闻也。遣泛扫外斋,以待异马之客。钞《诗》二叶。黄荔裳教谕执贽来见,云去年曾投考院课。辞其门生之称。今日客少,馀暇犹多,再看唐文三本,钞《诗》二叶。“桃之娱娱”,未言何桃,检《尔雅》三桃,楔为含桃,旄称冬桃,则桃为山桃专称也。夏正月梅桃则华,杝即《尔雅》榹字。又六月煮桃,《传》亦云山桃,唯楔为樱桃,义有未安。樱桃为含桃,其实非桃类，李类也。

十二日 阴晴

卯正刘大令大烈来。饭后子箴来，言黎传胪以请复贺藕翁官获谴，罗研丈之所害也。研丈昔欲陷瞿子久而不能，乃今果陷简堂。院生三班四人来见，刘生复引严生来，陕西入学，有志于学，送绣鞶等为贽。钱铁江来。陈妹兄公仲仙来，烟饮甚深，贫不可言，仅识一黄麓生。鲁詹来，久坐，午后乃去。夕食毕，少倦矣。钞《诗》二叶。黄云生来。戌初微雨，因留与福生同榻。夜看唐文三本。王子安常游梓州，有《江曲孤凫赋》，又有《茅溪涧松赋》，茅溪未知何地。又有上其父书一篇，题为上疏，而自称名，云不备再拜。又有《入蜀纪行诗卅首序》、《绵州别席序》、《梓潼泛舟序》、《游武担山寺诗序》、《元武西山庙序》。庙在三灵峰，祠道君，盖今青羊宫也。

十三日 晴。寒未减

钞经二叶。力田来辞行告归。其人好言梦，其来去亦如梦也。看唐文三本，王勃碑一本，皆蜀中之作。贾公彦子大隐驳周悰议立周七庙，请武氏立五庙，其胆甚壮，亦不得祸，终礼部侍郎，公彦可谓有子。钞《诗》二叶。解“汝坟”如有神悟。院生牟吉三、崇成绵来。

十四日 戊子，惊蛰

看杨炯文，有《梓州官僚赞》。元武是梓州属县，昨误以为成都地名。炯尝为梓州司法参军，又有遂州及新都《孔庙碑》。王义童尝为果州刺史，子师表，万安、西充令，师楚，云安令。王湛为泸州刺史，督泸、柴〔荣〕、溱、珍四州。任晃，温江令。钞经一叶。蔡盐道来。院生二人来见。鲁詹来。今日约竹老往城外青羊宫看花市，久待未至，遣促之，少顷竹老与元卿、栋材俱至。鲁詹借骡三头与栋材、福生俱骑，余乘栋材轿出院，遇云生，七人俱步出南城，循城西行可四里,游者约数十人,然多襤褛,殊不美观。花市自十日起十九日止。青羊宫无花,但竹、铁诸器,其东二仙庵,乃有花树。海棠正赤如杜鹃,芍药五六寸无蕊,云尚未发,或地气不同也。牡丹高者五六尺以上,如椿树。春兰颇多,辛夷亦夥,无他奇种。俗工匠画轴以千记,遍观而还,饭于书院。子和来,坐至三时乃去。对客钞经一叶,又看杨炯文一本。薛振言舜非孝子,扬亲之过。可谓妄诞,古今所无之论也。张泰,来阳令,有赋一篇,在第二百卷。

十五日　阴,有微雨,亦见日

钞经二叶。见院生九人六班,中有杨生锐,字叔峤,院中所称高足弟子也。有赵生树檩,字少方,则沅鹊之弟,与谈颇久。因杨生习诗,为说《诗·葛覃》、《汉广》、《汝坟》三篇。看唐文五本。冯悦,峨眉令,隋本绵州参军。陈子昂,射洪人,以富得祸,盖擅盐井之利者。夜无事,复钞经一叶。院生来者多诉无床几,下教检校诸借住斋房者,令二日内移出。

十六日　阴

先府君忌日,素食。钞经三叶。张生子绂来谈,孝达高弟子也。亦神似孝达,多所探研。坐谈半日,留饭,不能蔬食,蜀人习食软熟者,故不饱也。邛州宁生云若来,问《唐书》廿事,有"铸金枷"一事忘之。夜坐,监院送脩金三百五十两来。乃正月请领,盐道今始发下令送者。同城咫尺,公事之迟如此。作家书第八号,寄二百金充家用,寄廿金饷荇农,还王心桥卅金,殷十金,衣十金,陈十金,存七十耳。

十七日　晴

院生六班九人来见。张孝楷言申夫已于初十日过江口去矣。张氏在家,不免操作,故往苏州依眉生。余谓眉生未必可依,方欲止之而无缘相见。廖生登庭来，久坐，有志习《公羊春秋》，然拙于言，未知其学何如。翰仙来。午间书办送来学院批监院公文一角，陈诗讼斋夫者，余以其好讼，欲斥之，又伤其不敌一火夫，乃告刘生令其自缴销此文，以全大体。因告诸生，如有名列公呈者，即为多事，必屏院外，冀以挽薄习，未知能行否。夜过机器局，与竹、翰、曾闲谈，遇鹭卿，坐半时许，二更还。院中禁卖饼担，门者殊不谁何，至登讲堂，明当诘之。

看唐文三本。陈伯玉有论蜀事四条，临邛、忠州、梓州、九龙〔陇〕序、铭。为《孙过庭墓铭》，称为不遇之人，而不及其能书，又言其不及学文，又不知其卒年，云年若干，亦墓志之罕见者。其祭文复称其逸翰，而云"妙乎〔未〕极"，盖以其一艺不足志也。又《薛氏铭》，言其以大将军女为郭公妾。郭公，元振也。薛，东明国人，出家六年而返初服。伯玉高祖陈方庆得《墨子五行秘书》、《白虎七变法》。三更后大雨。

十八日 阴

丁生执棠来见，旧管书人也，言刘文卿交代不清。余传刘生来，责成前后十人，公同追取。并言凡公事不以推卸为能，以众擎而举，宜勉为之。请监院来，言火夫及看役事。院生五人三班来见。鲁詹、力田来。钞经一叶，未毕，以当回拜八客。衣冠出，至丁价藩、刘大烈处，未见。答钱铁江，并送其赴清溪任。钱云廖登庭钞有《建炎录》及《东都事略》，甚以为难得。余初不知其书何所用。又言孝达访有汉高君石阙，姚臬使访得晋杨阳碑，此则修地志有所取尔。酉初赴藩使招，麓、鹭先在，刘玉翁继至，伍松生最后，亥初散。李蕴孚复书来，允约福生往越巂。莫总兵送南物四种。夜雨。

十九日 阴

院中开课，即于是日送学，黎明，恐外间早办，唤两仆令开门，则臬使已至矣,遽起要入,久谈。崇道台继至,设汤饼,共食讫。藩使、盐台并来,复坐久之。遣请总督。余还宅小愒。司道出外坐。余饭毕,钞经一叶。巳正稚公始至,入谈,顷之出,行礼于讲堂,请稚公亲点名,余与司道坐待退堂,又谈顷之。告退,群公自去。诸生纷纷钞书,余案行三斋,遍见诸生,觉倦,乃入,夕食,假寐。夜出行视东斋,凡占住者俱已移出,蜀中士习甚驯,吾乡不能也。

钞经一叶,看唐文三本。崔融专谄武后,竭其才思,卒以作哀册致疾死,可为谀臣之戒。集中有《为王起辞澧阳令表》,其哀册文亦未为极思。张说文有《进越巂斗羊表》、《举夔州战将勤思齐表》、《驳行用类礼表》。言《礼记》编录不可刊削,孙炎改旧,以类相比,魏徵为注,元行冲解徵注,有同钞书,未可行用。是则经传通解不必作也。《岳州谢上表》,言贬官到任,理在速闻。可备掌故。又高力士父延福《碑序》,养子假父,颇有征引,而中叙力士得本生母事,未知何故。冉安昌,潭州总管、夔州都督,冉仁才,澧、永州刺史,冉实,绵州司户、导江令。杨执一,剑州刺史。平贞眘,涪州刺史。晋公族食采平邑,因以为姓,有汉丞相平当,今有平步青。李琮子行休求父尸于桂林,有异征,并得叔父二尸。行休弟亦在越巂,兄弟争死拚命,俱可采记也。夜补看唐文八本,未甚细谛。

二十日　阴

院生蓝寅阶来见。眉生得拔贡,请其捉刀,齿长于余三岁。刘生来问经解,未知门径。钞《诗》一叶。午,步出送力田,不遇,至沈鹤樵处少坐。出访陈仲仙于羊市,宅杂隘不可坐,勉谈数语,至衣肆看衣。过子和宅,赴席太早,假寐其客床。顷之刘伯卿来,亟谈力田之谬。鹭卿、翰仙继至,王绍曾、西垣最后至。设食尚佳,而未能饱,还已亥初矣。日中剃发时,看唐文三本,故未摘其事。中唯张说叙郭元振事状，勃勃有生气，文在韩退之之上。退之鼓努为力，说但平叙，故气厚也。郭曾为通泉尉，陈伯玉已称为公。状云郭劫掠良人，薛女岂劫来者耶！夜补钞书一叶。出视院中，皆息灯睡去，乃寝。

二十一日 阴

湖广馆请祀乡贤，约辰集，及往已散矣。诣谢诸大吏，唯稚公、扶山二处得入。便访丁价藩，答访周静轩，看洗墨池，云杨雄宅也。未正还。季怀及其同姓小香、章公静、张敬涵来谈。申正后乃去。福生将往越巂厘局，午初移去。杜有发来，闻力田已开船长行，为之惘然慼之。夜钞《诗》三叶，看唐文三本。卢藏用有《陈伯玉集序》及《别传》、《祭文》，又有《衡岳十八僧序》。夜雨。

二十二日 阴

看唐文三本。宋之问《叹佛文》称太平公主弟五子“才光性与”，是歇后用《论语》也。初唐尚以“性与天道”为赞圣言之词，此亦一证。元素履，忠州临江令。武后、中宗时人。欧阳通让夏官尚书、司礼卿二《表》，皆李峤所作。钞《诗》一叶。院生三班入请业。刘伯卿、鲁詹来。出至机器局，寻竹老谈，并会曾、刘，遇饶知县，无所取材。答访成都训导不遇，至莫总兵处会饮，客皆不至，唯饶及周知县，后补请者。周操蜀音，自称通州人，又劣于饶，王西垣作陪，戌散。

二十三日 阴

院生四人来见，又已见杨、张诸生入请业。霍雨林同年名润生，新选长寿令，来访。终日为诸生讲说，多发明《公羊春秋》之义例。张生子绂、廖生旭陔皆有志于《春秋》。子绂云欲移入院，并要张生监荪同来，此邦人欣欣向学，可喜也。为监院禀盐道，请发膏火银章程。又告斋长，定住斋章程。有周、赵二生并不住院而充斋长，令托人代理。钞经一叶。晚过刘伯卿饮，同坐者金邛州宜宾字松元、李蕴孚、张玉侯、鲁詹、福生。伯卿言越巂出火浣布,托福生购十丈。戌散,还路湿,始知夜雨。

钞经一叶。看唐文四本。苏廷硕有《蜀长乐花赋》,盖老少年也。樊偘,益州司马。廷硕尝为益州长史,又尝立九疑舜庙于州西山上,疑曾知永州也。其判师弟有"罚水"二字,未知误否。《刘茂道父司农碑》,叙其先世,皆曰我曾祖、我大父云云。《唐休璟碑》亦同。休璟名璇,以字行。凉国公主名少免,字花妆,玄宗之姊。

二十四日　晴

遣问张生士达何以不来取《论语》,因见院生四人。钞经二叶。福生来告行。陈云卿来,与之谈耕读之乐。以其人颇朴实,欲劝其归田也。看唐文三本。课毕无事,案行斋舍,在舍者寥寥,夕食太早,假寐一时许,出看菜圃还。钞经一叶。竹老来视宅向,云大利。将暮乃去。

严识元有《潭州都督杨志本碑》,志本曾为邛州司马,始州长史。始州,剑州也。武平一谏书引:"礼减而不进"二句,"减"字作"慊","盈"字作"流"。武曾任郴州。许景先《唐兴寺碑》铭以七言,如弹词。权若讷请复武后字,称贼臣敬晖云云。当中宗时未有知武后不当革命者,亦可怪也。张廷珪,济源人,频有论奏,多得大体。元行冲《服议》,言父为嫡子斩衰三年,不去职;又言王粲有《疑郑尚书注》两卷。徐坚表言汉光武七室共堂,历代遵行。唐人赋咏必八,四平四仄,而开元以前无此款式,平仄随用,但必八耳。薛稷有《灵池人朱桃椎〔槌〕图赞》。夜雨。

二十五日　晨阴

朝食后步过翰仙,送其从子福郎往越巂。过竹老房,约元卿来谈,云余浣濯须人,将买一婢。约今日来,留待久之。雨作而人不至，舁还甚倦。庞生、马生来，马未调院，以鲁詹介之来耳。范生玉宾、孙生彦成来，皆秀士也。然孙颇短张，未知谁是。孙者小峰之兄子，夜谈颇久。钞经二叶。竟日雨潇潇，似感寒，未看唐文，亥正寝。

二十六日 雨，益寒

调院王生来，以国忌未见。后有监生午后来，则见之。钞经二叶。与监院诸生上阁理书。莲弟云一身作痛，请鲁詹来视之。马生来，便留同饭。刘生文卿来请业。

夜看唐文三本。张敬忠，益州长史，有《青城山新津佛殿奏状》。柳泽切谏太平主用事，及《谏睿宗疏》，皆可采。郑万钧尚代长公主为妻，作碑自夸其子聪明，使天下见闻。唐人文不合体如此。其自称“蒙”，为妻自称亦云“蒙”，此罗研翁之所师。王琚贬江华司马官。裴思约威远令。许齐物巂州都督。《张子寿集》有敕书。又补看唐文三本。李生春霈送试文，为改一篇。

二十七日 阴晴

晨钞书一叶。饭后陈生诗、张生李楷来，上阁检书六匮，幸已齐全，收钥自掌之，午饭乃毕，甚倦。贺知县式开字古愚来，少庚之族子也。院生王树滋、萧润森、谢龙章来请业。

夜钞经一叶，看唐文三本。张子寿有果州长史李仁瞻、滤〔泸〕溪令赵某铭。赵令亦称公，曾为射洪尉，以其子瑝为洪州都督而尊之耳。又华容县男王某曾为遂、绵二州刺史。王泠然有干进书二篇，讦讪可厌，当时风尚如此，宜人之轻文士。

二十八日 阴

院生数人来请业。萧同知锦来。曾元卿遣要看婢，钞经一叶后舁往，见三人，一年少者，二人皆年过廿矣。留饭，乃还。院生新来见者三班。曾又卿之子来，年十八，甚静秀。余与佑卿别廿馀年矣，以为死亦廿年矣,问之乃知其死才十年。夜钞经一叶,看唐文三本。闾邱均有为益州父老上表三篇,及刺史表二篇。

作与敖金甫书:"去秋复上一函,计达清鉴。仲冬溯峡西上,除夕前日,届于成都。比见丁公,果如所谕,谬以讲席相处。初以三年宿诺,意其求友之乔声;不图千里寻师,乃作担簦之来教。逡巡三让,固执一辞。便欲告归,实为骇听。今年二月,移入馆中。以占毕之荒儒,对卿、云之后辈,其为不称,亮荷深知。唯孝达创立不易,未经整饬,以闿运硁硁之性,蒙诸生抑抑之谦,将废者于是更兴,未备者俄而悉补,甫及一月,已有可观。用报乡先生,使知蜀材之盛也。珂里人来,具言老伯大人高年矍铄,令弟秀发恂恂,闻之欣颂。仁兄秋官久次,美誉益章,著述当增,暇幸录示。闿运去年撰成《湘军事志》十七篇。于长沙开雕,今尚未得清本,及至贵省,工课颇繁,当俟夏间方能理业。眷属仍居乡里,恐江湖之险,又作客,不宜有所顾牵,锦里之留,因兹难久。意欲得三数高足,分习三科,然后改院长为学长,不借材于异地,乃为佳耳。闻孝达有次子出后其兄者,年近舞勺,饶有父风。闿运有第四女,生于戊辰,性稍聪敏,授以经义,粗能理会。伏冀仁兄近加访察,为我相攸。若许相当,便烦掌泮。复书来日,再可问名。缘此未通函孝达,希留意,幸甚幸甚。春寒来久,伏惟万福。"

二十九日　癸卯,春分。晴

卯正朝食毕,出讲堂,升坐点名,令诸生分经授业,各有欣欣之志。出题十三道。蜀士驯秀虚心,异于湘上,盖文翁之教,师法尚存也。刘生心民及诸生入问者相继,复见院生三班。竹老及其四郎、鲁詹、元生、元卿来。元卿复为余物色得一婢,亟欲余纳之,舁至东邻文昌祠,饭毕往看,哑然而返。元卿甚不怿,复坐久之,客乃散。

钞经二叶，看唐文二本，改课文二篇，课卷一本，及子乃寝。

晦日 晴

始觉春煊，苦指创及足创，不欲理业。杂客数班，院生十许班来见。钞经一叶，看课卷数本，与书敖金甫，发票号去。独坐及子正，觉寒乃寝。

三　月

己巳朔 仍寒

指仍未愈。评改课卷廿八本。尽谢诸事，唯见客及院生数班。

二日 晴

评改课卷四十八本。昨日莲弟往机器局觅食，将令积百金为业，为娶妇，使续外家祀也。从母、两舅皆有富贵习，唯此子无之，殊慈良笃诚，见依于我，家人无其亲情也，故切属元卿约束之。左生亦去，已厌倦矣。翰仙来。夜复阅卷十本。说《卷耳》"金櫑"为赐爵太庙，而使与酬。前意所未及，信乎学之无尽。又引陈佗比宋内娶，亦前说所未备。一灯荧然，遂忘夜久，视表已子正，乃寝。

三日 晴

评改课卷十本。出贺鹭卿取长妇，至则新妇方出轿，司道诸公皆在，看新人甚肥大，"越女天下白"，亦不白也。出答访季怀三友，至耀庭处略谈，季怀处久谈，便过陈云卿总兵，行稍远，至麓生处久坐。还，正倦欲休，卢丽生、院生二班、竹老相继来，竟不得休，至晚乃稍寐。起改课卷七本。取《史记年表》校对，有五卷皆明晰，盖有蓝本，非余所知矣。得江津戴生拟《文心明诗》一篇，甚佳，遣招入谈，张、廖二生于朔日已移入内院，同话诗文，至亥正散。余又校《史记十二诸侯表》毕,视表丑正矣。

四日　晴。晨寒午煊

定课卷名次,以广安周生为首,送稚公一过目。陈云卿早来,子和、龙生及新调缪生来见。缪少秀,谭学使盖为翰苑选材也。作《蒙卦》小注数处,并言读经法以示诸生,以发蒙为发墨冢〔蒙〕之冢〔蒙〕,以系蒙为系车盖衣之幏,颇为确实。申初至鹭卿处喜筵,伍嵩生院长,藩、守两公,候补道四五公俱集。余与伍坐正席,刘玉田、张仙舟作陪,亥散。至新房看新人,询之非越产,蜀产耳,比昨出轿时较美。小坐而出,还已亥正。

五日　晴

钞经一叶,改定《简兮》为入学合乐之礼,说"公言"为无算爵后,"士执散爵酌以之公,命所赐",适合《礼经》,无如此惬心者。半日无客,方欲大有所作,徐寿鹤、翰仙、谭学使、鲁詹、仲仙、严雁峰相继来,留二陈便饭后,雁峰论诗有心得。院生五人来,或告假,或请业,至暮乃罢,少倦。

夜抄《诗》一叶。出巡东西两上斋,还看唐文三本。卢象《送贺知章序》,言其长男曾子因父病求神,有鬼与司命鬼斗,知章愈,乃辞官,可谓怪诞。孙逖有《郫令崔纶制》,由益州仓曹授。又吴王李祗官卫尉卿,祭南岳。今日翰仙言谭序初擢湘臬,疑崇故也。余以为傅死。又昨奉部议,稚公果降四品,丁价藩褫职,果如我料。但降三品者降四品,则五级矣。唐、劳恐亦不免。又闻李督劾知县四人,疑福世侯在其内。李华有《华容石门山木兰树赋》。

六日　晴

晨起钞经一叶。出贺子箴生日,值其上院,过寿鹤、谭学使、竹老处,皆久谈,还已晡矣。抄经一叶。见院生三班。稚公遣来告,有灌口之行，使往取课卷。得其书，言经费事。阅唐文三本。读《诗》数首。夜闻花香，始有春感，欲作一篇，竟未就。

七日 阴

钞经二叶。令书办写案，出之。看唐文三本。张生可均字和甫、曾生光岷字蜀才来见。夜出巡斋舍。韦斌自太常少卿贬巴陵太守。为院生点定文五篇，均无佳者。为严生评诗数首。

八日 晴

钞经一叶。麓生来，言张振轩得黔抚，绍诚抚广东，傅擢皖藩矣。张子绂尊人招游草堂，与张、廖、戴生步出南门，遇张生孝楷于涂，同至青羊宫。紫荆盛开，小立花下。出，直南行里余，至草堂寺，西偏为杜子美故宅，小有轩馆，未为弘丽，青竹颇密，坐船房久之。张绂翁来，要至其宅，曾氏庄也。凌生作陪，蜀才出见。设食毕，已暮，舁还，不由旧路，循浣花溪至小江边。春虫昏吟，颇有乡思。入红尘中，投人丛，入南门还院，弦月甚朗。

钞经一叶，看唐文四本。王维有《道光塔铭》，云姓李，绵州巴西人。姚懿，长沙县男。沈东美说兕觥为大斗，养老用之。东美，佺期子，膳部员外郎。杨绾有郭子仪妻王氏碑，父守一，宁王府掾。王氏卒年七十三，有六子八女。陶翰有《送孟浩然入蜀序》。

九日 晴

钞经二叶。见院生三班。唐小溪、伍嵩翁、鲁詹、严雁峰、陈仲仙、岳生、屈生来，竟日客不绝。看唐文三本。元卿买婢，其妻悲泣，令莲弟往止之。

十日 晴

钞经一叶。行四斋，督诸生日课，甫毕两斋，王西园、范尧泉来，以其待久，至三斋而还，客去始毕。第四斋诸生，颇有勤学者，各记于簿。西昌刘生来见。易得森参将来。莲弟言竹老当来,遣止之。以当与元卿论诲,当屏语也。将入内城寻春,留待元卿,至暮竟不至。

钞经一叶,看唐文三本。颜清臣碑文以妇人死为弃堂帐。鲜于向,新都尉剑南支使,复为新繁尉,当时尉尊如此。保宁故号洪州,向设都护。以京兆尹贬邵阳司马。欧阳询从曾孙琟,父攠〔机〕,什邡令;琟,岳、衡长史,统江湖兵勤王,以武关防御被执,免,终于岳州,葬荥泽,盖未尝还长沙一日。杜济,成都令。《和政公主碑》,盛称公主美德,其序公主容色,云每至朔日,六参朝天,旅进嫣然,班叙之内,迥出神仙之表。又云柳澄妻,杨贵妃之姊,公主伯姒,马嵬之难,以孤见托,男登服冕,女获乘龙。又言其能彀弓贸迁。清臣不妄美者,《唐书》无佳传,何也?又云道士申泰芝诬湖南防御使谋反。瓮叟言"泰芝"乃"奉芝"之误,今颜碑尚在,则非误也。颜言人妻死于官,多无随牒。世言李白狂,其集中《上李长史书》,但以误认李为魏洽,举鞭入门,乃至再三谢过,其词甚卑,何云能狂乎?又自作荐书,令宋中丞上之,得拜拾遗,诏下已卒,亦非轻名爵者。

十一日　晴

钞经二叶。见院生三班。曾、马来谈。鲁詹送干鱼,并言外传曾劼刚被盗于海岛。步往翰仙处问之,云无明文。二更还,入门大雨。

为院生评文六篇,看唐文三本。李白有《送戴十五归衡岳》诗,云戴长沙人,三昆以才秀擢用。又有校书崔公贬湘阴,作《泽畔吟》。又云溧阳漂女姓史,年卅。齐光义,郴州人,官博士,有开元十五年《郴州安陵石记》。徐太亨有《青城丈人山碑》。张九龄弟九章,桂阳长史;九举,巴陵别驾。

十二日　晨雨,朝食后止

钞经一叶。寻春西城,出宣明门,将候稚公入城,询守兵已先还矣。登城至江源楼，古白兔楼，又谓之张仪楼者。郫江水自西来，分流贯城东，出西城，皆驻防旗丁分汛列居，门宅同制，皆入门一空院，三间屋，似殡室。草木多于器具，从城上望之，似久荒者。城上砖道方二三丈，规制甚壮。循堞东行，见一大坪，在西南隅，绕行道迂，乃下至将军牙门，仍出南门，还院。见诸生三班。仲仙来。将暮风凉。钞经一叶。看唐文三本。与书藩使，为黎、马求差委。

十三日 晴

钞经一叶。梁山徐生来，请假舍，年老矣。鲁詹来，言唐、劳俱撤任差，交两司察看。稚公羽翼尽剪，又不得罢，殊难施展也。莫总兵来，请作《地图序》。钞经一叶。夕食甚早，大睡一时许。改院生文，看唐文三本，《说郛》四本。

十四日 戊午，清明

钞经二叶，作家书第九号并与书越岑、张楚珩。龙甲来，云新自彭县归。院生五班入谈。改诸生文，俱无佳者。嘉定诸生告归，月费未发，借麓生卅金将予之，而无人来领，问之已去矣。子和来久谈。与书程布政，问会议经费事，兼为马、黎请托。

十五日 晴

李三、和合、忠楷、沈鹤樵来。翰仙来，言蔡研农甚怪我多事，并以上司学台相讥。余于俗人无争，而笔札颇咄咄逼人，与书藩使辨之，使知我非多事者耳。院生王陈来，呈日课，留陈便饭。

钞经二叶，作诗一篇，看唐文三本。河东麻察，殿中侍御史、大理丞。李光璨，元宗时蜀郡长史。元宗尝为秦坑诸儒立旌儒庙，贾至为碑。张宣明，元、肃间人，监姚巂诸军，有移益州牒，其文不全。苏师道称攸县为攸邑。刘秩，阆州刺史。补看唐文三本。

十六日 晴

将出答拜数客，方有时政，未敢招口舌，姑俟一日，待其定。钞

《诗》二叶。宁生问经解各体,及作文门径。邹生亦来请业,谈久之。看宋人小说,言优人名目有末、泥、副净、副末,而所演名艳段,段即今旦也。正杂剧名两段,皆以旦为主,故声转段为旦。见耐得翁《古杭梦游录》。陈师道言杨绘云:严遵《易》传扬雄,雄传侯芭。

十七日　阴

钞经一叶。午出答访和合、龙甲,过麓生谈道,经藩署遣问主公在否,答云督府将至。余出专为诣穉公,催轿急往,乃于道上相遇,回则无巷,行则不可,驻行开帷待之,卤簿多讶者,然皆低头而过。穉公至,于舁中一举手,遂行。近者杜巡抚遇胡提督,杜驻行,而胡不驻,遂成隙,构成其咎,褫马褂、勇号,刘督因不直杜。道路相遇,众所属目,余于街前与总督抗礼,非穉公不能无介介也。还院,鲁詹在斋,仆工有病者,求其诊治,留饭久坐。穉公来谈,去已暮矣。行案二斋,与诸生谈。夜看唐文三本。令钞元次山文为一集,以为胜于韩、柳。《独孤及集》中有《为李给事七让夺情表》,给事不知名,殊可风世。

十八日　阴

钞经二叶。院生熊杰来告归。陈诗来假贷,王监院并吝不借发,乃以麓生所假卅金与书办,槌碎以待支取。始立凉棚。竹老、筠心即沅生。来。叶生来呈业,与之讲《桃夭》、《硕人》二章,竹翁甚以为佳。余所得意者,说"大夫夙退,无使君劳",言如今接差者,守候一日,大人入公馆,巡捕传帖下,一概不见,纷纷而散,此情最难堪。故石碏坐视州吁之乱,夫人有以致之也。客去,饭罢久睡。看唐文三本。《独孤至之集》书申泰芝,亦直作"太"字,足明非"奉"字之误。瓮叟所据误,余当时不知孰为是也。成左司为成都少尹,副郭英乂,吏郎杜、兵郎杨,为参军。及有《招北客文》,盛言蜀不可往,岂招此三人耶！作韦八铭云寿止五岁，憕铭云年二十二。寿、年不分如此。周昭王瑕子文，生而有文在手曰阎，因封阎城。夜大雨。

十九日 阴，复寒

晓起藩使委知府彭某来点名，课院生出见之，诉其贫苦，欲留之饭，与细谈。彭乃于客坐吸食洋烟，余甚怒，以其窘弱，不忍责之，遂告以将出，不复与见。今年议不作经文，而程公限经文五道，余遂牌示禁院生应课。诸生来者纷纷，或欲请改题，余以程未足与语，亦姑任之。然请议者竟日，未暇作他事，已将夕矣。

王夹江请余陪翰仙晚饮，来催客。出至督府、臬司，访锦芝生道台，皆不遇。至丹达庙，翰仙已先在，刘伯卿、周宁卿、贺古愚继至，戌散。还钞经一叶，看唐文四本。酒令举古人一，姓名三字不满十画者。得子人九周人，余得孔山士齐人、丁外人汉人、汪子一梁人、王一介宋人。唐文又有牛上士唐人赋二篇。泾阳牛耸之父，开元以前人。

廿日 晨雨

两傅生、龚生来。稚公送课卷来，分三等，未能尽当，思欲易之而案已定，遂牌示，廿二日发卷。钞经二叶，补昨日一叶。鲁詹来，言其妻欲来，余亦欲迎眷，而儿女太多，殊不放心。

看唐文三本。成伯瑜，开元时人，说《小序》为毛公作，与余正同。许子真《杨妃碑》云：妃，容州杨冲人，父维母叶。买与杨康，康以与杨琰。妃通《语》、《孟》。

廿一日 阴

钞经一叶。出答访稚公，为鲁詹求拂拭。谈及夷务，云印度必为战地，英人谋出缅、藏，欲建重镇于藏内，设谍孟拉间以防边。余极称其远略，颇言信而后动之义。又言天下大事，要须六七伟人，而屈指无可当其任者。归而计之，亦未知何人可当，乃知求贤不易，用材较易也。然用材必已有才,此所以难。过翰仙、竹老谈。盛与元卿申言糟康〔糠〕之义。还,院生四五人及子和来,唯论藩使课题及院中章程。夜钞经一叶,看唐文三本。

廿二日　阴雨

钞经半叶。巳正出讲堂散卷,给膏火银,查日课,午正乃毕。官取课生二人来见,一王宾甚贫。刘庸夫来。客去,饭后少愒。钞《诗经》半叶。夜看唐文三本。雷雨达旦。

廿三日　阴,午后见日

钞经三叶,《卫风》毕。计一本凡三卷,百六叶。见投考取课生二班。与书藩使,送课卷去。伍嵩生来久谈,泛及修练事,云有戴生年甚少,能内养也。又言陈广敷前事。

看唐文三本。崔瓘自澧州观察湖南,督潭州,辛杲继之;杜济刺梓州,柏贞节督夔州,韦之晋衡州,李昌距辰州,《常衮集》并有制书。贺若察宣慰湖南,崔宁以剑南师破吐蕃,张献恭节度山南,破岷州吐蕃,《衮集》均有文。

廿四日　阴

程藩使以诸生课卷不齐,县牌来责。人言纷纷,有云盐道怒我而挑之者;有云钱宝宣怨望而激之者;有云司道合谋振兴文教,讲习经策,愠我以不应试为教,而专相龉龁者。言皆有因,而皆无如何。假使院生得抗藩使,即无上下之分,使告督府以饬司道,又非儒学之雅。伍嵩翁及院生多来谋者,讫无善策。夜间遂有搜卷之举,概不准作,以归画一。监院亦汹汹然怒。余乃取卷入内,谓卢、王、孙诸生曰"万方有罪,罪在朕躬",藩使万方中之一人耳。卢言监院无礼。余曰监院亦万方中之一人,儒者当先安静,且徐谋之。已而廖生来,言去与往皆非策:欲辞去,则稚公必问所以,切责司道使留我,而痕迹愈重，丑态百出矣；往则司道不能忘情，将以腐鼠吓我。峙躇久之，忽悟庄生之言，彼且为婴儿，吾将与之为婴儿，但托言藩使自悔，令人劝诸生补作足矣。如法行之，而众嚣悉定。

夜为莫总兵作《地图序》。昨日钞书成一本，今日例息一日。看汉文一本，唐文三本，小说四本。买芍药、牡丹各一瓨。

廿五日 阴

钞《诗》二叶。《王风》起。评点补课文廿四本。林敬之来，劝诸生应课。书生好事，如此纷纷，不觉旷功七日矣。院外生三人来见。元卿暮来，闻春陔、耕云之丧，简堂桂抚之命。

看唐文三本。清河崔汪字巨源，剑南节度判官，郭英乂反，全节守义。肃宗美人董氏，年十八而死，常衮作铭云"二九之年，丽容嫣然"。杨炎作其从父碑，叙其从父妻贾氏"颜如桃李"，当时文无拘忌如此。夜闻子规，忆去春山居风景。翻旧日记，此月今日正作《水师篇》时，殊不暇赏春也。

廿六日 阴

子和早来，余尚未起，留朝食，久之乃去。欲捐官，来借钱也。钞经二叶。前说《诗》，自《王风》以后少所漏略。诸生入谈艺。看唐文三本。于邵字相门，有送峡州刘、忠州李序，卢司马归澧阳序；《康兵曹依严武序》云行军马、判官张、书记崔、剑州穆，而不及杜子美。

廿七日 阴

晨起，饭晏，过四刻。饭后诸生来。投考生来，见二班，已倦少愒。鲁詹来。竹翁来。以廖生云自流井用牛挽盐井，思作机器代之，请竹老来商其事，就别坐谈。余钞经一叶。暮出过伍嵩生谈，陈广敷有遗书，欲略观之。

笼镫还，钞经一叶，看唐文三本。于邵有《剑门记》。崔瓘，澧州刺史,传判一首。昨梦,有感少时事,竟日不乐,作小词一首遣之,调倚《梦芙蓉》,以有绮语,故不传录。

廿八日　雨,复寒

见院外生三班。陈总兵来,言涤庵忌蒋香泉,陷之鲁港,为寇围,蒋登望楼吹角而寇退。遂告归,胡抚留之,蒋遂大骂。使留此人,无三河之败也。又言罗山分三道攻武昌,寇穴城出战,营几陷,罗故突战,被炮伤遂死。足补《军志》所未详也。钞《诗》二叶。拟明日课题。

看唐文三本。中宗时安附国为维州刺史。唐试判有以二事合作一首者,《李少温集》有之。少温终将作少监。陈子昂孙简甫官御史。窦从直有《进善旌赋》,不言何朝所设。使萧雨亭知此,可不至三等也。天宝初巴蜀石镜见"仁寿"字,因有《仁寿镜赋》,史翙赋之。肃宗时韩云卿作《平淮碑》,为田神功平刘展作。看汉文数篇。陈仲山得绵州馆,百廿金,来辞行。

廿九日　癸酉,谷雨。雨

卯初起,辰初朝食毕,出讲堂发卷,出课题,诸生有晏起者,皆早集。刘心民来。新投院生三班来见。

钞经二叶。《葛藟》向说不通,妄说之,竟通,可怪也。诗中言"河之浒",不知其何指。漫注云"河,虢境"。盖以《何人斯》有"河之湄"也①。既而说"终远兄弟",又改"谓他人父"为"为他人父"以刺。《诗》言谓人父母,语甚不逊故耳。三说既定,合观之乃是桓王弃郑亲虢之事,天下宁有此巧合耶?看唐文三本。资州叱干刺史有道场。张盟荪言蜀石刻有"荆南高大王"字,又有大慈字佛像,云李

① 《诗·小雅·何人斯》无此文,《秦风·蒹葭》有"在水之湄"句。

冰铸,不知何代伪作,其工作甚巨。看《说郛》,连日尽五十本,竟无可取,当由刻者删削之。窦泉《述书赋》亦可单行,在廿二函。

闰三月

初一日[①] 甲戌。阴

朝食时,邹生元辨来,因留共食。元辨云有杨次公者,名玉书,欲来相见。湘潭叶参将化龙来。看唐文三本。韦皋记言成都大圣慈寺金铜普贤像,乃大历初沙门体元造。韦又于府东南作宝历寺,记云在江南三学山,有鹦鹉塔。钞《诗》二叶。得黄郎书。罗生子珍来见,云与子重、芳畹至好,其人必荒唐人也。已将流落,因与严生雁峰同街,令访之。

二日 雨

昨夜一雷,响声空壮,蜀人云此邦所稀闻者。将阅卷而诸生来者相继。午间翰仙来久谈。作家书,交翎顶客带去,第十号信也。内有一函,云六云拆呈太太,馀人不得先开。其中作何语,乃与李雨苍但寄信封六字者同。记此,待还家问之。客去看课卷。闻江津一生得仙疾,遣要鲁詹诊之,暮来,不能出城,留宿内房。丑初乃寝。

三日 雨

张通判来,求渝城厘差。余询渝城何处,云重庆古名也。求差事而用古名,非唐以前人不能委。阅卷一日,将毕大半矣,自嫌其太快,乃辍之。得樾岑二月半书,计五十日乃至,云张东墅已还省矣。夜复阅卷,才馀十馀本,觉寒乃寝。

---

① 日记原注:"余向书闰月朔,今以闰月不宜言朔,又用刘庸夫说,各著其月。"

四日　阴

早起觉不适,巳初乃朝食。食毕,口内如汤,知昨夜作热也,困卧一日未食。定课卷甲乙。夜啜粥一瓯。鲁詹来视疾,留谈一时许。

五日

发课案。有寒热,卧竟日。看唐、宋小说,唐文三本。雨。景芸生道台来,强见之。

六日　雨阴

竹老来。夏竹轩来,致春甫书,欲复之而未能,久坐。客去,复卧竟日,强钞书一叶。

七日　雨阴

麓生午来,余犹未能起,已乃起食对谈。王绥园来。刘郎来。未正出,答访锦、夏,过鄂生,均未遇。至凤冈处,送春甫书。至机局,翰仙留饭,饮半杯,啜鱼羹,未饭,归已暮。觉疾少愈,夜出巡四斋。看宋小说四本。夜梦张力臣变怪事,甚骇人。又梦丁公跌而不坠,将下复上。盖病势使然。

八日　阴,晨雨

醒甚早,起甚迟。乡民妇罗来执役。昨翰仙方讥余不践言,今即践之,令留供缝纫。此事了不奇,以世人多鄙暗之行,故反以此为怪也。出稽课讲书。钞经二叶,诸生复入问者五六人,竟日无暇。张、马两丞判来。为殷郎书扇。

九日　阴晴

书扇三柄,李莘农之子倬安来见,自称世弟,不拜,而打一千,非湘潭人不能有此。此人可胜巡捕官之任,啜茶而去。钞书二叶。夜过麓生谈,步月三桥,觉倦早寝。

十日 晴

院生邹来见，留饭。严生午来，留午饭。竟日皆有问业者。又见执贽来者三班，内有何生，云其父曾遇我于西山潭柘寺。盖了不忆之。何曾署荆宜、安肃道，今再免闲居，唯作诗也。钞经二叶，看唐文六本，看文功夫稍间断，六本不成工课也。改诸生时艺六篇，积逋为之一清。夜大风。

十一日 晴

呼问罗妪，乃知其夫死不嫁，佣力以养舅。其舅年四十馀而瞽。此妪竟贞节孝妇，可异也。彼心无邪，故敢坦然直入书院群雄之丛，殊有丈夫气。

看唐文三本。李广业，剑州长史，开元十八年终官舍。唐次，开、夔二州刺史，贞元时人，俭从孙，有白帝祈雨、龙潭祈雨、蜀先主祭文。吕颂，黔州刺史兼御史中丞。钞经二叶，补前一叶。鹭卿、子和来，坐半日。夜月甚明而寒未减。补看唐文二本。林蕴，邵州刺史，杖死人，流儋州，莆田人。樊宗师摄山南西道节度副使，正使权德舆迁祔，摄勾当使事。

十二日 晴

钞经二叶。看唐文三本。《权集》有《送张校书知柔还湖南序》，而云"寓环堵于长沙"，未知张是湖南人否也。又有许协律为西川从事。宋人小说，蜀事甚多，不可胜载。罗黎来求食，均宜待彭东川，计东川已不胜其求矣。写扇五柄。

十三日 阴晴

晨起，薛生来，杨生锐继至，欲写字而未可，乃饭，留薛共食。食罢，张生来。与曾、廖、萧、牟同至机局，遣约韩紫汀来，与竹翁谈算。余与元卿登岱祠右楼看戏，投暮乃还，犹未夕食，食罢，已暮矣。

夜钞经二叶。看唐文三本。权若讷,蜀州司马、梓州长史、彭州别驾、梓州刺史。兄无侍,成都尉,武后初人。开州,汉中支郡,郡曰盛山,贞元时唐文编为刺史。李巽,潭州刺史,贞元八年任,六年迁洪州。韦皋、卢坦均剑南节度,《权集》有碑。严砺,梓州刺史。

从岱祠步归时,风阴云昏,新绿独明,作词一首寄东墅:"云暗少城东,看夕阳昏处,新绿初显。惆怅独归路,黯送天边春眼。湘水泛舟何时,早燕子,分明樯上见。算别后、便佳期误了,垂杨如线。

应忆七载看西山,苦远。郡斋冷,碧云空远。游屐更苕遥,独啼鹃相唤。有些残剩山川,对暮色,付教天管。客里放春归,讶道楚江潮满。"

十四日　昨夜雨,晨止。阴晴

发家书第十一号。并寄樾岑、东墅书。钞经二叶。见院生一人。

看唐文三本。王定字镇卿,京兆人,由太子校书贬湘潭蓝山尉,天宝时人。武就以殿中侍御史督荆、衡、汉、沔饷,贬郴尉,天宝末人,剑南节度元衡之父也。李国贞,成都尹,平嘉、荣、吐蕃有功,李锜之父也。仲子陵,成都人,甚有著述,长于三《礼》。李韶,宗室,以大司农贬邵州长史。韦采,京兆人,永州刺史,女适戴叔伦,叔伦为湖南幕僚。李伯康,成纪人,贞元十九年刺郴。张重晖,南阳人,元宗时衡州刺史,贬太常卿。看课文六篇。书扇一柄。

十五日　晴

鲁詹、凤冈早来,留饭。薛生送鲜虾。客去,钞经二叶。写扇对。看唐文二本。默汉文三四叶。为廖生温《春秋》一本。严震,梓潼人,权有墓铭。

十六日　晴

朝食后,写横幅一,钞经二叶。武冈卿生、长沙李从九来。马经历来。看唐文三本。权德舆祭孙文,自称翁翁、婆婆;祭外孙女,称外翁、婆。裴晃,德宗时西川节度。李吉甫,忠州刺史。父栖筠,子德裕。唐人表多云"中谢",又有直书"臣某诚欢"云云,即谢词也。或云"中谢"是入内面谢,而远方表亦云"中谢",不知何必省去此十字也。于公异表又有"中贺"。《李晟破朱泚露布》,其所作也,文亦无奇。

十七日 晴热

子和来,属作书荐盐馆。钞经二叶。邓伯山、戴子和两生请游尼庵,以有女客未去,移酒川东公所,机匠所立馆也。两生喜谈纵横之略,故特相邀,午去申还。刘庸夫肉袒来谢,以余为序其父集。文盛谈王商夺人养息而弃之,以为美德。语极支离。夜雨,伍松生来。读《春秋》一本,汉文数篇。

十八日 阴凉

钞经二叶,补钞一叶。院生入问业者竟日。鄂生来,久谈,问子和操守何如。余答以不能保,在用人者之督察耳。杨春得家书云其妇亲见梦缇,告以出豆新愈,闻之骇愕。念久不得家书,作客无聊,又与司道龃龉,乃返聘书告去,拟俟两使去而后发,以城中群官近为恩、童所迷惘如狂,不可与他语也。夜温《春秋》一本。雨。

十九日 霁

臬委刘伯卿来点名,以余前怒彭府,故择余乡识者出题,不以相示。余未出堂,见伯卿于内斋。伯卿去,乃送书蔡道台辞讲席。以司道不能忘情于我,唯辞去可以断之也。诸生闻者皆欲留余,余云但辞未去,何留耶?然以此纷纷竟日。子和来,留早饭,去后人客未绝,至夜乃钞经二叶。

殷郎及高生亦来,告机局已停,失业者百人。丁公作事无定力,起止冒昧,故为所累者颇众。夜与张、廖谈至子,雨寒乃寝。作书寄梦缇,言思归之情。

廿日　阴

晏起,莲弟复还院。黄弟、殷郎来。午巡四斋,人益寥寥,告归赴试者多。居者日课渐纯,唯王生德成未钞《诗》,而仍以前钞者欺余,为可笑耳。拟定分经会讲之法,为设一午食,使诸生得观摩,俟司道不扰学时当行之。

张门生来,言泸盐不可办,渠已自结当道,志在优差。余切责以骑驴觅驴为官场恶习,纷纷数百言,虽知其不能听,不负其拜耳。薛生师锡来,欲为其妻父求缺,亦未知其何意。院生来者仍相继,不论学业,唯问我去留,何学子不惜尺阴如此! 钞经二叶。以酬对稍繁,四日未看唐文矣。暮过竹轩、鄂生、翰仙还,有雨。

廿一日　阴

钞经二叶。稚公来,为司道谢过,余不告之,正恐其知此间事也。司道见其来,必非笑之,何不自尊而好为人屈如此。余甚惶悚,亦谢云:"公约我来,而不能和司道,余知咎矣,明日当诣谢。"因言季恒子不能胜于程、方,钱委员不美于女乐,孔子能三月不违,余乃一至即不合,道术浅薄故也。又示余《历山省耕图》,属作记,坐久之,乃去。

张门生复来。鲁詹来,诊诸生疾者陈子虞、毛鹤畦、张燧三生。院生入者十许人,亦未请业,唯颜生汝玉问《仪礼》三条。看唐文九本。李巽有《郴州铸钱议》。刘辟,西川节度,曾中宏词科,有《如石投水赋》。张彧,剑州刺史。《春秋》书"子"者,卫子、陈子,在僖廿八年。

廿二日　晴凉

晨读《春秋》一本。翰仙来,久谈。食枇杷,颇有甘者,而苦核大。钞经二叶。出辞司道,答访稚公,先至季怀处小坐,乃与主人略谈。会暮,至鹭卿处,陪鄂生,二黄均至。盛言司道之陋,云二使赏菜与首府县,乃留子箴、崇纲食于官厅,何其好吃至此。始食新,茄一枚直八十一,豆费二千五百,与鸽卵相似。而此间鸽卵甚贱,一枚乃直七文,宾筵不用也。夜作书与稚公,言书院事。

廿三日 晴凉

醒甚晏,犹若睡未足者。中江孟钟吉作书来,云其曾祖鹭洲曾为总宪,其父官湖南,欲来见余。余答书,若许之,若拒之,以其来意未明也。竹老来,云亏空二百金,无所取办,欲求之于总督,余以为不可,当为别谋之。张门生又来,莽莽撞撞,殊为可笑。客去,遣传杨生叔峤来,属其作寿文,为授意九条,令藻饰之。钞经一叶,觉倦,小睡,起,夕食蒸杏,仍倦,又睡,遂至暮乃起。步出访鄂生。田秀栗来,余欲招见之,嫌与同坐无等威,乃止。

还钞经一叶。看唐文二本。公主母称“太仪”,柳冕所奏定。今日奉寄谕,以二使借词迁延,饬令早去。此谕殆与文宗夺鲍起豹官、超用塔齐布之诏同为明见万里。不有君子,何以能国?顾况有《石伞山铭》,“伞”字见文盖始此,即“爽”字之隶变也。况又云玉、太、上谓之三清,渊、神、灵谓之三洞。

廿四日 晴

王监院来,言诸生上书督部,请留院长。余以院生不宜与一事,今干豫官师,亟令止之。监院唯唯。朝食后,闻诸生已去矣。事不如意,极为可叹。

今日二使出境,往贡院看之,装驮累累,有四百驮,一百馀扛,云其来百人,其去千人,可讶也。所费亦不过十万金,而炫赫道路如此。因出东门观送者,不见其祖帐处,更前行。至郊田,新秧才碧,麦未尽获,凉风振衣,殊有爽气。至牛市,群官并集显应亭,武夫塞途,不能进,乃还。遇鲁詹于道,旋至机局,与翰、竹略谈。至岱祠看戏,热不可久。还饥甚,索食至,亦未甘饱,饭后大睡。暮起,钞经二叶,看唐文三本。与书季怀,约稚公草堂之游。得稚公书。

廿五日　晴

张绂翁来。督部传监院去,别发题一道,并牌示批禀,有"天子无北面"之文。礼士殷殷,当代所绝无者,然事已差互,不能善处矣。季怀来。院生及贺古愚来见。得夹江书。蔡盐道来,致聘书,甚责诸生不作经文之非,余以他词应之。鲁詹夜来,比日院生勤学者多疾,日要诊之。钞经二叶,看文三本。夜雨。

廿六日　晴

鹭卿片来,言其婚家祝大令约相见。至午祝来,名士棻,字陪堂。"陪堂",人所讳言也,而取为字,可为一噱。步出问伍嵩生夫人病,甚热,还稍阴。钞经六叶,毕两本矣。看唐文三本。子和甥舅来,初夜雨,久坐不能去,三更乃散,雷电亦止,见星。今日食炒鱼子甚美。

廿七日　晴

作书与子箴,托其辞馆,文笔轩昂,始知庄子言者风波之喻。凡意有偏颇者,则文易工,初不知其所以然也。古文家反欲以之载道,难矣。再退关聘去。稚公又来致留,并云藩、臬当同来,余逊谢之。念司道陪礼非雅事,夕食后自城上步往东门,访翰仙,令致意子箴,不可与藩使并诣,谈至夜,将雨乃还。

廿八日　晴

为稚公作《历山省耕图记》,尽屏馀事。子箴、嵩生来。鹭卿暮来。午食甚甘,欲留鹭卿一饭,而饱不能设客,茗话而已。连日事冗积,文未成,钞经仅一叶,明旦当出课题,发家书,殊未暇为之。夜分文成,虽欲作字,一二行,亦懒欲休矣。盖少年锐捷之气已退,宜乎曾涤丈至六十馀而视未了事如败叶满山也。余两人皆有日课者,犹不能勤事如此,可惧哉!岂非人事纷扰,撄而不宁耶?乡中读书亦无暇时,知世缘足乱人意。

廿九日 晨雨

卯正出讲堂点名。张明孙有懒癖,而每课必早至,甚可嘉异。孙县令光治午来,沅陵人,有九十老母,不归而求官,强聒而去。杨生叔乔送拟文来。湘人在蜀者为丁公作生日,派余作序,故令拟之。文气未精警,当加讨论,日间殊无暇,夜改首段,未惬,置之而寝。

卅日 晴

卯初竹老来,言其随人为局宪执以去,此三人者何其不知体。午出诣稚公,便过机局,则皆愠竹老,是非纷繁,无足可定,要之三人可笑耳。过子箴、竹轩、麓生、孙光令而还。以先要竹老,移入院,归作料理。鲁詹已先在,两殷郎已来,竹老后至,即饭,居之西房。夜作寿文毕,亦未暇他事,有人还长沙,加一片,并十九日书寄家,作十二号书。

四　月

甲辰朔 小满。昨夜雨,晓晴

鲁詹来,同朝食。见院生一人。笔札稍闲,且停半日,看唐文三本。李贻孙有《夔州都督府记》。于頔有《长沙法华院记》,云杨公报母寺也,杨公即凭。王仲舒字宏中,湖南观察使。夜钞经二叶。留鲁詹宿内斋,诊院外崔生疾,三更犹未还,余先寝,四更鲁詹与廖生归,竟未闻知,罕有熟寐如此者。

二日　晴

督府求水,因祈雨断屠。院中尚食鲍,余以讲席为礼法所出,不可违禁,因令素食。钞经二叶。看课卷数本。书扇四柄。改《绸缪》良人说为君臣之词。

三日　晴

卫鹏修道台杰、叶晓初廪生霆〈先〉后来。卫言欲刻书当先何种,告以宜取古书卷帙少者刊行之。院生来者络绎,多言崔生疾病。夕食后出访韩紫汀,名永曜,顺天人,冒籍成都,为附贡生,颇通九数,所居绝远,至则已暮,不能多谈。出答诣程藩使,过鹭卿,遣还取镫,入其烟室,见祝、贺、陈郎。

闻家书至,归院发函,乃似今年第一封书,云疾病纷纭,用光孙豆殇,幸余以出游而免,不然殆难为照料也。家中殊不宁,急宜觅乡庄居之,以疏其气。

四日　晴。昨夜雨,今日日烈,煊甚

竹轩、翰仙、紫汀、莫总兵来。紫汀送所作印泥及蜀碑数通,正苦无印泥,适副所须。看课卷二十五本。钞经二叶。夜大风,不减去年十五日夜风。

五日　阴,骤寒,着两绵

中江孟知县来,云其父流外官,居湖南最久,曾署永定,其妻父白双全也。出示其曾祖鹭洲《致仕图》,有阮芸台题诗,卷甚村敝,不似京官物。鹭洲,嘉庆时大理卿。

看课卷三十五本。为周生润民改定《著》。"俟于著",为众介;"俟于庭",为上介。摈者,俟于堂,为聘使,代君迎女者。其说甚确。周生绍暄又说为刺齐襄不迎王姬诗。徐生振补以为鲁桓不迎文姜

诗。皆能推究。暮出答访卫鹏道,送丁稚公巡边阅伍,过莫总兵谈,还已二更,看课卷二十本。

六日 阴,仍凉

专看课卷。为任生国铨改《史记世家列传标题姓字官爵与自序同异例说》,通检《史记》一过,得其端绪。此等事不自检寻,不能定人之是非,考人徒自考耳。

七日 晴

看课卷毕。麓生来。写扇三柄。钞经二叶。改定《绸缪》,以为置君不定之刺,似较胜于言昏姻者。夜雨。

八日 晴

晨起定案。朝食后湖南易、罗两丞尉、祝陪堂、彭子和、曾元卿来。至暮与元卿步访翰仙谋竹伍归计,不遇。至鲁詹处小坐而还。钞经二叶。改院生六股文十数篇。寝时已至丑矣。

九日 晴

晨改院生文未毕,出院,道遇严生来辞行回陕西,复入小坐。舁出答访蔡研农、翰仙、崇扶山。研农锐意课经文,余谬语之,乃欣欣然,以为可教也。人之难语如此。凡官多骛于得士心,而蜀官骛于失士心,每语必称四川士习坏,民风悍,不可解也。闻俊臣甫擢闽藩,而以收陋规降调山东,大吏一空,亦近岁一大案。钞经二叶。翰仙来。

十日 晴

晨改昨馀课文毕。写扇三柄。唐友耕总兵来,字宅坡,号帽顶,照通山盗投诚者。言语有小说气,余误问其所以至蜀,遂言之不讳,似胜杨玉科。午巡四斋,丁治棠问难最多,记课散卷,已半日矣。钞经二叶。鲁詹来。诸生来者十馀人,多所开示,凡两时许始罢。湖北李海门来,枝江人,云精壬遁,谈久之,非通品也。

看唐文三本。刘禹锡,夔州刺史,上《论利害》二表,余前已览过矣,再翻之,似是前数月所见,乃知废课之久。梦得又有《奏记丞相府论夔州学事》一篇,又进裤称一腰,又有《与道州薛侍郎书》。韦处厚刺开州。梦得又有《成都福成寺》、《夔州铁像》、《刺史厅壁》、《武陵北亭记》,《道州含辉洞述》,《沅州救沉志》。

十一日　晴热

写扇二柄。秦生取妾,请余饮酒,以院生设具不易,不可辞之,遂往。生令妾出行酒,余避席待之。告生以嫡庶体统之礼。出拜帽顶、孟知县还。子箴昨得余书,今送竹翁卅金,手笔颇大,在扬州亦为丰也。本欲募之程、蔡,竟不可得,然行资渐集矣。

钞经二叶。看唐文三本。张正甫,元和八年湖南观察使,十三年迁大理卿,有《衡州僧怀让碑》。戎昱,朗州刺史,有《澧州新城颂》。张蕡然有《茹义忠碑》,云茹茹之后,雁门人。子元曜,雁门郡王。卢峤,永州司马。陆肱有《万里桥赋》,云广陵之桥取蜀桥为名,未知所出。宋申锡,开州司马。冯宿有《禁剑南两川版印新历奏》。今日闻寿蘅丁父忧,易海青死,周恒祺为东抚,边宝琭晋臬。夜雨,念竹翁将独归,舟中可念,作二句云:“将离犹未别,夜雨已思君。”遂起,欲觅烛不得,吟想至曙。

十二日　阴凉

作四首送竹伍云:“将离犹未别,夜雨已思君①。白发休为客,峨眉偶看云。猿啼喜过峡,鹤叫感呼群。为见宵光月,知余昨梦勤。”“泙漫屠龙技,辛勤刻楮时。覃精嗟昔误,垂老得新知。未展斫轮

① 此二句日记原缺,承上补。

巧,俄蒙抱瓮欺。明时方在德,归隐或招遗。”“江汉风尘日,同舟击楫前。闰房催岁晏,歧路骇烽烟。惨澹澄清策,蹉跎老大年。太平文武盛,话旧忽茫然。”“归路闻蝉早,垂杨去岁青。江痕看长落,渔父笑清醒。客鬓行堪老,鹃啼坐独听。君平今已见,待访使槎星。”时闻筠仙新归,故末语及之。

院生来见者两人一班。王家斌晶顶来。王绥元、范光全、元卿、黄筠心来。小设与竹翁饯行,元卿未食而去。今日客来一日不断。钞经二叶。看唐文三本。莫总兵代借银百两,备送竹翁及补发院生膏火。

十三日 雨

看唐文三本。吕温有《道州谢上表》、《送人游蜀序》、《道州律令要录序》、《道州厅后记》。写对屏十馀纸。钞经二叶。衡州柘里渡,《吕和叔集》作“者里渡”,余作新志失考。许尧佐有《熙治〔怡〕大师碑》,云大师姓曹氏,桂阳人。补看文三本,钞经二叶。竟日雨潇潇,无多客,稍闲暇,作家书二纸,寄银,还工钱,分资封,第十三号书。

十四日 雨竟日

钞经二叶。范光全来辞行。李宏年、陈用阶名鸿作来拜会。又有新任教官何某来拜。凡院长与教官有堂属之体,不知起何时,余必坚辞之,称之先生,礼也。何某则自称愚弟,体纪太乖,余又辞之,并不回拜,亦礼也。看唐文二本。元卿、鲁詹来,至三更乃去。竹老明日将去,意殊不乐,必责昭吉贶之。昭吉本招之,报德抒情,甚盛举也。乃不见德,反见怨,两人皆愠。知心实难,余亦怅然而已。夜钞《周髀经》。

十五日 阴,微见日

钞经二叶。看竹老治装去,以祖妣忌日,不能送,亦不能设饯。

鲁詹来早饭,闻子箴开缺,简堂补蜀臬矣。余愧先抵之书,后属之情,致参差疑似,未终初交也。与庸人友,己亦随之而庸,戒哉慎哉!后当念此。嵩翁、张门生来。发樾岑书。

看唐文三本。王迪,永州司马。剑南将士叙勋一次至三千八百馀人,今日军功,不得为滥。周载,渝州刺史。王堪,澧州;令狐楚贬衡州,皆刺史。夜改诸生试文。

十六日　阴,暮雨

朝食后欲出城送竹翁,先过嵩生,约同往唁子箴,嵩生感寒方吐呕,因独往。先过督府,答访陈用阶,已出,不遇。至季怀处,要耀庭来谈。季怀闻余将诣子箴,云须缓之,恐疑我幸祸也。余思交先密,不可引嫌,便至翰仙处探之,翰仙已出。过元卿家访竹翁去否,云已开船矣。乃至臬署,则翰仙先在,子箴尚无疑忌我之意,久谈而去。绕至玉沙街,寻张门生未得,久坐轿中,还院已甚倦,小愒。子箴报海琴之丧,闻之惘然。海琴与邓厚丈皆奉母至上寿,未除丧而卒,亦可谓有人子之福,然俱不竟其材,可惜也。凡人死而世间遂少此一人,乃为不虚生,两公亦俱近之,但吏文不同途耳。

夜钞经二叶。看唐文三本。元稹有《弹剑南东川节度状》,言严砺赃私,并及诸刺史、判官。稹时以御史为详覆使。孤山寺,唐为承福寺。崔俊,湖南观察,宪宗崩年,召拜户部侍郎。《严太保状》言蛮酋张伯靖据辰、锦,严招之降,得隶黔六州。

十七日　晴。庚申,芒种

钞经二叶。子和招饮,催客甚早,留写屏一幅,乃去,则殊无客至。遇一邱姓,蓝顶官,甚村土。四川官途冗沓,令人叹恨。步访麓生久谈,还至子和家,则周颂藩、张龙甲、叶化龙先在,元卿、鲁詹亦与。周云于湖北曾相见,荇农之子也,殊无父执礼。病足似席研香,其病不可治。张则驯谨,无甚可取。吃馒头三枚,犹未饱,盘中已空,乃止。舁还已二更,翰仙坐待,云崇纲兼署按察,恐未确实。又请作寿文,亥正乃去。

看唐文三本。孟弁〔存〕,成都少尹;乔弁,巴州刺史,《白居易集》有制。虔州王众仲刺衡州。李夷简节度西川。段文昌为西川使,韦审规为副。

十八日 晴,夜雨

院生来一日不断。周宁乡来拜。孟粹安夜来,鲁詹先至犹未去。张年侄来送茶叶,其父名申五,乙卯温江举人也。王生荫槐甚疏放,颇欲言王余照之事,未尽其词。其云官盐本少架子大,不能放帐,又不补平不除包,故不如商之利,语颇近理。对客钞经二叶,看唐文三本。周愿刺衡,张愉刺岳,刘旻刺雅,杨归厚由万州移唐,王镒刺朗,李肇刺澧,白皆有制草。元应观察岳鄂。写扇二柄。

十九日 晴热

点名。委员王元晋来,未见。刘庸夫来,为方公发愤。霍雨林来辞行,赴长寿任。代翰仙作丁公生日宴序,援笔而成,文采甚壮。既成,步过翰仙,送稿与之。闻崇纲署臬,王莲生父龙安守,署成都府,府署成茂道。留饭,大雨,出不可步,舁还。鲁詹来,言已补北市县丞。得李寅安师之孙培根书,告苦于我。李师知吾县,拔余录送第一,已卅年矣。陆氏荒庄,殊未酬之。昨夜孟生言其二妾恃十指以活,方谋振之,今日适得书,盖书已先至,故来探问也。夜钞经二叶毕,即作书复之,并改黄郎、福生及王夹江书。

廿日 阴雨

钞经二叶。湖北竹山许孟泽名廷铣来见,张孝达门人,经心书院之生也,流家成都,口操蜀音,与陈生诗往还。黄沅生来,请再作寿文,余甚倦于谀颂,属院生代为之。看唐文三本。峡州上廿里北峰下有三游洞,元、白、知退同游,知退即行简,居易弟也。青城人张僧名神照,居东都奉国寺,白乐天有铭。夜改诸生文数篇,至子乃罢。竟夜雨潇潇,气颇蒸润。

廿一日　阴雨

钞经半叶。朝食后巡四斋,肄业者寥寥,顷刻而毕。午后久睡。鲁詹来,无新闻。夕食后钞经一叶半。

考陈佗、五父,仍以《世家》为主,但辨佗不杀太子耳。佗本太子,鲍不当立,故其子不得为太子。墓门之傅谓五父也。夜看唐文三本。郑方逵,衡州司士参军。白铭云。李承,湖南观察,宝历三年,其孙女年四十五。藩之父也。白起子仲,封太原,始皇思起功也。纪昀小说,言有数人环酒瓮者,不知其故事,乃《醉吟先生传》中事也。黄州录事张给以宠女奴,为妻所告,牛僧孺奏免之。韩愈掌国子,敬礼仙翁,与书称师,又不独礼,大颠也。《董多碑》云汉寿有阳山神,又记关将军玉泉庙。阎寀,武陵相,刺申州,贬授澧州,七年转吉州,乞为武陵桃源观道士,赐号遗荣。符载,蜀人,隐庐山,有《朗州桃花观瞿童记》。《长沙东池记》云杨中丞凿,未知在何处。《合江亭宴序》,在江口。卢泰卿,巴陵人。韦皋帅蜀,幕府写真,载有记。

廿二日　大晴

钞经二叶。看唐文四本。杨令深,汉、润、夔、濮〈等〉六州刺史。孙鸥,字叔仪,犀浦令,与杜甫友善。子衡,桂阳部从事。李撰,成都法曹。萧颖士子存,比部郎中,四子复、东、愿、奂无官。

筠生来催寿文,属顾、陈诸生为之。批诸生会课文。点唐鄂生诗毕。写扇一柄。今日事稍暇,积欠廓然,为之一快。点汉文十叶。为宁生评赋一篇。适谢生来,与讲论之。

廿三日 晴热

起甚早，钞经二叶。出答访诸客，始服纻衣，因未过午节，假鹭卿实沙褂以出，见崇署臬已芝地矣。此处不按时制，亦荒远之象。又过杨次林孝廉。还过鹭卿，其新妇小产，可谓易胎易堕者。贺古愚出陪，留食，不托，还已申正，小愒。夜无事，再钞经一叶。感陈灵之事，思古今以女亡破者不少，竟未解其所溺之故，不能不归之业缘也。看唐文三本，皆李文饶奏状。近曾涤公奏折似之，曾、李可相比，则曾一代人材也。今日过臬署，门对更换，红示朗然，崇郎偶摄，亦足自豪，又感世俗之汩人，当局者宜其干没，颇为不乐，作小诗遣之。

廿四日 晴热

题《历山省耕图卷》及诸人名，遂延一日。夜钞经一叶。说《郐风·素衣》未明，再改之，更钞半叶，已倦矣。今日得李郎之子请人作书，言其母从母家还，无路用，不能进，困于旅店。遣罗妪往视之，则无衾帱，母子僦一空舍，旁为客房，住鸡鸭贩，念之通夕不宁，明当迎至监院家中。彼有女眷，可为主，先安顿之，再谋其他，又恐其局骗，当审之也。

夜起二次，人皆熟寐，甫上床，闻似有人揭瓦者，乃呼莲弟、张桂并起，未知猫响何以如此，方夜半，又不应有鸦鸟啄屋，疑莫能明也。昨夜梦先孺人及陈母俱在，余生孙，而妻谬用巫师，余数责之甚厉，梦缇殊不畏恐，余愈怒而醒。念先孺人似有酒容，又似涂血，而意甚愉，数语而去，不如何祥也。陈母逝后，未尝见梦，故记之。

廿五日 晴

乳妪之夫陈甲来，得六云书并寄干菜。功儿书寥寥数语，丰儿、非女又无一字，可怪也。三弟局事尚在，欲于六月始去，亦奇。遣人往城外迎李孙妇致之监院,为买帐被,具人夫路费,送还内江,每力一名钱千七百,王心翁所顾也。钞经二叶。夜早眠。周豫郎午来,留饭而去。

廿六日　晴热

钞经二叶。看唐文三本。李文饶有《益州长史像记》,其时已有草堂寺,去城七里,去浣花溪三里,草堂之名未必因子美也。《记》云无节度之名,则兼长史。长史画像十四,李存其五于郡廨中。江孟劭字鹭洲,遗像久留几间,聊题二首还之:"介石推贞操,挥金返故园。坐看桃李落,归喜菊松存。帐饮怀师友,清门荫子孙。百年真旦暮,彭泽酒犹温。""旧识中江李,官休不解归。风期前辈古,鲑菜故乡肥。庭石秋花老,闲门暮雀飞。犹胜太傅宅,残础堕苔矶。"

钟吉遂欲求馆,其躁如此。稚公生日索诗,亦作四律:"雄镇常经武,新恩命撰徒。息民冬蜡乐,观稼夏苗铺。令简稀随吏,心清减驿厨。巡边兼课政,负弩莫争趋。""蕃部通三藏,军疲气始骄。应怜蛮瘠苦,宁倚蜀丰饶。薪突深谋久,松𫛚回望辽。老臣忧国意,非是慕彤弨。""斥恒相笑,霜鹰暂一神。元枢资长养,国体在平均。还蟪薰风度,停车稻雨新。休瞻雪山峻,高意托嶓岷。""早已忘身世,何劳更祝厘。精诚通□久,淡泊养生宜。白发尊元老,青城剩紫芝。召公年始半,延望太平时。"

廿七日　阴,闷热

看唐文三本。翰、鹭来谈,云稚公令送礼者不得入辕门,虽文字卷轴一不启视,亦近今所罕见也。翰仙又云曾沅公祈雨不降,藏火药,炷香其上,密誓自焚,与司道期天明始集,沅公四更往,香及半寸、澍雨暴至,应时沾足,斯与桂阳张熹后先比美矣。假令传闻失实,而晋民以此归美,尤见其信孚于民也。看唐文三本。钞经一叶。与陈深之过访许孟泽廷铣。昨日秦生言有一女可为妾，请黄篘生、曾元卿往视之，云不能佳。夜小雨大风。补昨未完经一叶，补看唐文三本。蒋防字子微，元和时人，有《汨罗庙记》。防往宜春而经湘阴，唐时驿道如此。湘阴令马抟云汨水二尺，夏九尺。

廿八日 晴热

钞经二叶。发十四号家书。看唐文三本。段全纬有《成都城隍庙记》。韦乾度有《桃源观石坛记》。李石为相，请停湖南衣粮。以武元衡被刺，设宰相为防卫，令江西、湖南两道供衣粮也。

廿九日 晴热

钞经二叶。今日当堂课，因国忌，衣不便，故改为明日点名，先拟题单。看唐文三本。梓州刺史鲜于为陈子昂立碑，赵儋为文，言子昂以毁死。二子进士及第，长先〔光〕，刺商州，次斐，长安尉。光二子，易甫、简，皆御史。斐三子，无官。夜改课文，校《急就篇》。

晦日 阴，大风

卯初起，点名发卷。稚公阅伍还，昨入城，午初来谈，言于汶川飞沙关遇一神蛇，色如佛头，似有迎送之礼。又言飞沙似瀑布，唯下而复上为异。钞经二叶。读《西京赋》一篇，《东京》半篇，看唐文三本。高锴，岳鄂观察。崔嘏《封石雄妻索氏制》云"西川贵族"。青词始于《封敖集》，宣宗时人。

五　月

甲戌朔 阴竟日

懒事多睡，午梦贺仪仲于衡州北门相访，送之出，冉冉行市中，觉，感旧游，作一诗云："旧旅衡阳市，街衢似故人。闲心偶成梦，握手事如真。长昼愔愔雨,孤云冉冉身。岳屏青在眼,多谢北山邻。"钞经二叶。看唐文三本。夜雨达旦。

二日　雨竟日

钞经二叶。看课卷未数本,院生数来,遂止。出诣稚公、周豫生,过子箴未入,还院,旋赴帽顶处晚饭。翰仙先至,徐吉士、仲文。伍嵩翁、钱徐山继至。许〔徐〕吉士土气,骄俗不可奈。帽顶谈兵,亦非将才。钱前阅书院二课卷,人亦俗雅,浙派之潦倒者。大雨,戌散。

三日　阴

钞经半叶。院生一人来见。罗子珍来告贷。张生祥龄来,多为钱徐山言,似疑我不能容之。又言学使询我功课若何,盖未免薮泽之见。近代学人少得即欲异于俗,而又恐不谐于俗,此其所以难求益也。今日丙子夏至。稚公及盐道送节礼。

四日　晴

诸生以我不收节礼,公宴于延庆,大设歌筵。有廿许人不以为然,意我必辞止之。余以儒生宜开廓,不之阻也。因招嵩生、韩紫汀、黄麓生同集。麓生不至,改招季怀,又不至,招鲁詹,早至。张生子绂亦先至,坐久,欲钞经竟未暇,仅毕《七月》而止。节前《国风》不能讫工,所未料也。午正往,紫汀先在,早面晚饭,至亥乃散。藩使来送礼。夜大风。

五日　端午节

会馆请祀周茂叔,往乃知为生日。湖南候补文武官至者十馀人,余恐诸道府不乐余主祭,未行礼而退,竟不知何人当也。有一人纯操楚音,甚清脆可听,馀则强学怪声,殊不宜。入会馆,出过钱徐山、保宣未遇。还,元卿来。诸生拜于讲堂,入内斋者亦六七人,未见者十许人。甚倦,午睡久,黎巡检必欲相见,强起见之。章孙、伯范、胡生梃亦入见。去，乃食角黍，与莲弟过节，饮半杯，又睡。左保澄又呼余起，鲁詹亦至。昨日未与会诸生廿人，载酒内斋，留鲁詹为客，戌散，纳凉至月落乃入。成都俗以今日会儿童于东校场，撒新李子，相夺为戏，未往观也。翰仙招饮，不能去。

六日

无事。晴热多睡。钞经二叶。衡阳刘生来，言子泌已逝，为之惘然。斯人崛起，而竟无成，未知天之生材何意也，岂真为他生作宿根乎？夜雨甚凉。

七日 大雨

晨起坐西窗下，受寒，小不适，未钞经，看课卷三四十本。

八日 阴

小疾。看课卷六十馀本，毕，麓生来。罗、易来，甚无谓，而不能拒，勉听其谈，亦不知何语也。夜定等第。

九日 阴晴

发案。钞经三叶。看瓯北行状志传。院生二人新到来见，诸生来者络绎。发银百两，与孙、任谋开书局。小刘来，谈二时许，云将往南部。

十日 晴

钞经半叶。出为罗子求馆，往盐、绵两道，作无谓之谈。

盐云吴御史可读自杀以明国统，欲废光绪而嗣毅帝，可谓孤忠矣。余云于礼，弟可为兄后，今帝立无过，而忽废之，可乎？诏云俟生子为穆后，尤不知其何据。如以长子为穆后，则长子必立，是废世宗已来家法择贤之典也；如以立者为后，则将称今帝为皇叔，名则后矣，实亦何分。但令王大臣条列为后与不为后之殊，则其说自破。既同为后，何必又云俟生子而后后；若必如过继者然后为后，则彼可分家,此为一统,何能分别某后同治,某后光绪乎?柳堂以死争之,殆有鬼迷,而通饬会议,莫正其谬,尤可叹也。过张子择儿名杰处一谈。欲赴吊熊知县,误向北行,遂还。钞经二叶。

十一日　晴,蒸热不可过

钞《诗·风》毕,计八卷二百卌六叶,自二月七日起凡百廿四日,以每日二叶通计之,当二百四十八叶,少十二叶。看唐文六本。览《瓯北集》廿馀本,可笑人也。崔戎有两川税钱奏。柳璟刺郴。卢求有《成都记》五卷,其序尽言沿革。归融劾湖南使卢周仁进羡馀。蔡京、杜牧见[①]、张次宗并刺澧。张有《荐汉州刺史薛元赏状》,又有《荐澧州刺史崔芸状》。

十二日　乙酉

寅正未醒,闻撼壁声震床榻,似巨人摧竹笼将碎者,初不解其何故,忽悟为地震,起呼诸人皆起,外间但闻狗吠人沸,如失火状,半刻遽止。蜀中多有此,罗妪甘寝不惊,反笑余之多怪也。以此忽忽复睡,至辰乃起。因忆英夷人言将地震必先烦闷,昨果闷不可过。又云地震必复震,候之微觉地摇一二次而止。

发十六号家书,交周一带回,并寄夏布、菌菰、茶叶,子寿、仲云、雨恬三书。补录徐虞翁挽联:"家庭盛事九重知,七十年俯仰无忧,灵寿优游尊大老;翰苑门生十三辈,二顷田清贫依旧,名贤哀诔足千秋。"蔡盐道、唐帽顶来。黎、高来。

十三日　雨,湿甚,颇热闷

先祖考忌日,素食。唐风仪来。始议刻《书经》,自钞二叶,试刻之。改课文数篇,丁生《月令》例未暇检勘也。申后凉,夜雨。

---

① 《全唐文》中无"杜牧见"者,疑为"杜牧之"。杜牧虽未刺澧,但在唐文宗大和六年曾南下客游澧州,拜访其堂兄,当时的澧州刺史杜悰。

十四日 阴

钞《书经》一叶。偶欲刻《尔雅》，将集古今注疏为一书，展卷拟创其例，以太繁重，召院生五人，明日谋之。复钞《诗・小雅》一叶。巡四斋。讲书。

十五日 阴

钞《诗经》二叶。午集周润民、傅仲毚、陈子虞、张盟荪、叶汝谐、孙彦臣便酌，论撰《尔雅注疏》，各分书撰集，先翻阮刻《经解》诸家言小学者钞之。罗惺士亨奎来久谈。罗子珍久候几两时许乃得见，吾不意吾门之难登如此，此皆随丁之过也，严斥之而已无及矣。

十六日 阴，雨竟日

多卧少坐。看唐文五本，钞《诗》二叶。得李曾氏书，云寅安师之继室也。未详其为妻为妾，且以继室待之，称为师母。其书意殷拳周详，似是一解事人。翰仙来久谈。复李媪书。任篆甫买纸回，云七十两银，可省十两费。

狄中立有《桃源观小〔山〕界记》，云荣〔荥〕阳公开成五年临武陵。窦常刺朗州。群观察黔州，经略容管，终于衡州旅馆。隋〔德〕宗召见，问其蕴蓄，对曰："去职在近班，进有所不纳，退有所不谏，臣即蕴蓄，处于草茅，但仰元化而已。"李景让有《江渎庙记》。韦悫，鄂岳节度。韦平，衡州别驾，没于官。薛逢刺巴、蓬，入为太常少卿。

十七日 雨阴

晨未食稻，食馒头三枚。钞经半叶。出题覆试盐取诸生。出答访罗惺士，不遇。送夏时诗，已去。过钱徐山、麓、翰、祝培堂，略谈而还。黄筠心先至，相待久，乃去，见余归，复来。廖、胡二生亦来，留同饭，始复平膳。看唐文三本。李玉溪有剑、梓文四篇。连日蓬溪盐贩聚众，知县告变，发兵往探。钞《诗》二叶。

十八日　辛卯,小暑。雨阴

钞《书》、《诗》各二叶。廖生问郑注殇服中从上下之异。余初未寻检,夜列表未尽。廖云程易畴言小功殇中下无服,郑说不可通,似亦有理。属廖总列殇例观之。自此又将从事于《礼经》矣。莫总兵将往蓬溪,往看之,其神已游墟墓,殆必得疾而至不起矣。看唐文三本。铁券文自韩建始见著录。

十九日　阴

钞《诗》、《书》各二叶。陈云卿来。看唐文三本。以蚊扰停夜课。王徽字昭文,有《成都罗城记》,城周廿五里,堤廿六里。李群玉守校书郎,郑处约为敕。刘蜕父冢在梓州。孙樵有《出蜀赋》、《梓潼移江记》、《龙多山记》。山在梓州南五百里。何易于,益昌令,嘉州属,改罗江令。田在宾刺严道。樵又有《祭梓潼帝君文》。帝君,明时称。文中止云"张君",题误也。

夜看赵翼《杂记》,言终葵甚详,而笑高士奇终葵蔓生之说,引颜之推言北齐士言终葵如葵叶,王、韩忍笑。此则不知终葵即今如意,正似葵也。中馗,菌;终葵,繁露,皆以似如意而名。《北史》,尧钟葵;《魏》,杨钟葵、张钟葵;《齐》,宫钟葵、慕容钟葵;《隋》,段钟葵等。或字辟邪,或改名白泽,皆顾亭林所引。马融"挥终葵"之义转在菌草之后也①。

廿日　阴晴,复煊蒸,尚不烦闷耳

钞《书》三叶、《诗》二叶。元卿来,欲令画《禹贡》图,云将治行还湘。久坐而去。鲁詹又来,至暮去。

廿一日　晴

得家书,两儿寄课文,俱已斐然,颇为喜慰。闻香孙复入志局,

---

① "挥终葵",马融《广成颂》原作"翚终葵"。

黄莘渔夭逝，兼闻彭郎妇死。得锡九书。钞《诗》二叶、《书》一叶。改课文二篇。悝士来，欲请廖生为子师。廖生辞不往，笃学可嘉也。罗少纯将归，欲托其带信，遣问之。夜作书寄梦缇、锡九及两儿，未毕，蚊扰，遂罢。少纯夜来。李生岱英呈缴日课捐册四本。

廿二日

晨起未饭，步至打金街，送罗生，与和合谈，黄翔云来，遂散。交家书与罗生带归，十七号也。还，廖生尚未饭，同食毕。写扇一柄。午睡醒甚闷，登楼钞经二叶。下夕食。看唐文三本。钞《诗》一叶。昨始闻蝉。

廿三日 阴雨

钞《诗》二叶。内江李策新来见，寅师之从孙也。云师有四孙，俱分居，家计颇饶。前来者孟钟吉骗钱计耳，其人亦尚在孟处，亦未知孟之真姓名。遣寻其送妇人者来，欲问之，而阳春絷之，事不可诘，乃令释之去。祝培堂请吃饭，翰仙、鹭卿及其弟芝舫同坐，食新菱，已老矣。亥散。大雨竟夜，看唐文三本。

廿四日 大雨竟日

王生树滋来，促写书。钞《诗》一叶，复钞《书》四叶付刻手。今日开书局，欲出视，不能行一步。秦生昨看一女子，云尚秀静，可买，亦未暇答之。写《诗》，笔忽断其一边毫，殊不可解，疑铜冒伤之也。

杨师立，东川节度。乐朋龟有《赐陈敬瑄文》。《青羊宫碑》将近万字，盖骈文之最长者，七千六百六十六。其文烦冗。秭归有黄魔庙，袁循有碑。陈庶、惠实有《赤山湖蠡山记》，赤山即赤沙湖，在新阳。殷盈孙，成都参军。薛易简，来〔耒〕阳尉。侯圭、李洓并有《梓州寺记》①。韦昌谋有《绵州祠记》。王众仲，衡州刺史。卢说〔悦〕有《授

① 据《全唐文》，侯圭有《东山观音寺记》；李洓及其《梓州寺记》待考。

李思敬湖南节度制》,文称“神京”、“五畤”,以与马殷共制而衍“湖南”二字也。孟昭图谪嘉州,沈幕〔蟆〕颐津。黄滔有《陈皇后因赋复宠赋》,以“言情暮作国黛朝天”为韵,韵何诡僻。赋末云“方今妃后悉承恩,不是后贤无此作”。“妃后”字当跳行耶?直写耶?场中制作今不能如此矣。此二句与王起“今日并为天下春”同意,故是能手。

廿五日　雨,午见日

改定工课,每日钞《书》四叶,钞《诗》一叶,看唐文三本。今日如额成。希戭刺忠州,高爽果州,崔仆射节度西川,并见《钱珝集》。珝,起之孙,字瑞文。牛丛节西川,周岳湖南,崔允武安。陆扆文误刻“义安”。武安,潭州改镇也。培堂送胡生干馆银四十两。崇纲署臬来。

廿六日　晴

朝食后,岳、宁、冯、胡、杨、刘、童、李文简诸生,伍、祝、罗、刘、陈诸客来,竟日疲于酬对。登楼坐片时,仅钞《书》二叶而罢。看唐文三本。王宗夔、宗韬刺邛、汉,张无息刺蜀,王建部将也。徐罕,澧郎〔朗〕练副。于荷,双流令,丞相驸马之子。王振,蓬溪令。

廿七日　晴

张生祥龄来,云方、顾诸诗翁销夏水阁,暇辄以我为谈柄。余于子箴无所失道,殆不必三自反而横逆犹是,是何物腐人疑之,喻引针拾芥之谬乎?钞《书》半叶。以久约看妾,请筠、元同看之,筠心来,遂同往元卿寓,值其外出,要刘中栓斗牌,以消长昼。午后大雨,今日庚子初伏,得此大凉。元卿回,设食毕,媒婆引一妇来,年可卅,其貌如芋,一笑而出。与筠心踏泥至机局,翰仙闭门。发京书。检前日记,四川、湖南、甘肃主考于廿二日宣名,其馀则未记日,此一大典而多忘其日，虽遍检或不忆之，亦可讶也，当钞一单存之。

投暮还院，荷香树阴，饶有夏晚佳景，然已旷废一日作儿童之戏，方知礼家庄敬之用，后当切戒游谈，以收桑榆。盖余行甚端而言不检，以端故无咎，以不检故多谤，良友屡箴而不能改，当用礼以自绳，不可恃礼意以游方之外也。故子贡问孔子："何方之依?"孔子以己为天下之戮民，矜式具瞻，著一毫游戏不得。夜看唐文三本。杨守宽刺绵州，阻顾彦晖东川之命，李茂员、王行瑜攻破之。

廿八日 晴

得家书，知六云复生一女，取名曰纨，小字锦闻，又为孙女制名曰少春。巡四斋。钞《书》四叶。看唐文三本。刘言有收湖湘二奏。钞《诗》一叶。夜改诸生试文，未能毕，复当拟题，至子犹未罢。蚊扰乃寝。

廿九日 阴

寅正起，发家书十八号。出点名，还内斋，朝食毕，少倦假寐。钞《书》二叶。刘三品来，留共午食。陈云卿来，言其至蜀，举目无亲，从前力战，犹春梦耳。赵匡允说往事何足道，史公以学道箴淮阴，有慨乎文富。钞经一叶，竟未能毕而罢。看唐文三本。

六　月

癸卯朔

钞《书》三叶。寻《论衡》"弼成五服"为五采服之说，盖误引也。午间大睡，至申方起，夜复早眠，大雨可畏，起挑镫，坐久之，将曙乃灭镫寝。

二日 霁

补昨日未毕《书》半叶。朝食腹痛，睡久之，起，舁出诣稚公，谈地震自畿辅至贵州,又闻广东、福建、江、浙皆震,自十日至十六,非常异气也。蜀人亦有死者三人。看唐文三本。萧振有《修黄陵庙》、《三间庙记》。入伏来以蚊扰,夜不能坐,因早睡,以为早起计,甫戌即寝。

三日　大雨

钞《书》四叶。见院生二班,日力犹不足,甚竭蹶也。朝对百客,日答百函,殊非易事。夜早寝,是日发十九号家书,并寄裙与六云。

四日　晴

钞《书》四叶。见客三次,院生来新谒者四班。稚公送燔豚、炙凫,要廖、杨、刘、任共食。刘未至,张生盟荪适来,并约孙彦臣入坐,议画《禹贡图》。夜大雨。

五日　雨晴

钞《书》已足刻,刻工未集,因停工,先看课卷。翰仙来久谈。见院生二班。所评点卷殊不能多。久未巡斋,夜出按行,则东斋多面生人,呼斋夫斥责之。是日丁未大暑。

六日　晴

晨起欲补昨课,陈云卿、劳鹭卿、稚公、鲁詹、季怀相续来,遂尽一日。中间院生入咨问者、销假来见者十数辈。看课卷未及十本,已暮矣。稚公言日本近破琉球。丁雨生加总督衔,领南洋防务。季怀言王余照不及张力臣远甚,欲要力臣来用之。

夜作书寄力臣:"正月寄上一笺,言蜀中金、盐、煤火之利,思效鹿苹之义,方以无报为怪。昨得家书,乃知有窃夔石故智者,竟致浮沉。然比时风波骇人,恐贤者亦随俗裹足。今者霜台隼射,复揽威神,部议重申,两星退舍,所有馀意,愿再明之。盖闻才智之士患不遇时,家有龙渊,乃议剸割。仁兄思精才敏,非仅以文德营务为富贵之极阶，而小试辄罢，但能卷退，良以张、刘力弱，沈、李交疏，不阶尺水，终于蠖屈。筠公泥佛不保自身，三数东行，无成而返，而又讳其逐鹿，高语卧龙。以闿运之深交，尚未倾其情愫，此在高才坐废，怀宝迷邦，无与他人，不宜劝进。然闿运终不能已者，诚以近今能者无多，惜其冉冉也。蜀通三藏，地界英、俄，他日蔡州，当今巩、洛，富强之计，久闷未舒。督府宏模，鄙人奇计，小用小效，大叩大鸣，思慕恢廓之风，愿商兵食之略。幸承闲退，可作峡游，秋水向平，无辞一访，纵令无补，聊作看山，若可经营，何难展布？昔陶朱无心将相，而必致千金，诸葛但食一升，而乐窥火井，人生要在发舒其意，岂以言利为讳、求官为卑乎？湘人得志东南，入蜀者率皆驽下，由吁、霞凡近，不足提倡故也。君家松公，不迎玄德，则与五斗妖人同于草木，何必狃于熟路，唯识淮纲，仰望幼丹，交通崇宇，以为百步王乎？闿运既托业谈经，更无进取之理，若夫瞻言百里，远虑十年，子牟魏阙之思，仲连围城之志，非智者不可与道也。今且先谋兴利，以裕国本，奏调擢用自在他时，亦非仅区区海关酬参赞之劳耳。书至且宜深思，以副所期，有可与谈者，亦可乐也。蜀中夏湿，院内文忙，然烛作书，敬颂双福，不宣。”

看唐文三本。莆田陈致雍仕南唐，甚习典章，文亦雅饬。夜雨。

七日

书局开工，府学学官来贺，至午始散。见院生三班。看课卷卌本。发家书第廿号。看唐文三本。夜复雨雷。

八日 庚戌，中伏。晨雨，朝食时霁

看课卷六十本。唐文三本。夕至莲池看月，夜定等第，至子乃寝。

九日 晴

改诸生课文。熊、萧生来销假，欲补领月费，无以应之，以积敝

难骤厘也。彭惠庵今日去,未能往送。鲁詹片报蔡盐道以贪劣免,董川北来代之。此人更不如蔡,不知稚公何以擢用,将往问讯。元卿来,同步至督府,会暮,嫌单衫夜入,起人疑忌,乃至机局寻翰仙,值其出唁研农,其族子庆覃出谈。鲁詹亦止。将出,闻翰仙还,复坐。便要鲁詹同过鹭卿,步月归。得稚公书,送银二百两为院生膏火。复书,便论藩使事。

十日　晴

改诸生文毕,写扇五柄,积压一清。见院外生三班。牌示:凡投考者悉不必来见。以难于答拜也。数百人既不分班,人人来扰我,诚无以待之。夜与廖季平论文,言古人文无笔不缩,无接不换,乃有往复之致。月夜寝甚清凉。

十一日　阴

仍钞《书》,复常课,甫执笔,季平入问文,又为讲一篇,说魏文《与吴质书》"已成老翁"云云,通篇为自负少年高材,自致千秋等意作回复,以为叹逝,则浅矣。朝食后巡四斋,讲《诗》数条。诸生呈课者纷纷。又得稚公书,属作一书与执政,意遂不静,欲顾此又失彼。少停一刻,乃钞经如额。应对诸生,不觉其烦,书稿亦俄顷而成,方知条理之不可紊。余去岁在城,遂不能作《军志》者,久闲乍忙,无道术以驭之耳。小年精神足,故亦可五官并用。夜寝不安。

十二日　阴凉

出诣唁研农,过稚公,答访李湘石孝廉汝南,至季怀、耀庭、芝生处久谈,遇提督交印,迟之乃出。过贺子箴嫁女,遇董川北、程布政,欲入看新人,两公皆不入,余亦不欲独留,乃出。

访惺士,范玉宾出谈,惺士两子出见,留坐,问余杀顾子敬事外论如何,余告以实。惺士所言亦略相符,而其数顾罪,则以人命为儿戏也。招募本无军法，乃辄斩人，犹自以为是，谬矣哉！陈生友生送蒸盆。饥甚，还院。甫食牢丸二枚，陈云卿来谢，出谈甚倦，客去小惕。鲁詹来。钞《书》二叶未毕，亥寝，甚甘。

十三日 晴。晨凉甚

钞《书》二叶。昨过梦园，见程公匆匆欲去之情，感春时司道集劳宅。时鹭卿因司道所同仇者又为飞语所污，宜不屑一往，而以总督未去之故，纡微飘撇，四人至立候半日。今梦园已罢，尤宜慰荐，乃研农以罢免不来，程藩至交，甫坐即言欲去，并呼董小楼同去，若稍留即有奇祸者，人情鄙浅一至此乎！此风唯广东有之，而未至若此之甚，馀处人人有此心，未敢公然有此状也。余半生见形势之途多，今日乃不能无慨，因作诗纪之，留为他日子弟之鉴。诗曰："丹顶珠缨有四司，四川省例呼四司道。每来行坐不曾离。一春冠带容相索，今日笙歌只自悲。梦园有戏。弄玉岂知人换世，两家皆看新昏，故用唐句。衔杯无复客留诗。翟公门雀风犹古，忍视田蚡过魏其。"

看唐僧文三本。普门子，岳阳人也，岳阳非县，文误。住南岳寺。灵祐住大沩山同庆寺，谥大圆。宗密，西充人，住终南草堂寺。看京报，伯寅移刑尚，少仲得闽抚，玉阶抚湘，不知其何挟持而来也。昔在粮藩，仰息毛、恽，今来节镇，无复前规，虽平乱异形，已有盛衰之异。江西人不利方面，今连得二节，亦可异也。翔云来，言简堂果为夔石所中，余之料事甚神。春海来，言鄂生不喜琴舫，岂知人则明耶？步月访府学范正斋、薛丹廷，遇□丹池，嘉定人。过松生，谈云南试差李郁华新得李有恒六千金，而为首选，与杨泰亨同。知近臣的能窃柄。又读议礼五名臣奏疏。

十四日 晴

钞《书》二叶，补误钞一叶。午后小眠。出答访春海、翔云、麓生,吊汪式甫之丧,感其求官客死,作一联云:“潇湘随处有闲田,若言姑布通神,命里无官当学隐;中外十年看宦海,毕究空棺长闭,世间热客早宜休。”归夕食甚饱。看唐文三本。得家书第十号,实第五封也。夜为两儿改文。

十五日　晴

欲改诸生文,未及执笔,以钞经未如额,先写之。客来络绎,凡见院生三班,耀庭、鹭卿、鲁詹、松翁相继来。斋长复来咨问院中吏役额缺事,先得顶缺银者周、薛二监院宜作何部署。余以是有公议,不宜以余恐吓之也。张馥翁约夜泛浣花溪,接对甚疲,《书》钞未毕,不欲去。业已诺埏仲、季平两生,投暮出城,背月行,遂宿曾氏庄。吴吉士又农、鲁詹、范、廖、刘庚、张孝阶,可均、林拱北、胡梃皆在,从曾园登舟,溯洄溪月,三更还。竹蕉露滴如雨,甚凉,鸡鸣宿。

十六日　晴

晨起,午始设食,主人未出,饭毕舁还,正热。翰仙来,言麓生生日,将要同往。呼舁人久不至,翰仙先去。李从九康辅来,字寿臣,派华阳支宾,余因语井研诸生被盗新丝,宜严治之。夕食后出贺董盐茶,遇鹭卿于途,约往彼谈。至麓生处小坐,待暮过鹭卿,乘月还。得香孙、寿衡书。

十七日　晴

朝食,麓生来。钞经一叶。吴吉士祖椿来。登楼钞经三叶。院外生来者五人。午浴,甚热,至门边须盥,风起觉凉,已而大雨,似将感寒。小惕,起作书复香孙,并发家书廿一号。

十八日　晴。庚申,三伏

得刘润如书,送润笔百金。拟作书复之,并致庄心安索君山茶,未暇执笔,客来者莫总兵、杨教谕聪,字听彝,叔峤之兄、韩紫汀、凌监院、旷知县经钟字寿云、罗师爷、刘海帆、左保臣、鲁詹，院生来者二张、尹、曹，多衣冠久坐，遂至受暑。

钞《书》三叶，看唐文三本。王道士元览，绵竹人，有《元珠集》。王太霄，成都人。齐己，益阳人。贾元袆，绵州昌明令。李冲昭，南岳道士。

十九日 晴

钞《书》三叶。卫鹏修引曾文诚之从子善权字克甫来，议修其家祠，因辟莲池为游宴之所。坐谈良久始去。院生李子莲来索斋房。胡埏仲引新淦刘伯垣来见，欲学诗文。曾元卿来，至初更乃去。应接少闲，不能依程自课，因遂置之。夜改院生文五六篇。半夜大雷惊觉，因不寐，至晓大雨，经三时许。

二十日 阴

钞《书》一叶。午睡甫起，宋知县来，黄子冶明府女婿也，云久居长沙。长谈经时许。院外生来见者三班，亦懒于事。书扇四柄，看唐文六本。

廿一日 晴。癸亥，立秋。颇蒸湿

饶昌运委员来。韩紫汀、凌监院来。成绵道送厘银千两，供书局之用。王监院来道喜。钞《书》四叶。批改诸生文六七篇，案上始清，竭蹶数日矣。

廿二日 晨雨，朝食时晴

见巴县刘生、太平孙生、凌监院、鲁詹、罗惺士、钱徐山，费半日。钞《书》三叶。中夜数起，甚有秋气。诵少时所作诗。

廿三日 晨雨，朝食时晴

补昨钞《书》半叶。诸生索书者多，欲以一日了之，小屏多不可尽，写八幅。刘三道台来。院外王生来见，欲入院住。午日颇热，遂睡,起夕食,复书四幅,已暮矣。

陈生炳文送蒙顶石花茶叶六片,郊天所用。每进三百六十片,闰月不加,犹或不足额。用锡合,合盛三片,开其一,已霉变一叶矣。至省易银合,乃得窃一二以出,然非贡吏不能得,进督、藩者皆陪茶也。余于何蝯叟诗中知之,今乃得见。陈生云汉树也。

廿四日　晴

积压往还周旋客甚多,朝食后即出,诣董兵备、黄洋务、旷厘金、吴吉士、莫总兵、旷知县、曾知府、宋帘官、韩库席、罗盐厘、刘采访、方前臬、陆刑部太初。董、黄、旷、韩、刘、陆皆晤谈。又便过陈总兵,衣冠竟日,亦不甚热,还已过晡。方食,鹭卿来,未及多谈。王成都莲塘来,正孺之父,孝达继妻父也。长余十岁,须眉皓然,容观甚伟。夜钞经半叶,甚倦,早寝。

廿五日

晏起,觉甚热,因不作事,唯事坐谈。见院外生两人。看唐文三本。钞《书》一叶。与刘庸夫谈无谓语言半时许,销一日矣。检《蜀志》无贡茶章程,可谓阙略。因作《名山清茶歌》。名山,陈紫垣炳文示余六片,因感而作。

廿六日　晴

钞《书》一叶。为鹭卿诣督府一谈,兼答拜王莲翁。还过鹭卿,将雨,驰还,罗生、鲁詹已相候。李康辅来,言假书撞骗事。见院生、院外生二班。

廿七日　晴,日光甚烈

见院生一人,院外生三人。内有一人张遇故,字卜臣,乃督标差官袭云骑尉者,云欲学诗。钞《书》三叶。看唐文五本。为张生子绂讲谢诗四首。为刘生言科名富贵是两事,求科名不妨,求富贵则痴也。得筠生书，欲荐许孟泽往南部。夜发廿二号家书。江西刘生字原叔来谈诗，见其扇头诸名士题咏诗画，成都以顾印伯、沈鹤子、胡埏仲、富迂斋、端午君及刘为风雅闲人，有杨海琴之遗风也。夜雨。

廿八日 晴

钞《书》二叶。湖北二许来，论黄翔云见人倨傲，不理于乡评。及后久之，殊不知其何意。看唐文三本。午睡，写屏联数幅。鲁詹夜来。

廿九日 晨雨

卯正出讲堂，点名发题，诸生多入谈，留朝食者四人。钞《书》二叶。子箴来。晚过凌监院，遇黎、易两尉。范生来，言官事，云其妻弟被拘，惺士请之至再，不能得，欲余请之，谢以不能，范生甚皇窘，其无胆力如此。杨生声溥来销假。李宏年夜来，请作莫寿序。夜改诸生课文，其拙劣至不可耐，而无如何也。觉凉甚乃寝。半夜大雨雷电，而雨最骇人，起少坐，雨小止，乃还寝。

晦日 雨

钞《书》二叶。改课文始毕。子箴将归，欲治具饯之。黄庆覃来，翰仙族子也。因令告翰仙，约初五日会饭。黄生请书节妇捐，余素吝于此，姑诺，为乞诸他人。此人殊卤莽，有金坑之风。看唐文毕。见院外生。巡四斋。

七　月

癸酉朔 晨雨，旋止

杨皀江、凤岗、鲁詹来。周生雨生来销假。蓝生观亮亦销假，已留须矣。见院生一人，院外生二人。岳生母病，弟割肱，来支月费。

昨曾生亦来支月费,而言不及公,岳生为差胜矣。

午晦,大风甚恐人,已而雨至,则秋气应矣。清秋令人惊感,久喧而静故也。独卧,思去年事,看日记乃正热时,今秋校之,殊有山林城市之别,而去年反觉稍暇,盖事过则心无营,故觉暇也。今年极暇而日若不给,凡当局无不迷也。

武陵令瞿令圭,曾祖诠,长沙令。贞元中度支奏湖南糙米运浙江。中和四年立《青羊宫碑》。湖南正考华金寿,陈伯屏先生之门下。副考官曹鸿勋,陆凤石先生之门下,亦徐寿衡之门下也。四川正考官景善,副考官许景澄。甘肃副考官周桂五先生,正考陈宝琛。今年考官极天下之选。

二日　　晴

抄《书》二叶。《全唐文》看毕。见院生一人。陈、唐二总兵来。夜作莫序未毕。讲嵇叔夜与山巨源书,言其以嫚词取祸,因论古今文人无真隐者。

三日　　晴

钞《书》三叶,《秦誓》垂欲毕。客来者十许人,竟日闲谈,竟不能伏案,夜乃足成莫序文。

四日　　晴

钞《书》二叶。凤冈携酒见过,并约其本家知县杨皀江、宋月卿、王绥原、李绶亭同集。鲁詹办具来。自午至酉,客未散。松生约饮,步往,客有陆太初、乔茂轩、吴春海、卫鹏修、鲁詹。彭洪川道台来访,久谈。彭名名湜,张诗舲之巡捕官。诗舲号风雅,彭少时岂亦风雅人耶? 酒罢,院中主客皆去矣。

五日　　晴

钞《书・盘庚》二叶。《汉石经》字多与今本殊异,未知何读为善。如悔、命、胥、高、翕、侮声不相近,亦不知何以乖互也。今日请鲁詹治具院中,祭魁星,设廿席,请八学官及诸生百馀人会饮。

得家书,闻钟弟旅卒平凉,为之怃然。此弟幼少失教,流为匪人,卒以烟饮甚重,不能施教,近岁颇安静,而犹畏其故态,乃卒远客而死。若彼早知其死,当可安于家中。当其未死,唯恐其不死,及其死,又未尝不感怆悲怀也。先祖母所及见者唯此弟,尝以失教死,无以对慈顾,今幸而保其首领,终夭其天年,悲矣!

得杨石公、蓬海、樾岑、子寿、非女书。子箴午过赴饯席,请春海、松翁、翰仙陪之。翰仙后至,酉饮亥罢。余于钟弟功丧也,当再不食,以平日有过,犹当依三日不举之典,而今世久不行此礼,未可辞客,其恩纪又不宜发丧,从父兄弟之乖离,遂至于此。为之早寝,咏"敦彼独宿"之诗,我心东悲矣。有人言罗妪私事,以我不涉,姑置之。

六日 晴

晨不食,食粥,以寄丧意。外间尚有应酬不能废者,出答访彭东州、王成都、杨、黎、易还。钞《书》一叶。钱徐山、王彬、颜某来。午后久睡,起夕食。丁价藩来,久谈。院生三人入谈。龙生来,言田在田已放重庆总兵。夜钞《书》一叶,颇为蚊扰。答杨石泉侍郎书,因得朋海词,欲寄和去。复致荫渠书。

七日 阴

钞《书》二叶。恒镇如来,魁荫丈之四子也,廿年不见,已卅八岁矣。询知献廷已补荆门州,有孙一人,长子及其六弟应能乡试,长谈久之。许中书来,久谈不去。见秋风吹帘,颇思一闲写,而纷纭酬应,不胜尘役之感。夜作廿三号家书,并致若愚书,和朋海词,改两儿课文。丁价藩来。

八日　晴

晨作书寄梦缇、六云、三弟,封发时已午矣。吴春海、卢丽生来。莫总兵送烧猪、鸡、鸭,无所用之,以与唐帽顶。午日甚烈,未作字。刘生文卿论漏税呢匹事,与书凤冈请之。

九日　晴

杨凫江来,言范生妻弟事。未设茶而去。巡西斋。彭东川明日行,出送之,未遇。便过翰仙、子箴、恒四弟,丁价藩,极议吴江之伪,颇右高阳。答访麓生、钱徐山,还已暮矣。得凤冈书,言漏税乃奸商所为,劣生包揽之,不胜而求刘也。余不能保,两可而已。兹事初言时,已觉其支离,而以刘于我处不宜如此,岂我有可欺之道而姑欺之耶? 亦令人悒悒。鲁詹来。

十日　晴,日甚烈

午浴。钞经一叶,蚋扰不休而罢。昭吉不能归,余以百金资之,约其有还便付春甫。院生借钱者颇多,盖不欲余料理井井也。凡习俗以沿袭为便,改章则反群挠之,此事之所以不成,明年仍当尽付之史〔吏〕胥耳,知人意者甚难。夜为宁生改《瑟赋》。月明露冷,秋光甚艳。

十一日　晴,日光可畏

钞《书》一叶。小睡,大风雨至而不甚凉。复钞《书》一叶。李康辅来,乞与臬使书,求保甲差。鲁詹来。与张、廖同出,夜巡二斋。

阅邸钞,崇绮恩泽小儿,御史孔宪瑴乃称为硕辅,既非朝廷之意,复非形势之途,盖所见本卑,抑徇私妄论耶? 今年江西、湖北学使均遭风覆舟,湖北梁耀枢至失其印,亦可怪也。元卿来。

十二日　晴热

钞《书》二叶。子箴来辞行,今日翰仙借院中设席饯之,便留待主人，久之乃至。朱次民、松生、春海来，戌初入席，亥散，饮不如五日之欢。月色甚佳，作家书，寄两婢一箱一幞被，交元卿带归。川盐道放崧蕃，字锡侯，乙卯举人，吏部考功掌印郎也。作书复云生，荐罗子珍去。子珍来辞行。

十三日 晴阴，稍凉

钞《书》二叶。斋夫被城门卒笞一百许。吴、李生来诉，遣陈生子虞往问之，以理曲，不能芘，更追治前辱锦江院生事，送斋夫往听治，松翁不能遣，仍呼之还。酉阳邬生被人京控，匿居院中，亦令之移出，以免吏役登门也。发家书廿四号，入箱未编号。

十四日

晨起作诗一篇，赠莫总兵。大雨，将出送元卿，不果往。钞《书》二叶。频睡。见院生二班。敖金甫弟禹九及其子式度来，赠缟纻。得季怀书，言呢税事恐有冒领，发书局查之，刘生执词甚坚，旷凤冈词亦甚坚，是非纷纭，虽知之而莫能定，姑徐之，恐人以书院为包税偷漏也。

十五日 晴，颇热

今日城隍出游祭厉，约鲁詹往看，未午出，已过东门，便至凫江、鹭卿、凤冈，宋月卿催客，同凤冈步往，先看神会。未至，坐月卿处。太初已至，凫江亦来，同凫、凤出看塞神，略如长沙，而旌麾远不及，人亦少十分之八，唯扮鬼者装饰狰狞，及持香花者颇众。还浙江馆会食，坐客更有王、萧二知县。萧子厚甚可憎，云与文心至好，不知文心何以不择交如此。浙馆唱戏，第一折《活捉》，有感余心。第二折《弹词》，则不成调矣。初更散，步还，夜雨。

十六日 晨雨

秋阴颇有游兴，因借送曾元卿为名，偕刘文卿、杨建屏、王生斗南、陈子虞、董南轩往看之。午后出城南门,绕溪东行,至大佛寺看海眼,至安顺桥,登元卿舟小坐,呼二婢出,各赏以钱四百。其正月所买婢已长成长脸,甚粗恶,似寡妇,相之无凭如此,或有再变耳。闻苏彬言其诡怪,恐生事,故呼出看之,但不大方耳。已将行,遂遣之去。作书与筠仙。还入东门,从城上行甚远,还已暮。今日文卿以张税事甚惭初心,故以游解之也。夜早寝,梦为女鬼所惊,竟至失声,起坐乃醒。

十七日　阴

看课卷六十本。见秀山杨生炳烈及院外生二班。作诗送子箴,即以案头扇起草。钞《书》一叶,多错误而罢。

十八日　晴

谭学使叔玉、陈云卿、凤冈、季怀、孙鸥舫来,尽一日谈。刘生唐突凤冈,败乃公事,殊令人愤懑。与薛、孙同出访蔡研农,过翰仙少谈,还看卷三十本。

十九日　雨,午后晴

出送子箴,答访敖禹九,见许太史夺命丹,以嫩为宗,颇为善诱。周生润民之兄招饮,长道渊,次道鸿,次霖雨,陪客顾华阳、尹穗坡、吴月生三帘官。名为早饭,至酉未毕。锦江院祭魁星,设饮,往会,陪客二人,外省,不知姓名。相识者春海、又农两翰林,李湘石孝廉,戌散。得稚公复书,增发三月膏火。

二十日　阴凉,午后晴

专看课卷七十馀本,至午犹未毕。凫江、凤冈招饮,陪太初、月卿、鲁詹、蒋年侄,至暮散。还阅卷毕,已三更矣。

廿一日　雨

定等第,发课案。小睡,出赴陈云卿别筵,彼移镇松潘,大会文武，为四日宴。今日集同乡黄、刘、劳四道一府，以余为客，而有三吃烟者，亦胜会也。亥散。

廿二日 秋雨萧然

竟日寂静，欲写书而无纸，孤坐半日。云卿来辞行。薛中书铨善字乐苍来，求改墨卷，为作一篇。稚公捐送三月膏火银三百六十三两。廉吏而侈于用，不为生计者，然非理财之能也。其特奖不应决科诸生七名，则足以激扬风俗，分别义利。盖诸生多以领膏火奖银为正事，今闻不试者亦被奖，耳目为之一新。特为出谕，发明其意，以为劝戒。午巡四斋，唯西下斋多居杂人，然肃静颇有规矩矣。

廿三日 晴

钞《书》二叶。见院生新到者二人。改课文一篇，过于冗长，唯说孟子"天爵、人爵"之说，苦与世俗较贵贱与良贵，及"得志勿为"意，同是鄙见。又曾引曾子语，以仁义敌富贵。其书多为下等人说法，墨子亦震慑于十金，当时贤士如此，况其下乎！荀子似高一层，而专欲尊时王，甘为其用，又不及墨、孟，然后知庄子之不可及也。锦芝生来，言润笔百金与曾昭吉事。

廿四日 晴

改课文。作廿四号家书，汇银百两与喻洪盛阑干客，以供两儿场用。钞《书》二页。太初来。

廿五日 晴凉

钞《书》三叶。以国忌，便服见院生新到者二班，入院居者谢未见。夜改课文，稽考诸生日课牌，奖十馀人，申饬七人。

廿六日 晴凉

钞《书》一叶半。见院生二人。出游武侯祠，实昭烈祠也。修竹甚密，有荒冢云是惠陵，殆不可信。祠旁客坐雁来红甚艳，桂树将花,甚有秋兴,而多蚋不可坐。待二时许,陈云卿始至,彼往松潘出西门,余邀之出南门会于此,已过复还,故迟耳。彭副将亦来送,云晓航之从子也,而烟饮甚深,可怪。设茗酪酥食,申正始别。入城甚饥,食至,复不能饱,未知何故,自入蜀后即如此。

暮倦,少寐,见院生,三人一班。翰仙送润笔百金来。夜钞《书》半叶。改文未毕,觉凉乃寝。

廿七日　阴

钞《书》三叶,《鸿范》毕。改课文一篇。张楚珩来,言罗江滥刑事,是差役作恶,而官护其非,可叹也。见湖北、江西、浙江三省考官单,无相识者。以烧炭费改烧柴,乃更费于石炭。

廿八日　雨

竟日寂静,钞《书》三叶。改文一篇。作家书廿五号,以应信期而已,无可报者。

廿九日　雨

大课院生,将有去取,不复分题以定优劣。因试期近,又雨,免点名。饭后出,答访董、锦两道台,不得入。至稚公处久谈,言文卿有鬼祟,故避入都,巡抚而畏鬼,可怪也。又言雨苍言左相短,少荃不宜代奏,失大臣相维之道。又言《论语》"予欲无言",伤身教之不从,以箴弟子之失。复言文翁教泽未善,务于显明其门生,遂有题桥之陋,不若贵州尹珍、王守仁之正,故黔习犹胜蜀也。答访谭学使,未开门,亦不得入,还已欲暮矣。

八　月

壬寅朔　雨竟日

岳生弟嗣佺刲肱疗母,书院中宜有所表异,因作教曰:"院生岳嗣仪之弟嗣佺，割臂疗母，就养无方，《记》曰‘杀其身而有益，则为之’，臣子之至性也。由书局送银十两，以示奖励。”又为监院作禀，请学使示定发月费名数。

钞《书》二叶。院中然灯七十八盏，以应魁星，蜀俗也，姑从之。刘生妻初死，而倩人代考，余责以匿丧，诸生多未闻此说，蜀妻之贱如此，宜申夫有妻不如妾之说。夜雨凄凄，早眠不寐。

二日 雨

钞《书》三叶。岳池刻工昨日来，《书经》尚未毕工，恐不能趁榜前印行矣。昨得怀庭书，欲作复，每日匆匆忘之，夜乃作一纸，以意未尽，夜已深，乃寝。田子臣知府来，宿松人。

三日 雨

见院生二班。钞《书》四叶。李宏年送袍褂为润笔。院生多来为刘生廷亮求录送，刘自云妻丧倩人入场。余责以匿丧，而言者不已。乃令求监院，以廿帖药价为赂，监院允为说焉，此事极可笑又可闵也。吴春海招祭魁星，往则有一绣褂客在焉。顷之陕西进士黄同知、童子木之子、杨小侯、李湘石、伍松翁、铜梁某生均至，散已二更矣。小侯字心培，绣褂客姓林，梁县教官。夜作复怀廷书，并复其从子仲仙书。

四日 阴晴

钞《书》三叶。鹭卿、曾公子文诚子、翰仙、许中书孝琛来。为院生余柏求遗册名，与书谭叔裕编修。

五日 晴

晨得叔裕送还昨单，云须由督署一转。学使主政，而推之总督，可异也。复与书稚公言之。出答访叔裕、田子臣，过价藩探时事，云小泉真有退志。又言张拔贡越(嶽)〔狱〕，葛成都求自尽，及廷议参差事。还过太初、陆、田、丁三处,皆设小食,归院已莫矣。得家书及稚公复书。夜作书与彭东川荐二许。

六日　阴

出看主考入闱,往来督辕人多,不可久待,因访翰仙,不遇,还钞《书》三叶。

七日　阴晴

院生新到来见者六人,内有余晋,巴州人,其父壬子举人,庚申进士,通籍后未仕。兄弟二人,各有十子,晋之兄弟皆入学矣。陈友松同知之孙绍周来见。谢生树楠呈友松《西夏事略》,廖季平云张孝达见一种,杨生鳣塘云或即此书也。孝达注云"时人作",非前代成书明矣,当俟学差信至访问之。何愚弟以官衔帖来求见,谨辞之,出问所以,云绵州人,欲求遗才也。夜钞《书》三本。

八日　己酉,秋分

院生入场,自寅至午毕入。张通判、王绥原、黄庆覃来,同步至贡院,视此间点名杂乱无章,然甚疾速,至未已封门矣。还至绥原处少愒归院。夕食,帽顶来。得樾岑五月廿二日书寄吴柳堂绝命诗及黄石琴思子诗,云其子师訚得诗泣下,次日即告归终养,而龙济生代之。济生亦有老母,独代此席何也?夜钞《书》三叶,《召诰》毕,唯馀《禹贡》及序一篇矣。

九日　晴

钞《书》三叶。松翁、许生、缪生来。缪丁父忧,未卒哭而应课,余教以不肖跂及之道。余前年居丧,仅期年不食肉耳,而外议疾之,与循至告简堂云私食肉,简堂以为笑柄。因举其事而告之,云私食肉,愈于对人食肉,此礼意也。推之,私贪淫愈于公贪淫,剃发愈于迎降,小人之不成人美者,皆以伪君子目之也。

十日 晴

钞《书》三叶。辰后稚公咨送题纸，“子谓子产”二章，“上律天时”两句，“谏行言听”二句，“竹寒沙碧浣花溪”得“溪”字，院生皆不至阁笔，当可多中也。看课卷廿本。坐门侧堂，待诸生出场，出者多不相识，盖外人混居者多。杨次林、李湘石两举人来。张生盟孙来，言坐轿号藩吏谬误，藩使逃去矣，场中因不能查号，甚无纪纲。待至三更，廖生季平始出，文甚有师法，名必上榜，但未知正副耳。夜月甚明。

十一日 阴

昨夜起至院门，看诸生出入者，通夜未安眠。朝食后，钞《书》二叶，看课卷廿本，已暮矣。出答访湘石，遇一吴郎，甚谬妄可笑，未尝正视之。今早秦生偕其叔父子骧来见。晚间李康辅来，言成都看管人富顺张芝逃走，葛令拘其二妾，其少者美不可言。张本拔贡生，武断干预，督部欲罪之，故以妾饵县幕丁，得逸去也。夜雨。今日六云生日，颇思石门之宴。

十二日 晴

钞《书》二叶。看课文卅本。宋生云岩卷颇佳，余前拔取第一者。龚开晋、周绍暄、刘光谟皆不能佳。督、臬送节礼，米、烛、脯、果之类皆受之。唐帽顶来，言张芝有捕处。余因言此人如驽马恋栈，不能远也，唐颇服余胸次之阔大。夜雨不寐。

十三日 晴

罗妪不复事事，当遣之去。单满亦不事，并遣之，均留其过节乃散。朝食后放牌，题纸未到，出场诸生处得一纸，题亦平正，唯《春秋》题“会于郔”，未知其意例耳。且喜未出古文《书》，亦近日风气将转之兆。待廖生，至三更乃归。钞《书》二叶，看课卷卅本。夜雨。

唐报张芝已获,果未远去。

十四日　雨寒,可重绵

钞《书》二叶。竟日送节礼者络绎,取二分送松生母及太初,馀悉颁之夫吏。夜月最佳,风,三起乃得安寝。

十五日　阴

避客居内房,客闯入者竟日不绝。张子绂、傅仲龛坐最久。左葆澄、黄庆郎、李绶庭来。葆澄留,夜饮,月在云中,竟不见光。钞《书》一叶,多误。夜定课卷等第,凡拙劣当去者皆肫挚有情于我,竟未忍弃之,颇为峙嵋不怡。罗妪欲求助佃田,以安其翁姑,未知其真否,姑予之十金。闻中江附生岳尚先藏威信公奏议七十馀卷,当告学使檄取之。

十六日　阴

晨起甚早,盥栉朝食毕,出答访谭学使,便遇朱次民,杂谈无章。过翰仙、唐泽坡,还,小睡。罗妪去。竟日游行,丁价藩送肴饵,招沅鹊弟少舫、任、孙、邱芝帆。劳鹭卿次子字璧垣来,执贽,夜饮,饮绍酒二杯,微醉,早眠。

十七日　阴

诸生来见者五六十人。骆县丞勤广来。季怀及张敬公来,久谈,留食饼。翰仙来。钞《书》一叶。定课卷等第。发家书廿五号,寄银百两及杂物。作书寄弥、保,由易光楚简亭之子带去。翰仙言易往伊处禀辞而道乏,我则托其带信,方知捐班之可贵,李篁仙所以妄想于道员也。然捐班由于乞贷而来,则尚非良贵,此唐艺农、李辅曜又自加人一等,可为哑然。

十八日　阴

诸生来见者卅馀人。麓生又来。作书与樾岑、筼叟、皞臣。唐帽顶招饮，季怀、马伯楷同坐。钞《书》一叶。发廿六号家书。

十九日　阴

田子臣知州来，久谈，大意欲言程藩使之短。唐友忠知州来，少坐即去。钞《书》一叶。傍晚大睡，觉时已三更，院中寂静，更无人声。

二十日　阴

钞《书》二叶，《禹贡》毕。节前即当成书，因循至此耳。院外生来见者二人，大抵欲以书院为客舍者，亦姑听之。诸生来见者十馀人。

廿一日　阴

昨夜风寒，颇为萧索，竟日未事事。涂抹屏联十馀纸，亦颇有佳者，然余书无古意，直以写多而得力耳。夜观包世臣论书，以执笔为要，则非知书者也。其论篆推邓炎，岂知篆者耶？

彭晓翁从子藻亭副将来，以湘人失职怨望，言鲁家港战七日，夜不解甲，未几而罗山死。今之统将，美衣鲜食，宁有知当日事者耶？余素不能感慨，今闻其言而悲。夫以诸贤共治一军，艰苦如此，延东南廿年之命，而终为庸妄者所败，诸贤亦各归于黄土，考其功业，又不足大厌人心，反不如任其陆沉之为快也，果何贵于豪贤哉！余亲见险难，而今已不复言事，闻彭将言，不啻如香山闻琵琶也。驱数十烈士以生此百万蠢蠢之人，真复可笑叹，罗山有知，又不知尚能作腐语否。

夜与院生谈科场鬼物，杨子纯云今年亲见一人，入号扑地，久之始苏，持号军软语，旋即入号，喃喃竟夜。次日将晚，闻拍案绝叫，则卷上大书“没来头”三字。没来头者，蜀人言不相干也，或云“没紧要”。意真有所见耶？有老翁题诗号壁，自鸣得意，而外间盛传见鬼,则诬矣。

廿二日　阴

钞《书序》二叶。书扇一柄。出诣督府,适宴夷客,未入,过崇署臬,便访卢丽生,答拜数客,皆未入,还院已将夕矣。为东乡王华阳、顾生改试文。

翻《孔子世家》,考子产年岁与孔子不甚相接。孔子未生,子产已为少正。昭廿年子产卒,孔子年三十,其先唯有适周观礼之事。子产襄八年始议伐蔡事,其父以为童子,盖长于孔子三十五六,不得为朋友,意曾一再见而已。

廿三日　阴

藩、臬同来答拜,泛谈无聊语。闻学差单到,遣往王成都处索之。鹭卿、卢丽生来。李雨亭之子本方来,云多病体弱,不能应酬,人颇朴静,无乡宦气。问《说文》大旨,坐久之。院生来者相间,竟日谈谐。钞《书》二叶。

廿四日　乙丑,寒露。阴

钞《书》二叶。王绥原来,留谈竟日。稚公来,言复诏令开机器局,当具奏,引季布言以讥切朝政,冀以悟主。余云今之政府不足与明,徒得申饬而已,不宜上也。

夕食后与绥原步过翰仙,旋至鄂生寓中,值方见成都府,小坐出,未相见也。还已近二更。作书致薛觐唐前侍郎,论书院不能经久之故。斋夫与院生、长工斗殴,斋夫伤重将死,付监院治之。

夜梦帏女患虫疾,母反责之,余抚问其所苦,因问何物最灵,何物最蠢。余戏答以蚁子最灵,人最蠢,憬然而悟,慨念此女夭三年矣,犹能见梦于余耶?作诗一首悼之:"幻影重相见,提携问物灵。衣单垂手瘦,发覆两眉青。泉下年难长,秋来梦易醒。忘情仍有爱,非汝未遗形。"吟想不寐。

廿五日 阴

竟日未事。莫总兵、定副将安、唐提督来。钞《诗》一叶。分芍药,瘗牡丹。校《南史》。

廿六日 阴,有微雨

湖广公所祀乡贤,辰往,麓生、锦芝生先在,李和合、刘玉堂、鹭卿、翰仙、王天舫、张楚珩诸人总集,王绥原亦至,推余主祭,午初乃散。答访定副将,过周豫生,甚饥,还院午食。秦生约看婢,要傅生同往,二女皆下中材,不足纳也。步还。钞《书序》一叶,《尚书》钞毕。鄂生来,久谈。彭县唐生来见,昏暮上谒,不知其何为也。写扇一柄。校《南史》数叶。

廿七日 阴

作《书》目录,考定古今文五家分合多少之数,凡写十纸。又写联屏扇条数件,均成。内江曾生来见。考优诸生皆来。彭县生复来,言知县捉举人徐培基,系督部之意也。合江知县王鉴塘字清如,平番人,癸卯举人,壬子进士,而以我为同年,谬也。自言实缺撤省,不知其罪。伍松翁命来浼我说之。罗妪去,而衣绽裂。咏"水清石见"之诗,颇有客思。廖生季平入夜谈。

廿八日 雨阴

钞《诗经》二叶。校《南史》廿馀叶。优贡案发,取四人,有两斋长,皆学使所赏也。有两斋长未与考,否则必取四斋长矣。陪优十二人,唯二人非院生。廖得第一,任得第五,二人似怏怏,任为尤甚。鸡肋犹争,可慨也。夫凡考试必须虚心,乃与科名相近,见在我上者,必高于我,则我在人上,人亦推我矣。若见人得,而以为不宜得,此必终身不得,以与俗尚相反故也。学使主司奉天子命来取士,焉有谬误哉？此亦分所宜知者也。以榜近，下第者多，故书此以示诸生。

廿九日

钞《诗》二叶。出答拜莫、王、清如，合江令。田子臣、黄麓生、陆太初、唐鄂生、劳。过吊韩紫汀，先诡称其子为出继，至是又认为长子，亦非笃实君子所为。将诣谭叔裕，遇之于陆宅，长谈而别。谭云陶方琦，字子珍，能填小词，亦丙子有名人。莫处寄家书廿七号，附银四百两。与绥原、受亭谈，未待主人也。唐称疾，劳出外，皆未入。还已暮矣。夕食甚饱，早眠。

九　月

辛未朔　阴

钞《诗》二叶。顾象三华阳令来，一梧门人也。午间寂静，熟睡久之。太初、月卿来。月卿云陈樊侯，字伯双，兄弟孪生。其弟为安陆守，移汉阳，字仲耦。陈好言《易》，其妻能作篆，年四十馀矣。今年学使甚不知名，而连日闻此二人皆有所长，甚以为喜。

二日　阴

钞《诗》三叶。见合州罗生广安、曾拔贡。得王实卿书，为李从九关说。名绍沅，字翰仙。夜雨凄清，五更颇寒。

三日　阴雨

张龙甲来，详言彭县事，坐一时许。见院外生一班。出答访王知县、邵阳人，名昌英。顾华阳，过宋月卿、黄翔云，不遇。至稚公处略谈，已上镫，乃归。张、廖生犹未饭，同食。夜钞《诗》一叶。

四日　晴

钞补《书经》二叶。看课卷，殊无佳者，令人闷闷。刘廷植知县来，甲子来省，王子寿之门生也，浮躁无聊。邹生来。讲徐陵文。

五日 阴

看课卷，定等第。叶参将、李把总、金蓉州年弟、李湘石、劳鹭卿来。竟日意懒，未钞《书》，夜校《南史》。暖，复御簟。

六日

早起，因斋饭太晏，仍自炊食，复辰初之旧。王知县来。巳正出城，赴稚公草堂之约。城外泥淖，秋色无可观，唯溪水洹洹，颇有凉意，无端感触，咏"出门望佳人，佳人岂在兹"之句，正不必情事副风景也。至少陵祠，幕客至者九人。武有帽顶，文则馆师为二客也。稚公二子均从，唯见其小者。中饭微雨，菊瘦而高，殊不及湘中。今日看乙亥秋集诗，念长沙故人，复增离思。尔时在省寓，留有友朋之乐，去有林泉之兴。明年而山居圮。今岁复闻海琴、晓岱之丧，追念昔游，已成难再。此间殊寂寞，唯稚公、季怀可谈，又不能时相见，至于石门风月，殆不可寻，致为惘惘。申散，还院校《南史》两卷而罢。

七日 晴

书局《尚书》刻成，作序，假稚公名弁之。得陈云卿书，俄夷使人从和阗觇西藏，所谓"因桓是来"也。暮校书三十卷，但看大字，顷刻而毕。夜然烛张镫，为梦缇庆生日，作饺及汤饼，因饱未食。月映南窗，颇怀良会。帽顶送黄花十二本，恰应生名，又符月数，列之中庭，裵回久之，凡三换烛乃寝。

八日 早晴，午后阴

梦缇生日，设汤饼，停诸课一日。赵、陈二生闯入，因留陈饮。任篆甫季父求见，谢以谢客，未见之。得家书，功儿于场后定来，书颇详明，即作复，交银号寄去，廿八号也。今夜放榜，与季平坐谈至三更，季平逃去轰醉。余就寝，半觉，闻炮声，起披衣，未一刻报者已至院中,共中正榜廿一人,副榜二人,皆余所决可望者,其学使所赏及自负能文者,果皆不中。余素持场屋文字有凭之说,屡验不爽也。堂课七次,取第一者中五人,所列三等者无一中,何必四书文乃能决科,甚以为喜。顷之季平、篆甫、治棠、陈子京、吴圣俞、少淹皆入谢,已鸡鸣矣,谈久之,乃还寝。

九日　阴

晨起书报稚公,盛称主司精鉴。晓寒,仍眠,起已辰正。顾华园、陈容之、光鼐,此人新到。周伯显来谢。彦臣入谈,云今日多痛哭去者。彼前亦欲去,余譬晓之,今能怡然自得,胸次甚磊落也。余既喜教之可行,遂有留蜀之志。夜钞《诗》二叶。滴雨凄清,留邓生宗岳谈纵横之事。张桂来,送分房中单。

十日　庚辰,霜降。阴雨

写联屏八纸。湖北熊知县来。秦生领柳秀才福培送文稿来,请阅定。文殊未能成格。午后步至城门,舁至昭烈祠,刘瑶斋、萧子厚作东,太初为客,刘弟及□□与坐,申散,还院已暮。鲁詹自重庆迎眷来。得家书,及力臣、芳畹、谬[1]书,皞臣、验郎、范生书。至子雨,客去即寝。

十一日　晴,秋光甚明

钞《诗》一叶。恒镇如、夏竹轩、黄霓生、李承邺、章州同来。诸生至者不绝,竟日谈话。夜改定书院章程三条,余未暇思量也。闻功儿在道,遣阳春往迎之,因便令还家一视,颇有迎眷之意。

十二日　晴

钞《诗》一叶。诸生赴鹿鸣宴,来见者数人,有高楠不到院,不应

① “谬”,前未见,疑有误。

课,今始来见,辞谢之。骆县丞、韩紫汀来。鄂生约过谈,申正步往,竹轩与同寓,坐房中,房小隘暗,不可一刻居,而两道台安之若素,可怪也。晚饭大雨,纵谈诸俗吏情状,至二更始还。作家书。夜半有月。刘知县送菊,高如艾。

十三日 阴雨

寅庵师孙文治来,字湛泉,年少晶顶,其举动轻率,无以胜孟钟吉,但不贫耳。何愚弟来,求锦江监院。王绥原来还银。黄庆覃来索债。钞《诗》二叶,《小雅》二卷毕。夜雨,无人共听,殊感长沙游宴,兼忆晓岱、海琴。张桂邻人文八来投靠,留之作工。

十四日 阴雨

发廿九号家书。遣阳春归,兼探迎功儿,并寄芳畹、龙验郎复书。校《南史》一本。彭水苏生世瑜、南溪张生问惺俱以贡出院,闻举贡得肄业,皆还读书,因陈、廖以求见,与谈《说文》,云昔之翰林以宋学、古文文其浅陋,今之翰林以《尔雅》、许书文其浅陋,皆非有心得者。暮至秦生处看婢,有一女似有南派。

十五日 晴

为陈生子京改朱卷,作孟文一篇。旷凤冈来,谈闱中事。萧子厚来。留旷夕食。牌示院生,复起日课。

十六日 阴

许竹筼主考来,神似张东老,亦高谈闱中事。昨看赖女未审,再令舁至院中,视之眉目间有俗气,恐家中以为不择而漫与,未敢买也。季怀及李湘石来,又迎一女,则愈下矣。谈话竟日,未事。夜将理课,薛丹庭、唐宅坡来。一更后微雨。

十七日 阴

辰出答访来客十二家,杨皀江、许竹筼、黄应泰、丁价藩、熊恕臣、钱帖江、刘琯臣、谭叔裕处皆入谈。视日将晚乃归。竟日饥疲，人世之纷纭如此。夜钞《诗》二叶。

十八日　阴

钞《诗》二叶半。昨约许编修饮，遣人下帖，便送新刻《书经》与稚公。约鲁詹来，开菜单。见新中院生杨琮典及院外生三人。太初来辞行，始闻湖南乡试题，而家书未至。

十九日　阴

张子静寿荣来，言庚戌岁曾于湘潭官舍见我，其时彼学刑名于李师之友，并叙姻谊，称四父为舅，不知谁氏子也。已而张名杰来，乃知名杰即谐五之从子，而仍不知子静之家世也。钱保塘来，言闱中事甚多而无谓，殊无去志。松翁来，又留谈。余甚饥，索食无有也。监院王心翁来要客，与松同往，一光绊空管官，云是朱小舟，逢人问姓，不知其何以作官。又一赵生，云心翁座师之孙，未问其字。又有薛丹庭、杨次林。戌散。次林入谈。钞《诗》二叶。

二十日　阴

晨行尊经阁，见木工兴作，怪不余告，切责张生详龄。因感蜀士多不知情礼，失教久矣，余一人欲挽其风，恐以不狂者为狂也。秦生迎四女，待余择之，其中杜姓女似可。为此耽延一日，亦非止也。夜钞《书》一叶。改邱生文半篇。唐帽顶来。

廿一日　晴。久不见日，秋阳甚煊

谭叔裕来，久谈。刘子永来，子迎族弟，云曾相见于伍井。不甚省记矣。咏如乃其族子，初亦不知也。见院外生二班。榜后人当散。来者犹相继，知风气之易转。张生百均新调院，余诲以谦抑下人之道及难于尽言之苦。盖后世师道久不立，人无严警之心，乃知周公屡告，真不得已。钞《诗》二叶。致孝达书。

廿二日 阴,午后雨

秦生来,言杜女欲以彩轿来。余闻骇咤,不敢复言取妾事。鲁詹又言劳六嫂相得一女,美丽第一,然不可看也,此岂能为妾者耶?钞《诗》二叶,未初治具,约许竹篔、谭叔裕两编修饮,稚公来陪,申正至,酉集亥散。剧谈小饮甚欢,颇无冠带之苦。夜大雨,驺从甚困于泥行云。

廿三日 雨

为中式诸生略定卷文。得樾岑衡州七月书,邮递八十日方至。驿卒去其大封,以图信赏,此弊唯蜀中敢为之,告以不必去封亦可求赏也。李世侄及诸生来见,无问经者,但以获盗纷纭耳。今日似寒,而仍可不加衣,此地气暖,殊于南海。钞《诗》二叶。

廿四日 雨竟日,气始欲寒

今当出访客,以泥行不欲劳人,遂罢。黄应泰招饮,亦辞之。应泰甚怨望,颇为张桂所怪,何应泰之不如张桂也?李秀才来见,欲求冬茶差,告以不能。李名肇沅,王石卿弟子,为向铢所误,以佐杂官于此,人似明白。为诸生改卷毕。校《南史》四卷。钞《诗》半叶,多误而罢。

昨获盗,夜冻而死,监院斋长未免草菅人命,余亦失检校,曾微属其纵舍之,而未暇问,亦不意诸人卤莽如此,余亦未能重惜生命,非饥溺之怀也。为江生改卷文。夜雨达旦,枕上时闻潇潇声。

廿五日 乙未,立冬。始寒,乃裘。雨止见日

巡四斋,诸生留者五十六人,尚有十人思去者,应领膏火者三十二人,作告,申饬功课。太初复来,言鄂生仍送百金,岂所谓不继富者耶?钞《诗》二叶。

廿六日 晴寒

锦芝生来。钞《诗》二叶。检《刑律》,翻修改按语,颇为斟酌,但

无精义耳。书局空有文簿,而无存本。遣人取银,则已为任生支去,票存而银亡,近荒唐,可恨,严斥之,必令取到,至夜始归款。世间事不可大概,宜子产有水懦之戒也。韩紫汀、季怀及其同乡□君来。与八女议昏稚公小男,以其俱八,又同庶出,颇相当,当托鄂生为媒许昏,海老当不余讥也。夜为张生讲汉文一篇。乙卯同年张申五来。

廿七日　晴

紫汀复送厚朴、青毡、童翰夫画。帽顶夜来,谈其微时遇仙事。云南人多依托神鬼,其俗然也。作家书卅号。钞《诗》二叶,《正月篇》文意多未了。鲁詹来食野鸭。

廿八日　晴

积压酬应甚多,卯起出访鲁詹、翰仙、张同年、萧子厚、许竹筼,鲁、张未遇。萧言太初将取妾,所谓多收十斛麦者耶?至延庆寺,成、华新举人议请宾兴,伍松翁、吴幼农主之,午集未散。复答访陈姓、刘子永恒、四弟、李总兵、刘三品,至章宗沄处晚饭,云其肴馔甚精,殊不甘旨。卢丽生、章师耶及其兄与房主李姓同坐,江少淹为客。人甚驳杂,又谈烟花,颇为唐突,二更乃散。余中酒,为烟薰晕绝,坐人大骇。

廿九日　阴

今日国忌,例不见客。许竹筼来辞行,以彼行装无吉凶,故出见之。院外生来见者一人。旷知县、唐提督来。钞《书》二叶。孙彦臣还院,送绵州野鸡及鳢鱼。鲁詹来夜谈。

卅日　阴

丁荣翰来,求荐馆。饭后出,答访张子静、谭学使,论书院事。出南门,至宝云庵,访百花潭,地甚逼仄,不可结庐,然差胜于草堂。

院生十六人新中式者公宴余于二仙庵，鲁詹为客，孙生亦与，令顾生印伯题壁记之。余作四句题于后云："澄潭积寒碧，修竹悦秋阴。良时多欣遇，嘉会眷云林。"盖此会即别筵，而不可述离思，甚难着笔，后二句颇为简到也。一更后始散。留城得入，列炬甚盛，亦胜集也。院生于我皆亲爱，近世所难觏者。夜阅日记。比来觉儿女情多，风云气短，当振作之。

十　月

辛丑朔　阴

改定课期于朔月月半，自今日始。辰刻出讲堂点名，出题十道，仍分经各作一艺。旷凤冈、刘仁斋廷恕来。诸生来者至午始散。钞《诗》二叶。校《南史》。改廖生经文。章镐来。

二日　晴

钞《诗》二叶。校《南史》三卷。锦芝生来。韩紫汀书来，言《考工》弓合成规，不可用算法。作书告以四率可推，并旧说误以强为弱。

三日　阴

久未出行，饭后循城入少城，出至北，转东，还过南门而归。唯至麓生、季怀处少坐，约步廿许里矣。夕食已然烛。夜作书复陈云卿，言女王子土司为郎松所囚，不可名捕。又送院生名册与谭叔裕，使定去留。

四日　阴

看课卷，定等第。钞《诗》一叶。家中寄书至，看《军志》竟日，语多拗晦，尚须改令明显。考《曲礼》牲号见《士虞》，称"香合"、"明视”、“尹祭”,似可推明各有所主之谊,而郑皆以为误,令董生考之。

五日　阴

钞《诗》一叶。绥原、鹭卿、太初来。鹭卿骄弱,不堪劳苦,比日武闱最烦剧,而转强健,自云人生在勤。帽顶来谈。太初留夕食而去。李世侄来辞行。夜巡四斋。

六日　阴

得家书,两儿寄闱作,粗成片段。麓生来久谈。招罗妪复来,苏彬惶窘,徐谕之使去。诸生来者相续,扰扰竟日。高秀才自越巂回,李绶廷自营中来,皆不能不见之。与绶廷及岳生同步穿少城,至武担山看石镜,便至芮园小酌,看墨池、书院。主人芮少海招余及督府诸客夜饮,会者十一人。闻谭文卿得浙抚,冯展云得陕抚。冯之擢用甚奇,荇农呼荷荷矣。督府诸客艳言瑞华班之难得,因议召至唐宅演之。饮四杯,微醉,早睡,夜半更不成眠,起看怀庭、弥之、丽叟书。

七日　阴

复彭丽生书:“正月一笺,六月乃达,可见湘、蜀之阻。循诵复书,慨然有志于本朝经学之编,某旧亦闻绪论,而以为知言矣。但经书须有师承,自通志堂之集为世所訾,阮集出而又变本以加厉,矫枉而过直,今欲求诸老生能发明师说之书,杳不可觏,唯小学有佳者耳,岂得为鸿篇巨制邪?大著《易集说》近之,犹嫌有所去取。某将俟弟子有特达者,各治一经,皆以集解体为之,非十年不能办。孤身在蜀,舍己芸人,又无此心绪,田光所为发慨于销亡也。吾湘校经堂生或能及此,故欲辞归为识涂之马,又恐罗研丈以白简从事,崔贞史于戏台相见,郭意城以去就要君,则败兴矣。昨与丁公言,天地闭,贤人隐,圣人作,万物睹。圣则吾不能,贤则未敢自谢。当今之时,非独总督非隐，主讲亦岂可为隐？归与归与，老糠可然，不必吹藜。今年若不成行，明春定当还里。比日武闱事忙，尚未与主人相见，明年关聘已缓之矣。封翁而谋衣食，未之前闻，俟还时当借箸画策也。"

与弥之书："得书喜慰。前由易生寄一函至武冈，想尚未见耳。小年兄弟有见即书，不遑计其惋恻与否，但不使高底鞋与闻耳。来答深执谦和，得无客气耶？淦郎舍所长而用所短，然出房非可豫断。非女得蒙成货，当欣然矣。功儿来启，云吾兄复有小星之纳，何其勇毅，已从门入耶？抑尚是吾欲云云也？某客寄于此，欲求一似人者而不可得，蜀女多如鲫鱼，不可为鳊鱼，奈何奈何！讲席非可久居，一日不胜其劳，仅可一年，留去思而去之，上之上者也。丁公处尚未辞，昨司道来问关书，随人云方大人携入京矣。有其主必有其仆，故是一段佳话，与皞、笛共赏之。今岁院生高第者二十六人，皆为二景所搜而去，颇有空群之叹。尚有十馀人未施檃括，奈思归甚切，又有校经之志，恐不能留。每诵谢康乐诗，至感深操不固，未尝不泫然也。先生乃以寓公为祝，何耶？仲冬能成行否，且留度岁，或图一聚。无任钦迟之情。十月七日闿运再拜。"

与妇书："比遣两信，皆论迎眷事。初五日得七月廿五日家书并两儿文，皆可碰中。丰儿文实少数句，其二篇则全未做，是成、弘以前法门，龙飞相公宗派，甚无谓也。外舅做一时高手，今则外孙传之而更高，故是罕事。功儿文虽不高，其无聊亦同，唯后二比佳耳。然皆可以为秀才矣。家眷皆不能来，久留山中，亦复岑寂，拟于十一月十六日起程还湘。功儿如未来，便可不来。如已来到，在十一月十六日以前，即留同我在成都度岁，使其游览，以化去孩童见识，明年正月底再同回也。《题名录》至今未见，俟到后再有议论。总之隔远难打主意，我又主意太多，此离群索居，无内助之过也。以此推之，则卿比年以来,无外助之过尤多矣。凡人每日当思己过,此卿之所尤短者。吾每寝食,未尝不思之、惜之、爱之、恨之,小年相处至年老而不忘相规,斯可感也。非女亦传卿衣钵,吾痛斥不能改,既是外人,懒讲得他,搭一拜上告之。闻卿多病,甚念,损我壮游之志也。会当谋归,善自扶将。"

萧铭寿来,久谈,未甚谛听,因谢客少愒。午出寻帽顶,言唱戏事,留食油饼颇佳,又允送余晚菊。还院复小睡。松生来。谭叔裕遣要晚饭,未设茶而将暮,因送松生,便舁至学院。顾又耕先在,奇无味一老叟也,子箴甚重之,而颇诋子箴,何耶?设食甚奢,而无越味,初更散。遇鲁詹于陕西街,同至院少坐。校《南史》三卷。

八日　阴雨,稍寒可裘

晨起钞《诗》一叶。读《雨无正》之诗,然后知余于言词未也。以共和二公方起摄政,周之存亡不可知,诗人无尺寸之权,徒以言救之,往复旁皇,肫然弥厚。推此意也,可以使恭、沈顽廉,宝、景开悟,韶也悚然,而归于正,何乱世之不可治,而小人之不可化哉!故曰"巧言如流,俾躬处休",彼以讦直幸激为名者,自丧其身而益误国事;以滑稽俳谐为高者,虽免于世而实堕高节。君子论之,则曰"哀哉不能言"已矣。

午校《南史》四卷。钞《诗》一叶。帽顶来。见锦江二生与屈生代领奖银,告以不能,亦颇教以口不言钱之义,想不入耳也。申初恒镇如、刘子永招饮,无一客,专为我设,馔甚丰而不美,但颇精耳。得若愚阿克苏书。

九日　阴

钞《诗》三叶。皃江来。诸生来问事告假者,竟日不绝,夕时甚倦。鲁詹又来,久坐至二更乃去。早眠,午夜觉,不寐,思《曲礼》言

“岁编〔遍〕”文与祭先相对,似可为四时分祭祖祢之证,以士有四祭,近太数也。然镫至晓。

十日 庚戌,小雪。阴晴

书屏联十馀纸。与督府诸客醵饮唐宅,未初往松生处,要同步往,客俱集矣。演《玉春》[①],班外召十伶,专为孟女而会,孟女称寒疾,仅演一折,诸客颇赞之。亥正散,浪费非豪举也。

十一日 阴

钞《书》二叶。见院生新到者一人。萧生永川人。来,似欲言公事,以他词止之。周生新中式,始来,亦辞不见。帽顶来,言李湘石欲陷之以骄横,此心多疑,非豪士也。黄郎庆覃来,言无谓之谈多而且久。薛丹庭来,云筠连、宜宾多蛮寇,提督宜驻宜、筠间,似是可录之策。今日多愒息,少治事。

吴生博文来,问絬衣长短右袂之说,检段注无发明。余思“絬”,衣坚也,衣坚当为竖衣,竖子衣耳。此今小袄之制,其长短齐袂不齐祛,便于执手。“絬”之言舌也,不端,故如舌,衣长而袖短。右,以也,依也,循也。衣既无祛,又仅长及袂,则长四尺四寸也。夜诸生入谈者六人。

闻湖南《题名录》到,遣问之,无着落。夜雨。

十二日 阴

梦雨如尘,甚有冬景。钞《诗》一叶。午过翰仙、鲁詹。筠心留饮,今晨未食,饮酒一小杯。锦芝生要饮延庆寺,将暮又改骆祠,筠心处半饮即往,陆太初、刘瑶斋先至,戌正散。夜感寒。

十三日 阴,风颇寒

钞《诗》二叶。改《小弁》说菀柳为喻王室,以“有菀者柳”为证;

---

① 即《玉堂春》。

萑苇为群妾,以"葭菼揭揭"为证;梁笱为去妇,以《谷风》"敝笱"为证。然后知诗人取兴有定,如近代词家必俳色揣称也。

张镐字芑生,不知何许人,发一赴帖告母丧,不能不往,顾象山、金年弟,卢丽生皆在。杨凫江促客,急还,坐客尚未有至者。顷之仁和许吟槎、宋月卿、鲁詹、曾某俱至,凫江此设不知何意,殆为其父求集序耳。亥还,闻罗妪将嫁苏彬,有感予心,益验蜎蠕配合之非偶也。使予持绳尺,则无此事,此亦恐伤盛德。夜风吹窗,无可与语。

十四日　雨阴

莲弟神气萧索,似有重病,而不使余知,颇为县系。钞《诗》二叶。为邹生定徐孝穆诗文。

曾生来,言其姊丧,以子死甚迅速。余云人死生如屈伸臂项,此何足异。又告以姊丧降服也。凡降服皆重丧,依近礼请假半月,十五日不剃发。曾之姊夫之父,母、妻两丧而演戏作生,余不能禁也。今为此言,近于不能三年而察功缌者,虽然余不能教弟子之父,而适教弟子,姑为此言,以待善悟者。且张生见母之哀女,而可悟子之宜哀母,其犹有不绝如线者耶?

十五日　阴雨

朝食后出讲堂,点名,诸生颇有振作之意。昨因感寒小睡,念日课未毕,再起钞书,今遂委顿。疾未有以勤致者,此殆勤之过与?然由于懒不加衣,则仍以惰疾也。锦芝生、唐帽顶来。夜寝,通身如熟打伤者,寒疾已愈。

十六日　晴霜

晨起,日初出,寒不减湘中。钞《诗》二叶。写条幅对联五纸。翰仙来,云已得《题名录》,麓生子中式,留午食而去。鲁詹来,乃见录,知怀钦、希鲁中式。黄云岑、胡棣华亦中,则可讶也。湘潭中三人，皆不知名，解首遂出安仁，亦为罕事。夜月甚明，不照床前矣。别三月耳，南北转易何速，往年殊未领略此景。

十七日 晨阴

既起乃见日，不及昨日之皎洁也。李宏年禀到，未见。本欲出，闻其言王绥原当来，遂待之。钞《诗》一叶。高生来，赠诗求金。绥原亦来。张生来，留我度岁乃去。曾、顾二生来，示以稚帅手书，拳拳以不加民赋为本志，其肫仁可感。告二生宜宣布德意，使麑裘谤息，乃为无负循吏也。价藩来，久谈。杨石泉授甘藩，湘人复有盛于西方之意。客来一日未断，又以其间钞《诗》一叶。得谭学使书，送来诸生清单，留二百馀人，而自云七十人，可怪也。

十八日 晴，晨雾

钞《诗》三叶，毕《小雅》四卷。薛丹庭、黄云生、张华臣来。与黄、张同步入少城，绕提督街至莫馆，送绥原行，还已投暮。诸生夜入谈者六七人，为言蜀士无威仪，由老辈失教之故。儒而鄙野，不能一一指告，当须自摄检也。申夫盛称西沤先生，何流风之未睹，意西沤非能教者。夜月。

十九日 晴，晨雾

苏彬乞假娶罗去。顾象山、崇扶山、徐小坡、程立斋、王合江相继来。司道前送聘，故来致礼，唯董小楼未入，盖号房之误耳。

王送永宁道妾生日礼，而自嗟其迟误。余告以人当树风节，督府之撤，撤其谄软，非责其省啬也。身为进士，年垂六十，而不知媚灶之可耻，亦可哀哉！左生来，执贽请为弟子，笑拒之。又来言求缺事，告以非所宜言，当须慎审，此递解回籍罪也。钞《诗》二叶。

廿日 晨寒，午晴煊

出答拜司道，至学使处，议院生去留。贺麓生，吊周熙炳、荔吾，兼过芝生,惟崇、徐相见。崇处遇松生,同过翔云久谈。周处问其行止,云尚负二千金。还院,高生已久待,云欲往川东,求一函书。恒四弟送茯苓饼,浑不似京师制。见院外生一人。帽顶来谈,云将军欲相见。看课卷十馀本。谭叔裕云刘生光谟见彼,云明岁不能到院,张遂良亦当去,盖欲中我以不容刚直之咎耳。此生叵测,是书院一大蠹也。初夜霜寒,月出更暖。

廿一日　　晴

锦芝生来。院外生一人来见。何教官来。欲留华阳任送考。看课卷二十馀本。钞《诗》二叶。夜作玩月诗,文情甚美。得春甫书。杨凫江来,云当往彭县,属余刊其先集。

廿二日　　晨雾,巳初始散

看课卷三十馀本。竟日多闲坐,懒于游事。夜定等第,校《南史》一卷。

廿三日　　晴

唐、江、莫三提督,熊同知、许知县、庆恩,字吟查。高秀才、李从九来。高往川东,求书与彭鸿川,为作两纸应之。竟日对客,夜始钞《诗》二叶。

廿四日　　甲子,大雪节。晴

调院旗生锦福。巴县陈都司、谭学使、王绥原来。秦生言杜女愿为妾,请定银约之。钞《诗》三叶。校《南史》一卷。夜为宁生说鲍诗左赋。定院生去留单。

廿五日　　晴

朝食后巡四斋。锦芝生来。访鲁詹,言纳妾事。步至唐泽坡处看戏,亥散。鲁詹得湘信,言功儿将由汉口入蜀。

廿六日　　晴

晏起。章从九、宗沄执贽来见。辞其贽,出见之。方逢盛为同院相鄙，劝之早去，殊无去志。余之教自谓以身帅，而方、刘不独不耻格，且不能免而无耻，何生徒之难化也，自愧而已。唐泽坡请陪学使，午后往，将军宗室恒训字诂庭、副都统维侯字桂庭及旗人齐知府已先在，让余为客，锦、马二道台，叔裕编修续至。今日演戏，优人殊有精神，至亥散。还院，鲁詹久相待。诸生入谈者五人。

廿七日 阴

早起写条幅二幅。朝食，方逢盛来辞。萧子厚、薛丹庭来。钞《诗》一叶。诸生来问业者数人。唐泽坡复来要看戏。唯诣季怀小饮，亥正乃散。钞《诗》一叶。

廿八日 阴

作三十二号家书。见院生三班及副贡某生。严生自西安还，言华山之险，令人有攀跻之兴。午出谒恒将军、维副统将。访稚公，值恒已先至，乃还。过鹭卿，问其家丁送木匠置狱事。至延庆寺，锦芝生招陪季怀、马伯楷饮，而仍以余为客，至戌散。校《南史》三卷。

廿九日 霜晴

恒将军、齐敬庵知府来。院生黄绍文、院外生冯尔昌来见。稚公来，言八女姻事。鲁詹夜来，言湖南人拐带事。王绥原夜来，借银廿两。钞《诗》二叶。留王、陈吃饼，亥散。

十一月

庚午朔 晨阴

出讲堂点名。堂课即设公膳，院生四十人会食。鲁詹来，留饭。待劳芝舫来，言拐带二人，专押一人，于理不公，属其释出。薛丹庭来辞，未见。午出诣帽顶，请其为媒。遇鹭卿，雨大至，冒雨至督府，与稚公谈书院事。诣鄂生，见其子公实，字我圻，酬应甚疏，颇有乡气。答访许银楂庆恩，已暮，至张子静宅会饮，和合及王昌英、劳芝舫、张楚珩、陈双阶俱先至，席间谈州县事，殊无大体。四川吏习之坏，遂至无清议，可叹也。夜还已倦，未事。

二日　晴

钞《诗》二叶。写条联数纸。张门生来，言已无大志，但欲得万金以归。甚哉，世俗之衰也！以一平人，无故借六百金捐纳通判，曾无分毫才智，便望万金，犹自以为无大志，此言何为而出其口入吾耳，吾又何所施其教，亦岂有告之当道而弹劾之理？坐视此等妄人往来吾门，又非择交之不慎，此将谁归咎乎？龚生兄鼎寿来，亦一荒唐人。

帽顶、刘廷植、薛丹廷、曾、周、顾生相继至，自午至戌，对客不得休。自院生外者，人品以帽顶为最优，议论以帽顶为可听，殊为可慨。

三日　霜晴

写条幅扇对应酬字始毕，钞《诗》一叶。焦、龚二生来。焦言公车费。余云只可请首府设法挪借，不然则事缓必罢，丁公未思也，筹款指还，事亦何难。复忆去年学宫之事，知办此亦不易。萧子厚、钱帖江、季怀、孙伯玙、吴春海、王莲丈相继来。王言监院事，欲荐一毛姓为之。余云与新章不符。薛、孙坐半日，竟未及毕谈而去。略议纳采事，云贵州俗与四川大同，与江南绝异，故以孙主之也。

钞《诗》一叶。欲校《南史》，竟无暇日。每笑方丈僧忙，何不出家。今余出家而更忙，归家亦又忙于出家之方丈。日者推余生辰，云“双牛在阑，一世清闲”，正反语耳。此殆梦缇误我，今虽去妻入山，不复能闲矣，其助我成名耶？其锢我入俗耶？诚无以定之。

四日　阴，颇寒

无皮衣，欲觅一二袭乃能出会客。待鲁詹，至暮乃至。副统维侯、骆县丞、刘大使、孙光治、李县丞、帽顶来。监院委南川教谕刘得学。镶巡捕李宏年为莫组绅作《募修北路序》，来请删改，鲁詹守催之，为改定乃去。连三日皆纷纭于接对。钞《诗》三叶。夜有盗逾垣，余疑前盗之鬼也，亦无变怪。

五日 阴

看课卷未见客。罗惺士晚来，见之。帽顶送昭通梨，颇甘寒，然欲败矣。校《南史》。巡四斋。霜寒，脚跟已欲冻，身殊未觉寒也，乃知寒、冻正不同。

六日 晴

晨晏起。罗石卿、从九为余看皮衣，无相应者。午出送吴春海，过翰仙、蔡研农、季怀、芥帆，更将访馀客，以八日请媒，未发帖，欲亟还，而芥帆留待其朝食毕乃出。独坐一时许，匆匆而出，至宋月卿处晚饭。湖北官人熊恕臣、刘瑶斋、贺云甫之弟、景剑泉之弟、齐敬庵之子先后至，殊无佳客。余就宋处发帖请媒。还院，发帖请鹭卿陪媒。鹭卿殊不引嫌，亦非所料。余初言而悔，恐其多心也。

七日 早晴午阴

先孺人忌日，谢客独居。帽顶、张生、鄂生均以事必欲入，谈几半日。王监院闯入，偶问其供张物帐，嫚词相答，云已报盐道矣。余与之周旋一年，未尝督过之，今闻不觉大怒，直斥其悖，殊非敬老全交之道，迟回久之，令书办请薛丹廷为之转斡，罚令作讲堂门，以志吾过。鲁詹来，料理请媒事。校《南史》二卷。

八日 阴

晨食甚晚，帽顶先来送万年青，取吉祥语也。鹭卿来陪媒，未正，孙、薛、二唐送庚帖来。丁公第八子与八女结婚庚帖不书婚姻年月，唯书男女生年月日辰。外拜书二封，夹一单帖，云“敬求台允”。

女家复书如之,曰"敬允台命"。江南谓之允帖,甚重之,湘俗所无也。用仪仗鼓吹彩亭致之,庚书无币藉,镇以如意。媒人书两家庚,笔、墨、香、蜡皆男家备送。巡捕、材官、家丁从者五十馀人,及媒人从者轿夫又三十馀人。余初以为小定无办,及至,颇忙冗,仅设一点心,犹待至两时许,请鲁詹主之。贺客来者百人,皆谢未见。夜二更犹未饭。季平自井研来,留同食,钞《诗》二叶。

九日　晴

当出谢客,以例待新亲未出。维侯来贺。左保澄、凤冈、月卿、张门生均直入,留旷、张、左同夕食,客去已暮。

十日　己卯,冬至。晴

鲁詹来。买皮衣竟不得,衣鼲鼠裘褂而出。刘廷植来,所求无已,殊可笑也,催送之出。舁行城西北谢客,仆马俱疲,唯帽顶、学使、督署入谈,还已向暮。钞《诗》三叶。闻监院委毛姓,与新章实缺不符,碍于首府及藩使情面,欲姑听之,而又不可与俗人共事,多委曲,犹有格格难入之名,益念人世之难,与书薛训导略示其意。诸生入谈者夜恒数至,日疲于谈话而已。

十一日　阴

晨方栉沐,薛丹廷及杨、傅两生来,匆匆殊未得谈。杨生书院之俊也,而相去疏阔。严生北风来,亦频值客,未得多讲论。饭后出谢客,行城东北几遍,至和合处晚饭,初以为有戏,来已晚,及至尚早。张怡山、徐幼惺两道台、同乡刘、劳、二黄及帽顶均集,设馔洁美,余食甚多,而犹未饱。二更散,微醺行胧月微霜中,颇有清景,因笑阎石可但知醉饱不恤饥寒之非,而不知非醉饱不能恤饥寒也。丁果臣亦死,无人质之。夜钞《诗》一叶。

十二日　阴

苑〔范〕、邹、黄弟来,求臬馆,为节礼故也。无聊文武官五六人来，竟日不绝。诸生入者又十馀人，倦谈少愒，钞《诗》一叶。遣莲弟看船，莫总兵以自造小炮船送迎我。牌示诸生去来之期，并开送公私事与稚公，与书简堂、刘玉田为荐馆，与顾象山为公车费。

十三日 阴

劳生早来，留朝食，令观书院馆餐之俭。写条幅对子赏巡捕。张维权来，久坐可厌。鹭卿、象山、松翁、刘愚、鲁詹来。钞《诗》三叶。得怀庭书。

十四日 阴

得家书及竹伍各书，春陔、锡九书。二张子静、楚珩及凤冈来送行。稚公来会亲。龚生兄鼎寿言公车费事。鲁詹来送衣。钞《诗》一叶。

十五日 晴

晨出点名。新监院薛、毛来见，送行。同乡官坐待者八人，张、章门生必欲见谈，点名后见之。午正将出，翰仙来，复要入谈，同出诣将军、都统、丁价藩处辞行，兼托价藩照管书院事。留章程十馀条，并作移文，令监院移二县，立公车费章程。还已将暮，鹭卿复候门同入。鲁詹、章孙先在，设食未至，藩、臬、盐道来送行，辞不敢当。帽顶复来，与借五百金发公车费。是日送行者数十人，俱未见。稚公送程仪，三辞，复夜致之，受其百金，与书谢之。复拟章程，交监院遵行，并立斋长及管书局事宜。宋月卿、杨凫江、鲁詹夜来，为凫江作其父诗序。钞《诗》一叶。诸生来者相续，子夜未散，复为宁生书对联乃寝。久不寐，及睡觉，天犹未明，颇有雍容安闲之致。

十六日 阴

晨阅课卷卌馀本，定等第毕乃出。诣司道门辞，至松生、帽顶、鹭卿、季怀处话行，锦芝生来送，稚公至季怀斋，留谈久之。出东门，凤冈、鲁詹、凫江、黄霓生会于城门,同送行,少坐登舟,翰仙、搢卿待于炮船。搢卿设饯,饮未半,稚公来,登余小舟久谈。余本欲辞其出,而坚不可辞,且令士民知督府重士礼贤,亦信陵礼毛、薛、侯生之意也。院生来送者三十许人,院外生亦来送,何其拳拳易感。监院及同乡官送者均立谈而去。张、岳、邹、范、顾、曾、张、鲁詹顾小舟,幞被相送,李逢年衣冠久立,辞使还城。申正移泊薛涛井南岸。

十七日　阴

晨行十五里至高河墈,送者七人还城。邹生以伯叔需索不安,欲从余还湘,独留不去,同舟行。七里至中兴场,戴、邓生党友陈都司炳炘、罗秀才忠兴来送礼,并言欲送至嘉定,留坐船上同行。少时问之,盖欲求荐书者,告以不可。与同午食,多睡少谈。夕至胡家埧,行八十里泊,陈、罗去,邹留宿。钞《诗》一叶。夜卧谈至子乃寝。

十八日　阴

送客俱去。呼苏妇登舟,初疑其不肯行,观其意乃欣然,知配从之非偶也。钞《诗》三叶。行四十里至江口小泊,未登岸。又行四十里泊蟆颐堰,彭山地。夜雨打篷如雪,颇有清响,而无离思,咏旧作《汉口闻雨》诗,情境又异。

十九日　晴

晨过彭山县,行百廿里泊汉阳埧,青神县地。县盖武阳之西部,安汉文社之地,故有汉阳之名也。中经眉州,城在江西二里。余案图审地,疑此江为李守所开,非江经流,故《水经》不序。案《水经》曰大江"过氐道县北"。《注》"中江出东北,出崃山、九折坂",则今清溪。"北江出东崌山",则今名山,大江在南明矣①。又东南过武阳,而青衣、沬水注

① 《水经注》注文云:"东北百四十里曰崃山,中江所出,东注于大江。崃山,邛崃山也……南山有九折坂。"又云:"东百五十里曰崌山,北江所出。"

之。青衣、沫至犍为、南安入江。南安即今嘉定下宜宾上之地。江水又过僰道,则宜宾之地。大江之源,疑今所谓鸦砻江者也。夜钞《诗》一叶。早眠频觉,以前后人塞卧,竟不敢起。

廿日

晨大雾,咫尺不辨,待至巳正,日出微有见,犹不可行。以拨船识路,令导而从之。起故甚晏,惟一午食。钞《诗》四叶。行七十里至乐山,嘉定府治也。今日午后始见山,亦有石壁,但不峻秀耳。欲游陵云山看大佛,竟以迟到不果。舟人塞漏,安行篷,纷纭半夜。买米一石,给满船之食。夜剃发。

廿一日 阴

晨未开行,水兵多登岸,余申明军令禁约之,近于牛刀割鸡,然不可不如此也。

移舟对岸,登陵云山,观乌尤山,《方志》所谓离堆者。《水经注》谓李冰平垒坻滩,《华阳志》作雷坻。乌尤殊不碍流,不宜在此。今去府治五十里,有道士灌,岩下一圆石,水涨,乘流入岩,触石碎舟,号为险绝,其蜀守之所开与?盖前未凿时,船直触山,故分之,劣得回舟,以避沫水之害。沫水者,水盛喷沫也。午过岩下,谛视之,殊不见其可怖,知险阻患难不在天也。《水经注》又言熊耳峡,今则无以拟之。其又言溷崖,则似误分溷崖、雷坻为二。余谓倒灌即溷岩矣。崖至叉鱼滩四十五里,亦称奇险。石入水截流,旁有怒石,浪恒高五六尺,舟人戒备,唯一巨浪簸舟骇人,俄已过矣。余开船右窗,未见石也。郦《注》无此滩。案汪图据赵本有伏犀滩,今未见此滩所系。又行廿五里,以当修浆桩圈,泊犍为城西岸,岸去城可三里。叉鱼发鸡豚犒水手。钞《诗》四叶,《甫田》什毕。

廿二日

晨守雾,将午乃行,晴光甚丽。钞《诗》四叶。行百廿里泊干柏树,宜宾地。“霜晴沫水涸,苔厚溷崖空。夏涨沉能久,江神不复雄。犀滩馀一浪,鸥舸下微风。回首那舟岸,徒闻怨柁工。”

廿三日

晨发复甚晏。余与舟人同时朝食,自有舟楫以来未之闻也,湘军暮气信有之。

行百四十里至宜宾,叙州城治也。蜀人读为“岁”,湘人读为“细”,此府遂不能有正音。亦犹“和硕”之读为“灼”,有云“石”者反误。《汉地志》奇音者皆类此。登岸觅滇物不得,会暮,遂泊。钞《诗》五叶。夜早眠,与官船邻,终夜传更,搅人清梦。

廿四日　阴

早发,方四更,不寐待旦。江水至此始黄。余固疑今江源非《禹贡》江正流,观水益信。《禹贡》江谓金沙江,今江所谓沱与?行百里,度长滩名过兵滩,《水经注》所云蜀王兵阑,鱼不敢上者[1]。山色始赤驳,不异昔传。廿里过南溪,所谓南广口也。六十里过江安城,所谓汉安县。虽迫山川,土地特美者。三十馀里径一大滩,疑张真所没滩也。舟人言黄狗碛,或曰黄葛碱,未知其正字。又行百廿里至纳溪对岸,《水经》所谓渚水从南来注江,《注》以为未闻。此溪出叙永,其渚水乎?水通数县,《注》不言者,图未审也。钞《诗》六叶。

廿五日　阴。癸巳,小寒

四十里过泸州,故江阳也。今其下六十里有旧泸州,未知何时移彼。案今城在绵络〔洛〕之口,《水经注》所谓“枕带双流,据江、洛会”者也。《注》云江中有大阙、小阙、黄龙堆,今不知其所在,疑注文移错也。旧州下有二石堤,长可数里,正对城为表,其昔江深城低,

① “兵阑”,《水经注》作“兵兰”,驻兵营寨之意。

望如阙乎？又百廿里泊合江，盖符县故地，郦《注》所云“县治安乐水会”，《经》所谓鳛部水也。所谓樊石、大附二险，今则减矣。

钞《诗》六叶，误钞一叶，《小雅》毕。夜钞《大雅》一叶。合江饶馀甘，觅之亦未得。云皆自乡间负担来，无行店也。三更有急足来，云省送文书。其时微雨如尘，行人颇苦。发之乃李县丞求荐信，一笑置之。

廿六日 早阴，午晴，暮霭

朝食后复李书，与稚公一书，姑达其愿，遣足去。连日清静，复有人事之扰，如朱签入梅花下，意颇不乐。假寐久之，乃起钞《书》五叶。说太姒为和亲第一人，大为诸公主长价。江津未知当汉何县，岂已属巴耶？自泸至巴，郦《注》太阙略，所当补叙。行二百廿里，此路悠长渺漫，若行上水，必旷时日，唯可商运，不宜行旅也。夜泊龙目滩。

廿七日 阴

四更发，晨过江津，案考《注》图，江津亦汉安旧治。郦《注》于江水经流，少所叙述，特用他水敷衍耳。于故城形势，亦未暇详，有似今之修方志者。又百五十里至巴县，重庆府治也。泊太平门，郦《注》所云“地势侧险，皆重屋累居”，则今城自蜀以来未徙治矣。城依山濒江，殊乖建置，不知何以久因数千年，唯汉曾徙于江北厅，因巴子之都，似稍胜也。钞《诗》四叶，夜钞二叶。

巴有粉水，久擅铅华，今无复佳粉，遣觅四合归。寄堕林粉与梦缇，因戏题五韵云：“江州堕林粉，久擅六朝名。无人知古艳，独买赠芳馨。莫恨红颜老，曾窥玉镜赪。从来有名价，已足重千龄。世女那能妒，妆成见典型。”此诗纯乎齐、梁，而不知佳处，然非可骤几也。遣问买婢妾，云待日中之市。不可以游戏延归舟，故罢之。

廿八日　阴雨

晨办食物,巳正开行,四十五里过黄葛峡,舟人云铜罗峡,盖昔明月峡,古今俱状其圆也。山颇高削,余以为胜三峡,惜非连山耳。又四十五里泊木通,巴地,有巡检司。

钞《诗》六叶。舟中弁勇为余馔祝,故早泊。夜鸣炮,其二无声,其一震窗棂飞落,翻镫覆茗,茗碗坠板不损,镫油污旧钞《诗》本,而新写一纸无污,亦一奇也。夜雨竟夜。

廿九日　晴

以余生日,故待朝食而发,舟弁犒以五俎,诸勇犒以酒肉鸡面。巳正发,行九十里,以生日,又早泊长寿,取嘉名也。又逆风,船轻不易泛。钞《诗》六叶,说《皇矣》太伯让王季,想见圣贤从容中道之雅,后世以尊位为乐,遂支吾而不可通,此敝自周末已然。长寿盖汉平县。郦《注》叙鸡鸣峡枳治之后,乃云"江水又东径汉平",又引庾仲雍说,《华阳志》云"枳在江州东四百里",则汉平在枳下,即平都矣。平都今酆都,而长寿故治未载,当还考之。夜雨。

三十日　阴

舟人好晏起,呼之不应,似妇人在军中者,余亦晏起以和之。辰初发,江水至此益浊,百廿里过涪州,故枳也。城依山如重庆,颇有气势。又九十里泊立石镇,酆都地。钞《诗》六叶,毕一本。

十二月

庚子朔　晨见红日,旋阴

舟发颇早,辰正已行三十里,过酆都城,故平都也。《水经注》云有天师祠,甚灵异。今以为阎王祠,明以为御史祠,各随所重而呼之。要之此山神肸蚃千年,非偶然者。江水自此向北。百八十里,申过忠州,又行七十里泊永安场,忠州地。钞《诗》六叶。改定"瓶軷"笺,似较郑为贯穿,抑不知郑言軷而郊者,更有何据。今日殊无大滩,《水经注》言平都下有虎须滩,夏断行旅,未之见也。忠州,汉临江,《华阳记》在枳东四百里,今三百里。自此百里得黄华口,复入益州东境,则万县也。

二日　　阴。昨夜雨,至子止

峡中昼多阴,夜多雨。自巴以下,江声细如碎雪,乃悟杜诗"江鸣夜雨县"之意,"县"字状景甚工,不知者以为不稳也。行百四十里至万县南浦,侨县也,去年泊处,今正一年矣。望东去山势无尽,颇有关山之感。余旅行半生,虽无羁愁之苦,而回思驰骛,愁然辄伤,有言愁欲愁之意。泊半日,买菘蔗,遂宿城下。钞《诗》七叶,夜寝甚适,罗氏侍也。

三日　　阴

寅初行十馀里,以暗,待晓乃发。午过云阳,已行百八十里,疑止百廿里,上水增之耳。去年行二日,今行半日。又三十里过东阳滩,十五里过庙矶滩,《水经注》云"东阳,苟延光没处也"。亦曰破石滩,下有落牛滩,在故陵村,岂庙矶与?又云"朐忍故城在江北",今云阳城正在北矣,而未知朐忍新城所在。又行六十里泊安平滩,去冬宿处也。钞《诗》六叶。"故陵村畔落牛滩,比似瞿塘上下难。寄语行人莫回首,一江流绕万山寒。"

四日　　晴阴

朝食后觉舱内有水,舣岸检之,渗灰缝线许,入水二寸矣,塞漏。巳已至奉节夔州府治城下矣,迅速如此。促泊关下,恐人罗皂也。遣莲弟、苏彬登岸买梳子,舣盐矶下,二时许乃至。过滟滪,视石正方,不及去年高,下水望江尤狭侧,望石乃峭削。望白帝城,殊不必置守,不知跃马、卧龙何屯军此空地也。船窗写字不甚明,乃悟昔言亏蔽曦景者,正坐船中望山耳。古人下语卤莽,然非无因,若非经历审思,几厚诬之。晚泊渡口,巫山地,共行二百里,自夔通施,步道所由,今别开新道,稀行此者。忆《夔门歌》之奇,作诗状之:"石气江流斗消长,崩奔蹈罅俱东向。相争相让两欲休,石起作天江作沟。飞青岋嵘两门外,夺路撞腾万里流。山灵截江意未已,误踏横流探嵘起。不甘禹凿巨灵擘,万石题为淫豫石。其东三峡一万山,馀怒峥嵘汹墙壁。坚坐中流看客船,盘涡转石踞涛颠。霜射岚光寒日气,春横雪浪漱苔烟。"

五日　朝阴午晴

四十里过巫山,未及出望。饭后小睡。三十里过巫峡,下青石洞,江北岸有奇高石峰,殆可拟霄,初无称赏者,作诗纪之:"大峡连百六,神峰疑十二。未若青石巘,拔奇江北裔。云霄丽寒骨,烟想穷天背。连峰肯竞高,干霄各有势。真形任圆削,秀色非空翠。从来绝跻陟,何必远人世。翔仙高孤危,飞鸟岂相企。灵境傥不迷,津途待重至。"又改前诗结句云:"蜀土崎岖自一家,天开此路达三巴。瞿塘剑阁一丸塞,坐看[孙]公〈孙〉成井蛙。"又行八十里泊万户沱。钞《诗》五叶,以纸尽夜、停。北风小雨。

六日　晨雨颇寒,山头雪积相望矣

钞《诗》一叶半,《大雅》得二卷。十五里舣巴东,雨止,复行六十里过雪滩,水平无波。三十里过归州,望去年待船处,瞬息已过。此下十里盘涡激浪,船辄倒行,大风吹之,每进每退,舣一时许,复棹旋一时许乃至青滩。水程共云百里,不及五十里也。盖自古未丈量之地。泊滩上宿,归州地。

七日

晨微雨，呼汰工，令放滩，舟人寐不起，辰正乃发。余已登岸，见船行奇愕可喜。还舟，令莲弟负书陆行，云所著尽在此，不可落水，人则无妨耳。初恐浪入船，多为之备，及下，从高放船，闻水著船底如行沙，可高丈许，一落八桡齐停，船便不动，乃徐徐撇浪而前，浪去舷可寸许，船行浪罅，实赴其曲折，天下之至能也。赏以八百，揖谢而去。令人想良、造人马相得之妙。古之技皆得名，今之滩师，名不出百步，可慨也哉！巳初更长行，自此无恐，唯有江湖风波耳。往闻蜀难而沮，今来往过此，亦复无难，事不可惑人言，人言徒足阻壮气。

薄暮无事，题诗一篇记之。《下新崩滩赠汰工一首》："东归泛平潮，绝险馀江徼。崩石积千载，哀涛苦惊噪。扬舲既夷犹，傍流骇回眺。习坎信有期，需沙且遗诮。虚舟纵所如，奔浪反知挠。迅急乘直波，从容顺回瀥。滥觞盘涡中，曲折赴湍峭。峡山转晨光，崖雪涌云曜。涉险慰众心，探奇媚孤棹。虽惭郢人质，颇识飞流妙。将从吕梁游，方逢斫轮笑。"夜泊平善坝，行百六十里。夜雨。

八日 阴

晨睡，将待至宜昌乃起，闻人言有四炮船送差，疑是黎传胪，遣呼问，果然。欲过舟一谈，而彼张帆直上，不相及矣，与方子箴逢张孝达相似。计程黎亦不能至成都度岁也。从京出而取此道，亦甚迂回，或其眷属船耶？巳初至东湖，宜昌府治也。当办帆索纤缆，停半日，煮粥应腊会，赏船勇弁酒面，以庆平安。钞《诗》二叶。夜雨，小雪。

九日 阴雨

巳初开，行九十里至白洋。钞《诗》六叶。夜雪。是日己酉，大寒。

十日　微雪间作,颇寒

行六十里,阻风,泊枝江县下十里交崖。夜雪可三寸。钞《诗》六叶。

十一日　风雪甚寒,研水尽冰

钞《诗》三叶,以手冷停半日未事。行一里许不能下,泊吴港,舟人杀羊醵饮,殊有豪气。

枝江守雪,作诗一首:"风涛寂清听,舷重知宵雪。寒雁既朝栖,扁舟复晨继。江山美昭旷,洲渚悲飘撇。积素皓已盈,曾澜映逾洌。疏森明远树,晻霭闲云缺。村扉昼犹闭,川路长安设。宴赏怀湘衡,羁游倦河浙。明镫更水宿,高枕忘霜冽。刘郭宅傥存,凌寒访坻埒。"

子夜风止,乘月行,忘路之远近,至晓乃知已至董市矣。枝江至董市七十里,吴港至此盖四十里,舟人欲取江浦至松滋,不肯由沙市,故停不行。

十二日　阴,有日,有雪

船定由松滋,仍缆上水行十馀里,从江决处经松滋城。夜泊黄步,枝江地,云去枝江七十五里。此路向无水道地图,松滋初不通江,今乃通澧,以此知古今澧水经流变迁不常,《图经》殊无能言者,亦湘、澧人之耻也。迂儒乃欲以今澧水证《禹贡》"东至于醴"之澧,岂非梦中说梦邪?钞《诗》六叶,笔研尽冰。

十三日　阴

行九十里泊港关上荒田中。钞《诗》五叶。频烧柴火,颇荒于事,夜又不寐。

十四日　晴

晨至港关,公安地,盖孙黄驿、刘郎浦也。正杜子美由蜀至湘之路，殊笑其不能自振。遣苏彬上岸，余卧与罗妇谈，苏彬已还船，余未知也。行百五里泊蕉溪，安乡地。夜月霜寒，寝甚安惬。中过公安，汉华容也。

十五日 晴

比日晏起，至巳乃朝食。午过安乡，汉作唐地，晋南安也。《水经》言澧水入江。《注》言入沅而径南安南，则梁时沅水占洞庭之西北角。行百廿五里泊沙夹，武陵地。去县水程二百四十里，何其辽旷。钞《诗》七叶。夜月甚明，而怯于赏玩，霜重水冰。

十六日 晴

晓甚寒，行卅五里舣西港，买米备守冰之粮。南风，桨行卅里，泊芦林港，龙阳地。钞《诗》六叶，《大雅》毕。又钞《颂》二叶。夜月，大风。

十七日 晴，大南风

钞《颂》二叶。

《寄怀二陈诗一首》："俊臣左迁闽臬，过兰溪，怀庭作令，九月己丑迎之官驿，谈次共有相忆之言。十一月书报成都，余适将东归。逾月至洞庭，夜雪，舟中复忆严濑雪行，追事怀人，因寄一篇，记其情款云尔：离会恒有期，游宦俱在远。悠悠四海内，戚戚良朋绻。江山长郁纡，兰华有时晚。驰书心不近，告别情仍返。返情非近心，薄旅动孤吟。暝辞石镜月，旦发巫山阴。还波无急湍，弭棹绝招寻。江湖漾霜浅，冰雪缅途深。途深阻三州，东西万里馀。小邑寡人事，横琴对床书。念存空谷音，果遘鸣驺驱。殷勤负前弩，欢笑停高车。高车倦王程，度岭复遄征。年徂客鬓华，官远使装轻。睽心积契阔，握手道平生。明镫谷水驿，帐饮秋山晴。秋山秋叶黄，谷水西风凉。猿啼感峡路，雁叫悲天霜。清话慰沉浮，忧时历炎凉。嗟予独遥夜，知子共离觞。离觞促夜火,人吏还脂輠。飞旌背邑去,拄笏看山坐。书题诉欢怨,逝节惊駊騀。勤役官政烦,晏岁归期果。归期澹澧悠,岁晏闽浙修。昔吟严滩雪,今阻洞庭舟。时平戍鼓息,事往浮云留。怀人白蘋望,从子赤松游。”

舟帆,斜风,过宵光庙,又迷道,行半日,及初更,尚未及六十里,弁勇告罢,系江西估客木筏而休焉。钞《诗》六叶。去年来时,从青牛望至宵光一日程,今水浅,资水不可通,当泛江下,溯湘上,故过宵光,更向北,取岳州道,计当六日程也。自成都至宜昌迅速,至此迟滞,亦理之宜然者。

十八日　晴,南风

行六十里至布袋口。惟恃桨行,舟行颇劳。将出江口,迅流,舟不得收,上岸持之,乃得不漂流。迟回久之,北风大作,瞬息过鹿角矣。遂帆行,北风愈壮利,不得泊,通晓未停,钞《诗》七叶。

十九日　阴

巳正到长沙,泊草潮门,计十一时行三百六十里。雪泥路淖,舁入城。至家,适锡久遣人来,遂有知余归者。饭后,锡久来,言筠仙处有宴集,余正欲言校经堂事,因舁往养知书屋,两金刚、两耆旧、一典史、一庶常、孙君诒也。二郭在坐,畅谈,小食,亥散。功儿已定船,明日入蜀,令辞退,度岁后乃同去。家人聚谈至鸡鸣,莪女待余乃睡,因就侧室眠,向例所无也。

廿日　晴

南风大作,乃知余今年年运甚佳,无事不有天幸。舁出诣张东丈、瞿春陔、黄子寿、刘蕴斋、夏芝岑、龙皞臣、黄瓮叟、陈妹家,俱久谈。日已向暮,复往筠仙处会饮。张力臣、朱雨恬为主人,樾岑、香孙为客,剧谈饱食,亥散。子寝,亦通夕未眠。

廿一日 晴

左生饭后来,余方盥栉,略谈数语。家人待余会食,生告去。食未已,锡久来,子久、次琴、君诒、殷郎、陈妹、佐卿、筠谷相继来,竟日接谈,或有谓,或无谓。余三夕未睡,颇疲欲休,而不得眠。春陔送馔,正当招春甫,因约笛仙会谈。笛仙欲为主人,片来索回报,不亲笔研三日矣,始作书复之,因补三日日记。子寝,复未眠。

廿二日 晴

仲云、春甫来。春甫辞会,因罢午集。力臣、卜从九来,适登楼钞书,久未出,力臣颇疑,余因亟出见之。佐卿暮来,约至筠仙处夜谈,甚言崇厚之辱国,余以为十八条无关利害也。初以为俄夷有远略可畏,今视其所求,殊无大志。饮百岁酒,吃皮卵而还。连四十二时未休息,夜始睡著两时许。

廿三日 阴

严驾将早出,锡久、张郎、沅生、罗秀才、庄心安、香孙、陈总兵、樾岑、雨恬相继来,遂至未正。舁访佐卿,闻在池生家,因先至陈宅。杏生已从河南归,谈片时。出答访子久、君诒未遇,过力臣、禹门处,久谈,复诣意臣,已暮矣。今日子寿招饮,意臣已先去,因急往,则樾、畇、力、意皆在,杂谈早散。子寝,雨。

廿四日 阴,大风

笛仙昨再过未晤,以迟往为愆,专出谢之。研郎、意臣踵至,亦至未初乃出。先诣香孙、锡九,均围炉宴坐,有年景矣。遇笛仙,谈弥之、春甫均为人欺,当今之时,谨厚者不自保,此乱象也。过拜王长沙,便诣芳畹。人家家家迎春,余尚拜客,殊为可笑。命驾还家,与妻子论家事,各有训饬。丰儿知其母性,谏不能听,遂至悲啼。余遂无所说,且云此所谓修道之教,非喜怒哀乐之发。余于世事少所留情,但上说下教,强聒而不已耳。然一哭而息父母之很,近孝子也。因讲《诗·巧言》章义。梦缇早眠,余入侧室。

廿五日　乙酉,立春

发弥之及非女书。半日无事,与梦缇、六云燕谈。佐卿来,登楼茗话,说九刑及《书》篇目、三江、九江。吉池兄弟、陈从九之子伯厚来,自云学刑名有成,与春甫同住。暮,客俱去。与佐卿夕食,登楼读筠仙书。子寝。

廿六日　雨

令珰、畇诵《两京赋》。为畇略说大意。力臣来。作书致寿蘅,还以百金。别书送蜀物与黄母。家中作年糕。向夜奇寒,有雷。

廿七日　大雨,辰止

登楼钞《诗》一叶半。出诣佐卿、樾岑、皞臣、春甫,春甫未遇。投暮还,料理年终借赠馈遗诸事。夜见星,颇寒,亥寝。

廿八日　阴

晏起,出诣徐芸丈、张文心,未遇。文心前月为武冈之行,云武冈人欲京控二邓,则弥之有谤讪先帝、谀颂长官之罪,故须调和。答访夏粮储,未入。过力臣、胡子威、左仲茗,诣樾岑处会食。香孙晚来,樾岑以余言蜀事与司道龃龉而不援总督自助,是为人中之雄,此礼之当然耳。余因亟陈患所以立之义,盖以砭香孙常有人之见存也。又论王文韶与邵亨豫庸驽一也,而邵抚湘时,纵令崇福鬻官贩缺,王遂居然明牧。与世人游,又自有其方法,亦可叹哉。初夜还,年事殊未办,余悉不问,作客而已。得寿蘅、子明书。寿蘅文词甚美,下笔不能自休,余书未免竭蹶矣。

廿九日　晴,霜寒

晏起,文心子宝善、贞吉来见。得鲁詹书,云复调曾昭吉开办机器。鹭卿夔关差复改总办机局矣。翰仙稳坐钓台,殊有冥顽之力。作书与李玉阶,致二丁之意。子寿送诗来,筠仙题诗云:“巨制煌煌雅颂音,病余披读一开襟。庚侵合并真元韵,须要提防示老壬。”嘲其通韵不通也。子寿以书质之于我,捐免皮口,余报之云:“自古庚真不可通,宋人词韵始通融。我曾再听再扪舌,筠老金言直且忠。”以余前听,知其蔽而不肯言耳。乡党嘲讥,蜀中无此乐,为莞尔久之。家人多外出晚归,年事殊无章,至戌乃会食,亥正祭诗,酒甚不旨,以余今年万事不理耳。寅初寝。

光绪六年(1880)庚辰

正　月

己巳朔　阴

辰初起,礼二,祀三庙毕。待家人妆竟,受贺,诸女济济颇盛。午始朝食,饮三杯,微醉,少愒,热思风凉,舁出至陈妹家贺四母,茙女随往,即还。妻、女、妾掷骰至子寝。梦行平原,得二石,紫润如桃,其本末甚长,醒犹历历,旋皆忘之。

二日　阴,有雨

谢客闲居。春甫、二彭郎、胡子威来。黄氏婿从其兄来,未之见也。往岁贺吉甫约曾劼刚至其家,涤丈甚怒,频遣三骑追之,且语余云:“未婚婿过门,天下有此事否?”余时年二十馀,疏于礼,未能答也。但以世交修见,固不宜因结昏而避。以新婿来见,则似不可,故辞以外出。樾岑来。

三日　阴竟日

家人掷骰摊钱斗牌,时作时辍。近岁烦冗于事,虽戏剧不能专精也。孔子叹博弈用心,观此复有隆污之感。筠仙携其少子英郎来。值文心来访,因共留谈,至暮去。文心复留,论武冈志书词句悖谬事。辛眉不检于文,因招物议。方今乱世,此风不可长,宜销弥之。观香孙、辛眉倡狂恣肆,恐复有文字之狱。夜得锡九片,论张沅生就馆事,复书详言数十年内,书生不安分好撞钱之无礼,以新立公社,采访清议,故新年作此论也。夜雪雹雷,颇寒。

四日 雨

将出复罢。竟日与妻妾闲谈斗牌。夜雪雷。

五日 雨,有雪

出诣笛仙、春甫、皞臣、子寿、樾岑,皆久谈。樾岑处留面,已暮,遂不他往,借镫而还。

夜阅少作诗,殊不成格。曾涤生、莫子偲不许余,有以也。然两君知余未成,而不知有成之必由此,此两君之所以无成耶?子寝,卧谈几至晓。

六日 晴寒

梦缇当往郭家,留视懿儿。力臣来谈,仆从俱出,婢供茗果,因悉谢诸客不见。登楼钞《诗》叶半。茙、纨女并疾,就侧室视之,未施被、枕,拳局而眠。

七日 雨

异访筠仙、春陔、子久,出谈稍久。夏粮储约游定王台,期以日昃,因往视客集否,则主人及刘定甫道台、况颜山知府已在。况则循吏况钟之后也。陈又铭、吴昀谷、庄心安相继来。下磴登楼,纵谈时事。见壁间题刻,多集北海书,胜于贾祠俗书也。芝岑任粮储三年,修复二处,均数千金之工,城中遂有游赏宴集之地,此人殊不可少。因考定王庙,唐、宋人俱云在麓山,《水经注》言长沙王城在湘东,则今台正王宫也。《述异记》云"故宫蓼园,真定王园",不知真定何王。余以为赵佗祖父真定人,盖赵氏之园,故得在定王宫前。夜寒颇剧,归小坐即眠。

八日 阴雨

新年诸亲友尚有未见者,不可太迟,勉出诣香孙、余佐卿、胡子威、张力臣,俱入谈。佐卿处遇陆恒斋,同佐卿往笠云僧处,尚有数处未入。子威有《蓼园考证》数语,殊无把握,取其能知真定王为王封耳。力臣报志臣之丧,往唁,意城已赴筠仙处矣,遂还。夜寒风急,假寐至二更乃起,吃牢丸。丑初寝。

九日　风寒

莫总兵从子觐庭孝廉及袁守愚来。登楼作《定王台记》,并和姜白石《一萼红》词云:"汉王宫,正良辰胜赏,荆楚岁华秾。草衬骢嘶,松留鹤守,谁道时序匆匆。入春早商量梅柳,看嫩紫新绿引东风。花在诗前,雁归人后,酒满吟中。　怀古感时都罢,喜清时政暇,故国年丰。一水西浮,层阴北望,还见云树重重。似令欲归归便得,休惆怅、寒涧石床东。寄语繁花,明年更映人红。"莫觐亭来,言莫氏须炮船护送,当待二月半乃能行,余不能待之。罗子沅来。段怀堂来,言衡州讼事,由知府贪莲税陋规,怂恿劣生为之。廷寄彭雪琴,令速赴江防,张皇武备。夜〈访〉镜初,道遇佐卿,与至其家,小坐同去,待至初更镜初乃归,言校经堂事。

十日　阴寒

竟日坐房中。廖总兵、陈从九之子、左斗才来。夜雪。

十一日　雪

治具约樾岑、文心、镜初、佐卿斋会,议校经堂事,复要锡九议之,文心最先至,坐四时许,亥初乃散。

十二日　晴

与妻子摊钱,竟日未见客,中唯笛仙来,始一出谈。子寿继至,夸张洋人之炮,似小儿寱语,不足一笑,以新年,姑唯唯听之。夜训饬六云。六云摭拾闲言,意怨女君。法语巽语均不能入,反复数千言,仅而输服,方知周公告殷顽,未为繁也。樾岑书来,言校经堂宜考试乃入馆,未详学使之意。戌寝。中夜闻功儿频起,疑其所产子不能成,未便呼问之,甚旁皇不安。待晓,功儿来问安,询之果死矣。此儿未全乎人,又未名,不为殇也。

十三日 晴

登楼钞《诗》二叶。皞臣来,不意其能出,急出见之,谈话一时许。春甫来,未遑接对也。力臣来,尤不宜接,而阳春不解事,径为通刺,无惑乎筠仙之捶击阍人也。姚力云亦相继来,缠绵两时之久,始得少愒。子久复来长谈,殷殷问为学方。询以当世要书,云略披览矣。余云君此时当务有用之学,志在为宰相,莫若通经术也。因先与论《诗》、《礼》,借所作《诗笺》示之。客去已暮,罗婴来,毛妹亦来,均即日去。夜就侧室眠。

十四日 晴

以今年闲日少,率家人博戏。黄亲家及女客、仆妇纷然来,又不成局。吾家恒苦匆忙,由治事人太少,又每事必躬亲,故鞅掌如此。钞《诗》二叶。夜摊钱。雨。子寝。

十五日 阴雨,夕有胧月

渔人送镫来,屋小无以待之。夜祠三,祀三庙,家人皆免行礼。吃汤丸,摊钱,至子寝。

十六日 阴晴

晏起,锡九来,属作西关祠戏台联:"演段亦声容,居然晋舞秦讴,慷慨鸣鹍增壮气;传芭祠义烈,遥想荆城益濑,往来风马卷灵旗。"

并言刘故抚招饮,余当斋日,未可赴宴集也。欲钞书,匆匆复辍。出过皞臣、莫孝廉。出南门省先墓。过唐知府不遇。入浏阳门,至子寿处少坐。赴姚立云招饮,三知县、黄子均同集,戌散。大雨,舁人沾湿。归犹滴沥半宵,有春霖之意。

十七日　阴晴

晨作片辞刘故抚。袁守愚、胡子威、左生致和均来久谈。钞《书》二叶。张东丈来谢,未见。梦缇出答拜诸亲友家,晡后归。余过吊刘馨室,还,饬祠事。夜斗牌,鸡鸣乃寝。

十八日　阴雨

斋居。樾岑来谈,言今日司道公宴巡抚费二百金,以为李言节俭,不能躬行之明验也。丁公为政异于此,曾、胡则不言节俭,似又高于丁。余不喜言俭,而必裁冗费,尤不信有言弗信之事,惜不得一试行之,朱英所谓无可奈何。

京师传诵王先谦"邪说"一疏,极为丁公道地,欲以此邪说救前邪说也。前有联云:"体宝鋆心,杜宝廷口,出宝名〔铭〕气,可惜一宝押错;继寿昌志,述寿慈事,救寿农命,居然三寿作朋。"

钞《诗》三叶,《周颂》甫毕。计一月得十五叶,常课犹不及半。夜两儿饬祭器筵几,妻妇治饔。过三更甚寒且风,斋宿湘绮楼,读笛仙《三江考》。

十九日　阴晴

祠三庙,辰正行事,午成馔。未正出答访二客,便过樾岑饮,畇谷、子寿继至,戌散。绂子来。

廿日　阴,欲雪

朱宇恬送漆器、肴饵。湖北抚潘母忧,夏芝岑奉满引见,谢小庄当代印,昨来访,辞未见,便往一谈,多摭浮言论蜀事,余随事折之。其云盐贵病民,及民忧淡食,皆公牍不通之论也。言都比堰,尤不知堰事。二余夜来。

廿一日　阴,晡后雨

钞《诗》二叶。独居谢客。令瑲、帉检《礼记》"大夫特羊"句未得，经记生疏，可惧也。与佐卿约过筠仙，遇子寿久谈，冒雨还。佐卿来夕食。

廿二日 晴

得超群族兄书，为其子代纲觅馆，令登楼见之，言动似尚不鄙谬，姑令其从入蜀。以族中子弟多，不能皆从，令还家自备资斧。申过力臣饮，樾岑先在，言奉檄督销淮盐。余欲上条呈，尽罢湘人之仰食诸局者，以敦本业，警游惰，念教养非己任，姑倡其议而已。自诸局薪水兴风，游惰子弟人人有谋食之路，所损于乡俗不少，此当亟革者也。眗谷、子寿继至，戌散。

廿三日 晴

戒装往妻父家，令早发，而舁夫迟误，行时已辰正矣。出草潮门，从鱼网市渡湘，经龙回潭，渡一水，水从宁乡、湘潭七都曲屈东北流，未知其名。案《水经注》“湘水左会瓦官水口”，疑此水也。依地而言，此水在右，以湘北流，故以右为左。渡瓦官，循水上十里余家滩，十里九公庙，取山径从大石头望仙女山而行，可卅里，皆不记其地名。至桐坤，已昏黑，笼镫行，可八九里，至蔡家，已戌正矣。外舅姑皆衰颓，棣生云大病，桐生夫妇出见，与循妾子亦出。至子初，馆我于客房，初昏时所止也，几榻萧条，无复当时之景。

廿四日 阴

停蔡家，移榻横厅，五间空无人至，唯丛兰数十盆，卧犬当园门，未涉园也。午睡，夕食后出视外王舅姑墓，桐生父子同行。夜与谈亲友寂寥，今不如昔，感慨久之。独宿园斋，与一犬为邻。以外舅近起甚晏，先告辞，待明而发。

廿五日 阴

晨待仆夫不至，自出视之，则门已关断，开关呼之束装。余步出,至徐八长门口待轿,经稠泉、靶子塘、泥鳅塘、贺家坝,出栀子涧,多山道,空寒,不及昨来平田坦步,云较近十里也。出栀子涧即九公庙,从昨道渡瓦官水,渡湘至南湖洞登岸,从市中过,入小西门,访春甫不遇,便还。三日未饱食,甚饥,而饭不可餐,仅食一碗耳。揺子来三日矣。彭郎夜来。是日癸巳,惊蛰。

廿六日　雨

登楼钞书。要梦缇携玓、畇宴坐,方欲闲论,君豫来,出谈。朵园继至,健郎亦闯入,旋去。朵园坐二时许,将夕乃去。君豫遂竟日,同夕食。揺子告归束装。作刘馨室母朱挽联:"百年爱日正长春,已看簪笏盈庭,锵凤真开五世庆;九月西风寒一望,犹忆版舆度岭,馔鱼深感故民心。刘曾任吾县,母年近百岁,见五世。"

廿七日　晴

出吊馨室,诣瓮叟、朵翁、皞臣、子茂,均长谈。赴二黄郎之请,坐客有麻阳令吕慎伯,阳湖人,颇有常州之貌。徐子云、李小园、朱江西继至,二黄曾招余,辞未往,今再设,故不可不去,似为求作父传,尚未言其所为耳。夜过陈总兵,闻造船已成,喜其敏速,犹有湘军旧法,再三称之。虢子来见,久留逆旅,喜客而恶归,殊不可解,知人情性好尚绝殊也。

廿八日　雨

晨起饬丰儿率仆人往船步视办否。春甫、罗生、理安、锡九来,谈至半日。佐卿夜来,二更与理安俱去。

廿九日　晴

竹伍、杏生、黄郎来。杏生坐最久,言曾劼刚出使俄夷,京师议论纷然,可谓无事自扰。樾岑来,言辰、衡守俱撤任,粤、豫二藩,新除淮盐使病故,价藩开复。又议开书局事。夕食后,访瞿子久,言召见孝达、黄素兰、宝竹坡,为俄事也。借子寿二百金办行,兼与其子师韩勉吾谈,夜还。筠仙送大鸟卵及远物三种。钞《诗》三叶。

晦节　雨

为夏芝岑书《定王台记》。重阅笛仙《北江考》、君豫《汉书补表》。衡阳夏生、段海侯、殷默存来。纲子与其父来,其父旋去,未见,以子弟多牵率父兄为其营谋,余所最不喜,丰儿告之,故去也。将出怯泥,待过申乃出,过筠仙,遇樾岑,论俄事。余意欲作奏疏,通事理,戒中外之哄议,往咨筠仙,以其最悉夷事也。值朱速客,不得久谈,往则锡九、文心、力臣先在。香孙使其子为主人,己后出,然谈话甚久,未觉其倦,竟不知其何病也。罗婴来送行。夜与妻女斗牌。

二　月

己亥朔　晴,甚煊

将登舟,竹伍、莫觐庭、罗郎伯存来。缙子来,从往蜀,与绂、绶二子俱先入船,余过午乃往。舟新修,殊未油饰,然可开六高铺,并有婢妪宿处,但不知坚致否。峡舟价昂,宜于自制船,水手尚未集,复入城,至春甫处辞行。将过皞臣,以日夕当赴刘前抚招,疾驰而往,坐客毕集矣。刘恃老免,高自矜置〔重〕,前后抚湘者皆其门生后辈,唯而不诺,此外更莫不降意,唯于余加礼敬,三辞其招,而约益坚,可谓礼贤好士者也。世人动谓俗人不可与游,此殊不然,因己俗,乃觉人俗耳。君子上说下教,以友辅仁,故无冰炭之伤。坐客陈玉三、张元达、唐次云,皆俗人,余与锡九、勉吾在雅俗间,饮亦甚欢,亥散。复过镜初,与勉吾同往,二更后还。僧懒云赠诗。

二日　晴煊

镜初约来谈,留家中待之。发行李,留卅金与芳畹,以彼囷索怨谤,家人恨之,久不与通有无也。今之不讲友谊者多,芳畹所逢皆良友,所闻皆古道,故以为忘死友,即天下所不容,而以此挟持,此正吾辈追远之效。梦缇乃以其无赖而责之,未免视人太高,姑以卅金修好耳。午后镜、佐来,更约子久来谈,夕散。

与佐卿过筠仙,盛谈夷务。筠仙言政事好立法度,望人遵守,以夷国能行其法为不可及。且以为英吉利有程、朱之意,能追三代之治,铺陈久之。余以为法可行于物,而不可行于人,人者万物之灵,其巧敝百出,中国以之,一治一乱。彼夷狄人皆物也,通人气则诈伪兴矣。使臣以目见而面谀之,殊非事实。又程、朱何与三代,此则老生俗谈。未敢多辨,聊曰"唯唯,否否,不然"。滋女病疥,梦缇极忧之,使人不安。

三日 雨,煊,可一绵

晨检未完笔札,并补了之。午出,诣笛仙、香孙、东墅、佐卿、春陔、力臣、芝岑、皞臣、子威、仲茗、仲云、樾岑告别。二张、李、瞿、裴五家未入。佐卿处遇二刘,伯固、康侯。言往俄往蜀孰利?余云蜀亦外国也。然二刘年少,当往俄以练习人事,大刘仍留乡居,打佃夫槌木匠可也。此所谓思不出位。

夕过子寿饮,入与西老久谈。一年未见,龙、黄母俱衰老,似阅十年者,可惧哉。设二席上学,陪勉吾及诸附学生,余及佐卿、力臣、子久、主人在左席,右席八人,未遑通语。入坐言校经堂事,以余欲招老辈学成者为可骇,云李生元度、杨生彝珍必不肯来。余言此传者之陋也。见一书院则以为入院者必学生,吾何取乎李、杨而生之?李、杨自可直呼名,又何畏乎李、杨而生之?世俗之见不化,学问之事不成。因并及思贤讲舍之不可无月费。余举四人曰余世松、王启原、蒋南枝、瞿鸿禨,皆他日可大成者,诸君试举一人。坐中皆无以应。余又再举彭嘉玉、曹耀湘、郭嵩焘及余,皆方有事于撰述者,以此为思贤讲舍之式,而不可有学长之目。又再举徐树铭、邓辅纶、杨彝珍、黄传曦,皆不居城中者。又再举李文田、张之洞、黄文琛、吴嘉善,皆可至讲舍游愒者。如此方有创立之益,然非财不能聚人,经费必岁二万金乃可,今姑小试可耳。今日询勉吾,乃知张元达即绳生之子,张广博之兄也。

戌大雨,舁人踏水还。夜斗牌,余甚倦而愒,遂寐,无觉,梦缇频呼不能起,似中毒者,顷之乃解。

四日 雨

午出诣程初、锡九、筠仙、徐年伯、熊世兄、文心、竹伍、陈妹、卜经历话别,便过畇谷饭,姚立云先在,香孙来,不肯入,张荫桥之子夷伯,黄、张金刚,黄春伯知县同坐。夜雨早寝,梦缇似不欢,竟无一言,余未测其意,不敢问也。

五日 晴

登舟欲行,樾岑、春甫、竹伍来送。昨在筠仙处,佐卿、子久约相送至靖港。陈总兵遣长龙为余客船,船制甚大,非长龙旧制也。两君强拉力臣,力臣甚不喜事,非复旧兴,今日亦强来,久坐。梦缇携舆儿来送,坐半日,为客所绊,竟未话而去,意似惜别也。子久亦不果来。佐卿来,以无伴不欲独送,二刘、彭郎来送。伯固赠行轿,康侯登舟,陈总兵送酒肴,与佐卿对酌。申正,船目吴祥发言日忌,不宜开行。复与佐卿同入城,至筠仙宅,力臣设酒,邀二郭、瞿学士,中饮闻雨。舁还家,妻、女、妇、孙均喜,侍谈至子寝。得二邓、非女书。

六日 晴

顺风,辰正登舟,率丰儿、缙、绂、寿三从子,帉、滋、茙、纨四女,及六云、熊三、阳春同行。佐、康约来送,竟未至,蜀船欲送,亦辞之。卜经历来送,匆匆一语,促之去。巳初发长沙,未正入乔口。昏泊西林圩对岸沙口,益阳地。畇女始理书,多不能成诵矣。夜月春煊,滋女呻吟至晓。

七日　晴。晨觉风寒,起乃甚煊

连日疲倦,昼眠及两时许。帆行百卅里至沅江。绂、丰登岸买米,久之乃行。八里泊石洲觜,频雨不成,夜闻蛙声。

八日　晴

逆风缆行五十里,风愈大,舣羊角脑,遇刘辰州还船,过谈。辰州复过余舟久谈。钞《诗》二叶。夜北风簸船,幸载重,不甚摇晃,然甚可虑也。舟重畏滩,舟轻畏风,有所宜者有所忌,遂移泊港中羊角脑,新阳地。

有杨嗣昌家坟,疑其父鹤墓也。土人云其下有状元妻郭氏坟,是大坟子妇。杨氏故无状元,嗣昌亦不宜仍得美葬,当寻图志考之。

九日　晴

北风稍息,缆行入沅水,可七八里,风大,舣虾公港,遂尽一日。考《闷宫》诗笾豆、贝胄之典,无甚依据,大要鲁之盛礼,故特言之。瞿春陔妾求蜀白桃粉,黄母、熊敬生求厚朴,外舅求附子,镜初求《道藏》,刘咏如求子咨,非女求品蓝大绸,朵园求彭信,棣生求刘札,记于此。钞《诗》二叶。

十日　戊申,春分。晴

缆行七十里,过西港,泊张弯,在梁荐下,安乡地也。澧水流绝,江水倒灌,与沅通而俱出羊角,故自羊角上皆溯流而行,与旧图并不合。钞《诗》二叶。夜月霜寒,五更微雨。

十一日　晨雨

辰发稍霁,乍阴乍晴,午后始煊。钞《诗》二叶。缆行六十里,泊玄口，安乡地。

十二日 阴

晏起，已行卅里至安乡矣。滋女配药，船人俱登岸，久之不至，鸣钲促之乃发。体中殊不适，钞《诗》二叶，如寻常五六千字之功。胧月微明，杨林浅碧，便令舣舟，与诸子女登岸散步。询土人，地名重阳树，以社树得名，去安乡四十里。

十三日 晴

北风甚寒，缆行四十馀里，过蕉溪，去年宿此，正六十日矣。往来迅速，亦自可喜。辛眉拟余如剑客，一跃过三峡，颇云善状。因感其有材而无所用，类庄子所云瓠落者，正不知当以何官待之，论辨官材不易也。钞《诗》三叶，重写定本成，此去年当毕功者，荏苒遂至此，犹幸有去冬一月闲耳。午过一卡曰松渚分局，似是湖北局。绂子云上题"澧安"，未暇详也。暮行十馀里，泊王三堡。北风息，东风作，月明复阴，殊有离思，独眠养疾。

十四日 晴

逆风，缆殊不进，强行至午，乃得东风，泊港关，云九十里不足也。一日无事。

十五日 晴

子夜见月明，误以为晓，呼船人起，久之乃曙。东南风甚利，直循澧水故道入江。百里过弥陀寺，岸上居民失火，顷间燔三家，云烧死一病人。垂死而焚，岂火化耶？暮出虎渡口，风息乃泊，与子女登江堤，望平沙远水，别是一境界。余居山谷间，入鼠穴中，览此复有驰骛之志。

览二邓《拟陶诗》，试效作一首："朝市多亲旧，田园但妻孥。自非沉冥子，石隐安足娱。穷年捐烈心，独往遂良图。三径互芊绵，竭来剃榛芜。春风激灌丛,晨露践荒途。摆置世上事,独与童稚俱。生女胜多男,差不计贤愚。经营一室内,耕织应所需。谁谓田舍翁,谋食愿有馀。傥遇知音者,终能访枌榆。”帉女捷步如飞,健儿不能及。

十六日　　晴

帆行百馀里,船人欲收口,水急舵迟,撞董市泊舟尾舱,两版几碎,余甚怒,命停舟,遂止不进。后询其故,以杨春烟饮发故也。

十七日　　晴

帆行四十里过枝江,前舟畏转风尽停,余船亦停,谨畏太过,未便促之,遂泊县城对岸。三过枝江,皆守风,亦可异也。与儿女登沙洲,行三四里乃还船。为丰儿说陆、陶诗二首,并及二邓拟作之似否。看《礼记笺》三篇。滋创痛,眠不安。

十八日　　晴

缆行十馀里,帆行五十馀里,中间防风小泊二刻许,登沙洲寻江石。教帉女作家书。夜泊古楼,东湖地,丰儿云古虢亭。欲觅地志,竟无在行箧者。

十九日　　晴

帆行六十里,至宜昌府城下,泊江中,遣人顾水手,办缆索。作书复二邓:

辛眉九兄先生亲家道席:二月初得手书,欢若对面。见示新诗,高华犹昔,而风格弥遒,复似壬子岁刻烛分题时,尤有齿宿意新之欢耳。舟中课读之暇,先和两篇,文意粗疏,恐不足赓扬清唱。计此时弥兄又已至省,家园春兴,独让阿龙,未审复有娱园词句否。三峡跃过,正兄少年本色,闿运垂垂五十,壮心自喜,得君言差为神旺。此来携巫山之半云,将九雏之十翼,乃如道士肉重，思借大鹏，又不堪飞仙一笑也。时局日变，肃党连帅两湖，左伯痴肥，声言出塞，曾侯纨绔，遽畀全权，南人为相，诚非美事。幸在闲冷，坐视举棋，一二年间，即还耕读，再为卜邻偕隐之计。蜀中民脆，不可振兴，三数文人或当成业，为此重往料理，非有所乐也。泛舟始至夷陵，明当入峡，江清月缺，夜起作书，敬颂全福。

弥兄先生亲家道席：得书，知复当上省，适已具舟，又念众口悠悠，宜镇以静，不欲老兄轻出。且志事已成，删改听之群议，君家正以索版为迂，致启攻端，念鄙人奇计，未必依行，故不复待别。承示新诗十馀首，则雍容静肃，无罅可乘，"老夫"一联尤为回春健笔，进于道矣。由杜而陶，所谓渐近自然。闿运至谢、阮便竭才尽气，无级可登，奈何奈何！去冬有诗五六篇，今行，勉和二作，聊写呈鉴，傥能策所不逮否？游衡诗，乃不恤为群纪之谦，闿运所愿学未能者。今聊命丰儿恭和两篇，意欲与中书比胜。老兄颇畏后生，家子雍所谓启宠纳侮者，阿淦掉头不肯顾，即此得无跨灶耶？舟中夜间，辄当面谈，明日入峡至蜀都，再陈所闻，伏为珍卫。

和拟招隐诗一首："物外竟有人，驾言访寥阔。寥阔非空冥，川岩秀幽拔。东径延漪岚，西庐翠松栝。霞采幄金光，溪琴弄清越。月露思褭回，遐观送天末。灵期超神理，颓音委哀澌。岂伊倦将迎，因是回天斡。悠悠庭户间，琼秀庶可掇。"

廿日 晴热，可单衣

停宜昌，发家书。置竹缆七盘，每盘大者百廿丈，小者犹四十丈，钱三千馀，知唐时百丈之名不虚。陆游云"如巨儿臂"，则货船所用，余船大缆如小儿臂耳。

廿一日　晴,稍凉,犹不能绵

觅舵工缆夫,共增六人。去冬送归戴姓勇丁欲专其事,而迟滞无行意,更派人访顾得之。木匠改安舵欗纤架,将晚始毕,已不能远行,仍停宜昌。无事闲坐,欲著小书,亦无可起手者。

廿二日　阴凉,可二绵

舟工毕集,辰初行,帆风,百里泊木瓜渡,有一山,三峰秀峭,在江南岸。舵工云二日行犹见之,盖黄牛峡也。《水经注》曰:"三朝三暮,黄牛如故。"又引《宜都记》曰"渡流头滩十里,便得宜昌县",又云"水峻暴,鱼鳖所不能游"。今东湖上下近五六十里无滩,唯獭洞滩可拟流渡。行者歌曰:"滩头白勃坚相持。"白勃,盖白泡也,今读泡如抱。《宜都记》言自黄牛东入西陵峡口百许里,地望相附。今有黄陵庙,疑并黄牛、西陵二峡而名矣。宜昌在夷陵之上游,西陵有荆门,亦当在今东湖之上,今宜昌治非昔址也。检《说文》,分六书部类,凡会意复形声者,疑皆俗字。夜少睡,子初起坐一时许。江声夜鸣,月窗惺寐。

廿三日　晴

晨露濡寒,午日方烈,峡中与江中迥殊也。巳正渡獭洞滩,盖流头滩也。帆风行甚速,未初至新崩滩,六云携滋、茙、纨女舁行避险,余与丰、畇在船,缆上三滩甚稳,浪未入舱。既过滩,复帆行十里,泊香溪。舟人云"米汤灌风急江驶",命就沙岸缆船而宿焉,即去年回舟旋流之地,峡中最险处也。

廿四日　晴

晨过归州上泄滩,滩与新滩齐名,而湍险不及其十一,疑今昔水道迁改,石转滩平,故郦《注》所称滩险,今悉无闻,非尽传闻图考之讹也。峡下自此无险,夜泊巴东。

廿五日 阴。癸亥,清明

入巫峡,所谓百六十大峡者亦随处可泊,水深流疾而不波,上水帆风最利,暮泊裴石。此行船轻便利,无复上峡之难。

廿六日 雨

峡石秀润,颇胜晴色,欲访青石诸山,道泥不得上。申初至巫山县,命泊舟,访神女祠,见王阮亭记云在箜篌山。今箜篌山在县城外,土人呼之迎风观,石磴千级,螺旋而上,以为必有古迹,竭力攀跻,仅而得至。见门对云"伏魔武当",遣视所祠神,果真武、文昌,无神女也。俗人薰心科第,乃以此山为文峰,令人废然而返。取山左道,两人扶掖直下,足尽汗出,归舟昏黑矣。检《水经注》,寻巫县故治,据盐水以定巫城,据巫城以定巫山,则今青石洞正巫山也。泄滩则新崩,清滩则石门,归州城又在清滩下,荆门、虎牙又在其下,皆可以意定之。

余登岸后,畇女见二女采菽,语之云:"汝父顷登山矣。"服容雅秀,不似土人,疑其仙也。

廿七日 阴晴

昨夜似病,竟日未事。出巫峡,入夔峡,去年似较秀峻,今则不如也。山水亦随时美恶,如诗文,颜色适兴为佳耳。夜泊夔州,行七十里。

廿八日 阴

晨兴将入城,待饭久之乃行。舁访厘局朱次民、黄夔州、耿奉节。

次民处入谈借银。闻督府将往永宁,会贵州抚议盐事,或云俄事,殆非也。还船,耿鹤峰士伟来,久谈,言及鲍超奉召入见,拜表请调兵。余云当劝止之。潘生来见,馆耿处,不入院矣。次民来,云鲍疏彼与闻,不能止之。顷之黄泽臣来,开展有标致,云巫山许令最佳,前开县令亦好。又询巫山得雨否,虽未知实政何如,要为四川罕闻之语。王生来见。黄痴来见,云翰仙营私撞骗。颇多客,遂至夕不得休。耿明府又送五台盘,廿名牵夫、四差、一更夫,皆谢不敢当,实则省犒赏费耳。假次民百金以行,换钱百十千,发赏,买肉。

夜雷。

廿九日　晨雨

昨闻府县言望雨犹切,遂觉雨声可乐,忘客行之淹滞也。泊半日始行。过一山,见残桃满枝,远望以为异种梨花,登山探之乃知之,滋、茙遂折踯躅数丛而归。六十里过安平滩,蜀人所云哑滩也。十五里泊黄石背,奉节地。见星。

三　月

戊辰朔　阴

晨过落牛滩,有敝舟缆断而下,遂败漏,阻我舟行。后有薄板船来,止令稍待,不可,亦触石而破。船人皆有戒心,令待饭后始发,俄顷遂上,帆风甚利。午过云阳,畇女欲游览,率滋、茙、丰儿同至城门,无可观者,下船舣对岸。儿女游桓侯祠,余从下望,祠内有敌万楼、沧浪亭,了然可见,故未登眺,亦以此处山川顽隘,不若楼观之美,不如从下仰望为佳也。复行卅里泊小林,云阳地。《春秋》书"日昃"、"夜中",未知何例。

二日　阴晴

逆风缆行,计不能至万县,遂早泊巴阳峡上,云八十里,可五十里耳。巴阳江水至深处,或刻其峡石曰"巴阳水府"。竟日无事。

三日 雨

晨色冥蒙,春云如雾,行六十里,望万县雨中碧树,山郭鲜新,致为佳赏。命顾夫由陆道趣成都,留丰儿、阳春、熊三送护船行。

四日 阴雨

晨发万县,唯一兜子幞被以行,莫营勇丁朱悦来从,行李之简便未有若此者。行九十里,当宿分水,破跕更前,登岭八里,宿樊店,万县地。舁人甚颂梁山熊令之治,而言糜令之短,云程藩使同年,故得此优缺,唯以纵盗为民怨。今日食二鸡卵,一锅块,碗半饭,尺馀甘蔗。

五日 晴。昨夜甚寒,晨反较煊,然犹三绵也

饭于孙槽,从此至梁山皆缘谷直下,余前行殊未审,山景甚奇,作诗赏之:“登陟未觉高,溪行尽回缘。七盘下松底,反出群峰颠。高原横深谷,田水如清川。幽旷遘二奇,趋瞰俄九迁。云光散春气,叠嶂聚寒烟。夜花繁岫桐,晨响切啼鹃。既惊节候移,稍厌溪瀑喧。奇境难久居,空令世外传。”又见民居厨下泉流出为瀑布,感新召鲍超事,戏题一绝:“茅屋春云袅爨烟,更无人问古松年。谁知灶下残馀水,流作山头百丈泉。”

行八十二里过梁山,未饭,复行卅里至三合场,梁山县丞驻地,隘不可停,因前行。误循至重庆大路,疑返求舁夫,则已行矣,幸迷途之未远,舁夫不肯还宿,复行十五里,宿老营场。凡行百廿七里,犹未昏黑。

六日 丑正后闻雨,至辰初乃小止

卯初起,待雨止而行。霡霂至日午,云气愈盛,饭于拂耳崖下。道上短夫最多,唯今日路险须人,乃绝不可得。舁夫上山颇困,赖遇一熟夫,令舁上赛白兔,至稍沟,凡再上再下,徒劳而不险,更不奇也。

过元坝驿及石桥铺,皆大市。石桥为梁山、大竹分界地。自琐匙桥至黄泥碥十五里,山谷阻隘,溪瀑喧豗,怪石怖人,暗竹欺天,殊非善地。舁人顿踬,欲止宿一山店,店妇诡词婉拒之,若有不可言之隐,非贞专自守则谋孤客者也,视其状在善恶之间,惧不敢留。暗行五里,至碥市已昏黑不辨路矣,仅行九十五里耳。前年来时,行半站,故不觉远。

题罂粟田:"玉白脂红一望妍,尽驱黄犊为耕烟。春风莫望桑麻长,更有扬州芍药田。""诛茅穿石缝,沤纸夺溪流。路暗愁山鬼,崖斑误虎头。"黄泥碥竟无寸土,幸今日入大竹界即晴,亦出意外,若雨尚不能进也。

七日　　晴

行十五里,饭于清溪铺,又卅里至大竹城,皆下坂平路。自大竹卅里至九盘寺,或上或下,山景平平,无可爱憎。又廿里至卷洞门,多下少上,然望中颇朗旷,自此无登攀之劳矣。半山最爱之,取其出险也。望见李渡,而不能至。行廿五里,宿双土地,渠县地也。竹、渠于卷洞分界。比日杜鹃声相唤,春寒犹重。

《巫山神女祠碑》:"《礼记·祀典》,祠出云雨之山,天子秩之,诸侯望焉。巫山自夏世盂涂以来,传祀帝女瑶姬,帝不知当何代也。有楚贞臣屈平,始亟言巫咸,其弟子宋玉乃言巫山。山之名巫,盖咸所典祀。殷人重巫,周人贵《易》。《记》曰:'示不敢专,以尊天也。'巫、《易》于后世,当谏官谋议之职,天子有事,必进断焉,非夫禳祝奉祠之流。楚之先为文王师,与隗同祖,隗即夔也。芈熊盖传巫咸之德言,故文王奉以为师,三代之道于是乎在。帝女主山,又在其先。稽古之神仕,在女曰巫。周礼始有男巫,然则帝女乃圣神通灵,非仙人羽化者已。巫之所必取女者,岂不以妃后深居,尤好祷祠,设官专典，然后巫蛊之祸无由而作。古圣识微防嫌，噫其远与。左氏、庄生言圣人主山川者具有典记，自秦以来，乃不复传。而宋玉之赋巫山，有高唐朝云之事，其曰先王幸之，故为立庙，托神女以况先后也。讥楚后王弃先君之宗庙，徙夔、巫故都而乐郢、陈，将不保其妻子，故曰巫山之女，为高唐之客。客寄如云，《诗》所谓'有女如云'者也。高唐，齐地，言其务于东而失之于西，得于齐而失之于秦。其后《神女赋》则又以女喻贤人，如屈子之徒，故其词不及山川，比兴意显，各有实指。而后之小儒不通天人，罔识神女主山之由，莫察诗人托谕之心，苟见奇异，肆其诙嘲。山灵清严，固不降愆，然不正其义而欲守土者之虔祀，弗可得已。巫山县东神女祠，旧在空侯山下。康熙中，故尚书王公士祯，奉使告江，躬谒祠下，徒叹其茅茨土垣而已，顾莫能厘俗谬。唐尚书白居易刺忠州，过祠，悉除诸诗牌，若有所悟，而未闻所以正之之说。今年春，雨泽小愆，县令许君祷于名山，应时甘澍。既具材用，将新神祠。适闿运还舟溯峡，过谒太守黄君，言《高唐》、《神女》二赋之意，黄君韪焉。且曰：'此牧令所以重祀典、定民志、祈福祥之大者也。'因备释宋玉二赋，以谂学者，而述其义。序之祠碑，系以铭焉。"今城即汉巫故治，《水经注》言盐水出县东，而叙巫山又在其东。今青石洞诸峰，奇秀独异，所谓十二峰者也。古之山川祠皆在近民附郭之地，则祠神女于空侯也宜。

八日　　晴煊

晨行十里，附舟泛渠水十里，舟人方炊豆杂稻为饭，饮其熟潘一盂，遂忘饥渴，其风味殊不恶。因感汉世祖掬水澡面之事，念其后滹沱芜蒌，稍狼狈矣。戏占一绝云："米汁香同卯饮春，不妨漱口过清晨。却怜文叔非名士，豆粥芜亭讼苦辛。"又十里饭于观音桥，见隔水有寺，树林茂密，店主导往，知客僧出迎，貌似朱香孙，小坐还店朝食。廿五里小惕吴家场,四十五里宿新市镇,皆渠县地。土人呼“新”如“亲”,初以为青石镇也。计五日得六日程,时未过申,以连日行劳,少息人力,故早投店,即前年宿榻也。舁中思今翰林员多,宜开四库馆,收辨乾隆以后诸书,必胜前集。又四阁三灾,亦其时也。多事之际,为此闲想,亦又自哑然。换银一百三十四,价一百三十三。

九日　晴

晨登杜岩,一日未见高山,已觉平平无趣,见山心喜,乃知习之易移也。远望石崖苍秀,上则顽土平冈,殊失所望。作一诗:“乘车入鼠穴,挽桐嘲鸡栖。既厌平路平,喜蹑梯云梯。三陟穷杜岩,旷望得高畦。群峰散蚁垤,杂树蔽幽溪。疏杉性孤直,密竹意低迷。远声应春禽,出谷引晨鸡。时煊物欣欣,生理岂不齐。傥有山居兴,知余好攀跻。”早饭赖坳,过兴隆场,当宿跳动坝,破站更进,宿东观场,南充地,行百卅五里。跳动坝,乃铁洞声转,蓬州地也。

十日　大晴

遂热如五月末。行十五里,舁夫早饭,嚣秽不可停,前步四五里,坐长生桥上,待舁至复行。四十五里渡潜水,绕顺庆城至西桥剃发,食索面未饱。又行五十里,宿五龙场,店阁明净,为栈房四阿重屋,僭宫室之制。解装甚早,聊息劳顿耳。今日所行皆坡陀逶迤,但叹路漫,计船行可至涪矣。

独坐无事,补作《重修定王台》诗,应夏粮储之请。“形势东城起,嵯峨汉土存。升平宜复古,风雅复开尊。白水馀清庙,青槐守故园。幸逢骢马使,重祀旧龙孙。”“开国宗藩始,山川舞袖收。至今连四郡,长得长诸侯。教孝民风古,优贤傅宅留。未应愁日远,犹胜兔园秋。”

十一日　晴

行十五里饭于甘草岭,五十五里过蓬溪,多下坂。过陇路,舁人云:“下不尽,李马铺。”李马至县城廿里,停一时许,换银三百一十四,价一百三十八。欲过罗惺士,恐羁留,不果往。舁夫告劳,卅里宿槐花市店,殊不静洁,以大风难行故止。

道傍见瘦柳,有感口占:“瘦尽柳腰无一把,不胜春处最饶春。风流自是天生与,莫怨当年苦折人。”

十二日　己卯,谷雨。子正大风冻雨,顷之止复作

晨起土石未湿,寒可三绵。廿里饭于官升店,本关圣殿,公牍改之耳。午晴日烈而气凉,在日中如伏日,居阴处可二绵。五十里渡涪水至太和镇,涪水即嘉陵江,水色最秀,亦即潜水也。赋一诗:“活似云英软似纨,碧漪清处不知寒。世间水色应无比,唤取吴生袖手看。”

道中偶忆京师旧事,感试礼部时朝仪犹备,未一年而残阙矣。因作一诗寄刘韫翁,又并谢其饯席,牵连作三首:“一月湘城雨,尊中酒不空。天多与闲日,人喜坐春风。麈尾聊挥俗,觥筹偶论功。宵深兴不浅,门钥莫匆匆。”“罢镇无还业,明农有寓庐。筹边非为国,身退且安居。独醉知春久,关门与世疏。老来休著作,重校石渠书。”“昔赋临风锦,曾叨第五名。未窥蓬岛路,已见海潮生。将相看新贵,笙歌梦旧京。莫辞亲顾曲。指点太平声。”

余覆试,韫翁置第一,依班阶在第五,自此典试者并韫翁之不如,试者亦并余之不如矣。日方午,复行六十里宿景福院,街店整丽,且有武昌馆,盖绵花马头也。市上方演戏,往观已散,月出矣。余前与曾涤公言:“李筱泉陛见时,余行其后,闲思李在车中不知思何事。”曾为大笑。明日语余曰:“余今日在车中,思君昨言,亦复思君在车中不知思何事。”相与拊掌。今观比日日记,信多思耶?宜省之。今日行百卅里,平途漫路,仅乃得至。

十三日

卯初起,行卅三里过观音桥,未饭,食薯粥、甘蔗。又行六十里,饭于柏树坳,题笔者书作白路坳。此又一处。有武举乔慎庭到处题诗,又有孝廉吴仲廉诗,尚不如乔。有楚南养虚子,则不知何人也。时始过未,又行四十里宿大桑墩,计五日复得六跕。店小二处我以侧室,犹以为不配,黄翰仙来必不至此。道中屡改寄刘第二诗,终不跳脱,姑从其最后者。“十载无鼙鼓,安然此寓庐。筹边虽自苦,作计未全虚。”夜月。

十四日　晴

行廿里饭于清水河,卅里兴隆场,十里至又一观音桥。中江有劫贼,昨夜烧太平场,杀数人,云未劫财物。又云已获得二人。各处鸣金齐团,人心甚扰。自观音桥渡大冈,上下连廿里,余前所咏金堂山者也。山未必在此,舁人不知此冈名。又一十三里宿赵渡,前宿店也。

改昨诗云:“十载民安乐,翛然有寓庐。筹边虽自苦,作计未全虚。独醉知春久,新茶品贡馀。老来无著作,重校石渠书。”今日已食樱桃,谷雨日始闻布谷,初五日闻子规,草木之知时不如禽鸟也。

夜作寄刘诗序,起索烛书之:“刘韫斋侍郎自湘抚内召,引疾乞休,遂居省城,文酒谈燕,但招客,不诣人也。庚辰春,余复有蜀行,承设饯席,谈次因及京师宴集之乐。优人演段者盖始于伊耆氏、罗氏、鹿女,其后尤盛于东周。至汉代元会,为百戏之一。明人因遂直谓为戏,内廷有供奉班。国朝因之。王公入坐听戏,著为典礼。故京师公私会集,恒有戏云。其优人名者,士大夫无见不见,辄能举其名。侍郎言,湘中歌者有京师之声,以余不及待其堂戏再集为憾。往昔己未岁覆试直省举人,文宗命试‘临风舒锦’诗,侍郎分卷,取余第一，以班阶次置第五。明年而大驾东狩，天下多故。余从祁门军中遂还山居，侍郎一主试江南，亦遂外任，迄无座主门生之缘。通商总理以尚侍大臣专领，与军机同重。京朝堂司官并心夷务，亦不宜言升平歌舞之事矣。侍郎抚湘时，大议征苗，犯疑谤而克定之。湘、沅近十年无烽燧之惊，退老闲居，与二三亲旧奏技听歌，固其宜也。矧其年过七十，旁无姬侍，适兴托意，又非耽乐。余非知音者，而恒慕承平文物。既告别逾月，行金堂山中，春风吹衣，忽有所忆，因成三诗，寄谢意，不唯师友违离之感，傥类谢傅所谓中年哀乐者尔。"

十五日 晴煊

晨行廿里，饭于姚渡。自此远山稍平，又过一长冈，亦将十里。廿里至新店，新都地也。舁夫已疲，强行廿里，呼两乞儿舁入城，直从北门至院，误绕西城根，从菜圃后至大门，崔、孙两生适出游，遇焉。下舁步入后院，张桂已去，唯文八在院中，上下人等俄顷皆集，纷纭两时许，犹不得食。将夕饭罢，黄佛生、陈鲁詹来，曾元卿继至，云彼先到十日，途遇苗乱，几不得免。松翁来。二更客去，夜月微明，寂然独寐。十七跕行十二日而至，轻装之效也。后十日而妾女亦至。咏薛能诗"前程憩罢知何益"，又爽然自失矣。

十六日 晨雨，旋晴

两监院、冉、范两教官、王进士文员、杨巩少曾、翰仙、简堂、崇扶、三程、立翁、唐泽坡、诸生皆来见谈。鲁詹又来。王进士之憨，似不可为知县者。季怀来，谈半日，未尽其词，客扰而去。阅邸钞：王定安得冀宁。与易笏山得贵东相类。夜作家书。

十七日 晴

李县丞来。同乡来者相继，皆谢不见，唯见鹭卿、鲁詹、佛生及诸生十馀人。陈深之上书，语多恍惚。华阳冯生廉因张盟荪来见。

宁、吴两生借去《公羊》二本。张桂辞行去。发家书及稚公书。罗惺士夜来,纵谈古今,将三更乃去。有雨。两监院送蒸盆,蜀人谓之鼓子。

十八日　阴,有雨

晨起未醮面,客已至,连十馀班,至晡时始少闲。方小食,院生又连来,宋钺卿最后来,与杨凫江、顾象三皆欲招饮,辞,令俟四月。夜作朱次民、黄夔州书,又作耿奉节书。

十九日　阴晴

王莲翁来,久谈,云孝达议防后路,并举诸将,又言曾劼刚不可轻往。大有孩子气,未为达也。孝达吾党也,其议论如此,殊为可惜。朝议甚许之,令时往通商牙门与议。金鹤筹知府来,名椿,朱香孙之表弟,刘莼臣幕友,贵州人,以朱故来访。成都令王喆字芷香来,城固人,谬为恭敬,未知于王吉如何。李康辅送礼,依王熙凤法受之。刘瑶斋子肇烈来。锦芝生来,言傅喆生以溺职免。

廿日　晴

今日以更戴,始具冠服补,开堂课,晨出点名,诸生皆设拜,衣冠济济,甚整肃也。书院有相敬爱之风,然后知王道之易。巳正出,答访伍、李、唐、劳、黄、曾、黎、程、金、崇,兼访松盐道蕃。萧子厚、黄麓生俱入谈甚久。困不可支,勉过成都府、县,幸俱不遇,始由莫营径归。得刘荫公、王绥原书。福生晚来。院外生来见者五班。夜早寝,亦早醒。

廿一日　晴。早起甚寒,仍着小毛

待饭未来,朝饥正甚,张怡山、李和合、王独眼相继来,遂至午正,惫矣。麓生、锡侯来。刘伯卿来。终日仅对数客,何人之暇而我之忙也!晡后小愒,帽顶送文无、芍药来,晚间来谈。金知府送酒币，却币受酒。

廿二日 晴

朝食后出谒将军、副统、吴春海、杨皃江、张子静、骆县丞、刘伯卿、王天舫、刘玉田，惟副统维侯未见。行半城中，尚未及午，忆王成都借书未送，驰还料理，陈仲宣坐待已久，未及多语。维侯来，久谈。李从九庆霖来，湘潭人说川话甚为可厌，妻家舅氏族子也。又见院生赵一琴，已革，新取附学，便送书院，亦太骤进耳。与仲宣由新开门出，步至唐宅夕饮，季怀、保卿先在，畅谈肃党本末，多世人所未闻。还始初更，与院生少话即寝。四更见窗月如曙，光阴裵回，景色幽静，睡意方浓，未暇赏也。

廿三日 晴

同乡官萧、傅、楚、周、叶、罗，伍松翁、恒将军、李从九、吴春海来。吴来时正困卧，殊不能起，强出见之。帽顶来，言将军拟荐用之，欲辞不得。以提镇交督抚差委，将帅不相习，全无所益。近日以曹克忠交李鸿章，不知曹为李前辈也。求《官历》于藩使，得四本。

廿四日 晴

同乡官刘、李、莫、姚、刘、王来。田秀栗来，字子实，知泸州。所云送李鸿章妾，遣仆妇入督署钞文书探消息，及花盆埋金者也。声名达九重，以为必有异人，及见乃庸庸无奇，又在唐、丁、劳之下。其来也因龚生、徐生，萧、刘、唐、锦诸人亦似用全力者，而又不能达其意。或云其能捕盗结案，熟视之不似能健吏也。福生、仲宣来。曾昭吉夜来。

廿五日 晴热

将出怯而止。见二客，忘其姓名。傍晚刘郎心民来，谈未数语，闻外有长沙人声，则阳春至，云六云率诸女皆来矣。比日正苦岑寂，知其至,甚喜,出迎,则已入院矣。新开门而竟不及游,幸床橱已办耳,二更乃部署讫。绂子亦步至,居于东厢。

廿六日　晴

晨兴最早,久乃朝食。恒镇如来,久谈。萧都司持江生少淹函求见。秦通判云龙字陶庵来,言陈总兵济清之短,设誓以明之。及去升轿,舁夫四人无故均仆于堂下,舆倾人倒,余以为非佳兆,急趋而入。毛监院促发课卷,尚未阅也。元卿来。阅课卷廿馀本乃寝。夜凉雨。

廿七日　甲午,立夏。雨

竟日阅课卷。韩紫汀、唐帽顶、黄福生来。韩有女适人而寡,不肯从其公姑,乃以其姑曾为倡而去之,又恐后患,披剃为尼。叶主事为题“化石庵”额,余甚言其非礼。夜定等第,发课案,取张可均为首。

廿八日　晴

乡晚周同知来。李县丞来,辞未见。为维副统书扇对,并题其《摄山图卷》。尹继善、袁枚和韵七律四首,嘉、道初达官多在,然无甚知名者,诗亦绝不能工。又观其所藏法氏摹诸葛像,肥痴不似伟人。斋长邓伯山帖禁约,颇有非议,而业已上壁,恐人不服,求余解之,为调和谕晓之。彼欲以条教号令治人,真书生之见也。夜发家书。检《周官》郑注言字形声者。

廿九日　晴

晨起办出谢客,至午乃得行。至督署,马季怀久谈,思天下人士堪封疆者竟不能得一人,宜有暮气之叹也。过方保卿略谈。至机器局,翰仙已出,与福生少坐,程藩使来,径入,相遇支吾,谈顷之。复诣谢三四家号房,欲径诣成都府,余以时过午,复还院,吃牢丸三枚,仍诣莲丈处会饮,坐客有二吴及三不知姓人,亥散。

卅日 晴

萧子厚来,以其无轿钱,出见之,久谈不休,送之去,遂巡四斋,学者多出游矣。方保卿、程藩使来。见院外生来者四人。

四 月

戊戌朔 晴热

寅兴,卯盥,辰出。点名,堂课,考功,发题,出堂会食。杨叔峤、周润民两生均起假到院。杨生借去《续苑》。帉女上学。曾昭吉、陈仲仙来,黄筠心求荐崇馆。

二日 晴热,始绤

为维侯题诸葛画像。翰仙来。祝典史执贽请学诗文,严生雁峰友也。看梁文二本。仲仙请写绵州牧扇一柄。

三日 阴,稍凉

竟日无事。见院外生一班。刘庸夫、易简轩来。得弥之书,有规爱之语,而又以易为托,可为矛盾也。晡后步出,携茙女至锦江院,独入访松翁,复过春海、泽坡小坐,还已向夜。为吴生评古诗,因定月讲期。

四日 阴凉

评汉、魏五言诗十馀首。始教帉女篆书《诗经》,其部首荒疏,比非女不及十之二,字体尚可,在伯仲间。傅总兵定升来,求往李培荣处差委。余言湘将无事可归农,何为向他省人求生活,湘军之可贵者各有宗派,故上下相亲。傅乃萧濬川旧军,人言萧入成都而死,令蒋征陶统之,军士不附,因分为三,以参将以下领之,所至有功。而寇益日起,骆军至,一战而败,乃悉征萧部,遂能戡定,外人不知也。周达武从刘岳昭来,李有恒故田兴恕将,最为下品。鹭卿、季怀来,略言蜀武备之不讲,宜整饬之。

五日　阴

帽顶来。诸生入谈艺者十馀人。杨生永清来,言其弟新入学,在市中逢祈雨,触水洒街,成都令挞之于市。余令诉教官,听其发落。又告监院二君,风令王大令到门一谢,未知其能从否也。王喆信不及王吉,幸泼水后今日即得雨耳。晚得稚翁书,言功儿已过巴县,盖在十八九日,计程今日可至嘉定。

六日　阴

翰仙来,改定院生《春秋例表》国君书卒不书葬者三十四条,兼点阅课卷十馀本,考《大传》记舜立禹年祀,以合荐禹十七年之说。林生来。子静之从子。

七日　晴

为绂子改《论语》文及试律诗各一首。松翁、帽顶来。得功儿三月初书。阅课卷卅馀本。阅京报,俊臣得闽藩。

八日　晴

新作小轿成,出试之,遂至督府、鹭卿、刘管臣、庸夫、翰仙、芝生、唐子迈、麓生,便谢杂客十馀家,还已暮矣。与稚公谈时事,言宜以筠仙当国。稚公言,昔妖言筠仙作相则天下乱,岂可试耶?因叹凡事自有气数流转,使人豪情顿减。又以为劼刚至俄,必不得约,余以为必得约。又言阶州疑有回部,余以为必无可虑。未知谁是也。此间提督宜以简堂暂摄,清理积弊,亦未敢公言之。夜作第三号家书。发课案。

九日　晴

简堂来,谈蜀政,甚有勤求之志。观其才志,诚为楚材之美,在杨、谭以上，胡咏之一流人，聪明不及耳。移坐阁后。李懋章来，县人曾钺来谈，云廿年不见矣。冒失懵董，兰生族兄也。夜小雨。

十日 晴

锦芝生、李和合、稚公来。巡四斋，考课。黄筠心来，作无谓之谈，乃得食粉糍而去，信饮啄之有前定。午饭后讲堂会讲经，来问者多毛举细故，不切于问。

十一日 晴热

评注阮诗廿八首。遣彭轩及李书办迎丰儿等船。连希伯侍卫来访，世爵一等子，不知其何以得此恩也。散秩大臣，汉代奉朝请之班，亦不知当何以称之，姑列之于侍卫。刘管丞和合弟、补江安令忠烺同来。夜月，宿西室。

十二日 子夜大风有雨，晓犹霡霂

剃发未毕，湖北陈主簿来候见。午出访陈伯双学使未遇，绕贡院入少城，诣维侯兄弟，久谈时事，云铭安，鼎臣溥安之弟也，有干济材；宝廷竹坡，郑王亲属，未能及胜克斋，荆州将军景丰，六额驸之兄；定安，僧王旧部，今镇黑龙江；崇绮镇热河，俱为精选。又言今时乏人，颇有经略西藏之志。

傅生守中来，言学使告监院，两县通禀杨小侯兄弟及汉州生员张祥龄等聚众哄堂。此事初由王成都祈雨，遇新生杨永澍冲道，皂隶呵之，遂相口角，成都已辱之于市矣。杨兄永清调院生诉于同学，于是张、傅等谋，令二杨率永澍往县堂求其详革以窘之。及往，而王令匿走，诸人攘攘，将永澍交其刑幕而去。皂隶、家丁遂自毁公案。成都令诉于督府，云杨侯领兵而往。余惧督府之不察也，告以原委，令释杨侯而治诸生。督府意以王令亦有过当，方令成都府及中军调和，而外间哄传杨生将下狱。余责张、傅等陷人于罪，令自往投首，以代杨生。及往,而王令复匿去,又纷纭久之而还。府县遂飞书告急,学使未报,而督府饬杨侯往领永澍,乘舁以出。事可罢矣,忽又通禀,不知当作何结局。为政者冒昧,不思其反,乃至是乎?既不登时捕治诸人,今已散,何从得主名?张、傅又岂肯自认?徒章其懦耳。顾朝元尤不相涉,何为而连名,又何以异于张、傅哉!书生行径无条理如此,此八股不通之过也。得陈俊臣书。

十三日　庚戌,小满。阴雨

监院来,亦言成都事。

复俊臣书:"得今年二月二日手书,情馀于纸。尔时新命已下,日来当移署矣。闽中乏材之国,藩使求贤之主,相需殷而相遇疏,所代为兄忧者也。然激厉陶铸,自有微权,金玉作人,诗人所美。愿一以曾侯初起为法,无效其晚年之脂韦,则昌阳、豨苓皆良药也。去冬怀庭书来,言兰溪相逢,谭及远人。洞庭舟中曾赋一篇寄上,来书云云,似尚未接到。东西万里,我劳如何。闿运因感稚公乔木之声,复为安邑猪肝之累,既已期月,幸未素餐。中间一归长沙,与筠仙、樾岑盱衡时事,因论朝诏,屈指人材,将帅之选耿不可遘。所谓塔、罗、彭、杨之军,胡、沈、王、阎之吏,求之今日,已成古人。其尤可憾者,雪、厚犹存,二丹无恙,观其设措,大异曩时。即仁兄绾印二藩,官年俱进,而比之妙高颓垣之下,小西拖罟之中,意气陵云宵,忠诚贯金石,思追逸轨,岂可得哉!然则非世无材,非材不用,时势使然也。况驽下如闿运者,焉敢复申眉扼腕,论芬韶之唾馀乎?虽然,樗以不材全,浑沌以不凿生。湖海之士,豪气未除,比之昔年,犹故态也。两儿昏庸,平世之生员,何可言学。长者为朱学使所赏,送入校经堂肄业,次子从至成都。六云携所生四女侍行,弟妇以老病留籍,颇讥嫂夫人不致仕也。吾辈遂已推排作老物,贤子中有几人秀出者?闻荪石雍容木天，颇有忧贫之嗟。此子他日定不减李少荃，盖世情浓者，功名之士也。闿运乃李眉生所云没出息者，故行年五十而不知四十九年之非，时复吟咏，以消永日耳。简堂素未深知，比来观其言行，胡咏芝一流人，聪明稍不及，然在杨、刘之上。彼在黔艰苦，菁华未竭也。闻校经堂有三士颇奇，皆永州、永顺人，湘其未衰耶？久不相见，临书觌缕，荔枝正熟，清福日珍，为颂。”

书局《南北史》写毕，始写《辽史》，夜校四叶。发第四号家书。曾元卿来。

十四日　晴

巳初出，再诣陈学使谈《易》。陈言经学但患句读不明，则文义晦，举《系词》“而微显”二句，当读云“夫易章”，章，明也；“往而察，来而微”，“往”、“来”对举，“察”亦“微”也；“显阐幽开”，“幽”、“显”对举，“阐”为单开，“开”为双开，即所谓章也。其义精确，所谓圣贤复起不易者矣。又言《象词》多为九五、六二言，非该全卦，但以六爻发挥之耳。亦破的之论。惜其犹沿宋说，以十八爻九卦为指点之词。又训诂不附古义，为可惜耳。又言“元”字从上、人，“仁”字从人、上，许传有误。亦为奇确。初见未便多问之。

出诣简堂不遇，还。旷经钟知县、李扶山耀南来。院生来者相继。夕设小食，悉集诸生茗话，以纨女周岁也。校《辽史》八叶。夜早寝。

十五日　晴

今日家忌，以院生毕集，未便因私废公，仍出点名，诸生愈整肃，彬彬乎有仪矣。李世侄麓生、皋江来，皋江欲自达于上，久为余言，而几忘之。黄筠心来。行东斋，严禁烟镫。校《辽史》廿叶。看京报会试题，湖南得房差者三人，钱师亦得分校。诏起阎丹初，遂称疾笃。曾沅浦亦称疾。部议减勇丁之数。

十六日　　晴

求雨十日而旱气弥著,殆不能及耕期矣。遣约李福三再谈。闻学使当来,留待之。张门生来求差委。华阳廪生来,言革廪事。纷纭半日,伯双至乃免,亦未及畅谈。饭后出诣李,则已出矣,过翰仙、鹭卿而还。校《辽史》廿叶。张门生来,言丰儿于廿一日至泸州,借廿金而行,至今将一月,犹未至省,何也?

十七日　　晴热

彭轩还。丰儿书言十一日到嘉定,无水不能上,当遣散诸水手,并令入城。赵生送《文苑英华》、《旧唐书》来,俱残阙,当钞补也。院外两生来见。此间人多喜执贽为人弟子,而不求益,殊不知其指趣。帽顶夜来。老妪告去,莪女无人将领,乃自照管,夜寐甚安静。

十八日　　晴

朝食后诣伯双学使送行,便至李福山处。李将诣左,请余一函,久不与通问矣,归作两纸与之。又与书杨石泉,略为李道地。鄂生来。刘瑶斋子来。得陈总兵、刘瑶斋书,并有所赠。欲笑则不可,欲怒则近于俗人,自反曰:我必不仁也,必无礼也。六云亦知其不可,何苞苴之纷纷乎!校《辽史》十五叶。帽顶请陪维侯兄弟,戌集亥散。夜大风雨。

十九日　　雨,午后阴晴

校《辽史》十叶。钞补《旧唐书》二叶。瑶斋家人复送麝脐六丸,以当购配香,受之。萧铭寿来。

廿日　　雨竟日

农田沾足,秧种俱活,可喜也。钞《唐书》二叶。出讲堂谈文,问者俱无心得。宋钺卿来。看课卷十本。

廿一日 晴

看课卷卅本。拟扬子云《牧箴》作《八督箴》,殊无佳者。

作沈鹤樵挽联。鹤樵,海琴至好也。兄弟旅寓蜀中,招权结客,补美缺,蓄百口,身死曾无馀财,兄吟樵亦继卒,四川风雅之宗相继亡矣。“萍居百口,匏系一官,便边州深奉养馀年,琴酒寄情聊复尔;息叟先亡,梦园归去,更少日连枝悲逝水,笛邻访旧为凄然。”午后过帽顶处,与同饯维侯,连子齐、敬庵、鹭卿作陪,戌散。

廿二日 晴

补钞《旧唐书》一叶。看课卷廿本。翰仙来,甚言机局之难办,鹭卿家丁横肆云云。董文焕同知来,以其名似研樵而见之,无聊人也。酉诣稚公饮,鄂生、季怀同坐。

廿三日 雨竟日

钞《唐书》半叶。出诣简堂、程藩使、锦芝生、旷金钟,吊沈氏。程处遇一红顶胖人,程呼之“同年”,年可卅许,不中绳墨,未交谈也。至鄂生处,陪其子师罗质庵饮,季怀、耀庭同坐,陈用阶之子亦与。罗以唐妹婿,不肯首坐,仍以余为客。季怀甚诋荫渠,兼谈俄和事,云劼刚不敢即往,待报而后行。崇使参赞电信来,云约尚可改。未知其意所在。夜雨如春霖,二更后还。

廿四日 阴雨

看课卷十馀本,为王绳生改一卷,聊为诸生式,亦不能佳也。锦芝生来,谈保甲。简堂言聂才女诗未寄到,戴表侄事难行,须托贵州官谋之。俟发家书时便为致达。

《王制》:“庶人春荐韭,韭以卵。”卵,盖卵盐也。卵与盐同俎,今乡俗犹然,其祝号则唯称盐而已,故《曲礼》以韭、盐并举。《内则》郑注以为盐如卵,殆非也。

廿五日　阴

定课案,正取至六十三人。周绪钦道台来,前日所遇胖人也,谢未见。薛季怀送诗来,黄耀庭亦有一篇,皆为稚公发愤郁者。余初以耀庭未能即成,至此乃匆匆作七言一篇应之。湘石来,谈终日,匆匆未暇他作。

廿六日　雨

为唐鄂生写寿诗作序,破半日功,而纸短不可用,少惕,遣换之。拟为稚公作生日,召六云谋之。正纷纭间,闻外有湘潭声,知丰儿船到,出视则搢、寿二子同至矣。饭后鹭卿来。夜然烛写诗,字稍胜于先者。帽顶送草花来。

廿七日　晴

晨写诗卷毕。船人行李俱至。发第五号家书。莫千总来。连希白来辞行。刘奇夫借《唐书本纪》去。希白送画扇。

廿八日　晴

藩使遣人来课院生,不点名,而犹委员,仍承旧例,牢不可破。唐鄂生借发经费一千,交监院表散月费。

今日治具为稚公作生日,本期夕食,而稚公午至,陪客唯简堂,踵之鄂生,几后一时许,犹较常时早一时许也。新厨人甚不能佳,戌散。季怀留谈至亥,客去颇倦。

廿九日

晨不能兴,至午初乃起。刘栋材来,言何光亭、曹敬轩皆病故,苏州妹子生一女。何务园尚在,年八十馀矣。钞书二叶。钱徐山来。申正至旷寿云处会饮,诸客皆先至,许晓东、刘玉田、李和合、刘伯卿。唯晓东狂谈,意气发舒,不似湖北请安时。

晦日　雨

出送维侯,因书扇赠其弟。答访徐山、周叔卿。周,桂林府灵川人，乙丑进士，辛酉补壬子同年也，方子箴呼为“小胖”。钞《唐书》一叶，毕一卷。

五　月

戊辰朔　晴

晨出点名，重定己课。将撰《尔雅》注，检去年诸生所采稿本未得，甫书一条而辍，将俟节后检校之。钞《唐书》二叶。滋女仞诗字一篇。帉女始讲《曲礼》。

《通鉴》：“臣光曰：微子立，则成汤配天；吴札立，则太伯血食。”此言甚谬，宁亡国以全君臣之分，国既亡矣，有何分乎？又吴札不立，吴未尝亡。如此史论，以冠卷首，殊不可解。

二日　晴

久未巡斋，携丰儿往查课。遇许晓东至，辞不能止，坐待久之，复杂谈久之，已费半日矣，口课殊无暇补。锦芝生、曾昭吉、萧铭寿复陆续来久坐。夜蚊又甚，仅钞书一叶，篆《尔雅》三行，帉女讲书如额。

三日　晴

看课卷六十本。骆勤广、张声泰、周豫生均来言事。夜甚倦，不能为帉讲矣，自强不息，诚圣功也。简堂送节物，辞其火腿，以数过多也。

四日　晴

院中诸生六十人修去年故事，会宴于内斋，设戏终日。余因饬厨办设一席，补去年陪媒之局，以帽顶为首，锦、劳、黄、许四道台作客。申集而酉雨，将夜，体甚不适，稍休，乃出陪客，未知是中凉抑中热也。三月初,营兵以狎优公斗,优人惧牵涉,皆逃出城,在者率不能唱,亦无外间曲本,操土音而演谬事,别是一方乐歌,大抵采茶、花鼓类耳。夜雨不止,麓生冒雨去,晓东亦频欲去,菜出太迟,亥正乃散。

五日节　　晴

会馆请祀乡贤,约辰刻,依期往则已散,云须及制台牙参,故黎明至而行事,云辰刻者,沿旧例耳。余三往不与事,颇以为愧。院生及杂役人等昨日已上礼,故免设拜。待午,儿女贺节,外客来者皆辞,唯黄笏生、劳鹭卿得入。以搭棚劳费一日,戏太少,复展一日,从下请也。演《聊斋志异》二事,至子夜内外俱倦乃散。

六日　　晨雨午晴

见院外生二人,余倦未休,仍放学一日。钞书一叶。

欲往督府,稚公适至,为周筠连言病状。云当先起假以小差,使无饥饿,亦故人之谊也。周病三年而不销假,以缺苦,人不欲得之,故免于议。若以病去,人则在所宜去,然告假不开缺,亦无损政事,特不可与吏言耳。晚过翰仙,值其匆匆,少坐还。

七日　　晴

泽坡来,云欲请将军。前将军劾总督,恐总督督过之,因遣散伶人出城,至是复至,故有宴集也。翰仙午来。钞书二叶。篆《尔雅》一叶,小学殊已荒疏。得家书,见成芙卿题单,是一"三家村"叟,殊乖所望。申饮杨皃江处,广东金,浙江钱,湖北宋、曹、张,湖南刘管丞同集,戌散,还未暮。

八日　　雨

发第六号家书,并寄银二百两,交喻洪顺。与书樾岑。钞《唐书》二叶。篆《尔雅》一叶。与莫、陈二总兵书。得董川北书。

九日 雨,午止

出南门至惠陵,稚公招同幕府十三客集饮,看荷花,闻喜宴也。坐间畅论屯田徙民之策,不待工本而办,诸客或不以为然,未之思耳。视国如家,焉有不切实之事!季怀言杭州栖贤寺竹甚佳,余未往游也。晡还,钞书一叶,篆《尔雅》一叶,《释器篇》毕。写扇二柄。

十日 晴

滋女十岁,未出堂食,因晏起,竟日多眠。李文潭来,云寅安师之长孙也,欲求袭世职,仅有广藩一行。知此间多买人札照冒袭,号为鬼接头,未敢定其真伪,为孟钟吉所绐,而多防猜耳。

篆《尔雅》一叶。钞《唐书》一叶。改《军志》,校《南史》,均初起手,未限多少,明当以一卷为率。夜月颇佳,移出外斋。发信与子寿、鲁詹、祝陪堂、董兵备。得黄夔州书。出堂讲经,说"鄫子取季姬"及《东门》诗。董生、丰儿各问《仪礼》三事。

十一日 晴

钞书二叶,篆《尔雅》一叶。改《军志》一卷。薛季怀来,云帽顶欲要便饭,小坐遇雨。两监院来,言脩金事,云已告盐道,言经费不足,脩金无所出。余本改章,以自减为得体,今两监院反为余求益,颇为恨恨。雨止,同过帽顶便酌。写对二幅。

十二日 雨,凉甚

钞书二叶。写扇三柄。得耿奉节及三弟书。余剑州来,云为李申夫所谗罢官,视其状,驽才也。萧铭寿复来夜谈。改《军志》一篇。刘镇坤送鹦鹉。

十三日

先祖考忌日,谢客素食。院外生来者三人,见于便坐。毛生舜琴来,麓平之孙也。麓平别已廿年,死亦十八九年,不意其孙长成如此。力劝其不可作小官,当为谋一小馆,留谈久之。钞《唐书》一叶,校《南史》一本,改《军志》一篇,理两女功课,竟无多暇,未篆书也。夜至子正始寝,而日课未毕。

十四日

更早起,补篆书三叶,钞《唐书》一叶,校《南史》三卷,改《军志》一篇,为三女理书字。作书复赵沅鹊之弟树穓。得《题名录》,与循中式,李莼客亦中,盖此榜名士也,似少新科者。谭丽生、陈郎伯商、祝澹溪、汪弟皆得中,差为愈于前科。遣取越嶲马来,自试之,腰硬,不适于筋脉,不及贵州产者。

十五日　晴

卯初起,坐半时许,出讲堂点名。篆《尔雅》一叶,钞《唐书》一叶,校《南史》二卷,改《军志》一篇。为三女理功课。帽顶来。又闻王正孺中式,今年颇多熟识人。孝达转讲学。薛丹庭误也。俄人欲遣使来议和,新进唯孝达能与议,未知何以待之,其不来主讲书院明矣。阳春妇自长沙来。夜率两女登城,绂子、丰儿从,风凉月暗乃还,俄而月食,阴云不见,出时如上弦月。

十六日　晴,午雨

南门小,北门人。写扇对。曾昭吉来,言机局开得火井。周颂蕃来道喜,以与循中式也,犹有古人之风,悦而受焉。钞《唐书》、《尔雅》各一叶。午过宋钺卿饮,同坐者胡小穆、曹、张、冕宁令熊恕臣,酉集亥散,腹中甚不适。校《南史》二卷。

十七日　晴

钞《尔雅》、《唐书》各一叶。黄生筠心来,求书往东川彭兵备,并复马师爷一纸。田秀栗来谈,自以探刺方、蔡阴事为能,不知司道之犯上,由总督之太懦也。处众人之上而有忧畏之意,故人得中之。

犯而不校，亦非尽善，在所施得当耳。若恃挟持以求胜，胜不如败矣。改《军志》一篇。

十八日 晴

钞《尔雅》、《唐书》一叶，改《军志》二篇。同乡四眼子及萧子厚来，久坐。鹭卿复来，遇大雨，坐至晚去。

叶化龙署缺，涕泣欲辞，余晓以做官非赡家之事，做武官乃求死之事，彼初未之闻也。以官为市，国家教不立之过，不可以责此等人。夜讲《曲礼》，以诸母为大夫以上之称，似亦可通。盖唯士有庶母，知诸母与庶母之别。校《南史》一本。

十九日 晴热

钞《尔雅》、《唐书》各一叶，改《军志》一篇。闻新中张铭和乃张鹤帆之改名。壬子、乙卯不脱科，果然。

申过帽顶，陪稚公饮，让坐久之不决，薛季怀、唐鄂生、许晓东皆不能赞一辞。余以为礼有专主，所至常尊则非矣。唯君主其臣，云南人非蜀臣，仍当以先督后客为得体。竟不能定，乃设独坐于右以待稚公，仍以余为上客。稚公尚逊谢殷殷，益形主人之轻简。省例山长陪督抚，斟酌尽当者。各省督抚太自尊，此又太自抑，所谓折节者耶？

廿日 昨夜雨，晨凉

晏起已过堂食矣。校《南史》二卷，钞《尔雅》、《唐书》各一叶。为吩女理书，殊荒芜茅塞，无悟入处。酉刻出，讲文赋一篇，以引诱诸生。

廿一日 晴，早凉午热

书条幅，钞《尔雅》一叶。未出南门，骑行至草堂寺。田秀栗设席，要薛季怀，张敬山，唐、锦两道台同饮，至戌散。骑田马还，田自夸其马,殊不适于驰骤。

廿二日　晴热

钞《尔雅》、《唐书》各一叶。午将出答客,日烈未行,钱徐山来,云其父仪吉有《献征录》六十二本,在从弟子密处,唐鄂生欲刊行之。晚过许晓东饮,帽顶、黄机先在,顾又耕、鄂生后至,为徐生说馆,兼为毛、孙谋干馆,均易集事,亥散。小惕即寝。

廿三日　晴

钞《尔雅》一叶,看课卷,校《南史》。夜为帉女讲《曲礼》,于进食之礼,客主同食与否无明文。两言"延客",似不同食,后言"未辩",又似同食,疑莫能明也。考"脯、朐"、"梃、樴",似尚确当,皆前此所略。

廿四日　晴

莫总兵来。校《南史》四卷。看课卷,巡四斋,人不及廿,太寥落矣。

钞《尔雅》一叶。得旷经钟报,湖南得两一甲。

廿五日　晴热

李县丞来,言刘璈将甘军,颇有布置。阶州瓜子沟,回众所聚,人莫敢往,璈至,移屯四日,而盗酋并获,阳抚馀众,以待其懈,将才也。发课案。钞《尔雅》一叶。闻灌县出蛟,枯桤生枝。

廿六日　晴

课卷遗检十馀本未看,补发一榜。吴春海来,言状元乃其弟子,比三科皆得状元门生,吴门欲与穆门比盛,诞矣哉!钞《尔雅》一叶,校《南史》二卷。田秀栗来。调院胡梁来见,言新津令随丁奸民女被杀,而以为哥匪,哥匪亦自以为功。官昏民愚如此。夜骑过机局看火井,遇雨几不能还。翰仙设荔枝、糕饵,放鹦鹉去。

廿七日 晴阴

钞《尔雅》一叶,校《南史》二卷。辰出答访杂客,误入一马知州家,小坐出。诣鄂生、芝生,正午还。周豫郎来。帉女移入内斋,使滋女从丰儿读诗。比日蒸热,殊不能健饭。

廿八日 晴热

课读毕,唯闲卧。萧、杨来。得蓬海书。钞《尔雅》二叶,补钞数叶,粗成一本,以授茙女。计廿年来两钞《尔雅》,皆为他人竟其业,未尝自钞一过也。去年大集经解,欲成一书,忽失其稿,故今意兴殊懒,姑置之,以待能者。钞《唐书》半叶。

廿九日 晴,蒸热

钞《唐书》二叶。竟日无事。锦芝生来。夜大雨。与书王成都。

六　月

丁酉朔 朝雨

旋止。出点名,竟日多接诸生,出题误记郑笺,有来问者乃改之,幸非捐班,不然为大笑矣。钞《唐书》二叶,作家书未成,蚊扰,夜乃续书一纸。鹭卿送绵桃。吴圣俞送嘉定荔枝。陈千总送鲤鱼、沙果。为滋女钞律诗一叶。是日小暑。

二日 晴,午大雨

钞《唐书》、唐律各一叶。午至帽顶处看戏,戌散。

三日 阴

钞《唐书》一叶、唐律一叶。午至少城关祠,两监院设酒看荷花。伍、吴两院长为客,凉风振衣,申从城根还,骑行甚适。

四日 大雨,至午止

钞《唐书》一叶、唐律二叶。刘、傅二弁来。酉初,骑至玉沙街胡圻同知处饮,萧子厚、周雅堂、朱同知、章师爷同坐,周俗。过徐琴舫,翰林中信为有材。戌还。

五日　　阴,午后晴

钞《唐书》一叶、唐律一叶。罗师爷,罗从九。杨生为其师求缺,妄谬可笑。夜选李律诗,殊无一篇入格者。

六日　　晴

钞《唐书》、唐诗各一叶。顾华阳、刘守备来,午间移内斋入里间。校《南史》一本。

今日盐茶道考课锦江院,诗题"同是宦游人",丰儿不知其命意,余为揩子作一首,用九抬头,必中试官也。"湛露依光久,青云得路同。宦途欣展骥,游迹记飞鸿。玉笋班曾缀,金闺籍早通。江湖俱恋阙,符节远分铜。丹诏书衔凤,双辕画隐熊。春常逢驿使,险不避蚕丛。画省当阶月,邮程赠扇风。帝京瞻日近,前席觐恩隆。"

夕赴骆祠,会刘、劳、黄三道台,刘管臣同年进士饮,唐子迈为主人,设席洗马池边,翰仙先去,诸客亥散。

七日　　晴,辰雨,至午复晴

钞《唐书》、律、诗各一叶。比日专课畅读,未皇他事。帽顶来。

八日　　丑初大雨,甚凉

华阳地气,盖五月热暑,六月已秋,较外间恒早一月也。钞《唐书》半叶,唐律一叶,校《南史》一本,看经解四本。撰《尔雅》三条。

阅京报:周、童、二孙俱留馆,钱师复为司业,而先谦为祭酒,陈又铭河北道,惠年浙运使,黄倬开缺,郭松龄病故,鲍超为湖南提督。

九日　　早阴

令丰儿考"袷禘",授意令说之。午骑出谢杂客,见郑安仁,将雨,强过王成都、顾华阳。于王太守处假舁乘之,复北行,答拜客,至玉沙街大雨不能进，闯晓东门而避焉。留食，煮馉。雨小住，复过简堂，小坐而还，已将夕矣。竟日行甚倦，早睡。

十日 雨

起甚早，寒可绵，竟日潇潇。郑安仁来。看课卷五十馀本，至子夜，无暇治馀事，并三女日程皆颇废弛。

十一日 阴

晨起拟作《禘祫》、《志》稿，将竟日排比。午间王芷庭来。钱徐山、黄豪伯、翰仙、福生、李懋章、吴熙、简堂相继来，遂尽一日。

豪伯新从印度还，谈七万里之游，亦无新闻见。唯言黑水是藏江，弱水无不能载物之理，则可破儒生愳闻也。

十二日 晴

晨起发案。钞唐诗二叶。宋钺卿来，留午食。少睡，出诣稚公，甫入已暮，未多谈。答访豪伯不遇，访高监生、元卿、翰仙，看洋画，夜月骑还。吴熙星甫送钞案来，翻阅至子夜，颇寒乃寝。

十三日 阴

钞《唐书》一叶、唐律一叶。三曾来调试，旗生不到。

吴棠未到任以前，达字八营援陕，分宝鸡、凤县、大安驿三处。果后十营援汉，果毅七营、达字五营援黔，又增五营，合以川军，共三十一营。周达武领八营攻越嶲，共川军卅五营，又有防军二十一营，共百八营。同治三年冬，以湘果右军七营不力，裁撤，留二营，何胜必死，归胡中和节制。四年十二月田兴恕罢，周达武代之，仍留四川。湘果中军萧庆高平蓝逆于汉南，生禽曹灿章于周沟。

十四日 阴

钞《唐书》、唐律各一叶，看杜诗一本，小女点读，颇费时日，诸课尚须改定。

十五日　晨雨

待至辰初,出点名。刘庆咸、周荔吾来,久谈无谓。晡,骑出寻鄂生谈公车费事,夕过锦保甲饮,黄机宪、李湘石、季怀、田子实俱集,夜雨舁还。

十六日　阴晴

钞唐律二叶。睡半日。午出诣少城齐克慎敬斋同年饮,吴观善、金表弟、王天翁、宋钺卿俱在,刘盐局后至,夜散,骑还。见洋报:湖南庶常选三人。

今日李提督培荣来,帽顶傔从也。旧设饭店,倾赀结群盗,昭通多识结之。乱起时年十馀,故从帽顶。后稍桀黠,逃出投丁帅,拔用将虚额兵,致大富,未知其所长。

十七日　晴

钞唐律一叶。校《南史》四卷。

午骑出城,至杨遇春总督赐田庄上,会刘、李两学使、李湘石、鲍铜梁、吴观善及杨氏二姻子,杨嗣侯光坦为主人,单衫吹烟,甚无侯家之仪。见宣宗赐诗,为之感慨。以疆帅酬平回勋,不问回之所由平,宜武略之不振也。前杨侯似不及后杨督,而岳斌已不堪为帅矣。但田庄朴陋,犹有老辈风,宜李元度奉为先正乎!际暮散。得樾岑书。

十八日

晨出送田秀栗,兼答访杂客数家,午初还。校《南史》三卷。钞唐律一叶。作八号家书,并与书皞臣、樾岑,贺外舅。未暮大睡,至戌乃醒。得陈仲仙书,求馆。

十九日　晴

钞唐律一叶。校《南史》二卷。再浴,夕颇热,外间紫薇盛开,院中小树初见红蕊耳。朱香孙从弟□□来,言其叔母乃继娶,非妾也。

廿日 阴,午大雨

钞《唐书》半叶、唐律一叶,校《南史》三卷,连日唯此功多。今年似不及往岁精果,以烦杂故也。酉出讲堂,宁生问鲍诗,岳生问《楚词》,杨生问蔡碑,皆无可讲,略为发明而已。

廿一日 雨寒竟日

钞《唐书》半叶、唐律一叶,选李、杜、高、岑四家毕。看课卷十馀本。发题问欧阳《五代史》得失,论者多以史法予之,不知欧阳自成一家言,不必论体例也,以当正史则不可。

廿二日

因寒小疾,多卧少事。

刘蓉入陕,仅恃湘、果、桂字、向导一万馀人。湘、果两军,何胜必、萧庆高。桂字,朱桂秋。向导,张由庚。八月十九败退青石关,骆秉章不得已调防军果后九营赴保宁。廿日汉中失守。同治二年,石逆窜滇,刘岳昭、湘、果三军分扼叙南,唐友耕固渝、泸。扶王陷兴安,周达武三千人,护军二千人,奏以李云麟增五千人攻汉南,多隆阿劾之,官文奏以刘蓉代之,七月授陕抚。三年,攻阶州,奏以胡中和总统。二年十二月,中旗攻秦州不克,踞略阳,周达武攻之。李云麟自北攻石泉。蓉进宁羌,□逆甚惧。三年正月十一日,汉中克复,川军甫抵汉中,逆踪已及石泉、商南、淅川,二月至安康,十八日入镇安。蔡逆犯洵阳,奴才返兴安。自元年邓逆由阳平关阑入汉南,嗣后蓝西上,发东来,曹逆由镇安北窜宁陕厅。六月萧由洋县,何由栈道,攻蔡、启二道于蕉巷。初三日多隆阿克周至,入汉阴。奴才令管涝割蓝大顺首级,初七日于安康长沟割之。八日曹逆去远,贼目供称平色色冒名大顺。真大顺、三顺、四顺、五顺、八顺、九顺在山洞茅屋叶坪。其先由周至至鄜,由宝鸡拦之,至此五旬,围攻垂□宵奔,李奴才尚未到宁,陕臣蓉即出子午谷入山。自二年八月起至三年六月止,共援陕军廿六营,用饷银三十三万。陶茂林、雷正绾、杨岳斌勇均先后溃叛。松翁来夜谈。

廿三日　晴

成都令来访,初受印,例见也。初不知其姓字,云久馆江湖间,郭远堂、郑圃香皆其居停。看课卷十馀本。晡后约松翁同访黄豪伯,因萧子厚来,遂与同去,骑至机局,兼访昭吉,还过帽顶略谈。

廿四日　晴凉

疾始发,寒热。初小凉耳,不意其竟成病也,睡一日。阅课卷廿馀本。罗振璘、吴熙来,强见之。得九弟妇书,文词甚美,盖仲三之作。二妹书来借银。

廿五日　晴,日光甚皎,凉气未减

看课卷十馀本。有新繁向生,钞校《说文》一卷,多新说,不知为何人之作。依所见而取之,亦非院中上等,以此知摭拾之无益。热退汗出,喉哑不能声。定等第,发案。罗振璘来求盐差。看京报:萧韶补御史。

廿六日　晴

稚公来,谈保甲事。他省保甲奉行故事,不足扰民,独四川民苦其扰,有弊必有利也,宜劝行之。又言武营积敝事,竟不可振。俄人欲抑海口,断南漕。余言此不足制我,北地自有佳稻,但恐和局不堪耳,不至兴戎也。英、法公使为崇厚请命,总署宜即许之,而报以不可,此足为笑。

午出访钱徐山、萧子厚、锦芝生、莫揩卿,未正还。方食,周豫郎来。唐泽坡请陪陈用阶及季怀、小香、静山饮,甚热,戌散。复蓬海及二妹、九弟妇书。

廿七日　晴，始热

校《南史》四卷。和合来，言成绵道阻挠保甲，恶其形已短也。塞尚阿儿复何所知，狐鼠微物，亦蠹大猷，使人失笑。锦芝生、陈仲宣、莫搢卿相继来，留仲宣晡食，殊热，不能饱。客来者皆久坐，盖其来不易，见又不易，又客少，故反费日工也。

廿八日　晴热

校《南史》二卷。刘同知廷福、萧副榜子厚同要晚饭，董晴川、文涣、孙资州、王少耶、胡月川俱先在，矮屋奇热，出坐中庭，多论闲俗事，戌散。过鹭卿，闻灌县往来事。二更还。帉女病，无课，余竟亦未事，荒废弥月矣。

廿九日　愈热

雷温江来，揖坐，云曾任辰溪，被劾夺官，新复选缺者。殊不知其来意。午出至督府，答访用阶，因过季怀谈。金年弟来两次，未得见，往顾象三宅答之，亦未知其来意。便过麓生。夕至周宁乡寓会饮，周署筠连，欲复盐井，为日利之计，谆谆言之。方保卿、李蕴孚、董晴川、周荔胖、曾六樵俱在坐，又有一撤委保甲员，不知其姓字，八人共坐一矮屋，暑月之至苦也。

卅日　晴热

二金鹤畴、蓉洲、刘子永来。叔平携妻子来游，迎馆于院内，竟日部署，未遑他事。

七　月

丁卯朔　晴热

出堂点名，虽乘晨凉，犹微汗，自至成都所无也。命丰儿约同学诸生会食,设二席,坐廿馀人。厨灶初立,馀客竟久不得食,薄暮乃与叔平饭。夜始凉。

二日　戊辰,立秋。晨雨

钞《唐书》一叶。杨绍曾、李蕴孚、许晓东来。得五月廿一日家书,非女血疾复发,校经堂不能兴,皆可闷也。朱暝弟、罗、毛两生、余武生来。得怀庭四月自鄞来书,乃自长沙转寄,犹为不迟。

三日　雨

萧子寿、谭钟岳来。校《南史》四卷。钞《唐书》半叶。令六云出拜乡亲八家,为之照视纨女,多在内室。工人俱出,令刘妪作饭,帉女办菜,居然得食。写家信第九封,并寄非女一书,又与弥、保一函,香孙一函。

四日　阴晴

刘玉田为余履恒来。叔平忽欲移出,再三阻之不能止。唐、许、黎皆恐其来,余以可供火食,故议招致之。今果求自困,莫可如何也。翰仙、泽坡来。校《南史》二卷,钞《唐书》半叶。

五日　晴

校《南史》四卷。暮出答访王裕庆于臬署,云方与大人话,不能见客。余又不欲见大人,留片而去之。过叔平,无可致词,数语而别。季怀、黄豪伯来。

六日　晴

校《南史》五卷,始毕功,已竭蹶之甚,计十六本,费六十日功,自来无此迟滞。午出答访杂客,便衣骑马至晓东处会饮,议叔平事,同坐者麓生、鄂生、翰仙与叔平,二更散,甫还而雨。

七日　阴

钞《唐书》一叶,午间莫总兵携酒相过,招叔平、豪伯、和合、劳、黄、芝生同集。将夕大雨，客、仆从皆沾服失容。客未至者有四司道，简堂新闻督漕之命，诸道皆觊得盐缺，殊无心于谈燕。诸女设瓜果乞巧，大雨竟夕，为从来所未值。川臬放衡永道游百川。漕督文彬病故。近日程、纲方有意挤黎，忽有此迁，浮云尽散，思之令人失笑。黎方在鼓中而不悟，信乎拙可以奴巧也。亥散，即寝。

八日　　晴

晏起。李培荣提督、唐乡晚、余画猫、两监院、伍崧翁来。午巡四斋。诸生多归秋尝，院宇寂静，夕阳甚丽，秋月初明，光景剧佳，闲游斋室，比去年觉多暇而少事。

九日　　晴

钞《唐传》一叶，成一本。连日苦应酬，幸欲休息，杂客便服者相继，仍疲接对。穆芸阁来，神似罗子珍，不知穷达何以异也。

十日　　晴

阅课卷，检《春秋》一过，将于午前毕其事，而杂客相继来。尤无聊者，阎道台论盐事，欲为说客反间，赧赧久之始去，已夕食矣。出讲堂讲书，岳生问有中下士之义，讨辨久之，无定说而罢。夜早寝。

十一日　　雨

竟日看课卷，毕，发案。马夫多费，遣之。

看京报：杨乃武案内刘锡彤已满三年，释回。令人有光阴迅速之叹。方大湜始擢直臬，又何迟也。

十二日　　秋雨潇潇，殊有寒意

钞《唐书》一叶。偶念简堂左迁蜀臬，有当官之能，无怨望之意，所谓“虽曰未学”者，颇惜其去，作诗一篇赠之。余诗不易得，黎亦不解诗，然非明珠暗投可比也。“超俗纵奇怀，徇物传德音。脱屣九州外，而无遗世心。汲生卧淮阳，王子陟莱阴。河内有遗爱，朝歌非异任。清风洒凡累,之子复冲衿。天机照不浅,澄渊鉴已深。解巘寄萧散,宣条化慆淫。如何不暖席,重此泛江浔。宠恩同非己,甄圣讵徒钦。未闻青骊驾,已动鹊防吟。良会不我覯,他时念兰金。”

出贺崧署臬,伍松翁督府,穆芸阁、黎漕使,两遇叔平,归,叔平复来辞,言鄂生、晓东助之,已可成行。

《送别黎简堂侍郎诗序》:“黎侍郎左迁四川按察,未一年,被命督漕,超阶酬功,寮吏咸喜。闿运与同县,尝共公车之役,宾客来言者,若贺其私荣焉。夫宠辱,时也;功效,人也。昔者周、召以二伯兼下大夫之职,朱邑为三公而恒思县尉。当其达,则褰裳而去万乘;惜其绩,则欷歔而望龟山。君子之仕也,非为己也。侍郎尝抚黔矣,披荆棘,立军府,戡定艰苦之功,著于天下。及以微事免,人无不为黔惜,黔人亦为之惜。惜之者,其为公耶?为私耶?吾不得而知之。他日侍郎历官,或督连两圻,或入掌六曹,赞枢机要,必有迁去之时。去之时,亦宜有赠送离别之情,其或喜耶?或惜耶?吾不得豫知之。而惟独今之去,则怃然其不可喜也。盖蜀之不治久矣。自咸、同以来,日益月甚。督府丁公毅然不惜,而独欲治之。治之而官吏喧嚣,人人欲去之。赖朝廷清明,孤立三年而未有助也。有一二能者,则群曰督府之私人。其人不能与众和,则亦自私。于是贤者中害避怨,不肖者得志。侍郎之来,灼然奉天子命,又屈居僚司,不容阿私长官。乃其言行所趣舍,不谋而同于督府,众之喧嚣者至是而自疑,黑白是非几判矣。始稍稍自治,终犹以为不便,复稍稍挠之,闻其迁,故大喜。夫迁去与罢去等耳,而失此治蜀之机,是可惜也。俄夷之谬议动摇中外,言者疑海运当阻塞而议渠漕,用是有此选。不然,漕河之职,近二十年为闲官,孰与治蜀之亟乎?且漕渠积习深,往者名臣皆身被谤疑,然后仅成功。侍郎假欲行其志,亦必人人祝其去。

其委蛇以求容耶？则何如居蜀中，犹直道而行，有友朋之欢。然则公私之计，皆未可去也。且传舍其官者，必有传舍其身之心，宜侍郎迁去而不自喜。故摅所怀，为诗以赠之。”李寅师、孙文沼移入院。

十三日 阴，有雨

钞《唐书》一叶。简堂来，言四川两道侵两司之权，总督侵藩司之权，未得纲纪。又自言其为政，常使后人有可循之绩，无积压之事。颇喜陈宏谋之书，近于读书以饬吏者。今日家中荐新，而成都尚无新稻。天方沉阴，不似去年秋光之凉霁也。夜雨。

十四日 大雨连日

夜刘愚、顾象三来，久谈。钞《唐书》一叶。丰儿病汗未愈。寂静无事，卧听雨声，暮闻两女读诗，稍慰离感。

十五日 大雨，自子至巳方止

堂课免点名，但出题，于辰初悬示，诸生亦有来者。午令妾、女治具，邀张三嫂一饭，辞不至，乃延李世侄、范、杨两生共食，戌散。米市尚无新稻。

十六日 霁，凉

骑出南门，至东门，觅叔平船，乃无其事。至翰仙处一谈，遇阎道台，无甚可谈，驰还院。钞《唐书》一叶。陈仲仙来。

十七日 晴

钞《唐书》半叶。午过帽顶，与督府幕客穆、薛、张、许及陈用阶同年会饮，戌散。得六月十六日家书。

十八日 晴

看课卷。刘子永、劳鹭卿来。发家书。写对、扇三件。

十九日 晴

看课卷。出寻叔平船，云昨已去。从南门入，桂树已花，偶集二句云:“大鹏六月有闲意,桂树香风生隐心。”又集一联云:“碧海鲸鱼,兰苕翡翠;青春鹦鹉,杨柳楼台。”李年侄送蒸盆。

廿日　阴

看课卷毕。钞《唐书》一叶。午出贺莫总兵署提督。答访锦保甲。至简堂公馆陪文武两督饮,申集戌散。有雨。

廿一日　阴

钞《唐书》一叶。为李世侄讲《曲礼》,改定笺义三处。酉至普准堂。金椿知府再招饮,不能固辞,往,乃闻有康巡捕,以下吏陪客,是侮客也。坐有刘道台、李总兵、齐知府,皆不宜与巡捕同坐。盖尊者可召贱者食,贱者亦可迎尊者食,唯独请客,不可贵贱杂。俗人难语礼,托故而还。

廿二日　晴

钞《唐书》半叶。午过公所会宴黎漕督、莫护提督,以程藩使为客,设三独坐,主人六十馀人,在中墀心者锦、劳、刘、许、二黄六道台,李总兵,王、曹、李、□四知府,亥散,嘈杂无章。

廿三日　晴

桂香已歇,殊不及湘中久芬,盖早开使然。欲出寻秋,念无所往。钞《唐书》半叶。黄篘生自重庆还,得彭道台书。莫提督、锦保甲来。

廿四日　晴

钞《唐书》未数行,麓生来,萧、锦同知复至,送朱沙罗布,因留与谈,似是湘人中可用者。午欲出谒客,熊三惰于事,当遣之,以其远随我,姑与之空饭,令待伴归。舁出诣鄂生,值其剃发,待久之,已欲去,鄂生乃出,匆匆谈数句。诣鹭卿处会饮,季怀、豪伯、穆芸阁、李湘石同坐,多谈外国事,亥散。

廿五日 晴

钞《唐书》一叶。因尊经阁上设孔子神牌,考其祀礼。改补“文王世子”笺三条,说天子乃得祀先圣,及夏无释奠之故。夜与严生谈经史,生论《宋》、《晋书》皆非原本。读史而加校对,可谓枉抛心力者,亦近代专门之学也。焦生公车还,来见。

廿六日 晴

钞《唐书》一叶。龚、曾两生公车还,来见,谈都中事,云谭叔玉欲假归读书,可谓有志。而欲事陈兰浦,则未为得师也。孝达转庶子,忧国伤亡,殊无志于学问。曾生送上海新印地图,颇精致。又送何愿船《北徼图》,昔年游京师,何方创此,今已再散,而仅存此。李鸿章序云已排比全书重刻,未知信否。茙女随其兄游桂湖。毛生来求荐,书与裴樾岑。

廿七日 晴

钞《唐书》一叶。为帉女更定课程。王、吴两同知,王裕庆、黄舒昺、胡某、谭钟岳四同县人来谈。陈仲仙随至。夕食后甚倦。张生来,谈时事,因书与雨苍,并复连子。儿女从桂湖还,言花已过。

希白仁兄殿帅爵前:奉送行旌,倏已逾夏,福门嘉礼,未及申贺。旋闻田君言,已驻万县。同舟东泛,锦帆安稳,璧海顺流,垂佩君门,定逢新宠,甚幸甚颂!令兄已至驻所,傔从平安。成都近无讹言,但惜黎公之去耳。实心任事者不可多得,蜀中积弊又深,游、崧之徒,奉行良吏,未足挽颓波也。俄事必无他虑,而廷议为正论所劫,致谋边防,思之叹恨,亦未知两宫真忧劳求贤而不可得耶?或以今所用为贤,而姑徇舆诵耶?故虽有所怀,不敢自献。昔荆玉三刖,庄鹆〔鹓〕一吓,九重万里,忠愤徒深,每遇北风,何能不叹。闿运滥居祭酒,忽已二年,山中信来,促其反棹,以去腊方归,今冬当留度岁。明年秋泛,定戒扁舟,为日尚迟,可随时通候也。专此手复,敬颂台安。惟荃察不具。

雨苍仁弟道席:前寄两书,由左营转交。正值心疾甫发之时,续有从京中来者,言豪气未减,近况甚困,且慰且叹。又见少荃所代递条议,知吾弟复有跃冶之志。俄夷谬议,发诏求材,骐骥不乘,可为太息。天下之事误于庸人者少、误于清议者多。庸人之误,危颠不扶而已。忧世者之过,则危言直词以惑中外,如议和约而忧根本是也。东三省之空虚已非一日矣,今委此一二人,召此一二人,一二人守之,一二人巡之,其于本根何所裨益?而天下骚然,两宫百虑,日日常若俄兵至,而俄人固晏然也。久之,知我之无技,亦或少出一二语以尝我,遣数十骑以疑我,而此一二人者早已张皇失措,尽败其度,乃浩叹于事之不可为,而仍取前日之失策次第行之,则何如坐待其困之犹愈乎!崇公不画押,左公不索城,亦岂能禁俄之通商?左自耀兵,崇自伏法,又岂能禁俄之通商?他日俄人辄以兵至,固有诸军御之矣。若不以兵至,而以商至,陕、鄂疆臣能止之乎?廷议能止之乎?今日之谋但当虑此,固不必以用兵为亟也。恐哲人亦同此论,聊效所闻。闿运于前年除夕至成都,方、崇大以为非,横加撼阻。业已应聘,不能曲从,张目与争,极为可笑。章程既改,遂当试行。周流一年,中复还湘度岁,今春携妾同来。吾弟前索之子已补廪取妻生女,今不能复从君游矣。出山徒多人事,仍当还隐,弟亦可移家湘中,冀共晨夕。丁公推贤好客,或来作蜀游亦佳,便可居闿运私宅。人海中无甚佳趣,达者自知进退耳。至都人多,人人可以致书,所以迟迟者,本约无事不空言也。筠仙、镜初俱无恙,湘中固多良友,君所激赏之曾沅浦究竟何如? 年近五旬,当去世俗之见,莫若于经书中寻求治理,此金石之言,非季高红顶之骂也。久不通问,夜书五纸以当面谈。即颂双福,并问蒙古儿妾无恙。

廿八日 晴

朝食后小睡,出城至武侯祠,稚公招同莫、李两提督陪黎漕使饯席,午集申散。陈洋员来,满口京腔,年约卅许,不知其何许人,云黄翰仙属吏也。竟日未事。

廿九日 晴

钞今年所作诗,未数行,杨、陈两生,曾麓桥,彭古香,李湘石,焦、洪两生,李、罗、楚三同乡,唐帽顶来。至夕乃散。

晦日 晴

钞己诗四叶,补讲书,讲《豪士赋序》一篇。骑出答访王六、黄方正,谒者误通简堂,延入乃知其谬。张怡山在焉,略谈,辞往黄斋,王亦来谈,简堂遣留久谈,二更乃还。明日当问《经解》,拟题至子夜乃寝。

八　月

丁酉朔

辰出点名,诸生俱集。作书为毛生干王成都。锦保甲来。

二日 阴

写扇对,撰二句赠陈用阶。用阶为湖南官中能文者,好甜酒而重听,故戏之云:“论文似酒知甘苦,退宦如僧静见闻。”杂客来干求者颇多,概笑置之。曾元卿、钱徐翁来。薄暮骑访陈仲仙,还而马惊,不肯入内院,幸习骑,否则失体矣。古人所以重御。夜雨报秋,凉声飒飒,定书院释奠礼。

三日　晴

李镇、黄道来,招王芷庭、黄曙轩饮,因及阎象雯、毛舜琴。曙轩以丧不至,芷庭早来,几两时许始得食。未上菜而鄂生来,出谈半时许,家制鱼翅竟未得尝,亦异事也。厨人作菜殊未清洁。为客留城,而城门又闭,颇为惭负。

四日　晴

司道公请漕帅,城中纷纷出城,余亦出访杂客十二家,取其不在馆也。唯莫提督、曹桐轩太尊处入谈。午至公所,谢芷庭,送象雯,兼践牌局之约。张门生、阎侄先在局,余挤阎侄而代之,至夕甚倦欲归,公所同乡张、周、曾、杨公饯阎观察,留饮至戌,乃骑而还。今日唯为帉女讲书四叶,日课全未理。芷庭为妻所弃,如朱翁子,中年继妻长子俱丧,孑然一身。简堂欲为取妻,辞而不纳,孤介人也,颇无势利之见。余县人有先辈之风,不以富贵加乡里,他处所罕闻者。

五日　晴

丰儿生日,招幻人作戏竟日,诸生设食,至亥乃散。作书与怀庭。

六日　晴热

李湘石来,送彭洵条程卯事。两监院来,言伍松翁与王成都书,责其无礼,辞招不往。余昨未知此事,而亦辞之,颇似有痕迹也。凡人处世,小节不必争,余与厮役杂坐,犹未明言,松翁为未灭心火者矣。简堂、钱帖江来。夕食后出访鄂生,未入。过鹭卿,复已出。乃至稚公处,谈俄事,以董、醇出总署为非宜。晚至郑安仁处赴席,已再邀矣。请一武官作陪,云将军标下中军官,亦巡捕类也。方议松翁,故勉入坐。芮师爷、杨小侯及张、吴两县令同饮。热不可耐,入蜀来第一苦境也，二更乃得归。

钞《唐书》一叶。作《余阳春铭》："铭曰：由余伯秦，胄衍于巴。赳赳副军，出峡搴牙。群盗窥湖，岳守言分。石之掠邵，群帅崩奔。国殇怒歘，死绥胡领。凶徒散沙，录功愈颎。鼓鼙殷潮，生鲍不骄。铭以悼武，夔巫隝罶。湘潭王闿运顿首拜题。"

七日 晴

出城送简堂不遇，至机局小坐，与黄郎谈话而还。送彭洵书与稚公，复怀庭书交佗子寄去。得衡阳夏生书。午过钱徐翁饮，罗质堂、薛季怀、顾又耕、钱帖江同坐。钱妻妾治具，味正而少变幻，顾不知其味也。帖江与肯甫为同年生，曾入其文幕，所推尊李先生，余曾见其书，犹忘其名，不知浙江人何所取也。

八日 晴热

晨骑出城，至安顺桥西，送王芷庭。黄曙轩、芷庭未登舟，在曙轩仓房小坐。衣冠诣送简堂，候补道相续来，殊不能谈，与麓生同辞退。入城，金年弟来，留同朝食。芷庭、豪伯、杨生入谈。欲写扇竟未得执笔，久之书团、簟扇各一赠黎、刘，兼送诗卷及早菊、晚香四盆与黎。饭后小睡，复出城至黎舟次夜谈，阎象雯在坐。简堂有攘夷之志，督抚中所仅见也。二更过水师巡船宿，即去年归舟，改为三版，夜风摇浪，复有江湖之想。

九日 阴

晨雨，步过江边，遇马至，骑而驰，至城门遇舁来迎，未换乘也。六云犹未起。饭后小睡。仲宣、萧总兵绍荣、刘瑶斋来。欲访伍松翁，值其他出。夜删定《乡饮酒礼》，似尚可行。

十日 阴

与诸生演释奠礼及饮酒礼，凡二次，手脚生疏。曾心泉、杨绍曾、黄翰仙来。薄暮复演,稍已成章。

十一日

寅起,俟明行释奠礼,辰正观祠,吴、张、薛监院行礼。午后再演乡饮礼。曾心泉、杨绍曾、黄翰仙来。六云生日,午设汤饼,薄暮欲为博戏,匆匆未暇也。孙生欲唱戏,命诸生止之。

十二日　雨

日中行乡饮礼,诸生至者四十馀人,齐之以礼,甚为整肃。请松翁为撰者,升坐,无算爵。后张生孝楷、杨生炳烈忽酒狂骂坐,一堂愕眙,牌示责之:"本日试行乡饮酒礼,华阳廪生张、秀山附生杨,傲很不恭,敢于犯纪。本应除名褫革,念《大学》有三移之义,且系试行,姑降为附课,并罚月费奖银一月,即日移出书院,俟改过后再议。"

十三日　晴

晨作教示诸生:"昨因释奠,试行乡礼,诸生济济翼翼,几复古矣。乃羞爵之后,司正纠仪,举罚失中,致有张、杨两生肆其狂惑,余甚愧焉。讲学期年而气质仍蔽,教之不行也,教者之过也。然纠仪急欲整齐,司正畏懦不直,毗刚毗柔,亦各有咎。昨所以不言者,以迹而论,两人无失。又初试行礼,未宾贤能。以儿子代丰颇习仪节,王生树滋愿司纠察,亦非谓选求默而使之也。然人不相知,己不度德,余焉敢自恕乎?诸生之过皆余过也。今辄自罚十金助酒脯之费,并请监院钞牌呈遵者,以谢不虔。诸生无亦思为今人之易而学古人之难,各攻所短,匡余不逮。"

午出访松翁、鄂生,未登舁,崧锡侯、萧子厚来,久之乃出。鄂生处谈俄人已至天津。薛生书来,以勤王勉丁公,知李少荃当败绩矣。因过王莲翁,莲翁云将军得书,言曾劼刚和约已定。复至丰豫仓,答访钱帖江,遇薛丹庭。还从少城中过将军恒训,未见。曾纲复来送礼,因其无刚,为收四色。暮过帽顶谈。

十四日 阴,有微雨如雾

杨侯、季怀、钺卿来谈。季怀言迁都彰德,结和亲,伐日本,为交夷之长策。余以中国当经略南洋,通印度,取缅甸,为自治之上策。盖中国积弱,不自他道改弦而更张之,徒议迁都,仍无益也。然此二说亦犹楚臣三策,可以皆用。事经历练,胜于郭公使之赞扬盛美矣。夜斗牌至子,先寝。雨。

十五日

秋节早起,诸生昨于讲堂豫贺,今晨唯两监院,书办、斋夫等,均见于讲堂。杨江香班后来谈。

十六日 壬子。阴

萧铭寿率其友孙元超来,欲谋开复。元超以平反史唐氏案见昵于前臬,不知其何以得咎也。史唐氏之夫持刀索妻,妻家及奸夫丛殴之,史甲死,成都令以自缢详报。方子箴采人言,坐以谋杀,物论翕然称快。及方罢官,代以崇、黎,皆以为荒谬。人证俱死,莫能明矣。余询元超,元超历述教供之情,犹自以为确凿,可叹也。

薛巡抚焕之子华培字次申来见,欲求志状,而辞云有他事,知其应酬世故未习也。所乘舆故敝朴陋,殊有素风,面奖之。李湘石来,午过机局看戏,至戌雨至乃还。钞《唐书》半叶。

十七日 晨雨,地蒸润如春深时

写家书一封,寄银三百。为吴熙作《刑名书序》。闻外有言揺子、丰儿者,至书局察访之,因言李康辅假票以愚揺、绶,当直索其银,否则告其长官,撤去差事,以惩刁诈。及问揺生,又言系周姓所为,非康辅本意也。

午出答访薛世兄,旋至章师爷处便饭。章仅一面,而三请,不可不往。至则张华臣、黄福生先在,陈珊阶、俞子文、王怡亭、金蓉洲继至。坐至三时许,烟气薰烝,天又溽热,饮新酒一杯,头眩而起,未数步昏不知人,众皆皇遽,梦中觉吐乃醒,复少坐辞归。至舁中行四五里,复大吐。还讲《檀弓》二叶,昏然遂寐。

十八日　雨

昨夜子时大雷,起坐久之,见电光始白俄赤,若火初发,大震,地版皆动。又顷之,空中雷如发炮一声,雨皆若注。竟夕未安寝,至晓强起,钞《唐书》一叶。午睡,晡后出至和合弟处,吃到任酒,芝、麓两生及绍曾同坐,和合作陪,未与主人交一言。

夜讲《通鉴》,感楼缓、虞卿议割地事,与冯亭邪说同,而长平败,邯郸存,用之时势不同也。

《短长书》,三代词令传之最精者。班史以纵横家出行人之官。苏秦揣摩太公书,书名《阴符》。符者,行人所以为信也。符有阴阳,盖记所言于符阴,言山川物产形要之说,故其书以罗数国富、指陈形势为主。唐人伪造《阴符经》,乃以为兵书,非也。郑,小国也,为命极一国之选。孔子亟称之者,折冲尊俎决胜万里在一言而已。凡言得其情,则敌折谋;语惬其心,则交益和。古之所以措兵者,礼也。礼之所宣者,词也。不修其词,而震于兵,此英、俄之所生心。

十九日　乙卯,秋分。阴

钞《唐书》二叶。

咸丰十一年五月朔,黄淳熙援顺庆,贼先退李渡河,分股由资阳、遂宁、蓬溪扰川东,定远告急。八日果毅营进援定远,十一日斩何国梁,解其围。十二日追贼二郎场,贼依涪水散走,黄死。十六日,贼去,军还顺庆。六月一日骆至顺庆,七月驻潼川。八月朔湘果三军六千馀人，胡中和、萧庆高、何胜必将之，自中江进绵州，唐友耕、彭太和、刘德谦、曾传理自三台进，颜佐才、唐炯守城内外，蓝朝鼎迎战于杨家店，八月朔胜于塔山。唐友耕观望不进，胡中和退败，大雨无功。贼聚州西门，诸军移屯东岳庙。十四日贼往绵州、什邡、彭县，川北无贼。九月骆任总督，十五日接印。李短达踞眉州城外，眉州东阻府河，西接丹棱，南通青神，北连彭山，连营百馀里。湘果三营、果毅护军五六千人，由崇庆、彭山进，提督蒋玉龙攻蓝朝柱余党于丹棱。唐友耕六千馀人防府河，断井研之路，自邛州进。十月朔，唐先破张鞍。四日湘军至，六日攻贼河西黄忠坝，进象耳寺。八日丹棱贼来援，何马蚁至东瓜场，九日方战。李短达遣兵自松江口来引援师，胡中和破之。十一月会兵攻双凤桥，贼走青神，湘军攻丹棱，先除蓝股。蓝自绵州来，众不满万。十一月二日，官军攻城，四日又攻，皆不克，十一日夜半，贼走蒲江，趋崇庆、彭县，湘军追之，十九日及于蒙阳故城。李短达遁彭、眉，湘军迎拒于汉州高平铺。贼走德阳、安县、平武、江油，蒙阳贼亦走汉州，出绵安，追及之，遂走中江太和镇。蓝股訾洪发走遂宁、安岳、内江、富顺、隆昌，湘果诸军会攻青神。元年石达开破来凤，二月入蜀境。

李培荣来辞行，至雷波防蛮。

廿日 阴

钞《唐书》二叶。翻断烂朝报二本。奏免报销，系同治三年七月初十日户部具奏。四川八十一营，设兵三万三千馀。晚出堂讲书。岳生林宗问《过秦论》何以佳。余云以实为虚，《非有论》虚而能实，二者作法备矣。丰儿同诸生作《春秋例表》成，尚未暇阅。得陈老张、唐子迈书。

廿一日 阴

钞《唐书》半叶。每有所作，辄为人扰，人去亦不记其为谁某，今年应接之烦如此。客去唯有假寐,少顷复有客矣。夕过顾华阳饮,张华臣、金蓉洲、黄树人同坐,黄则昆伯之弟也。吃扬州肉圆、整蒸甲鱼,干蒸鸭,均佳。

廿二日　阴

钞《唐书》一叶。作会馆柱联,又为莫提督作一首。莫联云:"少年裘马锦江游,喜整顿重来,秋稻屡丰兵气静;高会簪缨华屋敞,愿英贤继迹,甘棠留荫后人看。"己联云:"游宦溯前贤,自襄阳诸葛,连道恭侯,蜀都中盛集千年,楚国楩楠参古柏;华轩开广厦,数南北萍踪,东西使节,锦水外江流万里,洞庭吐纳豁离襟。"

骆秉章奏调席宝田、周达武、易佩绅、朱凌汉、李有恒、杨岩宝防云、万,刘岳昭入夔州,檄从九萧积恭专剿邓逆,七战皆捷。邓由阳平关入陕,臬司毛震寿赴陕,建威营从至汉中。二年李、卯、周、郭各股次第平。石逆窥叙南,刘岳昭拒之宁远,河西县丞叶湝被杀,川南骚动。扶王陷兴安。周达武镇川,保举李云麟为大将,王榕吉、吴昌寿为陕藩。六月多隆阿劾云麟,朝命刘蓉代之,七月授巡抚,八月十二日行。石逆就禽,将一万三千馀人往,以李恒代毛震寿。二年二月间,石、李分道,石渡金沙,胡中和防嘉定,李自昭通至大定,防叙、永。骆于李最为契密。得七月十三日家书。夜阅课卷十本。

廿三日　阴

盐道不送节礼,遣监院问之,七日不报,蜀中官习奇俗,乃自与书鄂生询之,俄顷而传监院矣。苏秦所云势位富厚可忽乎哉!阅课卷五十本,诸生颇有新思,但俭腹耳。

映梅族孙在莫营,求百长,得之,来谢,送猪二只,余云书院不察鸡豚,以与绂子豢之,而评其直。彼将去,故寄于此,非真送也。谭升送菜,以献伍崧母。

廿四日 阴

公所请秋祭，余以莫提督新任，诸道旧贵，不敢僭逾之，辞疾不赴。鄂生来，久谈蜀中战事。芝生来，李茂章、陈茂勋来，稚公复来久谈，遂尽一日矣。夜雨。偶论古人宾贤之典，为选举之良法。盖诸侯公卿降尊以礼之，苟非其人，必不肯行宾主之礼也。故礼行而举必得士，圣王之微权也。

廿五日 雨

清坐，理日课，钞《唐书》二叶。帽顶、林生、王心翁、莫弟来。客至纷纭，有不能不辞谢者，遂谢心翁未见，既而悔之，以去年监院初归，宜先见也。索面杳无消息，怒推所由，由阳春壅蔽，责去之。

廿六日 雨

卯起，属夫力出拜客，过辰不至，乃饭而出。诣贺伍母生日，主人犹未起，设寿堂于堂后，雨湿泥滑，不可行，又有戏酒，益杂乱，汤饼会散，已晡矣。蜀中生日，围碟后继以包子，乃上热食，此其异也。至鄂生、稚公处谈。向暮，稚公留晚饭，为穆芸阁暖房，季怀、用阶同坐，初更乃还。帉女不能董督婢妪，恐夜禁不密，自移对房，遣帉女仍与滋女居夹室。令作《听雨诗》，居然成句。钞《唐书》一叶。

廿七日 雨阴

钞《唐书》三叶，补四卷并毕，此当于六月毕工，迟之至此，若不检点，虽至九月犹不能毕，故惜寸阴之可宝也。作家书。鹭卿来。丰儿请校《公羊例表》，为正“会盟”一门，改旧笺。

廿八日 阴

得七月廿七日家书。将作《援蜀篇》，以采访未集而罢。改《公羊例》“战取”一门。

廿九日 晴

巡四斋，唯东下斋多勤学，发教奖之。陈用翁、季怀同来。用翁将还泸州,久约便饭,殊不能办,客去乃冒昧设馔,期以明日。六云近惮于事,大有善刀而藏之意。初夜少寐,家人遂皆即寝,比起已似酒阑而人散矣,并丰儿亦不校《表》,尤可异也。

偶感近事,口号一律寄筠仙:"赵括藏金日,将渠引绶时。不成孤注掷,堪益老臣悲。国是终难定,岩疆暂可支。和戎盛明事,将相枉危疑。"

九　月

丙寅朔

辰出点名,院生居外者半至而已。借厨人小办,要用翁、季怀、穆芸阁、鄂生、帽顶便酌。刘廷植强招往领其宴,名为余设,而不改期,可异也。待初更客散乃往,道远夜分,余心甚愠。今日自初昏至三更,进食六十品。还,家人皆相待,少语各寝。

二日　雨阴

骑出送吴春海。春海来辞,未及知,彼讶余不送,昨遣人来问灵柩,欲以朔日为不祥兆咒我耶?以春海未必有此深心,姑依礼送之。王心翁移陕街,欲往未果也。游散无事,夜校《公羊表》。

三日　晴

始钞《春秋经》,将刻之,写《隐公》一篇。出答访芮少海于犬井未遇,过许、黄二道台而还。以两君并怀止足,胜于候补一流人。刘筠生妻遣人来言索债事,余云方重丧,不可计财利,当遣六云往视之。夜讲《公羊》小国卒葬例,殊未定。

四日　阴

钞《春秋·桓》、《庄》二篇。竟日伏案,兼与来客诸生谈论,亦未觉倦。

五日 庚午，寒露

钞《春秋·僖篇》。许撍巡捕来，颇似田秀栗。

六日 晴

钞《文篇》，兼定《例表》。帉女生日，为作包子二百枚。

七日 阴晴

钞《宣》、《成篇》。晚间诸生为梦缇饌祝，设火树、花合，烟火甚盛。又命洋琴清唱，则无雅调。洋琴制上下皆有铜弦，中为两越，疑古瑟制当如此，浏阳瑟形未然也。

八日 晴。日光甚烈，余被寒，犹著重绵。

晨起，令家人贺生日毕，诸生至午乃食，设四席，共廿馀人。黄郎笏生独来贺。作家书十一号，兼复殷竹伍书。尚有董小楼、唐楚翘两空信未复。范生为会馆题"荆衡纳驷"扁，字体颇壮。钞《襄篇》六年。

九日 阴

朝食后出谢薛、黄，兼论代纯在机局撞骗当去当留之议。翰仙纯打官话，并责我家教当约束之，似全不知世故者。余廿馀年而不能规劝朋友，使翰仙全无识量，是则可责也。孙生来，言丰儿侮辱之。责诱丰儿，使知处世之道，似尚易于为诲。

松翁招饮城南浙江义山旁，为登高之会，黄、毛、二刘同坐，皆江西人也。与刘庸夫俱不终席而还。入城，驰至北城，答访数客不遇，天殊未晚，至许晓东处借坐杂谈，昏饮黄道荣树人宅，锦道、刘丞、萧令、顾象山、金年弟同坐，闻雨而还，至院大雨。钞《襄篇》毕。得无非书，文词甚畅。

十日 晴

复会食于外堂。钞《昭篇》，讲书，并为撍子作文应课，文无佳语,试律尚是李西沤敌手。夜月甚明,芝生来。

十一日　阴晴

钞《昭篇》毕。讲工尹商阳以其不见知而不尽力,故不手弓,而故掩目也。孔子恶其以杀人显己能,而反窃礼名,故深讥之,旧说误也。知其怼者,以每射必毙人,非不忍杀人者。若不忍杀,但纵射自可,何故作态如此。张桂来,投陈老张书。

十二日　阴晴

今日当毕《春秋》,而人客总至,自午初麓生来,晓东、月卿、惺士、李蕴孚继至,皆久坐,至夜不得食,厨人全无料理,而委事六云。六云复不知摆布,遂令忍饥终日,亦可怪也。乃自呼文八办之,已二更矣,食一碗而止。钞《定篇》仅毕,计在院无一日专功课读者,复不知其何事,明日当一一记之,以考荒废忙冗之由。夜月朦胧,寒气颇重。

十三日　晴。朝霭,阴沉似雾

朝食后得八月七日家书。钞《哀篇》。杨绍曾来,求厘差,坐看"获麟"毕乃去。还内斋,已午初矣。为帉、茙点书毕。罗师耶来。曾元卿来,言纯子仍留局,且信其能收敛。余亦未便力去之,唯唯而已。晡后刘管臣来,客去已暮。讲书毕与六云夜谈,至三更乃还寝。

十四日　阴雨

看课卷竟日,兼理帉、茙书。纨女索抱,亦颇携之游行,未遑他事。

十五日　阴晴

出讲书,点名,诸生后到者六七人,略为讲论。申初出,答访毛艮贞、刘仁斋。刘省城租余邻舍,借余客厅治丧。为李得太总兵言松藩事颇久。余云请病非佳事,宜早赴本任,又欲办铜,亦不知何利也。过惺四、徐三皆不遇。至普准堂，宋月卿招饮，覃知县先在，丁丑进士也。刘瑶斋、黄树人、锦芝生继至，夜还，微月，大街镫火颇复清丽。

十六日 晴

作雨廊以便出入。午后出诣鄂生、帽顶，和合来言帽顶署提督，故往看之。毛艮贞、刘涛设于江西馆，招陪松翁，云南李及豪伯、刘拔贡同坐。设笔墨索书，松翁坚不肯，余书一联，以纸扁作八分，笔硬不可使转，墨又清沁，恶札也。夜还，过鹭卿不遇。

十七日 晴阴

早课未毕，萧铭寿、龚生、两监院、恒镇如、钱徐三相继来。作书复赵生树樗，彼为周生介绍，希图荐馆，而送书两部，火腿四只，是货我也。告以大体，谢却之。晚步至机局，局宪黄观察方宴司道，至元卿、栋材处少坐而还。今年罕步行，欲习劳耳。当复书者唐、董、陈、非女，当作文者唐、瞿、徐。除夕前并作讫。

十八日 晴

作非女、陈五、董道台及家书。帽顶、方保卿来。陈老张来书，为遂宁傅大令问曾樾撞骗事，守待复书，作一纸告之。晚至李知府处会饮，黄、劳、和合、萧、锦同知、黄郎同坐，月出还，亥寝。

十九日 晴

晏起。杨巩、刘仁斋来。午至帽顶处，与督府幕客会饮，食熊掌，殊不肥甘，申散，未饭。稚公送水仙花二盆。

廿日 晴阴

李知府来，言筹饷局提调暴卒，欲得其差。余云王天翁见赏于藩使，彼当得之，不可夺也。藩喜王，崧喜金，唐喜易，但不知崇所喜耳。此三喜者，皆冗阘之员，达视其所与，则喜之者未为超也。

书复唐楚翘与弥之兄弟,言京控事。孙伯玙来,云自京回铜仁,八月复自家来。笏山甚得苗人心,仙谱乃不得土司心,亦可怪也。和合送扇、娃娃鱼,送花,甚为我费。今日当讲书,匆匆遂忘之。

廿一日　阴

王天翁、刘孝廉虚谷来。午过季怀,答访孙、刘,因至箭道观穆芸阁骑马。旋过罗惺士,惺士请余及松翁为媒,主其子昏曾佑卿之女。佑卿与余相见在廿二年前,时此女未生也。因作一联贺罗:"彩绣承欢引雏凤;玉堂留砚有传人。"松翁晚至,与罗乡人曾、邓同集,皆为昏赞者也。煊不可绵。

廿二日　阴雨,早凉

弥之老兄旅席:传闻迂生远滋蜉撼,从者至省,将跻公堂,异哉善哉!且怒且笑,时论保明,不待言矣。但方今之时,很无求胜,地山近事可作蓍龟。一笑江横,坐成花恼,闿运于此,饶有会心。弥兄少托守雌,过于敬慎。辛兄晚精儒术,暗合程、朱。守雌则人狎其机,为儒又自高其道。于高视远瞩之概,自卑尊人之理,过则归己之善,或有未逮也。宜因此行,谨谢不敏,毁其所作,屈己申人。然后高谢丘樊,游于羿彀,若仍然战胜,惧有后言。衡州程君昨有京案,闿运亦以此进,意谓宋、明以来知此者稀。时菊正芳,秋镫偶坐,书此庶广清谈。

午睡,金年弟来,留片而去,云华阳令当复改除,乃讹言也。大雨水深二寸。吴熙心甫招出城饮,帽顶、赵翁同坐,赵年八十三矣,正似六十许人。昨丰儿言张生大父年八十能健步,亦其伦也。还院已暮。吴生送钞《书笺》来校,因补书于刊本《尚书》之上,欲为定本。

拟龙母挽联:"慈顾忆垂髫,与诸郎骖靳时贤,独悲萱背无全福;相庄成显业,又十载慈甘御食,莫恨枯鱼泣朔风。"额曰"郡丧柔仪",

非龙母不能当此。

廿三日 晴

佑卿子来见，面目油滑，殊不似去年，余以为两人也。问其弟入学事，亦含胡似莫须有。钞补《唐书》二叶，夜书《尔雅》半叶。

廿四日 晴

钞补《唐书》二叶。夜为李世侄讲《王制》，后改定"犆初〔礿〕"三节笺。张生来，言盐务。

廿五日

晨起入堂室，丁生治棠与戴生俱衣冠待见。丁初从京师还，戴假归，考补廪还也。补《唐志》二叶。夜看钱大昕《尔雅答问》，多为郝疏所捃摭，无可再采。

廿六日 阴

子初觉，闻人言，以为茙女醒，呼问之，则帉、滋未睡。今日罗氏请媒，而两女助喜，可谓大同盛世之风也。寅初舁镫来迎，往过锦江院，松翁亦出，同至惺士处，刘庸夫先在，寅正至曾寓接女，婿不亲迎，而请一[人]夫妇往迎，女家亦请一夫妇往送，蜀俗也。两家俱不似有喜事者。昧旦女登舁，看交拜毕，少坐，设汤饼，请见，客入贺，罗母八十八矣，犹能起立，曾、罗夫人俱出谢，辰正还。

小睡起，钞《唐书》数行。黄筠心来。今日轿杠忽断，配杠始复出。过鹭卿机局，复至罗宅，行十馀里矣。新亲与媒人杂坐，一席八人，皆喜酒所罕有。大雨忽至，未终席而还。

廿七日 阴

看课卷五十馀本。

廿八日 晨雾

早起发案。两监院来。李总兵，黄翰仙，曾元卿，萧、锦，王副榜德滦,曾毓夔,何芝亭,严雁峰,周、陈、崔三生来,自巳至酉,接谈无倦。酉初出,答访吴宝林,奇荒唐,俗人无人气者也。杨海琴亦与之游,咄咄怪事。见其二子,云欲从余游。一笑而出。至莫提督处看戏。

廿九日　　晴

钞补《唐书》两叶。看经解二本。帽顶来。

晦日　　晴

钞补《唐书》两叶。晚出讲书。陈生问"长中继掩尺",未闻长衣为吉服也,明令诸生考之。

十　月

丙申朔　　晴

晨出点名,令诸生各拟本经题,唯择用二道。妾女出看鸡脚神,独携小女在院,仆妪并出。张家橡来,求盐差。申至帽顶处,与孙伯玙、薛季怀、穆芸阁、许静山、张公静会饮,戌散。藩台送历日八十本,分与院生,刻印甚不精。

二日　　阴

晨觉甚早。见新调李生,绵竹人,卅一岁,始入学,言语不通,盖乡人也。

《唐书》补毕。摘钞《书笺》于刻本眉旁。观去岁所说"所偃尽起"以为禾起,胜于王充以为木起。木起为祥异,殊无益于事。木拔反可以供材用,旧说未之思也。昨考周公葬地未得。《史记集注》引《括地志》云"葬于毕",则非也。成王欲葬周公于毕,而天雷风其勿穆卜,则改卜地矣,疑即葬丰也。夜雨。

三日 晴

钞《书笺》百馀条。出送顾象三，兼答访一客，归忘其姓名矣。可谓无聊之酬应也。王成都生日，遣送礼。搢子附船还湘，遣送登舟。申正过机局，翰仙招同鹭卿陪吴西台，以彼留川道员，由吴作奏故也。薛、季、穆同集。穆送余马一匹。此间养马颇费，余有三马，送一与薛丹庭，欲省刍秣，未一日，穆复送一马来，遂不能不留养之，自此不议省骑，兼长畜一圉人矣。

四日 晴阴

钞《书笺》百馀条。听帉女讲《通鉴》。李斯《督责书》，言用申、韩之道，韩非与斯同时，又为斯所杀，不应称引其道，疑此书后人诬斯者所为也。

五日 阴雨

欲出诣稚公，稚公适来，因遂罢往。钞《书笺》数十条。司道送聘来，订明年之馆，以余言增用督府学使二名衔，仍书千四百金，而未知所出，徐当问之。

六日 晴

饭后出诣鄂生，因贺帽顶署提督之喜，遍诣司道，皆到门投帖，省他日答拜之烦也。街日晴光，犹饶秋色，颇思骑行之乐，因从锦芝生处舁还，易马，复至提督街北，诣萧铭寿、刘保臣饮，方葆卿、刘、孙、黄三知县，宋月卿皆先在，吃冬笋颇佳，戌初散。骑诣翰仙、鹭卿皆不遇，乘月而还。看唐、宋别史三种。

七日 晴

帽顶来。今日饬具招孙伯玙饮，补请媒之局，季怀、芸阁、方葆卿为客，翰仙作陪，申集亥散。闻圣俞吴生之丧，伤其不延旦夕，忽忽不乐，昏昏遂睡。

八日　晴

吴生从父来见,下教恤圣俞以廿金并牌示以哀之,内题目之以"孔静幽默",殊似其人也。揩子船开,步送之,因过许晓东船送行,订舟饯之约,未还。毛八耶来求书,出诣鹭卿,属其饬厨人治具。今日骑行卅卌里,夜月甚明。

斋长吴昌基圣俞,好学深思,孔静幽默。顷因羸疾,犹苦攻研,劝督遄归,已焉绵惙,秀而不实,人士同悲。其斋长廪已全支,更依副贡住院例,半给科费,并发八九两月廪给,兼私致银二两,以寄哀情,庶代彼生刍,旌其如玉。披帷太息,反袂沾襟。

九日　阴,忽寒

所留船尚未试行,命饬备送器具以往,不暇他治。晡与儿女餐黄花落英,甚饱且甘。出诣稚公,泛谈无所发明。归过松翁,论监院事。王心翁来,求蒲江训导。殆为人所愚,故谋极下缺,如请寝丘也。

十日　雨

将出城饯许、黄,竟不能往,遂令送席,而鹭卿陪客竟去,张饮雨中,主人反不与,可笑也。看课卷五十四本。暮出堂讲书。

夜命六云作串汤鱼片,而不知写"串"字。曾有里语云:僧与书生同游,见鱼休,问"串"字作何写,书生云"水旁作去",遂至相打。方言凡仅过水者为篡平声,字书无其类也。余忆袁枚食单,于篡平声肉字书作"串肉",姑依用之。至于鱼篡平声水去,则仍不知用何字矣。

《说文》以缞为缞服,衣长六寸,博四寸,直心。礼有负版。然则衰服如今补服之制。《礼记》云:"衰长六寸,博四寸,衣带下尺。"又云:"负广出于适寸,适博四寸。"[1]《郑》云;"适,辟领阔中八寸,两之

---

① 此句出于《仪礼・丧服篇》。

为尺六寸。"适，如今披风。

十一日 雨

久未钞书，录《书笺》百馀条，亦稍有改定，至夜，寒颇侵人，乃寝。

十二日 阴

钞《书笺》数十条。吴宝林二子来，云许仙屏之婚家子，与陈又铭子相识，其少子恶劣，乃作散文史论。殊为可笑。毛蘐亭送云南石榴，甘津，佳品也。

十三日 阴寒

钞《书笺》数十条。看程春海《国策地考》。有一狄生窃刻之，以为己作，伪撰阮云台序，亦可闵也。程子亦举人，乃不知父笔迹，尤为可怪。罗惺士夜来，求子师，无可举者。近日学人不愿授读，其愿就者又皆不可聘，亦知世风之变。

十四日

晏起。以早饭迟熟，不及堂餐也。昨夜东乡令孙定飏、领兵官提督李有恒斩于东市。此案翻覆五年，今始两败。恩、童于此消得十六万金，犹愈于堰工、盐务之无聊耳。钞《书笺》数十条。感周公戒王无误庶狱，诚圣人之远见。

十五日 晴

晨出点名，生徒多假归，犹有五十馀人。钞《书笺》数十条。锦芝生来。

十六日 晨雨，感寒

连五六日未愈，今更咳嘶。李得太来。申出诣惺士谈。暮过龚生兄处便饭，季怀、冯翊翔、孙鸥舫先在，二更乃散。从鼓楼街直还，夜市颇喧阗，有都会之景。钞《书笺》百馀条，毕一本。

十七日　晴

甚寒,早起复眠,未朝食。毛八耶率其甥杨某来求益。宋钺卿来。毛甥补实缺,未到任,盖欲夤缘也,钞《书笺》数十条。

十八日　晴

两监院来言事。莫总兵来,云宋庆已死,鲍超军不戢,有孙飞虎之风。设防恃此二军,可哀也。写杂纸数幅,看说部宋《嘉莲燕语》,有弄玉五子之名,可怪也。章望之《延漏录》有益州十样笺,以红三、青二、绿三、黄一、云一分十色,云不知何色也。又有彩霞金粉。张门生设饮要我,辞之不得。

十九日　阴寒

钞《书笺》数十条。和合来,言督部当过我辞行,充阅兵钦差。因与诸生言,天下有明知无益而循例为之,己亦不能自解者,督抚代钦差阅所统内兵是也。阅兵验其精羸,必无自言其羸者,亦无自赞其精者,奉行故事,殊为可叹。晡后稚公来,言书院事。余决意欲减后来脩金,众必以为不宜,频有议论,反为多事。

夜梦行沙岸间,乘一象,蹑危蓦过。当下石磴,有人以为宜下步行,及下磴,斗绝,恐为象所挤,麾之少退。至一场,象不复相属,反视之,方衔民妇线筐,冲突器物。余将牵之,此妇自言冤对,不可驱也。已而六云与一妇持竿爇火烧象,余亦持长竿两歧著火烧之。既念不可息火,遥望六云乃泛舟载脂苇,云欲以诱象毒之。余急呼止之,则与一妇俱负筐飞行上山,有三象飞行追之,遂蹂人甚急,知无活理。六云避象腹下,已而象毒发,颠踬而下,坑谷翻腾,人尸堆积,震骇心目,视山谷皆积雪,殆所谓雪山狂象佛地公案也。悲愕而醒,正鸡鸣矣。

廿日　晴

晨出送稚公,径入季怀斋内,坐顷之,主人出谈,因言公事未了。

余劝以省事委权，用人行政，此六艺九家之异也。还过鹭卿，钞《书笺》数十条，晚出会讲。

廿一日 晴

钞《书笺》数十条。帽顶来。盼讲檀弓毕。晚过翰仙，言当与钱师寄炭金。

廿二日 阴

钞《书笺》数十条，改定“赞赞襄”为二句。作书寄钱师、朱肯甫、陈仲英、旷凤冈，俱钞有稿。

廿三日 晴，晨暮俱有雾

钞《书笺》数十条。将往西北城，念频游荒事，不果往。近日人客颇稀，院中清静，而以三女点读，殊无暇神。昔在石门亦教三子，功课锐进，日日有常。曾无廿年，遽衰耗耶？申过提督牙门，陪督府诸客饮，戌散。得家书，盼云母母病。余惊以为重病也，看书乃是旧寒疾，然亦可忧。功儿岁考列一等，诸甥多入学者。湘中又有主讲之请。见功儿与丰书，如华严水瓶，甚有理致，殆得吾笔札者。

廿四日 阴

钞《书笺》百馀条。李年侄毓珩署崇宁令。陈小舫、族子庆源、崔士荣侄婿自宁乡来，均见。

廿五日 阴雨，甚寒，然未及冬至，尚不须重裘

诸女已人持一炉火矣。钞《书笺》数十条，《禹贡》终。尚未明晰，夜半忽觉，遂耿耿至曙。

廿六日 晴

钞《书笺》数十条。午携二小女循城根赏冬，晴光颇洁。骑至公所，步入督府，季怀、芸阁设食，鱼笋甚佳，顾又耕、吴曦台、方葆卿、李湘石、贺老四同坐。再访刘虚谷，不遇，未二鼓散。作家书。

廿七日　晴,晨霜甚重

钞《书笺》毕。陶师耶、萧知县、余革县来,几半日乃散。夕食后鄂生遣人来要,云季怀在彼看字画,骑往则有米、苏二卷,褚临《兰亭》墨迹。食西安年糕,啜粥一盂,未二鼓还。

廿八日　晴

帽顶借八百金来。周芋生来。得荇翁书,笔法犹遒谨,云不再趋朝,恐徒供后生描画,尚有彭、薛之风。又言曾小侯出使,能与俄人抗议,此夷务廿年之效也。但不知其接伴往,复作何语。留芋生晚饭而去。发家书十五号。

廿九日　晴

晏起,实未梦。朝食少味,似发热后初愈者,亦饭二碗,近来眠食多循例也。久不考课,至四斋修故事,诸生廿人,唯一二不好学者耳,馀皆锐志者也。与绂子步从少城东门出,至总府街看皮衣,复独至鼓楼街看衣,入小北门,出小南门,还院,似欲疲矣。吃年糕半碟。至鲍铜梁、杨小侯处饮,专为余设,肴馔最旨,二更散。

十一月

乙丑朔　晴

晨出点名,犹有卌人堂餐者。午少惕,廖生来见,久谈,遂至夕食。夜为叶生定诗,家人多寐,遂寝。

二日　阴

独坐外斋,寂静无所作,入内斋,将作字,周盛典编修来。主讲少城,而初冬上学,例所罕也。翰林不用光名帖,乃以门生礼施我,亦破例也,此殆贤于陈蕴元矣。闵生玺来见,云欲入院肄业,亦他方所难得者。其人虽经魁，经实未魁，或者已举后见闻较广乎？张叔平夫人遣人来寻亲，始知叔平并未往绥定，以母柩为囮，殆不可救药矣。来足资，乏不能归，遣㛹女作书，寄以四金。

三日 阴，欲雨

晨出送沈吟樵葬，不及事，还过锦、罗，俱未起。至少城〔诚〕书院答谒周雅堂。还改周生课卷，写对联五副。骑至提督牙门吃鹿肉，督府诸客先在，较骑射，戌散。

四日 晨雨

游行无事，夜改课卷。㛹女读《江南赋》毕，令倍诵听之，不读此赋已卅年矣。

五日 阴

思得一《礼记》题，考周初齐、鲁、卫庙制。写对一幅，改课卷。黄福郎得夔厘局，来辞。刘举人自京归来见。琯臣从子，前年与我同日开船者，字桂三。

六日 晴

骑出问琯臣病，便答访刘桂三，又贺鹭卿生长孙，还看朔日课卷。

七日 阴寒

先孺人忌日，素食，深居。偶至书局门口。遇陈冒公县丞直闯入，不得已与小坐而入。郭健郎来，得家书，并询家事。近所谓冲破忌日者，然缘礼意，此等事不得全绝，绝之反迂怪也。始闻龙母之丧。

八日 阴

晨至劳宅，观其次郎新昏。程、崧、崇先至，王成都后至，亦待轿至乃去，似前年风景，然有山河之异矣。翰仙、和合、钟蘧庵继至。出过贺鄂生次子续昏，不入，至萧宅饭，陪方葆卿，还仍至劳宅，新妇拜见毕。遇黄翔云,言余能骑马,可谓"允文允武",翰仙云君则"乃圣乃神",四坐粲然。盖翔云举动矜异,造作此言,似刺其隐。翰仙非刻薄者,偶中耳。季怀、芸阁、和合、翰仙、胡聘元、国珍同坐,未戌即散,昏饮无如是早者。妾女并往,先还,扰扰一日。

九日　阴雨

看朔课卷毕。崔、孙二生送雉。帽顶请早面,午饭往,询其故,意是为余生日先设,殊太早计也。张静涵、薛季怀、孙伯玙、方葆卿、穆芸阁相继至,游谈终日,二更乃还。

十日　阴

唐翼祖字稚云来,余与其父交游,而自居姻世兄弟,其礼不谬,礼意则谬。泛谈久之,云尚有去年一家信,则谬之谬矣。刘景韩来奔其母丧,居城外,遣信报余,驰往视之,亦颇及杂事,非善丧者。往还十馀里,至院已暮,甚倦。陈兄师来。帽顶来,值余方讲书,留坐久之。致送兄师干脩。

十一日　阴

黄、杨、劳郎来。为和合生日作序文。罗辉五来。沈晋来,言游、黎已相见,谋得其书启馆。午出,答访雷、姚。闻健郎痛手,往看之,遇黄知县应泰,已不相识,后入谈乃知之。久坐,欲待暮,殊不欲暮,乃诣芮少海晚饭,一打箭炉客李姓先在,伍、吴、周三山长同集,吴至最后,主人殊不欲待之也。设食颇软美而多甜味。得家书。

十二日　雨阴

看课卷,理两女功课。宋生育仁以书来,并还帽顶前赠女绣衣及赆银,悻悻于彼之不知礼士,何待人之过厚也。然银、衣均原封未开,则耿介奇士。健郎移来居西斋。得子寿、香孙、简堂书。看前课卷,王光甚有撰述之体,但文不振耳。刘筠生妻来,改定哀启。黄应泰来。

十三日 晴

作书寄子寿，并寄厚朴廿斤，交黄福生存夔，候便舟附之。又闻郭郎言巫山令促余祠铭，与书黄泽臣，寄铭与之。又为宋生还唐银，为唐送陈银，并还李县丞马褂。龚生兄来。晚间复有三杨生来，执贽，送鱼凫家鸡，以为有所干，疑之，出见则农家者流，淳朴拙讷，不发一言而去。廖生来夜谈。

十四日 阴

毛监院移锦江，薛丹庭正办监院事，均花衣来谢，官气可笑。竟日专看课卷，继夜乃毕。

十五日 阴

晨出点名。饭后稍理帉、茙书，未几已夕食，方讶其早，及饭罢已暮矣。锦芝生来。夜月食不见，旁寺观击鼓，喧聒殊甚，已而雨至。作家书交崔郎带去。

十六日 阴

改定详文，稽考款目。昼风颇寒，无所事。

十七日 阴

作书报宋生，又书唁敖金甫。

十八日 晴

吴玉辉知县来，为余购厚朴者，故见之。陈仲仙捐县丞，初禀到，来见。丁稚公自川北阅伍还，来谈。发家书十七号，寄陈四千分与之。帉女骄横，重责数十。

十九日 晴阴

朝食后出，答谒稚公，值其出视粥厂，便过帽顶，贺生日，不入，还。乔京官茂轩来，九月出京，云江北童主事颇谙夷务，徐荫轩亦持正论,近日清流复有王仁堪诸人。曾昭吉来。

廿日　阴。甲申,冬至

院中独居,无节物风景。黄翰仙貂褂来,聊为点缀也。夕食时宋月卿来。恒镇如书来送橘。

廿一日　晨晴,饭后阴

作徐太翁墓碑未半,黄霓生、唐稚云、萧子厚来。得去年四月及今年四月家书。邓斋长来言事,语闪烁可怪。隋炀云“外间大有人图侬”,岂吾平心坦怀,不足以格物耶?《诗》曰:“雨雪瀌瀌,见晛日消。”而北方有层冰之国,使人意怠。院生诸聪颖者,其方寸殆难测,如张、廖、邓、戴是也。彼互相非,吾无以定,然则知人其果难,更无论化人。夜看《淮阴传》,又使人不欢。

廿二日　阴

作徐太翁碑成,文颇纯雅,不甚槌凿。将作瞿、吴墓志,又无佳思,信作文之有乖合也。夜寝觉寒,知有雪。

廿三日　晨起犹见小雪

令诸女围炉读书。刘景韩遣人来要,铺后骑往,一更还。

廿四日　晴

穆芸阁来。见院外生一人。江北卢生来,请奖田主不种罂粟者,辞以非书院之职。周芋生得泸局,来谢。陶师耶、张门生来。

廿五日　阴晴

见院外生一人,岁暮放学,来者相继,未知其意也。出诣督府,稚公有嫂之丧,与论成服事,未便久谈,啜茗而出。过劳、黄均未遇。作景韩母挽联:“禄养久遗荣,古佛寒镫成善果;麻衣悲入蜀,故乡归鹤感沧桑。”闻崇纲得湘藩,为之一叹。湘中信当有变耶?作书与李少荃论夷务,与周荇农慰其丧病。

廿六日 阴

崇纲藩司乃其自祝耳，且为暂慰。程立翁送酒肴，谢却之。劳六嫂率新妇来，绂子方割牲供腊事，院中内外纷纭，出至书局少坐。瞿锡三族人来，满口蜀音，不知何等冒名也。

夜与帉女讲《通鉴》。臣光极称丁公之事，可谓迂儒也。汉高猜褊，一传而失其业，亡秦之续耳。负恩而假以为名，此最无赖之尤，然报于其妻，亦已速矣。

廿七日 晴

院生送礼物者仍费侈，业许受纳，复以为悔，信教俭之不易也。夜作瞿妇墓铭，文笔相宣，颇有从心之乐，因寒雨未及毕而罢。

廿八日 雨霁见日

作瞿铭成。午正出至贵州馆，为景韩书主。道滑加帮，仅免蹶踬。徐道台、张同知作陪，顷刻毕事，竭蹶而还。

顾老、翁复初来。官士送礼者数十家，皆谢不视。院中为余馔祝，陈设甚盛，镫烛花爆，所费甚大。冉、王、毛、薛、张门生设于内客坐，诸生设于中厅，凡八席。

廿九日

令儿女早起，余待至辰正方起，巳初内院受贺生日，出讲堂，诸生拜毕。范教授、王心翁及冉、毛、薛三监院，张茹侯出贺。或为余设烛中庭者，亟令撤之。外客皆谢不见，自入者有曾元卿，唐、李太守，刘瑶斋，杨绍曾，罗辉吾，黄霓生，和合，罗少纯，李镜蕖，莫总兵，李湘石，劳郎，贺寿芝，曾兰舟，阎少林及院外诸生，共设三席。傅游击后至，独不得食。余副将与余交谈，竟不得入，尤可怪也。未正客散，将少愒，六云谓宜诣刘馆，以其知交谊，强往，至则客已将阑，便答拜数家而还。夕食甚甘，诸生外设六席，纵饮亦欢。余与人交，颇易相亲乎,坦直之效也。明日当课,夜拟题。天气晴煊,霜寒不入室中,子正乃寝。

十二月

甲午朔　阴

晨出点名,诸生犹有四十馀人。前调院焦生公车归,自请留院。焦生本以懒著,故未留之,依闵例,仍附正课。巳出答谢诸客,行东北几廿里,唯翰仙处特入谈,道过景韩,复入视之,还院犹未夕食。作书与春陔父子及陆太初,补复镜初去年书。过周芋僧,促其急发,遣彭轩去。

二日　晴阴

文债略还,次及鄂生妻碑志,观其自作,殊骄慢,不欲附谀之。孙伯玙来。翰仙送蟹、烟。夜作馈,分斋长及郭、李世侄也,便略聚谈。看顾翁文、诗、词,因言近人集不可看,学之则坏笔,笑之则伤雅,所以云"非三代两汉书不敢观"也。

三日　阴。昨夜有雨

毛菱亭移监锦江,因令斋长清埋院费,料理岁事。为帉、莪理日课,教笔势。今年不更兴功,比日游暇殊甚。

四日　阴

阅课卷廿本。夕与丰儿至督辕看大计榜,张于宅门外,监院云所举劾两学官,均允当。夜看唐《通鉴》一卷,李生日课也,恐彼未能详览。煨芋与帉、滋同食之,至子乃寝。

五日　阴

看课卷廿五本,馀未交者皆不复待。龚生来,论育婴事。余因告以凡良法美意，皆不必行，行之必无利而有敝，敝不除则伤吾智，此所谓经济要言也。以督府初疏蜀士，因余乃稍亲重之。而此三士者，并出于书院，吾知其不能办此也，欲尼之，则阻督府重士之机，窃叹而已。周芋生、方葆卿、孙让卿来。

夜傅斋长论院生不得条陈时事，丁生云初不闻此论，宜作条约明禁之。"诸生入院，宜专心习业，不问外事。自去年二月到馆时申明禁约，虽举节孝乡贤公呈，院生无得列名，意至远也。凡言事著书而不身亲行之，良法美意皆足为敝，徒汶有司，以伤高节。是以孔子不对田赋，澹台不游宰室。诚有抱负，他日当显。顷与院生极论此事，斋长犹曰未闻。恐诸生不晓此意，或明知而阳昧，故特牌示。其在外违约者，本不稽察，但有经长官告知，院册即行除名，以遂其踊跃奋发之志。"

周芋生、方葆卿来。

六日 晴

作书与稚公，论书院事。黄豪伯、翰仙、季怀来。豪伯以贡生实授京职，特恩也。惜朝廷专用之于夷务，而与陈兰彬、刘锡鸿同列，仍以例授耳。

七日 阴

作鄂生妻墓碑，以季怀劝作之，又因黄麓生请，曾两索其志，故交卷耳。夕过提督署会食，将以稿交季怀，适其未至。穆、张、许、方、孙同坐，食甚草具。

八日 晴

作粥饴院中诸人，亦吾家旧典也。去岁在宜昌作之，犹留以归，今年家中当不复作矣。刘人哉来。骆县丞送糖。李世侄告归。桂、曾二巡捕请余陪穆芸阁，余前云巡捕可请客，故赴之。和合、虚谷、华臣同坐。夜归食粥,颇诘六云不待之过。今日发家书,亦对问失旨,以其作粥劳,故未申骂之。今日过豪伯、顾幼耕。幼耕居缪仲英故宅,所谓“风流儒雅亦吾师”者。余云来此二年,而未登名士之堂,殊为俗矣。

作丁嫂挽联:“苦竹冰霜六十年,官舍传徽,百辟同尊魏舒嫂;碣石风烟三万里,版舆无恙,八旬终证普陀禅。”

九日　阴晴

帽顶、稚云、景韩来。彭轩去。晚颇霜寒,初月甚丽。

十日　晴

作书复维侯,并致书唐鄂生催息银。监院来往纷纭。得稚公复书,言经费宜增,脩金不可减云云。注《高唐赋》毕。

十一日　晴

始理岁事。得鄂生复书及王成都来,皆言经费事。又闻毓家女与恭子淫恣,有非常之谋。六云故人,余前作《三郎曲》者也。旗仆纵女恒情耳,为其曾久在外,故心粗胆大,异于常女。夜与诸生步月至锦江书院。

十二日　晴

议试行燕礼仪节。乔京官扬言龚孝廉已改归无锡,不宜仍在院,而私告岳生,不与我言,以其委曲多,询于丁、廖,均不得其实,令人有其贤之叹。冉监院来。

十三日　阴

方生来问《春秋》。院外二生、乔京官、李守备、伍松翁来。乔言不及龚,邓、岳亟欲斥龚,询之皆邹生所说,且徐之无躁,以无明证,徒生事也。得十月初家书。梦缇寄诸女食用诸物。周筠连送年礼,辞之。李守备送藏物,辞,未将去。

十四日 晴。晨雾，大晴

出贺和合做生，吃面、看戏。还院肄燕礼，收经费，还借项。董晴川送靴、带、杏仁、摸姑，以靴长短合度，特受之。萧子厚来。得连子、田牧京书。景韩送礼，辞之。复得十一月初家书。罗研叟、张东丈并卒，陶子珍亦病，皞臣病甚，皆令人有逝者之感。功儿此次笔法大进。与书唁丁伊农体勤。

十五日 阴

晨起出题牌，不点名。先曾祖忌日，素食。罗石卿、吴明海、刘景韩来。诸生来者相继。

十六日 晴

大昕，与监院诸生释奠，朝食后于讲堂行燕礼，未正乃罢，筋力已觉不支，幸馔羞未备，得少息耳。穆、孙、刘三宾来观礼，入谈。已，复集堂上会食，礼成，颇有整肃之观。

十七日 阴

出拜客。胡总兵国珍来，少坐去。从内城绕至鄂生、搢卿处少谈。赴鹭卿招，为汤饼之会，文武三席，以余为客，唱戏未看，夜二鼓乃散。还莫百金，黄四十金。茙女读《尔雅》毕二篇。

十八日 晴

近以放学不出堂餐，本欲饱睡，因惯早，竟不能迟也。看课卷竟日。杂客时来相嬲，二鼓乃始悟信期，当再发一书，镫下作之。复阅课卷，得闵生卷甚佳，殊不似其手笔，颇为疑讶。夜出步月，天气正如深秋耳。彭县一短人以百金求一见，辞其贽而见之，竟未问其何姓名。

十九日 晴

发案，以岁终均列之正取，自此留馆者不过十人，可专为自逸之计,议酒食宴会矣。明年当治春酒,而苦纷纭,故欲及岁暮先约诸客一会。外间复有来招者,皆令就院中聚集。元卿送东洋车来,看似甚颠簸,以奇车不敢乘也。

廿日　晴

钱徐翁夫人送画,因出谢之,便答谢稚公及罗子秋、刘景韩,晚过鄂生食,食饯。罗质安、季怀、徐山、赵二珊同坐。质安颇称《衡志图》佳,余许以赠之。

廿一日　晴,甚煊

为畇女倍《礼记》。孙伯玙来,本谢客,忽闯入,因晤谈顷之。茂、滋并停工课,颇得闲坐。午后诣徐山,陪饯罗之局,鄂、珊俱在,一少年亦唐友,不知其姓名,似是书启耳。昨得鲁詹长书,言高巴令之谬。及问鄂生,颇护之。余言甚切,鄂仍不悟也,其谬如此。看香树祖母陈南楼画册,及徐山生母姚靓仿册、香树诗册、画卷,夜骑而还。

廿二日

晨起颇早,饭后质安来辞行,送《衡》、《桂志》各一部。午为畇倍《礼记》。看匠立戏台。

鄂生请作贵州馆祠联,祠祀尹、王:"何须驷马高车,只名山教授,下驿栖迟,千载西南留道统;同此瓣香尊酒,问洨长真传,鹅湖正脉,几人宦学比前修。"

廿三日　晴

为畇倍《礼记》毕。请郭健安写春帖,集张、左二句:"考四海而为隽;纬群龙之所经。"颇与此书院相称。其二门联则健安所作也。银号郭生来,立折以应刘、锦之求,近于微生乞醯,然便于人而不损己,似亦可为也。锦芝生借三百金,以百金自用,百金与景韩,共用五百金矣。作年糕。与书锡九、鲁詹。

廿四日 晴

同乡廿人为余补作生日，外省有胡、孙、桂三人，设四席，唱戏，巳集戌散，拥挤喧哗，甚无条理，云费二百千，尤所不安。景韩来。

廿五日 晴

为帉女倍《易》、《诗》二经。出至机局，黄、曾俱外出。驰骑往还八里，无半时，风日渐煊，殊似春游。

廿六日 晴

设戏酒招藩、臬、王成都饮，芝生作陪。稚公送米、炭、年物。得杨石泉十一月书，十七日而达，邮递甚速也。芸阁来，未入坐去，亥散。

廿七日 晴

设三席，传二班，宴文武诸客十六人。劳、唐、李甫入席而去，余自开单，而忘穆芸阁，颇甚惭惶，方知献酬不易，巳集亥散。署臬送年礼。

廿八日 晴

大会督客及同乡丞令，凡曾饮余者，皆还请之，共卅五人。唯方、吴熙。以事不至，张名杰最早来，萧、胡、孙、罗最后去，亥正乃罢。得熊恕臣书，送腊肉、白金，辞金受肉。盐道送米、炭。

廿九日 晴

成都送公费来，总计岁支，分发月费，兼理年事，竟日无暇。纨女小病，家中亦殊匆忙也。景韩来辞行。

卅日 晴

岁事料理稍迟，仅乃得给。张、萧来辞年。午出南门，至水府祠送景韩，并借二百金与之。还已向暮。设二席，要诸生入会食，夜复会饮。书局分帐，颇有争多少者，世人不可与行度外之事，为之太息。孔子观于乡而知王道之易,吾观书院而知反正之难,古今人信不相及,盖三代之直道久汩没矣。子初祭诗,亦未及往年之躬营果脯,幸家人立办,不甚草具耳。稍为料理,已过丙夜半,寝已质明,觉甚倦也。

光绪七年(1881)辛巳

正　月

甲子朔　　晨阴午晴

起不能早,家人更晏于我,昨夜亦未泛埽,朝始陈设。辰正诸生、监院、郭健郎、绶子俱至前庭设拜。莫提督来,客遂继至,自辰至未相续,儿女辈于午初乃能行礼,客坐犹有相待者。思欲稍愒,至申乃辞客不见,夕食颇甘。滋女喜掷百花图,改定掷之,至子寝。

二日　　晴

穆、薛、罗、萧入见,诸生犹有久待者,见三数班,遂登舁出。行城东南,自锦江院起至将军署还,劳、曾、督、提、锦、莫六处均入见。道逢机局乡人龙镫、秋千,仿佛石门之景,然城中常喧,不若乡居久寂寞,而节装点乃新耳目也。夜掷骰。

三日　　阴

罗辉五、陈年侄、范教授来。儿女作家书,将趁明日发行,余竟未暇作一纸,因令待八日。夜与滋女掷骰子,闻雨。

四日　　阴晴

午骑出,令舁从行,过拜数十家,凡两遇迎春,拥挤几不能行,未正驰还,院中人尽出。余问岳生林宗见迎春否,林生云有何可看,今日穷凶极恶人皆出矣。以迎春尽府县胥隶主之也。为之大笑,可谓语妙,天下闻者足戒也。陆华阳患颈疽,强出行礼。余欲往观,而门斗不可,从谏如流,为之返驾。夜雨。

五日　戊辰,立春。阴

练军营送扑师子人来,泼寒摜跤之流也。矗桌凳五层,立丈六竿,跳踯其上,久之乃去。曾昭吉送龙镫来,设秋千一架。市人观者甚众。为设茶食,仿衡、湘乡俗也,并包封费十二千,此等用不易节。

六日　阴

欲考花时节作谱,求《群芳谱》不得,试以意分之。木类有槐、桐、杨、桂、椒、棠、荆、夜合、辛夷、木绵、木堇十一种。果类有枣、橘、桃、杏、李、梨、樱桃、梅、柰、榴、枇杷、豆蔻、杨梅、木瓜、甘、蕉、菱、莲十七种。菜类有韭、蔓青、瓜、葵四种。药类有芍药、当归、木香、款冬、踯躅、旋覆、牡丹、昌蒲、泽兰、牵牛、燕支、厚朴、罂粟、栀子、茱萸十五种。卉类有苕即凌霄、苌楚即夹竹桃、石兰、藤葛、苇、菊、萱、山茶、海棠、紫薇、蔷薇、白蘋、蜀葵十四种。又有绣球、蝴蝶、金钱、拒霜、石竹、黄梅、百日红、长十八、素馨、山矾、水仙、珠兰、夜香、玫瑰、凤仙、鸡冠、玉簪即晚香玉,不见唐、宋类书者。然有花之木甚多,如桂、桃等,乃可为花;桐、枣云花,则无木无花矣。花当专以草本为主,后世之花多于唐以前百数种,其一种殊名者尤难考。

夕至江南馆看戏,锦、李、唐为主人,设二独坐,以延余及鹭卿。

七日　阴寒

盆兰生虱,换土不易,觅花匠动索千钱,犹以为少。登楼见书籍陵乱,丰儿殊不可恃。

八日　阴晴

稚公来,泛谈及礼,云欲兴教以化俗。近世士大夫未有以学为治者,乃能拳拳如此,其志未可量。王成都来,云藩使令来相请,其辞尤恭，不可解。《史记》所谓缪为恭敬者耶？抑致词偶未当也？《老子》云“宠辱若惊”，吾始惊矣。发家书，今年第一号。

九日 阴

亲兵营送龙镫来，久未去。藩使请早面，午刻已过，当早去以报昨日之请，往则松翁已到矣。三书院、十营同日，可谓文武大会，然少贬矣。府厅十席在楼上，握中六席，行炙时声如沸汤，主人立门外候送客，如出场放牌时，几何而能成礼？二更归。丰儿会饮未归宿。

十日 阴

熊恕臣邛州来，久谈。得李少荃小除后一日书报。余言夷务，徒为愤慨之谈，仍与泄沓无异。欲切言之，则恕庸人而伤贤智；欲缓言之，则托空谈，此八股之极敝也。劼刚作清空文字而见赏时流，则少荃此书又为落卷，余书又少荃之落卷，而天下事皆清空一气矣。书此以质筠仙。

十一日 阴晴

从傅生借得汪灏所撰《广群芳谱》，并清理院阁所藏杂书，寻检竟日。林逊之、毛艮贞来。

十二日 阴

六云出贺年，帉、茙并从，余独留视纨女。丰儿出城至新繁界王生家春集。恒镇如、吴通判来。夜作简堂、阎丹翁、雪琴三书。阅邸钞：葆芝岑以国忌娶妇被劾，晋抚放卫静澜，晋藩授邵诚，钱师转左允。祝培堂来。

十三日

晨未饭，午过天成亨早饮，松翁、季怀、芝阁、用阶、稚云先到。饭后谒三客未遇。还院，刘琯臣女来，言其父殊未愈，可忧也。垂老一第，但有困踬，使人怜念，故不若穷守一衿之乐。酉初赴督府春集,锦、劳作陪,主人病不能食,余亦小疾,戌初还。舁中看阮云台诗文。

十四日　阴

乔京官、吕举人调阳来。吕好小学,甚有新说,曾应三课,余久欲与之讲论,及见,讷朴无一言,唯听余与乔言夷务耳。湖北许生廷铣从江□来,送龙眼颇鲜好,可比闽产。

十五日　阴冷

董、吴二通判来。吴即嗣仲从子,贫不能具衣冠。严经历泰来,受庵从兄也,殊无大家风度。芮少海、恒镇如来。昨约吕、乔食,几忘之,夜始草具,而客不至,设二席,诸生会食。刘女来看烟火,制造草草,不及去年九月时,又微雨寒风,三更即寝。章州同送牡丹。

十六日　阴晴

年节俱过,料检家事,沙汰闲人。王生光棣告归彭水。东斋斋夫辞役去。曾心泉、张门生、曹州判、孙从九、陈知县埙、黄梦子均来。申出送鹭卿,看翰仙,过杨侄寓,隋、陈、用阶、穆、唐、李镇均先至。余寒疾,唐亟欲医之,笑谢不顾也。夜还,乘月白,咏乙卯春别诗,情景相宜,甚有清思。

十七日　晴

彭兵备来,久谈。午出外斋,稍理书籍。得家书,云梦缇腊月犹未归,岂又以烂斗笠与儿女耶?夜与岳宁生坐甚久。

十八日　晴

鹭、钺两卿来。刘刚直来。作家书,题四诗寄梦缇,并柬皞臣,为刺弥之作也。后读者非观前诗不知其意,假有胡致堂先生绳以三寸法,谓余恩衰于友而厚于妻,则危矣。然胡致堂先生但读余诗,必不解其意,不宜与之言耳。诗录集中,故不书于此,记此,使他日观者知警焉。发家书二号。

十九日 阴煊

午出送鹭卿。还院看江西李姓文录,复见许多不知姓名人。内有蒋士铨,其父为长随,其所作状,极天下之奇行,兼古今之美材,可谓怪绝,昔所未闻者也。

申至周道台处,陪彭川东,同坐者有广东张大人。贵州官陈,又有张、□两人,无从交言,二更始还。彭言蜀寇起时,渠为首县,总督有公、藩使祥公皆儿戏行军者也。而统兵者亦为澧人蒋蒲,可谓楚有材矣。

廿日 晴

院生新到者四人。令丰儿拟定视学礼,写一日不成,岁费数十金养誊录,可笑也。今日癸未雨水,犹寒,江梅盛开,芍苗怒长,乃知生杀不关天气。

看前岁日记,初至时太坦率,无机心,识议殊暗,此涤公所以悔其乱嘈,然则徒学真不足历事,于此又悟一境,而垂垂老矣。古人所以著书,自道其所得,非得已也。郭郎一出,动数日不归,非能知学者,惧其不负荷也。

廿一日 阴晴

诸女始读,余亦改定日课,每日读经半本,看史二卷,翻军务奏案一本,写《尔雅》一叶。始取《仪礼》、《辽史》置案头,而诸生监院入见,又出吊刘人哉,还,愚子来借《宋史》去。

《辽史·耶律忆〔亿〕纪》云痕德禅亿,乃不为痕德立传,开卷之谬如此。《太祖太宗本纪赞》:“八部相推,亿不受代。遂终两事,使通江外。尧骨临燕,人皇镇海。桑石启戎,册帝论功。饮江速死,还栾遽终。入国以礼,庶有华风。”《旧唐》、《宋史》俱无辽建国初事,

《新唐》偶不在架上，乃取《通鉴》，略从注中得其不受代之说而已。读《冠篇》。

廿二日　晴

读《昏篇》，凡五辍乃毕。因起即朝食，朝食后出贺锦生，访彭，遇之于途。访唐六少，久乃出见。遇廉渠，未问其姓，后乃知其姓罗也。用阶亦至唐宅，少谈同出。黄经历、罗云碧、李岐山来。见院外生三人，一张燧，至熟而至无聊者。孙伯玙来。

咸丰十一年五月黄子春自万县至顺庆，寇帅何国梁屯李渡，闻官军至，退攻定远。十一日黄至西南兴学场二十里，进兵姚店，一战败之，杀败近万人。十二日大雨，寇西走二郎场。十四日黄轻进，遇伏死。骆秉章六月初一日至顺庆，七月二十六日至潼川。贼围绵州南门、西北门，蓝朝鼎将之。湘果将胡中和、萧庆高、何胜必当中路，唐友耕当左，彭太和当右。曾传理攻十贤堂，颜佐才攻新店，粟观、刘德谦攻塔子山。七月二十九日进兵，八月初一会攻。刘、曹先进林坝塘，破十贤、塔山、榜山诸屯，湘果少却，曾、刘救之，大雨收队。贼聚于西门，众八九万，我军万馀。十四日贼走绵竹、什邡、彭县。九月十五骆入城接印。李逆攻眉州，连丹棱、青神，屯松江口。湘果由崇庆进，曾、刘由彭山进。十月初六贼走复至，八日丹棱援至。

乌云乘乱，诱赵居恒。违众促殃，徒蒙篡称。睡王薰穴，淫滥颠崩。贤虽风疾，讨乱差雄。世、穆、景三宗《纪》。

夜讲《曾子问》，得不醴三醮之礼，殊觉暗室得镫，既喜且叹。

廿三日　晴

翰仙来。读《相见篇》，旧解《玉藻》犹沿误，始更定之。阅《辽史》，全不知其事实，乃叹书传之易唯在别无他本耳。然亦须以朝廷之力助之，然辽不必史，元强张大，宜其止此也。

廿四日 晴热

刘人哉来,为李总兵探动静。午过帽顶饮,松翁、季怀、静涵、敬山同坐。季怀先去江南馆团拜。余亦当至公所团拜,乃饱食而往,镇、道诸君已先至,程藩、彭道继至,方、黄、莫先去,设四席,无坐者,楼上客亦先引去,反不及前年之盛,戌正还。补读《乡饮篇》及《辽史》七卷。

廿五日 阴,忽寒

周绪钦来。午后颇倦,为茙女仞字后剃发毕,遂卧矣。看邸报:易佩绅得黔臬,与王定安并贵,待此等人作督抚,又文、韶之不如,可叹也。至此乃令人思刘蓉夫、刘岳昭、江忠济,负乘覆馀,不足怪也。易、王自命轶材,以诈力取高官,则不逞之徒谓天位可以暗干,羞当世,轻朝廷,其在斯乎?

读《乡射》半篇,阅《辽史》三卷,已子初。丰儿请选唐诗,看《白集》七卷,颇难去取,姑停听雨。不雨将一月,督府正探龙湫,明日设坛,而雨先至,比去夏为巧逢也。忧勤一也,感有迟速,此宜归之年象,余亦有佐治之责,闻雨甚喜,命帉女持烛至前庭,看花赏雨。

《辽圣宗赞》:“文殊嫡继,文理为优。澶渊取币,辽泽回辀。勤边失驭,萧墙弗忧。准回叛涣,女直痈疣。”

廿六日 阴

读《燕篇》。点《辽史》五卷。看白诗十馀卷。检院中无益书束之高阁。季怀来,言欲引见,宦于蜀,费二千五百金耳,而岁可三四千金,大利也。

《辽兴宗道宗赞》:“章诬王母,文枉妻儿。身不行道,谬重儒师。兼和宋夏,渐削疆畿。谗人泄沓,诸部乖离。”

廿七日 阴

点《辽史》五卷。读《大射篇》。“国之无本,其倾忽焉。宴鹁启侮,射鹿亡边。非女之强,内变相挺。假分西北,终彼乃蛮。"《天祚纪》。金椿来。

廿八日　阴

晨读《大射》后半篇。教莪女课毕,出城。湖北萧、陈及二董、一孙为主人,刘保臣作客,为余设宴草堂杜祠,一面一饮,余被寒不能食,强坐二时许。过青羊室看花市,未集。晚入城,赴鄂生招,见华村坞,肥而善齁,似郭意臣,四品材也。季怀、徐山、用阶、赵二同坐,复食馒头过饱,夜甚不适,久之乃愈。点《辽史·营卫志》。

廿九日

小尽。诸生来者七人,杨、孙、魏、刘入见,馀皆新到未见。清理书院中杂事,竟日少暇,夜始读《聘篇》,点《辽史》三卷。

契丹游牧,广置室丁。州名媵媵,后役徭征。并心南寇,捺钵并营。贪于连众,国用不宁。

二　月

癸巳朔

始行日课,分派诸生,各有常程。读《公食》、《觐篇》。见新到院生三人。稚公来谈行视学礼及时事,云将伐日本,恐为伐辽之续。余云此或又为夷使所欺,牵率同行,不然必无兴师之理。又言今言官喜攻大臣,大臣诚可攻,而国体固不可,此乱象也。朝会食外堂,人过三十,亦颇与诸生论治家持身之道。罗县丞、周编修来。钞《周官经》一叶。夜点《辽史》二卷。夜风。

二日　阴

晨读《丧服篇》未毕,唐稚云、周德耕来。莪女课毕,乃钞经一叶，出答访陈富顺、金保宁、罗委员，皆已去，唯周编修、陈年兄慰农之兄得见。至贡院内军装局，姚迪卿招饮，唐、刘、蒋、叶同坐，皆湘人也。

归点《辽史》三卷。《地理志赞》："辽兴东海，始并鲜丽。土荒民少，部落横驰。幽并既入，富庶方资。不增强盛，翻致颠危。"

昨梦旧友频来，情话欢甚，最后俊臣来，设拜甚恭。颜接三与一人迎之，余命办饭，因告俊臣以近日友朋之盛。俊臣云宴会亦甚为费，余云何须酒食，皆白坐而已。因为诗八句，中有云"白坐能销日"云云，似甚深稳，觉而忘其馀语，但续成一联云："白坐能销日，清谈不爨烟。"舁中因足成之云："离思逐春前，垂杨拂玉鞭。神形影无异，因梦想为缘。'白坐'云云。定知东海外，芳草恨绵绵。"

三日 阴晴

朝食后会馆首事见招公集，初已辞帖，忽又来速，惧以疏傲见讥，复舁而往。凡六席，有戏，官、商、文、武、道、俗同坐，尚有同乡之谊，异乎公所之以品级分者。和合、稚云、傅游击、纪生员同坐，设汤饼毕，余辞还。锦道台来。阅京报，沈桂芬已死。余前断断不可之，不知其保富贵以终也。浮云变幻，不独不可羡，并不必责，又得增吾识量。

夜与赠儿讲大功中从上从下之义，反复三四，竟得通贯。读仍未毕，以"负适衰"难明也。钞《周官》一叶。点《辽史·历象志》。"光之入汴，始识灵仪。俊贾俊更白王白正李正，爰作统和。余分闰位，朔正参差。司天禁秘，俨耶律任陈大任传讹。"刘刚直去从陈富顺为馆师。

四日 阴寒

晨读《丧服》毕。《记》尚未能全解。朝食后骑至督府，微雨，方保卿设饮五福堂,会同事诸君十五人及余早饮,至申散。还,钞经一叶。点《辽史·百官志》三卷。

五日　丁酉,惊蛰。阴,更寒

读《士丧篇》,未暇疏解。钞《周官》一叶。点《辽史·百官志》。"北南分院,辽汉兼存。虽有石烈,治不图民。鸟兽之官,猥杂纷纭。幸无流品,假立君臣。"郭健安来。

六日　阴寒欲雪

牡丹蕊将伤,复移入室。读《士丧》下篇。钞《周官》一叶。见院生一人,院外生及锦江书院斋长三班。刘人哉、张华臣、黄霓生、乔茂轩、薛季怀来。季怀将还江东,且入京引见,领凭官蜀。以其去,当得余书扇以见交游之雅,作诗一篇送之。六云饮周绪钦夫人宅,二更还。余外接宾客,内抚婴孩,兼有常课,殊冗于事,至三更乃书诗扇,夜寒于腊,笔墨尽冰。

七日　阴寒

早唤传事送扇与薛,未能自送也。饭后读《士虞篇》,心粗不及前十日之易入。孙伯玙、董文蔚来。见院外生一人。钞《周官》一叶。点《辽史·礼志》。

八日

晏起。初闻诸女言夜雪可寸馀,故迟久复寐,传梆会食时,竟未闻也。午前邹成都来,云制军将至。顷之松翁、通判皆至。余要松翁入内,坐久之,司道并至,轿夫喧哗,诸生颇有欲与斗者,此处士弱而役强,故至如此。稚公来,命巡捕传令乃散去。诸生肄仪,督部以下并出立观,未集申罢。复坐顷之,乃散。钞《周官》一叶。作家书,今年第三封,寄银百两。夜点《辽史》未半卷,怯寒而寝。

九日　晴

钞经、读经、默史,仅不废课。日间多看诸生肄仪,尚少心解者,唯二岳生、崔、孙差能行之。郭健安去。

十日 阴晴

晨起不甚早。本约大明行礼，监院少迟，待至巳初，司道至，乃请督部来，派九知县执事，丞尉并不至，聋瞶胡涂可闵也。遣通判王彤华释菜，诸生行礼多误，及宾入以后则颇秩秩，轿夫亦不复为患矣。孔子所谓“吾不与祭如不祭”者，盖谓此耶？一笑。设食，堂上下十八席，未初散。少愒，出拜赐，唯鄂生、稚公处入谈，馀俱辞谢。东绕西还尚未暮，复饭于堂。钞书读经如故。

十一日 阴晴，霜寒殊甚

读《特牲》颇密。钞《周官》，看唐诗。张生宗礼字旭波入问为学之方。无所通解，而甚恳笃，疑可与言者，唯不通言语也。王从九来，言刘筠生家事颇久。郭健安复去。夜欲点《辽史》，手脚欲冻，姑罢之。前年此夜寒，去年此夜亦寒，未若今年之甚。

昨与人言，院长、山长之称各处所同，唯湖南称馆师，未知始何时。馆师，义学之称。湘人书院素骄，何以甘为贫子，亦不知巡抚何以故陵侮翰林官也。《辽史·礼乐志赞》：“君树仪郊，木岐作母。植柳天棚，亦云勤雨。汴使既通，礼名亦五。唐乐杂来，女真不舞。”

十二日 阴寒

读《少牢》，钞《周官》，点《辽史·仪卫志赞》：“邵固窥唐，实慕隆仪。光要石册，法物骈罗。逍遥沙漠，左纛鸣笳。冠留薛衮，印佩杓窊。”《食货志赞》：“利尽炭山，乱兴酒榷。师保之官，铁马是较。币无楮会，铸遵撒额。车粟未偿，牧群潜削。”

十三日 阴雨

读《少牢》下篇，钞《周官》，点《辽史》诸表。茂女生日，诸女放学，丰儿亦放学，可笑也。斋长邓生犯禁告假，使人难于行法，凡事牵掣于此,无奈之何也。

十四日　雨寒冻重

读《特牲篇》。钞《周官》,点《辽史》诸表,皆重复敷衍者。唯作《游幸表》,似有意讽谏元主,而文不足发明,恐系阅者之善悟,作者尚不及此耳。

作刘筠生挽联:"入洛当年好弟兄,谁知各宦天涯,薄祚不传棠棣谱;寓蜀相依惟母子,犹得从亲地下,春寒莫恨杜鹃声。"夜雨。

十五日　晨雨作,旋止

释奠时班甚整肃,礼毕后以羊豕祠三君,监院行礼,待□人,至辰正方至。祠已,出堂点名,诸生威仪济济,殊征为学之效,余心甚喜。以系月半,仍试词章。院生共四十五人,院外生五人,会食毕,各散。张生祥龄与杨生锐不和者四年,似是不解之怨,今日置酒修好,尤为大喜,赐风鸭一头奖之,唯张、杨不至为歉耳。

读《少牢》未十叶,钞《周官》,点《辽史·后妃传》。"虏无父子,族属仍联。契丹始魏,再绝复绵。五院六院,虽粲弗残。表其世族,诸夏惭焉。"《世族表》。《皇子公主表》删。"耶律慕汉,氏相为萧。重婚复媾,狎亘相要。虽无姜姒,曾不专骄。"《外戚表》。"游牧之俗,春放秋田。避暑之行,国典所先。不能用夏,未可都燕。"《游幸表》。

十六日　阴

读《特牲》,钞《周官》,点《辽史·功臣传》。院生及杂客来者并以家忌谢之。

十七日　阴寒

读《士虞》,钞《周官》,点《辽史》传五卷,殊无事可纪者。见院生三班。出吊刘筠生。见许兰伯之子,通身摇颤,如画"阿呆图",可谓能操土风矣。泸州高孝廉楠来见,蕴藉无鄙陋之习,蜀人之有南派者。前闻殊不确，所谓百闻不如一见也。

十八日 晴，仍寒，久不见日

令儿女出城看花市，帉女稍长，不宜为褴褛之游，故未令往也。午后复阴，未读书。钞《周官》，点《辽史》二卷。“贾生书上，数爽其忧”，“爽”字难顺。

十九日 阴

晨令办饭，未及食，崧、崇两道台来，鄂生继至，均待督部诣院课士也。坐及两时许乃来，点名毕，又坐至半时许，日已晡矣，犹不思食。教茙女仞字写字毕。又自钞《周官》，重读《特牲》乃食，顷之院中亦夕食，余唯一餐。

出堂闻斋中喧嚷声，乃丰儿与诸生会饮。余前年颇能令院中清寂，自丰儿来，诸生情益亲，而时哗笑，声闻于外，此湖南院派也。念禁之伤苛，回步而还。昔曾涤公治军，愀然如秋，有愁苦之容。胡文忠军熙熙如春，上下欢欣而少礼纪。两军皆兴盛有功，诸军则不能然。愁则溃，欢则慢，余庶几其胡群耳。

《送薛福保还无锡因怀江淮旧游》：“锦水绿未波，摩诃柳初碧。东风昨更寒，为送将归客。兰陵归客感年新，不待莺啼早惜春。二月云山三峡树，五湖烟水故园人。枫树青青洞庭路，桂楫夷犹复容与。一片江南江北春，几回花落花开处。戍鼓楼船且未休，石城淮浦忆前游。谢公棋罢东山冷，陆弟诗成洛水秋。旧苑垂杨不堪折，海边芳草催鶗鴂。览古空怜瓜步潮，相思吟向苏台月。莫道崎岖入蜀非，君平避世久忘机。借问南阳一龙卧，何似临邛驷马归?”

筠生子来辞，十岁失父，居然成人，感余少孤，不觉伧然，携送之出门。“孤儿易成人，有父恒骄痴。送尔忽自念，戚然临路歧。伊昔游京华，二刘数追随。温温未昏容，晬穆珠玉怀。志远来日长，奄忽遘暌离。岁月未永久,昏宦再不谐。何况双飞鸿,比翼复中乖。契阔二十载,始闻挈婴孩。卧疾华阳城,迎客不下阶。见尔儿榻旁,出入未胜衣。严霜盛夏零,一月被两衰。羸瘠感行路,矧余在交私。丘也亦少孤,随母共铺糜。茕茕不料生,岂曰耀当时。譬彼木有由,抽擢十丈枝。皇天无私荣,春露有由施。易成良易倾,尔其慎威仪。秦蜀非汝乡,燕吴不可期。茫茫四海途,孑孑一孤儿。期望非过情,舜颜在所为。"

廿日　晴,始有春意

钞《周官》,读《士虞》,写扇二柄。陈阶平慰农之兄、帽顶来。罗石卿来。得正月十二日家书,正三十九日至,与余去年来时同。闻皞臣之丧,幸去年之归得数相见也。五子始死其一,年正六十,亦为幸矣。午过帽顶宅饭,未昏还。点《辽史》一本。

昨见提督立旗竿挽架甚盛,作绝句二首:"锦城烟景静蒙蒙,二月寒深花市东。惟有戟门堪跋马,旗竿吹雨识春风。""三边无事鼓声和,五丈高牙树騣骕。不待晴光薰翠羽,柳旗阴处飐春多。"

廿一日　阴晴

读《既夕》记,钞《周官》,点《辽史》四卷。萧子厚来。看课卷三丨本。

廿二日　阴

读《既夕》,钞《周官》,点《辽史》,看课卷,发案。诸生作拟古文,殊无佳者;律诗亦多陈俗,词章成格信不易耶。夜雨。

廿三日　晴

连日种花,栽数十本,遂费万钱。此处唯海棠差多,辛夷奇贵,杜鹃尤少。张子静、陈师耶来。未暇读书,钞《周官》。点《辽史》毕。诸传竟无一关系者,此史乃方志之不如,可笑也。作书与滇督,为王秉安州判请托,并加片与蓬海。

廿四日 阴雨,犹寒

方保卿来。读《士丧》,钞《周官》,选唐诗阅二本。皮、陆学元、白,未易优劣,皆以诗为讽谏之作,意非不佳,诗必不佳,以非所职而强与人事故耳。院中树蒲桃棚,杂花颇具,非从前荒寂之景矣。阅京报,林午山竟以荒唐遣戍,顾子春应大快也,樾岑当复一惊,余亦不料其下流至此。然计彼到台,必小有所获,新例又改黑龙江,则宜穷死矣。

廿五日 晴

钞《周官》一叶。杨凫江、曹棅、罗振璘、萧云槎二子及其师来,执贽。绥子来,言已议昏,当借院中迎娶。闻其有男女客,必将铺张,恐不可也。读书多寻解不得,韩退之云《仪礼》难读,是曾读《仪礼》人也。且俟专治毕乃读之,改读《礼记》。

廿六日 阴

丰儿钞唐五言毕。院中又议刻《八代诗》及唐诗选本,检七律一种自钞之,得三叶。钞《周官》一叶。

廿七日 晴

李蕴孚来,病竟全愈,握发延之,云督部已从灌还矣。王合州被休,遣其子来,执贽,辞之。送水礼甚多,未暇视,以其舁来有花盆,退夫为难,留海棠二盆。萧云槎、宋月卿来。张三嫂、刘年女来。刘女云琯臣病甚,得茸可愈,乞之于唐泽坡。钞《书》一叶,钞诗四叶。夜雨。

廿八日 阴晴

维州副将余得贵及和合来。将发家书,杂客不断,内有张伯元,叔平之兄也。至日昃尚不得执笔,对客作三纸寄去。钞《周官》二叶、唐诗二叶。夜与尹生谈经义甚畅。

六云遣告畇女剪金,且吞之矣。入问之则云无此。索得碎金一包,疑其遇祟也。且令讲《礼记》、《通鉴》毕,又读诗赋,神色不似吞金人,亦不便穷问之。但据畇女言,将翦金重打约指,老妪云吞金能死人,不信,姑试吞一小金桃耳。余诸子女所为皆非意想所及,忍毁成器,好身试险,十二人中遂有五人,吁可怪也！虽知无妨,亦恐或能伤生,意颇仿偟。六云又言其处分后事,井井有条。益感人泡幻事,夜寐殊不安,天明乃豁然矣。学道镇定信不易,矫情镇物则能之。夜雨萧萧,颇生哀感。

廿九日　微雨

钱徐翁来。出答访张伯元,过稚公,言少荃来书,更正前书误字,并言畅谈夷务。又云左相已列名总署,当入枢廷矣。因及家事,言用度不足,思移一镇。余不觉哑然而笑。州县求调剂,大臣亦求调剂耶？稚公云上赐则可,自取与僚吏所献,虽公费不可。其言甚正,非矫廉者。

出视翰仙疾,与曾昭吉略谈,过和合、蕴孚,送皃江、搢卿,访叶生皆遇。后至齐敬庵处,以为必不可遇,亦晤谈,遂销长日矣。满城喉证颇多,归亦喉痛,顷之自愈。钞《周官》一叶,唐诗三叶。夜雨。

晦日　晴,犹可重裘

作诗送莫总兵镇建昌:"旗鼓秋行大将权,碧油春引复临边。新桃借色骄骝马,细柳分营绾蜀鞬。蕃落开诚金似粟,蛮山堆石翠横烟。时平无事须安抚,莫道崆峒剑倚天。"钞唐诗五叶、《周官》一叶。

彭县章汉光来,言词闪烁,大意言其令贪劣。此人以百金求一见我,必非能用财者,不知犯何事,当询访之。

三　月

癸亥朔　晴

耕耤吉日也。始为帉女定课程，倍《礼记》、《书》各一本，默《尔雅》、杜诗。讲书约须与料理二时许，茙女须半时许，并吃饭已费四时馀。四时钞《书》，去其一犹得三时，间应付俗事。帽顶来。钞《周官》一叶、唐诗五叶。今日晨出讲堂发题，诸生不入院者仅九人，内四人可不必来者，肄业者皆勤勉，无须督课，大有成效。夜读《曲礼》、《书经》。

二日　晴，犹未甚煊

钞《周官》一叶，唐诗三叶。读《檀弓》、《商书》。

为方保卿夫妻作泥像赞，此题从无作律体者，聊以一首敷衍之。"中年不仕为莱妻，西上长安更向西。挽鹿定归东玉涧，听莺暂入浣花溪。红颜未老生孙早，锦字裁笺倚醉题。借问镜边常对影，何如行处镇相携。"

三日　晴，始有春景

六云率诸女出城游赏，便至张宅午饭。独在内斋钞唐诗三叶、《周官》一叶。夜雨。张门生午后来。

四日　晴煊

两女课毕。出吊王天翁，旋闻琯丞之丧，年正六一，家无馀资，当往经理之，心颇不乐。至王宅匆匆与秦同知、陈通判闲话数句，便至刘宅，已小敛矣。坐顷之，无客至，仍还院，饭罢，骑往送敛，亦无客至，戌初还，顷之雨。钞唐诗二叶，读《檀弓》下篇。

五日　阴，复寒，然未更裘

唐稚云、张华臣、刘人哉来，闲话半日。钞《周官》一叶、唐诗二叶。闻九头鸟声若吹箫,令蚡女考之。桂注《说文》云唐裴瑜以为鶔鸥,桂以为奇鸧,见《韩诗》。令丰儿检《韩诗外传》未得。读《王制》。

六日　戊辰,清明。阴凉

钞《周官》一叶。与诸生言经义数事。昨督课案至,卢生附末,自以为至屈,譬晓之数百言。卢生文实不佳,而气甚盛,若质言其不佳,彼将舍钱先生而抗我,是代人受怨,又无益于教,故不与庄语而又长其傲,夜间仍正告之。即此一事,措置甚不易,近日处人已颇为得当。

孙伯玙来。看唐诗二本,未及钞选也。蚡女五日似有所进,未与之读《月令》,但令其自诵一遍,亦未听之。

七日　晴

钞《周官》,读《曾子问》,选唐律,并钞。未及二叶,伍松翁、范教授来。

八日　晴

钞《周官》一叶。蚡女读《礼器》不熟,篆、正书均拙丑,又惰延,频挞之。夜寝甚迟。钞唐诗一叶,看课卷。牡丹一花初开。

九日　晴

钱徐翁之弟来求差,旷寿云来言事,未及见。待女课毕,骑往堉臣处,赞其丧事。张子静诸君已先至,坐待成服吊伤毕,微倦假寐,饭至未食,客无续至者,乃还。步迎日颇照灼,牡丹亦萎,盖蜀日甚烈,异于江湘。夜饭罢看课卷,未作馀事。小寝甚沉酣,不能解衣,寐至三时许,近所无也。

十日　晴

晨起阅卷毕,已未正矣。穆芸阅〔阁〕来。为诸女点书写字。张松平夫人来告行,遣六云往赠十六金,辛未所许遗其母夫人者,今始附之。酉出讲书发案。夜钞《周官》一叶。为帉女补讲《礼器》，见"圭璋特，琥璜爵"说殊杌陧。又讲《通鉴》。晁错欲以徐僮予吴，未知其谋，盖欲缓兵待其困。其自居守之计，则所以见疑也。讲毕，月已落矣。

十一日 阴

曾传溍、李湘石来。健郎欲求臬馆，与书藩使托之。复言新臬绝不徇情，不能干也。午睡，曾昭吉来，久未出见，比觉已去矣。大似郭筠仙慢客，从前所无也，精神始衰，亟当自振。朱通判来。钞《周官》、唐诗各一叶。讲书至子初寝。曾生光岷辞行，从母往定襄。

十二日 晴热

将往天彭看牡丹，舁脱輹未果。昨梦一僧，年可二十许，自云已八十，为余族祖行，颇谈宗教语，及觉犹未曙。晨起钞《周官》，考五齐八尊，纷纭久之，至暮始成一叶。萧子厚、饶星舫、许孟津、黄霓生、罗石卿、游汇东、严经历、不知其字。薛丹庭家一老耶相续来。《春秋》多脱误，补挤三条。竟日无暇，钞唐诗一叶。夜电雨。

十三日 晨大雨

钞《周官》、唐诗二叶。家中治具，请用阶夫人、丁公侧室及其六女，迎张生妇曾作陪。雨竟日，至夜益甚，请客日巧值，殊不轻便，张妇尤苦泥行也。为曾生作字六幅。

十四日 晴

翰仙来，言瑄丞事。出答访游臬使，过唐提督、锦道台，锦处入谈。还，昭吉来送银化火药，功力甚猛，响亦震厉。芝生复来，言李小荃母丧。监院来，言陈伯双母丧及修志事。余告以志书非今所急，宜且缓之。夜看唐诗三本。早寝。

十五日 晴

晨呼舁夫，将游丹景山看牡丹。未出点名，但出题二道。饭后出西门,二十里至洞子口,十五里过从义桥,皆骑行。又十里,舁行过龙桥。川水甚壮,水桐花盛开。小雨,骑行五里,稍避待雨过,八里至新繁。看东湖亭廊甚卑,结构胜于杜祠,欲止宿,不可。方褱回间,见一拥肿官人,云是周令,亟避出。入店看《韩诗外传》二卷,皆钞集传记,似非原书也。以华、反乘堙为善其"平己",盖误解"平己"为平情,尤为臆说。

十六日　阴

卯正舁行十八里,愒清白江,因赵清献得名。骑行二十五里至县,入南门,学宫正当门内。循东巷北出,过九峰书院及诸民宅,均甚清整。出北门,有浮图及一大庙,亦正当门。又行四五里早饭,已午初矣。道泥多石,骑、舁均不能驶,二十里过龙凤场,望诸山丹绿斑驳,可七八里至关口,路人皆云不得至山。复小愒,令舁夫小食,从左行入山,磴道清幽,竹柏真秀,步步入胜,逶迤峻广,可通舁马,数百步辄有亭馆可愒。凡有九寺,中岭为净水池,入啜茗,复数愒,多步行,至多宝寺,山最高处也。

僧徒延坐东寮,上下俱有牡丹台,可四十馀本。僧光玺云有二本是唐时旧窠,从石缝出,才高七八尺,馀皆后植也。壁间题联云陆放翁言蜀中牡丹以此山为最,有元红、欧碧。窗外杂树青葱,子规夜叫,小雨间作,尘心静爽,较京师西山为胜。壁间又有毓庆诗,注云以彩霞、朝天紫为最上品。又云彭州守朱绰献杨氏园花十六于宋景文。此寺花为金头陀所植,未详唐何代也。

十七日　晨雾为雨

意欲待晴看花开乃去,因留一日。与光僧登盘陀石,旁有黄土书"老君堂"三字,云张三峰所书也。饭后复下,至□师楼上,廊有杨升庵诗二首,殊草草,亦非手书,乃蜀王门客所书刻者。便出纸索书，为撰一联："山中昼永看花久；树外天空任鸟飞。"又题五韵："清溪界两嶂，千级上云门。土石润丹黛，竹柏挺清真。春游弃尘想，晓梦接霞暾。朱花世外绮，艳若灵妃鬘。桃源非旷观，华谷或仙邻。"及论牡丹显晦事云：牡丹始重于唐开元间，故杜子美在蜀绝无题咏，其时风气所开，未被僻远也。至李义山游西川，集中牡丹诗颇多。北宋初，彭州朱牧遂品第十种以抗洛谱，陆务观乃以彭花为蜀中之冠，自此名播海内，而丹景遗植，传云自唐，访牡丹者宜以此为贵矣。顾近代游客贵官率鲜优暇，寺内流传及所闻名人篇什殊少，一卉虽微，随世升降有如此者。余因陈怀庭浙东书来劝游，遂至山寮，留宿乃去。以咏此花，宜作近体，余集所不载，爰作《玉台》体，使附于芍药、蔷薇之后。"娟娟压槛红，曾见玉台中。探春伴霞绮，种玉许云笼。敷华各腴丽，含香共露风。罗纨比叶重，朱粉映肤融。喧晴百种鸟，采雾一丛蜂。偏临永嘉水，未入上林宫。不辞名晚出，应惜宠迟逢。若遇神光艳，谁希世俗容。"

夜月，梦与曾涤丈论时事及家事，有悲切之言，颇近释书。既觉，念其不经，然生感悟，褱回申旦。

十八日 未明闻雨，晏起待霁，乃潇潇竟日

看焦竑所序李贽选《东坡集》十三卷及《附录》三卷，殊不解其去取，但不选一诗为异耳。苏以程正叔为奸，可谓纵恣，则其平生悟入语皆狂慧也。正叔、东坡俱世俗中人，末学肤受，亦何至深诋乃尔！彼尚与章惇游，岂不能容正叔？吾以此疑其心术矣，盖求宠于司光而妒生也。古来文士无此披昌，虽家雱亦不至此。盖枭韩、富之首可也，以之为奸不可也。枭之者以行吾法，诋之者以要吾利，此论家船山未之及。

十九日 阴

卯初起，辰初乃行，从山后下，迤逦不峻，较前山稍远耳。可八

里得平地,又十二里至桂花场,崇宁地。骑行五里过丰乐场,八里息一农家庄门,已入灌县地。十二里舁至蒲村,复骑行四五里,遇雨欲稍休,无店避雨,因急行,忘路之远近。见一照壁,以为市镇,及至乃见城垣,知已至灌县矣。道中唯彭县地种罂粟者颇多,馀多种麦豆者。

入灌北门,问二廊〔郎〕庙,或指令西,乃入城隍庙,依山,亭阁颇壮。折出南门,至伏龙观,未入,即访人字堤所在。初以为堤如“人”字也,至则无见,唯竹篓盛鹅卵石,殆数万,累以为洲。从竹篾上行,见四五人在江边,顷之有来问讯者,云双姓,曾相见。遣约来谈,初不相识,自言曾任巴令,今在此,乃知水利同知也。同行石上,至分水处,所谓鱼觜者如伏龟,以界江流,前亦列竹篓,又前以木马直树江中,谓之马槎。此江无洲,全以人力累石分江,必不能分水,所谓内四外六者谬言耳。索桥亦仍下脚,所以用竹索者,备水漂木冲石,亦非意中索桥也。同知引余还,至前下马处指示人字堤,则全非堤,乃石篓排,分九排,依地形作圆曲如“人”字。又指离堆在内,如淫豫石,或云凿断连山,必无此巨功,亦谬言也。见堤上告示,乃知同知庄姓,非双姓。与入伏龙观,道士出谒,坐谈久之。呼舁来,入南门,至东门店中,询知庄名裕筠字子佩。竟日未食,办杙蕨芥菹汤,食甚饱。庄送菜至,辞之。约明日晨饭,诺之。

访天彭阙,因至丹景山。“尘喧入山静,磴道横烟没。盘桓上风霄,坦步幽情发。兹山无旷览,双嶂蒙椒樧。栖灵接馆宇,悦性便休愒。重阁累松门,东寮息钟偈。轩窗俯乔木,砌草笼霄月。观于树外影,始见人世阔。托身既已高,诸物敻自绝。亦有空谷花,谁云邈冰雪。山农善春耕,聊与分薇蕨。”

二十日　阴

土人云灌无一日晴,以雪山阴气胜也。巳初舁人始饭,旋舁至城隍祠侧，循山道出西门，陂陀上下可二里。庄同知待于丁公生祠，遣约入小坐，王介卿亦先在。余云生祠干例禁，他日言官列款，复是一过，以为丁公当辞之。旋同步上山，约百馀级。

二郎有三说，一云孟昶，即挟弹张仙，后分为文昌及水神者。一云玉皇外甥。一云周初仙人杨戬。皆不经之谈。何蝯丈曾奏更正，从。后传以为李冰之子，亦不经也。朝议以为三目瑰象，严事已久，不可更正。今乃塑为美少年，而幔掩其怪象，他日遂成一臆造正典，反不如玉皇外甥之古雅矣。设席江楼，谈两时许。

未正乃行，误以为未午，从容放马，十里过新场，大市也。又二十里崇义铺，十里德安铺，亦大市。日已昏黑，将宿，不能容人。然烛行五里，宿两路口，庭有山矾，馀香犹烈。出门七日，始得见星。

廿一日

寅初起，卯正见日，行十七里，饭于郫城，余但食煎馆。行十里至一市场，未问名，又二十里至犀浦。骑行十馀里入西门，循城西行，北折过将军牙门，出小南门还院。看家信毕，绥子新妇邝氏出拜，年二十许，高不过十许岁人。见新到院张生诚及院生入者六人，夜入者四人，馀皆堂见。钞唐诗半叶。

廿二日 晴

帉、茙倍书毕，舁出唁陈伯双，见其居丧有礼，当为赞诏。而副统托克湍初未相见，因往访之。甚热，亟还，小愒。穆芸阁来。稚公旋来，泛论治体，又言当荐我主国学，余云此盛时之事，方今多难，不宜及此。且左相新柄用，人必疑公受其请托，必不可也。稚公亦以为然。

晡后书陈母挽联："天留晚福慰冰霜，看贤母名高，江汉双珠光海内；东望沙羡惨云气，恨使车行远，倭迟四骆下邛山。"夜钞诗一叶。雷电大雨。改院生所作陈诔。

廿三日　阴晴,复凉

辰饭后即至学署,陪吊客,坐至未正乃还。诸贵官唯将军不至。夜钞诗半叶。发家书,并复陈芳畹书,寄银二十银,实未交也。

廿四日　晴

湖北秀才周小棠主簿、陈鸿恩来。此次游还,遂忘钞经,偶坐悟及之,写《周官》一叶,钞唐诗一叶,阅京报:刘云生劾李鸿章帝制①。

廿五日　晴

将泛江,令收拾坐船,篷破未换,又值烈日,意不欲往,遂止。钞唐诗,七律选毕。钞《周官》一叶。得简堂书,颇有投闲之叹。比日重阅雍正诸臣折奏,知当时无一人材,又以知满、汉积习,出人意外。世宗廓清之功甚伟,开乾、嘉以后风气,始争濯磨而希古矣。袁枚力诋田文镜,以所奏事观之,其言王士俊事殊不实。申后出城,送陈伯双,戌还。

廿六日　晴

竟日阅课卷,间授两女读,阅卷不及六十本,频辍乃毕。题问作诗神思,中题者甚少,然大抵皆成格,词章课卷三年中最盛者也。邓生有二句极佳,而不能发明,特为圈出,不知诸生能悟否。

廿八日　晴

新臬移入署,崧、唐各还其居,于世法皆当早往致贺者,久延未往,今仍懒出。写扇三柄。陈佗、彭胡来,久坐甚困,偷眠半时许,佗乃去矣。彭从盐局罢归,假榻西斋。张妾来借银,唐稚云亦来借银,茂女惊怪,以为不可许。本不欲许,以唐猝丧子,宜救其急,并张皆假与之。小儿五六岁便知世情,可怪也。

---

① “帝制”为“帝制自为”之省。刘云生即刘锡鸿。事详郭嵩焘光绪七年三月十三日日记。

廿九日 晴

艾通判来，致刘景韩书。曾心泉、杨绍曾并来久谈。钞《周官》、唐诗各一叶。

四 月

壬辰朔

晨出点名较早，有五六人迟到。昨令斋长拟题，竟未传知，恐急不能周思，仍自出题。饭后湖北萧、陈来，萧言轻肆，余面驳之，陈为皇悚，乃徐自解，仍泛谈而去。钞《周官》一叶，三辍笔，几不能成，亦可慨也。钞唐诗，意亦不相属，殊无朝澈之效。

二日 晴热

钞唐诗未半叶，早倦，少愒。翰仙、芝阁、惺士、周小棠来，遂尽一日。中间停客视茙女写读，为帉女倍书半本，看课卷数叶，已无暇更及他事矣。夜提督送报，闻慈安太后上宾。帉女正讲书，因停讲。考《丧礼》，《会典》殊略，并无衣冠带履之制。臣于朝廷当畿内之士，君母服齐衰三月，君则当服斩。依郑注与畿内民同，则亦服君齐衰三月。既被聘为院长，不得与民同似，当从教官服君斩，君母无重轻也。

三日 晴

钞《周官》、唐诗。城中官举哀。案礼，齐衰当二日不食，三月之丧一再不食可也。早食粥以寄意。《记》曰："言语饮食衎尔。"以外制者也。

四日 晴

钞《周官》、唐诗各一叶。诸女课早毕，尚未夕食，甚饥，且觉昼日过长，及食又不能饱。当往吊唐次云，因循不可再缓，强骑而往，不遇。过惺士久谈。还,电起西南,迎雨而行,至门雨大至,迟一瞬则沾衣矣。夜卧甚沉重,似有疾者。连庆远希白寄书物,欲与我约为兄弟,生平无此要期,武人慕文,不可拂其意,当诺之。

五日　晴

晨起果疾,不知从何得也,且甚困惫。作书复少泉,再论御夷事,欲存此说,以待后之知音耳。得陈仲英书,云前寄书未达,事如隔世,张丈亦久物化矣。书云宫中廷臣俱有忧疑,似不满于左季者。

六日　昨夜大雨

晨起未食,舁往琯丞宅,为之作主。迎风甚寒,不能待客,遂还。困卧终日,夜尤惫,六云徘徊往来,强起解衣。

七日　仍寒

小愈,写《周官》、唐诗各一叶,扇五柄。作书与筠仙、简堂,并发家书。

八日　阴

役人俱病,而余大愈。钞《周官》、唐诗各一叶。看课卷十馀本。孙公符夜来,将假馆焉,谈至三更去。是日已亥立夏。

九日　晴

钞《周官》、唐诗各一叶。始食枇杷,见萤火。官中蓝印止于昨日,以非典礼,致书稚公及崧锡侯告之。公符夜来,云鄂生允借千金留馆书局。是夜丑正地震。

十日　阴晴

钞唐诗、《周官》各一叶。松翁书来,问成服事,复言书院无成服礼。稚公引匡鹤泉为例,彼革职大员例不成服,不可仿也。午后公符移来。以司道引例多谬,步至督府,于方葆卿斋中与稚公谈礼仪事宜。晚还,已过夕食,当出讲书,诸生问十馀条。寻《春秋》嫡妾起文皆历历可据，不觉惊怖，圣人之精义入神如此，又有望洋之叹矣。

十一日 昨夜大风，复寒，有雨

从帽顶假银四百节前已还发火食，兼还天成、洪胜各百金。钞《周官》、唐诗各一叶。得叔平谬书，及莫总兵、周筠连、贺丹棱到任书。彭仆吹烟，令移避静僻地，子和遂遣之去。宋月卿来。

十二日 阴晴

同乡吴、彭、张、陈及张门生、董文蔚来。刘琯臣内侄李姓再来。钞《周官》、唐诗各一叶。帉女日课颇有阙，以余少暇也。绶子新妇移出。

十三日 晴寒

钞《周官》、唐诗各一叶。阅课卷二十馀本。曾、杨、罗、陈来。晡后与公符骑至机局，访翰仙、元卿，遇崇、锦两洋道，久谈无谓。颇闻诸人言游臬之龃龉，此间见似人者而怒，积习不可回也。

十四日 晴

纨女生日，放学。钞《周官》、唐诗各一叶。看课卷毕。以国恤未发案，且停明日一课。见新到院生郭、徐，均未多语。李世侄文澜来。

十五日 晴

先祖妣忌日，素食。钞《周官》、唐诗各一叶。陈佗来。严泰来，言资格可委署，欲通之藩使，受庵从兄也，貌奇陋，故难于为言，与陈佗正同，此又不似人而不可喜者，宜庄生有空谷之感。

十六日 晴

钞《周官》、唐诗各一叶。见杜《东屯月夜》诗，冷僻，恐人集中无此鬼语。

上古之时，燔黍捭豚，污尊抔饮，其后饮血茹毛，后为醴酪，故祭礼仿之,不以亵味,以先祖所未有也。一献灌玉盏。象燔黍豚,而有膟、膋、黍、稷、焫、萧之报,其时抔饮,故荐玄酒焉。洗玄酒。象茹毛血,而有毛血之瘗。其时有醴酪,故荐醴盏焉。再体玉盏。盏,夏后氏之爵也,醴酌以盏,故曰醴盏。《礼运》曰"盏斝及尸君,是谓僭",言醴盏唯天子得用也。"玄酒在室",言初求诸阳于室,酌玄酒也。"醴盏在户",言荐毛血于户,酌醴也。"粢醍在堂",言馈食实粢盛时,于堂酌缇也①。三朝践缇。于诸侯则荐血时酌盎,而馈食酌酒,天子之礼荐血酌醴,馈食酌缇,不用盎也。尸入馂鬼馀,酳尸。荐血时而王后献醴,献醴时而天子荐炙,此炙即燎所熟之肝膋也。四献祝。炙者肝之专名,一荐一献是曰交献,夫妇亲之,谓合莫也。君酌牺象,夫人酌罍尊,则大飨之礼,非祭礼也。《礼器》曰:"大庙之内君制祭,夫人荐盎。君割牲,夫人荐酒",谓诸侯礼也。郑注"制祭",谓进血膋时制肝,洗于郁鬯,以祭于室主,此所谓血毛诏于室。夫人当酌醴,避天子故酌盎,然则天子有醴无盎,诸侯有盎无醴明矣。《周礼》有明水无玄酒,《经》、《记》礼多言玄酒,不言明水,此又唯天子有明水,以故无玄酒之名。诸侯以下无明水,有玄酒。玄酒、明水一物,取之异耳。周先灌,然后迎牲焫萧。灌之时以鬯,迎牲时先取膟骨,则酌醴涚明水而荐焉。《记》曰"明水涚齐,贵新也",又曰"盏酒涚于清",清谓水也。又曰"犹明清与盏酒",盖明水亦谓之明清也。又曰"祭齐如明水",祭齐者祝也。上言祭黍稷加肺,然后言祭齐,则祭黍稷谓燎黍稷也。诸经不言加肺,此言加肺,盖虞升首,夏升心,殷升肝,周升肺,《周礼》则升首法虞,炙肝法殷,燔肺,自用其法也。晚过锦江院。

① "粢醍在堂",语出《礼记·礼运》,依郑玄注和孔颖达疏,"醍"指远古祭祀所用的泛红色清酒,即《周礼·酒正》中"五齐"之四的"醍齐"(缇齐),"缇"与"醍"同。

十七日 晴

杂客相继来,殊不得息,乘间课读。钞《周官》、唐诗各一叶。得家书及瞿子久谢书。看《管子》四篇。

十八日 晴

闻莫营有人还湘,作家书,并改健郎所复官府通套信稿。幸无客至,课读钞书如额。午饥,待食方急,方设而锦、黄并至,竟不能见。锦去霓留,饭后少谈出,步至三槐,答访罗质庵。雨,异还。

十九日 雨阴

钞《周官》、唐诗各一叶。说《周官》四酌,谓临时和齐之,"郁齐献酌",所谓"汁献涚盏酒","醴齐缩酌"[①],此天子郊旅,大飨宗庙,故居第一。所谓"明水涚齐","盏酒涚于清"也,此天子祭宗庙之酌,故居第二。"盎齐涚酌",此诸侯祭宗庙之礼,故第三。"凡酒修酌","凡"谓不用齐者"修酌";所谓修爵,"修",进也,直进酌之,无涚汁裸盛鬯。春鸡、夏鸟、秋斝、冬黄、追虎、朝蜼,是谓六彝。齐实于尊,室中献著,大堂上象、壶、山各以时配,谓之六尊。堂下又有二罍盛酒,共为八尊。凡献酒皆清酒也。三酒:一曰事酒,所谓"无酒酤我",因事造之,一宿而成者。二曰昔酒,所谓"旧醳之酒",藏以和齐者,此与清酒不并陈。事酒,宾客燕私所有。昔酒,酒人存贮。唯清酒供实尊,而云五齐三酒,以实八尊,盖统言之。得敖金甫书。

廿日 阴雨

钞《周官》一叶。看王先谦所钞乾隆上谕十二本,自夜至鸡鸣,

---

① 按《周官》"四酌",见《周礼·春官宗伯·司尊彝》,为"郁齐献酌,醴齐缩酌,盎齐涚酌,凡酒修酌",湘绮在此多用《礼记·郊特牲》以释《周礼》,"汁献涚盏酒"、"明水涚齐"、"盏酒涚于清"皆《郊特牲》文。据此,此"醴齐缩酌"四字当在"故居第一"之后,方与分释四酌符合,否则,所谓"故居第二"无所主。

计照字五六十万。未钞唐诗,以选检颇烦也。戌初出讲书,殊无发明。王生纬堂问古宫室制,余谢未曾考也。

廿一日　阴雨

钞唐诗、《周官》。看乾隆谕,专论金川事,其时法严,而诸臣愈贪恣愚蒙,不知何以至此。

廿二日　阴雨

钞《周官》、唐诗各一叶。更定日课,定丰儿出理书局,自教三女,分时授学。竟日无暇晷,至夜间欲更有作,已觉倦矣。

廿三日　阴雨,复寒

钞书授读,仅能毕功,恐不足以持久,以太劳也。看乾隆钞,不足嗣《东华录》,其时事太少,未知由刊削过半,抑断烂无征耶?

廿四日　阴雨

钞书课读如额。三女似尚优暇,稍有条理。总计书院支用数目亦颇清晰,所职庶几小治,但欲撰述,则心杂不能入矣,道家所谓为形役者。

廿五日　雨

钞书课读如额,写扇屏各一事,殊草草不成字。看课卷三本。

廿六日　晴,阴凉

钞书课读,竟日不得休。改吴生子才课卷数处。杂客数人来。

廿七日　晴

卯起,欲看课卷,适已会食,饭后课读不得毕。广东黄生来,执贽。其兄巡检字翼丞同来,尚有乡音,如听异乐,难得而可贵也。此处候补者纯蜀土音,殊令人笑恨。得熊邛州书,送管丞赙四十金,亦云慷慨。黄豪伯书来,讲《禹贡》,纯乎宋后见识,不足与辨,然其言亦切中所蔽,当小改削,使其在南书房,则吾书危矣。复片但引咎谢过，近乎拒谏者。钞《周官》、唐诗，凡五六起乃毕。常女讲《内则》“鷃”即黄雀，云今书院有之，土人呼为老雇雀。《尔雅》老雇雀，鷃古称，今存，非至蜀不知也。

廿八日　晴凉

钞《周官》、唐诗各一叶。诸女方有工效，六云以缠足困莪女，余觉其意，令常为敷衍。六云必欲干预，余以欺小儿令言不信，怒责之。六云答语纯似其女君谇语，余盛怒，因罢业，纵之嬉游，欲窘之。此自不合道术，然行法贵信，齐家之政也。庄生有云“彼且为婴儿，吾亦与之为婴儿”。小废数日课，以申一人之令，其所谓枉尺直寻者，不然小人得意，将窃魁柄矣。

铺后出吊蒋一，菊人之子，孝子已出游矣。罗飞吾暴死，往视之，便过芝生，遇公符，将雨驰还。

廿九日　阴晴

看课卷，钞书如额。常女乘间称疾，半日不事。帽顶来。

三十日　雨

钞《周官》、唐诗各一叶。常女为莪授书，亦颇似师生，但不能教字耳。夜雨达旦。

五　月

壬戌朔　阴晴

今日日食，不及一分。两县来，传遗诰入城，期以午正毕集。率丰儿至松翁处，同出北门，待两时许，督部始至，序班不分官绅，以四书院在司道次，至会府又升于司道前，而皆以余领班，非典也。奉遗诰已脱白，便不举哀奉临，直由总督授布政使，布政使授藩经历，尚是斟酌合礼。申正乃还。

罗飞吾子又暴死,余向持命有长短之说,由今观之,不能不信病能死人矣。古人所以云医能使生者不死,殆有其理,则与余说剌谬。今早出堂点名,旋又出城,甚倦,未能钞书,仅写扇二柄。夜早寝。

二日　晴

朝食后往督府拜丁贡士,不见,见穆、孙、张、陈及稚公而还。同乡者求差七人,皆为交名于督部,稍偿宿诺。王成都、稚公父子皆来。看课卷,未及钞书。

三日　晴热,始绨

游臬使擢京尹,鹿滋轩移蜀臬。锦芝生来。盐道垫发经费银,监院往来蹀躞,半日始定。看课卷,未及馀事。王巡检送花六盆。

四日　晴热

见调院生一人。看课卷毕,夜定等第。唐提督,徐、张两道台来。芝生权成绵道。怡山欲得教案局。司道送节礼,以国恤未受。

五日　晴

午节不贺,客来者仍相继。刘栋材每节庆必来,未少答之,殊阙于礼。午后延三客,绂子饮酒,丰儿病不与。酉散将雨,戌正雨大至,西南风急,窗砌尽淋沥,流潦纵横。夜与诸生小食,余言宜设果酪。邓伯山斋长从俗呼以饼饵为果子,费四千而不可食。杏粥,余令内造,尚醶醇耳。

六日　阴晴,颇凉

乡令四人来。出贺游京尹、崇署臬、锦署道,便诣督府,为张怡山求洋局,过崧盐茶,悉答诸客,不见一人,小食提督署中而还。询诸女,初未读,亦姑任之。

七日　晨雨,至午始霁

钞《周官》一叶,略理女课,见杂客数人。督报朱肯甫放四川学政。

八日 晴

为公符治具招客醵钱，同乡六人来，言成都邹令将罗致诸人以朋淫之罪。罗星士，崇、锦二道台，王年侄来。穆芝阁、李和合、唐次云、傅游击来会食，公符作陪，健郎入督府，诸女亦往。公符随人为臬署捉去，以违制剃发也。杨春、朱月来，皆剃发，余因随人不遵制，皆令藏过数日，遂无使令。

九日 晴

帉女未归，略理滋、茙课。钞《周官》二叶。朱月卿来，言张凯嵩以五品权京兆，疑有奥援。东抚周乞告，盖以冰山既倒，不自安也。夜月甚明，多话少睡。

十日 晴

多睡少事。钞《周官》二叶。马道台来。游京兆不辞而去，亦未往送。其残客颇来，或见或辞。暮出堂会讲。

十一日 晴

晨钞《周官》一叶。疑"四时祭祀服屦"独言"四时"，初欲解为《月令》四时服，后又改为四亲庙先王先公之异。程立翁来。访公符，至书局会之。《天官》钞毕。六云诸女均出，独守正室，竟日未出。

十二日 晴

饭后出访六客，见马、唐、罗而还。有人自称"愚弟张旭升"，出见之，则提标中军，一游滑老兵耳。孙伯玙来，杨嗣侯、崧盐道继至，遂尽一日，殊不得理正事。夜月甚佳，据胡床咏诗，有凄怆之音。得常晴生书，复连子书。

十三日 晴阴

先祖考忌日，素食深居。彭隽五来，黄翰翁处之客寓，逾宿来见,门者以家忌辞,使作客者顿不得计,顷之丰儿引入,余亟命仆马迎致其幞被,使居健郎故舍,因此房不留客,取吉祥也。左郎兴育亦早逃至蓬溪,今日犹不至,殊为可讶。彼在张楚珩处诈称吾大子,惜不得隽不疑引《春秋》一治之。督报岑、勒二抚对调。

十四日　晴

马道台来,言丱政。与书督府,论不可私采。稚公复职,崧锡侯往贺,不见,还过我,匆匆谈。阅课卷一日未毕,时作时辍。杂客来,不计名也。钞《周官》一叶,"大司徒"起。隽五移来。

十五日

卯出堂点名。朝食后看课卷。客来终日,不记名姓,但搅我功课,不得毕耳,晡后乃竟。松筠来,待发案至暮,犹未写毕。钞《周官》一叶。

十六日　晴热

稚公来久谈,言鹿都匀守城,已往解围,后一月卒失守。因叹天下事似此徒劳无益者多,忠臣义士喋血争一日之命,不旋踵而风月清朗,山川肃然,良可悲也。滋女读《小雅》、莪《尔雅上》均毕。钞《周官》一叶。夜风凉。芝生来。

十七日　骤寒,急著绵袍

作家书,记载新闻。左郎、胡子威先后到,院中顿增至二十七人,可为极盛。钞《周官》一叶,复朵翁书。

十八日　阴

钞《周官》一叶。命舁将出,阍人言营兵争草地,鞭吾从马且絷之,怂恿阳春请拘治。余云此必重有冤抑激而为此,俟马死乃问所以然可也。出诣马伯楷言丱事。答贺署臬崇、署道锦,至提督署便饭,公符及督府幕客均先在。闻若农恶耗。昨得家信,闻怀庭丧,心若中杵，今又闻此，与皞臣而三，人生能几遘此哀？乃集于半岁之内。懑怫无酬酢之意，匆匆罢饮而还。

十九日 阴晴

钞《周官》、唐诗各一叶。为三女理课。夜讲《玉藻》，改郑说深衣三袪为要中者，更为出手长短，下缝齐，倍要则不相承，似文理稍顺。调院丹生来见。

廿日 阴雨

钞《周官》、唐诗各一叶。杂客数人来见。黄霓生言陈老张可缓掣任，欲余往说之。余以是非当分，不欲请托也。陈佗来，言锦道台已相见，可以得馆。余辞未之见。铺后出讲堂，传新到六人讲词章，殊无所解，唯九茎蒲生借《唐诗》一本而去。夕听畇女诵诗，声调清美。看昨日"深衣"新说，殊可不必。唯"黼裘"说似尚佳。

廿一日 晴

钞《周官》、唐诗各一叶。二女课早毕，闲思龙、陈交谊，欲各作一诗寄哀，心殊冗懒。

廿二日 晴

钞《周官》、唐诗各一叶。铺后出答访贺雨亭、恒镇如，过机局莲池看荷。

廿三日 晴热

钞《周官》一叶。彭隽五论邦国宜属圻内，此旧注所未详，似甚确当，属其为表勘之。夜雨。

廿四日 骤寒

钞《周官》一叶。书严生扇一柄。检旧作三十岁以前诗，甚清秀，殊苦无骨，彼时不觉其羸，若止于此，尚不能为学古，益知成章之不易。夜风振窗，侧室闭窗风反急，余寝室开窗风反小。三更后还寝,安眠。

廿五日　丙戌,夏至。阴寒

钞《周官》一叶。陈州高进士即用分四川来见。复见杂客数人。三女课早毕。比日教学颇暇,复陈老张书。严受庵族侄贫无食,令居院中钞书。

廿六日　阴寒,仍着绵

看课卷四十馀本。多与诸生谈艺。看畇女作篆,滋、茙课稍疏,点缀而已。陈佗来。唐六少来,言岳生事。

廿七日　晴。仍寒

看课卷毕,此次不佳者颇少,院生皆列正取,罕有之事也。午出未果,饭后乃出。吊许银槎,曾延余一饭,似有年谊,往闻哭声甚悲,询知其无儿女家产,孑存一妻,舁中作联挽之:"薄宦更无儿,八千里丹旐空归,不如休折当年桂;名场兼仕路,六十年浮云饱看,剩欲归依净土莲。"

答访高、李,便过督府看健郎,与稚公少谈而归。左相新议加洋药税,兴畿辅水利,通饬博议。

廿八日　晴

晨夹衫觉寒,饭后易绵袄,已感寒矣。自夏至前后,体常微冷,虽身宁事静,而乖于处心掩身之意,故一刻去衣即将疾也,乃终日绵衣以矫之。钞《周官》一叶,补前一叶。《唐诗选》早成,欲补删前选二本,不在案头,姑置之。

廿九日　晴凉

疾未甚剧。钞《周官》一叶。稍理女课。得家书。辛眉书言已讼事对簿,而雍然有三代之风,迂哉!真儒所谓"臣罪当诛,天王圣明"者非耶?复改钞《诗》为点书。

六　月

辛卯朔　晴

晨出点名。钞《周官》一叶。点《元史》,检架上唯残第二函,聊记日课,不必从头起也。得运仪书,其门生黄进士即用来带致者。点《元史·礼仪志》一卷。

二日　晴

疾未大愈,仍衣绵。钞《周官》半叶。点《元史》数叶。午骑出城,至张馥生家,圉人直呼之为公馆,盖以监院时惯役故习属之。酉阳陈生兄弟来。始查帐,又得二百金亏空,当我弥补者,余用财真复汗漫。张家遇陈、乔二京官,少谈,赴草堂竹斋陪孙编修饮,贺雨亭、覃荫堂为主人,宋月卿为客,向暮散,驰还,未上镫也。

三日　晴,始热

黄霓生来。钞《周官》一叶。点《元史·选举志》数叶。今日章程率因元旧。稚公书来,云新修梅庵落成,约往闲谈。饭后往,则公符先至,方言靴带之苦,而藩使来见,白事颇久。与穆孙、罗质庵遍行院中诸舍,晚至梅庵,旧名皇姑院,云琦静庵母,宗室女,居此。或云前督某子妇,非琦母也,于礼近之,盖督母不宜别居耳。席间未论政事,颇为闲雅,还已锁门矣。

四日　晴,热蒸竟日

钞《周官》一叶。姚、黄二令来。严树森之子来见,谢之。其从子即雁峰山樵也,亲为介绍,与谈数语,但觉其浮动不安,余亦为之摇摇,因与诸生言蜀士无威仪,公子尤甚。其意欲求作父碑,亦山樵主使,余以严不善湘人,又无显绩,辞以当属敖金甫,山樵意似怏怏。

夜大雨。

五日　阴,复寒,着绵

钞《周官》一叶。点《元史》。与孙太史论史书作《舆服志》最难,司马前辈所未有,因叹《考工记》之神妙,若仿此记以作礼志,合以《史记》,所有文章大备矣。适岳生以扇索书,即衍此意书与之。

六日　晴

钱徐山、宋月卿、芮少海、李煦、黄翰仙相继来,至未正乃散。孙太史犹未起。两监院亦来,言锦江书院事。余欲延松翁居尊经,而以锦席与申夫,庶几宽猛相济。薛丹庭言申夫亦不能整饬,徒滋扰耳,此语近理。以翠喜验之,申夫非明察者,其议遂罢。钞《周官》一叶,点《元史》九叶。此书必不能多看,每日以九叶计日而已,多看伤神,与开卷有益之说相对为义。

七日　阴热

恒镇如、萧子厚、楚东亮来。崇纲昨课锦江院,诸生多夜作,今日殊无精神。钞《周官》,点《元史》。

八日　晴热

熊邛州送茶及薏苡为消暑饮子。今年尚未巡斋舍,饭后往视,诸生及院外同居者七十五人,皆整饬,无一放诞者。高吉士选大宁,不能其职,调省,来。杨典史初禀到,亦来见。此间官场乱钻门路,遂令人有设门房受手本之意,致敬尽礼而接之。芝阁、仁哉来。钞《周官》一叶、《考工》一叶。铺后答访高、孙、林、黄进士,卢举人,投暮还。夜雨,点《元史》。

九日　阴,早寒,午后热

钞《周官》、《考工》各一叶。考五世则迁之小宗,为天子、诸侯之特制,大夫、士所无,此礼久芜汩,说悉不憀,今乃始得安帖。先郑读

“瓬”为甫始之“甫”，后郑改为放于此之“放”，实一义也。方、夫双声，“放于此”亦可读为“甫于此”。“貉逾汶”一作“猿逾汶”，二兽皆未见其死。

闻孙太史将为其弟买婢，殊失兄友之义，又令外传书院中国丧买妾，虽方子箴不在，此义不可也。又令外人言吾子侄谄人以非道。召绶子来告晓之。稚公送大理石屏二方。

十日 阴

曾、杨来，言成都拐案。其母讼县令长随之子，挟嫌文致邹万县，自为匿名书，并欲中伤芮、张师耶，以间执人言。琐琐情状而为首令，天下无此坏法乱纪之国也。然曾、杨亦挟伎饮博者，又不知其言信否。陈庶吉及诸生来谈，自朝至晡始散，已甚倦矣，而又荒女课。钞《周官》、《考工》各一叶。点《元史》，乃出讲书。

王苇堂问北堂房中之说。余欲以房中为两房之中，而于主妇立盥诸节似不相合。黄书田问：士练带，何以冠设缁带？昔所未详。王少耶送夜来香二盆、貌子二尾。“貌”今书作“猫”，以为即“苗”字。余以苗为野狸，而欲以貌为狸奴。盖貌之为言取其形相类，与象同义。今日庚子。

十一日 晴

钞《地官》、《考工》各一叶。点《元史》九叶。午将出拜客，适倦，因循铺食而后出。李材官招陪孙公符，已速客矣。其人起自傔从，以与道府来往惯，俨然岳牧之仪。公符欲取其贿，以余为媒，故勉强往会。云南李编修肇南主其家，穆、李二师亦先在，余意甚不发舒，如程伊川之赴伎席也。夜还大雨。

十二日 壬寅，小暑。阴

李邛州来访，其人亦傔从也，欲观其器宇，故见之，殊不似邹万县有门签之便习。蜀中似此政事,令人私愤。钞《地官》、《考工》,点《元史》如额。得家书。

十三日　　晴

钞书点史如额。未铺,松翁招陪公符。公符私出娉妾,待至暮未至,余先往询,知无一客,特设以款年侄者。上镫乃食,乘月还,夜坐颇久。

十四日　　晴

钞经二叶。得家书及蓬海书。连日为公符事每有新闻,不胜笑叹。每思阿戎言"卿辈意亦复易败",又爽然自失也。夜要胡、彭、彭、胡坐月。

十五日

出堂点名,出小赋题一诗一,聊应故事。看前课卷,未钞书,薄暮出书局少坐,夜与诸女看月。

十六日　　晴,始热

看课卷,亦未钞书。昨有诉阳春者,牵及戴生子和,余置不问,但斥阳春不复用,以为得处事之法。今日船上有人来,请点检,有二桌四机未见,遣取之,乃在绳子家。方知用一细人,鬼蜮不少,不知外间史作何弊。益知本家子弟当绝远,不使至他处,至则葛藤多矣。唐六少、萧铭寿来。留六少便饭而去。

十七日　　阴热

看课卷。熊恕臣来,言邛州解款为藩吏亏空事。公符来,始言绳子鱼肉良懦之状。

宁云若问:母为长子削杖,凡长子耶?适长子耶?答曰:庶子。父不为长子斩,则母宜亦不为长子三年。今著削杖,欲著母,不降其子,母以亲也,与妾子妇为皇姑杖同。

钞《周官》一叶。锦道台暮来，雨至，留坐纳凉，笼镫去。东门火，雨风并作，火势愈炽，自戌至子。绳来，怒骂且批之，叱使去。夜凉早眠。以未至丑为早。

十八日 阴晴，蒸暑

看赋卷未数本，帉女遣唤服石。人送熊豹、刺猬、四角羊来。唯四角羊似是伪作，豹则劣于泥，非真豹也。钞《周官》一叶，作家书及喧龙二书，与非女一纸。

十九日 晴，始热

蔡研农来，欲督部自检举原参，而免其出口，谆谆以生还为托。其愚可悯，其求亦可怪，岂以余能主章奏事乎？势不可却，唯唯听之。初浴出而逢此恶宾，汗湿重衣。退看课卷，公符复衣冠来告行，未去，王委员来，禀知孙大人娶妾事，纷纭过午。急令设食毕，高枕西阶，谢客不通。

《玉藻》士练带，《礼经》唯有缁带。《玉藻》言士佩，《礼经》无佩。此天子诸侯之异。许慎说佩，大带佩也。是馀带无佩之证。郑以大带、杂带为一，似非。院生说大带四寸，杂带二寸。又为孙生改桓、僖灾以证从祀之文，竟日未及馀事。子女亦皆放学，丰、帉俱出城看荷花，夜定课卷等第至丑。

廿日 庚子，初伏。斗热

晨发案后出，答访陈总兵、蔡前道、黄机宪，闻黎、曾迁转，知崧锡侯兄升直藩，便过贺。入见崇、锦二道，俱说陈立公鬼话而还。酉初将为帉女讲书，始忆当出会讲。集诸生，泛论唐、汉、六朝文格，王、张宗礼两生颇有论难。公符辞行。

廿一日 晴热

光旭孝廉送白莲，召书办来，令辞之。以酷暑放学罢事。黄机翁来,言绥子已革去。公符来片,索彭川东书,挥汗作二纸与之。申后微雨稍凉,骑至督府,为蔡研农乞恩,闻公符复来,驰还。丰儿言岳生嗣仪母丧,支银三十两与之。王正孺来,已觉老苍。

廿二日　晴暑

钞《周官》一叶。检《考工记》不得。黄修馀、蔡研农、唐泽坡来。午后久睡。

廿三日　阴暑

钞《周官》一叶。子威论曾子修容,以君在不袭,故裼裘而入。余甚然之,因引裼尽饰以证,尽饰之道又得一解也。连日吩女未讲书,滋、茙课亦从减。

廿四日　晴

钞《周官》、《考工》各一叶。点《元史》九叶。复运仪书。重理《春秋表》。

廿五日

钞《周官》、《考工》各一叶。点《元史》如额。方与吩讲无宗莫之宗节,伏案作字,忽若舟荡,知地又小震。彗星守钩陈不退,复地震,可谓不宁不灵也。

廿六日　晴,已有秋意,热不为酷

朝食后出,答访申主事、钱先生,吊岳生父还。艾佐官来。章孙闯入内门,诘问之,初不识其何人,已乃知之,云居旅店,欲觅馆。可谓荒唐,以其祖交至密,令移书院,聊免冻馁而已。吩女姊妹来盈门,半日不得入内,晚乃散去。健郎来,言景秋屏尚书管国学,书来索蜀刻经史。

廿七日　晴,颇有蒸暑之意,然比五日前大减矣

钞《周官》、《考工》一叶。说“毂”未了,余意以为轮中圈谓之

毂，毂中轴蒙毂名，其实轴耳。

廿八日 阴，午雨，仍热

得家书。钞《周官》、《考工》，点《元史》如额。晚间发家书第十号。中江鄙生来学讼，叩其两端而后斥去之。与书杨石泉。

廿九日 晴

钞《周官》、《考工》如额。恒镇如来。与书周芋生，荐章孙往吃饭。

晦日 阴，夜大雨至晓

余初至即欲仿《纂诂》之作为《纂典》，改礼书纲目之例，洗马、秦《通考》之陋，今始与诸生议创之。钞《周官》、《考工》如额。宋月卿来，留晚饭而去。

七 月

辛酉朔 大雨，水几断道

辰出点名，诸生居城外者三人未至，城内三人未至。撰《春秋表》，竟日未遑他事。《湘军志》已全写，亦未暇作也。翻阅断烂奏谕，亦疲于明。

二日 雨

诸生邓、吴、陈皆告归。钞《周官》、《考工》各一叶。陈老张来，亦馆于书局。夜饮酒一杯，微醉早睡。

三日 晴

钞《周官》、《考工》各一叶。翻钞报，作《援蜀篇》，请薛丹庭来，略问寇始末。

四日 阴晴

钞《周官》、《考工》各一叶。作《春秋表》。张静涵、郭健郎来，久谈。林文忠孙，庚午举人，议叙知县，以其先集见贻，国史为作传颇美。钱宝鉁来，言四川土寇破一府十三县。

五日　晴热

钞《考工》、《周官》，改《春秋表》。妾、女往周绪钦助昏。暑不可事，独居内斋。

六日　晴热

朝食后出，答访林孝廉、李少轩编修，欲至周宅，尚早，便过杨绍曾家，听谈夷务经济。已至绪钦所，犹早，与钟道台、罗同知久坐，热不可忍。已而婿亲迎，钟往把杯，余独坐，陪崇、崧、锦三旗道，待女轿行，复至婿家见拜。绪钦云广西耻赘婿，虽一门必备彩舁嫁之。拜后疾还，夜身热咽焦，初不自知疾作也，睡为痰塞乃起，啮肉桂分许，还寝。

七日　晴

钞《周官》、《考工》各一叶。检《春秋公会表》。午后大雨，雨后仍热，过绪钦宅吃喜酒，与伍、叶院长、朱、徐、钟道台会，坐半酒起先还，复感凉。诸女设瓜果乞巧，遇雨，夜深敷衍节景而已。

八日　暑热

作《湘军志·川陕篇》。诸生入问疾，又与严生久谈，殊未养息。钞《周官》、《考工》各一叶。蔡研农请余代求督府奏免遣戍，为致书穆云阁询之。检《盟表》。晚大雨。

九日　仍热，无雨，湿蒸不能久坐

钞《周官》、《考工》各一叶。钞《盟表》。郭健郎来。

十日　庚子，末伏。阴晴

谢客逃暑。云阁来，言蔡事可行。又云健郎言余数日不食，稚公当自来问。此客不可不见，诸客皆不能辞矣。卢大挑来。绪钦来谢,则辞之。稚公来,久谈,云左相十二条陈已见其三,不可行也。酉出讲书,唯张旭波多有问难。夜雨。

十一日 晨雨至午

钞《周官》、《考工》各一叶。作《盟表》成。撰《军志》数行。申晦,稍眠,震雷而寤,出至西斋久谈。帉女小疾未讲书,独坐看海琴杂画笺,令人思斗方名士之乐,所谓一丘一壑,自谓过之。

十二日 晴阴,始凉

撰《至日表》。王运钧自夹江来见,邹岳屏女婿也。忆旧追年,殊为怊怅。秦生来,执贽。锦、黄二道,沈炘师子,蔡前道,骆县丞,罗大使,两监院,陈鲁詹相继来。仅补钞《考工》半叶,写对屏各一副,便了一日。胧月上阶,络纬幽嘤,明日已入秋矣。

十三日 癸卯,立秋。雨

丰儿复入,检《春秋例表》,"至自"例奇繁。余设四十二例求之,一日而明,可谓快事。今日家中尝新,因设二席,遍请在院亲友彭、陈、左、胡、彭四、赵冬等,及孙生、陈二幼子、郭健郎会饮,酉初散。钞《周官》。

十四日 阴

钞《周官》、《考工》各一叶。梁山秦生、青神□生、乡晚陈从九、刘太尊来。作《诸侯卒葬表》。丰儿自谓习于例,又自许数十次推寻,拟一稿,殊不明白。因自作之,半日而成,皆有条理。跨灶殊不易言。

十五日 大雨

出点名发题毕,会食。作《春秋表》,钞《周官》、《考工》各一叶,作《军志》。夜见月,旋雨。

十六日 晴

出答访杂客,遍诣当涂,唯崇、唐、锦处得入,刘太守言令人昏昏欲睡。晚至柽园,沈氏诸郎设食,顾、伍两翁作陪,看文、董字,见明人《芦雁图》甚佳,惜是小册耳。归云和尚画十册,并题字,似杨息翁。乘月舁还。

十七日　晴

作《春秋表》。见郎、陈佗、王艾、孙伯玙来,坐一日,留伯玙晚饭而去。作家书十一号。

十八日　平明大风,天色赤黄,似将震电者

起揵门窗,因出小便,风吹殊不凉,还遂不睡。顷之大雨,亦未澎湃,朝食时已霁矣。秦生来,求题作文,健郎亦频请题,因与一文课,院中遂多愿与者。竟日作《春秋例表》,人事尽谢,犹时有杂客坐待。

十九日　晴,复热

作《春秋表》竟日。薄暮崇道台来。得俊臣书。

廿日　晴热

作《春秋表》,今日当毕功,断客不见。有两湘潭人坐待,周绪钦复来,皆不能不见,叙次未毕,已夕食矣,又当出讲书,乃罢。夜秉烛作之,三更乃寝。梦黄翔云示我一卷,试文八篇,八韵一首,题为"焉雨鲙破烟"诸字。余破题云:"玉鲙金齑美,东南自昔传。忽看萍破雨"云云,下未成而醒。

廿一日　晴

作《春秋表》成。丰儿佐检多劳,殊为盛业,为此竟十四年,昔日童子,能传家学,可喜也。夜作序,亦逼近周、秦人。朱肯夫已到,遣信相闻,云明日入城也。

廿二日　阴

畇女请丁、周姊妹,放学一日。补检"九旨",作《表》。松翁来,

约同赴周编修处晚饭。余欲诣肯夫，坐久之，闻肯夫出拜客，余觅异夫不得，骑从宅门出，与松翁同至关祠君子堂小饮，芮少海、叶协生、罗编修子继至。孙传胪盛称周馔之美，果尚精洁。戌散，步还，小雨仍热。

廿三日　　晴

朝食后出诣肯夫，久谈时事，殊非急务，坐及六七刻出。诣李培荣，过督府少谈，至机局寻翰仙，过周绪钦谈，及日昃还。半山小病。

廿四日　　晴热

作《七等表》半日，暑不可奈，乃罢。偃卧前厅，遇山西王厚庵孝廉来，言热宦炎气逼人，余因以冷语冰之。北窗高谈，在羲皇以上，彼虽未服清凉散，而热念已消矣。比日均因避暑放学。

廿五日　　晴热，不可出气

钞《七等表》。遇傅生久坐，意亦代求热官。消夏会中，连得佳题，可为大噱。未正已热不可食。李管家来散袜，见之。夕食大热，夜正蒸闷，大雨如倾。写恶屏四张。

廿六日　　晴

《春秋表》始草创讫。蔡研农、黄进士、饶榆龄、贺雨亭、沈师爷子克、宋月卿来，留月卿夕食去。今日疲于接对。

廿七日　　晴热

不能事。黄翰仙、萧云槎、严泰耶来。得家书。曾昭吉来。

廿八日　　晴热

马伯楷来，托辞藏差。言其家有病人。余荐医与之，闪烁不肯请，乃指天誓日以明之，可怪也。此等人拔用之，又不及丁、唐。恒镇如，秦、严两生，刘栋材来。栋材狂易，言语支吾，亦不觉其痴。看课卷竟日，殊劳于寻检。

廿九日　晴,渐凉

纨女暴疾,甚困,忧之失常。余儿女皆多病,以扰晨昏,由抚育太勤耳。近世官人不知有六亲,亦愚者之一得。唐六少来,言张叔平家事。其事多诬,而乡人好为人妒忌,遂禽其二族人以去。叔平兄妾亦来诉,未通其词而去。郭、严来。阅卷至晚始毕。

卅日　晴热

发案后,将校定《春秋表》,未及开卷,丁价藩来久谈,甫去,吴明海来,肯夫来,皆久坐,遂毕半日。丰儿治装还家,料检纷纭,一无所事。送院生名册与学使。夜雨。

闰　月

朔

晨出点名发题。朝食后芮师来。丰儿启行待辞,甚躁急,客去即行,气象光昌,余颇讶之。轿马并从,均无雨备,午后大雨,送者皆沾湿而还。纨女疾犹未退,闭门居外斋半日,心似稍静。作《湘军志》二叶,自撰《例表》,不复他事,将半日矣。暮为帉女讲书,未数行而罢。

二日　晴,始有凉风

钞《周官》一叶,作《军志》二叶。得家书,唯一安帖,见功儿寄弟诗一首,亦尚成章。纨女小愈。昨遣询丰儿《通鉴》所在,至今未还,书又故在案上。顷之人还,云昨雨并未逾三里外,丰儿故未遇雨也。

三日　晴热

作《军志》一叶。出答访肯夫、价藩,便过和合、研农,时已过晡,秋阳愈烈,乃还。纨女夜不寐,搅余亦不寐,纷纭至晓。

石柱冉生题诗出院，余欲薄惩之，既思迂生尚未知设立书院之意，若欲诛之，必先教之，此事不可家置一喙，且宜囫囵也。

四日 晴热

和合处送《骆文忠奏稿》一部，内有误编者，盖其家唯案时月，不看年分之故。苏赓堂遂据以作碑，然则谓碑志可补史，其说殊谬。《湘军志》刻成，急须补川陕一篇，推寻竟日，分置日历，记事犹难明晰。此《志》自以纪事本末为易了，但非古法耳。热不可坐，望阴云冀其生风，亦殊不得，至夜乃淅淅而雨，夜半始凉。

五日 雨竟日，骤寒，可二夹

钞《周官》一叶。作《军志》。晚至李管处会饮，松雪、鸥庸俱先在，主人草草，唯恐不散，亦不知诸君何以来也。夜寒热。

六日 晴，始凉

竟日坐内斋作《军志》，成一叶耳。李宗蔚来求事。锦芝生来闲谈，赣州赌案为言官论奏，镇、道、府俱罢斥，督府议处，雪琴所案也。

七日 晴

谢客作《军志》。

八日 晴

发家书十三号。作《军志》。夜雨。

九日 大雨

舁出访肯夫久谈，其意趣尚在南城间。此事须阅历，孝达久外，而犹外行，意玉堂中人别有天授，非可骤言经济也。冯展云按部就班，肯夫称其能，故知京外有分。入督署，与刘、许、孙、穆、陈、郭谈几二时许，待督部退堂乃得出。至丁价藩处少坐，已将暮，乃还。作《川陕篇》成，唯馀《议论》、《兵饷》二篇，易为力矣。然苦不典实，懒考案卷故也。

十日　晴阴

钞《周官》一叶。作《营制篇》,叙笔颇变化。曾涤丈言,画像必以鼻端一笔为主,于文亦然。余文殊不然,成而后见鼻口位置之美耳,其先固从顶上说到脚底,不暇问鼻端也。八家文凭空造出,故须从鼻起。余学古人如镜取形,故无先后照应,惜其生时未论及之。暮出讲书,问者多不能猝答。畇女讲《学记》毕。

十一日　晴,始有秋光

钞《周官》一叶。作《营制篇》须学《墨子》,从严生借之,未至,游行半日,见黄进士、王诚子。于王处询厨人,荐一人至,重庆人也,与所言许兰伯旧厨人不仇。此人无实,不可信,已两试矣。

十二日　晴,午雨

钞《周官》一叶、《墨子》书二叶。宋钺卿来。得彭稷初、孙公符书。

十三日　晴,复煊,未热耳

钞《周官》一叶、《墨》书二叶。作《军志》。说野有死麇,凡死皆恶无礼者,引《相鼠》为证。唯"怀春"二字少见,盖怀霜履冰之对文,言和柔也。乱世女多很戾,男不唐突,则女自和温,受教于吉士矣。夜月甚明,忽然不寐,顷之又沉迷,又顷之乃复常,殆亦小病,以强不觉耳。

十四日　阴晴

钞《周官》一叶。见周生卷,说"灌渝"甚佳,以"茏古"不连文,亦确有其证。程立翁来。钞《墨子》二叶。张门生、陈佗亦来,坐而去。未刻遣约正孺来陪学督,设食甚劳,尚可吃耳,然亦有馊变,天气太热之故。唐六少耶以豪侈闻,所借器具乃甚粗俗不可用,信乎穿衣吃饭之难晓。

十五日　晴热

晨出点名，初出二题，至写牌时而尽更之。锦芝生来。午间校《管子》一本，十年未卒之业也。人寿命不长，不知当馀许多未了之缘，可为一叹。

十六日　晴

钞《周官》一叶。过马伯楷宅，与芥帆、翰仙会食。肯夫来。

十七日　晴

钞《周官》一叶，作《营制篇》二叶。晨出送肯夫，纨女同舁往，至门而还。申过提督署，与督府幕客及钱、徐翁会食，夜骑还。与书藩使，为老张求回任。

十八日　晴

钞《周官》一叶。监院来，请刻孝达书院条规，云请范生写之。范新丧，未能也。作《军志·营制篇》成，此书遂有成日，亦奇事也。罗子秋来，云得仪仲书，程春甫病疸将死。追念前游，怅然如瘖。徐又悭来认年伯。毛吉士来。

十九日　晴

老张奉文回任，此可破政体之谬说。彼先经举贡生员公呈，告其贪酷，众反欲余关说，及察无实据，众反以为不可说，诚不知官话何理也。余皆不听，而事亦行，但不免官怪矣。钞《周官》一叶。

二十日　晴

暮雨舁出，答访杂客，并吊危生，未还，甚饥，饭又未饱，竟日不事。

廿一日　雨

钞《周官》一叶。与书彭鸿川、程春甫、常晴生。作《筹饷篇》，欲考淮盐鄂课未得，片询韩紫汀，不知也。

廿二日

钞《周官》一叶。大雨竟日。得丰儿十三日巴寓来书。

廿三日

钞《周官》一叶。晨雨午霁。夜寒。

廿四日　晴

钞《周官》一叶。刘介和必欲入见,似是一烟客。邀马伯楷、丁芥帆、黄翰仙吃饼,申散。

廿五日　晴,夜雨

钞《周官》五叶。督府幕客自午至酉陆续来。

廿六日　阴雨

卧一日未起,昨小疾,遂不食。夜留子威诸君论谗构之人别有性情,唯《青蝇》、《巷伯》能尽其状。

廿七日　阴

唐稚云闯入,起与食面,并设饭。鹿滋轩按察来。稚云后去,言李仲云暴疾而终。湖南少此一人,殊不便于官士。得七月杪家书,言邹咨翁已主校经一席。夜校《管子》半卷,兼令续写成书。

廿八日　阴晴

晏起,午出答访滋轩,至机局与芥楷、和合饭,既未能食,亦无可食。晚出城,送用阶行,遇丁、唐二子。

廿九日　晴

钞《周官》十馀叶,《地官》毕,成二本。

八　月

庚申朔　秋分

正卯初时即醒,室犹未曙,复寐。辰初起,出点名,诸生早集,发题，会食，还内斋赏桂。午出外斋，方生守道坐候两时矣。其人初好宋学，故有立雪之风。与论蜀民失教，当先齐家以化俗，此匹士之责也。齐家不必精论，但以身率，在起居饮食之间。如赵宋儒者，不能齐家，只为论诚正太子细耳。今执朱晦翁而问之，曰："夫子可以为修身之士乎？"则皇然不敢当。如此安敢治人？假欲治人，仍是自欺矣。故论圣太高，是一大蔽。书院诸生以所闻行之户庭，正古太学之道。广东黄生亦与闻，未能领会也。钞《周官》一叶、《考工》一叶。

出理杂事，闻讲堂旁有大声疾呼者，严饬之，则李康辅。鼠窜而去，殊快人意。夜方作字，岳生森来，诉其道大不容自反而忠被诱讪之意，以与平昔所论相背，复直责之。今日吉朔，而连有口舌，是可怪也。

二日　晨雨

昨夜潇潇达旦。闻薛季怀卒于家中，督部出城为发丧，遣信相闻。此近今公卿绝无之事，虽与吾例不同，要当一往以彰其美。至则马伯楷亦在，唐提督继至，馀皆督府幕客也。自巳至未正乃还。入城，至唐宅便饭，马、穆同坐，酉初还。钞《周官》一叶。雪琴署江督，岘庄内召，沅浦移疾。

三日　晴

茶陵周秀才之訚，客汇东所，欲就臬馆而不可得，前未来见，崇扶山遣寻黄翰仙，翰仙复令来见，殊秀拔蕴藉，佳士也。遣约之来，寻以扶山已留，不至。午钞《周官》二叶。说"肆献裸馈食"各为一庙，论太新创，更令诸生博考定之。贺、张同乡来，严同年亦至。鲁詹今日谢我，设内外二席，留贺为客。六云留琯丞夫人及其女，并请周年女为客，纷纭酬醋〔酢〕，至戌乃散。茙女小疾。

四日　阴，午雨

改课文三篇，钞《周官》一叶，书扇三柄。得周芋僧书。与书鹭卿、公符。

五日　阴晴

钞《周官》一叶。郭健郎来,言彭芝生孝廉自云当为城隍神。又云虽入油镬,正气常申,幕府号为"油炸城隍",今在江督幕中也。张世兄来,送文一篇,无可着笔处。

作李仲云挽联:"湘西船局佐中兴,岂徒绂冕云从,富贵豪贤推第一;天上屏风记名字,谁料东南宝尽,林亭丝管咽三秋。"

六日　阴

出城送瑄臣丧,便诣督部,谈将去蜀。稚公云已亦将去,吾辈岂可虚拘。余云此时无当国之人,外臣仅能随波而已,若欲决去,朝廷不知其意,徒见进退之悻悻,此真事之无可如何者也。发家书十五号,并复锡九书。钞《周官》一叶。阅课卷。

七日　阴

钞《周官》、《考工》各一叶。阅课卷。得莫总兵、周筠连、文大使书。暮邀子威、隽五至府学,观庀祭,无人典礼,远不及湖南整饬。

作徐又新挽联,志和书之:"八坐继家声,正看觞举颜和,寂静承欢留晚福;三年容泛爱,岂料车回腹痛,款曲论交未浃旬。"张怡山来,言又新故四川府司狱。其父不为不知子,惜其好名而失实也。其弟其子皆四川知县,又增一重苦障。

八日　阴

昨夜雨,潇潇竟夜,今日竟日欲雨,殊闷闷无悰。钞《周官》半叶,校《军志》五篇,入内斋稍理书课,已昏黑矣,大睡至戌始起。钞《周官》半叶。讲《乐记》,补说二条。

九日　阴

原刻《春秋》,讹脱殊多,请子威校正补版。自校《军志》举。钞

《周官》一叶。帽顶来。

十日 阴雨

老张去。钞《周官》二叶。欲出,值骆县丞、张门生来,遂罢。院生钞《春秋表》毕,其《战伐表》令宁生补理之。蔡研农来。西出讲书,张、黄问玄端端冕及祭服五冕、助祭玄冕、裨冕诸制,殊未甚了,当作一表考之。夜与妾、女斗牌。

十一日 雨

六云生日。监院、王从九均衣冠来,谢不敢出。晏起,至午始食面,不饱。午后健郎来,留之夕食,余亦未出,燕坐闲谈,至子始寝。

十二日 雨

公所请祭乡贤,避群道,不敢往。稚公来谈。午出答访鹿滋轩,值发审过堂,延入,久坐将两时许。出过锦芝生不遇,至张怡山、唐泽坡处小坐,还已昏暮。

十三日 雨

部文召川藩内用,鹿臬补藩使,张月卿放川臬。昨始与稚公谈,宦途无耻者推张第一,未数日无耻者复当来相聚,余亦无颜对之。阅课卷卌八本。夜久不眠。

十四日 阴

从唐帽顶借银发月费,清公款。发课案。

得鹭卿书,来告丰儿危病,殊不意其多疾如此。廿三日来信,今日始至。盖非恶耗,计今日不死,则已到家,若彼得死于夔,殊为有福,但其母必悔恨,盖人死不见亲人,省无数葛藤,然为生人增无数伤感,虽知命者不免,彷徨久之。

十五日 雨

锦芝生复署成绵,来拜,及杂客至者竟日。晨留张门生,午留郭郎会食。发家书,复鹭卿书。午后少霁,夜无月。钞《周官》一叶。

十六日　阴

与书唐六少,言周秀才不可辞崇。盖扶三自来无此义举,黄、锦、唐皆迎合其意,争迎周生,宜仍从崇为是,不知当诸官意否。钞《周官》一叶。熊树臣来。夜凉风雨,甚有秋意。

十七日　阴

今日城中三官交替,宜出周旋,以得夔信,心中烦懑,故不能出。穆芸阁来。钞《周官》一叶。

十八日　阴

钞《周官》一叶。午有鸦向堂啼二声,知有凭者,自出答之,鸦飞去。夔州信至,报丰儿之丧。夜令院生检为位礼,及子威同议,不得,乃以意设夕奠举哀。

十九日　阴晴

设位二哭。昨日院生有失声哭者,岳生尤恸。今日翰仙、稚公、伯楷来,稚公言此儿可惜。追思廿三年父子之恩,自其十七岁后即能启予,尽传我学,但词章不及耳,忽失此人,令人气尽。

廿日　阴

朝夕二哭。考丧礼,乃知为位不奠,而误设五奠,平时不精熟,故致此谬。若丰儿在,不至此也。吊客来者锦、崧谈最久。崔生哭失声,增朋友之谊。唐六少浮谈最无情实。丁进士及督客均久坐。

廿一日　阴

定遣绂子同彭、左送柩,朝成服院中,自监院以次均设特豚一俎之奠,即位而哭,余遂哀不自弭矣。午唐提督、蔡研农来。诸客尽谢之。作书与鹭公。

廿二日　阴

吊客来者五六班,诸生送挽联者相继。

廿三日 阴

清书局帐。

廿四日 阴

彭、左去,书局帐清理有绪。绂子荒谬。

廿五日 阴

绂子去,与彭、左俱发。吊客来者鹿滋轩坐稍久。督府令盐道定明年讲席,辞不受聘书。绂子与孙生比而烟游,初以为孙生直率,乃城府深隐如此,殊无知人之鉴。欲讲中一以上袝礼,一握笔则思仲章,心忡忡而辍。钞《周官》半叶。

廿六日 阴

诸女始稍点读,己亦欲解《春秋表》,而前藩及稚公来久坐,复对杂客数人,唯朱次民声如洪钟,颇骇人听。

廿七日 阴

校《春秋·隐公篇》,又校《湘军志》。

廿八日 阴

校《桓公篇》,皆令宁生助检。《湘军志》校讫。

廿九日 阴

得家书,感庆来,为之愤懑。宁生久不至,独校《庄篇》,遂校《僖篇》。

卅日

毕校《文》、《宣》、《成》三篇。终日伏案,腰背为之木强。王仲孺、翰仙来,慰谈颇久。

九　月

庚寅朔

晨不点名,发题分卷。校《襄》、《昭》、《定》、《哀》,穷一日力毕之。

二日　阴

王成都来晤。更钞《春秋表》,改定"五始",发出,将刻一本,诸篇皆须重写,尚未能无罅漏也。顾幼耕来晤。

三日

改定"至自"《例表》,始知经文错综,不可窥测,怅然久之。

四日　阴,午雨

改《表》竟日,见杂客。

五日　晴

改《表》,见杂客。

六日　晨雾,朝食后晴

改《表》未半叶,曾巡捕、金表弟、钱徐翁、罗质庵来,皆久谈,遂尽一日。今日帉生日,以念庆来,竟忘今日倏六,方以为五日也。六云呈帐,犹不信,检号簿,乃悟之。看京报,无一新事。

七日至十四日

皆作《表》,检钞无暇时,辄不怡,懒复记事,唯九日、十一日、十三日皆出谢客,十日出讲书,聊行世俗所不免者。帉、滋、茙女皆往丁宅。

十五日　晴

晨出点名,始复堂餐。院生废弛,出牌戒饬之。

十六日 乙巳,立冬

至廿二日均作《春秋表》,日可改抹十馀纸,未遑他事,唯有酒食应酬。十八日在熊树臣处。稚公来邀,未去。廿日唐泽坡、齐敬斋均相约,将去,稚公复来邀,先至齐处,客未至,续至督府,不能再往,比还,内城门已闭矣。廿一日马伯楷与丁芥帆会食,饼面过饱。湘抚、藩均更代,涂朗轩移抚湘,樾岑可以弹冠,咨山亦不撤皋比也。廿二日金表弟请,未去,至唐子迈处,与六少、李蕴孚、张门生会食,二更散。

《春秋表》粗成。彭胡病,甚恼人。运气不佳,多逢此意外恶事,盖余福薄,不能顺畅耳。比之前年之到处顺利,风雪效灵,亦倚伏盈虚之道,然顺而不加乐,逆而加哀惧,则又人情自然,虽有道者宜然。罗惺士廿二日来,谈陈幼铭避我事。

廿三日 雨

晨未饭,舁出南门,严生饯我杜祠,丁、戴、陈陪,向暝乃还。寒雨潇潇,颇忆乙卯岁明冈山居意趣。

廿四日 晴阴

昨雨,似专为严作。看课卷可百本。

廿五日至卅日

专事酬应,一无所作,以丰丧心意烦拂也。廿八日彭三胡死于西房,为之殡敛。其夜,稚公复暴疾,廿九日往看之,已愈矣。其日敖金甫自荣昌来,馆于书局。

十 月

庚申朔

出堂点名发题,始理归事,检点院中诸务。自此日至十二日,每日有饯者,杂客来亦相踵,均不必记。鄂生自都还。景韩还二百金。张生孝楷始来见,此人无性情,欲去之而未忍,以似此等辈人多,不胜澄汰也。稚公请假一月。左相出督两江。俊臣始得浙抚。得旷凤冈书,报春甫丧,并寄商郎讣书,请作墓志。文卿擢督甘陕。雨苍书来,为其族子常霈先容,未暇见之。连希白书来通候。为黄豪伯作《印度图》诗。自检诸笔札未毕者,日未暇作,辄于夜间了之,又恒苦晚,归已倦,殊不似前年暇豫也。

十五日　晴

出堂点名毕,更行装出辞行,赴饯局,酬应纷纭,俱无心记载。

十六日　晴

欲登舟,晨赴饯席,散已将暮,辞行数家。晚复至周绪钦处会饮,见李知府常霈,雨苍从子也,有书托我,往还未见,今始一面耳。云雨苍妾蒙古王女弟,狄俗无嫡庶。其祖常受活佛记,言李云麟当兴蒙古,故强结昏焉,生子已十岁矣。

廿日　阴雨

晨出书院登舟,诸生步送,余骑行,至安顺桥东登来舟,更顾拨船及小坐船从行,送者络绎。芝生设饯薛涛井,马伯楷、黄翰仙、唐六少作陪,昏散,住舟中。

廿一日　晴

督府幕客穆芝阁、刘虚谷、黄耀庭、陈用阶饯余皇姑院。稚公、方葆卿为客,未散,还书院。半山已出辞行,帉女尚在丁署,滋女亦往周宅,唯茙女及诸婢在耳。写对屏八幅,夜宿书院。雨。

廿二日　晴

骑与茙女登舟,尚有来送者,丁女、子妇、侧室及两郎均来。帉先至舟为主人,滋继至,半山最后来,已将暮矣,女客始去。晚会食于傍借大船。子威亦至。

廿三日 雨

犹有来送者。看课卷,日未及十本,夜乃尽毕之。稚公派炮船来护行,船弁张来见。

廿四日 雨

健郎、李世侄、王从九连日俱来。孙伯玙复至,伯楷亦连日来。夜发案,交书办带回院中。岳生林宗来送,留宿子威船。夜半作书与肯夫、稚公、滋轩。得家书,知家中亦于八月十八日闻仲章丧,廿一日成服,可异也。绂子寄其日记来,前十日尚未自知死,殊可怆痛。李总兵必欲送赆,送一假元画与之,因属其代买《湘军志》版以归。李送二百金,因令书办取版以来。

廿五日 阴晴

辰正发,行九十里泊胡家坝。前记止八十里。吴明海列队江岸相送,□舟谢之。送客王从九、李世侄、彭秀才俱登岸去。岳生先去矣。夜寒。

廿六日 阴晴

平明开,行六十里至江口。前记止四十里。舣舟久之,申初始行。卅五里泊太和场洲旁,彭山地。稍理行箧,计岁会,登洲散步。艾通判炳章具舟相送,遇于洲上,欲要登余舟,会夜未可。

廿七日 阴

行九十五里泊刘家场,青神地。所过眉州青神城,青神城去岸二里许,舟望不见。帉、滋各温书一本,滋、茙各写字一张。

廿八日 大雾,午后一见日,仍阴寒

舟行甚缓,欲泊嘉定城,未能也。不至十里,泊斗丰。昼多间眠。

《程春甫墓志铭》:“君程氏,讳学伊,初名沄,字春甫。其先休宁人也。旧为著姓,通籍四方。皇建之初,员来承郡,遂为衡阳人焉。父讳某,早卒,以伯父无后,仍嗣大宗。所后妣何,其母万,并义节贞顺,见褒朝廷。君幼而端嶷,富能好礼。少有远度,博友贤豪。爱众亲仁,后财先义。孤松独挺,乔柯四荫;鹤鸣于野,千里应声。咸丰初,义军起衡,英彦龙骧。思乐色养,杜门静守。俄零、桂波骇,州居冲要,上游转饷,非材莫属。君时年廿有七,守将交推,遂总繁剧,宴主南道。不阶帅府之命,而有长城之重,中兴以来未尝有也。君既勤于接纳,克餍众志,卖浆博徒,辐凑其门。躬无重肉之享,厨有百人之馔,其弛舍周恤,国人之所称,固不足为君难矣。九流总集,权衡不爽。与物无忤,而皆知所短。惜夫其终于乡间,殆良臣之器识也。圭璋既达,群公知重,三荐再叙,授二品阶官补用道员。拜命荣亲,志不从宦,赀致三巨万,货利无撄,然以布衣冠冕南州,不亦伟乎!事亲蒸蒸,五十而慕。孝终不遂,委化先殂。光绪七年八月癸酉卒,年五十有二。乌乎!人之云亡,衡其瘁矣。君遍识广交,曾无遗议。前岁猥有飞钳之书,致君于讼。虽昭昭自直,明者怪焉。反正与常,果为妖祟。君卒之日,愚智同嗟,巷哭野悲,若丧良吏。隐居达道,其殆庶几。孤子翰祥,推伤先德。以君知旧皆海内贤俊,谓铭君者,佥曰闿运是宜。粤以其年　月　日卜葬君　　之原,命赴成都,表兹幽懿,乃作铭焉。”【下阙】

廿九日　晨复大雾

午初始行,十里至嘉定城,未拢稍,下泊九龙滩洲,拨船过载,竟日检点。艾炳章求书与翰仙,为作三纸。夜钞《春秋表》二纸。

十一月

乙丑朔 阴

晨未开。起询从人，云待买私盐，严饬之。巳初始发，未五里待子威早饭，复泊洲渚间。张伯元自牛华溪大使所来相访。纨女亦从滋、茙至牛华溪市，久之乃还。行百廿里，泊犍为城下。中过竹节、叉鱼二滩，叉鱼浪不及前年，离堆亦才出水，水盖高于前年数尺，而行反迟一日，可惜也。钞《春秋表》二纸。

二日 庚寅，冬至。阴

晨开，行二百里泊桨壮矶。"壮"字汉作"牂"，今作"桩"，系物柱也。有大石可系船，故名。上有石刻云"一白水星"，不知何义。欲改《九旨表》，殊无端绪，盖此表当考传义，甚为烦细也。

三日 阴晴

晨起行六十里至叙州府城，始朝食，过备兵滩，水殊平静。又百八十里泊江安城北崖石下，县令李忠烺佩兰来访，雨滑天黑，谢未相见，送冬笋而去，已二鼓矣。翻《春秋·僖篇》，传闻世义例粗毕。夜微雨。

四日 阴雨

晨行百里，过纳溪始朝食，午正至泸洲，泊铜步，旧运滇铜船步也。周芋僧来久坐，甫送客登岸，尊经院生高、李、杨同来，令还城相俟。乘市中竹轿至官运盐局，朱丁误通刺，见收支委员刘生，字斗垣，陕西人，不知其名。文主事方饭，欲不见，已而相要，谈数语。至南门外李生懋年宅，高、杨先在，徐生继至，已然烛矣。入城至周芋生局中便饭，俱匆匆未多谈。城中泥淖甚，街窄又迫夜，殊无所瞻眺。还舟,刘知县来送脩银千两,乃知其已补东乡,犹未知其名也。周、徐均送土物,陈用翁子寿祺送鸡肉,托带信物。今年行程与前年迟速相补,计日正同。文云衢云,旧泸洲盖宋城守将据以降元者。

案《水经注》:绵、雒即今内江、青衣,沫水即今汶江,蒙、溅、大渡、绳、泸、孙、淹、若,皆沫水所受诸川之名。金沙江乃真江原正流,熊耳峡则今乌尤、陵云二山。溷崖、离〔垒〕坻即今道士灌。《水经》涪水与今涪州地界县绝,今江乃《水经》湔水,故都江堰谓之湔堋,因作一诗正其误,述其景,庶几所谓山川能说者。出湔口泛沫至宜宾江口作:"霜阴蔼川游,归棹镜青衣。碧澜尚秋光,高兴恨凄微。铙吹激空声,偶发旷览怀。溅沫昔奔涛,巴蜀阻峨峗。良守开二渠,航道达雷坻。枕席千里途,衿带络滇夷。江沫合天光,异色共涟漪。秦衰禹甸荒,方望日讹移。江原既徙湔,灌堰复无崖。微我独观古,闲游固难睎。顷来访湔堋,复此眺峨眉。熊耳秀可攀,犀滩暮崩颓。空劳利济功,岂慰羁宦来。方舟自兹远,伊谁念临圻。"

五日

晨发,百廿里舣合江,买蔗霜橄榄等,已复行六十里泊石坝沱,合江地。"船音切寒晓,儿气黯江沱。思子情虽异,长离终奈何。舣舟临绵雒,怀抱忽蹉跎。漫漫羡路平,凄凄古事过。每每舍蜀田,坎坎听巴歌。二阙久已夷,符湍今委波。甘林缀丹累,石埒倚青坡。无嫌山川迫,宽闲在涧阿。招隐不同归,宁谓佚我多。"

夜起开表,发条忽断,自来未如此卤莽。

六日　阴,颇寒

行百六十里泊江津,携三小女入东门,街巷寂静,僻若小市,云西门甚繁盛,未能往也。江岸多黄甘,弥望数十万株,李衡木奴恐不及一匹绢,盖橘利三倍甘。

七日 阴寒

行百四十里至重庆府,泊朝天门,隔洲水又清碧,所谓涪内水。卢生来见,云此即嘉陵江,江北厅书院以为名。陶云汀以为潜水者也。考宕渠及潜皆入涪内,而嘉陵道水亦曰阶陵,班《志》养水至阴平入白水,白水即桓水,入潜,是嘉陵即潜,陶说是也。

以先孺人忌日,不拜客。夜视江烟,似有月光,出船望之,初月正明,所泊地亦尚清净。自发成都至此已十二日,前年程尚少一日。

八日 晴,雾

晨入城诣彭兵备,闻爆竹声甚盛,询知为其生日,谒上门,辞而还。王生、刘生继至。王生请游涂山,与卢生同作主人。刘生院榜无名,亦不甚省记之。少顷彭鸿川来,言曹状元督湘学,张冶秋得山东,黎传胪请假,萧章京用广东守,并言欲送酒肴,坐半时许而去。

饭后移船,与卢、王两生要子威及四女渡江游涂山,自上马头呼四舁,循山北行,村落多依岩谷,可五里许,望林树中一银珠,光辨灿烂,疑是新月,又疑无此莹焰,炫晃久之,径转而隐。愒寺门磴道,入老君祠,《水经注》所谓涂君祠者,今真奉老子,误也。常璩、庾仲雍始有江州涂山之说,亦客涂君,蜀人而封于扬,以为呱启在此,则不合情势。鲧迁羽山,禹娶何缘在此?又此山名涂,义无所取。今山起道观,随陂陀作屋,甚狭小,亦有一二处临江甚佳,皆无题名。迫暮不暇游赏,飞轿还江岸,已昏黑矣。

翦江急渡,老张已在舟待。彭兵备复送银,以为仪不腆,受之。老张送银,则义不可取。彼将仿陆子受之于左季高,而且留之,代彼送刘韫老,谓之陈志也。夜谈至子寝,甚煊。

九日 阴

晨未起,卢、王生来送行,呼于船门,虽甚莽撞,而意甚殷勤。披衣起见,并别老张。行甚迅捷,未午已至木通,过石碚陀,小滟豫也。舟人云去长寿城十五里。此石触火起则成都有火,此足入《水经注》。未暮见沙洲,峰树颇清洁,因命泊舟,已过长寿廿里矣。今日行二百里,泊瓦窑灌,前行两日程也。

十日　晴,和煦无霜,唯寒风颇冽

竟日不事,频坐频卧。行二百里至沙弯,张弁云行五站,依上水计程也。

十一日　晴

晓发,过酆都,百馀里至忠州,云百八十里,亦上水增加之。又行可五六十里,过十八砦,有立石如笋,可廿卅丈,依崖作九层楼,制作甚工。前年过此未见,帉女等去年过,登览焉。又十里许泊五林碛,水程云距忠州百廿里,则今日已行三百十五里。然上水才三日程,缆行必不能日百里,故知虚报。此下水程皆如此,亦依其虚数载之。

十二日　晴,晓寒

午初至万县,已行九十里,少惕,问知沈安肃舟先发一日,犹尚未至,黄机宪太已于四日从陆去矣。又询知张总督尚未至。未初开,行百八十里至云阳,泊城下,始申杪耳。夜月甚明,无人谈赏。戊年从长沙至宜昌十三日,去年行十四日,前年从宜昌至长沙十二日,此水程大要,可计从成都至宜昌则不出廿馀日,皆霜落水平时。

十三日　晴

晨起看滩。久未磨墨,因自研二槽,已至破石滩,行卅里。平无浪。旋过落牛滩,十五里。水手生疏,被泼一浪入舱,纨女稚小,亦知张皇,然瞬息安稳,亦非滩险也。午至夔府城,共行二百七十里。泊关下。

入南门，访黄泽臣、劳鹭卿，知张总督已过，今年正六十，何其少也！鹭卿问余几时发，告以廿五。复问前月廿五耶？此月廿五耶？余不能答，已而小悟。留饭，余当还船了应酬，仍至舟，坐未定，鹭卿来，其次子亦随至，约待晚饭而去。作书谢稚公，兼论盐务宜归盐道，未毕，泽臣来，颇臧否人物，叹蜀乏材。谈一时许，劳宅再催，乃起去。黄郎佛生复来，同步入城，登磴甚喘。复至厘局，劳设食，黄、唐小溪、范即仲章医者、书不知其姓，为劳作启禀者。及其二子均同坐。三更还，呼城而出，劳复送银百两，以仲章棺银已还，故送赆耳。夜月不寐。泽臣送行李船票来，前两过皆一炮船，此行多一船，本可不须票，恐淹滞，故彼依客礼致之，并送蒸盆。

十四日 晴

晨发。吴祥发送至巫山，犹欲前送，喻令还卡，兼附稚公二书与之。午过青石洞，见一山穿空漏天，前过所未知者。峡行波急，亦异前游。夜泊楠木园。土人云巫山至此百廿里。地多美柚，以朱沙点者为最佳品，有朱点则肉红色，与金钱圈橙同，不与凡类也。朱点者一枚十八文，凡品十二文。半山云宣化乡中朱砂点者一枚六文。此处至巴东六十里，前记巫山至巴东百廿里，盖误也，以实记之不过百廿里，依水程盖三站。巫山令许玉生与用阶为姻家，用阶子附书及新皮衣与之，令吴祥发送去。

十五日 阴

五更发，晨过巴东，大风上水，风帆顺利，少泊复行。新过崩滩，水波骇人，前三行所未有，盖逆风拙工使然。泊滩上二时许，乃过归州，泊旧城下，楚故陵也。有楚王井在山上，屈原墓在对岸。亦行百一十里。

十六日 阴

行五十里，辰至石门滩，舣舟起拨。半山必欲盼女登岸，因要余登岸,行十里,望所带三船放滩,小舟由南槽,大船由北糟,北浪颇高,船行甚正,未若南槽之迅急,纷纭半日。小雨时作,即泊滩下,夜寒欲雪,与两小女叶戏。

十七日　寒雨

舟手殊不欲行,强移三四十里,过流头滩,泊三斗坪。

十八日　晴

晨发,午至宜昌,蜀中水手皆自此去,凡用六人,三换班,人共千四百钱,廿馀人吃三石米,头工顾值四千,杂赏二千,己舟之便利如此。顾一载花船,则需五十金,犹为平价也。凡峡舟每犒桡夫,人给猪肉半斤,自成都至宜昌,凡四犒劳,外赏不过百文,湘舟行数千里则不止此。然蜀人多,湘人少,费相当也。以当换船,载器具泊林家洲,去城五里。夜看《峡程志》,凡《水经注》地名今皆有之,询之舟人则不知矣。夜月。

十九日　晓霜如雪,大晴

南风簸舟,换辰拨,至长沙钱十九千,亦为平价。补帆买橹,又停一日,换载亦毕。欲定一仓与子威,竟不可得,仅足容膝。

二十日　晴,微霜,晴煊如二三月

得彭雪琴衡州书,报其弟丧,又言丽翁事不能行。老戒在得,尤戒好事,可鉴也。南风仍不顺,橹亦未安,停待至午。建捷营官贺副将缙绅来,举止如文官,居然欲与黎传胪辈抗行,且蔑视孙公符。今日流品固非承平时,老辈风景亦非湘军旧制,可慨也夫!申初岸上失火,急移泊小南门。

夜大风,梦蜀督幕客咸会,或送一本京报,内唯一谕,言蜀臬以物议最不与之,李珽为之。李珽乃一土官,其土官即以珽姊某氏为之,云其姊有大功,以此劝也。方嗟异间,倏然而醒,正三更矣。京报系九月初一,醒犹分明忆之,因记于此。

廿一日 晴

早大风,迟发。冬晴比日,而东南风甚壮,未合时令,盖楚地方患霜旱也。行九十里泊白阳,舟弁云宜昌至宜都九十,宜都至此卅里。恐虚增之。

《登涂山涂君祠作》:"江州苦繁隘,巴都亦喧傈。不有旷览区,岂识江山妙。晴飙振霜皋,选胜移征棹。既秉皇古情,遂即神禹轿。涂祠自尧年,辟宇临奔峭。因岩不劳馆,随石斯为墩。二轩豁烟云,岚波动光照。了然临城阛,物外非深窔。回风磴前转,初月林间摇。日短情易延,阑虚想仍绕。菅榛阻何年,明德久弥邵。涪蜀憬荒遐,劳君镇津要。"

廿二日 晴

昨夜东风止,西风起,护船急发,残月正中。平明过枝江,午至董市,顺江正流下,泊石套,水程可二百里,江陵地也。钞《丧服》一叶。夜复东南风,至子止。

廿三日 晴,东南风

平明发卌五里,巳正至沙头,买荆锦、汉铜等货,无一有者。钞《丧服》一叶。舟丁假风为词,请息半日,登岸乃知积雪新霁,残素未销。

廿四日 晴

钞《丧服》一叶。东南风仍壮,舟丁无词,挂戗行,申过郝穴。有主簿自沙头至此九十里,与子威船相去三日,彼舟勤行,想已相距一程矣。暮泊清厂,石首地,行百廿里,夜风。

廿五日 阴寒

北风甚壮,帆行六十里,至石首对岸,遇望阻风,橹折不能行,泊江干久之。半山怯风，皇皇不安，乃命挂帆，仍行上水十馀里，缆行三四里，泊藕池口，仍议由决浦取西湖入湘。钞《丧服》一叶。

廿六日　　晴

风止，入藕池，行江浦不知远近，至暮泊芦洲，唯一茅屋三妇女，无从问地名。

昨夜梦一猿能人言，向余求名，似欲为弟子。余询其出身，云在会府街沟中石间生。余云木石之怪夔网两，宜名慕夔，并告以夔龙佐舜之事，且为制姓曰茾，取茾去水也。其事甚怪。会府，成都街名。茾姓，取与句音同，句为蜀大姓。《华阳志》曰："前有王、句。"梦中但忆句中正。钞《丧服》一叶。癸未年六月至成都，始知莫提督所后子家有人曰莫夔，正在会府街，奇哉！

廿七日　　阴

行六十里舣西港口。前两行均从安乡过，计程二百馀里，今从藕池直南，不过百馀里，方知前行迂谬也。买米菜已复行，暮泊藕荷池，询土人云自西港至此五十里。沅水通江浦，为江所挟，沅反逆行，然水清自若。今晨入湖，景色壮秀，有舟行之乐，无风波之险，正宜谢公诗纪之。钞《丧服》一叶。

《帆江浦进沅至西港作》"洞庭承江别，得地为都会。洄洑动千里，演漾荆梁际。"此四句笨拙已极，何谢公之足比！

廿八日　　晴煊

南风，顺流行入，溯沅行，过南觜，沅入湖口也。至杨阁脑，亦不知远近，约自藕荷至此可五六十里耳。复行十馀里，舣浦中，无居人，登岸有林树民墓，似有人家，而不闻犬吠，以峻塍植棘不可上，与诸女还船。钞《丧服》一叶。

廿九日　　晴

巳正至沅江，杨阁至此可四五十里。余五十生日，初欲还湘与家人聚会，忽遇子丧，令人叹祚薄者虽一欢笑犹为过分，小说所言命薄辄为物弄者不虚也。

厨人饭菜俱不可食，假令筠仙值此，不知若何烦恼，余但抑损顺受而已。登岸看沅江水师营署，参将鲁姓，有五六哨船。南风大作，缆行可廿里许，至一滩，浅不得过，于法不可泊，防阁漏压裂。因已昏暮，舟丁〈以〉水寒冷，下碇宿焉，有似前年宿木筏下，明日定有顺风也。

夜钞《丧服》一叶。比日为㸚女点《蜀都赋》毕，试倍诵，竟未遗忘，盖十四年未温矣。《吴》、《魏》二篇犹若隔世，因诵《吴都》一段。泊牛涧口。

卅日 晴

晨命拨船，起粗笨货物，仍曳舟沙行，八里过马王滩、齐湖口、沅水湖，盖所谓赤沙湖。杜子美从此路至长沙，故诗中用作典故。北风帆行，改作前诗。"晴霜静汀洲，天水相昭旷。朔风振飞澜，枝江得瀜漾。汤汤赴都会，洄洄转涛浪。寂寥五州间，澎湃千里涨。航帆陟虚空，从横不相妨。旅棹倦冲波，乘流纵所放。鳖鱼喜潋场，行雁悲浏亮。宽怀既夷犹，远想容奔宕。应知屈游乐，岂阏轩皇唱。白蘋无尽情，苍梧有馀望。且效芥舟轻，方羊八溟上。"钞《丧服》二叶。

十二月

己未朔 晴

昨夜泊林子口，计日行不过卅里。今又南风，缆行半日，至一处，方以为靖港，久之见对岸非铜官，乃知始至乔口，不过卅里，何其淹滞。复行十五里,至暮始至靖港,暗行,至初更乃得泊处,询津逻,知左侯已还长沙。

今日书纸皆已检拾,终日无事,唯滋女读《诗经》毕,为倍二《雅》、三《颂》一过。读《吴都赋》一段。乔口有一墓,形势甚佳,惜匆匆未可登。补作《巫山天岫诗》。

二日　晴

大南风,缆行竟日,仅卅里,乃知上峡动行百里,不啻虚增三分之二,而下峡行亦实不速,千里江陵,即岳、湘相去之数,惟此乘风彼乘流为异耳。日煊如春,暮抵鹅羊山下,率妾女登洲行白沙中,初月如眉,平沙似雪,别有闲步之适。视前诗所谓"芦沙步步寒"者,人境俱异。

三日　晴

晨发,南风少止,行卅里至草潮门对岸,已正午,南风大作,至不能张旗,缆行久之,始至大西门对岸,泛渡舣舟步上。犒二水军,异茂、纨以从,至门则匠役杂集,行李已于昨日先至矣。梦缇因其继母丧,奔归会葬,妇女出见,皆不知所以言。功儿又出城视其弟殡,裵回久之,无所为计。复步出寻筠仙,闻其从人言已移寿星街。□还前宅,顷之出谈,略及近事。余以初归,未宜久坐,即还。功儿尚未归,筠仙踵至,无处坐客,乃谢之,送《湘军志》一部为答。三弟先上船亦还。功儿归,痛哭踊擗,甚令人增兄弟之感,敬听久之,始夕食。铺设卧处,初寝酣眠,至三更闻小儿语声似仲章孤女,下楼至侧室问之,则亦未寐。复少坐,令抱孤孙以来,鸡鸣上楼,至旦乃少寐。

四日　晴,愈热

以葬地未得,当往托春陔。又闻瓮叟疾甚,约午正往视之。悉取衣装,至巳正将出,香孙来。午出,欲诣笛仙,恐后黄约,即从西行,过竹伍、瓮叟、勉吾、韫翁、锡九、罗婴、陈妹，伤李仲云，见其第十弟，又过子寿、春陔、文心，文心处见力臣，借镫而还。得弥之兄弟及非女书。竹伍来，锡九父子继至。

五日 阴

风犹未寒，以当发蜀信，戒无通客。便衣及步行至者有筠仙、佐卿、芳畹、两彭郎、郭郎、罗郎、黄郎，作书不计函数，至夜午乃罢。张镕瑞，其兄锦瑞奇荒唐，已道员矣。其长兄矫瑞，老实人，母丧居本街，闻余还，来赴，午往吊之。见傅寿彤青腴，不识也，神似贵州人，黄子湘告余，乃知之，略谈三数句，客来，余遽起去，未深知其学术。夜雨。

六日 阴

祈雪遽寒，北风甚壮，命舟往县。帆行三时许，泊观湘门，从者散去四人，呼舁夫夜行卅里，至外舅家。外姑柩已发引，家中纷乱，寻得外舅，慰谈至子夜，无被无房，卧兰室中，梦缇亦未相见。

七日 阴，有微雨

晏起，将往新茔，梦缇出见，神韵未甚损，无可相语，唯约其明日同留，舁夫待之。午至鸭婆陇，待窆哭乃行。

十里黄泥亭，五里马坡，即塔智亭击贼大胜处也。感事怀人，作四绝句："衰草寒原度鸭陇，将军营树起霜风。几年前事无寻处，园菜青青细雨中。""马坡突阵陷重围，亲校仓皇哭帅旗。得得鸾铃墙外响，血污袍袖蹋营归。""岭名先已属将军，一战中兴共册勋。沩水逗留成上策，可怜储庙锁寒云。""胜算威名偶至今，信书信运两沉吟。旧人犹有彭陈李，谁识当年骆左心。"申正还舟，夜早眠。

八日 大雨竟日

泊前宿处，作蜀书数十纸。申初梦缇登舟，始与对谈，稍及仲章事,尚不至过恸,以为深慰,唯竟日不食耳。夜稍劝饭一匙,竟夜不眠。北风,暮行五里,泊万楼下,楼新修,雨寒不可登。

九日　　北风有雨

行十五里不能前,泊鹞崖。始冷多卧,夜起作书数纸,子夜乃眠。

十日　　北风愈甚

泊鹞崖,粮尽,强欲急行,仍不得前,泊昭山对岸,风浪摇舟,寒气甚重。作蜀书二函。

十一日　　阴,风少止

晨行,顷之已至平塘,又久之乃至草潮门。梦缇先入城,余后至,半山、帉女皆出,唤帉女先归,夜初更半山乃还。

十二日　　雨

作蜀书皆毕。陈生富春来。镜初来。夜与佐卿过筠仙小坐还。大雪。

十三日

冒雪访笛仙,又当往皞臣处哭吊,复出南门,见济生、验郎,还过陈教官、胡子威、黄子寿、文心,夜还。

十四日　　雪

围炉。

十五日　　雪

诣笛仙、张力臣、朱香孙。朱处遇李知府香元。临曾栗诚〔諴〕殡。吊任编修。

十六日　　阴

谢客围炉。

十七日　　晴

夏粮储先来访,又招饮,不可不往。又请春陔求田,亦当自往商。午正出诣瞿、夏，旋至刘蕴公宅会饮，同席有成、韩、杨，皆其门下，公陪锡九，申散。任编修见要。过力臣，往则香孙亦至，又要文心来谈，酉还，始后寝。发春甫书。补作铭。

十八日 阴

大睡竟日，盖自八月十八至此，始得一安眠，所谓八千岁为春秋者亦如此耳。未正起，径诣力臣宅会饮，文心先在，筠公、佐卿、香孙、昀谷、子寿继至，坐上多谈笛仙倒帐及广东平洪寇馀党事。

十九日 晴

常霖生、任编修、彭辛郎、瞿海郎相先后来。申步至筠仙东宅，应寿苏会，会者十人，二人以迎涂抚不至，文心、锡九、力臣、佐卿、意城、香孙皆会。因论笛仙事，与锡九大相龃龉。筠仙先又论我不宜不尊程、朱，以为启后生无忌惮之渐。近是而非，不可与辨。郭从子奇荒唐，而令从黎出洋，此岂程、朱之教耶？尧、朱、孔、鱼不相为功过，设教必无流敝，有流敝者非教也。戌散，步归。夜月明净。

二十日 晴

朱宇恬、笛仙、锡九、龙芝生、验郎并来久谈。胡稚泉妻死，以其先于仲章，有挽词。故报一联："风节比莱妻，早闻丈室如宾敬；霜华寒马帐，忍见孤孙问礼来。"

翁六哥夜来。

廿一日 阴晴

今日封印，新抚入城，步往又一村，看文武逡奔，各有其态，裴回不倦。遇瞿郎子纯，立谈久之，将晡乃还。发书复朵园，上外舅，并为六翁作书与绂子。任雨田、瞿郎夜来。

廿二日 阴晴

钞自作新诗，作寿苏词《八归》："年年雅会，处处新诗，知谁暗里催老。散仙勘破人间世,付与将来好事,家家东道。湘上平安多福地,把海内风流占了。况新有峨眉归客,觑着雪鸿爪。　　借问寿苏胡事,自覃溪去后,唯有杨家酒好。三年梦里,八仙局外,又见尊前一笑。使文章嬉骂,空胸怀可同调。且较量,红烛光寒,绿梅花暖,甚处得春早。”

今年人来相寻者甚少,数日喜得寂静。池边柳条似欲抽丝,惜心情不宜欢,然校之常年反优闲也。

廿三日　晴

笛仙来。罗郎强入见。锡章。春山之子,保甲委员,十六千月请,而便衣坐轿,非佳子弟也。出吊胡稚翁、陈怡生,陈处少坐,遇一湘阴人,称我年伯,疑宋子寿之子也,后知为周桃溪卜瀍之从子,有人云极荒唐。论《史记》极写项羽能战,通篇止作一“非战之罪”一句,恐人误以为战可定天下,故于赞中下“天亡我,非战之罪”七字为注脚,而“天亡我”三字又不可训,故又自引而自驳之,其实不谬也。左孟星妻来借贷,不能应之。

廿四日　晴阴,午有微雨

出看李玉阶罢官出城,有人扛爆竹而随之,道旁亦颇有爆竹送者。力臣、雨田来早饭,言欲借八千金,当谋之筠仙及曾沅浦。正看故抚时,见勉吾芒芒来,问其何往,答以沅浦相约看灶。因同往长谈,专言时事,与李石梧去官约相背,然李自命为去妇,则怨望也。

还家稍愒,复步至赵坪,与朋海、锡九、佐卿、力臣、筠仙会饮子寿家,戌散舁还。席间言郭松林得幸曾伯。陈玉山挽词云“将军妾妇亦须眉”似是讥其丑事。子寿正言相距,意欲保全朋友,甚美意也。然郭等殊不必为朋友,以为人物尤非,而此等人亦不宜挂口。余言大误,犹是妒其富耳。子寿艳其富,余则妒其富,尤不如子寿之近人情，愧之悔之，当切戒之。

廿五日 阴雨

午与昨会诸君集香孙宅饮，新客唯增意城、文心，旧客唯无朋海也。香孙称疾不出。席间论“可与共学”一章，乃圣功之极致，自汉以来，君子皆仅可共学。

廿六日 雨

笛仙来，言欲借千金了一急债，以所存买山赀应之。玓、帉登楼学书，至暮乃罢。

廿七日 晴

出吊彭子茂妻丧，先过锡九，令谋彭借事，旋过沅浦论世务。沅浦喜大言，然意在文雅，又妒李氏，殊不称其远度。出至文心处少坐还。

廿八日 阴

笛仙一朝四移书来借钱，且多激诮之词，与书张力臣谋之。家中人尽出，无人送信，自往至门，畏犬不敢入，至文心处遣人送之。邂逅徐熙堂，似有公事，因先出过香孙，烧炭一炉而还。家中纷纷，殊无章程，念之一刻不可过，处其间亦复朝饔夕飧，有似今日朝局。复过余佐卿处泛谈。

廿九日 除夕

今年匆匆过去，死亡众多，于境大逆，而起居服食较常为侈汰，功课较常减少，最不利也。曾栗諴之子广钧前来未见，复以书来，索观撰著，文词颇复斐然，与书勉之，并以《湘军志》及《诗笺》、少作诗借之。夕为仲章设奠，家人俱痛哭，唯余未失声耳。

光绪八年(1882)壬午

正　月

戊子朔　阴,有雨

儿妇诸女为仲章设奠,即往,哭甚哀。余未往临,待奠毕乃起朝食。陈生、彭郎、杨儿、子寿均径入相见。胡郎子正入,未相见。昨夜梦缇及三长女未眠,日中各倦,薄暮余亦少寐,至亥正乃寝。

二日　己丑,雨水。阴

贺年客十数,未见。一人清坐侧室,一无所为,唯看小说遣日。夜一登楼。

三日　阴晴

佐卿来,言曾郎重伯欲来谈。遣约登楼,坐一时许,博涉多闻,校余幼时为知门径,语亦不放荡,美材也。惜生华膴,誉之者多,恐因而长骄耳。今日颇寒,客去,少卧片时,便暮矣。

四日　晴

始出答诸客。从南门出,至先墓,并拜陈母墓,看丰殡宫。复入南门,至四母、陈妹家,循东城至子寿、佐卿、陈生处,余俱未入。寿家遇力臣、罗瀛交,佐家遇夏子常,皆略谈。夜闻呼噪声,云练军共詈击其营官。新抚始至,试其火色也。萧章京送京物六种,云即往岳州,还再相见。

五日　晴

复拜城西南诸家，北从笛仙始。入谈者庄心龛、龙际云，馀皆未见，还尚未暮，夜月甚佳。过筠仙处，与曾郎杂谈无章。

六日　晴

为文心书柱，撰二句云："壁立千仞，犹恐未免俗；兼包九流，而后可说经。"颇能自道其所得。文心、济生俱来谈。午后香孙、佐卿约过锡九谈，又要佐卿同至余家。晚饭毕，步月出游，至任翰林、张金刚、曾宫伯、张文心处。金刚复与余同至吴昀谷寓少坐，还，月未落。

七日　晴

以外间颇欲议论《湘军志》长短，与书佐卿，属告诸公烧毁之。步出访阎相文、胡稚翁、瞿春陔。登定王台，夏粮储约饮未至，守者颇相疑，遂出。至城东，民舍皆满，无隙地，复出浏阳门望春。还，欲访傅清腴，遇夏卤簿，无可避，仍还定王台。顷之清腴、蓬海、但少村、昀谷、刘定甫俱至，坐谈最久，将夕乃设食，未夜会散，步月归。

八日　阴晴

避客楼居。作《人日登定王台诗》，殊无格调，词不掩意故也。小睡片时。得郭健郎书，言蜀督幕客内哄，己亦几不免。游客分党，极为可笑，然朝廷门户亦复何异，以彼嗤此，犹未达也。

夜与梦缇言，亲友贫者，我虽日至而彼不一报，于心无憾也。若富贵家，则责以报酬，此与趋炎嫌贫者颠倒其见，同为势利而行之，必如此乃为高谊。人世浮浊，行不可过高，孔子所以游方之内。

九日　阴晴

茙女猝生喉蛾，甚危急，迎陈妹小姑卜孺人治之，一针而愈。茙女自言梦一老姥，右提筐，左牵牛，呼使往就治。茙生时有牛祥，疑此神人示应也。纷纭一日,皆无所事。

十日　雨

始治家事,命功儿携恒子往校经堂,约胡子威读书。除楼上下间,使三女稍长者居下间,自携莪居楼上,尽陈经、史、诸子以待检阅,费一日力始清。罗婴昨来,彭郎畯五午来,皆未暇久谈。夜复樾岑书。得夏芝岑诗函。

十一日　雨寒

子寿频来相寻,恐其有事,往访之,因先诣瓮叟入谈。复过校经堂,见城南书院旧基殊逼促,不可居,堂生四人,唯萧生不堪选,馀皆近雅也。子寿实无事,亦无所言,留饭未吃而出。至刘定甫、谢小庄两处而还。钞《礼经》一叶。彭峻五来夜谈。

十二日　风雨欲雪

登楼理业。瞿郎子纯、张力臣、左锡九来,皆久坐。夜寒未事。

十三日　阴雨,寒甚

拥被眠,至晡乃起。将作字,觅故研未得,家中便有陵谷之迁,殊为可叹。毛妹来,言莲弟约与其外妇同死,已服鸦片矣。遣人视之,殊不然。此事乃一段假情史,亦余宽纵所致,遣人告保甲局,逐去其妇。

十四日　阴晴

笛仙来。钞《礼经》一叶。莲弟逃去。

十五日　晴,夜月而忽雨

余佐卿来,坐半日去。

十六日　晴

钞《礼经》一叶。半山出谢客。移两女西室读书,余仍居楼。今夜癸卯,惊蛰。半山夜还。懿儿小疾,夜瞑眩,顷之愈。珰、帉始夜讲。

十七日 晴

钞《礼经》一叶。锡九来，论《湘军志》版片宜送筠仙。余告之云："吾以直笔非私家所宜，为众掩覆，毁版则可。外人既未出赀属我刻，而来索版，是无礼也。君不宜为众人所使，且置身事外以免咎尤。此板吾既愿毁之，又何劳索。"锡九唯唯而去。懿疾未愈，其母终夜不眠。

十八日 晴

晨得外舅书及幼二书，均言田事。庄心盦、杨商农均来久谈，欲出不得去。申初始出，答访王老虎，大恨丁稚公、唐鄂生，云诬其宿倡。出示原案，本亦多事，此人虽棰挞之不为过，然罪不在宿倡也。日色尚早，连谒数家，均未得入。至刘馨翁处会饮，傅青萸、郭筠仙、邓双坡藩使、刘培元总兵均同坐，三更始散。

十九日 晴，石路始干

张金刚早来未入，顷之复至云云。钞《礼经》一叶。功、舆昨归视懿病。校经堂生成赞君、黄泽生、罗伯坚来，极言治经之要在笃信经，莫怕传、注。此余生平所得力者。孔子云："为之不厌，诲人不倦。"若专以解经而论，庶几可以效此。

十一弟病，留省城过年，竟不相告，今日始来相见，切责之，云汝欲陷我以无亲耳。子弟不成立，千奇百怪，闷人。

步出访香孙、佐卿，视黎简堂病，未能晤言，见其二子，意忽忽似不佳。途遇商农，索挽联云乔"京华读寄书，最关心叔子科名，频望燕台愁白路；乡校尊耆老，方准拟九旬秩养，遽悲萸水送趃铭。"复过筠仙少坐，听其谈力臣反覆事，殊为可乐。余近年学道有得，庶乎《齐物论》矣。筤仙云庄子快活一世，却牢骚一世，甚不然也。夜月甚佳。

廿日　晴

早起遣送《湘军志》版及所刷书与筠仙,并书与之,言本宜交镜初,今从权办也。

锡九来,孙涵若、常霖生继至,与论可与共学。谓略通九流,知天下道术无不在,则无不用无不学。曾涤生庶乎近之,然心眼太小,有时不自克,故未可与适道也。余则从容优游,无所不窥,视天下是非利害不得至乎前,可与适道也。然结习多,意气重,心口快,言行相违,身心不相顾,故未可与立。可与立者,当世未之见。以共学适道后之立,非伊尹、伯夷不足当之,楚屈原其亦可乎?诸子则尚未可共学,而其身分高于曾、王,彼非学圣人,已造其境,而未窥吾门,犹之次国之上卿,似高于大国之下卿也。锡九来。陈妹来。欲出未果。钞《礼经》一叶。暮看新柳,携莪步旧湖堤。

廿一日　晴

钞《礼经》一叶。阎训导正衡来,谈石门获稻,露积月馀乃取粟;武陵银钱取息最重;杨杏老家赀可十万;曾静斋家贫犹有万金,今主朗江书院云云。

廿二日　晴

初春丽景,从来少觏,心绪烦瞀,负此佳日,可惜也。曹价藩、熊镜生来。出过蓬海,答诗傅屺生竹湘,因与青馀谈《湘军志》是非。出南门诣芝生,遇一客,见济生者,自避待于客坐之外。芝生出,要往学堂,胡子政亦出。坐久之,将饭乃出。过夏粮储、陈杏生而还。佐卿来,言筠仙立社,教训后学。余以为不宜,以凡起一事,不可自为,本约同志聚论,而自尊骄,是贡高也。今日欲雨未雨,闻段培元之丧。

廿三日　　晴

锡九、孙涵若、徐甥、陈杏生来。钞《礼经》二叶。徐甥言县志复议属我。余言此公事，宜送县令，县令送我乃可耳。本约罗研翁死则为续成之，今亦不辞也。凡本县人修志，但不言润笔，则无不可为。天下纷纷，俱入利门，可慨也。族人大满弟春龄子来，言买田事。

廿四日　　晴，午后复阴，似欲雨

春气萌动，百草怒发。胡稚泉、徐子云、杨商农、张雨珊来，并久谈。子云言蕆子、庚侄俱入左督幕中，左公不择人如此，犹有承平风度。钞《礼经》二叶。苏元春家有儒生旦夕伊吾，似甚好学。雨珊言其族弟百祺好学虚心，可入校经、思贤之选。

陈池生卒于开封，作一联挽之。"生从虎口来，竟支持忠孝名门，有子承欢依节母；幸不鲸波去，正理料琴书小住，阿兄扶病送残阳。"彭子茂妻钟氏挽联："卅年佩戴总劬劳，盐米操持，内助称贤悲独苦；三峡惊忧甫宁帖，婴儿环绕，含饴可乐遽先徂。"

廿五日　　晴

昨夜微雨湿阶，起乃知之。大满等晨去，起送，遂登楼，钞《礼经》二叶。午步出答访镜生、雨珊，复同雨珊至孙涵若处夕食，坐客钱□皆其姻戚。夜至心盦宅谈，得稚公腊八日书。

廿六日　　晴，始煊，易绵衣

钞《礼经》二叶。唐继淙来见，云欲游浙干俊臣，并献尘土条陈。余对之剃发毕，犹未欲去，乃与俱出。访曹价藩未遇，至志局与阎、王小坐，观其志趣，各有所挟持，忽焉不乐，遂别去。循城直南至校经堂看两儿，功问《礼记》疑义，殊不似曾读吾书者，乃知比其弟大逊，初亦未料其如此也。过视陈妹、卜经历，逡巡向暮，至姚立云家会饮，坐客先至者雨珊、蓬海、李次琴、陶又瑜，后至者吴昀谷、陈海鹏,多谈词曲,尚不伤雅。

廿七日　　晴煊

陈富春来,言程生疑其父墓铭有碍目者。俗论难悟,今乃见之。余告以可改削,而不必告我也。罗郎伯存来,言今年无馆。罗小沅来,言县志不可改。及闻曾沅浦与余参差,余俱唯唯。钞《礼经》二叶,磨墨如碾沙,殊快人意。发蜀督复书。夜访章镐芑孙。

廿八日　　晴热

李和笙、章芑孙来。李为金门从兄之妻兄,曾请作其母诗序,久忘之矣。读之文甚雅饬,因令录一稿。文心来,言庞司使怪余不拜客,又问曾沅浦事。此事不可使官场闻,殊恨阋墙也。子威、隽五、验郎同来。子寿强欲入语,悃款可怜,余感其诚,以正论告之,有人云其伪,疑莫能明也。要之余言无过乱门,其义甚正,亦不计人之相负否矣。钞《礼经》二叶。始闻蛙声。

廿九日　　阴煊

钞《礼经》二叶。欧阳接吾来。

二　月

丁巳朔

始谋家事。功儿归,为其弟设朔奠。阴暄。出吊子茂妻丧。本请陪宾,因天热,春服皆未备,自检四箱,至午乃出。吊客来者多不相识,少坐出。答访林绶臣、黄子明。还,少睡。夜起登楼,钞经一叶,觉骨节蒸痛,似是温证,急返寝室,热大作,四更乃解。

二日　　晴

钞经二叶,《少牢篇》毕。张冬生、杨芷汀湘潭人。来。复钞《丧服》一叶。汉制有六尚:冠、衣、席、浴、食、书也。昨夜有盗登巡抚围墙,刃伤一更兵。又有四人服药求见巡抚,自云斋匪。送长沙狱,未至道死,众皆以为妖异。今夜房妪闻行声,误以为盗至,惊余寐。未几闻长妇娠,起就侧室眠。夜雨旋止。

三日 己未,春分。风稍凉,可重绵

彭翁来,言外间以余毁程、朱为异端,宜切戒之。余云:“吾家解异端不如此,此不问而知非我言也。”又言及诸生庭辱易海青,以为我主使。此翁愦愦乃至此,不足与之言。

陈杏生请陪吊,巳正往,申正还。长妇生女,或从此可蕃育。以彼频举三男,皆幻泡,反不如生女之无忧耳。夜登楼,钞《有司篇》二叶。得和合书。

四日 晴

萧屺山来久谈,云即日上衡,午步往送之,未遇。入城至朵翁处,纵谈立身处世之方,正告以流言止于智者之义。所云止者,不独不信,且不辩也。又谈《春秋》、《礼经》,听者十数人。晡后复出城,至萧舟,略谈还。过樾岑不遇。登楼钞经二叶。

五日 阴

昨暮得邓郎书,云非女病重。惧已不起,念坐待凶问,不如自往看之。命往附船即行。孙女洗盆出见。为蓬海看词卷、朵翁看《楚词注》竟日。蓬海来,谈顷之。小云来,看外孙女,亦登楼,与蓬海旧识,长谈忘日之暮。客去,饭罢登舟。南风不可行,仍还家。女妇勃溪,为开陈道礼。复登楼少坐,无事早眠。

六日 阴,欲雨

樾岑约早来,过晨始至,略谈旋去。遣约佐卿来,纵论贤不肖相去之远,及处世无聊之周旋,非有道者不能一日居也。船人报当行,

将暮与佐卿饭罢出城,小舟甚宽,附舟客二人。行十五里泊靳河,靳尚故里也,适欲注《楚词》而宿靳里乎？夜雨。

七日　北风,阴雨稍寒

晏起,已至万楼矣。泊张步,在仓门上。遣龙八往仲三家问讯。

释《离骚》至"灵氛"章止,引《水经注》证女媭为既放后归里之事。信文章之有精神,千载如面对也。顷襄既立,屈子得还,虽未入朝,而可自便,故还秭归而游沅湘,非被放也。后再迁江南,则禁锢矣。夜雨潇潇,北风簸舟,安眠至晓。

八日　阴晴

剃发。读《楚词》,评释《九歌》,尤伤心于《山鬼》,盖鬼者远祖去坛之号,故篇中累言公子。楚弃夔、巫而弱亡,屈子独欲复夔以通巴、蜀,宋玉传其说。此自古智士秘计奇谋,至余乃始发之,虽或谓屈、宋所不到,而此策自是弱秦复楚立奇未经人道者也。余今日亦有弱夷强华之策,无由陈于朝廷,用事大臣闻者尚不及子兰能大怒,其情悲于屈原,而遇则亨矣。古之伤心人别有怀抱,渔父、詹尹岂能笑之乎?

舟人揽载,移泊牛矢夹,杨梅洲尾,地名也。夜月繁星,怅念少时游宴欢愁之绪,由今视之,皆如嚼蜡。

九日　阴晴,西风

辰初始行。读《九章》、《九辩》,信《离骚》、《九歌》犹未遗忘。昔居石门时,与非女、功、丰续诵《楚词》,至今其声在耳,而三子离别死病相寻,追念故欢,眇不可再,唯此一卷,新有诠释,光景更新,使人有弃世上仙之意。行六十里泊石潭,罗伯宜赌吃米粉蒸肉地也。今亦成故事,其父子俱殁,苍松老屋空矣。

十日　晴,南风,寒。

重行二十里过文家滩,旧游频渡之地也。四十里泊湘乡县东望春门。舟人待一客，薄暮至，声似罗少纯，与问讯，则乃见知，询为朱岳秋秀才，远馆城步，尚须经武冈，可自此同行至彼岸。移泊西门。夜月朗然，殊无春色。今日读《惜诵》一篇未熟。

十一日 晴，南风

晏起见一桥，乃朱津渡桥也。仅十年不至，已迷其上下。自城至此十五里，又十五里过山枣，昔年与涤公相遇未相见处也。其时余居明冈，罗研翁居老虎坝，匹马来去，川原林树皆相识，海内波荡，乡里晏然。今四方无尘，而闾井萧条，令人有化鹤之感。行三十里泊潭市，至昏复行五里宿中川。稍觉春煊，四更后雨。今日读《涉江篇》。

十二日

晨雨未行，蒙蒙至午。行十五里泊连司渡。看水上雨沤，感忆怀庭，久欲作挽诔之词，缘意绪太多，反至稽滞。“忧思独增伤，郁郁又逾春。乘流观飘雨，念子始别晨。固知闻丧久，情响忽如亲。久要恨不忘，欢爱集酸幸。驰思迷生死，吐唱诉灵神。”又行十五里泊鹅陂滩。晴。

十三日 晴，微有北风

帆行十五里盖步头，附船人起载去。又十五里侧水。“岳岳南衡精，腾光照四遐。云龙骧兴运，宣文乐且仪。之子怀瑾瑜，幽独久离家。吴越不我知，明珠反故浦。群贤尽和会，大国有光华。”

又十五里黄马洲，又十五里泊阳唐湾。“曰余非祥金，遘子利同心。言行相影响，谗嫉尚不侵。离会犹一情，曾不怨商参。悠悠大暮辰，委化共飞沉。岂效妻子泣，胡然涕淫淫。”

十四日 晴煊

船版俱炙人，仓中风凉，余一绵，同行客尚羊裘也。

有身必有悲,俾也何时忘。行行登凤台,白日皎城冈。伏龙傥晨吟,知我翼摧伤。庭宇固俨然,春花亦再阳。反怨结重恩,企踊毒中肠。

中离奄八秋,念子山夜愁。还情弥大江,要眇共夷犹。人情恋所生,劝我天彭留。宁知一朝穷,弃余东海陬。严霜复冥冥,爱子堕重幽。

未午,南风动地,篙榜至永丰,仅十五里,计行四时。遣龙八觅舁夫,久不来,顷之麇至相争,待其装束毕,出街,令急行,后者疑不肯进。乃步行五六里,见道旁茶店将开肆,妇女欣欣有炫惑之容。此于风俗极敝,然不可禁,亦众所乐,正其本者在兴教耳。若如此下手,徒为笑柄也。舁至,行二十里宿杨柳井,土语似若"仁里"者。

十五日　晴,极煊,可单衣

行五十里青衣坪,大市也。又三十五里长塘铺,银线、金线铺在界领下,昔年旧游,几忘之矣,既至乃如梦焉。午憩界领,未饭,独坐石匠门几一时许。今日当宿白马铺,以朋海属至黑田铺访八妹,又邓仆、彭妪道遇,欲同行,趱程至夜乃宿。自长塘至此又三十里,共八十五里。未至五里,过枯杉亭,访邓湘丈所作祠室,已将毁矣。少时见南村为简斋作祠堂,为杉树作诗,以为可不必。今日思魁太守、邓院长之好事,皆成佳话,即陈去非之避寇亦是佳客,装点名胜,正不可少也。

平生达道真,远逝竟先机。安持不朽名,空与俗众违。奈我茕独何,处世恍如遗。良友犹一身,斯言异埙篪。我丧子失明,子去彼何睎?圭章斐其文,燕石余独售。群公轻卑官,三荐困牛刀。至人心寿康,外物固不劳。书来告鞅掌,遗篇绝唱酬。岂其遂褰裳,思与造物休。惊悲成惙惙,倏忽经年月。还柩何淹迟，灵神枉超越。登高望诒音，忽悟泪如屑。厌世虽消摇，恩纪尚不惒。悬解若有征，哀情庶能辍。

十六日 晨凉

舁人云夜雨，未闻见也。行三十里愒洪桥。道中入雨中行，细霂如尘，蔷薇尽落，昨闻子规，今见燕子，犹有残桃花、踯躅及荃木花时满陂陀间。过桥雨霁，四十里至城中，宿正街同升栈。昔年此城无好客店，今乃有住足处矣，亦军兴使然也。今日先府君忌日，以在道无变于居处，唯不食亦恒日所同也。黑田有书院，洪桥桥上并可愒。

夜雨，梦尊经院生饯余，有院外生多人与焉。余以其异诸子弟，欲令近坐语。斋长对云院外多有佳者，余答言固知多佳者。语未毕而悲不自胜，哽咽而醒，未知何祥也。

十七日 雨

晨兴，闻风声，觉甚寒，以为不可行，将命龙八先往，起欲作书，则已霁矣。因出城，著重裘犹有寒意。忆昔年曾于此路遇雨，有恨春寒之词，因作小诗："栗烈清明似腊残，貂裘冲浪渡神滩。当年只为春衣薄，错恨东风二月寒。""踯躅逢春作火堆，石门儿女逐年栽。谁知消尽神仙福，重对殷红泪眼开。""处处山塍荃木花，更无人看自夭斜。雪团云压当筵贵，曾见春深老将家。温州总兵秦如虎家有荃木花，冠群芳。""十丈枯杉八百春，不逢南老定为薪。如今转作词人恨，冷落荒祠绝四邻。简斋学堂唯存一碑，亭屋皆将坏，杉树似亦矮如前。"店饭甚晏，不能待。一宿两餐，唯取八十钱。行三十里凡六愒，乃至长杨铺。日晡矣，颇知饥，亦从来行路所无也。北风寒厉，强行二十里宿宕口铺，店秽不可宿。梦朱岳林来，设拜，衣冠不顶，其花翎在冠襜内。同行朱秀才作别，遂不相见。

十八日　甲戌,清明。有雪,雷雨

寒食自五代而罢,宋犹取火,元则全废矣。元以后,凡言寒食无言禁火者,独江苏尚作寒食,亦不禁火也。方俗重火,虽曹公、石勒之力不能止之,其后自罢,亦莫能复之。民俗大抵如此,如古戒酒今戒烟亦是也。道家治民,在无生事,条教号令徒诒笑而长奸,论治者莫能知此。

早饭后尚不能行,巳初乃发。舁人甚困,五里一息,前后遇雨,皆避亭中。感行路之难易在人,作一诗:"雨里看山雨后行,芒鞋虽湿裹缠轻。油衣鸳瓦皆成见,争似随时缓一程。"油衣鸳瓦典凡三四用,他日可作一段诗话。行三十里愒红庙,又二十里愒桃花坪,马迹熟游之地,今坪草依然,马四易,皆老矣。连日读《哀郢》、《抽思》、《怀沙》三篇,始得上口,记性之钝如此。客店无聊,呼薪自燎。

道中诵元微之歌词,言唐宫寒食念奴事,戏作一诗:"二八珠喉教养成,避风防露似花英。诸郎宿后催歌管,应是阿瞒不解声。"俗言清明泡种,农家有谚云:"贫人莫信哄,桐子花开才下种。"今屡验。清明实不断雪,而清明寒食时桐花必未开,老农言不虚也。"律管春深候不差,老农常是守桐花。南中屡见清明节,始识农家胜历家。"

十九日

早行十里渡子羊渡。未至水边三里,有横江亭石碑勒二大字,题"会稽童煊",不知何时人。旁有小字,就石雕之,颂赵申乔德政,则此碑必康熙以前立也。十里饭于观音山,店有烟馆,而能颂文心之政。二十五里黄桥铺,有当铺,是新起建者。二十里宿思桥铺,车殆仆病。思昔年聂天端诸人从宝庆两日半至邓宅,今无复此健步,亦湘军暮气之验。

今日诵《九章》二篇《思美人》、《惜往日》,有感余怀。"白发鸡鸣渡子羊，莫临流水照春装。美人只向山中老，孤负兰芝六十箱。”

廿日

未明起，令舁夫早饭，微雨，行六十里惕石羊桥。从桥北取左路，十里李家桥，又十里尖山，道狭泥堆，行者甚困。“细雨如尘滑似酥，浅泥危石路难扶。天公自与花调露，多少行人怨鹧鸪。”石羊前三塘，多有民家佳屋，似甚清静。“磴道清泉界水田，青苍垣树蜃墙鲜。居人未必无尘事，却被尘中望作仙。”

尖山铺不在尖山下，邓家在尖山后可八里，到门犹未暮。淦郎先出迎，弥之继出，皆衣冠。外孙女亦出迎。入谒邓母，非女病未能兴，视之神色尚王，略谈数语。出至园中，复入见欧婴，乃与弥之坐客厅中谈，邓郎子沅、子连、子竹、子新俱出见。一面一饭后，保之乃自城还。明日其恭人生辰，设汤饼，其子师彭翁星陔及州人彭琢章同坐。坐散，弥之复少坐去，保之更谈至三更乃去。

廿一日 晴

晨起，主人未兴。与彭翁谈，入贺保之恭人生日。非女已起侍矣。日间看保之《井言》、淦郎诗，诗五言颇成章。非女出见，久坐。夜饮生日酒，亥散。今日翼之子子贤来见。

廿二日 晴热

晏起。闻非女呕血，午后出见，乃云已少愈。读《九章》。看彭翁《史论》及《易说》。诲非女持家之道。弥之设宴园中，牡丹始开一花。

廿三日 晴，愈热，才可一衣

淦郎请改经文。竹郎请定其所作五言诗，年十七，殊有气势。万秀才字芳琛来见。致弥之二月八日书，谈经学书院规程，颇砭其有志资助之非。今日保之款客。

周显王四十一年,楚怀王槐元年。六年败魏襄陵。八年击秦不胜。十年秦灭蜀。十六年张仪来相,秦封公子繇通于蜀。十七年秦败屈匄〔丐〕。十八年蜀相杀蜀侯。十九年秦诛蜀相壮,张仪死于魏。二十四年秦昭王二年来迎妇。二十五年与秦王会黄棘,秦复归我上庸。二十六年太子质秦。二十八年蜀反,秦司马错诛。蜀守辉伐楚,败唐昧于重丘。齐与秦击楚。二十九年秦取襄城,杀景缺。三十年王入秦,秦取我八城。赧王十七年、顷襄王元年,秦取我十六城。二年怀王亡之赵,赵弗纳。三年怀王卒于秦,来归葬。十四年与秦会宛。十五年取齐淮上,齐湣王亡走。十六年与秦王会穰。十九年秦击我,与秦汉北及上庸地。二十年秦拔鄢、西陵。二十一年秦白起拔郢,更东攻竟陵,以为南郡,烧夷陵,王亡走陈。二十二年秦拔我巫、黔中。二十三年秦所拔我江旁反秦。二十七年击燕。三十六年王薨。考烈王元年秦取我州。六年黄愒救赵。十年徙于巨阳。十四年灭鲁。二十二年东徙寿春。显王三十一年癸未,怀王元年癸巳,《离骚》云"摄提贞于孟陬"。

廿四日　　雨凉

取《史记》校考《楚词》情事,并考屈子生年。《离骚》之"摄提"是太岁在寅也。依《史记》甲子推之,楚怀王元年岁在癸巳,先三年庚寅,先十三年戊寅,当楚宣王二十五年,周显王二十四年也。怀王元年屈子年十六岁,顷襄元年四十六岁,二十三年六十八岁而沉湘,故云"年既老"。

廿五日　　雨

晨入园中。牡丹离披,寒气颇重。顷之弥之来,言曹学使观风题有论诗绝句,戏拈元遗山以后诸诗家得二十馀人,作十四首以示淦郎,诗录于后。读《九章》一过。从清芬亭看扶犁,雨气蒙蒙,饶有春田之兴。夜作论同人诗八首。

廿六日 阴

保之一女殇，因火烧带然裳，被冻水逼发，疾七日而死，年八岁矣。闻之愀然不乐。今日当燕我，往唁，请改期，是无服之殇也。《穀梁》云："子既生，不免水火，母之罪也。"释氏则以为业矣。二者并有其理。

看杜俞《通商志》，云采自夏嗛甫书，皆影响非事实，书天津战事尤误。看张伯纯论时事书，文笔充畅，杜文笔亦明晰也。非女病三日不出，恐其不能行，入视之，似尚可支，然闷损人殊甚。

看《史记》得范蠡蹲犬窦事，前时未之省记。又彭祖与楚同祖，注《楚词》时亦未引也。

廿七日 晴

晨读《九章》一遍，《悲回风》凡三复。以光景为屈所荐贤，黄棘为地名，确有所据。《怀沙篇》云"惭光景"，此云"借光景"，故知有所指也。初读"黄棘"字，即似口头语，而叔师以"王棘"解之，及检《楚世家》乃爽然，但未知汉北果何地，乌从何集耳。欲以乌指王，似亦可通，而集北终无确指。

申时行之为政与沈桂芳〔芬〕同，其谥同，又同乡。论近人但当以明人比之，无不合者。盖古之小人贤于近代君子，古之庸人贤于近代豪杰，教化风俗使然也。独往溪边，循塍而反，转迂于通道。此地亦不精于治田，与衡阳同，与湘上大异，其土兵必不可用。卧看《史记》一本。夜眠甚不快，似有疾者，已而闻雨，稍寐，忽觉体中平适，遂至晓。

廿八日 阴

晨起，弥之已至，属作《云台诸将论》，翻《汉书》略览，试为论之："云台诸将，位多在三公、郡守，其后增卓茂等四人。茂未尝仕汉典兵,题之为将,盖采谶文也。自邓禹至刘植皆从光武于南阳、河北,而东平王苍独重伏波。臣有不与之疑,君含不言之笑。史臣记之,谓以椒房,是乌知显宗意耶?夫王业初兴,功在景附,韩、彭望重,不及萧、曹,是以诸葛绌于关、张,吕望不侪五四。伏波羁旅为客,往来二主,虽有岸帻之欢,曾无缚绔之勤,天下既定,乃使远将。帝心未孚,朝望参差,而又急于功名,终自踊跃。当群帅释兵之时,怀少年请缨之志,不待谗间,知其慕富贵矣。是以一闻薏苡之谤,捷于投杼之告也。及夫志节既明,谅为烈士,以负谤之故,收天下之名,赫然与邓、耿齐声,皎然与寇、冯比重。此乃在建武之后,乌得以侪于佐命乎?且诸将亦非皆有殊勋,但以其系轻重耳。故任光、万修无攻讨之烈,刘植、王梁有败绩之咎,刘隆副援,坚镡小吏,而南宫画象,以应列宿。及后所加李通、王常,绝席尊官,竟无表著,岂非河山所酬,在此不在彼乎?显宗特以明德之故,不忍疏援,亦不可班之元臣,以乖先意。范史犹尚不喻,论者宜其异同矣。虽然来歙东归,承赐襜褕,开道回中,遂平陇右,被刺下辩,壮同君然。其所以名不参于佐命之间,图不增于四人之后者,则永平追论,亦或有所遗乎?"

晡间保之特设相燕,酒欲罢,闻非女疾发,颇为不欢。夜入视之,终宵不寐。始议顾船,先保之行。

廿九日

早起觉寒,出户已见日矣。弥之入城,昨戒早发,而至巳未出。龙八亦泄泄观望,未携从人,故令人闷。看《汉书》,坚镡、王常并为左曹,即后世左仆射之尊。龙八晚归,云船已定,明日当至。

卅日　晴,午后阴

早起,邓郎子竹来园中久谈。弥之赠诗,晚复设饯,夜烛繁花,颇有清兴,偶作一诗和之:"百朵酴香被酒薰,牡丹犹似在娱园。重开绮席留春久，各占名山觉道尊。客去看花休恨别，老来相见欲忘言。桃源甲子何须记，手种桐枝又长孙。”明日定行，弥之云第二孙女年命微不合，宜初二日也。

三　月

丁亥朔　　昨夜雨，至晨未断

弥之早起相送，乃不可行。待至过午，保之乃设早饭，饭后即发。行从来径，五里愒村店，见州官示，知其地名桥惊断。又十里愒黑土领，自此泥行，欹仄竭蹶，乃至水路口，距石羊三五里，舟舣于此。不坐此等船三十年矣，恍若梦游，亦甚安适，检点顷之已暮。彭星翁及竹郎至，要过同饭，推篷即睡。夜半醒，正见一星当头，未暇辨何星也。

“来径忽幽深，新荑尽萋菲。春色雨始佳，云山绿相待。久聚愉暂离，前欢梦年改。华叶续为春，光阴散成采。闲游每有得，时去终何悔。隐趣寄山中，期君守兰茝。”“菲”字原作“蔼”字，以不合古音改“菲”字，“萋菲”自来词家不如此用。

二日　　晴

舣水口，待邓郎等，午前唯与彭星翁谈。彭云叔绩孙代钧及从孙代过均能读好学。又言其乡人吴南才，叔绩外祖也，有《史通》，外间有稿，其家不知有此书。晡后非女登舟，湰郎及其弟子元亦至，两外孙女、三女仆从行，分三船二厨，余及湰郎俱饭于非女船头，夜亦宿船头。凡行五十里泊磴子铺，“磴”读“吞”上声。陆道去武冈城五十里，水道盖七十也。资上群山幽曲，石树苍秀，微少峭耸之奇耳。余前频舟行，殊未暇赏，盖芒芒而归，亦可哂矣。夜见萤火。

三日　　己丑，谷雨。晴热，已有夏气

还己船坐卧终日。夜泊铜盆涧，云行九十里，殆不及六十，新化

至武冈陆道渡此,云水中有铜盆故名。

四日　晴热

读《九章》一过。早泊桃花坪,畏日未上。自此入邵阳境,冈峦尤低。行九十里泊天子山,云此山昔为望气者掘断,以厌王气,故有天子之名也。前夜已有微月,今更辉映。

五日　晴

晏起,午后复假寐久之。为两邓郎改试文。未初大雨,未杪复雨,狂风以雷,携顺孙在舟中,皆以衣蒙头避风,顷之乃霁。春月有伏暑之象,亦罕见也。酉正至宝庆府城,泊临津门,西北门也。吴称三步访,略谈经学,云亦有志于此,且治《说文》。

六日　晨起,阴

检行李,发人夫十七名,至午乃成行,已频雨矣。非女小愈。钟贤甫来访,云曾相见。仲甫之孙亦来看邓郎,颇似其祖。均未多谈。非女避雨厘局,遇一罗姓,遣问云与吾相知,未详何人也。余今到处知名,甚非早年充隐之愿。雨中行三十里宿雀塘铺,觅一书室以居非女等,明洁可坐,器具亦坚,好,不易得也。检笔未得,借店家笔书此。邵人呼"雀"音如拖,"塘"如刀,声转不可究如此。

七日　阴雨

饭后乃行,八十里宿金线铺,居店旁空宅三间,云有店妇,以子死见神于其家,因移避之。余初不知也。既去,非女乃言之。读《九章》,温《九辩》,均一过。夜大雨风寒。

八日　雨寒,复可裘矣

早行无一人,唯见学使牌至,戏题一诗:"东风料峭雨阑干,尽日无人驿路漫。唯有锦袍驱骆马,肯临孤馆领春寒。"三十里单井铺,店净可愒。又十里杨柳井,遇刘总督迎姬妾,装赍甚盛。"稻田水足燕参差，贪看春光立片时。忽地子规惊却去，青袍湿尽雨如丝。”“载得江南春色归，空山寒雨散芳菲。菜花深处粉黄蝶，初向东风识舞衣。”

凡境随人异，岘庄以庸微而跻大位，余犹凄皇路旁，所谓贤愚倒置，不平之甚者也。若岘庄自问，则劳苦功高，虽裂土不足以酬，而身被谤讪。余以儒生，从容风议，评其长短，此岘庄之不平也。以余自问，则富贵浮云，愚者所羡皆智者所笑，岘庄所遇未为丰也。余固疏野，今乐闲游，并不得为凄皇道旁，庄生所云四孰使正者，实天下之至论。而圣人不以为教者，所谓民不可使知，方欲进贤退不肖，不可复以此训，而儒生便执著以为是非矣。

二十五里至永丰，桥上遇一长沙人，从新宁捕役还者，为余觅船，船户肉袒相迎，心恶之，别觅一船。船户识余，呼以“大人”，索价遂不可与争，“大人”之为害也。昔韩伯休但以姓名见知，而遂弃药，使人复生惭惶。非女等轿接迹而至，急急部署，遂已昏暮。余一日未食，亥初乃饭，解幞酣眠。

九日 阴晴，北风

此行欲晴则雨，欲雨则晴，上得南风，下得北风，无不相左，亦未尝能尼我也。巳初开，行十里舟子归家，泊石师潭一时许。又行六十里泊大阳塘。前十里有江口，一水从安化界来，经南田，至此与永丰水会，源远流盛，连水正枝也。永丰水通邵阳为通道，故独著耳。

十日

朝雨，过潭市忽霁，至湘乡日已甚烈，薄暮过石潭，已行百三十里矣。新月微风，眺望颇适，自出门一月来，无此顺境。初夜，非女云心中不快，极为忧焦，何事机不顺若是，为之汗出。人命如屈申臂，殊可悲也。然其愈出意外，余但从好处想，亦可谓不知足。三更泊湘潭十七总新码头，夜行六十里。

十一日　阴

昨夜已可到家，嫌其急遽，以为今早必发，不知船人于此有神福，竖桅设酒，过辰乃行。午初至昭山，得小南风，帆行平稳。立表刻漏，期申初当至城下，果闻钟三响，而泊草潮门矣。轧轿送非女等先入城，步从其后，家人平安，为之过喜，今而后知死丧之威也。半山小疾旋愈。饭后步唁陈松生，谈外国事，半时许，步月还。亥寝。

十二日　晴

晨起登楼，检《地志》，楚陵阳当在汉之丹阳郡，今宁国、池州并有陵阳之名。《九章·哀郢》云"当陵阳之焉至"，盖当时江边有陵阳城，在池州芜湖上下，泛江取庐、舒陆道，必于此改装也。

月生子嵇金寿入学来见，笛仙子丧，今日皆当往答诣者，会雨不果。理诸女功课，钞经二叶。佐卿来，久谈，自谓可与立者。余云："君虽可共学适道而未学道，今能立，则益当勉于学道也。"佐以病懒辞。可学者未闻懒，亦未闻懒而能立者，佐殆"狂者进取"者与？晡后复晴，夜月早眠。

十三日　晴

晨步吊笛仙，适方谋殡事，少谈便还。饭后课读。王步轩来，自衡洲一见，丙子再见，今又七年矣。云为曾沅浦所厄，欲觅一馆。松生来，取《湘军志》二部去。

作彭郎挽词："闻喜忆县弧，廿三龄江介归来，果看脱颖声名，诗礼无惭贤父子；踊金嗟在冶，一二分才思未展，空说朱陶货殖，揶揄疑有路旁人。"合肥李母挽联："慈云起南岳封中，酿作甘霖遍寰海；贤母数中兴第一，只凭俭德训家庭。"

钞经二叶。左锡九夜来，与同诣朱香孙，步月还。看京报，察典去两尚书一总宪，近日所罕。豹岑得桂抚，黄子寿得荆道。又闻鄂生得滇藩。丁雨生、黎兆民皆病故，非恶耗也。

十四日 晴热

钞经二叶。欧阳接吾、陈芳畹来。暮诣蓬海。松生见过，相要步月，至佐卿家未遇。至松生家，看其妻遗诗及其近作，皆老成深稳，居然作家。又送洋淯华银。夜还讲书。

十五日 晴，风煊

罗郎来。三弟钞送校经官课题，庸陋可闵。陈生来。致程郎书。钞经一叶。夜雨雷，旋霁，安寝至晓。

十六日 晴

连日为舆儿点讲《礼记》，似有一暴之功。谢客不出，唯坐小楼。夏生来见，与论文学。人不可有鄙心，古来有元恶而不鄙者，有忠孝而实鄙者。鄙则非教化所及，不鄙乃可转恶而善。凡未能忘情于富贵浮名者，皆鄙夫也。自孔子不能"与之事君"已下，唯当痛绝之。

与书但少村，为三弟求馆。钞经一叶。夜月静佳，登楼裴回。次青母喻氏丧来赴，年八十六矣，与筱泉母均称多福。"兼富贵寿考以著徽音，儒素显清门，五承凤诰贤名大；历困苦危亡而终荣养，碑铭追往事，一到泷冈涕泪多。"

午过瓮叟，神明顿健，使人欣慰。

十七日 晴

段海侯来。讲《易》，令功、舆同往学堂。钞经二叶，写条幅一纸。子威来。

十八日 甲辰，立夏。昨夜雨

欲出北门，龙八怯泥不往。梦缇出谢客，因往视陈妹，闻其病困，极忧之。武陵陈锐伯陶来。袁守愚、彭克郎来，言鹭卿死，柩已还至矣，殊为迅速。钞经二叶。

十九日　阴

钞经二叶。为半山作《经解》。《说文》:“襦,短衣也。”桂注引腰襦云:“短当为裋。”裋竖使布长,襦即褐也。褐,粗衣。高诱云如今之马衣。盖今斗篷。《汉书》“太后被珠襦,坐武帐中”,盖用行装,示女主不轻出。葬用珠襦亦此意也。韩康伯母云“且作襦”,汉诗“冬无复襦”,襦又以御寒,斗篷兼此二用。庄心安来,云涂抚当作督。余以为必无此事。

廿日　阴风

京报至,涂抚果作督,使人愕然。湘抚授卞宝第,陈宝琛所举也。近来以小臣举大臣,亦可破拘挛之习。蓬海来,言华举人起家授四川知府,将继霞仙而起。此等破格,亦保荐所罕。罗研翁次子抵敷来,求作行状,薄暮乃去。夜钞经二叶。

廿一日　晴,风凉

出北门,将寻旧城,阻浏水而还。从陆道东南行,略究形势,复还至陈家渡,循石道入城,甚倦,散遣舁夫,少卧,登楼理女课,钞经二叶。罗郎伯存来,告子沅之丧。辛眉夜至,不来寓,遣往迎之,亦不至,将往看之,会夜深而止,若在少时,必不能不往也。唐继淙来,求浙书。

廿二日　晴,晨凉

颜接三自桂阳、程生商霖自衡阳来,悲喜与问讯。雪琴出巡使船亦至,延入款谈,容色颇消损,使人惄然。午间辛眉来。今日佳客总集,闷中一开心。雨忽大作,待其少霁,出城送颜、程,兼访雪琴,过曾郎、夏粮储,吊黄觐臣之丧,见其长子,薄暮乃还。理课钞经如额。

廿三日　晴热

陈梅生来吊,黄郎介夫来谢,瞿郎海渔、罗抵敷均来,久谈。出访周汝充之子字元伯者，闻其能医愈舆、懿，将延其诊非女故也。携懿、纨以行，不遇。还钞经二叶。饭后剃发，梳洗毕，步至刘韫公宅，约作一集，招雪、保同会，遇左斗才。出至校经堂，答陈、段，于夏生斋少坐。暮行城根，汗出沾衣。至陈妹家问疾，过辛眉寓馆，看《井言》一卷，还作书约雪琴二十六日巳饮。钞经，作课卷，讲书。

廿四日 晴热

雪琴来书，改订明日集刘宅。与书韫公告期，兼约保之，为“二保”会。作课卷毕。黄郎复来吊。研郎、辛眉来。与书唁次青。“生甫及申”，郑《礼》注以“甫”为仲山甫。

廿五日 晴热，始絺

晨起钞《经》未半叶，阳光照灼。下楼饭罢，罗郎、懒僧来见，命舁将出，立谈数语。出谢黄、陈，过春陔问病，均未见。诣黼堂、简堂问病，均久谈。简处郭意城复来，奔走形势者纩微飘瞥，门不得罗雀，此又世局之变。午诣韫公，恭候二客太早，与主人久谈时许，保之来，又两时许雪琴乃来，即入坐，二客各饮二十许杯，余与保之未饮，席间亦无佳谈。

廿六日 晴，犹热

终日教读，钞经二叶，说“负适衰”未确。子明来，保之亦至。酉携纨女至荷池，遣萧桂送还。余入军装局，刘诒棫同知设饮，心盦同在，作主人，子明、吕尚之、周稚威俱在，稚威先去。诒棫，子迎长子，子春女婿也。慎密不发一语，可谓善学柳下者。夜与心、明同步还。正讲书，瞿宅遣赴春陔之丧，未能即往，遣功儿往视之。

廿七日 晨雨

卯正舁出，临春皆丧，久坐无客至。出访稚威、若霖皆不遇，至雪琴舟中，涂抚将来，略谈即还。钞经二叶，《丧服篇》成。夏生来，匆匆去。日长甚倦,略寐,待申正仍往瞿宅,路已干矣。甚热,解衣坐久之,客有俞伯钧、罗树侯、彭先斋、李仲穆、黄子寿、傅青馀、陈葵心,余视敛毕即还。途遇王步轩,要还,少坐去。辛眉夜来。

廿八日　阴,稍凉,尚单衣

功儿至外家,言买田地事。雪琴来辞行,张庚楼兄、唐继淙并来。从唐处借《衡阳志》一部与胡子,彼向雪琴索之也。作《丧服表》稿,写扇三柄。周元伯来视疾,与坐久之。辛眉昨论杜诗"坐深乡党敬,日觉死生忙",以为酬接庆吊之多。余云:"本不欲坐,以乡党敬宜深,不敢不坐耳。如此消日,则死生皆忙矣。"相与拊掌。午过佐卿,与何价藩、二先生、曾重伯谈,便饭,说《离骚》。雨至急还,沾衣,仅至。

廿九日　阴凉,夹衣

晨作《女子服表》,头绪甚多,未能详尽。日中理课程,钞经一叶。辛眉、锡九来。庾楼欲改字,取其名璪,更之曰松甫,并为说焉。欲觅一盐馆,亦可伤感。为唐继淙与书俊臣。

四　月

丙辰朔　晴凉,绵衣

子云来。终日课读。与片雪琴、刘韫斋、辛眉,兼作一诗:"彭尚书出巡江防,恭同刘抚部饯席,招邓九郎中集饮,因赋八韵并献:洞庭乐犹奏,湘山酒正香。明农馌耕暇,皇华春路长。心闲偶成会,宾选即为良。推贤儒术美,论功圣绪昌。休明周鼎重,隽朗肸珠光。高卧方藩魏,稽中克醉康。庭花日影正,堤柳夏波凉。嘉招预切脯,还游尚卖浆。"

雪琴来辞行。钞经二叶。

二日 晴凉，绵衣

春皆成服，朝食后步往陪客，至申散。辛眉、锡九来，夜谈。竟日无所作。

三日 雨凉，可一夹一绵

寒温未调，体中不适。作书与俊臣、唐艺农、李幼梅，荐王步先。课读终日，唯午间一出，诣笛仙论宗法。笛仙甚推张燮庵，而忘其已死，精神瞀矣。黄兰丞子遣人来约见，道过入报谒。遇黄云生，荒谬奇诡，复还乡里，亦可怪也。

四日 大雨

竟日卧病。辛眉夜来，招锡九小饮，至亥去。

五日 雨，寒可二绵

朱若霖来，凌绶臣要接吾来谈。黄叔琳来赴妻丧。功儿自外家还，言彼处有葬地。余以穹远，不必往，将辞之。暮过吊叔琳，访辛眉不遇，还。夜登楼，与书外舅。今日小满。

六日 阴，稍煊，犹一绵

早未起，梦缇来，言所卜葬地未可退。余告以本无成心，事须专决，既卿母子云可者，则直可之。过午登楼，曾重郎来取《春秋笺》及《独行谣》去。午诣若林处，陪辛眉，蓬海、杏生先在，李莼楼后来，坐定，松生至，馔殊不美。散步登心远楼，阑槛已欹，麓山阴碧，盎盎有春意，更单衫步还。辛眉来，少坐即去。

七日 阴，单衣

畯五及其从子芝云来。富春来。武冈万芳琛来。松甫去，步送之，携懿、纨同至湘岸看水，因送辛眉当渡小舟，遣送二小儿先还。与辛眉坐，纸上谈时事，因及胡咏之未尽其用，辛云若平世亦不行。

余大以为不然。因言当未垂帘时,若入辅政,则亲贤并用,不作如此朝局也。同治初,两宫破格用人,疆臣可与密勿,则当荐贤退不肖,亦不至使宝、沈源流延绵二十年。倘在外而遂听枢臣指挥,则孔子何以居费而为东周乎?得百里而君之犹可以朝诸侯、有天下,今得千里而为大臣,乃受制于刀笔之吏,又何贵乎有圣术!语高兴发,大似三十年抵足夜谈时气象。自念不可空言,即起而归,临别唯告以庄子不可轻诋,学者须先消摇而已。步过心盦处,少坐而还。

论用人不在荐举,荐举亦实难得人,明试以功,斯为善治。今破例用告假编修黄彭年备兵安、襄,黄诚人才,朝廷能用材,然两伤矣。道员所治数郡,用材必不在此。诚知其贤,欲储为封疆帅臣,则当先召之入枢机,乃出而试之藩、臬或守令,必不可骤以闲曹荣之。而彭年闻命欣然,其非人才又不待言矣。夜登楼作诗一首。

八日　昨夜雨,晨阴凉

遣觅辛眉,已去。文心来,言阎丹初意贪尚书,故以左侍郎为小官,盖身后谥传足动歆羡也。余因言血气既衰,戒之在得,五十以前,易于支撑,吾辈不可不勉。

为佐卿书一联:“斥鷃飞,鹏所笑,宋荣可无笑;三人行,我有师,仲尼何常师?”佐卿来。晚携纨女步旧湖壖。得周绪钦书。

九日　阴

袁守愚、陈梅生、常霖生、武冈万生、竹泉少子来。得贺伯仁书,为其弟求书致孝达。暮过验郎,济生出谈。夜钞经二叶。

十日　晴凉

黄二鱗、彭茂子来。香孙、蓬海来。论安南事,言岑抚需索李都司,至其叛入交趾,断富良江,与土寇刘某合众十万,笼江税富于滇、交。今折入法夷,将为我患云云。昨日济生言殊不同,以官论之,济生曾代桂林守,言似可信也。

作《服表》,钞《礼经》二叶。徐姊夫六十生日,闻已回家,故未往问。

十一日 晴,阴凉

万生、马岱青来。岱青老颠,语愈支离,似有心疾。余初以为仪庵、春甫,不宜畏避之,今日自有厌倦之意。岱青觉焉,讥我言不由中,神色落寞,余亦自愧也。然求酒不已,饮少辄醉,醉即狂叫,余避侧室卧少顷,待其少醒,出与晡食。食后又求酒,幸其子侄来呼之去,已喧呶终日矣。蓬海处送蜀书来。得稚公十七纸书,详哉其言。又得莫组绅书,则寥寥数言。钞经二叶。

十二日 晴凉

半山暴疾,陈妹又复将绝,来求人参。梦缇往视之。钞经二叶。马岱青书来,问卖文,始知其非往江南也。薄暮携婴幼往纱帽塘看新荷。笛仙来。

十三日 晴

出吊叔琳,遇陈雨舲,少坐,答访陈葵心不遇。至塘弯看陈妹疾,已无可为,与林绶臣、陈梅生少坐,还办后事,心中懊恼。而丁公书来,打大主意者,仍不能不应之。稍削前稿成一疏,未暇馀事也。复书岱青,教其干谒曾伯,以求升斗。香孙、蓬海来。

十四日 晴

钞经二叶。龙八还,得外舅书,言仲章葬期定二十三日,启当在十八日,初不料先淹滞后匆促如此,为之怃然。龙济生招饮,与验郎、蒙师、李心翁、督销局江南道员邓春皆、韩勉吾、郭参赞同坐。夜迎松生来,示以奏疏,明月皎然,三更乃散。

十五日 晴

钞经二叶。今日先祖妣忌日,以丧中疑无余吉凶之礼,未异常日也。既又念,居丧既不尽如礼,又何可废忌。陈杏生、傅青萸招饮,皆辞之。杏生设集不易,午仍一往。独坐贾祠楼上,几两时许,主人乃至,商农、刘聘臣、松生继来。看客饮啖,稍食肉边菜,将暮微雨步还。

十六日　晴

陈妹病亟,家中正料理葬事,未得往。镜初与其甥吴雁洲来,将雨旋去。遣赴亲友,待功儿还,携纨女舁至蓬海处,商农、二陈、佐卿、李、杨不相识。同坐。夜视陈妹,已将绝矣。因午间死而复苏,疑其尸蹶,尚有反复,匆匆还,至家骤风雨,梦缇云妹当亡矣。少寐,果得凶问。三十六年无善无恶,无可爱憎,亦近有道者。倦极,未得往临之,缺于亲谊。

十七日　晨雨不止

家中明日当祖奠,躬拟仪节,视扫除。过午,命功儿请接吾、子威、海侯、富春来执礼,彭妇为丧主。余出城部署,过临陈妹,适以晡时敛,与纨女临视之,含时观其面色未改,但体软不胜举为异,未加盖。驰出城,至仲章殡所。城中客有李勺庭、朱文通、郭四郎、黄郎均至,余到迟,唯及接黄郎耳。夜月当门,念今年月月月佳,殊为罕事,岂愁人见月常多耶?王船山痛恨夜明,盖为此也。

蜀中祟、纲已去,可为欣幸。王莲塘得成绵,督部可谓有权。

十八日　晴,甚热

晨起,久待城中人不至。海侯先来,坐久之,子威、接吾、富春来。孙涵若、彭畯五、黄郎妇黄之弟。莲弟均来。午始束载登舟行,从城傍东去,望城感怆,欲作挽歌未能也。到舟闻哭声哀欢,梦缇率妇彭、孙女少春及玿、帉、滋、茙并先在,余率舆、懿两儿,功儿奉重车登舟,三弟后来,坐至申正步还城。《杂记》曰:“为妻,母在不杖。”

十九日 晴热，絺衣

陈妹成服，午往赴之，兼令帉、茙往，纨虽同行，未知礼也。考订虞礼，未暇他事。张金翁来，言已得盐利，众失其业，甚为可喜。

廿日 晴热

虞礼粗明，率珰、帉试肄之，得经中遗略者数处，而祝卒，卒词称孝孙、用尹祭，竟不知其为他词为祔正词也。姑以他如馈食，决祔之不如馈食。盖报虞者相距时久，故祔宜用牲，虞祔相连者则虞用三牲，卒哭荐及祔用二脯，或亦可通。

廿一日 丙子，芒种。晴热

昨夜竟不可被，蚊复相扰，大似伏日。翻《礼记》，所不记者甚少，默念之，以为至多，由少时不精熟之故。帉女曾见行礼，此次便似有把握，礼不可空言也。

廿二日 晴热

晨出南门渡湖，五里复渡瓦官水，即所谓靳家河也。二十里九公庙。从栀涧至稠泉，道中逢暴雨，衣被尽湿。问桐坤，翻山曲行，酉初至仲章卜地。桐生、叔止、张松甫均先在，皆为我助葬，余反为客，殊不安也。宿蔡佃张三家，蚊伤肌肤，一夜无眠，夜雨。

廿三日 晨雨

饭后至茔地，坐待丧至，卧草中片时，少清醒。尹和伯来，主葬者也。外舅、与循继至，见与循丧容累累，为之出涕。未正柩至，振五子、葆臣与功步送。设食张佃家，待舁夫凡十二桌，近百人，可谓大举。和伯定戌时下窆，寒风蒙雨，久劳尊长。窆后其母及其妇、女均从外舅还，宿外家。蔡满兄亦来助葬，与张松兄俱暮去。余送宾毕，还宿佃家，舆儿送灵先还船，懿儿从母，功儿从余，留龙八宿茔旁。夜雨不绝。

廿四日　　雨终朝

欲还省城,度不可至,改道从姜畲船还,过外舅家未入,询知梦缇尚未行。余冒雨先上船,课舆儿温《杂记》一篇。乾元弟、二族子来白事,言祠中公费稍足。余勉劳之。戌初梦缇率彭妇、春孙、懿儿至,雨犹未止。顷之解缆,至连口已昏黑,乃泊。夜雨不绝。

廿五日　　雨,至未乃止

已至平塘矣。酉初到城,余率春孙迎灵先还,家人班待,梦缇至,即位反哭。非女自言病甚,神色犹旺。登楼看前年日记,乃知桐坤曾道过,不意遂为嬴博之地,为之怃然。

廿六日　　晨大雾,朝食时晴

将虞,谢客未见。发贴请左锡九、曹价藩、胡子威、段海侯、成赞君、陈富春、欧阳接吾、孙涵若、黄望之赞助行礼。价藩来,门者未达,误辞之。锡九来,又得入,言曾沅浦署广督,勉吾、凌问樵欣欣矣。易郎实甫来,未得入,遣招之来谈。先送行卷来,亦有经说,知时尚所趋,转移为最捷也。得蜀书数函,未拆封,还之。

廿七日　　晴

郭健郎还,言院生稍有变易,乃至除岳生嗣仪兄弟名,此伐檀削迹之意也,肯夫其昏庸乎?考牲体不知肫为何骨。《说文》云:“面頯也。”《礼经》“肫”或作“膊”。《说文》:“膊,切肉。”则非骨体。而《礼经》“臑”、“肫”、“骼”相次,则字当为膊,盖今古文异说耳。得蜀书,皆欲我为冯妇。

廿八日　　晴

始行。仲章虞祭,以功儿未还,摄为主人。接吾已归,健安代之,日过中乃行礼。段仪稍生疏,未能合节,然亦整齐无谬。锡、介先去,黄郎亦告行,与涵若诸君铺食,未正散。余佐卿来。陈梅生来,告二妹葬期近在明日,今夜当往送奠。因命两女先往,余与佐卿步出,至塘弯,方将祖奠,坐待时许,行礼毕,步还。浏阳送课卷来。

廿九日 晴热

晨步至报慈寺,待陈妹丧辇至而行,未设绋,步从而送之。出西门,道湿天暑,度不能步,又无舁随,解衣挈冠独还,汗湿甚困。晚钞经一叶。得蜀中诸生书。肯夫所作,未为昏愦,信偏词之难察。但知州来,云以工部主事分蜀用者。

卅日 阴晴

再虞,早于初虞。锡九猝有弟丧,涵若亦未至,富春方交替,客来者六人,礼稍娴习,又以不习声语,帉女反有颠到,知无误殊不易也。汗出如雨,晡散。彭克郎来送百金,余所假,以备非女不虞者也。月生来,言陈妹夫妹寻闹。顷之,其夫妹来诉予。予云:“姑舅情亲同耳。舅答甥,姑不宜问;姑答甥,舅何豫焉?”陈妹生母方哀伤,亦不责以情也。夜过吊锡九。六弟来。

五 月

丙戌朔

六弟言欲假贷往甘肃,似甚无聊者,心境方恶,不欲应之,朝食毕而去。日中三虞,八客皆至,献毕而饯,甚总总伤感人。诸客皆去,唯子威留待考祔礼,已而亦不能待。今日天气寒热不时,绨绵屡易。晚考祔礼不得,略以意定之。本待功儿还,为主人,今三虞皆躬执事。舆儿亦稍知仪,诸女皆能不失位,尚有教泽。夜雨。

二日 阴

晨起陈设书主,子威、健安、赞君、望之先后来,待价藩至,饭后行祔礼,有疑于他日练祥:主既入祖庙,何由不及祖?主若返寝,又何以祔?岂若丧之朝乎?朝及二庙,则亦宜及五庙,祔唯及祖,又非其比,姑以荐礼仿飨礼行之,新主若介侑,终未甚安也。午后客散,功儿还。将出谢客。半山言宜稍休,乃罢。

三日　晴阴

晨出谢价藩,朝食后舁出谢香孙、涵若、李勺庭仲云季弟、禹门、翁望之、健安、子威、赞君、海侯,至粮署谢富春,因见子云、芝岑,过访陈三立伯严、佐卿、镜初、但子荧。望之父子寿絜谈,但处遇孙兆桐字叔梧,余处遇涂次蘅,遂尽一日。晚遇雨,过小云。

四日　雨,午止

黄仁黼、左致和来。价藩要至曾祠,陪其同官陈泗城、蒋阳朔、龙平乐、徐梧州之族子、云某,申饮,济生后至,遂至戌散。过笠僧夜谈。蒋言阳朔令吴县王亦曾疲于津梁,改教官归。张振轩欲留之,批其牍云:"千里莼羹,一盘苜蓿,虽从高志,各有愧颜"云云。此人近知耻也。钞《下牢》下篇毕,始钞《特牲》一叶。

五日节

无恳蒲角黍之事,唯听小儿女一游贾祠,余亦往赴芝岑荐屈之会。竟无宾客,具幕友李小园、徐子云及二陈教官在耳,主人甚不适,会又不得遽散,将暮粥罢,与云春、丹阶步出。因与丹阶同至镜初处,谈《远游》,得其所刻丹书而还。镜初故薄筠仙,樾岑以其厚我为可交。今年筠仙附和国荃,镜乃以为主谋,且恨我不知人,余虽惭之而未然其说也。筠仙俗人中可语者耳,何可以度外责之,乃坐以争名利,近深文矣。然如此亦颇有悟于世态。

六日　晴。辛卯,夏至

昨访得能祝由者,遣功儿迎致之,使治非女。晨起晏食,将出,惮暑而止。今年奇热而多好月，皆异常时，心殊懊恼不聊。夜与功儿闲话，功忽中恶，仆楼上，几至破额，又令人惊怖。

七日 晴热

钞经一叶，考西堂夹室说颇圆。前误以为箱房，不知有阶不容有二夹室，妨阶正地也。葛玉以盗帘遣去，萧桂亦不自安，求去，可谓二桃杀三士者，人情叵测，为之怅然。蒋云兴[①]名大圭来访。

八日 阴凉

始有生意。非女神稍爽，然已变泄证，殆必不起矣。出答访蒋云轩，因过霖生、瓮叟、子茂、金刚、青萸、昀谷。傅处遇杨小沅，晚号乐亭，向庄心龛言余作留别诗，诋讪蜀官士者也。狭路相逢，心中匿笑，彼昏不知，乃恭其貌。邹咨翁来谈。

九日 雨

至午晴凉，甚可读书，乃心中殊不静，生平境遇以今为最恶。俗说年大将军守杭门，千总不下马，知已算尽。余见诋于沅浦，亦机之兆耶？丧病相寻，于理当不乐，然君子不忧不惧，余颇惧矣。

黄仁济肇怀自常德局来。午携顺孙及小儿女游浩园，答访咨翁，还遇黄笏堂于途，要归泛谈。钞《礼》一叶，黄兆怀来见。

十日 阴晴，不热

朝食后往左家陪吊，与笠西儿颖生谈最多，又见笠弟淦吾及□镜湖，坐至未时还。天成亨来送银票，商人骄惯，居然平交，以后不宜接之。陈芳畹来辞行。钞《礼》一叶。今日滋女生日，儿女放学。

十一日 晴

非女四日不食，犹有精明，意思闲定，真吾女也。钞《礼》一叶。

---

① 即蒋云轩。

陈伯严、罗锡章来。得戴道生、张文心书。文心觅馆师能奏记者,适无人可往,以其求不乡试之人,所识皆乡试之人也。

夜立门口看街,笛仙来,延入谈礼。笛意以为庙有主在奥,又云祔就祖庙,可不祭祖,亦可练祥皆祔。

十二日　晴热,尚有风,不至暑蒸也

非女病革,忧之煎心。陈伯严来谈文。彭克郎及张生来。

十三日　稍凉

先祖考忌日,素食。尹和伯来,谈地理,以新为仲章卜葬,故见之。令帉女作蜀书,已亦发翰仙、绪钦、监院及稚公书四函,交但少村子子萸带去。黄次陶兄弟招饮,为求保举也。已累约屡辞,不可再绝,暮赴之。所请曾门客二人皆不至,改约陈亦珊、俞景初,子夜散,步月还。杨知县来。钞经一叶。

十四日　阴凉

云、贵考官无相识者,内一张英林,云曾诏入侍读,辞疾不赴,后有王庆祺一事,众颇许为知进[①]。非女病苦,避出行国,伥伥无所往,至郭养云屋,答访杨尹,便过文心处,谈盐务而还,终夜不寐。

十五日　阴凉

非女尚未死,疑其可活,复为之求巫医。有一巫方为沅浦诵经,无他技,未招也。请价藩诊之,因先访价藩。过筠仙,遇杨玉科在坐,不入而还。怅惘无聊,复过香孙,晚回,遇价藩于门,云脉已绝矣。甚为攘攘,已而昏卧。至丑初往视非女,与谈数句,劝以释冤亲,割痴恋。酬答甚有所信受,自云尚非其时。余复还假寐,一夜风雨凄凉,颇似感应衰飒之象,言灾祥者殆以此耶?

---

① “进”下疑当有“退”字。

十六日 辛丑

寅初，非女病终，年二十九，尚未壮也。其学术一无所成，唯篆字冠一时，又无正写经碑可刻传者，欲令其为仲章书碑，遂不能举笔。其疾时，梦余摄其魂，连书"原"字无数，告余，不得其兆，意亦转世幻化之无聊者矣。晚间思之，乃九原之兆也。其绝时，云二弟来迎，则相从九原明矣。死于余家，故云余招其魂也。余无福，不能芘儿女，儿女又各不碌碌，宜其夭也。梦缇迎怀庭从嫂来视敛。遣信召邓生子石来，议成服与否，及赴闻邓亲处。黼堂来，以其新盲，延入坐谈。佐卿晚来，亦稍谈。

十七日

子初，非女小敛，女仆无能迁尸者，余与三弟、功儿、映梅族孙四人，衣冠共举之。目未瞑，念其了生死非有憾者，盖以疾不能合睫耳。亲为塞柩内，使实敛服十九称，近世俗无此厚送也。其嫂、妹各襚一被，凡九衾。丑正毕，乃盖，设奠。稍寐甚倦，遂至卯正乃起。左锡九父子来吊，女宾来者四人。邓鸣之来。

十八日 晴凉

四母来临娥丧。彭鼎三、郭健郎来，未见。徐子云、陈富春来入吊。陈伯严来，见之。梦缇疾发，竟日未食。与书赵扮叔索叔绩遗稿、书版。钞经一叶。

十九日 阴热

朝食后，邓生遣告今日为非女成服。午后鸣之同来，黄氏二子、罗幼官同至。彭克郎、龙验郎、杨蓬海来吊。张文心来，未入。杨玉科再来，辞之。钞经一叶。酉初邓氏设奠，余未出，戌正大雨。

廿日 阴雨

夏粮储来吊。闻接吾来，往谢之，未遇。接吾旋来坐，至暮去。

午后八牛来,以俗忌有殡产子,于主人大不利,欲令邓氏赁宅迁殡去。唐氏以为穷外公欲侵渔之也,形色仓皇,坐一时许,尚辞以不能久坐,人情顽愚如此。余绝口不言丧事,或可以释之。夜钞《特牲篇》毕。诸女当复入学,明日起课。

廿一日　雨阴

正理书课,外舅来,多言邹咨翁事。又言非女当迁殡,余漫应焉。命功儿告邓氏,拟二十四日发引。余佐卿来,言刘荫渠陛见,江督恐不久,朝廷疑不复用湘人。沅浦病良已,将起程矣。夜至九如客寓省外舅,谈至二更还。半山将娩,余久宿于外,不视听家事,任其自支持也。

廿二日

寅初,半山遣婢来问时刻,未言已娩身也。已而闻儿啼,罗媪语茙女云妹也,乃知复生女。起视寝门方阖,家人唯次妇未睡,褰回未敢往,余令其趋视。黄孙介夫来,言出殡事,余云已过产期,不必避忌,且待邓郎来。佐卿、傅青馀来。

廿三日　晨雨骤寒

呼匠改楼门。看浏阳课卷毕,几一月始阅三十五本,虽中废置,然实不能多点,盖题多文少,极闷人也。草草评骘,如释重负。

廿四日　晴阴

小女三朝,以俗忌未出见也。长沙塞城隍,钲鼓连午不绝,儿女辈以新丧均不出,独携懿儿闲步又一村,遇塞神者,避坐玄帝宫。一王姓云在汪伟斋处曾相见,强聒而语,又以胡饼与懿。几两时许,甚困倦,从人丛随行香者步出村口,乃得归。卧楼上一时许。

文心来谈。夕食真夕矣。钞《周官》一叶,补去年未毕工,亦以虞礼当详考,故缓之。为陈三立兄弟写字各一张,其从兄字耘恕。

邓鸣之为非女作小传,送稿来。

廿五日　阴

钞《周官》一叶。买永州锡碗送丁女添箱,将近银一两,而得一碗,可谓至贵,然比之细磁犹贱也。得弥之书。

廿六日　阴,凉甚

朝食后过佐卿,将访接吾,遇蓬海于途,云宜急还,前塞神者塞途,不得通。余以为理问街可过,至街口拥挤殊甚,还从府前出正街,绕出青石街,又与之遇,竟不知由何道转至也。还从东茅巷出多佛寺,乃达理问。接吾已出,过松生不遇,乃还。钞经二叶。小云亲家来,云昨见余神色暗损,来相慰耳。

廿七日　阴晴

锡九来。钞经一叶,考五齐,似稍免支绁。

廿八日　晴

燠甚,不适。翻旧日记十馀本,无甚可存者。富春、接吾、王仲霖、佐卿、松生来。廖僮自蜀归,得严生雁峰书。

廿九日　晴,有雨

钞《周官》一叶。暮过瞿家,唁子瑞、子玖,乃于丧次公见,子纯亦在,俯伏久之,因请其起谈,复坐久之,略及京朝事。晚归甚不适,早睡。

家人依俗,逢七日为亡女一烧纸,初未告,余出见火光,问乃知之。因极言壅蔽之难去,家教之不行,余极力防矫而犹如此,甚不可解。大要不为人所信,必己不足见信也,何如而后能使人信?修之三十年而不行于妻子,乃自以为能治人,谬矣。

六　月

乙卯朔

疾未加剧，而亦未减，朝食不欲出，闻功儿为具鳙鱼，勉为一饭。得和合书，报帽顶之丧。帽顶自署提督后，志气益衰，去年已讶之，今乃知其禄尽也。莫总兵三年前已神游墟墓，而令复署提督，则不知其故。钞《周官》一叶。

暮过松生，论中国当变法。余云近少荃亦持此说，究之变法当自何处下手。松生欲复古官邑之制，分今县而小之，使土著为吏，政事皆听自治，朝廷但总商、兵二政耳。余以为此亦章程之说也。孔子曰文、武之政，人亡则息，此正破章程之要言。有治人无治法，余以为不必变。闻张孝达勒令王定安乞退。此举差有益于吏治。陈处遇丁子开。

二日　晴

未大愈，卧外厅半日。钞《周官》一叶。城中作龙神会，迎神出游，前有鬼判，悉仿城隍神，可谓不善学者。子寿暮来吊，遇大雨，久谈。筠仙午前来谈夷务。

三日　晴湿

为非女柩加漆，升棺轻举，似有肸蠁。笛仙来吊，言墓讼事，必欲革去吴姓一生员，似不了了。余漫听漫应之。晴日凉风，楼坐竟日，钞《周官》二叶。说四圭有邸、两圭有邸皆石主之象。何君说主状正方，穿中央达四方，所谓四圭。今主两合，所谓两圭。邓鸣之来。

四日　晴风，午后凉

钞《周官》一叶。始沐浴入寝室及侧室视女。络纬始鸣。张雨珊自历城还，来谈。

五日 晴凉

钞《周官》一叶。午后佐卿来。出谢客，至文心、接吾、蓬海、子寿、黄介福、济生六家，已暮，雨至遂还。

六日 庚申，初伏。蒙雨甚凉

朝食后出诣黼堂不遇，至健郎、粮道、筠仙三处，久谈而还。唐八牛似在家而辞客，盖富人惮衣冠耳。钞经一叶。讲书颇久，欲倦，夜食瓜早睡。

七日 晨凉

起，胡子夷自秦陇还，与其弟子正同来谈，至未去。钞经一叶。雨湿，待申欲出，偶阅《汉书》遂至移晷。过锡九，要与同过笛仙，锡以有隙不肯往，独过笛仙谈，至夜还。

八日 晴，稍热

钞经一叶。朝食后至瞿家吊，因留陪客。至午，客来殊少，同陪客者潘子珍、王雁峰、陈葵心、凌问樵、欧接吾、傅青馀，稍稍散去。余与青馀同出，独至粮署，芝岑招陪宁都彭小川知县、丁百川、陈丹皆便酌，子筠出陪，至亥散。客未至时，过李小园斋中谈。

九日 晴热

钞经一叶。林小霞来，穷困可怜，貌亦憔悴。问计于我，殊无以策之。

十日 雨

钞经一叶。午至瞿宅陪客，暮还。淦郎来，得弥之书，语多支牾，盖慎葸人多所顾虑，反授人以隙。

十一日 雨

晨至瞿宅陪客，午出答访丁百川，送韩勉吾。勉吾已行矣，从曾沅浦往广州。还,钞经一叶。

十二日　阴,午后晴

朝食后出小吴门,送春皆殡于汤领,还过佐卿谈,甚言张金刚之见恶沅浦,欲挤余以自进,又欲假余以自重,沅浦不能忍而失言于余,故后恨之尤力。金刚穷,乃走江南,加盐票以倾黄、饶,饶设大钱店,一倒百万,城中皆为震动云云。又问余军兴时事,眉飞色舞,闻所未闻。彼平日所得于曾、郭者殊异于此。

穿浩园见笠僧,寻松生不遇而归。钞经一叶。朋海来谈,亦言张金刚本末。驵侩小人,频劳齿颊,殊自悔门墙之不峻也。

十三日　阴晴

街石犹湿,不可步行,将出未果,多卧少事。程生商霖自浙还,午坐楼中谈,至酉,留饭乃去。言唐艺农近招摇,李幼眉不能廉洁,近改海塘工归委员办,又欲兴盐利云云。夜钞《周官》一叶。

十四日　晴

楼柱加油,移坐厅前。钞《周官》二叶。作书复萧屺山。夕凉,步访锡九,答访王仲霖,皆不遇。从东长街至织机巷,答访胡子夷,子威、子瑞均出,略谈经文,月出而还。甚热,解衣少愒又一村,亦无风露之凉。

十五日

晴热苦闷,思一闲写,欲约松生小集,适得来片招饮,因即复之。约会浩园,并招筠仙、朋海、杏生、佐卿、曾重伯、笠僧看月。筠仙不至,酒罢苦热,步还已过二更。家中更凉于园池,非好居华屋者所知也。

十六日　晴热。庚午,中伏日。

钞经一叶。晚间松生、重郎来,佐卿后至,谈及一时许。重伯先去，余与松、佐步月访筠仙不遇，复至浩园，二更还。

十七日　　晴，风凉

钞经半叶。约松生、刘馨翁、青馀、但少村、杏生、佐卿小集浩园，期以酉刻。午后陈宅来促办，本呼苏六来，而辞疾不至，彼欲作长沙清门，故恒避役，余前知之，而又忘之。酉初至松生处，同诣笠僧，觅童行使令，碍邹、陈两寓不得过，叩咨翁门而过，因访咨翁。坐顷之，刘馨翁投刺误通邹仆，幸余先在，要与至园，则少村先在。又从陈宅入，此园不可宴客，以无门也。杏、松、佐、青继至，坐楼下，饮亭中，风凉月暗，谈啖颇佳。客去，又过松生，与佐卿谈，三更还。松生云湖南省热至九十四度，今日九十一度。

十八日　　晴，风凉

晨得重郎书，借《书》、《礼笺》及少作诗，且报张力臣被杀。余初醒，为之忽忽不怡。严受庵子熙、俞鹤皋、陈俊臣子兆璜、王理安、文心先后来，竟日清谈。钞《周官》一叶。夜访子寿探张事。子寿半吞半吐，而力言张无死理。同步过黼堂谈，至二更还。

文心今日言继不即位为继，弑隐文与同，故褒仪父以起之，并先后皆为起兄弟让国。善能推发，五十而能治经，可谓好学也。今日得若愚兰州来书，云已被劾。辛苦七年，一无所成，妻死子失教，甚可哀闵。少村送新蟹、葛粉。

十九日　　晨凉

湓郎约尹和伯渡湘，为非女卜葬。黎明呼厨人起办饭，日旰不来，已至乃已食矣。功儿先饭同去，余乃饭。与半山言遣房妪去，半山意惜之。余告以礼不可留，女君无仆妇，因及前事。半山意窘，遂勃溪不听。女性难悟如此。余教久仍不行，亦不知其敝安在。

卞抚入城，往看之，则群官待见，正攘攘矣。还钞经一叶。说

"六舞",以为即六变之物,似可巧合。午风颇凉,教读又倦,睡半时许,因闭闷,乃起,复登楼理课。至松生宅,笠僧设馔,约借远镜测月,又用显微镜看蚊、蚁。月中正有一月,云是山空处,殆非也。殷竹伍来,云入城避嚣。

廿日　风凉,遂已成秋

多云,北风损禾,且生疾不宜也。王一梧扶母柩还,居其祠旁,与余正邻,不可不吊之。约松生、佐卿同去,久待不至,遣问,则佐卿以余言不必早去,故迟耳。比至,锡九来,余又待异夫久之,至午乃出,同过一梧。旋独异答访瓮叟、少村、竹伍,均不遇。过刘抚、朱典史,还,少惕。涂郎稚蘅要斋饭,门遇吴蓂阶,同入笠僧房,松生先在,涂督二友涂、萧后来。涂字舜臣,浏阳有名人也。萧字漱云,则未深询之。至戌散。钞经一叶。松生云镜初处有梵字往生咒,杨仁山能译之。夜凉,加绵被而寝。

廿一日　风凉,晴

晨坐楼上,闲看案上杂书,遂忘钞经。竹伍、鸣之、克郎来久坐。作一书寄文卿,亦竟未成也。午看罗研翁尺牍,又废教读。夕食逮暮,出访林小霞、黄亲家,遂夜矣。明日娥芳发引,淦郎请宾来设奠,余亦设饯荐之。其生其嫁其死皆在长沙,而居长沙不及五年,亦可异也。京报言事庞杂,如蜩如沸,殊非致平之象。

廿二日

寅刻起,以待引时仍卧。及辰初,客至,入斋内,乃惊而起。未及巳时,娥芳柩出,步送至街口而还。竟日扰扰。涂郎稚蘅来。锡九暮来。

廿三日　晴,稍热,早晚犹凉,竟秋矣

芝士子伯存穷困绝食,以书来告,不能大振之,此城居之敝也。

若在乡间，便可迎致同居，以观其行。左袁来，言厘局干薪事。此人无风义，余亦不以友妻待之，然实不可，既不能训导，而加以轻简，是重失礼也，后当敬焉。

文心来辞，往衡阳令任，云有知县见卞抚，言沅浦荐我于卞。为之一笑，此读《史记》不通，欲黥布我也。合之昨日涂郎言岘庄状，可以知今代贵官之情态，朝廷用此辈人，又安能忠良耶？细人得志，辄自以为能驾驭人，能荣辱人，此犹是细人之佼佼者，又可叹矣。

廿四日 晴

钞《周官》一叶。王祭酒母丧，与松、佐公送一轴。佐卿以疾，不肯题字，往视之，兼访文心及受庵子。

廿五日 己卯，立秋。早凉，不能纻衣，日午始热

松生、曾郎来。黄竹翁来送诗。钞《周官》一叶。朱雨恬来，言岳舲病甚。

廿六日 庚辰，三伏

林小霞来。重郎与李泽生后至。李生先去，重郎复登楼谈，余稍言士人不可谋利为商贾，古之人或有行劫取财者，如石崇是也，必不为商。筠仙殊不知此。欲以启其论，乃竟无说。验郎旋至，亦新为商者，则不可以此说告之，彼不惭则怒，反阻其善机矣。利义不明，老生之责，小子无述，父兄不先也。

晡后要竹翁、文心、尹和伯、松生、价藩便饭，本为和伯设，以文心将行，更不可迟耳。客殊不食，主人竟不饱，戌正散。大雨，夜转蒸热。

廿七日 晴，稍热

出吊逸梧，与松生同往，旋独舁访竹老、瓮叟，出城吊劳鹭卿丧，妻、长子均不在舟，陪客尽少年，多不相识者。入城雨至，已而见日。

杏生来吊仲章之丧,送挽联。余子振来求馆。

廿八日　晴热

楼上不可坐,竟日未事。罗抵敷来。接吾来催课卷。罗郎伯存来。钞《礼记笺》。

廿九日　晴热

子筠、十一弟、子寿、抵敷、赵芷生秀才来。看课卷十本。十一弟新病未差,神色殊恶,姑留住外厅。

晦日　晴热。

林秀才逊之来。看课卷十馀本,余无所事。劳郎启元来。

七　月

乙酉朔　晴热

看课卷毕,取一本叙刘水原委者。又一题《拟别赋》,系欧接吾所出,竟无一佳篇。《女子子服表》粗毕,凡二十例。暮过松生谈。劳生启柷来见。致老张书。

二日　晴热

竹伍、富春来。竟日避暑,放学停工。松生约谈,便饭。佐卿、曾仲郎、杏生父子同坐。重伯送诗来。

三日　晴热

昨日罗婴来,言四母病甚,当往看视,因戒舁夫早至,晨热殊不减。次青来,饭后乃出。过陈、林、劳,均不遇,至天成亨一谈。出城视淦郎,见其同寓万生。至城南书院访旧游,过汪镜青不入,至杏生处小坐。省四母,问病少减。将答访何公子臻祥,无帖,因至佐卿处写帖拜之,不入。访曾郎不遇,至上元徐同知钟英处一谈。还,热甚,复至白鹤山庄看丧榜,未夜还。

四日 阴

热始稍定,计六日炎炎,再加则困矣。

和曾郎诗:“伏阴徂六月,秋旸灼处暑。温温昼夜薰,郁郁城市聚。静坐几席炎,清谈巾扇举。林阴眄焦柯,兰池沃烝土。壒埃闭呼吸,山石干龃龉。蝉喝增烦声,鸡飞恼长距。释彼心所嚣,抗之高明宇。出尘想既旷,眺远观无籞。曾烟暝长沙,遥波动五渚。樊中竞暄浊,象外期凉湑。造境亮由人,因时岂违序。侍侧倘有豪,泠然列风栩。”

陈子元同知来。罗抵敷来。暮雨,夜喜得眠。珰女闻顺孙寐语,悸几失魄,恒子复发痧,一日数惊也。

五日 晴,大风将至复止,雨亦未暘,日中稍凉耳

非女从俗例,断七烧屋设奠,其女病不能往。同母兄弟皆不能往,遣莪、纨赴之。作《女子子服例表》成。正十日未钞经矣,非但暑闷,亦以来日方长,不欲速了笺注之事,与尼父加年学《易》,圣凡之异也。余子振来。夜过逸梧。

六日 晴

钞经一叶。夜与锡九过香孙。彭畯五来,谈半日,恐疟发,坚辞而去。瓮叟中风,将往视之,匆促未能也。

七日 晴

晨得简堂赴,云前日变证死矣。昨梦其异来,病犹未愈,一见遽云:“君已遣人往湖北耶?”余不测其意,已乃谈丁公入都事。计其死已三日,若果有灵,宜死日见梦;无灵,何以先知?盖吾心前知之,诚有发见者。余每能先悟一日事,盖以此也。题《铜官手援图》,记靖港战事,文颇慷慨。至简堂处,稍为料理丧事。荐郭见安与司笔札。

至晚乃归。过子久处,借铺垫与黎宅成服。

八日

晨起至黎宅陪客,贵客来者绝少。与次青、张笛帆谈颇久,极热,不得散,至暮乃归。青石桥大,小雨湿街,行甚匆匆也。孝达劾家鼎及葆芝岑,皆至遣戍。

九日

晨起课读。至午步过竹伍,衣冠至海翁处,吊其子孙。遇陈少卿,言丁公出洋事,疑张文心所言也。文心必不漏言,妄疑之耳。还仍过竹翁小坐。比至家,黎子遣人来请陪客。舁往,过瞿门,门口听伺者多人,知其有笑话,使问之。子玖遽遣要人,言其庶母将步出,禁之不可。余劝令至我家详论,而后处置。遂至黎宅,无事仍还。过蓬海,欲为陈宅借钱,不得。乃归,则瞿妾已至,譬论至夜乃去,不必处置也。月色甚明,倦甚早眠。

十日

晨至黎宅陪客,客三人,一首府何,一藩使庞,一廪生陈,皆不相识者。同陪客者三人,一总兵陈,一道员吴,一道员刘定甫,唯刘早至,与张铭、王绪两知县同饭,午后散。至瓮叟处,陪客一但、一陶、一周蝶园,汉俗成服礼繁,久不得罢。客来无多人,余遂归休。钞经半叶。喻外委自万县来见。绂子拓《巫山碑》至,自读一过,自以为佳。

十一日

比晴极热,但不见日光处则凉,此其异于六月者。钞经一叶。楼上不可坐,放学闲居。

十二日　晴热

功儿录遗入考棚,待至巳乃封门。张循陔、王益吾、曹价藩来。价藩辞行,往桂林从宦,云明日即发。筠仙送所作《湘阴图志》来,披览一过，气势奔迫，信足驱使烟墨，但不甚明晰，又少文采，《桂阳图经》之次也。

瓮叟挽联："人伦冠冕一灵光，八十年望重儒林，遗爱岂徒留永邵；海内群公半虚礼，卅二载官犹郡守，国风长是怨榛苓。"彭郎克斋来。

十三日 晴

极热，阴处不可避，六合为窑，无纤丝风。循旧例设供烧包，日中行事。彭润生孝廉、陈廪生晋生来。晡后出送价藩不遇，过陈海鹏，遇胡尚志，简傲有翠凤之风。接吾、仲霖暮来。夜步问松生疾，闻佐卿病甚。秋热方盛，还家早眠。

十四日 晴，风颇凉

朝食后点书毕，已过午矣。出问佐卿疾，不能见客，少坐，与其长子衡士谈，医方未敢定用何药。过张铭，言下抚多私而好自专，与两司无商量，已委两通判署县事矣。过受庵子寓，不遇。至子久处议其家事。过章骂娘家。答访周道生，从青石街绕皇仓花圃而还。钞经一叶。闻有梁生至，甚怒我不相见，不知何人也，遣问之。因步月过筠仙，不遇，夜寐中闻喧声极近，不知其何事，已乃悟为失火。登楼，正见东南方红焰不甚炽，还卧，复闻水车还声，知已息矣。

十五日 晴，风稍凉

王绪知县来字子文。梁岱云县丞来，昆甫、仲玉之弟也。云前年仲玉有书于我，未达而死。曾甥竹林自浙归，来久谈。晚热，步过竹伍看病，适已愈，出门矣。筠仙来，言水利。夜要锡九来谈李世忠事。世忠字良臣，免官后仍以伎妾自豪，缚笞武陵吴同知之弟于怀宁。裕抚劾之，诏斩以徇。吴弟近居西邻，未相见也。夜雨忽凉，遂成秋景。

十六日　晨大雨

遣看录遗案,功儿取录有名。昨问其写诗题误否,词语惝恍,究莫能明也。近来考试全如儿戏。陈生富春文亦速退,皆可怪异。淦郎来,留住外斋。钞经一叶。余子振来借钱。

十七日　晴

黼堂、竹伍来,久谈,几二时许。何湘楫来,请入,未得见,简堂女夫也。钞经一叶。夜听两女咏诗,有感京师淀园旧游,风月宛然,心境岑寂,叹逝观变,不逮隔尘。与两女讲唐诗数首。

十八日　雨,不凉

钞经二叶。守愚来。稷初暮来,论《诗》义亦有所得。珰女感疾,未讲书。

十九日　晴,复暑,晚仍服纻

朝食后出访理安。理安适来,与略谈,仍过荷池访李次青、刘郎诒棫不遇。探松、佐病,均久谈。佐卿直视,神色甚恶,后乃渐清醒,犹拳拳于曾沅浦,而亦叹惜筠仙之非君子。复至塘弯校经堂,访海侯。过彭祠,看畯五,还,夕食。暮访一梧不遇。至筠仙处,极言左季高非金刚之比,不可扬金刚而抑左伯。筠仙虽爱憎用事,未有以夺也。

二十日　晴热

畏日殊甚,不似少壮时,念当习之。因步出过研郎,询知芝生已归,出谈,筠仙至,复杂谈顷之。看畯五,未入。答访稷初。至火神祠看行香,一人下街倾跌,委炉于地,面色不怍,同行者亦匆匆各去,不知何向也。至学辕看牌,穿南门街,将诣刘布政,至门不入,道遇见郎。过黼寿久谈,至暮而还。晚饭后仍过一吾,竟日未静坐,亦不加热。得丁稚公书,鹿滋轩、王正孺并附书。

廿一日 晴热

仍出看畯五，其从子芝题，年十三，已诵七经，与谈文义粗了，较恒子天渊也。往李竹翁，极称仲章。初以为老人好誉，今乃知其相形见长耳。仍至火祠，无所见，小坐极热，乃还。彭子来省其姑，留宿吾室。

廿二日 晴热

稷初来，取《诗补笺》去。彼方有志于治《诗》，甚有新得，故欲相证也。李海涛来，视珰疾，帉亦喉痛，令视之。因与步过松生诊脉，至佐卿处，主方仍用桂枝汤。佐卿已四日不食，便溺皆血矣，不知桂枝汤可用否，姑主勿药。左郎、归生、罗县丞来。

廿三日 晴热

秋炎至此已极，楼上如火烘，树草不动，望而烦薰也。钞《周官》一叶。皾子自江宁还，夜来，余已睡矣，起谈近事，遂至鸡鸣，入侧室眠。闻洒雨数十大点，已而凄凄动溜，凉气殊不入帷，家人俱酣寝，无共听秋声者。写扇三柄。见郎、蓬海来。

廿四日 晴热稍退，楼上可坐

钞经一叶。与皾子谈淮川盐政。皾子云左季高语人："吾此官虽掷升官图亦不易得。"闻者皆以为俗，余独感焉。丈夫自致青云，而乃比于牧猪之戏，左侯之胸襟未尝自以为人材可知。独惜天下人斗盆钱，使左十三先得采去，再有能者，非别起一局，不能争胜，是可惜也。市中已有新桂，盆树尚初萌蕊。锡九夜来，谈香孙丑状，吾门墙不峻，乃有朱、张，后当绝之。一梧夜来谈经。

廿五日 晴凉

钞经一叶。王鹓脯、龙芝生来。若愚自哈密还，来见。万里十年之别，不见其妻，感悼愀然。夜过曾郎，谈立身处世势利进取之道,甚惜佐卿急于求助,初更还。

作陈妹挽联:“廿年荏弱久相依,每当万里还家,助搜囊箧,更支颐听话关山,委佩不重来,此后大雷悲断雁;一病淹缠成绝证,正与武冈爰侄,同怨炉锴,似相约先探净土,灵镫对双烬,那看短夜望明蟾。”

廿六日　晴热

䜣子、徐甥、李海涛、尹和伯、竹坞来,谈一日。与竹、和同访君豫,复同君豫至家。王仲令、欧接吾来。初更君豫去。钞经一叶。与帉女看唐诗。

廿七日　晴热

朝食后至瓮叟宅陪吊客,但少村、吴畇谷、劳凯臣在坐。客来者唯黄、郭、李香元、副将某、两县令先在,匆匆去矣。余与但、吴坐至未正乃散。过吊若愚。看佐卿疾,疾病便有垂危之意,此人外豪迈,内郁缠,故不清醒,不及仲章也。至傅青馀宅少坐,还已向暮。朵翁先相待,谈至时顷乃去。杏生来,先去。钞经一叶。帉女讲唐诗“落花朝”与“半下朝”“朝”字重押,若以为落花之朝晨,则句不成。

廿八日　晴凉,北风甚壮

钞经一叶。竹翁、君豫来,与同步过竹寓,复至彭祠看畯五,见石如新妇,略谈秦、陇事,云杨石泉入都,将辞官矣。蠢子闰生来,率一族兄之子也。易石甫兄弟来,久谈。

廿九日　晴凉

仲章忌日,以闻丧迟,未练祭,设殷奠而已。古以祭为吉礼,则忌日本不可练,今人误也。钞经一叶。午请前赞宾公食,成、欧、胡、段、黄、陈、郭同坐,唯段不至。饭罢,曾重郎来,饭一碗,饮五六杯,泛谈,语及子寿,不以长者待之。望郎愕然,余亦不安,示意令先去,重郎乃始皇然。此自《世说新语》中一段故事，子威、见郎当能记之。戌初客散。听畇女诵唐诗。

八　月

甲寅朔　晴

晨起钞经二叶。为滋女校《尔雅》篆文。令畇女篆《周官》，皆自今日起。同里梁、曾来。黎郎昨来，请约今日去，未暇往也。夕至松生处，遇何价藩，闻佐卿已死。往视之，见尸，念往还最密，宜哭，三号而出。

二日　晴

先祖考生日，设荐，因招诸甥会食。凡试前必有此一集，先代遗俗也。果臣孙芝仙来，因令与会。更招夏生、陈、梅生、李、杜生来。竹翁、林令、程雨苍同年、福世侯来。蠢子去。午后丁、孙、夏生、徐曾甥、邓甥来，余令两儿出陪饭。饭罢，二邓郎来。暮闻内哭声动户外，以为娥芳孤女死矣。步出至黎宅，佑郎以简堂自订年谱求作墓志、行状。余云二者不可出一手，宜令郭见安作状稿，余作志可也。还问艾孙，乃未绝，然已不乳矣。

三日　阴

竹翁送《考工弓制往来体说》来，以往体多为硬弓，来体多为口劲之弓，说与角与干权甚合。因悟天子之弓九合成规，非论往来体，郑注误也。复片问竹翁，令其定之。

常晴生、陈若愚、沈萓谱、吴称三、文雪琴、两胡、两易、曾郎相继来。将出，薄暮遂止。傅青馀来，言左、曾身名俱将败裂，黄、张殆不免祸，湘中真减兴矣。狐鼠微物，亦蠹大猷，每念使人不乐。夜早眠,觉时始四更,飒飒闻雨。

四日　雨

秋凉气润,正空山桂馨时,庭桂尚始萌胎,城居殊无意趣也。钞经一叶。午出答访世侯、雨苍、晴生、易郎、李先资、常福未晤。程、李处茶水恶劣,不可饮,从定王台还。忆贺蔗农、周老蘅以来,四十馀年城中变幻,咏庾子山《枯树序》云"风流儒雅,海内知名,事异时移",无端感慨。重郎来谈。吴少芝、蔡子庚来。吴拥肿,蔡油滑,殊令人不乐。古人厌世上仙,良有以也。暮访曾园,答周道生,赤脚灌园,饶有逸致,迫昏黑,未及叙谈而还。携恒子过锡九,闻其病困。今日诣姚笠云,尚不知余佐卿死,人命迅速,极为可叹。说《周礼》"隋衅",于朝事时增一毛炮豚,似甚新确。《诗》曰:"毛炮胾羹。"此谓鲁用天子礼祭太庙也。太祝谓之隋衅。《记》曰:"燔黍捭豚,可以致敬。"《礼》曰:"毛炮之豚,祭用太牢。"而重豚者,为朝事时反古复始,用明水燎膻芗也。其时牲未入,而后荐。燔炙谓炮豚也。许叔重曰:"隋,裂肉也。"并毛炮之,则裂见肉。萧合黍稷,则烟升而香,故谓之隋衅,衅即薰也,亦有裂之义焉。此独祭太庙有之。竹翁夜来,为监生求遗案,未有以应之。

五日　凉雨

朝食前命彭妇为仲章设奠,其生日也。因馀馔,约严、陈、易、邓、曾氏诸子来一饭。邓子早至,曾郎已往湘乡矣。严郎无相亲意,席间微讽之,彼年二十二,尚未达人情也。与易郎谈华才非成道之器,然其先不可少。东坡六十而犹弄聪明,故终无一成。佛家以敏悟为狂慧,圣人所以约礼。亥初客散。钞经一叶。

六日　雨

欲看主考入帘,阻不得去。钞经一叶。瑫女始复诵讲,五子迭进,课训少暇,然未暮皆毕工,中间犹写扇三柄。一岁已来,今日最勤,比十年前惰时犹不及,彼时学子少二人,故多闲耳。

七日 雨

钞经一叶。为吴称三、两易郎书扇册。逸吾、彭稷初、济生、刘春熙来。闻朵翁疾,往看之,遂久谈。遇雨,步至龙宅,与济芝、验郎谈,入其外斋,遂见烟具,可感也。大雨,借舁还。今年本当出送考,省轿钱,故不出,竟不得省,盖知计算无益。逸吾送《汉书补注》来,请校检,为阅两卷,无所发明。淦郎、蕺子均来宿,入场无须夜起,仍依常时。

八日

卯正起,与淦郎饭,步送往贡院。泥深没踝,无雨具,不得至门,稍伫而还。过孙涵若、成静斋。过筠仙门未启,到家少寐。功儿起朝食,邓氏幼孙病亟,促蕺子早去。又一时许复往贡院,尚未点湘潭,旗牌无准,人众杂沓,仍不得至门。待久之,闻功儿已入,乃还。钞经一叶。邓孙殇,诸女放学。得卢春林书,竟日阴雨。

九日 阴雨,颇寒

课读竟日,钞经一叶,移几席,增夜讲。逸吾来。

十日 阴晴,煊

朝食后闻炮号,知诸生已有出场者。顷之接吾来,言三题:"观过斯知仁矣";"《诗》曰'嘉乐'至'申之','君子'至'济之'";"赋得'山路秋晴松柏香'",正考颇不诡俗。

周熙炳来见,忘其面貌矣。得丁八郎、穆芝阁书。筠仙来,未见,以三子将出场,无暇对客也。功儿未暮出,淦郎初更、蕺子二更并出,文无出色处。暮诣小云接考,为富春定文。

十一日 阴晴

路始可步,携舆、懿、纨女至举场看点名,三时顷还。梦缇出城,为娥芳生日设奠。半山生日,不设汤饼,三弟犹有称贺之词,于礼宜敬谢之,余但唯唯否否,宋学派也。子玖、黼堂来,久谈。宾兴唐、郭、杨、徐四君来,言志事。出视松生病,见杏生文,似可命中。沅浦褫职,季高失势,湘人顿为笑柄。夜过逸吾谈,问属象,未得其出处。钞经一叶。

十二日　阴

周振琼云昆来,四川道台文格所奏调者,清秀不似诸周。果臣弟四子允卿来。鸣之疾愈来谈。黎婿、何湘楫、殷竹翁来。暮诣锡九,遇成其用、左凤三,又一少年,未闻姓名。

十三日　晴

城桂尽开,闲行甚适,惜故人亡散,无可往来者。至主场,见出者纷纷,还携茂女复往时已日侧,功儿未出。陈妹婿与三弟同来,先坐客坐,复与登楼,待功出饭罢,复至举场,则已暮矣。钞经一叶。

经题"黄帝、尧、舜垂衣裳而天下治"、"堕山乔岳允犹翕河"、"秋,小邾娄子来朝"、"枣曰新之"三句。书用伪古文"九夷八蛮"。杨文莹虽浙人而为陈理泰门生,不使知《尚书》有今古文,则湘人之陋也。钞经一叶,错误叠出,以无关义例,仍之。

十四日　晴

晨欲送考,以舁夫当还朝食,因待食毕而往。衣冠送考,人甚疏通,点毕湘潭即退。舁至三泰街,看朵翁,卧病久谈。答访周熙炳,遇胡茂生,如小巫见大巫,颇为惭沮,此等人当以刘愚敌之。至子玖处看京报,复有云南报销之奏。周瑞清、崔粮道俱审讯。孝达复奏裁公费。然五十步笑百步,仍取之陋规也。答访刘伯固,至宾兴堂会饮,夕步还。

十五日　晴

夜月澄明,惜无暇赏。钞经一叶。梁丞来。

十六日 晴热

晨未起，淦郎已出场，见五策问，犹是康、雍以前人语。若愚来接考。功儿出后于韺子时许。过松生少谈。常晴生及其兄子来，已夕食矣。家人斗牌。

十七日 晴热

舁出答访周道台，便过一梧、笛仙、朵翁、竹老、若愚、黼堂还。县学四廪生来。杨千总子送食物润笔，明当设客，全受之。夜早眠，欲候东方孛星，未午夜，阴云将雨，遂不得见。

十八日 雨

晨荐祖妣午食毕。约晴生、鸣之、孙涵若、陈梅生、彭稷初、常寄鸿会食，稷初始来为客。沈生来送文，坐间多言雪琴查办左督事。余闻其归罪二幕客，褫其衣衿，甚不韪之。客皆着钉鞋而去。梅生文气甚壮，似是夺标手。

十九日 晴

暴疾困卧。得弥之书，迎娥芳柩还武冈。看京钞提学名单，无甚知名者，然少愈于前届。夜登楼看彗星，诸女并兴。

廿日 晴

疾少愈。朵翁移寓东邻，往视其病，泛淡而还。外间盛传次青、俊臣、笏仙子皆以改字被帖出。朵翁为李子讳，亦甚无谓，乃其诋季高不知子恶，则又何苛也。夜遣人觅韺子来，劝其还家，彼与蔡侄均以撞骗得财，为雪琴所劾，外论甚快心也。陈郎兆璜葵。来告行。

廿一日 晴

疾未全愈，试起登楼，作俊臣寿序。殷少乔、王君豫来。留君豫久谈，彼见李黼堂《耆献录》目，以为可签驳百馀条，即取与之。观其义例，余泛览一过，不知可驳者何在。

廿二日　晴

䜣子去。杨六十来，三十年前旧邻农也，留住外斋，礼之如上客。夜讲《表记》，甚无心得，其载圣言亦纡复，盖词不达意耳。午过松生，问俊臣罢官信所从来。彼尚未有闻，复与片询晴生。

廿三日　晴热

晴生来，留饭，见余咳甚，以为衰。谈论之间，有斥鷃大鹏之志，久居乡里为善人故也。登楼作佐卿哀辞，于地望茫然，下出书厅，正见陆恒斋，因与坐谈。顷之，涂郎、君豫、易两郎同至。涂、王、陆多言佐卿之短，虽死亦不恕之。询功儿，功亦切恨于佐。少年但知快一时，竟无爱才好胜之心，吁可叹也。彼皆以余为喜谄耳，所谓夫子未出于正之一端。

薄暮蓬海来，言湘阴人心深，潭人少夸，然尚可交也。左季高父子败于张力臣父子，其智数信不如。朝旨已发钞，彭雪琴奏革王、蔡两生，原折未见，谕中但有王、张耳。简堂照巡抚赐恤，宣付史馆立传。夜作余诔成。明日仲章练祭，家人濯摡扫除堂寝。俊臣文泛滥无归，当重作之。

廿四日　晴

家人办祭，巳正行事，功儿哭仍哀，礼成始食，已午正矣。祭前锡九、朵翁来，余皆见之，以不莅事故也。午招王、瞿、龙三翰林饮，黼堂为客，若愚作陪，适三弟来与练祭，因留之。一梧辞不来，黼堂早至，长谈，言幼丹抚江西时，焚天主堂，皆其指踪。其后因毛鸿宾畏祸求媚，以败全局，郭意臣之谋也。至亥乃散。十一弟来。

廿五日　晴

庭桂始花三四球，香胜外间全树。作余佐卿诔文。子云、松生来。见郎来，言筠仙发背，惊往看之。道遇任雨田，同步至筠处，则无所苦。此公余已疏之不往矣,乃以讹言而往。遇锡九久谈而还。舆儿始讲《左传》。

廿六日

非女百日,家人往设奠。子玖来,诉其庶母横暴,欲请诸老往训责之。瞿婴亦来,诉三子拘束之过。是非纷纭,家中亦异议。钞经一叶。讲《表记》,头绪殊杂,而字句贯串,盖属文未工。其所言"子言之"、"子曰",亦疑非孔子。

廿七日 雨

命功儿陪王君豫、仲霖、胡子正、龙研仙、段海侯午饭。皆因奠馀延宾,但非来执礼者,以仪节难谐,故但召客示有事而已。戌正客散。子寿来,谈考取优生免贡事,云其子可得,不言他事。书扇六柄。

廿八日 雨

余佐卿家奠,晨往陪客,未正出。至瞿宅,会陈葵心、余鹤皋、傅青馀、彭朵翁、二唐、六瞿,劝戒瞿妾,立约而散,殊劳口舌,无旦夕之效也。瞿宅设食,因留待散,至亥乃还。

廿九日 雨

晨起朝食后复至余宅,坐一日,来客殊少。待至戌初,余具四俎二敦,设奠而还。日中与章伯和谈台湾事甚久。

晦日 晴

朝食后往送佐卿,已反哭矣,不及事,故不入。钞经二叶。刘春禧来。夏生得优贡,遣来报。吾县赵生亦得贡。暮诣荷池锡九。

九　月

甲申朔 晴

钞《周官》一叶。夏生来。午过曾祠,筠仙为禁烟会,要入听讲。

同会熊鹤、傅青、李次、郭意、黄寿、左长卿、彭稷初、朱文通,未初列坐东厅,筠仙首自责,言行盐可耻,张自牧请票,未可深责云云,因发明商贾可与士大夫并重之义。余欲驳议,以众坐谦让未发。适次青问四川禁烟否,因盛推学校为风化始,及乡举必得人,在下亦当推贤之意。左长卿似不解其语,乃更推比邻考察为本原,援道入法,仍儒生之常谈耳。熊翁老饿不支,因起而散。诸君南向晴澜舫,余北至松生宅,与尤雅斋侯官人、章伯和、李叔和、刘伯因、三陈兄弟同坐,至酉散。

二日　晴

课读无暇,钞经一叶。王一梧、莲生、蓬海暮来。朵翁来,言前数年佶子书抵易海青及纠众打教官事,确凿可据,余殊不闻外论如此。恒子读《左传》"涧溪沼沚"数句,豫用《诗经》字面,乃后出题,古今无此文法。又卫庄公娶齐东宫之妹,亦无此书法,近戏剧也。向来未思及此。

三日　晴

寅正起,看彗星光芒长可半匹练,较前稍狭耳。诸女并起登楼,久之仍眠。卯正复起钞经,书怀庭挽诗。朵翁、易郎、何棠生、王种霖、子久、稷初、梁三耶来相继,中携懿、茂、纨至又一村看箭。彭运生孝廉来,言黎宅受吊事。陈伯涛来,以未与优贡,颜色憔悴,余得句云"楚士多怨色"。子明来。夜凉。

四日　晴

晨起过朵翁,送稷初行。黄小云亲家来,未晤,升堂裘回而去。钞经一叶。将出值雨。瞿子瑞、陈杏生来。夜作书与连希白。小倦假寐,起复登楼,欲书与雨苍,甫书其字,镫灭,疑不祥,遂止。夜星。

五日　晴

钞经二叶。陈生来。午出答访章伯和、周丰歧〔岐〕,过子威,校经堂晤海侯，遇林绶臣，同至若愚家小坐，过黎宅而还，已暮矣。夜钞经一叶，《春官》毕。自去秋至今正一年，裁得百十五叶，以日计之，仅每日半叶耳，差愈于全旷日者，中间别钞《礼经》三篇，犹未计也。四更起看彗星。

六日 阴，有雨

帉生日，放学。吴熙、阎希范、丁孙、段海侯来。书扇一柄。张子莲来，冒冒失失，语言无章，甚悔出见之。

七日 晴

稍课点读，馀无所为。以梦缇生日在近，午后俱散假。罗婴来，追念二妹，复为不乐，夜始复寝。

八日 阴

衣冠与家人俱集正堂，梦缇以母丧辞贺，遂罢。

桂阳何岳立衡峰来，言《觉思编》，因极论老辈，唯加敬于酬接耳，若学问并无前后辈。圣人，我师也，伏羲至孔子无尊卑而皆师之，馀则友之，然则伊尹、召公亦我同学，如此乃能读古人书。

九日 阴

黼堂来，方教诘妇女，啼哭纷纭，未能对客也。午后少闲，出听榜。至贡院，众多目之，似皆相识者，又携懿儿、顺孙，恐暮乃还。至二更报毕，令功儿往看榜，顷之还。梅生为解首，衡阳陈、夏两生、俊臣叔子、浏阳刘生皆中式，差如人意。唯唐寿官第二，寿官，积德之假子也。骇人听闻耳。

十日 雨

刘、陈、夏均来谢谒。稍理教课，未及馀事。

十一日 阴

夏生兄字平轩者来，言治经之可贵，诸文词无能胜之者，湖南近皆知之。邓鸣之来,云娥芳柩将归矣。大风作秋深景色,步出将访黼堂,至门欲雨而还。过松生小坐还。

甚饥,将食,竹伍来,言九合三合弓往来体作图,未甚可通。凡弓强弱自天子至士皆有所宜用。至于九合至三合,则以爵不以力,未知所以殊也。

曾郎来,言余所作《湖亭诗》尚有不尽纯者,颇中利病。因思"僧雏"字,改作"僧童"则可矣,而"词客"二字无以易之。十月三日夜五更改"词"字为"酒"。

十二日　阴

晨起,为王祭酒改定《汉书兒宽传注》,自送往,不遇,因至抚院看榜。为武陵陈锐伯涛点定新诗。介石来。

十三日　阴

看功儿书寿、挽联。曾郎及李卯生、欧阳舸翁来,久谈。课读粗毕。畯五来。夜过曾介石,遇何价藩,同留饮,遣招易郎不至,陈、李、王生俱集,戌散。稷初复来,盛谈力臣。

十四日　阴

书屏四幅。墨斗未盖,恐染尘,自持将登楼,殷拔贡来,出见之,遂失此斗,近妖异也。其绵苴卅年,一旦遽失,令人惘惘,江雨田之子文彬来。

十五日　晨微雨,竟日阴

出贺董子寿生母生日,便诣蓬海,贺程雨苍,遇竹伍还。徐定生、郭见郎来。定生言无可采,意以左相为非,而不能忘左相。陈生来,请改朱卷,兼为夏、刘改阅三篇,未执笔,辄有事而罢。彭妇还母家。易郎夜来谈。

十六日　阴竟日

改文。何湘楫、徐甥来,留徐甥食菌。书扇一柄。黄星查同年来。曾郎、陈伯涛均赋诗见示，意在索和。伯涛前问作长篇法，故欲作长篇示之。许仙屏备兵河北，辛眉复得贤主人也。洪右臣劾王夔，邓承修纵之，王任职如故。夜率三小儿女至陈妹新宅。

十七日 阴

晨赴黎宅陪吊，无客至，坐谈竟日，唯支宾四五人耳。得蜀仆书，送科场题，贤于湘使。

十八日

竹翁、李卯生、何衡峰、见郎、黼堂、程颂芳来。蓬海、香孙、曾省吾暮来。竟日欲作一事不得，殊多闷倦。夜始登楼，讲书毕，欲改《竹闲道人行述》，已罢极矣。邓郎来告行。

十九日 晴

解元陈梅生来，意气甚盛，留早饭。余先出至黎宅，吊客寥寥，与次青、阎相文、刘培元少坐，出贺刘前抚两孙中式之喜。门遇俞伯钧，此人渐欲出见，无处不相逢也。欲答访龚、黄、陈、阎，舁夫由别道，遂还。黄子寿驳余乡举议，云同党攻击，外人讪笑，皆可畏。次青云黄每论一事必先作态，可厌，余匿笑而已。要之财虚而气盈，亦是衰机。午间恒子与其四姊斗，其二姊不顾。锡九遣邀，会香孙议医方。

廿日

晨设荐曾祖及先妣，皆生日。浏阳陈长櫺字缦秋新中式，来见。竟日课读，钞经二叶。劳生启祝来。

廿一日 骤寒

书屏对。逸梧来。殷拔贡闯入，儳言久之不去，余径入。得陈佗怨书，以五十两之未得也。此人神似陈芳晚，芳晚犹为近理。午出贺陈兰生、徐保生，皆新中式者。送鸣之，答访汤柄玑、夏粮储，遇一新举人，字亶臣，不知其姓也。还至曾祠，刘生设饮，接吾为宾。

余初以其父出名,故不宜辞,比至陪客皆不来,遣招陈长橿,宾主四人,至戌散。微雨,著两小毛衣不觉其热。夜钞经一叶。

廿二日　雨

谢客,粗理笔墨事,子久、梁三径入。杏生、罗从九又来索禀稿,恨爵位之不崇,故有此无聊之酬应。笠沙弥又催改诗,为阅一过。借金刚《无题》诗一读,亦愿和焉,而夜寒侵人,亥初还室。

廿三日　晴

娥芳柩下船,家人倾宅往送之,余未往也。逝者达人,必不依柩为去来,初欲相留,念多同异之论,付之旷寄而已。

钞经二叶。申过筠仙,同王石丞、但少村、邓双坡、青馀、芝生集食熊掌,馀无异馔,亥散。罢讲书。

廿四日　晴暖

戏和金刚《无题》四首,兼为罗子作《火灾策》,自钞日记中诗作外集,至二更觉寒乃罢。窅女廿岁,食蟹面,诸女停课。晚答访黄星槎同年,遇邓生。

廿五日　晴暖

竟日督课。发丁稚公书。携儿女闲行又一村,遇熊鹤翁挟杖疾行,不似八十老翁,自云记性犹能三日,絮语金刚诗,索观余作。此公送人多矣,亦人宝也。为钞稿与之。

廿六日　晴

晏起,饭后登楼,为王一梧校《武五子传》毕。附舟往衡阳,携舆儿同行,懿、纨亦欲登舟,步至草潮门觅舟不得,小儿多,不可久待,复还家,舟人已来迎,复往登舟。筠仙和张四诗来,工切新妍,反胜余作,妙才也。不图驵侩之油腔,乃得阳春之郢和,金刚自此增价,盐罪为之未减,才之不可已也如是。

申初帆风行，令舆钞《楚词》半叶，余亦钞《周官》一叶，乃暮。同舟有陶生，字献甫，云曾于怀钦坐上见余，湖北人，字献父。安徽官兄为臬幕，字敬父。已得雷市厘馆，略谈数语。宿观音涧，行廿五里。早眠，久不寐。夜风。

廿七日 庚戌，立冬。晴，大风

帆行迅疾，朝食已过湘潭，乃值大弯，顺风反逆，寸步而进，薄暮泊马河上，久之风息乃前。卅里宿凿石，计日行百卅里。钞经二叶。

熟路闲行不计程，小舟帆稳北风平。晚留凿石寻诗稿，晨过山门识碓声。

廿八日 阴

晏起，待饭。近日船家皆有官派，辰朝申晡，无复昔年之制。余前乘水师船，以为兵弁如此，今乃知湘舟悉改俗也。曾涤公若在，当为怃然。

辰正过空泠峡，感庚辛游赏之乐，使人忽忽追念。前所乐者皆最前所未有，生乐造哀，殊为多事。圣人不凝滞于物，必无所悲也。人哭亦哭，时则然耳。钞经四叶。暮雨宿黄石望，行百十里。三门至昭陵滩十馀里，余误以为一滩。

廿九日 雨

帆行。钞经二叶。风小行迟，复钞经三叶，向暮矣，乃至雷石。遣买笋菜不得，剃发，遂泊。竟夜不寐，听更点分明，如在城屯，亦不知忧乐之何从生，然杂思无章，犹有童心。陶客去。

卅日 癸丑，雨风凄切

帆力甚王，而舟行迟，以曲折多耳。望前水淼茫，亦有江湖之兴。过大步，昔闻布谷处也。廿年来张筱华、章秭农凤渠、张东野、普明、仪庵、海琴、瓮叟、杨耕云、段培元、王岣云、李竹屋、子泌、春甫、庆子、非女相继物故,其相识死者不可胜计,衡州之游,何可不悲?

诗曰:"久生亦何为,逝者待我悲。神识尚不泯,英灵尽来仪。昔美衡阳游,耆彦数追随。地远少世情,谈笑论当时。高咏有遗音,林岫见裴回。蛟雨沈石门,山馆化沙埃。仓卒一纪馀,群公各见遗。犹勉百年志,不异君子期。洒泪临流波,寒雨为我来。名贤有夭终,殇子又何哀。但恐邦宝尽,他时怨吾衰。顾瞻岁寒松,聊付理化推。衡阳隐居时,交友为盛,廿年来相继零丧,兼以子女苗而不秀,重望城阙,泫然有作。"

诗成,吟咏已暮,尚始过章木寺,度昏夜不宜吊人行礼,遂饭而息。钞经四叶。舆钞字不成点画,见之惋叹,此子必无成,但望其终无成耳。风止雨甚,泊于樟市之上。生适并宗,冠馈昏迎,二师主丧旅吊;私既未诔,出引宗尸,阴堩使下将司。

十　月

甲寅朔　雨竟日

过午乃泊泥弯,欲换下水船不可得,携舆儿入城。至程宅,见旁屋均被焚,程家壁墙亦均损,危及堂室,可惊怖也。入门遇其次子屺樵于庭,至灵坐拜毕,感念生平游处,涕再下而止。屺郎欲留居其家,固辞不忍,又遣人随我,乃允居当铺新亭中。遇沈友篪、胡均甫,余误以胡为当铺出官人,未与让坐。方食,商郎自外归。食毕出吊培元,见其子昌,字达卿,供灵下室旁左,亦入展拜。余始至程宅而悲,及见段子,又反为春甫喜。有子无儿,一于身后见之。出至衡阳县署,访文心久谈,多及船山书院事。又访仪仲,已薄昏暮,三数语而别。夜宿亭旁小屋,甚敞洁可喜。雨竟夜。文心来。

二日　雨

朝食后出贺晴生,嫁从孙于谢氏,笛郎之女也。至耕云新屋,以服除二年,不复吊矣。过时而吊,则主人难相处,故记美文子之子过时不吊。又未尽己情,乃常服往看之。复过八踊、洁卿、廖青庭皆不遇。遇邓郎子元于道,相呼,下舁谈数语,渡潇湘门而还。杨郎伯寿来,询山东事。钞经一叶。晚过文心饮。仪仲、徐秀才福基、程生、朱纯卿名颐浚、清泉令同坐。戌散。还改春甫墓志。

三日 晴阴

为胡均斋县丞题其妻包氏遗像,龙胜厅城破,抗节死者。"长康绘素图贞顺,潘令传徽想玉容。残月照栊悲响桂,疾风摧石表寒松。空花转世原知幻,鸣鹤闻天宠更封。独恨卢肠别亲处,九疑愁望白云重。"包父有送女四诗,词甚清悲,故云。

洁卿、段达郎、刘静三、蓝楚臣、晴生、杨伯寿名杞、仪仲来,程郎设席见待,贺、常、杨、冯、符子琴、余父子共八人,戌初散。湘水暴涨,杨郎怯渡,留宿对房。看《申报》:陈三立、皮六云同中式;报销事已弥缝;清查局将通设矣。午间钞经一叶未毕,夜镫无油而罢。

四日 晨雨如雾

起唤荫梅送片廖军,荐充水勇。闰生将交文心,已而文心来,有难色,且诿之。两程郎挥手告行,来送者杨艺圃浚,来见者常生笛渔、邓郎子元。饭后招见铸生,复过别沈礼堂而后登舟。舟送者洁卿、杨、程四人。程郎为余假得二百金,及浙送四十金,程送段匹,廖、常、程送莲子数十斤。午正开行,先苦水涸,前夜大涨,增丈馀,浮送可期,无盘浅之苦,亦可快也。常生言其庶母未能持门户,急欲娶妇,期以今年,且欲不入乡而即下省。其急遽无节如此,可骇笑,亦可闵念。期以明春行礼,又必为梦缇所骇,世事难酬,人情我慢,故有此等议论,余唯见之行事而已,所谓"民可使由,不可使知"。

未正颇饥,馆已过时,夕食尚早,出望两岸,见一处似相识,询知七里滩,亦余曾宿处,再忆之,壬申十二月也。明日至雷市而遇除夕,所谓“南岳钟声报玉晨”者。自章寺以下,南岳已在橹背,故曰“赋得帆随湘转”,宜作一诗:“雁峰直北望衡山,章寺回头转背看。误道征帆复南上,谁知湘转五峰间。”初更后过寒林站,距雷石一舍,亦前上水宿处。恒子贪看不肯眠,呼烛至,将讲书,乃睡。岸上犹有络纬,李白云“霜凄秋啼”,不虚也。亥正泊老黄滩,距雷石廿里,见新月。

五日

晨起甚早,云光金映,似有晴色,已而大雨,旋幂幂如丝,气遂阴寒。过雷石、石弯皆有乞划子钱者,前所未闻也。黄石望下有沙洲,邓保之所云“交流抱中沚”者,乃辛亥秋同游之作,今仅失皞臣耳。“岳色寒云雨似烟,交流中沚故依然。沧洲渔子头应白,记买霜鳊卅二年。”

舟人以将下昭陵,风色不顺,早泊窑门。凡下水至快,第一日至雷石,第二日至山门,三日夜泊长沙,此舟人一定之程。不能再速,迟则不可计也。风之有无,非下水所问,托词欺客耳,客亦不必诘之。

补作“汀洲多烈风”一首。前出长沙时,大风皎日,百草披靡,而孤云不动,此秋深晴景也。恒子腹痛。“汀洲多烈风,白日皎秋光。坐令孤游旷,安知川路长。方舟壮夕涛,上与宾雁翔。挂帆山门峡,遂泛昭滩杭。竹树满旧林,猗靡识连冈。津途固不疲,岂复叹无梁。所恨昔时乐,今怀增感伤。愿携青云客,顾我复违行。徒深故乡情,暧暧指曛黄。”改黎行状。

六日　雨,大风

船行甚迟,巳正始过淦田。风气增寒,午后下滩,水平流缓,作诗拟子美青黄之咏。比及株州,水更汹涌,未暮泊卦厂,土人云泥滩,又曰新市,距县城八十里。钞经四叶。改黎状。三更开行。

七日 阴,无风

昨夜摇橹,至晓未息,颇搅人寐。朝食后乃至洛口,过县正午矣。钞经二叶。改黎状毕。望昭山红叶茂密,正怀登赏,俄而飞雨忽至,过山仍晴,然烟水迷蒙,已成暮色,计今日未能泊城下也。

钞《周官》一叶。以五冕为皆有十二藻,但以冕分等级,似合祭以天子之义。若降从大夫服,则是与大夫祭大夫无异,何贵乎合万国以事其亲耶?凡此创说,皆石破天惊,前数年所断不敢者,亦不知学识进耶?师法亡而臆说昌耶?要当说成一家以质来哲。

初更至城下,所从人不得力,未敢先上,仍宿舟中,恒子腹又痛,未饭而卧。城下不可舣,泊南门,对岸有炮船。

八日

晨起检行李毕,移船向城,泊小西门,携舆儿及附舟客易姓肩箱从大西门入,至二圣街,负者迷道,直东行,余再寻不得,从北门还,则已先至矣。家中明镫未灭,殊有夜夜元宵之盛。未知儡与未儡也。工匠盈门,正似去年初归时。半山言岎女近发愤勤学,可为一喜。夜雨。

九日 雨寒

课读,钞经二叶。丁世兄来,言果臣遗书待刻者尚须二百千,允为谋之。松生来辞行,未见,盖不能自来。

十日 雨,更寒

钞经二叶毕。出贺姚立云母寿辰,因过松生,则未知余还,故未入门耳。病大愈,可喜。杏生、丁子开、重伯皆在,略谈别出,过笛仙、锡九。锡九病困,因坐久谈。姚处有戏,与蓬海、俞鹤皋同坐,遇程虎溪、黄麓生、张定生、王雁峰。雁峰指点诸旦,欣然遇之,强坐至二更乃还,即寝。麓生张目若不相识,张定生则不知何许人也。

十一日　雨

金刚送诗来。将往和生处,泥不可行,欲着油鞋,半山及孺人均以为不可,乃舁而往。和生往曾祠拜生日未还,笠僧在其房中,顷之松与熊鹤翁、黄含生、朱文通俱来。又久之,罗翁来,松姑之夫也。将夕食,乃归。课读钞经如额。

十二日　阴

课读钞经如额。作楼门。见郎来。申至重伯家,陪松生,守愚、伯涛、子政、验郎、筠孙、笠僧俱集,初更散。席间皆谈诗体例,戌归,未登楼,亥寝。

十三日　阴,南风

半山治具,招松生饮,陈伯涛先至,接吾亦来,松凯、一梧、蓬海、重伯来,期以未设,至申乃得食。席间重伯射覆,举"干吏"二字,余欲帮"好"字,众客未留意,遂罢。帉女往陈妹家。夜登楼钞书、讲传如程。程来之来。

十四日　阴,大风

城中始可步。钞经三叶。晚至松生处,未遇。过朱典史,见文通,略坐而还。珰、滋、茙俱往陈妹家,学楼寂静。

十五日　晴

入秋霜日始明。舆小疾,携之出游,懿、纨俱从至龙宅,看济生、芝生,唯纨从入。巳至火祠看戏,未午还。钞经四叶。黄豪伯来,未遇。接吾暮来谈。得稚公书。

十六日　晴

见郎来。钞经三叶。节吾、王绥原、莲生、亦梧来。曾郎送诗,共看赏之,以为今神童也。午出吊郭狷父,并送一联:"名家磊磊不群才，最难折节覃思，少年曾不夸仙桂；宾坐匆匆今岁见，方讶神清气弱，严霜一夕败丛兰。”

见筠仙兄弟、周桃溪，客坐见俞、汤、邓、黄等，门遇傅青馀。过黼堂不遇，访朵翁、来之，暮还。饭后大睡，遂至三更，还寝不寐。鸡鸣起，索小食，唯帉女未睡，送炒米胡桃一碗，食尽仍寝，乃寐。

十七日

晨设荐先府君。钞经一叶，《夏官》毕。陈海鹏、李兴钊来，送盆兰、金橘。出携诸小儿女看戏。探候锡九，云镜初主治，似渐差。暮还。林小霞来。夜答访绥原、亦梧还。谈言筠仙得船政。佐卿往言秋后必见录用，曾沅浦为之夤缘也。但何以去冬即约今秋，非寿命长，则如佐卿不及待矣。明日始知荐而不用，左道也。

十八日 阴

钞《秋官》五叶。竟日课读。济生来，言胡家昏事。

十九日 晴

钞经三叶。唐凤仪母丧，以曾经理仲章疾殡，作一联：“一门群从昔同游，久闻懿德贤明，大族持家推礼法；少子远州悲薄宦，方冀山田奉养，衰翁挥涕促归期。”

晨贺程雨苍母寿，便访丁百川、子久还，家中尚未朝食。午避客，携小儿女看戏。殷拔贡直入戏场来寻，复避归家。子寿夜来，大意言不可干预他人事。而其所言皆干预人事者。

廿日 大雾

钞经一叶。罗子纯、陈郎复心来，遂夕矣。出至市中，人多欲与言者，思老子问杨朱之言，芒芒然归。朵翁来谈。夜讲书至二更始罢，又钞经一叶。墨斗熟绵与新绵乖适天渊，殊有故物之思。抵甥来。

廿一日 晴

罗八梦提督之子承恩来，年十六，高与我等，大则过之，真将种也。

次青来,言方艺人与孝达不和,将告归,已遣家眷还矣。钞经二叶。

廿二日　晴

晏起,方朝食,鷭堂遣来催客午饭,恐朵翁久待,遂往,纨女同行。至则客未至,主人未归,至见郎斋中小坐,不至此书室已廿馀年矣。顷之鷭堂归,次青、朵翁、禹门翁继至,日夕乃还。外舅到城,遣相问,夕食后,复携舆儿同往,谈至二更还。钞经二叶。

《陶先生墓表》:"先生名延久,字友蘅,[长沙]长沙人也。其先为南昌大族,爰旅于湘,从桓公之旧封。曾祖、祖父,累世潜德。父讳述汉,诵三世医书,能以技隐。有子三人,君其仲也。伯兄森藻,以经义乡举。君独传医学,总持家事,孝友任恤,弱冠有闻。尝侍父疾,服勤三年,痹者忘起,病而无患,人之见之者,以为刘殷之流也。天性好施,而家才自给,托迹廛巷,以周穷急。道光之末,湖外大饥,流民满涂,露宿千里。于时民士朴善,尚义者多,富室发仓廪,贫人缩衣食,倾都振助,如赴私亲,不谋而同,君尤勤挚。会暑夏渍痢,饥民坐焚,日就蘧路,囊药诊施,旸雨暴沐之劬,若躬在流亡而婴疴沴也。於乎!其可谓勇义之士。越四年,桂盗犯城,围攻八十日,乘陴兵练,蒙犯雾霜,又虚〔疲〕于奔命,疾病相枕,君私往救疗,亦兼予药,军中传其仁济,至今称焉。同治初,长子官泾。民宗党私斗,伤例保辜,调视不谨,辄致两死。就养询俗,恻然念之。因饬官医,有藉闻状,指授方剂,或亲劀治,全活尤众,惠彼一邦。善化彭嘉玉时官江南,论君才德,以为惠于鲜民,务尽其力,肫肫乎循吏之训也。仁寿有终,以光绪五年十有二月乙酉卒于里第,年六十有五。有子五人,并承志励名,游于时隽。儒官群彦,令怀耆旧,既铭幽圹,爰伐石表碣,以绩公叔有道之文。乃作铭曰:太尉绵绵,自江来湘。有翼飞天,出母义方。昆孙绍之,亦闻于泾。民颂其德,曰考之良。猗矣先生，居隐义彰。不假一命，仁被黎苍。无德不酬，皇宠跻卿。文通载起，廉孝用光。高阡峨峨，媲于表冈。经视此词，瞻墓旁遑。”

胡湘琅同年来访。

廿三日　晴

钞经二叶。外舅来，留午饭，竟日谈。功儿自桐冲归。

廿四日　晴

课读钞经如额。接吾、子威兄弟来，夕食时客去。上海报言：时享备法物，有狂象之灾，坏辇路，伤人，拔石柱，可为驯象之戒。卤簿用猛兽，出于不服之遗，而近于戏，此宜革除者也。

作运仪母挽词：“苏台盛日驻鱼轩，数湘州命妇班中，委佗曾享承平福；桂树双雏真凤采，知国史儒林传里，渊源定述女宗师。”

廿五日　晴热

当唁刘定甫，吊唐曲溪，因出贺子寿嫁女开容，庆吊相随，兼视唐牛羊。朝课毕即出，过客十三家，入者何伯元、李次青、罗抵蔑、欧阳接吾、外舅、子寿、定甫、唐凤宅。唐处陪吊，遇刘博泉之子黎坡，旧家也，能知许竹士、吴春帆故宅。李处兼访理安，遇海岸。暮还，甚倦。

阅蜀录，院生中者十二人，内有傅、黄、尹、叶、董，皆能知学者，但不及前年多中耳，其佳者足相当也。得和合书，亦寄名经来。夜闻畇女唤看彗星，方倦未起。

廿六日　晴

钞经二叶。得二义，补书《春秋笺》，其据《司刑》经注，定《甫刑》宫、剕五三之误，甚为善证。半山承命往力臣家助昏，余亦携懿、茙、纨步往。先过曾祠，欲看浩园未入，至刘祠望张门真有雀罗，裵回久之乃还。刘培元来。易、王两佣上工。重伯来，久谈，言“宫中无相以为沽也","沽"当为"古",甚合经法。与过逸梧谈《汉书》。夜看彗。

廿七日　晴

钞书讲课如额。见郎来,言左景乔孙谋诱良女致死。闻之愕然。此事小说演段中恒有,不谓于吾身亲见之。交友之义,亦当渝月而后举爵,不必其伏辜也。后遂以此兴大讼,卒无是事,城中攘攘四五月。

廿八日　阴,风

半山往劳家,即携两小女往陈妹家。夜未上楼。苏元春来,即所云缚欲斩者、欲剸刃者也。似是来谢罪,言郭郎之短。钞书课读如额。看《汉书》一卷。

夜分乃眠。梦乘马入竹筐中,筐盖大池上,边塍高二尺馀,马不肯过,余赤脚欲踏过,而甚危难,旁皇忽寤。

廿九日　阴晴

钞经课读如额。夜看浏阳课卷。

十一月

癸未朔

定馈食礼,除子丧。初祭宜有祫事,故初虞即言祫也,而祝词无文以言之。课读稍晚,至申未毕。仆人报郭意城之丧,子妇又来报其仲父病危,心殊不安,遂出游四方湖而还。夜未登楼,看课卷数本即寝。

二日　雨风甚寒

当出答客。纨女固请从行,委之蓬海家,而独过青馀、刘竹汀、王石丞、苏元春、俞开甫还,迎纨归,遂向暮矣。夜风愈厉,遂早燎火而眠。晚间涵若来,误出相逢,与坐久谈。笛仙复来,与论祭礼,略有相同处,至其大端不能不异也。

三日 晓起有雪,朝食后霁,风寒气冷

竟日未课读。登楼钞《书》一叶。胡子威、验郎、丁百川来。午后围炉,夜斋宿楼中。丁丑蒸祭,先期三日致斋,但不能不见客,亦不能不课读,以小儿女无事扰攘,愈不敬。凡客来者,告之以出,则为欺;告之以斋,则好异。取其意齐而已。

四日 阴

斋居课读,钞《书》一叶。夕率诸女肄仪,夜待妻妾馔具,至三更乃宿楼中,霜寒。

五日

丁丑祫烝曾庙,仲子祔食。质明视濯摡,巳午间始行事。礼文初定,犹多未娴,献祖误诣祢,尤为惶悚,旋即改正,当科失仪也。三、十一两弟并在宗侍,功儿弱病,恐先,顾之愀然,然不敢不依古以率礼,或冀厘我耳。未初礼成,少愒,出吊筠仙弟丧,夕还。登楼钞经二叶。

六日 阴

早过佐卿家,答访刘伯固,问江南事,左侯见语云"烧洗脸水钉锅",此言极可叹,无本人专恃运气,必有此困。《儒行》所云"上通而下困"者,防此厄也。又梦中得句云:"清官不辨水与月,生气正如春在花。"后三年而死,此梦亦无验。亦是鬼语。如行时人得之,为佳兆也。

余家将朝食,辞出。还,少坐。待儿女早书毕,过看锡九,病不能兴,已不食矣。夕食后复还瞿家,晤子纯谈盐票,道遇汤小安,亦

盐票,又与筠仙昨言不同。汤云郭意城将死,有与次青书,拳拳于盐。瞿言俞鹤皋与斗牌,未半,得次青信,长叹而发病,半夜即死,大似演义中周瑜。郭与余相忌,余似亮,故郭似瑜也,可为慨笑。孔明亦有秋风五丈原时,公瑾又何必呕血长叹。夜雪。

七日　雪

素食谢客。释海岸来。先孺人忌辰,僧至资助冥感,因出见,设斋。重伯继至,彼亦居忧,留话半日,风雪愈寒,遂设奠使食。芝生闯入,亦弗能止也,至暮乃散。钞经一叶。

八日　雪冰

晨出送逸吾母丧,客多未至,复还少愒,闻炮声再往,则已出门矣。巷内可步,正街泥释,不可步。遇子寿、周荒桃同立酒店,待柩过而散。胡家请期,媒人未至,遣使来,将以廿日亲迎。功丧未满,议论纷纭,不能不从俗也。然胡嫂可谓大谬,一二月之不能待,不知有何急也。两夜未登楼,讲书室中,二更即罢。

九日　阴,稍煊,可不向火

登楼钞《书》一叶,看课卷二本。

十日　阴

搬嫁装木器来,客坐俱满。陈杏生来,强入,留谈。闻张鹤帆来,彼尚未知也。钞经二叶。

十一日　阴晴

可择途而行,出诣芝生、朵翁、黼堂,暮还。钞经二叶。

十二日　晴

朝课钞经毕。偶出,步过郭门,见过街大棚,似欲致院司往吊者,遂顺而西行,从火祠还。

至禹门处,闻言左事者藉藉,皆云景翁孙诱奸宦女致死,善化令秘之,私和了事,城中士人争欲发之。又闻有劾张金兄阴险者,事下巡抚。又闻杨五兄将死,萃吉必倒闭。遂过朋海,果闻其兄丧,门遇傅青馀,与同至子寿火室。子寿惧其秘左事,匿我于张八兄之书斋,问明而后延入同谈,多及饶太和事。余力言不宜再言卖买交易事,乃及左事,以为宜问明,备豫流言,不然将成祸。吃面而散。夜月甚寒。

十三日 乙未,冬至。晴

节物甚美,无人共赏,家中匆忙,可叹。午阴。子明、青馀来,暮去。小疾欲发,未钞经,于室中讲书。半山恶烟柴,复移书室。二更散。

十四日 晴阴

理课钞经如额。夜畏寒,大剧,家人毕集候问,至亥乃安,酣寝至晓。

十五日 阴

疾大愈。朵翁、瞿纯郎、陈德生、李禹翁来。

十六日

晨起至黄家贺生日,见子襄,略谈盐事,适客至,遂出。访丁百川、张雨珊皆不遇,还始朝食。向午,霜犹未销。胡家纳征,媒人至,余未出,儿女分喜果,喧攘竟日。百川来。夜过重伯谈。

十七日 阴

钞经一叶。数日未授读,以珰女疾,帉女惰,故不复督责之。看浏阳课卷,竟日毕事。

十八日 晴

定课高下,半日始了。胡家送开容果酒,余家为窊女送奁具,前后用五十馀人,减于非女之半。携小儿女游又一村。

夜临黄次云亲家之丧。次云将死,揖其妻,属以困穷,其志可哀。功夫妇既往,余亦往视之也。撰联云:"固穷终自有穷时,三千里巫峡归舟,伤心更被秋闱误;亲情曾未乐情话,十一月严霜摧木,敛手空看破被寒。"

十九日　晴

帉女加笄,遂设教成之祭。日夕行事,功儿供办生疏,未能成礼。教成祭如馈食,使女主之,俾习祭礼,为主妇,则曾与酬酢,依而行之,诚肄仪之善法也。乃功儿为县学生,犹不能行礼,仪文何可易言。夜寝已晏,梦缇犹未寝,及醒,亦不见人。顷之天明,乃知其和衣睡被上,彼劳我倦,信嫁女之不易也。

廿日　晴煊

晨起甚早,女装迟久,待迎者至已向午矣。醴女毕,婿入奠雁,遂行。又久之,余自至胡氏莅昏,宾客甚少,女客不少。坐一时许,出过夏粮储、刘故抚而还。

夏坐中遇子玖,论左氏流言事。还,女客犹未去。向夕解衣将卧,重伯来,出见之。守愚同至,谈未半,其母遣促归,云湖北有警报。六百里移文,一日而至,两司上院,群情汹汹,不知何事也,仓皇遂散。钞经半叶。

廿一日　雨,大风

子威、子云兄〈弟〉,常霖生,叔从来。向晡乃出,谢媒人,过筠仙、朵园、济生,已暮矣。至胡家会宴,稚泉翁、陆衡斋、广西徐姓作陪,初更散。入新房,寂静无人,顷之帉女乃出,少立未坐,舁还。风愈甚,二更就寝,凡再寐,梦缇独坐,为帉女作缨络,其痴如此。余卅岁已后,已不能冬夜久坐矣,鸡鸣乃睡,亦不觉夜短也。

廿二日　大风吹晴

帉女三朝,遣送果茗绣件往,备分送。午将步出,道湿仍还,从东头往香孙处少坐。向晚霖生仍来论昏事。过锡九处看病。

廿三日 晴

晨过一梧,朝食后舁出,答访霖生、庄心盦,过吊运仪,已暮矣。钞经一叶。

廿四日 晴

钞经二叶。饭后小愒,舆、茂相打,至流血,其母甚怒茂,而不肯女之,欲其生母笞之也。余禁不许,心怫然甚忿,因罢课,出行城中几遍。将至抚街,觉少倦,入龙家少坐,济生、叔从出谈,夜归,饭后大睡。

廿五日 阴

钞经二叶。诸女始复课,半日未出。林小霞来。日侧,步送〔过〕陈三立未遇,旋还。龙八自武冈归,云非女已于十月廿九日葬毕。得弥之书。珰、帉读《吴都赋》始毕。去年帉读《蜀都》亦于今日毕,才十日耳。今年读至一年,于此知专之与辍相去县绝。

廿六日 晴

女婿来见。俗例先发帖请之,功儿不知其词,余以婿见,醴之以一献,为题云"醴献恭迎"。午间子玖来。常家纳吉使至,胡郎子瑞与窊女均来,保之亦自武陟还,笛渔来陪新婿。宾从杂沓,余少坐即入。坐楼上,钞《书》一叶。夜始得食。

廿七日 晴

朝食后访保之,问昨何不少留,云始还闻妇丧,又喜酒,心凄恻不能坐,故急去也。久不闻此礼法之言矣,名下定无虚,弥之难为兄,为之起敬,令人增孝慈之意。

窊女复还家,俗云转脚,不知何意也。向夜始去。心安来,云湖北兵哄,发彭、李两督查办。易笏得晋藩,方菊罢官去。俗吏而用贱儒,未为善用人也。张佩纶超擢副宪,尤令人有口舌得官之意。

廿八日　晴

钞经二叶。重伯、曾省吾、运仪、王仲霖来,不觉至暮。佶子自县来,三弟母子亦至,欲为余馔祝。余无作生日之福,不能当也。家人设饼,余未夕食,至二更食饼亦不佳,韭饼尚甘香耳。三更后寝。

廿九日　晴

家人早起,余晏起。君豫来,出陪,食面。家人设拜毕。君豫去后,陈妹嫂来。卜云哉便服来。向午窊女及其婿来,子威亦来,晡去。登楼钞经一叶。夕食,保之来,留饮对谈。

卅日　晴

将出谢客,见郎来,登楼小坐。出诣君豫、卜云不遇,过镜初、子威、黼堂、姚笠云。镜初处谈最久,今年仅得三见耳。至运仪、保之寓,皆未遇。还欲夕食,半山云女君已往陈家,今夜不归。保之送肴点来,约来同饮,待顷之,果至,食不甚饱,饮微醉,早眠。

十二月

癸丑朔　晴

登楼钞经理课,甫毕,重伯来,借《公羊》、《周官笺》去。午请半山设斋,约镜初、运仪、保之来会食,三人皆自命圣人者,请黼堂、袁守愚作陪。中饮,筠仙来,入一揖而去,云本不入,欲望见三圣耳。镜初亦随去,日尚未落,初更席散。

二日　晴

钞经课读至午。王怀嵚、常生笛渔、保之来。怀嵚颜色憔悴,似五十馀者。朱香今日招陪保之饮,意欲不往,迟迟未去。已而复来催，携纨女步往，未至司马桥，纨复思归，送之还。文通陪青馀、保之在坐，济生、筠谷继至，暝子乃出。席上多谈时事，青馀言易笏山详参府县丁祭接差，岑抚批云“昔年该司署东道亦接差”，易失气强词。今擢晋藩而止，伪儒不易为也，乃为土〔上〕司所笑如此。二更散，早眠。戴表侄来求谱序。

三日 晴

晨欲起，甘寝，殊不能起。以保之当早发，辰正始步往，则尚明镫作书。一湘潭人在坐，不相识，意其罗顺孙也。罗幼官亦来，保之尚欲出访客，乃辞出。访怀嵚，亦以为早，实则过朝食矣，还家始食。钞经三叶。课读半日。至李祠看戏，扮刺戾婆，颇有声容。夜雨。

四日 阴雨

保之择日受冻，可为诹日一笑柄。钞经一叶，课读竟日。

夜听珰、畇诵唐诗，嬉笑相戏，功儿忽自窗外呵之。余不觉甚怒，以其不知人事，酷似其舅。牵连及与循，梦缇亦怒，语无礼又过其弟。余自悔语过而召侮也，闭门不听。然翻开《大清律》，则母子当受上诛矣，言者风波，可为深省。

五日 晴阴

钞经二叶。课读竟日。唐寿官之弟送墓志来，时已昏暮，檐下读两句，甚似余文，然灯读竟，其铭语剧佳，语不择人，又复可悔。昨骂今谀，皆非正道，乃知君子之慎颦笑也。张学尹、伍明亮、陈名杰、唐训方、杨千总、涂觉纲〈来〉。唐妾李七碑志有拓本，无存稿。《巫山铭》亦未登稿。

六日 晴阴

钞经二叶。君孺及罗顺孙来。为曾省吾作寿萱室记，云明永寿王书额，未知永寿王何朝何名也。永寿，秦王房下，《明史》无传者。

舆病未读,诸女课中。程申初、孙涵若、殷默存来,留饭。君豫复来,同步至济生处会饮,所请客郭筠、王梧、瞿玖、王槐、周荔均不来,来者周蕙、运仪耳。验郎亦不入坐,神色甚销沮,似有重疾者。蕙生甚留心碑帖,亦颇知版本。夜雨。

七日 晴

钞经三叶,《秋官》毕。怀钦、杨石泉、运仪、罗抵甥来。陈克昌挟李石田同年书来见,求信与夏薮轩求盐差。一封书而欲赡家眷、长子孙,可笑叹也。子茂弟三子来,荐田运仪,自言知医,请其看舆儿病,酬对竟日。石泉云:“孝达遣人稽考汇银,将穷贪吏。”其刻察天性也。又云:“张佩纶言王文韶唯可告养,文韶遵而请焉,朝廷依而准焉。”古今相臣之于言官,未有影响若此者也。此于文为盛事,而于实为乱政,况于袭其迹以为名者乎!

与刘荫渠尚书论报销书云:“前闻请觐,欣仰政成。远镇久劳,必蒙恩慰。道路不审,乃有乞退之疑,揆之情谊,未符正道。曾属贤甥邓郎以鄙意劝进,比承旌麾载骤,不至湘城,始知大臣礼度非俗宦所测,敬佩敬佩!遥途霜雪发,玉体稍勤,暂驻骈骖,想已康旺。报销一案,下情不达,朝臣顾去夔公,借以发难,牵连枝蔓,遂同贿托。昨闻部咨滇抚,询所自来。鹤公文吏,恐无壮识。若稍为掩饰,化公为私,以通行之例,作夤缘之弊,为法受过,固所不辞,君父之前,名节亏损,则事败矣。节下过执谦柔,一请假之疏,犹不敢自行陈奏,则当此嫌疑震撼,更不能拜表自明。万一岑、杜失词,廷议诘责,后乃自辨,疑莫能明。愚意以为报销部费,相沿已久,直省通例,与饭照同科,宜直陈所由,尽发其覆。以为向来准拨,必照定例。有极贱而可昂其价者,有极贵而必抑其值者,有必不可无而强令无者,有可以无有而可多有者。一案一例,巧算难稽,不独疆帅有所未谙,即部臣俱不能解。诚试取销册，召对司农，令一一明其所由，则条条皆为可驳。又纸笔之费，所取毫厘，百金而费一两，为数诚亦无几。向来司吏承办，部吏核之，始由胥吏私出使费，后乃公然达之院司，其源始于前明，相沿已数百载。诚欲究其情弊，但求饬问直省督抚，通查近五十年报销经费历届成案，经手司道，俱有文簿在官，则其非职官所得侵渔及云南所能创办者，固昭昭若揭矣。此次云南报销所以骇人听闻者，但以为数太巨，其实仍只三厘。如使仅销千金，则其费只卅两，其所以至有十八万之款者，实由报销至千二百万也。千二百万以三厘计之，使费当卅六万，十八万金仅得其半。一时愚昧，未及思积少成多之可骇，但贪三厘之不为多，又未能违众矫时，直陈于圣主，此则明公所宜引咎，而实公罪之有可原也。又督抚军帅控制封圻，国家安危之所关，民命存亡之所系，土地辟蹙之所由，君臣荣辱之所在，不宜独取银钱出入付胥吏钩稽报销之例。明代陋政，历来未能请革，今愿悉予荡除。如此开陈，光明正大。度公必有成画，聊一发其区区耳。或谓如此则部臣必不任受。闿运谓部臣亦宜直陈，夔固不能，阎似可语。且疆臣无辜受谤，实亦不暇瞻顾，部臣恐公慈良，或徇曲说，尤愿熟思其所处也。士君子行政，但论是非，不论利害，正以是非者利害之所分，岂有趋害避利之圣贤哉？本宜面见，一罄积怀，迫寒阻风，惧不得达。如蒙采纳，明正晴暖，或可陪从入都，再得畅叙。”

八日　晴

作粥，兼招客陪丁百川。午间子筠来，坐楼上久谈。与书樾岑。酉初，心安、刘郎诏棫子迎之子。及百川相继来，戌正散。周蕙生来。

九日　大风，晴寒

出吊蓬海、李介生之兄丧，皆已出殡。过夏粮储、子寿、周蕙生、锡九。晚至汤肖安家,陪怀钦、熊无鼻、张元玉饮,至戌散。夜寒有冰。

十日　晴

吴昀谷来。登楼阅课卷,未及二本,昏昏欲卧,仅与诸女倍书四本。出访笛仙还,夕食。运仪来,诊舆病,因同看锡九,送运仪还寓,久谈。刘总兵来,乱谈至二更散。弟子均去。

十一日　癸亥,大寒。小雪

笠僧招饮,先过一梧谈久之,遇汤肖来,乃出,至浩园,僧廊轿满,入室则熊鹤翁、黼堂先在,曾郎、袁生、朱文通继至,行游园中,益觉亭廊花树位置无状。鹤翁独登楼而返。戌初入坐,鹤复首倡一诗,黼、笠继和,白卷四人,余为之长。舁还,踏月甚有清景,补作一诗:"精庐静寒镫,始见法坐广。高会振玄音,暮节欣馀赏。"

十二日　晴

但少村来。治具谢媒,招怀钦、何棠孙、龙研仙陪其弟少舒及仲霖饮,令功儿陪客。暮过筠仙,遇王石丞、朱香,坐久之,步月还。看浏阳课卷。

十三日　晴

登楼欲了课卷,子威、林寿臣、瞿子纯、严郎熙曾、成静斋、运仪来,自午至暮乃去,竟倦不能食矣。少愒,左子来,言锡九病少愈,欲运仪再诊之,强起书片与之去。过寿星街,答访张广榕。

十四日　晴

东风作春,天人俱熙熙有发动之机。丁百川来辞行往安仁。登楼,课半了,步至西城访镜初久谈。其初在城,应接不暇,今乃无一客,信避喧之多事也。遇一乡人来,乃出。至东城,答访林绶臣,过子玖而还。闻张鸿郎中因骗玉器,已被上海县拘管,不意县令之威如此。

十五日 风寒，有雨

彭克郎来借钱。曾祖忌日，设奠。夜看浏阳课卷，至子乃毕。张门生从子来，冒失有家风。

十六日 雨寒

笛仙、竹伍来。罗婴来，言子重葬事，意甚惨澹，本一家人，顿至陌路，可惧也。与书程生，论常家昏事，兼托丁百川。

十七日 阴寒

早起，令龙八出城。朝食后舁出，送百川，兼过刘前抚、镜初久谈。至竹伍寓略谈，还已暮。戴道生表侄来，留宿书斋。

十八日 雨阴

刘韫公报锡九丧，令功儿先往，余与戴表侄食毕舁往，少坐还。登楼觉冷，顷之已向晡，仍至左家视敛，未待加盖而还。瞿子纯、胡子勋及女婿来，言抚、藩、盐皆侵臬司，不知孙公何以受侮如此。

十九日 阴

晏起。见郎来。午出至郭意臣家看吊客，闻巡抚未到，门庭殊寥落。意臣生时，与巡抚为宾主几卅年，死乃不能致一吊，虞公所以恨青蝇也。然犹能致其一帖，则远胜于我。今日客应有尽有，差强人意，但筠仙又不至，则又少一抚矣。意臣吊于人，每遇我，必留坐四五刻，余亦坚坐六刻以报之。还家，竹翁来告去。为珰、蚡倍书。将夕食，重伯、守愚、欧可庄来，遂留晚饭。

今日因感求贤，极论才不必求，贤无不知之理。才者，为我用者也，就所有而教成之，不宜舍亲近而求疏远。贤者，助我教我者也，天子用之则必以为相，诸侯以下用之则必以为师，故无破格用贤之理。高宗梦卜，旧学者也；莘渭佐命，亦就竟内拔识之。若因人荐而以为相,或自鉴识而以为相,既骇物论,贤者必不至,其致之亦必先隆礼养望而后登庸,世主鲜能之矣。为今之计,唯有使政府开幕府,然后可大致人士,就中选择而授之官。若先授以官,诱以爵位,则不能致贤矣。余知此法。然不能告之诸公者,彼若从我言,则招致必及我,自建言而自由此进,贤者所不为也。欲为天下惜此贤,故宁独寐而寤言。晚作锡九挽联:“名节厉孤贞,知风裁晚更嵚崎,每谈时局惊眉宇;屠苏谁共饮,念弱子早承矜赏,想从泉路话心期。”

廿日　雨

朝食后往锡九家陪客,与陆衡斋、徐小分、朱文通、左长卿坚坐闲谈,唯有周笠轩至耳。黄稚云明日出葬,亦当往吊。待舁久不至,步还,舁往,俄顷而还。两女讲《通鉴》,至汉哀已毕十一本,因过年散讲。三弟凡再来谋葬事。

廿一日　雨,大风,小寒

朝食后往吊王照磨,便出城至城南书院对巷看二弟葬处及观其骨簏,犹念移葬之无礼。其墓地在丛冢间,业已开圹,怫懑而还。此子自暴弃,然于吾无憾,但事势不能不分,分则成路人矣。

廿二日　晴,寒日冻涂

携懿、纨至城隍祠,还,剃发。夏时升来,未出见。窊女回。陈、夏两生来告北行。君豫来议志事,二更乃去。

廿三日　阴

晨携纨女至李祠,外间尚无节物。朝食后复携懿、纨绕湖堤出又一村,答访成静斋,送懿、纨回,复过曾郎,谈文及《诗经》句法用典之例。夜送灶,孺子不出。忆己、壬旧词,戏拈一阕:“糕甜粥嫩催年事,年刚被、爆竹今宵催起。夜雪悄生寒,趁壶觞先醉。里巷人家争节物,早厨办、一杯香水。迎岁。便狮头腊鼓,牛鞭春意。　犹念、暮景团圞，自寒扉掩后，铧烟冷腻。语笑旧儿童，悔枣梨嬉戏。镜听无人重跪拜，但老去、菱花羞对。憔悴。更凭谁说与，梦华前记。”

廿四日 雪

诸女放学。与莪看词，选《水仙花词》六阕，皆不能佳。因告莪：《尔雅》藿山韭即今春兰，茖山葱即晚香玉，葝山薤即建兰之素心者，蒚山蒜即水仙。水仙花如杯盏，故取鬲为名。鬲谓釜蒸甑也，花形似之。四者皆香草，海内通有。又分四时，藿取香意。葝一名鼠尾，叶柔韧。茖取高出之状。亦新说也。为填《芳草》一阕：“又相逢，深寒帘幕，晴光灯焰参差。素兰羞叶瘦，铜瓶湘几外，占春宜。瑶姬惯嫁，甚远来、暗损腰支。看万里、轻车细驮，玉蕾琼肌。　抛离。一分尘土，不须风露，自省芳时。嫩黄三四箭，暗香疏影地，摇曳烟飔。伴晨妆夜盥，却未妨、污粉凝脂。怪只怪、横江一笑，误了幽期。”

廿五日 晴

登楼写词，欲约诸友朋大集，先与筠仙商之，暮复至笠沙弥处问之，皆约明正为宜。笠病筠苦，不能及时行乐也。一梧午来，盛称树人子张元叔颇能书记，又言子襄见巡抚之状。三弟夜来，言陈妹婿欲逐其子，一家号哭。余留三弟，令暂避之。盖三弟壮大，不能自食，唯此为负之也。

廿六日 晴

三弟皇皇私去，亦殊可笑。午后步至草潮门，欲诣心龕及筠仙谈，均遇泥未入。筠仙门有张公子求见，金刚事甚急，故避之也。

廿七日 晴。己卯，立春

旧从俗迎神行礼，以非典法，又不可废，遣功儿行拜。携育、纨步出,至胡七丈处久谈。复独过香孙处,泛谈而还。香孙视我非贵人,我亦以典史待之,浮相访约而已。家中殊不和睦,由梦缇以儿亡甚怨吾,家当衰,如此宜瞎子之白眼也。

廿八日　阴

步过芝生,又闻雪师言《湘军志》,云欲拳我。今年以刃始以拳终,可谓逢凶化吉者。出看蓬海、俞鹤皋、瞿海郎、子寿皆不遇,还。子寿来,言力臣必见弋获,卞抚甚怒之,可为伤惧。余云必无虑也。得力臣腊八日书,报平安。

廿九日　阴雨

始理年事。笔札逋欠五六种,皆不欲作。近颇嫌城中喧冗,由精神不足故也。前笑王定安船中著书,乃几欲自效之,俗当奈何。得印〔阴〕渠书。汤小安来。钞集外诗词。

除日　晴

无所事。今岁事故纷纭,而人情寂寞,索逋无计,借债者自止,尤可笑也。治具甚忙,以昨增娥芳一奠,次妇又当为其夫设岁朝两荐,荐豆至百馀品,中馈不给供耳。作《游仙》二章,以致非女之哀。二更后出诣四母处辞年,访若愚不遇,归,祭诗毕。若愚及其妹婿卜云哉来,留酒,至丑初客去。功儿祀门,已寅初矣。恒子犹依母眠,余居侧室,亦例所无也。与梦缇少谈,还室,闻爆竹声至曙。

《论诗绝句》:

元遗山　“裁翦苏黄近雅词,略加铅粉画娥眉。犹嫌俗调开元派,传作明清院体诗。”

刘青田、高青邱　“青田跌宕有齐气,季迪风流近六朝。开国元音分两派,古琴天籁始萧萧。”

何大复、李空同　“何李工夫在七言,却依汉魏傍高门。能回坡谷粗毫气，岂识苏梅体格尊。”

李茶陵 “李杜中兴宋派亡，翰林终是忆欧阳。西涯乐府成何调，琴里筝声枉擅场。”

王元美、李于麟 “七子重将古调弹，潜搀唐宋合苏韩。诗家酿蜜非容易，恐被知音冷眼看。”

袁中郎 “青藤市语亦成篇，便作公安小乘禅。雅咏何堪浇背冷，桂枝谁许乞人传。”

钟竟陵、谭江夏 “摘字拈新截众流，只将生涩换雕锼。若从鼠穴寻官道，犹胜斋宫兔棘猴。”①

岭南三家 “天骨开张似李何，只缘遭乱得诗多。亭林破帽孤吟苦，未比翁山斫地歌。”

王船山 “江谢遗音久未闻，王何二李枉纷纷。船山一卷存高韵，长伴沅湘兰芷芬。”

钱牧斋、朱竹垞 “爱博休夸秀水朱，虞山绝句胜施吴。试将诗综衡诗选，始识词家大小巫。”

吴梅村、王渔洋 “长庆歌行顿挫声，格诗韩赵亦风清。从来一蓺堪头白，莫筑刘家五字城。”

施愚山 “明代馀风渐寂寥，愚山诗格尚清高。王吴未免多时调，谁共成连听海潮。”

孙、洪、黄 “见说兰陵三酒狂，各将奇句咏苍茫。谁言此事非关学，廉卉堂高压两当。”

袁、蒋、赵 “酬应诗中别一家，元明唐宋路全差。无人肯咏乾蝴蝶，犹胜方家冻豆花。”

---

① “兔”，疑是“觅”之讹。

静观　“丽句清词似女郎,风情绵邈骨坚苍。如今江树垂垂发,怀旧伤春一断肠。”

研樵　“锦衣玉貌尽风流,苦思孤吟听每愁。一片秋心无处写,为填诗债向秦州。”

逸仙　“云去苍梧无尽情,人间犹有谢宣城。九华殿里从容咏,谁识萧公是骑兵。”

碧湄　“剑气珠光逞少年,老来长句更芊眠。绕思秀色开新派,终作楞严十种仙。”

受庵　“东风灵雨咏离忧,入洛归吟大陆愁。我欲避君天不肯,不然捶碎碧湘楼。”

怀亭　“风格翩翩晋宋间,亦饶妩媚亦萧寒。凄凄夜雨成春恨,谁向西湖问牡丹。”

白香　“太阿青湛化芙蓉,销尽锋芒百炼中。颖〔颜〕谢风华少陵骨,始知韩愈是村翁。”

纬龙　“逸气高华格韵超,绛云舒卷在重霄。当时何李无才思,强学鹦哥集凤条。”

中国近代人物日记丛书

王闿运日记

吴容甫 点校

中华书局编辑部 修订

第三册

中华书局

目　录

光绪九年(1883)癸未

正　月

癸未朔　晴

元日光霁,湖南所仅见,以窗镫掩明,少寐,俄觉,则日出矣。工人尚未开门,亦人家所仅见。从后房入正室,孺人未觉。坐待家人涤除,设香案,祀三,祀毕,分年糕,饮果茗,登楼试笔,屋霜犹积。

重阅《樊敏碑》,云:"遗苗后稷,社漆从岐。"①曾郎新说"自土沮漆"为后稷时地望,此可为证。然《柳碑》伪也,《金石录》载之,其文乃绝似余所作,无汉人疏拙之美。又以庚、真同叶,谬学《离骚》,皆作伪之验。假若真汉碑,则余文固当过之。午晴,路干将出,而纨女相随不已,因步从又一村绕旧湖堤而还。杨儿来贺岁。重伯与可庄来谈,以其丧,不言及年事,甚为知礼。芝生夜来辞行。有雨。

二日　雨

元旦喜神在东南,今日仍向东南行,自街东至学院街,还向东,循浏阳、小乌、高升三门还。门贺者十八家,入者劳、胡、黄、熊四家耳。熊与蔡新吾同宅,蔡妻尚存,留片问讯,闻其长孙甚游荡。至

---

① "遗苗后稷,社漆从岐",按《隶释》所载《巴郡太守樊敏碑》作:"肇祖宓戏,遗苗后裔,为尧种树,舍潜于岐。"又《金石录·柳孝廉碑》及《隶释·孝廉柳敏碑》均无此类字样。

家，孙涵若正在客坐，入见留谈。诸女斗牌至旦，其母坐观不倦，犹有童心也。

三日 阴

国忌不出。客来者不绝，唯蓬海、子勋排门入，得见。熊鹤翁送诗来。省城能诗人甚多，鹤翁乃叹无诗人，相需殷而相遇疏，此与今患无才者正同，因作一诗和之，并如其意示重伯。

四日 阴晴

出从西北行，自黄竹过笛仙，度湘春，朝宗驿，步小西、醴陵，由又一村还。谢客四十五家，唯笛仙及四母、重伯处入见，黄亲家处入而未见。申正还，与胡尚志相遇于门，尚志入，久坐。珰、帉过窊家，懿儿始入学，令功儿释菜送学，余为之师，授《尔雅》、唐诗。梦缇设馔款余，特重其事，异于诸子女。诸子女皆释奠，余为之主，不设宾主也。逸梧问典故四条，皆习见而不能举其所始者。

五日 阴雨

早起作词一首。"夏芝岑岁有探梅之约，每以人日载酒定王台，余前有和白石词及诗，今岁更于六日招饮，因用草窗春游调，先成一阕：探梅信。看乍入新年，东风相趁。喜词人依旧，韶光艳华鬓。几年人日寻芳约，春早佳期近。更多情、逗酒迎香，斗诗催韵。 红绽北枝认。似汉月窥檐，湘烟长晕。云麓台前，游屐没苔璺。登临共道遨头好，花与人俱俊。料今年、先占一分春稳。"

午授懿书，夜与妻妾打牌。二妇两女，排日供馔，今夕帉上食，梦缇忽若不欢，食毕遂散。

六日 阴

懿儿课毕，携纨女出，补贺六家，遂至定王台。夏粮储约探梅未至，遍游而还，唯楼琐未得上耳。窊女回拜年，女客亦有至者，食汤饼,小坐,仍往定王台。主人陈丹阶先至,少村、畇谷、青馀继至,挈榼班肴,殊甚草草,唯梨鸭尚可耳。初更各还。家人斗牌,余独卧,至二更后乃起解衣。

人日　阴雨

独居无事,作龙芝生妻墓表一篇未成。姚立云、王逸梧来。晚过芝生,询其妻年状,入门乃闻其子殇,草草见谈。济生、验郎皆出,以携纨女,不可夜坐,遂还。

八日　阴

青馀来,罗春山之子庆章来。懿儿读未毕而日暮矣。梦缇出贺年,亦携纨出。舆病增肿,令功儿率就医视之。凌善人来。

九日　阴

黼堂、黄介夫、娄丽生来。出答访善人,因过王老虎、胡尚志,皆不遇,遂往筠仙家春酒,济生,逸梧,任、周编修皆先在,设馔殊不旨,多谈盐务,颇及当道长短。余微言养望之意,引富不可求为证,与筠意忤,未知其能悔悟否。筠不徇俗,乃欲以子久主校经,宜其授人柄也。舆左手大肿,不识何证,经五医未有知其所以然者。

十日　阴

比日试钞《考工记》,殊不成课,今始仍复旧程。笛仙来。瞿子纯来。梦缇出过陈妹家,纨从欲出未果。

十一日　阴雨

钞《考工记》,改"绘事后素"之注,以素功为献素功,验之乃后施采,一防妇官行滥,一防画工换易,于此为有益,若后画白色,不待言也。若谓先有素而后有画,更迂拙矣。

十二日　阴雨

出,答访卢丽生,过子久、一吾处,谈绅士乡官有异,士必通籍京朝,乃可为绅,乡官则陈湜、周乐辈足当之矣。看钞报,太后病大愈,医生授官,亦国史中一段故事。过刘馨室,不遇而还。

十三日 阴雨

雨珊、梁三、唐寿嵩、王纯甫均自乡间来,女客亦多,门庭拥塞。钞《考工》半叶,多误,故罢。

十四日 阴雨

将出答客,以国忌不可。廖总兵来。钞《考工》一叶。瞿子玖、欧阳接吾来。作龙熊氏墓表成。

十五日 雨

晨起诣纯甫、廖清亭、雨珊均不遇,即还。家中馔具作粉团,待夕祠司命灶井,拜祖庙,贺元宵。雪子间作,夜寒殊甚。罗婴、三弟均来过节,家人并斗牌为戏,至四更无月无镫,城中寂寥,虽人事萧条,亦天色使然。得严生蜀中书。

十六日 雨

诸女入学,舆儿犹未愈,督课略示程序耳。钞《考工》一叶。午出浏阳课题,答访接吾不遇,欲诣雨珊,从蓬海门过,正见轿入,本约申集,因入视之,则卢丽生、姚立云、俞鹤皋皆已至。看金刚诉冤书,久之,乃入坐,戌正散。

十七日 昨夜大雪,比起时已销矣,瓦沟尚积寸馀

登楼少坐即下。午出诣筠仙,雪又大作。再过雨珊不遇,至傅青馀宅,陪夏粮储、吴昫谷、陶少云、任雨田饮于澹园,胡氏后居也,正见定王台,初不知谁氏之庐,盖城中最新第宅,亦近市声。肴菜唯酿金橘尚新。申集戌散,杂谈颇久。夜始复寝。

十八日 雪

令诸女转钞唐诗,旧选绝句无头脑,自补选之,未数行,左郎来

请陪客。功儿已晨往,兹复来请,恐有要客,即往。拜柩,以今年初至其家也。陪客周、熊、徐来,客三数,无显者,将夕食,因辞而还。珰、岎始夜讲,讲《通鉴》,初平起。《诗》始开讲,旧笺犹多未备,随听随补之。

十九日　雪

晨书左墓砖,泑光滑气,触则墨漫,数拭数败,竟未得成。朝食后至锡九家陪吊客,写主,留待夕奠后设奠酹酒,复留食乃还。补《关雎》义笺。

廿日　雨

晨起,送锡九出殡,则既载矣,更绕东行,送至街口而还。钞书一叶,补选唐绝句。滋女始学钞之。补《葛覃》义笺。林绶臣来。

廿一日　雨

梦缇昨夜寒热冷汗,通宵不安,早起已宴。陈万全、陈葵心来。钞书一叶。闻樾岑入省,甚喜。昨闻人言,涂宗瀛抚湘,未至时,外有联语云:"烟馆愁,倡伎愁,左斗才更愁;耕牛喜,虾蟆喜,裴观察亦喜。"涂公在湘行政用人尽见于此,可谓谈言微中,主文谲谏也。

廿二日　阴雨

雨珊来告别。罗锡章来求差委。钞《考工》一叶,错谬,重写未成而罢。课讲如额。汤丙玑来。

廿三日　阴雨

将出送雨珊,朝课未毕,向午,黼堂来,久谈。健郎亦来,言朱肯甫病故,以出题太不吉祥。宝竹坡取蒲鞋女为妻,今又取江山女为妾,遂至自劾。清流笑话始此,逸梧必大悦也。樾岑继至,又谈一时多,言苗疆事。

客去已暮,急往姚立云处赴饮,则诸客先集,况、陶两太守,裘同知，俞鹤皋与我而五，入席甚早，食五肴，先辞出。至但少村处，筠、青、樾、畇亦先在，主人执礼甚恭，待我而后送茶，戌初入席，二更后散。谈黎庶昌密报倭谋，足开边衅，及朱香孙鬼蜮之事，余不置一辞。筠、青、樾意各不同，大要以暗筠为至厚，而受害亦深，令人知善不可为之故，然正足一笑耳。庄子之用大，处浊世非庄不了。夜还讲书。罗婴去。

廿四日 晨大晴，已而阴寒

陈万全来，以失察高丽人撤差，黎庶昌之害也。筠仙为之求请五六次不能得，可感余顽，急起见之。朝食后为雨珊书小条一张。易郎来，久谈，已而曾郎来，遂至夜。

廿五日 雨

彭子和后子来。君豫来，论注李颀诗，欲并评话入注，余曾有其歌行评，今殆忘之。将夕，刘总兵来，言运仪在其家夜饭，请过谈。携纨舁往，过看子寿病，已入上房，其母守护之，殆剧病也。少谈，诣刘，同席二秀才，一闲客，一龙际云，皆不多谈。二更酒罢，纨睡澜漫而还。珰亦假寐，未夜讲。

廿六日 阴雨

罗春山二子俱来求干。樾岑、镜初、运仪来，遇俗客在坐，殊未尽言，俗客亦未尽言，唯增坚坐之劳耳。遣约见郎来，谋问舍求田之事。张东生来，言恩科必有乙未科，系正月廿四日下诏，不必元旦制书也。余云考官望多开科，为吃饭计也。秀才望开科频数，徒劳费无益，何为乎？钞书一叶。谷湖大伯之四孙介祺来见。

廿七日 阴

晨出答访樾岑，出城寻易郎船不得，至镜初处久谈，过芝岑而还。朝食，课读未毕，甚倦，久眠，比出，已夕食矣。介子又来。作戴谱序。钞书一叶。夜讲《麟趾》,未明其意。

廿八日　阴

曹竹苏来。午出访黼堂、葵心,赴俞鹤皋家辞酒,旋至傅家公饯樾岑,少村、筠仙作陪,已先至矣。樾岑夕至,坐谈久之,乃入坐。

筠仙言《昏礼》记"宗子无父母命之",昏姻可自主。因思《公羊笺》未补此义,还家检说之,方知说经易卤莽,如此一大段事,初无理会也。今日一集,可谓不负。

廿九日　阴雨

唐八牛、君豫、罗少纯、曾传涽来,详问蜀事。钞经一叶。

二　月

壬子朔　晴

钞经一叶,改定《行露》诗笺说,以为文王罔攸兼于庶狱之事,虽不知于经旨云何,要为有益治体。运仪来辞行。

二日　癸丑。复雨

出送常霖生、运仪,便过曾兰舟,唯运仪处入谈,看次青全集。叔绩孙代钧字沅帆来,送叔子遗书,久谈而去,在新化为佼佼者。纨女留髾。汤宅送报。

三日　晴

燕孙周岁。熊、彭两翁来。熊八十三,彭七十七,合百六十也。见郎、重伯来,彭子了尘继至,遂尽一日。窊女归,仅一见面。钞经二叶。沈一复来。

四日　晴

朝食后出,答访朵翁、邹生沅帆。邹出未晤,至蓬海处小坐而还。纨女热发昏睡，稍提抱之。

略理功课，钞经一叶，已夕矣。早眠，未事，惟讲《左传》怀嬴奉匜，既而挥之，重耳调之也。怒曰云云。怀嬴不自以为子圉妻，自称秦女，以诧于重耳也。“降服而囚”，降囚服以谢怀嬴，媚秦之甚也。此段媟琐，非史法，《史记》往往学此为句外句、意外意之文，文家之异于史家在此。得宋生书。

五日 晴

斋居楼上，始定祭礼，分四时，祭四代，以四仲月，考定廿年乃始知之，所谓明堂封禅，茫昧不知者，犹欺人语耳。子云来催万谱序。纨女痲沴，热愈甚，已三日不食矣。斋宿楼上，不能携婴幼，任其自眠起也。

六日 晴

晨起馔具，坐待䉵饪，至日隅中，乃行礼祭祢，以仲章祔食，三献利〔礼〕成乃馂。

七日 晴

今年始得步出，朝食后从城西至南门，将出省墓，以乘便不恭，乃止。还从城东，投暮还。得入谈者，唯重伯、验郎、子久、逸梧、笠僧五处耳。非但素心不易，脱略官派者即不易，使人慨然有张、骆之治不可复见之叹。家中会女姻二，黄家无人到。

夜讲《驺虞》五豝、豵，文似不顺，如师说，甚痴亦不安也。钞《考工》一叶。

八日 晴

始理学课。午携舆儿出南门省墓，天气甚热，从浏阳门入城，经醴陵坡，思老龙潭一带近在咫尺，而终古不到，想马氏用兵时，皆战场也。欲作一诗，忽忽已到门，人事纷纭，不复属思矣。得保之书，将复之。纨女热未退,索抱,不得执笔,夜乃匆匆作二纸,并寄弥之二纸。

九日　　晴

改作书箱。所著书盈一簏,所录书将三簏矣,故为盛事。始为三弟赁屋,给其口食。房妪晨诟,告半山令遣之,大有难色,且出怨言,禁之不止,携纨避楼上,不觉盛怒,既而自笑,何轻发于鼷鼠。看船山《悼亡诗》又不觉大笑,彼何其不打自招也。故知颦笑从容,未易合法,况云道乎！子寿、香孙来夜谈。钞《记》二叶。

十日　　晴

晨出答访杨石泉,便遇禹翁,还,朝食。蓬海来。看雨珊题《桃燕图》词及蓬所作,雨珊故是行家。钞经二叶。夜还寝,纨女啼呼,婢妪来叩门,复就侧室领之。

十一日　　晴

钞经二叶,兼重写唐绝句卷二叶。朵园赴馆,筠仙招赴公社之会,过晡而往,集者半散矣,坐中唯有熊鹤翁、左调元、罗小元、黄郎望之,殊不成集。余颇发明圣道,欲砭筠仙褊陋之敝,彼惊怖吾言,以为河汉也,唯言世故则以为然。酉初饮于晴澜舫,笼镫还。热,始服薄绵。

十二日　　晴

钞经三叶,《周官》毕,虽迟,犹愈于无功者。讲《诗》"以勖寡人",恐非庄姜。莪云《曲礼》有自称"寡人",乃与民言也。书熟定胜学深,郑君殊有恐于小儿女,因改定之。钞诗二叶。

彭峻五及其从子芝弟来,孙涵若及殷生来,心安、禹门并来,应接不暇,晡乃理课。又为三弟移宅。夜月甚明,纨女大愈。始约与心安同船泛江,为沩南之游。

十三日 晴阴

罗小云来。子玖来,言昨讲社,发明《论语》"闻政"章之意,夫子温良恭俭让,非美圣容,亦非喜得政,正言处世之法耳。当时诸侯尚不及今督抚,得闻其政,有何夸耀?子禽故疑其求,子贡明其得之之故,不妨[不妨]似求,但异人求耳。人求欲媚世,子求不忤世,如此乃于立言垂教有益。钞诗三叶。茷女生日,放学,作寒具。姊弟争食,以致嫡庶起怨,干糇以愆,可叹乎!午后小雨,夜诣君豫谈。

十四日 雨

筠仙遣告朵翁欲开讲,宜约何人往听。余报以当从主人,不可代为要客也。久不讲学,招人必不至,然正不妨招之,不至在人,过不在我,上说下教,强聒不已,亦今日之急务乎?钞诗六叶。讲《凯风》"棘薪",不知棘今何木。因思《尔雅》槐棘为类,桑柳为类,并不知桑柳何以为类。多所不知,殊深警悟。

十五日 晴

钞诗三叶。午过思贤讲舍,会讲者廿馀人,亦颇整齐,申散。过罗梦子饮,成赞君、王君豫、二罗先在,多谈曾重伯。余言今人耻于服善,有高才者,众所不能及,则视其所善者而讥笑之,云非某人不能制也。如是以离两家之交,愈长一人之傲。余今闻人言,重伯唯服我,则惕然不喜。诚使能成其材而益其善,虽自讪以推之,亦何靳哉!君豫似不喜,但云时无仲尼而已。酉正还。月出正照门首,春光甚丽,登楼坐望,尚寒,不可久伫。

十六日 雨

刘人俊来见,以家忌辞之。一梧再问《月令》,为翻《汉书》条示之。钞诗六叶。申正设荐先府君。夜登楼讲《通鉴》,觉所载王莽事,殊不足为法戒,徒文烦耳。

十七日　阴,夜有雨无月

今日春社,桃花始开,海棠未落,城中春色殊少。钞诗三叶。出送刘馨翁、龙济生。答访刘君不遇。

作潘绂翁挽联:"紫薇仙吏最高年,早翛然富贵丛中,闲话蓬莱水深浅;黄阁回班传盛事,更怅望升平门下,春风桃李梦低回。"

十八日　晴,复寒

钞诗六叶。尹和伯、朱香孙来。夜讲《简兮》,苦不贯串。

十九日　晴,风凉

钞诗五叶。恐春花已过,携诸儿女至城东探之,遂至报慈旧寓,登凤皇台,沿路杨花满沟,乃悟桑柳同条之义,二树皆有葚,与叶俱发也。棘条则尚未悟,今紫荆有荚如槐,疑即棘也。荆与紫薇二种,而花略似,故禁省或种紫荆,取美名谓之紫薇。槐棘之棘殆紫荆与?若种刺树于庭,以为九卿之位,甚无取也。但不知古人何以不树松柏、女贞不雕之树,而树槐棘耳。

廿日　晨雨,辰晴

麻年侄、陈葵心来。重伯及罗郎来。晚步过香孙。看《申报》,宝廷取江山女为妾,自许直言,可谓荒诞,朝廷即行革职,有以也。昨遇金刚儿,顾瞻有威,殊异凡儿,其荒诞尤甚,记此以验其祸福。钞诗五叶。

廿一日　晴

钞诗六叶。王莽迎龚胜、行义诸生入胜闾,师古以为二种人,非也。行义诸生,今之举人,选诸生,书其行义,年与计偕者。蓬海来,为朱若林索寿诗,今年正六十矣。复女病沴,忽觉目瞪无光,恐复不育。思此数年子孙无福,殊自愧懑。聊舍业行游,至贡院看甄别,暗行还。夜雨。

廿二日 晴

复女犹未减，迎两医来视之，云偶厥，不足忧也。然家中不静，儿女皆暂辍业，余未朝食。午初，复女少愈，能乳，乃登楼钞诗六叶。暮携纨、茙至又一村，买海棠、白桃。乡农送紫荆二株。过一梧夜话。

廿三日 晴

复女大愈，督课如常。钞诗五叶。君豫来。未初诣刘韫公处会饮，王石丞、邓双坡、筠仙先后继至，青馀不到，食佛掌参，鱼肠面，滇中土物也。酉散，过麻郎而还。夜有雨。

廿四日 晴

钞诗三叶。唐绝句始选讫，馀尚未暇补也。刘知县即人俊，吉水人、唐知府八牛、张拔贡东生来。遣招彭克郎，借银不得，反欲相扰，坐久之乃去。为朱丁作书与次青，孙涵若书与鄂生。世乔，士玠子，寓杭州，娶嘉兴钱氏，生二子，长和尚，小保保。出访朱若林不遇，代茂春林行一子在。

廿五日 大雨

出送八牛，还理书课。未初诣筠仙，陈丹阶、黼堂、朵翁继至，会饮，筠令庆藩入坐，余与黼堂俱不说。藩言张、饶鄙琐事聒聒不休，竟席无一雅谈，戌散。见星。

廿六日 晨大雾

呼舁人起饭，出南门渡湘、靳，愒余滩，舁夫饭于九冈庙，取碑头路至道林，过桥已暮，呼两农人，暗行十里至马厂，不能进，借宿周家。夜梦至书院考课，院外生二人，一为开县廪生李杏臣，字次莩，余亲书其名。

廿七日 晴热

辰初始行。五里从高田坳至输湖塘，四里管家坤，过夹巷、青山界至刘坤入祠,族人已至者,三房本立代芸,耕子二,名耀三裁缝、辉力田,孙杨彬耕、杨榜缝,居祠旁己屋;四房名桂字新明船厂、世光文海老,六十八;七房人众,别纸录名。午饭后风煊,单衣犹热,牲杀太早,因先付爨。夜大风雷,斋宿西房,与乾元、迪亭族子及丙二伯父、族四兄又二族子同房。考定祭仪。

廿八日　己卯,清明节

晨兴待事,择赞祝不足,乃以裁缝充之,族衰微至此,可叹也。余主祭,季萼弟、迪子备三献,虽衣冠不齐,仪节尚可观,七父教习之力也。午后族食,会者六十馀人,议禁山、修谱、图墓事,及晡而毕。遂行,从唐坳至石坊,经袁家门,稍立,褰回,未夕至妇家,棣桐叔出见,云外舅上冢未还。时顷乃归,谈世务,尚有精悍之色。张松甫亦在其家,夜宿客房,比前稍洁,有书案矣。亥眠。

廿九日

辰初起,待饭,至巳初乃行,意以为不能入城也。从山路至桐冲,视仲章新坟,尚开朗可观,小立而去。径大石头,取加马径道出观音涧,不知里数,约五十里有馀耳。驻桥上,待舁夫饭,几一时许乃行。循湘,疾步入小西门,日初落耳。入门庭,花繁开,已异去时,春事之迅速如此。彭畯五来,同饭。

三　月

辛巳朔　雨

见郎来。罗春子来求见,不能出也。得丁百川、张子衡书,并寄其诗。去年张自牧诡称寄去余诗,无聊而扯谎,可叹哉!

二日　阴

复张、丁书。午出答访与循,因过杨石公、黄子寿,还已向暮,讲书毕，早眠。

三日 晴

黼堂来。补作寒食三绝句。约与循午饭，子襄已先约去矣。逸梧来。将夕，与循来，登楼少坐，笼镫去。

四日 晴

与循来。午饭，重伯来，及何价藩同至。微月煊春，差为闲适。夜看洋报，无新事。

五日 晴

朱宇恬约看牡丹，出北门，行丘墓间，十里至其墓庐，正在回西渡右。深紫者二株，有百卅馀朵花。粉红二株，不及百花。浅桃红一株，有五花。红桎木花一株，大似马缨，疑一种也。若林亦在，况颜山太守、蒋幼怀、蓬海、鹤皋继至，余携纨女，共八人来集，酉散。比至家，日夕矣。初约庄心安同舟东下，至今日闻其行迫，又来告船小，盖为徐熙堂所制，不自由也。行日亦有定，姑徐徐焉。族孙润秋来。

六日 晨雨

作看牡丹四绝句。书与张萱圃。陈万全来。申过蓬海，与若林、畇谷、盛锡吾、青馀会饮。谈判冥事，云于谦罪大功多，光〔先〕叙罪在地狱，乃为云南都城隍，今升天曹矣，代之者潘木君。张石卿来质讯，从角门入，正门出，潘送之登巽。业镜似铜镜，下加烛，与《阅微》所记挥袖即现者不同。此镜须举以来去，实一物，非心也。青馀言马谷山一案幽明相反，郑、张皆以回护停官，张犹再起，郑遂削禄，其见与俗无异。又云烧金银纸一定，可当银一分，宜《会典》唯以金银定多为丧纪。

七日 阴，极煊

晨起作书，至巳乃食。午饭极早，携纨女步从又一村过重伯，复至罗氏乃还。循贡院墙至莫氏宅看新绿。与李佐周谈盐事,云自牧脱逃,郭郎郎当矣。暮还,孙女病甚,舆儿亦肿,梦缇惧,请余作伴。夜大雷风雨,寐不能安,终夜警觉。润孙去。

八日　大风作

书复浏阳两书院,并出题去。为彭郎书屏四幅。樾岑擢闽臬,闻之怅惘,似无复见期者。从来别离之感未有若此,盖樾岑肫挚,感人深故耳。

九日　风雨

授读毕,出送子湘赴选,因至刘竹汀处晚饭。半山问:"刘请诸客多辞,君何以必去?"余曰:"此僇民之所以苦也。他人或辞之,而彼不敢怪,或不屑怪,唯吾则必怪,故冒雨而往。"筠仙、双坡俱会。舒叔隽之子以应考来,刘女婿也。与筠仙谈大隐隐朝市,以林泉不可安也,非道望如王烈、陈寔,殆必为有司所荣辱矣。

十日　雨

取王逸梧所刻校宋本《魏书》勘已点本讹误者,补改数十条。先已改正,此本未改者亦百千条。终日不皇他事。李佐周、罗郎、程殿儿来。若林来,请写折扇七柄。纨女为汤伤耳。

十一日　雨

写扇校书,终日勤勤。

十二日　阴

曾祖妣生辰,设荐,年百卌二矣,亦可谓流光者。郭见郎来。暮诣若林,知县试已发案矣。

十三日　阴

校《魏书》毕,始命具舟。陈升来,言有纸船,十八日行。乃定行日。道光十五年,塞尚阿查办灵秀娶湘潭捕役女为妾,发伊犁。

十四日 雨

督课如恒。逸梧来。钞唐绝句三叶。是日甲午谷雨。

十五日 阴雨

暮,与书子寿谋赍斧。此非吾愿,待之一年而无转机,故穷而谋之,必不可再迟,乃为此举也。钞绝句五叶。朵翁来。

十六日 大雨

钞诗督课如常。薄暮,黄郎望之来,问安插散军,余告以无事自扰之敝,治国烹鲜之道。久谈至二更方去。

十七日 晴

往还密者当出告行,因检衣装,舁出,过笛仙、少村、韫斋、篴海、子威、子寿、朵翁皆遇,入谈。石泉擢漕督,往问行期,便过禹门、子玖。日夕人饥,摘去三数处不往。过逸梧门,复入少坐。遇子寿,因遣夫力还食,往,夕始还,畯五、子瑞、重伯、守愚、少侨皆至,酬接虽快,亦甚倦也。笛仙来,不得谈而去。夜欲有所作,既困眠矣。

十八日 晴

当下船,船有杂客,恐烟人杂坐,不欲往,乃更觅之。客来者皆未得见,唯见郎得入。子威来,报陈用阶暴疾遽终。夜改仲章碑文,钞唐诗三叶。逸梧来,送道光上谕,殊嫌阙略。夜雨。

十九日 晴

遣觅船,闻刘伯固当下江,欲与同行,因复接宾,黼堂、朋海、筠仙、伯固来谈。钞唐诗始竟。令畛女拟娥芳墓志,亦尚成文,而不能终篇,云身痛体不支。此女殆亦短命,可怪也。

廿日 晴煊

碑名粗就,携莪、纨、懿出看柳絮,至浩园,徘徊久之,无一人至,殊为寂静。郭意城夺我讲席,使我不得为园主,负此春阴也。然正得之,则物役纷纭,又不可居,不如留此一段恨缘,使彼为妒害之小人,值一笑耳。未还,小雨,过重伯饮,写对子五幅,折扇一把。重伯能记吾诗,见称以师,殊可佩服,以时人方激间之也。伯固、畯五、少溪、谢镜吾、守愚、罗君甫同坐,久谈,至亥乃散。作娥芳志名。得稚公、翰仙书,促入峡。

廿一日　晴煊

始定西行。答访伯固,和守愚赠诗:"和春应淑心,华实含初终。青阳在新荑,绿阴胜芳红。暄风吹远游,穆如诵笙庸。处盛不遗老,为德岂不充。雷雨动满形,升解何丰茸。惠音愉我怀,感念芳泽同。原隰高下间,皇华映光容。篑序无外愿,昭质勖所崇。"

于伯固处遇杨石泉,知其欣然命驾,朱学定不如此。

廿二日　晴

与诸小儿女看戏。伯固早来送茶叶,请写扇,因欲寄书问劼刚、松生、商农,就扇上题诗并及之,水到渠成,极为合作。曾郎兄弟及谢、袁均来送行。曾弟年十二,作诗赠余,甚有章局,可喜也。因令书扇头以奖之,并和其诗,亦称佳作。今年始发笔,录集诗乃知之。罗少纯夜来。

廿三日

晨起看浏阳课卷,竟日伏案,犹甚竭蹶。筠仙招饮,未能去。晚过又一村,携诸女看花,甚热,访黄亲家不遇,即还。

廿四日　阴

张庆、黄桂、廖福、莫晋各求荐书,与杨、高、张、丁各一函。书条幅、对、扇,定课卷等第,寻《春秋表》,检行李,看帉女书墓志,一日而办数日之事,知城中废弛时日不少也。夜登楼作书唁伯寅。竟日北风,约船人来,不能稳泊,改于明日登舟。

廿五日 晴阴

晨起风息,命发行李,朝食后犹无行意,云阴欲雨,乃率三儿、纨女、小孙至朝宗门外绿杨阴下稍留裵回,三弟、张、廖、黄仆均候送,皆令先还。余率葛玉、沈一以行,附倒爬铁船,午初开行,戌正始至乔口,夜黑迷望,几不得入港,遍问来船,回帆始到。大雨雷电以风。

廿六日

北风不能行,泊乔口。重理《女子子服表》。大风簸舟。夜钞《礼经》二叶。

廿七日 阴

午前风稍止,行卅里,风大泊三叉河,湘阴地也。钞《礼经》二叶。检《湘潭志》稿竟无头本,可怪也。各公所事,欲载其田亩房屋,载之则累文体,不载则违众心,思得一善法,当为作公田表,庶合古人重约剂之义。乃知史表之善,可无所不记,而又不烦俗,此李次青所以痛恶之。夜说"东荣"、"东溜",似较有分别,唯房室之前尚未分明,疑房外为序,室外为堂,古人皆半截屋,今人则前后间耳。

廿八日 阴

缆行四十里,泊百岁坊乌柏堤下。偶作一诗:"烟波浩渺叶舟微,频向清沅浣素衣。今夕晚风乌臼下,伯劳终是愿东飞。"又忆靳溪新柳,曾题一绝,未及录稿:"靳家溪畔柳千条,犹学当年郑袖腰。怀古伤春正惆怅,绿阴深处听离骚。"钞《礼经》五叶,又一叶。

廿九日 晴

有南风,帆行六十里,舣沅江县,而风愈顺,顷之转风,泊湖边,云距白沙十馀里,无地名。比三日女妇丐舟不绝,前行所未遇者,云得风则不来也。鱼贱肉贵,米价亦昂。钞《礼经》六叶。觉指痛,未知其由。四更后大雨。

晦日　庚戌,立夏。雨潇潇至午,霡霂竟日,至夜乃止

东南风利,舟人不敢行,未知何意也。此行本为避喧销日,不复促问之。钞经七叶,《士冠》毕。考"北堂",似郑说不可易,知下意之难,师说之精也。

二更后闻雁,夏雁矣,其不北归而流寓者耶?"青草堤边夏水平,夜闻来雁似春声。云鸿去尽青霄远,流落湖南万里情。"

四　月

辛亥朔　晴

南风,入湖行不计远近,至南洲风转北,不能进,遂泊洲旁。炮船一熊姓来,言奉委禽南洲王,因留召垦,夺民田入官,岁收二千千之税,前垦荒者皆破家矣。洪秋帆亦奉委驻此。顷之,洪来,移船相近,过彼舟谈,留饭,至四更乃散。洪皆自道其能,无他语也。今日本欲钞成《昏礼篇》,因此未果,仅钞四叶。夜雨,大风。

二日

风仍未止,以为当更舣一日,船人反急行,辰发,缆行。钞经六叶。尽改《礼经》房中为西房,以其言东房、左房,必分明著之也,未知可通否。若果如所说,又可谓发千古之覆。智浅记懵,望洋而叹,所谓"如有所立,既竭吾才",真好学之言。

细雨斜风,行廿馀里泊华容九都界,不知地名,荒洲积水,杨幺出没之地也,若欲隐居亦不减桃源。南洲东有放羊洲,云龙女重遇柳毅之地,不顾泾阳寄书之龃龉,虽野语亦不足自圆,然土民云芦叶

不圆，雨工所啮也。

三日 北风寒雨

缆行洲渚间，不出十里，处处遭浅水，纤夫凡三易衣绔，犹濡透也。虽钞经如常，心中颇闷，作诗不成一句，写字亦指痛，唯啖饭而已。四围皆水，不能奋飞，又方出门，而不能寸进，大似吴竹庄所说不得出湖者。欲思家则不可，欲说行路难则又未行，真闷人也。自己未以来，不知道路之苦，今乃困于咫尺，《易》曰“需于沙”，传曰“衍在中”，学道卅年，犹不识一“衍”字。钞《礼》九叶，《昏礼篇》成。

四日 北风细雨，或阴或晴

行五六里，泊黄杨渡，华容地也。华容近颇有涨淤田洲，人户稍增，多长沙流入。钞经八叶，成《相见篇》。午梦还家，醒而自笑，十日之别，何遽念归，盖留滞情纡，无春游之乐耳。朝夕治经，竟不能忘欢怨耶？

五日 阴雨

行五里过鲇鱼司，华容大市集也。税局题雷湾，泊久之。雨中缆行，过一市，石首地，忘其地名。十馀里早泊马家圩小港，通城去石首五六里。土人读“圩”为“院”。筑堤人田歌声同湘、衡，所谓楚歌也，哀怨有屈、宋之遗。夜亦高咏歌行，船人有小儿，未能语，闻歌端坐，有童子闻韶之感。乐诚足以移人，亦不在声律间。钞经六叶，啜粥而罢。

六日 雨淅淅至午方止

缆行阁浅，行十馀里，将至藕池，不能到而泊，见远山一抹，似逢故人，题一绝句：“一抹青山学黛眉，归舟喜似见君时。重来未免成轻薄，细雨如尘出藕池。”

钞经五叶，夜钞三叶。

七日　阴晴

不能出湖,缆湖边至午。钞经五叶,《乡饮》毕。

更无风,漫流平碧,轻舟漾到鸥边。看远浦、隔回江浪,夕阴留住春烟。离情那天。　清和芳草绵绵。休道别愁难摸,一时载满湖船。忆腻水脂红,粉娇桃嫩,惹衣香沁,露酣藻重。如今独自,凭阑望眼,遥山黛色依然。早娟娟,前番明蟾又弦。

晚霁,望藕池远山仍在故处。钞《燕礼》三叶。舟人夫妇勃溪,大声发于水上,诃之不止,屏息而已。夜雷雨至晓。

八日　雨蒙蒙

渡江口至藕池,船人纳税,五尺以上千二百,以下六百。忆己年过此时,不如此多,岂豹岑更之耶?缆傍江行,五里泊一处,仍石首地。堤内有小市,云杨柳街。钞《燕礼》六叶。云阴,时欲雨,遂泊于此。江流迅疾,下水不觉其快,上水无风,乃不易行也。前四至,从此到宜昌,皆不过六日,今殊无可到之期。夏阴遂欲连旬,实无风雨,徒滞留耳。

说《燕礼》"卿"如《乡饮》"遵",胜师说甚远。钞经二叶。今日毕功甚早,初以为至宜昌不能成一本,今已将满百叶矣。亥初大风,尚不至簸舟耳。

九日　晨大风雨,午止,未初晴,登舟始三见日色耳

钞经五叶。濯足剃发。看前三年日记,今日所与接谈者皆已半死,唯钞书如恒时,所谓读书延年者,与光景常新,非文词无寄,西域浮屠真不求行乐者,乃欲不立文字,何也?正饭时,见一船从上游来,扬帆直下,八窗玉朗,望之如仙,俄顷而过,意甚羡之,其中似是候补官浮沉苦海者,取其一时之快,不必问其何人也。北风已息,水波不兴,缆系荒洲,游情顿尽,对岸天心洲,亦饶幽致。屈子南迁,遍经

浦溆，是以有廿五篇灵文，乃自称“枯槁憔悴”，其寓言耶？其果适人之适而不自适者耶？吾傥得一舸，倘佯两湖之间，不必效雪琴以衡、杭为度岁地，计月取十金，即足以办，犹愈于山居也。暮看日记，接物则多悔，余殆所谓有圣人之学而无圣人之材者，以外观之，余才胜人十倍，正以多才乃无才也。日记殊大有益。

十日 阴晴

寅正起，看开船，摘蔷薇。钞经，误书一叶，遂罢。游戏作小词二阕。

朝食后饱眠，梦至戒烟社，与筠仙、瞿子久及杂客三人，视所刻条约内有修改字。为删改一大段，一联云：“以吾区区之意，方求善劝而过规；诸君落落之怀，亦觉离多而会少。”自疑其近刺讥，未书于纸。筠云：“宜吾等自书而付刻工。”后有年月日印章，云当判谋字。余云判宜草书，草书作“□谋于人”，自书某某某，遂持黄色绣被以付筠仙，未判而醒。午梦罕有如是历历者，醒而目眵，不能作字，遂记之。

午钞《燕礼》四叶成。竟日缆行，酉正至郝穴，江陵主簿治所。此路仲章所未经，余凡三过矣。自长沙至宜昌，于此得半，泊舟始此行也。

十一日 午前阴煊，午后寒雨

朝食后登岸下堤行市中，遇雨即还。荆、汉间皆于堤下作民居田地，《禹贡》所谓三澨也。船户起铁万六千斤，自攸运南阳者，每领一票，官限七十五日，又馀限两月，自雷石还税，不复再税，故于衡山以下重运，漏税可行四运也。钞经二叶。风雨阻行，泊西市码头竟日，复钞二叶。考乐正非左右正，驳郑注“继庶子而献”之误，得《乡饮记》为证，殊觉郑之卤莽。然余先望文为训，亦卤莽也，读书良不易言。又考得“献尊者一爵”无下落，亦前此所未悟。又考得“主人献工”,辞宾降,宾遂不降,似亦有说。夜复钞二叶,大风簸舟,顿觉摇荡,舟轻故也。春夏间行,不及秋冬安适,生平行役,多于冬春间,故无风涛之阻。

夜梦与吴南丈深谈罗研丈周旋离合之故。南丈云:“研生甚恨你。”余言:“至好亦至恶,然恶不敌好之深也。”因深论朋友交际之故。将设食,侍人怪客久不去,余云:“甚近,虽二更可归耳。”命放马就水草,方食,外传李芋仙至,南丈云未尝相见。李入,不设拜,点首而已,正似其狂率态。已而与余相见甚熟,余云:“白须矣,犹相识耶,今欲投相门耶、侯门耶?”李云:“且往干侯。”吴因问李何科,余代对。欲要李过余家,吴留同宿,余云两人有话,岂可令他人闻。

十二日　晴

辰初开行,轮船亦至,半帆风行,卅里过马砦,作词一首。缆行卅里,泊观音夹,云道多劫盗,不可进,未夕而止宿焉。顷之有微风,以为可行,复帆一里许,风细仍泊,登堤数步,见店民皆有北俗,凄然不乐,遂还。夜月甚明,露濡寒退,钞经八叶,说“众宾未拾取矢”,曲折难通也。

十三日　晴阴

东北风,缆行十五里,过窑湾,又名虾子沟。挂帆行十五里,泊沙头,雨至遂停。钞经五叶。夜欲回船还家,待秋乃西,念俗论惊怪,未能决也。复钞书三叶,安寝至晓。

十四日　晴

钞经二叶,乃朝食。船人殊不欲发,促之乃行,已未初矣。渡江经时许,乃过虎渡口,即前年挈眷同来之路,自此无岐溠。前后凡五经此。今时芦洲平碧,饶有夏气。夜雨潇潇,泊幺口,误记以为曾泊,检查日记乃安乡幺口,此即前与儿女登堤对岸也,较前多行十日。钞经六叶,《乡射》经毕,笺义无多,《礼经》此篇易明。今日行卅里。

十五日 大晴。乙丑,小满

先祖妣忌日,素食。过午始钞书六叶。竟日缆行六十里,泊江口上三里,欲问地名,船未拢岸,无从讯之。夜有月,出看而隐,二更大明,船人纵横卧,不能出矣。又钞书二叶,《乡射记》毕,五日得卌二叶,以钞《燕篇》时别钞四叶未记,十一日少钞二叶,多少相补,似多二叶,实少二叶也。

十六日 晴

晨梦从新梯登一小楼,初以为无人,既升,见烛跋犹然,炷香始烬,一仙女携小儿寐帐中,薄被微遮,色肤红瘦,退立未敢惊之。俄而女觉,似言:"君溺于情媚,当退转矣,妾来与君调坎兑、正情性耳,无他事也。"悚然而寤。五十之年,见笑跐离,智镫岂能烧障耶?

钞经五叶。午后过董市,得东北风,帆过枝江,风转,泊万湾,枝江对岸十馀里。遣人登岸,问去江口正百里,距宜昌百廿里。当是百八十里。夜钞书三叶,虽速而颇难之,勉中程耳。

十七日 晨微雨,已而濛濛,然无凉气,近暑雨矣

"弹指人间五十春,巴蕉犹护雪中身。重劳玉女援裙带,白发花阴忆紫宸。""仙骨虽存障已多,拈花随处惹多罗。星星私语雷音过,无那闻迟习惯何。"作纪梦两诗,闻善不服,筠仙所谓害诗教者,再作一绝正之。"自笑春蚕一络丝,弥天补地罥贪痴。从今付与鸳机织,请看文章五色奇。"

午后始钞经,得五叶。未正雨止放晴,帆缆兼行,廿里过白羊,前年宿处也。复行十馀里泊马鬃岐,宜都对岸地。夜钞经三叶。见萤火。

十八日

晨雾微雨，麦叔黄栖，江山白滃，似是佳景，然农惧无收，舟行困缆，各有怨咨也。人心不静，皆以今年必有凶札，稍荒必小蠢动，大段无足虑耳。“夏雨长萋蔼，舟程惯逗留。猇亭馀战地，离思接芳洲。白滃江山冷，黄栖叔麦秋。客游闲更懒，还听唤晴鸠。”

缆行，时雨时止，廿馀里泊红石，云无牵路，不可行，上水船皆泊。薄暮雨大作，潇潇至子夜。明镫钞书八叶，字甚草率。又闻同舟人言，昨宵有寤语者，意似斥我，而不敢明言。余生平警寐，今反昏浊如此，可惧也。每日修心，不知何以至此，岂为学无验，抑道真有魔耶？唯学易笏山自责而已，明当发愤。《猇亭感咏》：“入蜀崎岖霸业成，连营峡口谩骄兵。翠华警跸东行日，知否多年髀肉生。”

十九日

晨雨不止，寅初闻啼鸟，声如裂帛，似曰“批颊批颊”，疑即鹎鵊。《尔雅》所谓鵧鷑，笠鸠即伯劳也。正在乌臼上，天明即止无声。

东北风大作，帆行甚猛，甫渡江而风止，仍在对岸耳。泊仙人桥山下，山洞正方，故曰仙桥，前过所未见也。西风冻雨，午后见日，东南风，帆缆兼行，未正至宜昌，方夕食。检行李，见团扇，感孺人为我置箧时以为坚固，今未至而已移动，事岂人所料耶？中心凄然，为之辍食，意甚恶之。登岸见贺营官，询近事，云俱平安，唯少荃放钦差，总办广西、云南夷务，是新闻也。托其发一三版船坐我，贺又添派一红船，定于明日行。贺住鄢家巷救生总局。还船钞经两叶，合午前得八叶。

廿日　阴晴

发家书。晨入城西门，出南门，行观街道官署，已乃至贺笏臣处，已遣人来请早饭，余告已饭，小坐而出。登三版船，哨官邹炳工琴笛,异乎湘军初起之风也。顷之贺登舟相送,坐候开船,辰正遂行。江始涨,流黄势迅,大有气势,异于前四度也。山气亦苍翠幽深,唯无变换,但一重一掩耳。未初过平善坝,酉正泊南沱,行六十里。初登舟未及钞书,看洋报。

廿一日 阴

南风,缆行十馀里,过红石,水师哨官戴葆芗来见。又廿馀里,水师三版声炮站队,而无哨官,其旗绣“魏”字。食枇杷甚甘芳,逾于湘、蜀二都者。十馀里至獭洞,滩夫抛缆,船流,挽商船始上。哨官易来见,云住五斗坪,来此照护,派红船一只,旋辞而去。

獭洞一上一折,不能直进,故为险滩,非滩险也。又去宜昌太远,流头滩当以红石或石门当之。石门又疑是荆门之旧名存者也。出宜昌便江水昼昏,雾常不泄,急湍东西,有骇观听,宜半山之怯之,然冬春行,实不如此。昔人以五月上瞿唐为愁,今乃亲之矣。估客信可愁,轻装速进,未足忧也。夜泊偏崖,东湖地,行九十里少不足,此去曲溪四五里,东湖距曲溪百五十也。船尾不甚宜书,夜钞经三叶。

廿二日 晴

卯初未起,复闻喧呼搅寐,起问之,云船又流下。盖水手恃轻捷,不用心力,致反为货船所笑也。辰正得顺风,至庙湖峡,换红船,峡陕而不峻,亦为幽曲。巳初至石门滩,传云有泄无清,果不见一石,所谓南槽北槽者皆成平水,亦不甚湍急,有似冬之离堆,令人怃然。

午至归州,风湍甚壮,泊泄滩上久之。泄滩,余考定以为新崩滩,今看两山无崩迹,而前数里有一山脚,碎石甚多,盖汉时此山崩,既久不转,而上成泄滩,此于物理为近。泄滩号巨险,戒备甚至,既挽而上,平平耳,未及归州上下之回洑骇人也。复帆行十里,泊蟒蛇岩,行百廿里未暮,然镫钞书二叶。自新滩上红船,哨官均未见,护船随地换送也。

廿三日　阴,无风

朝食后至牛口,云卅里,停船发缆,戒备甚至,及牵上,了无留难,江险止于此矣。作诗一首。廿五里过巴东,山县依然,陈迹可指,比归州为寂寥。舟手云对岸有仙桃,山果饶多,宜猿狖之所宅矣。六十里泊楠木园,前年买柚地也。时亦宿此,澄江不异,孤游怆怀。"旧游行乐暂浮家,重照澄江感鬓华。记舣霜波寻楚柚,巫山闲过两回花。"钞经二叶。

廿四日　阴

晨起已入巫峡,鸟语泉流,有助灵赏,北风送帆,平泛安闲,入蜀水途,斯为最乐。卌五里至裴石,江中横二石,亦湍急,发夫牵过,前宿时都不觉,今此因救生船送,故有险必戒也。"裴"当作"碚",蜀中谓石入水中为碚。红船来问讯而去。会雨小泊。帆上数矶,水皆急于冬时数倍。

望巫山作五言一篇,甚为称意,复是学《赤石帆海》之作,与《彭蠡望庐山》同一格调,而光景弥新。世人言摹仿者,可以息意于斫轮矣。因咏赏遂未见天岫峰所在,薄暮风急,距县城六里止泊,地名龚坊。钞经二叶,行百十四里。

廿五日

晨发,未一里闻雨,遂停。久不得雨,又正在佳山水之间,云气江阴,足增游瞩。船停不行,柁尾安定。

钞《大射篇》成。又得《驺虞》之解。葭蓬记时,谓春秋以礼会民而习射也。壹发者,诸侯与群臣大射礼毕,又燕射,壹发中三侯,皆获之时也。燕时士以鹿豕，豕侯，下士之侯。豝豵，小豕也。五之者，三耦六令五也。大夫《春秋》教民选比三耦，至其君选士，壹发之时其五人皆中，正所谓中多有庆之事也。驺虞、白虎，大夫之侯也。于嗟乎！若此乃可以为大夫。正言豕侯者，贡士初升，用下士之礼，美大夫能以人事君，故云鹊巢之应，而《记》言“乐官备”。贡士之制，自虞以来，周公特制此诗，即用大射乡射之礼典，而以为天子之射节耳。邹哨长恐山石隊落损舟，冒雨缆行，三里至巫山城下，望空侯山神女新祠甚丽，呼舁往谒，殿黑，碑在北墉，然烛钞其铭词而归。守僧跛朴，设茗相款，遂泊城下。从城至祠，当渡盐水，以大宁出盐而名，亦有神女之异。甫移舟，山石果崩，泊拖逗。

廿六日 晴阴

至东关鞝遇雨少停，下水船验票地。巫山至此云卅里，此等计里，盖皆战国秦时短尺步之遗，后遂相沿，故瞿唐至江陵云千里，万县至成都则又太漫，百里殆百五十里，彼盖乡民以意言之，而后遂为定。

十五里至焦滩，有红菌，未敢尝之。十五里龙泡滩，水手上捉牵夫，打破其洋药镫盘，滩夫百人皆敛手受捶。此去黛溪、二塘，旧记巫山至奉节七十里，又太以意减，今云已行六十里，实不过卅、卌里也。自开船至此才四时，吃饭避雨去一时，盘旋江岸，未尝直行，岂能径牵六十里乎？未正至黛溪，产流黄，有小店屋。始入夔峡。得小顺风，帆行十五里，过黑石。偶登岸，遂越山行，不过二里，汗下如雨。至沙鞝登舟，过夔门，视滟豫石正似象，高可五六尺耳。戌至夔关，泊上关，行百廿里。

钞《觐篇》二叶。询知泽臣、伯起俱不在此，本欲径过，念当收回《文苑英华》，遣呼绂子来，罗石卿同至，少坐即去，欲三更矣。夜热不寐。

廿七日　阴

晨起易简轩来,红船委员也,云拟派护送。余告以宜令各船巡行,不必送我。又唁娥芳之丧。绂子来,送《英华》及吴生卷,始知四优贡名姓及院中诸事。又闻肯甫垂死犹念我,其病亦腹疾,子、妾将至而死,可为陨涕。未朝食,大风雨促至,风若震霆,顷之开霁。钟蘧庵遣绂子送川资四百金,为之骇然。留百金作路用,期至省城送还其馆,馀即令绂子退去。

午后开舟,西风大作,水手欲休,因令泊税船上流,坐红船还城外看戏。鲍爵主为小旦,挂牌,观者如堵。坐茶棚,见若哥会者数人,神似何人,而不能举其名,大要蜀派多如此。吾门三四十人,庶乎其免矣。蜀派初若飒爽坦率,其诈乃不穷,吾数为所误,今乃识之耳。

还船钞经未一行,昏昏睡去,至亥正乃醒。歌女荡舟,来往窗前,意甚皇皇,念欲与一二百文周之,炮船观瞻众,不可,四更后犹未静,余亦睡去。

廿八日　大晴

缆行烈日中,余跂足高眠,以为有江行之乐,因而自省。六十里至安平滩,逆风愈壮,泊焉,始晡耳。教勤则近于不恤下,恤下又妇人之仁,宁妇人乎?钞经一叶,补昨日课。

盐船哨官汪荣山来见,前年送我巫山,余已忘之。申正东南起云,风吹小雨,上水船皆解缆急行,十里渡一矶,所谓落牛滩者。中卧巨石如牛,两边水皆迅急,余舟从陕〔狭〕口过,涌水骇人,幸不过数步地。复行五里,雨大风小,见晚,恐转风,遂停,去三块石五里,凡行七十馀里。钞经二叶。

廿九日 东风

帆行过庙矶、东阳二滩，水平无浪，春冬川势大异也。午过云阳，云已行六十里。日烈光灼，仓内则凉。

昨思“亢龙有悔”，传云“贵而无位”，古今无此人。既无位矣，何得云贵？此盖孔子自喻，所谓贵者，其德贵耳。圣人不见用，不可退处以坐视丧亡，故仍知进以求存，得既而有悔，则不失其正。

风息舟迟，行一时许乃仅能四五里，泊云阳旧县，暂依山险而息，清凉可爱。将登岸，后船复至，乃行。过一矶，缆断，跌一水手，伤其腰股，幸未大伤。日暮泊盘沱，云六十里。钞经三叶。

五 月

庚辰朔 阴

朝食后过小江口，开县地。舟人言李雨亭家自此入。雨亭庸劣，吾悔识之，初取其朴实，以为在六李上，今思之，月旦当雌黄也。

钞《觐礼》毕，在道成《礼经》二本，可谓不负舟行。欲撰小说，竟不能成。以将登陆，检点书籍，作家书二函，并寄贺营官谢函。

泊鸭但涡，久之，得顺风，帆行卅里，风止，缆桨并行，申正至万县。喻长林、苏彬均来见，万令路送更巡，辞之，托其借包扛小轿。

二日 辛巳，芒种。雨，日出时止

待发夫，纷纭至巳犹未发。钞《聘礼》一叶。饭后过路万令，年甫过壮，发品也。以诗文相质，始知为仙屏门生，瑄丞同年，少坐辞出。

行十五里,更衣于三块石。又廿五里小愒行台,复行廿五里宿三正铺店,湫嚣不可住。欲寻空庙,庙更嚣于店。又误乘舁入门,地否欲讹诈轿夫,急出还店,架两卓子而铺被焉。炮船送者赏廿千钱六两银,但未出火食耳。今日多佚思,乃至欲与陈三交好帽顶管家,极为可笑。

三日　雨

冒雨行廿五里,饭于分水店,不可住,舆夫欲留,强令复前,雨更绵密,衣被尽湿,廿五里至孙巢而止宿焉。前年宿店斜过有一新楼,临水看山,颇堪驻赏。钞《聘礼》二叶。

道中见溪瀑县流,黄浪奔而下,激成白气腾而上,上下相冲,几欲相敌,生平未见之奇景也。又见小溜奔飞,涛欲啮人,吼若雷怒,不觉心胆俱壮。惜非大景,不足赋诗,口号二绝句记之:“急溜奔涛石道寒,海飞雷吼壮奇观。何须苦向源头辨,且作庐山瀑布看。”“崩湍激气似云蒸,黄瀑冲流素雾腾。此景平生浑未识,他时夸语白莲僧。”

又重过孙巢有作:“记向孙巢听石湍,杜鹃声里唤春寒。荒田又种三回稻,素瀑青山白发看。”夜雨不绝。

四日

晏起。阴雾。行十二里饭于亭子垭,五十里雾中行,至梁山一无所见,亦无风雨,行程又一境也。钞经二叶。梁山费令无名迹而建坊颂已德政,制作甚壮。德政碑自唐时至今,众皆知其无益,而为之不止,古俗之犹存者。

道中见儿童抃舞,农商办节物,甚有乡居之乐,作两绝句:“垢面蓬头走复来,无怀真趣在婴孩。垂髫处处桃源景,生向陶家便不才。”“野艾园蒲节物新，小枝红烛赛诸神。灵均枉自伤心死，欲与闲人作令辰。”

前闻范生正宾馆此，遣问无之。今日佚思不禁自止，始知道家所谓魔劫，真有其理，一息百年，不难心造，情过境减，故须逆制也。

五月节 晨阴，午后晴。早绵晚夹，气候犹异平地

行卅里饭于三合铺，同舟李姓客分道往重庆去，寄一片与鲁詹。发纤夫二名，挽舁上拂耳崖，似不及初次高峻，见惯故也。上崖甚速，有山行之乐，下崖复上白兔下丫口，平行至袁坝驿，六十里，时始至未，所宿店即戊年宿处。往湖广会馆看戏，遇一丁姓，云常、永、宝三府公建。而自称湖北人，不知原籍何县。问其来，则雍正中。云此处有金姓铁商，有一戏班，行头体面，演一折而散。夜又设茗果来请，则诸丁皆在，其老自云武陵人。又一邓新老耶，举止轻率，似是童生。

六日 阴，犹夹衣

十五里饭于广华桥，卅里过黄泥碥，与前年所记景物又异，但中有五里石湍可厌，馀亦尚佳。十一里度一山，望下群峰寒翠幽敞，有都庞、卷洞、黄山之景，前行盖睡着未见也，问其名云三斗坡，舁夫云盖三登坡。

道中所见，作二诗记之：《五月蔷薇》：“子规芳草似春华，五月蔷薇满路花。山里红颜不曾老，始知刘阮错还家。”《三登坡逢负炭妇》：“白皙青娥负炭归，三登坡下莫停骓。贫家作苦人知敬，不是求仙恐污衣。”梁山道中，有花初夏时满山谷，土人不知其名，图归示知者，先题一绝：“粉红圆瓣细绒须，欲问芳名蜀志无。花似剑南官样锦，画归题作野茱萸。”

又廿里望见大竹城，风雨骤至，少避半时入城。逆旅主人杨克全，自云生员，字竹溪，求书扇对，及其山长一扇对。房客人李姓，其

叔父名畅当,字申初,进士主事改知县者。从南宁归顺庆,余每闻南宁则喜,宜为镜初所讥也。钞经一叶而辍。行九十五里。

七日　晨雨午晴

度九盘至卷洞,皆从冈领上行,坐卷洞西门松石间,复有南宁之思,以其爱乐此景,未与共赏也。早饭竹林铺,未正至李渡,行八十里而休。渠水盛涨,黄流似江,道上红白花似蔷薇而非,叶比月季更细,花单瓣,盖玫瑰耳,前诗小误。

补昨日《聘礼》一叶,又钞一叶,写注引《玉藻》,悟大夫乃上摈,颇为创获。"君入门,介拂闑",谓上介进节也。"大夫中枨与闑之间,士介拂枨",谓众介进节也。上介从君后,士介从上摈后,仪节分明。旧误以大夫即上介,失此文妙。《聘礼》曰"大夫纳宾",谓上摈也。夜钞经一叶。

八日　阴,有雨

早泛渠水。每人八钱,坐轿人倍之,舟子便欣然。十里登岸,行五里至观音寺,前饭处也。问寺僧犹在,名本月,未暇复去。行五里中滩桥,十五里有庆场,前记云廿五里,未确。自饭处至场,不过十馀里,廿尚不足也。廿里澌坝,廿里宿青石镇,行亦甚速,到店时才未初耳,颇有车行之逸。长日之故,憩卧少时。钞经一叶,经中所言房室之制,与吾臆度似不相背。

九日　晴阴,亦有微雨。晨凉午燠,时绵时葛

十一里上杜岩,又十七里赖坳子,土人读"坳"如"呀",一担夫云"南燕子"之讹也。十七里饭于罗家场,廿里济渡镇,见督、藩津贴告示,每岁一出,皆云万难停止,掩耳盗铃,意以为非政体也。十五里兴隆场,前过时墟集,今亦以初九日过,复逢墟集,人则少矣。十里楠木岭,十五里申初宿跳动坝,舁人不知店处,余见店门有"张月卿

公馆”条，其眷属尚宿此，必无更可驻者，遂止宿焉。蚊多不减大竹。钞经二叶。

十日 早阴至午

早行廿五里，饭于万善桥，五里过东观场，有盐吏驻此，盖以南充巡检兼之。廿五里黄龙桥，十里石子岭，十五里渡潜水，新设义渡，赏以百钱。渡水便到顺庆府城，街市卑陋，人甚繁庶，云方赛城隍神。自五日至十五日，老妇百里来烧香，村妆竞饰，如新年也。自渠境至此，时闻书声，民气较朴，宿文庙前一店，院后有树，较胜连日宿店，而西晒甚热，幸未初即到，未行日中也。入城步数百步而还。钞经二叶。嘉陵江水微黄，亦不似前诗所赞。

十一日 晨阴凉

出西门即无民店，过桥见前年坐处，人尚未集，桥逼山坡，度冈峦四五重，作诗记景，而不成章，乃改为四韵：“冈岭逶迤出果州，山风晨气冷如秋。张雷久别龙双剑，曹李终同貉一邱。血染茅搜春自长，情牵丝络死旋休。七年三过无人识，唯有榕阴映驿楼。”

行卅里饭八角铺，卅里至甘草岭，有墟集，前似未见也。廿里李马铺，卅里至蓬溪城，蓬莱店主人以无室辞，乃至天一栈，遣问张楚珩，欲知悭士消息，李翰仙亦在此，顷之俱至店，余约至盐局一饭，张、李又请熊营官作陪，未二更散。还店，钞经一叶。行至申正始至，又见二客，疲矣。

十二日 雨

舁夫本不欲行，强行，旋亦悔之，泥滑路难，对之三叹。行廿里饭版桥场，五十里但家铺，舁夫财力亦竭，夫价愈贵，三春不肯再顾工，余以路难劝之。既行而平沙坦途，大异来路，方自惭不知地势。五六里后山坡又更烂于前，踯躅其中，殊为可笑。将至太和镇十五里，则平石漧沙，飞奔而至，渡水盛涨，舟子每人索钱数十，见轿扛则不敢索,亦可笑也。

熊总兵馆余于街店,陈设粗具,且有字画。哨官李姓来见,鄞人也。蓝旗张姓,自云湘潭人,又云湘乡十四都。湘乡无都,其不知数典如此。帮带祝游击来见,陪饭乃去。与之久谈山东战事,独称僧王。余但以奏报观僧王实不知战,今而知文之不可已也。僧王但不及多,实无愧鲍,以谩骂失湘人心耳。军事当论定于湘人,吾几失之。客去已倦,并日记不能写,泥行之苦为之。今日闻祝游击〈言〉,乃知所渡者绵水,非潜水,前记大误。

十三日　阴,早微雨

卅里饭于高文觜。先祖考忌日,素食。卅里过景福院,卅三里未正至宿观音桥。夫头衣幞为游夫骗去,余行役总未遇此等事。钞经二叶。艾通判父名鉽故梁山令,盖霞仙及杨重雅所劾罢。来访,从上元省墓回,年六十九,尚健,论刘筠生家事。

十四日　晨阴

行卅里饭于落版桥。卅里柏树丫,三台、中江分界。道中遇窃妻逃者,为顾夫所觉,俄而已逃。风雨渐至,行廿里至牛场,大风簸篷,几不能行,寒可小毛,瑟缩舁中,咏元人曲子,皆遗忘矣。幸雨渐稀小,廿里宿大桑墩,时始过申。钞经一叶,夜欲复钞,未暮而睡,遂不更起。

十五日　阴

晏行,十里饭于龙安坝,卅里过兴隆场,大市也,然不整洁。自三台至此,皆行山中。中江山则童秃如坟,过兴隆场,乃有赤山,余前有诗赏之。又十里观音桥,上长冈,复下至风洞,凡廿里,复有溪流,而喧浊可厌。十里至赵渡,内江盛涨,比渡至店,已戌初矣,行半月今日到最晚。钞经一叶。

十六日 阴晴

五更时为艾梁山所搅，诬仆为盗，满店嚣然，仆亦桀骜，余怒诃之，遂起不寐，待明而行。渡内江舟均在彼岸，呼渡甚久，乃济。泥行廿里至姚渡，分夫从为两辈，厨馔在后，不得食，啖三饼。呼短力舁行，卅里新店，未驻，复行卅里至三台，泥困不胜，短力告去。十里将军碑，道稍漧。步五里至欢喜庵，待舁过街，几一时许，余甚皇惑，以为误行保宁道也。返而求之，见负红枕者是入城人，乃知不误。

舁行十里入城，问于厘委员，一小后生，人甚轻脱，自云白姓，告余宫保满假。就其官厅，衣冠入署，稚公病，不能出，见于内室，神气消索，殆将老矣。亦不能多谈，勉坐二时许，入院居书局，诸人皆来见，亦不能辨也，与最熟者谈至二更方食。崧翁来，三更去，又谈至子正乃寝。

十七日 阴晴

比日惯早起，平明遂不能寐，起至内斋，裴回久之，诸生皆起，及新到来见者约廿卅人，亦不能辨也。外客有张、但、毛、王，自朝至夕，谈不能休。黄昏假寐，夜起少坐即睡。见《名录》，富春中式，阎丹初之子亦中式，外无知好。

十八日 丁酉，夏至。阴晴

起稍晏，睡微得汗，始复节矣。诸生来者七八辈，外客来者周熙炳、孙师爷、王经历、刘年侄、艾梁山、萧垫江、曾昭吉，辞者彭延墉，皆不待行客拜。绪钦遣其女婿邹毓蕃来，而自己不至。翰仙云未出城迎，亦不先来也。余此次欲遵奉云约，息交绝游，故二日未出门，几于刘韫老矣。

十九日 阴晴

诸生来者三四辈，外客来者萧铭寿、李和合、周颂昌、周绪钦。

监院送菜,辞之。稚公继至,不能独受,因约过饭。未刻步往,尚早,至方保卿处久坐,询知其旧友皆散去,耀庭尚未起,颇有陵谷之感。酉初至稚公外斋小酌,保卿、朱小舟作陪。谈次奋发,病势似减。戌初散。由机局访昭吉,遇俞子文、陈双阶。天平称余重九十斤,与前无增减,而体肥过半,知肉不胜骨也。答访毛监院,略论肯夫变易之由,其颡有泚,一笑而罢。夜钞经一叶。

廿日　晴

黄、昆、劳、衡、芝、旷、金、钟、萧、锦、张寿荣来。钞经二叶。稚公送银二百两,问其所自,云出己奉,受之。院外来见者四人。诸生入谈者相继。夜蚊不能书,作书谢钟蘧庵。三更后雨。

廿一日　雨阴,午后霁

黄即用、王绍堃来。稚公已出,云足弱不能行,复还辕,老病不能休,殊可感叹。发家书,并寄银二百廿两去。诸生今日来者渐少,唯见二班。钞经二叶。昭吉送表来,并钢条钟一架,留钟报时。方保卿来。松翁夜来谈。

廿二日　阴晴

齐敬斋来,云差事已裁,无以养母。谈未数语,稚公来,论书院、夷务事。余因言世情多妒,不可轻出,并劝其请假。周翊运来,尚有一人忘其名姓。见世人如温杂书,熟视乃有省,亦时足乐。钞经二叶。

廿三日　大晴,气甚凉

正为督部看课卷,两佐杂、两武官来。钞经二叶。赵濬秀才请戏酒,辞之。

廿四日　晴

看课卷。同乡二黄来,翰仙谈最久。钞经二叶。

廿五日 晴

刘子永来。始出谒客,自巳正至戌初乃还。新识者唯岐元将军,字子惠,馀皆前尝往还者。周熙炳候于门,入谈,至夜去。

廿六日 晴

巳初出,答访前来诸公,未正还,酬接粗毕。芥帆言当再入书院,翰仙云锡侯以为不必,二说馀皆会其意,要之自有权衡,不以人言移也。钞经一叶。

廿七日 晴,始热,纻衣,谢客深居,犹有炎意

钞经二叶。光孝廉送夜来香二盆,未知《尔雅》何种,于诸香草中金银花之类也。与诸生言草木但当别类,《尔雅》大概合数种为一名,非圃人花匠多为区分之比。铺后作字数幅。

廿八日 晴

《聘礼》将毕,专钞一日,时作时辍,但得五叶耳。以将浴,买浴盆,见市中套盆似甚精致,买归乃粗薄不堪。《聘礼》始毕,以每日二叶计之,犹少六叶。写扇二柄。

廿九日 早阴

巳刻稚公招饮,同坐洪兰楫、陈幼芝、朱小舟,皆无顶带,亦一奇也。洪从山东回,多谈蛇神;陈从贵州还,粗率少语,坐间无可记之语。甚热,舁还院,日色渐收,阴云似晦,至暮雨。钞《公食》二叶。

六 月

己酉朔 阴,午后雨

芥帆【阙】如画家别有邱壑,然自【阙】无赏音。余为之莞然,曰

【阙】。钞经二叶。得宋生书,云欲来相见。复书约其七月来,盖秋初行期不可定耳。

二日　　晴

翰仙约至机局陪稚公小酌,辰至步往,顷之稚公至,乃陪我耳。芥帆亦作主人。更有朱小舟,言与龚叔雨子妇看脉,其子妇聪明如神仙,未一岁而死,有似师旷之遇王子晋,姑妄听之。席上多谈法人侵越南事。席散,更及书院事,余言皆督府之所未闻,乱以他语而罢。舁还,已申正。钞经二叶。邹生【阙】与诸生谈诗,举歌行数篇,言直斫横入之法。

三日　　雨凉

朱前牧来看课卷。钞经二叶。与诸生讨论东西夹箱房堂之地,未知郑注定说,似以为俱在堂上庭外,余欲移夹于庭两旁,而亦不知其长广,又未知诸侯庭堂丈尺之数。荇农寄诗画扇,三年始达。

四日　　小暑。雨凉,未正后晴

看课卷五十馀本。钞经二叶。尹老前辈来,未知来意,例谢之。

五日　　晴

钞《公食》四叶毕。李蕴孚、顾子远来。夜雨。看课卷卅馀本。

六日　　晴,风凉

钞《士丧》一叶。张门生来。未初出吊唐提督子,便出南门,至惠陵,松生约小饮,西寮、子远、叶生、孙鸥舫先至,酉散。穿城至北门,答访尹殷儒不遇,为幸。乘暮色还,到院已夜。写扇二柄。

七日　　晴凉

看课卷竟日。送卷督府,稚公复书,言刘永福已困法人于越南东京,将以水攻,云南防兵皆喜,以为成功可旦夕冀也。少荃驻上海,督广西、滇、黔边防,余复书称其举重若轻,以兵为戏,余智所不逮也。一代有一代之材,今乃信然。

八日 晴

看课卷毕。王门生来求见,令入,久之无言而去。旷凤冈来三次,乃一见,言周、张求金新津,不遂而怒,假厘事倾之云云。可为一笑。

九日 晴,始觉蒸热,午正始浴

看金石文字,选汉碑可诵者,将属苇塘钞之。周颂昌来,坚坐雄谈,殊为鲁莽。夜与王芝甫改课文,点定曾彦等诗本。于曾昭吉处借火食银十两。

十日 阴晴,炎蒸

朝食后久睡。刘介和知县来,乃起,谈湖南科名事,甚赞杨小皆,余未之见也。看《金石粹编》,点三本。崔树南自绵州来见。

十一日 晴热

督府约会于火药局,来人误言武侯祠,余知其误,号房坚言彼处亦有火药局。辰初饭后舁往,果谬。复至火药局,看之则藏药库,非造药局也。复从山径至草堂寺旁,乃知朱保德为主人,督府、成绵黄、朱道皆相待久矣。小屋奇热,久坐长谈,及叙州营勇不法事。次民躁于言词,音响惊人,余为之局脊。申初还城,答访顾子远,遇之于巷,竟不还舁,书生痴呆如此。至凤冈处略谈而还。

夜热,坐月泛谈,无佳语。唐泽坡死时,言有鬼从窗外射之,矢声铿然。顷复言有武弁入冥,云女鬼讼之。次民因言其手杀继妻状甚悉,余云讼者言奉檄杀,非其妻也。

十二日 庚申,初伏。晨雨凉

朱次民来,言公请督府,定十五日。又言昨夜官署街石皆有界画墨线,或疑奸人所为。余云必外国画地图者。魏生言庚申、辛酉岁,资州乡间亦有之,后亦无异,虽有蓝、李之寇,非其党所豫为可知矣。刘年侄、李提督均来。俞子文来,未得谈而去。看《金石篇》毕。张世芳字春山来,问《公羊》大义及作诗文体格,坐谕甚久,所问数条亦不草草。与王昌麟问《礼记》,皆新调中之佳者。

十三日　雨凉

华阳冯生来,言街石日烈则见墨文,石性自然,非画线也。晨坐无事,钞《士丧》半叶,若依恒课当得半矣,心惮其难故画也。绪钦、刘年侄、翰仙均来久谈。钞绝句题目,将刻小本为劝世文。

十四日　晴热

竟日不事,唯院中诸生闲谈,至三更犹热。陈伯双寄《明报易说》来,殊无发明,又为《易》家增一种耳。

十五日　阴

刘奉琴两监院来。辰初出城,至昭烈祠看荷花。初,余定关祠,稚公改之,余不以为然,欲辞不为主人,而礼不可。今日往则客不至,知会集非偶然也。陪客朱保德,丁、黄两同年,余与次民为主人,过午而散。未暮即眠,至子正起,复寐至丑,正欲盥濯,无处求水,徘徊月明中还寝。梦家中房房明镫,颇有夜夜元宵之盛,近岁勤俭之风衰矣。

十六日　雨,午热晚凉

钞经二叶。看陈伯双《易注》。稚公作诗来索和。诸生来者相继,未能执笔。黄海春来求差委。

十七日　雨凉

和稚公七言诗廿八韵,一日乃成。钞经一叶。旷凤冈来,言厘金银价,委员与州县必相符合,州县藉以需索,可叹笑也。吏治如市井,未有如四川之甚者。

十八日 阴凉

旷寿云、张子静、艾炳章来。稚公珠服来，留行，因言学院之弊。凡利弊在他人者，长上无不知之。独与己相涉者则蒙蔽深密，人或发之，而犹不信。此好闻人短自恃己长之病，君子不患此也。近日院中以我作题目，互角其心智，馀皆坐以观之，始知生死利害不得至前，确有其道。然若出而应之，则犹恐未尽当，所谓有圣人之学，无圣人之才也。

钞经二叶，得敛服以皮弁及名袭之义，为前人所忽略，治经信有至乐。

十九日 朝凉，夹衣出

过督府，稚公留便饭，臧、朱二客同坐，疾仍未愈，老年不健，令人气闷。出诣次民不遇，至芥帆、翰仙、绪钦处谈，邹氏小女出见。舁中觉不适，将吊莫擢卿不果，过李提督而还。曾昭吉在院坐待，留与长谈，论山居之乐。

《国语》“聆遂”，《汉书》作“黔遂”，《竹书》作“聆隧”，《说苑》作“亭遂”，“今”、“令”古通用也。

廿日 晴。戊子，大暑。午热再浴

和合来，所言无章，大要以为湖南人无施不可，与簃仙所见同，此岂湖南派耶？钞经二叶。写恶字七张。

廿一日 阴凉

朝食后久睡，起，钞经二叶。周翊运字兰生来。芮少海来。刘生来说礼，似有理会，与论折节为学之道，因谈蜀中哥会所由起及其中情状。暮至内院，见窗门俱将表糊，云余将移入，呼书办问所由，云监院令也。不知其受自何人，岂以余为伪让耶？范生送院中蒲桃，未熟而摘之，殊为可惜，以余所种，今始得尝耳。盆莲相续而开，亦为清玩。王芝圃不忘师谱,戴子和其谓我何。

廿二日　凉雨,中伏如秋,气颇凄闷

写条幅数纸。范、赵两生来,言华阳王芝为卖卜人所诬攀,云有妖谋。呈其《海说》四卷来,文诗亦有条理。顷之其弟王藻来见,云兄年卅一,吃烟十馀年,其叔父官训导云云。遣人至成都府探之,俄而周生来,云黄知府大怒,意在激我使为力耳。余云本不与我事,取怒所宜。此乃市井小技,而欲以尝试,可笑也。章孙从叙永来,告以艰难自立之道。钞经一叶,蚊拥而罢。

廿三日　雨

钞经一叶。孙生彦臣自绵州来见,论书院弊端及钱、宝示威之意。松翁来晚谈。稚公书来,报其眷属已由京西来。

廿四日　阴凉

钞经二叶半。得家书,见帉女所书娥芳铭,字不成行,未知其由,盖欹斜之故。稚公送长歌来,意在索和,而长不中节,未有以应也。看俞荫甫书。

叶协生来,谈修《蜀志》,又言肯甫以余名册考语为金科。余更有考语,待肯甫地下思之:"甘于下流,证成作贼。""狂同猘犬,首坏风教。""酗酒嗜烟,不知愧耻。"后二人皆非肯甫所赏,不必出考。王彬来,求饭处。

廿五日　阴,暑热

稚公遣巡捕送聘书来,以其无年月而手书殷殷,受之。钞经二叶,补昨日半叶。看小说至夜半。酉初雨,至子。

廿六日　晴

和稚公长诗,依韵直写,亦自成章,但有词韵未稳。遣人送诗去,即答访刘伯卿、杨荣光、犍为令,至芮少海处晚饭。松生、李湘石、

李训导、俊卿、叶协生同坐，甚热。郑小轩后来，神智颓唐，可闵也。戌散。得老张书。

廿七日 晴阴，暑热

钞经二叶。看课卷未数本。稚公衣冠来，为书院坚留我，乃知其意重儒术，专欲委我以兴教为治，可谓诚而近愚，然其意竟非同时巨公所及。刘霞仙所谓积诚足以感人者，余亦不能不感也，为旁皇半日。谚云“烈女怕缠夫”，又自笑矣。余生平初未逢此人，于朋友中别开一境，虽有庄子，无所用之，有此忠诚而不能致治，又独何哉！

廿八日 晴热

芥帆来。午间作字甚热，舍而偃卧，亦不能呼吸，闷暑为各处所无，仅钞书一叶，竟日烦倦。夜间大雨雷电。芥帆今日来，言恐民多疫，为文祷祈雷，并请于温神，果有验感，助之喜幸。

廿九日 晴。早凉，午后热

诣谢稚公，值其时出，未久坐，即还，钞书二叶。晡食甚饱。芥帆来请便饭，误认即日为明日，将暮来催，乃觉之，飞舁而往，则两朱、一黄先在，主人谢神去矣，戏班祗候，令开台扮演。芥帆归，上镫，入坐，坚留至子正乃散，庆雷也。到院已丑初，即寝。

晦日 阴

看京报，寿蘅补通副，胡小泉用四品卿。报销案结：孙家穆、周瑞清发黑龙江，福趾、潘英章、龙继栋、李郁华发军台，崔际寰、周颂革职，褚世亨杖流，崔尊彝追二万三千银两，景廉、王文韶议处，刘长佑、岑毓英、杜瑞联议处。钞经二叶，《士丧篇》毕。锡侯、蕴孚来。章孙夜来。

七　月

己卯朔　大雨

稚公家祭招饮,因答访贺寿芝,黄海春出谈。至督府,黄、丁、朱三道台先在,朱小舟亦同坐,李提督后至,未初散,冒雨还。大睡至酉,乃起夕食。看课卷,与诸生戴、胡、魏论八〔入〕世事,凡欲富贵者,必将借以作恶,如欲为善,皆徒劳役物,于己无所益也。

二日　阴凉可绵。庚辰,末伏。乃如深秋

看课卷,定等第。王莲塘道台来,久谈。李世侄自内江来相访。

三日　阴凉

为成绵道看课卷,书扇二柄。宋芝岩自泸州来相访。黄笏生自泸州来,留饭去。翰仙来。宣少府之子绍贤来。

四日　阴晴

午初出,答访王莲翁,因过锡侯、张云贵,不遇。诣芥帆谈,遇锡侯。还看课卷。李蕴孚来。过吊莫提督,见其二子。

五日　阴凉

看课卷,定等第。黄泽臣来。张伯圆来。吴明海来,言开卝事。余云为国耶?何必令库多金银;为己耶?何处得资本,此不必羡也。夜与刘生论处世之道,孔子所以不见用,以先仕季氏,桓子轻之故也。赖其一行,鲁乃重之,而君臣师事之矣,人不可以不养望。

夜来甚香,归期无准,七夕秋近,作小词寄家人:"瘦蕊秾花,更不管人愁,香满凉夜。欲睡还休,长记玉窗灯下。冰簟梦醒惺惺,误茉莉、暗兜罗帕。想带烟、幂露无语,开遍闹庭闲榭。　一年容易秋还夏。望银河、月斜星亚。玉真自许禁离别,妆晚饶娇姹。听到

络纬一声,重绕向、翠藤双架。那夜西风里,罗裙拽处,散香和麝。”

六日 晴。甲申,立秋

钞《既夕》二叶。安顺生员何威凤来见,韦探花视学时所取士,呈所作文,俨然边省鼎甲。云十馀岁即为张怡山子师。余云自项橐来,未有如此早达者。暮过松翁谈。朱小舟又送诗来。

七日 晴凉

朝食后写屏对廿馀纸,稍惕,莫弟及其长子来谢。宋、周、蒲、王、陈、戴请游百花潭,设酒二仙庵,作半日留。观前题名已五年矣,光阴迅速,风景已殊,坐小舫亭上久之,会暮还城。

李提督借银千二百两,遣人送来。余欲移家须二千金,千金则不能了此,欲还彼又嫌已借,姑且置之。夜月甚明,不似往年。

八日 阴晴

作家书,为孺人贺生日,兼论移家事。钞经二叶。张伯圆送狨皮来。狨,即蚖也。恒镇如云尺二寸长者为合用,兹所送才九寸。

九日 晴凉

次民来谈诗。稚公来,送银三百,接眷来蜀。因发信,并李借千二百金寄家,属即移居乡间,以便延师课读。王彬、张门生来。作诗和朱小舟。闻李提督母丧,悔不当用其银,而业已发书,未便更改也。舁往吊之,遇周、黄二道台,小坐即出。过唐六少,云伤足,不能出。驰还,犹未上镫。

十日 阴晴

写条幅十馀纸。昨钞经至“缁剪有幅”,不得其解,因停思之。

写扇四柄。作《秋风曲》:“秋云阴,高阁隐深岑。金绳断檐角,珠缀暗窗心。碧草乱平砌,蒲桃长拂林。林藤砌草忽幽映,晴光洗日云如镜。饥禽下复惊,坠叶飞无定。寻苔见履迹,绕櫎闻弦咏。

细竹连根袅玉阶,闺中曾指道秋来。微风偏解萦衣带,夕照无妨上鬓钗。已觉罗帷薄,应怜水殿开。云低水殿徘徊暮,秋去年来玄发素。绿槐市里几蝉鸣,白芷江边一鸿度。宋玉悲摇落,淮南感新故。不能下渼田,且赏山阿树。”

光孝廉送盆桂来。

十一日　阴晴

晨出南门,遇稚公卤簿,同行至惠陵,两县令及黄朱已先至。朱、丁、黄、崧、张月卿继至,王莲塘最后到,设宴荷轩,午正散。复齐至李提督寓宅作吊客,何、彭两府先在,小屋甚热,待督府去而还。今日礼当辍会,此亦近于郊而吊温公矣。

十二日　晴

钞经半叶。发家信第三封,并外舅、子筠、子寿、黼堂四函。和稚公《洗病雨》诗廿九韵,未半,有“倩”字韵,必须翻典,蚊多遂罢。早眠,丑醒,经时不寐。

十三日　阴雨不凉

和诗未毕,又作一首,赠丁芥帆,祈雷为备典故也。黄郎福生来,两诗皆未成,殊似有所负,待其去,不一刻皆成矣。往日能对客挥毫,今差钝也。稚公招观《法夷战事三议》,薛叔芸所作。又观曾劼刚电信及总署信件。留晚饭,招黄、朱同坐。论相法,云手上有眼,明达之征,二品以下不能有。

十四日　晴,稍热

写寿联,钞《女子子服例表》。稚公询之再三,云欲进四库,辞之则近于矫,从之则无益费神,姑请王仁元先钞《春秋表》,而自理《丧服笺》。此表创改三年矣,今始小定,犹补正疏漏两处,望洋兴叹,知当搜讨者不少。仲章欲以初学而穷至赜,宜其夭也。张华臣、严正甫、陈佗来。薄暮大风雷雨，因思“迅雷烈风”，《论语》改云“迅雷风烈”，此欲别为二事，恐与烈风雷雨一事者相混耳，亦修词之太工者。为张生世劳改试文。

十五日 晴

李犍为、丁兵备来。许时中大挑来，云在左相处知我，特访久谈，字午楼，似是江北人。李，邵阳人，代罗伯宜教少洪者，己酉拔贡也。作书与连希白、周白庵、徐伯际、王正孺。钞经二叶。夜始与斋长谈院中事。

十六日 晴

堂课，为督府出题。丁郎来，颇能应对。穆芸阁、伍松翁、德荫知县来。钞经一叶。发京信，交王莲翁寄去。为宋生评诗文，写条幅，竟日未息。

十七日 大雨

翰仙约至机局陪稚公早饭，辰正而往，二朱、穆芸阁后至，未正乃散。稚公言三桓之子孙微，故孔子堕三都以救之，息家臣之祸，扶公族以救乱，故发此论，微示其意，不务胜三家以快目前，圣贤之举动不同在此。与余说堕三都在孔子去后不合。余意圣人举事无不成，丁意圣人举事不成犹有益，二说可并存也。

出答访芝阁，与孙伯玙久谈李、许。过张华臣，还已暮，许送李申耆文来。张藩使三至，皆不得入，疑余拒之，世事固有巧似者。

十八日 晨雨

早起复睡，遂入梦，惊觉时已辰正矣。朝食后遂至午，出答访月卿，过锡侯，两处皆遇雨，待雨止乃出。至外城关祠，魏、胡、李、范四斋长设馔，借张师爷厨人，稍精于酒馆，恐城闭，匆匆散。还，少睡，起，钞经一叶。

十九日　阴凉

写吴生《曾王母节堂记》,顷,并题《先师李寅庵太仆像赞》。钞经三叶。翰仙来,论京城小旦皆成老翁,而京堂老翁犹念之无已,可怪也。王公而友戏班,此亦自古所无,盖好谀恶直充类之尽而遂至此,非好声色之下流也。

廿日　阴

辰起,邱守备锦荣来,彭稷初之友也。钞经二叶。发家信,论接眷属有不便者五,不来唯饮食不便耳,岂可以口腹而累骨肉耶?

艾炳章、王立诚、孙伯玙、周绪钦来。李提督遣巡捕来,请作其母行状,又用哀启礼,不足厘正,因就其稿改之。夜蚊甚多,未誊止而罢。

廿一日　大雨竟日

作李状毕。将出赴二吴、杨、黄、余生之请。稚公书来,言明晨当集院中,仍约前集四道同饮,并增穆芝阁,遣人告丁、朱、黄。午至关祠荷池看雨,甚凉,衣二夹一绵,戌初散。钞经一叶。

廿二日　阴

以督府当来,陈设讲堂。辰初稚公、黄、朱同至,小舟送酒肴来为主人,芥帆继至,芝阁最后,未初散,翰仙独后。顷之藩使来,于正客坐相见,凡四至而始入,诸客皆在寓舍相见,今独在正坐,益知凡一坐起皆有定,《前定录》不虚也。申正乃去,出至贵州馆新祠池轩,赵、冯、周、刘、吕、谢、张同设酒相燕,张病不至,亥初乃散。钞经一叶。

廿三日　晴,复热

朝食后将出,王绍堃、罗少纯来,略坐辞客出。答访小舟,退其帖贽。与芸阁、李湘石、黄耀庭、孙伯玙、稚公杂谈。申过次民,沈朗山道台自云南来，同集，翰仙、顾子远、芥帆、小舟俱至。朗山学裕时卿，如张子富学孝达，神鬼俱似，放言高论，杂以谐谑。朗山先去。

同芥帆至成绵道署看洋报，芝生得补中允，张家骧遂得户侍，可谓乞儿乘小车矣。湘抚潘调桂抚，沅浦病发，力求归籍，皆新闻也。二更还，与书马伯楷，钞经一叶。

廿四日

日出即出城，至薛涛井，吊莫摺卿，因留陪稚公，湖南官俱至，已散。从稚公至督府早饭，未初还。欲少休，邹生及长沙杨生来见。杨荒唐自困，然甚惶窘，姑令刘伯卿谋之。今日见凤福庭，神似傅游击，几误认也。客去，少睡，起钞经二叶，《既夕》毕，计廿日得廿五叶。

廿五日 晴

徐寿鹤、周云唐、张门生、邓、陈、彭三跟班及叶协生来。吴明每自晨至未久候，始一见，送礼者亦沓至，酬接疲剧，欲休不得。刘生泽溥设酒普准堂，已久待矣，勉舁而往，又未得食，与许教谕、岳、曾、刘三生步至江西馆看张天师，已去矣，小坐而还，戌坐亥散。杨大使名其隽来书，恭维得体，有似阎王升玉皇者。胡生长木托借词本于顾又耕，又耕送《词综》、《词选》来。

廿六日 晴

看课卷。莫摺卿弟子罗莲渠来。申正至江南馆，顾象山设饮，朱小舟、幼耕、凤茀堂同集，甚热，亥散。夜大雨。

廿七日 晨，雨更大，雷电交作，经三时许乃稍止

发家书。出过松翁，同至将军辕门，贺其母生日，还，雨复作。司道公请，设坐盐道荷池，翰仙作陪，巳集申散。得家书甚喜，畇女字遒丽。又得弥之及陈生富春书。

廿八日　晨,雨已霁

阅课卷竟日。诸生来者相续,又有杂客来,皆称有要事,及入又无事,大要请托而已。甚倦,不得休,及夜又不寐。丑初起,作家书,交票号寄去。从方葆卿借百金。

廿九日　晴

将同稚公登峨嵋山。清理逋债,写条、册、扇子约千馀字。章孙求馆甚切,观其神气,已流落矣。为还火食并备盘费,又送以四金,与书留仙,令收养之。发家书二函,以莫宅不成行,恐其久滞留也。寄衣箱三口于芸阁,冠靴箱存院中。看送来诗赋三卷。许解元来,请为弟子。余语诸生云,凡有女遇者为桃花运,今年门人甚多,可谓之李花运也。

欲归未知果否,令冯生揲之,得"鼎之临"。"大烹以养"化为"八月有凶",虽巧数,不能恰合如此。然余不惧凶,且静待之。申正出,诣李提督,答访罗新津,便晤翁湘晓,满口川话,竟不知何许人也。舁中思"鼎"为正位凝命,"临"为教思无穷,殆仍当还院。出东门,朱次民近逐而来,登舟送行,冯、方、赵三生先在,王立诚小舟继至,城中闹,舟中愈闹,无可避也。夜宿官船,正前三年简堂泊处。浙臬刘盛藻、豫臬唐咸卿、广臬沈镕经、刘年侄来送行。

八　月

戊申朔　晨雨辰霁

翰仙登舟,凤苐堂随至,云锡侯祭北坛毕将来,顷之至,黄泽臣亦至,顾象三稍后。坐顷之,皆集官厅,待督府、松翁来。余已饿,不待菜而饭,翰仙以饭硬,不能食也,巳正稚公乃至,同松翁过舟,立谈数语,开行。作书与芥帆，托收随丁苏玉。少睡，未午已饥，申初饭。钞《士虞》数行，疑于“侧烹”，遂停。新刻绝句诗成，城中实任官各送一本。

行百里泊黄龙溪，彭山、仁寿、华阳交界地，时已昏矣。过稚公船谈，戌正还船。稚公复过，小舟及丁克斋同来，稚公从孙也。初入督舟时极热，坐久之乃稍凉，亥初客去。今日曾昭吉送轿来，其所监作。

二日

晨发甚迟，朝食时出湔口。钞经一叶。热甚，可絺衣，顷之渐凉，过午大风。泊五渡溪，行百卌里，青神地。从岸上至督船谈，移船至乃过，小舟亦至。戌正大雨，篷漏如筛，闻督船喧声，欲请稚公过船避雨，雨大，不得过船，移时乃止。雷电雨至晓。

三日 晨雨

沬水甚长，行九十里未至三时也，泊嘉定城下。钞经二叶。过督舟饭，翰仙、小舟、丁从孙同坐。夜穆秉文字谱笙来访，芸阁从弟也，开展有官派。作书寄程立斋。

四日 阴

翰仙早起，整驾回省。卯正，余起送之。督舟水手不齐，待至巳初犹未发，余命先行。小睡未半时，闻喧声，起视正过离堆矣，水满势急，舟甚平稳，瞬息八十里，可快也。小泊青蛇坝，待稚公。午正复行，沬水声如碎瀑，粗言之正似油煎叶声，此各水所无，故有沬名矣。嘉定绸一匹，可作五裤，买二匹，更买鸣机绸十匹，共银卅九两，恐不足，假翰仙十九两与之。钞经二叶。暮泊牛市店，宜宾地，前为屏山、犍为三界地，行三百里才半日耳。舟停，水无声。

五日 晴

舟发甚早，比起已至叙府城，亦辰正矣。朝食后宋钺卿来，匆匆去。过督舟，见一美男子，知为张子玖名世康者。稚公令同余舟行至泸州,云当略染诗书之泽。余既不能当,彼亦恐不能得也,然斯言斯心,非近世所有。

督府阅兵,余留舟,钞经二叶。张乔孙来,钺卿复来,遣招薛丹廷来,欲闻其牢骚语,乃大恨钱保塘,异乎吾所闻,宜王、戴之注意小钱也。腐鼠吓鸳〔鹓〕,无所不有,可为笑叹。未正发宜宾,江、沫不可复分,询之久未得雨。廿里至东涧,误入旋水中,船遂回流。百里过南溪,卌里至江安,泊城下。李忠烺知县字佩兰来请见,小舟、周荔吾均过谈。热甚,复纻衣。

与稚公谈人物,因及院中事,便言不可再馆之意,以求贤忘势之雅,而俗人必以为嗜利偏私之陋。久交如翰仙,且与司道比而疑我,盖财之中人者深,而贫士之不能自振也久矣。故非辞币不足以示廉,非留蜀不足以明节。往复百言,稚公似有所感。余今年处事殊异往日,渐有巧言如流之效。

二更睡,四更醒,热气未除,开窗小坐,还寝,至晓乃寐。梦见一文书上有"鲂鳒扇铗"四字。

六日　晴热,复纻衣

晨起不思食,行九十里过纳溪,署川南道锦芝生来,留饭同行。卅里至泸州,田秀栗子实来。稚公移入行台,遣来相要。稍睡,始衣冠,将登岸,张子玖来,小舟亦至,小坐去。入东门,至行台少愒,陈用阶子及丁从孙、济川先生、用阶亦至。未正出谒锦田、敖金甫、文云衢、夏竹轩、曾心泉、黄树人、用阶,唯锦、文、夏得见,还已酉初矣。稚公要同用阶、小舟同饭,行馆热如三伏,至二更始稍凉。钞经半叶,热甚不能伏案也。从来不惯执扇,今乃不能离手。用阶言孙公符作学使,贪取倍前政,文云衢子亲受其害,夜作书告之。

七日　晴,稍凉,房中可坐

钞经一叶。督府出阅兵。文、夏、黄、曾来。田泸州来。巳初稚公还，朝食后谈至午，敖金甫来，乃散。金甫坐半时乃去。少睡。丁克斋来送礼，甚言张子玖之夤缘浮冒贪横，云鄂生所举也，人皆畏其势。余所闻亦同。城中有奇副将者，声名亦劣，而偏得上意，余既未与之交涉，究不知其是非也。但政从人望，要当去之，亦尝微言讽谏，未见用也。俾躬处休，不可则止，吾于稚、樾皆然，然益叹同志之难逢矣。假我以权，当不其然，经术之异于九流其在是乎？

夜与小舟论肥城张七事，言官军杀掠之惨，愁然不忍闻。既而思之，贼之暴有倍于是者，何以不怒贼，岂非重责官军乎？天下至无理事，佛但以因缘故事了之，圣人未尝论也。还寝不寐，但诵善哉。

八日 晴。己卯，白露。热甚

朝食毕，房中不可坐，与小舟同访敖金甫，遇一恶客，即出。过火祠，便至用阶处晚饭，热甚，不能食。步出城，宿舟中。钞经一叶。

九日 晴

仍入行台小坐，舁登城西山，山曰宝山，以明末泸牧苏君夫妇尽节，改名忠山。有诸葛祠，旁为吕仙阁，颇有二三处坐落，平眺二江，势尚遥敞。夏竹轩、文云衢为主人，设酒请稚公，更招锦芝生、用阶、小舟同坐，未散。还行台，卧一时许，热不可安，夕食更甚。复还舟，看弹词十本。

十日 晴

锦道台，曾、黄、艾三知县来。张子玖来，送瓜子金，却之。用阶登舟，其二子及从子皆至。午渡江，访二郎滩，庙缭垣三坐处皆热。与朱小舟同登楼，假寐顷之，还同夕食。庙中四尼，见其三，取半山定银为香资，并赏水手各数十文。泸州送胙，亦给水手。锦道台送鱼翅，以与船妇。钞经半叶。夜与用阶谈武陵旧事至子正。朱小舟言彗星复见，夜登篷视之，无有也。凉风甚壮，丑正乃眠。

十一日　晴,大热

道州招游镜清楼,行六十里,以有杂客辞之。稚公早过船,对以头痛,已而肩臂果痛,曲申甚闷,暑热复增。铺席卧仓中,偶起写数字仍卧。计《礼经》早当毕工,遗半叶,遂延三日,行百里者半九十,不虚也。过合江卅里,泊王场。稚公复过,兼邀朱小舟,坐至一更散,即睡,二更醒。江风如火烟,起坐均不适,俄而大雨,始得甘寝。

十二日

晨雨未发,用阶早起,已饭矣。与论前年《锦城新咏》谤诗为何竟清知府作,用翁力辩其诬,询余何所据。余云其馆师所赞成。用言何素吝,必不延师。此巧于辩卸者,所谓不疑盗嫂,我乃无兄者也。

云南巡抚遵义唐炯来书,言钱徐山死,天下从此又少一读书人。贵州士大夫其赏鉴如此。行二百卌里过江津县城。彭川东来,过舟谈。田总兵来,谢未见。茅知县晟熙送蒸盆,辞之。卅里泊叶壁沱,云"捻鼻"声转也。

与用阶同过舟,谈人各有自期许之古人。稚公问何所拟,余云少时慕鲁连,今志于申屠蟠矣。"君何所拟?乃自期诸葛、杜、欧,亦志在张叔大。"余因言曾涤公曾言及之,及余作挽联,众乃大哗。稚公云,张至道光时乃论定,众谤不易息也。张所以致谤者,深疾浮伪。大臣当收礼浮伪,故诸葛废李严,后悔而用杨、魏,愈不如也。坐失关侯,亦其少时误着。余阅深而历不深,恐临事亦多所失。今夜言多可记,嫌于自扬,故略举之。夜凉,四更雨。

十三日　晨雨

行卅里过蜂窠滩,稍下有小岛在江中,舟人名之珠亭子,物色明秀,嫌山卑耳,作一诗。卢生元张自江北厅拏舟来迎,行三日始至,留同朝食。午初至重庆,泊太平门二马头,稚公先上,用翁继去,余稍待。老张来谈。礼书来见。周荔吾、康巡捕过舟,稚公复来催上,因坐轿误入丁知府家,旋悟,即出访道府,未遇。过琴舫,廿六年不见,谈词琐怨,不能自休。告出,过田镇台在田字象乾,及巴令国璋子达。巴令署常烧一炉烈火,云以厌胜。合州耿鹤峰及邹生履和俱出谈。还至考棚,见贵州何叟、孙君,俱来看稚公者,与用阶、小舟六人同食。夜早眠。

十四日 阴雨如晦

早起,刘人哉、唐次云来。督府就棚看箭,设食,请镇、道、府、县,以余为客,午散。作家书,定不迎眷矣,展转三月始决,宜为梦、女所笑也。夕食已然烛。邹生履和来,出语声震屋壁,殊可惊怕。

夜钞经二叶,《丧服》传笺重为整理,非常课也。以误解"庶人服天子三年",所钞俱撕去不用。

十五日 阴

早起,用翁来。因衣冠,将出贺节。稚公先来,小舟及三委员、一巡捕、一营官均见一揖。待小舟点心后,出城至桂花园临江馆,镇、道、府公宴督府,用、舟作陪,以余为客。桂过兰香,小有幽致,房宇则未为佳。又行丛冢间,高下登顿为劳,午正还辕,酒醺美睡,酉初起,小坐夕食。钞书二行。

十六日 雨

督府阅兵,宾从俱往,余独朝食。唐次云、卢生、刘生道桂字凤高来。

小舟设饮,坐中何心言蛊发,未终席,因问其详。云黔中有蓄蛊药者,蛊则虫兽,药则毒草,蛊须自蓄,药则往学,四十九日归而园圃自生草,采而干之,着人辄病。何君道行,于六月见白菜二本甚茂,同行皆不见也。归而病,乞解药,吐之未尽,故时发。发时有干药,啮吞酒下即愈,戌初发,亥已愈矣。余所亲见以此为最奇。钞书一叶。雨滂滂不止。

十七日　晨雨

卯起束装,辰初行,雨止,出城廿里至浮图关,府、县、江北同知设宴蚕神祠,镇、道及新永宁道沈洁斋、石守廉皆在,仍以余为客,午初散。小舟还涪,朱同来役唐去。行卅里至北市驿,中度一大坡,将至北市,望田垄仿佛卷洞门,不及其高敞耳。老张作丞于此,行辕即居丞署,饭后过其茅屋,见其妻子及从弟,无地可坐,乃还。钞书半叶。

十八日　雨

夫役起甚早,余以为明发将行矣,亦起束装,久之乃曙。行廿里,饭于走马涧,十里过关口大坡,巴与壁山、永川三界地也,直下甚斗,颇为眴栗,骀从人马如蚁入穴。又廿里宿来凤驿,壁山地。驿屋静爽可居,驿前即傅总兵弃甲处也。

有百五岁翁刘尚贤来见,长子拔贡生。耳不甚聪,行步尚可,云日啜粥二碗,有子七人,孙卅馀人,曾、元则不能记数。督府贻袍褂料,问其生年,云乾隆卌一年,则百八岁矣。夜雨早眠,钞书一叶,补前半叶。

十九日

丑初,营官误传信炮,人夫皆起,不复能睡,坐以待旦。行五十里,饭于马坊塘,途中时雨时止。华村伍来,见稚公于行馆,久谈。午正始行,卌里至永川城,未至十里下一大坡,城依山迫隘,居考棚,房屋亦高敞,然重阶而上,殊不宽平。借县志阅之,云永川,唐县,昌州治,以三水会流似"永"字而名。人物一无知名者。昨闻稚公言丁鹤年母教子有法。入夔州,知府黄毓恩故与同馆至好,尝登堂拜母,至是送菜四碗。母不知为黄送,怒责其子,云"入境而受馈遗,吾不忍见此",命舟欲归。子告以故,又请黄自谒母言之，母复数黄曰：“汝为吾子友，有所饷而先不白吾，此自送汝同官，非送友母也。”辞不复受。黄又以路险远，欲令母先至重庆，母亦不可，竟居舟中数月，子到任乃迎致之，今年卒于官所。余以为此封鲊之风，今世不闻此久矣，宜特奏，宣付史馆，以励诰命妇人，因未知母姓，候到省访之。

廿日 曙雨，明止

行卅里甚饥，小愒黄葛店，永川徐设茶点，湖北人，不知其名字，又未便问之。复行卅里，当饭邮亭铺，泥滑行困，颇倦矣。钞书半叶。饭后行六十里，宿荣昌城。

屈生大谟来见，云距城六十里，特来相候。详问之，乃来讼田秀栗、曾传谱者。余云银钱小案，何至烦总督，又康巡捕乃田私亲，周委员又曾乡友，子其危矣。遣送之出。得黄翰仙书。

廿一日 大雨，自卯至午不止

冒雨行卅五里，饭于烧酒坊，荣隆界地。饭后雨更甚，行六十里至隆昌城，裤袜尽濡，洗脚剃发，纷纭久之。夕食后往谒范宗山，云吉之兄，抟九名运鹏之父，年八十。稚公特往见之，云：“尊礼老成，疆臣之职也。”余与云吉友善，故亦访之。至门，其父子皆诣行辕还，得相见，聪明未衰，但不善谈耳。连日匆忙，未能作字。

丁锡璋，叙州人，稚公同姓，家有万金，贪于盐利，招摇撞骗。事发，为田牧所笞，并禀督府。督府甚怒，欲重惩之。余以为四川多此等人，杀一丁姓，不足转移风俗，而徒令俗吏持短长。司道欣然以为喜事，甚无谓也。且田牧亦迎合，欺陵懦愚，非真搏击豪强者。督府名捕王①，余恐六年不能得，而徒治一同姓之人，亦何以示威？恩威

① 此处疑有脱误。

俱伤,何以示法?陈用翁不能谏也,余恭默而已。

廿二日　　雨,竟日蒙蒙

行卅里饭于双凤驿,独入空屋,落去手帕。以雨改程,宿椑木镇。行卅里小愒广顺场,又卅里至镇,无佳店,借宿禹王宫。至即钞书,未满一叶,客至而罢。“椑”字,《礼记》读若“必”,《急就篇》读若“脾”,蜀言为“卑”,亦未访有此木否。初更暂睡,即熟寐,至丑乃醒。今日见田秀栗子实、陆花菜涵甫。

廿三日　　小雨

行卅里至内江城,未至见塔,以为到矣,傍水行久之乃至。访李寅庵师祠堂,在南门内太仆祠,往展拜而行。五十里宿银山镇,行馆甚窄。钞书一叶。银山,唐县。

廿四日　　辛未,秋分。雨

卌里饭资州城。考棚材官受金事,颇有闻,督府甚怒。余以为必所过例送,无县不有,不独内江也。内江令坚称无有,则愈可疑。州牧高培谷请停一日,便行正站。余闻昨宿处丁夫多,无被盖,亦欲停焉。同行何君又病,因止不前。登小楼见老桂四株,花繁而香微。蜀桂不香,亦一典故也。宋生芝〔芸〕崖来见。钞书一叶,阅课卷十馀本。夜雨。

廿五日　　雨,辰止

行卌里饭于金带铺,又六十里宿南津驿,资阳地。南津有名梨,求之,云甚劣,日已迫暮,不及访也。

稚公夜谈僧忠王甚有名将之风,事君敬,教子严,奉母孝,行军勇,皆前此所未闻。又云乙丑诏征入辅政,辞不敢赴,而荐曾国藩,亦未之闻也。用翁随丁献二梨,云木瓜梨。亦爽脆可啖。

廿六日　　晴

行廿里饭于飞鸿浦,廿里过资阳城,资州人呼之阳县,尊州治为内辞也。绵竹人呼绵州为老绵州，则尊之无礼。行人亦云阳县，则非地从中国之义。又卅里宿临江寺。钞书一叶，阅课卷毕。行馆湿窄不可居，资阳地。

廿七日　阴

行卌里，督府从官及用翁饭于新市铺，余更行廿里至简州，以行馆仄，不容二客也。火夫沈一走去，几不得食。葛玉为具馔，云州厨有卅席，皆臭恶不可食矣，朱牧殊为豪举。饭后急行卌里，宿石版铺。出州城七里过市桥，大市也。桥乃在州城西门外，渡赤水。赤水铺距州廿里。

简州以简雍得名，地以官姓氏，州县所少。"宪和临处得州名，人物熙穰土淑清。二达平衢双部秀，千林佳果四时荣。市桥缘马临江思，驿井鸣蛙吊古情。却忆士元轻百里，耒阳无此好山城。"

廿八日　大雨

行廿里茶店，入行馆早饭，稚公径过。余行未十里，见驺从俱在小村市，知其方食，亦径过。加牵夫四名，每人官价卅文，牵夫云得二百。盖办差所津贴者。度冈下坡，几卅里始至龙泉驿，大市也，简州地。更过十里界牌铺，乃出州境。省城来迎者络绎，两司使迎于驿前，各营列队，自界牌、牛市至城相望，皆沾濡，甚苦。余从舁中望之，以为甚乐，不知其久待耳。郭泰机诗云："况复已朝餐，曷由知我饥。"今乃信然。

雨益甚，余坐待稚公于大面铺，欲随其后，以免闯人，队伍拥挤，竟不能待，停一茶棚中，候其舆过而行。十里至沙河铺，稍前过牛市，亦大市。稚公入关祠与司道相见，余遂径入城，舁夫竭蹶茫昧，然无怨色。比暮乃至院。王心翁，及诸生相待，同坐客坐，谈至亥正乃夕食。仍还内院东室，又独坐至丑初乃寝，大雨亦过夜半乃止。

厢房见蝎,北中所未睹者,乃于此遇之。

廿九日　阴

发课案。毛菱亭及诸生来。王彬、翰仙、绪钦来。穆芝阁送衣箱来,云莫船已发。余在道戏占牙牌谶,有“输却满盘棋”之语,真输满矣,而八月有凶则无效,戏占戏应,所谓“《易》不占险”。得家书,复应牙牌词,知功儿不得一等,玓、畇书字俱可喜,见之复念仲章。钞书两行。扫除舍宇。夜有雨。

晦日　阴

昨夜醒甚早,今起稍晏,和合来。孙伯玙来,坐半日,与同夕食,步至督署看芸阁、用翁及何心言、黄幼福,八郎出见,稚公遣约待出谈,余颇及泸州撞骗事,因盛言张、田倾险之状,事不干己,语多伤人,稚公默然而已。从督府还至龙泉驿,承两司使遣迓见及,先寄一诗。

九　月

戊寅朔　晴煊

朱次民早来。芥帆、稚公继至。客去已过辰正,将食,成都令来,知其先必到门,见客而返,今再来不可谢之,辍食出陪,果云先至,应酬之不可疏忽也。彼去已将午矣,饭后少愒。午正出访朱、黄、周、但皆不遇。朱正打坐,黄、周、但皆未还也。诣芥帆,复值其饭,久谈而出。至藩署,遇张风子少坐。出门,阍者呵叱随人,蜀之吏治无状如此,以其可笑,不复问之。再至和合处,已将暮矣。闻锡侯相待,舍机局而往,又过王莲翁而还,已暮矣,饥甚,饭后即睡。二更后起,作家书第九号。夜雨侵晓。

二日 阴

起甚晏，谢绝人客，独坐养静。王立诚来，一见之，云昨日亦至。光辉亭孝廉为觅花匠来，将改菜圃居之。张月公和诗来，亦云稳妥。钞书二叶。院生杨煃字少霞来见。王、魏二生入谈。

三日 晴

早起，用翁来，留饭。旷金钟、罗少纯、杨其隽、佩芳、刘鹤林、松生、杨小侯来。黄福生入内斋，皆久坐，尽一日。王心翁、胡生入谈。钞经二叶。夜倦早眠。乳妪夫陈其善来，闻其妇丧，容状甚戚。胡生言邛州有大林数百里，自唐以来不通人迹，平地桃源也。说"妇人不贰斩"，义颇确。

四日 雨，寂静，微寒

饭后小睡，起，钞书二叶。说"同居继父"，分别传意，大雅卓。晡后出过松翁、稚公、刘松生，便诣府县，至成都便酌，顾华阳、罗子秋、周立吾作陪，二更后散。今日作新衣二件，皆不称身。

五日 阴晴

晨起，魏生来言书局事。两监院、周云梦、王彬皆来谈，遂至午初。钞书二叶。郑注以"为祖后"为"为曾祖后"，未知其意。贾公谊〔彦〕以为祖为君，则臣当服斩，故知此父卒谓父为祖彼〔后〕者，父即君适孙也。如此则文当云"父为祖后者，卒，君服斩"矣，岂可通乎？

张月卿来，久谈军兴始事，皆如大梦。夕食甚早，院中无一人，稍睡，闻足音，王莲翁来，已将暮矣。客去，诸生来者三班，十人。

六日 阴晴

晨起看洋报，钞书一叶。饭后周熙炳、陈庆源、子真、顾华阳、伍松翁来。夕时，昭吉来，言石门作屋事。午间与松翁言乙巳、丁未之间，京师冶游，因及李伯元、周荇农、萧史楼、许仙山、穆公子之事。余云昨论军兴如梦相似,今论文酒如梦相似,吾辈犹看戏人,非扮戏也,而梦相如此。王摩诘诗云:“一生几许伤心事,不向空门何处消?”每一吟讽,爽然自失,今言隐居,饶有馀兴,此心翩然已在深山矣。

蒲、李二生人谈。晚钞经一叶,说“唯子不报,其馀皆报”,及“不降命妇”,批郤导窾,颇有曾涤公群圣窥瞰之境界。比三日,所学殊进。

七日　晴

萧铭寿来。久不见之,毛包如故。得徐子云八月七日书,知从孙女此月十六日适彭氏,家中比日堂已喧阗矣。此昏与吾昏时情事略同,犹有老辈之风,无乌烟嶂气之习,余女今不能如昔矣,可为太息。黄泽臣来久谈,午至申去,遂尽半日。

看京报,盛昱、百熙劾雪琴不赴官,盖清流必欲起之。额勒和布,未知何许人也,以理藩径补户尚,遣案陕事,张幼樵副之,亦足以豪。孙传胪夺官,杨文莹代之。初不知文莹何人,甲申检日记,曾主试湖南者。

八日　阴晴

孺人五十生日,以在客未设。新衣成,试之,萧锦、罗凤适来,其名吉祥,盛服出见之。

重校《湘军志》毕,信奇作也,实亦多所伤,有取祸之道,众人喧哗宜矣。韩退之言修史有人祸天刑,柳子厚驳之固快,然徒大言耳。子厚当之,岂能直笔耶?若以入政事堂为比,则更非也。政事堂就事论事,史臣专以言进退,古今人无故而持大权,制人命,愈称职,愈遭忌也。若非史官而言人长短,尤伤心矣。沅浦言未可厚非。

熊知府字俟然、绍璜、锦芝生、刘松生来。二王、陈、魏、胡、从简、张焙松入谈。

九日 丙戌，子正寒露

正睡，张门生夜见，云有面启事，欲隔窗一谈。命烛出，客坐见之。则欲请陪朱寿星，笑而诺焉。客去少坐，看官录，过子方寝。早起，周女婿邹生来，留朝食，谈广西事。饭后出答客十馀家，入者机局萧、云、查、周、马、王，驰还已过申。光孝廉来搬花，云王从九所送矮松值廿金。余前移归海棠云值三百金，可惜也。黄郎将访巴花，请价，余云不论价。钞书二叶，已暮。

初月朦胧，复念王船山骂月之语，为之匿笑。乐小二、王生来见。蒲、李二生入谈。夜欲钞书，念负此好月，有类书痴，息焉游焉，而月已黯。

十日 阴暖，午雨

钞经三叶，补道上旷功始毕，仅日得一叶耳，此后当易于竣工也。鼠蚁复至，有似旧犬喜我归者。绶子至，闻其将乞食，召见之，荒唐殊未减。为旷知县书扇五行。得马伯楷复书。

十一日 阴凉

闻督府率臬道往灌县，未往送也。徐寿鹤、孙伯屿来。锦芝生请陪次民，吴涛、少白、陆汝诚[少白]、庆溥、春山、叶溎年、子治、劳衡芝、芝舫、张声泰、茹侯为主人，陪客贺祝尧、寿之两知县。未初往，看戏至亥，冒雨还。花钱近万，可谓无聊矣。写经二叶。李饭店遣巡捕来，言墓志事。“妾为君党服”，郑注甚稳，以移传文，故余初不从，今细考之，传文当移，姑仍旧说。

十二日 阴，有微雨

钞经二叶。王彬来，哭诉贫病，无以振之。李懋章来。斋长二人入言支银应用事。午后出，答访黄、周两道台及徐寿鹤、庆宝轩，善庆处未遇,至黄成都处会饮,坐中主客八人,松翁、顾华阳、但子馀、彭修皆旧识,庆太守、敖编修新相见,坐中皆听泽臣谈京、夔事,无新语。戌散。

十三日　阴

晨起,光孝廉送菊八盆。庆知县来答拜,以方起,谢之。冯生闯入,求诗本去。曾又卿子来见,魏、胡与俱,又破例矣。陆通判来。钞经二叶,早毕,遂嬉一日。夜雨。吴、赵、周、刘、任入谈。宁生芒芒来,云从射洪始至也。忆癸年此日,饮龙氏新屋,有王、张二犯人分韵赋诗。去年此时,二犯相遇汉口,各赋诗,诗会可谓极盛。独步看花,不觉有感。

十四日　阴雨,旋晴

午卧稍凉,遂感寒不快,向必咽焦,今忽疾,为异耳。钞书二叶。得家书及浏阳课卷。以日内信还,为阅十许本,甚竭蹶也。岳、叶两生入见,倦于对接。礼书夜至,留令从役。诸生入者四人。

十五日　阴

昨夜未熟寐,今早待卯正而起。以新生不甚相识,仍出堂点名,集者五十九人。还内,阅刘〔浏〕课卷十馀本,多卧少事。张伯圆、方葆卿来。刘宁夜入谈。本欲钞书,偶怠遂止。

十六日　阴

阅课卷毕,定等第,如释重负。本闻湘信十八去,周麻来言改廿六矣。日课既停,闲行闲卧,甚暇也。释公来,言蜀人有伪造御宝者,他省所未闻也。以诳老民,犹为近古。复老张书。许以谦告去。刘镕复来。永夜不寐,亦不知何以故,殆由闻雨警觉耳。

十七日　阴雨

陶师耶、陈县丞来。钞经二叶。作李母墓志,成之不日,颇有老斫轮之派。文八、熊三俱来，雾露神复皆至矣。钱徐山妻求葬费，稚公乃推之我，盖欲恩出自我，岂吾意哉。夺人之财犹谓之盗，况因人之财以为己力乎？

十八日 晴，始有秋色

翰仙午来，芸阁晡至，遂谈一日。钞经三叶。藩使课士，限八韵四百字，为蔡研农解嘲也。乙巳进士大抵如此，而中有李伯元，此其所以早夭乎？夜复不寐。

十九日 阴晴

出答谢诸客，诣督府未得见，以芥帆在彼咨事。出城送徐山，其妻为丧主，以前送润笔未受，赙以八金。答敖少海编修，未遇为幸。周旋布政署而行，诣芝生，复遇芥帆，顷之月翁至，久谈。先出，过李总兵不遇。吊王彬、晴生，又送去八金，报罗汉松、建兰之惠也。今年皆还前欠，而无新得。诣叶协生，食苏梅而归，已暮矣。钞经二叶。哲先、王、陈、胡、赵入谈。昨夜思得一机器制法，急欲试之，而无可语者，但喜所思之通神耳。

廿日 阴晴

刘介和、陈陀、严玉夫、张门生来。钞经二叶。作李志铭，文有才气，不似老笔，所谓齿宿意新者耶？殊自喜也。易笏山日记喜自骂，余日记喜自赞，亦习气不能改者。

廿一日 晨雨如雾

钞经二叶。说“宗子孤”，与郑大异，恐其说卤莽，未敢定也，遂置之。周绪钦来久谈，食鸭面而去，以为余自奉每如此，亦浪得名之一端。作一小诗，三日不能成，信体物缘情之不易。

廿二日 阴，晨雨

钞经三叶。竟日无人至，数年不可多得之境，然已嫌岑寂矣。

好忙人托言不得闲，以为外物扰人，不知亲眷亦扰人也。作书与莫搢绅总兵，论迎护家眷事。

家一老耶来求拯济，候门两日不得入，令葛玉传语，告以急离成都为有生路。此子虽荒谬，其入蜀则我陷之，超群八兄、罗氏之所出，当日赫赫，不意其子几为饿莩也，宜急振之。余于此等处殊不及外王舅，盖内助无祖风。先母于姻族分米减食以济，余综核必求钱不虚用，遂愧慈规，今宜小宽假也。

廿三日　阴晴

钞《丧服》毕，《礼经》始粗脱稿，尚待整比，且令草鞫之。竟日游衍，聊息伏案之劳。酉阳三生告去。冯生入内久谈。

廿四日　阴

将遣理书还湘，周客狡诈，不可作伴，遂令暂留。庆宝轩、刘凤修、旷金钟来。旷送靴冠，受之。罗师耶求馆，与书萧颠，令转荐。又息一日，转觉不自在，知安肆日偷，语不虚也。欲作县志，又无兴趣，且候家眷来再创之。独行堂庑，偶愒客坐，忽有文思萌芽，乃作王祭酒母诔文，中四句未遑誊草，蒲、刘二生入谈，久之乃去，已忘二句矣，便就成之，则泉涌风发，如有神助。末段未成，神不终旺，乃还寝，已子初矣。是日辛丑，霜降。

廿五日　雨。始有寒意

发家书，寄课卷及杂书归。补成昨文。与书一梧。其母生平遘廿馀丧，天下之穷民也，乃得余文以不朽于后，余自亦不解其何以致此，信有因缘，非人所主也。遣召绳子来戒饬之。用翁来告行，留饭，兼招孙伯玙，伯玙不至，饮酒一杯，微醉，客去，少睡。夜雨潇潇，正文心怒发时也。读《九章》二篇。

廿六日　阴

遣人视绳子妇子，为之料理。方葆卿来辞行。看罗研翁行状，略为整比数处。

魏、冯、周、刘、胡入谈。胡问《碧山词》千篇一律，难于去取。余云咏物分题之所自盛，亦字字斟酌，但不必作耳。因举纸煤示之，云此亦征诗，岂能不作乎，故当具此一副本领。胡生既退，因用王调《长亭怨》，赋纸煤一阕："正妆罢、搓烟掏粉。早又拈起，麝煤纤莨。巧削蕙根，细吹兰气卷红晕。酒边茶后，频敲处、微红印。看似碧蕉心，不许展，春风一寸。　　香烬。怎知香歇处，刚被冷茸留烬。殷勤接取，喜罗袖、暮钟相近。待写尽、玉版相思，便烧了成灰教认。莫点作孤镫，长只是照人离恨。"

廿七日　　晴

自到成都，无此佳日。竹山杨生字树芝来见。多惕外斋，吟咏赏秋。借书院薪水百金还方葆卿，正两月已前书院送薪水未受，今已借用二百馀金矣。周、刘两生入谈。

廿八日　　晴

将出无轿，步至南门，见督府仪仗出城，因至督辕，与芸阁、伯玙谈，待其早饭毕，着衣冠送葆卿。谈顷之，复至梅龛，邀张静函来杂谈。出诣机局，过一门，云是昭吉宅，入看，则其妻昨夜小产，方延医也。少坐出，步还，已申初矣。绳子来，携其子来见，亦尚可怜，为赎衣两件，赠钱二千使去。万监生求彭朵翁书来，未之见也。冯生入谈。

廿九日　　阴

看课卷。萧、黄来。得朱小舟书，尚未知稚公之拒之千里也。刘、赵生入夜谈。鸟名戴胜，人名戴不胜；形是胡孙，号是胡念孙。

晦日　　阴，有日影

发课案，写对两幅，复朱书。穆芸阁、唐子迈、朱次民来谈，留芸阁便饭，次民接谈，遂至暮乃散。胡生入谈。二蓝生来，言分教不可立秀才,耻于师秀才。喻以谦尊而光之道,未甚信也。马伯楷送面及酱。

十　月

戊申朔　阴

早起,稚公来,论天下事,愁然深忧,复称张叔大之美,余无所言。但子馀来,请受《汉书》,余许为之正句读,因定日课,日阅一本。看《建炎录》廿卷,作陈伯双《易序》。夜阅《汉书·高纪》。魏、刘生入谈。昭吉送轿来。

二日　阴

看《汉书》一本,《宋录》卅卷。与书陈伯双。万师耶来求馆所,彭丽翁教之也。

三日　阴

理书当上工,遣郭玉送之去。看《汉书》四本,皆表序,无甚难碍者,唯《古今人表》上上内误加"老子"二字,去之。《表》列上上,皆开创之君,唯周、孔以圣德得列耳。张门生、张风子、陈佗、李懋章来,皆无聊人也。张静函、孙伯玙来,留饭,至晚去。

看《宋录》五十卷,备得赵构、秦桧曲折。构畏怯贪位,固不足论。桧特命当富贵,遇时议和,以云奸邪,未免重视之矣。《录》于李纲、赵鼎、张浚、韩、岳皆有微词,与今《宋史》大异,与筠仙议多合。筠仙盖建炎后身也。其主辱臣死、主忧臣辱之说,则与桧同。

四日　阴

看《汉书》四本、《宋录》四十卷。将出,得稚公书,约游昭觉寺。锦芝生来,与同出,诣王莲翁贺生日,不入。答访芥帆、唐楚翘。芥帆送小毛衣。出城行七八里至寺,稚公、芸阁先在,翰仙同入,稍游寺中,无可观,唯老僧诉官征求布施而已。留食香积,入城已晏。冯、刘生入谈。

五日 阴

将出,会看《宋录》未毕,光生来,言种花。五新生来,讲书,其一未及讲而客至,张小华之子也,名葆恩。急出见之,年四十三矣。芸阁信来,云督府相待。即往,未言留饭事。余亦将藉轿答访庆葆轩、朱次民、黄翰仙、劳纯甫,因辞出,周行西北隅,庆、劳处得入。还始过申,夕食毕而暮。看《汉书》二本,《宋录》六十卷。张生孝楷入谈兵。夜雨。

六日 阴晴

芥帆送《申报》来,乃知孙公符已免官待罪。张吟梅、杨大使、黄翰仙、旷金钟来,皆无心对之。张藩使课院生以试律,及责令完卷,绝似程立翁,盖进士、藩司所见略同,真英雄也。余初来犹咎方、蔡,今豁然矣,所谓所如不合,确有其理,然后知圣庄之道广。京房引《易》"朋来无咎"作"崩来"。秦桧生日十二月廿五,死日十月廿二。看《汉书》四本。

七日 阴晴

看《汉书》三本。朱次民来,久论辞差不去。余告以监司之体,不可苟禄而已。彼阳赞美,而不敢信也。张生、羊令乘间入内斋久坐,朱去亦去。杨大使来,不能为书札,无以异于陈佗也。亦留之饭而去。夜看《申报》。

蒲、陈、刘、冯生入谈赵生潸谗言,余诘斥之,犹不知止。稚公所云知过而力争者,真蜀俗耶?余初至甚爱蜀士,以官吏不能教为过。今再来乃倦于诲,盖涤丈所云大鱼不复跳者,非真行道者也。与世游无厌俗之心,此最不易。父子至爱,犹时有厌,传记所以言如好好色,盖唯悦目者无厌耳。饮食声音皆有倦时,文章道义乃能日新也。

八日　阴,有雨

看《汉书》三本。成都李永镇来见,前以砚贽者,今忘之矣。周生亦在,谈诗而去。夜坐无聊,翻前三年冬初日记,所与游处无一在者,去年今日所往还亦化去三人,可叹也。

湘、桂间谓头触物为“膘”,字盖当作“䡲”。【中阙一段】贾生论治不辅以正道,而但亟亟于封皇子,削诸侯,虽切时务,然非本论。自汉以来,王佐唯有此人,而犹未尽达,始知论治不易耳。班改《史记》者:如“披坚执锐”改为“击轻锐”,“数见不鲜”改为“数击鲜正”。不知其何据。刘子迎尝言《苏武传》末载麒麟阁十一人,而云著名者不得与,可以“知其选”,此刺宣帝私定策臣也。昔亦然之,今更阅,实非也。隔代何用微文刺讥,即刺当在黄霸等传及《宣帝纪》中,岂有入武传以为刺者?子迎求之过深,故有此失。

今夜丑初立冬,天气甚煊。梅福说“迁庙之主,流出于户”,是以为毁一庙即藏一主,至祫时无席容之,其说非也。以藏主无据,此古说之仅存者,存之。“实事求是”,河间献王语。刘向说周公葬于毕。王天翁来访。周生云李生永镇又喜说部。夜雨。

九日　丙辰,立冬。雨

看《汉书》四本。王吉说召公止棠下而听断。《禹贡传》杷土田百卅亩,直不满万钱。然则汉时亩值数十钱,谷斛三钱,其一钱若今银半两也。班书以知足术数诸人列于名臣之前,迂生之见也。其好采琐鄙事入史,文人之习也,不得为良史。

刘年侄,冯、赵两生来。讲书半月,不作字,常欲钞书,然一起手,则妨作文之功,此正如嗜好难绝者,宜勇断之。乃知勤惰皆习惯,未必勤者即贤也。

十日　阴晴

遣约张吟梅来，舍内斋。二胡、刘生并习《丧服》，入讲，无所发明。吴月波明海来。大夫之子，服君如士服。大夫去，则子改服齐衰三月，以将从大夫而去也，故曰“言未去”。父之旧君去，无服，不待言。君者，国之至尊；父者，家之至尊。父子异宫故祖不得为孙家之至尊也。子虽异宫而仍尊父者，子之异宫正为孙家无二尊，正谓此也。刘、吕生入讲此条，故改旧说。

看《汉书》四本，郭解为许负外孙，父以诛死。则许负选女婿，不用相法。楼护诵《本草》，而《艺文志》无《本草》书名。

十一日　阴雨

看《汉书》三本。光孝廉送金橘两株，霜实甚繁。杨大使送诗来，恭维太俗，令人面热。今日始有寒气。朱次民送诗本来，历百馀日始评点十馀篇，可谓细论文者。以余及陈梁叔为吴、楚二大国，亦与罗馀堂、何镜海、徐琴舫与余齐名，同为忝窃，使俞荫甫闻之，必笔于书也。夜钞近作三篇。

十二日　寒，始袍

看《汉书》毕。计薄䩴本，卅八日课得三本也。班书载王莽琐鄙事，殊无史法，未为善述。庆保轩、伍崧翁、严玉兄来。谢生葬妻，来销假，问服制。汪恕、邓雄一、周玉标三生来讲《礼》，皆如初生之萌，未有所知，不知当何以诱之。钞近作诗五篇，今年校多于去年，然无新绮之色，不似文之纵横，盖文粗诗细也。朱小舟僭用戈什哈，夏赤轩禀参之，可谓两绝。

十三日　阴

晓寒，午睡颇久。钞改《丧服笺》二叶，恐污新卷，因停。改定梅根行状，两年逋负，今始稍清矣。得家书，去信廿四日即到，回信五十五日始至,殊不可解。懿儿读书颇慧,是可喜也。见郎来书,并与书稚公,不知稚公早办待之矣。多一干请殊可不必,因拆视压阁之。得家书,喜而不寐。近衰老暮气矣。

十四日　霜寒,见日,旋雨

芥帆送皮衣来。昨日吴生之英来,今日宁生来。听刘、冯诵词赋,如家中书声,可喜也。考"不系邾娄"廿七年,今日偶得之,出始愿之外。《春秋》定有全通时,所谓如有所立,欲从末由,颜生之所由夭也,小子何敢钻之,然圣哲神灵可接矣。作二书,一为刘知县,一为万监生。

十五日　阴

点名,出题,饭后少寐。改《春秋笺》十馀条。胡、刘入夜谈。

十六日　阴晴

始理《湘潭志》稿,初觉丛集,翻阅久之,稍有头绪。买皮衣二件,借书局银给之。孙伯玙来,留饭,暮去。遂罢。夜雨。

十七日　阴雨,颇寒

出诣张藩,贺生日,便遇小钱、芥帆,已午正矣。芥帆犹未朝食。至机局与翰仙久谈,诣督府,答访张静涵,伯玙适在,谈顷之,过芸阁,值其外出,仍与孙、张谈。稚公出,久谈,暮,留食,初更后出,道滑行难,仅而后至。闻豹岑改粤抚,徐、唐遂皆开府矣。宋太宗十月十七日生。

十八日　雨寒

连日无事,不甚适意,仍定日课,先看正史,以暇乘兴作《志》稿。湘潭宋前事尽缺失,因取《宋史》先阅之。《宋史》阘冗难看,仅阅一本。宋帝俱于大丧十日内定生日节名,又观镫受贺,不以丧止,夷俗也。

张月卿生日,戏作二诗谀之,殆可搔着蛘处:"福星齐降两庚辰,来镇坤维作重臣。红杏宴回三十载,黄花香过小阳春。身经盘错精神健,治本诗书教化循。藩翰回翔非左宦,笥中紫绶尚如新。""徒夸桃李尽封圻,未若宫袍侍彩衣。旧事已看铭鼎钺,小男犹解拾珠玑。江明锦水诗情丽,地接青城景宿晖。何事开门坚谢客,料应吟对省中薇。"和合来。

十九日 雨阴

看《宋史》二本,小说四本。张门生来。得孙涵若书,叙述公符事,甚荒谬可笑。芝房未宜有此报,此使妖也。

二十日 晴

看《宋史》二本。元人作本纪,既不知事政大小,又非断烂朝报,唯以当时所争无关紧要事为书法,如杀一曲端,此非本纪所宜书也,而原委具见十馀条。此外若金兵何以渡河,二帝何以北去,反不如端之见重也,亦可异矣。又灾异亦从时尚,哲宗则白虹贯日,神宗则五色云,高宗则日中黑子,此则本于《汉书·宣纪》之凤皇耳。

胡薇光信来,请校《天游集》,候回信,随手复之。和合招饮,穆、黄、李同坐,吃菜甚多。看小说四本。周密甚恶方回,丑语诋之,云其见妓即跪,有似徐寿衡。余以为此无可丑也,彼固不当跪,我又岂宜见其跪、闻其跪乎?

廿一日 阴

看《宋史》一本。吴熙来求馆。

翰仙约集于机局,去朱次民,增锦芝生矣。次民总保甲,有言其空轿假巡招摇过市者,不知其所自来,余闻以为不经。七日来,问答论难久之,十日而上笺督部,引丁芥帆为证,以朱小舟空轿为词,督部大愠,司道亦匿笑,彼乃推过于我。崧盐茶闻之,以为信王某言无不败者,黄翰仙亦附和焉。且以监司大员,六十之年,被此不经之诬,岂能默尔。就令不肖失计而为之矣,亦止可抵拦,不可承认,以全捐班道员之体,然后托故而退,俟可进而后图之,虽实无耻,犹愈于溾涊厚颜。余言当辞差,为彼谋不为过。彼来决于我,又岂可不告之。今则是非纷纭,游羿之彀,于事无益,于人已两损,金人所以三钳,盖有由也。

廿二日　阴

看《宋史》一本。改定《麟趾》说,以"大射"、"士侯"分配两章:一为鹿侯,故咏麟;一为豕侯,故咏豝豵。王子无所统,故唯美麟兮;学子统于大夫,故归美驺虞。天生玉合子,卅年乃得之,信讲经之有益。看《宋史》三本。

午晴,诣松翁谈《春秋》还。张遇枚来,叩头求差委川东千把,一次凡二跪六叩,余未能叱之也。严玉夫来,言受庵有一旧衣,着之则失志,竟以经死。其表兄云河南误断一节妇致死,此其谴也。余极不然之。节妇能令受庵不慧,则可云谴,今已传名后世,徒夺其年,又不使其父知之,何所报耶?

廿三日　庚午,小雪中

二蓝入点卯。看《宋史》半本,《天文志》未加点,为点七叶,徒费日力,犹贤博弈耳。穆芸阁来,约照相,再照不成。稚公留司道早饭毕,入谈。李子维自贵州来,云善相。因令相余,不能言其所以,申初还。但子馀来。

讲《汉书》。蒲、冯、谢、刘夜谈,诲刘生以有容之道,云"人之有技,若己有之",古人之言,如此其深切也,而不能化嫉妒者,不知技之为己有也。刘生浅陋,不足语此,然而强聒焉者,职任教官也。

廿四日　阴

补点《宋史》二卷。周颂昌踵至,见之,出气喘息,似不佳也。又改“夏阳”一条，郭之邑也，唯有郭公可证，而已先亡矣，不相比附，是疑案也。然经不待言郭，亦犹滥不必为邾娄。看比三年日记，十月皆无可喜，今年差闲为乐也。得仲子遗像，貌果无神矣。去时神采奕奕，殊不似此像，盖动静分生死，又疑人死则像死，亦感应自然。

廿五日 阴

湘潭新张字派文：“九世家声起，南来又尚贤。”张门生来，看课卷。陆通判送关书来，万生兄干馆也。蒲、刘、胡、何生入谈。夜煊，有雨。

廿六日 阴

看课卷毕。饭后至李总兵宅陪吊，二知府先在，黄、黄、朱、周、锦五道后至，稚公来，设奠，少坐而去，余亦辞出。张吟梅赴小钱处饮。晡独餐，饭后少寐。蒲、刘、陈入夜谈。

廿七日 阴雨

点《宋史》一本。刘、谢、胡入讲书。周玉标初入院，一无所知，令从分教学习。周来问款式，非可一二言也。余初欲令无徼幸充选之人，既而思之，以三数两银养闲人，今日尚多其比，姑听其滥竽耳。赵连城来见。得丁生树诚书，词颇矜骄，还书戒之。王昌麟来荐士，云井研龚、崇庆陈皆有品行。范、刘生入夜谈。夜寒有雨。

廿八日 寒雨

手冷脚欲冻，然尚不可裘，身中甚热也。通推“邾娄”、“小邾娄”例及“凡城”例、“不系”例，皆豁然大朗，两月静坐之效也。急手钞底稿寄回，并与书孺人。讲学有云“古之圣人恒有忧，世外之人乃自乐”，吾一生得意，非正道也。圣人不学而学畸人乎！庶乎行年五十而知非者。昭吉来久谈。

廿九日 阴

点《宋史》一卷。胡诗舲进士、严生雁峰来，久谈。未出，至李总兵处看题主，崧、张、王、丁并集，稚公来，点主毕，少坐去，余亦还院。朱次民踵至，言崧、丁、王、张口舌是非及同例〔列〕倾轧事，甚可笑也。又诵其感怀绝句六首，诗颇有格调。

晦日　阴雨

卯初醒，偶忆半山来蜀，尚无消息，若在道，计到时在冬至后矣。口占绝句寄嘲之："一年长夜独更深，早被寒霜袭翠衾。不共卷衣吟玉漏，却来添线惜分阴。"吟罢忻然，非盛唐前人不能到也。

稚公邀早饭，写家信后舁往。王、孔两秀才，臧课师，芸阁同坐。稚公欲告退，余亟赞之。看京报，知朝无执政，一也；政不能及民，德不孚于司道，二也；无资自给，徒苦其身，三也。王莲翁云将去，往看之，又不欲去，已托两司以危词相悚，余初不知，误信老实，及闻其旨，仓皇告退。

还院，斋长来送委员薪水，以百金还钟蘧庵，寄《八代诗选》及小靴衫料、罗研翁行述等，交陈其善带至家中。冯、刘、王入谈。点《宋史》半本。检"内城"例，前说又似牵强，不自信。观朝局，张佩纶机已危矣，黄兆柽不知何许人也，举人也。奏上，降三级调用。

十一月

戊寅朔

晨至东门看李总兵母发引，至城隍神祠小坐，芥帆、托可斋均在，少谈俱去，余亦还。途遇李引，立待輀至，送数步，主人跪辞而还，已过午矣。

点《宋史》一本。夜思督府威令不行，为奸佞所玩，欲言之又非执事，不言则负交情，旁皇不寐。既而思之，仲尼不对，宜闭户可也。

钟蘧庵之子文虎来。

二日

寅初觉，又思前事，终不能已。晨起欲书报稚公，适会客至。午间张静涵、孙伯玙、芮少海来，因与孙、张同入督府，坐芸阁斋谈。主人出，略述其意，留饭，舁还。一日未事，仅钞近作一篇，冯生校诗三本。

三日 晴

自入秋来，无此皎日。借百金，与张吟梅寄家用。余三月中，假之于钟蘧庵者，久未及还，因院送委员薪水，受致其家。昨钟子退回，云奉令不敢收。此海宁银，仍与海宁人用，定数也。院中杀篠理蕉，园丁毕至，大有乡村之景。

夜为胡进士校《稚威集》，久不读近代人文矣，亦有佳处，视廿时见之转佳赏之也。少时气盛，近来眼界宽，曰苟如是亦足矣，非若彼时苛责之也。至所用典，不知者十之七，然一披寻，了然可知，不足惊嗟。包世臣好大话，而于稚威文自言不解，不敢校雠，余则敢校之，且不屑校之，惜未向慎伯对夸耳。夜霜早眠，欲作诗，竟懒未就。阅《宋史》一本。

四日 晴

校胡集。稚公来谈，并约吟梅度岁。芝生来，盖风波稍息矣。静坐以观物变，殊了了也。竟日校阅，忘日之暮，及忆未看《宋史》，已上镫矣，意倦而置之。周、冯、谢、蒲、李、王入谈。

五日 晴

李沄来，云黎平话皆湘鄂音。将居湘潭访子师，犹有老辈风。校胡文二本。翰仙、松翁来。晨往石室看监院毛翁，松翁未起也。夕同吟梅要刘、赵、冯循西径入少城，出崇丽门而还。烟月冥蒙。颇欲春煊。

六日　阴

点《宋史》一本,旷功三日矣。彭副将来见。校胡诗,重看《李三篇》,乃是学唐人,世皆以为学《焦仲妻》,前卅年与伯元论此诗,但嫌其不似,不知其所以。流光电迅,独坐萧清,真如隔世矣,怅然而罢。看宋人小说,聊乱吾意。

七日　阴。昨夜雨

忌日素食,厨人遂不为客设。点《宋史》一本。校胡诗。多独坐少思。刘年侄来,冲破忌曰。去年此日大雪,寒。丧年晴亦寒,念之皆若昨日事。

八日　阴

校胡诗。见张副将。芸阁来,留午食去。拔野菊,种水仙。李、蓝告去。

九日　晴

日色甚佳,风霜犹冽,有清景也。李世侄来。未至武担山文殊院吊张怡山,与松翁同往,黄、周、朱、崔四道,曹、何、某三知府作陪,坐久之,但有苍蝇,初无青蝇,投暮而还。李楷字宇辉来访迎梅,因见,泛谈。夜月寒明。校胡诗毕。点《宋史》半卷。李世侄忽然晶顶花翎,可骇也。

十日　晨雾,过午乃见日

李蕴孚、张门生来。得九月十八日家书,及蓬海书。潘抚亦知请幕友,殊胜恽、李、王、刘、卞也。张金刚交管束,黄子寿顿贫贱,彭雪琴请李次青为记室,事皆可喜愕。将与吟梅至督署,适稚公来要,不可步行,乃舁而往。今日为八郎生日,设酒,与穆、孙同坐,高谈快论,盖有慨乎其言之。

十一日 晴

竟日游衍，未决去留。李世侄来。点《宋史》半本。校胡集毕，送还诗舲进士。看小说一本。夜月，水仙盛开。

十二日 晴

董文蔚来。复蓬海书。伯玓来辞行，还铜仁。点《宋史》半本，律历志并列六家，皆瞽说也。于此知西历入中大有所益，然自明以前亦尚有世界，又爽然矣。此夜月明。诸生入谈者，无问难，不足记。

十三日 晴

点《宋史》一本。绪卿来，久谈，并送《申报》。黔藩以李道超擢，江藩、臬、道递迁。黄兆柽降调陕抚，立罢。发家书第十号，并复蓬海。

十四日 晴

晨起未事，朝食后与吟梅步至督府，送孙伯玓行。稚公留饭，并示雪琴书，意在索饷，而语不中綮，初不料此书生如此不通也。游谈府中竟日，夜乘月还。看《宋史》一本。广南六十州，数之有六十二，有无数不见名者，殊可怪叹。

十五日 阴

以收课不出，点名并去。先悬避客门榜，示欲去之意。叶化龙来。成都赵生执贽来见。得李毓珩书，送苞苴，却之。芥帆来，言待时而动，及人心险诈云云，投暮去。看《宋史》二本。

十六日 阴

朝食后步过松生，因至会府街买玉碗。访但郎不遇，至翰仙、芝生、朱次民处，坐谈而还。得家书及松生海外书。将谋还湘，念行止轻率，不似老成人，又方留客在院，不可舍去，默然自止。复马伯楷书。

十七日　阴

发家书及劼刚、松生、商农复书,遂至日侧。复毓珩书。看《宋史》一本。两吴生入内,论"褒衣"。

十八日　阴

开圣寿门,换云母窗,未毕,稚公来,谈蜀中积库银至四百万,可以远略,甚有请缨之志。余云外宁可冀,内治难澄,亦徒劳也。当今乏材,诚见殄悴。

改《五始表》条目。冯生入论"文母",余以"肃雍"为妇人之容,说《雍》为成王大昏之诗,以鲁禘太庙,致夫人,沿学此礼而误也。大姒尚存,为王母,祭亦必莅焉。虽舅没姑老,而祭夫当亲之也。皇考为太王,烈考为武王。此说似新而有意。

十九日　晴

黄昆来,称有事,及见乃求厘差。从黄绸被中唤人起,而干以非分之妄想,殊可笑也。看《宋史》一本。钞《春秋表》数条。

廿日　晴

因周生宝清侍母疾,不知病证,与诸生言父母之年不可不知,盖为侍养者发。或有父母壮盛而视为衰老者,或已衰老而如壮盛者,皆宜知年以消息之,乃于喜惧有关切。庆保轩来,言保举。王心翁生日,往拜之。始定改《春秋笺》,录作副本刻之。夜看《宋史》一本。昼多行游,夜坐忽然不乐,于养心功夫全未也。微尘爱憎,随人俯仰,乃有避世之志,此非能游羿彀者,若远引以为高,去俗情几何矣。

廿一日　晴

改《春秋笺》数十条。看《宋史》半本。圣寿门始开,通步,由少城至北门街,将访芥帆,误通郑小轩,数月未见之,遂瞽矣。复过丁馆久坐,主人未出而还。便答旷、张,均不遇,急行而还。

李总兵送润笔，受其水礼，犹过百金，貂冠行靴甚副我用，然在彼为轻简，因与吟梅论之。吟云：“蜀中难配千金珍玩。”余云：“研、画可也。”言未毕，张总兵送宋研、宋版书至，拊手大笑。葛玉云、崇星阶求宋刻事类赋，甚难购，因而受焉，复书谢之。今日上门而元宝滚进，虽不入怀，亦可喜也。宋砚，云大刘妃所用。

廿二日 阴

朝食甚不适，减饭之半，偶出讲堂，闻叱喝之声，红帖飞奔，司道并至，方加冠而有此祥，又可喜也。新臬使如冠九花衣来，而不设拜。余告诸生，谓之“不称其服”。毛菱翁复衣冠来拜辞，亦不当辞，谓之“不思其居”。看《宋史》半本。改《春秋笺》，三日始得二年耳。自诧精奇，惜不令仲子见之。

始安三床，以待眷客，盖经半年办置粗毕。又损卅馀千，买一假狐白裘，四季衣服又粗具。陶朱公三致千金，不能过也。明日冬至，忆辛亥于江西道上闻乡祠吹管，不胜节物之感，今乃不知哀情何从而生，老而惯耶？老而顽耶？言老人多悲者，其不然耶？

廿三日 庚子，午初冬至

朝起甚早，始裘。饭后出贺岐子惠生辰，答拜司道，兼诣督府，唯见锡侯，道遇周、朱耳。还始未初，假寐一时许，改《春秋笺》一年。

光孝廉送花来，云毛菱亭送四盆，两红梅，两山茶。光代买两黄梅，两山茶。时紫菊犹苞，因吟一律：“黄梅烂漫菊犹花，令节闲居玩日华。大礼郊坛迟岁岁，冬祠箫鼓自家家。诸蕃几国书云物，三峡频年问斗槎。正午定知胜夜半，早看阳气入霜芽。”斋长来，言生日公宴。力止其说，似不如避出为妥，往尝讥雪琴栖皇躲生，今乃知孤身在外，有不能不逃之势，雪琴习惯耳。

廿四日 晴

蜡梅盛开，念稚公垂老，而无视听之娱，乃至时物之不知见，遣舁一盆送之。邹生来。劳主事来辞行,还长沙,又附一函。王仁元来请宴,亦辞谢之。改《春秋笺》一年。阅《宋史》一本。

廿五日

晨起写对联两幅,饭后改《春秋笺》一年,舁出答访劳三郎,兼托寄家书十二号及绸匹。过庆保轩,并至督府,少谈还。改《春秋笺》一年。看《宋史》一本。

廿六日　阴晴

光孝廉送梅枝。稚公来答拜,因谈刻书事,并欲作池亭,且和余至日诗。改《春秋笺》一年。阅《宋史》一本。

刘生入,问六服之色。余以大裘之表为缁色,与士缁衣同。而玄冕衣当黑色,盖避人裘缁也。然则大夫士分王服羔裘、毛裘之色,大裘表亦用布,后六服之绿衣、缘衣,则字未易定也。吴生入,问衣缘。余以青赤文、赤白章、白黑黻、黑青黻四色为缘法。龙章为山水。山以章,所谓上正章。水以龙,盖象水波,又加龙,即《皋陶谟》山龙青也。又左衽当是对襟衣,当中开襟,不必纽扣,便可加带。夷狄上马便速。袭衣手肘,或申而不屈,亦可加结,故袭皆左衽,狄亦左衽。今西北马褂对襟,中有小衽在右,襟掩左,是其制也。

廿七日　晨口忽雾,竟昼昏昏,霜寒颇重

改《春秋·隐公》毕。方看《宋史》,王仁元来,索《五始表》,自录稿与之,遂尽半日。稚公送花约饮,均辞以出城去矣。院内外为余生辰纷扰,明日将避出,故先匿迹也。

宋郊庙词喜用“堕”字,又《夕月》词云:“往千卿少乘秋气。”中“往千”不知何字之误。岂往千亩以卿施少采夕月耶?深所未喻。夜稍煊,勉阅《乐章》,毕一本。改《五始表》,自钞稿,发王生录之。

廿八日　阴

晨起命舁,幞被将行,王仁元来,问《春秋表》式,匆匆看定。巳

初出城,行甚速,过欢喜庵,欲入未得,至将军碑,取小路度红薯领,过二台,尽冈行,则至新店矣。店小二处我下室,方自以为野老争席,海鸥不疑也。俄而店主任姓,执礼甚恭,自扫中堂,再三延上,辞不可得,遂据独榻看课卷,至三更犹未毕,颇寒,乃寝。

梦吕洞宾示我一纸,云明年月日有仙妪陆姓,实姓石也,以知吕为验。其日果有老媪来,问之识吕否,示以图,则笑曰:真洞宾也,但无须耳。余颇疑之。见孺人盥手,似欲致礼。方讶之,乃倚床不顾,其媪亦隐去。余知其伪,视之则隐门后,亟令之出。见其年忽少,而着紫衲,余云夜深出,恐不免,姑许一宿。此妇云:"家中不可离。"乃令易衣,欲以半山衣借之。闻半山索苏合丸甚急,意其不肯借衣,方欲别取之而醒。少焉复梦为人述此,以为甚异。盖一梦而一述,历历可志,姑记于此。

廿九日 阴,午后晴

晨起,令舁夫饭毕而行,将再前进,念劳夫力,阅课卷毕,定等第,而后返新店,虚集犹未盈也。余晨食汤饼,舁夫亦不午食,径从北门入城,至三桥则遇翰仙,西御街又遇绪钦,皆为余生日,衣冠至院始还耳,日云暮矣,贺生日无此早客也。吟梅复衣冠设拜。晡食后发案,今年放学矣。稚公今日为余设竟日之馔,遣幼子亲来迎,芸阁与俱,司、道、府、县皆送礼致祝,向例所无也。稚公送山茶二盆,光孝廉买白山茶一盆,均可赏爱。

十二月

丁未朔 阴

晨起谢张、王。朝食后出谢客,入督府,则稚公为余陈设具备,留早饭,辞以当谢客,乃出行北方,如蚁旋磨,至申而毕。入者唯机局、恒镇如、价藩三处。仍还督府,见两绿轿,知招客陪我者,疑其一为翰仙,一则莫测,既入,则价藩也。俱在芸阁房,均忘机恣谈中外时局,乃知刘毅斋遂兵右矣,可为叹息。翰仙又言有陶森甲者来访我,不及待而去,亦刘客也。二更还,改《春秋》一年,作《丧服凡例》八条。稚公、张藩台均见赠新诗。

二日

寅觉,甚煊,枕上和三诗:“子律旋宫起正声,黄钟大吕共和鸣。深知政本先文教,却愧安车聘鲁生。小草出山春更好,寸珠盈手月争明。元亭寂寞头堪白,莫道扬雄似马卿。”“愿见文翁化蜀圻,五年黉舍学抠衣。穀梁颇欲箴刘向,草木仍惭问陆玑。北斗京华怀旧梦,西山晴翠揽朝晖。黄农盛治依公辅,未得长歌便采薇。”“兄事论年后一辰,受廛仍是在邦臣。高吟偶索梅花笑,元气真回黍谷春。处士献酬宾或忝,庠门坐立礼须循。郊图岁暮饶欢会,早办公堂寿酒新。”晨起书之。改《春秋》二年。看《宋史》半本。

张门生、曾昭吉来。昭吉送日圭,新法制为圆盘斜针,甚便于用。陈、蒲、李、胡、刘、张、范七人设酒相庆,吟梅为宾,申集戌散。

三日　阴

竟日补作《春秋表》、《丧服学凡例》,并考日月不相蒙之证,排年编列已数百条,而犹未半,恐无此表法,且姑置之。看《宋史》半本。

四日　晴

和气如春,花香鹊语,得闲居之乐。看《宋史》一本。改《春秋笺》二年。张藩使来久谈,将暮乃去。叶叶〔协〕生复来,似甚从容,不知人间有昼夜者。诸生刘夏先祖周、胡荩臣念祖、哲、克、冯、周、吕、赵设酒相庆,已久待矣,上镫客乃去,点心不复上,遂就坐,极饮剧谈,唯其言而莫予违,甚可惧也。

五日 晴霜

改《春秋笺》一年。看《宋史》四本。翰仙来久谈。翻沈寿榕《玉笙诗》,不及李寿蓉也。院中料理年事。蒲生言及腊八粥,始悟节近,发公费银作之。黄梅始香,紫藪益茂,嘉瑞也。“藪”为孺人名,今年正五十,而有花祥,其偕老之征乎?藪能过年,实从来所未闻。

六日 晴

院中人尽出,独坐前轩,改《春秋笺》一年。易简轩来。过锦江书院与松翁略谈还。将阅《宋史》,意甚厌之,勉看三数叶,又阅杂书数本。绪卿来,久坐去,遂暮辍事。

七日 晴

早起铺设待客。王、胡二生钞仲子遗书成。校《仪礼》一本,前后颠倒,殊难寻检。翰仙午正即来,芥帆继至,申正稚公、芸阁始至。翰仙为余设酒,甚为费也。无事可论,唯言俄、法事,以为谈柄。余往年为阎丹初题王烟客画,诋訾江南人国破君亡皆为诗料,今毋乃类之乎?士不见用,视时事无不可笑者,但未歌咏之耳。

八日 晴

厨中作粥,遂忘早饭,至巳正乃得食,改《春秋》一年。黄郎来久谈。午后约芸阁来,公请幕客及吟梅,申初芸阁始至,湘石、幼耕、少海来,犹未晚,酉正入坐,戌初散。月华镫光相映,殊有清景,裵回久之,不知夜寒,他乡无此景也。孙生鸿勋来,言越南事,云刘永福不敢见官,及来乃是红顶花翎人,盖苗先生之流也。

九日 晴,尤煊

改《春秋》二年,计廿日,得廿九年。廖生自太原来,言近事,询香涛行政及笏山志趣,云不甚相合。笏山未肯为之下,云不迁即告退矣。异哉,请人保举,乃可鸣高耶?周生亦自安岳来,与张、蒲、王、光俱久坐,而未多言。未正出,谒督府,送仲章遗书二种呈之,以稚公谆谆,欲为表章,不忍违其意,然非逝者所志也。便诣张月公谈京中事,特诣如冠久论书法及《康熙字典》之善。还院已暮。

大贾胡光墉着黄马褂逃去,店帐尽倒欠,差足为饶、张解嘲,户部为之震动,则尤煊赫。

十日　晴风,有寒气,可重裘

遣送王生润笔,不受。复令录新改《春秋笺》,以旧本《隐》、《桓》、《庄》相连,更从《僖》改之,义例便觉不贯,仍索回,次第钩考,始知经文之密也。

光孝谦送蜡梅来,价藩亦来请客,便舍业陪客。翰仙继至,稚公、芸阁申初至,如冠翁来答拜,出则已去。申正入席,戌散。多谈吏治,意见各岐,翰仙颇慎言,价藩多为田秀栗道地。付五十金喻洪胜,橐已欲空矣。

十一日　晴霜

寒疾欲发不发,思养静一日,未理日课。和合来。张门生、吴明海、严、岳、莲、刘、胡、吕诸生均至。昭吉送床,制度甚粗,而价极贵,聊存湘制耳。床、轿遂去卅金,亦可谓无名费,差贤于罗妇工价而已。少年习气未除,犹有傅粉施朱之态。改《春秋》一年。移笔墨内间,将有所述,匆匆竟不暇。不看《宋史》又四日矣。

十二日　早霜,阴冷,朝食后晴

看《宋史》一本。昨夜梦甚甜,而寒疾颇发,饭后似愈,因循懒事。王、毛两监院俱来,无甚可谈。

短日剧长,咏诗自遣。"初阳煦霜气,晖蔼丽园林。丛蒿似雕玉,黄梅如缀金。东楹引暄步,西阁散寒襟。积懔喜得舒,来游唱高吟。地偏寒暑均,淑候美重深。时因良会罢,观化味萧森。阶草翠总总,岂识冰霰临。人静短日长,谁谓岁骎骎。悟生亦已久,尘事固罕寻。犹惜此昼闲,逍遥坐移阴。”“幽人恒喜夜,愿此明月晖。四时独有冬,寒静适我微。佳赏难久留,但恐严霜飞。嘉兹穷阴节,尚照秋花菲。明镫玉阶前,上见繁星衣。群动息中宵,流光朗四围。高会谅馀欢,主醉宾言归。圆景方未满,良游弗相违。”廖生复来谈,留饭去。

十三日 霜,晴煊

看《宋史》一本,舆服、选举、俗语、公牍字均不可解,至今当有注释,前看未细,比来甚苦之,乃知史中最难读者《宋史》也。

改《春秋》一年。欲说“首时”皆有意义,未知可通否,姑妄说之。涤公所谓臆说家者近类下官也。闲日甚多,晴冷所得不可多逢之境,乃知出家诚为善福。

十四日 霜晴

晨未起,葛玉云昇已驾矣。和合子周晬,因遂作生日,乃起衣冠往。闻张祖荣来,便往拜之,绕御沟,吊王立诚而还。价藩送舍利,似豺似豹,古盖以豹名之,日食牛肉一斤。周云昆道台来。杨大使来。改《春秋》二年。看《宋史》一本。夜无月。《职官志》“都司御史房”文有脱误。

十五日 阴晴

先曾祖忌日,素食,当不见客,而先未传语,亦因芮、顾公请,不欲辞之以示异,因素服见客如常。张总兵来。计《庄公》尚有廿四年,今年不能毕,因加一年,日改两年。夜至李湘石处,芮、顾公设,穆、洪为客,步月还。看《宋史》一本,《职官志》未点,补点廿叶。

十六日　晴

晨晏起,改《春秋》二年,张静涵、穆芸阁、锦芝生、刘年侄与周从九、渥蕃同来。刘亦荒唐,未若周之可憎,此种人不死,殊为可叹。点《宋史》廿叶。王生来,言崇庆盗劫事。

十七日　晴煊

昏始欲雪,褭回庭户,无所往还。改《春秋》二年。点《宋史》廿叶,夜又点廿叶,遂尽一本。闻彗星复出,将候之,云阴不见。马生来,已改业从屠沽矣,亦荒唐可叹,彭子茂门生也。夜坐写字,头欲眩晕。

十八日　阴,未冷

看《宋史》一本。顾生至自京师,四年不归,气体丰腴,但嫌早发耳。询豫、秦事,未甚通晓,唯言三晋枯焦,笏山郁郁不得意,孝达芒芒不得闲。孙生继至,遂及半日。改《春秋》二年。为胡生看词。

成都府教授范雅南名元音,有孙为县役所拘,已挞面数十,往保释而不肯,云公事不便。异哉,儒官无用一至此乎!县令横恣,又亦可叹。欲求余道地,余云:“下告本府,上告方伯,若不得直,吾为尔宰!”

午夜不寐,杂思无端,偶忆经纶,作诗一首,太冲所云“梦想骋良图”者也。《华阳篇》喜顾印伯久别忽归,因谈所至山川,有感而作:“朱梅未放山茶开,寒冬欲尽春裴徊。鹊声绕庭驱不去,朝朝喜见行人回。身行万里无尘土,静入书帷对深语。四年守静神有馀,曾带烟云向嵩汝。自说今年学俗书,不嫌目宿暖桑榆。秋清雨止乡思发,太行双华迎归驴。我昔风尘事干谒,王门曳裾仍被褐。尔今四海不逢人,过晋岂知张孝达。年年负米泣罗裙,喜得今来笑语温。坐看摩诃水滟滟,应知燕豫雪氛氛。南阳紫气连伊洛,颇恨襟情在邱壑。天竺南交尽华阳，芒芒禹迹周京廓。九州在眼几席宽，谁能更叹行路难？儒生不识纵横事，且作鸿词对策看。”诗有经史学，自汉以来无此家，自顾眇薄，不意能开此派。贾岛所谓“知音如不赏，归卧故山秋”，盖不自信也。

夜欲取一婢自侍，俄然而止，又因顾生感我亲养而得佳诗，自喜有二善念。廿岁读唐诗，颇怪初唐好用“泣罗裙”，今日用之稳惬。

十九日

自丑初不寐，枕上成诗，辨色而兴，自书三通，又闲书一纸，稍惕外斋。

稚公书来慰问，因论二事：一无辜久系，一满兵小赌，与县役斗殴。将军颇察其情，府县遂非，必欲得之，闻禀院司矣。为论丁役无贤不肖之别，赌风不因此而盛衰。文颇简当，近于曾涤丈所谓典，显、浅者。府学教授孙亦为捉去，令早往诉之首府，乃得其涯略，而官孙已枷杖矣，且不遽释，可怪叹也。夜乃释之归，又可讶。世人事理难知，真不能与游。竹坨砚，泥瓦之不若，竹坨必用紫豪者。改《春秋》三年。终日高谈，遂忘看《宋史》。大要今日人情总不听人话，起灭由己，有夷狄禽兽之性。夜煊。

廿日 阴，愈煊

晨起作书与张伯圆，论其家妻妾分离事。同乡皆责其宠妾蔑妻，余以其妻动辄告官，不为其夫留地步，书中独罪嫡而誉妾，殆可谓巧言如流者。

饭后答访叶叶〔协〕生，尚卧未起。过价藩、绪钦、黄郎、芝生处皆久谈。至机局，见扇笈，以为司道必有至者，问翰仙，乃知两县亦有扇，外省所无也。冠、月、莲、价、锡继至，府县上参，仍退，稚公到，仍不入坐。使吾为府县，私宴必不回避，官体无礼可笑。看稚公诗，又看《省耕图》,酉正入坐,设食不旨,热气相蒸,甚不饱适,戌正散。

改《春秋》一年。看《宋史》半本。《宋史·志》即钞官帐,若欲考究,大是一家学问,当劝严生为之。

廿一日　晴煊

得王正孺、连希白京书。昨问莲翁乃得之,不知其学家夔邪,抑巧值也。改《春秋》二年。看《宋史》半本。刘年侄送鱼酒,却之。穆芸阁送馒头,光孝廉送水仙花。次民来久谈。王文楷来见,荒唐人也。如冠九送年礼,今年本欲悉谢司道之馈,以其新来无交情,未敢开衅,受之,遂皆不能辞矣。范教授来,云其孙未释,但散系耳。王芝生云范子在定远横于其乡,似有假手为报之理。

但子榆送《汉书》来请正,又送《双楫》,包学近复欲行邪?其论执笔乃捷法,其言书则非也。子偲并以羲书为非真,其言近是。要之羲书固自一格,未必为古今之冠。马先生云"羲不如邕",乃为要言不烦。

廿二日　阴,愈煊,复绵衣

朝食罢,改严生文半篇。司道来催客,乃知其早饭也。席设盐署,急舁而往,则督府已至,菜用正兴园,亦尚可吃,未正散。过将军贺生子,不入而还。

得家书,半山竟不来,忍人哉!俊臣奏我作令山东,功儿误传也,乃前年上条程之教习,特旨发往者,非俊臣奏请。不意垂老而挂部籍,大似莫子偲。改《春秋》二年。

廿三日　己巳,大寒。阴煊

昨夜丑正觉,遂不寐,至卯正乃梦。梦坐一小船,跂足舷边,榜人妇来就语。仰视之,年可三四十,容光壮颀,慰问甚殷。蓬上漏孔,见榜人衣角,光景历历,惊而醒,辰正矣。又睡甚酣,醒已巳初。

朝食后，要吟梅同至督府，稚公出谈。又与芸阁同访臧师耶。出至机局，寻昭吉不遇，与翰仙谈，见杨子书，言长沙事，步还已暮。改《春秋》二年。人家送灶，始夜爆竹甚喧。枨触年华，唯十馀年尚堪仿佛，余岁依约难寻矣。崧盐送年礼。

廿四日 阴雨

院生多入见者。王十〔芝〕生、范孙并释累囚，来谢。晏子、顾生复言新归之乐，余默然，自念万物得所，一身羁孤，可感也。于此悟圣人忘身徇物之非乐，诚不得已耳。改《春秋》二年，《庄公篇》毕。用阶来，久谈，送《史记》还但郎。晡食川北馒头一枚半已饱，夜亦未食。亥正还内，欲书杂事，觉窗风渐寒。甫就寝，复闻外庭竹棍自倒有声，不知何物，将起视而懒着衣，遂止。旋闻各处地壁皆似有人行，久之烛灭，不觉睡去。

廿五日 雨止，阴暄，复欲晴矣

《春秋》已过课程，但须补《宋史》，饭后看三数叶。得京报，张藩授黔抚，笏山移蜀，迁除正在人意计中，为之起行裴回，合掌赞叹。徐琴舫馆运亨通矣，张笠臣又失一知己，可惜也。求则得之，斯言可味，但误我半日功课耳。还坐，看《宋史》，毕一本。《宋史》实不若京报之可乐，谁云开卷有益者？李提督来谢。夜复看《宋史》一本。水仙始香，红梅蕊绽，将于明日停课，以玩春华。

廿六日 阴煊

晨起未食，写二诗送张月翁。"升平颇欲贱军功，再起方知雅望崇。尊俎论兵非武达，都亭鸣鼓骇时聋。廿年喜见三持节，万里犹思一挽弓。溪箐荒残廉吏少，伫闻夷夏被仁风。""文宴三冬笑语欢，台司简静吏民安。乾嘉老辈留元气，黔蜀邻封仰将坛。惜别已催荑柳绿，望春先散岭梅寒。笥中紫绶成嘉话，我误莼鲈欲去难。"

巳正早赴臬署，莲翁招陪督部，方以为早，比至，督府已先莅矣。翰、价、崧、张继至。午初入坐，申正散。论移署，不出我料。往绪钦处少坐，答访周云昆，过李署提，道遇吴明海、月波，为之下舁答礼，还院遂暮。半年酒肉朋友，红黑顿殊，颇增感叹。夜闲无事，改《春秋》一年。周绪钦之蠢，不可医者也，既不喻我语，而又言在人意中，假非爱屋而及乌，岂可与之往还？此等人而有云碧之书，尤可笑噱。

廿七日

晨起，呼光孝廉买花。稚公送银四百两，始开销刻工，料理度岁。付喻洪胜五十，清。还锦芝生百金。出诣张月翁贺喜，不入，便过锦，送与之。入督府，答访用阶。用阶欲我请戏酒，芸阁又言前公请不派钱，因令传班召客，岁暮寂寞，聊供视听之娱。

廿八日　阴

光孝廉送雪兰、红绿梅，依王熙凤法，落得受谢。但紫馀来，取《汉书》去。看京报，崧盐复兼臬篆，价藩为作谢表，以兼人之技，对一己之忧，语有刺嘲，欺满洲举人也。崧恐价妒，而故嬲之，自谓善于纳交，然亦险矣。

廿九日　晴

辰起传班未至，如冠九来未入，送礼者纷至沓来，概以不了了之。芸阁、用阶、近韩、芥帆、芝生先后来。凤全署绵竹，来辞年，亦少坐去。午初升台，演《回猎》开台，《扫秦》散戏。

除日　阴

晨起料理岁事。绳子妇及族孙来，言苦况。丁家子孙来者五人，均见于内室。张门生来。看京报，采九被劾罢。午出诣府、县、司、道，候补四道，督府、松翁，均未入，驰还。至暮，与吟梅饮屠苏。

曾元卿来。诸生来者十馀人。夜步至督府答谢,芸阁、用阶、近韩在坐,稚公亦出谈,亥还。待办具祭诗,已子正矣,缀茗而寝。张粤翁送和诗来,极其恭维。

光绪十年(1884)甲申

正　月

建丙寅丁丑元旦

晨起,衣冠出讲堂。稚公来贺年。恒镇如来,未入而去。诸生续至者十馀人。稍间入内斋早饭。诸生来者三班。芸阁、昭吉、五丁子孙来。李懋章闯入。客去,复入稍愒。

方及午,正闲,和张抚诗:"良宵得句庆成功,便列鹓行继郑崇。官阁锦梅仍索笑,雷门布鼓欲忘聋。前驱已办临邛弩,专阃新酬晋伯弓。喜见元辰迎两节,回班箛吹协和风。""骊歌无恨转馀欢,为喜西南得治安。好助唐蒙通远郡,未妨秦系闯吟坛。八驺缓咏知心暇,万里提封念齿寒。今日三危抵天柱,勒铭谁道伏波难。"

晡食甚甘,饮酒一杯。晚要吟梅步从南门至科甲巷,还从总福街过北门而归。得张楚珩书。半山于十九日过梁山,计三四日即至矣,喜可知也。张伯圆复书,夫妻嫡庶大和,岂所谓暂且相安者耶?李世侄书来贺年。夜饮二杯,微醉。

二日　阴,有风,微凉

张、羊令、吴光原入贺年。饭后遣文八往太和镇迎探远人。出,循例拜年,遇尹殷儒于门,彼此均不相识而相拜,可笑也。入督府,值将军后至,武巡捕竟未传帖,门开直入,亦一奇也。至王秀才斋少坐。又见贺四先生，皆未尝往还者。吟梅后亦至芸阁斋。稚公出谈，近韩后至。王生简静有道气，语不妄发，丁孙之师也。用阶亦在坐，晚饭，至夕散。得王生光棣报，得拔贡。陈宝亦得拔，改名潚，殆欲人呼为“肃”。邵御史似亦非无耳目人，人正未可意量。看京报，伯屏知大同，元甫赏朝马，周家楣、文煜俱被劾，李秉衡移广西，岂原籍浙江耶？抑当今人物也。夜至亥寝。

三日 阴

冯、周、蒲、刘、赵、余、吴生、黄梦子、用阶、臧幕见谈，未正略愒。呼匠计露台，值卅金，欲作之未决也。停课八日矣，从来无如此久闲。王立诚字子修、杨其俊字佩芳，二人字皆旋问旋忘，不可不记。刘生来，云邵御史病甚，孙公符革职。

四日 阴，颇有寒气

晨起衣冠待客。近韩来，同出补答贺客，惟见张子静，尚卧未起也。循东门荒远处，皆去年所未尝至者。还，小钱来，倦未能见。饭后黄郎来，论团拜事。

王心翁病愈来谈，补服不挂珠，问之，云方亲数轿钱，朝珠挂手，故去之。问轿钱几何，云三百廿。草堂寺僧为送二百，其明日则须三百八十，昭觉僧可出四百，然不敢受也。佛门钱用之罪过，又不能辞，徐图补报可耳。听其言娓娓有情理，不自知其前席。询其得病之由，则言向书办支三十金不得，至除夕万弩齐发，忙而愈焦，遂不能支也。八十五翁有如许精神，只是心无知觉耳。

五日 阴，欲雪

半山竟不至。张龙甲惯受骗以骗我，前后被赚百千，可笑也。竟日未出，亦无所事，虚室生寒，始有冬景。夜霰敲竹，凛然冰冻。

六日 雪

午前坐外厅，俄然皓白，红梅鲜润，尤饶艳赏，顷之雪消见日。

改门窗,移几榻,久之,但觉昼长。铺后,燎薪向火独坐,至亥乃寝。今日迎春,以国忌,移早一日,似无旧典。

人日　阴晴,晨冷午煊

发帖请客,开菜单,亦为功课,与李代瑛以捐簿为日课事正同也。芸阁、松翁俱来久谈。松翁自命涅槃无往来,余云君自视能如世尊耶?观君根基,正生净土耳。新岁犍椎,此为最切。刘年侄来,未坐而去。乍寒乍暖,殊不似冬景。张月翁又和诗来,此老好胜,不肯让人。前不至云南,盖自度不胜任而止,未可以怕死讥之。人不经用,几枉却人材,非以其谀我而喜之也,然彼又送出一顶高帽矣。

八日　甲申,立春,成都在申正三刻

萧、张来。正换辫丝,而锦又至,亦吉兆也。

借《广敷论说》三十六种,自乙夜看至丁夜,尽揽其趣。盖一讲宋学,大痴人,其异者喜引古人诗文论事,又引古事论诗文,于小说取《红楼》、《玉茗曲》、《水浒传》,略近金人瑞,而佩服姚姬传先生、梅伯言郎中,则俗之俗耳。才气辞华皆可观,视其六兄则大过之,尚不及包慎伯也。

改《春秋》一年,得"怙荆"之义。文八欲以诚致主家,久而不旋,亦复可念。近日间雪间日,夜冷。

九日　晴,见日

阎、易来,言万师耶不吃洋药,但近视耳。治具招张月翁,稚公、芥帆先来,翰仙继至。稚公来后,顷之月翁乃至,并送兰、桂杂花为别。申正入坐,肴馔尚精,客不多食,主人未便饱啖也。戌散。有月,镫火清晖,无客中萧索之景。冯生病血,往视之,近岁苗而不秀者多,殊为忡惕。曹桐轩太尊来。

十日　晴

朝食最晏,至巳正矣。饭后即出,过崧盐、曹府均不遇。至贵州

馆,稚公因团拜招客,如、崧、王、黄、凤、顾俱先在,更有杨椿桥、朱次民、何香雪、罗以礼、张中军,皆云南人。顷之,月翁至,点“追信”一曲,杂戏数折。将军岐元子惠来,设面,又送点心,酉初送酒,中间龙师拥至,甚为热闹。月公首坐,余东岐西,余与王莲、杨椿、朱次、罗裕同席,酒肴甚盛,镫火繁璨,前所谓绚烂极时也。踏月自归,寂然无人,所谓平淡好者矣。

文八亦自中江还,云有宁乡黄太太妊身就道,在顺庆度岁,龙甲所以误认矣。小数奇验,非解人亦不知其谶也。张贻山送诗来。

十一日 晨霜,大晴

巳初乃起,以昨夜寝已丑初,又怯冷也。盥颒时,霜早销矣,日色乃渐淡。

毛监院来。门役取妇而逃,迹至其姨家。妇私者,成都府差也。乃责其妻,令不得妹不得归。又云尔可告官治我。门役还,姨已至。俄而妇兄妻亦至,云其夫走去,己欲嫁,皆反居门役家。此事离奇,使毛讯之。

吕生引一刘铭鼎来,云字重甫,学《尔雅》、《文选》。杨昶知州来,字琼圃,极荒唐人也。刘凤修字永来,云有名条,宜代交夏观察,本有渊源,非无故而干,意气傲岸,若甚怨望者。又云他人已亦难攀,若惟我可俯就者。昂然而去,大似彭笛仙借钱气象。先甚怪之,既而思笛仙道高德重,尚有市井之态,人急则生不肖之心,凤修又何足论,然亦奇矣。记之以告子弟。

改《春秋》一年。遗觅貂袖于锦,不得,于庆得之。张中丞送燕席一桌,不知何人所送,而以诒我,不可辞谢,勉强受之。方与吟梅谈宦游物候之诗,高吟欲咏,而人事相扰,有类催租也。此席拟以奠唐泽坡,盖去岁欲祭未果者,家眷既不至,故宜了此一段。兰梅香发,胧月不寒,极佳光景也。

十二日　晴

辰起诣唐家上香,至公所团拜,至者才一二人耳。即饭于别室,待诸客,有见有不见。驻防凤茀堂普请城中见任官,设六桌,余与芸阁陪将军岐子惠,曹、李二太尊陪余,看戏吃烧烤,至子初乃散。初以为喧杂不成局,竟亦敷衍无笑话。得周芋生书。

十三日　晴阴

院中作一敞轩,今日填土。督府龙镫、芥帆龙镫、绳子妇来拜年,云李姓,欲以婢进。异哉奇想,使人毛发竦洒。为言人有天性薄者,不养父母,至不顾妻子,则彼妻子厚而失养者,犹为成家人也。此言可胜悲泪。崔玉侯道台来,与循旧邻也,对之惭愧。亲兵营龙镫来,独有解数,得长沙棍法,各以年糕、汤圆、彩红、青钱答贺之。盘龙者,翻线之遗。独长沙有七十六式,督、道二龙不如也。以眷属未至,故无多赏。

和张贻山廿韵。夜梦半山,吟"云液既归"二句,余连呼之,乃摇手,似恐人惊者,失声而寤。明日有赵恩祐知府来,字六云,请定诗集,盖其应也。

十四日　阴,有日影

唐提督子、赵知府来。微疾屏事。复书周芋生。周道台振琼来,请练勇自效。李玉宣自邛州来贺年。熊坦然来谈。

十五日　晴,午后阴

晨起小食,舁出,答访沈道台守廉、唐营官珊峰、李邛州玉宣。谒芥帆杂谈,吃藕粉。过张抚部,督府先在,巡捕谢客。还过赵、熊均不遇,入院已向午。周宝清引二王生来。唐珊峰来。许时中、张月翁先后来。月翁论颇有边际,大要不以王、如为然,而颇赏周熙炳，则未知其意，要之明白不结实，不如其为人也。戌正复潇潇而雨，助我萧清。张伯圆送年礼瓢盐，云瓢盐甚难得。

十六日　　晴

昨雨，专为元夜。因检日记，比五年元夕皆有雨，宜镫火之不盛矣。夏叔轩来，意气居然阔道，用官礼，自称“乡教弟”。余大以为不然，亦犹曾沅浦之以晚辈待我，见识不能高一篾皮也。杨其俊来，禀辞，余又以为不然，宜入世之多忤。申设，要如冠翁、黄泽臣、锦芝生、王莲翁、周云昆会食。锦最后至，后去。作书戒缙子，复伯圆。冠九欲请余公会，余方欲辞，而莲翁遽云不可，曾不待我辞毕，其可恶如此，正其老实也，宜崧公之侮之。亥初客散。有王莲鉴宋研，云形制非古，似是鉴家。

十七日　　阴

新轩将成，钉桷声喧。朝食后出吊岳生父丧，少坐出。问庆保轩病，贺翰仙生，送月卿、芝生行，答访夏、陈镇、道，俱不遇，飞轿而还。夕食后少眠，夜改《春秋》三年。张家照引赵生来，求住院。冯生血疾告归。

陈用翁来辞行，云越南刘军复振，法人聚保河口。凡言交、法军情，馀皆不信，以远隔难审虚实也。就所闻料之，法、交实无战事，疑民、教相哄耳，而海内皆以为法人用兵，中国震动，所谓大梦。

“玉阶苔软腻罗鞋，风飏裙边见小开。笑倚阑干不闻语，背花遥飐动金钗。有指。”夜梦至一处，新屋十数家，云是长沙城。中有一家金字门匾，书“举人”，旁题“彭申甫”。余笑此翁老不脱俗，盖其子弟所为也。然屋皆无人，云系新乱，寇初去。朵翁亦未见。

十八日　　阴

朝食后欲理经课书，院内外诸生来。翰仙来，言送抚台事，又论燕鲁公请,必不可去,去则司道憎厌,有甚饭后钟。余唯唯,而心欲去,甚恨翰、莲之阻我也。臧仓不远,幸身见之,他日必序此一段,以供后人之一笑。午后出城,至惠陵小苑中,候送月翁,不敢令群官知,独卧半时,然不能不上帖,已而从人丛径入,见诸达官,一揖便去。诵袁子才诗云"金貂满堂,狗来必笑",殆谓此也。袁未尝游金貂之中,何以知狗之见笑?余自居于狗,来去倏忽,乃有神龙之势。

未正归,顷之周、朱两道继至,李和合久之亦至,崧盐在后,田总兵中间来,自云至好,亦一奇也。酉集戌散,客亦尚欢。王天舫咏陈平诗云"盗嫂漫吹毛",幸免吹而已。理书去夔州。

十九日　晴,午见日,至申阴

范、许两教官、张门生、董妄人来。招诸客饮,恒镇如、张子静、穆芸阁、凤茀堂、但子馀、顾相山先后来,申正集,戌正散。食客殊不踊跃,不及道台以上铺餟可观也。陈茂勋来。

廿日　晴

晨出答访田镇、李提、夏道、何令、陈县丞,惟见何、夏。何,桂清之子,杨坐师之坐师也。余以世叔待之,执礼甚恭,何意甚喜。巳正还,过许训导不遇,遇顾象山于途。午始朝餐,收拾铺垫,初理日课,改《春秋笺》三年。范生来,留饭。余意欲别调诸生中数人入内舍教之,范当其一。夜雨。

廿一日　阴

胡进士,黄寿湖道台,毛、王监院来。闻江渎庙开门,步入看之,无一古物,惟见黄翔云绿轿甚新,在正殿下,未见黄也。始欲钞经,而无可写,改《春秋》三年,点《宋史》半卷,钱法字句脱误,无本校改。

廿二日　早阴午晴

春气萌芽,风日清美。点《宋史》半本,改《春秋》三年,始补月来逋课，得每日一年也。得郭见郎腊三日书，犹欲逗留三版船，想尚未行，竟无信至，亦可笑也。李总兵来投帖，未至。齐敬斋来见，未坐。稚公来，车马盈门。总集一刻，送敬斋去。稚公入，已行装矣，云后日当往川北阅兵。又言得岑公书，刘永福已战没，岑为气短，唐拚命亟逃回昆明矣。胡进士父寿昌来，作揖请安，自言读书人也。

廿三日 己亥，雨水。阴，夜雨

改《春秋》五年。点《宋史》半本。《宋史·志》难读，全用吏牍俗鄙字，而不下注脚。作者盖自了了，至今全不知为何语。若其文雅健，犹可令人注释之，乃猥杂可厌，万无人肯为《宋史》之学，终古必无能通之者，可笑甚也。

李游击祥椿来，署马边副将，吴明海云美缺也。欲出，以国忌未果。况氏送来一婢，神似井研廖生，年十五矣，高仅三尺，亟挥之去。李太耶欠帐，债主欲取偿于我，而为此计。刘梦得诗云："谁将一女轻天下，欲易刘郎鼎峙心。"佐杂缺之比天下，亦犹此婢之比孙夫人，思之莞然。使刘郎视孙夫人如此婢，则鼎峙不难矣。西施、玉环又何人耶？凡此皆长进学识之助。

光孝廉复送矮脚水仙，颇似南产，但叶色深青耳，水种与土种大异。

廿四日 大晴

朝食后异出，至督府候送，尚无行色，坐芸阁斋，稚公至，谈顷之，尚未饭，各散。余过近韩谈，遇王笙陔，芸阁继至，复同还芸斋待。未起吃素面，督府发炮，余亦飞异出，答访三客均不遇。道中见晴光郎丽，不觉有远游之想。

还看《宋史》半本，改《春秋》半年，僖二十八年事最多，未知亦有例耶，无例耶。赵、刘两生来见，素服而谈及乐，非礼也。光孝廉送辛夷、桃、杏。

廿五日　阴雨,不寒

改《春秋》半年。看《宋史》一本。夏道台来久谈。吟梅欲图局事,而盐局难之,久而不决,甚可笑也。此等处又莫测稚公之意,岂憎其强取耶?则干脩一言可定。客去,夜坐无事,又改《春秋》三年,明日可毕《鳌篇》。粗立条约,牌示诸生。暇豫优游,颇能自适。富顺何生来见,老成人也。夜戏作《客坐箴》二十八句。

廿六日　阴

改《春秋》一年,《鳌篇》毕。看《宋史》一本。看肯甫试牍,思其孤幽凄怆,颇似海门师,而好任权贵,则失雅道,好名不好学之故也。夜坐无事,复看《宋史》一本。宋君臣好议论,无一切实语,皆掩耳盗铃,时生时灭,大可为今日炯戒。安徽刘生来,贽见。

廿七日　阴

新到余生与谢生同来见。乐山郭生来见,调院五年不至,以王天翁率兵欲捕其弟,乃来求护身符也。崔生自绵州来见。张子富亦潜入内坐。胡进士招饮,午初即来催,舁往,便答访李游击,略谈,乃知其味根旧将,盛称何镜海。至昨见刘生宅,客殊未至,以为过早,顷之周云昆来,孟、辜、董、刘皆杂客,顾子远熟客,独谈不休,盛言陆大夫之丑。戌散。还,改《春秋》。宋生自富顺来。致陈生书,并韵稿。

僖元年《传》云"此非子也",何以知其"非子",卅年百说不能得,今夜乃知之,经文自明,且愧且喜。

廿八日　晴,早寒

食时未饭,至周云昆宅会饮,夏道台亦至,李、穆、黄三道府来。主人以馔具草野,大斥厨人,客皆不安,未正散。同芸阁至翰仙处小坐。朱、丁道台来。对门周绪钦召客,仍早饭诸人,唯去李添丁耳。未暮而往,戌正而还。日课殊未理,强点《宋史》半本,改《春秋笺》,说“禘祫”,未可草草,因罢。

廿九日 晴,午后阴

改《春秋》二年,说“禘祫”已了,又于诸义似皆洞其条理。午后少愒,严生来。郭生来送雅鱼,略教以为学之意。点《宋史》半本。送衣还芥帆。与书李提督,荐光孝廉。昨夜异中频有差念,今日与诸生谈,颇多善言,治心未纯,顿起波澜,旋生旋灭,亦为可笑。

晦节 晴

诸生来者相继。张门生来。老张走书送白金三百两。开函甚讶之,正不知为何事,麾使却金,复书骂之,若纳贿通私,则巧为门生所见矣。老张矫矫自好,而行不副言,不意其以昭昭堕行也,天谴之耶?改《春秋》一年,点《宋史》半本。夜无端梦食甚甘,犹恍惚,视窗光未曙。

二 月

丁未朔

晨出点名,开课,诸生犹多英秀,深可喜也。毛监院避嫌不来。午愒,偶眠。出看庭前樱桃、辛夷已开,春思甚满。改《春秋》一年,说“狐射姑杀阳处父”,尚未熨帖。点《宋史》半本。未出,巡少城,至芮少海处会饮,胡进士、芸阁、湘石先至,子远、崧生后来。从少城还,甫出城而门闭。夜倦早眠,明星碧映。

二日 阴

作书寄连庆希白,并寄男女衣料与之。改《春秋》一年,点《宋史》一本。《艺文志》未细看。诸生及曾昭吉、阳春妇来。芥帆复来辞行。芸阁催客,总集一时。复和张风子二绝。未正乃出,至洪知县家辛酉拔贡,历城令,公请李湘石,饯其入京候选,芮、顾、张、贺、穆五幕客,翰仙观察,洪、李和合及余,唱戏至二更散。夜雨。

三日　阴

晨诣会馆团拜,寄籍楚商为主人,内有纪姓,书办兄也。州县及候补、武弁俱至,设席十馀桌,坐及一时许,无显者来。出送芥帆,还院午食后大睡。梦彭鸿川来辞行,云将渡河,余送之去,遇一石磴,上凿磨心,下临不测,余跃过,而彭不能度,把臂久之,余亦困怯,俄醒,夕食矣。一日未事。崧道台昏暮来,云芥帆使之也。夜改《春秋》二年。

四日　阴,稍煊

将阅课卷,新到院生来见。许时中来,告知妾逃,及王道台、陆知县妾并逃,云蜀媪所使也。张家橼、王立诚来,一颂夏道台,一则骂之。名山、陈炳文复久坐不去,客散已过午矣。阅卷四五十本。出送李湘石,答访辜培元字云如,假江南人。至次民处会饮,穆、夏、黄、周乡道先至矣。次民设馔,极讲究,然无新品,尚可啖耳。戌正散。得邱景荣书。

五日　晴,午后阴

发课案。壬子同年王殿凤同知来,自中书截取改官,江宁人,老而无子,十年始得少城讲席,颇似李竹屋,甚可怜念。改《春秋》二年,看《宋史·表》一本。彭水许生复来。致黄霓生书,为老张致声。陆灌县来,执贽,甚可骇怪。

六日　阴

芸阁来,未入。看京报,唐斐泉得汉中道,补科中第三阔人也。

张孝达踊跃捐输，然指厘金以助京俸，非经久之规矣。疏中一联云："以春秋之王人，恃监河之分润"，此吴可读一派。

崧盐奉委来点名，入谈，留饭，诸生继见。周颂昌入见，乱谈，傲不相下，终求吹嘘，奇人也。左生送风莲、石槲苗。石槲，寄生，未知盆活否。光孝廉送马兰、木瓜花，皆余所不喜者。又云得牡丹三窠，银不及四两，则价极廉。湘中每花钱八千，庶几唐时之价，使乐天来此，又作何腐语？改《春秋》二年，说"长狄"未当。看《宋史》一本，匆匆已暮，至少城答访王子仪同年。赴华阳县晚饭，芸阁、镇如、但子馀先至，有一生人，云王子蕃绥言，故守也。凤、顾公请，戌坐亥散。夜作书寄稚公，言吟梅事，送夏道台看后发。得张梁山、李玉宣、贺笏臣书，并黄霓生、老张，均当复者。二更雨。

七日 阴

改《春秋》二年。看《宋》宗室世系二本，皆难字不可识，又多讹别不正。黄绥湖来，暮谈，借钱。见院生四班。

八日 甲寅，惊蛰。阴

改《春秋》四年，文篇毕。陈通判子珍来，谈蕲簟，欲购十铺，须廿金也。宋生坐一日。

九日 阴

看《宋史》二本。将改《春秋》，未毕一年，李懋章来，求到任。与少坐同出，至城东北答访杂客，所行皆素未尝过者，周颂得见，馀皆不遇。未初过成都，看问案。前集诸人来，围棋半日，惟易萧以姚耳。又有幕客刘姓，未闻其字，二更散。行月中，甚有清景，复感离思，作一律，诗不足存。

十日 大晴，未甚煊，群花欣欣有春气

朝食后巡斋，考课，诸生过四十人，无问难者。绪钦来，陆惠畴

继至。改《春秋》一年,看《宋史》四本,夜复看四本,改《春秋》一年。复贺总兵、张龙甲知县书。

十一日　阴

改《春秋》二年,看《宋史》。闻崧盐妻丧,往唁之即还。得陈佗书,送五百金,欲我派人收税,掷地犹作金声,可笑也。心中忡惊,得家书,又言妻病,乃谋还湘,夜始部署,留书别稚公,文甚茂美。诸生闻者皆来送,匆匆遂至五更,就枕犹不寐。

十二日　大晴

酬对诸生,自朝至昃,更有新生来谒,况妇亦来,纷纭殊不可理。改严生文半篇,笺《春秋》一年,清理杂纸字。出吊崧妻,城中官已尽知行意矣。周云昆约看花市,出城至百花潭少坐,夏、穆、黄绶芙先在,李蕴孚亦至,同步至二仙庵,买梨花十六秧,还庵,翰仙乃到,云崧处陪将军也。崧送赆银,却之。首府、县送行,穆、夏、黄、黄、周、李六道府均送至安顺桥。登舟遂睡,久不寐,情思淫溢,不自知其何由也。江风吹头,上冷下热,取衣蒙头乃眠,舟中反暖于城中也。

十三日　晴

巳初始起朝食,督府送亲兵,庆太守来送行,皆辞之。视江上林柯,犹是早春,行七十里,多卧少事,改《春秋》二年,看《礼笺》五叶,泊胡家坝。

十四日　大晴

晏起,改《春秋》三年,看《礼笺》五叶,行百七十里,泊青神城北。乘月桨行,二更乃至。

十五日　晴,午后阴

改《春秋》二年,《宣篇》毕。行九十里,水平不流,桨者甚劳,将暮乃至嘉定城下,泊福泉门。以行色匆匆,竟未暇看《礼笺》。与书笏山，荐胡师耶，交乐山令邮去。觅半头船至重庆，六千钱包饭，约明日移去。

十六日 阴

先府君忌日。辰，一饼一饭。移船陵云山下，船更小于半头，载烟叶、丝头，野老趁船者至，颇欲与人争席。看三年近作，忆六载前游，山树依然，行尘如扫。泊过午，无一人声，樵烟不爨，春日乡景也。

改《春秋》二年。申正始开。看《礼笺》五叶，已暮矣。前说《雍》诗，为王后见太祖庙，今见《昏礼》，说舅没见姑于庙，喜得一证。酉初过离堆，水已半崖，平无一浪。今日行六十里，泊铁蛇坝。大风。

十七日 阴

卯初发，行卅里舣石版溪。犍为地，出石炭。看四川土曲，极无情理，大概一男一女，忽然而配，忽然而离，故风俗亦然。乐操土风，可以知政，不虚也。配不足奇，离奇耳。卅里过叉鱼三滩，中滩最汹涌，而小船从尾过，不觉其险。十里泊犍为盐关。船行收用钱，云红船生事也。改《春秋》二年。六十里买薪泥溪，卅里泊干柏树，前宿处也。看《礼笺》廿叶。

《乡射》云"序则钩楹内"，《记》云"序则物当栋"，又云"射自两楹间"，然则射楹当栋，又画物自北阶至堂，则堂无北墙，此皆前所未知。

十八日 阴煊

行百里，午泊宜宾。改《春秋》三年，看《礼笺》毕一本。春风吹衣，不生离思，人情畏静恶动，唯行程动静俱有，于养心为宜，然亦可见心之不自养久矣。舜之居深山为天子，是圣人之驭动静。又六十里泊李庄。改《春秋》一年，风大不可然烛，乃止。夜寐早醒，舟已乘月行矣。

十九日　　阴,昨煊今凉

早饭甚早。改《春秋》一年。睡一时许。看《燕篇》、《大射篇》,均无可点定者。改《春秋》二年。思院中紫荆盛开,不及见之为恨。手植杏梨,皆不能待,可感也。晡后改《春秋》十年,《成篇》毕。酉正至泸州,行二百十里。

廿日　　阴

改《春秋》四年,看《聘篇》、《公食篇》,改定数处。行百廿里过合江,又四十里泊羊石版,登岸,亦重屋叠磴,巴人好依山阻,非无平地也。无可语者,还船,估童送米来,询知江津地。问至江津远近,云水行十馀日,盖习闻上水之难也。

"羔羊,鹊巢之功致也。婚姻之国,聘使交通,美使臣能讲信修睦。羔,大夫朝服。羊,盖士服也。《公食大夫礼》:宾朝服入门西,介门西,西上既食,致侑币,设庭实羔皮。《昏礼》曰:'皮帛必可制。'盖常聘用珍异之皮,昏使用可用之皮,诚而亲之也。聘使礼成,飨,食,燕。飨,大礼;燕,私好。唯食为正礼,故主食礼侑币言之。羔皮,羊皮,庭实也。素丝,束帛也。不言帛者,《昏礼》言纯帛五两,主于丝也。佗之言加也。公揖退于厢,宾既三饭,公乃受束帛以侑,庭实先设,则见羔羊之皮。公以束帛侑,则素丝五两,以为加币也。自,从也。公,公门也。于是宾受币退,介逆出门,故见其退食从门出也。羔羊之革者,设庭实,摄毛于内,出入皆唯见置革也。緎,缝也。皮必以制者,不以全兽,故见緎也。緎必于革见之,宾受以出,自执束帛五两,从者执緎也。既出复入,委委佗佗然,从公门入,设溜,拜辞公,公退宾乃率食,故曰自公退食。羔羊之缝者,见聘使退而祝颂其再至之词也。此言羔皮羊皮,缝以为裘,甚称其服,祝其久在位也。总,谓总垂马也。此素丝五者,谓宾所奉束帛也。《聘礼》:'宾觌，奉束锦，总乘马以入。'言其再至，有束帛总马，可以答今素丝五佗之厚意也。退食而复从公门以入，往来好会无间之词也。"解经甚奇，以此知《甘棠》、《行露》、《羔羊》、《殷雷》皆为奉使之词。

廿一日　微雨，晓风甚寒

思作室必当新造，不可居他人旧宅，欲改堂、房、室，从古制也。看《礼经》三篇。改《春秋》五年。行百五十里过三白沙，小舣龙门滩买菜，卅里泊江津城下。

廿二日　戊辰，社日

行百廿里，未初至巴，泊重庆府城朝天门下。改校《礼笺》毕。唐稚云飞轿而来，彭川东、国子达均至。托唐借炮船以附舟，唯有盐船，恐沉重也。稚云坐，遂移两时，炮船久待不来，日入乃去。饭后，邹生来送香。刘人哉、贺雨亭均从江北来。两城印官皆至，殊为惊动。夜间朱悦来送礼。巴令礼多，受其半。刘、贺送酒，却之。稚云来，送小菜，并附银、信。李忠清来求荐，因并托之。与书张粤卿，交鄂生寄去，闻其眷属尚留巴也。鸿翁三送程仪，固辞之。夜久不眠，改《春秋》五年。炮船比曙方至。

廿三日　己巳，春分。大晴

起看船，则彭鸿翁远自厘丰追坐船相借，有官仓，无铺设，复从唐次云借桌凳，至巳乃齐。小船不复可安，因步入朝天门，循山脊上，至崇因寺平顶处乃还。上坐船，朝食即发。改《春秋》五年。九十里过木洞，日初晡也。木洞下二十里太平冈，有新祠，甚高整。晚泊散壁沱，云一百八十里，长寿地。夜雨。

廿四日　雨、阴、晴、雷，一日五变

改《春秋》五年。午过涪州，下水声至急，山色阴蒙，致有清壮之气。雷转空作金石声，尤所未闻也。行百八十里泊立石镇，似曾宿

处,依稀不识矣。立石,酆都地,或云南川地。卖鸦片者呼声甚厉,亦骇人闻。

廿五日　晨起,晴欲雾

舟人见余起乃起,急急开行,未十里大雾,舣一时许,日愈高,雾愈甚,犹冒雾而行,过酆都将午矣。又卅里舣高镇买菜,丁夫纷上岸,命开舟停流待之。改《春秋》八年,《襄篇》毕。大卤何以谓之太原,此虽有神工,恐难觅解,喜其无关经义耳。申正过忠州,此九十里甚迅,不觉欣悦,可谓童心也。然今人用此情于富贵功名,则犹未若吾性情之真。笏山知余之可笑,抑知简堂之可笑又甚耶?简堂不自笑,而笏山笑之,恐他人之又笑笏山也。十五里泊莲耳上溪,云水程四十五里,共行二百里。溪州皆卖百文[1],亦有淘金者。夜雨。

廿六日　晨雨,午阴,晚晴

重读《九章》,知屈子再谗而知己非,深悟释阶登天之必败,余近岁沉思乃觉焉。幸不以独清见尤,盖有味乎其言也。至其国破而不敢还家,诚贞臣之笃礼,颇怪其见放闲处,不言山水之乐,视沅、湘、五溪、巴、蜀诸胜地为不可久居,托言远游,犹未忘情于侍从之盛,岂国亡丧礼不敢言乐耶?方其九年放流,亦何妨暂适,此则古人未有游览之事,负此江山。余既非宗臣,又不蒙宠妒,往来湘、蜀,备睹灵奇,欲作《广远游》以慰之,但未暇耳。既恨屈原不见我,又恨我不见屈原,长吟舟中,心飞岩壑矣。改《春秋》五年。

忠州以下江狭如带,六十里过九层楼,名石保砦。大风颇寒,蒙被而寝。又廿馀里风益甚,舣五楞溪,对岸有巡检司。峡行下水,守风,罕遇事也。遂泊大溪,去万县六十里止。昨夜当宿安平,今乃在

① 此处疑有脱误。

此，稍息骛进之情。剃发。剃工执事甚敬，年可七八十矣。

廿七日 晨雨，竟日寒风

行六十里，午泊万县，无所问讯，复行百八十里泊云阳，江水新泥，流不甚驶。改《春秋》五年，赖有此行，功可早讫，但旧表尚须整比，大费编排也。欲携畇女来自助，便教纨女专读《楚词》，以传词赋之学，庶几生女胜生男也。夜与彭兵备书，谢其船送。

廿八日 寒风

天色甚不佳，意乃不欲行，因今日必至，勉从舟发，行百里舣安平滩。待风少止，申正行，六十里至夔州，泊关下。改《春秋》五年。遣唤绶子来，令附船。理书报知锦观察芝生放炮来，并借红船相送，为余赏重庆来船。红船委员李知县来，坚欲派送至宜昌，纷纭久之，只得听其护送耳。闻映梅已往成都，半山病重可念。杨师耶来禀见。家一老耶来，无可挽回矣。亥初移行李过红船，赏二两四千。

廿九日 晴

晨起开舟，至黛溪。呼吴祥发不至，已有裹脚温矣。登岸画沙，得诗一首钞后。朝食未毕，已至巫山，峡程快意，令人神旺。唤巫山红船委员王知县立基来。午正开行。改《春秋》十年。过巫峰，北风颇壮，心念神佑屡征，不宜逆风。比船人饭罢，风息波澄，不胜欣慰。复默祷，为半山禳疾，将于还时设少牢之庋也。灵应私余，恃恩以祈耳。

“和风吹灵波，复泛神山舟。青华媚紫烟，识我今来游。峡情自空冷，霞想宕夷犹。欣然忘天地，坐与春江流。岩虚石莘莘，霄峻松修修。匆心虽往来，未若对嶗飂。翕忽仙气还，云明谷旸幽。”诗成，晚饭。

舣楠木园，访柚实不得，因泊焉。云县城至此百四十里，尚有二十里出峡,合百六之记,然实百廿也。

三　月

丙子朔　晴

改《春秋》七年,《昭篇》毕。晨起已至巴东,朝食后过归州,下新崩滩,平稳不甚快,船行如驰马,忽东忽西,盖水自有理路,故浪漩不能犯,此长年之能,实轻舟之效,六行乃始知之。戏作一诗云:“涌漩翻波路可登,快船如马踏层冰。杜陵不识江涛理,痴对长年叹最能。”将至石门,大风吹沙,泊山脚久之,强行渡滩,南北槽已平,顺流而过。北风愈壮,度不可至,泊庙河,归州地,行二百五里。

二日　晴

东北风,行百八十里,未初乃至。在峡行为迟,江行为迅矣。换船即发,舟人云量船不易至,待顷之,竟来,亦无甚留难,殊感其惠。然则龃龉崧、王,诚不恕也,于此又悟土地菩萨之说。船过宜昌城,已申末矣。船行云正逆风不易得,犹之兜梢风也。改《春秋》四年。赏红船四千,火食八百。夜泊白沙,行廿里,共行二百里。

三日　阴晴

船夜半即发,逆风止,顺风起,朝食已至宜都,以禊日,特早起。江山远秀,致有春情,去年伤心处也。昨拟祷江神,自念于江无因缘,未敢如巫山之致诚,今乃获此神施,宜为文以塞,亦俟还途祠之。俄成一篇,词不加点,颇云展舒自如,再三吟讽,惜无知赏。

改《春秋》四年。午雨波平,东风微作,橹行至新开口,松滋地,店名新场,皆以江浦新决得名,云丙子所开也。荆州将军以江涨平沙市堤,衣冠祷神,下银为楗,江遂决于此。沿岸颇有树根绊舟,行贾惮之，多由虎渡。宜昌至此二百六十里。

四日 风止雨霁

小有顺风，行竟日，在洲渚间，迷不知所向，唯顺水而行。改《春秋》七年，《定篇》毕。买鱼二尾，分食舟人。初得江鱼，肥美芳鲜，为之一饱。申初至港关，船局、厘局均未盘验。自新口至此一百十里，或云百四十里，水行迅急，殆可三百里矣。又行廿卅里泊。不知地名。夜大风。

五日 阴晴

帆行十馀里，舣三套，入湖南境，看税。又卅里舣蕉溪，买猪肉。皆江浦挟澧逆流，无风波之险，有浩淼之观，颇堪卜居，作园亭，但无山耳。改《春秋》十三年，《哀篇》毕，凡历三月，复校定一过。作澧浦诗。行百廿里过安乡城，前有顺风，值弯不能帆，至是风息，稍进十馀里，泊蓑衣沟，安乡地。

六日 阴

东北风，帆行渡青水湖，今号沙夹湖。昨夜有学僮读书，甚清朗，余亦诵《九章》一过以和之。睡颇安恬，乃知诵读亦能小劳。晨起重改《春秋会表例》，又检《丧服》作总表，俱略起凡例，待暇时成之。午取猪婆港口入洞庭湖，云较西港为近。湖亦浅搁，波犹汹涌。午正出南觜入沅，复入资，帆风迅疾，舟人勇进，至子犹缆行，颇为宿舟所诃。南风徐来，乃泊铜钱望。

作律诗一首："枝江回澧复通沅，二浦重湖自吐吞。积水浮天春更远，轻云拥月昼难昏。滇黔乱后闲征逻，今古潮回叠浪痕。唯有汀洲渺无际，年年依旧长兰荪。"如此考据，想亦不让袁子才性灵之作也。今日行二百里，过沅江城，入青草湖，湖水浅才没草，故自来以草名湖，今乃知其真切。

七日　南风,欲雨旋晴

春寒较重,盖冬春地气不足,则风自南来,故北风恒暖,南风恒寒,地气有馀,风常北行也。竟日缆行洲埒中,如蚁入九曲珠。考《丧服》,经文互见者无数,补之甚不易。行五六十里如百里程,宿簰口,益阳地。

八日　晨微雨,南风,午后晴

缆行卅里,出乔口小愒,复行卅五里,泊枞树港。作《丧服表》。

九日　甲申,清明,晴寒

南风微飏,湘波已涌,行卌里仅乃得至。兵船塞岸,戎服载涂,入门,孺人果出,半山无恙,尚能游行后园。询家国事,可悲惧惊忧者甚多,余虽外强,不能不旁皇也。张力臣遂已溘化,死时犹眷眷于数妾,盖强学曹瞒者。夜月极明,登楼小坐,闻二更即睡。半山语不能休,卧而不应,则披衣起坐,如此者数四,遂至达旦。

十日

早起,令葛玉换船。与海侯少谈。二胡郎来,窅女亦归,已生女矣。待夕食而出,与三儿俱登舟,会同林生闯见,不知何许人也。蒧子亦至,三弟、七女均来相送,遣迎珰、帉、茙来舟。热可单衣,夜雨风雷,始凉。

十一日　大风骤寒

舟簸浪如行海涛中。半山来,涕泣要上岸,实亦寒冻震撼,因复携珰、帉出城,茙先呕吐不安,还家去矣。轿顶皆为风吹起,入城乃定,北风愈狂。看王正孺时文,未知正意。

十二日　风雨,至不能出门户

李黼堂来久谈。客去益寒,拥被犹不得温,然火乃暖。看《申报》:寿衡得光卿,陈湜不得放缺,两司迁调,又数人无相识者。潘署抚往桂林，庞藩摄事，郭中书作罢论，左季子将归矣。

比夜早眠，半山语剌剌不休，今夜始酣寝。半山疾已小愈，遇难成祥，大有生意，为处分慰劳备至。

十三日 阴晴，小暖

将午始食，饭后登舟，与书程郎，还银百两。郭中书、张金刚均营盐利，其败也均以得书失志而亡。书能杀人，古所未闻。夜月如镜，惜无心赏。

十四日

晨登舟。子寿书来，约晤谈。还书告以不能。重定《九章注》。莲海暮来，言左督不肯交事，曾弟拥虚位耳。又言徐小山锁解，桂抚无下落。《申报》复言唐巡抚亦已得咎，此二人八字唯一年官贵耳。夜宿舟中，作书约梦缇相见于白沙，以明日不能再泊也。

十五日 寅正大雨

呼随人早起，俟门启入城。旋小睡，闻龙八来，报孺人已至。遣迎未遇，俄而轿至。梦缇率次妇、九女、少孙均来。黄郎望之与其六弟同来，久谈。客去，行李至，待半山，至未乃来。帉、莪率小婢先登舟，三弟亦偕行，彭妇、少孙俱登岸，半山登舟，申初发。酉正泊白沙，开船门看月，正见月食。

十六日 晴

为梦缇再留一日。然与妻妾论家事，皆各有怨望，不从余言。大要多煦嚅之思，非富贵不能满其志，而又高言隐沦，非我所及也。然论既不同，诚难和调。夜雨繁音，裵回两起，亲为妾叠被，大为妻嗤也。

十七日 雨

晨命仆夫送孺人及半山、纨女还城，挥手湘干，殊有摆落俗尘之喜,非五城门所能限也。为两女定日课。看浏阳课卷。行五十里泊下乔口。至十日重过此。

十八日　晴

西北风。缆行六十里,泊王家塘。茂女始上学,功课早毕。三弟亦钞《楚词新注》一叶,刊王逸注,仍其训诂,似宋以后著作,非吾平昔书体也。始闻子规。

十九日　晴煊

晏起,微有东风,帆缆兼行六十里,未正至沅江县。又行卅里泊竹鸡塘,有炮船,水师汛官驻地。茂有功课,我反懒散,明日当作正事。

廿日　晴,始夹衣

帆缆兼行,从羊角脑绕湖尾至酉港,未至二里,泊牛角弯。约可八十里,不能计的数也。

改《春秋朝会表》,"公如"无不致者,唯齐桓时不致,至定二年"乃复"而止,不复见"公如"矣。因作《表》序,说其义,夜钞之。

廿一日　阴

行卅里至北夹,泊湖口,待风而渡。申正后雨,夜大风,有舟来,欲相触,舟人怒骂之。余教以助之抛碇,否则彼将与我并碎,岂惧骂乎!舟人亦悟,来舟竟不相近,然几覆矣。看浏阳课卷,已有五六本佳者,自喜诱导之功。

廿二日　风雨竟日

钞《春秋表》二叶,下笔辄误。定课卷等第,将寄还城。

廿三日　戊戌,谷雨

风止,缆行四十里,泊安乡城下澧浦,颇有柳花入船。

检"公会",条目繁碎,不可以分,当唯用三科御之。凡经例,简者当繁，繁者当简，圣人功用略见于此。剃发。

廿四日 晴

南风，半帆行。畇疾，言骨痛，疑其温证，问之乃吐血。子女多弱夭，可叹也。吾所喜三子，皆有尘外意，假合泡影，增我恶缘，益令人恨久生之无谓，追念未生时，又爽然矣。由吾不足以父之，怅然而已。

理《春秋表》，至僖止。行六十里泊蕉溪，已见紫荆盛开，楚、蜀春较迟一月，澧又较湘迟半月也。

廿五日 阴晴

南风，帆行兼缆，六十里泊港关，船税二千四百。理《春秋表》，至襄止，犹未知致会之例。看旧作诗，欲大加删削，可存二三百首耳。盖自甲戌后始成家。

廿六日 晴

南风，帆行卅里过和共，两岸有市店。又五十里，帆风甚疾，船妇力言当舣避风暴，余方以为妄，强进未数里，呼愈急，遂姑任之。未定，风转沙起如烟，水飞若片，半时许乃定，若未尝有风者。天变信难测，人候亦神矣。

"公会"排列始毕，大约以致治外，故拨乱时不致。以时月治会者，故讳者亦不致，但月耳。至月会月致，则讥文显矣。日暮不能前，遂泊薛渡，江陵地。

廿七日 晴煊

缆行出虎渡，虎渡在沙头上游十五里，已巳正矣。倏得顺风，帆行，溯江平流驶进。自登舟，始得此一日快行也。酉正泊江口，共计得九十五里。沙岸麦青，携莪翔步。钞《表》半叶。江口，枝江地，去县六十里。

廿八日　　晴阴

南风。帆行卅里至董市,船偏水急,舟人惮行,遂泊。莪亦停课一日。婢妪或呕吐。静坐无事,点《宋史》一本。始闻布谷。

廿九日　　晴

缆行卅里,过枝江已午正矣。申正得东风,帆行七十里,泊宜都对岸。点《宋史》二本。

四　月

乙巳朔　　阴雨

行廿里避雨,至午晴乃行,稍得顺风,夜至夷陵。江平船稳,樯镫明丽,颇有官派。点《宋史》一本。

二日　　晴

移泊近岸,贺总兵派红船来护送余眷,余托言未来,惟遣三弟迎送,故未往见之。贺另派一哨官来,则恐难自匿矣。遣问时事,则李菊英用清顿擢黔抚,王宝均斥不用,尤骇人也,李氏亦将衰耶?发家书,寄课卷归,又作书谕孺人,惧其疑怒,不敢发。余近日意趣言论益不合俗,旧友皆失欢矣。盖平日不见信,故动致龃龉也。朱脂未凝,仅点《宋史》半卷。始食樱桃。

三日　　晨雨,旋晴

点《宋史》一本。泊竟日,待船户挟私货,正与黎文甫相反,是非未可定,要各有偏主耳,不论理也。贺总兵送肴酒,并附书,意尤殷殷。

四日　　晴热

晨发缆行,至平善坝得顺风,帆过红石滩,竟不知湍急,未初过黄牛峡，戌初始泊獭洞滩下，行百廿里。点《宋史》一本。

五日 晴

南风顺利，行八十五里，风大船轻，泊细腰宫。初月一钩，山川饶艳，初疑秭归山水狭急，何以生屈、宋，今乃知其骨秀也。

点《宋史》一本，俗恶，殊与情景不称，误生千载后，不能无此书，即不能不加点，差异于略观大意者。渊明观其意，吾但观其字，聊同运甓耳。

六日 晴煊

晨过归州对岸，牵缆甚难，至午乃至新崩滩。壮湍激浪，见对岸一舟沉覆，其去知箭，红船离岸，溺者遂流一二里矣。帆行十里，微雨，两女昼病，舟中寂听如闲庭，长昼独居，寂寥时亦佳境也。点《宋史》一本。泊牛口滩下，行五十五里。

七日 晴

点《宋史》一本。末年宰执唯有履历，亦将传名千年，信身后名之有无，非君子所重也。过巴东，上青竹滩，北风小雨，微舣旋发，行六十里泊火焰石，始入巫峡。夜雷雨大风。

八日 阴晴

点《宋史》二本。初以为即日毕工，及检视志、表，皆未过笔，当携至成都乃能讫矣。

行七十五里泊碚石，水程云八十五里，不能六十里也。茙女小疾，停课四日，今始复常，余又差胜之，粉疾，夜不寐。

九日 晴热

帆风，至巫山县风止，始午正耳。见老叟篮枇杷，倾筐取之。点《宋史》一本。王柏分《中庸》自“诚明”以下别为一篇，与余说同。余真宋学，非汉学也。早泊下马滩，云去巫山县廿五里，今日行百里,榜人皆以为致远告劳,故止也。

十日　晴

晨过东涧滩,水势骤长,过巫矶、下马、保之三滩,皆停顿久愒。护送红船,再告劳苦,遂泊保滩,计程不能廿里,云已卅里也。点《宋史》半本。畇女病甚。

十一日　乙卯,立夏。晴

行五十五里过黛溪,吴翔发来迎,船筰难进,又行十里,泊峡口待风,遂宿焉。热,始纻衣。夜水陡涨,终夕扤扤。

十二日　晴

小有顺风,帆缆并进,船循江波,时东时西,触石几破,午初始至夔城,泊下南门,迎者已至。步行登岸,至厘局晤芝生,看邸钞,问省事久之。诣杨大使斋中,坐及一时许,欲还船而惮磴道上下之劳,出答访红船委员李煦春,知船上事当料理,必不可不还,乃下船处分。三弟、绂子登岸。与一老耶谈心,告苴,终不可如何也。畇、茷游白帝城还,言王奉节之妻亦携酒往游,邂逅谈聚,甚有文理,未知其妻耶妾耶。晚饭芝生公馆,李、杨同坐,亥散。

十三日

晨起,写绿章塞江神,误书一字,初未觉也。芝生来,送参、苓、纹银,又犒来船,并言通判府经事,属达督府,久之乃去。移船清理,送《宋史》寄芝处,以陆运当费五千也。午至李春和公馆便饭,许管家乃补服至,芝生先在,未散。还船,待杀羊豕焖祭,至酉乃发。至夕命畇摄祀,以在道无衣冠也。三弟、绂、绶送至十里铺。李知县荐一仆蒋华,乘桦船来,就船遣送者还,并留廖二于夔。

十四日　晴,大热如初伏

五十里过安平,停船休役于林中,役人则凉,我则热困矣。未正发，戌初泊二道溪，去三块石五里。

十五日 晴

大风帆行，早过庙矶、东阳，皆无大湍，唯庙矶波略长耳。午舣云阳修柁把，风势颇壮，小停，将食，以先祖妣忌日，不宜求饱，不待厨舫复行。未至盘沱，狂风骤至，舣二刻许，小雨，乃得下碇。半夜风吼摇船，幸峡江不波，未相撞击。

十六日 雨阴

顺风帆行，水手疏懒，船触石版有声，若坼缝，急视之，尚未大裂，匆匆复行。计六十三日未离舟上，今始将登岸矣。雨大风小，缆行半日，始至万县，待葛玉雇夫又半日，竟不能成行。李委员荐一新仆曰蒋华，习于县役，令往县中集之。

十七日 阴，转风始寒

坐舟中看往来估客。喻洪盛等从夔来，夔副将周占标、白渝玉均来相见。盐局委员张兰来访，云新令何勉之，湖北拔贡，周将云何玉棻之子也。何与我同在汉口，至今卅年，竟忘其字，仿佛亦是何香雪，其时又有一孙谋，亦忘其字，惟记胡莲舫、李大桂耳，人固不可无奇。

夜分米钱赏送船，约费廿金，计长沙至此百金矣。

十八日 晴凉

晨兴束装，卯正答访周、张，皆未起，遂行。饭于胡子铺，宿分水岭，行九十里万县，至此多下坂路。子规绿树，犹有春光，茹藘花残，唯见刺叶。

十九日 晴凉

日烈气凉，他处无此光景。早饭孙巢，酉初至梁山城，步访张县令楚珩，未入，顷之楚珩供张馔具，衣冠来，久坐。道路皆言其治严廉,佳吏也。夕食后,复舁至县署少谈,辞还。闻价藩入藏,藏臣改用汉员,如内地满、汉并用,以四、三品卿领之,川督所请也。

廿日　晴凉

早饭三合浦,绥定、重庆交衢也。无好店,盖以县丞署为行馆,如北市驿耳。过拂耳岩,下梢沟,缘山入谷,幽险可怖。盖升高见天,虽险不觉,唯下不见地乃为危慄耳,此唯汉前赋家曾言之。宿袁坝驿。

廿一日　晴

早饭黄泥碥,行五十里,饥疲矣,复无内室,就店前架板成屋,甚劳也。诵《楚词》万言,犹略上口。宿大竹,逆旅主人接待殷殷,并引院生邓代聪候见,余早眠,竟未知也。夜雨。

廿二日

邓生入见,云有讼事,为武生所诬,县令杜拔贡拘之,展转作弊,乃得一来,欲余请托于新令郭进士,谕以作弊以求免,天下事不可诘也。

在舟中欲作咏物诗,竟无思致,今暇乃补为之。“澧浦晴波怅望时,日光烟影共参差。纤茸别树方成朵,一点随春不自知。魏殿惹风犹有恨,谢家看雪最相思。浩园墙角无人到,扑地漫天欲问时。杨花”

行数里雨止,饭于九盘寺,小愒卷洞门,携茂小步。申正至李渡。

“归妹,女之终”,旧解以为长兄嫁妹,如此则嫁女亦女之终,何必妹乎？盖妹者,妾媵之名,即礼所谓娣也。六五,女君。初三、四皆妾,天子十二女之制也。二无娣象,盖士大夫之嫡妻。“眇而视”,履三之象。“幽人”,履二之象。履辨上下,臣妾一也。履兑,受命于乾。归妹兑,受命于震。震无主道,故以五阴为主,而为女君之象焉。所以取震不取坤者,坤母震兄,女君之于妾实兄道也。

廿三日 朝雨,食时晴

泛渠水至观音桥,未饭,饭于吴家场,店臭暗不可刻居,皆就街中食毕。急行卌五里至青石镇,店亦窄暗,房尚可住,而蒸石甚湿。

玉窗雨泪别瑶华,江浦归程及荐荼。蛮婢拟吞丹燕卵,汉宫应闹早莺衔。芳甘久逊蒲桃液,流落犹思杏苑花。月令误人留果贡,荔枝犹得献天家。樱桃。

金弹垂垂翠叶铺,上林名重旧看图。霞分赭色衣香贵,露咽甘津肺病苏。犹恨子多难待实,只愁毛去却侵肤。残春已放先梅熟,为问和羹得用无?枇杷。

顷之大风雨骤至,幸投店早,不然窘矣。夜初寒重。

廿四日 晴,晨气已煊

行四十里饭于罗场,道上短夫多相识者,行役频烦,殊增感愧。未至长乐镇十馀里,岎女发沙,闻之忧扰,将雏徒自苦,宜袁本初之不欲争衡也。长乐镇即跳动坝。

长忆花时去蜀都,江边灼灼照征途。相看便有家庭乐,比艳难教纷黛污。珠绯斗春欺锦缬,宝鞭敲日碎珊瑚。无香只是输灵桂,也得明堂种九株。紫荆。

廿五日 晴,阴凉

行甚迅疾,饭于东观场,犹未辰正。

锦带蔷薇不任春,路旁溪畔见精神。更无桃杏争深色,不入园亭避俗人。风急未妨花次第,露香应共酒逡巡。非关刺手难攀折,共惜霜甜枣味新。红刺。

三月朱华照玉棂,逼人炎气晓难醒。本随木槿占风候,伪称金钗摘露赪。宋玉也应嫌太赤,蔡邕曾与赋双青。世人只爱深红色,得挂花名压树经。榴花。

淡红云白一时开,曾共虞姬对舞来。近说雍凉侵陇亩,羞论香色似玫瑰。胡麻好共仙脂捣,鬼草新和战血栽。酒祸不闻尤秫稻,兴戎休怨此花胎。罂粟。

千顷黄花似菊畇,叶分茅刺碧棱新。曾吟埤坂愁公子,莫误琼华赠美人。朱紫共沾馀沥润,绿蓝平占六宫春。从来章服为祥瑞,鬼血传疑恐未真。红花。

九十里至顺庆府城,始申初耳。

廿六日　晴热

五十里饭于五龙场,店清静可宿。七十里宿蓬溪县,陂坨长路,仆瘏人倦。步遇熊营官,便留晚饭,又送程仪,余云何至效张子久,且为携至成都再还之,徒增舁担之劳耳。今夜有游击妻来争席,兵丁汹汹,欲与随从寻闹,余禁约之,乃徐自去。

廿七日　辛未,小满。晴热

寅正蓬溪令陈少笛来见,并候送于郊,余辞不得命,惧而益恭,主人愈益恭。盖寻常敬客者,不过如子姓,如生徒,极之如童仆,皆平交士相见所有之仪,今乃以上官待我,故为无礼之礼也。熊营官忽设馔,甚洁旨,啜粥两盂。

至郊亭,见有候道旁者,下舁步进,谒者上谒,不敢视,问其主安在。主人立道左,趋而迎,客趋而进,谢曰:某既固辞矣,请大夫之还城,然后敢过。主人曰:某固候送。客曰:同请大夫之还城。主人曰:愿先生之少须臾也。客曰:某不敢过,请大夫之命舆也。顾谓主人侍者进主人之舆。主人进客舆,拱手于舆旁。客趋就主人之舆,主人复进客舆于前。客揖,主人揖。登舆揖,主人揖,乃退。行卅里槐花铺,有虚集,不可停,廿里饭于关店。

偃蹇曾无梁栋心,一株纵广自成林。常依荔子多盐地,不数松公几粒阴。叶贯四时元未改,根盘一里自然深。散材饶有宽闲处,莫误中原匠石寻。榕。

又五十里至太和镇,过大榆渡,熊营官复馆我故馆。

廿八日 阴

云逼日光,倍热,伏日,夫力不愿进,勉行半程。宿景福院,旧记有好店,及入,殊不可居,仅一厅尚高燥,施榻大睡,自申至戌乃起。写《离骚》十二句。

廿九日 阴热

饭于观音桥,十里四方井。遇大竹令高积翁,言邓生事。廿里宿罗版桥,日未午也。写《离骚》卌八句。茙写字一张,笔法殊进。

卅日 晴,稍凉

卅里饭白鹭凹,店洁可居。昨店臭秽不可居,破跕则当宿此。又四十里宿大桑墩,始午正耳。半日安闲,聊息劳役。畇云:"不迟留则今日至矣。"余曰:"在家尚思出游,今不费具办而得游行,岂易得耶?"写《离骚》六十句。

五　月

乙亥朔 阴

积热得凉,征途最适。五十里饭兴隆场,渡什邡水至赵渡。茙云前宿亦在此店,店小二又去年所宿店佣也。询艾梁山。写《离骚》十八句。

二日 阴凉

晨起渡内水,饭于新店。舁夫病肩,不能行,缘路滞苦,犹强进,殊可念,惮热不敢步耳。稚公遣材官及吴明海均于二台相候,至武侯祠,芸阁率丁八郎相迎,及持帖者,居然似接官,愈出愈奇也。申初至院,畇、茙继至。稚公先相访,未及晡食,忽索衣冠靴带而出,颇为仓卒。院中王心翁及诸生入者数十辈,见郎亦至,纷纭夜分乃息。花树幽映,床榻清洁,居然完美矣。

三日　阴,渐热

早起略理行箧,亦见客数十人。午后乃出,答访督府,及昨遣迎者,见芸阁、见郎、张近韩、周云昆、云堂、旷寿云、李和合、和合子、萧云槎、黄翰仙、周叙卿、伍崧翁,以国忌未诣司道,仅至崧盐处负荆耳。况妇昨来送婢,婢粗蠢更似不及前者,云颇有首饰,为况所没入矣。

四日　晴

松翁、和合、罗著、轩烜、陈小石夔龙来,至午乃散去。过岐子惠、齐敬齐、宋戊卿、王莲塘、如冠九,皆久谈,馀皆不遇,当道干谒遍矣。还,答诣王心翁,遇一轿于堂涂,则黄绶芙来访,同入,久坐。冠翁复来谈,至暮乃去。诸生复入,坐殊倦,无以酬之。

五日节　晴热,早风甚凉

出堂待诸生相见。曾昭吉、毛菱亭在客坐久候,留谈将一时,诸生次第来,设拜,辰正入食。谢客,欲休,丁八郎来,笏山继至,翰仙踵入,谈至午正乃去。入受贺。令畇女诣丁婴,内院独有茙及两小婢。余少睡起,钞《九诗》①,见郎来,留过节。饮一杯,向暮大睡,至戌正乃起。

六日　晴

午出诣锡侯、昭吉、黄昆、贺寿芝、阎侄、陈双阶、翰仙,旋至督

① 即《九歌》。

府,答访罗、陈,至芸阁斋小坐。稚公出谈,留饭,遂至暮夜。

七日 晴

朝食后诣笏山,笏云:"君尚有少年之风,无长进,近滑稽也。"因叩其所业,殊无经义。因念李云丈言余至四五十许,俗人不能望其肩背,近前知矣。内慧外狂,实亦如笏山言。午至校场,稚公请看操兵,未初散。过尹殷儒、朱次民不遇,至钟蘧庵、崔玉侯处而还。况氏来。

八日 阴煊

昨夜询送婢,言词闪烁,且妇而不女,因令斋长呼陈姓诘责还之。推原其故,由绳子荒谬,故敢侮我,亦非无因至前也。恐此婢不愿去而妄言,则无能自明,故善遣之,午正乃去。见安、但子馀来。泽臣来,久谈时事。暮雨夜凉,酣寝甚适。

九日 雨,未正晴,仍凉

钞《楚词》,发《礼笺》付书局刻之。诸生来谈甚久,无心接之,近倦诲矣。蜀士才而不中,所以养之者,尚未得其道,由不严也。敷教在宽,事师当严,今我宽彼不严,此庄姜所以赋"惠肯"者与?夜月。

十日 晴

朱、崔两道,许缙来。缙行不端,欲绝之而三诣门,且有求,恐疾甚为乱,故强见之。已而送绸绫六匹,亦欲易鼎峙之意也,笑而受之。帉意以为不可,未知机诈情伪也。《离骚》毕注,始欲理事。

十一日 晴

恒镇如、张子静来。帉女昨服戴药,大瞑眩,令再诊之,过午大愈。曾彦来,其友也,留之使与谈半日,病有瘳矣。夜月朦胧,与论世事,看课卷十本。

十二日 丙戌,芒种。晴,日烈气凉,犹有春意

江少耶、傅总兵、周道台来,闻督府将至而去。

午前，稚公来，言当密保唐鄂生。余以为拿问未定罪，不可保。稚公恐仓卒正法，不及救也。使唐闻之，必以我为阻挠善念矣。方今外重内轻，大臣事君当先大体。恭王亲贤被罪，宜为申救。徐、唐贪位侥幸，正使杀之，亦所应得，况必不至死乎！乃以交情为轻重，故余不以为然也。

晚间诸生来，言院事，泛然应之。帉女大愈，复令子和拟方，看课卷十本。

十三日

家忌，素食谢客。监院来，言三事，皆招权纳贿之举，亦泛应之。看浏阳课卷廿本。多睡少事。雨凉。

十四日　雨寒

看课卷。帉女复病未起，夕乃小愈。夜月，作书寄樾岑。借银百两与马伯楷。

十五日

晨起，杨生永清来见，言此间前登省报，云孺人已故，其父甚悬念云云。凡入谣言者，必阔人，宜亮清之见咏也。出点名，骆、陈两生来贽。周、萧、二黄、北萧知县均来。看课卷将毕，偶倦遂停。院中桃熟，啖一枚，甚鲜甘。破轿新修，躬自拂拭，当有祖约之讥也。王生入论灌县事，云令锁诸生，士辱莫甚。余劝其往杀令，而又不能行。

十六日　晴

看课卷毕，将出，日烈未欲行，芸阁、李佩兰来。夜月如银，三更乃寝。

十七日　晴

朝食后出探叙卿前五夜避火有损失否，云衣物质库被焚百馀事,殆耗千金。过许缙、张子静、萧子厚、朱次民、恒镇如、傅少霖。李黼堂所荐,一荒唐穷人也。诣督府不遇,还院方食。宋钺卿来,言三直臣分防三海边,盖姜子牙用申公豹之意。调院胡生来见,正倦,初不知其备调,方欲辞之,既念远来,强出,乃知其新生也,几失职矣。

十八日

李太尊、旷洋员、徐大令敬五、陈翎师、李署提来。今日发奋见客,而仍有沈澄未见。钟道台恭人送畇、茙小礼,洋饧颇佳,无鬼味。芸阁送京报,无新事。得湘石书,看课卷三四本,即过一日,甚矣吾衰也!芮少海荐阳春,一日三手书,颇有老辈风。

十九日 晴

看课卷毕,定等第,将遣沈一送回。一辞亏空多,不能去。焦生自天津还。郭郎、罗少莼、傅师耶来。王师奶来,欲归无家,欲留无依,纷纭久之不定。顾华阳来久谈。

夜梦半山化为方相,畇女啼怖,余令复本体,云当洗足,皇急自灌之,水成黄泥,觉而恶之,呼畇欲告而近不祥。又方言督藩信禨祥,而自言梦,亦近妖也,默然仍寝。

廿日 晴,日烈始热,然犹二单衣

刘子尹、严玉兄来。出巡四斋,与吴明海论蜀营,闻华阳令言士卒有怨谤,营官非人,将告督府而必不信,其事果有否。对曰莫须有。今日名臣风尚,愎谏偏听。余自学温良恭俭让,绝口不谈人事,以救前失,然犹不能不记也。又论买婢及佣工。光孝廉送珠兰、扶渠来。将作家书,竟无暇坐,始知人事琐碎,非比三五少年时,老僧事忙,信不虚也。讲"流矢在白肉",矢拂马过,故去毛见白肉,此古文简详之妙。

方作书三四行,胡进士来,言其父求荐馆,而城中官幕极力阻挠,推王莲塘为渠帅,冠九、笏山受其愚弄,闻之极为笑叹。既又自念嗜欲深而天机浅,得无又为胡进士所搬演乎?鹅笼书生,版桥娘子,吾乌乎测之?今日所闻,皆世途变怪,怃然不乐。

廿一日　阴凉

崧盐考课,来谈甚久。李毓衡来见,言欲送银求委署,盖以吾前书责训之为求现不赊也。人心固蔽,以不狂者为狂,真有其理,亦未若蜀中之甚,蜀中风俗败乱如此,而亦自吃饭穿衣,富贵寿考,天地山川,与世间无异,禽又何必异于人。芮师耶来,言胡进士荒唐,果与吾逆亿无远,此进士又不若李毓衡,以其更有所恃也。停课一日,作家书二通。夜微有雨。

廿二日　晴

两女晏起,午犹未朝食。翰仙来久谈。熊坦然晡来,言笏山将省兵饷,惧其生事,欲吾譬说之。钞《九歌》一叶。粉复发疾,烦懑欲死,通夜扰念之,虽不十起,甚惊皇也。

廿三日　阴

愤懑不能食,自念世缘巧磨,人无可避也。生死可以理遣,忧念则因境生,如茧在络,殊难自脱。严生来,言笏山欲逐刘愚,力竟不能,观此知其尢用。绪钦、稚公先后来,俱久坐,严遂不能竟其词而去。今日专为粉扰,延吕、戴两生诊之,立二方,粉自主戴,遂如其意,二方大略同,余仍不信药,故听其择服也。

廿四日　晴

看课卷。粉疾甚,意殊不安。唐子迈来,久谈其遇虏事。闻稚公明日出城,当往送之。昇出,答访芮少海,烈日闭门唱戏,行乐之异于人者也。诣熊、李两知府,李处入坐。旋诣督府,则舆马盈庭,直入,先投刺,稚公出谈,论泸州不必去,鄂生不必救,皆不听。留夕食，夜归。

廿五日 大晴，始热

金松圃知县来，名仪斌，稚公荐诊帉女，看脉论病，久之乃去。帉吐泻并作，皇皇无主，惟吕生药方未试，姑投之，夜寐复起，问之无变证，仍寝。

廿六日 晴，愈热

看课卷。芸阁送蕨、菌，盐道送脩金。始浴。黄道台沛翘、江少耶年丰、蓉生来，俱久坐。当发家信而客不去，至夜乃令亲兵营勇丁赍浏阳课卷，明日早发，课卷竟不能毕阅，忙所不当忙，闲所不当闲。午后帉大愈，吕方效也。

廿七日 晴

晨将出，适王监院来闲谈，云有事问，久坐亦无事也。饭后剃发。钟道台来，云香涛督越，恐不能为理，文通之速与武达同。出答诣金松圃，谈修炼。芸阁请看戏，往则热闷，芮、张师耶同坐，至戌乃得休，惫矣。唯《再生缘》有搬演者，是为新奇耳。蜀戏有因而无理，近蕃歌蛮舞也。课卷阅毕，定等第。

廿八日 壬寅，夏至。阴，大风骤凉

竟日无事。唯还李提督四百金，往返两次始受。暮腼熊蹯，遂消一日。卅馀年未尝散惰如此。夜钞《九歌》一叶。

廿九日 雨凉。午晴

钞《九歌》二叶。罗石卿、罗芷秋、见郎来。江少耶书来，讥院生跅弛，未知其意。

闰五月

甲辰朔

晨起,黄树人来,发三梆乃去。点名,诸生入,咨问闲谈。朝食后稍愒。午出,答访二罗、黄、如,诣唐稚云处久谈。将赴成都夕宴,日始晻耳,乃至叶协生处少坐,出至钺卿处,则芸阁、象山、黄姓已先至,张南川、恒镇如后到,上镫入坐,甚热。二更还,颇冷,归加两夹衣,少坐即寝。

二日　晴凉

冠翁早来,诸生接至。傅秀才来求馆,与书两县谋之。午后约芸阁、见郎、罗铸卿、陈小石来吃熊掌,甚鲜美,异乎平昔所尝者。夜钞《九歌》毕。昭吉送玉带,并谈金类,以白金为最坚,百炼不化者也。丁潞安擢河东兵备,咄咄欲起。

三日　阴

张玉田之孙惟诚来见。督府来报:潞安署道,非擢也。钞《九章》一叶,写大字八十。

四日　雨

帉出诣周、黄、丁家,暮还。竟日携莪在内院看东夹开窗。钞《九章》二叶。

闰端午　雨凉

萧垫江、张静侄来,至午始去,遂不朝食。钞《九章》二叶。叶燮生送篆碑五种来,借与帉临摹者,袭病久,昨夜数起,今始进食,犹云脚软心慌,盖热证也。书局清帐,忽有口角,吾乌能正之?

六日　阴

姚绍崇、刘凤修来。姚,可笑人也,竟忘其名,见乃觉焉。午诣芮少海处看戏，芸阁、洪兰楫、顾子远在坐，至亥散。尽日销磨，聊同博弈。

七日 晴，巳初已热

看京报，无新事。得京书，颇有新闻。方今在上者叹无人材，以为莫己若也。在下者叹无人材，以为莫我荐也。试反而思之，所谓人材者已不亦多乎？《诗》曰："具曰予圣，谁知乌之雌雄。"此之谓也。故君子自治之不暇，而何暇忧天下。

钞《九章》二叶。盼忽又病，盖十日一比，知余之孽重也。虽欲不忧，殊无所逃。

八日 大晴

盼病益甚，看课卷，不能终事，亵回厅堂，至申，盼稍苏，乃饭。向黄观察借女仆不得，云恐泄其私事也。笏郎来婺。

九日 大晴，热少减

盼大愈，云昨夜几绝，晨乃能起耳。定等第，南江岳生来。严玉兄阎少林来诊盼疾，李毓衡送荔枝，见郎来送野蚕茧。钞《九章》一叶。

十日 阴，午后凉，夜雨

自朝至日昃皆对诸生谈艺。外客来者徐敬斋。芸阁送荔枝。临《碧落碑》卌八字，殊无笔法。钞《九章》一叶。

盼言四时唯秋可悲。余云女父母皆取于秋，秋乃可乐也。郊原山水间唯秋清快，唯当夏时苦热，极望秋来，俄得凉情，始惜时过，不能无追恨耳。此情生于畏夏，不生于感秋，可为时物增一体会。

十一日 阴晴

盼壮热嗌痛，又劳料理，竟夜不寐。日中写字、钞书各一张。祝陪堂来。

十二日　阴

晨写字一张，极无笔法。朝食后偃卧，午后出，答姚、祝，诣府县不遇。赴笏山饮，和合作陪，周、黄、崔、黄为客。酒间多谈己公忠之美，而叹无良友，对和尚骂秃驴，初不自觉，亦可闵也，诚孝达之不如，然不因请我，我亦无自知之。金刚诗云："只将北海千钟酒，换得中山一箧书。"酒肉朋友亦有悔时，又可三叹。亥还。畅稍愈。

十三日　晴

富顺宋生及王孝廉万政来，坐半日，泽臣又来，坐半日，遂消长昼矣。畅大愈。钞《九章》、临帖各一叶，夜月不明。

十四日　晴

钞《九章》、临帖各一叶。与书藩使论盗铸。张梁山送竹帘。复唐珊峰书。张怡山送荔枝。督府还犊。任生国铨自忠州来。

十五日　阴凉，有雨。戊午，小暑

晨起劳芝舫、周兰生来。客去，复点名。朝食后小睡。午起，稚公来。王千总芷江人、洪经历来见。万师耶来辞行。钞《九章》、临帖各一叶。《九章》"北姑"，不知何地，"轸石"以磊石当之，似尚相合。作牵牛花篱。

十六日　雨

复书梁山令。钞《九章》一叶。出诣杨、万送行，答访稚公，遇李总兵久谈。申还，临帖一张。

十七日　雨。午晴

钞《九章》临帖毕，出答周、劳不遇，诣黄绶芙、唐稚云，久谈延日。唐处遇王子蕃。申正至钟蘧庵晚饭，湖南镇道作陪，盖专为我设，然殊不合客意。

十八日　阴

饶榆龄、刘奉琴来。陈生宝改名潚来见。钞《九章》、临帖各一张。茙始复课。

十九日 晴

钞《九章》一叶。热浴。无客无事。

廿日 晴

巡四斋,与诸生谈,改"曾子问赐冕弁"说。诸侯、大夫未冠,不得见天子于太庙,若其除丧始见,又不得有冠醮。盖天子偶召见而爵之,亦不得赐诸侯也。此必当与冠醮为二事。冠醮唯有大夫,赐冠必无诸侯,分说乃可通。夜雨,易郎顺豫来。

廿一日 阴雨,午后晴

曝衣。见郎来,云次青母墓被发,闻之惊惋。盖谋地信风水之过,然比之曾沅浦为敛迹得灾,亦有幸有不幸也。看课卷。宁生来。

廿二日 晴

看课卷毕。晡出,答访饶、刘,过笏山,论廷寄援交趾遣鲍超率师以往,泰安三营,达字一营,武字一营,枢臣复见不费一卒之能,复睹承平之风也。张荫桓入总署,张佩纶往福建,丹翁协办矣,富贵在天,即在人也。过督署晚饭,热不可耐。

廿三日 晴,蒸暑

朱次民来谈道,言黄恕陔怒江开荐卷,至欲劾之。江以容成术而杀其身,张诗舫误之也。又言陆稼堂亦修此术,而其子传之,得恶疾以死。鲍超亦传之,而至欲拔宅上天。方知高骈尚是俊物。比日中莲池民家有数竿竹,每暮有万数雀来集。昨稚公言山西有白头乌,与黑乌斗,黑者尽死。余云白者,法旗;黑,鲍旗也,岂此祥乎?交趾亦有山西,故遣鲍不可不慎。左楚英为何人劾罢?夜过松翁,亦谈道、释。

廿四日 雨

早凉独坐,殊有秋怀。王莲翁来考课,久之乃去。顾、宋继入,复久谈遣军赴交事,散已日睉矣。钞《九章》一叶。罗师耶与见郎暮来。

廿五日　晴

唐次云来,言鲍超非人性,不可驯扰,来省必恣睢也。钞《九章》一叶。始钞汉碑。

廿六日　晴

《九章》毕。从严生借得《政和本草》,向来求之未见者。阎百诗六十始见注疏,可叹也。钞《三公碑》,集楹帖数联,遂消半日。晡浴觉凉,晚稍不适。夜凉。

廿七日　初伏。早凉,午后稍热

王莲翁送藤圈,云非藤,乃草也。余以为扶留,未详考之。钞汉碑、《本草》共五叶。蚋多相困,不能久坐。龙八来,得五月十二日家书,均报平安。半山忽言有喜,岂一宿之缘耶?且喜且惭。

廿八日　晴热

熊营官、张子静监院、刘开圻及诸生皆入,杂谈,遂消一日。

廿九日　晴,大热

钞《本草》、汉碑四叶。夜食瓜甚佳,蜀土所无,李毓衡自陕致之者。

六　月

癸酉朔　大暑,晴

晨起,宋生告去。出点名毕,舁出诣机局,与三黄、曾、阎谈,过熊营官而还。未午已热甚,午后热乃不可过凉,日中大雨,亦殊不凉不溽,可异也。夕食尤蒸闷。邵给事字实孚,名积诚。试还来见,不敢辞之，衣冠出，汗如雨，谈十许句，客去，湿三衣。食矣，勉钞汉碑一叶。

二日 晴

晨诣邵学使，遇稚公已入，以为当辞客，俄而请入，少坐，崧盐至，自入，闻督府在而退，稚公复令延之，三客杂谈，殊不顾主。余畏热先起还院。朝食毕，谢客闲坐。钞《本草》三叶，为蚋所苦，放笔游行。发家书二三纸，亦再放笔。热不可低头，湖南亦鲜有此盛暑，暑针过九十六度矣。

三日 晴，愈热

竟日无事，唯钞汉碑一叶。

四日 阴

丁寿芝再来见，一见之，荒唐人也。晨治具招笏山饮，相识卅六年，始一宴之，请稚公为宾。巳正稚公来，笏山继至，云上院有面咨事，余云可在此言之。多谈政事，谢余言私铸，使彼获盗，云道府皆不以为然。又禀数事，未合上意。余私告之云："巧言如流，君言未巧耳，又太无猜妨。"今日见其论事，侃侃殊有正直之风，非平日意中易笏山，人故不易知。客散已暮，大雨雷电，以为当美睡，乃反不着。

五日 阴凉

诸生来者数班。铺设厢房，始成局面。午出吊杨小侯，门庭阒寂，文官无一致者，惟将军、提督皆到，督府于此少周旋之礼。袭侯虽非贵人，然朝廷所眷，故当加礼，陪客仅一洪兰楫，赖有我耳。还作一联："世禄不骄人，只当年典卫钩陈，曾被贤王温语接；蜀才嗟又弱，正此日怆怀勋旧，后传开县赴书来。"

雨亭亦递遗折，蜀中亡两一品官，故并及之。钞汉碑半叶。帉昨食即吐，殊忧之，今始未吐，而气弱神不王，故不高兴。

六日　　晴热

钞《本草》二叶,馀时不能事。

七日　　晴

诸生应学使课去,院中无人。王彬来。午钞汉碑、《本草》各一叶。飞蚋扰人,闷燥不静。出答访杂客,便过李署提,荐吴明海。至熊坦然处集饮。绪钦、罗、李作陪,唯高谈往事,李颇嫌自伐。坦然署潼川,荐一随丁,旷氏妇之义父也。入门而雨,夜月,归途甚凉。

八日　　中伏,晴

郭连衿、朱次民来。看课卷八本,亦热不能事。

九日　　晴热

看课卷八本。钞汉碑两行,闷暑而罢。

十日　　晴

看课卷八本,热甚停课。午雨,骤而不甚,稍得凉耳。夕食后,诣四斋。夜月。

十一日　　晴

稍有风凉。看课卷廿七本,浏课始毕。杨高照、楚东妻均来求事,宿将困苦,殊堪感恻。楚妻嫠寡尤可哀,令畇、茙每月割月钱银一两周之。钞汉碑半叶,写分书卅字。龙见郎来。

十二日　　阴凉,始有苏意

看课卷七八十本。见郎、张近韩、穆芸阁、崧锡侯来。崧云天全州逆伦一案,昨日当决,督府疑其情,临刑而止。城中颇诮冠九,不理泽臣也。今年弑逆者顿有数人,深恨教化之不行,使居学官,当不至此。此唯有责之教谕、训导为切,俗吏方躬欲篡夺,宜民之不知伦也。

十三日　　晴

看课卷毕,发案,甚烦倦,未暇馀事。葛连衿来。

十四日 晴

钞汉碑，写对扇。出答诣金松垣、葛渭泉、翰仙、莲塘，诣督府，派船还湘。看京报，豹岑将罢，恒少廷特擢荆府，采九诉冤，阆青卸提印，五臣入总署，皆新闻也。便过锡侯而还。

十五日 晴

晨出点名。朝食后传班唱戏，为龙八饯行，约芸阁、近韩、见郎、陈小石便饭，监院诸生皆入。畇女要丁二女曾彦、王心翁小妻来看戏。王树兹妾必欲来观，纷纭至酉初罢。

十六日 晴热

作家书，并与书锦芝生、吴翔发，复杨师耶书，皆言迎眷事。钞汉碑一叶，曾彦昨留伴畇女，作二诗。夜凉风起。

十七日 己丑，立秋。阴凉，顿有秋意，遂能伏案

翰仙来久谈。钞汉碑一叶、《本草》三叶。遣龙八、沈一还家，荐廖二与罗云碧。夜寐，俄起，院内寂静，裴回往来，颇为清适，凡再起乃眠。大雨达旦，水深三尺。

十八日 大雨

喜凉久睡。曾彦将去，为点定新诗。骤凉如秋深，使人失措。钞《本草》三叶。

十九日 晴，不热

李毓衡来。钞《本草》三叶、汉碑一叶。多卧少事。

廿日 晴凉

钞《本草》三叶。傅师耶致一女，颇高长，异于凡所见，未暇评其妍媸也。夜凉，时雨，睡不甚安。重看晓岱诗。书局斋长逃去。杨光垲来。蒲桃为蜂食将尽，悉摘之。

廿一日 晴

翰仙来，言贺年侄妻丧，当于今日往吊。出往贺寓，因过笏山、

钟蘧庵还。未夕,畇疾发甚重,谵啼无状,极为愦扰。

廿二日　阴

畇疾剧,步往机局寻曾昭吉,复至绪钦、黄郎、翰仙处,皆欲请其内眷来助料理,均以事辞。乃请见郎及监院夫妻来主之。昨夜未睡,欲至见郎处稍避,入督府,则群相告语。稚公出,便设榻芸阁对房,罗铸安、陈小石、张静涵均来会。翰仙荐徐秉成来视畇疾,云不妨。稚公亦遣其长妾至院看畇,为之大扰,余未能矫镇之过也。宿督署,颇得酣眠,差为能割慈耳。

廿三日　晴

晨起,府中人均未醒,待门开而出,牙参者已集矣。步还,见郎继至,未饭去。朝食后,近韩、稚公来久谈。诸生入言书局事。畇大愈酣眠。钞《本草》三叶。

廿四日　晴

畇复昏痫,竟日惶怖,出寻徐秉臣问方不遇,即过机局,遣信往迎诊之。同榜谢恩澍雨陔庶子来见,人尚朴稳。稚公约翰仙、芸阁同集,翰仙属改菜单,乃不肯用一肴,吁可怪也。申集亥散。视畇尚无恙。

廿五日　阴

丁公继室来视畇,畇遂晕绝,客大骇惧,久不去,余尚未知也。葛连衿、见郎来。昭吉夜来,谈化学。崔生告去,欲求保举,亦可怪矣。

廿六日　凉雨

深秋阶庭寂静。畇小愈,能食。陈克昌、范濂来谈,皆藩客也,云刘毅斋学常遇春,每日办数女值宿,玉门关外自来无此春色。钟蘧庵送画来。得家书及张吟梅书,还百金。此人鹘突不听话,自谓老成，宜俊臣之不用，然在浙人为有胆者。

夜起挑镫，欲作杂忆诗，觉才思钝倦，殆将成茧矣。杂忆者：阎丹初同游鄂，今当国；李少泉同游徽，今卫京师；彭雪琴同起湘，同居衡阳，今防海；张孝达同游京师，今督越。四人皆以轻材膺重任，不求我助，我亦不能助之。然往还有恩纪，云不忆泥，泥不能不忆云也，故欲仿《四愁》体赋之。

廿七日 晨雨

终朝凄清独处，颇欲绝人事。看课卷十馀本。谢年侄来。

廿八日 晴，稍热，午仍纻衣

看课卷七十本。昐始复常。见郎来。张生、羊令来，荐廖生可书局，余云嗜利悻愎，非其材也。

廿九日 晴

院生屈大谟初云失银，既又不还饭钱，周玉标诋其诈鄙，遂至相打。余以为风气大坏，令斋长治之，因追前事，咎王绳生作俑，询其饭钱，犹有牵扯，复为戴光所乘。高材多愚诈，如乱丝不可理也。出访徐秉臣、戴年侄，答李家汉，过恒镇如，还仍过督府，见龙、穆、张及稚公归。见院生严玉甫、王师耶。

晦日 晴

休假不事。善化二罗来。终日闻院生论告状是非，为之笑叹。得张楚珩书。

七　月

癸卯朔 晴

晨出点名。朝食欲饱，始闻督府约早饭，辍饭少愒，舁诣稚公处,司道先集,翰仙亦预。欲请如冠九画,而失东绢,还检仍未得也。

牌劝诸生无讼:“诸生入院肄业,首宜自重。前与饬约,不得以一字干诉有司。两诣督府,禀留院长,均经面责。近闻此风未革,时欲呈诉,其讦很可厌,其卑鄙可哀。闿运典教六年,曾无感激兴起之效,愧可知矣,岂敷教在宽,而治蜀宜严,主客冰炭,不相合乎?监院凡奉公文,有院生名字,即按名移学注劣,仍详学院,除其课籍,然后移详有司,平其是非。诸生当知经明行修,公卿且将取正,无念念禀诉为也。”

复将周玉标罚金,屈大谟扑教,以杜嚣陵。复书张楚珩。

二日　晴

金凤洲庚生来见,天津乙榜,颇有官派,云有子欲从肄业也。钞《本草》三叶。复热,可浴。夜为映梅所惊,呼杨妪然烛,移寝正室。

三日　乙巳,处暑

早不成寐,起复睡,乃晏兴。午出,答访吴克让,过绪钦、崔、周三道台。至延庆寺,赴金知州之招,崧翁先在,金木讷无多语,设食不恶。还与斋长论书局事,邵实夫批禀明白可喜,其人深稳,似无能者。

四日　阴,申后雨凉,居然秋声

祝陪堂、钟、周道台、制府均来。稚公久谈,陪堂久坐,遂消一日矣。吴祥发来,迎接事又不成,真有数定。与书李申夫打皮壳。托程郎、翰祥买永锡。代书局作说帖,论刻书事。夜雨不止,遂连晓。丹桂早花,一枝高出,馀尚未蕊也。

五日　雨竟日

周云昆来,痴谈。傅师耶妻来见,仿彭宫保例见之。幸盼女已往丁府,茙女不出,相对谈取妾破船事,老江湖客也。云在仲云家久寓，尤为可骇矣。言笑宛然张小红之流，又可悟闻乐知俗之不谬。处约不能峻绝此辈，亦无可奈何也。

钞《本草》三叶。成都将军岐元母寿，七月二十七日。“万里称觞，献三危瑞露；七襄留锦，成一品天衣。”

六日 霁

写屏对。遣招谢年侄暂住书局。钞《本草》三叶。杨副将妻愿来执役，辞之。

七日 晴

钞《本草》一叶。黄夔州招饮，召杨妪还伴莪女，申初舁往，简州方、郫县秀、绵竹凤、但、刘同坐，唯凤茀堂旧识也。酉戌间大雨，还已霁。泽臣四掌文衡，不知羸博事，虽不自讳，然非佳事也。范濂来借银。

八日 阴

朝食后往文殊院吊如冠九弟妇之丧，云笏妻也，年七十二矣。功服为位，故往观之，白袍青褂，近无礼之礼。欲留坐，主人再辞。还途遇易、崧、王俱往，府县尚未至也。

过稚云，言家人亦患利泄，其小女噤口，恐不起，云颜色甚晦。还钞《本草》三叶。彭妪卧竟日，并遣杨妪去，独携莪料理。秩然、凤茀堂来。

九日 晴

钞《本草》成，共五十五叶，一月有馀乃毕，可笑也。杨妪复归。旷金钟来。夜大雨。

十日 晴

秋兰盛开，丹桂早花，牵牛亦发，纯乎凉色。陈子箴通判、崔玉侯道台来。何国璋来，不知何许人，未之见也。暮携莪步入少城看关祠荷花,唯有残叶,映月还。遇齐敬斋亦步行,气色甚佳,差委不远矣。

十一日　晴

作《本草叙》。得连希白书。夜月甚明,衰回久坐。陈子箴来。以二十金借萧子厚。

十二日　晴

张华臣来。但子馀来,谈《汉书》,因复看范史一本。连日散诞极矣。帉还。

十三日　阴

以在客安久,岁节违奉宗庙,当别有荐。依《聘礼》"赐饔祭祖父,如馈食",行馆有祭,则馆中固宜祭也。但无妇不能备三献,仅以荐礼行之。因于昨日庀具,今午荐新,竟日斋居,礼毕而馔,胎肉仆厮。夜看《汉书》二本。

十四日　阴

得家书,发回信,题第五号。看《汉书》一本,补检《本草》一本。

十五日　晨雨,已寒

出点名,见江西吴生三兄弟。稚公来,谈鲍超将招兵,蜀中供饷,捐卌万与之。以为古今将士皆以死博财,不足怪也。使赵母闻之,当爽然。盖马服子若胜,此言必不传矣。此又足广我褊心,而实非当官之义也。见郎来。看《汉书》一本。夜雨凄凄,茫无心想。

十六日　晴

晨起阅卷。午出过锡侯、翰仙、督府、和合,答访二张华臣、伯元,遇恒镇如,寻何国璋不得,至次民处问讯,因遇曹瓜而还。叶知府候门求见,报芮少海之丧,方诧异之,昏暮又来,今年尚无夜客,月明花芳,亟延之入,则为其兄谋馆,不谈风月也。帉、莪早睡,余亦背月而眠。

十七日 晴

镇如、芸阁、罗著卿、陈小石来。检《本草》、看范书各一本。夜月皆沉,乃更久坐。

十八日 庚申,白露。晴

马伯楷病卒。翰仙权川北兵备,始得列于外台矣。使鹿滋轩在,必不能也。福州船政局厂已焚,招商局卖电线尽拆,廿年言效法西人者,一旦尽废。廷旨言一意主战,又五十年来所仅闻者也。芸阁招饮,入督府聚谈,夜乘月还。看课卷毕。看《汉书》一本。金凤洲、祝士棻皆病故,十日前共宴坐,无病状,迅速可骇。夜月极明。

十九日 晴

翰仙、镇如来。廖二与映梅比而生事,并遣之。周绪钦报彭川东之丧,前梦竟无征耶?湘中又增一富室买田者。看课卷竟日,院生竟无赋手,乃知吴锡麒、顾元熙亦是人物。夜月,至书局闲谈。

廿日 晴

粉女当往谢王心翁妻,王因请伍崧生母便饭。粉尚未往见伍母,因令先诣,便答周绪钦妻,饭后即出。余携粉读内斋。吴明海妻来求见,避出,巡四斋,略谈,已过午矣。王妻必欲茙往饭,因遣之去。独与一妪居,更寂静如罗时,客中一奇也。未暮均归。看范书一本。夜阴,遂雨。

廿一日 霁,阴,有日

出吊三丧,金凤洲、祝士棻、芮起豫。芮子颇能言。庆三寿,钟肇立、曹贻庆、顾怀壬。顾明日生。中过徐、叶、黄,翰仙处遇张贻山。还小睡,笏山来,未见也。看范书二本。欲理旧业,蚊蚋犹甚。

廿二日 阴

看范书二本,检《本草》三卷。见郎、松翁来。作芮少海挽联:

“幕府地清闲,达者萧然,庭馆梧桐待佳客;琴歌老跌宕,仙乎逝矣,形骸土木慕王孙。”

廿三日　晴

《本草》录毕。看范书二本。周云潭来。两女疾皆自愈,始有婴婗之乐。自别长沙,唯此数日闲适也。

廿四日　晴

翂、茙往李宅,女仆俱去。陈寿崧自泸来,云彭道无恙,绪钦讹言也。看范书一本,复钞汉碑。家一老耶来,痛哭求去。

廿五日　晴热

与书李总兵,荐家一从军,想又说官话矣。黄观察爱富嫌贫,不欲与谢子为宾主,惜不遇家一也。看范书三本,钞汉碑一叶,复理《春秋表》。新得李仙根教谕捷法,表用时文格,不必画格,颇省事易成,五十年来乃始知之。见郎来。

廿六日　晴热

看范书二本,钞汉碑半叶,理《春秋表》聘类。翰仙、笏山来。张门生来。

廿七日　晴热

晨起遣要松翁同入满城,贺将军母生日,门不启,未得入。便至熊总兵处送行,闻族子孙荒唐悖谬,不觉发指,既而嗒然任之。象山、钺卿、芸阁来久谈。看范书一本,理《表》三叶。娄书频误,信劳疲无功也。己知之则已矣,必欲譬晓人,故为所役。夜热甚。看京报,主战之义已十三日坚持未变,五十年所仅见也。

廿八日　阴热未减

旷金钟得崇宁,来谈。黄成都考课,独有华风,不亲至,但示题监院而已,于体为得也。看范书二本,理《表》三页。多食番豆,腹中殊不快。

廿九日 晴

范史今日可毕，而未暇看。检“公会”分类，遂穷一日力。夜雨惊起，明镫而睡，未几梦不安，复起吹镫，近五更矣。

八　月

壬申朔 晴

起较晏，出点名毕。杨童来见，年十七，能治《公羊》，貌亦清拔，曾与略谈。刘凤修来。看范史三本，理《会表》。

二日 晴热

见郎、罗师耶来。看《范史》二本，始毕校矣。有二字未审，“公会”亦录毕。

刘生铭鼎来，问“玄驹”。《小正》：“玄驹贲。”传云：“玄驹，蚁也。贲者，走于地中也。”自来以蚁为蚁子，案《尔雅》“玄驹褭骖”，则玄非色也。汉碑以“骓”为“骥”，盖“骥”之或体。骥，千里马。“玄”盖“叀”之通假字。褭以组带马，御者调习骖马之法。夜雨。

三日 雨阴

晨出送翰仙、稚云，以为已去，乃皆未发，城官晏装如此。过恒镇如，觅机匠织藏缎铺垫。还院小歇，理《表》数条。岐子惠将军速客，要伍松翁同往，至则尚早，黄、崔道，黄太尊均先至，臧师耶后来，同坐者伍、三王。一王子仪，知县，主讲少城书院者。一王仙艇，都统书识，自云黄州人。戌散。作诗送黄、唐。

四日 雨，晚晴

罗师耶来。应课，因问题，使谢年侄作之。因自作一篇，葛玉书之。又为王芝圃改一篇。钞汉碑半叶，校表数条。

五日　丙子，秋分

早醒，迟明起，两女皆起矣。大雨，水平阶，向午始霁。钞汉碑一叶，校《表》数条，钞《夏小正》二叶。

六日　晴。晨寒

钞《会表》，甚有条理。近日伏案，其功繁细，未觉倦也。留见郎食胙肉，因要谢世兄同饭。夜复作《表》，并钞《小正》三叶。

七日　晴阴

作《朝会表》毕，井井可观。还绸缎钱将及百金，汰矣。借出百馀金，恐不能收，以此亦不自节也。钞《小正》一叶。“鞠则见”，或训“鞠”为“虚”，忘为何人之说。近来空疏积久，复思多闻之益，三杨生来问学。

八日　阴

检《伐战》条例，凡再易稿，皆不安，姑置之。阅京报，战议犹未变，惧有庚申之患。光孝廉送鹦鹉。钞《小正》一叶。

九日　晴

料理铺设、还帐杂事，佣役忙一日，余亦忙一日，可笑也。

十日　阴凉

晨出送旷崇宁行。过笏山，笏云本欲遣子就学，其妻云从我则习放荡，故不可也。弥之议论亦复如此，所谓东家丘者耶？诸君皆可谓有义方者，故其子无恶不作，习闻此等论故也。过黄观察，督、提均未起。

入督署，与芸阁、见郎、近韩、贺搢生、孔北鹏略谈，闻左季高复出浙闽，矍铄哉是翁，将以鱼皮裹尸耶？

督学云革去院生四名，又为可哀。冒犯不悔，虽死不悟，此等风气，蜀士为甚。李署提来，久谈。

周叙卿来说媒，前见钟子似可，昨见杨生较胜，尚未定也。姻缘前定最可信，若早一月，必定钟矣。今日为半山颀祝，八字适来，又似可喜。崧道送节银来。夜明镫爆竹，颇有喜气，设汤饼，赏宴吏役。谢世兄来贺，辞之不得，迎拜门内。斋长入，则固辞乃退。畇饮二杯，醉，告退。茙独惺惺。余亦倦矣，早眠。

十一日 阴

以国忌不贺。晨起游行，桂树再荣，香盈庭院，再和前作，为半山喜。“琼树难争桂树香，镜中蛾鬓绿仍长。新调鹦鹉能呼酒，旧集芙蓉好制裳。秋入锦城花艳目，烛摇银幌月飞觞。绣帏待晓思闲事，袅袅芳菲露叶凉。”煨芋食饼。见郎、黄绶芙来。

十二日 阴晴

作《战伐表》。近韩、陈用翁来，久谈。老张夜来。谢子骤病，招吕生诊之。

十三日 晴

作《战伐表》。葛连衿来，久谈竟日。夕闻价藩归，往看之，客坐桂香，念其新归，有室家之乐，亦为之喜。与谈夷务不合。中国士大夫好夸张夷人，不知其无人材，尚不及何璟、张佩纶，无足深虑也。斋长来，考定释奠仪。

十四日 晴阴

治具招徐秉臣、宋钺卿饮，陈子珍、恒镇如作陪。稚公来贺节，亦谈夷务，云必为患，余壹不以为然。暮，客始集，戌坐亥散。老张又来。作《战伐表》粗毕。小和合来。

十五日 阴

晨至讲堂，院中士吏均来贺节，并见外客数班。张门生来。老张云黑入三阳,将不久矣。与之久坐款谈。自李仲云托属后,未有以报,深负之也。出至督府,答访陈用翁并见其子及孔、贺诸君。得夔州、潼川、忠州,庆、涪州县来书,均投字纸篓中。还,罗著卿、三陈来。昭吉、八郎来。晤客甚倦,小愒,出行院中,见诸生习礼,甚喜学子能依古以正事,为之考定释奠废典,殊无确证据。夜明镫贺节,两女聪强,颇有闲适之乐。子夜见月,久之乃眠。

十六日　丁亥

黎明起,视天色阴和,衣冠出,待事,诸生早集,行释奠礼毕,久之乃会食讲堂。与书笏山索节仪。锡侯、绪钦、胡进士父子来。甚饿,入欲晡食,畛云尚早,小食点心,假寐。价藩、张伯圆来谈,客去,夜矣。

十七日　阴

谢子复请移出,亦听其便。检《表》,钞《小正》,倦睡谢客。

笏山送节礼来,与监院同致。初疑其轻辱我,既念当世无敢轻我者,唯蜀人则谓我贫贱耳,自非至俗不宜至此,而俗人又未必有此灵心,吾与世人相去真有"苍苍视天,天视苍苍"之意,乃复书谕之:"昨谏设醴,遂承补馈,足征虚怀待士之雅,感荷感荷!唯礼经制节,过时不补,祭居三重,无反于初,况于投赠而可索得乎?家父求车,见讥圣史。所以前告者,惧代者遂去饩羊耳。谨仍使反璧,若至年间彼此不去者,自可拜领嘉惠也。又来贶二分,一送监院,一送主讲,或疑公欲以属吏相待,不齿之宾师之列,闿运以为必误解八〔人〕事二字所致。监院向无犒赐,未敢代留;必欲饷之,自可径送,今并以奉缴。敬颂台安。"自谓处置尽善,既而思之,何不忍气吞声,自同寒蝉,为少此两番波折耶?巧者拙奴,有味乎其言之也。

十八日　阴

钞《小正》一叶,检《表》半叶。老张来,言笏山云此事何必写信,口传可矣。治具要价藩饮，因与黄泽臣作生日，复蘧庵席，饯芸阁行，一举而四事办，以为最省，实则费也。蘧庵早到，芸、价继至，成都府最后，入席犹未夜，戌正散。

十九日 晴

钞《表》竟日。钞《小正》一叶。梁进士来见。罗石卿来。张矮来，言耿鹤峰贪酷，欲破其家，求书解之。

廿日 辛卯，寒露。晴

钞《战伐表》成。曾心泉来，去年打官话问泸州三事，今道士、尼姑皆死，田秀栗亦撤去矣，可胜感喟。畇往丁宅贺加笄，留莪独居，携与巡四斋。三台罗生老行一担，犹未识其人，召见问之。夜钞《小正》一叶。

廿一日

早起，检《表》，钞一篇。朱次民来久谈。畇往丁宅，莪独居内。夜钞《小正》一叶。以"鴂"为"鹎鴂"，即今子规，混同可笑。然舍此并无叫旦之鸟，子规冬至乃不鸣。说殊骇人，当再求之。

廿二日 晴

晨起待饭，至督府看赘婿，陈夔龙[小]小石与丁四翁孤女昏，稚公弟女也。草草匆匆，不成款式，亦居然成礼，好言办事者可废然矣。设五席，分五处，余与芸阁、顾子远、见郎同席，梅龛、稚公陪客，酉散。至新房少坐，热甚乃出，还院已倦，早眠。

廿三日 晴

《小正》一叶，改定《表记笺》，竟日乃成，不暇他事。得七月三日家书。刘人哉来。

廿四日 阴

晨起催饭毕，出贺锡侯、泽臣生日，便过葛连衿、王莲翁、周绪钦,答客数家,俱不遇,还已晡矣。作书为梁进士干彭东川,与耿鹤峰论章州判兄弟讼事。黄绶芙、老张、俞子文来,遂至二更。

廿五日　阴晴

看课卷竟日。黄泽臣言两县考课供亿之费。闻二十七日督部当来,与书两县止之,不可。得朱小舟告灾书,云其寓被焚。

廿六日　阴晴

晨过松生,贺其母生日。年七十六,乃小于先孺人,而松生早生早仕,遂若其母笃老。盖其子馆选,母才卅许人,而老福殊不若周宝清,可感也。去太早,不得面吃,忍饿而出。遇俞子文,因便至劳芝舫门,送一片,贺其母生。诣芥帆,少坐而还。畇、莪均往伍宅,静卧半日,复至松生处赴席,唱戏嘈杂,与顾子远、叶协生、刘何有略谈,上镫即还。

廿七日

晨起发案,府县已来,云司道不至。巳初稚公来,点名出题毕,因留早饭,要府县陪坐,未初散。老张、金松垣来,纷纭竟日。

畇寒疾,复吐血,夜半闻门步声,而寂无人语,方讶问之,乃云婢妪怯出,求水不得,可伤也。为呼人起,燃镫小坐,啜茗而眠,遂不得安,若醒若梦。

廿八日　晨雨,午后阴

发家书,因遣祥发迎半山,与书罗总兵、锦道台、朱保德。客来者皆谢不见。张伯圆送菊。寄四十金至衡州,购永州锡器,由昭吉交程生。钞《小正》一叶。

廿九日　晴

出送金松垣,因过笏山,久谈,与次民言小舟事。《小正》成。理《春秋表》。昨与畇言今年未病,今日乃小疾。饭后出,行街市,发汗还,又濯足,早眠,服姜汁,将以却病,凡再汗,早眠。得樾岑六月二十五日书。

晦日

寒疾微热。早巡四斋，唯东上少坐。谢客屏事，专欲养病。夜睡，未解带。檐雨清寂。

九　月

壬寅朔　阴

出点名，朝食少减，以待速愈，要验调摄有效否。午入内房，作《春秋表》。种菊。老张、见郎来，留谈，夕食，遂竟日未事。夜雨。

二日　晴

寒大愈，然亦经三日，使不调摄，亦当愈也。午遣帉至丁宅，独携莪读，兼理《表》竟日。酉初至督府，新婿设酒谢客，同坐八人。看京报，闻杨石泉署闽督，张幼樵严议。轻进轻退，可为躁进之戒。戌还，移内房寝，以莪一人照管三室，恐其怯忽也。

三日　阴

晏起，欲作《表》，意甚勇，及作之半日，竟不可用而罢。戴通判再来求见，见之。易郎来，戴乃去。张门生来，云同乡闻师母生日，欲送戏公祝，力辞之。见郎来，报龙八已于七月杪至家矣。作书慰少泉。夜寒。

四日　大晴

传事告假，葛玉出街，帉携婢妪出，犹未归，彭妪托病，院中乃无人可呼唤。有呵丁门者，金椿之轿头也，辞以出去。顷之二陈来，用阶、小蝶。所谓"官闲无一事，蝴蝶飞上阶"，用阶既不可谢，因并小蝶见之，留用翁便饭，夕去。欲休，胡生长木来，缴刻版，索钱，令书局付之。钞《表》半日。

五日　晴

理《表》,阅卷。得金松园书,言钱生馆事,即复辞之。此人鼠目,非正类,王心翁无聊之请也。

六日　阴

帉生日,设面。午出,答访罗革道,久言鲍超营事,曾与余佐卿谈我于海壖。佐卿躁妄,欲自比于沅浦,后乃不谐而死,可哀也。然其于我厚矣,愧未能广之。至督府视稚公疾,少坐即去,云不能多话,而与李总兵久谈,盖以大邑阴喝不得意,非真病也。驰还少愒,姚知县步至,但子馀异来,同坐至暮散。

七日　晴

看课卷,欲谢客,罗革道应旒来送碑及漆器,余方朝食,欲辞之,已三造门矣。食已出见之,客去已晡。家人以孺人明日生,稍铺设,然烛,不敢放爆竹,恐诸生之觉也。与半山馔祝,进退见义,亦不设食品。

八日　晴

晨起衣冠,待两女妆竟受贺。诸生陆续入,监院亦至,同乡官入者八人,丁八郎及其兄子五郎来,炰郎来,为设面。阅卷半日,讫事。

今日大邑俘囚至,群官会讯,斩之,盖非真犯。闻王吉以多藏厚己,无他故也。发兵往,皆捆载铜钱以归,唯嫌非轻赍耳。

九日　阴

朝食后出谢客,行东北绝远,奔驰甚惫,小愒,崔誉侯处吃汤元还。院中预备请客,无暇他事。夜雨。

十日　阴

帉作主人,请丁婴母女、陈用阶继妻看戏,设酒,余亦招用阶父子、丁八郎、小五郎之师罗著卿、陈小石、见郎、近韩、芸阁与寓目焉，二更散。夜雨。看京报。

十一日 阴

院中公请听戏，因设汤饼九席，午集戌散。昐留丁、陈两女，请王心翁继妻看戏。周绪钦女自来，云闻昐作生日，数日宴会，故来看热闹也。夜狗突门，终夜相扰。昐疾，亦不眠，然不闻声。

十二日 阴

理《表》数条。徐敬武来求差委，辞以不能，固请为致黄泽臣，笑而许焉。傅、罗来，不欲去，幸严生来催客，登舁乃免。穿满城行，出小西门，甚有秋思，至欢喜院，崇将军所施造也。亭榭未十年已尽欹倒矣，作诗一首："少城西接自秦时，近改长营扼汉夷。百岁休兵圈地废，九秋先冷访僧宜。曲池衰柳桓公树，欹榭寒镫骆相祠。唯有道心长定在，借庵拟下读书帷。"

十三日 晴

秋色朗然，光阴明丽，入秋第一佳日也。语茙云："好光景，宜读书。"昐云："读书以三馀，何为释此佳日而不游赏？"仁者见仁，智者见智，不能正也。检《表》数条，为恶女客所搅，避出，陪老张谈竟日。徐琴舫来。得黄观察书。张梁山送藕粉。

十四日 阴

检《表》半日。梁进士、刘子尹、芥帆来，谈至暮。为用阶看试帖。夜月。

十五日 阴

早起点名，发题。朝食后微雨。黄福郎来，致翰仙诗函。答访徐琴舫、李总兵，李犹未起。见郎来，客去少愒。校《宋史》廿馀叶。夜钞《表》目。内外多疾，独坐，稍久，复写二页。夜雨遂寒。

十六日　阴,霁寒,始裘

出城赴杜祠公宴,正官皆会,以余为客,巳集申散。钞《出入表》成。校《宋史》数十叶。王莲翁送王筠《小正正义》来,校数条。杨妪假归,莐随余寝。

十七日　阴

李总兵来。为用翁看试律诗。校《宋史》。申过笏山,以为尚早,至则客毕集矣。设二席,招同乡官陪新亲,又有罗心潭。半饮,大有巷火起,府县匆匆去,顷之火息。还得家书,知七月此时生孙,吉兆也。

十八日　晴

发家书七号。看《评林》。半日未作一事。得熊营官书,言鲍兵殆必为乱于蜀。季高以儿戏失伊犁,稚璜以儿戏启戎心,皆可怪也。为陈用阶看试帖,并题其端,还之。

十九日　阴晴

早起开门,少睡即起。王仁元来告假,观其面墨,殆将有丧。《春秋表》未可成也。所积已多,可从容作之。钞半叶,用阶、见郎来。

廿日　晴。辛酉,立冬

巡四斋,理《表》一篇,渐有眉目,可毕功矣。今日始考“杀君卅六”,得之。又考“亡国五十二”,亦得之。虽无关经旨,非经文熟者,不能知也。夜改《诗笺》,钞三叶。雨。

廿一日　阴寒

理《表》、钞《诗》,补《笺》一页,考义数条。看京报,龙溥霖即得补泗城府,何得官之易易。

廿二日　阴

比日早睡,怯起,甚有冬景。陆铦县令来,次民云字钝斋,名字相配，古法也，而不瘳其俗。朝食后至督府，稚公骤发晕软之疾，不能多谈。价藩、松生、罗心潭、徐琴舫续至，主人送酒揖退，公食礼也。芸阁陪客，未初散。过冠九，谢不见。至次民处少谈而还。假寐，顷之已暮。

廿三日

盼往丁府，拜接脚姑娘生日，即留住未还。独携莪居，未作一事。夜看课卷，校《宋史》。

廿四日 阴

得八月初五日家书。今年邮信迟缓可怪，岂有断电线者耶？看课卷毕。邵实夫从剑南还，来拜，少坐即去。

廿五日 晴冷

朝日三竿出，答访实夫，辕门犹未早鼓，小坐而出。写《表》一叶，多误而罢。杨高照来求差事。祝陪堂子崧来受业，严生与俱至。严玉兄亦来，酬酢半日。

王心翁为盐库介绍，以其母诗来求序。初以为无耻行径也，及看其诗，颇似不栉进士，且贞介自守，无俗心。为潘典史继妻，子女皆前室所出，抚之有恩。近来才女中真实本领无标榜者。悚然异之，为阅竟十二本，自署毗陵赵友莲字韵卿。戴式金送金橘。

廿六日 阴暖

将朝食，次民来，吐哺待之，客去，遂不复食。钞《表》一叶。校《宋史》四叶。老张来，晚饭乃去。校改"素积"、"棁衣"、"褒衣"诸条，又得狄棁之义，可谓左右逢原也。

廿七日 微雨，霜寒

书局两生来论事，和合来。王立诚、芸阁继至，客散已暮。客坐青毡为盗攫去，幸非故物耳。老张书来，寄衣箱、千金。初以为偶然寄顿,及阅其书,则告去之词,行径颇奇。得家书,半山已将至夔州,方怃然,又翩然,无心于事矣。闻人舍官入道,又闻携妾不障道,不知当何从也。要之雪琴辞兵侍,老张出藩门,大小同一伪,而非近人所及。校《礼记》一本。周颂昌来。

廿八日　阴冷

作《表》未数条,大邑新贡生来,言盗劫事。葛连衿来,谈《湘军志》。因循至午。畇归。余出赴署提招陪芸阁,家事纠缠未了,往已暮矣。用翁父子、罗、陈俱先在,烧火腿,食一饼遽饱。还,作家书。葛玉、彭妪均还湘,而皆依恋圣恩,又不忍去,异哉!畇、莪、婢妪均若不忍别彭妪者,又何离情之可生也!竟夜不寐。作送老张诗。

廿九日　阴,始裘

易郎、见郎、稚公均来,客散已欲暮,可谓烂板凳。二仆去,院中寂静,理《表》竟日,失去《出入例叙》,若在当年,必皇急,今殊从容也。得申夫书,以《湘军志》颇怨我。此书诚负心,使人惭愧,复书引咎谢之。

卅日　阴

校《礼记》一本,钞《表》,共成十八篇,居然有成功之望。巡四斋,诲言颇切。夜钞《楚词》,以诸生来问者多,愧无以对之。四更后不眠。

十　月

壬申朔　申旦未寐,早起大雾

日出点名,朝食后,钞《表》一篇,校《礼记》半本。得祭宗之法,若功德帝多,不过昭、穆二祧主之,然则庙不过七。藩经历送日历八十本。

二日 阴，稍煊

钞《表》三叶。朝食后，刘人哉来，未去。稚公来，昨已闻当至，以为甫相见，无事又来，及至，乃为生孙道喜。已而罗著卿、陈小石、罗少纯、见郎、傅师耶继至，客去又安床移花，不复他事。夜作书致俊臣。

校《礼记》，增"见子已食未食"一条，改"黼裘"一条，甚为得意。刘生来问羔裘、羔羊皮之异，余欲以羔为黑羔之专名，即今紫羔，甚贵重难得。羔羊，则凡小羊皆可。莫子偲所谓日有兼人之获，视古专门名家有过之。

三日 阴寒

晏起未醴，用阶来。芸阁继至，云明日当行，留饭。客去，即命舁将出，劳、张来道喜，又生事矣。因出门贺王莲翁生日，过谢劳、张、罗，便谐芥帆久谈。申初入督府，便谢诸客，留饭，与稚公略谈时事，言大臣不可上言，雇力行何如耳。又言今执政以儿戏致大隙，有乘之者，祸不可解矣。一辈不如一辈，遂无人可用，亦自然之势。夜校《玉藻》一篇。

四日 阴晴

遣送穆芸阁程仪。曹太尊来，贺古愚、镇如先在，皆避去，客去已夕，作《表》一篇。日入霜寒，欲冻皴皮肉，命燎竹箨以御之。

五日 晴

两吴生来。周芸潭、近韩、贺静生、见郎、张伯圆来，遂又至夕。若日日如此，殊易老也。作《表》一篇，未成而暮。夜校《礼记》一本。《少仪》似甚草草，《宵雅》竟亦难解。今日丙子，小雪，反暖于昨日。

六日 晴

晏起，校《宋史》三叶，作《表》一篇。萧、锦来，辞未见。曾心泉、李太守来,辞不得。李世侄又来,忽忽又暮。微月霜寒,似去年腊半时。

校《乐记》一篇。“治乱以相,讯疾以雅”,“宵雅”盖即“相雅”,宵、相声转,言工歌《鹿鸣》之三,以相、雅节之也。

七日　晴,霜冷

作《表》一篇。出谢客,即过如山贺昏。旗俗,贺取妻者,皆于前一日,助执事之意也。人哉居庄宅,甚敞朗可喜,蕴孚处湫隘可怜。又入机局,谈天主教而还。夕食后,要蒲生步至学院看发案,未出,小立而还。顷之报至,院生当取者皆取,独遗一吕翼文耳。夜读《杂记》半篇。

八日　早阴,午后晴

作《表》一篇,居然将毕功,喜可知也。疑义亦不甚多。《春秋》庶可中道而废,比之颜子欲罢不能,为善自谋也。夜校《礼记》半本。

九日　晴

《春秋表》稿初毕,改廿八篇为廿四篇,多以一条居一例,不拘拘于三科,使览者易明也。黄绥湖来。张子静暮来。张伯圆来。

十日　晴暖

巡斋了愿,多接见诸生。茙读《王制》后段,计封国馀数,子女无不打混者,茙独了了,其记性最钝,故能如此。见郎来,留吃野鸡去。

十一日　晴霜

将出谢客,周绪钦来。略阅课卷,出已日斜矣。止过萧、韩、周三处。到周门昏暮,传贴入,又久候,匆匆一语而出。至成都府,陪朱凤标子饮,新选嘉定守也。吴佐、但、彭两首县皆先在,酒半,甚热,还,乘月霜行,又颇寒。

十二日　晴

得锦芝生书,半山十九日尚未至夔,想行期又改耶。阅课卷。

吕生阅《表记》成①，自读一过。游行院中，芟竹拾箨。与王心翁夜谈。

十三日 阴煊

晨起，校《宋史》三叶。阅课卷毕，方欲有作，闻司道来贺喜，极出辞之，已入矣。云当索汤饼，并云督府已定十七日。异哉，造戏局竟成乎？散谈无章，大要论闽事，云刘省三开府矣。杨遇春后载福已败，铭传又取败耶？又言张香涛经营八表，唯知向人讨钱，真乞儿经济也。畇女益骄，取《表记》令读之。

十四日 晴煊

将宴客，铺设坐处。诸生入谈。午后将出，见郎来，未坐去。答访张子静、陈庶常，过芥帆、罗石卿，陈、罗不遇，日势已斜，飞舁过笏山、莲唐及锡侯门，月上矣，造请之可笑如此。夜归，得张梁山书，半山初五日已安抵万县，即日将至，喜慰，复书谢之。

十五日 阴煊

晨出点名，诸生均贺得孙之喜。徐大使、王经历来。但子馀、许午楼、彭修进士、芥帆均来贺。校《宋史》十叶。黄郎福生来。订廿日宴席，竟日看仆役整饰亭榭。夜钞《天问》一叶。

十六日 阴煊

校《礼经》十馀叶。涪州余生来，言涪火实烧万家，死千馀人，不知州牧何为讳之。顾华阳、陆钝夫、曾心泉、宋成都来。如冠翁来，闻其艰步，未敢延入。顾以首县得东乡，似左迁也。杨甥得华阳，亦一奇矣。张振帅与李雨亭同年俱逝，可知交情在泉路犹密，但不知地下逢戴子高复作何语，为之哑然。夜闻伍母之丧，步月往视之。

① 此句不可解，疑“阅”字当作“来”字或其他动字，句绝，“《表记》成”另为一句。

明日当为辍宴乐,然世俗好怪,势不能止,又以一人形众短,亦不可也。崧生则初丧不哭,尤为可议。

十七日　阴寒

朝食后,冠九来,未及衣冠而客已至,亦为疏率。价藩午正来,笏山继至,泽臣先入,顷之稚公至,崧、王、周从入,唱戏,自未至戌乃散。北风甚寒。

十八日　阴,复暖

遣熊三迎候细弱。改门作轩,以避寒暑,便嘉礼。晓寐不醒,朝食后复睡,频压不安,闻二点钟乃起。崔玉侯复来,久谈,遂暮矣。校《宋史》二叶,钞《天问》二叶。同乡官送酒烛戏班十五人,约于廿日大会,兼招督府亲友共集。

十九日　阴

次民来。两县令及新委华阳令杨作霖来。闻此人不端,未欲见之,因顾、宋同来,不能谢也。客去已暮。看茙写字,兼自钞《天问》一叶。

廿日　辛巳,大雪。晴煊

同乡姚、刘、三张、二曾、二黄、劳、李、二贺、罗、萧送戏酒镫蜡,因要陈、张、龙、陈、罗,设四席,看戏一日,夜分始散。月寒如雪。

廿一日　霜晴

成都探马回,半山不能轿行,留止梁山,事多曲折,适如我意所料,天下无径直文字也。意亦恶之,彷徨半日。稚公来,馀客皆辞未见。钞《天问》半叶。彭升押行李先至,衣食物琐细,见之惘然不乐,且不知所以处。自往则重爱轻身,不往则彼此县望,信人生之多艰也。不能奋飞,有愧老张。校《宋史》十叶。

廿二日　霜晴

定遣仆妪往视半山,详询彭升,意稍安。出谢客,兼问岐子惠疾,唯崔、周、朱、钟及王连衿处入谈。匆匆还,已暮。读《礼记》一本。

廿三日 晴

作书寄半山,兼谢楚珩,遣夏妪去,久待不至,乃改遣杨妪、曾大,午乃成行。总算帐,此月用二百金矣。财去人安,当无患也。周云昆来。钞《天问》一叶。

廿四日 晴

朝食后往伍崧生处陪吊,尹殷儒、齐敬斋同在,初杂无章,余为铺排。副统、诸道继至,竟日接谈。凡习见者咸在,唯笏山不至,可怪耳。夜校《宋史》五叶、《礼经》一叶,钞《天问》一叶,复旷崇宁书。

廿五日 晴

看课卷。周绪钦恭人来竟日。笏山来谈。夜钞《天问》一叶。

廿六日 晴

晨起将食,王连衿来,问李宣城何人,不知也。稚公赐健孙添盆衣服,再辞不得,皆受之。茙女发怪,帉阳不知,携婢妪自出,因喻以世情人事。看课卷毕。傅师耶来,久坐不去。起入,携茙读书写字竟日。《天问》钞成,遣钉一本。复熊国志书。

廿七日 晴

帉往多金氏燕。黄福郎、沈子粹、刘库使、夏道台来,遂尽半日,夕食已暮矣。夜校《礼记》二本,增改者毕录。院中官本与家本虽不甚合,但字句小异耳,亦不复一一改之。明日将自校《春秋表笺》,则两经皆可写矣。国子达差来,候复书,随作一纸报之。

廿八日 阴

晨校《宋史》八叶,看茙写字。刘人哉、张门生来。午后出,答访沈、夏、彭,过督、藩,均不遇。入督署,与二陈、罗少谈。恩承协办、吴大澂副宪、元甫又夺官矣。稚公奋请援台,殊为喜事,所用将帅则丁、夏也,岂胜任耶?夜为刘生写册叶,连书数千字,犹多不可尽,遂罢。

廿九日　阴暖

巡四斋还。见郎来。看京报,钱帅得阁学,劼刚兵右,谭敬甫甘藩,刘锦崇〔棠〕新疆巡抚,鲍超优叙,杨载福母赏御书,王邦玺退出书房、上书房,复有学子陈俊臣、鹿滋轩均查办无事矣。钞《远游》二叶,校《礼经》廿许。叶浦生问:释币于行即犯軷耶?答曰:犯軷于国门外,盖唯诸侯以上有之,大夫则释币而已。夜校颜真卿《家庙碑》,贵筑陈庶常后琨字耀先来见,送扇对。[①]

① 以下自光绪十年十一月朔日起至光绪十三年四月晦均缺,共计缺两年六个月。

光绪十三年(1887)丁亥

五　月

丁巳朔　　阴,有微雨

礿祭祖庙。昨夜宿办,今晨待事,至巳乃荐,午馂后,少愒,夕食已上镫。与书裴月岑,又片致左斗才,荐陈锐伯弢。夜始复寝。

二日　　晴。戊午,夏至

晨起黄式熙春台来,邀至西北市看田。新涨道淹,船至涝刀,饭于高岭,步至檀木岭,度长岭,过桥,取小径至立山塘周姓宅,彭朵翁长女婿家也。黄氏为其女夫继妻,七月而寡,得其遗产,抚前子分居,今依次子铁仙,即黄侄婿。从周门步至马屋看田宅,颇可安身,但须大营造耳。寿生发沙,不能行,还饭周家,度不能还城,闻竹坡有大宅,因横度罗汉庄,径樟树下。壬戌访徐寿衡,遇其大父于门店,下舁陪礼处也。魏氏有三大屋,今欲卖矣。竹坡旁山有李氏新屋,曰大坡,山浸湿不可践。李总兵东升母扶杖见客。会暮,欲宿魏十三家,主人不在,且嫌无因。中人周姓要余往宿蛇嘴,药店逼侧,且喜息肩,与其父子闲话,同夜饭,遂居店房,热甚。

三日　　哺,晨雾

舁夫晏起,度岭八里至罗汉庄,前送子春葬泊舟于此,今黄氏衰矣。过劳愚翁墓庐,饭于庄北,易舁夫二人,乃先至城,已步行烈日中数里矣。出庄径苏托堤,堤尽,渡浏,十二里至城,循驿道,从铁佛寺东入北门。方饭,陈芳畹来辞行。夜过龚云浦。得竹伍书。

四日　晴

借银还节帐三之一,百孔千创,殆过笏山,然箧馀百廿金,而家中见钱搜索尽矣。扰扰竟日。

五日　晴

晨起催四女出城视殡,家中四人舁之,遂无人理节事,过午犹未办。杨儿来,窊婿不来,章孙、彭孙均来。未祠三。祀三庙。罗庆章送粽,家粽亦佳,食未饱。晡食肉将败矣,自来无如此酷热。夜家人俱倦,睡,余热再起,滋女亦畏热而醒,唤出小坐,还寝犹汗。

六日　阴,稍凉

始理家政,为过夏计。李佐周来,言筠仙将让皋比。与书辞之,云只可行走而已,若效沈桂芬之于王文韶,一旦轻举,为天下笑。八指头陀来,云唐兴寺被民人劫掠一空,亦犹十年前上林寺也。

七日　晴

文廷式道溪来,约会谈陈寓,待课毕往,则已出游矣。与长者期约不信,未必自知其非也。将过笛仙,嫌为残步,乃还。窊女还。暮雨。二黄来做中。始闻蝉声。

八日　晴

午后出送文举,已去,与伯严略谈。答访皮、刘、梁、张郎,均不遇,诣刘韫翁、但少村、子寿,均久谈。子寿处设酒脯,再诣蓬海已暮矣。左斗才催客甚急,至则筠仙、俞鹤皋先久待,方知为大绅之会,言请书启事,以久累,不能多金,仅可六十金耳。从丰八十,可叹笑也。有此主,必有彼宾。

九日　阴

少村来谢步。晚至心安处,问下事,遇龚云浦久谈。曝衣。

十日 雨凉

看小说，作书箱。晡后，左斗才、逸仙来。出至筠仙处，会盐务首士傅、杨，俞思贤监院、李中书、周荔樵便酌，久论闲事，微及教读事。俗人以杜举之子诱窃人妻，遂欲波及杜身，可笑也。杜亦实玷庠序，不在淫行，况其子事耶？后世喜以阴事论人，遂成风气。夜大雨。

十一日 雨，至晡霁

孔吉士宪教来，黄郎望之暮来。

十二日 阴晴

比日督课无暇。懿儿愈钝，师劳功不半，所谓使牛执鼠也。朱典史送裴信来。罗秉臣送弥之信来。归尚未与弥之通问，因作长笺报之。曝云衣。夜过萧道。

十三日 阴

先王考忌日，设奠，素食，谢客。苏彬自沛南还，叉鸡未得反折把米，乞食之难如此。胡子勋来。夜检书籍。京报，倪豹岑得豫抚。

十四日 雨

总理群书，粗从其类，各作箱箧盛之。冒雨答访孔吉士不遇。过刘少臣，闻二使有钉封至，撤调九员，自一品至九品，大要银钱事耳。午后晴。左斗才、张仲卤来。昨荐陈锐于左，关书系余手定，而陈三立为请益，能益几何？使鄙夫轻士，深悔为居间也。夜月冥蒙，俄生湿雾。

十五日 晨阴，辰雨

筠仙书询代馆时刻，约以午初，如时往，已先待于讲舍。五年三聘不敢就，今言代，故可试来也。李佐周亦来。讲生在者八人，先后相见。筠仙欲待余释衣，辞令先去，佐周已先去矣。独坐时顷乃归。

十六日　午前阴晴

移学堂至曾祠讲舍,儿女四人及王生昌麟均用筠送火食供之。晡雨,舁入馆,遂留宿,纨、复均未归。笠云、稚衡来,少坐遂去。

十七日　癸酉,小暑。雨

莪入学,与懿儿均早毕课,外傅之效也。暮携纨复游浩园。罗伯庚子觎来谈。江西段生、李生继熺来见。

十八日　雨凉

周生昌牧来见。二使入城。黄颠弟来,言田事。蒲圻吴京官海来拜,送拔贡朝考卷。夜过僧房,笠僧又送余还。五更闻枧筒内有转轴声,起唤人,并不应,还寝,鸟鸣欲曙矣。

十九日　晴

两黄生来,问《春秋》国有无爵者十七,无姓者十五,此出何书?对以非所习也。若遇陈之驱必能知之,此亦学者所当考。宋、清人往往留意于此,余亦九方之相马耳,不可训也。李佐周云《御纂》中有之,余初未寓目。

蓬道人来。夜归,过心安谈,月明。

廿日　晴

晨起登楼,家人均未起,独步入馆。程伯汉来谈。梁鼎芬、胡婿来,论庶姓系上代同姓,不为昏者,以庶姓别于上为证。《左传》薛,庶姓也,则与周公为昏。虽一通而一蔽,不若仍旧说为安。功儿生日放假,懿遂独居一房,数起视之。吴僮逃去,遣戴明来直宿。夜凉。

廿一日　晴

与书少荃、晦若,为达景韩信去。复贺搢绅一函,并其子妇烈诗。几达空函,若移之少荃,是又一般浩矣。由此观之,浩亦未必失志而后空函。古今成败论人,往往如此。门者言傅青馀暴卒,愕出不意,心震荡久之。晡后往看之,果死矣。迅速无常,又复可喜。杨商农来。

廿二日 晴

朝食后,课未半,纨言今日复女生辰,因携之归家,登楼小坐,吃包卷,仍步还。席研香遣人来送五百金,并书言书院事。

廿三日 晴热

彭孙来,言朵翁病未愈,其父亦未归,又言次妇当待兄归乃还。甫去,家人报次妇已还矣,夜遣诸女视之。

廿四日 庚辰,初伏

吴僮又逃去,还家觅使力。坐楼上乘凉,看家谱,待饭久之,吃爝羊乃下。罗小源来,日光满街矣,张伞至院。杨福祥新昏,起假来,令移入馆。舁至傅宅陪客,陶、俞、李、左先在,诸客来者无多,城中人士多避骢马者,坐及三时乃得出。过雨珊、胡子政,夕日愈烈,至商农千寿寺寓,解带捐舁,散步还家。晚饭毕,携复女至馆,遇陈伯严夜谈,设酒果豚肩,饮二杯,微醺,久无此境矣。

廿五日 晴

理半山书信,装成一册。城中诸少年改《长恨歌》咏卞、龚事,云曾重伯所为,遣问之,答云二陈作也。丁德威来。伊甫学士之孙也。复贺搢绅、席研香书。夜热。

廿六日 晴

茙女被暑,还家暂休。道香僧来,送《法苑珠林》,卧看一函。夜还,眠楼上,亦不甚凉。

廿七日 晴

闻功儿亦病暑,步还馆视之。周姓来,言刻工生事,恐其捏词相激,故来告知。城中闲人多,故事多也。周居北门,盖一滥衿。李舟来寻筠仙,误闯客坐,亦久谈而去。彭畯五来,夜谈。看《法苑》。

廿八日　晴

生徒唯徐二人,馆甚清静,而天暑殊甚。谭心可来,辍洗见之,多谈周子岩。震伯夜来谈。看《法苑》百卷毕,廿年未翻阅矣。功病暑去。

廿九日　晴

晨还,遇茂女入学,恐其淘气,早饭后仍还馆。寄、道两僧来,请吃面。夕阴,有风,至浩园乘凉。次衡已去,彼初欲为龚谋,今不能施力也。窊女归,云避暑。

晦日　晴,稍凉

犹不能事。今年初伏奇热,从来未有。茂、复不来,晚还宿楼上,亦竟夜未被。复、真俱烂漫睡,稍能安枕耳。

六　月

丁亥朔　晴热

坐卧俱不适。真女又索提抱,暂令安稳,则为己累,舍而去之。出门,诸女、孙儿等复欲相随,辄又还室。龚总兵来。寄、道二师来。夕浴毕,亟出还馆,遇黄春台言田事,与同至三卡,余先入馆。日阴风起,虽不甚凉,然尚可坐。顷之黄来,久不去,曾重伯、罗朓甫来,同谈。食豆粥,初更散,即眠。

二日　晴

早起蚊散,乃得稍作书,废事半月矣。为滋校《尔雅》、《说文》所无字,颇费斟酌。即此一小小文字,经卅年未能定,无怪古今无人定也。复古者不知孳乳之义,从俗者遂开鄙倍之原,《尔雅》文字尤难。

遂归。寝楼下。

三日 己丑,大暑

约客集碧湖,晨往,无舁夫,便步行日中,亦不甚热,至则大风凉。寄僧先在,雨珊继至,道、笠两僧,胡子正、罗君甫、筠仙、陈伯严、曾重伯先后来。更邀开福住持自修、知客常静及蜀王生,功、懿两儿同饮,僧则设粥。申初散,过两阵雨矣。夕在家,复大雨,遂留,仍宿楼下。

四日 庚寅,中伏。晴凉

可坐,携复女、纯孙步至四方湖,畏日仍还。吴僮送茶僵而烂手。独步至馆,真女先来,旋去。小睡。校《尔雅》。筠仙送诗来,长篇劲韵,犹似少年才思,文人固不老。夜有微雨。

五日 阴凉

晨起和筠诗,彼韩我白,不能争其奇警。懿儿课早毕,还家视茙等,遇研郎于道,要还小坐。微雨时作,步过龚云浦,还馆已暮。夜惊再起。

六日 晴,光甚皎,风泠然善也

左疡医寿终,遣功吊之,来往五十年矣。刘、潘两生来见。胡贵献白瓜。校《尔雅》毕。憍梵安处第一、迦叶供养第一、舍利弗智慧第一,目犍连神足第一,阿那律天眼第一、迦旃延解义第一,婆拘罗省事第一,优波罗持律第一、难陀端正第一,婆陀解疑滞第一,天颁菩提好衣第一,罗雪持戒第一,般陀变形第一,文殊弥勒物邻受法第一。

七日 晴,骤凉如秋

讲生呈课,分三班入见,亦略有讲论,但泛语耳。张雨珊来告归。夜月朦胧,乘凉归家,暑伏身热,夜寐不甚适。

八日 阴晴,风凉,午雨

女课毕,还馆。将出,彭笙陔来,遇雨不得去,余遂不得出。真女,纯孙同来,俱午睡。雨后凉蝉,甚有静趣。

九日　阴

小疾,不知寒热。待异不来,至晡步出。过子寿家,有侄妇丧。黼堂家侄孙三日而殇。蓬海家孙女殇。黼云外间殇折甚多。夜过心安,要小虞来谈,兼托汇银还帐。心安闻传讯,神色遽恶,亦人生难堪之境。常持此心,则名宦矣。夜月步还家,中夜起坐,久而不寐。

十日　晴,午有微雨

看《翻绎名义》廿卷毕。宋僧普润所作,非训诂体,不为佳制。刘年侄信敷来,云在城就馆,岁八十千。午卧,梦口授令旨,封保之为大中大夫,自称"孤",似曹操也。

十一日　晴

疾未愈,食不知味,颇以为苦,乃知饥渴之外别有关心。子瑞送《沙志》稿来,为改作一篇。能病食味,不能病文味,差为可乐。道乡张仲卤来。看《金汤篇》,殊无意义。夜月,两孙来。

十二日　阴,浓云微雨,便纯秋意

作县训导朱母杨寿诗。孺人遣信请归,云有家政,思之不得,还则言寿子诵訾婢,余意便令将去,房妪以为不可,云恐被转卖,遂依律离之,纷纭甚。雨。雨止,步过笛仙、价藩,遇吴雁洲、徐叔鸿久谈。还馆,殷默存待于门,甚怨望不得见。余云无之,方行。热当解衣而遇客,反甚怨耳,与谈不相干事。食瓜三片。

十三日　晴

李幼梅来。早饭,价藩来,延入食坐,食毕欲谈,仪陇胡之庆孝廉、萧道台、攸县欧阳生来。秦殿基、陈镇藩监院、佐周来。与书竹伍,言乔口田不可佃。午阴晦,似将大雷雨,俄而自霁。夕过少村、鹤皋、蓬海。还馆少坐,还家领真,懿儿伤暑亦归。

十四日 庚子，三伏。晨阴欲雨

乘凉访彭石如，未开门，因过胡、秦，与胡略谈还。真女亦暑疾。午食三瓜。看小说。

十五日 晴

鹤皋来，云不敢入讲舍，恐是非相牵也。问何口舌，亦不复相对。言万荔门勘水灾事，颇有承平之想。真女病卧竟日，夜复闻孺人惊叫声，慧孙病厥，声唤扰攘，顷之乃定。功儿亦归，学堂遂空。

十六日 晴，风凉，纯乎秋日

孺人亦发疾，家人遂有六七病人，真女小愈。乘间至馆，五生入问题解。夜过萧小虞。

十七日 晴，复热

息偃家中，一无所事。

十八日 晴

朝食后入馆。萧送汇银来，家中久无钱，顿成富有。秦生、彭石如来。送石如还家，因留夜饮。热不安寐，再起纳凉。

十九日 乙巳，立秋。愈热

滋女亦病，晚始至馆，一坐仍还。寄禅来，言长沙母讼子，县令笞其母。

廿日 晴热

朝食后入馆，无事大睡，夕还。食瓜。易妪去，几不肯出门。近日女佣无能有胆，渐不可制。婢仆则无用，有恶亦无可倚，方知战国奴僮风气近古。夜热。

廿一日 晴，稍凉，有风

晨遣茙、复视殡，便入学，自携真入馆，文育疾愈亦来，散学八日矣。更顾一妪领真，今日犹未至，仍归视之。夜尚可寐。

廿二日　晴

黎明即起,家人皆睡,仍携真少寐,起已晏矣。看《洪稚存集》一过,乃知廖平《春秋十论》之意。晡食后步还馆,娄妪已来,不必问其胜任与否,便可脱卸也。夜遣功儿视彭稷初。

与王生论《大学》之道及今日拨乱之法,要在省官专任,散权并心,然苦无人材,仍就所知,姑试不可而已,必有舜、禹以代共、鲧也。夜热,然可寐。

廿三日　晴

点《春秋传》,"五亦有中,三亦有中",旧说与三互见,知为卿,非也。三卿,大国制。五大夫,二伯制。鲁兼有之,自淆等威,故讥其"作"。伯国盖得发六军,与王同。异者,王令六卿分将,伯自将一军耳。《诗》云:"周王于迈,六师及之。"文王初为西伯,即六师之证也。大国则古不过二军,周乃有三军,鲁欲自同列国,因置三军,定三卿分将之制,废五大夫之制,故言"作三军"。而复舍中,则改制可知。若言作中军,则似于五大夫中立一中,令〔今〕乃舍五大夫之中,改制之意不见也。五大夫无中军者,以非五军,而云五亦有中者,鲁五制明,今复云中,是为五亦有中,故特明之。鲁自是不见命大夫,盖废于此时,非真复古。齐、晋、宋皆并见四五卿,是公国之制。伯国即公国也。若立卿,不必互见。又诸侯有立卿之道,《燕记》有小卿也。

夜与王生论词章,及同时文人。

廿四日　晴热

觅瓜未得,竟日逃暑高卧。

廿五日　晴热

朝食后浴,出吊瞿三嫂之丧。新昏眼前,便六十矣。其夫妻典故最多,为书"福倍容姬"诔之。支宾唯有左、孙,客亦寥寥。少坐时顷,命还,舁人径还馆,亦听其所往,至即改装,步还家。次妇生日,萧然无办。炎甚,留家,晚斗牌,两小女缠绕,颇倦于提挈矣。夜再起,短夜若岁。微月迎曙,大有秋怀。

廿六日 晴

晨步入馆,为胡贵族子与书俞鹤皋关说官事。鹤皋复书,云前已说矣。岂胡贵招摇,先私求之耶?抑早知我必说,而先已为地也?此皆嫌疑之际,非君子所宜预。

午门〔间〕筠仙来,则云劾提督事,亦众疑我。我初不知提督名姓,患生于不可防,尤令人怃然不乐。有名不可以无位,石隐之流盖有见也,亟遁迹而可矣。窊婿来,坐半日,留饭去。得欧阳节吾书。

廿七日 晴热,仍九十四分

子威来。杨松龄、沙年侄来。沙取墓志文去。筠仙来书,告知吴雁洲、彭稷初等,以长沙令误断母子狱为名,上告院司及首府,语侵筠仙。与书孔吉士,迁怒寄禅,词甚愤愤。且引李辀言《碧湖诗集》招动浮薄,以为远见。小题大作,且笑且叹,与书解之。筠以不得当官,愤懑不可矶,湘吏欲假公议倾之,然后鱼肉士类,此密谋也。筠不知机,为众人鼓动,而犹恨湘士,此不及余。夕过陈、罗、郭,均言此事。还家。

廿八日 晴

携真女入馆,早饭后乃送真还。检旧诗,为刘景韩书册。晚饭毕,步过心安,因还家小坐,初更还馆。顺孙、伯严先在,谈刘令狡诈之状,似太着力,未必真如此,而以告院司翻案,激之使愎,则亦细人之雄,华邦未能然。二更客去,少坐乃睡。

廿九日 晴

质明呼仆起,家中夫力亦至,舁至李幼梅家,则已有拜生客出门去矣。幼梅所后母徐,守节卌年如弹指顷,今年几死,故大作生日。客不甚多,陪客俞、陶、周,皆少纵即逝,尤不可解。余坚坐三时,唯见一生客恽道台,馀皆宿熟者。徐、王未至,想早去耳。

还,答访永安牧李常霮未遇,归食㸆饭,小睡。晡食未饭,夕乃㸆饭,佐以蔬素,甚适而饱。夜,纨女请斗牌至鸡鸣,真眠于怀,信乎九子奶母也。李佐周夕来。

七　月

丙辰朔　晴

真醒,余尚困,不得已而起,小坐,食扯糖,孟秋朔上市新饵也。长沙荐新皆有时,所知者六月朔月饼,旁蟹,七月朔扯糖,八月朔冬笋,九月朔羊肉面,皆风景可忆者。

步至馆,看王生课卷,余以为极庸者,陆学使以为开拓心胸,推倒豪杰,拔之第一。眼力相去悬绝,重阅之亦自可取,非盲称瞎赞也。张雨珊送诗来,且言马屋可葬。

二日　晴

书诗册。浩园新铸观音像成,乃三段合之,故易就,然非古法,未往看也。午饭甚早,步还家,则亦已饭。稍理女书,仍携真异至馆,真复求归,夜送之还。闻冯姨子来,未遑料理。

三日　晴

晨闻炮声,知二使,开门往看,殊散漫,不及在蜀之赫弈也。乱时乃能使贪者廉,此又古所未有。饭后出城看轮船还,浴,少时午饭已具,未食。夕将饭,萧文昭来,误以为蜀人,避走还家,遂留未出。

四日　晴

晨令房妪约束其子,赏假暂出,奶妪摄其事,余遂摄奶妪,留家料理。玉簪盛开,馀无秋花。检旧书札,将次录之。夜斗牌。三更寝。五更雨。

五日 庚申,处暑。晨雨旋阴

戴僮汤足,余急避还馆。得辛眉书,文诗俱美。黄耀堃来送关聘,即与书辞之,云此来为郭代馆,今关书列郭名,岂有先生忽为东家者?前言甚明,又岂有明知不能就,而为空头人情者。此举皆以诈伪相交际,措词颇难,书词乃无罅漏。

冯弟来,搢子亦来。未复小雨,热仍八十六分。雨珊来。夜待送茶,独坐至三更,犹热不可衣。搢去,冯留住。

六日 晴

盛阳烁人,不可出室,幸风气尚凉耳。复辛眉书。改龙验郎妇墓志文。刘伯卿父死,送一障,自题四字,答其洋油之惠也。暮还家,筠仙送关来,变易其词,而情理肫正,惜本意为调剂寒士起见,根源已误耳,仍以前书辞之。夜打牌。

七日 晴

朝食后舁入馆,旋出吊刘伯卿,闻黄寿菩之丧,遇陶菊溪,不相识矣。过雨珊未遇,与其子略谈。过少村,云其冢妇丧及钦差札,知案情之事。还馆晡食,筠仙复送聘来,词愈支吾,不可礼说,姑置之。

酉日愈烈,作真女祭帅芳词,未毕,汗背透衣矣。步还家,大风起,稍凉仍热。看设酒果,家人皆至,五女、一子、两孙女、一孙皆行礼,以帅芳周期,且忌日将近,借乞巧名招奠之也。懿儿手痛,夜啼。

八日 晴热

朝食后入馆。陶菊溪来,恭谨殊甚,令人不安。学生尽去,无事,只跂足而卧。彭稷初来,与同出过徐、陈,皆不遇,分道各还,过价藩。还家。

九日　晴

懿就医，因还馆。余午至申出，值雨，过笠云方丈小坐，仍还，待霁始归。

十日　晨阴

访稷初、陶菊溪、李仲穆，李宅依然几席，禹翁家业可保。还馆已饭，至家亦已饭罢，独食不饱。午雨，理三女点书，莪殊有麻蜖学生之风，尚不及纨。夕斗牌，二更散。看贺蔗农诗文。夜月凉。

十一日　晴，不凉

朝食后入馆，馆中正食，可谓全无学规者。稷初年饭当报，因治具招诸姻子来饭，多还乡去，改约三客，申集讲舍。袁守愚最先至，雨珊、伯汉继至，稷初、杨少六、黄望之最后，酉食亥散。少六独钞课文。至人静乃去。

十二日　晴

功率随丁还家庀具，余亦午归，热甚，令改晨馔为午，菜果乃得鲜洁。及晡，大风遂凉雨，始除暑气。

十三日　晨雨辰霁，凉可夹衣

午尝祭三庙，以长妾袝食，疑于祝称，因念士妾有子乃祭，祭必以其子主，盖无卑鬼之礼也。因祝曰："使孝孙女滋荐常事于所生母莫氏。"庶乎礼以义起者。邀冯哥、王生来食新，俎豆鲜美，主妇职犹未废，三席一百二十品，我孔熯矣。汉〔熯〕，劳也。既馂，功出城化包，因至胡婿家小寓，应学使经古棚试。

十四日　阴，风愈凉

小女皆着绵衣。朝饥催饭，携黄口数人饱食，步至馆中，大睡。梦与杨锐言朱肯甫取优生事。久之饭尚未至，舁出，答访余教官子范，因过祝澹溪，解衣步还。索食甚急，饭罢，复步还馆，几百夜未亲镫火,今夜始伏案少坐。

十五日 阴凉可绵

为刘景韩书册叶七开。得寿衡书,肫然以不能荐达为恨,虽不知吾志,要为不负职也。平生交游,仅见此人,而其立朝复未能推此意,岂独智于我耶?功试毕还馆。夜看《尔雅》。

十六日 阴凉

余校官请作寿序,乞袁守愚作之,为点定成篇。看《尔雅》。夜率懿还,笼镫还馆,早眠,俄醒。功未睡,因作试帖一首示之,题为"东风扶留",颇窘于对配也。齿痛。

十七日 阴,稍暖

朝食后始至诸生斋房巡视,唯善化唐祖澍有疑问,馀皆敷衍。余居此三月,亦敷衍告去耳。梁小穆、李同生子、字雨人。罗顺孙、浏阳王、长沙曹、徐甥及姑子沈生萱圃均来。笠僧、尹和伯夕来。呼懿同还。

十八日 晴,复热

余热疾,懿癣发,均不入馆。在家教授。楼上已可坐。功望取古甚切,无其能而觊其得,甚可闵也。夜报取第十,实为侥幸,比之去年正相反。

十九日 晴

家居课读。"世愚侄"罗世显来,不知何渊源也。出见之,一老秃翁,自言贡举,再褫革。今方有求于我,询其来历,则与英子相识。顷之朱伯玉来,亦其州人也,坐久之,朱又更久,疲于接对,还斋困卧一日。未食。夕步至馆,刘年侄来,久坐。二更仍还家。

廿日 晴热

欲往南门看桐生,适得镜初遣信,夕往已暮矣。价藩亦在,同坐遐龄庵,待镜子科考出场,还已二更,功犹未出,顷之至,云惫矣。小儿不耐劳,又好考,殊可怜也。夜斗牌。

廿一日　白露。晴热,复九十馀分

入馆改《鸱鸮笺》,大通《诗》旨,由识"鸮"字为"号"之假借。故知多识物名,非曰博学,乃圣人教人学《诗》门径耳。以此一字,并淮夷并兴、伯禽墨经事亦知其由,重写定之。宿馆中。

廿二日　晴

子寿来久谈,甚言郭、曾之丑。爱憎之口,今乃知之。夕还家,初更案发,功仍第二名,覆试去。次云来谈,至二更去。夜热,鸡鸣起。

廿三日

留家课读。桐生来。夜,功始出场。近日学校考试懈废如此,固卢象升所不料。夜斗牌,孺人大胜,余屡败不成军,遂起罢去。

廿四日　晴

朝食后入馆,日烈可畏,白露后得此,亦一异也。积纸五六轴,半日了之。筠仙来谈,其爱憎又甚于黄,馀皆唯唯而已。袁守愚来,夕食后乃去。陈伯严来夜谈,知"涂山氏"又来听榜。与过笠僧舍,少坐去。

廿五日　阴,热仍未减

书横幅千字。涂山来,言电报已至,钦案尽为烟云。午后微雨。写横幅毕。自晋以来,言书者罕言笔,盖坚笔硬纸,不劳工巧也。唐人始有王、欧优劣之分,欧不能用硬毫,笔工始贵矣。宋人则软笔硬纸,明、清尚软纸,笔亦分兔、羊二种,各以为是。近日纯尚羊毫,软笔软纸,古意荡然矣。阴暗蚊多,暂归萧散,至门则慧孙厥死,家人扰攘,坐楼上久之。雨大至,夜镫风摇,乃成秋景。将晓,瓦堕惊起。

廿六日　阴凉

朝食后步还馆。看唐诗。询门斗:唐绍五何人?云悫慎公之孙。初不省记,阅课单,乃佳人也,颇能问难。又问彭外甥浏阳瞿生与门者骂娘事。门者云瞿三更至,已得入而混骂。彭氏甥真有外家风,宜门者之骂之。

午治具招客,陈程初先至,龚、但、庄、刘继至,戌集亥散。坐客赞菜,主人甚得意。心安云劾署提李胜乃龙湛霖,余仍保明其诬,赌一东道,以坐客为证。

廿七日　晴

写扇一柄。注《尔雅·释草》廿馀条。罗锡章、皮麓云、何价藩来。午治具招梁少穆,余、朱两教官,李监院。余、朱先至,李先去,二更前散。

廿八日　晴

还家课读。注《尔雅》。李石贞孝廉来。

廿九日　晴

课读。注《尔雅》。彭鼎珊及其从子来。夜过心安不遇,至陈伯严处谈。

八　月

乙酉朔　晴热

课读。注《尔雅》。

二日　晴,风稍凉,犹纻衣

晨设荐祖考生日。始食蟹、茭。午间闻曾郎娶良为妾,当兴讼,往问之,云帅姓女,曾发八字,已入门矣。到镜初处,遇叔鸿久谈。

至学院街寻李孝廉不得,往来小古天妃街,十馀往返,过善化学,答访罗世显孝廉,永定人也。过黼堂谈时事,问落地税所起,亦不甚了了,日夕遂还。遇黄春台泥谈,闻翰仙子已至长沙,即日仍去。夜倦早眠。大风不凉。

三日　阴

待龙夫未至,仍还馆。为但少村改《厘务书目录》,略以《周官》敛总廛布,分货税行帖,不及筠仙之博考也。夕携懿还,因过龚、庄,庄处复过龚,谈至二更还家。功亦还。

四日　晴

糊楼窗,因至李祠看戏,两班合演,观者如堵,复还,携懿往,则挤不容入。夕坐小楼,新月已娟。夜早眠。

五日　阴,午后晴

朝食后还馆,遣问龙郎何日可归,云须节后。此处散无住处,因先往衡阳,定八日行。

为笠僧题宋吴言《随心咒经》即《多罗尼咒》也。后有方法如医方,列所咒诸物,殊堪一噱。书似东坡,正崇宁时体格。吴言似是荆公婿家人,经为海盐僧寺所藏,上列《千字文》号,岂书全藏耶?注《尔雅》。验郎来。

六日　晴

为唐五太耶书《陟慕台记》。笠、道、寄僧来。筠仙送脩金节礼来。余本欲早散,则泯然无迹,家丁、门斗合为此谋,致落恒蹊。躬往商之,且退关聘,不遇而返。杨丁浮开花帐,欲混王生,王生遽斥之,无人臣之礼,蜀士派也。事亦闪灼,不知谁是。注《尔雅》至"芫绵",无证说之。

七日　辛卯,秋分。阴

晨还家。李佐周来,同过筠仙,遇丁次谷,善化令。不得尽辞,但退关书，火食银、束脩百金代筠捐起湖亭，节敬作舟资，门礼充赏，颇有使金如粟之意。还家课读，料理节事。胡婿来，未暇谈。黄叔琳来，已忘其字矣。同出答访王石丞，谈萧小虞事。至馆清理火食、颁赏毕。夜月甚明，热似六月。

八日 晴

黎明起，检点告去，待船户不至，仍还家。朝食，遣人挑行李还。课读，并为滋女讲《说文序》，但嫌其多，知经生不能文也。过午日愈烈，闻船户待发，张伞行，出大西门登舟，则香客先在，且载鲍鱼，冯格格作事不妥，固应如此。未初帆行，戌初过湘潭，亥初泊上积滩，行百廿里。

九日 阴凉，比昨日如隔百日矣

午间大睡，起注《尔雅》，惜无纸，未能写定耳。几一月始毕二篇，比廿三年前初至衡阳时，思则胜，力则减矣。又无人承学共讲，岂德孤乎？湘水甘而不冽，烹茗殊不发味，看功儿所校《说文》，以弟死遂废，余无此琐细工夫，亦无不完之功，子女俱不能学也。

帆行百六十五里泊黄石望，昨泊鼓磉望下，今亦泊望下，逆风未便夜行也。

十日 阴，微雨风寒

行望中甚久，辰正乃帆行，六十五里过衡山城，舣雷石，旋发。注《尔雅》。晚饭穿洲，泊草鱼石，行七十五里，共行百四十里。独寐，醒思作一伤心语，亦复大难，唐人能事也。

十一日 阴，风止

忆乙年驰三昼时，百端交集，乡居不可轻舍，前人为失计也。局促辕下，遂无了时。午饭后至耒口，无风篙行，几两时乃至东洲。船当待验，径行无诃问者。书院建于洲尾，登磴即是。少淹携舆儿游雁峰。莲弟出,不相识,俄乃悟焉。遣入城换钱,因告少淹,向夕还。讲生先来见者八人,未便问讯,晚又来一人,看所帖课卷,居然成章,甚可喜也。舆仍痴不瘳,将与户齐矣。

十二日　阴

待饭甚久。辰巳间商霖来,又顷之,乃朝食,与同入城,少淹同行。船舣湘东杨宅前,询主人已出,入铁炉门,吊沈礼堂子友篪不遇。至程家少坐,铸郎、岏樵出见,一人极相识而不能言姓名,亦不便问之,后询之,许星吾也。同访晴生,便约至程家饭,谈,暮,船还。畯五同来,夜谈,问《公羊》兼及谶纬,遂达鸡鸣,乃寝。复见两讲生。

十三日　阴

晏起。朝食后少睡。唐生来见。杨郎伯寿、岏樵来。杨别六年,遂有须矣。去年几中,而被掣卷,云即畯五补之。坐一时许去。商霖来,言田事,嫌生地,且远,辞之。畯五先去,商霖同夕食,亦去。与肇甫少淹改字。携舆游洲西,见许公祠,无碑记,盖旌阳令逊,以为水神也。昨肇甫问"高寝",偶阅《说苑》有之,而说不可通。夜雨寒。十一夜梦人赠人句云:"至德通仁智,双身亘古今",云讥讽之词也。

十四日　阴,有雨

午与肇甫及蜀客余泛湘至柴步登岸,过慎义典,看岏樵古琴,中刻"太和丁未雷氏制也",质轻音越,可云秘玩。又新得大唐永定磁碗,出自古圹,然非佳陶。听桂古香弹《渔樵》。

商霖来,至其家饭。伯寿、畯五继至,闻仲复得桂抚,勉林免使,亦在人意中。戌散。还馆已二更,早眠。

十五日　阴晴

晨起,答诣院生十八房。因登楼看山,衣冠待客,分四班入贺节。贺子泌第三子来,已成人矣,云家用不能敷,三弟皆无业。早饭后商霖复至,因留坐。至午渡湘,登东岸,至雪琴家不得入。访杨八、丁生均不遇,问讯洁卿子,还至馀滋山房,昨日客俱集,伯寿为主人。看荒园,有朴野之致,布置未佳耳。设食亦洁,月上乃散。渡湘,月渐明,至乙夜愈明,与畯五、肇甫坐后轩,觉凉,乃还室,少坐,先寝。

十六日 晴

写两扇皆不成字。畯五论救兵,则义不必月。录《春秋笺》,误加二句,当去之。午后稍睡,丁笃生来,坐良久去,遂睡着。杨、程来,未闻也,俄起陪客。肇甫设酒招余及诸君午食,至戌乃入坐,留丁为客,散已二更,步送丁、彭、程、杨,分船还两岸。小步洲前,不得径乃还,复至后院看月,即还寝。

十七日 晴

晨写一扇,字稍成章,下款又误。饭后大睡。杨八耶慕李名浚。来。客去,写字二张,行款未美,此〔比〕来应酬生疏,亦精神不周充也。看朱允倩音学书,改假借当转注,可谓妄矣。九三五三、一二一五八、二六一九四、五三五二五、一二六五二①。夜早眠,复起食饼。

十八日

晨醒,晏起。邀肇甫渡湘,至程宅,畯五已先到,同饭,遂与商霖俱至杉木潭看山田。田少山硗,虚劳四舁,废然而返。唯无赖百人抢茶子,因而惊散,此行非无功耳。比还已上镫,复饭程宅,夜与畯五、肇甫俱还东洲。

十九日 晴

肇甫欲余卜居鄙湖,云有田可买,坚欲往看,再辞不得,徒步而

① 此上数字,原为苏州码。

往,午日甚烈,殊劳动也。写对五联,扇一柄。杨伯寿请作其父墓志,皆捐金市义之举,于行甚难而叙述不生色,故知古今文不相及亦多在此。袁镜清海平来催卷,因求相见,云曾在邵阳相遇,久忘之矣。又言及夏嫂家事,则已卅馀年,恍惚犹忆之。老来忆远而遗近,世事渐多故也。晡同隽五泛湘至丁笃生家,舟子遥见莲弟,呼之不应,登岸乃相遇。日将夕,主人候久,复游杨园,见谭进士、刘举人,与刘同集丁宅,程、杨亦在,二更散,与肇甫同还。

廿日　晴

晨起复与肇甫渡湘,至伯寿家约同游鄙湖,至则姚熙甫、马午云先在相待,马言多无谓,殊难酬对。久待商霖,巳初乃至,同饭,舁至茶亭,看湖滨地势陵迟,非可卜居之所。大风难行,旋还杨宅,遣人取行李,将附舟还潭。商霖必欲代觅,遂淹行计。出门望船,则沈友篪、程屼樵渡湘相送,船须明日乃行,复与江、彭、杨、沈、二程及舆儿渡湘宿程斋。

廿一日　晴

船须夜发,与六子闲坐一日,各睡觉吃饭,无可谈者。日暮登舟,六子相送且各有赠,愧荷而已。移泊杨泗马头,听弹唱"采茶",亦复入调。甘眠至夜半,乃闻舟行,月明露重,未出看也。程有麻沙本《玉髓经》。

廿二日　丙午,寒露。晴

晏起,闻爆竹声,云至樟寺,乃起,辰鸡鸣矣。鸡鸣有五候:丑、卯、辰、午、申,而古人罕言申鸡。行百五里泊老油仓,距衡山一舍。

廿三日　晴

晨泊雷石,待帮船,修橹至申初乃行。看子泌《尚书绎》,未能胜江声也,共学不适道,亦余之过,又其好名欲速成使然。夕泊石弯,行六十里。

廿四日 晴热

晨露水寒，不可伫立，午风燥物，便欲絺衣，如差三月节候，在半日间，尤可异也。下水舟摇，不能作字，竟日冥思耳，夕泊淦田，行百五里。舟人云明日当有风，或然也。

鲁为二伯国，有三孤五官，其馀大国则置三卿。今以晋、楚并霸，因改同大国之制，立三卿领军。擅改王制，故讥“作”也。三孤王官不领军，其有征伐盖依天子出军。例，公自将一，五官将五，其遣将或一或四，亦从其宜。鞌战四卿帅师不讥是也。云“古者上卿、下卿、上士、下士”者，见鲁先制三监为上，卿，五大夫为下卿，以无中卿，故无中士，异于侯国也。《王制》曰：“其有中士下士。”说者以为小国无下士，次国无中士。以此观之，则公国无中士，下天子，殊大国。“五亦有中，三亦有中”者，伯国亦有中军，君自将，故必言“作三军”，乃见改制之意，而舍中军复古见矣。

廿五日 晴，晨二绵，未午遽热

舟人买米舣三门，又舣渌口，日烈如炎，必有风矣。欲换小船先下，复嫌不稳。此次为程郎牵掣，致坐货船，未能行己意，虽前定，究亦已轻举也。使幸不遇风，余为过虑，要亦意计之所宜及，非道长者不知。吾平生去就，实为合道，但太易退，则轻耳。昨夜思，一月毕《志》太急遽，且尽今年而可。泊渌口。

廿六日 晴，无风仍热

行十五里至沱心。或是唐兴寺。水浅胶舟百馀，纷纭半日。赋诗二首，遂泊滩上，未移寸步。

廿七日 阴

《顾命》“伯相”，所谓二伯一相，三公也。太保毕、召为二伯，毛独称公,则冢宰。“命士”,师司士也;“须材”,具武备;三公并命者,大其事。桓、毛独太保命者,尊太保。太保尊于公,故独称官。称官则当名,周公死,毕公代东伯也。毛公虽为冢宰,内事犹让太保,尊老臣也。

午后烈日,行十五里泊上弯,舟人买米,复停一日。

廿八日　晴

行七八里,复浅于筲箕港,将午乃行,十五里马家河。热风,出仓纳凉,未至易俗河,已见昭山。湘潭地势抱湘,故有潭名,唐时都督府当在此。石头则连水水口别起一鄣,与县城无干也。望涟口久之乃至。自杨梅洲以下水势稍迅,泊仓门,登岸访朱训导、朱编修。主〔住〕英子家,其二子已长成,必能读书,似胜吾两小子也。夜英妇弟萧来见,字可舟。朱卓夫来要,谈卞生疑恨事,既有实证,作书诘之。夜宿英书斋。

廿九日　晨微雨

与可舟过沈子粹,云今年自蜀还,唯知旧事。饭罢,朱、沈同来,谈一时许,出游城隍祠,还剃栉。雨势欲成,凉风飒然,始有改节之感。云未归土,不知久奄亲丧者何以为心也。卓夫云约首事会议《志》事,留待一日无消息,出城看风色,未可即行。萧妇兄来见,夜仍宿英斋。雨滴秋花,颇似桂阳南阁。感赋一诗。

卅日　雨

沈子粹来,同访吴少芝,还朝食。治装毕,为两生改文,亦颇明白。云似多文采,大要可学。戴表侄来,久坐。过卓夫。待雨止,泥行出城,遇六弟同行。立观湘门,云禁止附船,必就岸顾搭。乃上至义渡,坐划子搭飘江,半日无一船至。欲还,榜人强请附一煤船,登舟,旋泊文昌阁下。半夜潇潇,至三更少止,橹行劳久,三时许乃天明,始至昭山耳。昭山以上,潭而不流,又湘潭所由名也。

九　月

乙卯朔　阴雨南风,异事也

帆行如缆,盖水涸利上,过昭山乃稍驶,至靳口又潭不流,大雨随至,到岸过晡时矣。着钉靴入城,雨如汗,汗如雨。询知子寿嫡母丧,傅青馀已出殡,哲生亦将归柩,有赴至,未往吊也。生不见面,死乃烧香耶?鲁瞻假归,遣信相闻,顷之来谈,不似往年豪逸,送余画扇、蜜李。夜取《小正》,补《尔雅》。

二日　阴

课读半日。夕出,吊子寿。过小虞,云近为巡抚所憎,发疾,不能见客。还,步访鲁詹,途遇陈、罗、何朴元,因要鲁詹来共谈。

三日　晴

心安、龚镇来谈。午坐无事,自钞七律诗。妻继母姨侄王姓来告帮。

四日　晴

先曾祖忌辰。因检日记,十年前曾误作生辰,设荐,今年家人亦云是生日,亟厘正之。余虽不逮事,而主祀已卅载,频客于外,致不能分生忌,可叹也。业已约客,因改约夜间,稍致分别,实与葆芝岑无异,又复可惧。鲁詹、心安夜来,便饭,久谈。孔吉士、彭石如来。彭言彭棣翁家事,逐其孙妾,别立曾孙,自云有继绝之功。

五日　晴

程伯汉来,亦言彭事。柢萝、鲁詹来。命异出城,至桃花段寻龙郎庄屋,过石马,洞泉二铺,巡山行七八里乃至,已夕矣。地生刘小三亦在,验、舒、荔郎均出,同验、刘步看田庄一处,还宿龙塾。

六日　晴

验郎留停一日,云其父生辰也,允为稍留。晨同看劳氏墓庐,乃还朝食。午舁出,同彭佃看田庄一处,夕食后复看龙庄一处,夜看《画舫录》。仍宿龙斋。

七日　晴

验、刘同入城,饭后行廿馀里,至黄土岭分道。余寻镜初于太一寺,门有二舁,则子威及一不知名人先在。谈校书事,云《通鉴》须精校,以委子威。设索食罢,胡、刘参将。先行,余少坐,谈诸子,还过半山殡宫,入城始晡。家中全无料理,乃命铺设。夜与孺人出堂,受儿女孙妇贺,食饼斗牌。

八日　壬戌,霜降。晴

晨起验郎来,要坐楼上,具汤饼。朝食时,乃至堂中贺孺人生辰,旋复设面。午间胡婿乃至,龙嫂、胡妇均来。彭氏清理家产,请客及余,余不往,孺人命功往,至夜未归。彭氏老妇来,余甚讶之,询为虎臣孙妇,欲争继产。

九日　晴,大风

一步不可行,杜门养高。小虞来。罗庆章来求馆。笠僧、鑫山来。钞历年律诗毕,得五十馀首。鲁詹来,余当偿其存款七百金,欲其作赎屋价,即从存项千金提款归屋价,如此庶免樛葛。

十日　晴

沈善化来谢,未见。笠僧约往靖港,久待客去,乃不能出,将午始与笠、祝、素三僧同出草潮门,值门闭,绕出大西门,紫云寺僧遣知客慈安来迎,买舟即发。先遣送幞被人竟不相待,遂无铺盖。笠僧更要王生同游,亦未办装。闲游而有逃荒之色,殊可笑也。逆风不能进，上三叉矶看地，夕发，复停泊回龙洲，三更后复行。三叉矶有故城基，云是湘州治。

十一日 晴

晨至靖港，入紫云寺，云杨泗将军于紫云台得道，故取名也。寺僧明静出迎，延登楼，云欲余作记，又要土豪侯翁萼楼。陪余。朝食后渡湘，登铜官山岸，至柿港下船，茗饮茶肆，倡女弹一曲，有马头之声。夕至侯店，还宿祠寮，看戏。

十二日 阴

晨起看戏，侯翁设饮款客，饭罢，舁行还城。十里新康，十五里白沙洲，十五里回龙洲，十五里三叉矶，渡湘已夕，急行还城，门半闭矣。中渡沩、誓二水口，归闻潭船已来迎。筠、镜俱来寻。城中督、查二道俱摘顶，坐匿名文书未获人也。卞生殊有明臣之风，故是高攀龙、左光斗一流人，向上则范仲淹也。彭稷初夜来，云欲要功儿往彭宅坐镇。恐生多口，辞之。夜斗牌。

十三日 阴，始寒

改功儿赋，课读。稍间出，答诣庄、龚、萧。约镜初来便饭，鲁詹亦至，同谈诸子。镜意欲分道、政两门，各为一编，言道者如《易》、《孝》、《论语》、《老》、《庄》，言政者如《诗》、《书》、《礼》、《春秋》、《管》、《韩》、《史》、《汉》，各从其类，悉载全书，兼及术艺，仿杜、马二《通》而略用《藏经》例，以便学者。虽是纂集，然工繁体大，恐未易成也。夜雨。

十四日 阴

课读。至午出，诣黄宅取银，但馆索债，镜、庵谈经，还已向夜。将携诸女往县，闻妻妇言仲三家不可居，怅然不乐。寿子复来讹诈，行同无赖，尤为可憎。巡街委员领之去，竟不能致保正前，令栖身红轿中,更可怪也。斗牌。

十五日　晴

鲁詹、商农、黼堂相继来,坐谈至午,详言卞抚奏片,引“父子聚麀”之语,为章疏中奇文。龚雪〔云〕浦送修亭银,交陈程初。黄望之送云存千金来,以一百还鲁詹。刘春禧、蓬海来。夜月清寒,致为佳赏。

十六日　晴

鲁詹、云浦、筠仙、寄僧、吴雁洲、李幼梅来。云萧小虞被卞诬作揭帖,上书自辨,卞遂释然,可讶也,然撤去万金差事矣。但少村送借银三百两来,留充家用。潭船来迎,发行李,晡食毕登舟,携茂、纨、复、真四女以行,寿子妇、子亦令还县。出城已夜,移舟泊西湖桥。

十七日　晴热无风

缆行竟日,始至包殿。诸女登岸行塍埒间,无可观。夜月蒙笼。

十八日

鸡鸣风起,舟人云有大雨,待晓乃行。微雨细风,过昭山乃稍潇潇。晡至县城,发行李入宾兴堂,诸女至英子家暂寓,余亦寻往,宿英书室。

十九日　雨

竟日课读。沈子粹、朱卓夫来。将出阻雨,暮至宾兴堂,不遇一人。

廿日　晴阴

朱训导要饮,因出诣城中文武印委各官,惟见吕县尹,厘局遇雨珊新到,见陈翁竹友,厘局小委员也。访杨、龚、王,皆妻家亲戚。父母党皆无可寻者,颇增怭怛。晡至朱伯玉学舍会饮,同坐者匡泽吾、黎保堂、朱、沈、吴,皆县人旧识者,未夜散。与书谭、维。

廿一日 晨雾,朝食后大晴

家十三弟及开池六弟来。郭雨人徒弟来,云近作礼房。皆因余入县署,知踪迹者偃室,信不可入也。午后至沈子粹家会饮,坐客二朱、郭午谷、吴仲芳邵之,坐谈颇久,未暮散。与吴同过卓夫,复与同至育婴堂,访杨省吾,闻谭心兰来,与卓夫同至恒隆堂访之。约谭至朱处议《志》稿。

夜梦会诸菩萨,余眷属多在。至一尊前,玉碗盛青李,亦有红者。余每食一,梦缇则请尊者布施,上坐难之。则再取食,涩口螯牙。凡食四五枚,坐者乃许,即出,似证道矣。梦缇先出,余后。当出旁门,余必欲由正门,门口皆为二轿所塞,旁有无数缝工设案,皆布衣,似未竟之业。余手掀轿开门欲出,且令缝工悉散,已而转念当付半山收拾。半山自内出,余云尚有一面缘,意其必留我。半山殊落落不相顾,但送余出门外。闻梦缇呼云:"相公丢书丑。"余大不然之。挥巾而誓曰:"当与半山再为夫妇。"更誓曰:"且生生世世为夫妇。"出门遂飞升,心身怡悦。但自闻喉息声,遂醒。

廿二日 晴

朝食后十三、六弟复来。六弟自言学稼之苦,与为学无异。卓夫约游花圃,携三小女同行,从西禅寺后过,因与僧人小坐。谭心兰在宾兴堂相待,芙蓉园主萧生设茗留谈,未暇酬酢,要卓夫还。与心兰论故城,请其考说,郭午谷、吴仲芳亦在,取《志》稿还。复携小女步寻板石旧寓,见门对,知陶园不远,复见唐氏义门,似有乔木,裵回生感。夕过吕令会饮,杨、朱、二郭、一胖人,似相识而不知姓字,侍者促散,客殊不欲去,多言讼事,余但恭听,欲洗耳矣。

廿三日 丁丑,立冬。晴

子云早来,谋余所驻。朝食后,卓夫来,始除外堂,并借邻房,移诸女从余居书室,箱笼悉取以来。满妹婿吕姓、杨荪吾、沈、吴先后来,遂尽半日。寿山从子六郎来,云在谦吉钱店。蔡四耶来,辞未见。夜雨。

廿四日　雨寒

午至杨营官处会饮,吕、张、朱、郭、陈同集,看菊,入见其妻子,夕散。长沙进士、户部李梦莹后至。

廿五日　晴

晨过峙云,还朝食。侄婿龚生、李雨人来。午过宾兴堂,心兰考故城见示,大要必以城基为据,仍本朝考据派也。县人士公请,吕、朱官师为客,朱、杨、二郭、王、陶、徐、龚吉生。为主人,燔豚脍蟹,颇为文费。客散后,又与朱、徐少坐,乃还。

廿六日　阴,有雨

杨送食物,萧藻送菊。午过二吴熙、梅。饮,张雨珊、心兰、二朱、沈子粹同集,暮散,步还。黄河入颍,怀山襄陵,朝出二百万金治之,起三废员,公事自应如此。幼铭自此可光复,且脱离南海矣。欧阳蕃来见,鸦片行主,又身家不清者,于理不宜见,以容物接之。明日请看菊,则不宜去,又以好戏诺之。余性不逆物情,论立身者则不宜学。寿子流落为丐,来见。

廿七日　晴

朱、徐送伙食卅千,悉还前帐。遣询王亚家,将往欧阳速客。龙副榜来见。剃发毕,携真女舁往陶祠侧周家花园看菊,尚有佳者,坐客十馀人,余与二吴、沈、徐、小询、季子、季林同席,二更还。

廿八日　晴

欧阳送菊。检《省志·地理沿革》。遣胡贵回省城买冬笋。寿生油祸索钱,初不料其至此。送朱卓夫回乡去。

廿九日 晴

遣要子云来早饭。检《沿革》毕。携三小女看书院,寻卅八年坐处,了不复忆。龙八来,云当往衡。得常婿书,复之。

十 月

甲申朔 晴

家十三弟、六弟来。偶询钱漕事,十三能知之,便令合算稿草赋役。龚、文生来。朱、吴暮来,约为看菊之会。罗君甫来。

二日 晴

家一老耶流落无食,与书张雨珊谋一烟缺,适雨珊来,留谈久之。莪苛况女、吴妪,二人并唐突,俱训饬之,遂无所事。

三日 晴

要子云同访城中首士,见二郭一龚,龚宅在闲地,甚似京城王府,颇有形势。还小愒,龚吉生来,同步至学舍看戏、赏菊、吃蟹,坐客欧阳生、吴、沈、龚、徐、郭午谷,二更散。

四日 晴

晨起待昇,携永孙从立马鸭卵路至姜畬,饭于乾元美店,迪亭及其兄留饭,两妇、四孙出见。许婿父子来,约过一饭,期以明日,遂行。从七里石井铺诣石牛塘旧宅,茶亭新祠倾圮,移高祖主于此,大似破落户,不胜感喟。昔日乞丐居大厦,主人栖门屋,世事反复,诲永孙以在勤之义。五世群从集者十五人,内有一差二丐,可叹也。夜宿土室,与开枝过义山看田。

五日 晴

鸡鸣起待事,推石山弟主祭,长房玄孙也。尚有桂七更长,以聋农不习仪,故推石山。质明祭毕,余为祝,已馂遂行,至姜畬食时耳。访许乾元久谈,午饭,看其子试文,未能入选。四族女出见,云五十八矣。饭罢即行,投暮始至,晴热倦眠。

六日　晴

理《志》稿。遣询户口保甲,唯有户数,令就门牌一一数之。午间杨营遣招看菊吃鸭,往则雷塘观道士及吴、朱、沈、葛伯乔、郭午谷先在,夕散。

七日　晴

石山来,为寿子求情,闰子适在,嫚骂之,石山答之不服,因助挞之。黎友林次子季伯来。夜理《志》稿,觉倦乃眠。遣莲弟送蟹笋饷外舅。唐春湖来,夜答访之。

八日　辛卯,小雪

杨营官、朱教官来。郭熙臣来,言户口尚有不能查者。春湖言数万户,实不过数百户耳。晡后步送朱伯玉还慈利。钞《志》稿。

九日　晴

萧、李二生来。罗顺孙、少芝、子云来。作《赋役志》。刻工回长沙。

十日　晴

晨过子云,借钱万二千作零用,近笏山所谓不节者。作《赋役志》。夜对月持螯赏菊,独坐至三更。

十一日　晴

《赋役志》成。访王亚不遇,答访李户部,颇谈碑版,初学未入门者。道旁屠沽皆知名,似胜东家孔子也。还已向夕。

十二日　晴

朝食后过龚郎家,蔡侄出见。日午,查吕谦恒不得,闻外有呼者,吴邵之与李道士及一麻子客来小坐，同出访子粹不遇。游兴未尽，因同出城看旧书。至雷坛观，屋闷不可坐，同至馀庆堂吃饼。出，至三官殿看花，未入，兴尽遂还。与劭之步从雨湖入城，询麻客乃熊老晓儿，吾故人子也。六弟来，云细二娘死，无棺以敛，余施助之。

十三日 晴

子云晨来，云卓夫复至。饭后杨俊卿来，卓夫、吕明府继至。夕携三女出拱极门，过匏叟门，忆十八岁时醉眠处，不胜凄怆。夜过宾兴堂，郭熙亭〔臣〕交《户口册》，李雨人谈《节孝册》。还要唐、朱来吃菊羹，唐辞不至，朱至二更去，余亦倦眠。

十四日 晴

永孙生日，晨起甚早。唐春湖来借《省志》去。子云复来，查吕谦恒乃湖广主考，建议分闱者，祀之湘潭，殊为无谓。迪亭引其甥许维蛟来受业。留沈子粹同坐，吃面去。朱卓夫次子来见。

十五日 晴

为许生改文一篇，交迪亭带去。作《礼志》。看《申报》，子和复起督河，又云与巡抚会办，奇文也。尹和伯来。李进士借书去。

十六日 晴

龚郎陪与循来，兼要午饭。龚吉生亦至。午舁出，答访朱郎，至龚家会亲，更有吴少芝、王季江、谷山子，润卿从子，龚婿也。龚氏三子均出见。夜步还。

十七日 晴

朝食后出行游，朱、唐、徐相待，送火食，因发工钱，久坐乃去。尹和伯复来。夜过宾兴堂，复遇少芝，饮败酒一杯，味殊不恶，踏月还。理《志》稿。

十八日 晴

晨醒，为三小女所搅，遂不得眠。子云来，开池复来，言云湖田不可得。王季江来问经义,似留心学问者。

沈生萱甫昨来,属其作《货殖传》。朱卓夫云,道光时铁冶盛,则有萧东阳、王济泰诸家,后复专货刚铁,近因资水通舟,铁改由资至汉口,刚亦不甚销。咸丰初,盖半为军器,半为农器。向来药材俱在此卖买,今犹为大宗,而以附子为最多。茶盐本多而利渐少。道光以前无票局,近则有十馀家,动辄数十百万,以前不过数百金耳。夜理《志》稿。

十九日　晴

鸡初鸣,昇夫来,遣莪还家,易滋来,莲弟送之去,便至晓不寐。朝食后,携三女游行,还颇倦。子云及刘心斋来,谈城中大家。刘舜钦来,郭玉兄女婿也。云玉嫂尚健,将来看我。王润卿、陈瑞征、刘福生来。夕出访杨俊卿,遇杨七舅、朱编修,暮还,少愒。夜看《艺文志》。

廿日　晴

晨过子云,取志局当补诸条,还乃朝食。家石,三、六弟来,郭五嫂来。夕出拱极门,望来人,乃从熙春门入相值,还途,滋女先,其母后至。苏彬复来求信与张孝达。秀才抢亲,夤夜来叩门,狂徒也。

廿一日　晴

晨过宾兴堂,问抢亲事。朝食后,待胡贵誊信,至午不成。孺人促行,遂出西门,至浮塘已晻矣。外舅及三杨久待,方食。夜谈潭事。

廿二日　晴

晨起,蔡家人犹未起,至辰巳间乃贺生日,未设面,饭罢即行。从山道至姜畲,小坐乾元美。循大道至云湖桥,问王六猛家,见开枝方饲豕,其继妻孙氏及二女出见,留宿客房,四哥亦来。

廿三日　丙午,大雪节。晴热

朝食后与开枝昇看田庄三处,麻王塘一处可用。至雪丐义儿宋家,其婚家谷姓及甲总均来,同看房屋,舁夫饭焉。至北风屋,则无一可取。

途遇桂六弟还,同饭。谷、甲夜来,泥谈田事,亟起避之。与桂六谈,刘松山故其马夫也,自云必不负老王大人,如违誓,红炮子穿胸死。后以营中洗炮,推枪子误伤,果穿胸焉。桂六送丧还。又言王老虎家负心。又言松山军无故而叛,往攻无备,骈死数百。

久待开枝不来,将睡,石山、刘姑耶来,余遂卧对之。

廿四日 晴

早饭甚晏,念四哥,故翼云大伯子、俊民之兄也,今将死无葬具,为起谷会五十石,强族中有馀家助成之。饭后舁行十五里至姜畲,往乾元商会事,吃莲子而行,惕鸭卵铺,见门帖书"莲开并蒂",有二少妇,未知谁是莲也。十里至立云市,有一胖人相呼,差孙也,亦与坐谈顷之,遂行入城。正晡食,信行送家书,报生孙,遣人报孺人。过宾兴堂,子云已去,与唐春湖议志事,云子云当开去差使,仍留额驸,春湖荐赵启麟教谕代之。三所采访犹未齐,闷闷。得珰书,大有左二嫂之风,常氏报应不爽,然珰似重有怨抑者。与书席研香。

廿五日 晴

卓夫来,云赵可不请,宜即请吴劭之。余云撰表非通人所屑,恐未可也。春湖复来久谈,又有闲客来,竟尽半日。尹和伯献蟹形山,与书商霖代买之。

廿六日 晴

孺人忽来。初使还,云明日至,自云本约今日,传语误也。访宾兴经课本末,大异吾闻,方知采访不易,众凭案牍,余绝不信,亦有偏也。夜早眠,内室斗牌,搅至鸡鸣。

廿七日 晴

孺人质明去,余亦旋起。六弟及其妻女来,卓夫、春湖复来。家一老耶来求计,筹思无以庇之。

廿八日　晴

郭五兄外孙刘生来,久坐,与讲书,不知其有闻否,以其年小,姑教之耳。家九节妇及其外孙女来,颓然老矣,可哀敬也。钱子宣来,云曾在子迎处相见,则忘之矣。杨营官来相请,云陪铸翁及萧小泉,铸即雪师欲拳我者也。萧又富商,均吾所欲见,虽病,强诺之。往食未毕,寓中来言,江、彭已到。亟还,留谈书室,留宿宾堂,自送之往。舆儿未往。

廿九日　阴

昨夜有雨,客起甚早,余未须,已来小坐。闻船可行,同往看风。芝题、新妇并出见,次妇同母兄子也。船不能发,仍要客上,同至芙蓉园,余还小愒。畯五已还,云买得《湘军志》二本。少甫不知何去,遣要彭新娘来,令六女为主人。舆儿买带,日昃未还,又待少甫,将夕乃食,并要芝题来。饭后,小夫妇并归舟。余与江、彭谈至二更,乃送至宾堂,遣三儿伴之。复与卓夫小坐,听谈郭武壮公阴私,殊不当言,使客识破翰林耳。

晦日　晴,南风小作

行舟告去,送三子并遣莲弟还,女客亦俱去。理《志》稿,石路、马头、公田、会馆,皆以一表了之。

十一月

甲寅朔　晴

志局采访草率,众皆以为固然,可慨也。文鹿野之子谷鸣来,与吴凤山同行,皆过七十矣。将分寿嵩夫妻母子各居一处,又思令其自生活，皆无长策。

二日 晴

重抄《沿革》说。沈子粹嫁女，令滋女书一联赠之："眉弯翠黛梅梢月；篋有鸳鸯蜀锦云。"夜分，子粹仓皇来，云有急事，以为其女不肯嫁也，问之，乃轿行索钱，求书告知县，为之失笑，从其言行焉。林生来。

三日 晴

卓夫来，送钱二万，尽还零债。始遣寿嵩妇子去，脱离苦海，皆大欢喜。又与雨珊借钱三万，送修社钱与吕明府，顷之复退还，云官中自出钱建立。

四日 晴

将送诸女还家祥祭，暂辞吕明府，兼过杨梅生。开枝遣报云湖谷氏田可买，令与乾元谋之。又遣佃夫送佃字来，十亩佃规加至百廿馀两，可叹也。世鉶、世同固为败子，而公田私家诸子亦可恨甚矣。念此，使人无子孙之计。

五日 阴雨，甚寒

徐氏二姊来，老矣，无复灵慧之状，亦可伤感。遣萧三哥觅船不得，方知湘潭无官舫，唯往来宾兴堂闲谈。

六日 阴晴

自出看船，拉子云同往，坐小划上，至十四总，呼一倒爬而归。遣发行李，至午，诸女或步或轿俱登舟，开行六十里泊滩上，小有南风。

七日 雨，北风

晨过平塘，午乃近城，风起不能复下，遂拢驿步。待家人不至，冒雨入城，羊裘尽湿。今日本先孺人忌日，遂不进食，至设奠后乃饭。过唁小虞,旋还。

八日　晴。辛酉,冬至

出访刘馨翁、筠仙、黼堂、蓬海、少村,各入谈,遂暮。将诣黄宅,未能去,以郊日未敢凶服,不可行吊也。

九日　晴

真女生日,始在家为设小食。弥之生日期近,属作寿序,迫无以应,坐楼中逼成之。筠仙、幼梅、少村、黄亲家、彭石如相继来。日晡,序半成,始出。临子寿,棺未宿办,用其母棺,盖讳死故如此。还过叔鸿、云浦。夜步过心安。

十日　晴

邓寿序成。至城隍祠看戏,便诣笛仙,劝其写字,仍还看戏,遇竹苏。还诣价藩、见安,遇郭于道,与还,谈京、苏事。陈伯严来,云卞抚不事事,但日嫚骂。此人殊悖谬,以弹章而怨怼朝廷,无君而又自尊其官,皆非恒情,不得以鄙夫目之。

十一日　晴

半山大祥,诸女设祭,余斋居待事,欲为书主,主已蠹矣,近不祥也,而长妇云恒有之。黼堂、小虞、章孙来。章云李巡检家被劫,河西都盗贼纵横,乡人纷纷入城。

十二日　晴

始理《志》稿,钞《卫偃传》未毕,笛仙来,云不能写字。子茂儿来,欲挟书干桂官,辞以不识。出贺叔鸿取妇,新妇未至,还。过价藩,步还,遇罗师耶,延入少坐。夕食毕,略理书籍,看石仑森状词后钞假上谕,其人盖妄人也。

纨女请斗牌,入局未久,心安、小虞来夜谈,二更去。三更少睡,四更局散,梦缇就寝,厨人已起具食矣。舁夫食毕,颇怪余未起,余实未睡着，因起食毕。复女亦起相送。余以太早，吹镫复睡，小梦，天始欲明。仆妪亦竟夜未睡，向来所难得者。抚辕发炮，乃舁而行。

十三日 晴

出南门始见日，舁夫行疾而愒多，巳正乃渡炭塘。遇一女轿，踪迹可疑，云易俗李氏，相逐行。申初至，入拱极门，纨女望母姊处也，恻恻有离别之意。宾兴办饭相待，朱编修挑斥厨人，其实亦无大谬。龚吉生、郭午谷、子筠同坐，唐春湖先来相看，不夜食，先睡矣。甚倦即还，闭门甘寝。渭莱甥孤子来见。

十四日 晴

晏起。饭罢，谭心兰、子筠、卓夫、桂六、石山、许生来。同徐、朱看吴劭之病，颇沉重，不清醒，少坐出，还小愒。刘舜钦引傅财主来荐田，约晡后往看之。作《湘潭旧国表》，翻史书。莲弟、吴儿来，云得南风，故迟久乃至。夕食，舜钦复来，同出拱极门，至二胡涂岭看田，无山可葬，即还，闭门小睡。二姊自七弟家还，桂、石两弟，王师奶、迪、廷、缙、绂俱来相候。夜誊《表》稿。

十五日 阴风，欲雪

晨同春、筠步过谭心兰，陪饯卓夫，午散。还寓，遇黄丙斋，余同岁入学第一人也。中举亦十八年，过六十矣。七堂戏酒饯卓夫，复招余为客。便访雪师不遇，至主敬药局，主人十馀人，多不相识，戏亦无聊，戌散。今日心兰言隐山九洞坤人，不入城市，同治三年有往卜居者，彼中人犹称道光四十四年，乃不知县城曾失守，可喜也。又言四大名山，乃罗修渭一人私言，不足据。

十六日 晴寒

作《循吏传》三篇。吕明府招饮，往则戏酒，请卅馀人，余居二坐，与黄寅宾、舒昺、杨梅生、罗把总、聂捕厅、郭熙臣同席。看十龄童子演老旦,音容俱胜,至三更乃散。

十七日　晴霜

晏起。朱卓夫、张姨侄、黄艺圃、子筠、丙斋、子粹来。作传三篇。

十八日　晴

未起。子粹来,约看田。杨梅生来午食。开枝、石山及中人来,议云湖田价。看经课卷卌馀本,颇费目力,盖精神不及十年前矣,此亦衰不自知者。诸卷中,唯唐永澍为可教,有一知《公羊》者,则尚未入门也。

《雒诰》“王在新邑,烝”,记周公已还政,王行时祭于雒邑明堂也。祭岁,用特牲、馈食之礼,荐岁事于文、武,同室合食,但各用一牛耳。此明堂之礼,庙祭所无。不记日者,用岁首元旦也。告祭礼用特牲,此用二牛,故特记之。王宾,周公也。《大传》曰:“尚考大室之仪。”唐为虞宾,周尚文,故不言周宾而改曰王宾。王宾,即尸也。杀牲升烟之时,尚未迎尸,故特记其咸假。咸,皆也。偕王俱升,以贰其事,示授王天下也,此禅代非常之礼。“入太室祼”,而后别宾主,其礼盖王牵牲,公答君,卿、大夫序从,既朝践乃祼。周公不更迎尸,以公实宾,非尸也。祭不用尸,唯此祭耳。太室即明堂,不曰明堂而曰太室,亦以禅代在太室,不用新名也。唯祭岁是元旦,故下必明言在十有二月,嫌册不能一日作成也。成王即以是日即位,未即位而先烝者,以用公摄政摄祭,但在镐京,其祀于雒邑,必曰“予不敢宿”,公不敢再在雒摄祭也。王已于冬烝正位,而又必于岁首受终者,又不敢使公不满七年,使烝祭,实摄公者然。此君臣谦退文仪之至美,非周不能有此,非我不能知之。

十九日　晴

早起,送卓夫,犹未起。朝食后往,方会食,待久之。子粹来,卓夫犹未有行意，乃舁出熙春门，十八里至罐子窑，循山行十里至画林，问田所在，乃一烧塥处。子粹携鱼肉火腿留饭，朱家无坐处，饱餐而还，入城已暮。夜族中弟侄久待谷姓，更请两中人至，议价千八百金，余未可也。

廿日 晴

开枝复来，言中人尽去矣，许桥佃户退押银卅两，以佃约交迪亭收租。此来仅得办此。厘局来言王师耶可充巡丁，资以千钱遣之。况氏来，斥责不去。杨俊卿来，言外舅复病。搢子来，与师耶俱留饭去。作《志》传，看《文征》。

廿一日 晴

朝食后至杨家回步，复约便饭，午还。石山复来，言况氏不可从夫，狗儿不可从母。余亦漫应之。胡姓来，其妻曾陪半山宿，忘其字矣。黄少耶来，言英子复往福建，吾家人不能安静，可叹也。高船行、胡徒弟、搢子及傅姓均来相扰。作《志》传二篇。

廿二日 晴

春湖、子筠来。午后颇得清静，理《志》稿。黎尔民子来，亦言莪洲田事。午过杨宅饮，雪师子春儿、江西伙计陈华甫、郭熙臣同集。华甫前在蓝山助余修志，今复相遇，匆匆廿年矣。云"访旧半为鬼"，不虚也。向暮步还。今日得杨玉书书，似为黄生作介绍者。雪师甚不满雪琴，云"每战必败"。

廿三日 乙亥，小寒。晴

钞《志》表，烦赜数百条，一一理之，颇为可乐。子筠、子粹及黄湘浦来，便约会食。午间少睡，子粹儿来延客，颇短易实甫，出言冒失，未甚答之。同往其家，更待唐春湖同集，夕散。萱甫适来送《货殖稿》，属其加采辑。同筠、粹访胡、黄生，始知为九弟妇兄。

廿四日　晴

理《志》表,大费日力,乃见无字处皆有文章,甚有可乐。萸生、陈华甫来,看《湖南文征》,亦稍有可征,非尽无用。

廿五日　晴,愈煊,而冻创自发

遣觅梅花不得。理《志》表竟,《官师篇》成,自此专考论人物矣。非驻此不能若是迅捷,然未尽日力,有似泛蜀江,行少住多,自然而至。午过华甫,兼访月峰,答访余子范。过不忍堂会食,皆县绅耆少俊也,共十五人,夕散。作表论纯乎马迁,理足故如此。

廿六日　阴,晴煊

子寿发引在即,犹无一办,作一联一文:"才志冠同侪,年来樽酒深谈,始识胸蟠千古事;吉安从一出,海内藜床独坐,谁知恨满五更心。"执笔期必成,亦竟成矣。检箧又得其去年来书,可怆也。补《志》稿数条。

石山及其甥来。晏生来荐田,皆在十都,不合意。看《申报》,笏山竟引疾矣。所谓近于知耻者。然子弟为卿,则为蛇足。夜遣娄八还。

廿七日　晴

晨起开门,功儿在外,云将迎余归过生日。余亦欲还,英子妇固留至再,且请子筠来说,当即从之。翻《宋元学案》,多所未闻,一日遍览,颇形竭蹶,至三更乃毕。子粹来,言梅林田屋甚好,可买,出千五百金矣,不必往看。

廿八日　晴

编宋时县人士,删去路振。《宋史》明云祁阳人,居湘、潭间,谓湘源潭州之间也。旧《志》据以为湘潭人,谬矣。石山、唐姑耶父子来。子筠夜来,及二姊、英妇等餪饮,因打牌至夜分。

廿九日 阴,有风

宾兴六人来,吃面兼送礼。子粹留打窖,摺子亦来拜生日,同饭,至二更始散。黎保堂来。刻字人来。送曹、杨书。

十二月

癸未朔 阴

功儿往外家。理《志》稿。微寒欲雪,将归未果。

二日 阴,有雨

作《志》传。李姓自闽中还,传樾岑、老张信。又有陈蔚翁同来,云曾访数次,不知何许人也。

三日 阴晴

作《志》传,翻李湘洲疏稿,其有关系者皆未见录。其《倭议》一篇言夷务,切中今日事,贾生之流。

四日 阴晴

作《周石芳传》、《陈北溟传》,始得先世。欲考其文集,遍求不得,诚可笑也。将还省城寻之。

五日

晨发。天似欲晴,行十里,雨至欲还,舁夫强进,二十里仍雨,亦未甚苦,乃行。未至廿里许,遇梁山秦生。天色似暮,行甚急,及至城殊早。看豹子岭颇有秀色,将卜宅焉。闻笛仙之丧。吕生雪棠复自远来,心忙无暇,匆匆且睡。

六日 雨寒

当出吊彭、黄,苦无心想,且休一日。暇与雪棠谈艺,约曾郎来会之,夜饮且谈,吕、曾不甚相酬,盖以我在。

七日　雨雪

出吊彭孙,径访镜初久谈,乃至黄家,谭心可、徐定生、程伯汉陪客。余令功儿先归,代之支宾,至暮乃还。从李黼堂借《梁溪集》,集二种。寻王以宁事,有二处无与王事,馀未能细看也。道荣堂有文无诗,己丑前诗别行,李藏无之。

八日　雨

家中妻女并作粥,留过今日始去,实亦未能行,为雨所搅,傔从皆忙不彻。晨出城,送子寿殡,尚未至,还城,相遇正街,仍还至开福寺,立待过丧。见徐定生彳亍泥行,不可不往,因至殡所,则唐、陈、谭三亲家先在,程初支宾,盖为谭来。待久之,吃包子而返。黼堂来,云欲请功儿写墓志。上楼翻《梁溪集》。夜斗牌,先寝。

九日　雨

发行李,要吕生助修《志》表。曾郎欲同上湘,移舟待之,将暮果至,便发。风小行迟,小拨船遇雨极困,携纨、真两女同来,差不寂寂。夜饭船仓,与曾谈至三更。

十日　雨

巳初乃至观湘门,曾郎先去,余待吕及女先上乃上。至寓稍惕,饭罢,子云来。夕至志馆。请吕寓其中,余仍还寓。作《陈传》疑窦甚多,方知记载不易。夜欲雪。

十一日　雨少止

作《陈传》成,初以为一日功,乃十日矣。刻期成书殊难,明当奋发。晡至志馆,遇郭花汀,以意识之。

十二日　雨竟日

舁至志馆,看作表。己亦携研以往,作传,半日不成。午有张晃仲阳来见,出诗相质,幽苦,是卢、孟一派。自云昨来值夜,宿逆旅,非常穷苦,求笔作诗,主人亦不与,大似郑元和。留饭与谈,因留宿馆中。夜欲与谈,蔡四耶来相搅,避还寓。遣要客来,蔡复闯入,久谈不去,余无心听之。夜早眠。雪。

十三日 雪

早起,张诗人约来不至,朝食后为看诗一本,至志馆送之去。作《罗传》未成。杂客时来,十六叔外孙来学讼,自云言氏优免不当差,今船行强派,且讼之矣。

十四日 雪

作《张传》,稍有条理。刘舜钦至馆,坐一日,论差拘团总事。许生来送年礼。

十五日 雪

晨起。蔡四耶至馆,与陶虎臣索钱,大闹半日不去,吃炒面乃去。吕明府来,云必须带钱回去,方有成局。又言差拘团总,绅士公禀殊为多事。以为绅士必输,及去,乃枷差以谢,又可怪也。曾郎云"枷"即"坐诸嘉石"之"嘉",声同,加"木"耳。夜与吕生论后世人材孱陋,不用世家之故。科第进士寒畯,皆不识大体,贵游不读诗书,故两伤也。沈萱甫夜来。

十六日 雪雨交作,始冰

看新张家谱,作《张传》成。迪亭来。石山来夜谈。改许生文。

十七日 雨竟日

作《罗传》,计日不能千字,若在家愈不能成一篇。回思日试万言时,才欲钝矣。文虽渐老,不若昔之涌泉也。

十八日 雪

作《志》传。蔡天民来,夜谈不去,大意要向书院索钱,而以骂惧之。夜改许生文。雪,月甚明。

十九日　晴

作《志》传,改文俱毕,将检行箧去矣。子筠仍不来,殊无人可问。

廿日　晴阴

子筠来,尽检新采访诸条归之旧稿,自此可撤采访局。吕明府欲取振谷为刻费,黎保堂不可,意在为难朱卓夫也。积谷局以此回覆,吕即提各局公费充数,可谓甘为鱼肉、不为刀俎者。乡人管公事,徒供人欺侵耳。

唐五先生来,言对岸太平街有田屋可买,冒寒往看之,以乞火为名,入屋略视。主人袁姓,赠我炭元,似养炉者,盖不急于售田。匆匆还城。两女入内寝。

廿一日　阴寒

出辞行,志局留饭,出从城东绕城西南,仍出北门,至十八总而还。唯见吕粤峰、陈华甫、郭熙臣、罗瑞征、碧珠弟润生、王亚雅、南弟及九、五、六三弟妇、两从女。入城过吴劭之,入谈,还夕食。诣别沈子粹,遇吴仲芳、刘心斋、李雨人,尚未诣郭午谷,已夜矣。还至志局略谈,唐五先生来,田事不成。子云来送票。石山及其从舅、表侄来言讼事,殊不肯去,设酒促之犹不行,乃直催客曰"可去矣"。痴人真无可奈何也。

廿二日　晴

送行者族友皆至,唯沈子粹亲致豚蹄,朱九衣狐脊褂为异,行李遂至十担,同行人至十一,亦一异也。志局附三百千刻费,借卅馀千分送族戚,六弟必欲借二万,竟不能应之。水师营官不能派船,至县中差拘之,得一永州杷杆,索价四千,官价千二百,仍酌中,以二千七百与之。石山送狗儿来。夕发,乘流稍驶,通夜棹行。

廿三日 晴

晨正至城，到家尚俱未起。今日乙酉，申正立春，早泥尚冻。至价藩家，问镜初未下乡，恐冰释即还。遣信至陈总兵处取银还但少村。今年实亏空八百金，皆半山本银也，息银亦至二百，负债累重如此，故知节用之贵。笏山所谓不节之嗟，及谁咎也？镜初来谈。夜饭至三碗。

廿四日 阴

终日纷纭，殊无所作。午后食饼，半饱。出访少村、心安皆不遇，遂还，已暮。罗顺孙来，谈县事颇晰，故有旧家之风。

廿五日 晴

晨食包子过饱，未饭。价藩、黼堂来。稍理年事，将还文债。夜斗牌。

廿六日 晴

扫舍宇。少村来，还银三百去，旋送银一百来。

廿七日 晴

街巷可步，携女孙至李祠。夜斗牌。

廿八日 雨

岁尽无事，人客寂寥，今年似异常年，欲还文债，亦无心想。

廿九日 风寒

年事殊无端绪，家人不得力之故。将老如客，亦复任之，唯出二百千还帐而已。阅《申报》，笏山已交印。

除日 风寒，夜雪

早起至暮，皆无所作，唯春山子来借钱，送以二千，并发压岁卅千。夜斗牌，领真眠。

光绪十四年(1888)戊子

正　月

癸丑朔　　雪寒风冻

待家人俱妆竟乃起。祀三庙、三祀。受贺,吃年糕。客无径入,唯杨郎依例来。真脚痛不能行,坐卧须人,颇为所困。夜未久坐,二更即眠。

二日　　雪冻

笔墨俱冰,中馈无替人,孺人仍自操持。舅没姑然后老,此时子妇本不能与政也。出贺年。唯熊鹤翁,胡、黄两姻家始入。熊言决河,将合埽,有人舍身则必合,已愿身填之,且约四月同往。坐上有一俞生,似陈三立妻弟也,与闻此言。行城中未半,还已上镫。夜雷霆霆,疑是墙壁倾颓声,过乃悟,欲四更矣。

三日　　雪雷并作,浓云似春霖

时无事斗牌。胡郎兄弟来。齐氏表妹儿来。

四日　　雪,冰解

将出城,怯泥,斗牌竟日。笔墨既冰,未理文事。夜大雨,屋漏如注,顷之大雪。

五日　　雪霁

始庀家政,议移书房,择日入学。斗牌竟日,至二更乃罢。孺人望子甚切,余询以教育之方,又不能对,乃嫚语相答。若在当年,必切责之。今既悟恩礼容覆之宜,但听其尽言,而亦自止矣。

六日 大雪

夫力不备,移卧具犹甚迟难。舁至曾祠,几不能悉至。将暮,三子及吕生乃来。石山属冬孙于余,亦携之来。更令吴僮来服役。此集乃有不可教诲者四人,未知能少有改移否。袁守愚来家,云必欲见,与之少坐。祠门遂无行迹,柳柏纵横压倒,檐桷亦折,雪深一尺矣。

人日 大雪

将出城,恐不能行,遂止。定日课,未及试行,以书札多未集,亦须雪霁涂干,乃能移致,大约须月半后耳。笠、寄、自、常四僧来。价藩来,同至浩园看雪。思力臣大雪登楼之作,弹指再生矣。笠僧设斋,更招叔鸿同集东堂,将暮散。叔鸿复过余。强要价藩复来,价恐暮,亟去,鸿亦乘夕光归。寄僧索解诗,自僧约斋集,复招寻,少坐。夜与吕生说《匏叶》文章之法。

八日 庚申,雨水。晴

作《志》传二叶。倍两儿书二本。欲钞经自课,惮繁未能也。家人来报桐生之丧。遣功还视其母。夜与吕生谈诗,因说少年高兴老来不作之意,所谓功成身退,非才尽也。

九日 晴,雪不肯消,溜通而已

作《志》传二叶。罗春甫衣冠来。倍书二本。闻梦缇疾,还视之。诸女斗牌,二更散。寝觉甚早,与梦缇隔床谈至曙。

十日 阴

登楼为帅生作书寄锡候。作桐生挽联:“文葆送亲来,旋看授室成名,卅年情敬欢无间;连枝惊雪折,正有孤男弱女,高堂慈顾恸如何。"朝食后携真女至馆,督课如额。始看《金史》。作《志》传二叶。待夕食,久不至,日甚长也。蓬海来。功儿往临其舅丧,明日去,令今夜还家料理。真女留睡馆斋。

十一日　阴

晏起晏食,不及作日课,唯倍书一本。帅生来,罗郎又来。午至家,衣冠出吊四丧,刘、彭、刘、黄并入。出城视半山殡,即从五里牌雪行至墓。省先茔,舁夫甚困,还已投暮。雪中望城边林树剧佳,以上墓不可作诗,故无所咏。

十二日　晴

作《志》传,点《金史》,倍书二本。梁三、胡子威来。夜讲《通鉴》。素蕉僧来。今日城中有三失:绅士公宴府县,交通官府,一也;文武不殊,侍郎下侪走卒,二也;刘抚新丧,于比邻戏宴,三也。初不关余,无从救正,亦所谓莫往莫来者矣。

夜作韫翁挽联:"一士定东南,更轺车重采榛兰,中兴盛事留嘉话;八旬娱富贵,看兵气销成弦管,三湘福地葬神仙。"

十三日　晴

作《志》传,点《金史》,倍书二本。张伯阳来学诗,遣担行李来,居后斋。杨侄、陈伯严来。

十四日　晴

倍书二本,懿毕《诗》、《书》,舆始倍《周官》四本,略上口,不可究也。为袁守愚写册五叶,未及作《志》。胡女家请春酒,遣舆往应之。改《敝笱笺》。送懿还家,己亦舁访镜初,闻未到城,归待节祀。梦缇病未愈,夜寝不安。

十五日　晴

在家与诸女、女孙过节,放花爆。夕招吕、张便饭。夜寻袍褂不应手,怒吴妪,去之。月明颇寒,怯于坐赏。祀三、祀三庙毕,吃汤丸,早寝。

十六日 阴,春风始动

登楼作一诗。出步巷口,阻泥而返。舁出答访左斗才。还馆倍书。点《金史》,理《志》稿。

十七日 阴

作传,点史,倍书,讲《鉴》,始如课程。稷初自黔还,来谈。夕步还家,因懿踊跃思归,故命同行。功儿还自外家。始欲作《春秋大夫名字表》,夜创其例。三更雨。

十八日 阴

诸女诸孙来看石桥,同往登楼,大风。侯翁来,言靖港差诈索捆团总,善化令拘团总,差以揉针欲杀之。揉针者,以药煮针,揉入肤,初不痛楚,终当自死云云。未必如此甚,亦理之所有耳。

诸女去已夕,雨大至。点史、作传、倍书如额。舆讲《通鉴》,扯去数段,问其何心,不答。

夜梦半山同床,陈母径来披帷,余急起拱立旁室,有吟者云:晨尚忆之,今不复忆。"银烛老能昏莫漫,□□空山有白云",末句似不祥也。而不解陈母何以至。

十九日 晨雨

素蕉僧来,言豹子岭有田可买,昨梦岂其祥耶?死而有知,或陈母为致力,故来示耳。道香僧亦来,要至祠旁会徐定生。□福来送薰肉。点史、作传、倍书如额。

廿日 晴

作传,点史,倍书,午毕,舁还家。答访稷初,遇程伯汉,言彭家事,主人意悔,无可再谋,而切怨李黼堂,此事惝恍可怪。雨珊来,言团练事,是非亦纷纭无定,总不离筠仙所言:“汝等皆闹意见耳。”过镜初久谈,遇张燮安侄孙。夕过梁平江晚饭,陪李师耶,遇陈万全及票号客费、齐倅令。夜还家,诸小女请斗牌,勉为一局。二更后寝,甚热。

廿一日　戊申。阴,大风,至午小雨,夜大雨,风愈甚

本欲出城,幸未行也。午过黄子襄家陪吊客,小郭在焉。陈海鹏亦巍然老宿,令人叹笑。坐顷之,还馆。点《金史》一卷,馀无所作。

廿二日　霁

修书,点史,倍书三本。龚郧镇来。夕游浩园,石葵云已有柳眼。

廿三日　庚戌,惊蛰。晴

笠、道僧同出,至局关祠、府城隍祠,复携懿还家。乃过陈伯严,得罗惺士赴闻。再至家,携懿、真至馆,修书、点史、倍书毕,已夜矣。真早睡。

廿四日　晴

点史一卷。将修书,罗顺循来,遂久坐。殷默存来。洪联五来,忘其名,既见乃悟焉。云俊臣新立书院,延之主讲。程伯汉今来问途,正欲寄银珰女,因还家作书,兼要常婿来读书。与书晴生,令转致之。小楼少坐,仍还馆。

廿五日　晴

将出答客。昨约看田,遂少待。至午舁出南门,约吕生挈舆、懿郊游,久待未来。过豹子领,看田屋,不甚开展。还至礲中,遇吕生,遂要同过,小憩新开铺。余仍舁还,至城南桥待三子,久之,懿先至。又待久之,将夕而未至,乃与懿先行。立城门待久之,吕、舆乃来,从

者复不至,已夜矣。还至馆,冯姨子来,切责之。夜补《志》传数则。

廿六日 晴,始煊

修书,点史,倍书四本。冯弟自去。夕还家浣濯,又遇易同年来聒谈。小雨。

廿七日 晴

修书,点史,倍书二本。见郎、右梅、尹和伯来。闻刘伯固暴死。午又见馆生六七人,舁出送叔鸿、梁少穆、沈孟南,过镜初,皆不遇。答访安徽委员张尧臣,小坐而还。胡郎及其兄子夷来,至夕去。安床移前房。李主事来求一榻之地,亦聒谈无谓。

廿八日 阴

功儿复往豹子岭。王怀钦子来。六弟来。小坏人来。点史,背书三本,修书五百馀字。夕过浩园,香儿、龚镇在涂寓闲谈,因坐话久之,亦无谓。因改旧句云:"常如意事无八九,不可言人有二三。"记三日谈友也。

廿九日 时雨时晴

修书,点史,倍书二本。郭见郎及其弟与刘生同来。李雨人、吴劭之及馆生来见,有两年再侄,一陈、一李,陈盖同年子之子,李则英子年侄也,皆未闻其祖父名字。纯孙来,宿馆中。雨珊夜来谈。靖港僧来。夜晏眠。

晦节 晴热

点史,倍书一本。朱教官还书银来。朱香孙遣信约谈,待舁夫久之乃至,出已晡矣。过家未入,至香孙处泛谈,出诣李幼梅处,陪饯叔鸿,舫仙、程初、张元玉、雨珊同集,戌散。汪伟斋还,往视之,未遇。潮湿艰行,舁夫甚困。

二　月

癸未朔　晴热,夕风

修《志》,倍书一本。王鹑甫、张尧臣、刘都司国胜来。午还家发银换衣。过心安久谈,僮奴遂相失,又待久之,已夕食矣。过吴、李寓,见曹子而还。曹有王峋云之谤,不容而移家也。功儿将以其子后仲章,发帖请客,并以礿祭庀具,遣令还家。夜雨,点史。

二日　风寒,水银顿缩十二分

点史,修书,倍书三本。看夏嗛父《明鉴》。计日课千字,今六十日才得四万字,少其半也。刘知县来。

三日　雨

点史,倍书二本。程伯汉、彭石如来。价藩遣约午饭,舁往已晡。有二叟先在,程初亦在坐,徐定生、叔鸿续至,饭毕已夕,舁往王纯甫寓。还家,诸女嬉娱。子初寝。

四日　晴

留家斋居。笛仙族子来,求作笛兄墓志,楼上见之。夕,三子俱还。考币长短,郑注言丈八尺。拟定告庙礼:初设位,再拜,祝告奠币,又再拜。仲章所后子见,用段脩为挚,祝告奠挚,再拜遂退。此皆意定,未知合否。三更宿楼上,冬孙夜眠不安,频搅余睡。

五日

晨起衣冠待事。大雨,阶上俱湿,巳初少止。礿祭祢庙,次孙名良,嗣仲章。孺人功丧,遣功儿亚献,次妇三献,吕生为祝,礼成乃馂。舁至讲舍,以继嗣会诸姻家,黄、彭两婚家俱不至,客来者熊鹤翁、李仲穆、吴少芝、李幼梅、陈梅生、胡子威、郭建安、胡婿、杨儿、吕生,饮酒颇多，二更散。与书吴粤抚。

六日 雨

沈子粹、吴、曹同来。午舁答访侯翁，过问杨商农病，赴龙宫住持法裕招，饮酒食肉。周生，易清涟，陈伯严，涂稚衡，笠、静两僧同集，申散。赴龚镇招，陈德生、左子建、杨玉科从子、陈海、李琴同看戏，二更还馆。点史二卷。

七日 晴寒

心安、梅生、罗君甫来。点史，倍书三本，讲《鉴》至夜方毕。步还，吃鸭面，仍携懿笼镫还馆。衡道吉庆殂，船山书院自此当复少窒碍矣。

八日 庚寅，春分。晴

午出答访刘知县，过子威、镜初。还家，上学，看莪书写字一张，始授《尚书》。夕步还，修书，点史，倍书二本。

九日 晴

修书，点史，倍书三本。刘应元来见。清书一箧，均题眉记之。夕还家，莪始读《尚书》。还作简堂传成。不采事实，纯乎史法。

十日 晴煊，桃棠争放

点史，倍书三本，看懿写字，遂听舆读书，于此得二刻暇，夕还。心安来，言黄宅佃屋事，云笏山已租定矣。雨珊来。今日诸生试书院。夜分不寐。

十一日 晴

修《志》，点史，倍书二本。晡后携懿还，复倍一本。夕看花，小雨，急行至馆，大雨至矣。

十二日 晴。昨夜大雨，不意霁也

点史，倍书一本。刘定甫来，言船山书院事，百说不了。午出，送定甫,过筠仙,遇任师耶,复送任翰林行。还家,路干。点书看字毕,携真女至馆。夜约雨珊、笠、稚衡登楼看月。稚衡复至斋看《志》传。黄麓生子子霖孝廉来。

十三日　晴

晨起写书眉,多错误。修《志》,倍书一本,点史一卷。邓鸣之来。胡子勋兄弟来。夕食甚晏,还家,值雨,遂留吃春卷。莪今日生日,斗牌,三更寝。

十四日　雨寒

钟尔濂来,邓氏亲戚也。早饭后携真入馆,看字点书,已毕矣。点史,求笔,尽失之,悉挞两儿。倍书,点史。

十五日　阴

倍书一本。看写字,未毕,稚衡、笠云来,约同至局关祠去,犹未行,复还。罗祺来见。从园门约雨珊同至崧生故斋,至道香僧舍共饭,更约周郢生来,佳儿也,殊不似其父,笠西定有好妾。斋散,还家。江生已至,在馆相待,仍还馆。夜谈,听雨。江生更携其子来,年十九矣,小名泰交,俱留宿馆中。

十六日　雨

先府君忌日。独坐楼上,点《金史》。

十七日　阴

晨舁入馆,馆中起学,监院周铣诒荔樵中书来,旋出。朱文通、郭庆藩、陈海鹏、杨鹏海、陶少云、俞锡爵来送学,久待筠仙不至,未初始行礼,先谒船山,次求阙。鹏海指视王三叩而曾六叩,云京师昭忠祠礼也。余心疑焉,我非地方官,何为而行官礼,以宾礼主度,依而行之。席上言卞生疑我事,语侵俞鹤。本直言也,乃似刺讥,出口大不易。

有人言今日卯后地震,思之床果簸摇,近有因也。酉散还家,点《金史》,作《志》传。

十八日 阴晴

晨出至皮家送葬,日已欲中矣。还吊子襄,留陪客,与陈德生、俞伯钧、陈定生、李次琴、唐三太杂谈。午出答访邓鸣之,过鹏海还。家石山弟来。孺人上湘,夕食后去,石山亦从去。看写字二张。

十九日 晴

午前在家点史,倍书,修书。筠仙来,言选诗事。午携懿至馆,看栽桃。写字,讲《鉴》未半。出,至家,携真、懿、健孙同游花局,还宿家中。

廿日 大雨

在家课读,兼点史修书,舁至城隍祠,素蕉设斋,僧俗八人,稚、郢、幼梅、笠、体、玉泉僧。唱曲,至酉散。答诣少云,忌辰、宴客,不入。至馆已夜,舁还。

廿一日 阴晴

晨起将还乡侍祠。舁夫无饭,辰正乃行。渡湘循靳,六十里宿烧塘。

廿二日 晴

早行,十里至道林,取别道问大托营,过许桥至祠。族人半集,待至夕乃毕至。微雨渐大,至夜倾盆。映梅父不能养儿妇,诺为代养之。梅宇族子捐二十金助扫墓公费,号为挂通山。迪子开捐,余助十金。

廿三日 乙未。雨

晨起待事,附近者犹未至。辰初行礼,令桂六主祭,余与石山分献,皆族望也。巳初会食,凡十六桌,而佃户、轿工有八桌,至者不过四十人,小儿有十馀,行礼殊草草。

午初,石山、绂子要至李弯看地,主人崔姓,小坐出。与石山同至棋头,分道取山径至妻家吊外舅。夜至,戌宿内厢。

廿四日　晴

昨日夜大雨,以为当雨行,及明而霁。又欲早行,妇翁留饭,不忍拂老人意,至巳乃发,以为必不能至,急行到观音港,始晡耳。舁夫请坐船,正欲乘涨泛湘,即从其请,登舟瞬息而至,卅里未半时也。登岸五里,乃去半时,到家酉初耳。略理学课,点史,未修书。

廿五日　晴

点史,倍书二本。朝食后待街干,向午乃携懿、纨、真及两孙步至馆。遇见郎,示所上张之洞书,同坐浩园海棠前片时。功、舆上墓,乃还馆课读。殷生来。看近人诗五本。晡后看写字毕,未倍书,急还,课茙女书字,亦未毕,夜矣。访筠仙,云方打坐。至馆,补写日记,看钞报,作《志》传。

廿六日　晴

点史,看诗,倍书,写字毕,夕食。周荔樵来,言修书必须要钱,不能白效劳云云。还家课字,点史,至夜打牌,二更还馆修书。闻子规。得岳森书。

廿七日　晴

写书眉毕。郭人亮来,谈武壮公遗事,娓娓可听。点史、看诗共十三本,倍书二本,补阙课字,仍改文二篇,遂暮,携懿还。夜雨。作笛仙墓志,点史。

廿八日　雨寒

设斋,请七僧不至,唯两人至。又久待镜初至,将夕乃来。馔具草草,谈亦不甚畅。斋罢,作《志》传,课诸女书,与书彭丽翁。

廿九日 晴

至馆点史,倍书,看诗。闻湘抚督闽浙,王赓虞仍来抚湘,前欲其去,今欲其来,非独人材愈难,亦阅历渐增也。

三 月

壬子朔 晴

点史,倍书,看诗,讲《鉴》,未毕,还家课读。仍还馆,作《志》传。

二日 晴

点史,倍书,未毕,稚衡来,守等改寿文。萧希鲁颇有才名,文乃不成片段,全无理路,竟不能改也。商农来。午回家,因携懿俱,看写字,作《志》传。

三日 阴

出城往碧湖,携舆、懿从,至门而雨,立罗妪檐下,不胜今昔之感。雨少止,复前,至开福寺尚早,纨、真及两孙女、纯孙俱来看网鱼。顷之陈程初至,唯三人舁之,前后无从者,带勇官所罕也。寺僧俱出,稚衡、庄、但继至,李幼梅亦来。碧湖之游,未有若此少人者。午集西散。大雨雷,俄顷而止,街池已溢矣。

四日 雨,午后少霁

湘孙十岁生朝,放学一日,功亦留家吃面。余未待,携真至馆。及门,轿辕绳散,欲步入,竟隔水不得入也。龙少舒来求铭碑。夜还家,吃面。作《志》传。

五日 晴

懿饭后,仍以道泥不入馆,倍书写字毕,余至馆已暮矣。点史,看诗五本。

六日　晴

写笛仙墓铭。点史,倍书,未毕,舁出答访邹教官。过筠仙,方唱戏,未入。至家,遣送志石使道乡刻之。夜还馆,真从来。得衡州信。致晴生书。

七日　晴

道乡送志石来,已尽磨去,大似羲之门生文也,叹惋久之。朱耻江、黼堂、鸣之、黄郎、松甫、曾郎、礼初、道乡来。写字,倍书,讲《鉴》,点史毕,还家课读。夜月微明。作《志》传,闻布谷子规,心凄怆欲伤,然无可语。过价藩少谈还,本欲久坐,不乐,遂寝。

八日　阴

晨至馆,点史,倍书,看字,讲《鉴》。待饭未至,还家已饭后矣。看字点书未毕,雨至。舁至筠仙家看戏,熟人多在。与熊、谭、罗、杨同坐,陪孙春皋,未二更客散。轿夫拥挤,步出不得镫,暗行还,未上楼即寝。朱翁送花四种。今日己未,谷雨。牡丹无花。

九日　雨寒

留家,写信一封,复梁少木,又作寿诗二首。夕食,先还馆,点史,倍书,夜作《志》传。

与丁世兄秉卿问恒少庭子侄名字,皆以宝氏。而恒镇如子名巽字子申;少庭长谦,地山;次丰,子年。有干馆三千金。

十日　晴

作《志》传,还家乃点史,看诗,似又较快,盖人心好异,功夫贵提撕也。懿亦从还。

十一日　晴煊

晨还馆,甫理《志》传,陈处遣告开福之集,云但、庄已先至矣。步往,果然。幼梅亦在,春阴甚丽,又步至龙祠啜茗乃散。未携《金史》，但看湘诗，罗小溪竟亦不凡，自胜诸劳。以天将雨，召诸子还侍祠。

十二日 阴

县中送刻《志》钱廿万。曾祖妣生辰，设荐，馂毕，还馆。作传，点史，倍书，讲《鉴》，看字。真女及两孙从来，欲送之还，俄而大雨，夜雷电。看诗五本，日课罕能周遍，今日差为如额。

十三日 晴

晨写笛仙墓志，不如意。价藩来。朱家催客，出小吴门，往则熊、郭、陶、小及雨田兄弟方衣冠围坐，顷之，右梅、鸣之、曹铭之来，乃更衣过右园，周吟樵、俞鹤皋、余尧衢、朱婿、王石丞、周荔樵续至，设三席，申正散。还家。夜雨。

十四日 雨

朝食时，舁至馆。刘生往笛仙家代馆去。点史，作传，倍书，看字，讲《鉴》。午后雨甚，遂不能还。点书，看字，选诗。得京中公信，言名宦事。

十五日 阴

点史，倍书，作传。夕食后出，泥不可步，待轿，至夜乃来。还，点书、看字毕，已夜矣。坐楼上看诗、点史，遂至鸡鸣。

十六日 晴，时欲雨

舁至馆，倍书，看字，作传，以昨稍劳，遂未点勘。夕还，已不辨笔画，看字两行，又不欲待莪课毕，即径还。作传。微寒，早寝。

十七日 晴煊

写涂寿序，又待洗菜毕乃出。答拜文廷式、周给事、殷竹伍、潘营官才福、曾礼初、王石丞，至少村处会饮。周给事、张厘员、李子静先在，余尚以为来早，乃已迟矣。无聊应酬，殊无真意。王养丞县丞颐安,复得相见,鼎丞弟也。

十八日　晴

王县丞来。点史、倍书、看字毕,还家课读。大雨,因与诸儿女夜食,遂留看斗牌。

十九日　晴

路干,步至馆,点史,倍书,修《志》。未还家。

廿日　复雨

昪出,答访张、王,因至重伯家,会梁星海、文道溪、陈子俊、伯严、顺孙,看饮酒杂谈。还家,看写字。

夜得重伯片,言文道溪无礼,众皆不然之,未知何故。书生聚会,意气相陵,牵率老夫。责人正礼,徒示我不广也。既欲泯其迹,遂不复问。畯五来。

廿一日　雨

一日在家课读。绂子及晟子来,言田事,约往看之。芟草移花,芍药盛开,聊缀春景。夜还馆,看字,点史,馀未及理。公呈请建裕馀山专祠,徇长善请也。文孝廉为使裕子孙能重此事,犹有古风。

陈子濬来,言文以余言与醇王倡和,疑其讥己,故盛气相陵,若是则余戏谑之过也。但余意初非谑之,谈中其隐故耳。此与对俞鹤皋言卞四先生事同,皆多言之咎,非轻言之过。

廿二日　雨阴

搢子复偕一人来荐田,遂亦留之同去。城步戴生署善化训导来访,与邓子石相好而稳秀过之。午还家,纷纭,殊不欲去,将夕乃行。过陈子,告以当去,恐文、梁来而不见,疑我拒之也。长者为行不使人疑,此正不可不检点。陈出,罗在,遂入见告之。出草潮门,登舟已暮,夜行,未至昭山,风息遂泊。杨事晓父子操舟,空仓居我,给事甚周。

廿三日 雨,大水

至县城外已向午,停九总。遣搢去,留绂、日同往黄泥塘。云隔水宜船,至沙湾,呼云湖拨来,仅容一褥地,余据之,二子无被。以为即日到,及行甚迟,雨又大至,泊落笔渡,云明正德微行落笔处也。夜寒,数被日成唤醒。

廿四日 雨

晨至姜畬,步至乾元美,辅、迪二子已朝食矣。小坐,唤轿,绂、日步从。大雨,又寒泥,行甚困。至黄泥,田在山阪间,不可卜宅,遂投干湖塘晟子家宿焉。晟子苦贫,其母尚在,亦甚供给。舁夫一人逃去。

廿五日 丙子,立夏。雨

谚云:"立夏无雨,退田还主。"农占宜立夏雨也。朝食后复同往六塘冲、东坤,俱不甚合意。中人来追还,云便湖可买,退圃旧宅也,曾伯王父之居,意欲收回,欣然还干塘。饭后往看之,屋大房小不可居,地形亦不甚周正。惟印心弯宅树尚茂,庞农正富,不可得也。废然而返。复居日子家,中人时时来谈。

廿六日 雨

当还姜畬,来路已隔水,乃复至灵官庙,坐拨子径下,舁夫闲坐而已,以悔逃者。昨夜忽思看开枝,故为此行。泊云湖桥,开枝病少愈,言近地有田半顷可买,留饭,往看,遣其从子从去。至石泥塘稍下,地虽入坡坎,而外局甚宽,三年卜葬不得,勉就居之,其外谷湖塘公山也。且俟券成再议,令报开枝,使成契,欣然而还。计自前年至今,疲于求问,无意得此,或有缘也。越山至南柏塘下船,午至姜畬少停,迪子来船,数语而别。从袁溪及樟树港皆有涟浦,水涨则通雨湖,不复由涟口入湘。水行甚急,计四时游三处,至城始夜耳。宿英子家,遣招石山、子筠来谈。

廿七日　雨

唐春湖招饮,并约杨梅生来。梅云谷氏田亦就,我答以俟秋。饭后舁至观湘门,划子不肯唤船,往还三次。复至梅宅看舅母、内侄,借四版送上郴船。坐客杂沓,余坐外仓船头,船人又恐慢客,殷勤相礼,复不堪其扰,勉入少坐,啜茗。竟日斜风细雨,折戗而行,到城犹未暮。既舍舁被,自携《志》稿,背水二渡入大西门,从盐署呼轿还家,喜可知矣,若再迟则无被无食,饥寒并至也。芍药盛开,病儿满屋,然皆非余子女,信药王之有种。夜与三女打掀。道上及到家皆每日打包,看《志》一二条,示不忘其事,殊未暇撰次。夜雨。

廿八日　晴,午后雨

舁入馆,二李、潘生来问河务。看京报,长善驻防杭州,桂亭遂死,可愕也。倍书、看字、点史、作《志》传如额。

廿九日　雨

七女病甚,请吕生往诊之。晡后还家,倍书,看字,点史,看诗。大雨竟夜。

晦日　雨

佣工不能舁,更呼夫力,舁至馆。倍书,看字,讲《鉴》,已暮矣。因留馆宿。作《志》。

四　月

壬午朔　晴

作《志》传,倍书,讲《鉴》,看字。晚步还家,倍书,看字,点史,打牌。

二日 晴

晨至馆，粗可步，倍书未毕，子瑞、蓬海来。罗君甫及两刘生复来。讲生请看科举文，遂未毕课，客去补完，已向暮，还家上镫矣。但看字，未倍书，夜看诗，未点史。理卷稿，始毕八卷，馀诸财主无可安插。

三日 晴

步至馆。郭见郎已来辞行往南海，彭聪郎亦来久坐，何棠孙来。客去乃倍书，看字，讲史。阅馆生试文，无合式者。龙氏三郎来，催济生墓碑。周生来问书。搨笛仙志石。余愔复来接诗本。可谓事多。夕还家，倍书、看字毕，点史半本。

四日 阴

煮豆，点书。朝食后舁出，答访曹副将，过筠仙谈河决，至熊叟寓打诗牌，陈、王、周、俞诸少年集字、下棋，云昆子谈蜀事。半食，辞出，答访戴训导。至刘总兵处，黼堂、石丞、德生、雁峰先在，筠仙后至，吃熊掌、烧猪，雨至舁还馆。

五日 大雨竟日

倍书，看字，讲《鉴》，作《志》传毕，待舁夫，参差往来，至夕乃归。倍书，看字，看诗，点史，坐至四更，登楼看彗，未见。

六日 晴

作书复周云昆、吴少芝。点书毕。朝食后又少坐，乃至馆。倍书未毕，李雨人来。看字，讲《鉴》。看胡婿所作小学书，说“翳”、“醢”为一字甚佳，馀皆不免敷衍其说。转注为字属，亦与转字不合，转注定当以有声为说，方有眉目也。留馆宿。

七日 晴

《志》传始有头绪，与刘生对姓名，作一目录。竹伍来，言洲地已不能争,退财呕气,颜色甚沮。吾无以劝之,惟引之于古人,竹翁意似不然。倍书、看字、讲《鉴》毕,还家,看字,倍书,点《金史》,毕一本。

八日　晴热

晨至馆倍书,看字,清理新送各条,校对入《志》。午后还,楼不可坐,在东斋亦有日光,初入四月,炎气逼人,可怪也。夜月,无事,方须小愒,忽有来催客者,云客待久矣。初闻刘家请,以为丧家套礼,置弗之省,及再至,乃知曾诺刘即用便饭,荒忽如此,极为惭惶,步月赴之,周、朱、崔坐久,俱彷佛如梦也。二更后舁还。

九日　晴,愈热

朝食后往刘家陪吊。院司已行礼去,唯陪客徐、陈、谭、李、郭、陈、俞。方早饭,笏山已至,入见,略谈出。至客坐,客无至者,诸人纷纷去,余独与笏山谈。一日陪客三人耳,一王一徐一程也。丁次谷便衣来,饭后与程伯汉同出,还馆大睡,苎衣流汗。陕西、江西二藩均被考,尚未知何人代之。

十日　辛卯,小满。热

倍书,讲《鉴》,看字毕,回家夕食。笏山约来,草馔待之,妇女失指,误送学馆,可笑也,因未食。戌初大风起,吹楼欲倒,书籍尽湿,竟不能料理,匿房中,久之稍定,已初更。

笏山来,论丁文诚好名可哀。观其意自命传人,尚不知去文诚几劫,吁可怪也,此等皆缙绅之妖。嘿然未答。舆、懿还家。

十一日　寒风,晴

朝食后至馆,因过研仙看其铺设续娶。理《志》稿,前稿已为功儿送入鼠穴矣。思桂阳怒云之事,判若两人,今则默然而已,此乃老顽,非和平也。然爱子不如妾,故亦不怒,非强制也。

十二日 晴

倍书,讲《鉴》,看字。午后还家,点书,点史,夜还馆,斋夫高八来。阅浏阳卷,日十本。

十三日 晴

倍书,理《志》稿。看舆儿论笔纵横,不知谁所代作,抑由钞袭,且置不问,所谓贤愚不絓怀耳。午还,点书,讲《高宗肜日》,为私尊其父,以昵证爇,似为佳说。

十四日 晴

纨女十岁,放学一日。熊鹤翁来劝捐。汪伟斋来谈,归半年,别十年矣,始得相见。皮麓云与黄子来言闽事。纷纭半日,本欲偷闲,又复对客,可笑也。

十五日 晴

素食。点史半本。诸儿均还待,祖妣忌日,设奠事毕。余久怠事,因还馆。

十六日 雨

倍书,看字,讲《鉴》,理表毕,舁出贺曾理初取妇。新妇未至,与介石、筠仙略谈。重伯留,复坐待亲迎者,前马先还乃出。雨稍止,还家点书、点史,未阅卷。

十七日 晴

晨起龙八来,言孺人已至,遣迎之船。顷之与复女俱归,言桐生未葬,遣呼三儿还,唯长者至。余因还馆,毕日课,理《志》传、表。夜早眠。遣三、四儿还家。

十八日 晴热

馆课毕,周荔樵来,取钞诗去。黼堂来,久谈耆、恽事。理殉城百十三人名业,初欲为表,继思当为传,仍未能定。晡后还家,点书毕,无事少坐下,宿后房。

十九日　晴

晨还馆,倍书、看字、讲《鉴》毕,未及作他事,但阅浏阳课卷,毕已夕食矣。当还而懒行,罗少耕弟来见。舁至家,甯女还,遂留家宿。二更后倦眠,闻雨。

廿日　雨,仍煊

坐楼上,写册页一条。舁夫促行,遂至馆。点史,理《志》稿,倍书,看字,讲《鉴》。狗儿读《士冠》毕,携还,浣濯。点书未毕,雨至,遂留,点史一卷。刘即用来。

廿一日　晴阴

作书寄蘧庵、锡侯,交王县丞带蜀,因答二周,送王,均不入。还馆,倍书,看字,讲《鉴》,理《志》稿,看诗。三台为谒者、御史、尚书,今通政、都察、军机也。自来含胡,因讲芝麻鉴,乃分别之。留馆宿。

廿二日　晴煊

要刘兰生清采访新条,补一二传。看字讲《鉴》时,倦欲眠矣。夕食后还家,欲看字点书,镜初来久谈,意欲以"杞子伯"为"杞子伯"①,发绌杞之例,以后则或伯或子,分承两大股。其说亦新奇可喜,但除"郑伯男"外,无可证左,恐不足据耳。同过价藩,夜还家点史。

廿三日　阴,午雨

早闻莲弟回,问之未至,已而乃还。余每小事能先知,不知所以然。见肇甫书,送礼颇依京官门生礼。还馆,倍书不熟,看字,讲

① 《春秋》无"杞子伯"文。《公羊》隐公二年有"纪子伯、莒子盟于密"。传曰:"纪子伯者何? 无闻焉尔。"未定子伯为人名。《左传》作"纪子帛",为纪子之名。《春秋》纪、杞为两国,此或曹镜初误记混而为一。

《鉴》。作龙济生墓志竟成,亦一奇也。北风甚寒,薄暮舁还,风吹轿顶飞去,仅乃至家。点书,点史,夜早眠。

廿四日 晴凉

晨携真女至馆早饭,写墓志稿。懿疾还家,余亦至家。少坐出城,饭于开福,南瓜不至,自、静、度三僧及二曹同谈半日,看湖边水田。苏彬自广州还,略问孝达事,大概闭阁自用,云将军、巡抚俱避其锋,似胜卞生也。

廿五日 晴

陈郎兆葵复心、宋生芸岩两吉士来,与久谈。夏生彝恂间至,似不能安坐者,未便问之。懿仍未上学,讲《鉴》毕,理《志》稿数条。张、许、刘三客并去,遂还家夕食。倍书,点史。

廿六日 阴,晨凉

步至馆。芸子来。梅生来,谈竟日,大约杂问别后事,无关键语。食韭饼甚佳,舆亦告归。功与芸、雪俱出访客,独坐待夕。

廿七日 雨凉

与芸子谈书院事,午间芸子辞行,雪、功出送。懿未来,余亦还,点《金史》。此三日未作事,今年颇倦学,非佳兆也。夜卧楼上,无人过问。刘少臣来,谈琼州。

廿八日 晴

携真入馆,朝食后出,答访陈吉士、王国椿鼎之从父、梅生,过镜初、蓬海。出城看宋,船已开去矣。至程初处补祝,设二席,仅七客,唐、王、陶少云、萧叔衡、朱文通、易瓒舟、李幼梅,落落晨星,戏筵一乐,夜分乃归,早寝。

廿九日 晴

早起登楼,点《金史》毕,计百廿日,得廿四本,五日始得一本,比二十年前减半功。

晦日　晴

钞《志》表。筠仙、监院来,言选诗事。夕食后还家。

五　月

壬子朔　晴热

馆生散学,来辞者十二人。始补《春秋表》。来者刻工六人,吕生专其校雠,余心懒,未暇理也。倍书一本。钞《志》表。云南考官庞鸿文、黄桂清,贵州蒯光典、赵亮熙。

二日　晴热

还家。倍书二本。热甚,不能食。

三日　晴,愈热,看暑针不至九十分,烦闷似大暑时

夜步还,仍返馆。罗顺循来,言保安捐流弊无穷,此蜀省例,湘省不必仿效,亦犹钱调甫以东道例例之西道,反大为行李之累,为政者不可不知地俗,况今古异宜乎?连日均逃暑,静卧不事,五十馀年所无,亦可为异也。复还家,夜热而起。

四日　阴凉

留家,未入馆,节债寥寥,稍为容与。曾重伯来。

五日节　骤大风寒雨,意萧萧似深秋,亦一异也

要吕生来过节。午祀三,祀三庙,贺节。杨、彭来,旋去。诸女斗牌。黄郎兄弟来。未陪客,亦为简率,人欲暇逸殊不易,正似明毅〔武〕、熹偷闲,委政刘、魏,非所恤耳。古人酬酢有时,故无此劳。

夜至鸡鸣乃寝,孺人坚辞就侧榻,令我不安,然无容席地,使半山犹存,更不知作何安顿。又不知《螽斯》百男者,亦能居环堵否。

罗研翁复当作何节减之。

六日　晴凉

入馆，倍书，讲《鉴》，未作他事。夜雨。

七日　热

朝食时还家致斋，竟日坐楼上，唯看《八代诗》五言八卷。以吕生请定宗派，略分宽、劲二种，大要成局度者为宽。

八日　己未

祄祭祖庙。晴热雨汗，巳初成礼，始馂。午后招吕、夏两生更馂，鲥已不鲜矣。此日热蒸，为自来所无，意似伏暑土润时。待胡生来见，方知前送茶树者为胡虞生字象贤，即郴客也。无可位置，许为致书江汉关道江蓉舫。今日本请纬斋，客欲改明日，归馆后复令家人办具。

九日　晴热

倍书，讲《鉴》，看字毕，还家待客。皮麓云已至，热甚，具浴，乃出谈。纬斋、陈伯严继至，夕散，送客步出至又一村边。

十日　晴

写联屏十数纸。涂稚衡、张雨珊来。午出城，答访王鼎丞，见其二妾，谈山西分银事，然后知曾沅甫辈真劫盗也。过周荔樵，还馆，步至陈伯严处，熊鹤村、王石丞先在，筠仙、杜仲丹继至，会饮。谈金同知欧杀卖饼儿，城中官张皇支吾，殊出情理之外。戌散，还家。今日滋女生日，斗牌。作书与江蓉舫。

十一日　晴

朝食后还馆，倍书，看字，讲《鉴》。吕生戒行，为谋资用。过心安处久谈。昨代人作其寿序，询知曾至闽也。日长心杂，聊寻笠云闲话。吕生、功儿校刻《春秋表》成，刷四本。夕食后还家，真女相随不肯离,坐楼上久之,雨至乃下。熊妪复上收衣,待其下复上,醴面乘凉,还寝。

十二日　癸亥,夏至

晨起召三儿均还家,待送吕生,即同朝食。雨大至,吕生欲自馆所行,复还送之,客去大睡。稍理《志》稿,检《谥法考》,求县人死兵赐谥者不得,乃知原稿亦曾检阅,尚称能搜采者。夜坐甚凉,而蚊多不可镫,坐,略翻诗本。作寄罗总兵、曾昭吉。广东考官恽彦彬、褚成博,广西王祖光、崔永安,福建黄体芳、吕佩芬。

十三日　阴

废事已一月矣,重定工课,每日仍作《史赞》、点《元史》、教书。以今日忌日,俟明日行之,但倍书、看字、听讲《鉴》。午正还家,设奠祖考,三儿俱归。至夜吕生来,云船尚未至。留谈,雨至,吕至馆宿。

十四日　雨

竟日在家课读,过午乃还馆,点史、补赞、倍书、听讲、看字、修志俱毕。夕过雨珊,又要笠、稚来谈。

十五日　阴凉

见日晨起,遣吕登舟。功送其外姑安葬,舆送吕,留懿自侍,读《成公》至半日,晡后乃倍书,讲《鉴》,写字。余点史、补赞、作《志》成,还家课读。

十六日　晴凉

至馆,日课均如额。又增校《志》稿,看课卷十本。还家已夕。但倍三女书,未点书也。稷初来,商农来。

十七日　晴凉

绂、晟子来,云欲至江南,求信与凌善人。石山、桂六弟父子来。一日五族并集,亦极盛也,但无考生耳。日课半毕,未还家,石、桂留宿斋中。看课卷。

十八日 晴凉

三湘潭人为《志》事来。心安来。未及点史,懿疾亦未倍书,甫用两日功,又懈矣。还家晡食,倍书,点书。夜坐庭中纳凉,颇伤岑寂,听雨。

十九日 阴

石、桂来告去。放学一日,出游至城外,入小西门,过镜初、重伯遐龄庵,雨,坐洪井待路干。复至玉泉山看烧香,误以观音斋日也,还乃觉焉。夕寐馆中。袁绶愚来谈。

廿日 雨凉

功儿生日,令其两弟还家,因免送饭。异过贺心安生,便坐楼上看课卷,兼寐愒,斗牌,闲坐闲行。镜初来,言"宣、成兄弟"当改为"文、宣兄弟"。

廿一日

晨起还馆,点史,补赞,讲《鉴》,作《志》,校稿,并大睡久之。未夕便睡,遂不更起。

廿二日 晴

点史,补赞,讲《鉴》,修《志》,早毕。午饥,还家索食,已过晡矣。今日复女生日,设汤饼,因待至夜烧鸭具面,妻女斗牌。三更大雨,登楼看课卷数本。茙亦病。湖南考官陈懋侯、冯煦,四川张百熙、赵以炯,甘肃孔祥霖、周克宽。

廿三日 晴

早起,登楼乘凉,复睡。向午点书毕,还馆,点史,补赞,校《志》。

廿四日 阴。有雨

点史,补赞,讲《鉴》未毕,王石丞来。筠仙送省志,作公书。因览近年保举得官人姓名,亦不甚多也。步至家,待舁,携真出城,至毛桥,水已漫矣。乘四版入开福寺门,郭、李、曹〔曾〕①、易、朱、饶、李均先至,陈、严后至,荷花已开,甄远云已食新莲子矣。席散,雨至,顷之止,还家大雨。看课卷毕。

廿五日　雨

舁入馆早饭,点史、补赞、讲《鉴》。大睡。王理安自江阴来,《志》正纠纷,得之甚喜,请其入馆,云待明日。夜理课卷,蚊扰复罢。

廿六日　大雨

点史,元钞价,一定可买米三石,四定值一女。补赞、理《志》稿。君孺来。午饭后看字,讲《鉴》,倍书。当还家,功儿先去,遂不能出。夜与君孺谈。

廿七日　晴

点史,补赞,理《列女表》,兼作传。午后伯严来约,同至王石丞处会食。余先往,林弟、曾郎先在,陈、周、蒋后至。蒋言私和人命事,出钱卌万。前筠仙讳言之,不知何故。诪张为幻,一至此耶?亥散。

廿八日　晴

午始还馆。筠仙来,言主考已知名矣。雨珊来,言邪说复劾李联英。君孺夜谈诗。得戴女书。

廿九日　晴,风凉

昨报次妇疾,还,作书复戴女,并请曾昭吉访其婿何如人。与书张冶秋,调入书院,兼赠廿金,了帉债也。发浏阳课卷去。②

---

① 据《郭嵩焘日记》,此次聚会者,除郭、王二人外,还有陈程初、李质堂、李幼梅、陈伯严、易赞周、朱次江、曾重伯、曾履初、饶石顽。

② 原刊本至本日为止,缺本年六月初一起至十二月除夕止共七个月。

六　月

廿三日[①]　晴凉

晨待砌【缺】恂乘舁，扇障面先入【缺】请助修《志》表。始上馆【缺】佳，为加一饭。点史，补赞。刻工要钱，复与一千。黄郎来，送银六十两，云助修作。谭心可则六万皆不当受者。得竹伍嗐书。外舅遣人来看，手书详虑，真同戚者。晡后大雷雨。

廿四日　晴凉

点史，倍书，讲《鉴》毕，至家看间墙，令改短前后，以便升降。余作一堂，匠人皆不识其制，累说不明，习惯难悟如此。晡后硬雨数点。

廿五日　晴

点史，倍书，讲《鉴》。不理《志》事者十馀日矣，唯闲以消夏，极为怠弛。得吕生宜昌书，凡行两旬始到。

廿六日　昨暮雨，晓晴

点史，补赞，倍书，讲《鉴》。郭郎来。杜生恐空馆，且谋代者。一小馆动有议论，可叹也。《元史》本纪竟无一事，虽赏金一两亦记之。宋濂等真盗臣也，然犹不免死，知盗固难媚耳，抑不知濂识止此，故不能清析耶？

廿七日　晴

点史，倍书，讲《鉴》。往欲考六州胡未得，大约在《突厥传》。写对一幅，书法颇佳。晚过郭、陈郎，兼至家一看。罗抵隽来。

廿八日　晴

补赞，点史，倍书，讲《鉴》。留张通典食瓜，因论瓜事，及近城中

① 自六月廿三日至十二月除夕日记，原刊本佚，据残抄本补。

疫气,日有死者。又闻邓郎见鬼攀辕,此鬼殊鹘突。善化训导来。熊妪去。

廿九日　晴

点史,倍书,讲《鉴》。

儿妇性强很,其行事出情理外,少壮时以为在我所驭也,及老方知堕其术矣。往说女子远近俱不可养,然则无法制之,此言非是,知其不可远近则能养矣。小人亦然,小人即民庶,非驱走细人。天下有此二种人,日与我相接而费调御者。又有三种人不可理喻者:一官人,一儒生,一商贾。然则君子诚孤立。又读书当须阅历,亦非少壮便能明礼。古人所以三十而娶,至三十时即陷溺,不过十年已悟矣。彼根未固,权未久,较易制也。

舆问《纵囚论》是非,余云此小人好议论之文,雅所不喜。凡古事已行,无可论。纵囚事尤不能踵行,何必论之? 夜热。

晦日　庚戌,三伏,立秋

晨未起,朱文通来寻,三人皆未起也。点史,倍书,理《志》稿。雨凉。还宿楼上,过心安谈。

七　月

辛亥朔　晨凉

步还。外舅、十三弟、常晴生、四老少并寄书来。常报珰生一女。点史,倍书,讲《鉴》,校刻《志》稿,颇患不给。见郎来,同出过筠仙、周学处小坐。

二日　凉雨,顿秋

校《志》甚繁,无暇赏也。数十年但劳于烟墨,亦与簿书期乞何异。复外舅书，言谭、张印卷事。夕过浩园，池水清冷，满眼秋色，斜风吹雨，凄然而返。熊鹤翁昨送诗来，即和之，而来不已，真健者也。始宿内房，密帐犹有凉风，夜起寻被。

三日 阴

《县志·官师》始成定稿，失去明表，几不知其头绪，补亡不易也。儿女均往家中看上梁。龚云浦、周笠西、李幼梅来。夜□□王文烨、王文若。《元史》。

四日 阴

倍书，点书，并补昨日课。以思住宅狭小，家人龃龉，儿妇懈惰，宜乘此焚荡分居。且妻性刚褊，又惯专断，令从子居，乃知艰难也。吾向未了家事，将自此节之，庶合遇灾修省之道，亦欲以佚老，此二义又相反，未知得通否。

《金史赞》极难理。至顺二年五月，诏以湘潭州民户四万奉明宗幄殿。元制，诸帝后崩后各为宫，分主其幄殿。后薨，妃嫔迭①，初称某宗皇后。元年敕：累朝宫分官署，文移无得称皇后，止称某位下娘子。脱忽思娘子继主明宗幄殿，赐户四万，为汤沐。亨忠毅悫。张知大节，不慕攀龙。阎称法祖。彦通强敏，见谓疏庸。俨黠为公，构刚于静。刘、张来相喧。

五日 凉，大雨

涂、黄从乡间来。筠仙来，言傅家事。异出，答龚、周。过家看工，便访谭、曹不遇，雨如竖竹，因过见郎而还。道上频遇塞会，官民无耻，复为此戏，非佳事也。点史、倍书如额。

① “迭”下当缺一字。

六日　午前晴

心可来,谈盐事,顷之澍雨。澍雨即所谓蹬竹篙雨,儿女均出看之。余独坐校《志》,为顾子立辉改课文,文已经斧,余又斧之。筠文殊不入题,但多道理耳。倍书、点史如额。雨至夜不止,颇忧之。

七日　晴,午有硬雨,浓云已合,未澍耳

儿女均步出,奴僮潜去,唤人不得。出至藩后,遇塞神,迎之行,过街取便道还家,甫至大雨,厨房尚未架起。吴四老耶自安徽还二日遽死。校增《志》传,倍书,讲《鉴》。黼堂送陈钞石天际稿,仍前录也。侨寓离心,无心节物,夜唯食瓜一枚。山东考官盛昱、陈与冏,山西徐会澧、吴同中,河南长萃、刘名誉。

八日　晴。新谷已芽,赖有皎日

朝食后少睡,儿女喧起,携七小儿至家看会,步还。荔樵、石如来。罗君甫来。次妇回。夜讲《鉴》,点史。新月幽凄,正帅芳魂归夜也。

九日　晴

点史、倍书、讲《鉴》毕,少睡。夕步至彭寓,答访石如不遇,即还。

十日　晴凉

熊鹤翁、杨梅舅、陆衡斋、雨珊、三馆徒、沙年侄来。沙送文石。点史,倍书。夕雨。苏四领银十两、钱五千。

十一日　晴凉。三伏遂过,实为多幸,秋热不能厉矣

办具纷纭,颇有清兴。秦县丞送礼,其弟昨信来有求,今信来复云有求,皆自以为豚蹄而不知其鸡米,吾家凤哥成例具在,令滋收之。陈伯严来,言袁守愚、郭庆藩俱大病垂危,余以为此两人皆不死者。黄河复故道,则余料事亦有差,信大道之不易言,而予智终不自

绌,且记此验之。

《元史·五行志》言灾变至,修省者次也。又次则不知所以修,不知所以省。吾今被灾,而不知其故,殆又次之流耶?周次荣同年来。

十二日 晴

庀具辛勤,家人俱不暇给。午后过家中视新屋,仅创一堂地,犹未平也。独坐楼中,待仆从无至者,久之胡贵乃来,一人料检一室,移案安床,子夜方妥。少寐,莲弟又来送夜被、笼镫,直至床前,殊惊人也。

十三日 晴

待馈,晏起,三儿已先来,令还馆陪客,功儿点过堂去。午还,坐堂上,易六郎、段海侯来。甚有凉爽之气,将晡则热矣。家人以次毕至,菜筐复堕,重整斋豆,申正行礼,乃安神坐,事毕而馂,已夕矣。家人毕还,余乘月归。

十四日 晴

尹生高卿自秀山还邵阳,下湘来看,余问当干群官耶?答云不也。蜀士云好利,而余弟子宋、尹俱超然霞举,甚为可喜。留谈竟日。衡山刘拔贡来。理安录遗还,正值大雨,题为"鲁人为长府",取长府棚也,而自居鲁人,似不合体。与对饭甚甘。

十五日 晴凉

遣船送尹生,因待其辞行未出。午间商农来,云李文恭妾死,长妇复丧,二日之间,疫气流行,甚可畏也。顷之高卿来辞行,促之去。将出吊幼梅,浓云殷雷,少卧遂寐,起已夕食,天亦未雨。步至李宅,主人未敛,亲者俱在堂下,握手而出。过子威,答访陆恒斋不遇,遇刘岳镇,复至南岳祠答刘,未归,诣汪纬斋不遇。寻阿弥街迷道,与僮相失,自问而得之。易郎已待于门,少谈,见王子,纵横大有武气。出过镜初,谈用钱事,不甚分明,盖犹公钱公用之义,非谋国如家者也。还过樊西,寻周次棠,已昏黑,不辨门径,乃还馆。

十六日　丙寅,处暑。晴,暑针仍将九十,而不觉热,此表不可信也

寻《志》稿发刻,大有增改,急切不能送去,挥汗草之。周荔樵、邓鸣之、傅竹淑、唐春湖之子相继来寻,心亦忙迫,然犹校定五十五叶,乘日送交镜初,今年第一勤劳结实工夫也。晡后大雨,旋晴,甚热。

十七日

补改《志》传一篇,馀请理安检点。今日反暇,为杨生改文数篇。商霖来,云已定馆舍矣。又云江生即解馆,则似太早。李滏初来,云其弟传稿太褒,恐为人笑,何其与沅甫异趣如此。倍书,讲《鉴》,点史。

十八日　晴

遣舆儿往看程生。倍书,点史,写扇,校《志》稿,讲《鉴》。欲出似雨,不果。

十九日　晴

邓沅郎来,致辛眉书,云弥、保皆不来。点史,校《志》,补赞,看近人诗。夕至徽馆访程生,遇二衡人,不甚识之。还见一人坐客坐,亦不识之,问之乃与祝甥偕来者,朱亭张生也。与祝甥略谈,即促之去。得镜初书,言吴雁洲禁小钱而徇其管家,致被反哄。宜令吴交出门客,以谢乡里。

廿日　晴热

正午往李宅陪吊客,客殊寥寥,与王石丞、黄碧之坚坐至申初,主人成服乃入吊。石丞去,余待轿夫,望之陪我,李、郭诸郎亦出,欲留饭,轿至乃得去。

廿一日 晴

晨出,欲访龚镇,云已出矣。遣招祝甥来。修表,补传,倍书,点史。夜复遣问龚镇,乃云手痛。营营青蝇,将何所止。还家督工,三女一孙侍行。暮雨。

廿二日 晴

祝甥来钞表。龚镇来。陈郎兆鼐、王莼甫、杨省吾来,言保安田事。午过龚,食蒸鸭,皮如纸而汤甚美,唯暑蒸饺则不对景。杨郎伯琇来。吴雁洲来,言禁小钱事,甚怨镜初避祸委咎。涂山客亦以曹氏害人,余与镜交廿年,固非流谤所能惑也。

廿三日 雨

价藩来,言面奉镜指,其昨书言错误,余亦不信也。价藩方内人,其言必方之依。熊鹤翁来催捐桥钱。午出答访杨、陈、杨、王,还借李书,便看蓬疾。送《志》稿与镜初,问价言,果非镜意,庶几智者能止流言乎。方内外不相及,《齐物论》尽之,余之闻此,若蚊虻鸛雀之过乎前,镜初其犹有蓬之心也夫?还馆,正见家夔入院,城中耳目已异,匿名揭帖人可少安矣。有此等庸妄人,何怪王之自负。

廿四日 晴

将还宅,道湿未出,午乃率小儿女往督工。沈生萱甫来寻,与同还。邓氏女婿亦来,致弥之书。看辛眉所刻书至夜。夜热。

廿五日 晴热

倍书,讲《鉴》,点史,检《志》稿。采九、杨、程来,余仍踞厕,惊起覆畚,不修容之过,几同伯子牛马矣。无他故,贪自适意,不勉强耳。夕过筠仙,问昨访何事,云李中堂欲要至天津,托其代探去就耳。誉新抚有君子言。夜热妨眠。河臣遣戍,河果不南流也。

廿六日 晴

真女醒甚早,遂亦早起,除倍书外他无所作。

与书少荃:“前承寄声,未皇修慰。昨筠兄成鼓来,问及龚总兵,亦言垂念之殷,具仰贤相照微,乔辈笃旧,感荷感荷! 前访钤阶,非欲谋馆,诚以自食其力,不至饥寒,惟向老山居,欲营亭馆,思假在高之力,为集万金,承谕其侠充饶,自当待其优暇,此亦古今恒有之事,知明公不怪其赊。至于游履所经,瞻仁知止,更不必拘以事守,要之期月也。筠公不能达意,故以笺闻。”

又写扇一柄。出访采九,兼送卞抚,已驰去矣,可谓悻悻也。邓子连来。

廿七日　晴

陶虎臣来。亲故至省者渐集,分日燕食。午约陈郎澍甘、周郎雪池、易郎申甫、邓郎子沅、杨郎伯寿、程生、祝甥同饭,午集酉散。商农来。

廿八日　晴

海侯、子铨来寻君豫,云已去,上县矣。曾郎来,留朝食。谈王抚、成中书相好事。午间君豫还,言船须晚发,留谈半日。邓子竹来。雨珊来。营勇捉人事。杳量金提,玄搿不赀。总循异贯,员应分枝。懿铄为质,醇素用情。夜大雨。

廿九日　阴凉

步答陶虎臣,还,采九来。娥婿来,言有信还武冈,索书寄其叔父。冯洁卿二子来。

与书辛眉:“辛眉九兄先生亲家道席:秋期盛集,日企清尘。贤子来,得手书,乃知养道深居,殊无游兴。及观大著,心醉目营,四海比邻,又爽然也。孝达[①]钦迟高名,托诚羔雁,越行甚易,胡不往从?

① “达”,据《王壬秋尺牍·致邓亲家》补。

岂闻彼乖崖，托之惮发；或云天行见异，将俟来年。△△顷为长李所邀，亦当北迈，豫与君约，如两家子有与计偕者，便俱率领入京，藉此将雏，成其比翼，发皇耳目，开拓心胸，且自陶情，何须坐老乎！河不南徙，政自东传，颇引新机，洵订且乐。否则蒲编斑管，日作生涯，揭晓[①]之后，再有续报。祝融之警，兆应旅人，或亦其祥耶？使还颇促，故不多及，专颂双祺，不具。△△再拜。八月朔日。”

又与邓弥之书：“弥之老兄亲家先生道席：久未相见，望因秋赋送考一晤谈，及闻贤子言留居不来，大失所望。采九亦为怏怏，后生固无论也。大寿礼应趋祝，仅以文代，乃又迟迟后期，不加责言，猥承奖借。功儿所书，弟初未检察，俱蒙许可，幸多矣，当遵谕庄书寄上也。思贤行所无事，殊愧素餐。明岁合肥见邀，若两家子弟同中，已约辛眉同送，藉得游谈，老兄必亦欣然。舟车旅食之资，力能供给，知兄忧贫，聊欲图报，无烦计画矣。倘不果所愿，明年亦必谋一会。弟频有灾劫，占为奢僭之咎，然意兴不可减，或亦可厌胜耳。时事不及言，大要不必言。因便寄书，并颂欧婴百福。”

八　月

庚辰朔　晴

点史，倍书，讲《鉴》，补《志》稿。邓郎子竹来送诗。夏生送《志》稿来，欲改未暇也。冯洁卿两子居园楼，当约一饭，宜先答访。至园中呼门不应，闻了哥声甚清脆，有念蜀游。顺天学政周德润，江苏杨颐，安徽钱，江西龙，浙江潘衍桐，福建乌拉布，湖北赵尚辅，湖南张亨嘉，河南

① “晓”，据《王壬秋尺牍·致邓亲家》补。

陈瑞莹,山东裕德,山西管廷鹗,陕西柯逢时,甘肃胡景桂,四川朱善祥,广东樊恭煦,广西黄煦,云南王丕厘,贵州陈荣昌。

二日　辛巳,白露中。晴凉

杜贵墀仲丹来访,匆匆去。晨设荐先祖考。早饭甚晏,因便约客,段海侯辞不至。江生及程郎来。子连来甚早,坐两时许乃催去。采九、寄鸿、子竹先后来,兼约彝询,自啖甚多,犹未嗛,夜欲更饭,强节之。

三日　阴凉

点史、倍书毕,过看新楼,极有意趣。便携真游李祠。还,江生父子来。船山院生旷子敏、唐凤韶哲臣、冯漱璞廷耀、曾嗣元荣甲、邹士霖桂森夕见。夜复携儿女看新楼。

四日　晴

点史,未及倍书。马岱青、萧镜藻保臣来。马午云、王鲁峰、许教官来。常晴生送土物,云患病不能应试。王谷生、黎保堂来,送《志》赀,易银钱百一十元,未知曾十何意也。江生复来。彭石如、徐甥夕来。夜讲《鉴》。君豫自县来。有求名者,与书筠仙令求之。

五日　晴

衡、清生员岁蓬仙、李翰卿来,言程、杨欲要主衡学,以倡经业,且欲为造屋,似黎氏之于胡安国也。余欲居京辇,意不愿即往,终当一成之耳。点史,倍书。还家看屋,因过心安,言学使录送事。筠仙以余所求名条仍送心安,多此一转,因更增二名,与书送去。还至门,见踵门候见者,意必求送名也,问之果然,其人为易秉范,芸垓子也。屺山大婿以外县旅生而结昏金刚,盖得军机之力。

六日　晴

晨起即欲看入帘,去早难待,便访黎、王,送真女还,仍过杨伯琇、翰琛斋、许心吾、邓七郎、张沅生、胡子正、李黼堂、郭、汪见安、判官庙江、程寓。还遇蓬道人来送考。将夜乃得食,食肉甚多。

七日 晴

晨率诸女还家,朝食后步出,答访邓子沅、常汉筠、杨少六,俱不遇。至邓子连处,子竹亦在,彼更引见同州张生及罗幼官。又至衡清馆答马午云,谒段海侯不遇,过陈郎澍甘、陈舫仙、文擅湖纬不遇。江生夜来。午夜胡贵唤办饭,笑其太早,因起送考,舁往步归。府学拥挤殊甚,寻胡郎不得,云已入矣。程、席亦不可见,乃还睡。

八日 晴

晏起,日高五丈矣。乃至贡院前一看。还,朝食毕,犹才点毕三学。巳正往宾兴馆会齐送考五六人,坐待一时许,往院坪中,方及浏阳,久之,令功儿暂还馆愒,君豫不肯,还坐,坐棚中。未正,湘潭开点,申初毕。肇甫相待久,倦欲眠,因息。顷之,肇甫去。夜讲《鉴》后携两子往待封门。初月飞光,人镫扰扰,太平景象也。三更始阖,又少坐乃寝。

九日 晴

验郎来,言芝生荐余主讲校经,余曰是增一重障碍耳,于公于私无与也。官人畏贫,故殷殷代谋,又不及黄晓岱望余登第之为雅切耳。闻芝生提学江西,湘使则张亨嘉,未见全单,得之和尚云。夜讲《鉴》。

十日 晴

晨起甚早。滋女小婢不可使,牵买〔卖〕之,得十万钱,送助营建。郭庆子亦送三万,由雨珊致之,义不可受,势不可却也。

倍书毕,出看放牌,拥挤多人,不似前时,接考者殆难辨识矣。靖港李新和相遇相揖。三牌后君豫还,未夕功儿亦出,文尚可中,诗则荒唐,以词章自命者乃至如此。

午间罗郎来求书,自言其不轻索人书,意甚轻率,为作数语箴之:“世族名家,或时贫素,当思自异于寒士。儒门素业,自有超俗之韵,固宜谦以接物,慎于发言。今有纨绔,轻简威仪,傲而对客,则人士切齿,童子匿笑。至于旧家子弟,率易轻脱,谬比于贫贱骄人,是自忘其尊贵也。人爵、天爵之说,矫世之激谈耳。使曰梁惠国主,孟子儒宗,相提并重,辱莫甚焉。而曰彼以其富,我以吾仁,何视仁如粟帛也。余起寒生,颉颃卿相,时有唐突,至今悔之,若稍有凭借,不至狂肆也。或借口矛盾,因分疏其流派也。以示后生。”

肇甫来,告去,兼引王言如同来,托为道地。今年题甚平板,未知作法。“君子笃于亲”一章。“诚之者,择善。”二句。“千岁之日至”二句。“方召联翩赐圭卣”得“宣”字。“圭分桐叶赐,卣赍秬香传”,欲押一稳韵,难矣。夜月褱回,有伤往事。

十一日　晴

早饭颇晏,饭后即往举场送考,未午即入。诸女荐其生母,令作二椅披,久之不至,借用藏缎。承祭者生有八副,死无私服器,余之过也。然廿年蓄积,正不易复。八指僧自衡山来。江西客来寻肇甫。郭孙来相看,言语无纪,近清狂也。

十二日　晴热

校严、李诗。采九来,谈元江永昌之政。云顺宁有大蛇,身在城,头在西山,有疾风吹卷,飞出风檐。又言刘、潘、刘、杜、岑不能优劣。

十三日　晴热

放牌迟于常年。看经题,乃用伪古文《书》,招牌打尽矣,王君豫犹欲张毛帜,廖季平治《穀梁》类也。未便深言,又未知其诚否,然不敢戏谈，盖言经不可游移，守汉法也。筠仙来。邓鸣之闯然来。京报，价藩不堪造就，刘秉璋乃欲造人耶？可谓蝙蝠不自见。

十四日 阴

晨阴惧雨，送考未衣冠，因早还。彭石如来，正校《志》本，匆匆对之。采九又来，言谭心可盐行事，督销干没甚重。众营室粗完，自往泛扫，途遇雨珊，立语而别。至家阴雨，凉风酣眠，赏秋而不知其气悲也。润子叔缠皮，亦无如我何，但节账不了，心安又欲借钱，乃假开福捐项应之。

十五日 晨雨

晏起。陈程初来送原银，凡用共不过二百金，而诸事皆办，乃还馆，犹未朝食，何晏也。顷之三僧一涂来，已向午矣。议拜节宜还家，待夕食毕而去，携真、纯从，诸女续至，孺人复来，两子亦至，稍清书画，月上祀二、祀三庙毕，受贺，仍还馆看月，月朦胧。笠僧后邀至园桥，郑、涂同行，过张寓，兼邀二陈、文、夏同往，剥栗雪藕，无甚可谈，片时各散。入室少坐，已鸡鸣矣。八指来，问马先生，以题诗示之。

十六日 阴

质明放牌，客、儿俱未出。写对联两副。看京报，薛云阶主试顺天，正丁价藩不堪造就之时，当其撵薛拔丁，岂料有今日，升沉由命，非智力所及也。而刘督假子之势，轻易语言，亦丁有以招之矣。午后过屋，待妻妇移还，匠役纷纭，至暮乃能至，乘月还馆。

十七日 丙申，秋分节。晴

子连早来，留饭。徐甥来，遣觅船上湘，役使奔驰一日。功儿亦以考优投文，终日蒙营，两不相喻，殊可笑也。点史数叶。采九来。

十八日 晴

晨起还家待荐祖妣，自辰将午，送馔乃至，行礼毕即还馆。发行李,遣人至城外启半山殡,先送灵舟,舟初舣驿步,便妇女近上,又恐日晚柩不得上,人使不足,往返迟误,仅而得办。理《志》稿,对杂客,疲矣。中间邓、胡两婿、程、杨二郎来,亦未暇深谈。夜为杨郎写扇一柄。

十九日　晴热

晨起检残稿交君豫,兼嘱夏生移入内斋撰成之。陈总兵请陪参将,欲辞之。闻龚镇不至,雨珊又来约,乃步往。烈日甚灼,至则更有一育婴委员,亦似红人。设食甚晏,散已未正。还家,正上梁竖柱,稍坐。梦缇欲送纩舟,待余轿往,复步还馆,余轿未至,别遣轿夫往,比余出城已夕矣,亦仅而济,忽忙可笑也。热不可被,终夜不掩,幸蚊少耳。

廿日　晴

晨未起,苏三来,莲弟留之作饭,因令幞被同去。巳初开行,祭川祇,发神福,微风挂帆,秋日极炎,暑针至九十度。补《金史赞》。儿女仍照常课,懿倍《定》、《哀》,生,点赋四句,温赋四叶,《诗》二叶。纨、湘孙点书及《楚词》四句,温《礼记》、《檀弓》。舆读《易》一卦,钞《诗》一叶。茙无课。夜泊暮云司。

廿一日　晴热

晨点书毕待饭,未初至县,舣文昌阁,遣莲弟上岸寻石山,唤轿夫。顷之,船泊观湘门,石山已至,久之轿夫来,申初矣。永、云两孙、寿、狗父子来相看。石山换钱来,余匆匆即行,轿夫健疾,急行至姜畲,已暮,宿乾元,许、张来共饭。

廿二日　晴凉

晨起饭晏,行时已辰正矣。过茶亭,询四眯,已出。至戴湾六弟处,邀刘姑、倪表同去看屋,又度祠地,环石牛山塘而行。开枝饥疲,饭于四眯处，仍至云湖桥上倪店少坐。唤拨船，并载轿夫行。夕至姜畬，船未至，夜过乾元少坐。遣放轿夫，独坐船，下湘迎船。

廿三日 风凉

晨有雨，但卧听风波声，至袁家河乃起。省船尚泊涟口，至始朝食。理儿女书课，纨、懿、湘孙各倍《礼记》，点《礼记》。茙、舆倍《系词》，写字一张。舆讲《鉴》。

余改阅刘儿《史论》，补赞一首："维明正色，峰〔举〕白从容。阿哈专阃，用贿无终。琢支浚棣，纲策山东。弼讥后戚，东平圪墉。"

哈、希[①]、二张大节、亨、邓俨、巨构、贺褐〔扬〕庭、阎公贞、刘正〔仲〕洙、杨伯元列传卅五。二完颜苏色[②]、元奴传卅六。安春[③]、贾铉、二孙即康、铎传卅七。孟铸、宗端修、二完颜闾山、伯嘉、珠格传卅八[④]。张炜、高竑、李复亨传卅九。承晖、布萨、田琢、完颜弼、蒙古纲传四十[⑤]。

大风，船不能发。

廿四日 阴晴，风愈壮，但气稍暖耳

船仍不发，督课，懿倍《檀弓》及余词，纨、湘倍《王制》，舆读《易》，日一卦，不能上口。钞书亦未送阅。夜讲《鉴》，补赞一首。

廿五日 阴。风止

行十馀里，大舟胶不能进，因思庄子水小舟大之言，解人意智也。换坐拨船，顾一只，未正至姜畬，携四女至乾元，遣信至戴弯，顷之还船，送银箱于乾元。开行，帆风，以被为帆，亦芥舟之义。至湖

---

① 《金史》列传第三十五无姓名曰"哈"、"希"者，疑是裴满亨、斡勒忠。

② "苏色"，《金史》作"撒速"。

③ "安春"，《金史》作"按出"。

④ "珠格"，《金史》作"术虎"。

⑤ 按《金史》张炜、高竑、李复亨在列传第三十八，承晖、布萨在列传第三十九。

江口,入云湖,石山必欲先往,命苏三子来报,云无屋可顿。今赁宅上塘,去此五里,薄暮,女口当急入宅,因令行李、二舟及子女先去,余留守柩。日暝,雨零风凉,颇增秋感。至乙夜,六弟两子来迎,步至上塘,自提镫行,不知南北,可二三里乃到田家,居旧宅,门窗仅存,如被乱后逃彭庄。儿女已澜漫睡,与石山同榻。

廿六日　晴

早起与石山步过云湖桥,至开枝家,冯甲总已先在,同早饭。与刘孟湘同步至曲尺塘公山庄屋,四兄又先在,顷之迪庭及其甥许生来,周行四塍看地。乡人舁柩者不合力,但怪柩重,数息乃至,除地为殡宫,毕涂之。许生设奠,未具食,仍还开枝所矣。食毕,开枝甚困,惫不能行,石山留诊方。余与迪、许、冯、刘同出,仍至曲尺塘,环山塘弯看田。迪、许还姜畲,刘还戴弯,冯送余还上塘,取捷,解袜涉水,几不能步,薄暮还家。静安弟自城来,言尹田亦失契,且言修谱事。

上十七都有周璜者,倚富横行,捶死胡椒客。有四十八庄,庄置一棺,卒无以敛,乡人盛称之。且云璜弟玠亦恶,号周三、周四,其死也车裂以徇。未知何时人,或云乾隆中人,当取旧志考之。

石山又言第二伯曾祖,神医也,治一妪哑证,不知主方,闻野鸡鸣,知其山多半夏,妪好食鸡心,因煮姜三斤,甘草一斤,取汁日饮而愈。又治厥死者,柴胡三斤浴之,顷之呻吟而起。年九十,悉召诸求医家,设酒谢之,遂不复出。余高祖六子,长退圃,好游乐,其子亦世其家。有木偶,复为妖,木马亦驰于楼,家骤落。次医,次讼,次即先曾祖,好诗酒书画树艺。次拳勇绝伦,手挽牛角,坠之田中,蹂禾稼成平土,至今号十八亩丘。次博,一家输九千谷,辄取其甥刘氏谷偿之,刘亦不问也。后子孙竟以此成隙。皆可纪载者。长居印心湾,次昂角塘，次莲花塘，次许家桥，五、六分居石牛塘故宅东西头，至同治初乃卖与雪师二百卌亩，价几万金，以为善价，其后平价，今又为巨价，不售矣。夜讲《鉴》。

廿七日 晴

早起，遣福生从石山去。苏三取箱回。乔子来，言殡已安厝，且论起屋。午略安顿，始令上学，舆读《讼》不熟，钞《大雅》，毕《乡饮》"每荐"。懿倍《曲礼》、《易传》、《尔雅》，钞《诗》至《苗黍·序》。湘孙疾，纨亦不读。

夕出闲行，兼修礼邻农。有滕翁，年七十八，神貌正如我，而须更黑，奇健也，有曾孙矣。夜讲《鉴》。与熊妪语，愿人也，差能不欺，而众以为诈。凡人人不易知，妇女尤不易知，圣人亦以夷狄草木视耳。今日无报至，功儿必来耶？

廿八日 晴

晏起。补赞一首：程采世科①。任熊祥老孝。范拱，刘豫文臣，直言守礼。刘枢、杨伯雄竟能臣。王翛阴德、老奸，极有风力。伯雄久于詹事。萧贡注《史记》。缔达赞善。张翰治剧。任天宠。"暴主乱朝，必有桢干。豫亮之廷，范刘文谏。雄达宫僚，张任谙练。翛称风力，采荣科选。"程、任、孔、范、二张、刘、王、杨、萧、温迪罕、任传四十三。张、贾、刘传四十四。珠格、高、任四十五②。张、胥、侯、巴古拉、师传四十六。

舆读《师》不熟，钞《诗·颂》一叶。懿温《诗》，倍《易》、《尔雅》。纨读《礼器》毕。少春频欧。

之美数家，讲陈龟鉴。资暇代言，洛城哭感。杨、赵、韩、冯、李、雷、程

① "程采"，《金史》作"程寀"，寀同采。

② "珠格"，《金史》作"术虎"，在列传第四十四；列传第四十五无姓名曰"任"者，或指移剌塔不也，在列传第四十四。下句"张"为张行信，当在列传第四十五。

传四十八。玉璧渊震,俱起文科。半千震耀,威卿不阿。

三子来借轿,云其父明当下县,与以十金,令买木料,起造祠堂。茂书不复成诵,未倍。夜讲《鉴》。

实伦设义军长校,保太原。讹可守河中。撒合辇,深水长人,谄。河南强伸,赤身,迷魂墙。洛东渡河。约赫德战淮、汴者"卢鼓椎"。纥石烈即"卢"也,如冠九之宗祖。实伦、讹可、撒合辇、强伸、胡土、色埒吾塔列传第四十九[1]。聂天骥、赤盏尉忻宜入忠义传,乃附崔立,可笑也。

廿九日　晴

补赞四首。兀典撤船,翻害李生。女欢吝酱,归德尸横。照碧运剑,差胜台城。庆山弃镇,死念生灵。徒单、石盏、蒲察、庆山奴传五十四。益都殉徐,死不改髻。亳军之乱,宾有深计。奴申完陈,聚为敌殪。乌登醉息[2],栲栳歼蔡。

舆读《比》讲《鉴》,钞《礼》至"不崇酒"、《诗·维清》。懿倍《困》至《未济》,《释亲》至《丘》,钞《黍苗》三。纨倍《礼》并及《惜往日》各一篇。夜渐雨,园庭桂始开。一夜三起。

九　月

己酉朔　阴

补赞四首。舆读《小畜》,讲《鉴》,钞《诗》、《礼》"献大夫"。懿读《王制》"封国",倍《释山》至《木》,《易》《谦》至《离》,钞《隰桑·序》。纨点《郊特》。湘孙复病,请乡医诊之。谭翁来。夜雨。茙、懿

① "实伦",《金史》作"石伦"。色埒吾塔,《金史》作"纥石烈牙吾塔"。

② "乌登"不知何意。据《金史》列传第五十七"醉息"为完颜娄室(中娄室、小娄室)等人事。

字复无法，令各作一张，守而教之。

二日 微雨竟日

《金史赞》始毕，文颇稳称思，目则迟矣，此老少之别，无壮少之异也。

舆读《履》，钞《天作》"献工"。懿倍《易》毕，《尔雅》毕，钞《隰桑》，倍《两都赋》，温《两京》。茙、懿各写字一张。纨温《老子》，点《橘颂》。

李三自蔡家来，功儿附书，云考取林绶臣之下，可感也。始林授鸿甥读，功尚童稚，今得与同考，一可感。吾子乃不及林，又一可感。周提督送茶菊锦缎，兼以书来告到任。

三日 大雨

李三去，附书外舅，言居乡之意。竟日多卧少事。懿倍《书》，《诗》，钞《白华》，临帖。舆读《汰》①，钞《成命》，讲《鉴》。滋写屏幅一纸。

四日 壬子，寒露。晴

晨率舆、懿、纨、复、真往山塘，至桥西，开枝遣儿来迎，云已从姜畲朝食还家，田已兑价矣。因往剃发，剃工云三十年前曾为余栉，老病烟饮，不可录拔也。坐待地师，久不来，携两儿至山塘，绕从林后往，复从前还，仍至戴湾，三女已归。地师来，复同至山塘上屋后山看地定穴，便令择日。暮色已合，与两儿取大道还上塘，甚煊，可单衫耳。讲《鉴》毕，早眠。

五日 大雨

三子送葬日来，便在明夕，方督课，中心怆然，遂令儿女均废业。

---

① 《汰》，当即《易》之《泰》。前日懿读《履》可证。

乔生偕木匠来。冯甲总复来。遣苏三往姜畲庀葬具,少定,儿子闲旷无事,仍令写字,余亦作《靖港楼记》一篇。

六日　晴

异携真女至山塘看茔地,掘圹才二尺许,石灰未至,不可仿常法筑底法筑底。此间作坟皆和湿灰,云坚则成石椁,改葬曾见其坚固,亦姑听之。冯甲来助葬,开枝弟亦来,云石潭石灰甲湖南,岁可十万金,一石当三石,一斤值三钱,亦三倍常灰也。诸女续至,复衰裳往启殡。酉初倪地师来下柩,甚生疏,视之危惧。夜月照山,独往衰回,夜不可筑,因苫盖之。携五女宿庄舍。四兄、刘婿均来,夕去。

七日　晴

筑坟土工八人及冯、刘、四、六兄弟俱来饭,偕佃户姜姓母子料理。日烈不可督工,亦不能听督,任其用彼法作之。

八日　晴

议作丙舍,兼立祠堂,往周家量度规制,计费二百千,裁得三间屋,亦甚费也。开枝促成坟,未夕已封,在乡间为巨工矣。冯、刘亦来饭去。次妇来省。

九日

晨用少宰祭墓,大设四席,待工人久不至,自往茶亭请四兄还舍,迪亭亦来会。满绅来吊,唯持爆竹绕墓放之,亦乡俗也。至午方食,地师、木匠复至,迪亭两回皆步行廿馀里,加厚于我者。议围山种椒,凡作土藩工百廿丈,费廿馀千。种松十万,费十万钱。昔余欲横栽百万松,甫十中之一耳。

未正五女往开枝家,余步还热甚,面黧黑矣。开枝遣异来迎次妇、孙女去。夜讲《鉴》。张子持来久谈,悉问经学,亦有志之士,乙夜乃去,始复毕讲。

欲作《后石泥塘行》，笔势多趋中晚唐，再改未纯古，夜思“掌”字韵起，乃稍机局，然欢愉难工，不及前作也。“云湖水尽川原敞，高平十云烟如掌。置宅冯冈可万家，百年乔木葱葱长。南州衰气乘己庚，故家十室九替凌。吾宗此时尽被败，明年海内风尘生。迩来二纪始休复，重入山中访茅屋。清秋桂椒西风香，四山林木苍然绿。中兴家业谁最贤，盛衰人事非由天。富贵浮云不可致，兄读弟耕三十年。当年身不践南亩，自料儒冠断相负。山田半顷手自耕，十岁秋收三万斗。丙舍松杉拂云日，攒柯接叶苍苔厚。荷锄馀力及瓜芋，更与湖堤种榆柳。翻思昔岁山川枯，行人愁伧日月徂。亦如庸臣当国柄，坐令四海成榛芜。家国陵迟财用涩，但仰租税烦供给。政刑百废不复兴，仰天坐叹何嗟及。吾家四十八宅馀一存，溪园四十野火焚。朝廷特起曾与胡，收召豪杰同忧勤。我虽贪天盗人力，亦有微画参湘军。归来相劝一杯酒，山塘刲羊作重九。少年堂堂如逝波，万事茫茫信何有。故宅重新易主人，楚弓得失不须论。巢、由尚欲买山隐，羡尔桃源长子孙。”

杨泗庙至杨梓塘石路五里，张氏族人公修塘北五里，有桥，亦张族所建。

十日 晨雨顿凉

待发行李，恐不能去，遣往止之，则已至矣，雨亦顿止，凡五人，四往返乃尽。余留待主人娶孙妇入门乃行，至晡不至。闻张子持言湘潭中式二名半，急欲看录名，乃行至开枝宅，石山已至，两子方在桥头唤船。山桂初香，看市北四方树，盖梓树也，叶不同形，故名四方，树亦稍方，余未见楷木，不知是否。船须明日乃发，十馀人俱宿开枝家。

十一日 阴

晨起至船，待发，已过食时，遣次妇、六女率真、湘由陆至姜畲，余俱从余坐一拨船,水陆俱以午正至乾元店。辅、迪坚留妇女住一日,许婿亦豫午饭,云余先约定也。前日漫言之,实不省记有否,闻其至城买羊,因往一食,比行已过晡。舆、懿从嫂、姊往外家,真女复来从余,因率四女、熊妪、莲弟俱行。茂吐呕可厌,听其昏睡。初更至沙弯换倒爬,即泊沙湾。

十二日　　阴

晨移观湘门,送契与杨总兵,令交县印,并问可假贷否。杨大惊怫,且言棣甥欺彼。留饭,入内稍谈,还船欲食,不能复饭,吃茭白、油条,送三小女人城,寄三子家。余试过皆不忍堂,则子筠正在与帅西林谈,托其代拨二百金与乾元,且便取千缗尾数以行。子筠云同人俱欲请一饭,约集宾兴堂。吴劭之亦来会,送纸索书,且言秦中书索书云云。

看《名录》,县人中式四人,韩、杨、石、谭也。一副榜陈姓,居城中,皆不相识。平江大贾儿高中,盖枪替也。馀多老生,亦似有鉴裁者。

至三子家少坐,再送真女还船,复亦同回。道遇陈佩秋,腐气可掬,大要求荐馆。再至宾兴堂,则诸人无至者,唯唐春湖及吴、杨、徐帐房同饮,吃羊肉颇佳。复过杨宅取契单,杨侄送余登舟,托荐校经堂,大概为其弟谋耳,而陈义甚高,允为谋之。志局送钱六万五千,夷钱卅,云已清结矣。又欲取版刷印百万,但供刻费,定价每部千六百,且俟成书再议。

唐、吴、徐、杨登船相送,闰子亦来,与之三百八十钱,从所请也。为三百八十钱尾随廿日夜,殊可感闵,不复厌恶之矣。施舍最难,余尚非雪中送炭人。刘孟言胡荔村巡捕家有大镜,久欲谋送锡侯,托其问价,此则如锦上添花,而实一介不取也。论事故不易,故知人为难。待两儿一日不至，初更开船，半夜至昭山，放流，船人俱甘寝，余不寐，然烛作书。雨作旋止。

十三日 阴

晨至枯石望，微雨南风，起帆行廿里，舣草潮门，怀遗像登岸，至家安楼中，此大古之虞礼也。与孺人谈不数语，芒芒至馆，遣迎诸女，发行李。文擅湖在此小住，正早饭，已向午矣。阅《申报》未毕，馆生李登云、左幹青来见，一正一副，新举人也。黄郎希仲、谭心可、黎郎锦彝来。余初至而客盈门，岂非八字所招乎！胡杏江、邓婿来，留饭去。夕至家，纷不可理，少检点之。携复、真、纯孙宿馆中，夜早眠。

十四日 晴凉

钞近作诗，写扇，《志》稿尚无头绪，未能理也。电报湘臬擢陕藩，叔耘来作湘臬也。薛氏一时之盛，季怀不及待耳。舆、懿从外家还，后女回家浣濯，遂不肯来。慧孙来，复欲去，自送之。还与苏四论造屋厅事，不敞，令改之。真女独戏不须伴，殊有成人之风，凡少无父母者易成立也。为左青生改朱卷文四篇。叶举人德辉与袁守愚来。

十五日 晴

作《谭拔萃传》，令两儿理书。陈伯双来，谈闱中事，湖南实无房官，非尽考官之不谛也。又言明年为治乱枢纽，已欲还乡，姑待之。所见与湖南两学使同，所谓海内知其不可也，亦甚危矣。沈萱甫来，言馆事，又欲入讲舍，皆以有饮未便。

新疆南八城，又谓之东西各四城，东则哈喇沙尔、库车龟兹也、阿克苏、乌什，西则喀什哈尔、英吉沙尔疏勒也、叶尔羌莎车师也、和阗，而吐鲁蕃别有五回城，不在此数。北自巴里坤始，西有三县，隶乌鲁木齐。乌,垒也。又西伊犁北岸亦有八城,皆汉名,则以营为屯,今悉毁矣。伊犁,元阿力麻里元帅府。乌木,元别失八里元帅府。吐鲁蕃南至哈密,元火州曲先元帅府。皆统于行省,治阿母阿辽,曰寻思干,今喀什罕国也。

十六日　晴

午出答客,过伯双、陈万全不遇。过震伯、镜初、郭子静、筠仙谈,镜处过价藩,筠处遇廖逵宾,还已晡矣,索食甚急,震伯复来,吃饼。夜还家,凉风作霜,已复将寒。孺人论家事,每不如意,正言斥之。默默独坐,遂无与语者,乃起步还,并迎真女来。

十七日　晨起欲霜

携真女寻笠僧同出看菊。昨与震伯论歌行当换笔不换腔,李白多换腔诗,韩、苏则不知换笔。杨梅生送印契来,云陈明府不取税银,但索一诗。黄望之来久谈。黎郎来,字桂生。

十八日　晴

朝食后还家,遇价藩。闻外舅来省,因往看之,不遇。途过沈萱甫、杨笏生,云子筠有信,刻工、木工索钱甚急,无以应之。作《汤孝子传》。

十九日　晴暄

复过外舅寓不遇,至玉泉寺看烧香,妇女皆似鬼道中人,乃知古人贱女之义。外夷尊女,盖即净土也。还,无事可作。寻僧借钱不得,乃往望之家取得二百金。龙郎请开卝,与欧阳鲁亭同事,即萧小虞火计也。儒家子争趋于利,笛、皞乃有此儿,亦义方之不豫。园丁送菊来,且要僧同看之。复书子筠,兼送婚贺。今日霜降。看《元史》。

廿日　阴,有雨

晨起设荐,曾祖考、先妣皆生日,以正堂方筑地,就馆中行礼。

雨珊来。邓婿来告行。外舅来谈,未去。

筠仙来,言今日议开轮船马头,集股往买船,约往看客,至则诸人多散,唯少大、左四、刘、陈、欧阳曜、杨怀庆、贺子博在。陈玉三出赀一万,余遂无及二千者,可以吓退小商,恐不能成也。设食,盖朱家折银,至夕散。步过外舅寓,二更还。

廿一日 大雾,晴

散步过外舅。点《元史》,倍书,讲《鉴》。佛怜僧设食,要君豫同斋,请镜初不来。显宗僧请写字,书横幅甚恶。饭后醴陵廖生来见。闻俊臣至省,领真女步往访之,白须飘萧,颇清于往日,自言病后精神少减,甚称少荃,而不甚推丁文诚。将夕犹未饭,不便久谈,乃别而去。与书梁平江、谢少大贺节。

廿二日 大雾

笠云僧荐一粗使来,同看月季,误以为海棠。点《元史》,倍书。宣“小者难”。午出答访常霖生,遇马午云,极谦,言文不佳。丁果臣孙允钦子来求信去。黄子寿、王石丞甚言龙研仙荒唐。余与皞臣至交,不能喻其子于义,由权力不足也,若有尺柄,必可止之。至外舅寓,方睡未入。谭心兰送《中星表》来,兼言讼事,其从子告余情节,无可致力者。

元时追赠颜子父母妻谥。又帝后俱缠羊毛,坐待薰割,方知欧阳纥遇白猿,以帛自束,真有其事。又有金锦,名讷克,实今藏缎也。俊臣夜来。

廿三日 晴

俊臣衣冠来,刘定甫道台来。浏阳马生允昕新举来见,年廿四,有曾祖母,五世同堂,可喜也。倍书,讲《鉴》,点《元史》十叶。今年殊无心于学业,由其失主人公之故,非精神顿衰也。刘培元送酒。

夕遇外舅,送余邝祠而还,余复送至寓。还馆,黄亲家来。夜至俊臣处。

廿四日　晴暄

马亚魁、冯副考来。陈设,邀筠、俊陪伯双,夕集亥散。多谈前定数术事及科第门族。驺从索钱,声喧于内,伯双甚不安,余云此非君所能弹压,地方无吏治耳。既请客,不可禁呵其从人,好言谢之,俄顷乃定。刘酒已败,不可用。

廿五日　晴煊,复至七十五度

早饭后出,答访冯、刘,冯辞刘会。冯乃衣谷妻兄也,久知吾名,亦油滑人,非朴学。过家看工,云此月可毕。还,答访马生。同县举人韩力畬、谭聘臣来见。

廿六日　晴,愈煊

晨起,要理安清理《列女表》。心安来,还五十金,兼约同过雨珊早饭。陈总兵约陪俊臣游开福寺,舁往,俊臣已至,筠仙、唐鲁英、俞鹤继至,饭罢往西门吊程伯汉之丧。喻子、皮鹿门、周镜吾俱在,入城已暮。夜热。讲《鉴》。

廿七日　晴

自理《列女表》竟日。李雨人及新副榜陈寿南来。易由郎、祝映汉、王石丞来。夜雨,稍凉。

廿八日　雨止,仍未冷

理《列女表》毕,凡七八创稿矣,犹未次第。六弟子敬生来,致石山公信,言志局兑二百金,竟未得一文。驾无底船,风利不泊,亦可忧也。且往筠仙处会饮,俊臣、张珣、昆生、陈程初俱会,途中轿堕破散,步入郭门,夜仍舁还。与书弥之,定船山讲席。

廿九日　晴

与书汪伟斋,借廿万钱。理《列女表》。张昆生来。舁过王石丞,至又一村陪俊臣饮,俞、唐为主人,筠、程为客,戌散。

晦日 晴

晨过俊臣,论天下事,无中肯语。仍暄。懿倍《春秋》又一遍。理安欲归。伟斋送钱十万来,且言已继李氏,并先取一妾,又买大宅去五千金,甚竭蹶也。遣三子还乡,令功儿从往冬祭。又过一关,尚少五六十万,未知何措也。笏山所云"不节之嗟",嗟则否矣,窘则有之。夜讲《鉴》。与书瞿海渔托借钱。

十　月

己卯朔 晴

写对,倍书。李雨人再来。雨珊来午饭。改《志》稿。沈萱甫补廪来告。复朱雨田书,请作若林墓志,以若林得吾文易易耳,求当于难得者,未欲诺之。夜讲《鉴》。

二日 晴

写对幅,校改《五行志》,倍书,讲《鉴》。

三日 晴

熊鹤翁来,问桥捐事,兼促写扇。杨商霖来,云仅存千三百金,已用罄矣,若在八月前则不买田而悉以借我,恐未然也。

出答访三贡何、黄、周、二举刘彬、刘钜,因过伟斋,皆不遇。至镜初、蓬海处,谈出世入世事。又答访王梦虎庆衍,名呼刘、李,一大提督,淮军派也。过门不入,午出晡还,甚倦于酬对。夜校定《志》稿二篇。唤纨来,欲得一女使,林三乃荐一村妪来,甚似烟馆中人,亟遣之。

四日 壬午,立冬。晴

少村来。校《节妇表》凡十馀过矣,而不能记忆,甚可愧也。倍书,看字。纨始理书,更唤茂来。夜讲《鉴》。

五日　阴煊

校杨刻《志》传,不及邹刻甚远,业已刻成,止能修改矣。看乙岁日记,书法颇佳,又说"菉艺"亦可取。镜初送行褂,云世尊说法,天人献衣,以吾能说《春秋》,故有此赠。近得道人心镜也,拜而受之。写诗卷一幅。

六日　阴雨,稍凉

校刻传一本。周笠西来,言墨卷多钞人他题文以取隽者。文心无不通,亦作者不切题使然。倍书,懿倍《诗》一过。讲《鉴》,诸女尽还。夜检湘潭寺、观、祠、庙总作一表。

七日　阴风,颇寒

钞《寺观表》。丁孙来,言厘局有馆可得,与书但道台谋之。还家看屋,东邻开三窗,正对窥暇,有似庐同隔墙恶少。近日正有陶、劳争墙斗伤事,两故督家俱失体面,此等事宜置不问,理谕家人,不必复言。

还馆夕食,三小女复来。懿背《易经》甚生。夜讲《鉴》。将吊若林,访朵园,以酬一岁之约。

八日　阴,大风

朝食复闻异夫已至,欲趁十一还城,因仓卒出城,小毛衣犹寒,行久之,乃至石子铺,问途犹有卅里。遇二黄生同客舍,有一人自言尝见我,未之省也。促行,傍晚乃至屈坤新屋。入吊出,与任芝田、李子章之子陶臣、郑七爷、唐三太相见。芸〔芝〕田要至帐房,见朱俊卿,致花边四元,托办一席为奠。夜与芝田同房宿。

九日　阴

朝食后芝田要往其家,见其妻子,妻见六十矣,犹未甚老。略谈数语,取山路过乌溪桥,渡苦椒岭,十三年旧路,闻名始悟焉,即古大路也。十里至青山铺,又八里至下马坑,道旁即东坡坳,所谓千年老屋也。朵翁将出,遂不留待,余入门无所之,其孙芝棣在焉,又有点痘医生在客座,入书房少坐,循山径至朵翁精舍,署曰“瓜豆棚”,为屋七间,亦精致可坐。顷之朵翁及其三子鼎三还,入见两亲媪,一肥一瘦,俱六七十矣。即宿豆棚西厢,谈至子初,又独看书至丑初乃寝。月明花影,颇有幽趣。冯树堂子右铭同饭。

十日 晨雨三阵

冯子去,余待饭毕雨止乃出。循旧路过青山铺、苦竹坳入山至朱家,孔搢皆、张荫楼、戴进士等皆至,与芝田陪点主礼宾,雨恬出谈,夜设奠上香,吃成主酒。还宿若园南轩,月明菊香,无心赏玩。

十一日 晴暄

朱妾出示并蒂莲,云若林因莲折而死,近花妖也。雨田家复有芝生,而子遂高魁,一吉一凶,恶乎定之？雨田送橘。晨食甚晏,饭罢即行,搢阶踵至,十里安沙,十里新华岭,朱家设尖站,饮橘皮酒一小杯,不饭遂行,已日睉矣。十五里渡水,渡河入浏水之小川也,案图则是涝水。五里白马铺,十里鸭子铺,五里步渡浏水,五里入城。询知功儿未归,疑其溺死,遣人往探之。林三荐一小女来为佣,年始十八岁。城中近有顾婢者,疑其未妇也,而自云嫁十年矣,呆弱岂可驱使？九、十女来眠,姑令伴之。文世棠来见。

十二日 晴

初至尚无心理事。看京报,屺山死矣,念其有墨合之惠,宜赠一联:“十六年前话官情,如君事事从心,毕竟难期林下乐;三千里外同门馆,顾我匆匆归里,至今遗恨海天琴。”

晨还家,室工粗毕。懿、纨点书。陈倍之来,久不见之,子死家贫,几如刘静山矣。自云犹有六子二女,但啖饭耳。任芝田子亦不力,固不足论,然如任、陈者何限,正内有佳儿。作书寄芝生,荐廖二去,并寄《春秋表》与之。过罗海渔、曹价藩。夜讲《鉴》。佣女辞去。

十三日　阴

始理《志》稿,写诗幅,倍书讲《鉴》。夕率二女还家,新屋始成,登楼小坐。还馆,列诸祠寺,乃知吾县人俱好造寺,家有一祠,他县所无也。李小泉除漕督。

十四日　晴暄,蒸润如春

率三女、懿儿看马射。理《志》表竟日。见郎、守愚来,言刘督内召,杨徙蜀,刘代杨,魏代刘,边备愈弛矣。萧死唐兴,殊出人意外。曾履初来,云介石与陈池生结昏,已为媒也。刘以劾芥帆免,疑为所中。郭云四御史因受鲍金而劾之。夏生云刘为李所力保,半月前即有此信,迁除外间具知之,尽谣言也,亦非美事。因诵姚合诗云:"一日看除目,三年损道心。"有慨乎其言之。倍书,讲《鉴》。吴妪复来,四仕四已矣。夜雨不寐。

十五日　阴

理《寺观表》竟,写对联四副。镜初论三科九旨,旨大于科。旨三科则廿七。新故旨、内外旨、远近旨、详略旨、笔削旨、为讳旨、信史旨、五始旨、七等旨。功儿自乡还。

十六日　晴

出答拜康吉人解元、翁炳南等,皆不遇。至熊鹤翁、胡子威、彭先生处,少坐而还。还即畏寒,蒙被而寝。

十七日　晴

先府君生日,强步还,设荐毕,仍至馆卧,遂病。瞿新郎、邓四耶来久坐,留客饭去。余夜睡,昏昏然忽似悸散,乃觉神识之大,斗室中若无边旷野，己身不知为何物，皆精气散越所为也。

十八日　晴

卧一日。懿倍书，《易》毕。夜讲《鉴》。子瑞来。

十九日　晴。丁酉。小雪

见郎来。

孺人不来问疾，自以为有礼法，因妇女来力斥之。疾亦稍闲，本不须人问，但礼不可废耳。死可作达生，当扶侍，虽方外犹有问疾之礼，况余素无疾，尤当慎耶！镜初来，言子襄约便饭，小坐去。初夜孺人来，便留不去。讲《鉴》。

廿日　晴

晏起，犹未食，稍理事，倍书。丰〔舆〕儿殊不知世事[①]，令看余律诗，夜念十首。孺人还家，遣令上湘贺外舅生日。

廿一日

大愈。复生急欲去，欲觅数十金与之，了不可得，使龙研郎谋之，久不报。昨与筠仙假得百金，挥斥尽矣。闻龙招火采金，已佃大宅，往看之。适长妇率次孙来，周岁叩喜，小坐令出。诸儿女皆还家。率功儿看火祠大戏，乃陈羹土饭。还过福源龙寓门，方屏人对客，未知作何计画。天阴欲雨，还家食饼未饭，小寐还馆，儿女续至，觉倦乃眠。夜雨。

廿二日　有雨，稍寒

重校《节表》。丁孙、杨生、见郎来。倍书、讲《鉴》如额。功儿来馆，留宿。

廿三日

刻字人送板来，检查列传。刘孟湘自云湖来，出示和诗，留居北

---

① 作者次子代丰已亡。

斋。家无客被,赁之不得,正冬寒,非长物故也。《节表》必须总校,非可继续为桥渡,复未检得,仍然坐愒。曾佺宗聘石氏女,谭祖梁聘欧阳氏女,石世绥聘朱氏女。

廿四日　阴

校《妇表》,倍书,讲《鉴》。见郎来。验郎来片,问借钱事。

廿五日　阴

舆儿生辰,放学一日。阅近人诗,校《寺观表》,刻工缮录,精细可喜,为通校一过。子瑞来。与书杨梅生。

廿六日　阴雨

过镜初,论"同盟于幽",当有"公会",以为柯盟之效。但汉本无"公会",师说皆以为公不与。今以传例推之,同盟同欲,善词也,公实与,故不时而月,与廿七年相起。公与而去公者,讳上要盟。而今同,知实公与者,公不同,则不得为同,同即讥内,清丘是也。此无讥文,从月例,知公实与。

至筠仙、李佐周、庄心安处谈,还已暮矣。家中无饭,因至馆食。讲《鉴》毕,更令懿讲杜诗注。看近诗及课卷。

廿七日　阴

看课卷八本,龙验郎来。倍书,讲《鉴》。懿儿虚实字不辨,令讲《杜诗详注》,每夜二页。

廿八日　晴

看课卷,作《志》表,选近诗,颇尽目力。二瞿郎来。郭少大人请午饭,至申乃往,俞、李同坐,筠仙亦至,夜散甚迟。讲《鉴》、《诗》。大雾,几不辨人物。

廿九日　阴雨

周荔樵、李佐周来。看课卷,作《志》表,夕还家,寝于东房。

十一月

戊申朔 雨

斋居钞表,寒风颇重。

二日 己酉

蒸祭曾庙,辰正行事,午初篹〔馔〕。看课卷十六本,因留夕食。夜携真女还馆,即睡。

三日 阴

倍书,看诗,阅卷。午睡。夕过周笠西会饮,王石丞、谭心泉、郑子蕙、李佐周同坐。石丞言巡抚迁调者五省,游子岱擢粤藩,何枢川臬,高紫峰擢桂抚,郑言卫移山西,奎移苏,崧移杭,沈移徽,陈六舟改三品卿,此除授又出人意外。夜还家,诸女皆留,独至馆讲《鉴》。严秬香来。

四日 阴

昨坐频闻客坐嗽声,初不疑有盗敢声响。及就寝,复闻之,呼问,云后房应声也。又闻门开,呼之,旋阖,盖不疑是外人。已而又闻户开声,乃呼功儿起,久之方出视,正见一人入下室,而左户室反关,乃呼前后人起。禽一盗,令纵之,门斗不肯,至晓犹未去,日旰余起,始谕遣之。盖送官官纵,不如自纵并示恩也。此盗无异于清昼攫金者,岂次青入主之祥耶?

朝食功儿去,临王仲霖之丧。余看卷选诗。黼堂来。邓三郎来,言罗秉臣还,无所遇。笠云送纸来,请心庵书。倍书,讲《鉴》、《诗》未毕,外报生火,遣工役并还家,顷之已灭。

五日 阴

倍书。检《山海经》体例。见郎来。彭笙陔来,言万寿山工程拟派四督,盖以内府例,汉人所谓"宫中府中,俱为一体"者,四督无以应耳。子夷、子正来。

六日　阴

朝食,龙老太来拜,请其少坐,已而周荔樵、俞鹤樵继至,往客厅,则诸君迎刘、李、郭,主者纷集矣。顷之霞仙先至,次青、意臣继之,众客纷纷叩贺,余亦同王、胡双叩。更与李郎陪客,客多不可陪,筠仙来,余遂暂退。曾、黄郎、陈伯严、傅竹湘、彭石如及其从子来,余少避,还家,不得食,仍还馆,馆餐欲毕矣。饭罢寄禅、顺孙来,夜看客,散后讲《鉴》、《诗》。

七日　阴

先孺人忌日,辍业,步还家,登楼静坐,待奠毕乃食。未饱,欲来携真及纯孙还馆。理《寿妇表》讫。得雨循书,杨总兵书,即复片令去。气甚煊蒸也,已受凉矣。

八日　阴

倍书。懿诵读久久不上口,又失《通鉴》一函,甚闷,聊出闲行,便过镜初,谈经甚畅,因约明日一集。步还家,又过价藩。召懿还,食饼,乃率两儿及真还馆。得弥之书,字迹潦草,殊为可讶。

九日　雨

真生日,送还家。约笠云一斋,朝食后舁还。风雨甚冷,登楼检书已半失。顷之笠云、寄禅来,食包子汤饼,镜初至,方食,价藩至,因设楼上,镜留讲《春秋》,去时已上镫,遂宿正室,被褥单薄,为之感怆。

十日　晴

晨闻路干可步,真欲从行,纯孙亦从至馆。君孺来,云县中来三人相助成书,亟遣迎之,皆辞不至。饭后劭之、子云、杨笏生来,拟作《诰封表》,又必要分文武,皆可从也,久之乃去。罗锡章来,未得多谈,询之何柩已至。

得萧绮笙赴,又作一联:“漕选愧先□,坐看云霄鸿鹄举;津门悭一面,空怀骢马玉珂来。”夜雨。

十一日 雨,午后霁

初命早出,待至午乃得行。子云又来,汪镜清继至,价藩已催客矣,匆匆可笑。看课卷久毕,置数日犹未定等第,复检校之。贺蓬海生孙,答访刘春禧俱不遇。过劭之诸君寓,少谈,便访朱经魁恩绂、任芝田。过商农,以为必不遇,乃正在家,云将诣价藩。余先舁往,曾举人先在。陶宅子师亦举人,称兖翁,未知其姓。商农、徐寿鹤继至,食蚝芋,皆桂产也,正半山忌日,竟以供之。席散还家,余烛犹明,登堂悼之。

刘荫渠尚欠一挽联:“卅年节钺不骄奢,被服儒生,同时将相清无比;三仕升沉忘喜愠,韦编易学,晚岁优游德益尊。”

十二日 晴,晨雾如雨

午出诣少村,便过傅郎不遇,诣黼堂久谈,主客俱鼾睡,亦佳话也。寻言舫丞不遇,过伟斋而还,过晡矣。讲《鉴》、《诗》,看《列女传》,皆当重刻,明日当先了此。夜过雨珊。

十三日 晴

滋女还,未来馆,遣迎纨女来。子云早来校表。余作《烈妇表》,竟日未了。原本淆杂,欲一回了之,故反费多手,今日方知竭蹶之故。治世者可更张,不可补苴,拨乱反正,先正之也。少春来,落落不相入,但求速去。纨睡不醒,令懿送之。

十四日 雨阴

朝食后少村来,以银三百两见借。

至左侯家陪吊宾,其妾子主丧,众云当如李氏以嫡长孙为主。

左妾在君门与嫡子同居,不能有子,然律令斩衰,斩不主丧,反以功主,议礼者殊可笑。或又云嫡承重孙加缌为功,则又似有主道。要之皆不足论,以今世无行礼者也。然则功孙在主人位,其子以杖即位耶?命士异宫,嫡孙为众主可也,同室而嫡孙姑避亦可。众宾毕集,为留一时许乃还。

筠仙旋来,论代者,意主汪镜清。余云欲我斟酌,则须更举人,乃以石丞配之。又云求者甚多,而不举其名,又未知何人求也。雨珊来夜谈。讲《诗》。

十五日　雨

作书复弥之,又与书刘子。胡郎今日上京,借刻字人十金送之。功儿往送,一日不还。初患无钱,有钱复无人料理,琐细可厌,姑置之。写字五张。滋来省,旋去。晡与雨珊同过商农晚饭,成静斋、徐寿鹤先在,汪镜清从至,筠仙来,又久之始入席,夜散。还家轿杠断,倾跌至地,未伤耳,甚愠,小坐还馆。讲《诗》、《鉴》毕,将三更矣。今日诸生并未告去,与谈学术。

十六日　阴

晨起欲理事,忽忆寄禅催诗序,随笔作之,甚有理致。作《列女传》,清理刻板。纨及真并随滋来。夜讲《鉴》、《诗》,换银清帐。

十七日　雨

《列女传》粗有端绪。午出答访张学使亨嘉,字燮均,尚未入署。

至镜初处谈《春秋》,镜以大眚为桓公死月,眚为忌日,大眚则忌月,以下夏五月首时为起文。又说三外同盟皆公宜与而不与。又说盟于黄为黄人,与盟越相起。又说女栗为周地,与贸成〔戎〕相起①。

① 《春秋公羊传》、《穀梁传》均作“贸戎”,《左传》作“茅戎”。

祭叔来聘为私行,与公子友如陈相起。俱为细密,大眚说尤佳也。

还过行台,见夔均,开明不似翰林生,似可友也。夜雨。松、笠、寄谈诗。食饼。讲《鉴》、《诗》。

十八日 晴

闲息一日。黄同年子永祥来,云以武功补抚标守备,当引见乃到任。其父字立五,盖名源樵者,有赋数十篇,属为改定刻之。镜初来,云暂还乡。功儿来,云张庆送闽物,有兰四盆,印石甚多,其弟乃生员,又可讶也。闽纱甚佳,而不知送此,其所以为张庆。

十九日 丙寅,冬至。晨起霜寒

还睡,待辰正乃起。写扇一柄,因录冬至诗,复题一律:"霜蔼晴光瑞气暹,迎长重喜复阳占。祠堂笙酒为宗燕,御仗貂珠隔晚帘。佳节每抛梅解笑,绣纬定掩线谁添。今年至日堪游赏,帐触韶芳雪鬓鬑。"

罗均甫来,问诸少冶游踪迹。午携三女游浩园,石洞甚热。招吴、徐、杨便饭,匆促治具,亦颇得烹饪之宜,酉散。夜讲《诗》、《鉴》。

廿日 晴

晨还家看木器办否,家徒四壁立。看闽物,留朝食,还馆写字。商农来。狐裘甚热,凡裘能热不能暖,英夷传热之未确。何棠孙、胡杏江、周郢生来访,君孺适遇之,因陪久坐。

欲检《志》稿,未能细思,姑又置之,然后知吾衰甚矣。似此终成坐废,不能自振,奈何奈何!得蜀书及彭朵园诗。朵园劝我无干李相,未知其旨,盖亦与筠前说意同,尊崇合肥,蔑视举人之义也。

查例载以妾为妻者杖八十,准其更正,即未闻有子当丁忧而临时更正。主可绌妾,子不能留母,业已继母,仍当持丧如母。其主自可听其更正,不祔庙不立主也,以杜取巧匿丧冒考补官之弊。

廿一日　晴

始作《山水志》。夏生入手即误,余几从误,乃知图学亦须入门,但吾则无师,岂真天分耶?粗心细心之别也?雨珊来,谈及野秋赠刘女金,为书谢之,因及后代学术之别。看木器,定买一堂。夜讲《诗》、《鉴》。

廿二日　晴

作《志》稿,未倍书。晨过雨珊,因至僧寮见王晴舫,还家小坐。夜讲《鉴》。

廿三日　晴

作《志》稿,经三日始得一角。罗丈要〔原〕稿甚细,似当存之,彼地图固专门,但不文耳。夜讲《鉴》、《诗》。汪伟斋来辞行。

廿四日　晴

作《志》稿,亦未倍书,还家,言送汪程仪。纯孙欲从来馆,携以俱来,顷之欲去,令夏仆送之。夜间家人来,云跌伤其头,此固余不老成,无所怨也。夜讲《诗》、《鉴》。

廿五日　晴

作《志》稿,未遑他事。午间还家看纯孙,云请祝由画水矣。真女从返,纨、复留家。两儿欲买衣袖,孺人大以为不可,殊有宋儒气象。得曾岳松书,逾年复,函中皆泛语,又不知其何意。昨得梁少木书,似将撤任,亦不知其何意也。伟斋来辞行此复。

廿六日　晴

倍书,作《志》稿。见郎来,云幼樵新昏勃溪,故李相诈病以解之。出送伟斋,因过周荔樵、刘竹汀、蒋幼怀,惟竹汀得晤谈,还已向暮。讲《诗》、《鉴》。

廿七日　晴煊

蒋幼怀来,云东官弟也,讶其甚少。云李氏丧,为丐伤人,告之长沙令，及讹诈其佃户。官中事大抵类此。黼堂世宦，今而得反之尔。

子玖来，言陆学使属新使以优生，大为所斥，并先招覆，亦不之许，所谓一相情愿者也。荐才美事，奔竞恶俗，二者相似而久不分矣。

谌妪来，门斗所荐者。倍书，讲《鉴》。

廿八日 晴

作《志》稿未半叶，子仪来。午携真女步还家，楼上惕，热可夹衣。功儿铺设数日犹未办，宅匠、衣工、手民均来馔祝，又官派也。夜寝甚热，未甚安眠。渐雨。

廿九日 雨

将过讲舍，孟湘来贺生日，避居房中。顷之呼面点心，复将舁出，君孺亦来，遂不能去，复不敢出陪客，假寐久之。盲女来拜生，子威、见郎又至，出谈留饭，均辞去。揩子继至，余乃得舁还馆，与客夕食，揩子从来。真女饭后即眠，夜大风，溺炕，呼吴妪起料理，顷之昧爽矣。恒子来。讲书。

晦日 风雨，稍寒，始生火

作《志》数行，出谢寿，外客有李郎、陈、罗，新客有蒋若锴，仆仆一日，唯胡家入谈，还已夕矣。夜初五女均来，散学一夜，讲《诗》、《鉴》毕，遂令各戏。

十二月

戊寅朔 雪

张东丈仲弟修事来。将出城，雪止遂罢。作《志》稿，倍书，讲《鉴》、《诗》。唐武士来送诗。

二日　阴晴

作《志》稿,倍书,讲《鉴》、《诗》。二族子少瑚、樾生来,皆钱店伙计求生路者。崔侄婿及龙阳一生来。朱荷生来。若林子。

三日　阴晴

作《志》稿,西路始毕,倍书讲《鉴》、《诗》。刘采陶来。夜围炉与君孺、刘梦湘谈。

四日　辛巳,小寒。阴晴

晨出答访张二丈不遇。顷之送东翁诗话来。笠云与刘希陶来。筠仙来,未及谈,张二丈来,将夕食,客不得去,又张每来而值余食,故不能不见之。检《山水图》未得头绪,才作数语而罢。夜过希陶。

五日　阴雪

殷竹翁来,留点心,甫毕,未谈,价藩、黄松郎来。黄望之训束其少弟,弟乃妄讦以帷薄不修之事,外人欣欣张大其词,余因问之,云有之。余云无问有无,但杖妄言者而不及其他,必郭宅退昏,谨受币而更嫁人,礼也。或其妹羞忿自死,亦为冤报,明者坦然处之,躬自修省,此外别无辨白之道。凡事自有经义,门内思掩义,此无难处。

与价藩同过笠西斋集,客未即来,仍还理事,顷之夕食,饭毕更往,希陶、筠仙、朱耻江同至,笠帅、一心为主,道香、寄禅为宾。

初夜密雪,得诗一首:"尘居恒望客,冬静正宜僧。雪共高人至,诗知冷处能。暗风摇砌竹,广殿炯寒镫。此意萧条极,闲吟砚正冰。"夜讲《诗》、《鉴》。

六日　晨雪

朝食后出,访竹翁,便过朱郎,乾云已回乡。至右铭处谈河海事。过家携饭至馆,已向暮矣。夜讲《诗》、《鉴》。冰。过希陶处吃蟹。

七日

晨遣要客归,客故不暇,日又太近,因改期俟闲。希陶来。作《志》稿,未得一叶,已费查考。偶放笔,真女问云:修《志》成耶? 为之一笑。因稍辍,携三女与希、笠登楼。午日销冰,阳和颇丽。还作数条,夕食后便大睡,至子夜方起,又销一日矣。

八日 晴

笠云设经局关祠,便饭,从陈宅穿往,道香未归,见伤手之陶公孙,询之,云愈矣。坐久之,念念在修《志》,仍还。宁乡范燮勋来送诗,自云欲谋卒岁之资,求片干王、郭两抚,诗仅成句。陈伯严来。戴表侄来,均食粥而去。复携真女赴腊斋,舁去步还。夕食仍回馆作《志》稿,中路粗毕。陈又铭来,同坐希陶处。

九日 阴暄

作《志》稿。功儿来。钞《史赞》。懿点"曾问"毕,令温书。讲《诗》、《鉴》。竹伍来。

十日 阴煊

作《志》稿,倍《春秋》一本。希陶问分法,取蝯叟临帖示之,比之钱梅溪,不啻胜百倍,盖钱初无法也。自写二张,则不成字,似又不及钱。

午后出访黼堂,不得入,至家少坐,已过夕食,往筠仙处陪客,黄少春、王益吾、希陶均先到,又铭后至。谈周惠生所藏汉印,因忆廿年前蝯叟失去甚多,此殆其物,今又将卖去,索价三千金,必将归于吴大澂,此亦骨董中一大公案也,但未免臆断。又论张、黄公案,与筠仙不符。大要筠强不知以为知,余好知人所不知,皆不合礼。夜热不成寐。谌新来,令守真女,入便倦睡,孩气可喜。讲《鉴》、《诗》毕,云已三更,其实甚早。

十一日　大风稍寒,大雨如春

作《志》稿,稍有端绪,君孺力也。若无吾两人,竟亦不成,若早成,又不如不成,此似有因缘,湘潭之幸,吾之不幸也。

早过希陶,云今日药师佛生日作会,四僧设斋,未与。偶思地图无经纬度,请竹翁来补之。张通典、希陶相间来。夜讲《诗》、《鉴》,倍《庄篇》。

十二日　风雨冰寒

地图送殷处,遣取单图来,未至,因无所事。黄母遣人来请,意必清官兄弟事,往则非是,乃清官交匪人捶门者,并约舫仙来议之。余主禁锢,舫主劝悔。舫非了事人,但不推辞,尚为可取。

子寿亲交多陈未①,独余托末契耳。陈、谭未离,陈义胜谭,馀则非所知矣。子襄亦扶掖出谈,小食而还,已将暮矣。道中遣要客,又铭先至,一梧、筠仙、希陶、雨珊均集,设坐房中,酒肴清旨,多谈算命事。云太乙数每人有数字,刘岘庄得"劳兼制休复制粮全富",张冶秋得"翰京差抚富",雨珊"举兼府任藩",恭王"王极斩"。岘庄又有一"瓜"字,云似孤而有子也。须钱六百,余亦欲往问之。戌散,尚未饱。讲《诗》、《鉴》。

十三日　雨寒

作《志》稿。与书筠仙借钱,悉倾所有用之。佃户及甲总暮来,此退佃银当出质库,先定之矣,非此亦不可典也。

十四日　晴,晨大雨

作《志》稿。复往黄宅,问清官何为挺撞,一语也无,大似与循。因令暂往乡间,年内且从我居。还作《志》稿。

---

① "陈未"义不明,疑有误,或系涉下句而衍。

得筠仙书，疑我不能还，竟不往借，而前加诘驳。余云公大似笏山，宋学流敝也。凡不敢倍程、朱者，必先自处无过而后行其私，是以为人所笑。余无故识破一老友，正似留仙骗钱行径。七十老翁，学识绝人，自谓品行坚卓，而临财曾不及一市侩。谁谓宋学不害心术乎！

十五日 阴

先曾祖妣忌日，素食。儿女并还，设奠。余待午后乃还。子真来，属书与芝生求馆。夜还讲《鉴》、《诗》。

十六日 阴

倍书一本，作《志》稿，《山川篇》成。乡三老并去，质金钏，得八十金遗之。回拜唐楠生，过镜初，云左子将汰之，杨三谋也。杨便进退人材，殊为可笑。讲《诗》、《鉴》。

十七日 阴

将理交代，送来恶诗，尚余百数十本未省，日看五本了之。镜初来，云已被汰，与王定安前事同，可为结交少年者戒。然笑侮镜初者，多亦不自立所致。倍书，讲《诗》、《鉴》。

十八日 阴

倍书，看诗，讲《诗》、《鉴》。

十九日 丙申，大寒。阴

子玖送杭茶、扇。借银二百，遣召苏四结屋帐。夕赴又铭寿苏之局，筠、玖、梧、珊同集，寒甚，馔精。夜还讲《诗》、《鉴》。

廿日 晴

看诗，倍书。午与希陶至家，则破败零落可伤，不必身后而睹荒残之景，胜生挽也。登楼少坐，步过李佐周，筠仙先在，谈《湘军志》，筠意欲集赀自修。抚台谋馆，可谓不挟贵者。夜讲《诗》、《鉴》。

廿一日　晴

弥之来书,索回信,作二纸分寄弥、保。刘外孙久留不去,亦不知其用意。明净设酒润笔,要心安、张惠甫、涂稚衡陪,希陶同坐,一净馔,请笠、寄、道三僧用斋。酒间忆丙申消寒,力臣方被谗,满坐目笑心安及余,今又与其子同集,而时移事异,可胜慨然。

廿二日　晴

街干可步,携二小女还家。子夷来,坐久之,复携女步还馆,纯孙从来。夜讲《诗》、《鉴》。

廿三日　晴

希陶为我假三百金,每月息分二,举债出息,四十年前事,今复尔矣。尚少二百金,未能脱然也。倍书,讲《诗》、《鉴》。

廿四日　雨

出还少村百四十金。答访傅竹湘,荐馆师郭子仁。遣问黄郎,未还。小雪。亟还倍书,讲《诗》、《鉴》,看诗本。

廿五日　雨

黄郎作霖送其从弟来,云暂寄我处,俟大母怒过而谋之。看诗数十本,初以为今年不能毕,乃竟欲遍矣。君孺《志》成,归度岁,尹和白同去。

廿六日　雨,晚晴

少村来。诸女还家度岁。看诗十馀本。夜讲《诗》、《鉴》,倍书。

廿七日　阴晴

近人诗毕阅,分为三束还之。移书箱家。黄郎衷女子衣襦,为舆、懿所见,令亟易之,乃惭而遁,余亦如放豚也。仆从毕去,功儿又来,留宿门塾。夜过希陶,吃面,还即寝。

廿八日　雨

晨令儿僮检书箱,凡四五往还,移物未尽,累赘若此,殊非有道之家。再过希陶，正午还家，一无所办。妻妇忙年，尚有岁景耳。将夜过筠仙，退关送诗目，云方宴客，信闲暇也。希陶作“乖”字韵诗，再和已穷于押。夜寝颇热，与妻异枕，从来所无也。

廿九日　小尽。雨竟日

年帐易清，杂用歧出，凡三质钱犹未能清理，大要奢侈所致，亦习俗使然，明年真无以过。城中人之官气，乡情尽矣。夕饮甚甘，夜待祀门，至鸡鸣上床，俄觉，已闻人家出行，虽未守岁，似守岁也。雨潇潇有雪。

光绪十五年(1889)己丑

正　月

丁未朔　元日。雨雪杂作,而不甚寒

辰起祀三,祀三庙。待滋妆已晏,家庆毕。朝食,向午矣。饱食假寐,掷骰。登楼方欲有作,杨郎来。功儿出贺年,余遂清坐。

湘绮楼者,余少时与妇同居之室,时所居无楼,假楼名之。家临湘滨,而性不喜儒,拟曹子桓诗曰:"高文一何绮,小儒安足为。"绮虽不能,是吾志也。后居衡石门,始建南楼。蛟螟潜兴,二年而圮。岁在丙子,复还省城,假北城纱帽塘东陈氏宅居焉。堂室卑暄,稍事营葺,为小楼,临菜圃。屋危,可望湘船,女帉九龄,独登跃焉。既覆瓦,唯露远山而已,不复见湘水。然当代贤豪不遗僻陋,无不知湘绮楼,故杜过者暇则登视。而妻老且病,不能楼居,遂专为余书楼。又十三年六月丁亥,族孙妇遗火,悉焚居室,独西厢及楼得存。陈氏赎宅银既来逾年,今无宅可还,非事礼所宜,乃亟庀工,将谋更造。张雨珊告余曰:"城中如陈舫仙、谭心可皆言君力不给,宜有赙补,而郭玉池亦赞成之,度此宅五六十万钱可复故观矣,君可无勤。"余欣然曰:"是吾志也。"往昔何蝯叟城中无居止,余尝言宜各造公宅,使安琴书,因循未果。今陈、谭诸公高澶渊之风,垂念及兹,虽未敢当,然不

可辞隗始之义。顾旧宅不足相容,又限于地,屡欲更其制,令足栖主祏,共四祭,请出私钱,从诸君役。改其制如试馆、家祠,一厅一堂,书室二椽,增楼为内外两间。焚后二旬起工,三月乃毕,费钱百七万,而湘绮楼复成,上更作曝衣楼耳。瞰湘帆如在槛外,湘春雪月之景毕收于望。余或还家无所居,则讲读于此,别于先人云湖之庄。更作庙寝,依《周礼》士制以居妻子妇女。亦对云峰为湘绮楼,从吾名题之。彼楼临涟水,云湘者,湘潭地也。或在他乡,则曰湘绮寓楼。独客羁游,各从其所居馆之名。盖迁流卅六年,旧私三造楼,再厄于水火,而后得有二楼。比之彭雪琴于钱塘、衡阳奏建两龕,诚雄劣之不同,而其经营之勤,仍寄之情,及诸公之义,皆有可纪。又前记遣大女篆屏,初无录本,及毁,唯忆数十字。昔人欲刻金石,以期永存,乌知及身而遂遗亡哉!乃补记,因自追录旧铭。铭曰:莹莹物性,高深相养。谋野宜幽,在城思旷。亭亭兹楼,通廓相向。身安容膝,神超四望。如舟陵风,在樊斯旺。卢牟六合,攀跻百丈。

郭建郎来。

二日 雪

出贺年。惟诣陈右铭、刘希陶、黄郎三家。黄处询清官踪迹。雨雪交下,舁人湿衣,乃还。希陶来。

三日 雪竟日,至夜可六寸许

围炉赌博意钱,家人分万钱,出者寥寥,曾不及十之一,利孔不一之象如此。言利者务聚敛,亦不得已之谋,然又生怨,圣人所为谨施敛也。诸女看迎春,云国忌不出,亦非典礼。

四日 庚戌,立春。晴煊

遣人往讲舍搬木器,因亦便往,与希、笠谈半日还。希陶读

《礼》,点句甚细,因假家本,令校版本之讹。

五日　又雪

熊鹤翁送诗,自署“八九翁”,真寿人矣,即和韵答之。作《才女传》。

六日　晴

稍理旧稿,作楼记,竟悉遗忘,功儿亦不记识,可叹也。申携真女过希陶处会饮,李佐周先至,余与筠仙同到,待朱耻江久不来,顷之真亦睡去,四人谈至二更散。得俊臣书。

七日　晴

作《才女传》毕。笠、道二僧,杨商农来,久谈,又似乎镜初谋馆者,岂腐鼠犹在孔、释之怀耶?志高行污,至为难测。将过鹤翁未果,午往上林寺斋集笠、常、自、东四僧。至家更帷垫,复往筠所,丁、李、瞿先在,李、刘复至,坐间多谈礼政,虽未合经,犹胜游谈,至戌散。还,移床上楼。

八日　晴

始作《列女传赞》,成一卷。但少邨招两学使不至,余及右铭、定甫、孔吉士同坐,设食颇精,云已易厨役矣。戌还。改《经解》。

九日　晴

改《艺文略》,思倦稍休,刘希陶来,作饼沽酒待之,不食而去。夜始复讲。

十日　晴

改《艺文·六艺略》毕,语多离宗,不易下笔也。沈生妻诗稿已失去,又未记其名,当更问之。作书复俊臣、程郎。筠仙遣送二百金,云朱家所贶。盖为我谋之至,而不自知其不忠也。正当需用,亦不择而受之,古人律身不如此。迟一日则质物,息取五分之一,亦正济所需也。希陶又约斋集,过午舁往,待昏乃还。

十一日 晴

黼堂约饭,朝食后往,子玖、张、唐至,何棠,周、郑二生俱先在,申初散。谈校书,瞽者视有目,乃至空格跳行,皆先属读者,心想甚周,骤不及思也。张、何、周皆北上,天色晴和,游兴翩然矣。

十二日 晴

连七日日色皎然,冰雪未化,今晨更有霜,而寒色其凝。看前两年日记。作《艺文略》。与书吴劭之。夜讲。

十三日 晴

晨常氏女婿敦竺来见,且贺年,留居楼上。改《艺文略》。过但少村饮,瞿、王不至,右铭、定甫、孔播皆同坐。

十四日 北风,不甚寒

已约朱宇恬往乡,因过希陶,要同行,道遇唐楠生,至则蒋、张师耶先在,筠、篷、俞〈鹤〉皋、周笠樵后至,看花无佳者,申正还。舁夫争先,蒋、周不竞。夜讲。

十五日 晴

街潦可步,城隍住持招饮。写字,夕行香贺节毕,吃汤丸,因携儿、女、孙女及常婿看镫,一无所见,花爆无佳者。真女睡先还,四女同轿还。余携懿步还。舆买爆,聊应节,始觉蜀中繁华。

十六日 阴,晨后雨

陈程初请早饭,客来甚晏。答访熊老翁,送桥捐与唐三太,希陶、陈瑛同饭。张雨珊来,登楼谈。夜讲《鉴》,改《艺文略》毕。

十七日 复晴。裘温不可着,始换棉衣

作朱岳林墓志成,即书与之。看园花已尽萎,十年之功,废于一旦。郭嫂、玉岑弟妻、女来。晚过右铭饮,陪希陶、潘小农、田月郡多

谈女事。右铭言河北讲舍发一红芙蕖,而舍生得解元,众以为瑞。希陶引小说云:“凡有兆者,皆不复显达,以其器小,得一事便希奇也。”坐中以为名论。夜讲《鉴》。

十八日　阴,有雨

窊女还,其子新殇,来散闷也。少村来,门不能入轿。今始有大轿来,乃知之,已无及矣。看湘潭《方技》,欲改作,竟未能起手,姑又置之。夜讲。

十九日　阴

答访本县陈明府、张师耶怡仲、张少耶仲潜、陈瑛、阎秬香,皆不入。至少村处谈,六部九卿具疏谏铁路,本朝无此事,近把持也。劫于威则惧而结党,党又不同则益其威,于此乃得。反之,则篡杀相寻矣。明季廉耻已消,又二百年澌灭无馀,此事只是患失心所激而成,以为举朝则必不得罪也。至曾祠访希陶,笠云、道真、常静、黄子霖俱在,同过雨珊,至郑七、簠臣处。早晴,涟舫、筠仙复至,未初还。得雨苍书,又作一回梦话。夕间敦郎告假省姑,二女亦去,十一妇亦告行,楼中清静,始遂我怀,连日拥挤喧嚣甚矣。是日乙丑,雨水。湛香来。

廿日　阴雨,风寒,复着大裘

筠仙约客廿四人看戏,未初往,至申辞出。赴刘牧村招,至则主人衙参未归,坐客祝、吴两学官,黄、段两江西人,至夕乃设食,可以报去岁之迟至矣。得宋、戴京、蜀书。

廿一日　阴

连日废事,欲汲汲补之,展卷沉吟,又复半日。应人之求而作文,无以异于酒食征逐,甚无谓也。与珰女书。张东丈弟招陪院幕陈子,便过希、笠,遇武冈张举人,坐水榭,从陈宅出,至张子寓。张子始以府经禀到，名贵昭，字仲潜，尚非不可教训之人。坐客唯有陈、松、陆、吴，皆嘉定人。夜讲。

廿二日 阴，煊，复绵衣

李佐周、胡子勋、杨少六来，登楼久谈。周荔樵复来，作《志》传未数行而罢。晡过周笠西，陪但少村，罗瀛交、蒋幼怀同坐。夜讲。

廿三日 大风，稍凉

作《志》传，倍书未一本，健郎来，言携女远游非计。余作事自以为审，既闻其言，嘉其能谏，与书更商之。晡过蓬海饮，王石丞、筠仙、陈海鹏同坐，二更还。六弟长子及其甥唐子信、冯甲总来。

廿四日 阴雨，更寒

作《方技传》成。近岁文思不复泉涌，似甚难纵恣，岂才尽耶？右铭来。夜讲。

廿五日 阴

改舆儿《尔雅释草同类异名考》，未三四条，颇觉滔滔汩汩，岂袁枚所谓治经则文思茅塞者耶？又罢之。更翻《志》稿，改沈生《货殖传》。窊女归省，夜设饼。讲《诗》、《鉴》。湘潭三人去，又二族子来。

廿六日 雪未白瓦，顷之晴

校《志》稿，尚有《渡桥公田表》未理也。见郎来，云携女去似分家，宜酌留一二，以示维系。讲《诗》、《鉴》，斗牌。郑茀臣来。

廿七日 阴寒

作《货殖篇》，未能拉扯，姑就所知者略述之。夜讲。斗牌。

廿八日 阴晴

王石丞再过我，昨晨往答之，已辰正矣，尚琐门酣睡，观此知吾家尚为有天日，比二早亦晏起，以避寒气。梅生、黄修元来。价藩来。修元云吾县有治《公羊》者。湘潭经学诚盛。希陶、笠云来送行。子玖来,言船已觅定,遣人往视之,未得底细。刻日不遥,万事未理,大有楚武心荡之意。更作《货殖志》成,但须作张墓志,便可脱身矣。客来不断,未晡食。夜饭,斗牌。

廿九日　阴晴

晨至子玖处问船,云无着落。至黄郎家,问清郎从行否,似无去意。彼初以我必不允,今反堕吾术也。凡事准诸道,则智计无所施,庶几利害不得至吾前者。君孺来,让坐待之。一日无事。十七都张子持来。夜讲。朱家遣人来,言船不容人。

晦节　阴

遣苏彬看船。欲作张志,罗锡华、陈玉山、陈三立、筠仙、黄郎、曾昭吉、夏生、贺子泌长子、两族子、少湖,六,寿山兄子。月生,寿山之子。易生、尹和伯相继来。见郎送菜,添设,便请君豫,饮半杯,微醉,少睡,登楼谈,顷之已三更矣。明日朔旦,不作墓文,因起稿数行而罢。讲《诗》、《鉴》。夜雨。竹翁送图本来。

二　月

丁丑朔　晴

黄、朱二子,逸梧、邓郎、国华、见郎来,坐谈至半日。客去,作张志。朱郎恩縡字荷生言别顾一船可否,余雅不喜轮船拖带,遂辞之。轮船实未来,而待者已数十人矣。作书谢竹伍。

二日　晴

明日祠祭,当斋宿,然功儿怠忘,昨始庀具。先约刘定甫一集,不可再辞也。余以将行,委事儿子,故疏忽至此,亦不虔矣。罗承恩送程仪,辞之。出答访张尧臣。见黄母,言潘郎不能约束,宜令同去。而黄家老少皆欣欣，议为完婚成家，奇矣。便过见郎、子仪、蓬海而还。过刘馆，欲入，嫌其太早。至家云已再催，飞舁急行，乃云客待久矣。请申刻而未初至，犹嫌其晚，改早而不知会，愦愦哉主客也！筠仙、徐芸丈、俞鹤皋、王一梧同坐，皆未携镫，摸黑而归。

三日 阴晴

质明待事，辰正祠祭祢，巳正饮福。午正出贺但少村，遇筠仙，访幼铭不遇，便出西门，答访周提督。遇子玖船在旁，登舟少谈，坐人已满，而云可腾仓，谬也。至林少湄处，一梧亦至，龙老、王道继至，二更还。朱恩缙、乔生来辞行。

四日 晴

张怡庭文来谢墓铭。《东墅铭》无稿，亦为阙略。蒋师耶、刘希陶来。希陶讼刘牧，王抚批，嘲其无瑕，不即不离，比于查阅朱卷，有灵笨之殊矣。遣苏彬觅船未定，午招胡、黄、杨、郭诸郎春酌，馔祭馀也，食毕客去。

王石丞乃催客，至则筠仙不到，俞、杨、林先在，陈鹏后至，谈归政，恩赏李相紫缰，未知汉臣几人得者。四五人皆不能举其故事，亦疏于知今也。春暖似三月时，暑针至七十馀分。是日庚辰，惊蛰。

五日 晴

料理行计，写字数幅。过别希陶、笠云，笠云不遇，遇蓬海。还，遣散林三、戴明、王升、陈佣、湛妪、吴婆兼石山，同常婿还。常儿乡曲浪子，举动可笑，幸见人尚规矩耳。夕过黄郎饮，张子容、谭、陈陪客，方晡而往，子玖遣来要行，雇船已定，复就瞿船，便发行李。夜还，匆匆不知从何处说起，且令斗牌，三更散。

六日

黎明方觉，便盥洗，步出西门登舟，诸人尚未起。答访周署提，周又寻至。纨、真先登舟,功儿送两弟来,滋女最后,已巳初矣。朱乔生、子玖俱仅一见。小轮始发,过铜官胶浅,顷之乃活。夕至青洲,又浅,遂泊芦陵潭。大风有雷,顷之霁,新月春星,汀洲初绿。子玖过谈。

七日　晴,更热,仅可单衣

大雾,巳初乃发。湖涸成港,轮船拨货乃可行。夕至高山望,去岳州十五里,城陵卅里,子玖云万石湖堤也。伯严、撍阶来谈,设面。

二更后欲讲《诗经》。《内则》"使姆衣服",《文王世子》亦屡言"衣服"。衣服者,家庭朝夕服也。服谓左右事佩,少贱见贵长,必佩而后敢见。

八日　阴

晨起大风,至午遂寒,以腊前计,两日气候相去可六七十日。泊一日。伯严等不复能来。讲《诗》、《鉴》。黄彻《碧溪诗话》,平生所未见。

九日

有雨成冰,愈寒,风亦未息,再泊一日。并子玖亦不能来,多睡不事,暮讲《诗》、《鉴》。

十日

风稍息,犹不可行,再泊一日。讲《诗》、《鉴》。

十一日

晨霰,风息,将发闻雷,船人云不可行,复稍停。午发,过岳州,伯严登岸去,船行将至鸭阑,复还待之。溯江行,廿里泊荆脑,即观音洲也。吕生屡之观音洲,余初不知其处,今乃得之。钞《世系表》,旧谱所有者已毕录,凡十二纸。夜与乔生过伯严、撍阶船稍坐,复要还舟谈。先还,过子玖谈,二更孔、陈来,子玖设面,将三更乃散。

十二日 晴

行一日,至暮,夜泊牌洲,嘉鱼地,凡二百八十五里。讲《诗》、《鉴》,改《尔雅释草解》。伯严过船谈。

十三日 阴雨

行百五十里至汉口,过午矣。雨霁,泊大马头。夜看花爆流星,甚迅疾可喜。询马力斯船未至,议坐招商局,不能多占房仓,且留一日待之。

十四日 晴

大雾,久不过江,约乔生同访鹤楼旧址,携两儿、两女坐官渡船以往。入汉阳门,风景依稀,楼既毁,乃见其墓址甚阔,比青羊宫殆可相埒。从斗级巷至府后街彤云寓中,不遇,仍至鹤楼,携儿女还船。彤云已在舟中,尚不甚老,面色更红润,年六十五,别十馀年矣。云为周福阶所恶,罢任另补。便留子玖船同饭,又过船小坐去。夜月甚明,询华利轮船不来,定坐江裕。乾益升送菜,雨恬盐栈也。看沪报:醇王引宋孝为法,吴河督请尊崇,因宣示原奏,云本朝远过前代也。

十五日 晴煊

朝食后瞿氏三子均来谈,移行李上江裕轮船,子玖家眷坐大间。余初看上层人杂不可坐,帐房朱生迁余右房,伯严、撍阶定上层,朱、傅同房,与余隔一房门,此外竟无相识者。移床稍定,与瞿十五郎同坐红船过汉口,子玖、乔生同去,并携真女行。至南岸鯊官渡局,彤云迎于门外,小楼两层,亦甚雅洁,设食甚饱,投暮还。月明江净,轮船镫管颇云朗丽。亥正开行。伯严未午食,轮船例不具食,今特设待余,因邀同饮。开船时已倦,遂睡。

十六日 晴

辰正起,已至武穴,将午乃泊九江。德抚女选罢还宫,所坐官船当就马头,移船江心让之。税务司妻婢还国,至未正乃至。比到小孤,晡后矣。今日家忌,帐房又为余设素食,甚饱。终日游谈。

十七日　晴

午至芜湖。税务司来看船,至石头小舣,欲登岸,亦无伴同行也。至帐房食一日。

夜遇葛培义、田副将。田好集唐诗,而用苏、陆句,俞、王为作序,不能指示,余乃告之,彼意似不乐,然于理当如此也。

曾涤丈日记云"又作一大无礼事",未知何等无礼,若不可书,何为日记? 余昨忌日而使妪梳发,此则大无礼之可书者。夜停镇江,夏生来。有五尼自芜湖来,睡我房外。夜又二湘人来,睡门外,此亦无礼。于船山论当究已不自顾船。余以前年遇盗,有戒心,故贪海便。若于礼当追究,咎携女出之未合,又近于宋学拘迂,直以未能早坑故耳,子玖则难免白沙之诮矣。

十八日　阴

晨出江阴口,船中幞被悉持去矣,颇有感伤。午入吴淞口黄浦,泊金利马头,移行李至三洋泾泰昌栈。帐房朱、施并言可就船拨船,因留滋等在船,余与伯严、搢阶上岸,坐小车飞行洋街,亦自可乐,真女从来。夜赴朱生招,陪子玖,复新园晚食,天仙园看戏,滋亦去,瞿妻同来,子正散。携舆、懿、真居栈房,遣莲弟上船护视滋等。

十九日　乙未,春分

前年至上海,亦分时也。搢阶有友郑君能知物价,托买小件。研郎、梅生与熊、刘来相看,因议同船,共顾新添驾时轮船,闽抚本钱。船重不能载货,此与湘人欲作船载人同意,皆贪利而失利者,湘幸未成耳。同人集议,买办索定钱,以廿元与之。闻即夜当行,则恐未能。子玖亦即移船。

自往迎滋、纨，上岸乃朝食，正过午矣。同孔、陈至杏花楼小食。同孔、郑行市中，买钟、镜。还与伯严赴子玖招，陪买办，未去。聂仲芳来，唐寿崧南生亦来，未遇。唐，同县人也，向未相识。仲芳来，无所言，泛酬而去。至第一楼隔壁聚丰酒馆，子玖、朱、傅先在，施、朱后来。酒罢，至丹桂园看镫戏，颇为工巧热闹。伯严先去，云船不容人，又人数错误，当别定船。子正还，儿女已烂熳睡去，唯滋未入，久之乃登楼。

撍阶来，言请买办之非，云士、商不可为朋，况买办夷奴，而学士与周旋，甚乖于礼。此言与余合，然与时局不合。伯严亦还，睡已丑初，月胧人静，惜无花耳。

廿日 晴。稍寒，有风

朱买办来，请游天主堂。午携二女立桥遥[①]，逢施省之驰车来迎。还客寓，衣冠，将往制造局俟伯严同往，纨、真并从。可十馀里至徐家汇，光启故宅也。教士黄姓，设茶点，请看堂馆，大抵似佛寺。别有博物堂，尽藏鸟兽皮，云有人专收掌，皆得自中土，无海外物，颇以自矜，云中人不能收藏也。将登天文台，雨至未上。别有女学堂，亦未去。驰车亟还，颇闷，欲吐。

小坐茶馆，散已上镫，雨湿不可行。验郎在孔房相待，云抱芳园书店欲请一饭，未知肯去否。余云无所不可，但雨不可。已而雨少止，复来邀，因往聚丰园。客别有四川陈埙字伯雅，言曾相见于曾传滘心泉处，又言顾又耕尚存，凌监发财云云。验郎同伴刘小山亦在坐。又有一贾客冯春江，不知何业也。设食亦甚草草，少顷即散。孔、陈复往花会，孔以连发正论，中辍不去，正论之有益也，若清议未

① 此处当有脱误。

泥,人心不至披昌。子玖附丰顺船,明日即发。

廿一日　阴。风寒

朝食后复携纨、真坐马车至制造局,答访聂、唐,唐云曾相见,忆是壬午交《志》稿时,唐曾与也。又闻谭青崖碧理亦在此,小坐驰还。陈、龙、夏、熊、刘俱来,云已附海定,今日可去矣。步出看书店,至抱芳阁,店主鲍廷爵言冯乃扫叶坊友也。闻郑厚馀言李勉林将入都,坐小车往访之,修路不可通车,步行泥淖,一工人指往西,西乃荒野僻巷,询知李寓在东,还即得之宝顺五弄,云闲步外出。旋即坐小车驰还,道旁见辛夷盛开,比昨桃花为存本色也。

仲芳请听戏,令两儿、纨女往应之。又与唐公送席,力辞不受,独与滋谈立身居家之道。外楼洋油火发满地,有能者以呢垫压之乃灭。若往听戏,乃大笑话,以此知老客不轻出,非过慎也。灾咎有定,要以无可悔为合事理,今夕即不成灾,初非吾智所料。洚水儆余,其谓是乎?

夜间又传入一片,云勉林曾至此。又知余先往为合理,盖李病间,不比诸处可不问也。

久闻《野叟曝言》之佳,买视之,即王弢友人所作,不足观览,亟退去。夜分始寐。伯严来呼门,云六槃来。初未思及,再三不解,开户乃悟焉。披衣坐少时。令访搢阶,顷之复来辞去,已及鸡鸣。

廿二日　晴煊可游

三子引一都司来,便留早饭,无都司坐处,而阑入就坐,余欲退去,已约搢阶来饭,遂勉共食。如此不知起倒人,而欲谋差遣,难矣哉!斯美船至,争发行李。余携真女坐车至招商马头,登舟看仓,秽杂不可安,佣保蹀躞,勉入铺垫。俄闻此船当修舱,纷纷俱去。

携真登岸,误入招商栈,真云不是。此女小已留心,有似其母,从之东出，街市宽平，饶似京都，徘徊久之。孔慊湛姓先还，余待日暮乃归。

郑厚馀邀往益庆楼，车夫故绕道，索钱半百，未暇致思，遽为所卖，又自哂也。菜浓淡相间，虽少，颇有心思。夜还，复至丹桂园看戏，当场出局。本地狭斜风光，庶几陈民风之遗意，倡优亦当复古耶?

廿三日 阴，复寒

闲坐一日，念待船争仓非计，遽问招商局委员吴姓，审言马、沈即当至，已为定海晏矣。顷之沈能虎来，一见乃悟朗山之子也。薛叔耘亦在此，揩阶往访之不遇，约游不果。夜看外国戏法，弄鼓累盆，殊无足睹。

廿四日 晴

无事倦游，闭门闲坐。

廿五日 晴，稍煊

通州轮船将开，陈伯严亟欲行，留同坐海晏，云留一日则须十金之费，不费又不能，故亟去也，亦可谓自先利者。因令店家往看仓，报云有仓，自往看之，杂嚣不可坐，强令腾后仓，携懿、真往待，又呼英子来，久之无成。

上岸至万安楼，店亦不恶。访何朴园，均束装矣，因要来饭我所，孔、陈并来，饭少不供，已而俱散。出乘马车答访马、沈，兼诣叔耘，比徐州别时，风骨顿异，相随时改，信居养之能移也。余则异是，未知优耶劣耶。

夕至聚丰园，赴马、沈招。马名建忠，黄通政所谓汉奸者，曾为郭、曾随员，美秀而文，自言奔走之材，未见凶恶之状，而众人拟之金、黄，金尚不及，黄实过之也。沈则寻常能员，未能自固。叔耘后至，谈时事，主铁路甚坚，亦未深叩所以然。夜散迷途，三返益惑，乃乘小车还。沈云汉臣紫缰,前有张廷玉、杨遇春,满臣则多矣。

廿六日　晴

遣询孔、陈,船已开。独坐竟日未出户。叔耘送书,看毕十本。送赆,辞之。

廿七日　朝雨午晴

携真复至宝顺里,访勉林,已能缓步,云将往天津。约之同往,云尚须十馀日。计十九年未见,颜色似更充实,无复前豪耳。有一子四孙,家无甔石,信有命也。浏阳县运不及无锡,故李、薛升沉顿殊。

夜改功文,说"学干禄,禄在中",为禄即是学,子张歧之,孔子合之也。禄者,行政之资。闻见者,为学之要。人可无禄,不可无闻见。因闻见生言行,因言行尤悔,故学,是"禄在学中"之说。

廿八日　晴,稍煊

待船稍久,逆旅困人,欲迁移未能也。午间闷睡,郑厚馀来,要入城,云已申初矣。入新北门,至城隍祠,其地甚宽,盖盛时游赏之处。桃花未开,盆中皆小枝扦插者,凉风倏起,凛然寒色。同出城看大自鸣钟,乃别而还。上海街屋隘暗,犹见海遥荒县之制。城人亦多,未知何业容之。

廿九日　晴,复寒

朝食后携真女及两儿步从西郊,由马场渡桥,游静安寺。有西、申两园,门外有第六泉,沿途皆夷商、村店,篱落相望,耦居无猜,但屋制不同耳。往返可廿里,还已晡矣。临水二桃未开,且瘦细似棠棣,商人不知花事,遂亦无好事者。少睡。

郑厚馀来,约夜间听书。海晏船到,后日当行,江裕船又自汉口还矣。作《湘潭志序》,未得机势。此月但游戏,一无所事,而文思柴塞何也？书馆妓女九人，弹唱六曲，花钱二百文，似廉甚贵，游戏无贱如此者。厚馀送茄瓜。

三　月

丙午朔　雨寒，复可衣裘

郑生云黄式谷当来相请。待半日不至。马湄叔来，兼约吃番菜，久谈时务，云轮船不能拖带，浅水则尾昂，轮不能激水也。若得二万金，可容五百石，坐五十人，长沙不能通行。亦甚言铁路之利。酉正至海天春，马、沈设饯，送赆百金。

二日　阴

晨命看船，船人未起，朝食后自往看之，留二仓，不便出入，改定门口二仓。乘午潮，发行李，余复上照料，儿女均发，携舆先行，馀共一马车。既上，余复上至招商局，答马、沈还，门闭不可开，待匠，半日乃得鞋，步上江裕船，发家书，还船已夜。郑厚馀引黄式谷来，要吃酒听戏，坚坐不去，勉往一吃，子正还船，旋寝。寅正开，守雾，无雾遂行。

三日

晨起食饼，巳初朝食，饭甚软美可食。叔耘来谈。正午船摆荡，行可四百里。顿觉烦热，勉坐接谈，客去即寝。儿女均欧吐，唯懿未吐，吴僮亦不吐，然俱卧矣。晡时少食，馀人皆不能食。往看叔耘，仓寂静无人。风寒颇厉，亦即还睡。

四日

晏起，船尚在碧海，未见黑水，云已过矣。巳初朝食，船已定，人皆起食。饭后过叔耘，谈欧阳健飞妒吴参将，请卞生劾罢之。洋人将食,出至外间,风寒不可立,仍还仓。对房任公子出谈山西作令事,昂千弟也。夕过成山。

五日 庚戌,清明

风稍止,船行如江,作诗一篇,纪佳节之游。适叔耘来,因示之,结句未得佳,凡三改始妥。夕至大沽口,拨货,竟夜喧嚣,将明乃发。

六日 阴,微雨,至午霁

行百廿里,将及五时乃至,暂寓佛照楼。甫定,后族子少湖已至,云与六坡同海舟,朔日到矣,可谓捷足也。任昂千弟之骝字群北,同船接谈,似胜其兄。

晡后坐东洋车至督府,行可十里,门者皆相识。入内客坐,坐久之,李相始出,云用电气熨面,并服补筋药,今将复元,唯言语稍吃力。薛叔耘待见已久,余谈及,乃命延入。余见主人多言伤神,乃辞退。过晦若,相见甚欢,云伯寅得总昆冈,李鸿藻、廖寿恒同命湖南,唯曹榜眼得考房,馀无相识者。将暮还店晚饭。

三月三日从叔耘司使兄泛海有作,即送入朝:“轻寒万里春无迹,碧海平波芳草色。万斛舟浮一叶来,素浪惊飞如鹭翼。重三上巳接清明,令节良游旷荡情。流波本欲通天汉,钻火还应就柳星。成山一发横烟树,岸外斜阳光若曙。却惜秦皇不遇时,鞭桥怅望蓬瀛路。天际故人从郧来,当年一炮海波开。喜接新莺入丹禁,共出樊笼览九垓。沧溟蠢蠢千年晦,不及江湖有灵怪。飙轮坐运恣汪洋,始翔六合通无外。迟日春花烂漫游,潮声随月更西流。明朝好折潞沽柳,绿满兰皋嘶紫骝。”

七日 晴,烈日,大风

晦若书来,言不宜出门,且云督府馆我于吴楚公所,闻之甚喜。湘淮龂龂廿年矣,非少荃不能设吴楚公所,非闿运不能居吴楚公所,旷然大同,郭筠仙辈已觉小眉小眼,况沅甫以下耶!作书报受衡、雨苍、景韩,并寄书、银与孔搢阶。

八日 晴

朝写《老子》,纨已遗忘,不能默录。午携懿、真将入城,半,送真还,余亦入督府寻晦若,见汤伯述、张又樵。张唯谈医,不欲论事。余亦未敢深言,与见诸名士迥异,盖道不同也。未夕还。始倍书,讲《诗》、《鉴》。

九日 晴,日烈可畏

看已注诗话。与书宋生:"芸子仁弟无恙。前得手书。具谂邸吉。去岁同学,北榜胜西,今又得李、潘,必多佳选。但华美实伤,又在先达诱倡之,玉女所以思吉士也。闿运区区所以望蜀才者不在卿云之黼黻矣。还家二年,敝于编录。方赎故山,创作堂室,城宅不戒,土木大兴,负债累累,求者无极,适有燕使,因遂蝉脱。来书云云,未遑深究。今者携持弱小,安抵津门,督府除馆相容,不复言瞽宗之事,比之丁公,更为优假。虚名窃忝,大架狼犺,唯有闭户潜研,聊充市隐。吾弟与皋卿并茂才德,尊经首选,宏我汉京,若并得留贤,唯须养望。廖、周明慧,深浅不同,而并嫌轻躁,因时箴之,使进大道,则友道隆矣。杨生闻渐安详,想亦习濡功利,不可则止,同则为谋,勉之勉之!所贵乎为学者,廉顽立懦,化育英才也。师友之间而有所未孚,此吾八年所以自咎而辞去,且终身不欲言教学。芸子有心人,能勿伤乎?一士有成,千秋为美,愿无以自轻也。湘士多我慢,又不如蜀,而坚忍或过之,其教之当施斧斤,仆病未能。吾衰久矣,且期暂置,以俟河清。初到尚未移寓,念急相闻,可与皋卿共观之。"

少湖又来。郑又惺知府送所刻《金石跋考》,释"北"为"分",即通为"匪",颇得《六书通》之妙。夜讲《诗》、《鉴》。

十日　阴

朝食后晦若来。余先遣人视公馆,云方迎桂抚,午后可移。客店月费百千,势不可久,因之〔与〕晦若步至公所,视之方扫除,无他人,亟遣移寓。余入督府,主人出谈,闻会试题“行夏”四句,自丁未以来无此冠冕题,盖翁所拟也。亲政而仍就学,恐政议有歧,然于文事则盛矣。夕还,儿女均至,厨无烟火,遂不夕食,诸人买饭食之。晦若复来,照料周至。夜月。

十一日　晴

昨与少荃论题,夜思得一文,醒尽忘之,因补作一篇。晦若、伯述来,因看荒园,登春台,客去文成,写送之。少湖移来,督府馈米脯。朝晡食始半饱,无须如许米也。取木器,竟日苟合矣。夕食复寒,步往访晦若,巡捕千里方[1]借床几,小坐,步还。夜闻风声人语,起视之,小雨如尘,俄闻点滴。北方少春雨,欣然听赏,遂至天曙。

十二日　阴

晦若借诗稿去,忘携行卷,大为荒忽。春寒恻恻,课读多暇,复有似于石门,乃知十馀年匆匆,非心之累。“春寒高馆静,新雨夕阳闲。十载劳尘事,残年厌故山。安心难自遣,闭户即无关。又忆桃花过,窥园扫石斑。”

积寒乍间,已复小疾,竟日昏卧,至夜讲《诗》、《鉴》,又睡至三更,乃起解衣。郑幼惺族弟业纶来,口吃,人老实。

十三日　晴

朝食后至督府,访景翰清、白镜江,均小坐。景言湖南轮船事,当咨湘抚,前之招商局思开马头,恐不诬也。晦若犹未得食,辞出还

---

① “千里方”,盖为绰号。其人当即下月十二日之胡千里良驹。

寓。仍从桥道入东门，府学外即耶稣堂，殊为相逼。至营务处答访郑幼惺，看吴清卿古文字书，并津局书目，书值不廉，亦无多种。讲《诗》、《鉴》。

十四日 晴

发家书。杨瑞生来。景、白、汤子来谈。夜讲《诗》、《鉴》。

十五日 阴

吴僮病颇剧，卧两日矣。倍书二首。《春秋》至文，《礼记·月令》。午赴汤伯述招，游海光寺，步至铁桥，同晦若、白镜芷去，携真同往，循城直南，寺在机器局旁，有新碑，云康熙时僧相南募建。初坐行宫外，侍卫呵去之。仁皇闻梅花香，遣问，因依所指，造寺为丛林。柳墅行宫在旁，今为武备学堂，唯此寺功德独存。寺有赐钵，中书金字经，曲笔随势，书体工整。寺僧自然，烟霞客也。设食未半，真求还，令苏三送归，斋罢，已斜阳矣。入城至伯述家少坐，仍与晦若、镜同至桥头，乃别而还。寄书陈小舫，询丁家事状。海光寺有法国送来大钟，式异中制而其鸣嘶。

十六日 阴，复寒

无事，长日仍须自课，舆请抄《尔雅》、检《说文》诸字。晦若书来问讯。午食后往一谈，遇陈容门弟，电报馆主也。夕，晦若送至门首乃去。

十七日 晴，始有暖风

少荃来，门者以例辞之，亦合吾例，但交情所不可，又似挑斥其不排闼矣。此等，主人皆不及知，吾未官亦被牵作傀儡，官或反愈耳。

补作《海光寺》诗："东卫兰锜旧，琳宫饰佛新。钟音华梵外，棠树浅深春。散步思芳草，闲僧话贵人。海军非得已，绳武在南巡。"

十八日 晴，稍煊

晦若午来，匆匆去。郑幼惺请酌酒肆，期申刻，晡来催，步往，客悉不至。坐久之,陈协领芝卿。来,坚坐两时,张吉、胡□、孙子林、徐晋詹乃至。天津馆菜有名,亦不异馀处,但多糖色耳。鸭、鱼均不佳。夜月上乃还。借得《老子》,钞注二叶。黔臬放田国俊。

十九日　晴,复寒

钞《老子》二叶。晦若复送《墨子》来,今年大约须注二子也。夜至督府,逢饯法使,与晦若小坐还。讲《诗》、《鉴》。

廿日　晴,大风

钞《老子》二叶。勉林、幼惺来谈。倍书,讲《诗》、《鉴》。

廿一日　晴,仍有风

勉林来,言当移同居,甚喜,欲留饭,坚辞去。钞《老子》二叶。儿女忘携《曲礼》,暗录与之,草草作二千字经题也。忘《穀梁传说》,买局本看。倍书、讲《鉴》如额。

廿二日　晴。除

钞《曲礼》二千字,钞《老子》二叶。勉林来,将请西人诊病,在此候至申初而去。酉初阴云如墨,黄尘涨天,雷周空行,已而雨至,淅淅霎霎,俄顷云散,复霹雳如劈柴,然不甚响,雨遂止矣。北方稀春雨,甚可乐也。夜晴。倍书、讲《鉴》如额。

廿三日　晴

朝食后勉林移来,凡三相见。钞《老子》毕,便叙其意。夕入督府,一谈勉林起病事。

廿四日　晴

始钞《墨子》,凡三起手,均未毕,今重作,想亦不能毕也。郑太尊来,送《琵琶崽图》求题,余云有玷官箴矣,在下位无风纪之任,姑托戏言,实犍椎也。倍书、讲《诗》、《鉴》如额。

廿五日　晴,热如三伏

钞《墨子》,课读如额。命舆、滋钞文,每钞必误,乃知钞胥亦不易得。

廿六日 晴

昨看京报，一梧竟引疾，可谓巧宦耶？因诵《汉书赞》云："广德当宣，近于知耻。"善善从长，故高人一等也。朱耻江来，云不能覆试，且求盘费。余曾馈十金，盖负彼二十金耳，此帐当还也。留饭而去，又欲写免票，盖不肯空过者。孙有父官风。晦若书来，云日记屡言食饼，今且十日未食矣，复令作之。舆小病似疟，未讲书。

廿七日 晴

朝食后耻江复来询船事，遣往招商局问之。作书与朵翁、聂仲芳、马、沈，招商送。成都李绍庚来，出范濂书，属为张罗，何生意兴隆如此，向不拒人，允为图之。晡食后过晦若，主人出谈，疑知余来而特至者。论铁路、毓庆及江、广官中事。又论游子大言归不退，盖巧于钻营者。夜食饼。与勉林谈旧事。

廿八日 晴

今日换凉，晨气犹寒。与少湖步至紫竹林，日中行，可三绵。至义和看耻江，至四合看李绍庚，皆劝其早去。耻江必欲得免票，转求郑幼惺托人取之。若孔子不乞邻，必直告以不能，而耻江大恨，所谓乡人之不善者恶之，正圣人之所欲，余未能也，上又不肯。还始巳正，饭罢小睡。钞书，倍书，讲《诗》、《鉴》，与勉林谈，复晦若片，皆成日课。恒儿疾尚未愈。

廿九日 晴

李绍庚复来求书干请，亦真半团本领，不肯空过者，为书寄鄂生。倍书，钞书，讲《诗》。夜大风吹楼门开合，登楼合之。昨夜看火焚木厂，光照甚近，久之乃息。

晦日 晴

将看花西郊，待人同往，久之不至。前湖南提督李长乐来，廖二盟兄也,今调直隶,代郭松林。淮军武人见文官,虽谦实倨,前已言之矣。甚不欲接之,既出,当温良恭让,因请入谈。午后至集贤书院后花园看花,还,复问路至西郊解元庙。康、乾时芥园,名士所膻也。刘云亭兆祥来,见勉林,因请出谈,郑太尊亦在坐。看花三家,俱无可买,唯桃花始盛耳。夜讲杜诗,钞书。

四　月

丙子朔

晨作《看花》诗一篇:"人间惜春尽,地冷留花晚。江南芍药暮,蓟左夭桃满。良节及辰游,西庄去尘远。新杨散夕圃,芳风始苕展。安知时已暮,但喜晴初转。翔燕影飘翩,和禽语绵软。物荣并欣欣,客意何怅惋。还临漕渠静,归悟尘日短。无以晋魏情,叹息巢由蹇。"

日阴风凉,坐小车渡渠,至柳墅,答访李提督,因便讯杨宗濂。柳墅旧为行宫,后卖地,复买还,建武备学堂,掘得太湖石,即供御园旧物也。曾未百年,顿至如此,何必黍离乃堪心醉。

坐久之,杨不出见,还至杏花村,坐车入督府,至晦若斋,与伯述谈。伯述云"解元"乃"芥园"之误。查氏水西庄,厉樊榭、朱竹垞所寓也,今无复基址,复增一惆怅。要之皆斗方名士胸襟,不在其位,不与人忧,一笑对之耳。往为丹初题烟客,有云:江南人自谓风流,乃至国破家亡,皆其诗料。余正未能免此。还闻游子大来,无可谈者,亦不必见之。夜讲《诗》。

二日　晴

补钞昨日书,以《墨子》诸篇文重复易厌,改钞经说二纸。朝食后携真至河北街初来店,答访刘知县,不遇还,日烈可畏。倍书毕,少睡,晡食后步至木厂看子大,已行矣。夜讲《诗》、《鉴》。

三日 晴

钞旧倍书。华容蓝昆山步青县丞来。刘云亭来。何营官送菜,勉林却之,强余受之。长日课闲,悠然自适,大隐朝市,有由来矣。山林不独枯槁,应酬正自不少,不若处人海中,为江湖雁儿也。夜讲《诗》、《鉴》。近年夜间未能多作字,盖衰眊之渐。

四日 雨寒

钞书、倍书如额。午间风云阴,已而开霁。步过督辕,约晦若同赴白镜江招饮,至则已去矣,其从人云在铁路公司。行泥中往寻不得,复还过桥,镜江遣舁来寻,适相值,乃近在咫尺。乘舁往,闻语声,景翰清、晦若先在,待伯述至,酉初入坐,戌初散。天津鱼翅甚佳,盖曾侯所由出,馀菜不可啖。白,晋人,而无西菜,是特设也。步还颇倦,讲《诗》、《鉴》未毕,勉林来,请作挽幛四字,吊贺幼甫。四字最难安,久之未得。

五日 阴,仍寒

晨未起,晦若片来,报景韩擢苏臬,孤生无援,忽有显授,未知所由也。钞书,倍书。懿温《春秋》、《书》、《诗》始一过。小睡,遂寐。近日颇似阔人,每日有睡课。《墨子》书言王公不贤者有三种:一骨,二无故富贵,三美好。“无故富贵”,所谓循资格运气好者。自以为当富贵,而非亲非美,天下之人莫能议之,加此四字,足令千古失笑。

六日 辛丑,立夏。晴

倍书,抄书毕。小儿女出看塞城隍神,至夜乃归。刘云亭来辞行,坐久之乃去。早间有县人周兰亭者亦来相访,自云贺搢绅之旧主也。言谈亦甚似贺,乃知沆瀣流派非虚。谭之似左,谭何人哉,心可也。张之似张,固不足怪。

七日　阴

点书至《玉藻》,思"缁衣"屡说不了,忘欲一韦弁衣耳。因定为韦弁,即爵弁之衣,但殊弁色,则缁衣专属大夫,乃可通矣。"羔裘豹饰,缁衣之宜","韎韐有奭",均依此说之。一生积疑,豁然大朗。钞书,倍书,讲《鉴》。入城答访周金声。

八日　晴

朝食后答访何营官永盛。何云李提督属黄提督照料,当往通候,便至大悲院,飞一片而还。景韩来,云未朝食。余以勉林饭晏,便令同食。及设之,已食矣。客去,钞书、倍书毕。夜步至宝成楼答访景韩,不遇,大风欲雨,即还。见火光,东岸复火,登楼久看,将夜分,欲睡,雨已湿地,风稍息矣。讲《诗》、《鉴》未毕,即寝。

九日

晨起甚早。辰初复至景韩寓,宾客盈门,余少坐即出。景韩约过我早饭,午正来,入谈,同饭。勉林亦来,谈久之去。钞书,倍书毕。黄提督全志来答拜。王知县福谦来,未见。暇日甚多,小步堤上,看作马头,云童侍郎枢将到。昔日成都送行,复在此相送,亦有缘也。夜与勉林过景韩谈,二更还。晦若先来,未见。

十日　晴

朝食后往督府看《题名录》。少淹、梅生、重伯均中式。蜀士中者六七人,湘人识者五六人。湘多能文之士,蜀似不如也。还未理事,景韩来谈,三时许乃去。昨得陈小石书,复一函。夜讲《诗经》。

十一日　晴

钞书,倍书。景韩来,问资斧足否,因请其代假三百金,预备还帐。夜讲《诗》、《鉴》。

《宿赞公房》是罢官后作，仇注编之陷贼，其愦愦如此。《雨过苏端》则未授官时残杯冷炙之慨也。杜好吃而多怪，殊无名士风流。

十二日　晴

巡捕胡千里良驹来，初忘其名，已乃悟之。出谈凉棚事，一棚须百馀千，此为奢华。崔国恩出使米利根，为土匪翰林别开捷径。刘瑞芬、周馥联翩而起，又安徽藩、臬开府之阶也。钞书，倍书，讲《诗》、《鉴》。

十三日　晴

晨过景韩送行，辰初还。午正景韩又来。熊妪支银寄供子读，儒之为蠹，大矣。钞《墨子》毕一本。倍书，讲《诗》、《鉴》，食饼。

十四日　晴

始服夹衣，俄而污之，心甚不喜。纨女生日放学，唯余钞书二叶。属莲弟具馔，而终日不得食，误以为无客，不须食也。草具汤饼，令人不饱，欲责厨人，则非其咎，亦甚愠也。

晡入督府，坐晦若处，逢陈容民而已。张丰润来，谈肃党，云可作一书。恣意讥评，盖犹世俗文人笔端之见，非知著作者。以其言推之，则三直臣之不为国计，亦可知矣。主人亦出谈会墨，夕还，早寝。幼樵又问《公羊》，初不欲示之，固问，乃送《例表》一本。

十五日　晴

先祖妣忌日，默居素食。钞书，倍书，讲《鉴》，外无所作。李提督书来，马会不得来，此人似有信，胜其统帅郭武壮公也。

十六日　晴

钞《墨子》错误，且置之。

郑太尊请题狎妓小照，愠其无礼，久不下笔，偶思雪琴“小姑”事，因作《采桑子》二阕，序云：“癸未军事，为中兴一大关纽，吾友彭、张南防,幸无败阙,然为之捏汗屡矣。有游南海参军事者,作携妓看剑之图,阅七年,于天津请题,因作二阕。前借酒杯,后题本事,亦他日一段公案。""小姑吟罢英雄老,再起南征,转恨馀生,凄诉琴声杂鼓声。　微之也悔从前误,误了莺莺,莫误卿卿,可惜风流顾曲名。""书生却有元戎胆,醉罢蒲桃,笑摘红蕉,茉莉花前宿酒消。　思量冷暖吴钩剑,重把灯挑,细捻香烧,一卷兵书付小乔。"

午后钞书,倍书,夜讲《诗》、《鉴》。

十七日　晴,风凉

钞书、倍书毕。暇日尚长,看杜诗。午睡。夜讲《诗》、《鉴》。

十八日　愈凉,复可二绵

京畿均求雨,寒而旱,亦灾中之异也。钞书,倍书,午课已毕,不待放学,聊复游行。至晦若处,闻叔耘改京官,出使大英。又云豹岑来问讯。

"玉池先生道席:瞿舟促发,捉笔长征,小轮畏风,八日下汉,缘途逗留,行过一月,吴挚甫先已篡立矣。督府馆我于吴楚公所,联络湘、淮,时与张军犯往还而已。一日谈及清卿奸邪之奏,少公云:'君意若何?'闿运对曰:'唯抚台能称抚台。公大学士,我老学究,皆不以为然也。'家夔来文,又言轮船,民情不便,则公所云抚台要办者,又是谣言,又何抚之不谋乎?铁路,父子异议,香涛独蒙褒赏。海军不谓然也。闿运论之,公之行湘轮,李之开津路,皆为家门外宜有此一洋货,高兴之举也。以两公一代伟人,高瞻远瞩,得意之笔而鄙论如此,又何怪天下之揣测纷纷,张香涛、李黼堂之妄听妄论乎?先生休矣!不如专攻郑康成,剽学黄山谷之横恣优游也。家书来,闻公多谢病避客。常怪公爱见客,而外论反恨其不见客,足知议论难同,要之能谢绝孙、吕,则大妙矣。伯寅生平积恨,一旦得舒,颇收假古董。而湘士则皆佳者,涤丈有孙,能承清选,亦藉以笼络不羁,尤为可喜。闿运破船多载,篮盘盖天,随处荒唐,卒无龃龉。唯颇畏教学,又不喜言洋,以此无职业耳。右铭遂打死矣,以此又差自慰也。初夏唯清和绥福,不尽。”与书豹岑,并寄书筠仙。

十九日 晴

郑幼新来。钞书,倍书。得家信,寄诗本来,甚喜,复完如赵璧也。

廿日 晴

作书上外舅,唁桐生妻丧,兼发家书。从景韩假二百金,寄刻《志》之资。陈宝子馀来,云其弟客死,来迎柩耳,而先至京师。初不知其所谓,盖向京官募资,诚可怜也。

昭卅一年《左传》:“十二月辛亥朔,日食。”史墨曰:“庚午之日,日始有谪。”前屡引用,寻不得其《传》。

廿一日 晴

钞书,倍书,讲《诗》、《鉴》,馀无事。

廿二日 晴

工课如额。罗顺孙来,与赵芷生启麟同归,云尚须往芦台一行。谈今年取士荒唐,以伯寅、伯证俱号文宗,而不识真龙,故知破格不易言。

廿三日 晴

舆儿点《左传》始毕。《左传》可笑处极多,亦荒唐文也,而二千年尊之如经,则吴獬、廖平又不足道。

苏佣与熊妪日寻干戈,吾初以为道术能教之,乃殊顽犷,殊为可愧。夕至晦若处,并答访吴巡捕良驹。

廿四日 晴

始搭凉棚,棚匠,官差也。课读未半,陈子元来,电传一甲无相识者,湘人杜生得传胪。彭石如兄弟来,称述圣德,极有泰平之望,留午饭,夕去。陈宿西斋。

与书曾劼刚:“劼刚先生仁弟阁下:到津即当通问,因李勉林同居,彼尚不能执笔,嫌于一急一缓,遂迟至月余矣。阿咸荣选,不但继先公,一足申君兄弟场屋之志,兼以不羁之材,缀行彀中,去其跅弛,而养其精锐,尤可喜也。闿运去年顿营两宅,遂至负债三千,若留家乡,无词搪塞,假以应聘为名,挈孩北上。四川教读,已疲精力,不欲更与北士为缘,讲席实不顾也。少公亦知其意,但授馆馈粟而已。然久住则无名目,将俟凉秋更游。方今铁路生风,海军气沮,言效法者顿成土苴。时局暗更,明者宜知其几,幸无以为狂愚耳。家夔昨覆湘轮之议,老气横秋,九州时事可知矣。闿运此来,从者将廿人,于孟子之汰廿之一也。因前年匆匆未满缘,故复此行,都门则不再入,恐前与伯寅成言在耳,不可翻覆。专此敬贺大喜,不具。”

瞿子玖书:“子玖仁兄世先生台席:江行悉荷提挈,复命竟在宣后,何亟亟耶!盖大沽逗留,有前缘耳。闿运于六日到津,即书奉候,甫两行,笔误而止。昨闻中子夭殇,群儿惊惜,并云聪明绝世,非尘中人也。恩慈悼痛,岂独孔妻悲向而已。然庄生所寿,达者知之,若犹相对欷歔,便妨深爱,想能洒然也。闿运来此稍迟,已无坐处,然此特官话,其中曲折已告劼刚,彼若不信,公亦可不信矣。然与筠公书,云闿运到处荒唐,此则官话中之私话,又未知诸公信否也。馀俟新命续闻,先此奉慰并复,兼问同安,不具。”

廿五日　晴

求雨十日矣,风日益燥,主人无忧旱之心,唯勉林时时言之。又闻郑太尊妻丧,甫至半月而死,信有前定。步往看之,则正成服,不入而还。石如已来,移居右房。晡后乘车往答顺循,并发家书,值其与赵芷生俱出。至子元处少坐，俟还，同要向城，不肯，仍还。两日未钞书，倍书讲《诗》未辍耳。

廿六日

晨起，钞书三叶，写信四封，课读如额。而日甚长，睡两觉犹不能夕，以此叹物外不忙，人生难老也。

廿七日 晴热

课读如额。

廿八日 晴

马"汉奸"来，谈论甚欢，云尚有兄欲相见。岂一门之多才乎？其人一之为甚，兄弟并进，则未可也。

廿九日 晴热

马汉兄约饮，当往答之，因欲与晦若小酌，便约之。晦辞以病，乃独往，至紫竹林，过海关，将便拜诸官，见忌辰牌而止。吴僮失道，待久之不至，乃还，云失帖包。稍休，纳凉。入城唁郑太尊，拜杨鹄山，过周金声宅，解衣啜粥，热不可忍，久之乃凉。

夕步巷中，过杨门，知马已来，因入相见，复引至严小舫宅，设食。宁波，马孙也，无甚可言，唯马辨慧澜翻，杨执礼甚恭，而谩骂阎丹初，又有不顾身家之概，浅人非恶人也。亥正乃散。舁还。轿银一两，几与京师同价。两儿先睡，未讲。

卅日 晴。风凉

纨、懿各读毕《礼记》一篇，未点书，看《左传句读》，钞书，倍书。懿《春秋》二遍。纨《月令》三遍。杨主事来，云改直隶知州，加道员，被返劾，永不叙用，匆匆而去。夕过晦若，看京报，留馆单，孔、尹并用知县，然升沉自此判矣。夜讲杜诗。

五　月

丙午朔

放云、贵考官,无知名者。午后雨。钞书,倍书。复同二彭渠堤少步,犹未洒尘,夜始湿庭阶耳。讲《诗》、《鉴》未毕。解衣便睡。

二日　晴,晨凉午燠

钞书,倍书。懿《月令》生,不可理。验郎文来,云将附船便去。还其六十元,为书一扇。客用顿尽,更向晦若假之,夜送卅两来。

三日　晴

补作《柳墅》诗:"柳墅无遗迹,村居考御碑。旧宫存市帖,馀石想芳池。拆卖金能几,祈招悔可知。泥沙今浪掷,真觉患贫痴。"

倍书,钞书一叶。看朝考单。梅生、雁甥、陈生长櫑、夏、唐俱一等,曾二等,馆选当有五人,后四未知谁得失也。夜讲《诗》、《鉴》。

四日　晴

放学,斗掀。唐仁廉提督来,杂乱无章,勇将难以理求,颇似衍义张飞、李逵一流人物。闻唐已去,诣杨未遇,遇救火者。王生昌来。

五日　晴

蒋师耶、李侄来贺节,衣冠见之。周兰亭来,与勉林同会谈。午间家人贺节,打掀。熊妪发怪不食,以佳节未敢诘问,吞声而已。

六日　晴

晨始闻熊怪事,则云小姐不合呼令出拜节,为倚势凌人,因数吾骄蹇事不一,听之无一中肯者,笑谢不敏,大似曾沅浦谈《湘军志》,孟子所谓与禽兽奚择者。由君子观之,此等不待自返,亦足以知物情异趣,非礼法所格,既增见识,又开心胸,可喜之一端也。自寅初闻啼怨便醒，至辰初犹馀怒，怨毒之于人甚哉！因起钞书，至午大睡。倍书，夜讲。

七日 晴

府县祈雨，设坛蛇祠，以此为次。晨即喧呶，朝晡食皆相过迎。竟日未出，倍书，钞书，夜讲如额。今日壬子，芒种。

八日 晴

钞书，倍书。改夜讲于晡后，以有馀日也。左楚瑛子辅来，云自保定请假还湘。开展胜其父，行谊恐不如也。夜热。

九日 晴阴，午后风凉，半日六雨而俱不沾尘

倍书、钞书早毕。为景韩铭妻墓。夜以滋生日放学，复篆《周易经传》毕成。

十日 晴，风日朗爽，大似秋光

滋生辰，斗牌。夕入督府，待引见单，至二更乃还。报竟未至。

十一日 晴

熊隽季英来，羽胪从子也，貌颇似其仲父，以海运留津八年矣。晦若送电报来，湖南选吉士六人，杜、曾、二陈、吴、唐皆妙才也。蜀士三人，傅、高、陈，不及宋、尹矣。课读钞讲如额。

十二日 晴凉

两广、闽考官无湘士。作刘妻志成。欲求一孔女故事作起句，竟思不得。杨营官遣人来迎，兼呈其从子文诗。十四龄童子，颇有思致，比余十四时似尚胜也，为点定付之。课读早毕，钞书三叶。夕要二彭过熊世兄。

十三日 晨大雨，有寸水甘泽，人心甚喜

先祖忌日，素食，深居，课读如额。言钟鼎者以《墨子》吉日丁卯为最古。

十四日　晴凉

晨起未饭,杨弁至,以舁来迎。至瓦庄,始见火车,则板屋数十相连,前一锅炉牵引以行,可至数百丈,行处旁地皆震,人亦摇摇,但不晕耳。其速如飞,八刻可二百里,然道中屡停,至芦台已晡矣。

杨瑞生来迎,云李提已遣舁来,宜先往彼处。乘舁入署,故通永镇牙门也。向荣始居此,以海防增戍,故设镇焉。村人塞神,出看,因至杨营,见尹俊卿孝廉,少谈,还宿李处。夜雨。

十五日　晴,稍热

晨粥后往杨营午饭。杨与罗近亭孝廉来迎,罗似陈作梅,同步出,饭罢复舁还,杨亦仍来同食。夜看蓝鹿洲杂著,以能吏被劾,语皆夸饰,从前误信之也。

十六日　阴

卯起辰行,李、杨均送至车旁。独坐房,方甚得意。至塘沽大雨,忽来两官人,芒芒登车,自言知府王燮丞,其一未问其名字。未初始至瓦庄,道断不能行,东洋车遽居奇,乃坐骡车还,甚饥。询知石如已去应考。得劼刚书。

十七日　晴

倍书,钞《墨子》成一本。陈宝子馀自沧还,留饭去。夕要畯五,携儿女辈欲往何营,念月迟,还太晚,未至而还。得宋生京书。杨营官送银折来。

十八日　晴

懿、纨课早完,俱往蛇祠听戏,报雨泽也。大睡三觉,遂销半日。得子云书。钞书三页。

湘洲文学,盛于汉、清。故自唐、宋至明,诗人万家,湘不得一二。最后乃得衡阳船山:其初博览慎取,具有功力;晚年贪多好奇，遂至失格。及近岁，闿运稍与武冈二邓，探风人之旨，竟七子之业。海内知者，不复以复古为病。于是衡山陈怀庭相节推之。陈君少游吴、蜀，藻思逸材，冠绝流辈，所为诗已骎骎驾王、朱。及倦游还乡，见大邓及闿运，旋复官浙，与二邓及溆浦严子同幕府三年，诗律大变，具在集中，可览而知也。船山不善变，然已为湘洲千年之俊。怀庭善变，而诗名顾不逮，闿运耻焉，数数与书曾、左，推怀庭政事，因其文过闿运远甚。时曾、左操东南进退人材之权，雅信用闿运言，独于怀庭泛泛赏之，竟绝不与论诗。左不喜文，不足怪。曾于文事最心好，独失怀庭，可惜也。怀庭屡补剧令，治民得法外意，宽猛唯所施；又屡为同考官，衡鉴在骊黄之外。俗吏亦泛遇之，不知其文理也。坎坷孤吟，篇章益工；又屈柔六朝高澹冲远之韵，为七律诗，自唐以来所未有。世人但目为诗人才人，何足知其人与诗哉？所最不平者，以闿运为胜怀庭，几欲使我同巴人下里之流。每一思之，又大噱也。虽然，怀庭精信释典，知名实皆有因缘。今其子鼎官翰林，亦藉藉与俗忤，不遽大显。君诗诚恐久即佚散，非仅汩没是惧，爰依定本编为之集。以闿运能知君，故为之序。不及诗之所以工，而直尊君以配船山。于船山有贬词，于君无誉词，可知矣。

复宋检讨书："芸子仁弟史席：留馆高选，文名已振。子元来，乃云欲俟三年后改外任，可为莞然。凡虑过则愚，有庸人所不为者而奇人故为之，此一说也。陈之戏耶？子之诚耶？吾唯洗耳而已。来书念欲相存，此自至情。但车仆往返费十千，可供京官半月粮，亦可省也。已遣人觅宅淀园，申前年之志，但未知能得否。湘士人翰林者有陈伯商，落落雅人，颇与俗忤，闿运世交也，可与往还。浙之黄仲弢亦好事,无江湖气,皆与介性相宜。至于异议殊趣,正通人所乐观听,多闻寡见,悔尤之所由,非欲吾贤一之也。狷以自持,通以博学,二者相须,然后可论政学。皋卿谒选,能得湘令,则为佳耳。升沉不在此,但惜其弃书太早,恐临事自用,又恐胆识未壮。出京时必可相见。并问近好。"

十九日

晨作陈诗序,遂未钞书。景韩入觐,过此来谈。至曾祠楼上看戏。北屋必作戏楼,工作甚费,又不能别用,与石山同一浪费,南人所不为也,盖古制之存者。倍书毕,遂放学。夜与勉林过景韩谈。

廿日　晴

作书复蘧庵,凭川藩答之,因讯锡候。钞书二叶。倍书毕,登戏楼,甚热,遂下。夜触凉发热,甚困,不能动,蒙被卧,久之乃苏。夜雨。

廿一日　晴

晨起闻景韩已发,交折差致蜀书,因讯晦若,亦数日不通问矣。杨瑞生来,留饭去。勉林欲销假,自作禀稿,而无根据,劝令改之,坚不信从,湘营派也,宜其不能官耳。疾未瘥,卧一日。

廿二日　晴

疾小愈,犹未事。夜得电报,湘考放陈冕、高赓恩,一无行,一无文,湘士扫地矣。陈兆文得陇差,亦赓恩之流。黄门上从子遂如蜀,使丁文诚在,便当抗行,蜀士亦何不幸。陈子馀移来。

廿三日　戊辰,夏至

疾愈,能坐,钞书三叶,倍书毕。与蒋墨卿答严小舫,值其妻病笃,同访汤伯述不遇。还,得家书,寄《志》书样本来,并得钟婿书,报十一耶之丧。又尹生送麋茸,卢生四六启,应接不暇。

廿四日 阴

疾后小发，盖未掩身所致，初以为晏阴已成，未之防耳。似热似冷，颇难过，日过午少差。作县志序，一笔写成，所谓如数家珍者，盖此等文，本吾专门也。夜讲《诗》、《鉴》。雨。

廿五日 阴

借马营中不得，舁出吊郑幼樵。欲过督府未决，拈一字占之，得"瑞"字，哑然曰：王耑，行吊不过人也，无日出。遂还。作《序目》，颇得意。夕食后步入，与少荃、于汤剧谈。

与王理安书："理安仁兄先生道席：浙使促程，贤宾阙侍，仍承宠送，适愧粗疏。窃计祭酒扳缠，商农祇候，必居左席，不屑蜗楼。在北还书，未即申问。昨得儿子书，乃知独隆高节，终仰裁成。《志》稿全清，高轩乃去，非言可谢，顾已增惶，谨即拟上序文，直书本末，寄呈点定，便可付刊。方志中有陈小心，乃曹镜兄本师，已索曹稿底，忘撰增入，并乞再索，用例语补于上篇之末。其词即求代作，不必又拘泥笔迹必须原手。其馀阙略者可增则增。黎文肃子来书，以其父引刘崑云云，为薰心利禄。贤哉达识，欲过陈咸。此语得之亲闻，涉笔实录，初无讥刺之意。且黎子前已熟读，未闻异词，今复有言，自可不论。然嘉其志概，欲全其孝，即将闿运所论二句删去。亦乞转致黎子及同志诸公，俾知闿运阳秋，初不借官书说私话，故毫无定见也。诸表有宜与传相间者，亦求照开呈目序，定其前后。来样又少《桥渡》、《石路》二表，又须将城图改为沿革十三图。其作中星诸表者宜并列名。均求垂念公私，代为妥定。高陈谬丑，不足辱贤。傥肯北来，谨留函丈，计期一月便达，亦使京师群公知吾宗大有人也。专此奉谢，即颂。"

还复子云书，《志》书样本请校之，序今始欲作成矣。简堂子锦彝书来,言其父传语不佳,求改之。辨其父语非父语,识虽高于父,诬矣。嘉其孝志,允为改之。

廿六日　晴

作《志》序成,前直叙事,后乃为韵语,又别一体,亦学《史记》也。作书请君孺定次序,自编序目寄去,因寄家书一纸,并示宜增改者。计今年场前必有书出。散学一日,作包子庆之。夜雨。

廿七日　晴

钞书三叶,倍书毕,始晡耳。日殊多暇,看《湘志》四本,舆讲《鉴》毕,更讲《史记》。"水波土石金玉",向来无解。土石、金石皆须分别炼化。"波"即"破"也,"水"、"准"古一字,"准"盖定其质耳。然二字生拗,终难意断。又"帝喾生而自名",亦不可解。名当受之父母,岂可自名?盖当时无名姓之制,喾始制名,尧乃制姓,亦近于对策习气,较胜清翻者耳。

廿八日　晴阴

钞《墨子》,高兴久之,写一章,又错误。倍书毕,晦若来,为长乐初儿通情意,索挽联耳。卅年肃党,今将结局,以数语了之。"海淀昔游非,尊酒久疏铜钵句;湘民新奏在,崇祠终慰鼎铭心。"章孙来,赠钱四千,令往京居。

廿九日　晴

晨欲吊志钧,以勉林纱褂太重,更买一轻疏者,群官已集前厅,未能即出。饭后,汤伯述来,陈容民来,同登舟叩头毕,还馆小坐。王亚从兄来。尹俊卿将回湘潭,急校《志》稿寄去,未暇他事。至暮差欲毕,首痛,过勉林,送搽帖药试之。小凉,夜寐不能兴,便至晓。

六 月

乙亥朔 晴

似校五月加热，岂天数果有异耶？抑人心为之也？校《县志》毕。与书裴樾岑："樾岑仁兄先生节下：前闻新命，以为不日当莅潋州，遂至逡巡，又过半岁。伏维海濒清暑，道养弥和。数载以来，眠食佳否？公事之馀，何以遣日？甚念甚念！闿运德不称名，凶咎叠至，城宅焚荡，山居未就，颇有负债，暂避天津。而教学已疲，精神稍钝，不欲复居讲席，则亦不能素餐，以今岁黄牛，聊俟过厄，明春当入云湖终老矣。一切眷属，会有别离，将与世疏，不能不感。连年北行，有无限系恋，即无边潇洒也。知音在远，我劳如何。潋县志昨始成工，秋初印刷，当即奉上。感公至意，幸得有成，然非寿等乔松，岂能见其杀竹，故先寄拙序，以慰前情。在此又写成《墨子》一本，兼携有儿女课读，殊不寂寞。寓在吴楚公所，暂亦未至甚热，若入伏烦蒸，尚欲在西山消夏，否则且住为佳耳。久宜通问，因循便过三月，实为迅速。轮便尚得再启，先颂道安，不具。"

尹俊卿来，留饭，不待而去。夜讲《诗》、《史》。

二日 晴凉

罗近亭树勋及王星垣来，留饭而去。交《志》稿与俊卿带去。

三日 阴

余尧衢太守送瞿信来。吴知县移前房就医，勉林招之也。午后余来谈。作书寄彤芝，交其带去。午后暴下，甚困。终日未事，唯倍书讲《诗》、《史》耳。家夔移滇督。邵小村起病抚湘，红人也。蒯德标谪海外。邓华熙来藩鄂。岑公恤典极优，弟授滇臬，子擢京卿，更隆于曾、左。

四日　晴凉

稍愈,犹不思食。倍书,钞书一叶。陈复心来,延入,则夏生彝恂同至,云将还衡。邓镜臣炳麟来,代粟孝廉致蕺子书,云前半月已至此。留饭,辞去。陈、夏留至夕乃去。余过晦若,夜还,则陈舟去矣。

郑龕先生道席:前凭伯澄呈拙卷,未蒙取中,而门下徒党多荷甄拔,具征鉴裁。宋生获留,尤仰亭毒,书启家所谓感同身受者也。咫尺光尘,亟欲再对。息壤在彼,谊不伪言。想玉宇高寒,暑尘不到,而回想淀园、南洼之游,遂不可追。怅忆平生,心乎萎矣。闿运妄言多谴,灾见焚如,山居未营,债台将筑,聊借北行,小作停顿。而外间议者以为此人即将穷饿,干谒要人,会待吹嘘,拯其沟壑。虽无伤名教,而颇费应酬。漕渠秋清,翩其逝矣。留京弟子一经品题,俱长声价。唯衡阳夏时济,自负材气,不后群贤,未上龙门,频遭点额。今闻曹仲铭修撰为言于高尹,欲求湘藩书启一席,未卜成否?公与同僚,一言九鼎,谨附名条,求为道地。非但侪之文廷式、张羊令之列,亦以广采听之声。其馀同学有闻者殆难胜数,他日脱颖,自当相见知,愿无以吴獬为悔耳。

五日　晴

倍书,钞书,讲《诗》、《史》如额。优贡明日朝考,浏阳王性如大挑一等,还湘,过勉林,因来言阅课卷事,欲余出题,以费心辞之。因言教书不可取钱之理,其言河汉而无极,迂远之论,非世人所闻也。读书为学,本非世俗事,又何怪乎?

六日　晴

夜雷风有雨。课读如额。写对子一联。季和补副都,盖为铁路针砭，非但例尽，故裴、薛均不得得其遗缺矣。

七日　　晨雨

起已日高矣。倍书一过，今暂听读。钞《墨子》至《经说篇》，大费安排，至起稿乃可誊耳。夕要畯五过何营官，本欲纳凉，反坐笼中，幸不甚热。叔芸来，未遇，日暮马烦，亦无所见之。

八日　　晨闷，午后大雨，竟日秋凉

钞《墨子》经三叶，倍书一首。夜讲《诗》、《史》。《秦本纪》："王弟长安君成蟜伐赵，反，死，军吏皆斩。将军壁死，卒屯留、蒲鄗反，戮其尸。"昔问自庵，未得其说，今看之，文理自明，乃屯留三县卒反，即壁旧统，故追戮之也。成蟜云王弟，则阳翟姬有四子。夜不寐，起而书之，并看辛未北游诗一卷，颇嫌湘潭人寻话讲，有剌剌之词。

九日　　雨

勉林移入支应局。吴挚弟移李房。钞书未一叶，便睡。汤伯述来，同郑、文焯小坡来访，苏抚客也，汉军举人，易、朗、张、羊友也，开朗有性情，非文、廖之比，留饭而去。欲往温味秋处，会雨而止，又潇潇意。

十日　　甲申，小暑。大晴

将出，逡巡未果。与畯五论算法，惜精算者不能言理，致术道不通。夕访温味秋，颓然老矣，无复前兴致，小坐而还。倍书讲《诗》。

十一日　　晴

嘉兴何敬中来访，字退庵，云曾在西边干谒无成，今居天津守处。汤伯述招陪文小坡，又有一主人曰姚岱翁，招两技侑酒，一南一北，云翘楚也。食蛙蝘新藕，又至南技家食瓜，舁还。夕食未饭，坐小车至春元栈访小坡，留饭久谈，乘月还。

十二日　　阴，甚燠，始浴

何敬中又来久谈，送经济议论文相质。午后大雨。钞《墨子》。

夜雨如秋,并考官电报亦不能传至吴。畯五自收烟作墨汁,云三百钱可得一两。讲《史》。秦刻石“久并来田”①,《本纪》“学著人”。

十三日

钞《墨子·经上》毕。涂稚衡与刘顺伯于祐来,留食去。夜过晦若,询知陈郎伯商得浙副考。胡郎取二等,得教职。范溶亦教职,中书则无报也。又知小坡未行,遣约来谈。倍书,讲《诗》、《史》。

十四日　晴凉

何心如营官来,云周金声约彭、涂于酒楼,余问有技无,答云清局。因知其欺,亦且信之。遣约小坡晨来,过午乃至,与伯述同来,特担酒待之。酒甚佳,而汤不以为佳,疑彼惯食佳者,又过于求我也。晦若约来不来,至酉客去。讲《诗》、《史》,倍书,钞书一叶。

十五日　晴凉

勉林、郑寄凡、温味秋来。倍书,钞《墨子》,将理其先后杂见者,便须类草稿,半叶而罢。理烦者宜极缓,则不能厌。畯五试火车去,已而空回,云晏矣。午雨。

“家世名公子,吴中老客星。有才容啸傲,未壮已飘零。颇阅升沉趣,闲看洞阙铭。南飞同海鹤,比翼渡沧溟。”“高李金台会,风流四十年。至今燕市月,多向虎邱圆。词客伤心地,包山小隐天。知君留坐处,容我一茅椽。”“惜别歌潮落,将离感夏寒。柳株烧更绿,鸾翮锻应难。旧梦随仙仗,疏狂薄世官。圣明求五噫,我便觅渔竿。”夜讲《诗》、《史》。

十六日　【阙】

十七日　【阙】

---

① “久并来田”,《史记·始皇帝纪》作“久未来田”。

十八日　阴凉

钞《墨子》,倍书,讲《诗》、《史》。夜过景韩不遇,还。雨。

十九日

晨起云昏风寒,遂如八月,感叹还寝。晏起,钞《墨子》倍书未毕,蜀士张、廖来,曾、陈同至。吴羲甫来谈。景韩又来,去已暮矣。午间始闻新蝉,感时物先后,南北差二月。

又新看《瘦碧词》,夜作一阕,用《齐天乐》,吴语叶音,从近派也。"绿槐凉雨高楼静,凄凄嗽声还咽。楚梦无凭,蜀魂乍返,不记甚时相别。寒吹玉叶。是早日听伊,弄音清切。得意初来,一庭花影送残笛。　　如今素秋又接,便孤吟到夜,空伴啼蟀。南国芳华,夕阳弦索,打叠罗衣收歇。西风漫曳。斗惊起离心,玉壶冰热。细算流光,唤人愁第一。"

夜寝甚迟,讲《史》、《诗》毕,已子初。真睡,丑初矣。蚤扰,复三更寅正始睡。日记本尽,市中但有细簿,放笔辄透纸,而价倍南中,始知和峤持筹,亦大费本。

廿日　晴,稍有伏意

张生夫妇均来,及廖、曾、陈,留饭去。设瓜藕。廖留宿陈斋,谈今古学。夜讲《诗》、《史》。

廿一日　晴

看廖生《经说》,欲通撰九经、子、史成一类书,亦自志大可喜。夕过晦若、主人子病未出。

廿二日　晴

朝食后宋芸子来,留居外斋,谈京中蜀事。

廿三日　阴,午后大雨,遂竟夜

钞《墨子·经说》毕。看宋大赋。县人谭中书来,云与吴、黄同行,小坐去。

廿四日　雨至午

吴雁甥偕谭聘臣来,早饭已过,别设待之。宋生索萧银去,一夜不还。讲《诗》、《史》。

廿五日　晴

曾昭吉致家书,云欲干李相,余云李正失意,宜入都干醇王。醇朴直,犹欲讲洋务,不知时局已变也。留饭不留宿,以宾客太多,有似哥会,年貌又与王爵一相当,而无护身符,故避嫌云。倍书,讲《诗》、《史》。

廿六日　晴

江南考官与陕西对调,复有升迁,亦骇人闻也。曹状元乃副李端遇,亦为罕事。黄少溪偕雁甥来。是日庚子,大暑,中伏,而气凉如秋,午夕俱雨。与黄、吴谈半日,未遑他事。自入伏来,日课遂停,常时酷热犹伏案,今年凉健,乃更游谈,负此时光,稍欲振之。味秋画《忆别图》来,开幅题诗一行辄错谬,废然自叹,甚矣吾衰,更裂去,怏怏不乐。夜雨甚寒,凄然早睡。

廿七日　晴

宋、曾俱欲入都,晨起送之,乃无行意,欲出,泥泞。为宋看赋二篇。论当世人物无虚心者,由天分不高。宋天分亦中上,未知虚心与否。凡闻言而辄逆者,即愚顽人也。六十耳顺,旧有无忤之说,亦近知道,但此乃学之初基,六十则太迟耳。

作书与劼刚。得二妹儿书,欲假贷营葬,亦复一片。又得子瑞甥书,则未遑复矣。教习单竟未见,亦一异事。过午,客尚未行,谭、吴、黄又将去,自往送之。还食瓜,乃饭。中庭凉甚,方与小女斗牌,李生滋然新得广东令来谢,延坐少谈,仍及书院中事,可谓书痴。发家书第五号。

廿八日 晴凉

倍书，钞《墨子》一叶，文繁浅可厌，故减之。题温味秋《梅花图》，苦无佳句。

廿九日 晴凉

王生光棣来早饭，云李生稽勋同至，午后船始到。晡食后王与陈生同出，不还。夜雨，二彭亦出饮，院舍凄清，讲《诗》、《史》后便睡。

晦日 雨，至辰霁

钞书二叶。陈吉士长檑来，仍请主浏阳经课。正欲考"袪袂"，便拟题付之，兼为书扇。河决章丘上游，东明亦岌岌，郑州幸免矣。倍书，纨《月令》极熟。夜讲《诗》、《史》。

七　月

乙巳朔 晴

容民、伯述来谈，即同入府，欲看少荃，非时，小坐晦若斋，食瓜。看刘继庄小说。己丑生人，顺治五年。乙亥卌七岁，名献廷。日阴还馆，已申正矣。未理工课，因朔日不可全废，钞书一叶。夜讲。

二日 晴，颇有暑意

王生告去，欲作包子饴之，竟未及待。倍书、钞书毕，夕课遂罢。纳凉至子正。

三日 阴，更暑，颇患蒸闷

钞书，倍书，午浴觉寒，知今年无夏也。

编修王懿荣请搜采本朝十三经，又请续开四库馆，徐桐阅看，尚无违悖字句,为之代奏。字则无悖,意则有违,固非徐桐所知也。中言《礼记》、《周礼》江浙人方撰集,未知所指。

四日　晴凉

陈曼秋偕萧润泉鉴来,神明报人也,留饭不肯,遂去。倍书,钞书三叶,复常程,夜未讲。

五日　晴凉

杨瑞生来,李提遣探踪迹者。其族人见山衣冠来拜,云荒唐人也。钞书三叶,倍书,剃发,作家书,竟日匆匆。夕偕畯五步至估衣街,访瑞生,行陕巷秽迹处,周身不适。世间自有活地狱,而其中人殊安乐,又枉耽忧也。从大街还,食瓜,设汤饼。讲《诗》、《史》。

六日

懿疾,唯纨读。钞书三叶。夕食更早,半日无事,登楼纳风。夜大雨惊起,两女亦起,听雨,清兴潇然,不知暑往,时已丑正矣。

七日

晨大雨,小女起登楼赏之,俄而长风吹云,朝日淡光,有似秋末。钞书一叶。院中半未起也。与滋女论骨牌名有极佳者,求谱更定之。得樾岑书。夕过晦若、容民。

八日　晴,稍热

待放差,电报至夜乃至,湖南无人。夜与石如言,其兄弟行事殊有古风,宜其不谐于俗。如责戒族子,吊丧躬送,皆近人所不行矣。从陈生处取牌谱,夜看至四更。尚热,庭中亦无风,乃寝。今日倍书、钞书、讲《诗》均如课程,唯《史记》未限叶数,以将食粥,遂止。勉林来,候杭将,云病不能兴,又言少荃疑我久居无聊。盖以己度人,而有此想。

九日　晴热

倍书,钞书。陈伯严与䜩子夕来。䜩便移来,陈仍夜去。

十日 晴热

钞书,倍书,两儿均不如式,各鞭三四。蕺子与陈约今夜当去,而云不往,为铺床无高板床,令两儿就地板铺席。石如以己床送上,尤不可安。已而得一床,乃各复旧。已而蕺子复去。裕督左迁,时事咄咄可怪。

十一日 乙卯,立秋。晴热

钞《墨子》毕一本,倍书。佣妪断断不可复耐,因令觅灶养,几不能具馔,亦可笑也。夜讲《诗》、《史》。雨。

十二日 晴

钞书,倍书。汤伯述来,云翁叔平请假还吴,张移楚督,铁路必兴。李移粤督则慰其弟。李权终移张矣,然举措不顺,恐终有变。

十三日 晴

常年尝新日,此地无稻,聊煮鱼翅会客一食,觅蔬果新者亦不可得。放学一日,夜携两小女看盂兰会,妇女均簪素兰。

十四日 晴

钞《墨子·义篇》毕,以其论守城者为附录。庄子云"刻核太至,则必有不肖之心",墨本兼爱,而至守城杀人,法至密,与立说违反,所谓不肖之心也。凡事必求有成,敝必至此。蕺子与伯严来,留午饭去。

十五日 晴

伯严来告行,请免单,与片晦若求之,云礼拜日不可得。寻常免单易得而求之要津,故难如此。晦云扦洋字无洋字之别也。午走送之,并遣还其卌元。据云六十九元,熊生掣骗廿元,未归款也,此当问之孔搢阶。小坐宁安居,遇林二大人。已而凉风吹雨,久之不落,步归,雨随至,至东门大雨,乘车还,入门倾盆蹬竹,四时不止,房中穿漏。

十六日　雨意未霁,时复蒙蒙,多登楼避湿

倍书,钞《墨子》一叶,看季邦桢下行李。夜初梅生、重伯、守愚同至,留宿西斋,谈竟夜,上床已黎明矣。

十七日　阴晴

晨正欲眠,季邦桢拖轮放气,声正尖厉,惊起,重伯正露卧庭中,唤醒之,梅、绶皆起,朝食后去。韺子还。伯述来,言主者将馆松椿于此,以吾久寓妨之。额、刘殊胜于王莲堂,然久客累人,即将去矣。遣看漕船,云济宁不可通行。夜雨,讲《诗》、《史》,钞书一叶。

十八日　晴

韺子告去,往洋行暂司笔札。遣问三客,将行矣,往送之,唯有行李小轮,人已先去。计《墨子》尚须廿日方毕,欲辍之,将由漕渠,惧陷滞而不济,将由海还,则无聊矣。此行与瞿赌胜,不免轻速,行事固难中节。少瑚为蝎螫,薰掌尽黄,可笑也。倍书,钞书一叶。夜讲《诗》、《史》。

三月记督抚名籍,至今百日,晦若云大更动矣。再书之:"直豫台川不动尊,新加广督五徽存。两湖四浙苏□□,谭卫双张是独门。"

十九日　阴雨

晨闹接官,松、翁并集,午前始散。倍书,钞书,讲《诗》、《史》。

廿日　晴凉

石如昨夜还,竟不及知,晨起乃见焉。畯五亦于饭后还。倍书,钞书,计程少二日。得荫渠子思谦书,所谓谷怀者。郑幼惺来。晦若片来,言叔平昨到,为门者所拒,初甚疑讶,思之必其仆从属我门者,诡词也。此等小事,非曲折深思不能知,少一毛包,则大谬矣。

夜讲《诗》、《史》。龏子来。小儿夜出看盂兰镫。

廿一日 晴

松藩晨发，群道毕集。饭后出，拜客辞行，唯见督、府、关、道、鄂臬、郑守，馀皆不入，未初毕。

步入督府，问伯述名条事，因询晦若、翁师事，幼樵出谈，意不以孝达为然。孝达口舌为官，无一豪事业，而必为传人。传人如此易者，亦其平日好事，爱文章，而不重气节有以致之。中材以下，宜劝为之，而周、徐、瞿、王犹不能，此其所以为传人。

廿二日 晴，复热

二彭出游。勉林来。倍书，钞书。黄总兵全志送赆，辞之。伯述为石如觅得一馆，差不虚此行。

廿三日 晴

与书少荃，送二条。倍书，钞书，甚暇。夜讲《诗》、《史》，甚热。

廿四日 晴

将访勉林，怯热不果。倍书，钞书。章孙来，无所遇，挟寿衡二书，书虽无济，义可感也，犹有老辈之风，此等人宜不得意。郭人凯来，松林长子也，文静似其母，以主事候选，言语支梧，正言诲之。倍书，钞书，夜讲《诗》、《史》。江少淹夕至。

廿五日 阴，午后大雨

伯述来，谈半日。少荃送赆，却之，留二百金作舟赀。郭乔生送土物，受之。海关道赆百金，却之。钞书三叶，讲《诗》。

廿六日 晴

李提送赆百元，受之，彼以我有伯才，以答其意也。结杨瑞生银折，多用卌金耳。夜步至北郊看练军，屯垒甚有法，误行至右营，折还前营。答郭子、廖生不遇，遇之涂。龏子亦至，夕复同一朱弁来。

钞书,讲《诗》。张楚宝士珩来。

廿七日　辛未,处暑

勉林来。午睡甚久。未正入督府,还晦若卅金。遇刘永诗父子,云祭酒之子,未知其父名也。入东门,访勉林、蒋师耶。已过申初,约张楚宝酒楼小叙,不知其市面,往来侯家汇,仍还渡处,遇苏三。退入于泥,弃履着吴儿鞋,至酒楼,前伯述约饮处也。楚宝言史学记载为急,出示《诗》、《史》,兼令二妓侑酒,亦前人也,各赏一金,取一花还。江生置银包室中,俄顷失之。

廿八日　晴凉

少荃、幼樵、晦若、伯述并来送。张楚宝复来,求作墓铭。放学。作书致豹岑,饯江生,与杨瑞生还银折,便复李提。招周金声来,令定车坐游戏。韺子来,李绍生来,应接不暇。闻有女客来,急招江生、二彭同出。江生并约两儿及王、李同饮酒肆。李勉林送菜,便留杨军门饮。少荃复送鱐来,累辞可耻,受之,便还瞿子久,彼此帐已在瓢把矣,应耽惊也。

廿九日　晴

治装将行,儿子往看火车,遣江生、周总兵护之。送水礼者纷若,皆不可却。午后诸子归。伯述来催客,殊不欲往,迟至申正始往。吕定祉不至,冯培之在坐,桂芬子也。见张逊之,误以为陈养泉。幼惺复召妓侑酒,仍前人也。余出答访杜副将、张楚宝,复至汤宅,已昏,又来一妓,亦前所见者。少坐散。至督府辞晦若。

八　月

甲戌朔　晴

杜将、杨游、伯述、晦若、容民来送行,勉林亦来。遣苏彬往干徐将,挟张席珍书以往,初以为如昨日,火车即至,后乃知须待夕车,送者久待,乃辞而行。用小船送海口,张楚宝遣炮船从行,复自来送,午正登舟。李、王生失去行李,未及来送。石如兄弟、江生、蕨、均二子俱坐余舟。至暮未到,送者饥寒,皇皇然,余告以有处分矣。及至,海晏船果相待,且言后日方能行,泊北塘,夜宿。

二日 晴热

待早饭,至午初乃得。饭后换船,酉初开,戌至塘沽买煤,夜分复发。

三日 晴

平行一日,至烟台二更矣。上人下货,迟至鸡鸣始行,烟台饶苹果,二百钱十斤,遣买未至而发。

四日 晴

泛黑水,洋船轻,以水灌之。张买办论电报妨商贾,利买主。然则电讯即平准之意,铁路为富庶之原,英人所以抑末者。此又一论,惜不令孔吉士闻之。

巴陵陶窳字甄夫《施烈妇》诗,注云东瓯人,湘潭黄汝材妻。“二月辞蒂花,沾泥犹自香。营巢燕子来,衔之入画梁。画梁岂弗美,故情不可忘。东瓯施家女,兰如名字芳。幼小失怙恃,被掠卖为倡。有客黄汝材,娶之出平康。汝材性嗜酒,羞涩馀空囊。兰如朝揽镜,十指羊脂莹。绣文作饔飧,不怨室如罄。楼居十二年,举案无不敬。汝材一朝死,痛欲殉以命。伯氏谓兰如:‘自汝入我门,我家如花谢。有子犹可守,无子汝当嫁。’兰如掩面答:‘理实如伯言。妾夫肉未冷,如何忍出门?须待丧葬毕,乃可议所婚。’伯氏大欢喜,将鬻富室子。兰如旋闭门,整衣仰药死。宗族为设祭,用流百世芳。刚鬣已献之,柔毛未得将。纠众缚伯氏,活人作死羊。祭毕放之去,观者如堵墙。此事足劝戒,后人慎自忘。”

五日　晴热

午后泊上海招商马头,遣章孙觅船至苏州,得一小船,仅容一人,价银六元,十人挤坐,略分内外,几如勾践马坊也。舣太平马头。

六日　晴热

乘早潮舣老关,乘晚潮行二十馀里,泊香夏。沿岸夷房整洁,商舟明丽,望若神仙,而其中丑蠢奸商,表里之不相侔如此。

七日　晴热

逆风缆行,云九十里,不及六十里,夜泊断港,蚊扰人嗟,又为小女驱蚊甚劳,情殆不堪,数起明烛,仅乃达旦。

八日　微雨

行廿七里过昆山,六十里至吴门,绕城壕行十馀里泊胥门,已夕矣。步至庙堂巷,访文小坡不遇,遣报刘景韩。回舟,景韩已遣舁迎。入署略谈,云李眉生画样所造也,初更还。

九日　阴

晨复遣问小坡,乃无寓处,往看湖南馆,前房湫卑不可居。还令过船,船至镇江,价十五元,犹不肯去。议论间,梁生、黄小亭、钟瑶阶来,云已腾房,乃发行李,与黄步由正街至馆,则三女已先至,房未腾出。小坡来,要饮酒楼,游顾园,访俞应甫。夕还,见篮盖在门,景韩已在客坐相待,入谈。顷之去。竟日未食,夜始安床下室。景韩送薪米。

十日　晴

上舍魏生昆仑来,晦先子也,将侯之孙,言已腾上房两间,谢云不必。盘仲来,不见二十六年矣,意气犹欢。午后舁出,遍诣同乡文武官,唯见吴主簿、刘葆吾,雨珊戚友也,盖云帆之裔,自命不凡。极热，亟还。

十一日 晴，稍凉

赵伯璋曦耿来，未见，笛楼尚书后也。苏省颇有湘中名家子，盖承平时以宦苏为乐。盘仲招饮。张生来。将游师子林，已晚，步至小坡处，同往魏处，赵及郭子美族子寅阶字辅卿先在，肴槅犹有旧派，堆书盈屋，亦招牌也。还复过小坡稍愒，步至寓中。胡、黄生及黎四郎来。又有唐次乔与黄小亭来。小坡与张生夜来，看月，初更步至吴学前，乃别各还。

十二日 阴

晨起署臬朱竹石之榛来，碧湄弟子也，有细人名，而貌丰颀不似浙中鼠目人，颇类庄心安，盖俗吏亦加诸之。李新燕贸庭来，鸣九父也。景韩继至，两司同集，近官场热闹戏矣。张捷三来，丁文诚旧将，年七十四，名胜全。李巨川乾、刘葆吾恒德来。刘来最早，先已辞之，乃待至两时许，亟延款谈。黎尔民来，约游留园。俞曲园红顶来，云雪琴必不能再出，而外间言其已至鄂矣。微雨间作。少坡夜来，取诗稿去。

十三日 阴

郭辅卿来。尔民约十钟至严船游宴，至午乃出。携真出城，朱修庭道台先在，有船女一人，榜妇二人，客皆不至，复招小坡、张生同集。舟至留园，园主盛旭人七十二生辰，聋昏矣。还船已夕。黎、文转从关门上，余与修亭坐严船还，榜妇出致款款，约游虎丘，乘月入胥门，乃散。是日丙戌，白露，殊不凉爽。

十四日 阴凉

黄小亭、唐次乔、钟尧皆、汪贻尊、梁公请，魏盘仲、赵伯章同饭，未初散。步出欲往阊门，乃误西至沧浪亭、五百祠、两书院、府学，取苏府前街至臬署,与景韩泛谈而还。朱修庭来访,请游虎丘。

十五日　阴,午雨

本约盘仲出游,待之不至。张生来,约游师林,亦未往。午间大雨。夕食后同乡十五人公请,来者十二人,与二李、二周煦,松丞年侄;濂,月溪,老苏州同坐。李甚骄贵,频催菜,此来盖特情也。夜儿女拜节,斗牌,子初倦寝。小坡步月来,谈至丑初乃去,多言韵学及音乐。庭月朗寒,始有秋色。

十六日　晴。晏起,犹冷,始着夹衣

出访二朱福清、之榛。一李景卿。,异夫言李居甚远,仅至朱处,旋别至竹石寓,谈湘军旧事。待小坡来同饭,朱饮馔有名,惟抓碟无厨派耳。

十七日　晴

朱修庭要游虎丘,自吴学前坐船过皋桥,出阊门,循渠,泊山塘下,登阁眺望,非复前景。饭于月舫。招僧云间弹琴三弄。上虎丘寺,与鸿慈凭阑,望吴城平远,繁华犹似旧都。修庭因不能来,小坡寻砖去,久不至,与槃仲、张生访贞娘墓,亦不似前地。出山门,寻前看戏处,不可得,五人墓成花圃,亦前所无也。买花六盆,山茶、绣毬尚花,紫薇未谢,举置船头。复至报恩寺吃面,上船还,至马头已昏黑。

十八日　晴凉

晨钞《墨子》未半叶,饭至,独餐。午前槃仲约赵伯璋来,同至元妙观前后看女衣,要张生同行,并看木器,殊有佳者,但贵重难载。张云此地能包捆,俟行时再酌定。槃仲要饮酒楼,吃九百文,亦足以饱。小坡先至已面,余已饭。诸子饭毕下楼,买羊毫三枝。至观游览,则不忆曾至否。沿街看古董,至张生寓晚食,菜皆家制,极有吾

家味。夜风，借衣还。昨至虎丘，失半臂衣，今失烟合，每日必有所丧，无所得也。与魏、赵、郑同出，将至门乃别，各散。

十九日 晴

朱竹石来久谈，至巳始饭。朝食后槊、璋同来，云李玉堂请听戏。步出阊门，入蓬莱戏园，看乱弹梆子，大非苏州雅音，扑打颇灵巧可喜。夕入城，便过镳局，访陈仲篔祖煊。复至文小坡处夜饭，朱修庭、张生先在，饭后看扇册，及《万松》、《兰亭》。小坡、张生送至寓，谈至月午乃去。

廿日 晴热，日烈风燥，草花并萎

刘葆吾、陈仲篔来谈。选衣服，看绣货。午间小睡。小坡来，同过景韩，遂尽一日。夕从城上还。

廿一日 晴

倍书，钞书。始稍理课。看衣服亦费工力。命纨、真过曾彦家。午访赵、魏不遇还。夕食过朱竹石，谈往事，夜遣迎两小女，仆佣并出，逾时不还。伯璋来约游师子林，辞以不闲。

廿二日 晴热

待小坡同往师林，亦过午乃至，云可舁往，余又不欲。出示李建中墨迹，临颜书，颇逼真，属为题跋。已又要余步城上，从市中还，已夕。看小坡赠诗。

廿三日 阴

张生晨来，云约往天平，不知朱、文以迎新抚改日也。喜无烈日，因命两儿、小女同张步往师子林。从门外直东，至临顿路又直北，可二里，便至师林。破门无匾，人取钱廿一，乃听入，云高宗所定也。故属师林寺，今名画禅寺，倪云林故宅后园也。夺僧以与园主，令为公地。破烂不堪，石林尚存，窈曲无穷，甚有匠心，又上下皆可步,非云林不辨此,流连久之。真行步亦子细,知游趣者。老妇云,石皆有名。又一浙人指云本名五松园,师子林俗名耳。张云"师"当为"石",亦为近之。出访拙政园,有枇杷园,海棠坞,沈德潜题。远香堂石皆黄赤可厌。坐顷之,复访师林,未入,还从玄妙观,饭于源兴楼。过张寓,答访曾光文。携舆、真还馆。懿留张家,至夜乃归。小坡夜来,始忆李册未收,寻之不得,余心绪甚恶,无兴酬对。客去,更遍询同舍,竟失之矣。心疑章孙而无以穷之也。

廿四日　阴

竟日懊恼,以失人传宝,非长者行,自咎不检也。倍书,钞书,聊以解闷。夕将出城,雨至未果。庭桂已花,凉雨间作,旁皇步久之。索食不得,强令煮面,极佳。

廿五日　雨

写屏对,钞书竟日。作二诗,皆有意兴,夜起书之。

廿六日　阴雨

倍书,钞书,《墨子》竟欲毕矣。午将出胥门,云阴旋返,至门雨至。

廿七日　晴阴,有雨

朝食后李新燕提督来,言巡盐易办,出则定矣。客去后出。请槃仲换银,李复在内,未入。过赵伯璋,遇郭、姚,尚未饭,因还。钞书三叶。小坡来,朱竹石、曾参将、张副将、高伯足长子稚东名荫都先后来,客散已暮。夜雨。讲《诗》。

廿八日　阴

携子女看秋衣,便过槃仲,云楼居不便延客,因至小坡家谈,顷之雨大至,遂连夜不休,借轿还。

廿九日　雨,午晴

钞书三叶,未及倍书,大睡至晡食。周月溪来,欲求解甘饷,视其才力，恐未可去，劝其改图。小坡来，要往会饮，客为傅星查怀祖、沈知府赓虞及仲复子砚传。夜雨潇潇，舁还。壬寅，秋分。

晦日 阴雨

倍书钞书未毕，日色向昏，出答访曾、朱、张、俞，因过吴恒仲英、陈寿昌嵩佺。赴景韩处，主人迎护抚未还，仍至馆稍愒。待催而去，小坡已至，尚有保山二客，一令一翰林，似是兄弟，而令吴姓，编修自云翁姓，听未审也，景韩意在恤官，亦近于知治者。近日吏治刓敝，无所不当恤，要视设施何如。

九 月

甲辰朔 晴

钞《墨子》毕。傅星槎、高稚东、吴仲英来。夕食甚早，而客至，未饱。步至王府，基地颇旷敞。访杨见山于醋库巷，答访胡虞笙于马医科，昏，不遇还。汗沾衣，而非热也，人身时被湿蒸，惟吴越为然。夜作汤饼，始有行意。

二日 晴热

作《墨子》叙。出胥门，寻严女船不得，还。刘葆吾来，携真、懿同游沧浪亭。遇河南董判、安徽胡令，皆知我姓字，盖与其长官往来，故名字彰彻，非文名彰彻也。李次青云海外有人知，误矣。不免酬对，略坐而起。葆吾又无暇游览，亟还吴簿馆，小食而还。

陈嵩佺先来，未遇，又来久谈，读《庄子》以“其子以文之”为句，云假于文以张其知也。近人皆能破旧读，时有新义，夜倦，早眠。

三日 阴热

倍书未毕，刘、张、汪来。缪小山昨来，未见。步往百花巷访之，见潘太傅故宅,门庭甚壮,不似京官第也。而门题“祖孙父子兄弟伯侄翰林状元宰辅之家”,则著书之庐,真为雅素矣。百花巷有东西,东皆工商小屋,无费宅。费在花包庵,复往寻得之,小山正寓其处,新进士父子亦还。谈次,丑诋沈品莲,未知何义。约游天平。出门雨作,及馆门大雨,遂至夜不绝。

讲《诗》、《史》。晋儿谣“共太子更葬矣”,此文无理。“葬”当为“生”,下云“后十四年晋亦不昌,昌乃在兄。”“生”、“昌”、“兄”为韵。又按:更葬者,喜之之词,下乃吊之,“葬”亦与“昌”、“兄”为韵,不必改字。

四日　大雨竟日

倍书,写册,题册,皆斗方行径也。夜讲《诗》、《史》。小坡来。

五日　雨仍不止

松泉约饭,呼轿夫,不肯去,借靰鞋步往,丁僮不识路,引至抚署前,曲折行,余自问讯,乃行过之矣。入门,衣已湿,傅、文先在,出示碧湄信札,设食不旨。坐待轿来,欲往景韩处,小坡拉往子寿处,相见,亦如曲园不多言,盖包周身之防,以余为凶恶棍徒也,知疑谤重矣。出,雨仍浓,还馆已夕。

六日　阴

朝食甫毕,竹石来,巳正乃去。张生、景韩、钟巡检引蒋典史朝琛、刘主簿、高郎荫都、胡虞笙、小坡继至,遂不得入愒,饭于客坐。要小坡同过竹石,还欲雨,因分散。题册,讲《诗》、《史》。竹石送饍。松泉、小坡夜来,谈至子初,雨不能行,复坐至子正去,俱有赠诗。

七日　晨雨

和嵩佺诗:“懒性高才不解官,每辞清要独蹒跚。迷途归去田无秣,秋思吟成澧有兰。注毕道经常自读,奕残棋局厌重看。知君齐物先齐己,一笑浮云四海宽。”

又为檠仲题诗二首:“偶忆前游访白鸥,暂随征雁过西楼。故人官久贫仍健,吴地秋清饮破愁。曾见繁华知宦味,喜闻弓冶笑潜修。别来令子才名盛,老矣浮云倦可休。”“湘上霜晴桂树孤,与君大艑泛重湖。几人肘后悬金印,一笑花前看绿珠。世事浮沉云万变,洞庭岑寂橘千株。闲官住久如家隐,游客重来索酒逋。”倍书。夜儿女为母寿,放学。

八日 雨

晨起,同馆官、幕来贺生日,谢不敢当,设面,无酒。朱竹石要饮,小坡同集,申散。过景韩少谈,辞其送银,景韩收〔改〕题云助女嫁装,余云巧立名目,甚不可也。还馆已夕,晚饭,斗牌。

九日 强霁,雨意仍浓

倍书,讲《诗》、《史》。嵩佺夜来,费吉士午来。小坡代文道溪要饭伎家,辞以非舁烛可往,有意联络,近世故也。梁生招饮,见长沙曹先生。夜月。王亚兄自津追来。

十日 晨晴,红日甚丽

早起出,托赵伯璋买衣,遇檠仲,看小说部,学《红楼》,极无条理。郭辅清、曾道亨来,与赵、魏、曾同出,看衣买箱,劳劳半日,还过张生寓,甚饥疲矣。又遇文道溪,定明日出游之约,因还夕食,实朝食也。刘葆吾再来相寻,托看家传。文、张同来,少坐,俱要往文寓,门逢朱修庭,同步行至小坡处,待惠同知来会食,夜雨又至,舁还。

今日途过赵忠甫子贞吉,年卅馀矣,而如十馀岁人,但颜色老苍耳。询知杨世兄字吉南,杨仲鲁师八月化去,当咭诔之:“卅八年践历清华,荐左定东南,从容自享承平福;九十人半悲宿草,寻师别吴会,飘泊难供翣练仪。”游子大署抚。

十一日　晴热

朝食后船人来,定明日去,因答访费屺怀、文芸阁,皆不遇。复过槃仲,又遇二赵、郭、周,问游程次序。还夕食,竹石来,吴恒仲英来。夜遇嵩佺,逢小坡相寻,还至其寓。遇吴子培,能楚语,絮谈乡居事。雨至,舁还。

十二日　雨

张生片来,云船不能渡桥,将自觅之。缪、费约游虎丘,因雨未去。看小说竟日。

十三日　阴

景韩来。午雨。倍书,讲诗。张生来,云北榜已发,周郢生中式,不记其他。

十四日　丁亥,寒露。雨竟成灾矣

文芸阁来要小吃,已而不果。倍书未毕,将出访竹石,刘主簿来,絮谈两时不出,遂不得夕食。雨复沉沉,甚闷损也。

十五日　晨见红日,知不能晴

子寿来,泛谈李菊圃,然有恕词,异乎吾所闻。道始可行,携真散步,借《北录》未得,还小睡,已而雨至。

为刘主簿改其家状。刘云帆父达斋,名晞潭。达斋弟茗柯,名晞泽。达斋又字湘客,子矩校、试檏、权之。校之子若璪,亦庶吉士。权之子若璹、若珪。璪、珪皆至道员。

十六日　晴

小坡约游阊门。携真步至汪园,待道溪至,与同往。真行甚迟,恐不能至,遣呼夫力负之,迷途,不至,入小妓楼少愒,复入一妓馆点心。广东姚姓,名声诗,字咏和,为主人。又有一朱令及张生,席散,坐小船上镫船，挟三妓俱至盛园而还。还船雨至，联句，和美成词一阕，舁真俱还，竟日未饭。雨至，半夜旋霁，见月。

十七日 晴

饭后过竹石不遇。看小说竟日，倍书，讲《诗》，不暇他往。赵伯璋夜来。郭、黄两县丞来，郭云子恬子也。

十八日 阴

朝食后周松丞来，同出。将往檗仲处，雨至遂还。竹石、小坡来，夜月。

十九日 阴雨

小说看毕，即《野叟曝言》也，竟有大版断烂不全，尚及百万言，可笑已极。谈宋学于淫场，无一字是矣。子寿约蔬酌，舁出，答访朱修庭不遇。至藩署西园，小坡、景韩继至，竹石辞不来，颇少谈友，席间无佳话。雨声尤壮，念灾怃然，戌散。

廿日 雨

自昨夜至今夜不止，庭院湿透。坐厅堂看《广韵》竟日，小坡所集吴陵云、段玉裁注及自注者，欲余加笺古韵，余无韵书，当先作，乃可定部分。倍书，讲诗，写对三联。

廿一日 雨

刘葆吾来。看《广韵》毕。檗仲、伯璋来，要饮酒楼，更约曹先斋、文小坡。檗云《曝言》出乾隆时一老儒，南巡时欲进呈，门人知其不可，以素纸如式装之，当呈，开视无一字，大哭而止。此真异闻也。今原本藏潘氏，内有残脱，皆其女所撕去。又有《蟫史》，亦奇书，当觅观之。九岁时曾见之，似无可取。

看京报，滋轩复入都，意在晋抚耶？戌初散。夜讲《诗》。下午书课未毕。

廿二日　晴

出要伯璋看衣,将往阊门,夕矣,还。饭罢,朱修庭要饮持螯,投暮往,尚在抚幕未回,楼上喁喁,不知何人。坐久之方至,小坡又徐来,啖三脐已饱,主人昏然欲睡。同小坡步过惠中书,过陈嵩佺,相与聚谈甚乐。俄云雨至,步还,未讲《诗》。

廿三日　雨竟日

《南录》至,无亲友中式者,但知夏儿高魁。懿儿生日,放学,摊钱。惠世侨来,送馒头、酥鱼,夜谈。

廿四日　雨

倍书,检《韵》。刘葆吾来。李库使来。朱竹石来。感寒小疾。讲《诗》。

廿五日　阴湿如蒸露

疾困昏卧。惠世侨要张生来谈。倍书,讲《诗》。

廿六日　晴

起较早,然已将辰矣。地湿如汗,风燠相蒸。薛叔耘来。看《广韵》数叶。要魏坤能同诣赵心泉,单衫步行,汗透外衣,伏暑无此多浆。还夕食,曾彦在内,小坡在外,呼食不得,而厨人与吴僮斗狠见血。饭罢,与小坡同至竹石处小坐。已夜,雷电忽至,还即暴风,顷之小雨。夜起觅火不得,徘徊还寝。

廿七日　寒雨

惠、朱、魏、赵、刘相继来,遂尽一日。客去甚倦,讲《诗》毕便睡,竟夜酣眠。

廿八日　寒雨

叔芸送全校《水经》,张石舟极诋戴校攘窃掩袭,所谓大典本者并无其说,作伪终当发觉,甚可笑也。然全于此书实为专家,戴殊不必须此，当时若直据全校，岂不更美？恐戴亦未得全本，偶相同耳。托之大典则为欺人，宜有此报。

惠师侨招饮，因欲过景韩，呼舁，久待无从人，独过傅星槎、文小坡，俱不遇。至师侨寓，主人未还，表侄出陪。顷之星槎来，师侨、子复、小坡、嵩佺来入坐啖谈，戌正散。讲《诗》。

客游不量时，所至见愁嗟。北海主人不悯旱，但闻邻鼓儿童哗。吴中台司独忧民，秋霖一月颜瘦洼。无麦尚可黍，寒雨伤稻连荄芽。西畦种棉黑烂死，马羊齿落无馀花。东南财赋首苏松，秋成在眼一跌蹉。公中积谷时可发，官但持斋不平粜。成灾豁免有例条，剜肉医疮贫彻骨。官宁为民不为身，度支困乏方算缗。且请停军省制造，不取不与国用均。台司笑谢非所及，北海南海能瞋人。去岁黄河费亿万，前者晋灾千万银。中间俄法起大役，公私骚动万万云。一省偏灾瞬息过，火车利足财辨辏。林公荒政彼一时，吴中减赋民不殷。解衣推食非惠政，不若女织男耕耘。雨亦不可息，祷亦不可止。北海方能用西法，吴若效之民谤诽。嗟我来游翻杜门，却羡津沽走尘轨。寻知政事见本原，救灾不恃免税恩。昔闻尧舜耻施济，后来濡昫称仁人。圣心已知用不足，郊宫灾异法戒神。恒旸恒雨迭变怪，奈何言利仍谆谆。李张黄刘一时杰，乘权得位思经纶。阴阳错迕咎有在，罪己亦是迂儒言。且理狱讼发仓囷，奉职率吏布皇仁。劝督农女锄奸民，庶哉富矣教化醇，重来讲德歌颂新。

廿九日 壬申，霜降

倍书，写字。为韩升兄求丧费，与书竹石谋之。竹石公事无假借，颇有辣手。微雨竟日。

十　月

癸酉朔　阴雨

黎尔民、景韩来。竹石晚来,谈半日。倍书,讲《诗》。懿告假一日。

二日　晴

晨过伯璋不遇,遇郭辅清,同诣周月溪,又过小坡不遇,还,倍书。伯璋来,要往元妙观买丝绦、《蟫史》。复至木竹衣店,遇刘主簿,微雨已至。刘去,赵不肯还,借伞淖行,到家已夜。小坡来。看《蟫史》至丑初。

三日　雨

朝食后吊韩,送一元。知宾四人,一湖北人,未相识,少坐,退入。刘主簿来。午过竹石,食鱼羹。小坡云嵩佺约饮。酒罢。至尔民局中少坐,舁还,雨大至,冒雨行至陈寓,则无约会。顷之小坡至,相与大笑,坐久之,复冒雨还,鞋袜俱湿。雨竟夜不止。

四日　雨

倍书,将出,待舁久不至。顷之子寿来催客,冒雨舁往。小坡先在,嵩佺、张生后至,席间谈西皮、二黄之异。子寿自云能知之,请问其意,不能明言也。闻弦赏音,本不可口传,余于此太无所解。藩署菊花山甚高大,俨然一山也。夜讲《诗》。

五日　晴

倍书。诣赵伯璋,取衣箱回,因过景韩,具言与藩朱参差事,犹有馀愠,蕴藉人乃褊急如此。颇劝以和衷之义,当先善竹石,否则更为刚公所笑。还寓已暮,夜讲《诗》。滋讲《丧服》。

六日 大晴，始有霜意

赵伯璋、朱修庭来，傅星槎亦来谈。客去，倍书。张生、刘葆吾来，顷之寿、景俱至，小坡、修庭亦至。要小坡同坐，谈荒政，俱无实心。修庭要吃羊肉，同步至阊门正街酒楼，嚣杂不可坐，大似入客店，数十年未有之苦也，匆匆散。至小坡处，欲谈，修庭复遣要至竹石处，步往已二更矣，遣人谢之，修亦自去，因要小坡至馆。遣送张生还，因迎三小儿还。至子初儿女未还，小坡亦未去。滋讲《礼》毕一篇，因悟《诗》"麻衣"郑笺之误，更定之。

七日 晴

藩使送历日。竹石送添装百元，尽还衣价，交伯璋料理，并约同出买零碎。待至申正，韩宅算帐未结，舆儿出游未归，饭罢始还，已暮矣。与檠仲同至惠师侨处，遇二客，未问姓名，要惠同至小坡处吃羊肉，甚清醇，不觉过饱。同坐者又一伶儿，未问姓，亦向人长揖，居然官客也。檠云文之同年兄弟，朱姓，非伶儿。后问之，实伶儿也。张生亦先在，至戌初散。湘船来问行期，以无货辞之。

八日 晴阴

伯商来，晨过叔耘，未起。倍书。午过檠仲，问伯商行止。驺从在门，入则叔畴亦在，并见檠仲二子。长子藩石，方从京试还，周郢生之流，亦发品也。叔畴则拥肿不似少时，今年新中，颇似富翁。同席小酌，方议送扇对，余暂还馆。曾挚民无下落，王德榜得黔藩，可谓有志竟成，迟彼卅年节钺也。刘主簿来。

九日 晴

晨未起，叔畴来，入内见诸子女，留饭，辞去。旋步出胥门，登其舟，伯商甫登岸，仍见叔畴，并见其从子少仙，陈佗之子也，佗死三年矣。闻关至常州，戒烟写字，似可成立。日照船窗甚烈，还城，遇伯商于门,未暇呼语。倍书,看《广韵》。遣问湘船。小坡、张生夜来。昨夜忽畏寒,今日多睡,两客来未见。

十日　晴

慈禧生节,群官早朝,闻喧始觉之。起,答访蒋、唐,唐即艺农之子。还,两儿逃学出游,携真往府城隍祠看戏,未得其处。还遇赵、魏、郭、姚,要买杂物,令莲弟送真归,己同赵等至元妙观旧学前看衣,无相应者,买里绸八匹。赵先还家,余同三人至馆小坐,复同至伯璋家,吃家乡海参席,颇饱闷,不能多食。夜步月还,早眠。

十一日　阴

会馆祭先贤,用涤公生日,请余主祭。昨辞,待李匠兄久不至,仍主焉。在位者六人,行礼三处,叩头卅六。新来蒋理问,言孝达政事及保之教吏,颇为新闻。赵心泉来,并不及回看事,亦殊疏略。

昨梦曾沅甫化为女人,而仍朝衣,金绣靴。余推令主祭,彼甚欣然,已而何蝯叟科头至,余云当推贞老。盖昨日槃仲言何引将发,有汪道欲焚其柩,故见梦耳。心泉又来约游灵岩,订后日便往。馆人会食,余不欲与,步至齐门,独游北寺塔,云吴王为太后立,名通玄寺,工费百万,今不能复修矣。寺名移唐额,旧为开元、重云、通玄,自来巨丽。“百亩布金园,天龙愿力存。佛镫馀汉火,废沼接齐门。兴灭偶弹指,荒凉易断魂。香桥回步晚,扰扰市尘昏。”小坡、张生夜来,小坐去。

十二日　晴

郭辅清约饮,槃仲因要听曲,午前步往,府城祠街戏园破落不堪,人亦寥落,演段尚有法度。懿、真侍行,先归。夕至醋库巷郭寓,唐三哥、赵伯璋、钟瑶阶先在,食鱼皮、雉羹、饼、粥,夜还。

十三日　阴煊

赵心泉、唐莘之来,约游灵岩。朝食后携懿同往,黄小亭、杨少林皆赵约往者。出胥门,坐蒲鞋船至木渎,云不能前矣。换小船至灵岩,雨至,同人皆有阻意,余鼓勇先登。冻雨洒衣,时作时止。要寺僧同观日月泉、馆娃宫,匆匆还。小艇复还木渎,赵设酒馔甚备,即宿舟中,船娘以榻相让,诸客散睡三仓。

"奇石花山里,夫差旧馆娃。湖光云两角,琳宇玉千阶。妖鼓鸣吴郡,行宫仆晋槐。登临惟吊古,寒雨助悲怀。"《图经》云:"花山在吴西三十里。"

十四日 晴寒

晨兴,待食毕,复换小船,从旧路至光福。《图经》云:"在县西北七十里,木渎在吴西南二十七里。"今光福距木渎三九,水陆可五十里耳。寺有铜像,宋代获于水滨,余误以为吴像。僧房有碧湄书联。亦见太湖、包山。

问道,未甚了了,乃先游玄墓。玄墓邓尉烂熟故事,忆之,竟忘其说,可叹也。从寺渡挢上小岭过费家,河皆南行,旁多墓舍。至一处,见"太湖飞翠",知是胜地。一僧云,从左去便得元墓山,盖即支硎也。上有圣恩寺。《图经》云:"山在吴西南廿五里。"今在五十里外,则不相附。然三峰禅院,非此无以拟之,对岸吾家山,所谓"香雪海"者,康熙中曾蒙临望,僧舍万间,今唯三四百间耳。坐还元阁,看湖。僧云四宜堂尤佳。复引看松风水月、三尊大像、拜佛趺印、法华大钟。又欲示御赐编钟,俗名"踏奶踏",钟乳各有异声,余未欲看,辞之。

日已将夕,辞出,访司徒庙,从潘墓西行,误从荒塍绕越,顷之方至,寺题"柏因社",有三怪柏,楼礼文昌,云司徒大王。出数步,便得来路,不二里已度岭,至船觅食物不得,返棹还木渎,晚饭开行,假寐,俄觉,已至城矣。月色正佳,仓门俱闭,亦解衣酣眠。

十五日　戊子,立冬。晴

晨露正浓,船娘促起,盥着啜茗讫,俱登岸。入胥门,从金翦桥至馆门,心泉别去,小亭同入,门尚未启,纨、真已起矣。左琴生主簿来拜,往谈。还食,出访魏、赵,遇何芰亭之子,赵妹婿也,约明日往阊门买布,云船已至矣。午间赵、郭、何、曹同来,刘主簿聒语至暮乃去。"湖光飞黛色,胜地识中峰。古佛庄严界,空堂寂静钟。楼台曾涌现,謦欬偶从容。有法犹须灭,无心问古松。"

十六日　晴热

约槩、璋同看苏布,买苏毯席,便留午饭去。小坡、辅清亦来,食毕,步往阊门,还过石子街镖局少坐,风起雨至,避于西城桥。郭携懿儿还馆,余与魏、赵至惠师侨处吃烧鸭,甚酥脆,主人病倦,不尽欢耳。曾文山亦同坐。席散,雨大至,冒雨还,大风旋止。吃饼后乃寝,将夜分矣。

十七日　晴

晨寒,晏起。张生来,言廖学书。唁杨世兄,写对联不成,因置之,闲游。景韩来,言吴灾,奉诏发徽号银五万助赈济。凡上徽号,每字加月费五千两,以十四字为度,亦如勇号有月支也。夕携懿、真至申祠,令入张寓,步还已夜。槩、阿〔何〕、小坡来坐,至丑初始去。

十八日　阴寒

改会馆联,书之:"文武翊中兴,翩然楚客听吴咏;循良有先正,谁比云汀继道荣。"并书三联。倍书,讲《诗》。与书景韩,为伯璋求差。陈嵩佺夜来。

十九日　晴

左、李联姻,馆人毕会,避出游葑门,至织造处看吴衙场。寻高郎寓处,遇郭辅清,迷不得其门馆,即还馆。看圉人争马,甚有凌轹馆人之心,湘将之风于是衰矣。周煦山夜来,言刚抚得总督书,甚敬礼之,欲与以厘局军务,犹未决也。

廿日 晴寒

将往问船,陈、胡适至,云尚须三四日也。田副将来明山,字海筹,撤江阴任来,以向雪帅借钱,李提假以报怨也。

廿一日 晴寒

脚跟已冻。看《广韵》平声毕。图出误入者,将为古韵分合之说,未暇校也。诗亦有古今韵异,向来无人道及。赀斧将竭,比日省啬殊甚。午作饼待曾彦,兼蒸肉剥蟹,聊酬数餐之贫。夜讲《诗》。小坡请阅其少作。

廿二日 晴

倍书。纨读《杂记》毕。计归时复似移家石门时,女经从《祭义》起也。弹指二纪,恐不能更二纪优游,则薪传亦终尽耳。朱竹石来。小坡夜来。

廿三日 晴霜

携懿、真、莲弟步出阊门,问南船果来否,乃无消息。还,定由江轮上驶,过别景韩,留便饭,夜归。小坡、嵩佺来谈。叶损轩来见。

廿四日 晴

莲弟看船不妥,更遣苏三定南旺船。晨送诗还小坡。叶损轩言曾注《丧服》及《礼记札记》在景韩处,借来一看。因过伯璋、槩仲,遇郭辅卿,言其邻儿识我。前日曾出寻未晤,小儿能识人,余不如也。还寓暂愒,出访竹石话别,复还夕食,曾彦方在内室,饭于外斋。过别子寿,看菊,便留夜饮,更邀小坡、叶临公、谢孝廉武进人、诸迟菊可宝。来陪,散已三更矣。苏城无夜市,而诸署咄嗟有办,官厨习侈也。张、曾夜来。

廿五日　阴

舆儿生日。同乡闻余当去,俱来送别。梁叹嗟亦来,遣往船上照料。余仍写对四幅。景韩子昏,送对一联:“绣藻新晖,吴歈送喜;玉梅初月,朝镜修容。”又题竹石《芦舟图》,吴恒所画也,恒来求题。又为小坡写诗册,及嵩佺册叶。客入者藩、臬、朱道台、二周、赵、刘、魏父子,卖绢牙郎曾彦复在内,留面。同寓钟、黄、王、唐、章、魏纷纷继至。日已欲暮,即起登舟,步行极热。夜至舟送者惠师侨、周月溪、槃仲、伯璋、梁章、田明山、刘葆吾、周松丞。送程仪者景韩银钱、以下俱食物。小亭、曾光文、张生、魏、赵、黎、朱、刘、二周、田、文、惠、陈、叶、梁。至二更始散,泊胥门马头。寄翁唁书银。

廿六日　晴

黎明开行,至阊门外新安马头小泊,买布、菜,午初乃行。卅里泊浒墅,所谓枫桥寺钟者也。看叶大庄《经说》。

唁陈芸敏,并附挽联,托损轩寄去。“高志绝尘踪,暂别海云旋跨鹤;缁帷促星驾,独令洛士阻登龙。”

廿七日　晴

晨发甚晏,得顺风,帆行。五九路至无锡,从南至西门将十里,行良久,乃泊接官亭。无锡吴知县子佩来迎,云已备船,请游惠山。小坡、张生昨夜到,先在黄步相待,请不入城,径往山上。申初移北门,至黄步墩,询寺僧,云无人到。登楼旷览,嵩佺留对颇佳。移泊府城隍祠下,日已西斜,饭后二客不至,小睡醒,二更矣。小坡遣县船来迎,仍至西门,吴令帐房客蒋小槎作主人,具妓船酒馔,三女祗奉,船娘与小坡赌酒至醉。三更散,更登岸至妓馆。异还船上,吴更送酒馔、点心。

廿八日　晴

晨待小坡等不来。汤女金珠来。久之郑、张乃至,移船入梁溪,登惠山，看第二泉，上云起楼，昔日优婆，一无存者。呼柚实为文弹，设茗果，子女皆侍游，金珠亦从。石洞甚佳，跸路尚存，亭馆不可复寻。与小坡止半山，舆儿与张生登顶未下，或云已还舟矣，遂下，至船。久之张生乃至，坐艇子还汤门。前县遣舆迎至侨署，见城中荒芜残破，殊难复旧。饮半，报火起，吴出赴救，仍令蒋陪。顷之还，云火焚民舍半间，不为损也。

托小坡寄叶书，托叶寄陈函，并还小坡《广韵》，索还《墨子》钞本。赏汤女花粉，女甚感荷，更送泥孩一床，大有所费。无锡妓轻财，犹有承平旧风。饮散还船，甫及亥初。郑、张亦还省，苏州之游毕矣。

廿九日 晴

晨开缆行。朝食后为陈郎写屏一副。申正至常州城外，泊西门马头。遣买篦一圆，得十五件，招牌卜恒顺。又看床，花甚粗笨，价亦不廉。陈八郎来见，云其兄欲留余半日，旋送菜来，询阳湖旧家子弟，均无继起。“学派常州盛本朝，风流文雅似刘萧。百年江介英华尽，剩欲金阊问褚陶。”伯商又送菜。

晦日

晨发，九十里至丹阳，日始晡耳。丹阳便有清定之气，两岸堤亦整洁，似漕渠之制，前游避贼未至此。倍书，讲《诗》，促懿温《古唐诗》。夜雨。

十一月

癸卯朔 雨，至未初霁

过新丰镇，多豚蹄腊，价甚贱，裁百五十文一斤，以馀脯尚多，未买。申正至大闸口,丹徒江浦也。初作闸,今则桥也。遣觅绂子来,询轮船事。

二日　晴热

朝食后登岸,过浮桥,眺望江山清阔,信为胜郡,寻辛未游迹,已依稀矣。江畔有山,云瀛台山,已为夷人所占。携儿女往来,独往金山脚,以隔水未上。还舟,大热,人皆单夹衣。夜雨如春,潇潇甚乐。

三日　南风蒙雨

待船未至,移寓六吉园,江楼明敞,致为快心,比前寓江神祠楼有仙凡之别,官不如商,利使之然也。发行李去一千,每日费一千二百,减于上海之半。发簏题诗,为船户求赏败兴,又可笑也。夜风甚壮,闭窗乃无声,闻亦洋工胜华匠之故。

南风霏蒙雨,寒江动春气。舍舟登江楼,清晖暖远至。漾漾万里流,长空写吾意。瓜步横苍湄,烟樯矗如荠。孤屿静娟娟,乘潮阅人世。古来楼船战,摇荡山川势。事过存想劳,年徂客情异。徒怀飙举心,怅望浮云翳。

三更风大作,则发石翻江,停舟荡覆,喧呼曹动矣。半夜不寐,作诗寄文小坡:"郑叔问及张生祥龄相送惠山,舟行不及,却先夜至,余乍黄步还舟始见,作一首:新知有馀欢,晴游展归趣。百里共平流,谁知即歧路。弭棹依虎丘,登楼访黄步。孤情照初月,别思生溥露。佳人既未来,山径碧已暮。云窗余旧凭,泉声子新悟。同心不同赏,挥手谢烟素。"

吴无锡具妓乐酒船,送登惠山,还集县斋,作一首:"名山岂泉名,妖女艳云花。楼台蔓草荒,岚石吐清嘉。跫来余足音,贤长喜不遐。画舫扬棹讴,明镫出吴娃。良政远声色,娱宾燕有加。高斋屏伎乐,清尊话烟霞。此邦患士浇,未暇惩民邪。从来戒征利,奢俭可隆注。凋敝今不苏，炫靓岂可夸。所愿同笙歌，拄笏饮江茶。”

四日 大风，阴寒

与书刘景韩。赵晴帆来，绂子同事也，人甚朴诚，意亦肫至。夜与绂庭待轮船至四更，甚寒遂眠，意不欲去，又闻无房仓，遂寝。

五日 晴煊

将游焦山，唤舟嫌贵遂止。儿女各读生书，夜讲《诗》。与书马、沈、李相。

六日 阴风

早食，答访赵晴帆，便令顾船。绂子唤红船，乃须一千，少年不可与作事如此，此皆不知艰苦者。既已唤来，匆匆便发。过寓门，携二子两女以行。至山脚大雨，不可步，怅怅而返，仅绕山麓左行，看诸庵密比如人家里巷。《瘗鹤铭》为积草所秽，炮台列兵以守，无复雅观。至定慧寺客堂独坐，登舟遂还。写字七八纸。

七日 阴雨

先孺人忌日。坐待轮船，静无一事，偶寻张总统妻状，按其年岁，都不与所闻相符。李妹丁亥生，至乱时已卅矣，不应尚未嫁，而诸弟依以居家。又其子年卌馀，亦非寇中生，乃云被掳嫁贼，兄欲杀其夫。似非事实，因依其本状，作墓表一篇，文甚斐恻。作书与楚宝，并托凌问樵寄去。

初夜见一船过，疑为江裕，又嫌太早，询之果江裕，登舟觅得一大间仓，即移入居之。遇朱乔生，亦意外相逢，甚巧可喜。亥初发，赵叟送画、笋、蚶、银，意甚肫挚。

八日 阴

平明已过石头，夕至芜湖，遇朱耻江、陈梅生，皆无意相逢，船中颇不寂寞。竟夜酣眠。

九日　晴阴,有雨

午过九江,视德女登岸处,垂柳枯条,风景顿异。懿儿日讲杜诗二叶,舆儿游谈唯恐不足,竟未尝侍余顷刻也。夕至黄州,有月,四更夷伙敲门索消票,五更泊汉口,遂扰扰不眠。

十日　晴

晏起,待唤船,久不至,自登岸寻之,至龙王庙马头而返。算船钱廿八元,合银廿两不足,买办仍为具朝食。朱乔生唤大船先至,移具登舟,已而小船至,统仓不分内外,乔生固要同船,并约耻江,小船快快索钱,舍千二百,犹不满意。余初欲自顾一船,与工人坐卧,众皆以白费可省,因挥令去,遂占正仓,甚不安也。夜独眠。梅生先去,未相闻,大约营营于欧、左、裕、奎之间矣。

十一日　晴,南风

半山忌日,诸女素食。懿始理书。余感寒,一日未事,间看全祖望《水经注》。张石舟丑诋四库校本全取全书,事本可笑,而张亦太甚也。乔生欲借小轮拖船,电致江督,用耻江名请之,余以为必不可得。

十二日　晴,南风

懿往买花爆,不能得,乃知好弄,非痴儿也。朱侨生要至其栈房会食。歙鲍辅臣来,朱弟同年也。闻香涛已到,懒不能问。

十三日　晴,南风

江电还报,许借轮船。水雷已去,逆风上水,同舟唯事借拖,不复有开行之意,捷径之误人如此。李提督子德斋来,以荫发判广东,亦求轮拖来者。比夜月明,无复佳游,夕与乔生同至梅生寓,一看不在会馆,乃在阳差寓处,翰林身价亦稍贬矣。

二李三刘号五徽,王张沈邵浙封圻。五旗一直湘三节,潘卞张谭共马丕。

十四日 晴,南风

正欲开行,耻江又欲待轮船,更停一日。阳楷、梅生同来。

十五日 阴,雾

得北风,行一日,泊东瓜脑,云百五里。东瓜曾再宿,不记年月耳。夹岸杨柳疏黄,洲树犹碧,尚似秋末风景,仲冬江行所无也。课读如程。

十六日 阴

未明即发,缆行霜地,水手殊可闵念。朝食时,沈臬船驶至,今日开行未三时,已度我前,轮拖之力也。矻矻穷晨暮,初更泊浮州,云在小泠夹,外距嘉鱼尚三十馀里。今日缆行甚迟,水程甫八十里,陆行沿江仅六十里。

十七日 阴晴

帆行,午过六溪,闻钲爆,知舟过例祠神处也。望新堤,至夜乃至,稍舣,上岸买炸面食物,未几即行,未夜半也。叶大庄诗,久思酬报,苦无佳格,偶作四句辄罢。俄而诗思忽发,援笔成篇,甚有逸致,吟讽再四乃寝。

十八日 阴

质明南风忽作,行半夜,仅至螺山。

《洞庭归舟酬叶损轩赠别诗一首》:"卅年不见林屋山,东南竹箭青琅玕。江山才俊相映发,使我万里开心颜。石林才子文章伯,暂学陶潜出彭泽。故人假节选宾僚,拄笏清秋看山色。郑公子,陈翰林,外台三妙成知音。山塘黄花五湖蟹,一醉可抵千黄金。怪君来迟惜秋暮,放我扁舟踏霜去。郑生写作红树图,青山一发南徐路。图背题诗别思深,梦中吟想见君心。折腰便作尘中吏,挥手还思海上琴。只今海内风流歇,世业传家只闽越。林陈沈叶多故人,春兰秋菊长无绝。君更传经比贺刘,岂但诗句陵沧洲。山中旧宅松竹好,眼底浮云风月秋。新篇旧制落吾手,应胜与君三日留。长江浩荡白鸥冷,南洲冬树青青影。归舟乘月过君山,犹似吴江酒初醒。”午得北风,夜泊城陵矶上。

十九日　阴,有雨

晨欲舣岳州,已而得风,遂行,渡湖频阁浅,有风如无风也。然四日至湖,已为顺利。辰初遂胶滞,竟不得进,北风大作,看人张帆如走马,时有风吹来,近者俄顷辄过,独余舟入泥尺馀,风浪不能掀摇。询其地近高山望,即来时避风之处,忆蜀江祷风如响应,何湘君之不及江神耶? 诗以祈之:“荆巫验风反,河汶感波迎。尝闻巽坎难,每恣江海行。归舟顺长风,大鳌翔杳冥。快意偶一失,泥沙困修鲸。篙橹遂无施,虾蠃欲见轻。目送驰千帆,心飞惊四溟。时哉不能驾,守此竟何成。不如无舟楫,顺逆可忘情。”夜未改衣,风不安枕。

廿日　晴,大风,寒

水退见泥,乃知竟横洲上,恐此船守洲,今年不能去矣。湖中每有一舟浅胶,而非人意力所及,相传神留值年,以待张乐也。舟亦不必甚大,要使人知之耳。拟待风息,拨船各去。

廿一日　晴

风息,旁船尽活,唯余船不能行。二朱拨小船先去,余更遣榜人招数十人推之,索钱四万,犹不能移分毫。船身裂缝,乃呼倒爬,移家径去,榜人一病者从。午饭后开行,至夜半泊琴矶望,小惕仍行。

廿二日　阴

顺风行,至夕泊扁担夹,风止遂停。

廿三日 晴

缆行,午后顺风,帆行,过乔口,日斜矣。风长,舟驶至朝宗门始昏,携真步入城,儿女先后舁步均归。孺人还母家,功儿复生一女,馀俱平安,亦可喜慰。至二更,功仍还,云耻江先至矣。

廿四日 晴

发箧陈书,登楼设坐。朱乔生、耻江,何棠孙,王石丞来。石丞言周荔樵盘踞,能令筠仙喜怒,王逸梧亦畏之。往问逸梧,信然。夜作书上外舅。子瑞来。

廿五日 晴

钞新诗未毕,出访筠仙、镜初,闻曹介藩丧,两司中人不得竟用,可惜也。何朴元来。

廿六日 阴,时有微雨

出访笠云。逸梧来谈词。饭后访谭文卿、王石丞、周荔樵、何伯元、黄母、胡子夷兄弟、杨朋海,还已夜。

廿七日 晴

见郎来,余尚未起,甫盥须,已登楼矣,留共朝食。热不可裘,易衣出,过李佐周、陈伯严。陈处遇君孺,遂不往访。县书成,皆其力,实无遗憾,可感也。约同还家,伯严留之夕食。余出过周笠西、朱香孙而还。君孺、望之来。

廿八日 晴

筠仙招陪李郁华主考,意不欲往,辞以有约,复改早食,不能再辞,往则主人未开门。复往寻罗顺循,谈顷之,欲还家,遇商农于巷。商农晨来访,方写诗未出,旋闻有生客,遂辞以出。今复相见,云筠已催客,因复同往。佐周先在,李、郭后至,陈吏部亦至,筠云此为邵抚送李之菜,李实当为主也。席散,未昏。还家欲愒,云朋海已催客矣。窊女还餪祝,登楼见之,令其勿待。即往杨处,则刘春禧、王石丞、李黼堂、罗瀛父俱先在,王雁峰亦与,谈邵抚生日,而母即死,故不用红垫,不言生日。今邵尚有母,而消息不通,盖继母也。又言某官亦无生日,则因贫时母生日无人过问,因感而不作生辰,可备寿序典故。二更散。窊女尚未去,随班拜祝,设饼未食,急促之归,已夜深矣。余未食饼,至子夜与君孺谈,复进三枚,乃寝。

廿九日　辛未,冬至。阴雨

晨起最早,初归见庙,礼毕,面未具,别买食之。已而儿女庆祝,设二席,余在内别食,复进二碗。午间子瑞来,登楼相见。周郢生、罗顺循、陈伯严俱来访,君孺邂逅相见。与儿女揸牌,数为客扰,夜乃安息,而雨凄凄似欲成雪矣。

十二月

壬申朔　微雨

刘春禧、周笠西、王一梧、镜初来。镜、王与君孺言《道藏》多未见书,湘中当求一部,湖州金盖山尚有之,此可为与朱竹石书增一话料也。李主考来谢,未见。

二日　阴雨

看浏阳课卷。说“公徒三万”与“作三军”不合,取旧笺增改之。

三日　晴

梦缇还,果更老瘦如枯树矣。相见如宾,殊无可语,各有猜虞故也。弥之前乖,孺人后离,皆吾境界过高,不合时宜之故。亦彼好谀恶直,致相捍格,聊为前后眷别作一梦影耳。儿女俱放学,惟夜讲《诗》二叶。胡子勋、杏江来。

四日 晴阴,至午微雨

步出访熊鹤翁,道湿舁还,因过春禧、李郁华,均不遇。至夜欲雪,移宿楼上,熊妪去,彭鼎三来。

五日 晴

看课卷。鹤翁、棠孙、吴子名毓煃,子俊之子来。子瑞来,正睡,直入内寝,惊起,延坐,三儿鹘突故也。

六日 阴

胡子夷来访君孺,君孺出城避之,恐其索县书也。黄郎、松圃来,言周氏之衰,令人三叹。暴富学奢,本不足为盛,其败也,并覆其门户,故曰淫殃而赏善者,殆不多觏,各随缘受报而已。故论世法,以佛理为圆到,死生利害不得至前,有道者又不在世法中。

七日 晴

街泥不滆,终日闷坐,看课卷毕。读钞报,奎斌改谪察罕,铁路议效矣。袁守愚、何朴元来。

八日 晴热

坐室中食粥,汗出洽夹衣。素蕉送粥亦至。易衣,要君孺出访朴园,入劳家,废池改馆,已似故园,又增一凄感。因至浩园寻僧谈空,要笠僧至家啜粥,过花肆看梅,差写尘心。饭后,同黄笃志、新生俱步访筠仙,遇陈龙门,攒眉对之。与君孺至郭厅少坐,英郎出见,谈家事甚了了。恐夜,不待筠出,步过一梧,云亦未食。士夫渐有官派,谈谭敬甫,甚有贬词,以得鄂抚为怪。

九日 晴,南风,甚热

将送君孺还湘,念行迟,不如待风。筠仙、伯严、顺孙来。

十日　阴,将雨

朝食后即束装登舟,与君孺同步出城,比发已晡矣。二更至县,步入宾兴堂,无人焉者,唯有堂书萧某。与君孺同宿西房。

十一日　阴

吴少芝、杨福生、徐甥、王谷山、黎保堂、龚吉生陆续来。与君孺、吴、徐至萧园看花,还饭。与沈子粹步至杨园买梅,还,至蕻子处,两儿已长成,能作文矣。

十二日　阴雨,寒风

朝食后舁至侯塘,见外舅、诸弟侄,杨舅在焉,几不相识。与循寒疾,居烟火中,夜谈无精神,宿裁缝房东,前分居时曾数宿处。

十三日　晴

外舅具馔相款,食毕告行。至姜畬,小坐乾元店,取山道至庄屋。屋未窗,然明净可居。取床来,因过开枝,姜佃设食。夜宿半山寝室,刘佃妇来上香。

十四日　晴

朝食时未食,至乾元已过午,乃饭。行至城,夕矣。君孺犹未去。子筠已来,李雨人亦至,论收捐事。

十五日　丙戌,小寒。晴

诸君议贻我二百金,余犹以为不足,向来于银钱有让无争,今乃反之,穷极无聊之谈也。非财之穷,乃礼之穷,若不争,则竟无得矣,亦膰肉脱冕之类耶?今夜将行,为此留待,陈明府又约后夜集饮,以未见,当往谒,未能辞也。杨俊卿来,言王明山病甚。夕,同人约公宴。

十六日　晴

与沈子粹至城外看陈梅生。看衣,得一马褂。还,会饮,论催捐事，当先从郭正泰始，众难破脸，余独任之。戴表侄来。

十七日 晴

郭正泰店主花汀六老爷来，面催之，诺诺而去。杨营官来。陈明府嘉榆星田来谢，不敢见。夕往会饮，梅生、子筠、沈粹同坐，陈公多言闽人及张学使，未及文政。夜煊。

十八日 阴

同人公送六百金，留百金湘用，买舟而还。辰正开行，至暝始至平塘，展被遂卧，二更达水陆洲。

十九日 晨雨，旋止

换小舟至草潮门，步入城到家，以为可卒岁矣。又闻刘希陶所假三百金来索债，茫然无著。得文小坡、檠仲、杨世兄书，寄诗本来。寄禅来，同过重伯、镜初，谈《春秋》。长妇满月，见孙女，令设汤饼，不办。

廿日 晴煊

看历年日记，以王祭酒欲刊余词，检稿未得，有数阕佳者，皆不载。算结刻《志》工价，取版以来。曾郎履初来，言韵学。严秬香来，未见。邵抚丁艰，新藩病故，何枢知府骤跻布政，可谓乞儿乘小车也，然视沈臬已为淹滞。乐山王兆涵来见，字镜芙，以优贡分湘令，尊经旧弟子也。云孝达有将败之机，刘子雄中书夭逝，皆吾党之衰事。园丁送花三本。

廿一日 晴煊

风景甚似癸未年，惜少宴集，聊散步近地赏之。邵抚丁忧，辕门仍常验看，似亦非礼，宜即日移寓也。楼居懒接客，胡子夷来，不可不出，已而笠、素、道三僧来。镜初步过，谈《春秋》，亦颇如廖平今学之说，盖《礼记》多述孔制，然著为典章，则唯《王制》、《祭法》为然，

《曲礼》似不可尔。复苏州三书,交李砌匠寄去。夜大风,吹窗尽启。

廿二日　欲雪欲晴,仍未甚寒

无事,钞录旧文得三千字。子瑞、逸吾来。唐妪上工。

廿三日　阴雨

检史书,钞《桂志》,序旧词,本久不见,忽检得之,改沙头词数字。见郎来,云湘抚放张煦,与城中四官合同而化。昨看课案,亦如官册,思湘人正如湘官,何造物之善搏人也!稷雪夜敲,孺人送灶,余独在楼,蠢妪相伴,回思二纪以前,又是一境,并小词亦懒作矣。周环族裔请改刊斩龙官之语,痴人偏好说梦,亦吾之过。

廿四日　雨雪间作

钞《桂志序》,成一卷,卅年未满,今乃充之,尚馀两序,须另起也。

廿五日　晴,霜冻

余纸钞经、子三序。家人作年糕。郭见郎来。

廿六日　阴暖

因起感寒,体中不适,一日未事。看儿女移房,污秽狼藉,不觉悲愤。思吾身后,无复雅致,诸儿皆豚犬耳,为之辍食,已而释然。见郎送豚蹄,未知其故,岂自居弟子馈节物耶?沈护院,王移居,俱不暇过问。莲弟衰弱,思取妇,助以十六金,力非不足,心无馀耳。前在蜀辞昏,未知其故,今长大无成,乃取重醮妇,故不能多资之。

镜初问:“为人后者,降其昆弟,不见昆弟报文。今同母六弟出后而死,仍服之期,礼宜从后,君以为如何?”答曰:“姑姊妹有逆降之例,欲其外成。今大宗义重,疏族皆齐衰三月,本昆弟从本服无疑。宗子无功服,故经不见,空其文。君所服,是其非后大宗者。后既非礼,服可缘恩,亦当从本服。”归检《礼经》,乃明有“报”字,问答皆似说梦也。

廿七日 阴暖

王生、朱雨田送年物。小疾,一日未食,写字一张。

廿八日 雨,颇寒

始点《元史》,一日毕二本。昨夜始看十叶,甚竭蹶,今伏案过笔,乃甚容易,益知工不可荒,熟能生巧也。

廿九日 微雨,更暖

点《元史》一本。钞一定,未知几两,以文义看去,似一定百两也。今谓一定为五十两,岂其遗语耶?

晦日

早起,铺设堂室,颇为妥帖,看家人理岁事。点《元史》二本。二更后始祀神、庙,及复寝,已丑末寅初矣。

光绪十六年(1890)庚寅

正　月

壬寅朔　　阴

晨醒,早起迟,祀三,祀三庙,已及食时矣。王生、胡子勋、扬儿、胡郎均入见。夜与妻女斗牌,至子罢。还楼寝。有雨。

二日　　阴

一日未见客。午睡起,钞《史赞》一叶,看《元史》半本。夜斗牌,至丑罢。

三日　　阴晴,有风

点史半本,钞《史赞》半叶。午后斗牌,夜假寐,遂至丑初始醒。房妪犹未睡,移镫解衣即寝。

四日　　阴

出城展墓,南出东还。微雨云开,郊原秀野。城门早闭,比入未晡,已半掩矣。

五日　　雨竟日

钞《史赞》一叶,看《元史》三本,《刑法志》杂钞条律极可笑,唯作《后妃》、《宗室》、《宰辅表》,亦可笑也。笠云来。

六日　　雨

见郎来。今日约两局,须早出,未暇陪客,及出已过午,竭蹶可笑。至吕月峰处,酬其前意。至熊鹤翁处,约行酒令客。唯王湛园子先在,观弈二局。恪士、伯严来。掷升官图,日已将暮。至陈舫仙处,诸公毕集,相待行礼,至东厅团拜,□、文、雁、逸、镜五翰林,李、陈两总兵,扬、郎、李三红顶,陈革员、傅郎、唐八牛、叔从、陈定生、陶少云与余凡十七人,设三坐看镫戏,吃赤脚鱼翅席,二更散。还斗牌,吃包子,子初寝。钞《史赞》一叶。

人日 晴

《史赞》毕,《三国》一卷。将并《元史》合成二本,以了廿史之业。此事大不易了,宜乎曾涤公虚愿未偿也。

八日 晴

看《元史》,补作赞,至终日乃休。

九日 晴

街干可行,懒出,且龈痛。点《元史》,补赞,和熊鹤村诗。

十日 晴

商农来,谈湘人故家衰落可待。筠仙招饮未赴。点史,补赞。

十一日 晴

龈愈始饭。吕月峰送名条,求转交越督。点史,补赞。夜看镫市,步月还,寂寥无可观。

十二日 晴煊

周姓人自言周环子孙来,辨斩龙杀人之诬。问筠仙钞锭多少,未得确证。瞿海渔来。

十三日 晴煊

补赞,点史。涂山客及三僧、黼堂来,云祝金莲殉主。武人姬妾多轻生重恩,亦一时风气也。将出,懒行,遂止。半日斗牌。

十四日 晴。稍凉

补赞,点史。陈伯严来。午后斗牌,夕至黄亲家处,经年未过从,以简御简,亦太简矣。待迎春,至子初乃寝。

十五日　丙辰,立春。晴光甚丽

罗顺孙、曾重伯、筠翁来,言湘水行轮船事。夜月剧佳,祀祠寿嵩一老耶来,已行乞且病,将为道殣矣、庙毕,免贺节,但吃汤丸,斗牌至夜分。熊妪来,求为其子送入义学。

十六日　晴,极煊

清衣箱,正可夹衣。午出,答拜王阆青,即诣逸吾新居,会饮看戏,设八席。城中士夫大半皆至,以徐芸翁最老,年七十八。主人从弟菊生最少。正绅多趋文卿,异绅多趋阆青,且云已放闽抚矣。有一都司与尚书对坐,亦异事也。拥挤纷纭,复似程寿星做酒时。余与文卿、海鹏最后散,还始亥初耳。

十七日　晴煊

买舟上湘。君豫遣相闻,因步访,要至家谈半日。黄亲家来,亦坐半日。检书带至湘潭,唯经、史、《诗》三种需用,馀皆高阁矣。补赞。搢子来,云无钱纳税,须贷银一两馀,亦可叹也。巙巙当文宗时,请置宣文阁、崇文监、检讨等官十六员,以备经筵进讲。

十八日　晴煊

夹衣犹热,知当大风。待船久不至,检器物尽散失,焚余所存尚无人爱惜,生平衔箸之痴可大悟矣。苏四傍晚始来,已不及行。夜起,大风,遂寐。无为。

十九日　风,大雨

小书箱已去,端坐听读,询诸儿女,以恒儿从学之故,无能知者。以余善诱,而不能训童萌,信所谓中人以下,不可语上,故欲见郎以至浅近者诲之,然未必能开其茅塞,聊尽吾心耳。竟日检点,物多遗毁,甚愠家人全无照料,颇有责怼之词,既而悔之。夜与梦缇率两女斗牌。

廿日 阴

风息，船人促行。沈子粹来，得凌善人书，送苏砖三百。午间一老耶来，面目残毁，云病不起，余无以拯之，急出门登舟。莲弟自定一嫠妇施氏为妻，久欲为外家续一脉，资其昏费，便令熊妪伴之上湘乡居，已先在船矣。匆匆即发，忘携笔研，竟日拥被睡，不食，夜数起数眠。五更泊万楼，苏都司同行。

廿一日 阴

晨至观湘门，遣约石山弟来，要同至乡庄起屋。开枝儿侄逃农，出作闲民，亦勒令回乡。往还三次，已过午矣。移泊沙弯，换拨船，将行时，薄暮，遂止。夜月，大霜。男女主客卧一仓，余支二椅中横卧，一转侧须起立乃能回身，凡六七转，即六七起，然甚暖软，未觉苦也。

廿二日 大晴，南风

晨发甚迟，泊姜畬未上。迪亭率兄子来见，立谈顷之，仍发。夕至山塘，移家具未毕，已初更矣。布置稍妥，分散各睡。

廿三日 晴

族子卅来，言其父请早饭，并云有客。朝霜未消，待晞而往，少坐，饭半盂。石山留谈，余先返，欲遣开枝父子相见，因令舁往迎之。顷之四兄先来，冯甲总亦至，木匠文、赵俱来饭，论作屋工价未定。冯甲欲包土工，估工五百。石山云不多。因令及吉日开山，至晚乃去。看史，补赞。为苏四作书与于晦若。

廿四日 晴，午后阴

苏四去，石山亦往桥市，竟日未还。乡人谭、周及甲总刘姓来。许生来。土工四人，木匠一人及三子皆来，食近斗米矣。乡中惟以饭聚众,《周官》得民者九,此亦富得之支流也。看史,作赞,终日伏案,近岁以今日为最勤。

廿五日　晴煊

换绵衣。迪亭及兄子来。《元史》年代参错,大整理之,不能作赞,每日点阅一本。

廿六日　阴

筑墙起工,土木纷纭,请石山主之。买灰石潭,冯甲总主之。点史毕,邀石山访四哥于颜阁塘,又游云峰庵,还已暮夜。检谱册。

廿七日　晴,大煊

木瓜、宝珠花俱开,南风甚壮,有似初夏。点史,作赞。夜可纳凉,四更后转风。检谱册。

廿八日　北风大作,至夕愈壮,吹瓦摆树,气亦骤寒,然尚非春寒也

笏子妇彭来,言将嫁女,铺盖未办,欲假钱十千,姑饮之。茂修复来,欲讼"叫鸡",正言拒之,默默不得意。点史,作赞,钞谱册,竟日未闲。夜与石山谈家事。写对四幅。

谭心可母尚少一联,须补送。"瑶岛百年觞,兰膳共传归养乐;玉关游子线,绣衣长话倚闾忧。"

廿九日　庚午,雨水。大风,颇寒,时有雪

陈顺来,送伯甥书。检谱册,点史一本。夜霰。

二　月

辛未朔　阴

钞谱册毕,点史一本。苏都司还。正欲还城,留与同去。复楚宝书。

二日 阴

资用将绝，入城谋之，觅舟不得，乃舁行。至姜畬，四老少妻复在乾元相待，与以四千，留饭而行。遇雪师还葬，送者寥寥，忆壬戌相遇时，正如冰炭，惟我依然栖栖也。行至城中，已上镫矣。

试入，闻春湖、子筠皆在，又申前议，兑得百千，船到桥直，果然。因附九十六千入乡营造，欣然买舟，春湖留饭乃行，已初更矣。行一夜犹未至城，微雨如尘，天黑不辨上下。

三日 阴

晨雨，到城乃止，地湿如经日雨者。从大西门入，家人方起。剃发。登楼，点史一本。暮出，泥滑，不可行，至抚署而还。

四日 阴

晨点史一本。与书唁谭心可。将出买木器，道更滑于昨日，盖夜又雨也。午后携真女、纯孙游花圃，遇吴赞清同知。游浩园，与笠僧至廊下折樱桃，已将残矣，乃更早于蜀，今年春气快也。王七十，卞小十。《元史·忠义传》。苏砖运到，久未取，始遣运回。

五日 晴寒

点史一本。出诣筠仙未遇。携女孙看花还。独往荒货店及衣庄看木器、皮服，过熊老翁处小坐，看李西涯诗刻。还颇倦，早眠，真女复上楼睡。

六日 阴

点史一本。土工治堂甓，前门无人照料。乃独出，访蓬海、见郎、黼堂、王石丞，见郎不遇，蓬海甚衰老，黼堂亦瘦，可怜也。看京报，王秉恩被劾罢。去年此日正得意，游子为不近情矣，亦张郎有以致之。凡一荒唐人，必害其同类一二人，而己故无恙也。以云鬼不势利，何时运之不同，落溷飘茵，语太笼统。点《元史》一本，明日可以毕工。夜雨。

七日　雨寒

点《元史》一本,五十本两年始毕,犹为勤力,周荇农所谓鲇上竹竿也。见郎携舆儿来。寄禅来。致程郎书,并示弥之。游诗格韵衰退,尚不及禅作,可慨也。丁祭,燔肉不至,盖以余未入城也。

八日　雨寒

作《史赞》四首,祠祭斋居,诸女散学。瓷砖毕工,始有整洁堂阶,盖九十年家无此制矣。败易兴难,可为深惧。比之诸官人弹指楼台者,又不相侔也。夜视濯概。舆儿归。

九日　雨,甚寒

晨起待事,至辰巳间乃行事,礿祭考庙。初献后,误再稽为三叩,临事懵然,衰如夺魄,不胜惭惧。午间约见郎,胡子夷、子静兄弟,杨绍麓馂食,至夜散。风雨步行,亦反劳客。

十日　阴寒,有雨

补《史赞》,检书箱,夜听懿儿讲《诗》。舆上学去。

十一日　阴寒

补《史赞》。杨商农来。看京报,二旬万寿,加恩免礼。盖钦献笃慈,不依穆典,又不欲张大以取谏讽。然代言降诏,已近恢夸,不若一以慈旨从事,此则施行之未审耳。

《辘卢金井》,废圃寻春,见樱桃花感赋:“玉窗长别,分今生、不见泪痕弹粉。春梦潜窥,蓦相逢傍晚,亭亭似问。背人处,倩妆谁认?朝雨香残,斜门烟辨,耐他思忖。　　常时上林芳讯,见玉妃侵晓,撩乱双鬓。妒杀夭桃,占东风不稳。如今瘦损。悔[去]前度①、

① 此处当为三字逗,《六家词钞》、《湘绮楼词钞》均作“记前度”。

挂心提恨。又欲成阴，一时判与，早莺衔尽。”夜寒脚冻，春霜威犹如此。有月。

十二日 晨雨，旋止。阴寒。稍霁

清书，看小说，休息一日。夜斗牌。

十三日 晴

逸梧片来，问词牌名，未得。茷女生日，两女放学，作饼。方食，伯严来，报聂郎得沪关。此等迁除，前代未有。权奸与藩镇表里，而一出于大公，方知墨敕斜封为有纲纪。

珰自衡阳来省母，兼嫁妹也。外孙女名带孙，半岁矣。其从妪曰二老姆，顾工戴盈科，皆淳朴。自一山川，竟日闲游，随手看书，九九八比，均有悟入，老将智矣，宜孔子有加年之叹。

十四日 晴

路始可行。逸梧、雨珊、王令先后来。当上湘料理，觅船待发，俟饭后，黄昏矣，登舟即眠。顷之闻风涛捩舵声，以为两船相傍，波摇舵转也。听久之，无人语，起看烟澜空静，明月清佳，惜寒重，未能独赏耳。泊东狱涧。

十五日 乙酉，惊蛰。晴

晨见日光，船人尚卧，知为逆风也。支版为案，聊起写书。夕至万楼，久之乃泊观湘门，登岸，至宾兴堂，正遇迪亭，云钱尚未兑。与过蔟子家，遇砚甥，云子云得曾孙，已还家矣。还至堂中，萧某为主人，甚仓卒。顷之，沈子粹、搢子来，苏三来送被，遂眠。

十六日

家忌不外食。晨起待苏三不至。子粹复来谈。巳初始至沙弯，误行正街，至壶山折还。循湘岸至周益泰，迪子、苏三均先至，上船即发，微雨时作。晡至姜畬，迪上岸去，日已夕矣。既夜，乃至炭堂，暗行,见房中灯火甚盛,久之乃至。熊妪在房,余同石山同房,土工犹未及十之三。营造信不易。夜改包工议,自往买木料。莲、熊合而生子,余欲掩其事,故留熊于乡。

十七日　阴

检《元史》,悉列诸人名,次其前后,各以一语志之,亦殊可乐。乡人来者相继,颇倦厌于酬接。

十八日　雨阴

土工禁戊,停一日,算帐。检《元史》。

十九日　雨阴

观音生日,爆竹声喧,独游林中,久之始返。作赞,颇有条理。乡人颇有贺生子者,为之匿笑。

廿日　晨雨,朝食后止

呼舁夫从姜畲诣蔡饮,小坐乾元,剃发。山行久之,乃至外舅家,其家人半往翁家。黄昏与循还,同食,看园花。

廿一日　阴

叔止言木料须匠自买,付钱八十千,请石山召匠包办,令三夫力还山塘,余留一日。

廿二日

晨起欲行,大雨不果,复留一日。与妾吃切面条。雨风竟日,看宋人小说、本朝古文。

廿三日　大晴

将行已晏,叔止约同船下湘,余以须两舁烦费,不如陆行,径省蔡家,俱言觅夫甚难,乃饭而行。过访李杞三兄,未正至城,久坐正一堂,乃知石亭八父之子,乃晋庵弟,寓此。其子初不相识,亦未呼之,堂悬联,款署士达,而字非七父书也。昏乃成行,至蒋步觅船,湘水暴涨，索价一千，命划船包顾，回旋波浪间，凡三四还反，得一划子，仅容一人，竟去钱七百，然劳险殊剧。夜半雨又至，泊枯石望。

廿四日 雨

晨泊草潮门，误舣粪池侧，急登岸，叔止先去。余至家询之，已寓客店矣。饭后乃来，旋去。安研楼中，寂静无事。

廿五日 雨

朝食时叔止来，要功儿出买衣物。余出访又铭、篛仙、曾郎、陈淀生、黄郎，俱久坐，还已昏暮。中过易云阶儿仲晦家，不遇。黄宅请易代媒也。

廿六日 晴

陈总兵来。饭后访逸吾、文卿，至叔止寓中，不遇。还写韵，看京报，聂缉矩得沪道，江人镜得淮运，许仙屏得河督，赵环庆守吾郡。

廿七日 晴

约曾介石午饭，不至，招叔止来，又铭、邓元郎来，留邓饭，亦辞去，设食不旨。写韵殊无眉目。

廿八日 戊戌，社日。阴晴有雨

文卿、李佐周、幼梅、罗郎、陈伯严、陈淀生、黄郎、望之俱来久谈。弥之赴继母丧。朱郎乔生送罗幼官干馆折子来，云王诗正大有更动。张雨珊得襄办，亦干馆也。吴妪来求贷，未有以应之。佐周约陪郭、王，丁、杨、小郭均在坐。又有一胡子，号直臣，不知其姓，食亦不旨，夜散。有雷。

廿九日 雨

日记差一日，案其事殊不差。纣问箕子，亦非全愦愦也。王石丞暴死。阅钞报，蒋寿山亦死。嵩丘之游，少一东道，人命迅速，尘事逡巡，余生平行事往往后时，方笑己之匆忙，不知时之驹隙也。

邓三郎求书干篁仙,久不通问矣,为作两纸与之。丁次谷言欧阳莲使家一妇人阑入,提其子妇置床上,乃向索银物,则自起开箧与之。此等人舟中多有,今径入深闺,可谓鹘突矣。欧阳家在窊女家对门,问之乃不知有此。检韵一日,稍有把握。朱宇恬送罗折,陈裕三竟不送左折,当往催之。左妇自来问信。

卅日　　庚子,春分。雨竟日

出答朱郎、陈镇,并不遇,便过胡氏诸郎谈文。诣见郎书斋,设宾主之拜,过李幼梅还。小惕,复舁往筠仙家,陪任芝田,坐客陈锳、彭万樵、左佩勋,殊为总杂。夜还,独坐,又嫌岑寂。

闰二月

辛丑朔　　阴寒

钞韵。箫唐来,致宾兴堂书,求改胡椒客两条,此事戏笔无益,徒增口舌。易笏山尝规余修词不立诚,亦有见也,后当忍俊,复书遣去。

二日　　阴

登台,看湘波雾滃,雨从西来,饶有春景。写韵竟日。检《英华》,寻颜庙碑未选,但选郭庙文耳。此书平生未尝通阅,可为送老之间课也。任芝田来。夜雨,有雷,大风。

三日　　雨

写韵竟日。

四日　　晴

遣苏三送书往县,并与书徐子筠。邓沅郎求书干篁仙,可谓奇想,从其意而与之。他日弥之无奈此诸子侄何。写韵。夕过浩园,遇吴赞清，黄晓墀，名逢昶，樾岑随员也。买花七八株。

五日 晴

潆可行。晨出看花。午携女孙看戏，无入处，还过芝田，道逢胡尚志，天阴欲雨，还家，果有微雨。写韵，栽花。夜雨不寐。黄生求书与凌，并复缙子一片。

六日 阴

道湿，风寒，闲居写韵。夕赴逸吾招，陪又铭，朱肯甫从子、张雨珊、李仙伯儿、杨商农同集，谈孝达不行轮船，及裕三当封侯云云。

七日 晴

写韵，午睡。筠仙来，笠僧、郑甥来，同至龙王宫、左相祠、陈臬寓而还。为功儿改文二篇。

八日 晴

写韵毕，尚无部分，论音繁碎，殊不易简，姑置之。笠、道二僧来。

九日 晴

晨携复、真看牡丹，尚未拆蕊，入浩园，不见一人，至张雨珊处小坐还。午诣黄家，言招赘不便。遇李次琴，误以为李介生，询之乃黼堂令彼代媒，因往拜之，与黼堂久谈，还家已暮。梅生来，便答之。

十日 晴

次琴、黄松郎来，言已赁屋迎妇，明日纳征。新抚入城，门馆寂寥，似简于交接者。

十一日 晴

晨起，筠仙索书，为刘时旸干豹岑，依言应之。午初衣冠待媒人。小雨时作，幸未成滴。申初易郎、李弟始至，客去小愒，未夕食，夜斗牌。胡郎得会同教官。窊女匆匆归去。

十二日　雨

晨兴,往郭家吃面,陪客,二李、一蒋、二张来,客一富寿官、一寿鹤翁,冒雨还。镜初来,云有病不能覃思,盖思锐则苦也。雨珊来,镜避去,虽不喜见俗客,亦心褊之故。令功儿写喜对,送蔡侄昏贺。遣莲弟还山种荷藕。

十三日　阴

看两女作篆。见郎来久坐。沈萱甫复来,遂谈半日。夕食后甚倦,乃出寻镜初,谈至戌还。

十四日　晴

看滋女作字竟日。筠仙送嫁赀,兼订阅卷馆,其意必欲为我致媒,余不得已从焉。复书云:“公之爱我甚矣,然知我则未也。不受助妆,而受助钱,文义自相违反。”

十五日　晴

路漧可行。竹伍来,甚健步,因自送之,至又一村还。王生来陪媒,甚早至,遣功儿陪坐一时许,至申余乃出。又久之,易仲惠、李稚秦来。酉初入坐,戌正客乃去。

十六日　丙辰,清明节

晨出看花。午舁出城,上墓还。过竹伍,舍舁步归。少愒,赴右铭寓,陪督抚,既至则唯祭酒、吉士而已。谈时政,示前年致卞抚书,将以解朱纯卿之疑也。夜月甚明,逸吾邀过商农,闻二更乃散。

十七日　晴

滋女送装,晨起检点。午至广通恒,陪谭、左、李、三王看戏,演段甚有精采。二更散,携三长女看月。

十八日　晴,大热

滋女加笄,胡三嫂执其礼。余无事出,寻镜初、竹伍谈,还。欲从东还,遇张抚,从而西,欲穷所往,望尘不及,乃还。项、汉未遇时,俱观秦游,余老矣,犹喜观盛闹,童心未忘也,岂有觊耶?彼可代耶?夜复与诸女看月。片与裕三,问左馆。

十九日 晴,大热未减

午正李、易二媒宾来。未初,黄郎来迎女,家人习于俗,不复问礼节,余亦任之。未正,滋乘花轿往,余未往婿家,则古礼也。

廿日 晴,愈热,楼中亢旸,几不可居

看王伯厚《纪闻》及近人笺注,至申乃出,谢客十馀家。还少愒,已夕矣,仍出谢客两家。至东茅巷黄四嫂所租许宅会亲,唯楼生及陈淀生二人作陪,黄氏复衰矣。酒罢,至新房看滋,意尚怡悦,即还。

廿一日 晴,遂可单衣

看《申报》,景韩迁闽藩。彼为滞缺,未知能开府否。竟日如五六月气候,夜忽大风骤雨,四面漂摇,幸不在船舫中。

廿二日 阴凉

看王《纪闻》,有似兔园册,非著作也。而本朝人多效之。绍盐道来访,谢未见。文卿来久谈,竹伍继至,筠仙后到,设馔谈宴,宾主甚洽,文卿云久无此乐矣。然颇提衡节镇,有历诋之词,而于新抚无间焉。戌初散。点《礼笺》一本。

廿三日 阴,夕雨连夜

今日癸亥,耕藉,出门觅农坛不得,忆在南门,问苏三,云在北门,可怪也。生长省城,不知社稷坛壝,亦殊可笑。朝食前携两小女至抚辕,遣复诣医,画痰核。还食,复携真看花,春事阑矣。午答访绍实庵荣,云系乙卯同年,其兄壬子同年也,终于理藩院,即绍祺耶?谈翻译及史学,不知《公羊》为何书,而自言报销案无腥膻,似是自守之人。

龚镇索挽联甚急,频忘频警,夜乃作之:"力战定溪蛮,至今甲马灵风,应共席荣同祷祀;中山悲谤箧,那更郧猿暮雨,顿令江汉失干城"。以祝金莲殉死,故末句及之,继思龚氏或讳其事,又改一句也。与书惠同知。

廿四日　雨阴

新婿来见,滋女还觐,请陈伯严及胡郎陪新客,内则无设,旧例也。酉去。

廿五日　雨

苏四送蒲桃一本,植之井阑。滋女转脚,窊女亦去,家中检料室物,一日俱毕,不为劳也。

廿六日　晴

新移花藤,欲雨,南中旧少春晴,而今年雨稀,亦为异也。竹伍来,谢谱序。张巡抚煦来,谢未见。晚欲闲步,而无所往,乃过右铭,欲要诣筠仙,顷之陈裕三来,久谈,已暮,乃还。看梦缇作盐蔬,手自料理,犹有妇工。又云窊女当从往会同,初出窠也。

廿七日　晴热

午出吊龚镇,答张抚,还无所作,欲出无所往。夕寻笠僧不遇,遇素蕉还。至本街,乃见笠步于前,则与镜初同行见过,要至门,又遇瞿海渔,同入闲谈,然无惬心语,以三客不相类也,兰兰奢奢,泛应而已。闻黄合生死矣。

廿八日　晴热,午雨,旋止

小疾,昏睡竟日。镜初有约不至。

廿九日　晴煊,单衣犹蒸闷

看惠栋《汉书注》,"今此谁贼",文理不通,信元和生员之陋也。生员、翰林,本朝无通人,积习移之使然,亦犹进士官少能吏,彼拘墟之见重也。然则举人乃人材之薮,宜克斋、季高偏贵之。

三 月

庚午朔 晴热

窊女回,云当往会同。婿亦来辞行。与论学校,但可奖善,而不必惩恶。佛光所照,冤苦得解,而君子所至,多所不容。得守一官,治一方,其民士苦矣。徒能苦所治,所不能治者恣睢自若也,人亦何苦为君子之民吏哉! 故居末世,唯有弘奖。“先有司,赦小过,举贤才”,正是此意,此非阅历不能知。始闻布谷。夜半风。

二日 辛未,谷雨。旦雨,大风

遣问重伯行期,报劼刚之丧,涤丈长房遂衰矣。西法不教子,死遂无复负荷。中国未惯,见此不能不伤,凡恃一人者,当以为鉴。然邓禹诸子各执一业,亦无闻者,则又爽然也。午过文卿集饮,陪客为俞、唐、陈、郭、朱、陈、郭,皆文故吏也,夕散。诣逸吾,谈文卿少文,盖自谓有文者。

三日 晴

晨诣浩园,复不遇人。午至西门,询竹伍,行矣。过镜初,谈固穷。余非不乞食者,而穷亦甚,盖犹有所择,若不择亦未必得食也。然则虽穷死不得为固穷,其不求仕亦无门耳,又何得言固耶? 直论才望,则可附古贤耳。镜初甚富,而亦言固穷,则是以不遇为穷,殊不与陶令伦。

滋女还,送窊行。朱雨恬来,甚有老派,言陈鸣志起家闽粮,与聂弟同,湘人信多材。

四日 晴热

孺人率子妇还母家,检点行李,至午乃发。长孙女生辰,其母遽去,悲啼思亲,因令纨放学陪之。土木工纷纷皆令散去,苏三辞往江南,附书赵翁,令随曾郎去。顷之人还,言曾船已发。夜骤雨旋晴。

五日　晴热,竟日单衣

放遣人匠,方欲静理,常婿来,无房可居,处之外楼。竟夜蒸熇,无一刻凉爽。

六日

晨起始热,顷之转风,稍稍风壮气凉,至午后复可重绵矣。风吹楼如欲飞,然安如山。竟日卧看小说。陈定生醵贺筠仙,人出三千,搜家中乃无有,城中奇窘也。喜不与商贩接,差云清贫耳。夜食菌面过多。

七日　阴雨,复寒,可裘

看杂书,补注《丧记》。尊长临丧之位,略如君临臣之节,此皆向未致思者,信讲习之易疏也。

八日　晴

晨起,有蜀使来,言钟氏送玉岑柩还,正在窘迫,意外增此营办,又费摆布也。命中不得刻间,非行之悔。典束帛,得钱六千资之。

九日　晴

朝食时觉饱闷,昨夜食粥一瓯耳,遂伤食,亦一奇也。周德茂来,言钟婿送柩,并呼畅遗孤出,令告外家,意极肫肫也。出答访沈长沙、朱永顺、何布政,皆未见。过李稚秦、蓬海、郭见安,见安遣询舆儿踪迹,始知盗钞经解题,与胡九同作,盖九所属也,往诃之。

笠僧来,报雪琴之丧。比丧二卿,殊为可惜,留之固自胜新进者,亦国之瘁也。

还出西城,寻周客不见,遇少村还船,便询所止,云尚未定。少一来。石珊报莲弟妄为,与书训责之。人事匆促,心殊不乐,因出寻

�仙,遇黄觐腴,老矣,不复相识。过答李果仙,夕还。徐巡捕来,未见。见钟婿帐簿,料理井井,意殊可感,夜作书谢之。

十日　晴煊

徐巡捕复来,致巡抚意,云曾在刘故抚处相见。满口湘话,不知何许人。罗朓甫来,昨过之,故来谢。片与王生,荐杨舅。功儿还。

昨因文卿言,复思得"南亩"专指藉田,南、东,则天子诸侯之分。《记》曰"天子亲耕于南郊,诸侯耕于东郊",误被《左传》用作典故,反沉霾其义矣。《左传》不解东亩为何意,而云"戎车是利"。晋之至齐,岂亦尽东亩耶?然则齐伐晋,戎车不亦利耶?若以出境乃利,齐独不可先得其利,御之境上耶?此时未东亩,何以晋亦利?谬剌殊甚。又解"君子车庶"以《易》"蕃庶"证之,亦为新义。

十一日　晴

作诗送陈明府移蓝山。饬儿女检书,将往山庄。夜大风,复寒。

十二日　阴

晨荐曾祖妣生日。遣觅船不得,大风动屋,令功儿觅舟,云明晨可发。将下行李,雨至遂止。夜为竹伍作寿文。

十三日　雨

昨船已发,更觅一舟。大雨,风。莲弟来,幞被均下,床几皆空,遂令珰居□室,余居寝室。

十四日　雨,大风少息

晨携懿、复、真同行,冒雨登舟,午后始霁,至县城夕矣。遣戴僮送诗、片,莲弟买食物,约在沙弯相待。既至,舟人皇皇欲行,复移对岸。俄呼一拨船,亦皇皇相从。莲等寻船,呼声甚急,遣迎之来,即刻移船,月明风定,复还沙弯。

十五日　晴阴

拨船不欲行,舣半日,换二船,至晡乃发。改《高宗肜日》一篇。

泊袁家步。

十六日　晨小雨

午过姜畬,晴。迪亭、许甥来,各取《志》一部去。晡到山塘,真女睡澜漫。携懿、复至庄,熊妪眼角青肿,石珊弟诉我以莲耶云云。"不知事"三字足以尽杀逆之变,理固然也。少一委工径去,亦不知事之驯谨者。夜摒挡房榻,有似远归,半寝再起,鸡鸣乃寐。

十七日　丙戌,立夏。晴

看《元史·耶律留哥传》,似已作赞,寻之不得,可怪也,姑再作之。夜钞书一叶。开枝来,病有起色。

十八日　晴

看史未毕,开枝与其亲翁刘姓来,谈志事,因同至刘佃家晡食。夜觉目昏,因停钞字。月明人静,春色犹浓,掩关暂眠。石珊唤我,未起也。少一、木工俱去,遂无工佣矣。

十九日　晴

看史,清篆字。典臣兄来,余询何早,云今日葬从弟眯七耶。方悟族兄之丧,往鱼形山看之,十二弟已至,柩窆矣,临穴哀之。还庄,三族兄弟同来,小坐去。夕食,天阴,携两女再往,则俱食于佃家。少坐,觉将雨,遂别而返,夜微雨。

廿日　雨

莲弟昨告去,晓遂不来,以为去矣,遂无人炊,煮昨饭食之。石珊往鱼山吃鸡去,昨约我,未能偕也。看史,作赞。

廿一日　雨

竟日看史,清字,旧写存者千不得一,独部首存十之九,尽黏缀之。

廿二日　雨

看史,清字。莲、熊闷炒,斥之不止,遂绝不与言。此事不必怒,而不可忍，余于此大有涵养，留莲如故。

廿三日 晴

复、真始仞字，每日便可逾十，真心较静细也。《元史赞》毕，理其先后，便成一种著作矣。繁琐为各史之冠，而文较雅饬，碑铭之力也。出看溪涨已消。

廿四日 雨

瓦船至，佣工不能运致。魁孙之从父来，言讼事，亦斥之不止，此皆人生应有之磨难。检《元史》，尚馀三本，须补赞。

廿五日 晴

运瓦船索饭，无人料理，唯恃熊妪一人内外支持，真有兼人之用。方知乡间取妇，不以贞顺为美。作赞，理课。寿子复来乞食。

廿六日 晴

昨夜扰闹未寐，晨复为瓦船所唤起。开枝遣儿来约早饭，强往，吃粉蒸肉，还看史。珰、茙、纨女来，一时总集，几无容人处，布置顷之已定。少三来，云其子堕水，请石山诊之。赵甥来。作《元史》目录。

廿七日 晴

朝食后有雨。熊妪去。午晴热。《元史》次叙未易整理，粗为条列，尚多牵缀也。彼本随得随钞，初不任咎，以史法求之，乃阅者之过耳。石珊往石潭去。

廿八日 晴，日烈气凉，静坐尚可夹衣

始钞赞，成草本。计一百廿日，始阅五十本，如此则廿四史亦只须十二年，乃今已廿六年，作辍之患如此。本不欲看《明史》，因此复取点勘之，未起手，祠族三人来，送采访册，留饭去。石珊夕还。

廿九日 晴，晨有雨，旋止。极煊，皆纻衣

写对四幅。作云峰庵扁字，笔小不成点画。重钞《元史赞》。

卅日　晴

开枝遣儿来舁诸女,命珰往见之。文柄来,致五嫂寄儿书。蔡家遣迎珰去。

四　月

庚子朔　晴风

昨夜相惊,以盗,半夜不安寝,真女暴疾,小便频数,一夜十馀起,晨命珰检行箧,饭后去。懿儿思母,泣卧不起,以在情性中,任其静思。钞《元赞》二叶。真女仞字满百矣。

《内则》:"教子,六岁以方名。"今学僮剪纸书字,一一仞之,至逾千,则能自读矣。汉律当讽九千字,亦未必一一尽识,要之《爰历》、《皇将》,取便成诵,未若方名散文,识之审而易教也。

二日　晴热,烦闷殊过三伏,至异也

钞《史赞》两叶,检《明史》,寻杨应龙兵事在万历年,吾家旧谱云避杨乱者误,续修并削之,则矫枉过矣。夕看晦若书札,因作书寄之。房中热不可坐,又蚊扰,移枞席林中。写二纸,并寄伯述书。

三日　阴,热稍减,犹似六月。今日壬寅,小满

遣工开圳翻池种莲茭,午后雨,冯甲担荷还,自看种之。《元赞》录毕,放学半日。懿复疾,三日矣。

四日　晴

始点《明史》,前赞失去,更作之。种瓜芸菜。

五日　晴

点《明史》。迪子来。许生送鸡肉饼饵,正思溲面,顿食二枚,久不饱市饼矣。夜闻犬吠,城中佣妪夜来。得篁仙、雨苍书,经课卷

到。《明史》馀十馀叶，未能毕工也。

六日 晴

看课卷。幼二族子来，携其长孙，云孙妇被父母夺嫁。书与子筠谋之，遣孙去，留二宿。

七日 晴

看卷毕。幼二去。定等弟，无一佳者，强取五本略有思路者。邹子翼儿代立，自命通材，实无所解，然诸生中好手也，与胡氏为伯仲。

八日 晴

遣懿从莲还城，并寄北书，午去。看《明史》。晡后北风。

九日 雨

寒可二绵。石珊疾，卧一日。牌甲来查团，纵迹支离，一翁携四女，别无眷属干盘诘也。看《明史》，并补写方名，整理谱系，日课较勤。

十日 晴，稍煊

改许甥文，看《明史》，写方名，倍书，钞谱。刘喜翁来，送《志》一册。

十一日 晴，晡后风雨

看《明史》未毕，张子持来，坐一日，夕去，遇雨矣。写方名，倍书，未钞谱。

十二日 朝阴，午风寒

插茭、菰、红薯。看《明史》。

昔余悦水石，所至临池轩。陶夏静且长，起坐凉风间。明漪朗余目，荷芰助芳鲜。以兹多所营，馆宇非一山。信美岂不劳，揭来归故园。茅茨始欲葺，炎气中林烦。赖有清圳流，濊濊复弯环。茭药久不理,丛绿蔓可删。东溪移芙渠,西涧插菰竿。新雨洗清泚,芳意冒春涟。有情尽余私,依倚此日闲。风物既吾有,方惜囊寄悭。

十三日　晴

看《明史》。为复、真仞字,为纨倍书。

十四日　晴

纨生日,放学一日。看《明史》。刘喜翁来。写扇一柄。莲晡还,云从靳口奔驰百四十里,为臬索课题,可笑也。饭罢出题,遣寿子去家,寄枇杷来。

十五日　阴

先妣忌日。看《明史》。素食,不他事。夜雨。

十六日　雨寒

看《明史》。仞字、倍书早毕,始作谱稿,序二世事迹。

十七日　晴

作谱稿。看史,仞字、倍书如课。

十八日　阴

晨出闻雉雊,行山林间,清润宜人。蔬菜乏绝,至戴弯谋之,恰有三百青铜钱,已觉富有。看史、仞字、倍书如课。

十九日　晴

寿子还,得弥之、雨仓书。振五塞外书来,求调剂,并寄家书,遣送去,得钱三百。润子索其弟供给,因取入公,大富矣。

廿日　晴

看史、课字、书如额。将还城觅钱,遣觅便船,云无有也。

廿一日

朝起最早,询莲弟亏空及横逆本末,许谷十石助之,令别居。本图续外家,而反得恶妇,虚此经画也。看史,课读,作谱稿。石山昨出今还,土工将毕。

廿二日 大雨竟日

又〔幼〕二携孙芒芒来,云徐子筠有书,特走送,而又失之。方知乡间人情状,真可笑闵,谕譬之去,废我半日功。夜与书文卿。

廿三日 阴晴

莲弟告去,因令送谭书。盛佃孙来,致子筠书。云捐项已缴,求改削而已。又云进士报至,未详其审。午间少眠,醒闻有人坐我坐上,石珊舅也,夜乃见之,云湘潭未中人。刘孟湘来,匆匆去。

廿四日 阴晴

留张翁住一日。刘孟复来,开枝继至,垣墙始毕工,亦有丐者来。饭罢,四兄来,约明日饭。看史、仞字如课,撰谱稿,成一篇。

廿五日 晴

欲至昂角塘,畏日小坐,看史,写扇,过午未去,已遣催矣。芒芒往,则孟、开久待。饭罢,石珊先去,余三人少坐。雨至,复待霁而行,半里大雨湿衣,开枝面如墨,避林树,遇谷湖佣工,令掖行。至毛坪,坐冯姓家,姑妇款客,二子俱奔走延纳,待舁而还。

廿七日 雨竟日

看史,点书,课字。木匠来取工价,亦留住设食。日斗米,乾元送来二石,聊济朝晡耳。乡中以食聚人,耗谷不少,家家习然,殊不计也。幼二复来求助,谕之不听,遣之归。莲弟还,送来五十金及课卷二包。茂修复来求助,亦挥之去,看史、课字如额。

廿八日 雨

看课卷竟日,仅得九十本,夜蚊扰,辍之。

廿九日 雨

遣觅船下湘,未至,看史、课字如额。屠人来索肉钱,以十千与之,并遣二匠去,顷之还,云无人换银,仍存开枝处。饭后刘廿七来。待诸女毕去,乃登舟,已夕矣。未昏到湘潭,大雨不能换船,遣约子筠来,遂宿观湘门下。

五　月

己巳朔　晨朝大雨相继

午后乃至草潮门。吕生待于家,入门见妻病,心甚烦,又未朝食,不能与谈,久之乃定。晡后看《申报》。送藩课卷去。

二日　庚午。晴

看史,课字。午睡毕,复点史,竟一本。作书复文卿,送还百金。夕诣筠仙谈,俄还。见对门酒炉作饼,令取肴汤试之,待至二更乃至,劣不可吞。诸女又睡。舆儿还。

三日　晴

看史半本。令吕生代阅课卷。晡后出城,将上湘,大水逆风船,一夜不能至,自携幞被还,令戴明试往。筠仙、亦梧来谈。筠送徐卷金。

四日　阴雨,燠凉不定

晨闻呻吟声,以为妻病将革,顿觉气涌,体甚不适。自辛巳以来,自谓忘哀矣,遇急仍志懑气盛,哀情故在也。遂卧半日。

五日节　癸酉,夏至。雨竟日

看史半本,忽然不乐,罢之。过午乃祀,祀庙。作书寄复雨苍。滋女还,即去。夕食,孺人仍出坐,亦能终席。夜早眠。真女复小疾。

六日　雨

看课卷竟日。果臣子峋义来,为其从弟求书干景韩也。询其兄,死扬州矣,恨不能早振之。

七日 晨雨,密如雾,咫尺不见人

看课卷竟日,定等弟毕,送去。李佛翼来。

八日 雨

礿祭,斋宿,雨止亦未下楼。偶翻《法苑》。复、真切部首字毕,计四十五日,得五百卌字,日多二文也。

九日 晴

妻、子俱病,至午乃馔具行事,竟不得食,礼成,解罢小复。行游至镜初处谈,遇胡杏江,还饭半碗。今日迎《藏经》,城中始有佛书。

十日 晴

笠、道二僧来。镜初来。看《明史》,切字。夜与吕生楼上杂谈。

十一日 晴热

看《明史》。食豆粥。与书谭敬甫,片复篁仙。寄僧来。

十二日 庚辰。晴

朝食后出,答访徐巡捕。诣笠僧不遇。子夷来谈。清官始来见。搢子来。夜过一梧,谈肃党事。看《明史》半本。夜热。

十三日 晴

素食独居。张打铁来。先祖忌日,午后设荐,汗如雨。席研香子来谢,未见。研香与余颇相知,今求墓志,其人无风趣,墓志文不能佳,不愿作也,碑传则可,而诸子不知文,故辞之。切字、读史如课。

十四日 晴热

程郎书来,请余游衡,并治雪芹丧,本欲去,因令来船待一日。诸处当吊者多,大作挽联。雪芹云:"诗酒自名家,更勋业烂然,长增画苑梅花价;楼船欲横海,恨英雄老矣,忍说江南百战功。"劼刚云:"海外十年官,军国多艰,归朝未遂还乡愿;相门三世业,文章继起,史馆新除作传人。”俊臣夫人云:“勤俭著徽音,列戟门高,更喜诸郎班禁近;忧虞增阅历,鸣笳归早,重还故里即神仙。”研香云:“书生大将同时夥,独与君论战识兵机,精紧恨先衰,史传功臣输第一;少伯千金当世豪,更筑室藏经聘名士,赀多不为累,曾家百顷太寒伧。”又得力臣三子赴,未能作诔,以二元代之。

十五日　晴,风凉

晨起欲出,纷纭久之,近午矣。出城至开福寺,陪筠仙、文卿及逸梧、幼梅饮,陈程初为主人,竟日谈笑甚欢。还家晡食,梦缇病复发,忧之煎心,天不许人极乐也。夜坐楼上,甚闷。

十六日　晴

晨起发行李,步出朝宗门,登舟即行,南风甚壮,正似甲寅水师鲇船时。尔时与曾、彭旦夕谋话,可忧可乐,今故人殆尽矣。风日依然,山川如旧,惜两君不再见此,留与闲人叹赏耳。点《明史》二卷。大睡一日,夜泊昭山下,行六十里。

十七日　晴

午后至县城未泊,泊十六总。搢子登岸,使贵孙来言讼事,挥去之。移泊铁牛步,行五十里。点《明史》一卷。

十八日　晴

点《明史》二卷。帆行四十里,缆行四十里,泊空灵岸。夜风不凉,始闻蝉声。

十九日　晴阴

点《明史》二卷。行五十里泊朱亭。

廿日　阴,稍凉

点《明史》一卷。

为沈子莘书横幅,因作即景诗一首:“重霄朗晴光,朱夏气昌明。

烈烈凯风长，嘉禾应时荣。晨兴出郊间，首路始南行。清湘正安澜，黄浪已复平。我行非祇役，沿溯览回萦。青林郁炎阴，凉耳唱蝉声。万物各有性，趋时岂劳生。念昔水军居，盛暑促治兵。贻我今日逸，山川尚纵横。长日不可虚，沧波更相迎。顾己忽忘老，沈吟洲渚情。”

廿一日　己丑，小暑。阴晴

携来《明史》点毕，二旬仅六本，须秋初方能补完也，且补三赞。昨宿石弯，今竭蹶裁得六十里，泊枫树望，夜得凉风。比日昼倦不能眠，殊负此困人天气。

廿二日　庚寅。晴

写字二张。缆行甚速，午至樟木寺，得小顺风，晡后至湘东岸。彭家以舁来，因入吊雪琴孙，见黎、张、哨官。热不可坐，渡湘将至程宅，云商霖东洲去矣。就俊臣谈，遣招商来，与同至其家，宿旧寓斋。

廿三日　晴

晨过湘访丁笃生，彭宅代主者，日高春还。云俊臣已先来，顷之复至，作竟日谈。贺子泌两子伯笏、仲乾。及王兰台族兄辅世、桂古香、沈子粹、笃生、张副将来。屺樵及其从子并出见。

廿四日　晴热

俊臣子子声、渭春来，吾以渭春为童生，与言考试事，后询之乃知县，且已得缺矣。陈培之来。为雪琴作行状，低头则汗，罢之。夕过俊臣，又见其二子，云九子九女也。

廿五日　晴热

无所事。俊臣招饮当铺，酒罢，论程氏兄弟参商，二人皆有意见，产已析矣，忿犹不平，可怪也。式好为难，吾前见二邓、二刘，后见春甫二子，皆以为必和合，后俱龃龉，固出谗嫉之入，亦清议不能维持,大要一才一不才乃可安,两贤必相厄耳。

廿六日　晴热

吴少芝来。贺子夜来,求作其父序传。作行状。

廿七日　晴

长日坐销,殊为郁郁。岏樵设酒当铺,俊、笃同席,热甚未饱。

廿八日　阴稍凉

作彭状,无文法,信笔所至而成之,自然有波澜,亦不恶也。商霖请俊笃、段怀堂来陪夕食,食时复热。

廿九日　晴

彭状成,过万言。初未尝检点,后乃补述谭、张一案,即前日记所载包公案也。此事盛传于江汉,后查樊口,不劾李督,声名顿减。盖雪琴亦侮矜畏强人,外能缘饰耳,孔子所以有见刚之叹。

卅日　晴凉

贺子来。俊臣来,为铸郎改课文。写扇四柄。俊论日记无事可记遂已之,此正不知日记之用,专防人每日无事也。无事而必记,则有事矣。连日看俞荫甫《杂抄》,亦有可观。

六　月

己亥朔

晨料检诸事皆毕,重校彭状,改定赴书。俊臣来,谈一日。湘乡校官唐翁同朝食,复设加豆,庶乎干糇不愆者。吴少芝、张子年来。午后常连生来,为彭作主人,设酒相待,燕菜烧猪,非礼也,三辞四辞五辞六辞不能免。丁笃生亦来,肴馔极劣,又甚迟延,食竟已夜。浓阴北风,出门畏雨,凡三返,雨竟不至。乃出柴步门,俊臣必欲步送下船，苦止之不得。起兵时同袍稀矣，犹有劝捐之筠仙、所员李小泉、书办凌姓、门丁丁桂、营官杨载福，此外知姓名者盖鲜。夜泊石鼓。

二日 庚子，初伏。晴凉

半夜行，平明过大步，午舣雷石，晡至石弯下。遇大北风，似欲翻江倒山，雷云骇人，以为当澍雨，急避沙岸。小睡醒，则风止雨霁，云无去所，饭熟开行，正似黄粱梦醒时。

作一诗寄俊臣云："初伏惊秋早，归舟卧晚风。所嗟人意倦，不共水流东。江海无穷事，曾胡百战功。与君闲话尽，今夜听鸣虫。"

补《明史赞》三首。五更起看星，夏夜实不短。然无风未桨，顺流放舟，裁至三门耳。

三日 晴

晨舣渌口买菜，至涟口方过午。帆行入涟，未至姜畲，大风吹舟疾行。昏过姜畲，未夜便泊南北塘，待雨，久之不至。笼镫行，上云峰，误循山下，至一大塘，未知何处。复出巷口，见盛虎界石，乃知已过曲尺塘矣。又取西北行，见略彴乃识途，汗湿短衣，复为风干。从刘家入，十三弟迎门，询知平安。少坐即睡，新粉壁甚凉，蚊亦绝少。

四日 阴晴，甚凉

晨起发行李，遣寿子下省省孺人，请工收拾打扫洗涤竟日，移居右厢。

五日 晴凉

开枝来。渔人献鳖，招四兄来饭。开枝疾作，舁去。看《明史》一本。

六日 晴

始钞《史赞》。暴书。点《明史》一本。莲弟还，责数之。夜雨凉。得朵园书。

七日　乙巳，大暑。阴

看《明史》竟日，甚竭蹶。寿子还，得陈芸敏、孔吉士书。功儿言孺人病小愈。夕暑，俄雨，遂凉。

八日　阴晴

看课卷，欲以一日了之，竟不能久坐。坐看百本，起行已觉背痛。移席门口，晚风甚凉，不能久坐，遂罢。夜雨。

九日　阴，数雨，愈凉。瓜不可食，伏日所罕见也

看课卷六十七本，定等第，以童生冠军，长沙之无人如此，前三名皆外县生也。复朵园书，遣莲送去。晡后小睡，冷醒。秋风早至。

十日　阴凉，有雨点甚小

晨起钞赞。朝食后点《明史》一本。将稍休理谱稿，张子持来，遂不去。夕食后送客，看荷花，夜看月，乘凉。补点未毕传一篇，补赞一首，遂寝。

十一日　阴，有雨点

晨点史，补赞，钞毕四本已夕，典臣兄来遂罢。熊妪复来，莲亦随还，正无人时，得之亦喜。将欲生事，可闵也。夜食瓜。

十二日　庚戌，中伏。晴。正夏日光明，暑气未生，亦佳辰也

钞赞遂及一日，太繁难理，明欲减之。午浴。食瓜甚甘香，惜太少耳。已而凉雨，全消暑气。点史半本，写方名廿。木匠赵甥成工醮神。

十三日　晴

木匠去。点史、写赞各一本，方名廿。典兄来。夜理谱稿。

十四日　晴

点史、钞赞一本，方名廿。凉风甚快，夜月逾明。周皓人兄弟

来，云峰，雪师师也。后问田生，云非兄弟，族父子也。

十五日 晴

钞赞、写字、点书如额。圳莲盛开，折归供云。理谱稿，作先传。

十六日 晴

点史、写字、钞赞早毕。夜月清凉，将出登云峰，以无伴未果，佣工蠢蠢，不足与踏月也。

十七日 阴

日课如额。午后有雨。遣人至姜畲，负米泥行，甚困也。

十八日 晴

颇有暑意，然未觉热，日课早毕。周、田生来问学，为叩两端。忽暴风横吹雨，入檐丈许，雷电交至，若有神物降庭，足骇心目。因客在，未出看，奇景也。雨止已夕，稍倦小睡，起作先传。

十九日 晴凉

日课如额。补作《史赞》二首。督工种菜。

廿日 晴，稍热

日课如额。冯甲总送豚蹄鸡鳖。姜佃来求贷，云食谷罄矣，其母病恐不起，巫祷多费，不能支也。夕登前山，访周荫云，已去小试，惟田生在耳。

廿一日 晴，午南风，大雨，有雷

日未点史，夜乃毕之。写方名，作先传，惟未钞赞耳。前池未成，时有积潦，亦自汪洋沦漪。

廿二日 庚申，三伏。晴

补钞《史赞》及本日日课，早毕。夜作先传。子初立秋，先一刻雷电小雨，过子方霁。再起，求火未得，小坐还寝。

廿三日 晴。稍热

日课早毕。作先传。

廿四日　晴

日课如额。皎日南风,甚似蜀中宴游之景,作诗追悼,久不成章。数史书,少点四本。

廿五日　晴

遣问船下湘。包荷叶肉。小疾。甲总来,请明日议团规。日课早毕。

廿六日　阴凉,有雨,午后晴

至云湖桥市,会团甲牌官议禁烟盗,舁往步还。日课如额。

廿七日　晴

食米已罄,借新谷舂之。石珊云当先荐后食,杀鸡煮肉荐高祖,遂约开枝来饭,典兄亦至。饭后步至曲尺塘,还则莲、熊喧闹不已,均拚命胡言,坐而视之。日课已毕,晚待石珊还,小坐遂寝。

廿八日　晴,稍热

田谷半登,舂作荐新粢盛。莲、熊大闹,午始各散。日课如额,更补赞一本。

廿九日　晴

日课如额。午后雨雷,黑云甚浓,雨势不大,顷之开霁。

卅日　晴

午后亦有阵云小雨,燠凉不齐,尚暑蒸也。日课如额。悉钞前赞,补作三首。

七　月

己巳朔　晴,风凉日烈

日课如额。夕欲作家传,月生来,少湖从弟也。致少湖书,云杨银已还讫。夜作南大兄传，甚为亹亹有情。

二日 晴

点《明史》二本，钞赞、写方名如额。月生辞去。

三日 晴

补作《史赞》四本。船舣以待，未午，行李毕发。莲妇辞去，石珊还县，并同船下湘。午前开行，戌初舣县城，石珊上岸，余未能上，即开行。半夜迷道，问簰上乃辨上下，已欲明矣。

四日

日出到南门上岸，入城还家。点史、写方名如额。夜访筠仙，云鼻疔未愈，不能见客也。至陈伯严处小坐而还。吕生来。子夷来。

五日 晴热

点史、写方名如额。纨书已生，不能理也。伯严、吕生来，闻豹岑之丧，嵩山地主尽死，不可游矣。顺循来，言劼刚以内热死。

六日 晴，风不凉

点史，写方名。真、复仞字，功儿覆试去。徐甥来。夜与吕生过浩园寻僧茶话。

七日 晴热

点史，写方名。笠僧来。今夜七夕，诸女无所陈设，独上曝衣楼，徘徊风露。功儿还，云将生乳痈。

八日 晴

点史，写方名。周拐子来，言蜀游事。永、云两族孙应试，吾家复有三人入场，所谓慰情胜无者。夜雨雷电。今日丙子，处暑。

九日 朝食时大雨，顿凉

看课卷竟日，日课尽停。

十日 晴凉

课卷阅毕，点史一卷。夕过文卿、一吾谈，步月还。永、云来，居内楼。文卿云雪琴谥“刚质”,古今谥“质”者,一时思不得其人。后乃知是“直”字。

十一日　晴热

点史,倍书,仞字,写方名。徐甥来。

十二日　晴

日课如额。得陈小石书。李作舟来。珰女眩仆,顷之乃苏。

十三日　辛巳。晴热

尝祭,停课一日。点史未辍。午后合祭三庙,尝新稻。顺循、伯严夜来,同出步月,看盂兰会,已废矣。思次青朝服拜忏时,如昨日事,已不胜人天之感。看黎莼斋去年来书,从字纸堆中得之,初未知何日到也。

十四日　晴凉

点史,倍书,仞字,写方名。吕生来。孙文昱来,妻侄女婿也,与一朱廪生同见,初无昏姻情,盖书痴害羞,非不知礼。罗抵甥、杨儿来。夜月极佳。得景韩书。

十五日　阴。有雨

点史、倍书、仞字如额。写方名五六十,会意、指事、象形字毕录矣,尚不及千文,可知古字之简,定以无从者为象形,有对无字者为指事,馀皆会意也。如“牟”、“芈”非不类指事,比之“上”、“下”则迥不侔。

十六日　大雨竟日,顿凉

点史、倍书、仞字、写方名如额。永、云两族孙去听案。

十七日　雨竟日

日课如额。

十八日　晴

文卿来,言捐振事,并言其孙入学。问筠仙愈否,久欲往看,未暇也。点史,倍书,仞字,写方名,已有日不暇给之势。许生取经得挑覆,来寻廪保。吕生来。永、云归,告去。三妇遣人来迎,贤母也。儿不甚佳,亦未遽不才,惜其失教耳,因送之归。便过筠仙,云尚未收口,已能出谈。

十九日 晴

点史一本,《明史》毕,《廿四史赞》毕功矣。犹有唐、五代二《旧史》未加点,始知点毕全史之难,仍当以馀年竟之,暂可息手,若矻矻,又似书痴也。写方名,亦可送老。倍书、仞字皆未毕,出诣黄母,女嫁后尚未往,其简如此。过蓬海、黼堂。黼堂云寒疾,不出,便诣见郎而还。今日见黄子湘久谈。

廿日 晴

日课既罢,点书,遂无所事。倍书,仞字,写方名,各以片刻了之。胡子正、彭鼎珊兄弟从子来。石如、芝林留饭去,炒羊丝甚佳,竟日谈话。许生入学。胡杏江来。

廿一日 晴

补作《史赞》三篇,甚费安排。始录谐声常用字,日加十文。见郎、胡子夷来,蓬海来,言冒籍事。

廿二日 晴

作《史赞》,并钞底本,竟日未闲。倍书,仞字,犹嫌其扰。写方名卅文。欲出无可往。吕生来。

廿三日 晴

倍书,认字,写方名。彭石如来。顺循来。

廿四日 晴。壬辰,白露。热

王益吾来。罗均甫来学书,门斗来请廪保,余乃避入。钞《辽史赞》,倍书、仞字均未毕,颇为容扰。写方名。

廿五日　晴

送《史赞》示筠仙,兼托借钱,复云不能也。子夷、喻洪胜来,坐久,欲出,晡矣。吕生来,未多谈,步至胡宅,与三、五谈。杏江来。旋出至蓬海家午饭,约子襄、见郎同集,甚为款洽。

廿六日　晴

寻墨不得,知已失之,儿女多顽,一物不得着身,可叹也。出答访五、彭、杨茀生,访镜初不遇,还写方名。至陈伯严处晚饭。

廿七日　晴

写方名。滋女还,云上湘须缓一日,珰女复留三日待之。行色已成,无所于事。杨商农来,求《志》书。倍书,仞字。

廿八日　晴

写方名,倍书,仞字,作谱传。得李勉林书,极无紧要,去信钱二百。府送卷银。

廿九日　晴

看课卷竟日。吾县有许姓兄弟,县役曾孙也,曰铭鼎、铭彝。或曰振鹏,经学深细,文章尔雅,差可继我而起,可异也。词赋则孙文昱亦将成章,县中未为无人。

八　月

戊戌朔　晴

今日戒行,阅卷未及毕,外间纷扰,独坐楼上,如隔尘凡,至午后乃毕,定等第。检行李,晡命诸女登舟,待饭至夕。滋亦暮来,与珰俱至,茂、纨、复、真、懿俱从,移泊驿步门。健孙从,夜半啼,欲归。

二日　晴

晨送健孙去,取洋铁桶还,已过朝食,缆行甚速,夕泊鹞崖。纨、懿温书,未倍。

三日 晴,微有东风

戗行过县,始朝食。舟子不欲泊,余亦急欲至庄,遂张帆而过。晡泊湖江口,步还,唯熊守房,呼人力,皆至姜家营葬去矣。久之乃见姜满,令往舟边,日已衔山。步出前山,始见珰、茙昇来,懿与复、真步至,滋、纨后到,已夜。道士皆借屋安床,狼藉不堪,粪除铺陈,夜分始得廓清。又失去《诗笺》铺垫,皇皇求索。开仓安置仆从,至子始眠。

四日 晴

理书,写方名,补书赞二首。遣懿吊姜佃,送钱四百。开枝来,为刘叟送画,年八十矣,云绘有《孝图》,求题,诺,当访之。刻工来议谱版。

五日 晴

珰当还衡,遣觅夫役,乃有两班争之,纷纭久之,始派寿子往送,留五人散役。出县借钱。写方名毕,将行,舁夫散矣,更集之不得,过晡乃行。至乾元,刻工相待同行,未至鸭卵铺,已昏暮。舁夫脚本创而强夜行,必不胜役,因步十馀里,至立云社,笼镫行,无烛,取赛神烛然之,凡三换乃至城。入宾兴堂,闻倬夫来城,稍喜,待其归,与谈至鸡鸣。

六日 晴

子云来,与言借贷事,意甚皇遽,同至解元家小坐各散。与倬夫出访许铭鼎兄弟,引愈、湜访贺故事以为己荣也。过杨营官,郭积谷留饭。遇诸首事,同出游城西北诸池,秋光甚佳。还稍惕,游杨园,遇葛伯乔,纯乎篾片,要过土栈,设饮招妓,三更乃散。挡子,甘月卿、陈、黄所狎。甘,桂卿家人也,言诸郎猥亵事甚习。

七日　晴阴,顿凉

闷坐。许少卿笃斋来,待子云不来,强借百千不得,得廿千,买菜果还山。与朱倬夫游曹园,还,卧至夜。

八日　阴

晨起,坐上有人,视之石山也,意欲索钱,谢以无有。子云来,亦云极窘。倬夫约同还云湖,久待不行。胡凤藻孝廉来扳谈,见其眉宇,以为武弁,问萧某乃知之。云施补华死矣。午后倬夫无行意,乃独舁出南门,取瓦亭道至姜畲,饮许甥大八家,家人均出谢,设席中堂。张打铁、铁夹及许生妻兄作陪,日夕乃行。至败仙桥已昏黑,从微月中行,循山还山庄,未饭而寝,半夜不寐。

九日　晴凉

戴弯二族女久欲来嬉,遣舁迎之,并遣迎箴妇及乾元二妇来乡,以重祠事。料理厨馔,舂米,备柴炭,拮据纷纭,殊未易集。写方名。张正阳、石灰窑冯甲、王明山子均来相闻。桂六子华二来,请莅分关,辞以不往。

十日　丁未,秋分。晴

华二还,言石山不至。朱倬夫来,要过故宅。王提督二子设食,并招周荫云来陪,看房间仍前狭小,提督朴贫可风也。其父继妻出见。倬夫盛称此事为孝养,云卒得其力,以支拄大宅。盖乡间与城中风气殊绝,各有市野士农之分。饭罢,还已暮,城中人始回,三妇犹未至。明晨当祭,兼有诸客,无人助办,乃请王一鼓刀,余自主调和。又无炉炭,纷纭半夜。

十一日　晴

晨起办具,邻里来贺,送礼皆辞却。祭品卅五,未午俱馔。许生、乾元美二子、开枝继妻、姜佃新妇俱来,诸女祭半山祠礼毕。倬夫亦至。日夕余乃得食，食亦不恶，饮酒半醉。倬夫去，女客散，斗牌至夜分。

十二日 晴阴

滋从蒧妇去，遣熊妪送之，始得安帖。大睡两时许，寂静无人。王振生来。云峰二周及赵生暮来。讲经。

十三日 阴。时有小雨

始钞《论语》，写方名，点《辽史》传，补赞。借钱开节帐。夕，衡州夫力还，三女遣小婢还，供母役，并送鸭蕨。得晴生书。

十四日 晴

写方名，倍书、钞书，点史。六弟来。开节帐，借乾元卅千应之，得半还耳。莲归，致程郎复书。夜半滋女轿夫还。

十五日 晴。中秋节

点书一卷，未写方名。看小女斗牌，云峰周田来约看月，便请午饭，留其同饭，先去。待夜，儿女拜节后，月上，乃携懿、纨、复、真同上云峰。三女先还，懿留，吃茶酒枣鸡，甚美，不似乡厨。坐客有李姓军官，左督旧材官也。月将午，乃归。

十六日 晴热

倍书，点史，写方名。钞《论语》，理谱稿。戴弯族妇来。

十七日 大风不凉

四女均往开枝家。懿独侍读，日课竭蹶，几不如额，为钞赞费力耳，亦缘起较迟。周、田生夜来。

十八日 晴

开枝来议放砖事，过重久则土心不澈，须及此秋旸也。桂早花枯，灌之。遣莲送小鬟去。日课如额，夜录谱齿序。

十九日 晴

日课如额。《史赞》甚费日力，每曰点一二卷而已，以文少，亦已半毕也。夜过开枝,小儿女并从,然炬乃得还。周、田生复来。夜梦与曾、徐、李申夫谈,清言娓娓,甚可乐也。

廿日　大风,颇凉

日课如额。正欲他作,八十画师刘力堂来,名光锷,王君孺为作生传,可谓荒唐也。出画求题,并赠余《四蟹图》。尚能行五六里,昨跌不损,今日复能访友,矍铄哉!

玉岑妻来,送谱稿,兼欲送神主。汉人多事,家家立主,流弊害人,虽不甚剧,殊可厌也,惜不得童佛庵来盗取之。复女始读《论语》。

廿一日　晴

日课如额。绂子妇来,致镇江书,与书谕之,留饭去。张子持来,谈考试事。四兄来。夜起看月星,摇摇欲堕,碧光县若可摘,奇景也。

廿二日　晴

玉岑妻去,开枝弟及映梅父来,言"叫鸡"讼事,亦譬谕令去。日课未毕。木匠昨来铺仓版。

廿三日　晴,颇凉

日课如额,但《论语》一叶未补耳。《辽史赞》欲毕功矣,少则易成,铢寸积之,便不嫌烦琐也。茙过开枝家,诸女暂去,仍还。

廿四日　晴

纳租佃户来五人,每人半斤猪肉待之。日课如额。始作《五代史赞》。刘力堂复来,问独行、笃行之分。张子持来,取志书一册去。

廿五日　壬戌,寒露。始分芍药,移牡丹。晴

日课如额。钞《辽赞》毕,作《梁赞》。欲点句,恐费日力,但浏览而已,以前已评点也。茙夕还。

廿六日 晴

日课如额。莲来，致子瑞书，送冬笋。周荫云钞《禹贡》毕来，请点勘，无所疑问，盖尚未了然也。家中绝油一日矣，以糜费，故裁之，亦又无钱也。包工作砖，佣者毕集。木匠去。

廿七日 晴，渐热

莲去。日课如额。石坤二族孙来，名新字国桢，名弼字振湘。云烧去庄屋，来勘灾也。播子来。姜石来，问比期，一不应之。周翼云来。

廿八日 晴热

晨昏异候，晨绵夕禅也。日课早毕。张子持来，执贽，辞谢不敏。日课仅完。

廿九日 晴

开枝来看砖。播子去。日课毕，出游。还看《五代书》，颇有典故，但似小说耳。

晦日 阴，欲雨

日课如额。茂修来，欲诉讼事，不能开口，乃偷谷菜而去。

九　月

戊辰朔 阴，欲雨

土工惶遽。余云恃吾福力，必不狼狈也。然阴云甚浓，殆将不济。看《五代书》作赞，每日七八卷，甚费排比，方知隋前书有条例。日课毕尚早，步答谭团总。至昂角塘故宅，仅馀三椽，云九栋皆倒。又云九塘七湾十三坝，皆王家庄业，今存者稀矣。从大路还，皆平原旷宇，犹有气势。

二日 阴，俄晴

朝食后云峰书生更邀三客来相访，留谈半日。日课如额。莲来,致衡书。假得千金,以百金还宾兴堂,如鱼得水,有玄德入蜀之喜也。

三日　阴

日课如额。料理工匠营造事,遣散乡佣。看周钞《禹贡》,改张文。田生来,执贽。夕携三女至戴湾。

四日　晴

未钞书,亦未看史,以将入城也。儿女检书,亦未倍书,但改文写方名。得俊臣书。

五日　晴

晨遣茙乘舁出县待船,至午后方遣儿女上船,独留久之。唤少三来,交屋,登舟过晡矣。遇张生立谈,至南柏塘大风,舣舟登岸,复遇周生送饼。夕过姜畬,属迪子纳粮,还店帐,给工价。夜半至县城,正四更,未能登岸。

六日　晴

黎明入城,茙犹在蕵家,诸女并往。余至宾兴堂取钱,换船,往石珊寓,同登舟,待至午前始开。逆风行久之,夕始过昭山,夜行少泊,云至枯石望矣,顷之复行。

七日　晴

旦泊草潮门,入城。未检囊橐,与循已至,工力纷扰。觅床不得,夜乃支版为榻,不暇他事。

八日　晴

孺人生日,儿女贺祝,女客亦有至者。朝食后至筠仙处还银。李佐周来,少坐去。作《史赞》。

九日　晴

始复课读,竟日矻矻。筠仙来。与循小疾。作《史赞》,写方名毕,已夕矣。

十日 晴

丁丑,霜降。与书裴月岑:"樾岑仁兄先生道席:去岁奉复书,与少荃同读,共叹情文。未几即闻传说不如意事,并言从者勤劳,意兴索寞,见僚属辄默无言。窃意得道甚深,内外交养,朝命夕冰,必非善测。旋由闽藩寄达一言,及敝县《志》一部,还信云旌节已迈。昨见恩旨,知许还乡,幸甚幸甚,遂初可喜也。淮上秋清,时物尤美,山梁水簖,或犯清斋,霜笋雾菌,必多文宴,亲戚情话,何减朋友之乐耶!闿运今岁小筑山庄,幸可容膝。检点书籍,粗皆卒业。明岁六十,便可佚休。惟山妻病困,惧将先我;幼子蠢劣,非复芝兰。然四美难并,少安已足,幸此生差无负也。湖南清绝,公所不忘,若命驾来湘,当送君还里。手此奉候,补寄《志》书。"

何竹孙来,言闽事。蔡家专人来,言棣生病危,促其兄还,匆匆即发。夜携诸小女过浩园,坐月下,笠僧还,要入啜茗。今午步过桐石园,访邓翼之。彭石如来。

十一日 晴

作书致景韩,因令吕生拟陈太翁墓志。日课如额。钞《史赞》。索三《笺》,于王逸梧,亦为芸敏索之甚急也。

十二日 晴

作书复芸敏,干寿衡、舫仙,改陈志,写方名。孺人疾发,独居房中,甚冷落。遣儿女往侍,皆烂漫睡去。功儿上湘,次妇告归省,无人可使,乃自往伴焉,终夜不寐。

十三日 晴

晚桂满城,香不见花,亦秋景之佳者。王生引颜钧来。吕生续来。寄各书。翼之来。彭桐生来。陈伯桃来,送新诗。午赴文卿,陪杨、刘两公子,兼招楚瑛,至夕乃散。过何二少耶处,已不能入矣。夜月极明,心绪未快,早眠。今日停课一日,接对宾客,惟写方名五十,不可断耳。

十四日　晴

翼之来。日课如额。《晋书》列传尤猥杂,为编次之,未有次第,夜欲为定之。孺人不食三日矣,病甚苦,心神不安,因辍不作。夜未解衣,凡五六起。三更后西门火,登楼望之。

十五日

未明起,问梦缇,为煎药,令代水饮。出贺黄母生辰即还。吕月峰来,久聒而去,饭至不得食,甚无奈何。吕生言梦缇病欲减矣,神气果清。日课稍密。

十六日　晴

妻病实未愈,端坐忧之。陈伯严来,强一出,则文擅湖、胡子威、彭石如相继来。日旰,客未去,避入写方名,看《五代书》,不复能细心矣。吕生往鄂去。夜钞《论语》。

十七日　晴

日课聊点缀而已。作刘希陶书,还银十二斤。又复子瑞书。功儿还。至李佐周处,遇萧文昭。感寒不惺惺,夜睡颇早。微雨。

十八日　晴

日课不如额,以《史赞》无头绪。笠、道二僧来,同至张璧翁处。还刘银,独至但馆,还银无人收领,乃先还黄郎百金,步还。夕过王、颜寓,谈蜀事。

十九日　晴

日课始如额。凡烦琐文字,迟而理之,自有条绪,但未取欧史校余所排比有同者否。独坐堂前,罗顺循偕陈伯严来,言迎医事。出答访左楚瑛、刘人鉴、彭石如、陈伯桃、吕前县。访镜初、胡子威、李幼梅,还尚早。次妇还。至局祠看戏,入僧舍茗话。

廿日 晴

曾祖及先妣生辰,设荐毕,馂汤饼。幼梅来,求作其母圹铭。日课讫。妻喘颇甚,游以写忧,访雨珊不遇,过伯严小坐而还。滋还省疾。

廿一日 晴,燥甚

终日面食。日课早毕。妻病未加,夜间心始宽。妻家使来,云妻父病亟,又增懊恼。余生平无伐檀绝粮之事,唯以人病厄死丧为我祸罚。每闻一人病,如捕役、欠户之逢比受杖,如是者亦数十比期矣,觉刀锯不足畏也。

廿二日

晓未起,舆儿来,云母请余往。入室则无言,心知别矣,无可奈何。日间未变证,犹以为可延数日。日课虽草草,仍如常程。夕稍寐,觉不安,舆至,云病革矣。往视已绝,儿女痛哭,余不能哭,干憾而已,然比期从此断,终夜皇绕以报之。元微之所云唯将开眼报未展眉也。一时不知计所出,请彭鼎三来问之。黄氏婿来。

廿三日 晴

遣赴亲友,沐棺办敛具,皆功儿自主之。颜伯琴、王镜芙、瞿海渔、张雨珊、胡子夷、子政、彭石如、鼎三、李幼梅、郭多孙、陈伯桃、伯严、罗顺循、肫甫、李佐周、胡子勋、子威、黄望之、朱秬泉、黄婿、杨绍六并来吊。郭见郎、陈定生、瞿石嗣来。周郢生兄弟、吴少阶来。海渔、子夷、健安、石如、黄郎均待大敛盖棺后乃去,散已夜半矣。

廿四日 晴

治服扫堂。郭少大来。筠仙、逸梧、李辅翼来吊。湘孙回,隽五送之,兼来吊。

廿五日　　壬辰,立冬

成服。吊客别记,助奠者海渔、畯五、顺循、伯严、陈伯桃。申正夕奠毕,送客,阖门,各就丧次成服,时汗如浆,但衣夹耳。

廿六日　　晴,愈煊

稍理书楼,坐楼上。何伯元特来吊。

廿七日　　晴。南风极煊,但可夹衣

遣赴三女及辛眉、程郎。作《史赞》。夜雨。莲去。

廿八日　　雨,稍凉

写方名,作《史赞》。大风吹楼,岌岌摇动。

廿九日　　晴,始寒

写方名,作《史赞》,检欧记勘之,但觉榛芜满目,史才信不易。如我所定,甚有头绪,未费一月功也。

考朔奠仪,未言朝夕。盖朝奠不待言,《记》云"不馈下室",是废一馈耳,非竟日不馈也。

十　月

丁酉朔　　晴

作《史赞》。设朝奠。周笠西特来吊。写方名,看课卷十本。

二日　　晴

《五代史》阅毕。竟日钩考,随阅随作赞,未遑他事,至夜毕工。自己巳起,至今廿二年,而孺人不及见矣。沉思专力时,仿佛闻謦咳者,固由新丧,亦精神散漫,老态使然。夜暇无事,看课卷十馀本。

三日　　晴

日课久停,当专看课卷,心忽忽不乐,困眠久之。见郎来,闲谈,

去后始稍伏案，看卷廿馀本，写方名，已夜矣。元寿二子来，欲混吃也，斥之去。

四日 晴

看课卷，写方名，与书问与循丧事，遣戴名去。李幼梅来上香，陈总兵亦来。

五日 晴热

写方名，看课卷毕。张正旸来吊。衡州信来，送彭行状，及谭、郭书。正旸夕去。

六日 晴热

定等第，写方名。郭巡捕来吊。滋女还，应七夕奠后去。夜有雨，至曙复雨。

七日 晴热

文卿、萧叔衡、曹东瀛来吊。

戴明还，云蔡家正治丧，十一日迁殡。当往赴之，办祭轴，作挽联："善门积庆更恢闳，文雄一世，子掇高科，纵蕲黄赞画不论功，共识奇才甘坐老；孤女终身劳闵育，满望六旬，归娱八帙，奈霜露惨凄遭命至，独扶残喘溯寒风。"可谓熙伯造哀，哀之至也。送课卷去。写方名。

八日 晴

将上湘，待奠物未具，留一日。写方名。夜微行出，看杨宅丧具，即遇陈德生，尚未知余有丧，背殡外出，必当彰露，可畏也。行还胫痛，盖拘坐半月馀矣。

九日 晴

但少邨来，以门不容舁，谢未见。发行李。舁还但百金，晡后登舟，忽焉已夕。舟人有待不开，闷卧仓中，半夜始发。旋复舣舟，微雨。晨至城,晤朱卓夫,雨少止。念呼船不能到,舁至姜畲,出七里铺,误行新桥路,久之舁夫乃悟,急还大道,至新店夕矣。步度岭,泥滑甚,从石井铺请人引路,笼镫,取山径至庄。步行彳亍,至门月明,待锁开而入,铺被即寝。

十日　晴,甚煊

晨兴,顾工分赴姜畲,及留家炊养。匠人复来,纷纭久之。乃仍原夫取南北塘道至姜畲。迪庭买山地改葬其曾祖母,以二丈五尺与之。饭罢,行至石塘,见杨家门庭修整,畦菜青葱,无武家习气。

又八里至蔡家,入门临丧,不闻哭声。小坐唁问,复临棣生之柩,小儿推排相撩,夕奠时稍一惩之。夜觅宿处不得,丧事总总,亦太总总矣。设奠外舅,凄然有感。

十一日　丁未,小雪。晴

晨待遣奠,闻哭声,则已将载,止门外久之。客饭四辈,凡八十馀桌乃毕。午初行步执绋,绕冈原行十馀里乃至殡所,去本屋数十步耳。白衣送者数十人,皆徒行,甚惫,非宜也。辞殡还,庄中遣迎已至,饥甚促食。食毕,飞行,佣工张六甚勇,卅里不稍息。乘月还山,食粥毕,遂寝。

十二日　晴煊

命张六、寿子拚扫堂室,栽海棠窗前。木匠来,议起门楼。冯甲、周翼云来,借《书经》去。姜畲葛生来,不通姓氏,余以为周主也,问久之乃知为葛,云有诗卷相质。城担不归,待久之。杂人皆散,月明如昼,不胜相思。闭门寝不寐,俄稍朦胧,闻叩门声,周六还,检书未失,乃得安眠。

十三日　晨微雨,已而大晴

丧逾廿一日矣,始濯足易垢衣。遣人还家,作书毕,乃朝食。写方名，木匠复来包工。周荫云来谈。夜雨糊窗。闻曾九帅死，今年收拾红顶不少。

十四日 晴

写方名，始作谱稿。田生及周来，送陈梅根诗。陈以诗名久矣，乃未成句，今来就正。欲实语之则不可，欲虚奖之又不安，未敢看也。

小雪犹衣夹，深山复挂单。月如春夜暖，镫避晓光残。人静空声涌，魂孤远梦难。不眠虚闭户，万一鬼相看。

但讶冬晴久，谁知岁暮催。无家虚鹊语，有梦扰蚊雷。独月应劳转，罗帷已厌开。邻鸡不肯唤，长夜恨难裁。

十五日 晴煊

乔生来。开楼门室窗，写方名，作谱稿一叶。夜月极明，醒不成寐。

十六日 晴，愈煊

写方名。张子持来。三妇遣人来，请示与其长子议昏，还书许其自定。吴儿还，云功儿出城看地，夜未归庐。家中无人照料，甚非宜也，当还守殡。

十七日 阴，犹未冷

写方名。迪子来，送地价五十金，除帐外存六金，虽精于算，我犹获利也，留饭去。同往树山看地，兼望行人，置银地上，无过拾者。天阴似暮。小睡起，殊不夕，褱回久之。夜撰谱稿，自此日课有恒。二更后雨，精神渐爽，谱成六叶，叶可千言，眉目清晰。

又看陈梅根诗，亦颇经营，宜其自负。不遇师友，枉抛心力，作评语喻之："韩门诸子，郊、岛、仝、贺各极才思，尽诗之变，然罕能兼之。宋人虽跅弛如苏、黄，颓放如杨、陆，未有能泥沙俱下者。前唯李东川之歌行，陆士衡之五言，足当此四字，而格调迥超，不露筋骨。

元遗山本筠碧小品,拟韩、孟劲弓,始复纷糅,自谓变化,犹亦谨守绳尺,微作狡狯而已。大作才气雄浑,词藻奇崛,殆欲熔金入冶,抟土成人,但格律难纯,位置无定。又七言长篇一韵到底者,可以纵横,转韵成章者,必须回婉,一阴一阳,忽离忽合之境,可以神会,难以迹求。集中时有驳杂之处,亦为大家二字所误。观其下笔,前无古人;逮其落纸,颇惊俗目。故取径高奥,实不离乎本朝。由其遗貌取神,不知神必附貌。自明以来,优孟衣冠之诮,流谬三百年,下至袁、蒋、黄、赵而极矣。究之诸家,亦复自成一色,非浪得名者。彼诗不可学,则非叔敖;彼诗若成家,仍招优孟。立说自穷,欺人自欺,达者宜早鉴之。特彼以畏难而苟安,此以求高而更失,所谓过犹不及也。"夜大风,搅眠。

十八日　阴雨竟日

写方名百字,作谱稿。借米炭,三子为致之。大风未息。

十九日　阴,风止雨霁,复见微阳

写方名,作谱稿。市羊城中。周荫云来。

廿日　阴,仍煊,但可绵耳

方名欲尽,日课须改,加誊谱稿一叶。石珊及华一桂八弟之子也来。写方名,仍五十,止五日已补足矣。再待一日,或当自下。田生送火脯羊肩。城羊瘦不可得,乃知博士之廉,故不可及。

廿一日　阴,晨见日,暮雨连夜

方名纸尽,仅得廿七字。理谱稿二叶。夜煊,半夜雨。

廿二日　雨竟日

灶火不然,至午始食。莲弟还,云尚未到家。周、田来。钞谱稿一叶,谱纸亦尽,暂停夜课。看葛生斯砥诗一卷。

廿三日　阴

遣莲还家,令吴儿往姜畲,觅炭二石。独居多卧,寒日甚长。晚得纸,钞谱一叶。夜雨。

廿四日 雨竟日

钞谱稿一叶。炭发不然,至午犹不得炊。族子代顺来,待饭两时许,乃吃四碗而去,朴农也。钞谱稿又一叶,犹未作夜课,知山中日甚长,竟日一饭亦不饥也,又知山中食甚省。

廿五日 雨

晨起磨墨,钞谱稿一叶。周生来,借《书大传》,问《书》义数条,午后去。复钞谱一叶。寒风细雨,颇有雪意,将夕小寒,夜复煊,蚊飞往来,犹似初夏也。

夜梦至一处,若云普陀,巉岩累积,视之非石,似多年石灰和泥沙积磊者。又似有苔痕,无径可上。心愿登焉,则坐而腾上,每腾辄坐,如此者十数顿。回视右畔天空,如浓云夕照,金光红蒙无所见,已绝顶矣。复当下岩,则有两白光夹太阳穴提余下,每下辄飞光夹焉,如此者亦十数。至一洞门,光止门外,照门内如白日。门前一池,内洞龃龉,若供案,若墙壁,立石参差,内云佛坐也。池水浊秽,余悲敬跪门外,祷曰:“若菩萨慈悲,水当澄清。”久之风吹水,以为有神变矣,已而仍垢滋,但稍开耳。仰视,见若梁上悬珠彩,上网络,下流苏,长可五六尺,高三四尺,珊瑚珠结成,亦古不华。须臾白光飞动,心知当还。去,复见楣上三四匾,左匾堆珠成字,笔画如凤尾,凡四字,惟第一“璀”字可识,馀皆珠字,文皆如凤尾。未及审视,复有神光往来,匾字移动,皆“世”字也,或真或篆,或八分,悉金书,尽“世”字,无他文。愉悦而寤,起而记之。

廿六日 阴,午见日

钞谱稿。竟日无人至,惟石灰客夕来。山中未携历日,似闻今日大雪节也。

廿七日　晴,颇有霜意

钞谱稿一叶。过戴湾看石珊,将梳发,无栉工,仍还。前后二甲总来,留饭去。钞谱稿一叶,计日二叶,尚少三叶。

廿八日　大晴

尽补日钞,复得二叶,明日便有赢矣。挑砖五人来饭,遂尽半月之粮。朱通公子孙来,送南瓜。石珊来,留饭,至夕乃得食,把火俱去。夜看杜诗,张元素本也,廿年前犹豪士,数年便成乞儿,今死久矣。

夜睡半觉,忽闻推门声,心讶偷儿如许胆大,明烛不寐,意颇皇皇。既而思之,重门击柝,为民守也,若闯入己室,但当谈笑处之,无格斗之礼。遂坦然安寝。

廿九日　晴,复煊

木匠、砖工并集。呼葆初族孙来,欲令执炊,俄顷逃去。张子持来。钞谱稿四叶。

晦日　晴

竟日钞谱稿成,无意毕此一公事,殊快意也。天似欲雪,复有归思。石珊来。夜雨。

十一月

丁卯朔　雨

检谱,作《耆寿表》。张六还,得功儿书,欲以二三十万钱买地,可谓愚也。思谕止之,则嫌省费,不言又非义方,踌躇久之。人方为刀俎,我为鱼肉,而踊跃奋迅,庖丁必以为不祥之肉。妻也,视余夫也,余不得视犹妾也,非我也夫。

又闻岘庄督两江，夜便盘算两江大政，未之野而攘臂，余定非有学养之人。通宵不寐。

二日 阴

遣吴童还，张六送之。石珊来告去，饭后并发。独坐守屋，灶煤火盛，烧饭箅几炎上矣。料理久之。洒足浣衣。检耆年七十以上者并表之，分七、八、九三等，未便观览，仍当改作。颇倦欲眠，明长、张佣来叩门，搅我不得寐。子持送豚蹄鸡鱼。

三日 雨

写方名。周荫云来，讲书，送冬笋，留飧去。检谱，作《葬地表》。迪庭送豚蹄，烹之，竟夜。

四日 晴，稍寒

写方名，兼补十三日停课所欠，得七十字。作《葬地表》。

五日 晴，大雾

遣送豚蹄与开枝。周荫云来，送《经解》，为改定之。写方名。作《葬地表》。夜阴。

六日 阴晴

写方名，作《葬地表》，改张文，复改周《解》，说"达大家"、"达王"，较胜前说，知心思多蔽，不自觉也。不问则不达，未讲学之故。甲总来，搅扰竟日。

七日 阴

昨思值先孺人忌，在丧，当废祭，不可废忌，忌虽远，犹重新丧，既皆素食，仍存其意，饬厨人疏水而已。写方名，作《葬表》成，但当画格写之。夜雨。

八日 雨

写方名，钞《葬表》，精雅绝伦，前无作者。昨夜不寐，今夜安寝，不觉至晓。

九日　雨竟日

写《方名》。王七篾来,族弟也,石牛坝房三十九叔之子,名世德,字廷秀,云父子合致百千,可以赡家。有四子,无一亩。午饭将去,大满来,少三亦来结帐,竟日未暇。理谱稿,夜乃钞集。

十日　阴

大满复来,云还姜畲。满绅来,言樵采事,与迪庭断断,云当自往争之。留饭去。写方名,钞墓表。

十一日　丁丑,冬至。晴

始开侧室二窗,揭瓦重盖。钞墓表。张佣荐轿工田四,急欲余试之,闻当往祠堂,因请即行,迟久之,未欲往。午日甚皎,强行十馀里,至史家坳,中过瓦下塘,有美樟,余族故物也。又七八里,过炭托、白洋塘,逢一小儿导行。至祠,大满先在,茂修从之。

办饭毕,清绝房神主,寥寥不及百坐,男左女右,分五层,尚不甚淆杂。无所得,惟得六十六族父兄弟二主及心茂家主,适逢故人,亦异事也。谱中改名甚多,今乃知改名不知故名矣,习非成是,亦可叹也。夕无天光,闭龛暂息。三裁父子及伍铺诸孙来,夜月甚明,欲出而阴,三更后大风。

十二日　晨阴朝雨

左龛主已毕,开无所得,遂复藏之,惟于粉面书记名字,略扫尘土而已。舁夫饭罢遂行,误登一山,上下甚劳。微雨如尘,小松满坡,山色苍茫,亦有景物。久之乃得故道,则已过白洋塘矣。午后至庄,仍无人至,大雨随之,夕食后遂夜。匠工俱去,闭门独居,写方名八十三字。大风撼窗,俄而雨霰,开门视之,月出照地,有影,林木如画。

十三日　大晴

待匠作书架,留一日。夜月微寒,写方名,作谱稿。登楼清书,汗出透衣，顷之复冷，天气失常如此。三更后工毕乃睡。

十四日 晴

朝食后匆匆下县，案上笔墨多未及检，至乾元小坐，殊无章程。至城寻迪庭，亦不至。与朱倬夫、吴劭之谈，还石珊钱十千，倬夫坐至鸡鸣乃散。镫息暗谈，亦殊不觉，可谓坦率者。

十五日 晴，阴雨相杂，夕见虹，俄屈为霓

晨兴时遽行，舁夫足痛，未遑恤也。既至弯桥，乃觉焉。呼夫力，索钱三百，又吝不顾，至兴隆桥甚惫，强进至樟树岭，实不能前。余又无鞋，一步一纳履，乃易草屦，渡诞登，雨至。复舁至大托铺，唤一人，八钱一里，舁至黑石。将舍猴岭，店恶不可入，又草鞋步进。天色尚早，遂欲赶城，未至社坛，昏黑矣。出雩坛，迷道，复还，行至灵官渡，乃觉焉。已暗，又雨，携木匠踉跄入，舁夫落后，时初更，犹未关城，不图此生复见升平夜景也。至萃和轩吃面，亦四十年未入此地矣。还雨，到家视殡，未食而睡。

十六日 晴，南风大热，地润如春

写方名，钞墓表。吕生来谈。徐巡捕来送脩金。将夕，冻雨如伏日，夜反风，有雨。

十七日 稍寒，阴雨

方名写毕。

十八日 晴

出城看地，小坡杂树，颇有幽致，而右脚三坟可憎，踏草遂还。筠仙送彭志稿来。

十九日 雨

始定遣赴。郭巡捕来。郭见安来，看郭志，报伯寅之丧，侍从遂无好事之人，可慨惜也。乡中无人料理，遣招熊妪往，三辞三召，乃

定同去,张木匠送之。

廿日　阴

欲往县市觅钱,亦附熊、张以往。日夕登舟,船人以南风不发,与熊谈半夜。船人亦不安寝,唯张鼾睡耳。

廿一日

北风帆行,未午至县,船人绐余登岸,则十三总马头也。正旁皇间,见一云湖船,亟移登之。舣一日,夜不发,细雨廉纤,一步不可行。木匠辞去,夜睡始甜,数月未得此,差偿辛勤也。

廿二日　雨

乡市均不可到,再出为难,因舍舟呼轿至城。寓宾兴堂,待赴人,云尚未至,与朱倬夫谈。熊、张自还山庄去。

廿三日　雨竟日

呼舁往看杨梅生,方有新讼者,意气消沮。与张雨珊同饭,饥不择食,至夕与倬夫同还。

廿四日　阴

陈伯桃来。赴人至,云昨夜始发,又可异也,遣还乡。雨珊来。至佶子家,其长子欲下省会葬,令约石珊同行。少湖二胡之妻,自称六妇,诉其家事,堂屋梳头,诚无规矩,然任其梳头,则亦不可,谕训之,许与以钱。至夜赴人始还,云韦者已半去矣。不可再迟,因令石珊呼船。至二更后登舟,则又要一客,及佶妇遣工送儿与我、仆,共六人。蜷局盈尺之地,高不及肩,信为受苦,视云湖舟宿有苦乐之别。竟夜未尝解衣。船人迷道,行一夜仅三十里。

廿五日　大风,晴阴

船人不能船,往来游荡,一日仅达小西门,入城已暮鼓矣。迪子、镇孙来吊,束装欲去,稍留,昏黑,急令出城。今日辛卯,小寒。

廿六日 晴

营地已定，请石珊城外督工，功儿索钱甚急，无以应也。黄亲家来设奠。

廿七日 晴，晨雾

许生铭鼎特来吊，不饭而去。吕生来奠，举声而哀，余为再涕。

定虞祭礼。考葬服免、散、麻，吊服弁、绖，则朝夕哭，宾不绖也。三虞卒哭，去麻服葛，受八升之冠，故三虞皆免，以示易冠有渐，“由文矣哉，由文矣哉”。夜不寐，思《檀弓》言“卒哭，吉祭而祔”，又“沐浴”，宜别有祔礼一篇，今亡矣，当拟补之。士大夫无主，盖卜二尸，与祫礼同。

廿八日 晴

未明起，待吊客。郭、瞿来赞事，陈程初来，留支宾。午后乃稍稍有人来，凡五十馀辈，盐道绍石庵门外降舁，辞之不止。熊鹤翁九十，犹固欲拜，跪辞，扶止之。竟日不能饭，夕犹有客至，夜乃得饭。

廿九日 晴

得此二日，丧事办矣，今日余生辰，家人不哭。吊客来者九辈，则哭以待之。功儿出城去，夜设祖奠，族弟族、孙俱设奠。张生来赞礼。

十二月

丙申朔 阴

吕、张具遣奠仪，久不行事。功儿来，促之，甚哉其无礼也，略责数之，而无悛容。此子下愚，不可悟，渐染俗习，已入骨髓，然而不能显达，则所谓“耕也，馁在其中”者乎？欲不送丧，义又不可，强行至城门,送客仅五人,亦见功儿之无知友也。周六衡在茔主葬,苏四佐之,余径还城。微雨蒙蒙,夜有雨声。

二日　丁酉。阴雨

今日鸡鸣下窆。郊外无止宿处,未能亲事,亦功儿为之也。凡拘忌时日,必须烦费,迫促期会,则不能成事,此又阴阳家所不知。盖无意陷人,而自使人陷,九流皆有此敝也。吕生来,定虞礼。功儿过午乃还。张生执礼,中多脱节,题桑主代尸,安之东堂。功儿复出城去,张生、雅南均还湘去。

三日　阴,微雨

出城视窆,舆儿跣从,后至,还接之,遂入城。周鲁衡夕乃还。家中有客,无人主持,殊不成事,强坐至二更后,索物事俱不得。醇王称本生皇考,其妃入宫称太后。

四日　己亥

再虞,自定其仪,请见安来执礼。见安嫌主人拜太多,以为妻不可拜也。六十年辛苦,得九拜而犹靳之,宋学之流传如此。雨淅淅竟日,夜见星。

五日　庚子。晴

三虞用今馔,合祭礼也,兼谢赞宾,朱、吕、郭、瞿先后至,胡、彭均以疾不到,日侧行事,夜初更散。

六日　晴

吕率诸子出城埋重,余出谢客。从西度南,还从东向北,入者十馀家,仆仆于行,实不过行二十里耳。夜早眠。

七日　晴,晨寒午热

送黎尔民、何性泉吊仪,复刘希陶、邓弥之兄弟唁赙。出谢馀客。答访江督刘岘庄,廿馀年未见,卅馀年相知,昨道逢未谛。今日审之,清贵人也,不似没字碑,亦不似老儒官,较之坐客有灵蠢之别。夜热而忽然有雪。

八日 阴煊

将回乡居。李佐周来,杨福生继至,来取《志》版,未知谁所使也,亦未知何以先不取而今复取。已唤船,将自携往,又不知其何因,遂待其自运。只身将往,风色不顺,怯于舟宿,姑留一日。夕过筠仙不遇。昨于刘舟见一少年,云家岳传须请我作,送史馆,岳母意也。未知谁婿,今问戴明,乃知是劼刚女夫吴生。

九日 晴

晨出朝宗门,得一小船,甚整洁,携戴童以行。北风顺利,未昏至县,船人不辨城门,告之不信,皇皇岸前,负余而登。至宾兴堂,倬夫今日生辰回家,惟萧某在。晚饭,换省票于土栈,每千扣卅四,五十千亦须去银一两,故知在省换银,无甚利也。夜早眠。

十日 雨,有雪

唤异夫出谢客,还饭于堂,复出城谢客,俱未入,出街已正午矣。异夫老,怯行,余急欲到,两俱皇皇,情景可笑。至姜畲许乾元处,增一夫力,便觉从容。云开风息,家山在望,又甚乐也。至庄,亦洁饬胜常时,旧犬入衣,不胜欢跃,并接鹅还,待买酒肉,至静钟过,乃饭。

十一日 晴

异夫去,买菜姜畲,独坐写书,待之至夜分乃还。今日丙午,大寒。甚煊。

十二日 阴

桂子来,云迎石珊未能至,其父病甚,欲假钱待用,以店帐一款二万一千与之,并躬往视。开枝病深矣,犹未易绝,今乃知死不易也。凡暴卒者皆或夺之,惟虚损者为尽其命,若老而无病则为仙也。

留饭,未忍扰之,步还,颇饥。终日食残剩羹饭,然有本味,不嫌陈腐也。夜月窗虚。

十三日　雨

蒙蒙淅淅至夜,成春雨声。写文二叶。欲补祔礼,尚未坐尽,姑徐之。田生来。

士祔于大夫,则易牲。士虞祔皆特豕,大夫虞祔乃异牲。士不祔大夫,今得附者,是宗子之礼,或特异其礼,褒进之也。故得用少牢从大夫。凡云易牲者,皆大夫礼。妾无。妾祖姑者,易牲而祔于女君可也。易牲亦得如女君,升一等也,此谓大夫之妾。其妻云云则不易牲。不易牲,不摄盛也。夫已非大夫,故用士礼,以大夫牲得用少牢,亦不得用太牢也。妻未命,故不得盛其礼。

十四日　晨雨至午

写衡阳序始毕,今年逋课也。登楼检《礼记》、《墨子》。陈梅根来,留谈诗,不暇,仅饭而去。周荫云来同食。午后晴,夜月,早眠。田四还。正甘寝至三更,桂子来报其父丧,遂不眠,待晓。

十五日　阴

晨待异夫不至,步看开枝,未小敛,方欲具食款客,因急还。翻《礼记》一过,补注数条。士祔大夫,唯宗子,而得易牲。易牲者,虞祔异牲之名,唯大夫有此。旧说皆误。张子持来,留饭去。乡中以食为先,余不胜其对食,知学堂帐房不可少。夕再过视开枝,待小敛,入凭之人多,不得近,遥望而已。请作挽联者纷纷。

十六日　雨竟日

重改彭志,亦未得佳。颇寒。张子持来,请作挽联,拟三幅,亦无佳者,令张自作之。

十七日　阴,风寒

作孺人墓志,比何莲舫贞烈夫人似差有可书。周荫云请写匾,子持来写对子。

十八日 阴

晨步至戴弯，奠开枝，尚未载，方食，遂还。朝食毕，闻炮声，复至大路，从柩至萧山。乡人颇多路奠者，放爆仗以过丧，其设酒者二处，皆拜谢之。雪师孙肥重不佻，近保家者。尚未开圹，又还。作志铭毕，似胜彭作。盖志铭宜于女妇，若大题小文，万难讨好。张六来。检《真西山集》，无所谓朱通公。

十九日

晨。赴开枝家为写主，因留食，用鱼翅席，其子繁华，不及父明矣。饭罢还，为周生题田匾，写二联："孝弟渊懿，温恭博敏；崇壮幽浚，晶白清方。""龙德而学，不至丁谷；香风有邻，庶同如兰。"作书复文心。周生复求书，又书一联。

觅舟未得，舂米得二石，至夕始竟。桂子来，言借钱事。石珊来，亦言借钱，不宿而去。许、周送豚羊。

廿日 晴

晨复觅船未得，乃定陆行。饭后过姜畬，答张生，其兄殷殷留坐，将杀鸡，乃辞出。过辅迪门少谈，至野鸡塘，访石子坤，爵一出，以为佣保，欲问其家主，闻其呼吉弟，乃悟焉。卅年不见，云曾于祠中一见，竟不忆也。其子曰振汉，又一子清狂不慧，俱未娶。云明年并为取妇。已而振湘还，至其私堂，其母出见，年始五十。呼其子妇出，云一大一小，并用子妇礼见，余未能辨也。爵子长余三岁，殷殷留宿，再出乃得去。至瓦亭，遇搢子同行。至黄龙巷，昏黑。强过雅南家，其妇及尺五妻出见，未入门，立谈三四语。暗行至城，朱、萧俱出，待久之始还。三更后睡。

廿一日 大风，欲雪

晨眠，闻呼者，忘身在何处，顷之乃悟。起行，风雨交加，至诞登,已过午,渡舟悉匿,唯划子送客,惮险,未敢行也。同舟六人,皆不能桨,逡巡并去。田四自云能榜,渡夫反云不能,余斥之,因数其通同卡索之罪。惧而开行,连失二篙,又折一桨,不能泊岸。风吹伞散,停舟中流,岸上二人大骂而至。移舟泊岸,迎一妇人及诸少年来,始溯流放渡,居然《水浒传》行径声口,抵岸夕矣。狂浪打舟,张六死灰色。不能复进,乃宿罗家逆旅。妇贤而未孝,田四又诃其姑,余亟止之。燎火烘衣,夫力杂至,以夕食为朝食,饭罢,又倚被坐至二更,雨雪打窗,主人云落雪块矣。田四寻话讲,与主人妇隔壁谈渡船事,至三更乃睡。

廿二日

晨起,雪止,可二寸耳,然得之足应冬景。道上几绝行人,行廿里始稍和暖,云开雪消,复晴矣。今年天时一晴一阴一雨周环相间,早知昨当雪,今当晴,明当阴,已中其二矣。过猴石时,恍惚尚在前,顷之已至金盆岭,遂见城阙,实五里,而居人言九里。入城到家,正午时,始朝食,殊不饱。夕食乃甘,米未发水故也。钞《老》叙一篇。诸女皆移楼居。得俊臣唁及程郎挽联。

廿三日　阴

天时竟可测知,则明日雨无疑也。课小女仞字,因令诸儿女复课。吕生来,论墓志不宜大题,彭志竟不若蔡志。精心结撰不及随意挥洒,灵滞所由分也。文卿来,有志军大,不嫌闽、甘,诚为上进。晡后雨雪,夜饯尸,写栗主。

廿四日　阴晴。昨夜严寒

考定祔礼,粗有眉目,吕生因留宿。余侵晓未能起,起又待妇女盥沐始行事,已过食时。功儿往墓霾桑主,吕坚欲往,终始赞事,可谓尽情礼者。竟日无所为,又改定"易牲"一说,以祔女君者为妾母。

夜更排次丧礼。有雨有雪。

廿五日 雨阴

家人晏起,余晨出以警之。过文卿不遇而还。重补丧礼仪节。陈程初陪吊,设酒谢之,兼要祭酒"怪鸟"陈伯严谈宴。

廿六日 雨

待夫力,至午始出,寻谷山石作墓志否,忆在朝阳巷,戴僮乃从西牌楼还出坡子街,舁夫困而无功。过筠仙,遇李舟,亦不得谈。急至鹤翁家,客毕集矣。打诗牌围棋,皆草草。鹤翁竟席不举箸,唯饮两三杯耳。年过九十,有由然也。同坐者陈、曾、三俞,俞恪士新从庶常馆还也。

廿七日 雨,晦

遣田四去。作《丧仪》初毕,付舆儿钞之。看筠仙条程,其意欲教人豫备,人无喻者,为题后数百言发明之。得雅南及王、沐两弟告帮书费三千二百文,皆遣之去。

廿八日 晦阴,始冻

得曾甥书。理子女课。吕生来送菜。夜寒,向火犹觉脚冷。

廿九日 阴,欲晴,昨夜有冰

见郎来太早,竟未能起,朝食具乃起延之。不受脩金,以功儿不分三节,近套礼也。当改送米油之类,方为不俗。

除日 阴晴

春山子来收年例,依例赠以二千,比之一饭千金,诚为多愧。筠仙来。夕奠,余未出,以在庙嫌见主而无礼,反致礼于妻主也。定丧礼未妥,姑已之。

光绪十七年(1891)辛卯

正　月

丙寅朔

晨起甚晏。阴晴、可步出。午至浩园,访二僧,旋还,默坐。杨子来,言沈臬擢藩,甚确。

二日　　晴阴

三儿晨出视墓,将夕乃还。钞旧文。吕生来谈。

三日　　晴阴

朝食后出南门,携真及湘孙、盈孙舁往先墓,则茔围新划一角,石阑并盗去。昨遣儿来看,竟不来,宜人之视如无主也。因思子仪父墓被发,但流涕自咎,少日懦之,今老矣,亦只有此法。寻道至新茔,可三里而近,石阑整洁,亡人独有福,又可感也。前以三鼎诒讥弟子,今妻妾墓并侈于祖茔,又时会偶然,但恨游子之不能常理松楸也。

还,先舁行,阻水,久待舁夫不至,还寻已远。从荒山行,丛冢迷望,反循大道,复西步数里,乃得小石径,店妇云舁待久矣。城门未掩,可过晡耳。至见郎、蓬海家,不得入。还颇倦,不及去年入城之远,而足欲弱矣。

四日　　大晴

彭鼎珊、瞿海虞、胡子晋均排门而入。杨商农便衣来,云汤子惠子娶镜初女，已成昏矣。子惠死久，孤子始昏，岁月又甚长。滋女遣人来，云欲归。遣房妪视之，还云其祖姑留之矣。吕生来，谈儿女上学。

五日 晴。两日并得繁霜，然未觉冷

许姓修墓，土工误划土，遣功儿往问之，久未去。余自步出，过熊鹤翁，云新年忽痛，为之怅悒。复过胡家，见子正，又至乐家巷，寻得钱唐许寓，一人久乃敢出，云正诗也，字则忘之，自云青渠弟子。言修墓事甚久，出遇功儿来，遂还。黄宅遣迎，云女婿闹至祖母房。余往，见其横蛮不可理喻，遂归。至夜滋还。

六日 晴

朱秬泉、郭见安、二许师来。步访筠仙不遇，至俞恪士、陈伯严处小坐。丽日甚和，寻西园荒圃，看左祠，无门可入。还过商农不遇。夜至吕生宅，步月还。

人日 晴

寻道僧，遇陈华甫，便至其家，询笏山踪迹。还钞《史记序》。杨都司来求差，荒唐人也。

八日 晨雨昼阴，颇寒

黄郎望之、彭孙来，朱耻江来，皆不可不见者。陈华甫、吕生来，谈半日。诸小女仞字亦费工夫，竟日无所作。夜雨。

九日 雨晴

理功课，竟日无客。钞书错误。看吕生《公羊疏》，精细墨守，佳作也，但恐未易成。说“子同生”极新确，余所未思，为点勘之。看功儿写字，不及前十年远矣，殊为可惜。夜阴无月。

十日 阴晴

过九一翁。午集诸少年围棋斗诗，并掷骰竟日，二更始散。

十一日　阴晴

督课竟日,稍有条理。吕生来谈经。

十二日　晴,东风甚壮

督课竟日,有落字,欲令舆补之,辞以不暇。异哉,吾儿无教乃至此,又不独黄郎无人理也。此等皆乱世填劫之人,以夭为幸!今日丁丑,雨水。蓬道人、常和尚来。

十三日　晴,大煊

得四老少书,便复一片,并告二瑚子以六嫂堂屋梳头之事。记淑姐小名,久之不识,已健忘矣。家事多不关白,大非前此规矩,舅没则姑老,今姑没舅亦老耶?可为鳏寡无告作一注脚。夜步市,看镫。月寂寥。

十四日　晴阴,仍煊

陈芳畹、胡杏江、吕生来,谈半日。夜风无月。

十五日　晴阴

纨女上墓,懿从之。书训黄郎,墨道也,然自是儒家文字集中上乘。吕生、陈伯严来。梁平江少木来,欲复五铢钱,以绝私铸,盖误以铢为分,非如寻常言复古者。夜无月。

十六日　雨阴

课读竟日。搢子来。茂钞诗将成一本,欲携原本去,检《国风》不得,云舆假与人矣。小儿不知宝其父书,既失《论语》,复欲亡此,固不如兑谷之为愈。镜初约来会,正拟还山,为留五日。

十七日　雨阴

课读如额。检楼上时艺文,尽斥下之。弱冠时甚恶此等物,而功儿少独好之,余犹能一举,儿乃不得一荐,笃好无厌,甚可哀也。出送陈郎,答梁令、陈尉,皆不遇。访镜初,亦未来。将访“浊流”,以当迂道,乃还。过王君豫。

十八日 阴

遣莲上湘治装,便从此往衡。芪《诗笺》尚欠十九叶,为卒成之。夜钞六叶,令补经文,月出方罢。

十九日 晴

王君豫来谈,罗顺循先来,张雨珊后至,君豫留饭乃去。夜钞《诗笺》十一叶,《大雅》写毕。夜阴。

廿日 雨

将上湘,复留一日。课读如额。夜雨床漏,唤芪起烛之。始雷。

廿一日

晨雨更甚,视帐后已湿,被薵将濡,乃卷置轿中。饭罢径行,雨幸不大,三十五里宿诞登,逆旅妇言善化差役拘渡夫,大扰四船。夜雷。

廿二日

晨雨甚密,待朝炊熟,犹未止,乃饭而行。酬逆半千,偿折桨二百,渡夫祗候甚恭。至樟树岭,雨大至,置轿雨中,衣尽湿。顷之少止,强行三十里,至宾兴堂,无一人主者。小坐,步三子家,乘明复还。初更,朱倬夫还,少谈即睡。

廿三日 雨细如尘,云阴甚重

既办雨笠,催促前行。闻舁夫言,瓦亭饭店日煮两石米,欲往尝焉。至则辞以无有,容色甚倨,信乎其有挟持,又非左右望者,乃饭于鸭卵铺。至姜畬,令径过,而挖塘工人往报。迪子自来迎,往陪子师,许甥亦至。未饭亟行,舁夫濡滞,至暮乃达,此番不似挂单,居然如归矣。张八自室中出,俄顷遁去。张佣不还省母,诃遣之,留㩜卢自炊,明烛夕食。夜雷雨。

廿四日　雨,至食时止。

戴湾族子来见。姜佃、周砖均至。黄昏独卧,闻扣门声甚厉,以为莲船当至。熊妪来,言有一客,起问之,自称黄辑堂。久之乃忆为南学生,突如其来,未知何事。张佣既去,空屋无器具,幸迪子午送一席九肴,可以供给。与坐谈良久,乃知为求书与唐督销者,亦奇想也。无被无巾,尽以我所御者与之,心甚不乐,然无奈何。

廿五日

晨起,黄未醒,久待不兴,乃饭。莲唤工挑担,菜果稍集,已不欲食矣。黄起,正点心时,又饭一碗。客去,田生来,瓦窑来,久不去。开枝长子来见,云欲从行。训谕之,无言而去。乔子夜叩门,买竹一竿,从来者三人。莲卧不起。今日钞《史赞》三叶。田云,明日得四辛卯,为天地同流。

廿六日　雨

张、周来。钞《史赞》。迪子来,午饭去。杨毅生子锡吾来,年十七矣,伶利有曾重伯之风,夜谈不睡。

廿七日　阴雨

杨子去,留所作两本,夜为点定。钞《史赞》。团总、甲总来。遣工送米下湘。与书少荃。

廿八日　阴

张生来问礼,检《礼经笺》示之,便令钞录。祝甥来,甚寒,犯风而至,与张俱宿北房。

廿九日　晴

昨感寒,一日减食。团总请饭,甲总请至仓屋集乡老议事,纷纭半日始还。张生已去,陈眉根来,催看《雨丝集》,守候乃去。《史记序》钞毕,徐生来书,催唐寿文,夜欲毕之,复懒而止。

二　月

乙未朔

早醒晏起。祝甥去，赠我其父遗衣。礼不可受，当还之其家。天气晴阴，稍步后园，看种竹，乡人分移本为“栽”，培子为“种”，甚合小学，不许误呼也。钞谱稿。周生来。

二日　晴，日光甚皎。感寒，仍重裘

二许生自姜畬步访，小谈，便饭，送之出山，还，汗沾浃矣。钞谱稿，作唐文，处处切双寿，必取之作。

三日　晴阴

晨尚不欲食，遂至晡。田雷子遣舁来迎，至其家，则近在云峰后。宾客甚众，已有去者。入见其叔父、诸舅及诸生客，唯周、张生相习。云设四十卓，而有笾豆加羞，可谓繁费也。食包子三枚，竟不饭，夕还。

四日　晴阴

起较早，钞谱稿竟日。颇游山间，桃萼如黍，春气何迟也！竟日喜无客来。驾鹅寄谭处，甫取还，夜游不归。前四夜自来扣门，方喜其驯，忽不肯入笼，强闭一宵，昨遂不还。寻之毛血平芜，知其负命偿丁矣。从长沙远来，死于此，信有定数，为之喜叹。

五日　阴

刘子霞儿来，执贽，请学经，还贽受帖。名曰炳奎，字少琴。其族父刘甲介以来代元妻父。闻喜翁之丧，一日遽死，中风证也。十二弟来，十三弟亦继至。上冢工人大满弟弥宇儿来，纷纭满室，正无奈何，又一轿来，云萧顺生也。诸人去，萧留宿。夜雷雨。

六日　阴雨

戴弯招族人戒饬子弟,余不肯去,耻于空去无补耳。作书与杨儿,并荐萧师。待一日,夫力还,无回信,漂矣。十二弟来,议起公屋。十三复来,谈久之,各去。钞谱稿,六日作辍无绪,亦得三十馀叶,乡间日长如此。萧留谈一日,颇自负书法。

七日　阴雨,大风,有晴色

工人不来,客不去,支吾甚窘。张铁生遣其徒二人还书借书,亦留饭去。因并催萧去,久留费工钱也。钞谱稿。夜初,杨书来,托词不请。莲来,得隽丞、景韩书。十三来。景韩言钱少,行小洋角。甚为急智,计臣才也。蘧庵父子书唁,并送赙奠,当辞之,未遑复书。先报隽丞,约衡阳同舟。夜思子寿热肠,当有以报。再与书子襄,论清官事。皆佳文,惜未录镐。

八日　晴

莲去。田、周、张生来。张欲从游,告以繁费,且可及时来学,因令坐南厢读《易》。冯甲来,同往石牛王妪,余每来辄致礼,故当报之。因留,设酒,孙师周浩人作陪。出至盛坤,寻花鼓不得。自开枝病废,团规渐坏,至是明同犯禁。余不忍其披昌,略示禁意。周行吉田界,可八九里。还钞谱稿。

九日　晴

王妪自来答拜,奇文也。搢子率其从子名隽来。张生亦来读《易》。乔子来。致刘子椵书,问《经解》秘本,告以秘本则学台不取,已见绌于王祭酒矣。钞谱稿。盛赓唐来,送豚蹄母鸡。乡居鸡充斥,大非石门气派,人客与土仪辐辏,成都成邑,不虚也。古人以此为侈,余以此为厌,非礼也。二子留宿北厢,余畏寒先睡。夜雨。钞谱稿未毕。

十日 雨阴

钞谱稿。满绅来照料，以下房处之。张生借前后《经解》来。翻《千佛名经》一过。秀生去，搢子亦往石潭。

十一日 阴

钞谱稿毕，分十一房。石珊、搢子来，留宿北厢。

十二日 丙午，春分。阴雨

钞《汉书序》三叶，重检《大传注》题之，作汤饼。乔生来作工。

十三日 阴晴

石、搢饭后并去，出门望船不至，钞改丁诔。黄昏莲生始来，云功儿不许顾船，以价贵也。曾元曰无酒肉尚是孝子，此则无酒肉以养，又专为养志者。俊臣亦去，则匆促不可解，急令莲夜去顾小拨数船来。

十四日 阴晴

戊申，社日。唐人言社者皆云桑柘影，似春深矣。社日人牛并息，女停针线。桃李未花，山川寂静，竹标葳蕤，罕闻人声，乃社景也。过此农忙，始有春色。钞《汉书叙传》毕，初不自意能成此卷，可见随事有成亏，而玩日多矣。

十五日 晴

竟日待船，未甚伏案，亦钞范赞二叶。范自谓无一字虚下，而《后妃赞》字字虚矣。田、周、张、周厚人来。访桃花至立马山吴家，已昏黄，无所见。步月至南柏塘，访花鼓，亦未见。从山下下至湖口，循山径，与周荫云同还。小愒，闻扣门，许生铭彝及蒇子两儿与舆、懿同来，杨都司亦来求信。客去，儿留宿北厢。

十六日

晨起，始鸡鸣耳，复还睡，待发行李。先府君忌日，素食毕。恐雨,步上船,一钓钩甚宽稳。乔生从行,行李二担。误至南柏塘,已发乃知之,复舣舟待上。至姜畬送谱稿、墓图交迪庭,遣招许甥同去,久之乃发。逆风甚壮,泊袁河,令乔生下省接书,书与朱倬夫。挥都司令去,令诸生自定日课,为点试文一篇,令四生诵之。自钞范赞一叶,夜月极佳。

十七日　晴

午夕频睡。钞范赞二叶。行三十馀里泊马河对岸。夜月。

十八日　晴煊

三子作文,三子读余钞范赞。行三十馀里泊凿石。初误以凿石在山门上,视图乃审。

十九日　晴,稍寒,桃李竞开

钞范赞毕,并司马《补志》,欲改作赞,未审也。行四十馀里泊昭灵滩上。船人不知戒,幸水涨石没,又无风,不碎磕耳。

廿日　晴阴

得东北风,帆行三十馀里泊朱亭,遇雨遂不进。剃发,半日,至夜乃毕。

廿一日　晴

缆行二十馀里,泊不知地名,或云油麻田也。钞《汉书赞》毕。改“禫佩”及“佩象环”旧注,复改“适君所”旧说,皆目前未明者。

廿二日　晴煊,可单衣

晨至樊田,泊久之,船人殊不欲行,托云南风暴至。已而又发,本可至衡山县,寸寸迟延,过石弯而暝。

廿三日　晨露如珠

起啜茗小坐,复睡。向午始过衡山,八里耳,师行三十里无此竭蹶,解惰之尤萃于此舟。行十馀里泊雷市,不复欲行。余不能忍,责呵之。强进八里,泊老牛仓。

廿四日 阴

有北风,帆行六十里,泊七里站。初夜大风雨雷,幸不漂摇。改《昏礼注》,定为大夫取子妇之礼,以老雁定之。船漏小坐,待雨止乃寝。

廿五日 雨蒙蒙,不甚寒

行半日,始过章寺。得顺风,行十里风止。艰难寸进,仅夕始至东洲。有生徒二十馀人来迎,门斗斋夫村陋,不成局面,此乃真先进礼乐也,惜孔子不能从耳。初更得饭,箱笥纵横,不复能理。设床知不足精舍,雪琴云为余特造者。檐户碍帽,喜无人居,可避负盘。行李虽富,钱米俱无,明早便无食矣。

廿六日 晴

晨兴,将遣人入市,太远,仍就斋夫觅食。遣船去,问首士,索钱自换银,办饭。本欲入城,会懒,故未去。久之,程生来,问丁笃生来否,告以尚未。因令取课卷,则云须由丁专政,因促之去。顷之丁来,云道台甚不明白,不敢与论事,欲我先往谒。于人情世法,宜先去,遂定明日拜客。湘水骤涨,水尽赤,然不过增数寸耳。雷生来见,嘉禾人,院中老生也。得段海侯书,欲余介之张孝达,此必夏生谬策,不知夤缘之道者。程生送米肉、铺垫。

廿七日 辛酉,清明。阴晴不定,初起甚煊

见院生二人。程郎长子来。留轿夫随丁相从,渡湘,诣彭、萧、杨、丁,皆非旧景,唯笃生得见。直下,从石鼓对岸渡,入北门,出小西门,入大西门,唯清泉潘令、沈师得见。道台隆书村出辕,再往乃见。程郎家遇丁、袁、唐,丁,不得谈。野风颇寒,佳景增烦,心俱不乐,程留饭,亟辞还。溯渡良久,益闷闷,风雨倏来,归对新柳柔桑,无穷枨

触也,好诗料。舆始讲《诗》。

廿八日　风雨

晨作书与蘧庵。杨八跰、程屼樵、蒋少尉筠、隆书村兵备俱来答拜。彭公孙佩芝来。大风,劳客问渡,无以款之。院生三辈及丁伊翁二孙来,其一执贽受业,令居内斋。夜看课卷,舆讲稍迟。

廿九日　阴晴

王佣去。四生入城,遣送卷还道署。杨伯寿、三贺郎来。二贺,年家子;一贺,子泌子。与新吾之子同来。又一生傲而无文,云南湖院生也。岳屏馆师黄萸青来,癸酉拔贡也。言新署府王同知病故,学使夕过将试。桂阳四生告去。得朱雨恬、刘静生书,俱有请托。

晦日　晴

检谱稿。桂阳何岳立衡峰来,自云乡里不容,陈伯商之流也。擂子及萧郎携健仆来。萧求馆不得,困而归我,且留待事。

沈子粹来,坐久之。报云弥之船至,急出见之,皤然老矣,且目昏怯行,然肥益甚。留设酒饼,子粹同坐。夕登舟看顺孙,并见弥妾。夜谈经学,弥之殊不以为然,余亦夷之,以为不足语,两俱失也。二更还,弥舟遂孤泊院外,少年时必不若此,此亦久而疏也。遣舆儿送顺甥添箱二十金。夜讲。

三　月

乙丑朔　阴晴,始煊

晨起见曙光,以为月明,如此三数,既乃哑然。待弥之起而登舟,卯正矣。又久之,移泊铁炉门,吃包子蒸盆渥饭。向午舟忽开动,云将解缆,乃登岸。弥之多礼,凡三四拜,馀皆忘之。一曰贺朔,二曰道谢，三曰不再辞行，四曰告别。留心于此，宜其不暇看经。然则不拜者书痴，多拜者又不知礼意矣。

入城寻程郎，正宴客，则陈仲英、陆恒斋俱在，亦奇逢也。仲英似有烟饮，年貌尚未老，快谈半日。还舟上湘，看陈氏《清芬录》毕，到院小睡，起，夕食毕，遂暮矣。理谱稿。始闻子规。

二日 阴暄

携两儿渡湘，看杨六嫂病。其子均往萧家，独往园中，芜落不治，水□藤花甚开，馀无可观。顷之主人还，留设点心。还，孙司马家煜来。理谱稿。诸生覆试去，院静无人，夜雨雷。

梦与少泉戏论甚久。彼云当考幕府，出题取贤，首经全卷。既又出夷器见示，内有一虫甚恶，长可四尺，广二尺，头排蟹螯数十，身示磊砢圆节，云出则必杀人。投以纸丸，虫自取吹成火，吸食如洋药，饱则睡去。俄一媪投纸不中，余知必有变，密拔后户，戒家人曰：闻声则走。已而喧言中堂被毒死矣。虫亦自死。余入视之，其家人方成服。惊悸而醒。虫名烟包，余呼为琵琶虫，云雅俗名也。其性似强水，使骨肉立焦化。少荃好西学，其果有此耶？抑张姑耶之化身也。记之，以俟他日之验。

三日 晴煊，日光已逼人

检谱稿。胡江亭来访。佳节无侣，负此风光，去冬今春皆多佳日，益知余数奇也。王思上来，石门旧邻也。

四日 晴煊

检谱稿，墓地粗毕。常宁尹生来，取《周官笺》去。厘金孙同知来答拜。南风甚壮，夜电。船山族孙来见。

五日 晴

益煊，单衣犹汗，诸生皆棉夹衣，知余腠理未固。院生渐集，日有来见者,皆欣欣向学,可喜。夜大雷电风雨,顿凉且寒。贺郙仙年子来送礼。丁生来就学,其兄再送之,有情有礼。

六日　雨风,寒,重绵

代府石牧来拜,误以为首事,已乃觉之,遣谢,已入矣。名汝钧,字平甫,前在曾家所见,有俄妇者也。云赐祭彭尚书,奉檄代使。段海侯来,取《仪礼》去,云八字不准,不及初学时奇中。盖所谓再三渎则不告者,非八字不验也。

看《士相见礼》,乃悟《论语》"大人"之训。读书忽略可叹,竟终身鹘突耶?年六十矣,而日有新知,所谓有童心者。"与大人言,言事君",则大人必非"明两作"之"大人"①。下云"狎大人",又非诸侯。郑以"卿大夫"训之,较确。海侯又云"不言而信",谓爻词惟有"无咎"、"元吉"等类,其说深细。

七日　雨

欲入城,竟不能去。墓表已毕。丁生兄来。早饭,闻有习《穀梁》者,复取视之,旧以为必不能通。今看似亦可自通,但未暇比校耳。

八日　阴,欲雨不雨

入城答石代府、潘清泉,复不遇。过俊臣少谈。答谢孙翼之同知,稼生弟也。沈臬藩甘,陶子范擢疆抚,文卿赐朝马,毅斋遂废矣。《论语训》衡有录本,程生收得之。余书不患不传,殆无散佚之虑。

海侯云"日月夹命",与镜初说同。余访之西湖讲舍,彼方研经。余戏云:"'日月夹命'乃得读矣,子何易视书生耶?"夕还。子粹送钱四万,持还,起厨舍,并欲莳姜。

---

① 按《易·离》:"象曰:明两作离,大人以继明照于四方。"作者盖以此"大人"为指君。

九日 阴晴

杨伯琇送踯躅。作书与王纯浦，为雅南谋食，并与书曾甥。写对联一副，寄朱雨田，其子作教官，能兴经课，耒阳曹生不甚满之，要为难能，故奖之及其父也。并书扇帧及许生二联。夜胧月。改《楚词注》及《诗·白茅》“包”、“束”二条。

十日 阴晴

乔生回山庄，送之渡湘。还作谱传。程生来，俊臣继至，久谈，不饭，去已过晡矣。夜讲并看文。丁生送菌脯。李馥子正来。

十一日 乙亥，谷雨。阴

检《管子》钞本，竟未全写，久置行箧，殊不一视，可笑也。吴县潘维城谬云引翟灏《考异》，“三归”见《轻重篇》，荒唐可笑，费我一日寻讨。程孙请讲《礼记》，兼欲作《礼经表》，劝许生创之。

十二日 阴晴。晡后雨

道台送学，两县不至，近日下吏骄蹇如此，亦纪纲扫地之征。两教官、代府石来。丁、段来，作主人，过午始散。院生来见者数辈。作谱传，无纸已之。

十三日 阴晴

借《论语》，复钞三叶。杨伯琇送玫瑰。讲《诗》、《礼记》。《击鼓》“求焉林下”，乃悟余五十年被诸儒瞒却，有似廖登庭桶底说诗。

十四日 雨

遣觅蚕豆，始得尝新。钞《论语》三叶。懿读《大学》始毕，温《公羊》、《易》、《书》各一过，似渐上路。

十五日 阴晴，极煊

泛舟至铁炉门，入城答访隆书村兵备、袁海平教授、张虞陔训导，还船渡湘。小睡，将晡始起。诣彭家，俟衡守致谕祭文，文颇雅切,云黄国佐之辞也。宾客集者卅卌人。余坐客厅,与俊丞、贺郎、程、杨、丁、殷、姚希甫陪袁、欧二学官。段海侯、胡江亭后至,俱让余为客,不安。因入园中,绣球、木香盛开,亦尚整饬。祭使至,祭毕便去。众客毕贺,设酒,隽丞亦让余坐,丁、贺、程、杨陪客,昏散。还,舟甫至,大雨电,待雨止乃上。珰还奔丧过此,寓杨氏。

十六日　风雨

遣留珰住。开垣作门,以便出入。改文三篇,钞《论语》。夜讲书颇久。"文擅湖南"①、刘静生来。

十七日　阴寒

看匠开门。遣两儿、二仆并往迎珰,独坐园中。西禅寺僧秀枝来,言讼事。晡后珰携女及仆妪来,令两儿移外斋,余亦移坐廊下。钞书二叶,讲《记》、《诗》、《杜集》如额,但未倍书。懿儿甫及程,比日又懈散,教童萌甚不易。

十八日　雨竟日

钞《论语》三叶。萧杞三子来。算千室地不了,觅通算生算之,始与郑合。因巡斋房,诸生应课去,唯十馀人在,俄顷而毕。

夜讲《记》、《诗》。说《北风》,依旧说未安。"惠而好我",言不虐者。"携手同行",昏姻之词。言"同归"、"同车",皆稼〔嫁〕词也。"莫赤匪狐"与"莫高匪山"同调,赤狐、黑乌皆人所憎,而狐必喻君,又未知其所指。

十九日　雨

陈诚漾纶来见,即"巢"读为"蔟"之人,习《尔雅》者。云初取正取,刘道降为备取,今来府试,不入院也。钞《论语》、读书如额。看

① "文擅湖",人名。加一"南"字,戏之也。

不通文四篇。移柑树。

廿日 竟日水长一丈，风寒似冬

樊衡阳来，云二十馀年前为桂阳吏目即相知。得宋生京书，云伯寅题诗未成，旧图犹在，成一梦矣。黄子襄官话十足。二胡子书记翩翩，甚可乐也。钞《论语》。讲《记》、《诗》。

廿一日 阴晴，时雨

钞《论语》，夕泛舟绕洲观鱼子。还，讲书如额。

廿二日 晨霁，午后复大雨，竟日湘涨，又增二三尺

钞《论语》、倍书、讲书如额。珰欲下湘，遣问便船。又乞药，栽于杨园，复得五种。

廿三日 阴，午后雨

钞《论语》四叶。日课早毕。登楼看水。夜讲干旄。补分《周官》熊虎旗三种六物，以乡遂分之。定乌为鹑，又改鹑为雕，以流火化雕也。凡此皆臆说之最确者。与书宋芸岩。

廿四日 阴晴雨

晨未起，章副将率巴河哨官杨千总来，云有船可坐，请明日去，因谈彭家事。钞《论语》四叶。诸课如额。

廿五日 晴雨无准

午饭后珰去。登舟，大雨忽至，俄而又霁，率带孙即行，两儿送之。钞《论语》，作李志，诸课如额。复入内斋。芍药盛开。

廿六日 晴，稍煊

课如额。姚希甫来。程生讲《礼记》，颇多忽略者，未遑勘补。

廿七日 阴风，复凉

课如额。水时长时退，似欲雨。久未入城，乘夕兼送春，棹小舟下湘。至城访隽丞，懿从往。隽丞风帽重裘，小坐，恐夜，过江南馆，

三十年前旧寓也。逆流桨难,逗暝仅至,夜果雨。还始讲书。

廿八日　壬辰,立夏。雨竟日,玫瑰多落

课如额。夕听讲"芄兰",乃知"威仪容止"者惠公朔也。因得"北风"之说,夜改定之。

廿九日　晨阴,朝食后大晴

土工先知有好日,余不及也。常晴生来,得畇书非志,复为眼明。看《申报》,钞《论语》一叶,客至而罢。程岏樵、杨伯琇、欧丽生来。砖瓦纷纭,甚为热闹。

四　月

甲午朔　晴热

晨出点名,升堂待问,初无请业者,出题而退。钞《论语》二叶,点计得六十纸。初夏觉烦,暂减其课。懿始温书一周,又自作《经解》一篇,似有进功之意。

二日　晴热

入城访晴生,舟至太史马头,嫌迟登岸,因入南门,至詹有乾问做墨。过岏樵,买衣被,问陈母疾,往视之,隽丞先在,留坐久谈。雨欲大至,出柴步,访晴生不遇。呼船上湘,寸步难移。雨止云开,从岸步行,先到。程、陈俱送食物,热甚,稍息乃饭。钞《论语》三叶。讲书如课。丁送脩金二百元。

三日　晴热,可绨矣

看《图书集成》,钞《论语》二叶。说"摄斋升堂"未妥,已之。沈子粹送全席,初以为他人所馈,彼无处销而送来,若鱼人之馈子思也,既而乃知其专诚,则甚谬矣。水师黄将来答。

四日 晴

钞《论语》。看类书,陋本也,重复脱漏,不可算,又加三节,不足称浩博。说"三臭"为不食雉,终不妥当。通"色斯"为一章,"比德于雉"之说不谬。两儿无薄被,买旧絮二铺,并还帐十元。得陈芳畹书。萧顺孙钞《管子》毕。

五日 晴

钞《论语》十篇毕。看《集成》。夕雨。

六日 晴

左芘生孝廉来,言盗劫事。余晓以今日小大官,谁能办贼者,不必言矣。看课卷,顷刻而毕。段怀堂来。

七日 晴

监院送课案来,须奖十六千,而不敢署,其畏事如此。钞《论语》,阅课文。为陈芳畹书干盐道,并送银五两。夕泛湘至东岸,杨郎出游,雨将至,入其学堂,见胡敬侯及杨二弟,月出乃还。

八日 晨日甚佳,顷之阴翳

因起早无事,便巡四斋。南风吹雨,不能坐立,旋下,还卧,久之雨止。院生攻苦者有七八人,附郭者皆出游,无课,首善之不善,往往如此。程生来,云其太婆已愈。署府正接印。

大风雷雨,又死一人,不知何祥也。衡守之凶甚矣,然曾不能为损益,言灾异者何说之词。

九日 阴,复寒,可绵

钞《论语》三叶。海侯来,言礼。近日学人相望,大非十馀年前风气。留饭去。钞《论语》三叶。

十日 晴

与书孙同知,托荐萧馆。钞《论语》。署守周蝶园。杨子杏来,妻姻也，留饭，去而周来。得张楚宝唁书。

十一日　雨

泛湘，答访樊、周、欧、刘、黄、德，周、刘得入。刘甚〈言〉萧鹤祥之短，姑漫应之。夕还，始念滋当独居，即以少湖妻伴之，方为妥当，当自归料理。夜为杨子作经斠，题耑，未钞稿。

十二日　晴

乙巳。晨兴，为懿儿点毕《礼记》，待饭久之。又为许生垫付火食。小舟与萧、搢入承口寻船，船皆夜行者，悔其来早，大要索三日火食耳。日炙甚热，促发，已夕矣。月行百里，泊老牛仓。

十三日　晴

昨夜未睡，五更始安眠，晨不觉舟之泊否，询以何时至雷石，则云过矣。昼夜不停，鸡鸣正至下溉，稍舣待曙。

十四日　丁未，小满

晨起甚早。自涟口至沙弯，行经时许。遇一云湖船，与搢子换船，同至姜畬，送萧郎四元，船钱二千，洗手上岸。至南柏塘，雨作旋止。步还山庄，则破落不堪坐，前已成荒塘，大加申饬。热甚，不雨，殷殷然雷。闻劫盗四起，秧烂雨稀，而余方营宅，未宜也。作李郭氏墓志成，铭乃至佳。唤冯甲令送省信。夜雨。尹妇复生一子，待其长成，以为外室。

十五日　大晴。已是溽暑，不胜照灼

发张信、李志，与石珊、仲三家书，作贺寅臣墓表，数年逋债，一日偿毕，文思猋发如此。先祖妣忌日，乡中正无肴菜，乃真疏食也。周荫云来，将浴，待水，久之不至，客去，夕食。清静无事，暂睡，遂酣至初更犹未醒。夜雨梦觉。不眠至曙。

十六日　阴凉

内外佣俱晏起，自起呼之。凡人习懒最易，绅〔湛〕、熊皆黎明即

起者也，而今若此。北风清冷，复有从船之思。步月忆山，及来无月，乃知良赏难并，文心相印也。时雨生寒，空堂敞静，鹊噪鸠呼，日长如年。

彭芳说佩必有环。非佩上之环，乃旁佩也。佩有定制，环无定制，可佩玦、韘、觿、弦、韦、兰、纕诸物，随人意。故孔子不佩玉环，而佩象环。王逸说"无所不佩"，谓此佩制，非谓正佩也。夜久不眠，月明虚室。

十七日　阴晴

朝食不饱。未午，迪子来，请书扇，搢子及三裁缝致祥来，戴弯桂子来，人夫纷纭，复见喧阗，俱午餐去，搢子独留。迪言三月四日大风拔木。自宁乡至六都姜畲一线，覆屋涌水，压死九人。吉、赣尤甚，雨雹大者如牛。十五日复风，亦大雨暴潦云。

十八日　晴凉，复衣棉

朝食后待信不至，闷甚，大睡至午乃兴。杉塘人夫送床柜，凡十人犹未尽，费脚钱一元，亦浪费也。损衣缩食，而侈于杂用，乃余之一敝，大要由以人从欲致此。蔡天民步至，二周亦来。蔡喧聒无章，询其来意，云"君得润笔甚多，宜以见分"。余许以一年所入全与之，但令代觅生意，乃无言而去。

熊妪又哭诉其诬，询其子所自来，坚不肯对。譬晓百方，亦卒不能诬我，但必不认莲奸耳。天下事非情理可度，今日乃逢再扰，几不能安，谁谓人不能累我耶？冯甲还，云功儿病。中旨皆置不答。

十九日　晴

唤夫力，陆道还衡。朝食后行。午尖平山，阴，余未饭。夕宿花石，甚早，店人频诘果宿否。天阴微雨，未暝而眠。道闻蝉声，甚讶其早。

廿日　晴热

早饭丫口铺,午过杉皮桥。询路所向,云当由东湖,及将至,又云不由东湖,望见之耳。白杲、东湖皆当铺,而白杲市大不似昔年,殊寥落贫薄,盖误记耳。自白杲至界牌四十里,明日犹有九十,不能至,复步进。欲宿国清,役夫告劳,乃宿易渡,声如"鸭头",去国清四里。宿亭中,大风吹帐。蚊乃入巢,比醒,已被咬矣。

廿一日

雨意甚浓,至国清,雨作,强进六里,饭于黑坳。山径深微,茶树数万,幽腴佳土也。雨大注,舁夫径睡,仅留长寿孤坐,令唤土人代舁。云必不能至,挥之去,则又云可至。索钱二千,即如数予之,令招二人相助,此二人全不能舁,恃用贤耳。过罗汉寺,访寄禅,一茶而出。渡蒸,访晴生于德丰,云已去矣。至太子马头而夜,不办洲之所在,沿湘呼舟,仅乃得达。张、田生已到三日,许斗维逃去矣,余如释重负。

廿二日　阴晴

诸生课皆如额。懿儿始毕《礼记》,亦竭其才矣。且当与讲论,不必记诵。因令日讲三叶,从《内则》起。钞《论语》一叶。讲"衿缨",得《昏礼》证之,又通《尔雅》二条,并通"青矜"之说,钩贯交通,亦可乐也。令许生说之,亦自相合。始定"婴"为帔。制程,舆复补讲《诗》、《礼》。得陈芸敏谢书,并送润笔。

廿三日　阴,有雨。晨寒午燠

与书迪子,遣乡工还。钞《论语》二叶。校《管子》十叶。

廿四日　晴

钞《论语》三叶。午前未事,后乃伏案,几不能毕课。秦麓笙次子炳礼子和来,云新得盐局,又将求文。方出笔单,而贪便宜者又至矣。近世以文学为戏，世风习俗，不能喻晓也。夜校《管子》十页。

廿五日 阴

钞《论语》三叶。偶听懿读至"庶子不禫杖"，因考《丧服》，大夫子从大夫而降，皆大疑也。其母不可言降，妾无所谓降，此句当专谓庶子为妻，若在父之室，则又非为后者，文与女嫁反同。此庶子云其母，必与嫡子异母。士妾缌，子亦不可服期，岂士不厌子耶？在父之之室，庶士以下，父子同宅者，或者与君子子异，若众子则皆禫无疑。杖不即位，则众子所同。校《管子》十叶。

廿六日 晴

许生说庶子为庶女，极有贯穿，说经正轨也。乘阴出，答秦郎，辞不敢见。欲自上，畏日因止，改日再往可也。还，钞《论语》。丁生来，借上卷去。夏生时济自江南来。校《管子》。

廿七日 晴热，始浴

秦蓉城来，多年老客，今又仕而已，已而复官未仕矣。自云积赀渐空，恐寿则困厄，有阅历之谈也。谈半日乃去。言刘捕厅事，王夔石亦自可人。钞《论语》，校《管子》。

廿八日 晴

朝食后巡四斋，殊无所益，虚应故事而已。泛湘至盐丰，答子和，因渡岭至南门，访容臣，乃正从雁峰寺旁过，十馀年足迹未经，似异境也。入城看程郎、俊丞，皆留点心，竟日乃还。热不可坐，立船头稍凉，复闷。比到院，汗浃衣矣，犹讲书毕课乃眠。

夜思《易》有九圣人，可以九卦配之。《履》，配伏羲；《谦》，配舜；《复》，颜子；《恒》，黄帝；《损》，文王；《益》，神农；《困》，箕子；《井》，尧；《巽》，周公。

廿九日 雨。朝晦，房中不辨色。解愠得凉，始有生气

钞《论语》三叶。讲"南乡"、"答阴"，殊未思及。

卅日　晴。癸亥,芒种。犹凉

还沈子二十元,布店杂帐六元。从俊丞借笔写对子。钞《论语》。讲“南乡”,已得其义。夜卧,稍惕,闻珰来,欲上岸,已黑暗,殊不能行,明镫四五照之,复、真俱至。得蓬海凶问,前书未复,人命迅速,可骇。

五　月

甲子朔　晴

晨出点名发题。王家杞卧床未起,顷之,嚣于楼。往视之,方与皂童对食,呵止之。移研外斋。闻功儿贫病。复陈芸敏书,并寄二十元与之。又还珰三十元,瓶之罄矣。钞《论语》二叶,课诵如额。

二日　晴

多与珰谈,稀在外斋,唯讲听时时一出。钞《论语》,未及三叶。珰明欲还,至夜无轿夫,遣莲生往觅,辞以不能,改遣陈升夜往。

三日

昧爽起,外间皆睡,仅有二夫,无轿无饭,过巳乃行,犹吾一人所经营也。仆从俱衰家之奴,偃蹇无耻,然无如何。泛湘,携复、真送姊至铁炉门上岸,船夫亦欲假余力以还,故弃船而陆。至衣店买衣,渡湘步上,遇小渡船,复坐而还。程岏樵及卜云斋、刘定生来。唐哲城叔韶来。客去,夕食已暮矣。夜雨忽至,淅淅竟旦。

四日　阴

节事虽不必料理,亦颇废业。馈物事者相继,而府官无过问者,其不知事如此。看课文三篇,遂了一日。钞《论语》一叶。

五日　晴

谢客,素食,率儿女,令粗存丧礼。未午而饭,诸人尽出,独坐看

《周官笺》。复从两兄诣雁峰寺,夜还,腹痛,安之对床,半夜大吐而愈。

六日 晴

两贺郎来。始理功课,三日懈弛,渐欲荒矣。两女始仞字。珰还书,言廖妪已死,从市上觅得一妇,云当携女来,又新闻也。夜下湘,访卜云哉不遇,至程二郎处,少坐而还。

七日 晨阴,风凉,俄而闷热

沈子趣、杨杏生、罗阳生来。罗,衡山人也。云在思贤讲舍相见,左幹青之友也。沈言访禹碑,杨言考试,并示新诗。

八日 晴

遣答杨生,因寄饼粑。看课卷,半日毕,乃巡四斋,唯耒阳谢生颇能讲论。陈玉送一鸠盘荼来,两女无人照料,亦令服役。

九日 晴

大加浣濯。许生母病告去。钞《论语》三叶。夏半骤凉,湘涨数丈。

十日 晴

四川左姓复来搅扰,又得雅南书,索借甚凶。适值小病,卧竟日未起。珰家复送纸包人事来,皆无聊之极事。湛妪告去,吴儿久游不还,院中遂半日无人。

十一日 晴

疾小愈,犹未理事。左生又来,送字画,求书扇。程商霖来。

十二日 阴晴。大南风,俄顷止。阴雨,遂夕

书扇二柄。舆儿暴疾,程、田再请迎医,从之。

十三日

家忌,素食。院中起频晏,自起申警之。贺子泌三儿来,入院肆

业。舆疾渐愈。医犹未至。夜坐无事,改《尔雅》注数条。午后雨,夕止,三更后雨复大作。

十四日　雨,蒸热不快

自督课外,一无所作。夜月甚佳,无地纳凉。程生送鲥鱼,馁矣。

十五日　晴

嘉禾雷生来见,比初见时少恂谨,盖知余非之。呼黄一芟草剪竹。

十六日　己卯,夏至。晴,正热

胡江亭、段海侯来,俊臣踪至,畅谈,留饭,至夕乃去。夜月,至丑不寐。

十七日　晴,闷热尤甚,然可绵布衫

改诸生课文数首。夕携小女泛舟中流,亦无好风。院生多以领膏火为志,作谕戒饬之。丐妇来上工。

十八日　晨雨,至午不绝

大睡,向晡乃起。巡四斋稍久,还内夕食,遂暮。始闻蜩蝉。

十九日　雨

钞《论语》。改课艺。讲《少仪》,繁琐多须补者,文句亦晦涩,儒生书也。夜凉。

廿日　雨,午始稍霁

晨毕诸生课,晡携两小女、程生入城,步至俊臣宅便酌,程郎作陪,姚、胡、海侯同集,夕散。复雨,舁登舟,已暮,溯湘暗行,至院已打睡钟,饭半碗即寝。

廿一日　雨,湘涨五尺

新楼将成,凭窗吹风甚快。田妪告去。舆讲《七月》,筋脉殊

不属。

廿二日 雨阴

复女十岁生辰,放学一日。偶思雪琴建船山书院之意,作一联,不可县示,亦如曾涤生挽联也:"海疆归日启文场,须知安定传经,南岳万年扶正统;石鼓宗风承宋学,愿与重华敷衽,成均九德协箫韶。"朝食忽然伤食,又洞泄两次,盖湿寒所搏,困卧一日。樊衡阳再遣招饮,作书辞之。

廿三日 雨

小愈,犹未食。秦子和偕寄禅来,谈半日去,饭以清供,但无佳品。

廿四日 雨

复疾,困卧。得帅锡林求荐书,甚愧负之。

廿五日 雨

疾未损,求食未得,市远人蠢,动形支绌。看《申报》,滨江时劫番客,犹以天主教为词,但焚不掠。朝庭下诏,词颇侃侃,异于昔之忸怩矣。许生书来告辞,因寄吴少芝课题。问"弄瓦",忽然有疑,改为接子之礼。而"弄"字无所见,观其铺排,必非大典,非抓周之故事也。夜凡二起,复泄。

廿六日 雨

复因吴题,改"缁撮",分为贵子、造士二等,亦颇该括。又因舆儿讲"斧钺",悟良冶学钵之说,直是教儿槌碎故金耳。非常截直,是则可乐。比日改经说,均系倩代,非正业也。

廿七日 雨,竟日不止,正一旬矣

余亦一无所事,庶几知时者。写诗四首,与许生铭鼎,使终身诵之。作募化请经疏。诸生纷纷应考去,因思得考老转注一义,将欲推之。

廿八日　雨止

早课毕。秦容臣摧客,穷老故人,当急赴之,巡斋匆匆,应故事而已。诸生乃有欲问者,余暇则人忙,余忙则人暇,亦可笑也。泛湘至大马头,待异,将一时许乃至南门朱家丝线店。此间徽商之富者云能办具,亦殊不佳,色香尚洁耳。同坐者陈子声兆槐、秦子和、程屼樵、二朱生,夕散。步至卜允哉处小坐。程郎命异送至舟,还尚辨色,闻瞿侍学放福建,宋生主桂考,喜可相见。

廿九日　阴晴,未热

为允斋书扇,便作一诗:"十日蒙蒙雨似春,伏前添制夹衣新。鲥来已宝鱼苗尽,鹃老仍撩燕语频。无客尽容苔上坐,洒床微讶竹欺人。痴龙莫道甘霖遍,蓟北江东苦剧尘。"

复朱雨恬书,便寄问筠仙病状。半月未事矣,垂老不能复振作也,然此心不忘。朱嘉瑞来答拜。

六　月

癸巳朔　阴,有雨

始理谱稿次第。寄禅来催客,泛湘至柴步,遣迎俊臣同往,至则甚早。坐久之,蒋养吾儿来,丁、杨、秦、程继至。写字五张,俊写四张,字较大,精神愈于我。府县借寺迎庄心安,抚委办东安者。唐掠席谷,而人不直席,国法人情不并行也。

二日　甲午,小暑。晨晴日皎,朝食后阴,无风

颇烦,移坐新轩。

三日　雨

作谱传,看浏阳课卷。说"闷宫"为郊室,引《记》"将事上帝,必

先郊室”，为先告后稷，故颂姜嫄，其所以颂姜嫄，则为致夫人而发也。

四日 阴

湘涨欲平，登楼看水。督课看卷，颇觉竭蹶。

五日 阴

久不钞书，复写一叶。楚狂见颂屈原，《论语》特书接舆，盖其名重，非以接车下而名“接舆”也。“歌过孔子”，必孔子坐而后可言过。移床新室。

六日 阴

唐葆吾来，五十三矣。云家有五人童试，喜艺公之有后，且有曾孙，能取前列矣。

七日 阴

晨起出湘岸看水，还则云吕生来，妻死于产，已又谋归乡试，匆匆来觅钱，无以应之。质曾甥貂裘，以为可三十金，晚乃得十金，又可笑也。留居一夜。有浏阳卷毕。

八日 阴。庚子，初伏。晴

万事无心，匆匆入城，寻常晴生借钱不得。至程家，遣觅之来，假得四十元。以十二元偿浏阳奖钱，以二十六元与吕生，遣吴僮送之，并迎其妻柩殡山庄，兼视熊砖，匆匆去。余留程饭，迎俊丞、晴生同坐，程郎父子亦还。夕乘月还。“狐”妪苦死求去，如湛法遣之。

九日 阴凉

与书罗镇。稍理逋课。新轩毕工，唯无门人，匠人告去，云新谷可刈矣。乡农无食，则割热禾，故衡、永六月必尝之，乃可割也。作谱传毕。

十日 晴凉

将入城，常宁三王来。一曰安拜，字静卿，优贡举人。其师荣光,未问其字。携子来见,赠出韵诗一篇,云亦识弥之,殷殷好名者。因随之出,则懿讲未毕,留听之,精神殊不相贯,遂罢。

登舟,步上仙姬、灰土二处,答访唐葆吾、秦容臣。入城欲买衣,云在城外,乃过俊臣,尚早,因至程家。欲午睡,两丁生入,铸生亦还,殊不得惕。乃至安记,则唐、秦已至,俊、丁、琇、晴先后来。久之乃入席,热甚,至戌散,登舟昏矣。乘月还,院中寂无人,夜来花香,仿佛成都景事也。

十一日　晴,光甚朗

始复常课。尽移床几至新轩,分四室以居子女。风凉敞适,今年初定居也。

十二日　晴

"狐"妪复来,无人,亦任之,大有坐皋比梳发之意,貌不逮耳。使为妖冶,则众议沸腾矣。于此知人之妒美不妒恶也。为丁生改《经解》。

十三日　晴,始有热意

昨夜解"九旗七旗"不了。今早分而二之,乃断葛藤。又考诸星祠方里未得,此等所当仍前典者,杜君卿引《月令》,皆我所未见,姑依而载之。夜雨,秦师来,设杏酪。

十四日　风凉

钞《论语》。改彭生《经解》。两女新仞字,久藏不检,已恍惚矣。凡教学必须精神与检点,少有不到便陵节也。夜月极明。

十五日　晴,仍凉

秦子和来,致其兄书,求作父墓志,书词甚美,前辈不及也。对岸有佛寺,云是尼姑,欲看之,夜往,则恶僧数辈,泛舟而还。朦月照窗,夜起裵回。乔生从乡庄来,云新谷八百一石,已登场矣。朱彝鄂生来。

十六日 晴。风凉

钞《论语》一暴十寒，居然欲毕，计功本不过三月可成，今以六月成之，犹为得计，较胜不作者也。西禅寺僧送莲蓬，且请往，议以寺田充丛林，为下院，开念佛堂。普明辛勤缔构，徒孙赌博□觊荡尽，亦因缘中一障碍也。

十七日 晴

钞《论语》两叶。夜讲愚人宣骄讥王，使之轻出，为汲生增一见识。

十八日 晴。庚戌，中伏，大暑

出巡四斋，惟见铁锁，下谕拘集令还。午稍热，可浴，湘落二丈。秦容臣送纱衫。四生告去。

十九日 晴

晨起讲读毕，令黄一留。永、云二孙，弱冠文童，不及顾工见识，可叹也。午舁渡西岸，从雁峰入城，城中新生纷然。程生兄弟并出，携银无所交，待其子来，宾客又多，匆匆交付，而出西门。

寻西禅寺，竟迷不得道，问人无知者，误至西湖书院。海侯赤脚送客，携懿儿入坐，顷之，云将归去矣。更还大西门，乃得寺路，子粹既先在，又有黄小山从子为主人。坐久之，寄禅来，陈郎子声出谈，酉初散。循南崖还，呼渡不应，得门役船，乃济。

廿日 晴，日烈风凉，幸而逃暑

晨起钞《论语》成，以与文育。看李竹屋文诗，全不成章，可慨也。道光不及咸丰，嘉庆又不及道光，乃知曾涤生真伟人。

廿一日 午后无风

检谱表。刻工来，云须再誊正，因遣令暂去。

程生晚来，报筠仙丧，竟不入相，妖言无凭也。其品第在余存吾、罗慎斋间。

廿二日　热

检前齿序稿，繁不可理，耐心寻之，仍自有端绪，谁云乱丝不可治也？破半日功誊之。

廿三日　晴

思得一作表捷法。多分门目，乃后合之，此算法乘除之法，以繁驭简，宋后儒所不知也。作挽联三对。

廿四日　晴热

改朝课，但写字讲诵，皆于正午后卧听之。申初大风，漂雨入中堂，窗帘尽断，乃得骤凉。荷花生日，有此快雨，但兵楫倾危耳。滩上飘一船至，安稳不动，视之若甚乐，料其中沾濡不堪坐卧，久之乃帆而去。

廿五日　晨雨午霁，竟日凉适

作谱表。萧礼卿及其子来，新入学谒先生也。年十六，颇好谈，无瑟缩之态，问鲍诗“命逢福世丁溢恩”及邢邵“五丞接光景”，馀皆忘之。夜雨，四更月。

廿六日　晴

检代辈兄弟齿序，亦尚蕃衍。曹东寅自桂阳还家，特来访，借文二本去，兼以三挽联与之。艾刻工复来，取谱稿去。夕北风飞雨，暑已过矣。西禅僧及黄船芝来。

廿七日　晴

将出无船，大睡半日。午后竟可伏案。考受葛之节，未有明文，方知《礼经》阙略者多间。传以去麻服葛系既虞之后，则斩衰受服，宜加葛绖之文。《少仪》曰“葛绖而麻带”，注亦以为虞后。《丧服》:

斩,绖带,传云绳带。齐三年布带,期亦布带;而传言有缘,然则布非葛也。五服既葬,去麻,麻为在殡之服,而《丧服》直云“壮麻绖三年”①,文似疏矣。

夜雨,程郎送瓜,殊不能佳。

廿八日 朝复雨,遂凉

晨出答访萧礼卿,大风簸舟,携两小女皆闷眩睡倒,久之不得至。至复日出,不能陆还,仍上船,还则已朝食,责诸子不我待,皆不晓事人也。午睡起,巡四斋,无所谓课矣。六百元已到手,可谓虚费。

廿九日 阴竟日,遂已成秋

看课卷半日,晡毕将出,王岣云弟嵝峰来,诸生讲论未竟,已昏暮。雨潇潇复作,登楼赏秋,讲典故未毕,冷不可支,纷纷俱下。看常宁王荣光著书,亦复通达。古今无书不览,然不得成为兔园册,其故可哀也。始闻锡侯擢黔抚。与书许笃斋。

晦日 阴,不甚凉

朝课毕后入城看隽丞,顿瘦矣,泛谈久之。至程宅,答访鲁峰。得杨世兄、李幼梅、丁重庵书,并吕、许两生书,功儿书不明白,而颇自是,他日任其行蹶而事疚也。行至大史马头,船未至,立看采茶戏,殊不知其何以移俗。将谛观之,恐雨,附船还。甫近洲,大风飞雨,顷之止,两小儿榜还,食讫已暮。

七　月

癸亥朔

升堂,月课诸生,颇思决科,因牌谕之。天晴日烈,风气已凉,近

---

① “壮”,《仪礼·丧服》作“牡”。

秋节,应逃暑,心安矣。作《初秋四咏》。食瓜。复许生书,遣信去。

二日　晴

作闽中三复书。将复杨世兄,念重烦笔札。因作宾石家传,不汉不晋,随笔写去,看是如何。午后雨凉。

三日　晴

朝食未毕,"文擅湖南"、周屏侯、程屼樵来。午后雨,雷震屋壁摇动,而声不烈,未知其理,岂起于水中耶?

四日　丙寅,寅初立秋

晡食甚热,浴罢,骤雨忽至。夕食将出,大雨如注,自崖而返。雨后复翩然有扁舟之兴,昏黑泛棹,异至城中,访文不遇,诣周而还。周壬午清泉举人也,习于陈氏诸郎。

五日　晴凉

作杨传成,复书其子,兼复李郎书,送郭郎脩金,移宿前房。黄僧来。

六日　晴,大风甚凉

为常宁王荣光华庭题《治平略》,一学究耳,不愧学究之目。

七日　晴

看课卷,稍有长进,无胡说者矣。补说《硕鼠》,稍愈于前。

八日　庚午,末伏

晨起出内堂,设几案,待课生来课者。本议起于罗伯勋,而罗反坐视不至,至者十一人,出《论语》题一,本经题一,未有能兼作者,知好事者少,每人为改一"起讲",乃退,各散。监院袁海平来,不至此半年矣。请来吃饭者,言印卷加谷事。杨伯琇及程、文、周续至。已有交卷者,尚不得食,将夕乃饭,外二席,内一席,共二十一人。甚热。夜携真女泛湘,看月,放河灯。

九日 晴热

检"蒐狩",通推,得三罕之例,乃甚明晰。后三大蒐不发传,故滋疑耳,作说明之,并改《笺》说,积疑至此始得说。治经之难,无师故也。夕食后遣舆儿还作中元,因遣英子两儿去,无益,徒费食耳。

十日 晴热

几席为温风所吹,始有伏日意,然已秋矣。人心安定,炎威亦不能侵也。写诗幅四张。

十一日 晴。午后闷甚,已而阴云,大风夕起,遂成秋矣

诸事粗毕,两日因热遂无所作。夕风振簸,又不能事,夜早眠。

十二日 阴雨

看课文十二篇,无甚杰出者,较之张、许辈犹为差胜。久欲作卌四《七夕》诗,小儿相恼苦,无暇日,因挥去之。诗载《诗集》,故未录。

十三日 阴,不甚凉

了笔墨债,序李竹吾遗集。懿儿云烧包日必有雨,颇有念亲之感。命佣人皆尝新。

十四日 晴热

理《草部》字,似失去一包,未知在后否,暂不能补,遂姑置之。父女三人已劳神半日,无记性之累也。若王仲宣、张真源辈,只须一目,何但一百十千之隔。

午后泛湘,入铁炉门,饮程家,俊臣、周屏侯、黄、德、秦、丁继至,纵谈将帅等弟,颇讽俊臣之暗。俊未悟也,乃以我为戏狂人,苦不自知,知言亦不易,幸其不出,出仍前辙耳。景韩移浙,薛臬补常卿,朝廷无事,雍容太平矣。夜过杨伯琇还。热,浴。

十五日 晴

看杨郎文,有一篇甚深微,虽不佳,然非今手所能。午热有风。

陈郎复心及商霖来,未午食,甚饥,催饭,因留共食。夜送客,看河镫,儿女具从。程生从父去。

十六日　晴热

改文二篇。故书箱久未整治,命匠补之。分经为一箱,文词为一箱。

十七日　晴热

登楼看炮船,云刘营官诱致唐本有来矣。众疑唐将作乱,观此,知其卤莽。北风不凉,读课早毕。

十八日　晴阴,热

寄禅及其徒来,谈一日,早课幸毕,字课对客了之,僧去已夕矣。小惕,杨伯琇来。夜闻叫声,恐狗搏兔,遣视之,则大蛇吸蛙。灭镫而寝,竟夕酣适。

十九日　辛巳,处暑。晴热

改伯琇文,毕早课,写字。浴毕,杨家催客,复小坐,待饭后而往,诸客毕至矣。北风振树,而院落未凉,紫薇垂花,犹有暑气。夜散还舟,渐入云下,以为当雨,俄而晴。

廿日　阴热

院生告去者八辈。袁生字式南父来,言过丰被盗,尚不知有厘金局,欲诉府司,真桃源中人也。王叟华庭来,则又博通世事,学究中自有等级,要之不足致用。

为尹生题《船山遗稿》。写字数纸。夜雨。宋生典试桂林,遣人来送《周官凡例》。

廿一日　雨,暑不凉

写扇幅未竟,尚无笔法,既苦漠子,复患日燥,心不静也。书《七夕》诗,无可寄,惟黼堂为故人,当以示之。

廿二日 阴晴

暑热，移坐外斋。懿儿讲《礼记》毕。寄禅遣其徒碧泉来，未饭去，洲上无物可供客也。

廿三日 阴暑

外斋通北风，稍凉，而漠子尤多。余欲以漠为蜮，小者如沙，射人无迹，其来令人烦燥，亦能作寒热，或当时有死者，故传含沙射影之说，不然，吴越无此鬼物也。左生复来相寻，云周署守丁母忧。

廿四日 阴暑

每日有雨而殊不凉。枕席久未理，蠦蜰窠焉，乃缘衣领，为碧泉所见。始解枕衣，则成行而出，令人肉颤，大索床蓐，竟无得也。懿始讲《易》。

廿五日 阴暑，将夕得震霆，或可解温

作秦六生墓志成，嫌太长，复删十馀字，乃不过七百，文亦雅饬。

廿六日 晴，时有大雨，犹未解暑

闻厘丰旗竿电裂一半，前雷亦震柱而动屋角，昨雷更近，而反不震，未可测也。看《图书集成》竟日。

廿七日 晴，午雨

湘涨平岸，如夏水矣。看《图书集成》。除讲课外，更无所作。

廿八日 晴，有风

孙翼之代知府印，来通候。艾刻工来取并谱稿。周铁园来赴其母丧，继而无子，福人也。

廿九日 晴，始有凉意

漠子苦人，不得伏案。钞谱稿三叶。

八　月

壬辰朔　晴,日烈气凉

早课毕,出访俊臣,舁答孙代府,过子粹,还,至程家小坐,步出。寻祭幛不得,还舟,溯湘还。日晒,颇苦照灼,久之始至。钞谱稿。

二日　晴

内斋可坐,垂帘督课。作周母挽联,铁园继母也:“揄翟列崇班,南海鱼轩春富贵;寿麋荣万石,西风雁信月凄清。”钞谱稿。

三日　晴,尚凉

午吊周署府,先至程安记处写挽联,即与月樵同去。至则吉服满堂,礼不须吊,然犹闻哭声,愈于彭氏。还,出南门,待船久之。

四日　晴热

看《集成》竟日。

五日　晴热

晨贺孙代府母生,留吃面,热甚,食半碗,亟还,朝食。将浴,隽丞来,久谈,去已夕矣。补课毕。餔食遂夜。

六日　晴热。今日丁酉,白露

祭先圣,送胙者皆败矣。钞谱稿三叶,嫌太小,复辍之。

七日　晴

遣佣至三女家,告将去。得功儿书,报镜初丧,所学未成,物论同异,可惜也。得景韩书,唁妻丧,天下知音将死亡尽矣。二邓不复如少时同志,乃与李少泉无异,尚不及张香涛,则可怪也。朱宗胜送广味,昨大觅不得远物,遣使甫行,而此适至,信珰女之命薄也。

八日　晴热

写扇二柄。刘静生、卜云哉、程屺樵来。俊丞送文诗来看,为作一序。如其自道，以僻远失学为恨，正自负知书味也。艾刻工来议谱式，改钞墓表与之。今日煮莲子甚佳。钞文稿。

九日 晴热

北风将一月矣，晴止半月，似甚旱者，水退才一日也。段怀堂来。艾刻工继至，纷纭颇久，欲留之饭，乃云无米。与同至城，访秦容臣，答段、刘不遇，过隽丞处吃面，言张朗帅正吃鸭子，忽然而死。醇王储以代李者，今李存而二人先死，信难测也。夜步月还，热风吹水气，复似乙亥还石门时，中秋未知有风否。

“得意在甫刑离骚，晚更覃思，尽阐微言契神解；立身兼仲尼墨翟，世无知己，空传馀论侮时人。”镜初自挽联，唯记首二句，故仍用之，说此已卅年矣。

十日 晴热

秦容臣来，言鹿滋轩颠倒是非，殊无人理。观其平时，亦矫矫自好，临利害则颠狂失志，故知读书非俗人所能也。艾格未至，钞谱稿未妥，聊充日课耳。

十一日 晴

写字三幅。资斧告竭，只得去之，须卅千乃能行，借之刘、程二处。黄一还，得琣女书。王藩台不来，陈一无处安顿，托隽丞荐去。

十二日 晴

觅船未得，程郎唤一永州船来，即令检行。吴少春舣船来访，名鼎荣，东安令，张楚宝之友也。颇有书气，不知与鹿滋轩何如，久谈乃去。寄禅又来索书。登吴舟答谒，甚热，促其开行。写对一副，寄禅乃去。午饭毕尚早，移装理箧，携二子、二女、两仆、一佣以行，泊柴步待钱。隽丞来谈，二鼓始去。旋即开船，舣樟木寺。

十三日 晴

船中虽甚照灼，亦不甚热，昼夜不停，夜分稍愒黄石望。

十四日　　晴

晨过朱亭,午下昭陵滩,水石安平,初无激浪。过渌口已夕,风止,泊株洲下。夜月剧佳。

十五日　　阴

北风渐壮,朝食后至湘潭城下,子女并上岸,遣人力还山庄,余独坐久之。许生父子来。族孙永、云均至,询学政,皆不知。步至杨总兵处看差单,乃知福润抚东不妥,近除东、新二抚,均出意外。访子云、石山不遇,还舟,看烧瓦塔。二更戴道生、许笃斋来谈。遣问陈伯焘,初忘其应试,不必空门乃有意味也。

十六日　　阴

风犹未息,停舟半日。陈升从鹞崖往易湾,云不过二三里。舟中蔬肉并竭,钱亦告匮,夜半始得行。

十七日　　晴

质明,过观音涧,厨人具朝食,食讫,久之乃至朝宗门,携儿女登岸。坐未定,程郎来,遣要入卧谈,自九日以来,小便甚痛,未知痳耶?杨梅耶?故不健旺。则常寄鸿亦同来。家中不能具食,久坐不得设,各自辞去。自后来者纷纷,或见或不见,皆为之评文而去。邓婿文最佳,酒气薰薰,得意非年少耳。陈佩秋夜来求荐。

十八日　　晴

登楼设座,稍理功课。唯懿儿心放如鸡犬,不知求书。秦子直、蔡子耕来,言病状,云必服乐。余云砒鸩亦可服,但不服时医方耳。郭见安来。

十九日　　晴

陈芳畹、胡大郎来。子仪颇右孝达,理安则恕一吾,清浊不从其类,亦持论之妙者。罗顺循甚愠陈伯弢,又与功儿恶之之意不同,每以此观人情,亦复可乐。窊女、次妇同还,门庭喧阗。

廿日 晴

程、郭、二胡来，馀客未见。杨儿来，正困，又当吊之，亦辞以疾。蓬海自题“诗人杨坦园之墓”，此则乱命，不可从也。理安云李竹屋孙得吾序，以为伪。好代人求文者，闻此可以止。秦子直拟方来，为服一剂。

廿一日 壬子，秋分。晴

六十年不服药，再进一瓯，已费去二千钱矣，亦可以止。人客来渐多，往山庄避之，又以三妇请写其长子庚帖，依期一往。夕出城，无船，从王夔帅坊下觅得一赌船，卧舵楼，不出一语。北风顿息，行十里止。王夔帅已不帅矣，民不能忘，谅哉！谭序〔彦〕帅再摄督，亦黔中盛事。谭文帅又不文矣。

廿二日 晴

缆行，偶帆，过午始抵县城，竟日未食。至蒇家，待梁生来写庚，余祖母弟妻之玄孙女，父名本荣，字向欣，兄名唤奎，字璧垣，弥之高等生也。女已廿二矣，宜其汲汲，写书成已昏，设宴款女使，并二媒戴、徐，及蒇亚婿张子立，客去三更。

廿三日

晏起，觅船不得，唤夫力来，复去，再易一夫乃行，已过辰矣。二杨、许生、帅锡林子云来。途日甚灼，晡过姜畬，饭辅迪店中。许郎来见。待饭一时许乃行，夕至山庄，正日落矣。入门惫甚，未暇问事，即卧。

廿四日 晴

晏起，朝食后复睡，晡时又睡。闻外有吹烟筒声，起视则三子、张子在堂候见，要入坐谈。夕食已暝，夜睡较晚，校墓地簿，至月出乃寝。

廿五日　晴

始得出户,看后山树尽为虫伤,仅存秃干,老桂亦死,此殆不祥也。蛓乃毒于蝗,而言灾异者罕书,盖北地无枞,南灾不记耳。数千万株埽地俱尽,非常大灾也。满耶与佃争草,必欲我助之,辞以不能,众皆忿忿。谭团总来。校墓簿毕一本,无头绪。帐记亦费我数日钩考,此好考据之报也。

痳似稍愈,始知食味,细验病证,乃精管中生一小痈耳。《说文》云疝病。疝盖精管之名,有盥有血,自然疼痛,不疗亦必愈,他痳则未闻也。字从山林取义,盖得之于积湿,若障岚之气亦可。本皆从水,以后起汕淋为义,与鱼椮同,尾水不通之状,非取瘷、痲也。

廿六日　阴

冯甲来。乔子始来见,与同至戴弯,看开枝后妻,小坐还。周生来。夜有雨。

廿七日　阴,风凉,始夹旋棉

刘生来送文,为改三篇。说"思无邪"归重于思,言先正其本,虽不合《駉颂》,而未骇俗目。比日食甚少,而事尤简,复有不耐静寂之意,以屋中无一本书,不可度日也。静者固不待书而能凝神,斯所以寿,而李云舅之不寿,则又家运为之。

廿八日　阴

小疾,卧一日。佃户争柴打樵童,顷之三四妇女登其门喧呶,余卧强起,视闰儿复与桂子斗嚷。石珊及甲总、牌头均夜来。震孙专足来,求荐张子立。

廿九日　阴

搢子来,初以为为萧郎说客,后乃知其为李郎也。石珊、田、周均来。

晦日　阴，微雨

摺子去石潭。石珊来，方留午餐，乃云请会酒，同往戴弯，为曙生种会。乡人呼醵谷助人曰“种”。余来二五石，珊四而桂子三，菊女六也。五簋既陈，告饱而散。摺子复来。

九　月

壬戌朔　阴雨

钞谱稿，纸毕，将去之。午间盛生员来，诉团总见陵之状。乡人争闲气，不可理喻，与同至团局和解之。至则众皆不至，乃坐饭店，余托故步出，褭回平原。族子太明自铁店出，问其兄，曰成死状。又遇石珊，极言樵童不可赦，与同至田店论之。田夫妻抗不服，云追至礲中太凶恶。余语石珊，此余过也，遂置不问。村老四五人论谭、盛事，余复和之，纷然而罢，设食亟还。

至门，摺子随至，云招女来矣。招女嫁李氏，有贤名，其婿在桂林，欲求荐信，思之不得，唯忆一向子振，当与书托之。太明亦至，令借帐子，买烛代镫，俄顷粗办。乡中每有此仓卒客，甚可怖也。

二日　晨雨

暂留一日，招女携女去。忽热。石珊来，欲得熊子，熊乃不愿，石珊甚愠，余惟匿笑耳。天下真有梦董事，非口舌所能明也。家中遣人送衣来。

三日　晴

遣觅夫力，云晏不至，盖乡间已早饭，则不作工也。竟日无事，将夕晋庵来，戴弯诸子招之析产，余亦随往，依其意而断焉，至夜然烛还。

四日　晴

先曾祖忌日。热。与晋、石同船下县,待至过午始行。舟中极热,夜至蒋家马头,步上,携被,张生从行,为持之,又益热,汗透衣矣。投宿宾兴堂。夜风。

五日　阴

李廿二舅子字麓生来访,招孙兄公也,犹有李氏家派。张、萧来,遂与张同过陈伯弢,看详复求才文书,还与萧同上总,雅南亦相随以往。至吴园访桂,还为仁裕合主人所要,适逢匡、杨挟妓,兼招罗小元翁、张生、龚文生天成亨同饮,遂留夜饭,未免有铺啜之意,非雅游,亦非冶游也。夜还寓,吴少芝来。

六日　阴。丁卯,寒露

陈伯弢为监生所撼,物论亦齮龁之,欲余解焉。请李、朱同会,俱辞不至,又改招市侩、武人,亦辞不至。乃自来相约,从朝至夕,始得沽酒市脯耳。张生亦与坐,乃其党也。许生来。仁裕请为子师,萧正皇皇求而不得,乃托萧代通,真无可如何之情。酒罢还,正逢孙蔚林与客俱至,陈事其所主者,余讽以惜才,乃不肯认,往复浮谈,亦无着落。余云欲其去易耳,仍是不能容隽异士也。陈亦披昌不受裁制,末世士多如此庸劣,所以得意。

七日　阴

从许生处觅二夫以行,行甚急速,未夕已入城,城中无事,唯出门无可往耳。窊女亦还,夜奠其母,哭声甚叩,已而斗牌,殊不悖礼意。

八日　阴

欲出,待饭不果。陈芳畹书来,叩冥寿。淦郎亦来。为四女课方名,夕往贡院一看,遇一人甚贫薄,自云久违了,不识之。

致书向万铄："子振仁兄大人阁下：久未奉问，侧闻政名隆隆，宜民获上，骋其骥足，继美鹿、张，桂荫非遥，乡人咸喜，幸甚颂甚！闿运蜀游十载，遂成老翁，伏匿山陬，久谢人事。昨因族孙女来觐，询其家事，云其夫李恩生谋食浔、梧，曾蒙盼睐。去岁重游漓上，未得枝栖，四壁既空，一身无寄。李氏湘南旧姓，恩生兄弟孝友笃诚，俱善楷书，亦谙笺记。与闿运重昏旧媾，曾未能拔振其才，自愧力微，每嗟贫病。但以粗知名字，即是因缘，欲令于领外安身，或期树立。然旅食不继，漂母难逢。伏维仁兄洞悉人情，素宏奖纳，曳裾虽众，授馆不难，用介一函，专求鉴爱，尚乞遣招至府，先借尺阶，徐量所宜，沛之河润，月请能得二万钱以上，方可稍资奉养，略办衣装。既获归仁，自然堪事，他日再当关之当道，俾遂机缘。前汤右庵过衡时，初不知恩生在桂，失于面托，旋闻移镇，知饮啄有方也。闿运频岁遘凶，今甘穷处，筑室涟上，假馆东洲，城中故人，散亡略尽，意气衰落，无可告言。因事奉笺，知哂疏率。敬颂台安，不尽。"为招孙家干请也。

三更榜发，唯萧生一人中式卅六名，与曾涤侯、俞荫甫名次相同，亦性翁衣钵也。

九日 阴晴，有雨，甚热

杨性翁来，重宴鹿鸣，欲往看之，牵率未果。胡子夷来。午饭，与诸女看榜，看号舍，游浩园，还讲课。

十日 阴雨，晚晴，愈热

性翁来，半体偏枯，精神犹旺，能作字吟诗属文，聪明未耗，面亦丰腴，然热怀未冷，甚以与宴为荣，属考《会典》。步至黼堂处寻之，辞以病懒。循城将还，忽悟当至四胡家，又循城还，至廉福堂，四胡皆在。从小说钞得重宴礼节，便与性翁。小雨廉纤，急步而返，至家大晴。思此事官士必不甚重,而性翁一人有毁无援,因与书王逸梧,以大义劝之。好事者亦难其人,可叹也。夜间王书来,果不以为然。秦子质送润笔,复书辞谢。铸乃夜来。

十一日　晨雨顿凉

登楼讲课,竟日无客。

十二日　雨竟日

曾荣甲士元来,新中亚元,弥之旧客也。看闱墨,遂无甚庸滥文,而多荒缪字面。近今风气果变,非徐桐辈所能挽回也。小女字学颇荒,音读惝恍,责之过苦。

十三日　阴

邹生来呈艺,甫被放而仍应课,亦可谓勤进者,为点定二篇。解"亳"字为商邑之名,文从京、宅省,似为确当。亥夜滋女得男,颇为欣慰。

十四日　阴

看王逸吾《荀子集注》。彭生来呈课文。张编修发题,问郊禘是一是二。王苇塘类也,不知何人始发此义,无从驳证。

十五日　雨

滋儿三朝。李幼梅、王逸梧来,云性翁复欲与宴,院司以坐次屈抑之,使列监试之下。向亦闻此说,借《会典》未得,不能定其是否。梁山舟礼单则坐在东北隅,又似不依官班。此大礼,而任意轻重,可怪也。

陈芳畹告绝粮,搜钱四百应之。终夜梦与孝达剧谈,云因行过我,请为供设,与同食冬黏,饭甚软美。

十六日　阴

看徐松《登科记》。道、笠两僧来。笠僧云南岳祠僧被逐,请余缓颊。房妪告去,留之甚切,终不顾也。盖匠治屋漏,亦不能赴工,人力不足如此。

十七日 大雨竟日

唐葆吾来,送艺公遗集请校,云其兄子考荫,便令作小京官,以习宦事,亲为运赀寄去。其家庭雍穆可喜,薄俗鲜闻此矣。

十八日 阴晴

看《郎潜二笔》,似曾见之,殊不成书,多剿袭袁子才而又诋之,尤为无状。夕过益吾,又访何棠孙借《会典》,不遇。笠、道二僧来,约斋集。

十九日 晴阴

始出临�仙、镜初、蓬海之丧,便过黄母,道逢邓三郎子沅,还遇文擅湖,顷之子沅来,颇以正论裁抑之。郑七耶来,子沅留饭,郑云已食。夕访翰仙,夜雨舁还。

廿日

子后大雨,至辰乃稍止,犹点滴蒙溟,真词料也。"秋霖曾赋。自中年后,渐减愁趣。连宵到晓何事,向孤灯外,敲窗摇树。料是无眠惯听,更凄切蛩语。蓦记起、飘箔红楼,点点声声断肠处。　残花落溷泥沾絮。总饶天、漏尽何须补。闲情已自难奈,争得管、酒帘花橹。睡也休休,侵晓冲门,一段寒雾。只怕到、丝鬓重青,早又潇潇暮。"右谱《雨淋铃》。

张秉文子虞来谈文,武冈新举人,其父为广东令。黄七郎来。逸梧约饮,辞以忌月,云"黎简堂云只可避人吃肉"。此余平生自欺欺人得力之处也。午赴笠僧约,南岳祠住持设谢,唯菌笋一盆,外有白菜、茭瓜,俱鲜旨,食面二碗,腹果然矣。易、涂、道、杨同坐。周郢生过谈,旋去。

夕还,舆、莪口角,乃敢质我,其愚不可诲,姑责教之。余虽有慈无威,未遽疲堕,而子女不戢惧,由性顽致然,非无家教之过,然不能辞责,所谓王家息妇不可做者。

廿一日　雨竟日

翰仙来谈半日。戴道生来取荐函与淮盐,姑依所愿应之。李幼梅又来,约饭浩园,辞之费口笔,不若一去了事。窊女还。唐葆吾来。

廿二日　阴。癸未,霜降

孺人忌日,清居愁感,邓、胡两婿来。检破箧,见草书一卷,乃雨苍寄来者。余初未闻知,开看则妄人所为也。然用力甚勤,作伪亦巨。余初不闻有此,付诸胡请考之。

廿三日　阴

与书俊臣,荐翰仙。四川科录传到,知者九人,中有十馀年院生,虽云徼幸,亦沉滞矣。有一吕曙文,似是翼文,而籍贯不符,要之翼文亦必中式,分迟早耳。朱宇恬送衣裘,致词甚妙,有似送子思鱼者,盖非假手所能为也。复书受之。商农来。

廿四日　雨阴

始出,答访保吾、邓郎、张孝廉、杨性翁,过文正祠,以为李设宴在此,往问,则余误看也。复还至柑园,甚早,坐顷之,雨珊亦至,徐仲衡、王、杨先后来。闻冶秋得南斋,盖作诗之力。谈不甚洽,各有意趣也。夜还。

廿五日　阴

遣人致外舅练祭明衣,其家无一介之使,余亦未往,不可无此仪也。将还衡而无赀,占之得"死灰复然",与书保吾贷之。见郎来,云当还元卷。余云凡辞钱,更俗于要钱,以其沾沾重之也,宜勿更言。陈总兵来,招陪翰仙,以在练前一日,不可往,而无所喻之,姑为画诺。

廿六日 阴晴

保吾来,送百元。借以开销,始复翩然。看杂书,连日殊无雅致。彭石如来。田生来,言讼事。喻以无求胜,不用钱,乃可保家也。夜大风不寐。

廿七日 大风竟日

两佣妇来上工。城中佣力极难久,故以多人备其反复,然家中内外佣十一人,似肃豫庭儿所言,无可省减者矣。今日陈改设于其家,乃引礼得辞之。夜视涤濯,定练礼,稍斟酌虞吉而为之,似亦可行。

廿八日 晴

己丑,练祭,辰正行事,哀敬可观。天色晴寒,始有冬意。郭、彭、邓郎均来,窊女还,皆不及事。曾知州来,常熟人,杨师亲友也。

廿九日 晴热

见郎晨来,云王灼棠最敬我,求一薰之,余方谢客,见意殷殷,许为一言。午请去年敛宾,因约唐葆吾一饭,瞿、郭、胡、邓先集,唐后至,文擅南、海岸闯席来,并入内坐,功儿陪之,馔馀甚旨,惜未丰耳,戌散。为弥之书短屏,甚劣。

晦日 阴煊

王藩台来谢,未见。海岸来,久谈,云求福严寺碑。革逐慈航,以为护法。

十 月

壬辰朔 晴,南风

晨答访曾琢如,因过王藩,未晤,出城上冢,露湿衣屦。还,王送菜道意,以遗黄观察。得杨吉南书。

二日　晴

见郎复来,欲干王藩,无阶以通,儒冠之困如此。诸子坐食,各令谋生。功儿往鄂,舆儿往浙,诸女还乡,庶几可振。午遣觅船上衡,南风仍壮,舟子不发,还家,朝夕食罢,乃复登舟。夜有雨。

三日　晴阴

缆行七十里,泊暮云司,尽日困卧,夜不寐。

四日　晴

缆行至午,始抵县城。入宾兴堂,剃发,出则六、萧坐待矣。未交言,趣还舟,即发。至夕始至涟口,暗行卅里至姜畲,扣乾元门,索夫力,笼镫山行十七里至山庄。入门则男妇纵横数十人,大似蒲《志》所记群狼者。欲暂眠不可得,夜凡四五起。今夜当斋宿,不能斋也。

五日

烝祭,旧例公祀也。随桂堂七耶行礼,红顶无翎,武弁所绝无者。余与敬安亚、三献。外房来者四五人,盛二抚孙亦来,十三节母并至,为坟山谷事。王沐与余接席,云前年未上书,余亦不复究之。

待船至午未至,颇为皇惑,已而陈升来,亟令熊率二子以行,乡庄稍为肃清,而胡孙不能不散矣。非吾勇敢强有力,不能办此。舣南北塘,晡食后乃行,夕泊涟口。又遣人取衣物于城中,萧某所代买也,去钱十二元。今日及夜并煊,似夏。

六日　阴,稍凉,可二禅衣

缆行一日,泊株洲对岸。夜雨,仍南风。

七日　雨

晨缆行,食时转风,雨亦密渐,天气渐寒,二绵犹瑟缩。夕泊淦田,夜风甚壮。今日戊戌,立冬,不宜雨也。

八日 阴凉

北风横雨，帆行卅里，缆行卅里，复帆行廿里，泊衡山塔北。夜寒重。

九日 晴，复暄

廿里舣雷石，帆行九十里泊坫门前。夜月。

十日 晴煊

南风，缆行十五里，至樟寺，过已将午矣。复缆行廿里，至来雁塔，日已将夕。令吴僮安置熊妪于城中，余从陆行入北门，至金银巷，访俊臣，云宋生今早甫过二程郎，俱不遇。步还东洲，斋夫云，宋主考昨夕至此独坐而去。院生还者五人，俱入见。船未至，寻衣被不得，借匙开箱，乃得绵衣。顷之人船俱集，始得夕食。夜月萧清，梯磴新成，登楼临岸，久之乃寝。而梦调度兵事，指挥萧、曹，可笑也。

十一日 晴

晨起不得食。岏樵来候，云夏生犹在城，荒唐穷困。又云铸乃已赴官矣。

竟日闲坐，看《端州石室记》，孙伯渊校，文句误读可笑。《记》云"遗土驷马"，犹言脱屣千乘，乃以为"杖龙遗土，驷马陵晨"，何其妄谬！夕诣杨伯琇不遇，步月还。

十二日 晴霜

晨起无菜，昨夜煮肉，野狗阑入，尽食之，恶烦人，遂白饭致饱。钞谱稿。沈郎、曾生、熊生来。熊，老晓之子也，久不见矣，云来衡觅馆，告以绝地。又欲往鄂干陈右铭，求书以往。余云办钱二千，不遇，亟回可矣。遣吴僮觅刻工，再返始达。

十三日 晴

来三日，主人不过问，遣催火食亦不至，乃知在陈绝粮，狂简小子为之也。寄禅来,索写屏风甚迫。程郎、俊丞继至。程送鸡鸭,即以款之,谈半日乃去。寄禅食于邻寺,夜复来谈,初更即去。

十四日　阴。晨无霜露,午乃大风骤寒

为寄僧作《罗汉寺壁记》,文成未书。衡山穿洲金莲寺三僧来,出巨纸索书屏风六幅,尽费其墨,信有缘有定也。樊衡阳送蟹,兼自来问侯。隆兵备复来设拜,则不知其何因。唐葆吾舣船来候,正得百元还之,自来还帐无如此快。艾刻工来送谱稿,则尚未得半,今年恐不能成。

十五日　卯初月食,巳乃复圆,俱入地不见也。阴风欲雨

辰出点名,得九人耳。朝食颇早,午间首事送火食、脩金、川赀,云王藩台岁加四百元,今岁加二百元,意外财也,受之无愧。论教学,则今年初不须人,实为糜费,非我不教,无人可教。杨伯琇及常郎来,少坐即去。丁笃生来。沈子粹,孙翼之,衡、清两令继至,设酒,请屼樵主办,肴馔颇精,宾主俱欢,戌正乃散。子粹赠诗,临贴六纸,摹北海而似永兴,于此见唐初书派,欧、褚为别调,苏、颜则又异矣。徐在其间,结体独奇,开柳派者。李、徐皆是羊毫书,故柳不能用羲之笔,此消息未经人识,盖鼠兔坚硬,不能方也。

簿书窘俗吏,章句困儒巾。良材不可枉,高志自然申。夙昔慕之子,逍遥观国宾。邂逅君平里,绸缪清沫滨。易游当代豪,微眄辨玉珉。咨余实疏率,嘉子赏我真。归与各怀土,里巷分弥亲。复此湘东游,开襟拂清尘。鄷湖异锦水,同有双翠鳞。举网辄相忆,临觞忽披云。来诗何温其,霜烛夜回春。渊渊金石韵,近答山水亲。伤今政俗殊,思古才隽珍。谁云高难和,信彼德有邻。

十六日　晴,复煊

罗生知扣课,复来点卯。未几俊丞来,杨伯琇继至。今日夕集,

而俊当午来，久坐，待厨人，索点心不得。秦容臣、殷怀堂、程岘樵毕至，已酉初矣。设烧猪、蟹羹甚佳。客散，月高，夜景甚丽，颇有佚思，再起看月。与书陈右铭。秦容臣云："作菌油，但取生菌阴干，以麻油、酱油泡满，五月后取食。"

十七日 晴

朝食后熊生石华来谢信。云子粹次子，字翼生，尚未昏，托其媒搢女。临《石室记》一纸，笔意殊超。托伯琇定油三石，还酒席钱，已去半百矣。

十八日 晴

晨起写寄僧屏风，作李太和体。方挥洒得意，闻扣水门，以为僧来，则一生闯然。知是黄姓，而忘其字，云明年欲住书院。余云极佳。与同下湘，看小皮衣，至程宅，请轿，谢隆道台，步菊山甚佳，云其小孩子所种也。隆无子，盖以仆如子称之。山西抚，故湘臬，递迁京尹。王濂得湘臬。今日话多，得数十句，端茶告退。复还程宅，同商霖步至俊丞处，则杨柄、斗垣、三跗先在矣，怀堂、伯琇继至，鱼翅甚肥，面食亦佳，夜还甫暝。煮肉烹菌，至月出，久之乃眠，甚热。熊妪移入院，以无人照料，得之为愈。

十九日 晴

院生唐、丁来点卯。萧生来呈卷。熊生复来取字去。夜校艺渠遗文，亦有佳者。看徐海宗诗，皆果臣所成诵者，余亦耳熟，忽忽四十年矣。风寒将雨，俄而月出。

廿日 晴

晨糊窗未毕，僧秀枝来，送橙柑，云西禅新接住持明果，将与寄禅偕来。顷之俱至，促写对一副。丁、段催客，黄德总兵来，余匆匆乘船至杨宅门口，约伯琇同往，至则俊丞、程郎、周屏侯俱先在，即席会食,酉正散。返照如月,赤光照岸,到院已夜。兴宁段、袁两生来受业。程郎云尚有数人欲来见,余俱许之。

廿一日　壬子,小雪。晴

黄生来见,云贺子引之同居,八月已来,今始通名耳。煮面晨餐,饭熟复将食,衡阳令催客,写对一幅出。乘船至程宅,异谒新守未遇。至县,清泉令先至,程生、刘定生同集,设馔云极经营,殊未见精腆,夕散。还舟,遇乔生从乡来,又得宋生书,云功儿已游武昌去矣。词意凄惋,而曲突焦头,未知所指。

晋庵、石珊、迪庭弟侄同览:得晋弟书,具悉一切。查谱载之贯、士苣葬六都十甲天鹅鮝荒山,内界穿心三丈。今云王姓葬其岳父王之贯,则六都王姓乃我家女婿也。之贯两女,次适汪德麟,汪德麟即王德麟,修谱时避婚同姓而改耳。既系六都王氏葬其岳父,则此山必王德麟管业,后卖与谁家,转及田家,但看老契自明。若田家老契无王姓出笔,则此坟非田姓业地矣。若系王姓出笔,则此乃王姓岳父,非王姓老坟,且系父子,并无女坟。葬时在道光十二年及十六年,出笔必在十六年后,此易明也。王姓先既美意送地与我家,今反令其输官事,恐非睦姻劝善之道。迪庭为六都所信,与王姓诸名公皆有往来,但请公正明人取谱一查,王德麟子孙尚有何人,何年售田,何年葬坟,真假立分,讼事可息。王姓先有送地之惠,田姓又有照管之功,此次酒席,当出自甘棠坤及我七房诸家,公同预备,为之和息,乃美举也。若看谱无王德麟,则此山非王氏之山,或匿谱不肯借看,则是有意欺田,因而欺我,非经官不能断结。似闻王姓有斗钱一千串打官司之说,我当告之县太爷,从重罚捐,以戒邻里好讼之辈。王姓多明人,必不肯输理又输气也。此事经官一问,曲直自然,无须请托。但恐官不知此窾窍,上堂时将此信呈太爷可也。十月廿一日书。

廿二日 晴

湘潭信力取回信,乃知昨宿我处,荒唐胡涂,适欲附书,因与以二百文遣之。长沙金生游学,送有诗画卷,以四百文与之。熊妪求衣,以六千文与之,月费罄矣。写诗卷二轴。忆文小坡《广韵》未毕,取"五质",日写一叶,将以廿日了之,自今夜始。

廿三日 阴。朝有寒风

钞《韵》一叶。丁生来,言求馆事,云当往湖北,欲余函荐,与同船至伯琇门前登岸。访杨未遇,又答访黄营官,遇周署守辞行,未茶即出。遇程生,与同至杨斗垣家,俊丞、伯琇先在,笃生、怀堂继至,看花园,还饮,至酉散。与伯琇同船上湘,乘院舫以还。斗垣好夜饮,而今早散,亦罕事也。伯琇请海侯教读,以脩金多少,送聘迟延,致成参差,与书海侯劝驾。

廿四日 阴。稍寒

校谱稿,舛互百出,伏案细勘卅叶,改定发刻,已过午矣。稍睡起,作字,钞《韵》一叶,已暮。杨伯琇不知《会典》,误以纂本为全书。

□□黔豫许苏奇,盛矣漕河建八旗。三浙三湘□鼎足,四徽人最占便宜。

二直兼漕合十旗,三湘鼎足未全衰。两江独对甘黔豫,四浙安能比四徽。

当年六五擅军功,鱼鳖蛟龙也自雄。今日十三新太保,男儿看杀可怜虫。

廿五日 阴晴,有霜

朝食后钞《韵》一叶,写字四张。下湘访秦容臣,言糟鱼片,但以绍酒烧开,入鱼即起,并汤上碗,即成矣。至周屏侯处小坐,访俊臣,同至程家,道台遣催已久,舁往。刘定生、张训导皆至,同食,席散未昏。步至百搭桥,船未来,复还至盐丰呼渡,到院初更矣。少坐假寐,遂睡着,醒已人定,解衣遂寝。

廿六日　阴,有风

丁生来求书,干鄂抚,与书托之。钞《韵》一叶。丁生母子开妻。送礼八色,配装颇精致,能人也,受半还半。至二程郎处少谈,舁答访清泉典史蒋翁未遇,至潘茉坡处会食,丁笃生、孙翼之已先至,樊琅圃后来。席散,初更至铁炉门,溯湘还。

借得《会典》,考重宴鹿鸣,初无本末,唯载乾隆卅九年甲午,同知孟琇重宴顺天。卌八年癸卯,知县康定遇重宴江西。五十四年己酉,知县赛玙重宴云南,及河南纪昉。五十七年壬子,大学士蔡新、知县石鹏翥,衡山谭、湘潭昌明等,重宴福建、湖南。六十年丙辰,御史冯浩、知县孙似茗等。至嘉庆十二年徐绩、翁方纲丁卯顺天,梁同书浙江,始有恩褒。十五年赵翼、姚鼐庚午两江。浙江周春、山西文水郑岱钟、山东林培由、湖北施弈学、江西赵鸣岐,皆依本品加一级。而黄叔琳、史贻直、嵇璜重遇胪传,则无准其之诏。

廿七日　阴,始有寒色

马岱青次儿来。看读《通志》一过,无重宴鹿鸣之文,已费一日功矣。《通志》唯《六书略》可存,馀皆无取。夜钞《韵》一叶。颇饿,无可食者,食橙一枚。

廿八日　阴

看《通考》四函。巡四斋,小惕。黄滋圃总兵来,请渡湘,步往则俊舁已转,云早到矣。丁、程继至,孙翼之最后至,酉散。黄久从李希庵,盛称其战功。钞《韵》一叶。

廿九日　晴

课卷十八本,钞《韵》一叶。海侯来,云明当起学,留饭不住,小坐遂去。日照窗甚炫灼,掩扉小睡。夕泛湘,赴仙姬巷孙翼之寓会饮。沈子粹、黄营官、陈郎子声、屼樵皆先在,设食颇费,二炮散。到院则莲耶、陈五耶专人皆来矣。夜看《通考》二函。

十一月

辛酉朔 晴,晓雾

出堂点名。钞《韵》一叶。诸生入者七人,略谈读书之意。看《通考》四函,无重赴鹿鸣之说。衣睡稍迟,犹不得眠。

二日 阴。晨雨,气煊,多卧少事

钞《韵》一叶。始分芍药,壅牡丹,插樱桃、枇杷,种杏,作红茏吉[1]。其释以蘛,为拒霜,望文生训,存异说也。夜看《通考》三函。雨竟夜。

三日 雨阴,风寒

钞《韵》一叶。午渡湘,步至杨慕李家,过海侯少谈,闻珰又生女。至慕李处,笃生先在,怀堂继至,屼樵、伯琇均在方伯第醵饮,待客未至,夕来会食。主人厚我特设,而寡言词,客亦无多语,酉坐船还。陈芳畹人求盘费去衡阳,去八元矣。

四日 阴晴

小觉不适,未朝食。钞《韵》一叶,阅课卷廿本。秀枝来请客,为出知单。许惺吾教官、辅堂来谈。

五日 晴

周屏侯早来,云有两魏生来从学,出见之,亦农之子,荫兆族孙也。一字少殷,抚其兄子成立,同年入学,俱欲肆业,留饭去。钞

① “吉”,《尔雅·释草》作“古”。

《韵》一叶。秦容臣来,夕去。初月满窗,开窗赏之。

六日　阴煊

竟日清闲。钞《韵》一叶。可以赋诗,无新景物,再钞《韵》一叶。与书止珰入城,兼附食物去。

七日　丁卯,大雪节。阴,午雨,甚煊

先孺人忌日,素食。忆丁大故,时近冬至,天正寒也。驷隙不留,丧亡相继,块然孤独,年过二亲,亦何聊哉！计自卅年来,丁口增廿七,亡者八,未为不幸,然知心尽矣,臣之质死久矣。

晨钞《韵》一叶。校谱稿,作开之传,又忽忽不乐。取海参,已失去,凡物供用否,信有缘也。偷钱买补焉,余之教下以权如此。袁出来,取《易说》去。

八日　阴

与书常晴生,借《通礼》。午巡二斋,已值夕食,还小愒。校墓表毕,尚有三叶未钞,明当促之。无菜不食,仍上楼斋,仅有三人,而无言者,下已夕矣。钞《韵》一叶,今日颇勤。

九日　阴

作阁道。周屏侯介二魏来,坤能胞弟也。因忆赵伯璋,并与书文小坡,寄《诗韵》去。艾工送谱稿,尽日内校之,补作耆寿表,亦手自钞稿。功课拥挤,犹患日长,乃知惜分阴为仕宦人说,非处士所宜引。

十日　晴

理齿录,校疏漏者。刘、程来谈。西禅孽徒来,求塘税。贺年侄送寿履。纷纭总至,欲留客食未得,逡巡夕矣。今日凡钞稿十馀叶,而谱事全毕,可以去矣。

十一日　晴煊

感寒,咳嗽颇甚,竟日无为。寄对联二幅,屏四幅,治装欲行,遣

熊先去。

十二日 晴

晨起乘雾下湘,至程家待饭,已过午矣。俊丞来谈,要同至西门,不可,遂独步出西门。寻旧路,已仿佛,遇黄生引至寺,子粹、寄禅先在,顷之潘清泉、黄水师、刘静生、樊衡阳俱至。夕月照筵,本午集而遂至夜,笼镫传呵,居然盛会。还宿程家。

十三日 晴

遣人还书院,发行李,觅乳媪不得,仍令熊携子以去。余坐程家,迎俊丞来谈竟日。樊衡阳送陈澧馆,来同朝食。

伯琇来送,言石家有道士镜,能见人前生。要俊丞同看之,则一常镜。遣小鬟看余,久之,云无所见。复令一人看,云见光一指许,亦无所见。俊丞照之,婢云一道士,棕团棕拂,坐岩上,旁有清池。与其自梦略同。再看余,则见一长面老翁,着衸衣,两童侍后,案有书本,而俱白光。盖看者捏怪耳。

步月下船,送陈、程还城,余至石鼓,登舟即发,宿章木寺。"炮边鹦鹉睡,艆上牡丹开。诗思浮江阔,春光待酒催。六年明月在,一梦紫云回。独背团圆影,繁霜戍角哀。"

十四日 晴煊,才可一绵

行至七里站,邻船胶舟,待久之乃发。少泊雷石滩上。夜风不寒。

十五日 阴

日下有气如簪,晨下雷石二滩,水涌碧堆,可名清浪,频过未见此景,盖风激使然。邻船有一伧父,似相识,来问讯,乃知为常宁张某,以无妄被县令吕封门闭店,诉之不直,欲往省城寻筠仙之流,告之抚、藩。此事知县诬陷把总,无所为而为之,但为人指使报睚眦,其义甚古,非近今俗吏所能,而张受其祸,乃其父诬讦唐艺渠之报耳。反复捷于影响,唯旁观知之。夜泊朱亭,行百卅里。张姓来聒谈。

十六日　阴,北风

行卌五里昭灵滩,自此上不过二百里,然难计日,且须守浅也。

舟中煮鲞,偶思"鲞"字未知何声,乃"鲜"字别体,"仙"、"想"声转,加乀以别新鲜字耳。《说文》云"乐浪鱼",盖制始辽东。若作"鲞"字,无缘读"想"也。午后时有飞雨。阮芸台老不识字,余亦多别字矣。

十七日　阴。昨夜雨,至晨忽止。北风稍寒

行卅里便一日,未知何由迟钝也。至沱心换拨船下滩,即泊凿石浦。

十八日　阴

鸡鸣即行,晨至鼓磉洲,未饭。午后舣仓门前,离岸甚远,不可登。见湘勇回者,衣装累累,妇女华绮,江南女悉当配伧虏,前作马卒妻,后为湘乡妇,皆无一豪温柔者。彼俗陵夫专家,故有此报。若邯郸才人,正自刚强,反可奴厮养也。

夕过昭山,望湘水平流,如临池上,因作一律:"昭山南对锦弯城,淡霭轻烟潭水清。桃叶门前衣带阔,枫林霜后布帆轻。观澜自觉颜无皱,叹逝安知圣有情。行役徒劳归又老,白蘋吟尽暮云生。"

泊暮云司,有村女支更,收钱甚急,戏作一诗:"小鬟水驿报更筹,缺月瞢腾映市楼。直恐繁霜龟玉手,断无馀火宿香篝。数钱莫学河间姹,呼棹曾非赵主舟。等是红颜任漂泊,不如渔妇黛眉愁。"

李少荃挽联:"分陕兼一相之权,今古帅臣无与比;专阃制四夷以外,夙宵忧畏有谁知。"

十九日 阴雨

朝食时过枫树望，午泊朝宗门，登岸则泥深一尺，云雨二日矣。冬日晴雨百里不同，可异也。舆儿方从县回。得功儿书，云鄂中宾客颇盛。

廿日 阴

为儿女孙男理字课，一日仅毕。与循来，谈陈、孙事，妄起风波，殊无因由，甚为可笑。

廿一日 晴阴

起稍晏，日课殊未毕。召匠及苏四，欲作西房槿篱，木架亦需五万钱，宜汉文之辍工也。

廿二日 壬午，冬至。晴

出城看妻墓，还遇杨三叔。夜片野鸡，求酒不得，家中无人任事，曾不如煮面斗牌时，忽忽已卌年矣。夜寒。

廿三日 晴

晨大雾，隔波离视之，反较空处分明，盖目为气昏，气不盛则光见也。彭石如来，谈半日。

廿四日 晴煊

督课粗毕。郭见安来，谈半日。为瞿海渔写诗卷。“子在川上”为叹逝之言，乃悼颜渊也。

廿五日 晴

功儿书还，尚未渡江，可知其懈怠。胡婿来。说《尔雅》分“糐〔搏〕”、“米”二句承“食餲”。乃知平日草草读过不少。夜坐至鸡鸣。

廿六日 晴

说《论语》“明衣”为蒙衣，即蒙彼绉絺之蒙。明布则浴布。旧云衣布晞身,乃着布衣以待身燥,非也。衣布者,以布为衣,即语所谓蒙布。明衣布者,有明衣,又有明布,明衣以蒙亲身之衣,明布以供浴后之用。《礼》又云:“明衣裳用功布。”则又一衣布,不可混同。

廿七日　晨雨,旋晴

步至北门,看季高新祠,工作颇盛,子虽不才,固贤于曾劼刚,犹有不忘亲之心也。惜其不临水,则尘俗使然,又诒谋之无雅致耳。夜掀牌。

廿八日　晴

族孙焘自县来。看自注《楚辞》。《离骚》托意幽隐,而子兰知怒,盖其门客为解说也。疑即屈子所进改节之士,故能通文心。此意未经人道。窊女还。郭见郎、胡婿并来餽祝,设饼待之。彭石如来借钱,本负百千,以百元贷之。夜雨,斗牌至三更。

廿九日　微雨

坐楼上未出。食汤饼,肴菜均美,盖吾家习侈久矣。见郎、胡婿及胡子威均必欲面,出见之。

晦日　阴

出谢客,唯王、李、胡、黄均入见。王处遇张,李处遇陈,皆必欲醵钱唱戏,以余为囮,拒之则不同流,许以初二日一集。黼堂病甚,殆将不起,不见已两年矣。日短天暗,匆匆还。斗牌。

十二月

辛卯朔　晴,稍寒

督课甚忙,须半日坐功,方能粗了。由小儿不及前慧,吾亦不及前锐也。

二日 晴

公请看戏,新入者黄觐虞、郭子宽、谭文儿,皆王祭酒所招派也。十三主人,而五不至,可知其局矣。又不请客点戏,尤为新奇。至戌乃散。

三日 阴风寒雨

将看船,又辍计不去。特访黄觐虞,咫尺三年未往还。遇唐兰生。

四日 雪,才能白瓦,起看已消

仞字听书,聊充腊课,归来废弛颇甚。

五日 阴

龙芝生来,神貌均似皞臣,而俊爽不及,反富贵过之,益知人不以俊异为贵。

六日 阴

镜初二子来,送父书。顷之保之来,遂辞去。保之盛称香涛礼贤好士,致敬尽礼,及治越之美政,一千金用得着也。夜大满来,保之复来谈。

七日 阴

大满言春林母妻开烟馆,被访闻,求为解之。余在县了无声气,与片龚吉生,试干之。催饭,出答保之。保之云吾两人不得为朋友,未有劝善规过之益。然则保之盖可以为孝达之友,而吾诚负之也。以其匆匆将去,未欲多论,以开纷竞,当与书讲明之。又过芝生,陶聋来,遂出。道闻黼堂丧,至张通典君豫处小坐,仍折还柑子园临吊,驰还。大满去。

八日 晴

始定南迁。家人欲作粥,令但熬供粥而已,不能更分施也。为胡婿作《经解序》,兼看镜初《春秋笺记》,犹嫌夹入《左传》议论,已为杰作,与船山可抗行。

九日　晴煊

看曹《笺记》毕。发行李。芝生送瓷器,唯花瓶尚佳。瞿海渔来。

致书刘尚书:"岘庄先生尚书节下:奉别经年,侧闻敷政。每与陈俊臣叹息,以为今多暮气。如得明公同志一二人,砥柱方州,其功更在戡乱之右。窃喜精力弥满,福寿无涯,江介重游,归仁有日,方期之十年后耳。闿运烝阳重寓,居然老宿,此邦人士,新筑江楼,俾携小儿女孙辈同居,藉作休佚之地,既感其意谊,当复少留。自计生平,无少欠缺,惟少更世难,多识英奇。事变时移,公卿方以军功为虚诞,有宿将老兵,说士剑客,或及身漂泊,或身后荒寒,说项既不见怜,分米又无其力。近岁海关、盐局,皆势要请托,锦上添花,二纪之间,未尝染指。恭逢明公大澄斯路,通饬查核,想已洞照。夫冗食者既在所裁,则廉退者宜蒙奖励。值公道章明之日,有披云自诉之途,敢将应予矜恤者开单呈览,伏乞指㧑总办,一一量材。武安除吏尽,汉武乃得除吏,此亦汉学之渊源,湘州之佳话也。此外有二武人,一系闿运堂弟,曾从武慎公卅年,晚得云南武定参将,从武慎复归,乃朴山之旧部,刘武壮之本管官也。耳聋家贫,安静自守,晨夕耕作,不免饥寒。其一苏文藻,乃骆文忠亲兵,人甚明白谨慎,粗堪驱策。今遣叩谒,伏冀垂怜旧勋,恤其储胥,于营局中任赏一差,俾终温饱。斯皆田子方之所以报文侯,非闿运一身之事也。雅道久微,古风不复,左、李犹难语此,他贤益复可知。非遇闳规,末由披写,仰鉴与否,诚不敢知,韩退之所云试一鸣号耳。又闿运外甥曾纪元,略涉多通,人甚懒散,一衿穷困,亦屡为海上之游,如幕府需人,似可备数,并去年所蘑〔荐〕胡子夷，均几案之材也。湘中近岁章句词章之士实胜往时，而桢、干之材盖寡。闿运与俊秀诸生，讲求坚苦，均无能信从者。此则谋才路辟，进取途多，世极繁华，斯人趋自困，非复绵薄所能挽回。而明公居高位，握重权，但可推波而送舟，不能反奢而示俭。此又时局之所由成，风会之莫能转者矣。因感摅情，伏维鉴照，不具。”

名达，次子扬鹏。小名筱阳，行四，字润泉，辛卯十月三日未时生。名显，长子扬清，嫡出。行一，小字孟须，小名曦明，辛卯十月十七日戌时生。

十日 晴，稍寒

发行李，移家衡州，留二子守城居，携次妇、诸女、四儿、孙儿女以行。为胡婿作《经解序》。

十一日 晴，复煊

遣滋携儿觐西妪，议留同居，来迎两妇往谋。行李毕发，余适登舟，熊邻来寻人，令自往迎，余复上至黄家。西媪云年八十，不能约束孙子，致此乖张，且欲尽力谋之。余许滋留，遂还家宿，竟夜不寐。张庆来，送皮衣、西毡。

十二日 晴

北风甚利，以待房妪，竟日不能去，凡数返，乃求陈妇同行。夕发，二更至县，泊九总。

十三日 晴

买米炭。永孙、许、萧登舟，过午始发，十五里至下滠。

十四日 晴煊

南风大作，缆行卅五里，泊白石港。懿儿疾，不能课读，但教诸女仞字。夜月不甚明。

十五日 阴

先曾祖忌日，素食。行七十里至昭灵滩，舵挂而止。夜雨如春，潺潺至晓。真女复疾,卧竟日,并字课亦停。

十六日　雨,仍煊

晓发,复挂舵石间,念水寒恐濡没,起视已活。缆行十里,仅至淦田。遣视曾氏妹,因送端罩还竹甥,并索《论语》,遣黄一去。稍进,泊龙船港,夜黑如磐。真愈懿未痊。黄梅甚香。

十七日　晨晴,朝食后阴,有飞雨

船发甚早,至朱亭甫闻晨鸡。舣待黄一至,日高乃发,缆戗兼行,五十里泊三江戍。

十八日　晴

晨发颇迟,将至衡山,得顺风,夜泊萱洲。午间黄一还,曾甥来书,不还《论语注》,送薰鸡肉、饧麩。自至朱亭来候,不及而返,其实无须相见也。

十九日　晴

朝食时舣大步,久之乃发,不至章寺,三里泊白石港。

廿日　晴

北风甚微,船人亦息,行半日乃至潇湘门,已不欲行矣。余本欲泊衡城,以船人不从命,不复命之,乃竟如意。因登岸寻俊臣,云往桂阳矣。程郎亦不晤,独行至院,扫榻而寝。夜雨。

廿一日　晴煊

斋夫具食为费,因晨出,欲至程宅借钱。过杨伯琇,问段海侯未归,与一医生黄姓同坐,因留朝食,更有一西席出陪,忘问其姓。食罢,见船至,遂还。妇彭、女茙均至程母处,诸小幼先至,起行李,竟尽一日。扫除外斋,未施床帐而寝。懿儿居外间。

廿二日　阴晴

布置粗妥,尚无灯盏,然烛照两房,始理字课。

廿三日 晴

将入城，西禅新僧来，言塘税事并送食物，与黄船芝同至，辞受其半。同船至铁炉门，访二程，遇隽丞，云已来访矣，即还。童仆均贪城市不归，饥不得食，申饬之。斋夫送灶，颇有节物之感。

昨忽梦先祖母病笃，犹督祭肴。甚怒功儿，盖废祭过期，由国制子主母丧，不能吉服，时制供灵三年，吉凶不相杂。今祭已过时，又不便再举。梦中祖母亦颔余言。肸蚃有冯，令人悲惧。

廿四日 晴

刻工来请价，与书隽丞贷之。程、陈院生俱送节物。理字课。秀枝僧来。

廿五日 晴煊

命莪往杨家，已出吊魏纲丧，舟往，遇衡守文，唯程商霖一人陪客。登岸易麑裘，步唁樊衡阳，至隽丞处吃面，过二秦，与陈妪同还，已暮。

廿六日 晴，煊甚，仅可一绵

秦容丞来，托其假贷不得。至暮，隽丞贷我百金，始得料理，已不及寄家用矣。

廿七日 晴，仍煊

昨以为必有风雨，午更开朗。携儿僮入城，从铁炉门入，直至罗汉寺，寻寄僧不遇，听月设斋，饱食而还。从者分散，欲渡无钱，往容臣处求之，遇沈子粹、秦子和少谈，还遇洲舫，便附以归。买杂物仍未齐，方知理务不易。萱洲僧及寄公坐候，至夜乃去。五更睡暖，起自然镫，仍寝。

廿八日 阴煊

杨家送节物。复遣仆入城，市零碎。成家不易，但能备办无遗，已为能也,因此知前此内助有人。贺仪仲所云眼前只觉嗣徽难者,非嘲丘嫂之词,吾家则不唯嗣徽,即联芳比美,亦无不难。夜大雨。

廿九日　晨雨,已晴,年光甚美,登楼赏之

得家书,滋女复失所恃,要当自往料理。检点食馔,遂忘字课,至夜乃觉焉。正斗牌喧呼,亦不更补也。懿亦未讲《诗》。

除日　晴

晨祠善化城隍,旧典也。始设神位,以展瞻依。杨伯琇来馈岁。夕食,招在院生五人年饭,衡阳城云羹饭。又云取更新义,曰更饭。询之常宁无此语,桂阳亦无此语也。戌散。亥初祀门、灶、祢庙。子初待妇女仆婢俱睡去乃寝。斋夫守岁,终夜纷纭,恐其乘盗,自起看之,内中寂静,乃还,安寝。

吴容甫 点校　中华书局编辑部 修订

王闿运日记

第四册

中国近代人物日记丛书

中华书局

目　录

光绪十八年(1892)壬辰

正　月

朔旦辛酉　　雨风

晨起辨色,率诸生五人尹、段、陈、袁、焦礼先圣、先师、湘水神,俱斟酌古今礼,设拜不上香。先圣再拜稽首,先师明礼四拜,湘神今礼六叩。还内,拜祢庙毕。五生设酒果,小坐。朝食后沈子粹、萧礼卿父子、程商霖兄弟来。黄船芝来。向夕乃闲,还内摊钱,镫上即寝。

二日　　阴,不寒

晨起,宅门未开,待久之乃入,朝食于外斋。船至杨家门口登岸,舁过六家门,从潇湘门对岸过渡至衡州府、清泉县门,通判刘门,遂西至两县学门,入大西门,至都司协镇门,访俊丞小酌,少谈,循正街还到兵备府学门,及程、秦诸家而还,唯北门贺家未去。发家书,由水师寄去。从盐丰渡湘还院。贺郎、彭佩芝、杨斗垣来。隆、黄来,未遇。

三日　　晴

杨伯琇、萧伯康、秦子和、陈子声、朱宗胜来。始理字课,听认《杜诗注》。三女斗牌,纷争啼号,初睡未能料理,父子异宫,不宜问也。得谭敬甫复书。

四日　　晴煊。换小毛衣,犹汗浃胸背

俊丞、张训导、丁笃生、陈郎澍霄、高都司、郑赞侯来。郑曾至蜀

半年,竟未相见。又曾在吴竹庄处相知,闻年五十五,须白耳聋,如六七十许人。谈《诗》、《庄》,以余为栎社之寄,免不知者诟厉也。又与袁爽秋、王蒿庵相善,亦喜缪小山,而盛诋近日文衡诸公。陈郎云寿衡病甚。五更大风雷雨,而不能寒。

五日 雨澍如春

寄银与雅南。校谱稿,登楼迎春,看梅花,课字。食狸残鸡,甚甘美。夜听蕉上雨声,居然似船背,明烛赏之。西禅二僧来,请作佛会。

六日 雨寒。丙寅,申时立春

依例迎福。因令子女入学,懿儿辞以日辰非吉,荒唐不足诲也,听之而已。寄家用与长妇,馀附寄者遂至十金,其奢如此,五十年前借十金遂度岁,兼充正月粮也。

人日 有雪

杨慕李、孙翼之来。儿女读书,余昏昏睡去,比醒已散去矣。校之廿年前,真成两代也。

八日 阴雨

竟日督课讲书,颇能提振,说《易》"大牲",亦有搜剔。姚铭阁来包税。更忆刘刚直投书,时人定不可以礼化,故拨乱先进野人,知士大夫积习之深也。夜雨浓酣,有助幽梦,复煊,竟夕未醒。

九日 雨更冥蒙

搜蔬茗送西禅寺助道场供设。清坐无事,竟无可作。督课如额,复始学书,茙讲诗。

十日 晴

午泛湘入城,补贺年,至四家,俱未入。出城赴西禅寺,行香执炉,随僧礼佛,从来未行此礼。刘通判,沈子粹、程商霖、寄禅僧俱集,以余斋设,初开经也。刘自命老吏,而语多俗法,又别自一种抑塞之才,使其得意,未知于王、卞如何。夕散。补课。

十一日　阴

遣懿儿往行香,诸女惟理字课。办衬僧线布,适值空乏,仅能每僧供钱三百,犹假之于佣妇。布店更无红布,远市求索为难也。

十二日　阴

遣复女送衬去,于彼法亦可谓应酬周到者。兰奢兰奢,自不可少。复曾竹林书。

十三日　雨

未明有狂人登楼叫呼,自起逐之,倏然去矣。还寝待旦,起稍晏。朝食后正讲书,西禅二僧来。

偶出临水还,见新柳葱然已黄,作诗一首:"霖雨新水涣,汀洲岁华鲜。桑柳忽葱茏,初黄暧烟涟。久煊方望雪,含彩预迎年。霜霰傥再寒,芳苕何遽妍?人情贵初荣,与物共欣然。微风动地气,远兴赴流川。闲居每玩时,良序岂争先。春至有早暮,佳期安可谖。"

十四日　阴

曾使求书去。考生多来见者。莪与小女戏,偶诮之,便拂衣睡去。余诸女皆傲很,容之则不可,责之则伤恩,未知近代人皆然耶,抑独余家有此也。前七人皆未至此,诚十年内失教之过。

十五日　雨

诸生入贺节者十一人。文擅湖来。夕食甚甘,师子来角抵,诸女出看,余独守屋,上下然烛,煮汤圆成糜,令择好者供荐,礼庙贺节,已二更矣。小坐烹茶,月出朦朦,已有春景,童稚无足与嬉,又多烂漫睡去,余亦还寝。

十六日　雨

讲《易》仞字毕,携盈孙至城,入江南馆,官士十馀人,为补庆六十岁，秦子和以丧不与会，而衣冠待行礼，先辞谢之，并答谢文擅湖。主人先至者：二程、萧、杨伯琇、清泉令、杨斗垣、丁笃生、孙翼之、沈子粹。续至余未出迎者：文衡州子章、刘通判心葵、郑赞侯、高都司葆吾。后至者：俊丞、隆兵备、丁星五。余与擅湖[1]。共三席，亦有笙笛，犹愈于省城。大雨，水尺馀，夜还，如客行江湖，野兴寥旷。

子粹赠诗，即和二首："试镫风过绮筵新，高会湘东盛主宾。旗鼓论诗兼论酒，管弦催雨为催春。升平坐镇清南服，文雅同僚接搢绅。更喜曲终闻白雪，朱轮画舫共逡巡。""□□□□□□□，依稀锦宴月溶溶。新栽桐树将鸣凤，旧种松枝已化龙。一卧东山理丝竹，偶窥春幕对芙蓉。十年弹指吾衰矣，输与酃湖酒味醲。"

十七日 阴

晏起，讲书仞字，莪女无会心，尚不及滋，略愈甯耳，今乃知之。丁生来入学，衣冠见之。舟至大马头，舁往道署，诸客毕至，设二席，陈、丁、魏、萧、二程、二杨、朱，共十客一主，散稍迟，至院皆睡去，惟嫕妇相待，外一僮耳。午月照窗，明镫独坐。

十八日 朝雨晨阴

食后出看冯洁卿，问江南官事。还讲书，已夕矣。仞字一百，不辨笔画，然烛毕课。

入讲《诗》，《草虫》教妇顺，亦非以顺为正，以礼为顺也。《孟子》引《昏礼》而曰"妾妇之道"，谬矣。幼即疑之，未暇指摘耳。

说《易》"或承之羞"及《论语》"不占而已"，皆有疑。《易》无以羞为辱者。又何以云"不占"，疑承羞仍当用《否》爻义，言或以胔为羞也。礼有常典，胔者，俎实。实者，豆实。今或以承为羞，是为不

[1] 此处有脱文。前云至而"答谢文擅湖"，复云"续至余未出迎"。"余与擅湖"不得为后至明矣。

占,言助祭者贱不待占也。占、叶古为一字。《说文》:“占,视兆问也。”“叶,卜以问疑也。”一字,误分明矣。《书》“占疑”,或作“稽疑”,今文误以下有占字而殊之。不言不卜者,卜主于人,占主于鬼神也。人而无恒,则不待卜;不卜,则鬼亦不知也。《语》言作巫医者,南人本言巫医当以恒人为之,后改为卜筮,故《记》曰“古之遗言”。或曰“占”,口在下;“叶”,口在旁;“用”,口在外。三者为指事字。“用”,从卜中,非也。当作“申”,即中字,后分二耳。然卜在口内无义。得沈萱甫书。

十九日　雨寒

课读一日,颇似初在石门时。洁卿来,留坐,看新楼,并入室谈。李桂林孙来见,陈氏外孙也。颇有外家风,无李氏蛮气,当可成也。

召匠检漏,因开左门,占书,壁宿值日,开门大利,当生英贤,恰合书院之祥。无心巧合,必有验也。

廿日　寒雨

督课竟日。说《旅传》“终莫之闻”,扞格未通,夜乃悟焉。旅人丧牛,无人肯告,故莫闻也。

廿一日　辛巳。雨水。雨寒

廿二日　晴阴,始有春意

陈孙石次子来,及李桂林孙俱入内斋受业。萧鹤祥之父来,傲然自得,乡中脚色也。说“壹发为耦”,随君大夫射贵侯,前,君射三侯,为优尊者。后,士射三侯,为优贤者。大有经义,前思所未及也。检《礼经》多被人借去。不知谁某,所谓借书一痴者。郑衡阳送诗来,押韵稳妥,大似张粤卿。

廿三日　晴

得常晴生书,并送寿礼。罗荣来,求荐馆。近日诸生皆沿门托钵者，士风不振，可为一叹。和郑老湛二诗，所谓押韵而已。检日记，误少一日，廿一日犹未霁，雨中无事，忘记一日也。小女字课不误，余固未信，得郑湛侯书，乃知之。夜雨。

廿四日 晴煊

复书晴生。春气骤发，草木皆欣欣有花叶之意。检《尔雅·释草篇》，重校改之。

廿五日

昨夜雷雨骤寒，竟日雨晦，不复能行游。讲读如额。

廿六日 雨寒，有小雹

久闲游惰，重钞补《诗笺》一叶。金莲僧偕寄禅来捐船，为移监院详府取之。

廿七日 雨

钞书课读，犹有闲日。得张文心书，为孺人作一小传，非常人情也。又寄悼亡诗来，求作妻志。殊无新颖可记者。新田文若火来。见道台，请阅卷者。懿讲《离骚》毕。

廿八日 雨

改"由房"旧说，驳房中乐，以为非典。正考索间，功儿来，云滋女、舆儿均至矣。院生方送礼，为余补祝，儿女均至，可喜也。滋在黄家甚不安，留依为宜，尤免纷纭。秦蓉臣来，内外喧腾。常婿来，玿侍姑疾不至。

廿九日 阴

诸生入贺者十五人，外客有彭、黄，皆谢未见。设汤饼三筵，内外家人二席。朝食后，又吃面三碗，院生补到者三人，又出见之。竟日停课。

二　月

庚寅朔　雨

讲课毕,出谢客,已晡矣。秦子和来催客,自湘东还船赴之。朱从九、容臣、沈子粹、程商霖俱先在,戌初散。还,诸人俱倦寐,欲坐无可坐,乃出钞书一叶,与功儿略话即寝。半寐忽醒,残镫犹明,复起少坐,梦曾涤丈,云收恤左孟辛之子,云已流落不堪。谈话分明,增人感怆。

二日　阴

子和来。督课早毕,钞书二叶。讲《北门》,有疑焉,"王事适我",必非泛言,盖亦卫朔之事。出北门者,廿五年会燕伐周。"入自外"者,入国。"王事"盖谓四年立黔牟,立八年,出十三年矣。"政事"则未知何指。俊丞召功儿食,并及舆儿,冒雨而往。

三日　晴

方入内讲书,偶出,遇程、杨,俱过功儿者,出谈,顷之去。功儿校《诗笺》,本余亦欲通校改,未暇也。

四日　晴

钞《王风》毕,计每日可二叶,未为懒也。陈复心偕其弟师彭政钦字肃斋来。两湖院生不及陈也。陈问学甚殷,似有悟者。

五日　晴,南风大煊

豫饬礿事。山茶一朵同心。俊丞来,衣冠答访功儿,老辈过谦,余不能也。夜大风,复寒。

六日　大风,阴寒

课读半工。功儿率两弟至西禅寺。杨家催客,往则洁卿、俊丞先在，程、杨后至，夜雨如酥，步泥还船。功儿尚未还，将睡复归，小坐寝。

七日 丙申，惊蛰。雨

家人庀具，余斋内寝。停课一日，唯写《诗》二叶，夜分乃寝。

八日 丁酉

礿祭行祢，以显嫔祫。案古礼，妇人不合食，于今情事未宜，故设位而祝，不称，亡于礼之礼也。午初始行事，未初馂，乃朝食，未觉饥倦。儿女俱与执事，又依今礼，不与于献。晡后小女孙辈看寿佛道场，云有烟火，衡俗所重也。大晴，甚寒，燎火以温，夜月如雪。

九日 阴

朝课未毕，洁卿来谈。本约今日竟日谈，为设面饭，要二杨八、三跙、萧礼卿、商霖同集，陆续来，已夕矣，散犹未夜。

十日 阴，夕雨雷

复常课，早毕，欲作杂文，未决也。钞《诗》二叶。

十一日 阴雨，甚寒

常婿要伯琇同来，小坐去。课读如额。钞《诗》一叶

十二日 晴。仍寒

钞《诗》一叶。作书与景韩，遣舆儿往学习世事。写字三张。

十三日 阴

常寄鸿、段怀堂来。课读无暇，仅而后毕。茙生日，未讲书，两儿今日当去，以闭日，改期二日。寄字五六纸。

十四日 雨风，甚寒

仞字课未毕，幞被放船，答访孙翼之、沈子粹，至俊丞处会饮。杨慕李、萧理卿、刘小峰、寄鸿同集，待久矣。席散，与陈郎复心小坐，俊丞同往程家餪庆春甫母八六生日，还船宿。夜雨。

十五日　雨寒,午后小雪

曾介石来谈。晨至程家祝寿,宾客杂至,云设五十席,余在内坐,待俊丞至乃设汤饼,王鲁峰、段怀堂、袁海平同坐。还,舟将至东洲,两儿船已发,相遇,便令即去。金莲僧来,言讼事,谢令亟去。

十六日　雨

先府君忌日,素食,独居。郭见郎、沈萱甫从长沙来,不能不见。已而二程来谢,黄德来拜寿,秦郎子和来看萱甫,皆入谈,且留饭,非特冲破忌日,乃更热闹于平时,无可如何也。申初设荐。酉正子和去,郭、沈同宿对房。郭报翰仙、陆恒斋之丧。

十七日　雨寒

沈发隐辞去。艾刻工送谱来校,未毕。文太尊送诗来,与书谢之,并与衡令书,荐沈生。陈复新来,留居客房,不肯,即幞被其甥榻,诸生皆往应考也。诸女暂入内斋,并糊楼窗,令滋女时坐其间,不恒与婢妪为缘,以洗浴陋。王佣欲蚕织,余嘉其意,将求蚕子与之。

十八日　愈寒,雨愈细如尘

稍理女课。文太尊赠寿诗。沈萱甫催荐馆,匆匆复之。钞《诗》一叶。改定《青衿》"往"、"来"之义。仞字讲书,燎火始能列坐,然不似冬寒,尚能作字。

十九日　戊申,社日。雨

陪客稍暇,闲入督课,精神不甚相属,聊应故事耳。送米人索钱,竟无以应,借岍郎十千应付,复为富有。

廿日　寒雨,稍闻潇潇,犹非春澍

作书,应见郎之求,以干鄂藩,并致抚部,恐无益也。午后客去,复心亦辞暂归。夜暇,和文衡州二诗。陈芳畹又专足来,亦作书复之。谅其苦衷,存吾交谊,前怒殊不必也。

南岳云开五马春，新分铜虎下丹宸。文章旧掌芝泥检，政化兼符葛浦神。皂盖临流辉画鹢，朱轮飞幰驾翔麟。笙歌不为遨头宴，待向东胶问理人。

尊俎馀欢得句先，阳春曲和武城弦。惭将樗栎施丹雘，敢坐桃笙首玉筵。都讲受经知雅化，微斯乐职待他年。春来莫讶花开早，为奏云璈集众仙。

廿一日 庚戌，春分。雨雪，时见日

晏起，佣妪犹眠。午前复晴，新燕参差，登楼看水，夕步洲旁，访桃花，犹未及院中盛开，椿亦未芽，春已半矣。钞《诗》一卷成，课读如额。

廿二日 雨寒

钞《诗》，《齐风》起。本欲仍旧，以抽补反废前功，不如作清本得二分也。程生招陪俊丞躲生，雨未能去，遣李孙往要之。

廿三日 雨蒙蒙

钞《诗》一叶。将入城贺俊生日，保之来，及其第八子子新同至，留谈一日。清言娓娓，亦复可听，但不容他人说一句，又非小时争闲事之比。凡人老大学成，即有此敝，我自谓不好奉承，又未知比马士英何如。

晡后入城，至仓颉祠，俊丞避客于此。冯洁卿、程、杨俱在，又一躲生法也。面至，辞还。招保之父子同食，夜谈至更初辞去，余未登舟，舟小人众，徒为扰耳。

夜作诗二首："老年浑不怯春寒，清馆孤眠蜡炬干。恩遇许知归隐乐，旧勋闲当史书看。五州珍膳供甘旨，三熟蟠桃饤晬盘。为报玉堂厅酒好，急开家酿赛堂餐。"戏赠俊丞"汀洲散烟雨，春寒满川陆。登楼无所思，佳客来不速。沉阴谁与开，赖子豁纡郁。新柳绿复妍，

轻波暗相蹴。既欣玄理畅,共乐清言寂。还舟更孤酌,掩扉遥望烛。咫尺复分襟,千里如在目。涉江多采芳,槃阿独寤宿。湘汉春草同,驰思向晴旭。”

廿四日　雨

晨起,看邓船犹未开,陈佣女附舟去,将分付进止,皆尚未起,顷之去,已发矣。樊衡阳来,久谈,登楼,客去始理功课,钞《诗》二叶。

廿五日　阴

急督学课,防有客至,未几俊丞果来,久坐乃去。仞字毕,已过晡矣。钞《诗》一叶。夜再磕睡,起视尚馀数行字未了,又补成一叶。迎医治外孙耳疾,兼治真吻,乃欲服汤药,笑而已之。

廿六日　阴晴。桃李并开

乃督课,无暇出游。午后乃携四小女渡湘小步,天蒙蒙欲雨。钞《诗》三叶。懿讲《易》毕。

廿七日　阴

四僧一令来,遂费半日。新清泉刘榆生,字星白,丙戌进士,人似朴实。钞《诗》三叶。懿始讲《书》。诸女仞字未毕,已暮,夜乃毕之。雨潇潇至晓。

廿八日　雨竟日

石鼓馆师胡镇北来,字敬侯,壬戌举人,官教谕十馀年矣。道署送课卷来,百七十四卷,晨起为翻阅一过,午后始毕,儿女并未暇课。

秦容臣来请客,冒雨舟行,俊丞、丁、秦、朱、程同坐,云张联桂得桂抚,唐砚农黔臬矣。政府拔俊秀于外台,殊不知其何取,盖以正途未便索钱耳。夕还,夜至,衣履尽濡。夜早眠,三更后觉,展转不寐。

廿九日　雨竟日,湘水骤涨。夜寒欲雪

作文心妻墓志成,文格不高,挥洒如意,甚自得意,再钞视之,平

平耳。与书文心夸之。儿女课早毕，登楼夜坐，二日未钞经，难于补足矣。

三　月

己未朔　晴

朝食后仞字毕，舁至东岸，答访黄总兵，即至冯家，洁卿方陈设花木。看画册，有王晓霞、董友善山水花卉数十叶，云甘肃名家。又有赵千里《阿房宫图》，董思白字册。待至日昃，俊丞、程、丁、杨续至，懿儿侍坐，酉正散。溯湘还，水盛涨，行半时许，得一人助榜乃至。夜雨。

二日　雨，复寒

课毕，写字二纸。诸生未取录者及后至者来，见数人。得珰女书，荐其甥黄荣辛，云欲从学，大概思得一课，以给膏火耳，非担簦裹粮者也。

三日　雨

滋起甚早，云令节，欲踏青。庭中犹不可步，杏花未坼，小桃渐开，较城中固胜。课未毕，陈复心来，同朝食，久坐，问政学甚殷。与论患所以立之道，要在求人。午后去，方登楼，寄禅来辞，留夕食，遂至暮。夜乃毕课，已倦矣。十二日钞廿八叶书，疲极无以加，比之世人犹为勤也。

四日　雨寒

课早毕。刻字人从省城来，家中寄杂物，四日而至。云曾沅浦修年谱，震伯率众抢其稿本，荒唐至此，又劼刚所不为。湘孙生日，作肴饵。夜睡稍迟。

五日　晴

早起钞书二叶，犹未得食，申饬之。常宁课外生来见，以先入院待取,今不取,恐占房见诘也。邹刻字借钱四百,欲扰我,是区区者耳。督课早毕。谢庭兰习《尔雅》,来,欲留住。廖生云今年坐取者尽未取,颇为公道。去年畏鼎甲妹夫,今则无情面矣。衡山一曹生,道台熟识,亦未列正取,俟覆试升之。

六日　晴,稍煊

遣湘孙往程、陈、杨三家拜年,未初去。仍督课如额。懿、茙始看《左传》。莲耶作巡丁去。

七日　晴煊

湘孙出城,小船流去,还亦吐,欧、王妇亦吐。信妇女之不宜出游,天定之也。遣吴僮入城请客,套礼也,恐其来而先迎之,并与书程生,戒用烧猪。

八日　晴。丙寅,清明

早课未毕,程宅已来催客,本欲答刘清泉,因此未能往。步从白鹭桥上至城,俊丞、冯洁卿先在,段海侯、黄将、丁笃生继至,伯琇最后来,席散已暝,步至白鹭桥,已不辨路高下,适船至,乃还。夜月甚佳,率诸女步月。作杏酪。

九日　晴

将出石鼓,答访胡镇北孝廉,适有衡阳童生来见,云萧姓,取第三。众云监生不可取课,有此例否?余唯唯应之,以非我本识也。儿女读毕,并携至杨园看花,唯有木笔。将与海侯谈,迫暮,步月还,二女一孙均奈不何矣。夜月,寝,忽大风雨。

十日　晴煊

文若、火南皋来。沈子粹、曹郎应萱、沈萱甫来,云衡阳令子来受业,名寿黎,字叔献,老廪生矣,年廿一,颇似黄星渔,又似易实甫,均留饭。道台来送课卷,欲假我名以行其私,黾勉应之。此皆为贫而仕之苦,无人知我也。

十一日

魏亦农来,无须而肥,甚言樾、璜之害。钞经督课如额。晴煊。

十二日　　晴

晨起设荐曾祖母生辰。出答拜两县,并过旧令,诣隆兵备、刘心葵、高保吾。高处牡丹一花,颇为娟丽。出城诣石鼓,答胡敬侯,热甚,褫绅易衣,犹有汗洽。至樊琅圃处听曲,二麻、一周、冯、程、杨,馀未及问。居然围鼓笙箫间作,度曲将百调,留食再唱,散已二更。步月渡湘,与冯、杨循磴至东岸冯宅门首,冯归,杨同步至其家门。月色正明,东风吹衣,至滩呼渡,家人半睡矣。夜起风。

十三日　　阴雨,风凉

督课一日。夜大雨沉酣,湘流复黄,新绿映水,饶有春色。湘兰满花,马缨红缀,杂树皆碧,鸠啼甚急,正清明景物也。

十四日　　雨。连日夜骤冷,复可皮衣

钞《秦风》,早可毕,忽懒,遂置之。说"渭阳"在华山下,乃悟晋东于秦,将千里,地理荒疏如此。

十五日　　大雨,风寒,午后复晴

昨未加衣,今复忍冻,甚不适,对饭不思食,已而又饥,颇难调理。

十六日　　晴

稍理逋课,作西禅募疏。明果来,送黄精。夜月剧佳,小坐赏之。乔子来。

十七日　　晴

午课未毕,王鲁峰来,欲觅阅卷馆,恐其未胜任也,辞以不荐。与同船渡湘,至铁炉门登岸,舁暖隆书村。答访胡蘊亭,辞以有客。入小西门,至衡阳,曹子已去,二沈略谈,郑少耶出,未及谈。闻府考童生散去,云“拔毛连茹”,“讨以金谷”,及“岣嵝禹碑”,皆别字,故不服也。府尊方厉精考校,而复得此报,所谓求全之毁。因过刘心葵小坐,复至程家更服。步访俊丞,遇子粹,别去,至江南馆,又遇之,因与同访容臣,云在朱嘉瑞店。入则朱方请我,容臣亦同出,过袁海平。秦在王店相待,遣邀看花。出城正冥矣,待渡又稍久,还院月上,赏玩久之。

十八日　晴

刘心葵来答访,云心安可补粮道。补课未毕,已复日夕。新生来见者数人,皆无威仪,作文戒饬之。拟作具留隆道台一饭,以报加礼。

十九日　晴

方欲理课,适请客,馔具皆须自料理,赖晨书三纸耳。日间懿儿写学规,遂未作课,仅为四女认字而已。日夕高都司、段怀堂、袁监院相继来。客去甚倦,夜早眠。

廿日　晨雨,旋见日

朝食后遂雨。道台送学,便留食,答其公局及私燕二次之礼也。请俊丞作陪,因请通判,以黄营官陪,恐两县来,设二席,兼请教官及程、杨、丁、段,共十五人,俱不至,来者程生、丁笃生耳。四客中,道台本当早来,因请反晏,申初始起学,客散已夕。始闻子规。

廿一日　雨竟日

午课毕,泛湘至南门,舁至朱嘉瑞,陪俊丞,洁卿、沈子粹、秦容臣、程生均在,烧蟚菜甚佳,夕还。雨蒙草碧,春思满川。

廿二日　晴

遣乔子视珰。考“三百赤市”,并无大夫赤市之说,亦可谓奇闻也。诸儒朦混,误我一生,可笑亦可恨。

廿三日　辛巳，谷雨。晴煊，可单衣

将出游，阴雨忽至，钞《诗》又毕一卷。湘涨平岸，月繭甚开，桑叶成阴，蚕已头眠矣，子规夜啼，雨声愈壮。

廿四日　晨大雨，朝食后晴

遣觅佣妪于秦容臣，得二枚，皆不可用，以无人留之。

廿五日　晴，南风甚煊

课毕将午睡，因循未得。邹刻字来，取新钞《诗》二卷，与之写刻。

廿六日　晴。南风吹楼，茇茇有声，煊不可衣

夜往杨家，寻海侯谈，彼尚未知周公用王礼之事，可怪也。

廿七日　晴

彭仆去。沈萱甫及卜厚生来。小坐去。夜转风始凉。

廿八日　雨凉，复绵

钞《诗》欲毕，诸女仞字亦将毕六千文矣。说"三百赤市"，杌陧不安。盖曹无命卿，而大夫骄贵，自比大国，故云三百于赤市也。《左传》亦知三百人不妥，又伪造"距跃三百，曲踊三百"一说，以为三百注脚，千载而下，如见其肺肝，不然何三百如此之快迅耶！以文为戏，未免太任意，不似文人所为。为李孙改《韩诗》。

廿九日　雨

鱼子水大至，春思满川，所谓"熙熙登春台"者。钞《风诗》毕，纸亦罄矣。米贩索钱，借银与之。"去年穷，未是穷；今年穷，锥也无。"不知其所以然。写字数纸，恶劣不可看，取其涂满而已。以身为人役，亦须遇能役人之人，若不知艰难，但欲当差，徒自敝耳。

晦日　雨

晨起登楼，有咏诗之意，学徒纷至，遂不成咏，已而拟课题，看谢

诗,勉拟一首。鱼子满川,唐以前无咏者,欲作两句,而意必熙熙,非雅言也。仅以一句备故实而已。诸女仞毕六千文,实为奇功。

四　月

朔己丑　雨

晨出讲堂训诸生,虽有四十馀人,未知学者有几,已屡饬整齐,犹未肃静。儿女看书,亦行故事,秀良者不易得也。

二日　雨竟日

考邶、鄘地,略分三辅,皆在河北。欲作一图,沛渎久淹,竟无从下笔也。

三日　雨

晨起登楼看《说文》,重复俗字太多,可作一书检之。懿儿讲《楚词》毕。无可讲者,令看类书,师劳无功,莫过于此。写《诗》,第二本毕六日矣,更无功课。

四日　晴煊。水涨平岸

遣觅钞书纸,欲重钞《诗笺》一通,犹未果也,所谓老懒。

五日　复雨

看课卷。考"练衣黄里",无说通之,姑以为皮弁,出接宾客之服,国君之制;若以为祭服,实不通也。

六日　晴

为丁生改《礼记考》一篇,未甚精确。王嘉禾兆涵代便令,来访,洲中无设,备肉汤索面款之。

七日　晴

程岍樵送苋瓮、白鲍。二沈生来,送之渡湘。已有夏气,即还。

诸女校《说文》，皆欲渴睡，数休之，日限一篇，不令少耳。茙女被训饬，遂称病不起。

八日 晨晴午雨，夜遂点滴似冬

为李孙改《时务策》一篇，颇为扼要。始重钞《邶风》。

九日 丁酉，立夏。雨

晨起最早，沈子粹来辞行，作羹卷饷之，不饭而去。补督功课，已不及看类书矣。

十日 晴

钞书最勤，兼三日之功。欲检《水经注》经地别钞之，钞两三条而止。以无甚古说，多影响之言，于说经无甚益也。算诸女仞字已过七千。

十一日 晴

看《说文》，"餳"误以为"饧"字，重看乃知不同，所谓"眊及之者"。湘潭沈赞勋字约门，自云廿年前曾往还，今来求馆，兼挟子筠书，少坐去。郑赞侯来，谈镜初临终，有无数呼冤者。盖其戒杀疑心，故生命示报，未了生死之魔也。夜始出两斋一行视。

十二日 晴

早课毕，命舟出，送沈子粹至潇湘门，觅渡不得，还泊柴步，登岸寻二程，均出。天极闷蒸，欲雨。得功儿书，当复，因留书程家，已亟还船。顷之不雨，复上岸看秦容臣，命移舟太史马头，雨复欲至，地湿不可坐，遂还。杨家觅得一佣妪来。

十三日 雨竟日

蚕长不得干叶，蚕娘当愁苦时，而但责男工摘桑，可笑也。因此始知桑妇之苦，无异农人忧旱，凡事非亲见不知。午眠多梦，起乃奋然。呼缝工作夏衣，与书郑衡阳，辞戏酒。

十四日　霁阴

纨女生日,放学闲戏。闻花香甚甜,未辨何薰,有类崇祯所闻者,岂客氏复生耶?人心甚不易持,方悟六贼之说,大有体会。向来论无鼻有鼻无大关涉,十年前鼻塞两月,不甚知苦,今鼻通,乃甚危也,急收摄,静念以正之,俄而哑然。

十五日　晴

停课一日。先祖妣忌日,午后设奠。钞《邶风》毕。诸女校《说文》字毕,但须补部首一分。夜改廖生课卷。

十六日　晴

一日未钞书,正欲闲谈,潘蕉坡、秦容臣继至,客去,又倦矣。补部首篆百字,点画不成,匆匆便罢。

十七日　阴。夕雨

钞《诗》三叶。真女独切字,得三分之二耳。

十八日　晴

秦容臣来。考旄、麾、翿同异,未得确证。出城始谒衡守郑赞侯,遇黄镇,言湖北事,还至俊臣处小坐,甚热,夕还。夜雨。作小词。

十九日　雨

遣借缫丝具未得,蚕毕成茧,亦自可观。

廿日　晴

课早毕。算系厩马数,误以六为三,龃龉不合。检单衣,竟失之。

廿一日　晴

但课切字,巡四斋,人半去矣。夕食前入城,两县招饮看戏,复见朱月秋,正十年矣。与洁卿、程、杨同坐,更有一任师耶、陈委员,二更散。得文心书。

廿二日 晴

钞《诗》三叶，至夜乃毕之。许惺吾、程、杨来，乞荷花，夜往载还，钓者得鳇鱼，与食之。

廿三日 晴

"有求常百虑，斯文亦吾病"，不胜其好逸之思而至有求，虽智镫不能烧也。西禅僧送枇杷来，谢未见。俊丞送肉。萧圜桥来，坐一日，留饭去。

廿四日 晴

晨毕钞书及字课。朝食后得石珊书，言熊子事。午至城看《题名录》，湖南中者多熟人，蜀生中三人，亦名下，翁师定能衡鉴。会戏江南馆，听曲至六时，然吾未费日也，夜还怯风，步归。今日壬子，小满。夜见陈芳畹书。

廿五日

无事。

廿六日 阴晴，颇煊

督课早毕。复女复患喉痛，夜无人管，乃知孤女伶仃。与罗生讲书理。

廿七日 大雨

晨移复女自领之，并遣迎医，暂停书课，唯令看切字，夜寝稍安。

廿八日 晴

钞《卫风》毕。说"萱草"，别无可证，唯有丹棘一说，未知金针为萱，出何典记。唯改"朅"、"桀"义，比旧稍切。午诣俊臣、潘蕉坡，与商霖同行，至其家门各散。余赴樊琅圃处听曲吃饭，二更散。

廿九日 雨

新燕来翔，不巢而去。复女大愈，滋女又腹痛，盖热湿所致。夜发明课题。遣熊使去。

五　月

戊午朔　晴

宿斋内寝，唯督字课，小儿不可一日间断。

二日　己未

礿祭祖考，仍以嫔祔，祝词称之，不嫌也。巳正利〔礼〕成馂毕。浏阳送文卷，衡、永送脩金，丁、段请饭，似有受嘏之兆。船至丁马头登岸，至水师营看张铭批禀。同至冯家，段、陈皆在，遂同至丁家，游杨园，满园湿暗，不可行。伯琇后至，设食初饱后昵，未夜还。看李老友伯寅墓志，虽不得体，亦尚不俗。

三日　晨阴

复芳畹书，送八元。与从姆书，送廿金。取百元还帐。算火食，今年四月，用去百六十金，而寄卌金回家矣，每月犹卅金，未为节也。然一节百金，而百事可举，信钱之通神。

四日

雨湿，不可奈，坐楼上竟日，携女孙斗牌，连负甚愠。俊、冯送粽，又谢喉科。欧生办节物。西禅僧来。

五日节　晴

晨醒已晏，家奴未起也。得郭生鄂书。蒸煊未解，贺节者皆谢不见。午拜影堂。看竞渡。斗牌半日。晡食，冯洁翁送鳖，杨伯琇送粽、扇。絺衣犹汗，蚊声如雷，非佳境也。夜早眠。

六日　阴，蒸热

息风三日，便如盛夏，觉伏中犹较快也。午浴，絺衣，未觉能凉。

七日　　晴热

看浏阳课卷，讲课如额。遣募盆米于清泉，辞以僧道无缘。骤闻正论，不觉自沮。

八日　　晴

吴僮饱欲飏去，顽不可使，复遣之。看课卷，督字，课馀无所事。夜月。

九日　　阴

遣寻黄营借钱，云往衡山矣。百孔千创，方知易笏山之窘况。夜大雨。贺年子遣相闻。

十日　　雨竟日

滋生日，放学一日。写对联毕，楼上斗牌，切字阅卷毕，食汤饼，看新妇。

十一日　　雨

理学徒常课。得鄂书，即复二函。水涨平岸。是日戊辰，芒种。

十二日　　晴

教纨女、少孙写信。佣妪背所私，尽卷衣物以逃，其人追至洲上，阑入厨房，抱持而去，可骇也，亟遣之。盈孙始学切字，日二文。

十三日　　晴

先祖考忌日，素食居内。程生自泸溪教官回，来见。大水特来，便服见之。午设奠毕。课字，停馀课。

十四日　　晴

切字毕。入城看俊丞，先过容臣，求女工丝车，与至朱德臣店中，求之不得，同至程家，遇俊丞，遂留夕食。看彭祠，得浙书，夕仍与秦还。步至衣庄，看衣，有一件，甚似故物，欲买之。

十五日　　晴

从黄总兵借钱得百千，补发浏阳奖银。复舆儿书。

十六日　　晴

荒嬉半月矣,事不可长,复钞《诗》三叶。懿病困卧,女妇缫丝,始知煮茧法。得玿书。

十七日　　晴

邹生来,云即当上省,托带课卷去。因补送虒母七十寿礼,与书朵翁,兼教少孙作家书,纷纭至夜半乃毕。

十八日　　晴热,无风甚闷

遣乔子上工,并送邹去。看词谱,改课文。

十九日　　晴

钞《诗》三叶,懿始来讲。西禅僧来。复校谱稿。

杨诚斋说"《塞翁吟》衰飒,《帝台春》不顺,《隔浦莲》奇煞,《斗百花》无味",今谱此四调于下:— — ‖ —̇ | — — — ‖̊ — — ≐ — | |̊ — | ‖̊ ‖ — — ‖ ≐ | — — — ‖̊ — — ≐ — ‖ — |̇ — ‖̊ ‖ ‖ — | | — ≐ | — — ‖ — |̊ — — — ‖ — ≐ — | ≐ — — ‖̇ — — ‖̊ ‖ — ≐ — — ‖̇ | — ‖̊ 塞 | — — ≗ ‖̇ — | ≗ | — — |̇ — — ‖̇ ‖ | ≗ — — ‖ — — ≐ — | — — ‖ ≗ — | |̇ — — | |̇ | | | ≗ | | ≗ | — ≗ — — ≗ — | ≗ — — — ‖̇ — ‖ ≐ — — — ‖ ≗ | — ‖ — | ≐ | — — | — | ≗ — | — ‖̇ — ‖ | ≗ 帝 | | | — — ≗ — — ‖ ≗ — — ‖̇ — ‖ ≐ | | ≗ | — | — ≗ ‖ ≗ — — ‖ ≗ — | ≗ ‖ — ≐ | | | — | ≗ ‖ — ≐ — — — ‖ ≗ | — ‖ — — ≗ | ≗ ‖ | — | ≗ 隔 — — ‖ | ≗ | — | | | ≗ ‖ — — ‖̇ | — | | | ≗ — — ‖̇ | — — — | |̇ — — — ‖ ≗ — — ‖̇ — — ‖ ‖ ≗ | — — | — — | | ≐ ‖ — ‖ ≗ | — ‖̇ ‖ — — ‖̇ | — — | | ≗ 斗

廿日　　晴,南风,午后北风,夕凉,大雨

前二夜未美睡,始得清枕簟也。看课文,讲读钞书如额,夜雨倾盆。

廿一日　　雨

检汗衫尽失之,唯存八绔,盖佣妇所窃,以遗其夫,又当作之。

仞字毕,放学。钞书三叶。

廿二日 雨

复女生日,去年已作十岁,今但放学耳。小不适,一日未食,亦似去年,则可异也。仞字不可旷日,仍令如课。

廿三日 阴

钞书半叶。看孙退谷笔记,似欲修史,而断烂不完,未知其用。夜早眠。

廿四日 晴

移两女下楼,日光渐灼也。重看吴梅村诗,专以用故事为长,是当时风气。

廿五日 晴热

俊丞来,尚衣夹。贺郎来,留饭去。夜看陆耀《文钞》,正如说梦,所谓经济之学如此,贺《文编》似尚稍博也。秦子和送洋绸纱来。

廿六日 阴仍热。南风吹衣,风止即蒸,所谓愠也

连日唯晨钞一纸,尽日跂卧,移榻楼上。

廿七日 甲申,夏至。雨

甫移入而凉,未便仍出。看许玉叔试帖,张茂先所谓廿年内书也。云帐已破,重为装之。

廿八日 雨竟日

仍移外斋,课字抄书,检地图,寻汝、濆所在。今以叶、裕之间为汝、濆,《水经注》以涡、淮之间为汝、濆。彼以濆为颍也,其说近是。

廿九日 雨连日夜

昨误展一日,斋夫又误以为月大,每日有日记,而往往差日,赖有临书记日可检校耳。

六　月

丁亥朔　雨凉

始出堂点名，领膏火者毕至。有陶钧者误后而索房汹汹，遂捶落李生门琐。余以琐门本当捶落，但不当径入内斋，申饬之。因自巡楼上下，则人满矣。钧又来谢罪，则更丑拙，喻止之。此衡阳人不知事如此，以为上舍生，何其谬取，总为要钱所害也。

二日　晨，雨止

水涨平岸，乘潮入城，便过杨伯琇，闻庶常湖南选六人，可谓多矣。孙莱山告病，文卿当入枢府耶？过俊丞，遇海侯、程、孙，段去程留，坐久之。步出登舟，至对岸雨至，强进数丈，斜风细雨，避人檐下。遣看洁卿，借轿来，伯琇适在，留饭，还船已暮，仅而后至，皆从稻田行舟，云水通鄙湖，损膏腴田数百顷。雨仍不止，小坐即睡。

三日　雨竟日，水退气寒，小不愈

讲课钞书，聊了日课。黄船生送一佣妇，云年轻秀丽，家人皆欲彀，以前佣索高价，姑留之。

四日　雨竟日，水退五尺矣

困卧不能理事，强起毕课。

五日　阴，稍愈，蒸湿不快

卧看小说。明、清科场文，亦自有经营想境鞭辟入里之义，但识见可笑耳。观此乃不能不咎定制之陋，若移以说经，必发明积疑矣。不肯放人心眼，宜其鄙浅。

六日　阴

仍未愈。小女字课甚荒，未能卒业，而己之馀课亦不复理。卧看平话，捻匪所作也。

七日 晴

早钞《诗》半叶。说《采蘋》"盛"、"湘"，乃知大夫妻不能视饎爨，天子用大夫礼，后亦不视爨也。故《周官》无视爨文，而《诗》美"踖踖"，又何说乎？户西牖东，位不可易，东南曰窔，牖所在也，以交木名之，宧以庋阁名之，但四隅各制名，制必有异，君子主奥，恒当户，未可南面向门布席而寝，其必更有屏蔽乎。段海侯、西禅僧来。

八日 晴

稍愈。晨钞《诗》，昼课均毕，尚有暇。程生复来就学，移房居之，诸女并入内。夕有雨。

九日 晴，风凉

真女字稍生，盖日温八百太多，当酌减二百，自明日始。

十日 晴

复令程生讲《礼记》，仍有当改定者。日课甚忙，竟不暇息。珰书来，报寄鸿都尉之丧。

十一日 晴

复看《礼笺》，殊多未了。夕携盈孙与程、懿步至杨家寻海侯，谈"箱"、"序"，未尽其说。余近欲改"箱"即序端，未知可通否。

十二日 阴

诸女游西湖，工人尽去，洁卿来，无人具茗，小坐而去。真女独认字。未几游人还，凡三遇雨，幸未沾濡耳。湖头蔡生来，外家族人也。

十三日 晨雨，俄止。阴凉，夕热

更浴。始理方名，检遗漏者，满屋散钱，殊难校对。

十四日 庚子，小暑。凉

看课卷。复思秦伯不名，"嫡得之也"。乃谓嫡得中国之礼，故以中国进之,馀则从同,故初不发问。夜初更,闻院中嘈嘈,城中失火,诸生家城中者并去。

十五日　晴

搢子来,得萧顺孙蜀书。城中还者皆言俊丞家亦惊动,夜往看之,则安堵如故。遇程郎同坐,乘月舟还。

十六日　晴

看课卷毕。始得秦伯不名之例,夷礼不名,即中国书名也,不足以示进退,故于其始卒反名之,至后乃不名,与诸国之先名而后不名,一也,说者殊未思。乃为廖生改一艺,积疑顿豁,亦一快也。

十七日　晴

衡人今日尝新,家家设祭,颇有年景。程、杨衣冠来,初以为杨来辞行,及见拜箧,则为陈家送八字。俊丞欲与我结昏,其少子八龄矣,唯幼女相当,因即回庚与之,向例所无,乃古礼所有也。夕息风颇燠,顷之乃凉。

十八日　晴,有风

重校《馈食礼》,改定"箱"即序端,似无不合。陈郎兆奎完夫新入学,来见。

十九日　晴热

课毕,已将夕,作诗一首,赠陈十一郎:"玉堂金印有家风,璘佩青衿舞勺童。学篆已谙三体妙,成诗还与八叉同。南崖未肯夸年小,东鲁知曾养圣功。忧国不须求将种,坐看黼黻佐熙隆。"初写时用传韵,误重押,重复改之,可笑也。定老矣,下笔易讹。

黄生顾一佣妪来,苏州秦氏,颇有旧家格,近来所罕,但笃老,小女辈不能优之。何妇初求去,亦不去矣。黄佣不谙官礼,立即遣之。桂阳刘生来见。

廿日 阴凉

诸生毕来，外舍已满。为诸女仞字毕，小卧。日见蒸闷，泛湘至容臣处少坐，答访蔡翁、徐、孙，因至安记，洁卿方与陈渭春打窖，出谈顷之。舁至俊丞处，答访十一郎，容臣先在，怀堂、魏伊农、海侯、朱德臣、胡镇南、姜亭、程、杨继至，设二席，芹酌也，未夕散。

廿一日 晴

搢子告去，与黄佣同行，仆从零落，遂无人应门。夏户部两子来，诲以干禄之道，及家庭争财之事。闻唐葆吾之丧，艺渠家遂无人撑持，可叹也。此则多财之累，若吾身后无所可撑持，则无所陵夷。午间率诸女清方名，检遗漏，满屋散钱，大风吹楼欲倾，满楼漂散，继以雷电，实骇心目，避之后廊，然九千文不可复理矣。风止仍清得二百文，失散者十之一，当再检之。

廿二日 晴热

检字近二千，亦有可乐。刘生允嘉来。始罢夕食，汗浃衣，急浴复汗，夜移楼上。

廿三日 晴，稍得凉风

检字数作数休，讲书稍晚。厨人来治具。秦容丞来，留夕食，云已饭矣。

廿四日 庚戌，初伏

得鲥鱼、羊肉，约伯琇来朝食，兼约嶰侯演祭礼，来迟，日烈，不可动作，清谈而已。二客俱未早饭，各食饱，待俊丞，未初始至，饭罢已夕，送客去，遂暮矣。

廿五日 晴

始得甘食。佣妇忽病，恐其中暑，皇皇然。次妇生日，办汤饼，殊不能佳。俊送林禽、新藕。佣人来上工。检字竟日。复女病泄。

夜起看月。

廿六日　晴,正热,甚爽

懿、复俱病,功课俱懈,而夕热,听讲不能休。愚人多忙,责之不可,忍热毕之。夜检方名,甚郁,移出外斋,闻开门声甚厉,斋夫夜分不睡,未知外间何所作,欲出看,又须惊动人,将私察之,近于掩人私,遂寐无为。

廿七日　晴

检方名竟日,多失散,诘问湘孙,则啼匿楼上,呼之不下,及夜遂病矣。

廿八日　晴

检方名,懿稍愈,亦未问其功课。

廿九日　晴热,连日北风,炎气颇甚

坐廊下,漠子嗜噬,足胫无完肤。湘孙病,似疟,将问医防护之。

卅日　晴,日烈

将携湘孙往求医,惮暑,遣懿儿代往,则啼不肯从,不得已自携仆妪入城,至江南馆,岏郎不在,请王辅世来诊之,石门旧邻也。暂至程家省程母,借坐阑,还已夕矣。

闰　月

丁巳朔　晴

晨出点名,诸生一夜不睡,颇似试场。朝食前毕散,皆往道考矣。检方名,听讲书,程生亦草草,不能大愈于懿也。

二日　晴

佣工告去,以我为可困也,即遣之。陈郎湄春来,留食不就,云

其甥已办矣。西禅二僧来,言寄禅复至。

三日 晴

寄禅来。看日记,数日不书,似于荒怠,实则日理字书,无暇他及也。满屋散钱,以廿日一一清理之,大似年大将军,一发一蝇系解俱关精力,只是初写时一懒,遂须一月勤始可补救。令诸女日理六百,更分六书次第别之。夜热伤暑,起眠外斋。

四日 晴,得风顿快,中伏反凉,然已廿日不雨矣

检字六百。夕食炒羊甚美,已而烦闷不可支,佛氏冤亲之说,疑有之耶? 何一箸之能为疾如此。夜稍愈。

五日 晴凉

检字讲书。火夫去半月,殊无人力,程家又觅一佣工刘姓来,姑留试用。遣斋夫除草,乃知芍药久枯,恐不活矣。

六日 晴

稍热,然有薰风,尚可伏案,但入室则肤燥耳。临桂李小浦鼎星自京下第归,道过来见,云得之秦子和,在螺山守风十日谈及,因便访也。人朴质,颇有本务,言及蚕桑不行之故,官局茧斤二百,而茧纸一千,乡民失利者多,亦可笑也。戴生卒哭来。回斋读书。挥汗接二客,退,亟当风,而热气灼肤。至夜入室则热,五更始解。

七日 晴

检字,竟须半日,日日以此为事,及罢已倦矣。夕下湘看程郎,因答彭肃斋,送陈郎,即过俊丞谈,来往热风吹面,不可呼吸。

八日 晴

看小说。检字已过半,夜不能凉,尚可就枕耳。日食则大减。

九日 晴

偶作《苦热》诗云"露枕毛发烦,夜风绤纻温",似有图云汉之意。

因寻《乐府诗》,苦热苦寒皆述征役之劳,知闲居不得言寒热,更无所谓苦也,诗不可作。屼樵送瓜六枚,夜食二枚,俱未熟。

十日　晴,向晨即热

彻字一百,不能复坐,罢之。游行少愈,再坐仍热,盖今年极暑日矣。北风徐起,震霆骤至,雨随飘入庭阶,庭下芭蕉顿折四五科,而不甚凉。将夕乃毕字课,五更复雨。

十一日　晨雨连午,遂有秋声

昨夜云暗风凉,川空寂旷,不胜泬寥之感。盖四时迭代,皆有惊觉,无如秋之最愁也。然宋悲凛秋,则仍未写此意,苦热诗既不可作,感秋其可广乎?

屼樵来,言萧生妇为雷击死,观者数千人。其妇有贤孝名,而俗云雷不击孕妇,今两失之。遣懿唁焉。彻字可毕,以太久罢之。

十二日　晴,复热

检字始毕,乃定六书之分。凡有部类而象形者如"眉"、"肩",仍象形也。有部类而象事者如"衣"、"弦",仍象事也。会意则必两体皆成文,转注则两体皆不成文,或形不成文也。有声者,皆形声也。省声亦声,不假借而实假借也。如此则六书皆有字,且截然可分,一省牵缠,复大次焉。

十三日　晴热

看《水经注》,讲《礼记》,又毕一编。夜与诸女谈时事,为诵赠伯足诗,忘一句,检稿本,则黄生琐箧中矣,荒唐无知,可叹也。

十四日　庚午,末伏。晴凉

程生欲讲《公羊》,亦助我温理,姑坐听之。与懿念《书经》无异也。教初学不必求益,有明知无益,而于我有益者。

十五日　辛未,巳时立秋。立表候之,无凉信,唯稍阴耳。暗晴更热

终日无所事,唯彻字听书而已。

十六日 晴

家中未能办中元，前在石门，皆用省城寓钱，因附书求之，并寄《诗补笺》样本去。

十七日 日烈风凉，居然秋阳矣

火夫懒甚，遣之。觅人未得，陈仆晨炊，王、何妪夕爨，殊不成事。夜月如镜，再起裵回。

十八日 晴，复热

偶思桂阳山水，看孟辛旧图，兼校全本《水经》底稿未毕，初无同异也。又浙中水，《注》文不似道元，亦从来所未觉。

十九日

晨起甚早，初无风凉。马岱青子来。儿女已少知者，唯次妇尚忆之耳。弹指古今，可为一叹。

廿日 晴

闻俊臣腹疾，遣问之，云尚可见客。日烈不敢出，将俟稍凉入城也。今日极热，有雷日之炎，以为必雨，乃竟爞爞至夜，南风骤吹，炎气愈盛，工课草草了事，已则一无所作也。为程生改诗一篇。

廿一日 晴，日光稍淡，然热气未减，二日即末伏矣，不患难逃也

仞字苦不能毕课，因早在楼，便检之，至三百，已蒸炎如洪炉，避下，小睡。大风南来，桑叶乱飞，飘雨横一丈，犹为青蘋末也。然无大雷雨，顷之而霁，得稍凉快。进粥一盂，食饼四枚，日内锐减饭数，亦殊不饥。卧看小说，复温《大传》，偶思"方六七十如五六十"，盖兼殷、周三等伯、子、男国也。殷伯七十，子、男同五十，故有方七方五之异。周则伯三百里，食三之一，是食百里。子二百里，食四之一，是食五十里。男百里，食四之一，则食廿五里。三者合百七十五里。三六百八，故有六数。本据殷制，合为一等，故皆言六十，非真有六

十里国也。

廿二日　　晴热,楼窗有风

课字未毕,衣燥肤烘,下房暂睡。看《船山诗话》,甚诋子建,可云有胆。然知其诗境不能高也,不离乎空灵妙寂而已,又何以赏"远犹辰告"之句。

夜得李雨仓诗,雨、月通押,骇人闻见,戏作二首嘲之:"男儿得寿已非奇,定远封侯却太迟。尚有蜗庐供笑傲,更无牛相赏嵚崎。胸中自郁匡时略,病后能吟出韵诗。伏枥壮心千古恨,可怜张额不曾知。""六白翔栖振鹤翎,下看南极老人星。九洲落落存知己,霖雨茫茫梦武丁。自是仲华持节早,莫辞陶令闭门醒。且携丝竹东山去,别墅棋声正好听。"

廿三日　　晴,稍凉

欲入城,畏日,遣信去,问俊丞,看磁锡器,还报皆无。程生来,云城中多病,暑盛使然。

廿四日　　庚辰,出伏矣。热乃未减

晨坐楼上,便如蒸熬,功课竟未能毕。夜看《诗》二叶,蚊漠纷集,额肿矣。

廿五日　　晴

热光外灼,虫蚁来咬,极苦境也,然亦不觉。昔人视足犹土,小痛蛘何足问,但咬我者亦殊不必,岂亦有冤缘耶?督课早毕。

廿六日　　晴热,有雨,愈暑,夜乃小凉

何妪告归,求千钱不得,可笑也!向程家借之。功课仅毕,早眠。

廿七日　　晨阴

朝食后入城,省俊丞疾,遇医诊脉,至一时之久,可厌甚矣。俊

殊不觉,反以我方为可怪,如此处事,安得不愦愦!既非性命所关,无庸与争;即性命关,亦不能争也。见其九郎兆兰,字芝年。还遇卜允斋,与陈梅生正将出门,要还小坐,欲问京中事,匆匆不遑也。字课未毕,已夕。大风雨,始凉。

廿八日 晨日鲜红,知为阴雨之兆,暑可逃矣

检《水经》,未下笔,海侯来,谈《礼》,问倚庐地。初言在殡宫,误也,乃各在其宫,庶子从长子耳。湘乡罗培钧来,罗山族人也,东洋随员,正欲招客,又得一烟客矣。云曾家被劫,殊骇人听。昨课未毕,今更晏,急督之,未夕而竟。程生欲讲诗法,偶解潘诗二首示之,兼言文字之用,所以养性情也。

廿九日 晴

起晏,日上窗矣,夜凉好眠,致不觉迟。当入城看梅生,烈日灼人,迟久之乃行。步自白鹭桥,过子和、俊公,遇程郎、王医,留点心。乃出访樊琅圃,至清泉,梅生已出,因出城答访罗知州,看磁器。入北门,看两贺,郧仙留食,其弟亦出见,款待殷殷,甚有年家雅故,亦不特杀,尤为率真也,为饭两碗。还过二程,呼舟溯湘,已昏黑,犹有热风。秦容臣来。

七 月

丙戌朔

晨起盥毕,已日出。出点名,发题,入城还。夜有雨。

二日 丁亥,处暑。晴

遣人入城,治办尝祭碗碟。张郎卜臣来,鹤帆第三子也,名家枚,附学生,李黼堂所云克家者。云求书干黔臬,正欲通信,即书与

之。沈生来谋廿务,俊丞送佛手。纷纭客使,无应门人,甚为仓卒。留午饭,无人炊爨,遣呼次妇自出办之,幸而得食。日课亦未废,差为有条理。

三日　阴晴

早课毕,治具招客。罗晋锡最先至,程郎,程岍樵、子和继至,待梅生至暮,肉干人饥,频欲设矣,家人故迟之,将夕乃来,卜允斋同至。饭毕犹未昏,可知其早办也。

四日　晴,有雨、雷、疾风

作书与聂仲芳,论衡山捐款。诸女仞字,又校一过。借王菉友《释例》,看其分六书,自转注外,差为有伦,而说假借处尚非,欲更为说正之。

五日　晴

得功儿书,寄孺人墓志拓本,亦有可观,偶钱未至,秋荐将临,遣入城先备之。丁生母将往长沙,因遣次妇同去,以省护送。夜雨。佣工去。

六日　晴

看王《字说》,如数家珍,亦尚可喜。又得蚕胎生之说,蚕书所无也。阅课卷,有周秉章者,甚有心孔,遣招之入谈,云已卌馀矣,向未从师,可惜也。祁阳彭瑞龄,亦有《经解》,可取。妇女作包。

七日　晴

朝食后樊衡阳来,谈颇久,客去,暂歇,仞字毕,已晏,讲书后,未暇他事。夕食,雨骤至,雷风飘雨,半屋不可立足,非可久居者。岁作金银锭,用纸万张,所未闻也。盖孺人兴之,宜长妇之避事,固非一手可办。

乔生来,正无人炊,令暂主之。佣妪去亦三日矣,内外俱定,方遣人去,更请黄船芝觅之。凡人家不可无杂客,此等事正须人了。夜看集帖。

八日 晴

将出城,日灼不敢去。家信来,往返将一月,迟滞可笑。黄船芝来。

九日 晴,更热

将出报谒学台,仆云国忌,乃止。遣信回,并复陈芳畹。夕张子虞预编修来,议论亦伉爽,非阴鄙者,久坐乃去,无一人应门沾矣。

十日 晴

晨起送张登舟,日出矣。闻炮声,知舟发。复问梅生,亦去矣。过俊丞而还。烈日灼人,几不任暴,仅而后返。楼中已不可坐,朝食减少。

十一日 晴,暑气愈炎,日夜无纤风

次妇将归,约丁生母同行,船已定,劝止之。湘孙床已卷,夜从真眠,余乃登楼,热未退,小坐看月,无可共语者。

十二日 晴,朝气不凉,热将极矣

小时笑高旭堂呓语不忘张石卿,今乃频梦孝达,其交情未能至此,盖亦督楚之力耶?凡人平等观极难,余用功卅年,未能去其种子,挑水夫与总督大有分别,何怪俗人之颠倒。然外面排场已做成矣,近世殆无能及。程生告去,令周生移内,以彼词章尚有思路也。

十三日 戊戌

尝祭。新稻未送,从市觅之,已而送米人来。治具,未晡而办,然热甚,非妇职可任,厨人为之,失家法矣。申正行礼,热亦稍减。郑赞侯来,谈易笏山父子。程生辞去,回任送考。

十四日 晴

看课卷毕。作书寄文心,送墓志。得陈芳畹书。与书朵园,云

其女宜留侍养。作字三纸。

十五日　晴,北风大作

次妇、两孙均待去,船过午乃至,行李累累,亦可为累矣。秀枝夕来,饮酒一杯。

十六日　晴

移床内室,扫除布置,又一境界也。北风犹壮,秋日盛阳,课读稍减。讲仲山甫家世,未知其祖,寻《世本》不得。胡婿有考尚详,云仲山甫,异姓之臣,汉人说也。

十七日　晴。壬寅,白露。稍凉犹风

寄禅来,谈官事,云李友兰甚悔召之。何佣复来。午后欲雨,旋止。

十八日　晴

方乐闲静,雅南忽来,如牛玉浦遇油襟人,通身不自在。徐而询之,云欲干刘鹤龄,且令少安。看近人古文。

十九日　晴

携复女下湘,看塞温神,至洁卿家小坐,叫嚣不宁,还止大树下,施榻小坐。渡湘看俊丞,遇程郎,言英夷必欲入湖南。俊颇知其无害,近识时务者。还树下,看天符出巡。还舟始夕食,懿儿、乔子均去矣。

廿日　晴

晨理字课毕,始朝食。黄总兵来,云新抚将至。作书与刘松生。送雅二千,又渡一厄。讲《顾命》"东堂"、"西堂"不了。说"黼裳"、"爔裳"皆杂裳①,庶乎无牵扯之敝。

① "爔裳",《十三经注疏》本《尚书》及孙星衍《尚书今古文注疏》均作"蚁裳"。

廿一日 晴

说"祛褒",分为二服,皆继袂者,似为稳妥,而深衣三袪,无文言之。暇寻桐城前后诸家,亦有以自乐,正所谓俳优之文也。初时心粗,但觉其可笑耳。卧间房午睡,乃不觉受热,醒遂不适,至夜大剧。

廿二日 晴

刘心葵来谈,亦云吴大徵〔澂〕欲立洋马头。余独以为不然,节前将至矣,以余度之,必先杀人,而后要钱,乃为文武之材也。外斋日灼,移内,未事。

廿三日 晴,顿凉,可夹衣

卧病一日,诸女云顿瘦矣。看小说遣日,饮酒化痰,觉比他药为效。

廿四日 晴

小愈。蒸肉不可食,亦不思食也。秦子和送梨,食二枚。稍饮杏浆、索面。多卧少坐。

廿五日 晴

周生来,问古文,告以近日所得,周云吾论甚奇。盖彼日闻奇论而不悟,乃以平者为奇耳。夫学之逐末者,其始在厌常舍近,故益奇也。言治不已,而言交邻、言战、言阵、言器械,至于言炮火,奇已极矣,乃以言自治者为大奇也。言学不已,而言道、言读书、言文、言佳恶、言骈俪、言单思凑微,至于八家门径、桐城派,奇不可究矣,乃以言时习者为大奇也。言仕不已,而言科举、言书院正附课、言膏火多少、言学规、言赏罚、言规避,至于冒名领卷,请人住斋,奇不可方物矣,乃以言闭户用功者为目所未见、耳所未闻也,岂非惑之甚哉!由此推之,则父子路人,而以孝慈为奇;朋友市道,而以然诺为奇。举古昔之所谓布、帛、菽、粟,皆以为景星庆云,此又宋儒传《中庸》后之别境,要皆自以至奇为至庸者,心目中无庸之非奇也。蔡舅、徐孙来。

廿六日　晴

将入城,贺年子兄弟来,并携一子,留饭去,已夕。仅于中入讲《诗》二章,诸课并停。

廿七日　晴

未日出起,命舟下湘,自白鹭桥步上。至俊处,闻州县小有不靖,张、李颇欲求退,奇闻也。要地难闲,何能有此想。过程生处早饭,至衡阳令、衡通判处久谈。还至岷樵处,遇子年、允斋,云有曲会。欲往樊琅圃处,余惮行,更邀之来,遣约冯洁卿不至。饭后步出南门,过盐局,正欲饭,下船已昏,路沙不可行。

得唐葆吾赴书。"门祚赖丕承,不愧州闾旌孝行;京华昔从宦,至今台阁尚嗟称。"

廿八日　凉雨

顿服二夹。写挽对,并作常寄鸿一联:"世爵不干荣,老作诸生,克家何必曾勤惠;趋冈重访旧,秋清邻笛,叹逝增怀阮竹林。"待干,寄唐联去,加一幛,报百元也。唐氏交情恐自此止矣。为之怆然。舁舟下湘,入柴步门,至樊宅听曲,二鼓始散。

廿九日　雨竟日

真始诵经,授以《特牲》,自钞三叶,始知《特牲》为宗礼。今日仲章死日也,未为设奠,以其在三年之中,妻子始有忌耳。城中移桂来。

晦日　雨寒

钞《礼》二叶。耒阳送卷来,无甚可取者,以其初学,亦随事诲之。诸生来点卯者三四人。

八　月

丙辰朔

晨起，出点名，发题，还内看课卷卅一本毕。雨竟日。校谱传，钞《礼》二叶。

二日　晴阴。丁巳，秋分

贺郎送蔬脯，云当北行，求信荐馆。祖考生日，设荐。冯洁卿送羊，秦蓉城送饼。莫觐庭来，云分江南令，丁忧还，来看陈中丞，夕去。食羊过饱，夜闷眠不安。钞《礼》一叶。

三日　晴，始凉。水涨

遣陈升还乡收租，并办半山祠祭。佣仆尽去，方欲闭门习静，樊衡阳之弟及卜允哉来。任师、庄生、张某来，皆府幕也。陈绶卿来，云丁婿来就昏，已至长沙。顷之文衡州来。人客纷纭，家无僮仆，甚为忙窘。六客坐半日去，陈留饭，致丁慎五书，去已夕矣。晴生来，正值客拥挤，少坐即去。

四日　晴

出答晴生、莫觐庭，并与岏樵同行，看俊丞，殊未愈。过商霖，发家信，还作二绝句。为江西樊少尉题帧。字菊圃，琅圃弟。计方名字七千三百九十八。

不到庐山三十年，五松双瀑想依然。无情只有长江水，闲打空滩四板船。

塔去林存又一时，比来番客劚墙基。琵琶亭畔唐时柳，斫尽烧残更作丝。

夜雨。

五日　晴

贺子求书,为作二函,干李勉林、陈伯屏。钞《礼》一叶。

六日　晴

仞字毕,已过午。自出呼舟渡湘,循岸寻秦容臣,与同过二程,便买《水注》不得。秦力已疲,与同还,过子和少坐,下船还,已上镫。诸女皆候外斋,饭一碗,少坐即寝。城桂已香。

七日　晴

艾刻字送谱稿来,棼不可理,约自往告之。钞经一叶。夜雨。

八日　雨竟日

虽清不爽,颇有孤寂之伤。钞经督课,间以斗牌,壮心尽消矣。

九日　雨半日。晡后见日,夜月甚明

家中遣人来,送男、女佣各一,见三儿书,云将还矣。功儿又往江夏。

十日　晴

钞书一叶。日课毕后看课卷,兼考堂室之制,仍未分明。因思宫室遗规,何至荡尽,盖亦秦坏阡陌,并毁之也。

十一日　晴

秦子和送桂来,香在梦空,怃然不乐。两日头疡大发,遂废眠食,谁云疥癣可不治也。海侯来谈。

十二日　阴

洁卿约听曲,阅卷毕而往,已后客矣。樊、卜诸人毕在,唱阔口者为佳,元曲亦自顿挫,无词章习气,宜其独步。夜还微雨,榜行良久。

十三日

晚夜雨不绝,及晨愈壮,正在岑寂,郑湛侯来,谈文、友甚洽,因

留早饭。客去过午，余犹以为甚早，从容课业，旋闻食具，尚嗔其早，钟表已停，唯视天色似欲夕，乃命食。又遣儿往程宅问煤炭，还已二更，雨未停滴，湘水复涨。得易硕甫书。

十四日 雨连昨夜，无息时

冒雨下船，看俊丞，与其从子芙初谈，俊所最称许人也。稳当无名士公子习，然闻其欲加捐，则又甚谬，尚未能知其深。大要世俗人算帐，草草不能结，略为部署而还。醴陵已报捷矣，云避兵者颇动两县，江西尤扰，湖南尚安静。新抚已视事，首送军功与之，愈于璁桂进官耶？夜雨势稍衰，然赏月会已不必论。看易氏父子诗。

十五日 阴沉颇固

中秋无月，幸有桂耳，拒霜争花，秋湿闷人。携诸女斗牌，亦各有意见，旋复罢之。张妪喜作灶婢，则又陈仆之流，人好尚信不同，刀砧何足乐也，而甘之终日。

子和来谈，云阿克达春不职，乃革道府候补员数人，而本官但察议，是候补之贱于实缺，有奴主之分也，求仕者可以鉴。

十六日 阴。癸酉，寒露

钞经，督课。程郎来，云阿抚查办诸人，并有后议，近事之稍有公道者。萧郎伯康入学来见。

十七日 阴

茙始讲《礼记》，说五人异席及冠衣纯素，皆有大疑，方知治经无穷。

十八日 阴，有日

晨荐先祖妣生辰，设汤饼，馂毕，出答萧郎，因过海侯，勘《特牲》疑义。还将渡湘，日出，饬回。见一小舟泊门前，云珰女回，携两外孙女，一乳妪，虚南室居之。夜始见月。

十九日　晴

胡敬侯来,言夷务。钞经、督课如额。头创夜发,不眠。

廿日　晴

晨起沐发。王辅世来。钞经,督女课。懿儿愚痴,遂废学矣。字尤俗拙,可恨。夕至子和处不遇。

廿一日　晴

钞经,得解,颇释诸窒。夜与周生论学,老生固蔽,不可诲也。

廿二日　晴

卜允斋与衡阳尉及蔡生来。刘清泉继至,遂忙半日。

廿三日　晴

稍理逋课。晴生寄其宗子所著书二种,亦乡间肯用功人,请为序刊,藏之。

廿四日　晴

朝食后至城外寻容臣,与同看俊丞,遂入府署,答访任师耶甫臣、庄叔成、杨了亨,至清泉尉蒋子湘、衡阳尉江少甫,兼寻卜允斋。过当铺,看蔡德民,甚饥,还至秦家吃菌面。复与其仆入城,过二程,买柑、笋、花生、红薯还。夜食甚甘。得功儿鄂信、陈荪石书。夜倦早眠。钞书半叶,诸课并停。

廿五日　晴

钞《特牲》毕,细勘,似较前为简到,然无卓绝处,唯考出玄冠三裳,又得一典制耳。

廿六日　晴

陈升回,一事无成,复遣下湘。涂一滑很,不可用,并遣之。张妪遂求去,去其所私故也,笑而遣之。近日人情诡谲,迥非卅年前风气,乱不久矣。湖南为天下朴俗,败坏至此,武功太盛故也。

廿七日 晴

乔生、熊子并去，徒为船户笑耳。北风大作。蔡德民送画。钞《少牢》，始识牲体有二肩，而从来无说。采菌盈担，一家厌饫，亦口腹之一乐。

廿八日 阴

散学一日，携小女秋游，便至海侯馆，中耕夫人必欲舁送，且令两子留饭，俛而从之，又生一事矣。夕还即睡。

廿九日 阴

得张孝达书，笔迹不似早年，盖幕客所为，不然则红顶必学颜书也，亦不似杨锐之作。

晦日 雨

昨日秦容臣来，言衡阳馆事，必欲予至彼探之。老湛非了事人，余辞以未闻也。还过俊丞，小愈，可无忧也。至程家，遇笃生，乃知明日船山生日，有祭。同至安记听曲，吃鱼翅。夜散还舟，颇有老大江湖之感。

九　月

丙戌朔 雨

因祀船山，不点名，拟祭礼，既非释奠，又非馈食，当用乡饮飨礼，未遑改定，姑依俗三献行之。诸生无衣冠者，大半手足无措，再演，略胜跪拜耳。已至夕矣，要海侯来看之，设四席，食半，秦子和及周琴师、李道士、蔡画工来，皆绝妙诗料也。夜倦早眠。

二日 阴雨

钞经二叶，于“载俎”稍有据征，读书不熟，非再钞不觉也。经中罅漏不少,乌能尽通,大要《仪礼》太僻,用功者少,以至如此,考得无甚用,不知则大可耻,有类刻楮耶?

三日　戊子,霜降。阴晴

钞《少牢》毕。竟日不得肉食,明日当素,今日已疏矣。廖生来求荐,书院又一多欲者。刘刚直坚苦卓绝之行,士林所少,奈何奈何!

四日　晴

先曾祖忌日。萧、丁招饮,辞焉。在外斋闻人语,开户视之,二客闯然入,一王鲁峰,一苏彬把弟,来游学者,所谓狗冲破忌日者,不得已亦延坐,与泛谈久之。客去,设荐毕,已暮矣。

五日　晴

冯洁卿来邀,云其家已设,当往,候客至,则曾未告厨人及诸客,可谓荒唐绝天下之伦者。人船已还,芒芒渡湘,至安记,客来麻、沈矣,顷之曲师继至,待樊琅圃未来。往看俊丞,门遇接三子及程郎,商霖送熊掌。仍至安记,诸客次第来,席设三处,外坐傅、姚、唐、马、麻、沈、周、冯,皆曲会友也。内厅樊、蒋、江、卜、张、蔡、李,五官、二画师。内房蔡、任、庄、杨、周、程,五幕、二主,棋曲间作。至二更乃散。

六日　阴,午后雨

钞经已卌日,得八十叶,日课之效如此。夜思吴大澂告示,殊不知保富贵之道。欲书谕之,既念无益,且不闻往教,当作一论耳。自余生时逢偃儴,天下迄无一明理之人,今我不述,后生何闻哉!

七日　雨

寂静无营,钞《礼经》四叶,颇有发明。

金莲两僧来,言官事,与书文衡州说之:“衡山萱洲金莲寺僧,前到书院,捐渡船一只,并云可捐钱百千。问其何故远捐,诉云为地方所苦。因其先有租船借渡,遂欲其捐田为经费。本寺先有田租二三千石，今衰落不支，因船受累，不捐公所，后患方长云云。当告以书院现有二船，方苦多费，又无因受僧家捐钱之理。既惫口舌，为请府尊行文衡山查明，将坐船解来可也。僧即书契，交监院备文。蒙饬行衡山令查明，有无别情，申覆在案。迄今半年，官更三任，并不申覆，似有碍难之处，或疑书院利此一船耶？原契只求将船充公，如衡山县有需此船，或径将船断与地方，原无不可。本府公文置之不覆，则无此体。今寺僧又来面诉，云船窗格扇、篙桅桨蓬，一切早被地方抢去。欲僧报抢案，则可构讼，构讼则可令僧家破财。既见寺僧不争，复又在护县令及代理吴县令具控二呈，不知何词，但见新批候催带究追。未知追与地方，追与书院？若追与书院，书院无须此船，府尊文亦无'究追'字样。若追与地方，其船现在本处，宜追具控之人，不宜追寺僧也。总之寺富有名，多财为害，借端生事，县令恐不及知。若不严防讼棍，良懦受害，上朦府札，下蔽县聪，使书院息讼之心转为滋讼之本。合无请饬代理吴令，于回衡时便道勘明，此渡船有何可争？有何为累？使地方、僧家两得相安。并移新令，申覆府文，以存政体。"

八日 晴

梦缇生辰也，设奠。小儿能哀，尚有可取，诸女皆垂涕，余亦素食思哀，竟日无营。

九日 晴

朝食后出送画师二元。至程家，写信与陈伯严，便看俊丞。过子和，已去，至容臣处买疏果而还。午后前堂无人，两学斋并无读书声，数责之。兼闻斋夫、馆童斗戏盗窃，召监院申饬焉。老矣无聊，不能与失教者挽回万一也。夜气颇寒。

十日 晴

钞《有司篇》将毕。说"六俎"，终未妥，重改之。颜镜潭接三子、陈芙初来。遣懿入城,兼送《礼记》与海侯。

十一日　晴

稍理学课。茂女眼痛未讲书。黄氏外孙将周岁,例有给赐,无人料理。将往城会。夜雨。

十二日　阴雨

《有司篇》钞毕,重改补。艾刻工、李游客来。卜云斋、江少甫、紫谷道人来。

十三日　雨

黄氏外孙周晬,家中既无内主,又居荒洲,一无所赐。遣至城,托屽樵代觅冠履、衣绔、手钏、帽字及烛爆、面肉等,至午而集,设汤饼,已夕,未晡食也。

十四日　雨

紫谷又来求信,云差坐观中,声言欲拆屋。为书告老湛,请于陈明府以免之。黄船芝来,求书与陈右铭。二客去已日晻矣。字课未毕,看课卷,王者香能钞书一部,升课奖之。

十五日　雨

始钞《虞篇》。小女仞字甚竭蹶,费半日功也。王大耶油饼,使人不聊生,乃知盗臣亦足患,孟献子盖知之,而故抑扬其词,余唯减膳闭关耳。

十六日　雨

日课粗毕。寄禅来,神色消沮,云上封寺无赖群起为难,已被熟打。余告以迦叶、阿难均被打,当委心听之,万不可求胜。紫谷昨云方外有名者,祖师必阴困之。盖出家尤忌名,此言有旨。劝师兄且往西禅听讲,使心目暂清,俗尘自远也。寄公唯唯否否,殆不可救。

余遂命舟下湘,至杨园访菊,半途斗垣来催客,设食不甘,甫夜而还。率三女斗牌，未三更忽头眩目花，殆不自持，心疑脱中谓此耶？还斋小坐乃寝。闻夜雨潺潺，病随愁去矣。

十七日　雨意浓至

呼婢起，已晏，移坐楼上。容臣送饼，黄生父送饼果脩脯，亦足扰人。仞字毕，已夕。

十八日　雨

张郎卜臣来。致艺农书，不能携带，又一奴才也。湘乡罗姓来，言试馆械斗，刘爵帅、曾翰林俱奔往，大有湘乡国之意。王辅世求荐协标兵粮，尤为奇想。字课未毕而暮，大睡一时许。

十九日　阴

昨夜梦与俊丞论兵。俊云登邛山城，望渝洲江边，一沙线八百里，钩勒向里。又九江亦有一沙，钩界苏、杭，此天所以隔华夷。余因言黄河北徙，为复南北国之势，及枝江向湖南，而湘州兴。欲寻笔记此二段，以谂后来，未及下笔而寤。壮心未已，有童之见，殊可笑也。又论轻兵疾进之能，俊固非其人，醒又提衡人材，感喟久之。文武并用，行军为下，然自有快人意处，吾未见其人也。今日癸卯，立冬。

廿日　欲晴甚燠

衣冠待荐曾祖及先妣生辰，将午始得行事。插烛忽落地，有似妻丧之岁，不知何祥也。午间陈升还。丁百川书言八郎暂未能来，盖凑资未集，当再召之。陈复心寄貂靴来。夜坐无事，携两小女斗牌，颇违追慕之礼，顷之遂罢。

廿一日　昨夜风雨大作，今日竟澍霖不止，雨声外无所闻

坐楼上钞书无光，移至外斋，钞《虞礼》“无尸”一条，悟阴厌阳厌，非郑所说之事，改定《记笺》，大有发明，易笏山所谓吾心自光明

也。对烛颇夺目光,未能钞改。

廿二日　孺人忌日。大雨竟日

熊携子来,真所谓狗冲忌日者,且令居洲上。申时设奠,亦三献,未祥祭也。儿女哭甚哀,犹有礼意。

廿三日　又雨半日

今日懿生日,因昨忌未设果饼。夕召熊来,具言三屠横贪之状,未知信否。且令诸女看其子,仍遣之,盖均孩气,非知事体者。

廿四日　雨阴。湘涨一丈

与书二陈编修,并寄问宋生。诲嫁女以世故礼体。吾女似不蠢矣,而未知经史,非不教也,天分低也。

廿五日　阴雨

遣领尹儿来,姑试养之。钞《虞篇》成,前似较密,无须另写,且校勘之。

廿六日　阴,少霁见日,夜而大雨

断屠三日矣,菜食苦费,甚不便也。校改《士丧篇》。齐鹤秋训导及其女夫来。

廿七日　雨

校改《士丧》下篇毕,欲校《丧服》,寻学徒,则逃去矣。且重校《虞篇》。与书丁百川,催八郎早来。

廿八日　阴

检旧说,误妇服为大功,可谓纰缪,十年不悟,未重校之故也。七事俱无,遣仆营之。珰携长女杨家去。王迪安来,西禅僧正欲干之,因便与谈及,亦因缘也。

廿九日　阴

始校《冠礼》。丁生寄省书,衮女婿送经课题来,又欲作序。胡家好事，不惜工本，宜其窘也。冯洁卿、程岏樵、紫谷均来。

十　月

乙卯朔

晨起堂课，发题。稍清馆用。冒雨入城，答清泉宾主，正值民壮团操。刘星伯设面，与卜允哉同坐，待散，过衡阳，谈易实甫踪迹，还至程家小坐，便看俊丞，已重茧衣裘，居内室矣。雨势不已，日色将夕，还泊杨家门前，遣问珰还否，旋移船至院，食毕遂夜。大雨穷日夜。

二日　雨

日课未毕而暮。冯洁卿遣蒋荣炳来求荐，天壤茫茫，不知当何向。雨中久谈，思得上海一隅，犹是招纳之所，盖人愈拥挤则事愈多也。珰夕还，滋早睡去，小坐还寝，乃觉夜长。耒阳请题，久遂忘之。

三日　雨止

日短课多，但有竭蹶，夜课不可停也。而小儿向夕便欲睡，故知十年就傅，为俟长大。

四日　阴

校改《礼笺》。复书帅锡林、徐若蒙、陈芳畹，皆所识穷乏而不得我者。闻俊丞疾亟，忧之皇皇，他友皆不能如此，住近情亲也。今日戊午，小雪。

五日　阴

校改《礼笺》。寻喻生，仍不至。午至萧家，萧郎设烧猪，请培元小儿作陪，甚有阙党童子之意，然倜傥非常儿，盖胜其兄。夜散，还。

六日　阴

看课卷。督课如额，诸生大半去矣。有新来洣阴刘生发英，词章可观。

七日　阴

督课如额。校《礼经》,草草便过,覆寻仍多罅漏,逐条勘之,乃又嫌破碎,方知无字处为难。顿寒,围炉。

八日　阴

文衡州生日,前有寿诗,不可无报,因成一律:"衡麓庭南寄股肱,一年舆诵有循称。鹤粮暂为秋霖减,虎竹新闻郡甲增。梅蕊放晴霜管脆,炉香献寿岳云蒸。王褒解听中和乐,更为群黎颂日升。"自往庆之。便过俊丞,亦无增减。还已将夕,携懿同行。

九日　阴

理昨日逋课,仞字甚竭蹶,减一百,犹须一时许,比讲毕,已将暮。夜月甚佳。

十日　阴,稍煊

讲书,课字,校《礼笺》。夜斗牌至三更,解衣已闻鸡鸣,人云夜长,夜又短也。

十一日　阴晴

点书毕,仅课字一百。步循湘岸至冯家,云蒋县丞设请我,为求荐信也。沅浦部下非苞苴酒食不行,再传犹有其风。夜还,不寒。

十二日　晴,有日

校《礼笺》粗毕。夕至秦宅,将答访朱梅臣少尉,适在其寓,因与久谈,待船未至,复至程家吃面而还。

十三日　阴

李孙来,云俊公已愈,七郎将还蜀矣。求信与瞿九,并谢萧郎后事。人间无处着牢骚,未若死之为愈。

十四日　阴

蒋大使来,谈段道台缉私事。江南无天日,固应有此,广东犹少愈也。盐务以淮为敝,享利三百年矣,若非焚璧捐金,不可为治。陈吟钵孝廉来。

十五日 阴

吟钵,老湛女夫也,多闻世事,将约之来谈,贫不能设,亦无人手之故。何妪窃金,遣之。

十六日 阴雨

讲课不能毕,改于灯下完之。看易中硕诗,如与对面。易与曾震〔重〕伯皆仙童也,余生平所仅见,而不能安顿,有傀焉之势,托契于余,无以规之,颇称负负。大锣大鼓之后,出一对和合,俄成蚌蛤精,戏亦散矣,奈何奈何!珰往彭家。

十七日 阴

先府君生辰,设荐,汤饼。日课未毕而夜。夜烧炉煮生菜,诸女饱食而眠。

十八日 壬申,大雪。阴寒

丁绍鸿举人字次山来,叙黄氏姻亲也。斗垣来,谈苏元春。何妪去。

十九日 阴雨

竟日燕居,初更霰雪交作,外报舆儿来,云自浙还。在家大祥,祭后故来也。常婿先来,留未去,俱居外斋。夜雪未成,萧寒颇甚。

廿日 雨

将入城,杨慕李请上学,因先往,其六岁儿犹须乳母,拜则啼呼。似未周岁孩也。文南皋作陪,设面粽。过湘,答访陈吟钵,郑湛侯父子俱出,又要入买池轩,将长谈。余欲往西禅寺,匆匆出,至则闻明果欲退院矣。苦贫无可恋,而能遗名,亦难也。还船已暮,复至杨家,丁笃生及何人先在,文、黄、斗垣后至,散已二更。

廿一日　欲霜未霜,不雨仍雨

西禅二僧及黄营官来,遂废半日,课讲未毕而暮。晡始见日,夜见星,不见月也。常氏第二孙女周岁,无人力,未办也。

廿二日　晴

《礼笺》改毕,意倦,姑辍之。看小说,引《名山藏》,言明初事,颇异正史,二书皆敕撰,其互异乃不校也。

廿三日　雨

珰女作包子庆次庆,食三枚,犹未饱,以其当留奉姑,不可尽之。西禅新请住持曰碧崖,与明果俱来。大风夕霁。新墨成。郑郎来,谈文,留饭去。

廿四日　晨寒有霜,夜冰,午日甚朗

作字数纸,看两女作篆。蒋大使来谢,未见,送乘禽三双,字课未毕也。孙同知送蟹菘。

廿五日　晴

看家人治具,手脚粗疏,殊无章法。邓第武来,石阡人,字子侠,席部也,眉目颇似香孙,方知黔派。待郑湛父子久不至,日夕乃来,陈吟钵先与登楼谈。将饮,丁郎来,长成庄雅不佻,佳子弟也,文诚固应有子。即留与常婿同陪客。食甚不旨,亦不饱,夜散,复与丁郎谈顷之。珰明当去,早睡。

廿六日　晴阴

丁携四仆,以两房与之,两儿移内斋,纷纭半日,稍督字课。复书丁巩秦。致刘康侯、聂仲方书,为蒋大使求馆。复郭见安,谢蟹鱿之馈。珰携二女归去。

廿七日　阴

入城答邓未遇,过俊丞谈,渡湘答黄,比还已夕,信为短晷。复

丁百川书。仞字二百未毕。茙讲《檀弓》毕。

廿八日 晴

日课早毕，更钞《特牲》一叶。程郎送凫雉，分半送俊丞，自又得二雉腊之，供祭。首事送聘书来，具文不可废，答一元旌使。丁纪还沛南，亦与一元，则嫌太少，多又无名也。

廿九日 晴

蒋大使来辞行。办嫁衣，开单苏、杭觅之。远物四达，尔来新开风气。

晦日 晴霜

为丁郎选程文，乃知金、黄作，无甚可取者，快一时耳，于书理无干也，与近日野战者无甚异。桂阳人酶酒，共攻阅卷。家叔父文生告去。

十一月

乙酉朔 晴

晨起，晏出点名，犹有卅馀人。两年之效，使取课者知有书院而已，亦可笑也。丁郎与两儿出游雁峰寺，余独坐，秦容臣来，无人应门，命复对客。梳发后出谈，设常宁糖。

二日 晴，大雾

明日烝祭，斋居，视馔具，洗濯致洁，儿女俱停课一日。

三日 丁亥，冬至

烝祭，用丁而适得吉，亥南至，祥日也。昨已饔饪，今晨新之，巳初行事，午初馂。要李孙陪丁郎，为客。晡游东岸，甚热。夜钞经一叶。

四日　晴

钞经一叶。每日为丁郎选试程文字一篇,并令习书大字二张。夜梦�仙,鸡鸣不寐,起作一诗。夕入城换钱,买盐作脯百斤。

五日　晴

讲课,钞经,改文。紫谷道人来,作包子啖之。陈仆新学也。

六日　晴

一诗三日始成,颇能跌宕。复沈子趣书。夜月剧佳,甚煊。

七日　阴

先孺人忌日,素食深居,一无所作,而未能哀敬。虽时自反,习气好戏,竟不斋也。病此卅年矣,少时犹有至情,何学成而更退,庄子齐物之过耶?

八日　晴煊

遣觅异夫,给云得之,及呼令异,则跛者也。仍坐船下湘,至丁巷口,往贺笃生嫁女,门庭寂静无一人,所仅见也。渡柴步至陈家,亦静无人,唯有马矢,则女已嫁矣。入见俊丞,白布包头,云又跌破眼角。小坐,出至程家,丁女尚未至,官场满坐,待至申刻乃送去揖仪。还院已暮,遣使至常家去。

九日　晴

真九龄生日,放学。丁笃生来谢,朝食未毕,吐哺待之。陈升眼疽剧,欲作馔无人,仅作包子,令诸女作饼不成,夜炒面复不成,口食亦不易也。明日丁郎生日,内外无人手,厨子又忙,遂不为设。

十日　晴

滋女办具,早面。丁郎来行礼,设食未毕,程郎来谢,遂避入内。俊丞招饮,欲不去,又非礼,欲去,则无聊。下湘寻容臣主仆,要主同访朱县丞,遣仆买鱼肉。又过程家,闻丝竹之声,遇江、卜两尉,萧少耶，坐久之。陈家犹无客至，往入谈顷之，食未毕已暮，步出南门，黑矣。秦仆来迎，复入少坐。携鱼还船，月明湘澄，初无寒色。

十一日　　晴煊

杨家一砚，有百廿眼，看之麻犯，来求题，为作诗。“鹳鸽眼多为石病，石兄多病更成妍。旁人错认阿房瓦，粟粒钉头尚俨然。”写屏对数幅，笔不成笔，字不成字，可恼者。“者”读为蔗，衡阳语。

诸女为其生母忌日设荐，犹能啼涕，故胜生男。陈孝廉借《宣德炉谱》，向所未见，检《图书集成》乃无之，又读破一万卷也。夜月如春。

十二日　　晴

复沈子粹书。入城看秦容臣，即过程家。闻陈编修还，往看之，有戚容，知礼人也，略坐而还。

十三日　　晴

日课连日积欠，正欲了之，陈吟钵来，方饭，因留食去。

十四日　　晴

遣舆儿作嫁衣，懿亦同去。初不关白，本自无教，不齿以儿子也。有此痴人，未知何业，子贤愚了不相关，以云不帅则不可。看课卷，颇有佳者。

十五日　　晴

欲开剪，尚无定裁，嫁装烦琐，殊令人厌，且宜委之儿女。樊故令来。仞字未毕而暮。

十六日　　阴

往答樊、陈，无从者，独步渡湘。樊落落，陈则未见，盖方设食。即出，过安记，饬裁缝还。周竹轩、李紫谷来论画。

十七日　　阴

日课仅毕。复秦常生书，彼欲从宦，告以有赀则可。

十八日　壬寅。阴晴,甚煊,不可裘

今日小寒节,而气候如此,可怪也。说屋漏之设,为待鬼使,亦令其馂馀耳。未有以尸食人馂之馀,而更令厌饫者,此理易明,千年无人知,可叹也,阴阳二厌,为二压,则或知之矣。日知所无,差为好学之劝。

十九日　阴,有雨如春,尤煊,可夹衣

紫谷来。字课未毕而暮。

廿日　阴

入城寻容臣,送画,与至当铺,二程处皆设点心,秦又送点心,家中复作饋饵,匆匆还。讲书未仞字。

廿一日　阴

方补昨课,陈子声复心来,遂留半日,夕去。讲"养壮佼",前漏未理会。《月令》有三养,皆非官养,春养幼少,夏养壮佼,秋养衰老,皆谓防时疾也。夜风。

廿二日　阴

课始如额。有雨。

廿三日　雨寒

点书甫毕,入少坐,看小女围棋。俄闻湘潭人来,萧顺思之子来,又一鹘突人也,甚愠,而无如何,入内避之。

廿四日　阴,寒少减

晨为萧儿讲"立人达人"章,劝其入乡自立。朝食后萧儿去。

廿五日　阴

课毕尚早,薄暮,功儿来,遂夜谈。及睡颇寒,五更起,几似燕、齐间气候,小坐仍寝。

廿六日

晨起,见盘盂尽冰,朝食后飒飒雪声,登楼小坐,出看已皓然矣。

冬雪可喜，游子新归，作诗一首。因念俊丞两子甫归，复遣之去，非宜，与书劝之。功儿奉百金，以四十璧还钟亲家，亦与一书。今日仅写字半叶。雪深一寸。

廿七日 阴。滴水便冰，殊为凛冽。晨后大雪

陈吟钵、郑叔献自方广游还来谈，匆匆便暮，舁夫频促，未饭而去。

廿八日 雪

家人治具饯祝。程郎遣报道台欲来，甚窘，与书程生阻止之，兼止城中客。向不喜躲生，今乃知生之不如死也，死而客来，吾但偃卧待之，何所畏哉！院生贺礼亦不可止，冰雪严寒，仓皇吝啬，甚可笑矣。夜烛爆热闹，诸生来者廿一人。

廿九日 大晴

欲早起，念寒扰人，待日高始起。诸生踵至，未暇扫泛，设面待之。方欲食，冯、程、陈、彭来，遽出延坐。张、江两尉至，犹能设一面，俄而黄滋圃、孙翌之、石平甫、程月樵、卜允哉、王迪安继至，则无如何矣。诸生和诗者五人谭、周、胡、陈。留程、陈同舟，携两女赴公戏，舟遇道士，主客卅一人，有七八人未一面者，戌散。大风，舟不能上，泊荒洲，翼二雏，寒风暗云，天下之至苦，而本以为乐，信苦乐之非境也。

晦日 晴冻

出谢客，从东岸出西门，绕城行几遍，舁夫凡四跌，至樊琅圃处换轿。看俊臣唐诗楼，饭于程家。还至太史马头，冰合不能步，扪搎而下，大似泰山磴道，奇景也。到院初更。

十二月

乙卯朔　晴,仍冻

稍理逋课,笔冻墨滓,不可书,未钞经四日矣,作诗四首以赎之。郑太耶诗韵当和,甚窘于押,乱凑成之,成则不乱矣。“儒吏风流似子居,催科行县只篮舆。休吟野菊秋霖瘦,来看官梅雪萼舒。秫酒未盈逢俭岁,籯金犹富有传书。婿乡近已通仙籍,喜气门阑定不如。”“雪韵谁能斗五肴,蕉心愁坼竹愁苞。寒诗砚北尖叉险,酃酒湘东献酢交。韩愈醉红诚自笑,扬雄尚白有人嘲。买池胜赏犹堪继,容易东风上柳梢。”老湛来谈,兼约会饮。功入城去。

二日　晴,冻始消

紫谷来。课字未毕。功还。日欲暮,携被蓐入城,还樊轿,便至衡阳夜宴,姚西甫年侄,二刘、黄、郑、陈、余及郑子八人,纵谈无忌讳。郑言武昌陈仲孚尚书作漕督,过长沙,长沙令为除馆,误题“糟台”。陈寄诗云:“平生不解醉乡侯,况拜君恩速置邮。岂有尚书真麹部,漫劳邑宰垒糟邱。读书也合稽鱼豕,过客原如风马牛。闻道使君已迁转,武冈州是五缸笃。”前辈风流,可为佳话。二更散,宿程家。俊臣复危疾,所谓几死者数。洲人嫁生妻,媒者券成而死。

三日　晴

待食甚晏,程生大具款我,邀姚西甫、陈复心来陪,遇罗艺崖、左生、张子年、子谷。午出看俊丞,惫矣。出城答朱、秦,再诣孙厘金不遇。还至安记,主人毕集,以我为客,则孙翼之、蔡心泉、樊琅圃、陈华甫、石平甫、任辅臣、程岈樵也。设食甚丰,兼定十日复集。是日丁巳,大寒。

四日 晴

再宴于邓营，芷侯请陈郎，及往则陈侍疾不至，冯、杨、黄、刘久待，夜还颇劳，甚无谓也。五日不事矣。

五日 阴

稍理学课，出题试丁郎，兼课诸生，作者惟二陈耳。文俱偏锋，时派也。丁尚无理路。夜钞《记笺》三本。

六日 阴

三儿均归。晨钞《记笺》一本，尚无行意，食后促之。陈华甫来。复女咽痛，往城视之，至夕未还，携真往迎，相遇而船不至岸，还，复已到久矣。又一日未事。夜斗牌。看郑湛侯诗，又属为其女夫陈孝廉荐达。移宿内室。

七日 晨雨阴

理逋课。还陈帐。润森去，遣之，与以三千，了今年工价矣。复书郑老湛。甫去，陈吟钵来，欲干香涛也。坐久之，不得食，比去已夕。仞字未毕，夜乃讲书。

八日 阴，晨亦有微雨，甚煊

朝食后正欲有钞撰，忽门开，一人闯入，初甚讶之，闻其声，乃朱通公也。致沈萱甫书，云朱小舟之弟，欲求一书干王芍棠，不知其何以设想。又请作桥上火祠碑文，又索扁字门对。窥其意恨役我之犹轻也，笑而应焉。留饭，赠钱二百而去，又破一日功。旧例熬腊粥，今亦罢之。八女作糜，应景而已。课毕斗牌，感寒不快。夜闻雨。

九日 阴

钞《特牲》毕，五易稿矣，今年功止于此。僧秀枝、道士李焘来谢布施。两学官来答拜。三教同流，费我一日忙。夜雪，雷教官来。

十日 大雪

晏起，知会闯门入，云当请客，姑诺之，未问何人也。改课文。

论“回非助我”,宋人以为喜之,甚矣其小矣!弟子说师言,有何可喜,孔子岂伪求助耶?陈实莱作王维《梅诗》,用插萸事甚新。每日改钞《笺稿》三叶。

十一日　雪,自昨夜至晓

令仆人移房,竟日在内,仅一出巡斋,馀四人耳,尚有一人不识。夜斗牌甚欢,将鸡鸣乃散。

十二日　霁

十三日　阴

程郎遣告俊丞病棘,请客改期,礼也。讲《曾子问》“除丧君服”章,前笺殊卤莽,此除丧,谓吉祭,而误以丧服说之。方新有斩衰,何除之云,改正之。

十四日　雪犹未释

邻人入城,便令办祭牲。纨讲类书,毕一本。以其竭蹶,且已之。夜为鼠扰,竟夕不安。

十五日　晴

夏生从京假还。二马生来。先曾祖妣忌日,素食设奠。适腼熊掌,因以荐焉。四豆,二俎、二笾,似太少。明年宜加一俎,从月半礼可也。

十六日　晴阴

入城看俊丞,两过皆未起。复心云夜轻昼重,阳虚证也。至程家欲看迎春,云已过矣。刘清泉撤任,进士官近难做,然亦骇人听闻。夕还。

十七日　辛未,立春。晴

改课文六篇,仞字三百,腰驼背涨矣。渡湘小步,泥沙未燥,不便翔行,乃还。闻爆竹声,甚讶之,徐乃知迎春也。家旧有此典,余以非礼而罢之。迎春祭月，皆近僭妄，不宜从俗也。回思十六七岁时迎春作词，已成隔世矣。作诗词不妨，亲行礼则不可。丁郎学作词，聊作一首示之。

十八日 阴

仞字课劳，以将过年，罢之。纨讲类书，亦毕一本，唯令茙日讲《记》三叶耳。余仍钞《笺》三叶，此外无课。胡秀才来，常宁诸生，俊丞孙师也。云俊病又间。夜雨。

十九日 雨

胡秀才与王生俱去，问俊丞病，犹云平稳。夜寻周生闲谈。辛眉、孝达皆寻人讲话，余方笑之，亲宦官宫妾之日多，又不如寻人间谈之为乐也。

廿日 雨

外间有行者，闻俊丧，遣问之，乃云昨日巳时卒矣，何久不报？病经年而终亡，亦扰我经年，谁云死息也？呼船往临之，则已敛矣，又迅疾可骇。留坐陪临宾，有綦镇、隆道、两县。刘清泉被撤任，疑绅士为之，说之凿凿。余呼舁告去，至院已暮。

廿一日 雨

得睛生书，云昨日曾来，初未之知，来亦无端，以皮而忙耳。“皮”者，废弛之名。又北人以顽钝为皮，不知当何字。钞改《特牲》毕。陈生问从祖父服。意以为降一等，当大功，今乃小功，则从父服，当作一表。又增一经义，每问必有启发，学之不讲久矣。

廿二日 雨

遣僮入城办年事，因居内未出，家中不知作糕，遂罢之，渐不成家，有官派矣。王迪安来，谈半日。

廿三日 阴

朝食毕，临陈丧，客尚无一至，衡俗成服以夕，为写铭旌而还。

舁至白鹭桥,呼渡不得,几困于夜。江西客夜葬,炬火甚盛,而未能照我也。乞于路旁一村民,乃仅得还。

廿四日　晴

真读《特牲记》毕。茂讲《记》毕四本,暂停今年功课。作《丧服从降表》未成,以妇臣亦当并列,头绪甚繁也。

廿五日　晴

以为今冬雨雪多,必可过热闹年,甚喜,散步赏之,大风不可远行。

李生来,请改陈中丞功状,云桂阳人,将上闻也。以为太遽,姑依状增补。俊丞以力辞统带为最难,当筱泉抚湘时,黄少鹍、席研香一席可立致,不营权利,故可嘉也。盖棺论定,乃为真好人。其钝暗由天资,虽亦自知,而不自悟,亦其钝也。养育人材必能去短用长,要在必采之列,与易、邓异矣。

廿六日　阴雨,有雪

复钞《少牢笺》。纨读《诗风》毕。二程郎送年礼,欲作糕饼报之,经营数日,均云无暇,可笑也。过年不办饮食,寻买卖,未知此间工商复何所作,此荒僻乡村之风,不意今犹得之。

廿七日　雨

为徐生和写春联。二秦、程生来,云俊丞行状当于十日内成之,以便送院。其事迹无可考,又不比雪琴诸子,未能撰述,虽太史公,茫无头绪也。惜其家贫,不然乃奇货可居。盖有所欲,则人得要挟之,故阐扬先德,亦非易事,然以我为职分,则又慢矣。律不诛心,无以斥之。

廿八日　雨寒

西禅二僧来,云黄船芝得差矣。文人一书,如汤沃雪,右铭亦太不为人省事，要自是内行，湘人无此快手。看陈奏折，在山东屡致人言，乃皆东人，未知何以得此，岂张朗帅反胜耶？

廿九日 雨

寄禅来，改诗，云衡州无人商量，此僧定诗魔矣。述陈吟钵言，箴以枯冷。改课文五篇。夜大雪。

除日 雪消如雨，天阴似雾

晨起，仆妪未兴，更衣浣沫。祠善化城隍毕，易衣出外斋，看《礼笺》，钞三叶，出课题。陈生送年礼，从祖、祖方成服而干吉事，非礼也，辞谕之。又遣送来，大雪，仆痡可念，姑赏钱收礼，遣之。待城人久不回，几至夜方得食。招诸生团饭，三爵后入内，未饭已饱。夜祠灶，礼庙，祀门，已鸡鸣。见电光闪烁，询佣工，言语不通，竟不能喻。

光绪十九年(1893)癸巳

正　月

乙酉朔旦

外间晏起,出行香,已向晨矣。还待煮糕,祀庙,受贺。出挂红,正见初日,已而雨雪杂作。二萧岊山弟、丁生、程屼樵、秦子和、陈从孙焕、喻、谭生、杨八踳、周文献来。八生送酒肴,仍以铺之。未夕,诸女并睡去,余亦早眠。闻雷。

二日　　丙戌,雨水

程、丁、杨伯琇、杨斗垣、秦容丞来。雨雪未已。校改《礼笺》已毕。夜起见星。

三日　　晨晴

彭孙来,忌辰补服,告使易之。丁慧舆来。煮茶,有银鱼羹味,可谓奇也。馄饨注砚,亦何足异。

四日　　晴

出答拜来贺岁者,东岸五家,城厢四家,馀皆不在,以省酬报。至陈家,复心未出,询之,云与家人口角,已归桂阳矣。甚为诧异。

五日　　阴

李孙来,云八舅未去,八舅母去耳,亦劝还矣。蒋尉、郑儿来。冯洁卿来,呼舟以去。

六日 阴

西禅二僧来。若蒙来。作西禅募疏。萧郎来，匆匆去。

七日 阴

洁卿次子来。明果复来，言法门丛林、十方丛林之异。十方丛林，湘中无之，始自衡僧法空，高僧也。

八日 阴，有雪

看耒阳课卷，稍已成章，文诗亦有佳者。

九日 雪

看课卷毕，取七名奖之。有刘奎能读吾笺，而诗赋不成句，似非一手。

十日 阴，雪消如雨，竟日淅沥

始登楼讲书、彻字、改课文。

十一日 阴

晨未起，樊琅圃来辞行，忌辰贺岁，亦开缺之一端也。吴僮复来，亦尚有衣被。

十二日 晴

今年始得佳日，将出城，秦容臣来，甫去，文太尊来，久坐。比去将暮，急行入柴步门，答访两县，送樊行。还，乘月榜舟，星明水漫，初春景也。

十三日 阴

文若火拔贡来，诵吴抚诗。子泌三儿来，留食饼去。夜雨，寐不知也，起乃见满院流潦，知得大雨。

十四日 雨

作俊丞行状，竟日握管，从心所欲，殊非叙事之体，大似太史公文，以其频相促，便以付之。

十五日　雨,旋晴,见月,夜大雾

作汤丸,至二更后乃献庙,拜节,掷骰,斗牌,意钱,以毕年景。张子年来,云道台待幕友甚厚,有宾主之情。满洲俗厚,近数百年不浇,所谓尧之遗风也。鸡鸣始寝。

十六日　晴阴,始煊

讲书仞字,兼理己课,重取《周官》勘之。夜见月。

十七日　辛丑,惊蛰。阴

高都司来,颇喜作诗,字面典故甚多,因留其六集看之。作杨八蹁寿序。

勘《封神演义》诸神名,大有脱落。此书亦宜有校本,非考据不知也。内用"狼筅"字,知在明世宗已后,故魏上公未之重也。夜月甚佳。

十八日　晴,甚煊,始解裘而袍

改课文二篇。讲书,仞字,不能无愠,非君子也。夜犬吠甚急,搅人美睡。

十九日　阴,夜大风

得诗二句,云"寂寂高楼坠曲琼,夜风时有砑门声",意不属而止。

廿日　雨

年初寂静,别有情味,诗家所未言。

《封神演义》者,本拟《水浒传》、《西游记》而作,亦兼袭《三国志》。其文有狼筅,在明嘉靖以后,而俗间大信用之。至以改撰神号,至今言四天王、哼哈、财神、温痘,皆本之,已为市井不刊之典矣。余童时,喜其言太极图有焚身之祸,盖意在讥明太宗杀方正学诸君;及其言猪狗佐白猿总戎,以讥李景隆诸将,以为各有所指。然其文衍成数十万言，必有所命意，乃能敷演。而闻仲者，又以拟张江陵不学而跋扈也。其言姜环，又明斥梃击事。明人喜为传奇演义之言，而此独恢诡不平，多所指斥。大致以财色为戒，故独重赵公明兄妹，财为兄而色为妹，未有无财而能耽色者也。置之十绝之中者，戕生多端，中年尤在财色也。十绝破而杀仙，万仙诛而沐猴冠矣。此由庶人以至天子，不可以太极图自陷于落魂也。故必以太极图易草菅人，不可以太子入太极图。乃愤时嫉俗者之所为。大要言贤智皆助逆，谗邪皆为神，唯禽兽乃可通天，甚恶道学之词，疑李卓吾之所为也。昔疑其有金丹医方之说，尝欲评之；今乃知其仍为迂儒，故标其作意如此。至其神名，盖别有所本，非由此始，则无可考矣。

偶作一首，已入魔道，乃知诗不可言理。

廿一日 雨

讲生无爵，死无谥，两易其说，皆未甚安。又讲夫死不嫁，亦不合礼制，盖儒者一偏之词，或未照顾礼律也。因此亦可疑《仪礼》为乱世之书，则其害大矣。怕戴绿帽人，三代前亦有，要皆迂儒，不足知礼意，姑用两可说斡旋之。

廿二日 雨

竟无醒时，人亦绝未振作，殊非新年景象。讲《礼》、仞字为课，闲改不通时文一二篇，岂得云学，幸犹未离书耳。“盏酒涚清”，钞无新笺，未知何故。

廿三日 雨

朝夕沉冥，未能出城，亦废事之一端。偶得《续经世文》看之，则《申报》、邸钞并列，幸无我名，上海葛姓之所为，盖书贾也。而有王夔帅字,中载公法,言出使事颇详,斯其可以经世。

廿四日　雨

郑衡阳送诗来,和函楼《元日看说文有感》,笏山父子依韵和之。

廿五日　阴雨

作书寄鄂二司,一说刘清泉,一说陈吟钵。并复见郎一函。

廿六日　阴。无雨

城中公宴,以余为客,午往戌归。甚煊,且饥。

作蔡师耶挽联:"棋酒正新欢,谁知饮罢屠苏,三日春风馀阁冷;申韩推旧学,应有惠留零桂,仁人恺泽利民多。"

廿七日　阴

朝食后有曹姓来,自云曾相见,游客也,似缠皮非缠皮,无以测之,留之坐终日。王迪安来,云从此至邵阳县,有曾、尹械斗大案,烧死一举人。又言潘令陷刘,己亦死去,似冥报也。曹又言柳正笏富贵横死,以为冥报。余思潘报太过,然尚可报;柳则必死,而富贵已足,无所谓报。天富淫人,不能殃之,盖淫人不畏死而畏贫,即善人亦不愿赏生而愿赏富也。唯以富贵寿为浊,以贫贱死为清,则得之,而要非世法。看地图,欲增新州县名,茫然不知方向。

廿八日　阴

甫朝食,杨八踣催客,迟久方去,则主人萧礼卿未至,坐及两时许乃得食。食过饱,还舟风寒,绵衣太薄,觉烦闷,欲欧。于晦若欧以热渴,余欧以凉冷,即闷船亦有不同也,至岸加衣乃愈。

廿九日　雨

邹生来,衣尽湿,留与同舟下湘。入铁炉门,门楼已焕然一新。至蔡师耶处作吊客,遇陈华甫、任辅丞等。又有一周松桥甚光昌,云水师幕友也,盖一有来头人。还尚早,课字,见两女蠢甚,颇怒。

二　月

甲寅朔　雨，稍寒

隆兵备来，言通判释奠陪祀，不得分献，属告文庙首事云云。此事本无道理，由屏斥通判为佐杂，故令两县干与府祀。及问丁笃生、程商霖，皆推不知。余本不与闻，因受道台托，为考《通典》定之。通判当分献，两县不当分献，其论又怪，众所河汉也，姑予书言之。已而众议言殿上不可分，分之两庑可也。

二日　晴热

常霖生、凌知县来。督课甚荒，久停夜讲，而不废夜戏，老境也。写条幅四纸。

三日　丙辰，春分。晴

斋宿不理功课。厨中无人，办祭竭蹶，但自尽其敬耳。

四日　丁巳

礿祭，待饪，至过午乃得行事。新考定阳厌非祭祖祢，略变其礼，以加豆在亚献时，亦略合从献之义。以莪摄亚，滋摄三，复为祝，取足给事，不外求也。招霖生饭，因请邓营官、秦容臣、程、杨同集。晨夕俱雨，幸昼阴耳。小桃初开。

五日　雨寒，复裘

午初入城，答霖生、凌令、杨都司，诣椿协，过程生，遇洁卿，同至道台署春宴，看戏，至戌乃散。

六日　雨，寒甚

午睡甚久，看课文。两学送胙，将败矣。燔肉，虚礼，宜子贡之欲去。

七日　阴雨,水复涨

院中小儿书声甚朗。桃花始开,于节候为最迟。《明堂》、《月令》以为在雨水时,汉人以为在惊蛰时,以今证之,不能也。春暖则早,岂汉时惊蛰已暖耶?去年春分燕已至,今将清明犹似冬时,则草木禽虫各有其候。所谓占验者,但候气寒温,故农家下种,必候桐花,太平时气如节也。

八日　晨阴,午后大晴

课毕,携小女看佛会,殊无所见,倾家尽往,但留三长女,还乃知其绝饮食,一时粗疏未思也,人不可以乘兴。见雁峰旧游,为之怅然,同游人死尽矣。余尔时亦不自意披昌至此,向平知贫不知生,余则知生不如死久矣。韩退之能言百年未满不得死,而皇皇于名禄,则又何哉?故知文人巧言,亦时合道,而茫乎自不知也。

九日　阴,有雾

稍理儿课,看本朝文,皆小说家数。夕晴,仞字未毕而暮。刘清泉、郑少耶来。

十日　晴

出游,从白鹭桥步上,过容臣未起,访周竹轩,问永州锡器。始诣两府学,各言其志。至陈家,六渔观察已归,谈行状宜增改。至屽樵处,取钱,遇伯寿、云哉。还已暮。润子告去,而不忍去。怪哉,无聊多端,而自云有耻,不可教也,其敝在不听善言。孔子云说从不绎改,犹是上等。并不说不从,吾非圣人,更莫如何。买二对联归,其价甚贵,以程母待我厚,无可报,聊尽我心耳。

十一日　晨晴

改课文,仞字毕,下春疾风甚雨,外斋有雹子,内院无也。楼上下皆沾湿,已而见日,至夜忽风吹屋欲倾,已而大雨雹雷,震骇不安,危坐待霁。外斋前半皆漏,仆从移内房,女佣闭房不敢出,夜风震簸,久之乃寝。

十二日 阴雨,复寒

得钟蘧庵书,老矣,亦云欲去,不知去何之也。夜雷长鸣。

十三日 大雨,寒

真读《礼经》。误加长胁于少牢,乃悟牢无长胁,牲无正胁,检六笺并未照,重补其漏,所谓因误得悟也。又补"手泽、口泽存焉尔",乃是欲其存,非怆其存,亦较深远。

十四日 大雨,午后尤澍,夕霁

桂阳二罗来见。夜独与真坐,待二更乃寝。

十五日 晴

晨携复女往贺程母生日,至城已朝食矣。客犹未大集,乡午先还,将夕复携真迎复,舣白鹭桥,遇一僧,坚邀入寺,辞还舟待月,轿至乃还。

十六日 晴热

午设荐先考忌日。仅可单衣,增一锕羹薇芼。

"危苦建功名,休云爵未酬劳,看满门簪笏綦缨,当世公卿无此福;精明归浑厚,自许鉴无虚照,想同辈雌黄月旦,不言桃李自成蹊。"俊丞挽联。夜风。

十七日 阴

改文督课。携复、真渡湘踏青,桑荑已绿。夜为鼠扰,竟毙其一。曹姓来,求信与田明山副将,所谓非想。

十八日 辛未,清明。阴

有风,未宜游赏。陈荪石来奔期丧,今之古人也。略谈京中事。夕与周生谈文,彼乃以我为轻薄文人,非不知我,乃不知文也。中人以下不可语上,悔不屑教之。得功儿书,言谱刻未成。

十九日　阴

讲"大夫不主士之丧",于大夫士丧祭服之分,终无确据。去古已远,此等小节,疑不能明,可叹也。家费无节,稍裁制之,柳家婢必闷倒矣。寒,加重绵。

廿日　阴

旧燕群来,知玄鸟不必应节,大抵应月耳。去年始社,亦早至也。问学徒志学志道之异,依德依仁之辨,莫能理会。

廿一日　阴

欲渡无舟,临川而返。牡丹消息尚早。看秦生文,颇为充畅。始闻杜鹃。

廿二日　晨晴

出答刘师耶、金聘之,过荪石,云将行矣。天沉沉欲雨,亟还,未至,澍雨沾衣。院中人尽出,周生言有贼来,洲人遂大蠢动,云欲劫我。初不为意,继思之洲人俱至愚,或闻丁婿有赍装而生心,不备必殆。飞书笃生,请水师船来护之,此吾笑朵翁求救之报也。半夜戒备,及两哨来,已鸡鸣矣。诸葛孔明有计可以尽禽劫贼,而部下无人,不能附耳低言如此如此,可为一笑。大雨竟夜。

廿三日　晨雨午止

雨亦厌矣,而辛眉不至,隽丞已死,昨岁之游,杳不可追。黄滋圃来,云吴抚移督陕甘,求贤馆有姚文卿,手书所招致,又有涂舜臣、胡子威云云。王镜芙来,留饭,作半日谈,夕去。

廿四日　晴

春游,未见一花,往伯琇家寻之,云尽为雹损矣。外间讹言俄人将生事,与书翁叔平问之。交荪石去,约危急时乃通,否则烧之。乘危出奇，子贡之义，然今日必不用也，聊尽我心以答稚璜耳。

廿五日 晴热

耒阳炭船来，晨梦，恍惚知之。余于近事往往前知一刻，已三验矣，未知灵通所由，亦殊无益，但可怪耳。朝食后赴西禅寺斋，单衫犹热，至则寄禅谈诗入魔，客来不止，殊不肯休。与石孙登山，北风忽起，顷之郑老湛来，雨亦至矣。俗家唯我四人，僧则近百，将夕乃散。见道旁拔去豫章，余前所誉者，根入土甚浅，宜其不寿，然亦过百年，盖飞子也。过湘见一船，似是镜湖，遣问之，登舟小坐，其妻、子并出见。又遇炮船来赴围者，辞之使去。

廿六日 阴，晴煊

晨，王嘉禾移船来，泊楼下，遣诸女往迎其妻，留食，疾发辞去。镜芙与其客陈鹤仙、易炎熙、凤琴、杨徽五来，久坐，同渡湘，畏日而返，午散。夕仍延来便饭，又为其妻延医，竟日泛谈，夜乃得食。得卢生书。

廿七日 大晴，重露

晨起，镜妻复延医未发。登舟，看易、杨俱在小船，殆不堪热，上船小坐，仍约陈、王登岸，易辞未起。二马、徐、文、夏生俱来。文言少湖妻居龙藻琦屋后。夏摇摇欲去，非复令我热时，至夕船开。纨讲《周官》。

廿八日 晴热

晨下湘至杨家，伯琇母生，去年府道皆至，唯我未往，故补礼之。因答黄滋圃及三哨官，渡西岸入南门，贺朱德臣母八十生辰，翰林新诗甚多，云王慧堂所致也。道府文武毕集，亦留面，出，热甚，还，向午矣。邹生来。舟遇海侯，俱还，欲与谈经，而彼皇皇求馆，无心学业，唯问布缕升数。因与画策，令干吴抚，不得，则荐之张督，较胜求人也。今日人材殊有登进之路,比余壮少时风气蒸蒸,而人亦益浮滑,无节信,知难进之养士气也。遣复往杨家。

廿九日　　晴热

方理字课,外传片见,王君豫来江华训导,急出迎之,因留谈,问胡子威入招贤馆状,及县中杂事。并知刘兰翁入思贤,蔡郎中将主讲,皆张雨珊力也。又闻孙婿兄弟皆倾轧,岂福建派耶?夜送客,觅船不得,舟子甚困。卜允哉来求差。

三　月

癸未朔

晨起甚早,为君豫书扇,因作二诗。初未醒时,忽得四句,亦殊不佳,发我诗思耳。“留客无清酒,回舟失远镫。烟中语未歇,物外想俱澄。重露融花暖,轻澜漱石增。明朝楼下别,莺羽惜良朋。”“见说洄溪好,丹崖到每难。羡君探远秀,吏隐得儒官。敷衽重吹管,升堂定采兰。耆贤访泠桂,更当好山看。”

午前船至,送客去。女客来,诸女不知送,笞小女以耻之,遂罢讲课。刘清泉送碗、桌、竹帘,正欲织帘,得之适用,旧物也,胜于送套礼者。

二日　　晴

午后大风,吹楼窗纸尽裂,震霆一声,遂复凉冷,北风顿起,雨潇潇至夜。郭见郎送添箱,与书谢之。

三日　　佳节。闷雨

殆将断蔬,从来无此苦也。珰女遣人来问喜期,并送杝,甚不佳。翻道署甄别卷。闻布谷。

四日 雨竟日

冒雨入城，赴文衡州招饮，胡山长、两学官、两幕客，特设也。挂面点心，犹有满风，食甚饱还。

五日 雨，午霁，夜见星

丁郎请期，云拟十八。将入城趁办，以省繁文，因谕以不必乡试，宜还入都。今日丁亥，谷雨。

六日 晴

朝食后出，从白桥步上，至麻家，作苍蝇，门庭岑静，仅有至者。竹师酒人，固宜寂寞身后。回思麻协提拔雪琴时，诚不料其有此。还舟，遇一北使，云自石潭来，疑是柢甥人，询之则伯宜人，其子专书求干香帅，诚不可辞，留为谋之。明果求书，为书一幅。

七日 晴煊

诸生覆试去，余亦将往城，闲思得一策，正欲遣人往鄂，即以罗生充使，骑尉职也。晨得京钞，俊丞依巡抚例恤，往其家，促令治丧葬，因过卜允哉。还雨，入戏场，乃至江南馆小愒。主人待久，与秦、程俱上，设四席，官士杂糅，非伦，以余为客，与郑、秦、程、杨同坐，散已夜分。

八日 晴

谢客。复罗书，并退还山舟一联，九二之年，何能执笔，罗氏父子见辄谋致，不宜送人也。马先棨来谢，未见，出则已去。唯许、贺二子在书房，甚为诧异。

九日 晴

晨起甚早，至饭后昏睡。三女均不点书，看汉碑亦自可乐。讲《乐记》“行成而先，事成而后”，行与德不甚可分，正分体用耳。此儒生言，非圣语，故不圆也。

十日　晨阴,食时雨

复睡甚久,字课未毕已暮。得唐蓺公孙书,名诗观,字莘农,云欲捐官,非善策也。余为唐作墓铭,久不省矣,重看之,不能佳,盖所谓谀墓者。大人先生不能与女子争隽永逋峭之文,虽有交情,无如何志铭本不宜大手笔也。遗命勿作,固自有见。

十一日　雨竟日

看蓺渠集,亦有逸度,非俗吏,惜不能为大官,使在牧守职,循吏也。初与往还,但觉其德优于才,犹未足以尽之,用人之难也,即平生交友,殊未能位置,无惑乎诸公之不知我,我亦岂自信耶?复唐孙书。万委员来谒,平度州人也,名阶。

十二日　晴

晨荐曾祖妣,待菜,午乃行事。某妃配某氏,屡说不安,如此而治《礼经》,岂不多愧!课案发,复大颠倒,昏人之难喻也,必欲归美于我,而自发其私,以为有权,岂不哀哉!

十三日　晴

晨看《论语》,思周有八士四乳之说,甚谬。制,字在廿时,八子已皆童冠矣,然记之何益?又礼无两伯,今不著其氏,但云周有,岂宗室耶?此盖王朝士仕鲁者,旧族也,故记之"故旧不弃"之下。伯,氏也,如伯纠、宰士之类,必非同姓。仲、叔、季,则鲁有之矣。伯禽以王官封,故得从王士,当日或选此四族,以备大宗之支辅,鲁为宗邦,以四房统诸宗,意其是与?子路为仲姓。

得程生报,言俊妾服毒,遣问敛礼。与书丁巩秦。

十四日　晴热

遣纨帅真往临陈李之丧,至午后复自往问焉。其家皆言其德性坚定,从容殉死,且先刲臂,而人不知,有识度女子也,年廿七。大雨俄至，渡湘，赴水营饮。本欲辞之，因事起匆匆，黄处已辨，又当重费，故勉一往，程生则辞之矣。丁、杨、杨俱先在，夜冒雨还。

十五日 雨

道台送学，两县、两府学均至，馀官不到。笃生先来，坐两时许乃散，又待久之，见新生二班。至城答访万委员。临陈李丧，主人成服。夏进士补服迎我，非礼也，以为敬我，犹愈于以纯吉临凶事者。少坐而退。

十六日 阴

桂阳刘生问《月令注》，乃知前注错谬，亟改正之。今古文说五藏配五行，今文于冬无说自圆，当从古文。春脾土，夏肺金，中心火，秋肝木，乃为今医家定法，吁可悲矣！

十七日 雨阴，有风

日出答胡江亭不遇，过道署预祝，辞退亟还。大改朝服玄端同冠之说，于是大通。以委武玄缟证之，知异在武也。玄端之冠，谓之居冠。单言冠者，委貌也。院生请刻诗文集，力辞之，告以不可刻集之意，刻则损名矣。《诗笺》可启后学，无妨刻也。周、王生因此相争，尤为可笑。徐老师做生而糊壁单，非尽老师之过也。

十八日 晴

得郭郎书，言易氏父子事，以余前诗不可示人，其言是也。因复一书，并及看文章之法。文人不轻薄，轻薄必无文也。

十九日 阴。食时雨

笏子来，云镇江事脱，将他谋也，留宿外斋。始重钞《王风》，补成一本。

廿日 阴雨

冯洁卿来送柚，云常生儿携归，其子所寄也，甘过于橙。

廿一日　晴

晨得家信,云胡郎带至,遣召入谈,训导宁远,过此也。留住一日,不可,饭后遂去。斋长来,言道幕不通,将不应课,谕止之。

廿二日　晴

写刻《诗经》,自校之,兼钞《王风》。袁监院来,云课卷尽涂坏,宜作何办理。余云急脉缓受,且姑休矣。袁去,召诸生问焉,大要能者多不服,次等又不服。不服者断断分党,袁指胡、李、曾为首,皆秀才也;执笔画字者则王、陈、丁,亦佳士也。且令应课,乃徐图之。

廿三日　晴,热极

绂子入城,求计于程生,又可笑也。陈请改公呈恪斋尚书,所谓随地拾者,尽去其枝叶而清翻焉。马先生子又送土仪,亦难辞受,以厚往薄来答之。其子先棃,字质庵,频见未问也。故苞苴信使有用。

廿四日　晴

偕绂入城,便答洁卿,道遇一轿,呼之,乃屼樵也。要登舟同下,即至其寓。往寻卜允斋,游行馆不遇,渡湘至冯家,亦不遇。过伯琇,得鳗而还。

廿五日　晴

冯、丁、程来,云特留行。本不言去,门人张大之耳。李、孙又诉原委,正欲倾听,而客闯入,一笑而罢。

廿六日　晴

院生探听巡抚将来,可谓好管闲事者,已而清泉来办差,余以为有点心,方欲扰之,已而一无所办,等候半日,幸未废课耳。昨夜作祭俊丞文,独坐至三更,今晨未能倍书也。将夕恪帅来,云廿年知名,又何太晚。谈"圭璧",大有发明。说"剡圭",与余说暗合。"剡"即火焰,非削之也。又说"璧羡",亦余所未照,采之入笺。其人书痴,非吾意中人,前妄下雌黄,何其卤莽。

廿七日

晨送巡抚,不见。至陈宅,回信云当来吊。王荩宣庶常、夏彝恂户部均在,余亦作陪。久之,抚至,谈一时许,没紧要,然其人非佥壬,则可窥也,人不易知,且复志之。说时事亦中肯,云泽臣藩闽矣。程生亦来,客去,同过晴生兄弟。热甚,饥疲,亟返登舟。作寄景韩诗,即景生情,有风人之旨,但词条寥寂,岂才尽耶?

廿八日 阴雨

稍理逋课,作诗题扇,寄景韩,交王从九带去,监院来催卷,令人复忆程、方。

廿九日 晴。有雨。极热,夏衣犹汗

朝食后出城奠俊丞,待我如大宾,亦请王、夏作陪。奠毕,急解带,热不可耐。步出,又遇雨,还程家,遇酒丐,少坐避睡客房。洁卿、笃生、袁海平、晴生兄弟、伯琇继至,夕散。步还已昏,城门遇秦容臣,不暇谈也。夜热,五更转风。

晦日 晴,稍凉

补钞《诗经》。王虎伺来,晴生在坐,久谈,又废半日。夜遣借【缺】船流人溺,几不得至。

四　月

癸丑朔

始开课,出堂会食,诸生七十人,亦尚整齐。初令封门,自坐外厅监之。钞《诗》三叶,还稍愒,岏樵来,虎伺又来,云不求信矣,皇皇可怜。新燕营巢,登楼看之。作书与袁爽秋,荐经四去。是日晴凉。

二日　晴

晨出厅,见一客人,乃武陵陈伯弢,见之甚喜,以为来吊陈氏兄弟,谈次,云署桂阳学官,颇及西路新闻。留饭,不食而去,送之登舟,还食。西禅四僧来。钞《诗》未及额,倦还愒楼。郑少耶来,云寄禅约之,坐良久乃去。夕欲睡矣,寄禅来。今日应接不暇。得席郎书,求文,复谢之。

三日　晴

朝食毕,坐外厅钞《书》。寄禅又来,谈久之。邓副将及刘信卿来,云往迎抚台,路过此耳。夜得杨侄书,为人求文,复谢之。

四日　晴热

朝食后改课文。少愒,胡敬侯山长及其子来,顷之孙、石二同知,杜、万、张、金四委员,均以迎抚便过。甫去,容臣来,云颜可秋同来,则俊臣处帮闲者,言盐店事。将入城未果,因留不去。本欲小静而忙愈甚,生员事多,不虚也。

五日　晴

看课卷。邓营、衡营俱迎巡抚。卜允哉来,云文拔贡登门呼之,已遂不答,皆非礼也。遣借帘箪。钞《诗》将毕,欲急成之,逡巡复罢。

六日　戊午,小满。晴热

晨看摆队,至午日烈旗燥,人皆四散。遣召厨人、缝人,一时总至,六尺帘短小,殊不可用,聊障眼耳。晨始阅毕课卷,凡五十三本,有四生未预,共五十七人也。三陈来谢孝。将暮,抚船过,欲泊,出迎之,水浅不能拢,命艇将往趁之,不及,愈行愈远,比至马头,初更矣。谈文、诗、官吏,俱无可纪。将访陆廉夫,云尚在后。二更还。众雏烂漫,唤起,不飧,遂亦少食而眠。

七日 晴热

西禅僧求书与苏元春。钞《诗》未毕，改写大字。诸生假归，【缺】风日温蒸，遂夏，漠子将出。今年【缺】壮盛时，日日新。老年朝气，岁不过百日，此非体验不知。王吉士良粥来。

八日 稍凉

钞《诗笺》毕一卷，亦所谓强弩之末。格子忽失去，殆惩余惰。闻西陵宫演《封神》，携复往看，借凳朱嘉瑞主人，延登楼，要容丞同坐，俄顷五设。洁卿催客，戏无可看，遂往，令复自还。渡湘大风，客尚未至。见《阿房图》，题"赵伯驹"。"驹"字"句"上有一横撇笔，及"口"字亦有涂改形。又王翚画，连题二诗，皆真本也。或云赝作，则不应破绽如此。丁、程、三杨同集，酒精肴多，乘月与伯琇步还。

九日 阴，风凉

陈培之来，富不可求，无复执鞭之态，便欲与中丞平交矣。隆道台来。方去，大风飘雨，萧然遂寒。《诗》复钞毕，改课文。夜月。

十日 晴凉

廖生钞道台牌文，语甚倨妄，欲与理论，片致监院，请牌读之。马先生子来，云欲求馆，茫茫江南，何以置之？杜诗云："飘飖风尘际，何地置老夫。"妙语也。改课文毕。考木铎治教，刑官乃有之，礼兵官无也。祝澹溪儿甚有思致，时文信有种，余诸子不通，宜哉！

十一日 晴

晨作文致监院，则责在袁海平一人，彼岂能当此咎，因循罢焉。佛氏慈悲，庶其弘忍。孔子论公伯寮，意在斯乎。余之去来，非偶然也。以此益知前定，能巧作机缘，以合于道，庸人尚不须前定，临时可以弄之。

十二日 晴

入城答培之道台、胡敬侯父子、赞侯父子，过二程，步邀容丞买纱衣,至夕乃还。

十三日　晴

诸生有与丁郎出者,在丁为败坏学规,在学者为引诱良家,皆不如自出之为愈,小申饬之。因言张、廖当引去之义,而俱不能悟,反疑我之逐之也,人之度量相越岂不远哉!二马来。彭、陈来看,留早饭去。明果辞【缺】好诗题,懒寻典故,不能作也。

十四日　晴

【缺】作包子。允哉、容丞来看,去年今日,人面桃花。【缺】

十五日　阴凉

祖妣忌日,素食,内坐。陈澍甘来,辞往四川。亦是一世界,如是流转,终无已时,究有何益,徒令人茫茫耳。

十六日　雨。夜更凉冷

诸生唯左增公然请客看马镫。彼烟馆儿也,不可以诘,日课早毕,未夜即睡。

十七日　阴晴

常宁送课卷来,已忘之矣。一望黄茅白苇,始叹宋儒之汩没。临武邝生送家信来,意在求助,许月廪之。欲寄衣钟氏外孙,澍甘已去。

十八日　晴

钞书课字,稍有条理。左生、萧孝廉来,又费应酬。

十九日　晴

看课卷,日十本,犹为竭蹶,十个钱不易得也。题为"知者乐水"一章,本不易说,而欲乡曲儒生文之,宜其难矣。

廿日　晴

复以"漆雕开仕"发题。看方苞作,宛然八家文也。声入心通,此老年之所得。

廿一日 晴凉

水长一尺,竞渡乾龙船已冬冬矣。钞《冠篇》将毕,看课卷,甚困,未能加工也。今日癸酉,芒种。

廿二日 晴

邝生送课文,因为讲方苞作之不合题。漆雕非高于孔子,而其作似孔子,使仕,反浅视之,此所谓好说大话者。因连日改文十馀篇,所谓好行小慧,然未尝无小发明也。

廿三日 晴

连日甚忙,而钞书课废,始补三叶。容丞、允斋来。入城靪书。至容丞处则已出。至程家遇之。程生女疾,亟还。至安记少坐,又遇多客,芒芒然归,一无成也。

廿四日 求雨小降,已复开屠

课文始毕,拔一卷佳者,欲调来与共学,卷面无名,遂无可问。何地无才,此孙、胡之流也。

廿五日 晴

说"缁"、"鞸"①【缺】朝服缁衣。古制茫昧,莫如何也。小坐内室,漠子纷【缺】盖其鳞中所集,急出避之。

廿六日 晴

复禁屠求雨。漆匠来。允哉及其子来。海侯来,正思招与问礼,相见甚喜,固要移来同住。方信夏生言将干吴抚,未肯诺也,强而后可。

廿七日 晴

夜雨,城中甚大,此处潇潇数点耳。无日不改文,颇废正事,使

---

① 据下文,当指《仪礼·士冠礼》之"缁衣素鞸。"

在封疆,又一常文节矣。明当打扫净尽,钞书课字,虽未减,甚匆匆也。钞《冠篇》始成,一懈六日。

廿八日　阴

朝食时海侯来,留住对房,移床入内,仍匆忙未暇讲论。木匠来,作书箱,亦我功课,所谓丛脞也。然事烦食不少,司马懿无如我何。

廿九日　雨,颇沾足

书箱亦改成,课文尽毕,课卷全发,但馀三扇耳。连日逋课则不能补。课读颇费日力。

五　月

壬午朔　凉雨

晨出发题,杨生辞正课,余云许由让天下,恐巢父洗耳耳。然让,美德也,宜使监院知之。乃闻监院告退矣,余甚愧焉,己不能去,而令人不安耶?便当学刘玄德披发入山,不失信于天下也。说"侧尊",大有所悟,乃知朱老晦又错了,康成经神而如此耶?刻工送《诗经》来,夜校半本。

二日　阴

钞经未满额。张老师来到任,云袁海平辞监院矣,空坐去。

三日　晴

与海侯入城看程生,遇四川委员何世叔,送夏大人还湘,为前站,因过两府学,绕西出城,闭南门求雨也。文太尊日三次步祷,禁屠甚严,差役大索城中,举罚无算,亦生财之一道也。还遇郑生,同舟至院坐。

四日 晴

程、郑送节礼，和尚送节礼，耒阳送脩金、课卷。诸生放假。秦子损及容丞、程生来。

五日节

禁屠无肉。程生、陈郎送节礼。午祀庙，受贺。丁郎已【缺】矣。饮蒲酒，招周生陪客。将夕食，外有喧声。【缺】同坐，诉诬盗事，刻工失物，责【缺】打帮者。予好言劝令去。过节，彼等复因斫竹大闹，所谓日将值勾陈耶？将出浴，大雨忽至，遂罢。卜世兄来，未见。

六日 晨雨午晴

遣仆入城而僮从去，一日无使令。钞《礼》至"北堂"，忽悟房制乃不与房间壁，于是大通，群经房盖两头有门也。仆还，云未开屠。当礿祭，买猪杀之，求雨无禁杀之礼。诗云"靡爱斯牲"，则当多杀也。

七日 有雨，凉燠不常

斋居内寝。丁家专信来。郑太耶、三马郎来。每谢客，必有不能不见之客，此非偶置之也，人事不如意，必当如此。钞《昏篇》成。

八日 己丑，夏至

礿祭祖庙，巳正行事。约陈华甫、杨斗垣、秦子损馂馔，程岏樵后至，已未正矣，酉正乃散。竟日未食，亦不能饭也。夜早眠。

九日 晴

晨至丁家看笃生，有子妇丧，乃云未起，问斗垣亦未起，过洁卿小坐还。将至盐丰，饥疲还食，已而遇雨，遂未去。补课如额。王辅世来，求荐其子。

十日 晴，有雨

滋生日，放学一日。午过子损还。闷热。谢生来问《礼记》，似有乡学之意。

十一日　晴

看课卷,“盛德”一本甚佳,不知其人,取其遗卷看之,非假手也。钞《相见篇》成。

十二日　晴

看课卷,钞《乡饮》。夜与海侯坐月,颇惜清光,各有功课,不能久赏。

十三日　晴

祖考忌日,设奠。刘清泉、马世兄来,皆不能不见者。冲破忌日,废事且久,一日无所作。

十四日　晴

【缺】毕。两日未钞经,畏漠子也。然久坐【缺】为难,非复十年前摇笔即成矣。改定陈【缺】。

十五日　晴

因热【缺】喜贺仲【缺】看耒卷廿馀本,讲《奔丧》,补《小敛》后【缺】者之仪。

十六日　晴

看耒卷,钞书三叶。偶从丁郎处见《山东兵略》,似愈于各省,云赵菁衫所为也。

十七日　晴

晨出钞书。午后将认字,陈华甫来催客,往则尚早,满街米筐乞人,疑以为乡人求粜者,询之程生,则卖谷耳。过允斋,“姻愚弟”黄生在焉。又一谢姓,不知何人也。入道署,坐刑斋,少顷陈慰农庶弟来,字望农,颇似世幕。卜、张、石、程继至,食甚久,夕出。过容丞,将乘月还,而云阴欲雨。

十八日 晴

欲出惮日,多卧少事,本将尽补逋课,手不应心,写字不能多,亦无笔也。

十九日 晴

复断屠求雨。晨出,将写书,见课案复撕去,甚讶之,严饬诸生查究。认字,甚热,夜有雨。

廿日 晴

改于饭后认字。楼上晨凉,复觉腰痛,不能多作字,竟少一日课。诸生复游散,申饬之。钞《乡饮篇》成。写条幅。

廿一日 晴,风煊

何人复于讲堂糊撕案人姓名,此则所谓糊黄帖白,诬告人罪当反坐者,而诸生乃以为无害。风波易动,且宜静之,乃移席入内。

廿二日 晴

晨未食,洁卿来。两贺子来,未见。霖生来,致珰书。复女生日,散学。夕风雨甚暴。

廿三日 晴

诸生来,言左增妄言,当驱逐。昨四生见,有刘莹甚愚谬,而似悻悻。诸生皆以我为无学规,逐一人肃然矣。然此等不可教之人,背地语言,何足深究,当度外置之。改课文,出城答刘、常【缺】行往【缺】新道台【缺】馀皆去矣。欲出,放学一日。始钞【缺】。

廿四日

【缺】欲衣食于八行【缺】盗入内院,掠晒晾衣巾而去。妪闻,开门问之,已无踪矣。

廿五日 晴,有微风飘雨,俄顷而止

召捕快来迹盗,二役年少壮健,非能捕也。功儿寄食物来,并呈

课文。舆儿刊绝句诗,误字无数。

廿六日　晴,有风雨

张年侄来,亦求信往鄂,且令移来住一二日。得功儿四月书。

廿七日　晴

邓营官自省还,送茶、腿。陈六渔送润笔,甚腆,受笔墨表里,馀悉谢之。夜有小雨。陈子声来谢。

廿八日　晴

写条幅、对子,字益恶稚,无可取。晨改功儿文,亦无可取,闷热无风,遂停字课。

廿九日　庚戌,初伏

午后有小雨,似漏非漏也。风日颇正,成夏令矣。

六　月

辛亥朔　晴

与书功儿,论尝祭事,便寄银八两与之。撕案主名未获,停课不理事,不便者皆自便矣。书一联赠郑老湛,劝其去官,省日日言去也。此人染笏山习气,殊为可笑:"官如陶令多酃酒;年近何公减宦情。"

二日

晨。张年侄去,赠以二千。竟日晴光,多避,未事。

三日　晴

钞经始如额。夕大风,无雨,稍得理课。盗久不获,夜劳守戒,亦非策也。

四日　晴

课半毕,乃出答陈年弟,贺老湛生日,遇石太尊。还至安记,算帐,寄银回家办床。道遇雨。

五日 晴

理课改文,钞《乡射》,十馀日矣,尚未毕工。莲来,且令烧豚,今日开屠。夕得透雨,天不欲成灾也。有游僧誓天自焚,众信向之。吴僮告去。

六日 阴凉

天赐节日。得彭畯五书,问《公羊》疑字,并送飞面。悉改课文。

七日 晴

检《公羊表》,缺讹殊甚,初不意其至此,乃误后学,甚卤莽也。

八日 晴

复畯五书。匿名四生来诉冤诬,与之谈圣道,颇平其气,异类有可化之理,定不虚也。稍热,停字课。茂讲《礼记》毕。

九日 晴

钞《乡射》经毕,有可勘《饮酒篇》者悉著之。写字七八张。夕将出,遇云阴无月,少时雨至,遂止。夜未午,闻乳妪唤贼,起则门反关矣。闻盗行楼下墙径去。诸女悉起,遂不睡也。夜遣呼捕快不至。

十日 庚申,中伏。雨阴风凉

午初捕役来,缚之于庭,捕厅来索去。检"举爵三作",郑注恐误,献爵不得谓之举也。晨晏起,遂忘出题。夜至杨家,送彭信。闻湖南考官信,黄、秦皆初得差人。黄即仲弢弟也。

十一日 辛酉,大暑

小不适。杨叔文、刘试馆来。刘清泉午来,遂不去,停务对之,甚倦困。夜澍雨,钞《乡射》,欠半叶不能成。

十二日

晨起洞泄,拟以八十次,未能满数也,三十馀次耳,然已气微目凹。夜复大雨,起行院中,丁仆乃伏暗处伺盗,亦可笑也。

十三日　暑雨

疾愈。改课文。茙始讲书。程孙来,送瓜、鹅。食瓜汁两碗,诸女靳之而止。

十四日　暑雨,凉湿

甚不适。写扇八柄,犹未稻食。夜仍伺盗,捕快云治盗人犹未生,其言微中。

十五日　阴

张老师来,请开课,自以为礼贤下士之至也,唯唯应之。甫去,大雨,大似隆观察及秦始皇封泰山时,无谓天道之无应也。疾未大愈,家中送瓜来,顿食两枚。

十六日　阴

揩榜人不可得,去四生以应之。功儿乞猫于朱嘉瑞,乞夹带于夏进士,为我劳神。海侯亦疾发,竟日营营,未遑钞经。

十七日　始晴

发家信。方一去,补课发题。搢子来,居之楼上,留房待程孙也。至夕果至,仍居前年旧斋。

十八日　晴

雅南来,深山远亲,甚为热闹。海侯尚未还,钞经颇懈,未全荒耳。

十九日　晴

二王出游,稍理逋课,以热罢字课一日,今又复之。看伯琇选昏日,乃正忌辰,选择家不知牝牡骊黄,几误我为长子明也。

廿日　庚午,三伏。颇凉

食瓜甚快。钞《燕礼》,大有所悟。当令海侯先勘,乃后说之,今又增一郑康成，仍锢蔽聪明也。以“主人立觯南”误为“士立觯南”，何其卤莽！夜又警盗，起视月明如水，且笑且悲。

廿一日 晴

雅南告去。索得龙蔚生一诗，不负此行。夜与两女坐楼上，不觉睡去，比醒，遂不寐至晓。

廿二日 晴，风凉

检《燕礼》又误，因罢未钞。海侯补注，亦以塞责，盖为贫累也，亦不知谋食者矣。廿年前安于力作，何以今遂不支，殊不可解。

廿三日 晴

晨起送海侯，尚未辨色，又可笑也。复坐钞经。文柄来。笏子致袁芜湖书。又有一封称王金玉，似是伎女名，乃不知为何房族孙，但自称苏家坤，知为近支耳。夜雨。

廿四日 雨凉

邓副将请客佳日也。午课毕而往，秋意满襟，杨斗垣、丁、程、庄弟同坐，亥始还院。

廿五日 雨又竟日

《燕篇》成。悉阅诸课文。搢子疾未食，居然老矣。

廿六日 丙子，立秋

今年暑过矣。楼上凉风，至午始下，夕雨，至夜复潇潇。

廿七日 晴

子瑞来。尚未知兄丧，告之急还。湘水正涨，二日可至也。然还归亦复何益，徒增扰耳。董子宜来，云从邵阳特相投，长妇舅子也，少甚颖敏，余未尝相与谈，未知果如何。始钞《大射篇》。夕伯琇来，告丁婿昏期，并为余推星盘。

廿八日 晴

正秋阳也。午前楼上可坐。课毕入城，丁、程招饮，席于安记，客皆不至,唯一般师似旧识。朱德臣约看屋,湫隘不可入,过商霖小坐还。待伯琇,至暮不来。始食蒲桃,夜异还。约子宜来见,至院则已先至,且安床矣。

廿九日　晴

始令莪看地图,勘《水经》,讲《禹贡》。以暑热暂停字课。

晦日　晴

钞《射篇》,欲去郑注重复者,则失其本真,欲存之,则似未照。当时盖单篇各行,故繁复如此,初亦不知也。

七　月

辛巳朔　晴热

晨出点名。刻工盘礴,不成局面。送还板凳,今年散学矣。颇书屏幅,字势似进。

二日　晴

无风极热,然几席凉冷,但不快耳,非真热也。诸女作包,并未彻字。每日跂足闲眠,甚不振作。

三日　晴

仍热,午后有北风,不入屋,亦不能事,夕乃得凉。改课文,甚有思笔。谢生论宋处臼内娶,欲以华孙仍证无大夫,不知当日何以云处臼不内娶。

四日　晴热

起不能早,仅钞经二叶,日已照灼矣。真未读书,而不自觉其贪戏至此,亦罕见也。大要性愚则昏,余儿女皆至愚,岂所谓清中浊耶?何前后之悬殊!

五日 晴阴

出访世事，至容丞处，乃知秦子损已去，周竹轩见撵。过朱嘉瑞不遇，至俊承家问葬期，过黄兹圃问进学报。急还，犹遇飘雨，俄而复热。钞经二叶，未理馀事。

六日 晴热

朝食后搢子忽告去，因问陈乳妪从否，云不去，要主人送，斥以无理。滋女遂求去，盖闻女婿入京，欲还分赀财，取嫁装也。纷纭一日，至夜分乃登舟。一夜未安眠。

七日 晴热

北风甚壮，而汗如浆，夕浴，从来所未有也。夜半忽闻雷，风雨大至。经声琅琅，云做盂兰会者，起听久之。与书珰女，俟中秋后迎之。

八日 阴，北风，热气未散

程孙告去。陈伯弢来，谈余诗，所赏俱幽怨者，背时人也。程、杨来留行，前日诸生已留矣。

九日 阴

洁卿来，云屼樵生痈，往看之，余欲同去，彼轿我笠，不可偕。夜雨。

十日 阴

出城至程家看屼樵，彼兄弟分居，始一私谒耳。还舟过洁卿、伯琇而还。莪作包毕，赏以二千。以十元送陈芳畹，奖其不专足也。说《论语》，多闻择善，多见而识，圣人不能过此，知之上也。何以云次。

十一日 晴

始复点读，已六日未钞书，多写屏幅，殊无笔墨之乐。海岸来。

欲觅祠禄,意在廿万,衡州无此价也。

十二日　晴

郑老湛来,云中丞以逸犯勒限撤参,不讲例牌,必亏空万金矣。余谓此杀人之报也,执三人,其一逸去,遂杀不逸者,此而非冤,何以服人。容臣来。夜涤濯陈设,至鸡鸣乃寝。

十三日　癸巳,处暑。晴

荐新,增高祖位,以源远一祠将废,未尝在家执事也。申初行事,热甚,亦常年所无。约丁佩苍来馂,兼招廖、周,周不至。钞唐排律四叶,始靳成本,十馀年未竟功也。

十四日　晴

始复常课,犹未钞经。夕李馥先生来,欲约看月,会倦睡而罢。校《诗经》竟日,刻手极劣。

十五日　晴,烈日北风,甚热灼不快

夏竹轩自桂阳来,李子正来,早谈,留饭,亦不至,祁阳派也。夜月至佳,我懒欲眠,至五更乃起。

十六日　晴

彭家请作雪琴像赞,留四五日矣,无以下笔,晨忽得之,起写两三张,俱不佳,复写对匾,亦不称意,心为怫然,虽求诸己,不能不愠也。李结甫学师来,艺公老友也,年七十九。小舟烈日,道貌粹然,如见山阴老民送刘宠时。科场则有人瑞,使人穆然知黄、农、虞、夏之未没,矜平而躁释也。送所作小学书及诗文各一种,亦自有得之言。常国翰次卿来。霖生屡为先容,云曾于石门见余,二纪矣。

十七日　晴

亢阳铄人,无精采,聊完日课,但觉昼长,写对改文,不足遣日,欲出,复畏烈光。坐无凉风,又防漠子,频移坐处,幸夜凉美睡耳。

今年消夏，但懒，非闲适也。停钞经，已积欠卅馀叶，非旬日不能补足，遂不补矣。

夜思禹名九州，必有取义，而徐、豫独得美名，荆、梁乃只漫与，且必因古旧，岂无说与？冀、从“北”、“异”，北亦异也。分北取正之地。沇、九州渥土，溶漾渐洳。青、海隅苍生，草木蒙密。徐、舍也。洪水时人得所舍。豫、舒也。与“徐”同义，亦中土所舍止。扬、荆、皆取于木，杨脆荆疆耳，东南材木之地。雍、拥隔。梁，多山水，非梁不渡，亦取山以为名。其先盖皆以牧伯之都名之，《尔雅》无青、梁，殷制也。又何以云皆禹所名。

十八日 晴

稍自振刷。王华庭及其子来。华不如结，多通故也，又甚诋者香，亦不相宜。夜雨。

十九日 阴

侵晨入城，看屼樵，闻其疾甚，往则已定，其兄云不寝八夜矣。畏日亟还。

廿日 晴

钞经补课，又失去《大雅》一篇，须一月乃能补，可谓荒唐也。

廿一日 晴

《大射篇》成，始钞《聘礼》。得大夫朝服非皮弁之证，改《少牢》说。夜雨。风声萧萧，纯乎秋声。

廿二日 阴

钞经毕始出。乘草船至盐丰，步访容丞，要同看屋，复至程家小坐。出城看王幼元故宅，亦隘不可居，高房大厦之不可安也，便无住处矣。访陈慰农小弟望滨及湛侯，方欲纵谈，马协适至，遂出。渡湘，访斗垣，求馆得猫，留食舁还。

廿三日 晴

老湛送北菜，遣遗屼樵，反报火腿，所谓厚往薄来者。酷热，然几席自凉,人不快耳。

廿四日 晴,热未减

看张生等刊《诗经》,签题“先生著”,可谓陋也,蜀中必无此事。张孝达先导之力,湖南蛮子,风气淳古,未足通于上国。

廿五日 晴

女课颇勤,纨书尚熟,蠢人记性佳也。周月樵年侄来,周先生之弟也。甚热,未能接对之。

廿六日 晴

晨周佣还,云次妇来,泊城下,遣迎暂来。城中屋不可得,三儿亦至,午始到院。周竹轩来,移房出宿,盈孙哮发,竟夜不寐。《相见篇》成。

廿七日 晴,稍有凉风

复理书课,说“见贤思齐”,人人有之,见不贤自省,百中无一,故不作平列。斋中闷甚,独往石磴坐,吹风甚凉,乃还。已中寒气,夜顿加夹衣乃愈。雨。今日丁未,白露。

廿八日 雨

钞经甚勇,未午毕功。看宋生颂文,极意揄扬,然未畅达,彼文派如此也。视孝达寿少泉,则两无愧矣。悬之中堂,亦可观也。招丁郎讲《诗》。

廿九日 阴,有雨

晨改二文,钞经又误,遂以昨赢补今绌,如额而罢。说《关雎》“荇菜”,正举加豆实者,馈食祭祀,己所自尽,故但以事尸宾为职,前笺未申其说,反似举轻遗重也。

夜梦与恭王谈时事,九卿皆集,唯余及恭王先至,坐里屋泛论往事。恭云翁承矩一案,部中操切,先革左侍郎及东阁郎二人,又欲治居停,出结伍编修,伍遂假归。其言未毕,裴樾岑至,戒余云,若言宜小检点,观众意。余云但言办法,不言今误,则此集又无益矣。恭以为然。又云载鹤翁太肥,是以迟来。余故识载,计其年八九十矣。恭乃云止六十六。载者,恭所举以代前八仙者也。恭貌敷腴而无须,颇似岐子惠,非恭旧容也。又言少荃自以为不见用,而天下方目为权臣。又云兼约三儿来,余言彼亦颇知轮船机器,但论夷务犹沿家说耳。主战乃能和,必须亟罢海军、通商二署。裴因起,语余,宜询申王何时来。又有二三满大臣不相识者,恭起俱出。外间喧传射石龟,则一人挟弓当门,石龟趺上有碑孔,在蹬道半,有乳羊携子数十头将至射所,射者驱之,未射而寤。以诡异,故记之。

八　月

庚戌朔　　晴

初忘月大小,闻爆竹,乃知是初一。大风连五六日不息,渡湘如江海,浪泼入船,侍妪色变也。舣从尼庵上,至,秦、程、陈,程生已去赴科矣。城中无所止,至,故衣店看衣,还从太史马头义渡,陆道至院。补钞经、课字。夜梦少荃,除夕必梦芳畹矣。

二日　　阴

常霖生来,言故宅可居卅年,已不记其形制。祖考生辰,设荐,将午乃具馔,求羊肉犹未得,饭后已睉。又久之,钞经,点书,乃未夕,日长由地僻也。夜补写经一叶,唯未课字。雨风飒飒,鸡鸣更起。

三日　　风雨如晦

王君豫来,场外举人也。貌甚悴,留饭而去。少愒,闻外书声,乃知尚有三人未去,二罗一王,俱以此为馆舍。王犹有名,罗乃无因,而至困不能归也。

四日　阴

晨出看霖生,因看其馆,尚胜王、彭二处,便定寓焉。取甲日移居,即还朝食,散学治装。

五日　晴热

船移具凡三返,正运被箱时,大雨尽湿,新来佣妇衣裤尽濡,抚问之,如香菱对宝玉也。信有洗车之祥。夜乃率妇女仆妪往,虽有一敞厅住房,殆不可安,以急无停处,强令挤住,非复廿年前乔迁之喜矣。视夏儿窥觇处,仿佛当年,屋在人亡,曷胜感悼!卧窗下,蚊扰风吹一夜。

六日

晨还院,朝食后料理半山祠祭,遣仆代祀,以昨忽北风,恐不时至也。夕复入城,匆匆遣使,遂除下厢而宿。周妪居屏后大厅,亦有行铺。明镫竟夕。

七日　阴

可行,至安记将雨,复还城宅,已而细雨如雾,遂留不还。桂树初花,香满衢巷。

八日　雨,竟日淅沥

端居无事,与女孙斗牌。有扣门送知单一人,云凌署令母生日,要屏分也,余请从冯、杨之后。

九日　阴

晨起甚晏。周兆矩还,便令唤船。顷之子宜、恒儿来,送桂花,留恒儿,约子宜俱还,又不能待,先至太史马头,遇陈姓,前年渡夫也,请余先发。至院夕食,船还。

十日　晴

稍理己课,钞《聘》毕,仍欠十日程,此月则有馀也。夕月甚佳。

十一日 晴，复热

午出下湘，至盐丰上，步访容丞。至城宅视诸女，湫隘不可安，仍还东洲。女荐生母，送胙，夜食而寝，思绣帏待晓之情，如隔世矣。

十二日 晴，炎日，仍禅衣

钞《公食》，检“奠酒”、“豆东”不得，乃知读经不可少。舆入城去。今日辛酉，秋分。

十三日 晴

舆还。日课毕，入城看女，因留居下室，将十日而仍无办，令检点帷幕帟绶之事。至程宅寻人问题不得，遇陈六少耶，云初还，将至广东也。

十四日 晴

出步城中，觅一人传信不得，径入清泉刑幕问焉，则监院、泉学、府幕皆在。热甚，汗如雨，吃包子，闻老湛暴病甚危，可骇也。与章老师同至寓，夕约船迎不至，呼划子夜还。

十五日 晴，热如伏日，从来所无也

写《公食》毕，更钞《觐礼》。月上甚早，率婿、子乘月泛舟，则云蒙不及昨宵。与至城宅，得家书，又生一孙。问题仍未得，请董子宜送还书院，余留城寓，始得苎服。

十六日 晴

任辅臣来，云衡阳昨始得题，两章题也。夕有小雨，贺年侄来，无所遇而归，又费去我二书及李勉林廿元，无聊也。送礼谢之。见叔鸿字，亦圆润有材。

十七日 晴

舆儿芒芒来，云英子已死，八年不得一第，竟以荡子终，可悲也。留之虽无益家国，死后求此比亦难，余自伏不能裁成之罪，则无位禄

使然,桓公所云人不可无势。

夜待船至二更不来,率舆还,将至遇雨,呼渡乃不应,颇怒责之,已知其醉,用赵主故事释之,不待女涓也。周生亦还,见镫,犹以为其侄,已而扣门请见,乃知之。衣袜并濡,不能久坐也。

十八日

晨醒,闻大雨倾盆,蕉叶厉响,犹未甚辨色。起唤人入城领祭品,午初荐祖妣生辰。忆童时寿筵,及今六十馀年,可谓德厚流广者。舆寒疾,不与行礼,独馂。茙遣妪来省,送姜枣,甚有官派。钞改《丧服篇》。夜月。

十九日　微雨竟日

钞经三叶,改文二篇。睡一时许,甚凉,顿着重绵。

廿日　阴雨

钞经,讲《诗》,馀尤可作。夜不寐,思英子,欲作一联悼之:“荷囊烧尽独伤心,狂简未能裁,空望家驹日千里;笔阵横飞曾得意,貂珠总无分,不如枯蠹对寒镫。”

廿一日　阴雨

钞经八叶,豫为明日计也。四叶多,夜懒坐不能补,故先储之。

廿二日　晴

晨放舟下湘,径至清泉,客尚未至,亦有未起者,孙翼之留陪客,并留听戏,遂坐一日,甚热,二更还,内外无一镫。

廿三日　阴

看岏樵,已能送客矣,可喜也。天阴欲雨,小步夕还。夜雨。写黄拔贡锡圭母挽联。

廿四日　晨雨甚壮,遂连日夜

钞经四叶。得夏子振书,前发轫于常馆,今复思根本,殆将死矣。

廿五日 雨

陈升还,云功儿不至。看程生父子文,子胜于父,或可入彀。出答文太尊,因看老湛,云病惫几死。人如巴蕉,信乎屈伸臂顷。巡城西行,至道署孙局。水满街巷,上复淅沥,比至清泉,衣袖尽濡。与二杨、任、陈同席看戏。

闻报弥之之丧,检《申报》未得其日,聊复作不然之想。前在弥家宴,闻仪安丧而罢,今不能也。老而无情,其皆然耶?抑余独耶?

廿六日 雨

晨起见报纸,取视之,则言弥之于七月廿日酉时病故。卌七年姻好,初损其一,然诗卷长留,不足悲也。去死路近,自此闻人死,皆以为当然,不知者以我为薄恩甚矣。出吊黄荚青,冯、丁、胡、程俱在,郑太耶示其儿文,亦尚可中。

廿七日 阴晴

待船至午。程生来,久谈。真、盈俱欲还洲,便携同行。舆儿忽入城,因留照料。盈孙至夕念母,将啼,幸扑得一萤照之,令睡,余入内寝领之。

廿八日 阴

午初遣仆入城,便送女及孙还寓。夕雨。钞经六叶。夜还外寝。

廿九日 雨

船山祠祭草率,将整顿之。考释奠礼及祭乡贤礼,无所凭,略依《乡饮》,陈设宾尸三献凑成。丁仆烧烟,驱之令出。

卅日 雨

钞经四叶,积欠已补足矣。院生至夜习仪,丁郎甚认真,故为老成。

九　月

庚辰朔

晨闻杀猪声乃起,厨人早来,而无所事,坐久之。丁笃生、冯洁卿、胡姜亭均来,乃衣冠,又久之,演礼稍成款式。张监院来,程、杨继至。午正行礼未毕,忽寒汗欲昏倒,老矣,幸未陨越,又待久之,乃入坐,至申始食,已不能饱。客去,亟睡倒。二马生来求荐,蒙被应之,昏而不寐,过半夜乃少安。今日寒雨飘风,换带暖帽,然犹不能绵衣也。

二日　阴雨

睡至午始起,吃面。夕食稍愈。钞经三叶,纸尽矣,《丧服篇》成,当钞《士丧》,以不吉暂停。

三日　阴

仍未愈,舆引刻工来,始知谱版已至,稿则未来,匆匆不能督工,亦罢之。

四日　阴晴

周竹轩父子、程孙来。设荐曾祖,因留客饭。饭后同出城,至寓已夜。

五日　晴

郑老湛及其从子芝岑来,遂至移日。傍晚访周竹轩,将请张子年,闻其母病甚剧,又同访谢少琴不遇,得易实甫赴母丧书。

六日　晴

看朝珠,秦容丞云不可用。与竹轩看彭祠侧屋。改文二篇。

七日 晴

段怀堂来。华二来寻饭吃,姑留待事。任辅臣、杨斗垣来。

写易妻挽联:“早岁名闻孝绰夸,况兼同谱,所幸莱妻管妾,并挹清芬,全福羡三多,同说凤雏能振羽;百年歌共刘纲和,正乐归田,岂期弄玉飞琼,便迎仙驾,敛衣空一品,更无官俸与营斋。”

八日 晴

孺人生日,以新逝,命增四豆荐之。朝仍设面,及将夕荐,厨人覆槃,碎碗倾肴,次妇甚窘,余云盖汝姑不敢过先例也。仍依常荐,儿女行礼。郑从子来。

九日 晴

屼樵、竹轩来,不意屼即能行,留谈,同出。余出南门,遇容丞,看蓝顶,旋登雁峰,至摩云舍,指月寮旧迹空存,故人已没,唯王耕娱尚健耳。怀堂招客登高,而有蹇人,亦韵事也。笃生先在,洁卿、斗垣继至,程孙、舆儿并与。谈科场,见主考诗片,居然达贱名于众听,不知关防避忌,可骇也。夜踏月还。

十日 阴

待夕,时衡阳始朝食,往答访,其从子未去。间〔闻〕省报至,程孙中式,余可答其曾大母饔飧之惠矣。事有贪天,故自可喜。武陵陈锐亦举,而为孙蔚林年侄,又可乐也。往程宅看《名录》还。饭后又少坐,乃至衡阳,杂谈无章。见胡二耶校本《通鉴》,与三省注不分,殊不成书。亦余《通鉴》学荒,故益迷闷。夜训程孙处世之方,深以雷飞鹏为戒。功儿艰于一举,不似少耶而似老儒,何哉?

十一日 晴

明日将移寓,当请交亲、开容娘子。先拜彭老太耶不遇,还院。子、婿并将入城,无可留连,少坐仍还。步内湘岸,访冯、杨均不遇,渡湘入寓宅。

十二日　晴

程郎来,及邹松谷请赞婚者同出,至彭祠少坐,仍还。携真女、良孙同看新宅,复还寓。携复女、湘孙来船,李亦至。程郎又拉余贺彭,勉为一往,待轿夫久之,步还,乃舁渡湘,看新妇而还。夜安床,乘月还。鼠鸡作闹数起,不安枕。

十三日　晴

晨至新宅,殊无端绪,居人亦多在梦中。独往铁炉门,俳徊周竺轩门前,闻有人声,乃入谈,仍还常馆朝食。午后至新宅,居前客房,才容半榻。周、邹来,酌借办铺张诸事,待谢少琴不至。真、盈来,留饭去。夜还常馆,月已圆矣,步月复还。

十四日　癸巳,霜降。晴

往来二宅,以消永日。为程孙改《易经》文。说《豫》象先王上帝。以一阳在地上为嗣君,上有二阴,为先王上帝也。引《乾》上《大有》五证之,乃亦附合,信乎《易》之无方。少琴夜来,云衡阳解任。

十五日　晴

容丞来,本荐衡阳,今又罢矣。入梦不入梦无殊,情也。昨和老湛诗,大有发明。

十六日　晴

往来二宅。诘卿来。木匠始出门,老湛夜来,云众劝倒票,己独不肯,请绅士助税契,亏空七千金。容丞云妄也,己作令不知有亏空,缺不负人,无亏空之理。屷樵夜来。

十七日　晴

稍有头绪,始请媒。余但坐,一无所营,诸事皆邹松谷为之。久未答槐堂,晨往则去久矣。改《孟子》文一篇,作"罪我者唯《春秋》”,实疏“罪”字,颇有奇语,自批自赞,送老湛看之,老湛殊不喜也。余能赏其行,彼不能赏余文,不知我,必不罪我矣。

十八日 晴

昨夜眠不安,晨还,看女,思六元不知所往,询真乃悟,老来健忘又多思,思多故易忘也。招诸女来新宅,始理客单。莲弟携子来见,得慎五秦州八月书。夜间功儿携妇子女来。男女家大哥均依期有信,亦巧事也。朵翁考终,年八十七。复、真、湘、盈均在新宅,留真女不去。功居对房,纯孙从之,夜半不眠,余先睡已觉矣。

十九日 晴

功、纯起甚早,真亦夙兴。遣报次妇父丧,令依礼成服,次于异宫。因思女在涂而有兄弟之丧,则不返。入门改服,婿吊之,舅姑吊之,既卒哭,而后往见舅姑,礼之可推者。至常馆,妇女尚未起,仍还点心。复往吊次妇。还新宅,洁卿、竹轩、文擅湖来。容丞晚来。铺设略备。细孙来半日,思归,遂去。

廿日 晴

晨归寓馆,荐曾祖及先孺人生辰,还设酒起媒,兼请赞者谢少琴、周竹轩、邹松谷。媒人黄辞冯至,屼樵陪客,戌散。竟日未食。周妪来伴亲,先移后房。

廿一日 晴

借办略备,伯琇、商霖来,写门对及喜联。晨吊卜允哉妻丧,为送四千,答其前针莸,立愈喉疾也。过擅湖不遇。

廿二日 晴

孺人忌日,午还致奠,未去。江少甫来,久坐,与少琴同出,并携真行,拜讫即还寓。

廿三日 晴

送开容盘,即带被箱以来。男家无首饰,女家无花草,有似避兵时匆匆,以云草率极草率,以云经营又极经营,所谓金玉其外者。秦容丞来,不辞而去。

廿四日　晴

晨闻鼓吹,有似赛神,起视惟见二四轿北去,盖魏家迎女也。还常馆,女客已至,陪客尚未来,自往催之。还过安记,文擅湖尚未起,至午,客陆续来者十许人,合卺杯犹未办,盖头未成,方知事非智虑可及,太监所以怀炭也。申正发轿入门,未几昏矣。男女客三十馀,文擅湖最先去,闹房不成。

廿五日　晴热

晨过常馆,令检点移寓。还,有客三四辈来,未见。郑老湛送鄂墨,有似高老,有一卷云"舜有天下,考据足贵",绝世奇文也。秦容丞来,未及谈,文太尊来,诸客续至,坚坐两时许,乃入坐。酒罢,杨斗垣兴未阑,设牌局,久之乃成。文擅湖欲招狗人械〔樊〕,及至,大胜,文又甚愠,杨、文相骂而散,余则马扁儿而已。

廿六日　晴

招两尉、府学、石鼓师、杜巡检、周、谢诸公宴集。先出谢客,竟日游谈。

廿七日　晴

国忌,无宴游。始清理归装,送还借器,亦云简捷矣。

廿八日　晴

余思赞者,丁婿复飨我,客皆不至,请冯、孙、丁、刘相陪,至戌散。

廿九日　戊申,立冬。晴,南风甚煊

渡湘谢客,儿、女、婿、孙俱渡,频频相逢。余步从浮桥旧步上,至伯琇家,乃舁过彭封翁,便还书院。比至夕食,已昏,逾窗入寝,寂无一人,回思文妓夭斜,又一笑矣。

十　月

己酉朔

晨出点名，招诸生十二人告之曰："书院之敝，在于师欲束脩，弟贪膏火，未知谁始图利，而上下竞于锥刀，市道不如，徒坏心术。余欲挽之，而三年无效，今将辞去，众乃相留，既不谅余心，亦只随俗浮沉，明年不复专馆矣。"

晨餐其迟，饥来驱我，还寓朝食，守门半日。郑老湛来，告以所见，郑亦不能欣解，而自明三冤。余随机键椎，聊发吾蕴。夕出，答胡姜亭，还亦迫暮。

二日　晴

送谢媒针线，一无所有，市之不得，方知女工之贵。邓妪思归，遣异送还。

三日　晴

程母燕诸妇女孙，茂忽疾发，促之强往。仪安女婿黄生求书干夏道，疑我靳之，勉为一函。写对三幅。

四日　晴

看船，促行，携真往覆，与来船大小略等，可用也。还寓，理装。

五日　晴

周生来，呈月帐，以馀钱卅七千付程生代发。发行李。

六日　晴

晨吊张子年。文、程、陈郎来。遣家妇吊陈丧，朝食后携盈孙、三孙步出铁炉门，上船，还书院，看课卷毕，复还船，妇女已登舟矣。郑侄相逐至船，求写扇面。道府公宴丁郎，并招我为客，都司、两县、程、杨、陈、孙委员、丁、冯十六人看戏,魏亦农、谢少琴与而不至。魏荫庭死矣,衡阳亦交卸。上镫始入坐,戌散。还船,船已移至东岸。

七日

朝食后开行,晴光甚皎。功儿买煤去,频频待之,未至也。夜泊季公塘,从来不知此地,或云鸡公塘,近之也。夜月。仆人无被。

八日　晴

晨过萱洲,复泊久之,船人事办,乃不肯待,斥告之,始泊雷石。二更后,董子宜、功儿均步至,云船触石几破,泊滩上不来。

九日　晨雾

发甚迟,夜月泛行,聊补日功。茷欲见七女,有感余心,当料理之。夜泊朱亭下。

十日　晴

真女仞字,稍读生书。下空冷,行甚迟,暮至株洲,登岸访聂姓,有瑞和祥米店,问七女从母家,云在残梅桅杆坳全寿堂,不能往返。还小船,见镫行,知坐船已到,初从沱心避浅,故余乘小舫先发,至是仍登舟,还故处。

十一日　晴

功儿留待聂姓,坐船先发,至晡阻风,泊向家塘。余心念半山,欲见女婿,故是稽迟。遣问夫力,定于明日往山塘,而茷必欲当日往还,未知何意也。

十二日　阴,将雨

三更起,食,复睡待明。八夫四舁,婿女携伴婆以行,余自送之,误由县城外过,绕道十里,过姜畲日昳矣。与辅迪略话即发,至山塘午食,白菜甚佳,丁郎不食,先去。余留问租谷,仍至姜畲宿焉。张正旸、许虹桥来谈。夜月。见迪子师汤生。

十三日 晴

晨待许乾元饭，及戴弯人，将午始往食，张、迪同坐，海参竟熟，亦异事也。饭后即行，夕至宾兴堂，无一人出吊。三妇云英殡未启，盖无盘费，许为致之。还，换轿夫，因吊子筠，遇诸涂，同访沈布衣不遇，至许庆丰，访其三子，留谈设酒。沈又寻来，初以为四碗四碟，许父乃设全席，咄嗟立办，亦尚可吃，近年阔派也。沈、许送余还寓。杨俊卿来相访。

十四日 晴

初起，许生已至，为办舁夫即行。子粹复来，步出北门始别。过炭塘，不见店妇，盖已移去。“汪桥樟树炭塘船，大托遥遥黑石盘。豹岭南看湘水阔，新开北接社坛宽。”投夕至城，子女已前至矣。

十五日

昨夜风雨，晓犹淅沥，至夕得小雪，初不觉寒。彭孙芝棣来，言朵翁病状，自知死日，由诊脉定之，何其神也。盖不讳乃有准，时医不敢直词耳。今日癸亥，小雪。

十六日 晴

午潍可步，至浩园，访笠云，见弥之新刻诗，亦有可取。得陈伯严书，甚怪辛眉知陈不如许也。笠云淦元流落不得归，余不引以为咎，而反有幸心，恩怨分明如此，何其似李篁仙。夜月如冰，惜无燕赏。复日钞书，聊以记日。

十七日 晴

先府君生辰，设荐。诸女谒其母墓，并出城，三子亦省祖茔，出城设饼待之。笠僧来，恒文竟不出。与循来，少坐去。夜答访之，乘月还。

十八日 晴

子女忙冗，未知其何事。诸务不理，且出行游。访采九、王益吾,王处遇唐子明,言江南事颇久,还已夕矣。王、唐约明日会饮碧湖。促女婿拜客。子瑞来。

十九日　　晴

晨钞书二叶。欲为诸女理方名,匆匆过午。陈海鹏催客,急往赴之,王、蔡先在,唐、王未至,小有修建,已成小亭矣。王,中江人,未知其何官,云吕生尚在。与诸人皆初交,亦不多言。夕散。

廿日　　晴

王庶常来拜,乃知其名乃征字聘三,谢未延见。周妪弟、夫来,余正写字,挥笔对之。彼乃挥涕如雨,自此定复召矣。勒令还家,劝之善去。其弟无状,盖欲学武二者。为杨跰干吴抚,求寿对。外孙女胡彀来。

廿一日　　晴

答访王庶常,云其姊夫周姓,亦殷实商家,篁仙继妻,其从姊也。午携诸女诸孙出戏场避客,又遇曹四叔,还钞书半叶。王聘三、周竹轩夜来。

廿二日

晨见红日,已而大雾,益验日赤为雨征。曹氏公孙晨至,遂不暇食。客之为弊如此。华二来。

廿三日　　晴,晨露沾衣

出城展墓,因吊胡子正。还,周妪突来,惧其求乞,出避至樊琅圃处。樊犹未起,少坐还。周氏已去,过以小人防人,吾之蔽也。与循、丁婿来。今日功请新婿,母舅、妹夫作陪。丁百川适来,因便留之。余未送酒,因饥,出吃包子,遂散。王沐来,未暇见。亦未钞书。

廿四日　　晴

催儿女束装,皆迟迟不去。皮麓云来久谈,留点心。张子持从田间来,未及纵谈。采九催客,我倦欲眠矣,昏昏而去。与循先在,云洪章京当来，待之少顷，洪至，面无烟色，不甚相识。顷之一梧来，入坐。将暮乃散。还家，茙女已去。

廿五日 晨晴

至茙舟送行。遇百川父子，立谈便别。功将夕乃行。吾欲东游，而功请北上，嘉其远志，姑任之也。校补谱稿，看《世说》新本。与循、顺循来，顺留谈颇久。

廿六日 晴

晨闻船人来，知茙船犹未发，朝食时乃去，华子从，功儿送之，惟携一婢，赆以半山遗金卌两，殊草草也。雅南来，未饭去。措子复来。朱雨田每岁必燕我，乘其未备，直造访之，乃闭匿，无人应客，未入门而返。稍理馆课。

作《常文节祀议》："常氏在衡阳，始于明代指挥使，以军功屯田立爵。不祧，易代乃除。百馀岁而文节公父子以科第继世，跻一品，著忠烈，被诏锡四品，世爵罔替，如是常氏复有爵。当祖文节，别建庙立宗。既遵国典，专祠于城。父老议曰：礼，卑不祖尊，尊得祖卑，父子君臣之义也。常氏世爵，两代相蝉，为族光荣。以文节为别子，不足以彰尊祖光显之美。盖有祖有宗，祀之大经。士大夫虽无宗而有干祫高祖之文，明其可配祖也。文节宜配享始迁祖，以明不祧。以闿运习礼，来问宜否。谨案，后世宗法废，而族姓愈繁，宗祠之立，所以统族也。令甲有族长，非宗何统。故今家庙，皆题曰宗祠。异于祭五祭三之制，而有爵无爵无异。盖一族之中，有一立爵者，则并其祖尊之矣。始迁者虽无爵，而子孙数十百世皆奉为宗，不可以僭远废也。《周官》曰：'宗以族得民。'宗子无爵而世，则其祖无爵而亦世，古今时势然也。礼，时为大宗，祠制不可非。常氏之祠独应《周礼》，要亦偶相合，非从古异于今也。独文节子孙不别立宗，而宗之人以其功宗之,斯则今世所难遘,可以教孝劝终,敬宗收族。既不戾立爵为祖之义,且以劝后之子孙,知所以显扬先祖。故赞其义,而以文证成之云。”

廿七日　晴

看王刻《世说》及梁清远小说、近人试帖。略理学课。钞《诗经》。

廿八日　晴

雨恬来,颜色敷腴,云与子析产矣。胡氏外孙回去。珰出吊陈氏。张年侄来。

廿九日　晴

吴尚书来访,方欲诣之,而吴先至,辞不得命,就庭见之。采九来谈,延入内斋。

晦日　戊寅,大雪节。晴

将出诣客,畀夫出城去,待一日不至,遂止。夕过采九不值,偶行旁径,遇成静帅,入谈,乃知陈氏妹子到省已久,甚可诧也。未欲穷之,不问而还。

十一月

己卯朔　晴

出送采九,已行。便诣陶少云、左子翼、吴巡抚、徐年丈、但粮道、刘定甫道台、黄子襄、椿副将、邓副将,日夕人饥,还馆食。庄心盦约相见,黄昏始去。点镫而还。王祭酒夜来。

二日　晴

王祭酒早来,同过抚署,方见司道,因至徐芸丈处久坐。兼约杜仲丹同往抚署会饮。问杜行当中门耶？答云直入，余不敢也。三轿从中，余独旁行斜上，以为礼于邦君。王用治年帖，亦不合款。京官还籍，不得抗礼，宜今人之不喜绅士。看古玉，及仇石洲①画柳，绝妙。谈玩永日，出已夕矣，仅过笠西而还。陈甥来，留宿，辞去。夜将雨而霁。

三日 晴

府县将祈雪，天愈暖矣。晨起见有沬者，则震孙从汉口还，顷之月□亦至。邓副将来。但粮储来。易清涟同年将往广东，来谈踪迹。丁百川来。张正旸来。得乾元书，云蒋太耶要钱，适专信往，便复谕之。夕过乾升栈，重登心远楼，二纪不到矣。一梧，与循，幼梅，陈、李二总兵，唐子明同集，虽各年过五十，曾非当日上客，亦诗料也。一梧诵弥之诗，强作吉语者。

四日 晴

待舁夫一日不至，略理功课。张年侄来。送杨八踀抚书寿对，真可生蓬荜之辉，壮朱门之色也。

五日 晴。愈煊

晨与正旸考家墶无释奠礼，但宾主设拜而已。送两孙入塾，便当飨宾，而至午始具。庄米汤来。午吊曹润之，遇郭副榜、杨乾子，携黄氏外甥以行，便过陈芳畹。闻谭敬甫往蜀，竹崖故事耶？少荃故事耶？安徽人大费调停。

六日 晴

昨未仞字，朝食后补课之。钞《诗》一叶。出访二黄、翰仙从子罗顺循俱不遇。过与循，与同过笠僧，有一少年不相识，问之，江芾生

① 仇石洲，即仇英，号十洲。

子也。顷之意城孙恪士亦来,萧希鲁先在,皆不多谈。斋食甚饱,与道香同出,至局祠,独归已夕。复钞《诗》一叶。

七日　晴

先孺人忌日,素食独居。夜霜颇冷。常霖生闯入,不去。

八日　晴

烝祭斋居。刘太耶来求官,直入不去,强出对之。萧传胪来。邓婿遣赴,云弥之柩至,未能即往,遣舆儿临之。夜涤濯,甚寒,先寝。

九日　丁亥

烝祭曾庙,巳正行事,荐馔失节,礼文生疏,盖行之廿年而犹未娴,甚可愧也。已事,因彻馔,往奠弥之,子廉送柩,淦郎亦尚知哀。不告友朋,竟日唯一吊客。看仙屏书札,殊有交情,非时辈所及,人定不可测。今日真女十龄,夜设汤饼。三更后雨声潇潇,欣感不寐。

十日　霁

钞《诗·荡》成。袁守愚来。文擅湖、朱秬泉继至,皆功儿往还者。夕出答二萧,过庄心安,交荐条。叔衡孝廉夜来,送文为贽。陈若愚儿来辞行。

十一日　晴

始钞《士丧》。考"纯衣",未得确解,以为缁则不待言,以为丝则不应有布弁服,以为缘则不待言袡。正旸云纯帛无过五两,则纯为帛名,犹玉锦也,其说可通。余因定以为缎子,以纯边相宜,故名纯耳。"屯"者,难出之义,丝密不易抽,因以名之。

午过浩园会斋,希鲁为主人,袁、罗及笠、道二僧与余同集。顺循盛称筠仙庶长子之美,因往看之。先看沅浦祠,正似彭祠制度,盖下江派也,彭轿夫字抑斋监工。希鲁留谈。顺守,笠、道复至余家小坐,啜茗谈月。

十二日 晴

约子宜出，几十日矣，皆未暇往，因与同行，看木器，便借文擅湖银零用。因答访黄觐虞，久谈。至刘星白宅，未得入，径往局关祠，郭郎炎生先在，周、唐、艾皆先不相识。周生，次妇侄婿也，颇多闻见，能诵吴獬文，云獬罢官矣。郭无一语。希鲁后至，道乡设斋，夕散。

十三日 晴

文擅湖来，问蜀程，便留，钞日记半日乃去。铸郎来，遣舆往迎其妹，觅船不得。夜雨有风。

十四日 壬辰，冬至。阴风欲寒

铸郎来早饭。真女喉痛不食，命作饵哺之。兼看珰作篆，佳节思闲戏，竟无暇也。四者难并，信有之乎？邻妇嫌贫而骂其姑，其夫畏之如母，妇不能挞姑，毒打己女，忍人也。将料理之，而无奈何。

十五日 复霁，冬晴明快

得功儿、丁婿书，云九日乃登江轮，计今正在淮浦矣。陈海鹏来，云公请作文寿巡抚。又言饶文卿骤进，众议不谓然，此故刘仲良用杜、俞意耳。饶不能胜邓，而不能敷衍，所谓世局使然。

十六日 晴

晨方书屏，笠僧来送诗，未暇见也。及出，已去。往吊左子栗，值巡抚在，乘间先还。胡子夷来。

十七日 晴，风颇寒

出看左引，不及还。未朝食，陈伯弢来。胡婿来，留同饭，兼邀正旸访伯弢。过府前，忽忆袁守愚，因往看之，语及孔搢阶，又过孔，遂俱行至坡子街伯弢寓店，值潘碧泉，谈话已夜，各散。与正旸还，正见月上霜寒，道上说《少牢》，朝服非常祭，与士端同是降一等，可通弁而祭己之说。

十八日　　晴

寿春生日。胡氏女携初生外孙念华来出窠。余步至东城看杨儿,答访子夷不遇,过刘清泉寓,见吴翔冈讣榜,吴年六十八死矣,城中复少一米贩。吴死而饶兴,又所谓何代无才也。夕还。窊女亦还其家。

十九日　　晴

黄氏妇父病亟,遣还省之。夜有雨,大风。校搢子所校谱稿。

廿日　　晴

舁看黄亲家,已不能语矣。筠仙庶子来,名焯莹,字炎生,盖八字缺火者。与论大臣子弟当侪儒素及先辈典型,城中非复前时风气。看筠遗属。夜风有雪,作和笠云感旧诗。

廿一日

雪未白地,颇有瀌瀌意耳。看浏阳课卷毕,送去。舆盗其银而诡云未送,佣工不服,其事彰彻。因语证羊父为子隐,则事当隐,而治家复不可隐,宜外隐而内证耳,且含容之。搢子去,携谱稿,增公田,遣周佣同行。

廿二日　　阴,有日

乾元送米银来,度岁有资,且住为佳耳。盆斋充盈,遂无□处,然在城中犹为容盖藏者。长妇父病,犹恋儿女不往。为诸女说郭巨埋儿事,乃知往年訾巨,未为通论,砭世厉俗,不嫌矫过也,今日正用得着。

廿三日　　阴

黄家报丧,舁往看之,棺犹未办,因还告诸女,现身说法。胡宅司书左寿檀来知会,初不知为何家,询知星曹妻也。

廿四日　　阴

朝食后往胡宅,看成服。周霖生陪客,不相识矣。居顷之,唐、魏、胡、孔来，唯孔相识，余以意辨之。待至午不行事，乃出，过黄亲家家，视敛尚早，乃还。顷之三往，犹未能含。萧叔衡来夜谈，复与同往，堂上寂然，竟不及事而还。

廿五日 阴，夜有雨

钞《礼》日一叶，犹不足程，暇为补之。皮小舲儿寿恒字荷生来，年四十许矣，云其兄书令见求事。罗顺孙来，谈著书不可早。张生语余，余告以讲书不可迟也。此二事绝不同，一为己，一为人，孔子尝语子夏矣。

廿六日 阴

说诸侯朝服，忘《周官・司服》无之。盖与皮屦同，非王朝之服，疑皮屦，朝服屦也。与正旸论《说文》。正旸欲以"正"、"疋"俱为射物，则此字亦自中古，又欲以"靽"象侯制，吾门穿凿第一人也。说未可通。

廿七日 雨。欲雪不成，夜寒

刘清泉来。昨夜寓街失火，方遣问之也。珰看八婶去，旋送镜还之。

廿八日 雨，有雪，颇寒

诸女停课，看小说竟日。张彦实有咏笔诗云"包羞曾借虎皮蒙，笔阵仍推兔作锋"，是紫兼毫当时已有也。此又误也。兼毫已见晋时《笔阵图》。丁百川来，预祝。

廿九日 雨

生日，设汤饼，有三客来，并谢不见。胡郎入，少坐去。孔播阶来，留夕食。得郭见安书。

晦日 阴晴

当出城，因看孺人墓，还过百川、程初，坐行轿，市人哗笑之。西南风大作，亦异事也。

十二月

己酉朔　晴

黄亲家成服,因往柑子园谢寿,出稍晏,不及他往,便至黄家,亦有铺排,但无礼节。因盈孙出后,议服当降否,余以为旁远服无降,当仍本服。后又以从服,无从当不服,二义均通。胡子夷来,试问之,则云《周礼》、《仪礼》均不可行,纯乎宋学也。笠、道两僧来。

二日　大霜冻,大晴

胡迪卿、元吉专足来,言同弟女昏事。左年侄辅来见,求书与张楚宝,云张颇振孤寒,佳士也。苏彬已官矣。

三日　晴

窊女归去,其筑里凡五六人,今遂当家,殊非望也。孔子言"不患无位",妇女亦有超用者,不以才任,非阅历,其孰知之。

四日　晴

吴抚作生日,众推我文,既不可辞,而文武猥杂,与书王亦梧论之,亦梧颟顸,余遂行其意,不顾世俗惊也。杨儿来。

五日　晴

竟日无事而殊不暇,未课字也。偶闲行,忽遇来宗馆童,白须,为之怃然。

六日　晴。晨见红日,知当风雪,已而有小寒气

出吊胡杏江,将谒巡抚,国忌遂止。连二日,前值穆宗,故恍惚也。夜风,四更西方火,询云犁家巷,无此名。

七日　晴煊

沅甫入祠,遍请城中,既来及我,不敢不往。至则熟生相半,留

陪抚台。方欲正席，而难于序班。吴乃指挥云：官西绅东，自为次列。余亟赞其得法。候补道中竟有五熟人，何道之多！夜作吴寿文成，甚有格律。

八日　阴

作粥斋僧。何棠孙来，与袁守愚、萧希鲁、叔衡、孔播阶看寿文竟日。笠、道两道人来，设食已晚，从人皆不得食，无中馈故也。窊女来借珰钱。

九日　晴煊

得婿、女清江来书，即作复，寄沛南，为丁百川见都。午至府城隍祠，素蕉设斋，希鲁同集，又有龙祠僧法裕。夜教女孙写家信。

十日　阴欲雪

珰女请还衡，无以为资，以《诗稿》质钱二万供之。过萧叔衡，因自买信纸，还发家信。

十一日　雨，稍寒

长妇还家殷奠。余为心盦改寿序竟日，晚乃得吊左通副之丧，客尽散矣。有一宁乡蓝顶人，未遑问姓名。遇唐懋阶亦诉病苦，过吊黄亲家。

十二日　雨阴，欲霁

珰船已去，诸女再留之一日。郭恪士来，送诗，请看湘潭外孙也。出答曾岳松，国忌不可往，乃至粮道署会饮，遇蒋龙安、张放帐、刘选青道台及岳松。寄衡州二程书。

十三日　阴

珰女上船，谭、彭送之，周兆矩护行。蒋少穆来，送申夫文集。午出答岳松、少穆，过刘道台、刘清泉，因至杨儿处，为其子发蒙，三、五出陪，王莲生、张雨珊并集。

余作吴寿文,不充公礼,充公,索润笔千金,众咸怪之,独但少村请买,始信文章有价也。酒间,发明必须重价之意,雨珊唯唯。近日文贱极矣,而又好文,故为一明之。张正旸犹不知此意,以为戏言,则重我过也。夜改庄文毕。

十四日　壬戌,大寒

晨送庄文去,顷之但又送文来,可谓庄、但殷勤觅也。欲作一佳对,则竟不能。夕食时,心盦自来,日已迫矣,皆无章程。余代耽心,日夜不闲,可笑也。夜改但文至三更,睡未顷之,为猫所扰,竟至曙不寐。夜雨如尘。少六送束脩。

十五日　雨如丝

陈道台养元来,冲破忌日,勉强出对之。少六亦来论田事,求与皮麓云论之。设奠曾祖妣,夕乃行事,嫌迟怠也。宗兄复来,留之校谱。

十六日　阴

钞《士丧》上篇毕。〈少〉六[云]来,论田事,初无腹心之谈,殊乖所望。少村送文来,又不买矣。

十七日　阴

绍六复来,再与片皮家说之。少村来。眼肿,甚闷,夕至心盦处谈诗。

十八日　雨

送寿序,交觐虞。绍六三来,云绍曾已出料理矣。携稿去。

十九日　雨

张正旸散学去,余为拟苦乐二境,皆可诗者,问其何途之从。携榻外斋,适有一女工来,留之过年,欣然愿住。明日翩然而去,初未辞也。夜雨。

廿日 雨

陈佩秋来，专相投告。余疾未朝食，空坐而去。稍理孙课，夜雪，始见白。夜半，一梧打门，请删序文。

廿一日 雪消，间作

陈佩秋来，坐一日去。疾仍未食，夜欲作诗，未暇也。程子大来，言易中硕单舸逃来，又不见人，近清狂也。易后刻有行记，乃陆行，非水道。

廿二日 雪

晨，四老少来，催我起，乃去。清卿送雪诗来，依韵和之。

每防霜旱接春霖，燮化调元蕴酿深。下尺土膏融地脉，十分寒骨称冰心。玉龙晓吹初横笛，梅鹤空山待访林。莫道高歌曲难和，早闻街巷有讴吟。

江介流闻美政和，故乡梅发谱新歌。应知茂悦同松柏，预喜丰穰兆麦禾。咏絮一庭连句好，搓绵万丈覆裘多。田家糕粥消年事，且得新吟斗沈何。

飞花满城，舁访笠僧，索和雪诗。又至陈海、胡婿家小坐。陈处遇郑子惠，居然老矣。访郑太耶于陋巷，旋至李幼梅家，消寒小集，称得一消也。坐客为何棠孙、周霖孙、王一梧、陈海鹏、黄觐虞，主人自谓设馔精美，而实未饱，所谓口不同嗜者耶？

廿三日 阴，有雪

送灶无人，以九女摄之。作糕团，稍理功课。笠僧送诗来，“何”字韵，居然有巡抚口气，阔派也。与书杨巩借钱，辞以下乡，绍六来，乃知之。

廿四日 阴

陈佩秋来，吴僮辞以外出，遂闹而入。此客此僮，均出意外。陈程初、郑三少来。与书逸梧借钱,云钱树子倒矣。岁暮借钱,自是一乐,无饥寒之苦,观贪吝之情,所谓我静如镜,民动如烟,佩秋不知也。

廿五日　　晴

佩秋来,不坐去,借钱未得,无以遗之也。心盦来。萧传胪来,执贽,未解其理。巡抚馈岁,长沙套礼,一日顿费数千犒赏,正在奇窘,又可笑也。与书程初借钱,亦不回信。萧叔衡来。为柴烟所熏,涕泗滂沱。

廿六日　　霜寒,大晴

陈海鹏送五十金,挥之。更与但少村借之,亦不报。佩秋复来。巡抚送米票一石,属与贫者。余不能知此等贫家,宜亦有得之有益者。黄敬舆来。

廿七日　　晴

晨有送信者,则王嘉手送洋钱四十圆,正济所需,虽不受,可权以济也。复书留用。遂以送二陈、邹刻字,沛然矣。雅南亦分四元,九弟妻二元,蔑妇一元,与陈升四元,遣之去。自往陈佩秋处答拜,送行,彼待不至,又作诗矣。夕笠僧及郑七老耶来。佩秋复来。

廿八日　　阴,有风

携女孙看迎春,坐浩园一日,竟未见土牛芒神,一大奇也。步还已夕。夜待迎春颇倦,先寝。

廿九日　　丁丑,立春

四十元挥霍复尽,陈处尚欠五千,遣吴僮于汪妾处假二万,付之,遂馀万钱,称富翁也。瞿海渔来。钞《礼经》垂毕,以事因循,尚馀十馀叶,待明年矣。检点笔墨逋债。为萧看文未毕,寄禅来。夜添吴文二百字。

除日　　晴煊

步至南城磨盘弯,看敬舆写屏,因为画格,正无事度岁,得此可消闲也。自至纸店取格式以还。过郑太耶,看百韵诗,闻二新事,皆死人复活者。今年初忙死巡抚,年终忙活巡抚,亦死而复活也。来一女工,奇蠢,殆不辨黑白,从来所未见也。自愿事二少娘,因与次妇互易之。

光绪二十年(1894)甲午

正　月

己卯朔旦　晴

昨夜通宵未睡,早起,家人已毕集矣。谒三庙,三祀。朝食后携复、真两女,纯、盈、慧、寿四孙,黄氏外孙,王妪步至浩园,未扣门,纨女、湘孙异来,同入僧寮,寄禅、道香、澄念及不知名三僧先在,诸女旋还,余留午斋还。

二日　风雨

意象萧索,因不出门,复谢客,居楼中钞书、掷骰。胡婿来时,天稍开霁,略谈而去。舆儿画屏款格竟日,送纸店不收,又可怪也。近日四民皆无情理。

三日　阴雨

郑七、笠僧闯入,设素食款之。薄暮,寄禅偕七僧来,复为设供。今日斋僧一日,夜复得斋,颇为恬愉,作得寿对一联:"眉寿铭功,有吉金瑞玉;衡山刻石,纪海晏河清。"

四日　雨

笠僧复来,索改新诗。帉女来。胡大爷及海渔来久坐。夕,帉去。

五日　阴

料理贺年,茫无头绪,呼戴明来,排路将出,沈子趣来,云湘潭今将讹诈之，求解臬司，甚可诧也。出，从东北绕南西半城而还。入者筠仙小儿家、程子大家、黄三亲家、藩署、粮署、胡婿家。觅一轿夫饭处不得，道遇岳州水师总兵，同行数处，还犹未暮。跪诵《莲经》，身心泊然。

六日 阴，见日

沈子粹暮来，云事未发，任师耶荒唐也，是儿今将败耶？家中年事无办，未能款之，约其明日午饭。黄兆槐新放古江兵备，来拜。罗顺循亦入。隆观察必欲踵入，余甚窘也。程子大又来。

人日 阴

看田契，寻粮票，家中遂无存者，可免追呼之虑矣。沈子粹来。黄兆槐、罗顺循皆于忌辰拜客，罗本不可拜客，黄则恐相见嫌简耳。

八日 阴

清卿作生日，晨往，寝门不辟，衣冠满庭，不复通毕。余步入重门，遇孙翼之，云当分班而入。因直入，逢送客，遂独坐，面谈久之，看玉琴款题。王芳省字复一，其铭以“洞”、“淡”为韵，顾亭林以后人也。诸客竟无入者，排门而出，答隆道、沈粹，沈已先往拜门还矣。急还，早饭，沈又来谈。诸妇女并出游左祠一日，费轿钱千，亦奢教也。

九日 阴，有雨

出城省墓。因答黄、孙、张学台。张处与陈道台妻驻门一时许，余不耐欲还，二仆不出，久之乃入。问去年寄书，云遂不达，奇人也，拳拳恐我失馆，无以为生。瞿子久之流，学台才也。

申至苏州馆看戏，抚台大会绅、幕、将弁、从末、流官，分二厅设席，余坐一席，居然与徐年伯比肩，亦自忘其僭，资望使之然，然非礼也，何以率诸后辈！张子容同席，迂直可厌。客惮主劳，相约夙退，未终席也,可惜无数烧猪冤死,不见人。夜雨。掷骰。

十日　阴

晨餐未毕,王恂同知来访,必欲入坐,辍食见之。萧文昭踵来。笠、道两僧俱来。凌厚增大令强入欲见,云县考求总校,诺之。庄观察又来,云李小泉作生日,得七珠蟒,并有送翠钏者,巡抚此生不及百分之一。余因得一联,云:"八日谢客,愧孝达之专精;七蟒排珠,欣小泉之富丽。"金圣叹所谓"此一联堪绝倒"者。

十一日　大晴

今年始见好日,必得热闹上元也。邓第武来。郑老湛来,屑屑亏空事。杨儿来,云皮鹿门已去。

十二日　晴

老湛复来。作《王逸侯通鉴引义序》成,即送去。王年八十,犹坐补边缺,太仓人,汤临川师门也。将出湘霞拜客,遂留不去。

十三日　丙午,雨水。晴煊。始着羔裘

出答刘彦臣直牧,谈王镜芙事甚详。还携孙男看戏,欲令知市井事,乃一无所开发,挥汗而还。寄僧来。左年侄来,求书干张胖子。左志和妻来。

十四日　晴阴

步至浩园,陪吴主考,镜初子、罗顺循、寄禅、素蕉、筱喻同集。用廿八千刻磁碗,云筱所置也。颇谙官事,言陈、李二弁干预放纵之状,及两县昏愦,颇类王、张太保之为。城中用宵小主文坛,筠仙所云斫丧元气者。未散。刘桂阳催客,步往,王、陈俱集,采九亦至,云到我处,未知也。夜还,甚饱,掷骰至三更。

十五日　雨

闻雨,晏起。作《张楚宝寓馆记》,并为左子与书托之。夜镫如

月，得句云："镫如月影留晴色，雨入元宵有喜声。"滋妾生女，来报，命遣老妪视之。掷骰未终局，客来遂散。

凌清泉送聘八金，正窘，亦得小济，可笑也。有时挥千金，无时宝一钱，然千金仍不顾也。此谓固穷，亦可验人无饿死时，余熟知此理，故能全其节。渊明冥报相贻，则别有寓言，非感恩之说。

十六日 晴

晨未起，法喻来，请陪吴主考。罗、曹续至，申散，步还。李妪生子去。鲁乃修师耶来见。

十七日 大雨竟日

王恂逸侯专请早饭，余误以为夕食，久不去，再催乃悟。陈德生先在。又一人，冒冒失失，自谓故人，殊不知其姓，但闻澄翁、正翁，久乃知为曹广泽副将，以其自称镜初也。又一人，云诸桓之子，曾任永绥厅。又一曾生，常熟人，识杨吉南，今在抚幕。

十八日 晴

始理家事。王迪安来，云清泉须索重聘，乃可往。未知其意，似是刘星白遣之也。

十九日 阴

杜荣来，欲干临湘令，为强一见之。吕生求书，久未作，因闲试写一段。郑襄老湛、魏仲青来访，又消半日。夜雨。遣工迎馆师。

廿日 雨

盈孙千文错乱生落，召三女一孙，大为清理，遂尽一日，亦可乐也。序镜初《阴符疏》。

廿一日

雨势益浓，北顾骤寒欲雪，移榻楼上。将出城矣，鲁师耶招饮，辞之。招诸女斗牌，百负不得一胜。乃知败子破家，非关殃咎。半山云败亦可喜。喜则不情,然甘败而极其败,败不能奈我何,亦执拗人所由喜也。

廿二日　雨寒

恻恻正有春景。鲁师耶、魏仲青、郑太耶均来。魏云午庄从子,初不相闻,未知何以至此。

廿三日　雨

张先生来上学,遣迎未遇,受苦五夜,好一首孟郊诗料也。柳一亦夕至。魏仲青送竹笠。

廿四日　雨

积负应酬,当出一了之。命舁往城北,东谒采九,遂东行。答魏、鲁、徐方泰,幼穆、刘,皆不遇。至粮署前,与学台争道。钦差官无威势,令人忆孙公符丢荷包时。还家已夕,夜与诸女斗牌,滋不依法,怒责之。饮人狂药,责人正礼,遂罢戏。庄米汤来。王迪安言于宝雪舲斫破风鞋、包头,以画自给,为徐耕娱弟子,近青泥莲花也。四老少来。

廿五日　风雨,逾寒

郑三少耶来,云其父约饮,请改明早。言次复欲摸脚,又请定工课。余拟以不摸为一条,续以当告其父,遂未及也。本非师生,何劳教训。次妇往魏家迎父殡,余亦专人迎之,礼也。庄米汤来谈。

廿六日　雨

舁出,不备笠,轿工衣裤皆湿。出大西门,临彭亲翁之丧,小舟大风雨,二子号哭有礼,令人感异。旋入西门,送王恂逸侯。至东城。赴徐方泰幼穆。之招,郑太耶犹未至,安徽二令刘、王续来。吴楚卿立达来,云曾至四川,主如冠九,恂谨雅儒,大器也。赴藩使招,先去,余借夫乘夕先还。风雨益急。英子两儿震、焘来,旋去。

廿七日

晨未起，房妪甘言大雪，披衣起视。午间震、焘来，令之亟归。司、道、府、县公宴乡士，报其先宴也。余先不与，而应官招，亦成其相礼之意。待至酉初，不催客，自往，则咸集矣。臬使初未相见，府、县亦面生可疑，有但少村粮储主席同坐者亦面生，心知为张金刚门下生。下彩四挂，补前日之阙。每事立异，亦令人厌，俗不可谐，唯有闭门可以免咎。得辛眉书，荒唐胆大，吾道益孤矣。看蓬道人眼福书，竟日夜，竟不寐。雨雪竟夜。

廿八日 雨

作书荐李恩生于黄右江，荐陈芳畹于河南三官，荐陈佣于但粮储，荐胡杏江于李朝斌。闲暇无事，补钞《隋书赞》。今日丙午，惊蛰，冷过大寒。徐幼穆来。

廿九日 阴雨

看蓬道人戏本。寄禅僧来，问“僧敲月下门”胜“推”字易知，何必推敲。余云实是推门，以声调不美，改用敲耳。敲则内有人，又寺门高大不可敲，月下而敲门，是入民家矣，敲字必不可用，韩未思也。因请张正旸改一字，张改“关”字，余改“留”字。

二　月

戊申朔

晨醒甚早，待房媪久不至，遂至日晏，家人尽起朝食矣。欲有所作，而难于起手，以未久当去也。唯看小说，殊非自强之义。夕食待夜，为张年侄与书刘道台，并与书任师耶，荐秦容丞。午见日，旋阴。

二日

仍雨，所不料也。午复见日。看《八代文》，每日点廿页。夜雨，闻漏滴桌上,呼复起,舆亦起,明灯复睡。

三日　晨雨,午后晴

万祖恕来,颜色敷腴,似知县矣。谈辛眉行事,亦有微词。夜看《八代文》。搢子去,慧孙生日。

四日　晴

食索面。周兆矩来。得卢元张书,云将主讲万县。寄禅来,顷之,笠云约游浩园,即留午斋。道、素两僧皆在。将散,遇张雨珊,要至其寓。自彼管园,尚未一至,略谈而散。湖北寄银来,正在窘迫,又得济也。

五日　晴

作游诗。笠、素来,要游左祠,不去。午课毕,至荷池,逸吾招陪陆廉夫,曹副榜、杨儿、李幼梅、小坪、黄觐虞、刘采九杂谈纵论,至戌乃散。

六日　晴阴

看张县丞绍龄诗,亦学卢、孟。子择儿也,而不知余为父执,盖自恃其年老,孟子所谓挟长者。得山东儿女书,命诸女作复。步答张丞,遇之于涂。心龛招饮,先往清谈,顷之逸吾、雨珊、觐虞、幼梅继至,陪客陈道台允颐养原最后至。看电报。夜雨。

七日　雨

真女字生,反复示之,始知强教无益。郭见安来,送鄂局银九十两。将觅寄京寓也,决意捐官,真有痰气,遣舆儿答之。李朝斌擅囚贡生,众人右李,势利中于人心,无所利而为此,出于至诚,亦可闵也。

八日　阴晴

晨起催饭,买猪羊,泥不能去,以钱代之。过丁百川小坐,循铺路,行卅里至大托,临彭朵翁之丧,四子均哀,诸孙亦知戚敬,不易得也。客有沈心海父子、李芝岑兄弟，余与沈、李非知交，然其子则当视为父友，谈论之间，难于接对。夕开圹见水，土中雨浸也。二李一左均言不可葬，主人亦皇皇然，待至鸡鸣乃寝。假大托逆旅为馆，铺张亦备，且设中牢二席。

九日 晴

待异夫饭毕而行。道遇何棠孙，问郑事甚关切，饷以回饼一枚。午正到家，庀具略备矣。更考馈食礼，将刊谱中，以垂后世，请正旸更定之。

十日 丁巳。午阴夕雨

祠祭祢庙，仲章祔食，巳正行事。既设西北隅，忽悟此为祔食之荐，厞用筵席者，筵席于厞也。始虞初葬而有祔食者，祭厉之意，以安死者，凡祭有配则不可祔食，亦非也，前说鬼馂为安。故少牢无此设。午要见安、正旸饮，周郢生、杨儿作陪，子孙侍食，实馂也。见安送银，将还报之，故不辞。

十一日 晴

清泉书来，告试期，而未遣迎，报闻而已。午出北门，至碧湖，与祭酒先后行，呼之不应，既入，则黄觐虞、唐子明先在，陈总兵为主人，李幼眉后至，论戏酒事，“祭酒”成“祭戏”矣。夕散。作书与冶秋。寄功旅费。

十二日 雨

约送京信，至张雨珊处不遇，见其子仲卣略谈。访笠僧不遇。答访县令彭飞熊，驰还。午后笠、寄来，议游集斋设。丁百川来。

十三日 雨

送蓬海书画跋与巡抚，其子欲达姓名故也。用阶次子小阶来见，云困于旅次。为致书右江道谋之。曹梅舫来，部属也，余与之言庶吉事,云其兄子欲来执贽。抚台书来,报武冈之捷,邓氏复安矣。贤人果益人国,且益人家也。然被窝牲口,所损亦多。

十四日　庚申,春分。雨

曹典初来受业,美才也。雨珊来,言汇钞仍由票号。

十五日　雨竟日

约陆廉夫、曾士虎为碧湖之游,兼斋五僧,筱、喻不至,曾亦旋去。李小坪云当发折,且言武冈寇乃慑于魏午庄,非贤人力也。魏新募六百,盖将继俊臣之后,湖南强干犹存,可谓有本。廉夫于紫微堂楼作画,李小坪将作字,寄禅作诗,道香借纸,素蕉和墨,笠云看画,至夕乃散。住持性华同集,前未识之。

十六日　阴

先府君忌辰,素食。郭见安来。看无名人经解卷。得功、茂、丁婿书,元夕前发。未正设荐。夜看湘孙家信,闻吹号,云起火,或又云月食也。胡杏江来索钱。

十七日　晴煊

素蕉来送画,工笔佳品也。曹梅舫来。寄禅来送诗。改功文二篇,点《文粹》,毕六本。徐幼穆来,约游麓山。

十八日　晴

遣看船,买海棠。笠云率魏生来。朱稚泉、张年侄来。彭云楼珌来,李朝斌所捕贡生也。李买田,而彭墓山地在其中,先无契存,李作生圹,彭恐侵之,遣唐姓往说,李为平毁,待之有礼矣。彭乃夜葬其穴,于是李怒,躬往讨捉,诸生大哗。诸富人助李,以彭为可罪,余得其情,劝彭迁葬,而彭不许也。构讼分朋,不知何时当了,因为诸客言昔封础事。诸女作寄远书。道香又来求字。闲复斗牌,至夜乃忆日课。姜畲两生来学礼。烛下点书卅馀叶。章养吾、陈润清。

十九日 雨

早起，饭后睡起，偶出，遇见安来送行。刘梅生、陈梅根、许猪贩来。秉钧。笠云改诗甚佳。

廿日 雨

用阶继妻送土仪，云借钱未得。始命看船，以避需索。收文二篇，邹桂生三篇，邹来取去。校《荀子》一过，取前本勘之，所见无异，而眇不复忆矣。

廿一日 晴

始约徐幼穆游麓山。拟于今日下船，明日遂移泊对岸，后日长行。诸女喜于从游，踊跃不寐。清卿来，辞以登舟。黄福生来，云翰仙还装六千金，今乌有矣。斗牌方纷纭，念陈家必须照料，步往心盦处商之，遇全兴，已知州矣。心盦云须寻陈养源，属百川通。因至抚署，访陆廉夫、李小坪、曾虎士①，遣告，主人出，久谈，论累黍及铢、两黍数，甚有新解。廉夫画《碧湖图》，清卿题之，云军书旁午，不暇诗也。具言武冈、溆浦、麻阳三处盗起，遂至夜分乃出。青衣小帽，夜入节署，不相宜也，以当去，姑一为之。买桃一株。

廿二日 晴

昨桃禁戊未栽，晨起看栽，因摇去蚁谷朽株，补于其处。昨未得发行李，今晨客已至舟，饭后亟往，四孙二女俱从。丁百川在舟，徐幼穆、郑老湛父子亦先至，余约正旸在舟照料。与寄禅同渡，三舁二步，过书院未入，至万寿寺，以为小庙，试入，乃知即虎岑堂也。岑法师开山，禅门呼为“岑大虫”，故云虎岑。住持不相识，留饭，未待，先游云麓宫，傍有岳云石，道士居也。啜茶，看湘州二津，形势甚壮，盖

---

① 前文作曾士虎

所谓吴芮陵也。吃薰鸡、干肉、包子、草橐肉,甚饱。万寿僧来请斋,不能食矣。烹六安茶,饮白鹤泉而还。遍游岳麓斋寺,馆宇甚壮,大似焦山。还,乃遇正旸,携两孙,懿、复、真、湘、慧孙俱来。余送真至渡口,复至书院,诸生并出观,遂携诸女游屈祠,再登赫曦台,川原壮秀,佳处也。夜来登舟,夕食毕,暮矣。即泊牌坊下。问正旸,牌坊古何名,正旸以为“片”。诸女毕留舟宿。

廿三日　　晴

晨起移泊水麓洲,送诸孙、复女入城,男女仆从者四人。从百搭桥待义渡,入大西门,唤两轿,送三女二佣,携两孙先归,余后到。过陈跃龙门,云方相访,复随入谈。客去,登楼,稍检书札。作书与陈养源道台,为陈家借盘费。携甘妪泛小艇上船。午饭,正旸复入城去,顷之两孙来,翔嬉洲上,昏暮始还舟。正旸亦至,南风未息,仍泊故处。

廿四日　　晴

晨开缆,行至探塘,得西北风,帆行过昭山,西风愈急,舟漏不可驶,帆楫倾危,仅而得进,泊小东门下。夜雨。

廿五日　　晴

半帆半缆,行六十馀里泊朱洲对岸。补三日课,点《八代文》,得六七十叶。昨夜酣睡,今午复大睡,杂梦颇多,略不能记。

廿六日　　晴,南风

缆行甚迟,午始至漉口,舟中无钱,欲断菜矣。夜泊山门,仅行四十里。

廿七日　　晴,南风

缆不能进,泊淦田久之,夜宿花石戍。点《文粹》三本毕。花石戍,今名下梅冲,行卅五里。

廿八日 晴。稍阴,仍煊

南风更壮,缆行卌馀里,泊油黄麻田。舟人云油麻田在黄田上,此间误答误书也。

晓珠长对碧氤氲,细语还愁隔坐闻。贪逗袜香频惹袖,许衔鞋绣不遮裙。冰脂定自肌无汗,睡靥多应梦作云。直恐如花太娇小,芝田才尽枉殷勤。

廿九日 南风,愈煊

行十五里泊麻田,以为不能进矣,忽转北风,帆行卅五里,至衡山。西风横吹,几不得渡,本欲泊雷石,竟不能矣。所谓凡事难逆料也。

卅日 丁丑,清明

晓雨旋止,顺风扬帆,行百廿五里泊章木市。令节,不放学,三僮皆有笞责,非礼也。点《文粹》仅如额,亦月来所未有。天气顿寒,可重绵。夜风,复开,行十五里。

三 月

戊寅朔 阴

北风晨息,缆行久之,朝食时始至耒口,得风径泊东洲。门役已故,诸生唯桂阳人在,馀皆新来者。正旸从后门入,久乃得茶,遣告清泉凌幼甫,遣来迎,云已考二场矣。复幞被入城,至程生家,其祖母健安,方请客,吴桂樵先在,更有两官,顷之任辅臣、陈华甫均至,朱嘉瑞德臣后至,余遂至清泉署,馆于陈望滨处。望滨导访同舍诸君,及帐房李杬圃,胡绶之、二凌少卿、海航、胡厚之、朱月秋、毛清卿、陈时卿、周德陔、袁葆年、程锡卿、刘信甫后归,庄叔塍不在署。辅臣夕来谈,二更始去。饭后看卷百馀本,无佳者,三更寝。

二日　雨竟日

午饭后要信卿过府署,杨子亨、庄叔塍均在辅臣斋,因留斗牌吃饼,夕散。孙翼之同知先来先去,还署时尚在县斋,牌兴未阑,仍要起局。望滨、葆年大胜,三更后散。

三日　雨

翼之早起,朝食后复斗牌,七八人纷纭一局,为叶子戏,别开一派。夜当入场,幼甫云不必去,而自发气痛,几亦不能入。余未待点名,先睡。

四日　晴,夜雨

晨出诣道、府、衡令、孙同知、朱、张、谢数处,邀翼之早饭程家,便过彭祠,答晋卿,留看戏,冯、杨俱在。暂还清泉,步至府署,邀陈时卿、庄叔塍、任虎丞同去看戏,与丁、杨相见,兼寻邹松谷,礼宾十四人则无熟识者,二更还。

五日　雨

看卷六十馀本,翻阅百馀本,无甚佳者。夜斗牌,二陈一庄。余与刘信卿同火,大胜。孙、彭送菜饵。

六日　雨

晨起翻卷二百馀本。衡阳送信与任辅臣,云西乡寇欲入境。幼甫又云已劫八家。辅臣来,旋去,发兵委千总、典史去。知县仍入场覆童试,可谓不知缓急者。胡厚之来,看发案,因留较牌,袁、陈同局,庄叔塍先去,余因代之,未二更散。朱纯卿来,翼之后来,约明日之局,兼欲看花杨园。

七日　阴,欲晴

终日较牌。任辅臣约吃烧猪,一日得三警报,竟不暇戏,晚乃会饮,兼邀蒋典史同往,九人俱饱,乃散。翼之亦宿清泉。看蜀报,陈锡鬯革职,刘牧议处。

八日 晴

寅初雪琴入主,夙兴往会道府,文武已集,质明毕事,设面各散。舁还东洲,欲携两孙入城,其师不可而止。舟还铁炉门,取单衣,仍至彭祠看戏,官、士共五席,二更散,仍还清泉。今日程家遇竹轩长子,名寿田。

九日 晴热

晨看试卷,朝食后倦愒,闻履声错然,刘信卿言凌令丁忧矣。已而论取录,宜悉徇私营利。主者既不能言,余唯有急去之。步至程家,遇丁生德敬,复至江南馆寻既樵,值其请钱贾,退入于房。洁卿来,便同渡湘,访丁、杨不遇,遇伯琇于马上,言将粜谷备兵费,并劝其弟、侄无避去。数日以来,闻此差为有识。同饭冯家,舁送还书院,清泉再来迎,固辞不往。夜电照窗,掩门而寝。

十日 晨雨午晴

朝食后泛湘,仍至清泉,唁凌知县。案已发矣,欲辞还,陈望滨再三留,并为作饼。与钧卿同过任辅臣小坐,仍还斗牌,未终局,饼至,饱啖,辞陈孙而出,夕还院看月。珰遣人来,云定不迁移。

十一日 晴煊

新生来见者九人,中有袁生,投刺称"治晚",辞之。复用单名,忘其为葆年也,复辞之。其仆入言,乃悟。为作书与文衡州,荐阅卷,而又误葆年为葆卿,恍忽如此。周竹轩偕陈宝卿来,则真"卿"也,即接脚姑妈之子。云银已借得,初三始成行,犹未欲去,留滞如此,仆从已无人色矣,命谭妪作饼待之。

夜要正旸率子孙同出步月,兼命真女携佣妇至杨家,水陆并发。

伯琇三兄弟均出见,云清泉前列,值八十银钱,真高价也。以余观之,无真才之可拔。郭先弨况宾来,令正阳与谈,言语不通,写扇二柄。

十二日　晴阴

二程、洁卿、诸生、胡欧亭、莲弟来,竟日对客,仅能点《文粹》半本,聊充日课。城中斩劫者二人,传云朱八武举最狡。

十三日　阴晴

笃生来。诸生纷纷入见。桂阳四生告去。彭报信来见,作一新褂,未知是借是骗,诸生目笑之。

十四日　晴热

点书毕,携女孙入城,正旸亦欲从往,懿儿陪之。至洁卿处取轿,余卧舟中,见一上水船,似是陈眷,而未相呼,遂各背去。彭家请陪太尊,太尊不来,马协白须,杨都司肥美,两县后至,馀皆前人也。正饮间,报已禽朱八,众皆欣然。夜携诸雏分道出城,城已闭矣。

十五日　晴,愈热

点文未毕,笃生来。久之,监院至,诸生争舍,令就丁、张谋之。周竹轩送单衫来,留坐内斋。午正,隆兵备至。顷之,朱衡阳至。行香送学,着纻衣,犹汗重襟,亟催隆去,解带散坐。吃春卷正甜,孙代清泉至,纷纭久之,不胜其倦。客去,夕食毕,遂眠至夜,起啜粥,复闭门而睡。衡山文生来见,令其少待,竟睡去不省,伊川磕睡不虚也。今日壬辰,谷雨。

十六日　阴,顿凉

驿吏始送丁巩秦来书。召见文生,为府试来也。黄德总兵来。补点《文粹》。程师耶来。

十七日　晴凉

朝食后毕课,泛湘,从太史马头上,舁至道署,答隆兵备,言前引大臣派“福、寿、绵、长”,以人为戏,今未之有也,可谓俳优畜之矣。绕城诣两县,还渡邹家马头,访彭松臣封翁。还院入门,逢见安,云来久矣。谈顷之,夕食。松翁来答。张学使过境,遣帖迎之。夜雨。

十八日 晨雨,旋止复作,午后阴

看玫瑰、荼蘼、新荷、嫩笋。点文一本。与见郎论文字。

十九日 阴

始钞《士冠》,七钞矣,犹未能无惑。陈望滨来片,为程师耶索信,其事甚怪。袁葆年求信,文知府回绝斩截,名条掷还。而程师耶复欲求之,且云任师耶意也。任恨袁欲极之,故弄手段,以我作囮。若曰非求我不得,而文太尊甘为搬弄,余亦何辞搬弄哉,复因而与之。夜看课卷。

廿日 晴

晨看彭生卷一本,便销一早,朝食后看毕,以卫青为第一。设洗,仍行日课。夕渡东岸,迫暮乃还。

夜梦与家人召僧作佛事,于牲骨得一佛像,而无由开,置盘中,其骨自行,上佛坐,余约众合掌诵咒开之。先召主僧,弗能开,次召知客僧,诵咒毕,爆响如霆,现观音像,众皆礼拜,称菩萨。已而游京师,寄书某人,似是常晴生。题诗云:“元夜怀清局,诗人有晋风。琴歌深自惜,禅坐偶相同。”取纸书之。纸上画一老翁,似是弥勒,自云此诗斟酌尽善。书未成而醒。

正旸取课卷,见彭生瑞龄悉扯去批语,乃知去年揩案人,此公也。事无不破。

廿一日 阴晴

杨伯琇、紫谷道人、郭群之春原子、曾介石父子、魏康侯、胡姜亭兄弟、吴桂樵、湛大娘来,纷纭满堂室。久之,吴去湛留,余与诸人同坐。炮船至厘丰午饭。介石子泳周甚能议论,文则未达,欲与余谈,复邀之还,因幞被来宿。乃与正旸谈经济,甚欢,二更睡去。余独钞书一叶。入内室寝。

廿二日　晴

曾父子起甚宴,居家无本矣。早饭后客去,点书二十馀叶,钞书二叶。真女告病,放学一日。

廿三日　晴热

点文钞书未毕,见客。催入城,至容丞门分路,余入,与秦略谈,至安记小坐。入清泉署,见孙代令,一刘姓同坐,望滨亦还,尚未朝食,留饮半杯。出访周竹轩,遇左生,写凌母祭幛,托周代买送去。渡湘至黄、萧家,均不遇。步还,待渡,久之无人,乃呼船,渡者应声而集。院中方食,小坐,大风起,以为见安不能还,顷之亦归。

廿四日　阴,复凉

点书,钞改《冠笺》,于"玄冠冠端"仍说不安,凡三易其说,姑分玄冠与冠为二,仍居冠委武之说,而小变之。见安送其《六书目录》来求序。

廿五日　雨竟日,然未酣足

检《汉书》,欲作《度量考》,未详千二百黍之重,且求黍衡之。正旸疾未愈,见安早睡,祁阳三生二李一许来见。赏雨无朋,徘徊独坐。

《易传》曰:"上古结绳而治,后世圣人易之以书契。"然则六书本于一画一绳,而具众形。自六代弥文,二篆更孳,点画曳引,务趋平正,六书之分,仅存其说。刘、班述之于前,许、郑区之于后,而总录万字,独存许书。唐、宋迭传,义例可睹。圣清文治,许学大兴,家有其书,人通其解,或奉之为科律,或小补其罅漏。余自弱冠,始比学僮,讽诵九千。察其旨谊,乃知承学之士，未达六书，以事意为字形，误转、假为虚用。且许虽博访，本求理董，至其释“帝”从刺，“畏”鬼如虎，显违经训，殆等俳谐。马头四羊，犹愈于此。同县郭生，少承家学，妙悟冥叩，不肯雷同，证以金石之遗，知其传写之谬。且寻训义，犹有望文，覃思十年，始通本始。立部首三十有八，皆一画所化成；自此孳益，为五百六十八部。制字之源庶乎昭矣。又就其形事，推其意用，知一画之作已备六书。散为万殊，弥于六合，文字之赅通广博，故雨粟之应不虚。盖近世通儒发斯专绪，专研之效乃在斯人。扬雄奇字，曾何足数；汲郡古文，信非难识。冀以传诸好事，附彼雅经，虽曰违众，吾从其朔，命曰《六书讨原》云尔。

廿六日 雨竟日

冒雨吊清泉令，宾客寥寥。过程生，得会试考官名题。还未晡，夕睡甚久，比觉，客将睡矣。房媪断断，方欲寻仇，叱止之。乃搅吾睡，独坐写家书两封。

廿七日 阴晴，久雨

珰遣人来，闻其妾不安，作书喻之。作《吴清卿权度考》。累黍九粒长，衡尺八分，恐与书不合。又黍有大小，亦殊不齐，尚非确诂。钞经点文并如额。今日伏案用功颇勤。

廿八日 阴

晨钞经，点文，作书毕，小愒。湘涨，携女泛舟还。量黍九粒，得今尺八分，仍有纵横，纵长一分也。六百粒重四钱，廿四粒重一铢，皆非密数。

廿九日 竟日雨

邹松谷、杨斗垣来。冒雨出门，讲究应酬者。夕畏寒，早眠。

四　月

丁未朔　立夏

出堂点书发卷,诸生卌三人。雨殊未止,见安告去,赠以卅元,退其馈银也。疾甚,不能食,夕欲睡,不能寐,久之乃得小愒。柳一遣去,院中寂静。

二日　晨雷雨盘桓

方困,不甚省,顷之起,已得盈尺雨水,湘流反减尺许。补昨点文逋课,钞经至《冠义》,文甚卤莽,不足加笺,尽去旧说。乃知《礼记》颇不精核,取旧笺勘之,未分醴醮为互文,故疑《记》二文对举之谬,因尽易焉。说"作谥",发前所未发。

朝食半碗,点文毕,疾发,遂困卧,唯饱啖枇杷。夜犹未愈,谢生来,房中见之。三更后始汗。

三日　晴

晨起钞经,犹不欲食,点文半本,卧久之,至晡稍愈,食一碗。倏欲行游,呼舟至徽州馆看紫谷道人,大兴工作,已有小章程。云胡品高死矣,龙芝生必有佳文谀墓也。夜食炸鸭,颇云甘脆。

四日　雨晴无准

朝食一盂,未午疾发,睡一日,夜甚困,仅点文廿馀叶,馀课并停。

五日　大雨

点文半本,钞经二叶。喻生来,请钞《书笺》,令入院写之。

六日　大雨竟日

桃梅皆为雨压倒,向所未见也。疾遂过七,亦一奇矣。今日小愈,仍未能食。

七日 雨

朝食后疾已发,困卧昏沉,所谓瞑眩,不复知日早晏,但觉其长。

八日 阴

朝食仍不多。点文钞经,聊按日程。午后便下湘,至程生家饮,黄、丁、二杨、冯、孙翁,一人相熟而忘其姓字,未夕散。溯流甚迟,至院已暮。

九日 晴

朝食,课未毕,疾仍发,真疟矣。昏沉转甚,但寒热稍减,卧遂至十时乃苏。

十日 晨雨

晏起看课卷卌本,钞书半叶,未点文也。正旸问《周官》无爵弁,前笺未照。紫谷道士来,求书堂扁。为题"洗练神宅"。

十一日 晨晴

倦,无课。午前寒似稍减,而困惫已甚,唯卧,自消息,晡稍愈,通体麻痹尤剧,顷之乃愈。起食。瀹鸡子两瓯。洲上殊不养疾,思食不得食。夜起为道士作字。

十二日 晴

大愈,实做旬有二日,乃间一句〔旬〕,惜无养者耳。正旸问"大旱,金石流土山焦而不热",答云"你去热"。又问郑康成弟子不能问,答云"能问则非弟子"。孔子作《春秋》,游、夏不赞一词,初不肯问。

十三日 阴寒

段怀堂、秦容丞来,病犹未愈,仍卧半日,时起时眠。

十四日

晨课半毕,朝食后补足。水师舢板来迎,至黄德总兵处,待冯、魏、杨、十同饮,肴无可饱,亦杂铺而还。

十五日　阴

祖母忌日,素食。郑太耶来,久谈,设炒米、蚕豆、苋菜待之。云六属案首,以衡阳第一。又言凌幼甫匿丧。盖恐余拔真才,因发哀也。此理之可信者。

十六日　雨竟日。壬戌,小满

绂子来,云装米无顿放处。遣懿儿问杨伯琇借仓,竟不能得,云恐霉变不能还原也。大水漫江,雨倾如注,奔走一日,殊为可笑。背时人做背时事,故应如此。工课自了,不及女孙。丁生来,云请题大考,已有全单。

十七日　阴晴

晨毕日课。朝食后疾未发,小疲倦耳。得舆儿、丁伯川、刘阳首事书。胡子靖送文请阅,夜为定之。

十八日　晴

写对四副。遣人入城,索大考单,第一名即闾阖也。实为可笑。此人必革,第一,例不终也。景吉人来,衡山实缺,新得保举者,亦儒雅,无俗吏状。盖巧于俗者,北人不宜巧,且徐察之。真始钞经。

十九日　阴,夕有雨

朝课毕。湘涨将平岸,乘舟下泛,值逆风不甚驶。刘教谕筠来,未得回看,至洁卿家,待段、程、二杨来会饮,黄总兵亦至,夕散。

廿日　阴

朝课毕,并督真课毕,携至城看戏,大雨殊不快。行至府署、清泉、段宅皆不遇,入彭祠,诸人半至矣。景吉人二更始来,殊有首县阔派。真留程家,余从陆还,几闭外城中,初所不料也。院中半睡去。进士报到。

廿一日　晨雨午晴

遣迎真，至夜乃至。黄船芝来，退其被扇，坚不肯收，再三喻之，竟不听信，甚可怪也。

廿二日　晨雨午晴

复书浏阳，并寄题去。始欲篆《诗》，补旧钞之阙，自恨笔不副意，不及童稚，未达此关也。

廿三日　阴

邻童媳失去，云赴水矣。钞经三叶，渐复壮课。《昏礼笺》殊老成，有作者之模。四老少告去，正雨，不能送。

廿四日　阴雨

周竹轩同一玉器客看首饰，无可用者，留饭去。说"酌玄酒"、"弃馀水"，乃知当年若梦。使年不满六十，遂糊涂死耶。老将知而耄及之，古人所以致叹。

廿五日　阴雨

天竟病矣。钞经三叶，暇豫殊甚，复点书篆经，皆加一倍，犹不得暮。乔子来。

廿六日　阴，有雨

陈芳畹专足来。钞经点文，皆加常课。张正旸游吾门，而病恍惚，劝以有恒无常之学，以为之己当有恒，入世则无常也。

廿七日　大雨竟日

昨课早毕，今乃仅完，未知何以迟速。夜暂惕，闻行声，起看，则舆儿已入。出房，康侯设拜，初未知何人，起乃识之。正雨不休，乃从衡山舁来，人夫总至，设床安枕，均须自督乃办，真所谓仓卒主人也。衣被尽濡，虚榻宿之，移入内寝。得清卿书。郭信尚未投。

廿八日　有雨，朝食后阴晴

《昏礼》钞毕。巧如玉合子，且补二叶，暂停，乃理《馈食》。此四篇毕,书即成也。府县求晴。

廿九日　晴

钞《馈食》二叶,点文一本,篆《诗》、《记》各一叶。湘涨平堤,微行阻水。

晦日　晴

点《文粹》一本,八十卷毕,约四千八百叶,以六旬了之,虽草率,尚迅速也。《特牲》前六叶改毕,将改《少牢》。篆《诗》、《记》二叶。夜复大雨,殊出意外。

五　月

一日至八日　【阙】

九日

【阙一段】弟妇强索一元。同访沈子粹不遇。要萧文星上总觅船,遇子粹,同去,觅不得,乔生乃得之。已而复变计,乃坐一船,亦略如沈觅之价,不知胡卢买何药也。来往城总甚困,吃面一碗,乘舁至船,船甚宽敞。湘潭附常德船,定价每人二百六十文,顾一船,三四千文。

十日　晴,南风甚凉

疾甚,晏起。子粹偕陈佩秋来。陈尚未朝食,子粹送卷馒,坐至午后去。甚困稍愒,补昨日课,乃多半日,写四叶而足额。遂卧,看沈诗。夜有雨。

十一日　阴,北风

船人不行,余亦偷得一容身处,便送日月,不必急也。将登岸而雨至,遂止。

十二日 雨

泊一日。写字三张。甚病,不能久坐。

十三日 雨

病少愈。仍泊一日。先祖考忌日,素食,一溢米不尽。未钞书。

十四日 雨,东风

计日可行,而仍不发,因为丁郎陈苦乐二义,丁则极乐,我则奇苦也。

十日滩头坐,生平未曾有此逆境。"老病空随一叶舟,故乡羁旅不胜愁。只言女配成鸾凤,刚被人驱作马牛。短夜晦明皆似岁,长川风雨冷如秋。此行直恐灵均笑,夏日陶陶爱远游。"

十五日 雨,午霁

船人恋恋,复停一日,雨亦仍至。作《上林寺藏经阁记》,点笔成文,无愧齐、梁小儿。晡后开行,水急风顺,未夕而至。入城,夜饭,闻李朝斌死矣,左小姐亦终,彭稷初母丧。与诸女较牌至三更。李妪复来,与登楼,赏以一元,自此别矣,亦巧值也,约会犹不能如此。

十六日 晨雨

安床移炕。寄禅来,顷之笠云来。萧传胪来,云朝考报未到,滇、黔考官报亦未到,怪事也。窊女回。大雨三作三止,见青天,乃登舟。邓婿来,留饭,不能待也,夜泊乔口。

十七日 阴

检逋课,正少五日。《少牢》早当毕,以病懒未补。帆行百五十里,泊羊角脑,闻更鼓分明,思访廖大妹,甚困不能起。

十八日 晴。甲午,夏至

行九十里,将晡天变,泊舟待之,顷之,大北风,望见龙阳而不能至。《少牢》钞毕。

题诗寄易硕甫:“窈窕红楼隔玉真,风波一舸病中身。百年离别寻常事,咫尺相思最损人。”又一首寄湘衡诸女:“冻雨筛珠浪喷银,此时行止不由身。暂游莫比长征客,愁水愁风大有人。”一夜狂风,至晓乃止。

十九日　雨寒,竟可绵衣

缆行十五里,至仓港,舟人云昔川米萃于此。改丁郎课文一篇。弥之挽联未送,遂忘之矣,补作之,非前意也:“绝笔犹承荐士书,忆当年风雪貂裘,败絮蓬头真倚玉;清材自可薇垣老,悔无端辉煌豸绣,青丝蹶足望横门。”然非真知不能言。病小愈,再改文一篇。与书莪女。

夜忽得东南风,帆行甚快,以为当至,待至亥正月出,乃闻城中炮声,风息,仍止泊苏家渡,距城可七八里。并作保之生挽联:“童稚论交五十年,晚事尚书,始知吾辈非真友;云山札记千百卷,言皆儒者,毕竟先公有鉴裁。”

廿日　晴

疾又发,殊不适,早起一绵犹寒,卧盖薄被不觉,朝食,欲不起,无人办饭,强饭半匙,复卧。舟行,篙缆并穷,唯恃橹力,行至辰正始舣常德府城对岸,壮郡也。

午正乃移泊下南门,胡耶先觅船去,乔耶同去,先还,云彼不欲人偕。遣张顺送丁郎至邓第武牙门,彼协镇而误以为都司。顷之遣人来,胡子先还,云船已得水脚八千。余乃入城,从南门入,行僻巷,汉口派也。先过提督牙门,百馀步乃至中军,邓将出迎,陪客有杜陪之、丁逸臣药店主、田郎兴恕子,杜甥及二馆客。见考官报,第一乃罚俸官,与大考不相照应如此。剃头毕。请丁诊脉,大加恭维,有似阎王升玉皇之说，颇不逆耳。吃炒米肉，设席，田郎不能坐立，野孩子耳。坐客誉为功臣之后，亦甚可听。其实兔儿陪兔翁，月宫中一段佳话。酉初舁还，令邓发船价，余送火食一万，船须廿二日开，不能再待矣。附船不得，自买小舟。亥正开行，花船也。

廿一日 晴

卯正至龙阳，步入北门，欲至南门寻仙童，阻恶水而还。买醋十斤。辰正开行，大睡，起视横陈，方知佛经之味。行六十馀里，申初避东风，舣流星潭。村妇犹定子头，亦有美者，知妍媸不关妆饰。夜行廿里泊羊角脑，已亥正矣。

廿二日 晴

寅初开行，入南湖，晓日满船，湖水襄陵，沅为逆流，南风烈日，舣三时许，榜至沅江县，不到十年矣。云六十里，不足五十里也。

廿三日 晴

晨发，篙行十里，守风一日，逮暮强进，泊官窑，亦得十里。疾愈，知香味矣，尚不能食耳。

廿四日 晴

晨过琴棋望，舟人云沅水不出西湖，泆而东，遏资水，使倒流，非湖遏流也。凡水逆行则为降水，西湖当为桑田，则湖必至长沙，加以枝江水势日南，正《水经》时川道乎？午始闻蝉，卧船头，看烈日碧芜，牵夫暍行，别有可乐。帆缆桨篙，竟日劳扰，卅里舣百岁坊，十年不到，无恍惚矣。又廿里泊益阳八字埽十八垸，西流垸对面也。旧游迅疾，了不记地望。夜热。

廿五日 晴

未明呼舟人起，篙缆辛勤，行六十里泊乔口。初行牌口甚迟，及出乔口，水逆流甚迅，而行更快。舟妇暴疾，明镫煎药，至子正乃寐。

廿六日

夜得顺风,行至旦,已至靖港,舟女遇夫,落帆相见。看千帆并上,势若风马,顷之亦行,乃不能驶,巳初至,未初乃泊朝宗门。入城逢塞城隍,家人并出观,尹、芸皆在,未暇与言,则登楼少愒。夕食后出访笠云、与循,要笠同访刘希陶,甚言辛眉之缪,又多诋其兄,仍故吾耳。饮百花酒而还,诸女已睡矣,过一梧门,亦云睡去。

廿七日　晴,北风

附舟还衡。过心盦,为董子宜求馆,云张孝达犹重梁星海。梁名了不能忆,大盗之貌,而有穿窬之行。登舟,催行李来,乃不持一钱。行亦不甚驶,竭蹶至湘潭,已亥初矣。午正开,正行五时许,一时得十馀里耳。夏水流迅故然。有飘江来附舟者,伧夫也,乃闻吾名。老仆呼君实,宋人气度,亦殊不易。及若船山,定当力拒之,余处马、王之间。

廿八日　晴

船人买豆,停一日,欲遵陆行,当分两道,盆瓮甚多,又畏啮虫,不如且止也。稍觉炙热,犹未成暑。移泊犁头嘴。

廿九日　晴

正可帆,南风忽转东风,风之巧也。缆行甚早,朝食时始至洛口,风忽西忽东,才能动草。午梦,欲谋诛元乂,半山语余云:“彼一夜三徙,已警备矣,恐有刺客,不可不备。”已而黄叔度来,半山复云:“此世外人,自以人不防之,安知不为间谍。”因厉声呵止之,其人乃返立门中。余云叔度汪汪若千顷波,若不怒,当至西厅坐;若怒而去,吾有以测之矣。其人立久之,余立其后,乃化为女人,衣青衣,印花裙,自言曰怒不怒,皆可坐否。余应声赞之,即携手同行。乃一小儿,赤身无衣裤,伤暑而噎。余云当加衣,携之至西堂。两阶中施版桥,当桥而进,家人争问,余云此大人物也。欲至正室取衣,而忘左右,自念与家人太疏,何以至此,旁皇而醒。此有似十八扯,异而记之。夜泊象石潭,醴陵地,行七十馀里。

六　月

丙午朔　晴

南风缆行。有感而作:"屈上沅舲杜入湘,炎炎夏日旅情长。缘波枉渚迷津阔,喷浪空泠乱石荒。迁客偶来留啸咏,野鸥何事亦栖遑。南风烈日牵船去,犹有长年为我忙。"

午泊山门,戏作消暑诗:"云蒸日炙自威风,静坐曾无暑气攻。除热不过寻扇簟,谁知扇簟热烘烘。"夜泊淦田,行七十里。

二日　晴热

文债毕还,可以至矣。计日内必有顺风也。自渌口至朱亭,恒西行,夜观北斗知之。舟人望东风甚急,不记前日之怨东风矣。已而果转东风,过黄石望,复转北风,益知风巧,稍偿三日劳也。此行虽迟一日,犹兼春来二日之程,行七十五里泊黄田下。

"一月冲风水逆行,天教凉吹散羁情。帆随舵转樯乌喜,雨过篷开夕虹明。碧叶露光疏返照,玄蝉喝爱日起秋声。人生得意偏多感,暗数流年百恨并。"无地名,欲雨不雨,夜半南风吹山,船如震荡。

三日　晴,风稍息,晨凉

从石湾至衡山县,有感前游。"当年飞鞚指城楼,十里扬鞭跃紫骝。一蹴青云竟何益,重来芳草几经秋。散霜岳气常欺县,漻日晨光复漾舟。垂老无因罢津逻,怕闻估客诉诛求。"近县颇有佳泉,宜多科第,遣取一瓶试之,苦有泥沙。询新书院正在郭外,余行对岸,不能往也。

泊乌石矶,六十里不足。舟人谈乌石为“五鸦”,正作加字韵诗,即用为典。“碧天无暑浪无花,樯燕风轻缆力加。山影欺人半川黑,月眉窥我一弯斜。芦洲退鹢惊双鹭,石濑飞龙下五鸦。野宿梦回闻戍鼓,洣开津吏正晨挝。”“曲浦无人夜独经,繁星明处树青青。江萤渡急知船过,岸犬鸣稀见桨停。露坐茗瓯闻易冷,暗眠邻火照仍醒。纸窗此际成惆怅,应讶凉光点画屏。”

四日　晴

晨过雷石,戏作舟暑咏:“南风正午煽川原,但怪琉璃簟席温。日似火光常闪焰,暑蒸云朵尽无根。扁舟浅水真游釜,大冶洪炉一覆盆。却被程生嘲褦襶,整巾摇扇共堪论。”实无暑也。南风甚凉,犹不可纻衣。舟人泊舟避风,申正风大作,乃吹篷去。半时霁,小北风,曾不能动尘。看去年今日,避雨陈祠,亦晡时也。西风后复继以东风,夜泊螺蛳滩,行四十五里。

五日　庚戌,小暑。晨阴

至萱州见日。西风缆行,小雨午凉,夹衣犹薄,逆风吹船倒行。及入,望顺风,则微细若属纩将绝之气,然船亦不退。至夜兀兀,泊章寺对岸,亦行六十馀里。渡夫云此间日日大雨。

六日　晴凉

晨过大石渡,始朝食时,未食也。巳初乃至耒口,呼划船,索价不二,乃入耒口,欲从陆道径至东洲。忽得一船,百钱愿送,仍出口,溯流极艰,午正乃至。

张先生果生事矣,余逆知必不能安。前与莪书已告之,云不知张先生与甘嫂生何是非。何其必中?通人情耳。卷堂大散,并我器用而卷之,则懿儿不通,又非张之咎。此来大有二郎神还灌口之状。

卧榻有一面生人，斥之不动，因假骂陈十一郎而去之。陈亦孩气，又不能主事，然不得不骂也。永、桂盘踞，皆我私党，此蒋道台所不料。

闻程母丧，犹未朝食，食毕，亟往吊之。因告以服制无明文，宜请部示。盖两祧则孙，父仍子。父为子，则子为孙，不可依出后降也。又礼亦无孙降祖父之说，圣人之所难言，礼疑从厚。凡从服皆不降，以此推之，良孙于本生外王父亦不降。即为创稿，令上礼部。程生颇知礼，能呼曾孙奔丧，近世所罕。与洁卿及两面熟人同饭毕，还书院，已扫除矣。事在人为，仍设内外寝，而宿于外。

七日　晴

晨钞《记》一叶。朝食后，钞《诗》一叶，又补钞二叶。南风甚壮，几席凉甚，然无所作。看李昌谷诗销日。彭肃斋言梦至一处，垂黄帘，门者止不令入。窥之，内皆坐老翁，有其族父，八十六矣，亦在坐。徘徊前堂，朵园自内出，衣道衣，云吾将归矣。肃斋为设藕粉，饮毕而去。其年族父卒，又十年朵翁卒，年亦八十六。未卒时，肃斋送藕粉、莲子，竟食藕粉乃卒。甚诡异也。夕稍温，夜起纳凉，五更后冷。

八日　晴，晨无风

钞经二叶，未毕，朝食一碗。见新生二人，嘉禾者殊嘉。秀枝僧来，复欲有求，与八指同为讨厌，悔初与作缘也。人言保之死，余交游多，有始无终，岂余之过与？亦非不慎其初，而不能保其往，盖圣人言交，已兼二义。钞经二叶，又补二叶。胡欧亭来，与肃斋泛月，送至厘丰。

九日　晴

钞经二叶，补二叶。阅卷三本，余时仍跂坐闲卧，非但避暑，兼畏漠子也。听肃斋谈张天师，亦兼有杂艺相术。

十日　晴

晨起钞经三叶，乃朝食。始知夏宜起早，又补二叶，睡半时许，阅卷十馀本,已毕课矣。写对无笔,殊不成字。遣送程母挽联:“名门五代昌,天将福寿酬清节;登堂一人在,我拜帷筵感逝川。”实存二人,而云一人,先忘其人也。周生引《说文》:京房说“贞”为“鼎”省声。余忘之,而批云“京房不讲小学”。此殆贞观是汉朝年号之类。又云汉有两京房,余亦忘之。夜热忽雨,雷电并至,遂成秋景。

十一日

晨雨犹未愒,风凉可坐,尽补逋课。

十二日　晴

钞经二叶,补二叶。晡时忽大风,蕉叶皆破,窗帘尽断,避至前斋。稍定,胡欧亭来。

十三日　晴

钞经三叶,补二叶。周竹轩及道士来,留谈半日,夕送客泛舟。

十四日　晴

钞经纸尽,仅写二叶。令斋长查肄业生,已半去矣。

十五日　庚申,初伏

无衣冠,不能出堂发题补课。朝食后送胡欧亭登舟,因与肃斋访紫谷不遇,入城各散。余至程家写铭旌,周竹轩先在,遇马叔云、周寿山。闻经声,甚倦略睡,起,写字毕。邀竹轩买纸、笔、墨、研、茶叶、帘钩,还安记,陈子声与肃斋先在,留坐,取面吃毕各散。肃斋仍从至竹轩家小坐,复同出,至太史马头上船还。

十六日

晨觉停食,起泄,复眠,未朝食。得珰书,即复与之。钞经三叶,写扇三柄,看《水经注》,每日一本。

十七日

晨起钞书一叶。偶出,遇一人在客坐,出马质庵手肃书单,开数十人,求信一封,视之皆无可托者。内有一王定安,荒唐人也,与书荒唐试之。瞬息即去,并无一人,知迅疾骇人也。还内,钞书一叶。朝食饭量减半,食后,复钞二叶。

十八日 晴,有暑气,得风即解

钞书二叶,补二叶。看诸生试文,无能成章者。杨伯琇来,昨与片,言罗氏昏议,据云张先生催促甚急,已告女家,不便辞退。怪哉,张先生也,乃至此乎?吾生逢此一群胡涂人,虽智无所用之。杨慕李送润笔十色,受其酒、茶、面筋。

十九日 晴风

钞书二叶。看《水经注》,欲寻狼台事,忽悟且从狼故实寻之,乃得于《图书集成·魏书·高车传》也。十数年遗忘,得以补《天问注》。夜凉。彭先生与榷局斗气,几兴口舌,且劝缓之。

廿日 晴阴,风凉始浴

钞经,补钞如额。看《水经》一本未毕。冯洁卿早来,张老师午来,有耽阁也。

廿一日 阴晴。丙寅,大暑

戴明来。为冯公作书与鄂臬,此月生意兴隆。夕与彭肃斋泛舟,答洁卿,因过黄、杨,二兄弟出,留食藕花。还看信,有王鹏运者,初不知为何人,云不见二十四年。徐乃知为霞轩之子,亦自命不凡人也。

廿二日 晴,无风,犹未甚热

钞《诗》毕一本。泛看类书,亦自有益,惜懒未能伏案校记耳。晨为彭肃斋作字,遂忘看《水经》,晚乃悟焉,已不能暗中作字矣。张、江二尉夜来,食瓜甚生。

廿三日 晴

钞经二叶,补二叶,计当补足矣,中留数叶在家,未能数之。《水经》馀三本未看,且看小说,朝鲜事甚新,可采补史志,未见原本。夕热,坐至乙夜始凉,丙夜起,月光已移南角,乃知月躔之疾。为陈复新作字,劝以有恒,云淡泊、坚定、静敬皆有恒之别名也。

廿四日　晴

钞经如额,仍补二叶。看课卷十本,小说十馀本。

廿五日　庚午,中伏

艺渠两孙来,其一新入学,面甚老苍,乃云甫弱冠。作家书,托其带祭银寄家,因发京书。陈子声来,午饭去。钞补书如额。看课卷十本。夕雨,中伏得漏,吾知免矣。树子来。

廿六日　晴,风凉,黄昏雨

钞经,补毕。看课卷十馀本,亦毕阅矣。冯洁卿早来,不及鄂书,想老健忘也。黄生锦章言余风裁太峻,人皆却步,其然岂其然乎?谭妪生子,满月来见,云其翁姑欲嫁之,彼见再嫁无好者,不如佣工云云。赏以斗酒之钱,遣令去嫁,其言不诚,不足信也。酉正大风吹屋,幸无大雨,避于外斋,才动帘钩耳。

廿七日　晴

晨钞经,朝食后补钞毕。待雨,竟不至。明长子来,遣令送租米,供尝祭,并令树生同去。

廿八日　晴

颇热,犹未妨事。朝食后写字补记,遂欠一叶。周兆矩索饭钱,无以与之。雨仍未至,夜不甚凉。

廿九日　阴

热一二日必阴,张弛之道也。晨钞书二叶。饭尚未熟,顷之外持帖送银、鱼、春茶,云陈伯弢来。惊喜迎之,依然无恙,谈一时才彦,略得踪迹,皆如面对也。留饭,为之加餐。其妾女在船,则不能延之,夕送登舟,留扇索诗,乃文小坡所画,湘绮楼可诗也。

七　月

乙亥朔　晴,晨凉甚

出堂点名作文,戒饬诸生。要钱。钞《经》二叶乃朝食,午后热,遂不能事。夜复热,二更乃凉可睡。

二日

晏起,钞经三叶。饭后仍睡,起写字。郴陈璞臣及杨叔文来,送舆书,云招股刻湘绮《九经注》,荒唐也。陈则京甫之子,文廷式妻弟,犹有宦家风,伯商之流。客去,乃毕课。酉正得雨,始夜作。

三日　晴,午雨

钞《诗·郑风》毕,《檀弓》尚馀三叶,二本略相等也。廖生来,论文,大有悟入。

四日　晴

辰雨,每雨更早,中伏将过,可喜。北风甚壮,不甚入屋。曾广惠来。夕答访陈璞臣,遇石应元,夜还遇雨。程生自京奔曾祖母丧,昨还,当往吊之,令李生金鍨议定仪节。五更后大雨。

五日　雨,时大时小,天气顿凉,亦可夹亦可单

钞《檀弓》毕,补课足矣。自此不言补而定为常课。看李生礼节单,吊者宜俟有事而往,不特吊也,三日五哭而毕事,今夕往会之,则已过夕奠,更为铺张,二更乃还。大雨。

六日　雨

钞经四叶,阅课卷三本。朱纯卿来,言朝政京事。庚辰,三伏。又漏。

七日

雨水顿涨平堤，作一句云："西风一夜水平堤。"钞经四叶，阅课卷三本。夜凉可坐，始入内斋，作王霞轩诗序，廿四家文也。是日辛巳，立秋。漏伏，又穿秋，暑可逃矣。

八日　阴

何衡峰侵早来，倦未能起，久之，出觅客不得，乃在外坐，延入，送文稿求正，以盐为挚。其人好用钱，贫不肯节，于我已三馈矣。留早饭而去。肃斋兄弟来，则不肯来食。钞经未能如额。

九日　凉雨

时有暑气，则蒸闷反不快。钞书看课卷毕，补解《论语》数条。

十日　阴凉

钞书毕。看文一篇，重检《论语》，又无甚可补。珰书来，亦有归志。夜雨潇潇，早眠早醒。

十一日　晴凉，竟秋矣

彭先生率李、彭俱去，诸生亦多赴试者。看课文三篇。往城中问戟传京中事，至衡阳看庶常单，竟失周、范名。夜月独坐内庭，更无人至。今日廖生烱富父伯镡字剑潭来，六十五矣。比、闾、族、党、州、邻、里、酂、鄙、县。

十二日　晴

昨夜雨。此二日漏伏，俱在子丑时。晨钞补《礼记》一叶。朝食后钞《诗》、《记》四叶，看文三篇，闲暇殊甚。又钞《特牲》一叶，《记》一叶。看去年日记，伏中甚懒，今又太勤矣，荒唐人之力也。作书约陆廉夫游九疑。

十三日　晴凉。昨五更亦有雨

朝食甚晏，已钞书三叶，饭后复钞三叶。夜月偶起，误谓天明，取表视之,才丑正,复还外寝。

十四日 晴

晨不思食,遂饿一日而愈。钞书六叶。夜招两周入谈。大风雷电,衣单觉寒,及入外斋,则仍闷热,复至阶上纳凉。

十五日 晴。末伏日矣,稍热

钞书五叶。夕出访道士不遇,孟兰会亦寂寥。

十六日 庚寅。晴

昨夜未雨,当可正旸。晨看文数篇,复不欲食,勉饭半碗,钞书五叶而错二叶,实七叶也。夕仍访道士,与过二尉,步月还。至湘岸,月波如素縠,大有诗兴。今日晴生长子来,字伯书,酷似其父,胜其弟叔祥。闻叶提死于高丽。二刘皆称病笃。

十七日 晴,风凉

晨不欲食,强饭半碗。钞书五叶。周竹轩来,正欲寻之,代屼樵必不可少之员也。夜梦行藩后街于张氏故宅,有一家结彩鼓吹,门前肥马十馀匹。复有联骑过者,皆驵壮鲜明。停舆投刺,一人鼲裘出,答帖,似是其子弟。入则高堂华镫,有一人似是余嫂姊辈,云此新昏,汝何不贺。余问何人,云瑞芝,行三。遂加端罩于夹衫,冠而待见。顷之,新妇出,其夫颀长,恍惚周蝶园,偕行未至拜垫,伏叩如礼,余在左,亦三拜敬答。案上烛未剪,将入新房而醒。情事历历,竟不知何祥也。

“夜水平如席,秋烟碧似罗。御风停羽客,摇月碎金波。铁笛声相送,兰洲露稍多。高楼对飞阁,真是隔银河。”补昨夜诗。

十八日 晴

晨作字,饭后抄书六叶。作饼饵寄珰,佣工失期,至夕方至,欲求北厨未得,任辅臣乃送二盘包子面,未发。诸生夜来告去。闻徐幼穆令宜章，麓山诗债当还也，月下得四句。

十九日　晴

晨起不遑盥栉，补成昨诗，佳作也。使徐竟不来，遂不得此。藩委一令，而增余一诗，铜钟相应，谁知此机。钞书六叶。无风甚热，然几席凉冷，不妨眠坐。

廿日　晴，晨热

钞书二叶，尚不得食，云无菜肉。催饭吃了，未午，遂大睡，起已日斜矣，向来无此午卧也。钞书三叶，已形竭蹶。晡后云阴，雷电作，雨不成，但成秋耳。点滴寂寥，又睡一时许。

廿一日　晴，亦热，有小雨

钞书五叶尚早，看小说，寻负盘。日夕不快，移床楼上，又热多蚊。谭妪来，正无人，留之。

廿二日　晴，有风

钞《礼记》至"士饮酒不乐"，说为乡饮，但工歌不笙入也。笙有华黍，时和岁丰，及诸诗多言太平，凶年不可歌，若彻琴瑟，则丧礼矣。

久不入城，不知世事，因过周竹轩，看新爵，便要同访陈鹤春，子声亦在，又过商霖兄弟。看《申报》，无所闻，但闻刘死，叶未死。乘月还，复移床向壁，早睡始安，至晓始觉。

廿三日　晴，南风不凉。丁酉，处暑

起甚早，不复呼人。钞经二叶，补足昨夜半叶，犹未得食。饭后小愒，复钞三叶。逃正暑，不能逃残暑，实做"处"字也。

廿四日　晴

晨无风，朝食后始凉，申时极热，今年第一，顷之得风乃解。钞经五叶。夜热，寝不凉。

廿五日　晴，热不减昨

中，覃妪去。《通志》云"加言为譚"。钞《诗经》毕一卷。钞《记》二

叶。印本误重，遂不遐检，亦重钞一句，可笑也。《礼经》晨已钞毕。午睡久之，但觉葛衣温焦，未至浃汗，所谓羲皇上人，其乐如此，知当骤凉矣。已而层阴郁隆，万木无风，夜坐阶檐，殊不快意。昼可度，昏难逃也。三更乃寝。

廿六日 晴

朝食甚宴，向巳正矣。钞书毕，以洲上无可食，就食城中，至道士馆谋之，为设鸡、鳖、白肉。招秦蓉丞不至，周竹轩来，道士又招万福海。夜还犹热。

廿七日 晴

晨起极热，辰乃得风。钞书三叶。未朝食，巳乃饭二碗，甚甘。未午课毕，仍至道士处混饭避热，遣邀洁卿唱曲，唐阔口先至，而云咳嗽不能唱。江、张二尉来，共道士，各唱三四曲。久不得食，夕乃办具，吃佛爬墙、摊黄菜、蜜火腿，饮酒一杯，饭碗半。还得风凉，果销去二日，明日无暑矣。去年热四日，今年倍之。

廿八日 晴，有雨，不成点

犹热于六月，但稍减前三日耳。钞书如额。《白虎通》以禄甫、武庚释二名，亦《公羊》师说。或以为《左氏》说，《左氏》无二名之文也。治《左氏》者附《公羊》以为义耳。

廿九日 晴，仍热

钞书，看小说，以消永日。移榻入内斋，与楼上无异，终不及外斋凉也。避蜚不敢去。

晦日 晴，有热风

钞书四叶，改错一叶，《国风》毕。“国”字盖毛传所加，“豳”、“王”不得为国也。《特牲篇》已改毕，因说“宾不执俎”，须改郑义，又重写之。尚午，热不得低头。程孙来，示礼部服议，留饭而去，竟未毕课。

八　月

乙巳朔　北风甚壮,南屋犹热

钞书四叶。登楼,坐东斋钞一叶,凉甚,乃出至内斋,仍热。外间汹汹调兵,出探消息,至府署,问任辅丞,乃知巡抚走去,投袂赴急,又一派也。庄叔塍云李鸿章夺太傅马褂花翎,亦赫然骇人。还洲已夕。

二日　阴凉

晨钞书三叶,犹未得食,催饭罢。周圆成先生竹湾来,祁阳诗人也。留宿周房,招食不至,忽然辞去。常霖生、周竹轩、陈芳畹专足相继来,一日甚热闹。新造祭爵十一亦成。谭妪复来。

十日秋炎苦,洪炉坐夕蒸。只增蝇蚋势,每梦簟床冰。凉动川光碧,阴连野气澄。双鸠肯相唤,雨意蔼晨兴。

三日　晴阴,北风,未凉

课毕始午初,下湘答常、周不遇,过程家点心,至吉祥祠甚早,复至周竹轩寓,闻炮声,刘踃子至矣。出洋大将,不欲冒险,拟修炮台,为自固之计,所谓有名将风者。出城看之,待久不见过。财神祠看戏,亦久之无着落。还至安记,与竹轩同出,再至吉祥吃局,有二杨荣子、江、汪、庄、张,寺僧先在,任、孙、陈华甫继至,设食甚清腴,有鳆鱼肺,火爪豆筋,佳制也。夜大风骤凉,任邀打较,与庄、杨、杨同步至府署较牌,至四更,赢四千。宿胡厚芝之床,与杨连榻。

四日　阴凉,渐雨

早闻杨起,旋睡,已而余起,杨亦同起。告去,出至湘岸,船未至，从太史渡趁船还。朝食，钞书三叶。睡楼上夹被犹冷，顿起，着二夹，当一绵矣。

五日 有雨，阴凉

钞书二叶，看小说，乃得朝食。午初又钞三叶。欲出，戴明给云有雨，遂止。谭妪疟发告去。

六日 晨凉，旋雨

钞改《特牲》毕。说牲体右胖不升，欲破□左臂之说，以非经大义，未暇也。钞《鹿鸣》毕。思《南陔》、《白华》，独阙教孝二诗，且孝子相戒，何以为雅，岂卿大夫皆孝而又劳戒乎？或者“女曰鸡鸣”之类耶？亦无人言及此。

午寻道士未遇，还见双燕，顿忆少时与龙、邓衡山之游，光景如昨。而弥之《燕》诗殊不合时，秋飞者多雏燕，不得开口便赋辛苦也。因作一首正之：“新燕每随舟，身轻喜及秋。碧波澄倒影，朱幔飐凉钩。春思从人说，泥痕认母留。翔嬉方得意，诗客误言愁。”如我所作，便来不得杜诗，乃知考据有妨词章，故是此等处。夜戏作竹湾诗，有稿。

七日 晴。北风甚壮，凉可夹衣

烈日中犹挥汗耳。秋光朗然，一年佳景。写书六叶，犹未及晡。看周圆成诗，云欧阳利见有大鱼尾骨，云系光绪七年辛巳五月淮安大水后，有死鱼，上有“唐罪鱼”三字，亦不言朱书墨书。其时余在蜀，初无所闻，盖未奏报。夜眠月下，遂睡去，四更乃起，竟不知蚊啮，乃知帷帐为不寐人设也，又增一见解。

八日 晴，复热

课未毕，道士来，经厅继至，与客赏秋，亦自爽适，但太懒耳。此月有诗六首，亦不为负。说“免绖”恍惚，免绖不并，谓无服者耳。丧主明有免经之文,余乃以无服者例之,甚谬。夜月剧佳。

九日　　癸丑,白露。热

晨写书三叶乃饭,饭后写三叶。张、江二尉来谈。杏酪,陈尉所遗也。今日颇勤,陪客半日,犹写书二叶,一弛一张,庶乎得日记之力。谭妪复来。

十日　　阴

课毕,正午出城,至安记,招周竹轩来,同至当铺看衣被,俱无可用者。至张子年寓,因过江宅,遇庄叔塍。江设酒馔,未具,便要庄同至安记,道逢监院张虞阶,同返,小坐,仍至江处斗牌。未终局,诸客纷至,前八仙俱集,行令猜拳,至二更乃散。借宿江南馆,看李冶《杂说》。

十一日　　晴

安记留早饭,并请竹轩来陪。饭后同出看荒货,步至北门买磁器,亦无可买,买一坼盘而还。至府经历汪答拜,遇王辅廷,言海军事甚晰云云。还至府署,寻任、杨、庄,终昨日之局。未毕,朱纯卿催客,三请矣。待请见其弟。陶镜甫儿,号益卿,名福增,委员清泉。景吉人、张教官先在。食未三肴,外间哄然,疑为失火,询之,乃众人看女犯也。顷之,果报北门火起,二令仓皇去,草草终席。至府署终局,凡三日赢六千,可以止矣。步月还街,人静矣。

十二日　　阴

黎明问船未至,安记留饭,仍邀竹轩来陪,反为烦费。饭后已午,乘船过道士,还大睡。写字三叶,已暮,夜成二叶。

十三日　　晴,复热

课毕未午。徐幼穆来,云即从此长行。谈谑方洽,黄德来,徐欲辞之,不知洲上不可辞客也,因请入同坐,久谈,送登舟。还小愒,入城算帐。见学差报，似是而非，似非而是，湖南唯洪联五一人，而督学为山东马步元，愿其非真，不然十八人无一知名者。送劳畹万钱，遣信去。渡湘看斗垣，还院已夜，初更大雨。

十四日 阴，有雨

日课早毕。程生送鱼唇，向来未买此物，正约客，即送张子年治之。

十五日 阴，微雨如尘

诸生尽散，写经毕，寻道士闲话，遇一后生，不识也，执礼甚恭，久之，乃知为竹轩从子，云与道士约至书院。顷之，道士还，雾露神无一至者。坐看《随园诗话》半日，乃竟一本。其云尤长五古，竟不知何者为长。但欲刻万首七律，则大有可采也。待饭未来，道士留飧，又杀鸡煮肉，甚费经营，为之一饱。戴明云饭饧，未觉也。初更无月，还，小坐无聊，看《红楼梦》，正见凹晶联句，因思妖精打架，不知哀乐之何从生，少年之何以一往伤心也。陈家三生还。大月，三更后复暗。得碧绫帐，古物也，盖道光初送嫁之物，张之而寝，始还正床。

十六日 晴阴

写经毕，已未初矣。谭云今日起甚晏也。连梦孺人，故为惘惘。未初至新安馆，赴公局，兼作曲会，凡廿人，至者已十六人矣。冯、任、周后至。闻乡试题，真学差报云芝生，江南；湖南，江标也。初月正赤，旋为云蔽，二更始开，三更云散，乘月还。钞《王制》毕。

十七日 阴，复热，絺衣

钞《小雅》，又毕一什。遣人入城，取学差单。胡欧亭来，初言移入书院甚急，至是又不欲来，云已辞馆矣。夕凉。

十八日 阴凉

钞书未毕，闻履声橐橐，道士领木匠来看凉棚茅亭地。甫送去，黄船芝来,云杨八耶父子同至,出则无人,遣觅之。杨棣,字幼青,子青嗣子也。云来二次矣,匆匆去。方入检书,暂出,又一人见呼“年伯”,冒冒失失,云特来相寻。桃源教谕谢同年之子也,字印秋,自称文生,而不入场,伪也。求书荐局务。与书心奩求义塾,亦其前所亟谋者。余初以为姓魏,至今犹未知其父名。

十九日　阴凉,申稍热

钞书睡觉皆毕,时犹甚早。李生告归。

廿日　阴雨,不凉

贺年侄领同局三人来,太仓李、浙江魏、湘乡谭,游眺内外而去。谢年侄来取信,送两合。钞书亦未毕,日渐短,几不能了,晏起故也。早晚实静于日中,竟不能异于众。贺年侄云谢有一恩灿,有一恩树,此乃恩灿儿。八踌云杨斗垣做生,无可铺叙,余作一联贺之:“洛社耆英,堂留绿野;天家寿酒,婿寄黄封。”此联亦值百金。

廿一日

午前晴热,至东斋吹风。午后北风微雨,旋止。课毕,乘舟欲下,顶风飘雨,回船避之,至磴已沾衣矣。夜雨甚壮,水暴涨三尺,大水也。而陆游云才添三尺,未知体物。

廿二日　阴晴

钞书未毕,道士来,欲作一亭,须百金。谢生价人自秋闱还。午正乃写毕《诗》、《记》。夜梦李玉阶来代丁文诚释奠,问余礼,余云再拜。李甚有难色,余知其欲九叩,乃引阙里仪有再拜证之。已而李欲登湘绮楼,梯而上,甚危险,余自后掖之,且令儿先上铺版成路,未至之间,皇遽而醒。李自云旧楼屡登,余不知也。又云与功儿至稔,岂功儿当出其儿门下耶?午后下湘,遇李生,桂阳船至。

黄德营见探报,吴抚几为倭人搜捉。自云遁走,何其失辞。南北洋大臣,令日本至威海断道,并可斩也。吴公可谓豪杰矣。朱纯卿云中国气为一振。夕还,李、陈、彭、何并至,留何衡峰居内斋,将为驱狐,夜起视之无妖气。祁阳二周、东安唐生、耒阳刘生均至。

廿三日 阴晴

钞书六叶,看画苑诸家。为何衡峰点定叙事文三篇。看人文亦定为日课,可笑也。

廿四日 戊辰,秋分,社日。晨阴

钞书二叶。朝食后雨意甚浓,已而开霁。钞《士虞》毕,殆无遗恨。复钞《诗》、《记》,又作小诗寄清卿,今日甚勤。夜要何、周登楼杂谈,竟懒看文,日课以诗抵,且多钞书至七叶,无须再补也。

廿五日 晴

课未毕,董子宜送懿、真行李来,过午尚未朝食,促令办饭。得功、茂书,闻耆孙殇,家中不报,可怪也。陈伯屏书来,言其弟在陕,奏列循吏,欲余作文,余不知其治状,亦不闻其人名迹。树生来,作灶养。

廿六日 晴热

课毕入城,问北闱考官,均庸暗无名字,房考亦如之,题则大有寓意。昔琦善偾事,而叹小人闲居,今鸿章覆悚,而责小人文过,皆于吾身亲见之,亦可慨矣。程家小坐。任、杨师爷来,同至彭祠会饮听曲。小雨,孙翼之邀同陈华甫同步出城,张子年从。斗牌至鸡鸣,留宿客房。夜大雨。寄茂书。

廿七日 阴雨

陈华甫早去,余被留打牌,更要秦容丞、庄叔塍来。至夜风雨萧凄,余不欲夜榜,因遣船还,仍宿厘局,复见星矣。

廿八日 晴

晨起,船轿已来,翼之复留点心,午乃得归,亟补日课。午睡起,见廖燗富文,必中之作也。

廿九日　雨阴

书院秋祭,庀具,习礼,诸生来者廿人。课毕下湘,至清泉,与景吉人谈淮军事。幼樵复为端良所劾,奉旨驱逐,真堕矣。吴湘尉,江少尉、朱云卿、齐孝廉慎庵之子。同集,杨芝轩亦出同坐,二更乃散。还云已肆仪,将睡,偶检篆书《礼经》,珰女竟曳白,遗一叶,炳烛补成,乃寝。

九　月

甲戌朔　阴

晨睡甚美,几忘有事,惊起出,则礼事犹未办。丁笃生早来,监院后至,衡学唐、清学梅同至,午正行事,礼节生疏,亦尚不懈耳。食面毕,客去已暮,大睡至夕乃起。钞书三叶。

二日　阴雨

真复入学。钞书五叶,小睡。夕得朱永顺诗,和寄巡抚,起四句甚佳。夜始移外寝。

三日　阴,不凉

钞书五叶。说《有司》六俎、十一俎未了,姑依吾前义分析,若不合,又当重钞矣。午后至清泉幕杨芝轩处会饮,九人外又增齐稚庵,中食烦热,归遂不适。

四日　阴

腹泄一次而愈,微痛,减中食。钞书,看浏阳课卷。有人以阈为砌,引"不逾阈"为不逾阶,甚佳也。

五日　阴

钞经,阅卷,课读,竟日矻矻,颇似老儒。始悟冠弁之说。

六日 阴雨

和尚来。钞经六叶,说十一俎竟通矣。依郑亦可通,但不应从二鼎耳。《礼》熟则义见,苦其难熟,后世学人不及当时有司。成楚材孙来见,名□,字莘夫,生员矣。

七日 阴雨

看课卷毕,一日得廿卷,犹未尽过笔也。钞经七叶,将于登高前钉成《礼记》全册,成卅年之功。弹指隔世,犹恨怠荒,天下学人,更当愧死,无惑乎白首茫茫,吠声相继也。夜大雨倾盆,惟闻蕉茎拗折声。课卷阅毕,无事,不能夜坐也,自重来即未尝点镫。

八日 雨止,大风

钞《月令》毕,《诗》亦毕一卷,《有司》改未毕,亦先靪之。

九日 阴晴,雨无定

日课毕,与客登高,将出,雨至,真欲从不果,比至雁峰,何、董、懿儿已在峰顶。余步至厘局,庄、杨先在,江、杨、陈、汪继至,翼之好客,设大盘大碗,饱食终日,斗牌至二更散。

十日 阴。癸未,寒露

彭肃斋来送文,且告去。留学堂,空居两月,未知何意。陈郎率甥俱去,如脱金钩也。钞《诗》四叶,以为日课。

十一日 晴

云今日揭晓。天气甚佳。汤慎楼训导来谈经,云与胡子威畅谈两日,所学甚多,扣之未宣一二,匆匆而去。熊妪子来寻娘,所谓“天要落雨”也。钞《诗》又毕一卷。胡营官来见,云都老耶之弟也。

十二日 晴

彭生秉圭来问“冠陈鼎”,检注无之。自谓周密矣,一问即失枝脱节,经学之难密如此。钞《诗》四叶。

十三日　晴

斋夫来报,三书院唯中一人。妄言也,不在书院,吾书院中一人彼又不知。往城中寻《名录》,兼遣董子宜还家,何衡峰亦同入城,懿儿从行。至安记借百元,以八十元与长妇家用,以四元遣熊子,二元赠子宜,馀十四元欲赌钱。寻江尉,同寻张、蒋二尉,皆不遇,至府署寻庄师亦不遇,至厘局追寻之,不遇,乃至容丞家煮菌吃面。同江尉访道士,小坐双桂楼,前泊妓船,亦无人同往,可叹也。乘月夜还。杨儿、姚子俱中式。

十四日　晴

昨钞《诗》三叶,谭妪不肯收,补足交之。又钞六叶,毕一卷,十月可钞成也。何孝廉尚不还,院生稍集矣。

十五日　晴

晨出点名,正课廿三名,有七人未到。遣树生买鱼,晨去午犹未还。蒋养吾子国璋从京来,云钟西芸求书甚急,亦一奇矣。客去,黄船芝来,正在纷纭,庄、杨师耶来,仆从无一人,谭妪往来奔命,且开点心,日夕始散。孙翼之又来,遂不皇食,可笑甚矣。夜月极佳,忆去年彭园墙角光阴如在。钞书五叶,移砚南房。

十六日　晴

遣船迎道士来,理荒园,钞书五叶,悉去榛芜。蒋尉来。

十七日　晴

道士仍来。钞书五叶,看《道藏》目录,殊无伦次,然竟是能手所为。陈华甫来,报恭王复用,李相出师,朝发饷三百万,济军需。新政殊慰人意。

十八日　晴

道士言不来,方欲食而忽至,云当作一短篱,自指挥也。钞书三叶,出与道士同泛湘东登岸,答蒋儿。入城贺朱永顺儿昏,不得入,但闻城中皆言嫁装有卅二被。出城至两路口,答胡营官,字简斋,名则未见也。云是乙卯年侄,小坐还。至安记,颇惊牌友。旋至舟,到院饥矣,索食不得。

十九日 阴

工匠纷纭,又一大场面也。钞《诗》五叶。旋看课卷,于"肃邕和鸣"又得一义,盖备九献之仪也。后亚献,故咏肃邕;客三献,故咏我客;其四献以次宾,盖三公分之;六献以下,六卿主之,亦宜有太子举爵,五齐咸备,犹可推行。帝初献,后亚献,二王后三献,三公四、五、六献,五卿七、八、九、十、十一献,大夫十二献,其有助祭诸侯,随时命之。

廿日 阴

先孺人生辰,忆丁年称觞,此日大寒,今犹仿佛也。晨不钞书,为钟西耘作字六幅,又写斗对一幅。午后出贺杨慕李双生,过道人不遇而还。钞《诗》五叶。

廿一日 阴,午后微雨如尘

《诗》又毕一卷。成生来,求书抵鄂监,试送闱墨,平庸之至。钞《诗》五叶。与书迎珰,为孙翼庆祝,作一联:"慈覆卌年,中外禔福;臣门五叶,歌颂承平。"

廿二日 阴

钞《诗》五叶。珰书来,云小月不能即来。虚费往返,无电报之故。今日孺人忌日,懿犹能痛哭,差不负幼子矣。"名位并彭陈,唯公冠冕贤科,应知将略真儒术;崇祠镇淮汉,更此馨香里社,允迪前光佑后人。"

廿三日 阴,有雨

钞《诗》毕,乃出贺杨斗垣,大设寿堂,宾客毕集,熟人甚多,未遑细谈,但闻张孝达入都,张湘雨病故,家赓虞内召①,又一番鼓荡也。懿生日放学。

廿四日　阴雨

为唐孙写艺渠祠联,尽了笔债。钞《诗》三叶。泛湘过道士,至城探北信,无所闻。过容丞吃菌面,还邀道士看花苑。程孙久待,属为其曾祖母作行略,留饭而去。成孙复来,言李中堂结连外夷,已入刑部云云,甚可骇,馀人皆无所闻,盖谣言也。然万寿日近,国是未定,亦可伤矣。夜钞《诗》二叶,补足日课。

廿五日　阴

钞《诗》五叶。遣懿往杨家吊问,杨棣幼青来甫四十日,尚未及答拜而遽死,又珰姑子也,故往视之。真不好读,少纵之。夜雨,作万寿厘局二联。王德榜弟五子来。

廿六日　晴阴

钞《诗》毕,出城闲游,从百搭桥上,绕雁峰至厘局。少坐,牌友继至,遂留共戏。因出未卜夜,至夜遂留宿局中。看北榜录,功儿仍未得举,蹭蹬四十矣。

廿七日　阴晴

再留戏一日。招道士来,翦石昌蒲,云不可理也。忘其未食,待局竟乃饭,饿半日矣。还与道士同船。

廿八日　阴

钞补昨日课。《诗》又毕一卷,指顾成功矣。写对悉还,未十日又积盈几。逋债将稍停,钞经念三日,功有十五纸,不可懈也。午后复钞五叶。闻崧锡侯、李小泉之丧。王少耶来,问之,云皆讹传。王

---

① 家赓虞,当指王文韶。

少耶，德榜子。

廿九日 晴

钞《诗》点书毕，翩然欲游，循东岸渡湘，无所可往，因至金聘之经历处看电线图，还坐船至院，正夕食，已上镫矣。作程母祭文。

卅日 晴

道士送柑。金聘之来答拜，送茶、腿。钞书五叶，写对两幅。经营程母奠馔，觅绿螺不得，可笑也。烹羊豕至半夜。

十　月

甲辰朔 晴

晨出点名，朝食后钞书五叶，出城诣程宅，设奠，读文颇朽。张子年陪客，云邵小村放湘抚，善避事哉，安知非祸？至清泉，寻吉人化缘未遇。复黄道台书，应庄叔膝。还过程宅，要子年同至厘局。小坐还，甚热不适，食柑，稍定乃饭。与书陈大名。

二日 晴

糊窗，日灼面，不能久立。钞《诗》六叶。作朱衡阳令母寿颂序，走笔而成，曾不费杯酒温凉之候，以示周生，则云气散。未必然也，复增一段，回旋其气。

三日 晴

钞书六叶，廿卷毕功，计四月廿日起，扣建正百六十日，篆经不缺矣。凡卅年，屡分屡散而仍成，但不精耳。忆见徐姓所刻篆经卅八年，非女欲写本进呈，竟亦未得。若稍加整理，可为底本，从此珍之，以待后人。

四日 晴

日课暂停。凌三告去。与书心盦，并为成楚材子槐关节，人云槐廉吏,未知信否。请道士来剪花,乃云花匠事也,其用在栽篱插棘而已,因与同出,至厘局看皇会而还。传云凤皇城失守,盛京岌岌,因忆文山当宋末,有衡州元夕之记,正相类也。还,遇景吉人。

五日　晴

夜卧,念竟停日课,乃阙三本书,非计,仍当勉之,但志未定,莫知所从事。真点书毕,出城,复至厘局,闻程母曾孙妇丧,往吊。屺樵盛夸其贤智早世。出看江、张不遇,至道署,华甫为会,招孙、汪、任、杨、庄、杨、江、张,唯张未回,增一金聘之。夕散,要陈同宿厘局,斗牌未终局而罢。

六日　晴

华甫早去,余留待看戏。厘局陈设花镫,客来往纷纭,内有一唐小宋贡生,知名初见,此外则萧伯康最悉。省委李同知来查盐卡。过午始食,夕赴衡阳小集,十二人。看文□、汪四扮演。寒热不适,未多食菜,仍宿厘局,早睡。

七日　晴

厘局办事能员怒去,与刘子惠同往拉之来,便要保甲、江委员同看天后宫。江仍呼为建福寺,真乡音也。未食,周、蒋二尉来,主人避入,客久不去,夕乃朝食。分卡委员毛与张子年有嫌,自来辞差,余又为解之。白沙卡员贺年侄又来,已而任、杨、庄、陈、杨、汪、金、江皆至,公设一局,迎金送庄,并要华甫打牌。未毕,另起一局。复未毕,饮酒未半,吴桂樵来,醉熏熏不可理,食亦未毕而散。余恐吴醉,误笞辱市人,步随之行,送上轿而还。因看镫,东至铁炉门,北至柴步,西至天后宫,仍还厘局。翼之要毛、谭陪打牌,重起一局,亦未毕而罢。

八日　晴

张子年欲同至书院扎烟火架,余晨起,张尚鼾雷,步从太史渡还,始得饱食。午后大睡。秦容丞来,设汤饼。常宁詹生来见。谢生夜来,讲《春秋》。真入城看镫,书院结彩张灯,恭祝慈寿。闻程生有一联,六十六字,“九重重九”,后颇有匠心,未记其全,容丞得之赞礼生云。夜月甚明,不似上弦月子。

九日 晴

无所事,稍督真课,作点心待客,将三更乃至。放烟火合子,不似荆、蜀,多为葡萄架,火亦不盛,客来亦少,唯孙、毛、陈、张、道士六人至耳。吃馄饨汤而去。

十日 晴

始钞《尔雅》,得一叶,点书,复出城,仍至厘局,食客会饮,曲客唱戏,牌客打牌。景吉人来。杨师屡骗博进,今又欲入局,拖我下水,方得意间,余连胜,尽复所负,反赢千钱,而杨遁去矣。家部王所云“败亦可喜”,喜此类也。留宿厘局,又斗骨牌,至鸡鸣乃罢,遂不能眠。今日癸丑,立冬。

十一日 晴

晨步至德丰,答常霖生,已去矣。复至西湖,答魏翁。至莲湖,答姜亭,见其少子,看文本,颇有排场。同至厘局,行十里矣,犹空腹未沾水米,已而连食致饱。丁笃生来,余再遁乃得免。步至太史马头,坐船还,正夕食。既昏便息,至晓乃醒。

十二日 晴

督真课毕。钞《尔雅》一条。真入城看镫,独留岑寂。懿时出时入,无可与语者。僧照空来,未见。

十三日 晴

点书毕,钞《尔雅》一条。仍入城至厘局斗牌,遂无对手,可叹也。人材难得,文友既鲜,赌友亦稀,酒肉友亦唯一孙翼之好客不倦,欲倾家酿耳。

十四日　晴

晨出,畏日乃还,酒客复集,当有面情。舁至文衡州处,询近事。因贺任辅臣母生日,留面,议唱戏,还局朝食,日斜矣。金聘之来,移尊看菊,无新客,唯增一萧伯康耳。暮集,初更散。复舁至府,争班劝其早散,至则已去矣,小坐还厘局。

十五日　晴

今日会散,当各还家,复闻宫中有丧,未知其审,至程家问之,乃知失火,几出屋,壁已焦矣。还局朝食,正午渡湘,与张、唐同过洁翁听曲,字字审谛,静气领之,洞箫与人语不殊,胜横吹也。毕四曲,吃鱼粉而还,家中已夕食。夜课毕乃饭,饭罢而寝。

十六日　晴

杨斗垣戏酒,欲省加官百钱,遂辞不往。程屺樵长妇成主,来请,亦未去。钞《尔雅》半叶,督课略毕。闻张湘雨定不死。

十七日　晴

钞《尔雅》一叶。朝食甫毕,任师耶来谢寿,留面而去。罗汉寺都监闯入,道士引庄、马、谢、张同来,即邀至新安馆看月,本欲听笛,乃复斗牌,二更后散还。道士又费一鸡,三牺皆用矣。

十八日　晴

钞《尔雅》半叶。真课竭蹶,颇令人闷。得郑老湛书,又欲署事,可谓干没不已者。

十九日　晴

钞《尔雅》半叶,欲待点书毕乃入城,百孔千创,正似易笏山作蜀藩时。道士与徐若蒙、张童子来。大风,不果下湘,少坐,改周、廖二生寿文,正如写家信。如此作文,日万言不难,然或旬月不得一文,不论难易，在应付耳。张老师来，真课因得少逋。夜补注《尔雅》半叶。

廿日 晴

钞《尔雅》数行，待真点书，已至晡矣。方移船，遇孙家张宜人携妾来看真，遣仆还。从百搭桥渡至厘局，遂被留，兼招二客来陪，晚饭留斗牌，固辞，约以明日，乃得还。

廿一日 晴

看卷廿一本，未钞书。点书后下湘，至道士房，张、谢先在，兼邀马彤廷来唱曲，孙来斗牌，吃热羹，月出乃散。玚遣人来告病，心甚忧之。

廿二日 晴

晨闷不事，与书问玚。懿告假入城。周竹轩往江西，来辞，送茶叶。竟日唯看类书。雨苍刻有草书，未知所自。《字学典》引《墨池琐录》，金张天锡集古名家草书曰《草书韵会》，其即此本与？云汉有王瞻。又《书史会要》："魏夫人有子璞，为光禄勋，夫曰刘幼彦。"

廿三日 晴

遣懿视玚。

廿四日 晴热

钞《尔雅》半叶。秦容丞来，云秦子和专信求余，为关节江督，奇闻也。以南洋填北洋，此举得矣。以孝达代岘庄，恐不能安静。夜雨始寒，凄然憾老。看小说半夜。

廿五日 丁卯，小雪。阴雨

邓翼之来，落水裤湿，留之烘洗，云当往江南，求书与刘、吴。夜当至张虞阶处会食，不能留饭，亲送之去。比至张处，会暮，食不能饱。夜还吃红薯，钞《尔雅》一条，乃寝。

廿六日　阴寒

晨作二书与刘岘庄、吴清卿,即自往翼之舟中答访送行,未能款留,亦我法也。至府署,与陈、任两师步至衡阳,为郑湛侯催结。纯卿欲留打较,因约其同集任处,便留宿焉。四较甫完,三更尽矣。翼之亦留同宿。

廿七日　阴煊

晨至程家,均未起。至江家少坐,答访徐若蒙。因思翼之迷于召客,既食其食,当苦口劝之,为力陈困于酒食之道,遂辞而出。还院得瑫信,云疾愈。得翼之文,亦颇滔滔。午欲少息,竟不能寐,日又平西,复践孙约,陪任三食蟹打较,累骗,各不踊跃,乃知赌亦有道也。夜留厘局看《申报》,"拚命"严议,当又革职矣。

廿八日　晴

晨起,刘子重坚留点心,食毕,步至太史马头,待戴、邹、曙,无一至者。栖皇渡头,见者怜之,不胜其聒,乃渡湘步还,真尚未起,稍理日课。

廿九日　晴

钞《尔雅》半叶。冯洁卿来,同舟下湘,至厘局会食。张子年不至,云又发怪。孙翼设二席,补请石平甫,金、汪二人,馀皆办事者,夜乃得食,意馔俱阑,二更各散,还院少坐即寝。今日时雨时晴,大有夏景。

十一月

癸酉朔　阴

理蕉删叶,点名发题,今年毕事矣。新举人何镇丰、莫申甫来。

喻生校钞《礼》二篇，颇细。其父来求馆，无以应之。懿儿还，云琏家分爨，不胜妾家之扰，将遣谭妪往伴之，始令看船。钞《尔雅》一叶。

二日　晴阴，夕风，始寒

钞《尔雅》，写大字，懿复告假入城，院中寂静，督课竟日。夜雨，始然薪煨芋，塞向墐户，有岁暮风景矣。

三日　晨雨，旋晴

常氏仆妪去，与书琏，告以分家无益，遣厨妪伴之。钞《尔雅》一叶。得功儿书，云当即来，已归廿日矣，正在治行，亟命懿与书止之。

四日　阴，大有雪风

江少甫、李紫谷来送画障。督课毕，下湘已暮，步入柴步门，至府署会饮。九子会，于今日完满，亦共费钱四十馀万，若税间架，抵中人十家产，因倡议节之。夕散，暗还，反暖于来时。

五日　晴阴

看船还湘，自至铁炉门，定一永船，遣仆取钱。余欲还，念当别程生，复从缸店马头步入城，程家宾客似有所议，小坐即出。至厘局，留待刘子惠，适其在局。孙翼之留余待信，因至衡阳打较，三更冒禁呼城，出宿厘局。闻闽督移蜀，边都督闽。

六日　晴阴

刘子惠来，告前船不成，别有一船，视之又不可坐，仍呼前船，令泊丰旁。余留陪桂东令施又涛，字麓崖，其尉陆姓亦至，皆未相识者。纯卿来，任、杨继至，已夜，设食甚迟，二更散。失去二猫，呼寻久之，鸡鸣乃寝。

七日　阴

以忌日不待点心，晨步至船，便过道士，约子惠，议行，定十日开。遂坐此船还东洲，步沙上还。常霖生来。又有一人，似是次卿，云欲渡台,问余有熟人否,曰无矣。客方去,又三人来,则东丰胡、刘,新安道士也。顷之又一客来,云长须老人,则秦容丞送行。检点未毕,又二人来请客。熊妪争吃,夜始登舟,李生同行。

八日　晴

晨至铁炉门,看卷数本,诸生未送者。廖、邹来送行,屼樵、江少甫送程仪,斋夫送脩金,应接不暇。乃渡湘至丁、冯处辞行,还欲睡,程生来,丁笃生继至,客去少愒。步至衡阳,手谈。陈、任、杨均来,朱翁、陈华甫会饮,二更散。还船便睡。

九日　阴煊,换绵衣

未饭,彭肃斋、陈郎完夫来。看课卷毕,定等第。衣冠辞行,唯至道署、厘局。厘局遇委员李乐才,亦开展,话多,且识于晦若、陈伯严,狂令也。小坐步出,至新安馆,张子年设酒,金聘之正徘徊馆前,舆同入,江少甫已先至,招刘子惠推牌九,顷之萧伯康来,未夕入坐,二更乃散。与金、萧、江、张步还,同至珠琳巷,分道各去。余还船早眠,夜半起开门,惊篷濡湿,乃知有雨。

十日　子夜大雨

迨晓始寐,质明后起,移船下岸。文太尊送馒头,殊不能佳,意在索诗,取冯道台名片题之,未成。厘局遣轿来迎,往与李洛才畅谈,景吉人、陈华甫继至,厘局三员陪饮,翼之微醉,谩骂抚藩而散。南关城已下钥,退出,从城外还舟,众雏澜漫睡,房妪鬓蓬松,此何人也?金妪也。又一佳景也。花鼓哇声,颇亦可听。

十一日　癸未,大雪节

寻《尔雅》勘之。真女不知中秋节在何日,而知其母忌日,习教使然也。竟日阴雨,行九十里泊萱洲。

十二日　阴雨,颇寒

晏起,朝食后舣雷石,久之乃行,半日尚未至石湾,风不甚逆,水漫使然。钞《尔雅》一叶。

十三日 雨

晨发石湾，与巡丁斗气久之，余起，乃令开行，十五里泊黄田，竟日。使巡丁羁之，必愤郁不堪，而今恬然，所谓众狙喜怒，阅世久乃能齐之也。钞《尔雅》一叶。岸上设醮，铳炮不绝，余颇厌之，是又未能齐物者，尚不及木鸡也。晚来天欲雪，已而见星。

十四日 晴

早行，仅百里泊昭灵滩，昏暮未能下。钞《尔雅》一叶。经典"仇"、"匹"，余说之皆有怨敌之义，欲求一合"匹"之专义，未之有也。夜月极佳。

十五日 晴

晨雾过滩，方烹茗，兆云有客来。以为必无其事，顷之见一船在前，云李委员智俦官舫相呼，过谈，即洛才也。可行十馀里，别去，送肉丝冬笋。夕又过谈，将至湘口乃别。余令曙生附船觅拨，即泊舟待之。舟人云防盗，又闻鼠啮甚厉，终夜不寐，闻行舟声急，意是拨船来，而寂无声。夜月如昼，霜寒怯起。

十六日 晴

晨起见小船旁缆，舟人俱酣睡，急呼之起，令李生、戴明先至省，余率懿入乡，真不惯舟，更从陆行，乔生送之。将午乃发，得南风，至姜畲正午饭，过乾元取钱，复行。日夕从炭塘起行李，人力少，至二更后乃息。滋、纨居此已月半，石珊弟亦留此月馀矣。家中什物尽散失，盖王三耶赌钱散去。

十七日 早晴，午阴忽风

许虹桥、绂子携其从孙杨德、周生及田泽林先后来，日夕方散。夜斗牌，风厉不可久，子夜前散。卧听叶瓦琤摐，颇有寒意。

十八日　风雨

谭团总来,云育婴谷未付。绂子去。

十九日　风寒

迪庭来,留夕食,遂不能去。佃夫迎之,欲退耕也。自辍绵被覆之,夜斗牌,鸡鸣乃罢。

廿日　风雪

迪子去。曙、森、育从子来谒祖庙,乡俗重礼神也。夜更寒,不可坐,月明霜凛,独寐寤宿。

廿一日　晴,晨霜

晏起。石珊去,令唤轿工,欲取一日至城。夜假寐待发,寒甚。

廿二日　晴

轿工来,从人尚寐,起自呼之,乃云一日不能至,则不必犯寒也,从容朝食,又斗牌一局而行。至姜畬,绂子已去,当自带衣箱,定由舟行。饭于迪子家,与汤先生略谈,同出看船,适来相遇,石珊尚未饭,行至袁河,昏暮矣。到城下已二更,闻九炮再鸣,未知何船也。石珊登岸,余宿舟中,不解带三夜矣。

廿三日　阴晴

晨遣乔子觅船,云不可得。令原船飘江附载,得一芦菔船,未持一馔,泊船易湾,买肉煮芦菔,始得午餐。迫夜犹未至,宿枯石,复买干鱼夕食。

廿四日　晴煊

晨至西湖桥,附舟信脚登岸去,余至朝宗门乃上,到家,闻书声琅琅,妇女皆未起,顷之始集。功儿往衡未归,召李生、绂子来,促令附船。自至曾祠觅笠云,言还钱事,遇黄子霖。张楚宝寄余二百金,正济用也。以五十金退佃,六十金与长妇,自携两锭以行,并胡杏江亦得所欲焉。召窊女来一谈,留食面卷、鸡片而去。

廿五日 晴

晨晏起,无人觉,唯张先生、雷妪、方四起耳,馀俱酣眠。独立门外久之,出游,遇屠豕阻道而还。催饭,食毕,促发行李,而留斗牌,顷之起。稷初来絮谈。戴明报船欲发,余直起去,乘舁出大西门,李、绂先在,舆儿送至舟边即去。船行水迟,昏暮始泊荆子湾。

廿六日 戊戌,冬至

多卧少事,看浏阳课卷廿本。夜泊扁担夹,行八十里云湾河,不能行,行壕河也。

廿七日 阴

五十里泊白鱼岐,舟人过载,余登岸访旧游,则神祠无遗址,一塔孤存耳。四十一年不至,犹可仿佛,登二级而止,裴回久之,舟迎乃还。飘雨忽至,看课卷卅本,夜闻土星港更鼓。

廿八日 晨雾

至午乃行,犹不能进,复舣舟久之。阅卷卌本。行百里,泊火镰滩,鹿角对岸地。

廿九日 晴,南风暖日

江行甚快,午初舣岳阳楼下,舟人促发,又未拢岸,不能与洞宾具汤饼。阅卷十本,毕览矣,无甚佳者。绂子为余具鸡面,夜泊鸭阑矶。

晦日 晓日正红,知当有风

午后至宝塔洲,不复能行。课卷阅毕,一无所事。

十二月

癸卯朔　守风一日,小冷

厘榷移局至洲,云九年矣。洲为嘉鱼地,上颇繁盛,有歌管之声,怯风未能上岸,唯竟日拥被,夜霜颇寒。

二日　大晴冻,似去年

定课卷等第。李生问:“有从无服,而有服外兄弟,依注则妻本无服,而特制耶?”答曰:“不然。检《丧服》,夫妻同服者,初无兄弟,唯有婿及外孙,殆谓此也。若夫之诸祖父母从兄弟以下之子孙公子,容自小功以下不服,要不得为外。郑以外祖父母当夫之诸祖父母,而臆增夫之舅与从母为外兄弟,非经据也。凡言从无服,必有服不服,乃为无服。若本无服,不得言无服。”斜风频戗行,至牌洲已暮,未能百里也。

三日　阴

风定波平,行百十里泊沌口,夜溜难拢,久之乃定。

四日　晴

晨发,食时至汉口,复不能拢久之。饭罢,与砥、绂渡江,寻陈右铭则已去矣,王赓帅亦驰去。伥伥寻陈伯严,号房云在山前。至山前,无所之,复问保甲局,云在保安门。绂误听为广武门,询之无此门。复中途,有来拉者,则萧孝廉、罗次结,衡州院生也。罗在两湖书院三年,颇识路,导余至制府,又至行台。陈始移居,云不能出门,当就臬署见之。复还,过书院,大似长沙曾祠,香涛向能造宅,何乃若此。保之尚在,至其院,唯见花生壳,遣寻之又不能待,遇诸途,至其寓,两子在焉子新、子棣。乃请见亲家母,少坐出。至臬署,寻伯严,久之乃出，稍闻世事。寻与丹初坐处，已隔世矣。留住无榻，交课卷，托其寄湘。决计渡江，坐摆江还，登汉口，萧、罗从焉。绂子皇皇欲还舟，乃与先还。砥子寻母舅去。饭罢，陈渭春大令来，云山东盐差已撤，将改鄂令。余力阻之，二更乃去。舟复移泊，上下择稳处，三迁犹未尽稳也。

五日

晨戒砥、绂治行，因率登岸，自至马头寻萧、罗不遇，下至悦来店，寻陈郎，遇欧阳生，其幕客也。索面吃毕，云轮船已定，当急往，因分道。渭春送余先至船，尚早，徙倚久之，复还。罗生来，云萧欲同行，已还取行李。又一客同来，似相识，移坐接谈，则夏子青，余旧负其六万，久觅不得，适相值，又无钱可还。老矣，幸再见，此段公案尚在日记存本之先，若不补叙，后莫能明也。子青，夏生时济兄，以其弟入学，谢业师，曾送不受，后适乏用，又假焉，十万还其四，馀未尽送，而石门宅圮，自此廿年不相逢。负余钱者皆不还，余故亦未料理。频见夏生，以其好负人，不可信，必欲面交，再三附信，彼乃留鄂，不肯还。家已析产，仅收租，岁不及百石，贫矣。余负债最多，此为次急，故与罗次结来，结者急也。

渭郎招其甥来，同早饭，日过午矣，吃蟹甚多，顷之腹痛。又一人来寻，姚瑞麟也，已官矣，又得优差，同出游后湖，急欲便，觅厕不得，几大困，如冠九溲大成殿，有由也。绕湖北行，竟不见湖，唯见防营，拟题曰"仿淮"。从西还，已至大街，姚生邀点心，误入斋楼，炸年糕一盘，食未尽，仍还悦来店，竟饱矣。日已近暮，待李生饭罢，仍与渭、罗、姚登舟，坐一时顷，乃送客去。又顷之，乃发船，曰德兴，新制者，有官舱，无大舱，甚秽杂，有华风。萧生晚来，云岘庄代恭王总统。舟行摇摇，通夕不寐。

六日　大晴

晨过蕲州,朝食时已过九江。与书劝慰少荃,此书不难于激,而难于随,殆合作也。夜至芜湖,甚早,但闻船中铁木开合声甚厉,未遑问其所作。无义不搜,应有尽有。

七日　晴煊

未明已看关,行甚迅速。逢陈右铭舟,先余三日发,后余三日于江宁下关,上划子至岸,复盘堤,溯城沟,至水西门。余与李生先步入城,行不知东西,唯问制台牙门,可四五里,遇一人飞奔,翼之仆也。又巧遇,亦奇事。久之乃至三元客栈,云在花牌楼,询知尚是葛玉家,呼其母出,不类,谈次乃知其妻母。见其妻、儿,儿年十岁,貌甚韶秀,相待欢然。

遣知会孝达,号房不肯传帖,萧、李复往觅巡捕,乃得一受业名片"邹履和",昔为余重庆办差,今为余上元传帖,何其好事。总督大有师传,孝达请余休一夜,非礼也。礼,主人曰既拚以俟矣,宾曰俟闲。夜月,闻隔墙钗钏声。翼之夜来。

八日　大晴

今日本欲往朝天宫食粥,初到未暇也。孝达遣迎,步至督署,绂、乔从,持帖,主人风帽出房,须大半白,身材似稍高,岂与官俱长耶?纵谈时事,心意开朗,似甚大进。顷之,彭楚汉来,新署水师提督,陆用朱洪章,亦惬人心,为之欢喜。余欲并招彭来谈,孝达不肯。余出早饭,告以"今日不能来,亦不必回拜。曾文正不回拜,则不赴食,君不回拜,招食必来。平辈不嫌简,前辈不可傲也"。

至店饭毕,步出,直至城南湘馆,寻秦子和,云衙参未归。一后生询云:"王壬秋耶?我可出陪。"则唐大人令弟,字子靖。李、萧同行,留待秦还,又招梁璧垣孝廉来,待其午饭,余取衣亦至。舁出,诣桂香亭、张楚宝，均不遇，至江宁府，亦有督署阍派，金顶不可拜会，何世风之遂至此！李小轩同年出谈，并见其子庶常，改兵部矣。将暮乃还，则楚宝已先来，杨锐亦至矣。未食，田明山直入不去，云明日即赴太湖，且言魏盘仲家，收孺入赙赠甚多，均未到也。

食毕，作书寄莪。楚宝、莫仲武子偲儿、张通典、秦子和来，至三更乃散。

九日　晴

谢客，写信寄莪，并钞李书。门偶不关，楚宝仲、武子和、伯纯来谈。张玙干堂，子衡儿也，颇好论史，亦有文笔，喜故人之有子。蔡子庚亦来相见。至夜，王步轩来，十年不闻消息，今已捐赀得理问，稽查神策门，云张謇季直知余。又言再娶成家，必欲报余，得一见为幸。虽甚谀誉，亦可喜也。夜寒甚，冰冻，今日辛亥，小寒。

十日　晴

邓炬、曾岳松、徐定生、袁荚生、桂香亭、唐生容川、邹生祥麟早来。朝食后，要王理问出游毗卢寺，住持寄禅，云江南诗僧，笠云弟子也。少坐出游，至华林园，见连山斩断，往看之，远不能至。登太平城楼，入城内丰房啜茶，看玄武湖，知六朝宫殿在北也。循城而西，过鸡鸣寺，云是同泰寺，有志公台、燕脂井，井是妄说也。过十庙龙蟠里，登清凉山，乃误过而西。还看皇姑，李秀成妹也，再送茶，谈事，颇谙官礼。访随园，织妇满阶，外有长壕。

北行久之，至督署，东门闭，不得入，绕前而西，逢传事，云已改期矣。邹丞出，云督师已睡。余言可待其醒。遂入坐，兼访叶临公，杨生锐、顾生印愚在焉。顾已选洪雅教谕，与杨皆四十矣。顷之陈养源来，久谈，乃去。与两生夜游煦园，登三台乃还。久之，已二更，孝达乃延客，则衣冠送酒，养源为宾，余小帽长袄，固辞不获，云不能多谈多饮食。已而絮絮源源,殊无止期。上菜极迟,出已四更三点。戟门洞开,镫月霜晖,甚可乐也。当寒反暖。

十一日　晴

晨未起,李刑部希圣亦元来。彭子茂儿、袁荚生、陈养源、叶临公、杨、顾两生、吴书办祖荫、陈明山、邓孝廉炳麟、吴楚公所曾见,忘之矣。张干堂、杨暮璓道台,守初、邓翼之、王步轩、赵晴帆、唐容川、彭连须来,客势不断,急呼饭独食,与步轩俱出,萧、李俱从,留绂、乔发行李。至曾沅祠,岳松留吃酒糟卵,子和亦来,少坐,旋出旱西门,登襄艑。子和、岳松旋来送行。差官云楚宝为余具舟,复当自来,待暮不至。子耕、晴帆来送,余促发。与书香涛、陈养源、桂香庭,各荐数人,而以绂子委蜀三生,乔子委楚宝,少玉委养源而去。夜初开行,假寐石城下,三更传呼舟至,淮江下断舫,不可出,步行数步,换小划二只,与李生、乔子、胡守备、张差官移行李,写船票后诸人皆去,独李生从余耳。热甚,解衣纳凉,又觉寒,乃寝。

十二日　晴阴

朝食时至芜湖,乃起,食毕乃行。看唐礼部医书。煊甚,复着单绵衣。点定张玙文诗。闻越女谈,不复忆越语矣。独坐至三更乃寝。见一人,中国衣冠,望而知为夷人,听其言亦越语也。此船十万元,云有半倍息。

十三日　晴阴,煊

昨夜因水浅停船,质明始发。起,正见小姑,将午乃至九江,夕至蕲州。常德守姊子张姓频来,接谈,前与李生争席者也。夜雨,越女赠蔗甚甘。

十四日　阴风,稍寒

辰泊汉口,唤划子至南岸觜,觅衡船。李生渡江寻陈郎,始忆遗梅盆食箸未检。顷之,陈遣人至,云已遣寻梅去,且与其甥俱来相看,为办路菜甚周至。此来得张、陈,无行李之劳。

十五日

忌辰,以远不躬奠,不素食。陈郎复来同早饭,促令渡江。余尧衢来寻,就官舫略谈,亦谢令去,旋送笋脯。大风簸舟,舟人留一日。陈遣人送余还湘,曰李松柏,剃工也。夜雪。

十六日 雪

晨发,舣沌口,验票新移在此,旧不尔也。未午至东瓜脑,缆行出望,船漏湿帽,合复移后舱。夜泊牌洲。

十七日 阴

晨,舟买枯。饭后缆行数里,得西北风,帆行泊塔洲。今日频有日光,夜后见星。

十八日

晨待看船,朝食后乃行。得顺风,夕至岳州,云橹船不可泊。帆过艑山,昏黑不复能进,舣高山,望月出,复行,五更过磊石矣。昼寒,夜寒冻。

十九日 阴

朝食后过湘阴。"湘瑟秋清更懒弹,只言骑虎胜骖鸾。东华旧吏犹簪笔,南岳真妃枉降坛。叔夜傥凭金换骨,陈平何用玉为冠。淮王自是能骄贵,却被人呼作从官。""只学吹箫便得仙,霓旌绛节领诸天。定知吴质难成梦,不与洪崖共拍肩。星阙未辞先受箓,神仙欲望恐无船。鸣鸡夜半空回首,惊怪人间爱早眠。""新承风诏出金闺,争看河西坠马郎。幸不倚吴持玉斧,可能窥宋出东墙。劳拨仙带招燕使,只借天钱办聘装。曾受茅家兄弟诀,休将十赉损华阳。""郁金堂内下重帏,玉女无眠但掩扉。尘暗素书常自读,月明乌鹊定何依。蛇珠未必能开雾，鸳锦犹闻劝织机。莫道素娥偏耐冷，为卿寒透五铢衣。”风息船迟，初更仅至金子湾，泊待月出，遂起南风。

廿日　阴晴

晨行愈迟，将午乃达朝宗步，李生留船上衡。余先还家，行李继至，询知儿女犹未尽归，遣舆就船上湘迎之。遣陈仆去，赏以千钱。窊女适还，留饭去。夜较牌。

廿一日　阴冻

张先生来讲书，余告以吾门有二登廖登廷、张登寿、皆宋学，他日必为余累，然二登亦终无成也。胡子夷来。

东华真诰有新封，朵殿亲题御墨浓。眉妩不描张敞笔，额黄犹待景阳钟。仙家往事如棋局，夜宴来时带酒容。青雀定知王母意，几时瑶岛驾双龙。

廿二日　阴，雪消

张雨珊来。胡婿来见。王逸吾、庄心盦继至，闻王翁新政糊涂，大类游、黄在蜀时，乃知实缺官不可少。

廿三日　晴

尚不可出，唯日较牌。夜送灶甚早，余方在楼，已毕事矣。

廿四日　晴

始步出至浩园，寻僧，兼遇黄、萧，同至张雨珊处，啜茗，但觉水劣，频年未入城，浊故也。还僧寮，朝食而归。缝人作冠，一绒一貂，胜于帽店，赏以千钱。

廿五日　晴。丁卯，大寒

乡中儿女均至，人役喧腾。笠云僧与黄子霖来。舆儿粗蛮，欲与兄较曲直，功儿亦负委屈，思展千里之足，异事也。吾不教儿，乃至有此等奇想，殊非子弟之过，叹诧而已。亦从容讽谏之，使我为子弟，彼为父兄，庶有悟乎？

廿六日 阴风

笠云使素蕉送润笔多金，无受礼，有捐施之道，今僧不如唐僧富也。仆懒不肯出，余亦遂其懒。搢子来，竟无被盖，适有寄幞，假以用之，所谓天无绝人路，饮啄皆前定也。看蜀士来书。

廿七日 阴晴

始出看客，从城堤绕南城根，东北还。见两半桌，价贵，未可得。诣李洛才、庄心安、胡婿家、王祭酒。捐金上林寺而还。

廿八日 晴

郑太耶来。校补《论语训》。得丁百川空函。心安送瑞香。

廿九日 晴

日课年事，一无所办，唯与诸女、女孙闲坐斗牌，近老派也。陈新河送鸭。滋女还。

除夕 阴煊

家中未冬祭，因父子俱外出，今还度岁，不可无荐，改为岁荐，女妇办具。余竟日懒下楼，亦彭刚直诗料也。芳畹遣信来，竟不得达，尤为咄咄。戌始行礼，热不可裘，仅无陨越。饭后大睡，至鸡鸣乃兴。命功祭三祀。余复谒庙，受贺，还室。祭诗分两筵，一以奠妻妾，又新例也。家人皆侍祠，又恻恻感人。得沈子趣、陈佩秋诗。王梦虎来访，夜雨。

光绪二十一年(1895)乙未

正　月

癸酉元旦　　阴煊

家人晏起,余与搢生放爆竹,开门以待来客。将午乃谒庙,受贺。瞿郎海渔独入见,馀客尽谢之。夜与子女十五人六簙,热甚,汗浃,夜分乃罢,已见星矣。

二日　　晴

李洛才来,欲入无坐处,皆未洒扫也,余家弛惰如此。午后胡婿来,余适欲出,匆匆数语而行。从西绕南至东,唯见学使江标建霞,清于冯煦,腴于吴抚,似是有用材。至曾祠,饭笠僧堂,道、素俱在,又一僧局关当家者,饭罢,同过道乡而别。

三日　　大晴

晨起太晏,楼门辟矣。朝食后道僧先来,云不能待笠、素,已而郑少耶至,幸未摸脚。明心复来,与笠、素同斋,不及去年欢饱。彭桐孙复闯入,巳去,余乃避楼上。夜掷骰。鸡鸣时大风吹寝门开,未能关帐。

四日　　风,仍晴

为张雨珊写诗。窊女还,留戏一日,从子女三人,小者余尚未见。

五日 晴

始理丛残书籍，日理一簏，以为日课。沅陵令送干脩来与董子宜。夜煊，成雨。庄、但来，但未见。

六日 复晴

郑太耶、李洛才招游定王台，不作此会正十年矣，欣然命舁，善化王令亦预，为主，与程子大、吴楚卿同集，夜散。见月，得句云“汉时月色”。

七日 晴煊

作成昨词。因国忌未出。郑七、笠僧来。湘臬新迁，城中争闹。彭稷初来谈。

八日 晴

家人并出，独留守舍。胡婿来，夜转风，复吹门开，顿寒。杨儿来。

汉时月色。向古城一角，长窥词客。试傍玉梅，岁岁春来探消息。环珮归时夜冷，料瘦损、胡沙天北。又十载、蜡屐重经，长啸楚天碧。　南国。远岑寂。比雪苑兔园，未到烽镝。故垣约略，时有幽禽觑苔石。休道长沙地小，长乐外、欢娱堪忆。这冷淡、踪迹处，几人觅得。

九日 阴

雨风，不可出。叶麻子来，躁妄殊甚，湘潭派无此村野，童生派也。因当会于学院，故先来见。去后，余即先过心安、少村，答其加礼，均不得入。至学署尚早，顷之叶至，云黄子寿孙欲见，余请江学使要之，复辞不至。心安继至，看字画，有王原祁三种，均不佳。又有《栾廷玉点将录》，亦未知何人，字句颇有小致。还已街鼓，甚寒。

十日 壬午，立春。寒雪

始从心安处得历本。郑少耶、郭见安来见。安叔母卒哭，服内遽着补服,甚可皇骇。昨正谈其《六书讨源》,故与言之。夜移楼中寝。

十一日　大雪冰冻

终日在楼。绂子儿来,犯寒陆行,甚匆匆,且留之小住。城中少夫力,并留其二佣工,助装任也。近日闲民甚骄惰,不便于事。江使送图来请题,报以二书。

十二日　雪消

题江藩《募梓图》,并填小词,颂华兰贞,江学台母也。频改未稳,乃知遣词不易。王逸梧招陪伍教官,趋往,则伍不至,唯甲子刘君、阎柜香、杨儿略可识,又一萧生及王莲生、叶麻子,游谈而散。夜漏湿女床,家人不寤,自起料理,遂晓矣。

十三日

晨题华图:"欧氏灰寒,孟家机暖,长是辛勤慈母。紫诰回鸾,金觞捕鲤,春晖待报难补。写不尽、书镫味,当年折菱处。　岁华暮。问从来、雪叨冰坼,几曾见、翠柏碧筠寒冱?莫作傲霜看,想人生、随分为遇。玉树庭阶,喜承欢、更有谢絮。只披图暗恨,我亦曾经荼苦。"《法曲献仙音》。

真读《服篇》,遂不能成诵,其愚不可及。竟日斗牌。乾元二子来。

十四日　阴

请搢子看船。乾元二子去。郑太耶、李洛才、黄望之相继来,遂至日夕。庄心安招饮,王、张、但、周同集,王、张无礼,道台有礼。

十五日　阴,有雨

晨兴无事,郭见安来,云王赓虞佐北洋,朝廷以权臣待李鸿章,李未尝以权臣自居,又古来所未有。夜雨妨镫,寒风凄恻。

十六日 晴

待船未至，且停一日，出答郭、郑、李、黄，遂赴团拜，已迟矣。公请唐，瞿子玖不来，艺农则坐胞叔之上，所谓仁内义外，打诨写意，至戌而散。

十七日 晴

将出城而雨，行李零星，纷纭一日。召周妪侍行，别经年矣，不可复待，乃诡云夫死可来，是以起用。

十八日 阴

行李唯二力转运，家人坐视，切责功儿，乃又急送诸妹出城，其不通如此。张正旸来，亦不遽见，恶其多诈也。过晡乃得出城，上冢急还，登舟尚未暮。滋、纨、复、真、懿儿已先在，揩子、盈孙亦从去，女仆金、周，男工吴、戴并杉塘二工，凡十五人，侍从极盛也。遂宿朝宗门下。

十九日 阴，西北风

移泊小西门，船人朝食毕乃行。得顺风，夜二更泊观湘门。懿欲登岸，遣视石珊弟，顷之同来，亦欲同行，约明晨至，遂去买食物，无钱而止。夜雨，防漏不寐。

廿日 阴雨

缆行四十里，至姜畬已暮，揩子去，乾元二子来，辅庭亦至岸边，以无跳版，辞之。许红桥来，均约次日往食。

廿一日 晨雨

不可登岸，船人亦遽发，遂至湖江口中遇大风，疑此行不顺，衣被书箱皆沾湿。正旁皇间，杉塘二夫以舁来迎盈生，余留盈，径往山塘，而附其便舁至姜畬践约，至已午矣。频欲大雨而霁。夜饭许雁峰家，遣要陈枚根不至，还宿乾元。

廿二日　　晴煊

朝食后呼舁还山,至则行李犹未上,因以己舁迎周妪来。尘粪不可理,姜畬三力助之拚除。乾元二子来读书,令四孙居两房,石珊居前房,未夕而定。但觉饿甚,饱食而寝。黄昏复起小坐,觅食未得,又复睡去。夜分闻门砑声,起唤诸佣,则卅侄看花鼓还,来打花鼓也。牵率老夫,干笑而已。

廿三日　　晴

定诸生日课。冯卜甲、周翼云、张子持来,俱空坐而去。煊不可裘,至夜大风雷电。

廿四日　　风拍门动屋,竟日无雨

七篯来,诉傅团总报赌,据其言亦有声势,留饭无饭,乡中创见,异事也。夕去。燎火御寒。

廿五日　　丁酉,雨水。晴

改课文,以名培为第一,知引经也。田猛子来。王明山长孙来,年十二矣,长脚似秦相,贵骨也。留点心待之。

廿六日　　晴阴

石珊去。乾元二子归。上学。华二来。

彭稷初专足来,求书干江督,奇想也,不可以却,从而与之:"孝达年先生尚书节下:二纪睽违,两宵谈宴,还舟迅迈,八日抵家。追想勤劬,但有永叹。然江南部署,已冠李、刘,虾岛微虫,未能送死,从容造膝,亮有其时。新岁延禧绥福为颂。前话干馆之敝,尚未尽词,患中人心,尤甚水火。士农弃业,唯事钻营。计敝州厘、盐二局,岁縻五万金,卅年来几二百万矣。而湘人不富,游惰日滋,纯实之风,荡然已尽。且专就盐政言之,商运原不须督销,督销尤无须分局。其始由于曾侯欲调剂一二穷乏,遂致全归势家,渐及京官亲族,至于督抚仆、婢、姨、媪，又其小小者也。盐商浮冒五六十万金，许、薛、阿稍欲理之，盐幕陈姓，纳贿三千，许道反被撤差，非沅浦固不能有此奇政，实亦根株盘互，不可得理。今谭生告终，事可更始，公遂能廓清之耶？湘人之福也。若犹欲循常更替，则必如志道其人者，稍去兼并，颇振孤寒，或不失设局之本意。盖此差初以位置湘人，渐以位置湘官，渐为江南道员一差，渐为湘人官江南者二等美差，本原既差，何能综核，虚费金谷，不感宪恩，甚无谓也。此差又有帮办一人，例以举人充之。李相曾欲以见委，闿运对曰：'公不笑讶，则捧檄矣。'今有姻家彭主事，江督外孙，名父之子。父子五举，不免饥梈。其性直戆，嫌怨者众。王祭酒等，力能绝其生路，无所告诉。敢干明公，试一垂询，必纷然短斥，考其劣迹，乃一无征，如魏武用人，必蒙首选。今非敢谓其能破除积习，仰助鸿纲，特以私恩，同之请托。闿运资格境地，本应干馆之条，偶一干求，知当笑许。其或大风吹垢，一洗凡空，悉罢诸差，为风俗人心之计，则清源正本，又何求焉？因论一事，故不多及。"夜起写书，家人熟睡，唯两女未寝。至厨房，厨人夜阑犹未吹镫，反为诧事也。

廿七日 阴风

满绅、姜麻来，余志在看学差，未遑与语。从曲尺塘至大路，扛担纷纷不绝，还后山，乃更近于道旁，顷之闻呵殿声，似欲停轿。家丁皆往桥市迎客，仓卒无一人，自出接帖，周妪送茶，江编修已入室矣。纵谈三时许，两点一粥，上镫乃去。

廿八日 晴。大雾

晨起送江学使至火祠，客辞当去，乃出。还朝食，遣戴明、华二去。要冯甲同过王妪家，答其遣曾孙来礼，留饭，未欲食，既食甚饥，竟饭二盂，饮啄犹不得自主如此。更过谭洪才，还已昏矣。石珊来又去。

廿九日　晴

揺了携瑞孙来,七篯弟复来。留瑞管家,即令去取被装,揺遂不去。携诸女游后林。张子持来。

晦节　晴

看逐年日记。钞七律诗。周翊云来。夜讲沈、宋应制诗,起觅沈诗未得。

二　月

癸卯朔　晴

滋女欲过田家,未去,彼已备办。又当诣王家,王妪先来,余避林下,已而闻伐木声,自呵止之,乃不可隐,入与相见。滋便与同去,三女并去,轿力未备,至昏,乃使佣妇行旷野,无防已甚,余甚虑之,幸轿往还疾速,未至笼镫耳。凡诣两家,便食两餐。

二日　晴阴

瑞孙及岫孙来。岫为吾家通童,颇有老师宿儒之貌。人客拥挤,一席不能容,余遂别馔。石珊又来。

三日　阴,昨夜微雨

揺、岫俱去,石珊夜亦去。余不起火,则儿女为我累,起火又无定处,殊难摆布。看前廿年日记,大要为妻妾所扰,枉用道术,全无效验,不如与之鬼混。近年则为宾客所扰,又不可鬼混者。然则道不胜命,理不胜数,仍以鬼混为长。一言以蔽之曰:伤哉贫也!贫而充富,所谓羊质虎皮。夜煊。瑞留管帐不去。

四日　阴雨,复寒。午后大风

看日记。张金刚无题诗未录,半遗忘矣。

五日　雨连日

补作驿程诗记,看保定道中水道,全无影响。畿辅水利殊难言之,即寿衡所谓子牙河亦未见也。

六日　晴

佃户送租,亦从来所无之事。国安去。

七日　晴

诸生并去,乾元为国安长子周晬请酒也。滋女亦携子去。家中唯三女一佣妪,余移内室照料。田小雷来。

八日　晴

王家请陪子师。王姓,字印潭,俊民族兄弟子,年垂老矣。让坐甚坚,主妇出安席,余固辞。见其二弟子,一李、一汤,汤年卅馀矣,复来读书,亦一奇想。夜雨,三子已归。

九日　雨

谷子与团总来卖珠,珠已对穿,不可用矣。张木匠来索椅子,又议竖门,因雨不至。周翼云来。樱桃一花。

十日　壬子。晴,南风扇春。寅初,惊蛰

猫儿打架,其声甚厉,余起至书室,正见一人卧榻上,惊责诸生,乡人不知规矩可咤也。大风驱雨,复去,徘徊阡陌间。石珊告去。

十一日　晴煊

遣迎滋女,频出候之,不至。王塾师及其弟子李生来,乃昇从纷然亦至,未几遂暮。说"三赐不及车马",较前稍安。夜风,微雨旋至,还寝早眠。

十二日　雨风

许两生来,佳客忽临,甚为欣遇,留坐不可,坚辞而去。大风泥滑,其行匆匆,亦未坚留之。问覃溪《考定论》[1],余未之见。午后小

---

① 《考定论》,当是《考订论》之讹,翁方纲(覃溪)作。

霁。邻有盗至。

十三日　雨,未酣透,风亦间作

督工移双桂内庭,种樱桃地下。翻《水经注》校语,总录之,得六十八条,亦可成一卷。石珊又来。

十四日　阴晴

石珊弟去,彼管公糊涂,无帐可算,公私交困,吾许为填补,瑞生代之也。瑞生人地生疏,遣还募人。

十五日　阴

朝食后出门闲望,见二客来,则周生偕王凤喈来访,邀至云峰庵看从馆师陈岱生,谭心兰甥也。留饭,遇雨,舁还已暮。

十六日　阴

周、张、陈复来,云欲访韩石泉问《地球图》,因雨泥未同去。瑞生募一佣来。沈子粹送诗来。

十七日　阴

韩石泉及朱通公来。石泉开廓无乡派,少坐去。云图小不能载州县,当更拓之。萧顺思妻来。

十八日　阴寒,大风

张正旸来,吾固知其必归。此人自入学以来,恍惚无定,盖所谓希当大任者。留宿一夜。自赴团总之招,接席一王老秀才,自云与我同入学,盖人字题人物也。问同案,唯知周权、黄茂皆死矣。大风吹轿顶去,步还。耳冷欲堕,俄而便暖,春寒不似冬也。

十九日　大风

昨夜小雪,今复间作冰冻,似凝寒时。萧妻告去,乃借得千钱,欲小挥霍,顿去六百矣。张生亦去。风雷达旦。佣工恋土逃去。

廿日

风雪闭门,自谓萧然,七簏闯入,大败人意。竟二昼夜皆燎火自暖,烝薪告绝,夜寒不成寐。看课文,以懿第一,能引《明堂位》证木铎唯天子有之。

廿一日 晴。雪消犹寒

看松雪,欲赋未能,写字手冷,且散学。忽闻有客来,见一人,不识也。视其片,邓炳麟,心知为举人。检日记不记其字,七年三见,犹不省忆,有愧于褚渊多矣。特为陈福山邮书,尤为可骇。陈不余识,而来求信,余报书云:非我湘潭无此冒失人也。邓不肯饭,匆匆便去,其广德当宣之类耶?夜作书复陈、乔,兼与梦虎,消受得漱口盂、酒茶杯也。三更乃寝,复盖冬被。

廿二日 阴

陈弁晏起,亦为异事。以此攻敌,何敌不摧,湘军暮气如此。说古者言之不出为言不出位,今者言道国为政,则躬不逮矣。此砭人喜谈经济者,亦以自解无其位而言其事也。

廿三日 晴

晨雪尚飞,知昨夜复得一二寸,树枝积素,犹未落也。春雪兆水,今年特甚,遂连六七日,从来所未见,而乡人云乙酉年有之,余在蜀未归耳。摺子复来。

廿四日 阴晴。雪尚未消,天气犹寒

张生来,言讼盗事。余云盗无重罪,讼须万钱,不如径释之。至暮盗来谢,且求助焉。此雏盗,无能耐,专扰知旧,非可化诱者,未之见也。乡人又来言积谷事。

廿五日 丁卯,春分。晴

李有飞花,桃新半放,闲游本山,见林树均盗斫尽矣。然新松数千,已有成林之势,不出十年复丛密矣,败子其柰我何。乾元子师汤千庭、谭复卿来。开枝长女许来。谭团总、陈岱生来。二师留宿,余

暂居内寝。得城书。金妪云“牛在田边”,余不解其语,周妪云村语也,已五夜矣。银为张楚宝所送。

廿六日

社,散学。要陈、汤、谭同朝食。甲总来,请入仓,许之。饭后携国孙同行至田家,周生先在,云其业师以老科被讼,欲求解之。云未能也。为作一呈词,言谱年不足据,学册可凭,纯乎官话也。即邀周、田、赵同至六都团总王凤喈家,待饭甚久,乃出,从南柏塘还。周、赵留,汤、谭早分道去矣。余与陈、田、国行过沙子坝,甚似沭水石湍,从湖口渡木桥,访古城,土人欲以之当汉湘南,韩生云周二里半,无此小城,必砦基也。韩生字石泉,以舆地名,即在城间上。因至其家看日本图,请其钩影轮廓,向夕促归。过张生门,其翁扶杖迎候,要入具食,感其殷殷,竟食半碗。还至炭塘,田、陈分道去,余与国孙归。国误失道,引入荆棘中,从对门塘头乃得路,入门则云卿次女楚已先到相待,与谈族人,如梦如古事。余倦欲眠,乃还寝。

廿七日　晴煊

熊瑛石华来,携子同行之沔阳,征收岁千金,渠加以月课卷,甚得意,而无一馀,仍当往也。午饭毕,沈子粹、陈佩秋来,沈亦携子翼生。楚女甫去,曙妇又来,人客总集,内外匆忙,幸瑞生去,得一空床。余避入内室,夜分始寝。

廿八日　晴煊

辰正饭后客去,田生具舟南柏塘,余步送,看桃花烘日成紫荆色,亦奇观也。过张武元店小坐,看舟发,乃还,至门许生又相待矣。张犯官又寄二百金,瑞生昨去屯米,与同来也。与书程十郎,问盐局事,兼为熊谋。乡人又来迎,议积谷,往则团总未至,无定议而还。

廿九日　晴

晨起,闻厨人言,昨夜盗取脯腊数十斤去,盖以此谢恩也。欲遣人踪迹之，而皆正人，不可遣。赵否来，言挨打事，甚有德色。姜店来追债，告以无可问矣。今日所理皆极鄙事，惜无鄙人共之，人材难得，邪正一也。后山看桃花，差为解秽。

三　月

壬申朔　晴煊，夹衣犹热

讲书未毕，唐五先生来，亦王氏门婿也。子明族父与弟薰甫不睦，来诉委曲。观其弟所为，令人发指，宜子明之特委之，又宜岘庄之用子明，恭王之重岘庄也。未饭，茂修来，余责数其盗物，抗颜盛气，欲坐我诬良，遂与吴僮斗喧。吴僮正宜人打，余但坐观欣慰，所谓夷狄相攻，中国之利也。斗毕，俱睡。每日必来无聊人四五，不胜其扰，始有行意。夜大风。

二日　阴，大风

劝谕唐医翁，令友爱学舜。唐云吾以公为名士，今乃知理学也，使早知理学，则不来矣。余云名士爱钱，子何不以钱来？且唐族合而比于弟，则“众叛亲离”，难逃四字。费我三升米而去。

三日　晴，犹寒

以佳节放学，出游前后山，殊无天朗气清之景。率诸女斗牌。团总复来，族妇女及开枝后妻时来相闻，亦不能闲适，唯设汤饼。

四日　晴，稍煊

呼船出涟口，久待未至。辅廷率其少子来。辰发行李，至午，待作杏酪，几二时许，食毕而行。留盈伴懿，遣乾元二子从辅廷还，余独登舟，则张生方在湖口与甲总相持，云有盗讼团总，县差来提人也。过姜畲未上，亦未夕食，初更泊沙弯，则船帮皆知我来，田生及王哲臣秀士舣棹相待，真无处避人也。田生坚欲具馔，谕之不听，凡费五百钱而不能饱，食毕即眠。今日专论马快诬良事，情伪百出，如剥蕉抽茧，甚为可乐。

五日

晨卧未兴，甲总又来，允为一料理，遂移舟过行李。登岸访许翁，见其二子，看课作甚佳，已有成矣。诣石珊，看新妇，便留早饭。

朱通公及谭生先在，具诉黄六胖女嫁周甲为妇，侄从姑也。其先以婢金凤伴嫁，甲纳为妾，黄氏弗善。及将死，乃均分房产。子妇亦无子，各买一子与之，以为二家。妇薄翁妾，又欲兼其产，遂入城居，而劝金嫁。金又贪产不去，而私顾工，有子，自送挂门前树间，又自收之，已四龄矣。妇还乡居，日相勃谿。佃户妻交构其间，俱得其欢，去年遂盗妇箧。诉官，遣缉妇，疑顾工，絷以去。捕役因私佃妻，为之隐藏，且教令金避入城，而盗其物，又教令佯败露，使金搜得，而指为栽赃。因遂入城，钩通诸役，乘尉详县，乃反诬金移家时遗衣物，皆妇所失也。令果拘金，团甲不能左右，求余告令。余义不入县门，往托沈师耶，遂与同告朱巡检。朱名玉成，字伟斋，伯严弟妻兄也，遍识诸名士，因允告令，且约饮焉。方有所求，不可辞之，遂至宾兴堂，倬夫亦在，遇李兰次，福生子也。清瑞前在曾军，数相见。留饭、与盛团总、万秀才同席。夜取被来宿堂中，团总来，云门房不许金投到，已送之去，被押其一吓以闹堂，余不能救。与沈俱过许庆丰夜饭。一席数至，变怪百出，云令已讯明，交差押候，费万钱矣。今日方知州县之扰民也。"眉间心上，无计相回避"，二许送余还堂，金凤候门求救，期以明日。

六日　晨雨

子趣约早饭，与倬夫偕往。金凤攀辕叩头，此婢殊有胆，非真冤也。又随至沈家，遂不复理之。顷之朱伟斋、陈佩秋、云孙俱至，看沈石田、文衡山画竹、枝山字。食新椿芥茎，饭后客散，路潍，与沈步东城根，看黄学录、李少尉墓，亦古迹也。芙蓉园已歇业，微雨复至，避至宾兴堂，绛桃半开，停步赏之。

倬夫至作霖处会饮，因告余至，遣舁来迎，至则宾客大会，所识者余伯钧、徐老太、欧阳价人、王鹑甫。闻恪帅撤还，清流自此当祀秦太师矣。朱尉催客，入与舅母借轿送去。钟丞父子、尉弟、沈师先在，午后连食不休，殊不得饱。借《曾惠敏集》还。佩秋久待矣，看至二更。倬夫还，颇饥，不得食，遂坐至鸡再鸣乃寝。夜雨。

七日 雨，始不霁，然不能滂沛

昨约晏起，闻外履声，则六弟、沈师久待，楚玉、王金亦来，三杨继至。余誉杨孙，问其小字，云廷忠，字训民，年十馀矣。金凤又来，势不可留，催饭遽出，借轿上船，如脱金钩。假寐片时，经子来从行，云卿兄之子也，年卅矣。

八日 雨，仍霡霂时作，浓云俄然，滴沥而已

沈子粹来，自言其乐，知不堪其忧也。移泊杨梅洲，乃登岸去。小睡。写三扇，遣送城中。卧闻霹雳。夜见月，三更后雨。

九日 晨雨午晴

六日连雨，未为霖也。晏起，看云水昏蒙，知为晴征。篙行甚迟，聊作行意耳。四十里泊下弯。见月，湘涨三尺。

十日 晴

午初雨势甚浓，才飘数点，春阴蔼蔼。舟行安稳，亦时挂抢风，行七十里泊昭灵滩下。看怀宁马生《江图》。

十一日 壬午，清明。阴

早行。因早起，南风甚壮，船人殊不顾也。得诗一首："猎猎南

风拂驿亭,五更牵缆上空泠。惯行不解愁风水,涧瀑滩雷只卧听。”和议将成,念清卿,为之失笑,又得一首:“不用金牌便卷旗,荷离心学古来稀。申王贵后无骄将,强把吴璘当岳飞。”长日如年,一无所事,欲作清明诗,无可着想。午雨旋止旋作,湘水又长,天气顿煊,才可一薄绵。夕过黄石望,泊黄田,期年三宿,犹仿佛也。行九十里。

十二日　阴

晨雾旋散,大晴征也,竟不见日。“碧湘新雨涨鹅黄,忆凭阑干看锦鸯。盖白满川鱼散子,落红随地蝶寻香。碧桃暗合文窗绿,玉镜明开翠黛长。往日依依今日梦,五年消遣好时光。”鱼子不宜庄语,故以绮语咏之,羌无故实,非寓言也。此诗虽妖冶,而音韵沉雄,殊非温、李,正如关西大汉唱“红窗迥底”。

行百卅五里,皆帆风,犹嫌空船不胜帆力。宿杜公浦,馀势未宁,终夜摆簸,时有雨声。

十三日　阴,复寒

晨过大步,入望拉纤,亦前此所未记,盖大顺风乃有此。甲午,小暑。所谓属纩风地也。尔时颇愁风水,今乃浑忘,则舟人使然,亦未始非畏热所致,心不可有累,如此行乃适也。“峭风飘雨过芳辰,惟有孤舟荡漾春。雪冻千林犹未缬,草晴三日已如茵。嬉春处处播间酒,垂白年年客里身。百五凄清似寒食,行厨灶冷甑无尘。”

过樟木寺,复缆久之。将至,忽得顺风,行至耒口,风息强进,欲投铁炉,竟不得上,泊潇湘门,遣吴僮寻船。余将取钱安记,见周家巷,误谓已过,复还,从俊丞门至程家。留饭,舁出柴步门,程生遣送余还船,小艇游行,呼之不应。复至安记,吴僮始至,云船得矣。湘滩难上,遣要陈子声复新来谈,李生亦至,三更散。竟夜未寐,宿程榻。

十四日 晴,晨雨

遇一地师,尊余老伯,不知何许人也。复新、李生来,同饭。午还书院,诸生陆续来见。李钟侨,光地弟子,年四十四岁,有子五人,癸卯中二,壬子中二,庚戌进士一。计抑亭生己巳,当癸卯卅五,则癸卯二子,最大者廿岁止矣。当时科举专取世家如此。

十五日 晴

朝食后先遣取轿,旋坐船下湘,舣太史马头,正见告祭使臣渡湘,云从南岳往炎陵,文知府为副使,已皆渡矣。后犹有吏典金顶二人,欲掳我船,泊中流观之,直至道台送还,轿犹未至,云不知下落也。重告晓渡夫往取之,已过午矣。诣客十馀家,朱、张道、陈、程、颜、朱皆见,缕縼。又待面于府署任斋,已将夕,乃渡湘。幸唯见丁、冯,若再一家,必至夜行。以今日所诣率门外候一刻,谈半刻,便去三时,又行廿里,去一时,竟日奔忙,可笑也。还夕食。

十六日 晴

内外萧然。笃生来,云李少荃被狙击,伤颊。清卿回任矣。诸生来见者不记人数,大约可三十许人。看《鹖冠》,欲钞无纸。

十七日 阴雨

颜生镡昨来,登楼,谈蜀士浮诈,甚诋廖平,盖非张、曾之徒,亦未知其孰胜。伯琇来。张老师来,衣冠见之。看《律例》廿馀卷,无微不至,正其不知治法处也,焉用是哓哓者为?夜恐伤目,看至《刑律》而止。

十八日 晴

出门而雨。看秦容丞,云卧病三月矣。冒雨舁至安记,待买布纸,因留剃头。金聘之、卜允哉继至,斗垣复来,遂成较局,至二更毕。笼镫上太史渡船,横风吹还洲嵴,明镫照之,乃上。煊甚,雨入屋阶前,不可行也。解衣闭户,久乃得食。

十九日　雨

晨起,衣冠见诸生。朝食后,笃生、何教授春涧、张老师来,坐久之。道台来,匆匆拜谒,待面未来而去。景吉人旋至,已将散矣。云汉报刊《游仙诗并注》,此近猪觜关也。诸生争席,首事周、张竟无以处之,将夕乃去。

廿日　雨寒,复裘

始钞《鹖冠》,看《韩非》,聊以消日,犹觉昼长。陈十一郎送诗赋来,大有天分,俊丞有佳儿也。频卧频起,至夜益无事,遂睡。

廿一日　晨雨午晴

钞书,分三时以遣长日。金、张二尉来,杨叔文亦衣冠至,较昨稍不寂寞。黄船芝来,则瞎闹矣。此日阅诸课文,皆不入工课。

廿二日

内斋开火食,住内者六人同席,余仍独饭。钞书三叶。黄德来,言恪帅又回矣。作家书二函交寄。杨八踋来,有病容,言见王藩之难,不减于张督。常宁李生来,送新茶。与书八女,问山东避兵事,附薯干与两孙。

廿三日　晴煊,易单衫,行日中犹汗

钞书二叶,睡足半时乃起。泛湘至厘局,孙翼之未醒也,大似今内外大臣矣。泥未干,绕从雁峰岳屏入西门,寻大公馆未得,益西行,至偃塘,访金聘之,欲取潇湘门,复误从布政角至卜允哉寓小坐。过天苻庙看戏,戏场才十许人,短衣者亦不过数十人,自来未见如此寂寥戏场也,戏亦无聊。出南门,至容丞处,正见洋报,云清卿实败退,奇闻也。道遇胡敬侯,云其从子来谒,因还。行上水久之,已夕食矣,呼饭吃毕遂暮。

廿四日 晴煊

蒋尉来。钞书三叶。闻炮,知孙翼之当来。久之乃至,与马、丁同来。丁字子俊,云在南海至狎,曾同冶游,不忆之矣。盖知则有之,同实未也。莽莽撞撞,犹似陈涉故人,久不见此矣。陈子声与罗立庵先在,因要同游白沙,饭于厘局,毛少云主之。贺年侄问语亦鹘突。烛至乃饮,吃面甚饱,复同坐局船行数十步,余独坐小船还。热不可衣。李生讲《礼记》十叶。

廿五日 晴阴,愈煊

未朝食,刘子惠、毛少云来,又一胡叟,初未知其名字。钞书三叶。胡桂樵来,匆匆去。渡夫报有贵客携芍药来,以为江、张当至,传帖则朱益藩,又误以为益濬,延入。将至,乃悟为主考官,自云乙酉年谊,称"世愚侄",与功儿等熟稔,江西平正通达人也。单衫与坐,汗浃里衣。常伯书来,晴生长子也。欲考府考,余云可不必。县考犹有谱,府考醻矣,夜讲《记》未半,震霆起于窗下,电光明丽,惜未先登楼观雷起处,已而翻风洒雨,终夜雷霆。

廿六日 丁酉,谷雨

阴雨稍凉。大风吹水,涛如江河,晓闻布谷。午睡,梦崧锡侯以舁迎我至蜀鹾署,不入正门,更从旁行甚远,念系右园,曾饮焉,而今盐事顿至此,当时要人所不料。方为感怆,舁至一室外,欲入,失谒者。自寻路往,犹见三犬迎我,一人不相识,在我后。闻语声,似是客坐矣,又久不至,小坐遂眠。仆从纷纭,眼不能开,又似闻黄七哥语,数客,犹有三人未至,终不入而醒。念唐鄂生,真一大梦也。稚公无故兴此,徒供指摘,始终为文云衢利害而已。钞书四叶,犹不得晡,睡两觉乃夕食。

廿七日 阴

寄还沈带,再与琘书。钞书三叶,欲再足二叶,合卅叶。徐生和来催客,盖生意兴隆矣。排枪声厉,御香使还,坐船往看,已过。至徐店,甚早,江尉先来,朱、徐后至,热碟点心尚精,然坐太久,不胜其倦。步从南冈至厘丰,答访胡四耶,岸斗不能下,待船来乃登。簰鱼子已到,云饭碗口。未知其义,大约言子多口不必大也。水涨流平,到院甫夜,讲《记》毕而寝。隆孙均当行役,未能送也。

廿八日　大晴

晏起,钞书。罗立庵来。程生请其送程母行述求文,云钟西芸可据之作传也。看黎莼斋《续文篇》,既无佳文,复无新事,然足销一日功。江、张二尉来,客去遂暮。

廿九日　晴煊

贺年侄来,云为毛尉所陵藉,盖龌龊有以取之。索作孙同知寿对,竟欲立等,笑辞令去。朝食后舁至安记,始知未换凉帽,余畏领热,仍夏服,而往吊石平甫之丧,刘判、朱令、三学皆在。吴任支宾,庄叔后来。少坐,余出答访朱主考,吊立庵,谈俊臣事,皆所未闻。过常、丁不遇,小憩厘局,解带升冠,从百搭桥登舟还。今日未钞书,忽懒故停,盖《鹖冠》亦伪书,无可爱也。

晦日　晴

钞书四叶,写字。作程母行状,走笔为文,若有神助,夜不伏案,馀尾未成也。

四　月

壬寅朔

早起,闻人扰扰,颇似场屋,亦佳景也。出堂点名,入解衣,补成昨文,因补昨字,仍未钞书。莫生送文赋来看,未可加削,暂置之。

与同下湘，郴陈亦从至太史马头。余上岸，步至厘局，乃知有戏，局中公庆翼之五十生辰，因留。客五桌，内有任并陈子声、马县丞较牌，余入局，共戏至夕。看戏至三更，倦矣，主人不睡，又待久之，乃宿客房，有啮虫扰眠。吴僮逃去。周子来。

二日

晨起，始寻得盥巾，沫毕，要子年至安记买零碎。局丁来催，仍还朝食，昨未午餐，饱食两碗。午复较牌，则朱九、张尉、马丞，朱不谙戏，更招刘子惠。刘言善城隍为盗戕毁，并及诸像，次日药局发火，未知何祥也。翼之谢客还，朱六复来，署永守，三否之弟也，似甚相习，云久慕无缘，曾托秦容叔介绍，仿佛有之。并约余往零陵，本欲游九疑，随而诺之。

永州新书院讲席分四等，庶常以上八百金，进士六百，举人四百，贡生以下二百，人皆笑之，余独以为合法，盖资格以待中材，不可破例也。然但可以意消息，订为条规，则笑杀人。余前议非馆选不掌教，犹胜于此。夜还，补讲书。

三日 晴风

看芍药，奇可笑，四百钱一花，可补五年求乞之贫。钞书足额，本荒四日，而但补一叶，已足积累之效，益知旷废之敝。桂阳送卷来，殊不易看，三百元非便宜可得。

四日 晴，大风不能开门户，热如五月后

看卷，钞书，竭蹶矣，幸卷少，又苦无佳者，益知八比，今成绝学。夜得曹以忠赋一篇，稍为生色。

五日 晴，仍风，但有止息时

陈伯弢来，不复修年再侄之敬，盖不会试，故不循世俗礼也，或者两年桂阳腰缠足乎？看文卷毕，复看经卷，题太不佳，故无佳作，

诗竟有可摘句者。杨慕李请客,甫朝食而来催,迟延久之,仍不得夕,冒烈日而往,客毕集矣。子声、子年、笃生、伯寿、陈生及其女婿,衡山李生也,馔比去年为洁。初夜散,惧雨急还,冻雨打蓬,风势甚促,俄而遽止。到院初月朗如,夜半复雨。

六日　雨阴,稍凉

晨未钞书,看毕廿卷,再出题,并发奖钱十一枚附去。游行坐卧,萧然自得。率斋长巡斋,正课尽琐门去矣,出榜示之,未知愧否,余则自愧也。有五人不游,所当急奖。孙翼之来,云和议已成,割地纳币,全权大臣还朝矣。所谓三四一旗难蔽日者也。又云恪帅还辕,明日接印。

七日　晴

看课卷五十馀本,初以为难,乃甚易也。钞《鹖冠》亦将成,又得一书。夕阴无事,独寐久之,起出看月,还觉热,又睡,遂至二更。挑镫再起,久不成梦,已而闻雷风隆隆,沉沉遂睡。

八日　雨

钞书四叶,补昨一叶。复寒,寂静,午睡久之,看《汉书》二本。

九日　阴

钞《鹖冠》毕。写扇六柄。夕与陈生同至杨家会食,蒋儿先来,陈九郎亦在,顷之斗、踓、冯洁卿来,询昨杨婿,即朱纯卿亲家儿,因大三其颓[1],冰玉口角,决裂矣。夜还,遣借俞荫甫书。校《鹖冠》。

十日　晴。湘复涨

发案毕,无事,与李、何、陈生下湘,从外城门步上。看容丞,言淮督俱陨,谭、鹿新命。欲更作一诗,则头绪繁多,恐非廿八字所能

① 此句盖谐“泰山其颓”,下句亦隐语。

尽。至程家、江尉、邹店，要江共访朱主考，过文师耶房，至邓云徒房久坐，与艾卿至买池轩斗牌，纯卿夜至。夕食甚早，余未食，步月至安记，则内外二局，陈、杨逃去，余无所宿，与斗、谌、王老德共局至明。得儿女书。

十一日　　阴

晨步从太史马头呼船还院。朝食后小睡，起无一事。桂阳诸生告去，斋长又空矣。府学何春鉴及其弟子三人来游。

十二日　　晴热

作王德榜墓志，初无意，漫与耳，已乃心花怒发，汩汩其来，人文信有缘。将成，报珰女还，诸生移房避之。谭妪亦来，余移外寝。今日癸丑，立夏。

十三日　　晴热

作王志成，自书之。夜闷甚，早睡。旋起，与珰看月吃面。午后寄禅引岐山僧来。

十四日　　晴热

卧看玉溪诗，始知吴梅村古体所自，然李无丑态，又非吴比。夕至城，发山东信，以为必雨，亟还，竟至衣汗浃矣。陈鸿孙及卜云哉来，留食，辞去。

十五日　　雨

素食，祖妣忌日。程送瓜、鱼，家人为设瓜，亦非礼也。忌日不宜食新果菜。皆烦热，今始少解。

十六日　　晴

订《鹖冠》，寄束脩与功儿，并及次妇、三儿，交杨伯寿带去。夜宿矮屋，谭明镫相守。

十七日　　晴

看张小华所刻《查声山笔记》，始知李筱泉有丛书。周生还院，夜谈。

十八日　晴

看《湖海文传》。长日屡睡。呼厨人为玿作汤饼,至夕乃来,遂未晡食,二更后始得饼,疲矣。月出乃寝。

十九日　晴

晨起叩内寝门,问厨妪馔具,遂不睡,濯足。玿三十生日,出拜。吃点心。看《文传》毕。沈德潜云娄东三王:烟客、元照,石谷也。二王:耕烟即石谷、麓台也。又云五画师:恽寿平、吴渔山、王麓台、王石谷、黄尊古。王、黄皆常熟人。

廿日　晴,无风,闷热

看《史通》。思《史记·甘罗传》云燕、秦和,以罗计归燕质。他处皆言子丹自亡归,怨秦政。盖秦以质亡伐燕,罗幸值其时耳。又鲁仲连与燕将书,众家以栗腹明其非实,栗腹不止一败,未足定之。得山中儿女书,及陈老张京书,去年作也。

廿一日　阴,有风

覃妪告去。写字数纸。曾省吾、刘子重、韦瀹泉来。将出,遇雨,立门外吹风久之,客去,复热。

廿二日　雨,复凉

看《论衡》书,憨语也,然时足发笑。

廿三日　阴

校《论语训》,钞序其端。出城买布,忆与篁仙蚩蚩,几五十年矣。无故张、陈,良可笑叹。泥泞早还,见营屯接香差,初无侦探,露立岸旁,复匆匆而散,余亦榜船还。

廿四日　雨

昨梦与元、明开国君论建都,醒而自蚩,何异乘车入鼠穴,思想辽阳失声而起。钞程母行述，改定数十字。

廿五日 阴雨

看石印古书廿二种，皆校本也。江南人于刻书甚为内行，多余前与曾侯论当刻者。张霸《百两书》，《论衡》引两句，此外似未见他证。“伊君死，大雾三日”，盖其文多诡异。

廿六日 阴晴有雨

看学使题，言洋务者之无耻极矣，浏阳诸生实有先见。谭妪来。

廿七日 大雨

晨起已晏，甫朝食，家人遣人来，得滋、懿、纨书，并山蔬京杏。经历余来。

廿八日 雨

余经历又来迎学台，余方朝食，看来船已至楼前，大雨益密，未能相闻也。料理行厨，议散内斋生，已陆续去，才馀一人矣。

廿九日 晴

出看监院，因过安记，料理下湘，始得进士报，无心及此矣。改“麻拐”文。

五 月

辛未朔

晨起点名。朝食后安记人来，云船怯水。欲自往厘丰谋之，因作书复子和，为通桂宫锦，遣送盐局。忽悟可乘渡船回往，因不问丰，便至厘局看翼之。闻孝达劾罢李儿，差强人意。还命治装，过午乃下船，又久之，将夕始行。至安记取钱算帐，遇王鲁翁，同看商霖，因过洁卿及二王翁。还船，买煤不成，煮饭不熟，遂泊季公塘，行七十六里。珰携二女及谭妪分仓而居。

二日　晴热

过二丰,均未舣。厘榷愈于关征,此亦其效。午始至朱亭,欲泊朱洲,余促夜泛,水手昏然不辨上下,明日又当缆行,因令暂停。渔人云六矶盗船来此,近在三里内,不如早去。余与相问答,以为可恃。已而二盗蛇行而来,张六厉声呵之,彼乃反唇,语浸强,余善谢之而去。渔人不复出一语。岸上明镫来者十数,大似宋江遇白跳,恐携女被劫,为天下笑,亟令移船。舟人仍未醒,又泊荒山下,通夕不眠。

三日　晴阴,甚热

天晓看方向,乃知已至易俗场。大水弥漫,入涟口如潭,可以橹进,复兼用缆。至湖口,雨微洒,登岸裹回,瑞生来迎,同行至山庄,诸女出迎,不暇巡视,风雨大至。吃饭毕,较牌,复回龙天九,懿负十千,屡角屡胜,负终不能至五千,乃令复接手,将鸡鸣乃散,竟负四千六百。吃面极佳。

四日　阴

晨便斗牌,至二更始罢,悉复所负,反赢五千八百。午间石珊来。涧秋儿贡生无饭吃,与冬篯偕来,遂留此。瑞生办蓬帆节物,至暮始还。得八女三月书。

五日　阴

家人俱早起,未午,令六女祀神,馀皆为客。受贺毕,戏未半,石珊来,邀冬篯、贡孙会食。杉塘遣人来,便告盈孙,令来。散节赏,答王妪送礼。夜早眠。

六日　晴

谭团总来,诉仓谷及赌钱事。

周翼云来，讲《春秋》自隐至哀，疑义百馀条，多典故，无大关系。末问哀致太平，何以但书战事。又问晋京师楚，何为而书。余顿悟《哀篇》专纪伯国事，自治以正天下，在用二伯也。隳名城，罢田赋，征伐自天子出。秦亦暗合于道，但不能任二伯耳。然则郡县之制，殆亦孔子本意。

张子持来。余讲倦入睡，起便夕矣。未食，客去。至夜烹鸭啜涪，饱餐而寝。盈生、岫生来。石珊未饭去。

七日 晴

晨装待饭，周妪请从玿女下省，兼令吴僮侍行。余率懿、盈登舟，至姜畲，换桡张帆，买米、菜，许、张、迪庭登舟，岫子、瑞生登岸去，料理粗了，客去即行。湘落流迅，仅泊易俗场对岸向家塘，行六十里。

八日 大晴

东风后转南风，缆行。湘水复涨，因问水手鱼子所产地，云江、浙在大通、枞阳取之，江西取之湖北武汉，唯北河子最佳，皆鳙鱼也，陆地河、沛之间则不能知。夜泊泥弯，行五十馀里。

九日 晴热，无风

刘佣欲泊渌口，斥之，令泊山门。钉船桅，梁板已蔀，不受钉，用木支之。缆行七十二里，夜乘月行，至二更泊淦田下。

十日

晨见红日，知当有风，舟人则以鱼食为验。午转东风，已而南风飞雨，遂大西北风。雨寒顿冷，拥被久睡。帆至朱亭，不能进泊，久之，强缆行，十里宿黄石望中，行四十五里。

十一日 晴凉

辰正始出望，帆行九十里，泊老牛仓。乡人牛以仓量，前云漕仓旧步，非也。雷市丰不复相呼，盖惮于生事。

十二日　晴凉

缆行至萱洲,已过午矣。得顺风,帆行至樟寺始夕,风息未能更进。讲“疾医”、“疕疡”、“祝药”,均无昀〔旳〕诂。“疕”为新创,“祝”为注,他无见也。“疕”从匕比,盖小疡相鳞次者。“祝”不妨为祝由,下“剂”字专属刮杀亦可。今日行八十里。

十三日

家忌,素食,不能食瓜,俟至何家套,乃得豆干饭,已过午矣。大晴仍凉。晡至院,诸生陆续归,有二人甚眼咤,竟不知其姓字。喻、魏二生迎于石磴,云已和矣。今日行四十五里,计共四百五十里,水程有短有长,不遇顺风,犹不能至,遇勤壮水手则可至耳。大要日行六十里,合吉行之数也。得郑少耶书。

十四日　甲申,芒种。晴阴

定两子工课。令内斋会食。看卷廿六本。衡山刘岳屏、清泉许本恺、衡阳夏钦皆美才,次第取之。今年文若火大有长进,许、夏词章必可继起,但不知继谁耳。终日以讲书看文为工课,亦不惜分阴矣。《寰宇记》引《水经注》大陵川出巡河。考巡河所在未得。偶闲,看胡棣萼等课艺,作“巡和”,当更取北魏、隋《志》考之。陈鸿甥来,告葬母。

十五日　晴阴

看《近思录》,当日所不肯挂眼者,今取观之,大要皆发明心性,而以为实无心性,云才发动,便非矣。二程、张私相谈禅,后数百年有一姓朱人大说之,与吕姓同编此书,专裂其说经诸条,殊为诧事。寄书招于晦若。

十六日　晴

周、廖、刘生皆去。未朝食,邹松谷来送靴鞫,而上有忌辰日,殊不敬也。桂阳送课卷,并得陈复心书。写扇二柄。

十七日 晴热

待饭,向午出城,至监院家,陪吊客来十馀人,而皆知宾者,吊客不过六七人。余陪道台,因待轿,遂饭后乃去。看苏州人批《红楼梦》,与贾政意思一般。

十八日 晴

看桂阳卷十本,殊少佳者。《红楼梦》虽烂熟,而意不欲辍,频频看之,亦旷日功。

十九日 晴

许儿来请文,懒不欲见。信局送信,一送江建霞,一号横街头,不知何人,以号赀不多,破例收之。桂阳卷殊多,一日十本不能了,乃加工看之。文卷卅本毕阅。乔子来。

廿日 阴凉,宜游

课卷未毕,坐内斋,半日了之,得廿五本,无佳者。稍睡甚昏,投枕起,至城访孙翼之不遇,过安记,借轿吊任师耶,庄师陪客,匆匆还。

廿一日 雨

发桂阳信,并复江学使书,寄五元去。巡斋,无琐门人矣。夕食不甘,无所事。

廿二日 晨雨,食时霁,午晴

洞泄,觉伤食,不饭以治之。朱纯卿来,亦用世侄帖,误也,兄不从弟。吾方以为主考,问辞行耶,则更误矣。虽不饭,犹食四两面。卧看《氏族志》,寻但姓不得。不知为平声,检竟无之,可怪也。

廿三日 晴

昨始闻蝉。芒种后二五之节,去年在夏至后五日。《月令》以蝉始鸣在夏至之后,明不同五日之候,不可以验节气,故不系是月,大约随月气不随节气者,而《时训》以为候,非也。夜热未被,水涨平堤,看《灵素》,实无可取。

廿四日　晴

复泄,未多食。冯立臣来,石鼓师也。名焵孝,乙酉年侄。明日当同席,故先来见。黄水军来,言朱主考今日生辰,有戏酒。昨其兄面约,初未言生,今闻此,不可不去,遂至厘局,则正遣迎矣。小坐,旋唤轿至安记,取钱借仆而往,尽江西人也,唯我及孙二客。初甚凉快,已乃镫火,甚热,戏又无聊,遂还厘局,困顿早眠。

廿五日　晴

未甚愈,仍未食。留厘局吃馒头,更邀丁子俊吃功夫茶,建旗劣味,不可饮。未午更过秦容丞,至安记,闻罗立庵急死,程生更言其详,数百言。水师催客,借秦仆而往,二汤、一冯先至。洁卿家小坐,亦未能食,未昏辞还。

廿六日　晴

可食未食,吃面一瓯,小睡始浴。坐船至厘局,要翼之同往衡阳。甚热,与文兰皋、邓云生同至买池轩,艾卿兄弟出,较牌,终局,余得一胜。复同文天九至暮。杨芸阶女疾,辞去。夕上菜,未能食,略尝而已。二更还厘局宿。

廿七日　晴

待饭至午,翼之剥面鱼,余初未识,乃面老鼠也。丁子俊复来,余辞出,溯湘还,已日斜矣。犹未食,夕早眠。

廿八日　晴

南风五日,几席皆温。舜歌乃云"可解",非古词也。或者"可"当作"何"。午浴。

廿九日　晴

西禅两僧来,实一僧也,有侍者,以同坐,故不分别。云秀枝又往隆州矣。荒绝之地,今皆户庭。遣索梅浆于厘局,自言能作,故特试之。桂阳何生来,云已考毕。

晦日 庚子,夏至。南风,晴

看坊刻律赋,跂卧西户,薰风烘衣,出外斋又无风,皆不甚适。翼之送梅浆,犹吾梅浆也。午食拌面颇佳。看《管子》一过。

闰　月

辛丑朔 晴,南风仍薰

偶思"闰"字从王居门,是先有礼而后有闰。尧始置闰,则尧始居门也。《大传》帝、王不分,盖尧仍是王,舜乃帝耳。或者"王"即"皇"本字,后乃加"自"以别三王。此说前所未到。夕并无风,暑气已至,蝉鸣未聒,节候犹迟。夜热忽凉。

二日 阴晴

稍凉,以昨夜北风也。风盖十日必转,唯小暑过旬为异。北风则内斋闷热,因至楼东寻坐处,与谢童同席,写字一张而还。看次青选赋,追悼清才,自甘浊宦,令人感惜。夜凉,早睡,醒闻跫然声,云瑞生来。滋女来书,言守屋,不往长沙,是也。

三日 晴凉

早饭甚暗,与诸生分席,不以闲人溷读书人也。待虾甚久,众俱散矣。以卅元借瑞贩油,饭后即行,尚似办事人。

四日 晴,阴凉

看《北齐书》,甚有新事。欲往石鼓不果。乔生夜归,余谕劝之,彼不喻而反发恶,拘而训焉。稍吃板栗。午后孙翼之来,云割地事定议。小集作闰端午。客去,夕食。率周涣舟、瀛孙至石鼓,见主考,船犹在水步,冯山长不住院,门堂丛杂,殆不可入,比之张成时又有今昔之殊。取小巷至合江亭,诸生浴堂也。还穿城,至外城东门下船。周生指列宿,言北辰不动处以小星为候,又言河鼓非牵牛,皆宋学家言。看初月已夺众星光,未能了了。

五日　晴,稍热

待午浴毕下湘,至厘局,作闰端午,因与庄、毛、马、丁较牌。翼之设食,馒头过饱,遂不能食,初夜散,乘月还,云阴无星。

六日　晴,北风,甚热

夕食避出外斋。重看同时人奏议,无可取者。大要皆自欺欺人,始知才难。昔与周旋,亦服其英俊,考其所见,乃无异庸人,然后知叔季无足观也,况不如彼者乎！使我当事,未知何若,要之议论必可观。

七日　晴

温风复至,往来内外,闲卧而已。周生求去,盖为乔子,儒家不能容人,乃使我有不容贤之咎,任之而已。彼初来有久计,尚欲兴利除敝,翻然见几,不俟终日,真宋学也。纵容不肖子侄,我之谬矣。仪安外孙黄生来。邹、彭两生自鄂来见。许盲者,亦欲入院,何也?

八日　晴

众云稍凉,余独觉热,绝无一事,唯卧而已。夜渡湘,立沙上,反凉于树间。文若火及杨叔文来,秦子省来,皆云此处凉快。月明无风,三更犹汗,今年防水,乃有旱象,盖倚伏之先几也。

九日　晴

晨起即热,坐卧内斋。胡生传栻及其弟来,云尚有弟俱在盐局,有庵甚狭,二胡居之,栻欲入院读书,无室以容之。廖生将处之陈、李之房,余以为不可。

十日 晴,午后阴

程生崇信来,自浙还鄂,溯江、湘,阻风凡再,遵陆始至。云在长沙见两儿,有信在船也。留坐一日去。有人捶后门,云厘局来者。未知何以不由正门。王秋江亦不见,于法当革二巡丁,唯可不问耳。夜云有雨,余未之闻。巡丁从白沙来,因抄便路也。

十一日 阴凉

犹未事,冯洁卿、颜仲秦来,消半日矣。写日记误以二日事归一日,已乃觉之,不事事之过也。夜雨。得儿女书。

十二日 雨阴,甚凉

朝食后泛湘至潇湘门,步至府署,吊任辅臣,城中官士多在。见电报,台湾袭得倭船,俘斩万计,从此又生事矣。午后过安记,见陈十郎帐房欧生。欲出南门,求雨门塞,绕出东门,直至盐局。桅旗风绕久之,竟不辨字,徐审是盐丰,因入答子省,设冰燕,反侈于任。派船送归。看课卷十馀本。一睡失晚,误以为夜深矣。

十三日 阴

看课卷毕,游息一日。天阴不雨,未测水旱。复书但粮储。程生送鱼片,题曰"马交"。初不闻此鱼,询浙人无知者,炸食之,乃知为白鲃,后廿日阅朱竹垞诗,乃知当湖马皋鱼。马皋城,《水经注》所云谷水经之者。鱼以端午前后来,家家烘以为腊。"马"盖"鳗"音之转①,"交"即"蛟"也。廖生辨之,余以意定之。巨如儿臂无刺。

十四日 凉

周监院疾甚,岂郁结所致耶?则又不如张监院矣。外人盗院生名请课,利其三百青铜,有十倍获也,派杨、李查办。巡四斋,胡传柎

① "马"字原在"鲃"字之后,盖误排,据文意移至此。

已入居矣。

十五日　乙卯,小暑。阴凉。午出见日,旋暗,有飞霂

与杨、李同至城,余独至涵今阁买小说,始得《燕子笺》,并办裱糊纸轴。还出东门,循湘上,至道士馆,马少云设馔,刘子蕙亦在,馀皆前销夏人。未初入局,戌初入坐,谑笑饮啖甚欢。孙翼之办公未毕,余先还。邹生从省来。

十六日　阴晴,仍凉

看小说,客、魏事不似幼时所忆者,盖隔世矣。看《燕子笺》,则纯学《玉茗》,宜其名重。然以妓先配,固知其无名节,言为心声,况情发于声音乎?至其关目全仿《牡丹亭》,则固曲子当家,胜李、蒋多多,亦雅于孔文,固不以意胜。且孔仍重妓,妓而贞,尤强颜也。

十七日　阴凉

复但少村书,问其姓望,《万姓谱》无但姓,则明末犹未著也。看梁巡抚小说。梁因归闽,把持总督勒捐,逃出又为儿求缺,督刘韵珂欲劾之,惧而自归,刘乃不问,其踪迹诡秘,疑刘受赂也。温州儿无故为左季高所劾,犹因父累,李黼堂慕之,信道光派矣。看浏阳课卷。

十八日　阴晴

左生来求事,未去,石珊又来,其以我为木居士乎?看浏阳课卷。

十九日　阴

断屠已久,颇有菜色。木工来,搭凉棚。石珊云王屠被县令差拘,求余解之。

廿日　庚申,初伏

石珊去,送之入城,至程生处探消息,无所闻,吃面,过陈郎家小坐而还。浏卷本可毕阅,因外斋无风,遂辍。

廿一日 雨,始霡霂

看课卷毕,百廿本七日了之,犹为迅速。初阅时,百六十本,半日了,弹指廿年矣。遣看石珊。午热,浴,将半月尘一洗,甚快。

廿二日 阴

对卷出题,公事又毕。桂阳刘生来,云陈伯弢将至。前欠笔债,悉为了之。石珊引王屠来,谕之使早去。并寄课卷、鱼翅,分城、山两宅。李生早来,云镜赋亦洋话。

廿三日 大晴

夏生寿璋来。王生来,言吴抚将游黑沙潭,王船山所谓目光如炬时也。余亦欲去,而无游资,少辽缓之。

廿四日 晴

晨甚凉,起看《玉溪生诗隐》。王烟客像似元照画也,或是麓台,久乃忘之。凡伏日雨,须热乃为漏,今年极凉,故虽漏不应也。功儿遣方四来进瓜,正凉,不须此。询城中求雨状,闵雨未为志民。院生纷纷告去,云火牌到矣。卧看陈伯弢诗。

廿五日 晴凉

朝食后三生讲书毕,点定陈诗。内外斋几席并清,可以伏案,似四月时也。久待城中人不至,日斜时始来,邀往东洲,云太晚矣。手谈未终局,凉甚加衣,遂饭,始得蒲桃。夜从洲后还,几胶不达,比到磴前,城中人亦到岸,闻炮声矣。

廿六日 晴凉

作书复珰,并寄茶、米与方四去。诸生竞入城,纷纷舟送。木匠复来要船,送馀竹木,因自载以往。未行,陈华甫与金润生、一陈姓来,开卝送铜人也,自云花二百,外人云送二千矣。客去,遂至厘局,探吴抚去官,谁当代之,孙翼之云不识也。毛、马亦来,逡巡成牌局。

斗垣又来,则成赌局。自酉至卯,七时十二较,毛大负,余与孙小负,斗遂任意指挥,居然无敌,方知人不对不赌之说,二家技劣,遂从风而靡也。

廿七日　晴

辰正始还,未朝食,讲书毕,又见一衡山生,及衡山刘生煌然,曾价石女婿也,昨始知之。匠人安棚席,纷纭楼上,殊不得寐。夕起,又见廖、张两生,旧肄业,今来问讯者。夕食后又睡,乃得安眠。夜凉。

廿八日　晴

程郎送羊肩,云又断屠矣。常宁三生来。晡后大风,吹卷篷上屋,屋瓦皆飞,外斋曾不动帘,疑亦得地也。小雨旋止。吃饼。

廿九日　晴

早起唤两生醒。杜子美所云无食起我早者。黄生锦章来,亦旧徒也。晡后雨,可得一寸泽。

六　月

庚午朔　中伏

诸生尽去,停课无事,出游西禅寺,周、李二生,瀛、乔、懿儿俱从,碧崖坚留食,辞出。访两学,闻学使到,仓黄辞出。访莲湖胡江亭,不遇而还。分道入城,余与周过秦容丞,门环上一卵,未知何意,告容丞出视,误破之,疑为厌胜术,其门虚掩,欲内出破之也。还船,待四人不至,遂先发,而皆次第来。始钞《尔雅》。

二日　辛未,大暑。晴

熊庶常希龄来,和尚、巡丁继至。钞《尔雅》一叶。木匠修棚,复费两工。夕雨，懿与李生入城，欲迎之，因未至，甚凉，可不劳人，而瀛孙谬言船去，复还，闭门先睡。二更后懿竟归，余起开门，人言之不足信，岂但日食。

三日 阴晴

钞《尔雅》一叶。较前似有头绪，盖停留长智，风去锦尽，不虚也。食瓜甚佳，忆辛未事廿五年矣，同食者唯二张在，各居危邦，亦可怜也。

四日 晴

南乡民入城闹，官为之闭南门，大禁五荤。乔子求作巡丁，叩头称谢，皆可怪也。看《经义考》，乃知有所谓《格致通》百卷，湛若水作，仿《大学衍义》也。广东人好著此等书，胡瑗之枝流。钞《尔雅》如例，后不更记。

五日 晴，晨凉

入城答拜熊庶常，至颜生处，闻德寿来抚，我不事旗抚六十年矣，天道周星，故宜有此。过程生小坐而还。至厘局，遣要斗、跰还赌帐，不至，约庄、马共戏，孙总骂人，客甚不安，二更步还。热浴，又多恶梦。

六日 晴

乔子去。钞《尔雅》一叶未毕，李生亦未讲书，闲看朱诗，遂销一日。朱但摘一二稀见字，遂成一诗，不顾文理，与王爱好，皆极蠢人也。

七日 晴，始有暑意

晨得王嘉禾书。午间颜通判来，未知考事。补成昨钞书叶。夕风有雨。

八日 晴

昨夜莲弟来，送豆、粟、干菜，早去，余犹未起。晡后大风，一雷震而声甚雌,未知其理,雨才湿地。

九日　晨阴似秋

毛、胡来谈。衡山向、刘告去。向夕,频有微雨,跂足闲吟,萧然多感,辄作小诗:"苎薄惊秋早,蕉喧觉雨来。重楼凉可坐,万事老难灰。江海鲸鲵斗,朝昏燕雀回。得闲唯稳睡,愁绪梦中开。"罗宅赴丧,而先发白,盖衡州大礼。

十日　晴凉,竟秋矣

天时反常,颇为忧惧。考"我"、"予"、"吾"、"朕"之分,始知词气有别。说"台"、"朕"为赐予之"予",亦能助《尔雅》,不使同兔园册也。

十一日　庚辰,三伏。甚凉

昨夕李恪檄孝廉来,结甫从子也。云结甫重游泮水,因知衡州不入学谒圣。入城问莼卿可举行否,因过吉人。子章新用一随丁,与府茶房相骂,子章必有巡抚之望也。步过李结甫,因买《后红楼》而还,亦少年未读书,当时怕丑,今不怕丑也。见美斯见恶,前不美则后不丑矣,然亦须五十年阅历。

十二日　晴

求雨不应,遂罢祷矣。渡夫告假,金子暴疾,几无人爨。郴陈生来。湘复小涨。

十三日　晴风,稍热

王、曾、程三生来,云彭生恐革廪,求为关说。

十四日　晴

呼小童汲水灌花,自学漂布,未能白也。竟日闲卧。王叟携子夜来,云乘月。即去,又忘其字。

十五日　晴

金子告病,厨中无人,幸周生、佣工复来,仇人已去,可安顿矣。

十六日 晴

莫生来，亦为革廪求关说，余方避暑，未之闻也。

十七日 晴

比日南风如焚，衣簟皆焦，然未甚热。程生夜来。

十八日 晴，晨即无风，颇有热意

冯洁翁来，为其孙师革廪请为关说。其孙亦为所累，不得入学，乃不怨之，盛德人也，必为请之。午下湘，临罗立庵之丧，正将请客，匆匆而出。程生遣舁迎我至其家，换衣，遇江尉，借《花月痕》小说而还。李生补讲《礼记》。今日丁亥，立秋。

十九日 晴热

卧阅劼刚诗，偶感花梨之作，辄为易之。“花梨书架紫檀床，此物今归易佛桑。忆接芳邻移枉死，“网师园”音易讹如“枉死”，余极恶之。又师真一爇沉香。”“仙童也复迷花酒，天女无由问草堂。世事白云苍狗变，只馀春在在金阊。”

前寻但姓不得，书问少村，钞谱来，乃恍然，“但”是平声，令诸生检得之。殊以自愧。老年愈无记性，宜文间面之白眼也。

廿日 晴，夕凉

秦容丞来，衰病仍得出游，是可喜也。周生病甚，议论颇多，余以义当留之。

廿一日 庚寅，末伏。犹热

检点钞书，竟少一叶，甚暑，无时可补。李生讲《礼记》甚细，亦费半时功，然竟得合《三礼》，无歧义，则大有益。吉人来，久谈。夜雨，明星朗然。

廿二日 晴热

朝食甚晏。午初入城，吊罗宅，遇胡、冯。步从南门出，买墨。

至秦容丞处,请龚管家买米,检药,自至厘局坐待之。闻孙翼之言,马尉辞差,人事多变,亦可叹也。久坐,人不来,自至船上,则俱办矣,畏热亟还。鸿甥及梅生子鹏来,字仲明,一等生也。夏生二子均来见,新入学,言掌故者。客去,方欲稍息,喻生父来求馆,已忘之矣。

廿三日　晴阴,仍热

与书八女。李生讲书,问明堂朝会之服,向未致思者。

廿四日　晴,夕大风有雨

登楼闻雷声,被风吹不复能震,得句足成一诗。新喜夜凉,早睡,又不能镫,未及录也。

廿五日　晴

周生病归郴。何生送簟。邹、左二生从上庠归试,来谈。陈完夫及李生弟安泽来。谢年侄夜来,未见。

廿六日　晴

朝课毕,入城,问李结甫病否。未行,陈捕厅培之名家珍从永州来,相识几四十年矣。处处过从,然非交游,其人自大而望我者厚。拉至其舟,远不能及,因呼渡船送之。同至屼樵处,索面。复与同出至长街,招谢生,问来意。因至卜允斋寓,看二陈,遣问李翁。至衡阳,议请学台,便留打牌。仍至李寓问之,则云学台已牌示,于发落日设宴招之,不必入学宫矣。至程家,复招培之来,午饭,朱遣人来二次矣,往与孙、邓入局,甚热,俄雨,不能终局而出,宿安记。

廿七日　晴

招培之来早饭。张、江二尉来,麻七子亦至。谢生复来辞,与千钱,遣令暂还。孙翼之来,同至衡阳,了昨局,开新局,负四千,舁还安记。

廿八日　阴

近程家改早饭为午食,甚不合宜,盖办菜费事,固非居家之道。

过厘局，招萧伯康问榆关事，仍无所闻。纯卿来，共食，鸭羹甚佳。饭后拜学台，还船归院。谭妪来，得滋书。

廿九日　晴

朝课未毕，已及午正。今日与府官同请学台，兼要李翁，公宴听戏。至颜通判处坐待，见其季弟。将一时许，纯卿乃至，吉人亦在，兵勇三将熊、黄、王继至，文、隆并来，李翁后至，犹未日斜。顷之，学台来。甚热，不能解带，因令先送酒，后荐馐，乃单衫入坐。建赧正坐，李左余右，建赧因逊余，乃反陪中坐，与隆书村对席。李左坐，镇府作陪。王右坐，黄、朱、景作陪。唱戏认真，看戏写意。

当与学台言八事：一、开复刘维珂、莫之先。二、蔡州判为邹家泽纠众欧伤其嫂，宜访黄、刘二老耶，枷号示惩。三、程母行状送使馆。四、孙翼之、颜通判求差缺。五、请画扇。六、问邮政。七、言邹桂生、许本恺、夏钦宜一等。八、问春季加课。皆尽其词。建赧约明日至书院，余云纯卿颇有收藏，可往一看，后日至书院可也。因约九点钟集于衡阳署。

初更散，舁出南门，从百搭桥登渡船还。大睡失晓。

七　月

己亥朔　阴

久未查课，出堂点名。朝食甚早，下湘步至衡阳，吉人先在。县学仆从斗口生事，余令少迂缓之，请学台来，则无事矣。过午建赧乃来，看字画百馀种，无可欲者。有北宋及赵子昂摹临摩诘画，巨擘也。申散，还夕食，夜啜杏酪，甘之，以馀与金子，诸生尽睡去，不得尝也。余亦久不知此味矣。

二日　晴

逋课六日,晨补日记,亦费一时功,可笑也。庄叔塍来,要往厘局,因过东丰马丞少云点心。同至仙姬巷局,翼之外出,余欲去,而庄欲烟,旋遇曾省吾来告假,翼之亦归,较牌至二更还。夕食甚旨。

三日　晴

朝课甫毕,马丞来,又要至白沙丰,与毛、龚较牌,至二更还。雅南来。热,浴即睡,未及谈。

四日　壬寅,处暑。晴

谭妪去。一日无客,稍看《书目》,陆存斋家藏也。纯卿送诗来,颇有寄托,但公宴作歌行,有违当食不叹之义。

五日　晴炎

补字课,写对联。刘维珂来。暮欲访衡阳,馀暑尚炽,临流而退。

六日　阴,午燠夕凉,凄然秋至

文衡州来,写扇五柄。

七日　晴

写扇,尽了笔债。颜通判来。夕至湘东岸。李生来,言油船事,重贻纰缪,人之不知心,信难与共事也。过杨家,闻弦声,稍有节意。江、萧、麻均在,食梨二片而还。

八日　晴,不复蒸热,但未凉适耳

补钞书一叶。欲作事无兴致,燕雀处堂,白鹇愁水,漆室啸不虚也,郭筠仙悲悯岂徒然哉！陈子声来。作逸吾、夏生二书,为人关说。

九日　晴凉

雅南欲去,牵动瀛孙思归之情,亦告假尝祭。余许之,而责其不晓事,方在芘荫,无所谓春露秋霜之感也。又一人去,船水可危,义不可许,余素疏脱,无不可者,然理不可不明也。当送雅南,故待夕下湘。王石丞弟四子来,云已移居织机巷,久不相闻矣。饭后雅南又不去,余已办送,反促之,舟面吹风甚冷,登岸借钱二千遣之。步月至厘局,又要同过容丞,船从石鼓还,乃借衣而回,已过二更。

十日 晴

陈子声请客,何、程俱去,吃饭顿少三人,幸留瀛孙,否益寥落矣。王石丞子云管事亏空,欲寻其来往店铺代赔,亦奇想也。

十一日 晴

早课甫毕,任黼臣来谢吊,因饭其从人,并为设面,船送渡杨家而去。

十二日 晴

书钞少五叶,稍补,终未能足。积压事多,始看课文。

十三日 晴

日课甚勤,犹未能奋迅。夕,萧、杨来看月。客去,始夜作,看卷二本耳,可笑也。复热。

十四日 晴热

阅卷十馀本,钞补《尔雅》二叶。夕下湘,大风不能进,上岸从南门步至布政街,问王儿,云逼死一人,被围,求援,景清泉犯门逃去,今在县署矣。可怪也。过蒋尉借镫,径至盐丰上船还,夜雨。

十五日 晴

阅桂文毕,少停,钞补《尔雅》一叶,已补足矣。烈日明月,杲杲当心,殊无闲写,但有照灼,反不如风雨之幽寂也。

十六日 晴

晨阅经传毕,定等第,亦劳半日。庄师耶昨送鼓子,未知何意。馒头亦不佳,而蠢仆但知磨磨,朝食四枚,待饭将夕。钞书始毕,不欠矣。

十七日　晴

李生如槐来,言修船事,因知廖生耽耽于公钱,欲瓜分之,人之不相知如此,殆又胜于蜀生,可伤也。待李生讲书,久不至,遂与诸生放舟至厘局较牌,盖五局犹未夜,可谓旷日也。乘月还。今日补前集,外招朱、任并至。

十八日　晴,北风,秋炎

看课卷毕百十本,佳者胜桂阳也。邹桂生来。

十九日　晴

《释诂》钞毕,得七十二叶,未遑检校。与程、李下湘,逆风难行,下水推船,仅至渡口。登东岸,访洁翁,问刘贡生,已归去。夭孙失馆,儿又将殇,流年极不佳,犹孳孳于复廪,可叹也。午供未毕,不能久坐。至杨家,叔文芹酌请客,俱不至,唯二陈、陈、李生在坐。伯琇子疾,方经营医方。更邀冯来。肴馔甚费,故不能饱,二炮后乃还,夜凉不可纻。

廿日　戊午,白露。八月节。阴

朝课毕,待李生讲书,又不至。衡、清两学官来,欲留点心,无可使者。午正下湘,至新安馆,马尉请客,毛、龚来终局,庄、江、孙、任续至,秦子省亦不期而集,笑谈甚欢,别起一局,一更后散。

廿一日　晴

李生问"诸侯三祭",未之思也。检旧注皆仍师说,非情理,更与余新说分祭不合。因说烝彝,复得干祫之义。书熟自有悟,乃改定三祭为除丧后事,初非定制,太祖禘尝,以二祧附,亦可通矣。得功、茙书。

廿二日　晴

将出无船,停一日。遣约萧郎西餐,因与陈子声饯行。

廿三日　晴热

误绵布衣出，挥汗如雨。至府署，留斗牌，一后生不知姓名而久在戎幕，送余夜出。至程家得镫乃还船，路过厘局一茶，喻生先待船中，二更始至。

廿四日　晴热。入秋

外斋晓日照几，不可伏案，心情顿懒，游卧而已。杨氏兄弟夜来，留宿。

廿五日　晴

以有客先饭，客乃遽去，写字数纸。孙、秦两总办及马少云来。船不得至，沙行乃达，再遣船送之。杨家送点心，陈复心亦寄碱粽，得以款客。

廿六日　晴热

灼汗如雨，朝食后至厘丰要客，马、刘同至，渡湘至萧家。府署友人欲吃洋菜，请伯康具馔，庄叔塍出三千，归结夏局，馀费金与萧共之。萧云须十金。不值也，或酒贵使然，抑以客计数耶？招客孙、丁、二任、毛、马、刘、黄、陈、杨、秦、张共十五人，斗麻雀，热不可坐，频起频散。夕忽大南风，又云北风，实西风也。烝、鄢无正南北，故所在风不同。午初集，戌正散，惫矣。

廿七日　阴。昨夜有雨，稍凉

闲极无聊，呼匠作盆。写对如扫叶旋至，虽欲应之，势无已时。颜芝云知县来，接三子也。欧阳翰林，俊丞姨子，则所未闻，然未来见。子声来辞行，云已得千八百金，神矣，而犹自谓窘，留饭而去。程生妻暴卒，遣懿、银往唁之。

廿八日　阴

朝课毕，至厘丰觅船，因至盐卡，要秦、马至总局寻牌。孙翼之外出,往容丞处点心,还较牌至丙夜,因留宿。久留船夫,甚不合理。夜热。

廿九日　晴热

晨起,待点心后往程生家吊丧,因唁其父、叔。还局午饭,马少云来,同步至新安馆,刘子惠先在剃头,与秦、马较牌,毛尉旋来,任、孙继至,派刘作东,夜饭后散。

卅日　晴,大风

夕至洁卿处,陪陈道台饯席,余仍首坐,颜次之,伯琇兄弟并在。从洲西沙行还内。得王华庭书,赠睡椅。

八　月

己巳朔

出堂发题,申饬后至三生。未午下湘,送子声行,一时许乃至。凡再至程家,换衣出城,烈日中行二里许,至盐局。萧伯康送鹿肉,并携麻雀来斗牌,无心相局,将阑矣。陈华甫、孙翼之来,江捕厅、马少云同集,又有一新化甘肃举人,未问其姓,未昏已散步至白鹭洲桥待船,船反在丰待我,一更后乃还,夜雨。

二日　阴,顿寒,一绵一夹

毛、贺来送行,云局中已觅得一船,将去而止。常霖生来,留饭久谈,客去已倦。

三日　阴,复暄

刘子惠晨来,告舟具,即令文银先去,舟运往反,倏过午时。曾昭吉来,督委开卝,留之午饭。颜通判引峨眉刘师来,芮少海之徒也。今年梦芮之祥,乃兆于此。主人欲饭而行,无奈亦留之饭,使为总督,必不至此。饭罢夕矣,亟登舟,至安记交帐,还船作书告丁公。李生来送,因与言,不动声色,措天下太山之安,昔疑此语,今此近之矣。首事议凶荒裁课额,其丑有四,余一去而泯然甚自喜也。求书者纷然,一一应之,又不动色之小小者耳。秦子省夜来寻船。遣金生取米,一夜不至,通宵明镫候之。

四日 阴晴

晨初金犹未至,买菜亦不至,朝食时发,行甚迟,水退矣,恐前必阻浅。刘子惠来看,已在中流,遥揖而别。七里滩胶舟,久之乃活。宿大步,行六十里。

五日 癸酉,秋分。晴

舟人懒行,泛四十五里泊萱洲下,遂不发。邻舟喧杂。

六日 晴热

北风愈壮,行三十里舣雷卡久之。篙行十五里,泊衡山。复钞《尔雅》。夜宿石弯。

七日 晴

晨兴,看丰丁巡盐,遂不复睡。朝食颇早,行卅许里忽舣黄田,云不可行。欲觅拨船,无之。还睡甚热,大风吹沙,毛发为焦。泊晚洲,亦行六十里。盖永船行不过一站,欲作十日程,苻古地里耳。《晋书》记湘东至州六百里。

八日 晴,稍凉

风止,早行过黄石望,复因风大,惧石不能进,久之移朱亭下,遂不前矣。补钞《尔雅》,已足额,明当拨船,遂亦任之。夜反解缆,至二更泊昭灵滩上,亦六十里。邻舟妇呼盗,起明镫,云攫去男被。通夕警备不眠。

九日 阴

下滩,山门唤船未成,倏至渌口,计明日可至矣。顺风增水,正在快意,忽触石船破,水入前仓,急呼船救,本地拨船皆笑视不前,过船不敢来拯,云畏众怒。初不知恶俗如此,近在本县,可耻可恨。余褰回舱中,幸先已检点,将待船沉而下水耳。久不得雨,至此忽潇潇生寒,若专厄船主者,亦天下怪事。邻舟徐巡检来救,已而又来一拨船。舟人拨米,三里石二百,余斥其非。后船惭愧,九十里仅索千二百,喜而应之。至夜乃移舟,即行,泊石家步,距凿石五里。

十日　晨雨,仍沉霾

船米定败矣,疑亦有神鬼弄之,余得脱免。鼓棹顺风,未午至涟口,因雨留船。入涟又翘足高吟,以为即至,未一里胶沙不能进,乃至一时许,昏黑矣。遂知前定小数,必不可违,安眠默然,宿袁家河下。

十一日　晴

寸步泥沙,船待下水悉过,乃能进一步。舣袁步,买米,泊渡口,守洪一时许,复午饭矣。幸水道不长,晡至姜畲,懿儿先偕盈孙从陆至此,竟不来迎,呼箩夫亦无应者,乃遣金生往乾元。顷之镇南来,懿亦至,问考试事,知舆儿与名焘俱入学。遂至乾元,见辅迪夫妻、许虹桥、汤干廷,剃发、出恭、拨船、扎轿,幸俱集事。

借二力,夕发,至七里铺,便夜,乘月驶行,比马快又快意也。初更已至山塘,珰女已来,病卧未醒,诸女迎入。蔬木颇整齐,但不甚茂,桂花香过矣,道上芳菲盈路。女祭已毕,留俎待余,俟懿儿来同馂。坐谈至四更乃寝,通夜未熟睡。

十二日　大雾,晴

功儿求金,以百金助之,遣瑞孙送去。训示舆儿,命纨谕之。与珰女等斗牌,至晡散,复较牌至二更。酣眠至三更醒,复眠至曙。此后每夜必醒,乃得安眠,看初日也。

十三日 晴

谭前总来。钞书点读，复常课。暇则斗牌，亦为定课。

十四日 晴

甲总、田团总来，三十子请饭，以其父死后能为宾主，诺之。烝鸡煮肉，为之一饱，仍送余还。夜早眠，闻雨。

十五日 阴

秋节，无办，谭总送鱼、芋。池鱼反美于川鱼。张子持来，留饭，辞去。夜待菱藕，至月中，乃看诸女拜节，余虽迎高主而不奉祠，从客礼，率旧章，所以为敬也。女自从事生礼，设拜可耳。瑞生夜分始至。雨。

十六日 凉雨潇潇，东风甚壮

闭窗独居，课毕较牌，夕早眠。

十七日 阴，复欲晴

田生复来。瑞孙冒雨往姜畲，还已二更。夜三起。

十八日 晴

遣取半桌来，乃有□舍。放砖已过时，且令浚塘，今年家计又毕矣。日不暇给，若将终身无可如何也。杉塘三孙来。

十九日 晴

师子来，不易得也。云又将入城。许氏从女来觅工，无以位之。族人失业可惧。

廿日 戊子，寒露。晴

彭畯五来，云盐商请开衡岸，求人列名，欲往衡也。乡中得客甚喜。茂修来，又甚恼。顷之韩石泉、陈岱生、张子持、朱通公俱来，作包子馅之。

廿一日 晴

将出游，畏日，又不识路而止。董子宜来，荒唐奇想，无以喻之。

留宿对房。

廿二日　　晴阴

晏起,午睡起已将夕,唯与客谈。夜起见月,甚思清话,家人皆眠,逡巡亦睡。

廿三日　　晴

晨起,云船已备,二客将去,馈以豚蹄。作书与陈杏生,属董生。与萧伯康论盐事。携外孙送客至山塘,捉鳖而还。始食新柑。夜早眠,见月欲起,镫皆烬矣。

廿四日　　大晴

刘立堂来,送花砖,云得自雨花台。彼土人甚重之,砖值数千,以求谱序,留面而去。

廿五日　　阴,暮雨

为刘书谱序,题画册,并送一元,以答老意。

廿六日　　阴晴

谭武童来,云学台不许入试。石子坤族孙镇湘来。

廿七日　　晴

正旸及乾元二子来。谭前总招食,遣孙来异。二王先在,一恩举王生,与我同案,曾晤之,不知其名,询异者,云祥三阿公。还问正旸,云字慕唐。盖一人大费考据如此,犹未知其名也。遣送两孙还。文柄来。

廿八日　　阴

晨课未毕,倦卧,正旸将去,出送之,因留且住。午课毕,同出,欲渡湖口,雨至仍还,竟不雨,至夕乃有霡霂。钞书毕。补改火祠碑。

廿九日　　阴晴

张、陈引一生客来,云周兰生,罗家旧姻也。眉宇来,留须,后始相见,不识之矣。唐人多有百字文,试学之,终不及其宽纾,笔重故也。正旸言湘人欲击台抚,快哉,何减留都之逐大铖,城中故有人。夕雨旋止,夜乃潇潇。滋女书碑甚佳。

九　月

戊戌朔　雨

留文柄作工,令设书房。留正旸启诱懿儿,二人同案。

二日　阴晴

晨作书复许生,寄《尔雅》,令删补之,金子送去。午作饼未食。张六兄及周生来,留午饭,乃至昏黑。张去周留。夜诵诗至三更。

三日　雨

课闲时至书室讲诗。周翼云问大似王光棣,亦随而喻之。夜大雨。

四日　雨间作

师子生女来报,夕往视之,笼镫而还。夜闻小儿啼,呼人不应,自起视之,隔房人始觉。

五日　阴。夕雨,遂连宵

塘堤水满,放散土工。真女复一字不识,信知教之无益。

六日　雨

秋霖始作。讲艺得朋,闲中一乐也,可以作诗。张生家忽遣人来迎,云当请六甲符,芒芒夕归,因语周生云:“欲学岑嘉州,可作《山塘秋雨歌送张秀才归姜畬》。”余亦作之,殊不似高、岑,但是一首唐诗耳。

七日　甲辰。晴。霜降

作诗传示未毕,杨毅生长子承瓒来,“未几见兮”,已举顺天乡试矣。天真未漓,留谈半日。留宿,云不可,昏暮径去。城中人回,云舆儿当来,余不知也。初更舆及云孙来,人夫喧阗,幸余早为孺人生日具馔,得资以供芹酌。诘问舆儿恭兄之道,兼欲训云,匆匆未暇。

八日　晴阴

令两子拜客四家,还朝食,再出诣四家,还设汤饼,令与周、许同出,步寻韩。张爵一来,颇习故事,言之娓娓。夕两子还。待经管不来。今午本具馔为孺人生辰,因仓卒无办,留作奠菜。

九日　阴雨

设荐高祖庙,亦依馈食礼,非荐常事,因改为嘉事,入学比冠,嘉礼类也。午祭,便召宾,会者十六人,分内外二席,远者两乾元、利成。舆儿复荐半山,余云未敢,当为孺人设位,半山祔焉,礼足观矣。恐客触夜,催饭甚急,自至厨人督之,仅而得具。侏儒观一节,又不知云何也。向昏皆去,爵一亦往庄上去矣。

十日　阴晴

晨为两子部署行住期日,兼训饬切实要语,即遣之,往谒祠、墓。方谓小定,忽有客来,罗伯宜之子也。送贺礼,呈杂文,留面而去。师子家迎诸女三朝饭,珰一人往。六耶又来,人客纷纷,令人不安。

十一日　雨

瑞生下县去。计一月,仅一日无事,如之何而不老。写对子二副、横条一张。

十二日　雨

许生送文并贺仪,辞十万而受万。看所拟文未甚精采。金子归。

十三日　晴

罗柢甥来,送酒肉、菌茶、贺仪,留居一日。黄氏外孙生朝,作饼及汤饼。乾元子师汤、谭来，并款之，夜遂俱留。六耶去。

十四日 晴

三客饭后去。葛璲苹来，不饭去。稍理逋课。初夜，功儿来，方问讯未毕，又来两人闯入，则搢子、月孙也。急令出坐。言少湖事，云在外无一文，而不肯归，荒乎其唐。得樾岑书，并李生送课卷。夜热，感往伤今，为之再起。

十五日 大风，不能开户，顿冷矣。急着绵裤、皮褂以御之

一无所事，检前寄樾岑书未得。

十六日 晨雪，大风，午后晴

复樾岑书。胡氏女复得一男，与书复贺，并得郭见郎藏外书。

十七日 晨晴，大霜，甚寒

曾甥来，亦言开卝事，云陈右铭将履新矣。送洋镫。

十八日 雾，风，大晴

饭后曾甥去。程郎专足来迎，初归时殊未言及，何其慎密。瑞孙送鱼、橘，人未还，众皆云逃去矣。其父先已来投首，则可疑，以理度之，不至此。

十九日 晴

饭后功儿去，未得现银，颇为怏怏。钱何难得，独咎瑞孙，枉矣。今日幸无人来，且闲一日，创题主仪节，用饯礼。

廿日 晴霜

晨兴束装，辰正饭后即行，一女荐其婿从出，曰许美成。行三十里，至平山领，已不能担，觅一夫，送至涓岸。渡涓，宿花石，仅而后至。

廿一日 晴霜

饭后行至龙口，复顾一夫，稍进，愒瓦铺，增二夫，欲宿□清。饭

于牛髀潭,遇三村学,作雷祠碑,请余改正,为略点定。三夫复艰于行,未至界牌已昏暮,投宿清水塘。

廿二日　晴,稍煊

行十里,饭蚌塘,进至江口堰,春甫葬处也。换三夫,始知为墓田佃夫,已过矣,未能往访。又闻俊臣葬处,亦可望见。又知黑沙潭相去不远,地图未熟,负此胜游。舁夫饭于干塘坳。至城已夕,呼船未至,宿江南馆。碧湄赠印泥合子,为蠢仆所破,陈母水挑亦无意折损,故物无存,殆不祥也。是日己未,立冬。

廿三日　晴

王鲁峰来,陪话,将吃燕窝,一人赚使去。还书院早饭,院生十二人来见。邹松谷来问礼。丁星五衣冠来道喜。程家遣厨办午餐。看桂卷廿馀本。早眠。谢年侄来。

廿四日　晴

质明泛湘,至铁炉门,舁入江南馆,沐浴更衣。乘绿轿至程家,洁翁陪客,李如槐、萧伯康俱在。小毛衣热甚,汗洽,不能行礼,易毡冠,稍凉。巳正为程母书主,用虞荐祔礼,以意成之,夏五彝甚以为典。朱衡阳来观,任师亦在,同留早饭,道府来,乃散。出陪客,朱、任约共手谈,易衣步出,还馆少睡。至衡阳,孙翼之先在,言与朱嘉瑞争石宝,纯乎孩气也。庄叔塍亦来,邓定师同局,四较一胜。食莲花乡酒甚佳,鸭亦肥美,二更散,还江南馆。

廿五日　晴

晨晏起,程家具汤饼,食毕而行。期仆夫于盐丰,步访马、秦、刘及道士,皆去矣。丁子俊、蒋捕厅则死,一月之间,便如隔世。戏挽丁一联:"薄宦幸归休,羞涩越装难送老;重阳空有约,寻常酒债不须偿。"假寐久之。宾司事来,言船不至,自至太史马头坐洲划子,将上书院，船反从城中寻我，适相值，过船还洲，逆水久行，到已日晚。许六亦去，无所得水火。看卷数本。袁猪还，谭妪亦来，拦腰一扁担，遂暮矣。少寐。

廿六日 晴

刘子惠来，阅卷毕稍息，因送客至渡口，适遇程家人来，云请陪景吉人。正欲问其消息，未遑入内，即同刘往。至则云冯大人来，为陪款我，非要我陪客也。诓入吃饭，无可奈何，与冯对坐一日，将夕犹无客来。李生来，亦逡巡欲退，呼之入。寻客皆不至，夏五彝、丁星五来，凑成一席，设食甚精，皆非礼也，姑饱而还，幸非丧侧耳。至院即寝。

廿七日 晴

看桂经课，及本书院课卷，并毕。陈完夫、李选青、夏五夷并来。

廿八日 晴

晨定三课等第。朝食后至厘局，约朱、任来较牌，均迟迟始至。邓、庄先来，未终局，纯卿来。吃蟹、笋甚快。夜至程家看祖奠，读祭文，累数千言，脚为之痹，无赗，但拜送。还宿安记。冯洁翁送关书。

廿九日 晴

晨起至程家陪客，熊副将，吴知县、李孝廉、萧司子并在，祖遣甚晏。还安记，与冯、熊、吴、李久坐，吃点心。凡三往乃遇柩，人拥挤不可分，立南门内，送出，便还寓愒。步至府署，犹无所得食，任师亦出看，至晡始还。看蓝山生万言书，遇李啮臂儿，云来署清泉捕。主人还，邀邓徒较牌，孙翼之亦来。食甚快，散已三鼓，寓门闭，呼城，至厘局借宿。

晦日 晴热

晏起，要任、庄、刘、杨来较牌，三战三北，兴亦阑矣。毛太耶本输家,今乃大胜。食全蟹,炒蟹、蟹羹。夜看课卷。

十　月

戊辰朔　晴

晨看课卷毕,点心,出至安记,索饭不得,强乞一盂,水浇而餐。步至府署,寻邓云生来较牌,又负。同至捕署,江尉设饮,更招朱芸卿、邓云生、孙翼之。看《希奇古怪》二本,还厘局宿。

二日　晴

连日食不节,加以寒温未调,忽然而病,晨不思食。与毛、刘较牌,又负。夕同至新安馆岸丰上,附船还洲,浅不可拢,旁皇无计,舟人负登岸,从红薯土中牵挽而上。呼门人,谭妪独在,从人尽去,冥坐顷之,乃寝。

三日　阴寒

诸生质问经字相踵。颜通判弟来。朝食后命舟幞被下湘,先吊冯洁翁,适遇迎柩,冯云全家落水,被难甚苦,闻之悚然。虽未可全信,然盗劫风波,客中所有,携家远游,非计也。吊客十许人,无甚熟者。移船城岸,舣潇湘门,舁至清泉会饮。因彼发帖,余未及见,本日不能辞,故勉赴之。萧子、曾昭吉、朱纯卿、熊协台续至。初更下船,即发三十里至樟木寺,正三更矣。程家有客馆在此,深夜未上,送茶亦未饮,便睡。夜雨。

四日　阴

程店遣舁来迎。上山,循大路左转,从大禾坤上山,羊肠内转,虎丘高涌,中有阴宅,地师大费搜寻也。程母柩已下窆,捧土设拜,即下,至庄屋早饭,喻封翁、祝价人相陪。食毕还舟,未夕已至城,舣浮桥，步吊丁笃生，云过湘矣。遂至厘局投宿。

五日 晴

招刘子惠来相陪。毛少云午后亦来较牌，未一局，协台催客，与毛步往。云卿设饮，招翼之、曾昭吉、景吉人同集，设席上房，萧伯康先在，七人同坐，多谈卝务、洋枪，夜舁还局。

六日 晴

笃生来。庄师来较牌。熊协来，言永州无位置，署守必欲请我别开一馆，可往否，余云必往。朱叔彝其懿好事人也，轻诺寡信，约一年矣，犹欲我，辞之则曲在我，以此知公山佛肸，孔子非真欲往，亦穷其情也。萧伯康复来斗雀，一较未终而散。是日癸酉，小雪。谢生来求书。

七日 晴

晨往厘局取行李，冤魂散矣，而失我夹衣。取钱二千，欲还火食，刘子重买南盐一包，恰以给之。庄、萧来较雀，更请张子年来。府学教授萧子端来。贺年侄来求馆。书报丁氏女近日行止。较牌复负，凡三十较三十负，不一振，十倍夷吾也。夜与翼之谈寿州斗用甘肃土，孙、黄致富巨万金，及彼在湘宦况，上司爱憎、同官倾轧之状，遂至鸡鸣。

八日 晴

厘局较牌。与子惠至演武坪看万人缘。还至安记寻纸，得之。张训导、陈华甫来。夜过秦容丞，看《安邦志弹词》，不成语。

九日 晴

写二条。程生来，遂留午食，至夜去。樾樵夜来，言彭盐事。陈华甫送菌面。

十日 晴热

张子年设食，饭后往。杨子亨在，与庄、刘、任较牌，食烧羊甚饱,中席暂散,复饭。厘局勇被船户击伤。与子惠同至萧教授子端处小坐。自至衡州四十较,今日始两胜,若赌博,倾家矣。无钱仍有输赢,如中日和战,亦关兴亡也。

十一日　晴热,夹衣

晨与子惠同邀张老师至子年处点心。书院三生来送行,小坐去。同至府署,便设朝餐,任午饭,邓师来较牌,两胜,刘去孙来,夜散。二程送程仪。

十二日　阴晴,渐欲转风

晨为沈、孙写条幅,感苏班盛衰,辄作一诗:"小年好声寻笛谱,金庭别馆听琴鼓。当时寓客尽豪家,诸舅相逢作吴语。西山蔡沈多姻连,美衣鲜食吟诗篇。澧湘繁盛百物好,关征不榷船车骈。官吏昏庸蕴灾蠥,荆江水患连兵劫。农工废业盐茶兴,苏湖商困招鄞粤。我初遁饮酃湖春,沈家酒面千缸陈。二老萧然曳朱履,刘生拍板随歌唇。三十年间一弹指,东风酒酸麹生耳。长蛟驱我出山去,嘻嘻怪鸟东门毁。故人门巷空蓬蒿,黄垆无复相招邀。西华葛帔有家法,孤孙傲骨棱棱高。时歌偃蹇颇自得,众中见我忽凄恻。他人富贵等浮云,但道数奇人不惜。我今万事不关心,感时为尔一沉吟。人生由命亦由己,莫向风尘求赏音。哀情不用哀筝诉,谁吟七夕茶瓜句? 秋天寂寂星汉明,夕照前时醉眠处。湘边老树青婆娑,有酒不饮将如何。谁能不辞醉,诗成为谁歌?"未成。

程孙来,送谢礼金币,辞之,收土物七八种。饥甚,去至程家吃油条,城外求此亦不能得。李孝廉来,谈王侍郎妻葬期,正在花衣日内,幕友之过也。还安记小睡,步至衡阳邓师房,招赌友未来,遇冯洁卿,即拉入局,顷之主人出,孙翼之来,共戏,六较一胜,二更散。二刘在局,云行李尽发矣。夏生来,言段海侯死。蜀学有书相遗,不知何言也。陈芳畹专足来,无可安顿,令还长沙。

十三日 阴,微雨

曾昭吉、程戟传、李道士早来,坐半日始得食,过午矣。舁登舟,解饷船也。哨官发三铳,程、二刘步来,黄船芝后至,已将解缆,未及一语,余但告以不可再说“陈又翁,陈又老”。船迟于划,半日甫至大石渡。为任师聘妻母孙许五十节旌,作诗一篇:“早吟高凤匹椅梧,鞶帨犹新镜影孤。自有贞心坚匪石,果传遗腹得双珠。虔恭汨鲤陔兰意,辛苦晨鸡画荻图。紫诰定闻褒懿行,共留佳咏和吴趋。”此等真打油腔,四十年来始办此本领,回思少时矜慎,又一笑也。

行四十五里泊七里站。今年尚存钱十万,桂阳冬俸十万,并交厘局,携十五万而归,于骑鹤之缠,千之一也。

十四日 阴,北风

大睡一日,醒已将夕,过雷石矣。许云饭熟,可饭否?饭已冷,而云始熟,乡人词令之妙如此。暮泊衡山,行百五里。

十五日 阴晴

晨过石弯,私盐百斤,偷漏且免税。

《乙未十月督抚歌》:“苏浙江西两两分,孤危鄂粤又滇秦。徽人去尽郧人死,北直旗湘十五臣。”舣黄田买肉,暮泊昭灵滩上,行百廿里。前来六日,今三日。微雨。

十六日 晨雨,俄晴

舣怀杜崖买米,云下水铺。丐女纷然,颇似沅江嫂子,向所未见也。岸多肉厂,望渌口,高山在眼,至则非渌口山,盖紫荆山也。昔入渌时,满怀幽怨,今思之犹恻恻然,仍当重作赣游,以偿夙恨。饥来驱我,饱则思游,今昔之情,未为顿异。

长路倦于眺望,睡久之,始至沱心寺。去来船拥塞,从隙中过,水流甚急,复有小雨,计五十馀里已费半日力,舟人云此路最长也。雨意如春,重绵嫌热,半月来体中未快,亦未多食。看杨表侄新文。劳劳橹行,三更泊涟口,欲登岸,阻雨而止。

十七日　雨,北风欲寒,天竟变矣

五更遣许婿寻船,朝食后不至,用无用人,殊未得无用之用,乃自附铁船以行,行十馀里,许唤船至,亦得小用。

过船行,未十里,在姜畲下遇一舟,识是珰轿,船中亦云老耶来矣。未辨何声,两儿在船头相呼,余遥问皆来耶?云六、十一妹未来。过船,付花边百、花二、栗一、饼一,小外孙女大愈矣。急于还山,不及款语,仍分途各行,亦诗料也。夕至南柏塘,潇潇雨至,冲泥到庄,真女出迎,云常四哥来,又一奇也。瑞孙幸未逃去。起行李,至三更,饭一碗,觉倦乃眠。通宵仅朦胧半刻。

十八日　雨意甚浓

晨晏起,石珊来。甲总来,言讼事。盛团总、倪生来,皆言讼事。又差拘王三屠,三屠不出一钱,差遂勒馀人,摘名乡间,久无此扰,此殆团总之力也。夜学"栗冈飘"。

十九日　阴

常婿告去,专演"栗冈飘",皆习矣。稽家用公帐,大概如户部,唯有空簿。

廿日　雨竟日

滋女急欲入城,未知何意,云由我定日。遂如其意,唤船下行李,因雨,至夕稍止,登舟已夜,扶瑞孙以行。三更泊涟口。

廿一日　戊子,大雪。风,阴

晨至沙弯,遣觅船移拨,正晡食矣。竟日不食,以待诸女。初更乃至,又无镫,独寻官船不得,顾一湘乡倒爬,有二高床,亦新派也。

张六从行,三更乃饭。

廿二日 雨风

仍泊蒋家马头,诸女皆往箴子家去。夜冷大雪,但觉篷重。

廿三日 雪,风仍未息

泊故处,吟诗一首。《出山逢雪舟中作》:“闲云虽无心,已出不遑息。徒御方舂粮,淹留忽三夕。南中孟冬雪,先集何瀌淅。岂能病蔬果,将为扫尘迹。因风每斜飞,回坳偶旋积。哂余无足行,坐次清涟碧。岁暮期自赊,还山路仍识。松桂横眼前,回瞻眇云石。”

待冷菜未至,烧羊而食。金妪烧火腿,不减劳六少耶。周妪与同床,而来去自如,又一奇也。

廿四日 晴霜

晨觅工人,已去,又不得食,移泊通济门,二许生已出游矣。永、云两孙来,诸女皆还船,知箴丧已满,又一世界也。北风甚厉,午初行,夕始至昭山。终夜扰扰,仅宿包殿。

廿五日

晨兴不食,待至朝宗门已午,乘舁入城,黄、孙及复、真从。入门见一人,似甚熟习,询乃知为苏三,老瘦不复翩翩。见景韩书及莪女书。功儿生硬,殊不驯扰。罗顺循来。滋到家,窊亦还,舆生日,作汤饼。常婿仍来,二彭同至,不问馀事,但戏而已。

廿六日 晴

舆儿言学使维舟待我,遣视信否,云尚在船中。往问所以,殊无着落,又一朱其懿也。为言校经堂必不可主,以陈又老言我不可无馆也。彼自不可无官,而云我必不可无馆,忠恕而已矣。叶麻来探消息,功儿云彼欲得之,此言近是。复起麻拐堂,坐楼上督之。夜访心安不遇。周生昌牧来,未见。

廿七日　阴

作曹子善墓表未成。曹应萱兄弟来,云皆伪也。且甚诋广权,又言郑太耶未颠,今仍官。胡婿、曾甥来。

廿八日　阴

程屼樵、彭畯五来,论盐庄。颜来,论抚臬。作点心,极不佳,幸程先去耳。胡子靖来,夕食去。

廿九日　晴

文柄去。六日始还,亦怪事也。当答屼樵,因便过朱、但、庄、王。庄处遇李督销,久谈,还犹未暮。夜庀祭事,定礼仪。

十一月

丁酉朔　晴

曹郎来,未见。朝课毕,过金聘之,还,剃,未毕,金来。麻郎来。汪经历绍基来。苏三献生雉,正觅供祭,甚喜。当斋,罢戏,夜清坐至三更。常婿自来取其女去。祭酒来。校经三生来,言杜贵墀发恶之状。本以高节得此席,今无耻横蛮,可惜也。苟患失之,无所不至。盖自古以来,考春秋时祭孟仲月无定,依《周官》则仲月。欲为文家、质家之说,未有确据。看桂卷。

二日　晴

斋居终日,在楼小咳,功进姜饮,不辨寒热,可笑也。夜视涤濯,早寝。何人窃鸡涪,告以书无灾之说。

三日　晴

质明衣冠待事,诸子犹未严,羹定行礼,稍有节度,视常年为整饬,以位定故也,未午而毕。胡婿、曾甥来馂,兼招屼樵、畯五及黄氏妇弟、常婿。黄、常辞不至,金品之来陪屼樵,酒半,张子年来,酉集亥散。中席,余入稍愒,令功陪客。酒罢,复与程、彭、胡同步至老照壁,答访毛太耶,遇桂古香,二炮还。

四日 阴

二彭、程来,言盐事,欲余与书盐院。书云:"湘岸积敝久矣,左季公尝蹶于前,湘人之有名字者多殉焉。余向不言盐,彭孝廉《公羊》名家,而言海丰新票之利,试一召见,其利敝影射与否,则非我所知。"以与巡捕,呈之香帅。三君即刻东下,又一波也。可惜黄子寿死,不能这个这个耳。

看桂卷毕。寄五元,请毛少云寄去。夜间祭酒来,报香帅月资五十金以供我。李艺元问当何以致之,余云弟向来瞒人吃肉,蔡与循所习知也,岂老而当人吃肉乎?吃肉典出日记,非熟于王学者不知,恐非刘子雄、李砥卿所解。

五日 阴

朝课毕,出答李盐局,因过曾岳松、刘定甫。出城上冢,又诣樊琅圃、三太保,皆不遇。至胡婿家,大耶颓然老矣。刘定甫取十弟一[①],不意其止此,又代致湘潭干馆。还见八指头陀,亦云陈又老不复认前妻。余云此郭筠老显灵也。曾甥来,荒荒唐唐,毫无着落,大要想钱风了。夜至金太耶家,送张子年葬费。今晨为鸡叫扰梦,夜倦早眠。

六日 晴

太保来,未见。邹生、任三老耶及一贺姓来。皮六云来,与贺相识而甚轻简,言词亦佻薄无书气,甚可厌也。任云有田姓寄诗衡州,

① 此句疑有脱误。

故知我来。心安来,云到唐坡,三日始还。又云俞廙仙欲来访。余问何人,云新臬使也,与李小香至交,其人盖能吏。“廙”,行屋也,即离宫,从来不见用此字。夜煊不可裘。

七日　癸卯,冬至。阴

先孺人忌日,素食斋居。夜风寒。

八日　晴

笠僧、程镇来。笠云陈今骤黑,视之果有墨气。又老来谢,未敢见。珰移西宅,贵人到宫,吉祥也。遣房妪伴之。郑家来告期。

九日　晴煊

真女生日。干儿、义子来。任师来。言任师已脱馆。但粮储云南州事发矣,李盐亦不免。余云打死老虎,坐中大笑。但设饮,招王祭酒、陈老师、林世兄同集。林、凌未分,平江人也。宧女还,余酒罢已归去矣。夜毛雨。

十日　晴

朝课毕,携儿僮出看木器、衣裘,贵不可言,然寻得两裘可用,究胜衡城,遣功儿往取之。便过叶麻,憧憧不可安坐,亦不知其何意。王敬生逃来,未暇见之。

十一日　阴

晨得裴樾岑书,由新岳常桂中行履香真转致者,并寄尹杏农文诗,索序。桂岳常寻来谢,未见。出谒院、司、道,均见谈。俞廙仙幕友起家,久在山西,询故人均寥落,无后起者。欲询尹杏农查办事,谢以不知,盖为李小香讳。自言与丁慎五屡交代,而不为阎丹初所知。李仲仙亦言己出处、学业、志趣。还家尚早,久之,祭酒催客,往则大集文人,皆我所不悦者,殊为“费而不惠”,可对罗顺循“欲彰弥盖”也。金山僧请书《楞伽》,送纸本来。

十二日 晴

但粮储来。诸女照相,出访心安,于巷口遇俞臬使,避井上,遣人谢之。俞赠杨秋湄笃所作《山西志》两门。尹榜眼来拜,未见,便答之。还登楼小愒,遂睡去。颜伯琴夜来,云周绍煊死矣。未至藩司,相法未验,而小京官之相不爽,盖几微之间,非瞟学可审。夜月。

十三日 朝阴,午后晴

朝食时麻年侄来。夏生自关外还,来见,便令约曾昭吉、颜生兄弟晚饭一谈,余仍赴李督销招,陪采九、秬香、萧刑部、张同知,多谈易笏山父子。答访毕莼斋。

十四日 阴晴

晨与书刘希陶,唁其妻丧。笏山来,例谢而去,追之不及矣。夜过其寓密谈,并见仙童,同步月至李真祠,褱回别去。

十五日 阴,风忽寒

功夫妇下乡料理舆婚。不得意人即遇不如意天,雨雪杂至,想甚困也。曾岳松请客,客多不至,唯一曾春陔,自命老江湖,不安分人也;又一叶县丞,尤梦懂;李督销称人物矣。二更未散,家中遣报笏山来,还则已去。

十六日 晴

课毕出看怪鸟、乐道人、壶天司,皆久谈。壶天约至吕阁看月,余不欲去,遣告八指,令邀至浩园,同访笠僧,二寄禅相会,仙童亦从行,更有周简斋,佐卿家旧识也。云再晤于曾氏,则忘之矣。壶天说《心经》分四层,以观菩萨,舍利子等为标准,甚得理解。三更还。更有黄子霖邂逅同集。

十七日 晴

曾、李二道来。李送百金,孝达月奉也。过心盦,还,曾昭吉来,谈卝政,并见巡抚,可叹可笑。笏山乃痛恨厘金,作为诗歌,何其见小。蔡子耕内侄来。何棠生来。

十八日　晴

舆当亲迎,释币于祢。释币礼在《聘》篇,醮子礼在《昏》篇,唯长子耳,庶子不宜言宗事,故未醮也。亦以"勖帅"敕之,使受命而往,朝食后行。刘道台来。壶天父子三送诗,余亦一酬之。

十九日　阴

晨答访朱卓夫。丁果臣家子来,倦未能见也。故旧不遗,故是一德。曾、朱俱送贺礼,家初无办,敬谢不敢。当夜有微雨。沈子趣来,云将鄂游。

廿日　晴

素蕉来,代借铺垫。道香来请斋,辞以太早。午后寄禅及其师南瓜来,要同往关祠,黄子林、陈彤叔先在,遣要哭庵僧来,同陪叶吏部。酉初散,更与八指、哭师同还。登楼小坐。

廿一日　晴煊

作长歌答笏山,亦劝世文也。此为诗经,不是诗史。陈梅根、杨秀才来,字叔云、仲三,世侄也。

廿二日　晴煊。戊午,小寒

课毕访实甫,笏山亦出,多谈叶仙,门可罗雀。还,程子大、邓子竹来,瞿海渔继至。朱倬夫夜来。与书莪。

廿三日　晴

朝课粗毕,将访媒人,因过觐虞,遇犬而退。至小古道巷瞿家,海渔自出开门,留食面。还仍从鸡公坡至黄家,见其从孙,有老成之风。还得易诗,果因述蜀事惹出牢骚,以仙童在此,未便与辨。巡抚来,未见。

廿四日 晴，愈煊

笠僧来。看陈伯弢诗，学我已似矣，但词未妍丽耳。专人下乡换绵衣。

廿五日 晴

中硕送诗来，押韵工稳，令人意消。彭稷初、陈伯弢来，遂尽半日。夜风。胡氏外孙女来。

廿六日 风雨不寒

遣迎宧芳未至，和尚催客，舁往，则程、陈、黄、易并集，生客有陈静渊，怀庭弟也。余先误以为叔怀弟，作官，向不知也。笏山好谈禅，禅客厌之。食未毕，轿夫来，不辞而出。至觐虞处，尽生客也，有新探花郑沅叔静、李解元、黄楚樵举人，王祭酒、李幼梅后至。二更还，久无南门夜游之事矣。窈还。

廿七日 阴

闻抚、藩步祷李祠，携盈孙往看，两次皆不遇，遇镜初两子。还乡人还。瑞师耶已去。

廿八日 雨

送生日礼者纷纷，然僧家为多。笏山又送诗来。已有位置在省过年且过节矣，大要明正必又去也。进退无据人，往往为人所料，以其前据之坚也。招僧斋集，至夕不至，笏山父子先来，五众续集，本约不烛，乃至夜分。诸女待贺，要僧入书室，乃得行礼。夕晴。

廿九日 阴

晨起受贺，外孙男女七人，甚热闹，孙男女亦有五人胜衣矣。胡婿、瞿年子、张太耶、麻年侄、黄仲子来，辞皆不得。董子宜则请来，旋去。常婿亦频来频去。今午留客，仅两婿一瞿耳。至夜三十和来，同一冯姓送礼，未能见之。内外较局，亦未暇终也，三更矣，遂寝。

晦日　阴

催滋女往黄子襄家送葬，余亦至赵坪，则已发矣，遂遍谢客而还。唯入陈静渊、彭稷初寓少谈，便过孔揩阶。窊女本携儿女来，欲久住，忽被催促去，云胡婿妒常婿也，李十郎复见于今耶？可为匿笑。夜校改《记笺》，寄衡。

十二月

丁卯朔　阴

珰亦被催去，与窊大异而小同也。两女皆不得意，余但干笑而已。处世俗人若无道术，则寸寸荆棘，余那有闲功训诲之，听其自苦乐耳。夜复问功儿失众心之故，功尤愚愎，亦自听之。遣金妪入乡取茶叶，即随珰同去。夜闻笠西家火，往看，不得入。

二日　阴

宗兄送米来，与庚年又不同，庚年其米，今年吾米也。陈治有族人被永禁，托庄心安告臬使出之。为删呈稿，便送去，至庄处一谈。萧主事属送条子，与片李督销。

三日　晴，夜雨

三儿告将归觐，已又因其妇母病，不果来。周笠西、朱宇恬均来谢步。海琴僧来，焦山琴僧也，与张子年同寓，余云未合，劝其移寺观。何棠孙来，看船山画册。宗兄来。

四日　雨寒

为萧主事改经文，看程子大诗。笏山送《诗义折衷》来，亦以一本《补笺》答之。午过浩园，陪易父子，叶、陈、程、黄、六僧、一祭酒、何棠孙斋会，听琴夜散。舆儿还。

五日 大霜，晴，旋阴

写字数张，甚劣。夕始写经。陈静渊来。

六日 阴

晨写经，旋出赴斋。陈同叔、程子大、黄子霖为主人，请二易、二僧，将晡乃朝食。粥罢，至浩园看梅，复至张寮看诗卷。黄榜眼诗，独凄恻可怜，殆不祥也。还得樾岑赴，为之惊愕，正盼其来，竟不得见，前书计亦不达。伤哉，为之罢戏。王祭酒来。张冬生母来，久不闻此家消息矣。今日壬申，大寒。

七日 阴

陈静渊来，云臬批不通关节，幸不得谢，不然退包矣。告知心安，揶揄之。

八日 雪雨

陈芳畹来久谈，心安来始去。客去而出，至督销局，见胡公孙，问知已裁馆，不能更领，因约其至上林同斋。余先去，则笏、梧已至，更有黄子林，登楼少坐，寄禅有诗，东林亦有诗。

功儿于前怒儿女，无礼已极，犹不自知也。舆儿亦敢呼兄小名，失教至于如此，略数责之。笏山方颠狂自恣，亦微箴之。乱机已成，只手障河，终无益也，默然遂散。忆柏丞骂易时，居然两世。还补写经，遂连误。

九日 阴雨，稍寒

晨起写经。午后宾客杂至，唯朱耻江久绝不通，强一见之。作樾岑挽联。“噩耗五年惊，喜闻单舸三山，更飞雁传书，如共丁令归鹤语；密云秋雪冷，正值重昏八表，便拂衣大去，怕听澎岛水龙吟。”得陈老张书。

十日 阴寒

作尹杏农奏议序。八指暮来，棒喝犍椎，悲泪而去。夜大雨。

十一日　晴煊

四老少来。张伯己送菜,喻辞之。写挽联唁裴郎。写经。闻绂子携妾还,责数之,以其贫而乐,老还少。

十二日　阴

课毕,携盈孙出,从抚至藩署还,未见一人。萧主事来。

十三日　阴,颇寒

晨有窃入堂中取烛台去,并及绂子雨鞋,方哗笑间,绂子取舆儿鞋以去,荒唐乎,荒唐乎!与笠云同访陈德生。

十四日　阴

巡抚书来,言己祷雪术穷,望藐姑射仙人以道气煦之,其词绝妙,亦有至理,余乃斋心祷焉。然彼以我、笏山并论,则曾西艴然耳。至夜果风而寒。

十五日　寒

曾祖妣忌日,举家素食。陈德生来,以其老步,强延之,朱耻江复阑入,比设奠,秦子损复来,遂冲破忌日矣。夜小雪。

十六日　雨寒

三女移下室,功儿强设坐外房,盖不复能恂恂矣。周笠西来,言租谷阻不得出。

十七日　阴寒

张语山来。朱雨恬送菜,夜雪溓雨,不甚寒。搢子率瑞孙来。

十八日　雪,仍溓雨,仅白瓦缝

程、彭自江南还,谋财不成,彭甚悔之,颜色背晦。写经一叶,遽倦假寐,遂梦与孝达剧谈,无所不言,且及唐、王昏事,见下有治丧者而醒。

十九日　晴

看桂阳课卷。写《楞伽》,成一卷,付茂修黏之,乃不及我手段,乡中裱匠其技可笑。夜过益吾谈。

廿日 阴

诸女看迎春。申时见日，作饼招胡婿来，其生辰也，至夕乃去。张东生娘来。

廿一日 雨

为张、陈乞贷雨恬。计今年馀钱不劈资助，微生高不易为也。窊女还，云其姑令说陈总兵买屋，今年必得四百金乃可。昨作包子，忘与将归，夜作浆自食。丁亥，立春。

廿二日 雨

看桂卷，未十本已倦，无期程，事不易成，且姑置之。

廿三日 雨

雨恬送二十元来，遣懿儿送六元与张家，馀待除夕乃能与陈，张知俭，故令得送灶也。思蒙正可怜，殊不得其风味，人各有性情，余实不能忧贫，非道力也。晡过张子年，见麻郎尚在旅寓，此又一风味。至李幼梅家会饮，乃有戏局，周厘金先在，王益吾、朱雨恬继至，心安最后，云上院散晚。城中有昆腔，有三五人能之，犹未纯熟，庆龄居然老生，为留连至亥正乃归。客犹未散，貂狐蒸燠，几不能堪，故独先出。

廿四日 阴雨，稍寒

一日无客，为易中硕评阅诗稿，颇多箴纠，易或未足语此，要之正论，宜令时贤知之。

廿五日 风阴，有雨

何棠孙、王惕庵来，遂去半日。午后新妇入门，铺排待之。窊女亦还，至二更乃静。谣言今年有满日，取官历互校实无，此亦歧异，甚可诧也。夜移正寝。

廿六日　晴

新妇来拜,水上绣佩。李督销来,言凌善人告休,唐艺农病故,恽心耘还乡。董子宜、胡子瑞来贺喜。易实甫来索词。子瑞云夜子刻合朔属前日,京外各省有后四刻者则属次日,故湖南有晦日,历无晦日,以此通书不符时宪,此亦民主之兆。诸女自行散学,大有唐藩镇之意。

廿七日　阴

陈总兵来,言无钱买屋,允为胡家代借数百金,謷言也。然先借四百,非谋买而何?功儿负债旁皇,今悉出所藏,为之料理,大要无米帐,则易为搪塞。笠僧来。约春斋,例在朔日,改于二日。王惕庵来。董子宜干脩来。

廿八日　阴

易郎来,索诗片,因令告巡抚,为胡生支火食百金。窊女还辞岁。陈海鹏馈鸭。钱六少来,以其被劾,亟见之。

廿九日　阴晴

债家已了,贷家无以应,与素僧假之,未得,更向督销假之,亦与胡家支火食同也,五万钱遂已充然。张子年、刘定夫均馈岁。更作蜜橘与易、沈。鲁荒唐馈人参、鹿筋,人参有一枝佳者,不知何人当消受,余尚非其人也。子年送麻雀牌来。朱致廿元,尚馀其六,当分与极贫者,而无其人,念胡杏江即其人也,虽自取,究可怜,与以二千。夜至鸡鸣乃寝。

光绪二十二年(1896)丙申

正　月

丙申朔

祭拜均以功儿摄主,唯主家庭谒拜,待至朝食后,妇女乃出。客亦寥寥,唯董生、胡婿午后入见。夜将掷骰,昏倦遂寝。

二日　阴晴

路潍可行,本宜出拜客,念空驰无益,遣仆代之,功儿亦同出。杨儿来,问昨日何不至,云破日故。王愓庵来,亦常年所无客也。笠僧约春集,往则仲硕先在,更有二龚,未卒哭而接宴会,与哭盦正相对,馀皆庙祝也。涵楼后至,狂论稍减。浩园新柳袅丝,已复生意。夕还,夜斗牌。

三日　晴

振作精神,集家人为掷骰之戏。未一二巡,笠僧来,道僧同行,鲁和尚闯入,留食年糕,遂久坐不去。甫入,海琴僧又来,同食饼,遂一日未饭。虽有疾,亦懒忙使然。夜复假寐,起斗牌,每夜负一千。

四日　晴

晨梦,遂寐皮靴骑马逐驴行,脚夫整驮,出化龙巷门,余回马西驰,甚驶,乃复是东巷口,见马汗甚,下骑,令牵回书院。仆人云锦水无草,余云牧近处耳。仆云求贤近。余言不可。道上有折桃一枝,红萼已绽,其荫一亩。寻胡家门乃又已过,复回行,道阻且长。俄焉而觉。

五日　晴

避客楼居。袁守愚自携方物,步行来寻,富贵不衣锦,极难得也。外论殊不然,云其矫饰。余云矫饰尤难能,约往访之。

六日　晴煊

往祭酒家看戏,笏山不至,改请官场及武营,兼有诸爵主及诸名士,门多杂宾,信乎其杂也,惜其位望不足副之。裕三儿不复父仇,尤为无礼,此则太杂之弊。夜还,已亥正。

七日　壬寅,雨水。晴

令诸儿上冢,余亦步往,先过袁户部,遂出南门省墓。入城至笏山父子处久谈。仲瑕旧居规模宛然,谌家大屋则成洋楼矣。钞《楞伽》二卷成[1]。书与孝达,谢其月饩,交李督销带去。

八日　晴

久谢客,终当一见。今日辟门,赵敬五先来,首县头班,不负盛典,后见二柱,则败人意。郑妇母病革,归去。刘道台夕来。

九日　晴

姜昆山来,卅年前旧博徒也。鲁柱相嬲不已,招之来食以拒之。朱耻江来送诗。夜雨。

十日　阴

朱纯卿来,云孙翼之同寓,约夜往访之。待至三更乃往,见孙弟,初未问讯,亦疏率之至,少坐即还。黄蓉瑞来。鲁索书与总督。

---

① “楞伽”,原刊本作“倜加”,本月廿三日、廿五日又作“偔伽”。按字书无“倜”字、“偔”字。上年十二月十九日作“楞伽”,今据以统一。

十一日 阴晴

诸女、妇、孙上食毕,作饼犒之。孙老总来。袁守愚来。今日未写经。

十二日 晴

六都周生来,留之子舍。李佛意来,谈文。纨告钱乏,与庄米汤谋之。郑妇母丧,又当营奠,应酬烦累,未能捷应。夜月。

十三日 阴

沈用周鸿宾来,言铸钱。许生送股票六十分来,便复书去。正欲绝粮,不免扯寸筋谎,无聊中有天安排也。张子年来,海和尚来,约吃饼。夜雨。

十四日 雨

过张子年摸麻雀,与夏小梧同局,云陈鸿甥师也。人安贫无求,午吃饼,晚又吃饭,饱矣。

十五日 苦雨凄风,好节景也

夏、张、海夜来,冒雨去。儿女拜节,吃汤圆。

十六日 阴晴,有雨

诸女往易家春宴,至夜始归。窊女还,送行。

十七日 雨

孙老总、张太耶来。杨伯琇自南洲来。易硕甫来话别,云笏公一惊,盖惊其不求平原君也。颜生兄弟来。今日阅卷,大为诸客所扰,然烛毕之。凡评阅百五十卷,亦费三日力矣。三百元消得,然无益也。夜摸牌。

十八日 阴

杨伯琇来,即托其带卷去,奖银已入箱,不复取也,亦寸筋谎之一。料理上湘,至夕未得船,自至川岸求之。两子一孙从行,兼要搢子,散遣卯金刀、王文柄之流,二人俱相随不舍,乃遂俱上。今日无行舟,遇一熟船夫,觅得一船,云无风不能远,且泊朝宗门下。

十九日　雨

晨复还家,诸人亦俱还。纯孙感寒不能食,遂定不去。笔、研皆在船,终日抹牌,夜还宿楼。遣文柄往郑家送奠。

廿日　阴,北风

晨起登舟,搢子、功、懿从,携戴名德以行。午睡未酣,已过昭山矣。未初至县城,登岸谒彭明府、朱驿丞。借轿许家,轿未至,许两生先来,立谈顷之,约至其家。便过宾兴堂,萧某、朱倬夫均在,未遑款话,即遣戴名看船。余坐许家待饭,复遣寻戴名,二更来,云船不可卧,已幞被来。遂留许斋,竟夜雨。

廿一日　雨

又待朝食,遂至日中,登舟即行,逆风甚迟,至姜畬已晡,命两儿至乾元。乾元二孙来迎,不去,至夕又〈以〉舁来,因往,俱宿店中。

廿二日　丁巳,惊蛰。风寒雨雪。始雷

午初至山庄,小睡,起食。五日未写《楞伽》,夕书一叶,未毕而昏,无油瞑坐,然香半炷便寝。夜风吼窗。

廿三日　仍风,愈寒

朝食后补昨经,成二叶。经营但碑,复写《楞伽》二叶,补二叶,然有三讹字,仍若未补也。时闻密雪,间有人来,皆馈肉者。张颈圈来,为进士父求禳病。乡中别有此等应酬文,不可拒也,以言适用,犹愈于作碑。

廿四日

晨起,看柏树,雪尽堆满地下半尺矣,犹纷纷未已。还睡待人起,几二时,犹无足音,惜不能灭亡,使众无觅我处,孤冷至此,善哉善

哉！未朝食，作但碑成，不古不今，非佳文也。谭团总来。馈肉者复三至。

移书三老耶除祟："六十年来，闻声灵久矣。唯神奋武唐代，建福湘民，候禳祷祠，如响斯应。兹有六都武生张某，去岁敝庄留饮，被酒夜归，念其独行，恐多惧怖，果乘虚怯，中于风邪，寝疾入春，遂成重腿。武不自振，药不自医，投命于神，谅蒙救佑。但杯弓弗释，终有忧疑；因述疴原，翼凭施力。云峰之西，则吾境内；越岭东南，或有不飌。网两游先，能为祟祸。今惊蛰应候，霆声发荣，阴沴则消，阳和将起。神其照察，或谢或禳；牲酒之酬，张氏是供。　　代告，惟鉴斯昭。书至如律令！"已亦"三老耶"也，不然何求请之多。检日记，竟为播子借去，可谓能守舍者。

廿五日　　阴寒

写《楞伽》三卷成。冯甲、周佃、许虹桥俱来见。夜寒。

廿六日　　阴。有雨

笏子妇来，贤人也，夫取妾不妒，乃肯为之求事。

杨锡子兄弟来①。其弟，张生弟子，呈其《礼记传》，为批正十数处。其最得意者，不服暗为梁暗，不治事则不登高，即不即位，不登危又改为不成诡。王氏之学流敝如此。周翼云来，今日又去斗米。

廿七日　　阴晴

冯甲来，言有船下湘。写经后束装待之。周生先去，船至夕乃来，携金子同行，至姜畬已昏，饭后不辨上下水，反棹舟还，令问岸人不肯，久之遇一船，告之南北，乃至袁河，不复敢进，遂令两从者登岸宿，已则倦卧。

---

① "杨锡子"，即"杨皙子"，杨度。

廿八日　晨雨。湘涨平岸

乘流至沙弯,不敢飘江。遣送信彭明符,久之还。附舟顺行,以为即至,忽遇北风,重载不敢摇,舣鹞崖。

廿九日　北风愈壮

强行十里,泊暮云司。登岸,携经子从,留仆守舟,泥行甚泞,廿里至大汜,得兜子,轻行到城,未夕食,余则未朝食也。与以四百钱,舁者欣然。写字手颤,摸牌至三更。

晦节　晴

待船将午始至,已写经三叶矣。昨日刘生来见,今日又遇王生,避客出游,要海琴、张子年看木器、估衣,因至浩园看樱桃,与笠僧游陈祠,小有结构,向所不知也。唐小说屡有此等境地,今恍遇焉。与笠还家,小坐而散。发帖请客。夜雨。

二　月

丙寅朔

清旧画,已不存矣,忽又存万辋冈画,亟命装潢之。但粮储来,云张孝达已回任。叶麻来。张子年来。易硕甫送诗来。何棠孙来。

二日　雨

硕甫来谈诗。余晚年诗浑漫与,尚不及少作,试拟昔作杂诗,诗思甚窘。笠、道两僧来,议请抚台。

三日　阴

硕甫妻沈来,与滋结姊妹,余斋戒未见。视涤濯后,逸梧来,视馔而去。

四日　晴

晨当夙兴,因待家人反晏,起行事,似迟于平时,将午乃祠祢。

二妇礼节生疏，易、沈匿笑，湘孙稍娴习耳。以冢妇亚献，长孙三献，孙亦粗疏，惜不令张先生见之。夕约客馂，李盐不来，但粮来最早，庄米汤反迟，易郎则疲于津梁矣。未上菜，王逸梧已来催客，余亟促之去，主客三人，对谈至戌散。

五日 晴，大热

朝课未毕，命昇出城，久未至碧湖也。因约陈右公父子小集，便约笏山父子，至则硕甫先到，僧俗十五人，有三山长、二太保。晡后忽转风，寒煊顿异，席散已暮。步至校经堂，硕甫步行来近〔迎〕，因待昇，同入城。得右铭书，云当遣其子先来。若依《儒林外史》之例，亲密甚矣；今日花样不同，专务外场，则不足也。既约不可虚，因并约地主、诗僧，以成禊局。夜大风雷。

六日 竟日大风，复着重裘

程子大来，可谓风雨无阻。写经少一叶，不能补也，实则多二叶。

七日 雪

未起觉寒，房妪来报，雪二寸矣。沈子趣来，求饭，并告辞去，又费我半日。

八日 冰柱长尺，去冬所无

约客碧湖，陈总三遣使请改地，以既告抚台，不可。朝食后往，松、道二僧引一僧，请为武陵吴生关说，何僧家之好管俗事？云可捐千金，陈镇索万金，故求于我，笑而谢之。笏山父子早来，天官亦来，总戎反后，云病不能出，勉陪客耳。笠云又早于易，二陈来已将夕，促食而散。实甫更言程子大见要，实无其事，姑从而往，则刘、王、汪、俞、叶天官先在，皆前辈也，唯通典一外官，谑笑尚不伤雅，二更乃还。有微雨。

九日　阴寒

一日无客,为易郎题二妓画扇,作小词一首,开口便令人失笑,以太谐不录。

十日　雨

课读认真,又将移席,所谓一暴十寒者。夕出访逸吾、心盦,因赴粮储饯席,与易郎同入。宇恬、绶恩先在,查鹭阶知县后至。河南人,何藩甥。初无新论,唯为臬使索题画册。

十一日　雨

写《楞伽》成,遣招笠云同校,不至。遣青莲来送藏本,又误取入《楞伽》经,仍令检之,便销半日。徐幼穆又来,殷殷拳拳,亦甚相得,坐半日而去。发行李,遣妇女山居。

十二日　雨

请孙翼翁代觅一船,移至朝宗门,家人先上,纷纭半日,筐筥累累,皆可不用者,亦姑听其搬去,但钱吃亏耳。独宿东头,欲校《楞伽》,烛昏而罢。六耶来,旋去。李盐道送信来。

十三日　雨

质明、周妪还,催饭罢,校补《楞伽》,自巳至申乃毕。何棠孙来。永、云两孙来。棠孙即坐案旁,永、云则仅一见也。终日伏案,未遑一起,惫矣。将上镫,走别李仲仙,云张楚宝事已了,革职而已。翼云来催,往则已夜,舟不能发。沈珂告去,诸女并留其舟谈,一夜不还,余与翼之兄弟坐至四更,亦通夕未寐。

为俞廙仙题《卧游图》。令人画册而到处征题,殊难着笔。“记曾探、山阴春晓。思发花前,兴先云到。王谢风流,远情都说宦游好。玉骢朱舫,刚一洗、酸寒稿。况鹤畔琴边,自指点、年时游钓。吟啸。正汾阴听雁,又早洞庭飞棹。渔蓑豸绣,总不负、江山文藻。

更到处、胜侣高朋，间添入、奚囊诗料。但展卷看题，空想图中三妙。”《长亭怨慢》，用主人原韵调。廙仙之号，取王廙之移兰亭水中，以自表其为山阴人也。

十四日 晴

晨发，缆行五十五里，泊鹞崖。夜大雨，惊寐，及醒，雨止。

十五日 晴。南风颇壮

缆行至午始至十四总，遣觅拨船，舣半日，上镫始开至对岸。

十六日 阴

晨发行李，午食毕换船。余以忌日，素食不饱，家人亦未午餐，以为早到，及至山塘，夕矣。小雨间作，乃命妇女登岸，唯纨以足肿待舁，仅而得至舟边。大雨，行李沾湿，庄上初无大点滴也。至午夜，大雷电。

十七日 雨，复寒

检点行李，纷纭总杂，突有人入内室，殊似旧识，又似颠狂，引之出坐，乃游学者。言谈未毕，许笃斋来，引入内斋，使懿引游学者至外舍题诗，有句云“诗写奇穷句不新”，佳句也，余则别字不通，正值奇穷，与以升米。与许生谈少顷。大睡一时许乃起，夕又早眠。

十八日 大风细雨，更寒欲雪

许生告去。夕，田雷子来，正飧，不茶去。夜风吹窗，通夜不息。

十九日 风雨半日

迪子来拜半山墓，令真女冒雨傍立礼之。冯甲来，管事论种菜，宜筑围墙，别开门，欲伐去当门冬青，起屋人习气也。冒雨辞去。得陈孙书，请改墓志文。

廿日 雨一日

课读一日。夕，姜畲专足来，言张先生告状，与书切责，令觅窃名人。

廿一日　阴

当入祠,功儿避不去,乃欲令其弟去,无以喻之,乃自去以耻之。将午而行,着重裘,舁行泥中,亦甚迅疾,未夕食而至,三童少先到矣。保官亦来,石珊暮至,婴儿喧不可禁,坐室中不敢更出。

廿二日　丁亥,清明。阴

岁例祭祖庙,亦略依馈食礼,但不设佐食为异。余为主人,代诰亚献,名耀三献,唯其才也。饭毕而行,稍迟于来时。

廿三日　雨

播子来,衣沾湿矣。张佃、周佃来。田宇春此乡公举为团总,周生言其才短,因令其诸事问之,鸤鸠之义也。午晴,夜乃雨。

廿四日　晨雨,旋阴

改《礼注》,说“君之南面”及正“方”,似稍有着落。看早年日记,尽征逐游宴事也。虽有日课,荒旷时多。

廿五日　晴

谭前总来。张生偕韩石泉来,留午饭,未去,都总郭润堂来,言盛团总不可革及义谷事。佡长亦来,久不去,幸日长,未废课耳。

廿六日　大晴,始煊

石珊来。播子去。盛举兄来,言当雪冤,欲与谭质,久之乃去。冯屠坚欲请余过之,辞以且缓。丙申二月督抚歌:“湘直骖旗少漕符,鄂洪窥浙傲三苏。莫□西□□滇□,拥旄犹胜半徽无。”此次歌诀,举重如轻,而诸公亦轻极矣。

廿七日　大晴,煊,可单衣

张、周二生来,留一日去。田子复来,论讼事,并索得二朱公函,菊泉廪,先晖举。为片告都总郭料理之。

廿八日 晴，愈热

约作《禹贡图》，久未得纸，遣足至省城取之。囊唯一钱，当先赙张生，因舁而往，见其表兄，云刘力堂其叔祖去岁死矣。又一王姓，言讼事，小坐而还。长麻子镇湘来，言有两生求附课，许之，遂去。始得芥孙。方四午行。开枝后妻来，言诸子不肖，吾末如之何，开枝必有隐慝，不然何报之速。石珊复来。

廿九日 晴煊，南风甚壮

许甥来，言姜畲讼已成，不能和息，且将乘县试生事。匆匆而去。

卅日 阴，南风

萧、罗两生来，初未相见，闻吾能速化，愿受业者，空空如也。顷之客去，转风北，云欲雨，几散几聚，乃遂寒栗，雷雨总至，大风振壁。余向夕酣眠，起已夜分，求火，唯一镫烬，持出户而灭，遂无如何。考廿八宿，得其大略。

三 月

丙申朔 阴雨，颇寒，复衣一皮褂

盈孙始读《丧服》。说"童子不杖"，以长子殇说之乃安。

二日 雨

石珊时来时去，似有所求，盖近日景况甚窘，与余略同，未能若余守静耳。《尔雅》家以"茜"为"蒁"，余亦因之，竟忘其为"缩"，可笑也。

三日 雨

弥沉阴，春游不得。张生、朱通公、刘生冒雨来。胡氏外甥来，云卅八年矣。上下求索,往来衡、长,亦甚能干。龙八之弟指路,乃得来。顷之龙佣亦至,云方四亦还矣。今日令节,不得闲戏,夕强率诸女摸牌,未二更寝。

四日　雨寒

上巳也。仍不得游,方四还,得张犯官书,麻张书,胡亚书,言七女婚事。

五日　雨雷

姜畬二乾元来,送笋。

说《尔雅》旌旗[①],并考《周官·司常》、《司马》旗物,并得大通。以"旃"为今伞,向所不闻。凡冉皆四垂[②],以旗从"𠂤"耳[③],不似旗也。

六日　雨

晨钞《尔雅》未半叶,复思湘、淮胜败之故,借张提督墓志而一发之,韩退之所谓谀墓文也。然韩言私,吾言公,则为胜之。张云捻寇,前作其妻墓志已疑之,今更大疑,当问之合肥人。检前数年日记,求其妻志稿不得,遂自书之。

七日　壬戌,谷雨。阴雨

补钞《尔雅》一叶。考十薮,无《职方》貕养,而增海隅。疑海隅即貕养也。《职方》无焦获,以在圻内不数。故《尔雅》十,而《职方》九,此疑易释。郑注言《尔雅》八薮,亦以《尔雅》不数貕养耳。貕养在长广,以为海隅,自可通,如此则九、八、十之异亦可通矣。始闻布谷。

---

① "旌旗",据《尔雅·释天》当作"旌旃"。

② "冉",疑当为"冄",即丹,《说文》:"旃,从㫃,丹声。"

③ "𠂤",当是"㫃"之讹。旌、旃、旗皆从㫃,字书无"𠂤"字。

八日 雨

厨人又告断炊，居乡不樵薪而必买煤，民不聊生，于此可见乡俗。盖以无煤为耻，故冯甲坚主之，亦如今之主自强也。石珊夜又来。

九日 雨

钞《尔雅》。"五方异气"，今并未闻，记之亦无用，似后儒附益也。医无闾珣玗琪，分为大、小二种，至璆琳、琅玕皆大玉。古人不言白玉，而言青玉，从多者言之，不以难得者为贵也。

十日 阴，有雨

久闭不出，肩舁行近处，因答访韩石泉，闻六都都总家有花鼓，往观焉，故谣言也。初疑延师不可花鼓，故欲征其去就，谣言不知所由，使非目验，遂成市虎矣。

周生以桓、文正谲发题，未得的解，因代改文一篇，大意以《春秋》不讳桓而讳晋，恐人不以桓为正，故特著之；其不谲，则尚未得确据。凡饭二家，还已昏暮。

十一日 阴

督课，补昨旷功，竟日竭蹶。与书张犯官，劝以不更言洋务，以养其耻。

十二日 阴晴

钞《尔雅》，不得地图，未能立说。平阳、蒲阪、安邑，亦竟未知其形势，有愧亭林也。杉塘三生来，一李一崔，初不相识，从盈少耶来游耳。云县令即将交替，代者为陈宝恕，奇文也。与同出至石泥故宅，逢谭、周，小坐还。补夕课，犹未晚，曹生来相寻，未见，留书而去。书词似其家泽公。

十三日 雨

复女读《内则》。更说"慈以旨甘"为父母慈子，似胜旧义，其用多理胜也。"命士"有典膳者,诸子亦少耶,好吃,宜节其嗜欲,故赐乃得食,慈之即所以教之。盈孙发哮,放学。

十四日　阴雨

功儿回省,久不得行,促之去。薄暮王凤喈、周生率生徒二人来,留饭去。因客散,摸牌至二更。雷殷殷,雨潇潇。

十五日　雨,午霁

冯甲假归,比日唯今无客。春尽无花,寒尚似初春,然雨景翠蒙,殊不寂寞。

十六日　阴晴

田生请饭,云生子三朝,有十馀席,待课毕而往。真、盈殊不得毕,并挞之,仍未毕,已夕矣。往则满屋土老,识者张进士、刘甲总与王凤喈。宾主同食川笋席,饭罢,召花鼓,留看,殊不知其可乐。笼镫还,已二更。

十七日　寒风细雨

石珊来,昨与周生论晋文谲,周生云:"自明其书法,踊讳自狩,独优于桓,文与实不与,是为谲也。"义得大通,亟采入《集解》。周生初空空耳,不意聪明如此,又突过王光棣。

十八日　雨竟日

说《周官》,始知经有"颖"字,《尔雅》释"颖"乃有依据。眼前字不省忆,其滑略可哂。因又检《周礼》,四时皆夏正,亦向所未详,如此而称经师,廖乎廖乎。

十九日　雨稍止

欲送石珊于家弯,意不欲行,亦奇也。《尔雅》未注者已毕,草草未遑收拾,且重注《草木》。黄孙已能读书,寿孙亦信口咿唔,又一乐也。

廿日 晨见日，早起，已而便雨，午又晴，已而又雨，一日六变

始得食菌。猪价斗长，乡人云猪贵溲贱，猪贱溲贵，亦与谷贱伤农意同。

夜梦与弥之论吾五律，仅一平稳耳。弥云正自如此。吾责以初不闻直言者，何卒后始一见梦，念多负之。时正鸡鸣矣，雨又潇潇，遂不能寐。

廿一日 雨

盈孙嗽，辍读，殊觉清暇，令纨、复增读《庄子》、律诗，以发聪明。真女愈拙，有似郝联薇之父，人定有愈学愈愚者。夜思《职方》四、三、五种，要必有说，蓄疑久矣，聊为补之。二男二女，则郑生之目睫，亦其愚也。

廿二日 雨

晨茗，复得清水，令人心目俱明。晡后周生引一客来，面目甚熟，初不知其某甲。云有诗求教，出其诗卷，曰“刘玉岑”，尤令人茫然。久游江南，黄少昆弟子也。周生偕石珊去，某甲留饭去，已昏暮，云宿石泥塘。

廿三日 戊寅，辰正立夏

儿女秤轻重，湘土俗也。谭团总来。刘玉岑来，看其诗二卷，加评点还之，亦有功候，胜谭荔仙。许生专足来送省信，得宋生京书，云将改外官。午后频雨，夜复寒。

廿四日 晴，虽有小霡霂，不成雨也

石坤族孙来，引二生来执贽。成炳圭字倬云，年卅八。许维吾字鹤龄，年二十二。许似较胜，而成生耄而好学，不可及也。磨坊刘姓亦来见。夜见残月。

廿五日 晴，始得正朗

遣人上县觅食物，本求蚕豆，昨已得之，又多此一遣，乡居自谓

至节省,仍未除习气也。谭佃送新茶来。

廿六日　晴,日热气凉,已是初夏

朝课未毕,周生送石珊来,遂约同步古城,会食韩家,朱通公先在,蒸鸡甚佳,为饭二碗,遂不更飧矣。还啜粥,食二鸡子,遂寝。

廿七日　晴

晨钞《尔雅》,考“皀茈”、“茨菰”二种。因看小说,见杨媛《征验记》,“罗汉”字“维”上无“四”,乃知纪昀“罗”上加“网”之说,李若农询余出处,经廿年未能答。邻妇青唇,博征不易,然亦可见有则识之也。夕衡院专足来迎。

廿八日　阴

晨复丁六、刘生书,寄《礼经》去。大风骤寒,已而雨至,仍重绵着帽,至夜早眠。

廿九日　晴

晨起偶不冠,便觉寒侵,天时人事均大变矣。夕,城中人还,功无消息,云大水。

晦日　阴,有雨

朝食后立门外,遇二乡人求助讼者,喜其得相值。叩两端,竭焉,皆争闲气,成深仇,不可理也,挥而去之。招壔大老耶来问讼状,亦有可喜。乡人妇求劾鬼,云遇溺死者,每自欲入水。告诸女,三月正当三十日,宜饯春送神,乃俱把卷伊吾。夜雨,方四还。

四　月

丙寅朔　雨

始有游兴。张生冒雨来,云欲一饭。以其未卒哭,屡饮酒食肉,虽合于黎简堂、蔡与循之意，而余心终不安。未欲诲之，以所伤大也，托词拒之。彼遂不悟，且言及未葬，犹不悟也。以礼不下庶人，姑以民礼待之。功儿冒雨还，云廿八日大风破舟，几不得免。夜雨始畅。

二日 雨仍未已

张生遣人来舁我渡云湖，往会食，朱通公、韩、周先在，田雷子后至，见其弟子，设馔甚精，殊非乡风。写字六张。遣人至县磨纸，云矾则脆。食罢，还已暮。周生送蚕豆。

三日 大晴

改《内则》见子礼，君大夫异，有明文。郑注：贵人，大夫以上。下当笺云：此记大夫以下通礼，贵人即大夫耳。君礼不同，具于下文。"滥"、字当作"槛"。置冰鉴上凉之①，六饮五凉一暖，暖者亦可凉饮。"湢"、湢室，暖室，火炉屋也。"慈以旨甘"、父母赐子旨甘也。子有官不敢自养，故父母赐之，亦杜其骄侈。"燂汤"、凡言汤者，有香草。"七十而有阁"，然则天子诸侯即位而有阁，士无阁也，下曰士于坫。此与上记云云，删。明夫人不以己所生子为贵。

四日 晴

张正旸来，问《礼记》数【中有阙文】专静之效也。留宿内斋。功遂卧病。

五日 晴

朝课未毕，许生来，朱、张、韩继至。杨皙子来，问《公羊》"郊卜"，未明其例。论《王制》"犆禘一"，为除丧后祭祖不祫，犆一祫，为下天子，故特一当祫者。似较直截，甚有心思。

---

① 以上二句"槛"、"鉴"二字当有一误，疑"鉴"当作"槛"。

晡会食,待周、田来,久不至,及散尚早。田、许早去,韩、张、朱次之,杨、周、张留宿。夜谈禘祭,辨昭穆,每君不同,故须谛也。石珊来,诉三十和无赖之状,殆甚其兄。开枝子俱不肖,可怪。

六日　晴

检郊卜,四、五均在四月,未识其节。卜在一日,则不得逾旬,卜必逾月,则四、五不同限。十二月下辛卜正月上辛,不从,以正月卜二月。不从,以二月卜三月。不从,以三月卜四月。此之谓三卜不从。又卜则同日,又三卜,故四、五、三皆在四月前也。五月用郊,因正月牛死故,九月用郊,则以公出故,皆违过时不祭之义。然则三卜而从,四月可郊,殷四月,夏三月。

午初张、周告去,晢子后去。

七日　晴

遣觅夫上衡,功儿等从船上湘,仍课如额。夜摸牌。

八日　晴

晨兴待发,加挑子,云已往呼之。遂饭而行,甚热,宿花石。是日癸酉,小满,云宜雨。

九日　晨雨

饭龙王桥。过牛髀,雨大至,又多歧路,得一童子为导。至一桥,问云马迹桥也,后山出湘潭之口,频过不知其名,欲停已过,遂宿界牌。行六十里,费一日之力。

十日　雨

行未半里,仍止界牌口,闻知黑沙潭必由马迹道入,行李留亭中,独携四夫,仍还马迹。曲折登山,可十里至黑沙龙祠,大雨,衣履尽湿。步至潭口,乃非瀑泉,虚有其名耳,无甚可观,遂还。冒雨宿国清,行十里。

十一日 霁

七里过黑坳，又五里饭蚌塘，资斧告竭，质衣而行，夫力乃无逗留之心矣。午饭集兵滩，雨又至，泥行至七里井，汲泉瀹茗，遂舁入衡州北门。雨大至，至程家，夕矣。方作道场，铙钹竞作，不闻语声。与二程兄弟少谈，出宿江南馆。戟生来，朱德臣来，少坐去。见曹东瀛言时事书，两宫大和矣，李相力也，然竟斩一常侍，似乎太辣。夜雨尤酣，梦中频醒。

十二日 阴，有雨

江南韩公生日，设面请客，朝饥，正思食，邀张子年同往吃两碗。江尉来，未坐去。还房，月樵来，复朝餐二瓯，自来无如此多食者。借舁仆出拜客，从府、县、协、道出城至厘局，见者文子章、盛绋卿、陈寿桥梓敬、隆书村、朱纯卿、张老师、萧子端，还院甚早。佣工外出，呼斋夫除草。诸生衣冠入者皆辞不坐，入谈者皆旧学也，桂阳人尤亲密，则隽丞因缘。

十三日 晴

晨待饭而出，渡湘，诣杨、萧、冯、丁不遇，从浮桥故步渡西岸入潇湘门，访府幕不遇。街湿，绕西行，复东至邹松谷、陈十一郎家，入江南馆小愒。张子年来，同午饭。遇王鲁峰，求阅卷馆。至厘局，访孙丽生、秦容丞，还宿江南馆。

十四日 晴

刘子惠来，因程家有事，不欲扰之，邀与俱出。至子年家，刘劝我留饭，张亦难办，仍邀子年至程店。孙翼之来，其弟及容丞续至，反同饭而散。余欲少愒，冯洁翁来，久谈已晡，遂与丽生步至厘局，朱纯卿已先至，庄叔塍、马少云来，共戏，至戌散。大雷惊坐，雨如澍，乘舆还安记。

十五日　晴热

忌日避客,坐安记。晚间任、庄、杨、黄来。黄字伯周,江西思贤生也,今幕清泉。萧伯康送鳗,适素食,以付厨人。夜热不可眠。

十六日　阴

待饭过午乃得食,至院已夕,复不得食,上镫乃食。闻陈若愚作臬司,一月而死。

十七日　晴阴

稍理日课。午至新安馆,请刘子惠治具延客,为马少云饯行,毛少云先到,朱、庄旋至,共戏。任、孙、张后来,张又先去。未夕食毕,余疾不多食,犹食五饼。夜还,移外斋。毛云熊秉三庶常见我日记。

十八日　大晴

夏五彝来,谈《说文》。因热未钞书。李生复讲《礼记》。

十九日　晴,热甚

颜生钧来,通判兄也。云十三日曾到此。留早饭,无菜,仅得黄瓜一条,煮之共食。讲书毕,与同至厘局,不得入,复至铁炉门,步上,入安记,料理米、盐,旋至府署。颜还判署,余入,至任斋小坐,招黄伯周来较牌。顷之,伯纯来,入局,热甚,二孙兄弟及胡子扬续至,胡小梧从子,亦刑幕也。主人大设俎豆,皆三镶,余唯多食甜羹。至夕,稍凉,有雨。登舟,久撑乃至,过二鼓矣,寂无人声,皆已睡去。

廿日　晴,阴凉

萧教授来,丁、章、清泉继至,余倦少愒,云道台来久矣。出释奠送学草草行事,汗洽重衣。诸生入见者十馀人,客散不得休。

廿一日　阴,有雨颇凉

午睡初醒,闻人行声,懿儿陪杨皙子来,云功儿不至,俱愿居外斋,因移入让之。

廿二日 阴雨，复寒

外府人无威仪，屡饬不变，复劝导之，礼失难兴，亦穷于诲。孔子欲先进野人，今乃宜先进君子，君子尤野于野人而悍于野人，故难进也。龙八自长沙来，闻杨梅舅被劾罢。

廿三日 阴

冯洁翁来。王生送润笔，本未用笔，辞之。欲寄家用，从厘局假四十元寄去，因还开福斋钱。

廿四日 己丑，芒种。阴

江尉来。夏生饮〔引〕段海侯二子来，皆笃朴无野气。程生来，并未饭去。龙八去，欲遣方四，固不肯行。徐火来，求说盐税事。

廿五日 阴，稍煊

晨出点名开课，有五十馀人，甚盛集也。杨慕李、颜通判来。日长无事，但有闲行。

廿六日 阴热

讲书未毕，碧崖僧来，遂与同舟至城，买米煤。至厘局，问知孙总办关节不到，遂不往说。步至安记少愒，看子年，已往会矣，两处皆留点心。欲出，遇雨，还张客坐，看姚改之《草法》十二册。江尉遣舁来，往则大雨，舁夫衣尽湿。客唯两人未至，入局共戏，久之不决，乃饭，未甚欲食，不能终席，纷纷各散。陈、杨先去，张、任继之，余与黄、庄、张待终局。舁至船上，乃仅一人榜行，久之始至，又遇雨，待镫亦至半时许，从者无一能人，故至此也。得常氏女书，因作复寄之。

廿七日 阴凉

吴僮不复能混，更以廖升代之。攸文植楠送花蔬，更有一信与胡婿，鹘鹘突突，亦不知其人安在。杨生说“辞无所贬”为有贬，是也。而忘小国不卒葬，例不熟之故。

廿八日　晴

懿疾不讲书,李、杨遂亦不至。饭后出城,诣通判署,看颜生,过程生家,公事旁午,不能少坐,遂出。颜生二子,长者拔儿,次者甚肥。二门徒一钱一李,均出见,其三弟亦出,遂留剃头。至头门,遣约庄师同至朱宅,纯卿治癣而肿其面。任师旋来。同较牌,黄生亦与朱弟芸卿后出。孙老总兄弟来,言杨师生辰,宜公祝,因留不归。二更后散,宿安记。

廿九日　大晴,复热

安记劳于供养,不可坐食,步至府署任斋久坐,乃得朝餐。向午,招庄、黄来,杨子亨病不能兴,生辰成赌局矣。纯卿遣弟来,郝尉、江尉均拜生而去,留郝陪客,并留张老师、吴养煦、二孙兄弟、颜通判同饮。室中甚热、席于阶下。凡六较四胜,孙老总逃去,二更还。

五　月

乙未朔　晴

昨得黄佩石书,召见其使,略问家事,大约欲得局馆,吃空饭。近年以来,国家养民几半,国力竭矣,民力未舒,言仁政者又何说焉。夕雨。

二日　晴

首士送脩金来。遣黄使去,期以二月,为之觅馆。卜太耶来,谋衡阳征比。清泉请饭,辞之,又送帖来。

三日　晴阴

入城,先至厘局,留点心,遂历二时。托刘子重换银,便至安记,闻徐生吐血,疑其因盐案也,财与命连,为之泫然。答访攸文生。过清泉，方捕得强盗拷讯，入至胡斋，纯卿先在，又有一少年，疑是魏姓，旋知梅子也。主人退堂已夕，散时初更矣。夜雨。杨叔文来还《史赞》。

四日　雨

衡州无水利，唯望雨始免击道门鼓耳。罗伯宜儿专人来送衣料，求调优差，与书责之。竟日阅卷。麻郎来送香稻。颜生、丁生来搅。

五日节

草草办具，亦费六千，可怪也。待客无至者，过午，颜通判、胡师耶来，留点心。毛尉、龚生先去，二孙、宾、刘继至，程生父子先后来，江尉儿孙来，遂至昏暮。用人生疏，不能待客。方四告去，并遣罗使即还。送罗继祖母奠三元。定课等。

六日　晴凉

移内坐。方四眷眷有离别之色，不知何以又去，挥使速行。颜生长子拔儿来，名桓，字双表，范溶兄子婿也。书秀润，经解亦有心思，年始弱耳。令看课卷，夕食后去。刘子惠来。钞《释木》毕。

七日　晴

正夏景，不热不寒，风日甚美。曾醒愚来，久坐去。梅少耶来，不能见也。

八日　晴

诸生入讲者四五人，犹胜不讲。午渡湘过石鼓，赴罗汉寺斋，任师母作道场，因送明器。至则纯卿先在，庄师设席较牌，胡杏生作陪，甚非宜也。张生所云王父无礼，道台有礼者，以道台欲引疾告退，故有礼也。胡生云亲见任母回灵，又云孙老总见鬼，令人悚然。顷之二孙来，盛清泉继至，亦入局共戏，至夕散乃食。舁还，甫渡，大雨,船轿人夫并沾衣如落水。

九日　晴

喻生引黄生来见,程女外孙也。亲见其母嫁,今入学矣。午间并引程女二子来,长者已头童齿豁,令人思天台还家时。考六服色章之次殊未妥帖,当分虞、周异尚乃可。谭妪来即去。

十日　阴凉

任师来谢奠,与吴养煦同来,衡刑友也。程月樵来,言当请孙老总说盐事,并请任、庄。顷之,庄偕黄伯周来,均留早饭,唯吴已食,巳正乃散。与庄、周同至白沙,毛尉已设午点矣。留纳凉,与熊翁较牌至夕,颇热,饭一盂,乞荷而还。讲书毕已暮。

十一日　乙巳,卯初夏至,长日已过矣

工课甚简,颇负嬴夏。蒋辉熊多别字,定期面试,并戒谕求课者无并心于道台。夜雨。

十二日　雨

至朝食时止。讲书未毕,廖升营营焉,既至城,则冯、程均发积谷。独看徐光启《历书》,惜其不遇时,在今日大用矣。又往看戏,见岳鄂王,又惜其不在今日,怅然而还。张子年、孙老七、任、庄、孙总、江尉均来,将说官事,余乃求叶子,设局于房,草草而散。洁翁先去,余留待孙轿乃还。

十三日　晴

蒋辉熊辞试告去,笑而听焉。祖考忌日素食。来二客,见一杨以干,希陶妻侄也;又一郑少耶则辞未见。去年今日,亦得郑少耶书,甚矣!郑少耶之为患类于周处也。手老湛诗竟日,而不能接其子,信父子之不相及。与李生论草蛇灰线。天生张中堂以草书取士,而得陈兆葵,因以其力为庶弟求财,以成买妓之过,又不知李盐

道当权，所为者何，吾已言之矣，不负俊丞也。廖升，大坏人也，姑与之为无町畦，听其来去。夜雨。

十四日 晴凉

水赤映窗，乃知新涨。钞《尔雅》十五篇毕。夏至后犹未闻蝉，益知蝉鸣在五月望后，不系节早晚。夜得省寓书及丁氏女、易仙童、曹中书书。湘孙来书，言新妇曝书，一雅事也。

十五日 阴风

懿讲《考工·舆人》毕，辍讲赴试去，遣胡甥送之，与以十元。为仙童评阅南岳诗，便复书劝其莫哭。又与书六耶，并送一元，遣投曾昭吉。并催饭遣懿行。陈顺来求调缺，告以无及。程孙来，入孝廉堂，问当何学，无对也。夜大雨。今日改正"大祭三貳"及补释"粢缇〔醍〕在堂"旧注，费大力矣。

十六日 大雨，至巳犹未已

钞书毕，颜生来，待讲书，已过午。下湘答杨秉吾，欲更诣客，因雨不果。至程家遇祝[①]。卧藤床看《申报》，荣仲华拜衮矣，又何晚也。朱德臣、丁笃生、吴桂樵继至，朱纯卿后到，入席已夕，散犹未夜。

十七日 阴

课毕游白沙，毛尉留饮较牌，任、庄、二孙、刘、张并集，至夕散。始食新莲子。

十八日 晴

讲书未毕，毛、贺来，同下湘看金同知，罚戏，朱、庄、任、张并集，屺樵亦在。殊热，不可坐，设面又成糨糊，草草而散。船不得上，水军舵工助之，仅而得至，已二更矣。

① 此下缺字，疑为祝姓人名，失记而缺。

十九日　晴

颜生父子来,讲书。刘生始到院。冯家来催客两次,知其尚早,不能不往,便看魏二、黄营官、彭四少。乃至冯家,始过午,笃生亦先至,朱、程、黄继至,夕散。步还,诸生并出,寂无一人,眠至四更起关门,猫破尉盆,内外纵横。始闻新蝉。

廿日　晴

杨生未归,饭后讲书毕,下湘,访曾廉伯隅,近来志节士也。杨生亦在其寓,云邵阳有贺秀才金声亦节士,近为毛令所礼用。坐顷之,估客来,遂出。至衡阳署答访吴师,云正坐堂,辞焉。还至彭祠,已迷路矣,乃绕出祠东,至则任、江先来,萧然无办,云以无资故罢,使人揶揄。乃令传班张镫,庄、陈继至,因约纯卿先来,热无处坐,坐巷中,仅容一椅,岍樵后至,强移后斋。待至日夕,翼之不来,入坐食半乃来,云今夜即行。夜乃演唱,主人陆续逃去,唯我与江陪客,至二更散。宿安记。

廿一日　阴

晏起,待轿不至,步出南门,坐船还,犹未朝食,可谓极晏。讲书后大睡至夕。曾伯隅来谈,宿杨生斋。

廿二日　晴

晨写书毕,客犹未起。徐姓来,言孙昏妄,恐盐事反复,与书任师谋之,并作书寄李督销。饭后讲书毕少睡。伯隅复入谈,顷之与同舟至盐局,王、谢、杨生设酒,更有尹生及颜生,未昏便散。咏"日暮碧云合"之句,疑暮无碧云,盖写春景耳,见碧则不暮矣。还院颇热。得何衡峰书。萧菊陔来。

廿三日　晴,风凉

写扇三柄,校《论语》。夜开门睡久之乃寤,月午矣。盐局王槐轩纪元来。莫生来。

廿四日 阴凉,可布衣

校《论语》,以意属读。看少作文,叙战事,殊有才情。夕复早眠,起亦二更。舆儿书来,言功定来,诡计多变,吾乌乎测之? 何僮送越粽,貌似而已。

廿五日 晴,风凉

校《礼记》二本,前刻甚劣。喻生召其戚刘姓来领工,言词闪烁,士有贾行者也。张子年送莲蓬,报以火腿。

廿六日 晴,大风,煊

与书茙女。杨生家专丁来,云山庄人已在途矣。校《礼记》二本。

廿七日 辛酉,小暑。晴,大风,煊

校《礼记》二本。夕得北风,登楼乘凉。夏生告去。

廿八日 阴凉

早起寄刘书去,旋睡,将食乃起。毛尉来,言盐道能撤安徽人,孙老总仓皇去也。午后冯甲来,言乡间雨足,并寄衣冠来,前所云云皆诳也。

廿九日 阴风,益凉

作书复滋,令待秋来。讲《伐檀》,因校改三大夫禄之说,并校《王制》误字。夕为程生改夏龚墓表,两三句间精神顿异。夕雨,独坐久之,杳无人迹,遂寝。

晦日 阴,有雨,煊

写扇二柄。冯甲去。《尔雅·释鸟》成。检二足为禽之说,经记无证。夕冷如秋

六　月

乙丑朔　阴凉

晨出点名。朝食后出城,为安记关说盐事,便至程家小坐。朱纯卿云省城方疑程家把持,且须待之。还安记尚早,至府署看文太尊,因留任斋,宾客甚众,较牌大负,一战而胜,遂出还船。夜雨欲酣,俄而复霁。麻子来送石。

二日　晴

常氏女小姑病没,淹缠二月馀,信瘵疾之难死。棚人送蘧蒢,云尚不食新,将须十五。衡俗尝以卯日,寅支卯粮之义。午睡未着,陈华甫、张监院来。彭公孙景云来,云常婿已到城,尚须缓数日乃能来。陈、张留饭,彭去,坐谈三时之久,张已再渴睡矣。公所作床凳来。

三日　晴,阴凉

讲书未毕,王嘉禾来,丁忧将归,留妻子居衡州,并携其三子来,云颜生父子亦将至。颜生讲礼甚细,益友也。入内斋待之,遂坐一日,留晚饭去。惫矣,早睡。二更后起,徘徊欲坐,雨声飒然,遂睡。

四日　阴雨,蒸温

校《论语》,无底本,错落甚多,未能订正。俞廙使送茶脯,并书谢题,盖抛砖之义。夕得大雨。

五日　阴

常婿来,萧生来,送堆翅,均不饭去。杨生来,问寄武冈书,率作二纸付去。

六日　庚午,初伏。晴

程屼樵送羊。出吊杨六嫂,便访容丞,与同至朱嘉瑞买绔带,闻闽馆有戏,约同往。余先入道署,访华甫不遇,遇王、朱,小坐,出则无戏。便过子年不遇。过府学,试问张老师,云在署,入谈,吃局,乘阴凉还。讲书。王妪来,以绍脯与珰。文炳告劳,令撤厨房。夜颇闷热,梦摊钱大胜而醒。

七日 晴

内外仆不肯撤厨房,仍就内食。钞《尔雅》十八篇毕。讲书后下湘,甚热,步至衡阳,陈华甫亦至,坐吴养煦斋久谈。陈衡阳频来催,云萧少已至,往则庄师、程岏樵继至,任师后来,纷纭二时,乃入席,夕散。与岏樵步出,复过其家少坐。程生遣镫送登舟,乘月还。浴。

八日 晴暑

在内斋讲论。周生、李复先生来,言卝务,云黄修元先生将按临矣。胡甥又来。致功儿书,犹是前古之事。

九日 晴暑

晨不思食,但未拔剑击柱耳。饿一日,亦甚适。常婿夕来,云明日还家。斋夫、外甥、萧衡卿来求救。

十日 阴

未讲书。曾醒吾来,送酱油,同下厘丰小坐。入城,步至衡署吴斋,云四人公请斗牌。初无至者,郑二少耶、张帐房来陪,皆不内行,已而庄、胡、任并至。会食甚饱,散后复小坐,吴遣送出。半道遇廖升来,迎至安记,小坐,欲睡,岏樵来,程生及李子正来,二更始散。夜寒。

十一日 晴

看《西湖志》。过程家朝食。萧衡卿复来求救,程生所用萧铣卿陷之也。而程生不服,云铣卿正人,衡卿哥匪。余既不与世事,任其颠倒而已。见冒籍李副车,已改正得馆选矣。父必昌,王赓虞旧交也。南人北相,在袁、曹之间。同饭罢,还安记,看《西湖志》十本,写字十馀纸。庄、颜来,乃同步至道署,客无至者,唯吴养煦先在陈华甫处。华甫生日,未往,而坐食烧猪,并与通判斗牌。夕还,渡夫小儿榜船,亦俄顷而至。

十二日　丙子,大暑。甚凉

朝食后刘、张、毛三厘员来。常霖生来,谈盗技,有声有色,云近日盗俱能者。张家年侄来求信,与书李督销试之,俱未饭去。讲书未毕,已夕食矣。夜月,早眠。

十三日　晴

频日欲雨不雨,气凉云阴,从来伏日所无也。钞《尔雅》草草毕,非佳作也,正了一年工,同于运甓。

十四日　晴

看课卷,定等第。下湘寻刘子惠买煤,便要同至安记,寻钱,开菜单,至张子年家,托其代办,还渡头呼船还。讲书毕,小惕。斋夫二女来谒,召入闲谈。闻足音跫然,功携两孙、三孙女来,云三女皆至,自往船迎之,遂不夕食。夜饭半盂,复不能寐,凡再起至晓。闻毛杏生将告辞,往留之,因遇孙丽生。

十五日　阴晴

出食外斋,讲书,问难者相继。午晦,衡阳送瓜来,方食瓜,又挑一担来,不知何从,知必舆所贡也。初十出场,十一专人,尚为开展。庄观察借五十金,送家用,亦并寄来,以赎前掣白剪绺之咎。刘子惠、毛杏生来。颜生父子来。欲雷不雷,亦竟不雨,然夕阴如秋,乘凉俱睡。

十六日　阴晴。庚辰,中伏

早起,未甚思食。午初下湘□瓜,至子年宅,托代办请客。客久不来，过午，庄师始至，任、吴继来，较牌。常霖生来，陈华甫、王辅庭同来，更招刘子惠谈厘务。戌初设坐庭廊，飞雨飘背，移内斋，热甚，草草而散。王、吴待轿不能去，仍补一较，冒雨俱舁还。龙八来，云功在程家，且携两孙，不能来。榜至东洲，已见月矣。

十七日 晴凉

李生独讲书毕。两女点书，写意而已。纨经已毕读，且授《诗》、子。遣复出看陈十一妾，因过孙、程、江，亦欲看江养孤女，夕雨沾衣，云皆未见。功亦冒雨还。

十八日 晴，仍凉

仍令盈孙从我点读，并为三女点读，长日有事，亦不觉长矣。

十九日 晴

遣问木料价值，因知工部定价民间上下之故，盖银两有定，而一两易钱多少则无定。今银一两，值钱六千四百，谓之八贯，可至三、五贯，必不能两贯、九贯也。始浴。陈十一郎来，诲以求友纳谏之道。

廿日 晴

毛尉来，云即当购木，迟无及矣。余行事必待时，往往迫促，木筏以六月半罢市。

廿一日 晴

武冈张朝贵来见。武功忠勇皆今所不取者，而邓翼之、尚之坚坐待见，亦一厄也。

廿二日 晴，比日俱凉

岏樵晨来，留饭，同下湘。诣冯、杨不遇，渡铁炉，步至安记理帐。过纯卿，云王濂中伤，员司代之。俞廙仙擢晋藩。桂臬移湘，陈又老险哉。朱弟转翰讲，司经局。明印无清文，亦一异闻。

廿三日 晴凉

洁翁早来，云老来不宜午出，宜自珍重。吐哺待之。午后稍热，再浴。今年伏前宜浴,未敢太早,至此已过浴时矣。

廿四日　晴凉

与书莪女,寄布去。去年亦此日发信,匆匆一岁矣。夜为寱语惊醒,遂不寐。

廿五日　晴

朝食后出,藏镪往木丰市木,局员、绅俱不在,交稽查而还。讲《司尊彝》甚轇葛,颜通判来乃罢。食瓜。夜早眠。

廿六日　庚寅,三伏。晴

大风卷我屋上三重芦。讲"齐酒"半日,稍有头目。齐、酒截然二种,而醴有清,糟又谓之清,与清酒之名相乱,故互混耳。天子祭礼亦似可推。黄船芝来。夜食瓜稍多,不适。

廿七日　阴

早凉冷,蒙被久睡,向食时乃起。讲"齐酒"仍轇葛,以《司尊》四酌无泛、缇、沉,郑以意上下,从之无实据也。衡阳片来招饮,正欲往说萧侯鹄,舁至程家,云去矣。待顷之,往见斗、踈、丁笃生。程生论萧事,断断似欲假此除之。程衡阳方信用之,非疏远所能间也。云吾两儿考试,均在优等。珰遣人来。

廿八日　壬辰,立秋

朝食后觅洋表,乃无自随者,向向生假之,又久未开,西学不行,大异四十年前。借日圭定时,正巳正,立秋矣。吴仰煦来,上虞生员也。任小棠高足弟子。言王介艇以官殉友,北人乃有此高义家耶,可无恨矣。长沙遗缺,府必欲到任,本缺,遂不能不到任,又裕守不虞之晦气。今日稍热于中伏。

廿九日　晴

朝食甚晏,方催促甚切,外庭爆竹振响,知报懿入学者,仲子长儿亦有名,吾家正盛时也。留玿家人待信,竟得之,亦可喜矣,即作书遣之去。诸生入贺者三班,遂不能饭,散学一日。盛暑,杨慕李招饮,小睡而往,张子年、萧伯康先在,陈丹池分府、笃生、张监院继至,斗、䮷后来。步还,甚热,温风吹水,倦睡片刻始到。

七　月

甲午朔

晨出点名毕,作两书寄两宅,以卌元遣家佣去。晴热罢讲。陈衡阳来、颜生父子来,亦未能讲问。厘局送瓜,夜剖一枚。浴毕而寝。

二日　　晴,有风

商霖来,留饭去,草具甚恶,无复家法。甚热。

三日　　晴

风吹如烧,始知秋暑。冯洁翁次子来。

四日　　晴

更热,然尚可坐卧,似减于去秋。复讲至晡。看刘基所临书谱,似是真迹。

五日　　晴

晨索饭不得,下湘,谢洁翁,乃反得越物以归。渡东门入府署,人夫俱饭于任师。旋至通判署早面,至衡署答吴,过程、陈两郎小坐。已午,至厘局,孙老总形色仓皇,不能为宾主,还食瓜。房妪口角,稍申饬之。长妇云震惊家人,因未深究。盖谗人在侧能生事,唯智者能照之,则亦无所能为,不若佞人移人不觉,虽圣王宜先远之。

六日　　晴

晨约诸幕友便饭,遣船对岸迎之。麻七子先来,因留陪客。盛清泉、杨斗垣来,久谈。文太尊又至,任、吴、胡、江尉、庄师均在内,移诸女楼上,乃得三客坐。张保吾捕厅来催饭,令去,比食,日午矣。任师急欲去,匆匆俱行。

七日　晴。庚子,末伏。愈热,夕大风雨

颜生父子及顾子来。杨慕李来贺。文太尊送京靴,正言无人送靴,喜而受之。夜雨未已,乘凉早睡。令诸儿设瓜果,聊应节候。三更复起,食不托。朱纯卿来辞行。

八日　晴

当出,且挨一日。魏二大人、张老师来。客去,乃悟明日忌辰,不可出。刘、毛二厘员来,毛言买木甚贵,当俟明年。

九日　晴

冯、萧来,不避国忌,非宦家所宜。萧生父子勇于构讼,当戒饬之。夜雨。

十日　阴凉,始有秋色

改定《酒正》笺说,“三贰”且含胡了之,取无违反而已。

十一日　晴,复热

朝食时,黄佩石儿来,沈子趣婿也,未遑与谈,且出谢客。至府县署,因留夕食,遂渡湘答三家,仍还衡阳,乃初无设。见陈华甫之兄倬堂,未夜还。

十二日　晴

晨与黄郎略言其家事,留之尝新乃去。

十三日　晴

长妇生日,自至吾家,未尝特设,命诸女为作汤饼,又不能自办,街上觅人,至午不来,程岏樵不能待而去,陈华甫来吃面去。夕招颜生父子来,及廖、李、杨、黄并食。余三碗后,退饭于内,饭不可吃。作

书与庄米朱〔汤〕送黄郎去。

十四日 晴

程生请饭,而以各幕友作陪,未便占坐,辞之。再遣来邀,适值大风雨,遂不能去。朱纯卿来辞行。

十五日 晴

夹水送贺礼者廿馀家,虽不尽受,颇为繁费。张子年、朱得臣、唐澄卿来。夕有雨。今日戊申,处暑中。

十六日 晴

入城答谢陈、唐、朱三家。华甫兄弟约便饭,遂至朱家,解带脱靴,至安记小愒。云朱纯卿已至道署,步往略谈。任、吴、庄来较牌,夕还。秦容臣来。

十七日 晴

彭公孙来,由刑郎擢取知府,请假初还。不甚知京事,乃不知有陈伯商,朴笃如此。云过鄂见孝达,此外皆未谒,王藩之教也。得茙女书。

十八日 晴

下湘,欲过东岸,日色杲杲,仅至秦家少坐。步至衡阳两县,刑幕公请,而胡子阳以交代不至,庄师谢寿来,遂与孙老少学由湖之戏,算牌繁难,非闲适之具也。将夕,胡、任、陈同来。程衡阳以诸幕局骗欺之,怒其幕友,吴亦大骂言去,殊不顾客。余方念酒食征逐,亦须口福,恐无以堪之。厘局方散,四幕难继,果有风波,可为笑叹。

十九日 晴

讲内史属礼官,而职任枢密,为礼部增价,后世无其意也。作书荐余华于右铭,何镜海旧僮也。何、张生存交游甚密,死后颇羞称之,知择交不慎,徒取才气致然,虽诗本无名,岂能自掩?复紫谷道人书。

廿日　晴

晨阅课卷,新说颇多,俱驳斥之。午日甚灼,步至彭、丁家少坐,正见纯卿开船渡湘,至衡捕署,江尉办具,与余同约吴、胡便饭,因及张、陈、任、庄,较牌,甚热。夜还船。

廿一日　晴阴

得陈芳畹书,看道光上谕,措置夷务,庸臣欺饰,与今如一。方知湘军成功,非关运气,在无官气耳。晡时大风雨,甚凉,已而复热。萧规秀才来,正七十一矣。

廿二日　晴热

斋长始回。胡甥为周妪所骂,涕泣而去。不欲守本业,因假此以发怒耳。

廿三日　晴,热甚

看唐诗,聊以逃暑。讲《周官·司马》分眚、削、坛、社,未甚的当。侵伐则有久暂之分,侵谓屯兵渐逼之。《传》云"粗精",犹浅深也。前讲《诗》分天、帝,《大明》天帝相混,殊未可分,一简之中自相违反,可怪。

廿四日　晴

夏生儿来,留早饭,遂入内食。改功儿"当直"之解,亦无以异于蒂蒂儿。答访萧规,已去。至府署较牌,热不能食,夕散。异至厘局,一了酒债,报饭恩,自此绝矣。还进果饮,犹热,乃寝。

廿五日　晴,早起不凉,午后愈热

竟日未事,卧看朝报。

廿六日　晴

发山东信,亦请王观察代寄。麻年侄来,未见。夕始凉,夜雨。

廿七日 阴晴

说《诗》“清酒”、《记》“盏酒”，总不能合用，唯有鬯，今高粱烧，盖古名盏酒，于朝事时酌奠，涗以明水，故曰“盏酒涗于清”，清为水号，非清酒也。涗水之鬯，《诗》名曰清酒，又曰汁献。涗于盏酒，谓以郁和鬯也，《诗》名曰黄流。王赐鬯以祭君，祭时涗鬯以奉朝事，故先曰黄流，后曰清酒。《小雅》曰“祭以清酒”，则谓赐鬯以后事也。显父饯韩侯清酒百壶，亦谓上公三祼〔裸〕。周则改以明水涗鬯，鬯涗昔酒，故《记》以今事喻古，曰犹明清也。明与盏酒，即盏酒涗清，清与旧醳，即汁献涗盏酒，清则鬯名，非酒水名矣。

廿八日 阴

入城寻张子年，讲书毕始往，已晏矣。取十元而还。夜雨。

廿九日 晨雨，旋晴

待讲书，又无人来。午前与杨生同下湘，至清泉胡幕，其子又病热，客主不安，勉与杂客共戏而还。得舆儿、滋女书，舆与兄书文词甚美。夜起作书，请张子年呼匠算屋材，遂不睡。

八 月

癸亥朔 白露。晴

待晓朦胧，忽不欲兴，因外已三点，始出。盥、衣冠毕，日在人甲矣。初以为正课生半去，乃犹馀十五人，多半昨夜来者。李、杨均不入讲，自改《司尊彝笺》。颜生父子来，闻其兄弟参差，欲问之，未便穷诘，遂不提及。

二日 晴

杨生假归，寄砖钱与冯甲，又与书永、桂二守，荐颜生阅卷。张子年来,商量请客。竟日教读甚倦,未夕即睡。

三日　晴

鸡初鸣即起,凡再睡皆梦,未甚着也,起时日上窗矣。去古既远,不独制度难明,即酒亦彼此差互,且先取《礼记》列之。常霖生来,又问作酒法,乃分三酒为黄白三种。周生焕舟夕来,半日对客,未暇寻检。

四日　晴

晏起,检《礼记》诸言"酒齐"者,以盎酒为最舛互,分殷、周说之,苦无证也。胡童、宾生来,正作汤饼,留之点心。得钟军犯甲午冬书,并寄八分一联。复得李督销书,言子弟尽在江门。刘、张必欲寿我,喜而折屐。

五日　晴

晨起衣冠下湘,至厘局,寿孙母,遂留面饭一日,较牌一日,酒阑人散,不胜宝玉之感。又闻朝出两使,查办十款。又闻翁守擢抚,衡人望幸之情,皆可笑可乐。夕还。永新贺孝廉来见,皮六云弟子也。

六日　晴

朝课毕,携盈孙下湘。至四同馆,请张子年馔具,约牌客东道,兼招监院、陈华甫,较牌大胜。庄师齿痛,不能坐,先去。

七日　朝阴

将答常霖生,逡巡日出,遂止。发帖酬宾,至夕乃下,大风,舟不复流,泊柴步。至德丰,客满坐,皆雪琴孙及族子也。未甚酬问,匆匆反船。有一船来就,云清泉客,则贺尔翊也。云相寻再过矣。三顾草庐,由是感激,要还留宿,谈《公羊》、时事,云张謇状元劝君读《朱子全书》,骆成骧状元"主辱臣死",皆不遵格式,以得高第。文间面已至长沙,叶麻子入都矣。

八日 晴

晨起客辞去，遣船送之。曾主事熙子缉来求书并贺，各书一联赠之，因作字半日。谭妪来，磨墨拂纸，已生疏矣。

九日 晴

盈孙读书迟钝，似不必教，因无事，聊与为无町畦，而愈教愈顽，有似郝联薇，怒而责之，殊无益也，且又置之而去。入城至衡署，章月波作东，牌局阑珊，未终而散。与任、张同过江尉，庄师亦来。夜宿安记。

十日 晴热

屼樵来，陪早饭。遣迎女妇、诸孙看戏，至午皆至。步入彭祠，见蔡子固，心泉少子也。年幼刁膞，亦自开展，可造之材也。魏赓臣儿来，亦不儇佻。胜源老板则无可说。凡官幕、绅士廿三人公饯，男女四孙设六席，亦甚费。夜月清凉，惜无歌管，率房媪船还，呕吐如在海船，夜寐不安。三女俱留程家未归。

十一日 晨雨顿凉，始成秋景

今年暑炎至百廿日，惫哉！程生为廖生和讼，廖不干己，程反干己，为发名《春秋》之义，云可取和，则胥命之说与？可为一叹。

十二日 晴，复热

请张子年办具，假席彭祠，大飨诸送礼家，凡廿九人，外除三人不至，共坐五席，唱戏甚热闹。诸女悉来，本可早散，客不欲去，遂至密雨，前去者干手干脚，后者困踬。先本在城不回，既雨，女妇坚欲还寓，泥行出城，幸遇程生舁来，中道乘之，仅而到船，与三孙二女同还。睡顷之，十女等始至，先热后凉，一觉至晓。

十三日 阴雨

晨起方知佣仆昨夜均还，唯功儿在城。俄而甚凉，方忆无衣，则率周媪还矣。功幸未病,周乃暴疾。

十四日　阴

颜生来,豫贺秋节。蜀傅生求见,以无因辞之。夜见月。

十五日　阴雨

避客居内,亦无节景,放散生徒。索面极醻,陆续小食,殊未能饱,饮酒一杯而罢。二更后有月,仍有诗兴,结习未忘也。

十六日　戊寅,秋分。阴晴

陈又老所避日也。得张生书。晚间议专足至省城,询两儿踪迹。懿儿还,襕衫谒觐,家人欢笑。陈十一郎来,未暇出见也。

十七日　晴

令功儿清客单,院生犹有卌人,当治具燕之。因作衫袍,十馀年未有此盛举。

十八日　晴热,复纻衣

功儿往程家代媒。晡时疾风暴雨,似夏日气候,秋分后未尝见此,已复暑热。城人夜还,乃云无雨。

十九日　晴,蒸汗如雨,而不可解衣,气仍冷也

步从西岸至白沙丰,无一人,唯一巡丁磕睡,亦一佳景。还船,甚暑,夜卧,汗透枕席。尽写送纸,还书债,亦颇有佳者。遣龙八还。

廿日　晴,烈日燥热,可纻衣

欲整理诗书,重写一过,嫌老而不休,近蠹鱏也,又无佳纸笔,且徐徐云。夜月凉朗,赏秋佳处,正在内堂,惜无同话者。茂修来,又豢一盗焉。

廿一日　晴

改定《礼记》"明清盏酒"之说,及"醴盏在户",终不妥密。邓在和来,云其外祖墓被发。程生来,问之乃新改葬谋地也。乡人亦狡

诈，置不为理。遣房妪为诸女制衫裙，自送至城。因过衡阳幕、尉看病，尉不能兴，幕留斗牌，甚热，然饭两碗，夕还。月出。

廿二日 晴

遂成秋炎，不复有凉风，晨气亦不润矣。李生讲《周官》毕。

懿说“戈胡”，未审其制。戈为句兵，字从弋，有枝在下，而用在入决，今无其器。

廿三日 阴

程母升主，恐冯洁翁往而我不往，则与“登堂一人”之句有愧，因往视之。至则已毕事，客无远至者，乃还。过子年、容丞，容丞云孙总逃去。迂道往验之，兄弟俱在，云张总来矣。留食韭合而还。待船轿于太史马头，儿孙往石鼓，亦来，令同还，未几已夕。龙十买刀而还，久不见此凶器矣。

廿四日

晨起微雨，有桂花之想，昨觅皆无花蕊，云无雨故干。朝食后大晴，日烈可畏。二程来谢，皆未见。水师来请客，再肃矣。下船，逢张子年，未能还陪，舁上马头。客皆非昨单上人，乃四学官。有聂约翁，云易实甫寄问，似是武陵人，而音殊不类；又云陈我山同县，则武陵明矣。不甚说话，唯与黄将论战事，颇称李希庵，与余所闻不同，亦以看地势为主，湘军派也。言阳逻之战，及唐艺渠，如见当时军容。

廿五日 阴

朝食后晴，比日皆如此。毛尉、衡、清二学官来。聂镇衡字岳峰，非约也。云与秦子质同年，易油壶之师。正宴院生，便留一饭，梅意欣然，聂似不肯，小坐而去。设五席讲堂，集者卅七人，各送一觯，序齿费推排耳。未夕散。远者有颜生之子，旧者有喻、邹，达者有程、萧。而萧未入席。

廿六日　阴,日不烈矣

令懿出拜客。得易仙童、曹主事书。常婿遣人来。清坐无事,复有钞撰之兴。

廿七日　阴

懿早出谒谢,余亦于朝食后下湘。步往府署,问木器,乃无所有,勉留较牌,作饼未能待,日已晻矣。舁至彭祠,陪两县。八主人内有一人母于本日死,与成静帅仿佛。演戏至二鼓乃散。

廿八日　阴

晨起作书,约文心来游。家人皆早起,斋长来诉斋夫,余云此监院事。官话也,又安能逐斋夫,不过陪礼,愈增其丑,便令绝不与斋夫交际。近日书院往往有此,由立法者更不及前人。夏五彝来,谈小学。懿往姊家。

廿九日　阴。有风颇凉

丁、黄来答懿,因留小坐。写对屏十馀纸。与书文衡州求馆。

晦日　晨阴,朝食时雨

王枝大来,石门旧邻也。询其桃花,死矣。桂树犹存,花香已残,城中遂无桂花。忆丙戌秋初访东洲时亦迟,城人哗言早故,未尽然也。夜雨,腹痛。

九　月

癸巳朔　雨,遂深秋

晨起暴下,似不能出观礼。闻杀牲甚早,以为当行事,出视院中,均未起,唯斋房有明灯,厨中人喧耳。将午,始祭船山以乡贤之礼,兴此六年,今稍习矣。张监院后到,泥谈而去。余亦散学,竟日摸牌。

二日 甲午，寒露。雨竟日

将遣女妇入城，已妆不得往，乃命功冒雨至程家，贺程嫂生日。六十七年为妇，今乃申尊，故当一往。

三日 雨，湘涨丈馀

程岏郎来谢寿。刘生岳屏病发告归，廖胖入城发戳，精华去矣。今日愉悦逾常，未知何祥。

四日 雨

始检《诗经》，斟酌笺注。入厨见仆妪狎坐，惜张生不在，未能整顿。写字数张。桂阳刘生亦去。文衡州书报许诺。

五日 雨

晨起，责数女佣，涕泣不服，恐其张也，自为掩之。方知男女之事无日不有，佛言善哉，诚为善教。吴僮复诉青蝇，可谓不自量，要之此奴庶乎不浸不热者，死生利害不得至其前，其至愚若圣者与？夜再起，风雨鸡鸣，颇为不夷。

六日 晴，遂有霜意

欲写字，无话可写。方知宋理宗书楹，为累后人。七言对犹易开销，八言四句不能猝办。秦容丞、麻七郎来，容丞老而检束，犹有古风，兼能切磋。

七日 晴

入城唁朱德臣兄弟，便答访聂约峰，云病未食。见梅澹翁而还。过衡阳，略问试事，兼知厘局事可了，孙老总颠矣。请岏樵办具，为重九之会。买米、油、丝线还。渡夫云四少已归，三女不至。得黄佩石书，谢啖饭处。

八日 晴

孺人生辰，命作汤饼。儿妇问当供否，以既祔，“无丰于昵”，不别供也。常氏一行,而费四万钱,信俗之奢,使文节闻之,当骇绝矣。

九日　晨雨,旋阴

合家出游,二子两孙先去,余率妇女泛新舫至新安馆,真女、慧孙从余上,迟桂初开,不负此集。冯洁翁早来,岏樵、文衡州继至,彭郎中后来。夜风甚壮,携女、孙同还,微月。

十日　晴

待信未来,诸事且停。蔡师耶来,亦心泉子也,开展无俗气。言省事不尽知,知不敢效小棠矣,不甚以桂臬为然。

十一日　雨

早课毕,下湘,将答蔡郎,知沈有昏事,未去。至张虞阶处,日晡矣。约客无一客至,唯道遇吴师,顷之亦来,云孙翼之上船矣,为之凄然,酒肉朋友亦有恩纪。华甫、辅丞来,遂同较牌。通判至,代华。胡子阳、杨子亨后来,皆衣冠,半局而散。食复不饱,酒后复终一局,舁夫有怨言矣。秋夕言寒,贫人可怜。夜雨,起听鸡鸣。

十二日　雨

晨梦见会试闱墨,云懿作解元,其文皆五六句一条,记杂史事。又五策在前,上刻原问,文理粲然,唯不见懿文耳。

十三日　阴晴

朝食后至大马头,登孙老总船送行,遂至府署,吴、陈、任、胡请分府委员。看京报,设书局,派孙老总五兄为老总。顷之颜通判入内庭校牌,竭蹶半日。客有石平甫之弟、李委员、蔡师子、江捕厅,馀皆狎客。设食甚饱,二更还。

十四日　阴晴

陈郎、杨、萧、孙老总兄弟及哨官王姓来,云莫擂卿旧部也。纷纭一日,无所课作。夜月甚明,斫桂一担,并作包子。

十五日　晴

写字无墨，遂罢。欲送孙翼之，无船亦还。斋夫女婿来见。李恪檄来，送方物，云自郴来。夜月，女妇泛湘，采绵而归。

十六日　晴

看《中日战纪》，全无心肝人所作也。李生言杂人溷迹斋房，余亦如曾文正大鱼不迸时矣，从人遂有三烟徒，尚何暇外治。

十七日　晴阴

写字二张。今日己酉，霜降。午殊热，不可绵。湘复小涨。卜允哉来，诉女无所寄，允为照料。

十八日　晴

毛杏生晨来谢文。朝课毕，日斜矣。从新城步绕岳屏至西门，诣衡捕、萧教授，借地请客，皆师耶也。烧方作饼，不似豆腐官。夜还欲雨，幸未沾衣。

十九日　雨

纨女更讲《史记》，日受一卷，殊不能解，贤于摸牌耳。自十七日起，今已三卷。

廿日　晴寒

郑少耶来，老湛三子，殊嫌其多。先孺人生辰，未敢设面。讲《周本纪》后采《国策》数事，虽欲著其微弱，乃取市井反覆之言，登之高文典册，以续六经，乖史法矣。

廿一日　晴

颜拔十子来，言其仲父欲令往耒阳代父阅卷，余云无此理，得钱无救饥寒，而失礼信，不可往也。存此说，亦使后生知处世之道。

张少衡来，盖不知有师白山房者，云曾于高庙、营盘街皆相见，动十年也。余初见之，似尚朴讷，今又稍发舒矣。书一联赠之：“念我能书数字至;羡君不入七贵门。”七贵实一贵也,而又不贵,贵之所以贱之。

廿二日　　晴

孺人忌日,懿犹能哀,可喜也。朝课未毕,龙、马、贺孝廉来。龙则起涛从子;马,常德人,从永州来,皆馆清泉。龙名国榛,字兰友;马字士元;龙、贺同县。颇问文、诗门径,因与同往讲《论语》。至潇湘门,中途谒胡司事,看眼,余步至衡署,答【下阙】。

廿三日至廿四日　　【阙】

廿五日

【阙一段】女。因至城,入府署,游螺园,满地燕支,大有柳梦梅之感。还招吴师较牌。黄生自来。颜生频来请,往则华甫先在,胡子阳亦至。较未三局,突来一人,余起避之,遂至船。遣寻两孙未得,独还已夕。懿率两孙先还,家中犹未食。屽樵送菌,煮食二碗。功亦亟还,云明当早去也

廿六日　　晴

晨促功去,独在外斋校《诗补笺》,又不知“肴核”之义。有送字人自称蜀生,辞之未见。功初夜已还,寿孙同还,云二日未食。

廿七日　　阴,有雨

长妇招两女同看王嘉禾妻,李生告归,内外清寂。将遣人还办烝祭,欲待省信来而自往,至是日近,又久停课,不可往,乃与书李艺渊,并寄莪书,遣龙佣行。夜雨。

廿八日　　霁

龙佣去,妇女始还。卯金之子亦去。王生妻送汤丸,饱啖而寝。夜雨。

廿九日　　阴。夜雨

卜允哉来催信,云“将为挈钱凭据”,换羊,书不虚也。家中尽

出，龙八来，乃未还城。城中儿女等乃云我还山矣，寄果菌来。周生书来，亦言书院事。二百卌石谷须奥援数人，其可叹哉，然吾于此不愧陈右铭。麻郎送佛手柑。

十　月

壬戌朔

校改《诗笺》毕，又增“自羊徂牛”一义，殊为罕得。院生有经年未到者，为讲道、食不并谋之义，并稽名册，将小罚之。时阴时雨。伍生来，言书院文体王、刘异趣。

二日　阴

讲《史记》律于兵，尤重方士之说，假托《周官》吹律听声，凶则不出师耶？殊非兵法。程生来。珰送菌芝、风栗。颜儿片来寻懿，遂不闻知，亦可异也。

三日　阴

为伍生写字，纸滑墨不干，遂罢。程生母来，初到时请不至，以为不好游，今复自来，盖其姑以寡妇不可出，不论年也，其谨如此。颜儿来，略问其家事，颇分别会意、谐声字。

四日　阴

萧侯鹄复求入肄业，笑而许之。程生母面邀诸女往看新妇，遣纨、真往。因论无衣以无母，今孙女有母而无衣，又一奇也。丁宁顾婢子，语剌剌不能休，老而有女态，亦势使然。复女独留，欲略教以笔法，懒未能也。

五日　晴

戏令诸女立字课。夕自率三孙下湘迎两女，久之不至。小雨无篷,欲上岸,又无人守船,亦小窘也,幸雨不成。周妪来,云异轿越领矣,乃还。湘涨行迟,明镫乃至。

程生为张儿求书,已书,失之,因再作二语与之:“知君开馆常爱客;赖尔高文一启予。”

六日　雨

乞菊于斗跙,得十二株,便有秋色。程孙来,言抚台将至城中,正办差,未能往看也。菊花想长价矣。讲《天官书》,复得启明、长庚之说。

七日　雨

欲至城居,稍营衣食,遣至厘局寻船。因阅课卷,诸女早课未毕,已夕矣。乃云夕食太晚,饭复不饱,非亲见,几信以为实事。

八日　雨阴

厘丰附一船,但至湘潭,辞之。朝食后讲《史记》毕,写字四张,率吴僮以行。至城兑银钱,因至衡署,问办差事,诸师均至道署去矣。欲出北门,恐船未开,还至旧步视之,正逢船工,便至耒口。附煤船,夕发,宿杜公浦。逆风吹雨,终夜酣眠,不知行旅悲也。

九日　雨,风横有声

船行不止,朝食后舣雷石。船人但云彭宫保死后,横加至两倍,果有之耶?夕舣石弯,看盐亦觌琐,不似常时。夜宿四竹站,过百里矣。雨气愈浓,欲作诗不得。

十日　蒙雨竟日

舟外冷潇潇,贪程促夜桡。雨笼千里色,风急五更潮。征路从凄械,秋情爱寂寥。霜花何处好,行处酒旗招。

近岸鸣秋叶,乘流压浪花。依然篷背雨,来听晓飞鸦。过县行如客,听风卧到家。居人问安否,一笑对浮槎。

舣株洲，卖私盐，至夕乃行。冒雨逆风，泊向家塘。“门外潇湘一带宽，为乘霜涨逐鸣湍。朝看紫盖松云白，晚惜朱洲柏叶丹。风力岂知难近鹢，雨声犹似暂凭阑。无端估客谙行路，不遣寒舟犯夜滩。”至夜雨亦密。

十一日 晨犹淅淅，起乃少霁

至县命停桡上岸，寻朱倬夫，至学坪，误从左，乃至瞻岳门，还旧路，从亭子塘至宾兴堂，乃无一人，复循城至育婴堂，又不得门，出巷左转便得。许庆丰遣招，许生父子俱出，留点心，遣其子送至船边。还卧，顷之六耶、月生寻至，留坐久之，去而复来，送黄甘八枚而去。开船，夜月，过昭山，舣靳口。

十二日 晴

晨未起，已至西湖桥，船不再下。从陆行七八里到家，外孙欢迎，舆亦在外，正逢宗兄送米，未及交语，湘孙出见，三妇、滋女、次妇均出。余仍楼居。

欲出，未知城中何衣，自往抚辕伺之。久不得轿，顷之狗门内来二轿，从后觇之，则直入宅门，必私人也。念李石梧被鞭，不敢更入，往来裵回，竟无人来。直从府街至贡院街，入曾祠，僧门不启。伺候张雨珊之门，乃见一客，又未见其衣，而何人呼问思贤老师何姓，惧门启，乃出。至前门，又遇张仆，问知陶大人穿绵衣，乃还。

出拜李督销、王祭酒，并云中丞请去矣。亦欲诣中丞，而嫌未请，乃归。遇督销驻杨家门前，杨家久无车马，岂道台归来耶？还与宗兄夕食。致正旸书。

十三日 晴

舒孙从余眠，五更醒，喃喃至日出，语不休。起未暇食，衡使来，后二日发，后一日至。得张生做媒书，便复书，令斟酌婚期，乃议下聘。出寻瞿七哥打金首饰。

十四日　晴

晨出看木器,无可用者。还朝食,令揩子与舆看衣。楼窗日照不可坐,为舒孙点《诗经》毕,便下,游行。瞿海渔夕来,至二更乃去。

十五日　晴

与书李艺园,取股票钱,午乃更送六蟹。陈佩秋来,送昭潭首士书及倬夫书,措词甚得体。胡大耶来。笠云送诗,欲约一斋,未暇也。陈梅根来,云欲馆欲官,匆匆便去。

十六日　晴

晨未起,张正旸来,余已戒行矣。佩秋又来,云欲入卝局,留坐一日不去。买衣物毕,已夕矣。待饭不得,乃留张生外斋,食毕已夜,不能出城。五更府街火,人声喧呶,惊醒不见火光,乃睡。

十七日　晴

先考生辰,未能待奠,设汤饼,拜奠,遂与张生同行。道遇曾昭吉,欲要余还言卝事,余云余见言卝者则憎之,无他事,不必还也。至船,已有杂人,无可奈何而安之。行半日,未能十里,夕乃稍驶,泊东岳涧。

张生唯问《庄子》至人、神人、圣人之分,余云此横担题也。尧为神人,许由四子皆次之,一让一丧,出世事也,未若入世法,入世则神矣。夜帆风行。

十八日　晴

晓过昭山,巳到县,遣问杨生未来,移泊十五总。步上,从通济门入,至宾兴堂,杨生已至。韩石泉亦在,云可上衡。即同至许生家,坐未定,子云来,请石泉看船,便换张生同饭许家①,留坐久之。

① “换”,疑作“唤”。

云孙亦来看,便同至芙蓉园看菊,残英三四枝,馀买尽矣,唯野菊数丛,取四盆至船。出过善堂,遇杨胖,云书院首士已知不受聘之说,因留张生明日往喻意。要石泉同夜上船,仍前船去,杂人未能申要命也。三更复从观湘门上,泊九总。今日己卯,小雪。

十九日 阴晴,南风

行一日仅至马家河,夜泊下湾。偶论乡团,遂及攘夷事,精神为之一振,遂起觅火吃烟,已三更矣,舟人寱语与相和。睡醒,闻雨淅淅。

廿日 阴

晨饭后与石泉论六壬,请以昨夜事占之,云得伏吟,无成也。南风大作,仅至怀杜崖。

廿一日 雨

韩、杨登崖,还乃朝食。午后北风大作,帆行过朱亭,泊塘厂,湘潭地,对岸衡山地,去晚洲七里。

廿二日 雨,南风,北风无定,然皆无力

午初舣雷石,欲买菜,促行不果。至萱洲已暮,遂宿。夜风动舟,邻船皆发,舟人未敢从也。

廿三日 晴

北风帆行,至午风止,仅至大步,犹有一日程,乃泊樟寺对岸。今日风日俱美,舟行甚适。

廿四日 阴晴

欲至书院乃食,遂止不饭。船行极迟,到过午矣。邀客登岸,云胡子靖来此已数日,将与相见,忽晕眩不可起,食柑两片乃能行。所谓仲子三咽者耶?向来不如此,盖槟榔使然。饭后复睡,起摸牌,夜早眠,闻雨。

廿五日　雨

晏起,四川涪人胡云泰来受业,即前月所谓送字人也,正一月矣,乃得一见。卜云哉女来寄居,以其母亡嫂不容也。尝治莪疾,敛非女,有恩纪,故留之。正理女书,课孙读,不暇给,又费一时位置。校《史记》一本,未能毕也。二席不敷坐,始复独饭。

廿六日　雨阴

晨欲看书,因移去竹椸,诃问,未得主名,言人人殊,疑莫能明也,遂纷纭久之,已朝食矣。侏儒观一节,定不能察盗听讼。程岏樵偕其妻兄赵屿秋来,江苏令也,伯璋从弟。言曾解书至京,敕印《图书集成》,费数十万金,又不如和日本,败子盗臣,今定胜古。

廿七日　雨寒,始裘

除楼房,设榻。胡子靖去。看《中俄和约》,"俄"者,俄顷,岂云"义帝",义亦假也,未可号国。

廿八日　雨

楼居课读,竟日竭蹶,师劳功半,谁之过与?

廿九日　霁阴

将订懿昏,往城请代媒,因答访张次侯、赵屿秋,便唁陈华甫兄,陈兄未还。湘水复涨,冬波浩荡,又异于秋水,亦咏物家所未道者。

晦日　晴

杨盐局来,致希陶书。

十一月

壬辰朔

晨出点名,唯十九人耳。为懿订昏,写庚帖,请韩石泉、程戟传为媒，请张子年作陪，三师不期而会。午正交礼，申正会饭，余咳嗽未陪客，功为主人，一席坐八人，夕散。今日晴明可喜。

二日 癸巳，大雪。晴阴

感寒未愈，昨约公送任妻生辰礼，强一往。北风颇寒，半渡遇程衡阳，复还舟，同至斋中，作酪待之，程去日斜矣。复命舟，泊潇湘门，步至府斋，吴、胡方待我而设汤饼，席散，较牌一局，已夕。步至清泉，答龙、马、任、吴，张从。胡疾发，不能兴矣，何其速也。

三日 晴

昨遣龙八往珰家，晨而金妪涕泣求归，令待三小姐，必不可，众欲不给盘费以留之，余乃许自送以留之，逡遁遂不去矣。此又处事之一道，袁子才所谓大才小用也。杨生复讲《诗》，并课诸儿，工业早毕。

四日 大晴

遣功儿看木器，因邀石潜略游，余则督课未陪也。唐泽荫澄斋来，艺渠孙也，颇言京城事，博于彭孙，然非所宜言。

五日 晴

讲“清庙”，初不知清字之义，检《大传》亦近望文，以别无证，姑依为训。以意度之，清庙、闷宫一义也，皆无事常严之地。宫为郊宫，庙为祖庙，又不相类。

六日 阴

翻类书，求萼绿华、许侍中事不得，眼前典故亦费搜考如此。条脱大于指环，则非臂约，岂今搬指耶?

七日 雨

先孺人忌日，素食深居。

八日 阴雨

答访杨盐总，云通判缉私，斤两不符，将通禀矣，此又异于刘倅。

往衡阳问程明府,大以为然。及询诸幕友,皆以为然。颜、刘异行,而爱憎异论,可诧也。胡子旸生日设面,吴、任送礼,因入一分,便晚饭而还。

九日　阴

真十三岁生辰,放学一日。博戏,无肯用心者,余乃召三女摸牌,自申至戌罢。秦容丞来。

十日　阴晴

龙兰友国榛来,颇谈杂学,江西通人也。讲《诗》,因论世室但有二,以统诸宗,如二王后之例,似为简当。纯卿送水仙、黄芽、螃蟹、茶叶,皆清供也。

十一日　阴

王生自常宁来,云学使今日当至,至午果至,建瓬步上久谈,见示新刻丛书,复登楼啜茗而去,日遂夕矣。脯后衣冠往答拜,并请题沈石田画幅,还已二更。

十二日　阴

张文心孙来见,并致文心书及《婴山集》。婴山,文心曾祖,名诚,狂生也,亦有奇气。夜月。

十三日　阴

丁生德威来谈,托买橙,云无之。讲书毕遂暮。珰遣书来,云不能还,先使佣妪来。

十四日　雨

与书常霖生,问珰家事。卜二子芒芒来,兄弟并捆送清泉矣,与书盛绎卿,令释之。看课卷十馀本。

十五日　雨,颇寒,然尚小毛

杨生讲《诗》毕。斡〔韩〕石潜赠诗,有云“糟粕馀灵液”,知言也。真认字始毕一过,往年一月功,今须二年也。

十六日 雨。始裘

讲《史记》,觉所采未经整理,不为完善,如《李斯传》可删也。

十七日 戊申,冬至。微雪

石潜《球图》告成,方议校改《禹贡》。程生招陪朱纯卿,黄、冯、丁皆在,还船,满铺雪矣。

十八日 阴

三孙女生日,令作饽饽饴之。讲"夹右碣石",不得其解。始钞《禹贡》。

十九日 晴

入城看船,将欲避客,未发,有一船来,云府县案首,以为衡清人,未详问也。诣纯卿未遇,至容丞处谈,还至安记,看陆存斋丛书,买被褥施与内外佣人。

廿日 阴

颜生长子偕阳曲金副榜来,字立侯,求书而去。王灼棠送脩金四百元。

廿一日 阴,复煊

晨作晋、鄂二布政书。颜通判来,留早饭。饭后,余亦入城,答访唐艺公曾孙房杜[①],府案首也,并见其弟。入倅署,答金立侯,门者并云不在,自入,乃皆见之。少谈,至府幕较牌,坐客十人,前送任妻生辰纲者也。设食甚晚,席谈已二更,再较一局,还遂三更矣。程衡阳专来留我,遇之太史渡,辞谢令还。与任、吴议,不可不留,始定请客单。

① "房杜",下文作"杜房"。

廿二日　阴

唐澄斋及其弟云鹄、子杜房来,少坐即去。其弟送大卷来看,亦端洁无乡气。艺渠有孙,可喜也。杨斗垣病故。

廿三日　晴

毛少云司事来。写字一日。说《禹贡》夹右碣石及略嵎夷为东南海防;桓是织皮,为西北陆防,始知古圣瞻瞩之远。

廿四日　阴

常霖生来,言珰姑妇分家;龙十来,言滋夫妇重合,皆异闻也。吾女皆薄命,然非才貌累之,昔人所云殊矫激,《苦相篇》则合事情,夷狄贵女,则无此患。

廿五日　阴,大风

遣懿往送杨葬,因与常婿同来。唐澄斋送席,便招来饮,并招张备顺来饭。送菜不可吃,稍整理之。程孝廉作陪客。本期早集,乃至见烛。

廿六日　阴

入城问醵饮局成否,至安记,闻吴仰煦已在彭祠相度,往则江尉亦在,云四署合演戏,事在必成,已发帖矣。因邀余入县署摸牌,程令妻弟华、帐房张同局。庄师来,任师夜来,约明日集府斋,鸡鸣散。吴备具甚悉。

廿七日　雨

舁至府署,大设,招朱纯卿来同较牌,二更乃散,余冒夜还院。

廿八日　雨

晨起诸生预贺余生日,设六席待之,爆竹甚盛,不减成都。午后令两儿侍至彭祠,已起戏,陈衡阳已先至,诸客亦陆续至,应接不暇,遂成忙人。内外男女十一席,从人不与焉,颇似程寿星做生时,稠汤而已，应有尽有。鸡鸣客散，留宿彭祠，与韩石潜、杨生及儿孙分四床，女妇、孙女往宿王嘉禾妻寓。

廿九日 雨，颇寒

晨未起，屼樵已至，商霖父子复为我设寿堂，遂有五处供帐，亦少僭矣。拜生者纷至，避之通判署。颜生方科头指挥，诸客亦稍稍至，避西轩较牌，不能安也。因令真入府署，招文二女，皆不至。外设五席，内二席，眉眼一堆，实做一闹字。纯卿有诗赠双宝，开口一浑字，颇难和韵。三更客未散，余不能先去，分遣子孙、妇女先去，携纯孙至府斋，与任、庄、吴较牌，终局始鸡鸣，吴仰煦犹欲谈，余倦遂睡。①

① 缺本年十二月全月、光绪二十三年全年及光绪二十四年正、二月日记。

光绪二十四年(1898)戊戌

三　月

甲戌朔　　雨,寒甚

检日记,书吕册。贺门生来,居前堂东房。城中夫力还,云诸女昨晨上船,北风壮怒,未知成行否。送黄参赞《日本志》来,搜辑虽勤,竟无所用,不知彼国亦喜之否。若作小说,反有可观,顾忌既多,词又雅正,便成无用也。马卜儿百姓眠竟酣然矣[①]。

二日　　寒阴,颇见日色

理日记,写吕册,看黄《志》。冯甲亦成黄鹤矣。竟日倚闾,欲步濡泥,还卧,占书,忽闻轿至,则滋、真携黄孙已入门,乃反从姜畲步上,云船即至矣。遣轿往迎,三反乃俱到,卜女、湘孙、复、真也,张妪步从,周妪独后,来见,余正值铺床,鸡鸣乃寝,通夕煊和。行李暗至。

三日　　大晴。佳节良辰,犹有馀寒

移席外房,开窗复掩,不胜东风拂面也。午携诸女踏青。家紫桐儿来,与周浩翁师子儿周生同至。食饼,旋稍饱,客来已暮,犹未欲饭。王儿之树芙塘,昨夜被劫,尽缚人,被蒙之,席卷衣物以去,愚哉,劫也!诸女各占窗儿,明净可喜。余但书吕册一条。夜问诸女,

① “马卜儿”,未详。

劫至当如何？俱云避之。因告以德恭人前事，我所以不如之故，以妇女不可临时为避匿计。德事在丙戌日记。迎船夜来，吃荠卵、芼卷乃寝。

四日 晴，始煊，易绵衣

起行李。湘孙今日生日，正廿岁，以未卒哭，无汤饼也。招团总来，议设树艺局。县令送卷包来。早寝。

五日 阴风

懿儿假归，迎兄嫂。辅廷来扫墓，因吊彭妇殡，不饭去。召缝工、木匠，补衣安床。夜欲雨复止。桃李花。

六日 阴

许外孙来，云周铁已被陈抚捉去，云毁天主，当治罪也。盈老少来，皆未饭去。看课卷，周尚德论富弼，甚有词藻，及再阅他卷，乃钞袭来者，殊可怪叹，此题亦有可钞袭，则无所不有。未二更即寝。始闻蛙。

七日 阴

撍子早来，云周铁募勇。旋去。张星二来，言县传都总令妻病故云云。议种艺局事。阅童卷，毕百本。亥寝。

八日 晴，有雨

看童卷。彭鹗来，问富弼使虏。余云遣往议和，犹使长工议水分，必无死法。地在千里之内，亦非远适，而自誓以死，不发家书，则恇怯甚矣。宋主动容，犹谈虎色变，为忠臣所恐吓也。宋人习气如此，不足论。夜酣睡，至晓解衣乃寝。

九日 阴暄

童卷三百本阅毕。卯金刀来。桃李盛开，夜亦早睡。

十日 晴

晨课毕，饬船下涟口，至县到沙弯，月正中矣。暗行入宾兴堂，唐春湖之子屏丞在寓,待朱倬夫来,已二更,略谈即眠。

十一日

晨起,至石珊处问公屋,便至许庆丰借米筛,还堂朝食。二万郎来。饭后与萧某至书院取公谷,正遇蔡天民,同出买麻石、板绫还。舁出吊陈明府,小坐仍还。

写陈妻挽联:"早传闻官阁清贫,依然佐读青镫,又见郎君新射策;曾享尽人间富贵,今日满城红雨,正逢寒食夜啼鹃"。陈妻,叶故爵阁督之小女,所谓"卅六猫主人",筠仙所羡者。

蔡翁携莲儿来。龚吉生来,致陈公意,必留主讲,余云以不考不上学为妙。颜太守方断断不可之,宜先避也。又云何藩十七去,李臬明日署藩。诸事粗了,上船,还宿沙弯。

十二日　晨阴

见东方晓霞,有雨征,令移船入涟。甫至杨梅洲,大风已发,雨从而至,遂成狂风,甚寒。小涧犹不能进,三十子衣尽湿,浪泼入船,方僮助之,船内外皆湿,仅舣袁河。方僮上岸买米,夜遂不来。

十三日　雨小风止

三十子不能榜,一日竭蹶,仅至坝下。顾车运石,遂助榜船到家。夕食,华一、华三来借宿,未遑与谈,二更便寝。

十四日　雨寒

偶翻廿年日记,有感碑志之作,取严辑校张集蔡文,将勒一书,用便寻检,遂坐半日。周生来,云周铁下狱矣,亦一奇也。未夕假寐,二更解衣,四更复醒,将曙酣寝。

十五日　戊子,清明。阴,仍寒

晨起甚早,校蔡文。约邻农设树艺局,卅二家来者三分有二,一萧生不约而来,盛、张党也,然颇有条程,非附和者。竟日乃散,惫矣。

石珊又夜来,旋去。早睡。

十六日 阴

早起,将督土工,工殊不易。朝食,复报舆携妇来,大运家具,遂尽一日。召匠漆卓几。张子持来。前甲总来,请发传单,亦纷纭移晷,留张饭,去已夕矣。夜月徘徊,三更未梦,鸡鸣乃寝。昨始闻鹃,今乃无闻。

十七日 晴阴

晏起,改路就树,立门外督工。懿儿来,移室居之,新斋未兴工,暂居半山室中。作书告县令以种植之事。改周生所作《朱氏谱序》。周约能得我文,其兄便可得瞰饭处。此文有用,即援笔作之,名为改耳。仍令交倬夫,原手一就两用也。初昏便息,二更乃起解衣。夜雨,闻鹃。

十八日 午前仍雨,复阴

校蔡文,毕碑铭而止,以将大录汉刻石也。全文无《石鼓文》,《急就章》亦未为全。睡未着。

十九日 晨雨,午风而霁

遣迎四妇母子来乡居。工人起甚晏,乃反得晴澈,懒之利也。申正杨氏妇来,生孙将两月,始奉以见,□携乳妪。既皆见,乃令吊湘孙,遂饭。始见莪女书及黄年子书。陈抚监禁周、孔徒牒,易甥、孙婿时务议,新学鬼话一络流,可与康祖诒抗行。早睡早醒。

廿日 阴

始督工开土,而四人共锄一亩地,知其混饭,遣去。寻周生更招工,周生亦不知何处去矣。夕团总来。钞汉刻石文。

廿一日 晴,犹寒

钞汉碑,讲范史,论马武请伐匈奴,文情甚美,为班书所不逮。

徐甥来,送点心并其父书,求欧文。彭鹗再来。

廿二日　晴

朝课毕,出无车,令匠作一轿窗,三时不成。问银田寺去此几里,云一舍程。当往返,已晡矣,乃飞足而行。至新桥,张六不能进,蹒跚缓步,日斜竟至。团总议遏粜,云从众意也,虽遏犹积,但名不美耳。余云若拦路夺米,吾必治以劫贼之法。众人皆饭,余与韩某等同席,便辞出,见一肥人,云唐鸿圃弟也。弟十近在二甲,门有美塘,往来皆过焉。团局唤一夫送我,复飞足而还。至唐门正黑,乞火便行,到家初更耳。两时驰六十里,快于马。少坐便睡,夜半酣寝,不复知人。

廿三日　晴,犹未煊

钞汉碑,张公仙人九歌已录而不忆,记性不如人如此。杨家请周岁饭,四妇不能往,遣真女往代贺。午去,周妪从行,待至二更不还,余睡意甚浓,遂睡。贺生从学而不知门,遣谕令去。石珊来。

廿四日　晴,始不可绵

露重,不可行。昨夕与揺子登前山,望所居冈峦甚有气势,试往寻之,适调石珊三人同往,屦袜皆湿,乃还。郑商来,言开山事,便去。地师来,定中封。莲弟来。真还未知也。贺生告去。夜早睡,半夜醒,鸡三鸣乃寝。

廿五日　晴煊,可单衣

筑墙人挥汗荫喝,如五六月也。朱通公来。润子来,乞食三日矣,又病疟,与约三日不语,便收之,先移之客房。石珊、莲弟并去。九妹之女蔡携小女来,居之对房。晨起复寝,东方昌矣。

廿六日　晴热

钞汉碑。遣女蔡去,约到城为谋生计。内外僮奴曝衣。初夜小睡起,食粥。夜半寝正酣,忽闻唤声,以为纨女在后房,起看乃知谬误,残月正明,舆儿闻开门声起看也。因出询之,还寝,天曙矣。

廿七日 晴热,将雨矣,风暖似暑

石珊又来。团总来,请开山费,谕以钱出于土,不患无用也。周生挟文干茶商,八日不还,殊可叹怪。晚问石珊行医,何为故逃避,石珊遂去。

廿八日 阴。晨有雨,已而复晴,但稍凉耳

成六来送诗,正郭孙之匹也,于其乡人颇少所可。膏醢已罄,冲菜正当时,将入城求滋味,因遣人至省宅一看,附去。与乾元论租谷事。钞汉碑甚勇。

廿九日 晴

朝食后往后山,念当有人来,及出则船夫来,云水涸不能上。问卷封,云先十日来矣。又一卯金也。卯金亦来。钞汉碑。黄孙往桥市看戏,放学一日。讲《马援传》,甚有生趣。午睡甚久,夜寝未适。

晦日 晴

周佣来上工。冯甲运煤,木匠架椽,纷纭一日。滋再看戏,有疾不依礼,两功丧不废乐也。旧周佣与卯金俱下县,与书萧某借钱。周生来。盛生员来,告会试题,并送土仪。四老少来,言封窿事。今日癸卯,谷雨。燕子频来,呢喃软语,盖去年生雏,故今年房房有定巢者。

闰三月

甲辰一日 晴热,未午起云

梅林黄姓引心兰少子来,字素六,年廿四,云比遭丧负债,未专

学也。留居外斋,将课以杂文,遣其工力先去。黄请作路碑,正录汉刻石,诺之,黄遂辞去。四老少亦去。顷之雨作,对子未燥,不能去矣。滋出看戏,遂不能归。大风冲门户,竟夜不宁。

二日　雨

晨炊失饪,数诲佣工,所谓周四者。遂逃去。罗研翁所愁者,余不畏也。钞汉碑。傍晚滋还,周妪后至。风犹未息,待粥乃睡。

三日　阴

谭郎妇家遣人来迎,午去,赠以《论语》,似不甚解也。四老少亦去。欲仿汉《修道记》作碑,竟未能模古,姑塞其请耳。

四日　晴,欲寒

盛、张复来,与同寻周生,因与周生至石泥塘,更要周厚瀛同至颜阁塘,从石道分道,遇石珊同还。入讲书毕,遂暮。周佣还,致银物、衡卷。夜雨,卜女闻大父丧,令发哀。

五日　雨

田始优渥,一犁水活乡城,敝人冀旱乐灾者无所借口矣。看衡卷。周生来,云湘潭不及也,赋亦有成章者。寝闻雷醒,将曙复寐。

六日　雨

晨阅衡卷毕,作书荐盛秀才于衡府,送卷陈兵备,复程岍樵书,托带呢线。片告斋长,问樱桃。出题甚窘,竟费半日工。始闻布谷。

七日　雨

晨遣衡信去。检得《隶释》,校对刻文,甚可遣日,不知日之夕也。

八日　晴

校写汉碑竟日。盛、张复来,言王赓虞逝矣,谣言也,入相矣。追想生平,不胜凄感。晡后雨淅淅,遂至终夜。四更醒,旋寐。

九日 阴雨

仓唯两石谷，遣觅谷米，冯甲云无，乃知义仓之益，乡间穷乏至此，独立难矣。午炊竟断，出衡米，令僮妪爨之，厨下已夺食矣。

十日 晨雨，至朝食后未已

船来载瓦，甲匠均不知何往。余乃下县，舁往湖濒，船又不见，遣问云独去矣。还讲书，遂留一日。郭伋乃郭解玄孙，亦贰臣也。

十一日 晴

滋疾小愈。冯甲面谩，斥之。愚人多诈，极为可耻。羊续清贫，闭郭拒妻，不输左驺，反得郡赙，殊足助谈柄。连得倬夫两书，皆言润笔。周生坐索，有夏南琴之风，亦所谓活报应。

十二日 晴

校汉碑，颇有所乐。将下县而船已往石潭，方治土阶，因停一日。衡信还。夜早寝。

十三日 晨雨，旋晴

遣觅船人，往来云湖，遂至日昃，饭于姜畲，至城犹未昏。倬夫已出，留宿宾兴堂。

十四日 阴，有雨，时作时止

请萧生、徐甥购办家用零星，五十元撒手空矣。午间登舟小睡，倬夫以舁来迎，招吃烧豚，并迎朱、黄、茅、杨梅生。余先过杨宅，看舜生文，已通矣，想又是许生所改也。其《乐毅论》云"毅当声田氏篡姜之罪"，颇有所见。还，许兄旋来。夜待厨人甚久，食毕已将鸡鸣。会试信至，而不见全录。

十五日 阴晴。今日戊午，立夏

昨约与二朱冶游送春，期以巳初，向午黄、茅未来，因登舟解维而归。行东岸几一时许，饭于袁河，至南柏塘已夕，乘月还家。诸女留夏羹待我,半夜乃寝。

十六日　大晴,甚热,始簟

欲看桂卷,以将上湘,留为舟课。仍钞校汉碑。夜月。

十七日　阴凉,午前有雨

遣方桂入城取赴文,因与书仙童,冒雨便发。得杨生书,送文稿,云朝官讳言利,厘盐归赫德,以偿债息耳,非整顿也。外夷不取我土地,而能榷关市,殆先王讥征所不料,此所谓筑台于秦者。四妇姊妹均作望海诗,亦不谋同词,有类元、白《慈恩》之作。

十八日　晴

文柄自衡来,一无所知,似桃源仙人出洞。冯甲至石潭,亦一日不来。方四复病。

十九日　晨雨,复寒

杨笃吾兄弟冒雨来。朱巡检、陈县令遣人来吊,俱有赙赠,随复书谢之。朱送我双井茶,则受以自啜。笃吾不饭而去,出留之,则已去矣。留仲子居外斋。诸女以嫂葬,停课一日。方贵还,见千佛名经,几成城旦书矣。

廿日　癸亥

营葬次妇,雨,不能行礼,欲往圹看视,亦不能行,冒雨往,屦袜俱湿,正旁皇间,周生引一人来,脱雨靴阶前,乃著以往。开方中太浅,令加深二尺。日垂暮矣,雨稍止,涂已毕启,草绳系柩,未引而断,急以布代之。女妇皆望哭以过丧,仲子步送,余欲待下窆,靴主久待,乃还,具食。酉正始下,大雨旋至,遂掩而还,从已鸡鸣。

廿一日　大雨

朝起庀具,为次妇具卒哭之荐,乃知祔礼用尹祭。及取左脇折俎之说,改定《礼》注一条。今既不祔,略依三虞告奠而已。湘孙制杖为主，日中行事，尚不乖节。朝祥暮歌，夜遂无哀，非所谓不敢不勉者，然已勉三月矣。文柄、周妪喧争，俱斥令睡。余睡稍晚于昨，而鸡未鸣。

廿二日 大雨

复常课。讲《汉书》张佚“争援”，殿本作“戚援”，二字甚生。校汉碑则多识破体，甚以为能。袁、向学官、龚吉生均专使来吊。

廿三日 阴晴

杨生弟去。余欲上衡，而《隶释续》未毕校，尽日勘点，兼钞所遗，至夜竟毕。书冯姓扇一柄，唯成姓诗未看。百日不摸牌矣，夜呼诸女作四圈。

廿四日 大晴

携黄孙上衡，自授之读，便携周妪护视。早集夫力，将午乃行。夕至涟口，附行舟便发，夜泊向塘。竟夜酣睡。

廿五日 晴煊，南风似夏，烈日灼人

看桂卷。缆行六十里，泊泥塘。

廿六日 晴。大热，单衣犹汗

守风渌口，至夕乃泊山门。夜不能寝，开窗纳凉，须臾风起水涌，北风大凉。阅卷毕。

廿七日 凉雨

帆风，未几又拉望矣。冒雨缆行，水流甚迅，过晚洲，乃上望，十五里复帆，夕泊雷石，迟一刻未得过丰。夜得甘寝。黄孙始读。桂卷未开。

廿八日 阴

待看船，至辰乃发，巡丁犹怒目疾视，以未得开箱箧也。雨止风息，缆行甚迟，夜泊七里站，颇为蚊扰。

廿九日　阴

待看船,至辰乃发,暮乃至,将近耒口,忽云有风,停久之。微雨飘洒,顷之见日,已不能复上,遂舣石鼓。步入北门,过贺家,并傻角而无之矣。道湿不可行,循城根上,遇刘信卿,云将访章月坡,立谈不欲别,乃与同至陕馆,旋同至安记,索面。因要岏樵摸牌四圈,云杨伯琇因牌得疾,甚殆。夜不眠,致阴虚也。方僮来,云船已来迎,时至二更,遂与刘、章同出,分道各还。唱桡过戍到书院,人静镫昏,斋长俱出,书办亦游不归,幸王文柄作主人耳。今日壬寅,小满。闰无中气,此误记也。

四　月

癸未朔　大晴

失晓,起已日满窗。岏樵送果菜,斋夫供草具,早饭甚俭,午饭甚奢也。出堂点名,有二十二人。王克家来见,作揖不如法,思俞岱青之面斥,素无威重,不能顿俨然也。作谕诫之,乃不及私室训过之善。学使舟过,与周妪凭阑看之。黄联镳又来,半揖,因并饬之。衡人亦有长沙派,渐不可长也。晡后凉雨。得邹氏姨书。李结甫来。

二日　甲戌,小满。阴晴,可夹衣

晨起最早,黄孙亦早读。午下湘,课半毕矣。从珠琳巷上,答访结甫。诣三否不遇。至道署,觅号房不得,乃径入,寻刘省卿,尚卧未起。主人已延宾,至客座,见所书大字甚佳,略谈零陵风土,遂还船。遣方僮分赴,余独还。晡食稍早,二更假寐,遂至半夜,乃起解衣。

三日　阴

未辨色,黄孙已起,因皆早起,则王文柄已持帚在阶前,盖欲听伺,而不料如此早觉也。丑人多作怪,亦自可笑。陈六笙兵备送永物。萧、谭两学官来,点心已过,以百合粉待之。王国俊来,一言不发而退。夜命僮妪作饼。未镫先睡,三更始起,小坐旋寝,似闻远鸡鸣,然未分明。

四日 晴热,南风似伏日

朝食后陈兵备来谈,至午去,约晚饭。谭、杨、播兄弟来。秀枝僧来,言官事,留点心,同下湘看杨伯琇病。过对岸步上,至安记小睡。道署催客,至谭、萧学舍,唯见秀阶。至刘省卿斋,萧、朱均在,更有曾生,邵阳人,藏船山《惜发赋》者也。午前六笙送墨迹来,代请题跋,云欲相见,余请并邀同集,故遇如此。又有广东颜生,陈女夫也。设食甚早,初更小雨,异出已晴。

五日 阴凉

郴何生自长沙来,云叶焕彬声名甚盛,以能折梁启超也。梁之来此,乃为叶增价耳,人事倚伏可玩。邵曾叙侯来,促题王册。孙阆青儿来送画,赠以四元,自云衣被被茅栗失之,则似荒唐。

六日 晨雨

闲看赋,课卷竟无佳者,欲改为一篇,事杂未暇。张子年来,李次山继至,云三否将来,彭新亦至矣。凡讼事构架,全不可信,非老人欺诬,老而愚为人欺也。夜寐不安,为黄孙所嬲。三否亦竟不来。

七日 晴热

朝课毕下湘,将至盐局,未舣船,见一官舫,令看,知是永康牧。遣问,黄郎正在船上,便往问讯,要泊书院下。望之父子来,避暑不肯留饭,余入外斋,霖生偕杨郎先在,共谈半日,俱去。望之夕食后又来,至二更去。更请其两妾入内纳凉,先不肯至,将夕乃来,锁断宅门延之。正纷纭间,不知何人阑入外斋,窃墨合去。

八日　晴。日烈如火,墙壁皆烧

登楼看黄舟上永,旋见一下水船拢马头,以为常宁生也,乃是曾重伯,从大榕江来访,郑清泉亦来,共谈久之。郑去曾留,说四始五际,兼及新学,取《论语》以去。黄孙急欲至西禅寺,周妪亦欲礼佛,同下湘问讯。霖生畏日不上。入城,小愒安记,买瓷器。步出西门,至天马丛林,客皆不至,唯屼樵在。午斋早散,轿夫不来,大为所窘,坐小艇,待两时许,乃得同还。复访霖生不遇,步从东涧别渡,小艇亦到。汗浃衣绔,未能快浴,稍进浆面而寝,竟夜未衣。得许仙屏书。

九日　晴热

遣陈八还山。程屼樵来,云萧郎欲招陪曾翼长,而以坐次为难,余正欲看仙童,因许同往。程又不去,遂留夕食。日落泛舟,二杨先在,仙童服洋药矣,又不若吃盐者之得正味。黄孙亦能饮酒,二更乃还,已熟睡,余亦就寝。

十日　晴热

毛杏生、张子年、任九、刘镜泉、章月坡、盛衡阳、胡子清相继来。盛中久坐,遂不得朝食,聊作饼款客。客去,正午,人倦,遂酣睡一时许。屼樵送枇杷、家信,八女又不能回。黄孙读《曲礼》毕。得吕生书,词甚谄阿,有似梁启超。又闻欧阳伯伯复有去志,此如丁汝昌,既献地而仰药,以为贤于李鸿章、皮锡瑞可也。夜雨。

十一日　稍凉

课毕,卜二子来,同下湘访张子年于徽馆,杨五依然,诸人尽换。要张同至安记,余携黄孙舁入城,更衣,答访两县官幕,还少睡。屼樵催客,常、丁、杨、萧、朱、德并先集矣。听说沙市之斗,有湘潭大架之风,至云夷人乘球夜遁,殊可乐也。鱼翅极佳,未夜已散,步还安记,阻戏不得入。从小巷,乃遇江尉,复小谈而别。买物多遗忘,留方僮城宿，独携孙还。方四来。

十二日 晴，复热

方欲入乡，畏日颇沮，写字数十纸。卜郎复来，与书吴、陈，托荐之州县。麻、马来访，约饭。常家觅船甚贵，自觅之亦不廉，甚褢回也，姑待船夫回谋之。霖生已发溜单，自往止之。夕行甚困，而又不遇，乃至冯洁翁处小坐而还。本携黄孙，不令入，文柄欲吃茶，违教放入，又吃果饼而还。月行愈热，还困，酣眠。

十三日

早凉得寝，起犹未宴。洁翁约来谢委，云其子得始兴令，又得随牧，书荐一人，不能位置，可知其狡。郑太耶言殿试不以闰月，得《春秋》之意。与康进士欲改正朔从耶稣者，同为历家言。黄盐道欲巡抚用礼拜日休息，则不知何意。始浴。黄孙未朝食，停温书。晡后凉，雨未成。

十四日 晴热

向午不得朝食，余先饭一盂而罢，僮妪餐时已过午矣。麻七郎请饭，去年猪头愿也，几不能偿，幸而为费。同坐刘生，盖左仆小使，云于黄此山处同席，竟忘之矣。李子仁、马叔云均与，客无一至者，子仁又为府试校阅，先去。酒罢已夜，坐学坪纳凉，还正二鼓，热不可睡。午夜大雷，电光吸室中，惊起，听雨倾盆，又连发震霆，乃寝至晓。

十五日 晨阴

祖妣忌日，素食谢客。干薛阿夜来，未之闻也。夜月。

十六日 晴

晨起命舟溯烝，仆妪并从。方欲自爨，外报客来，薛阿及异夫昨已借宿外房矣，云为熊一和求信与沈子粹。正言喻之，以为戏论，但欲得八行耳,迷于势利至如此,乃欲种树、练团何哉！因与书吴师耶,遣之去,已亦下船。携黄孙至厘局,为刘弟送名条,便至章师处寻牌局。道逢任弟,又一求八行者,与同访江尉,遇杨、廖少谈还。要陈倬翁与章同至安记,黄孙并从。至暮饥甚,令方四作面,极佳。顷之屼樵还,章莱亦至,刘信卿后至,摸雀四圈,胡师亦来,盖任弟所央及来也。夜月回船,城门已闭。

十七日　晴热

晨陈倬翁邀谈,以当去辞之。朝食后遣方僮回书院,馀皆携行。入承口,溯流甚迟,觅水手未得,乃命往松亭桥,三泊三缆,至夜犹不能到,余倦眠柁楼,未之问也。

十八日　庚申,芒种。晴

船不能上,舣松亭,换轿往石门。将午乃行,度不能至,但期大胜,舁夫欣然索钱六百。留周妪护黄孙,携二力同行。晡渡台源新桥,近五六年所建也,工力甚巨。未二里雨至,避于馀乐亭,雨止,轿后又步进一里,大雨沾衣,还复至亭,待舁而进。至大胜,日犹未下舂。舍轿步投庙山,文柄、方四亦至,至七里坤,暝矣。雷电雨风交至,蹍行欲迷,三人皆无盖,雨淋汗蒸,气出如炊,奇景也。闻机器人言,头足湿则致电气,霹雳虽远,电光闪烁,自念或同李元霸耶？既已在路,勉步四里,宿楂林塘。期月出即行,雨久不休,人倦就枕,正月出矣。十二年夜行不休,今乃阻此,亦往复之理然。

薄暮雷电雨,风泉助凄泠。淋淋两青鞋,行行三短亭。雨汗蒸蓬鬓,萤电烁夜冥。荒涂失松翳,危石践苔青。好游诚逸性,窘步亦劳形。

劳逸亦何常,欣戚信多端。夜投楂林宿,感念夕马烦。欢亲终有穷,柳死槐桂残。谁言丝竹响,但见樵牧还。音迹步步存，时节冉冉弹。即此自嗟吊，溪流涕潺湲。

潺湲别旧蹊，驰骛遵平陆。午云阴亭皋，南风振绡縠。谁希叔直异[①]，且寻孙兴服。岭霞复兴晦[②]，舟车俄往复。漏尽行不休，林昏道固熟。且乘颜蠋车，无讥桑下宿。

忘情随地游，佚老与天翔。泛泛轻舟游，陶陶万物昌。行春已后时，闰夏烈新旸。芙蕖隐早花，稻叶竞初芒。舍舟松亭桥，酌酒金乌坊。川原既周悉，屣步恣倘佯。旧庐深山深，盘纡百里程[③]。

十九日　晴。晓凉，山行衣夹

五里寻石门旧居，桐树迎归者已樵尽矣。平桥亦不似昔经，两头屋不复相属，道旁复有新筑室，馀皆依然。在和出迎客，大秀儿已能陪饭，陈七儿、李祖纶弟皆来问讯。欲迎船来，云须三日，念黄孙不可须臾离，遂辍游计，亦不欲珰携童稚行游也。遣文柄往问讯，率方四以还。李、陈送我，道增一人。向午还辕，投暮犹未得金乌井，舁人不能暗进，自步十里，至松亭，饭罢月出矣。唯问得钟满，八十无依，赐以八百。

廿日　晨雨

舁夫饱饭而去，余乃还舟，吟“匡庐旧业”之诗，疑鸦翻夕阳是刺君相。至黄沙湾，南风大作，不能溯流，泊东岸久之，见一海关道船，不知何人也。方四从东洲复下，余乃命移船，宿萧、杨间。

廿一日　晴热

朝食后方写纪行诗，胡子清来，云新藩廿五日接印。任师求书

---

① “直异”，据《湘绮楼诗集》补。

② “晦”，据《湘绮楼诗集》补。

③ “百里程”，据《湘绮楼诗集》补。

甚迫,又不敢言,已有渊源,而欲吾为阳鱎,催馆败兴,兴不易败,乃缘黄公度前信为说,庶几宰、端之词命乎?虽然,成事在天,巧言何益,亟与之书,使去。风雨旋至,吃饼,写诗,沐浴。

廿二日　晴

本约小集,以刘疾改期。在船未上,常霖生、杨叔文、萧仲常、左全孝来,久谈,留食饺。胡子清来催客,携黄孙同往章家,陈师兄、胡、马均在,更有陈鹤仙,摸雀四圈,热甚各散。得湘潭令君书、陈芳畹书。

廿三日　晴热

以为岸上当愈,携黄孙至安记读书,至午愈热,回船纳凉。顾尉署清泉捕,来见三次矣,踵门复至,不可不见,延入少谈。写字数纸,清泉令来催客,当送道台女添箱,久待方僮,至夕乃步往。萧教授,章、陈两师同集,狂谈时务。夜步还船,小雨。熊儿来迎母。

廿四日　雨,稍凉

遣周妪视陈嫂疾。在船课读,晡命作面。程岏樵、张子年来。伯琇约食猪头,携黄孙同往。萧郎路旁相待,入角门少坐,饮馀滋山房,丁笃生先在。酒未罢,岏樵以母疾先去,余步下船。熊妪来告辞,求盘费,予以四十元,周妪先言也。

廿五日　雨

遣方四往桂阳送卷,因辍游意。朝食后冒雨入城,贺六笙兵备七女加笄。陈十女六子,尚有三未嫁,与余正同。因看刘信卿,刘四支风痹,亦异疾也。道署犹未朝食,出至文昌宫,看招募,丁、萧、常、夏、张太耶皆在。闻程嫂未愈,借张雨鞋,步往问讯,其子孙均出陪话。复至文昌宫,误至西门,还行,久之乃至。渴睡,欲少休,舁还安记小愒。道署催客,两媒、二协、双通、两县、陈及女婿颜生、张翘楚,分二席，初更散。还船，江尉送鼓子、点心。早睡。

廿六日 阴晴，晨有微雨

还船归馆，到即自炊，晡食已夕矣。为黄孙别设榻，半寝堕地，仍从余眠。

廿七日 雨竟日

午往洁翁家会食。魏二、杨八、程、杨、丁均先在，夕还，到已夜。

廿八日 晴

朝课毕，携黄孙同下湘，至新安馆，张子年代办肴馔，请陈师、章月坡、江尉、胡师、陈兄倬卿。同集。客俱晏至，云误往白沙，却还也。夜散，亥寝。

廿九日 又雨

谭姑少来。午下湘，至浮桥马头，水涨丈馀。丁笃生设酒，冯、杨、程、二萧俱集。伯琇云南学被打，应逐鹿之谶也。萧盛言火柴发财。未夕还，幸未犯夜。

晦日 晨晴，午后大雨不止

设饯续副将，已往零陵，便招陈兵备、熊营官、冯、丁同集，岏樵代办，客至厨空，幸而集事。自午坐至夕，惫矣；客从沾衣，亦云劳止。岏樵复去，即睡。邓妹往桂林，停舟告贷，遣周妪赠以廿元，报南昌之惠也。已去五十金，犹未能已，然施者已厌，报者未倦。正逢招客，不能自往耳，故胜于赙。保之、罗三官犹未死，亦一奇事。

五　月

癸丑朔 阴

出堂点名，以“屈平受禄”为题，截剪嵇语，诸生皆疑，不知用事不拘也。看闰月课卷,无甚佳者,半日而毕。黄孙读性忽钝,欲减之又无所用心,甚难为诱。文倦,假寐,遂寝不觉。

二日　晴

朝课毕,下湘料理节事,因访容丞,云病甚,气从耳出。余云龟息寿征,何以反苦?谈顷之,耳复出气,遂不能言,遽别而出。至江南馆少睡,看宋人本学两本[①]。萧教授来催客,往则陈、章、任九、陈兄皆在,胡师复来,谭训导陪客。先约手谈,已晏,不及事,一较而散,食毕夜矣。程婿、夏生得一甲第二,来报,馀未闻也。步至白鹭桥上船,犹行二三刻乃止。

三日　阴。乙卯,长至

写字数纸。开菜单,唯用十二豆,省事息人,应景而已,然已侈矣。岏樵送时鱼。

四日　雨

道台、二程俱送节物,道别送节金及波离窗价,辞谢不受,以其多礼也。方四从桂阳还。

五日节　晴

杨伯琇送节物,加以鱼翅。两麻郎来。诸生入者皆谢未见。暮放遣从人观竞渡,黄孙亦出坐船。四谭来,已夕矣。

六日　大雨竟日

看桂卷赋廿四篇,无合作,姑就分次第而已。似有蝉鸣,而未成声。

七日　晴

谭香荄训导请客,兼及黄孙,课未毕而往,以为当舁,乃略可步。

① “本学”一词待考。

至则主人方从考棚还，云三否期黎明，乃至日昃诸客尚未集。看《湘报》一月。有一分府官，正黄公度同里人，云保卫不成，臬请开缺，抚台慰留；抚亦被劾，朝廷慰留。爱惜人材如此。陈俊丞最讳言丁公密保，恐抚、臬亦讳言慰留也。本欲宿城中，天气尚早，谭遣舁送还船。初月忽昏，溯流暗还。

八日 阴晴

看桂卷。朝课未毕。黄孙全不用心，本不欲督责，愈不可治，痛笪之。步往道署看刘信卿，已大愈矣，陈六翁出谈。衡阳催客，步过曹润六教谕，云解元亲房，润之疏族也。至衡阳，铁匠群殴铁行，来验伤。入胡子清斋中，两府学先在，刘、章继至，将夕乃得食。二更还，乘月颇凉。伯琇送鳗，以饷信卿。

九日 阴晴

晨未饭，梅澹如训导来约饭，客去，问黄孙点心否，乃知昨夜顿尽豆糕一盒，骇叹悔怖，切责周妪，为之辍食。爱子托人，几陷之死，信乳保之不易也。

看桂卷毕，定等第。程生寄京物，并言即墨毁像，曲阜衰败之状。张尉、唐瀓卿来。左教谕涛来，谈锡九旧事。向生自南海还，致许抚、刘谷怀及其父书，并送粤物。夕大风雨，门窗帘帐并飞。

十日 晴

左奉生送鼓子。夏生兄子青来，云湖北无馆，将归谋食。初以为夏生儿也，几令久待，款谈，耳聋不能达意矣。夜月久不寝，玩赏至夜分。

十一日 晴

晨得时鱼，以酬左教官，因其自言妇、子不衣帛，必未见时鱼，故奖之也。江夏吴训导光耀送蜀绸，求文。其文似廿四家，沾沾自喜，亦楚材也。起,早饭早,半日课毕犹未午。下湘至安记,闻梅约客,方自招客,询知太早,卧一时许。甚热,乃舁出,答两协,雷风忽起,急出城至清泉学舍,雨至,才得沾洒。有二客不相识,知其一是许本恺,一则未敢问姓。陈鹤仙来,同访左教谕。顷之胡子清来,云翁师被逐,荣出督畿,裕王入相,时事殊可骇。又云徐学使父专举黄盐道,巡抚复奏留。又传有夺门之功。

十二日　晴

朝课未毕,缘与胡约早到,便携黄孙同往江南馆,议饯续协。课读至久,书不上口,知其全不用心,乃命辍读。日夕胡师、张尉同来,道署已催客矣。摸牌一圈,与胡、陈同步至道署,托黄孙于张子年。谭进士先在,六公出谈,更约刘信卿、颜姑耶同吃烧猪网肝,尚佳。热不可久坐,二更步至厘丰,张送黄孙登舟,遂发。

十三日　晴

先祖考忌日,谢客。欧阳璧、陈十一郎皆来,冲破忌日,馀皆谢未见。写对一联。

十四日　晴

连日入城犯夜冲丰,因移床船上,携黄孙同往。正欲登舟,郑清泉鸣锣来,久之始入,买《三礼》一部而去,余遂泊城下。待至申初,步至程家,则客已到门。同入迎谈,乃张庆云子峰。顷之续协宜之亦至,谈京中事。谭进士后来。余约屼樵为主人,燕菜烧猪,大请其客,弄巧反拙,亦不得已。夜散,还船。

十五日　晴

晨间饭具一无所备,遣人买菜又不能待,率黄孙复还书院,帘栊凉敞,朝食正午矣。周妪云七字俱无,亦将到船。因又下湘,遣人力俱上,独携黄孙读。至夕不得食,饥疲俱甚。日落船来,刘信卿约饮,已再催矣。步往道署,颜婿、朱嘉瑞、胡师、屺樵先在,沈敬轩、王松涛初不相见,较前两集为凉。步月还船,风息甚热,解衣洗足,二更乃睡。四更起,看月食未缺,再起已食甚而隐,亦未见也。

十六日 阴凉

午后船压梢,当载煤。携黄孙入城,无所往,复出南门,往乘云寺纳凉,因至鲁般庙看戏,见一桂装老媪,携三轿停槐阴,不知何家流寓也。《樊梨花》无可观,因先还船,黄孙亦旋至。江尉晨来。胡师午至。张庆云亦早来,言月食将既,未复圆,已入地矣。陈八兄船下水,烧水师帐篷,来求邀恩。

十七日 晴

将看课卷,李子仁、马寿云、张尉来。烧篷事未了,高荣贵妻又被歇户扣留,斋夫复来诉饭店被诬扳,皆清泉事也。郑令难与言,托人告之。张尉复与麻十郎来,云篷可不赔矣。看赋甚有佳篇,有效可喜。入城至安记,屺樵云比两日甚热。刷书十部来,便以二部赠其兄弟。步访陈倬卿,新事都无所闻。日斜至谭委员处会饮,陈、朱、张、毛俱在,李子仁后至,甚诋署臬裹足之猥琐。

十八日 晴

晨移舟过载,送蓬还水军。萧生自南海还,云《全文》十七元。黄船芝来求乞,与以一元,至樟寺寄之,恶其不知时也。午饭后先发饷,船旋至。夜泊寒林站。

十九日 辛未,小暑

守风黄石望,午过石湾。至当铺取银,杨伙送原封来。六耶来诉减薪水,云仙童已为两督所保,当以才子入帝廷矣。戴把总来谢恩。又有会办求见,促发避之。夜泊淦田,船漏,几至漂仓版,方贵舱之。

廿日　晴

守风上湾,湘令送课卷来。半日下水守望,盖夏景也。夜泊涟口。

廿一日

晨起,过载,卯金还县去。午至湖口,遣送黄孙先还,余步至炭塘,念周妪一人挟重资,惧有劫盗,复还看之。岸上小儿女嬉游,殊有桃源之景,可无虑也。复从田塍避狗上至小径,遇方贵,旋遇两儿来迎。至家则宗兄族妇盈庭,诸女皆言新室甚凉,即入偃息,寸步不出。待饭,至夕乃餐,不饱。夜摸牌,困眠。

廿二日　晴

复女生日,群女仆来贺,大作汤饼脯之。盛团总来,谈南北讲义竟日。谭前总翁婿来,摸牌、较牌、回龙,作杏酪、鱼面、豆粥。至初更甚倦,睡不欲醒,家人相待吃面,强起,啜汤甚佳。

廿三日

携复女入城看会,三妇、湘孙请从,检衣装,遂命同往。反复舁担,过午乃得发。夕至城,入宾兴堂,唯倬夫在,遣与陈公相闻,顷之步往,遇于板石巷,仍还堂,谈保甲团练,三更乃去。钟报丑初,即睡。

廿四日　晴

晨还船即发,未午已到朝宗门,女妇将入城,塞会塞涂,余乃携周妪儿步上,书舍纵横皆是,真读书人。功儿呈洋报,八比改策论定矣。无宿处,居次妇旧房,心戚戚焉。夜半不眠,与张先生谈。

廿五日　晴

晨命市瓜。自访任师不遇,还朝食。八指来,多识时务,市僧也。笠僧旋至。留设杏酪,不能待,皆去。顷之塞神者至,一人困于人马间,入门求容,云曾相识。视其名刺,刘毓兰也,云字少秋,甲子举人。同看会,谈会所始,余唯记蒋侯出荡,其原始于索室大傩耳。

夜仍不安眠。食瓜极佳。

廿六日 晴

已当还山，留看善化塞会。船人告无米，城中半斗四百，故当亟去。陈伯弢来。周妪假还复来。夕命女妇登舟，携盈孙以行，期至南门相待。邀张生率功儿访仙童，磕睡未醒，略谈时局，梁启超党人也。熊吉士方攻王祭酒，陈抚父子助熊。三山长被逐两，仙童和之，有瑕戮人，可为不自重者之戒。复过叶麻不遇。至伯弢寓，同至南门洞，迎者未来，辞陈令还，余独去，至地黑乃还。张生、功儿犹相待，乃俱还家，移居余故室，整理书楼，然后去之。书与茙女。

廿七日 晴

舁上湘潭诞登渡，犹似霸王，竟无过问者，可叹也。晡后至宾兴堂，要倬夫晚饭，杨家遇章湘亭，炰鳖、糟鲤，为饭两碗，热不可坐，乃还。堂内亦热，乃眠。

廿八日 庚辰，初伏。晴

晨呼赵十八看公屋，二万子来。石珊、朱通公亦至，议拆屋暂作两间，以四万钱包工。涂遇杨福生，气急败坏，请余上学，向老师、陈父台继至，云云等因，余云当作牌示晓谕无师之意。杨生来求书扇。徐甥□□羊肉。衡船午至，借谷拨船，纷纭至夕。曾甥，永、云二孙均来。陈明府送束脩，倬夫送润笔，俱五十元。买纺绸作绔，送蔡氏从女四元，自交鹿槃妇与之，遂登舟暗行。妇女舟先发，余船夫老钝，又重载，泊于涟口。

廿九日

晓过袁河，日出风凉，至姜畬正午，犹未盥漱。望南柏塘如百里程，行一时许方入湖口。迎者散去，独步烈日中，唯周妪来迎，始知接父不及接差，名不敌利也。周亦属员类，故关心耳。昨午未饭，至今正十二时矣。连剖三瓜,未得佳者,乃饭无菜饭。较牌负四十文。夜早睡,旋起就寝,枕簟甚凉。

晦日　晴

积卷如山,期三日了之,不问他事。卯金、方四、熊大、方贵皆来。冯甲告去。团总来。南风止息,十四朝耳。

六　月

癸未朔　晴

始定日课。内斋热不可坐,间出间入,又时有乡人来扰,点卯而已。方贵请假去,熊儿亦去。夜睡苦不足,不暇食也。

二日　晴

团总来,请领积谷,云市无米粜,人心惶惶,又劳于车水,禾尾有红者。立待书告县令,留饭而去。

三日　晴,风热,日色稍薄

阅卷毕,遣方四送去,并至省城市瓜,与书笠僧,荐王文柄。搢子不告而去,外斋虚焉,令卯金镇之。

四日　晴

休息一日,亦热不可事,兼昼有蚊扰,摸牌犹不安宁,所谓"清簟疏帘看弈棋"者,消夏佳境也。夜卧,闻方四被捶,挂红升舁去矣。磕睡太多,稍自警醒,乃得甘寝。夜闻松风谡谡,十八日南风,今日已满。

五日　丁亥,大暑。阴

始有雨意。晡后雷雨北风,雨不破块,外凉室暑,唯卧乃适。五更起,寝遂不寐,殊有秋感。

六日 阴热

看衡卷末十本，蚊扰而罢。摸牌、较牌。团甲来，言积谷不发，欲余籴济。此当行之事，而无人承领，且徐议之。夜睡不觉。

七日 阴

阅卷毕。鳌石李姓来诉访闻事，云团总假事陷之。顷之团总来，亦伏假事，而请惩其辱骂。正谈间，石井铺有游勇杀人，众人愕视，比之秦武阳，余亦悸而寝。

八日 庚寅，中伏。晴，日光未烈，暑退五日矣。午有小雨

团总来，言游勇未去，但横刀不可近。遣卯金送卷衡州，便与书陈兵备、程岘樵，因过云湖就执之，已扬长去矣。前日县中亦大掠龚家，团练不可不急也，而无一人可用。团总来，请开山津贴，盖乡人唯知骗钱。

九日 晴

晏起，淋血又发，意甚恶之。遣甲总报县防劫。盛团总来，言李文山、郑福隆来言逆子，云有师耶劝子讼父。

蚌塘两佃请借公费，自设局以来，始有相闻者，各如其数以予之。计七都一甲非万金不给，十甲则十万金，一县当百万金，尽地之利，溥矣，此岂可仰公费耶？五十里成国，一同而兴，非虚词也。薄暮甚热，顷之大风，遂凉如秋，中夜再起再睡。

十日 阴凉，北风动地，殊不似中伏

胡三省以剑名欧刀，取欧冶子，殊为曲说。“欧刀亭刃”，受刃之词耳。方四送瓜来。得功、茂书，言迁除事。熊儿又来。

十一日 阴，仍凉有雨

看县课卷。易命申送羊、鱼，责以口惠实不至，又甚于陈芳畹。人穷气怫，鹿死不择音，理宜有之，置之不答，本朝派也。

十二日　晴,稍热,午后有雨

阅卷懈怠。田雷子来,言大掠龚氏,并扭罪人送县,奇闻可骇。

十三日　晴,晡大雨,自此沾足矣

遣舆送存银下县,采买蔬蓏,因代课读。

十四日　晴,雨依时

甲总来,云县中无办法。不意懈怠至此。夜月,寝凉。

十五日　晴,雨如例

阅卷数十本。买瓜船过午始至,方僮亦担瓜来,触目皆溃,又非头瓜,不能佳也。

十六日　晴,不复雨

漏伏最准,理不可解。今日虽无雨,近处自有也。盛团总来,云为李文山所侮,必求解铃者仍系之,为书与八甲团总评其曲直。阅卷四百本毕,亦有二本可取者,此固清泉所无,所谓大县多人材也。

十七日　晴,热风,着衣如烟

阅卷毕,不能检校也,呼诸女摸牌消夏。作杏浆,唤厨人不至,大加申饬,并园丁遣之。文柄自城还,芳畹来书告贷。夜月。睡醒,忽闻开门声,出视,乃宗兄睡门外,可以守盗,亦可以招盗也。正欲还寝,复为所扰,久之乃睡。

十八日　庚子,三伏

晨起径出,校定等第,封卷,遣送县。晡后有雨,夜复小雨。有书生贸然来,云是门生,初不知姓名。

十九日　晴

县送告示来。盗劫公行,欲以一纸了之,乡人犹云有益,可叹也。午雨。团总来,言押租事。夜晏寝。

廿日　壬寅,立秋

诸女讲书,言词章家用伊、傅,伊、周,伊、吕,伊、管,伊、霍,崔瑗又用伊、箕,他文罕见。早散,摸牌。

二更后方佣始担瓜还,正值立秋时,剖三瓜皆甘冷,召家人食之。又献蒲桃、韭花,池中亦摘一莲蓬。皆时物也。再起纳凉,半寝,闻鸡遂睡,失晓。

廿一日 晴阴

北风过旬,松涛送响,城中无此清凉界也。考“綀”字即“疏”字之或体,束皙本疏姓,知此字起自汉。看《礼经》犹多不了。改《春秋》二条。

廿二日 晴,稍热

盛团总来,请告状。误用一人,生事扰民,保甲局之罪也,然乡愚亦实自取。写字三纸。瑞、瀛两孙来,荒唐无知,各训饬之,逡巡自去。至夕,功儿书与滋女,促其省姑疾。夜食瓜。

廿三日 晴热

滋自求去,呼船竟日不得,云皆运粮去矣。醴陵新米已出,运至此,获利甚厚。

廿四日 阴晴

滋携子还长沙,张妪从去。在内小坐,忽闻传呼声,讶乡间何得有此,出看,则巡检、外委来迎教士者。朱伟斋,熟人也,相见甚欢,谈至晡去,夕答访之。得凉风。作乾元小门榜。

廿五日 晴热

次妇生日,命其子女奠墓,自往看之,坟成尚未一临也,亦太简矣。午增具肉菜,邀伟斋便饭,夕集亥散。

廿六日 晴。南风如薰,几簟皆热

竟日无所作,唯看《尔雅》,增释“启明”一条,去岁所知今又忘矣。遣邀朱、刘来避暑,期以明午。

廿七日　晴,愈热

委员回县,云教士从船下矣。避暑无风,殊不安适。夜坐学坪纳凉,竟无凉意,但见星斗昭回,俨然云汉图。

廿八日　晴。庚戌,末伏

讲范书《臧洪传》,殊不知其可取。当时有重名,盖但取其能拒袁。赵木匠来。

廿九日　晴热

团总来,初不知其何事,询之乃求书扇,走笔应之。夜寝不凉,乡居所罕。

七　月

壬子朔　晴

晨待匠移神座,朝食后乃至,工殊不简,惧一日未能毕。衣冠奉高祖主,乃见中题“六世祖”,非词也。馀无后祔食主不可胜诘,当俟龛成,一一以昭穆次之。而妇主无宜杂糅,姑以昭穆分左右。又有男女共主者,可谓不经之甚。夕行礼安主。

二日　晴热

方四还,云滋姑已逝,欲守至卒哭。食新菱,已陈腐矣。夜热不可睡。得雷教官书。

三日　晴热

两儿应考,欲分道行,问其故,云三嫂言叔索剃头钱,使族无赖群索之,兄弟不交谈数月矣。问舆,乃云无有。知三妇不能主家,夺门复辟,以息诤讼。本不欲两儿应试,因此反勒令同往。热,得大风,夜遂冷,醒闻雨。

四日 阴，有雨

移族中无主后群主于两龛，别择殇主题弟妹者藏之。盈孙造言，幸不生事，不足诘也。高荣贵来见，云细蒽钦差矣，与书送之。两儿夕去，遣文柄、熊二送护，因顿遣男女两仆，房妪云月内去十一人矣。诸女作包。四妇手肿，未知何疾。夜凉。

五日 晴

移孙入读。看课卷，湘潭愈多妄人，胆大心粗，真不可教。敷教在宽，师严道尊，二者有先后，倒置则大坏也。此不能不归咎于陈知县。夜禄孙乳妪惊呼有盗吹镫，言之凿然，为终夜警备，以明日懿妇将归母家，不过劳一夜也。

六日 晴，夕阴而雨

午懿妇携孙俱还外家。重定盈孙工课，数易师授，朝令夕更，故无恒心，余之过也。卯金不还，衡信复当行，夜出课题。潇潇秋雨甚凉。

七日 戊午，处暑。晨见日，朝食后雨

家中闲人尽去。遣衡信去，寓书陈兵备。移守厨房，因东头无成人，须自镇之。

八日 晴凉

看课卷。有一卷有家法，疑亦许生作也。银钱告匮，复将具馔荐新，跱躇所办之处，城中遂无可倚，亦太少人力，由姻族尽不能自存，唯倚我一人也。

九日 晴

两妇无女仆，四处访求，乃得桥上饭店女，明知不可用，无奈留之。近日男女佣工俱难得，宜国家之不振。看课卷逾百本，亦有佳者。

十日　晴

晨起分派种菜煮饭诸事。王文柄还,云滋女单身来,自出迎之。还问来意,云欲斥卖衣饰,求田问舍,且云三所房屋去其二矣。高荣贵来销差,云钦差请假三月,又新闻也。卯金还,送桂阳脩金来。

十一日　晴

滋女云明日将去,余云不若今日。因命唤船,船已为何人盗卖,遣甲总追还,又云已上坡油舱。别呼一船,至晡乃至,已八较矣。大雨骤至,投暮滋去,家人俱为废事一日。夜早寝。丹桂已花。

十二日　晴

晨梦与□交辈,不记何人,仿佛俊丞之子。余画羊,陈云似虎,遂题其上,云:"湘绮画羊,陈云似虎。群辈犬奔,石头无语。"初题作众的云云。自以恐成谶而改之。梦殊分明,未知所由。

阅经课卷毕,定等第,第一诡名曰王守义,又一诡名曰犅旁,不知何取。乡人求禳祈文者甚多,悟其省巫祝钱糈也。乃定价,千钱一篇,以酬童仆,冀以拒之。书院人来,附经课卷去。

十三日　晴

新安高祖神坐,借荐新设荐,诸女亦为其生母设荐,兼及二嫂,以其子女皆在此也。寻厨人不得,僮妪共馔。熊儿、文柄皆后至,坐食而已。申正行事,酉初烧包。余一日未食。

十四日　晴

正欲种菜,无人工,文柄称疾,佣工亦实病,无可如何也。唯有一王三,又不欲苦役之。看卷五十本。

十五日　晴

独坐看卷,闻叩门声,干生来,致吴仰煦书,熊姓坟山大有转机,送梨子而去。珍重不可分甘,客去即悉分之。郑太耶子死得缺,余之谋也，死晚矣。检日记，寻其幕友不得，七年往事，遂无影响，乃蔡师代办，故不可记。郑巧宦，无所不损减，犹云无一钱，何哉？

十六日 晴

看课卷。遣觅卅和船，责令受主赔还，乘旸舱油，云四日可毕工，将乘以上衡。

十七日 晴

干生还，留宿，谈艺局。吴僮、方佣并来，门庭复喧矣。屼樵送西山茶。

十八日 晴

干勒令作字，为作四纸乃去。课卷阅毕。满绅病终，实七八，未八十也。余供之年半，去谷一石。

十九日 晴，仍热

遣方四送佣价与四妇，其母家代顾乳妪，故偿其直。六兄及其弟十三来，六年则八十矣。夜得快雨。

廿日 阴

晨起唤人，僮佣并能早起，寝门不辟，待久之，乃得盥洗。厨中无人料理，亦不举火，纯乎官派矣。宜用厨子包火食，设帐房管厨人。秋雨欲凉，课佣种菜。

廿一日 阴

六耶告去，名世棣，字莫如，大房曾孙也。穷老见窘于从子福一，来投石珊，石珊以投余，许为廪之，补满绅遗缺，亦月给谷一斛，且将以公谷作善事，乃相率俱去。夜月。

廿二日 晴，复热

遣文柄往祠田问租谷，寻人不得，专人往追之，陆续潜回。大训吴僮，不觉淘神，乃还内讲书。舆夜还，得俞藩寄信物，桂圆尽腐矣，与陈兵备茶可相配,惜不以馈恽次山耳。见汰官诏书,许仙屏、谭敬甫、王鲁芗并失业矣。盈孙复来从余眠。

廿三日　晴

晨起觅点心,周媪云未办,当俟朝食,后复令免之。洋饼膻,不可食,似又改制矣。大要即鸡卵和面为之,远不及中土之制。镇湘来,诉石珊,并偕其弟,则不识之,点心而去。今日甲戌,白露。

廿四日　晴热

移坐外斋,见一人似邓六翁,俄入则四老少,云舆儿处处驰书,初不知其何事。文柄投暮乃还,促之下省,云不能去。败子无可如何,虽有富贵不能受也。镇湘又来,言石珊自认讹索骗食绝业,喻令径去。假报人来报一等。

廿五日　晴热

四老少闻报即去,望其子入学甚切,所谓不知苗硕者。暮召石珊来,问绝业事,则云绝房坟皆彼司挂扫培补,故应享其馀利。夜大风雨雷电,不似秋分时景。

廿六日　复晴

流潦纵横外斋,几案皆泥沙,亦奇景也。朝食后催石珊去,云欲借钱屯谷。问其所需,在百石以上。余云:“弟昔作零工,得一百钱,便富矣,若有人送谷一石,其感谢何如,今乃顿阔耶?”谢以不能。

廿七日　阴

源远佃户送租廿一石五斗,零数乃绝产入公者,石珊以为己有,姑别贮之。桂阳文卷芜梗,一一疏通,费五月之力乃毕,卅二卷经义则易易矣。夜不能寝。

廿八日　阴

晨起,案上得一文书,发之,乃县令送朝报,有寄谕巡抚,察看品学,是否可起用,盖家赓虞以我为废员也。未用而已被劾,尚不能行乎季孙矣。寻思世事,无处下手,又将为左季高耶?唯有藏拙而已。看桂卷,写字,工课早毕。

廿九日 阴

周、张两生祠中值年,来。盛赓唐来,言保卫局。万毅甫求易仙童,久已忘之。盈孙逃眠,余遂独寝。

卅日 阴

看桂卷毕。冯甲来。盛秀才来押租,以长妇百金骑田。遣两方入城买油。陈佣、方僮并惑张女,八舅母认红生事,故俱遣之。闲人顿去七八,犹有二也。①

十 月

辛巳朔 晴

出堂点名,正课去者小半,唯远县皆在耳。仍令课赋。作字六纸。为西禅寺改丛林题一联,以赞碧崖僧之勇猛:“弹指见华严,看天马云开,一角小山藏世界;观心礼尊宿,听木鱼晨叩,十方古德应斋期。”

张伯纯来。客去已夕,两孙课未全毕。昨夜为狂人所扰,未夜便卧,二更后乃起,小坐即寝。

二日 晴

写字十馀纸。沈静轩、孙芸生来。将钞《孝经》,笔秃纸涩,甚不悦目。师称弟子为“子”,别无例证。曾子少孔子四十八,作《孝经》

① 八、九两月日记缺。

时方二十馀,未为鲁也。疑《史记》年不可信。盖据其谱,谱容有误字耳。

三日　阴

朝课未毕,入城贺隆妻生辰,坐任斋,传帖【阙】辞出。与子清、黼丞同至正街,各散。黼【阙】俱西至潇湘门,余答访余、张,见张【阙】同入沈斋,江尉【阙】与任、胡、陈三师、江、顾二尉同坐珠玉堂。沈师陪客,朱七亦出作东,自云戒烟能酒,且屡至卫青斋中。二炮入坐,散已三更,同子清出宿衡阳署中。

四日　晨阴,午晴

子清为我通夕预备,使人不安。吃莲子毕,步出南门,唤船径归,饭尚未熟。早课毕,仍至城送关聘。孙生、徐幼穆来安记相访,冯洁翁亦在,与岏樵同至彭祠。道台分三日宴客,绅士第一日,看戏,至二炮散,复还船回院。雅耶来,并有仆从,居然入我室酣眠。

五日　晴

晨问雅耶差使撤否,答云尚未,唯与会办不合,切戒以勿言。办公本以情面得饭吃,有何劳绩?雅耶□彩其身,居然老耶矣。闻言怅然而去。桂阳送束脩来,并请免课,来人七十馀矣,留居一日,为点评课卷十馀本。

六日　晴热

看课卷。谭妪荐主来,求买橘园,告以不必公凑钱,供烟资而已。赠以二元,约明日清帐。夕馀十馀卷未看,大睡一时许,起乃毕之。人静更深,方僮入城,方佣夜去,独掩门自睡。

七日　风

郑伯文来辞行,且索字债。隆道台谢寿,谢未见。本率两孙下湘,因客遂止。入城至安记,遇黄生,告以不必营营自可云云。与岏樵同至陈倬卿消寒第二集,江、张二尉旋至,请牌,未一校,胡小梧、谭厚之、朱德臣均至,从客较毕一庄,乃入坐。胡大赞菜,众亦附和,退有后言。与张、朱、程同步至南门,大风欲雪,归,坐良久乃寝。少年经涉风霜,今得安眠,良为庆幸。

八日 阴风,始寒,顿加三绵

萧将来送手帕。为郑伯文写字五纸。夕觉脚冷,乃覆被自暖,夜遂未铺,颇不甜适。

九日 己丑,小雪。晴风

朝食后课字毕,携两孙下湘,至新安馆,请张子年办具,饯郑清泉,并为书屏联,约印委三令作陪,兼约沈师。幼穆早至,绂卿亦来,待静轩夕矣。正吃蟹时,洋镫然绳断,坠打震青头,合坐惶骇,幸未伤损。初更散,乘月还。

十日 晴,始裘

求小毛褂未得,方欲借之。谭子来,偶问其父携小毛衣行否,答云初无此服,怃然忽悟,即衣夹衣出。送郑答萧,乃闻陈师亦去,至清泉问之,约十三日来饭。过谭震青父子,遇胡小梧、熊云卿,小坐,至安记,候衣鞋来,步上船,还已夕。吃饭甚饱。

十一日 晴

程生引其从弟景来问学,字仲旭,廿二岁矣。段海侯第四子来,云尚有四兄弟,求作谱传,令程生作之。

十二日 晴

谭震青、毛杏生、张尉来。珰专人报夫兄丧。常氏三令,一月皆罢,当官时不为盛,失之则为衰也。本约归家,今留待殡。厨中治具,半夜未毕,余先假寐,待闭门乃寝。

十三日 晴,晨无风雨,向午乃大风

陈鹤仙来辞行,便设酒饯之,请丁笃生作陪,各饮廿馀杯。周妪

托故与方四龃龉,不司爨事,亦能敷衍终席。未正客去。将夕,陈完夫及廖、李拔贡来,得儿婿书,并各送京物,留宿前房。夜月甚明,久未快谈,纵论时事,至二更乃散,少坐即寝。丁送蟹菘,寄珰八螯。斋长、谢生亦还。

十四日　晴

陈、廖朝食后去,李生留,更送江西瓷器,正无碗用,适须之也。然公车携方物,则太侈矣。诗兴久发,每坐辄值倍书,大似马二先生游西湖时。岷樵来谒师。隆道台送聘。程景移入内斋。

夜作诗二首:《十日饯郑清泉作示新令徐幼穆》:"衡阳木叶落,湘浦晴漪绚。南浦风日佳,临流展嘉饯。故人新尹喜相招,清酒黄花逸兴遥。暂同陶令开三径,得与元生共一瓢。澧沅近迤江波沸,未若朱陵通紫盖。隐士长吟桂树间,秦人只在桃源外。渔火鼍更归舫凉,鸣铙上路月如霜。高轩客散酒未尽,不醉方知清夜长。"《再饯陈处士客散廖李贡生自京还与陈公子同过夜谈有作》:"二客饮竟日,主人惭独醒。空庭静鸟雀,独夜看双星。行子京尘满,归装海气腥。深山共明月,木落倍清泠。"

十五日　晴

看课卷毕。湘潭送卷复来。写字数纸。夜月甚蒙。

十六日　晴

朝课毕,将下湘,朱七老耶来,传其兄命,请夜饭。留食饼而往,同至铁炉门。余至江南馆小坐,程岷樵云丁笃生待同往,因至其家。舁至清泉,徐幼穆设酒,更招黄委员、粟诗人、朱德臣同饮。席将散,府署催客,秉烛而往。彭小香、张伯纯、"三猫"、清捕、任师、江尉先在,席设濯清堂,朱德臣送菜,沈师少坐即去,酒甚草草,二更后散。步出从潇湘门至大街,江南馆已闭门,主人亦去矣。彷徨无所往,还至程家,宿旧榻。已一年未至,程孙作主人,换三世矣。

十七日

晏起,晴。点心后步至道署,任眷已上,与隆道台略谈而去。唤船还,乔耶已归。滋书来,言诗文稿被骗去,奇闻也。景韩移浙抚。夜看课卷。

十八日 晨微雨

遣方四看窊女去。看课卷了无佳者。夜朱弟章甫来片,云何以失约。本未坚约,又已经二日,许以明日往。舒读《檀弓》毕。

十九日 复晴

胡小梧招入消寒会,约以明日。因朱约吃蟹,朝食后往。过张尉,方剃发。过任师,云出署矣。复还至吉祥寺,遇张,同行,过胡子清小坐。乃入府,至沈斋,朱七、九并在,待任来共摸牌,胡亦晚至,沈设汤饼,仅毕四圈,已夜。朱署府请,坐客唯老熊,又一彭小香,馀皆前人,食四螯,月出乃归。

廿日 晴

晨起,一人突入,设拜,称老伯,湘乡音也。自云蒲圻但湘良之表弟。心知骗诗者,喜于珠还。问其来意,云求盘费。入遣乔耶质之,不敢斥言,乃召斋长,出家书示之,麾令速去。

课卷阅毕入城,赴朱七之约。至安记,携两孙同往,张尉,唐卿方修曲会,听唱三枝。朱、任继至,摸牌四圈。三客各设点心,余反无设。胡家催客,与程、张步往,小梧啧有烦言矣。诸客皆先集,亦无怪其怪也。酉集戌散。还至安记,寻两孙,又失之,讶陈八何以大胆,遣觅船,乃云在程家,遣送还船。任师送菘蟹、果脯。

廿一日 晴

卯金去,寄书首事,辞经课阅卷事。寄家书,告得诗事。萧生来辞行,赆十元,报古文之馈也。左奉三、梅澹如两教官来。与书刘谷怀,送墓志稿。陈完夫携其侄婿颜生来读书,住内斋,与程生同食于我。盈孙生日,设汤饼,至夜乃办。

廿二日　晴

看本院课卷廿馀本,终旦而毕。待盈孙书毕,往吊贺年侄,赙以二元。余别访两府教,均欲留饭,辞以携孙。先还船,盈孙来船已夕矣,亟还。索饭,饭毕遂夜。

廿三日　晴霜,早寒

一日无事,始毕常课。写字数幅。欲集《孝经纬》,求无蓝本,罢业以嬉。午后阴,微暖,似欲雪。鼠出窥人,主人将去。

廿四日　甲辰,大雪。复晴煊,不可裘

王鲁峰来,言培义冢。余告以黄子襄巨万之工,而反发骸碎骨,其后家破人病,不可为善。王意怫然,云万无可虑,但求作募疏耳。徒步而来,要之坐船不肯,犹有峋云崛强之态。屺樵约饭,并要两孙,以夜行未便小儿,因独往。尚早,要任师、张尉摸牌,戌初诸客皆至,亥散。步从白鹭桥上船,舣西岸,从小门还。

廿五日　晴

竟日无事,督课一月。弹匠、木匠均来,闹半日。

廿六日　晴

朝食后任辅丞来,云已食,且云胡子清即当至,余未待之。已而胡至,云未饭,为设素食水餐。周松乔亦来,设点心。出门,萧、谭两学师来,徐幼穆从子、粟谷卿、王书启、向盐商均至,遂消一日。

廿七日　阴

朝课未毕,日已过午。步至粟家马头,渡湘至学舍,立门外待任师,遇谭三哥,要入西斋,香阶出陪,同至萧斋,仍无赌友,四人强较二

局,不成场面,自此戒赌矣。吃馒头,辞出。至张尉寓,厢房设席,亦不成场面。消寒四集,八人俱至,酒罢听谭翁两曲。前集听琴,此听笛,差为解愁。

廿八日 晴

方四还,得胡婿书。孙芸生、麻十哥来。麻送水仙、龙井,并致陈笠唐书,云仙童将复还矣。诸生当领银者亦皆至。与芸生同过萧教授晚饭,任、胡、谭、陶同坐,朱大老醉不能来,戌散。还船,不能上滩,步沙而还。和八耶来,收捐四元。

廿九日 晨雨,已而复晴

屼樵送双雉,留一送江尉,令佐消寒之品。孙阆青儿来,居外斋,孑然一身,坐陈公子之上,亦殊遇也。曾生父来见,即寓子舍,老实人也。

十一月

庚戌朔 晴

晨起未见霜,城中人云有霜。点名发题,复经解旧例。朝食后携两孙游西湖,余过左斋,梅翁亦在,吃桂圆、橘饼而出。入城至胡子清斋,任、陶、马均在,云待久矣。仍成较局,又不完卷。江尉来催,子清设饼,余遣送两孙先还,与陈倬卿同步至捕厅,胡、朱、张、程均先在,谭翁后至,谈笛弦,酉坐戌散。舁还正二更,程生来,已睡矣。

二日 朝寒,已而晴煊

睡起甚不适,昨夜食果饭未一盂,已伤食矣。朝食减半盂,遂愈。老境也,仍以果饭蒸薯填塞之。程生居内斋,两孙移入内室。写字。

三日　晴煊

尽写送纸。衡山向姓送墨,便求十幅联。王保澄求见,意在求局差。

四日　晴

移杏树,恰可缸运至乡,以冬至未可远致,且种阑边。夕食失箸,责方僮求之,遂与佣工大闹相殴,误伤周妪,见血而罢。宽纵无法,下人横恣至此,不可令黄子春、常仪安闻也,然是风气使然。

五日　阴雨,不能湿衣

从西岸渡湘,径诣清泉,云方遣迎,至粟谷清斋问何事,云摸牌耳。幼穆出,其从子道周亦在粟斋,更同访王师耶,见李师子尹端亦出,吴仰煦不许同席坐者也。幼穆遣招沈师、熊革士来同戏,四圈毕,见雨,舁出乃无点雨涔泥。至厘局,谭翁设饮,胡、朱、张、陈先至,屹樵后来,馔颇清软,多谈道光督抚事。戌散,步出,乃知雨湿街。至程家少坐,舁至白鹭桥登舟还。犹未饱,吃鸡肉、米花、橙子,又出外斋寻人谈话,乃寝。

六日　晴煊

昨有宁知州儿鹏南来谒,未见,后见于幼穆处,云与康有为同年同部,来此发卷。补昨夜诗二首,与粟孝廉。张子午送皮褂来,与麻十、马寿云同坐,设鸭面,未食而去。

夜半醒,遂不能寐,续前作一首:“我有一片月,留之紫盖峰。今来五十载,长照万株松。之子观云海,清吟应晓钟。元君不可见,玉检白云封。”

七日　晴

先孺人忌日,素食。作字数纸。

八日　晴

始检唐诗,何生自长沙来索得者。又为改蒋寿文,未毕,夏榜眼来，留晚饭去。京、浙事均无异闻。夜风，钞唐诗一叶。

九日 风寒，始欲酿雪

看课卷毕。谢生言刘生可妻，遣问讯焉，故促发卷。钞唐诗二叶。

十日 庚申，冬至

程生请致馂，往朝食毕，至江南馆待客。胡小梧云不知，知方僮毛包，失于再请，然拿腔作势，亦自可厌，颇有愠意。谭厚之解之，更邀乃来，未肯多食。屼樵具肴，子年作饼饵、鹿筋、脂糕，甚佳，饱食而散，更吹笛唱曲，船还尚早。徐幼穆约明日早饭，往来不惮烦也。夜雨。

十一日 阴

陈、程、颜生均还，同朝食。朝课未毕，便往清泉，答宁翼云工部，留谷卿斋摸牌，幼穆更邀沈师、朱七来。三圈毕，熊革士来。又两圈，初更矣。晚饭两小盂，步从大马头还船。两县明日求雪。

十二日 阴晴

钞诗四叶，尽补逋课。又为陈郎论歌行源流。作草四幅。又跋《淳化帖》、《圣教序》，字甚不佳，看晋人书势多自造无法，然不易学也，要须精熟，孙谱言不虚。孙芸生来，言朱九甚佳，惜其芝草醴泉未能采之。

十三日 阴，晨雨

作字数幅，微雪。钞唐诗二叶。始议散学，诸生皆去。陈、常来请托。

十四日 大霜

晏起，陈郎、程、颜俱待辞，遣谢不去，乃起送之。点书毕，率两孙俱往西禅寺看佛会，周妪奉斋二元，客皆未至。久之夏、程来，任师继至,日已过午,遣妪率两孙还。己亦步入西门,逢马、程,马未见,程下舁欲还,留之不得,乃同步还寺。热甚,稍惕。胡师、两县继至,幼穆来,已夕矣。杨家催客,乘舁与屺樵渡湘,至杨慕李家,魏、陈、杨、蒋诸土老吃鱼翅席,二更散。步月还,无一行人,唯遇一女轿,入方伯第,门随闭矣。至船始知霜湿衣,少坐即寝。夜踏霜露,亦复金床玉肌,歌《咸阳王》一阕。

十五日　大雾

晏起,未饭,携两孙同入城,点书,未倍也。陈郎请饭,辞不得,至彭祠,与二程、夏、颜同饭,未散。赴江南馆,张、任已先至,胡、陈旋来,同摸牌,两罢令均至,朱嘉瑞亦来,局未终而罢。席散,客去,张、程少坐亦去。留宿客房。月食不见。

十六日　阴

早起,步欲下船,街湿仍还。向生来,张尉、夏榜眼同饭,吃野鸭、班鸠。与屺樵至道署,隆兵备出谈,面辞告去。任师约饭,约从书院还仍来。乘船还馆,检笔墨,写信与俞抚台,为孙生求馆。与片幼穆,索干脩。琐门乃行,至船已装载毕矣。赴任约,仍入城,遇夏、程踏泥来送,勒令还城。迎两孙上船,与夏、程同至安记小坐。遣辞任面不得,乃往,周松乔亦在,更邀程屺樵同较牌,吃晚饭,从容四较。二更,程、张同送上船,送程仪者两家未去,各与片遣之。与程、张立船头略谈,别去。即开船,至石鼓泊。夜暖寝酣,不觉至曙。

十七日　雨,有成雪者,北风颇寒

午过樟木寺买油,久之乃行,十五里泊站门前。夜雪,寝暖。

十八日　大雪成冰

泊一日,夜愈暖。

十九日　细雨飞冰

过七里站甚迟,恐胶,下滩得畅行,已暮矣。泊萱洲,自炊而食,甚饱。两孙复常课。

廿日 雪雨间作

午至雷石,雨止。待巡丁看船,久之不至,写票复查,已夕矣。买炭无有,云须虚期。夜泊衡山。

廿一日 晴煊

晨发甚宴,午过石弯,六耶云欲一面,未能待之。过卡,乃复上买竹火笼,久之乃发,至晚洲已夜。

廿二日 晴霜

待朝食过乃起,已至四竹站矣,云江西大路也。昭灵滩石湍毕露,水皆激上;三门则不见石,但见水倒流耳,船人戒备过于昭灵。夜泊白石港。

廿三日 晴

食米已尽,遂未朝食。至易俗场,北风忽起,摇橹甚迟,试舣涟口,觅家门船,恰得三只,行李一舟可载,张大其势,悉用三船。过午便行,至姜畲已夜,夕食,黄孙睡熟矣。二更到南柏塘,携盈孙步上,雪涂犹可容履,方僮然镫,取山径到家。儿女俱未眠,云连夜鸡鸣甚早,少坐已三鸣,犹未四更也。舆儿自至船携甥俱还,余先睡。

廿四日 癸酉,小寒。晴,夜欲雨

起行李,遂至半日,犹倾一石油。忆衡僧语,知有前定,惜未布施耳。干薛阿来,言树艺局须用钱,当为谋之。又言局丁倾油,宜何处治?余言彼自以为官人,实私雇也,斥逐之,使知下上之分。盛、张团总来。

廿五日 晴

田团总来。杨哲子来,言王总兵身后事。京官多事,大要利其财耳。夜看所作诗赋,及其伯子幼学注经,大有著作之意。得瑞生书,并送锡器。莲弟来,两孙复常课。

廿六日　阴晴

杨生告去。干将军需钱甚急,无以应之,昏夜叩门,匆匆复去。

廿七日　阴欲雨

贺生来,言讼事。周浩人先生及其两徒王、谭来,武生红衣,有新贵之容。夜雨。

廿八日　晴,午后风,夜雨

乡人颇知吾生日,干薛阿乃云,将大受礼物。人多醵钱为馈,盖欲以我为毕司马也。以此一介不取,犹时有母鸡、豚肩之获。谭佃妻来,为其婿求请,云原告贿三百千,笞一百矣。沈太耶定胜陈太耶。杨、张、周生同来。桂七、石珊、华一、芸孙、郑福隆儿均来,郑初不相识,遂留不去。余云"有朋自远","乐"则未也,"不亦乎"则有之矣。夜待功儿父子至三更,三遣人迎,不相遇,诸女、妇子行礼毕乃来。睡已夜深,而鸡未鸣。

廿九日　阴

半寝,偶觉,已质明矣。因待诸女妇装,乃更晏起。将午,家人毕贺,外客皆谢不见,唯杨、韩、周生得入。午面,夕饭,杀羊以飨,甚盛举也。夜雨。

晦日　雨

杉塘子孙告去,云孙同去,皆舁而行。周生亦去。桂七大人及其子不辞先去。为杨生看诗。张生引萧童子来,呈诗,寿山甥子也。

十二月

庚辰朔　晴

张生不辞而去,客唯杨生耳,督课未遑出。滋女辞事,以纨代之。增改欧阳烟行墓文，添三句成文，甚得意也。

二日 阴

唤船下湘，与杨生同至姜畲，杨上张下，未夕到城。张还馆，余至宾兴堂，刘心阁相见甚欢，朱倬夫晚归，谈至鸡鸣。云孙来。

三日 阴

至杨前官处问萧润笔，因访朱巡检，云送鬼去矣。还，盛、田、干皆在，心阁逃去。看经课卷百四十八本。复与朱谈贺童掘冢事，其人狡猾，宜责其出钱了案。谭前总亦来关说。紫谷道士来卖琴，琴新漆，不可用，而道士称之，疑为朱屠增价也。又云王谷山家有佳琴，留饭而去。张生弟子易云麓来呈诗。龚德培来问讯。

四日 阴，欲雪

借钱与干先生。易生来，守候改诗。许生师弟、谭姑耶、杨舅昨日均来，唯徐甥不至，遣招之。陈佩秋携其子来，易老翁亦携子来，皆与万穆甫同求厘差，余云夏道未卸，臬篆不可干也。徐甥、盛举人来，云盛京卿同姓，左子异甚重之。乡有达人，可喜。谭文丈送银票来。待朱翰林关说，朱出甚久，欲睡不可，解衣卧谈，遂寐无觉。

五日 阴寒

晨令方僮唤轿，待久不至。张生来，同步出，遇干将军，轿夫不欲行，易三处，皆骄不可使。干借油鞋，如刘先主遇法孝直，但恨重裘行热也。从南门出后湖，至正街，循湖岸到船，方僮方买水缸，舟人皆云乡中价廉货好，笑城人不知土宜也。船人早饭甚久，至沿湘市又午饭，遂消一日。托云风雨不可行，遂泊此岸。方僮后来先去，无人具食，幸有路菜，拦腰一扁担。和衣而睡，夜雪。

六日 阴

晨发极宴，饭后行乃猛迅，云无雨可篙也。迎风指痛，不遑息。

未夕至湖口,迎候者伺两日矣。致陈兵备书,致陈督销书,与丁康侯书,致夏观察书。方夕食,归遂不食。滋疾未起,忧之煎心,儿女情多,境使之然。干生夜来索钱。

七日　阴

复常课。干生早来,云当下省。谭姓来,言贺月秋。滋疾未愈,与莪书,殊无欢绪。

八日　阴

滋愈,诸女作粥供佛,稍有年景。功儿将还省寓。姊妹较牌,余间入局。复讲《汉书·西羌传》,殊难省记。偶闲谈,始知郭郎水死,诸儿不报,吁,可怪也!

九日　阴晴。戊子,大寒

功儿、纯孙告去,城乡年事命之料理,遣方僮从往。夜寒。

十日　阴

功儿专丁来言押租事,懿以为欲揽利权,不之应也。而皆不禀我,又各欲专事,宜其事也,但不宜使旁人闻之,所谓愚而财,则益其过,不必多财也。

十一日　晴,南风,颇有年光

说《诗》“稷重穋禾”,前未分析,始考补之。熊姓送稌盐谢讼,将军力也。

十二日　阴晴,有风

杨生来送表里绣佩,并致萧怡丰银十二斤半,皆润笔也。留宿外斋。三、四老少来,遂至满坐。

十三日　阴

杨孙早戒行,晨起送之,乃皆未起。顷之食具,挂面点心,向所不下箸,亦为尽一器。客去,干将军来,邀同答周叟不遇,遇王妪焉。

又同过谭前总,夕还。夜雨。

十四日 晴

为懿妇弟看诗,学孟东野一首极佳,方知家数之小。七都农人沈箓送诗来,并与干书,及和陶诗,胸次吐属不凡,隐士也。谭佃夜来,甲总更夜,似催租,惊犬吠,乡人乃好夜行,非良民也。

十五日 阴

谭佃遣孙来取书,干朱太史,因附银二百还宾兴堂。两孙散学,不读生书。夜雨。

十六日 时有雨

干石潜下县取钱,冒雨冲泥,殊可不必,盖其性急,不欲任人,故如此。家中作灶,柴炭并竭,乃试烧糠。前日未钞诗,今乃补之。夜月。

十七日 晴煊

午出小步,见牧牛、羊、豕者,俱有画意。说“五亦有中,三亦有中”,为顺讳文,乃不费力。与“古田”、“东田”同为平正通达,斯为说经正轨。夜月极佳。

十八日 大晴

干将军还,来报园菜被盗。致刘中丞书。步访沈逸人箓,从云湖循左岸行,过一冈,望见两处屋,若在湖中,犹为对宇也。渡涧西上,便至沈居,貌似曾介石,踪迹、志趣亦略相类,惜聋不便谈,待干饭毕而还。过涧,别从山道,还已夕矣。往返约廿里,亦可云卅里。方僮还,云易仙童欲入都,想又有钻营也。

十九日 晴阴,欲雨

程郎专使来索书,欲为其妻兄谋浙抚巡捕,关节灵巧,赵氏派也。廖仆实来。寝室开户通内院,尘坋不可坐。厨中复作灶,遂自蒸鹅,器物皆不备洁,方知无媵御之不足自养。彭雪琴能役丁壮,余不能也,亦是习气之一病。

廿日　　晴

谭前总来,言朱太史不能了事,须请片至门房。何门房之能管事如此,惜有体制,不能如其请以试之。天晴气和,可以出游,将至县算帐,因约石潜同往。还,闻张正旸来,留饭,夜谈,皆儒生之言。

廿一日　　晴

韩来张未起,入室泛言。朝食后云门儿率幼子来,所云被诬为盗者也,卯金从子,一门多才,亦有家学。午与张、韩同步三塘,看种茶地,夕食后张去。

廿二日　　晴

谭姓具船,并遣甲总具食。与石潜下湘,巳发酉至。携两孙同投宾兴堂,闻刘星阁被盗,现官退城,不免盗劫,与毁龚家同为异事,余亦自危。谭总复来,率贺生问讼事,教以早归。两孙早眠,余亦遂睡。解元两儿来。

廿三日　　晴,朝露颇寒

万生来,携刘石庵一幅,欲索百金,亦异闻也。与石潜同至县署看春仗。过杨宅,公孙俱出相呼,立谈数语。还堂,倬夫方盥颒,言陈、贺讼事可和,而无居间者,请待来年。两族孙来,同出看迎春,因过许生店,未入,与石潜同往。携两孙至九总买煤炭,因待县官吏骑步卤簿,俱不合式,唯前有二牌,书"三都三总",馀皆不及,未知其缘起。春牛作兕形,尤为任意,然水田之宜,不必合五行也。看毕下船,船未至,请石潜领两孙,余还堂料理。倬夫方与吴少芝对枪,因约同访道士。堂书请饭,饭罢俱舁往。舁夫皆不识雷坛观,余步从吴轿,往来隘巷,巷人云雷坛观即天苻庙,余又未省也。见门匾乃入,询道士,果邻天荷。日已西斜,计还船必昏黑,携《升平传》一本而出。至九总,船去矣。至杉弯,云又上迎,余得陈姓舟而隐焉,有似清河藏舟,但无飞霞耳。遣招船来,久不至。韩兄、方僮往来奔忙,余但守株刻舟,差为闲静。二更后船来,两孙已睡。三更石潜来,四更熊儿来送肉,酬以二元遣之。五更方僮还。未明余起,留船下钱,自携两孙先还。

廿四日 癸卯,立春节。晴

乘月发舟至涟口,质明矣。饭于袁岸,舟人竟不午食,可谓勤俭,于将军所不能也。夕泊湖口,两孙并踊跃先行,家中未午食,喜可知矣。较牌未终局,稍倦遂寝。

廿五日 晴

方僮买年货还,亦费四十千,大要成年例矣。又言陈姓强葬,与朱言大谬,居间不易也。

廿六日 晴

石潜还,云郑贾欲以儿托余,请捐二百金助树艺局用,此亦匪夷,任自为之。陈芳畹专人来取钱。

廿七日 晴

贺姓来送钱,麾去之。王妪来,告住屋已卖。吾家住百四十年,渠家卅馀年,今易夏姓作家祠,遂恐难复,坐见先业易姓,颇为怅惘。

廿八日 晴

前约沈山人来谈,遣轿迎之。午至树艺局问讯,乃逢郑轿及乔耶,方食,遂与沈俱还。要至内斋,看书一日,约至鸡鸣乃睡。今夜鸡晏鸣,乃送沈出,先寝。郑生来见,卅许矣,一无所解。

廿九日 岁除

晏起,沈已先兴矣。朝食甚晏,午送沈归,料理馔具。巡检专丁来馈岁,即复书谢之。夕食尤晚,将戌矣。石潜昨半夜去,今夜仍来,要与团年,又待送灶乃祭诗,已再鸡鸣。仆妪或睡或守岁,余独先睡,闻诸女笑语,终夜未阖扉也。

光绪二十五年(1899)己亥

正　月

己酉朔　晴

竟得佳日,日朗气和,可喜也。待诸妇女妆竟乃起,诣高祖坐前行礼,家人以次拜毕,入诣半山室行礼,受贺。干亦来饭,未食,朱、张已来出行,将午矣,云方食不饭,遂留午点,夕食而去。王孙来,言买田卖田事。

二日　雨风

杨生来贺年,因留谈艺。乡人来者皆谢不见。夜风寒,客房冷寂,便留杨同榻。

三日　雨阴

张生来,客不孤矣。连日渴睡,闭门早眠。干先生勒令作字,磨墨一日,今早为写四五纸。

四日　雨

杨家遣轿迎客,张生云已豫办。本约不雨行,既有储供,勉往领意,与杨、张同发。过姜畲,至乾元看迪子,顴发赤,非佳证也。又过许乾元,出街泥行三里许,至杨家,二子出迎,入见亲家母,坐客房,张先生相陪。顷之杨笃吾还,过东头小坐,还吃鱼翅席,早眠。

五日　雨竟日

笃子请早饭,饭毕,论书院事,云可整理。遂冒雨过一大冈,便是蔡岭,十年不到妇家,入门升堂,则无人焉。击磬拜像,悉召其家人,半不识矣。与循、叔止依然,唯棣生妻不肯来见。园门已断,宿于学堂,客坐亦空矣。夕饭棣生家,夜酒则值年备办。与循来谈,二更去,叔止待余睡乃去。

六日　阴

本约饭刘心阁家,叔止坚留吃海参席,一鸭颇佳。早饭罢,即访心阁,谈未一刻,有客来,余遂辞出,约至城整顿书院。从蔡岭右行,过杨家,二子倚门,停舁谈入城事,云已见葛鹤农矣。便往姜畲,饭许乾元,遇鹤农,招张生同饭,余不食,张亦已食,匆匆别去。到家甚早,将至始见懿妇轿来,竟不相闻。四老少来拜年,未暇款接,便令摊钱共戏,至夜觉倦,遂寝。

人日　大雨竟日

命作饼应节,六女馔具,进食,食春卷,饱,遂不夕食。夜乃食饼,家人半睡矣。雨声繁喧,仆妪意钱。早睡一觉,醒闻鸡鸣,房妪尚未闭户,再三促之,明镫送茶烟,乃各还寝。

八日

质明遣呼懿令起,往妇家贺年祝寿。许虹桥来。迪子儿来。雨止风起,出看种竹。易诗人、郑门生俱来贺年。至夜玉岑女又携子来,云刘桂阳族孙,欲分父遗产,请为问之。自表贞节,未深知也。同曾祖兄弟分居,遂不相知。唐尧收族,盛时之事与?姑令从其母宿,易亦留宿,二客恼人,鸡鸣乃睡。易报刘坤一之丧,云元旦辰时出缺。何范祈之竟验。

九日　阴,有晴意

盛、田、彭来拜年。韩移老梅来,花已过矣。易、刘俱去,懿妇亦同还。为迪子作禳文。

十日 戊午，雨水中。有雨

遣人看迪子。宝官来。晨与石潜论花树，云白桃最少，石云最多。盖惯驳人，口快不思事理，或云装憨，未必如此诈也。凡说话不可顺口，故云安定词。欲作杂诗，思多不可理，逡巡而罢。彭鹗、盛润唐来。宝官夜赌，亦托之宝官耳，宝官实不赌也。宗兄为之，老近无赖，故孔子欲其死。

十一日 阴

银田甲总来言事，因石潜以通。余责方僮，周妪护之，反谓石潜多事，谕之不止。令不能行于仆妪，履霜坚冰之渐也。自省而已。小人信不可假词色，盖非人情所能料，孔子所以叹难养也。宜峻其防。种竹移梅。

十二日 晴

石潜晨遂不至，益令人惶恐。宝官去。作诗八首，学陶尚不夹杂，然非佳篇。夜月。

十三日 晴

龙狮来不绝，虽无可观，亦动土气。舆妇又易一女工，盖不得用人之方，凡无用者一丘三貉，虽百变无益也。以非己事，不宜干之。

十四日 晴

沈山人来，写诗赠之。看《老子》未得头绪。文大耶来，以赂朱太史百元还，言官事未了，亦非余所宜了。杨家来请客。夜倦早眠，鸡鸣暂醒，复寐。

十五日 晴热

晨看沈山人，与韩皆方起盥颒。沈嫌我饭晏，故宿树厂，亦不能早也。待其饭熟，还家，饭亦熟矣。午后复阴，龙狮来，酒饭，夜雨乃去。周翼云来，宿外斋。

十六日　晴热

晨待船出县,至巳未至,乃饭而行,携良孙从。至午复阴,到城正夕食矣。永、云两孙来。入宾兴堂,无一人,遣招朱巡检来谈。夜大雨。

十七日　雨

葛鹤农来。蔡天民来,一日不去。晨至杨总兵家贺生辰,见徐峙云、郭花汀、杨子杏、与循。子杏云彭畯五不到桂阳,己欲代之,絮语问方法。余云刘直牧方被议,开馆期近,恐未及来问也。匡策吾来,云朱太史嫌钱少,故贺事不谐,当加价求和。又云刘制军尚存,前传讹也。遣迎良孙来,同寓堂中。易叟父子来。峙云来。始雷。

十八日　雨

有龚姓专足至衡相寻,踪迹至乡城,函中语似是一进士,了不省识,传问来人,云思贤门生也。以与方伯莫逆,故来求信。念来足奔波可闵,依而与之,与片切戒。午出诣文武印官。沈太耶请留一日,设戏酒相待。旋至杨家看戏。大雨复雷,正演不孝呼雷事,雷声隆隆,坐者色动,此是县署事。尽见县中出头绅商。郭宝生留一日,欧阳蕃复请留一夜,人情难拒,皆许诺而散。

十九日　阴雨

戴老士遣子为门人,说三年矣,复不敢来,数质介者,今始来见,具贽廿金,又改廿元。余例不受贽,还之则中计,受之则破例,乃收其半,以半交峙云,峙云又中我计也。机械相乘,雅道扫地,然非我之过。正需零用,即以八元交杨家送家中。戴儿名辅铭,字日新,教其作律赋。问识沈萱甫否,云识之。顷之沈生来,云得之郭宝生,宝生已出矣。沈穷不死,郭侠能交,俱可喜也。遣送良孙,看蕨妇,因遣觅船。佶子遗画四帧,永孙求题,县壁看之,似学周少白,未知其家法也。杨师耶来。胡荫楠儿及杨、孙、张守备均来相看。李翰屏自蓝山来。皙子来，言书院事，殊无可问者，因作告白，送县令看之，但云好好而已。设席四桌，以余为首，并坐者即马钱贩，众皆目笑之，未知何以为令贵客也，至夕散。卯金刀来。遣迎良孙还，宿堂中。

廿日 阴晴

永孙来，令其暂取画去，俟后题之。本约已集郭祠，至午未来请，请葛、杨先往，余后踵之，则主人犹未至。看《经世新编》，梁启超之作也，以余为不谈洋务，盖拾筠仙唾馀而稍变者。康、梁师弟私淑郭、王，不意及身而流敝至此。看齐木匠刻印字画，又一寄禅、张先生也。顷之，匡省吾、晏翰生、龚文生、傅鼎、仲彝先后至，峙云、葛、杨、欧阳为客，又一钱估，何"钱"之多！午集戌散。舁至十二总欧阳花园，杨总兵、张守备先在，余与峙云、朱巡检皆从郭席散而至此。召妓七人，有两人过卅矣，馀皆无童音，各唱一两曲，费卅元，致尊礼之意。鱼翅甚佳，为之一饱。丑初散，月中天矣。水栅已闭，绕道上船即睡，良孙从。

廿一日 晴

辰初开行，期夕泊渌口，问所泊地名，云大树垸，未到渌口也。初未闻此地名，方僮云故知之。一夜未解衣。

廿二日 阴晴

晨买油渌口，将午乃到三门。良孙读书，颇有苦色。

山蒜含香配紫兰，青娥二七对婵娟。镫窗玉朗春相映，银管脂融夜不寒。罢酒还船街鼓绝，送人正有清霄月。鸳瓦红楼雨未干，画桥绿柳丝堪结。欢情不待管弦终，乘兴探云过五峰。朱陵白鹿久相待，须及酃湖冬酒浓。上元二日春昼明，连朝听雨皆春声。四豪公子五都侠，锦障油壁迎倾城。此时良会开文宴，绮席琼筵荷嘉荐。卜夜先论一日欢，请歌共待三更转。玉梅如雪六重花，四面香风绣幕遮。流云绕柱箫声散，漫舞留人漏箭赊。少府行春不辞醉，雨湖夜半栖鸦起。芳园庆岁续椒盘，列坐飞花薰曲几。

夜泊花石上梅冲，皆从来未泊之处。

廿三日　雨

闭坐竟日，未夕食，缆行七十五里，泊淦田。正去年出门日，变故万端，仍故我耳。雨竟夜。

廿四日　阴

晨起甚早，过石弯向午矣，过衡山城遂夕。雷石买菜，夜泊老牛仓，雨竟夜。常宁黄生来见，云陈兵备约其至岳，已乃至澧，取五千而还。送鲍鱼，却之。

廿五日　癸酉，惊蛰。雨至午止

廿六日　阴晴

晨发七里站，无风缆行，望珠辉塔，久不得至。船人惮进，换小划至城，将夕矣。投江南馆，岏樵方请府客，更增夜戏。冯洁翁、两程生来。遣告任辅丞，顷之任来，因遂留看戏，云经厅约饮，夜乃与徐幼穆俱来。朱三否率其弟子僚友十五人先后来。肴馔甚旨，看戏至三更。沈、熊、朱七摸牌一圈，朱儿甚小，发留俱有心孔，余以自代。上床闻鸡声，以为初鸣，及再鸣，竟曙矣。

廿七日　晴

朝食后出拜客，入道署，见隆、任。作书为吴仰煦觅衡馆。看陈郎、程孙、江尉、梅、左教官、衡阳盛、胡府阿舅、沈师、陈倬卿。访幼穆，送诗。渡湘见熊将、丁笃生、蒋幼吾、魏二大人。入书院看梅花、樱桃，皆落尽矣。李生已入内斋，陈伯雅又将移入，不可在外，因定到馆期。夜还，旋雨。

廿八日 雨

张子年来。谭香阶、萧子端再过，幼穆亦再至，完夫甥舅均来谈。常霖生亦至，论经济，不外修己，修己安人，使人自修也。尧、舜不能安百姓，若共、鲧、瞽、象是也，故无务外之学。

廿九日 雨

彭公孙、丁笃翁、孙芸生、陈倬卿皆入谈，馀多谢不见。刘生自桂阳来。看报。

晦节 阴

始食芥茎。隆兵备、熊营官、盛衡阳并招饮，悉辞不赴，发行李入书院。任辅丞来。幼穆设三桌，演戏，来甚早，诸客亦多早来。中间入愒，与沈、任、胡摸牌六次，沈竟未下庄而散。朱守不去，看戏至丑正，幼穆复坐片刻乃去。永端昨来见，今同席。

二 月

二月己卯朔 午前有雨

始食椿芽。船来迎我，冒雨踏泥出城，半渡遂霁。陈、程俱先到，余居外斋，入看杏花，始发一萼，桎木亦含花矣。少坐下湘，赴洁翁招，客尚未集，唯一刘翁，其妹婿也。答访霖生，遇其将赴冯招，与程生同步还。熊、丁继至，魏二后到。又雨，舁上船，到院二更，盈孙已睡，唤起即眠。

二日 晴

理蕉。上学。屹樵来。诸生来见者数班。邹生来，言省城事。陈复心片问言事之文体式何宗。其子送律赋来选，告假去。

三日 晴

看龙赞善所辑馆课赋，六十年前诸老虽陋，风气驯谨，今并无此矣。寄诗湘潭,兼觅茶碗。晚至陈倬卿春酌,去甚早,待岍樵、李从九、舜卿同较牌,未毕,胡小梧、朱德臣、江尉来,二更散。还,留僮伴孙,一人独来往,幸厘丰不盘诘耳。至柴步,遇常生柩船将至,迎者三轿。闻蛙。

四日　雨,复寒

桃杏均花,李花已落。看赋,见夏姑夫、胡咏公所作,如逢故人。独无曾侯,盖不以为能,翰林赏鉴不同如此。

五日　晨雨午霁

午课毕,携良孙下湘,至安记点心。程生叔从。同集道署,隆书村发疾,不能为主人,设二席,更有二武员、四幕同集。必邀良孙,辞以丧服,引旗礼,不顾也,以其难悟,姑命之来。二更散,还宿江南馆。寻虱,甚不安。

六日　晴,晨大雾

早起求仆从不得,乃皆未起,或匿旁舍,凡三出寻始得之,更劳于寻虱。盥毕,主人点心已至,半面而行,到馆半饭。春风尚寒,晴日甚佳。

作常生挽联:“石门尊酒惜论文,如今旧梦全非,瀛岛未游何所憾;瘴海十年劳作吏,差幸家声不忝,归装九宝莫嫌贫。”夕饭熊宅,与程生步还。

七日　晨雨

偶与程、李生论大考赋,《左传》六府,未知火府何掌。府者,库藏。若藏火化、火成之物,则不胜藏,藏火又无可藏。当以《礼记》六府为定,水府藏凡水中物宝,土府可兼谷。因出两赋题课徒。

良孙欲看烟火,属喻、程携往。本约夜集,杨家催客过早,云冯大人至矣。急忙先往,则冯、杨、陈郎方推牌九,见余欲散,强推三庄,未逢胜彩。熊云卿来,遂罢。顷之霖生来,同吃烧猪。叔文为主人,而误持萧、廖联名帖,亦可笑也。小猪吃几尽,乃更上席,肴馔斟酌,豚肩颇佳。客先散,余待良孙船,与陈郎独留。船人来,云良孙先还矣,余乃辞还。无月暗行,到院即寝,夜半觉。

八日 阴

卜二毛来,字厚之,示其父书,方在湖北待盘缠奔丧,正是云哉举动。令其往宁乡寻湛侯,许助以五百钱而去。作书寄程生、莪女。日长无事,登楼看桃花,院中花殊不盛,唯山茶烂漫耳。

九日 雨

为程生改赋一篇,看律赋遣日,闲甚无事。衡阳黄生锦章之子名草服来,求讲《仪礼》。其名不似,问之乃师所名,其师可想,令易之。问礼,不中肯,而求住院,令僦斋夫杂屋以居。

十日 戊子,春分

衡阳学送胙特,分牛羊胁,已又从例送猪肉,顿备一牢。诸生皆出外。复心次子从桂阳来,从兄读,无舍可处,姑令同居一房。常婿来。盛衡阳招饮,往则空室尽出,乃携良孙送江南馆。独赴衡阳,陪冯翊廷山长,洁翁次子、丁次山、郭少耶知县子,盛门生。江尉,饮响片甚佳,二更还。

十一日 雨竟日

晨起忽思四老少可投陈复心,起作书寄陈,并作家书,遣陈八去。犹待湘船,更留一日。午后萧教授遣人来催请,再跌于泥,里外衣俱污,令随船下;寒风吹赤脚,冷不可当,更令上岸。留僮伴孙,独往东斋,屼樵、胡、任、沈师继至,为意钱之戏。朱德臣不知而屡胜,钱寻财主,不虚也。永端后至,半席,余先辞还。

十二日 大晴

遣孙视笛渔殡。即遣陈八行。独居院中,俗客踵至,所谓雷森者,云当往湘潭,附书雷教官,论书院事。又有王见田求干清泉,王保臣求啖饭处,迫人于危,甚可惧也,急命琐门假寐。陈完夫来谈诗。陈二自城来,言刘尚在家,月底可到,迎使已发矣。夜月甚佳,褰回柳岸。

十三日　阴

黄妻哨官、李弟京官来,均斥不见。六耶来告穷,亦斥其使。蚁慕羊肉,非羊之利也。生平多此烦恼,然已心许之矣。木居士见鸡豚,虽不能食,必降之福。夜雨。

十四日　晨雨,朝食后霁

本约与任辅臣较牌,陈郎复请饭,欲去则雨,欲不去又无雨,踌躇久之,乃携良孙以往。至安记则任待久矣,招赌不来,即捉一钱店客共局,未终,沈、朱来,摸雀四圈。盖今年始成一局,其难如此。任、沈饮谭教官处,余饮于陈,各散而往,期夜再集。夜月甚明,胡子清来,云任不至,所说事多皆不可行者。

十五日　晴

晨起,至清泉吊幼穆,至考棚去矣。当答永、王,遣问皆已起,乃入谈。遣问沈师,未起。过陈兄,亦约赌不至者。程母生日,其孙、曾设奠。独饭,招子年来,议与岍樵作五十生日,遂坐久之。寻钱佔不得,陈、任、胡来较牌,未终局,谭香阶催客,往则甚早,丁、顾、江先在,余与子年同往。待萧久不至,顷之来,又去。言毛杏生发财,有田二千亩矣。未夕上菜,一更犹不得散,还船将二更。程、陈、孙均在岸相待,棹月还。

十六日　晴

先府君忌日,素食,诸生亦素食,过也。内室深居,霖生三代常婿、常生子寿门。闯入。顷之,幼穆又来,以方吊彼来谢,宜相见,遂留共食，谈至初更，乘月去。今日本绝人事，乃至酬对一日，何其巧值。陈生又告假去。

十七日 晴，早起忽有微雨

与书但少村，为任三求差，无厌之请也。张、毛、唐及张婿来。麻十兄弟、廖生来入馆。竟日阴煊。看律赋。雁峰西禅三僧来，言佛事。

十八日 阴晴，风暖，不可重绵

诸生过六人，不容异席，率良孙饭于内院。将出，隆书村来，请入考棚。蒋幼梧、贺亲家来。日日拒客，日日来客，可恨可笑。夜大风，震惊摇撼，凡再起。

十九日 雨，午后霁，寒可重裘

陈鉴唐、孙光炘来见。刘斋长来。如此寒风，奔走不废，迭请，不得已而见之。看《登科记》。唐试赋别有体裁，不知其何以去取。《性有相远赋》，起尤不可解，盖取其押"君"字新样也。夜月火银，惜寒甚，不能驻赏。

廿日 晴

朝食后携程生、良孙同下湘，从太史马头步上雁峰，绕山避泥，误由车江道，居人呼余还，复误从花药山，乃至西禅寺。官绅幕商大集，请僧百人，为徐幼穆兄方履诵经拜忏，因设斋食，至夕散。还城与任师同至道署，盈孙留程家。陈八还，云迎船未得，行将至矣。

廿一日 晴

晨兴，与任师入考棚，隆公甄别，府学监场。墙头设梯，外闻爆竹声不绝，似非关防，又不干己事，匿笑而已。唯与监场官较牌，牧猪奴亦设二局，则不能自正耳。勉坐至夜，步还安记，招良孙来，子年先在坐，久之去。

廿二日　阴

晨约子年买磁、帖，久待不至。出门逢屼樵，与俱至集锦斋看帖，取八种以还。午食罢，陈倬卿来，遣招任辅丞同摸牌，顷之沈、胡至，幼穆亦来，旋去，四圈毕尚早，复作较局。盛竚卿、江尉均来同戏。朱德臣、丁、冯、朱太尊、杨少臣、魏二大人、子年与余，同设戏酒，为屼樵五十生日作宴。屼樵固不肯当，自设一席请客，点镫入坐，子正散。未夕时方四来，报船至，冲泥往看，船人不肯上，乃令泊门外马头。乘舁携黄孙同看戏，即留，同宿安记，一夜不寐。

廿三日　雨

晨踏泥上船，朝食后开行，缆上东洲，检行李失去手巾包银，又还一欠。移入内寝。得抚藩书。

廿四日　雨

两孙入学，三女、一女孙均复常课。余唯阅课卷，颇觉少暇。夜寒早寝。

廿五日　癸卯，清明

麻十早来，云已撤差。作粉糍蒸粉肉。四老少来，云十八日沉舟甚夥，空泠滩水为墨；十九日湘潭大雪，此间乃无睹也。黄稚圭来，诉仙童无状。阅卷毕，逍遥以嬉。夜闻风水声，以为爆竹。

廿六日　雨

未午入城，送卷道台。复衣小毛。在任斋小坐，借轿出城，至清泉学署。梅澹余招饮，一分府黄生先在，朱嘉瑞、盛衡阳、顾尉、程生俱集，初更还，至已二更后矣，行城外甚困。与书易仙童，切责其好动笔墨。莲耶来。得陈兵备书。

廿七日　雨

朝食后携真女入城，遣贺程嫂。余至任斋，约胡、沈摸牌，胡已大负，梁协将催客三次，急于要散，胡一战而胜，尽复所负，大笑而罢，乐哉乐哉！朝旨特责皮举人，与论学术，而我荒宴弥甚，殊非敬谨之道。舁至协署，诸客毕集，以我为客，既所不安，又连宵犯夜，亦当少戢，遂与洁翁俱辞而退。夜雷。

廿八日 雨竟日

麻年侄来。昨梦与鹿滋轩论吏治，余云徐小坡著名昏庸，鹿滋轩自命清干，同为首府，无分优劣，当此之世，有何人材？滋轩貌尚是三四十岁人，科头谈笑，不似为督抚后大架子。因梦语有理，故记之。杨叔文来。

廿九日 晴

李道士来，送果粉，坐半日去。钞改《书笺》，并补《春秋笺义》，于"京师楚"义尚未允惬。夕假寐，二更起，少坐，及寝未久，已天明矣。

三 月

戊申朔 阴

程岏樵来，请其召匠估工，增起学舍，并开房门。四老少去，诸女寄书。八女兼饬家事。再与书复心，荐方四去。夜出题阅卷。

二日 晴阴

晨未起，外报任辅丞来。今日覆试，道台来点名，两府学官先至，八钟均集，吃点心三道，令诸生各饭，乃召十八人入试，馀皆散坐。道台去，教官监场，余入内摸牌竟日，五钟散，客去人倦乃寝。夜微雨。

三日 阴晴，亦时欲雨

阅卷廿馀本。出城，还轿任师，因同步过福建馆看牡丹，至江尉署禊饮消寒,人皆集,更有道士,未夜散。

四日　晴

阅卷毕。湘孙生日,初未知之,因责良孙始悟,宜薄其责,幸未大怒耳。

五日　晴

送卷道署,因招辅丞,云已往福建馆。朱德臣、孙芸生来安记晤谈,看缎子,作寿对。同芸生步至闽馆,陈倬卿先在,胡子清与辅臣为主人,沈静轩后至,共摸牌四圈。程生叔从及两县均集,散亦未夜。

六日　大晴

道士及张尉来。冯洁翁来。言明日送学,顷之首士送席贽来。周妪入城看裁料。

七日　大风,晴煊

朝食后丁笃生来,两府学继至,云县道已来矣。久之乃至。夹衣行礼,流汗浃襟,客散日斜,稍愒遂暮。

八日　雨

衡士公请隆公,为作六十生日,推余为主,屼樵承办。朝食后冒雨入城,谢客六处,入府署见沈师,清泉访幼穆,道辕谢隆公,馀皆未入。至江南馆,主人唯彭公孙未至,顷之亦来。衡、清"三猫",梁协,厘谭皆至,隆公踵至,菜出甚迟,精而且腆。二更散,三更乘月还。

九日　晴

缎对帖金无笔法,令诸女用金线双钩,前日兴工。今日程家招看戏,湘孙不能往,留纨伴之。令复、真入城,与同船至马头,径舁至彭祠。余至安记稍睡,未正起,至厘局,看毛杏生,遂往看戏。两县仍昨客,为隆公祝生辰。稍早,二更已还,无月。

十日　阴,夕雨

改定"礿则不禘"之说。曾荩思来,言陈复心儿结交不择宜居乡间，易于查察，其长者已告去矣，次其女婿，令从其说。于是两陈皆去，外斋人少，更起火食，令诸生食于我。陈芳畹专人来索钱。王伯戎之弟来见。

十一日 戊午，谷雨。晨雨，朝食后见日

省城讹言京师夷变，自至城中探之。方至教官处，遇桂阳罗训导，遣招张子年来，又遇岳州谭训导，同出寻香阶。见一轿过，俄而复转，下舁则朱七大人，云方至吉祥寺寻我，讶其消息真确，乃约会于安记，遂别三教。与子年寻辅丞不遇，已在安记矣，因留摸牌四圈而散。幼穆来寻，步往访粟谷青，遇杨诗白，小坐而还，上船已夕。

十二日 阴

看石鼓甄别卷百馀本。粟、杨来，遇雨，旋去。

十三日 雨

阅卷竟日，翻三百馀本，亦有用心者，似胜湘潭。

十四日 雨，复寒，风景凄凄

忽有黄玻来见，草服之伯父也。因缘攀缠，殊为可笑。阅卷四百本，千卷毕览矣。程屼樵又送一子来，长过诸兄，初不知其来意，已乃知其来读书，且令居前房，亦钞经，有常课。得文心书，并属向寿衡索书。

十五日 朝雨午晴

幼穆约游花药寺，与程生同往，周敬湖、先稷、丁次山、屼樵、粟、杨同集，乃改设雁峰，云无鞋不能步，期以他日。多谈康有为踪迹。

十六日 晴

大校千卷，定去取。廖生前所次者，竟不可取，又悉改之，一日未能了。遣送隆对，因复芳畹书，与以十元。

十七日 晴

送卷朱“猫”。谭震青来。令廖生考“家父”、“孔父”义例未定，

说“馂饔”即“馔饔”,又识一字。年垂七十,经字犹未尽识,可叹也。

十八日　晴

晨往道署贺生辰,例本不见,今乃设面。六十整生,诸客皆会,余至尚早,与任、胡、朱同坐西厅,谭、吴支宾,延坐小厅。东厅延官,西延绅商,一有戏,一无戏,外来者唯衡山令耳。又有一舁,张盖从城外来,未知何人。设面甚糟,应景而出,还始早饭。谭尚贵来,未见。

十九日　阴晴

曾广敏请书,间执其婿,依而与之。熊儿被裁撤,与书石弯赵质夫谋之。马寿云来。与书寿衡,为柯孝廉索父书,并复文心。丁笔帖式来,送越茶,留饭而去。同至城,舁入道署,土老毕集矣,戏亦应景,乘月还。

廿日　晴

始巡四斋,诸生尚整齐,唯清泉正课例出。监院送卷来。朱七哥来。耒阳举人谢镛来见,乙酉人物也,黑矢不可当,云与道台相好,已保知县,可选缺矣。

廿一日　晴

看官课卷卅本,已觉竭蹶。两孙课读甚劳,非娱老事也。

廿二日　晴

程九郎入学尚未归家,令从往城,并携两孙一游,房妪亦侍,从大马头步上。入城逢厘局催客,讶其太早,云请摸牌。至任师处,乃云亦来约,便与同往。招屼樵来,陈倬卿来,江尉亦在,谭翁出,至彭祠正厅,胡小梧旋至,胡子清、朱德臣后至,已四圈矣,复杀一围而罢。设食颇洁,戌散。步至白鹭桥下船,复绕道闽馆,看烟火。江、谭、任、程同往,人多失散,惟与屼樵立门外火光中,无所见。至船已二更,两孙先还睡矣。

廿三日 晴

陈复心次子复逃来，数责之，此非失教，乃下愚也，姑托之失教，以观改悔。唐艺公曾孙杜房来受业，处之内楼。写《禹贡》，说雍、梁黑水不足画界，华阳亦远隔荆山，未得其审。欲遣人取《禹贡图》来，先令买茉莉，莲弟无事，且令贩花。

廿四日 晴

晨未起，忽左足如刃刺，以为转筋，乃久不愈，遂经两时许不能步，诸生骇然，为求木瓜酒，酒来已愈矣。日课如额。

廿五日 晴阴

幼穆来看，入门正扪我病处，讶其神也。登楼谈，久之乃去。夜酣寝。

廿六日 阴

丁生来。朱稚泉自城来。得易仙童书，纯乎宝玉议论。王生女婿彭姓来，云当还蜀。功儿来书，殊无新事。看京报，三月十五犹从容议治河，外间纷纷传说，皆讹言也。

廿七日 甲戌，立夏

程家送菜羹，余亦作杏浆，并得沾足。作字数纸。看沈佺期诗，了不似其手笔。检唐诗未得，遂未点诗。雨寒复绵。

廿八日 晴

作字数纸，有四幅甚佳。朱署府请阅课卷，先送脩金，辞之。

廿九日 晴

朝课毕下湘，将访幼穆，朱嘉瑞请客，往则已有程、江先在，乃入看秬泉，重绵避风，诸客踵至，仍去年消寒会人也。早散早还，幸不侵夜。

晦日　晴

出饯春,便过石鼓,答访胡敬侯,与程生携两孙以往。程告退,余独还船,与两孙看新塔,甫上二层,恐小儿跌落乃下。复入北门,余过幼穆,遇子清、尹端,谈言官弹事。入府看沈师,唁其殇子,寻孙芸生,均不见。还至安记,迎两孙,遇芸生,同行至太史马头。云玿船在石鼓,唤船往迎,并攸花亦至,别呼船还,则攸花满岸,已先到矣。玿二更始至,犹未饭,二女同来,幼者睡去,移外斋寝。

四　月

戊寅朔　晴

始开课点名,申严出游之禁。诸女因姊还,散学一日。

二日　晴

沈师、熊散士来。孙芸生谋宜章讲席,其权在熊,然不可言,与书朱德臣干隆道台。平江邓氏来献诗,求馆。

三日　晴热

遣人往永兴看窊女,便送之渡湘,因至道署,问二馆。有人踵至来请,则幼穆约至花药,讶其踪迹的实,云在朱嘉瑞侦知之。便邀辅丞同步往,幼穆与碧崖僧先在树下,顷之二丁、一熊、程、粟、郭、王、二朱继至,游花药,程生亦来,复同步至西禅寺,五人不能从矣,散还。与任师步至西街各还。

四日　晴

孙芸生来,跌泥中,污衣,留浣濯一日乃去。云朱不肯荐,当作罢论。

五日　晴

两县求雨。廖笙阶来,调清泉训导,自云辞而不允。玿出。遣周童去。

六日 大雨竟日

看课卷一日,仅得七本,训课殊无暇晷,令珰代听倍书。

七日 晴

杨伯琇来。钞《禹贡》略有头绪,以州后所记为弼服之数,似甚妥确。夜微雨。

八日 晴

徐幼穆约游东塔,晨往,周妪请从,送之铁炉门,即召程生同往大石。至潇湘门,见大船缆待,询之徐尚未至,便登舟偃卧。顷之幼穆来,粟、朱、胡、郭、秀碧两僧俱至,谭震青后到,待王儿未至,已向午矣。从至耒口,正见任从陆渡湘,谭不能步,任不能船,好游客也。至塔,徐强余上,上百八级,犹少于寻常阶级。催饭急归,中流风起,舟子喜甚,任遂阴喝矣。到岸雨至,移泊铁炉步,乃更无雨。岏樵续消寒集,胡、谭、陈、任、朱、江皆在。朱七大人先待余于馆,亦留同坐,夜散,强余出题课石鼓书院。余避出,朱乃立待,至朱嘉瑞借镫,便写二题塞责,到太史步,朱已待久矣,告之乃去。乘月还。得景韩浙书。苏三献茗脯。

九日 大雨,顿寒

桐城杨伯衡进士及王香余来。杨老儒也,然颇汲汲于求馆,而弃官早休。看课卷毕,良孙淘气,禁之卧房,暂不令读书,亦以休之。此儿未测其成败,姑尽吾技耳,已三日矣,殊无悛惧。

十日 雨

遣复女看徐女,自送之,正迎北风,衣薄甚冷,先送往清泉,余至江尉处待。从人往送梅,报廖、谢、杨饮于徐,陪媒二席,任师亦与。夜散,就沈师宿府园,先摸牌,后与朱谈,寅初乃寝。

十一日　雨霁

晨起看书四本,门犹未辟,方僮亦不知何往,九点钟始盥颒。沈师来,要早饭,同访何商子安,亦已早饭。陈倬卿来要,沈妾办具,又发面留点心,饭罢已过午,点心罢过申矣。胡小梧招消寒人集,又皆先往,余以幼穆来要,待轿一时许,至则已酉初。感寒挑菜,匆匆而散,还院正二更。得胡婿书。窊女下省去。

十二日　阴晴

看课卷毕,定等第,出课题。下湘至徐家,赞礼未集,媒犹未至。酉初迎婿,礼节不整暇,家丁仆妇无娴习者。设三席,余陪小梧、丁、程、谭、盛在内斋。宴散月明,入新房看枕便行,到院已三更矣。今日己丑,小满。

十三日　大雨

诸程皆假去。钞《禹贡》毕。得陈用阶次子书,来告贷,名钟湘,初不省记,后乃悟耳。用阶长子得缺甚肥,而云亏空,盖接脚姑妈之力,抑穷自有种,亦如世卿耶?

十四日　晴

纨女生日,为作汤饼。常笛渔儿、周竹轩、徐幼穆来,游谈竟日。

十五日　晴。祖母忌日

晨出寻人买菜,四、健儿皆外宿,质明不至,乃蹀躞内外,俄寝俄兴。健儿既非长工,工役亦无夜禁,听之而已。看杨伯衡诗文杂著,阎、顾俦也,而无其博雅,吴挚甫浮誉之,殊无规益。

十六日　晴

答访杨伯琇、周竹轩,因与周同至程家。闻丁董言取课违制事,自往道署问之,则未取蒙奖,不合定例,吾之过也。隆兵备坚留看戏,正欲还愿,因要任辅丞至厘局,适遇谷青,至九福堂摸牌四圈。

还至道署,子清旋至,看戏至月正中,舁上白鹭桥,登舟而还。

十七日 晴

看桂卷。燔熊掌,因悟燔炙之义,起于烧兽蹄也。与伯琇约请客,送肴肉去。遣买煤运乡,因寄杂物。陈二、莲耶并求信去。卜二毛来。

十八日 雨寒

杨进士来。幼穆送界田茶叶,盛称其佳,非知茶者也。茶以轻清为佳,而界田重浊,龙井又太轻,故君山为贵,蒙顶亦轻而无味,馀皆重矣。

十九日 晴

珰生日,为设汤饼。笛渔儿来求书。至城贺岏樵取三妇,待见急还,遇幼穆,亦求书,要与上船,同话,至太史步各还。烧熊掌,不能透烈火,半夜乃寝。平姑子来看其嫂,便留内宿。

廿日 晴

平姑饭后去,徐女又来,房妪劳连日,厨门并无人,亦竟可省。看桂卷毕卅本。岏樵送轿来。

廿一日 晴

幼穆来,谈谅山战事,是曾见兵阵者。夏子青来,索旧债。穷思烂帐,不虚也,必当还之,以劝借者。

廿二日 雨

程岏樵来,谢之不肯,径入,旋去,多此过节,使吾早饭未饱。雨少止,遣珰乘舆先出,余在后小部署。甫欲上船,幼穆来,请改俞书,再易乃可,犹惴惴也,非知命者。又作谭督、邓道二书,皆应人求。与幼穆至杨园,热甚,纳凉船房,摸牌待客,朱稚泉、张子年、程岏樵、朱德臣、周竹轩、谭厚之、胡小梧来。谭犹畏风,更移奥处。熊掌皆焦,其掌唯食指耳。鱼翅甚佳,本因谭不食鸡,而特蒸豚,谭又不食,甚以为歉,未夜散。周妪请放盈孙,自任稽察之。

廿三日　雨

丁生来告别,云奉母入都,又请与谭书,亦依与之。大雨竟日。麻五哥来,致十书。子年及竹轩、江西老表、卜允哉弟枚斋、陈梅生兄子伯新来。复还内寝。

廿四日　雨复竟日

晨闻两学来。顷之伯琇来,言送黎生上学耳。黎衡山令子,奉节人,亦胖子也。伯琇冒雨去。黎生无可居,处之程新郎之旧斋。夜雨,隔绝内外。

廿五日　雨

作字数纸,为黎孙定功课。盈孙甫释,即匿周妪门包一元,前四元必所窃也。蠢而憨,其性然矣,何可教养。

廿六日　晴

大水平磴,乘舟往送珰,云尚在杨家,舣树阴,久之移泊新城,又久之,待买油菜乃还,将夕食矣。周病不能兴,求苦瓜竟未得。

廿七日　晴阴。水仍未退

巡二斋,各有问难,适有客来,未及上楼,晡后往值斋中,午饭乃还。

廿八日　晴。水退一丈

补巡两斋,上西多琐门去,仅存一二人耳。

《尔雅》加偏旁字,有省形存音者,如权舆、跌踢之类。去其□所加虫旁,则不可识。又虫必当为蟲,不可为虺,言《说文》者多不知。

廿九日　雨

庐陵馆新成,求楹帖,代江西五府首士作一联,自书之,颇跋浪,胜于词也。“胡文游迹至今传，高闬重新，当令先正流芳远；湘岳清晖扶栋起，一枝广荫，共喜江州盛会多。”昨日芒种，余尚以为方小满，可谓迅速。

五　月

丁未朔　晴

晨出堂发题，诸生皆在。朝食未具，三否来送石鼓卷，云难逢难值，宜沾膏馥。其词甚当，不可驳也。因不复辞，漫任置之，坐至午乃去。饥而入食，复有待见者。杨伯衡、徐幼穆、廖荪荄俱送书物。黎生告去。珰还，其次女未还。

二日　晴

办节物，收束脩，亦须自处分。钞《尔雅》下卷毕，初以为皆毕，检之乃无中卷，不能复钞，且姑停工。煤船还。

三日　晴

陈完夫来，言江南事。芍药过时两月矣，乃以火腿代之，亦所谓芍药之和具也。写字数纸，无佳者。

四日　晴

熊儿求巡丁，幼穆以亲兵待之，辞不愿往，适亦乏人，留之煮饭。房妪劳困，鼾于卧侧，余避入内。坐未定，外报干将军来，披衣出迎，方与妪话，若早一刻，直入卧内，有可观也。柳下煦入怀之女，《毛传》以为避嫌之不审，余则审矣。得家中信物，并告树艺不成。

五日　晴

与干谈，待朝食，避客登楼。朱稚泉来，云尚未食，令办饭，厨娘怒，有违言，执爨无人，限于时地，亦实无可用者。顷之方四来，以为遇法孝直矣。幼穆送干馆来,乃知熊儿未辞差,切责遣去。客无至者,三否竟不送礼,亦出意外。清净竟日,得少佳趣,至夕食后放假,家人俱出。

六日　晴

与干商量《禹贡图》,欲召邓生写地名,邓乃假归,正需人时,闲人尽散,张文祥所云用在一朝者,不可恃也。干亦欲出游,并一朝而不得,然《禹贡》非用人可了,州后记地,尚未得其理解,图未可遽成也。周竹轩来辞行,取所写字去。夜见课卷积压,心颇着忙。

七日　晴

晨起悉翻童卷四百本,至朝食后又消摇矣。定等第,加批点,复杨生书,与汤幼安荐杨进士书,复幼穆书,谕两儿书,一时俱办,乃促干去,至城赠以百元,又索煤油盐,皆与之,又索零用钱,亦与之。至安记送竹轩行,岘樵留饭,幼穆来谈,欲还不得,大雨俄至,更招谭、朱、任来,摸牌四圈未毕,夜二更矣,乃饭而散。方四不肯煮饭,数而遣之。

八日　晴

厨中无人,乃报省船到,窅、滋同来,外孙、仆妇七八人,一时俱须容膝地,虚两室待之。岘樵送时鱼,买办得茄瓜,并以款客。顷之理安复来,云将验看,留谈一日,将去,大雨更猛于昨午,稍止已初更,遣船送之。窊夫兄子念远宿我榻,遣盈孙伴之,余登楼自宿。房妪嘈杂闲言,责之,乃怒掷镫于沟,愤然而去。幸方僮不怒,煮鱼烹茗,酣然而寝。得陈复心书,并赠远物。

九日　晴

晨起视厨中则无人焉,问僮奴,则皆入城。怒妪气冲冲入厨而炊,不待呼唤,得人死力之效,乃验于此,然不能使不怒也。说以使民,盖尚有道。幼穆求书干汤藩,依而与之。杨伯衡来辞行。午后雨。

十日 晴

滋生日,初欲张宴,传班无有,乃设两席宴女,至午尚未得食。杨、程家女客来,将夕得早面,可笑也。幼穆夜来,云当勘水灾。坐雨中看月,二更乃霁。得茙女书。

十一日 晴

晨起,陈完夫来,程九争房,琐门而去,虚内斋居之。入城践任约,往则发疾,云述恩子请客,食扇苋,破腹,几不能兴矣。朱稚泉候久,遣呼之,余遇子年于巷,亦要同至。顷之屼樵来较牌,谭震青、沈静轩、胡子阳均欲摸雀,廖荪荄催客,各半局而往。初云为二王特设,往则三学、一老表。例菜不旨,半饭仍还道署。程去朱来,饭毕终牌局,宿任纱橱。

十二日

晨起辞任,出访理安,留点心,久谈,欲留饭,乃出。理安固欲送余,直送至南门马头乃别,各归。呼谭舟还,遇迎船,云永兴船今日定发,还正早饭,可谓晏矣。南风甚壮,夕促窊去,遣诸女送之耒口,以两舫从。夜月正明,好诗料也,欲作未成,而送船还。

十三日 晴

忌日请客。张子年、麻年侄必欲一见,又桂阳王生求见,适出相值。麻送桃源冻布,自言其母七十,方受其礼,不可不答,因作一联与之。

十四日 晴

晨写寿对,悉阅诸生诗文,讲课如额,复振作矣。佣工来一月即去。

十五日　辛酉,夏至

晨起甚早,厨中无执爨者,待方僮洮米后,乃入城贺麻母生,无人相识,乃辞还。正值朝食,饭已冷矣。竟日楼居,夜不掩身,乃犯月禁,及觉天明矣。

十六日　晨阴

俄鸠啼甚急,密雨随至。遣方僮便至家送茶叶,因送谭儿。月食不见。

十七日　晴热,蒸如伏暑

楼居不下,偶出值讲问者数辈,亦巧值也。楼上写字殊不合光。夜半大风雷雨,床寝不安,起行后檐,房妪来看,阻雨不得上,雨止乃来点镫,已鸡鸣矣。诸女俱起,案上文书吹去数纸。

十八日　晴

方僮复还,云谭儿约今日乃去。乃作二纸书与之。廖俊三来,初以为门生,欲召之入,遣视乃知之,出谈数语,还少休息,功课粗毕。朝食后较牌,不能终局。酣卧不醒,四更乃起,开门觅火复睡。

梦张雨珊来,为孺人觅葬地,余欲在后山,张云四角孤虚,不可。顷来时过一茅庵,闻钟声,其旁可葬,请与偕往。命三儿取雨鞋,余赤足从之。出门,张飞行从干垄直上一高墙,峻不可攀。余追至,掖张下,竟未至其地也,似云在石泥塘后。劳悸而醒,天明矣。午闻新蝉。

十九日　晴,风凉甚快

卜二毛来,云郑太耶一毛不拔,九头鸟名不虚传,出乎人情之外。许以干馆,谢过,作半揖而去,又宜不为郑所理。三幕复作一集,见要,送猴头菌往佐馔。

廿日　晴,风

朝食后有呼冤者,云从我处逃逋,当守吾门逻之。呼问外守者,则已闯入厨房求救。乃游勇奸拐民妇，翁索钱不遂，私具船来，约同逃也。程七喻遣各去。余亦下湘，至安记，鞀《春秋》纨钞本。旋往厘局，京人无至者，云戏局不成。浙海有警，湘抚断电报以靖人心，亦异政也。岏樵来，更招稚泉。雨至风凉，顿加一衣，已而复燠。胡、任、沈踵至，朱德臣来，摸牌五圈。同至彭祠，待盛衡阳，贺赏翎。任师必欲戏局，夜半不能得箱，招朱府、徐县皆不至，人倦遂散，宿安记。食新莲。

廿一日 晨凉，有雨吹至如喷唾

还馆朝食。桂阳送卷来。

廿二日 晴

复生日，吃面未饱，午饭颇有好菜。

廿三日 晴

看官课卷，吃粉蒸鱼翅，卅年未尝此味矣。

廿四日 晴

热不可事。卜二毛来，言谭进士署祁阳，谋一小馆，许为关说。

廿五日 晴

常寿门来，云从西乡还，欲觐玛，令待朝食。又云步行来甚远，令同船入城，并携周妪同往，至铁炉门各散。余往厘局，因毛杏生得见祁令，云尚未朝食，留晚饭戏局，诺以在安记相待。往遇岏樵，要同至朱德臣处，访稚泉。门口颇有凉风，因令办饭。待谭、任，过晡不至，三人共摸牌。夕食任来，谭仍未至，遣招同饭。朱设海菜，咄嗟而办，较胜平时例菜。热不可耐，强饭，复食汤饼。呼船上泊，自至太史马头，久待不来，遇完夫同还。

廿六日 晴

朱送岭南食物、夏布。病暑甚困，楼卧谢客。王镜芙女婿来，云还蜀不成,随人溺死,令还蓝山。萧少玉来,于楼上遥与语。

廿七日　晴热

疾愈,看桂卷,热不可坐。少理课事,多卧不饭。遣方四往永兴。

廿八日　晴热

有风,犹不可坐,夕得北风阵雨,俄霁,复睡。

廿九日　阴雨

竟日行游,不出十步之内。卜二毛犹着春衣,亦不见热。

卅日　晴,晨凉

谭震青、胡分府、王经历来,留面去,遂不朝食。李生自桂阳来,廖生告归。尝新。今日丙子,小暑,如大暑。

六　月

丁丑朔　晴

晨点名,才四十许人。看桂卷毕。讲诸葛亮《蒋琬传》"殄百姓"教,未得解。

二日　晴热

老不恬澹,尤弊烦暑,数日来坐卧不适,加以蚊蚋,殆生平之最苦矣。忆西楼甚凉,试往如烘,乃知无风使然。南风解温,北风蕴暑,无风坐困也。

三日　晨稍凉

张子年勘灾回,云水从穴涌出,山上大石如叶飘落川渚,自茶、攸、安仁、衡山冲溢百馀里。刘牧村不"牧",但"村"耳。至渡口吹风,程生来,乃同入。午后复热,夜睡檐口,蚊喋而醒。唤房妪起,汗如浥馏,奇热也。

四日 北风阴云,暑气始退

得报,幼铭湔复,叙伪也。其用舍之由,支离诞饰,然非例语,犹雍、乾故事也。大要当为浙抚,取其知兵耳。夜凉早睡,至旦乃觉。方四还,得胡婿书。

五日 晴,北窗早凉

看《庄子·杂篇》。得山中书,报舆妇生男。得陈芳畹书。方僮信尚未至,真无饭吃矣。

六日 阴燠

二麻来,欲求信干夔帅,以一兵丁而见宰相,奇想也,又不知夔帅何以待之。往厘局会饮,彭祠不肯开门,程孙遂不能指挥,令人有"故李将军"之叹。就移程家,任师谢寿序,更邀吴桂樵,写屏人也,朱稚泉作陪,胡子清经手人,馀皆捉刀人,颇热,未多食。未晚遣船还,待于白鹭桥,夜步上船。

七日 晴

移床廊下,以避晚热。余孙娶倡女,来求护持,云狗樊旧人也。

八日 晴

朱太尊遣母弟送卷来。与莪女书。送廖刻诗与胡子清,并荐长随与祁阳。谭厘局替人已到矣。夜大雷雨,高蕉中折。

九日 晴

王进士道凝来,字聚庭,巨野人,新即用。言毓、锡,颇有抑扬,皆其本府,想是公论。夜复雨雷,不及昨猛耳。

十日 晴阴

看课卷毕,无甚佳者。程孙儿复来,云疾已愈,神色未旺,且令少读。

十一日　晴

杨家请饭，当答王厘员，因携仆妪早去。过杨家，云客已有到者，往则唯朱稚泉一人，求摸牌，无对手者。入城，王出不值。小愒安记，甚热。往看任师，食三白小瓜，复还安记。待船未至，步出南门渡湘，正值幼穆方到，顷之陈、程甥舅来，为主人，沈师、谭令继来。大风小雨，登楼看荷无花，坐藤厅，仍不甚凉。程儿复疾来告，丁次山来诊之，皆云不可入院，唯可就塾。谭求渡船不到，余便送朱渡，因以及谭，程孙携儿后去，陈郎同还，至磴而雨。连夜可睡，便不畏暑矣。

十二日　晴

午后有雨意而未成云，亦不甚凉。夜冷忽醒，斋夫女哭孩扰人。又一人夜至，不知何处足信也。因起少坐，还寝，遂觉。永生黄金鉴失妾求讼，谕令早去。

十三日　晴

麻颖来取信，便作三纸与之，干夔石，因留之饭。续宜之来，言京中事，云夷服为荣禄所阻，故激成事变也。唯有早凉，又为二客所扰，遂不能事。夜得宋生书，云被命入京。盖假此撤之，欲捐官出任，未知能免否。求进好事，饰以经义，狼狈可愍也。

十四日　阴晴，北风振波，热仍未减。今日庚寅，初伏

岓樵作会，午浴而往，在金银巷故宅，余旧携眷寄焉，弹指卅年矣。亦不甚凉，众皆以为阴荫。朱、任、胡、张继至，更招徐幼穆，谭震青亦来，沈师、朱否旋至，摸牌三圈，屡作屡辍。上镫乃入坐，肴不多而甚满，十人犹不能尽一器。步出南门，从新城登舟。

十五日　晴

看石鼓卷，甚劳于诲，亦畏热不能伏案也。游戏消日，待至午

后，答访王聚亭、续宜之。续云永守已至，方将见过。余辞出，至四同馆，陈、毛、程、张公饯谭祁阳，往则客皆未至，久之谭来，问未见本府，复促之去。任、胡、朱同作客。夜散，舁还船。

十六日 晴。壬辰，大暑

阅卷日不能十本，伤暑多汗。晨为复心书扇，因书三扇。饭后不能事，较牌而已。博弈犹贤，正用心之效。

十七日 晴

滋女血疽，昨闻王经历有良药，往府幕求之，送药水来，非良药也，即熊庶常发恶者。入夜将四更，见一人直至床后，诃问之，云方佣送沈书画出，未还，恐急疾，故夜至耳。求火，与书谢之，未久天明矣。

十八日 晴

昨夜忽咳汗，起，食瓜不佳，今晨尚不适。朝食毕下湘，至潇湘门，步上，入府署，云客皆未至。西禅两僧来，久之乃去。余与沈师至螺园，云珠玉堂甚凉。朱太尊与祁阳李姓方坐荫室，余不肯入室，邀坐堂中。两僧又来，又久之乃去。食白桃不佳，谈沅州女鬼。顷之摸牌，任、程同局，谭祁阳来乃饭，更有"三猫"，初更散。坐程孙轿出城。

十九日 晴

午后入城，遣问府客未至，至清泉寻幼穆谈，程孙亦来，留食酥饼，已夕矣。入府园，则诸客先在，二更入坐，席散，留宿濯清堂，留伯琇摸牌二圈，二朱代之，终局已鸡鸣矣。复得豆粥甚宜，少谈而睡。

廿日 晴

晨起，方佣未醒，看课卷十本，呼佣同至安记。屼樵来，邀至旧典早饭，招任师来消永昼，因与胡分府俱至。三较未毕，幼穆来请，步至福建馆,幼穆、朱生先在,程孙继至,王、谭二委员、陈郎、丁举人,朱三代兄为主人,杨伯琇均在,未夜散,还。

廿一日　晴

杨都司、孙武宇来求饭吃,均留吃我饭,而意怏怏。孙云在蜀识余,周云昆顾工也。程九吐血假归。桂阳以女讼,官民成仇,昏庸人犹可为虐,故官长不可不慎也。

廿二日　晴

遣送卜二毛干脩与张子年,又与书廖荪陔荐周佣,回信云夹袋中多材,询之,乃有四人候荐,唯收此耳。以扇来索书,题诗报之。

廿三日　晴

吃饭人尽去,唯留陈升耳。吃本地瓜亦尚有汁,胜前七年者,啜两瓯,内热顿消。

廿四日　庚子,中伏。晴,有风

朱稚泉来告辞,云又得永州差,为黎儿求题。桂阳又送卷来,求题。石鼓卷尚未完,颇为竭蹶。珰往陈郎家贺平姑生,云杨六嫂亦衣珠来贺,何其太谦。夜凉早寝。

廿五日　晨大雨数点,已而旋止,颇凉

看西泠五布衣诗。吴颖芳、魏之琇初不闻知,丁敬龙泓、金农冬心、奚冈铁生则先知之,皆斗方名士,亦有可览。又附邵蕙西诗,则不伦矣。更有魏成宪、何琪,皆所未闻。

廿六日　晴,颇凉

子年晨来,言朱稚泉办牙帖,有张雨珊之风。王进士颇不谓然,或云谭进士为之。今日可坐,尽阅石鼓卷,计二百廿本,费十九日力,每日得十本多,犹为速也。夜遣人至杨家乞外科药。

廿七日　晴

遣送卷去。桂阳及本书院送卷又来,殊无暇日。

廿八日 阴凉

午将雨而散。因入城,则街衢流水,云方大雨也。入安记卧,招辅丞来。方贵瓜船到,遣人往觅。客来无茶,同至金银巷,寻屺樵,锁门不得入。乃至府署,与静轩谈,一酒楼可坐,静云须请陈文案同往,复至柴埠门松鹤泉内,果敞亮可坐,吃四碟一点,费钱千三百文,不相应也。陈还衙门,余三人步至衡阳,二程后至,徐幼穆先在胡子清所,同坐,吃烧猪。甚凉,还船加衣,到院看儿女家书。

廿九日 晴凉

莲弟来,云王先谦骂曾昭吉,一万金送去矣。陶秀才、谭老师来,正作饼,留之少坐。出游万寿寺,被船户催去。屺樵来,亦不肯留。午食饼甚不佳。平姑子来,旋去,云其夫恐其说短长也。此盖妇女心眼,未必实然。移床上楼。马先生儿来。

七 月

丙午朔 凉风似深秋

点名,犹有卅馀人。李生为嫌贫案,欲本道提讯,不知此道之不能提也。云有雷氏女,能歌善饮,且知文字。刘牧不肯断归本夫,乃出差勇,勒令交还,以至大哄,妇女出詈,官竟着落族人交出。其夫来此上控,亦有人主使,云正纲纪。余云正纲纪者官之事也。娶妇嫌贫,宜听其去,他人更不得干豫之。李生甘心求胜,未为知经术。

房妪暴疾,欧声动壁,诸女皆往看之,余亦秉烛,招彭翁为诊,仍用麻、细,似不对证。夜雨。

二日 北风更凉,有雨

纨讲《国志》毕,将看《晋书》,云看朝报多不解,古今文字隔尘,亦犹苍下之不相知。张子年来,云刘子惠复将撤差,程生所切齿者也。

三日　晴

珰家来迎,搜索物事遣之。看课卷。今日戊申,立秋。食瓜甚甘。

四日　晴,复热

珰将午乃发,初欲舟送,小船回往,索十二千,闻所未闻,乃听自还。余送至铁炉门,因入道署,答陶赞之,同过任斋,要与闲游。至府学西斋,谭香陔适出,遣寻之,坐客坐吹风。香陔还,留便饭,任局脊不安,旋去。更邀萧子端来共戏,酉散还。

五日　晴

程孙来,言幼女姻事。余云王父无权,应由其父自主。因遣方四还山送书,并送寿序节略。仙童入见。节吾弟子来,主鹾纲,世异时移,后浪推前浪矣。

六日　频雨,至夜乃成长脚秋霖,顿寒,始覆被

送卷谭香陔。看李生《公羊例表》。

七日　雨,至午乃止

讲书毕,携两孙至龙祠,幼穆设酒,客皆云我后至,匆匆入坐,及散已夜。还看诸女乞巧,老妪吟诗,正值"露盘花水"之句,亦为巧也。水暴涨复落。

八日　晴凉

写字数幅,久废弛不事,但督课未暇耳,殊非惜分阴之义。

九日　晴,遂凉无暑

看课卷廿本。夕看笃生疾,便吊洁翁子妇丧,还船到洲,澍雨不能登岸,将四刻雨少稀乃登。夜饭摸牌。

十日 阴雨

看课卷七本,毕一课,更看文卷,颇为改定。午食蒸鸡,遂饱不饭,夜啜粥,较牌。

十一日 晴

改文竟日,毕十馀本。更看周荇农诗,殊无胸次,誉儿则第一也。夜复雨。任师来,报府县更替。

十二日 雨

遣僮送信。廖荪陔书亦报府县,程生又专报府县,饭后入城看之,遣约辅丞,云今日饭于道署,不得他适。幼穆亦将来,程生来往作陪,乃留江南馆待之。顷之马师耶至,较牌待客,幼穆、子清、岘樵均到,更约盛竡卿,则先往矣,四点钟散。还,云有客相寻,名陈光烈,似是四川一门生。久之乃云有书,则杏生书,为其子求书干丁慎五者。送端砚、橘皮。

十三日

尝日放学。晴。斗牌。设食招诸生、斋长,半去矣。陈茂伯来,因留共饮,更招邓生子沅,绘图人也。申散。将雨,客去遂倦。

十四日 阴

与书张冶秋,论荐康事。令诸女钞稿,待至过午乃毕。将行,幼穆来,登楼少谈,同船下湘,已至太史马头,乃云欲过杨、丁,复还东岸。船夫家荐方僮弄船,竟亦得济。见伯琇,容色沮怆,有丧气,问之,乃其父妾病终,因守节,遂以为庶母,但不为立后,又非礼意,不后则不母矣。

更招叔文问校经新事,云近复喜伊藤,欲令佩中国相印,伊藤不屑,欲以领事自代,可谓大辱国也。青衣行酒,臣妾佥名,不是过矣。要是康、翁徒党之言,恐非事实。

幼穆催余先出,过湘入城,至马趾口,陈生外出,必往烟馆也。交信而还。入府署已晚,少坐即出,幼穆亦还,余出城登舟,还始上镫。

十五日　阴凉

三伏竟过,得两伏凉,始愿殊不料。看桂卷。

十六日　晴

卜二毛来,言清泉十九交卸,红示已帖。与书三否,托荐小席。夜两胫强直,不良于行。夜颇热,旋凉。

十七日　晴凉

昨夜两女守侍,五更房妪复来,竟似病人,本不思食,遂不出食。刘子惠来,正倦于接对,又云麻侄来,知是老兵也,强出见之。午食得糟鱼,勉为加餐,计两月来减饭百碗矣。斋长送三礼来。子惠言谭翁已去,未得送之。

十八日　癸亥,处暑。阴

奥凉不常,时有冷汗。子年来,云屼樵为其内侄所讥,余亦欲讥之,嫌扯是非,遂罢。《增广经》曰:"逢人且说三分话,未可全抛一片心。"心亦宜抛,但不可全抛耳。欲毕课卷,天晚雨至,泛湘至铁炉门,雨大至,待久之,舁入城,舁夫惮远,不爱钱,乃至安记,屼樵又在,必曰人言不可信也。云廿日戏宜仍在江南馆,以当铺无戏房,遂步往同看。甚热,坐久之,轿来,同出城,陪饯幼穆,廖荪陔为主人,更有周山长、盛衡阳、程孝廉。将食,雨云如烟,窗轩欲滃,以为当翻盆大澍,已而风起,飞珠不甚滂沛。谈王雪轩送鸩何督,及赵竹生学苗先生,李中堂请变法读洋书,及脉案复出。《学堂》、《闹钱》皆可听,亦可喜。夜舁还船,过毛桥,月出,还更啜叔较牌。

十九日　阴雨,旋晴

晨毕课卷,交刘生带去,便请九月题,遂以"亦太早计"为赋韵。

而船又遽去，其无信如此。

廿日 阴

晨起忽觉右腰不适，酸痛隐隐，旋及前腹，不知起病处，遂不能坐卧，时起行，愈不适，每觉酸涨，则汗出沾洽，四支厥冷，如是十数发，大不支，作欧干逆，不进水饮。方请钱朱、徐，竟不能往。眠起躁扰，不自由也。但求顷刻安，竟不可得，于是频数翻覆，亦竟无差，殆误饮牵机药耶？至夕凉雨，家人环伺，尤不静，尽麾去，又不欲，颠连竟日夜不安。将鸡鸣，风雨凉冷，潜卧外楼，始得一觉，乃知中暑也。忆癸未在泸舟，亦如此一日。

廿一日

晨犹不适，质明大愈，正对时也。遂仍出食，食半瓯，顷之又卧，食蒸梨。子年来，顷之幼穆、粟谷青来，留登楼摸牌。设汤饼、麡浆，顷之又饭，夜复觉饿，未敢多食，真老矣，何其自珍卫。

廿二日 阴

莲耶、刘丁并去。王进士来，云欲相要，问可到否，答以唯唯。写字数幅，若暴疾遂笃，未完事也。

廿三日 阴晴

吃包子甚饱，因馅咸，不能分人也。内外佣欲房妪作生日饮食，托疾卧半日，余呼之亦不应也。鸡竟不可得吃，反费余一豚肩耳。

廿四日 晴

晨有船来，云可附载，六女思归，便率张妪、周媳同行，陈仆送之。与书陈六笙。方欲治装，三否来问题，孙毯生来送佛手、羊肚菌，人客纷纭，急催内装，竟不遑食。客去即送滋行，率外孙送母至柴步。入城取钱，便报谒孙楚生委员，并要任师同至程家，断屠，无点心，唯调百合粉半瓯。谭香陔亦来摸牌，外孙在彭祠看戏。厘局催客便散,任、谭自归。程、孙均同席,更有丁笃生、完夫、毛杏生,闲谈之间,忽成戏局,看祁阳新班。余以携童孙,未便深夜,三爵后辞出。天沉沉欲雨,幸未成滴,还已二更矣。移床内寝。

廿五日　晴

唐绝句久未钞,复写二纸,内以"花蕊"一诗入王仲初,必为考据家所笑。唐树林夜来送梨。改陈孙母状。

廿六日　雨

看课卷,赋无佳者。沈琇莹来,肄业石鼓,高等生也,亦欲藉其才华以张吾军。盈孙读《诗》毕,令钞《易》。僧秀枝来,取粟孝廉诗卷去。

廿七日

昨夜雨潇潇,大有秋感。今晨早起,还寝复睡。竟日阴。阅课卷,毕卅本。

廿八日　阴晴

发茙女信。定等第。李荣卿《帘钩赋》中段云"是以重帷深院,思君不见",拔之第一。颇可入唐人小说,惜通体不称耳,不然岂非才子才子? 复钞《尔雅》二纸。复读《礼经》毕,更授以《易》。

廿九日　阴,午有雨

钞《尔雅》三纸。讲《晋书》,始知桂阳曾属江西,前作《志》时漏未及此。

晦日　阴雨

钞《尔雅》五纸。遣看府县交替否,云清泉令来矣。彭畯五兄弟书来,请干丁藩台。

八　月

丙子朔　阴雨

出堂点名，诸生半去，正课皆在。顷之朱老七来，送石鼓卷，云八日交印，须七日发。

二日　阴

三学送胙，与书丁慎五、彭稷初，遣其使去。乔耶来。

三日　阴

清泉令陈彦鹏字啸云来，疑是颂南儿，未便问也。既去，旋送家集来，果颂南儿，纯乎岭外人。

四日　己卯，白露。雨

闻府当交印，连日校阅，继以夜课，三日毕二百八十本，嘻，甚矣惫。常霖生、曾昭吉来，吃包子去。周六来。懿妇送程寿序文，未朴茂，疑其兄所作也。乘夜为删改。

五日　晴

发序稿、清誊，太少，文气又未足，当更加足，且姑置之。舁出答访陈新令。过廖笙陔，要同至西禅斋会，至则客无来者。僧假名要客，走价奔忙至夕，罗致任、朱来，已饿困矣。先来者岏樵、叔从、萧生、衡令、幼穆。纷纭一日，余乘暝色先还。改定程序，颇为完美。交卷三否。

六日　晴

岏樵遣人来问寿序，遣呼孝廉来，欲得事略改颂，久待不至，以意成之，发使去，已过午矣。并为第四孙制名曰畤，小名宜孙。

七日　晴

复有热意。遣船迎客，三客一来，本为霖生特设，亦无菜也。粉蒸鱼翅不能佳,海参鸭则可吃,无厨人,唯方僮掌锅,仅夜乃办。

八日　晴

任请陪饯孙委员,云牌局,往则无人。良久胡子清、徐幼穆来,胡分府又去。余待霖生,催客久不至,过晡乃来,至安记,客榻已彻矣。舁往彭祠,杨八、彭寄生、罗六哥、杨和尚、程孙先到,屼樵叔父为媒,乃坐次席。既坐,杨二太耶来,笛渔孙来,未上粥,杨八耶亦去,余乃从出。步至任斋,则周松乔、刘子重亦到,余不能食,坐待席散。席久不散。乃步出南门,初月将落,陈郎先在船,过卡已二鼓,云周六附行船去矣。

九日　晴

子年率女婿、内侄来,云永州请捐课额,请为委员。午后雨至,夜遂潇潇可听。与书陈右老、朱伟斋,右老有三年不可说,今复旧矣。

十日　雨

看课卷廿二本,即定等第。连日夜雨不绝,内斋人俱去。

十一日　雨

待面,至午乃得食。诸女为其母生日,未得与荐,因设两席,示不忘也。放学一日则回龙,至夕罢。有月。

十二日　阴

得六耶书,欲充会办,与唐树林意思一般。霖生来。

十三日　晴

携黄孙入城,问节帐。至金银巷,看当铺开门,随入城,阻泥,送黄孙至安记小坐,余先至船,令往负之。见两轿渡湘,知是会中客,而并上行,以为客未至,又待久之,恐迟,乃移船渡东岸,舣宫保门外。遣问公寿、霖生主人齐否,云客早至矣,主人半未到。衣冠径入,久不至此园矣。彭公孙三人俱在,杨氏亦来四五人,霖生不待请而先集，礼也。须臾程、丁、邱皆至，设三席，看祁阳班《荆轲刺秦王》，大为武阳生色。入园中，新增十二曲阑，主人手书对匾俱零落。周生在焉，引过书房，仍还戏坐，日色尚早，已欲倦矣。夜始入席，客殊不言去，丁病先遁，余亦继去。到船乃是初更，始悟太早，乘月还，渐阴欲雨。电报王爵堂得晋抚。

十四日 阴雨

程家送节礼，黎衡山亦送节礼，则客套矣。为书扇一柄，与片告以不必。

十五日 阴，有雨

避客过节。萧生父子闯入楼上，小坐去。石生来，则出见之，以子年女婿故也。卜甥来，辞谢不见。三者亲疏厚薄不相称，所谓曲而致者。正铺食时，干生来，每节必至，盖善奔者。夜云中有月。诸生并去。馆干琐房。

十六日 阴

稍理逋课，入城至府署，论退脩金事。居船山而受石鼓卷费，是贱丈夫。欲过清泉，遇雨即还。及到船，船夫不见，独立岸上，颇畏日灼，乃登舟，移缆客船。船俄去，解缆，呼我持篙，谢不能也，稍移傍岸。久之周妪、方僮来，乃得归，已暮。

十七日 阴晴

为干生作字三纸，语之云："他日淫坊屠肆皆款大兄，则提挈之力耳。"遣余佣还山庄，接程寿屏。

十八日 晴阴

送干生去，因入潇湘门，寻沈师，请代退银。欲过小梧，误入荩臣门，本当谢步，因小坐而出，过小梧门，不敢复入矣。至衡阳，看胡子清，留面，乃出。欲至程家，误出小东华门，乃至当铺，晤屼樵，云徐幼穆方相寻,乃留待之,因并招任师来谈。屼樵摘童蒿,留饭。顷之幼穆至,任、胡踵来,一喻姓同坐,云三否荐画者,复较牌半局而饭,饭后各散。

十九日　甲午,秋分。晴

钞唐绝句成。张妪还,滋写屏已寄来,可谓迅速,写作均佳,名不虚得。周妪寻医,方僮朝岳,正在寂寂,复喧阗矣。夜久不眠,未得其理。

廿日　大晴

方僮亦还。改作寿序。得俞中丞书,孝达以中丞为不典,昨看《晋书》,《职官志》云:"中丞,外督部刺史。"正今行省台衔。乃知甚典,孝达不学故也。幼穆来,便留谈半日,至夜乃去。

廿一日

张子年及陈仲阁来,晋卿子也,云在裕太尊幕司书记,故先来。因以寿序委之入城打格子。江少甫昨来,已回任。

廿二日　晴

看《春秋笺》,将重刻,更改《叔服笺》。得孙芸生及二彭书,云寿孙定姻杨氏。周妪复就医城中。

廿三日　晴阴

张仲旸及舆儿来,专信亦还。午至杨家陪幼穆,更有钱店一火。夜步还。

廿四日　晴

刘子惠来,言已调东洲。卜二毛及石生来,言沈、卜姻事,余云有〔无〕室则可寄居人家,有妻子则不容矣。程孙送杨家草庚来,功小女定杨伯琇小儿,今始成说也。回女庚待三日,亦俗例也。

廿五日　晴

张正旸当作媒人,以无衣冠,改请李生砥卿送女庚往杨氏。蒸腊肩，三日始烂，以馈徐妻，答两沙也。因与张生及舆儿、两孙同舟下湘，余送徐未遇，携两孙上岸，张、舆已先上，不可复遇矣。至程家，乃知当铺未铺排。约两孙待于江南馆，余访江尉，吃黄山茶甚清，比至江南馆，未见两孙，云程家要入，遣唤之，又云留饭，余乃先还。至夜大风，两孙从张、舆还，已二更矣。

廿六日 晴

屹樵来，答访张，张便告去，留待夕食后自送之。大风吹船，三人力不能胜，舣白蜡桥，与张步上。至潇湘门，余下船送幼穆，张自去附船。幼穆不在船，云往衡阳署。余亦入城，从潇湘门直西行，右转又至原处，乃从府街折至衡署，闻辅丞声，正会食。郭大令自京还，盛言朝政，因留共饮。饮散，幼穆、子清均欲往书院，因同步出，任亦无舁，余呼舁后随，四人同访朱德臣不遇，任遂还馆。余三人舁出南门，至白蜡桥上船，榜还，已二更矣。幼穆宿前斋，子清宿对房，夜未剧谈，匆匆各睡。

廿七日 晴

早起，侦客未起，仍还内坐。顷之二客俱兴，不早饭，同到杨家小坐，复同舣大马头，二客舁去，余从船至铁炉步入城，小惕江南馆。程生来请，云幼穆即当来早饭。余卧看何孟春《录》一本，云徐已至，便往会食，已向午矣。及散，门遇任、胡、朱，皆云送徐，余仍从船，三人遵陆，会于徐船，更招钱估来议买谷，移船更上，余辞还。

廿八日 晴

马士元偕其乡人陈、刘来，刘则采九子也。陈为王军大所荐，以属锡藩，乃弃之外县，殊为元载所笑。

廿九日 晴

早起从周妪请，下湘料理，至大马头，步入道署，问寿屏尚未送。

至安记,方僮方闲谈,勒令取寿烛去。顷之陈八来,云周已往医所矣。余无所得食,复至四同馆,寻张子年,紫谷在焉,吃油条毕,同出,仍至任斋早饭。屏仍未来,又至安记,从人俱去,卧待任来,同往府署,沈师留面,三否亦来谈。船夫又来,云舣船相待。面不可即得,辅丞往寻永端来,又久之,乃同出过锦元、茹古、程家,皆匆匆而出,急步上船。复过盐丰,看陈氏二子写寿屏甚佳。还已晡矣,尚未早饭,拦腰一扁担,甚倦,酣寝。起,较牌一局,复睡,再醒时,天明矣。

晦日　晴

饭后闻炮,裕庆知府来,字蓉屏,初莅衡州,未通谒。夜肄秋祭船山仪。

九　月

丙午朔　大晴

晨起庀具,巳初释奠,实用时制秋祭礼而小变之,未为合礼,当直行乡饮,而先释奠,则庶几成理,斟酌古今,良不易也。邬师耶来,参案有名,人云与陈甥家婚姻。紫谷来,所求无厌,亦秀枝之流。

二日　晴

晨起未辨色,下湘至城,春甫妻七十称寿,为之知宾,陪道、协后便出,小睡江南馆。答裕衡州,未请,巫小亭延入谈。还,待未时,欲看接印,起已过申,府中虚焉。至沈师处小坐,遇朱六少谈。借仆至清泉,答访陈师耶,闻湘臬改放人,未知来历。步还馆,仆力尽散,独至太史马头,遇刘缺载。还甚饿,索食未饱。待九女还,已将二更,遂寝。

三日　晴

防营营官王鼎荣来,其名刺书字颇有法,言蓝山盗劫有头目。

为道士题匾,笔小不成字。

四日 己酉,寒露。晴

陈芳畹、刘镇藩均有书来干求。卜二毛来,未见。

五日 晴

看汉文一本。陈郎请选尤雅者,以资仿效,亦不可多得。衡阳请饭,初无所因,近于食而弗爱者,以专为我设,亦姑一往。先至两路口,回看王游击,入城,小愒江南馆,步往衡阳,寻胡师已出,至马士元处小坐。盛太耶来,任、胡、萧、左、廖旋至,待陶师至夕,半饮,月已落矣。复过子年,仍未遇。廖佣无力,舁甚不适,乃步至船。珰遣人来。

六日 晴

程嫂邀诸女看戏,遣纨、复往。珰使待信,邓生辞行,总集一时,便如山阴道上,须臾俱了。看汉文一本。校改"仲遂"一条。仲,字也,误改为氏。据"孙以王父字为氏",仍改从何。据季友例,仲季见母弟耳。

七日 晴

六耶来,云已更换,欲求蝉联,又言八妹欲余一临其丧,以为宠光,旋即辞去。

八日 晴

诸女为其母设汤饼,而晏起不具,改于午后。放学一日。方食,女客来,余颇懑,不甘食,夕遂大睡。

九日 阴,午欲雨

朱太尊请登高。王生罢蓝山来,弟子、女婿同至,坐久之。程生送京杏仁,四老少送宜昌栗子,遂以款客。同下湘,并携子孙俱至雁峰,则文武大会,云备十筵,来者六席。将散,冻雨,旋止,雨点径寸,但未成雹耳。夜复密雨。

十日　阴

作二律送朱永州。朱留别有廿首,可谓"胜臣十倍"。

十一日　晴

曾广墉来,七十馀矣,云和官事。因常家称雄卌年,骤被人欺,故一墙亦成大讼耳。

十二日　晴阴

前约公宴两守,未午而往,则无其事,云改期矣。携黄孙去,便留之城中看戏,匆匆遂还。未至,见一轿需沙,云梅训导在廖胖处。即令要之点心,言宜章山水。

十三日　阴晴

黄孙生日,作饼啖之。午后入城,至程家寿酒,早辞还,微雨。

十四日　阴

张子年晨来,言请客事,留饭先去。余携童、妪下湘,步至程宅,已有到者,张尚未至,退入程内厅少愒,午后乃出。宾吏至者十馀辈,公请新旧二守,余陪朱看戏,至二更后乃还。

十五日　阴

讲《晋书》,看汉文,选课艺,校《春秋笺》,皆非正课,而日不暇给。

十六日　阴,始寒

杨大使来,言于抚亦未清正,欲干余守而无其阶,匆匆旋去,此等可怜人真无可如何也。

十七日　阴晴

曾昭吉来,诉二骗事,不实不尽,又半日乃去。

十八日　阴雨

入城看任辅丞,过三否,骇然,尚未去耶?便留半日。胡太耶、陶师耶来。清泉催客,待轿不至,久之已夕矣。询客尚早,答访裕庆知府,适值方回,无可退,乃至邬小亭斋小坐,旋出客坐。头眩几欲倾倒,强至清泉,不支矣,欲辞去不可,待客集,如坐针毡。程岍、魏业、朱嘉、胡儿一一来,席散已夜。暗上湘川,风涛激响,俨然千里迁客也。得文心书。

十九日 阴

陈十二郎将来受业,以其久失教,请廖生专督之。朱太尊夕来,自恨遇事无把握,以其无望,但答以多阅历即学问也。阅历亦须历天下事,但治官事,不为阅也。

廿日 阴

闻陈郎不欲从师,遣李生往看之,及来欣然,临拜乃不肯,盖为其从子所惑。然听妄言,行妄事,即其罪也。告其兄及两甥,即逐之。云令服礼,然已坏,不可依常教矣。以其童骇,姑默不言。王聚庭来,便留陪先生,既夕乃散。

廿一日 阴

家僮妪并告假,看江西估客塞神,遂卧竟日。

廿二日 阴,风凉始绵

杉塘三子来。作书复文心,因寄程生,并复莪女。下湘贺衡阳娶儿妇,至濂溪祠,阻塞神者不得过。胡荩臣知县在门前相呼,遂入,坐吃点心。已至衡阳,则开筵相待,入看新妇,出陪大老,便留饮而还。雨。

廿三日 雨

昨约水师船便迎女妇,因遣乔耶先往知会,并寄祭费十元与懿,令办。

廿四日 晴

杉塘三子各言其志:宝官志在渡岭,与书匡四,令位置之;瑞师则当问程、朱;四老少仍从我游。一时俱去。邬师来,又言阅石鼓卷事,唯唯否否,待其去,追书谢之。

廿五日　阴

邬书来,词章无益,必欲行官意。顷之裕衡州自来,泛谈而去。看课卷卅六本,无佳者。

廿六日　阴

刘牧村署安仁,来见道府,因来谒师,云其子侄均得举贡矣。以将同集守庭,故先相看,坐顷之去。课毕下湘,闻胡子清妻丧,往唁之,人命迅速,真如屈申臂顷。任师亦在,朱德臣旋至,闻府已催客,往则上镫矣。大雨不止,衣襟尽湿。二更还船,到院,雨声未绝,遂听达旦。

廿七日　阴

看课卷廿本,无佳者。李馥先生、紫谷道人来。陈倬卿来,云携子妇居省城,寄鸡鸭而去。曾杇人、常孙来,言讼事。萧伯康来。

廿八日　晴,夜雨

龙八来,得刘景韩书,墨着纸如刻印,大有工力。

廿九日　雨

午课毕,出吊胡子清,陪道台,与任、邬、江、顾、盛、梅杂谈。渡湘赴杨慕李招,云已遣船迎我去矣。冯、彭、萧、程继至,戌散。程从舟还。

十　月

乙亥朔　阴

出堂点名,可廿馀人。看桂阳课卷,有一卷颇有文人吐属。

作胡妻挽联："东邻箫鼓正喧阗，撒手捐尘，从此不为儿女累；中壶衿缨传法则，同心述美，岂徒悲咏曜灵诗。"八妹挽联："辛苦忆孤童，劳役欢然，早知后福当荣寿；艰危得偕隐，繁华偶耳，独恨佳儿坐厄穷。"蓝绫色深，以藤黄书之，竟作淡碧色，殊不显亮，乃改用墨。

二日 晴

作家书，并改刘书，遣龙八去，又为萧儿与刘书，又与书余尧衢，托杨儿。稍清案牍。发桂卷。

三日 阴

早课毕，入城至安记，招辅丞问新事，便邀屺樵，交朱银，作课艺刻赀，适遇洁翁，较牌一局。午饭毕，上船即睡。本言即开，乃不克行，广西糖船也。

四日 晴

晨至耒口，复舣良久。看俞樾笔记三本。夜至老牛仓。

五日 己卯，立冬。阴，午晴

晨舣洣口久之，巡丁不来看，遂至近午，船家复负钱买布，遂日晡矣。晚又北风，计不能上岸，遂泊晚洲。

六日 阴

开行甚早，至花石，问药店陈姓，留余早饭，坚辞，乃代备轿担。行可六七里，至曾家，不至廿八年矣，流光迅速，才如昨日。入临八妹柩，见其三孙、新妇，乃知已娶孙妇矣，良可悲喜。琴舟六子：孟侯、仲甫、叔云、季初、菊生、渝生。夜雨。

七日 阴，夜月

午间为祝甥写主。日夜唯看仙童鬼话，藉以避客。醒愚来。曾族见者有敬安、岳宾、彭新妇弟金生。齐氏族妹子德爱来见，六十六父外孙也。

八日　阴

晨作祭文,乃成诔词,以当奠,无可读,姑以代之。齐心甫子荻洲、哲生,聘南子善卿,北举,梅生女婿。王纯甫、周逊斋、煤局委员戚介坪、文岳,江西萍乡人。黄三元子兆莲、曾春三,翁子能子苌浦广诗、赓池广诚、舜俞广让均来见。又有再妹夫,年六十馀,忘其名字。是夜陪李润民题主,设奠,至夜分犹未祖饯,乡人以达旦为敬。夜雨。

九日　雨

晨起,以不送葬,先饭而行。至岸即得一船,久待挑夫不至,知必倾跌。遣迎之,则尽污湿,又如去岁覆舟事,并曲园书而尽濡之,何文字之无灵。被褥亦湿,不可睡,饭后和衣而眠。夜闻风吼,泊黄石望。

十日　晴

帆行一日,至七里滩,风小遂泊。

十一日　晴,无风

缆行,至潇湘门已晡,舟子尚欲相送,止之,便登岸,送书还岘樵。至道署送月课,未见任而出。至太史马头,待划子来,久之乃到书院,夕矣。女妇尚未到,少谈即寝。

十二日　晴

诸生问事者数辈。看桂卷。陈郎病疟去。萧郎送鹅、羊、牛肉。向生送柑、栗。宁乡周家送润笔甚夥,但无干礼耳,免为俞荫甫所疑。

十三日　晴

看桂卷、汉文,讲《晋书》,点读竟日未息。萧复送鸬鹚。

十四日　晴

课如额。桂卷毕阅。珰女寄菌油甚多,不及往年甘鲜,想过霜降味减也。常婿来书,言讼事。

十五日 晴

昨夜邻妇癫发，杀猪击磬，喧闹半夜，初以为有庆事，后乃知之。夜月。

十六日 晴

朝食后入城取银发奖，先至道署，云孙儿未荐，裕府无用无情如此。遇一盛马元，同任出访杨子亭，谭香陔处留点心。复至安记，寻周妪，过当铺，寻屹樵不遇，得茂女书。还，船未至，望见一船舣马头，意三妇至矣，入乃四妇及六女、卜女、邓妪、谭妇，人物喧阗。曾昭吉又来候见。齐心甫次子来见，留居内斋。

十七日 晴

张子年晨来，正看早课，辍业陪之。欧医闯入，不忆之矣。刘应恺举人来见，云十二龄受业，今廿四矣。毛太耶来。左奉三、廖荪荄载鸡豚来，谈一日。杨棠来辞行。竟日未事。舆儿告归。

十八日 晴

休假一日。齐璜拜门，以文诗为贽，文尚成章，诗则似薛蟠体。

十九日 晴

齐生告去，送之至大马头。登岸至灰土巷，答访毛太耶，遂访秦容丞，尚健在，不甚委顿，亦颇闻世事，非卧病人也。待船不来，步还东洲，便过厘局，答王进士。

廿日 甲午，大雪。晴

向生来，报衡山有劫盗，党众号万，克期举事。王进士来谈。看汉碑，讲《晋书》如额。得徐幼穆书。

廿一日 晴

盈孙生日放学，不背书，耳根清静。钞改《多士》一篇成。夜作书与冶秋，为冯、唐属托。

廿二日　　晴

谢生告去,请书扇一柄。朝食后入城,至子年公馆待客,任师邀马师至,非其好也。毛少云、屼樵、沈静轩、邬小亭续至,本不继烛,散乃昏夜。暗行还船,少云遣丁送至马头。

廿三日　　晴

送三礼、点心与刘孝廉。熊营官送稌、崧〔菘〕,荐李哨官,答之。冯洁翁来。

向生造其父书来催请,云有九十老父,刻不可待。其词未圆妥;及看《晋书》,王导议赠周札,其词又太圆妥,始悟易笏山修词立诚之说。而易笏山之不诚又过于王导,同于向熙之诚,则诚不诚亦不易言也。熙但伤于太诚耳,若修之,又同王导矣。吾不知所去取。

廿四日　　晴

向生来报,衡山已定乱。营官来信,云有苦衷,匆匆即去。

廿五日　　晴

看课卷,顷刻毕。有人言昨夜戌初地震。

廿六日　　晴

看石鼓课卷百本,课读如额。夜寒,烧叶以暖,因烧肉煨栗,颇有冬景。

廿七日　　晴

谭训导儿娶妇,写小对赠之,因写字数幅,看卷百本。

廿八日　　晴

将出,见二客直入,乃张生、携其兄子。杨皙子也,小坐与语。喻生引邵阳郑生来,愿留受业,辞之。下湘贺屼樵分居、谭香陔取妇,往则众客立待,正迎喜神。妻儿待米,且归去,到院未夕,张生已去矣。夜与杨生谈诗,云阮诗径窄,不能平言,颇有理,向所未知也。

廿九日 晴

朝课毕，看石鼓课卷七十本。常寿门、沈可鸿来。盛衡阳、熊营官并言向道隆已正法，衡山无事矣。

晦日 晴

看课卷百本。岏樵来早饭。张太耶来，言道差、厘卄委必欲得一，允为至省谋之。道台送新历。

十一月

乙巳朔

晨出点名，尚有卅馀人。出《四本论》，以此论不传，仅见《世说》中，阮生犹未见，故欲补之。但论材性同异离合，云以传〔傅〕嘏为长，亦未知四者各有本，抑四本唯主一也。看课卷百本。下湘，会饮洁翁家，公子、公孙皆不至，唯故公孙、梅老师、岏樵先在，亦设烧猪。夜还已倦，旋寝。

二日 晴

看课卷毕，出吊胡子清。裕衡州遣人要请即日晚饭，邬小亭面证之，不许辞。众客纷至，重裘作热，亟出诣道台告行。还船不见船夫，坐待，顷之得还。渡子言三少耶到矣。清卷未及分束，已暮矣，到城遂夜。暗行入府署，无从者，当关秉烛相迎，入则坐客已满，识者孙楚生委员、任、邬、沈，不识者萧、戴两尉，散未二更。还院，张生与舆儿并在高谈。

三日 晴

正欲看汉碑，了字债，裕蓉坪来。王鲁峰来，必欲得一馆。卜二毛来，告已得馆。比客来，已向午矣，一事不办。与正旸、晢子、陈、李、程父子、萧、廖同入城，至安记，清课卷，唯杨、陈、李在耳，清卷后杨亦去。余至屼樵家，见徐幼穆，生客有邬小亭，戌散，与陈、杨、李、廖同还。见一云湖船，以为必将军来寻事，入则云吕生翼文父子从云湖来，惊喜相见，可谓大会，略问奉天事。以女妇久待，遂还内。

四日　晴

朝食后与吕、杨登舟，诸生送至渡头。吕、杨、陈、廖、舆儿同下湘，至大马头，余往幼穆寓，践昨约。幼穆已出，张生出见，与屼樵小坐出。过安记，往道署，未入，竟无所往，遂出潇湘门看船，梅家犹未发行李，卧顷之，登岸。廖升云任师来践牌约，余以程家上有母，下有子，不可牌赌，更招任师来衡阳。余先往胡斋，见余经历儿，任、马俱来，仍无四友。出寻沈师不遇，寻邬师，遇孙同知，从卝厂来，旋去。邬师要入内，见其子妇，二妹夫兄女也，小时见之，尚能仿佛。更招沈师来，复至衡阳，牌于买池轩，终一较，盛竼卿送点心，遂罢。出会饮，幼穆亦来，与邬论八指争田事，赌酒赌气。酒罢，任、胡各去，馀俱送余出城登舟，邬行绝疾，徐、沈在后，复坐久之。陈毓华来说是非，余责数之，因并及其导齐七以无礼，云儿戏可成大祸也。三客先去，陈留，欲有言而无所言，亦促之去。余行李、仆从俱来，幞被遂睡，夜暄。

五日　己酉，大雪节。阴晴

书、纸俱未将来，闲无所为。马、任来送，喻、邓两生来，恐相寻无已，避入城。任要寻沈，遂留点心，复成牌局。程孙遣舁仆相寻，待面至已晡矣，舁往，遂将夕。道有迎者，云客多未早饭，往则幼穆、吕、廖、张、李、杨、陈、程俱在，云张以四点钟来，复四点钟矣。余问昨是非，陈、李均不言，似所谓岂弟君子者。屼樵旋至，馔不能佳，余亦饱，不能多食，未夜得散，颇欲转风。陈儿要吕生诊齐七，诸生散去。

徐、屼复来，小坐去。梅家亦上船，挤不容针，遣三儿还书院，黄孙恋恋，谕令从舅，乃与廖生俱去。夜无容膝地，而余仍得一舱，与杨生对眠。夜雨。

六日 阴

上岸，遇李生挈装同行，余往程家，访幼穆，皇皇于委署，乃辞出还船。三儿亦至，与廖生旋入城去。余饭毕将开船，阅朔课卷，无一成篇者，草草毕之。至午将发，坐船未至，留吕船待之，余遂先行。王进士、胡子清均来送，尧孙亦来，客去促发。顷之吕船来，杨、李均附舟，盈孙亦欲往，乃令随吕舟。过七里站，有呼于窗外者，将军来矣。风帽重裘，行色匆匆，挟吴仰煦书以来，乘我扁舟，正便于事。至夜遂泊。

七日 晴

忌辰，素食。厨乃具肉菜，匆匆未暇问也。吕、李先去，盈孙从之，干将亦与，俱可谓勇猛也。过雷石不舣，亦无问者，遂泊衡山，行百五里。

八日 晴

行七十里至朱亭。已暮，舣片刻，乘月复行。四十五里泊空泠峡。劳攘竟夜，可笑也。

九日 晴

待厨船不来，竟日借炊无菜。看三国文，每日三本，均毕。为湘孙删校《书笺》亦竟，乃吟诗一首。连日多事，遂忘忌日，可谓荒唐。船行不休，从者欲病，会斗风，乃泊下弯，甫泊而厨传亦至。大风甚猛，幸不长耳。

十日 晴

晨起理装，送四妇兄妹还山，朝食时乃望见易俗场，已将午矣，促移船急去。午正到县，泊久之，云须夜乃行。上岸寻朱倬夫于十二总，步上，初以为近，乃亦过二更，倬夫以保甲积谷讼事逃去。当差云孙蔚林欲相见，往报一信。余往䄀子妇家，唁失孙，见从曾女，甚可爱。永孙欲从出游，许为先谋一席。又遇十三弟，云欲弄活，亦谩应之。杨振清欲差委，则未暇言矣。还堂，遣要吴仰煦、朱伟斋来谈，待船至二更乃别，各还。竟夜摇摇，仅泊昭山。

十一日　晴，晨雾

食粥。至日晡乃到城，泊王去思坊下。步入城至家，六耶、吕生已先到矣。登楼乃知王生妇女来贺生日，留饭未去。吃羊肉面已饱，夕食唯得一碗。朱生稚泉来，言袁世凯署东抚。因邀吃烧鸭，步至青石街回子店，乘月还。夜睡颇早，李生还，谈数句，已睡着矣。

十二日　晴热

曾醒愚来。朝食后绂子、月生、瑞孙来，树生、狗孙亦来。当出送名条，匆匆出城登舟，则方僮攘钱别母，无人跑帖，令呼朱生仆来，竟不知盐道在何街，亦可笑也。陈六翁约饭，辞之不可，乃出诣但、夏。出南门上冢，入东门访夏子新，但已老矣，夏竟未见，相需殷而相遇疏，留书干之。云孙求荐馆，亦为作书干但，并言桂阳牧心疾，宜销其案。朱生送点心，李生觅船换载，令四老少伴之守船。夜待便衣，久之未至，夹衫步出，犹热。至盐署，见常汉筠，居然老吏，亏空千金，许为了结。步月还，遇八指，斗然一惊。

十三日　晴，稍凉

晨诣朱生。王生弟镜荃来见。朝食后写字二纸，船人来催，吕生先去。寄、笠二僧来。月瑞相缠，与朱生同至万福林，作片叶麻。立马头久之，功儿不至，乃别朱、寄登舟，吕生父子、四老少、周妪、戴、方、廖佣俱先在。功儿送路菜点心，藩台亦送路菜点心，俱犒其使。

两孙来送，慈以旨甘。待李生来，促儿孙去，已夜矣。郑儿来送，董子宜来寻事，俱善遣之。移船傅家洲宿。

十四日 晴凉，北风

行十里，激浪拍舷，强进一舍，舣荆子弯，遂泊。夜风簸船。

十五日 阴，欲雨

守风一日。四老少上岸，看龙潭寺石鸟笼、算盘，余未能去。

十六日 风雨

更守一日。舟中无书，看吕生教其子看评话，亲为校定，是金人瑞家法，非正轨也。

十七日 阴，有雨，风稍息

行五十馀里泊清水圩，湘阴地。

十八日 风雨，稍寒

守风不行，至申初乃帆，东风，过黄陵庙，宿青洲。

十九日 阴

行六十馀里泊白鱼岐，舟人过载，遂舣不行。

廿日 晴

晨复过载，朝食后得南风，帆行甚快，以为岳州城夕食尚早也。复胶于沙，又起拨百十石，已夜矣，尚不得动，束手坐视。舟人投煤江中，未减五百斤，船忽得行，泊艑山，已过初更。大风忽起，簸舟终夜，若仍胶，必大困也。

廿一日 乙丑，冬至。大风终日

蔬、炭已绝，再遣使从陆向城，狂浪不敢渡。消寒第一集无酒无诗，煮芹菘为羹，以庆佳节。

廿二日 阴，有雨

守风艑山，欲觅陆道至岳州，云不可通。

廿三日　雨,欲雪

仍守艑山。

廿四日　阴

晨挂戗,取岳阳楼,久之乃至。登楼访旧迹,已殊往制,上层改为回廊,无可坐处,唯见松坪一扁,亦古迹矣。吕生父子稽延,四老少寻酒去,独与李生还船,久之人齐乃行。过城陵矶,未见新关规模,亦无轮船,中流呼划子,送吕生入荆脑候船。未久已夕,泊象骨港,行四十里。夜大风,冻。

廿五日　守风港中,欲雪不雪,时有飞雨

闭窗坐卧而已。

廿六日　西风

挂戗,仅而得进,行卅里泊鱼矶,临湘县浦口也。微雨。

廿七日　阴,西风

挂帆,行颇平稳,看《国策》半本。行百里舣观音洲,看舱遂宿。

廿八日　阴雨

行十五里泊龙口,嘉鱼地。夜雪。

廿九日　雪深五寸

泊舟守风,仆从为设汤饼作生日,亦似家厨。晚享太牢。

十二月

甲戌朔　晴

仍守风龙口,寒冻,午睡不温。

二日　阴,复有小雪

强行廿馀里,泊小泠峡上燕子窝。

三日 晴，未煊

李生始学《春秋》，未携笺本，以意答问，不知是否。晨得顺风，瞬息至东瓜脑，阻风遂泊。

四日 雪

守风东瓜脑。

五日 雪阴

仍不欲行，强至金口。六十里经三日，遇湘抚还舟。

六日 己卯，小寒。晴

午至汉口，泊大马头，遣取银钱，云本日未能得。明日无轮船，又不行矣。

七日 晴

舟中不可久宿，朝食后上岸，欲待夜登舟。从打扣巷步上，往来正街，将穷九层，脚指为鞋尖所逼，不良于行，还至潮嘉馆看戏，无可看。至洋街寻马利司等船未得，闻今日船不开。乃至安记号客何子典寓中，何与许姓同寓，吃饭已过，买羊面一碗，借宿估客房。

八日 晴

客中不能作粥。晏起，何客留饭，鱼、羊、腰花，亦复不恶。饭罢复至戏场，仍无好戏，从人时来时去，久待不至。无可留赏，乃至洋场问巡捕，得华利船，寻房未得，呼方贵，则绂庭出应，云李生渡江矣。顷之七人俱集，至戌初开船东下。闻谭、刘俱罢，李出魏升，又一局也。夜至武穴始明。

九日 晴

至九江，欲买瓷器不得，绂子买四碗八盘，均无相应。轮行甚迟，五夜始泊芜湖。

十日 晴

关吏不来，客货已起。芜湖豆干亦不如往年。船主讥禁茶房伺候,皆不复勤谨。辰初复行,午过小孤,山色依然可玩。投暮至镇江,舣风神庙下。绂子往寻道士,遂不复来。独立江边,霜凄月微,周妪、李生后来,皆令还等〔趸〕船避寒。李生再上,云往寻绂踪迹,旋来报云已安坐庙中矣。乃发行李,同至庙门,登楼,遇赵晴帆,劝令入客寓,勉从所请,移祥发栈。独与道士登楼,已三到此,前后卅年,仲复、劼刚金销,英骨已皆朽,壁画、桌椅犹故物也。与赵叟、绂子同至栈楼,分两房安宿,房妪大不悦,未测其意。

十一日　　晴

道士看门头皆言觅船甚难,遣戴僮觅之,甚易,自往江岸看之。赵叟送包饺,自备炒蟹,炊饭具餐,食毕登舟。午后行李始齐,移泊三益店口。夜月。

十二日　　晴

晨发颇早,唯以无水为苦,饭尚可食。过二榷卡,从月河口入,水流甚急,缆行七十五里,泊张公渡。舟婆二女一子,不假多佣,亦可乐也。

十三日　　晴,至午忽阴欲雪,已而又霁

丹阳买米,临门买薪,顺风帆行,夜至常州府城。买篦,以太费,仅购十具。

十四日　　大晴

晨发,久之犹未过府城,朝食无菜,七子堰买肉,豆油斤值百五十,未知民何以供。将游慧山,舟人先难而欲后获,恶其刁愚,遂不复往。乘月缆行,泊无锡城南。无锡大城,几比安庆,前两过均未觉也。

十五日　　大晴

顺风帆行,午正已至阊门,未泊前马头,移下数十步,船多碍望。

遣人问程生，李生亦当往探亲，绂子同往，从者俱上。令房妪与船女同入城，则至桥而返。独坐待，已夕方食。程生来，云文卿已归矣，粤事颇有主见，故为李夺，苏提仅免，琼道仍囚。又言刘华轩之能，景韩被劾云云。促令早去。啖橙、蔗，看月。作书寄茂。

十六日 晴

晨遣人从绂子买路菜，乃不相遇。朝食后遣问讯吴清卿、朱竹石、费念慈、文小坡。绂还舟，唯待李生，李亦被遣吊江建霞。久不至，乃同上岸，欲入城，殊非丑年泊处，伥伥而返。程生送食物，过晡自来。顷之刘姓送李生来。刘亦衡人，程生门客也。看《申报》，毓、谭、刘皆以忤狄罢，甚非佳事。移船盘门，已为日本马头，改山河矣。欲上桥，怯霜。促程生去。夜月，坐稍久，还寝颇暖。

十七日

鸡鸣已发，江湖浩渺，水亦清旷，非复旧游之景。过五十三弓、宝塔桥，未久便过吴江望，平望邻舟向湖州去，缆至王江泾，已夜矣。行百卅五里，入浙境。

十八日 未明微雨

晏起，朝食已过嘉兴城，有新馆，题“杉青第一园”，盖酒楼也。过午雨止，欲宿石门望，过桥撞来船，落军持，回船寻之，来船弃缆而逃，乃泊双桥，行九十九里。夜月。

十九日 阴

朝食过石门县城，亦大城也。沿堤林树接连，胜于苏、常。夜泊塘栖，买蔗，店房甚盛，市镫如星。

廿日 阴

距杭城已近，以为弹指即到。晨为船人作字。朝食后循苕溪趣拱宸桥，上坝已过午末。步从电线路入城，过三闸，犹未见郭门，惧雨仍还。李生先往探,不半里,坐船已到,从王家坝下船,将夕索饭。先遣人与景韩相闻,竟无人来。从艮山水门入城,泊万安桥南,旺马头也。二炮船,无更鼓,市声亦静。夜雨。

廿一日　阴

沟水不可漱饮,坚卧不起,遣砥、绂寻萧统领,早饭。将午,萧、刘俱遣轿来迎,苏三来发行李,余乘舁径诣抚署,行久之乃至,不甚省记矣。景韩似有忧者,言语匆匆,少坐即出。至城头巷寻萧公馆,忽然过去,乃见李生迎轿来,复退行数十步乃入。见瞿公馆,询知海渔寓,遣招来谈,遂同食。毕,瞿、萧、砥、绂步行,余乘萧轿,用瞿夫,出涌金门,至湖边待渡。方僮已到寓,又入城矣。苏佣唤船舣待瞿、砥、绂来,云萧更邀李少笙来,顷之亦至。从阮墩至三潭印月,入退省庵楼坐,谈久之。同游东西曲阑桥,看景致,以对武陵山处为最佳,惜无亭轩。前游无此结构,故云苏堤、段桥为胜,今则品此地为第一矣。湖山亦颇葱翠胜前时。

廿二日　晴煊

李、瞿、萧俱送食用物,苏佣送菜脯。午正景韩携儿孙来,小步濠梁,日色甚丽,顷之告去。李幼梅来,纯似其父,无此酷肖者。瞿十九从其七哥来,同坐久之,约明日入城小游,未食,去已夕矣。饭罢甚倦,遂寝。

廿三日　风,阴有雨。送灶日也

欲作糕无器具,又物价翔贵,不欲多费财力,务在省息。朝食后看僧寺红梅,似胜寓楼,复往小步,逢僧萍藏来,谈俗务。杨叔文及栗諴少子广钟季镛来,风雨愈甚,将夕去,遂大风竟夜,犹时闻爆竹声。

廿四日　风雨

海渔及吴季策来。金时安子国栋、李新燕子鸣九鹤皋道台、齐心甫同知来。彭荔樵送酒肉，瞿、李、苏三俱送炭、菜、饼、面，袁子才所谓几般礼物者，应接不暇。以风寒罢游，且俟新年。夜寒。

廿五日　晓光见雪

遣人觅钱，应付送礼者，因令李生往看叔文。午间无事，忽报齐同知来，遂已上楼。谈语愤率，且不相谅，乃欲以利饵我，非直人也。将夕去。又雪。薄暮绂子还，云衣尽冻。

廿六日　大雪，稍暖

李生偕瞿海渔来就我居，云朝见群臣，将有大议。

廿七日　雪少雨多，竟日未止

午间幼梅偕荔樵、石玖携酒来游，兼招砥、绂、海渔同探梅。孤山梅未及三潭也，但有古树小山。里湖苏堤较有丘壑，惜山斜向，不成局面。小青墓在其下，欲往阻雪。仍由西泠桥出，还三潭。饮馔亦罢，遂散各还。赵椠溪来，未晤。景韩馈岁。

廿八日　晨雪午晴

二瞿、彭荔樵、吴季策载酒相过，兼招砥、绂同游。从文澜阁循湖路而上，至岳坟，唯圣因行宫未复，馀皆新修。更增蒋、左、刘祠，蒋祠后石磴，大观也。阁前假山亦可观。欲访高江村故宅，云船大不能入里湖，乃还，犹未夕。李鸣九、齐心甫馈岁。游处扫雪人，给数十文，便欣然相导，胜于苏州城。

廿九日　早晴，旋雪

丁绸庄、鲍书估来。鲍约清斋，定明年三日。赵璜县丞字磻西、齐少耶荻州来。坐齐舫，与三子游高庄，旋还。得京报，用吴可读旧议，别封皇嗣。私忖久之，未知礼意，想孝达亦当悔其前奏。夜看沈德潜《西湖志纂》，当时无高庄，乃近年富家高氏别业，结构虽小，颇揽湖中之胜。晡晴，复雨至夜分。

除日　雪雨

闻陈署臬暴疾,遂死,亦可骇也。杨叔文晨来看京报,朝食后去。瞿郎亦归度岁。邻僧馈岁。楼中寂静,僮仆入城,房妪入厨,皆劳悴于风雨。三更后祭诗酹酒,扫地闭门安寝。

光绪二十六年(1900)庚子

正　月

甲辰朔　　风雨

晏起,至辰正乃出客厅受贺,吃年糕。吴翔岗长子来,云到省廿六年矣。少坐而去。船轿已费二千文,宜其告穷。客去少睡,至夜,寒寂早眠,无梦。

二日　　晨雨,少止

早饭,待船渡湖。入涌金门,一马三夫,驰步城中,唯臬署未往,馀皆到门。又遍诣同乡七品以上官,唯萧、李、齐三宅得入。时犹未晚,轿夫告劳,乃出城。待李生来,仍渡湖还。风雨总至,杨叔文旋至,衣袜尽湿,留宿,夜谈至三更。

三日　　风雨

喻遣叔文早归,辞以远志。以天下为己任,乃成哥会、白教,亦可异也。鲍通判家鼎字叔衡,招同砥、绂、满舟僧游净慈。大雨,步至寺门,全非昔观。僧雪舟、知客慧心出迎。入内寮少坐,轩堂皆新修,颇有花石。感旧欲题,旋出斋供,饭罢同还,雨势仍浓。

四日　　阴风

晏起。遇鲍通判,出示藩札院函,沥陈苦况,云当向偏心解释之。金县丞来,始知康孽均聚于浙,诡秘昌狂,荡无法纪,时文习气扫地尽矣。夜寒早眠。

五日　戊申,立春。晴。湖水尽冰,午后大风

彭荔樵、赵盘西、王荩臣知府、沈子谷通判、秦心泉令、齐心甫丞、章六衡令、徐树渊令,兰生、曾季镛、萧伯康、李鸣九、二瞿率四子先后来。齐、瞿、李均吃饼而去,齐更吃饭,几竟日也。同看和尚,并言揭帖由邮政代送,律不能禁之敝。使筠仙在,不知又作何议论。大要西法与宋学有妨,王子明不能报国也。

六日　晴冰

吴钱塘殿英佑孙、毛渐鸿辅轩,旧监院子未入。傅泽鸿知府少卿、景韩、蒋知县本鉴鼎丞、陈仁和吉士希贤来,遂竟一日。幼梅送《丁氏丛书》来,看十馀本,坐至三更。

人日　晴,午后阴

早起待彭荔樵船,约游云栖。辰正彭来同饭,烹鸭被狗盗,乃无鲑菜,白饭而已。自雷峰上,李生同行,马不能追,中道而返。叶同知元芳祖香、齐心甫俱同游续至。从丛冢中出江边,踏沙行,共十馀里,小愒梵村,折西行,数里入山。山不甚奇,唯修篁夹径,可数万竿,虽不及樟寺幽深,亦湖上所罕见,但频烦御跸,则僧缘耳。看董玄宰手书《金经》,字体不能一律,题款"庶吉士",是少作耳。题者皆云墨宝,亦殊不然。斋罢遂行。叶丞自六和塔东分道去,四人同至净慈傍停舁,余下船独还。

道中见二古树,得诗一首:"凤竹连三里,鸾舆记十巡。劫灰馀旧寺,人日探新春。避客僧非俗,留斋主即宾。归途指江树,曾拂属车尘。"

八日　晨起始知夜雪,草树尽花,俄而消尽

吴季泽知县来。赵盘西来,云丁机师将请一饭,谢以无暇。要

赵同游苏堤，赵以余未朝食，榜船酒楼旁。乃先舣湖心亭，鄂僧迎客，诉满舟夺己香火，怜其孤贫，赠以二角。自行宫步至俞楼，复还至圣因，循堤西上，至段桥上船。赵与绂、砥至张曜祠，余坐待同还，分船各归。夜看《武林丛书》，自昨日起已毕四十八本。

九日 阴

笠樵书来言事。有雨。看陈云伯《闺咏诗》五百首。

十日 晨雨

未饭，棹小船渡湖，李生从至城门。遇瞿轿来迎，补访同乡，仅见秦、赵。行过旗城贡院，颇为旷寂。至萧宅早饭。曾七郎与伯康同设酒，坐客李生、瞿、李、赵。晡至箭道巷叶祖香宅午饭，坐客郭文翘、海宁夏经生、三叶一李及荔樵，皆候补丞令，未昏散。仍棹小船还，未待李生。

十一日 晴寒

晏起。闻李生还，且有客，乃起。谭乙舟从孙字建侯盐经历来，云在此廿年从宦，因官此。初不知乙舟从子发财，因此忆前奏案，朦胧可乐。齐心甫约游武林山，遣儿来迎，乃与俱去。舣舟茅家步，与绂、砥俱，笠樵亦至。入山可三四里，便至灵隐，小坐，啜茗出。登韬光，舁夫不肯上，令客皆步，可二百级赵盘西亦至，从右上。至庵。小坐，看金莲池，再上炼丹台，盖白香山遗迹，后奉吕道士。云可见江，余仍仅见湖耳。下看罗汉堂，出惕冷泉亭、壑雷亭，泉流不甚响，云雷细矣，蚊雷耳。邀入吃饭，步出看呼猿洞、一线天。僧送至大道，乘舁至下天竺。前记云在灵隐隔山，误也，乃旁径耳。一涧东流，涧北三寺，相去可里许。至上寺则山径穷，乃当路建一寺也。皆毁于兵火，新修无财力，仅支门面。疾驰而还，不从先路，于普福寺分歧向南，径可三里许到茅步。诸君入城，余与绂、砥坐原船还三潭。

十二日　大晴

胡卤生来。秦进士家穆来,三次始一见。幼梅、盘西来。梁新学来,言公法,盖欲探我宗旨。答以不忘名利者必非豪杰,尚不屑教以思不出位也。盖能忘名利,又当思不出位,而初学必自孟子所谓大丈夫者始。

要槃西同游苏堤,绂、砥并从,龚子勋、向晓渠、唐寿臣便衣来,自压堤桥步上,过高庄,访花港,因至于坟。还寓,吃茶,槃西径去。

寺门雪石秀云椒,翠竹寒松荫瀑桥。幽涧泉分千字水,上方晴见午时潮。弢光去后成僧市,御辇来频记塔标。闻道伏龙春未起,北峰吟望海天遥。

十三日　晴

朝食后渡湖,遇傅少卿仆人来催,即令先去。闻会馆不远,步入城,可一里许方至,就对门照壁后易衣冠而入,乡人半集矣。北省有胡荫森、李绳祺两太尊,湘人有管定武、李凤来两武官,值年有傅少卿、王荩臣、颜义轩,观察有二李、一郭集芬辅卿,进士加捐,馀不悉记。熟者二瞿、李、萧、曾、金。团拜后设十席,围鼓,以余为客,与张、邹、胡同席。邹云四十前于受庵京寓相见。中正散,待轿而出。小坐帐房,张润阶从九送茶,与二瞿,李生步出,辞李令去。同瞿看故衣,挑得九件后市街成裕典,颇倦乃还。芷完还家,海渔同渡湖。

十四日　阴

秦进士来谒师,遂同朝食。张营官宝源来见,言刘抚军政。饭后坐秦船至净慈,瞿、李、绂子皆从,觅赵槃西不得,乃问路先行,未数武,赵、齐轿马皆在后相呼。舁从赤山步上石屋岭,看三洞,复从山道行,旁皆石山,石树幽曲。可五六里至理安寺,寺在山中,丛碧四围,亦胜云栖。登丛青阁废趾,云宪皇读书处。槃西设斋,蒸羊,杯盘甚盛,饱吃馒头。从人未食。与海、砥步出,从右径入山,留绂待齐、赵,告以往龙井。樵人云山路难识,至石桥再问樵人,指令入山,循毛路渡十八涧,便至龙井。山游皆登陟,此则下坡,尤为不劳。甫渡十五涧,舁从追来,遂至龙井寺。寺僧亦无市气,瀹茗汲泉,摘芹而返。从大道至湖滨,待齐、绂不至,顷之齐来,云绂先归矣。其可恶如此。舍舁登舟,至月老祠,复啜茗而出。要齐、赵同至三潭较牌,海渔凑局。夜分吃粥,兼作汤饼,丑初各睡。

十五日 阴

龙名晃妹夫来,云自江宁,岘庄已去。遣呼渡舟来,与客及寓人同入城,唯戴僮不去。谭於潜从归安来拜年,因招游浙江,设席江山船上,渡湖至岸,纷然各去。余被舁从城旁,循城南行,过清波、凤山、候潮三门,至江干,市集颇盛。上船则瞿芷完、彭荔樵、龚子勋先在,谭聘臣为主人。船主陈和尚,有女四人,小者十岁,长廿许,殊无可取,但浪费耳。移船海潮寺,不得上,复移船步,更招二妓,轰饮至夕散,还船已昏暮。绂子久待砥卿不来,周妪先归矣。雨凄凄至,无月无镫,亦无节礼,未二更遂睡。得功儿前月书,并奭良一书,未知何人。

十六日 雨

李袭男初无赴书,忽然猝至。蔡子庚来拜会,以其与曾纪春熙元来,未能骂之。秦门生来请饭,谢以未暇。世振之都转来。邹严州元吉、贺年孙来,邹即会馆叙旧者也。谈贵州事,甚推李蟠战功及高洁过雪琴。云九龙大王妻复仇,蟠一战摧之,遂降百砦,肃清千里,归隐屠肆,授总兵不拜,奇人也。欲作李挽联,未得词意。仆从俱入城,无人具食。徘徊久之,忽成一联,曾涤公不能过也。"时事积艰危,申甫再生犹有憾;越防坚壁垒,丁沽回首更伤心。"

凤山望江隔岸有山,平顶如覆银锭,云是龛山,外为鳖子门,嶷然有异诸峰。夜雪。

十七日　雨雪并作

作字数幅。遣方僮、廖佣俱入城,至午始朝食,又无鲑菜,房妪亦病,不能下楼,竟日清静。夜作大圣寿诗。

十八日　阴

齐甥早来。蒋知府德璜字玉墀来面请,兼要同渡。令李生买纸送人。齐甥舍舁舁我入城,诣世振之畅谈。旋上吴山,李鸣九、王莀臣、徐兰生、章六衡及蒋设一席,曾季容陪。张范臣游击宝源设一席,招李幼梅、瞿、彭等陪,大会赵公祠,至戌散,到寓初更矣。

十九日　晴

阎肖岩、龙翰卿来,已朝食矣。阎话不休,因与同船入城。笠樵、少笙均遣轿来迎,坐彭轿至彭宅小坐,同上吴山,再寻旧游。从感花岩上,先看紫阳洞,望江,因至城隍祠,看城中无复黑气,喜休息也。李宅再遣舁迎,与溧樵同往,二瞿、曾季融先在,砥、绂均至,心甫后来,谈撤差事。景韩送信来,遣送船钱。饭后与海渔同步看旧书,无可买者。日欲晚,出城,船在柳洲,却南行二里许。鼓棹而还,发船钱一枚。

廿日　癸亥,雨水。阴

晨作字十馀纸。彭笠樵、金咏莪、赵椝西、吴季泽、吴翔罔子、鲍廷爵、秦门生来,唯赵同朝食。苏三来发行李,坐划子先渡湖,赵、砥同步入城,看估衣。此间曰“满衣”,挑得廿馀件,唯裙最贵,竟至廿馀千,可怪也。日已西斜,同至瞿海渔处,衣、靴已至,云行李已毕上船,乃至抚署辞景韩,略言公事。会馆小团拜待久矣。傅、沈、蒋、曾、彭为主人,余与二李、邹严州、李进士季融同坐,戌散。还船,吴季泽、蔡子庚及绂子同来，心甫后至，坐过二更乃去。余作三书与抚、臬、幼梅，皆为关说。

廿一日

晨起最早，待赵檠西不至。遣买绫联，挽陈养源：“梅冶记相逢，骇浪十年，咫尺无缘重把臂；柏台疑有厄，白衣三会，孤茕失怙最怜君。”

龙名晃、齐世兄来送礼。檠西来看写字。吴季泽、蔡子赓来。余未朝食，要檠西同上避客。步至衣庄，旋上吴山，小坐石阑。金仆来觇知，檠西遂去。余入赵祠，龚子勋、胡卤笙、唐寿臣、金咏莪、贺惠孙为主人，齐心甫后亦同饯，先写字九纸，砥、绂来，同就席，酉初散。步出城隍牌楼，误从采霞岭，旋绕一里许，问知从过军桥出城头巷，遇彭、瞿、赵、曾、李、萧，砥、绂，瞿九亦至，俱欲送至船，力辞不听，唯彭肯回，绂亦留城中，馀皆踵至。蔡、吴复来，李大人又至，知县少散，李坐甚久乃去。瞿、李等复集，已而告去。赵、吴留坐。谭建侯求题李西涯诗册，无可着笔，乃以致仕不归为由，牵扯近时两一品，以为谈柄。发船钱四枚。

廿二日 晴

写字数幅。齐儿及其妇翁龙翰臣来。吴、瞿、赵、萧、鲍、龚子勋、李少笙来送行，抚台来皆散。景韩似有明白气，惜余将行矣。王明望来求差。瞿子完来送衣箱及谭进士二百元，犹以为未足。移船太平街，邀檠西至丁日新机房取钱，并谢步拜年。上船复移过坝，不由来时故道，别出登云桥，遂泊拱宸。蔡子庚来，初以为彭、齐必在，及至无人，唯吴、瞿相送。邀檠西同行，四老少、戴僮均留此觅食，馀仍来人。夕食后步上夷场，夜往听戏。齐心甫来，芒芒未食，云出城三次矣。命子庚陪至饭馆玉和。余同檠西、瞿、吴、砥入阳春园池心坐,顷之齐、蔡亦来,十二钟散,有旦演悲哭状颇真。同还船宿,心甫自借宿黎寓,赵、李先睡,余陪吴、瞿较牌,子庚入局,鸡三号乃罢,寅正矣。发船钱五枚,犒赏四角。

廿三日　晴

昨夜眠迟,醒已辰正,客犹鼾也。槃西已登岸,余亦上岸寻之,还颒毕,三客乃起,待饭未来,又半较乃朝食。吴、瞿、蔡呼船去,余舟即发,午初矣。夕泊唐栖。发饭钱一枚。

廿四日　晴煊

行舟满川,余船始发。朝食后酣眠,醒已未初,便至石门,补作初到雪诗。夜泊双桥。

廿五日　晴

作字一纸。过嘉兴未舣,欲更进,船人怯盗劫,乃宿甪里街。发饭钱一枚。

廿六日　晴

饭后至平湖,泊西门外。入城寻文心家,云在江月弄。及至,乃酱园弄也,声转字雅。渡桥便至张家,正门不开,房舍颇整,文心出见,两子　孙均出。衣冠拜海门师神牌,又拜文心夫人,礼毕坐谈。文心苦聋,未能畅达。遣其孙上船,要槃西、砥卿同来,各吃虾面,同至张家旧屋看婴山。还已将夕,明镫晚饭。文心设三榻待客,入客房,看其《公羊记》,疑及臆说,皆非卤莽语。子初请息,又独看包世臣《一》、《双》、《三》、《四》书,丑初眠。发船钱二枚。

廿七日　晴

晨要槃西、砥生还船,文心踵送,旋去,即解缆。文心说此大卤也。据言败狄是在狄地,狄在大卤,无“大原”名,时中国通谓狄为“卤”。夜至嘉兴城外,未能登岸,俄而微雨。发船饭钱二枚。

廿八日 阴。大风复寒

朝食后船倾侧不进，登岸小步六七里，至王江泾乃上船，复缆行卅里，泊平望。夜复微雨。书扇三柄。

廿九日 雨。东风

宜帆，破帆无风亦能强进。榜人欲舣吴江，促之使发。作字二副。申过五十三空桥，槃西云八月十五镫船群戏于此。夜泊盘门，槃西入城，砥率僮丁看戏。微雨。

二 月

己卯癸酉朔 阴，风寒

晨呼佣起，船人笑云城中俱未开门，早起无益，遂不复呼。已而赵屿秋知州谨琪来，槃西兄也。一船俱睡，驻客久之，乃延入，云当泊胥门。以衙参，促之去。乃移船沿城根行，泊行台前，十二年前旧泊处也。风景依然。饭罢，槃西及其弟季莹、谨琇来，云城中尚早，无物可买。待午初遣周妪至会馆，李生至程公馆，偕其管事刘姓来。余试入城寻旧游，因访朱竹石。朱移厘局，初未识路，直东北行，可四五里至厘局，门者辞以有客，遂还。过桥百许步，复来请，仍还，晤竹石，快谈三刻许。藩台来，辞出。从故道诣答屿秋，至会馆，门者故识我，迎谒甚亲敬。槃西出，云其兄未还，留面而归。误从东行，至吉利桥乃悟，仍西行出城。刘生尚在，未饭而去。殷孙来，正欲寻之，索名条，令去，已而送程仪、果鸭，责以不应，令持去，乃强委而去。槃西复来，周妪亦上船，云玉器无佳者，期以明日，槃西旋去。夜稍暖，三更睡。

二日 阴

朝食后周妪步上，砥往百花巷寻蒋生，云欲师我者，顷之还，言往上海矣。屿秋具船要游邓尉,并要李生同游,幞被往。帆行颇驶,至木渎,欲要王小吾同知秉忠导游,王辞以疾,以罗藻香代行,亦以被来。雨意甚浓,知不可前,乃劝主人还舟。夜抵胥门,雨泥沾泞矣。还船少坐,屿秋入城,槃西复来宿。看玉钏、绣裙。

三日　雨

朱竹石书来,送程仪百元,报书受之,兼为赵屿秋、殷敏关说。来往竟未至程生宅,令李生以其舁来迎,兼看费屺怀。至桃花坞,费已赴宴,何其暇豫,俞荫甫所谓萧萧婿水者不足忧耶?复过竹石,云吴粮道望见我,以为仙风道骨。余闻甚喜,"大王"即升玉皇,不算恭维者也。出访文小坡,行甚远,而云外出。乃过程生公馆,看其幼孩,甚可喜。还船作书兴景韩,文以书来迎,不能去矣。夜雨甚寒。发船钱二枚。

电挐沈编修夜至,感作一首:"凄风微雨望阊亭,岸柳新黄荠麦青。名郡望衰金宝尽,皋桥客去庑春停。春风恻恻镫将灺,夜舫摇摇酒半醒。闻道未央仇五噫,几从寥廓视焦冥。"

四日　晴

船不欲行,余亦逗留。槃西昨来宿,今遂不至。李生上岸,朝食前后甚岑寂。竹石来送行,就行台延之。小坡复来迎,亦未能报。午后闲行,岸上遇三乡人,皆丑年往还者,特来相访。上船叙谈,竟不知其姓字,久之一人自言鸣九之弟;一人言湘阴事,知是湘阴人;一人则不能知之。客去,槃西暮来,问知湘阴人为钟瑶阶,一人仍不知。屿秋被檄往无锡,移船来约同行,问知为谢钧县丞,字岳秋,考据之难如此。在苏买玉绣百馀元。槃西告去,寄衡书一纸,与屿船同泊。

五日　大晴

晨发,巳至浒关,买席。屿秋见过,旋去。吴门至无锡不能九十里，而居人行者皆言百四十里，盖前有关，时例停一日，故加一站耳。夕循县城濠行，上镫乃泊西门接官马头，因屿秋先在，招呼同宿也。屿因提碓坊米帐流水簿来，至则已为局提到，厘局作弊如此。附书文小坡。

六日 戊寅，惊蛰

晨过慧山，未入港，复令还行五六里，从小金山入小溪，舣祝祠前，未过桥，令僮汲泉烹茗，久之乃至。余未入寺，但游行，两岸皆县人公私祠，有书院，盖于山凹，多作屋，坊题"岩壑双清"，未然也。午初行，出港甚近，横风摇船，令无张帆。六十里泊七子堰，阳湖地。夜看《国策》二卷。

七日 晴

朝食时始至常州城，僮妪买篦，久之乃发。卅里过奔牛，日晼矣。来时一日，今须两日。夜缆行，至初更乃宿吕城，七十二里。

八日 晴，有霜

昨夜寐不安，今日饱睡，仅卧看丁丙诗一本。夜泊新丰，多火腿处也。

九日 晴

至丹徒口仅十二里，竭蹶至午始到，又怯风不行，依前船而泊。作丁松生诗序。

十日 阴

风愈寒，不移寸步。遣李生由陆先去，廖丁伴之，一小车载行李，如飞而去。为李绍生书册叶。方僮遗溲邻船，为船人所执，放爆仗而解。大辱国，方知小儿不可独任也。

十一日 晴。北风愈狂

破船帆行巨浪中，仅而后济。依镇江城绕洲行，至轮船马头，未遑朝食。遣方僮寻廖丁,云出买箱□未还,乃令具食。饭后廖偕赵道士来,道士又遣九子来作经纪。余因上岸,寄书莸女。至风神庙寻道士,遇陈仲昫,不识之,坐谈乃悟,亦欲附轮舟往上海,俱未午餐,同至酒楼小坐,报云下水船到,匆匆散。仲昫复送余上趸船,为余觅坐处乃去。道士陪坐,久之报云行李毕至,俱坐船边待船。过三更乃上安庆轮船,太古行船也。价反昂于野鸡,以道士荐,赏以一元。四更开行,船房甚小,外人甚杂,不甚安,五更得睡。

十二日　晴

至江宁城外,客去大半,夜至芜湖。

十三日　晴煊,南风甚壮

楼上客坐尽空,可以游眺。二更后至九江,小停即发,初以为是湖口,见趸船乃知是九江城也。马当石山甚雄秀,小孤峭削依然,山背白石如瀑布,前所未赏也。

北风扬子渡,急浪欺双桨。斜日缆危桥,低樯摇五两。北固山前桃未花,风神祠下数归鸦。故人为酌中泠水,道士新煎阳羡茶。酒楼促坐镫光白,馈浆未罢还争席。玉乳鲜浮土步羹,金盘香荐车螯炙。楼船吹角散匆匆,燕去劳飞路不同。东向吴淞听戍鼓,西留江浦待晨钟。一留一去情无限,三更四更星自转。风涛浩浩忽生云,汀树青青常在眼。瓜步潮来月渐微,春霜欲下渚禽飞。犹怜京口酒初冷,正见焦山僧夜归。《京口待渡赠赵道士陈同知》诗。

十四日　阴,西北风

晨至黄石港,朝食后至黄州。大风忽起,船行甚迟,夕至汉口,竟不能舣,向所未闻见也。折旋久之,始近趸船。步上跳板,摇动不能行立,仍还船借宿。未开晚饭,买饼食二枚。

十五日　阴

风未全息，但可步矣。换划子拨行李，甚清静，无来扰者。房媪怯水，令坐轿至打扣巷，余步从江边行。稍后相失，已至船边，尚未觉也。渡子呼余，云行李未到。立顷之，划子来，不肯到岸。小划子索钱甚多，余令房妪上岸以避一班盘剥者，余亦别去，少顷至小江口，则毕上矣。立待来迎，大雪骤至，避上岸，则街石沾湿，恐不能下，又还岸边，泥沙亦滑，乃立脚划久之。几两时许，廖丁持伞来，始上船盥颒，此又无人经由之过也。已而雪积二寸，一步不可行。饱饭酣眠，遣人至青龙街吉隆栈看李生，云轮船未到。

十六日　寒雨如冬

方僮上岸，廖丁具食。先府君忌日，未办蔬菜，晨遂吃肉蒸豆豉，并不背人矣。午乃素食。饭后行卅里泊沌口，船关来稽货税，从来所未闻也。今日社日，占云宜雨，戊子雨。又云春事佳也。出船遇一游学生，片与岳生，令照料。

十七日　阴，午有雪雨

船行簰洲望，缆廿里乃得帆风，泊簰洲，九十里。未夕也，夜发太早，故宿亦早。

十八日　阴

顺风行，亦有望，晡后乃至龙口。受寒甚不适，多卧少起。夕至宝塔洲，看船即行。一日未饭。夜风颇壮，宿峡口，行百廿里。

十九日　晴

帆行百二十里，至城陵矶，又看船。夕泊岳州南塔下，颇煊，夜暗。

廿日　阴雨

风息，幸无满水，篙缆可行，湖中游衍两时，只在君山对岸耳。

夕泊火龙滩,在鹿角上里许。

廿一日　　癸巳,春分。晴

南风,缆行卅里过磊石,遂泊陈岐望,云六十里者,张大其词。

廿二日　　阴,晨雨,南风

缆行可七十里,泊芦林潭,距湘阴犹卅里。

廿三日　　晨雨昼阴

小得北风,帆篙行,夜投靖港宿。靖港冬涸,不可藏船,丁果臣云唯港可泊者,亦据夏水言之。且云志以李靖名港,亦非名港之原始。

廿四日　　晴

得北风,帆行,近城见水军三版还营,或云浏阳有土寇,昨得捕禽三人,盖解严也。舟人不肯舣北头,周妪必欲入朝宗门,相持久之。余步上岸,泥甚,几透袜。冢妇王、孙女出见,云功儿移馆湘潭,教复心三子及己两儿。顷之良孙还,登楼少坐,纯孙、功儿前后还,云窊女病。朱稚泉来,谈时事,云陈郎鼎发回长沙永禁,久不见党锢事,不意诸人以病狂得之,此又一奇也。从姆迎周妪来,云蜀青自求服役,令召之同去。余惧暗,先上船,周亦踵至。遣方僮省母,廖丁先从陈渡还家矣。遂宿舟中。

廿五日　　雨

家中无人至。陈孙华衡来见。久之方、廖均来。遣周妪还家养息。两孙及两孙女均来觐,麾女令去,亦负孙归。功儿来送晨羞,亦令即还。乘风开船,夕泊鹞崖。

廿六日　　晨雨凄苦

蓐下忽冰,惊起,水入被矣,不知其何从来。遂不复寐,起视,正在县城,顷之泊九总。久之乃行,倾倒破碗盏,至夕风止,宿株洲。

看《世说》。

廿七日 晴

缆行，铺时过三门，全非旧观，红庙乃侧向，水旁无连屋，何涨落殊形如此？昨见鼓磉洲，亦正如马颊临湘，疑马家河本马颊也。冬涸时亦屡过，皆无此异状。九十里泊淦田。

廿八日 晴，有雾

正好春也。两岸唯有李花，黯淡不明。久未作督抚歌诀，聊复次之，乃不记陕护抚及滇抚，甚矣吾衰！夜泊黄田，行九十里。

廿九日 雨

舟眠头桅，以水窄不须小帆也。竟日避雨，然犹湿衣，至晡未能至衡山，南风稍长，亦所不料。

二四旗开蔽日光，粤燕鼎足亦相当。正怜徽起侪滇豫，谁忆湘衰比鄂□。

夜泊雷石，亦得卌五里。

晦日 阴

晨待开关，又过一难，自此无竞矣。舟人烧香，改于柁后，盖分内外江，过衡山遂不鸣钲，亦内外之义，既至草鱼石，又不然，此无义例。此等皆有礼意。“万里聊一游，风霜固不论。敲冰武林湖，颓雪清汉津。客行信永久，春气殊未温。江涛助长猋，昨夜巨舟掀。晨雾骤飘瞀，急浪共奔翻。岸柳俄已皓，堤沙昼自昏。藏船鹦鹉洲，系缆乌臼根。鱼鸟得愒息，繄吾亦忘言。脱有来访戴，无劳君扫门。”二月十五日汉口舟中大雪，作示张孝达。孝达本绝不通矣，既在相望，未忘旧好，不能公而忘私也，以医吾狷，消彼俗。

午至寒林站，雷雨小泊。得李小泉赴，作一联吊之：“契阔旧相随，记从龙树分襟，尊酒宾筵应忆我；封疆才弟一，正值鲸波沸海，角巾私第不言兵。”亦卅年不通问矣。竟日缆行,夜得小风,泊草鱼石。

三　月

癸卯朔　雨雷

停半日乃行。午过樟寺,得风,至大石渡风息,换渡船,缆行向城,几两时许乃至东洲。夕照已沉,儿女犹未饭。一日不饮啖,催饭,与廖生同席。云舆往常家去未归,陈郎昨已移住新斋,诸生亦有七八人在,甄别亦张先生主政,案已发矣。见茙女十二月朔书。夜宿外斋。大风旋止。

二日　晴

陈郎及其季兄来。料理杭物,答饯赠诸公。程孙率弟子五人来,萧孝廉同至,留晚饭。买得大鱼,仅烹一头,分两桌,殊失所望。舆儿携其次甥女来。

三日　晴煊

隆观察来,樾乔继至,张子年、任三老爷、刘子惠、沈伯鸿先来,未得一言,惊散便去,樾乔留饭去。江太耶来。午入城拜客,至道府,江、程处皆久坐。衡阳胡师留百合粉,程家吃包子,馀皆未入。不及渡湘便还,甚倦,早眠。

梦与官秀峰密谈,同食牛肾,云旄牛囊也,以为未见之品。客更有谭敬甫,余与言戏,官云不宜。余初以为无妨,官云更有属吏在坐,嫌余侮之,余因叹中堂福禄富贵不虚得也。又引林黛玉谢薛宝钗,仍是嘲诙故态,醒更自笑。官与余未尝见,何为见梦,其荆州之因想乎?

四日　晴,夹衣犹热

耒阳谢生从麓山来,因定居新斋之限。刘子重分府来见。舆往永兴省窊疾。看晋文一本。渡湘,步至毛桥,遇王聚庭船上相呼,要同坐,泛湘至熊营官,论炮船护卡事,遂至相争。两人皆指画攘臂,而王之理短,余笑解之,引与俱去,分水陆各还。余步访丁、冯、魏、彭,皆见,萧、杨未晤。期于毛桥待船,船竟未至。一划子自请渡余,遂渡西岸,访刘、任,任亦失约,唯子惠在。久坐待船,乃见送女轿,已而还舣东岸,更遣人呼之来,还院已夕。饭罢遂睡,初更后起,吃水苊糍,仍倦复寝。

督抚歌有误,更为正之:"粤节三持盛拟燕,鄂徽衰似豫吴滇。湘人两督输真抚,二四旗开浙比肩。"

五日 晴。午阴,有雨,旋止,仍晴

两教官,邬、胡二师,毛,张子年,常,丁,彭佩芝,裕太尊,和尚均来,邬、裕坐最久,至夕乃散。入内小坐,夜倦早眠。张生妇昨来,未及取妾事。

六日 戊申,清明。阴

将携黄孙出游,人客踵至,萧、谭两教官,杨慕李,冯洁翁,杨伯琇,丁笃生来。客去已夕,写女扇数行。煊可单衣,始箑。

七日 晴煊

写女扇,令诸女各得小楷,以为后玩。□典史来。杨伯琇母来,云其季子已归。程岏樵妻来,值阴云未得去,已而大雨雷,至夕乃霁,客去稍凉。

八日 阴

写女扇毕三箑。午携黄孙往新安馆,任绩臣招客,邬师旋至,岏、年均来较牌,任兄病目未与,马师后来,夕散,复终四校始散。竟日凉冷。

九日 阴,复煊

写女扇。胡子靖来,云来阅府县卷。作饼甚佳,滋暴疾呻吟,不

能饱食。江西王客招饮,设于新馆,凡七八席。二程、杨伯琇均在,馀客将五六十人,亦有识者,未甚接谈,看戏草草,未二更散。乘微月榜舟还,春景甚佳。

十日　阴,午后凉

女扇毕写。将携黄孙入城访张子年,未发,谭郎仲霖来,魏二大人来,言渡夫失礼,要我派船送之,乃与魏、谭俱下。至厘丰,魏去,谭同至灰土巷口亦去。余携黄孙至容丞家,喜其尚在,小坐而出。令方僮领黄往安记问马褂。余至张馆,未入,还至府学西斋,答谭香陔。遇萧生,同至萧子端处,见设涂车,询知其次妇病危。急出至安记,令萧往财神巷寻屹樵,余独入,则屹正在店,复呼萧来,张先生、左山长,程孝廉均至。左云被莲湖诸生辱骂,盛衡阳令暂避数日。余云当辞馆,左云已辞矣,但恐行囊被劫。或云诸生必喜其去,不至扣留衣被也。此事罕闻,皆程生好用新进之过。小坐而散。任绩臣设面相待,还入新安馆,子惠亦来,酌酒吃面而散。滋女小愈。夜较牌四胜。

十一日　阴

三学首事来,言莲湖闹学,左山长亦来言原委。午下湘赴厘局饭,因过程孙,往陪任师、郘、毛,更有王姓,云太尊旧友,甚质讷,刚毅类也。夜更过程,言童生闹堂,求任保释。

十二日　晴

道台送学,萧教官来甚早,谭训继至,要共早饭。客坐桌椅零落,余云监院不职,萧尚不悟其官守也。丁笃生来,道台踵至,早于常年一时许,首事无办,斋夫亦仓皇,清泉令后至,面糕不设,将晡各散。彭、萧、陈、程俱来,未饭,大风,遂去。

十三日　昨夜小雨,竟日阴。午前大风,晡息

下湘答礼道台及刘子重、顾典史承欢皆辞谢。乃至府署,两县方

白公事,至邬斋坐,任三老耶先在,郭大老耶继至。已而请客,云熊大人来,王总办后至,邬云此辕门射戟宴也。未初更散,各还。李生还,旋告归。

十四日 阴寒

本与三师约不诣人,当作竟日戏。熊云卿再请,不得辞,乃先遣船来,令待城岸,余自乘船觑大马头。至任斋,胡子清先在,小亭继至,较牌未一局,熊更来请,遣招樾乔来代。步至铁炉门,坐四版至熊寓,太尊已渡矣,顷之来,让坐甚谦。程、彭孙继至,谭老师辞帖。入席甚早,出菜颇迟,上镫散。熊复具船轿送我还任斋,郭大老耶又先在,程孙继至,席散已过二更。凡食品味几五六十种。

十五日 阴

杨叔文来,谈任学,即问其先集,留早饭去,便为略翻十本,存其二三。早课毕,吃点心,便出赴道台戏集。步至闽馆看牡丹,则三师先在,云待久矣,问之已申正,可谓迅速。看新戏,吃陈酒,同集者更有郭公、张生、程、朱、任弟,亥散。

十六日 阴,有雨

序杨奏稿,搭天桥骂人,亦宋派也。午倦,入内少愒。杨、程催客,下湘至馀滋山房,客皆未至。顷之蒋、冯来,裕太尊继至,步园中看牡丹、新笋,明镫设食,裕气痛先去,席亦旋散,初更还。舆从永兴归,云宊似内伤。

十七日 晨风雷雨,俄霁,复阴

长沙会馆首事四人来,请劝捐。

十八日 阴雨

看晋文二本。遣女妇至杨家会亲,僮仆送去,遂俱不还,独居无朋,亦不觉寂寞。胡子靖来。又二廖生来,皆襄校也。廖欲得道馆,送酱油、皮卵而去。道台生日,常年必亲往,今遂不差帖。

十九日　阴雨

朝食后下湘,欲诣两学,以昨与任约早集衡阳,至胡斋遇任,同至马斋。遇长沙盛晸,莽撞诗人也,出游集见质。披读未一纸,邬来,共较牌,手挥目送,未能遍读。盛衡阳出谈,陈清泉旋至,共饮而散。仍至马斋,马已赴价廉色美之约矣。六耶率文柄来,食于我。

廿日　阴雨

登楼看学台。熊水师来,诉进士调遣水师之事。张太耶送饼饵、绣被。朱德臣招饮,熊、萧、谭、杨、二程同集。

廿一日　癸亥,谷雨

裕衡州送课卷来,看百本。往洁翁家会食,朱、熊、丁、杨均先至。夜还小雨,至院乃云大雨,舟中有雷,院中无雷,则可异也。熊裕德来求事。

廿二日　晨复雷雨,朝食时霁

看课卷未百本,廖荪垓来,留同下湘,云须诣魏家,乃去。余携黄孙至新安馆,子年、子惠设酒,邬、胡、二任,此外无客,共戏,未毕馔具而罢。席散未夜,竟得早归。

廿三日　阴,欲晴不晴

看课卷未百本。孙名畴乳媪被真嫌出,欲更觅一室居之,竟不可得,姑令三妇居楼,又不肯去。此妇无礼,尚不及彭妇,未能教之。晡赴长沙馆,四学毕集,外有易应庚、纯斋、周松乔、刘子惠。作募疏毕,会食。清泉催客,乃往,即前集衡阳诸客,一人不多少,酉散。熊儿不能舁,掳令抬轿,甚危欲跌,方僮必不更换人,自请代之,亦不合脚,踦躚而还。

廿四日　雨,水涨平岸

郭嵝青知州、力臣孙、邬儿梅生女婿,字恂如、谭二少耶同来,谭送一品锅、馒头，遇雨，留之饭，不辞而去。陈完夫来，共饭。李生始告归桂阳，来辞。看生卷毕，定等第，甚倦，夕睡夜起，为丁笃生作书与野秋，属托其亲家刘镇寰。刘补乐昌，有六大三阳之望，来书谆谆可怪也。既不能弹劾，更依而干之。江太耶送礼，亦甚可怪。

廿五日 大雨

水涨，可不急。发片谢郭太耶，不能同去，看课卷亦未毕，宜从容也。下湘逆风，船不能驶，从太史马头上，直西至雁峰，转北行至清泉学会饮。衡山张、耒阳邹、常宁罗、安仁郑、南洲杨，皆广文也，亦多谈教官事。夜还，舁行甚危，仅而后至。

廿六日 仍雨

看课卷竟日。女妇至程嫂家春宴，三女皆不去，外孙女亦不去，惮雨行也。时入内视真、卜。得谭祁阳书，请买阿胶。

廿七日 阴晴

看课卷。與及彭、廖所评皆未的当，更涂改之。竟日未遑他事，至暮而毕，遣送府署。更看院生课卷，有五本佳者，十年之效也，磨砖作镜，无此难矣。违约已二日，游饮之过。

廿八日 晴

晨阅课卷毕。朝食后书三扇，题胡妻遗画，摸牌四圈，乃发行李。熊儿、柄孙从至安记，张生俄至，沈孙来见，令往江、淮。罗店主请看戏，岏樵同往，皆城中闻人也。戏至无聊，坐携黄孙欲看《杀和尚》，为留久之。复与岏樵、叔从同还安记，已更设榻，平地版矣。程生得淮北督销，陈郎入筹防局，鹿有代刘之意矣。鸡鸣乃寐。

廿九日 晴

晨欲阅谢文，张生来，因先改定其诗。沈孙弟来，欲识荆州。曾生以讼事来，意甚仓皇，云已讦于学使，将褫革矣。唐孙及其从子来送礼,令送院中。岏樵来早饭,任、胡送程仪。顷之马泗源、谭仲明及其父均来送,江太耶来送。任来邬继,要谭斗牌,馀人皆去。杨郎、张尉、胡子清均来,人浮于牌。欲更摸雀,而索书者甚急,写对一幅,扇二柄。陈郎复送红本文集来,请校雠,应接不暇。舆儿复从廖、谢来送,遂夕矣。天复欲雨,送船久待,酒罢复终校局,客主均送登舟。黄孙从舅先去,余要胡、邬同船,至潇湘门别去。微雨,登舟已近二更,宿石鼓山下。

四　月

壬申朔　晴

晨起舟已至七里站。校文集二本,倦惕遂寐。醒闻舟子云至樟木寺,方讶其迟,俄顷见巡丁登舟,乃知雷石矣,迅速可喜,更校二本文乃夕食。行二百廿里,泊朱亭上山下,旁无邻舟。

二日　阴,有日有雨

午泊下弯,销私盐。看梁文三本。陆罩年十八,为太子庶子,与於法宝之作,字洞元。晡时小雨,遂至暮,夜泊县九总。

三日　雨

晨起甚迟,盖连日太早,一睡皆失晓也。饭后乃行,至文昌阁,北风起,雨益大,遂泊。令方僮到城顾夫,假寐方醒,轿来迎,遂上,见店家方食,以为早饭也。行廿里,大风吹轿,顿加小毛御寒。至瓦亭午食,云将夕矣,乃知先是午饭,幸昼长行疾,到家尚未夕食。懿夫妇出觐,开我西阁门。禄孙能言,不畏生人,亦颇了了。夜看才女诗。星满天。

四日　晴

遣人报杨家,令杨生会于姜畲。朝食后始出山,杨使未遇,遂行，复饭瓦亭，到县始申初。止宾兴堂，萧、伍俱病，独坐。久之杨生来，云宾兴七首士矣。顷之李雨人首士来，朱倬夫亦还，乃共夜饭。周生、胡孝廉来，先去。永、云两孙来，旋去。欧阳烟客请听戏，杨子南来诊萧，客散已三更，与倬、晰谈至丑初。复闭门与晳子谈诗，论学曹、陆当用实字成句，不可露意，晳子以章法意匠求陆，故不似也。

五日 晴

朱能早起，信贤者不可测。辰初朝食，子云来，已将行矣。留谈一刻。绕正街，出拱极门，至诞登，寻店妇，有崔护重来之感，未七年，迷处所矣。行一坐九，将日落乃到家，家中晡食早过，待夜乃饭。蜀婢出见，自请从行，令到衡州待我。夜看梁文三本，僮妪俱不在侧，无可为计，独宿书楼。朱稚泉来。

六日 晴热

徐幼穆来，约夜来长谈，馀客皆谢不见，独见黎胖，问李铜椎，云其父不以公事告，应对尚得体。看陈文五本，会暮下楼。朱、黎送菜，遣方僮省母，至夜乃归。谭文卿入都，不能送矣。夕食后再看魏文，则猫爪败碎，不可复理；镫盏柄脱，亦不便照书。二更后幼穆来宿，谈至四更。

七日 晨阴

晏起，幼穆亦起，告去。余步至荷池，访谭文卿，已去矣。王三长未起。欲诣汤团练，迷道，至左家门前，欲雨乃还，已而成雨。朱生来谈。周妪来，旋去。稷初兄弟来，皆老师矣。遣觅船未得。沈子趣夜来，云为院幕所挤。王三长旋来。

八日 风雨。己卯，立夏

二彭再来谈。朱稚泉登楼。周妈来，苦客不能相见，晡时客去，始令治装。遣方、廖并出看船，云无沙市船，乃定由轮船去，价倍民船,长沙事可笑如此。树生来求食,无以应之。为邬师干锡藩,与书王三,辞以不能。

九日　晴热,朝寒犹可重绵,夜遂单衣

午正出城,稚泉仍送,功、良步从,三孙女坐轿先来。久待挑担无人,稚泉要坐盐船,又值其留饭,乃先上轮船。船名永吉,大仓不容人,房仓例不短顾,幸遇欧阳金刚,邀坐船顶。久之帐房来,云不知驾到,即移一房。夕照如火,苦不能坐,仍还船顶。待夜乃下,与周俱困卧,不省人。五更始醒,犹热如蒸,门环露如雨,外内有炎凉之异矣。邻房夏翁接谈。董子宜来寻,即请从游。

十日　晨雨,大北风

浪湿船仓,船顶人尽散去。过湘阴,风少可帆,又拖茶船一只,午后望磊石平碧,知过湖矣。未夕至岳州,云当到城陵矶,因留待之。来客纷纷,帐房欲留一空房留我,以当移被,因令方僮寻仰煦。顷之颜署道遣人船来迎,到署方张镫,仆从别馆,余入吴斋,颜来摆饭,饭罢已倦,遂辞出。逆旅妇让床居我,又欲以其女伴周,许而不至,酣眠竟夜。

十一日　晴煊

客房无坐处,游街避日,遂至府署,卌六年不到矣。还早饭,入提督署,即道署也。吴、黄、言、毕方起,黄作周、言荫松、毕瑀亭皆有世谊,言则访臣从子,毕乃纯斋孙耳。颜长子均伯索书,前已介沈子趣,得三纸,今乃至七八纸,馀亦各有挥染,遂费半日力。法字营官来谒颜,颜出未还,遂入吴斋,余正欲为周妹老夫道地,适逢其便,此来为此耳,而余费十金矣。吴留午饭,颜子亦出,饭后出游小乔墓。夜补较雀,各四局,留宿吴斋。颜送程仪。

十二日　晴煊

晏起,待饭,饭罢同吴、黄、毕出,言亦踵至,同游岳阳楼。仙人

旧馆遇一傅生，南州人也。少坐旋出。坐小划至城陵矶，行李仆从昨夜先至矣。入工程局，访贺莑生孝廉，云曾佐子玖校阅，今来为令。又一罗敬则，亦大挑新来，广东人。居余道台签押房，贺子师周磊才来谈。局中人索书，涂十馀纸。将夕，厘局收支胡翔清来，亦大挑班。与贺、胡同至厘局，访郭志城故垒，遇日本商学生，喜其中国衣冠，略与接谈，步月还。仰煦送日记来，夜宿客床。

十三日 晴阴，阵雨，忽寒忽燠

作字数纸。莑生特设酒饯我，因招日本生同席，云年十八，不知国中政事，但能华言耳。然闻余言，似欣解，疑阳愚者。胡亦同坐，夕散。待船，看《随园诗话》。

叶凤荪妻李氏有长沙节署诗，云其父鹤峰曾抚湘。"廿年咏絮鸣环地，今日随君幕府开。画阁乍迎新使节，春风犹忆旧妆台。殊恩象服惭难称，雅爱棠阴待补栽。闻道江城舆颂美，如冰乐令又重来。"夜大雨。

十四日 晴

罗敬则、胡翔清饭后均来。又作字一纸，轮船乃到。午后登舟，得一房仓，不通天气，姑容身耳。夜行皆不知所过。

十五日 晴

忌日素食。朝食时始过郝穴，减于前过时店舍一半。申正到沙头，遇沈仲銮从九，言程、朱盐店可住，遂发行李。步往，相失，问，云在"金台"会馆，既至则泾太也。管事萧、王相迎，又一本地火计，居我厢，处沈、董于外铺。夕食设馔甚多，忘辞以素食，遂略食鱼虾。倦眠，醒已二更，匆匆复睡。

十六日 晴

沙头晏市，晨无饭吃，吃面一碗。董、沈流连，余遂独行，出门即与僮相失。步至堤上,乃见已具船矣,更有二客。循城濠行可十馀里,至东门,初闻船行尚须陆进,乃殊不然,舟直傍城根,由东至南可五里。乃忘携船钱,遂遣告荆宜道台,以舁来迎。入城可二里许,至道署,奭良、邵南迎我入谈,遂居其东亭。邵南年五十矣,其父恩元善伯尚健在,壬子挑班知县,以子官,遂告归。尚未朝食,饭后,告当往沙市谒领事。幕客刘海门、张西溟出相酬对,余亦告出。至门遇欧阳友焱伯庭,复还坐,云城隍庙可居,江陵已备办矣,乃命发行李。刘海门言易清涟在此掌教,因往荆南书院看之,童孺狼藉,人尚精明,谈久之。复过江陵令张集庆云生,略谈而还。过城祠,行李未至,邵南亦未还,顷之俱至。夕食后遂还寓,江陵办差犹未去,从人方食也。沈从九在此未便,令移客寓。二更后关门。

十七日　晴

晨起甚早,待清涟不至乃饭。饭后入道署,卧久之,欧阳来,云当往沙头迎复心。余看《荆州志》二本,见将摆饭,乃出还寓。顷之邵南来,约还署,见其三子,未二炮即还。江陵令率二客来,一洪子东,一刘楚青,诗人也。

十八日　晴,南风气燥

僮妪俱睡不起,客来尚未辟门也。清涟携其少子、从孙来,留点心,须臾食至,复同饭,乃去。钱矩知县、江陵尉来,均谢不见。夕仍至道署食,早还。

十九日　雨

召南请作字,凡书十馀纸。正挥豪,欧阳友焱、伯琴来迎,陈道台兆葵、吴知县用威同来,匆匆未知是复心,坐乃见之。尚未朝食,已过午矣。云宜从水仍取清江道。昨车夫似不欲长行,又闻当至南阳,依违未决。顷之,召南来,云定从水,送船价及其祖遗诗,兼约夜宴。甚倦稍愒，邓沆来，夏绍范、马师耶质庵均来。客去少寐，起赴道署，复心、吴董卿、刘、张同集，烧猪不能佳，席散，少坐还。与复心同寓。

廿日　晴

晨起答访钱、洪、江陵尉，均不入。至清涟处小坐，还，朝食。与书召南，受船价，退程仪，赏办差送礼人十元，挥手便行。从城根至南门，疑昨入无此繁盛，复还正街看之，遇马师耶，仍还出南门，坐小划。待行李久不至，顷之见复心四轿亲兵过去，行李从之。沈太耶、董相公亦至。复心还从船，船至坝口换船，至不知地名处而止。有大家，题孙叔敖，未核也。待轿待船已两时许，不能更待，便邀复心步至行台，未一里仍唤轿行，比至行台，周妪乃先到矣。沙关委员李，江宁人，云系由幕而官，方谋移局，未定而客至，器具略备，以正房居妪，我居楼上。晚食早眠，四更起复睡。同裕来候，并送礼请饭，均辞未见。

廿一日　晴

朝食汤饼。午初轮船到，复心、李委员、夏、沈、马、邓、董均坐炮船送我。选仓乃着吾炉火上，初不觉也，客去饱睡。船主具食，唯出一餐。至夜始知卧火上，仓皇起踞上床，已出荆脑。未久已天明。对仓彭泽尉周，问湘潭先生，云宋芸子弟子也。

廿二日　晴

晨过新堤，未初到汉口，即移怡和行船。船名吉和，明日始开，云礼拜不发货也。负茶箱几万口，至五更乃息。夕有小雨。

廿三日　甲午，小满。阴

泊汉口，畏热不能上，遣僮办食，妪买布，均无所得而还。二更后开行，凉风振席，四更更热，起看已过蕲州。

廿四日　晴阴

朝食后至九江，云当停半日，过晡已发。夜热卧上床，复卧下床,出看门外,被幞狼藉,烧烟者彻夜不倦,极可恼。唤房妪起,瞢腾未醒,又可笑也。邻仓梁山陈姓,引大兴庄生来见,云蘧庵女婿也。言钟郎母死满服矣,问讯甚殷。

廿五日　晴阴,热

晨舣芜湖,晡至镇江。上岸至风神祠,道士为觅清江船,即居其上。登岸少坐,还船吃饭,遂夕。夜热未被。

廿六日　晴热

晨起步柳荫下纳凉,登风神楼,道士未起。丹徒午前无饭买,吃面一碗。道士来迎,与步入西门,热甚,从丹阳涧边还,船待发矣,遂登舟,酣睡。至扬州甚迟,与民船无异,入夜乃驶。邻仓烟薰气恶,又明镫竟夕,通夜不安。

廿七日　阴,晨凉可绵,过宝应乃煊,仍单衣

晡至淮关,关吏看船,甚恭顺,洋旗之威也。到清江,轮船浅不能上,榜至步头,遣问淮北新盐局,云在西坝。日夕将雨,乃命住店。自至桥北看一店,云无上房;小车至,又有上房。欲寻分局委员,云在南安寺,遍询无之,一老翁云是觉津寺。飞步还,东行,至无人处,再问,云已过矣。又还从道北,寻得则系新勇屯営,仍还入店。俄而雨至,店主云且待明早,遂买饭晚餐,僮妪同房,蘧然睡去。感寒,咳嗽竟夜。

廿八日　昨夜大雨,晨仍未愒,待霁

呼僮送信西坝。卧久之,程生遣舁来迎,云车当从西坝过,并移行李。余先行可十馀里,至票商公祠,祀关侯,观音,曾、沈、马三督。新设官运局,借以开张,程观察居沈祠,左斌提调居曾祠。犹未朝食,久之乃具。祠局不可居女人,因令房妪借榻亲兵家,夜食后乃去。程生请汤守备为余顾车,云须待一日。阴雨顿寒。

廿九日 雨细风凉,遂加两绵

朝不得食,过午乃早饮,遂以为例。谈鹿、刘事,天下事可知不足论也。闷坐待车,看朝报三本。程生请朱委员治具宴我,费而无味。

五月

辛丑朔

盐局挂牌,因悉见其委员,幕友有李生务园、姚治堂、刘□林,新来欧阳先生,委员左、朱外又有一人,未问讯。昨吃时鱼,左知县讶云此已过时,且不合江南制;今复吃时鱼,不登头尾,则江南制也。江南经尹、袁讲究,乃用刀截时鱼,可为一叹。天阴可行,车仍不来,自出写忧,从海州运判行署穿茅屋行游,此处占地甚大,但无市店耳。复从僻处得大道,西行乃至所寓墙后。雨意甚浓,即还,房妪来寻,麾令避出。局中设宴开张,馔反精于昨设。夜得清河陈令送车来,云须人同往发价,便令方僮往,已二更矣,待至三更未归,乃寝。

二日 晴

晨起待水。朝食时车来,千三百一站,包饭人三百,半官半民,不昂不贱价也。装毕,为朱委员题其父小泉《清水潭工图》,吃面一碗便行。三十里尖鱼沟,尚早,夜宿众兴,大镇也,桃源地。湘勇二人来见,陈国瑞从子所统。

三日 晴。晨绵午单

尖仰化,宿顺河甚早,大睡六刻,得凉风,乃起行游。宿迁距此四里。

四日　大晴

唤起甚早,待明乃行。六十里峒峿,至已忘其地名,记有山环,今乃未见。四十里过牛马庄。廿里宿红花埠,小镇也。入山东郯城地,有巡逻兵查护行李。

五日节

道上乃无节景,异于南七省。六十里尖郯城十里铺,前遇劫武定太守妻,今犹有戒。六十里宿李家庄,有兵护行。朝食汤饼,夕食豆粥。

六日　晴

尖沂州,银饼不能通行,遣至兰山令换钱,辞以无钱,遂延两时,折阅算与车夫,乃得成行。出门渡沂,又无渡钱,路程不熟,故至支绌如此。夕宿伴城,兰山地。明日入山。

七日　晴

车夫请破一站,过青驼,尖垛庄,宿孔家城。垛庄唯一店为马军所占,孔城店小,至则大雨,五床三漏,乃移外床,雨至夜半。沂水地。

八日

晨起甚晏,以当渡水,昨雨暴涨,尚不濡轨。尖螯阳,宿羊流。夕凉,一绵犹冷。

九日　晴

早发,行九十里尖泰安,钱尽无计,自往寻泰安令毛澄曙云,假得万钱,匆匆话数语,云其弟官蒙自,去年死矣。还店即发。宿佃台,酣眠不觉晓。

十日　庚戌,芒种节

天明乃行,路长人渴,初不知经过几镇市,到店问云黄山店,离历城一舍耳,犹是长清地。不吃顿饭,索面甚佳。行已日斜,未至城,车夫请换车,入城避差,久待未至,叱驭而行。入城问丁宫保家,已鲜知者,三问乃得之,方僮已先至矣。丁婿已从越还,及其从子道本、溯根出迎。初至风尘,未具客礼,茙女于闺门相见。丁家犹未夕食,初更乃饭。闻寿衡丧。饭后茙来觐见,馆余客房。

十一日 晴

濯足梳头,衣冠入见亲家母,便服如妪,俭朴可想,少坐即出。午后乃饭。裕太尊兄子文乾健臣来,陈十郎继至,问以水陆所宜,尚无定计。畿东拳徒生事,毁电线铁路,且戕执吏将,朝廷不敢公捕讨,示弱如此。夜大雨雷电,四更止。

十二日 阴

晨携童妪看趵突泉,坐小车以往。出泺源门,至井巷,步入方池,水半黄碧,涌流殊不能高。记四十年前水高数丈如瀑,今全不似矣,未知前误看耶?抑今昔顿殊至此耶?废然而返。泺水已涨。午食后阴。将食,张仲雨来,溯根妻兄也。出答访文健臣,见其诸弟,并欲求裕太尊提干股给三仆,且助引见,费千金。言其家事甚详,久之乃出。过陈渭春,遇其有客,又将雨,小坐还。看小说至三更。

十三日 晴

忌日,不能谢客。张兰九知县来,仲雨父也。未去,黄扶山同知及渭春来,言泺口无船,当由陆还。因要溯根同游大明湖,湖尽苇荡,荷花才百许本,舣历亭,设茗东轩。西轩方奏女乐,二三伧父,殊非雅集。待文健臣来,复上船,至汇泉寺、北极阁、张祠,还历亭,丁婿已至。共饮至二更,步月还寓。

十四日 晴

晨出答访张氏父子,均未起。旋至陈十郎处,亦未起。还丁家午饭。渭春来送盘缠,张兰九请游历山,少待,丁郎先去矣。与溯根同舁往,则不肯登山,乃步上石磴,兰九亦甫至。坐北窗看城中,不似昔年林树阴浓,初不露屋。丁婿言不及开元寺,因约明日同往,坐两时许乃下山。入南门至刷律巷,张家设酒,更邀莱芜丁令作陪,馔俭而精,为之致饱。还尚未夜。

十五日　　晴

晨出访谌吉皆,未辟门,从隙中投刺而还。访黄瑚山,已出衙参矣。还吃早饭,甚倦,假寐。黄德斋、陈小江毓松来,乃约同乡小集,辞以不暇,乃约同游开元寺。丁婿骤身热,不出午饭。陈渭春、文健臣来送,陈待余出而后去。乘山轿,又出南门,取东径向角山,访开元寺,僮妪不相及,愒柏林待之。见二人坐小车来,一为冯樾青,一则陈弟小岚,车不上山,皆步而去。余坐轿继之,亦颇竭蹶,顷之僮妪皆至。寺在山缺处,有灵泉三洞,幽不通尘,都〔郡〕人多读书于此。黄、陈更招吴坦生来,湘阴吴孝廉之子,曾令历城者,年过五十,颇能东语。设馔亦佳,但烧鸭未脆,月上乃散。留城得入,则谌吉皆、张兰久相待。又一生客,云赵次山尔巽,自新藩丁母忧,还寓山东,自言死丧之威,兄弟虽盛无益,但求一文。余初羡赵氏,今又惊愕,许其为父母作志铭。一肚诗思,遇客顿尽。张又言婿疾,宜待其愈。余云女不必归,且再商量,真悔留一日也。

十六日　　晴

晏起,车来,复约明日,诚为反覆。茂来见,云婿已愈,可行矣。入看康侯,兼入谢其母。陈郎引姚孝廉来见,镇洋人,名鹏图,字古凤,大挑来此,与黄瑚山并有文名于东。黄德斋、冯樾青、陈岳生来。陈云其兄已为备一舁,余力辞之,必不得已,令折夫价。丁少蓉云恩少耶,谌吉皆女夫来看溯根,溯根仓皇去矣,云得京电,兵事急,人心慌,故急往侍母,贤人也。陈、张、黄、冯、二陈俱送土仪,陈小江送京钱百千，莪携五十金，因以还陈渭春。夜作二诗。

十七日　阴晴

未明，周妪即来理装，车轿寻至，炒饭朝食乃行。一轿与莪母女，用夫八名，钱百千；二车载仆妪，皆莪随从；一车自载，一马随轿。至黄山店，马已瘏矣，云历城差马，亟遣之还。张顺护送，照料尖宿，“油饼将军”大胜方僮。夜宿章夏[1]，远望一山，上如椎髻，疑所谓上正章者，故云章下，对历下为名。至店密雨，三更止。

十八日

早起见月，已而阴云，未至佃台，密雨仍至，涂潦积湿，人马俱泞，到泰安大晴。夕食后步访毛泰安，小坐，乘夕光还店，还所借万钱。曙云已供张铺垫、送席，皆辞之，又送还万钱，加以程仪一个宝。钱送两回，程仪亦送两回，乃不还钱，亦不怀宝。二更后曙云自来。买碑七种，去钱二千，请游泰山，则以小外孙女畏风，不能往。

十九日　阴凉

晏发，尖茌庄，车夫云史家庄。行五十里渡汶水，凡涉水三四渡，未辨何方向也。六十里宿羊流店。

廿日　晴，仍凉可绵

看郑子尹所著书三种，似未及子偲也。廿五里尖翟家庄。四十里宿嶅阳，到尚未晡，以莪舁夫当休息，张顺买驴，余亦得少愒。

廿一日　晴凉

五十里尖天齐庙，非站口也，惟一店。美夷三人逃来，云避拳民，相逐而行。六十里宿垛庄，庄前数里有大堡，门题“仁和”，稍东更有一堡。

---

① “章夏”，《中国历史地图集》及《中国古今地名大辞典》均作“张夏”，今沿用未改。

廿二日　阴晴

五十里尖青驼寺,夷人亦相随,五十里宿伴城。

廿三日　晴

渡沂,至沂洲治,尖南关,云五十里。复渡则不可砅,分三船过,宿李庄。

廿四日　晨雨,出店愁沾湿,已而复霁

尖郯城十里铺。午热,与夷镳争店,疾驱先至,亦防雨也。宿红花埠。

廿五日　阴,雨意颇浓,竟日清凉

六十里尖峒峿,困于鼿甈。六十里宿顺河,求肉不得,缘路并无凳担,惟牛马庄见屠一家,未开解,不能待也。店家肉皆盐之,故全无味。夜微雨。

廿六日　丙寅,夏至。晴凉

始闻蝉声,茂云前日已有新蝉矣。五十里尖仰化,道上仍有尘土。五十里宿众兴,店有小院,甚洁静。山东俗,冬至包子夏至面,今晨为设汤饼,应节景也。卯发申至,行程不劳,又全无热蒸,功程圆满可喜。

廿七日　晴,稍热

行八十里未秣,颇困于饥,午渡盐河,已不烦舟矣。上岸便至西坝,入盐局,茂率女至程生公馆,两妪俱从。道路传言甚凶,云大沽炮台炸裂,京城焚教堂,袁抚北援,新军急调。又云运渠水浅,并无轮舟。姑宿一夜,取钱开下脚,百金馀半,尚须还茂,垂橐入国,幸不蒂欠。夜宿程榻。传云茂小疾。

廿八日　阴凉

昨夜遣张顺先至扬州,今当自往看水,朝待点心,至巳乃出。正

逢过军,人马塞途,皆湘军也,乃还寓。方僮代往袁浦,晡时还,云有船,复往定仓坐。看《郑板桥集》及《画征录》、《秋雨庵词学》书。至暮僮还,云已定二仓。

廿九日 晴凉

晨起甚早,经三时许乃得食,饭罢便行。车担、大轿,甚为糜费,然颇得程力,无羁旅之容也。午正上新鸿拖船,船名同济,房仓宽于来船。坐顷之,俱睡,至淮关乃起。关吏注意后拖船,不复查验拖船,便留同济,真济矣。余前无八驺,甚厌盘诘,得此如唐三藏过通天河也。夜至界首,水浅船胶,遂停不进,然非所惧也。

晦日 晴凉

过卯尚不能行,乃舍轮而缆。廿里逢来轮,将转便得拖带,新鸿改锦舲矣。日落至扬州,"油饼将军"已具船待拨,虽费万钱,幸不仓卒。茙携女往陈家,余与童妪居船,宿钞关。

六　月

辛未朔 阴凉

当往陈家,因过看柯逊庵运司,亦有老派,议论不离官话,云六百里加紧调李鉴堂为大将,可叹也。小坐而出。至陈六舟阁学家作吊。还船,柯、陈俱来。陈郎渔文与其二子延晖、延丰亦有官话,观此知夷患可无虑,以天下官犹多也。讹言汹汹,云京中已无一鬼矣。陈重庆署盐来,依例辞之,其弟送菜,唯吃荷叶肉六七片,馀皆散给僮工。卧竟日,未夕妪还,二更复睡。

二日 晴凉

仍泊东门,卧半日。陈渔文复来送,云明日不能来,家有丧奠。

以茂客彼不便,遣妪招还,且无盘费,亦不可买杂物也。晡后随妪至陈家,见陈逊斋及其二子延曾、延韡。韡能文好学,年廿二,已成章矣。少坐而出。夕食后茂携女上船,陈道旋来,丁姊来送,并请见我,皤然欲老。客去,遂移泊钞关。

三日　　晴,凉甚,夹衣

至午乘南风挂戗渡扬子,至镇江。陈家遣人来顾船,本船人不肯送,张顺请移站房,托云陈仆意也。并斥之。遂至风祠看道士,还船午食。仍登岸,看招商等船,则已移舟发行李矣。自酉至戌,江永船来乃得行,播越两时。若依我调度,南旺泊港中待上,便于事多矣。然船人狡滑,亦须三令五申,非雏客所能办也。三更行,晓至江宁。

四日　　晴

船人处我火仓,自移出外,犹费四十五圆。上海还者纷纷,云北信甚佳,夷人失势,诸帅亦失势,恐来索战也。过江宁及九江,江水皆回流,频移避日。夜至大通。

五日　　晴

船行甚凉。客有周浩、李玉芳,周挈眷引见,自携厨传;李来寻我,问我名,自喜物色风尘,如得孟嘉,乃与接谈。夜见一人来送衣箱,问知是盗,悉取包去,无甚可惜,亦姑置之。顷之忆裕寄红顶,乃告帐房查办。盗送衣还而留红顶,则余之负托彰矣,懊恼不眠。

六日　　晴凉

已到汉口,李麟生别去。颖人官江苏,与伯足同寅,故知我。其子以道员需次湖北,有一例差。午移小轮,名问津,上下仓皆满,乃定官仓,二人十八圆,馀三人八圆肆角。客有同县谭妪母子,求房不得,乃与茂同居,其子居房,余仍大仓。盘费告罄,又节省得六圆,借廿金换去，不愁匮乏矣。明日乃发，即宿烟棚，颇起巡更。

七日 晴，欲雨不成，稍热闷，始易纻衣

附船者蚁聚而不能蜂屯，皆植立以待命，命买二竹床应用。闻陈六公仲子在商局，遣与相闻，乃云同舟还湘省亲，甚喜相见。顷之易姓来，云得啖饭处，甚感，今当报。岳大人令来。又云邹巡捕亦回矣。午后仲麓来，言北事未悉。岳生来问讯，甚周至，将开船乃去，亦云北信未确，但闻北洋死，南洋吓欲死，孝达亦不能不遑然也。酉初开行，移卧房仓外，询之谭妪即碧理妾也。其子似解元，人甚老实，但不世路。

八日 阴凉

晓过簰洲，午至新堤。颇热，见来船，云是南洋妾，本船又有长江提督妾，皆避地送辎重还者。夜渡江口，初月平波。仲麓有诗。

九日 晴凉

晨至岳州，待换船未到，岳营站队接差，云安徽巡抚夫人也。三姬亦舍去耶？未遑问之。巳初楚宝来，船甚窄，移官仓不得，乃止一房，与人共门，帐房识仲麓，处之外房，仲麓乃与谭儿共推我同房，稍可安身。申正开船。廖丁送菜，求改荐厘局。与书仰煦，兼送东物，并与贺莘生相闻，还其船钱。遇学幕四生，唯知一范姓，杭人也，云科场奏停。盖疆臣欲以恐吓枢廷，坚和议。又南宋所无之事，或云出自荣相意也。月过洞庭，波平如镜。

十日 晴，颇热

晨至靖港，黄妾去，刘妾船浅，王妾拖船在后。东仓迎日，移坐西舷。巳正至大西门，纷纷俱上。遣轿迎茙女，余步上岸，待仲麓轿至乃行。将至，复遇茙舆，与同到家，热甚，始浴。浴毕，仲麓偕刘省钦来，兼致六翁约夜饮。看电报，真决战矣。不顾刘、张吓死，乃征

于、锡入卫,亦奇计也。夜至盐署,与六翁父子谈,便留夜饭。遣信报诸女,文柄不肯去。

十一日　辛巳,小暑

将往衡州,水迟陆困,未果行也。二陈孙来。寄禅来,荒唐似有狂疾。

十二日　晴阴

可行,以省钦约饮不能去,以为有戏局。朝食后往访汤团练,闻团练已派胡孙矣。过吊伯屏未入,因访朱叔彝,便至盐署,客俱未至。坐久之,黎善化、陈少修、仲麓、颜生先后来,待叶麻,至夕乃至。热甚,酒罢,还浴。看小说,居楼上,有雨。

十三日　阴晴

胡子彝来,留饭,辞去。待饭,未欲吃,步至善化署,诸客皆集矣。未面者王心田,曾识者曾师耶,昨客叶麻及省钦,新招欧接吾。饭后摸牌,本欲与欧阳对手,乃更辞去,刘又酣睡,余与王、叶、曾皆非练军,草草四圈。吃豆花不佳,步出,与刘、叶狭游,至二处小坐,恐雨,各还。至吉祥巷,村妇迷道,令从余行,领至左局,指示令去。周妪假还,已去。

十四日　晴

闻与循在城,欲往未果,久要旧姻晚至于此,可慨也。申后雨。节吾来,亦草草应酬。交游泛爱犹不易得,况亲仁友贤乎!

十五日　晴

叶麻来久谈,欲出未得,已至午矣,乃遂与女孙摸牌,移席门堂,客来殊不欲顾。二彭坐久之,乃延同话。屈小樵亦来,梁璧元后至,客散遂夕。周妪还,定行期。与书但少村,荐戴名。

十六日　晴

晨出,待轿至两刻,诣盐署贺生,盐总家吊死,盐号王家辞博,进盐厘周同知家看笠翁,皆未入,飞轿而还,始朝食。写字一张。六笙约饮,未欲去。送寄谕来,复决战矣。衡阳应命毁教堂七处,督抚惧怒,而无如何,无纲纪至如此。夜月澄明。

十七日 晴,颇热

方僮不便使令,遣投米汤,仍令看船下行。李子夷来早饭。陈孙荒唐,动至兴讼,以非吾所统,姑置不问。午仍摸牌,吃点心。申正至王莘田处会饮,熊庶常存案干证也。叶、朱先在,朱即压良为贱者。王兄长沙令,亦来相会。黄修、梁璧二元、孔钦师、屈蓝谕同集。将上镫,余出城上船,夜唯一妪,睡不闭仓,水风甚凉。

十八日 阴,南风打船,喷浪如雨

遣取遗件。福同从乡来省,遂同上湘。邹刻字来,求见安抚。何藐视疆臣如此,岂亦西人耶?家中遣送菜饵,纯孙来送,树生来搭船,七都萧毅夫来问科场,夜移百搭桥。

十九日 阴凉

缆行大风,时牵时息。夕骤凉,仍大东南风,泊包庙久之,复缆行,至朝霞司宿焉。

廿日 庚寅,初伏。稍有暑气。南风吹浪,顺水生波,可观也

缆停复进,竭蹶到县。与书宝少、陈鹏,皆荐亲兵。赐才女一瓜,遣李佣还,树生先去。

廿一日 晴

晨无风,船停不发,待大南风起,乃移对岸泊焉。朝不欲食,午饭一盂。缆至马颊复停。夜得顺风,泊上弯。

廿二日 晴

午至株洲,南风乌云,已而复晴,停久之。夜行,泊上银塘,渌口上地。

廿三日　晴,南风动地

缆至三门,颇有热氛,忽得小北风,帆行,夜宿晚洲。

廿四日　晴

正欲南风,乃无纤飔,缆出黄石望,至黄田,风怒号矣。泊两时许,船版蒸热,卧醒苦闷,开窗纳炎风,亦足释烦。夜宿石弯。

廿五日　晴

十五里至衡山县,乃费半日工,遂泊待夕,俄至雷石,已夜矣。南风夜吼。

廿六日　晴

朝食时过老牛仓,见大石陵,可横二三里,雷石正脉也。午泊萱洲久之,夜宿杜浦。

廿七日　丁酉,大暑。晴热

午至樟寺,缆行甚勇,小愒即行,投暮到大石,有逻巡船,云查奸细,泊石鼓,已不辨色矣。携水手登岸,欲入北门,门已早闭,亦云防奸宄也。潇湘门已闭,不可启,柴步则可呼,因伺开而入。至屼樵家,寻张先生,其弟子皆出见,戟传亦与彭瑞清同来。云门禁甚严,南门不能启,仍从柴步出。要张生同行。至太史马头,行李船犹未至,比上船,见火起城中,张生甚惊忙,恐其家中无主,然不能还。榜人甚迟,水手下水助牵,犹三更乃至。未夕食,促办饭,小坐已至鸡鸣。申饬斋长,责以不信条教,盖取信之难如此,师弟十年,犹以我为戏,何足以立法制。

廿八日　晴

诸生分班入见,亦诘责不信我者。任绩臣、刘子惠来。朝食后与张生同下湘,至道署,任师已出。见书村兵备,甚喜我来,云方谋团练守备之事。北行,误出考棚街,乃至衡阳署,见胡子清,热甚,赤膊坐见。盛绰卿、任辅丞亦来,吃百合粉。至府署,见邬师、裕太尊,热不可奈。步还珠琳巷,下船径还。

廿九日 晴,移席楼上,可得半日凉

隆兵备来,邬小亭来,正浴,裸袒对客,会日将暮,匆匆而去。陈生甥舅五人来,昨俱留宿,问前寄书,遂茫不省记,入问,始知由蜀青来,遂以付之。程孙今早来,云设饮馀滋。朝食后并舆儿俱去。萧孝廉来,论纵横事。彭瑞清来应课。

七 月

庚子朔 中伏日

始开课点名,殊有城阙之感。论读书致用,不读书如张之洞,陷篡杀而不自知,犹自以为读书多如王伟也。待饭未来,出访任、刘,遇张子年、陈郎伯新、麻十少耶,三人俱留任处早饭。余还待客,催豆粥不得,甚怒,而无如何。卜二毛、喻老太俱在,尤不暇接待,退坐楼上,乃延问之。早讲《晋书》,午较牌消夏。谭香阶来。裕太尊来,夕去。甚倦,惕外寝,得美睡,二更醒已朦胧,诸女亦烂漫,顷之俱坐楼上,外孙复睡去,乃散。

二日 晴

早课毕,便睡。日夕凉风,复移外寝。因训蜀青,兼告舆妇妇道。

三日 晨阴凉

张尉、麻十来。周佣还。得功、莪书,言时事,云夷将奉我迁都,此又外寇之创局,疑有此也。省委道台来办教案,可谓恂谨,得事大之礼。

四日　晴

萧监院来。盛衡阳来,言督索夷尸甚急,此又不智之甚,所谓苟患失之,无所不至,功名士末路至此,余甚悔不知人也。昨夜雨甚久而小。

五日　晴

晨出访熊、冯,旋还朝食,云任师顷来,亦异事也。程岏樵、杨伯琇来,所言又异,云康党言已大乱。程送羊肘。午热。珰遣使来问讯。廖、左二教官来。

六日　晴

为黄孙讲"有马十乘",得"畜马乘"之解,十乘言贵,非言富也。看晋文三本。夜凉。

七日　晴

今日饯毛孝子。毛与张子年晨来,遂留朝食,同至新安馆待客。携黄孙同往,更请子惠为客。坐任绩臣房,颇热,移床外坐。辅丞来,共摸雀。未二圈,邬小亭来,改为较牌,亦未终局。廖荪陔来,小坐入席。中饮甚热,俄而大风,客惧雨遂散,乘凉还。

八日　晴热

看晋文。王生巨吾来诉王卫青横擅,令诉同学斋长,议召卫青问之,此亦学校美事。冯洁翁来,言丁京官已出京,但闻要钱,无复馀事,北洋替代,未知作准否。

九日　晴

送《论语》与毛、廖。监院来请题,知其早,豫先缄以待,即以付之。夕得怪风小雨,俄而蒸热,睡甚不适。

十日　晴

蜀婢思家,遣狗孙送之,即去,附书告茙。夜卧不安,五更暴泄。

十一日 晴。庚戌,三伏

未饭,向午泄止,仍不食,热卧甚困。

十二日 晴,望雨不至,殊无逃暑地

谭香荄请客,以其俭省,不能不往。扶疾上船,至大马头步上,客尚未至。顷之邬小亭来,遣招廖、萧两学及任师来。余已两日不食矣。尚知菜味,但未能啖。夕散,城门未闭。

十三日 晴

尝日也,衡无新米,故无以办。张生来,谈竟日。邓生还永兴,附书问窊。疾小愈,三日不食矣。

十四日 癸丑,立秋。晴热

晨仍未食。陈清泉来,客坐甚热,匆匆送之去。常宁两王生构讼,与书其学官邓、罗和解之,两人亦各有所主,可笑也。

十五日 晴热

程孙来,言李鸿章将由袁、浦北上,饬备火车,以张声势云云,未知天竟何如。令作饼煮鱼,招杨、任学来,谈新说,至夕乃至,未尽所怀。

十六日 晴

陈郎、李生来,亦留谈一日去。毒热,唯能卧谈,又无茶瓜,内院炎光甚烁,不及往年闲适也。

十七日 晴,热甚

将夕骤风阵雨,殊不能凉。夜月极明。

十八日 晴,仍热

卧看陈文。得文心四月书,请述祖德。程孙送瓜。

十九日 晴

柱壁如烘,热无可避,唯昏睡地席,枕簟皆灼人。

廿日　晴

官始求雨。热甚,无可往,以为夜船必凉,试往杨家,兼答麻六哥,乃正相遇,留坐待面,至月出无设,兴辞榜还。

廿一日　庚申,末伏。晴,愈热

讲《晋书》,《王沈传》有"眡眡"二字,"眡"盖"眡"字之误。又说君褶衣为两重帛,前说为禅〔禅〕,误也。

廿二日　晴热

但卧不事,夜又不能卧,床席皆如焚,唯地席不热。

廿三日　晴

狗孙还,无京信,但云李鸿章至上海矣。移榻檐下。熊游击送瓜。

廿四日　晴

闭南门,从东门入城,甚热,亟还。晚得凉风,陈、李来,言团练,且云衡守更替。适府送课卷来,询云不闻。

廿五日　凉,晨得阴,俄雨

出访廖、左,兼过裕、裕处见省报,爽秋正法,与许景澄同罪,未知其由,为之骇然。陈。左言周同年女送任就昏,病于舟中,左迎上岸,今垂绝矣,余许为觅棺。至陈屷郎家,已来催问,此出专为此事,益信前定之说。还船已暮。得杨生书。

廿六日　晴,遂凉不暑,朝夜可睡,午夕犹挥汗

张子年来,欲干裕差委,许为竿牍。看课卷,毕二课。张生兄来,宿一夜去,昨往寻之,云已归矣。

廿七日　晴

始看石鼓卷,甚烦。晨为陈、程看诗文。午稍愒。与书裕太尊。

廿八日　晴

裕复书,许张所言。任、邬约饮,兼报清泉因教案撤任。二毛

来,言陈啸云欲余明之于俞抚,不知余方仇张、俞,必不干之也。遣狗往珰家,约其来衡。

廿九日 戊辰,处暑。阴,已而浓雨

看课卷,毕二百本。童题"守望相助",竟无佳者。滋暴疾心痛,念其孤弱,无以慰之。

晦日 晴

当遣诸女迎莪,为之屏当行计。入城至安记取钱,邀任师,因至程家。遇孙提督子,不识之,误呼其父名,在晋、宋时一大笑柄也。铸生来,与张生送客,同访霖生,常孙为主人,各设瓜子、月饼,殊不得饱。闻任学还,因与任别,携张、程渡湘。至杨家,伯琇云弟已渡湘。顷之叔文来,云两宫无恙,袁欲南下,杜探花妻被伤,曾侯家被焚,然不能言馀官消息,仍无闻也。麻六来,同留夜饭,初夜各散。五更不寐,起行阶上,思为道府作奏,遣人入都奔问,以石鼓馆师自愿充使故也,似是正办,但懒作奏耳。

八 月

庚午朔 晴

昨夜五更起,遂不寐,待日出出堂点名。昨一日饿,今晨火灭,不得饭,米汤泡饭,先食一盂,遂不朝食矣。四女将行,留小者不去,六、九、十携两族侄以往,水浅从沙上,余携黄孙、周妪坐小船先至城取钱。复杨生书,欲寻程孙论军门大事,云又出游矣。取百元寄乡,馀用买炭,今年煤价同汉口,所未闻也。出城看女船,顷之亦至。登船小食,欲炒面,不能久待,携黄孙还,已夕,久之乃食。甚热,欲看课卷,汗浃乃止。早眠,中夜起,两妪俱直宿内堂,反不闭门,呵之反唇,

所谓近之不孙者耶？默然还寝。

二日　晴,风凉日热,内斋犹不可坐

正看课卷,云常德赵客来,屼樵同至,殆其妻弟也。令真女呼房妪入,移舆妇出,真亦不肯,又呵之。程云朝出两使王懿荣、赵舒翘,意在张、刘,古钱名士门房人遂查办主人翁友,可谓暴贵也。陈清泉来诉冤,余告以教案将反,保护又有罪矣。汉口教堂亦毁,张真张也。客去,食未饱。莲弟来。看课卷毕,定等第送去。

三日　晴,热未减,北风聚燠,清坐犹汗

看隋文二本。

四日　晴

任、邬约饮,待黄孙课毕同往买油盐。房妪为三妇请钱,补发月费。遣陈八送黄孙看戏,独至道署,胡子清亦在,主到,招屼樵来摸雀,顷之邬来。近日城官以争教案各有意见,幕客各为其主,亦相得罪,邬气尤盛,虽见不和也。王聚庭、廖荪荄、任弟、程孙续至,又改较牌,俱不专心,应景而已。夜初散,南门未闭,与任弟同船还至丰。张生伴黄在船,子年遣人笼镫,俱谢之去。任送茶二瓯,黄孙不饮,余啜一瓯,余以赏渡夫。

五日　晴热

仍似伏,但几席水石皆凉冷,未测其理。昨去太晚,今当诣两县和解,因至程屼家小坐,云张先生游西禅寺去矣。顷西禅秀枝来送莲蓬,余与同出,见一人称余"一叔",愕不识也。舍之而出。自程家步至衡阳,屼送出门,余便邀同行。盛太耶以兵差为忧,胡师尚未早饭,芮师已出,便占其书室,拉程、盛与任较牌,亦不用心,半较便散。子清设水饽饽,任设麻滚,并留任、陈晚饭。辞出,与余同至清泉,陈啸云亦不牢骚。小坐出,分道,余独至府署,周山长先在,蒋儿、程孙

亦至，更有马委员、朱孝廉、邬师同坐。程送余出柴步门，门已闭矣。还与卜、直两女斗牌，未终局，倦眠。来人即少瑚族子，言天津事，始得真消息。

六日 晴

李傅相之馀恩犹在天津，比桧贼故胜，孝达晚出，乃遗笑柄。读书人反不及八股人，此则安分不安分之别。桧亦安分，侂胄则不安分，荣祸所以异也。近日大搜康党，云宦裔士林竟至放飘，同会匪之为，殊可怪叹。遣问杨、任学命竟何如。仍下湘，至安记，遣邀任师来。张生携其三弟子来问讯，因谈向道隆、谭嗣同死轻鸿毛，仍蒙篡弑之名，亦不读书之过。岏邀至当铺，与赵摸雀，任师大负，似有里手、外行之别。四圈两点毕，散。与任同至府学，邬、廖、谭先在，又一老翁来，左季高所谓后生。问姓，云廖子师也。席散未夜，步出南门，乘月还。比日皆先看魏、隋文一本乃朝食。

七日 晨阴

昨入内太早，反至晏起，今不复入，补写日记。杨慕李请看戏，傍晚乃去，犹热不停扇。丁笃生亦斗分唱戏，殊有童心。蒋、彭、伯琇同坐，携常孙女往，便令隅坐，未二更散。川风犹温，水则凉矣。

八日 晴

两学送胙，屠人送羊，顿备太牢，惜天热不能饭，负好肴耳。夜雷雨，大风吹帐，时已半夜，唤曙子闭门乃定。

九日 晴，复热

江少甫来，云今日祭社稷坛，留早饭，固辞而去。饭后张麻来，吃牢丸。以携婴诣杨，受其二元，于情理不合，乃补送戏分二元，托张交杨，欲必收受也。移入内室，就便照料。

十日 晴

看北朝文毕。甄鸾卅六笑犹未能过笔，严钞大要专恃《弘明集》,不若置《弘明集》及《文苑精华》,则大雅矣。匠作床架,复移真对房。

书院及诸公所收捐,大敝事也。乡人辄以讼不得直者悉输入公,首士代之受过,余遇此等,悉拒不纳。西乡有公田,六姓所置,三姓不能问,廿馀年无粒谷入公,因捐入船山公租。彼三姓以私捐讼县,县中不直捐者,又不知不捐者为尤私也。

蒋生来告,余以属程、丁,因自入城,兼访京中事,但哗西奔,未得其审。过道署,遇胡师,因与任、胡同出,至铁炉门下船而还。黄孙昨欲从余看戏,告以成童不可跟脚,并携入城,会少湖饮,至火祠看戏,少湖又急遽回船,乃俱还。王庶常来。

十一日　　晴

首事送脩金,真素餐也,亦藉以过节。

十二日　　晴

遣少湖去,还以卅元。廿金十二年,仅取息二两,犹为大幸,使无此则困矣。余懒不事,舆儿不老成,大小事倚房妪为之,并令入城,终日清孤,大有老境。

十三日　　晴

议告道府,遣人入京问讯,附奏外事。朔课发题试诸生。交卷久矣,未遑披阅,稍凉改定数篇。常霖生父子及其从孙父子与程孙同来,遂留一日。新田教官周年侄及任贾来,俱未问其名字。夜月树阴,移镫床上,从来未有此。

十四日　　晴

晨出纳凉。改课卷未二三本,突有张国维求见,挟辅廷书。问其来意,云王斐章将领三营,来求差使。告以方过节,未暇也。裕衡州送卷脩、糖乳,糖颇似柿霜,尚胜北流。

十五日 甲申，白露节，犹似三伏

约武陵赵叔佩摸牌，子年为具，安记未明具食，即携两外孙、舆儿同往，乃无所办，唯程家佣仆扫洒以待。遣舆往侦之，乃偕张生、程孙俱来，久之任师、赵四均至，子年后至，更招常霖生来。屽樵继至，云程家为主，前饥后饱。月出还舟，甚倦且热，儿女拜节，小坐即睡，二更后醒，还寝。

十六日 晴

稍理功课。昨乔子妇来见，遣船送之去。石潭女子也，来即为副耶娘子，反贵于曙生嫂。张国维再来见，云王斐章字紫田，求信，与之。余有愿，来者不拒，许为作书。夜倦先寝。

十七日

未明，然烛作书与王姓，初不记曾见否。《林文忠日记》本不随身，殊不得日记之用。饭后萧生偕张通晋来，张国维亦相识，未及谈。程孙偕其妹夫夏五彝及弟子来。久不见五彝，与论国事，乃云西行的实，拳勇护驾，故可出也。颇言张孝达顾全大局。余言非疆臣之义，且亦不中情事，假令不保护，亦无事也。留饭去。张生兄弟异来同去。

十八日 阴，少凉

出看熊游击，闻其初撤而代者倏至，迅疾骇人。又闻大诛会匪，杨叔文亦在刊章中，亦宜往看。先至陈家，答访夏榜眼，遇萧生，同渡湘，熊出杨逃，冯、蒋均出，仅见伯琇而还。送萧渡船，余独还。初更，夏、程又来谈时局。夜雨。

十九日 阴雨，不甚凉

晨出小坐，黄元吉来送文相质，问西幸事。余云凡夷狄侵我，犹乡中抄抢，虽宜报官，非家所由兴衰，不足问也。又与夏言君父危急,义当往赴,不必问有益否。又言圣道将明,盖以利辅礼之穷。中国人心不测,唯礼可齐,而实伪耳;伪不能久,故孔子又云小人喻利,君子喻以义,分而二之,意亦救敝之一道,文、质之别派乎?

朝食后程、夏去,小睡便夕食,以为太早,家人皆云不早,已食逾时乃夕,正早十刻耳。夜复索汤饼,犹未得饱。熊营官将去,请程岏樵代其饯席。夜雨。

廿日　阴雨

未明起,送帖请道台、陪客,已复小睡。卜女疾,未朝食。余出外斋,欲为刘希陶作序,曾醒愚来久谈,遂罢。傍晚任、刘从卡局来,云清泉得留,熊亦以保护被撤,省城方闭城索反者,挨户派费练丁,人心大定,可怪也。盖官场之言,以扰人为安人。

廿一日　朝雨甚浓,已而阴霁

携黄孙入城,至程家待客,舁而往,任已在坐,云约九点钟,今已十一点矣。余但与任弟约其早至,实未约时刻也。要赵、程同摸牌四圈,局散,催客。胡子清先至,道台旋到,待熊云卿甚久,云为续协所留,道台已倦矣,熊方豪谈,余未敢酬答。二更散。黄孙在程宅待去,负之出城,川光甚暗,还船凄黯。

廿二日　晴

朝食后复下湘,至安记,坐待李复先生,久之与何镜湖同来,张、程生亦来谈时事。李欲用孙坚法,斩阻格义兵者。余云方今乱杀人,可从谭、唐流血也。又言大学堂状元被杀,皆不当结连日本,当自树一帜,但无钱耳。余云未闻刘、项待钱而兴。又言上等如汉、唐,次为曹操。余云曹起最正,后乃谬耳,汉、唐乱民,不足称上。又言浮桥捐,则非豪杰所宜言。

坐散,至当铺陪饯赵之局。本约摸牌,而客不来,勉要任、江一戏,邹师先至,易摸而较。亦止一戏,遂入坐,丁次山、朱德臣、张、程生同集,肴胜昨设,未夜散。次山同步出南门,张、程送至门,余借朱镫,次山与仆同送至太史马头,乃上岸去。还有星光,湘水暴涨。

廿三日 晴

秋风振林,竹阴筛日,好光景也。桂阳尹生来上学。看课卷。会馆首事来。

廿四日 晴

晨起入城,欲为妇女设席听戏,闻在天后祠,故不可往。往来道署、安记,始作罢论,道台及任师皆往府署祝寿去矣。至程家,遣呼程生来。道遇朱德臣,甚讶余早。岏樵犹未起,复与张、程生至安记,又还金银巷,乃朝食,犹早于昨日。饭后独至安记清坐,常寿民来相看,久之去。岏遣舁来迎,令待午后。又卧久之,衣冠舁之闽馆,陪熊云卿,任、邹、朱、程、江、顾、马、陈为主人,陈即馆人也。壁挂汀连人四大字,殊不能佳。将夕熊至,未二鼓散,出铁炉门,还船。

廿五日 晴

晨出点定课卷,甫毕,还内稍愒。外报曾姓人从广西来,疑为游学者,又疑是震伯,遣侦之,果曾太守也。喜问何来,云广西抚遣问安,喜植庭之知礼。同来二人,一陈姓,一云体用学生①,皆不发一言。谈正酣,熊云卿来送船,船价百五十元,岏、妪皆以为不可买,余违谏而买之。船行以有先约,抗不许,熊乃至请知府出差,可笑也。既送来,不问来历而收受焉,即登舟看视。熊固请先去,余要曾、陈三人同舟,其一复辞,上小船。震伯欲得《公羊笺》,遣舆儿往城中觅之,遂同下湘。余从大马步上,至朱家已夕矣。任、江、赵、二程久待,

① “体用”,广西体用学堂。

匆匆上食。席散,迎者未至,要任、赵俱至安记摸牌,江以轿后。张生来,云陈八在舟相待,余以为必不然,已而陈来,乃知书生论不实。仍与任步从铁炉门出,还始二更。

廿六日　晴

朝食前始起。邓生来,言刘永福即康有为,且盛言哥弟会之可用。李生正复来,言时皆竖子,大有无所不可之意,与书王巡抚荐之。胡咏丈以一军穷雨苍,是一块考金石也,说大话者但不送头,皆宜一用。

廿七日　晴

无事清坐,姑作《江陵祠记》,未数行,辍之。看股票,乃知余有《大戴评注》,遣舆取看,云尚未至。

廿八日　晴

作《祠记》欲成,复辍之。蒋满大人来,云京官补缺,可不夹箸,且约明日登朱楼赏秋,何其暇豫。又云京官皆出京矣,唯夏、彭未出,大可补缺。

廿九日　晴

朝课未毕,朱、蒋来催客,答以甚早。已复念俱在城外,恐当早散,未初便往。杨慕李方短衣磅礴,小坐登楼,炎光犹烁,复下点心。任师、邬、胡、罗、三踯来,谈取粮价为团费,皆云可行。夏五夷来相闻,遣约之来,则张、程俱至。又一生客,云欧阳叔德,牧云孙也。云曾在江南曾祠相见,重伯、叔文之流也。夏言李生办团有效,群疑众谤,成功将退矣。未及行炙,已及初更,率四客俱还,更同晚饭,倦早寝。

晦日　己亥,秋分。晴

欧阳生谈西人毒炮火龙,似读《封神传》,然余未见,仍不信也。

火攻固宜极凶，欲尽一城之人民，则无此理，姜子牙已不能行，又何患耶？吾自有龙吉公主洒水救之。朝食后促张生去，四客皆去。常孙女夜啼，令从吾眠，搅半夜，不得寝。

闰　月

庚子朔　晴

出堂点名，改派斋长，便下湘答戴参将，送熊游击。携黄孙从，渡湘，看夏榜眼，正在写字，字殊不成章，杨八踤枉送一扇；为吾作楷隶，尚有笔法。一军官、二僧来搅人，避出。答访王进士，似尚未起。局中正饭，未知早饭、午饭，还程家朝食。与张生同至岸边上船，还已日斜矣。陈郎自桂还，来未遇。

二日　晴

萧生来言讼事，王生亦来言讼，何闳散之多也。陈郎复与其弟来，李生亦还，俱晚饭而去。书与奭兵备，寄《祠记》去。

三日　晴

夏瑰青来。朝食后程、夏、李来。夏欲荐李于父，余以为未宜。幕客必平行，为主人严事，若子友，则体纪难也。李生未去，而夏兄已忌之，两人犹未知，程似知之。程天分钝于李、夏，而先知情伪，所谓旁观明也。正纵论问，周妪抱一婴儿来，云是丁孙，乃知女船已至。往看，茙与珰先到矣。各携一女，云雇一破船，倾侧漏水。出客坐毕谈，夏营务先辞去，余亦继去。云竹轩擢蜀臬，滋轩改粤督，和议不堪想，蜀、桂方议勤王，勤王亦不堪想也。湘孙亦来，箱箧尽湿，暴洗烦劳，幸不覆舟耳。夜移外寝，内室顿增至十五人，外住六人，并佣工流寓廿四也，尚无跟班厨子，其繁如此。

四日　晴

遣狗孙从事，从桂阳勇去。茂遣妪下湘，送土仪。廖荪垓送池鱼。

五日　晴，晨始可绵，正午犹热

写字四幅。夏、张来，云程亦当至，已而得廖拔贡讣，匆匆俱去。余同下湘，至盐丰，答访张通晋，云已归矣。任三赴席，子惠头痛。裵回待船，子惠扶疾来陪，入丰坐，看桂花未发，至簰上坐久之，船来乃还。斋长请革渡夫，以刘门子代之，陈八仍恋充，斥令交替。

六日　晴

作书复吴用威、董卿，又为熊翁求解。叶麻吟诗一首送夏榜眼。觅儿子不得，兼责妇女，滋方病，旋自解释，多此一怒也，门内直无用威时。

七日　晴

遣送信寻夏，云昨已去。写字四幅。将下湘，萧监院来请题，以前月题与之。

八日　晴

晨起吃面，下湘，送大马头上，欲诣西门，误循南巷行，遂入南门。至道署问道府被议事，不请朝旨，而径檄代，督抚专擅如此。出西门，看廖笙阶，已顾船矣，殊太匆匆。入城至胡斋、程家。告张生以作文法。程郎云相待为文，前分派三生，今一去矣，当于我取之，且云太尊即来取。乃还院，令舆儿拟之，至夜改成，告祭湘川一篇，亦殊周匝。洲东水阔，改道西岸。

九日

晨未起，衡令遣人守取文，便以付之。又作庆桥文，则无蓝本，告陈郎以上梁、考室为比。懒于翻检，直作四言，两句一换韵，亦新体也。陈、李夜来谈时事,李生得意团练,未知告事之难,当令与朱品隆、张运兰等一遇,方知人情耳。

十日 晴

看《诗补笺》十叶。廖荪荄来。李生云今无曾、胡其人,余云廖即曾,夏即胡也。以告廖,廖云曾愚不可及,今殊无好事之意。马先儿来送蟹、栗,未及见。见陈八郎书、董相公书。

十一日 晴

陈郎作《桥记》,亦不似,再改之,略似,为改定之。令舆作,三日不交卷,此又太速也。复讲《晋书》。贾妪病疟。

十二日 晴

程生自清浦寄声,索希陶文序,云时敏欲藉以报,未详何人也。珰与三妇出访亲族,茙移房与真同室。

十三日 晴

晨起明镫,补序刘事,遂成一晋文,即寄淮上送去。裕求桥文,而不自索,程郎使来,已夕矣。前早后迟,俱出意表。夜早眠,中宵起,闻雨,出看复见月,诸女皆夜起待旦。

十四日 阴,始欲寒矣

晨未辨色即起,具划子三舫,携滋、纨、复、真、卜女、湘孙、黄、常外孙、奶妈、佣归〔妇〕、舆儿夫妇、宜孙俱下湘看浮桥。两迎珰女不来,设蟹面为早餐。自至潇湘门官厅,两孙、三学、协、将、府、员、绅皆在,道府至,遂祭桥,步桥推余及彭翁为前行。并称刘永福之忠勇,云和议成,师将还粤。

十五日 甲寅,寒露。阴凉。夜雨

始阅石鼓卷五十本,召佣妇照料贾妪。

十六日 阴

廖荪荄送炭。阅课卷。张子年、周松乔来。得丁郎山东书。

十七日　阴

阅课卷。夕瑫还。张生、生女、廖佣来,云疟未愈,且寄食而已。

十八日　阴雨

阅课卷。六耶来。张仲旸来。值雨船去,六耶亦去,云欲仍求盐丰应急,卝务不可为也。夜作牢丸。

十九日　阴

写对子,阅课卷。荪荄来辞行,云省信来,巡抚不能为谋,盖亦无如婵娟何。又欲送煤,兼督写诗卷,半日了之,遣信送去。二陈郎、李生夜来。

廿日　阴

莪出诣姻友家,房妪从行,船夫亦去,遂无便辟使令。廖送煤来,自出料理。毛孝子送银鱼,陆生送梨,皆适于用。看课卷至夜。闻大迁除,未记姓名,但讶李鸿章无故开缺。

廿一日　晴

看课卷。女客来,半日未入内,客去已夕矣。邬子、许徒来,许屺台孙也。

廿二日　晴

看课卷。毛孝子、张尉来。夜定等第,检雷同卷,俄失之矣。脑气筋不灵,荒忽如此。《记》、《传》言古者多云殷制,《公羊传》云"古者郑国处于留",古非殷自明。黄孙夜疾。王岣云儿来,六十矣。已卅年不相闻,此来为讼事。

廿三日　晴

课卷阅毕,遣送府署。久未入城,往道署,适督抚撤任檄至,张督荒唐不足论,俞抚附和可耻,曾不知也。任师依依。因出寻屽樵,求寿对。唁张生殇女,四日之殇,未名不哭,并不能以日易月者。张云程生自省还，遣唤至，余已出门，因邀同船还，云杨生甚谨言，亦奇闻也，聪明人年年有进境。令作饼具饭，至夕乃散。

廿四日 晴

看月课卷。隆道台将去矣，为了未完事，半日毕。

廿五日 晴热，复单衣

将下湘，房妪作饼，留啖四枚。出至道署，唁隆兵备失位，坐任斋，值胡委员方将斩囚，为张督讨也。余言官已不保，何为杀人媚人，宜纵舍之，皆愕不应。

遂至安记买米，云米已贵矣，宜储过冬，乃至屼家谋之，而已约任，待于街侧久之。云任与萧、谭将步往，余亦遇屼于巷，云已储米十石，遂赴衡阳，方聚讼。至胡斋，邬先在，任、萧、谭继至，盛纻卿延宾入坐，至戌乃散。欲出潇湘门不得，出柴步门，未闭，复下，从浮桥渡至毛桥，遇异来迎，令待于津，踏水过，已二更，夜雨。

廿六日 阴，有雨，仍未凉

女妇均赴程家，黄孙生蜘蛛丹，亦令往觅医，唯留两宜孙从奶子在家。

至夕盛诗人来，声如洪钟，屋瓦皆飞，刘知几所未见也。云欲游江南，强我为序，劫于威而从之："古今称李白豪于诗，自许能倚马万言，杜甫亦云斗酒百篇。今观其集，唯古风有数十首，殊非一日之作，自外无连数十篇者。至明人乃有一夜成百首以夸同人，率一生偶一为之。若其兴酣疾书，下笔不能自休，余所闻见，唯汤海翁，亦只自言十年三千首，以太白较之，费三石酒耳，何其仅也。余友邓辛眉，五十年诗殆万首，比之剑南及乐善堂，皆以久积为富。善化盛寿岩勇于诗，自言年甫壮已有诗廿一卷。余得见其《衡永游诗》四卷，无论大小题，古近体，每辄二三十首，自言不多则郁郁不快。曾涤丈所云数十万言才未尽者,乃真复见之,信天才之各殊乎!诗气豪而语绝驯,无艰深险怪之字,于吾县陶园为近。其先世固居吾乡,为巨富,至寿岩孤贫力学,宜以其文富哉!义宁陈侍郎抚湘,礼致之甚敬。及设湘学,上客后皆挂文网,寿岩翛然不与,又非太白好侠之比也。今将游江、淮,益壮其诗情,将十年万首,并载百斛酒,拍浮长江,又何羡乎汉水鸭头绿乎!余居饭颗山,瘦且老,犹将与细论文也。"①

夜六、九女、三妇及卜女还,馀均留城。为卜女书扇。

廿七日　阴晴

晨校《春秋》。黄孙心忡,暂停读。程嫂仍来迎诸女去,惟三妇不往。夜暗,水陆各还,人亦劳止,人手犹少之过。王鲁峰来。夜风。始寒。

廿八日　阴晴

校《春秋》。得少胡书。熊云卿书来谢教。子年来。

廿九日　晴

小疾甚困。刘生来问礼,未能答也。夜肄仪,亦未能出。陈、张、李生来,留宿书斋。

九　月

己巳朔

晨辨色起待事,监院迟到,巳初献,谭香荄来,便请摄事,萧教授来,事毕矣,首事遂不至。设面,为船山作生日,午散。甚倦,夜早眠。

二日　晴。庚午,霜降

三女告归,云其叔舅五十生辰,求对一联,晨起作之。午后舆妇

① 此序原置廿四日日记之后,未详其故。今改置此,以与其内容衔接。

同往杨、程家。遣问任师行止,云已赁宅矣。

三日 晴

舆请往常家,云我命也。未记曾说否,姑令一往,亦晨去。写字三纸,早眠。

四日 晴

看前月课卷廿馀本,写对一联。桂阳刘生来,与言世事,乃一不解,犹自以团练有功,与长沙秀才大异。此正可用之验,而自驱入阱者,亦可怜也。乃知曾侯请练兵,亦愚而非忠。又湘乡同外府之验,知民情定难,晋文未必尽之。

五日 晴热

晨诣马嘶巷看隆兵备赁宅,便至道署,已无任师矣,遣问鲁峰,云不知下落。至当铺,遇朱德臣。与岏樵同至家,少坐,吃撩粥、油桧。张生亦与。过濂溪巷,任九出陪,云其兄外出,约再来。便至府署邬斋,遇张耒阳,名致安,辛卯黔解也,亦进士官,云掌"富有贵为"之狱。顷之蓉屏来请客,邬辞不去,余正未食,便邀同往,陪姚通判,云曾见于黄海翁处,海翁乃有此客耶?饭罢出至署经厅处,未遇,复还任寓,又见一俗吏,小坐而出。还船甚热,到院晡矣。复具汤饼,未几又夕食。

六日 晴

二毛来,云署道已至。遣送大鱼与蓉屏。作韭饼、虾饺,女客来。检赵次山节略,失之,遍检败兴,遂无所作。

七日 晴

昨夜遣船下城,乃与王妾佣斗争而还,一无所得。殷潜学善之来。送卜云哉信物,并寄银与其子女。女约盛昏,云又无成,遣召二毛来,令往就昏。朱宗胜来居间,云我捉王佣来,请释放。乃初不知有此,询之,云实来,被曾二耶輷去矣。离奇可喜,召渡夫诘责之。

八日　阴,朝食后晴

入城送隆兵备,犹未移寓,乃至安记。张生师徒来。屼樵留点心,今日孺人生辰,早面已饱,未能再吃。因与张生及谭姓、程二子同至道署看送故。入官厅,始知府杂同流,甚无体制。还寓小坐,再往则已出署。穿段家巷出铁炉门,复下至八元坊南遇之。旋至西陵宫易衣,乘舁而往,见隆方入宅,谈数语,热甚。出遇朱德臣,一揖而别。还院已夕,夜大雨。

九日　阴雨

欲登高不果。遣黄孙从诸生上雁峰,聊应节景。作酪无糕,以饼代之,若遇刘郎,又不敢题矣。

十日　晴

任师早来,告去,留饭乃行。午间夏署道子新来,旧相识也。来未往看之,拘于俗派。言文卿已生还,两宫至获鹿乃得饭,未必如此之惫。隆书村亦来,新官对旧官,张孝达之谬也。

十一日　晴

晨起送任,尚未上船,至其宅则方梳发,不欲久坐,同出访江署厅,荐周妪兄公往耒阳,此妪平生得意事也。还船看起炭团,将午乃还。与书荐陈升随夏。

十二日　晴

院生有携洋枪凶徒,令斋长饬禁之。程七少耶浮来暂去,曾薛蟠之不如,亦训饬之。程生送蟹。

十三日　晴

黄孙十岁,散学,设汤饼。小疾不欲食。黄孙请斋长、喻秀才,余招张生、陈郎兄弟来持螯,张失约不来,乃留面待之,面又不足。

至午张、陈来，令舆设酒，余未出也。夕食亦未饭。陈郎送赋来看，居然成章，疑有假手。

十四日　阴

将下湘，房妪疾，请留一日。夜雨。功遣龙八来送腌菜。

十五日　阴晴

毛杏生来，值余已出，沙中立语而别，云当送其子入学，从谢生读，完夫照料之。余遂入城，答访夏署道，说大学堂，论张光宇。还船上湘，见一脚划，询知梅老师相待久矣。问其行踪，汲汲以到湘潭上任为急。梅本求回任，而为廖所持，雷生乃乘间而代之，以湘潭训导缺较瘠也。梅始而怫然，继而欣然，今而皇然，少坐而去。

十六日　晴

为陈郎评三史序、述、赞，兼示韵学门径，颇有新得。午后毛杏生携子来见，忘为陈设，客来扫地，令入新斋从师，余不预焉，专师之尊也。为作饺子，毛又载酒延师，令舆往作主。张子年遣船送菊四十株。

十七日　晴风。乙酉，立冬

遣周六往永兴看女，诸女往杨家看菊，纨女未去。看范书传论。

十八日　晴

张生昨遣妻来辞行，辞未见。张又自来，录余史评。余欲换金买炭，仍至程家，过厘丰，询知任师未去，又一奇也。张之洞以衡士敢轻洋人，檄捕邹松谷于狱，乘程举人不在城也。夜大雨。

十九日　雨

舆从张俱去，云有看菊之会。看杨雄《箴》、李斯《铭》，均不为极思。邹不能捕，以其子代。

廿日　风寒

先孺人生辰，例有汤饼，仍令作饼应节，俾客中不忘祭荐耳。因思先母安养仅得十年,不及亡妻尘福,风树之悲,知有子之不足恃也,但曰贻令,不如即时一杯酒。黄孙从舆入城,云衡守亦撤。

廿一日　　晴

旧钞汉碑记、《隶释》,次第为作目录,乃阙四十八及十,当时殊不子细。陈升方去,陈顺复来,无业者多,生路绝少。入城送张生,一日尚不成行,竟未相见。寻任师,云在衡阳,追至衡署,直入胡斋,坐久之无人,窃马褂而出,亦无人问。出城正见杀人,观者如堵。至清泉学舍,问廖、梅、左消息。从故道还至程家,亦直入,无人,复出,无人问。至安记寻黄孙不得,出入亦无人问。还船俱集,从李渡上,陆行还院。

廿二日　　晴

看汉碑,欲作赵氏碣,文思不属。亡妻忌日,子女皆素食,罢戏废业。余携黄孙、周妪入城,未诣人而还。夜笼鸡为野狸所啮,晾衣被盗卷去。

廿三日　　晴

遣人入城,项背相望。移三女入内,衣箱下楼,皆为窃戒也。鼠偷亦能扰人,由无高垣重门之故,故设险说不可废,而余好坦易,所居无垣墙,亦未大失也。夜热。永兴信还。

廿四日　　晴,有风

看汉碑了不异人,而苦不能似,由想境、思路、字面今古不同,虽好手不能胜拙工,非才不逮也。始见学差单,皆尹铭寿之流,浙人殊多,所谓尽杀江浙人者,殊不足信。

廿五日　　晴

唐蓬洲来署衡守,未受印,先拜客。不见十八九年矣,云少我五岁,尚不能休,以无家可归。又言隆兵备必罢官,众皆知之,智者无所用其谋，唯通神者可免，江人镜是也。孝达遂至如此，宜世人之不用名士。

廿六日 晴

召花农来删枝条。下湘，答唐拜，兼陪隆道台。隆将下湘，劝之不止，本不必劝，所谓《诗》之失愚也。至府正值初拜印，并唁裕公而还程家，吴桂樵、左仪坡作陪客。书村来，便入席。岏樵叔侄作主人，报隆京席也。二更还。毛杏生午间来送羊肉馒头，饱食而寝，夜半不觉。左言程仪洛，字羽亭，山阴进士，诸贵人所争举，当今人材也。又云皖抚擢川督，刚毅病故。今年树介，未知虏亦应天象否。

廿七日 晴

隆兵备来辞行，去时拜辞，盖不复来。

点《礼记》“安其居节”，旧读皆云“节丑”。今案丑即恶也，与下卑宫室为类。上云“会节”，此云“居节”，礼以节为用也，节即则也。礼至于序宗族，则必求安其居节，故力有不给，而必自丑其衣服，卑其宫室，乃能赡也。文本易明，郑注亦未以“节”属下，乃自来误读，今始正之。

廿八日 晴

衡人公饯道府，初不知会，昨始知之，以例附入。未正携舆下湘。王鲁峰来送土仪，世俗最可厌事，将求于人，必以豚蹄，辞未见。令房妪入城，因与同舟。下步至厘局，答访毛杏生，乃知有戏。衡绅魏二、萧一、杨三、程一皆双分，冯一、丁一、旧族廖一、隽新参并水一、戴、路一、王、彭二、公孙、李哨官，凡十八人，设四席，隆、裕独坐，衡、清旁陪，菜出甚迟，初更乃散，已闭栅琐门，路无行人矣。驰舁呼渡，家人来迎，遵岸而还。有候见二人，其一宝官，一似许虹桥，问之乃瑞孙也。得玿信、懿书、荆宜道书。

廿九日　晴煊

督佣扫叶拾枝,以备冬用。黄孙顽劣,挞之,甚怒,遂动气心冲,未能夕食,殊乖调养之道。

晦日　阴,欲雨而日

隆兵备送靴,将不复得京制矣。见其招帖,犹为惋叹。

十　月

己亥朔

点名,始复常课。朝食后有雨,已而复霁。寄浙信,复赵九先生,其甥不知其第九,亦犹黄子寿不知其师第十三也。懿来请钱,今年亏空,恐无以了之。

二日　庚子,小雪。雨淅沥不休,才能湿衣耳

出送隆兵备,日旰而往,正值登舟,即往话别,匆匆而退。坐舟中待换锅,几一时许,乃云求皂芘不得,可笑也。还到岸,昏不辨路,易鞋呼火始得上。

三日　阴雨

检知县赠京衔未得,即更作文鲁斋墓铭及文,皆寸寸煨蛇而成,亦自可观。封寄山东,了此一债。

四日　阴雨

寻阳谷水道不得,漯水径莘、聊城,必径阳谷,然则所谓东武阳,即今东昌,而阳平是阳谷也。《水经注》之阳谷,乃今东阿耳,隔运渠也。

五日　阴晴

霖生子从姊夫来入学,齐七亦来。陈鸿子来求馆。

六日 阴,寒雨

邓生来送橙柑。裕衡州来告行。端王圈禁,和议可成。以数十贾人居然抗行中国帝后,自羲、黄已来未有之辱也,又不如刘、石、乌珠,为其俘囚。

七日 寒风仍雨

舆妇入城。山东专人来迎茂。复书陈甥,与书赵景午托之。

八日 阴

看陈郎所释《天问》,较叔师为有眉目。读巡抚批祭酒呈词,世俗无耻,至以具呈为山长之职,此为子游公事云云所误也。

九日 晴

作字送邓生,以报橘子之惠。发湘潭信,寄银百四十两,作花边二百元。送裕诗册去。管家婆辞工,比罗研丈长工辞工为尤可虑,抑志弭节以留之。

十日 晴

教湘孙作书复茂姑。说《离骚》"该秉季德"①,该即少昊之四叔,该为蓐收。季即孟仲季月之季时也,今犹谓四时为四季。厥父盖少康之臣也。臧,匿也。羿、浇乱夏,该父藏匿之,故失其官,而为有扈牧竖,遇少康求浇,因为内应,而告以浇处,因得击床杀之耳。恒则未闻,亦"秉季德",则亦四叔之一,自得朴牛以班禄,是未失官,亦未必与该同时。

作书报扬州陈虞文、沛南丁溯根。

十一日 阴,晴雨不定

朝食后下湘,泊浮桥上,送裕衡州。其眷属先上,道府群僚俱待

---

① "该秉季德"出《天问》。按王闿运《楚辞释·天问》,"该秉季德"句新释言,"下言恒秉季德,得朴牛",又言,"有扈牧竖",与此相通。该、恒,盖人名,未详其事。

津馆,城中皆焚香供水以饯。自北门出,南门还,至潇湘门已将夕矣。程氏叔从亦来送,要之过船少坐,待客散而后往,小坐而别。程从陆,余过船,裕送上桥,还尚未夜。湘水小涨,船从故处上,已两月断流矣。

十二日　　晴

彭公孙及常通判国璐来,稀客也。顷之石师耶汀西、谭香陔、夏道台踵至,家无应门,干坐而已。夏复以看课卷相嬲,云恐有意见之说,亦官话也。直道不行,左丘明耻耶?否耶?孔子亦必猎较。

十三日　　晴

夏道台送聘书来。诸女议燕茂,入城办具。

十四日　　晴

文心求作其大父母传表,本无文情,取卷纸每暇书一两行,自来作文无此法,孙过庭所谓五乖也。

十五日　　晴煊

校新刻《唐歌行》五卷。卜女生日,为设汤饼。夜半大风,有雨。

十六日　　甲寅,大雪节。阴风,有雪

诸女入城,三妇称疾不往,盖外来女不闻礼教,絫教亦不能变,古人所以立去妇之法,在今则不可教而不能怒矣。自为经营迎送,至三更乃还。夜月。

十七日　　晴,仍寒

作张氏二传成,亦可交卷。邬小亭赠诗,午又来谈,云端、毓俱自尽矣。程孙送电报来,则云未和。俱食以汤圆而去。

十八日　　晴

出城答谭、石,过夏、程,看胡子清,诣邬、唐,俱来长谈,日已斜矣。本携两外孙,恐其难久待,因令船还。余过浮桥访常通判,云已

还乡，遂独步从沙岸还，到院正夕食。房妪未还，将遣迎两孩，俄而皆至。夜自处分厨人，乃遭彼妇申申，责之不服，乃竟掩扉睡去，情理俱穷，亦遂置之。此则近于孟子之所三自反矣，然自反而礼则犹未也。湘浦复涸，仍由西渡。

十九日 晴

遣人买煤，价已十倍五年前矣。此乃反本之兆，煤本非家常所用，仍当樵刍也。

廿日 晴

丁氏外孙女生日，其母云姑丧不可设汤饼，赏以千钱，又以一元为设点心。夜待月乃寝。

廿一日 晴煊

看课卷，期一日毕，至夜遂罢。夕睡，遂不寤，月出乃解衣，已鸡鸣矣。

廿二日 晴

课卷阅毕。午看官课卷，至夕亦毕。遣送监院。西禅僧领祁阳僧来，送锡茶具。夜早眠。

廿三日 晴

晨阅唐诗。作牢丸。欲诣白沙，仍不果往，因循两月馀。萧举人来请荐函。

廿四日 晴

晨看陈郎赋甚佳。作书与道台、衡阳令，皆荐卷馆。罗汉寺僧来，送豆干，约斋集，默然许往。道署送卷敬，以还逋欠。

廿五日 晴

舆儿生日，诸生为设酒，四程皆来，设宴竟日。李生云和议支吾，又将幸蜀。

廿六日　晴

胡子清来,云道革府降,洋兵将来,限六礼拜献湘、鄂,抚委蔡道迎款矣。看《唐歌行》。

廿七日　晴

两路防营新旧营官来。新弁汪炳礼,字兰生,称世愚侄,云颂年编修族兄也,老矣。出示抚奏,乃知教案原委。又云魏移云贵,崧得甘陕,谭真向隅矣。有雨旋止。

廿八日　晴

刘子惠送炭。戴明来,群仆以我为逋薮,来者不拒,因与之为无町畦,细思之真不聊生也。办肉菜亦兼昔日一月之粮,如何下台,此又经典所未言,人生所难值。夜煊,梦行空宅,房屋陈设甚丽。

廿九日　阴

门前乌臼树为僧盗斫,僧之无聊如此。院生或禁或通,意亦不同,又夺其薪,亦为非罚,既不相干,一皆听之。外间传言洋兵已到江、汉,国如无人,可叹也。敝至如此,此五胡之极报与!

晦日　阴,欲雨不雨

殊无所事,亦当复日课,以消永日。寻思无事可作,拟为韵书,取龙翰臣《通说》勘之,殊惝恍无定。

十一月

己巳朔

晨起点名,朝食后欲出,遇雨而止。毛杏生来,安砚具挚,辞谢。与其子同舍,为出一餐。

二日　阴晴

朝食甚晏。任辅丞自省来,云夷船已还鄂。夷使来谢张督者十馀兵船，大宴黄鹤楼，书生之荣极矣。客去乃饭，舁至两路口，携黄孙从，令看郊垒。汪营官正入城，相值于道，王都司已去矣。即从太史渡渡，循沙舁还，尚未午也。任绩臣、刘子惠来。

三日 阴，大雾

舆赴消寒集，二陈俱去，弹指一年，事变不变，此寒真宜消耳。

四日 晴煊

朝食后答访任、刘，俱不遇。便出西城，过辅丞，约其斋集，云"三猫"妻生，当往贺也。余先舁出城，停轿学前，问廖笙阶，云已到矣，方入城衙参。遂至西禅，则请经僧传戒，请客客无至者，幸得任师邀胡通判、任委员来，四僧四俗，饱餐而散。取大路还渡，循岸回院，尚未夕食。

五日 晴

滋女昨疾，忧之，今得小愈，柔脆之姿，与命相持，殊令人县县。六耶来索书，为干朱八、欧阳伯伯，亦知无益，而无奈何。因欧及功，大发议论，云士大夫做生意不如赌博，赌与其赢，不如其输，此《湘报》所未及，真新学也。李生复来言钱，云钱店负振款。余言经手分赔，无则听之。此事理之自然，而人以为河汉，亦新学也。世人不好新，染于旧习耳。故《康诰》欲新民，而先日新也。

六日 晴，愈煊

得陈六翁赴书，报其子丧，作一联挽之："猿公橘叟共娱嬉，恨蹉跎一第，艾服从官，名字甫闻天，有路请缨难致命；鹤子梅妻真解脱，记风月重湖，茶烟未歇，欢游俄隔世，登堂撰杖独伤神。"

晴日南风，颇似初夏。廖荪荄来谈，云朱雨恬、谭敬甫均化去矣。"荷衣徒步记相从，喜卌年平揖公卿，豪情吐尽书生气；花径玉缸须把酒，看诸子满床簪笏，里社仍祠积善翁。"夜转北风。

七日

忌辰,素食深居,稍合礼法。薄暮以事小怒滋、真,欲训责之,亦以忌日而止。

八日　阴寒

朝食后入城,当说钱店帐目事,寻岏樵未得,坐安记久之。程孙来,同过署守,舁夫失道,步往,荪荄云久待矣。邬小亭面有墨,似有心事,未便问之。蓬州亦聋,未能畅谈。夜还,未二更。

九日　阴

真生日,放学作饼。诸生来见者相接,张子年、登寿皆来,遂尽一日。名为放学,转忙于不放也。至夕乃静。

十日　阴

复陈六翁书,写挽联。得皖抚复书。陈鹤春妻魏来见,能人也,言朱嘉瑞更能。朱本庸愚,言之似有智计,与程岏樵可抗行,但朱不知大局耳。财神亦不益福人,计利者甚未可轻,史公能壮之,余犹未照也。以此推之,则刚子良、王夔石亦必有道矣。子夏所以叹可观,而人心愈益卑鄙矣。总当如天之苍苍,视下亦若是,付之两不知方为高雅。

十一日　阴

诸女母忌日,余食于外斋。麻十子来送木瓜。午下湘寻子年、岏樵,俱不遇。与张生谈时事,乃甚隔膜。过任师,云其嫁女、生日。三耶亦出相见,云廖老师催客矣。同出西门,萧、邬先在,程孙踵至。萧去廖出,云宁乡举人也,问其字未谛听。设馔甚费,戌散。

十二日　阴,煊不可袭

寻《礼经》当直之异,未得窾綮。毛杏生送白菜百馀斤。近日秀才均挥霍,昔所未闻也。

十三日 阴,煊甚

登楼纳凉,望云气沉黑,如春夏雨候,顷之大风雷电,晦冥,令家人端坐听变。小孙不知惧,乃欲弄雨,余携之出,遂不得入。疾霆破山,飞雨满屋,几两时许乃稍止。至夜复雷雨,真春景矣。消寒诗人皆不得还,又一奇也。

十四日 雨意犹浓

得赵长沙书,云鸿子已荐洗令。看次山存文,误字颇多,无本可校。

十五日 雨竟日

荪荄代运石炭一船,洲上无人力,担半日乃尽,得七十四担,未问价也。子年送带钩,甚珍好,不欲受,复不敢退,欲劝卖之,所谓“沽之哉,沽之哉”。

十六日 甲申,小寒。阴,有雨

廖荪荄晨来,云已食矣。对客早饭,复谈顷之乃去。点书毕,亦下湘,舁至府学。萧子端设酒,招胡莐臣通判、江尉、任、邬同集,本期早散,乃至上镫,匆匆出南门,惟恐掩门。廖佣父死,遣之奔去。与书唐蓬洲,托麻仲良。

十七日 雨

闻廖振才孝廉当来,作饼待之,乃竟不至。王聚庭来。看《四分律》,殊不难晓,不知嵩公何以云云。

十八日 雨,旋阴

卜二毛仓皇来,云迎妹俱去,意在廿金也,亦不欲久留卜女,遂令同去。半日摒挡,遣男女佣送之。正住五年,尚无疑猜,奖以绣衣。孙女有离别之意,一好诗题也。

十九日 阴

晨欲阅卷,麻子来,云已见唐矣。任、胡踵至,俱留早饭去,遂无所作,摸牌而已。

廿日　雨,颇寒

看课卷毕。闻奭邵南罢官,陈复心代之,半年间客主顿异,雾露神又有聚散矣。

廿一日　浓雨竟日,夜始欲雪

一事不宜作,而懿儿专足三日走至,云欲由陆来衡,可谓荒唐,还书谕之。

廿二日　阴,欲晴

萧监院来,云署道台以洋人将至,约束诸生。余云吾门无无礼之人,不待戒饬。初以为真洋人也,既乃知即逃去教士,可为笑叹。

廿三日　晴

顾尉承欢来请饭,字孝先,成都人,清泉实缺也。云新得佳厨人,其从父首县祇应者。看汉乐府诗,未知字句何以顿异文赋,岂当时已尚新涩耶?

廿四日　阴

王进士请客,忽来退信,云已有公局,为胡通判作生日。本欲入城,因此亦罢。

廿五日　阴

王封翁来,前送《黄甲庐文集》求序者,常宁大有名人也。云避灭门令尹来,僦居府城,将徙僧舍,并携两孙。已而会于厘局,彭封翁不来,贤乎我哉。同集三厘司事并杏生,早去晚散,归仍晚饭。

廿六日　阴

闻奉丞为俄兵所迎,已软禁矣。其子夸张得意,曾及吾门,而不知耻,甚哉人心之难悟也。非教不及,亦实失教,教者岂能尽知人心,要必有心而后可教也。任、邬、胡、江、萧、谭公请屼樵办具寿我,岏云不取分赀,珠大奶奶之义也。午往戌散。

廿七日 寒阴

约任师同赴顾掀牌,朝食后往,仆轿均不及从。坐幰轿入潇湘门,至濂溪祠,穿菜圃,犹泥泞,从任借靴往,则无局,乃大宴绅幕,昨集者无谭添丁。主人甚夸脆皮鱼,殊无佳处,余亦平平,唯鱼翅尚佳。戌还,甚寒。功儿已来,廖佣亦至。

廿八日 阴寒

家人办具,门生祝寿,亲友送礼,竟日夜忙遽,不折折而匆匆,非礼容也。夜或云懿至,后知渡客,乃设两席自馔。

廿九日 阴

晨呼儿僮起,诸生皆起,乃命报竹。吴仰煦信来,送越腊,兼为委员胡翔青扬祖托保护。珰遣人来送束脩。诸生入贺生日者卅二人。客来早者刘子惠、周松乔、程岏樵,最晚者江东二杨。监院与谭香陔久坐不去。冯洁翁至,余出款之,乃点心而去。

十二月

戊戌朔 大雨

晨出谢客,先遍本院。朝食后乃舁上船,至东洲,从杨家渡上度浮桥,入潇湘门,出小西门,复入过柴步门而西,至府学,出南门,坐小艇还,下舁。自入见者冯洁翁、廖荪荄、胡子清、谭香陔,未见者隆书村、程岏樵、曾泗沅、王宾予,非谢而见者任虎臣、张正旸。未夕还食。欲诣白沙,将夜而止。

二日 己亥,大寒。阴

功当入城,与同舟至对岸上山,陆至白沙,访谢周松乔,因见莲耶。周住山家,甚幽雅,门前鸡笼如孔雀笼,坐谈久之,借船渡洲头循岸还。夜狸啮鸡。

三日　雨阴

遣琑信去。散遣诸生各归度岁。功、舆入城消寒。清结年帐,顿亏一岁俸,十年来所未有也。看六朝歌行。

四日　大雨,水长三尺

杨都司讹诈被打,来请兵,惧以道台,乃去。与书唁邵南失位,兼干盛衡阳,谋王鲁峰澧馆。

五日　阴,午后雨

纨女论事不合,似不可教。家庭龂龂,非家之肥,欲大训则伤恩,小说则不悟,姑置之。假寐永叹,鸴斯之义也,但教男而不教女,女德所以不修。余专于教女,而诸女多丹朱嚣讻之材,岂所谓无才便是德,女又不可以读书识字与?本凡材而以国士待之,适益其骄,故孔子叹难养也。中人以下,不可以语上,亦教之过。

夜与功儿卧,论时局,直无从下手。

六日　雨

竟日闷不事事,反得专课。黄孙说"同好恶"为同休戚,与亲亲稍合。

七日　雨

与书陈渔文,言莪不能即行,补寄小泉挽联,已大祥矣。新宁专足来。

八日　阴

晨作粥供众,循旧例也。出贺任女加笄,乃无一客,即还。毛杏生父子告去。功、舆宴杨园,还言麻幼愚将葬,乃悟失去赴文即麻家也。夜作联挽之:"薄宦得归田,何惜腰缠化榆荚;素瓶犹供几,不堪梦醒对梅花。”

刘能继又吾父肩吾、能缉元伯，希陶从子也，为其季父刻集，先呈稿来，余不加点定，而为序之。其内侄杨秉吾以干来索原稿，奔驰衡、湘，复当往云湖，计其到家必除夕矣。

九日 阴雨

未明求衣，遣吊麻大，待异夫返而后具食，自来无此晏也。午后张僮言姑少耶欲见大少耶，语甚支离，令来见我，则邓婿衣冠来，令人失笑。问其所往，云将游江西，余因举其父怜彭生诗序留之。意仓皇似避乱者，未与多言，姑留宿新斋。

十日 阴

略诲邓婿以涉世之道，心粗语多，未能领会，宜非女之佣之也。自云游可无困，出纸求书，为撰一联：“久客人情当自惜；倦游词赋始名家。”无宜振济，反失叉鸡米而去。朝食后琐门，闯入一僧一少，皆门者作弊，世事难整饬类此。衡阳来约饮，直辞以既去。暮雨如冰屑。

十一日 阴

晨开门进水，因出眺望，初无寒意。朝食后遣功还城，姊妹辞年，大有离别之色，余亦眷然，盖老境也。黄孙云《尔雅》刻本落去一条，检原本，先落去矣。校者不审至此，钞本尤须精校。

十二日 晨雨，复潇潇矣

新刻《尔雅》成，略翻一过，讹字无数，竟日看已注，犹未及校旧注。

十三日 雨

看《尔雅》。夜有微雪，丁婿复遣人来迎妇。

十四日 阴。雪未成，颇酿寒耳

看《尔雅》一过。得陈六翁书，云景韩尚有馀累，未知其所以得过。

十五日　阴寒,欲晴

张生招客看迎春,黄孙从往。竟日摸牌。

十六日　癸丑,立春

诸女作饼。张、程、李生俱来,谈话竟日。李生云“托王无渐”笺句宜改。又云仲子赴以世子母,而天王微之,由内有君,非摄也,与不即位相起。今日大晴,积闷一快。

十七日　晴冰

陈、常俱去,生徒皆放学矣。今年亏空甚多,由家食者卅许人,又游赀屯谷挪用正项。年下需钱,程孙送来二百元,非所宜用也,与书胡子清谋之。

十八日　晴

张生来辞,因言家计,欲办一岁粮。余云无馆时又如何办?此有恒产者之法,非秀才法也。如出兄意,当以实告兄。云不可行。干将军骗钱,张知非之,而不自知处事故不易,又借口友悌,益谬。

十九日　晴

为陈郎书册叶。颇出岸边游眺。划子上作小仓蔽风,以便拜年。

廿日　阴

遣佣入城算帐。子清信来,言朱嘉瑞辞以无钱。如年大将军见把总不下马,知晦气矣。年不得过,便空过也。夜雨。

廿一日　阴晴

与书廖笙阶还煤钱。校《尔雅》一本。摸牌六圈。丁家专人来迎茙。

廿二日　晴阴

校《尔雅》一本。颇寒,燎火自暖,因坐半日。

廿三日 晴

校《尔雅》一本,未毕,夏道台送年礼,程岏樵亦送年礼。为王鲁峰觅澧馆。得祁阳、衡阳、衡山三县近五十元。五十年前余求此不得,今乃干人,亦近微高也。夜月复煊。

廿四日 阴

佣工过小年,因宴丁使。校《尔雅》一本,亦未毕。

廿五日 晴

携两外孙入城,欲办年事,途遇二陈郎。李生来,言和议,云有欲斩丁、程之说。又言岏妇今日生辰,自未便往,便同下湘。入柴步门,至任寓,正见丁笃生,问知外议否,乃云无此。顷之隆道台来,诉清泉骗澧规,邬幕主持云云。久坐不去。余先出,诣衡阳,见胡师,宾主留饭,辞出。诣廖笙陔,留点心。还至安记,寂无人矣。下船遽还,一无所办。

廿六日 阴

校《尔雅》毕。今年复虚度矣,时事可知,学行无进。晨睡欲魇。四儿专人来请安,上食物多种,居然似已析居者。张顺复来。功儿书报胡婿母丧,正早饭时,纷纭满前,乡佣促还书,与遣之,乃得食。丁婿送画屏、寿幛,值年下,俱张挂补壁,顿华饰矣。廖笙陔录其族弟诗来。

廿七日 晴

丁笔政、程郎中来,俱有长安之志,出纸索书,余前为丁书已充西夷爨料矣。程孙言店银已拨,当取用起息。

廿八日 晴

廖佐才副贡来,言卝状及官商之异,以官办为善,又异乎纯皇之论,未敢决其长短。与同下湘,本欲置办年事,对客无暇。至安记小坐,因论清泉漕规,云当告太尊。往见蓬洲,谈老境,甚得世情;谈夷务,又太落世说,一得一失,取此弃彼可也。邬师甚匆匆,小坐而出。至任宅无人,乃遇于巷,同谭香陔从北来。俱至经厅署会食,萧、胡、廖三学、胡师、张尉均先在,程二后至,张已先去。江留山药已半年矣,尚未坏烂,馀皆例菜。

云聂得鄂抚。直李、江刘、甘崧、蜀奎、粤陶、湖张、闽许、滇魏、东袁、西锡、豫于、鄂聂、徽王、洪李、湘俞、黔邓、桂黄、滇丁、粤德、苏松、浙恽、陕岑、新饶。夜似欲雨,风声甚壮。

廿九日　晴

遣船下湘。陈郎、李孙来,谈久之,作字数纸。得霖生致李迪庵诸孙书,求为父碑,文词甚美,行状亦颇雅洁,不知何人笔也。为沈吟久之。隆兵备遣人来问漕规,授以奇计,如此如此。

除夕　晴

作字四幅。欲行湘岸,而无从者,遂清坐半日。夜待送灶,已近三更,及祭诗,过夜半矣,甚倦,不能饮屠苏。及寝,复良久乃曙。

王闿运日记

第五册

吴容甫 点校
中华书局编辑部 修订

中国近代人物日记丛书

中华书局

目　录

光绪二十七年(1901)辛丑

正　月

戊辰朔　　雨水。阴煊

晨起待妇女装饰。张、廖生来贺年,小坐留饮,旋入内受贺。莲耶父子来。朝食后程孙来,已,易衣出见。旋入,来者皆谢不见。至夕,岏樵来,复便衣出见。家人掷骰,余竟日未得大彩。移文监院,开复廪生喻谦。

二日　　阴风,小雨如雾

晏起。张尉翁婿来,坐外厅待见,家人皆未起,久之乃出,小坐去。遣舆出谢客,因至杨家,伯琇云有坐船可借。

三日　　晴

遣人借船来,遂发行李,诸女并归,将辞馆不来矣。监院来,传道台语,请发题。清泉顾尉亦来,忌辰拜年,非所望于官场也。与书窊女,问其行止。

四日　　晴

发行李未毕,客来嬲不已,遂自登舟入城,问盘川,更借程岏樵浮桥上船自乘,至夜,宿浮桥旁。程生来,同过任师,索面,以余未午食也。至初更女船始到,遂不饭。

五日　　晴煊

晨入城取钱,还船,萧郎自浙来,仍往长沙查钞。谭中书过船相看,送南腿、苏糕。隆观察来,未能见,上岸答谢,遇胡子清、丁笃生、续宜之。避客先出,登舟,二陈郎、李、孙、程氏诸子姓皆来送。常生孙同来,程孙称其善问,因奖劳之。舆儿来送,云院门已锁,遣陈八还。两船载煤、盐,至夜未行,移过浮桥。

六日　阴晴

将午始开行,北风颇壮,卅里泊樟寺。

七日　晴

欲作饼,舟中殊拥挤,未暇也。黄孙始读《表记》。行九十里,泊雷石滩上。

八日　晴煊

冲关径行,无呵问者。舟中唯斗牌掷骰。行百五里,泊晚洲。夜月。

九日　晴

水手贩私盐,留四竹堑甚久,促行已夕。泊昭灵滩,滩声如瀑。夜月。

十日　晴

舟人不欲行,诡云滩口有簰横洪,过午乃行,甚戒惧也。行卅里泊大石围,向来未闻此地。夜月甚明,先遣树生过滩,从山门附舟至家唤船。

十一日　阴

舟行甚迟,托风不进,俄而雨至,心甚烦闷,又小疾,未朝食。已而强进,大风飘船,又不欲行矣。夜泊马家河。

十二日　阴,风止雨霁

午前至涟口,待拨久之,莪入乡,纨、真闷船,因止其行。坐船怨红船解维,红船又怨坐船碰伤船舷,因移行李尽归红船。方过,舟舱已被随丁占去,难于更移。因呼拨船先发,欲独入山庄,再出县府,不过为投宿计耳。两外孙并欲从行,茙又强遣房妪随侍,乃似移家,更可笑也。甫饭罢欲行,拨船又至,已命开桨,因不更待。行二里,遣高奶负撷孙还,黄孙与房妪侍行。误坐漏舟,褥边尽浸,幸雨止月明,一更泊姜畬。

十三日　阴

榜人昨夜梦行三四里复睡,至晓呼之起,辰初乃至湖口,被浸湿矣。亟登岸,率黄孙步至山庄,懿夫妇出见,已辰正矣。待妪而食,久不至,乃饭。午后行李始来。家庭未洒扫,非治家者也,稍为清理。宗兄、闰宝俱来见,宗则犹是也,而宝发长矣。频遣人候船,久之不至,俄而茙、真舁来,云自县。又知纨、复、湘孙船来,更候之,唯滋守船耳。至二更乃来自姜畬,行色壮哉。待行李至鸡鸣乃寝。

十四日　阴

促茙拜其母墓乃朝食,复促早去,乃至午初方行,携撷孙同舁,懿妇已娠,不能送。顷之晢子来,云其母甚念,已遣妪来。遂豫备分娩,戌正生一女胞,久未下,或云更有一儿,久之云已安稳矣。家人俱未睡,余先眠,遣报妇家平安。

十五日　阴

辰正懿妇又下一胞,房妪或云有之,或云未见,或云闻有者,亦未能明也。妇弟及其师来,乡客踵至,最习者"将军"及其债主,多谈诗、时。晢子论诗入微,及作,未能达副。论时局则未确,盖为俗染,颇以东西夷为能为害。夜待桥龙来,来者数十百人,久之乃去。儿女贺节,已三更后,吃汤丸甚佳,又小饮。乃先客寝,黄孙后睡,俱酣,及醒已天明。

十六日　癸未,惊蛰。午后小雨

振孙来。佃民、船户俱来,更有杂客,应接不暇。张、杨午后去,许甥孙先去。云吴师来乡,报和议改政之喜。皙子又以为可信,余不问也,殆孟子所云不动心者耶?夜雨。

十七日 阴晴

始复课读。乡人来,言望雨甚切。夜令诸女早睡早起,无事夜谈。

十八日 阴

晨起甚早,而不欲食。剃工报周生当来,昨已至姜畬矣。一村妇从族妇来拜年,亦奇闻也。看宋生《采风记》。

十九日 晴,南风动地,大煊,可夹衣

静坐。盛庚唐来还谷息,且托荐湖北。"笠轂",盖顶为弓所环,如轂受辆,故亦曰轂。作廖碑垂成,以无佳思,置之。夜北风冲阶闼,震撼不眠。

廿日 晴,顿寒

偶出垣外,见一株似桃而小,花垂满树,就看乃海棠也,不知何以在此。本植两株庭下,十年不花,又致两盆,未植而枯,方欲更觅,无意得此。乃知贤才遇合,未可人力为也,以余孳孳求者,而遗于目睫,遑问聩聩者乎!彭生鹗衣冠来,正作饼,因以款之。房妪出游,甚寒,未能同往。夜月。

廿一日 晴

频出看草树初春荣秀之意,因游石井,循田而还。夜雷隐隐,小雨时作。

廿二日 朝时飞雨,午后复晴

作廖碑竟。禄孙生日,正四生日矣,余始在家,作包子饴之。周生晖堃来。初夜廖佣来。功书报新政,钞来一诏,墨卷光昌,王、鹿所不能作,亟寄杨生读之。

廿三日　晴,午阴

看耕,正见族子元妻刘及其娣罗来。刘能佣工,养夫及子,且还积欠,贤能妇也,留饭款之。俄而雨雷,至夜遂雨。

廿四日　雨,旋霁

次妇亡日。湘孙设奠,招两妇来朝食,午前辞去。元儿明,颇有心眼,似胜黄孙,而野气难去,不可畜也,若有家塾,正可教之。为莪女书扇。新孙女发疾,夜半求医不得。

廿五日　阴

讲《左传》"荆尸"、"追蓐",皆无他证。士会谀楚,即今谀西学所本,宜张之洞之喜《左传》,惜不能设伏赦前耳。依李慈铭例,宜改号曰"马占"。凤衢孽孙来,上天入地,皆来寻我,与书刘定甫谋之。此孙虽至荒唐,而家人并知其姓名,不可绝也,留宿前客房。

廿六日　晴

朝食前黄孙被挞,逃至土厂,寻追久之,乃还。章孙去。雅耶专足来,皆至衡,不遇,而追逋至此,一一遣之。谭文子来,送豚蹄、线鸡。言谭文帅不出团费,无可奈何,唯能鱼肉良懦。余亦未出费,答以当禀官,告谭、王而求官计,不然当各还田主。

廿七日　晴

看汉碑。将作李男铭,因循未果,以其来买文,嫌汲汲也。课如例。

廿八日　晴

晨令送米入城宅,兼送房妪母子还家,余亦自到县办钱米。巳发,携黄孙行,申至。入城至宾兴堂,途遇张守备,便同至堂。倬夫正在看花园,往则无花,同入帐房小坐。葛获农来。云朔日丁祭,方演乐也。

廿九日　晴

晨访梅训导,送廖信,云廖已调省矣。小坐还。正遇蔡怡臣,便往城,内外通报,人客并集,云孙、十三弟、冯甲、盛孝廉并来,云刘星阁、唐春湖、沈子趣并死。唐蓬洲已还,偿教卅七万金,道府驱逐。朱菊泉来请观礼,往看,未为整饬。龚文生为主人,云初七日被火烧去白酒二千斤,火腿数百条。还,遣与李县令子仁相闻。顷之李来,正值倬夫煮烟膏,大锅两炉,于公所煎熬,甚不雅驯,幸李未问。朱未出,而葛、龚出谈考试事,云办卷不及,试日须少缓。久之李去,群客亦散。

二　月

丁酉朔　正五更时大雨,竟日蒙蒙,且寒

昨约倬夫往市闲游,今须舁往,遂过公屋,寻六瑚,云往衡矣。至雷坛观,道士营造已毕,亦小有结构,复为伎寮,约余小饮,辞以无暇。更访裕蓉屏,云将移入城,嫁女后出湖南,将之淮上。

于抚还鄂,聂留苏,曾鉌抚豫,锡革,岑调晋,此疆臣迁除也。盛纶长沙,谭承元衡阳,全兴祁阳,林侄少湘阴,黎回衡山,此衡州大迁除也。

过仁裕合,云复心儿来主其家,将赘于曾,又约伎饮,亦辞无暇。夕还未食,教官送胙,备一牢,甚隆礼也。食少而饱,便早睡。外报朱巡检来,坐待,复袜裤,起着衣,出见之,乃送夹衫,朝鞋,云相念甚殷。顷之倬夫还,复入烟房,久坐乃去。与朱略谈,己丑初矣。前夜寅初,不可再谈,便睡。闻雷。省船回,云莪女三日行。

二日　戊戌,春分。社日。大雨竟日,占云不宜

李道士来,云请明日会酌,告以将上船,可今日耳。昨道遇杨革

镇,今日当往。陈孙来,云婚期尚未。余云可至我家住待,此处烟赌,无可学也。陈去便出,过杨、朱,出城幞被以行,借萧钱五万,豫备春祠。携黄孙同至道观。月生来告苦,杨三来求洋差。与片功儿,告陈荆宜,兼令茂女待小轮。吴劭之、倬夫来会饮,并招杨、陈,仓卒,主人亦复多品。二更散,便宿丹房。

三日

晨起待发,轿夫未起,起又不肯短卸,久之乃至黄龙码头。廖佣负黄孙来。乃招陈孙,陈不能早起,饭后来。从杨三乞海棠,賸以豚蹄。午后始行,几一时许乃入涟口,水涨流急,虽顺风不进也。投暮到炭塘,遣舁陈、黄先去,余坐待一时许,天昏地湿,风雨横斜,寒气侵衣,然不觉其苦,故境无哀乐也。二更到家,三更饭后即睡。

四日　晴

朝食甚晏,饭后已午初矣。看李花,吃沉橘,午夕皆小睡,甚沉酣。

五日　雨

陈孙起甚晏,亦嫌其词多,未与谈论,略诲以规矩而已。

六日　雨

懿女殇,生气不足,犹病廿三日乃绝,信死之难也。夜治械,瘗之园中,未名不哭,而其母犹伤焉。

七日　大雨

曾氏迎郎者皆沾衣。少瑚自衡奔还,亦沾湿,徒步而来。

致夏署道书,即复辞馆:"子新先生大公祖节下:去腊承赐年费,礼当恭缴,因戒行在即,恐劳谕留,祗领不辞,祗深愧荷。新春事定,百度咸宜,重惠来章,藉稔多福。闿运滥设皋比,倏逾十载,正当归老,适遇贲临,方幸宾主之欢,重续棣华之好。缘三女皆已长大,方当议昏,久客衡阳,便成耽阁。兼年已七十,精力不支,乞假还山,事非得已。议〔讲〕席已荐代者,首士想必启闻。月课甄别,例系专主,课卷甚少,一目了然。如其拟题,敝门徒程戟传、陈完夫均可代拟。谨先缴关帖,以免悬待,馀俟续上,先此奉复。敬颂台安,不宣。”又与丁笃生书,唐、盛府道书,卜云哉书,荐二瑚去,寻芍帅。

八日 晴

陈孙去。朝食后检点衡信。午后少瑚亦去,庚大耶不来。出看李花,惟见新绿,以为叶密花未发耳。就看则碎玉盈堆,方知早落。近在门庭,未能一赏,殊为负负。桃花尤盛,绣球如雪,亦点缀春光耳。

九日 晨大雾,午后始见日影

检日记,真成断烂报矣。旧团总盛张田来。张子持来,均言收团谷谭制台不出,馀皆不服。余云应退或勒谭佃代出,可请县示。盛、张留饭去。杨家遣人来看女,便送点心。夜大风。

十日 黄雾,大风,复寒

校《论语训》,补说“危言危行”,行宜中庸,不可高也,言尤不可危,引《记》驳正旧说。

十一日 晴

看《明鉴》,煌煌先训,皆逆知后世之事,殊可伤闵。虣子诗有“茝著”字,乃《楚词》字面,殊非泛览之书。似是《说文》言“博簺”事,检之不得,泛览无记性,亦可叹也。欲题数语,未得文情而止。

十二日 晴

开枝女为婿求一船作生计,依而与之。作李碑,兴亦不属。

十三日 雾

黄孙请假看戏。六耶来,待之久矣。夜大风,治窗幸完,不为所撼。

十四日　稍寒,晴

晨作李碑,叙倭辽军,颇费笔墨,不能详晰,宜待论史者考订。检日记,集卅年来挽联,得百许首。

十五日　晴煊

懿妇满月出见,瘦损矣。懿往祠办祭,乡人云"做酒做酒"是也,不成祭,故余不往。此皆收族之敝,今不必行者。

十六日　晴

杨生率其从弟来见,亦有规模,陈郎伯仲才也。姻友中陈、杨当可与胡家比,他姓不及。留宿外房。

十七日　癸丑,清明

黄孙折山矾两枝,花较疏散,乡人云米蜡,未知是两种、一种。煊甚欲雨,与二杨散步旁原,春气蒙蒙,夜雨。

十八日　大风

杨轿来迎,不能去,懿乃得还。石山昨来,朝食后去。

十九日　阴,有雨

与杨生论人材,颇惜将军,遣招之,云入城去矣。午后二杨去。

廿日　晴

作李碑成。看杨季子诗。族孙漆匠来,送菌笋,新得芥头,美味备矣。顾工告去,采茶。片询裕衡州以近日西事。

廿一日　阴晴

陈升来,致夏署道书。将军来,云衡民复掠教堂木料,问陈升,乃无其事,唯云停考是实,学使回省矣。张生书报夏榜眼褫职,以妄言事,似梁鼎芬也。懿妇献山兰一枝。寿山家族子来。

廿二日　阴

看甄别衡、永生卷五十八本,虽时作辍,颇倦于评点,盖真老矣。

成生衣冠来，亦为席子，留面饭去。夜窗坐，春已觉蔼然。杨生来报时事，送《国策》请选。

廿三日 晴

定去取，写回信，遣陈升去。又书与黎竹云，荐六耶，賸以四元四百。居十日矣，入乡来未闲一日，今始督理功课。夜雨旋止。

廿四日 阴，晴雨相间，晡后始定，阴风

杨生来，询夏编修，词意肫诚，至性人也。余辈少时皆有此，渐漓天性耳。张生则不能，又是薄幸使然。看《国策》一本。谭团总来。闻子规。

廿五日 阴晴

约将军往姜畬对帐，待过午不来，恐失约，遣人往告。人未行而将军来，遂同步往，黄孙从行。取田间径甚远，过两可饭之家，俱未入，到市晡矣。路甚秽湿。郑福隆父子来迎，入许大八家，翁妪均八十馀，奇健，留饭，裹海参而还。舁来迎归，黄孙仍步。将军报夏入狱，急往杨生家。余还，舍舁还主，步至家，犹未夕食，顷之大雨雷电。

廿六日 雨，午后晴

思夏逢怒故不得，恐传讹也，遂无从探听。看《国策》毕。

廿七日 晴

午后将军及谢生来，仓冲人，名天锡，字似是晴初，乡间博通者，留饭。将军去，谢宿客床。

廿八日 晨雾

懿妇生日，设汤饼。谢生去，郑儿来，欲觅将军，久坐不去，怪人生怪事，殊出情理外，不可更骂之，听其痴坐而去，雨乃随之，天之抏彼也。夜看中唐五律，别有门径，真苦人吟语，如八家文也。

廿九日 雨

看晚唐诗，即不成话，掷去不复看。庸松昨来，言有人欲刻我书

札弋利,渠有底本耶？答以无有。小坐便去,召食牢丸则去矣。五相公久不归,以为必掣骗拐逃,至夜乃至,云赤脚被刺,无用人往往如此。

卅日　晨大雷,风雨竟日

遣迎房妪,因发李信,由常霖生寄去。廖丁实行,兼觅红白文,无。自检日记、信稿,命湘孙写出。

三　月

丁卯朔　雨竟日

行人来言,大水穿田矣。写仲三遗诗,跋尾,略叙其踪迹。夜雷。

二日　戊辰,谷雨。阴雨

盛衡阳舟过县,送盐信。得张生片。

上巳　雨

午临田边看春,草树蒙茏,芫然一碧,颇有诗思,未遑命笔。夜作饼。

四日　雨

湘孙生日,余起最早,放学游戏。午设汤饼。遣人入城寻糯米,夜归,已将寝矣。

五日　阴雨

昨暮来游丐,求宿门阶,今早仍不去,观其携妇女长子孙,亦自可乐,信行乐之多方也。晚立石桥看杨花,树下堆绵,又自一种,与垂柳绿杨均异,盖白杨以花白一树得名。庸松又来,取信本去。

六日　阴

晨出前山,畦陇尽改,几不辨路矣。见《天水狂兽仇家弟子夹带书》，云仿《玉海》，亦复搜集略备，为流览经集一过。夕雨雷连夜。

七日 雨阴，仍风

唯看小说。树子来，谋远出，以无益，止之。人不聊生，贫惰已极，无从拯之也。

八日 晴，日色甚烈

朝食后丁妪、红药并至，登时繁富矣，自往迎护。唯盐、茶未至，仍当遣迎。纯孙竟能作书，文理初通，亦为可喜。夜有胧月，再起暗坐，已而甘寝，竟忘晓矣。

九日 雨，旋晴

未明闻布谷，《月令》以鸣鸠在戴胜前，今子规先布谷半月，则戴胜非子规也。或《令》文随举，以食椹为准乎？遣廖丁复至县城。

十日 晴煊

郑福隆欲讼将军，先请辞证，令懿往听吩咐。俄云张生来，船山书院送卷人同至，将军亦至，正坐谈，有客闯入，设拜。张生问姓，悟为刘诗人玉岑，云在袁家教书，送新诗请看，留面去。张生与懿同赴郑，请将军饭于书室，待张还乃去。张家兜子来迎，居然绅富派矣。夜二更廖丁回，以盐、茶、油同至。夜早眠，迟醒。

十一日 晴煊

晨起看卷，房妪犹未起，廖又往刘坤运谷，晨得菜蒸卵膏，今年山味悉备，颇有田家之乐。讲《宋书》魏奂称元帝，初未省也，检纪元表不得，兔园册殊不可少。晡后朱通上、张子持及十七都甲总冯姓与将军俱来，问郑银着落。此间乡人均恨将军，欲假此败之，以余作囮，不知银失不可复得也。泛谈而散。夜复欲雨，鸡鸣起。

十二日 晴。晨阴洒雨

起稍晏，房妪更晏。鱼翅，《唐书》谓之鲟鲊，出润州，今云镇江鱼翅是也。运谷者畏雨空回,轮车之利益著。午后云阴,讲书毕,大雨,平地水一尺。夕食便暮,濯足后倦眠,遂睡五时乃醒,已闻鸡鸣,旋又长雷,不寐待晓。

十三日　雨

写字数幅,均不佳。看《夹带策》本。

十四日　阴

冯甲来送烟,告以无须包苴。许女来送面,亦如之。入门必有所献,自是古礼,而今成恶习矣。张南轩墓田兴讼,与胡祠同为无穷之争。

十五日　晴

欲取夏衣,因令舆妇还山,命湘孙作书唤之。举棋不定,唯意所适,殆非治家之道。夜月开窗,致有春景。

十六日　晴。大煊,可不衣

求簟,因寻祖母故簟,灰积尘满,儿女辈均不知敬,其愚如此,当作裹护,乃可禂也。妾簟反珍藏,取而铺之。盛大老爷自衡来,送藕粉,正求藕粉不得,令作捣珍。朱、张同来。曹厚之来,挟子�书。初不记忆,乃沈子趣门徒也。云欲干王逸老。杨、张同至,郑儿亦来,顷之瑚妇亦来,言公屋事。门庭辐辏,应接不暇。夜与杨、张谈至鸡鸣。

十七日　晴煊

早起作书与皖抚,因及其巡捕,以树生委之云哉。杨生讲《国策》文,法王凤喈。与张子持同步访王,犹衣领重夹,城乡之异如此。曹师少去,约以待时设立夏羹。冯甲又来取字去,其人字畐九,欲问其姓名,匆匆忘之。急急催饭,恐客昏暮,王云有人来迎,便催张去,送张至门,王昪亦来矣。杨、张则待月上,月殊不上,过初更乃微明,牵马步去，遣丁送之，懿亦送出，黄孙从之。顷之廖丁还，云懿往姜畲矣，短单里衣，并无长褂。黄孙还时，余已睡矣。

十八日 甲申，立夏。晴煊

沈梦溪山人来，留谈半日，颇及时事，余以时皆庸昏为慨。沈云赖有许多庸人，若生有用人，争战不息，生民涂炭矣。其言闲冷，别有理解，足令言经济者冰冷。借日记数本而去。

十九日 阴，仍煊。午后雷隐隐，凉风稍解温

懿还，云姜畲大雨。相去数里，乃无一滴也。盛团总来，请书扇二柄。

廿日 阴

未明，闻前村犬吠极喧，起看乃知鸡鸣人起也。因而坚卧，待饭乃起。彭童、许弁来，亦求书糊口，妄想颠倒，无奈之何。

廿一日 阴。冷可二绵

孟郊诗前选太少，更钞十许首，备一体，看来尚不及张正旸，盖小派，愈开愈新也。张团总来，请书，清南轩祠田，正似寄禅，与书廖星陔对付之。

廿二日 晴，仍冷

钞孟诗六叶，又看中唐后诸家诗，同李贺者不少，盖风气自开此一派。刘佃插秧送肉，报以越盐。

廿三日 晴

《宋书·符瑞志》有《金雌诗》，即《烧饼歌》、《黄蘖诗》之流，亦奇验。孟诗钞毕，更补李贺诗半叶，唐五言称无遗珠矣。廿年始毕功，识者宝之。夜不能寐。

廿四日 大晴

许女送肉。盛、张又来，方讲《宋书》，未暇对之。舜长六尺，是

矮子也。未闻相者言之。至暮卧帷中,闻外叩门,众哗,以为盈孙,余独知其不然,开门则刘氏女携子来看伯外公,未知其为妻为妾,总是外室,宜生达人,惜未能收教之。令依瑚妇例宿后房,此床宿三妇,皆不离瑚,亦巧值也。三日晴,圳见底矣。

廿五日　晴

晨得道士书,约会于城,不饭而去,乡间难得如此人。写扇三柄,关门复寝,饭殊不可得。朝食后携稚看莳,忽有客来,似是诗人,久乃知为熊儿,云又有求,告以陈又老死矣,乃欲以王逸吾、张雨珊为又老,云但公不肯书耳。依而与之,留宿不去。

廿六日　阴

晨次唐诗目录,送张书与熊令去。月生来还花钱,送臭缶,诘责之。以钱充路费出行。

廿七日　晴凉

篮舁山行,先从舟往姜畬,呼舁郑店,经杨门,入看杨生未起,见其两弟。顷之晢出,小坐即出,约会城中。从北行,过蔡岭,至妻家,庭户狼藉,见六弟、二嫂、循妾及诸侄。六弟留饭,值年免办食,亦旨洁。召长兄二子侍坐。饭罢已晡,取径至桐坤,视仲章葬处,几二十年,迷其方向,导者妄指一山,视之非是。日色将沉,匆匆赴县,到已暮矣。道士先待,太史依然,夕食后遂宿宾兴堂。

廿八日　晴

晨出访杨、梅、裕府、许翁,还食于堂。午前访萧怡峰,言刘氏女子及周妪所属行户。热甚,至雷坛会饮,何八、龚文生、曹伧、朱倬夫共醵六百金助修造,尚少一人,欲邀欧阳客,假余势招之,三辞三让,而终不至。众客皆散,余乃独后。午雷夜雨,竟舁而还。杨生已至,太史亦还,夜谈新局。云荪来,示二瑚书,云卜云哉已外放矣。

廿九日 小尽。阴

晨发飘江，乃得郴船，行十里风起，船重恐沉，遂舣竹步港。小睡，过午渐阴，寒风成雨，因宿船仓，借榜人被以覆。同船郭姓，杨生戚也。颇相扳谈。

四 月

丙申朔 阴，晨仍有风

舣鹞崖，得鳖、苋，将充晨飧，恶其相忌，又无油酒，乃令瀹苋早食。午后舣城，与杨生同入南门，绕东诣郭宝生寓，访午夷消息，不遇。遇熊子，言已谒张大人，约明日见，且期明日见我。余云我已见矣，再见何为。郭亦外出，遂至家。功儿、滋女均迎候，妇孙男女俱出觐。热甚，易葛衣，与客俱楼居。滋病颇重，始欲减耳。窊女近在对巷，夜来问讯。宝生旋来，夜暗去。

二日 阴

晨诣任师不遇，欲雨乃还。遣功寻黄郎望之，与谋黄孙事，滋意似喜，余亦欲分出之。朝食后，朱稚泉、黎少耶来。寻陈笠唐，云患手痿，稍愈，尚未至蜀。询易仙童，不甚知也。又寻陈伯屏，两遇马、余于道。误云臬台，其家人云藩台，其实一道耳。云已下乡。遣召重伯、任师来，约一饭。陈六翁迁晋臬，正欲诣之，又患其留饭，乃约饭于长沙，招刘晋卿致意焉。宝生来，言李雨农借钱于头陀，尢俚已甚，当谋拯之，拟委于黎薇生，以为万全。朱稚泉送果狸煎饼。宝生留饭。窊月，辰来迎其嫂，夜半往，乃生李女。一夜未安寝。

三日 晴

晨不记何人来在内坐，使乡人还。顷之头陀、郭、李来，在外坐，内去外留。朝食后,李、曾来,曾泗源也。任来催,乃令李、曾上楼,待郭、杨,余自出至长沙署,云张月波来此久寓,信钦亦来,俱邀相见,摸牌一局。信钦致六翁意,必欲一饭,因许同往衡。魏来陪我,催菜甚恶,草草杯盘,待主人一谈。遣廖丁送妪乳钱,余独与刘同步,热不可衣,至则六翁方磅礴作书,蔡、叶适至,看抚画臬诗。蔡索余书,陈笔不可用,勉写二行。叶先告去,旋亦席散。家僮来迎,还闻黄、曾并来,杨夜未归。恨不早还。

四日　阴凉

杨生为李干黎,黎辞以母,复谋于熊,请待一日。因遣寻重伯、黄望之、叶麻、陈伯屏、张雨珊来,自朝至暮。陈约晚饭,张、叶先去,黄、陈共请未刻,久之亦去。入内摸牌,夕看窊女,与胡郎略谈,因过与循,闻其出戏也。虞侄出,踦闾语,为待廖丁,故不可入。已而同廖访曾,久谈甚密,令措百金济李,留饭不旨,亦喜其不留意外养,有祖父风。至伯屏家,有一鄂吏,粗朴自喜,而简于言,云其表兄,忘其姓名。黄郎踵至,同饭而散。雨犹未至,翔步而还。杨生云不去,因定独归。

五日　阴。庚子,小满

常霖生来,云其外姑卒,伊甫学士妾也,近八十矣。顷之李健斋次子前晋吉坞来,曾假其银,以应我求,因缘欲见,遂留长谈,不朝食而去。霖生留饭,入内摸牌,与循来,入局未半,起出,欲附轮舟,已发矣。水急风小,从人未食,仍入城。牌局已散,急遣招集,令朱生凑成四人。王一梧、汤又安来,同约一饮,答未可定。朱家来催客,点镫入局,与循、莲太、余、朱,二更后毕,待包子,加二圈,遂至鸡鸣。黎生送□子。

六日　阴

晨起仍不甚晏,朝食后出访周笠翁九十、谭文兄八十、汤又安六十日，谭午歇未见。还家，陈伯商妾龙珠来，批答三条譬之。方欲摸牌，重伯来，久谈，遣呼皙子，因留重伯夕食，以黎肉款之，如李临淮入人军，壁垒一新。皙子还犹未食，又别治草具，为设豉姜。曾待二更乃去。汤处见滇、蜀二吏，不记姓名。

七日 阴

刘晓沧庶子世琳来见，鄂小吏也。云相寻廿馀年，同在一城而不能知，人不荒唐，但无能耳。久坐去。王镜湖来，云即入场阅童卷。文卿来，皤然老矣。忽忽十馀年，犹以为昨日事。久谈故旧事，又似上古文，一迅一永，令人恍惚。家人促饭，余吃已饱，留客久谈，去已向午。陈海鹏来，则转矍铄。费生道纯来，云已加捐道员。龙珠复来，云但欲速释，恐未能也。费颇知蜀士踪迹，云乔楠尚在。得茙女清江书。夕饭汤家翕庄，王、叶两麻，馀无别客。主人稍聋，不甚相闻，云中丞求题《画梅》。又见曲园笔迹，去年腊八后也。道山之说诬乎？席散而雨，舁还。

八日

晏起，雨自夜至辰未止，葛叟字心水来。见栗諴算弟子，云博通夷言，尤长医理，将令滋女诊疾，俱言不必药。功意亦不谓然，将食而去。要宝生同回湘，过午不至，乃与杨生同出城。上小轮船，辞以不开，更送上清湘船，已至小西门矣。上漂下湿，官仓如甑，更觅凉爽地，裁可侧立，而泥腿拥挤，非官舫也。幸其迅至，亦将廿刻，乃泊黄龙马头。舁投宾兴堂，首士刘吉生在焉。道士来索会银，倬夫云散贩也。既已许之，属萧某以存钱付数。夜早眠。

九日 雨不成点，霏微而已

晨起欲从陆还乡，船已至，饭后定发。云孙来。堂绅设五俎宴余，殊为过礼。借油鞋出城，又待筐篮，已过午矣。溯湘甚难，入涟向夕,至姜畬,杨生上岸,便已不辨字画。迫夜到湖口,家人遣异迎候。笼灯到家,两孙皆睡去,周妪哭女,令人疑诧。莲耶、衡足久相待。见程孙信,报耒阳、清泉教案未静,殊令人不乐。得夏榜眼诗。

十日　雨竟日

补写日记,遂费一日力。校书札,讲《宋书》,写对子,遣告衡事于杨生。夜月早眠。

十一日　晨晴午雨

校书札一月,如温旧书,亦颇劳神。未夜大睡,二更后醒,遂久不寐,然未闻鸡鸣,始知睡早。

十二日　阴

杂事略清,始阅课卷。振湘孙陈仲恂来。陈新昏归觐,因来告去,留宿外斋。因思渭春旅居,与复心书,令问消息。振孙夕去。

十三日　大雾

晏起,陈孙去,文柄又来,应接不暇,致可乐也。看课卷未毕,又校《汉书》,或作或辍,不成工课。将军来。

十四日

纨生日,设汤饼,散学,斗牌竟日。阅卷毕,夜出课题,构思颇久,即此岁值千金,不可忽也。为俞廙仙题彭雪琴《画梅》,调《归国谣》云:“姑射貌,旧日酒边曾索笑。春风吹醒人年少。　花开花落情多少。明蟾照,人间只有西湖好。”笔有仙气,视三诗人伧父矣,亦值千金,召女、妇、孙女夸示之。

十五日　晴煊

先祖母忌日,素食。晨冒禁作俞抚书、说王耀堃。夏道书、送卷,说廖拔贡。丁藩书、说陈寿椿。陈臬书、送字。谭、胡两令书、荐廖丁、周兵。程孙书、拨卅元还常氏女。彭厘员书。送陈信,荐蔡溶春。送周儿往师裁缝，顿遣四冗食者去。书扇二柄，为杨氏姊妹改诗赋，日尚未晬，又略检点房簏，始觉日长，亦因忌日罢戏，专作正事故也。向晦少息。廖荪畡送润笔来，筐簏盈担，冰饧至数百两，家中正压梅子，喜其适用。

十六日　晴，单衣犹汗

晨作复廖书，遣其信力去。讲《宋书·五行志》颇久。张团总来，言被讼得免。津津有味，乡人习气如此。夜月，乘凉卧阶前。庸松来。四老少九月寄银，今始拨去。乡中何银可拨，财主不知民疾苦也，幸有三女买绵花钱应之。庸松言神童见鬼，疑唐才常等为祟。

十七日　晴，始稍有南风，闷热少解

补钞唐五言诗成三叶，entire完本，付湘孙，其父未毕之工也。此小小业亦经三世，当作序记之："小年读汉以来五七言诗，辄病选本之陋。尔时求书籍至艰，不独不见本，且不知名。年廿馀乃得《古诗纪》、《全唐诗》。旅京师，合同人钞选八代诗，还长沙，录选唐诗，皆刻于成都官书局。《八代诗选》先成，《唐诗选》未上版，而余送妾丧归，留二百金，令弟子私刻之。主者以意去取，讹误甚伙，及刻成印来，盖不可用。《八代诗》则官钱所刻，版固不宜致也。保山刘慕韩，昔应秋试，在京师见余《八代选》，便欲任剞劂，及蜀刻成而刘权苏藩，又令官局更雕版。同县胡子夷又别有校刻本。唯《唐诗选》但蜀刻缪本，逡巡便五十年矣。《唐诗》首卷，余仲子所手钞。近岁有张生专学孟郊诗，余阅选本，孟诗仅两首，殊不赅备，因恐专家病其隘，更加选阅，自录孟诗，补入卌首。唐诸家五言，亦惟孟差自别异，馀不足出八代之外，所增无几也。仲子孤女少春年又过笄矣。颇工写书，因俾掌之。区区钞撰，俄经三世，信日月之长也。凡学明盛则就衰歇，咏歌而计工拙，学之尤小小者，然在当日，如瞽之无相，夜之求

烛,今乃得快其披吟,幸甚至哉！自今以后,有求选本如余者乎？但恐学业废,时地异,不得闲写其情性,则汉、唐作者又笑余多事也。辛丑四月壬子记。”

向夕,道士来,云会事不成,但余独借百馀千耳。既有前欠,不可逃也。留宿而去。讲《宋书》“侨郡”,颇无头绪。

十八日　晴热

开枝弟五孙来出窝,三妇一女并至,留饭去。族妇求命名,以其生日芍药适花,命之曰茂,小名为荣。

十九日　阴,稍凉

懿妇归省母,甫出门而小雨。顷之杨家送菜,云前过未饭也。余未谙礼,乃补果饵以谢。衡州专龙八来送夏衣。夜雨。

廿日　乙卯,芒种。晴,雨凉

莲耶还,云巡丁不可即得。龙八又言衡局巡丁讹索至数百千,信弊之过于关吏。缘关书系无赖游滑,巡丁皆大家姻戚,胆大根互故也。初夏已暑,沾汗感凉小疾,眠食不适,未审何病,顿减饭之半。夜有雨。彭佣来,云滋女将还。

廿一日　阴凉

晨尚不能饭,午后大愈。杨都司来,借得应景,无一日不啰唆也。莲耶去。

廿二日　晴

晨见都司,问其意,云求书督抚。余云督抚不若鬼子,我又未开此店。杨谢而去,云终望提拔而已。此等人真世之蠹,积弱半由此。讲《宋·官志》,初未及二台奏劾之制,而详于三署五校等无关之制。又其训诂极陋可笑。

廿三日　晴

晨濯足。小童来报六姐回,遣迎之,遂至午始至。慧孙同来,云从未相从，今来侍教。除舍让屋待之，放学一日。周生从鄂来，云督吏诬良，缇骑四出，魏阉派也，其学徒幸辨释矣。又盛称冯润堂。张引萧烟客来，欲借防卫洋主以兴团练，引王鹑甫为例。日夜多斗牌为戏，未理馀事。正晚饭，游学先生来，辞以无宿处，便去，近乎知耻，所罕见者。移宿下室。杉塘五嫂遣老佣送鸭，直入内室，亦罕见也。既老且聋，唯宜矜礼。乃知耄不加刑之义，非谓太公、武后也。

廿四日 阴

闻珰女全家中毒，聂佣正告归，便遣看之。邵、衡间喜以药杂食中毒人，犹有蛮风，亦时有死者，然未闻杀有名字人，正拳勇类也。周生复来，未见而去。

汉六条不载正史，故知条教律令，史家所不载。其曰“旁诏守利”，蔡质无注释，语殊费解。夜雨复凉，然犹不被。

廿五日 雨凉，夹衣

周生来，云乡人言有此大援，何不捐官发财。其说极谬妄可笑，而迂生以为实事，反疑我不肯援之。张僮告归，以雨留一日。作帐成。

廿六日 晴

张僮先去，余约周生同行。周初读兵书，兴高采烈，因留宿。

廿七日 晴热

周生晏起，诘之，云昨失眠也。乡人器小，青一衿，便居然富贵。夏彝恂中进士乃有官气，又云远大矣。吾于周、张又增识力。张新二、萧烟客来，论南轩祠事。

廿八日 晴

晨起见月钩赤黄，实为丽景，惜日已将出，不能久赏。将入城礿祭，命舟下湘，待至午未来，仍完日课。日烈时晏，乃留待夕。上船已昏黑,二更至湘城,询扁食舫,云已三更。龙八话箱开,遂达鸡鸣。

廿九日　晴热

晨步上岸,云曹家马头,非城门也。步街中尚无一人,稍前乃遇行者。至宾兴堂,叩门始开。萧某外归,以为朱太史必未睡,往看烟灯已息,人立窗间,大诧之,云已眠觉初起,遂与出谈,看其盥沫。同过李县令,云已勘案三都。至育婴堂,询裕蓉屏,云南岳进香。桂三留饭,辞还堂。食罢,龙八乃来,犹不相见,出呼上船,问知遣买节物全未计办,属船工代买。乃附行舟,本求小拨,不得,得倒爬。顺流戗风,晡时到家,宿故寝。

五　月

乙丑朔　晴热

待方僮同出,未至。朱稚泉来,遣觅蜀黎生。取银钱五十枚,代杨生还功,因留廿枚自用。黎生来送钱。方僮夕来。出诣盐道未遇,至刘省钦处,要同过陈署臬,遇李石贞、常汉筠,因留夜饭。得俞抚书,云王耀堃即有差。为张生交名条,求厘委。

午间王生三子来,言但营务讯禁甚严,无文书人不得入,抚署尤甚,臬、盐殊不然,官事之不一律如此。看邸钞,停考行科,恩威并用,瞿九郎遂军大矣。孙莱三衣钵有托,或云中人力也。夜热,亟出,同省钦步至府南分道,余访任师,约饮,不遇便还。热不可耐,夜浴,裸坐久之乃出。程孙送其祖母东游来,未见。

二日　阴燠

斋戒谢客。程嫂来,不可无主谊,因遣使往。程孙夕又来,云其子亦同游,且有西□之志。竟日庀具馔涤,夜令两孙肄仪,便补定礼节单。午后大雨，夜犹淅淅。

三日 丁卯。阴雨仍燠

晨起最早，待家人兴，已晨初矣。巳初行礼，礿祭祖庙先嫔。以年七十，但奉室中之事，令长子、长妇、次孙分献，亦尚整洁省简，午正毕事。

出，答访金聘之经历还。程孙儿来见，辞客，约观礼，过午不至。复偷闲访王祭酒，门者问余何为，答以访王山长，瞠不知也。使者出，云看戏去矣。还从潮音庵，求别径不得，绕西北行到家。

朱稚泉、任辅丞、刘省钦、程孙已来。龚生季蕃、王生镜芙继至，云韩子霖，即龚所讯斩也。又言宁乡禽一文生，云是匪魁，今在龚家授读。谈坐甚欢，未夜而散。隆书翁来求救，余云内而军大，外而督抚，远而全权，苟可致力，无不如命。盖衡哄归狱，巡道不知其由，或以委员来，道有直词，抚为之耶？俞抚首施两端，何于此而有作为？为之一叹。方僮复来服役。

四日 大雨

当还山，而阻不得去，以约船迎，恐失信，冒雨飞轿出城。督功儿出城看程嫂，余至马头待轮船，久坐待发，未正乃行。与吴生谈身世，劝以不必读书。听者甚众，未能韬晦，亦近词多也。酉正至黄龙庙，迎船未见，所谓宁人负我者。吴呼划子，至沙弯已昏黑，呼问，船至已久，船夫收帐未归，虚糜钱粮，成此参差。邻船瀹茗具醴，过初更，胡佣乃还，即发渡湘。新涨流猛，三更后始入涟口，已闻鸡鸣。时雨时星，过袁河五里小泊，天明矣。

五日节 阴燠，汗蒸如雨，蚊聚不散

舣姜畬，买菜早饭，余已一日未食，然点心未绝，殊不欲饭。午初到家，儿女尚未朝食也。时已正午，促办节物，待烛久之乃来。行

礼毕,分朋博戏。大雨昼晦,平地水一尺,至暮不止。晚饭未欲食,令设一席,略坐而起,初夜即睡。

六日　雨

闷不欲食,小疾一日,至夕困卧。衡使复送卷来,并有程、卜信,令懿诵之。陈完郎送《楚词》,刻尚精雅,讹误数百处。夜较牌,兼校书,觉倦乃寝。

七日　辛未,夏至

衡使欲去,言词闪烁。晨起阅卷,朝食时毕。因作书复夏、程,出课题。发浙信、收条,绂子廿元已为舆儿掣去矣,然收条不可诬也。夏子新送节礼。遣方僮入城买时鱼,冒雨船去,衡使陆去。清净无事,闲散自适。夜大雨。

八日　雨阴

将入城买白菜,念劳人而止。涟、湘均涨,湖水已满。杨家送银使来,并补节礼,附使报之。看夏榜眼、陈秀才诗。

九日　大雨

方僮回,云时鱼不可得。暴下三次,倦卧一日。

十日　雨寒,仍夹衣

滋生日,博戏一日。后房水浸成泉,于墙脚凿孔,通流涓涓,初不知水源所来,佃人云往往有之,树根所引也。夜,圳溢水到门外,塍埒尽没。

十一日　晴

平田行船,呼许船网鱼,女妇并乘船游戏,唯纨、真畏闷未往,两孙亦从,至暮乃还。云山人多于楼窗出,乘舫避水。水比乙酉年唯减数尺,稻苗恐伤也。张团总来,云只减三寸。

十二日　晴

水退一丈,唯池荷最损,禾菜俱无害。校《周官》故书今本字义异同,条为之说。姜佃孙妇来,许女夫妹也。房妪言事失旨,叱之,遂啼哭不食。夜不闭户,四更始起,收镫。闻雨。

十三日 大雨

忌日素食。偶检《周官》"烟尞"三等①,旧未理会,新为之说。

十四日 雨

说故书字毕,令懿录《说文》眉。视之,水复涨至门。

十五日 雨

写字数幅。看新刻《楚词》。新学使柯劭忞〔忞〕,《说文》所无字,"忞"、"慔",勉强就"文"、"莫"加"心"耳。夜月。

十六日 雨

水退平塍,湿暗殊甚,多戏少事,写字数纸,逋债全了。看罗郎史论。夜月。

十七日 晨雨午霁

唐诗五言尚落一首,且有误字,重校补之。隆书村专使来,即去。

十八日 大晴

《后汉书》有二本未校,补毕之。看陆存斋题跋,其被劾甫卅五,可谓早穷。与书俞巡抚,为书村求免戍。复隆书,又深言不可。盖俞方欲避庇隆之名,必急遣之,以明己之不忤袄也。今往求之,正中其忌,隆不知而乱投医也。夜月。

十九日 晴

杨生专使来,为盛德水撞骗事,事由陈同知,与书问之。陈名夔

---

① "烟尞",即"禋燎"。《周礼·周官·大宗伯》云:"以禋祀祀昊天上帝,以实柴祀日月星辰,以槱燎祀司中司命、风师雨师。"即祭昊天上帝、日月星辰、风师雨师要用禋燎之祭。

麟,小石兄也。不知其为人,大约张之洞之流。连日为人关说,亦殊可笑。

廿日　晴

杨生请评《庄子》文。其文皆了然,无待评赞者,亦聊为批,明其踪迹,仍似注释耳。遣方僮入县换钱,土工求工钱,无以应故。

廿一日　雨

批《庄子》。懿来请业。将军来借谷,懿对以无。亦宜有以应之,留饭不肯,冒雨而去。

廿二日　雨

复女廿岁,当笄年也,为具汤饼,夕复馔饮,虽未执礼,亦以成之,因博戏竟日。夜懿又贺复,更设汤饼。

廿三日　丁亥,小暑

方僮夕还,云水未退。得张子年书。

廿四日　晴

讲《宋书》,点谢赋二篇。谢非赋手,唯《山居》尚有典型,而嫌泛懈,《撰征》则无可采。看《山居赋》注,始知林兰是栀子,初未留意。复遣方僮下省。

廿五日　阴

陈芳畹专足来告存,久未通使矣。振湘来探提爱。遣送千钱与张子持。陈信云仍赛城隍,但寥落耳。

廿六日　复雨

陈足求信,与空函遣之。杨亲家生辰,本约女携外孙归荐,旋以痳症不往。懿往行香。

廿七日　阴,有雨

检空箧,得舆藏吾杂稿,亦有可观,寻玩终朝,似看古字画。

杨生来，论曾、廉等宜直往夷使处诘责索罪之谬，但恐廉等私书为夷所轻贱，不复以人礼待之耳。昔耆英与李太伯语，太伯出其奏稿质之，耆遂遁还赐死，所谓行蛮貊者必忠信笃敬，《楚词》之"孰虚伪之可长"也。然则今之为奴虏，实诸臣之自取矣。夕杨生去。

廿八日 晴

邓生沅捐官，来送礼，遣宜昌二兵来，官兵如此用，尚何言战守事。本欲摽使，念来人不差之谊，姑与一片训饬之，礼物半还。询其踪迹，云陈大少耶接家眷。又为八郎三叹，为俊丞危也。何物生宁馨，岂尽教之不豫？殆有业因。

廿九日 晴

圈点《楚词》。看魏默深七言诗，严保庸注。求保庸出处未得。瑞生来。

晦日 晴

评《楚词》。督黄孙读书，小儿懈缓一刻不得。瑞孙无所归，与书萧怡丰谋之。周妪云丈人一纸，如汤沃雪。

六　月

乙未朔 晴

始闻蝉声，山中迟于水旁将半月。比日始得小南风，小暑气亦迟也。颜延之以清约称，而不还田价，盖实贫耳，然不宜清田。

二日 晴

沐浴梳发。方僮还，云大水成灾，外间尚无新事。

三日 晴凉，阴云飞雨

得功、茙书，王抚、殷孙远信，言张冶秋还京，陈伯商出狱。东意颇悔失康假墨,亦令人思也。既无西游消息,且当南上。

四日　晨凉

今呼船具装,船未至而日可畏,又复罢行。游戏一日,至二更乃发,到松弯,鸡鸣矣。停桡待晓,水浸枕蓐,船漏不可复坐。

五日　晴

未明即行,辰正始出涟口,大风横浪,几不能渡湘。遇衡船,急移行李,帆至上弯,缆至株洲,方过午。停惕至夕,乃泊上盐塘。

六日　庚子,初伏。晴,南风

行十馀里泊怀杜崖洲尾。油船竟日,夕移昭灵滩下。

七日　晴热

过滩,泊淦田,几半日乃行,至花石稍凉,乘月宿。

八日　壬寅,大暑

晨过朱亭,欲从陆行,舟人以顺风劝止,比至晚洲,风息日烈,暮宿油麻田。夜月。

九日　晴热

舟子一逃一病,仅馀二人,行甚竭蹶,泊石弯,遂不欲进。遣顾轿夫,索钱三百,以二百饵二榜人。

暮泊衡山,从北门外入县门,黎令出见,初不惊喜。其幕客黎姓,浏阳经课生也。欧阳生,坦斋曾孙也。黎子后出,馆我别院,十九年前旧寓,热不减船中。以陈郎伯商方释出狱,交地方管束,适亦到县,宜与相见。遣招不至,饭后自往北直巷寻之,乃与吾县一刘生同来。小坐还县,热不可睡,复食素面,移坐庭中,黎生相伴杂谈,三更辞退,余独坐,久之乃寝。

十日

晨闻庭中人语,讶其极早,久之乃起,则黎子早在。顷至设食,草具匆匆，为余发夫五名，每名百七钱，顾役工价例也。

出西门，北行十馀里师姑桥，又十馀里岳市，过祝圣寺未入。舁夫欲投永寿司，余令就街店午餐。携方僮步还，入祝圣寺，御香行台也。新修整丽，在岳寺左北。正街即岳庙前，题棂星门，以不典未入。至店，令舁夫后来，余步取西径，至黑狗坳，更西南上岭，盖张栻所云西岭，张元忭所云须孙寺，谭元春所云西明寺也。自此更上山，游记所云天柱峰，嶒嶝数里，上峰路穷，更下即入方广路矣。二山之间，流泉乱石，未能成瀑，泉涧或亦可田，则成梯田。下里许为洗经潭，考《图记》无此潭。在狮子峰下有潭庵，今名紫盖庵，舁人云庵僧唯接贵客舁来者。余乃具衫服入门，僧傲不礼，但云今被劫，不接客，住持病笃，不能见客。乃出觅宿处，并云无住处。舁夫饿怨，强投方广，破落不堪，买米自炊，让床宿我，茗菜俱无，亦饭一碗。小步溪桥看月。

十一日 晴

日初出，步溪桥，益西，寻山径向黑沙潭，未半里，恐有豺虎，仍返。携童东出，山大要高深幽奇，俱过灵隐，而实山峡，非灵境也，亦不足置精舍、辟书堂，游者强称之耳。五十年未识真面，今乃可品题之："屈曲五峰间，盘桓一径通。出入迷往来，翠壁萝蒙茸。条藓万古绿，安知夏与冬。峡溪唯一源，滩瀑百不穷。琪花润鲜芳，仙药秀青红。樵童不解采，覆荫三潭龙。叶深十里寒，荒翳千年踪。寄语青云客，翔栖谁与同。"天柱道中："林田万绿侵，暑日自然阴。古道沿溪曲，幽崖见屋深。南台迷石记，西涧踏雷音。薄暮空潭黑，曾劳冒雨寻。"

彭簪明末来游，犹见唐、宋人题名，今皆蒙翳矣。或彭亦例语，不然何不闻王夫之记录也。西通三沙潭，前曾一往，遂不再，仍还黑子坳,取观音堂、店门前过九渡,刘明遇所谓四顾无行径处也,然比之入山路平夷甚矣。

暝投章木市,寻安康唤船,散遣舁夫。迫暮甚热,不可行,至五通庙后小坐,汤火计相陪,呼住持僧瀹茗,尽五大碗。水师哨弁唐姓来见,表功云:衡府端午日甚危险,乱民入者数百人,以大雨,火弹不得然,遂获其魁,斩二人而定。坐久茶多,又至湘岸,唐弁设坐,进藕粉、清茶,待船至而行。露卧舵尾,泊大石渡,月落矣。程宅来人,云聂佣、端孙、周妪均至。

十二日　　晴

晨发不甚早,过浮桥,日尚未照,从柴步与汤俱上。至岏樵家,云安记墙欲倒,不可住。又言斗雀客甚多,且留过日。因招其妻弟赵季植及厘局胡翔卿、张子年共戏,夕散。还书院,舆儿携畴孙来觐。畴啼送还,舆仍来侍,俱还,从后门入,暂宿前斋。

十三日　　晴

日未出,呼船出城,过两学,谭香陔设芩麦、鸡子,余自备豆浆、油条,饱食。至道署,见夏子新,告以今年不再来之说。出至安记,张生率弟子及杨、任学同来,云完夫暴疾厥死,身被针伤,至今未起。又言笛渔子死,以娶妇过岭,甫还感疫也。同饭于安记,俱过常家,霖生正在,寿门已入棺矣。人命迅速,正一年耳。出至厘局,舁往府署,访唐吊郛。出至衡阳,访谭震青。出城访廖笙陔,交还墓表。便遣方僮持四元办午食,岏辞仓卒,胡云已备。至彭祠石洞摸牌,赵、程并至,热不可坐,更招谭、廖、郛来谈。夕出洞,饭于客厅,亦热。夜至杨家,看完夫还,又见张廷燎,往来屑屑,彼此当相笑也。

十四日　　晴,风凉

诸生来者竟辞不见,居内斋。廖荪畡来送礼。郛师闯入,自辰至未乃去，为设水角。客去，快风阵雨，有雷隐隐，顷之而霁。夜移内室。

十五日

晨起出城，已日在甲上矣。径至程家待客，顷之传呵，以为夏道，延入乃唐府也。快谈，坚约一饭，不得已诺之。唐去，谭、汪来，皆谢未见。夏道约辰至，到将巳初，馁甚不得食。方食，冯洁翁来，闻其病甚，惊喜迎之。谈及胡子清，亦欲往看，老健未衰也。随冯舁行，与屺郎俱入，子清亦愈。更过江经历，则未归署，遂还屺东厅，解衣卧，愒久之。赵季植、张子年来。剃发。摸牌，更招胡翔清，未三圈，邬、廖继至，谭厚之父子亦来。已夕，乃入坐，听唱二曲，七人共坐，戌散。出南门已闭，还从铁炉门出，乘月还。

十六日 晴。庚戌，中伏

休息一日。寄景韩、茙女二书。看贾谊书，请削诸侯，申、韩之学，非知治者，在董迂晁躁之间，其策匈奴，则阴谋耳。萧举人来求见，乃以我为戏，盖其昏不可醒，亦刘、廖之流，而才学不如。晡后有一点雨，初夜有两口风。

十七日 晴

萧监院来，失职甚愠，以衡考分裂为忧。余告以次青故事，萧之与李又不知相去几许，今乃知李亦人物也。午后出，吊彭公孙，谢洁翁，便至程家，呼舁诣衡阳，程、胡、赵同局戏。热甚，邬师来，搅局，移至草坪，地热蒸人，顷之风起。谭翁出，话病，荪陔亦来，戌初入坐，戌正散，乘舁还，出南门。衡幕贺子献出见，竹诠孙也。

十八日 晴

贺孙来见，相违几廿年，不通消息，托孤负之，功儿之愧，余亦有惭德也。本欲与同下，因将愒，便先送之去，待船还乃下。过程生门,入看其痴儿,亦殊不痴,与谈百十语,皆了了,其师彭生出陪。厘局来催,邬、陈先在,顷之程至,移坐门中摸牌。胡儿十二,亦能陪客,与言戏赌之分,及一马从二马之礼,甚惊笑而不信,其父亦以为河汉径庭,不近人情也。世俗衰昏,不复可喻。赵季植后到。清泉令沈子珍保宜,武进人,怀庭姻家子也。与谭均公宴罗屠,席散乃来。九人坐镫下,热甚亟散,留吃咖啡,不复能入。步出铁炉门,门役方以殴瑞孙故被责,迎送甚恭。夜半出城,余不能约束之过,副将方欲穷治,是重余过,请衡阳亟解之。

十九日　大风,不甚凉

胡、赵约来访,令作越点待之。程郎亦同来,作饺饼,均陋,不似余家。设朝食,复不具,客去,遂闷睡半日。午饭颇早,饭后陈啸云来求书。得但少村书。北风怒号,作雨不成,夜仍热不被。

廿日　晴,稍凉

张生肇龄名起英来见,张一哥胞侄也。今在徐生和管柜,送《度西集》,云去冬即来,事忙未见耳。不独不恨其衰微,而反喜其有职业,大族世家至如此,谁之责也?略看紫岘年谱,五十年未见矣。午阴大风。常霖生来,留点心,作饼甚佳。旋同下湘,常舟吹旋不得下,移船邀之,榜至杨家门前,常上余渡,舣大马头。携麻菌访秦蓉臣,云不能出防矣。又言老不识字,十字才得二三,乃知识字别有神明,与人事异心眼也。小坐出,至衡署,子献设酒,更招邬师、张尉、邱幕作陪。谭震青来,增招胡翔清共戏。因明日当入城,遂不夜还。与书唁少村。步投程家,宿其书房。岏已睡,更起,三子侍坐,二更睡,凉始被。

廿一日　晴,更凉,易绵布衣出

答陈啸云,还程家早饭,写字八幅。出至安记,正值坼墙,遂步出城。至清泉学，看荷花，荪畡讶其太早，坐卧闲谈，几两时许。陈啸云、邬、胡、程、谭继至，邬、胡、谭、程共摸牌，赵季植、沈子振后来，与余间一入局，三点后方入座，全无暑气。客散，余后归，廖以舁镫送还，始觉道远。久之方下船，卧还冲滩，得句云：“鸣滩夜瀑如翻雪，卧入溪阴六月寒。”

彭公孙补勤挽联云：“荆折第三枝，犹胜王孙悲宝玦；佛光初十夜，定依莲品证金身。”初更到院，家人半睡，镫下看张诗一本。

廿二日 晴，仍凉

晏起，出见子年在客坐，甚讶，仓卒沫漱，延坐，留早饭。未撤，程七来，便令独饭。饭后西禅二僧来，自辰至午，始得入惕。陈升复来干求，随缘应付，仍看《张集》。

廿三日 晴凉

湘涨。反复看《张集》数过，赋胜于诗。作字数纸，暇时但睡，夜起驱狸。

廿四日 戊午，立秋。晴凉

午前无事，但睡，睡非逃暑计，暑中不能睡，以偿热不得睡之劳耳。睡中闻雷声隆隆，起看天色无雨意，已命驾矣。复令少驻。待久之雨至，甚凉，加三衣。泛舟下湘，未半，日出复热，至柴步已复暑矣。雨时正立秋，秋过仍伏日，节候不爽也。舁至府署，廖、胡先在邬斋，程岍后至。至珠玉堂摸牌，蓬洲老而欲学，廖则终不解也。未终局而夕，入席即小吃。戌初出城，还舟甚热，未具夜点，匆匆便睡，一夜再起。

廿五日 晴

杨江沐来，云生员许其匿丧，欲以丧日为始，不计闻赴日，廖老师主之，岂有是哉？赵季植、杨叔文、二程孙来。沈清泉便衣来，匆匆去。饭后小坐穿堂,见谢、曾生,偶问杨事,乃知彼欲以截缺索钱,致有烦言也。人情难测如此。

廿六日　晴

晏起未頮,谭衡阳来,作饼待之,遂不朝食。廖崖船来,求作首事,屺樵云利公谷也。与同下湘,女客从,日炙甚热。登岸至程家,屺不欲同去,与长者约,临时反覆,非也。余遂先舁入府,邬师云程欲不赴陈招耳。余乃与约不县而府,顷之与胡皆来。招巴陵方生共戏,唐观局学摸,大有会心。四圈毕尚早,吃拌面,小坐,邬具舁送我闽馆。廖、罗、胡荩臣先在,陈啸云为主人,邬、胡继至,陈亦学戏,草草未终局,设食亦草草,初夜散。从屺樵吃一瓜还,夜困卧。

廿七日　阴

命舆取节敬随封俱送程处。珰遣人来代觐,清晨催促回信,倒屣起,作书一纸,并以酱菜寄之。终日卧竹床消夏,夜食瓜,烂败不可啮,更剖一枚,稍可,取汁。《陶园集》三四阅遍,全赖以送日也。

作常寿民挽联:"度领逼炎蒸,新妇入门悲改服;持躬等寒素,世家无禄共沾襟。"

廿八日　晴

陈啸云约同行,遣告舟具,以三妇闭坐不便,定自顾船。午下湘将往看,畏日不往,仅至杨家会饮,廖笙陔、常霖生、丁笃生、赵季植、张四哥正旸兄同集。先在陈完夫卧室看病,久谈后出坐。设馔颇经营,有豆沙鸽卵,纯白去黄,惜未见黄用耳,当别炒之,以作桂花鱼脆当佳。

廿九日　晴

定坐桂阳船,令具二舟,即发行李,以免诸生更送。清泉令沈子振催客,久不能去。晡后行,风雨骤至,须臾已过,诸生送者欲沾衣也。到城，路濎可行，步至厘局，诸客久待。胡妻伤寒眼花，见廿许女人，召僧禁劾，一坐皇皇。啸云先去，余与荪陔、谭震青均辞出，邬师、屼樵留陪和尚。余至程家待久、屼还，九、十一郎陪话，颇有条理，张生诱导功也。夜宿张榻。

七　月

甲子朔　晴

屼樵作盂兰斋，招张子年来陪早饭。饭后江尉来，遂留同谈。赵季植来摸牌。屼还，言新除兵备，已将走马到任矣。戏竟日乃散。

二日　晴

方僮来船报到，麻十郎来送行，廖崖船追送，力辞乃退。与程九出城寻船不得，仍还，遇童云实至，复出乃遇。三妇辞行，舆儿往常家书主，寻余坐船，已过浮桥，令呼之来。周云不若俱去，留小划待三少奶，以免纷纭也。遂坐后舫过桥。江、廖送礼，彭生芳送行，舆亦旋至，草草遣之，三妇至即发。树生与妻就食乔耶，太不成事，令树随我俱归。晡发，夜泊站门，雨风无定，待霁仍行。

三日　晴

晨起过萱洲，午至雷石看船，衡山买笋，石弯漏税，招雅耶来保护，小坐促行。夕至油麻田，夜稍休仍发。

四日　晴

船睡不甚热，昼亦可坐，交秋果凉也。晨过三门，舣怀杜崖，畤孙塞观音，妇妪无从往者。夕入涟口，船人告疲，乃泊袁河。

五日

鸡鸣即发，晓至姜畬换钱，招张生，一语而别。到家未午，遣女往城助作包。慧生欲归,船小不可多人,乃仅令三妇便往,四妇上船看宜孙母子,禄孙从慧登舟。将舣一日,恐热促发,日烈风凉,不甚知暑。

六日　晴。三伏已过,热犹未退

移行李二日乃定。张正旸来,云杨生已下县,京信又有迁改。论身世事,云当求官。余问此意自幼少已有耶?为新有所见也?张云初无此念。余曰,此两年中为程戟传所转移也。从我十年不及从程二载,何余之不能化人如此。因及诸生俯张,导率无效,且及功儿欲入赀从官,乃为陈三立所移,父师不如交友之易染也。张留宿前房。

七日　阴,甚热

朝食后张子持来。遣陈八去,寓书丁、程。与二张闲谈,闲睡,纳凉至申酉,乃得风,快若新浴,客恐雨遽去,果有小雨。夜云甚浓,诸女设瓜果,乡中无所有,亦凑成七品,并作酪糕。余睡醒复起,听弹琵琶。

八日　晴,卯热辰凉

巳起复睡,午初复热。始钞《易说》,日三叶。作但妻吴墓志。

九日　晨凉

改儿、妇文各一篇。乡人甚重中元,男女顾工皆请假暂归,几无人炊汲。

十日　晴

钞《易》,看汉文。邯郸淳文入三国,《曹娥碑》仍宜入东汉,三国无此好碑也。

十一日　甲戌,处暑。极热,几不能伏案

方僮还,得功儿、但道书,云任师未妥,衡道已驰赴任矣。小疾

不欲稻食，日啜面茶。

十二日　昨夜大风，热仍未减，今日又竟日风，至夕乃止，稍凉矣

晨面午饼夕饭，疾已大愈。送但妻祭轴，自题四字，曰"对薇增悼"。园丁摘芙渠五花插瓶，三次花也，半日而萎。树生借钱办供，但求四百，以为至少，余犹患其大眼铳也。不知艰难，一败不振，岂必旗下老耶！

十三日

晨起，自谓甚早，日满窗矣。懿往祠设荐烧纸，诸女亦荐其母，经营竟日，余但卧听。至夕，懿还，同食新。

十四日　晴

晨钞经。朝食后杨生来。将军旋至。朱通公引其宗弟来见，小舟胞弟也。因云与其父兄相识，欲求一馆，告以寻李艺渊，点心而去。杨、干待张生不至，干去杨留。四妇就其舁力，携孙回母家。少瑚持卜书来求救。

十五日　晴

杨生论贾、屈优劣。余初以贾为王佐，今知定不如屈。屈为智士忠臣，贾则策士文人耳。杨生夜步去。二胡子去。允为卜作书与王抚。

十六日　晴

晨钞《易》毕。作二书，一与王抚，一与功儿。遣方僮送县，并问张生买油已否，兼探西信。午浴。周翼云来，欲谋阅卷。

十七日　阴

方僮还。张团总来，言盛事，兼云赵、廖之谬。余云天下谬者多，不必问也。又示李太耶批团费事。李真光棍不黏灰者，此等人做官，乃官妖也。

十八日　晴

盛庚唐自皖还,疑有避也。云卜儿罪当死,二胡适以今日去,不及救矣。沈子趣次子与门生同来,不欲见之,久之乃出,则匆匆告去,又悔久驻之。呼匠油屋,乃久不至,召小工自督为之。夜月,早眠。

十九日　晴

张生来告行,寄滋篆及《易说》与带衡,云欲作湘绮楼寿我,拟集费四百金。谈何容易,令人有广厦万间意。口破不便食,亦甚恼人。

廿日　晴

看课卷,兼钞《易说》。说"需血"为歃盟,"命渝"为监渝,颇无牵强。夕思麦食,假房妪生日,令作汤饼。来诉误记,不顾也。大检日记,果先二日。

廿一日　晴

晨具鹿筋面,午具卤面,饱食而嬉。谢生来,云欲得馆,劝令就村学。

廿二日　阴

遣迎妇、孙。小有飞雨。与谢生闲谈,无所发明,阅卷毕,谢生去。

廿三日　晴

闻张生坠马伤肱,遣视之,并送《诗选》。程、将军皆坠马,殊非兴祥也。

廿四日　晴

油屋将毕,又当筑墙,殊为扰累。午后闻有人自县城来,入视乃九弟妇胡,迎来同居,乃四十年前事,坚不肯来,今又自来求公租谷,不知余前惠也,可谓懵懂。然与玉岑堂客大异,仍告令来住。本欲令领功儿,今功又当抱孙矣。山中七日,世上千年,正自如此。乡中正无钱,又来告贷,借房妪工钱与之去。

廿五日　晴燥，有风如伏日矣。炎熏，草木立槁

杨振清来请安。夜风。

廿六日　己丑，白露。渐凉。午雨，至暮时止时作。始着单衣

说“师舆尸”为贪功要赏，义胜惧败喜胜者。后世功利之见汩没人心，自太史公以《司马法》为少褒，宜言战者之日浅也。

廿七日　晴

钞《易》误落三四条，更补二叶，日课仍如额。遣催子租，欲运入城。又近年积谷当有四五千石，而无一粒，亦不善蓄积之过，颇思革弊。

廿八日　晴

振湘来，言闰宝掣骗，出示书片，乃撍子笔迹也。撍子吾称其翛然名利，而招摇妄作如此，庸人学坏，实为可笑。讲《宋书·氐胡传》，元嘉封杨文德诏云：“朝无暂土，树难自肃。”不知何字讹误。

廿九日　晴

佃户二家送租。清理积谷，凡二千馀石，初无颗粒，管家荒谬甚矣。贪于入而忽于出，无能致富之理，今年始自理之，当买谷自食。真云无钱，往城中谋之陈芳畹。

晦日　晴

专足夜至。滋授子《书》、《传》而不习，令执经来，略讲大义，先告以《书经》用处。颇热，钞书时作时辍，夕乃毕工。

八　月

甲午朔

晨起至湖口登舟，舟乃未至，坐待日出。钞《易》一叶。呼张子

持同舟至省,携内外仆以行,陈足附去。至姜畬,张未携被,借之田雷子。雷子送饼,登舟相看。晡至县城,船夫不欲行,乃至宾兴堂。冯甲、将军均来迎候,与萧、朱将见,即逢蔡四,报侄婿之丧。姻逾十年,曾未数见,欲往慰吊,恶夫无情,遂罢不往。许生来相看,蔡叟不去,余乃步出还舟。暮雨,泊城下宿,夜起太早,复眠。

二日　阴晴

待张生不来,冯、干复来,留干朝食。遣寻不得,日已将午,房妪促行,乃发。至昭山大风打船,令舣包店,风迄不止,船摇不能写字,乃眠。陈足告去,无可冀故也。半夜风止,起坐仍眠。

三日　晴

晨问所届,已在枯石,比起,近城矣。日甫在甲,至朝宗门,遂过高春。入城到家,尚未早香,功儿徐起。招朱生、刘省钦来谈。刘晓沧儿适至,云已饭。饭后朱去刘留,云当还鄂,欲求书干抚藩,均未识也。蜀陈生宝、王生父子来。寿孙言有被发人与方僮语,则子持至矣,罗顺循来,告将往日本,大以为不然。乃与彭鹗偕来,坐至夕,不留饭,彭去,朱耻江来,云闻之望之,盖訾言也。张宿余室。余仍上楼,补钞《易》三叶,本日尚欠。

四日

丁祭无胙,令人有复职去官之感。晨出访子新,送交课卷,曾文正所谓永讫永毕者。寻隆道台不得,驰还朝食。朱生生日,送面点肉、鸡。笠、静两僧、彭陈二五①、叶麻、寄禅、隆观察、窊女均来。钞书未得闲,仅能两叶。

五日　晴热

晨出更早,至东长街口寻隆寓,遂拜藩台、汤前藩、谭前督,还已

① “彭陈二五”即“彭二陈五”。

近午。仲章生日,设奠。方毕,萧传胪在坐,云即当归,送变蛋、火腿而去。二彭、任师、程子大相继来。任报李雨农父丧,约再会于盐署。彭稷初以我为盛纶,而哓哓不休,甚哉,其难悟也。客过晡不去,亟出访王莘田、朱叔怡、刘定夫。朱、刘公出,遂至省钦处会食。任师先在,遣招王莘田,待叶麻、龙艮三、沈胖、刘儿至而入坐,吃烧猪、鱼翅,夜还。彭五又与杨子杏坐待,谈稷五访闻事。彭氏爱管事,殊不妥确,城中拒绝,又太过,非公道也。作蜀书二函。

六日 晴

遣迎窊女。早饭,胡婿先来,小坐去。钞书未半叶,彭稷初来,告以朝廷播迁,名宦子孙不宜争田地,且俟小定。朝食,未饭,刘子送蒸盆,不可吃,吃馒头三枚。窊女还。失去虎魄佩,责盈孙不服,痛责之。周生堃来,未见。龚生来,见之。藩、盐、龙令来,均不见。与龚坐稍久。王莘田来,以送银票成患难交,亦见之。袁守愚来长谈。畯五引谭孝廉襄云芸阶来见。周生引其姻家鞋掌柜来见。黄卝总来见。李家报丧,遣功往唁之。陈生宝夜来,未遑见也。裕太尊来告行。珀佩退出,以盈孙惧我迁之乡间,故潜还水缸边也。房妪还房,病卧甚困。

七日 晴

晨起待买杂物,遂定晚发。至李祠看求雨,隶圉于柳缸濯手,其他类此,何能感格。待抚、藩,未至,暂还。携小孙女及房妪往看,则已行香,将去矣。朝食未具,楼窗照灼。张起英来,未见,方食,复来,见之,云求书干匡四,亟令还县相待。二彭复来。寄禅来,未同坐,纵谈四轮王。至午客散,登楼写经。陈生来请照相,辞之至再,以其拳拳,姑出应酬。片致厘总,为张生问信。杨子杏又来。待晡食日斜,照相,乃纷纷各去。余亦出城,僮妪均至。纯孙来送,令还。遂发,宿枯石望。

八日　　晴,无风

夕至县城,入宾兴堂,换银取钱,遇李雨人、刘吉生留饭。夜登舟,移泊十二总。

九日　　晴热

晨欲买鱼,待至午前不得,乃行,际夕方至姜畲,到湖口已初更矣。乘月上,犹未晡食,夜分移行李方毕,倦卧已久,房妪告劳,昏昏复睡。

十日　　晴

诸女办祭,余亟补钞《易经》七叶,犹欠四叶。夜亦先寝。

十一日　　晴

晏起,半山生日,祭犹未具,将午乃行事。未朝食,吃汤饼两顿。外报小姐回,乃玉岑小女也。亦令吃面,留住女床。补钞经六叶。夜雷,小雨,已而大月。

十二日　　晴,大风甚热

房妪就医,大睡两时许。闻周、张两生来,乃起入内。今日乙巳秋分,气候将转,秋阳尤烈,风来如焚。钞经足额,又成一卷。

十三日　　阴,顿衣二夹,且具帽领矣

与书谭震青,论阅卷事。吾本意欲舆儿校府卷,门生阅县卷,今闻舆亦与县试,非本旨也,又不可饬令还,又成错矣。

罗匠来议起楼,正画样时,杨生来,遂同酌议,周生参议,估工至申乃去。张星二来。夜微雨。

十四日　　阴,有微雨

杨生早起。佃户送牛肉。朝食后遣丁买菱藕,便送杨去。钞《易》足额,逋课悉完。片告萧文星,令代还二税。

十五日 阴,甚凉

钞《易》一叶。入内摸牌,外报将军来,出陪点心。便钞经二叶。干去胡来,已将夕食。郑儿送牛肉,晡食烹鸡,甚佳,亦得虾仁、绍酒,供养殊不薄。

夜定无月,令妇女连句,作中秋诗。中秋兴自晚唐,非古节也。为作二句云:"秦隋不解赏,轩唐庶可寻。"盖秋分夕月,礼之遗耳。待月甚久,兼待包子,过子始寝。

十六日 阴,小雨

张起英来求书,告以不可,而彼急欲出游,与书雷、琼,古谪臣所不去之地,今乃求往,欣然而去。

十七日 晴

遣许六送德女还城,晨起作书与阳三荐秋生,正相当也。本约早办,及去乃无船,将午始发,又一折也。

十八日 晴

祖妣生辰,设汤饼,与小孙共食,告以故事,已及玄孙矣,亦庶乎流光者。得陈沣进士浙书,云诚、湍皆吾交友,可谓进士官也。盛团总来,云安徽不可去,将官湖北矣。夜月极明,使移前三夜,大有秋兴。

十九日 晴

丹桂始芳,较常年迟半月。夜作包子,亦早寝。

廿日 晴

说"朵颐",无意得"椯"义,汉人经不熟也。家中久无钱,卖糠自给,清理杂物。

廿一日 晴

说《禹贡》九州后地《水》误也,乃旧界。为禹所弼,迎刃而解,省多少葛藤。当更钞《禹贡》,并廿七篇皆当增成大义,又苦日短,为学真无已时。

廿二日　　晴,大风

钞经自十二日后日增一叶,乃更早毕。写对联数幅,仍不妨戏。

廿三日　　晴

张四哥早来,云饭于姜畲,不家食也。言其弟已辞馆,不日当归。兼言作楼工料,遣召木匠,云已定议矣。未饭去。钞《易·上经》毕。刘少田来。看沈子趣诗。

廿四日　　晴

裕衡州专人来,请作序送行,即复书诺诺。说《咸》"其酺颊舌",舌不可钳,岂金人有此三钳耶?改为针舌,用陈完夫新事也。

廿五日　　晴

钞经早毕。暮夜易诗人来,云欲捐官,先问能关节否。莽莽撞撞,未能答之,姑令宿食而已。

廿六日　　晴热

易胖去。钞经毕,作裕序,记衡州教案,颇能简洁。

廿七日　　晴。庚申,寒露

为滋女讲《书》,乃悟当时大义太少,不能贯串,即所谓望文生训也。又当补之。

廿八日　　晴热,午雨,旋止

省船还,得茂书,并俞抚台金腿。令诸女作书复茂,亦放学一日。

廿九日　　阴,至暮大风,午单衣,夜遂棉袄

彭生鹗来,言烈女不嫁天主教家,宜为诗旌之。大风搅寐,不得眠。

九　月

癸亥朔　阴

早课未毕,已朝食。食后杨生来,遂谈一日。团总请修银田寺。杨生言孝达欲送我行在,甚非美事。余云何以待之,岂先逃匿耶?又言起楼不得地,余云此避出赀者之巧说耳。既创其议,当遂成之,呼匠来,令于孺人生辰起工。薄暮杨生归。夜挑镫作字一叶。半夜雨。

二日　雨风

昨遣僮下县,今房妪假归,便寄书往靳,至暮不成行。雨频至,动溜积潦,但不久耳。盛从九冒雨来,曩吾敬子,今不敬矣。未出,听其一饭而去。

三日　阴

懿请假省墓,与房妪、妇子同去。一女与仆妪结婚,恐有揞颈之日,云我为媒,我又一易笏山也,瞿春阶必以为有死罪矣。至午毕发。方僮夜还,云相遇姜畲。

四日　阴,大风

钞《易》一卷成,一日得四叶。讲《书》至《金縢》,无钞本,更令纨女钞大字,为补注之。城中买菊十本,花初蓓蕾。

五日　阴

晨作字数幅,钞《易》注《书》如额。真更授五言诗。大风夜起。

六日　阴

乡中无面,遣佣入城觅之。讲《康诰》颇似宋儒章句,盖发明大义,训不能古也。书裕蓉屏《送别图序》,增文一段,甚有情韵。

七日　晴

乡中晚稻畏雨,今始慰矣。平江生来游学,方僮误引之入,人颇安详,云入山见读书人,方知斯世有不逐风尘者。其言感人,送钱二百而去。冯甲又来,皆钞书对之。日课本赢一日,反似欠一叶,夜为补之。说"除戎器",是秦始销锋意也,为前人所未发。夜月。

八日　阴晴

召土匠筑堂墙,匠人作楼,指画形势。孺人生日,设汤饼,女孙放学一日,夜食饼。杨振清来送柑。乔耶被撤来诉。

九日　雨

本约登高,不宜翔步。彭生来。赵婿来,言葬父事,劝以不必生口舌,切戒涉讼。

十日　雨

乔耶去,欲附衡信不及。曹家专人来求书匾字,吴山长为介绍通书,即作两纸应之。杨振清单开三贵人,求赏一书,皆振清一流人也。笑而诺之。叱之则跪拜,无奈何也。复书吴山长。

十一日　雨势仍浓

晨起笺《书》改诗,得一佳作。钞《易》早毕。外报陈秋生来,玉岑女婿也。出见之,三十馀矣,而配少女,殊不相称。出示仁、裕合书,云可得船局帐房,留宿客房,遣杨振清陪之。

十二日　晨阴

作书与裕衡州,便说陈秋生,寻土物送裕不得,姑遣空信。留杨待周妪,已而传云许女送亲还,余人未归也。今日写字颇竭蹶,未知其故。

六朝亦有八十许人,每读其传,心羡其寿,因思康、乾人良有福也。讲《书》"自介用逸",逸无用理,宜为反语。说"鼎"用如燉盆,方合木上有火之象。又驳《左传》鼎铭“饘粥”之谬说,鼎为大夫世家之制,亦新悟也。夜雨潇潇,颇有淋铃之感,又思闻铃之乐。

十三日 雨

黄孙生日,设面饵。与书任师耶,探鄂信。今日乙亥,霜降。

十四日 晨雨午阴

王珣儿云“身家讳与苏子高同”。盖读“珣”为“峻”,使易讳也。夜闻开门,又赤脚声登登不绝,起询之,云四儿步还。草鞋踏泥,欲以习劳,亦殊不必。

十五日 晨雨夜月

始闻汴信。求冬笋不得。校程钞《楚词》,自叹甚佳。盛从九来告去。

十六日 晴

秋少耶专人来送裕信。杨生送张信,并致楼赀。遣僮至姜畬寻张四哥,兼运蜃炭。船人云福建纯用蜃,南方用石,各从其地产也。说“智臧瘝在”五句,不知句读文理,姑令阙之。僮、侄夜归。

十七日 晴

张四来,言造正屋多所条程,难与共事,议论一日而罢,近宋学也。留宿外斋。静庵儿婚,昨来迎,当勉一往。

十八日 晴

晨起幞被,欲检笔砚,船上不能隐几,遂旷课三日。至姜畬,前日约杨生一晤,已来相待,遂要同入县。昏暮始泊,入宾兴堂夜饭,欲步月,已下钥,遂睡。

十九日 大晴

晨起,秋少耶来见。冯甲来送油。旋出访裕蓉屏,云柯逊庵擢湘藩,已当旅竹西。还堂剃发,廿日不栉沐矣。

饭后复出城,至静庵宅,舁人相问讯,如走卒知司马也。莲花街殊隘逼,不容旋马,而静庵所居堂宇甚峻,房室逼窄,云新妇巳时入门,今已将庙见。本家至者五人,习其四。新妇邹氏,云岳屏曾孙女,遂至贫薄耶?为之怅疑。指挥拜客毕,遂入席,亦颇不螫口。余与裁缝陪小上亲,未入新房,亟亟辞出。从黄龙祠误转西,心悟而返,乃遇一人,为指点迷路。到船北风甚厉,僮工俱不见,遂入宾兴堂。杨生游忏心寺归,顷之倬夫亦归。初夜有月,旋复大风,遂各睡去。

廿日　晨起微雨

芒芒上船,促令移沙弯,甫至而杨生亦至。船人云不可出入,宜泊一日。寒甚,拥被睡久之。吃落花生,凡再饭。杨生从陆还,遣许美成送之,余遂蒙头,一日夜不饮不食不漏。夜雨。

廿一日　雨风,更寒

强移对岸,两时许始入涟,雨泊久之。日斜乃更进,至松弯夕矣,命停舟不肯。夜宿姜畲,始有生气,起吃两顿饭。

廿二日　晨雾

醒已出日,唤起催归,榜人施施至,巳乃上坝。到家钞书半叶乃饭,云孺人忌日也。钞《易》四叶,随众素食。已而猎人奉雉,拌瓜为馔。优人戏猴,便却去之。斟酌礼达之间。

廿三日　晴

懿生日。移砚内斋,避寒风也。佃人请挑塘筑屋,遣人往估工。

廿四日　晴

方僮偕树生同往祠佃所。看沈山人诗,昨来访未遇。清坐颇寒。方、树夜归。

廿五日

晨未起,有入室者,云房妪还矣。遣人往迎。自起钞书,未毕一叶,步往湖口候之,乃闻人呼,以为已从他道还矣。比至家门,乃见度岭,迎呼同还。窊女送蟹,许孙回门,一无所办,搜饼饵与之,如得宝也。

廿六日 晴

钞书认真,外报有客,竹诠兄孙也。其孙书来,云甚恂谨。遣懿接之,令办饭,云已食,乃出问来意,许为关节。顷之又报郑福隆来,余问子耶父耶?云是父,出乃其子,甚愠,方设水角,命撤之,待去,乃以饴贺,韩昭侯之义也。懿遣四人将羊入市,行色甚壮。贺宿前房,余半夜未寐。

廿七日 晴

晨起不食,夜食卷子过多,饱闷吞酸,勉起书两纸。贺去,夜得美睡。

廿八日 庚寅,立冬

晨闻人还,云羊无人买。昨一日未食,早起书《易经》卦毕,遣方僮下县办冬祭品物。三裁缝子来,算祠谷帐,闯入内室,亟引令出。妇女赏菊持螯。

廿九日 晴

钞《易》且停,料检文债,方欲挥洒,刘生岳屏兄来,云其弟妇亦死,唯有孤子及二女。谭荔生弟得陪王相国烧烟,荔生亦无子,其姊夫刘静生亦死矣。又言衡山士大夫优劣,亦为允当。留宿前斋。

晦日 晴

作胡徐碑成,未欲铭之,仍钞《易》二叶,已而随笔成铭,遂不劳思。夜睡甚沉,梦亦甚杂。

十　月

癸巳朔

刘兄云今日日食，未问时刻深浅，昨亦食，亦未候视也。饭后刘去，附钱二千赙岳屏。得戴表侄书，云世饷已停，闽督奏也。

二日　　晴

钞《易·系词》，讲《书·君奭》，考焚券故事，有崔慰祖，又章表先称子章，未知谁也。方僮还。

三日　　阴。大风

筑垣停工，以清脚筑土，劳逸不齐，土工不肯专包清脚，谕令暂止。昏暮报石珊来，已而见数人盲行，呼问之，乃云晋庵父子亦来矣。张镫设食，便成仓卒主人。

四日　　阴，风稍息

厨人庀具，家人泛扫，昏暮华二、华四来。永孙、招子来。卅和来。六铁来放铳，刘佃来开铺，许婿来杀羊。二弟出游，夜始还。

五日　　丁酉，冬祭，备三献

石珊求子租戴弯，先吝今许，未详其由。设三席坐十八人，杉塘甘棠坤族有二，馀皆石泥宗人也，昨未来者。又有三屠父子及名孙与树生，为六长房、三四房、三五房、六三房、一六房、二外客、黄孙，馂毕已晚，纷纷去。唯留石珊、屺子，屺即得一兄儿也，交情甚深，而流落不可收，徒呼负负。夜未闭户，薄被稍寒。

六日　　晨雾霜，大晴

遣僮佣往刘冲筑塘换墙，门墙暂停工。朱小舟弟来送瓜。禄孙归。

七日　阴雨

幸不妨工。石珊请谷去。前筑上栋,挪用其百石,无帐可算,而实有其事,故听其作抵。写字十馀幅。

八日　晴

作书与胡辰溪,荐月珊七子。暂停钞书。

九日　晴

遣树子上县,屺儿同去。讲《齐书·佞幸传论》,言欺隐云"军有千龄之寿",谓冒死者名领饷也;"室无百年之鬼",则未知何意。夜颇寒,早眠。

周生送姜、橘,云舆儿又还衡。

十日　晴

晏起,诸女讲《齐书》毕。陈芳畹专足来告饥寒。吾有广厦一间,而彼不来,但欲卷我三重茅,可笑也。将军来,亦不饭而去。夜月。

十一日　晴

始讲《梁书》。姚思廉文笔冗沓,不成纪体。钞《易·系词》欲毕,颇以《说卦》,不在《十翼》内,似宋学也。留仙云吾终归宋学,斯言亦有由。

十二日　晴阴

僮佣还,云塘工已毕,费钱千馀,谷二石,抵五十工也。

十三日　乙巳,小雪

陈复心专人送玄缥表里并鱼翅、飞面,从孙家来,未知其由,即书复之,云当告归。大晴,夜月。

十四日　晴

张生自衡还,云李润笔已到,还旧债外尚存二百千,且喜不背攻。陈完郎专使请期,许以腊月,呈寿文,尔雅健举,佳作也,即令书屏。张佣与竖子争席,余自取被与之。沈山人夜来,谈至二更去,云月行有佳致,独行尤佳,别有兴趣,真狷士也。设汤面点心。

十五日　大晴

张生晨去,戴表侄来,求干蔡洋道,许之。将往城治嫁装,遣陈使先去,遗二衣,两饼银。月课俱停。

十六日　阴

本拟早行,防雨改明日,遣视船竟未到,要纨女同往办装。永孙夕来,云有人求文,实则求馆也。言复心已撤,改委沈闷南。张生复来,戴午去,检刘状,将作传,乃羌无一事。唯岳屏有话说耳,置之。看朱孝子禀结,检新志,初无其名。夜雨。

十七日　雨阴

复钞《易》二叶。纨女钞《左传》毕,未暇检点。

十八日　阴雨

遣送菊与沈山人,并媵以诗。至夕使还,乃有报书和诗,兼馈果饵。夜月。

十九日　晴

留久,本欲冒雨行,乃竟得佳日。命滋携黄孙同下船,半日行李乃毕,至姜畲,夕矣。往张生处取银。二杨兄弟同来,得朱、程书,话数语别去。出涟口已夜,到县初更矣。滋往三妇家。永孙来,言请留一夜。余约待月即发,久之遣促至即行,一夜未停,迟明到猴石。

廿日　大雾,晴,南风甚煊

辰正到朝宗门,到家已朝食,乃有九弟女携子女均先在,云近荐出无数人,宜为其女婿出力,笑而诺之。欲往小吴门,过窊女家,入视,便出从五堆还城门,云搜检甚严,乃未相诘,未知何故。遣功易银，步往小东街，还王借项，遇粟谷青、汪督销，将夕乃还。蔡女、儿女均去。窊来竟日，未夜去。早眠，闻失火，未起，起已大雨。

廿一日 晨大风，有雨，骤寒

王连生、朱生、梁璧垣、周荫坤来，云罗顺循已还中国。盈孙生日，自亦忘之，至夜乃觉，赏以二蟹。夜晴。

廿二日 晴

遣佣还乡。王莘田偕胡澹生来，九弟妇家人也。附竹孙与岏樵，托买锡器。

陈芳畹来，苏三以为白日撞，诃问之。余云君衣冠太敝，不似盗也。

廿三日 晴

苏升来求荐，人不知足，亦不知所由富，宜张孝达之甘心夷奴也。与同至空门忏之，兼看讲舍，阒无入门焉者。遇道乡，同至笠云处小坐，即同看席祠，谒刘坤二，遇八指在舒家道场，始知叔隽死矣。凶祸相连，黄氏所不料也。还过孔搢阶不遇，到家，与寄禅同点心。女妇过窊家，夜还。校经彭、李、刘三生来。

廿四日 晴霜

黄孙来。检点嫁衣。汪寿民、寄禅来，偕龙山李生，欲为吴永，以貌陋未选。陈芳畹来告饥寒，恤以二元。蔡氏从女复欲摇钱，则不能应矣。午过任师、朱守均不遇，还，五僧来，茶话。闻易青涟丧，正八十矣，天下可怜人也。张生四兄来，往清江。

廿五日 晴

任师早来，留饭去。窊女复来看尺头，动则百金，始知物贵。

廿六日 晴

龚生令桂阳，来辞，云少荃没而犹视，盖电气使然，非欲事吴如主也,而周馥适为士丐矣。永孙来,令觅晓沧儿同去,往城隍祠看戏,黄孙所好也。刘果夜来,云尚无行日。与书但少村,荐贺孙。

廿七日　晴

钞《易》一叶,犹误以《序卦》不必深求,姑补成之。孔搢阶来,自谓正学,云当送裕蓉屏,未久去。曹镜初儿来,送出门,正逢裕过,入谈即辞。云爵帅开缺,陈生得漕督十五年,遂欲代丁,信升沉之无定,然亦捷矣。张翊六来,执贽。

廿八日　庚申,大雪节。晴煊

任积臣、胡子扬来,云黄伯周即在本街,同往看之。因送子旸至草潮门,独从又一村还。永孙复来告归。黄、雷、陈生来相看。

廿九日　晴

黄生来。程璟光来见,未知何人,延入问之,云虎溪子也,字海年,今居黄子襄故居,将同会于王家,故先来看。已而至王莘田处,粟、叶先在,又有陈六生女婿魏生及广东罗令,多言洋务电报。程子后至,八指亦在,吃饭九碗而去,二更散。屺儿来。

晦日　晴

与陈芳畹同出,答访任三不遇。马士元与黄生来。欧阳大人来,油滑无取,浏阳无此人,亦闲气也,与叶麻又异。独往戏场,但少村来,未见。钞《易说》成,凡百十日。

十一月

癸亥朔　晴

黄孙课毕,想看戏,携至火祠,局散。同至盐署刘师处,有广西新举人,陈生季修孙也。小坐出。还遇笠、寄二僧,约作生日,众僧诵经,非所宜当也。

二日 晴

杨伯寿、丁生同来。彭畯五来求书,云有秀水王家,藏书甲天下。又有浔州守张丹铭求书楹联,并言其从子之能。得茙书,云往南海去矣。金妪来。

三日 晴

道乡僧早来,云坤二将遣人往吴,可带嫁装,便托购铜、瓷器皿。午携孙女看窊,旋至城隍祠,遇畯五还,谈久之。左致和妻来告帮,许为加一千钱。夕出无僮仆,舁至赵坪,程海年请饭,有洪子翁、皮西学、陈十大人及其姻,苏、李两令,王莘田,赞广翅,说官话,夜散。与莘田步寻蔡洋道,寓郭宅,十年不到矣。

四日 晴

斋戒楼居,与循、陈郎伯商来,出见,遂久坐。陈郎被酒愦愦,恃有奥援,复欲入狱矣。略随语犍椎,未甚领解。李伯强前普来,剑斋儿也。便约明日一饭,报其半千金。夜风有霜。

五日 晴

丁卯,烝祭,早起待事,仍命功献,午初已事。窊女来。汤团练来。杨儿来,留饭,礼辞,遂听其去。朱生亦礼辞。遣纯孙请与循,便随之来。杨伯琇、李伯强亦早至,莘田俄到,杨云新学党魁也,何以相识。易实甫替人,千真万真,其然岂其然乎?李欲出城,遂早入坐。张雨珊旋来,初更散。四客步去,王留后。一日颇倦,早寝。

六日 大雾,晴煊

待黄孙课毕出,答访夏、汤,便过与循,均不遇。至笠云处小坐,聋老已衰,不可谈矣。坐看黄、张、郭、李之衰,又看汤、王、张、瞿之盛,亦算历一劫也。费、王生来见。乡中人来。

七日　晴

忌日,素食,客来均未见。萧生夜来,云当往淮上,送火腿而去。

八日　晴

晨课毕,步访夏子新,问相寻何事,乃云张生名条失去矣,馀无所闻。至关祠坐久之,待舁不至,复出立街上。又将一时许,舁来,至藩署,客皆未至,入与但紫英谈蜀事。顷之邀出,三客皆不相识,一贵州人,云曾于陈伯双屏后窥我;一李姓字新和,云于靖港见我;一瞿姓,云初禀到。张雨珊后来。席散将夕,步出,又待舁还。得王生昌麟书,荐廖令来见。

九日　晴

部署无章,姑令糊窗,待移寓。彭畯五携其兄子来,云将往广西。廖知县来见,成都举人,开字帖店,携眷来候补,教习班也,与方廉使为师弟。

十日　晴

晨未起,莲耶来,云三女已到。携四女、一妾远迎之,暂令滋移内楼。蓝山赵生来见,黄提调在坐,先去,赵衣冠华绮,云往寻复心,盖赀郎之流,非吾徒也。王祭酒来。夕过蔡署粮,诸客已至,刘、王、程、李,馀无别客,亦无多谈,但吃而已。坐散,答访罗师。任师来辞行,往安徽,到省。夜风有雨。得李生书。

十一日　晴

遣方僮迎家,二佣接轿,一日无客,料检移寓。夜携诸孙看本街三祠冬祭。看与恂寿文,为两孙书扇。

十二日　甲戌,冬至

卯正红光满窗。起送任师,其大门不启,待一时许寂然,今日不行定矣。此等行,无所用送,幡然而返。天似欲雨,顷之仍晴。

家中嘈嘈,急欲移寓,遣人再往,均不得要领,乃自往便定。遣招三女来,滋愿留家,惟珰、四女、一妾先来。坐未定,程孙儿来,致其大父所送生辰纲。永孙又来,儿孙俱集。余又还家,看何诗孙所写张文星寿文,归本朱子,正合孤意。还讲舍,两孙已去。尹和伯又来请画像,并画立轴为寿,期以异日。和尚来。甯来,吃蟹羊雉稌,夜初俱散,不闻更鼓,亥正寝。

梦作赋成,起段系"东"字韵,不起草,就卷书之,第四联云"桓元子五丈旗边,雄心盖世",未及对而醒。又梦饮酪,甜如蜜,心昏然不能须臾,知被压,急自转侧,乃安。鼠堕足边,疑魅物也。蒙雨,夜明遂觉,至曙。咏《洛神赋》。

十三日　　阴

晨待饭未起,有人入房,云刘大人请客。卧而答之,人去即起,饭始熟矣,勉食一瓯。小雨作寒,短日无事,看西书。席研香儿来,未见。邓〔但〕直牧送柚,真巴东产也,万方玉帛,未过如此。陈伯弢贺生日,并送新词。

十四日　　阴

看未见书,皆近人所作,有陈昭谋时艺。何仙槎,年伯也,文颇有书卷,三心祖父也。午出谒巡抚,谈新政,云还京,已至真定道上,不废游览。日色将晚,至盐署会饮,坐客汤、王、席、李,新到县令刘省钦,以余为客。李即勉林孙,亦道员矣,最后至,云瞿军大寄家鄂藩,新妇随去。夜归。大风,有寒意。

十五日　　晨起雪纷纷,旋落旋消,积半寸而雨,俱化去矣

功儿来。珰小女豆疹平安,又过一厄。夜早眠,得莪南海报,知已到粤。

十六日　　阴,午后仍雨

俞抚部来,谈绅士,坐久之。客去,余出答席督销,过雨恬、黄提调、梁文案,旋至洋局会饮。厅前轿满,入则有杨、巩、王莘田,又一白

胖人,不知姓名。有少年陈姓,或云伯屏家儿,听口气非也。问蔡伯浩,乃知可亭儿,钱店老板也。又一张大人,云沅江旧籍,误以为张伯琴,亦问蔡,乃知云南学政,黑胡无翰林习气,纵谈督抚。杨、王先去,陈居洋局,余与张留,谈久之,与席俱出。雨复蒙蒙,见有云母车,询知三妇先归,宜孙待晴催饭开铺,顷之皆办。李孙来谒,未遇,名鸿干。

十七日　阴

待来不来,独坐无事,看近人文集。陈梅根、谢钟梗来,谈时事。功来,言莪信已发。张季端修撰来。

十八日　阴寒又雨

尹和伯来,示画梅,即以为寿。陈郎来,云亦道员,捐四川,将办越盐。梁璧垣来,谈诗。夜闻喧声,宜孙归,其舅送之,而寓客舍,遣迎往家居宿。看包慎伯《一》、《双》、《三》、《四集》及刘起潜《通议》。和尚送添妆。

十九日　阴,大风

功早来。看铜瓷器,竟日向火。二郑来研生、祝嵩,问三儿,未知何处。至夜人声鼎喧,诸女、妇、孙皆从船来,先舁入者五轿,幸有床板,暂得容身。

廿日　晴寒

发行李卅挑,出门迎轿,先过雨珊,出遇轿,误从中右行,乃导之左。寓中待米以炊,过午始食,夕食遂初更矣。家中儿女亦来,纯孙先至。出买床板,遂至夜,还食毕已太晚。三更始关门,议做生日事。

廿一日　晴

霜重路犹湿,舆呈新刻诗集,讹字极多。出答诸客,吊胡子威,须全白矣。过汪寿民、黄望之而还。陈瑜来,误以为璚弟也。入则陈芸敏之侄,前在藩署同坐者,谈数语去。

廿二日 晴

未起，彭畯五来，辞去。道乡来言瓷器。弹匠来。但道台送寿礼。黄修原来。廖荪畡送润笔、生辰纲。黎生父送百元。汤又庵来。雨珊夜来，为我筹画客坐，更开三间屋，以馆来客。吴妪来，属其子。

廿三日 晴

任师早来。笠、寄踵至，扫除外房，但直牧来，送润笔。窊还，遣迎滋来吃蟹，久之不至。功父子均早来。魏齾铁三来，嵚崎人也。益吾来，荐厨、戏。月生自衡来。郑弟来。汪寿民来。珰疾甚困。

廿四日 晴

珰犹未愈，忧之。陈郎来，云其眷从船亦将至矣。早饭后送往种福源。功妇来看妹，因还校诗。顷之齐七、二廖、倬夫、泽生来。黄望之来，云席督销纳征，赵坪尚有屋，可喜也。言李雨农事甚详。夏子新、尹和伯来，遂暮矣。瑞师、胡师来。与书谢廖荪畡。得李生书，请游桂阳。

廿五日 晴

今日必当答陈瑜，催饭未得，且校诗一卷。饭后至皇仓，寻陈寓，乃在巷内孙老总昔寓间壁，瑜已出矣。过福兴，访二郑，亦出。还至家，见王生寿言内载挽联，不胜骇异，亟改正，至寓遣送魏寓，令就格更换。胡外孙女来，斗牌，索饼未得。忽忆当答尹和伯，未及去，罗洋员来，言日本看操，相隔百里，但闻炮声，实无所见也。告辞省母，匆匆去。余亦出，至府围后，和伯外出，又还斗牌。彭稷初来，送寿屏，自作甥书，一论耳，非序体也，然论文武极有理。入见湘孙，孙不能作一语，亦奇女也。胡孙夜去。

廿六日 晴

任师来，求但一差，书为干之。完夫来，云程岍樵已到。午后陈九郎、屼樵、麻十、杨叔文同来,廖生亦同完夫并至,邀坐摸牌。局未终,余出贺杨八嫂生日,当留听戏,局客俱散,送至雨珊处。余到杨家,见杨、巩、益吾、龙艮三、李七耶及佛翼、王莘田,馀多不识。汤藩台后来先去,余亦同出,念陈郎疾及三孙女未愈,因还寓早息。诸女坚云太早,旋闻鸡鸣乃散,及寝,果觉夜未央也。

廿七日　晴

晨出诣屼樵,遇其从人,引至水阁,麻、丁均在,戟郎亦起矣。言锡兵备有时而明,必欲见我,送寿礼、关书,余唯唯否否。因看陈郎三兄弟、二廖生,小坐,还舍朝食。送礼者纷纷,初不暇记。湘衡人亦纷纷来会,无馆待之。今日己丑,小寒。

廿八日　晴

晨起待儿孙同笠云至上林寺拜普佛,十僧主事,坤二放参,设如意斋,余具银钱十枚助斋衬。麻十来,欲干但藩。出遇二程、二杨,余不暇顾,径至寺,已有人候门外。顷之完夫来,言杨皙子、张正旸均到,即遣迎之。待二程、杨伯琇同早面,登藏经阁,正拈得《大般若经》。久之王莘田来,程、杨先去,杨、张补阙,至未散。

出诣继莲溪,颇似奭召南,非发品也。将诣善化,时已不早,乃至家,解衣,见乡族十许人。闻三妇来舍,诸女欲来,步还止之。仍步还家,诸族姻门生毕集,磕头不计数,汗湿裘矣。待轿无有,又步至讲舍,暗行,衣靴抹冠,幸不遇小利。至门,待慧孙及佣工,久之慧孙乃过门,呼之不应,以为非也。内遣来告,乃入受贺,爆竹甚盛,家男舍女,女华于男多矣。窊尚留待,以太晏,催令办面,散已近三更矣。催众早睡。

廿九日　晴

晨起入浩园门,门已锁闭,久之乃开,犹是坼阖,不胜今昔之感。入晴澜舫,至东厅,已有诸客待事,因无自寿礼,不请知宾。陈鹏孙早来,旋去,馀随到随拜,不能记谁某,若齐次风、史士良岂能办此?少村来,云抚台必入,属令先待。巳正,廙仙来,不吃面,清谈甚久。藩台饥矣,而不便独设,陪坐至午正。客来三四班,李抚孙亦待久,请来同坐。廙去,谓但可一过我。少村又匆匆去,竟不得食,可谓仓卒客也。余陪夏子新一面,东西厅客纷纭,竟无暇饱,过未正来者犹相继,嫌其太迟,乃还舍解衣,貂冠汗透矣。女妇始相见,女客亦有二三人。晚与功儿议发帖请客,杨儿必欲唱戏,遂留莲太耶、梁璧垣、朱稚泉摸雀八圈。戏子乃来,草率丑陋,不成局面,三更后散。

晦日 晴,仍热

晨起,诸生来者十许人。笠云同道乡来,看吃饭,杨生、蔡侄、常婿、云孙同饭于戏台。遂不顾客,出谢北、西、南三城客,留东城未去。在善化县门待舁夫饭,至一时许,入求实书院,与王生一谈,云罗顺循又中毒矣。诸女演剧,至夜分乃散,窊女亦去。

十二月

癸巳朔 晴

饭后出,补谢孙次韩,即过葵园待客,正见陈十郎与一梧言叶麻子兄弟斗很事,修书求情,不惜卑词,殆类哀鸣矣。赵观察早来,张学台次,藩、粮、盐、臬,夏、陈两县继至,方欲进馔,传云洋医杀人,市人将哄,群官仓皇去。四坐但馀夏、陈、李次琴、张雨珊、二程、二王并我为二,散时犹未三更。

二日 晴热

诸女召剧夜演。功儿在家宴客。衡、桂、潭生络绎来去。午后到家,陪坐送酒,皆亲交也。设二席坐十一人,蔡侄、常倩不至,余未食而还。戏箱已来,窊瓜女携女来,两孙女及王女并来。设二席,宴蔡侄、常婿,朱稚泉不肯坐。招麻十吹笛,叶麻不来,戏无精神,听曲一枝而罢。

三日　晴

衡客告去,三妇携子孙德牙均去,族邻亦去,散遣傔从,检点铺设。功仍宴客,午后欲往待事,门遇赵季质,谈常德书院事。马先子、徐甥、贺孙均来言事。客去到家,皮、胡小梧、杨儿均到,彭孙婿先在,馀皆不至。蜀两生来送寿屏,功陪坐,余先还舍。两生幞被从至馆外,客已散,即居外舍。询知为张式卿、戴子和所引进也。一为王剑门,则无人不知,以其手写《湘军志》也。杨生小疾,张生共谈。

四日　晴热

王、张补拜生,余补谢客。朝食后功来取屏对去,张之厅坐。与两生论时事,张云英人云中国君主乃压力机器,欧洲则用机器之人也。余云有压必有抵,抵当待压而后见,必不糜碎而已。匈奴轻汉,正其来朝之机也。午还家待客,费、王已至,遣招张、王。上楼假寐,云郑华容已至,当陪点心,强起出坐。莲太耶亦来,待朱伟斋、孙楚生,上镫乃来。设两席,送酒后退,还倦,初更即睡。

五日　阴晴

朝食后霖生翁婿来,言过礼铺房,张生遇于蜀客之房,云六槃友也,盛德金托其汲引。杨儿来问戏,功儿请病假,自往视之,则已出游矣。小坐还舍,斗牌,吃面,夕食遂夜。二陈来。云杨生不能饭,煮粥铺之。与蜀生同谈至三更,张生告去。

六日　阴

卯起,待张装去,赠以两蔬一肉,使归遗母。王生廿年院生,以事孔者事宋,困而出游,宋乃荐与胡延。余初不知,欲令游鄂,询知,故留,暂馆我,此即宋、王之优劣也,王之世故谙矣。常、杨来,云婚事功儿不知,当取进止,还家与议。正遇雨出,又一客到门,下舁则毛杏生，云已捐知县，将往万县，为程生坐号。家人治装，刘伯卿来，遂坐半日。雨湿街石，先携两外孙来，不能还，乃独步至舍。骤疾，发热，微汗，大咳，夜不帖席。二瑚来送鸭面。

七日 阴

晏起，稍得一寐。任师来。家中纳陈氏征，诸女、妇、妪尽往。余当往杨儿家待客，遣两僮荷酒先往。功来看懿疾，旋去。徘徊久之，恐后客期，遣呼舁来，至藩后尚早。任师先来，陈十继至，馀皆待昏夜乃来，省城新派也。杨、巩、叶麻以管班故早，李云子、郭筠子、粟幼友、王新学次之，祭酒最后，刘师不来，奇矣。黄郎云昨客有张雨珊、汤又安、席沅生、李抚孙，并无别意。莘田云黄提调出豆，张野秋管学戏甚认真。散将三更，犹怏怏也。

八日 阴，欲雨

晨催僮仆还家，竟无人去，委过小张而革之。实因方僮误之，而法不能加张也。用法往往如此，故曰“齐之以礼”，刑礼之异则在心术，由外言之无异也。媒人当来不来，不来又来，则由礼俗不同，彼己各异，非吾所能逆睹。往来碑石塘，又携三外孙看送装，还舍夕食。送礼单往陈家。

九日 阴煊

晨待取银，朝食时往家送女，开容娘已去，窊女未还，遣女来送嫁，诸女妇并集。杨生来，为婿傧。陈婿来，女犹未装，小裘犹热，再三催装，未初乃迎婿，奠雁，登舆，纷纷遂去。急解衣步还讲舍，正于乐道巷遇新轿，未派扶侍，路人诧焉。顷之诸女皆还，待三女至夜未至，长妇、六女送亲，宴毕未复命，亟催令还。三女来时，已三更矣。闻闹房甚勇，遣告伴母，不可忤客。余倦遂寝。

十日 雨

煤、米已尽，散遣佣仆，撤去帐房，交还借屋，检点长物，移房让王生,遂居内寝,遣湘孙到家。当出谢客,出时已将夕,仅至游击、藩台二处。从东茅巷至小瀛洲席祠剧饮,诸贵公子皆捐道员,貂裘满堂。席沅生设四席,皆辞首坐,竟空其一席,余与蔡洋道、余太华儿、聂四郎、王莘田、杨三品同坐,客逡巡并去。二更蔡道兴辞,余亦同出,过青石桥,居然有镫市之景。杨儿来,托其交戏价席费卅元。

十一日　雨

周妪早还,言须钱放赏,又去其十六元。三女整顿厨房,送归羊鸭,遣彭佣、曹妪俱去。与莲耶一书,干唐太尊。寄禅来,云笠云生日,邀往午斋,共三十二人,亦设四席。余坐久思归,遂冒雨还。黄小鲁儿庆曾来,忌辰,拜客辞未便见。云孙来,云待考未去。颜太尊将回任,云与俞抚不协。俞勤颜惰也。曹、王并为家中所留,文柄麾之不去,与约三章,留之挑水煮饭。

十二日　阴

功择今日回门,不知忌辰不可衣冠也。改期十五,又忘家忌,尤为荒忽。孙君诒儿举璜、黄小鲁儿庆曾、皮小舲孙晋藩均来见。和尚来,求保奸僧,与书王新学,转致善化令。写字二幅,看陈伯弢词卷,摸牌较牌。

常霖生、廖春如、二陈郎、杨生来,谈及轿钱,余亟止之。而杨生力辨哓哓,余不觉斥数甚厉,虽无择言,亦非君子之容,犹觉风波易动耳。少年乃可盛气,老而好斗,又不好得,犹为本色。得任师耶书。

十三日　晴

湘四江、云、西、安豪雄配甘、川、陕、鄂、苏、粤、豫七旗,丁桂、张湘、直东汉亦同畿。只饶浙粤夸双节,豫桂苏徽一足夔粤陶、湘俞、闽许、黔邓、直袁、晋岑、浙任、滇李。

晨出谢客,晤任师、盛令,还至家已朝食矣。女婿来见,设馔待之,至未乃来,请朱稚泉陪客。余上楼与伴姆建议伴送事,女在房与姊侄闲话，婿在客坐，余再上楼，比下已设食矣，遂步还舍。两遣人觅佣妪、鱼翅。

十四日 阴

蒙雨如雾。晨往衡清试馆看陈寓，已治装下船，铺陈尽撤。九郎早起，馀尚未下床。还舍，待转脚，过午不来，自出探之，遇妪搴帘，乃知过矣。出门遇喻生，碑石巷遇陈、杨、魏，八人分二队行。夏寿璋自蜀还来见。彭鹗自下门入，匆匆去。还舍，遇呼传帖人，视之汤姓，"世愚弟"，盖谒黄皖捐者而误诣我。入内真已在室，留坐终日，定更去。任师来，言暂拨事，顷之遣人送来三百元，以清楼款。

十五日 雨

忌日，素食。珰出看二姐，携小女去。杨、陈、廖生夜来告行。还杨四百元。

十六日 雨

真来，云床坐皆移下船，特来暂坐。周妪定不去，遣舁迎之。陈婿亦来辞行，遣儿往船看之。余过胡小梧处，陪两县，长沙不来，客又有蒋幼怀、胡子清，至初更散。周已还而无睡处，处之客坐大床。与书督销局问支取银数。夜月。

十七日 大雨

蒋幼怀来。得督销道席沅生书，言去年干馆，世兄吉翁亲手领去，殊出意外。余屡询回信，且告以恐人中饱，所谓人者，即吾亲子也。彼昏不悟，清昼攫金，其胆大眼小，甚于攘羊，且以来书示之。

十八日 阴，晨有雪

赵景午来，言张司空有书来，言船山书院属抚台保护。余云"吹皱一池春水"，非管学及巡抚所宜留心也。颜太尊来，未见。功儿来，面谩云未闻庭训。既无心肝，不复与言。

十九日

两督销收支黄焘送来脩金五百，盖依例扣两月，易仲硕之谬也。与书席沅生正之："敝处与胡文忠家，岁由贵局支送六百金，乃张督部优贤报功念旧右文之雅，非干馆也。彼以为贤而馈之，我利其惠而私之，则不贤矣。是使督部滥惠，而受者无名，故必辞也。润公虽亡，人知其心，必不欲其家受此虚惠，其子孙不能辞，故代之辞，润公意也。如是干馆，则必求而得，或荐而得，万无伪辞之理。而易世兄不知大义，妄列于表，以蔽张公之美，而彰胡、王之陋，盖其魂东魄西，魂不附体之所为，不足贵也。又随大例减去两月，则更谬矣。减去两月，何不裁此二分？且不必裁，而固已一辞再辞，又何劳易公之岁省区区乎？代者不知其由，但依易例，弟又远在山谷，从不入城，故瞢然至今也。幸逢阁下明达无私，故敢布其诚心。去岁小儿所领，悉令缴上，今年年终报册，求向名下注一'辞谢未受'，明年不再列表，以免刚中堂之流查帐追缴，诸多不便。"

廿日　雨

出答颜长沙，因至任辅丞处，还前借三百元，以票期未至，往来两次，遂置之。欲令功儿换票，辞以休息，词色傲很，不自觉也。遂索票自还，令方贵往，亦不成。市侩刁难如此，久不知此味矣。

廿一日　雨

遣舆往矿局换票，送还盐局四百金，始了前事。当请十僧一斋，饬家营办。家中小婢病剧，去来了然，可骇。

廿二日　雨，至夜遂雪

方僮兄病剧，犹在厨供役。冒雨出入，家事丛脞，殊无整饬之道。文柄得莘田荐充局丁，即日去。

廿三日　大雪五寸，庭阶皓洁

借僧客堂设斋，请十僧及坤二，报寿醮也。携端孙往，至夕还。

方僮假去。

廿四日 雪霁

灶养亦请假助葬方兄,房妪兼厨,不更雇工,豪杰也。彭佣夕至,亦不乏人使。使今军大中有此一人,天下事未至如此,但废佣工一顿饭耳。赏钱折席,作年糕。

廿五日 阴

功晨来,送茂女广州书,言及时事,切戒以徇俗务外谋食好利之敝,因数其交游,无謇谔人。游词相抵,终不入也,亦聊尽义方而已,使王船山知之,必又痛恨。夕间任家送银钱来,始得开销。

廿六日 大晴

赵升令、黄少耶文相并来谈。赵言学术,黄言但阴险,如见肺肝,致可乐也。我不能绝之,以识其微时,亦藉其光宠,一义一利,交情乃缔。滋女来,夜令女妇报茂书。昨欲看迎春,已而摸牌忘之,遣彭十还山。

廿七日 己未,立春

云卿儿来借宿,盗地照去。初取其一,又从门房取所藏者而去,可谓巧偷也。令作新者偿原主,去钱二千三百,其所盗不过易三四百钱耳。送年礼者四五家,皆无以答之,唯分诸女银钱及杂用,亦顿散数十万。磨墨一碗,写字廿馀幅。

廿八日 晴

晨起陈梅根来论文,兼为雷生借钱,并言尹和伯甚窘。余念当送润笔,而财力不足,取闽石、浙笔、徽茶、江鸭,媵以十元,马先生例也。省节他费,犹几乎不足,功云十千何所济,信大言矣,但不知功曾散几十千。

廿九日 晴。除日,小尽。年光颇丽

陈芳畹来,取四元。尹和伯来,因与俱访梅根,借以八元,左锡

九儿妇二千,熊、吴各两元。来宗来,送巴布、野鸡,家人押岁,共卅一元,盛矣哉,寒士所不料也。儿女见惯,乃以为悭啬锱铢矣。虽房妪亦以为不应计算及此纤小,王生宜得十金,乃减至四元。犹患不足钱,钱何难得,世衰使之然。携孙女男还家拜牌,二更行礼,仍步还,路暗独行,岂能以财济人者耶?每思"车不雕圻"之言,善言用财者。三更祭诗,四更先睡,不复问家人洒扫事,亦无人洒扫也,纯乎官体矣。

光绪二十八年(1902)壬寅

正　月

壬戌朔　晴

未起,王女已来拜年,余至家,女又在家,朱稚泉亦先到随至,均可谓踊跃从事者。拜庙受贺毕,还舍受贺,爆竹烟愳尺不见物,从来无此喧阗,亦刘仲良所谓为寒士吐气者。儿女守岁,并困倦。过午乃有客至,凡见杨儿、任师、丁孙、梁璧园。旋过僧舍斋集,有萧希鲁、李少允父子及陈再伯、松生子也。刘坤二、诸寺僧众五六人,夕散。懿犹未醒。

二日　晴

城中来贺年者竟日不绝,皆避未出。曾生、周年孙便衣来谒,余云逾垣闭门,正避拜年客也。昔解孟子书"驱飞廉于海隅",是讲洋务者,今又得此解,与番禺令说约与国战必先,同为善谈孟子。孟子正未可废,诙谐先辈也。

三日　晴

国忌,无贺年人,亦新讲究,早年不问服色,此皆官气也。寄禅来,言罗顺循。

四日　晴

遣僮补飞名片。午过蔡洋道,遇席督销,复过赵从炳而还。云孙来,功上食。

五日　晴

抚辕飞片,在其来拜后,似乎太简,特往答之,并讯咳血愈否。为余言叶、张诸绅登报,昨发电问外部,余以为不必,而俞绅必欲询之,岂畏亲家翁反脸耶? 夷威及于岩穴,则所谓莫不尊亲者,确有其验。出过家,舍舁而徒,功妇进膳。

六日　晴

城隍祠住持和庵设斋,寄禅云初正那可入鬼地,已辞之矣。笠、道来,邀同往,又随而诺之。过家,遇一貂珠人,乃文擅湖南,自蜀归,邀入略谈,云何棠孙亦归矣。纷纷还家可喜也。二僧避客登堂,已乃同往,客皆不至,唯一陈姓闯席,及和庵僧妹夫同坐,去早散迟,甚破工也。窊女来送膳,姊妹毕集。

人日　晴

朝食后,夏三嫂次子来见,字子择,老实人,保家儿也。闻爆竹声,甚讶何人,乃擅湖南来送寿礼,拜而受之。遣招笠僧,则已遁去,初不疑其逃席,因过上林寺乃知之。步往卝局,无人焉者。绕路边井,寻留田馆,乃得之于黎家坡,宾兴司事皆在,唯见葛、萧。又过杨仲子,在洪井,叶邻。还至上林,闻大声出屋,未审为谁。人见孔、叶,孔云子妇初昏而丧。叶云日作冶游,以为得意,亦太无耻矣。粟、工继至,笠僧不来,寄禅甚不自得,未夕而散。房妪告归,遂琐门去。丁氏三子来,逊卿,果臣孙也。

八日　晴

写扇一柄,郑妇弟来,遂以与之。又写对联四幅。午至小瀛洲,坤二设斋,又煮鱼翅相款,客有李时敏、李少允父子,笠、道、青莲三僧,未夕散。舁从织机巷,报谒蒋又怀、陈程初。赴草潮门陈家,陈仁子近、翼栋寿嵩为主人,诸绅半集,二道为客,各与接谈,恐夜散太迟,半席兴辞。六女上食犹未至,遣两儿携妇先归山庄,行李已整顿矣。

九日 晴

晨发行李，留夫担运。青莲设斋，云过午不食，欲早赴集。笠云必待午后，不从其禁约也。访邬师儿、汤又安，汤处遇汪、龙，小坐而出。见朱宣桢、谭生、沈粹儿、曹厚之、黄修源，谈洋马头，李宗莲愿办，又云回京，似未太平，张、刘俱当入卫，瞿、张朝望甚佳。久之乃去。胡婿又来。僧已再催矣，步往三官殿，迷其门径，旁皇久之，复遇陈姓，指引在周家对门，入则笠、寄、道三僧俱在，又讲和矣。张〔刘〕坤二、赵少耶、张怡仲、夏儿俱在，青莲设斋，宿云为主，未正散。

过家小坐，还看两妇，犹未欲去，促之出城，行李已不及出矣。胡氏外孙女来，长妇亦来。至夜携五孙踏月，复至家小坐，独步还舍，遣异送妇，因迎两孙。

十日 阴，有雾雨，旋霁

黄文桐同知来，历诉坎坷。笠僧来约往龙祠。常静来诉其徒。小雨欲出，仍返。贺子明来见。出门又遇尹和伯、周生，同行至府后，周自南去，过尹寓小坐。循抚垣至寿星街，寻龙宫道不得，法喻避去，其师弟设斋，请章童子、张怡仲、刘坤二、张传胪。雨涔涔下，菜迟迟来，遂尽一日。异还，少惕。陈雨初来，三年契阔，余儿受其干馆，亦当辞之，又不知作何词也。诸女并赴王生妇家春酒，大雨往还，至初更未休。更迎黄孙来，并滋及两孙女，均宿舍中，以息疲人。

十一日 阴，复有晴意

长沙令国忌宴客，既约申刻，复改早饭，应酬无聊至此，余亦从其无聊。街湿异往，闯抚辕过，栅丁担夫口角手搏，俱不知礼，余默而已。约束家丁最难，步步宜谨，不可令张正旸见也。往则客犹未至，顷之任、黄二师与子清同来，刘师、罗洋继至，散已将夕。复过陈崧生家斋集，从浩园还。

十二日　癸酉,雨水。晴

三官僧宿云早斋,晨往,欲往,赵道台来,复闻房中有客,道香僧先至,舁往则笠僧先到矣。怡仲、寄禅、夏子同集,坤二不来,云往陶真祠行香。陶即士行子孙也,修道未闻,岂亦五斗米道耶?午还,未能款谈,且出谢陈、黎,因访吴仰煦,便过张状元。遇李少耶训灾,不知何许人也。小谈而别,还夕食。陈宇初、黎竹云皆施主,宜有一饭之报,令诸女开单营办。邬师夜来。狗儿来。得吕、夏书。

十三日　晴

尹和伯来照像,设坐僧堂,功儿、两孙均到,午后朽〔乃〕毕,留至讲舍点心。王镜芙来。午集刘师家摸雀,曾翰臣其姑耶也。与刘父子同局,未半,黎竹云来,汪知县来,怀庭女婿也,无书卷气,云摸雀第一。黎代刘,汪代曾,局散无胜负。夏武夷寄寿文、水礼。

十四日　晴

明日请客,诸女两佣皆至家助办,余亦还部署。欲舁还,兰孙亦当舁,乃步从,不及,比到已决溢闭门矣。登陴叫呼,乃辟门。少愒,步至浏阳门李氏怀庐,赴罗麟阁招,设越食,熟客有任师、王莘田、魏铁三,论碑帖之殊、茶煤之税,夜舁还。微雨,夜半遂雨。

十五日　雨

陈湜儿索作祠联。丁、王生并送汤圆。廖世英梓材来。陈亦渔子妇来看珰女,其叔姑兄妻也。此人不见经传六十年矣。廖误以在讲舍请客,到遂遣舁夫去,余告以尚早,辞去,无轿,乃遂踏泥,后又甚雨,遣觅不得,顷之取空轿去,余亦还家。王生已久待,夕始催客,客不待催已陆续来,黎竹云、刘省钦、梁璧园与王、廖同集,更招朱稚泉,黎令意也。散正初更,渝酒甚佳,留送黎船。待煮饋供神,二更后始行礼受贺,诸女皆至,还舍已鸡鸣,更煮饋、摸牌乃寝。

十六日　大雨

遣看船还山。丁秩臣孙谦字荇泉来,言祖父无传,允为撰述。

果臣孙遂来求事，亦为干但，皆应办事也。

作陈祠联："孤垒捍神京，栾范论心，分谤生民功不朽；新祠邻故宅，曾杨把臂，世家乔木泽偏长。"夜晴有月。

十七日 晴

晨写字数幅，尽还墨债。看船，始定期后日发。娄儿请客，席于王家，余初不知，以为公局，恶其有娄名，辞之。尹和白来，云照相不现，当重照。

十八日 大晴，甚煊

陈梅根引颜可铸、郭又衡及其侄婿、族孙来，云欲一见。同里而会于异县，可笑也。和伯早来照像，更就大殿东堂设坐，往照毕，更邀照像易生来，啜茗而散。饭毕，就轿至任师处摸牌。久无人至，出街游行，道滑不能远，还则二汤、潘、石均至。汤前来误认黄、王，告以年谊，以为不能相会，未半月而相逢，信乎路窄也。彼此相谢，各怀不睦。与同摸牌，顷刻负进数十金。汤儿知不偿进，坚辞另局，与潘季鲁、曾翰臣、查文案出现银博厢房，余与任、石终局。局散，赵阶六厘员始至，酒肴均不旨。舁夫未至，任仆送还。

十九日 晴

昨发行李，今犹未半。欲面干藩、臬，买小毛衣未得，乃作书与但，托丁刘勇丁，继托邬儿。夏托任儿，陈芳畹、陈鸿鹏为左托孤儿，李祥麟托王门斗寡妇粮。黄文桐来谢委，俞抚信人也。常时五官并用，曾不厌倦，今乃疲于接对，手挥心应，犹似昔耳。功来竟日，余凡三出三返，皆以客故。初遇刘采九，云长余七岁，次遇陈芳畹，三遇朱伟斋。复与书刘定夫，托荐胡升，又还赖福于任师，与唐二以干馆。

诸事就绪，掉手遂行。城门泥滑，复遇空轿，登舟见客，则彭五奉雉，寿贵祥也。雉伤翅而不死，耿介入罗之说未确，乃命畜之。俄顷便夕，催功早去，开铺挂帐，初更俱睡。

廿日　阴晴

大风逆南不发。胡氏外孙男女、长妇及两孙女均来,喧笑竟日。至夜转风。

廿一日　阴

北风甚壮,帆至昭山,戗风船簸,俱立舷边避倾仄,行十馀里乃平。昭山险,闻六十年矣,乃今知之。夕过县城,不泊,入涟行,迟夜投沿湘河宿,《志》所谓袁家河,因山松而名者也。树生自雷卡来求书,与书衡岑。

廿二日　阴

缆篙并用,晡乃至姜畲,帆过南柏塘,竟入湖口,行李不移,辎重全至,初所不料,甚快庆也。待舁必夜,率诸女皆步上。北风吹面,女皆寒涕,余惯不觉也。又知御风而行,亦非易事。到家已夕,船物亦皆运至,以己室居珰,自移书房,移王生于客房,夜为禄孙设汤饼。

廿三日　阴

甫欲料检,书籍并笔墨全非故处,纸格遂不知所往,书亦失散,又一番流离也。衡道专人来请题,余生遂专为拟题之用,良可笑叹。庸松来,冒冒失失,但欲觅荐书,随语诲之,彼皆不悟。张生兄及许都司来,亦苦求荐书,左仲茗所谓可杀可剐者,即依所请,与书程生,令量材用舍。夜作书复锡、程,兼请程办屋料,遣方僮下县取字画。

廿四日　阴,大风

将运谷不果,遣衡足去。常信复来,常婿遣迎妇女。乡人来拜年,送鸡豚者相继。始令黄孙温书写字,字犹未荒。

廿五日　阴晴

杨生来,韩布衣、沈山人先在,正谈王伯略,问我自负伯才,今当何如?余云无王有伯,伯王一道也。伯之所及者狭耳,其设施皆王道,非后世所谓偏霸。因语杨生当慎所从,如为俞、罗驱使,则身价先减,一事又无成,不可妄动也。杨又言银钱漏洋。余云此魏氏谬计,土地不能漏,何患之有。金银无用物,古人方欲损山沉渊,今以博易有用之货,不尤善耶?杨意似不以为然,重驳难耳。待食至昏暮,乃得去。夜微雨似霰,簌簌打棚。

廿六日 晨雨,俄晴

乡人塞神,寿龙见过,来祝厘。四老少来,示陈经畲诗,值得一差,当与浙抚谋之。《全校水经注·河水篇》"石盐大段",从朱改"火煅",误也。火不煅盐,煅亦不破。大段谓太大,不合用耳。约王生过其家饮,相去四千〔十〕里,居在乡僻也。年中各得登堂,亦可诗也。遣至刘坤运谷。冯甲来,方僮还。

廿七日 晴

遣运谷,竟各不去,云一不胜,一脚痛矣。许孙宝老来。张武童来见,正旸从弟也。田雷子来。今日戊子,戌初惊蛰,四戊矣。写字廿馀纸。三妇上食,补在城日供也。自四日至十四,子、女、妇、孙轮供夕膳,尚馀两子妇未供,故更补之,遂可曲宴终月,亦庆事也。

廿八日 阴。微雨如雾,竟日阴

振南、镇湘两族孙,六铁族子来。二杨子来催饭,舁夫使得早去,当家无人,殊不成章也。

廿九日 晴

写屏殊不成款式,幅长势散,不相贯注故也。七十年倒绷孩儿,盖知凡事无忕。

晦节 晴

正半年乃得终月游赏,实为罕事。彭鹗、王凤儿、郑福隆来。周生辉堃来。同周生游前山,携黄孙同行,欲登云峰,怯行,不似壮年矣。又雨,因还。彭佣斥去。

二　月

壬辰朔　晴

懿妇设汤饼,始毕年事。已得芥兜、蕨拳登盘,椿芽早老矣。桃谢李荣,便春深也。女妇剪字作寿联,赤文绿字,省费省力,亦新样也。午后饱睡,至初更乃起,饭。

二日　晴

唐、黄不愿乡工,亦遣之去。四工去三,复少人力矣。移床撤画,为过春计,未知能安静否。

与片但儿,送寿对。少村方伯八十生辰正月十五日:"薇省月华三五夕;楚南人颂八千春。""楚南"字从来少用,此亦搭天桥扯来者。

三日　晴

看《水经》,写字如额。田雷子请春酒,午前遣迎,未初往。有王凤喈、王瀛台、周生,及七都赵生,王孙师也。有羊肉小碗,非乡里菜,酉初散。家舁来迎,还。

四日　晴

看《水经》,写字。过元功塘,看紫荆院内海棠满花。说《杍材》"庶邦享作","享"即"百"①,解"享作"即作新邑,下文"庶邦丕享"即与上相应。而"后式典集"四字晦拙,仍当以"集庶邦"为句。"丕享皇天"是王之享,非邦之享也。后世用其法以集庶邦,则可大享皇天,尽附中国民矣。如此文句较顺。

五日　晴

张声仁来求书,极异事也。一见纠缠,归之宿业,依所请而与

① "百",疑为"享"之讹。案"享"、"享"古字均作"享"。亨,通也,无所拥碍谓之亨。

之。盛儿又来求书。张诚妻兄来求字。皆与周生同至，佳宾满坐，思之哑然。夜雨。

六日 雨，时作时止

未慰农望，喜无人来耳。看《水经》，北方水道今皆无迹，欲一一图之。

七日 晴

苏三晨来，得功及陈婿书，并送腊肉。树生妇来，辞去，讶其泥行，云已澣矣。今日戊戌，社日。张星二、王包塘来。王亦族子也，而不知其名字，舆云代顺。云与包塘同产，未分而卖地，得银已充公用，今始欲分耳。余不理族事，令诉主者。

八日 大晴

晨闻犬吠，自起看，乃无人，还待鸡鸣乃起。辰鸡也，正农家食时。写字误斜一行，意甚懊恼。遣苏三去，小婢无人照料，亦遣之。懿与王生俱附船向姜畬。四老少来。夕有周镇军来，挟采九书求见，意不欲见，期以明日。二胡又来，所谓坐上常满。

九日 晴热。正单衣犹汗

狗孙来，云为花鼓管班，因闲来游食也。族中皆此类人，唯恨尧之睦，法鲧之圮耳。然古者姓始有族，此又流失之过，儒者之迂使然。团长来诉谭儿，谈许久，犹未尽其意。召见周总兵，营混也，问其所欲，亦自知其无益，令姑归待事。四、六夕去。

十日 晴，更热

朝食后大南风。偶看客房，二少已去，两老又来雅、晋，亦携一仆，幸其开缺，否则拥挤矣。至夜复失去王生，以为寻死，甚疑虑也。热气不减，竟单衣坐谈，可怪也。

十一日 晴

牡丹、兰草、杜鹃并花，海棠未落，差足流赏。王生晨还，悟其那话儿去矣,所谓百虑愁眠也。两弟并去,家中无油,遣僮入市,便令送之。席督销专人来,言干糇,复书置之。狗孙游惰,亦斥令去。戴表侄又携佣同来,二胡亦还通山。游人四人,运租佣工七人,总集夕食,顿饭五斗米,盛集也。一日不暇他事。夜大风。

十二日　癸卯,春分。阴

晏起,出看新笋,未出土。戴、胡均去。闭窗避风,看《国语》,言越王起事,书生谈兵,可笑也,便似演剧。夜风甚寒。

十三日　阴,小雨如尘,便已酿雪

看夏榜眼律诗,勉以更历艰难,莫以杨升庵自比。自来才子诗人,误人不少,使升庵遇我,必有所成,孔子所谓斐然不裁,诚悲悯之圣心也。瞿军大亦非弃材,被放差开坊养成亡国之臣矣。虽生质各殊,不教之害为大,若凡材则不足叹也。

十四日　大风,寒

手冷不亲几案,亦无人来,为杨儿改文。唐姓来,言宾兴田事。

十五日　雨,时作时止。雷殷殷,风少止,犹寒

看《管子》一卷。午有排门求见者,云刘春台,乘舆,风帽,朱十二步从,盖土老也。言李巡捕买田批契,朱家索加价,中人为难,将有大祸。笑喻使去,但令多煮饭,待坐捹而已。

十六日　阴寒

忌日,素食。有排门来者,风帽拖鞋,邓婿也。酒气薰薰,言词鹘突,旋又呈诗,草不成字。自云从江西还,已到省禀到,又舍去,将应乡试,今年两科并行,大有进取之路。余唯唯而已,须臾辞去。弥之儿遂至如此,亦可叹也。

十七日　大风,晴

方僮还,无所闻,唯闻懿将入赀作官。义方之训,非今所施,听其自便可也。衡道专陈八来送卷。

十九日 晴。甚煊，而仍可重裘，未解其故

看卷竟日，毕七十三本。夜遣人入市。

廿日 阴。晨煊午寒，遂大风雨

竟日无事，作《管子》书目录，并题记校录本末，一书经卅五年乃始有眉目，则陈隽丞治浙一年而有眉目，非嘲语也。夜风撼窗。

廿一日 阴

芥菜遇雨不能暴干，亦乡居之一忧。佣入市还，寄真饼饵及干肉。遣陈八去。宜孙乳妪求归，大扯是非，遂欲乱国，余恭默而已。不晓事人不可理喻，喻之更乱也。瑞孙来，得真书，而使已发，何其迟速不相谋如此。乡人议事，余待再请，至暮不来，盖无成议矣，乡人亦不可理喻。名、法家所以发愤言治术，但不知何以使婢仆。

廿二日 阴雨

晨未起，房妪怨怒请死，庄子所不能治，乃以孔子门内治法治之。房妪非可云恩，正所谓“远怨”“近不孙”之女、小耳。业已养之，因而恩之，又家长之一法。

黄孙读《多士》，因考《多方》所云“尔辟”即明辟之辟。凡辟皆二伯、内相之称。禄父监殷，周公居摄、居雒，皆称为辟。凡言辟公辟王皆同，唯百辟卿士则为王官有地之通称耳。夜大雷雨。

廿三日 阴，雨仍未畅，春寒半月矣

裁缝散工。刘女弟来，云但大人条荐，营主大怒，遂革役。异事也，与书刘定夫问之。懿还，云衡州专足来送信，留住县市客寓，不敢来。云程家媒事，尤可异也，亦当问之。

廿四日 阴晴，见日

懿自杨家还，云无新闻。夜雨雷。

廿五日 雨

刘丁去，便问衡信，一日未返，想误传耳。舆将出游，初不知其

何往。匡五厌父丧来赴,意在挽联,与以一幛。王生亦将去湘,留待我同行。仓长来,诉欠谷。王三屠亦老耶矣。许屠诘盗,为盗族所逐,请众公议。遣舆代往,云团总不至。

廿六日　雨阴

午前淅沥不绝。牵羊往祠,正触泥行。杨生来,言灾异,又言无三统之说,"春王"皆宜断句,自为一条。又言卜筮皆为授时,卜以候气,非为前知也。大要皆新说可骇,而以"春王"截断,似可通。又言谭佃生事云,当传询之。饭后去。

廿七日　阴晴

懿始往祠,将午乃行,匡礼无人送。珰家复专人来迎。桂阳专人亦至。

廿八日　晴煊。复可单衣

懿妇生日,为设汤饼。城宅人来,送莪信及越产数种。懿夕还。石珊弟来,老病龙钟,留宿客房。

廿九日　阴

九机兄子来见,六十矣。言墓禁事。余言庶人以下不宜有墓,此皆弥文之敝,遣从石珊以往。又责石弟不可留狗孙,欲附匡联,复防中饱,其无用如此,何族谊之可论。夜雨甚风,与书陈郎,告以不闲。

三　月

辛酉朔　阴,复寒

为张生作母寿文。夜风雷。

二日　晨阴

雅南专足来。城佣还省。夜雨。绂子来。

三日　晨大雨，朝食后霁

诸女踏青。海会僧来求募疏。张星二来。夜，湘孙设汤饼，纨女暴疾。

四日　阴

湘孙生日，作牢丸。招振湘来治疽，云鱼尾疔也。为处方留药而去。族人士智来，诉黄步侄妇反复之状，明清单词，片言可决，随而听之，与振湘俱去。放学闲戏。张奶妈求祷文。

五日　阴晴，甚寒

遣方僮觅船送珰女，至暮还，云无埠头，唯有行船，宜就近觅为便。山榴盛开，桎木亦花，夜闻子规，滋云清明日已鸣矣。

六日　晴，仍寒

常家佣人呼得一船，索价六千，奇闻也。云湖船亦索五千，则无帮之故。此处上永丰，不过数百文耳，当再访问。由陆行亦不过数千，熟路成生，弹指五十年矣，夫力皆加倍蓰，国奢之故。论治者乃曰民贫。惰非贫，而有贫之道，以为贫则大误，贫可悯，惰可恶也。

陈芳畹专足来，余待之外厚而内薄，以迎与同居而彼不肯，故参差也。力量亦非不及，但不欲施之此人，若好行其德者，当必不然。黄步族子来，诉分屋，断令充公，各与一千了事。

七日　阴

魁孙弟名振来，功儿荐充山塘长工。王生告行，贶以四元。盖有三月饭债，十千现钱未偿，故来坐索耳。万毅甫来送寿礼，正在穷迫，又索去三百青铜钱，使人不敢守株。

八日

晨起，待送衡客，乃皆酣卧不起。将往舟旁看周妪，再行，阻泞而还。朝食后珰众毕发，孙、奶子亦去，是非既成，则自息矣。舆、滋送之石潭，微雨沾衣，余因罢行也。夜雨遂成，送者还途，衣袜尽湿。

张正旸来,留宿西轩。夜晏眠。

九日　阴

作《朱孝子传》。寻壬午日记,永丰水程,余行亦在二月此日,仿佛注《楚词》时。张生夕去。夜大雷雨。

十日　雨,午后霁

寻汉碑,作杨石泉碑文。周生来,宿客房。懿妇治熊掌,作汤饼。

十一日　晴

樱桃初熟,复女手摘以献,与蜀产大同,杜子美当复吟"也自"耳。周镇遣持刘帖来取书,因以付之。彭生来。将军见过,旋去,周、彭亦行。菜水蒸蛋,美品也,欲为制名,则殊扭捏。去年今日亦始尝新,几成故事矣。看《禹贡图》。周生去。

十二日　大晴

作杨碑铭,亦自动宕往复。王凤喈来,未饭去。皙子来,言定出洋。余以当恤名止之,意殊不止。其妹亦谏不回,盖意有所中也。读书信不能变化气质,以此知李生之贤。沈山人来送苊卷,夕皆告去。山中时有佳客,又时有穷客,凡纳谏者大智慧人也,余庶几于此。

十三日　晴

唐排律未钞正字,命复女、湘孙成之,更为检校。彭鹗来送诗文。

十四日　甲戌,谷雨

木匠亏空,帐主均集,营营于我家。楼工亦未完,旷日之过也。

十五日　晴煊,大风

龚文生来,将诣总督,恐其不见,以贵人讳言高科,必不认鼎甲年侄也,同年之敝至此极矣。为书告岳生,令设法兼谢寿礼。张起英书来,言秦子质治粤有绩,忘前书作何语矣。

十六日 晴

衡州送卷来，张生来看，云佳者皆程、常之作。自枪自荐，不知可耻，此亦科举之敝。一日毕阅。张生夕去。

十七日 阴

待僮妪久不来，诸事料理，将出县一看。与书衡永道辞馆，遣陈八去。张武童来取书，令往省宅候信。为二陈、张看诗，即令持去。周生来，约同行。

十八日 阴

晨起写对子条幅，逋课粗毕。周生来，云船已办，摸牌一圈而行。天色甚暗，至姜畬留宿。舆亦同出，与周俱访张店。张、田并来，顷之张兄来迎，云已杀鸡矣。往夕食，暮还船独寐。半夜大雨，篷漏，舟子明镫照漏，遂至晓未眠。刘弟来看姐，居七日矣，竟不得见，令同还省。又遣还取扇，约待于姜畬。

十九日 雨，时作时止

许大八请早饭，四女出见，田、张、周、舆并会，食毕告行。刘弟亦来，周、舆上船，映兰放赖欲从行，斥之不止，听之自去，又可怪也。午至沙弯，周生上去，放舟至城，舁入宾兴堂。罗学堂正在会议，欧阳福、李雨人均在，待葛伯乔而议定，云出洋无人，似罢论矣。寻朱太史问之，亦云前车已覆，不可为也。罗、阳、葛续去。龚文生、朱菊泉、云孙来，同夕食，二更始设，食毕遂睡。

廿日 雨，竟日甚寒

朝食后少瑚来，拥被对之。偶见倬夫案头有《中州名贤集》，内有宝先生，先生未闻，因借阅之。其识者孙奇逢、汤斌、张伯行、李棠阶、倭仁，其不识者耿介逸庵、张沐起庵、李来章礼山、窦克勤静庵、井覼祖蟫庵，皆汤、张前后时人。中推孙钟元过于李二曲，自孙外皆进士也。书为黄曙轩所刻。

廿一日　晨雨差小

朝食后答访龚文生。还,云孙引朱孝子孙、张贡五来。周生少瑚来问舆儿刷书事,则束载矣。余既无所待,则亦从之飘江上船。大风,宿鹞崖。看《粉妆楼》,五十馀年不见,全不省忆矣。

廿二日　朝阴午晴

至平塘乃起,比到城初晡耳。舁至家,顷之从人皆至,云永丰须半月往返,出人意计外。茶亦不佳。扫除内楼,略可施坐。遣舆看窊,还云方病起,少进食,余亦殊不欲食。朱四来谈。未二更即睡。

廿三日　阴。有雨,午后晴

李石贞来谈诗,旋送诗稿来,云新与与循开亲,四门亲家也。二丁来,未见,言闽有鼠瘟,身肉内出,鼠无皮毛,中者立死,传染甚众。夜雨雷电。

廿四日　雨,雷甚壮

要与循来,摸牌竟日,王、朱并集。梁璧园来,请题先画。王镜芙来,夕食后俱去。更与孙、女收局,颇倦遂睡。四老少来,旋去。陈伯严儿遂为继母所虐,吁矣。

廿五日　晴雾

晨起甚早,作书与陈小石,遣四老少去。欲雨,怯出,清坐一日,时有雨。

廿六日　晴热

朝食后出访和尚,先过雨珊,云已病七日矣。坐上一客,未问姓,旋至与循处,看颐侄,热甚步还。访尹和伯,诸女欲迎其女至山庄学画,先为道意也。

廿七日　晴,午雨

和伯来,不能去。陈伯屏来,谈京中事,夷人开一门,金锁彻明,而我夹其间,启闭甚严,掩目捕雀未至如此,此自欺之至诣也。杨生来，欣欣治装，予亦自欺，云各从其志而已。王船山丑诋犬羊，而其子求试焉，三徐不似舅，有何可叹。晚遣人下乡寻干馆及鲑菜。

廿八日 晴

晨出欲访伯屏，先已约魏铁山来谈，因从任师门过，入看三、八，遂访张状元、陈道台，俱未起，魏亦未起，人唤之起，略谈，还朝食。晚至长沙寻胡师借盘费，同诣龙友，小坐归。夜看洋书，云熊希龄复起矣。

廿九日 朝晴暮雨。今日己丑，立夏

朱生设酒，余家作汤丸。乡中信还，湘孙报四婶得一女，廿四，亥时，云又添一春矣。当名之曰添春，小名益孙，"添"非古字，作"沾"又不可，未能定也。龙、马二师来。

晦日 晴热

从长沙令假得五十元作路用，便将附舟西行。胡子清来，偶及择婿，云有两家嫌贫者。余往刘师耶处访之，因同出，过盐署不遇，便过朱、王门一问讯。梁、杨暮来。颐侄来，云龚文生已到。顷之果来，馆与循处。魏铁三来。改字叔弢。

四 月

辛卯朔

附小轮未定，暂留一日。作字，看《佩文谱》。夜遣两儿答文生。夜寒雨。

二日 冷风苦雨，万无行色

昨夜感恶梦，意亦不欲行，再留一日。省钦来，言陈氏媒两家均不就，其人无母有父，孤贫甚可妻也。宜少待约之。程孙早来，云当往清、淮，朝食后去。夜宿外楼。

三日　雨

贺侄孙来,言欲觅馆。余云今儒冠多饿死,当恤此辈人,不暇及师耶矣。刘督当入京,西行计不成。朱孝子家送润笔,便还盛款,尚馀其半,买夏布已去卅元矣。俞抚台送贡茶三种,手书谢字,语多恭惟,因便论学堂,以报厚意,云陈右铭在此,自愧不如,林放湘州,狂澜不可扇也。闷雨竟日,子清来谈。

四日　晴

过辰正,厨人犹未起,曾家八本,已无其一矣,亦耻唤醒之。作书复夏午诒,写应酬字。看演《封神》,往来人丛,殊非老人所宜,晡后不复再往。孔奏派来。

五日　晴

遣房妪视窊女,题曹驯册,序文小坡词,皆无聊应酬,而为之有味,搭天桥骂人,故可乐也。

“莫从城里觅林逋,一角孤山兴不孤。卅载炉香宫锦旧,两篇爻篆砚床朱。蜀茶供养新驰驲,湘笋青猗定忆鲈。借问唐家春睡醒,可能潇洒似君无?”杨儿来相看。黄矿师来谈。笔债渐还。刘师书来,请再待几日。王、廖两令来。夜雨。

六日　晓寒

早起。陈伯屏求题《枫林图》五六年矣,暇题一曲:“湘流碧玉,正浦云平处,翠松团屋。世外仙源,归去来兮,三径丛兰更绿。板舆长爱闲居好,浑不忆、禁宫边角。只夜窗[①]、听得书声,似伴纺灯宵读。　　万事如今莫问,且料理墙外,几株梅竹。清绝湖南,枫树青青,分付楚累骚曲。牧童钓客如相访,又谁管沧浪水浊。尽留连、一片汀州,稳放采菱舟宿。”

---

① “只”,据《湘绮楼词钞》补。

遣问曾杰是陈芳畹何亲,又是何人。还云长沙人,与其女同坐绣花。盖因送货来往而成婚者,闪灼其词,殊可不必。午至黄提调处,伯屏、欧鹄先在,烟气熏人,同至小房摸牌。与循、璧园后来,六圈摆饭,杨生亦至,十七老耶同坐。与循病困先去,余待终局,取四元以归,以与孙女。夜雨。

七日 阴晴

午后将行,笠、道两僧来,要至龙祠看会,同至北街。念当复还,当省往返,遂归小坐,待发行李,然后舁出。湘泰船坏,不复能驶,与循率颐侄同坐烟篷,房妪携两刘俱从。夕初到城,换船,始饭,五人去二,夜泊沙弯。

八日 时雨时晴,一日八变

晨坐船头看涟口,一时许方至,未正到家。看新生孙女,生气方盛,云其母自乳,紧可放心。邓子竹先来,未见。

九日 晴

钞唐诗三叶。宜孙缠绕不去,殊妨于事。佃户两家分秧送肉。夜月。

十日 晴

钞唐诗四叶。遣船上衡,云须明日。至夕,懿复告行,云往三姐家借钱捐官,殊可怪也。此儿本无教训,未能约束,但借款无着,必为姊累,又不如杨姊借银为弟买妓矣。

十一日 阴

晨起甚早,待儿、妪、去,懿于食时行,妪、丁去,时将晡矣。雨纷纷,未能送,已而大下,顷之乃霁。钞诗四叶。

十二日 阴

钞唐诗五叶。开枝三儿被访闻,来求救。答言无救法,唯有贿差耳。营营再来,默默而去,开枝儿遂至此,可叹也。

十三日　晴

榭生妇来买书,告以无有。云五相公补签子手矣。庸松来,访父踪迹,未茶而去。午设饼甚佳。钞唐诗五叶。

十四日

纨女生日,设汤饼,本境清醮无肉,从六都得之。钞唐诗四叶,则回龙较牌,至三更乃散。搜匡床,得五鼠子,俱未开眼,夜闻喧动,则移去矣。

十五日　乙巳,小满。晴热

忌日,素食。钞唐诗五叶,所选始定,册年功成非易,亦叹日月之不居耳。夜月,早眠。

十六日　晴

李义山诗尚有可补,薛能、郑畋二律并删,再钞凑之。未一叶,一少年来,入拜,似是游学者,又似长随,徐问之,乃易清涟长子也。前年今日,人面桃花,为之感怆。留问所欲,不离局馆者近是。廿两之惠,如何可忘,遂与点心。热甚,始浴,浇背又凉,唯中下绤而罢。暮携两孙出戏,又遇一人,云自坝子塘来,云根舅之孙也。不可怠慢,处之内室,询其来意,不外提爱耳。夜月,未午,二客俱睡,余亦就寝。

十七日　晴热,始纻衣

钞李诗毕。杨生弟送团总信来,言王三居倚势倡狂。信可乐也,复书详告之。与书采九,言易郎馆事。又与书龙郎,令留馆焉。清涟恃才傲人,致无立谈者,然与余厚,故为致力。易、李朝食后均去。

十八日　阴煊

遣滋往舅家贺婚,午前去。甲总来,言萧姓干预,恐有哗斗。风雨骤至,匆匆各去。夜凉,始得美寝。有雨。

十九日 阴，顿凉，复重绵

圈唐诗毕，唯无七言排律，本朝最重大诗体也。自鸿博大考始用之，非小翰林所敢作，唯汤海翁有七排百韵，亦弟一诗人矣。

廿日 晴热

入内看女孙临帖，出见客坐房中，讶初不闻知，则将军也。云有讼事，求申冤，意在游祸，留饭而去。滋亦被留不回。

廿一日 阴燠

方朝食，舆还，云瑞师同至。又言李仲仙革职，皮鹿云掌教，康、梁还国，谭、杨赐恤矣。逆案能翻，阮大铖所不料也。

看《唐书》，初无眉目，乃知贪叙事，固不如断烂朝报之可喜也。宋、欧一实一空，并成笑柄，此又前所不觉。黄昏时，汗如浆，裸卧久之，大风白闪，骤雨翻盆，起着夹衣，明镫而寝，风撼竟夜。

廿二日 风未已，阴，稍煊

看《画录》，得汪之瑞本末。李云舅所摹八幅，皆中锋干笔也，于法最难，而无画趣，但画者有趣，正肖其性情也。

唐人议卢弈遇贼不当死，知当时清议不贵忠烈，与今不旌烈妇女同。张巡子恨许远，诸名士皆不直之，余独有疑焉，虽事远，其子当不虚语也。然巡之守功甚惨，读之至今不乐，又非其分土而守焉，宜谓之侠。得莪书。

廿三日 阴风犹寒，时有飞雨

懿归，昨夜殊未醒，今乃询之，则欲就丞尉，不觉哑然，此必周辉堃误之也。不友达人，至沦胥溺，略喻以方法，彼殊未悟。闻敬竹真病，又为闵然。盖不调养而又怫郁，乃至此也。虽弃材，亦因无照料至此，且宜从我薰陶，或无悔乎。陈俊臣老伯之女，借钱与弟买小，已荒唐矣。女乃借钱与弟捐官，曾不问我，盖批者乃如此耶？殊为可怪。两百元又何劳借，昨令退还,亦未穷究,此项即由我还,以后少生是非。八妹又产一女,不育。我女真多女也。①

廿四日　晴

四妇满月出见,设五俎接子,儿女放假一日。

廿五日　晴

晨起甚早,待夫力久不至,乃饭,并召女、孙等较牌,俄云夫集,遂行。至石潭访将军,要至饭店,剃头后乃行。取回水弯、仓坤道至花石,过一大镇,正欲问名,见题大字,知为郑家坳。不过市,从左入山,未至花石五里小愒。须臾雨云甚浓,至店,街石已湿。

廿六日　晴

舁夫定从山前,不由白杲,初未经过,姑一往看,出门便有小坳。十五里饭石坝,水中横石天成,云紫荆水也。廿里毛棚。十里饭福田,廿里岳市。遇旷凤冈甥,文姓,擅湖从子,云旷居此,今往石弯求田去矣。日已将夕,皆云不可进,强行廿里,宿店门前,方僮云必"殿门"误也。昨日宿轿中,蚊喋数十口,今乃施帐设床。夫疲,步行廿馀里。

廿七日　大晴

五从者皆脚痛,不能复进,强行五里,饭于黑沙。又行至八里坪,皆去年熟路,已忘之矣。廿馀里,欲饭九渡铺,舁夫不前,乃遂径过,小愒馀庆。坦道旁碑亭甚壮,雪琴神道也。三里至樟寺,从安康觅夫,飞行到城。至安记后门,已如张昭门,塞土矣。强唤开门,入见岏樵,邀至其家。张生五弟子及廖生师弟皆来见。周妪出见,云真女来觐。无可言者,一见令去。一日未食,晚饭二盂,匆匆暂宿岏

---

① 当是湘绮与其第三女珰之信。

樵客房。

廿八日 晴

昇夫留一日。屼樵招张子年来陪，因同朝食。唐蓬洲来谢，未见，约自往一谈。程家不便居住，请扫除安记以居，午往。二陈来见。夕仍饭于程家。今日步至府署、衡令署。还，稍愒，谭香阶来，适有事，亟欲出，对接甚简。

廿九日 晴

张生晨来叩门，云宾主有闲言，即日辞去。余为画策不从，留行不肯，因令往余家代照料，令其坐竟日，以终三年之局。午至道署，答访香阶、子平，皆不遇，热甚且还。张生夜来索书，言明日去。

五 月

庚申朔 晴

晨起将渡湘，廖荪畡来久谈，言周达五报销折奏，其词颇委曲周全。对客朝食，日炎风微，遂不复出。赵观察送蒸豚、点心。二陈、喻来见。朱得臣弟、廖生来夜谈。热不可睡。

二日 辛酉，芒种。晴

晨令具汤饼，朱得臣来，谈稍久，遂成糊矣，屏去不食。即渡湘，忘携轿钱，待于渡头，有伧父延余坐，且欲备轿，未识其人，即"泥饮"叟之流也。至洁翁家，尚能出坐，借轿吊彭传胪，知其送葬，于义当一往耳。馀俱未入。道逢丁轿，余先至其家小坐，从浮桥过，还午食，梳发纳凉。唐守催客，步往，云何迟也，邀共摸牌。顷之屼樵至，代余。巴陵方生及谭震青同局，俱胜，独唐负。未竟已夕，设食杂谈，二鼓还，妪已去矣。更热不能寐，闻外有转侧声，呼之不应，起，脱衣露卧,乃得睡。

三日　晴

常生孙来。丁笃生来。谭震青便衣来。三日唯看林西仲所选文诗,兼令程九郎看之。晨语常孙,亦欲其博览,不专治经史也。赵署道遣来约一见,以店不容轿,许待于程家。冯洁翁来谈,云久不入城矣。步履尚轻。期午而会,至未不来,乃归店,遣问之,则云未约也。将夕乃来,久谈。贺子献来,不得一语而去。此刘丁之误。唯吃炒面、薄饼,与张子年一谈而还。天似欲雨,小睡片刻。

四日　阴,晨雨凉

刘子重从九来。真女送菜饵,廖送茶面;首士送节礼,辞之。清泉令沈子振来。晡后晴。

柳子厚称箕子为先生,此号甚新。韩退之三上宰相书,何以靦颜存稿,实齐人之不若,文集中一奇也。冯世兄来。

五日节　晴

程父子、陈昆弟、三廖生均来贺节。程送粽、卵,午又招食。有罗剑芝自蜀归,稍问蜀事,云陈老张署高令矣。二廖同食,散未及申。余未食,索点心无有,衡城节日罢市,省城不及也。莲耶及七相公均来见。二廖又来相看。陈八来,令具船来迎。

六日　晴,复热

卧看唐、宋杂文。午坐无事,闯入一人,以为谢少琴子,故行李同来,徐问所由,则竹伍孙也。自苏州来相寻,径至书院,又至东华门,而踪迹至此,如方相索室,甚可怪也。大致不离乎提爱近是,懒复与言。遂出,步至衡阳,答贺子献,旋入震青签押房摸牌,赵阶六、程、贺同局。谭翁出谈,廖笙阶、薛师耶踵至,舍局,清谈久之。贺已输进,余接手遂不复振,输八元矣。夜散异还。热。

七日 晴热

晨呼船发行李至书院，余独待。夜卧看杂文。殷、周并来，痴坐，观其意，未知当如何而可。饭后赵阶六、薛仲贤并来先施。问薛来历，乃因心安依依乎不合于锡、赵，亦庄之过。屼樵来，告会彭葬。谭震青言有章京来查衡、桂，甚讶无因。午初廖笙畡催客，往则无客。顷之，谭、萧二学官来，赵阶六继至，借牌消日，热不可坐。震青来，云尹中书往广西，非查办也。夕终四圈，入坐饮啖，散未至夜。从太史马头上湘，月出矣，到院无所见，未二更即寝。

八日 晴，风凉

诸生分班来见。二程来请课，程石珊专人来寻书，告以误。见新生五人。李雨农从广西来，云船已过浮桥，复又上耳。送全州腐乳甚多。喻生引刘生来见，新学徒也，盛称樊锥，云有定见。黄公度恶平等之说，以臬生不可平，颇知时务。夜雨。

九日 雨

晨起见水满缸，乃知雨足，府县禁屠，已不待祷矣。牌示略定日课，以副改学堂之说。康、谭之徒争骛收召浮薄，故并心于讲报，天主教之宗旨也。然借以整齐学规，未始无益。今书院实不如禅堂，禅堂又不如教堂也。说《禹贡》“浮”、“达”尚未妥，又改计说之。“州末记水道，以达大川为主，所谓‘四海会同’也。‘浮’者，下水。‘达’者，上水。‘逾’者，隔水。‘入’者，自此水入他水。‘至’者，自此水陆行至他水。‘乱’者，渡水。沉〔沇〕带泲河，在河之委，泲、濕之上游，浮泲达河，则通冀、豫、青、徐、殷〔雍〕。必言濕者，濕为州经流也。青州与沉〔沇〕、徐界泲水道，淮自汶出，汶为湘经流也。徐州与扬分淮，达菏通泲，泗为州经流。扬州，江为经流，沿海以通闽、越，上流则淮、泗，为徐、扬界也。荆州亦以江为经流，而州南水俱会池

〔沱〕、涔,州北水俱会汉,其通豫、沉〔沇〕、冀、雍,必逾雒乃至河也。豫以雒为经流,与沉〔沇〕、冀、雍皆界河。梁以潜、沔、渭为经流。沔言'逾',以明二水俱通江而不相近,如雒之与汉也。渭言'入',以通河也。必言'乱河',渭非□也。洮为雍经流,自洮至龙门,南北相对,无水道。龙门亦雍经流,自龙门乃入西河,至渭出雍境。"

十日　阴

正课十人始入呈课。贺生差有心得,但粗浅,典故尚不知,读书太少耳。看《尚书》一本。遣僮入城办菜,乃一无所得。首士又送节礼、火食、程仪、束脩,仍辞节礼,留束脩作秋。请遣船夫买船未得,连日早睡,不知夜也。

十一日　阴燠

廖崖樵来,发白矣。喻谦假去,九人呈课。呼匠治屦,白蚁满彭舍,悉令揭去。五相公来,云张先生所遣,送鸡、饼,却且戒之。乡人好以一豚蹄求奢欲,又重报谢,极可恼。孙生来,言冯洁卿观察化去,前一日尚留客饭,亦善死也。

十二日　阴

晨往哀洁翁,吊其次子,子师出陪,治丧颇整齐。还尚未朝食,馆饭之晏如此。为殷孙与书竹石,写对六联,看书三篇。贺、唐生讲书,颇有起发,说赤归于曹,以起羁为大夫,自然证据也。又说女子无仲,积于叔。

十三日　阴晴

忌日,素食。麻郎送牛肉,以款二陈。七相公来,请印文集,云赖子购之。即告完夫,令刷五十部。陈生来,言耒阳廪生与郴州牧儿争斗,州牧各棰之千数,血肉狼藉,学使阳好言慰之,乘传竟去,亦异事也。

十四日　阴雨，午霁见日，旋阴。

常宁、宁远两生来销假。邹、廖两生来。

唐锡珪说郭公与虞公相起，皆去国君。经书"赤归于曹郭公"①，使若赤来依郭公者，然与纪叔姬归于酅同文。曹已无国，徒归于郭公尔。《传》曰"曹无赤"者，以上见曹羁已为特例，此不得再有大夫也。若以为君，君既死矣。以为世子，上又特设君死文，不得见世子立也。故知赤、郭公为一人。若曰"赤归于曹"，即郭公归于曹也。"郭公"为经自注文，与"寔来"、"宋灾故"同例。所以不称郭公而称赤者，存曹也。使若未失地而有可归之曹，其实此赤已成郭公，无曹名矣。

作冯挽联云："靴帕不辞劳，招降虏，作名臣，记当年深入碉巢，晚论海防惊鼠胆；锦貂曾召对，朝奏功，夕报罢，笑幕府在工刀笔，归从野老免鸥疑。"夜起犹热，顷之作雨，频洒频止，已而澍注。

十五日　晨雨，连三时不止，内外晏然

余徘徊不能出，朝食后始有人入，荒乎其唐哉。即饭于外。午后雨止，作字数幅。

复改"郭公"笺，以郭公即赤，赤即曹矣，世子后杀大夫者。又以"郭公"为经自注字，若"宋灾故"例也。《春秋》诚奇异可骇之书，微言既绝，孰使正之？萧教授来，告当送考。

十六日　晨雨

程崇辅说"鼓日食用牲"，传闻世《隐》、《桓》、《僖》不书，唯《庄篇》再见，以庄正故，有君道，可求阴也。庄三日食，冬不见鼓，则冬春不鼓也。夏秋阴始生，故鼓以求阴。闻世一见文正即位，从正例，以后从不

---

① 按此处所引为旧读如此。据下文，唐锡珪以为此句当为："赤归于曹郭公"。

复见例。日食为重,皆鼓可知也。馀灾为轻,故唯水一见鼓,庄前七年大水不见鼓者,未书日食也,后从可知。亦鼓无疑也。如此说可通。

朝食后往冯家支宾,探知无一客,未入,移船向城,遣人上岸,亦未入城,还舣梳妆台。买枞板,比五十年前贵十倍,不知当时何以贫窘如彼。梳妆者,庞女也。家居临湘,化去时遗鬟花案上,今生石榴,岁有花,以脂痕为验,置如纸帛上,有染印也。昔修志书遗此。屼樵送盆兰,监院送课卷。东安两生来,不通名,坐课也。夜雨。

十七日　雨阴

看课卷毕。管子论四民不可杂处,农固无杂者矣,不杂者专别士也,游惰皆托于士。看《书笺》。

十八日　丁丑,夏至。雨

看《书笺》毕。遣人下省取衣,因视山庄。喻生来,言刘焕辰可妻也,已与其父兄言,送八字来。补书告儿女平章之。安徽客带来聂蓉峰妻石刻,云吾女索看,无此事,想卜女寄来耳。名孙女曰裕春。裕亦添也,小名谷孙。

十九日　晴

始闻新蝉。程崇夏赴考,托带家书、煤炭、花边。自来请示,又加二片,言刘姻事。水泄四五次,腹甚不适。重看《禹贡》,究不知荆记雒、河之意。

廿日　阴雨

水涨平中磴,尚馀三尺上磴,五尺则入门矣。赵署道约来不至,尊官可无信,初过班,学派头也,凡再失约矣。

廿一日　晴

看《易说》。二陈郎来肄业。衡、清考生告去,十人肄业,仅存二人。

廿二日　晴

二陈讲书,日课十五叶。程孙日讲《记》三叶,皆定为程。真来看,留午饭去。陈郎更请批《南齐书》,彼已点过,亦尚子细。腹疾小愈,饭后又不适。真夕还,遣船送之。

廿三日 晴凉

讲书后入城,答访沈清泉、赵厘员、薛师耶。薛不在馆,与赵署道一谈,云福建考官已有报,今年乡试不停矣,奎、张其奈何。四学皆去,乃从南门还船,道遇塞神轿马。还,尚未午食。

廿四日 晴

向、黄两生晨来见。讲书如额。腹疾复作,人甚不适。

廿五日 晴

正讲书,赵、薛、张尉来,久谈乃去。常曾孙候见,初不知其移来,后始知之,令居内斋。唐树林从宜昌还。杨世兄送润笔水礼甚丰,又賸四百金,则为邓沅骗去,委员李再林云云。余言例不受银,不必问也。得陈、杨、刘生映藜、功儿书,云两儿往鄂。邓婿之流耶?经方之类耶?吾不能知,但知树林又来吃胡孙矣。

廿六日 晨阴

雪琴玉茗已萎,命工移盆中,照料终朝,亦一课也。昨说《甘誓》,有扈氏必非启兄,兄不能剿绝其命,盖怙强犯上故记启能转弱为强耳。唐牧六来告丧,兼请墓志,送鹿茸,却之,受熊蹯一对。屼樵送时鱼,已过时矣。余适不食,因召内斋四生尝新。夜雨。

廿七日 雨

十生入受业者,遂去其八,学制如此,恐非罗振钧所能,振钧本亦无此礼也。常孙看《汉书》,请批示。陈郎亦请看《晋书》,为增一课,但恐不长耳。若此不懈,洵为相长。看周荇农所藏诗卷,印章"总是春",恶劣不堪。明人恶札也,而以为宋高宗书,寒士可笑,宜卷赠朱纯卿。屼樵来说媒,未有以应。

廿八日　雨凉

唐孙告去,与陈、程送时鱼,岁一尝足矣,不必频馔,令蒸送真女。与书夏子新,为晋庵儿关说。

看《史记》,定功臣位次,误以韩、彭与萧、曹伍,淮阴又当抱屈也。诸侯王在不臣,当时首齐王无疑,上尊号则首韩王矣。功臣次乃缚信后定,并不得与哙伍也。

廿九日　雨阴

看《史记》。改《召诰》,以“鳏在”为纣在,似较顺适。乔生来,报石珊弟丧。晚年贪昏,无复立志,亦我百谷害之也。本非庸人,而无成就,利之误人如此。《史记》一家言,作传甚草草,盖才大之过。疾过旬不愈,遂病矣。考课发案,明日不考文。梁乳妪来荐木匠。

六　月

己丑朔　晴

内斋生尽假归。狗孙来,云自宜昌还,謷言也。荒唐人无所不荒唐,不必问之。

二日　阴雨,亦见日

看《史记·平准书》,言天下贫富,与吾身所历大同,知无政者听民自息耗,无古今一也。往时但以为故事,且咎汉武称文、景,谬矣。

三日　阴雨

腹疾犹未愈,浸寻半月矣,当消息之,乃断稻食。作书复杨、陈两道,令程录稿。看《史记》。

四日　晴,午后阴,夕昼晦,大雨,顷之止。至夜遂雨淅淅

作书奖李经羲,因吴师致之。昨梦赠丁郎律诗。丁自言作越藩

无展布，开府当胜，余箴其易言。醒遂书告茂，并报近事。送炭船还，得滋书。夜起尚黑，俄已晓矣，明暗际只转瞬耳。今日壬辰，小暑，入六月矣。

五日 晨雨甚畅

出看川涨，寂无一人，独立翛然，不知六月有此凉晨也。改孙墓志，援笔成文，自哦自赏。赵燮堂云中国数千年只料理得数千字，颠来倒去，极其精能。此言实得文明之盛，而有文无质之敝亦见矣。

南风，夕阴，夜雨。刘丁不还，遣书问之，因送竹生与子年，发长沙、岳州书。报考官信到，迟二日，始放又议停科也。李士鉁不知名，余不识“鉁”字，内斋生乃无《说文》，可笑也。《集韵》“鉁”同珍，“鉁”、“鑫”亦同“珍”，鄙俗已甚。夜雨昏黑，刘丁率周儿来送纱衣、《禹贡图》。得陈小石书，居然督抚派。功儿书、湘孙书亦司道派也，皆未若滋书有家风。夜设汤饼。

六日 雨不住点，至晡乃晴

看《史记》、《晋书》。陈郎讲书毕，更讲《周官》。彭老者亦来讲书，则志在升课也。麻哈州，沅水之原，殊非外地，出一状元宜矣。

七日 晴

欲出不果，七相公、乔木匠来，均留饭去。今日断屠，余又不饭。看《史记》、《晋书》，讲书，无所事。

八日 晴

朝食甚少，讲书后出城寻薛师，已移寓矣，不得蝉联，云新道台已至衡山。与同至岏樵处，寻摸雀之局，遣请赵阶六，四圈毕，设食。饭毕，看塞神，遂散，尚未至酉。逆水久行，到已昏矣。孔融、蔡邕并羊祜外公，祜父名道。

九日 晴。昨夜欲雨俄止，今始开旸

看史讲经，一日未食。至夜陈郎发沙，颇为皇扰，夜为一起。

十日　晴

腹疾后复发寒疾,大为不适,昨卧一夜,今复困一日。

十一日　晴

二陈讲书毕,令还家养疾。遣人下城买熨斗。张鸿基玉堂来,戊戌政变庶常也。云桂学以私盐褫职,故桂抚亦替。又言谭震青奉急檄往安仁,或云东安,未知其由。赵厘将接印矣,新道未到。谈久之,去。马小先来,云乡中无可筹,意未尝须臾忘宋子,告以不能。

公卿会集,严介溪不至,客问东楼:"相国何迟?"谢曰:"昨伤风,不能来也。"王元美举《琵琶记》曲文云"爹居相位,怎说出这伤风的语言。"以此陷其父死罪。忍俊不禁,唯口兴戎,不虚也。陈幼铭革职,或为联云:"不自陨灭,祸延显考。"一若明以来四百年俗套讣文,专为此用,亦绝世佳文也。然比之弇州,风趣减矣。江南、湖南口角如此分。

十二日　晴。庚子,初伏

乔妇携族孙来请名,命曰"名衡",留一日去。移席内斋。

十三日　晴。稍热

可浴,未办大杅,垢如泥浆,草草而罢。

谭震青移东安,盖有人谋其缺,假以用才迁之耳。因感肥瘠,辄赠一首:"赤日炎风洮水西,暂凭盘错试剸犀。须令鼠盗还耕犊,莫枉牛刀但割鸡。官不患贫民自乐,国无嫌小礼当齐。丹崖碧洞曾相识,薄领馀闲为访题。"

十四日　晴

看《史记》毕。得张生书,云新屋好兴工。付二书去。莲耶来,送饭豆。夜得凉风,顷之复热。

十五日　风凉

谭兵备来。丁酉桂考官曾来,未见,序初小儿也,明通博闻,大异隆、夏。

十六日 晴凉

讲书后下湘，至程家借轿，回拜张庶常、谭兵备，因过府署，留面，与邬师略谈。出城赴江西馆，公饯谭震青，见马牖云，甚夸午云。诸人多面善，不能悉记。坐一时许，客来，六席，看戏，以我陪客，不欲久坐，未吃烧猪先告还。程九郎已上船待，乘月夜还。

十七日 风凉

咳犹未愈，不饭不事，讲书后唯卧困耳。送米人复来送冬黏。

十八日 晴风

谭震青来，余尚未起，在外坐，延入内，略谈而去。本欲入城，因循未行，已夕矣。房妪病发，悲泣半夜乃定，余亦为不睡。

十九日 暗

时点雨似露，俄遂成雨，平明已湿地，辰初潇潇矣。大雨不止，平地水尺，欲送故道，闻炮声砰砰，心知下船，竟不得往。申初小止，去则行矣。榜船还。夜复雨，凉甚，避风。

廿日 戊申，大暑。雨

讲书毕，冒雨借屐入城，伞重不胜，甚为竭蹶。至薛师家小坐，同至陈庶士处，辞以将出，因至衡阳，送震青，行色匆匆，无心对客。顷之庶士亦至，旋去。吃包子二枚，辞出。薛欲过贺新令，在焉，遂同谈话，殊不休，又不肯去，乃辞出。与薛同至其馆门，别而登舟，到院正夕。

廿一日 晴

咳殊未愈。讲书后，张恕堂来。马先生儿来辞行。留张吃炒面。客去颇倦，遂困卧，至夕方起晡食。未夜遂睡。

廿二日 庚戌，中伏。阴

晨写对二联。午后常家人来馈女，因附书于珰，告两女昏对事。

廿三日　晴

人热我凉。仍咳多痰。二陈、常、曾均去。张凤盖来。夕登西楼纳凉。

廿四日　晴,北风甚壮,然不甚热

借沈近思、章学诚遗书读之。章书余所熟谙,大要一秋风客耳。沈则自命刚廉,所学极陋,不知石揆何故赏之。皆不及恽格也。刘衡阳来。

廿五日　凉,有雨

病似欲愈,功儿进瓜使至,顿食半枚,又取汁一枚,食两瓯,乃始知瓜气,小便顿清,饭量未复。邓沅汇银票来,并送飞面。

廿六日　晴

遣盛佣至真家送瓜,并分程、张,城中唯此知食瓜耳。作城乡家书。晡时骤雨,风凉割人,避至后房,顷之复常。任三兄及谭绅来,已夕欲去,任忽发沙,求药,少卧息乃去,送至湘岸,余亦蹁蹁倒矣。水毙一鸡。

廿七日　晴。南风甚凉,水复暴涨

饭后遣盛佣还。张正旸又专人来条陈,即复令去。

廿八日　晴

看《汉》、《晋书》,渐觉班书钞史无类,《晋书》则尤丛脞,大悟修史之法。谭翁和诗来。

廿九日　晴

马话山偕月生来,值晨无菜,不能具一餐,听其从表侄常孙食。已而闻在陈处,亦姑听之。马本不必留饭,从七相公则不可不饭也。张子年送山药、汤圆。

晦日　风雨,凄然似秋

考课发案,东安唐生兼支两名不得,则请于首士,势同索债,遂屏除之。唐亦秀良,而不知世事,遂鬼怪也。

七　月

己未朔　晴,犹凉

乡人谭、盛来,为庚大老耶求皖信,云仲英在彼。为与一书,并复书严饬。乡例必饭,畾毳对之,痴坐久之乃去。诸生讲问者至晡未散。今日食少进。夜雨。

二日　晴

入城,答衡阳新令刘桐封,字叶唐,因遇谭兵备,送谭翁叠韵诗。舁至屼樵家,殊不欲食。梨汁一瓯,日正午矣。出至厘局,寻赵阶六,闻朱艾卿主浙考,张方伯有去志,并言盐务乖谬,解饷荒唐,进士颇有抱负。卧安记待看塞会,久之无人声,呼僮具食,云会散矣,亦一奇也。步至太史马头,榜舟徐还,到已夕时。遂一日不饭,剖瓜代茗。妪云瓜汁,神浆也,洁清第一。晨梨夕瓜,余亦欲仙。虔诚占书院,中"人几八五八:明明一条坦路,就中坎陷须防。小心幸免失足,卒履不越周行。"

三日　晴凉

病似差可,困卧半日,为贺生书扇。贺今年为郴牧捞千二百,牧亦斥去,贺则如梦,必前生债也。夕雨。谭翁和韵来。

四日　晴凉

晨和谭诗。陈生讲《周官》毕,讲皆粗略,不及条问用心也。张资夕来,言柏丞家事,云有孤孙,令携来一见。

五日　癸亥,立秋。凉阴

廖生问从祀先公,定公时不得有僖、闵庙,疑定、昭亦兄弟,祢昭,故从祀耳,与僖、闵兄弟跻祀相对。定初即位不祢,昭六年大袷,始正之,不言有事,大事者始立庙也。

作弥之墓志成。正立秋,大雨凉风,蒙被遂卧,雨势不止,因令闭门。看《汉书》二本。岏樵送瓜。

六日　晨雨,朝食后晴

廖生解公孙猎"贱乎贱",胜余笺说,改而从之。即日升补正课。夜月。

七日　晴

遣妪送瓜真女助七夕。夜设烛卧堂中,寂无人至。午后始有入讲者。妪船已还,夜月晏眠。为常曾孙看《汉书》一本。邓在和来见。

八日　晴

晨起未食,已有人讲者。朝食后看桂船下湘,李生正立船头,顷之入见,昼日三接,留宿内斋。萧鲤祥来。

九日　晴,稍热。

晨起作字数十纸,殊不得食,陈婿已入讲矣。讲毕告归。约李生吃包子,诺诺而去。贺孙来告行,往东安,云徐巡捕署常宁。薄暮大风雨。

十日　晴

四老少来,正欲出城,与二陈行李、程生同下湘,至柴步入城。过薛师,遇天主教奴,小坐。出访贺孙,同至衡阳,诣谭翁,谈久之,同出,过江尉,分背各行。余过子年,遇胡丞留饭,未待。雷殷殷,雨将至,急行至府学,雨大至,入萧斋待久之。借轿上船,乃云震霆,相去三里,殊不闻声,响不及炮,信也。忘具肉菜,煎卵作肴,亦致一饱。

十一日　晴凉

写字数幅,终日闲谈。至夕大风小雨,夜月致佳,独卧赏秋。

十二日 晴。今日庚午,出伏

留瓜待客,殊无客至,竟三伏凉不可浴,尤为异也。瓜已欲败。月生来送梨,二陈、李俱来辞赴试,吃包子去。

十三日 晴

家尝日也,亦令具五俎,尝新稻。方僮久不归,房妪下厨,甚热,不能多食。

夕坐,偶成一诗:“凉多讶秋早,幽林不能暑。月华贞桂静,风叶新篁举。散发便卧痾,鸣琴思无绪。佳人久见遗,淹留怨独处。短夜恒若岁,愁来复风雨。忘情当诉谁,并予信非侣。但恐流萤照,空帷寤将语。盛时已迁移,岁晏岂云补。”

十四日 阴热

四老少早去,余亦早起。颇有暑气,时闻雷声,竟日闲卧。陈八请客,僮工俱去,自出守门,夕乃皆还。

十五日 晴

晨起甚早,以绂子躲生来此,六十整生,当为设面,命僮经营之。彭老者来求考费。刘丁思家暂归,廖丁亦假宁家。桂阳二谢、耒阳曾生来,云行李在船,催令急去。校《易》二卷。

十六日 晴热

张子年来,言程生得仪栈差,欲往干之,求信先报,即留陪绂子朝宴,吃洋酒少许,昏昏竟醉。请客外坐,独睡片时,甚舒服,乃起送客。午浴。狗孙来,言缉私已频被欧,破脑者相望,因辞出矣。

十七日 晴,南风

几席并温。绂子告去,取《易》稿付去,并令湘孙取手札同付岳风梧刻之。午睡甚久,闻二陈尚未行,检遗落一本,交李孙带去,因无人入城,遂罢。

十八日　晴,极热

狗孙欲就食子年,斥其不可。方欲遣辞屼樵,告运木料往乡,即令狗往。房妪欲为其弟娶妇,求程婢,有成说,来召面议,正发疾,强扶以往。

唐子勋来,言祁阳本无盗,因邻县起,遂不可制,一二年事耳。道州全兴,小小书吏,零陵姜,亦老书办,全畏盗报仇,姜纵盗不问,遂令反者蜂起,然后改易令长,百姓遭殃,亦时局使然。程孙求看唐诗,日为批点十馀叶。廖胖私人革去,复用我私人代之。夜北风。

十九日　晴凉

将刻《书经》,召匠未至,看唐诗十馀叶。夜闻房妪呻吟,亦为不安。

廿日　晴凉

方僮求书与祁令贺莘生荐胡燊,依而与之。程讲《乐记》毕,看唐诗半卷。夜珰专信来,送蜜枣。

廿一日　己卯,处暑。晴

晨未起,程生来,云刘映黎来见。入则兄弟二人,弟坐兄上,未暇多谈,遽告去,云待开浮桥也。遣人入城,为珰家办节货,唯须千钱,可云俭也。更赠以麦屑、白糖,并复珰书。夜雨旋姓。

廿二日　晴,日烈风凉

魏监生人学来见。看唐诗半卷。夜寄军机书。

廿三日　晴热,南风

房妪疾不减,欲迎医诊之,重劳大神,且迟一日。

廿四日　晴

房妪疾大愈。常生孙毕点班书,为日阅一本,殊费日力。

廿五日　晴热

齐毛妹之子来见,云求一吃饭处。衡州无闲饭,与书功儿,令觅人荐。周儿、方僮并有箱箧，恐狗干没，与书令齐甥往乡，赠以四百文，即时遣去。夜有热气。

廿六日 晴热

乡中遣佣来送瓜，并上安禀，文体甚雅，未知谁作也。黄孙亦钞《书补笺》来，有著作之意，云张生已去，舆已归矣。留佣小住，且待秋凉。夜北风。

廿七日 凉阴，遂已秋景

程孙讲书毕，同入城看屺樵、薛师、邬师，过马、方，云唐太尊上道辕，禀商白沙盐丰事。又云辰州杀二鬼、二郎、三教士。王道凝护府矣，引见官停一月。待避暑还，恐雨，遂还。晡食甚饱，夜点又过多。

廿八日 阴凉

昨夜谭翁送别诗，今晨和之："西风摇五两，凉动潇湘渚。吹笛上高楼，橹声如雁语。角巾玉杖地行仙，县吏新迎上濑船。宜阳竹马儿童长，钟武林乌孝爱传。湘牧移才展邻境，独有唐侯惜贤令。我来流寓伴闲吟，偶和新诗接高咏。从来老去别情多，更题长句作骊歌。不夸治行传家谱，却引秋心寄涧阿。洮阳山水零陵最，我昔探奇梦松桂。岩石千年无俗尘，县门只与青山对。青精饭熟松酒香，孙解读书儿捧觞。自有官田供禄养，何须五斗觅柴桑。"午饭真来，留饭去，遣两力送之。夜雨。

廿九日 晴阴

校《书经》至《禹贡》，仍觉茫然，所谓"以其昏昏，使人昭昭"，不可得之数也。看《史》、范各十叶，论范《光武纪》，言盗起盗息事，未为智谈。盖盗未有以追捕而遂息者。

八　月

戊子朔　晴

《禹贡》记水道,不可深求,只是记舟行通川耳。贡道说虽不可通,亦不甚谬。宋人新说与今人新说,心思不相远,但未密耳。房妪复疾,清坐无营,欲写书无格式,闲卧而已。

二日　晴

欲遣人而不得钱,心生一计,借杨四百金用之,所谓扯寸金谎亦可乐,于是众债毕了,树帐亦还,但有租无人收耳。拔用方僮,令为管家,明日定行程。崇夏问昏礼主人庙位,先殊未照,取《馈食》士堂下、大夫阶上说之。国君位则《燕》、《射》有文,又其昏迎皆异,不必考也。房妪疾甚,为与书厘局,荐其弟。

三日　晴凉

作家书,处置家事,井井有条,顷刻而了。与书并寄食物与女妇。刘、方均点心而去。校《书经》,看范书,民爵止公乘,无级可加矣。得赵阶六书,约饮退圃。

四日　晴热

无人使唤,乃呼陈儿来扫除。朝食后刘丁还,云到城乡省视,兼知木料消息。功儿书来,云妇病连月,省城疫气,病者必啮铜钱乃能治,名碧罗沙,不知谁所名也。真送梨饼。午后甚燥,复夏衣。

看《史记》裴、马二家注,颇有新解。如"不享"作"不亭","玄女"为旱魃,"湘山"为艑山,又以为黄帝作《说难》,皆前所不留意。

五日　晴热

校《书》至《召诰》。晡后暴雨,顷之霁。作书问长妇疾状,并寄茂一函。程孙送鸭。得祁阳令贺莘生书。

六日 晴热

张子年送甜糟。钞改《君奭》。廖荪畡送茶叶、月饼。民间谣言有剖腹取胎者,昨夜城厢大扰,问廖佣,云无其事。言人人殊,未有若此甚者。

七日 晴。甲午,白露节。热不减伏日

七子来,言剖胎如目睹。又言盐事,亦不实不尽。

八日 晴热

始令程崇夏作格纸,钞改《书笺》,日复三叶课。朝食后入城,至安记算帐,买羽绫。欲访荪畡,试过樾樵,问之云即当入城。坐上更有罗剑芝及一衡士,至熟,忘其名姓。谈久之,还安记少睡,云厘局客已集,往则方有公事,任三、罗掌延坐小房。主人延客,乃至彭祠,本约听琴,琴客出差去,赌友亦不至。坐久之,入局摸牌,毕四圈。张尉来,补四圈。未半,廖荪畡、张师耶来。戌入坐,亥散,乘月还。

九日 晴热

两程俱去,内院无一人,房妪亦出刨姜。独坐钞书三叶,欲睡,苦蚊,复补改《多方笺》,钞一叶。狗来,得湘孙书。

十日 晴

廖荪畡送胙,并报蜀乱。遣探无确信。程旭从京引见来见,留饭去。其两弟夜来。

十一日 晴

半山生日,设汤饼,作扬州肉圆,浑不似。马先生儿来求书,所谓"足下不死,孤不得安"。程鹏讲《礼记》毕。

十二日 晴热

钞改《多方》毕,似稍条理,以后随条补之,多所将就。起用废

员,修改精舍。夜月尤佳,独坐颇有吟兴。

十三日　晴

坼墙,尘土三寸,外院不可坐,新浴复垢。作书与奭邵南、马声烛、陈芳畹,并寄圆圆,算帐还钱,稍应秋节。《书笺》改毕一本,当从头修补。

十四日　晴

昨夜影戏声扰,僮工夜出,晨起唤之,乃见廖丁,云初六自省城来,亦闻蜀乱。始补笺《尧典》。夜入城看真女,遂访廖荪畡夜谈,步月送我,绕城西南还。

十五日　晴

节物无办。张子年、岘樵均来。常生孙来。至夕,周裕衿来,未见。夜月极佳,独坐久之,热不可睡。致沈山人书。

十六日　晴

廖荪畡久谈,客去颇倦,又有和八耶、周颠子,苦不得休。书与葛获农,得糕两封。陈荪石孙来见,程孙甥也,因留食宿。夜热。

十七日　晴,愈热

得六耶书,乃知席初未委,与信催之。三屠夕来,值余往城答谢岘樵不遇还,因未见。夜有北风。

十八日　晴

晨甚不适。先祖母生辰,未能汤饼,午乃设焉。召见三屠,诲其归农。移坐外斋,补笺《禹贡》,稍明晰。夜月。

十九日　晴。仍热

郘儿来见,较弟为胜。和八耶复来催案,与书衡阳令催之。

提镇跪道之威,乃皇皇于一讼,令人思周太尉。

廿日　阴,有微雨

遣刘丁送木器银与芩女,因附一书。三屠、狗儿均去,余亦欲入城，至岸船已下步，从沙觜往，乃遇张尉，遂还，久坐。客去，钞书。

廿一日 晴

知不足斋复竖柱。周松乔来，吃伊面。荪畡送豚蹄、茭苋。方对客，未暇复书。《禹贡》补钞毕，殆半通矣。今日戊申，秋社日。

廿二日 晴。风凉有秋意

刘丁还。说《汤誓》二“割”未安，皆当为“害”，以免望文为训。彭老者乡试还。谢价人来，斋长亦还，唐侯亦到。张奎生来见。前监院儿也。

廿三日 庚戌，秋分。晴

计二陈当来，作酏待之。乃款廖俊三，言京中事、江南事，皆有官气。送查糕、火腿。夕陈、谢乃来，夜去。

廿四日 晴

未朝食，会馆来催客，讲书毕，又与房妪较牌，乃往厘丰，犹未午。张奎生避入房，委员、稽查三人出陪，未问姓字。已而张出，同坐船至浮桥下，泊泥湾。从会馆后门至前门，陶、盛为主人，廖荪畡、周松乔先在座，久之待尚、戴不至。周令设牌局，入后厅共戏，尚东乃出。俄而戴至，又待张师、萧监院，久之，竟消一日矣。陶云和丰公司可捐钱，属书与杨三大人，省城新红人也。笑而诺焉。欲诣邬儿，已晚，乃还。水涸行迟，到院已倦，遂寝。

廿五日 晴凉

晨起作诗。十四夜行月至清泉学舍，访廖荪畡，同游西郭，因作赠廖一首：“蓉池飞盖地，芸香草玄宅。嘉会偶相要，喧寂俱有适。凉辰始夜游，郭外罕人役。池亭清竹树，秋烛明簟席。高论谢世情，馀兴临水石。昔余旅西寺，十里芳塘碧。今来澄空水，寻香杳无迹。明月照人影，送归无主客。掩扉既愉悦，还舟未寥寂。且欲期来宵，中庭桂华白。"

喻、陆两生来,致胡婿书,及送蟹廿螯。程生儿来,留宿,均谈试事。

廿六日　晴阴

溯湘至白沙洲,答访周松乔不遇。下湘遇萧教授,以致张、杨劝捐信与之,托其转交福记。旋分道,余步萧舁,各入城,至詹有乾买笔墨砚。至两学,入西斋,见谭父子,留吃藕粉、点心。出遇岏樵,还坐,遂至陈家看二陈及女婿试论,尔雅古洁,但不合程耳。还舟未晡,甚饥,不得饭。

廿七日　阴,有雨

钞《康诰》,颇有条理。谭香畡约来,以为阻雨,顷之竟霁,谭与李、毕同见访。李,华卿同县人,陈伯屏姻友也。毕则纯斋孙,云数年不见矣。留伊面去,外班追去也。盐局夏委员来,亦同坐,分道下船。看梁启超热血书。

廿八日　晴

房妪入城。邬师来,无人倒茶,吃石榴而去。钞《酒诰》,已有梁启超习气矣。小发议论,新学之移人如此,无忌惮故也。程生办祭事踊跃,是有志向上人。

廿九日　晴

桂香葵花,秋景剧佳。钞《书笺》亦踊跃,计日可毕矣。书院发帖请客,客无至者。

晦日　晴

刘衮引甥方来见,云受业,人云说官事也。谭儿来求书干程观察,皆晦气也。二陈率其从子来演礼,因留宿。

九　月

戊午朔　天热如仲夏

道台更戴领帽，热杀小生也。例祭船山，未辨色即起待事，陈驯已起，执礼者犹睡未醒。以须略待监院，故迟至食时，排班三献，亦复秩秩。陈生云不必牲宰，亦正论也。然诸儒甘心冷猪肉，则未可废。先已朝食，事毕更设汤饼，客俱未至，且或已去，监院乃来，面无怍容，人所难而彼所优也。罗二木来献图，云四老少主意。张生书来，索三四百金，又一奇矣。

二日　晴

出城答访夏委员、邬、张、毕、李四师。过程家看拜生，与唐太尊长谈，吃窝果、索面而还，又吃牢丸。复书张生。

张绅八来走信，又索四百金，荒乎其唐，不可救也。与书戒之："'伻来以图'，知我二人不共贞也。三四百金之说仍是老生常谈，未敢闻命。前思秋闱后必中举，中举必拜客辞行，何能为我料理？故改派方桂来接手，升为管庄客，老弟可放心，不明农矣。完夫来，云见大作，我知其必不中，又将撤去方桂，仍如前议，总之当在九月半后，此时不必言也。屋事已告罗木匠，不赘。"

三日　晴

罗匠告去。与书戒饬方桂："前我看你不躲懒，颇面上，以为必有出息。何乃带领刘东汉到刘奶娘家，住到初八？目中无人，胆大妄为，不可用矣。梁奶娘乃董升下饭菜，红花仔当须自爱，何可如此，此我之不知人也。你当自想成人否，若想成人，切须稳当，文昌帝君最恨邪淫，做人须先戒此。"

以廿八元了王税私欠。谭儿来求书干程生,依而与之,并令饬懿回家。

四日　晴

外斋开门向内,以便妇女来往,书院规制所未有也。《书笺》改毕,值移床,未暇检点。夜宿正房。

五日　晴

作《重修精舍记》,兼题周荇农宋字手卷。王嵝峰率程旭来,八十老翁,举石折腰,不两月仍健步,地行仙也,不胜健羡。廖胖率其儿来,并居新斋,已昏黑矣,未能部署。罗木匠五弟来,告以点工,芒芒复去,且留之一宿。

六日　晴

作陈六郎挽联:"公子早知名,不妨选色征歌,别有心情寄国史;少年能作吏,所恨大才小用,莫将形役问医王。"欲书无墨,乃自研之,数十年不亲研墨矣。

七日　晴

晨与廖胖登楼,见十官,云妇女船已至矣。迎候数日,竟不先知,侦探之难也。顷之湘孙等并舁来,六女最后,居然当家人。竟日未作一事,但检点行李,以暇较牌,夜至二更乃寝。静梆亦为晚发,则可怪也。得功书,送曹淇县银信。

八日　晴

为孺人设汤饼。过午,真归,持螯吃面,至夕乃去。工人皆出游,余遣僮妪入厨,遂无人使唤。闲入看诸女回龙,夜代较牌,未二更而寝。

梦与曾涤公谈时事甚久,言及唐鄂生后必流落。俄而梦醒,则见斋房镫烛甚盛,往看之,有三人为牧猪奴戏,一似魏樊,乃还寝。

斋长不在,禁赌吾事,拿赌非吾事也。顷之一人持镫来窥,意甚卤莽,乃程家竹林与喻生,其一不知何许人。微雨清秋,正佳时良宵,不宜以此杀风景,遂吹镫睡。今日乙丑,寒露。以凉雨应景,犹煊于立秋时。

九日 复晴,午后阴

学徒出登高,置先生不问,余乃招廖生父子入食,断屠无肉,仓卒主人也。黄孙亦欲登高,夕食后乃去。作饼酪俱不佳。

十日 晴热

将入城临陈丧,觅舁夫不得,沙行上船。至陈门口,遇其弟便衣步出,门无吊客,唯有传胪知宾,久坐热甚,乃辞而出。至屼樵家解衣易鞋,复步下船,还至沙觜,步上,隔水赤脚履沙石,颇受梗,乃知鞋底之力。得莪广州书。

十一日 阴,夜有雨

廖生解"赤,郭公",用吾旧说,吾忘所以易之,心粗气浮,未暇校也。程生孙看《国志》,亦为覆勘。复莪书。

十二日 复晴,秋旱殆不可救

闻报子南去,衡府殆无人登榜。意功儿必中,报人迟耳。夜起看月,秋光往来,扫除正楼。

十三日 晴

晨得张生报而无榜录,知亲友无分耳。改章两榜,遂潦草如此。一喜一惧,不知梁启超复作何语。前切属送书版,亦仓卒不顾,张生性情如此,与书戒之。又来索钱,以前存百金与之。并书与功。遣雾露神俱去,停六日矣,有似三秋。黄孙生日,设汤饼,廖生入贺,多礼也,蒸鸡答之,又不熟,不能具馔。黄、宜两孙均入城,至夕还。夜月入房,徘徊不寐。

十四日　晴

晨见一蜚伏帐角,已而疾上,呼妪捕之,已迷所往,大索不得,疑出床架也。以顶版甚笨,不欲再移,仅换衾褥而已。萧生儿来,云欲住斋。先未关白,径移被篋,亦所谓挟故而问者。

十五日

马儿送蟹十脐,毙其六矣,真武穴来者。晨出讲堂,但见廖父子徘徊往来,今年废学,太不成局,非吾力所能振也。考序无房室之说,未见所出,疑是郑注迷其方向。序明有房,其说卤莽,重取《尔雅注》看之。

十六日　阴

周妪欲教其子,而力不制,乃借助于回纥,遂成大乱。先请余勿问,既乱亦不能问矣。好用计者自弊,所伤甚多,余闵默久之,无良策也。李少荃所云妇女不可共事者已,终日不怡。麻世兄来求差,谭道台复来送聘,复书告以错误。

十七日　晴

与片唐太尊,说麻事,陈八送去,亦一奇也。门人以昨闹故,人人不安,夕告程鹏,乃有遁词,因切责之。

十八日　晴

先祖母生日,设汤饼,七十年矣,慈庆如新,家人则无逮者,故不遍及。马话山来,告以世情。马氏三世不知世情矣,告之亦不知也。廖畯三来,求干丁藩,告以不可。

十九日　晴

道台来,仍拜请阅卷,并云师课可停。说不明白,亦时派也。冷稳老人告修热薮者,代之劝善,小人遂作督矣。真还,留住三日,陈骅来谢孝。

廿日 晴

先孺人生日,设汤饼,不能办,以无人力,改于午设。与李勉林书。寄莪诗集、衣料。萧孝廉鲤祥来谈诗。邹生日煊来见,言常生孙。

廿一日 晴

吴祥发来见,稀客也,云欲依曾重伯垦田南洲。重伯正无人逢,而有愿从之者,罕事也。正欲与书,因而许之。七相公来。六耶官封移文来,告接印。二陈郎夕来,大风,因留宿。

廿二日 阴

孺人忌日。二陈晨去。得芳畹、席沅生书。看陈、范书,陈殊多不检,为指摘数处。

廿三日 晴

邹彦建甫来,长沙举人,安仁教官也,曾在廖荪畡处同席。夏绍篑来,时济从子,子青弟之子,云吾昔到其家时尚未生,其父乃早化去矣。有弟愿入院借屋,陈十一所指引也。岐山僧田静来,云曾见曹菩萨。

廿四日 晴

朝食后出城,至程家少坐,出寻子泌家,已迷蹊径,误从西入乡,问明乃还。见报条,入问入学,世昌乃其长子,其家甚深,前堂男妇杂坐,似又是一家。呼其家人,有出拜者,卅许人,询是弟五子,坚留坐,固辞而出。

至清泉学,廖荪畡亦出,以为请同城官也。还安记少愒,屼樵来徐徐,云病创未大愈。坐久之,待至日落乃舁往道署,张庆云先在,唐太尊、周行之、廖畯三、廖荪畡踵至,设馔三堂,肴豆颇精,鲫鱼大有苏派,酒亦可饮,为尽三杯。主人自云宾客皆上选也。又言樊增祥在行在私事滋轩,同人呼为孟浩然,取夜归鹿门谑之。易实甫乃又欲依樊,“末之卜也”。二鼓后散,入内较牌,寝已鸡鸣,早鸡,荒鸡也。

廿五日　晴

令蒸羊,厨婢云无火,自督蒸之。房妪大怒,余伪为不知,若少年必亦怒矣。心头火灭,乃能如此,焉能振家规乎。

廿六日　晴

发单约客,闻常九弟来,未能约也。以唐、廖未酬寿酒,故特约之。

廿七日　阴

霖生来,留谈一日。初未具馔,乃觉疲乏,客去即睡,中夜闻雨,心神恬适。招莲弟来掌锅,待至夕乃至。振湘亦来,云张正旸已去。

廿八日　阴

内外煎和,未午已办。笙畡先来,云蓬翁已至。顷之,赵皆六亦来,惟待屺樵,乃反最后。云彭畯五之兄来,心知稷初也。设坐新楼厅,未夕散。

廿九日　晴

偶行后院,见晒衣,欲移楼上,问知房妪,乃自移之。俄闻急呼僮妇,虑其迁怒,因自呵之,发狂奔出,势甚汹汹,信知有泼妇也。一不敢撄,怒犹未已,两小孙皆喜叫,无情与有情甚可观也,余亦与之化矣,岂但霁威而已。午后彭稷初来,言俞抚三聘贺金声,而后杀之,与杀谭、杨同意。留饭乃去,坐船送之,携两孙俱游,投夜还。

十　月

丁亥朔　晴

晨出堂训诸生以自强之说,退而省私,校《书经》一本,妇女入城看亲。

二日 晴

入城答访常霖生,云在陈家,待顷之,至。以携端孙,未便久坐,便舁至清泉学,荪畡遣力助舁,本约早散,待周行之,遂夜。唐、赵、朱同集,端孙亦有坐,邬师亦至,先共摸牌,云袁督请假,吴粮道遂护督矣。

三日 阴

胡卣笙索书。近作吴山饯集诗,下笔成章,可云才子。陈郎求书干张大学,因及瞿军大,责以不宜仕,而又为陈求进,其说极难,乃用截搭题渡下法作之,两岸猿未啼,轻舟已过矣,亦行文之乐事也。并谢曹东瀛二百金之寿。写对数幅,夜雨,振湘为周儿治创,遂不入寝。

四日 雨潇潇而不能寒

待钞两信,又较一牌,下湘送振湘去。舁至清泉学,邬、唐、朱皆先在,行之后至,便共摸雀一圈。入坐,未饱而散,还未上镫。谭兵备来请题。

五日 阴

邻僧来求楹联并赠诗,因题一联:"竹树护精庐,林鸟似识前朝事;钟鱼答弦诵,芋火还容宰相分。"并书一诗:"东林近在雁峰南,虎踞中流波影涵。雉出笋根删密竹,鹰盘云顶见高杉。瞿昙帝释知同记,弥勒维摩共一龛。等是忘情隔尘世,木鱼声里唤堂参。"

六日 晴

将入城,渡夫筑室,因辍行也。廖畯三又来辞。半夜腹痛,不能寐,且又燥热而汗,展转至晓。

七日　晴

校《诗》二卷。携黄孙入城,送廖不遇,至常九弟处,遇其纳采,媒人将来,无心对客,因辞而出。过屼樵,论请客,定初十日,托其代办。至安记,见从人已将还船,黄孙方看戏,自往呼之,便看打彩,爆竹烟满台。上船久待,渡夫乃至,还已夕矣。料理请客,便复陈六笙去年书。镫下俱毕,乃打骨牌,迭负而罢。

八日　晴

校《诗》三卷。张子年妻送糕,并送盐,正欲点心,适应所需。霖生送酒,辞之。

九日　晴

晨起校《诗》一卷。朝食后刘兰孙来。黎锡祉送炭,并还前银,云太多,减廿,仍附去。出入无帐,纯以意往来而已。毛孝子来。

十日　晴

校《诗》二卷。请屼樵治具,招谭兵备,本约霖生,已去,唯彭传胪是行在旧友,正堪作陪。午后客至,酉初散,吃一肚子水,烧豚复过火,已费经营矣。

十一日　晴热

朱嘉瑞请客,以为唐、廖之局,往则专燕我。毛、廖作陪,贺孙亦在,并邀陈郎,草草杯盘,乃为盛馔。廖畯三不至,更以胡委员补之。余云自有燕窝,从不请徒步客,今日可云出格也。还尚未夜。夜微雨。

十二日　晴

与书邬师,问零陵考期。为陈芳畹干王石卿。刘兰生辞去。校《诗》二卷。

十三日　晴

校《诗》二卷,始尽补遗义,可寄吕生,吕生又不能看矣。得功儿书,云已保特科,并附懿书。

十四日 晴热

校《诗》已毕。说《文王》“帝命”,又补二条。阅课卷,申饬程孙。与书黎儿,荐刘兰亭,明知无益,其姊索荐甚迫,乃以去就要君,无奈何也。更与书张庆云,所谓无我负人,此心不可欺也。夜雨。召刘丁,与以四元,坚辞不受。

十五日 阴

庭菊盛开,插瓶供玩。入写屏四幅,步至湘岸待船。至白沙洲,答访黄鹄轩,南城人,见所居萧寒,似王文成龙场光景,不觉有迁谪之感。吟诗一首:“独戍生寒色,萧条似谪官。客嗟鸾在枳,人叹虎而冠。薄宦谋生拙,虚堂望眼宽。茫茫今古事,吾亦暂凭阑。”从洲前入里岸还。

胡元佐来见,以为昨同席客,乃一伧父,语言可憎,以其补服来,未便呵之,听其聒噪而去。

“丛菊荣冬晚,临阶烂漫黄。待霜无退色,烘日有馀香。岂惜供瓶几,还持伴笔床。寻常篱下看,不及过时芳。”谭香陔偕朱继元父子来,洪井旧客也,廿五年矣。

十六日 阴,有雨,始有寒意

将入城,临渡而返。袁生问“南雎骨立”,未闻也,语在《郑业传》①。

十七日 阴,有雨

杨郎伯琇来,自京师送方物,言城中焚毁三之二,天津则皆毁矣。细雨如尘,大有冬景。

① 郑太,字公业,传见《后汉书·郑孔荀列传》;“南雎之骨立”,见《孔融传》。

十八日　阴

朝课未毕，廖荪畡偕洪联五来，云十五年未见矣。廖邀廖生来谈，陈郎同至，留客设饼。送客下湘，访彭、杨不遇。至杨园看竹，吃京果，乃分途还，匆匆便夕。请廖运石炭一船。

十九日　晴

批答陈郎《问礼》①十数条，又出湘岸游行。待乔子，至夕乃来。

廿日　晴

程景赴补来辞，与书陈六笙属托之。自此陆行，二万钱一名夫，豪举也，我未之前闻。乔云似孙老总，不虚也。夕出城答访洪联五，遇荪畡正出，云洪已往水口矣。同步至衡阳，刘同知待客殷勤，而馔以草具。便过朱季元，云于王石卿处见文心妻墓志。三学、通判、清泉、经厅同集，摸牌二圈，散已初更。夜大雨，顷之止。

廿一日　晴

写条幅一纸，始觉腰痛，老境也。每月闲戏亦觉无聊，当觅一事遣日。"昔访麻源谷，君家正避兵。青山知好在，白发见馀生。苦战终何益，劳形只徇名。得闲聊话旧，投老未躬耕。"夜雨。

廿二日　晴

作韵书屡不成，恶其烦碎，难于条理，辄取前人说看之，又不当意。大要须不言转声，乃有画一，而转声自然不可废，故多歧也，沉吟久之而罢。

廿三日　晴

连日作饼，亦将废事，人都不可有嗜好，信劳生之无味也，又过二日矣。

---

① 下文称"《礼问》"。

廿四日 庚戌，小雪。晴

稍有寒意，午尚暄也，所谓小雪犹衣夹。刘佣求书与李仲云儿，言求地架屋。即书与佛翼邮去。乔耶大扫落叶，顷之又盈园矣。岳坤谢生来。

廿五日 晴

谢生徒步来，欲求一馆。其学于乡塾为博，于世间未能数九牛毛也。无可位置，姑食宿之。僮仆俱无，甚难于酬接。

廿六日 晴

谢生无可谈，仍自督课，如无客时。欲取《吕览》、《韩非》诸子孤僻小典，如爰旌目之类，别录成集，以备遗说。《吕氏春秋》"大庖不豆"，今厨人掌锅者不摆围楪也。

廿七日 晴

入城寻腰带，便问油盐，答访胡知县。未去，二陈郎来，舍客径行，至又急还，殊为可笑。许六花来索砖钱，诡云家中无钱，语殊可恶，恃有亲家母，不能诘责也。珰遣人送菌油。云门小儿偕一赵姓来，写安仁乌鸦冲荒田，云其父令来看，均留一宿。

廿八日 晴

杂人均去，始看《晏子》，一日而毕，无可取者。送煤钱十七枚还廖荪畡。

廿九日 晴

看《墨子》，程孙钞有注本，嫌其未晰，欲更理之。为陈郎批答《礼问》，补改二处。

晦日 晴

钞《墨子》二叶。李生金戣自鄂来，云无甚新事，唯闻有科。

十一月

丁巳朔　晴

晨出堂,所谓告朔爱礼,告诸生当自好,学习之,斯好之矣。廖拔贡告去。钞《墨子》二叶。发课案,用积分法分三等。廖云石鼓已封门矣。

二日　晴煊

钞《墨子》二叶。房妪出游竟日,无送茶者,亦可笑也。外报有僧来,未欲出,俄见名片,则明果,十年旧契也。亟出见之,因订一斋。

三日　晴煊

钞《墨子》二叶,写联幅。送蔬笋至罗汉寺,请初七日斋,请明果。是日忌辰,用追荐福。廖荪畡送羞,廖德生送橙,并书报之。

四日　晴

王莹来,广东师耶,自称受业,忘之矣。致刘乐昌书,犹殷殷以六大三阳为念,此人不朅罢不止,所谓扭也。钞《墨子》二叶。夜雨。

五日　阴

钞《墨子》,看《吕氏春秋》,纯乎游谈,较《淮南》多故事耳。尚鸿宾来见。

六日　雨风,寒甚

盛巡检来求书,不避寒暑,亦可取也。并携村仆来,则有官体,留宿西房。夜大风。

七日

先孺人忌日,设斋罗汉寺,幸风息而止,犯寒而往,即送盛去。黄孙从行,禄孙啼从,至又惧啼,不可喻也。斋请明果,好心作陪,监院同坐,申散。僧送上船,到犹初夜。

八日 阴

二陈来,告杨八踦六十双寿,欲索一联。本当报礼,而即日当送,往还廿里买对纸。又当送真女点心。竟日营营,日不暇给。吾家旧习,手忙脚乱而皆办,可笑亦可喜也,刘丁则足蹇矣。丁谦自桂阳还,来见,云可馀廿万。

九日 阴

晨往杨家拜生,过任、丁、江、吴、尚弁、顾尉,吃面即还,已日中矣。四妇往真家,就便过门,至夕还。竟日领孙,未一事。夜雨。

十日 雨

钞《墨子》,写字一幅。屼樵送雉鸠。张石四、李煦师耶来。王莹引刘乐昌儿俊澧来见,为六大也。夜大风寒。

十一日 阴

三女为其母忌辰设奠,余往拈香。钞《墨子》二叶。

十二日 阴

钞《墨子》二叶。看《吕氏春秋》。刘令儿复来,送端砚。

十三日 晴

钞《墨子》三叶。耒阳二生口角,皆儿女子语,而自谓文人相轻,不值一笑。罗船户来,约来迎还湘。

十四日 晴

明果来,与演化僧偕,约往西禅。问其何不教授,则彼寺僧有争为教授者,正与耒阳生印合,皆末法也,且钞《墨子》"尚同"、"兼爱"诸说以救之。夜作包子极佳。

十五日 晴

屈小樵彦钧来,云已到十日,调署衡谕。真女还,送省信、布匹。

功得两尚书保,应特科,湘抚亦荐之,可谓三举成名矣。瞿海渔亦特保送,则未之闻,又所谓国有颜子矣。钞《墨子》二叶。

十六日　晴

院生课未毕,放学赴斋。晨有村妇入内斋,跪求伸冤,又一金凤大娘也。门役病手,故疏于照看,非买放也。房妪勒令往府,即步入五马门,正见两令、一学,云木行牙帖已注销,无枉太尊。

手痛未出,携三孙步至西禅寺,约荪畡同集,明果盛言请经因缘,属为作碑。待屼樵至暮,先遣孙还,余携外孙步至舟,又待房妪,已夜乃还。

十七日　晴

钞《墨子》二叶,颇不踊跃,忽思作《西禅碑》,试作数行,遂成一半。

十八日　阴

前喻生父言刘生可妻,取其过廿未婚,已发女庚。将两月,昨始来请纳采,事从省减,请陈郎为女媒,便于其家写红帖。喻生代父作男媒,其父亦至。刘生父来会,并与其弟同来,朴拙人也,送茶不知辞让,陈郎仍致敬,不笑不侮,颇有老成之风。小雨蒙蒙,礼成,舁至清泉,再往说项,乃知原委。还舟待渡夫,久之乃至,到院亦夜,夜雨至晓。王佣来报筑室工程。

十九日　雨

晨成《西禅碑》,遣纨清稿,诸女工忙,暂停牌课。钞《墨子》一叶。

廿日　阴

院生去者大半,复有来者,未督其课。钞《墨子》一叶。下湘,欲诣飞翰营。明果来,辞方丈,勒令写片与演化,依而与之,乃得出门。

畴孙请从。登舟泊铁炉门，至安记取钱。舁出北门，过罗汉寺，寺僧物色王老师者络绎。尚弁复不在营，乃从西门入，行壕畔，颇有清景。至两学，皆不在署，一讲圣谕，一摸麻雀，各从所业也。还舟，畴已先在。道遇岏樵，云文擅湖南至矣。问今何在，亦往杨八踈家打牌。还院吃饼。

廿一日 雨竟日

将入城复还，钞《墨子》及《西禅碑》。沈保宜子振来，言说项已妥。

廿二日 阴

朝食后入城，至程家寻文擅湖未得，无所往，乃至安记取花边，将遣佣还。见杨船已到，到船一看亲家母，阁门数语，杨郎出，立谈数语即还。遣懿妇往省亲，两孙同去，夕还。

廿三日 阴

钞《墨子》二叶。两杨郎来，小坐去。

廿四日 庚辰，冬至。阴

晨与房妪同船至铁炉步，佣妪入城。余掉舟至柴步，寻文船不得，舣船更衣，云文船在对岸。乃渡湘。至八踈家，牌局狼藉，文云昨夜未睡，甚违宁身静事之义，小坐步还。挂牌躲生，闭门六日。衡城不祠冬至，并无节物。

廿五日

朝食后复下湘，至杨寓，见两杨郎，写对子一幅。遣舁迎真，余待湘岸，久之船至，与谢妪同舟还。妪云有身告假，诉其兄公不恤。还钞《墨子》，得王必名书，云陈芳畹已得厘委。

廿六日 阴

昨夜三更后有叩门呼周妪者，问之不答。心甚疑讶，妪醒问之，乃云四老少还。开门数语,令入内。今晨遣视,尚寐,俄来问讯,云与杨生俱来。廖、谭来探踪迹,均匿未出。

薄暮,二陈、杨郎俱来,问东洋所学,乃欲抹杀君父以求自立,新学有此一派,孟氏咒墨之报也。然必期于流血,则又西洋好杀之习,盖孔、释俱有婆罗门,计百年后大有翻覆,此时尚未。初更三子俱去,懿妇携女还母寓,助治迎妇。钞《墨子》二叶。夜月。得茙女书。

廿七日　晴

本欲入城,待船太久已懒,又值功儿来省,剃工请发,遂留不去。钞《墨子》一叶。

廿八日　晴

闭门躲生,仍有来扰,一切谢不问。院生敛醵为寿,徒费无益,又成陋例,故欲避之。杨生来言宗旨,仍是空谈。喻生、程九送礼,遣人退去。岏樵传胪、擅湖南夕来,出见。廖荪畡自卄山还,初未知之,乃谢未见。宝老耶来,则可怪矣。莲耶亦来送礼,又有王嘉祜不知何许人也。夜内外馔庆,爆竹甚盛,近感成都时。二陈郎幞被来,与杨生俱留宿,乔妇亦来。

生日　阴

晨出堂待客,外来者有局司夏、张、周,局员黄县丞,县人来者有张子持、王三屠、宝老耶,馀皆院生。正设汤饼,常霖生率其从曾孙来,外设一席,内二席。午初舁出渡湘,循岸东下,过浮桥,从北门出西门而南,谢客廿六家。飞轿至彭祠,贺客廿三人,官自道府至两尉,绅自给事至监生,幕客张广柏、衡山文擅湖,演戏贺生。六女、四妇、湘孙先在楼房,未暮而去。小雨时作,余待席散还船,船已去矣,呼小舫送归。闻鸟声似布谷。大雨竟夜,酣眠至曙,许女至床,未觉也。

晦日 雨仍未歇

休息一日。申明学规,定月课等第,发监院详道,通饬各学。

十二月

丁亥朔

功入城谢客,懿至杨家助婚,房妪厨佣均至杨家送礼,真女还城,两小孙从伯父出游,院生俱散。出堂不见一人,已而来五人,言斋长程生吃油饼事,令禀监院。西禅僧送普佛斋馔。钞《墨子》一叶。

二日 大雾,晴

送张生回局,因至杨家少坐即还。钞《墨子》。

三日 晴

晨出下湘谢夏、张,即至大马头寻轿,久之乃得。至灰土巷谢马,过秦蓉丞门,门帖俨然,车过腹不痛也。循隘巷至程家,彩舁已至浮桥,周某陪媒,亦大简矣。媒人江、朱坐待久之,二久十八,日遂斜矣,犹未朝食。乃至女家,虚无一客,云完郎往杨家,犹讶其早。陈婿出言,杨生必得祸。余云今无降祸者,但恐自入网耳。天下有道,乃有文字语言之祸,今不暇也。借舁至杨寓,新妇已入门,门客寥寥,新除一客坐坐焉。径待至夜,初更新月娟娟在檐角,光景清佳。还船待女归,云均不来,乃独掉小舟还。功儿亦去,唯存三人,独寐至晓。

四日 阴

朝食唯四人,至午舆妇、湘孙乃还,畴孙从母亦还。致书道台,论书院不宜发考费及设官坐监之礼。夜功徒步还,顷之潇潇雨作。

五日　晨雨成雪,遂见六花

坐内堂竟日,四僧来,言罗汉住持。

六日　晴

懿还,言出洋。告以母教,以吾与彼无恩,故莫往莫来也。前日杨生言父卖子为奴,公法有禁。今若禁其出洋,则甘心为满奴,犯公法矣,余又不敢。若听其去,余又不能也。世事遂至如此,可为痛恨,无他,一“利”字害之。

七日　阴

朝食后出答黄、周,乃知谬误,又误由石道南上,误之误也。黄鹄轩留吃莲饧,差为不负此行。

八日　晴

作粥应节。二杨郎来迎姊,并携甥去,云懿妇母明正五十,儿出洋,故思女也。若以义止之则又伤恩,促令即去。杨氏新妇来,屼樵亦来谢。

九日　乙未,小寒。晴

杨妇携儿女去,过午功亦携弟去,佣工并归,始料理过年矣。过年太平盛事,今世人皆不顾年节,是为乱离也。

十日　晴,大风

舆妇贺杨赘婿,船不能下,从陆行。复钞《墨子》,纸短不合前式。午入城陪文、彭,饮于程家,实为文设,以余为客,文为介,彭为苟敬。鱼翅似堆翅,程所罕也。

十一日　晴

唐、王两生来,王改名嘉祜,即送笋者,旧名者香。木卡员绅黄、周同来,言木牙帖。夜月,钞《墨子》半叶。

十二日　晴

文擅湖来辞行。首事来,言更换斋夫,以丁姓代之。程九郎云丁次山之谋也，张凤盖嗾之，离奇不可思议，似蜀事矣。岂余教不安靖，故蠢蠢耶？且付鸡虫。廖荪畡复送羊。

十三日　阴

奉命诣府，久谈无着，但看俞剡牍而还。出北门，乃反绕道半里至会馆，四学、两营、二师俱会，张师独后，遂伺候半日，至夜乃设食。求募六百元，顷而集，亦豪举也。萧教授甚有推卸之能，而亦不免借劫于众耳。谭及老实首事，具轿送余还。微雨间作，从浮桥渡，循湘而上，到已二更矣，雨遂潇潇。

十四日　阴

钞《墨子》半叶。莲耶送雉汤，食甚美。斋夫求留，与书请之。

十五日　阴

方命羹雉，湘孙依常具素馔，云曾祖忌日也。先九月曾祖母忌日，未素食，以在外不亲奠，故无忌日。今若云依常节，非教敬之道，余亦依而素食焉。钞《墨子》半叶。喻生来言昏期。

十六日　晴

令滋女办装，云陈六嫂自请办，云一日可具，因命往商之。余亦便入城，畴孙欲从，遂令同往。至安记，值其盘帐。往程家少坐，复至陈婿家探疾，赵永顺处贺喜，仍还安记。久之日暮，赴道署，至门遇荪畡，云大人未起。俱至李华卿斋少坐，因并邀李入坐，程屼樵亦至，同看李伯时画马，赵、董书。宋徽宗《训储图》自题有丸熊等语，恐明人为之，道宗当不至此。又黄鼎著色山水甚妙。传胪来，已夜矣，入席畅谈，饱啖，二更散。乘舁步月，自百搭桥下船，还复食腊粥。得茙书及僧书。

十七日　晴

钞《墨子》一叶。复茙书，并寄四妇谕。戴表侄来借钱，如取诸室中,一瞬便去,所谓妙手空空儿也,十二元小哉,亦复快意。得刘诗人火腿,正少此物。

十八日　　晴

钞《墨子》一叶。岏樵送貂裘,盖以当束脩,受之有愧。为陈郎批答《礼问》数条,说"方明玉"象瑞玉,是也。《顾命》"越玉五重",亦其意,岂亦有藉象方明而形制异耶?无圭故五。桂阳教习来。

十九日　　晴

封印。长沙僧来索书,留之磨墨,云观察大人急欲得书也。午下湘至会馆,送钱五十元。先至安记,又至程家借轿去,四学、一营皆散矣,吃包子而还。

廿日　　晴

年事未办,复至安记料理。将往城外,微雨欲来,乃还船买糯米、北流饧,坐待久之,云货客拥挤故迟也。与李生书,戒以开卝。还钞《墨子》一叶。

廿一日　　晴

东安令送闻弹干面,即复一书。程鹏复来送貂褂,貂冠虫蠹,割袖补之。钞《墨子》一叶。

廿二日　　晴

陈婿生日,遣湘孙一往。佣工俱出,身自牧羊。钞《墨子》一叶。

廿三日　　阴煊,午雨

祁阳僧送青石桌倚面及黄芽白,云皆祁产也。程太尊来,言京、浙、江南事,云将往陕西兴经学。项妇来求书与廖老师。俱久坐乃去。程送面茶、作糕。送灶。己酉,大寒。中夜闻雷。

廿四日　　晴

佣工重小除,例有酒食,依常办给。程岏樵妻五十满生,作联贺之："齐眉百岁屠苏酒；四德三从宰相门。"遣人往送，至夜乃还。吾家事皆取办临时，亦旧习也。

廿五日 晴

周松乔、任辑丞来。女妇入城，黄、郑孙从母俱去。庭梅盛开，冬暖益甚，夜闻络纬。黄孙还，言程生已被代矣。

廿六日 晴煊，遂夹衣

廖苏畡来，谈隆无咎，并送遗集。余前见之于幼铭所，未知其有父冤也。十日已来，南风作梅湿，异候也。

廿七日 晴煊

入城，阻泥而还。午始转风，乞历日，乃得市本。荒州末运，殊无皇灵，可叹也。得但少村书，拓其妻志铭见寄。

廿八日 阴

钞《墨子》半叶，看《韩非》书。北风始厉，作会馆戏台联："东馆接朱陵，好与长沙回舞袖；南山笼紫盖，共听仙乐奏云门。"

廿九日 阴

刘丁自省还，致盛郴州书。陈郎甥舅来。程致其父书，并送炭敬。程岘樵言俞抚移晋，赵次山来代之。留面去。有雨意。写对屏数十纸。

除日 阴

晨起无事，将遣佣妇视女，恐劳打发，改令滋女一往，并看子年家备年事否，送以十金。晡时还。上滩已有稷雪，夜遂大雪。待夕，饮屠苏，吃年饭，恰满一桌，外设两席。夜办祭诗果脯，饮酒一杯。雪甚，鸡啼，三更后寝。

光绪二十九年(1903)癸卯

正　月

元日丁巳朔　大雪积半尺,年光甚丽

辰正受贺。朝食后出泛湘,至东卡,过对岸,遇两陈郎,停舁相待,共入杨家暂坐。伯寿儿出延客,耕云夫人自出相见,将设年礼,辞出。循湘岸下,至浮桥渡湘,绕北门入城。出西门,至荪畡处一谈。入城,南上渡湘,待船来,还院犹未午食也。雪花点衣,殊不成朵,皆纯似玉珠,从来所少见。夜掷骰,未三更先睡,房妪醒已欲觉矣。

二日　大雪

屺樵、荪畡、黄翀县丞、任绩臣、谭兵备、程生来,并入谈。喻生来,空坐无所设。

三日　雪止冰凝,天反稍暖,知未遽晴也

黄生早来,以忌辰谢之。俄而周松乔、顾尉、唐太尊俱来,杨郎、程尧亦至,昼日三接。作书谢俞抚、但道,并致杨亲家。刘丁陆行去。

四日　雪

两县、贺子献、长沙乡亲三家、萧、谭两学师俱来,竟日接对,至暮颇倦。小愒,夜起掷骰。

五日　霁

张尉女婿石生来,避老总,匆匆去。赵阶六来谈。程生集新安

馆相待，午后乘舟往。苏畡、丁次山、陈郎、江尉俱先至，到已迟矣。食毕遂暮，借舁下船还，乃酣睡至晓。水仙始花。

六日 大雾，晴

城中迎春，两孙往看，僮妪俱从，闭门谢客。晡时人还，云已过矣。

七日 晴

国忌，以为无客，蒋少耶挂珠来。登楼看梅，繁花半发。钞《墨子》一叶。

八日 阴

昨夕得蔡洋局书，云蜀臬欲要往教习洋生，道理既多，一切不说，但复电云“老不宜来”而已，并劝蔡去，未必知我意也。两程孙来。梅已闻香，登楼独看。六女作饼。马道台来言江南事。

九日 晴

将入城，廖氏三郎来，长者神似其父，少者盖似其母，与谈久之，同下船。至岏樵处送行，陈郎家探病，真女出拜年，小坐还船，至院未夕。女客来，杨六嫂请见，并见程、赵母女，夜掷骰。

十日 晴，有风

三妇出拜年，顷之人还，云真已娠矣。夜久不归。振湘来，因令入城探赖事，便问消息。初更还，云懿妇留待不还。余以真一拜而娠，与窅庄同，虑其难产，心悬不寐。又闻仙童得实缺。乃梦与笏山父子论受妊事，见笏山甚矮而无见，所谓噩梦也。

十一日 阴风

晨起将令滋往替郑，顷之报喜人来，云丑初得外孙矣。疑虑顿释，如新得一女也。午后西禅四僧来。岏樵来。杨踓、丁笃生来，丁入看楼。半日应酬甚倦，遣妪看真，问作三朝乡俗。钞《墨子》一叶。

十二日　　雨竟日

钞《墨子》二叶。日夜掷骰,夺状元。科举停后,一升平典故,抵一篇《选举志》也。周、杨两生及耒阳刘生来。

十三日　　晴

钞《墨子》一叶。张子持送窑灰、笋衣,与书诲之。女妇携妪至陈家洗儿。清坐昼长,看女孙博戏,犹不能消日。乔子妇携儿来拜年,催饭去看龙镫。初夜月明,女妇均还,未暇夕食,湘孙设春卷、胡麻酪,遂饮一杯,微醉。早睡,云起将雨矣,中夜遂大雨。

十四日　　晨起风寒雨凄

钞《墨子》一叶,考定所引召公之令,为《君奭》文,讹脱皆可读,亦一快也。

十五日　　阴

入城答客四家:贺、廖、常、谭,唯贺寓未入。廖氏六子皆成人,以基为氏,木旁为名:植,璧耘;棫,次峰;樾,季海;樵,稚笙;杰,叔怡;栋,幼陶。本答其拜,乃皆不遇,云日本人看卝,长者往厂去矣。道署留谈。闻爆竹声,憬然有节物之感,似廿年前光景。驰还,掷骰。来宗、金妪来,云从王同知往道州。金留宿,同床。

十六日　　阴,欲晴未晴

午初锁门,内外俱上学。遣送打箱钱交王同知妻付来宗定皮箱,投暮往还,余假寐以待,初更已还,复起斗牌。常霖生、张子年呼门,入谈。

十七日　　阴

晨出吊喻生丧,内外无人,唯一孝子,立话数语。江尉来。刘子重、曹从九来。毕八先生次孙来,送《楚词》,求作家传。客拥挤一时,殊劳祇应。正欲夕食,懿妇还,方僮护送,张四哥同行,端孙留外家,唯孙女同来。水仙香发似晚香玉,非贵品也,正以其不种而华新,异之耳,亦宋派。钞《墨子》一叶。

十八日 阴

梅树万花,登楼巡赏。将出颇懒,钞《墨子》上篇成,毕送行状。

十九日 雨

张振告去,晨谈张家事甚久。作书遣陈顺去,辞以待船。乃辞张振,独下至常家送嫁。程孙先在,略谈遂出,答访张、刘、曹三尉。曹字先仁,即捶教民者也。刘门条甚新,似甚得意。皆云至江尉处相待矣。旋会于江署,客尚有朱二、贺孙,程孙亦来摸牌,至夜还。未至船大雨,舁夫衣尽湿,至船坐顷之,汗雨因风而冷,屡命船中蓄火以待,出则无备,幸入春不至大冻耳。此皆出行要事,往往忽略,则舁夫苦矣。

廿日 晴

朝食后约张振同下湘,余亦幞被以往,畤孙从。至安记,先遣僮妪送至彭祠,余卧待,催客乃往,道、府、幕、绅、商公请春酒,以程太守为宾,设三席,至戌散。畤已归矣,余宿江南馆。

廿一日 晴

朝食后步从大西门出,循城而西,从堤埒间至莲湖书院,荪畡为主人,看新修两楼及斋房。待谭兵备,至午正乃至。陈、程甥舅又后,已向晡矣。谈燕竟日,烧小猪甚佳,教官之侈也。夕还,欲雨,廖遣轿送至船,到院二更矣。

廿二日 雨

欲作莲湖宴集诗,先作元旦拜年诗。又登楼,看梅花如雾,从来咏梅者未及此。彭传胪催客,步往。彭景云来,又不识之,程、陈继至。大雨作,舁来,迎上船,还正初更。

廿三日　阴雨

召匠作书箱。剃发。

廿四日　阴

晏起,黄孙云巡抚专差来,甚讶之,开函乃告别求诗,并请题赵卷。赵书"止斋记",未知止斋何人也。作文者段从周,亦不知名,赝笔也。庸松来,未及谈,下湘赴陈郎春酒,先至安记,寻《元史》,翻段从周。彭传胪霖生来。杨四郎回门来见,同饭,酉散。宿江南馆,夜寒。

廿五日　阴,有雨

欲出答客,忘取毡冠,更遣还东洲取之。程孙、廖生、常、陈舅甥来。唐太尊来,言耒阳令讦周室举人。廖生极不然之,余意官话多不可信。欲告巡抚,因诣道府,道幕张广柏已往郡馆相待,唯见毕孙。唐太尊甫还,正会客,入与戴梦子谈,云郡人公请,待久矣。往泥弯,则设五席,演《调叔》,甚有情态,赏李三一元,廖赏武松一元,礼也,堂会不可专赏旦。未尽欢,已二更,乃还江南馆。

廿六日　阴晴

纨女纳征,乃无华饰。衡俗过清庚则不更送钗钏,唯凤蟒、开容脂粉、折席喜封。媒人亦至,萧然无办,坐久之,乃设汤饼,赏钱不过三千,俭之至也,几复余昏时故事矣。

久留抚弁,又得排单来书,言已请退,更求余文,乃还作之。步至马头,遇一破舫,男女杂坐而还。舟中一弁,自云耕云旧勇,曾事彭、常,且从修志绘图,弹指卅年矣。夜作《送俞廙轩还山阴序》,未成,鸡鸣乃寝。

廿七日　阴

晨作俞序成,便题赵卷,书复仲隅,又书复茙女,遣专弁去。戴将来,入谈。耒阳资生送柏丞孙来,留居我处。余客皆谢不见。钞《墨子》一叶。夜薰沐。资孙虱以百数,房妪辞目眊,遣僮丁料理,惜孺人没,无古道矣。大雨,睡熟不知。

廿八日 晴,大热

墙壁、木漆器皆流水,异候也。幞被入城,待滋女办装,余止安记。女妇借程生家暂住,至夕乃来,已昏暮不能事,余仍还院。

廿九日 晴煊

复女请早行,黎明即起,过辰正未妆,余不能待,携妪先发。至安记,过东华门,看滋女安排送装,妪先取器皿陈之。午后两妇、二女、一孙女携四妪皆至,滋先迎程二嫂助铺设,仍似铺房,但略满耳,将夕乃送去。房妪摄行伴婆事,先往料理,至夕俱还。黄翀县丞、周松乔秀才来贺,至书院未遇,又便衣至安记晤谈。夜雨。

二　月

丙戌朔

纨女嫁日,当早往城料理,妪请朝食乃去,去则尚未开容,补定醴女迎妇礼。陈郎、程孙作媒,其弟为赞,皆会于寓室。女客则杨、程、江、常、陈氏,加笄后,便亲迎。女婿刘焕宸,其父名昌澧,字皆未之问也。申初发亲,余至刘寓,一会亲家即还。

院中更无人,移居内室。大风雨,从者晚不能渡,夜黑如磐,凡三出呼应,并遣资孙出视,一时许乃从对岸借船渡,此岸竟不能渡也。灌坛风雨不是过矣。

二日 晴

晨作小词,题俞仲隅画册,词能驱驾,又一派也。数遣人往来城中,竟无人送衣履来,终日靴行。从洲东溯流过白沙洲,黄、周俱出,为黄书一联,便送与之。夕程、夏来告回门发帖事,双双而至,《春秋》所讥,不知启将何词。余云翌午三朝恭候而可矣。请陪客,古云婿见迎赞也,遂书三帖与之。程送书箱,为纨装书毕,适刘送酒馔,便令船去,附箱至城。廖学师送胙。

三日　晴

李生晨至,言开卝无违祖训。与余所闻大异,不违祖,似违父师耳。功儿私财火烧不尽,而欲尽于卝,亦可闵也。纨女回门。往城先至冯家吊孝,马寿林作陪,始行朝奠。待婿见,请陈郎、程、夏作陪,陈伯严不可复得矣。陈、李、程亦俱来,遂留便饭,余未出陪。夕散还船,水暴涨,携妪婆息同行,上水甚难。

四日　晨晴午阴,夕遂大雨

湘涨未落,往城请媒,兼令觅船。步访常霖生,云夏得鄂抚,张专练兵矣。朝廷以百熙文于之洞,故熙学而洞军,与潘世恩文优阮元前后合符。道遇玉洲僧,诉田讼。与书盛太耶,荐高奶子。还寓,待客久不至,遣招陈郎,李、程踵至,请霖生便集,知余欲回船,未毕而散。将入夹,红光罩人,乃是电影,久之乃闻雷,雷殊不近,光在咫尺,亦异景也。为俞抚写送行序。

五日　阴雨

附船下湘,云得一巴干,及发行李,又云桐壳,已遣迎湘孙矣,不得便已,欲别附一舟同行,乃送女眷先往,刘婿来送行。为李生致书张管学为道地。李称有守者,而亦干进,非上品也,船山生又少一人矣。至船边见劣可容。入城至寓处午饭,告诸女待晴乃上。资孙逃去,托留后于廖生,促程、夏入学,遣招崇辅同行,至夜毕至。雨蒙蒙未止,泊毛桥。

六日 阴

夜半发，午过雷石。邓进士师禹来见，送鸭脯。五相公送鱼肉。夜泊晚洲，行二百廿五里。

七日 风雨

不宜行，强行六十里，泊昭灵滩。笔墨被琐，竟日但睡，无事。

八日 雨寒。仍风

行百里泊下摄司，又睡一日。

九日 甲午，启蛰

昨夜初更时已隐隐有雷，晨乃雷雨。辰泊湘潭，闻山庄被窃被褥十馀铺，恐无此多被也，然当惩之。刘丁上岸，逢贺生来见，问其何往，云至麓山。问何以失约不还钱，乃送八元来。可谓狭路相逢也。

画里湖山好，又几回题句，年华催换。少日襟情，老来游迹，旧图都见。莫道风波恶，泛一叶、钓舟还便。愁洛阳，暗满胡沙，迟了莼鲈张翰。　　非晚。新恩重眷。有琴鹤归装，萝荔芳院。待欲抽簪，怕羲之笑我、庾公尘涴。陶令容萧散，记运甓、才专方面。只兰亭不似新亭，许多春怨。《曲游春》，再题仲隅《卧游图》。

船人逗留，未移寸步，将上岸，以湘孙在船故止。夜被房妪惊醒，急问其故，乃云梦厌耳。

十日 阴

平明始发，行迟日长，午后已过南门，舟不肯泊城岸，女不可坐露舟，乃独身先归。唤异夫，方知盛佣从懿去矣。家人无能者，久之始得异往。罗、杨比而辱我，使劣子自投牢涸，亦业冤也。后至江夏，与人论，比之杏元小姐为奸臣陷害，直一笑耳，不必恨也。吾误收杨儿，致此奇报,慎无为善,岂谓此耶?将夕,湘孙乃来。朱稚泉来,坐谈。夜寒,衮女来。

十一日　阴雨,有雷

胡甥来,坐甚久。但粮道来,未见。送书抚台,言乡中盗贼敢于尝试,请饬惩治,兼为常霖生请托,约明日往见。俞公遣人来约,枉驾辞之。云孙来,言高等学堂。熊妪来,得龙郎书、银,即复两纸。衮女来。

十二日　雨阴

家中轿无雨衣,赁舁出谒抚台,言耒阳举人周室访闻事。赓公云唐守已言之矣。又言张孝达保护事,洋人必为出力。论晋事无可为,浙东多盗云云。答但,访徐幼穆、张、王,皆不遇,见笠僧而还。迎衮女来。笠公来,垂帘无从,似女客,余避入,复出。稷初夕来,言家务事,并示《受禅碑》集文。程生来问行期。期以明日。詹徒同来。

十三日　晴

幼穆来畅谈,留早饭去。陈郎自衡来,云诸女仍还书院矣。陈海鹏来,醉熏熏,大论抚台不知兵,及为洋人所挤去,殊出意外。武人文论,死期将至之征,余于贺虎臣验之矣。张雨珊来,云张之洞论管学,谬也,乃袁世凯耳。杨儿来,云已引见,将到省。衮率儿女来。摸牌至夕,甚倦,乃假寐,遂酣。起已三更,有月光,无月影。

十四日　雨雷

李生来。李佛翼捐道员,分湖北,借差来湘,病起来见,云尚未愈。王逸吾听讲感寒,亦力疾来见,坐谈甚久。徐幼穆送鼓子、克食。杨度来,未见。写对子四幅,复龙郎书。

十五日　雨

巡抚送酒脯。朱生来谈时派。陈中书来,请看戏,云少保入祠酬客，已十馀日演唱矣。未晡即往，雾露神多不识者，唯知陶、劳两督裔，叶麻，杨，巩，雨珊，莘田，初夜即还。窕女送饼，尚未去，留摸牌一圈，二更后乃散。程生早来，订行期。王耀堃来谢恩，均于楼上见之。

十六日 忌日

邓沅来，以不衣冠，无妨见之。忌日不见客之例又改矣。顷之僧明果来，云忌日不妨见僧，亦见之，以后遂清静。午后设荐，坐楼上，待夜而睡。

十七日 雨，更寒

李通判翊熉来谈廿务，与李生同见，去后送其家集，乃知为小湖学士之从子，因看《小湖集》。窕女回。

十八日 雨寒

刘丁来促发，便幞被检箧，令先上船。湖甥来言讲书事，问诸子门径。黄修源来言女学堂必不可开，词严义正，杨、罗不能施技矣。看李集。

作茹孝子阙赞，书交何棠孙转致文擅湖，由李佛翼递去。

夕食，功妇云甚早。乃不能早，芒芒上船，已欲昏暮，坐小艇殊不隐便，功送上船。静庵弟专信来索馆，陈芳畹书来告穷，文柄来告革退，俱不能救之，唯交一条与黄、夏耳。朱生送茶点。詹有乾拨银钱卌枚，交房妪，专人与方僮，预备清明祠会。儿子不管事，致无人照料，非佳事也。登舟怡和洋行船，名昌和。乃不容膝，与程生卧佣保间。程已半日不食，余未安排，寒雨故也。夜未解衣。

十九日 晨雨

附舟者蚁集，又呼余起，卷被开仓，热不可再住。程生觅得一房，已有两人占住。余亦占住。顷之小儿女领婢妪来，问之为黄七老耶。又来一老翁,似曾相识,问余姓,知余字,则孙海槎也。黄七老耶乃黄鹿泉,其子亦捐江南通判矣。喜非杂人,七人同仓,不可容膝,已远胜于昨夜。午后开行,乃得饭吃,夜黑不可进,泊白鱼岐。

廿日　晨雨,午后阴

行至岳州,停久之,有持署督名帖来迎者,请过船,谢不敢当,约到鄂必往见。又停城陵矶,关丁看税,取夏布数捆去,亦余之耻。晡后乃行,龚文生来见。至嘉鱼又停,待月光复行,水手索钱甚汹涌,急出避之。

廿一日　阴晴

晨至汉口,接船未至,待久之,楚航乃来,陈三少耶毓恒叔慎及舆儿同来。端署督又来迎,复谢不往。往复心寓中暂住,悉邀孙、黄、龚同过江,行李、孩稚、仆妪甚盛。至汉阳门,过藩署东行,循巡道岭至陈寓,复心出见,完夫亦在,云杨、程均未去。遣告程太守,顷之来见。

恐端复来,先往上谒,以见总督礼见之,纵谈时变。端方,字午桥,劝善人也。神采不精爽,无火色鸢肩之相,与张幼樵皆所谓圣人无相者。谈久之,辞还,朝食,实已午矣。赵、马俱来见。二陈具食于前志局,即扫三间馆余,张先生亦在,李、程同饭。宋生育仁来见,留谈久之。端督来答访,便约夜饭。宋、程均出谈,久之俱去。小坐未几,常晴生来,余不出见之,陈郎强令入谈,女婿之奥援如此。将夜催客,便衣往。李文石葆恂、子和儿也。梁鼎芬、邓少宣吉士、宋、陈均先在,甫坐即入席,泛谈故事,初更散,舁还。

廿二日　晴,入二月始见日

刘世兄送菜。余尧衢早来,便留同饭。端署督约来谈,少待之。恒镇如第四子宝巽来,已道员矣。云有兄弟官越、蜀、江、鄂,同祖共九人，诸子十五人。坐颇久。两湖生黄、左来。许为盲者，已不省记矣。饭后端午桥来，谈不能休，为樾岑孙说项。日斜乃出城，张、陈、赵生俱相送，舆儿从行。求书者纷至，皆不能应，为复心书端伯母一联而行："寿国袆衣荣八命；谢庭犹子致三公。"

出城上船，宋生先在，送者皆在后，待久之乃来，不欲复待行李，戗风过江，舣龙王庙，遣散送者。与宋、陈同访奭邵南，道滑泥黏，到门不遇。舁夫怯故道，改从后街，亦殊不澁。还饭酒楼，至一品香，乃无坐处，更至得月楼，菜不可吃，唯烧鸭夹饼，鸭肉又带血，择皮包，啖六七饼。行李不来，诸人亦无处觅复心，借茶号暂坐。店主曰魏紫峰，牌名西泰昌。正无如何，魏言陈公子、吴孝廉自蜀来。果见吴简斋，将从之去，陈、宋俱在刘幼吾处，试入一看，刘便让床居我。唐树林亦来，告行李已到客店，谢陈、宋，令过江取被来，占刘床，亥正先睡。看戏人回，未与问讯，咳嗽竟夜。

廿三日 晴

闻五点钟即起，店主已备饭，广东上等饭也，菜则草草。饭后便行，尚未辨色，踏月影舁行甚迟，至东站始明耳。端督遣材官护行，营官亦来见宁乡人谢澍泉。易由甫邂逅来谈，始知其复应试。过一时许，行李犹未来，出门闲望，又遇程戟传，写票登车。汉同知冯少卓来，焌光子也。索还车票，预备官坐，亦差愈于二等仓耳。弹压委员何司狱守贤效廉来，谈经济。邻坐烟薰甚闷人。

过武胜关，从石山穿洞，行一里许始见天日，酉初到信阳。西铁路营官杨姓遣马来迎，并自来见。州牧孙金鉴，字光甫，遣舁来迎。南汝光道朱寿镛曼伯亦遣舁来。令程九从杨骑入城，程生第八弟及常生孙亦至车旁，程生从之去。余独先至道署，遣舁迎易郎，同谒曼伯，在道署大堂降舁。又见一人来迎，甚似王苇塘，又疑陈经畬，未便问姓名,知为蜀门人耳。孙知州亦在道门内相问讯,曼伯久乃衣冠延入,又请至花园,久谈往事。易、程不至,待至二更乃来,更延陈杏生来谈。蜀生亦同坐谈,知为罗姓,又久之,知其字莘渔,仍忘其名,犹茫然也。程生云曼伯夫人今夜餪祝,爆竹甚盛,将三更乃散席,酒肴甚盛。赠《止斋集》,朱泽沄著,曼伯远族祖,乾隆初诸生,纯乎家法,儒林有传。又言其伯父名士彦,谥文定,为曾侯师,改子城为国藩。

出过州署,谒光甫,谈数语,兴辞还寓。云新修大公馆,以待三属牧守诸令,正栋已为欧阳生所住,馆余秋水馆,易郎亦居外轩,程生仍出城去,程九居余对房,孙牧供张,若待贵官,夜半方寐。欧阳小大人名述来谈。

廿四日　阴

孙、朱踵至,程生早来,易郎晏起,俱在余处。与地主相见,言前途泥深不可车骑,二吴藩子重熹、赞臣均不得行,当俟火车,火车已不肯前矣。午饭前杏生来,谈甚久,便留同饭。杏生云此名八加二五,餐须万钱,饭似黄粱,夕食乃有白粲。

饭后杏生犹不欲去,余当往营答访杨弁,乃起更衣,送杏生去。步出东城,可二里许,杨分一哨居神祠中。自云常文节缢于其家,其父即杨光先也。今五十八,曾见少耶来迎丧。计壬子至今五十二年,时年五岁耳,犹了了能记。营中无长夫,顾夫仍须从州牧索之。少坐,步至南门外寻旧游迹,不复忆矣。

还馆,乃知罗生名意辰,教习知县分河南者。顷之微雨,至夕乃已湿街。州遣一舁来迎三客,往返甚窘。余先往,主人方往车栈未还,至罗令寓室小坐,仍至客坐待主客,易、程继至,杏生亦来,仲怿儿后至,云电报已改派总办矣。席间唯言火车不肯送客,当往求洋人云云。余决南还,二更后散,大风。

廿五日 己酉,春分。阴寒

晨起,二程亦起,易六犹睡,余呼之起,催夫力出城,赏办差六元,到青云栈,泥滑路难,竭蹶至矣。

照料委员车云奇峰迎候甚恭,汉车已发,洋条忽至,云再送公车一日,即刻开行。匆匆复发行李,程、易未来,上敞车,行李拥挤,方防风雨。车下来一人,与洋人言,又数人环伺,车县丞下车。来人呼余姓字,招下攀谈,乃知端公复委大员来护公车,试用道黄祖徽稚农,此其自通,至省皆呼小农。实来幼农弟也。挟洋员书,请开车,移余官仓。广东五人,湖南王孝廉朴山从孙、江西欧阳师爷同坐。遣潘戈什招易、程、吴,不至,并潘亦遣之。巳初开行,申初到新安店北。

道泞不能步,车丞步送,为觅一轿,初以为乡间魂舁,后乃知为喜轿。飞行到镇,确山王肖谷鼎征,山阴人、明港驿丞陈浚笠琴,天津人、委员姚鍱紫珊,江宁人迎款。新化唐忠弼辅廷彭煊坞甥,又为婿复来接谈,居余于东室。王明府具食,公车之阔无比矣。诸君皆云宜舁行,为觅十五名夫,每名四百钱。夜过公寓,与王、陈、姚周旋。唐丞来谈乡旧。

廿六日 晨阴

黎明起,夫力已集,面罢即行。仍至昨停车处,顺铁路北行,渡一水,见小车数辆,皆傍山行。路无客店,小歇避雨,至十里河,又大雨,停轿道上,令舁夫避民村舍。及行乃又大雨,轿衣尽湿,思"鸳瓦油衣"之句,哑然自笑。戏作一诗:"一月春霖行客稀,汝南烟树自霏微。如今已是无鸳瓦,只把油衣当锦衣。"

行至确山,近城路愈泥泞,城门水如流泉。县中遣人来迎入署,云并无家眷,唯一身作吏耳。确山在东南六里,《水经注》之浮石岭,溱水所出。田豫常为朗陵令,何曾封公国,在此。范滂征羌人,云亦县地。又云安昌、安阳亦县地。名族有周氏,燮、勰、虓、访、抚、浚。浚子嘉、觊、嵩、谟。抚子孙三世为将。胜地有北泉、南泉、中泉。以上皆借得县志所说,志版漫漶,尚是乾隆时修。又题赠王肖谷一首:"朗山二月柳条初,寂寂高斋称旅居。共说县庭清似水,今来真见釜生鱼。"

廿七日　雨,风寒

县中为顾两车,官价一骑日钱四百,因车贵,又加二百,轿车廿千,篷车卅二千。午初始发,北风吹雨,衣绔尽湿。竭蹶至驻马店,民房客栈俱满,开官店居之,门扉作床,仅有一桌,门外一步不可行。夜大雷电。

廿八日　阴,微雨竟日

材官昨夜不能脱靴,骑从太苦。改计南辕,避断桥,更西行,得小路,甚澂平可行。又山水暴涨,复绕从北,投东,至确山东关,乃晚于昨日。

县丁来迎,潘戈什亦到,复投县斋,为久住计。遍谒县友,唯见帐房李,馀阻泥不能亲到,投刺而已。夜饭后李友、汤书记同来谈。汤亦蜀人,谈尊经院生甚悉。遣散车夫,共费钱十一千,从者受二日苦。潘材官云易郎已来,程太守还汉口矣。汤生送陈彦升盘庚新繁举人来。

廿九日　风雨

晨未起,王佩初来诉困苦,托觅车,车久不来,江西欧阳桂林已觅得,盖差、店通同作乔智也。

汝南风景在春初,芳草寒林似画图。六里确山烟暗淡,三条直路水沮洳。茅檐赏雨诗家酒,席帽冲泥计吏车。苦乐随心无定境,鹏鸪行唤意何如。

点心而去。县友李仪臣、汤剑珊、王葵卿、丁寿峰、李植卿均来见,索书。胡霖润农则未来见。为书半日。夜得易郎片,问行止,即复,示以诗。

晦日 晨阴,辰后雨,更大于昨日

写对幅、斗方,看日记,将为隆无咎作小传。汤、丁同来,言此处有铜川书院,以创始人地籍名之,铜川未知何县也。新增脩脯,欲整顿文教,请作一联:"文武继诸周,好为汝南增月旦;弦歌开广夏,定因言叔得澹台。"傍晚主人还,未相见,二更乃来。

三　月

丙辰朔 仍雨

闽郑孝柽稚辛来,示戊戌题圆明园词诗,云苏龛弟也。余己未因弥之识其父兄,时尚未生,今已卌矣。言及康、梁,有奋发之词,盖南海、闽海同气也。作诗箴之:"汝南三月春寒重,烟压前溪雨如梦。驻马回鞍深下帷,邂逅逢君茗谈共。当年京洛访贤兄,华裙织翠羡才名。岁月沧桑一弹指,功名事业百无成。藿食忧时伤激烈,蜀人空葬苌弘血。宫庭造乱匪自天,群盗因依作妖孽。即今文致太平时,求贤吁俊补创夷。嘉君未老壮心在,欲回元气还重熙。四海富强非政本,三督焦劳当自哂。君家兄弟有时名,莫笑吾衰但充隐。忆昔汉阴庞德公,弹琴于忽啸春风。清吟未歇风尘满,已见南阳起卧龙。"

二日 阴晴

写洋纸无数幅,殊无佳字。闻有山路可至白水下水入汉,因陆路远于信阳,未便往也。王刺史复来,留一日。

三日　晴阴,有风

留一日,无所事,改注《盘庚》三篇。又序隆无咎事。电报绘图友高讲子约来谈,船政学生,长乐人,在樾岑之后。又横州施进士子来求书,夜皆书与之。

四日　阴

晨发确山,用夫十一名,每名官价四百,一名须两名价,担夫不加,计钱当八千八百,唯发七千二百,不可解也。共赏丁、厨四元,点心而行。午尖师子桥,夜宿明港,无店,至小店支凳架秫秸为床。行九十里,晚步十馀里。

五日　晨有雨点,辰后晴

未早尖,急欲到,舁夫已罢矣,步行使得稍休。舁夫皆以为必至,乃反迟延,又行山径,避涂泥。程轿甫上铁路,云洋人揎轿,绕至下路。洋人云可行,余又不肯复上矣。蹭蹬久之,仍由铁路,将夕乃投青云栈。程生担不至,饭后陈杏生言朱事,留城久谈。二更睡,三更担到,赏酒钱一千八百,护送亲兵各一元,店中火食三元,北行事了矣。

六日　晴

未明即起,至火车旁待写票久之,巳初乃发,坐二等仓,及随丁三等仓,共银钱十九枚六角。弹压委员何司狱来,谈甚久,且请点心,设角黍,为吃三枚,至七家弯,乃别而去。既至江岸,停久之,乃到大智门。弹压营官遣哨官来迎,又相遇于路,舁行,循城根投江岸,可五里至龙王庙。觅渡,径上一船,有肩舁,徘徊不敢上,亦命招涉,则缪太太之兄石农观察也。并坐攀谈,久乃到岸,舁至陈馆。程生在汉口访其父踪迹未得,同来。复心出饯,朱署道、刘师耶出陪,复心两子亦还,相问讯。刘君曼来,刘师耶退,与刘郎坐至丑正,主人不归，乃宿刘斋。

七日 晴

复心晨来候问。文擅湖、屼樵父子亦过江相见。赵巡检来。马先生又来。宋芸子来，刘君曼亦来，同朝食，正午矣。亟步过抚署，谢端照料，并约移入看碑砖。又遇梁鼎芬，看吃早饭。更有李文石，遣邀黄仲弢，不识之矣。同照一像。看铜尊彝，将夕乃辞还陈馆，摸雀已过八圈，仙人之棋不及王柯经久也。至夜文、程过江，刘亦辞去，李生偕谭、刘来，李留城宿。

八日 晴

赵巡检又来，与同步至督署，李、陈并从，孝达未起，坐步辇还。谭芝耘之兄伯臣来，郭楠生道台来。枉拜，余当见之，托梁致声也。文、程本约早饭，饿至未初乃来会食，饭后告去。王复东道台来，云抚台即至，顷之署督来，久谈。又待奭召南，将夕乃来，谈一时许，竟夕矣。抚弁来催，急往，主人候门，馆我楼上，见程制台从孙乐安志和，梅抚台小儿子肇，李文石、金甸臣。宝巽世兄同坐。九钟乃饭，三更始眠。

九日 甲子。晴阴

早起，端公来谈，尽出所有碑帖，如入群玉之府，皆有题跋，一种数本，为清理汇集，李如槐来见。半日已阅三四百本矣。午饭后复心来。朱道台汇之来访。杨笃吾来，未见。与金甸臣同坐后亭看湖。端公亦邀程、梅俱来谈，将夕乃下，因留同晚饭。饭毕余留朱、程摸牌，借牌于金，同摸四圈，复心告假鼾睡，三更后散。

十日 晨雨旋晴

题秦权，写纨扇。李、程、陈、马、四老少得与制台平起平坐。李生告行，小坐均去，将朝食，已过午。赵次山抚台来拜，出见，让余上坐,要至东厅会食。程、梅、李亦出相见,饭后散。杨笃吾来请饭,严斥之,许为关说。将夕,主人来请会王大人,见则不知谁何,既闻其声,乃知火车中阔人也,十四年一弹指,可胜慨叹。看安山所藏手卷,殊不及宋、元卷。程乐庵言京中有人藏扇面至一万,岂其类耶?次山来,同饭,谈吏治,隔壁帐也。三更散。写扇三柄。

十一日　阴

晨看汉碑,欲题数十本,甫得一本。主人来,生日不受贺,招岳生来见,余意郭请在今日,将借此拜客。至陈馆早饭,乃知陈、刘、宋、王、岳及刘保林仲立公请在沙局。先至陈守初儿处补吊,元珖、元祥,云一往柯逊庵处,一已道员矣。捐项未缴,已求端帅告赵帅,陈庆滋廉访鹤云。遂欲硬骗一官,奇矣。胡棣华处未见,见朱惠之。遇王火车长谈,又留独谈,密谋铸炮,亦由端帅告赵帅。出访黄讲学不遇,舁夫云馀不便路,可至沙局,遂往,日始斜耳。主人皆至,待陪客黄、梁,至月上来,又去,初更后散。今日行半城中,从文昌门出,入汉阳门,宿陈家。

十二日　晴

题戴醇士画。四老少、马先生、程九俱来,同午饭。买靴。拜藩、粮、武昌府,谭伯臣、瞿赓甫,均见谈,府署未入,已将夕矣。往郭盐道公馆会饮,郭印生从湘来,谈闽事,满坐倾听。同席有吴义生、汪赞周、陈、程、黄小农、李文石及印生,杨楷出见,戌散。还陈家,主人牌局,刘君曼来陪,催令去。半夜张年弟来,请明日一谈,漫应之。

十三日　晴

藩台来,不敢见。臬台李少东来,不敢不见。

十四日　晴

晨点后,便拜臬台。入抚署看帖数十本。正待食,督府遣轿来迎,从角门入，至大堂将下轿，四人出曳入，径至客坐门，主人立待，不见又十年矣，须冉颇美。问其保举恽藩祖翼，力辨其非己意，且数其短数千百言。问其何以连生子女，云今已不能矣。请梁知府、黄学士来陪。梁云程工部亦将来见，余便请待程来乃食。程又久不至，朝食实夕食也。电报荣薨于位，辰死午闻，可云迅速，酉初散。又入抚署，今日请学生。黄、梁踵至，文石亦来，唯谈荣死，程乐安大不谓然，余亦劝黄早睡。三更散。

十五日 昨夜雨，今日大雨有雷

端公来，问畏雷否。余甚讶之，后乃知黄学士畏雷也。顾华元、邹元辨设席岳凤吾宅，遣舁来迎。自抚署至保安门可四五里，王、宋、程作陪，岳生次子及两从子俱出行酒。雨甚，遂留宿，诸客并冒雨去。看新出西书，说理可厌。

十六日 晴，颇冷

晨舁还抚署，题看碑帖半日。梁请早饭八旗馆，又改府署，朝食后与程、梅同往。请看学堂，二教习、一委员出见，梁亦见其二子及子师讲地舆学者，求余《礼记笺》及诗文集。李、程、宋、黄继至，朱惠之后来，张督已再召梁矣。出欲还寓，或云黄宝已催客，文石先去，余往则但见郭盐道，客俱未至，摸牌两圈入坐，散已二更。岳轿太远，因还陈馆。刘君曼来。陈婿、永孙俱来。

十七日 雨

晨入抚署看碑，为程、梅题画写扇。卜云哉至陈宅相访未遇。本约游洪山，因雨未去。梅子告辞还南昌，复心来相看，王复东继至，主人出谈，遂留王、陈同夕食。宋生送菜。夜早眠。

十八日 阴，有雨

孝达约来谈，期辰至午犹未来，云见洋领事。王鼎丞儿年十五，奉母命来见,马绂领之来,亦见抚台。

为李文石题《花酒图》:"十顷澄莹水,有客亭负日,看人来去。春怨难胜,不如秋好,碧云吟暮。多少销金地,待付与、柳丝芦絮。问荷花,照过倾城,还似旧时香否?　　延伫。前游三过,记玉堂墙外,眉月弯处。更有珠宫,听红儿歌罢,较量词谱。只恨诗人老,况近日、黄流沙污。怕图中、画出相思,又添离绪。"写扇、对数纸。

黄仲弢来送行,岳生来请题其母方氏《孝经》本。孝达来久谈,便留朝食,又将夕矣。送客后告辞。题董书崔诗置黄鹤楼。又题安山所集宋、元墨迹,明珠管家也,精妙可玩。夕还陈馆。端送三百金,受二百,留一与功儿。君曼来。晚饭后访裕蓉屏。三更寝。

十九日　　雨

写扇、对、屏、幅。招经四、程九来治行。端署督来送行,为题姜遐断碑。遐美姿容,侍武后,二张类也。题岳生母所书《孝经》。工课俱毕,但馀屏对债耳。龚文生来。程子大请饭,宝子申来送行,未去,余赴程饮。邓知府先在,谈保护教民之功。复心、汪、高、文石继至。汪,巡捕之类;高,马仔之类。唯谈笑话,夜散。还即睡,北风动窗。

廿日　　晴

晏起。邱师耶来,浏阳邱同年从子,其弟先来,以不堪造就,欲见其兄,故约一谈,潘虎臣徒也。刘郎来。马、赵、经、永来,旋去。写屏对未毕,裕蓉屏来,留同朝食。张制台传见,刘、陈饭罢俱散。程子大来,欲见其子,遣招未至。

孝达来,请期午初,余允未初。待程儿来略谈,又再催矣,并以舁迎。从之往,入一处,似是公馆,不见主人,则两黄、纪、梁补服相候,余布衣上坐。顷之孝达来,云已约雒庵,留别、饯行一局也。此为学务处姚氏花园，看牡丹，吃时鱼，评论光、丰以来人物。问余能办事否，余云当中而立，无所不可。张、梁固问，不相许也。然孝达泥谈，眷眷不忍别，以其爽书院之约，乃遁而归。

出文昌门，上善后局兵船，程叔撰行李、盛、刘俱先到，岳、顾、邹皆蜀人上船相送，且约夜饭，辞之。陈婿叔从李丞、赵司来送，俱促之去。三更，督府遣人来告，派小轮送长沙，辞之不得，遂诺，盖梁谋也。

廿一日　阴

晨看程子大儿文诗。刘香树来，要至纱局早饯，上楼看江，岳、宋、刘、王、黄小农、宝子申均来会。复心、顾华原亦来。方设食，报马来，言兼督已来，待之同食，午后早饭端去。写屏对、扇子、小条竟日，仍入刘寓摸牌。至夜岳生三子皆佳、邹生儿平、宋生长子极老实俱来相见。岳复设酒相饯，二更散。顾生先去，馀皆步送上船，镫火甚盛。

廿二日　阴

晨起束装，陆鸿宣来，曾托何人而忘之，又误以为在卝局，问乃悟焉，已言其荒唐矣，盖亦不老实也。辰正过楚威船，移至南岸犕待拖。曾光禄、陈仲驯来。午初曾来，遂发，未初雨。

《张督部鄂中饯席》："再喜东南定，重叨饯饮欢。新亭十年恨，白发两人看。浪暖催王鲔，春荣放牡丹。深杯情话久，未觉夕阳残。""五十年来事，闲谈即史书。谤人诚不暇，观我意何如。坐阅推迁惯，仍惭岁月虚。青骊路千里，春好独归欤。"酉初泊丁家口，皮条断，遂不进。

廿三日　晴

作《荆牧行》以赠署督，兼箴本督也。午过宝塔洲，飞雨数点，榷吏来看拖船。暮泊新堤。作《织局楼歌》，寄谢饯者。夜雨。

廿四日　己卯，谷雨。阴雨

晏起，午至岳州府治未停，傍湘山行入湖。

兼圻六署直、湖、闽、滇、粤、蜀四巡虚，洪、黔、晋、浙豫袁桂岑承恩鄂亦殊。三直八旗非重□，五湖能胜两徽无？《癸卯三月督抚歌》。

遇廩公船，风利不得过送。酉初泊鹿角，上火龙滩，飞蚁成堆，至夜大雨。

廿五日　雨

过鹿角，便入青草湖，中有一带草堤，绿芳无际。

书谢端公："自别桓楼，如有所失，非独感公款至，亦以摆落尘壒，开拓心胸，俗吏儒生不能拘限，具此识力，乃后可言设施。间气所钟，一见为快，想公亦照之也。虽然今日疆臣，供人指使，而王、瞿又无所指使，规模虽阔，实际难言。况复五日京兆，二品教官，比之曾、胡，犹多不逮。惟冀澄心养望，察吏求贤，毋遽远谋，以劳心力。学生狂议，度外置之，无所用裁成诱掖，此皆张公所自招耳，《范仲淹传》彼未尝读也。在嘉鱼奉上一诗，计已达鉴。官舫迟留，五日始至长沙，无名之费，斯亦一事，鄂中似此者无数，泥沙锱铢，自古然乎？雨窗奉谢，敬颂台福，无任企仰之至。"夕泊铜官渚，大风夜雨。昨忘吉尔杭阿谥，据陈康祺录云谥勇烈。

廿六日　雨风

拖船不敢开，至巳初乃行。小船帆风者，且疾于轮行，加火不能驶也。未初到城，不肯舣下游，必欲至大西门。坐小艇上，甚雨风浪，忙忙上岸。遇异来迎，到家，功尚未出门，遇朱稚泉。夕食已遂未，下楼与三孙女摸牌。

廿七日　晴

周郢生来，朱报之也，云求作父碑。督抚大有更动，勉林竟代许矣，卌金门包花得着也。路滀可行，闻窊女移居对门，待周妪来，携小孙女往看,尚虚无人来,还遇胡婿。夕食时子夷亦来略谈。夜早寝,通夜未寐。

廿八日 晴

遣送酒交来船带鄂,并复裴孙一书。王莲生来。胡婿来,吃饼。将夕,窅芳还觐,二更乃去,余已先睡矣。

廿九日 午后雨

黎长沙儿来见。窅女又还。汪寿民两子来。房妪假归,治装。

四 月

乙酉朔 雨风

觅船,皆云大水无牵路。议由陆行。已言当率两孙,人多为累,再迟一日。妪还,云定从去,又添二人,更当舟行矣。胡家外孙女来觐。

二日 晴

窅女送汤圆,颇得浙法,胜余家制。留住一日,遣詹有乾觅船,夕携孙女看花。

三日 朝晴午雨

终日觅船。詹船人杂,别顾回空船,索价三千,贵两倍矣。□孙又来。

郑太耶病故,来赴,未能往也,作一联报其赠墨及酒之惠。“郢雪和皆难,饶将佳句夸蛮犵;湘春游恨晚,待访循声向皖黔。”

四日 雨,更寒

晨作汤柚庵挽联:“少壮历艰危,晚得消摇,庭阶双桂传芳永;经纶裕文武,材仍蕴蓄,乡国维桑被福多。”

午初出大西门上船,程已先到,妪妇从至,待一时许便发。夜泊探塘。

五日　晴

得微风,行至竹步涧,风息行迟,一时许乃至湘潭,泊仓门。船人上货,风亦不利水,上岸亦不能陆行,遂不复进。

六日　雨

停一日载货,申正行,十五里泊向家塘。

七日　阴雨,未后晴

行六十里泊沱心上港。

八日　晨雾,大晴

帆缆兼行,六十里泊淦田。始见流萤,见一萤随舟直上里许,升而为星,疑是星随舟,而实见其飞。

九日　晴

过朱亭,有附舟者,欲过对岸,舟人不肯渡,漫呼一艇,竟得熟人,看其打桨而去,亦金圣叹之一快也。夜泊油麻田。

十日　晴,南风,大煊

停一日,夕行过石弯,泊对岸港中。夜雨三阵,稍凉。

十一日　乙未,立夏。阴,转北风

帆行,泊雷石。上岸答访邓进士,云病尚未愈,小坐即行。戗风过望,夜泊七里滩,行百廿里。

十二日　晴

缆至樟寺,买油,已将午矣。小得顺风,晡至东洲。登岸到内斋,廖、彭、程相迎候,入见诸女,未遑他事,饭后小坐,早寝。

十三日　晴

诸女妇入城会亲,余留守屋。屼樵、萧监院来,言狂人冤鬼事。

两人异议，各有所主，信采访之难也。待至子初，城人始还，便睡。

十四日 晴

院生请见，分三班，见十二人。纨女生日，待真还须船往迎，余便同下至道署一谈，还船，真已上矣。渡湘，令昇送之，余携妪舟还。午设汤饼，斗牌二局，倦眠，闻大雨。

十五日 晴

家忌，素食。稍理诗稿，已多散失。

十六日 大雨

重钞《墨子经说》。

十七日 晴

作饵，待道台不至。子年来，始知江尉迁官去矣。笙陔来，谈煎银。乡中佣工来。

十八日 晴

罗汉僧来约一斋。看接臬台，待一日不至，站队甚不整齐。陈芳畹专信来。

十九日 晴煊

入城答访笙陔，先过萧教授，要子年来谈，与刘子重、孙少耶同来。萧接臬始回，未饭，至笙陔处，已睡矣。欲留谈，哨官来回事，因辞出。诣府久谈，遇谭东安，移宁乡令，来禀见。余亦先出，至屺樵处小坐，已消半日，然还犹未晚。夜热不眠。

廿日 晴热

监院早来，云道台来，补送学。麻十子及西禅僧来，旋去。午后谭芝耘兵备来，设拜，告以诸生半去，又散学矣。

廿一日 大雨，顿寒

遣佣工去，又费去五十元。乡宅仍未造成，当更须百千也。夜雨凄风,行见电光,心讶寒冬那有此,天时人心俱变,诚为异矣。

廿二日　晴

雁峰僧来募化。陈人告去。张子持送茉莉、珠兰来。请女还家,余自船送至杨家登岸,余便到城,与屼樵寻牌消日。至厘局,云在谭训导有局。往府学西斋,诸人聚戏,二桌四圈。道台催客,往看倪、董、四王、恽、仇诸家画。萧、廖、彭同集,散已二更,在外城门半掩矣。刘婿自鄂来。

廿三日　晴

道幕张、李、毕,分府孙、刘、张、府学谭同来。张、李并携二子,游谈半日,点心而去。

廿四日　晴

钞《墨子经说》上成,差可读。廖索青梅,园中仅四实,可笑也。夜雨。

廿五日　大雨竟日

得廖廷铨告苦书。

廿六日　庚戌,小满。晨雨

作《毕大镆传》,走笔而成。约谭、廖同游,冒雨入城看花盆。上船渡浮桥至罗汉寺,廖已先至,两县赵、程俱集,待道台,散已昏暮。

廿七日　晴

妇女请客。移花。作郑妻墓铭,雁峰女也,不意得吾文,亦雅饬可诵。真女还,旋去。

廿八日　晴

三妇生日,陈、刘两婿均来,晨设汤饼,午期冷热不来。

廿九日　晴

携丁妪、畴孙入城,余至道署,答访张、李、毕。至四同馆,答访三尉,不遇。张、李均设点心。午还,从者已在船,遂回书院。茙寄滋卅元。

晦日 晴

钞《墨子》。省城送课卷来。得赵抚台书。

五 月

乙卯朔 晴热

钞《墨子》二叶,看课卷三百馀本。

二日 晴

晨看课卷三百馀本,两包已全阅,无一佳者,不料湘省文学退步如此之速,午后乃取笔批抹数十本。纨家来,迎刘婿,未还。乘舁故敝,重换轿衣,遣三妇至陈家谢。大风吹去轿顶,船去陆还。夜与刘婿略谈家事。真还送姊。首士送束脩、火食。

三日 大风,晴热

纨待迎未至,朝食后自送入城,分两船,余送婿,真送姊。未发,夏特科来,船上见之,客去便发。至柴步,担夫忽与船夫争执,不可理喻,以将过节,移船避之。仍至铁炉门,刘轿已至,罗妪送之,与纨俱去,乃令真上岸,两孙从去。余待刘婿行,即至程家。刘仍先在,促其即发,周佣送之,余留待点心而还。携两孙,提银打伞,汗如雨下。至太史马头,待船夫,久之乃至,还将晡矣。阅卷数十本。

四日 晴

道台送节礼、卷脩。岏樵送茶、杏、京靴、粽子。陈婿送点心、火腿。和尚来,未见。乔耶来编方。唐太尊来。

五日节

二廖生来,入谈,馀皆未见。岏樵父子来。莲耶子侄来。乔耶来。陈婿及常次谷来。诸女妇出游,夜还。

六日　晴

唐衡州送茶脯。和尚来请客,云募修雁峰寺,告以当请天主教,从时尚也。夏生来请写对子,并看诗画,以其特科,特应之。卷子看完,尚留数十本作明日课。夜热转风。

七日　晴

晨毕卷课。与书赵抚台辞馆,自送衡阳,兼答朱师不遇。两孙从行,已夜,因率往清泉学舍看月、吃茶果,谈炉冶而还,亦不甚凉。

八日　晴,不甚热

看本院课卷卅一本,校阅事毕,已八日不事矣。

九日　晴

钞《墨子》。朝食后入城看道台,问京信,因至府署摸牌,招贺、方同局,留食面、鱼,夕还。答岘樵未遇。得滋、纨书,刘婿书。

十日　晴

滋生日,设汤饼,午斋邀陈六嫂为客,真女亦还,清谈帘内,余独卧外斋。钞《墨子》二叶,看《文选》。

十一日　晴

蒋龙安督卝事,来访设炉处,兼示条程。朱师、季元陶、黄、邹生来,待点心,遂坐半日。七相公、乔木匠来。钞《墨子》一叶。两女、房妪并出,独卧看《论语》。夕凉,妪还,未饭早眠,两县夜来请宴。

十二日　晴

钞《墨子经说》毕,《经说》遂有可读时,但未知何时解耳。廖生父子移入。丁夫均疾,独牵羊下湘,掳得一人,持贴答访蒋郎中,云两县公请在彭祠。往则主人方至,群客毕集,尽富贵也。喜见徐幼穆。乘月还。

衡阳夜宴，喜逢徐幼穆，赋《蓦山溪》："旧时游处，只恐沧桑换。明月又窥人，喜分明、尊前眼见。尘襟初浣，离绪不胜情，三更烛，满堂宾，总恨深杯浅。　玉骢催去，计日征蓬转。公事且匆匆，好安排、诗筒茗盏。涞阴梅子，五月定应黄。将携酒，共谈心，莫论人长短。"今日丙寅，芒种节。

十三日

忌日斋居，二客闯入，毕念予与张尉也。留早饭不肯，亦听其去。钞《墨子》一叶，看《词选》一卷。

十四日　晴热

钞《墨子》一叶。将军来，留宿同房，令黄孙入内室。作书复赵晴帆。夜凉。沈山人送寿序，文长意美。

十五日　晴凉

得荪畡片，约游雁峰寺。朱得臣来送刘令苞苴，依揭帖例停留一宿，即当夺官，与书辞之，交屼樵代退。午后携畤孙下湘，循山道上雁峰，令担铜盆帖包，以洋伞为扁挑，殊有隐居之景。至则客无一至，坐西寮，树阴凉日。马、魏、冯、程、廖、王继至，王即祆教徒也。待道台至夕，亦携小儿来，官绅多不至者。初更雨至席散，风雨磴道，甚有【阙】。

十六日至十七日　【阙】

十八日

【阙】舣铁炉门，从童、妪至江南馆，呼门不启。绕前街至安记，遣丁寻张妪看女。顷之皆至，子年亦来。正办饭，程家送菜至，便以肉畀庖，并令妪饭而去。步至蒋龙安处，荐将军，唯唯诺诺。得两孙书，字颇整洁，胜我少时。两女看谭恭人及其二妾，云已下船，余亟还船，则皆未至，遣呼妪来。复女舁先到，云滋被陈留，不来。还院已夕食,初不觉稽迟,又消一日矣。将军去,云夕凉好行,赠以四角。夜较牌。雨。

十九日　晨大雨

钞《墨子》一叶。携畴孙入城,至张尉处待客。子旸、毕孙早来,云可添请荪畡,临时约之,顷之昇来,云已朝食矣。至午乃得食。贺孙犹未来,从容毕馔,已申初矣。客去贺来,云安仁复闹事,留三客听之,俄而俱散。就张榻酣眠,张亦入内睡去。

将夕,念篼镫不便,乃步往程家,廖、彭、马先在,皆来陪道台。酉初谭兵备至,云湘臬擢江藩,龚道补湘臬矣。看画数幅,瓷瓶四件,内有一铜绿,谭云脱釉,后又云均窑拌铜金屑,年久发锈也。均窑未记年代始末。又有白定粗瓷,从来少见,程云轻止四两,岂唐大邑瓷耶?烧猪甚佳。夜还,再较牌。

周儿来,云十四日湘潭大风,飞瓦覆舟。还寝不安,又有噩梦:遇一人姓方,似亦文人。余被鬼使剖皮换骨,又以沸汤灌两足。方则至母女酒店饮毒酒,云无能五杯者。方尽五杯,笑而去,已而饮水毒发。

廿日　阴晴

钞《墨子》一叶,皆论语,无意义,特少其程,乃不生厌。夕至朱嘉瑞家陪道台,马、程、魏同坐,二更散。

廿一日　晴

作书寄城中两孙,遣刘丁归省母。周妪多心,疑我厌之,反以言挟我,余但笑而已。臧武仲要君,卒以自奔,智计不可过用,此妪亦殊不自量,郑詹类也。后之人将求多于汝,则奈之何?然近今大臣殊无此廉耻,余但取其力疾从公而已,安能斗智?然自喜善用人,能得其死力。李石贞偕荪畡来。

廿二日 晴

复女生日，晨设汤饼。廖约荷叶肉，未能吃也。钞《墨子》一叶。步至廖斋，遇李华卿，亦访石贞，同吃荷花饼。舁至府学，萧子端招饮，有湘乡陈孝廉、李、廖、屈、常，未夕散。至洲，见女客方去，入内室晚饭。湘涨平磴。

廿三日 晴

得藩台书，送课卷，在抚函未到之先，姑且置之。茙书来，告未入京。余已与书陈郎，令报功儿矣。复茙一纸。钞《墨子》。

廿四日 晴

钞《墨子》。遣约石贞吃饼。廖书来，言已去。余华来求荐，令其且回。

廿五日 晴

监院来借斋房。钞《墨子》看课卷。曾荣楚来见。

廿六日 晴

钞《墨子》，看课卷。畴孙生日，为作饼。谭兵备来，留谈，吃饼，送风鹅、楂糕。王清泉夜来，并言徐幼穆已去矣，兼约番菜之会。

廿七日 夏至。晴，夜雨

看课卷。

廿八日 雨凉

看课卷。买油纸蒙轿，城中无油纸，馀纸皆倍价，云洋人收纸去，且凡弃物皆收去。知货不弃地，能用物也。张师弟广楠来，云功儿至熟，忘问其字。

廿九日 小尽。雨

看课卷粗了，入城赴清泉番菜之约，往则犹未催客。与桐轩久坐，廖、谭、张、萧继至，询知张字倚梅，元五族弟也。待屈麻雀，至夕乃来。凡上十二盘,吃三种酒,散犹未夜。

闰五月

一日　甲申。晴

晨出点名,还,坐看课卷毕。程屼樵送时鱼。沈伯鸿来,致姑夫之命,正作书复藩司,未能谈也,少焉已去。顷之臬台复送卷来,辞馆愈冗,有是事耶?姑置之。

二日　晴

朝食,周生送时鱼、鳜鱼,分送道、女。张正旸来,吾令程孙招之,将以自代也,留处新斋。钞《墨子》二叶,料理请客,夜谈至子。

三日　晴

周儿送包菰。钞《墨子》。雁峰僧来请印缘簿,一百廿分,一分得十金,则千金矣,未必有如此广募之力,为送道署。终日酣睡,废弛已极。

四日　阴

钞《墨子》二叶,校《尔雅》。府县书记方耀珊、陈南桢来。陈,县生员,识张正旸。廖送石炭,周生再送时鱼,屼樵亦送一尾,渔人又献一尾,一家足鱼矣。

五日　雨,午前阴晴

客来俱未沾湿。廖、李石贞先来久谈,萧、张石士、李华卿继至,饭后大雨,客去遂倦眠。张生夜谈。

六日　雨

屼樵来。廖书来,约赏荷,代请道台,并借钞江督移文。捕学生党来看道台,因送卷金。屼樵送一甲名单。

七日 晴

看臬课卷,诸生呈课文者皆不暇看,兀兀竟日。写詹条四幅。

八日 晴

水涨又将平岸,至夕乃退。张生欲入城,求船不得。看课卷竟日。

九日 晴

看课卷将毕,来封似是二百本,三日不止,日数十本。方以为讶,屈小樵来,言特科定于十六日廷试,又详言陈伯屏家事。遂消半日,吃操守而去。校《尔雅》一本。

十日 晴,有雨

看课卷毕,较前两课稍有眉目。较《尔雅》、《尚书》二卷。

十一日 晴,夕雨

定等第,实三百十六卷,取三人焉。仍与书黄宁藩建笎辞馆。夕与张生谈时事,仍申前说,朝廷但责条程和战诸臣至天津大议,以重法督之,尽杀诸议者,必有奇士出矣。往与孝达言,周公杀飞廉,何以必驱之海隅,以其谈洋务也。今唯有海隅杀人一法耳。为日本计,则当折入中国,请臣为藩。为俄罗计,急还奉天,敛兵观变。则皆可鞭笞英、德,坐收美、法矣。奇计唯七十老翁能出,信陵不作,项羽不能用也。真女还,冒雨去。

十二日 阴

无事早起,家人皆未兴,补写日记,似误记十日事为九日,不复改也,数日内精神顿振矣。朝食后入城,携畴孙冒雨绕南壕,饮笙畡所。客尚未至,便答屈小樵,隔壁亦须舁行,雨大至。唐太尊来,屹樵、朱德臣继至,待道台来入坐,吃烧猪,谈零陵与唐龃龉,聋老又不干己,余不复言。畴孙先归,未遣人送,亦为悬悬。臬卷交程便寄,并复花农书,又与黄提调书,退卷金。还院正夜饭,一碗便睡。得湘、健两孙书,赵抚台复书,其文甚美,道府传观之。

十三日　阴,有雨,又见日

校《尔雅》毕。校《尚书》二卷。夜早眠,复起,还寝。今日汪副将来,前两路营官也。

十四日　丁酉,小暑节。阴

改廖生文四篇,校《尚书》二卷。刘少田来,周亲毕集矣。

十五日　阴

与书蒋龙安,荐刘丁,未报。小轮上洲夹,复从大道还舣东磴。王心田及两朱郎来,煎沙总办也。将夕去。苏三又来,并送食物。复钞《墨子》。

十六日　阴

钞《墨子》一叶。携孙入城,周亲从者四人。至协牙门答汪兰生,轿夫走去,步至程家,误行九角巷,迷不得路,还寻正街乃到,轿夫犹未至。步出潇湘门,遇轿,舁至泥弯,王、朱均出。乃还船卧,待孙、妪,将一时许乃得还。改张文不能完卷。

十七日　阴

晨起料理请客。钞《墨子》,校《易经》。蒋少穆来。长郡馆首事来。岁妪还,得纨书。

十八日　阴

遣刘家夫力还,与书女婿,言新学复反。钞《墨子》,卧看樊词。何人冒称族孙,而派系族子,且留之。

十九日　阴

晨起看办具,作饵成糜,其味尤佳,令以豆粉糁之。待客不来,钞《墨子》,看课卷。方欲较牌,心田及朱郎、菊、荷生来,吃操守。待峣樵颇晚。饭后犹未夕,厨人不谙食性,未可用也。何人为侄孙所诘,窘而逃去。

廿日 晴

始闻蝉声,复女云蝉鸣半月矣。一宫之间,气候不齐如此。得功儿京书,寄特科举单,湖南遂有五六十人,可雪两次鸿儒之恨。作书与豫抚、雷委,遣苏三、两刘均去,暂报肃清。

得官报,王春罢,夏时升,又当作诗一首,诗曰:“八旗甘崧、川锡、湖端、云丁、苏恩、徽诚、湘赵、陕升四督甘、川、湖、云两非真端、丁,豫直袁桂越岑隆隆压鄂桂柯署闽黔林署。两直广张、晋张。二徽东周、黔李输贵捷豫陈,五湘江魏、闽李、新潘、浙臬〔聂〕、洪夏。新报夏催春。桂王革。”

廿一日 晴

钞《墨子》,看课卷毕。此月疲于校阅,茅塞心矣。毕孙送润笔,和尚送《维摩经》,全是小说,六朝派也。始纳凉,吹南风。

廿二日 晴

钞《墨子》,改课文,看翰林报喜,郑氏复有一选。颜太守来送礼。

廿三日 晴

钞《墨子》,看张生《诗例说》,颇多新义,穿凿附会,是其所长。

廿四日 晴

王、朱约饮,会于清泉学斋,午往,蒋龙安亦在,妪同至城,夕散,遣迎同船还。渡夫妻死,竟未面诀,余从杨步步还。钞《墨子》。

廿五日 晴

钞《墨子》,校《易经》,再校《词选》。

廿六日 晴

钞《墨子》,看岳僧月琯诗,午倦睡去。

廿七日 晴。庚戌,初伏

朝食后廖荪畡来,言辞差事,欲为通于赵抚。留食羊饼,便留小睡,醒吃葛粉汤,待杨家催客,同往会食。程、蒋、二魏、二杨同坐,主人无多语,听客泛谈,戌散。还船颇有热气,写扇两柄。

廿八日　晴。南风稍息,尚未大温

钞《墨子》后大睡至午后乃起。耒阳周孝廉来,言已定不革,谢未敢见。校《易》二叶。

廿九日　晴热

钞《墨子》。得莪书。岏樵送羊肉。改阅诸生文。

六　月

癸丑朔　大暑。阴云稍凉

伏假,免点名。朝食后携畴孙邀正旸出探特科报,先至程家,留畴孙待于程。独至清泉,答访县陈生南桢,遣与桐轩相闻,出,令具点,面茶颇佳。未及谈,彭二大人来,卝局亦来请余。遂出城,访蒋、王、二朱。催令渡湘,复过程门,领畴孙步至道署,访李华卿,亦与主人相闻。芝耘延坐,告郴变及特科第一,全单未见,访之陈婿家亦未得也,遂还。复戴表侄书,与莪书,均邮去。夜凉。

二日　阴凉

钞《墨子》。饭后小睡起,已过午,摸牌二圈,遣佣入乡。厨人卧疾,欲舁无人,坐船从外城门上龙祠,二王、二朱、蒋、廖先到。点心后雷电疾云,似有大雨,顿凉,遣回取衣,步上雁峰,已复热矣。住持请客,入方丈设茶。彭给事来,乃出至摩云舍,点镫入坐,散已初更。二王步送至山下各还。

三日　阴凉

钞《墨子》。卧竹床,遂睡两觉,消一日矣。写字四幅。

四日 晴，稍热

钞《墨子》。待朝食携两孙至长郡馆看戏。两董事、四值年诉尚弁荒唐，告其文案调处。周松乔云甚易，廖荪畡云甚难，未知何从也。葵心家被劫焚，烧死一嫁女，其孙妇等皆逃去，巨室乔木，为害于乡，非孟子所知也。

午后郡人踵集，小儿亦有四五人，设五席，以王心田、程岘樵为客，公请卝局四总办，梁、李都司、营官作陪，馀皆序坐，听曲至二更乃散。中复摸牌，纳凉，作竟日戏，大风竟无觉者，唯步至街上乃知雨湿。岘樵让轿，坐百步仍下，同扣城还其家，宿厢房。

五日 晴

晨起呼僮不见，闻渡夫声，知船已至，即步出城，到院尚未朝食。钞《墨子》，改文一篇，遂睡。夕凉有雨，又早睡，凡睡五时许而醒，可以偿伏日之劳顿矣。

六日 晴

刘乙堂将代。为朱季元作字数幅。朝凉亦汗，遂罢钞《墨子》。

七日 晴热

朝食后两朱郎及王心田来，留食瓜，云特科名单已到，王代功名在疑似之间，杨度第二，日本力也。桂阳取三生，宋芸子亦高列，曾重伯无名。久之去。两长随来求荐，鬼不荐枕，纪昀必不诺也。钞《墨子》二叶。陈婿来，呈文课。夜热。

八日 庚申，中伏

晨起出城，门逢李使送扇，即往卝局，王、朱初起。见覆试单，第一二皆被黜落，桂阳三生、宋生亦俱落矣，可骇也。留饭，至午乃还，甚汗，大雨至，汗不解，吃瓜、吃饼，夜早眠。

九日 晴，稍凉

改张文二篇。喻生来，与书卝局，荐其弟琼。遣送瓜谭兵备。

家中遣二佣来,懿妇送瓜信也。

十日　晴

钞《墨子》书。喻懿妇以不可忧时,传令诸生观之。周松乔来,言是非事已了矣,传言不可信如此。王三屠来,与论祠谷事。夜早眠中起,内外俱未睡,聊复循行。刘衮来,求改谱序。

十一日　晴

钞《墨子》。复谢沈篆山人书。王佣请假一日。夕随船至城下,迎六女,畴孙同行,还初夜。

十二日　晴

钞《墨子》。饭后大睡,起食瓜不佳。王佣、三屠俱去。刘庚鲁而向学,同学轻之,补附课以诱劝之。

十三日　晴,正热

钞《墨子》。摸牌。入城至会馆,周松乔请客,廖荪畡先在,黄丞亦至。与廖至卝局,少穆交捐银四百,邀吃饭不来,仍与廖还。有局友先在,旋去,张师来。向夕设坐前庭,月上未凉,都司敲门来,陶斌亦至。还船初更,到二鼓矣。

十四日　晴

喻、蒋、何三生来,诉狗粿家事,令往廖处诉之,屈教谕正病不理事也。钞《墨子》,校《尔雅》。

十五日　晴

钞《墨子》,校《尔雅》。陈婿、常孙、陈孙来第三呈课艺,亦清顺。遇雨小凉,留食杏酪,仅得一瓯,未能供众,任房妪之私所亲也。夜大雨竟夜。

周辉来,责其杀子无亲,未之见也,一宿径去。

十六日　雨不住点,水平地尺许,湘亦小涨

钞《墨子》,改课文,与张生释天。

十七日 己巳,立秋

初不知时刻,起欲迎秋,桐叶已于丑初落矣,大风。三妇入城谢陈、常两女。于魏氏写对子,逃暑,得三日凉。与书复心,索《说文》。得笠云求救道乡书,与书黎竹云关说。钞《墨子》,校《尔雅》。夜食瓜。

十八日 阴,微风。庚午,三伏

钞《墨子》二叶。道台送南腿包子,并言边事。

十九日 凉

得家书。钞《墨子》。夜雨,遂至晓。周佣自省担瓜来,又得家书。

廿日 雨

前日湘涨平堤,昨已顿落,今又将涨矣,心恐禾稼不登。诸女方欲还家嬉游,真太平人也,余又为杞人耶?钞《墨子》。梁小舫孙习孙来,不知吾两家渊源矣。

廿一日 阴,有雨

钞《墨子》。得陈子声书。陈六嫂来,竟日未入内。夜雨甚凉。

廿二日 阴,竟寒矣。立秋六日,如八月,异事也

《墨子》钞成,小改旧序。得纨女及刘婿书。邹竹垣从桂阳解馆来。张子年来,与莲弟同去。

廿三日 晴

李贡奇来,云隆观察旧友,前送画扇者,字画甚俗,容观不委琐。岐山僧来求书与颜太守募化,均诺之,遣去。得纯孙书。陈若璞来,字曙人,隽丞孙也。文通人妥,诸孙中佳者。夕雨。

廿四日 阴晴

黄翀县丞来,适滋女入城,因延内坐。写小屏一幅。

廿五日　晴,稍热

朝食后将入城,刘牧村来。权衡阳令,昨日接印。已闻教民争卖木板,将生事矣,因言不顾罢官。余云既作官,无愿罢理,不顾罢,即不必作,故子文,孔言未智,但不可舍己徇官耳。朱继元偕谢、张来,张即石士儿也,年过四十矣。二麻来,欲干易郎,告以不可。荪畡、少穆来,言卝政,均留点心去。

廿六日　晴

入城答访谢、张,均谢不见。至石士斋少坐,入与谭兵备少谈。舁出城,至廖荪畡处,不遇,见其弟五子,叔怡出见。便访梁、孙,彤轩出,设酒、粉,久谈,复至王醴泉记室小坐。过屼樵不遇,便至安记,取钱上船,船乃在下步渡,船人坚云已上步。至太史马头小坡,不得下,簰客请余小坐,待船至,携孙伴妪同还。

廿七日　晴

廖生入城,余代馆写字后携两孙入城,妪又伴住。至石阳馆,公饯刘叶唐,设五席,两牌局,赌友均集,戏既不佳,天复甚暑,二更散。携烧豚一头还,到已三更。

廿八日　晴

常、陈来,吃早饭,云将下省。午日甚烈,唯睡不事。夜雨。

廿九日　晴

晨起甚早,麻竹师两儿来,言仙童权桂臬。程孙言王抚已回,遣问诬也。何人来,求荐衡阳,云系江西人,刘南亭已革。闵其流落,姑令来食,名曰王升。但少村信来送卷。

晦日　晴

昨看历日,误揭一叶,乃以为朔,僮言非也。已起仍睡,朝食后看课卷。谭屠来,致两周姓书,诉方桂强霸,与书告以不管。夜热。

七　月

癸未朔　晴

晨起点名,犹有廿六人。廖胖亦来。看课卷。真女早还,平姑子亦来,未晡食去。真夕去,遣船送之。王六铁来,致王凤喈书。

二日　甲申,处暑。晴热,夕大雨

谭兵备来,言边事,去,未至而雨。廖荪畡送炭来。谭送卷金,恰以供煤价,即复书还钱。刘丁来告去。看课卷。

三日　晴

看课卷,无一可取,令人闷闷,终日不抬头,为此无益,可笑也。六铁早去,亲送之。夜大雨。

四日　晨犹小雨,朝食后晴

看课卷毕,与书但少村销差。

五日　晴

煤船当发,刘佣告去,余即坐煤船入城送卷,交真带省。补致胡扬祖书,交还墓表,托刘叶唐带去。至程家,有绅士拜会,云是陈润甫。谈修中学,起斋舍百间,费万金,大举也。朱师、张尉均来,叶唐旋至,设汤饼,热未能饱,二更还。

六日　晴

看本书院课卷。劣者犹胜省优等,自喜十年有效,半日而毕。

七日　晴热

放学休息,竟日摸牌。送煤人咨且不前,改派陈、周两儿,兼令乔子妇附舟去,今日早发。夜作酪饵,设内外二席,食瓜置酒,廖、张俱局蹐就坐,殊非宴集所宜,又热不能坐,匆匆而散。

八日　晴

《书经》刷成。午间烈日如烧,雷声隆隆,炮声訇訇,桂抚罢官还里,正舣马头,遣帖迎之,俄而俱散,雨竟未至。

九日　晴热

过午又雷阴,似有凉风。乘船下湘,观桂抚门雀,来船尽卸。遂至萧家,问蒋龙安,云前五日去矣。仍回夕食。

十日

晨未起,闻王灼棠来,初未相见,衣冠出迎,谈良久,大要言岑督谬妄,又云郑孝胥已在幕府矣。李贡奇来送烟,字青徐,北人派也。得陈十一郎书,云杨度被劾,已往东海。书痴自谓不痴,故至如此。夜凉,始有秋意。

十一日　晴

朝食后廖胖告去,云与程十一同行。院生纷纷赴集。廖生母送浮梨。出答王抚,颇热,旋还。

十二日　晴凉

衡山毛生浚被押府城,来书求援,与书兵备为缓颊。欲钞《谥法解》,因并钞《逸周书》,日课大字三叶。

十三日　凉

王抚送桂土宜,受蛤蚧八尾、荔枝一筒、自作墨二笏、茶七饼。麻七子来。骆主考来,送鱼面、宣威腿。今日吃新,鱼翅未可食,上下内外俱设五碗之馔。钞书四叶。

十四日　阴凉

钞书四叶。王抚来送加脩,遣朱三来致,受之,以其罢官,不可辞也。正欲还山,因以为资。

十五日　阴,复热

滋女往陈家看船,因与同至城,还钱安记。过道署,问毛浚访拿事,云土匪头目,绅士开单请拿者。唐知府云放必造反。彭给事曾缓颊矣。过学署,将至谭香陔处摸牌,客无至者,乃还安记。顷之来催,则牌友已集,局将阑矣。仙人弈棋又短于世间甲子,看局待馔,赵阶六、陈润甫、罗心泉、子年同坐,更招黄孙来,令同还船。

十六日 雨竟日

晨遣约王抚一饭,仆衣沾湿。纨冒雨还来,一家欢喜。钞书三叶。张生疾甚,唯事服药,殊非湘绮学派。

十七日 晴

钞书三叶。黄孙自十五日仍还受书,前二日未能问课程,今日读六叶书不熟,遂延一日。遣约蒋少耶来陪抚台,云送儿赴试去矣。改请岏樵,刘婿来,便令致之。李如槐上书谢,又送礼,遣儿英仕致之,未见。

十八日 庚子,白露。晴

钞书二叶,写对子十馀联,并为下款。刘婿又引钟司狱来见。云河南吏子也,名广照,字蔚五。

十九日 晴

钞书四叶,伪书也,语意支窘,故作不可解语。杂引各传记语于间,一望而知,唯《克殷篇》、《谥法解》或为汉人作耳。其引"熙地〔帝〕之载"、"小人难保"等语,皆与本经不合。钞七日,乃敢断之。

廿日 晴

道台送稻菜,即芥茎也,云系黔名。盖倒鬯菜,取雅字耳。廖二子梅生来,误以为澹如子,询乃知霖生孙也,小坐去。午后朱家瑞来,岏樵旋至,俱陪王抚。刘婿后来。本约午集,厨子手迟,乃至戌集,菜不能佳,主人不饱。

廿一日 晴,复热

晨待饭甚晏,钞书纸尽,竟无所事。夕报船来,妇、女还山,约陈六嫂同伴,要廖生母同去,即夜发行李,夜鼓起而罢。刘婿早来,未去,宿东床。

廿二日　晴

早饭甚晏,清书少二种,遣往程孙处取之。崇辅自来,并告当去,刘婿亦不告而去。催妇、女上船,余乘小舫送懿妇至杨家告去,见船来,追不及,遂送至万寿马头,船小人挤,不可复上。至衡阳会饮,十七年旧负,始一表明,两学、两商同席。戌散,仍还旧泊处。陈六嫂已先在,遂遥语而别。还院寂静。

廿三日　晴

遣妪取钱送船,与两生吃残菜过生日。午间屈小樵来诊,开方甚妥,久坐而去。午始撤厨爨以省,柄孙章法。陈婿、常孙来。钞书三叶。

廿四日　晴热

钞书三叶。西禅僧来请斋,云欲作水陆道场,湘中所无也。余云有为之法,不必告我。晡过彭给事家,陪抚台,杨八、马有、丁笃、魏三同集。热不停扇,夜还,汗露并濡,如在岭外。召匠治地板。贺孙来,约一饭。

廿五日　晴

钞书三叶,复浴,甚快,裸坐久之。张生入论疾。周生入论毛狱。夕小雨,顿凉。

廿六日　晨凉

张生往会馆候医,午还,云已得船,要廖生同去。钞书毕,自送至城,各赠四元,文柄送去。至程家小坐,欲闻近事,客来不得闲语,遂还。始见桂花。

廿七日　阴凉

写字钞书,散早工。和尚时来相扰。周梅生亦请提爱,本许面托,乃欲求书,姑妄听之。李贡奇来。

廿八日 大晴,时闻桂香

钞书三叶,又似非伪,疑莫能明也。陈婿、常孙来,陈致毛书,周所使也。世情如此,乃以测我,奇矣。亦为改正,令送唐老守。呈常文,颇能着题,面奖以胜五哥。作书寄棣芳。夕送炭船还。

廿九日 晴阴

钞书三叶。见双蝶交飞,赏伫久之,作一小词:“二月相逢后,正见深秋篱豆。玉阶前几日,长苔绣。艳影交飞,略比春前瘦。无酒无花候。莫更兜人,只防离恨迤逗。　　闲幔消长昼。漫道诗情依旧。薄罗歌扇冷,舞裙皱。桂小香寒,怎似牡丹双宿。晴日金钗溜。为报西风,尽他罗袖消受。”待房妪久不回,小雨生凉,衣冠将出,逢船还,云王家客初去,至则谭、彭、程、朱皆集矣。唱戏无聊,未二鼓散。得程孙书。

八　月

壬子朔 晴,复热

钞书三叶。下湘至船,仓内如烘,改用轿,从铁炉门上。至西门,正遇屈小樵,云荪畡已回,至则未见。至小学堂,正值堂讲,教习不迎客,入看恐惊坐,乃出。从小径至一处,从来未到,询知杨林庙,普明常说者,有樟树,荫一院,小立久之。径至西禅寺,诸僧午斋未散,登阁看经。见轿夫,疑是荪畡,入客坐,乃刘牧村,讶其来早。久之清泉令亦至,俱待道台。荪畡传胪继至,屺樵亦来,借酒清泉。谭兵备来。久之乃入坐,内四外三,畅谈至夜,真闲半日也。初更还,房妪迎门,告亲家翁来,余云不见。其意甚愠,遂怨不解。余吹镫竟睡,往来三四,必得温旨而已,可谓奥援也。

二日　晴热

召见许美成,亲家母意也。钞书三叶。夜小不适,早眠。

三日　晴

钞书三叶。午间常霖生来,陈婿、常儿同来,留同看煎沙厂,辞欲访亲,遂去。更招房妪侍往,至炉下未上,便过榷局。黄鹄举请客,尚弁先至,周松乔亦在坐。甚困欲卧,张师来,遂起。食不知味,亦未废食也。初更散。还船迎风,亦未加衣。

四日　乙卯,秋分。阴

疾发作咳逆,未朝食。钞书三叶。竟日闲戏。

五日　阴晴

得铸奶书,云毓中丞弟求书,其诗似珠泉,其人流落,奉母至孝,字赞臣而不名。方还墨债,因为作一联,字殊不能佳。钞书三叶。廖丁来,言李同知骂赖知府,有意寻事,非其过也。房妪欲说官事,余不可往,则设席招以来,亦姑听之。出城答访霖生,小坐而还。

六日　晴,复热

写字数幅,笔墨皆不合手,不能成字。丁祭送胙者五处,廖、程合致一牢,大烹飨焉。钞书三叶。廖丁去,许婿还,空往返也。将夕桐轩邀荪畡来,云看煎沙,还索点心,从人十一,皆得饱食,夜去。

七日　晴

晨待陈副榜阮,昨来未见,以当衣冠也。朝食后来,似特投我,便留居西房。遣人入城请客。张尉及其妻、侄孙来,云道台疑我避学堂,故去。浅之乎,量我也!王桐轩、梁习生俱送肴核。梁,干妈曾孙也,并求书。

八日　晴

黎长沙擢桂牧,送黄提调书来,并送茶、脯。钞书三叶,写字数纸,俱劣。

九日 晴

黎桂阳来,留饭不可,问桂阳民情卝事而去。其子旋去,便留一饭。王桐轩约早来,后又告不来,均不信。常霖生来。黄鹄举、周松乔来。桐轩旋至,牧村继之。本请一客,乃集至七人。并邀陈阜生。团坐快谈,酒肴均不旨,未夕均散,余倦亦眠。

十日 晴热

钞书二叶。出答访黎父子,均不遇。至安记算帐,至程家亦不遇。至子年处写字,赵皆六、胡均斋均索书,罗心田亦趁火打劫,遂写半日。岏樵来,乃摸雀三圈,朱嘉瑞来而散。夕至安记取银,复还张处,客亦半散,步月还。

十一日 晴

料理上船,询乃无船,附卝沙船以行,先送行李去。乃与书告荪畡,请先大帮即发。荪畡方患寒衣裘,力疾作书,并送程仪。余仍还院朝食,日初高舂耳。告陈阜荪同发,又泛船下湘,定率仆妪皆行,一行十众,行李一船。余至铁炉门换钱,岏樵送书来,并送行,小坐去。还桂阳马头,见己船可坐,贪就安便,遂不上沙船矣。夜泊石鼓。

十二日 晴

沙船不欲行,令小船先发。浅于七里滩,四人竭力,不能出泥,呼沙船人来,俄顷而济,后船亦皆至。夜泊站门。祁阳周生来谈,云欲买新书。

十三日 晴

朝食后舣雷市,张子持、树生均来,云凌委员已至,局事将变。委员虽小事,如凌者无处而可也。过石弯未舣,已日斜矣。云有杂花滩,不可下。月明波平,与周、陈夜谈,泊三家河。

十四日　晴,连日东北风甚壮

夜泊空泠峡上,三日亦行三百里。

十五日　晴。北风愈壮

晨行下峡,至株洲已过午矣。船人趱行,至月出不休。以佳节,令泊马颊,沽酒切饼,大犒舟人廿名,余亦与周、陈畅谈。二更寝,三更发,月已昏矣。

十六日

晨至涟口,与三舟别,犒以二金,意犹嫌少。呼拨船未得,遇一倒爬,以一元与之,移行李便发,日已将午。夕至湖口,不得入,乃从南岸渡,彴约越莲花山还家,许女从行。道逢树妇携儿来,因同入门,人不觉,唯有狗知耳。呼门入,女、妇、孙出见,云才女始去。今夜无月,北风振窗。

十七日　阴风

房妪告去。三屠、张星来看。六十裁缝来求田。夜早眠。

十八日　阴

扫屋糊窗,作内外斋。懿妇携资孙来,留孙遣妇还,云其兄避祸,往日本去矣。彭鹗来送礼,求提镇官,将军亦来,皆须臾去。夜为祖母生辰作汤饼。钞书三叶。

十九日　庚午,寒露。阴,大风

钞书三叶。陈阮副榜来,云事尚未了。方絮谈,闻外有人声,舆儿携一成童来,云叔平孙也。资孙方思恋季师,得之甚快。廖生同来,陈生告去。

廿日　阴

清刷书,钞书三叶。张星二率萧团总来。方管家还。有诉私宰者,不得意而去。刘南亭来。刘诗人来,不饭去。谭前总、王都总来,王留夜谈,初更乃去。

廿一日 晨似微雨,初不闻声

朝食后出游,径路泥湿,同廖生、资、黄孙、宜孙至石泥旧屋一看,后栋已拆,乃无多屋,新屋竟胜旧也,予怀稍慰。未至家,有三乡人相待,乃十七都王姓,自称本家,来言讼事,久之乃去。谢生来,留住客房。钞书二叶。

廿二日 晴

田雨春来。四老少来,少坐便去。钞书二叶。沈山人来,谈时事。

廿三日 晴

钞书三叶。戴表侄书来,言讼事,回片谢之。许虹桥外孙来【阙】。

廿四日 晴

朝食后陈、谢俱去。许外孙来,言国安逃去。铁夹不复能夹矣,金圣叹虽称快,余不可快也,命镇南往镇之。镇、瀛两孙来,言祠田事。舆、廖携三孙俱送陈去,方管家办饭餂之,饭后去。携四女看涤荷池,遥见一人来,似田似张,自往迎之,则张生扶病来,甚讶其力疾能远行,云十馀里行一日矣,犹为健也。夜令早眠,游子夜归,又至半夜。

廿五日 阴

钞书二叶。庭桂三开,幽香悦人。作周笠翁碑成,不甚得意,塞责而已。宗兄宗子来。夕小雨。田雷子来。

廿六日 雨

辅廷族子来,大约怕穷,先告穷,知其夹力未改,留饭去。廖生母子告去,冲泥送之。夜星。

廿七日 阴,晨雾

张生告去。南河同知王安东来,言讼事。作《双丁传》。

廿八日　晴

王安东又来,张四哥、宝老耶来看脉,许生笃斋来,德女来,俱留一宿。得巡抚撤书院书。

廿九日　晴

许生去,来客不断,急出避之。未出门,复为周颠所见,相随至湖口。待船半日,比至,日斜矣,至姜畲而夕。

正见两轿过潭流岭,轿衣故敝,疑非委道,姑遣问之,乃正是夏使,要之还辕。时已上镫,客已下店,就见之,云江湘岚,名峰青,丙戌进士,过班道员也。致夏书,肫肫请至南昌,词颇雅饬,疑榜眼笔也。客主互让,乃送余登舟,初更后矣。行至街,正二更,便宿杉弯。

九　月

辛巳朔　晴

日出,命开船到城,舣观湘门。先至宾堂待客,帐房犹未頮,呼朱三不应。出访杨梅叟犹未起,其孙来,云有疾。顷之祖孙父子均来,倬夫亦起。江湘岚来,留住客房。周生永云、孙翼云兄弟、冯甲均来午饭,唯江、朱、萧得与。饭后朱出赴席,将夕仆告有拨船如我船,约江即夜去。周世麟从登舟,则乌杠也,客人所不坐,已上没奈何。摇风夜行,点心后睡,比晓已至衡山马头。

二日

日出,舣大西马头,未盥頮,便坐轿到家,家人未起,待久之,登楼安床。两孙出见,功儿亦起,神气似张正旸,云将发背,昨得内消,不敢攻伐,自宜勿药。颜楷来见,送汴绉。疑是颜桓,出见果然,所谓拔儿也,谈豫、蜀事。邀登楼为设面,云九皇斋朱生焕曾来,食之。

及午食，朱去颜留，余亦清斋。饭毕与同至东牌楼，访江道台不遇，迅还。藩府来谢，未敢见。作奏、咨两文，初时文思甚涩，于道上成起句，遂滔滔也。窊女来，摸牌，二更后去。

三日　晴

湘岚来，示以二文。周郢生来谢教。胡婿来，言教习事，均示以新作。午后出诣抚署，畅谈，意虽不合，情则甚挚，留茶两次，日云暮矣。出诣颜筱夏、黄修元、朱署臬、张藩小船、夏子新、朱纯卿，均入谈。席沅生、朱雨恬、但少村均未入，还正上镫。窊女又归，同夕食，稍倦，遣送之去。

四日　晴

复夏竹轩书。曾祖忌日，素食，不谢客。江湘岚、王一梧、夏子新来。谭道台自衡来。张伯基、黄修元、黄仲容、汪寿民、翁经生、曹典初、淑甫东瀛子，笠、明、道三僧，吴妪，刘丁均来久坐，客散已夜。中间试奠，未见客。曹凡再至也。中又出门至李道士祠一看，为告朱生明日请客事。夜有月。

五日　乙酉，霜降。晴热

彭稷初行装来，云将入京。胡子夷九婿周林生早来。房妪来相看。抚、学并来。学台柯劭忞，字奉生，挚甫女夫也。自言宗旨不同。皆久坐，柯仍后去，问文、诗、《穀梁》。新善化令胡翔清来，不得谈而去。湘岚来，欲去无轿，芝畇先去又来，仍坐待。纯卿将夕乃至，更邀稚泉入坐，设食，费而不旨，以了江使耳。詹有乾招陪湘岚，至乃以我为客，困矣，初未下箸，二更还。

六日　晴热，可纱衣

晨出访刘定夫、王心田。王处遇胡大庚，冒冒失失，乃问我姓字，良干吏也。答曹吉士昨致其父书、京物。百金辞之。出小西门，待送江使,犒材官十金。至午正,湘岚乃来,一揖便别。至学署已封门,会覆优贡。过胡子威兄弟,遣问汪寿民,寿民即来共谈。看师范学堂,值礼拜已空矣。因过与循、文卿,文卿衣冠出陪,公孙子阳类也。日已西斜,皆未朝食,匆匆驰还。至邓家门又久住待,邓万林颜色肥泽,老将中佼佼者。夜共房妪议出处,为半月之约,大有丁宁剌剌之意。

七日　阴

龙名晃、戴光笏、曾邦彦、曾荣楚均来待见。送房妪还家,因令伴寿孙游开福寺,余步往。日本僧梅晓,与笠、道、常静、明果均出迎,吃咖啡、洋饼,坐楼上久谈。俞道不来,朱、叶郎舅来,陈海鹏所修房屋遂易主矣。洋和尚文理粗通,年廿七,梁启超之亚也。看孔雀,唯留一雌者。大风微雨,步还城已夕。

八日　阴风有雨

孺人生日,窊女还,余待设汤饼,至巳初未办。赵阶六来小坐,闻余欲出,遂去。出答访柯学使,又遇抚台,未肯深谈,浮慕而已。众口铄金,余不能无疑也。至席祠,藩、臬、盐为主人,黄忠浩、蒋德钧、涂朗轩儿陪客先到,待衡永道未至,来即入坐。主人初无一言,唯四客喧聒而已,未正即散。

过搢阶,闻其罪状,赵抚直斥为康党似不近情,以其盛称熊希龄则又可疑,天下多美妇人,何必是。到家已催客,往则尚早。见叶景葵,卅许人,能干之至。谭兵备、瞿子纯、朱叔彝踵至,入坐犹未夕,散正初更。

九日　晴

见客一日夜,竟无登高之想。节物甚美,寒气颇重。二更发榜,唯中一祸息耳。

十日　晴

出看榜。因至息机园访黄泽生,并见朱叔彝,皆讶余能步。又访张少堂不遇,过谭寓而还。朝食栉发复出,答刘叶唐、钟毓灵、赵雪堂,唯刘未见。本约送稷初,竟忘之矣。周郢生送润笔二百金,辞之。邬幕夜来。陈郎专人送卷及书,即去。

十一日　晴,有霜

晨起芒芒,携盈孙送稷初,并见鼎珊及其子姓,还朝食。朱继元来,志在阅卷,匆匆未能谋之。赵道台来。午过抚署,答访抚幕叶揆初、陈履卿、邬小亭。过朱府、赵抚,皆未朝食,乃出访任绩臣、赵季质。从贡院还,寻尹和伯未得。刘、徐内外甥俱来。阳侩来。

十二日　晴

马太耶来。明果请斋,洋僧告病。遇黄小云、刘教五后人来画屋样。与明果至浩园看芙蓉,还招二周、王心田来,酉初散。郢生送润笔二百金,辞之,其弟犹未知也,岂私送耶?夜雨。

十三日　晴

午过王逸梧,与同至谭家,文卿衣冠待客,长子侍坐。黄觐虞、谭芝畇、彭绍湘先后来,奶汤翅甚佳,馀则具文而已。申正散,主人不复出。自此诀矣。陈、阮来。

十四日　晴

马太、蔡八八、黎地仙来。朝食后,但粮储催客,便道答访陈啸云、蒋幼怀,小坐便出。至宜园,席盐局、曹麻城先在,蒋、黄、卝局黄统领均来,申散。朱叔彝、罗麟阁、徐寿鹤、果臣两孙来。

十五日　晴

龚季蕃来,瞿春陔孙宣绩星查来,请受业。徐寿鹤、孔搢皆俱在坐,坐半日未能请一业。赵季质自常德来,言朱知府之谬,赵抚台之信哄,及学堂荒谬事。又云朱举程生总办南路学堂、防军兼盐务,已电商江督矣。曾岳生函请为李、孙作志。

十六日　晴

曾介石遣相问,即往会谈。本约杨生来见,竟忘之矣,至夕乃遣召之。杨树谷因与循请受业,廿许人,云有志读书,以诗授之。李前普伯强来谈。四老少来。

十七日　阴

王心田母生日,作一联颂之。曾介石请饭,乃无一客,唯湘乡朱氏二少年,谢、王两叟,黄觐虞同坐,申散。宇清早来,未见,夜来一见即去。窊女回。

十八日　晴

晨过心田家拜生,省城宾客之盛,尽在此门。不设面,唯送点心,小坐,还朝食。介石王佩初来。江西进士陈渔孙兆坤便衣来。陈可亭、席沅生、瞿孙、朱荷生兄弟均来。龚、王送席,朱、廖皆送菜。过郭家,见次青次子积璇。

十九日　大晴热

杨少曾来。李三少耶来,云数见巡抚,尚无着落。午至马太耶家摸牌,一彭、一董、一任,董未入局,夜散,笼镫还。看刘定夫诗文,并为作序。夜月极佳,遣孙往吊斐泉。

廿日　庚子,立冬。晴热

陈孙毓华来。沈冠群明府来。曾祖及先妣生日,设荐行礼。毕,至朱长沙署陪两主考、学台,看顾虎头、荀勖、巨然、贾生字画,及赵、杨画,米字,孔摺阶亦在坐,未正散。房妪已来矣。

廿一日　晴

刘定夫复送文章来,请分存删。舆儿携畴孙来,云张先生亦来矣,未暇与语。呼轿下乡,人索二百,房妪云太多。令张佣刘丁舁出北门,可五里,至刘东汉店,余步二里,乔孙兄弟追至,同步入沙垣萱圃看菊。宇恬出谈,清健如常,自言衰,未衰也,与文卿天渊矣,岂翰林当早衰耶?自巳至未正,待裕蓉屏,凡再点心,始设酒。蓉屏为李仲仙请饷,大似请熊师至江西请饷,亦宜开复原资也。酉初散,到城已夜。陈副贡健讼被斥,来求救,无可为矣。尹和伯来,言李幼安,武冈人也,今年南元亦武冈,李岂其家儿耶?夜寝甚早,未半而觉。

廿二日 晴

晨起欲为瞿孙批抹文稿,廖荪畡来,张、周生继至,遂握发对客。客去,步至抚署看蓉屏,邬师留饭,颜小夏送菜,鱼翅反胜朱家,不仓卒也。请裕交次青儿名条与赵中丞。出访尹和伯、王石卿、廖荪畡、张筱传方伯、汪寿民、黄泽生、王镜芙、龚季藩。午子送去戴、王堃两条,并遣人递呈柯凤荪学使,请咨奏。步还,瞿孙守候,见,告以期丧,亦有忌日,今日孺人忌日也。未饭,邬师夕来。

廿三日 晴

晨起出须,张生已来,舆儿已告刘婿上船,即时当发。陈副贡、刘南生守候不去,余乃携畴孙步出。畴云不能远行,乃至李祠暂游。还则四老少、张先生与舆并去。遣盈孙护张僮负畴登舟,王仆已往宁乡上任去矣。阖门谢客。赵抚来送,未见。皮经师来,斥之。胡婿来,久谈。闻外有客声,避登楼,始得清坐一日。夜过滋家。

廿四日 晴

湘孙婿家请期,期曰冬月十二日。滋女生日,一家俱至胡家,早面晚饭。伯固子姓两人来见,久约不至,今已谢客,遂从例避。留书与茂。

廿五日 晴

遣看船,改瞿孙文,看刘定夫文,为颜生写屏联,作书复秦子质。

王子常永孙来,径入。为房妪做呈纸告债事,家人无人写呈,请朱三少耶书之。城债俱了,用去百金,可以行矣。

廿六日　晴

发行李,挑菊花,余乃无一担行李,坐千石大船,可笑也。家中船亦来迎,夕登舟,南风不发。

廿七日　晴。仍无北风

岸上演戏,迎诸孙女看戏,留早饭不及,夕食乃去。

廿八日　晴。似有风色

移船对岸,仍南风,乃缆行。校书札四本。晚得顺风,到县。

廿九日　晴

晨从仓门前步入城,交银百五十两与萧文心还秦子纲。见倬夫,云子质已到家矣。饭于宾兴堂,辞出,登舟即发。阻浅梅花渡,遂宿船中。

晦　还阴

舟至午未能前,步上岸,至姜畬。寻张四先生不遇,见其兄弟,借轿飞行,申初到家,犹未夕食。告诸女检行李,夜斗牌,大风有雨。

十　月

辛亥朔　阴晴

晨起命舁书箱下船,催真女先发,留纨夫妇待己船来乃行。朝食后步待船来,又待真,已晡。至姜畬借钱田生,开轿夫,作盘费。比至涟口,杳无人船,雨至风寒,坐困仓中,借邻船安僮客,一夜倚被包,不解鞋。陈孙甚安静,不夜啼。听雨至晓。

二日　雨不歇

遣刘家僮觅船,冒雨去,船仍舣待。至午纨船来,请刘、张过船,直率王妪坐己船。遣刘佣唤船来，傍晚始至，男女分两船，寸步未移。

三日 阴

晨发涟口，夕泊株洲，女船在对岸，不肯来，遣刘丁往守更。

四日 晴

晨发，得小顺风，行卌五里，早泊山门。有月。

五日 阴。是日乙卯，小雪

帆缆兼行，九十里泊晚洲。午后于空泠滩中，因篙工取鱼触来船，小损，致扳船口角，得毛篷船主解纷。

六日 阴

帆行七十里过衡山，刘婿访其兄来否，船泊县城。余过女船，先至雷石，待船来已夕，遂宿丰上。暮夜有人来寻船，自名张应元，未能接见，送黄柑一篮而去。夜有雨。

七日 阴

顺风帆行，过望甚敧侧。行百十馀里至樟寺，未夕，风息雨来，遂宿川中，不知地名，约至樟寺二三里耳，皆出意外也。比日张生讲《大雅》十篇。夜雨。

八日 雨

晨行甚迟，到大石已将午矣。至城遣告真家，二陈郎来，顷之程孙亦至，真率儿、妪上岸去。要客过船，令纨率妪先发。待两时许，渡夫不来，风寒甚雨，皆有饥寒之色。将夕换两艇，要张、刘同至书院，院生四人入，已不辨色，然烛夜饭。未二更即寝，凡三醒乃曙。颇闻雨声，有小词。

九日 晴寒

换小毛入城，至屼樵家，闻荪畡到厂去，仅至道署而还。程家借牌延医，留余小戏，与赵、彭、陈同局，更招子年来，托买私盐。屈小樵、罗估后至,同饭。借轿上船,张、刘同来,先到船相待,乘月夜还。闻骆状元来候见。夜作门帘,二更后乃寝。

十日

晨未饭,骆主考来,三十许,容色未老,谈桂事亦不甚了,赠以新校二经。萧孝廉径入共坐,待其去又独留饭乃去。院生入者不悉记。将夕张尉来。得王石卿书、钟广照书。

十一日　阴晴

晨出送桂考,骆状元已去矣,过王前抚而还。朝食,萧教授来,谭道台来,萧亦后去。谭震青来,言但少村主和,抚、绅各加脩金,已翕服矣。但因此可不勒休,谭未能收漕规也。二陈郎来,不得开口。廖荪畡来,言局事,笼镫去。得俞廙仙书、李石贞诗。

十二日　阴晴

会馆请陪荪畡,道、府、县亦请陪荪畡。朝食后出,道逢一舸二客,皆夏氏,一绍籥、一钦。又逢屼樵乘舁来,停舟延客,屼去夏留,同至柴步登岸。答访震青,遇周松乔、丁笃生。至府署不遇,便至长沙馆,众皆便服,我独衣冠。顷之荪畡来,云须往道署,待上镫乃去。看戏半日,未尽兴。至道署,唐、刘、谭俱先到,久之入坐。散出南门,已下钥,到家,婿、女俱云夜深矣。

十三日　晴,较冷

谭厚之遣送蟹,即复书,并送广物三种。讲《泂酌》一章,再四推敲,乃解得"泂酌"二字。行潦非难得,何必泂,更何必酌,今以行潦为玄酒之用,则可酌矣。邓县丞思亮来见,蜀人也,州牧之子,与王昌麟同在南学,今为炉头。因循已晏,亟出城至浮桥上岸,廖船正泊,呼余登舟,屈教官亦在,少谈,避客先上。设四席,主人陆续至,邓思亮叔明亦来,少坐便去。有三童子,共廿二人,均饯廖。余以昨晚太夜,未待酒半，先遁出，正二更到院，殊未饱。拟题送道署。

十四日　晴

晨作送廖诗，连日构思，苦无下手处，姑写一两行，汩汩其来，顷刻成一篇。白香山歌行所谓一笔滔滔，文有神助者也。讲《卷阿》，吃伊面。王太耶请陪荪畡，将出而雨。船至铁炉门，舁至府署，正见程仆跑帖，余亦入府，荪畡踵至。已昏暮，然烛看《申报》，赞夏学务，谭兵备极喜，遍送僚友赏之。同至清泉请邓少府不来。吃洋酒，俱觉头晕，携橙、馒而还。雨霁月昏，大好光景，夜闻雨。

十五日　大晴

晓未看外，但闻风萧萧，犹以为雨。房妪搴帷来请，乃见日色照楼，不觉失笑，白日昏昏，乃至此乎？讲"民劳"即无弃之劳，劳非恶语，数千年铁案恐须翻也。

十六日　晴

晨讲《板》、《荡》"上帝"，皆为五帝受命之符，更上帝之例以合全诗。饭后舁答邓县丞，即看银炉，彭传胪亦在，更有蜀黄生、王清泉。久坐，待唐太尊点心后散，传胪同至书院点心。喻生、王鹤仙来，言命案，亦辞以懒。久至道署，芝公专燕我，银炉二生、屼樵、小樵、桐轩均先到，二更散。

十七日　晴

讲《文王》五篇，说"清酒"，仍未了。午后戴营官来，自言霆营旧卒，在江西往贵州攻天柱，救陈宝箴，以此见知。向夕，刘婿兄申字晴岚来见，似曾相识，留便饭而去。夜与婿、女摸牌四圈。王抚送程仪。

十八日　晴

韩妪未明请起。早饭后遣纨女夫妇归家，家船亦去。与书廖大、壁耘买煤。讲“清酒”为周祭明堂之礼,稍为熨贴,周尚酒,谓此也。二程生来,居内斋。夜月甚佳。

十九日　晴

晨兴无事,复俞抚书。讲“陟降厥士”,又复不了。文王一陟降,成王三陟降,而有家士之分。家谓群叔,士复谓谁?又须日鉴在兹,此何士哉?士,殷士也。涉为大寮,降为顽民,宜鉴于殷之亡。王生来看相。戴营官来。

廿日　庚午,大雪节。晴

讲《生民》“以弗无子”。疑求子非雅谈,又何以祓无子?此宜以前古礼例断之,不可徇俗见也。求子起于有族,古人不求子明矣。屼樵,二陈郎,梁、陈两幕客来,遂混一日。

廿一日　晴

早起《大雅》讲毕一什,颇思重录。清本已钞七通,似朱夫子《四书》,未敢再钞也。写条幅一纸。廖振才教习来,坐敞船,将换船送之。值谭训导船来,留廖复坐。谭与朱季元同来,坐颇久,又消半日矣。西禅二僧来。夜半起看月。

廿二日　阴晴,甚暖

杨八跰来请饭。朝食后讲《板》“上帝”,定《诗》、《书》“上帝”之分。以虞并郊禋为七天,周并郊禘二丘为八天,增出皇天为总天,升地球亦为天,算法乃密也。古只祭土于社,周乃分地土为二,今宜从之。写对子五副。龙僧送柑。

廿三日　晴煊

张监院儿奎生来请饭,教以无多费。道台书报兵议,并送课卷。八跰请吃烧猪,赵、彭、屈、陈牌会。陈郎、丁孝廉、罗估同坐,戌散。还拖竹竿,行甚迟,到院月犹未上。

廿四日 阴晴

看课卷。讲《抑》与《宾筵》,皆卫武入相辞官之事,同时执政有好酒肆谑之人,已不能正,故其词甚婉,但不知好酒者何人耳。廖丁还,云书版可得,煤船尚未发。

廿五日 晴煊

写字半日。讲《桑柔》,不能终篇。和尚来,未见,摸摸梭梭,遂已夕矣。呼程九同至城,取《公羊笺》版。舁至清泉,云请客毕至。至陈南桢斋立谈数语,便至客坐。坐上有萧委员岷生、余营官鼎臣,更邀刘牧村,又吃烧猪,余弁短衣与衣冠之会,亦新政一奇也。戌还。

廿六日 晴煊

余洪柱送椰子茶、胡卢,未通谒而有苞苴,不〔亦〕应酬之别派也。

讲《桑柔》,仍未恰到。王巨吾来诉苦,陈阜生来告败,喻、未皆来示意。廖拔贡来,议书院。午后入城,答访两府学,诣道台告行。着夹衣至程家,问刷《春秋》,便至布政街,将访朱季元。张师催客,往则并集,赵、屈、黄、周、贺、梁,上镫入席,二更散。夜雨潇潇,稍有寒意,北风甚紧。

廿七日 阴

梅生儿云明来,今年优贡也,亦不稳重,留饭去。甫写字,张生来,讲《诗》,诸生纷集,说"凉曰不可,覆背善詈",往复不安。

廿八日 阴

写字三幅。廖拔贡又来,廖秀才告辞往淮北,昨日尚伥伥,今乃翩翩矣,并留饭去。说"善詈"与"善背"相对,"詈"即谏也。《书》"怨汝詈女",《词》"申申詈予","詈"不可为骂义,乃得安。夕睡。

廿九日　晴煊

检书办装,陈副贡为先驱,余与张生继之,来月朔去。巡湘岸,辞二彭、杨、丁、戴,至衡阳,答刘、朱,均公出矣。贺孙设饯,仍六日诸人,但少周耳。戌散,还正二炮。

晦日　阴

诸生来送行,朝食后登岸,先到城取银,诣程告辞。陈郎来送常霖生书,因李伯强送二刘生书,求为伯固兄弟作志传,先送千金,行色匆匆,未能作复。即至陈家,真女未出见,少坐仍还江岸,设胡床,张伞而坐。戴营官来送,道台送礼,皆就沙滩与相接。闲步至书院对岸,看行李船,与同下。至毛桥,周松乔遣迎,舁往,黄、屈、彭先集,摸雀二圈,入坐饮苦糯。还船宿,夜有雨。

十一月

辛巳朔

移舟铁炉门。晴。晨起入城,候道台来送。周梅生依依不舍,相从至程家,余托故还,欲离散之。及往,周先在程家,遂同朝食。张生亦来,二程孙、廖拔贡均同食。还船,片荐胡粲,函托周瑞。二陈郎、廖、程俱登舟相送,岏樵亦来。待刷书未至,遂泊一日。

二日　霜晴

取书,唯见《公羊》,竟无《书经》,可怪也。未遑诘程九,即令开船。大北风,仅得至樟寺,买油,夜宿七里站。

三日　大霜晴

草鱼石守浅半日,夕泊萱洲。

四日　晴

午过雷石,不看船。夕泊石弯,方睡未起。及醒,遣告六耶,向燊从来，并其从弟亦来相看，送笋、橘，交名条。

五日 乙酉，冬至。大霜

船夫欲不行，严斥之。至黄石望，吟诗一首，盖感辛亥于清江道中闻箫鼓祠祭，不胜节物之感，声犹在耳，弹指半百年矣，同时人无存者。夜泊朱亭，吃羊面，则不似袁州之美。

六日 晴

早发，夕至漉口，遣问江西车，待至二更乃寝。

七日 大霜，晴

本以先孺人忌日，不登程，适逢周儿来船，云至湘东，便令移行李，朝食后便发。溯漉卅里，泊石亭铺，云有石亭山，山神甚灵。说《云汉》，未得其旨，似《左传》议论。

八日 晴

竟日过坝上滩，看乱山纠纷，殊不似两川间情色，非佳赏也。六十里泊醴陵桥东，船人云师徒各造桥，徒先成湘东大石桥，师耻后之，至今大石桥石俱反面。

九日 晴霜

晨至何家渡，张生欲附火车，因至三石车站，火车未发，待行李久不至，比来已开轮矣。云次车巳正当到，待至未正犹未来。刘丁先去。冯客云误卷其被，亦来附车。五人饥疲，幸卖橘人携有《天宝图》，坐看半本。车到即发，一时许到萍乡城西，急投宿店，遣顾车轿，初更始饭。

十日 晴阴，无霜颇寒

晨待车未至，因与张生闲行城中。自西门直行，乃至小西门，过南门，欲至东门，乃反至北门。复还西，遇车轿，复过县署，少折即出东门。行廿馀里，步过毛叶坡。又廿馀里便至芦溪，山原秀远，甚有逸致。溪市繁仄,反盛萍乡。

待车久不来,至小学堂,监督吴岁贡出,迎入,略谈学务,云:“闻聘王闿运,经学有名,亦贵县人,宁识之耶?”余云:“渠在鄂抚署未来,固亦识之。”学堂当俟新学政主持,未知何章程也。吴曾从许仙屏于广东,言越学延倭教习,必令学徒改衣服,江西尚无此,留学生则有之。其子今年中式,刘受亭孙亦中式。久坐茶冷,车犹不至,更坐桥阑,待日落。芦溪跨水两大桥,仅渡其一。夕行十里,宿新路铺,问店妇,膏捐殊未行。

十一日　晴

晨踏霜甚暖,至仙峰访余烈女,乃见谢贞女碑。沿途留心物色,竟迷其处,行万茶间,不及昨秀野也。十里竹园,店妇认乡亲,不茶而行。十五里分界铺,卌里至袁州西门,府城乃在高平冈上,不忆之矣。常时骑舁直行,故迷踪迹。欲寻试院,亦迫暮,脚痛不得去,卧轿中久之。

正旸来,云得一船,即乘月至北门马头,对船装载,喜于即安,船价十三元,杨叶秋也。遣散轿车七辈,至二更后皆安睡。忽有人大吵大闹,欲起叱之,弟子门人皆寂不语,卧听乃知是附船客,至故处不得上。方知彼主我宾,我占,非彼侵也。幸不急性,不然谬矣。三更后乃安寝。

十二日　大霜,晴

舟子纠葛甚多,煤火极迟,午乃得朝食,正对时始见饭,三日不两餐矣。午正开行,过厘丰未问,卅馀里泊杨港,《云汉》未通,且讲《崧高》。

十三日　阴煊

行七十里至昌山。张生至山祠看碑,云本“伤山”也,以水陆多伤舟徒故名，改为“昌”耳。有浮轿。夜月极明，又行二里许宿金龙铺。讲王诗至夜分[1]。

十四日 大晴

晨行十馀里至分宜，登岸看县治，带城城外一洲，绕洲乃至。残毁未复，甚寥落也。过仙人亭，云有碑，字难识，遣张生看之，云是篆书。行卌里泊水口。

十五日 阴，午后晴。大风

行五十里泊新喻，亦过浮桥。夜阴，三更雨。

十六日 阴

风息水宽，行卌里泊星塘。剃发。夜大风，水入仓，两箱并透水。

十七日 阴，见日

守风一日，夜强行廿里，泊罗坊，大市也。过浮桥，无官役，自开缆而过。讲“职兄”、“自替”为悔仕之词，分“疏”、“稗”为仕隐之食，似可备典故。夜半小雪。

十八日 阴寒。大风

行一日得十二里，夕泊骆屋清江地。待月又行里许，两阁浅而止。

十九日 阴晴

讲《昊天有成命》为二丘之礼，以喾不可祖，又不可不祖，故推为感生帝，特创圆丘，以祀非天非地之天，配以非人非天之祖，故曰“单厥心”，言事祖祢之心尽也。又曰“其命宥密”，诚“宥密”也。樟树有厘局未看。行卌里泊临江府城外，已夕，夜半复行。

---

① 按本日前后所记，皆讲《诗·大雅》宣王时诸诗。

廿日　　庚子,小寒节

晨至樟树神福,饭后始开,余朝食过午矣。讲《执竞》,玄解通神,于无意中得大典礼。夕泊黄石坝,丰城上十里。

廿一日

三更乘月行卅里始曙。阴霜。至午过市溇,大晴。生米盖"沙面"声讹。上十里河步所,盖前置河泊所官于此,此皆以意说地名,但不以雅改俗耳。霜行苦舟人,卧颇自哂。河步浅船百馀艘,又一沱心也。生米有厘丰,独呼停船,想系佐杂领之,闻一人说京话,亦竟未来。

初更后至城,泊滕王阁。遣丁告抚台,张生同往,呼城门入。顷之,张生与李生砥卿均到,言叔轩自来,固辞不敢当。再不得命,乃自上至舁前相见,小坐官厅,中军、两武官均来见。谈久之,借轿乃至,入城,径至抚署,主人亦归,便坐密谈。文案陆知府出见,待张生来,复设酒,未饭。起看寓斋,主人送入,又小坐乃去。谒同舍黎、戴、梁咏谐,安化人,馀俱睡,李、张谈至三更。余睡后又起,再睡仍未着,已天明矣。

廿二日

晨为两生所搅,不能再睡,起待拜客,又嫌太早。顷之钟雨涛、王梅村、陈仰阶芙初子、陈六笙桂阳人、颜佩琳近谟子、彭柱臣桂阳均来相看。出谒学、藩、臬、盐、江湘岚首府,均有耽阁,唯学台未见,已日斜矣。还院朝食,见叔轩三子子鼎、子复、己实。署臬江洁荀及湘岚来,龙副贡、蔡毓衡、钟生俱来。避客游东湖,黎禹门、戴邃庵、陈亦笙、砥正均往。绕湖南还,还则杨叔文已相待,遂留坐半日。主人又盛馔相款,自来言便饭不陪,余招其子出坐,与张、李、杨同食,三更睡。

廿三日 晴

学堂二王来。庄兆铭傚庵、杨金康小篆,沔阳、宝壬印住,少芝孙均来谢步。沈子培欲久谈,不得而去。出谢诸客,唯见粮道,日色尚早,仍还寓。复有客来,或谢或见,不能记忆。司、道、府、县、候补道七人宴百花洲,府学均集,再游苏圃,申坐戌散,甚热。

廿四日 晴

欲出看翁树棠,周黄夔幼麟来。主人来,谈甚久,同早饭乃去。沙年侄来,不能出矣。待至午初,舁往豫章书院,仍大会集,延见教习七人,学生六十二人,略问课程,泛酬百馀闲语。学生廿人复入,便坐留我,答以当再来。管学傅苕生设宴三席,共十二人,未夕散。还寓。任雨田来诉冤,午前曾传泗亦来诉冤,久之乃去。陆、黎、戴均来夜谈。杨叔文来,亦久坐,客去已将四更。

廿五日 晴煊,换小毛衣

范叔兰德孚来访。中军、左营将弁均请饭,余不及表大奶奶多矣,皆辞之。孙伯屿来,留饭去,夺其宜黄,颇怏怏也。昔为坐上客,今为辕下驹,又可伤矣。戴、张俱去,罗文昭子晋,永绥、彭继武鸿川儿,盐局、尹湘琳致稷初书,来见。杨焜贵溪令致伍崧生书来,未见。

避客出游,要叔玫、砥卿、夏公子同出德胜门,访北兰寺,至则改为北坛,误也,寺在下二里。未知是否。临江褒同,便访娄妃墓,读邓碑,入看吴大安寺香炉。至澹台门,看南唐将军石像,寻与希唐别处,门已琐矣。小车甚多,过新学地基,日烈照灼,绕东湖还。过傅苕生门小坐,还寓大睡。龙副榜久候,强起。夕饭后赴汪颉荀处会饮,沈鲁卿幼丹儿、王孟湘仲允儿、沈子培、傅苕生、江湘岚均先在,杨印生后至,陈酒饮三杯微醉,杨、沈先去,馀皆二更散。

填词一阕。《一枝春》:“旧迹重荒,剩残垒、指点承平游处。北兰寺废,画栋片云成雾。网船唱晚,料无复、藏园词句。空自访、贤守碑题,更寻傍城斜路。　　江洲谢家治谱。到如今、想像南朝风度。南唐又过,说甚澹台徐孺。转车腹痛,似听得、往年笳鼓。应为我、细数流光,不须吊古。”黎禹民送电报。

廿六日　　晴

四川两令刘芳香圃、杨焜少廷、赵能寿扮叔儿、王梦湘来见。又一人称外孙婿,顺孙夫也。知是觐臣孙。黄钟字燕生居然知县。章孙、伯范、王明望皆来见,左季高所谓冤魂不散者亦皆见之。王、赵并送书,叔文又借得《元记》二种,一日未出。周敬夫来,言三版船吃水深,不可往。袁、黄翰臣、子震、隆昆生来,年五十内外矣。

廿七日　　晴

送书学堂江道台,以了聘局。叔轩第四子别索一分,依而与之。四川二令解鸣珂锡珊、李德利来见。子培、文芝五来谈。吴国良复来谢过,初未知何谢也。复书伍崧生。邓经历湘皋曾孙、陈仲畇平江人同来。黄达生来,言黄家事,皆如读旧书。

沈子培来,约游娱园。“东湖欲扬尘,娱园自含霜。良会续华京,复此泛清觞。岁晚惜新欢,嘉宾并愉康。摆落世上事,旧游斯可忘。官梅忽忆人,久久更芬芳。不见尧时雪,犹留禹至杭。三宿已无恋,六游真自强。且暂为我主,近看南鹤翔。”

茗生约三点钟集,五点不来催,因自往看之,则庄儆庵、周味西、学铭俱为主人,王梦湘、翁树棠、汪颉荀、赵剑秋、沈子培先在,江湘岚、陆孟孚后至,酉集戌散。锡粮道请饭,辞谢。

廿八日　　晴

陈副贡自袁州来。周敬夫来,言六日必不能到袁,其词甚厉,不知干何怒也。即辞其送,而又不许,天下宁有是事耶?叔文来送生辰纲,馀皆不记。得爽弟弼良泽清书。未正步至南昌府署,访娱园,门榜俱不存,园亦似缩小,王孟湘、陆孟孚俱为主人,前诗但言子培,漏矣。曾传泗南舟、陈运鹍翰仙、梅子肇台源来谈。今日沈请子肇,馔具肴俎颇腆,汪、傅、赵、江、孙均先在,梅后至。看李伯时罗汉,徐元文赋稿,蘧蘧然。杂画字不配画。抚台来请,云已结彩棚,为我饌祝。二更还,府中僚友、公子皆来庆贺,惶悚不当。杨、李为傧,先辞抚台,馀不获命。登堂再拜,其上题明月亭,傍有里外间,内坐外饮,复吃千面,还寝。

生日 晨有小雨

为夏郎看诗。杨、李来,同至花园,主人衣冠设拜,府中俱同拜,见其四孙,早面午饭。未饭时,江湘岚已催客,再催三催,司道皆愠,江之过也,写扇两柄而往。"四大金刚"、周学铭、傅苕生、杨小篆均先到两时许,出菜又迟,散已二更。

十二月

庚戌朔 阴雨风雪,亦有日光

晨出谢客,因至傅家拜生,其母五五。留面,见三道二府,仿京式用净面条,颇佳,为尽一碗。陆孟孚借客坐,遂成主人。从陆门出,过曾传泗寓小坐,访伯玙未遇。直至江南馆,在琉璃门右,有方池二阁,登眺裴回。主人赶至,小岩第二子庆源子异延坐外厅。顷之唐巡盐来椿森,字晖庭,子培、周、杨、汪、任、陈庆滋、陈鹤云先后集,照像三次,陈不照相,犹老辈馀风也。赵剑秋、傅苕生后来,亦得一照。设席水阁,二圆案,肴不能佳,云两县送生日菜也。用菊花熬春茶,颇有清香。夜归,风雪。

二日

晏起,出户雪已盈寸,至午又加二寸,城人云近年雪少,官民皆喜。尹伯纯、赵剑秋来。主人来,久谈。张子年女婿翁树棠来。张婿即剑秋家儿,呼余"世伯",可怪也。赵进士,云松来孙,出册请题,翁师傅得以归赵者,覃溪少作,诗工字懒,已自言师秘监矣。

改夏子鼎诗一首,犹作小儿狡猾。《息吹更治朱》:"泪染湘妃竹,新斑更点朱。融脂惜香冷,临镜晕红酥。定有还丹药,真如照日蕖。调弦莫催拍,更待整罗襦。"夜拟通饬札稿。

三日　阴

料理归计,谢客伏案,书条册千馀字,客来者挥豪对之。孙伯屿坐最久,刺刺语盐事。送陈副贡四千。蔡侄孙已荐出矣。王孟湘、傅苕生来,苕言束脩事,瑳磨久之。遣王衍曾送四百金来,抚台再送二百金来,受一百,更受四十金衣价,馀皆不受。今年大发财,又辞千金矣。为梅五题端权。欲作喜雪诗,匆匆无暇。洗脚吃面,三更乃眠。夜见星。主人凡三顾。

四日　晴,见日

为子复改诗,为颜、陈、钟作字,署臬来,取一联去。苕生、鹤翁俱来送,主人设饯,陆、钟、黎、李同会,饭毕更写数幅字。闻炮声,云倾城出送,惶悚不敢当。子复赠貂冠,冠之以出。至官厅,两县、四府、抚司、四道并集,先揖让致词,乃拜辞上船,县具二舟,李生及三公子俱待余至,周统领、吴举人均登舟相送。舍大船就小艇,邓经历、罗军功为文武巡捕,未知其礼,云系府委,盖中丞意也。船开,四公子乃去。又待船换行,已过晡,夜泊生米。周佣到任,刘三哥尚候补也。

快雪群公喜,新晴旅客欢。东门荣共饯,南浦绿仍寒。待泽春先到，还山路不难。远来知近悦，岁晚吏民安。

紫貂光八坐，青雀送归舟。观礼民知盛，非贤德岂酬。圆桥应作颂，杕杜喜来游。敢谓从隗始，时危宠更忧。

五日 甲寅，大寒中。晴

王明望来送，饬令回去，以二诗交递。日三竿始行，作《喜雪》诗："官阁阴阴欲绽梅，飘风先转雪花回。应知柏府同霜肃，不是徐公带热来。光映玉珂迎夜宴，暖消银盏泼春醅。频年瑞应非无意，只为贫民润麦荄。""文字多欢酒量宽，无劳县令访袁安。只疑庶妇能反狱，却恐倭军不耐寒。北极关河连海冻，西山松竹隔云看。烦君寄语梅公子，莫遣当筵绛蜡残。"

行五十里泊金家望。

六日 晴霜，不寒

得北风，行百里泊樟树。得沙年侄无聊书。水师汪守备来见。湖北进士。

七日 阴，无霜甚煊

炮船行至夹坞，水浅舟胶，仍令回营。邓经历南骧伯腾移行李附船，至临江乃发差船，余船先发。伯腾出示松堂家书，湘翁所珍藏者，引司马语以自助，又与藏拙意殊，皆仁孝也。至清江始见小山，填艳词。六十里泊水府庙上，儿童抛瓦石，令移舟还岸避之，未知欺鸬鹚船耶？抑偶然也？

八日 阴煊

行卌里过罗坊浮桥，来去皆四日，顺风顺水一也。作小词甚佳，以太亵，不能存稿，可谓枉抛心力，亦背人吃肉之类矣。借以销日，又非全无用。又行廿里泊坎上，夜不寐。

九日 晴，北风

行四十里宿水口，而非前宿之地。夜大风，推篷看月，殊有幽僻之景,不似腹里。

十日　晨晴,俄阴

帆风牵滩卌里至分宜,问船人,后日始能到袁。因邓伯腾言分宜近便,遣人先上借夫轿,至则施大令遣人来迎,辞不往。又自来拜,辞不见。当往答礼,而误至县署。旧令萧霖宇出见,云辛未在会场曾接谈,未知日记有否。又言及何贞翁取弟子文,则在日记之前闻此事也。留点久坐,便与施捷三相闻。顷之施来,云已发夫。凡坐将两时,日已夕,乃得轿,匆匆别去。乃知大具厨传,遣送出境,即辞不得,遂宿昌山。过浮桥,正廿八日,吃八八席,饮水酒。

吾车久当悬,物役殊未休。春泥汝南道,腊榜牵川流。寒风厉严霜,晨夜犯征裘。岂谓我无衣,念彼棹者讴。小人固多营,君子谓何求?孔墨逝已久,谁能为世忧。燕雀安其巢,龙蛇方远游。栖栖一岁终,乃欲历九洲。且宜守儿女,酌酒弹箜篌。

来帆溯寒飙,归舫向南煊。清川隐铜碧,贞木郁晴烟。冬游诚可娱,但复逼岁阑。岁阑亦何感,惧阻霰雪艰。王路忽以塞,民贫征赋殚。我有幽居室,繁花树楠萱。童子诵新诗,常嗟来日难。嘉时可归休,袁山草已玄。况无迷途患,行藏讵徒然。

十一日　未明有小雨,才湿路。及早尖又雨,亦仅湿路

饭于宾港甚久,行则甚急,四十里至宜春。蒋营官映南遣迎,云列队相待,遣周佣止之,仍不可止。先派一顶马两对子来,直至所居关庙,队迎于半道,幸不连珠放枪耳。宜春令李兰仙来,就见,问学堂事,云无经费。因告以不可劝捐,请其先回署理事。人夫亦集,日晡矣,急行卅里宿沙井铺,欲寻当炉胡,不可得也。

十二日 晴

晨行，飞露扑面，初未之知，以为风寒，及见草闲，乃知露也。十里饭湖江口，沿路寻店妇，见兵来皆避匿矣。卌里过芦溪，又卅里宿茶亭，辎重不能从，初更后乃到。

“花香近酒家，娇女唤茶茶。夜送邓公子，朝随萼绿华。莫言年易换，应怜日未斜。从来萍醴道，不恨别离赊。”保之有《夜度茶山歌》，即此路也。

十三日 晨小雨

急行卅里到萍乡。直至县门，彭世兄尚未起，久之出见，颓然老翁，云鸿川长子，字星伯，继长房，作令几五十年。留饭，发夫，借钱四千，又赏从人四元，过午乃行。雨又至，亦未暂停，到湘东尚早，接者未至，附一南田船移行李，雨大至，纷纭久之。行十二里过浮桥，又十里泊仙桥。即止石桥也。夜雨凄凄，幸十日晴光送我归程，得干手干脚。

十四日

晨起，雨意甚浓，朝食后欲晴，雨云日影难分。下水殊不驶，恐当逾限，以无迎船，非我失约也。夕至醴陵，又阻浅不得前。

十五日 阴雨

换船先发，移行李时大雨，俄而霡霂。

作小词《燕山亭》：“细雨催春，兰桨顺流，回避残年风雪。十五尽头，早约还期，圆梦胜于圆月。鸳瓦油衣，从前意、如今都歇。佳节[1]。只粥嫩糕甜，酒温香热。　　多少离合悲欢，算年去年来，大家休说。谁是倦游，那有闲情，朝朝替人伤别。若问归舟，乱山里、片帆明灭。山缺。刚见我绮窗梅发。”

① “佳节”，据《湘绮楼说诗》补。

季冬望日,俗云尽头十五。雨行七十五里,夜泊唐山口,有作。余从南昌雪后行水陆,经旬晴暖,过醴陵登舟乃雨也。时甲辰,立春前五日矣。

十六日　阴

晨发甚早,至漉口已近午,小泊即行,过马颊正昏黑,到易俗场闻一更,泊涟口。见云湖船,呼得周仁房一船,即起换船。刘丁助榜到姜畬,四更至湖口登岸,泥行车辙中甚困,比至家天明矣。家中皆起,遂不睡。

十七日　阴

见莪书,云尚在上海。湘孙改于廿日嫁去,妇女初四日始回,房妪前日始至,舆儿竟未出,亦异事也。初更即睡,三更仍未寐,料理年事,作衡书,辞馆。

十八日　晴

感寒欲嗽,钞新诗,摸牌,小愈。刘丁议昏,姊妹俱去。舆妇往杨家看才女病,资孙亦往,遣丁负畴孙送之,家中遂无内外佣。正欲稍惕,张四铁闯入,邓经历亦来,杨家佣来送饼,杨梅生送顶油,求书,纷纭俱至,疲于接对。自出扫尘延客,至夜留邓宿楼下,题松堂遗墨,三更寝。

十九日　大晴

张铁来求金,未见,捐金与之。邓遣人取行李,刘丁送省信,王佣办灶糕。与书朱倬夫,诉道士骗帐。与书郭葆生,荐张先去,后小惕。王凤喈来,久坐忘出,晚饭始见之,饭后去。遂大睡至二更乃起,终牌二局,客已睡矣,仍寝。

廿日　己巳,立春节。大晴

作饼,设五辛盘。夕前李道士来,言词支展,还银卅两不足,大约求保护雷坛之意，留宿外斋。

廿一日 昨夜有雨，今晨已见日，复阴，风寒

邓县丞办装，道士饭后去，将午雨至，邓去。六耶专人来，似不知有江西行者，正欲专人往衡，因求六使带去。杨孙自来求书，遇雨，留宿内斋。始作《刘康侯碑》。

廿二日 阴

杨孙早去。赵四谨綖专足来求书，此等皆适相值，知债不可避也。唯偷闲摸牌，以遣俗烦，牧猪奴甚闲，陶荆州甚忙，正宜以樗蒱药之。

廿三日 晴，风日甚佳

方欲有作，张星二又来，曹姓亦来诉官司，又不如催租事干己也。与书程生，荐赵季质。看《广记》，作《刘碑》。干将军来送腊鸭，即去。致许生书，并寄《淡园答问》。夜送灶，吃年糕。

廿四日 大晴

登楼迎春，命儿女拚扫客房，出门眺赏。张子持船弟来，船已卖矣，送笋衣而去。杨使又来，皆挥令去。内外佣工吃年饭，方僮出县借钱，周佣往省城，均未预也。

廿五日 阴

看窗前梅花甚瘦，尚不及盆中绿萼，宋代重苔梅，疑即绿萼也。沈山人携子来，张之道兄弟亦来为客，刘相公来相访。与山人谈世事，云必行井田，乃可为治。十三耶故妻来求助。告以吾但恤王氏妻，不能恤他家子女，若无食可来依我以食，否则不过问也。作《刘碑》成。五相公扶病来。

廿六日 阴

十三妻去。乡人纷纷来言官事，一无所问，然亦足扰人。饱食

终日,不受诉,即摸牌,馀事作文诗,正业荒矣,此为消日过年。王升复来,告以不宜汶我。

廿七日　晴

方僮求金不已,作书取盐金,请长沙太守致之。并为房妪索债,书寄朱纯卿。�仙儿为大庾令,求调剂,托其兄书干我,专足来取信,告以今年不能,俟吏治澄清日可议也。公义私情,久不分矣。三屠妇以子死,其长子来告丧,诸女甚讶之,余因告以乡俗如此。周浩人来,言周桂生官事,遣寻团总,未及往,桶烂矣。胡太和迎周妪去散事,乃与干将军同寮,尤可笑也。凡此匪夷所思之事,皆闲中之至乐,迂儒何足知之,故天荆地棘耳。

廿八日　大晴

晨行傍山,所种树无一存,可讶也。张瑞亭来,排难解纷,以曹婆花边资之。干将军来,诉闰保,遣王佣往,挈之还。今年年下殊多事,殆天不欲吾家居,姑率女妇一游前山,聊以疗俗。

廿九日　晴煊

作刘伯固墓志,一挥而成,似胜其弟。许氏从女来言官事,亦以资张星二,张颇以谙讼自许,亦得其趣者。夜转风,风冲房户,呼房妪起扃闭,夜欲阑矣。禄孙还家辞年,一妪携来同住。

除日　阴,仍煊

作书复刘巍,国郕还文债。方僮还,得朱长沙复书,并三百金,开销窑工辐活矣。朱云日本舟师战胜俄人,盖讹言也。未闻约战,何遽兴师,岂我不作红十字耶?晡后雨,夜频潇潇。辞岁,男女数十人,未遑辨其谁某。刘丁、周佣、王升俱来自省。得陈毓华、宋毓仁书,文词均雅。夜久待爨清,至丙夜乃祭诗,齿痛不能嚼啮,空陈脯矣。

光绪三十年(1904)甲辰

正　月

庚辰朔

丑正醒,呼房媪未起,顷之质明,唤僮仆不应,乃云久已将起,似讥余晏朝也。待久之,梳盥毕乃至。舆犹未朝,两女已出。入祠行礼,还寝受贺,启门待客。乡中例,唯子孙及佃户始贺朔,馀皆不至,又失考据,乃更衣掷骰。三师来贺元正。夜倦早眠,再起开门,仍寝。

二日　晴

将军来,遂接见邻里村翁十许人,晡始还内。陈佩秋儿来,倦未见也。夜亦早眠,闻雨乃起。

三日　阴。复晴

起见陈生,因见诸客,饭后去。又一陈生来,市侩也。一女客携女来,来历不明之人,皆吾族亲,始知民庶有族之害,尧所不及料。

四日　阴晴

永孙来。出见陈生,因见杨都司,缠扰无已之人,不如留之听差。衡山送府信来,得两陈郎书,谭道台、程屼樵书。谭告妾丧,程告丁丧,永孙告易鼐条程及夏子新丧,一弹指顷死亡相踵,可骇也。

五日　晨阴,朝食后转风,遂雨

屋前后均嫁娶,择日未精也。永孙去。登楼看新妇,遂遇两市侩。作书复谭、陈、程。午食饼甚佳，遂饱，不复夜餐。投骰至三更寝，星有烂矣。今日甲申，雨水。

六日　大晴

遣人送刘信及碑志稿去。出西冈看种杉，见一肩舁停而复起，径来入门，迎视不识其人，询之，则君豫长兄元涣字心培者。云有笔墨事相属，出示其父诗及己所撰《古诗苑》。《诗苑》正与《全古文》作一配，有用之书，搜辑甚勤。畅谈至夜半，留宿中斋。曾岳松遣使来求文。

七日　大晴

曾使送锦段、袍褂、表里及百金，约回头时取回信，晨即告去。宝老耶来，言官事，云庞姓亦被告矣。地方讼狱繁兴，〈非〉承平象也，乱又萌矣。与心培畅谈，渐多乡语，中见杂客、族孙辈数班。刘力堂来送鸡、酒。

八日　晴，南风甚煊

杨妇母生日，房媪请往，正合孤意。心培欲去不去，过午乃行。许虹桥来，言其母病，因与弟争论受气，不意辅廷乃至于此。

九日　阴

杉塘三子来，振南来，六铁、再满来，族中菁华尽此矣。刘家信回无复书，盖其慎也。作李子墓志。

十日　晴

三子去。刘兰生来，将起义学，择于绂、刘，未知当用谁。尺五女来求荐，宇清为之也，德牙亦有力焉。元妇送子连逆，欲其读书。盛举人、郑三儿来见，辞不敢见。盛诉乔耶占田，又异闻也。彭十被火，留之。佣工又去不来，盖均志江西。夜出见刘生，询郭五嫂年纪，云七十八，居侄孙家，不复入城。寄银、果礼之。

十一日 阴

笔墨粗毕，摸牌掷骰，以应年景。尺五女请去，刘生亦去。张星二来回事。刘丁携妻去。张妪复携女来。移栽树秧，樱桃。唐棣并开，山茶亦放大花，春意正浓。张生兄偕赵士鹏来，呈荐卷。正在前山，闻爆竹甚闹，知是刘家报喜。还，得刘婿书及珰女书，云初五日得一子，毛衣抱裙，今犹未办，仓猝坼寿障红绸与之，杜子美所谓天吴颠倒者也。房妪挞妇，不守家规，性拗难驯，且置不问。与诸女看月，徘徊久之。

十二日 晴煊

刘使去，方僮舅父来，琐琐姻亚，真须吾家大耶整家规矣。德牙来，则家规应有之义，又须吾无规者乃始欲整也。得功、莪书，纯孙书颇大胆，似非庸庸。夜月。

十三日 晴煊

写字半日，失纸无数，以谭佃送纸充许生原纸书之。二胡来，憔悴可怜，犹说官话。国安来，言瑞师讹钱，可笑可恨，令捆送来问之。乡龙来。

十四日 阴

纯孙来觐，以戴醇士临《青溪图》求鉴。戴师石谷，而无其繁密，惠菱舫乃直题为石师本，可讶也。张生仲兄来，云已入郭营。刘佣不还船，斥之使去，并斥王佣一时俱去。邻团龙来。廖丁回。

十五日 阴。晨大雨闻雷

二胡徒步去，遣追还，已通身湿矣。摸牌掷骰竟日。夜有朦月。

十六日 阴晴

二胡、德牙俱去，以一元宝交二胡办货，并办满月衣物，冗食者遂无一人，留周妪儿充数。至夜又得杨振清与代元儿、闰保共四人，聊应黄蔑筷子之占。与书樾樵,荐蔡儿学当铺。夜月。

十七日

昨夜大月,晨乃闻雷动地,大雨骤至,春湿渐蒸,桃、柳均见碧黄,登楼玩赏。作书答莪。

十八日　阴

城中人还,云市无好货,银至九钱馀一千钱,犹滥恶,谷价愈贱。将军及陈女来。夜大风,许女来,坐半日去。

十九日　雨,有稷雪,复寒

滋家专人来迎女教习,有吴坚山者,荷汀子妇,不知谁家女也,自言为岳松女聘作监督。岳松使回领书信,令见之,不识也。先遣曾使赍志去,犒以八元。周生来。

廿日　己亥,惊蛰。晨有雪,风止

王、黄、周丁俱告去,陈女亦先去。每日"雾露神"必来,今日暂肃清。午间四老少芒芒来,言母病,欲支三月薪水。纯孙作保,与十姑借银二定,并赠杏仁、橘皮,匆匆去。取诸宫中,亦一乐也。

廿一日　阴雨

《广记》点毕,甚精致可喜。陈国狨来,言欲从游。初不相识,而责望甚深,匹夫不获,则曰时予之辜,任学家事也。杨使复来督催,皆人情中幻相,可乐之事,吾从来不遇,今富贵过万钟,所识穷乏固怨我,不识穷乏亦怨我,当如何三自反哉!陈佩秋儿专足来取回信,亦报之以温语,须臾俱去。

廿二日　阴

细雨微阳,春寒犹重,桃花竟勒不开。振湘来,亦欲江西,则为怫然,以彼求无厌也。为许生题《答问》。

廿三日　雨

欲刷谱,求版未得,专足刘坤问之。桃李均蕊,柳杨并绿,已食笋矣，犹未作铳菜，厨人不识时也，令剪韭作饼，以诒纯孙。

廿四日 大晴

滋看罗敷，复放纸鸢，诸孙均游南塘。周生告去，遣送莪书。陈生书来，几谏江行。夜雨。

廿五日 雨，欲晴

已命榜人治行，因令诸孙先发，并携资孙同入省，午后发，周妪携妇以从。至姜畲，遣纯孙看懿妇，百钱雇轿还往，夜泊以待。张兄、田生、许孙、许臬、刘立堂、赵士鹏均来船相看。

廿六日 阴

朝食后发，午初到城。携三孙至宾兴堂，正值电报送南昌信，言已派人来迎，又得半月前衡信，仍请期遣迎，盖非诚也，而辞甚恳切，余两可之。请萧文星换银，与朱倬夫闲谈。怡怡两孙来。杨孙来，与同至杨家，乘舁还堂，取银钱即行。干、许来船。夜雨，泊通济门马头。

廿七日 晨雨

待买菜朝食，将午乃行，大雨。仅至鹞崖。看花鼓至夜。

廿八日 仍雨，有风

晨发午停。靳溪买米，到城未夕。诸孙先上，余借靰鞋步上，绕从寿星街还家，遇郭炎生亦张伞雨行。到家，功、妇出，领两孙女出见，功儿发疥疾，不良行。询无新事，率两孙楼居。

廿九日 晴，见日

朱生稚泉晨见，午送点心，每来必具礼，意甚厚也。次青仲子积璇来。廖荪畡来，即告李儿求馆之意。陈家球不知有小题正鹄，乃欲以名父子充写票差，可笑也。胡婿已辞学堂，方谋苜蓿。窊女来，留夕食，夜去。

晦节　阴

王、廖两令来，皆在洋务局，云近来一道员张鹤龄主局务兼学务。胡氏孙女来，更有“姻愚侄”曹姓来见，询知即尺五女婿，从古称也。得衡书，云已来迎。麻七郎来，言俞少耶痴骄之状。邓婿来见，饬以早归。

二　月

庚戌朔　阴晴

午始朝食，出看湘孙，便诣首府朱、前蜀督陈、新提调廖，湘孙道乏，馀俱久谈。欲诣但粮道，舁夫不欲，遂还。湘孙已来拜见，云孙婿入学堂矣。诗曰：“日光光，夜光光，洗衣白白净，哥哥进学堂。”日本学堂之谶也。六笙来回拜，久谈，窊女送饼，留共对啖，客食倍主，俱为致饱。云将诣葵园公集，要往为客。余请为主，际夜舁往，觐虞语山，谭公子，汪、孔两翰林均在，二更散。湘孙已去。窊女尚留摸牌，不觉三更，催令早去，登楼即寝。买牡丹二株。

二日　雨

龚季蕃知县来，病犹未愈。颜生镡来。夏午诒自桂阳来，留居空房。陈孝廉国祥来，孙婿兄也，其父旧识耀先，忘其字，人亦开展。将定祭礼，刻入家谱，前稿已失，稍损益之。呼船人令还，假以卅元。

三日　阴晴，晨见日

杨树谷来。竟日无客，慧孙生日，设汤饼，窊女回摸牌。见熊妪。与午诒略谈，便至鸡鸣。

四日　阴晴

周郢生来，路潍可行，出看心田。答访黄士艾，少海儿，海翁孙也。云已有啖饭处。还朝食，出看但少翁，因过刘叶唐，荐王升去。刷谱纸贵，且缓之。一梧来，云佳日可游，将与桂抚买屋。遣黄孙看吴坚山，乃至杨姬处而还。复令资孙出游，亦匆匆还。

五日 大晴。甲寅，春分

刘叶唐、但少翁、邬师、席沅生、洋和尚来，将午始得朝食。午诒告去，送至抚署。殷默存来，午诒仍还，云轮拨已去，无便船也。蜀四生招饮，步至种福源陈祠园，道遇王生，云当诣府。龚、颜二生为主人，廖子材后至，徐次鹤、语山继至，戌散。窊女尚未归，留更摸牌。夜饭后与午诒谈京华旧事，三更寝。

六日 晴

晨起送午诒，已去。胡子夷来谈。晓沧儿来，求书与梁“海盗”。前得黄芷琴信，亦求提爱，因并及之，并送《礼记》。黄海孙来。胡独留饭。出城上冢，资孙与两孙并从，将采水苊不得，余遂先归。邓生国华坐待，垂垂老矣，思桂阳事，为一惘然，吃面去。陈为銮来。笠云来，云陈杏生已归，同往看之，遂定开福斋会。还要陈、但两公，并与书雨恬约之。片与沅生，告以不闲。又告王莘田，莘田夜来谈。荐侄女婿。夜答邓万林。

七日 晴

雨恬送鸭酒、楂糕，且告不闲。斋戒谢客，凡来者皆不见。房妪来则不能不见。窊女亦还助祭。夜要胡婿肄仪，外孙亦能入班，可喜也。

八日 丁巳

祠祭祢庙。晨起待事，赵次公闯入，延至客坐久谈。尚未羹定，频上楼休愒，将午乃行事。洋翻译中畑荣来访，令胡婿陪之，且令观礼。事毕已晡。

未朝食即往开福待客。蒙蒙细雨,蓬蓬远春,至则客尚未至,与六休久谈,并看倭人册叶,书法殊胜宋、明人,有六朝笔势。荪畡来,乃至舫斋,刘希陶孙亦至,但少翁、陈鹿翁、杏生继至,设二席,并邀洋和尚,酉初始散,还城已夕。竟日未稻食,夜始饭。朱子元、邓伯胜夜来。王莘田来,均刘讼案。衡船来迎,得谭、程书。

九日　阴煊,两绵犹热

答访次青儿、次山公,见其子七郎,字介卿,云报捐试令,方学公事。谈及张小浦鹤林,云正在府,即往后堂畅谈,叶揆初亦在。脱袄乃不汗,便过盐道朱、督销席、张藩、颜府、王祭酒、孙知州,孙未见,亦不知何许人也,云山东人。到家已夕。冯星槎来。王芍棠来。陈婿来,告当往山东。丁果臣孙恒相来。镜芙两儿来。得电报,云江西船已到县相候。王莘田交长沙银票,屈负刘银,余再请托,乃得直。

十日　阴

杨棠来。陈耒之儿来,云江华典史回避开缺,光景万难,且言花楼家事。黄文彤求调优差。王佩初又往会试。张野秋为会总,宜可会元矣。张小浦来,看余《论兵篇》,题陈鹿笙图册者。陈欲得《雷坛碑记》拓本,余所未见。二邓郎来。王镜芙、道香僧来。为洋和尚作序,竟未能成,乃下楼摸牌。少村来催,步往新楂,周菱生、刘定夫、陈六笙继至,鸽羹甚佳,纵谈亦乐。夜微雨,舁还。

十一日　阴

陈为銮、戴、王生来,戴言讼事。邓南驤来,言往江西事。周生示王抚条呈,方欲有言,余不暇顾,入内斋摸牌。周菱生来。朱乔生请酒,刘定夫来,属删四六,且约朱家酉集。

正欲小愒,忽忆倭人约,几乎失信,舁至里仁巷倭公社大屋,寂无人,中田荣字含泽,俨然在焉,言有友欲从余学。方言有教无类,又疑忘仇，仇者无时可通，婉词谢之。欲得余书，则诺与之。复过广盈厅，访冯星槎不遇，仍还。夕赴乾升栈，已无知其门者，可叹也。鹿翁、谭儿先在，刘定夫、陈杏生后至，二更散。

十二日　阴

萧希鲁来，兼约朱稚泉来谈，方朝食，余未饭。客去后方欲作字，乃无可录示倭人者，彼求教益，不可以鞶帨示之也。遂下楼召窊女，还饭二碗。晡后出门，正遇徐甥，未遑下舁，令其夜来。便至松生家，其嗣子设斋，招笠、道两僧及余小集，杏生为主，未夕散。步至自新所，答小亭不遇，还雨。徐甥送腊菜，余云不求馆则可送，求馆为贫，贫者不以肉鱼为礼，且令持去。三更雷电，余方甘寝。

十三日　晨雨

治装将行，先令移花。已而雨止大晴，令两孙从妪先上船，衡州遣迎红船也。刘定夫约饮，过午不催，余不能待，遂舁下船。云开见日，过门问讯，客毕集矣。陈、但两叟外有一白须后辈，广东官话，以意测之必赖子佩永裕也。待席郎，酒半乃至。散未夕，即登船。和伯先至，功儿来迎，令去。携一妪、二仆、二佣以行。夜泊南门。夜月。

十四日　晴，无风

缆篙上水。夜至县城，入宾兴堂，唯见萧某，小坐上船。冯甲来，未上。

十五日　晴

朝食后移船入涟口，已过午矣。到姜畲，答访张兄，适已下磴，遂不上岸，投鱼报鸡。夜至湖口，登岸步还，月色昏暗，两孙从行，家人俱未寝，云周佣昨先报也。较牌两庄，宜孙睡起来见。遂寝。

十六日　阴，有雨

遣迎和翁，以家忌未同食。胡年侄、谭教官儿从县追至，求提爱。和伯急欲看地,冒雨同往。舁夫未集,更呼零工,未数里即告饥困。过云湖桥,至张庄看一处,形势远秀,穴场太小。更进至鲁家坝,日欲暮,雨势更浓,还至麻园,衣履尽湿。到家索食,不异轿夫。一夜风雨,殊未成梦。遣僮下县办祭。振湘来。看周梅生。

十七日　阴雨

检日记,寻丁挽联未得。写册叶六纸,并书《礼笺》,送倭学生。与书夏抚,告未能行。片致曾介石,退李银票。夜大雨。国孙来,请通山谷十三石半。

十八日　晨雨未止

待饭后发行李上衡。干将军来,带厌,杨振清亦带厌,遣令回城。江使欲从,令随船上。请和伯先登舟,余待至午,舁夫不还,乃步携两孙。宜孙请送,舆儿与张子持步从。至山径逢舁来,乃免泥行。上船即发,乘流迅疾。到涓口乃暮,留和伯住一宿。月霜甚盛。

十九日　晴。寒食

龙忌在冬至后百五,非为介子也,并俗禁烟,自是三月,后皆混为一事。晨送和伯至君豫兄家,遣力挑担,俄顷已还,云有人送担。即刻开船,南风送暖,午后夹衣。课读稍认真,资孙已全荒矣。夜宿小米港,漉口下十里。

廿日　己巳,清明节

牡丹犹未花,芥茎已迟,水苊未发,唯踯躅遍山,昭泠滩上最盛。南风行迟,日仅卅里。资孙读《孟子》毕,授以《尔雅》,令钞,殊不知眉目,知《尔雅》非螟蛔学堂所有也。夜泊四竹站。

廿一日　阴,有雨

得望风,快行卅里,未夕泊油麻田。晚晴。

廿二日　大晴

南风动地,竭蹶上矶,停六七刻,风势愈盛,又行二里泊黄田,热不可衣。舟终夜荡簸，三更大风骤雨，飞电浓云，一船俱起，余亦戒其容止，正襟危坐，俄顷乃定。

廿三日 阴，有北风

行过雷石，风息天晴，仍转南风。夜泊寒林站。

廿四日 晴

微得顺风，至夕至衡州府城，衣冠舁至程家、道署皆不遇。遇张、李两幕客，略坐还船。两程生并至，适有小雨，即促令去。得陈六翁请托书。

廿五日 阴

晨出访蓬守，以为未起，乃竟延入，畅谈还船。屼樵复来，即留共饭，同至安记，写对联。贺传胪母生日，因往看戏。十四人公祝，设三席，看李三，已肥壮矣，装犹似女。看三曲，缠头不知数，三更乃散。午着单衫犹汗，夜着两绵甚寒。大风怯渡，径下浮桥，复遇桥散，呼桥夫舁跳乃渡，循湘复上到船。

廿六日 晨阴午雨

入城看两孙，便留朝食。步过屼樵，谈数语。出访子年不遇，还船。王慧堂之杰、彭公孙见綷、二麻、萧生来。得刘禹岑求馆书。夕赴府饮，程、朱均辞，新得胡翔卿为客，与贺、屈同坐，戌散还船。细雨。

廿七日 阴雨

清泉学王生来见，同县人，居省城，向未相见，云曾藏余《照胆镜赋》稿，疑瑶林儿也。彭向青、彭锦荣来。张师来。翔卿来。两马生来，致小马先生书。子年遣婿来，告病。莲耶送鼓子。仍令两孙率僮仆还船。

廿八日 阴雨

晨起出拜客，先过清泉、耒阳令，皆未起。过浮桥，吊丁，不受赙,儿亦长大,似非败子。过冯、彭、蒋,皆未起。至杨家拜生,云玿女昨已至彼,杨六嫂小病未妆,小坐辞出。过府学,唯见香阶。至慧堂家,未遇,还船。王季裳来,应酬殊胜两兄,众皆轻之何也?晡后过道署会戏,二王都司、尚弁、三县令、朱德臣,坐两席,二更散,已关城矣。

廿九日　雨

得夏生书,似有大怨,文人不广,所谓自煎者,作复谕之。欲令黄孙钞稿,乃不知体例,信乎下笔便难也。出答访衡令。王训导果瑶林儿,忘其父字,询是谷堂。至彭家陪道台,寿酒四席,二更散。玿来船居。

晦日　阴

夏使去。朱嘉送海菜。答访夏师,始忆约饮,又诺彭家,幸一往,乃不谬误。老年健忘,殊以自叹。

三　月

庚辰朔　雨

连日为资孙理书,坐销长日,应酬简少,时得请托书,皆投之湘流。黄孙读《孟子》两篇,苦不能成诵,令改读《周官》。行箧无书,且钞《尔雅》。移居彭家,红船仍苦人满。

二日　雨

写字四幅,甚不成章。午过湘,至彭公孙家,陪二王、一萧、一王百禄儿饮。王季裳后至,散犹未夜。渡湘至张师寓,客犹未集,李师、朱丝先在,其从子亦与坐。顷之芝畇来。小饮至戌散,城门下钥矣。

三日　阴

嘉节无游赏。道台送卷来,看廿卷。下湘至东洲踏青,院屋阴森，树阴蔼碧，枇杷、梅、杏、樱桃均多实，颇思留待，裵回顷之乃还。珰女来。

四日 阴

看卷六十馀本，定等第，送去，便治归装。写小屏四幅，与谢裕光、张师。毛根也昨来，误以为谢"皇帝"，久未见之。过唐衡州辞行，不遇，至贺孙处小坐。

五日 甲申，谷雨。晴

谭道台来，言船山必须坐镇，否则废矣。区区欲存此学田，未知何意，以其难悟，唯唯否否，彼出便告首士云已留矣。

午渡湘，见杨六嫂，屺樵先在，言须留三日，开课乃去，彭给事亦云然。午诒与其三弟子复来，并携文武妾来见，云送下湘，仍还桂阳。珰往真家，遣迎来作主。张尉来，言设船捐局。

六日 晴

真女出窠，催饭往迎。唐太尊来久坐。午约向青摸牌。屺樵来约，往则魏紫陈红，殊失所望，虽八圈无一牌也。夕向青来。余还船看女，萧生在船饭，余亦欲饭，索冷茶，未得而罢。复至程家饭。初更聂老总来，满口湘话，似曾相见，余让坐与之。还正二炮，稍倦早眠。

七日 晴

两女渡湘去，一日无客。午诒问《伐木》称"干糇"之义，因思干糇为赠行之礼，亦以迎客，民不行礼，惟此不可阙也。

八日 晴煊

珰、真又来，真匆匆去，珰留船住。说"未卜禘"，禘尝不卜，二禘不同，当考卜禘之礼。

九日 阴

看覆试卷，欲就本日起学，饭后送去，谭兵备以迎母不能到，遂作罢论。屼樵请看新戏班,未午而往,以太早,欲回船,细雨已至,遂留至夜。陈、魏、彭、杨均会,唐守、彭都继至,亥散。

十日　阴晴

首事必欲起学,改十二日。杨仲角来。谭道台差帖来谢,又亲来谢。

十一日　阴晴

书院送常例来,此行亦将费百千,己亦费百千,可惜也。萧孝廉来,欲领一队,余以为不可。岂以萧为不若黄忠浩哉?不合余例耳。夜大雨。

十二日　阴晴

廖拔贡来,云子复要往桂阳,昨步行,暗进十里至书院,未相见。余待饭欲上东洲,殊无心于对客,又索《书经》版不得,午后乃行。上水甚迟,缆行乃进。彭、萧、谭、两县皆先到,余与屼樵相遇,舍车而徒。久之道台来,云行迟磕睡,日欲斜矣,匆匆对拜而还。回拜副将周金玉,一差官,河南人,问知周字振声。朴山旧部也。到船已夕,送者十馀人,一揖而别。子复还桂阳。午诒移妾过船,送我下湘,到樟寺,初夜矣。程、彭船并未至,倦而假寐,醒则已舣,月亦昏暗,风潮微漾,时过三更。

十三日　晴

晨发寒林站,朝食过雷丰,未问,旋过石弯,亦未问,榷局愈苛愈纵,筠仙经济可惜无存也。夜泊昭灵滩。

十四日　晴

得斜风,挂帆行,未午至涟口。溯流甚半,午至湖口。与午诒步上,两孙从到家,舆往杉塘议开龙未还,迎夏婴来,暂分内外为客。夜煊。

十五日　转风稍寒

干将军来,遂雨,时作时止。看茙女书,命诸女治装,滋辞不去。夜雨,看新笋。

十六日　雨,午后晴

摘樱桃盈筐。杨孙来守候同行,余将赴县勾当公事,亦命巾车。房妪请留一日,未知其意,勉从所请。夜月,听夏侍弹琴。

十七日　大晴

与书屼樵论书院事,遣廖丁送省城。本欲入县,因此为房妪所留,一日未事。

十八日　晴

午正舁行出,谭前总来,乡者、讼狱者相随。至姜畬田药店一茶,急欲趁宾兴午饭,道遇邓婿。至则已过。与朱、萧略谈,朱出拜客,俄而雨至。杨梅叟来。永孙来,请从行,允备百人之数。

十九日　雨

邓南骧又来,新衣甚华,问其掣骗,云唯有骗帐,系三世兄之意,夜度债则无之。痴坐待饭,甚厌之,而无如何。陈佩儿亦待饭乃去,皆周世麟之流也。王心培昨来,言程观察已至,收支不敢忘也。夕往看三妇,乃已移在东邻。余三年未至其家,甚为疏简,新姨、九嫂、两孙妇均出见。还与徐甥晚饭,亦欲备百人之数。

廿日　雨

当避邓痴,冒雨下乡,适家人遣船来迎,故不朝食,取银钱下船即发。永孙从行,至杉弯上岸,取间道,约于袁河待船,问香铺巷,右循石道直至涟岸。睡一时许,轿夫告寒,乃命陆行,又避泥反从鸭蛋铺循正路,彳亍田塍,可二里许,乃驰而还。黄丁告饥,令饭姜畬。余小坐张店,久之乃行,到家正夕矣。

廿一日　庚子,立夏。晴

昨定行期,行李半发去,将军要沈三耶来送,留吃立夏羹而去。轿行回迟,与午诒同步至炭塘登舟,复女与夏妾旋至,各上已船。余具六舟,从者复率两妪一女,余率戈什,都司,张、方两僮、廖,王两佣,黄、史、刘三夫,王秋江,将军,杨孙,永孙,黄、资两孙,杨仆共二十一人,并船夫十二人,发自湖口。周妪被桨击号啼,七船皆惊疑,午诒云能哭必不妨,须臾痛定。行至袁河俱泊。留书与县令,论讼狱事。

廿二日　晴

湘涨平岸,逆风行难,一日乃至马颊河,行廿五里耳。甚煊。

廿三日　晴,稍凉

夏船行迟,迎其侍人过女船,泊凿石浦,待久之不至,移泊雷打石,欲渡漉口,会夜遂宿。

廿四日　晴

至漉口已将日午,午诒未来,遣戈什、亲丁还迎之,久之乃至。献诗一首,余亦作四韵记事。促令早发,余船先行。已日夕,泊胡琴滩,石亭上五里。夜大雨。

廿五日　晴热

行四十五里泊卷步口。夜坐看星,俄顷云起骤雨,船漏,顷之止。

廿六日　阴晴,时雨

午饭醴陵,移船看火车。雨霁乃行,泊丁家坊,行廿五里。

廿七日　晴

朝食甚晏,五里过一市,前所未见,云是岘头洲。卅里泊金鱼石,萍、醴分界处。鹅雏渡水,杜诗所云“引颈嗔船逼”者。

廿八日　阴

晨唤人起作饭,船人皆起。过一坝甚斗,水高五尺许。行卅五里至湘东,甚早,船人唯务吃饭,改计由陆,以省米炭,遂令雇车。朱照磨司権来迎,谢未见,送鼓子,受之。

廿九日

昨夜有雨,方恐碍行,晓乃阴霁。运行李十六车,两担,四舁,加客车三,共五十人上道,所谓"百两成之"者也。辰正始行,舁夫一愚一刁,皆不能抬,亦姑任之,易家佣代舁,乃甚轻便。未夕便至芦溪,中饭萍乡十里铺,夕食舟中。沈巡检封船至袁,官价二千八百,不为廉也。来寓一谈,来船谢,未见。从者虽未绝粻,饥困多未饭者,即泊芦溪。

四　月

己酉朔　大晴,时有雨

巳初发,水浅碍坝,宿土坝上,云廿里。夜热,始得安眠而不能安,船中皆露卧。

二日　阴煊。晨即单衣,午日蒸雨,遂似伏日,将夕乃凉,顿加两衣

行过仙峰涧,泊马家潭,廿五里。蒸参五分,饮之不尽,夜反加渴。

三日　雨

晨至张家坊,水始稍盛,别有一水来合,亦长数十里,盖牵水出宜青左源也,或亦至此换船。下里许西村,晡至袁州。船小价昂,杨、韩别附舟去,犹存十七人,换一杨叶,二更移船。房妪病,呕吐困卧。三更乃寝。

四日　晴

晨买桌凳、煤米,朝食已午。杨焜少廷另补令,来见,云已委権

局。比初见时较老成,已不识之,退而送纸,翰林罗、文类也。倦惕遂寐,开船竟不知,觉已行十馀里,夜泊石壁弯。

五日　晴热

午至冰港,遇炮船来迎,哨官不在,云往袁州矣。至分宜乃来吴攸济,云中丞十九日得信,廿日派来。仪节疏简,盖客军惯骄,不似在湘纯谨也。夜泊粟潭,分宜地。

六日　晴热

行百五里泊枫江市,新喻地。浮桥边见刘少田,云江西巡丁无弊,洗手奉公而已。

七日　晴热

朝食后过札屋洲,有呼问者,云抚台复遣迎。廖丁云李少耶,至则砥卿。子黄来见,云初二出省,遇南风不得上,昨夜驻此。谈顷之,令永孙过船去,遂不相闻。夜月,呼移船近,略谈倭事。船人或欲泊,或欲行,仍还船。夜行至临江。

八日　晴雨不定

朝食后至樟树,曹廷珏来见。将发,顺孙婿黄钟来迎,旋去。未午忽停,云当避风,乃无迅风雨,唯得快雷。旋霁,复行,北风起,仍还泊拖船步,李、杨船皆前去矣。

九日　晨见日

行未十里,狂风骤起,几不得泊,炮船冒雨来助,乃得胶沙地。名芳金,未得正字。顷之霁,复行,未十里又泊,俄又帆行、缆行,扰扰竟日。夜泊市槎,亦行六七十里。

十日　阴晴,大风

帆橹趱行,刘丁来迎,沿途探问者相继,李生船亦在前相候,恐烦公迎,欲从生,未上岸,云当过渡,乃止。从德胜门,将入城,迎者云司道均在滕王阁。曲折小径,至章门,四司道、郭统领、庄傅、府县、三营皆在,小坐,云抚台来,见后告辞。县备舁伞送至馆,便谒五大牙门,皆云在公馆相候,急往,客满堂,宝生、叔玫、谭、李皆先在。复女率婢妪来,已将夕矣,行李皆至。任提调来,谈阳宅。大僚皆去,苕生独留,具馔点飧。学堂四员来见。王剑门、周辉堃来。沙年侄来。汪婚家来。黄生炳湘亦来。沈子培来谈。送全席,以傅馔款宾,以府席待坐家客。宝生告去,余陪谭、李、黄、王、沙、汪、叔玫于外坐,遣永孙陪干、周于内厅,马仰人翻。陈复心、陈伯严又来,遂无坐处。叔玫让席,陪二陈,余乃得食。饭后入室,要二陈密谈,黄楚楠亦与,谭、李、杨作陪,孙伯屿夜来。三更散。房妪布席,鸡鸣乃寝。

十一日 晴凉,可夹衣

晨有李诗意候见,遂出外厅,见江湘岚、解锡珊、唐世孙廷昭艺渠孙、魏硕辅亦农儿、向茼乐毅弟诸人。逃入朝食,已过八点钟。出,纵横街巷中,拜客六十馀家,郭宝生、王梦湘、陈伯严同事黄大埙林斋、刘景熙皞如、处俱入谈,馀皆见其门仆。入抚署已过申,伯严、叔文、复心、谭、李同坐,散犹未夜。汪寿民来告兄丧。

十二日 晴

李叔和来。周镜芙、梅子肇来,言程雒安在城外,明欲公请我。余始悟当修礼士大夫,即托开单,过午谢客。文芝五、陈芝初光裕知府来,抚台踵至,余尚未朝食也。饭后抚去幕来,傅苕生来,兼有山东王少耶咸昌泽薰见访。魏硕甫送扬州全席,三辞不得命,遂留复心、叔文、子黄同食。未坐,教习斋长七人来,雨至客去,乃得饮食。汤多菜少,白费廿千,可惜也。

十三日 雨

黄云岑儿来见。孙伯玙、彭丙炎来谈,云彭锷,楚汉弟也。家世杂并,谱学颇难。夏芝岑儿与皮经师儿同来。饭后出诣陶、李、梅、曹、文、邓、魏,皆江西出面人,唯李未见。吊唐盐道妻丧,驰还未夕。电报次山撤任,学堂衰歇矣。

十四日　阴

见刘县丞隆麟,玉丞、邓知府在珉、任二尹禔,佩卿、许知县德芬,复初,出,答拜先施诸客,亦纵横城中,而人家寥寥,颇为劳厌,见二观察而还,皆润屋富家。到馆少愒,往江南馆公宴,进士家毕集,黄、刘、陶、曹、梅、文、程雒庵为客,握手道故,感暑不饮,不及去年豪耳。

十五日　阴

家忌谢客。李、郭、杨三熟客闯入,云复心当来,既而不至,看画评帖。陈运昌太尊云来,三次未见,必欲便见。向苘亦欲阑入,告以资轻望浅,不可依例。看京报,文卿儿得会元,补湘人二百年缺憾,龚榜眼流辈也。叔平家亦得进士,又熊希龄、王朝弼之流。

十六日　晴

管学请入堂会,晨见郭兆麟、唐本棣两同县,李洛才儿凌刚、县丞黄新建。到堂见九教习、二管学,一提调、两监督、一收支、百四生,设二席,酒三行而散。还寓暂解带,复往抚署送复心,设酒未饮。至谭、李斋中看报。出拜藩台,俗劣少减于初见时。派办催客,往则江赣南已到,沈铭照、庄兆铭、翁树棠为主人,设席洋厅,傅苕生、魏业钊同集,陆孟孚后至。酒半大风雨雷,小待雨止,乘电光而还。寓书端午桥。

十七日

国忌可避客。谭儿珠褂来,蒋、涂踵至。汪寿民来,留饭,向苘与焉。杨昌烧,莼生、曾传泗,南舟、章、孙伯范、左春牙、郑周舅,肅、任雨恬、王梦湘先后来。孟湘谈颇久,曾见黄婿,亦姻亲也。王少梅衔曾来，报孙伯玙暴病，将不起。

十八日　晴

萧分宜兆熊，林舒、贺少耶元麟、冯师耶用霖，寄云、邓经训竹孙、魏馆长弼臣、王少梅便衣来，见之。遣邀张四耶看孙先生，为此不能出门，坐待公请。匆匆大会，主人尚有不识者，江、郭同为客，未夕散。舁夫未至，借力驰至伯玙寓，已半死矣，寮友有四五人坐护之，皆有交谊者，叔文亦至，或云小有转机，余遂先还。

十九日　晴

黄冠仙朝乾来，欲得清赋差，吹灰力耳，请翁观察谋之。复弼饶州书。李馀弼卿，饶判驻省、黄翰臣儿勋隆、曾、平兰舟、周戟门、黄外孙、黄子馀弟经镕、吴鸣麒、沙年侄均来，一日未食。

与书端抚台："陶斋尚书使公节下：别后未再通书，缘扶风铜器文久未报命，恐惹债帅。长江既有洋人盘诘，两次出游，皆行内地，无由上谒钤下。比至南昌，恭闻新命，愿随麋鹿，重到长洲，一上苏台，庶瞻新政。而抱冰抱柱，交替无期。若夏气已深，有妨游客，瞻望辕棨，企想徒劳。谨因陈复心寄上拙著《尚书》、《春秋》各一部，聊尘插架。近状亦令代陈。专肃请安，并贺迁喜。"

将夕郭营催客，水陆将官公请周将军，到已一日，谭、李、梁、杨均在，永孙从来。吃番菜，殊不清洁，还家吃汤饼。

廿日　晴

铅山令朱来，言厘务、盐价。赵景祐、邓在珉、曾南舟、向、魏、郭镇钦人作均来见。出谢客七八家，臬、粮、恽、萧均入谈。道买时鱼，遣先送还，己亦暂还，旋赴杨小楼警察处会饮。江赣南、陈芝生、李嘉德、江傅同集。甚热，得雨，夜还。

廿一日　阴

晨晏起，抚台来，言张天师将入京祝嘏，先来省张罗。抚去，谭儿来,乃辞以饭,饭后又点书,乃出接见。钱昌澜优贡,知县云与功儿至熟,不求提爱。洪琴西侄挟萧允文书以来,正如萧挟醇王管家书,令下颂臣眼中出火耳。顷之周道台来催,云江赣南即日当发,午饭改早。细雨稍凉,东湖看绿,致有佳赏。江湘岚、缪芷汀先在,江订吾旋至,周、朱、杨、傅继至,沈仲盘后至,未夕散,还。萧生鹤祥自衡来,留住前轩。

廿二日　　晴

晨起见同乡陶、周、颜、唐、向、李、韩、陈、章、孙、李叔和,言李家焯事。蔡侄孙丁忧来南昌,言功儿复发疡疥。周辉堃来谋居停,与萧、陈、蔡并入房。陈年侄光裕知府,若霖从子来,欲同往周道台处,辞以尚早。欲惕不得,待催客,即往石头街。周戟门为主人,请同乡作陪,杨小篆、傅苕生、贺云儿、郭宝生、李伯康、陈光裕、王梦湘俱集,菜颇清洁。

廿三日　　辛未,芒种。晴

洪子先葆钦来见,云四川旧识,不记忆矣。文芝五、董惠藩广东会同令,名汝昌,解李犯官、向龙山冠群、袁海弟、左心子、陈仁斋元珧,雨初儿、魏□□均来。避客出,拜客七八家。欲赴任雨田饮,日色甚早,裴回东湖,访湖心亭,已改作矣。与住持僧茗话,询卅五年前事,均云不识,僧雏亦死,无可留连。出至席祠,愒树下,向苘邀入,看《夜谈录》,乃似未见书,亦可异也。任家催客,往则陈翰仙运鹍先在,翁树堂、杨小篆、傅苕生、周戟门、余泽如长春,汉口人、王梦湘同集,戌散。

廿四日　　晴阴

复女出游东湖。杨叔文来早饭,见客一日,魏舜臣、皮吉生,通判、黄冠仙,清赋、二洪尔谧、寿颐、文廷楷,式弟、李岳年洛父、翁树覃、臬陈、二何如璟、师吕、恽福成、张献于、盐欧阳霖、杨士京,学生、三刘隆麟,震鸿、澍、彭芸卿,稷初族、傅维新,己卯,新城令、曾传泗廿一人,又四教习余建侯、李巨亭、程荷生、龚子良、一幼童邹邦玉共廿六人。曾言买缺事,王少庵夜来,亦言买缺事。

廿五日 晴

李生来早饭。高荫吾监督、何如璟、李幹青来。谭儿来辞。任水师来谒福黎,出洋人、陈年侄翰仙来约一集。濮维通判来诊脉。梦湘招饮,即答谢何、傅、濮三家,还至百花洲,诸客毕集,李翁洛父小浦、曹价人树藩、李伯俊、邓绍鹄、沙年侄、钱昌澜同会,初更散。

廿六日 阴

恽福成、李伯俊、周晋阶植谦来,未饭。孙宅来报伯玙丧,往则已下榻矣,以五十金资之买棺。叔文先在,一贵州人,一江南人顾大事之孙均来问姓字,敛具未办,反劳招呼,乃先还。涪州周巡检来,灯捐委员也,云亦致数万金。周敬湖来看。萧生、沈鲁青自临江来。周戟门来。江蓉舫儿忠赓来,云尚有庶兄弟六人。沈子培来,言孙事,不以卖缺为不可,乃属余言之。颇难辞允,且往送敛。文芝五催客,往则叔文、江讱吾、陈芝孙、周光棨、周敬湖、郭保生同集,戌散。

廿七日 晴

解鸣珂、赵景祜、恽福成均来谈。藩台来,俱去,正为孙事作难,适有此会,因与言之,藩云可行,便成说矣。濮维兄瓜农来,云曾应四川经课。钟雨涛、成锷会试还来。过午出,拜客数家,便至抚署,言孙事,亦不甚拒,幕府想不谓然也。便访陆、洪、黎、梁、成,出过沈南昌,过梅子肇久谈。赴夏芰舲招,与皮儿均作主人,陶补孙、熊解元、张浔州、向苘、杨郎均先在,知余尚有一处,故先馔具。上席甚早,比出点心,已初更矣。张亦先去,余从而出,至席祠,傅已再催,江、周、杨、翁、郭、梅、沈均集,看保生,饮酒至夜分乃散,便送江行。

廿八日 晴

邓少鹄来。卢教习豫章文明来呈艺。任福黎来回信。李宗洛仲伊来见。周氏父子来。半日未出,申正赴席祠会饮,翁、文、陈芝初、金、郭筠儿,子秩、李伯俊先在,郭保生后至,陈翰仙为主人,待客甚久,饮酒不多,先坐楼上,后移水阁,二更散。

廿九日　晴

恽福成欲得官报主稿,频来。三朝和文虽工,无取也。王梦湘来,示时彦诗册,且报陈年侄之丧。人命迅速,真如屈申臂顷,为之骇愕。李叔和、陈仲畇祖煊来。尹、邢避面,云李氏妾义儿也。写唐祭轴,题四字曰"琅玕怅远",专切桂林。又为孙伯屿题铭旌。料理毕,乃至陈家临丧。毕侄、谭儿相识,云有一妻三妾而无子,暴疾半时不起。曾传泗、李光鍱旋至,翁树堂、王梦湘亦来。后有哭声,差愈于孙。出过余泽如,兼询沈翁而还。二胡子来,亦主于我。到此始得此半日闲,二更便寝。

晦日　晴

萧芑庵儿来,云竹轩年伯许为谋生,在此已大半年矣。杨树荣女婿也,路路相通,六亲同运,有不期而然者,乃悟方以类聚之理。周戟门来。杨孙告假赴瓜洲。傅苕生来,留谈。吴幼农来相访,开缺另补,苦不可言,云昨乃知我来。正欲出答客,谭、李来,与陈偕,久对不得睡,门人皆出,留之避日。魏家催客,舁往,甚倦。至则卢绶珊、朱礼斋、陈景夷、翁树覃四道先在,贺云儿明日生辰,告席先去,沈仲盘后至,二更散。热闷不可过,三更后大雨。

五　月

己卯朔

未明,闻锣声,知司道从巡抚视学,当往为主,盥冠而往。藩范已先在，傅总办亦来，令余谒先师。顷之署抚来，学官教习率诸生立东方，司道群官立西方，延入，率诸生拜、抚拜、司道拜。府县入，少坐，抚率群官出城阅兵。复率婢妪自公馆出城。余至讲堂，讲《礼记》十叶，还寓，待复还乃饭。曾传泗代德兴令，来谢未见。午后出答九江镇，已出城矣，过仓二府而还。少坪司使小儿，人甚端拙。至幼农寓，甚幽敞，云不在宅。

二日 晴热

晨至学堂讲《礼记》。□□来候，巳初还。杂客来不记。午后谭、李与成南皋步过，留其避日，令晡食乃去。甚倦，以生客未可失陪，强坐待之，将夕乃告辞。赴盐局，江士彭、罗兴国令、欧阳候补道、陈景夷、陈仲眗俱先在，陈芝孙茗生后至，二更散。

三日 晴，稍凉

辰至学堂讲《礼记》，凡三日皆有疑，一安安而能迁，补云徙义以崇德。冠衣不纯素，冠无纯素之饰。行媒知名，知名何益？诸生无能问者。还寓，攸贺令珠服来，国忌吉服，宜其撤参。周味西来，言德兴事。

四日 阴

彭莲村来，楚汉弟也。郑恭菊仙来诉屈。抚台来言萧生事，且告出省。学台来未见。出吊唐盐道、陈翰仙，便拜客数家见黄宅安。还。傅茗生来，亦言萧生。舆儿偕陈仲驯来自苏、杭。黄新建来言团拜。夜雨。

五日节

辰至书院受贺。藩、粮并自来贺，谢不敢见。李、谭、郭、翁、张四耶、黄孙婿均入见。周生来就食。傅、周道台入谈。

六日 晴

寅初起，出送抚台，冠盖已盈门，入谈数语，驰还。雨初儿作斋，早在客坐相待,云频来不得见,今早来亦不得见,留谈顷之去。至学堂,傅观察已到,云覆试停讲。萧生移入伴食,余即还,少愒,出答藩、粮,便拜数客。绕湖行至百花洲,邓绍鹄为主人,何端臣,周、魏两道,李伯俊先在,梦湘旋至,同泛湖过二桥,访茗生、孟孚不遇,仍还。李叟来会饮。戌正散。夜雨。

七日　雨

至学堂讲书,诸生已集,驯、舆并随往。王生言萧云曾事不谐,余知其诳。已而曾南周来,请王,王复出矣。当看课卷,刺刺不休,求馆甚难,忍耐接之。任雨田来,诉彭孙索债,告以不必斗气。得刘婿书,毓赞臣词。

八日　雨

遣人送王生谒曾,旋至学堂讲书,还看课卷。张先生来,方云"冬寿",方疑讶,忽悟其登寿,令入密谈,竟日乃去。对客写二扇,作一小词。

九日　雨。丁亥,夏至

讲书还。郭英生、王梦湘、沈子培来,入谈。欧阳小道笠侪、赵小洲、李寿史艺渊儿均于外坐相见。

十日　雨

晨欲出,黄云岑儿要于门,谢委还。陈金章、刘柏友、赵、张婿,黄、饶、李三乡人,周戟门、刘笏云、增道台、雨农接连来。洪子暹见于内坐。头晕,欲睡不得。余知县、陈少道芝孙来。[1]

---

① 下缺五月十一日至年底日记。

光绪三十一年(1905)乙巳

正　月

甲戌朔　立春。阴

待诸女来起居乃兴,盥颒,出受贺,三妇进圆枣、莲汤、年糕。掷投夺状元。科举将停,宜改为毕业等第,须二张议之耳。乡人元日不贺年,惟佃户、自居厮养,例来者三人,皆亲出礼之。竟日撩零,不计胜负。夜寒早眠。

二日　阴

午初四妇携孙男女还。张生亦来,杨巡检继至,云欲过班,告以不宜。振湘来,方诚告假省亲。杨去张留。珰移床滋室,黄孙来从余睡。

三日　阴。夜暖晨雪,未能积素

食稻不甘,改作汤饼,亦不能多。今年食少频饥,似有老境。与张生谈出处,张云圣人不能为人用,亦不能舍。用舍行藏,入世之语。其实当云"隐见",见者一露神迹,非作而物睹也。说"现"字甚趣。

四日　雪

盘查谷帐,交代公事,令振湘管家。张生告去,夜掷览胜图,因念子培请题滕阁联,作六句题之:"胜地已千年,每临江想望才人,不比劳亭伤送客;高明常满坐,到旧馆仍陪都督,更闻县榻喜留宾。”

五日　阴

料理衣被,豫备陕行。看滋女作篆,兼率女妇作饼,斗草。城中仆从来求安插,皆令先去。冯甲来送。方僮辞去。

六日　阴,欲晴

唤船出涟,珰、舆请从。并携畴孙。盛从九、王提孙来见,不识之矣。闰保出陪客,真乃沐猴而冠。作汤圆,登楼看发行李,自辰至申乃成行,夜泊姜畲。张生兄弟来,辞兄留弟入舟,谈顷之乃去。周妇船来,停舟暂问。

人日　阴

舟发甚晏,饭于袁河,有肉无菜。过县小泊,遣舆看三妇,永、云孙并来,喜其母病可愈,各令谋食。未正开行,泊鹞崖。晡餐复行,宿暮云司。

八日　阴,欲雪

午初到长沙,泊朝宗门,待轿两时许始至,珰已先上矣。房妪下乡,行李并不上岸,因午诒有电报,云当还桂阳,可待晴暖也。窊女及婿均来,家人贺年,具食。夜大雪。葆生来。

九日

早起看雪,已盈尺矣,将出未果。朱稚泉、胡子静来,便销一日。震孙来,旋去。王镜芙、廖世英来。湘孙昨还,未去。

十日　阴晴

出看客,分东西路。因欲送颜小夏,先往西,过但少村、王莘田、王石卿、徐寿鹤,抚台、黄觐虞、陈家逑、孔摺阶、杨三报、王之春、朱纯卿。小夏已行,追送出小西门,云在大西门,比至已发,望见行舟。还已暮,过湘孙家而还,仅见但、端,皆约一集。张先生亦追来,寓客栈。

十一日

国忌。端抚素服来谈，湘孙婿弟亦来见。余芳臣、孙裕琛来。瑶儿子来，云接张先生。端抚催客，遂往，裕蓉屏先在，杜云秋、金倬云踵至，金甸臣、黄佐臣其幕寮也，云普陪摸牌，不忆之矣。谈谑逾时，留居署中，辞出。瑶林儿、陈六郎均来谈。

十二日　阴

晨出东路，访文卿、王益吾、张雨珊、蓉屏、笠云、张鹤龄、小圃、苏兆奎，唯见和尚蓉屏、笠僧，云其徒烟寄已坐化，今日送入塔，故匆匆也。过少翁门，云厨子方来，且归小愒。邬小亭来，已派抚署文案，云幕僚岁支二万金，数倍主人，恐非长策。少村催客，复往，客仍未至。久之席沅生、苏虞来，胡京卿、薛铁路、张雨珊来，皆甚迟，待王益吾尤久。上席已申初矣，犹各早饭，未终先还。内逼如廉颇，登厕后少睡，醒已昏黑。舁至落星田颜通判仲齐寓，四蜀生设酒，公请龚、廖，尚有饯局，烧猪酿翅，从吾约也，戌散。遣人告沅生取银代谒，还未二更，遣方、周往清泉。

十三日　阴

房妪来迎，云须晏发，先送幞被去，留与嫁女，略谈家事。胡婿、朱生，张生来送。席还五百金，以百金还珰，留二百金往陕，换二百金给压岁钱、张兴工钱正月止，火食银一定不计数，馀携以行。女孙接龙，左大嫂来求事，纷纭至晡。携黄孙登舟，又待顷之及发。舁夫助桨，三更始泊包庙。有月。

十四日　阴

睡半日，舣县城十二总，久之移杉弯，又久之已暮矣。桨行取涟口，雪水暴涨，溯流甚迟，到袁河已夜，欲宿姜畲，黄孙欲归，乃令更进。以为三更可到,王佣云至姜畲鸡已鸣,余犹未信,比入云湖,舟人方寐,已天明,遣方僮起。

十五日　雨

晨待舁,令黄孙先归,凡三往反,余始舁归,已巳初,女归迎候,顷之设食。振孙已来,云亏空公谷甚夥,当严追缴。食后觉倦,大睡一时许。罗小敷来。夕食饮半杯,微醉。检日记,上元有月夜甚罕。

十六日　己丑,雨水中。阴

始理学业,除外斋。先于内室题韩滉《小忽雷》拓本,孔氏旧藏,后归汉阳叶氏,有钞存方廷瑚长歌及桂馥跋,端午桥得拓本属题,云好诗题。余以为词题耳,因作《琵琶仙》一阕,悲壮空灵,词中上乘也。"马上胡笳,更安史乱后,琵琶凄切。谁道经画江淮,繁华未销歇。春院静,檀槽手制,几回看,柳花如雪。用滉诗意。元相征歌,李谟擫笛,长自呜咽。　想秦蜀、流落千年,又新染桃花扇边血。多少玉颜漂泊,叹腥膻宫阙。只一曲、迻逻沙尘,把古今、积恨弹彻。说甚叶氏韩家,那时喧热。"点书毕,入讲《周官》四叶。吃饼,夜作粥,单衣起看月,乃后房镫影耳。

十七日　阴

振湘假归,增一守山人,助厨不给。张四铁来。讲《周官》杜注"博选"及"旅下士"为无员数,皆以意说,较不说者差胜耳。检日记,录小词,以备观览。

十八日　阴

干将军乘舁来。杨梅生妻专信来求墓志,可谓不知高厚,以庄子视下义,亦宜许之。夜月。

十九日　阴

走笔书杨志,付来足去。刘婿书来,并送年礼。钞词稿三叶。

夜雨，萧、周来搅。

廿日 阴

刘佣去。遣人视玙女，因与书端抚、沈府、廖荪畡，唯沈无求。因天寒，令方僮代妪。午间谭教子来，云午诒已过省矣。未饭而去。

廿一日 阴冷

上坝留〔刘〕生、张生弟来，皆欲提爱。乔子来，留共刘饭，其姻戚也，亦不宿去。

廿二日 风寒，阴晦

赓大耶来求信，索价百金，乃欲赊帐，奇闻也。遣书吊杨梅子，遣王佣去。灶养假未还，令诸妪代之。夜雨。

廿三日 阴

看日记，字多不可识，词亦难晓，事少而话烦也。王佣还，无新闻。

廿四日 阴

看《白虎论》，亦普通学也。赓大耶后来，避入内摸牌。

廿五日 阴，有雨

玙、舆各率儿女还，外内仆从又三人，正起行李。偶出前堂，遇二客，愕不识之，拜起，乃知为余琛字瑞生，其一则佐卿第三子，刘小姐长子也，字叔廉，留坐外斋。致笠僧书。玙送端抚书。顷之又见一舁，云王大少耶，入内则二少耶也，云省墓至此。王凤喈复来，小坐便去。

玙家复遣四力来迎。人客总集，厨房如市，吾所见爨人，欲清无不败者，非佳事也。舆致功书，云魏、夏内召，陕可不去矣。云孙致樊云门书，极力恭维，令人有戴高帽吃米汤之意。又写示五诗，则阎王升玉皇，亦不为过分也。今日食不依时，亦不欲多食。

差厘局,官黔捐,丧尽良心,又做了湖南粮道;父南坡,兄翠喜,那堪回首,是当年天子门生。陆观察雅正。

廿六日　阴

客轿并去,欲和樊诗,韵以“羁”字开首,遂崎崛不成句,俄而得焉,立成打油腔五首:“长安廿载骋金羁,亲为君王秣盗骊。久陟台司参八坐,喜逢丰稔庆三时。文章声价儒为吏,张李渊源友共师。霜月夜吟谁与和,只应冲雪访徽之。”“中兴圣哲仰文皇,光辅论功配德苍。筹策定知胸有竹,鉴衡宁道目迷糠。骑驴归去寻茅屋,雏凤喈鸣入玉堂。武达文通谁第一,南强北胜总非常。”“馆阁从来雅颂音,声希味淡妙难寻。忽从鲸海开文派,如听龙门奏古琴。谪向梓潼山径曲,吟成葭沚水云深。惺惺自昔长相惜,愿煮青梅论夙心。”“蓬峰仙掌平生梦,为待春来陌草薰。漫拟到秦无孔辙,只疑回驾勒钟文。深山闭户千帷雪,军将传书五朵云。关尹定知贤主意,华山一席恐人分。”“少陵笔阵扫千兵,肯拔王郎跋浪鲸。不信把诗能过日,自嫌垂老是虚生。康成行酒曹公恨,广武登台竖子名。独坐看山且西笑,遥知画戟晚香清。”

得〔复〕女率儿来请安。夜早眠。二相公去。

廿七日　阴

七相公来拜年,送髓卷,云欲见乔哥,盖谢送兄柩也。亦云知礼,告以不必去,留住中斋。

廿八日　风阴

七子晨去。房妪读《周官》经,奇闻也。张僮来。寓书樊云门邮去。

讲《周官》,始悟鱼醢重用,盖有错误。看《白虎通》。

廿九日　阴

陈佩秋儿来。余佐卿妻遣人来送食物,兼买木器,复片令去。

佩儿甚憨,送以二元,余家亦送十元,并寄十六元,收木器。曹妪儿来堂屋拜年,分宾主成礼,谈官事。

晦节 阴

一日清静,难得之候。舆儿内热,且令嬉游,余亦率妇女校牌,至亥寝。

二 月

甲辰朔 晨见日,旋阴,朝食时复见日,连阴四旬矣

今日惊蛰,乃惊出也。诸女出游,突有客至,出轿称老伯,则熙臣次子,从襄阳来,小坐而去。周满长率王八来,叱绝之。

二日 晴

遣方僮至袁州取桌凳,与书周静皆。黄三元儿、二胡妻同来。田汝春来。写字二张。

三日 阴,有微风

黄儿殊不欲去,索写一联,至暮乃行。刘丁来。夜呼人不应。振湘来。周裕苓来。行善言土八未可非,团总未必是。田雷子来,所论又异,云陈裕三孙包芘赌囊,潭令何、张皆为所颠倒。王良、伯乐即一人。

四日 阴

陈秋生、罗兰生、杨都司均来。叱杨令去,以刘为上客,因并陈同留宿书斋。夜雨。

五日 阴雨

客不能去,再留一日。石珊外妇来。王佣迎房妪陪媒。夜雨甚快,大风可骇。

六日　寒雨

二客不能再留,因听之去。石妇支离其词,意在索钱,不知我无措也。金圣叹言寒士见诸葛丞相,彼此不相知。余以为诸葛必知寒士告帮,寒士不知诸葛淡泊耳。若八百株桑一树得十千,又何惜一枝借之。今人惟朱雨田稍能通转,亦未闻断炊也。孔子欲为颜回帐房,盖陋巷人不能舍财,唯不吝善劳耳。书此以广《笑林》。佐卿儿及张生均来,留宿,夜谈。

七日　阴

田妇、张生均去。看霞仙集语,始议钞诗集,分与儿女,各课二纸,余亦分程。

八日　阴

裁纸濡笔,将欲写书,闻呼门声,自出视之,叔止闯然入,愕不忆及,俄而悟焉,幸未问姓名耳,两年之别如十年也。延入内坐,子、女、妇、孙皆出见,夜共摸牌。又闻呼门声,云刘婿来。夕食时祠堂二人来,自陪同饭,令别设款六弟。仓卒无床,俱宿帐房。夜雷雨。得两陈郎及程父子书。

九日　晨风已晴,午后见日

早起候客,幸犹未盥,叔止告去,留之一日,多陪摸牌。夜雨。六妇去,宿之内房。

十日　寒雨

必不可行,叔止必欲行,遂听其去,计必沾湿矣。蒋树勋来,管盐秤,告谢请升,俱不相干,小坐去。祠中二人来,亦夜去。

十一日　阴

与书王莘田,说田事。打发刘丁召匠开门。爵一来索酒,告弟子荒唐事。

十二日 雨,寒

令复女看唐五言诗。稍改少作,删其客气者,日钞二叶。

十三日 雨,寒

四老少齐衰来,云前月十三丧母,竟不遣赴。又麻衣须六千钱,无力备服,白袍而已。许以廿元赙之,匆匆去。

十四日 雨,更寒

唐树林自鄂来,询省事,不知也。看杜《苦雨》诗,正与今同。

十五日 戊午,社日

蕨既不拜,笋更不谢,朱樱下又不可行,散学一日以应节景。寒甚无薪炭,劈书夹板代薪,计二三百钱一斤柴,石崇未能过此。夜雨。

十六日 阴

衡州专足来迎,因复三书谢之。家忌不事,客来皆不见。今日己未,春分。一家清坐,顿觉日长。夜月。

十七日

晨起见衡力及王明望。乡人来诉镇湘。十二弟子来卜葬,许为一看。衡力午去。

十八日 阴

刘邦直来从学文,王明望言夏抚被劾,开缺矣。刘留王去。刘即八弟孙,孟墀儿也。

十九日 晴

刘生去。振湘不能理家,且多无赖举动,勒令休致。内院阑入小偷,取绔、袜去,告团保严禁。夜雨。刘禹岑遣使来告急。

廿日 雨

赀用不足,遣人下省取钱。三儿逋负甚多,亦借此逃去。周养息亦藏匿,当追索。事殊纷然。夜书寄朱竹石、端午桥,并送书。

廿一日　晴

遣王佣送省信,周妪往四妇家,宜孙、宜萱并同去,刘婿亦去,家中顿清静。苏丁来送省信,并致莪书。

廿二日　复雨

振湘去,方僮还,得周晋皆书,略知洪州消息。

廿三日　雨

移床起煤。盛团总来,问王楚村何许人。告以吾家但有王楚材,吾六房,第二房也,有族兄二人,俱未相见,今已绝矣。

廿四日　阴

杨梅舅妻来谢墓志,求提爱,留居女房。已移出外斋,夜摸牌至亥子交乃散,妇女又来定省,小坐令去。

廿五日　雨

杨妻去,爵一又来,云索地价。众议退还,其子孙并怂恿油赖。以其笃老,不能诲之。

廿六日　雨,寒

王佣还,令办族食馔具,取银二百来应用。得莪去冬书。遣船至湘乡采买木器。

廿七日　阴雨

移床上房,以正房居纨女,改帐房于门旁。方僮、苏丁、刘丁并下省公干,来往络绎,殊非山隐所宜,然无如何也。寓书王石卿。

廿八日　阴

盛团总拨银了爵一讹头,盛农遂破家矣。乡间如此等事不少,固由地否,亦实乡愚自取,无足惜也。为之批契、批佃约。

廿九日　晴。始有春色,犹寒且裘

王佣奔走靡皇,待船不至,遂往刘冲办差。

卅日 晴

午往刘冲，携两孙从，添一舁二夫，并不能抬，换一人加一挑，黄孙仍步行。小憩史家坳，与张萧二姓闲谈。过瓦下塘，老树犹存，门面似改，心田坤亦不似前景，渡炭托尚彷佛耳。至祠，族众除烟客无长衣，可为慨然。

三 月

甲戌朔 清明。晴

晨兴待祀，无人料理，乃不待馔具，与宗兄行礼，设五俎而行事，亦不顾众，蛮人所谓子路知礼者。饭罢复至成家看开煤，还至杉塘，吊绂子，送三元，借九元，诸妇并出见，皆老矣。唯宝老耶母反少，官民之分也。小坐驰还，两孙犹在史坳相遇，余乃先到，颇倦早眠。

二日 晴

朱通公约来，张船户先待，坐半日始去。陈佩子、殷竹孙、宗兄、李舅孙，俱昏暮叩门，应接不暇。引李郎内室见之，馀俱在外斋，无床被款客，不能设法也。

三日 晴，午后微阴，有雨

令节放学，舁至桥上看写碑，乡老咸集，小坐即还。魁孙弟玉孙持只鸡来，求从游，问其能，杂货担贩也，实无所用，亦姑诺之。殷、李并去，陈、宗尚留。

四日 晴

珰求喜对送叔舅，买得浙纸，七言误书八言，纸不能容，画格买纸，写字人皆荒唐粗疏，然无如何，唯有照和珅办法，撕去另写。诸女作牢丸甚佳。

五日　晴

始得游赏。沈山人来,亦得佳客。检廿六岁诗,无数佳题,并无一字,可谓严谨,然不足为诗史,为补一二首,不能佳耳。

六日　阴,晨雨

珰携女去,为设汤饼,饯于湘绮楼。方僮回,得程督销书,纯乎官话。刘少青书来,荐一刘生,盖意在督销,亦可笑也。

七日　雨

刘生去,本约至张家,雨不能行,遣足报之。午后忽发疾,昏睡半日,三更乃起解衣。

八日　阴

仍睡半日,竟日不食,夜令作卷。摸牌倦,早睡,一夜未寐。

九日　雨

早起遣人干请三要津。六耶专足来,送三书,正骂其总办,钞稿示之。六耶,功儿一流人。功畏瞿鸿禨,而欲我削其稿;六畏程和祥,而欲我乞其恩,斯所谓执鞭之士与?周丁无求,故荐于巡抚以奖之。钞诗百纸,聊息数日。夜见月照东墙,与妇女登楼,看夜山田林院宇,致为幽秀。

十日　雨,朝食后晴

遣周、方下县,周便上省,方办木器。与书陈复心,回赵信。作小诗,不能入格。

十一日　雨

盛团来。冯甲午后来。方僮还,云无木器。黄孙毕《夏官》。李长生来催信,与书诲之。

十二日　大雨,午后晴

检田契田约无一存者,无子之穷如此,文王不能仁也。

十三日 晴

门前小池种荷，稍疏理之，已不成池，大蹄涔耳。刘婿、黄孙出游，众皆有外事，余亦闲游眺。王生来取对，送扇。刷书人来。

十四日 晴雾

刷书清版，片已残落，岂被盗作薪耶？且就所有刷之。校钞诗亦有讹落，方知不立文字之省事。书扇二柄。说“汤大濩”，即大镬也。镬以煮汤，故取于镬。史东茂来，如见故人。得裕蓉屏、茙女书。六耶来言公事，如见仇人，不爱其亲而爱他人，谓之悖德，以悖为顺也。

十五日 戊子。晴，大煊，顿着单衣

早起戏作余佐卿墓志，遂成一王氏体。六耶去，宗兄来，言买谷事。

天阴将大雨，顷之风雹雷雨交至，风吹草树怒号，墙壁悉震，新楼门窗尽破，大树皆拔，雹复杂下，雷如炮震，余恐惧思愆，未知何祥。《论语》、《庄子》刷本并坏，万纸尽飞堕泥，一时许乃定，刷书事遽散矣。夜风犹吼。

十六日 阴风

与书儿女报灾，兼料理修补新楼。牡丹三花，一开二蕊，俱为楼窗压折。

十七日 庚寅，谷雨。斜风细雨，仍有春寒

遣船运瓦，乃云无瓦，价亦顿涨，云坏屋无数。盛团来，云姜畬灾尤重，瓦买尽矣。秧田亦伤，谷当顿贵。子泌儿来，云干程、商不遇，欲我加函，告以不可，留居客房。夜复雪，非雹矣。雷隐隐竟夜。寄茙京书。

十八日 阴雨

作牢丸寄湘孙，欲遣人去，无奋勇者，雨亦不止，遂召匠修楼。

看《词律》，极可笑。四老少来乞粜。

十九日　阴

王、史两佣、方僮并去，午后大雨。陈秋松送木器来，朽而贵，湘潭之陋如此。夜雨纷纷。

廿日　阴

踯躅始开，节候较差半月。牡丹既折犹花，乃胜于在枝者。复女讲唐诗毕，夜间无事，拟令看《水经注》，又欲自钞《论语》。

廿一日　阴

前钞唐诗未二叶，聊补成之。干将军来，小坐去。夜讲《水经注》。大雷电雨。

廿二日　晨雨，旋止，竟日阴冷

许孙来，看钞诗一叶，字体甚工，惜不欲与人，为他日陶斋一种耳。子规始繁，蛙鸣稍息，牕夜雷雨。

廿三日　晴煊

方僮回，云尚无新茶。易诗人坐轿来，云欲留两日，无词距之，听其阑入。夜雨。纯孙上书，文理尚通。

廿四日　阴

工课甚忙，未得陪客。午后与诸女后山闲看。冯甲还，周妪率方妇还家，方僮复去。

廿五日　晴

王团总来，请写芳名，至云湖市书丹，朱通公作陪，午出申还。张生携兄子来，留宿。

廿六日　晴

诗人去，张生亦去。午往写碑。云门子孙来。功儿书来，言铁路为瞿所误，未知何也。

廿七日 晴

写碑还。沈师儿、陈秋儿来。沈复送鲟鱼，从父好也，蒸以来，便与同食，留宿外斋。闻文卿丧。

廿八日 阴，大风

沈、陈冒微雨步去。王明望来。草蛋坐轿去。写碑毕，朱通公不至，谭鸿才来，刻工不能用刀，召黄孙刻三字为式，余先还。唐秀才来。

廿九日 阴

补昨日程课未毕，朱倬夫专信来，云抚委何令踏勘雹灾，指宿我家。新令张海楼亦来，并要朱同行。正遣轿送三妇看杨家，方僮未还，方深支绌，且复书允接，告六女治具，鱼翅罄矣，以燕窝代之。夕，方僮还，指麾扫前房及楼，以备款客，作饼送春。

四 月

癸卯朔 阴晴

晨起排当，小有陈设，别设烟室待客，礼不可少，近于佞也。东风甚壮，待客不来，日旰君勤，俄而报到。何莘耕字又伊，奉抚委来致书，送茶酒。张湘潭超南，字海楼，陪委员勘雹灾。朱太史卓夫为介，俱至。设酒楼上，二更始散，小坐即睡。张、何分房，朱入内斋吃烟，至子正未睡。余先解衣，旋复更衣，已鸡鸣矣。作书复午帅。

二日 晴

晨起送客，客犹未起，朱乃先起，坐待送两令，又将经时许乃饭，午初去。唐秀才亦告归。未申间大雨，平地水几尺许，俄顷而霁。

书谭文卿挽联："湘中诸帅独文通，五十载旧学商量，依然晋馆联镳意;洙上巍科承雅步,二百年天荒缺憾,亲见郎君夺锦回。”

三日　乙巳,立夏。雨竟日

作卷迎夏。说《雍氏》引《粊誓》,考甲戌日不得何月。因忆周公死时闻子规,至初秋葬,三月至七月,正合五月葬期。淮夷之兴当在卒哭内,故令敿臒,必非当敿时也。惜无长历,不知当在何月。又郑注“小子言平”,必非俗读,孔亦未知所出,《夏官》有“小子”,而无“平”字。

四日　晴热

瓶花经月不萎,反胜于在枝者,此理前此未悟。课读如额,钞诗加一叶,犹有馀闲。夕阴,俄雨,遂倾盆竟夜。黄孙朝惊以蛇,我未之见。

五日　阴,复寒

文卿吝而厚我,一联太薄,更送一障,近大呢不可用,因用江绸,纨女以为可惜,又改用湖绉。书“寿高彭李”,茶陵达人也。

六日　晴

功课早毕,午后少惕。许女报其姑归,携子同至,宜孙甚喜,云久不见长生也。正欲遣人从刘婿入城,即改派焉。

七日　阴晴

刘女婿欲阅卷,盖谋膏火赀,为荐湘潭,今日当往,张、周同去,兼换钱还粮,与书功儿及萧某,午初去。申初县令书来迎。宗兄率其侄婿崔生来,与谈小学、舆地,留宿外舍。干萨阿来。沈山人来,言树艺。殊无办法,亦宋学也。

八日　晴

宗、崔并去。偶清书版,令方僮试刷,初言不能,后乃成业,刷匠不能胜也。余两刷谱,均以价贵而止。昨霞云起刘坤,殆以警余,今得方僮,竟可印行。王升自武冈来,为之折纸,半日得数百叶,云刷匠亦不能更快也。

九日 晴煊,复有雨意

吴劭之专信来,归命于我,我亦自任,然茫茫无所谋,但鞠躬尽瘁而已,复书诺之。

十日 阴,朝食时雨,复寒,凄凄竟日

读《周官》,壶涿氏始制水雷,而有十字架禁渊神之法,今未知有效否。圣不语怪,何以着此? 夕寐甚久。

十一日 晴,日光未朗,气候犹寒

翻严集《汉文》,崔寔《四民月令》引寒食谓之冷节,不注出何书。小时不知冷节,梦人告我,今五六十年乃见征引,尚不知所从来,亦可笑也,博闻何可易言。又讲卢鸿诗"樾馆","樾"字《说文》无,《广韵》云树阴,卢乃以为柘,亦所未详。夕间佐卿儿与一僧来,云笠僧亦出洋矣。

十二日 晴

苏三昨来。功儿报四妇出洋,三儿护送,以为我必怒,殊不然也。此皆不齿之人,何必问其所往,复书告之。涨生来,言其详。张子持又来见,言雷丰事,午后皆去。

十三日 晴

谱有阙失,遣问有谱家,乃皆无之。冯甲尤畏步行,乃设法规避,可恼可叹。王佣亦无足而至。

十四日 纨生日,晨有雨

张生来,告出洋。湘绮党稍零落矣,胡、罗始得快意,且留吃面。放学一日。登楼看稼,三女一妇并从,便留摸牌,至夕倦乃散。饭后昏睡,三更乃起,又睡。瑞师、陈儿来,皆未见。竟日燠热。

十五日　晨更热,换单衣,旋雨,俄止

祖母忌日,不出食。饭后见瑞、陈,遣人往借谱本,补缺失,并借唐诗。

十六日　晴

钞补谱传,随笔改定。

十七日　阴雨

钞谱毕,始可辑览,新修成尚未暇看,殊可笑也。樱桃已熟,多为雀啄。

十八日　大晴,不热

溪圳水浑,不可瀹茗,数日未润喉吻,亦殊不适。四老少来,卯金刀同入,俱饭而去。

十九日　辛酉,小满。阴雨

又钞《宫词》一叶,王建、花蕊合装一本,昨检失之,如此类散失不少。夜雨。

廿日　雨竟日

钞诗共三叶。登楼看水。作书复胡吉十,因便寓书茙女。雨水煎茶,稍有清味。

廿一日　雨,水退

赣孙小疾,迎医诊之,余未招呼,非老辈规矩。刷谱靪成,复校一过。复女亦小疾,放学。

廿二日　晴

冯甲率文柄买瓦,有酒烟之利,故去。一日钞《宫词》毕,诸生徒亦各毕一本经。木匠来。

廿三日　晴

瓦炭俱至,议请零工,余持不可,令僮佣合作,文炳借事逃去。

刘婿阅卷还，永孙来求书，门庭喧阗，一饭斗米，极热闹时也。

廿四日 晴

永孙午去。杨榜士仁来。韩将军来求字，云可得廿金，磨墨来，为书五联。夕小睡，遂至半夜。钞书亦不踊跃。遣看张生，云已从倭矣。

廿五日 晴热

钞书如额。沈山人来，言树艺事，亦宋学也，又将以十万钱试之。才女慢书来，且以匈奴待之。

廿六日 阴

遣人下县。钞诗稿毕，《游仙》亦将毕工。欲补作除夕还山诗，竟不若填词有趣，乃知文各有宜。"腊鼓催年，航船侵夜，送我匆匆唤渡。自笑闲忙，把佳期迟误。问何事，只剩残冬一日，兀自片帆双橹。却累长年，向斜风吹雨。 算年来、更没关心处。谁曾管、世上流光度。去住不负良时，似山阴来去。到明朝、独守梅花树。屠苏暖、醉把归程数。道此行、恰似飞仙，在春来前路。"《拜星月慢》

梦有人持画求题。初不知画者名，功儿云继莲畦笔记中有之，检得康熙题记，云柴万荣好用大斧劈皴，因谓之柴大劈。乃取画题，画心敝裂，惟旁有新绫边，将题其上，复不知柴字号，视其印章云浚宇，题时又似姓万，云万浚宇好用斧劈皴，初不为时所重，因其姓，号为柴大劈。梦甚分明，未毕题而寤，梦中又看继笔记，甚繁富，分上下二卷，胪列多门，文字随心所念，无不历历。

廿七日 晴

钞书毕工。为三妇作汤饼而去，恰无新杀，乃具斋面设铺垫。长儿学缝工，不能缝椅披，经营逾日，尚不熨贴。

廿八日 晴热

晨起，三妇来叩，诸女未能早集，面亦甚晏。午前始浴，汤如泥浆,方散发得意,内外起二场。外场已散,云有女客来。四姑女孙适涂氏者来,不见十馀年矣。停久与相见,令遣夫力去,留过节乃去。吃面甚饿而不能饱,遂不夕食,食二牢丸。夜请膳,却之,已又索食,老人无常如此。

廿九日　晴

放节学。闲坐楼上,忽来二客,一岫孙、一赵郎,疲于接对,冯知客已不知去向矣。入内食包子、糟糕。小睡,夕起,饭后又睡,遂至曙。

晦日　阴

晨往桥市写碑,还乃朝食,甚热而雨,遂至竟日。昨张生送谱版来,今补刷成。

五　月

癸酉朔　大雨竟日

刘婿冒雨行,余亦将还城。礿祭,放学嬉游。

二日　阴晴

朝食后命舁入城,取道月印塘,看张生赁庑,其兄设食,适吃野鸡,甚饱,不能举箸,小坐而行,至城将夕矣。衣箱未至,待久之,停宾兴堂。周畹香工部来,作主人。萧某已归去矣。朱菊泉与云孙先在,倬夫亦在,初以为夕,及坐谈又两时许。刘诗人、杨孙、秋少均来,周设夜馔甚旨。晏徒往报县令,夜承先施,二更乃得衣装,往答拜,即留设酒,亦不能再进食,辞还早眠。

三日　晴

未起,闻蔡四耶声,不敢应也。周主政复来,菊泉亦至,遣招吴劭之，久之不至。先往吊杨妗，还，率两孙看三妇病，已能起坐，小话病状，还寓。劭之已来，紫谷道人再至，陪客竟日，甚倦，对客竟卧，久之乃兴。夕食后倬夫从市还，初更俱至县堂，余捕厅作陪，二鼓散，还亦早眠。

四日 晴。丙子，芒种

晨出看船，大水循岸，无舣岸者，上下傍流，皆言当用划子，乃还堂朝食。遣觅得一炭船，午初发，未初至南湖港，步行十里入城，至詹有乾油市，云当用全州者，辰、酉价贵。遣信与程生、李文石相闻。程生已来。未夕雨至，窊女亦还觐，三更乃散。

五日节 燠暑蒸热

王镜芙、苏兆奎、余德珍、胡婿、邓、刘婿均来。程孙来见。午初庙中行礼。窊女又来。李文石来访。湘孙亦归。招朱四老耶摸牌，未能用心，时作时辍。午食后乃入少息，倦卧遂久，左妇来不知也。点镫后起，与女孙坐谈，吃包子，又觉渴睡，真老矣。夜雨。

六日 大雨

斋居谢客。裕蓉屏闯入，以有条子，特出见之。夜初陈驯复来，陈馔器后遂寝。

七日 仍雨

巳正行事。唯有胡、陈两内宗，女婿、外孙无至者，礼亦生疏，午正馂。出谒抚台王、商务石卿、厘总裕、营务何莘耕又伊，雨甚还家。夕过抚署看戏，久坐李文石书房，见陈善余、黄左臣、裕蓉屏，同出看戏，邓少庵后来，子初散。

八日 晴

晨出吊文卿诸子，访邬师、张兄，还朝食。本约陶、文往盐局看画，孙女出看大水，舁夫久不至，因步往，遇王爵帅，久待抚台，至酉乃至。看手卷十馀,无佳者,设食亦草草,舁还。

九日　晴

小亭来。午出城展墓,入城访文、石,传帖人未来,因自通名,谈顷之出,便过王抚、朱纯卿,还小愒。晚饭后出吊陈仲英儿,云不在丧次,乃还。

十日　晴

比日本家子孙来者六七人,陈生毓华亦频来,外客皆不见,惟陈余以世交得入。忆其父来往时,已廿馀年,今又相遇,遂不相知闻矣。何又伊请饭,辞已还山。属胡婿买笔寻帱,急欲还山。

十一日　晴

谭碧理儿以诗来贽,惜不得袁枚摘句褒之。午过王莘田饭,程生、王、贺遐龄国昌同集,熊禽辞腹疾不至。仲英儿送礼,辞之。

十二日　晴

步访但少村,云无屋住,欲移湘潭,委以安置。还朝食,谭儿复来,云欲提爱,奇想也,送去二元,亦可惜矣。唐树林来,致复心书。王爵帅召客,一人不到,急往赴之。杨巩、曾鹤林、张仲卤、符子琴儿同集,惟符为红人,初更散。与书问夏叔轩及端抚,荐陈家祥。

十三日　晴

家忌,素食谢客,唯毓华得入。程生送盐金一百,朱送卷金。家人来迎。宜、黄两孙同来。更雇一船,携女同上,湘孙先回。

十四日　晴

晨起登舟,胡子靖追来,求提爱,诺诺连声,且待机缘。为程题张之万画册,写对三幅。午后育芳来,慧、细两孙同轿,湘孙亦至,宜孙从登舟,黄孙及纯、盈两孙从轮先去,功儿、四老少亦附船同发,余携诸女坐顾船,功坐自船,北风忽起,遂挂帆行。夜泊芭蕉滩。

十五日 阴晴，有雨甚热

船发甚晏，帆行亦迟，午至县城，不遑他事。刘诗人、陈国珴均来求救，匆匆来去。夕发，至涟口已昏暗，行十里泊袁河。

十六日 晨阴晏日，日光甚烈

舣姜畲早饭，午至湖口，待舁久不至，两孙女从其父步归，余亦从湘孙后步至家，盈、巍来迎。夕食后大睡，二更起看月，吃杏酪，余已饱矣。

十七日 晴

得陈鹤翁手书。振湘来，令方僮具馔。送沈山人五十元，作树艺资本。

十八日 晴热

遣人入城，令方僮治馔，以款宥、湘。送刘兰生干馆。暮雨，遂至晓。

十九日 大雨竟日，水骤涨断道

城人未还，且烹羊网鱼，为功儿作五十生日。小睡，午诒来，刘婿亦还，并冒雨泥行，亦赏雨，一乐也。夜吃饼。三屠、树森均来。唐树林送毓华书，又来。

廿日 雨

功儿来行礼，诸女、妇、孙均拜堂上。客有夏、刘、贺，邻有张、周，宗有岫孙、振湘，张生率兄子亦来。早面午饭，竟日摸牌。

廿一日 阴

午诒欲去，急题《金纺图》，遣唐丁去，再补寄孟浩然书并送《墨子》。尧儿来求《墨子》，亦与一部。午与午诒讲《凫鹥》"公尸"，首章祭太祖，次祫祭，次袝祭，次四亲祭，次绎祭，始为妥确，有起予之益。夜为复女设汤饼，未夕食。

廿二日　晴

夏、贺晨发,跣而送之,实已晏矣。复女生日,留儿女更住一日。厨中无办,勉设汤饼。午煮饼乃有风味,遂不夕食。遣看余儿,留省未归。

廿三日　晴

归舟,以赤口不发,更延一日。气候热蒸,市中无肉,新垩地皆出水。仅写大字,诸课尽停。谭鸿才晚来。

廿四日　晴

晨遣王佣至船铺陈,饭后复令房妪往料理,湘、慧先上,寿春从窅芳,午至乃发。两孙从其父步去。张子芝兄弟来求救,云大头小尾事发,委员查办矣。事发于革丁,非上察知也。干将军来,言谭拔萃有屋出售。与书但少村,追送船上,不及而返。暑浴。粉后房土壁。祠田退佃。

廿五日　晴

昨日有和尚来,言湘乡田姓谋寺产。至夕又有一贞女从县舁来,诉兄妾,自云年五十三未嫁。谈次数揽衣探乳,辞令出宿。

廿六日　晴

宜孙生日,唤周儿买肉,乃云昨夜未还。张僮、璜孙均外宿,家规太不整,乃悉撵之,因及王佣,一朝尸三,又益一个,所谓老、庄流为申、韩,自然之势也,然佣仆颇已振作。䩄书还,分与诸女妇。自校诗集。

廿七日　晴热

周妪护儿,不肯令去,此家规则不能整,姑稔其恶,谪令出差。沈山人来看山。田泽霖来,言保释陈国戬。夕风大雨,顿凉,早眠,一卷诗未校毕。罗小敷来言讼事。

廿八日　晴，晨凉，甚可夹衣

与书两女及程屺樵，欲遣周儿行，云已晏，定明日行。刘小姐送礼来，将附复书问之，又已行矣。女子小人反复如此，信难养也。干将军来，久坐留饭去。夜凉早眠。

廿九日　晴

省船还。宜孙读诗八句，不能上口，坐卧一日，以新法未尝督之，或成国民耳。校诗二卷。凉气欲寒，早晚衣夹，枕簟犹冰也。

晦日　晴凉

校诗卷毕。谭屠妇来，为烟店妇保产，利之所在，无缝不钻，余不能为无缝卵，是余过也。

六　月

癸卯朔　晴，午后雨

代元妇求代退佃，遇雨不能去。张育凤复来求书荐馆。无因而至，亦不能拒之。人事可厌，其实可喜也。

二日　晴凉，欲雨未成

盛团总来，取银去。扬休夕来，令投醴陵。

三日　晴凉

看船山讲义，村塾师可怜，吾知勉矣。王、顾并称，湖南定不及江南也。夕见一远人来而狗不吠，疑之，乃方僮自长沙来，送茙信、物。周妪二子亦来求事，适冯甲告去，因留据其榻。

四日　晴

名言来求提爱，欲弃香业而为亲兵。岫生来探其子，盖兼为四老少游说，将去，雨已至，顷之倾盆飞溜，漂摇我室，乃知《诗颂》“攸除”,诚有见也。

五日　晴

华一来,求提爱,兼为和尚游说。争讼求胜,无孔不钻,避入于内。作书寄莪。

六日　戊申,小暑。晴,颇有暑气

黄兆莲亦为烟店事来,留宿客房。

七日　晴

黄儿去,欲呈契不敢出,乃令屠妇来,私与房妪,大约欲挟以讹索寡妇也。愚懦自入网罗,吾不能剔开红焰,徒为三叹。夕食毕,卧藤床纳凉,闻有人行声,则李生自桂阳至,云真女生女,已满月。久不夜谈,今始与坐月下谈,至亥初乃寝。

八日　阴晴,北风

晨坐楼上,与李生谈官事,已而大雨,新屋尽湿,不可坐立。僮佣皆出,独呼黄生、周妪上楼闭窗,室墉迸水,床下流泉,坐门外避雨至昏暮。李生急去,遣送下船,舁轿均不能还,待至二更乃有人还。

九日　雨通宵达旦

移至上房。滋小疾,问之,云弟妇有闲言,牵及才女。余云吾女不比人女,曾经教训,人女且不如吾婢妪,不可计校也。还房语妪,妪乃大闹,教训之效如此耶?复徐喻之,至夜始静。六女亦来,遂不复言是非矣。

十日　仍雨

召匠蔽雨。刘婿告去。六耶书来,求留差。告以办公不可言私。程生专足来求文,告以无此例,并复书令去。

十一日　有雨

真女还,陈婿亦来,门庭喧闹。看陈婿用庚韵《哀夏赋》,亦复斐然,但未配搭匀称耳。年小于我两岁,可云美材。王元涣来,求留差。实不暇应接矣。

十二日 晴

衡信还,得琄书,不报妾丧,犹拘俗讳。程父子送油来,名言又来送鸡,愚不可喻于此。至夕闻有轿来,则戴表侄闯然而至,怀挟三书,一无以应,留宿夜谈。

十三日 晴

戴侄晨去,六铁拉杨榜来。玉莲来辞工,国安来求事,王氏人物更有树生,如此添丁,不如钉户也。为程生作鹿寿序成。冯甲又来求书,立等送去。乡人不知世事,不及刘缝人能驱使刘二妹子,使其妹立起沉疴也。陈婿讲《周官》"陈殷置辅",欲以"殷"为殷眺、殷见之殷,官府会外朝亦可云殷见,"辅"则以王官持节往。似胜旧说,然"陈"、"置"二字未确。

十四日 晴

红日朗然,始有炎意。禾有螟贼,乡俗例傩。夜坐门前,热气上身,乃入还寝。

十五日 晴

佣工均失晓,自起呼之。黄孙读《周官》毕。冯甲欲贩田取钱,乃知前佃目需索而去,乡人不顾后患,使从其言,生无限枝节,此亦自不理事之咎。

十六日 晴

晨写对款,作书与功儿,送谱与两嫁女,召王佣问祠田,遣史佣下省。方僮书报端抚陛见,湖南复少宁矣。微风不动,始有暑意,几席犹凉,夜月。周佣复来投靠。

十七日 晴

宜孙议《诗》"干糇以愆",郑说甚陋,方恐客不来,而言其好吃,无此理也。干糇行粮，唯一见《春秋传》。致糗是遇礼也，弗顾则不来，有咎则不来，失德则以愆，盖愆期不至，言不能要人耳。以我失德，虽行路时约人相见，彼亦愆期，是兄弟相远。始闻蝉。家人云前半月已有蝉，盖误听也。

十八日　庚申，初伏。晴

干将军偕李邦藩来。辅廷遣人来说佃事，往复益糊涂不可喻，所谓未达人心事之过也。黄孙读《仪礼》。家人多伤暑。

十九日　晴

遣方僮了佃田事，晨去。史佣担瓜还，周丁同来，云端系撤任，赖署首府，大少耶方请客，未暇作禀也。方僮夜还。戴表侄复专人来。

廿日　晴热

遣戴信去。满嫂子来送礼。冯甲去。一嫂子来求退田。食瓜。陈秋子来，自持藕饼，长衣触热，可谓褦襶矣。陈婿问《周官》“王后”“后”之异，令自考之。云内官则尊称之，又有言“后”者，承上而省，馀皆但言“后”，唯太宰摄，则亦言“王后”也。周丁云余肇康方在省待鄂藩，岂李翰林当罢耶？得朱卓夫书。

廿一日　晴，有风，热稍解

陈问《司寇》独言“禋祀”者何，未得其例。夜无风，甚热，起与女、妇、两孙食瓜。今日癸亥，大暑。陈子芒芒然归。

廿二日　晴热

检《史赞》，将重录清本，视之，仍当检本书，未易写也，又热不可事，且置之。

廿三日　闭风，益热

上下屋均如烘炉，殆近年未有之暑。遣僮买瓦，竟日未归。刘邦直送文来,忽又四阅月矣。夜入室,有热气,仍出门,卧久之乃入。宜孙昨夜从我寝,今乃独宿。

廿四日 晨阴

朝食时雨,北风漂室,不可坐立,未知所由,阶檐亦均在雨中,如无瓦也,乡中匠拙如此。杨江沐忽专人来请托,殊出意外,复片训之。

廿五日 晴,蒸暑

常宁陈商来,云云土四十石,为人截买,欲得一关说,以去年烧烤之惠,许为谋之。盛团总复为戴表侄说讼事,则更支离。起入食瓜,张彬所献也。无往非苞苴,犹云乐饥,亦强颜矣。湘抚张曾飏。

廿六日 晨雨旋止

遣买瓦、烟,顿去两人。又顾工洗黄阁。俄而雨至,至夕甚凉。

廿七日 晨雨,遂至竟日夜

雨中张兴来贡瓜。得廖荪陔书、功书,言亲友悲欢,而无着落。纨云湘侄报王妻女同日死,意指此也。看《五代史赞》,十不省一,宜更翻译〔绎〕。

廿八日 庚午,中伏。得雨又防漏伏,幸云起无雨

诸女食瓜,顿剖六枚,有二佳者。周妪少子引黄徒来求事,云其主人也。复廖、朱书。

廿九日 晴,南风,始正夏令

晨起作书与程屼樵,言雅片烟讼事,遣陈商去。张、方二僮俱去,周儿愿留一日,韩佃来求田。

七 月

壬申朔

沈山人率土工四人来,令垦后山。早饭已午。沈去干来,言夏

族争山,欲假我名息讼。乡中依托名字者不少,真无可如何也。冯甲夜去。看《史赞》一过。

二日　晴

晨起呼僮不起,仍还自睡。史佣亦病,汤妪请假,内外遂无人力。午热夕凉。

三日　晴。风凉遂秋

宜孙脚疡,放学二日。入内摸牌,夕热遽散。三妇小疾,周妪领宜孙睡。

四日　晴

晨作干图说。涂孙、陈儿均来,久不长衣,着衫见之,大礼也。涂铺后告去。

五日　晴

晨为二陈改诗文:一雅一俗,不同年而语者,竟同刻而改。刘丁来送瓜。沈山人夜来食瓜。

六日

黎明闻合门声,起看,山人已去,外舍七八人皆寐未醒,真老大帝国也。作书荐刘丁于和尚,亦京派。今日闭风,晨已纻衣,又为今夏第一热候。然昨夜颇凉,日出后亦不热。池荷二花,朱色顿鲜。方僮回,得朱竹石书。

七日　热

张生来。饭毕,喻生、程孙来。喻呈《史篇》,程致父命,言廿沙,均留宿。夜饭甚热,夕月,看诸女乞巧,应故事陈瓜果,无心拜织女也。

八日　晴。己卯,立秋

喻、程晨去,张生午去。看喻生《史篇》,与书功儿,言接脚大姐事。

九日 庚辰，三伏

看《史篇》。将军来，言官事易了，已了二讼矣。看《史篇》。

十日 阴

晨为萧女驱魅，未毕，刘生来，早饭后去。见理安诗序文，亦雅饬。刘孟坻亦作诗，甚讥曾侯，前未闻也。

十一日 晴。午雨遂凉

看喻生《史篇》毕，义例未一，不能批示，略驳数处。

十二日 雨

齐七作《周官表》，为看“祭祀”十篇，以礿烝皆为祭太祖，不如以为祭两世，室则父庙为礿，义亦新妥。周祭最多，悉由义起，明堂禘则行事姜嫄，盖以大尝前行事。《记》曰：“鲁人有事于上帝，必先有事于泮宫。”泮或为郊，即姜嫄之兆也。郊前行事，周则有庙，故于祭太祖庙前行事。奏夷则是七月也。奏无射，九月也。八月祭亲庙为尝，九月故为大尝。

十三日 晴

诸女设荐。卜云哉来，知其欲提爱，告以不能。首府忽去，不知何意。卜云，赵特荐也。赵用人真独具眼，似有心疾。尝稻无新登，亦应故事设馔而已。

十四日 晴雨无准，湿闷不爽

检《周官》，乃知先祖为祧，寻章摘句，典礼存焉。但周月夏时不合，夷则律在申，于周九月，郑说低一调为妥。取经文悉表四时，月用周，时用夏，民用夏，国用周，或可调停。依《春秋》则时月皆改，而《周官》全不相应。

十五日 晴，有雨

卜午去，将遣僮同去，迟疑不肯。雨后尺一女来，仍申前请，余已忘之矣。且待啖梨。陈孙女请医,适相遇,亲自陪话,此等礼,今人久不知矣。夜月极佳,人但困懒。谭团总送鱼。

十六日　晴

朝食过午矣。曹氏女不待饭去。周佣逃去。王凤喈、夏弼臣、田泽霖来议刻碑。作喻诗。

十七日　晴

周儿来送信,得程孙书,寄樊集、譂褂。茂书言婿无改官之志。功书言立宪。余初未闻,何者为宪,作何立也?

十八日　晴。出伏

食瓜,瓜尽成水矣。看樊诗。田生来,云和官事者皆受辱。实为快事,使家家若此,应无鲁仲连矣。

十九日　晴热

催工刈稌,才得五斗,农家亦有获者。看樊批判。午后大风飞雨,暑蒸愈甚。

廿日　稍凉

炭船失期,遣人买煤。夕雨至。看樊集毕。复程孙书,寄《墨子》与之,兼讯毓弟。

廿一日　雨凉,遂秋矣

一日无事。

廿二日　雨

晨起写对子数幅,犹热,遂罢。周生世麟携儿来,云往长沙小试。

赤脚踏雨,尚无习气,留饭,又吃饼即去。

廿三日　雨

将军晨来,前约以廿日至,共考《禹贡》,又忘之矣。

廿四日 甲午，处暑。雨

三妇携小孙上省，未知何事，遣方僮送之。与干、薛、鄂共商定地图。

廿五日 雨

移床入内。晨起考定冀、沇水道州界，前分界未甚确，亦可不改。

廿六日 雨

晨闻犬吠，出看，文柄正与狗斗，彼从未早起，狗讶之也。考青、徐、扬、荆水道，仍以六泽为轇葛，当别图之。薛、鄂说弱水屯田甚好，依改前笺。

廿七日 雨

校《水经》。河、泲故道，纠纷迷罔，殆不能了。讲书点读，聊应日课，未能兼理也。

廿八日 雨

乡中无米，新谷不可获，余亦到处乞粜未得。陈米霉气甚重，犹未易得，民间盖藏空乏如此，亦士之辱，当谋救之。幸已放晴，人心稍慰。夕虹甚丽。方僮还。

廿九日 晴，仍欲作雨

考《禹贡》水道粗毕，惟夏邑一水未知何名。又地图未书南阳湖，检日记寻之，彼时微山湖无水，知图无益也。图有微山，无南旺。

八　月

辛丑朔 晴，复热

欲检《水经》并《禹贡》为一图，以干图分州，难于检校，且俟重绘时再增补。

二日　晴

始获。夕佐卿妻遣人来取轿,遣家僮迎之,上灯乃至。令复女让床宿之。

三日　晴

佐妻言有书值六千金,将以与尧衢,欲余作中。告以尧衢方讳富,不可云我知此事。又官人反复,意勒贱价,恐亦不必偿也。余家负累三千金,售田仅可了债耳。夕去。滋以养女与之,亦负而去,余颇恻然。

四日　大晴

画九河故道,一片杂水,殊无着手处,只可载今州县名意作河道耳,全无用处,然说《禹贡》不能少此图也。河、泲、淇、漳、恒、卫交会,当时实止一片水。

五日　晴

干、薛去。自检《水经》。看完夫诗,颇有进境。齐七治《周官》亦有眉目,为分表层次示之。

六日　晴

看《水经》。删除破荷,看园葵已萎,胡卢垂实,菜土全荒,无人力作故也。

七日　晴

得邓婿继室书,求干馆,复书喻之以但能衣食不能立家之义。云溎郎复往江西矣,真黄氏之患也。疑邓七丈亦有不合。

八日　晴

遣僮下县,备半山冥寿之奠,并以十元与邓妇。夕在楼上见两信足问路,唤入,云益阳来,送竹器。则赵质庵求信东吴也,且令留止。

九日 晴,有微雨

令齐七黏帖地图,以《周官》讲毕,将出游也。李生送羊肉,盖秋祭分胙。

十日 庚戌,白露节。犹热

赵信去。冬女来,云尚是未嫁,曾一见,留之不住。移砚入内,作《黎墉碑》。待船不来,诸女办具甚忙,夜半乃云方僮不归。得〔复〕女送菜来,且请轿迎,佣工并困,惟馀史佣一人,家人佣妪亦倦卧,不能兴,余独秉烛以待。自子正至寅初,为时不久,而如一日之长。

十一日 阴凉

半山若在,遂满六十,例有岁荐,为加灯彩,晨作汤饼。齐七入行礼。将夕始荐,先辞宾,以便早退。设荐毕,遂不待献。

十二日 阴

方僮还,已不及事,致果树六盆,仁裕合所购也。检帖包黎儿行状,已将腐败,乃为作墓碑。夜雨,田生来讼烟,初未知之,答云不见已乃幸也。

十三日 阴雨

作《黎碑》未成,直学汉碑,不须结构,亦不放笔也。为陈郎看诗。夜阴。

十四日 晴

看近作谀墓文,居然得十馀篇,是非未颠倒,但人言不一,恐有过誉者。夜月,未甚皎镜。

十五日 晴

晨督工铺设,黄孙未能照料,责之,仍泄泄近书痴矣。诸女妇来,大要求干讼,避之。与干同舟访沈山人,女婿、外孙从,并携畴孙步过桥,溯云湖,见龙港幽深,移泊步上。里许至麻塘弯,山人方锄土,久之乃出,略谈开垦事。方僮发沙,亟还,更至龙塔,看退圃《石记》,大有征引,宜其自负。至通湖桥下船,还桥市,回看刘六翁,步月还,甚汗。张生候久,坐,召与谈,令无言礼节。久之乃入,单衫受贺,男女亦数十人,皆草草应接。夜月十分,不能久看,困卧甚酣,醒已明发。张生去。

十六日　大晴,复热

竟日闲坐。夜作酪,食鸭,甚甘而饱。月明人定,赏玩久之。将军去,陈佩儿来。

十七日　晴热

陈佩儿复去,云美国绝互市,美人皆去矣。得女亦去。午后风凉,夜遂狂风。

十八日　阴。风凉,夹衣

钞《黎碑》与朱生,还陈帐。文复满一本,皆谀墓得金者也。看陈兰浦水地图,纯乎宋学,在胡、齐脚下盘旋者,不及汪梅村甚远。取《世说》授黄孙,欲医其俗。

十九日　风,晴阴

写字数幅,无墨而止。黄孙读《仪礼》毕五篇。午后看船,甥、孙并从,至山塘尾,有一处可筑亭馆。

廿日　晴

将送女上衡,已亦出游,家两女未便在山庄,劝令暂入城宅。船工未毕,且待数日。

廿一日　晴。连日大风

写字磨墨不给,或作或辍,摸牌时多,黄孙亦辍讲矣。朽人又来。

廿二日 晴

写字半日。庸松来，商出处，告以止可江西。崔甥来，已不省记，未饭去。佃户送租。

廿三日

晨起，忽欲入城，干将军已先知，早待于路，大似白石大王，因与同上船，铺派可坐，遂发行李。坐船上半日，令女来看船，乃迎真来，真未言船小，不待再看，徒劳往返耳。刘南生来送鸡，殊不能作主人。夜秉烛写字。

廿四日 晴

料理粗毕，殊暇无事。昨梦与皞臣同行圃中，已而皞臣短衣，劼刚夹衣，自一路行。余同何人一路行。云得边报，北方节镇兵溃，有人改易奏章，余亦为点易之。往一节署，寻幕府，问报到否，云已知矣。因问补救方，余言不遑言战，且须自理，遂散去。念皞臣久不见，何缘从劼刚行，欲寻之，遂迷失道而醒。

午登舟，齐七、宜孙先至，四女后来，发已将夕，泊姜畲。田生送寒具。新船漏浸，复添小船，滋独移行李。黄孙已与刘兰生从陆到县去矣。

廿五日 晴热

午初到杉弯，移行李上周船，齐七亦同舟，黄孙未至，正开行，见之，余欲招呼，周妪云坐船在，彼自能识也。及舣县城，乃芒芒从陈生来，立树下热甚，余不能出，遣招令上，云未朝食。三船一饭斗米，至夕仆妪多饥，皆愠反唇，长沙人尤甚，滋亦长沙人也。过昭山，丛桂新香，余舟独进。

廿六日 乙丑，秋分。晴热

晨至省城，后船未至，遂先步入，齐七从行。至玉皇殿，余误转右行,遂绕通泰街、长城隍祠而至家门。令宜孙识"友"字,乃疑不入,家人均未起。朱稚泉来谈,儿孙出见,欲遣迎女,未知其迟速,顷之黄孙来,云已上矣。四轿夫力三倍,近日马头已有洋派。窊女旋至,已过午初,胡婿亦来。新闻纸无新闻,斗室顿增十馀人,喧哗拥挤,陈婿乃从李生同旅客寓,亦一新闻也。计此行亲戚九人,男佣三人,女佣五人,瓜葛两人,俱令留城外。遣约笠僧造湖亭,夜来,送《东游记》。

廿七日　晴热

刘小姐、余氏二子、朽人、涂孙、曹郎来,皆有求于王莘田者。青莲僧请斋,固辞不往,唯见王莘田,问涂消息。家丁求荐者纷集,皆摽门外。程太守书来,求寿序。

廿八日　阴,稍凉

倭僧来,言中土僧徒庸陋,此来甚悔。又云倭民与执政为难。余云权执政更劣于中政府,以为民役必不才之甚者。中土今求通文理者甚少,盖不如昔时,菁华竭矣。

顷之李生来,亦言外夷皆欲效专制,而端方乃方议立宪,今之愚也。胡子靖来,引夏入。袁云罗、杨革命思想,其沮授之流乎?黄海孙来,为余子谋甚力,姑为一谋。

廿九日　晴

晨至邬、张、蔡处,皆不遇,反遇刘小姐,亟还,小姐已来。避登舟,召周妪来料理南北船,附得一南船,乃入城发行李。船人云,明日乃可行。诸女照相。作书与裕、廖,皆为提爱。夜雨。

晦日　雨

张僮觅船未得,昨船已去,轮船价贵,行李又不便移载,改觅汉口煤船。坐船湿漏,亦改拨船,且留一日。二谭来谢,兼求文。招朱生吃烧肉。刘兰生来,张、李生来。

九　月

辛未朔　雨

下船促发,坐待纨、真未至。旁有官舫寂静,唯两三人,莘田扶上,旋即过余,后更有一人,则桐轩也。茶话久之。两女来,移行李上小船。齐七、黄孙来,在王船小坐。功儿、两孙并来,李生亦至,将夕去。移舟南上,拨行李,从者四人,余留坐船独宿。

二日　雨

昨试船,帆风甚稳,仍令两女移上,强而后可,犹仅得纨母子。拨船促开,女佣未得过船,乃改令周儿护送,仍还西湖桥,已再往反矣。恐真船不待,旋促随发。余过煤船,船主未来,遣王佣寻文柄。健孙来相看,因令同游,黄孙亦入城,约明晨共上,仍宿昨岸。

三日　雨

胡子夷送拣字。《诗补笺》仅得一本,在城未敢开看,今始看之,《凫鹥》五"尸"犹未改正。北风挂戗,行半日,仅泊涝口。

四日　雨。北风仍壮

西至靖港,遂泊。齐七讲《诗》,余校《诗》,黄孙读《燕篇》,唯健孙无业。

五日　阴

行六十里泊湘阴,时有飘雨,夜亦有雨。

六日　晴

舣芦林潭,看货,新兴米厘也。潭市不便泊,泊吴公庙,久之移泊营田,方晡耳,以待风,故止,颇合吉行之程。

七日　晴

夜半开行,云有顺风,晨起已至磊石。齐问"夫圭田"笺云"夫田、农田",何以无征?初忘其注,不详。盖据《孟子》书馀夫而说。《孟子》不可说经,然可说《王制》。《司勋》言"唯加田无国征"①,馀夫田亦加田也。又五岳下皆有诸侯汤沐邑田,则每方应馀二百馀里之田,未知多少。大要百亩以上须三万亩矣。

晡泊南津上港,无店亦无港,云去城较近。三子入城,因留宿复心寓。

八日　晴

孺人生,停一日。将邀复心游君山,移泊洞庭庙城西北岸也。将上岸,复心兄弟携两孙来,托借红船,饭毕即发,两孙不从。舟行甚久,前游甚快,此乃极迟,几三时乃至,洞庭庙、湘妃庙皆破颓矣。循左手入山,寻崇胜寺,制茶公所也,旁有救生公所,后有湘灵宫,左有九江楼,昔年直至其地,今则荆榛塞径,二吴久亡,无人过问,岳士之荒陋亦可叹也。

前赋君山,但咏水中山,今乃细玩山景,别为一诗。《同二陈游君山》:"神山引余舟,重湖漾天白。良辰朗清秋,携朋造灵宅。横簪带平波,沙径散芳若。池林状崇深,一丘自成壑。始入如可穷,转幽更迷适。三陟寻西楼,空明旷超怿。云构偶兴衰,仙游岂朝夕。春茗怀新芽,月桂香晚石。选胜期再来,无为谢劳剧。"夕还饭船上,复心去,仍返行十里,泊昨宿处。

九日　晴

晨行仍过昨泊处,未舣,北门看厘票,顷刻便至螺山。"临湘西

① "征",《周礼·司勋》作"正",正、征古通用。

塔向螺山，百里江程顷刻间。名士久无王漆室，榷官新改陆头关。神鸦乱后谁抛肉，戏鸭洲前尚有阑。且喜江村近繁盛，酒家眉月似眉弯。”神鸦久不至矣，今来集樯上，复有承平之喜，食肉三条去。夜泊老弯。

十日 晴

移舟宝塔洲看仓。舟人求与榷员相闻，遣告李正，则太守顷之自来，勉林从子也。初未相见，与程生至交，小坐去。又送广罐、蜀面及《帅抑斋集》。朝食后开行，泊牌洲下港，汉阳地。

十一日 辛巳，寒露。晴

昨夜月佳，泊穷港，今晨早发，行百馀里，泊鲇套，正欲舣江夏，适如我意。三子上岸，秋阳甚烈，遣僮看岳将军。顷之岳来，忘其有弟丧，竟未吊之。闻有客，乃促令去。仲驯及从兄伯尊来，久谈，留饭。齐七未还，月出去，两孙亦还。驯子又来，遂宿舟中，言恒子观察来迎瀛眷，杨度女为女界特色云云。

十二日 大晴，晨无露

遣纯孙吊岳尧仙，题一联挽之：“笃孝允家风，官薄未能偿一桂；送君如昨日，客游犹及奠生刍。”李如槐来，云马先生已往湖南相寻矣。此次避恩有效，令人身轻气爽。船不能抵岸，遣人附船，乃从行户觅之，既已写票，事不得已，令炭船入汉就拨，收集徒众，遂及晡时。岳生复来，促之去。到南岸觜已夕，遂泊。

十三日 晴

黄孙生日，昨令看戏，未云，以岳生送菜餔之。朝食后将雨，换船，欲抵岸，云仍不可。既不知其故，亦不必强也。黄孙登岸，余仍在船，请发人，云每人价六十，又不知其故，此皆“示我周行”中所应考察者，不必出洋也。闻岑弟开府，未详所以，亦当考察。

十四日　阴晴,大热

仍泊朱家巷。昨夜汉阳火。岳生复遣人来。陈驯书报李侄开缺,岑起代李,岂袁欲结暄耶?何忽忘本。未夕阴雨,船仍不发,又舣一夜。

十五日　晨大雨

朝食时发,过朝关验放,戗风行,始濯足。翼际山北一丘甚秀丽,六十里过蔡店,厘局看船。雨至,遂泊对岸。夜大风,久不寐。

三张同姓复同乡,不及岑家棣萼强。五满一徽尊一豫,东黔闽浙可怜湘。

十六日　晴,始绵

新沟买菜。汉川地。缘堤多柳,昔人言汉阳柳色,有以也。戗风船侧,不能作字,夕泊汉川,百廿里。夜魇,闻呼声不能应,再呼,强应一声,则岸上人呼也。

十七日　晴

朝食后过鸡毛口。船人云寄马口。作樊云门寿叙成,比吴文为自在,比鹿文则不可同年语矣,樊颇知六朝文故也。夕阴,过分水觜,云已行百里,未宿,更缆行十里,泊羊楼沟,汉川地。登岸行市,循水还,微雨旋止。

十八日　阴。

朝食得饱,大睡,午起,微雨。沙岸崩房屋颇多,亦无向密林平沙。雨后复见日。行八十里泊仙桃镇,自新堤过沔阳东,今到沔阳西矣,正十日行百里也,亦胜不行,乃知动必有功也。晡后两孙入市,可一时许乃夕。

《过仙桃镇感怀周寿山》:“乌衣朋辈数神童,归向荆南叹转蓬。下濮田荒难学隐,上司雷过只如聋。晚投关陇从袁虎,空托师门敌李鸿。骠骑定应惭第五，更无灾难作赀翁。”

十九日 阴晴

晨发甚早，夕至岳口，微雨，沿岸无可观，唯砖岸颇整，工亦甚费，行百五里。“北风吹浪急流浑，水驿生疏积思烦。暮雨孤帆收岳口，平堤秋树隐天门。旧游春梦知无迹，新曲夷歌只自喧。独咏汉阴移柳句，不辞搔首向黄昏。”夜雨。

廿日 阴晴

船人托云逆风，休息一日。发程太守书。夜雨。

廿一日 雨

再停一日。夜出，捩指裂爪。孔子生日。

廿二日 晴

缆行六十里，泊泽口，潜江地。“寒日荒荒独浪流，不成清汉不成秋。崩沙有尽从淘浪，古戍无人独系舟。估客渐稀村犬瘦，稻田频歉渚鸿愁。游人岁月何须问，十日行衣换葛裘。”

廿三日 晴，南风

戗行九十里，泊新埫，荆门地。晨有霜，可重绵。

廿四日 晴，复煊

十里舣沙阳，有荆门州同。换钱买菜。“盘堤有路记沙阳，曾笑当年举子忙。英杰几人曾入彀，朝廷无事可更张。已闻论古推秦莽，谁复昌言辨墨杨。寄语宜春傅先辈，鹿鸣难复奏笙簧。”沙阳盘堤大道，今无行人。袁州傅太尊约余重宴鹿鸣，故有此寄。午后开行，五十里宿黑麻塘。

廿五日 晴，晓寒晨煊

《安陆道中作》：“浮云迢递眇愁予，吊古重经故楚虚。三叠烟峦长点黛，一簪秋发不胜梳。堤沙激沔黄流壮，郢树迎霜绿意疏。津吏莫劳频借问,几时删改算缗书。新设船关,甚违定制,未知所由始也。”过马良始见山。唐涧买柴。陆道去城三十里。夕宿师子口,未问远近,约行六七十里。

廿六日　晴煊

朝食后至安陆府城封岸,舣樊城庙,渡汉至城,云七八里,未能往也。登岸看税船者,直以船名分钱多少,少者犹千馀。余所坐船,索五六千,与一片,减至三千。云堤捐也,起自某巡抚,十馀年矣,疑谭敬甫所为。交钱即发。南风帆行,夕泊龚洲,云六十里。

廿七日　晴煊

汉水流急,常若有滩,远山平望,秋色可玩。夕宿流沟戴家集。有二炮船,一丁自云衡人,来相闻,言夏抚眷自此路去。盖未至而开缺矣。今日行七十里未能,五十里也。夜煊,多梦。

廿八日　晴

书与余尧衢,岳生意也。行五十里,早泊茅草洲。未能日课一诗,且复首又一首:“沔水东流激箭惊,顿令赵客动归情。抽帆早误南风信,报远频闻北雁声。青草藉沙渔坐稳,乌篷传鼓戍灯明。宜城桑落应犹早,白坠如胶且试倾。”今日无风,可单衣。“节过霜降尚单衣,共爱晴秋逗夕晖。巨石横烟不须树,崩沙积浪遂成矶。眼中郢路悲三户,指下牙琴叹七徽。此去商山差自慰,白头轻出未全非。”两孙上岸,还云帽子洲,非茅草也。五更风。

廿九日　阴

守风未开,四面皆秦声,作野菊诗,未录稿:“久过重阳不见花,秋光犹在野人家。且宜对酒陪新咏,直恐题诗感岁华。汉女双珠元自解,陶公三径更无加。御筵未抵霜潭盛,莫怨疏篱暮雨斜。”

十　月

庚子朔

因黄孙读《春秋传》，讲十月庚子孔子生，《传》作十一月，一鲁历，一周历，故不同。周十一月今九月，是月朔日食，前月亦食，蒙气见二日，圣人在下不得位之象。欲发明其义，因作一诗："子同生日比生缘，左穀何须记圣年。谁辨四时周夏鲁，为分三世见闻传。阳精频蚀知天意，尼祷占房记日躔。莫把庚寅比庚子，陈经未若拜经贤。"

午初始发，宿宜城西岸窑弯，去城三里。两孙入城，云县令学警并兴，记功得意。夜雨。

二日　晴阴

东风帆行，旋转北风，泊洲上。上岸散步，柿柳杂树，平野可住，傍水沙石陷垫，未能畅游耳。云地名巴洲，去县十五里。"东风吹雨叶舟轻，散步前村看晚晴。湖女共寻绵马齿，酒家空说古乌程。青林赤柿遥相映，素岸金沙远更明。随处安家便堪稳，故应庞孟肯躬耕。"

三日　阴

昨夜大风微雨，今以得发为快，又得小顺风，尤为幸也。"巨浪掀舟睡不酣，起看帆影映晴岚。秋风梳柳条条绿，汉水澄波渐渐蓝。禹迹更寻邔滋北，游心先到鹿门南。老来无事能消日，小别铜官月又三。"行五十馀里宿刘家集，去鹿门数里，云山有佳泉，到城始知之，悔不往游。

四日　晴

顺风，帆行六十里至樊城，初以为先至襄阳，樊城乃在城南也，汉西岸。渡汉入东门至道署,似行乡间,乃无一人家,郭兰生已先至船矣。船邻来一冒失人,云从新疆还,姓吕,蔡与循年侄也。先云游幕,后云就亲,云系疆抚潘女婿。两孙上岸,齐七守船。道署见三郭,又戴师耶字金城自来陪。久之主人乃还,固要三子入署。又告提督来陪。提督夏南溪毓秀,前在蜀似识之,及来乃云甚熟,情意甚亲,留一饭,因许留,兼游习池、鹿门,戴师为之料理。初更后三子来,发差呼船,乃得移城下。二更乃得食,酒后还船,又误投大北门,还至小北门,船宿。看报,湘抚移浙矣。但少村病故,当已九十,而官年八十二。

五日　晴

晨起看德政碑,至汉皋楼,门扃未入,接官亭也。郭炳生巡检来,正辰正,可云有信。待船上饭后乃同舁北门,直出南门可三里许,中有昭明楼,云梁太子读书处。南门壕水深广,沙路杂石,循汉可十里,取山径至习家池,云水自地涌成池,入汉径至鹿门山,成一泉,水色不乱。康熙、乾隆、道光初凡三修,始有花木亭台。毛会建为许养性作记中则北平王奉曾立祠,后则吴凯建四贤祠,祀三习一山,云皆应祀典。习郁、习珍,余未之闻也。又有王庭祯,则同治间人。王文韶梁上题名,盖又重修。正欲往鹿门,郭观察已至,云鹿门须自刘家集往,习池对岸则观音阁,至城卅里,遂不复往,约游岘山、檀溪而还。

土人无知岘山者,乃引余至张柬之祠,看梅花石,复引余至乱山中,云是岘首,乃是一破寺,题岘石寺,云上有石洞刻字,余不能往,以兰山不能步也。告以此非岘山,乃云在路傍,名羊杜祠。山川能说,与多识草名正同,土名随时变也,客游问路难矣。

下山还城,日已将夕,提台催客乃还。入南门,转东,衣冠至夏琅溪处答拜，无陪客，临时邀汪师、刘中军水金出谈，戴、郭亦来。夏妻作饭请客，强余加餐，为尝一瓯，初更散。夏、郭又送路菜，还船即睡。号房又来索钱，命吹镫闭仓乃去。

六日 晴

船人殊不嫌逗留，日出未开。自起看，过城西门，大堤工甚完固。

“沙明重见仲山城，曾是朝天第一程。西路车轮已生角，大堤歌管不闻声。关曹苦战无荒垒，羊杜交期叹九京。物役徒劳人事改，茫茫落日壮心惊。”襄阳古来重镇，今无居人，盖流贼所毁，今未复也。作诗吊之，诗不能妥，以虚实难恰好也。习池作则差可。“鱼竹侯家旧有池，鹿门西岸岘南垂。灵泉入汉通仙涧，杂树成阴覆古碑。地主暂留同试茗，山公曾醉莫空卮。粗沙碎石归来路，犹惜当年马上儿。”行卅五里早泊牛首，夜大风，数发数止。

七日 晴风，稍寒可绵

说大东纯乎官话，一洗告哀之陋。缆行卅里，戗风行十馀里，夜泊谷城，云去县数里。

襄阳形胜锁南荆，九代繁华有变更。旧镇楼高秋易冷，大堤人去月空明。卧龙何处寻茅屋，放虎无端误谷城。今古英雄多少事，卧闻流汉夜涛声。

八日

晨发，至仙人渡，两孙登岸，张僮从，复下取郭扇，几落水。促船急行，夕至老河口。遣寻两孙不得，行侣频来问信，应寻船者反不来，可怪也。夜冷无被，夜宿谁家，待至月落乃睡。

九日 晴

再遣寻人，岸上声唤，两孙来，云船已顾定。令船泊岸，登市欲寻面馆,黄孙不能从。三人行市,可二三里,更无一酒肆,至茶馆啜茗。船边徙倚,市有新城,庚寅所修也。街店盛于樊城,云厘税至岁四十万。过午乃换船,吃面。夕发,过厘局未看。夜饭,两孙不饭,即泊局上。光化地。作李碑成。

十日　晴

船户登岸去,朝食时乃开行,余尚未起,及余朝食,已向午矣。有陈梅勤[勤]相约欲同行,待至晏犹不至,未能遣问为歉。彼陕人也,云其兄代晴生署咸宁。作李碑铭,亦系本色,无古法,所谓宋版《康熙字典》,其价宜在宋版上也。张僮踩破笔管,亦是罕事。"洲边系缆待移巢,且步旗亭认碧旓。市俭喜知羊肉贱,盗多常备犬牙交。两三人艇通丹淅,百万商征算斗筲。秋点寂寥清不睡,起看弦月下林梢。"行五十里泊沙陀营。

十一日　晴

入淅水,始见红叶。南风,帆行过高港,有厘局,十馀里泊李官桥,行六十馀里。夜闻狼嗥,入河南淅川地。

十二日　辛亥,立冬

看《史记》。

"百曲清川泛小舠,弘农南界去滔滔。定无□□□尧战,□□沧□□禹劳。析水屯军曾鼠斗,乱山初夕听狼嗥。无眠尽夜看秋月,独为怀王咏楚骚。"考秦、楚战地,未知析十五城所连跨,盖并均、房数之,其汉中别为镇也。秦封商君以制楚,实为得计。行五十馀里泊韩川。

十三日　阴晴

五旗双桂直徽三,二豫袁家恩宠覃。东浙闽黔聊备数,江南假节胜湖南。

行五十馀里，得顺风，泊析川，云将改为州。

十四日 阴煊

看《史记》，宋襄作颂，尚阙征引。舟人假归，三人三假，遂消一日。顺风坐过，犹行卅里，宿大石桥。

十五日 阴煊

索水不得，取炉自煎，僮佣皆愠。黄孙作诗一篇，亦有可取，为改一句，便成佳作矣。夕微雨，舟人不来，篙工懒行，遂勾留一日。宿黄鹤街对岸，行卅馀里。过一石山，山寺犹存残柱，云娘娘庙。

十六日 阴。北风

行廿馀里，泊沙滩。夜雨不寐，时有小漏，至三更乃睡。凡五梦犹未曙，得句云："如有永夜术，五觉犹未明。"析水至冬不成川，片水片沙，故为"析"也。

十七日 大晴

清川片片岭孱颜，豫雒华离镇一关。雨后晴光霜信到，风前雁字锦书还。□烟乍起横苍鹳，卧石成堆误赤斑。从古中原扼秦楚，南河闻道往来间。

行廿许里，午后至荆子关，登岸散步，有一营及分县。县已改厅，犹云县丞，谬也。

十八日 阴

齐七讲《载芟》"妇"、"士"未能通，如郑说是一出村戏，如我说又不合情理，依违久之，已夕矣。今日将午乃行，泊襄河街，云卌里。沿岸皆石山，体秀而形乱。

十九日 阴。连日阴霜，始有寒意，可小毛

改《诗笺》，始知王有见藉田农妇之礼。盖亦以教天子有家，其妇女充后宫，无嫌也。王者亦当小饶娱之，故蜡作罗襦致鹿女。夜

泊草场滩,入陕西境,商南地,行七十里。

廿日　晴

晨过戴家河,有市店,站口也。偶忆庚寅此月一联,小雪衣夹,弹指十六年,事过境迁,逝者为陈人,余犹多所贪求,诚为痴矣。夜宿皮家弯,行六十里。山柿一钱一蒂,因改为椑弯。有月。

廿一日　晴阴。晨有重露成霜,不甚冷,似深秋耳

夜行不止,至二更乃泊,行八十里,宿竹林关,商南地。

廿二日　大晴,复煊

朝食后过瘦狗滩,盖漱沟也。乱石成沟,仅容一舠。行六十里,泊湘子岩。

廿三日　大晴

村人云陕不雨三月矣,山粮歉收。行六十里,泊浪窝,夜不能进。先十五里,三子从陆行,寻程太守,以为必来迎,待至夜分不至,终夜未安眠。

廿四日　大晴

行一里许,便望见龙驹砦,船人停舟早饭,巳初乃至。三子仍来迎,云太守入省,代者未至,唯吴师耶耳。顷之遣异来迎。湘阴吴阜安,菊年礼部从子也。请代顾轿驮,作箱夹板,借盘缠。夕见废信封,发家信。宿厘局,吃鼓子甚佳,夏姻、龚生同席,来迎辎重者。

廿五日　晴

朝食后发四轿三骡,约共银卅两,借五十金而行。无正路,唯越山渡水。出砦可十馀里,有山坤甚佳,旁田皆种胡桃,中路如堤,多杂树。又有白皮树,似桐孤直,异夫云白样盖椅也。五十里宿夜村。前有一客,长沙口音,山阳号褂,初不知商州有山阳,已而来见,乃知竹汀儿,实缺也,似胜其父。云曾相见,年卅八矣。竹汀谥壮恪,有

五子。夜煊。

廿六日 晴,稍冷

行六十里至商州,州牧遣迎,云胡启虞,华阳进士。长安令得电报,樊司使遣迓,帅者已将交卸,代者劳牧,云甚明白。未来见,即不明白也。

廿七日 晴

四更即起,坐待舁夫至曙,初以其再三请早发,不知其恐我晏也。驮夫催发,则恐无店,亦不必早,此事不明言竟亦不知,人情信难猜哉。从州城至黑龙峪,但行水中。俗云七十二渡脚不干,今皆支略彴,路则平夷。所谓"高下入商州"者,出商州也;"潺湲尽日"者,尽日行水中也。词不达意,亦实写景。州牧遣送,辞之,但留一差。行八十里,至尚未夕,两得饱食。

廿八日 阴

过秦岭,疑不在此,岭亦不高,亦频渡水。尖牧护村,宿蓝桥,桥支独木,从石上渡。程生遣人来迎,云到已二日。梁咏谐、郭丙生俱差帖,大具供帐,远胜传食,迎者一丁四勇,皆乡人也。蓝关即峣关。

廿九日

晨发甚晏,遣商差还州。上七盘山,地图无其名,山路纡折逶迤,甚得制度,唐李西华所开也。西华未知其功阀,当更考之。七十里宿泄湖,土人读"泄"为"叶"。上山皆石路,不可步,下山土路可行,余步下六七里,遂得平地。蓝田令公出未遣迎,莱山家儿,宜不知事。

晦日 晴

廿里饭于野店。行十里,咸宁令易遣迎,云藩台自出郊。令取冠靴,遣僮先探。又廿里,将分路时,见东南数骑来,叔公以诗来迎。

午诒弟兄自出至东关,抚、藩、警员、易令均相待,入见少坐,入城至夏宅,与樊谈至二更。

十一月

庚午朔　晴

晨起欲出,叔公已至,云当往贺樊生。告以尚早,坚欲即往,不得已同去。樊果未兴,径入客坐,久之乃便服出谈,要至书案边看字画,又久之乃吃面而出。诣常少瑜、裕盐道、光西安、昭显堂、锡闰生臬使、曹竹铭抚部、咸宁易岱松、长安李少耶经江问珉,小泉少子、毓赞臣道台俊、王沔县声扬、郭丙生县丞,见四人,馀皆过拜。日已夕矣,急欲归休。因至程馆,戟传不在,见太守妻,留吃面。云门催客,闻叔公已坐一日,不能再挨,驰往已初更,又畅谈,二更散。

二日　晴

约午诒兄弟游曲江,坐车出南门,至小雁塔,复至雁塔,登两级,鸽粪满塔,唐僧不埽,小坐慈恩客堂。还寓,郑邠州候见,三妇族叔也。子复得二鸽一鸠,黄孙得一鸽,送程家充庖,早饭毕,已夕。咏谐送活鱼、烧鸭,丙生送烧豚、烧鸭,皆以充馔,饔飧甚侈。步与咏谐、午诒及齐七同看皮衣,求貂爪银鼠皆不得。还夏馆,戟传又来,同夜饭,三更又吃牢丸。看西安严《志》长明,号道甫,不佳。

三日　阴

晨起要龚师同访钟雨涛,小坐即出。过咏谐,云已至我处,急还。叔公出谈,云门俄来,久坐,两点乃吃饭,去时过午矣。谈翁师失君得君之状,令人齿冷。锡臬送菜。

四日　晴

朝食时毓赞臣来见,老实人也,亦谈李雨苍。午过戟传早饭,赞臣、尹凤翔昌龄,庶常改令、仲锡、吴敬之同集,未散。还寓,与午诒、齐七、纯孙步看高翰林旗竿,因至行宫,旧督府也。还过云门,留晚饭,便招午诒来谈,三更还。

汉宫唐殿,夕照外、并无禾黍。五载秋风,依稀谁记,前度雕阑绮署。反挂珊钩旁人见,也被笑、匆匆来去。看彩凤帷空,盘螭金暗,哑咿鸦语。延伫。　　翠緌鸣玉,朝班鸳鹭。想待漏星稀,退朝云散,看尽终南黛妩。古往今来,前因后果,留得许多词句。但一角,危楼无人共倚,朱颜如故。《二郎神》。

五日　　晴

云门送诗,未遑属和。戟传送银买皮衣百馀金。夕复过云门饭,周道台铭旗,懋臣、刘树南,瞻汉、尹仲锡、吴敬之、程四太守同集,二更散。复谈至子初,看石谷《西陂六景》,每幅百金,不值十金。

六日　　晴

将行,云门更留一日,约来谈,复不至,又送诗,并要午、戟同至藩署晚饭,至子正散。寄廿金与莪。

七日

忌日,素食,破例为程太守书扇。云门来送,叔公父子皆亲送至华清,樊、程、钟、易送至八仙庵。钦赐道士宗阳出迎。推窗看兴庆池,东院看黄杨树。右树大可荫亩,高可七矢,枝干盘曲,奇观也。左树小减,亦天下所希。晡,樊仍前送至霸桥,易咸宁设饯,以忌日更具菜食,程亦在坐,离情顿起。霸桥长不至百丈,自古为名,何也?见坐车折轴,余坐夏轿先行,以为必早至,及到骊山,夜矣。衣装皆在后。送者夏公三乔梓,郭丙生、梁咏谐、夏赓虞及陈婿皆先在,黄孙从余轿行卅里,纯孙后至,皆先浴。余欲浴第一汤,微风吹单衣似寒,乃浴腹以下,水不甚热。夜与叔公谈至三更。

八日　晴

晨不寒而地水冰,未知其理。昨车轴又折,再换装车,及辰正乃辞别送者。午诒同游,骑从,余舁至零口,未尖,到渭南未夕。刘大令供张,行馆在县署东南。已睡,刘来拜,便衣徒步,余不能再衣裤,请午诒见之。午诒不愿,因勉以世故人情之说,乃肯作陪。询之,云自七十里外赶回,人甚明白。

九日

晨起促行,轿夫不来,欲答访刘,恐惊早梦,日出乃发。行廿五里,饭于赤水铺,具食者不知尖宿有定地,亦余疏忽也。十五里过华州,看少华云阴不了,欲宿华庙,轿夫云尚有七十里,不能至,乃遣去轿夫,与陈、夏共车。十里昏暮。月行五十里,华阴明府遣灯来迎。十里到祠馆,已二更后。

践华期仲九,千里赴忱要。无霜悦春和,有月丽初宵。清夜循修涂,超阑骋联镳。星雾合灵扃,寂静启松寮。仙掌俯层楼,穹天未能高。凭关昔虎视,作镇歌柴乔。祠宫仅完修,周道眷西郊。金德傥重曜,谁能但游敖。

十日　晴

晨谒岳祠,登万寿阁,制甚宏壮,道士以未修角楼为恨。唐碑烧裂,仅存四字。朝食后步出催车,久待不来,两孙皆不从,比至玉泉院,正午矣。崔大令备兜子六乘,兜夫廿四名,用三兜五背。小坐即登山,沿涧东西十馀旋,折回张超谷。看鱼石,巨石十丈,水漂行三里,光绪十年六月事也。山寺院皆为水毁。度五里关,为第一关,又数里希夷峡西为第二关。关南莎罗坪,得小愒。所谓大小上方,在东数里,十八盘阪路盘曲。又里许,毛女洞,石林风游记云名玉萎,洞中时闻琴声。又里许,至青柯坪,皆谷内也。坪北见一峰奇丽,午诒名之玉女峰,盖小玉女耳。饭后闻午诒语声,出寻乃在院左,云得一石洞,洞顶石文黑白,谓之梅花洞。余视之,正似蒲桃。又一洞,亦有梅花,余未往也。夫力皆仰食道士理泰而取偿于我,唯携四千,不足酬之。

十一日 阴雾

朝食后上北峰,过回心石,兜夫云当步上,遂上千尺幢,石云即郦《注》天井。旁施铁缆,西折上百尺峡,度车箱谷。南上磴道甚斗,林云端人崖,俗称老君犁沟。又南为胡孙愁,祀一猴。遂至云台峰,即北峰也。上南峰,由上天梯至三元洞,大风,入督龙祠少避。欲还,风稍止,过苍龙脊,郦《注》谓之搦岭。两山间通一石,旁山斗绝,深谷若池,为登山最险处,其实可舁过,非吴猛所渡石梁之比。石云韩退之投书处,有石刻未暇看也。东上斗下,名鹞子翻身。复上至五云峰,出金锁关,石云即箭筈,通天门。时有斗磴,皆不甚远,舁夫必欲余步,余必欲舁,亦时下步。上二里许便得土路,且多下坡,再上即南峰,积雪未销。入金天宫投宿,五云道士来为主人。饭后上绝顶,齐、午已再上矣。观对山绝壁上出三峰,道士云赛华山,实华山一体也,从无人上。夜月甚明,迟久不寐,风已息矣。

十二日 辛巳,大雪节。晴

欲上东峰,午诒云玉女在中峰,东峰唯有秦昭博局。因踏雪先至莲花峰,即从下望若丛笋者。及上,无甚可观,旋至中峰,皆舁行。寻至玉女,醴泉未得。望西峰背石,花瓣如生,秀丽非凡,下峰回望,仍如簇笋也。时初过午,可以还馆,因促下。数里即金锁关,步下单人桥,入龙口,舁过苍龙脊。步下天梯,不入云台宫,直步下犁沟,三百卅五级。长揖猴王,报其息风之助。遂下百尺峡,通天门也;千尺幢,天井也。初以为尚有险处,见刻记知已过幢,遂无劳步。因令舁夫直还玉泉院,各赏百钱,其行如飞。至院不暇与道士语,与齐五并骑而还,至馆未昏。黄孙捕雀相待,饭烂不可食,索面,吃大半碗。道士来催捐,与以十金,兜背力钱十四千。

摒挡未竟,崔华阴来拜,字湘奇,戊戌庶常,桂平人。云从其父上华顶,又从升督部再上,本欲从我三上,会已行,不果。二更后云门专马来送启并词,限一日到,果依期至。复书写成已三更,遂寝。

十三日

晨与午诒骑访崔令,谢以未起,即还治装。午诒更送至潼关,假馆行台,到即登关祠眺望,雾无所见,还馆甚热。关厅刘蓉弟来拜,字季□,云在南学知我,言潼、函皆非险要,已成通道。两车换轴,关外辙狭故也。夜醒,室中已辨色,唤人不应,起视,月始斜,吹灯复寝。

十四日　晴

午诒不忍别,促车先行,不复顾之。过文家店,未饭。卅里尖盘豆驿。廿里宿阌乡。午后大风,夜月。

十五日

四更即发,月初西斜,行廿里天始明。又廿里尖稠桑驿,廿里出函谷,尽下坡路也。灵宝城在关北。廿里宿曲沃街,即安仁所谓"升曲沃而惆怅"者。曲沃不在此,不知何以名。《水经注》云以晋有司守塞故。

十六日

五更发,晴,过陕州北,尖池中镇,宿张毛,行九十五里。剃工云万历六娘娘幼秃,被选至此生发,故名"长毛",至观音堂换形,商州女也。

十七日

五更三点行,晴,冷水尽冰。五十里尖观音堂,下坡路。又卌五里宿渑池,渡一水。

十八日 晴

行五里天明。又五十五里尖铁门,未饭,渡一水,新安地。稍煊。卅里宿新安城,大店少。

十九日 晴

行五里天明。又六十五里至洛阳,周公所营已无馀迹,即元魏、李唐京制亦皆荡然,圣哲徒劳,可为三叹。刘丁必欲进路,日夕行至夜,卌里宿一井铺。

廿日 阴

行时天已欲明,沿雒西行,过偃师,又西渡雒,共六十五里。尖黑石关,有新修行宫。卌里宿巩。

西峰最明丽,云日寒嶕峣。入谷光已炫,回崖秀相招。践雪登其巅,纤云拂层霄。花英如石肤,玉映紫翠苗。其外千竹萌,解箨润春苞。似闻洞壑幽,未敢探山腰。即此悦耳目,又无登陟劳。古来多赋才,谁能状亭苕。至今云外人,但见三峰高。《华山西峰》。

廿一日

天明行过虎牢、成皋,皆下坡路,车行土巷,非阻险也。两旁平原,自可横行万人。午后阴,尖汜水东关,夜始至荥阳宿。

《华山》诗一首:“雍凉表天阙,维石发琦英。嵯峨涌厚地,巉削起重城。三陟五千仞,始见南崖平。法驾不能跻,跬步在精诚。苍龙伏其胸,自作天梯横。纠缦五色石,虚闻万松声。仙岳收视听,天池漾金晶。卓尔既有立,昭兹瞻仰晴。”

《赠樊方伯》:“昔年慕英彦,结交共屯艰。拨乱未反正,群公智已殚。徒遗凋瘵民,征缮岂能宽。闻有达政者,高才在卑官。听讼实知本,政平民气安。朱绂既就加,百吏皆改观。关陇今贫僻,不与治乱权。近欲崇节制,苟务兵食完。无信谁与立,奇谋空万端。荐贤非吾职,但念得见难。岁暮情有馀,感慨回征鞍。”

《灞上赠别樊山》:“征鸿久南飞,仲冬犹未霜。游心喜煊时,脂辖舍未遑。良友惜轻别,三宵进离觞。再送复远饯,帐饮清灞旁。居人有行色,徒御尽仿偟。余生固无羁,万里骛车航。见此不忍去,新知乐无央。生离昔所悲,寒树远苍苍。挥手竟超然,濡呴亦难忘。暮色忽凄寂,眷然愁路长。”

廿二日　阴。竟欲雪矣

喜不风寒,天明即行。七十里至郑州,犹不得食,入一店,送者请入栈,不能拒之,破例移往,幸饭菜有南味。拦腰一扁担,料理行装,众言不必,亦皆听之。夜作书寄夏、郭、梁、程,并寄诗云门。

廿三日　晴。大风

午出店上火车,送者辞去,未正开轮。过郾城、长葛,见县令送差,问知陶斋弟锦,字叔絅,往问讯,留谈。见程雒安儿端,程旋来辞去。夜至驻马店,起行李,至天保栈,乃得茶饭,饭后即寝。

廿四日　阴晴

黎明即起,上车,辰初开。车上倡优隶卒,坐立拥挤,非人境也。戌初至汉口大智门,仍入天保栈,取其近便。

廿五日　阴晴

晨率僮佣看船,三子亦出,出即相失。张僮误引至龙王渡口,自下寻煤船。余待久之,知其误,上至街口,遇王佣,旋引至打扣巷前待雪处。又久之,张僮未来,复令王佣往寻,须臾俱来,云船在对岸,划子拨上,便令作饭。张先王后,俱往大智门发行李,过午乃来。久之,两孙过江来,云齐七未至,遣看小轮未得,坐待至夜。齐七主仆来,云半日未食,又往来寻船不得,时已初更,不复具食,且俱宿船中。夜雪。

廿六日 乙未,冬至

起看得雪五寸,不先不后,知时应节,可喜也。小轮未至,定坐小拨。午后岳、顾两生来看,余正钞诗,与谈近事,并要至一品斋小饮,吃烧鸭、野鸡,又送上船而去,各为书扇一柄。

廿七日 阴

有稷雪淅淅竟日。兀坐舟中看小说,不复作生日矣。

廿八日 阴

移泊鲇套,半日不得到,到停半日,遂泊套口。

廿九日

晏起,船已开行。朝食后至大军山,晡时方过金口,欲宿东瓜脑不得,泊蠓子口,七十五里。有雨。

十二月

己亥朔 阴,见日,旋复欲雨,已而小雪

行七十八里,舣簰洲上。欲作《黄杨歌》,未有诗思。

二日 雪

船人早戒,因寻狗反迟,至辰正始发。行九十里,舣宝塔洲。看船,送勉林碑状还李正则。复行十五里,泊陆矶口。连日便闭少食。夜大风。

三日 阴风,有雪

晨发,船不得出套,久之乃活,顺风帆行百馀里。过阳逻矶,船甚簸荡,卅里闯关。过城陵矶,泊岳州城下轮拨马头,齐七主仆上

岸,寻复心寓。

四日

晨起待发,久待齐七,巳初乃与复心同来,送螃蟹。朝食后乃行,顺风甚驶,泊琴岐望。有雪。

五日　早行,阴见日,竟日帆风

二更后乃至水麓洲,欲趁城,不及,皆睡。

六日　阴晴

遣王佣入城,待久之不至,三子先上,余亦换船先上岸坐待,舁夫亦至,巳正从大西门入,儿女欢迎。道遇观察,问其出居之意,一言不发。张生来,余责其乱人家事,欲拨乱反正难矣。本欲即回乡,待周妪,乃停一日。窊女还。杨振清来禀见。

七日　晴

齐七、李生来。三妇携赣孙自乡迁城。谭会元来问学。子瑞来。定率两女还山,就乡船还,便俟吃粥而去。朱生来。尹和伯来。夜寒。

八日　晴

乡船索价二千,麾之去。周佃被火,来谋兴复。程生来见。尹和伯、王理兄来,未见。客去食粥。胡氏外孙女来,留吃汤丸。夜寒稍减。

九日　晴

船去不成行,廖荪畡来畅谈,李生来论磺卝,两人各持一说,不相合,并拂衣而去。蒋少穆亦来诉卝事,皆以余为干与,其实未过问也。争利有何曲直,亦非余所当问,且入摸牌。夜饭甚晏,倦小寐,旋起解衣。

十日　晴

房妪未明即兴,余亦早起。舁出城,附轮拨至县,正午时,凡行卅刻。大雾人挤，先遣觅小船未到，划子送至杉弯，呼得一船，抽篙即行。到落笔渡已昏黑，乘月至姜畬，犹未朝食。王佣寻至，唤周儿上船作饭，房妪昏睡不能起，竟日未沾水米，唯吃蟹饺数枚。二更到湖口，王佣来迎，舁还。方僮夜出，云不能守舍，且游且赌，余之不善用人如此。史佣甚诚笃，又无干用。文柄复来，竟不出见。三更房妪乃饭，匆匆就寝。到家即雨，与到汉口遇雪，见转移节气之幸福也。

十一日 晴阴

许女来诉。方僮及土工厂砌工检屋。大理衣装，分为二箱。看《水经注》，作《华山记》。

十二日 庚戌，小寒。晴

代元妇携儿来。缝工来裁衣。遣史佣送衣料与诸女。无事，唯书游记。方僮入城买烟。

十三日 大晴

倪叟来言退佃，许退百金。方僮还。作游记毕。夜月。得曹东寅书，送杏仁。

十四日 大晴

干将军来。召工泥壁。钞汉碑。夜月，开窗赏之，四更月隐有风。屠肆来求免学费。文吃送鱼粉。

十五日 阴风有雨

家门二人为屠所使，出示黎承礼禀，群儿妄作，实可闵叹，笑遣之去。谭屠妇又来送豚蹄。

十六日 雨寒

盛团总来，求起学堂，筹烟捐，云铁路得二千金，已撤局矣。钞张昶《华岳铭》，郦道元盛称其文，殊无可观。

十七日 阴，有雪

滋来书言乡中事，耳目甚长。史佣担豚来。午寒向火，夜暖微雪。

十八日　阴,午晴

打掉一日,写一联送韩古农庆云。干将军来钞游记。

十九日　晴

检衣箱。张僮来。接缝人加工。盛团总来。作告白禁赌,罚三子、方僮,以警盗赌。

廿日　晴

张生来,言学堂。王街总来,言禁赌。张僮先去,令文柄从之,寄食王恒止,皆无父国人也。

廿一日　晴

侵晨戒行,午正始发。房妪闷船,便令由陆,以看视妇女为名。晡时舟至湘潭城外,待僮妪将一时许,僮从至县。见任三老耶,说官事毕即登舟,待妪至初更乃来。盛生、张屠、杨孙俱来相看,避嚣亟行,一夜泛泛,五更二点到水麓洲。

廿二日　晴

晨移草潮门,步入城,以轿迎妪。到家,家人俱未起,待饭甚晏。窊女来觐。书与程生索银退佃。李、张生来。两儿来见。如韩湘子还家,世情尽矣。宜孙仍留未去,朽人、尧牙、张四哥同来。

廿三日　晴

晨出无所往,闲游荷花池,还。胡氏外孙女来。朽人又来。汪学堂来见。谭会元亦来。程生、尹和伯夜来。王莘田来。邓婿来。夜送灶,尚无年景。三妇来。

廿四日　晴

朝食后笠云来,请明年出行饭。因与同访邬师、胡子仪、朱纯卿、王芍棠、孔播阶,邬、孔未遇。还,纯卿来谈,张生告归。暮访金妪不得。

廿五日 晴

作文卿碑将成,文思不壮,姑止不作。会元及龙芝生亲子来。吴妪来求金。三孙散荡无聊,且令钞书。借《辍耕录》看典故。步访莘田,遇张立之儿,彼不知六十年前周旋事矣,然可与抚台来往,故是跨灶。

廿六日 甲子,大寒

朝食后访一吾、会元,并不遇。还看日报。夜雨。为汪孙书小横幅。

廿七日 雨

程生来。会元、李正钊、胡元达来,正钊眼子,吾误以为梦颠。谭出李东阳像请题,上有覃溪时帆翁师傅题,盖以其出旗籍而喜之。一吾暮来。

廿八日 雨,欲雪

程生遣迎一饭,未晡而往,遇吕八牙子,不忆之矣。又有李萃轩、尹和伯、旷凤冈,功儿亦在坐,半日席散,看三王画。

廿九日 雨寒

作谭碑成,即日送去,今年无债矣。黄妾来迎滋母子,欲令劝和,往迎,云须住数日。二更后又还,云黄婿有病,甚瘠,亦可云长命。

除日 大晴

人心甚快,家中起甚晏。二谭来谢,未见。朱、程生来,亦未出。湘孙、窊女均还辞岁。三妇亦还,自立门户,仍云人众热闹,未知其独往之意。“倭奴”则已勘破红尘,视骨肉如土苴矣。三孙亦无团意,盖世运所趋,人不聊生故也。年饭甚早,待祀灶稍迟,亥初行礼,祭诗毕已子正,遂睡。寝户未扃,时闻人往来,最后呼问功儿,则已寅正。

光绪三十二年(1906)丙午

正　月

己巳朔　　晴

功儿昨睡晚,不能早起。朱生来拜年,尚无接待,自出见之。程生来,黄翀县丞过班来,皆与接谈,李生来则未能出。胡婿子女均来。夜掷投夺状元。半夜雨。

二日　　阴,有雨

命功儿出应酬,轿钱须千数百,佣工自舁。席沅生来。笠云接出行,请合家三代。三子皆不往,命纯、宜侍行,觅轿夫不得,乃步往,泥行颇蹋蹶,将至而雨。倭僧先在,明果、道香、宗镜、青莲及两孙同吃年糕,便入坐。言碧湖起亭,梅晓愿包工,以五百金与之,听其所为。梅晓复欲于旁造寺,亦假予名,佛本外夷,无中外殊也。借轿往赵坪王家,益吾请陪爵帅,客皆未到,看仁寿班。顷之报子、沅生、诸幕可升、程生皆至。夜演镫戏,久无此升平风景,人以为侈,吾喜其存古也。二更后散。程生送谭道台关书来。

三日　　阴

为谭会元写字,题李西涯像。廖荪畡遣人来迎,约俟见日。湘孙还。李生,颜孙来。程生送银半千,即令纯孙送开福。金妪来。

四日　　晴

黄花农小儿兰萱来见,以道员分湖南,但旭旦流辈也。初与其家相通，随往答拜，并及亦峰长子，亦初相闻。王芍堂约看戏，城中土老多在，诸幕亦与，二更还。

五日 晴

路澈可行，出城展墓，由老龙潭至西湖桥铜元局，访裕蓉屏，便留吃饽饽，晡还。曹婿、陈儿自湘来。李生来报程生被代，代者匏孙，诸人又皇皇于干馆矣。夜掷投摸牌。

六日 阴

闭门谢客。陈雇工、徐元兴同来，未见。见谭会元，谈收心法，以写字为日课。六耶来送年礼，又当办公，殊无了日。夜煊。

人日 晴

小疾畏寒，少食多卧。作春卷应节景。得茂京书。看晋石刻钞本。夜风，正困卧，闻健孙詈语，起问乃与外孙斗气，唤黄孙问之，殊不愧怍。孙辈胆大心拙，殊为可哀，儿女亦俱不乐。得荪畡书，约至其家。天气未为佳，既约不便辞改，且扶病去。夜检衣被，便还山也。

八日 阴，颇寒，幸无雨

待廖迎力未至，以为改期。晏起，闻夫力已来，便舁至永兴街，又换一力，出城渡水麓洲，二渡已将午矣。小愒龙王市，从柏叶铺过杨厚庵墓前，宿黄泥铺。径路幽静，亦时有舁担，但无年景，店亦可住。

九日 朝晴见日，风起，俄阴

出善化境，五里油草铺，入宁乡，欲寻智亭逗留之地，无可问矣。卅里至龙凤山，周尚书祠在山北，童家屋稍在其南，山更在山①，非高山，盖葬家名之耳。又五里廖遣人来迎，舁至南田亭，又遣镫迎，时

① 此句疑有脱讹。

尚未昏。行十里至横田廖家,荪畡迎于门。又见一客,云王章永,字杖云,王学士之族曾孙,新化教谕。廖二、四、五、六子皆在家,出见,妇女馔具洁清,旧家风也,然有更夫,则又官派。

十日　阴

晨起荪畡已兴,议游沩山。杖云告归,早饭后去。游廖园,楼旁一室甚佳,楼不可住,房室在古今之间,小坐,仍还廖书房,围炉杂谈。书门匾一额,五郎请书联一幅。设正酒,客去无陪宾,荪外孙梅童子十岁,云知西历史及二、五、六郎同坐。良农不出,似熊师家,盖不接俗客耳。

十一日　晴

本约晨发,朝食后已巳初矣。荪畡为我顾舁夫、挑子共四名,自用八名,并随丁二人,计十六人上道。从田垄出停钟桥,云断丰垄旧有寺,寺僧梦老翁云明日上升,请无鸣钟鼓相惊。次日大雨雷电,白气弥空,僧讶其异,鸣钟鼓助之,倏大震,龙堕,水涌没寺,僧亦漂死。今有和尚桥及沉鼓潭,皆其故迹,未记其时。荪畡云采铁地陷所裂,今湘潭下弯、常宁水口皆有其比。小愒佃户家吃茶,五十里渡沩水,饭于双凫铺,通安化铺路,湘、鄂军援邵,自此进。廿里宿横铺市,刘克庵次子有钱店在焉,近因捕盗防仇,欲建堡城。去市二里许,有云山书院,今改学堂。

十二日　庚辰,立春。朝霜,大晴,至午阴云

廿里饭黄柴,云黄木江。《沩山志》云唐敕建密印寺,材木自此入山,故名。大中年赐额也,初曰应禅,后建同庆,今曰大沩。山皆循沩左行,平沙坦途,林壑幽胜,余评之曰“萧寒”,荪畡云“清深”。十里至鄢弯,李湘洲称其杉、竹。十里渡沩西,大约往来频渡,东西其大略耳。至同庆寺,过门未入,急欲见沩山,过二阜皆不峻绝,然

颇盘亘。初入山，五色飞岚，甚似庐山五老峰，第二重少逊，亦自幽静。到沩山寺门，乃不知何者为沩山。村人送龙镫不入寺门，余亦未便舁入，与荪畡步入知客寮，二僧知客湘乡忍吾、湘阴佛岩留宿设食，荪畡云斋僧一堂不取饭钱。未入方丈，宿僧值寮。

昨日偶成一律，补书于此："华岳归来又看山，喜逢良友共追攀。春风隔日先舒柳，晴岫开烟乍整鬟。地有林泉双映带，路随塍埒九回环。知君新岁寻诗思，只在丹崖翠霭间。"又"平沙修竹望沩西，行近灵山路转迷。叠翠几重飞黛色，盘蛇一道引丹梯。飞桥仿佛过灵隐，结社相将到虎溪。更向南崖寻瀑布，净瓶公案与新提。"

十三日

住持僧寄云来接客，同饭客寮，同游沩源，观瀑流，传云石泉入石池散为莲花，其说甚诞，有三流皆不成瀑，无因激散也。在寺南可六里，亦非沩源，陶记似在一山，尤诞矣。沩出益阳，今属安化，此泉入沩，以寺名盛，因移山水耳。还寺午斋遂行，放参一堂，用钱三千。过同庆寺，看唐碑已折，商于荪畡立之。僧诉江姓占僧塔，欲谋挂扫，皆痴也。循来路至皇木江，荪畡急欲归，促行，夜进至横铺宿。夜雨。

十四日

晨发，欲一日还家，路滑不得驶。至东鹜山，荪畡已偕黄少春武庙宿，客强余夜谈，且息夫力，遂止不前。

饭后看灰汤，不成池，甚垢秽也。至柴龙寺买鸭，云此处鸭骨独有髓。余因悟"东鹜"，冬鹜也。野凫、家鹜亦或通名。此有汤泉，凫多宿止，或有异种流传，为灰汤鸭。荪畡赠余二双，聊赋一律，为沩鸭故实。"东鹜山前冬鹜肥，汤泉温暖养毛衣。久闻下箸胜鹅炙，莫惜随笼别鹭矶。旧例羞珍烦驲致，新河馀粟损戎机。老来补首须真髓,犹恐摩尼见火飞。”又至蒋安阳祠,并祀刘将军,荪云是刘敏。夜宿关祠。

十五日

元夕佳节,早与荪畡分袂各归,荪五十里,余百里,自以为不至。天气晴煊,节景甚闹,时时逢乡傩,鱼龙漫延。行五里冷水井,过坳稍高。四十里饭郭家亭前下四铺,偶见告示,询知即湘潭七都地,喜知地近,遂从银田寺驰还。到寺已暮,急行十里至灵官庙,见月,月中行廿里到家,惫矣。野月不及家月明,山家又不及城中明,此理无人说过。乡人闻余归,欢喜送镫,月西乃至,自出接之。龙去乃睡,睡醒犹未曙也。与书谢荪畡。

十六日　晨晴大风,巳正微雨

以五组飨廖佣,谢遣令还,各酬四百钱。男妇来者络绎,移砚外斋对之。夜早眠,大风雨。将军来,午饭去。作鸭诗。

十七日　雨寒欲雪

竟日在内室间看杂书。盛庚团来。检县图,寻昨路,微有方向,但失载郭亭。

十八日

晨起开门,茅屋雪积寸馀,坐内室不出。田团来,顷之又来二村人,闻名求伸冤者,曾老太耶亦非得已,余直告以要钱,乃断葛藤。作小词二阕,元夕词尚入格。夜早眠,不寐,颇寒。

十九日　细雨凄凄,寂静可喜

晏起,遣人买煤,并遣方诚去。张德辉来,得意洋洋,讼棍情状毕露,麾之使去。大概居乡唯有讼事,无他正业也,奈何奈何!

廿日　阴晴

包塘族长来,言屠帖竟每日有常课。看《四此堂文集》,幕友而僭称堂,殊不自量,然可见范承谟是好官,不得好死,实无天道。唤工补瓦、换银、起煤。闻报船来,以为煤炭船到,俄见黄孙,云佣妇皆还,两女在县阻雨。自出迎候,久之乃至,发行李直到晚。吉娘倾去头油,大闹半日,有族曾孙,不先不后,被骂而去,亦一奇也。事皆前定,理不诬矣。夜闻方僮撞骗屠行,彼以撵去,亦不复问,仍早寝。人来自暖,亦若有使之然。凡气机相感,有不可理测者,若无意,若有意,至琐至细,岂不神哉!

廿一日 昨夜雨

晨雷似擂鼓,前罕闻此声。雷殊不同,何以云雷同。若云同听,又何以处聋者。看曙色到枕后又再睡两觉。房妪温书,黄孙设坐,扫除庭轩,遣迎两女。文柄自来。萧团来,言成赞君改《论语》训,以不愠人为不愠君子,贵贵之义,伺候阿哥不可愠也,此与西法教习有合。程生送油盐笋脯,云衡道自往省邀聘矣。义不再辱,然不能不一往。

廿二日 阴雨,甚寒

团甲人来,族孙族子麇至,将暮二女乃还,莲耶亦来。少顷已夜,摸牌无人,取诸私臣,四圈后寝,犹不得曙。玉莲来上工。

廿三日 阴

往视牡丹,泥不可步。登楼,小坐外斋,看樊山艳诗,大要为小旦作,故无情致,邪思亦有品限。夜有舁来投宿,未见,云是钱店儿也。

廿四日 阴雨

戴表侄率其段表弟来学讼,告以理路,彼不领解,大约欲得我油祸而已,遣送去。偶考勾践百里地,当今四百里。则山阴、嘉兴皆非故地。又朱室、炭渎,相去又太近,盖封以长狭,合成百里。

廿五日　阴雨

作游记,随笔写去,谓之游帐则可,看诸道人作《石门记》,不觉自失。

廿六日　甲午,雨水。雨

摸牌竟日,聊补消寒。玉岑女婿来学讼,谢未能见。居乡居官司外,无他相关,无地避事矣。乔子来求部置,切责饬之。

廿七日　雨

镇湘来,留住一日。钞游记毕,不荤不飘,不成文也,然愈于陶密庵。

廿八日　雨

王凤喈遣儿来问讯。镇湘去,将军帅夏估来,言王理安妻欲来见,盖将诉其兄公,亦官司也。因感风,乃复摸龙凤两圈。夜雷,大雨,俄止。

廿九日　雨

莲耶去。看玉溪诗,手寒向火。登楼避许女,然不能避,嫁狗随狗,无可奈何也,有大力自能振之,唯可自惭。玉莲又去。

二　月

戊戌朔　阴

后山始可步,看新种树秧北枝梅花。雨意殊浓,无可兴作,摸牌二圈,出登楼,梦雨飘瓦,地已全湿。盛丁来言洋事,云程生亏五万金,周福严追,尚不及夏生善作弊,亦可怪也。夜大风。

二日　苦雨凄风,饶有春意

宜饮酒作伎,不宜他事。乡中岑寂,以闲写代冶游耳。且作一词。"凄凄半月雨，做尽春愁无处诉。帘外泼寒处处，只柳眼啼烟，杏腮笼雾。寒鸦报曙，听几声萧瑟如许。谁知我，酒边诗里，别有咏花句。　　芳树。艳阳潜度。早引起玉钩金缕。花朝刚是小雪，尽放春来，莫教天妒。眼前骢马路。怕他日天涯又去。还分付，暖香眠鸭，好在绣帏护。"

夜雪。周裕苓来送菜。

三日

起看雪，但冰耳，竹树皆冻垂地。所谓"树介达官怕"，六朝读"嫁"以叶"怕"，吴音也，今苏语犹然。今无达官，五大臣亦足当之否？有天地然后有万物，此即混沌时也，为一怃然。且冻豆花以佐汤点，夜食饼。看复作寄姊书。

四日　冰冻

看《周官笺》，手冷方向火，紫谷道士来，殊不欲见。久之乃出，询系来作经纪者，云萧子求文字，非为学堂也。

五日　晴

史佣送祭用往省，王佣将往运煤，来请制篙帆。道士先去，煤船并送观察木器去。

将写寿对，忆张苍侯封不得，箧中乃无《史记》可检，甚可笑也。搜得三儿三史，且移入备查。并书萧子三联，字不能佳。张翁百岁号云台，就名号颂之："系出文侯，鹿赐弥永；号同阮傅，麇寿逾高。"萧子闲官，又不读书，因题二句云："琴书陶令销忧物；诗酒扬州写意官。"此亦充日课，闲懒极矣。

六日　阴

云卿第四儿来，字庆生，名名寿，在醴陵学贾，稍胜其兄，能具衣装，留宿外斋，与之一饭。夜雨。

七日　晨雨,朝食后阴

雪师两孙来,长舜臣,云颇通文理,其小弟亦干净似官家儿。顷之小敷又携女来,俱不饭去。夜有月。

八日　晴,犹寒

岫孙来。与张稽察谈官事,张被押得释,兴高声壮,余避入内。郑福隆率其孤孙来见,不肖子死,舐犊爱存,亦可悲也。十二耶儿来,即去。

九日　晴

岫孙去。周生世麟来,值沈山人、许甥孙与将军同谈,唤门乃入,留沈饭,久不具。田、雷孙及王姓来,同吃面。沈饭噎,竟不能饱,匆匆去,已夕矣。周亦辞去。

十日　晴

周生居客店,未知何意,开门待之,久不至,乃闭门,入闻挝呼声,云王心培来,出接之。崔甥孙与庸松来,刘兰生亦来,皆意在欧阳述。谈喧竟日,吃杏酪,崔、庸去,王待饭去,刘宿外斋。遣人运租,夕得廿车。

十一日　晴风

陈秋生来,周生亦来谈,不饭。余与两女看运租入仓。因思往年南竹作银桶时,未料无尺土;及六百钱卖大柜时,又未料今日有租收;未知更六十年复作何状,大概化水无形。以语两女,使知倚伏之理。刘丁来,言铜元局将改枪炮厂。得郭八、完夫书。

十二日　己酉,启蛰

黄孙不能读,自愿入官学,因遣入城。盛丁已将入武备堂,又自愿归农,亦暂往辞退,遣船送去。刘兰生、王仆均去。廖生不带纸而送书价银,并令功儿买纸。长妇归胙二俎,赐以莲饼。滋检得残本

《广记》,未加点者,补点四卷。春晴五日,犹有寒气,夜月胧胧,桃李未蕊。

十三日 晴

屠侩因族长来求关说,甲总因冯甲来诉卖谷,黄团总来乞粜,均侵早来候。见玉莲,报祠漏当修,遣滋往估工,晨去,来请训,适余睡未醒,比起,已去矣。见三诉者,各谕令去。看《广记》半本。胡荫南儿炳生来,亦为欧阳述,小坐便去。滋未夕还,云未须大修,苫补可矣。择于十八日遣匠兴工。

十四日 晴阴

出看桃李,遇余家佣,云余子来,从船至,出见,与谈生事。至夕又报程观察遣人来,以为送润笔,令问已饭否,答云未饭。适夕食,辍盘飧食之。出见,云常宁詹炳光,字华楼,久仰老师,欲往陕西,求信与樊藩台。告以一函百金之例,皇遽欲去,会暮微雨,自请一宿,许之。未几又一人来,云从船至此,亦无所止,则蒋生也。此生相求四年,无厌已甚,既为李生金戣所关切,强又出见。两人共被,夜雨潇潇,余高卧不出矣。

十五日 雨竟日

詹生晨出。王佣还,云煤不可运,盖实惮往,令寻船送蒋生。看《广记》,寻舆乱书,见梁启超论说,且读一过。

十六日 晴

蒋、周俱去。张僮来。忌日,斋居。召匠问修祠屋事,遣文柄往。写字数纸。

十七日 晴

德成来,言修祠,意欲包工,以匠估廿元,此又减价,即令包修,以十元付之。滋出游南塘。刘诗人来,不饭去,云张冶秋已降官江西,教民杀南昌令。至夜朽人来,云水泄不通矣,亟欲问消息,无从问也。《广记》点毕。

十八日　晴

写字数纸,无佳作。盛一送银来。得湘孙书,云洋人尚无着落,鬼蒽亦入学堂矣。未死已见披昌,所谓永绝书香者耶? 抑船山、王敌之类耶? 芝兰生于阶庭,荆棘丛于卧榻,有何欣戚,不独韩湘子看破红尘,韩文公亦了悟矣。詹生又来,限一月取信。遣寻将军刷书。夜雨。

十九日　雨阴

出门看李花,野棠已盛开。见一人彳亍来,则周生从县还。云诚勋改将军,恩铬〔铭〕代之,继代恩,庄心安代继矣。庄重入省城,甚为可喜。方与两女看花,见一轿来,云左干清,思贤弟子,挟笠僧书,笠亦疲于津梁。左乃欲往陕西,以六破果合,求篝车之获,告以世事,废然自失。

廿日　晴

左副榜去,留条子欲得分销,与张冶侄同有大志。约将军来,议刷书,至夜乃至,狗吠人哗,一时喧闹。挂坟三力来,无宿处,先去。

廿一日　阴晴,似欲雨

樱桃半开,梅花未落,犹可重裘,行人早脱衣衫矣。将军嫌床板硬,一夜未睡,见其欠申,神色不足,问乃知之,非"将军"实巾帼流也。将夕仍去,以十元请买纸。

廿二日　雨煊

遣船下县。寻《广记》,得五代时八仙,以证西安八仙非湘子等辈也,盖宋初改兴庆池为之。李八百忘其时代,长寿、葛永璝并未知其事迹。

廿三日 晴,复寒有风

吴少芝专人来,复书即去。沈山人遣儿来种树。

廿四日 大晴煊,始绵

作《黄杨词》。见二童子红衣来,询知烟店儿,求住屋不充公。遣周生往询原委,亦令得分讼费,省愚妇人乱用银钱也。看牡丹初苞,李花始绿,杂花已香,春事渐繁。

廿五日 晴煊

纸、船昨夜到,将军呼门入内,竟未闻知,晨起相见,陈生已去,将军饭后亦去。看杂树新绿,桃杏始萌,暖气催春,无复寒色。四老少扶杖来,顷之舁去。夜可不被。

廿六日 晴,煊甚,换夹衣

代元妇来,助作小绵袄,不复需此矣。刷书人来,先刷《大传》三部,为之次第,更刷《论语》。楼上已热,不可坐,至夜大风,稍解温热。校陈刻《楚辞》一本。子初大风暴雨,电光如月,起坐待风止乃寝。

廿七日 甲子,春分。晴

李花全开,出门眺赏。清《论语》,刷六部,内少六页,未知遗何所,当补刻。看汉人拟《骚》文,甚愚陋,所以胜后人者,博弈用心之类。更刷李、严诗①。周生学讼还,云官事不可了。丁郎已下省去。检严诗,未刻《锦鸡赋》,前已求得,后又未刻,未解其由,今不知可再觅否。沈山人、宗兄并来,方与问答,忽报"油胡篮"夕至,兼有世愚侄徐全瀚,不知何许人,车殆马烦,人喊马嘶,真无处避秦,只得延见,大要不离提爱者。近是夜分,派宿处亦费安排。沈诬我涉讼,呼夏

---

① 据上下文"严"当为严长明,著有《归求草堂诗文集》,"李"待考。

估使面质。

廿八日　晴

午初客去。干将军来清书版。山人已去,宗兄亦翩然矣。将夕,将军亦去。遣人下县买纸墨。衡船来迎,陈八及其二子来,遂定南上。程生刻《易说》来。

廿九日　晴

料理经手事,送信与圣旨,留书与将军,自往催佃户出庄,唯馀一疏未作耳。定明正行,至夕微雨,遂大风,雨雷达旦。胡贞女复来诉冤。

卅日　大风竟日,不能成行

张生冒寒来,言宫中事,且告出洋。校《易说》两卷。夜雷雨。

三　月

戊辰朔　社日。雨寒仍袭,可向火

烟店妇来诉苦,入门已冻僵,姜汤活之。大风动地,仍不能行。

二日　雨

看牡丹已拆。晨见贾妻,谕令无讼。朝食后径上船,待房妪来已正午,即令船发。行五十里,泊向家潭。校《易说》一卷。

三日　雷雨连日夜,湘水大涨

行卅里,泊沱心寺,所谓"泥缆风帆一舍程"者。文柄附船去,舵尾犹有六人。雨漏频兴,余亦寝不安,而食甚甘,遂觉过饱。

四日　雨时至,唯雷稍远

水急不能上行,十五里入漉口,泊。校《易说》毕。得咬菜根,复采杞苗,作山家清供。

五日 霁

漉口守水，往来数十年，始知空灵称峡之由，与瞿塘同有封峡时也。过午得东风，甫出口，风息，缆无牵路，搰掘半日，泊杜崖对面，行八里。

六日 晴

水夜长午退。春色颇壮，帆过空泠峡，船平岸行，无复石险，尤险于行石角也。见估轮上驶，有日辟百里之感。欲舣花石戍，风息，泊湘浦，行卅馀里。

七日 大晴

水退五尺，无风缆行，过朱亭对岸不能泊。晡舣油麻田，买肉菜不得。行二里，阻矶头，退下，遂宿沙嘴，行三十馀里。

八日 大晴

晨舣三叉树，觅笋蕨俱无，唯有干菜。泊近一时许乃行，舣研经书院午饭。昔古今夷皆为科举作对，无得失也。夜微雨，旋止，泊乌石滩。

九日 晴

晨上雷石，缆挂水中石，船侧桅折，流下里许，篙橹并用，仅过厘卡，唤匠截桅，复缆而上，已日昃矣。行廿里，泊寒林站下。折桅，凶事也，舟中人皆言幸桅折，不然已覆舟矣。其善谀如此，此与瑞雪何异。午有雨不成滴。夜月。

十日

晨起，雨意甚浓，已而得晴。缆行七十五里泊樟寺对岸。

十一日 晴，亦似将雨，盖春气动地，氤氤氲氲，在城中但以为春阴耳

午至衡府城，登岸至程家，见屺樵父子，陈郎兄弟、二廖、喻、萧、谢均至。闻道台已拟学章，往谒未遇，旋约相待。晡后来谈，云江西

事已和,廿万许了,京中平安。将夕乃去。复招陈郎、廖、谢来谈。夜吊张子年妻丧,遇雨,舁还船。明果、好心来请斋。

十二日

晨待客无至者,唯马太耶步上船,小坐去。朝食后上岸,至女家,真女昨夜已上船来相见,今早想未起,有喻、廖生在,亦不便唤出。昨觅《张小录》,意喻生家必有,果得之,持交程九,令补入严集。诸生仍集谈,稍倦,至安记小愒。成就来求募化。李华卿、张子年、谭老师来,留坐颇久,屼樵亦在坐,吃饽饽,客散,小睡。道台催客,以为必专请,往则会亲酒,王季堂为客,绅商皆在,陈郎亦与,合演昆、乱,三更始散。

闻彭四孝廉病故,当往伤之,先在〔作〕一联:“公孙最小得偏怜,恩许充庭,一揽桂枝悲月缺;乡誉无双期独步,人嗟又弱,那堪棠棣正春荣。”

十三日　阴雨。午晴,大煊

移船上东洲,匠人满屋,无驻足处,竹树多伐,庭柯愈翳,但无茂草之叹耳。小睡东厢,闻足音跫然,廖、谢、陆三生来。周麟儿来,颇欲继武略,诲戒之令去,犹不忍去,乃卧对之,此则庭训之。传夕食后令内外不得点镫,关门便睡。南风动地,月影移花,春景虽佳,无能共赏。

十四日　晴煊

子年、屼樵、石鼓教习等来。时晴时雨,幸未大注。闻城中大风且雹,客去恐风阻,留之不住。又见高才生六人,畅谈学务。夜雨。

十五日　阴

李、向二新生来,更有曾、陈,皆熙党也。皆舆服照耀,颇有官气。入城答谭、涂两教。清泉朱捷臣,因及衡令胡玉山,便诣潘署府，请假未见。马太耶催客，以为摸雀，往则清坐半日，坐客朱、程、张师耶，初更散，乘月还，犹有春寒。乔耶来觅活，随至书院。

十六日 晴

遣周奶孙往盐局。马太耶先来，程生来论修造，两县来相访，常宁唐生来见，二陈郎、廖、喻两生、常霖子俱来。唐生遂同坐不去，亦周世麟之流也。纷纭一日，至夕乃静。

十七日 阴寒

朝食后出吊二彭，始知向青亦当受吊。至宫保第，满堂吉服，云初成主。太守仍似童儿，孝廉唯存一妾，客多不识。往退省庵看花，牡丹千叶桃盛开，恐添应酬，遂从间道出门。以来时道遇真轿，遂还陪，女未至，前有官轿，欲避不得，问知衡尉王生，年七十三，上磴捷疾，便坐略谈而去。入与真谈，常婿又来，朽人踵至。道府来拜，潘清太守云于陈又铭处曾同席，来迎李抚。留坐不肯，乃至船独坐，将夜始去。岏樵送牡丹一本二花，聊助春色。真夕乘船还城。

十八日 阴

入城答访李华卿，因过张师。张妻病狂，李留点心。出诣安记，又至程家小坐。还安记，子年来，要同往福建馆看花，云当上府坐。待其还，与至道侧，程生亦从，遇罗、马，程、罗为主人。牡丹、芍药皆七花，紫荆落尽矣。出与张分道，程从还金银巷，余至陈家会饮，岏樵先在，谢、常、陈、廖皆其亲昵，程辞先去，将夕乃食。雨至夜黑，舁上船，几不得还，暗行久之乃到。

十九日 竟日雨

作二律，校四牌。退省庵看牡丹还，程岏樵送致二花，明日看花闽馆，夜雨有作："湘绮临开不在家，却来掩泪旧阑花。寻知富贵非常主，正赖笙歌送有涯。骢马赏春双躞蹀，流莺唤酒一要遮①。锦棚

① "要遮"，据《湘绮楼说诗》补。

今夜潇潇雨,直恐寒侵系臂纱。”

夕看桂抚船过,口占一律:“虎节新从桂府回,春风笳鼓晚潮催。几年犵草萦边梦,三月汀花照酒杯。夜雨潇湘新领略,江湖魏阙几徘徊。驿楼临水容闲坐,记见楼船十往来。”

二十日　雨细如尘

张尉及刘子重、喻生来量地,留夕食去。陈甥自辰来求书,其无知可耻,不足责数,大约寻钱吃烟,与王文柄无殊,令还客寓。

廿一日　阴

念二妹早逝,推恩孤儿,与书为谋,即召之来,训饬之,令寻新臬台庄心安。大水。

廿二日　阴

祁阳周生来,欲令办斋务,陈教谕召之也。携其从子天球来,亦附生,可应考,与谈一日。

廿三日　阴,欲晴

当答曾熙,船往东林寺,隔一港,果林颇茂。监督不在馆,即还。上水钩船极难,到院已过午。贺生来,诲数之令去。夜雨雷。

廿四日　阴雨竟日,夕大风

看《广韵》,凡上声字十九读去声矣,因以笔识之。周生世麟来。上任尚无章程,无可施为。冯生来见,为梁奶娘关说。

廿五日　阴雨甚寒

当至东林赴曾监督之招,迫夜难还,令就船眠食,移具以往。兼访杨八踯。不到门,便泊罗汉寺对岸,至晡,见道台来,乃舁而往。曾泗源为主人,向、谭执事,又有两生出见,自称弟子,吾未习其名,未敢当也。唐牧六自家来见。周生从来观学,及酒罢还船,夜暗无风,遂泊申家门前。周从余眠,俱不解衣。

廿六日

晨移舟到城。周生自丁马头步还书院,余在庞妆台朝食,移舣铁炉门。得胡生书。二陈、邓、廖、喻登舟相访,官钱船喧闹不休,避至安记。屺樵设燕窝点心,太冷不可食,亦不喜食,领其意耳。特设款余,陪客张硕士、章襄亭、朱、张二尉及二陈郎,酒半霖生到城,延来同坐,略谈学政,鲑菜鲜新,酒有药味,未夜散。乘风还,大雨沾衣,几不得登岸。

廿七日 阴雨

欲吊张尉,房妪云可明日去,亦自怯雨,未往,因遣人告霖生改期明日。看考卷百馀本,周生从子为有理路,渊源不可诬也。

廿八日 午前雨

船山出学,诸生卅馀人仿京派请余团拜,复请道台为客。屺樵极言其非礼,泗源引证以为合礼,余则有请必到,以为礼不遑论雅俗也。先至张尉处吊,后往看戏,则非礼耳。今日衡人士公请道台,不请我,则为合礼,以不便坐也。周生晨来,言程生已还,今日当来。午至略谈,云胡、张与王、孔作对,不准存古,令人惊叹,党祸将成,文明极矣。程当还江南,匆匆便去。夜复大雨。

廿九日 晨雨

看考卷,不及前三年远甚。周生涣舟云以喻谦为教习,故好手望望去之。午初到城,水复大涨,泊新城门下。舁吊张子年,刘子重支宾,衡阳令先在,不识之矣,以意得之。卜三毛自省城来,出见,小坐。至陈郎家访霖生,人客甚多,避往程家,亦遇生客王翁,屺樵亲家也。二陈郎旋来,云亦渔儿成主,不得宴会。霖生来会,同至彭祠看戏。申正谭兵备来,更调石美珍唱正生,深加赞叹,余亦附和,赏银钱八元,三更散。宿安记,本约摸牌,夜深且雨,乃睡。

卅日

晨起待旦,久无人至,自出开门,大雾,舁至新城绝江渡对岸,鼓棹甚勇,已流下里许,到院午饭。看卷百本,薄暮倦卧,起作两诗,和芝耘,绝似曹雪芹,亦自得意。

四　月

戊戌朔　昨晴又雨

遣船迎监督、教员,并令办饭。屼樵早来,力争山长火食不可裁。顷之周、谢、喻、陈俱至,霖生亦来,九长从至。唐牧六来送新茶。阅卷封记如观世音,幸得第一。又有宜章李兆蓉,大有诗腔,但似咏白牡丹,亦赏拔之。屼樵先去,馀俱留饭,将散,张督修来,议买垣外民房,昏暮皆去。陈郎独宿内斋。

二日　大雨

遣船迎女,以家事托沈山人,令莲弟率周儿送银去,出同二陈、两周饭。论书法不可二两,取省文耳。饭后陈、周入城,余看雨避漏,一无所事。

《和谭兵备雨中牡丹二律用原韵》:"花气霏微薄雾侵,晓看芳土润甘霖。春红艳重燕脂湿,晕碧枝垂翠幕阴。蝶粉风干依镜箔,鸭炉烟聚袅檀沉。从来画本宜深色,对影研朱试一临。""香不知寒玉不温,沉香亭畔驻春魂。共怜国色初酣酒,似出汤泉早受恩。晓梦定应黏柳絮,啼妆谁为揾檀痕。红楼莫闭葳蕤琐,待看荼蘼落满尊。"程孙来辞收支,其文甚美。

三日　大雨

晨看《广韵》,校刻书样本。詹炳光复来索信与程太守,书告之。水将平岸。霖生来,喻教习领徒来。庶长开火,余亦出饭。霖生宿内斋。

四日 雨

屺樵遣船人来，云船山改师范，道台甚愠。顷之芝耘书告学案已发，定初五日接见。来勇去渡钱六百，云水已断道。方令房妪作春卷，水遂入室，仓皇移出，僮妪踏地成坑，水随而涌，移被上船。饭后余亦上船，霖生、乔子并笑其早计，至夜水漫，俱避上楼，周生作歌矣。

五日 雨

移舟近城，遣迎霖生、斋长、庶长、教习、朽人、周生，周辞不至，遂泊百搭桥。余入城至安记，见学生三班。霖生同步至新街前待舁，会于安记。二陈郎、程父子均来。邓、喻、廖生亦来看。待张太耶久不至，将夕乃来。余饭罢还船宿。

六日 雨

朝食后庶长同舁来迎，入城见学生三班。水已入城，程、陈家俱将避水，或云安记墙不稳。程八郎慎五自来迎，云祖母迎至其家。余不欲移，不却其意，饭毕而往。霖生亦来，并要陈、廖摸牌，夜宿程家，已十年未来客矣。二郎慕召、四郎伯厚、十郎剑萍均相问讯。

七日 雨。水遂穿城，不止穿洲

诸生来见者稀，已满三日，未便久待，仅见数人，重定名次，以李兆蓉为首。昨送诗来，有饩牵既竭之叹，因思远来者亦必同困，当仿鸿博例，供其火食。张太耶来摸牌。廖胖来。

八日 雨

送卷道台后复见三人。陈教谕孙，年十八，自称监生，似未毕五经者。西禅请客甚坚，遣僧引导。周生为余卜宅周彤侯新屋，与霖生往看，佃租颇昂，似不宜住。至西禅，与霖生议，且借程学堂及彭祠暂居。好心、明果设斋，引看经楼，别有定慧堂，居十三禅诵僧，仿沩山法也。大要丛林勤苦,必有安逸处,以待高材出,即国学上舍之意,事有必至,理不可通。张尉后来,同散,余遂还船。周生来诉庶长无状。

九日　晴

始有生色。渡夫畏水已甚,自率上洲看水,从山边上绕道三五里,云尚较直上为迅。书院全没水中,后墙已倒,乘舟直至楼阑,木器颠倒漂流,大似左季高奏报湘潭胜仗语。绕后院一周,从窗取帐帘出,更钩得云母窗三扇,其一扇依然未动,十年故迹,涤荡无遗,不劳发誓,自不能再入矣。有起有灭,即有始有卒,不足伤也。

还舟饥甚,得张太郎点心,顿食之尽。庶长来,请入城,与俱步上,将至东华门,雨又至,顷之止。霖生、陈婿、邓、廖、唐、谢、喻生俱来。喻言仇彭,其词甚厉。余云《春秋》大九世之仇,不可入彭祠也。寓所正欲帖门牌,因以经义治事名之。以周生明日将来寻,周与周仇,先动者诛之,亦经义也。张师耶率徒弟来,将暮去。与霖生摸牌,因屺樵殇一外孙,往唁之,恐昏黑踏水,未坐而出。屺与余同至寓宅,亦催令去。陈郎作《募振疏》,为改易成章。夜得庶长烧饼充饥,以程家送饭未饱也。二更后散,独眠孤馆。

十日　晨雷雨

移寓多所繁费,不如即开公火食,令庶长召厨夫办饭,朝饥可忍,至午船上送饭,子年送菜,并请竿牍百金之例,改为千金之酬。与书实卿,兼为沈士登书一联。常、陈均来,房妪亦至。零陵生诉被攘,令周生缉之。

十一日　大雨,平地三尺

官绅会议,设粥厂,余不以为然,不能止也。周生移入城,送家书来,诉役田之扰。令子年与书委员解之。子年复送菜饵。真来即去。

十二日 雨

一事不可作。子年来，为周生作书致曾委员，斟酌半日。唐牧六来，诉唐太尊丁祭忌辰，皆不停刑。妪从真往看程节妇。夫死欲殉，以遗腹暂活，今子又殇，六日绝食。岏樵女，陈亦渔子妇也，真夫兄子之妻，故时时劝谕之。迎霖生吃鸭，乃无鸭，吃子年送饼，与诸生同啖，真亦来饭，夜去。程孙送书版，即付佣送家。

十三日 庚戌，立夏。晴

出至彭祠看屋，云不借人住。复至常祠，门前积水未退，乃还。将往道署，纨家人来，云女还，乃不果出。纨携申孙来，真亦留夜饭，诸生腾房让女，均移门房，湿暗不可居，余亦感湿热发疾。

十四日 又雨

纨生日，真携儿来，余一日未饭，吃面半碗，不知其味。与书道台，散遣诸生。昨岏樵来言道台不明白，今道台又来言岏樵不明白，吾无以正之，大概皆不明白，我亦不明白也。救荒无上策，总以亲历察看为正办。明果来辞行。与书功儿，令送《诗经》来。

十五日 阴

霖生来，报珰已到城，遣问乃在罗家。治事人朝食后皆散，珰携一婢至，治事斋移常祠。廖教习告假。邹监督来见，二程家并送点心，适逢忌日，亦未敢明辞也。

十六日 晴

将令女出诣姻家，珰疾未能往，真亦咽痛，徒恼人耳。议移船山书院于乡，云申庄可居，庶长往看，还遇暴风。

十七日 晴

珰强起忽厥，势甚危急，召医不至，自出访之。过道署，张、李师耶云正亲讯骗子。少坐,与戴弁同见兵备,谈未半刻,心动辄还。霖生来看侄妇,笛渔孙亦来,平姑子俱到,医生来,开一方,未服。

十八日　晴

珰疾退,可不药。其夫族兄来诊,开方亦未服,唯少饮参汁,余遂三日未事。

十九日　晴阴,午后雨

珰生日,以疾免行礼。余避坐常祠。衡俗重满,珰正卌一,其族亲皆来,彭、陈、魏、罗女妇与其两女弟凡十人,常祠亦设汤饼,待其叔舅侄甥、内外妹婿。寅臣儿痴坐不去,犹有仪仲阔派。余不预坐,客有喻、周,留霖生摸牌,又遣招谭老师。陈教谕夜至,请关说。遇雨,真遣舁迎,乃得还。

廿日　雨

令周生见道台,云客多不见。黄船芝来。写扇五柄。出门遇傅仪,所不欲见者皆见矣。

廿一日　晨雨

写扇四柄。朝食后晴。雅南来送风腿。真来夜饭,未去。张子年来,寓中无一人,又无镫火,殊可笑。陈送鼓子。

廿二日　晨晴

杨慕李来。刘亲家兄弟来。至午阴晦,正摸牌,恐惧天变,出堂外待雨,俄而稍定,还戏,霹雳一声,电光灼窗,知雷气下击,顷之晴。喻生来,问雷击何处,答云不知。至夕张僮言,道署柳树被劈,遣问信然。涂年侄送鼓子。文柄欲死,连吃三顿粥。

廿三日　晨雨不止

至午船夫催出,冒雨渡湘,吊彭向青,二营官、三土老支宾,坐久之,无贵客。日出甚烈,乃渡湘西往,陈鸿甲教谕待客,见清泉学舍为水冲圮，步往一看。范训导衣冠待见，揖谢，不入坐，仍至衡学坐谈。二周、两陈、涂教授后至，催饭菜。未终席，大雨将至，趁夕光入城。沿路民房倒塌，创夷满目，诚大灾也。夜风雨至晓。

廿四日 大雨竟日

晨书条幅、折扇，改陈郎文二篇。陈郎送鱼，以饴霖生。昨送鱼虾不达，特交庶长驰送。陈氏外孙女周倅，诸姨俱送食物。卅和来。

廿五日 晴。雨意仍浓

两女始出诣戚姻，余亦步出。频至常祠，说迁怒系为人求人，或诉人而人不直我，遂成嫌衅，世法恩怨，多从此起。范训导来，与陈子猷俱至，范云壬子年其父为常抚台将兵守金口，未审《军志》有范姓其人否。道台复书，言陈耀甲事须查究。一涉官事，遂必破家，吾辈真幸福也。幸者罔之生，直道不行久矣，上下古今，且笑且叹。周生营营，为陈作囮，亦非知命之人，各私其乡，宋学尤甚，一党同之见使之。

两妪携刘孙出游，遂无守屋人，欲出不得。段培元孙字玉成来，以贺年侄诉其姊争屋，故遣庶长问之。彼云门已上，事已了矣。同出至衡捕，访刘亲家，小坐，即还至衡捕，答诣王尉，云翁曾桂大表兄也，有旧家风格。昏不辨人，乃还。珰至二更始归。粥厂更展五日。霖生又去。

廿六日 晴

真来摸牌。蓝山廖生送礼，令见庶长，告以不受，已亦自至常祠见之。诸生多未归，旅此殊未宜，陈郎急欲起学，亦有所见。岏樵来，言湘潭阻境，请书与任弟。马太耶来，言大水浸城市民房，沿湘尽圮。

廿七日 晴热

周、陈来，议徙学事。邹士林、廖燮、罗三教习来。王翁来，言和讼。陈家女客来,避出,诣岏樵,又遇王从子,俱因系援得为城绅者。

廿八日　大雨顿凉。今日乙丑,小满

农占宜雨。觅杂花不得。常生媳妇来看叔姑。为陈郎批唐绝句。真还摸牌。兴宁考生来,以晚不见。

廿九日　晴

晨至治事斋,见颜、曹生,云道远不归,且发四千火食。霖生施粥,了事还城。陈教谕长子来见,盐知事分淮,意在提爱。刘亲家来告归,云讼事已了。教民不敌教长,无须尊孔也。

闰四月

丁卯朔

令房妪作饼,云待明日,小姐必来。霖生亦当诣道府,余勉自振刷,至夕携镫诣道署,犹辞以沐。至李师斋,看学道单,移星换斗,未详其意。子培得皖司,朽人司鄂,连臬补东,湘人仅汪编得之。

二日　晴

子年来,与霖生同至,因留摸牌,并邀岏樵吃饼臛。未夕,六、十两女船到,真亦先还,书房遂成女子国,纷纭喧闹。得笙陔二月书。

功儿寄《古微诗》。前记游诗甚佳,今看殊未成格,姑录三首:"金秋严肃气,凛然不可容。一石一草木,尚压千万峰。岂肯放平易,招引人世踪。树皆斜仄生,云皆斜仄通。略无寸步直,但有两壁穹。近之太难亲,远瞻俱景崇。正如古神圣,千载共朝宗。不睹岩岩象,但慕泱泱风。安知真觌面,不与跻华同。""为访云中君,来寻天上石。千洞万洞热,混沌重开辟。人行入山中,山已天外立。再上更不能,有石皆倒岌。台殿青云端,势欲压山侧。森然一檐下,献

此万丈碧。造胜启天荒，入深闯地赜。遗众伫曾颠，骤觉此身易。出山意已移，灵境渺天北。百转百丘壑，一步一阶级。奇怪非一逢，性命几万掷。”“山穷水尽处，群龙天上来。泉泉云所化，石石天所胎。万丈芙蓉间，中有银河洄。积此千仞水，郁为万古苔。想当开辟初，昼夜冰雪㕔。一潭一变化，一瀑一沸溎。至今秋雨天，石破惊皇娲。出坎入坎龙，九天九地雷。我来但莹碧，光影涵三才。愿借玉女盆，酌此玉井杯。更借巨灵掌，劈破片琼瑰。携归傲嵩岱，何独小黟箬。”魏源诗注云：“华以险名，由取道者舍谷而趋青柯坪。不知谷水之源，即接苍龙岭，但从水帘洞对崖横穿斜栈，开凿不过数里，即可避千尺疃、犁沟之奇险，而兼收西谷、松云、水石三胜。”

三日 晴

峣樵来，请书抚督，采办官米。余不欲多事，以来词甚正，无以拒之，令再思一日。珰、真俱出赴席。霖生夕来，言东安考生事。

四日 雨

昇至公所，还朝食。周生引陈子来拜门，不避嫌疑，妄求结纳，与庶长引子办公同谬。界限难明，俗敝已甚，殊难诲也。滋出访亲友，珰亦往侄妇家，至夜俱还。复问王少伯诗本古体，余选入律，遂未检得。卅和还乡，与以三元。

五日 晴

晨起与书孝达请粜，近多事也。莲耶请归乡，许以资助，大要不能田，仍虚语耳。午至公所，即同霖生诣程、陈，因要子年询开学地，云旧馆已成泥坑，数月内不可居。霖以和讼先去。周祁阳送鼓子，设汤饼，完夫亦具点心，吃毕各散。还，夕食后大睡。

六日 晴

与书抚台，告粜事。女客来，唯见鹤春妻，馀俱谢不见。避往常祠,又至安记小愒,看《聊斋志异》两本,又还常祠,唤饭,待夜乃还寓。屼妻犹未去,看作牢丸,未吃。写扇三柄。

七日　晴,阴凉

与书荪畡。写字十馀幅。子年复送菜,以不可常,辞不受。滋、复渡湘看杨女。得湘潭令书,言易俗场阻米,请兵,奉抚谕,不必往运。此有三奇:乡民欲饿死城人一奇也,请兵起运二奇也,抚台避强民三奇也。吾但欲以洋鬼治之,三奇皆不敢支吾矣。此等新学,正是野蛮。

八日　晴

城居一月馀,一事无成,无不窒碍,余与之为无町畦,屈子所谓观南人之变态者。彭向青夕来谢吊,言外部必不移南昌狱交军机,以瞿必推勔,勔兼二官也,大要诬服无疑耳。王巨吾夕来,则已昏暮,正夕食,辞不见。陈郎示午诒书,知我思在桂林,盖将军云云。

九日　晴

晨往常祠,见王生,云专来见我,今日即行。诚耶伪耶?可欺以方,感其意也。彼与卫青互诉,则未可决。马太耶来,亦似送行。与书衡山令,荐张僮去。

十日　晴热

诸女皆往陈、魏家。霖生、子年来,因遣要手谈,陈郎他适,其弟来共戏,夜热甚遂罢。厨人与游妇市斗,从而闹者数十人,俱至常祠寻主理论,治事人无一在者,得免口角。兵备许位置朽人,反添一心事。

十一日　晴

晨至常祠,遇汉筠通守,还朝食,复往。张生凤盖来见,亦云特为我来,何其专诚。与霖、年、陈郎往看书院,门墙故敝,遂似破庙,地已干净可步，正在补苴后院，更收地十丈，方百丈，每丈一元银，摘青梅而还。过向青，留面，渡湘各散，余还点心，至治事处剃发。踏月与霖生过岍樵，方议发振，余遂先还，摸牌校牌，未散先寝。与常生孙谈商州路，复有汉舟之兴。真来未去。

十二日 晴

夜睡沉沉，天明始醒，竟夜不须覆被，奇热也。起盥，见门隙扇影，开门见庶长，入言事久之。朝饥惄如，入食蒸糕，玉带糕即猪油糕也，干之为难，蒸之始可食。朝食后舁至北门，答访马少云，日烈即还。张子年来相寻，言一事，以不相干，旋即忘之。本约来写地契，陈儿反覆，遂不复议。告张宜急筑墙，张已去矣。周渔舟附得永州船，约明日同游。

十三日 晴

晨作书告道台，请撤浮轿。与书沈山人，令收文炳。至安记取银，作游资。还朝食，舟趁北风当发，遂至常祠告行。霖生、庶长已出送，同过陈门，完夫亦出，从柴步门上船，送者皆反。周儿、杇人在船相待，辞令即去。喻生复上船相送，皆不当言送行也，岂欲我遂去耶？过午乃发，至夜不休，余已昏睡，云行七十五里，泊云石洪。

十四日 晴

帆风行，辰过一水口，云桂阳水，所谓平阳戍也。多睡无事，唯看《水经注》。薄暮雷电大雨，船漏如筛，唯一席地可卧，已而雨止，露卧竟夜，宿柏坊。

十五日 辛巳，芒种。暑热似三伏

行六十里泊河洲。周生云祁阳地，出鱼水。夜月，亦露卧。

十六日 阴，有风不凉

当过长滩，舟人云九节滩，余以为竹箭滩。滩夫牵卅里，六十钱一顿饭,岸上多求赁者。送至老官庙,天阴欲雨,舟人冒进,周僮急呼乃泊。大风骤至,巨浪击船,破船将散,幸风止雨过,乃免破败。泊钱公滩。行五十五里。夜凉。

十七日　阴晴

晨发颇早,五里至归阳。市小而整,水口桥亦新好,所谓馀溪水也。周生上岸,得家书,知役田事大发兵差,其弟亦逃出投我,我为役田逋主矣。庸人生事,乱不可弭,庞抚批禀尚明,云已委员也。卅馀里过相思峡,有高峰曰相思岭,水急波高,难于钱滩,但不甚远,故不添牵夫。夜泊峡上。

十八日　晴

南风缆行,及上望转北风,亦缆行,晨过白水,午上观音滩,遇羊角风,幸未覆舟。帆行三十里,望见祁阳城,风息,久之始至对岸,泊驿马门。周生入城,夜还,云祁民欲变,树旗讨贼,知县荒谬,将成大狱。余云民哄易散,总非祁福,当至县一看情形。夜半大雷雨,船漏无容席处。

十九日　晨雨

借轿至祁令处请换船,因留早饭。桐轩言役田尽由道委,非己所能与,告省状者系其书吏子,故重责,又派人访拿造言人,已夺获旗帜矣。余言宜释吏子以安人心。因招其刑幕出见。蔡姓,北人,未尝学讼。方食间,有柏姓来告密,委员曾闯入来见。饭毕还船,前船已去,换一小船,仅可容身。方偃息,曾委员来谢,未见,送皮蛋而去。日昃,庞抚内侄自桂林新昏汪诒书女,还吴,祁令为设马头,送飧牢,余移船避之,复入县晚饭。曾从九又来诉王谬妄生事,己皆不与,且欲辞差云云。盖闻抚批委卸,俱欲脱身也。委员王寓生亦非能了事人。夜访蔡、曾,至彤轩室共饭,方说曾鬼话,曾已短衣径入,王颇错愕。

廿日 阴晴，颇凉

日出尚未解缆，辰过浯溪，未上。元次山摩崖颂中兴，殊非其职，且工费甚巨，亦非凋郡廉吏所办，而此地遂名。其水石亦不称，未若滴水岩，岩去县卅里，游陟未便耳，祁、零分界地。又四十五里过湘水皆南流。黄石司，泊大花滩。夜雨，船人均还其家。自浯溪至滴水岩以岩为胜。“零陵水石多奇秀，别起晤台在湘右。摩崖深刻颂唐文，从此山川生锦绣。后来论古有微言，不废元颜妙迹存。谪官几人伤僻远，题名俗士喜雕剜。贞元司马嘲多石，那识漫郎山水癖。犹嫌卜宅近城隅，未若丹崖弃官客。云山峰连滴水崖，天然峭拔洗苍苔。峋〔岣〕嵝神碑九疑颂，唯待重华封禅来。”

廿一日 雨至巳初

船人晨来未发也，朝食后乃行。卅里至高溪寺，作诗一篇。风凉多卧。湘水始北流，卅里泊冷水滩，大市也，廿五年前曾一游。夜半雨大，南风。

廿二日 阴，有雨

船人欲贩米，岸人阻粜不果，延至午初始行，未初泊木瓜铺。祁、零水程甚近，不比清、宁也。晡过十马潭，油布落水，停舟将捞之，未得泅者。船人云“潇湘二水流，十马对九牛”，九牛即九疑声转。营水与湘并从南下，营大湘小，不得云营入湘，正合流耳，往年过此，殊未审。夜泊白蘋洲，正对城塔。

廿三日 晴

晨移浮桥，桥小于衡，而不轻开。周生觅船未得，朝食后余自登岸，有醉榜人来相问，云空船，只觅二千钱，遂登其舟，遣移行李。午后令周生导游朝阳岩，率房妪从，步可二里许，汗湿衣裤。至则亭阁增修,洞被水浸,不可步,泉流汩汩,洞石杂列,亦不似当年秋景,幽期之地不可觅矣。还船甚热,夜饭后欲便,船仄,遂落水,三舟子下水抱上,已再浮沉矣,老不稳重,几为话柄。夜睡后右手跌痛。船人误记落银,旋又得之,从者皆以为诈索,钱重如命,信哉!

廿四日　晴

移泊太平门,正对朝阳岩,篙担船行五里泊毛家桥,系舟柳树,正见香零山。周生以不得游新岩为恨,云息柯题为赛朝岩,与零山相对也。已而移泊山下,夕宿黄市,去城十馀里,水程可卅里,船人云前明府治在此,今犹称府门、县门。余案形势今城必非汉县,此处亦不似郡城。

廿五日　朝凉,有小雨,旋晴

船板炙热,不能久榜,频息频食,夕泊淡岩。遣两僮上岸,皆不踊跃,余乃自往,洞门已塞,绕从皇觉寺入,未及往游之幽异也。寺僧出迎,设铺垫茗果,余短衣不能礼。

念前诗殊不佳,更题一首:“胜地临官道,尘中一洗心。向来迁谪路,空慕隐沦深。过客劳川陆,题名换古今。张杨不重到,倚槛独沉吟。”岩前有小市,遂泊。

廿六日　晴凉

午泊杨家马头,经一时许,三日行卅里,云水路将百里。热甚,欲舍舟,念当看营阳峡,且宜耐暑。夜泊麻子滩,甚凉,饱睡。

廿七日　晴

午泊杨村,夕至双排峡,有厘局,周生云私设也。双排峡即观阳峡,郦《水经》所谓“沿溯极艰”之路。

廿八日　晴,晨凉,夹衣

过滩泊两时许无行意,云须待后船乃能过滩。凡船例然,一日仅能渡二滩，故郦云极艰也。若轻舟急进，一日可行五日程，殊不艰耳。登岸看缆船，至单江亭，遇一生，称余公祖，亦能物色风尘者。"十里观阳峡，飞流滚雪来。簇排青菡萏，敲碎碧玫瑰。缆力催篙力，滩雷似瀑雷。轻舟独沿溯，不觉路邅回。"夜泊麻滩。

廿九日　　晴

行十五里过三滩，宿大江铺，夜凉峡小，星光甚朗，午热如伏，夕遂如秋矣。

卅日　　晴，晨凉

过两滩遂泊，询知上步涧至九疑，与清口同远近，而水程少三日。遂舍舟陆行，顾夫至宁远，索五百钱一日，依而与之。晡行二十里，宿萧家山。佣保牛马杂坐，卧闻蝉。

五　月

丁酉朔　　夏至。阴凉

步上苦竹垒，见一山脊，绝似苍龙脊，但涧水截前为异道。州有三涧，毛、谢、麻分画山界，竹木之利岁数十万金。作诗示周生："九疑西北千万峰，峰峰点作青芙蓉。盘陀鸟道滑如砥，平步直到苍霄中。莫徭种山师伯益，划石耕烟作沟洫。枝粘青青似稻栽，万顷连天挂零碧。我来五月正南薰，独携老友去人群。君自担簦我即轿，世人疑是云中君。七盘九折青霞栈，曲曲修蛇饮深涧。老翁矍铄生壮心，忽思快马下峻坂。昔从岱华俯中原，沧海簸荡黄河浑。野人不识战争事，但怪囚尧招舜魂。我今老去肉生髀，五十年来丘壑里。昏嫁未毕归不休，安能径作五岳游。看云种松且适意，莫陵太清观九洲。"

自苦竹垒步下大星垒,峻坂修曲,令人有驰骋心。舁夫不复能胜,寸步停顿,仅得至中和墟。旷朗平夷,稻田弥望,然已龟圻,亟望雨也。周僮骛进,强行八里,舁夫遂困蹶,余亦不能更步,频舁频下,宿断石桥。夜热。

二日

晨,从者不能兴,真暮气矣。余不能更睡,遂起,闷坐久之。步至前冈,遇三挑夫,诉无食,许以舁工,待轿不至而去。轿夫强舁过一冈,换一生力,行廿馀里到城。城外街市颇盛,城内亦止一街,未见泠道治而访县学,寻彭畯五,自至学门,则非彭姓,盖误记耳。立遣两夫力去,令周生顾夫未得,有一伧父持帖来邀,云樊润苏,云其子领盐巡,是营弁也。初不省记,往则似曾相识,谈久之犹未知来历。留坐待轿,俄而雨至,饭罢即行,平原黄土,山障重掩,风景剧佳。小雨略避,夕宿百草坪,至夜大雨达旦。

三日　晨雨正〔止〕

樊姓顾夫甚贵,乃至六百钱一工,十倍常例,尚能疾走耳。十里太平营,误循右行,入鲁观洞,璞山、俊臣当年战地也。道逢乡民,指向东行,以为周生必不迷惑,未半里,闻周反踵至,亦其迷也。樊欲使周寻土人,余不可,遂至舜庙。

轿投僧寺,余立庙外,待周生至乃入拜墀下,庭无拜石,即就草间再拜稽首。入瞻陵碑,初无丘封,即立碑山下,殿外唯存古树,心尽空矣,香杉已无一存。庙是光绪初所修,乾隆初因配天礼成,诏令通建。

出寻住处,误入一书院,馆师礼接,辞当寻轿,乃得旁一佛寺,僧得清为主人,居室无多,乃至书馆。馆师彭仁安士彬,陶学使取入,近卅年矣，学政纷更，仍聚徒诵读，可与适道者。僧①杀鸡款余，夜又送粥。即宿彭榻。

四日 晴

彭、僧导游近岩，云紫霞洞须一日。欣然步往，洞口流泉，解袜而入，衣裤尽湿，以为必有佳境，愈行愈泥，不可游也，复匍匐而出。至玉管岩，亦无可观。至无为洞，有永福寺，未入。又至飞龙岩，垦土掘断山道，又不可入。道中有鲁生留饭，亦未欲去，蹒跚而还。仁安许同游三分石，留过节乃去九疑。巡检樊利宾来，幼铭故人子。

五日 晴，午后雨

黄子玉次子来邀，不往。仁安大具羊豕、鸡凫，并设雄黄酒、米团应节，亦有小枝红烛，无蒲艾耳。酬僧一元不受，转以遗我，受之。看新书数种。杨紫卿诗言无为洞有李峤篆字，题“碧虚洞”。玉管岩有明刻九疑山宋补蔡邕铭。土人云旧舜祠陵均在焉，不知何故移今地。以《水经注》证之，营水径岩前，则舜庙在此不疑，今舜庙则泠水源也，至巨川何以至此，则不可考。夕得清设粽，黄子又来。

六日 阴，晴雨无定

晨从黄家顾夫往三分石，得清亦喜，同行三人步，余独舁。过二岭，至庞洞，舁夫午饭，店家为设点心，酬直礼辞，信过化之教远也。渡泠水，上一大山，总名烂泥坳，余以为“蓝宁坳”声转也。直上十里，郦道元以为百里，大言之耳，皆循泠水行，以水定九疑舜庙，理无疑矣。涧虹忽起，仁安云旧有大蟆，吐气为之，僧言为妖。冷风飘至，小雨，旋大热，山穷将下磴，至坳间，冲风吹人，望三分石，尚须从西转东乃能上，计须两日辛苦。伏日已近，惧船热未便，遂议还辕。

① “僧”字疑误。僧戒杀生，且王闿运系宿书馆，亦无僧款待送食之理。

过涧又起长虹,风雨追送,皆以为蟆之为。黄生已吾新入学,居庞洞,与彭姻友,先来相留,因投宿其家,月正中矣。得句云:“涧斗虹难起,山深月早明。”夜设四榻,幸有学僮腾让。

七日

晨,诸人俱卧不起,自往唤轿,轿夫亦未起,习气日惰至此。还食于黄,宁远皆生肉大切,不可择噬,昨赖供僧一菜羹,今早索得粉条汤,饭毕即行。将还彭馆,念当至黄家,报鲁生,因直诣黄宅,约三人俱往,诺而不至。周生举动必出人意外,疑其言行矫诬,有类将军,余之不知人可验矣。待一时许遣要乃至,鲁生不来,清公后至,行时日已西矣。宿大界,本名马鞍岨,夜坐韩婆祠纳凉。

八日　晴

步行二里,坐大树下待从者,一时许乃至。十里红洞,十里田家,有小溪,旁有龙潭书院,门闭不入。十里饭岭脚,始有瓜菜,然饭烂不能饱。日烈风燥,舁行频息,过回龙书院,规制甚壮,道州地也。十里青堤,十五里清口,遇水手呼之不至,知已辞工矣。云船在马头,人俱往道州城,且就船休息,一事俱无。周生夜至,云迷途故后。船户登舟,始有主人,夜睡船头。

九日　晴,有风

补游记可诗者。渡泠上坳,山水幽秀,有方广、灵隐之胜,而无其尘俗?彼有寺庄,此唯径路故也。舜葬在大紫金山,有金竹扫墓,徭人独知之,云见灵异。

解袜探幽洞,需泥怯暗湍。乖龙眠自古,仙鼠见应难。石气晴天雨,窗风五月寒。阴崖付神鬼,题字待谁看?

泠水经虞庙,徐碑复蔡铭。至今寻玉管,犹得访仙扃。金竹时时埽,徭歌处处听。圣人安远俗,何用比湘灵。

甫窾开南岳，明堂奉瓦棺。仲箎邻弟国，湘瑟罢妃弹。义嗣无传子，安民在审官。后来耕稼者，怅望紫金峦。

泠水源千曲，疑山径九回。两边苍翠合，一线绿天开。灵隐多僧气，龙潭斗瀑雷。自然幽胜地，唯待访仙来。

天外分三石，云中不可行。香茅久无贡，芝草为谁生？涧斗虹难起，山深月早明。东扉今夜掩，翦烛话升平。

窈窈无为寺，前朝隐士居。风尘曾不到，水石自萧疏。更欲招缁素，相随访碧虚。暂来胜久住，何用狎樵渔。

亭午正眠，名松呼我，顷之房妪还自道州，带有瓜菜，周僮亦趁虚觅得茄子，十日未饱，乃得一面一饭。夜宿船头，沐浴晞风，如游仙矣。船人半夜来解缆，遂入中仓。

十日 晴

昧爽开行，午至上步涧，初过镰刀弯，即知营阳峡也。作一诗："截壁横波秀，鸣湍拥汰便。无风舟自涌，碍石橹难前。四水初回洑，千山暗接连。向来迁客少，空使峡泷传。"下水过滩甚快，夕泊袁石望，行百卅里。

十一日 晴

早发，朝食时泊淡岩。寺僧来送石拓，求名，云全拓纸本三元。谭震青曾拓一分，再与一元，取其半分。看山谷诗，虽乱道，他手尚不及也。行数里，泊船树阴，周生登岸去，遣玉莲从之。将看船起拨，欲及早到，船行甚劳，盖远四十里，薄暮方至，周生已来迎矣。不能拢岸，困顿乃至，云无船可附，又不能办饭，余遂竟日不饭，买面取饱。夜睡船头，大风吹帐，起入仓。

十二日 晴

晨遣两僮看船，云有草鳅，每人六百钱，嫌太小，遣往零陵索官舫,还云掳得一只。陈升来,言胡令勘灾出,何又伊在盐局,移船过载,便上岸入城,至何馆,规制甚壮。云何到船访我,适去未久,入待其还。坐待船信,历三时不至。玉莲来,云船已逃去,又捉得两船,前船户已押责。大扰川陆,又将为周生所恶,然已无可奈何。又伊留午饭,炮鳖炒鲟,又异宁远,并送土仪。到船复来一宗再侄,未知渊源,亦送茶米,见面不甚识,小坐而去。夜行,泊木瓜铺,距泠水滩十五里。

营口秀孤石,行舟望宛然。分明似江岛,只是少诗篇。滟滪风波里,瀛洲想像边。香兰生得地,不与世人传。

十三日　家忌,素食。晴

午泊黄石司对岸,舟人还家,半日忘发。夕行四十馀里,泊红石山,遂尽一日。

十四日　晴

朝食时至浯溪,从者往游,余畏日未上。自泠水滩顺风夜行甚快,到祁阳守望风,戏作一诗:“昨日迍邅路,今来浩荡行。微风散初暑,夕月有馀清。湘水元多曲,汀弯复几程。闲游总无闷,顺逆不须争。”

周生急欲上岸,又言再来。余云再来则不必去,周生甚窘。余好以理穷人,亦宋学也。送被人与以五十文,皆不可用之钱。则又一廖平矣。泊对岸守风,久之始行,夜泊盘江湖,去归阳卅里。

十五日　阴,过午晴热

归阳买菜,至午乃朝食。玉孙献瓜,云道、永早荐新矣。不可食也,取得见之。过此又一大弯,永、衡迂回,不利舟行。夜泊柏坊。

十六日　晴

行一日仅至东阳渡,欲乘月陆行,恐诸女已到东洲,夜难唤渡,遂令泊船。

十七日 癸丑，小暑。晴

晨发，一时许乃到东洲，遣看无人，即顺风到城。步入寓馆，见滋，云十妹大病初愈，恐不能再受暑。因至常祠，见霖生及诸生，议即入东洲避暑。还寓朝食，未食也。程生来，本不欲见之，适相遇，遂同至其家。霖生亦来，言屺樵管粥廿卅年，干没无算。遣招屺来问之，云不相干。得庞抚、樊藩、程太守及茙京书。还寓少坐，步访芝耘，言唐守被弹，役田成讼矣。夜待月出，携复入书院，张尉、廖生相送，庶长先到相待。

十八日

晨遣船迎女，本期会朝食，复云三姊约饭后来，乃先饭。大风吹船，将午乃至，云未朝食也。霖生约夜来，亦未至。房妪馆我侧室，余意甚愠。

十九日 晴。阴云屡风，竟不能雨

谭、陈两教官来候迎，霖生亦以午至，监学舍似热，暂请居内斋，过暑假。

廿日 晴

亢旸已甚，不能见客，院中人亦俱出，摸牌亦热。遣觅《离骚》。议请女客。

廿一日 阴

朝食时微雨成滴沥，枯苗得润。马太耶来。至午大雨。与书茙女。钞诗，复满一卷。

廿二日 阴晴

晨遣船迎真女、常婿、陈婿兄弟及常曾孙来，与霖生俱为复女生日来吃汤饼，因留摸牌。请张尉办具，过午方至。女客陈氏姑嫂四人俱来,杨、程不至,外坐八人,增廖卓夫,周庶长不入坐,未夕散,已疲矣。常婿留宿,馀俱入城。

廿三日　阴

常婿在公厨饭,教以必饭于我,已饭又强饭焉。与书朱八郎,荐左幹青,又为常婿关说官事。常婿乃去,真女亦归。

廿四日　庚申,初伏。晴

自到书院,未亲几席,固由畏热,亦懒使然。陈妪告归,与一元遣之,令随刘丁即去。王保澄来送犀玉,意在欧述,告以不能,欧述波犹未已,盖今年谈柄也。大风骤起,须臾微雨遂过,日复皎然,闷热殊甚,令人不适。杀羊食饼。

廿五日　阴晴,暑热

张尉来求书,亦似方四,屡荐不售,心殊未餍,又依而与之,作浆煨莲款之。北风聚暖,室中不能久坐,夕有一点雨。

廿六日　晴阴

霖生前日去,晨始还馆,云庐陵官民互斗,各有杀伤。常婿亦来早饭。二陈、常子均来午饭。写诗刻淡崖。夜坐渡口吹风,北风大作,曾不入室,唯楼角有风耳。枕席尚凉,可睡,早眠。夜雨。

廿七日　阴凉

岦往姑家。看官报,皆言外事,无内政矣。内政止要钱、怕鬼二事。张尉来索与沈士登,又作书与何又伊。峗樵送羊面。真送豚蹄,一月未肉食,顿享少牢。吃饼,打凉粉。

廿八日　阴,微雨旋晴

程孙送《易经》印本。陈婿、常郎、程孙皆来入学,并送衡种三白瓜,晚凉未宜食。日夜昏睡,不能自振。

廿九日　晨雨旋晴,连日北风

书扇二柄。说"门内之治恩掩义",见恩不见义也。如保赤子,行事无所谓是非，非者补救之，则无所爱憎而恩意蔼然，恩即义也。舜尽事亲之道，而瞽叟底豫，完廪浚井，临时权宜，不知为亲所为，何至计其弟母乎？又说颜子“不改其乐”，只是譬喻。若颜子事亲，不可箪瓢为乐也。啜菽饮水尽其欢，又非回之乐。此赞其能事亲，非赞其能乐。

六　月

丙寅朔　雨，暑

校《易经》，不能久坐，时起时卧。夜出渡口纳凉。珰还。

二日　晴，亦有雨意

校《易经》。敦竹来。作牢丸，食瓜，纳凉，看霖生等《夜归鹿门》。石五嫂息妇来。

三日　晴，夜雨

校《易经》甚竭蹶，老将知而耄及之，心孔日开则筋力渐退，唯可坐论耳。

四日　己巳，大暑。雨达旦

出看霖生，已去矣，乡人能早起，殆然镫治装耳。庶长自言已起，想未起也。程生不认买文，而来送菜。得湘孙书，欲急得信，似是女婿已回，而不明言，可怪也。敦竹告去，石妇亦去。

五日　庚午，中伏

真女送瓜。与书王逸吾说陈子干馆，因复孙女一片。刘孙臂疡，遣送城中诊之，乃云无医。屼樵送瓜，兼送木瓜。

六日　晴

看《乡饮礼》，不外献酬一事，未及祭礼之秩秩，其精意在宾贤耳。殊难得人,孔子独称之,盖非太平不能行。

七日　晴

《易经》校毕,大谬只三处,尚无烦换版。欲入城,惮暑不去,唯遣人来往,亦非恕道。卜三毛来,云子年有事,遣来相闻。蒋树勋从湘潭来,云诸生逐去王、张,更举袁、余,颇得用人之法。庶长俱留之饭。

八日　晴

复女初不知《世说》,因求官本,亦无,令买充官书。又求《金石萃编》,亦无藏本。改定《论语》说一条,以不愠不知,因其人乃君子,不可加喜愠者,故有三移不举之典,此真新义,所谓开生面者。

九日　晴

连日晨阴风凉,已有秋意。敦竹早来,出堂会食。屼樵来,言唐守之冤,系谭道所构。得何又伊、毛杏生书。杏生云送铁杉。予纵不得大葬,未宜葬毛生之木,以问功儿,必又诡词,门内恩掩,不可发覆也。功遣送瓜人来,午至酉始寻得,主人公更遣船往迎,待至二更后。

十日　晴

歇伏一日,惟议饮食。滋、复作包子至三更。看沪报横议半年不能救法人一语,团体之效可睹亦可喜也。喜我顺夷,真如骄子。喜夷惧我,不敢横行。使我为法人,直曰江召棠该死,使教民杀之,敢称冤者,并斩若属,彼岂能支吾哉！不用中行说,故展转敷衍,气杀青年国民。

十一日　阴晴有雨

遣复入城,答谢陈家,令珰同往。作书复毛生,致沈山人论闰保包窝,又与书功、舆,略加训饬。诸子不肖,贤者早夭,生见披昌,不甘聋痴,早同梦缇死,不至见此也。然其根全由妻家,笛仙所谓禀母性者。作伪径情,皆成夷兽,但能援尧、朱以自解。

十二日　晴

检王昶《萃编》所录淡山题石,误以嘉祐诗入淳祐,全不寻文理,乃知著录家卤莽如此,为钞出正之。新拓有宋仁时一诗,诗中一字但书御名,不记何字,乃更取《宋史》检之,颇足消日。

十三日　晴阴

陈、魏来谢,诸女留一日,余但坐楼上,唯看石拓本。滋请泛月,与珰俱送魏女,方欲禁妇女出入院堂,旋已自坏其例。

十四日　晴

钞《题名》日十纸,殊不成字,日可写五千文耳,校少诗〔时〕已减半也。程生来学优。

十五日　庚辰,三伏

院生宜有读本经书,亦是大费,遣周儿取《三礼》来,刷给之。又与书沈山人。谭兵备送瓜三担,分与教员。得庄心安书,欲令作张寿序,投我千金,恐败名不敢得也。复书荐皮、叶自代。夜月,食既。

十六日　晴

庄令长沙专差昨来遂去,托衡守待复书,复与衡守驿递,官事展转如此。《题名》已录者有八十段,馀当待拓本来,已无可钞矣。

十七日　晴凉

看唐、宋碑文。得湘孙书,言茙女思归,宜往迎之。王氏女学虽盛,女气亦强,方知薛女所云无才是德者,亦有所见。洲人犯夜,告清泉令笞之,议立保正统洲事。

十八日　晴

常婿复来,云在彭家摸雀。彭不多事,而但赌牌,虽亦小过,殊非家法。程生坐三日,已告假矣。有恒产者无恒心,唯士为能。

十九日　甲申,立秋。晨雨晴

观音生日,亦设汤饼。滋往妹家,议迎八妹。喻教员亦作生日,秀才之侈也。申有大风。

廿日　晴。申大风,遂雨

诸女作饼,未豫备,有饼无馅。招两婿兼及三姻,但对空盘,大似魏南崖吃苋菜也。夜饭果有苋菜,鲜翠可爱,余已饱矣。诸女方食,侍妪寒厥猝死,大惊扰,余已旁皇,如儿女疾之忧,为待医药至半夜,赖房妪伴之。陈生问"王饮酒"当以何事?有明文者,唯在泮养老可推,视学亦其一也,从古无人道及。湘水又长平岸。常婿告去。

廿二日　晴

消夏无事,且看《兰泉碑》,录考《石鼓文》,定为西晋伪作,因以簿记所疑,聊代日课。正摸牌,前佣妇湛来,求提爱,老不可爱矣。

廿三日　晴

看碑录。未午避暑酣卧。霖生来,夜饭寺中,余未同往。得茂京书,十七日至。

廿四日　晴

张子年来看碑录。诸女入城,滋未去,余独卧楼上竟日。连日热风,可云秋虎。改陈婿《王饮酒考》,知族宴亦用饮礼,《常棣》云"饮酒之饫"是也。

廿五日　晴

得沈善化书。作书唁朱竹石,云当被劾,劝其待罪,不可求去也。霖生入城夜归,往看之,乃遇其兄子,云自平江还。

廿六日　晴

三伏已过,秋虎犹猛,唯楼上有热气可坐,试到外斋小坐,汗如浆矣。真偕姒来,姒去真留。

廿七日 晴

山中船来,得沈山人书,送南瓜。看碑录、《申报》。夜大北风,旋霁。

廿八日 晴,仍热

看碑录,写对子。隽臣次子,已五十矣,记为作五十寿序,犹昨日事。留人守屋,其费不赀,此非算细不知。《诗》曰"如贾三倍,君子是识",然则不当知也,舱船亦如是矣。

廿九日 晴

佃佣晨去。陈氏外孙来嬉。夏生钦来,发种种而非剪,须飘飘而似吴。吴翔冈也。云新授速成师范,遵朝议也。闭风即热,吹风又烧,偃卧竹床,一事不关。左弼来言官事。夜暑。

晦日 晨雨,暑解

谭兵备来。张尉及张奎生来,云已调永州,不能去,为道员所推排也。竟日止陪得二客,遂昏暮矣。

七　月

丙申朔 晴

常、刘二女家来迎妇,轿夫喧阗。天复炎燥,至夜纳凉,大风声吼,坐处不动尘,入内登楼,床帐书纸并飞上屋,院内不可张镫,笼烛往来,家人皆请余下楼,不知风雨易过旋敛,神功也。两女明日当去,稍留坐谈。

二日 复晴热

遣房妪送两女,各与卅元折皮衣,以示鸤鸠平均之义。家人尽行。颜拔及周玉标之弟玉柄来,字斗卿,举人同知奏调黑龙者,均以放振义务,自备资斧,到衡、永一带。银米充斥,委员宣骄,振济之无益验矣。故为政在人,有人又患无财。泛谈久之,示以与野秋函,留饭楼上。送船,将夕乃还,已疲于接对矣。夜勉坐至二更,还寝。

三日

晨入城,与真同舟下,答周、颜。颜云明日上永州,匆匆无可为贶,小坐而别。欲至程家早饭,道过衡阳,便出城答访郑训导,辞不敢当而还。程家已饭,后设鲊酱、索面。午至安记小愒,看《平山冷燕》一本。道台来请,舁往小坐,门遇传胪,共坐,吃水饽,将雨乃散。遣告真令陆还,余船还,将至遇雨,入门真已先到。岏妻亦来看滋、复,留饭乃去。

四日　晴

写对屏,校改《礼记注》,说下大夫妻"襢衣",及再命"展衣"①,令廖生就改之,以"公袭卷"笺改"衮"②,与不改字例不合也。《易经》补改数处,亦送本来。

五日　晴

写对子,考释奠、释菜,为一生一死,似较妥洽。创定视学礼,尚为易行,令陈郎商定,知会城中。送女人未还,云须到两家。

六日　晴

与复女清换《易》本,审定讹误,写字校多,饭至乃罢。午后闷热,杇人来相看,纨寄瓜来。

---

① 《礼记·玉藻》云:"再命袆衣,一命襢衣,士褖衣。"《杂记》上云:"下大夫以襢衣。""襢衣",《周礼》作"展衣"。

② 《礼记·杂记》作"公袭卷衣一",《释文》:"卷音衮。"

七日 晴

周、颜生尚未行，复来相看，设瓜不能佳，作牢丸，客已去。夕看诸女乞巧，饮瓜汁，仍有暑气。院中树密不见天河，亦无流萤银烛，光亦未冷。闻竹轩病故，云五月廿四日赴，何迟也。竹轩略似胡文忠，胡能行志，夏赍志耳。吾负胡而未负夏，张孝达乃以为政出多门，误矣。蒋幼吾部郎亦死，则金圣叹所谓一有心计人，然吾亦不快也。心计得行，故无所快。

八日 晴

与书樊山，令转唁夏，旋得夏赴，而云作墓志，似陵节矣。写字数幅。

九日 晴

屼樵来，言夏丧在此月初三，非廿四也。张尉、陶估来，约十七日会馆一集。当挽向生父，因作一联："屡荐记廉能，六大三阳虚企望；诸郎并英发，八龙五凤定骞腾。"写字数幅。

十日 阴，大风不入屋，唯闻木叶翛翛

写字数幅。程生来，言庞抚、周督迁除未确。湛妇率儿来求事，问其须铜匠否，亦含胡无答。异于曾震伯，惩曾轻诺故也。然余以曾为知礼，盖问余必曰有，亦轻诺也。真女暂归，遂觉寥寂。

十一日 风仍壮急，天气遂凉，单衣不能出户

真去，已夹衣矣。随丁、房妪斗很，且逐二仆，以正学规，若在家尚亦不判断也。去则无归，而敢犯法，吾服其胆。几案可亲，夜欲作诗，闻树上雨落芭蕉上，响异常雨，欲写其声，竟不成句。霖生小疾旋愈，云受露也。

十二日 雨凉

作诗六韵。湘水复长七八尺，诸生皆归。孟兰，霖生送蒸盆。

夜改定一献礼,以待视学。

十三日　晴,复热

常年荐新有宴,今在外亦设二席,请同院教员,俱不至,唯霖生夜来,周生后至。设馔不精,余先在内饭一盂,后陪霖生复饭一瓯。

十四日　晴

程生请早饭。巳初下湘,霖、周同船至铁炉门分道,余往安记取钱,遂至程家。马生先在,似识不识。霖及二陈旋至,程弟乃来,兄弟分家,昔仇今和,犹路人也。申初散。真女已先到。

十五日　晴热

龚文生来,忘其名,未相见,后乃知之。院中正经营学务,未暇往问也。因令会馆约十七日一会。

十六日　阴

卯初起,日已高照,辰正释奠,便释菜,方悟释菜为弟子见师之贽,与释奠先师当分人鬼。礼成,早饭。彭给事、潘太尊已到,涂、谭两教官亦来,遂留便饭,唯潘稍后不饭。两县最后,已入内斋,余无出路,从后门舁至前门。府县同次,已乃悟其当次西方,适道台来,遂移西斋,乃无坐处,幸有教员室容膝,六人皆栖一室。天又微雨,踏水上堂,行一献礼,虽不闲习,颇为不俗。礼成吃饼,宾主均饥,饼又不软,充腹而已。谭兵备连饮数杯,小坐而散。余亦热甚,汗湿衣冠。夜雨。

十七日　雨

出堂讲学,辰正退。两女往程家,因同船下湘,将答谢府县,至道署,知是忌日,小坐出。至张尉处问船,云尚未办,但欲留吃饼,辞以会馆公请,便过考棚。龚文生已往会馆,三学三幕均在,忌辰演戏,云城外无妨。余亦入坐,两时许乃得点心,上席戌初矣。雨大作,三更散,到船呼人尽寐。

十八日 雨竟日

待饭至巳正乃得饱食,又霉米也。周生来,请以子为卿,告以不可。干没不已,必大困也。从城外入潇湘门,至潘太尊处一谈。潘,懦人也。至清泉未入。至衡阳,闻庞抚已移黔,岑五来湘,又结一案。岑盖潘之类也,喜不似兄,亦恨不似兄。湘中须岑猛一乱之,必胜端、赵。得荪畡书,卝案又发。午至屼樵处,兄亦后来,午食甚早,还院已夜。霖生、二陈俱留城宿。

十九日 雨

早饭甚晏,饭后入城。至厘丰前,逢来舟,周僮云邓姑少耶来矣。呼令返。又有刘邦直专足来索荐书,初不知为何人,令投清流。与周生邀邓婿俱至安记。旷凤冈来访。霖生与陈婿同来久谈。两县请早饭,未正始催客,往则朱、程先在,客无一至者,令招凤霖同吃,申初早饭,散后仍还安记,邓婿早去矣。看《双凤传》,至无聊。霖、陈来,同至道署,彭传胪先在,戌初入坐,亥初还船,仍摸牌两圈,昏倦乃睡。

廿日 乙卯,白露。晴热,似小暑

写字数幅,检行李上船,半日始了。院中俱集门外待送,女从洲西,余从洲东,并发,但留拨船载书版。泊江西馆旁岸,至潘衡州署会饮,有彭给事,馀皆船山人,夜还船,两女未上。

廿一日 晴

监学、教员恭请听戏,外有彭理安、朱德臣叔侄、罗心泉、张尉,主办设三席,别请三女,女先往楼房,余待申正始往。道台为客,酉正乃来,子正散。

廿二日 晴

会馆首事来送行,潘送程仪,道台约监学同来送薪水,将午始去。客来俱谢未见。邓婿来,令率妻子同去,至夜始来。两女未还,即宿内仓。颜、周来请书扇。九疑彭、黄来相看,并送山物,晨往小坐。周生父子来谋事。邓复发风,夜深三来三去,余睡美,懒问也。

廿三日　阴晴,时雨

发书版,退关书。至岏樵家小坐,鹤妻设戏酒饯两女,因往一看,坐榴阴下,雨大遂还。街石已泥,踏湿上船,令淦妇移住坐船。

廿四日　晴

两女还船,真从六嫂俱来送,有离别之泪。促发,而船人逃去,复上岸至陈嫂家,岏妻设饯,又留一日,演戏。余独坐船上,谭香阶、李华庭、毕念劬来送。催饭已夕,复至陈家听戏,了无精彩,遣召张尉,云已去矣。黎儿专人送润笔,正欲得银,令明日送船上。三更还船,旋有人来,云两女亦当还船,待来乃睡。商霖次子病故,戏犹未散也。宿顾船。

廿五日　大晴,复热

送丁促发,跣而过船,独留待。黎使送蜀物、湘银,复片令去,遂亦解缆。此行三船,共廿二人,日费双金,已五日稽留矣。庶长与淦郎同坐书版船,至樟寺相会,朝食。滋饭后大睡,余亦午睡,梦与人评画。人云有枫浦画否?余言不但无枫浦画,且不知枫浦何人。其人匿笑。苦问之,但笑不答。余云男耶女耶?答言是女。又问何代人?仿佛似是国朝人,而终耻余之不知。方欲穷问,俄然而醒。夜泊老牛仓。周妪未午食,玉莲又与口角。

廿六日　晴

晨舣雷石买菜,遣二船先至衡山相待。邓挟潘书干衡山令,张超南呼余见张,余不欲舣,遂先去,午乃相会。呼周妪过船摸牌,夜宿朱亭,有雨,甚热,起纳凉。

廿七日　细雨如雾，仍热

看日记，今年督抚大更变，又作一诗，不言地，但举人，亦一变也。“端升对起敌张袁，岑五随兄比二恩。五调二升能择地，锡丁曹坐看洪新。”夜泊下弯，听雨。

廿八日　晴

朝食时入涟口，晡时到云湖口，后船逾时不到，乃舁至家。见沈山人、六继妻，略谈入内，饭后已夕。邓婿来，网网相随，登楼少坐，闻其已附船下省，促令早去。与山人谈官事。夜大风。

廿九日　阴风

庶长晨来，令自往省，与邓婿同船去。冯甲、三屠、卅和相争，俱来诉。余一不问，但令催租。至午顿寒，着绵袄登楼，清书版。

八　月

乙丑朔　阴

滋女下湘，余亦上省，同船行。留房妪伴女，朝食后上船，待滋未即发，仅能至县，已夜矣。余感寒，昏卧半日，未食。

二日　晴复热

到省城时大热，脱绵着纱滋先到家，询无新事，遣迎窊女、湘孙。三妇率宜孙、赣孙，杨仲子率禄孙、谷孙均至。仲子长谈，自昏至二更乃去。舆儿又往南昌。岑调滇督，丁补闽督。

三日　晴热，汗出如浆

昨往谒米汤不遇，遣告张尉。张早来，朱、黎亦来，同吃菜包子，云茶室今无旧制，新者加肉皮，每枚四钱，不可口。羊肉面尚如旧，唯长四钱。百物昂贵，乃及扁食耶？卜云哉又同张尉来。葵生亦来交条。午过胡婿问疾,小坐还,吃饼。将电询八女行止,遣问李文石,云尚在差,未暇。诣南门至王石卿处,交二张名条,匆匆欲出城,长妇、二女固留再停一宿。

四日　晴,大热

晨未盥须,即舁出城上船,烦闷无风,行一日仅宿断妖洲。盖昭潭三妖所窟,或以为断腰,则夏水断之也。未能六十里。

五日　阴,风凉

午过县城,以为不能至家,及申初已望见姜畲;又以为必早到家,篙缆久之,到湖口暮矣。如待舁必夜,乃步入门。

直袁豫、江端旗、闽丁旗、湖张直、滇岑桂、川锡、广周徽、甘升旗、东杨徽、豫张直、晋恩、苏陈黔、徽恩、西吴豫、湘岑、桂林闽、黔庞苏、陕曹东、杭张直、新联。"七旗三直分三派,两豫双徽挤二岑。试看黔驴作司马,曹林庞莫倚词林。"与书,遣清泉送役回。

六日　阴,有微雨,尚不成雾

扫除堂房,桂花香浓。卅和送鱼菱。检旧书,得子虞父曲本,看之终日。遂失去严道甫《华山诗》本,遍检不得。夜遣人守船,因专丁下省买果菜。

七日　辛未,秋分。晴热

房妪告假娶妇,赏廿元令去。顿至五人,不足使令。清坐无事,数十年来家居第一闲日也。写册叶五六叶,以与李生。夜月,有雷。沈山人云四日已有雷,余未闻也。

八日　阴

方自喜闲,陈顺已晨至送礼,真无奈何。顷之周生又来,田团及曾姓、宋地师均来,过午皆去。写册叶六叶。考张超未得。彭大来又去。

九日 阴

昨夜史佣还，云电报未报，不知出京否。王仆在后未来，且事铺张。又为余佐卿看诗，且作叙，大有老气，似唐蓬洲。午后凉，可薄绵。王仆坐周船还。得陈国祥敬民书。

十日 阴燠

晨起铺设已毕，桂香亦歇，偶忆杜若之作，再赋一诗："两株仙桂缀金银，欲采琼花召玉真。蛾黛不随尘世老，凤楼长见月华新。从来幻影分明现，每到秋期怅望频。莫恨都梁香歇绝，好来芝馆话良因。"

功儿当来，待至夜分未到。明灯照阶，花影依稀，复忆蜀院旧情，又一世也。三更后睡，梦曾涤公谈笑甚欢，言今贼平无事，可以宴谈。余云不如且战且学仙，别有风趣。涤公咨赏，甚以为然。又告我周凤山安炮台在此。余言凤山偾军，乃复用耶？曾云肃清和、含，甚得其力。余袜行往见之，不甚似，亦不甚识我，在坐六七人，皆偃蹇不理。余欲以中堂骄之，放言高论。顷之辞去，周送曾迎，与余对食，席于泥地，未上菜而醒。

十一日

晨醒未起，功至乃兴，待复上祭，已巳正，乃吃面。石五嫂率白辫儿来，云承重叔祖。俱留吃面。庆生来，致六耶书。黄油胡夜来，未见，云娶陈氏，凤衢外孙也。表兄章伯范，闻之头痛，辞令宿旅店。夜掀牌。竟日雾雨，喜不湿地。石妇去。

十二日 阴

晨起见油胡，与以宋芸子信，令作进身阶。朝食甚晏，待功儿去，久未成行，小睡起，已去。曾竹林长子广武来，字经伯，云从京师寻表叔，作随员还，亦欲谋事。余云女父谋事一世，究何所益，不如烤老糠火。彼执迷不悟,亦甚壮往,留宿西房。

十三日　阴

检日记,补作七夕年表诗,甚费拉扯。祠邻二人来,言命案,已用去数百千。任太耶甚畏苦主,仓皇求救,唯令和钱而已。

十四日　阴风

不雨七日矣,下有谋上者,未知何应。曾广武去。出游前冈,左往右还。岫生来告母丧。将暮功还,饭罢已夜。

十五日　阴有雨

族子女来者十馀人,馀客未见,设三席,大宴王氏,余至夜乃食。树子送大鱼,重十六斤,蒸鱼头,未遑他膳。亥初月出,至丑大明。

十六日　晴

盛从九来,言银谷。树生后子十二岁矣,犹须其父来领乃去,又一相公也。冬女言家计,求济,而无以应之。夜月似去年,登楼玩赏。看《桃花扇》本。

十七日　晴阴

佃户送租,家丁并集看斛,扫仓可容十人,亦乡中最大政。沈山人来告归,并带二佣工去。六老官名褒,来求老粮,留宿北房。

十八日　晴

谕庆子宜去,必欲混饭者,可携被装来,已虚费八日工矣。余亦钞《七夕》诗,作年谱。先祖妣生朝,作汤饼。庆、褒皆去。冬女暴疾。

十九日　晴

功儿坐租船下省,摒挡一日。夕大风,复留一宿。冬女去,得邓龙头书。

廿日　晴

朝食后功去。盛赓唐来还银。冯甲来言退佃。组云从许团来言讼事，斥未见。夕至茶亭看修路棚工，从田塍还，甚困。双桂复花，香不出门，所谓馨一山者。

廿一日 晴

辅廷来，盘查祠谷，且议营造。余初欲省费积谷，以眈眈者多，亦欲散之，留饭去。正治门前道，恰来一族中富寿人，祥征也。

廿二日 丙戌，寒露。气乃更暖

四老少来，言愿以九满分屋为宗祠，本故居也，作祠甚善，令告经管定之，贤于别建，旋去。复请讲《尔雅》，日点三叶。

廿三日 晴

检类书，试校一本，亦有可乐。书《华山游记》，毕四纸，记未尽也。

因翻唐诗咏华山者录之，以为日课。

廿四日 晴

晨得胡氏女婿书，求干米汤，即书与之。王名述来请，油祸邻农，随语训之。铺时宗兄及岫生来，留宿西房。校课如额。夜中醒，正亥子也，缺月初升，宵衣起坐，至月中天，复出看，光倍上弦，已下弦一日矣。

廿五日 晴煊

校课未毕，宗兄父子去。余少耶偕王资臣来。王云往上海，久欲一见，颇谈堪舆，云从石潭步至此。余送松花、茶糕，留面去。夕往湖口，甫至而夜。戴叔伦有长沙东湖诗，盖今便河。或云唐城在麓山，则水麓洲亦可为东湖也。

廿六日 晴煊

校《类聚》，明本任意删削，已非唐旧，不足观也。以已校，姑看之。又检唐诗，亦无华山正篇。午正船回，遣迎房妪，未正还内，旋已步上,并携其子妇来,二年未见,全改变容态矣。得莪七月书,又得八月书,及功寄妹书。窊女送蟹八枚,费钱三千,浪用不节,宜其坐困。

廿七日　晴热,换夹衣

校课半日,《类聚》以讹传讹,字皆失正,余亦懒翻书,随意改之。唐诗则又阅一过。二胡子寡妻来,携后子。

廿八日　晴,稍凉

校课,聊应日程。未钞诗。文扬榜、镇湘、许孙先后来,言油火事。遣石儿看其继父。

廿九日　晴煊

复女小疾,仍点《尔雅》,余亦校《类聚》一本,仍"金根"改"金银"之类也。然我能作之,即可改之。夜复疾甚困,为之不寐。

晦日　晴风

复疾小愈,校《类聚》,讲《尔雅》。张四哥来送豚蹄。

九　月

乙未朔　晴凉

校讲如程。族邻妇女纷来。点查山树,皆为草没,树艺亦费千缗矣,曾无成效,不专之敝也。与书沈山人论之,以为皆计利之过。盖主人不专,客作计利,故五年无成。

二日　晴煊

校讲毕,日初晡,始知山中景长。方夕,王心培来,杂言久之。厨中无办,至初更后乃得食。半寝,似有物从枕畔下地,如半堵墙移,起视无有,房妪亦闻之,怪案也。空暗中定自有物,可入《阅微记》。

三日 晴

心培去。写对两幅，校讲毕，看秋光，作诗一篇。

四日 晴

王仆病假一日。校讲如程。《类聚》时代，与严钞不合，或先或后，严钞尤为陵躐，殊费寻检。晡后刘兰生来，宿西房。睡甚早。

五日 晴

校讲如课。周儿又来，张妪亦留待芋船。庸松来请书，点心去。刘生留一日。

六日 晴

五更醒，便不寐，天明稍养静便起，朝食甚早。刘生步去，瑚妇亦携子船去。晡后福同来送京书，知滋已到十日矣。舆儿亦入京，是可喜也。三妇寄北梨、江蟹，夕为加餐。初月凉朗，拒霜新花，桂香犹馥。校《类聚》至夜始毕。

七日 晴。辛丑，霜降

讲校早毕。振湘来，旋去。

八日 晴

讲校毕。作牢丸。七、四两子来，已夕矣。孺人生日，亦设汤饼。两子来迟，夜饭便睡。省城来顾男女两佣今日始去。

九日 晴

两子晨去，遂不还。沈山人来诉苦，云天人不助，故无成也。朱通公、冯甲来换佃约。国安来，为掌妹子求情。田、雷孙及许、李、王生登高来歇脚。人客总集，山人不得尽词，余亦不能毕业。退佃卌金，加租四石八斗，至夕乃散。携女看月，还即大睡。

十日 晴煊

校书半本，谢帝来，令其独坐，入毕一本乃出，亦无可谈。偶论徐福误作梅福,云江西人,检之乃寿州人,《史》云九江,故误。因检梅婿严光,乃馀姚人,徽、浙开亲不知何缘也。岂吴市卒以女嫁严州渔子耶?徐福齐人,故愿至日本。夜月极佳。

十一日　　晴

朝食后谢去。校书未半,冯甲与王侩、谷儿来。谭心兰子来,留吃伊面,去已日夕。朱通公来求书,告以不能。陈顺来。

十二日　　晴。有雾

写对子六联,无墨而止。校书半本,计日不能毕工,当俟城舟中了之。夜月。

十三日　　晴煊

校讲如额。戴明来。谭子迭菊,才半开耳,已过霜降,何其开晚。收茨菇半斗,知叶烂在秋末。

十四日　　阴,仍未凉

校书写字未半,崔外孙来,云在贵州八年,人颇明白,与岫孙同至。瑞孙妇子亦来,梅宇所使也,使其谢氏女送诣,欲食于我,年始廿九,正合旌例。俱留宿,而崔、岫暮去。

十五日　　阴

两妇携二子饭后去,令发行李。夜大风,校书一本,停讲治装,写字。

十六日　　风未息,小雨

仍讲校如程。行李毕发,惟人未上。

十七日　　风止,阴,有雨

朝食后催上船,至午未行,乃先发,久之复女上船,已晡矣。停姜畬午饭,夜泊杉弯。细雨无声。

十八日　　晨雨

船夫不起,乃先盥,早饭至巳未熟,舣落笔渡待洪,夜泊袁河,舟不欲行，遂宿。

十九日 晴

午至涟口，风大不得出，夕乃强行，复被吹还，到杉弯已夜。遣觅盛一，问两女行程。

廿日 晴

先孺人生日，求汤饼，市中无办。至县令署，与任三老耶谈官事，乃不知根交为开花，盖佯愚耳。留早饭，见其八弟、杨云轩、黄伯周。舁至船，待买酱油，陈顺送柑，午后乃发。泊鹞崖，待月，始复泛舟至巴焦滩。米船阁浅，遣迎久之，鸡既鸣矣。

廿一日 晴

晨至平塘，起盥时，正在南湖港，比泊朝宗门，步至家，家中犹未早妆。迎腹轿来已向午，行李毕上，日晡矣。滋、茂相见，丁氏两外孙女随来。小坐无事，步至窊家，唯见孟嫂。还家，婿、女旋来。夕过翁树堂，三孙及孙女均来见。夜摸牌，至二更乃寝。

廿二日 晴

儿女以母忌日，均素食。余送周妪至三妇处，告以养疾，不必来奠，还船朝食。见夏、杨两生，端、点二侄，邓女婿夫妇，云孙，尹和伯。夕奠时欲自献酒，家人已先行礼，立待毕拜而退。

廿三日 晴

朝食后将出，有一朽人名朱壬林，自称"乡愚晚"来见，云小舟从子也。送去，同出访莘田、荪畡、心盦，庄处遇涂孙。相见久谈。过席沅生、谭会元、张雨珊、王一梧不遇，至与循处，见端、柢两侄，便约便饭。还家尚未昏，夕食后小睡。

廿四日 戊午，立冬。晴煊，换夹衣

一梧、荪畡来，午至抚辕看接印，新抚不入署，唯见庞去。遇三

四人来问讯,久立意倦,遂还。窊女生日,为设两席,招婿、女俱来会食。请与循、朱稚泉陪子瑞摸牌八圈,二更散。

廿五日　晴

船米滞消,觅荪畡,受廿六石,自留四石。出访余尧衢,谈江召棠实系自刎,案已可了,为外部所误云云。夜尧衢又来,言改官名。

廿六日　晴

王石卿、翁述唐来。王族来者四五人,皆麾令暂去。马先生来,告土捐,且送羊蟹。云柯郎复放贵抚,林入军机,所谓歇后郑五,盖岑将敌袁也,袁私人暗被出矣。

廿七日　晴

雨珊来,云其弟改邮传部,盖重任也。此次更动,盖有退袁之意。朝廷不靖,马伤园葵,恐亦非外间之福。夕步至黎坡卝局,遣仆至仁美园问陈家近事,独立樊西巷西头。久之乃至黎坡,见红墙忽迷下上,问道人不答,后乃寻得。引上南楼,涂懋儒先在,雨珊、一梧、沅生、余少闋、聂特科继至,金银气盛,余为财主。至夜驰还,舁夫勇不可当。

廿八日　晴

晨访朱叔彝,遇马生,其婚家也,婿已死矣。出诗见示,新学好旧诗,诚不知其何心,又不如衣冠禽兽矣。道遇邬师,云已出抚署。还摸牌,大负。文石夕来,约吃烧鸭。因思地主之义,宜有一集,请廖荪畡谋之,兼约心盦一谈。宁乡周生以书为贽,来见,谈天下事。

廿九日　晴

晨办招客事,往来卅里乃定。心盦来,径入快谈,兼见功儿,为之谋馆。酉初步至青石桥徐长兴,主人未至,顷之乃来,云客无一到。更约黄翀及潘、李两司事,后又来一人,云在开福寺曾相见。同吃子鹅、炸肫、蟹、白鱼汤，不饭而散。

十　月

甲子朔　晴

晨起换钱，送手卷与尹和伯，托交李雨农，以了三债。值其移家，女轿来，遂还朝食。匆匆舁至卝局，文石早到矣。涂亹庭亦先到发德风，催心安，顷之亦至，尧衢两次告假，云不能早，未初亦来，纵谈甚欢。荪畡聋，不多谈，已束载秣马，明日去矣。散犹未夕，而饱倦尽兴，乃驰而还。四儿送妇回国，见之甚喜，舐犊之爱，未能忘也。窊女亦归，作馅，夜设三点，饱饫甚适。

二日　晴

晨访邬师，其家似已早饭，城中无此作家。还见杂客，不记名姓，唯张子衡孙所当恤者。廖五郎来，亦能步行。道香来。

三日　晴

胡子靖欢迎袁京兆，步往观之，期午正，已往，已后期矣。余郎同行，过稚泉，往来陋巷，猥秽不可耐，乃还，唯见枞叶门耳，宫室之美不可见也。夜大风有雨。房妪还家，期二日，一日来。

四日　阴。始寒

黄小农观察来访。梁、刘、刘、周四潭人来。邬师夜来，为刘谋食。闻张督直言谭道不容唐守，事理实不然也。今制道不敌守，焉能去之，然存此说，亦足夺谭之气。孝达议论往往似是而非，纯乎儒者。

五日　晴，复煊

正讲《尔雅》，余郎引李宗道来，谈岑、王事，并送交桂。才女来求人参,旧有存功儿处,乃云无之,当问其妇。罗伯勋来见。黄翀鹄举来。李兆蓉来。

六日　晴

朝食后舁出,送黄小农,值会议路政谢客,还至文正祠。笠云徒孙主麓山法席,玉泉施主董、金来庆,兼请三客,并三僧同集,夕散步还。

七日　晴。庚午,小雪

作易笏山挽联,代道香,余以无讣,又晚年意气愈不投,故无哀诔也。夕过尧衢饮,与阎季蓉、严秬香同集,谭会元、郭监督后至,叶麻最后,胡子靖亦会,二更散。黄海孙送书纸来。

八日　晴

写对三联。余儿来,同至贡院街,乃误从东道,转西访李宗道照邻,久谈时局,还,大风。湘孙回。

九日　阴寒,大风

黄孙请登天心阁,久未至矣,舁往,上梯,风寒似欲雪,阁中闭窗设火。刘彦臣先在,阎季镕后至,又有湖北冯生,女园教习也。笠僧亦与,设净馔。昏散。

十日　阴,有雨

三老表晨来,定夫最早,彦臣、黄柏继之。客去朝食,杨宗岱已催客矣。舁出北门,轿担脱钉,下舁步往,过铁佛寺后,便连紫微入门而右,倭僧方与常静、法裕围炉,杨生来,乃同上楼,示我亭图及倭书。杨生见其二子,皆倭生也。更有祁阳陈生亦从倭还,盛论兴学之无益,凡游倭还者,有材无不被摈也。夕舁还,又一真老表来。尹和伯来。

十一日　雪

重裘向火,犹有馀寒,然身中尚不宜裘,手足仍不敌冻,颇难调适也。袁京兆夕来，云即当去。夜月。

十二日 晴霜

今日健孙纳征，晴爽可喜。未午会元来，久谈。甫去，朱稚泉来，未见。与循旋来，乃冠褂出。看书庚帖，见媒人，女媒李华楼，云在镜初处曾相见，不忆之矣。涂观察招饮催客，待轿夫送聘转回乃去，过拜京兆，旋至卄局，韩古农先在，聂儿、刘道、邬师同坐，乘月还，颇有富贵萧寒之景。家客已散。

十三日

刘定夫谆谆属早饭，晨起出西门谢媒，谒韩，均不入，还城尚早，过心盦闲谈。午初谒定夫，主人尚未还家，顷之乃至。久待王祭酒，祭酒甚怪客早，赖子佩、沈士登、刘乙唐又嫌菜迟，稀请客者，为客揶揄如此。申散，出，复至东南拜客，还，夕食。

十四日 晴

珰女遣人来送礼物。丁家请改期。彭畯五来，因睡未知，门人不知例，故慢客，畯五亦不能立雪，两俱失也。

十五日 晴

畯五早来，言学官颇乐，无归田意。送婚礼者纷纷，或辞或受，一皆不管，请彭孙主之。冯甲、三屠来。会元送菜，因约李、余便饭，余竟不至，李暮乃来，不多食，亦无可食。

十六日 晴

沈士登来，云十年前曾同席，了不复忆。唐老守署岳常道，颉颃谭翰林，亦一怪事。

十七日 阴凉

易鼐来，合种人也，不识之矣，适当拜府君生日，未交语而起。荐毕，设汤饼，饱闷不能食。余郎来约饭，迁延不欲往，家人争欲进食,乃避而出。步至府后,李兆邻借屋款余,嫌太寂寞,更招尹和伯,久待不来,方食,尹至,已上镫矣。李有营派,翅子、鸭炙,甚为之费。步还,俄雨。

十八日　阴,有雨

舁出吊王灼棠,城中金刚皆在,争赞余挽联:“横海袭东溟,奇计未成雄略在;馀氛靖南泗,无勋更比蜀功多。”王季棠亦相招呼,小坐而出。过叔鸿久谈,便飞片孔、席而还。周庶长自衡来。彭向青夕来。

十九日　阴

周庶长早来,不饭去。写字数幅,摸牌赌裙,负廿四元。颜仲齐来交条子。

二十日　阴晴

房姬半夜梳妆,搅我不眠,枕上成诗二首,和笠云僧天心阁之作。媒人来送,发轿,午初遣健孙迎妇,未初至,秩臣孙女也。攀附清门,殊以为幸。妇兄性泉来,女客男客不记谁某,陪媒竟日,颇苦,先饭一碗,待菜甚迟,甫上二俎,主客皆饭毕矣。夜散甚早,然已子正。与周梅生对谈。

廿一日　阴

倦息谢客,卧后房,与循来,亦不知也。请客无人来,仅一高亲,以痴婿作陪。盈孙满廿生日。

廿二日　晴

晨起出谢客。雷飞鹏来,一见。周回城中,望门投帖,入者向子振、李华庵、与循、笠云、曾震伯、梁璧元。看笠云挽笏山诗,颇能切题。薄暮驰还。廖子佩、刘乙唐来催客,竟日未食,吃面,欲往,舁夫已疲,唤一人来,甚有难色,改乘东洋车驰往,已上镫矣。客仅彭给事一人，王、张、黄三翰林，王商总继至。方谈话间，突一人闯席直入，踞坐，祭酒低头，余喻令去，胡言乱语，即痴婿也。余起避之，乃乞钱而去。以后半谈邓事，搅散蟠桃会矣。坐中人不能制一狂徒，宜夷奴之昌狂也。

廿三日 晴

解散铺张。彭给事、衡、潭客去。复讲《尔雅》。夜风。

廿四日 阴

滋率周妪还山，纷纭竟日，晨起发行李，至夕乃行。补请贺客。

廿五日 晴

始闻寇警，云浏、醴骚然，官军被围。步访王镜芙，途遇朱、周，盖为掩目之会者。新妇生日，廿三岁矣。以待客馔具醴之，更治一席，作雉羹。将饭，震伯来，遂出泛谈锑质用，云湖南有千馀山卝，卝之最不费本者。

廿六日 晴

谭组安、杨昭朴来，言土匪哥会事，云前遣军已被围，后去者皆涕泣，或云皆妄也，然无用则可券矣。讲《尔雅》。沈士登送菜，黎伯萼来见，即以款之，更招三数客作陪。夕步至楠木厅向子振新宅会饮，有杨三老耶，余与雨珊皆不识。有李德斋、胡子靖，更一美学生，李姓，能带洋眼镜，主人亦甚自矜。二更始散。

廿七日 大晴

李兆蓉来献诗，与以四元。沈士登送菜，颇精，正欲约彭给事一饭，便招黎伯萼、翁述唐、曾、谭同话，给事饭忙辞酒，抚辕会议练团，至夕乃集。重伯后至，苦说会元开卝，盖斗空之难也。二更散。得衡电。

廿八日 晴

浏警愈嚣，聊以行国，至张伯渔处一谈。庶长偕武德来，告以衡电,皇皇不安,其词支离,乃知非脱屣百二者。写字数纸。

作蒋筠轩挽联:“宦迹似旋蓬,晚晋崇阶才未展;名场同掉鞅,昔游京辇梦全非。”

廿九日　晴

伯渔、稚泉来。毛孝子来,求墓庐一联:“月白风清,依然昔日鸣机地;夫忠子孝,难慰寒泉罔极心。”

午后步访黎寓,见新抚解散告示。作《碧浪新亭记》。翰仙儿来见。

晦日　晴

镜初亲子来见,名彤炯,字咏春。询其父《墨子》,云有钞本。作书复谢谭兵备。功儿招彭、汪、周、朱会饮。始见学台。

十一月

甲午朔　晴

谭会元来久谈,庶长继至。遣健孙送文开福僧。将夕风寒,淑鸿欲来,止令勿出。宜孙来报生妹,长妇往视之,名曰芸孙。抚台解严。

二日　晴煊,易夹衣

镜初儿送《墨子》本来,初览浩如烟海,乃取家本,日对十叶,便有眉目。九疑生杨、彭来,议画图时祭礼节。家中孙子已不能晓,甫一载不亲事耳,乃如古事,余死后欲存仿佛,难矣,更写一通与之。翁观察招饮,黎伯萼、朱俊卿、罗芳圃、杨黄花及其提调,皆同县人。

三日　晴

斋居谢客,亦罢诸事。夕视濯肄仪,女娴于男。

四日 阴

丁酉烝祭，辰正行事，馂已午初，男女十七人，分两席。夕至叔鸿处便酌，唯招孔搢阶，云作报子，即所谓清流耳也。其兄寿鹤及其二子五、六皆同坐，散已二更。乡船来。

五日 阴雨

陆献无介而来，云浙人，曾令蓝山，意颇自负，大要是进士。勘《墨子》毕，题镜初本，还之。写字数幅，无墨而罢。

六日 阴雨，始裘

答访冯星垞、陆明府，因过尧衢、雨田、沅生、王石卿，唯见冯、席，遇孔令。至贾祠待客，梁璧元尚未至，莘田在局。顷之梁来，蒋少穆、席沅生、欧阳子明继至。初见子明，眇小丈夫耳，云已辞差。荐秦子和，其亲家极多，尽富贵也。

七日 阴

忌日谢客。九疑彭生来辞行，传话不明，招入见之。午后欧阳生之子来见，辞不得，又见之。门无应童，故有此事。

八日 辛丑，冬至。晴

写字五六纸。偶忆"暹"字韵诗一句，不能全记，乃作一首，并前后共四至日诗矣。廿岁江西道中一诗，亦不能记，年久自然典故多，亦足调查也。夕过彭少湘不遇，遂饮盐局，蒋少穆、梁焕奎、王心田、冯心垞、翁树堂、叶麻同坐，二更散。

九日 晴

写字数幅。滚女来，言贼旗已植城边，城中人殊不惊迁，似非佳事。今日求罗、骆、塞、徐亦不可得矣，余唯有避去耳。与书谭芝昀。

十日 阴晴

会元早来，荪畡午来，遂销一日。荪畡云平江亦有匪踪，为卝夫击退矣。明季沙贼,今有沙兵,非有道之隆,其孰臻此?胡监督夜来款语。彭传胪来告归。

十一日　晴

两女生日,忌日不得侍食,招两外孙女,亦不肯来。因思外王父母宜亦有忌日,侍母礼也,不在母侧则不忌,与讳同。房妪假归。步访蒋少穆。

十二日　晴

写字五纸。午出送传胪,见臬台,言三事:一释刘楚英,二荐张童,三说卜云吉,久谈近事。至荪畡处已申初矣。驰还送茙,往看湘孙。得陈郎书,云真女当来。夜访邬师。

十三日　晴

徐寿鹤来。欧阳孙来请客。遣问徐幼穆。午间幼穆来,适余尧衢亦来,云赵芷生出京,便约一集欧局。饭毕舁往,则向、翁、王、赵、秦子刚均在,尧衢后来,二更散。乘月还,街雾朦胧,颇有佳景。

十四日　晴

尹和伯、曾荣楚、颜仲齐、赵芷生先后来。昨荪畡、心田并言俞协统已凯旋,甚讶之,遣问未也。城中巨绅乃造谣言,可知政乱。夕小睡起,登楼看月。

十五日　晴

晨出城访幼穆,云当移入城,多此一出也。便诣荪畡,留早饭,舁夫皆饭焉。还答寿鹤不遇,到家尚未朝食。甯女还。

十六日　晴煊

镜初亲子来,言刻《公羊》、《墨子》,题欧临李帖,颇析湘篆之原。欧孙旋来,留行。庸松步来,匆匆去。夜有风。

十七日　晴煊

戮无辜狂人,犹再三研讯乃刑之。幼穆来。写对子十幅。遣三孙女视湘孙，以廿元与养疾。

十八日 晴

闭门谢客。胡、杨、梁、周、二蔡来。蔡挟与循书，欲求竿牍，干龚文生，亦奇想也。妇家无人，亦宜为谋。今日细三生日。周梅生送水仙、螃蟹，便以赏之，且烧肉作饼，并为客设汤饼，反成盛集矣。

十九日 晴

张四铁来，说官事，刺刺不休。苏晐送信札来，云欲学自治，官书误也。官书私事不能分，何其卤莽。功儿被札管学堂，云无常款。

廿日 晴煊

六女早还。新妇满月，例有茶点，乃不知这套，其姑为代设之，至夜分乃具，诸姑为客。

廿一日 晴

假托回乡，孰伪可久。留女船送县，且欲干涉讼事。清晨当发，房妪留吃早饭，遂至过午。南风逆水，仅泊包佃。半日卧，又竟夜眠。

廿二日 晴煊

再卧半日，过午始食。晡到县，舁入署，欲寻杨师叩民隐，乃不相值。绩臣陪坐，无可语者，逡巡退出。杨师已回，任复陪往监之乃出。寻朱、阳，均云不在，惘惘而还。陈顺送点心、馆菜。香铺族子来，言讼事。煊甚，将风，定计复还长沙。

廿三日 晴，北风

顾役加班，径由陆行。诗云："弯桥已过九华兴，樟树青葱到诞登。大托漫漫连累石，新开盆岭入南城。"诞登寻桃花人面不得，闲步沙间，店妇相呼，遥指妾家，未能往也。入城尚未夕食，询真女尚未到，竹轩已到汉口矣。得朱竹石书。

廿四日 晴

城中求雪，渐有阴意。遣玉莲还乡。闻樊山撤任，近今所罕有也。升亦可人,惜两贤不宜相厄,使竹轩在不至此。得与循书,言其族孙应孙欲干龚文生,恐不足恃,更与书署道曾理初谋之。真及婿同来,只携一子。

廿五日　阴

居然有雪意。与书王莘田,言生日恐不能宴集。莘田旋来。仲英儿琦章来,问刻墓志,树碑远近。淦郎酒颠频来,意甚伤之,然无可为计。

廿六日　阴

陈婿来,无住处,夜坐复去。复、真往南门看侄女,至夜始还。

廿七日　阴

三日闭门,竟无所作。尹和伯来谈地。

廿八日　晴

欧阳孙来,言岑弟代已①。湘夺江利,年百卌万,恐不能保也。蒋生来,告移醴陵,兼送食物。夕至卝局,访荪畡,遇邬师略谈,还已上镫。

廿九日　晴

荪畡来。诸女必欲传班演戏,指挥作台。功儿报北洋军哗。庆生来,致六耶书。常婿自衡来,无屋设榻,听其寓客栈。夜儿女馔祝唱戏,至三更乃散。

晦日　阴晴

晨晏起。三妇出窝,孙女甚瘦小。巳初家人贺生日,设汤饼四席。窊女忌日未来。午至楼上摸牌四圈。申正出,诣汤稚安、龙艮三,今日公祝,作主人,尚未相见,故先礼之。尚有黄、汪,则熟识者,

---

① “岑弟”指岑春煊弟春蓂,时为湖南巡抚。

不必先去也。戌正还。闻程孙来,住船上未见。见四老少。

十二月

癸巳朔 日食,未见

午后又唱戏,四女设席相庆。龙八、谭三来。谭碧理儿送诗来。陈伯弢亦送诗。为谭儿看一过,请题数语,不能谀嘲,亦难题也。程叔揆来,致其父及张子年书。留三婿同看戏。

二日 晴

遣问文石北信,乃无所闻,方约明年西游,殊暇豫也。程孙及常、陈均来,留看戏摸牌。长妇设席演夜戏,乃为游人所搅,至破额流血,欲成油祸,总查弹压始去。方矜德感,遽见凶威,亦得意中小失意也。

三日 晴

程、常、陈仍来。步过和伯。夜仍唱戏至三更。

四日 晴,转风,似欲阴雨,俄仍晴朗

与书莘田,为王儿押柜事。无情理之请托,乃有至情至理。四老少三谒督销,不见,乃真无情理也。湘孙病亟,遣房妪往视,便留伴夜。

五日 阴

房妪早回,云尚不至革,家中男女均往省候。会元来,言陈伯弢并约一饭,辞之。窊、滋又往看侄,滋留伴之。夜煊。

六日 雨

朝食后滋还,言侄少愈。午后出辞余、欧。夕至乾升栈会食,心安已先到,客有汪、蒋,其从孙迎客,雨田衣冠坐陪,欧、余后来。

七日　阴

与程孙约借船上湘,遣发行李。湘孙病,夜令房妪伴之,兼自往视,魂游虚墓矣。问欲见我何事,乃索百金,归检得九十金,尽以与之。

八日　阴

作粥,匆匆竟不能成,所谓虞不腊矣。近年第一薅恼,久留不去之过。别换船,欲往铜官迎夏柩,行李、仆从顾一船,诸女俱坐程船已去。午正出城,祸息追来立谈,至晡登舟,夕移坐船傍,房妪始从湘孙家还,已夜矣。

九日　雨

女船晨发,余复还朝宗门,欲往三叉矶,舟人谬云当有大雨,系久之。功儿遣舁来迎,本不欲上,舁夫空返,恝然乃复至家,妇、孙俱言宜暂住城中少待。散遣船夫,复居左房。与信荪畡借钱。

十日　雨

荪畡来,送六十金,且言已留此无利,余劝其决去。廖云余但能为李东阳,不能伤人也,余云李亦卒不自保。然人各有性,不能相强。

十一日　雨

夏仆往迎船。宝老耶来,求听用,翁观察不许,皆奇事也。篁村儿作江南通判,来求援系,不知其字,呼孙妇问之,乃亦不知,久之云是赞侯,依而与书李文石,未知李何时行,但追与书耳。

十二日　雨

专丁迎夏至三叉矶,乃云来船无知者。城中既闷坐,拟先还山,觅船不得,乔耶来,乃令寻之。

十三日　雨,旋阴

夏仆来报船至,待舁久之,始出城登舟作吊,与午诒絮谈秦事,便留支宾。唯一吊客,系余前臬,共看樊藩讦督疏,殊为孟浪。家人并往看湘孙,无舁可还,泥行三橇,立岸上久待,到家云湘孙申初死矣。窊女往未归,待至二更乃还,云犹无棺未敛。

十四日 雨

乔儿来,告舟具,便幞被将行。纷纭间龚生来,致樊书,送二百金,夏还千金,顿富矣。窊女来送,午后上船即发,夜到县城,已三更。

十五日 阴

晨遣觅船,两时许不至,移船杉弯,乃云先寻我未得。午初开行,大风泼浪,仍还故处。张四铁来求救,令具舁驰入城,过仁裕合及不忍堂,皆无遇,从瞻岳门出后街,有人追来,云水师管带冯学楷,为马头事,停舁与语,便同至杉弯画界,让丈地与株洲,云湖船纷纷不肯,责数数语乃定。夜寒,有月。

十六日 晨雨,起看有雪

北风愈壮,又停一日。感升、樊互讦事,为赋一律:“可怪封疆第一人,荐贤无望厄贤真。也知白考难修怨,争奈红单又反唇。表奏纷纭似浮宠,亲交凶隙惜张陈。臣争直恐卑公室,西望秦云独怆神。”

十七日 晴

公船为我具舟办饭送点心,从容开船渡湘,浪激更险于前日,两舫相并,然后得渡。至松弯已过午,初更后舣湖口,家中迎候,蔡表侄执炬前导,未五十步炬灭,暗行而还。诸女方明镫校牌,告以侄丧,各泣而散。催饭毕,又小坐乃睡。

十八日 晴

遣迎纨女,作衡书五函,送押岁卅元。移床中栋。滋小疾,一日未食。令四女分校四诗。

十九日 阴。有雪有雨,皆如露珠

遣呼匠补墙,匠来辄去。改夏行状。

廿日　阴

小疾卧一日,房妪强进粥饮,殊不欲食。

廿一日　阴

强进粥。改夏行状毕,与书午诒、完夫、云门。夜月。

廿二日　阴,复有雨雪

宗兄来,言再七横蛮,当钤治之。晨遣人入城,待夜当迎春,至二更不还,复女又疾,无人行礼,茂、真公议遣房妪恭代。独居无亲,当并此家人繁礼去之,然未能也。半夜催起,月色甚佳,迎春毕,始寅初耳,余亦未寐。

廿三日　又阴

史佣还,得纨书,云明秋始能归。夜委真送灶,作小词一首。

廿四日　雨

佣工过年设三席。宗兄去。夜初二奶奶来,不知何奶奶也。逡巡已入,仿佛似謨姨娘。方摸牌,令坐别室。顷之召见房中,致戴表侄书,求借十八元。祖母家只此一家,当依恤之,然怪其遣女人油赖,乃应其半。邓婿来求助,则不耳矣。

廿五日　雨

二奶奶去。复疾未减,遣出问医。滋已愈二日矣。作但碑。

廿六日　雨

晨遣石儿送夏行状往衡。遣迎医,待之朝食,至午不至,吃油索点心,将夕乃来,诊脉已,遂夜,药亦平稳。医号许竹斋,年七十矣,居象鼻山,习于谭、罗。至夜又有叩门者,云山东陈令遣使。陈名毓崧,即墨令,求诗序,云在历山相见。了不忆之,检日记,有其人,曾送余百金夫价,还了未谢。召见来使,云亦姓陈,谈数语,令宿客房。周妪为玉莲疹子经护半夜。

廿七日 大雨

陈使伴欲夜去，至午尚无行意，甫送去，又来一人馈岁，云谭象堃，昨医识之，令相见，遂令同行。大雨不住，泥行相逐，亦一乐也。校《类聚》一本。

廿八日 大晴

遣候衡人，至午俱空还，云乡人畏泥不来。得刘月卿亲家书及珰、纨书。玉莲疹重，送回其家。欲办年事未能展日，仅使至湘乡一看木器。校《类聚》讫。

廿九日 大晴

复过七日，尚未立起，更寻医议之，待一日不至，山居此等事真不便，独坐纳闷。瑞妇携儿来。

除日 阴。欲雨

家人早起，此不待教者也，以此例之，则申警亦为多事。待至午，张四铁始来，看扫除下栋，遂忘洗脚，仅剃发梳辫。夕食至亥不具，自来无此晏也。祭灶封门，已过丑矣。寒雨。

光绪三十三年(1907)丁未

正　月

癸亥朔　　雨

元旦在山,幸免往还,至巳乃起。茂女送茶,出堂受贺,旋入房掷骰。

二日　　雨

族子、佃户来贺年。师子来,复病畏金鼓,议于下栋接待。余心烦未理年事。作陈即墨诗序,不能赞一字。

三日　　阴雨

三女移戏中栋。校牌、掷骰竟日。夜雪。

四日　　雪深三寸,冰冻不开

行人踏雪来,张四、宝耶均来。许红桥来即去。留看雪。

五日　　阴

朝食后姜女来送鸡。宝耶舁去,张亦步去。留姜吃饭不肯,亦去。掷骰、陪客,聊应年景。

六日

晨兴,看树上有雪,始知夜雨。乡人来贺年,小有应付。

人日　　阴晴

令作饼应节,未得食。谭心兰儿来,云朱太史两子并夭,有财无丁。谭欲干张雨珊,告以无益,留宿客房。瑞妇去。

八日 晴。庚午

山中无历,云昨日雨水,因遣人下省。张携其甥来。朽人来。云孙来,云得盐局,便道上任。客房甚为热闹。夜月极佳。

九日 晴

二客并去。云孙早行,实过辰矣。午后许医又来,说讼事不了,许为问之。复陈毓崧书。夜梦作诗十二韵,韵用真、先,似是纪行。

十日 晴阴

刘诗人镇湘来。代元妇率新妇来。邻舍大娘来者三四。田团总来。朱倬夫专人来。赵梅卿之孙来认年谊,自出见之。王心培、周庶长、德姑耶继至。人夫喧阗,一饭斗米。留宿者四人,皆上客也。问赵何以见知,云出李亚元之教,许其代心培一席。

十一日 雨雪,午后阴

四客皆去。谷三率贺姓来诉许竹斋,各云柔懦被欺,非任三耶不能定之。郑福隆遣孙来拜年,乡中又有此一门亲,干将军之赐也。今日陈氏外孙生日,为设汤饼,遂及郑孙,谦不多食,徒步告去,奖以饼饵。将夕闻呼门,无人应,自往开门,王凤喈、田雷子来拜年,不饭而去。夜月。

十二日 雨,午雪白地,旋消

庆生来,衣履尽濡,令烘堪同饭。夜雨甚畅。

十三日 雨竟日,积雪全消

张四哥来。龙灯来出行。庆子告去,尚能恤其烟兄,亦可取也。方僮、黄五来拜年。致黄柏爵书。

十四日 晴阴

复始起床。周梅生来。廖丁自城还。陈顺亦来拜年。

十五日　阴晴。初月甚明,子后昏

滋女出走月,丁氏第二女孙从去。昨论黄孙苦无安插,当令其自过活。龙、师竟日不绝,爆竹声喧,病女甚困,余讳疾,未止静也,子夜始宁。

十六日　雨,大风

遣异送张医与陈顺俱去。郑福隆、田雷孙来。蔡侄孙印生来,云鄂信未得,仍从汉川空还。召入内室见之。

十七日　晴风

蔡孙去,吹壶鞘一哥之孙也,令还待荐。携丁孙女欲看郭廿嫂,房妪不肯。因行后山,遇一人芒芒来,口称老伯,未知谁氏子,遗〔遣〕问之,云朽人之兄,大朽人也。初不忆识,后乃知之,曾宿于我,我误以朽人当之。朽人昨来,欲干陈伯屏,亦欲夺其席也。六耶又来,遂出坐,至初夜乃散,月明如画,众已睡去。

十八日　大晴

今年好日子,六、朽均去,看复女,始能起坐。携两女、女孙出行,从石井至云峰,兼至茶亭看地基,欲筑一别墅,还遇庸松,令即往省。夕登楼迟客,乃无来者。每日必有朽人,今倾心待之又阒其无人,吾知所以待人矣。避客则苦其嚣,好客乃嫌其少,非客能扰人,吾自扰也。撄而后宁,所以消摇。晴二日乂欲雨,至夜果潇潇有声。

十九日　雨

一日清静。周庶长又来,云已移寓,不提郭廿嫂矣。留令支宾。

廿日　晴

与循来,携桐子字叔权衣冠拜年,余仓忙便服出迎。莲弟亦携子来,别室款之。罗连生来。

廿一日　晴

权侄告去,刘南生来。又一陈生来谢,未见。与与循摸牌,移内斋。唤匠筑碓屋。

廿二日 阴晴

摸牌竟日。张四先生来。莲弟继子又来。致陈郎书,并词本。

廿三日 晴。乙酉,惊蛰

何镜海孙专足来,复片告以世情。与循小疾,牌局早散。盛佣来,致端书、王状。

廿四日 晴

放风鸢。送与循。见沈山人。食饼。左幹青来未见。宗兄、岫生来,莲弟去。移木器用数人舁之,其不谙世情如此。夕与左、宗、岫泛谈。

廿五日 晴

左生欲干楚宝,与一片令得进身。岫生去,未告辞。风日颇佳,樱桃、野棠始花,偶出行春,至王凤喈家,日炙似夏,因令从云峰还。以为必有客来,乃无足音,唯真女迎船已到,其侄孙女在船相待,令迎入涟。

廿六日 晴

辅庭来,言祠事,留点心去。滋言昨夜小雹,家人无知者,周生独证之。盖春暖致灾,雹后复暖,则不可解。看《逸周书》钞本。娄生光曜自县舁来,恶其无因干谒,辞未见。措子代递诗本,诗不减刘诗人,乃令明日来见。甫发一标,几失一士,宜周公之吐哺也。

廿七日 晴

晨起盥于客厅,召见娄生,慰以入秦,饭后去。真船到告去,遣船送下县,自往对山送之,并作酪、发包子、办路菜。曹生夜来,僮妪辞不纳,闻其徒步,更遣招之,入宿客房。

廿八日 阴

晨出陪客,出门看柳条一夜绿矣,春风迅速可喜。曹生云昨暗行跌折二齿，子粹徒也。看二张学科，精神周洽，疑有蓝本。闻欧孙新屋又当出卖。丁孙专人来干李文石，云先自来，未见，问之，乃误以雪师为我，专人又往，始得知之。荒乎其唐，茫乎其昧，果臣精明之报乎？戴明来，言省城近事。

廿九日　晦节。大风，不甚寒

报丁孙书，与循专信来，亦复一书。张四先生来诊复女，许以起床即为谋馆。夜令两女读《本草》。校牌。

二　月

壬辰朔　大风，复裘

赵年孙又来，刘晚学亦跪求说官事，俱不可理，令庶长谕之。

二日　雪风，愈寒

筑匠停工。史佣昨夜还，云真船已发，盘费未领，交银钱百六十枚。

三日　寒，有雪而风息

分花换泥，春兰抽箭。王仆不知进退，偶谕房妪，遽发泼不认。君无戏言，余之过矣，但戏不言，乃可养威。

四日　晴阴，仍寒

王胜养子妇来诉官事，盖五相公所使也。拒不与见。六房中唯二房堕家声，今已绝矣。刘少青自桂阳来，云将考优，又应明德之聘，留住楼房。运木船到。

五日　阴晴

遣工下县运屋材，并送刘行，忘未开琐，自起辟门。少青考优，喻生考杂职，廖生考保送，均先后奔赴。周生亦上省，午去，顷之复与廖倬夫同来。廖云奔驰苦矣，又不识道，得遇周，如空谷足音也。留宿一房，谈船山事，云搜集随笔，名曰《王志》，以拟《郑志》也。

六日 阴

遣船送廖生，亦忙终朝，未朝食而去。又去二力，但有坐食者矣。午间足音跫然，呵问之，云自侯塘来，子赓儿也。与房妪为两世故人，亦为惘然。

七日 戊戌，社日

蔡孙去。微雨。湛童报马太耶来，以为马泰，出看乃马先生，特来拜年。顷之刘婿亦来，云自倭还度岁，复往倭学铁路也。夜与摸牌。

八日 阴雨

刘婿去，留马待客。未几陈郎完夫来，云未定入都，但料理弟官费耳，似仍有教员之意，正欲留之，乃不再问。送《王志》及仲景序文。

九日 阴晴。庚子，春分

正佳景物。晨起家人犹眠，唯陈仆已候门，云异夫未至，又还少寐，太晏乃起，招陈、马入室谈。陈去，乃钞张文入严集。严大搜古文，而遗此篇，可怪也。仲景，建安初守长沙几十年，皆刘表时，必表所置守也。韩玄盖在其后，张津在其先，且疑是津族人，与华佗同时。马生亦去，张四先生又来。周教员送春卷，早饭去。午后稍闲。夕闻叩门声喧，船还客来。蒋树勋送盐，云已晚饭，小坐，即还寝。

十日 阴雨

朝食后遣异送蒋。看校《王志》亦成一种文字。校《诗》四卷。遣史佣送廖书。

十一日 阴雨

程孙自衡来考优，云可望得，留居一日。夜大雷雨。

十二日　雨阴

丁孙女为花朝,遍系红彩枝头,云以为庆。程孙朝食后去。夜有月影。校《诗》四卷。

十三日　阴

茂女生日,为设汤饼,午后始饭。外报两妇来省觐,云是三、四,及至乃长、四耳,盖来看妹。史佣还,得荪畡书。

十四日　阴

校《诗笺》二卷。《传》、《笺》多误字,阮校勘未为善本,今但可意改,亦不足记矣。午看女妇摸牌,小睡,夜复一局,二更散。闻雨。

十五日　阴雨

与书秦臬使。看女妇摸牌,看才女诗。得孙侄婿书告保送,并求写字。

十六日　阴雨

晨写字。张四哥来诊病。周生还,议往衡。

十七日　雨

昨忘豫饬厨中,未办素食,今补忌日,虽无礼犹胜不补者,思愆竟日。

十八日　阴晴

校《诗》一卷。看牌,放鹅。复程孙书,言不可关节。改周生诗。

十九日　晴

家僮鸟啼犹眠,自起唤之。校《诗经》毕。喻生来。廖使送鸭,荪畡书云温泉坤亦有一种,今致八头,并草菰、火腿。宝老耶又来。喻生夜宿逆旅。复荪畡书。

廿日　大晴

早起召见廖使。宝官告去。七都董地师携子来,博涉古今,云特来见，子则蠢然，但知吃饭耳，亦令庶长陪之，夕去。看何贞翁杂文，感昔知赏，亦始知此公有学识，不易及也。夜月。

廿一日 朝辉夕阴

竟日无客，夜雨。看何文一过。作卷，无水苊。复女病起，始能出房。

廿二日 晨雨未歇

朽人来，方朝食，令知宾陪之，办饭，云已食矣。风寒凄凄，相对无言。看黄选试赋，看似繁丽，豪无气韵，墨卷体也。华一来。张四先生来诊脉。

廿三日 阴

张、华入谈，并华二子名佑来见，年十六，尚朴稳，朝食后并去。陈星生自味子塘来，云考优，便道，足跛甚，前此似未跛也。家作牢丸，赠以三枚。督工扫除前房，以待佳客。

廿四日 乙卯，清明。晴

清明当作"菁萌"，草初生萌也。洪秀全本作"菁"，是也。今日族食，以烟客多未往。叫化子乘舁往会焉，俄顷还，云族人打架。谭儿来，告以雨珊中风，不必往见，乃云已九见矣。懿妇晨去，长妇午后乃去。

廿五日 晴，夕雨

谭不能去。廖荪畡又来，仓卒，主人殊不能办，方僮始还，房妪暴疾。正纷纭间，李长生又来，未遑出接，知宾早去矣，听其与谭子周旋。荪畡便宿余床，余移横室，夜谈至子。

廿六日 晨雨未歇，朝食后霁

出见李侄，还其祖册。未午谭、李并去。与荪畡周历三斋，方出便旋，见三人步来，则谢、陆、喻三生，陆几忘其姓矣。顷之戴表侄复来,宾客顿有十六人,应接不暇,乃用平等法,尧、峻对坐,管、华共席,夕饮楼上者七人,饭客舍者十馀人。

廿七日

未明,闻开门,苏畡已明镫坐待,余亦着衣起,出送登舁,辨色矣。大雾,往石井铺看三生,亦已先去。还朝食,王凤喈来,请禁公宰。

廿八日　晴

程九长专足来,云廖胖造假信干学司得保送,已不敢伪,欲得真书。批答云亦照样作假信可也,我则不可。张四哥来,言官事全输,余言幸中。方令仆从往衡。作轿门帘,房妪屡说不明,责之,乃涕泣哀痛,赖莪母女成之。王升又延不靳,余坐轿中督工,而遇张四,几同阮孚蜡屐矣。夜散遣佣工。沈山人亦来辞工。

廿九日　晴

牡丹始开一花,过午遂全发十二花。廖春渔自鄂来,问假信事,云周梅生送去。责数之,乃甚惭怖。不知世事而自谓巧便,可哀也已。史佣还,得俞樾辞行片、临终诗。撰述五百卷,值一死也。方、王、湛先发至衡,余定陆行。大风,恐有甚雨,且停一日,督工作花棚。

晦日　晴热,可不衣

晨剪一花与复女。夕,滋女复剪二花供母。流连赏玩竟日。廖生午去,岫孙又来。薄暮雷电,而未解热。烛下为王凤喈写对子。舆儿携子来,云遇大雨。

三　月

壬戌朔　晴

晨起待发,轿夫不来,巳初乃得行。张、岫、舆、宜俱步送上轿,令暂居乡息静。周生从往衡。夫力千八百，不合例，余亦为所牵率，共发四名，并两轿夫。八人上道，小憩石潭，改装过岳坤，问易家垄周凤池家看花，凤喈亲家也。牡丹将百本，无高二尺者，紫花正开，馀花皆未整理。留饭设酒，殷勤甚至，日斜而别。急行，欲宿花石，至顺龙桥已昏暮，遂宿。

二日 晴，稍凉

晨行五里，从延化寺渡涓，寺为先贤裔孙所夺，云载县志，忘其颠末。宋儒害人，两朝重道之弊也。饭花石，午饭福田铺，夕宿岳市。小雨，掘笋茅棚，携来五十里矣。作俞荫甫挽联。

三日 晴凉

晨饭旷垄石门，未至九观桥，天阴微雨，已而淅沥，冒雨行至九渡铺，雨益沾濡，到樟寺则澍雨如注，为三日佳节所罕闻。遣庶长觅船，散放轿夫，待至初更乃发，兀兀竟夜。

四日 阴，雨止

篙行，自来雁塔边到北门，几一时许乃达。至岏樵家，主人方起。顷之霖生来，饭罢同至真家，呼门出见，云三姐亦痛甚，如张雨珊兄弟同戚也。小坐，雨行，舁至安记。庶长来，云先禀道台。去久之，天沉沉欲大雨，到道台处小坐而还。话不投机，情则甚挚。令庶长办坐垫未得，道台已来矣，将夕去。霖生、岏樵夜来，二更散。

五日 阴雨

霖生饭后来。庶长儿来，久坐。看报纸九十张。贺伯笏来。成就、向燊、夏扬、张凤盖、冯燊五教员，好心、超海、胡玉山、朱捷臣、马太耶、卜三毛、沈阿鸿、彭给事、程季砍〔硕〕、陶湘翰、黄蝉秋、谭仲明接连来，霖生、岏樵后至，同往道署夜饮，看牡丹，睢州汤通判弟同席，二更散。

六日　阴雨

答访霖生。廖淦富来见,云刚武弟也。告以算学教习未能定,且须暂还。朝食后舁至程家接对子,至陈家写俞联:“文苑忝齐名,愧我不堪仙籍注;荐章同报罢,输君自有祖灯传。”

发樊信,仍舁还,从屺樵借棺材,附船送乡,价卅元,想系半买半送。李如松来,拜诉冤,拟药方。胡子阳送广西土产,旋来久谈。张衡阳亦来相访。张奎生、王之桢、程郎、霖生俱在内久候。遣田二解棺先发,余将还山一行,屺樵必留一饭。寄三、九女二十元。荐王、湛,俱不肯去。

七日　阴雨

待饭未来,且诣陈家,遇霖生,同过程家小坐。周生父子来。向、郭、谢来,久谈。王达鲁保出考优,亦奇闻也。真女家管庄人兴讼,严斥之,请常、程查办。刘衮来见,未遑坐谈。步至屺樵家会饮,彭给事、马明府、李崇明先到,霖生、子阳继至,章师后来,多谈南洲水地,及衡阳仓谷。席散甚早,舁夫未至,客俱待送我,乃与霖生步至陈家,九郎、村儒俱未去,舁登煤船。初月微明,已而细雨,宿石鼓山下。

八日　上巳

北风细雨,崖树绿嫩,湘岸清蒙,学舍作洋装,亦有可观。待榜人不至,舟客杂坐,殆无卧处。遣廖佣送长物还城,换王仆来,已而四佣俱集,催船即发,时正午矣。小睡,梦到家,复已敛矣,痛哭而醒。六十后不能哭,梦中犹能哭,哀乐未全忘也。因为辍食,竟日惘惘。雨亦不止。“重三上巳连朝雨,悄悄轻寒拂拂风。涨水黄添新绿晕,岩花红映远青蒙。春帆夜度寒林站,岳市烟笼紫盖宫。老去不须修禊事,近来觞咏有谁同?”夜泊寒林站。

九日　雨

逆风吹浪,行廿里舣老牛仓。“诏访垓埏出五臣,尚书文望冠群伦。结绳解辨摩崖字,束带争迎上国宾。箧有奇书能救世,囊无瑰宝自夸贫。嗟予久梦泠风御,不逐飙车碾海尘。”端午桥索诗,一首必嫌少,再添一首调之:“五洲归后领三江,海内同推富庶邦。今日嗷嗷对哀雁,更闻啧啧吠群龙。升堂纵有千珠履,蹇步难攀百尺橦。且欲待公新法定,白蘋风里咏兰茳。”

雷石看船,又舣久之。北风大作,强行过石湾,已无讥矣,回思前此争闹,哑然一笑。夜泊黄田上樟皮河。

十日 朝阴午晴

泊漉口,遂不行,云避北风,未知其意。云湖船不能出口,则非托词也。行或使之,即亦不问。

陶斋尚书节下:长沙舍去,先竟不谋,躬涉鲸波,亦既劳止。两江自公家物,犹不及湖广之熟轻,徒令故民失所冯藉。正深怏望,猥奉惠存,不隔音容,长得瞻礼。慰问周至,逮及豚犬,其为欣感,岂比两麻。命赞诗歌,辄成二律,别纸录上,殊愧荒芜。孟浩然以浅率去官,秦中遂无生趣。升公封疆弟一,乃不能容一狂生,窃计两司并无其比。要当阔略小节,仍与周旋,解铃系铃,在乎反手。且胜之不武,人才实难。闿运妄欲上书,劝以弘恕,因未尝觌面,莫测可否。公既皆相交好,当与调停。察野人芹献之非私,知两贤相厄之无谓,十部从事,岂有意乎?三儿荒唐,敢窥华屋,公不依毓华之例,而令从文石以游,未知能否谨慎,以副培植。闿运初无严教,但惧诒羞,训之拒之,则深感企。今年复有牵率,将复上衡。弟十小女年已过笄,尚无所适,公门三千珠履,有可平章否?前托樊山、心盫皆久未报。禽、尚五岳,坐此淹留,时无人材,亦其一也。春来晴雨相间,花事颇佳,湘中人虽嚣尘,地犹清绝,流连甚乐,惜公急去。前命作天心阁诗,去冬亦有二律,并呈求鉴。十日内由湘至衡,复由衡返湘,湘又至衡,道中作书,恭颂福安,不具。闿运再拜。

《十月九日天心阁宴集》:“当年飞炮醴陵楼,高阁峥嵘倚素秋。月到天心四边静,霜吹晓角一生愁。湮阳开府招词客,湘上吟朋续胜游。五十年来燕巢幕,不劳王粲赋销忧。”“城下文昌旧院墙,曾祧屈贾祀朱张。即今游学趋东海,谁遣悲噫达未央。落木无边堪送远,黄花有约再传觞。凭君莫作新亭例,且学渊明望八荒。”是夜三更即发,又何太早。

十一日　大晴

晨至一处,闻岸上爆竹,舟人云马家河,即起束装,乃上弯也。又久之始过洛口,坐船头看船,过云湖拨子,呼令移载,云亦从渌口来,乃更早于我。坐至落笔渡,又换倒爬。饭于姜畲,到湖口晡矣。坐周屋,与村妇久谈待轿,云复已愈,喜可知也。到家尚未夕食,余遂不饭,摸牌甚倦,早眠。棺船未到,至夜始至。

十二日　晴

张四先生来,看选青药方似不以为可。张又服熟地,余亦不以为可,云舆儿方迎医省城,尤不谓然。平江多栾大、新垣平之流,亦土产也。

十三日　雨

张四哥饭后去。追送廿元,坚辞不受。复病大愈,余可出矣。竟日摸牌。

十四日　晴

方摸牌,功儿来,云王医已至,兄弟陪客,余亦出见。

十五日　晴

船人未集,先附小拨出涟,下行李,余留明发。张四又来,二医共谈，又论相墓且及兵法，杂家学也。款以堆翅、谷酒。酒后张去。

十六日 阴

朝食后送王医去，马钱十元。往鱼山看地，已而密雨。

十七日 晨雨

船人方言行不得，天已开朗，遂携周氏弟子、妇仆以行，余亦携畴孙、文柄、轿夫，共九人。午发，饭于姜畬，暮至涟口，换坐衡船。谷三来办差，顾工二人未至。

十八日

晨移周母子过船照料，宜孙兼司雍饎，七人食于我，二人食于小拨。待补帆至午，大风起兮，久待弥狂，不能出口，遂泊。夜吼如潮，行卌里。

十九日 风止天晴

缆行一日。拨船从涓口先去，余船办索又延半日，夜泊朱洲，行五十里。

廿日 雨

仅至渌口，又泊半日。南风愈壮，遂宿焉，行卅里。

廿一日 晴

南风缆行，至空泠峡遇雨，早泊淦田，行卌五里。

廿二日 晴

南风吹船几覆，急令断缆，乃得顺流退至花石戍，拨船遣人来迎，泊朱亭。

廿三日 雨

拨船先行，船漏不可坐，令泊久之，王升躁急，冒雨行，泊黄田。

廿四日 阴

行数里，拨船反在后，云同泊黄田对岸，不相知也。同至雷石，帆行,泊萱洲。

廿五日　丙戌,立夏。晴

帆行一日,以为必至,至夕无风,泊何家套,夜黑遂不上岸。夜雨。

廿六日　雨

晨发,朝食后乃至,送宜孙至陈家。周庶长、常监学均来,留同食菌。迎畴孙上船,遣妪看女,即还船入院。余至程、陈两家小坐,即从陆先到,后者五陆三水,须臾均到,庶长亦到。鸟语花香,居然似家,未夜即寝。

廿七日　晴

送卷四百本来,以玿约纨同还山庄,留船待之,先遣水手去,即附洲笋廿斤,寺僧不受值,水手逗留不去,约待明日。霖生来,留饭。署衡守曾倬儒、清泉令朱洁臣来,杂人来甚多,令琐门谢客。

廿八日　晴

看卷甚忙。张、卜太耶,周松桥来,久坐,吃熯饺,府县昨来未备也。

廿九日　晴

三日毕阅诸卷,多不加墨,即送道台。王升往零陵,湛儿跟班,至真女家借轿,诣道、府、两县。至谭训导处,叩门无人,知必迁移,询之乃往衡山。过程家待轿,阴热,似将反风,驰还。

四　月

辛卯朔　晴

安记人来,言二百金不可兑,令留票还。夏道台来,久谈,去遂夕矣。畴孙重理童业,令许女伴读。王升去。定视学礼。

二日 晴。午大风,遂阴,夜雨

霖生来。衡令张海楼来,问朝事,告以所见闻。马太耶来,陪客两点心,遂饱。李华庭、涂教授来,不能食矣,客亦不食而去。

三日 阴雨

考优两生来,言取优生草率。王达鲁复欲教习,以屡致人言喻之。呈所著《微积新理》。

四日 阴雨

晨起,夏已石来,久不见,出见之。改定视学礼,仍以道台为主人,学子皆为宾,近于制礼,惜无人能议之。留夏子作学生,且居新斋。霖生送《诗经》四部。

五日 晴

将开公饭,以随人太多,别令开火,亦依官价给之,先发万钱试办。夜遣湛僮入城。

六日 晴

石五嫂儿酒醉,遇醉尉,被捶四千,僮妪皆请保释。亦如小安被拘,物伤其类,法不胜情也。夕遣房妪迎三女,唯珰夜至。

七日 晴

道台送学,衡阳最先至,涂、郑、常继之。向、冯、张生来作撰,彭、程不至。朝食后道台来,府曾、清朱已先至,学生仅八人。礼成,汗浃衣,解带点心。官去生留,须臾均散。

余坐船入城,纨、真于行礼时亦来矣。未遑家叙,便与小庶及冯、杨、张生俱下,舣太史马头。步至府学,唱戏不得入。从潇湘门出,至漕仓,与马太耶略谈。日尚未夕,至府门,询知向生已到,入赴曾太尊席,待朱德臣,冯厘员、李华庭同饮,菜少而饱,盖天热也。夜舁至铁炉门,复步至太史马头,烟店妇见余暗行,遣儿再送镫,慨思陈八,复令召之。乘月还,与三女略谈即寝。

八日　晴热

晨起定讲课,日三出堂,讲《礼记》、文、史。邓生国璋问《春秋》例,世子杀君例日,蔡般变例也,《笺》误从何说而误。夜摸牌,极热。

九日　晴

发文石书,多所关说。斋长不到,钟点无专司,招夏生代办。程十一亦来。致心盦书。今日己亥,小满。

十日　晴热

珰、纨还湘,遣船送之。余过午亦下湘,催两女登行舟即发,舣石鼓。余上岸待久之,尚须入城取路菜,乃遇轿夫,同至盐局。马少云请客,程、彭、罗已先在,其女婿汪献庭管帐,亦出陪客,乃成牌局。热汗如浆,久之朱德臣来,牌散,无胜负,已夕,设食有燔豚。夜还至潇湘门,路泥乃知大雨,南门外又无雨。入城遣迎宜孙登舟同还。闻赵芷生褫职,以劾庆王父子。

十一日　晴热

霖生送《诗经》卌部,纸价廿八元,折钱八百文一部,作读本犹嫌太贵,如论书价则极廉矣。九长来,致程生书,未及丞参之说。振子撤差,则程必撤。枇杷红熟,摘得五六百枚,不及往年甘酸,将专送诸女。贺子泌儿来,言父书尽付洪水。夜雨。

十二日　阴凉

极热,后得风,加衣少迟,遂已受寒。困卧半日,醒时见房妪,乃以为已过一夜,悟而自笑。

十三日　雨晴

早起出堂,声雌不能多说。道台请看开学,勉往考棚,欲送霖生，已先到矣。城中文武皆至，绅有给事，商有朱嘉，衡令告病未会。未正起学，登台演说。

闻杨八踯家失火，先出渡湘唁之，便过少鹤家，尚未往吊。“曾与匡庐作主人，忆官阁谈心，祖训勉为清白吏；重到湘东访耆旧，看穗帷留影，世交三吊北平家。”问彭邵武疾，云已外出。从耕云家渡上船，已过晡食。猎人得鸠雉，分献，以与诸生，本欲捕雀，乃反伤生，非本旨也。看《法政新书》，言理可厌。

十四日　晴

晨摘枇杷得千枚，分六百送诸女。讲《曲礼》毕，亦补数处罅漏。遣彭佣还山。

十五日　晴

家忌，素食。云斋儿自江游鄂，赍宋芸子书来。李选青、彭邵武来。周生留邱甥堂食，告以不可，更设食待之，坐半日去。涂颍廉年侄送诗。

十六日　晴

晨讲未毕，邱甥已来送礼，留同下湘。余至涂教授处少坐，问王树文案原委，以昨得怪鸟书，言朱令持正，属作墓志云云。朱家催客，程、汪、马、张尉、章湘亭先在，给事旋至，饮于店后，未夜散，还有飞雨。曾太尊送诗。

十七日　晴

复宋生书，兼致复心书，昨龚师耶来，检上〔土〕膏案不全，聊一问之。发文案誊稿，乃误送城中，马太耶送盐来，始询知之。大雨，责奴往追还，云齐七已归矣。曾兵来送礼，已初更，秉烛出，答书。

十八日　晴

邱甥来，谋出处，告以投陈伯严。王化森来见，斥其不衣冠，又枪替,不许入学。

十九日　晴阴

午初与教员携畴孙往看洋房,龚、夏、程从登岸,与清泉令同入门,工料毛草,人徒散漫。延客上楼,曾太守、衡令、两学官同谈。久之道台无来信,乃至中学,先有二客在,未便问姓,惟识彭给事,又谈久之。从南学津梁还湘东岸,过吊杨少鹤,少琴、八踊均在位,孤子十许岁,甚韶秀。渡湘买米未得,先还,已夕食时。夕阳在地,颇生凄感。

廿日　阴凉

邱甥求荐府馆,盖不知世事艰难,以江西例湖南也。复书谕之。得曹东寅书,送杏仁。

廿一日　雨竟日

午讲毕,下湘看陈婿、程孙,遇斋长还职,云考职不得,喻生得第六矣。厘员冯同知公宴请陪,初未通拜,礼当先诣,舁往一谈。出城答郑亲家,云衡守已至,新学徒也,一见便知,知不可伪。新修衡阳城隍祠,可公会,往则诸绅皆集,半不相识,畴孙先在,樾樵承办,小房四人摸牌,给谏在焉。顷之客至,设三席,曾、衡、厘各四人陪之,两班合唱,殊无新曲,至十钟乃散。畴孙先睡,令送船上,乃云在城,并送轿人俱令城宿。三人榜船,到已三更,庶长迎门,乔耶笼灯,索食不得,小坐便睡。

廿二日　阴

城人过午乃还,畴孙逃学二日。作谭道台《荒政序》,复曹礼参书。谢斋长到任。

廿三日　晴

周协镇来,长郡首士来,言小票府禁,求弛禁生财,并云两县有陋规,曾府不收,以阿督意。顷之新衡守汪凤池来,字药房,由笔帖式送御史,自云曾劾袁督。其弟昵于张督,署首府,犹供巡捕之事,托父疾辞免。将留点心,未设而去。房妪入城。彭佣还。

廿四日 大雨竟日

下湘送曾守,已夜去矣。新守尚未入署,于房馆见之。答拜协戎,辞以放饷。至岘樵家小坐,还舟,送点心者已在舟矣。还已夕食。

廿五日 晴

湘船还。得诸女书,俱言早热,寄蜜樱桃,比店市殊异,惜不多耳。并寄节物。

廿六日 晴

作粽赐诸女。复曹东寅书。拟题补考,并送桌凳。

廿七日 丁亥,芒种。晴

放竺来,言克臣长郎求见,不相闻者卅年,今复闻名,如隔世也。彭氏常女亦六十矣。人生倏忽,又复久长,为惘惘久之。湘涨平堤。

廿八日 晴

午后下湘,至安记小睡。遣约岘樵,步入道署,门遇彭给事,俱至张师耶处,朱德臣旋至,李师亦来,待道台同会饮,烧猪盛设,芝畇谦不为客,谈新除拜,及花药寺僧产,秀枝被押,朗月熬刑云云。亥散,还船,畴孙先同来,待于姑家,齐七入院,真亦出门,无主人也,到舟已睡矣。与夏、周同还,子正始至,小坐即寝。水退二丈。

廿九日 晴

看卷。得黄小鲁书,言雨珊病后事。久欲通问,匆匆未暇,观此终不能免也。湘人乘危挤人,又无能为,情状可哂。得完夫书。

晦日 晴热

看卷毕。三常从婿来。彭理安来。杨少臣来。真女亦来省觐,留饭去。匆匆定去取,遣送道台。

五　月

辛卯朔　晴

廖荪畡长子送礼,并致其父书。一日三堂,殊无暇作答,又当复书处尚多,且须看报,知新学之害事也。夜至三更乃寝。

二日　晴热

石五嫂新妇来搅局,不许入门以绝之。与书小鲁、笙畡。

三日　晴

晨起书唁雨珊。欲入城迎监学,监学先来,留饭去。

四日　晴

午后入城,两县约早饭,过程家略坐,至笛渔孙处。答霖生,遇陈婿,程孙、常婿均在。顷之彭理安衣冠来,久不去,询之,笛孙生日,点心两次,遂留打牌。久之不催客,未正乃往彭祠,马少云先在,岘樵旋至,霖生亦来,张、朱公请,酉初散。

五日节

避客闭门。霖生父子及两女婿、程两孙均入谈,留摸牌四圈而去。今日晴热,有雷无雨。

六日　晴

出讲《礼运》,文笔殊繁蔓,非翼经之作。诸生来者稍多。

七日　晴热

谭香阶来,言孔宪教逆子得优贡,科举扫地矣。始作夏墓志。体微不适。

八日　晴

两课后入城,答香阶,即同至子年家会饮,涂颖濂、郑六峰、李华卿及谭为主人，张硕士为客，子年主办，余疾不能多食，应景而已。邀章襄亭及谭、张摸牌二圈，酒罢上灯，又摸二圈乃还。周妪干儿求学艺，子年允荐洋货店，令同来见之。二更还。电云欲雨。

九日 雨

程、常两生来听讲，诸生续至者盈卌人矣。何无业之多！

十日 大雨，讲时尤甚，两堂两阵，几不闻人声

雨后泛舟至城，借轿至西禅寺，好心必欲一斋，程、朱、马太先在，张师后至，论役田本末，云道台颇窘。夕过衡阳，又至真女家一转。

十一日

湘涨。夏子昨归，龚师亦去，谭心兰儿复来相投，答舍已满，不能不留，且令楼居。

十二日 晴

寅正即兴，往泉溪看田，周生代中，齐、季从往。余从山道赴酃湖，三生从正道来会，泥行颇困，平路来快，同至杨家当铺早饭。耽延一时许，至古城寺。山坡中一坤田，其家小康，夫有外室，不顾妻子，妻守屋啼泣，不可夺也，废然而还。到尚未夕，费去五六千，可笑也。向生来，言役田事发，欲余解之。今日壬寅，夏至。

十三日 阴凉

家忌，素食，不废讲，亦见一客，有三数人来闲嬲，则谢不见。

十四日 阴

与书衡令，言厨姻争产事。和尚做媒被押，许周儿廿元保出，周儿已去，索谢者众，湛儿尤皇皇，遂不与之。郑六峰来。程通判自蜀送[①]回来，言蜀事。曾四元来。廖子送煤，搜箧得卅元，借学费十五

① 此处当有脱漏。

元给之。

十五日　阴,午后雨

得省报,瞿儿开缺,七年宰相,一朝屏斥,并有屡被参劾之词,知巧人亦徒巧也,又不如叔平怙权,一时恣肆。

十六日　晴

出学生公请,有卅二人,内有女婿、教员,尚有二人不记识,实廿六人耳,并及畴孙。午讲毕下湘,并遣方、彭送炭,陈八送船,同泊铁炉门。至安记、程、陈家,先至彭祠,问向生干求意,以便酌复。过常家,犬卧堂上,不敢入,至安记少睡。申已往彭祠,李为门生长,常、曾作陪,道台亦来,小班杂戏,聊演故事,亥正散。子正到院,乘月颇凉,畴孙睡着,周生亦磕睡,与余同还。作夏墓志成。

十七日　晴

晨书与荪畡,言三事。廖佣母病告去,令送谭生干廖。遣船迎监学,至午乃到。

十八日　晴

陈婿甥皇皇求事,急欲余书,不能守百金之例,又不肯破例,与书午桥转致。道台夕来。与端午桥书请庶长录为单行。"陶斋宫保使公节下:轩然大波,林无静柯,颇思东游,又畏炸药。闻文石上谒,谈宴定欢,抱冰诗钟,无此高雅,遥望棨戟,但有瞻依。浩然将踵军门,前函求公平章,倘得韩詹,或因兹一会也。又往年与公言盐局当尽去夏、程之流,以便安插私人,大彰公道。文石之来,实获我心,未及晤谈,为公招去。今有复心甥彭生,前在敝县混饭,督销更易,求舅关说。不说犹可,说后被撤,天理何在,物论大哗。兹令该生亲至金陵,请文石另委。阊运不敢再说,求公转告。以后阊运请托,并求谆属,不准驳回,以符前议。如是则大庇寒士,广作福田,杨度、孙文皆消散矣。附呈新刻二种,聊伴荒函。盛暑南征,期以半月。还衡之后,再得奉筹。专颂道安,不具。闿运叩头叩头敢言之。"

《奉和竺如大公祖见赠原韵即以送别》:"郡县千城选吏才,几人能信漆雕开。嗷鸿正赖循良抚,骢马欢迎召杜来。戴笠私行周僻隐,褰裳远瞩振风裁。民兴经正从来易,春酒庠门得坐陪。""早年相见各朱颜,游宦匆匆岂暂闲。老我归云仍出岫,输君挂笏自看山。骊歌颂德嗟来暮,鸠语催耕且未还。东馆留题记棠芾,汉南移柳正堪攀。"

《奉题湘江访旧图即用寄诗来韵》:"曾共陈抟卧华山,久从学派辨王颜。即今道路多豺虎,犹自烟波逐鹭鹇。江汉愁思青玉案,姬姜憔悴白华菅。图成只许伤心看,世上浮云了不关。"此答黄小鲁诗。

十九日 晴

诸生卅二人来照相,庶长设馔待之,午初始来,申初乃散。便与向生同至给事家会饮,余更约道台来闯席,夜分还犹热。

廿日 晴

雁峰僧设斋,约二彭摸雀,期午正去,未初乃往。顷之客至,有陈润甫、朱德臣,待屺樵至酉乃来,未一圈,道台来便散。暗行下山,两人引导,反而迷路,绕行里许乃得上船。

廿一日 晴

杨八踊片来,托荐人于汪衡州。石儿亦求荐,皆必不收,宜如其意。张衡阳来。夜雨。

廿二日 晴

为李华卿作字,并题一联赠之。午入城,与霖生同舟,从江西馆上岸分道,余至安记小睡。醒无一人,起,出门小步,遂入道署,至李斋小坐。芝畇来,请看画。兰花数百枝,全无一香。出示李营丘大幅,赵仲穆长卷,易元吉花卉,宋院画,苏、米书,兴庆小龙,忘画人名。

以赵卷为佳,无款,唯有“中吴山人”印,翁覃溪云是仲穆。山石上有山谷名,云“石门精舍”,工细非近代所及,丘壑层次仓卒不能辨。霖生、给事、曾、向旋至,会食。大雨,舁出城,庶长先在,城门下钥,云清泉逃犯,故早闭也。到已三更。

廿三日　晴

检《图书集成》,寻“石门精舍”不得。为郑六峰作字。送时鱼与真女。诸生入城,甫登船,大风可覆舟,遣看已不见船,向生亦在船,恐又下水也。

廿四日　晴

卧〈看〉《图书》八本。邹韵深来相看。韩元吉送纺绸,意在端书,可谓豚蹄求篝车也。拒未之见。改代上醇王书。

廿五日　晴

遣问岏樵桂阳之行,云遣子代往,已代顾夫矣。讲《礼记》至《少仪》,未终篇,令诸生日点十叶,作日课。

廿六日　晴

晨起欲召轿夫,云不由南路,当出西门,携畴孙同行。至程家闻岏妻疾,云痛痒游风,医不知证,故留审方。待饭至巳初,与程生、陈婿、畴孙仍由书院对岸取车江道,投松杨。舁行甚疾,未暮渡湘,到卝局遂昏黑不辨门径,呼门排闼。司事梅、陈为主人,待饭已子初,宿紫宸宫寮。

廿七日　晴

晨起舁上水口山,过豹子岭,所谓久闻大名者。里许便至卝所,木城围之,见廖璧耘,设鱼翅席,巳初乃行。北风甚热,舁夫亦懒,数里一息。五十里至秧田虚,不能再进,饭店不可入,强至盐局宿焉。委员洪信臣,名濙,思贤商学举人,以附和开关劾免,文石首拔用之,周庶长曾为关说，余忘之矣。自行投到，又收一冤单，其随丁王姓甚警，余夜起，彼已起候，奖以一元。

廿八日　戊午，小暑

晏起，点心后乃行。十五里至衡头，问陈家行馆，得陈生设食。觅人引路，取十里洞，傍钟水行，过大坳，山水颇幽，到庙前，地势开敞。南行入山二里许，便见夏墓庐，葬在山顶，三陟乃登，藉草少坐，论虞祭不可在墓。将夕下宿飨堂西楼，东楼有客，未往看。

廿九日　晴

夏生瑰青送《丧礼》来，犹是张蒿庵本，可谓桂阳藏书家。颇热，避东晒坐楼下，将午乃朝食，为定题主反哭仪，令陈婿钞虞祭仪，未甚简妥，夜为改删。

六　月

庚申朔

晨起上山送葬，卯正往，辰初窆，仍下待迎。本无迎礼，说再三不了，只得从主。乘舁上山，舁者生疏倾仄，幸未倾耳。巳正主人反哭。客饭毕，或从或归。余与陈婿、畴孙舁至夏生家。在庙前。西湖唐庙祀李旸天子，有塞会，迎送在此月，大要徭王也。见其五子及其姊夫杨生。顷之，益新来陪客。看汤寿潜《危言》，皆施行矣，亦策士千载之遇。夜分程生呼门来，余宿书室，夏兀惊起开门，客入竟不再出，主人亦不出，可怪也。

二日　晴

晨起陈益新来送，云早尖半边街，更无他饭店。及出，舁人云正路较近有饭店，不知何故远绕十五里始至。饭后行卌里至常宁城，投宿北门土税局。马先生三兄弟查偷漏,云昨日打局,县令不理,李端甫把持也。夜设八碗,三更乃得食,宿西房。丁生来会,同行。

三日　晴热

常宁两生郭、王、两棍张、李来见。辰正得食即行,舁夫甚困,六十里到柏坊。船未至,自往湘岸觅船,益新云已看两只,午饭后可行。陈、丁、程从陆,余从船,俱会松柏。酉正到,换大船,遣迎陆舁,昏黑亦俱至。船内热不可坐,坐船头,至四更摸雀八圈,鸡再鸣矣。今年始听鸡鸣。益新宿舟中,其族人送鱼。

四日　晴,晨阴

促益新去,去而复来,丁生惊醒,遂病。程生屡唤不醒,客去余亦睡,微闻橹声,未知何时发也。帆行有风,背风即热,皆睡过午,唯畴孙不睡。申正过东洲,水涸不能舣岸,遣呼小船来迎,到院酉初,犹未饭。浴毕与霖生、谢、周生谈,闻安徽警兵击死巡抚,端斩一道员。又闻谭兵备送部。如武陵渔人出山,为之怅惋。

五日　晴

考验日课,看诸生所点书,分两堂乃毕。歇伏,减去午课,改"俎内祭"一条,郑注屡以柄尺分坐立祭,未知其义。夜风凉。

六日　阴

畴孙告病假。考验点书,论通经之用。入城问谭得省信未。

七日　晴,有微雨,甚凉

禾宜炎火,北风伤花,恐成歉岁。求报甚急,乃不能得。程生借来一看,云皖抚为匪党所戕,与皖报不符。皖云道员,此乃匪党,岂亦突遭兵燹之类耶?写瞿军机甚妙。

八日　晴凉

复讲《礼记》。为郑亲家作字。真女送瓜。

九日 晴凉

看报，因朝政变动，作报者亦皇惑矣。独醒政难，可为一笑。喻、谢请画像，对坐一日，甚困。

十日 晴凉

蔡人龙问大夫会例，前后说异，为通检定之。初从日，后从时，以时会多也。《笺》又误书“莒”为“郯”。刘舍人、廖胖皆未校，不及蔡矣。畴孙问周、王世系，书院中乃无《世表》。霖生出季鸿都尉书见示，书亦可刻，惜无资本。卫武公作《抑》二三章少押两韵，盖老去诗篇漫与耳。“告”则必不可通，《酒诰》可通，而亦疏阔。

十一日 庚午，初伏

食瓜、羊、鳖，并令厨办官羊，以饷诸生。夜小不适。阴凉。水小涨。

十二日 阴凉

腹泄未食，讲说气不足。赵年孙自衡山来求荐，张监院儿亦求道台调留，皆与片关说。霖生持墨索书。张、卜、麻三尉来。李华卿及涂、谭两教官继至，设杏酪待之。谭、张两生夜来，俱承我敝，力疾对之，疾乃小愈，遂写两联。

十三日 晴

始有炎景。张师侄来问信，且言当面谒巡抚，告以任师故事，且宜辞馆。说“弃杖”未知何时，余以为祔而弃之。喻生以为待练，康成注《礼》云：“练，杖不入门”，似祥犹可杖，闿运以为误也。祔既吉祭，又蚤剪，礼不可杖，当于脱绖带时弃之。夜雨，旋见星月。得廖笙畡书。

十四日 晴

校常《读史录》，脱北魏一帝，为补之。南北纪元，亦殊难钞并。

十五日　甲戌,大暑。晴热

廖世兄送墨,畴孙问墨何者为佳。取《集成墨典》示之,又不能读,因撮录《辍耕录》墨工名者,首唐祖敏、奚鼐、子超南唐赐姓李、超子廷珪,宋张遇、潘衡、蒲大韶、朱知常,元潘云谷,长沙胡文忠、朱万初。霖生暂归,斋长亦去。

十六日　晴热

衡山汪生来见,母丧未逾月,剃发出城,涉讼讹诈,上控批府提,来求救,付之不理。已而喻生来,言愿和,令庶长入府问之。

廖世兄钞《梦中室铭》,末云天禧四年谦叟作延室。《铭》云:“保此令名,以全其德。惟彼汶汶,不受污蔑。不丰不俭,此为先生之宅。噫,微斯人,孰居此室?”余以为延寇平仲之词也。寇谪道州,溯湘水,故于松柏作室要之,几神解也。钞常表纪元成。

十七日　晴

熊妪儿来,大要求荐衡守。马太耶来,诉卤水两年,遂开销万七十元,所谓壮哉雀鼠。复书廖生。唐乾一来见,称万岁万岁。

十八日　晴

道署来报,秦子质得提督,赵御史开复,县人忽盛也,作诗庆焉。“魏聂张瞿一扫空,闻君开府稍称雄。九头专奏光前典,五指巡边应凯风。薇省早书金凤诏,柳营还忆雪狮功。无文绛灌休相笑,露布亲题出岭东。”

陈郎自桂阳还,言子久劾庆有据,殊不似其为人,岂良心发现,以大臣自命耶?恐其自陷,思以书喻之,夜起属稿,亦自笑也。钞墨故事,皆宋以后事。

十九日　晴

观音生日,宜度苦难。欲与瞿书,又复辍笔。夜枕席如焚,起开门纳凉。

廿日 阴

刘优贡来，留早饭。杨生来索书《游仙词》，余云此已上古事矣。花木长新，日有可乐，鱼跃鸢飞，活泼泼地。

枪伤皖抚，疏劾庆王，皆吾诗料也。因作寄瞿外部一律，书于扇头。“温树无言过七年，忽闻鸣凤万人传。已知牛骥甘同皂，还与鸢鱼共乐天。羿彀屡游真得命，楚弓未失莫惊弦。从来山甫夸明哲，独咏椞阿一莞然。”写条幅数副。

廿一日 庚辰，中伏。凉

钞三国纪元，五易纸未能合款。道台送瓜廿八枚。夕风雨。

廿二日 晴

云孙专使来，言永孙写票作弊被捕，求救，复书喻之。分瓜诸生，作诗谢道台，写对子。

廿三日 晴

道台和诗来。寄樊山书，并告程太守。霖生送葡萄。

廿四日 晴

写字半日无佳者。夕家中专信来送瓜，云工人多病。瓜太熟，已将烂矣。校新刻《诗》。

廿五日 晴

校《诗》毕。欲再和道台诗，以“夷”字难押而止。张子年、卜云哉来，一窝蜂来，欲接无房，均集梅树。与书程太守换银票。信未去，当催之。

廿六日 晴

写字墨尽。汪药阶来辞行，调补长沙，代者彭小香，故潭令也。真还，携子同来。张、喻来，将说媒，未言，但探意，余答词针锋，陈婿乃又有所说,遣真问之。

廿七日　晴

昨凉可出,今当送汪长沙。正午下湘,颇觉炎蒸,步至程家借轿,先诣章师略谈,送旧迎新,皆不相见。便至府经历署,云哉已具馔矣。章师、罗板、屼樵、子年、马太均在,又令姨侄谭延准陪坐,云若愚甥也,曾两见我,茫不忆矣。盖未提亲戚,故付不论。摸牌半日,夕过道署,看张师、李华庭,笼灯借报还。

廿八日　晴,稍热

彭太尊来久谈,颇颂岑抚。食瓜不美,又和前韵二首。得廖壁耘书。

廿九日　晴

午讲毕,至杨八踦家会食,八坐两局,角胜正酣,余戏代东,输出八元,还不肯受,甚歉然也。给事云凤冈妻生日,当往庆寿,热食烧猪,遂散。

晦日　晴

诸生瓜诗纷纷,美不胜收,然无纯粹者。霖生来,将遣往迎,俄云已至,夜入谈。

七　月

庚寅朔　立秋

晨讲《大学》,吃紧处在不聚财,知古今人心不相远也。曾署守以争钱记过,复书慰之,警□云:"虎竹再分诗定续,鹤粮频减甑愁空。"

二日　晴。昨夕大风雨,今晨颇凉

午食瓜。章师来谈。夕复风雨。

三日 晴

讲《礼记》毕，且休息还山。罗正钧得提学，王子余补天津，排湘稍息矣。午讲。梁习孙、王姻子字澡真同来相看。客去复大风恐人。霖生来交帐，云当辞馆，庶长亦索八十元以去。

四日 晴

写字半日，作常寄鸿《史编》序，久不搭天桥矣，复一搭之。午后与霖生同至屼樵处看报，云九长坠马，至请法师。往真家一问讯。上镫后与常、程步至道署饮饯，道台和诗益佳。亥散，舁上船，与霖生同还。

五日 晴

发行李，午初上船，霖生率诸生送至崖。余步至安记算帐，便往屼樵城外菜园消夏，热炙殊甚，打牌八圈，还杨四元，夕散。登舟便发，泊樟寺。

六日 晴凉

行百卅五里，泊石弯。

七日 晴热

行百六十里，泊大鱼垸。水尽黄泥，风作稻蒸，夜甚不适，不遑看织女也。有天棓见于东南维，夜候已灭。

八日 晴热

晨至下摄司，舟行甚迟，入涟口已日斜，至沿湘遂暮，方僮、友孙附小船先去，泊杉弯宿。

九日 晴热

晨待拨船，方拟办饭，俄而舁船并至，先渡西岸，将行，舁人云小路不便上下，令待姜畲。余仍从小船俱上，来船亦去矣。至姜畲上岸，小愒二妹子店，送茶未吃。午初到家，诸女相待朝食。卯金女子来寻,斥令即去。狗孙、三满子均来。将夕微雨。

十日　晴

蚊扰日炙,不能一事,摸牌犹患热蒸。王凤子来言讼事。珰女亦自省来,云瞿、张俱入京,功儿、存古去矣。

十一日　晴热

稍检书室,鼠蠹盈箧,令方僮扫除。张四先生来,言已顶得一布店,尚须觅馆,留宿西斋。

十二日　晴

遣方僮入城办新果蔬。张生午去。热甚,得小雨,更暑,已而大雨。阶上成渠,踏水上堂,诸女衣履尽濡,奇景也。俄复见月。

十三日　晴

晨不得饭,乃遂朝歌,四圈毕始得食,因候市买,久不回也。戴弯送鱼。文吃送日本信,临水读,被风吹去,大索不得。月出始荐,新单衫犹汗洽。方僮回。移席阶上,饮半杯吃一盂饭,热甚遽起。藩司内用,廖子不来,县令又易,杜公与任伯仲矣。左季高云湘潭例无好官,此语不虚也。

十四日　晴,仍热

写屏对六纸。命舟入城,农祀并忙,无人应命,方僮自任能桨,家人皆忧危险,余以波平可泛,待月而行。三更至湘,水漫不流,到马头已四更矣,遂泊沙弯,谷、周俱起相迎。

十五日　晴

晨起不知方僮所在,昨夜乃独守空船,可笑也。谷三送糕,周三送水,盥沫毕,令移至趸船傍,遂上翔鸥。午后到长沙,坐车到家。陈鸿甥架床门堂,妇、孙并来问讯。三妇初立家计,即居西宫,余遂食于其家。长妇、儿女皆各有房室,位置颇合。云功儿、存古尚未有定,张督入京大议,褭回不敢去。胡子夷、瞿起郎、云孙、胡女婿均来。尹和伯夜来,云抚屋被炸,虚惊已甚。藩授正卿,乃进贤,非退不肖也。

十六日　处暑,晴热

晨出谒抚、藩、学、臬、首府、叔鸿,在抚门候帖太久,日色颇街〔佳〕,遂即驰还,唯见汪、徐耳。徐又取妇过礼,云斐泉女也。还家朝食。长妇进酱鲫甚佳,久公送和诗,夕往看之,便候余参还吃饭,健孙生日也,廿四矣。庶长来。瞿、余来谈。

十七日　晴

与书首府、县,安插方、戴。廖道州来。宧芳每日来摸牌,暑甚,辄不终局。会元来久谈,还其行状。房妪告病,夕往看之,便登舟开行,两子、两孙、一甥、二僮送至岸边。夜泊昭山。

十八日　晴

午至县,入城看䜩妇,辛夷先出,䜩妇强出磕头,谢教子不豫,云学界中唯胡澹明相关切。余意可保出,约至船谋之。下船便移杉弯,遣迎书版。与书诸女,问珰行否。仲叔、季弟、幼子、童孙相继来,娄、陈两生来,谷三亲族均来求事。

十九日　晴热

朝食后移涟口,风炎日炙,殆不可安,无可奈何,岸上童男女环绕观讯,半日始散,皆渔户也。夜卧船头遂寐,闻人言睡着矣。问之,陈鸿子小船追来,报李督销改鄂岸,所识穷乏者皆失望。鸿仍求书,允为作一函,舟中无坐处,仍令即去。又寐,顷之闻呼放柁,乡船来,珰应声至,已四更矣。遣送船下县,约明晨来作柁工。

廿日　晴

晨起甚晏,陈甥已专人来取信,留饭乃去。便移洛口,买米三元一石,又买豆脑作点心,待作豆乳。久之桨行,望马颊不得到,如神山也。夜至白石港,横泊港口,大为估客所笑。夜月,复行,竭蹶篙撑,珰女、房妪俱不得眠,余冷而诸人言热,遂独掩夹被。

廿一日　阴凉

计十五日受热四天,今酷吏去,故人来,喜可知矣。午至晚洲,逆风拉弯,卅里宿油麻田。

廿二日　阴

过雷卡,缆帆并济,夜泊七里站。

廿三日　阴晴,稍热

竭蹶一日,仅行卌五里,夕至城下,遣送珰行李寄陈家。齐七来,报彭邵武之丧,迎珰上岸,余遂还院。本欲唱戏请客,因求雨不可。

廿四日　阴

赵年孙追逐来见,告以无事且归。向、杨两生来,送道台诗片。周生父子来。真女携儿来。

廿五日　阴

晨阅课文,批答亦费一朝之力。道台来谈,云枢廷主笔无人,学部推广保举,小大臣工皆得荐上。

廿六日　阴。夕小雨

开讲《论语》,亦颇有凡近语,尚宜精选。

廿七日　阴晴

谭生来,示张孝达立学奏议,全无精神,不及学部驳议也。乘危进言,冀其不驳,批云"学部知道",是不驳矣,何以对王、孔诸人。午讲《诗》三篇。入城看女,先至程家,设两牌局,未久坐,至陈家,两女均出,又去至道署李师斋,张去梁来,主人亦出,设杏酪、月饼,夕还乃得食。

廿八日 晴

看学部奏举耆儒折子，未令人举而道台欲通饬通举，误矣。房妪入城，余少睡。客来家僮不报，遂至慢客。

廿九日 微雨，阴

桂阳夏昭，字南舫，率其子同来，竹轩从子也，为蜀令。与烟贩陈姓俱来，欲谋炼沙，告以廖姓私产，未必公诸同好，且待见时问之。

晦日

晨遣视珰女，殊无还期。讲《论语》，未知“微生乞醯”何以见论，颜、季言志语亦惝恍，诸生莫有答者。写字数幅。李师、谭教、张尉来，适午讲，放堂陪客。

八 月

庚申朔 大晴

讲《论语》“雍使南面”为谋乡饮宾。“可也简”为不用子桑。孔子“射矍相”是五物。“询众庶”，其所选乡宾未知为谁耳。遣送珰女使还，云不须送。

二日 晴

先祖父生日，具汤饼羹，未饪。常霖生来，更作杏浆待之。午食于外斋。

三日

晨点，未朝食，写字一日。程生送诗稿来，校一日，讹谬不胜数，尤奇者重刻两首而刷百部，害人终害己，可谓猛鬼。

四日 晴

校诗毕，更作五首补空。程通判来，言蜀事，颇称许藩，而云冯煦道学,未之闻也。冯骙复擢浙抚,吴引不至湖南,谁其嗣之?夕至城答常不遇,过谭香陔小坐,邀涂来谈。自诣药店,店人不识也,犹可以隐。

五日　大晴

讲《论语》上篇毕,上篇即内篇也,以雌雉终,即获麟之义。子路不能色斯翔集,故及于难。

《丁未八月督抚歌》:"疆吏裁三更增四东三省奉、吉、黑,八旗蔽日江端、闽松、甘升、滇锡、蜀赵、晋恩、洪瑞、新联直仍三湖张、粤张、东徐、苏张。二东秦曹、桂张苏黔庞、皖冯皖东吴排湘尽,蜀黑程粤奉唐滇吉朱闽豫林桂湘岑豫浙冯参。"

六日　大晴,更热

午至文庙看舞乐,纯用绛衣,似非定制。陪彭太尊立阶上,前日后人,衣冠蒸炙,不能久立,旋即退出。解衣,舁至程家看报,屼樵亦还家,云常九耶即来。久之不至,余假寐客坐,寂无人至。将夕乃往道署,亦陪太尊,朱、萧、曾、彭同坐,萧云富商,曾委员也。

省报袁、张内召,杨、陈作督,新拔冯、吴,改赵于鄂,昨日歌诀又成陈方矣。"红羊劫到换张袁,峻擢陈杨比赵端。三直二苏闽桂粤,曹张松锡瑞恩联。"还已子正,二长、一陈同船。

七日　阴,午雨

熊儿来求食,且令庶长食之内堂。两头飘雨,不可暂坐,后窗复闭,无容膝处,且喜夜霁,不妨官祭。

八日　晴

静待燔肉,仅谭训导一处,肉贵钱贱,门斗不至,非季桓之列也。看《小五义》,有伯寅题语,前《七侠》,荫甫题签,其时犹以翰林为重。方僮来送酱鲫。

九日　　晴凉，夕雨

常婿来，代其叔父收租。写对子二副。

十日　　晴阴

讲《论语》多不可通，“小不忍则乱大谋”，似商臣、孟德口气，非垂训之道。又“仁甚水火”，亦自难谓避仁甚避水火，不至如此之甚。谓用仁甚用水火，民初不用仁，又不应蹈死，蹈仁而死，是杀身成仁，则避仁作何避法？诸生默然。打一圈下堂。彭公孙今日成服。遣问道台，归晚未去。

十一日　　阴

家中为半山设荐，余亦作汤饼，不出堂餐。午出，寻便处不得，还至门口，遇霖生父子、陈婿，同入，谈时事，云已立储矣。设点心，送客去无船，欲自往验之，又云有船，裵回遂暮。

十二日　　阴，有雨

午讲《春秋》，记王葬有过时、不及时、我往三例。他葬亦有慢渴之分，则卒葬当先见一时例，三月五月，经不自注，非例不显，岂公葬有明例耶？向未致思，正当考之。鲁既托王，则公葬即葬王也。公皆五月，王有过不及，列国亦不限五月，夫人犹不限，皆无讥文，明不治他人葬期也。《公羊传》频发例，传师说耳，非经意。若如所传，则小国无君臣父子耶？

午后真来，与同下湘，至柴步，见廖道州宴来，与谈。小雨，真遣舁迎至家。送常九先生，便过月樵，言敦竹事，责其反复，坚不肯承。陪霖生摸牌四圈，舁上太史马头，还正初更。

十三日　　阴

蔡生问《春秋例表》歧误处，未遑修改。雩有时有月，亦未思其由。不得于言，弗求诸心，七十以后养身之方也。促庶长收支结帐。

方僮来投宿。

十四日　晴阴

本约廖道州一饭,迟久乃至,已饭后矣。为设午馔,谈时事。余云安史之乱,元次山尚作“三吾”①,道州何患朝政。送廖去。午讲毕,放假一日。夜月极明。看延安地图,未知所谓北山者何指,图中全无山也。在汉为上郡。

十五日　晴

晏起,谢、喻、陈、常、周、夏并入贺节,告以居丧,不宜干涉吉事,今儒者未知也。廖保贡自京还,匆匆即去。夕邀二长及附学两生、两女婿听雨,乃得大晴。次谷亦来贺节,旋去。廖尚在外斋,往问京事。梁戌生、王澡真两师来谈,留饭不住。申正设食,乃有八坐,菜少客多,犹用三庖人,可笑也。

夜下船看月,午诒适来,便要同行,东上西下,过白沙入木卡,答访黄镜澄大令,秉烛夜谈,亲扶我下船,与午诒未相见。还,月甚明,又与午诒共饭,小坐至子,倦卧,至月斜乃寝。杨休来乞食。

十六日　晴

开讲《诗经》,作泛月诗,记中秋月也。辛丑联句至今又七年,旧恨新愁,故成此篇。《中秋泛月适夏午诒来访同舟溯湘绕洲还院对烛作》:“明月犹未升,佳客来我舟。开襟对清光,拥楫溯湘流。凉期不易逢,圆景忽已收。浮云蔽长帷,众星环四周。真明固不亏,冰镜朗清秋。昔我与子期,秦楚路阻修。宁轸千里叹,欢此一夕游。惊沙复涌浪,碧树常围洲。自我见此月,欢怨亮有由。还舟感余心,对烛怀百忧。”

---

① “三吾”,指元缜所居浯溪及所建峿台、𢈑亭。

十七日 丙申,秋分。晴热,复纻衫

午诒昨去,夜月仍佳。杨姓自衡山来学讼,挟有倬夫书,盖与彭交涉有年,故遥庄也,亦允询之,而不得其门。涂颖郎来,正上午堂,遣庶长陪客。夜半雨,桂花。作《湘绮楼记》。

十八日 雨阴

得茙女书,言山中桂花未发,自有桂树来,恒早于湘,今乃迟于衡,何也?亦作一诗讯之,将专信去。念廖荪畡处当有吊唁,遣觅白绸。

十九日 阴

觅白绸者竟日未得,写字数十幅,濡笔待之。至夜乃得洋白纱,写"珠泉寒恻"四字,又作书致荪畡,待明发而行。

廿日 阴

遣扬休送信。朝食得芦菔菹,始复常膳,一月未加餐矣。岏樵夜来,回看敦竹也。写字下款,半日尽了,墨亦罄矣。

廿一日 阴

诸生论《春秋》例者,言笺表差互,各拟表稿呈正,一望茫然,阿利子的耶,不如自作一表,检经条列之。廖生领凭回籍,将欲缴凭,遣问道署例案,复云不可。涂颖廉再请饭,欲催墓庐记也。为作百馀字。令陈、夏看古文,送入选定,又增日课矣,庶几不素餐。

廿二日 阴晴

教员咄咄逼人,令代两讲,唯自出晨讲。午后下湘,见炮船接差。作彭邵武挽联:"骢马继家声,犹有棠阴留邵武;鹦洲非旅殡,得归船厂溯前勋。"陈、王来投,荐陈留王,客中不饬厨传,省无数冗食,不劳唐子明也。谭芝畇请赏桂,陪百川号客,涂教授闻而早设,未正齐集,梁孙、罗閬、章师、李师、谭导、张尉同坐,席未散,道台已催客

矣。与李师步往,屼樵亦在,给事后至,试新庖,甚不佳,还始二更。

廿三日　晴凉

遣送杏仁至四同馆,并发四帖请印官。钞《春秋表》,看古文。

廿四日　阴晴

看《通志》,欲求息机园主人姓名,不知查何处。诸公无著书条理,尚不及旧志门目可寻,姑取杂志翻之,乃得衡州灰土巷,字作辠图,又可怪也。夕至府署会饮,彭小香请彭、朱、程三绅,吴、卜、李三官饮于螺园。教士戒严,召防营来,戒饬学堂斗气,为监督作调停,皆新政也。戌散,还舟始及二更。

廿五日　微雨

看《通志》,多采时人著述,全无去取,裴樾岑殊不省览,任卞宝第为之,又不如王赓虞。小有寒热,多卧少事。

廿六日　阴晴

晨讲毕,即料理下湘。以今日请客,托张尉代办,须自往待事,因令两婿同往。过给事门,遣约上船,乃云已渡湘矣。往泥弯长郡馆,卜允哉、张奎生、李斐章、黄蝉秋均为子年所拉,众擎易举,戏台已铺设矣。客犹未早饭。顷之梁戌生、谭香皆、李华庭、章湘亭、涂颖廉皆不待催请。程月樵、彭向青、罗心田别作牌局,亦不待催。朱得臣、二扬、四官以客礼待之,申初催请,午正开戏,又开赌,余陪摸二圈,令齐七自代。酉初客齐,酉正入坐,牌局乃散,戏无新曲,然甚精神。设三筵,中五、东七、西六,亥初散,到院子初矣。小雨。

廿七日　晨大雨

程孙送赵氏男庚来,文恪曾孙,伯臧之弟仁和令庶子也。两姊不嫁,抚养成立,年未弱冠,亦无官位,似是佳婿。复女择对已久,虽非杨华,已过桃实时矣。得此甚喜。即回女庚送去,请程二嫂作媒。

廿八日 晴

朝讲毕，退食，作书报诸女。午下湘至花药寺斋集，光孝寺也，以丛林作私庵，构讼十馀年，始断归公。阶下囚请堂上人，约余作陪。请帖多迟发，客皆不至，唯有云儿先在。余步上，遇雨，小睡片时。道台来已将夕，培元孙翱羽。程催客，未能往也。朱二大人荐厨，菜久不上，头道点心，已换二回烛，草草兴辞。至段家，宾客满堂，漏九下矣。冒雨还。客彭给事、王郎中、苻铁年、陈润甫皆先到后散，庶长尤早至，步从同还。

廿九日 阴

议船山生日祭，当令其族孙典祀，余不主之，遣斋长代行礼。每岁支十二千，今费不足，以豚代豕。夜看肄仪，祭器服皆假办，宜自备也。

九 月

己丑朔 大雨

早起催办，喻生赞仪，斋长初献，收支亚献，齐七为宾长，余于入门时亦先行香，在室为赞，未遍旅而先退。向、谭两生午来，示我道台举耆儒文书。于道台有光，于我名有损，属其婉辞焉。

二日

晨当入城，再辍讲一日。看《时报》。至程家贺生辰，两世再逢八十矣，特设西房款我，朱、郭相陪，子年后至，两碗面兴辞至陈家。遣人还乡报喜，兼与内外孙女做媒，三书并发。陈八来。舁登舟，湘涨一丈，溯流还，始巳正耳。夕食蒸豚。与书于晦若，谏其出洋。

三日 阴，有雨

曾泗源请饭，未去，又遣送肴点，以新刷诗集报之。屼樵来谢寿。

四日　雨晴

写字二张,对二联。看赵文恪省志传,与杨、彭、曾皆武陵一品官,大约罗、李之流。云第宅壮丽,埒于清泉杨健,武陵亦有杨健,则不如也。嘉、道时吏治如此。庶长告去。夜月。

五日　晴

讲《诗》,毕一本。王克家来,问演说,告以不去。

六日　雨

彭公孙柩入家门,往会其奠,午初往,待久之始至,给事越绋来,招同入旁门,灵设正厅。屺樵先在,魏耐农来谈挽联,兼及祠联。知宾一日,有识有不识。待至日夕,道、府两县乃至,谈时政。督抚又迁移,湘人复持节矣,盖张、袁所以示大公。匆匆散,还已夜。

七日　阴

湘上二陈来,求干官事,善遣之。与张先生书,愿捐百金,免荐馆。

八日　阴

孺人生日,设汤饼太晏,两婿已饭矣。正写字,真来。

九日　晴

放假一日。朝食后携常婿、周儿下湘,至西禅寺斋集,为化盆米。屺樵早来,待向青摸牌,向青以非赌局,不愿也。勉邀马少云入局。未久,清泉、衡令继至,彭府亦来,清话久之。诸僧围绕,言事者纷纷。道台来,又起局摸两牌,给事复推牌而起。酉初上食,散已月上,笼灯甚盛,纷然各还。登高有春景,失本义矣。

十日　晴

朝食后入城遇雨,久泊潇湘门。步至清泉署,章师及梁孙招饮,谭老师已先到，郑六峰、涂颍廉、罗心田、李华庭同集。郑往府署陪袁管带，行炙时乃再来。夜雨舁还。刘三阳来见。真女送菌。

十一日 阴

衡民以百钱杀三人。兄弟也，五从相与斗，二吃三，遂并命焉。学堂毕业，县令下乡，遂不能行礼。袁管带来见，王升辞以午睡，奇闻也。申饬家丁，犹敢如此，故知积习难悟。洲民送笋。

十二日 阴

刘升来送功儿书，有意郴牧，知我仅识谭承元，不知谭承元不识我也，小人无聊如此。改余肇康母寿文。夜雨雷。

十三日 大雨竟日，雷电如春

船夫献菌，待油煎，至夕乃得。李佣还，得儿、女、女婿书。衡阳汤童呈其父璞诗，沈山人之亚，以正途，故不及沈。

《九日邀衡府诸公陪谭兵备斋集西禅寺》："秋望喜寥栗，兹辰更暄妍。既无送远悲，佳赏寄林泉。南中菊晚花，独有贞桂专。环林碧成帷，远岸暧晴烟。郊游屏车骑，方外谢拘缠。明镫月中行，馀兴共翩翩。顾笑陶彭泽，东篱无往还。"

十四日 雨

谭兵备送晒肉。珰女送菌油，已霉，煎未得法也。敦竹入城不还。

十五日 雨

夏郎告归作阴生。两县小学毕业，请证明，教员俱去。写字数幅。

十六日 雨

韩元瑞以百金求书干江督，告以无益，而不肯止。招牌挂六年，始有上门生意，即以寄家，托月樵致之。夏、陈、常俱拟刘峙衡碑，未成章,为改作,复不似古,且成篇再看,未半,才尽矣,姑已之。夜月。

十七日　晴

湘水复涨。买菊甚劣,云今年无佳者。改刘碑成,不入格,本朝文也。支郴人还,赴瑞生丧,念其以康、梁破家,与书讽之。得廖荪陔书。看报纸。

十八日　晴

钞文稿竟日。与书端宫保,荐韩生。写屏对,作瑞生挽联:"庭诰重儒修,破产延师终有报;湘营无暮气,县军待饷最劳心。"瑞生家租三百石,以百石延师,姻友中所稀有也。今日丙午,霜降。

十九日　阴

午舁至防营及刘六大处答拜,均未遇。见李崇明新宅,与六大相形,贫富殊矣。入城问屹樵湘信,言及舌痛,赠我洋参,从来不知此味,非参类也,近年价极昂,以出洋故。

廿日　阴

复书李伯强,送刘碑去,又写屏对数幅。设汤饼招两婿,使知先孺人生日。真亦还家。

廿一日　阴

发端午桥、李伯强、余尧衢书,皆还帐。杨汉枢来,执贽。名不从五行,而兼水木,亦非礼也。上世既相生,子孙便当避之,汉枢曾祖江,祖木,父火,己当土德。作廖妻挽诗不成。

廿二日　雨

送纸人骆驿,余亦随到随写,不能奈何我矣。看课本,点晋、宋文者,皆不能钩考文理,余亦无本可雠,徒费日力耳。

廿三日　昨夜雨竟夜,至明未止

讲《斯干》,旧以干为涧,王室不得有涧,盖新制也,故颂其秩秩。

闻衡府、县皆当交替。遣问西禅盆米。苏畡索和悼亡诗,韵太难押,勉作二首。庶长代教员往晋缴凭,便附之去,并令送余序、《刘碑》、乡信。

“归老珠泉乐唱酬,遽闻凉吹动槐楸。早知高节同莱妇,更有诸郎侍太丘。尘外骖鸾无病苦,花前看镜谶仙游。年年节日中元近,定有孤鸿过小楼。”“不劳庭诰苦磨镌,佳妇佳儿满膝前。偕隐未荒三径菊,独游迟泛上湘船。寻知此恨怜同病,各有哀词慰九泉。每过西州倍惆怅,内羞供客记当年。”门人求书者骆驿,送墨即书,亦同蕉叶。

廿四日 仍雨未歇,天极沉阴,朝食时甚似昼晦,俄而开霁

教员皆往陈家赞礼,余亦下船至柴步,舁往锦元会饮,彭给事、章师、马令、卜照磨、张尉、屺樵同集,摸牌,夜饭鱼翅甚佳,二更还。见星。

廿五日 晴

晨出讲书,教员多未还,午、未均辍讲。作段培元碑。

廿六日 晴

陆巡检来听讲,生员作卑官,意自得也,作一联赠之:“一命有心能济物;卅年勤业许通经。”杨生楷法尚佳,令钞段碑,看其小字。

廿七日 晴煊

马太耶来。谭道台送五言诗,斐然成章,殊不易得,可与怀庭抗行,尚在王子常、樊云门之上,初不意其能如此也。夜雨。

廿八日 雨竟日

赵年孙又来相投,未能挥斥,令移来暂居,待阙。看《通鉴》,寻十六国本末。

廿九日 晴

白菊盛开,亦有可观。赵孙来,舍之外室。见一船,以为夏生

来,往看,非也。久约不来,殊为可讶。

晦日　晴

朝食后出看世界,至道署尚未早饭,便约晚饭。因至陈家小坐,无留客意,便至清泉寻牌局,至章师斋,适已陈列,谭、卜在焉,即摸五圈。与朱洁卿、彭小香话别,已日落矣。借轿至道署小酌,名为便饭,宾主皆不饭,不知主人遂不饭耶,抑尚有夜饭也?梁、李同坐,说抚台不安其位之意。二炮还。杨生告归。

十　月

己未朔　晴

杨仲阁、刘煌然、少湖来。写字半日。常次谷告去。得曾竺如书,托其为四儿干桂抚、藩,曾不相识,告谭道台转托。

二日　晴,雾

得洋僧书,告续价五百金,复书允之,并荐陈顺往芷江。求字者纷纷。僮喜妪憎,非奸即盗,吾为傀儡,俯仰其间,亦一乐也。然不能不责斥之,又一台戏矣。

三日　晴

写字一日。教员旷馆,余又摄之。清泉廪生荣说“狄邢”胜余远甚,奖以二元。行动三分财,此之谓矣。依其说改正旧笺。程生致李梅痴书,求《尔雅》、《公羊》。端午桥寄二图来求题,摹片精绝。鹤春妻送黄甘,复悟得一字,仆妇或称干子,六朝所谓尼媪也。

四日　晴

问《春秋》例者纷纷,颇难立应。又翻经核对,不作他事。廖子来,得其父书。

五日 晴

午讲毕，入城看程生，因至布政街公会，饯彭守、朱令，主人尚未集，唯王、朱、杨、彭、程、罗、陈、卢分内外局戏，袁、戴、尚亦与，戴病先去。日夕尚未催客，上灯未送酒，甚迟慢矣。余与二杨、袁同坐，陪太尊，子初散，还半夜矣。

六日 晴

程生来，言江事，甚诋蒯光典而右程仪洛。午讲前去。

七日 晴煊

入城说官事不行，外言道台受贿，道台言言者索贿。祁民以谋地涉讼，讼费巨万金不得直，京控复不得直，余亦疑道台受贿，不敢问也。至梁、李斋小坐，遇教师来，邀华卿同过学署小坐，投暮还。

八日 晴，仍煊

看报一日。真还，彭小香来辞行。夕去，遂无所事。刘骑兵儿专人来送礼，欲求调优缺，麾而谢之。周儿自乡来，云功又往鄂。

九日

晨未袜，报夏生来，携弟及从甥帐房，馆之内斋。

十日 晴

夏郎借古韵来，议作一韵书，令喻、陈、杨创稿。优贡两令来，刘得广西，何得贵州，各送冠靴，云张打铁不还国矣。房妪云：缙，小也。

晦若仁兄侍郎节下：别后两寄诗启，俱置不报，盖有难为言者。伏承提学岭南，入跻卿贰，方之梁心海，则为超迁；比于陈小石，已为沉滞。山中人无可言议，想知心必照之也。比乃特蒙诏选，再涉鲸波，专以考察为名，将为立宪之计，斯则心知其不可，而正职之所可言，久托推崇，宜有献替。往者叔平、少荃皆不思鄙言，自诒悔吝，君既亲闻见之矣。《易》曰：“俭德辟难，不可营禄。"人生名位,自是倘来,不疚于心,无须自异。居百僚之末,为腹背之毛,缄默不言,固其所也。若名有专属,责有攸归,位不加崇,禄不加厚,而仆仆为无谓之举,以来旁观之诮,亦何取焉?宪法备于本朝,何容求之海外;清议近在辇毂,但恐不合圣心。五大臣虎头于前,三钦使何必蛇足于后?且立宪救亡之说,满汉分党之疑,平地生波,漫天作瘴,张孝达旋惑其议,康有为早烛其机。吾兄近荷特恩,必当面对,一言悟主,回天不难。既破积疑,亟求内治,郭筠仙所谓四方上书,一切报罢者,王子明之所以报国,亦即鄙人之所以报君也。静念三十年周旋恩纪,不禁为强聒之谈,唯留神省察,不具焉。

马先生苦求神对,作一函与总督贺仕:"次山先生使公节下:前岁高迁,尚阙笺颂。旋闻东镇,企望鸿谟。劳勚万端,谤书三箧,永惟臣辱之义,不灰任事之心。重莅荆州,复蒙宏覆,幸甚幸甚!闿运缘女嫁未毕,莫遂远游,登华而还,闭门枯坐。明岁料量蒇事,即当放浪潇湘。兹因马巡检赴辕,辄附一启。马生名父之子,世守其贫,时好变迁,无从觅食。公继孝达恢闳之后,想能驱策群力,俾效铅刀也。近议立宪,乃欲民等钳制明公,事必不行,亦礼所不许。满汉畛域,无故生分,想都中或有一二满员言之,士民殆无知者。不但当究心民瘼,整饬官方,务外之言,愿聪勿听,此则十年仰托,区区芹献耳。"夜雨。

十一日　阴

晨起送刘、何去。看《春秋表》,当增补分别者甚多,还当作之,此时未暇也。

十二日　阴。午后雨

朝食毕即船送彭守,至未正乃来,揖别还院。水师船官送茶,遇下游一舟，舟中多人呼我，移近，乃见一人素衣素冠，以为苻儿，竟是杨子略。与问讯，周防已甚，但知胡子靖成学魁矣。有志竟成，应运而兴，又一曾文正也。雨，竟夜潇潇。

十三日 阴，始寒，始裘

晨讲《云汉》"靡爱斯牲"，屡说不安，后以《无羊》证之，知为告病之词。盖牲人尽空索以供事，故烦王言也。即"涤涤山川"之意。午讲后下船，遇向观察，交二条，云当回县。九长送家信、菌、油。舁至朱家，八辟先在，给事后至，屼樵亦来，道台上灯时来，云岑不病矣。夜还正亥正，与午诒谈至子。

十四日 雨寒

午诒举吕生言，欲分乐府、古诗为二。看曹、陆诗，乐府即诗体也，恐不可分。夜寒早眠，遂魇，甚困，强起殊不适，仆妪皆睡，求水不得，颇有宝相之感。

十五日 阴寒

王庚明送橙，周王寿送面，皆违例，苞苴未能峻绝。王澧道台来相看。

十六日 雨寒

婆生。出讲，看课本，汲汲终日，犹惧不给。作碓久不能舂，公事废弛如此。又作门帘亦不能成。

十七日 雨

讲"在彼无恶，在此无斁"，"恶"谓恶殷叛，"斁"度继绝之典，出望外也。振鹭自西来，则微子先在镐，后有客，则在雒也。

十八日 雨

检邾、娄会盟，疑会盟亦有书例，以聘知之也。《春秋》信难通，浩如烟海，无以测之。杨仲阁来辞行。

十九日　阴

鲁清泉来,江西进士也,未问其字,名藩,字达生。麻璋来,云新守将至。顷之禄荷荣太守来,云起于章京,自理藩郎外放。小坐而去,遂夕矣。看课本,犹甚竭蹶。夜冷,脚冻矣。

廿日　雨。

讲《鲁颂駉》专颂马,不合颂体,亦不合风体。孔子专为思无馀[1]一言录之,未达其旨,或者删诗所存旧篇,初无去取耶? 此义尚未致思。

午诒生日,以丧不提及其妻、祖、母,为设粉。道台来访,不值。夜冷,然火自暖。

廿一日　雨竟日

讲《诗经》毕。门人来问者尚如无所闻见,悔其无益,设法改章,仍用昭潭旧法,派四分教先于廿五日普试文理。午将入城,先循东岸回看杨、王两家。王家遇蒋养吾孙,未往来也。陈婿、程孙同来,先渡湘,舟还,余适从王家觅渡相遇。至潇湘门,答访府、县,过章师,遇郑亲家。杨少臣来催客,又过东岸至杨家,客未至,久之程、彭、朱均来,候道台看花园,至清白堂设酒,火盆暖杯均备矣。夜还,常婿云早,众皆言晏。

廿二日　阴

廖璧耘送羊笋、鸭饧,告以丧不遗人。廖复书来引咎,又告以受谏当令谏者怡悦,不可令惶恐。此皆老年阅历所得。

廿三日　晴。昨雨意甚浓,不料竟霁

又写对子数幅,频出,临流看霜晴野色。题端寄两卷。夏巳石

---

① 王闿运《论语训》谓“思无邪”,“邪、馀古今字,《诗》三百篇孔子所定,时有疑其少者,故明其思无馀义,言人事浃、王道备也”。

有稿。

廿四日 晴

改段碑，增入霆营叛事，自录稿。催午诒看客。廖教习还。午诒注《史赞》，问余爽逵何人，乃知误以王凌、贾逵为一事，亟改之。已行世四十年矣，可笑也。

廿五日 晴

晨未起，闻呼门声，知午诒婴人来，出门果然。早饭独晏，至巳正始出堂监试，诸生申初退，尚有未交卷者三十馀人，教员亦半散，唯廖、谢监之。此次校试宗旨是欲劝学，办法似为收费。省城有僧来，云新亭被风吹倒。得廖家父子书。与书李瑞清。

廿六日 阴

与教员四人共看试卷，分四科：一教育成材，一激厉学人，一优游不能，一来者不拒。凡五十馀人，不列者十馀人。

廿七日 晴

冗食宜急散，求书宜早完，料理一日。夜作夏祠联不成。

廿八日 晴

晨起忽成一联，沫讫疾书："锡祚自玄圭，门列双旌，更有五云扶栋宇；发祥依白阜，枝分百世，定荣丹桂报馨香。"自此不濡笔矣。

要午诒入城赴鲁，谭给事来送，余先至程家问钱，已欲晚矣。至清泉，先送旧令，旋赴新令初宴，客多不至，唯有黄孝廉，云其乡亲。朱德臣、卜允哉烧方后已初更，辞出至道署，先约午诒同步去，夜不可行，停舁街口，湛童坚云已去，余知必妄，自往问之，果待余未行，亦令舁往。给事、通守、王伯约、李崇明同会，吃蟹，二更还，三更至。

廿九日 雨

发行李，散遣客工五人，携僮、妪、厨人同行。旧弟子廿四人，为余豫祝,程家占其五,商霖、选青、屼樵、倬夫,招道台为宾,坐中席,馀四席。萧鹤祥来见,马带韗褂,老大精神,自云袁慰帅、杨皙子徒党。席散回船,因在长馆集,即泊长馆岸。夜雨尤甚。

十一月

戊子朔　阴

渡人云迎《藏经》故得晴。遣妪入城买布,坐待至夕乃来,舁至罗汉厂,陪文武贺赞官,已不辨色矣。与道府杨、朱同席,成就作主僧,夜还舟宿。

二日　阴

张尉、卜照磨、罗心田、陶湘翰、黄蝉秋、彭给事、郑亲家、监院儿复为豫祝,为留一日。家中遣人来,得滋、茙书,报生曾孙,而无日子,适遇盛会,必有福也。午至会馆打牌,上船,送行送礼不记。袁管带国成、章师耶同坐,给事、心田同摸牌。程孙来送樊银,便留打牌,初更入坐,章师先去,余与袁弁留至子初乃行,摸雀犹未散也。丁婿书来迎妇。

三日　大雾

张、卜来送,并求书与秦提,送酒二瓮。黄、张来,言彩票。喻生来,言饭钱。常、彭来交帐,退票银五百与之,兼为清理田税。齐七来送,午初开行乃去。晴暖无风,行七十五里泊杜公浦。午诒女佣附舟同下。

四日　辛卯,大雪节。晴阴

行四十五里,舣石弯,取姜。向生送姜、笋、橙。夜泊黄田。大风。

五日 阴

行七十五，泊漉口。

六日 晴，大风

行十五里，避风沱心寺，至夕乃行。又廿馀里泊白石港。黄昏激浪，颇有戒心。

七日 晴

早醒晏起，已过易俗场。先孺人忌日，素食，例到家饭，因于姜畬买豆乳两片。饭毕，入湖口，夜月昏黄，牵羊担鸭先上，拟留船宿。久之家舁来迎，乘月还，诸女及外孙等均候前厅。

八日 晴

丁家迎仆杜升来见，告以十二日准行。派男女仆及黄孙送之。三屠来求路差，告以凡王氏族戚无业者皆可安置，许女亦如之。午与茙母女步至周山，小坐藤阴，遇村妇来攀谈，因从小道还，膝侧几不能步，茙乃能飞行。刘孙踏泥污裤，佣妪不能抱，呼救，抱还。将夕房妪携王妪来，被囊俱未上。

九日 大晴

文大来见，言狗孙被押，萧荣猖獗之状，任三老爷之力也。莲弟父子来见。

十日 晴

写对子两幅，赠茙夫妇。狗孙来见，闰保保出，新衣快靴还乡。送莲弟百元，其子先去。

十一日 晴

诸女生母忌日，设奠。余先上船料理。辅廷父子来，诉月生等寻闹。令曙生料理算帐。张四哥来送礼，云未得见洋人。田雨春来。夕步还家，诸女已荐，撷孙携房妪守船，茙女携淑孙上船，余仍舁登舟,夜月开行。三更后到县,泊沙弯,人无知者。

十二日　阴

行廿五里,阻风泊鹞崖。夜月。

十三日　阴晴

行五里,泊易家弯,守风。夜月,大风。

十四日　阴,大风,有飞雪一二小片,旋止

仍泊易家弯,校牌。二更风止开行。

十五日

黎明到城,舣朝宗门,大雾。舟中人皆早起,余卧,待莪女先上,至辰正未能行,乃起促之。撷孙先上,家中更遣舁来,莪母女去。顷之舁复来,衣冠将上,乃误携白风毛褂,更令在家取之,过午乃得。入西门,访荪畡,便答吴子修,谒吴福茨,访庄心安、余尧衢,日已暮矣。到家少坐,帉女亦来觐。饭后出城,宿船中。

十六日

晏起。余尧衢来。两妪夹床梳头,不能延客,约会瞿家。舁入城访子玖,坐新堂,便留便饭。出访王心田,误至汪颂年家,未入,还家少愒,张、杨、李生均坐待相见。胡婿先来,懿夫妇子女均来见。久谈国会,欲余冠冕群英,总以忧国为主,非野人所愿闻也。出访心田、谭会元、王祭酒、唐蓬洲,王防中风,不肯出矣,而贪居议长,不以让余,令人怏怏。日落,城将下钥,遂直还船。看报,全无新事,赖有争路得敷衍耳。

十七日

饭后入城。谭会元来。顷之杨生兄弟、龙验郎、周堃辉俱来谈国会,至申乃散。三日未摸牌,甫入局,唐蓬洲、王心田来。臬台催客,往则吴学司、孔孝廉、廖笙畡先在,朱益斋盐巡、黄觐虞榜眼后至,

设馔，有鸦儿梨、新会橙、沙田柚，橙非真品也。感寒咳嗽，未能醉饱。从小西门出城，宿船中。

十八日 晴

早起，朝食后入城，遇笠云彳亍市行，不异携手同步至家，邓婿先在客次。胡子夷来，唁其兄丧。何纬来。汪颂年来。客去已过午，摸牌未两圈，三孙女生日，设卷酪、小食。李生旋来，遂留夕食。早入早出，小睡未着，起写日记。代茙女作二诗，检之未得。汪颂年神似郭意城。

十九日 丙午，冬至。晴

王心田约早饭。朝食后入城，至席祠，桐轩云昨日开会，到者五六百人，仍如无一人也。公举会长，即今两学监督。廖笙阶、刘智泉先在，刘入绅会，余固不识，颇有武元衡何来之叹。赖恭、杨度来寻，余先出。到家摸牌，未得一局，度复来寻，云须先生领袖群英，请开国会，作呈词。一味取闹，余为改定。

廿日 晴

荪畡必欲一集，先诺尧衢，乃令改早。余复来请午刻，乃更早。诣卄局，见沈道台，心田旋至，登楼看山，惟见败菊，未初散。至余家，协揆、会元先在，镜清亦与，亦登楼看夕照，坐散，还家摸牌。问茙行日，云在明晨，遂通夜不寐。懿夫妇俱来送。度不以开会为然，但欲取闹，至此乃知新生之用心矣，不值刘岘庄一笑也。

廿一日 晴

晨起剃发，登舟，发茙行李，旋异还家。茙母女亦还，拜寿辞行，三妇舟送，余遂不出。李生来，言开会事。告以不须劝阻，此辈但欲博横议名耳，尚不若张正旸之巧。赵孙、谢子来嫋，余起而出。至曾祠，约笠僧早设，乃云夕食，方外耆老，但恨已误，复步而还。又遇余儿同谈,到门,船人来,云轮船已行矣。又误传余旨,召女妇还城,一谬百谬,真不可诘也。复遣宧出城。吴提学、瞿协揆、谭会元、余参议均送食用物。

笠僧来催,再往则四查并集马、胡、杨、夏。胡即衡府委员也。马新得巡差,代某委员。以记过、偷烛二事服毒自尽,城中皆云巡抚骂死,四查则云臬台札致,其上手亦系吞烟,必有妖也。袁守愚兄树堂后至,已将散矣。笠云请局绅,明果请局员,假余为名,余为苟敬,夜散出城。曾竺如送伏苓,以寿尧母,郭炎生所谓太许者。船移小西门,夜黑往来觅舟,久乃得之,从起凤趸船上,宧芳犹未去,令我舁人送之。莪母女已上轮船。

廿二日　晴

昨夜风雨,移泊水麓洲,至晓风息,又移轮等莪率两女来舟,早饭已辰末矣,久之未行,余不能待。湛儿买山药至午未至,周妪惧风先下,余亦解维。道逢黄孙,云避母逃出,或云奉母命出,未能呼问也。但闻少山怪腔啾啾耳。夕风息,泊朝霞铺对岸断峡洲,云有天子气,故凿断地脉。

廿三日　晴

和吴子修赠诗:"不随繇朗腹群疑,但恐羲之有俗姿。一见真教拨云雾,九流同喜得宗师。清门海内公卿长,宦迹湘中巧拙迟。今日人心息邪诐,禹谟应是怨柯思。""未敢忧时且论文,虚怀犹憾过中人。诗赓祖集光龙凤,书护乡邦敌汇津。已见芸香能继美,不妨花样更翻新。小山桂树孤芳远,径欲来扶大雅轮。"但取押韵,试帖派也。

竟日篙行,仅六十里,至沿湘已暮,泊粉楼下,忆与梦缇宿此,忽忽隔世。看丁氏书目,记庚子年在杭,曾为题跋,当检日记查之。

廿四日 晴

月出促行，至湖口已欲午，小步上莲花山，待轿还家，遣散衡人，与书程、夏，并寄蟹真女。校牌至亥正，睡西房，夜闻门响，起看，残月，有风不寒。

廿五日 阴晴，午后欲雨

张金荣来，姜女来，俱言讼事。摸牌校牌为功课。夜检已亥日记所题，乃《武林丛书》，未存稿，又得《灵隐》一诗，亦尚可存，湛、王僮仆俱还，黄孙从省夜归，归后微雪。

廿六日 晴

宗兄、七子来，言祠事。张一哥儿来，云自应山还，欲谋朱家黑茶坐庄。夜雨。七子先去，张、宗留宿。田团总来，求了官事，未见。官捕土匪，三屠劫去，面诘不承，加差责成，团保欲为消弭，无此理也。乡间乃以吾族人概不可捕为公理，俗论难悟至此。

廿七日 风雨竟日

士仁来，诉雅南管庄事，以其外家庄屋卖与其伯父，五十年矣，昨卖地得百馀金，遂来诘问，云是假契。乡农非能造假者，然不能自明，族人皆以为假，吾独知其真也。且俟六爷来问之。健孙夜来，冒风暗行，亦尚可取。夜酿雪未成。

廿八日 阴，风稍息

珰女携所生四女来，并知三妇、胡孙女亦将至，遣人迎候。族子孙又来馈祝，应接不暇。夜偶出堂，乃见谭叟拜贺，老年夜行，留之，径去。

廿九日 晴

房妪早至，诸女亦早起，至晨出堂，乃见马太耶，尤为稀客。乡城来者初不能辨谁某，唯见人答拜而已。胡外孙女及三妇子女午来,郑婿、永孙、陈秋生、苏三、杨都司、龙号房、张先生兄弟、周庶长、韩元瑞陆续来,内外百馀人,乞儿二百馀人,喧闹一日。

卅日　晴

族人算帐,诸客皆去。滋女忽病,不能兴,又一忧也。

十二月

戊午朔　晴

外孙女出游,余亦闲行壕边,舁访谭叟。还韩元瑞廿元。与书吴学司:"补松先生宗师函丈:得觌清仪,猥蒙延纳。还舟匆促,未展私忱。复承赐诗,奖许逾分,捧持欢喜,荷悚交并。先集恭读,知渊源有自,洪钟舂容,继响难矣。未献束脩,蒙颁肴核,含咀知德,乡里夸荣。于舟中和作两章,聊志钦仰。丁氏《武林丛书》前在杭曾为题跋,见示书目,中多珍本,既身自怡悦,如百城不必世封也。收藏家各有所乐,未知公以何为娱。闿运但求眼福,他日相从,一烧烛耳。旧书僮方桂,相随十馀年,粗知名义,因母病求留长沙,可否收录侍儿?特令投见。并上新刻诗集及所注《墨子》,傥蒙鉴正,庶有所悟。专肃申谢,即颂道安,敬贺腊福。闿运再拜。"

端制台:"陶斋先生尚书使公节下:得长笺,洋洋千言,难逃一'新'字,然于前所启孟浩然一事,不置可否,盖不为转达也。闻已入长安,咏'主弃故疏'之句,可胜怅惘,荐贤之责不在处士明矣。公振百万饥民,不若拔一干吏,此段殊可惜也。闿运百金宝一函,七年无过问者。昨乃有韩元瑞,以索债之馀,求书干公。察其志愿不奢,以为一本万利,乃蒙明公赏而罢之,衡鉴之明,实深钦服。韩生叉鸡去米,闻者笑其徒劳。今又有左幹青,不名一钱,求为介绍,思荣文忠管家之说，借此表廉，明公吐哺白屋，龙目观看如何。又有船山庶务长周世麟，慕左全孝之风，来趋铃下。闿运不胜其扰，但立一界限，荐馆不荐官，而天下寒士皆不愿封万户侯矣。此实乡居一乐，贤于日上讲堂，朝对百客也。总之王介甫非庸人，不是生员多事。年近岁毕，公负千万之债，我无丝毫之献，谨因便人上新刻《诗经》一函。书虽新刻，其诗维旧，不识又赏题一'新'字否。五大洲只此一本，则无愧耳。年和起居万福为颂。民闿运拜。"

继方伯："莲溪先生大公祖节下：日传公来抚湘，使王一梧惊疑，闿运欢喜，则公之去思比汤文正可知矣。久典大藩，静以镇物，固非群道所测也。午帅恢闳，正少持择，较专阃所济尤多，幸甚佩甚。姻家子清泉杨椝，试令分宁，无才无财，求公振拂。又有门生周世麟来干端公，闿运恐其流落，特令诣见，伏乞进而闵之。一指挥间济一寒士不难，端公爱博不专，害人不少，愿鉴区区。专此，敬颂冬福，无任钦企。闿运再拜。"

散遣求福人去。

二日 阴

滋女头痛，忧疑竟日，老年唯此累心，夜不解衣，防其变证也。留张四先生及周庶长宿外斋，宗兄去，不知所往。

三日 阴雨，旋止

滋疾不妨，但外感耳，仍复常戏。辅庭来，诉月生借贷事，近无耻也。闻祠公有馀，因欲通有无，又是常理，由我处拨廿金借之。杉塘子孙来者五人，曙月、实孙仍还，并张四先生，九人而已，已为多客，不及待食，去者二，留食者七，借被待之。今晨遣周生去，周请领薪水，令自往道台谋之。既去，念一恩再恩之义，又唤回，与书谭道台，颇有德色。

四日　辛酉,小寒。晴,大风

晨起将移祠屋,领匠估工,先看杉塘老屋,行半里吹落轿顶,至七都义仓求草索绹之。渡史坳,看瓦下塘古树依然,屋又易主矣。过炭托,便至杉塘,不能廿里也。庸松、崔甥出迎,四老少徐出,二女、五妇均过六十,亦出问讯。正屋三栋,无斋宿所,亦未甚便。匠估八十千,恐尚不敷,且令绂子估之。此去祠尚十二里,便可不往,吃粉卷三枚而还。泛桥市停舁,飞步到家,川原甚敞。

五日　晴

嫂孙、三妇儿女均还城,房妪送之。与书陈海鹏,托刘田事,无以为由,送书二册。陈顺妻子来投。

六日　晴雾

晨起看鹅、鸭,日暖水昏,山径微湿。朝食后四老少携泥匠来估祠工。以前木匠包工,未便换人,仍令木匠包做,然未妥也,人地生疏,又拂四老少之意,必生口舌矣。夕得陈小南书,云去年送信者陈时才也,又送百元,未知何意。盖人财真有因缘,无因而至,必夙因也。又问角山诗,日记未载,已忘之矣。黄孙去又来。

七日　晴,夜有雨

滋病夹杂,以意投药探之,亦无增损。陈妻告去。

八日　晴

晨起召匠往杉塘,修饰门庭,片与四老少,使具酒脯告庙。午初杏林族父弟四女来,前要我于城宅者,正同高祖,而全不相闻,以其渎来怪之,徐言其理,乃亦可恕。彼依女婿生活,急而求我,固胜于涂儒庭之女,为片告邬师谋之。自言知医,令诊滋女,亦能开方。

九日　晴阴,时雨。南风蒸暖,地湿如春

陈妹告去,补作角山开元寺诗:“古寺敞松关,晴烟一角山。昔

游曾未到，长夏且消闲。茗话林中静，尘心物外删。登临不辞险，苔磴印弓弯。”“醒酒宜三洞，泉声似玉琴。鹊华飞黛色，鲑菜话乡心。我马劳如昨，烽尘感自今。浮云双阙险，谁听五噫吟。”

二田生来。周庶长又来，言官事，恋恋不去，将以我为摇钱树也。与其蚍蜉撼，不若胡孙散，唯自悔为羊肉耳。田生求作凤喈挽联，思未得闲。

十日 阴煊

晨醒忽得一联，为田吊凤：“每随杖履坐春风，乡人皆好之，公论选贤推祭酒；莫更锱铢计生产，为仁不富矣，令名贻子胜籝金。”恰如题分，真合作也。

甚望周生搜文稿来，乃只搜官事，亦为可笑。钞《华山记》未毕，纸尽，又为即墨令书坐右铭。夕阳蕃送银来。

十一日 阴

复欧阳片，却其金，匏叟又当起却金亭矣。张四先生方欲借钱，此银不可受也。陈秋嵩更不足以知之。午间并去，宗兄亦去。喻教员、蒋督销夜来。

十二日 雨

喻、蒋来言官事，与张金荣意同。又有玄狐耳茸褂，索四百元，亦守旧价钱，维新后无此值也。因不果取，冒雨去。夜乃大月，光明清寒，步廊赏之。

十三日 阴

黄孙尚不能写片子，读书与治事分途，由此也。检王对已失去，盖宗兄盗以易鸦片也。千奇百怪事皆出我家，特赏进士，宜哉！四老少书来，言旧门不可用，且促木工。滋女欲看医书，家乃无有，借得景岳书，言汉学者所攻也。狗妇来讼父冤。

十四日　大晴

遣人船迎房妪,居然有客太太声势。倭僧来访,迎入留谈,照相,看山坡榛而还。得茂书。

十五日　晴

遣船送梅晓师,迎船追不上,另派号房具食宿具送之,待宾旅之礼也。族妹又携女来。得邬师复书,云抚台发押,未能请释。包塘叔携代顺来,云六耶已告状,状上有我名,避去,又遇一狂人跪递冤单,意殊不怿,反寐。久之召见族女。

十六日　晴,大煊

回潮如二三月,起着小毛衣,求貂褂,已为僮藏去,遂春服。客言官事,纠缠不休,至午乃去。王达鲁又来,请作《算书》叙。我安排过年,人皆不过年,无奈何也。

"晴冬三夜月如银,桃树红尖已报春。地湿似沾梅雨润,衣轻重换杏衫新。愆阳但恐招风雹,残岁仍惊走电轮。归老不知休咎事,步檐扶杖赏松筠。"夜大风。

十七日　晴,风未止

看《春秋》一本。郭七女来,不识之矣。云卅馀年未相见,刘南生之母也。其母今年八十一,近闻病笃,故往郭春元家看之。武冈万生来见,芳琛从子,云保之甥则未详,当云弥之甥,而专言保之何耶?舁来而云步行,亦诞。

十八日　乙亥,大寒。晴,仍有风

余儿、周生同来,以王、潘状交之,饭后步去,云船在文滩相待。午初万德玠亦去,郭女旋来,真喧阗可畏。王升自衡来,得午诒书,岏樵、叔从书,陕信尚是八月发,可怪也。

十九日　阴雨。郭女晨去时有稷雪

一日无客,犹有送僧船还,得僧书。校《春秋》。

廿日 阴,有风

步至三塘。校《春秋》,说“取根牟”,为贺济珍所惑,以为齐取,迟回久之,忘检其例,所谓老至而耄及也。田佣送郭还,得郭淦仪之书,久未与春原家通问矣。

廿一日 阴

校《春秋》。郭遂平来,近乡门徒皆食于学堂矣。留宿,辞去。四老少来,与木匠言粉饰事,云舆儿又归,庸松索帐去矣。又强我写信与朱太史求保崔五,云李石贞诬之。又云石贞已大有所得,富至巨万。谩言也,然荪畡此事颇与人口实。

廿二日 雨

省船未还,作糕当买糖。遣人下县,即问娄诗人家,当小赒之。贫生亦有分润人时,大得志也。检旧笺,已明言外取邑不书,大袪所惑,迷人方寸,贺之妄也。明德学生以鄙语斥学务长,监督反斥学长,适有此四字可引用,亦行文之乐事。

廿三日 阴

省船还,出门迎侯,四五返未见人来,乃入朝食。又久之,方摸牌,房妪入,致余、瞿、健孙书,并有陈小石回信,云毓华伪造我信,荐之入蜀,恐事发,因自首也。荒唐胆大,不知其无益,愚而已矣。功儿送粤柚,余送荆段。夜作糕送灶,雨潇潇似常年送灶时。

廿四日

遣送钱与岫孙,吾家唯有此童种,故当恤之。内外均赐酒肉。送信人不还,待之至夜。竟日小雨。

廿五日 仍雨

与书与循,送干薪与内侄。还得与循书,甚恶其长子,云已分家矣。多财之害乃有此,穷窘如我,三儿不劳分也。郭小庭专人来,竟欲与我认亲,亦奇。

廿六日　阴晴

庸松来,言三叔未归,省城无事,其父子觊覦祠谷,欲取给于我,以十金助修坟园。夜见星,旋风。

廿七日　雨阴

校《春秋》毕,亦今年一巨功也。邓婿专人来告贷,方送娄诗人钱,亦宜应之。夜令诸女议,俱不可否。复令房妪议,亦不敢置词。《增广》曰"钱财如粪土",何独踌躇于一浪子,乃敛钱与之。

廿八日　雨

送钱人还,借钱人去,庶可安息。岫孙又来续价,正告以不可,乃云四伯已私得五十元矣。谕以汝家前辈八弟兄,皆友睦,今则互相攻击,先泽斩矣。麾之令去。

廿九日　小尽。阴雨

正朝食,功儿率良孙来,讶其冲寒,云须侍奉,乃除对房居之。长子不居城中,便以高庙为祢,夜率行礼,团年饭菜甚美,祭诗肴酒亦精,毕事云已子初,余亦甚倦,遂睡。

光绪三十四年(1908)戊申

正　月

丁亥朔

晏起,功尚未醒,滋往呼之。谒高庙毕,受贺。戴弯子孙皆来。掷骰夺状元,常四孙女得全五,诸人皆无下手处。改摸牌,至子。

二日　　阴雨,欲雪

竟日未见客,率儿女外孙撩零摸雀。

三日　　风寒

蔡表侄来,云学锯匠,在厂度岁,拜年始放假。

四日　　庚寅,立春。晴

房妪云辰时,先闻是午时,卯初遣问午时也。至巳尚未朝食,乃先迎春,儿孙贺喜。张正旸、田雨春、冯甲、摺子、七子均来吃饼,饼多菜少,未得尽饱,然未午食,至夜乃饭。大霜。

五日　　大晴

杉塘子孙均来,许孙亦至,不似早年亲昵,未知其因。盖以甥舅参差,并疏外家也。干将军自陕归,云以钱少故辞馆。朽人来。刘孟墀儿、江生来,匆匆去。诸人皆散。陈秋嵩来。

六日　　阴

戴弯诸妇来。陈、刘俱去,朽人亦不朽矣。

七日　阴

作春卷。客来俱未出。张四先生来,特出见之,并分春盘款之。张一哥儿肇龄来,留宿客房。

八日　晴,旋阴

张起英去,谭心南儿来,已有缎马褂矣,小坐去。卯金之子突入,云狗孙引进。昔闻狗仗人势,今见人仗"狗"势,呼狗已去。

九日　阴

儿孙将回城宅,令呼船,云无下水。自往水边看之,即得一船,云尚在桥边,雨已蒙蒙,乃还。顷之风起雨来,不可行矣。王心培、娄星瑞、宇清均来。王、娄留宿,宇清自去。六耶来,宿内房。

十日　雨

两客冒雨去。衡人来,赴屼樵之丧,为之辍食,闷睡久之。自到衡,倚为主人,家事悉咨焉,今骤失此,如失左右手。舆儿率宜孙来。

十一日　雨

从女郭氏来,仍言官事也。岑抚无故系人,使三元不得宁家,不知于官事何益,盖乱世妄谬,不可理解如此。顺孙女婿来,许笃哉来,均宿客房。舆儿宿内房。

十二日　雨

男女客均去。夜雨雪如雹,雷殷殷。

十三日　阴

云峰、云湖龙灯来,正在摸牌。吴少芝专人来送诗,告以方夺状元,未暇论文也。夜闻陈孙来,久不见通报,乃云已饭矣。家政无纲至此,通饬申警。谷三送花爆来。得何孙书。

十四日　阴,见日

鳌石、银田、灵官三市约以灯来庆,拒之则陋,接之则汰,斟酌乡情,宁滥无隘,大具酒食待之,为二百人之馔。道光中约三百钱一席,今约千钱一席,比之乾、嘉时已为缩矣。谚以不出众为“缩”,读“送”平声,今用此字。喧闹竟日,鳌石人未来。懿妇率女来看灯。夜月。

十五日 有雨,旋霁

邓婿来,云周庶长亦至,待至暮未到。鳌石送镫来,至夜月明,好上元也。独步闲阶,两甥不能自存,使我不欢。内外喧阗,繁华富贵,而亲昵等于乞儿,非我致之,使我见之,所谓“卿等兴亦易败”,赖戏场时有此。夜至丑始寝,家人犹未散也。

十六日 晴。有风

儿孙四人均去,邓婿先去矣。陈甥恋恋求荐,日营四海,实无以位之。周庶长来,致衡道信物,云将往江南,仍令知宾。许钧团总来,言其家五世同堂,六十年中门内无哭泣声,求书一联颂之:“五世繁昌承鞠曆;一家安乐住桃源。”寻《篇韵》初无“曆”字,不知自何时始也。夏弼廷来,未见。懿妇亦率女去。黄孙久闲在家,令其出居,月以十千给之,明日定行。

十七日 晴

朝食后遣丁送陈、黄、周俱去。杨生来看楼,便留设宴。张四哥来作陪,至暮不去,又言官事,颇厌苦之。房妪云医活一人,但言官事,何报之薄而望之不奢也!余乃莞然。夜月逾佳,诗思郁而不发。

十八日 晴

张四早去,方泼墨作书,蔡权侄及国安孙来。国安褒回欲言,逡巡遂去。权侄亦辞去看姊,李氏妇也,嫁而夫死,明日生日,故以茶叶、荔枝饷之。写对匾十馀纸,墨尽而罢。刘南生来,夜对坐,不觉酣睡,似张香涛见袁世凯。刘诗人亦来,小坐而去。六爷专人来。七子来辨耻,检日记看之,非我言,乃辅庭言也。

作词一首,赠陈甥、邓婿。"镫喧月静,好元宵景色,绿梅香透。玉镜银阶千万影,箫管曲长催酒。夜已三更,花迷五色,换烛添香又。记曾寻句,六街春景如绣。　　恰是月转回廊,照星星华发,年光非旧。旧日儿童,今老大,憔悴青衫短袖。斫地休歌,恼人无寐,此夜真孤负。忘情一笑,依然傍花随柳。"

十九日　　晴。乙巳,雨水

刘南生留一日,余仍作字,时至前山看种树。莲耶来。

廿日　　晴

刘去。周生辉堃来,放言高论,颇有学派。有狂人来,言吃斋诵经,正言喻之,使去。

廿一日　　晴

晨起往石塘送杨瑞生窀穸,巳初到,皆从姜畬正路,迂回甚远,巳正下窆,即还,送者寥寥。仍从旧路至七里铺,饭于刘家,当垆妇殷殷相接,过客属目,不顾也。请题一联,留连甚久。出街西行,至王家弯吊凤喈,见其次子,未坐即行,至家未夕食。夜闻呼问,黄孙又还。

廿二日　　晴

作程挽联,与书其子,问讯程嫂。又书与真女,送花爆。乡人禁戊,而佣工种树亦无阻止者,农工不饬故也。文柄还,与庆生俱来。向生来,旋去。

廿三日　　晴

史佣告假省亲,与廖力同发,莲、黄亦从俱去。李长生夜来。干将军来。文吃来。夜雨。

廿四日　　雨

李长生冲泥去。庆生为其店主言讼事。乡豪欺懦,贪吏昧良,吏治之坏,可危也。

廿五日 晴

纯一来,房妪误以为六铁,与谈知非也,盖为包塘探事,而佯云未闻。留饭去。

廿六日 大晴

庆生去。与诸女至云峰探春,夹衣犹汗,已往未还,已消一日。

廿七日 阴

书屏幅四,与窊女,三女皆欲得之。吾书至多,且易得,亦见贵如此。夜雨。

廿八日 雨

得茙女到羊桃局书,知丁婿已补龙安,世臣犹有馀荫,虽美事,亦为诸从宦者叹沉滞也。与书训之。六休来索银,当即付去。丁子孚来求馆,俟到省谋之。戴文润来告急,亦当应付。黄孙从其季父,滋不欲也。

廿九日 风寒而雪

滋女一子不可教训,余故逐之,而滋颇忧虑。其实与以薄产,使之取妇,亦可混数年,以毕我生,不必令去也。当再谋之。

晦日 蒙雨

出看新柳,寒不可步。周佃求荐书与朱翰林,依而与之。房妪甚喜,谢我以酒。盖求之甚力,不知其易得也。宦寺之擅威福,大抵如此。

二　月

丁巳朔 雷雨,雪

樱桃已花,山樱盛开,唐人诗云"欲然"者,盖别一种。山樱皆淡红,不欲然者。将校地图,手冷未宜,遂终日闲戏。

二日　阴

房妪上学,史佣与张佃结婚,亦彭女意也。检唐诗,刘、牛赠答"三日拂尘"本作"三入",且有自注,与小说引故事不合,若依原稿,即无深意,岂刘后讳改之耶?凡此等正难与考据家言。

三日　阴寒

检尘箧得欧阳述诗,率和一首,题其漫楼:"不到君家六十春,旧时门第有朱轮。扬州久客应留鹤,湘上闲居暂避人。心似漫郎兼仕隐,句从庾信斗清新。万楼觞月图今在,指点房栊隔世尘。"

四日　阴。庚申,惊蛰

方令拍爆竹,忽来四人,直欲上堂,挥使下阶,引至中堂,问其来历,云为团总所使,用费无着,来求计也。谕以事不干己,听后来团总自了。张四哥来。

五日　晴

庸松与崔甥来。葛遂平来,云铜元局已开,由京派员,朱其姓,三年专利,俟铁路成停止。刘少田来,得省信,袁树勋已侍郎矣。陈完夫来信,云立宪已作罢论,遗〔遣〕三使罢之也,恐非事实,欲盖弥彰,欲取姑与,亦何苦乃尔!

功儿归胙,永孙与其姨戴先后来。涂女又来,已昏暮矣。云求遣人往十七都平其墓讼,令史佣往。九弟碧琳妻胡病故,先恤十金,其女又来告贷,益以三金,既于谱作生传旌之,复以公谷恤之,哀苦节也。因此又搜得公租着落,盖为诸儿隐没廿年矣。

六日　阴

樱桃半开,柳丝已线,春寒未减也。三裁儿二裁来拜年,言墓地事,留一日。

七日 晴

二裁去。庸松来，请写字。为窊女书屏幅。

八日 晴

七子、庆生同来，言琳妻欲葬后山。因与诸女往看垦土，朝食后小步还，已日斜，所谓“玉女来看玉蕊花”，亦春景也。

九日 阴晴

衡足还，得陈甥书，云梁芳欲移相伴，复书许之。写对子四副。十七都团总来，言罗秀才季南无赖之状，及涂女游祸无聊。

十日 晴

具舟出山，女、孙俱送至庄屋，上船时正午矣。桨行甚迟，将夕始至九总。遣唤七子，告以节妇必合葬。乃云琳本借地，今已易主，不能往也。陈秋嵩来见，云仁裕往鄂，请在局中小住，即移往宿。弁丁纷纷来见，不胜其扰。

十一日 晴

六耶来，告以游祸无理，且可少取，遂舁而出。谒县令杜蓉湖，似曾相识。过六十年不到之家，主人留饭，扫榻，登其曼楼。出访倬夫、少芝，至宾兴堂，访旧居，改换门庭，有三五少年，不分宾主，亦不通名姓，但觉洋气逼人耳。至龖子处看辛夷，龖妇出见，弱不胜衣。杜明府约晚饭，朱、吴、欧同坐，五厌与焉。夜还欧家，云伯元明日生，乃忆百花生日。夜谈至丑，闻王中丞出身及扬州诸商前倨后恭之状，王还以施之欧，欧因陈姓识王，振其困乏，王后更不见陈，如读《儒林外史》。

十二日 小雨，旋晴

衣冠贺花生，吃面。水师营弁请饭，不知来因，往则自言曾执鞭侍于凤台，忽忽卅馀年，今犹相念，亦请留寓。劝学员又来请，可比罗顺生矣。李雨人来见。刘诗人再来谈。步过翁道台。今日再集洪处陪县令,朱、欧、匡同坐。欧处生日饭,朱、匡、刘、吴、翁、马、孙悔翁孙也。同坐。伯元畅谈,听者多倦,各散,余犹愿闻,席已散矣。

十三日　阴晴

述堂坚留一饭,午改辰刻,至未犹未催客。万大娘子来见,云其父至交,告以至交自有人。欧家生日戏改至今日,为我正酒,自与我步往翁家,朱、匡继至,又一客,云唐蓂阶之子,茫然不知渊源也。散还欧家,寝门闭矣。遂往看戏,朱、匡、沈同坐。沈诉胡月生零陵亏空,驮害其子,冤死不得申,其状甚确,欧亦言枉,俟到省问之。救生局具船相送,二更酒阑而往,登舟,舁夫俱睡,不可久劳船丁,亦令早睡,行廿馀里耳。看官报,大有迁移,无小关系。

十四日　阴雨

晨至探塘过煤,运拖轮亦系其后,到城过午,因雨未出,片告笠云,令梅晓来取钱。宥芳、兆仙均来观。笠云来。杨仲、马太来。

十五日　雨

晨出城看陈程初,二小儿登其肩,乃知罗什语验。至开福寺,后厅门闭矣。绕至园中,园洲已无湖水,从陆至新亭,工料固不足观,地形亦无可取。倭僧外出,有钱亦无人领,怏怏而还。饭后子瑞来,小坐去。出诣庄、吴、廖、马、席、朱,廖处遇蒋少穆,席处遇芍棠儿,还过徐、唐,雨湿舁人衣,乃还。叔鸿甚怪拟旨章京,盖自诩其票拟之能也。又访余参议,问铁路。

会元来。邓婿夜来。

十六日　雨

忌日,素食谢客。寄禅、明果来,例可见僧,故得入谈。

十七日　雨寒

沙、赵年孙均来。邓楠子竹来求书。荪畡招饮,午后舁往,云贺弼绍亮、罗小苏、孙次农副贡生藉此一见。贺以过交被劾，今分陕西，曹状元门生也。罗不多言。黄觐虞同坐。见沈翼孙而归。尹和伯来。邓郎率罗东旸夜来。东旸谈一等生今日亦无矣，由学使无凭故也。庶长自江南回。夜月。

十八日 晴

余参议早来，留饭。子玖来，久谈。殷邦懋、龙八郎、黄燕生、杨舜民、龙八、周林生、会元相续来，舌战群儒，甚为得意。笙畡来，约赴上林寺，未往。申散，写字十馀纸。王、席约饮，荪畡促去，至则主人未至，唯伯约先在，德律风催之。星田朱八旋至，少穆亦来，散已戌初。宵芳犹未去，摸牌未终局，已鸡鸣矣，遂不能睡。

十九日 乙未，春分。晴

晨作书与藩臬邹元卞荐邓琅，端制台荐黄、钟，朱菊生荐殷、戴。子玖招饮，已再来催，辞家径去。余参议先在，饭罢登舟。是日在家，客皆不见。上船者有庆生，旋去。沙孙、黄孙、庶长追来，皆趁船同行。功儿、健孙来送不及，舁夫酣睡如故，舟人行亦懒，泊诞登渡，上买食物。

廿日 晴

晨行，午至城，令船先去。余步至欧家，伯元外出，见其子，略谈旋出。遇朽人同行，腰痛不能步，喜舁来，迎至八总，坐至九总，救生局陈嵩出迎，庶长、沙、黄皆至矣。廖丁未来，添换一夫，未正行，令周生率黄、沙从船。舁至姜畲已夕，夜投七里铺，刘妇留饭，未饭，烛行至郭妇店又尽，仅买一枝。到家房妪出迎，相唤上堂，始午食，小坐还寝。

廿一日 阴

频偕诸女出门望船来，竟日不至，入夜乃来。程孙专使来。

廿二日　戊戌,社日。晴

桃花四开,满目春色,然煊气太盛,非好春也。改程行状,并复程生书。夜微雨。

廿三日　晨有雨,稍寒

往杉塘验工,五女、五妇及宝妇均出见,三、四老少,庸松,崔甥杂谈,顷之还,至天鹅辪晚饭。田二寡妇得彩,其子殷殷为儿求事。乡人惊其暴富,烹一老鸭相款,或云做酒当六十桌,贺者至数百家,亦奇闻也,张孝达未料至此。

廿四日　晴

庶长告去,还衡,云旬日仍来。庆孙来求救,疑有贿托,未必尽心旧主如此,姑留待命。

廿五　大晴,甚暖

看叶麻《丛书》,亦有可观。晚过谭洪斋春酌,以醴为菜,又一奇也。曾涤生以挂面当汤点,想潭、涟间风俗朴简,与调羹充馔同。

廿六日　晴

庸松来,写字二副,皆其妻家寿联也。看《南岳总胜集》,宋人所撰,云阆中陈田夫,盖避地寓衡者。庆生持信干杜令去。

廿七日　晴

干将军、张四哥来。永孙送春卷来,求信,皆以我为公仆,所谓王也。春煊颇烈,仅可夹衣。

廿八日　晴

牡丹始开。岫孙来,旋去。冯甲来,言涂女讼事,遣湛童往案之。黄叫鸡儿来,云九少耶,盖乡间已渐改称矣。暮雨。

廿九日　阴晴

衡船来迎,尚不能去,得夏、谢、喻书,廖胖独无。陈婿附书,常婿又无。写字半日。

三　月

丙戌朔　晴煊

看午诒诗，无秀发之致，与廖胖同耳。岂天分有定，申彼必绌此耶？王、朱才调不高，又无师，故然。有师有才，而又不能，则不知其由。牡丹全开，夕率诸女往看，出门遇刘南生，不减催租人，安置客房，乃后赏花。

二日　阴煊，人人以为有雨

葛邃平来，小坐去。正夕食，戴表侄突来，呵骂讥者，与子直入，留饭，云已食。际夜，张四哥来。戴示《谱序》，有沈归愚、赵抃、赵鼎、文天祥诸手笔，传模犹有形似，但不可读矣。其文拙率，非伪作也。夜雨。

三日　阴风

昨夜"闻猛雨"，今早不能"恋重衾"，方知诗人取属对非事实也。春有猛雨，必不能寒；春寒重衾，雨必不猛，二句相隔数十日。午出踏青，诸女亦游山。戴表侄来。

四日　晴

与诸女看花，方立门前，有舁来两客，则庶长与周凤枝同来。周约看牡丹，戴侄亦识之，留夕食。周去，戴、周留宿。夜大风寒，可重衾矣。亦有猛雨。华一率子侄来。

五日　庚寅。阴。清明节

华一往祠会食，余不能去。文柄乘舁往，戴侄亦去。

六日　晴

两女留船上衡，余步看船，即率外孙女先上，在山径待久之。刘店妇与其母女俱来,便送两女上船,未初船发,余舁还。六耶率卯金儿友德来。七子、实官、庸松来。

七日　大风

遣人移花,至午大雨。遂至夜。刘妇、六耶俱冒雨去,舁花人昏黑乃还,得紫牡丹二盆。

八日　阴寒。风息

七、宝均去,山径可步矣。检日记,钞诗。

九日　雨

作书复郭丙生。钞牡丹诗,已如前事。

十日　雨

辅廷及端侄均来。端侄求信,与书锡扆臣,即日辞去。

十一日　雨

两儿在书房,一无所事,令检《左传》读之。饬舁夫,巾车将出,家人群谏,以为不宜冒雨,迟回久之,犹未能定。

十二日　晨雨

早起,遣人报张、周,不能出游。朝食后偶见门开,往后山看春,下阶雨滑,仰跌磴上,不能起,遂勉入南厢。卧病至第六日始通大便,虽视听如常,行步须人。六女报信,长妇,四妇,二女,三、四儿并来看病,兼邀黎少谷来,浏阳末覆公也。连日敷狗头三七。至【阙】。

廿日[①]　谷雨

始得少愈。得余参议书,并寄复黄蕃周:

方舟仁兄筹席:乙年一晤,未展清襟。珍药远诒,知蒙瑶眷。新诗重寄,一笑相知。老不藏名,更承描画,此五洲一话柄

① 十三日至十九日日记缺。

也。所幸近已偏枯,不能捷足,浮云富贵,隐几曲肱。诸君勉放光明,照我岩壑。犹堪坐成歌咏,卧看文书,时得佳音,以娱晚节,是所望也。小儿荒唐无成,又不耐坐,近承雅教,冀相檠括为叩。专此奉复,即颂近安。

尧衢仁兄道席:家人来,知有偏弦之戚,即拟奉问。春窗卧病,旋奉手书,雅意殷殷,唯有凄感。弟至丙戌春与潘伯寅彩楼结掌,誓不重入修门。己丑密迩京城,不为缁染,虽不敢如羲之誓墓,亦差同梁鸿变名。同学诸君营营辇毂,不知欲居我何地,用我何为,岂小叫天、汪大头之外尚有名角耶?天亦怜才,于本月十二日因失足伤腰,不能移步。中丞奏保,求附言业已中风,免至如吴挚甫骗一京衔,为世口实,则爱我者之赐多矣。专此奉复,即慰慈闵,不具。

周庶长来,言得两差,便有筌蹄之意。陈秋嵩、四老少亦俱来,于客座见之。

廿一日 晴

三儿昨送医去,大风恐不能出口,今乃可行耳。李、刘佣俱送女回,销差。

廿二日 晴

李砥卿、娄星瑞俱来看。本不见娄,因见李,并召之入。县船还,载芍药来。看《维摩经》。

廿三日 晴

李、娄俱去。刘丁请假迎妇,与以五元,不受。与书茙女,两女俱有寄书。至夜大风。

廿四日 雨竟日

写字一纸。宝官来看戏,不能还,遂留宿客房。

廿五日　雨

看京报，陕藩仍还许度，未知升能容否。董福祥家资八千万，枪炮无数，仲颖太师以后又一富家翁也。袁、柯继出，两湖遂有三节。直杨皖、东袁湘、晋宝旗、甘升旗、陕恩旗、蜀赵旗、滇锡旗、黔庞苏、鄂陈黔、湘岑桂、广张直、桂张东、江端旗、苏陈湘、〈洪〉冯豫、皖冯苏、新〈联〉旗、闽松旗、浙柯鄂、豫林闽。“八旗依旧飏春风，湘鄂新升鼎足雄。闽豫皖黔东直桂，二苏文酒话庞冯。”姑妈又来作闹。

廿六日　晴，风雨无凭

命子、妇及女各还其职。懿儿先去，未十里遇雨，送者归言已舁去矣。四老少来。萧氏从女来，求恤其子荣生，少瑚姊也。娄诗人送诗。

廿七日　雨少止

遣船送窊女及长、四妇回省。上船后小雨，想不妨船行也。

廿八日　雨

腰背渐可转侧，想不中风痿痹也。沙孙寒疾，移之上房。

廿九日　雨

得王镜芙书。许虹桥来言官事，云杜调浏阳，方桂云无此事。

四　月

乙卯朔　雨

已见荷钱，春寒愈重，午卧覆衾避冷，亦一奇也。无事唯摸牌遣日。夜雨。

二日　雨

覆王镜芙书。作〔昨〕端督电讯问疾，专使索钱八百，例不电覆，与书一听其寄否。今又得武昌陈复心电报,又去八百,可谓极无谓也。以平等故,亦复一纸。张正旸来。

三日 晴

爆竹声喧,戴明来叩喜,县令得电报,授我检讨,从来不喜此名,今蒙恶谥矣。得吴补松、余参议书,笠云书,即复令去。

四日 晴

与两女步行,看郭廿嫂,湛童追来,送陈完夫、宋芸子书,云陆昆自京来,并送京物。循云峰还家,与陆略谈。富贵又来,致纨女、常婿书。常诉喻谦,又一周梅生也。梅晓来,言公议防乱。昨笠僧来书,乃先发制人也。与书唁杜令失位。又得荪畡书,送燕窝、火腿。夜复两纸。

又与抚台书,言起亭原委。“馥庄使公节下:前诣铃辕,未得瞻对。伏居乡曲,恒仰仁风。顷日本僧梅晓来,言闿运于碧浪湖小洲上建一亭,有陈文玮、刘国泰向其询问。此亭建议卅馀年,尚在未通日本之日,兴工三年有馀,亦为通国所知,始末在亭记中,谨拓原本呈鉴。闿运向不与人争执,梅僧出家人,亦以悦众为先。既有异论,想彻钧听,伏乞饬核可否。如应停工,即传停止,其工费若干皆系闿运及梅晓私财,无需筹价。梅晓来湘原委,抚辕有案,闿运初不与闻,亦不与租界及领事相涉,实系一僧一俗私事,谨此呈明。”永孙夕至,令陪梅师。

五日 阴晴

梅晓早起,余亦早起,永孙尚酣寝也。饭后俱去。送客还,周凤枝送芍药来,顿得十馀窠,而香不甚发,未及石门一朵也,忆此卅馀年矣。樱桃亦熟,味胜往岁。得八、九女书,均作复寄去。县令又送学报来。李佣还,得余参议书。将军来。

六日　晴

摘樱桃,作诗一首:"红果甘香熟最先,摘看犹带露珠圆。蒲桃太俗难相比,芍药初开许并搴。曲宴已无唐故事,转蓬曾咏蜀诗篇。年来内热冰消久,不羡金盘荐玉筵。"

顷之叔止及邹台石同来。邹已十馀年不见矣。得馆后,积累千金,尽化于卝,故来请办卝务。告以无事,留饭而去。宝老耶陪客。湛童送樱桃与城中诸妇女,并饷廖笙畡。

七日　辛酉,卯时立夏

依时起盥,晴日入窗,爆竹热闹,兼有九炮,云陈秋生来贺喜,顷之入拜床下,问其何意,不能言也。幸有此门婿,不然孤负天恩矣。不饭而去。湛童家遣觅新郎,云十四日合卺,五日为期,恐六日不詹耳。鼠窃穴,佃家亦窥山户,盖以儆予。

八日　晴煊

题芍药,作一诗:"玉盘犹似卅年香,一朵云英压众芳。晨露乍收莺未醒,微风才飐蝶先忙。三春冷淡留踪迹,小阁轻盈伴晓妆。谢脁只吟红药句,几曾月下赏清光。"

得欧子明书,小卯金又得荐矣。顷之戴表侄来,言三儿、纯孙、黄孙均到,兼有一彭姓,疑是次妇家人,及至乃陈甥甥耳。得会元书。三儿云真又生女。午诒当来。

蓬洲先生大公祖道席:山居卧病,忽闻荣委,与荪畡同局,不胜欣喜。卝局窒碍颇多,得贤者主持,荪翁可以大展其才,某亦乐观其效,不仅湘省财政之旺也。然有一利必有一弊,其弊维何?则某藉以安置闲人是也。从前荪翁专持用人之权,虽抚台不能过问。其后抚台稍稍荐人,而司道仍不能过问。某顽固,颇复效抚台所为,而患有总办可推。兹有先祖母侄曾孙戴立本,以停止世俸失业,觊觎局务久矣。督销一年一换,厘局不用武人,幸逢明公新临官局,铁面无私。又当抚台裁人之时,必定疏通,荪翁亦无所借口。伏乞破格录用,予供粗使。所谓"未及下车,而辟荀慈明"者,某即慈明也,其感与身受等。专请道安,不具。

九日 晴

戴表侄为黄孙作媒,去,与一荐书。夜雨。

十日 晨小雨

洪营官来,尚未盥,即延入室见之,小坐去。去而大雨,雨中欧阳伯元来。陈、彭占客房不让,宿之对房,自午谈至子。

十一日 阴

伯元正酒,兼召彭、陈、纯、黄两孙同坐楼上,午后客去。

十二日 晴

记瞿鲁翁像册,并为书之。干将军、戴表侄、周凤池同来,周留饭去,将军未见,以其率熊姓同来也。召诲陈甥。朱太史来。将夕,刘端亮来,伯固叔子也,颇似其父,人敦笃不滑,云亦往干督销。夜入内小坐,出则客已睡去。月明夜佳,睡醒已曙。

十三日 大晴

晨起寻人,戴、陈、纯孙均不见,端正衷回,其从人未醒,遣人觅得。朱起甚晏,早不吃烟,巳初已得食,款客于楼。尚有王、谢未见,谢上红禀,点句钩股,名梁涤,清泉人也。午初客去,舆亦告归,未去,顷王心培来,夕食乃相见。舆遂去。出看插秧。得顺孙婿书。

十四日 晴

心培朝食去,马太耶又来,云纯孙骗其四十金,自取之也。吾有此孙,可云显报,但可惧不可恨也。痴坐半日,留住客房。夜雨复冷。

十五日　雨

马太耶晨去,写字半日,应酬粗了。作书复吴学司,送瞿序、欧扇对、谭联、匡厌亲家对子,为丁郎看诗,一日之勤,行九滩也。

十六日　阴晴

本欲朝发,房妪尼之,饭后乃附舟上衡,携黄孙同往。午至姜畬,夕出涟口,遣刘丁送信,便上洛口,夜泊向家塘。

十七日　阴雨

午过株洲,得北风。将访七女不果。帆宿晚洲,行百廿五里,船人云一百六里。

十八日　晴,风未息

过黄石望,见一小舟来寻,云夏翰林来,似曾相识,乃午诒旧佣也。陈益新同过船相见,讶其何以在后,乃云真女已到家去,陈郎同访,路人皆云至当铺点主,因回舟耳。留谈竟日,为加一饭。夜泊羊角原。

十九日　晴

南风缆行,过雷丰,津吏索钱,令船户与之,余为之偿。昨猪捐去吾一片,再去一片,则猪价如人,故不可也。吏役亦满脸正气,不可干以私。为法自敝,一至于此,雷、郭争功,遂成往事,未知后人又何如耳。夜宿萱洲。

廿日　晴

晨过午诒船,仍要至我早饭。以为今日必不到,行久之竟过大步,趱行至夜,遂泊烝口。遣呼渡船,恐其不相值,又过午诒船,上湘,我船亦随来,暗无可投,试舣空当,则屹樵坐船也。与午诒过船小坐。万舵工报信,程家遣舁来迎,往临屹樵殡,唁其妻子,商霖亦来相见,小坐还舟。陈八未至,月出乃到,移船,云三更矣。

廿一日 晴热

拜道台。喻谦来谢不敏,以教员无挂牌权力也。并告敦竹取婴姐,荒唐可恨。午诒及陈益新、廖、谢、周梅生均来。沈鸿来见。至程家少坐,屼妇送供给,辞之。程生来,久谈,催饭乃去。午送汤饼,以其母命,受之。常婿来,诘责数语,请入书院,告以不可。以午节送束脩,义不可受,又不可辞,故避之也。诸生来者有见有不见,故不备记。

廿二日 晴

张尉来,言女逝,并告病状,二百四十金不便问也。此来无钱,乃取去年存银用之。乡为身死而不受,今为所识穷乏而用之,此亦失其本心。午诒来,云船热,请移陈家。中丞弟方请族人居之,亦字[①]、亦新自来相请,舁往,则陈芝生、蒋霞舫先在。与午诒兄弟同摸牌,顷之谭老师、谭德峻同来,谭训导入局共戏。余往程家看吊客,还已散局。程生供食,不可下箸,还船夕食。今日丙子,戌时小满。甚热。

廿三日 晴热

陈家既烦供张,改至安记,设榻纵横,亦无坐处,稍喜清静耳。张监院子、长馆首事均来。麻年侄、张尉、午诒、李选青来。选青久谈,余倦听而睡。起过程家,定成主仪,以未葬,姑用朝庙之节。夜还船。陈芝生复来酌问。

廿四日 晴

移船近岸,周生来送油盐,胡春生送食物,诸家送食物者概谢不受。午初程家迎写主,背光,又为冠影所遮,不分笔画,挥汗如雨,仅

① “字”,疑为“宇”之讹。

而成事,为设豚鱼之奠。又留陪道台,乃出解衣。张尉、李令同至安记,午诒亦来,留吃点心。坐至夕,益新来,报夏子鼎至,又请选青为邓国璋治累历。余邀午诒至道署便酌,至则主人衣冠将出,云学生打官,并毁长沙馆神像。张师父子破额,女眷被围,文武官皆往弹压,初更始散,未敢拿人。与朱、段同席,二更还船。向桑送臭菜来,无从退还矣。

廿五日　晴

因循待饭,比上岸,程家已发引矣。至正街江南馆,待柩行出南门乃还船,选青、午诒、周少一同船,至大石渡,柩船亦来。余先舁行,五里至葬所,尚未开圹,拟葬斜坡,无此穴情也。俟柩至而还,夏、李亦至。周庶长来算帐,又少算一元,亦未补足,然已费廿千,不为俭也。分手各行,如脱樊笼。夕宿七里站。

廿六日　阴

晨发不早,午过雷丰,至衡山遇风遂泊,微雨小漏。

廿七日　晴

寒疾,少食多眠。夕泊三门,行百廿五里。

廿八日　晴

行卅里,欲泊凿石,遣访七女家女婿邓达夫,云是生员,陈八不识。凿石,余曾三宿,乃竟迷上下,至株洲乃云在沱心寺上。乃令刘丁陆行,舟便直下,夕抵杉湾,泊一夜。

廿九日　晴

晨上岸诣仁裕合,救生局、洪营官均来。盥颒至城,访欧阳伯元父子,均出小坐,云有公局相贺,官绅十人,克期明日。余至救生局,遣取饭菜来。早饭复出,过杜县翁、吴、朱厘局、官钱局而还。欧价人来,族戚来见者不备记,惟四女为异,引见其后子,云须觅生理。

夜饭土局，大召土倡，吴少芝、伯元同坐，热不可耐，更召道土同坐，二更散。船移局岸下，宿船中。

晦日　　晴热

洪营官来办差，除二坐船以容宾，从余设砚船上，写《舟园记》。紫谷道人来，同吃水果。朽人来。未正上岸，赴趣园公宴，杜、洪、文、二欧、沈、吴、朱为主人，翁、赵列名未到。二更后散，还船，黄孙已上矣。

五　月

乙酉朔　　晴。北风甚壮

晨发，泊文昌阁，黄孙上岸去。夜雨，枕席尽湿。

二日　　晨雨

未发，朝食后风息开行，过昭山，得小顺风，夕泊朝宗门，舁至家。家人云明日礿祭，未改期，已斋宿矣。乃亦致斋。长孙在家，黄孙亦至。

三日　　晴。丁亥，礿祭

礼单已失，更草其仪，未能整齐也。黄孙读祝，不能句读。午正馂。至碧浪湖一看日僧，未归，孙女从往，后至，余愒树阴待之，同还。杨卿弟来。

四日　　晴

晨至卝局，从荪畡借号房拜客，见学、臬、抚、盐，长沙。席、余而还。还马太耶廿元。余云叶德辉痛诋朱八，朱已匿迹矣。谭三、龙大来。抚台、日僧、王镜芙、秦文珂、李砥卿来。至夜，尹和伯、张正旸来。

五日节　晨阴

吴学、庄藩来。邬小亭补服来。午正拜节,窊女来,外孙男女均来,孙妇弟兄来。未正大雨,至申不止。舁至廿局,唐、廖为主人,更招蒋少穆、王恴侄同集,月出乃还。房妪来城。

六日　晴

子玖、子夷、沅生来,同坐谈。子玖约余饭余家。女孙斗牌,余倦卧,房妪呼余,见尧衢。尧衢乃言其招权纳贿,声名狼籍,信为善之无报也。懿妇欲为张生别立一学堂,云有益王学,盖未知王学者。日本领事来,与荪畡同坐。

七日　晴

回拜新臬陆钟琦申甫,谈朱竹石。过心盦,答访日本两领事,惟见太助。午过余家,子玖、尧衢同款余,无他客。饭罢出城,至日僧楼房,脱屦袜行,设斋饭,月上乃归。杨儿求书,其友罗冬旸为过交送银百两,三接而去。循城上船,可五六里,黄孙先在,因无卧处,遣之还城。

八日　晴。壬辰,芒种

在船早饭,将午入城,邓婿同来,求干馆,许其从我读书,满廿日,与以十二元,叩谢而去。摸牌未一圈,李将军、张先生俱来。杨亲家母送熯饺。席沅生、莘田、曾熙、谭会元请饭,催客,过拜唐老守,至小瀛洲,廖荪畡、余尧衢、刘国泰先在,曾熙不见,代以胡子靖。水榭甚凉,客云日烈可畏,早晚不同也。纵谈不及新亭,彼此心照。学台催客,坐上有四人得夹差,已过饱矣。往则主人便衣,尚有京派。见云南昭通新出汉碑及红崖碑,有邹、刘二家释文,又赠其子絅斋所作《补晋经籍志》。《经籍》、《艺文》,古今名异,此补宜名《艺文》,以多散篇,不成籍也。二更散,城门已闭,呼启关上船,已移泊大西门。

九日　晴

料理米菜,送信藩台,言磺矿。片与莘田,荐号房。房妪登岸,至午乃发,行半日尚在平塘,一夜橹帆,竟泊观湘门。余频起频坐,竟不成寐。

十日 晴

晨起舁入城,至欧阳伯元家,报明铁路瓦解。伯元请看定诗集,并欲为价三作中,送谢金,旋至救生局待之。杜明府来,言明日进省。洪营官引杨营官来见。二欧阳来,送四百金,比去年又加百金矣。直受之不辞,了此一案也。

亦过午乃行。行半日,尚未入涟口,盖湘路如此阻艰,与衡、耒口同为延滞也。日斜上涟,将夜已入云湖,舁登岸,邓婿、黄孙均到矣。黄孙知记其母生辰,尚为不痴。珰、真均归,方摸牌未散,入局小戏,因倦早罢。濯足甘寝,不知曙。

十一日 大雨,云五更至晓

余起时已辰正,犹闻檐瀑,少止仍澍,遂连半日。作庄心盦寿联:"孙竹管调延寿乐;红薇香似过庭时。"唐稚云挽联:"材行曾褒列郡,先看治谱流传,江右尚歌贤父德;服食无慚三世,长忆乌衣游宴,城中今鲜故家风。"

十二日 晴

晨起料理,遣信下省,已派李心和,滋云当调剂刘丁,临时易使,小事亦有前定也。奖李不磕睡,赏以一元。朝食后报七女来,云女婿亦同至。初回门也,遣轿迎之。婿名邓达夫,白衣女婿也,字应龙,人尚明稳,陪坐自午至亥,犹时冷坐。始起功课,并钞书一叶。

十三日 晴,夕有雨

忌日素食。内外俱有客,不可素菜。陈益新自桂阳来,留居楼上,客房已满矣。女婿正酒,午乃得具,令畴孙深衣作主人,出看客皆衫服,遂未出为礼。日课如额。畴孙点唐诗,欲沙孙、黄孙并钞读,日一首,屡说不得明白,可笑也。

十四日　晴

邓婿夫妇及小女并告去,大有所费,犹嫌未称也。钞书加功,盖余有此癖,不觉疲耳。

十五日　晴

彭生又来,云复心已到长沙,不来相见何也? 且留待之。

十六日　晴

吴福茨赴来已久,了不忆唁,心多事多,殊为可笑。闻丧即行,近今罕见,宜特奖之。“单车就道怆星奔,此义几人知,素韡三年由母教;两子夹河荣禄养,食贫当日事,金扃五鼎报亲恩。”

十七日　晴

赵年孙复来见,小坐去。刘丁还,云城中无事。夜闻前庭人喧,欲起问之,旋睡着,遂不复省。

十八日　午雨至夜

复心及其两甥来,云到城已七日,见贵人矣,求解抱冰。与书滋轩,因及云门。“樊山仁兄先生道席:渭城答笺,至今未见。闻自宋入京,又随使节往返,友朋之乐,可补勤劳。但空复故官,难夸醉尉,乘时奋翅,诚不可迟。隐既无资,便须干进,不足复言盘涧也。公才自是救时之药,私欲使至吾湘,一振聋聩,抱冰乃同午桥,傲不可使,又为当代一笑耳。新诗又增几许? 陕事遂不堪回首,始知七日之聚,盛极必衰。山泽倘徉,又是一番事业。公亦不能由博反约,则才名误之也。我则异于是,无可无不可,只是轻于鸿毛,乃得重于泰山,知此者鲜矣。不作泛语,且须讲学,君请择于斯二者。午诒即当出山,暂时促令代馆,如坐针毡。然尚肯坐,亦难得也。因便辄问起居,千万珍重。”

夜雨登楼，风狂镫小，大似江船听雨也。成诗一首："雨急风狂夜似秋，喜君甥舅共登楼。鹓鸿几辈青云路，鹦鹉当年黄祖洲。直恐倚柯棋局换，且看摇烛酒光浮。山中长日清谈倦，又枕溪清梦远游。"

十九日 晴

与书吴福茨。戴表侄、胡姻子来。胡与从弟姻连，向未相闻知，亦未通名字，云功儿习之，余则茫然，留宿款之。至夕甚热，复心告去，三甥同行，遣船送之。令开四铺，刘、李丁皆云不能，自往料理。复心等亦从来，本欲待月上，乃以夕发。

廿日 晴

戴表侄做媒去，胡亦不辞而行。蔡印生又来，人客络绎，但恨床少。

李佣送客还，云大水不能出口。至夜未出见蔡。

廿一日 晴

延见蔡侄孙。朽人又来，云姜畬已穿水至山塘矣。为朽人卜一课，云"蝇营狗苟"，牙牌亦能骂人也。其来不知所为，夜雨不宿去。

廿二日 晴

复女生朝。蒋生昨来，今晨方见之。刘丁附耳告密，蒋、邓遽起，爆竹声喧矣，放学一日。

廿三日 晴

珰女家遣轿来迎，留之一日。蒋云怯水，亦留一日。钞稿入集，得廿许叶。周凤枝送茉莉。

廿四日 戊申，夏至

滋遣访事人还。珰午前便去。钞稿毕，作程月樵墓志。两女出看水，遣房妪迎之，还即气痛，请张四先生诊之。畴孙饱饭，腹痛作呕,内外呻吟,殊恼人也。得莪四月书。

廿五日　晴

戴表侄来。作程志未暇出见,晚乃立谈两三语。

廿六日

畴孙生日,正十岁矣。日月如流,殊令人惊。晴,有风,曝衣。

廿七日　晴

午睡得端午桥电,再问疾,感其意,手书报之。适复陈、丁二婿书,并遣刘丁送去。谷三要求包工,张四先生亦欲为引荐于萧怡丰,乡人不可喻,亦他人所不受之侮也。

廿八日　晴热

连日并闲,看小说,稍欲整理书籍,便觉烦热,作张恺陶《印谱序》,读卢浩然《嵩山十诗》,聊以消夜。

廿九日　晴

邓婿住满廿日,领一月干馆去。刘丁还,复得莪书,并钟氏外孙女书,已生二女矣。

晦日　晴

周裕苓来拜,求行善,欲每租十石留五,以作积谷,亦奇想也。告以不可,复拜而去。

六　月

乙卯朔

奖土工酒肉。作刘克庵碑,细看自记,亦奇人也。前以无能绌之,不知其能战在席研香之上,虽不知战状,要非子虚,愚人自异才人,未可以声名取士。

二日 晴

佐卿儿来，云笠云病死。周旋卅馀年矣，近以逐日本僧，知其无理，遂至与绝。如瞿军大一语失旨，慈眷顿衰，由前本未结主知也。恩不甚者轻绝，又增一阅历。作刘碑，全不法古，亦不自知其可否。

三日 晴

饭后报长沙彭姓来，以畯五未能来，姑引入见之，乃畯五也。相见甚喜，泛谈竟日。无事不登三宝殿，亦是面糊百金者，又爽然矣。

四日 晴

彭妇之恩宜有一报，作书与刘体乾，为彭三关说。派人送畯五去。作刘碑粗成，似亦可观。

五日 晴，颇凉

将往祠堂，轿夫未还，抵暮乃至，邓婿同来，送月饼，十二元又去一元，不知其何意也。

六日 阴

饭后舁出，忘着绵布衣，又不识道，行田垄山阪，凉风飒然，再雨则不支矣。问程鹜进，俄已望见，管祠人外出，佃户初会，倏忽旋归。至杉塘半道遇雨，避于李家，即买祠谷者。雨似不住，冒雨至同怀堂，问四老少办法，云六百金可收谷四十石。无此办法，即不再问。借衣无有，宝老耶取墨衰代蓑。行至瓦下塘，史佣来迎，如刘牧遇法孝直，飞轿还家。往返七十里，饥甚索食，饭罢小睡，遂酣，至子夜不觉。

七日 阴

昨夜夏、张待见，皆荒唐无聊人，今早问之，夏去张存，云荐木匠可得二百元。以其妄想，姑妄与之，作书抵萧怡丰。夜大雨。

八日 阴凉

读《嵩山十志》，十日不成诵。看任炳枝注《感应篇》，以俗文译古书,亦新学之类。

九日　阴

夏生又来,见之,问其来意,仍渺茫也。与书廖笙畡,交卷。"笙畡仁兄先生道席:山中消夏,近伏乃凉,未识杖巾优游何处。珠泉银局,心远自清,热客夏畦,城乡同病,亦不以归去为高也。承命撰刘碑,并示大意,遵即序次。并本店自造之文,非汉非唐,似传似论。后世有阎运其人者,毁誉正未可料,愿公无遽灌米汤耳。即求转发刘世兄为幸。"今日癸亥,小暑。有雨。

十日　阴

岫孙来,干馆已挪用,姑与二元。《十志》不熟,取纸写一通。百花公主诗久在案头,每日为看十叶。得衡书,知学案已结。

十一日　晴

张四先生来,云木匠荐妥,已得票银二百,但未兑耳。又欲黄孙为索猪,力斥之。请刘丁往办公。南风一朝。

十二日　晴。南风二朝

一日未事,《十志》写毕,跋三段另钞。

十三日　晴。南风三朝

遣佣至城,发蜀书。月夜率三女出看荷花,采新菱、莲子。昨朱太史书介杨叙熙来,求荐学堂,云科举犹有暗摸,学堂无不条子。当与书吴公言之,不知此乃斫头罪也。如此维新,无殊革命矣。与书沈长沙。

十四日　阴

南风而非一朝,以无烈日故也。午睡颇久。

十五日　晴,无风

四妇专人送瓜。彭生送时鱼,不能鲜矣。行五十里尚未败,不鲜，因过时也。得刘体乾复书，彭事不行。

十六日　庚子，初伏。阴凉

省城人回，看报食瓜。社出禾灯，并非草龙，照例混闹而已。至未微雨，亦非佳兆，似是节气差一月，喜得逃暑耳。

璧池菡萏初成的，月里红香云幂幂。新菱帖镜散玭珠，摘出鲛房水仙惜。并刀剖玉肤脂凝，嫩碧清香寒簟冰。娇歌却忆若耶浦，柔丝牵桨拖裙绫。采菱月夜饶清课，凉衣拂露流萤过。谁家才女机杼忙，夜色蒙蒙背灯坐。

十七日　晴阴，颇蒸热，无风

将至石潭求田问舍，适于云湖桥遇文吃，以水程与之，遂议定团规而还。向夕颇凉，亦有好月。遣人入城送诗，兼问盈孙久病。

十八日

未明大雨雷风，天作赤昏色，照墙壁皆纁黄，经一时许。眠不得安，房中妇孺皆寐无觉，似王介甫也。再作冯氏百岁对："孙又生孙，共向萱闱瞻壸范；寿而益寿，重周花甲正笄年。"

佃户来请领车水费，告以从众。得此雨，想不必再动车也。水以三百六尺为一线，谓从下至高也。近则不计线，但计工，水到车头一转，率七钱一线，工费有加至十馀钱者。功儿夕来，云雨时已上船矣。

十九日　凉，有雨

宜孙留辫，剃去一围发便改观，习惯致然，如见孺子入井，非性善也。

廿日　晴

陈益新闻云门藩宁，欣然愿往，与书迎之，便荐供收发文案。邓婿、黄孙欣然俱去。周天球来求关节，亦谢令去。湛僮省还。

廿一日　热晴，空过七朝，凯风不应

午后程九来，周梅儿旋至，俱留宿客房。

廿二日　晴

詹徒、周梅生来，饭于内斋，饭后俱去。黄孙行坐不安，已朝去矣。包塘老母来诉。

廿三日　晴

无事，偶作向碑，顺笔成之。七子复来诉，云讹局已成，为我所败，请设法救转，余云不足虑也。又言七都争水，众假我名，亦请别白之。皆如其意以去。

廿四日　晴

刘丁来诉乔耶，唤来，叩其胫，房妪纵之去。欲封烟馆，刘丁又自容留，亦听众议。乔耶最驯善，今乃桀骜，滋云本不驯也。人不易知，吾族固多厚貌深情之人。沙孙暴病求去，又云不能上道。

廿五日　晴，颇热

陈秋嵩来，求题阳联，言光化令掷其父所奉妖像，几酿市变。汤文正不易为也，但怪其迟。功儿率沙孙夜去。

廿六日　庚辰，中伏。晴，南风一朝，夕凉

见纨女书，余到衡尚未知深山别有天地，遣人看之。干将军送瓜。

廿七日　晴

写对子，看《史记》。齐湣破燕，孟子误为宣王，盖其去齐复来，门人误合之也。或亦悔其事湣，而故为此。改二“宣”字，便合矣。夕坐门前，黄孙与蒋生同来，黄云蒋资其船钱，蒋云黄赖其护致，皆带厌也。

廿八日　晴

蒋厌无已，且与书谭兵备试之，此人遂如恶丐。周人彻田，非井

制也。井制唯有助法，讲家云三代皆井，误矣。彻有易田，井无易法。

芸子仁弟文席：前得手书，两心相照，不以远隔而暌也。师友中几人有此，千愁万恨皆可消矣。贤者究为名误，若使终老空山，与刘光谟、方守道比肩，不至与范玉宾、邹元辨并论，岂不独弦哀歌，消摇自得耶？尚何金币、铁路之足搅神明哉！人生要自有根源，苦者恒苦，乐者恒乐，要知苦乐皆假，唯灵明耿耿，敷衍过百年，便皆了矣。佛家所谓报身，非真身也。近状问二陈尽知，所喜一无牵挂，三子皆非我有，亦时与周旋如陆贾也。吾贤是京是外，当须一定，能否湖南一行，以图相见？因食瓜相忆，乘早凉辄书二纸奉问，起居珍重，毋相忘。幸甚幸甚。

彻只为屯田垦荒设也。又与书二陈。

廿九日　凉

包塘老妪来，言官事全输。官不准开口，油祸成矣。令其长子出料理。曙孙来，言谷事。

七　月

甲申朔　晴

竹林阿公来，令与陈家来投诉。曾竹林之子来送瓜，问实信，意以为丈人一函，如汤沃雪，天下贵人皆雪也。告以如石投石，彼似不信。得王生电报。

二日　晴热

曾孙晨去。陈信来，告以息讼和钱，陈云徐砚耕为之也。与书徐令，保出押人。

三日　晴热

戴表侄来，言其先从湖南往广西，到即发财，俱娶名族，生子登第,今又消歇矣。进士尚有子姓为广西人,梁璧垣则反自桂投湘,亦中举发财,唯余家守旧也。坐至二更不欲去,遣灯送之。热气未退,又小坐乃寝。

四日　昨南风一朝,今晨无风

起送戴侄。午间炙热。作书为王生说亏空。小睡。七子又来言讼事,为十馀金奔忙烈日中,甚可闵也。夜坐田边,甚凉,入门便有热气,上堂食豆粥便睡。为凌李氏作八十寿联。八十竟无佳典可用。

五日　晴

遣人入城。涂女讹诈不遂,又遣其小女来诉,云亦长舌,六女、房妪皆惑之。罗正钺又来送瓜。搢子来,请讨上手。告以此事至丑,但可行不可言也。无钱摆供,自可就我借贷。留住不肯,至夕竟去。遣人勘灾。

六日　晴热。庚辰,三伏

方朝食,张生来,云已移居,渐近城矣。嫂丧无服,全无戚容,亦似不合,宜后世之加期也。岫生来取干脩。王、周二教员来。对客一日。加以涂女事,令房妪往看,夜还,云乡愚震恐,可和矣。余佐卿儿使来求药。

七日　晴热

盛团总来,盛称冯抚,方欲托之,已闻开缺矣。此亦怪案,岂孔方兄作怪耶?继藩被指参,并及升督,而继反护抚,则或李莲英为之也。

作诗寄沈子培。“数别娱园又五年,离心来往皖江边。鹓鸿得侣霄分路,乌鹊横桥月正弦。瓜果空庭山悄悄,蘼芜千里思绵绵。遥知拄笏清吟罢,怅望银河定不眠。”王、周来,又去。寄三联付救生局。夕办公人还,得廖书,看报。诸女乞巧。

八日 晴热

未朝食,四老少来。刘江生又至,应接不暇,俱同朝食。去衡使还,得纨女书。

九日 晴

钞谭碑,改定数十字。得庄心安书,县差飞送,颇为骇人,为王生解款也。

十日 晴。三伏。加热

做包者挥汗如雨。检藟梩,见功儿点《说文》未完,为补点,每日课四叶,从明日起。

十一日 晴

点《说文》,讲《孟子》。枉尺直寻,即二八回堂。枉寻直尺,则倒二八,与以钩距为钩股,同一新确。

十二日 乙未,立秋。愈热

晨避外斋。有蜀人杨光垲自称小门生,径携网篮来投,真没奈何,实佳话也,而磨我甚矣。告以不必讲本领,但求吃饭可矣。彭孙奔驰为人求书,例送百金。

与书陈伯平。"伯平仁兄大中丞节下:前闻荣授,又读荐贤之疏,知襟期宏远,不同列镇。时有门人李金戣,材堪一将,即欲达之采听,为备指麾。适冯梦华亦亟亟求人,又以皖急于苏,欲令助之,因循峙嵎,遂复经年。山中日长,世事多变,忽忽又忘之矣。顷有郴州何生,远来求书,正欲奉候起居,道达相念。立秋早凉,东望欣然,苏、宁分割,地小人繁,徐、扬旷达,自为风气,军兴以后,无能治者,公思自树立,未知从何下手。子异新到,想能相辅。牧令芜敝,吏治难澄,非一日矣。何令得差,皆以乡情致之。昨闻陈荪石为干辕下,朱竹石颇有微言。竹石精能,想不差谬。但江苏知县,人人有袁海观之心,调剂一二,亦未为过。幸转告竹石,加以训诲,或暇时一召见,策其所能,幸甚幸甚。近状何能面陈,故不多及。专颂道安,无任驰系。”

十三日　晴,尝日也

晨入外斋,遣杨生寻功儿,便令送谭碑示会元。王、周复来,云提学不见,复欲求中学监督,皆热心人也,以瓜啖之。杨去雨来,热得小解。登新谷,舂二斗,本欲送城供祭,迫日不及,乃自享之。常年馂时多饱,今乃甘食,恨汗出如浆,不能醉饱,饭后急浴以解。雨再至,仍不凉。夜月。

十四日　晴

早起佣工殊未兴,唯中门为陈家佣所开,闻我起复关之。神帐为风吹落,疑有肸蚃。周、王早来,彭孙去矣。张生、振湘相继来。振欲求事,不敢饭。余云不饭亦索债,饭亦不过索债,乃饭而去。写对子三幅。

十五日　小阴,犹热

点《说文》。宜孙小疾,放学一日。朽人、宝老均来。

十六日　晴,午后雨

涂女讹诈上手,王家必不肯和,出差押退,为我佣奴所阻,改出一票,云带讯。无以阻之,其实押退耳。余不谙官事,或押退票皆如此耶?或新意耶?要之甚巧,非经史所能辨,故是名法家独擅之技。

包塘辰白来,正遇县差,足光蓬荜。杨度兄来。陈猪仔亦来诉讼,令寻和事人料理。

十七日　庚子。晨凉

欲秋,以为出伏矣,令办出伏酒,设汤饼热歠。涂女携女来投,留之,不令随差。看《说文》甚勤,已毕百叶。振湘来,送注药。羊生一羔,文炳如得一女。

十八日 晴

看《说文》,日数十叶,亦偶有董督。连日甚热,不复能消一局,更无事也。罗孙女去。

十九日 晴

《说文》点毕。看桂《疏证》,亦未子细,由学不及段、严,功不及苗,但征典耳。要之本朝只是字书世界,亦足雄视百代,青于蓝也。

廿日 晴,正热

唐鸿甫孙、从来,两秀才也。孙字□□,从子伯良。与都团萧父子同到,言树艺学堂事。留点去。

廿一日 晴热

王心培来,延人对之,更不着衫。顷之雨至。周孙来。下屋风雨飘摇,五间尽湿。张四先生来,已夕矣,楼上坐下不再出,心培颇恶无礼。周孙入内写字,余亦不起,昏昏遂睡。

廿二日 晨雨

早起陪客,俄烈日杲杲。周孙告去,张四谈官事,饭后俱去。晴雨无准,天气稍凉,摸牌四圈。早睡,夜大雨。

廿三日 阴

偶检丛纸,作《谷谱序》:“谷姓为湘州旧族,《九真太守碑》叙其先世曾祖为豫章,而不引卫司马父子,则非子云一族可知。今谱以为子云亦来自耒,盖传牒附合,谱例然也。湘潭之谷与余家代有往还。余旧宅谷湖塘,后归于谷族。弟家又与谷湖谷弟比屋,归里时时见之。及卜筑山塘,二谷皆衰落迁去。独领公船者亦谷姓,初未知即谷湖一家也。今春以其新修族谱示余,且请题焉。谱成已六年,不待赞颂。闲览其序,有龙吉皆、王子佩,皆六十年前故人,今名若存若亡矣。佩翁两子犹时过从。吉皆,余乡举同榜,其家久不相闻矣,赖此一见其遗墨。而余之老大,家门之盛衰,尤足感也。余族谱亦新修,然又廿年,家门之可纪者又积,则谷氏谱之可录者亦必不少。载笔之士傥因余言而考得义先之三世,补先贤耆旧之编,更因以求司农之苗裔,不愈为湘州氏族之光乎!"送涂女对簿,与书县刑席,未知是贺孙否。

廿四日　晴。东风

内斋日照不可坐,上楼吹风,作并蒂兰莲诗。还内,看文、丁诗卷。丁皖杂流,诗有豪气,名健,字羽林,不虚也。余儿来告母病,似欲取办于我。

廿五日　晴

县中人还,得莪书,送鼓。夕坐门外,见一舁飞行到桥,视之则日本僧,延坐班荆,旋与登楼坐谈,至戌还寝。

廿六日

未明求衣出,看倭僧未起,乡人亦无行田者,久之乃有樵汲。僧行,已日晏矣。还寄莪书。天阴气蒸,汗后入浴,颇觉费力。庆孙夜来。

廿七日　阴。庚戌,处暑

宗兄、宗孙均来。张四耶来,两揖告去。陈八来,得谭道台书。昨夜风凉。

芝公兵备先生节下:前笺未能宣意,旋荷专使,得手教殷拳,甚感甚感。奏派监督,私兼省学,事发,诘问提学,云奉抚谕,互相推诿,故不敢提,非责地方官不足敷衍。公固以世交代之受过,衡守则无妄矣。行人失牛,塞翁得马,今日事不论情理也。晦若外采鄙言，内探慈意，奏至，袁、张勃然，致有政闻社一奏，反坐褫职，国会嚣然，此事遂作罢论，惜其不面请反汗也。弟子一宪一否，皆倚贱名为重，适成骑墙，颇合时派，是以陪游玉堂，岂幸致哉？正愿公一诗奖之。酷热六旬，生平罕值，新凉苏息，当俟节后始能承教。提收学费，自是正办。敝县小旱，谷价当复日昂。但私家少收十斛谷，翰林果穷官也。适有请减租者来舍，书奉一笑。

七子又来，言庆孙亦为包塘索钱事来探。但四次侦探，殊无益处，大概不欲到我处了结，亦何必察见渊鱼。

廿八日 阴

晨寄讯继莲溪，作一词，名《翠楼吟》，吟与端午桥争论事也。方拍案请参，乃特令署抚，一快意事。"一角钟山，朝朝柱笏，官情不如归兴。君恩容卧治，且饶与、皋兰韬乘。公才须称。更大旆红停，皖公青映。新开府，早秋衙鼓，雁声遥应。　　还认。油幕看人，问故人别后，好风谁赠。白蘋江上句，料难共、吴兴争胜。戟门香凝。有得意诗篇，赏心图嶝。君知否，楚云楼阁，有人闲凭。"

余儿又来，云求得四十元，并棺衣，约值又数十千，加我廿元，百金立致，真金银世界也。

尧衢母求一联，先已思及，枕上成之："晚岁极荣华，须知挽鹿丸熊，艰苦自然多福寿；湘州观礼法，更有齐讴赣曲，弦歌到处颂慈恩。"

廿九日 阴，有雨

看旧作碑志，已茫然不记，信文章身外物也。一日清静，至夕，六耶来。

晦日 阴

四老少、竹林翁兄弟皆来，约陈姓面言墓讼，以百五十金还墓庐费,至夜始来。夕食不饱,精神疲倦,饭后即睡,甚矣惫矣。张兴、戴明均来。

八　月

甲寅朔　阴

早起遣诸客各去,唯留六耶待轿,过午尽散。送绂子二元,怜其老贫,以昇送之,又属令无饭①,所谓一寒至此也。

二日　阴,复热

晨寻《逸周书》,复勘一过,乃知为周公专集也,为作序目。黄稚云孙绍甲来,字颂芬,云稚云五子,今存三耳,共一孙,年荒无食,故来投,与张翁皆姻连也,留住客房。

三日　晴

疏释《世俘篇》,灭国五十得十三,不知陈之驱何处得四十九也。《世俘》云"憝九十九国,并商而百",尤不可知矣。得杨叙熙书,文章捭阖,颇胜杨度。

芳畹五弟大人近好:自二月见名片,云欲取钱,数日遂无消息。五月再打听,云住南门外,得草潮门差。兄船泊草湖门,日日往来,未见尊面,以为怪我不来往矣。私计不来往,可免借钱,亦好事也。考官、戒烟,皆非弟所能办,诚如来信,兄亦日日忧之。今云托劝业道可免,非我所能也。邬小亭先生独能关照,兄所识多人,除小亭先生外,无人不骂陈芳畹者,想弟尚不知除我外有此知己也,可持我信往求之。久未专足来借钱,何

① 疑有脱说。

可不加奖励,今年虽失馆闲居,特将枲出新谷所得,分出十元,以供烟酒之费。赎衣尚早,俟兄得差后再打主意可也。今年三月几乎中风少陪矣,赖弟福气,得免大难,想亦不知也。前信未见,来省不知何日,俟凉冷后再看。

适得陈芳畹书,因仿其体复之。黄孙去。陈甥送牛羊肉。

四日 晴热

韩石泉来,云程太守避恩入都矣。滋书《楼记》,裱成,张之素壁,大可赏玩,娥芳早逝,遂令独步也。

五日 晴

畴孙问"亡"、"无"之异,向未致思,因考诸言亡者,大约本有而亡;凡无则直无耳,故文从"橆"。亡言多亡也。先有"亡",后有"无",经典已分二用。宝官来自长沙。《易》有"无"、"亡",《书》、《礼》有"无"无"亡",《诗》、《论语》有"无"、"亡",因此得寻诸经一过。

六日 晴

宝官去。和官事,写寿联,一陈一常。都总来,请作树艺捐启。夕浴,夜热。王达鲁来。

七日 晴

早作捐局启。得城中书,请举孝子。尹、任似知其人,又似不知,大概朽人也。名既请开国会,自不能不举孝子。

八日 晴热

干将军来。三屠来,言卖地墓。告以先寻放钱处,方可得钱。适有馀资,寻干求田,余亦当自往问之。夜大雨。

九日 晴,仍无秋意

徐甥来。湛童云石甥,乃疑石闰生也,可笑极矣。云继莲畦化去,群疑众谤,自此消矣。挽联云:“公才毕竟拥高牙,回思禁近回翔,犹惜粗官废吟啸;御史不须寻折料,且向皖公凭吊,定知高致在江湖。”

戴表侄复来言官事,吾门颇似有司衙门,原告诉呈均有。薄暮黄孙还,得茙女、秦提、功儿书。看报,又为浩然耽心,以贻霱人,亦可惜也。吾大哥已外用矣。子质远送百金,词意肫挚。

十日　晴

午卧。将军来,云丙生到门。误以为学讼者,久乃悟焉。衣衫出见之,则不甚相识矣。坐至日斜,为画五策,送之出门。

夜明镫庆祝,复女云前年有诗,又作一首:“庭桂仙花总应期,二分明月向圆时。旧留妆镜封尘箧,每擘瑶笺咏紫芝。汤饼定劳巾拭粉,夜灯长照鬓如丝。年年此会成嘉会,更胜人间有别离。”

十一日　晴热

看诸女上祭。吃点心,未饭,酣睡。过午放学,摸牌未一局,戴表侄来,云立谈即去,出则周凤枝在坐,至夕方去,甚费周旋。因其送夜香花来,未能谢绝,留面复留饭,余亦未食,夜啜粥。

十二日　晴

寻寄端诗,看去年日记,亦似异书。午热困卧。周生来,言树艺,召入内斋告晓之,点心后去。唐氏诸子复来,言树艺,大要借招牌弄钱之意,亦唯唯应之。

十三日　雨,始阴凉

岫孙来,默坐无言,取二元以去。从此算有指望,犹愈于四老少。舆儿夕至。得陈伯平、邓翼之书。

十四日　阴

房妪病已六日不食,扯纸无人,令舆儿服事。案上初了,复将出游矣。

复秦提书："子质世仁兄节下：勤劳枹鼓，经岁平安，幸甚多福。昨乡人来，言见家书，云当请对省亲，计日可晤。又闻官场言，与安公不甚相合，故浩然有归志。方今万方一概，安公素有贤声，鄙论两贤然后相厄，然愈于贤不肖杂。君子方以类聚，若不能隐，即宜相忍图成，哲人料量去就，必不悻悻。旋得来笺，欣慰无似。军中远念，复贲兼金，手书殷拳，藉知筹略。远望慷慨，不能奋飞，虽非老骥，岂甘伏枥，闻鸡起舞，神为一旺。今年酷热，三时惟自偃卧，儿子并能自食，晚年颇觉有馀。鹤俸无多，损惠为愧，幸不继富，以重吾歉。葆生才气可爱，闻不能廉，渠曾巨赀，愿无贪羡，或以尊意诱劝，是所望也。遇有龙涎沉香，为留少许，为山中焚修之用。专此奉复，即请勋安，不具。'勋'字卌年不用矣，期君中兴也。中秋日。"

十五日 阴

朝食后欲往石潭看田，云在柘木铺，遂自桥还，遣人知会将军。打掀摸雀竟日。至夜拜月，时月正圆明，前后俱隐云中，然不得言无月。

十六日 阴，有雨

庶长来，将军继至，言田事。六耶来，云月生反间，和息不成。陈儿来交银，不能收矣，且令亟去。留六东房。

十七日 晴

六去，便令唤船，余亦将出游。曙生来，令急放砖，经始祠事。夜微雨。

十八日 阴

祖母生日，设汤饼。十儿招周生为客，房妪受贼事发，令退银自明，已而牵连多人，事不可究，乃知清官真难清也。洪管带送船来。

十九日　晴

遣发行李,携滋女、两孙下省,舆儿、周生坐船尾,过午乃行,二更到县。

廿日

晨起入城,谒县令。至欧家小坐,遇雨留饭,招翁、吴、匡同话。饭罢出访冯锡之、萧小泉、洪庆涵。至九总救生局,两欧、吴先在,设酒留饭。城中言官事者皆到,并见禽畜,几不识矣。召戴明和油祸,许以十元。夕还船早发。

廿一日　晴热

鹞崖遇零陵船,知是徐幼穆,过船相见。夕至省城,入城到家,滋女、畴孙亦上,黄孙先与周、舆由小轮入城。周生父子夜来,余方与房妪闭窗,不能见之,隔门相语而已。

廿二日　晴

本欲早入城拜客,湛童睡不醒,来已晏矣。功儿亦来,待余饭罢乃同入城。访宇恬久谈,神采更胜。遣问荪畡,乃不相值,便令舁夫投帖,亦京派也。过莘田、纯卿、心盦,吊尧衢,访一梧而还。看姒孙病,已有起色,略坐便出,到家已夕。复心、畯五、李生均相待,同饭而散。

廿三日　晴

国忌。司道均素服来访,唯见心盦。殷默存、张正旸、杨卿弟均来。莘田夕来。窊女夜觐。纯卿来送画。

廿四日　晴

晨过子玖,宾解元、易合种、胡子夷、张五铁并来。申过藩署赏桂,客有陆臬、两新道、任师耶,论水警察、陈芳畹。夜还,写梁寿对。

廿五日　晴

晨得叔鸿书,并送珠补。子玖来,约与同集徐处。接脚女来。

云孙来。申集叔鸿家,觐虞、子玖、孔宪教同坐,主人陪客,已不支矣。小我十年,似长我数岁,可闵也。荪畡夜约相待。

廿六日 晴

晨待荪畡不至,乃上船,将发,房厨均未办,严请待片。良孙、李孙来送,荪畡亦来,将午乃发,唯畴孙从行。夜至湘潭。

廿七日

晨移杉湾,始由陆入城,因水营接差,不便久泊也。伯元便留便饭,复邀吴翁相见,论照会自治事。黄家倭儿来见,求释其父,为托价三关说。五厌亦来。洪营官缉凶上三门。过朱倬夫,夕至救生局,方议米行事,设二席,以余为客,见唐春海及客团各总,唐夜送席。

廿八日 晴

值年来,言马头水分。庆生来,求厘差,罗正钺亦嬲之不已,片与洪锡之安插。午至伯元处会饮,朱、刘、欧、吴同坐。刘生更约一集,朱亦招饮,约终明日。向夕微雨,还船宿。宝官来。陈家姐子自乡来,附舟。

廿九日 小尽。晴

遣人往乡取油衣。晨起写日记,已半遗忘。六耶来,言月生仍往欧家会食。过仁裕合,言保黄事,更引一人居间,遂亦同集,馀皆旧人也。酒罢各散,余还船局。洪营官还,来见。小愒,买演义、七字唱,便往容园,吴、欧已到,萧三后来,吃羊肉过饱,夜还。畴孙尚送局中,遣迎之还船。

九 月

癸未朔 晴

习乐所请饭,不知何事,似专为我设也。午往,见三首事胡、赵、刘及徐甥,初无所论,朱倬夫、李雨人、吴劭芝、傅兰生同坐,夕散,还船便发。田二自省来,李新和自崖返,均令还山。夜宿洛口。

二日　晴

缆帆并进,行七十五里泊渌口。看说部。

三日　晴,无风

屡停,泊空泠峡下,仅行廿里。

四日　阴雨

无风缆行,行七十五里,泊黄石望。

五日　偶有顺风,阴雨辄息

行卅里,泊衡山县下。

六日　晴

买面雷石,朝设汤饼。

作和谭芝昀诗:"两相书来蓬荜光,使君佳咏感回肠。瀛洲有客能谈海,灵琐何人更倚阊?早羡泥金得衣钵,敢期丹箭贡荆扬。如今吉士师徐福,恨不相从谒宰桑。""御书差似录方干,报纸传看笑语欢。涕泪久枯知已尽,姓名蒙记礼罗宽。阿婆定许红绫乞,贫女犹怜翠袖寒。认启若容修故事,为言衰老折腰难。"行九十里,至七里滩,风息早泊。

七日　晴

四十五里帆行到东洲,监院教员皆不在馆,诸生犹有廿人,常甥、彭冶青入为料理,公丁似甚得力。闻赵伯臧有书来,言十月成婚,喜事忙矣,此来不虚也。

八日　晴,始戴暖帽,尚衣纱袍

待畤孙写字毕乃携入城,房妪领之。余自太史马头上,过两学、张尉、道台、二程家。太守下乡,唯见观察,道中遇程十一郎,云其母祷岳神,故未往彼,唯见涂景濂、李华卿、谭兵备,从铁炉渡湘还。

九日 晴

晨晏起。史生执经,詹徒求荐,常生言田事,凑集一时,握发吐哺,真不给也。午下湘,道遇子年同船,遇彭理安、杨慕李。船径西渡,余从陆渡潇湘门,谒府县,便至石鼓登高。主客均未至,独坐浩然台。顷之三学、两师均至,道台来作主人,游合江亭,看秋光,设食台下,翅鳆均佳,鸭亦肥醲,夕散。至柴步下船,宜孙已还,两妪相待,戌乃还院。晚桂飘香,而未见花。

十日 晴,仍热

程生、张尉及其婿侄、衡清令、三学、李师、二向生、卜经历、杨慕李、常南泉、孙道台相继来。得程芳畹借钱、程叔揆报喜书。

十一日 晴

程太守来,新从浩然,颇有阔派,留饭去。郑亲家、两向生来。专信还山。

十二日 晴

彭芳、冯桑来见,彭已老矣。梁戍生来。得宋、陈京书,宋以顾问为有职,可笑也。真书来,言将入京,复书不以为然。向送润笔一礼全收,便宜发卖也。董佣还山,又附一信。

十三日 阴

畴孙问百里奚本末。据《史记》,虞亡奚年七十,肴之战犹哭师,过百岁矣。孟子言去虞,《史记》言为媵,则不相合。而扊扅之歌,其妻计亦六十馀,又可笑也。

向森来,谋开复。常次谷自京,其从孙自乡,均来相看。禄荷荣太守来,言女疟。

十四日 阴

彭理安来。郑、谭来,言学界夺田,请书求抚、藩主持,为移书岑抚:"馥庄待郎使公节下:八月至城,未敢上谒。旋因衡学经费不足,谭兵备促令赴馆,瞻仰钤阁,暂违窥对。伏维政和民信,察吏归仁。敝县积谷,荷蒙全保,穷阎食德无量,非但一时之泽也,感谢感谢!衡城学生禀提印卷公谷,开广蒙学,此项久资教官贴补,为数无多。前曾经学司本道详存有案,不准移用。今复有此禀,不过与教官为难。不知大府不裁教官,即必不令其枵腹,印卷宜有公费。张香涛相国前为学使时,谆谆言之。艰苦而成,今复浪用,必非大君子统筹全局恤吏兴学之心。伏祈通饬全省,与积谷并存,不得议拨别用,则宏覆之惠当与骆中丞议驳州县考察生员之疏同为盛意美谈。方今学务并无起色,搜括殆已不堪,已兴各处均有不可终日之势,学部亦依违敷衍,廷议又欲改章矣。明公权衡至当,可谕属吏戒告多士,毋庸仍持前日之腐议以为新说,则造福尤大也。衡禀列有曾士元监督衔名,想核禀时未便驳斥。特布私见,希为鉴察。但令州县留存印卷公谷,明示意指,俾无借名搜索,则寒士得庇矣。专肃,恭叩钧安。闿运再拜敢言之。"不费百金,反求百石,亲家之力也。

十五日　阴。昨夜有雨,山色溟蒙,殊无秋意

旧学刘衮、王船裔、何中莹、萧侯鹄来访。

作《戊申九月督抚歌》:"排满翻成飏九旗江端、滇锡、川赵、闽松、甘升五督,晋宝、浙增、陕恩、新联四抚,楚东袁、苏陈齐豫吴、桂张犹得领双麾。直粤张徽直杨苏黔庞豫洪冯滇徽朱黔鄂东桂湘岑,分占东南一角棋。"沈、詹来,探厘差。

十六日　阴

看课本,亦可温经,然荒疏甚矣。因讲李诗,翻永王璘传,璘受肃宗抚育,而狂昏自死,李反责帝,未为公允。

十七日　阴雨

看《旧唐书》。邓佣儿侄来请入学堂,真怪事也。

十八日 阴

遣问禄女疾，因遣京果。写对子数幅。

夜梦携家江行，而余忽从陆车，先打尖，相去数步，从之已不见。俄入墙缺，甚窄，知非车道，退乃入人家庭院中，四围高门，殊无出路。因入主人坐室，一短衣人，自云姓贺，有两母柳氏，妻凌，子女四人。告以迷误，云当从内室出。而其女未起，请少待唤醒之，余欲暗过，云女未嫁不可。少顷引过，出一房，又一房，有一中年妇坐绣，不相关，既出，云可至大道矣。及寻出路，又在一院中，重门固扃，不可启，心甚惘闷，俄而寤觉。其人姓名历历，可异也。

十九日 阴雨

看报，写对子。寻《春秋》"公子杀君"，不去公子，公子即氏也。遣史生说之，又为改定，皆未确。

廿日 阴，晨见日

先孺人生辰。小程观察来，早饭。写扇对屏幅。

邓新林、欧阳属说"齐仲孙"，以鲁后有仲孙书之，则是孔子作经径改史文，非通义也。齐仲孙自是当时有此人，但不可直言仲孙，疑是左氏所云仲孙湫，与庆父俱来，而去其名，又讳其纳庆父，乃云齐仲孙耳。

廿一日 阴

陈八告假，适欲往白沙，令谷丁摄事而出。大风不得下，泊梳妆台下，舁访郑亲家，入城至两程家，云观察已上船，遇老相公丁次山。还船上湘，又不得上，始知水勇不如募丁，舁夫惧溺，乃渡东岸，从陆还，顾视船丁，方在洲觜。

廿二日 阴

廖、陈自耒来，陆堃弟自蓝山来，陆来取信，为作一函，以周姬特请之,故不索百金也。七都聋叟来见蒋振文。大声亦不闻。

子质世仁兄节下:夏间寄复一函,谅达朗鉴。军事未已,筹笔为劳,朝局因仍,徒有鲁褒之叹。罗、杨后起,各取高官,新学无裨,人心益陷,明者当亦旰衡耳。敝门生陆堃,以高才作卑官,又分发坑人之处,特令趋依钤下,冀得扬眉。沈子封初到学务,或须委员,幸一提携,俾不与冗阘为伍。或军门须草露布,可免亲题,亦所望也。若藩辕听鼓,地老天荒,又不假此"且夫"、"尝谓"之流矣。专此奉托,即颂台安。清秋沉阴,南望增思,唯珍重幸甚。

廿三日　晨有雨,夕晴

令前庶长移入备顾问。妓女来投,云被驱逐。

廿四日　晴,复煊

张伯范率其子来,云往新田,已饭罢,复为具食乃去。向生来。子年、张凤盖、廖燮两生继至,过午乃散。与庶长、畴孙同船上白沙,答访黄芙初还。秋嵩来,云价三求救,留居前房。遣湛童慰问两妓。

廿五日

晨起甚早。潭令专差送书,言碧浪亭必须归公,与书洋和尚:"六休师兄方丈:八月到省,杖锡西游,前需经费止拟专送。顷得方伯手书云云:中丞必欲收作公地,前此营造之费皆归官出,弟处六百金业已领回,尊处所募化亦欲偿还。若执意不收,似有占地之意,空劳经画,不得久长,又一番梦幻也。尊师既无人接待,可即收回用项,别作商量,应住何处,仍请中丞分付,以符抚辕前案。长沙人胆小,瞻顾又多,我辈当示以随缘,无令笠云地下惶恐。弟前书言应拆即拆,尚不放心,必欲出钱,落得发财,想公定笑纳也。专此奉告,即颂法喜,惟照不尽。闿运和南。九月廿四日。"

"心盦世先生使君节下:庭桂晚花,正怀清宴,宾鸿晨渡,欣奉手书,碧浪正平,风潮未定,谨即遵谕致书倭僧,俾遵公议。但此僧奉抚示开学,今无经费,应如何留遣之处,实与鄙人无干。新亭归公之后,请中丞查案,斟酌安插,梅晓必有善处之法,则绅界、学界之所主持矣。闿运因筹经费,暂到衡阳,冬月嫁女,仍还城宅,藉得复瞻雅范,以豁鄙忱。前言敝县水警察至今未换,想赖公祖又忘之矣。乞代促之为幸。又分衡从九张松筠,五十年下吏,江南世家,颇有操守,不肯求缺,欲得钱局一差,敢以附呈。即颂台安,不尽。民闿运顿首。九月二十五日。"复庄方伯。

致朱盐道、潭令:"益斋先生大公祖节下:八月入城,因恐责红毡,未敢上谒。昨得方伯来函,云碧浪新亭定收作公地,是城北又增一游赏处矣。已函与倭僧,令其听公分示,当无烦言也。敝县亲友来书,言郑太史家溉呈递手折,言湘潭盐行上诉辕门及督销局,云中路铺子店将练饷三项经费加入牌价私收,想已委员查明,并无是事。唯子店较盐行增多运费,未便照盐行一律加价,若可无子店,即不必增骈枝,倘督销饬令遵章,子店必将歇业,于销数有碍,民食不便。尚求斟酌调剂,庶得公私两便。刘观察既未在局,附以上陈。清福多娱,无任企颂,闿运顿。"

校《春秋笺》。遣秋嵩、潭差并去。午后颇倦,假寐片刻。

廿六日 晴

写屏幅。王豫六、廖俊三、黄蓉洲来。湛嫂率其子妇来见。寄书纨女,初不知其居处及亲家名字,可笑也。程生送墨,自磨试之。钞唐诗评语。廖生来。校《春秋》半卷。复闻蝉声。畴孙疾未愈,令入城散行。

廿七日 晴热

校《春秋》,改"众杀大夫"为"国杀大夫"。《传》贤曹羁,为李鸿章设法,一奇案也。《春秋》救乱用权,不依正礼,与国灭君死,并行不悖,乃能兼该后世之事。唐酌吾孙传薪来字麓樵,捐兵部主事,年廿馀,似是唐家发品,为魏少环女婿,俗厚极矣。陈复心来,坐半日。

廿八日　晴。南风薰兮,复有暑气,夹衣入城,挥汗如雨

过廖令、张尉、复心、戌生,答拜卿管带不遇,遇诸涂,未与言。复心为其七兄求寿对。

廿九日　晴,风息,热未解

作陈澍甘五十生日一联:"五马一骢,弟兄衣绣;师鲸靖鳄,民物同春。"澍甘好杀,而不能杀洋人,故令其师鲸以靖鳄,不可杀也。梅晓夜来,留宿也。

六休上人以光绪甲辰来游长沙,挂锡紫微山。佛寺后故有圆渚,旧建流杯亭,不知何时倾圮。余久欲复之,估工索费甚巨,偶于南瓜和尚坐上谈及,上人欣然愿承修。经历三年,覆篑荷锄,皆躬亲其役,勤亦至矣。亭成,余为之记,肃亲王题其匾。江、湖二督皆愿助赀,上人以余为主修,不取他人财,唯其国中名人助,则以充工料之费。既而大为湘人所猜,联名告巡抚,谋夺归公。官士汹汹,若惧不胜,而谋所以磋商者。嗟夫!磋商抵制之学误国久矣,乃今及于僧家乎?余既告上人亟去之,恐五洲闻者以湘人为笑也。因书去亭之由,以谢上人,并告诸檀越,非敢起灭自由也。佛家以悦众为先,亦使世人知天下尚有舍己从人之人。建亭之始,余既有记刻石矣,梦幻泡影,静思亦有可乐焉,而五洲人何笑乎?戊申十月癸丑朔王闿运书于东洲讲舍。

又与书藩使论事:心盦使君世先生台席:昨奉复并梅晓一函计已达鉴。唯事理未尽,俗人难喻,惟明公可与尽言,辄再陈之。虽与

亭事无干,而一省举动,中外具瞻,不可不慎也。议者云还偿已为厚幸,不知修造经费退还乃其本钱,非公家所赐。闿运六百金退还,不过收回原赀,并未得公家分毫。梅晓数千金或数万金,亦系梅晓募化已得之财,公家亦未添分毫。即令开花帐报虚数,公家总系照帐退钱,不能云资助多少。此理至明,而出钱者未肯以为然也。本可不问之事,而必收入充公,果何理乎?至晓公之来,乃系朱叔彝逼死和尚,笠云谋保寺产,寄禅为之设策,适值梅晓好游,暗为所用。其到长沙时……①

晦日 壬子,霜降。阴晴

早起,陪僧斋,遣船送至城。湛童匆匆先去,盖为二妓营谋也。李华卿、谭香阶父子、谭仲明、张尉、梁戍生、沈孙先后来,设水饽饽,谈半日。客去僧还,廖生讲经无隙矣。

十　月

癸丑朔 晨起,露重湿衣,热犹未解

续前稿。赵次公问闿运,彼来何意。对云抵制。次公大怀干涉,不能驱逐,反欲牢笼,遂令学务处出示,待开僧学堂,然而已不敢再夺寺产矣。笠云见寺产已稳,即不再顾梅晓。此六年中僧学堂经费皆晓公自备;由湘僧资助供给者,每年不过数十百千。以故学堂无成,竟无从着手,闿运耻焉,亦抚台之耻也。何也?示开僧学而不过问,名实不符故也。今年八月到省,本欲向吴学台商量,敷衍门面,因考未见,遂至于今。

---

① 此稿未完,见下月日记。

今新亭化私为公,不准闿运容留梅晓,则梅晓必向巡抚求一挂锡之地,恐推不出门也。示开僧学,又必示罢僧学,岂可曰赵次山事我不管乎?凡此皆有关大局,愿明公熟筹之,无曰彼已领银,得大便宜,可无须再求也。若不收作公,即曰新亭有碍工作,庶即拆毁,反觉光明磊落,必不至成交涉。彼时梅晓来问,闿运只能自认晦气,而不能问公家何以要拆,岂不萧然事外乎?绅界、学界之议不可用也,如可用则不至纷纷多事矣。世人无可与言,公素明通,故书所见以告。并颂道安,不具。闿运顿首。九月晦日。

陶斋尚书节下:前闻伯太夫人之丧,因诸候绝期,未敢奉唁,伏承追爱增哀,行路归仁,慰问之疏自知浅矣。霜鸿告信,江介先寒,遥想兴居,仰惟珍重。浩然翩至,不疏故人,相得益彰,无任企羡。闿运暂寻旧院,旋返山庄,冬仲遣嫁第十女,向平愿毕,便当重觅赤脚,扁舟湘、沅,以副公天足之望,写我科举之忧。明年邮书,无处寻寄,临江迟客,或有音问,不能学曲园辞行,但当和简斋告存也。专此奉问,敬颂钧祺,惟鉴迟慢,幸甚幸甚。民闿运再拜。

僧去,令庶长送之,又遣丁入城。罗心田来。李进士来,言妓捐。

二日　阴。颇冷

写字数纸,讲《春秋》,定课卷次第,与书端督,唁其世母丧。夜雨如钟,颇快清听。

三日　雨

常笛渔孙来见。霖生长子世琛健伯午来,言珰女时有疾病。写字数纸。讲灭不言奔,为君死之正,何以至见世始发,《传》未得其解。

四日 阴雨

写字数幅。讲《春秋》。廖佣还，得六、八女书。赵年孙来。

五日 阴雨

写字，校《春秋》如额。桂东邓生来见，纯乎傜人，但未知其肚才耳。张佩仁送浙腿。

六日 阴，见日

朝食后见官船停中流，三版上岸，未知何官也。待久之，云廖璧耘来，致其父书，并刘部郎润笔。克庵子，名本铎，少庵。苏晐添装。顷之廖熌富来自凉州，正谈物产，廖俊三送挂面。陈日新又来送花边，寄十二太太，日进斗金，可喜也。房妪不领孙，仍还前房。

七日 阴

黄三元次孙持其父书来，与一乡人同至。分府通判吴姓来。胡植荣亦来见。因写字，未延入，久之乃与相问。乡人姓张，教书匠也。黄孙所言不可听，而年轻远来，留待同还。王芍师儿来，适作饼，便以啖之。

八日 阴

又作一联，题松柏楼。午出至城，访张尉，谋请客，遇夏生，云夷恂已到家矣。沈生亦适相遇，至道署，适将出辕，云曾监督开学。至李师斋，看报，舁还船。水陆迎接陆军统制张怀芝，从两广来，云余藩台亦将到矣。与书丁婿。

九日 阴，见日

晨晏起。畴孙言夏大伯来，急出看之，乃尚疏衰，非礼也。禫宜渐吉，今人省费不备五服。廖生来，言郊礼未中于是。刘子重来，乃去。夜谈稍久，僮仆皆睡去。

十日　大雨

将入城,竟不可行。唐生示我筠仙遗嘱,未述生平得意事,而犹恨去官,热心人也。冒雨入城,答吴通判、刘县丞。至子年处久坐,遣看复心,云已还城,顷之亦来。又待罗心田不至,往闽馆看之,又已先往。与复心同往,已有菊山,亦应霜景。戊生、俊三继至,摸牌,待道台,顷之亦来,入局。上灯入坐,未二更散,冒雨还。

十一日　仍雨

复与廖生笺《郊礼》,卜郊礼必欲以四月为正,终属牵强。樊非之来,说辞无所贬,用我旧说,以驳新说,下语纠缠,未能定之。

十二日　大雨

改《春秋表》。复心来,早饭已过,更饭之。廖璧耘送炭,遣叫鸡儿押船,予以十元,并炭价四十元。一岁炭费亦及百千,生员十馆之资,甚可惧也。

十三日　雨

改《春秋表》。入城,至闽馆,会饮罗处,三学、梁、张俱集,又一生客,云壬寅曾见,盖黎薇生也。徐与谈潭事,更招陈琪来会,云昭潭门生,亦一诗人。黎赴曾监督招,先去。

十四日　阴

午诒午还,云当还桂。留令同赴道署一集。城中顿有两进士涂、李、四翰林陈、黎、夏、谭,一时之盛也。涂、廖为苟敬,夜散,大雨。

十五日　丁卯,立冬。大雨

改写《春秋表》。午诒午去,有不得之色。孤身困穷,志气先衰,非伟人也。杨生父子来,夏门婿也,放簰来衡。余将求大木,故令相闻访之。诸生多来谈《春秋》。周武德放债,欲学杨性农,告以不可。

十六日　阴

诸生今日公请,午课毕而往,主人犹未齐集,陈复心径去矣,鹘突可怪。薄暮,道台来看戏,极无聊,李进士老年伯作陪,李语太多,似乎寻事觅缝。二更得浩然电报,似又得意,亦非知几者。湘水暴涨,还舟颇迟。杨都司得意,携僮相送,无耻人终有得力时,宜忘八之多。

十七日 雨

黎薇生来。梁镇中问《礼》,大有发明。作《春秋表》,动笔辄误。夜看报。

十八日 雨

写字数幅。余管带来。作《春秋表》,看《墨子》。夜作诗送涂年侄,未终篇,房妪促睡,灯亦将暗,乃寝。

十九日 晴

写诗稿亦颇有章法。黄厘员镜澄来辞行。闻王儿欲请看菊,当先答礼。从东岸循湘下,至中丞第,未相值,渡湘绕魏家垣,寻黎薇生,云已归矣。乃至天后宫,主人犹未集,唯李华庭、余官〔管〕带、谭香阶待客,客则陈、罗先到,涂、梁后至,张尉三请不来,摸牌二圈,入坐,上镫,初更还,始有霜气。今日乃知王通判为王老虎之子,吴委员云贵公子,谬矣。

廿日 晴

写字数幅。卅和来。作《表》数误,且停半日。看课本。

廿一日 晴

卿、秦管带来。周给逸新妇来谒。得媒人书,云有明年成婚之说,赵家不怕女老,遂卅矣。夜钞《表》二叶。

廿二日 晴

钞《表》,始悟樊生移改,遂乱其例,辍不复看。卅和去。午至湘东答访秦凯三,唁杨少臣,皆不入。至王家看菊,秦、朱、蒋、丁继至,入容园待道台,旋来。出园看水,入看花,绚烂无秋容,隐士花成富贵花矣。

廿三日　晴

写字数幅,无合作。道台母生日,衡山令来祝寿,近今无此驯吏也。方诚自道州解饷来。陈琪来见。

廿四日　晴

沈士登来,留食饼,约明日会于衡阳署,且将荐王豫胪于禄太尊。钞诗一首。

廿五日　晴

晨得道台信,报国丧,云太后末命以醇王为摄政王。急往城中,送沈士登。至道署,见梁、李,云电报到日举哀。不俟诏到,城中又闭市,不还门厘,登时匆匆无太平景象矣。还院犹未晡。

廿六日　晴

得程信,云赵姊将来衡,定于衡娶。礼部文犹未到,不知停嫁娶何日期满,记是一年,或云百日,当俟文到方可择定。

廿七日　晴

至花药寺,适寺僧为大行荐福,请书神牌,不觉凄感,五十年威神,一旦如幻。邀李华庭来会,便至营房,访余棣华,小坐还寺。宜孙、房妪俱留夕斋,还船已暮。李砥卿来,云廖荪畡亦来矣,便留住夏斋待之。

廿八日　晴

看课本。又得程信,云即日当到。夕得荪畡诗函,欲往迎之,大风涌波,还作赞佛诗。

廿九日

晨未起。报荪畡已来,屣履迎之,早饭后去。至城求医,李选青告以单方，诊脉而还。周生还，看报，始至十日，便似古史矣。作书告两女，遣廖丁还乡。

晦日 晴。壬午，小雪

看课本。饭后程、向两道来，日昃始去。道台送蟹柚。左颏作痛，耳根肿起，似欲作恶，涂如意油而愈。

十一月

癸未朔 晴

看课本。欲觅宅城中，安顿诸女，常、周云彭向青家可借。请理安借之，已定矣。颜晴村云彭妻重托不可，遂作罢论。

二日 晴

与书廖郎，遣船去。砥卿谋炼沙不成，转而谋盐，与书刘健之，想难谐也，赠以卅金即去。

三日 晴

程、景送雉，周亩送鳜，残菊作汤，夕食得饱。见京报，不依摄政礼，仍用军机，皇太后犹吾大夫也。喻生送刷书十二函。

四日 晴

看《墨子》。陈典、袁骝来。纨女专使来，送薯粉，报以二蟹。

五日 晴

煤炭船还，得廖父子书，仍遣船下省，便候来船。

六日 晴

谭、张两生来。看报，无新政，云秋操马队反。端督留皖未去，御史亦谏秋操，渐有异议矣。练兵、兴学七年，始有敢言者，所谓凤鸣朝阳，群鸦亦不噪也。

和廖荪畡诗,次韵一首:"佳客远来劳久迟,碧云暮色满疑衡。宾鸿沙暖秋痕在,画鸊朝寒锦浪生。茗话只增家国恨,叶飞疑杂雨风声。莫嫌浊酒枯鱼俭,百一诗成待证明。"

七日　晴

讲《孟子》"既入其苙",《墨子》"二步积苙,十步积槫",苙大一围,长丈,苙即今杉条也,以为豚栅,故赵注云"栏"。写屏一幅。

古寺松风卷蕙帏,只凭清呗驻慈晖。百年家国劳宸念,一夕烟霄委玉衣。文武道消天柱折,山河影缺月轮飞。凄凉回雁峰前路,曾送仙舆上帝畿。

先皇曾谶女英名,再奠鳌枢靖海鲸。四纪尊荣天下养,深宫祈祷圣人生。瑶池遽返三清驾,嵩谷犹闻万岁声。匝地繁霜催落木,空山野哭暮猿惊。

杨云凡来报,改元宣统。复心送蟹。

八日　晴

看《墨子》,写屏对,送蟹道台。柏丞继子来,送遗稿。

九日　晴

作周谱序。看《墨子》一过,未能子细。学生来问雩例,尚不画一,令与同学考定。

十日　晴

写屏对。清泉鲁令来。至城赴朱德臣家,畤孙请从,令往程家坐待,余独至朱处。郭连襟、程生、廖畯俱在,向道后至,初更散。畤已在船,云未诣程也。

十一日　晴煊

写字数幅。卜云斋、颜通判仲齐、道台先后来。畤孙剌船,往呼之,乃从他道遁还,溺水事小,作伪事大,痛笞之。与书刘映藜。牌禁剃发。

十二日 大雾，晴

刷书将取版价，喻生专取于廖令，每部得十册。夜雨凄清。卅和又来。

十三日 晨雨，午后晴

作资氏谱叙，与柏丞后子酉生名国政，并赠四元，嘉资氏之能念名也。柏丞不合于其族，而文特谨厚，所谓行不顾言，狂之徒与？今有此报，亦可以劝。闻真女将北去，心甚悬悬。

十四日 丙申，大雪节。晴

写字如扫叶，扫去复积，字亦无长进。《春秋笺》又多舛误，甚不自得。廖畯三来辞行。

十五日 阴

郑亲家麓峰来，留饭去。作书五灰、戴剃工，荐任和去。彭洪川长子启昆来求救，已忘其字矣，姑以星伯称之。

十六日 阴

与书陈少石夔麟，索《墨子》版，并为彭令道地。题王生算书。干将军来送糯米、潭柑，慷他慨也，引一团总来求信。

十七日 阴

干宿船中，遣邀朝食，云已天亮饭矣。邓翼之送苹果、螃蟹，求书干张、端，与书告以宜干桂抚。得舆儿书，云即当来。与书黄令，言加酒税事，交干、杨两团总，即令还县。鲁令送菜。

十八日

早起。八踋来，言赎田事，即与书郑麓峰亲家问之。送云塘柑与道台，即条陈甄别事。顷之信来，言不可寄题，盖不肯破例也。邓婿又来衡抽丰，曾泗源率子婿来，木卡委员钟芙生亦率司事来，并集黄昏,应接不暇。杨振清来送寿礼。

十九日　阴

改之例表无可发挥,亦不能不备一例。富贵来,云三女未来,当候喜信。道台又送关书,且留备用。邓婿来,责而去之,众皆以我为伪,俗人难悟如此。

廿日　阴

廖荪畡来,少子从行字幼陶,船不能拢,令迎候,久之不至,自出岸边迎之。云已朝食,坐看余饭罢,乃入室久谈,定明日早饭仍从船去。未几程生来,告以廖到,因约一饭,均于明日。

廿一日

晨起下湘,至长馆,携孙同往荪畡寓,见其二子。客中无设,赠以四蟹。饭罢出过卜经历,遂至岏樵家。陈芝生出陪,两子旋出,送周植谦书,已忘其字矣。季硕送余至商霖家,丁生、张尉先在,顷之荪畡来,周生复来混饭,正与张尉同席,为之匿笑。食颇饱,已不能饭矣。还未夕食,上镫后乃餐。

廿二日　阴,有雨

张尉来。作《出入表》,犹未明朗。詹和尚来。

廿三日　晴

兴宁训导戴晢心葵千里赠诗,韵笨意庸,不能属和,乃知巴人下里难于白雪阳春也。

廿四日　阴

闻湘船到,将自往候之,大风不得下,至夜半,宜孙起见烛,云廖丁还矣。

廿五日　阴

晨啜粥,携湘泛舟,至耒口,舣候来船,须臾均到。先上儿船,旋上女船,还泊柴步。遣女妇入城,问赵家婚期,定于二月。滋女欲留衡度岁,乃复回船。两儿、三女及长妇、外孙俱归院舍。移行李时大雨,役夫惫矣。苏三来,史佣亦来。

廿六日 阴晴

妇、女入城,夕偕真女、儿女同来,余移精舍。房妪闭门,其甥闯入,未遑诘问也。程季硕来报日,请媒。

廿七日 晴

阁拟庙号德宗,谥景。慈禧孝圣,上同纯母,恐非也。

午至木卡访宗濬蓉生,未详其家世,或云裕时卿孙,询问非是。入城至道署,专设饯我,看苏竹、王册、冷图。从陆还,至白鹭桥上船。

廿八日 阴晴

作书寄茙女、端、樊,报景韩次子佩和书,并及杨儿。

生日 冬至

儿女、孙甥来者庆祝。诸生来见者卅馀人。贵客程、曾、梁、李,谭师晚来,自出陪面,未半,曾至,连吃数碗,犹未觉饱,席散已惫。纨女携外孙晚来。陈鹤郎妻魏昨夜留此馔祝,今午始去。今日辛亥,小尽。得成赞君书。

十二月

壬子 晴

命妇女、懿儿还,余暴寒疾,房妪不肯同行,畴孙不告而去。程、曾送菜还。黄孙往江南。

二日 阴

遣李新和下乡。复成顾问书。程旭送双雉,以一送谭兵备,媵以核桃。张尉来。与书朱嘉瑞,托荐秦蓉孙。昨日撤厨,今犹未散。

三日　阴

团总专书来,请拦河劫商,告以不可,与书张生谋之。

四日　阴

房妪买炭,利少害多,喻之不悟也。郑麓峰来。程丞堂携通判来问疾。得珰女及其叔琛书。霖生送酒饼。夜雨。又遣人下乡迎陈女。

五日　雨

常满爹来测脉字少庚,名炳,开一方去。喻生又请李生开一方来。乡医、官医皆有派,其不除疾一也。姑服一瓯。夜雨。恒儿入城不还。

六日　雨

作包子,待媒人,午正来。送复女庚书。廖、喻两生书帖,无订盟人家姓名,盖衡派也。作诗四律,寄樊云门索和。周妪还乡,辎重累累,似有深谋而秘不言,阴人固难测也。遣舆儿就船去。媒去天霁,仍摸牌四圈。移宿内斋。

七日　大雾

闻恒子声,乃知昨夜未上船,诲以世情,彼昏不知也。慧父有此痴儿,亦是罕事。安排作粥,忽王元涣投刺请见,左季高所谓冤魂不散也。周生空作知宾,宾来了不知,自出见之,问以所欲,则为方瑾事。方瑾,秋瑾类也,皆在湘潭厘局,亟与书冯同知救方。方作一行,蒋、谢、陈、程来言事,俱吃包子而去。夜遂不出矣。初月照窗,念湘人舟行,冬景甚佳,亦作一首。假寐遂着,起已无诗情矣。

八日　晴,大雾

晨食面,午食饼,晚晴欲出,夫力不足而止。五相公来。

九日 阴晴,有风

真女还城,率儿女均去。道台送诗来,夜和二首,寄樊云门索和。五相公去。

十日 晴

作《出入表》,粗有眉目。馀表未看,怕费神也。夕坐内堂,二黄孙闯入。姻族以衡州为大路,往来如织,五十年前无此事也。

十一日 晴阴

入城谢客五家,至道署久坐。遣接真女,云尚未饭,由陆还。李新和接衣来,询乡事,皆云不知。干将军又来,言酒税。磁业学生亦有普通专科,可笑也。钞李诗三行。

十二日 阴

晨未盥,干将军来,告以不应来。杨怀德又费去万金矣,与书陈秋嵩问之,并问二黄生,饭后皆去。遣李新和还乡,驱逐刘南亭。

十三日 阴

颜双表来,挈其继母侄袁颐萱,云往广西调查新政,各省皆奏请翰林主之,云是宪政分局,盖学政之变态也。问其父犹在道口,著有政书。留宿内斋,夜作一诗赠之,打油腔也。

十四日 阴

颜留一日,泛谈京事,问蜀故人。晚饭后送至船,又送程叔撰至岸,与喻、常、周返棹而还,已上镫矣。

十五日 阴

看王先谦《续录》,不完不备,未知所以补钞之意。摄政王欲居开平,亦未知其意,盖不惯城市也。当时仍称朝旨行事,则今亦宜之。今日丙寅,小寒。

十六日 阴

写字数纸。张凤盖来,言曾侯园。

十七日　阴

遣迎陈氏外孙女来。刘家遣迎纨女,令以舁来。岁暮团聚,各有家庭,不欲令女随我,此家教也。

十八日　阴

写字数纸,无墨而止。看乾隆朝报,未能详悉。

十九日　阴,有雨

彭守谦来,见之便有钻营干求之惧。胡礼部来,稍为安定。马先生又来,无地自容矣。

廿日　雨

常婿告辞还家。喻教习昨来买书,令点数依价与之。夜出巡门,周生儿暗中游行,其父不爱护,令彼独居,无此教育法也。此儿大胆可取。

廿一日　雨

得廖荪畡书,报袁世凯回籍。黎薇生专人来,送谭郎诗篇,并索刻书,以四经《笺》与之。张尉、向道来。王生自省夜还。复廖、黎书。

廿二日　雨中见雪

谭、朱馈岁,已办过年矣。

廿三日　雨

作糕送灶,无复中馈莅之,厨人行事,客中景也。料理甫毕,张正旸来,不免又作饭煮菜,此则官派。

廿四日　雨

刘家来迎妇,约明日去。张凤盖引刘儿来送礼,以义却之。谭兵备来。周生与同事互讦,劝其隐忍。

廿五日　阴,晨起见雪

张告去,自送下湘。周儿自省来,送酥糖。饭后同舟至城,欲发差船未果。张往程家，余仍还院。四女作饼团送道台。

夕作对雪诗："鸳瓦无声玉屑凝，绣衾犹拥晓寒增。窗明喜见松枝碧，檐响轻敲竹叶棱。半夜犬惊同越吠，他年鹤语记尧崩。班骓独去应惆怅，冻合关河更踏冰。"上湘时见桂藩余寿平诚格还徽船，连樯甚盛。

廿六日

晨未起，报余藩台来，披衣出迎，已入坐矣。倪豹岑之甥也，甚似其舅，云受业云门，言其交代尚馀五百万，他省无此富也。不留度岁，明日即行。纨女将去，遇雨遂止。摸牌吃饭，不觉已晚，投袂而起，棹舟潇湘门，谒余封翁，辞不见。还船，欲为喻生税契，乃无契纸，以为不合式，遂舁至道署，寿平已先在，更有王季棠，可谓善于搜客。

廿七日 雨

道台送诗来，请停战，又叠韵调之："莫笑羲之逞俗姿，空教楚客赋江离。屠苏绿酒人皆醉，书味青镫我独知。几树官梅依画阁，五更残雪洒缁帷。知君不让樊山子，衙鼓声中和九诗。"

廿八日 雨雪

阶砌已积素。报省船还，自往迎之。房妪在船叫唤，不听下，仍还内堂。顷之来见，云三少耶未来，舟行甚险。送云门、曹叔虎书。

廿九日 雨

晨作两书送诗。考荔挺，即今水仙，余所谓山蒜，郑注以为马䪥者也。积年蓄疑，一旦豁然。

除日

遣觅皃雉，还云无有。年饭无异味。唯作韭合包子。喻、周来吃包子去，至初更乃得饭，三更祭诗，遂倦寝矣。

吴容甫 点校
中华书局编辑部 修订

王闿运日记

第六册

中国近代人物日记丛书

中华书局

目　录

宣统元年(1909)己酉

正　月

壬午朔　阴

国丧不贺年。晏起。滋女送莲元,云女代妇职。房妪送酒。资氏两子入贺年,劳以年糕。诸女掷骰夺状元。余倦早寝,始亥初耳。程、喻、周生入见。夕见日。

二日　阴

晨起颇早,佣工未兴,房妪未盥栉,惟周生披衣来问讯。谭道台来送诗。

三日　雨

潭令专差来送庄藩台书,并炭金百两。写对子误七为八,又无墨,今年字不利市。夜掷投。复庄书,并复黄令一片。

四日　阴

晨作两诗。谭以"压祟"钱为"压岁",随而正之。

绿酒红灯夜向阑,华堂儿女有馀欢。一厘旧识升平制,百岁同增福寿完。喜共椒盘闻吉语,巧翻花样异铜官。世间压力应无比,只为钱钱得最难。

招要衡俗重年更,里巷安和遂物情。廉似刘公劳手选,贫如赵壹已囊倾。青丝百万谁赍嫁,赤仄频烦且罢征。莫道腰缠伤鹤背，铜圆渐比五铢轻。

携女、孙、房妪坐小船下湘，途遇秦管带、谭老师，招呼令还。谭船同泊铁炉门，梁、李两师在焉，俱过船谈。同至道署，谒居停，约人日之饮。出诣二程、张尉、郑教官、蒋厘员。遣问真女，不来。还船迎妪，缆行到院，正上镫矣。

五日 阴

刘孙生日来拜，乃悟焉，例给一元，催整内斋里间地版，亦发四元。周生儿来，张尉率其女婿来。方僮误以“石”为“十”，乃云麻十。顾典史来。

六日 阴

掷投，不问馀事，颇亦费日。将和谭诗，苦官韵难押。鲁太耶来，便索其和，因以诗便交送城。长郡馆首士三人来。

七日 阴，见日

答谢秦丞，因诣杨、彭、洪、杨，从潇湘渡湘，诣府、县、罗、朱、陶、黄、吴、谭，便同谭至道署，正晡时耳。主人旋出，邀看新园，欣然得句：“叠石玲珑过曲阑，扫花开径主宾欢。新园拓地池亭好，文阵交绥壁垒完。人日寻梅春有信，新诗属草韵愁官。卢郎思发吟情胜，应为良辰得四难。谓张味卢。”“统鼓回船欲二更，轻波微月漾春情。苦梅豫约须晴折，家酿还应待客倾。首岁开元回北斗，羽书传捷报南征。不妨共向江城老，已觉东风拂柳轻。”谭复遣送京果。

八日 雨

昨月隐云，复成阴雾，至夜遂潇潇矣。朱、蒋、彭、杨来答拜。夜云中有月，地上无影。

九日 雨

诗思甚涩，谭兵备复送诗来。郑广文父子来见，子名家霁，文笔苍莽,草字甚似郭筠仙,诗亦尚气,未能入格。

十日　雨

看《东华录》销日。感诸臣贪庸,似今日犹胜。盖天气上腾,自然成否,圣王莫如何也。十室忠信,何其寥落,念此惄如。

十一日　雨

连日寻查纪昀遣戍之由,阅报十馀万字,始于乾隆卅一年戊子岁检得,系查钞卢见曾时漏泄寄顿,以读学革职,发乌鲁木齐。昀于嘉庆十年年八十,此时年四十矣。同时有王昶、徐步云、赵文哲等俱得罪,俱刘统勋查办。周庶长下省辩冤去。陈琪秀才来。

十二日　雨

滋女入城。梁师奶来,陈倬女也。称我"世叔",不知夫家亲派,以曾见我与其父叔往还故然。自至厨中招呼,夕滋还始饭。

十三日　阴

朝食后下湘,逢来船相呼,云屼樵妻携中子来商议喜事。请其上岸,余至程家,客尚未到,程生邀郑、谭广文,蒋厘员、朱、张相陪,本欲早散,客来不早,还已上镫。

闻谭言道署新轩墙倒,客散明日事也,幸不压死。涂中作一诗:"传花饮散暮光凝,诗胆惺忪酒胆增。瓦未打人先破碎,榻曾延客共模棱。敢言知命能墙立,为兆封侯已岸崩。步向鳌峰寻故址,桂宫前殿月如冰。"

十四日　雨寒

喻教员来作伴,方夺状元,未暇与谈。夏午诒甥杨生来见。禄衡州来。

十五日　寒雨

沉冥,惟花爆可散阴气,衡州殊无新制,令人思日本。史湘云夜亦放数百筒，飞火甚盛。

十六日 阴

真女家去，将办嫁事。昨夜从侧室寝，不安，今夜早眠，时闻开门声，女、妪均觉，云是夜风。怯寒懒起，俄而天曙。道台又送诗来，未暇和之。

十七日 阴，有雪

黄琴翁曾孙来，载彤次子也，与论盛时京官交情，告以旧家风范。

午下湘，遇道使，又送诗，检前稿不得，归补录之。"旧路楂林近可探，更诒珍品自宣南。果宗竟欲将梨比，花谱从教让杜甘。糕制徐扬嫌软美，种分棠柰费详参。祇怜燕市移根烬，不及丛兰伴阿含。山查。""秋宴薇垣咏点酥，也同苞贡致遥途。蘋婆一种分甘酢，杏嫁他年验有无。帖仿来禽摹硬纸，帘窥新燕隔真珠。昌州香国曾亲到，只惜郫筒酒未沽。"

至真女家看屋，旋入府署会饮，申提、王道先在，周牧、朱商后至，初更散，还摸牌。

十八日 雨。立春

元夕未有诗，补作二首，叠前韵："处处江梅信可探，春光先已到湘南。料无火凤喧箫鼓，只听流莺办酒甘。白战联吟还待雪，青阳应候早横参。输君官阁饶诗兴，薄醉拈毫未肯含。""小雨连宵润似酥，迎春舆从惹泥涂。应知地暖春牛喜，莫讶天街火树无。佳节良宵珍尺璧，新诗好语串珍珠。回思二纪京华梦，愁傍夷船泊大沽。"

十九日 晴

庭梅始开。滋女入城办嫁装，得黄孙书。

廿日 晴

滋女移入城宅，遣仆、妪往侍，余亦往看。

廿一日　晴,甚煊

登楼看梅,真如雪海。乃知梅以繁密为胜,枝横花绕,体物甚精。

廿二日　阴,有雨

倡女来,诉庶长讹诈有据,令急退赃自了。

叠梅字韵记事:“三九梅连六九梅,三旬空向雨中开。一年好月新晴色,万朵繁花密雪堆。缟袂定须才女咏,黄昏谁共美人来?独怜何逊劳搜索,却对横枝自绕台。”

廿三日　晴

遣迎两女看梅,滋辞不至。治具请道台,作六九之会。张味庐、黄义甫、梁戌生、郑亲家、谭老师同集。倡女来呼冤,令以琵琶侑酒。国丧听曲,不顾宪章。三女携两外孙来,纷纭竟日,二更散。

廿四日　晴

晨未起,报道台小姐来,其两子先到,送诗。顷之女客至,适将移城,内外匆匆,余竟不能待客。朝食后亟上船,客犹在家也。面城一宅,故姚家屋,今归孙氏,一宅分三院,余赁其中栋,有房四间。

廿五日　阴

赵家纳征,陪媒人不到,余便衣出见,竟未得送,简略至矣。遣召庶长来。

廿六日　阴

始立帐房号簿,仍令周生知宾。午过张、黄,张犹未起,黄处见陈三元一联,不及吴瀹斋远矣,官亦不及,不知何以做成“三元”也。还家午餐,旋至朱嘉瑞会饮,程生、张尉、王少、蒋厘同席。还寓,功儿亦到,云长妇患疥,不能来。

廿七日　雨

邓师禹罢永明令,过衡来见,云一见即去,何为恭也,即往回看,已解缆矣。渡湘,答访申军台,至丁家马头,看道台过渡,久待不至,乃入王季堂家待之,丁次山、朱得臣先在。上镫,道台乃来,酒食俱不醉饱,二更始散。

廿八日 阴

送装廿四合,杂器皿甚多,徒费铺饰,无实用也。道台来送诗,即帖书箱以张之。《十三经》压箱,今不为异矣。风气不同,自趋于文,亦与洋货无殊也。

廿九日 雨

与张子年论请客事。入内摸牌。将夕云厘局来请,舁往,张、朱先在,秦孙与坐。廖春渔送柏栽。

二　月

辛亥朔

复女加笄,请郑、梁执礼,谭恭人加笄,设席三桌,余避至船卧病,客散乃还。定醴女礼,郑注在房,余改在堂,考之醴子亦在房,郑注精也。父在阼,母在房外,妇人执其礼,因命真女礼之。

二日

壬子。复女昏日,贺客先至,有见有不见,程生主之。余时至客坐一周旋。申时婿赵谨瑗来亲迎,道台来观礼,四女送亲,初更俱还。是日有微雨。

三日 阴

出谢客,从北门至南门,唯入道署,遂至婿家看女,三茶礼成而还。

四日 阴,有雨

命功儿谢门生,余在寓看送三朝茶,分针线。滋女小晕,幸未卧床。

作答谢谭、张叠韵诗:“棣萼秾华十四枝,春来嫁杏不嫌迟。寻家喜得仙源近,换世先教弄玉知。雏凤九成劳卵翼,向禽五岳遂心期。翰林佳句仙郎和,定胜妆台彩笔持。”“小鬟酒罢玳筝停,嬴女箫声且共听。愧我无才逐仙隐,敢言不嫁惜娉婷。山居久已门无盗,海禁长愁户未扃。企望中兴宏汉业,傥容博士再传经。”

五日　阴

回门会亲,内外设五席,俱用燕窝,十三婚娶所无也。客来者十馀人,亦有女客。程生来知宾,李、向二道均来,道台不至,唯一捕厅耳,在乡间已为荣宠。得戴表侄书。二更客散。看《云麾碑》。

六日　阴

渡湘谢客,王道台论分家事,出《祝嘏图》属题。闻道台兄丧,往唁之,已摘缨矣。云昨午病故武昌,子幼无妻。夜召倡女还,讹诈百元遂大合唱,子初散。常九耶来。

七日　阴

题三王《祝嘏图》,颇窘于下笔。“尧母康强过七旬,每逢庆节倍忧勤。即看周甲焉蓬岁,同诵由庚薄海春。兄弟追陪百人会,阙庭行列两朱轮。如今一卧沧江畔,犹梦祥烟捧玉晨。”

八日　阴

昨夜诸女约程、赵姊妹看烟火,各处差勇均未照护,初更俱还。今晨乃闻挤踏死七人,由弹压吆喝,故愈忙乱,不如听其拥挤,必不死人也。余在此经卅年,竟未一往,亦为阙事。

九日　阴晴

衡阳令必约一饭,三辞不得,往赴之。王季堂、常霖生同集,郑、谭两学、朱德臣作陪,夕散。

十日　　晴

梁戊生、郑、谭、张弟同载酒补消寒会，张尉、陈生琪、及余父子同饮，亥散。诸女连日宴集，大要迭为宾主。

十一日　　阴

城中赛会。功儿还湘。自辰至午往来金银、江南之间，馆中几无人守，前后门均呼不应。至夜陈鹤春妻来，诸女未归，立谈而去。常婿来诉廖胖，遣问之。

十二日　　晨雨，旋晴

纨女将还乡，值雨改期。余往书院查办，是非纷纭，"见晛聿消"。令彭、常查点器皿。道台又考甄别。谢生纳妾，急欲开火，故令斋夫、考生俱先入馆。一念之私，生无穷口舌，亦可笑也。凡事未有不误于私，因而掩之亦无误矣。夜月甚明，好良宵也。

十三日　　晴

纨女午发，作诗送之："嫩绿初黄杏萼丹，花朝犹自怯春寒。来贪下九同嬉戏，归去重安路远漫。无力只应愁汲瓮，有亲犹及荐辛盘。田家迎女须秋获，好办新衣待菊餐。"诗未成三字，轿夫催去矣。遣两丁护送，为发七力，亦费万钱。喻生妻来，燕诸女。

十四日　　有雨，旋晴

甄别船山书院诸生，未集，仅六十馀人送卷来，便令谢、喻生分阅。廖生亦来。袁、张来言贺、杨债事，道台追令缴照，又恐涂销，欲余居间。余云非吾职也。

房妪私发多人往闹倡，初不知之，已睡，乃闻呼出，以为女暴病也，自出询之，乃知怪事发，已不能约束矣。赵高望夷积威之渐，不意网漏吞舟，亦复有此，女、小难养，敝在养之。

十五日

晨阅教员分卷，为改定评语，取录十五人，外新拔两人附课，因并旧人亦附入焉,又得十卷。赵婿来省。张尉来诉昨事,云知府大申饬,余陷之也。卜经历昨来,言周生荒谬,大为我累。人焉能累我,我累人耳。“万方有罪,罪在朕躬”,此语亲切有味。送卷道台,因即告行,树倒胡孙散,一妙法也。房妪汹汹,势不可止,余默坐而已。珰女出拜年,顿觉寥寂。谭生再来,言考拔事。

牌示书院诸生:“船山旧例,监生得正课,不领膏火。前取程鹏业,已照扣。今闻报名时,房吏不收童卷,以致童生皆冒注监生,人数甚多,若照例扣,似非本童之过,已移文道台,饬房改例。科举既停,童生难得,不必冒监为荣也。所有今年正课监生,均即改填童生,以符彭刚直自念孤寒,诱掖贫生之意。寒窗镫火,读史研经,想见太平风景焉。”

十六日

忌日,素食。晨兴甚早,宗厘员来送,及出坐客已满,则常、喻、彭、廖皆在,杨江沐、冯燊旋至,坐至三时之久,惫矣。忌日本不见客,客乃愈多。张尉亦来,俱吃饼去,而张独不待。滋出,留常孙女独居,夜待至初更,清寂可怜,乃令房妪与共撩零,滋还始散。

十七日　有雨

喻谦来,诉廖昺文知殷安清枪替,为之容隐,宜究治。胡继祖、安清何人,乃能取正课,往道署取卷核之。因知引《檀弓》,为我特拔,不知堕廖术也。然廖、喻实未取,不能任咎,牌令覆试。常霖生、程生来夜谈,客去即睡。滋留船宿,珰女夜还,房妪不起迎,余久之乃出,问夜已深矣。

十八日　有雨

本约至船朝食,因珰母女俱在宅,常婿又来,令同饭乃发。过别霖生,送文柄寄程生处,待阙午后上船。珰、滋坐顾船,余坐己船,复、真均来。谭芝耘约同行,泊柴步宿。夜雷雨。

十九日 晴

泊柴步。岸上客来相续,黄沄臬司借口夺田,程生引梁姓来诉,遣问衡令,乃为所绐,诡云道府禁其投税。信公门之难入也。行同市侩,而打官话,将何以待之。

廿日 阴晴

诸女游石鼓,赵家姊妹同往,余为办差竟日。舍船从陆还,误入许姓船,婢妪欢迎,竟莫测其由,急还登岸,乃得己船。

廿一日 雨

侵晨道台来,报巳初登舟。得铸奶书。又报道台改未正乃来,以为必待昏暮,竟依期至。秦管带来送,请宿河套,行未五里竟泊焉。过船谈,见其次男。

廿二日 阴

早发,有北风,频舣频泛,仅至寒林站,饭于道船。夜雨。

廿三日 晴

午至衡山,沈士登来送菜,夜泊朱亭,仍饭道船。芝公父子均过小船相看。夜雨。

廿四日 雨寒

睡半日。滋女欲舣凿石看七女,因雨不去。夜泊向家塘。

廿五日 雨

北风吹船,欲行不得。芝耘泊易俗场对岸,余过女船,泊在上,小船已先行,在谭船下,更还相迎,竟不能下。真已欧逆卧矣。俟夕稍移船下,又移小船稍上,竟不能就谭船也。

廿六日

仍风雨,船俱移入涓口内。过船少谈还。欲稍惕,谭船忽发,见其被风吹转,知不能行,仍泊原处。王心培来相访。

廿七日　小雨

风稍止,呼拨船来,遣房妪、厨佣均随六女下乡,行李尽去,送至涟口。芝耘遣炮船相待,到县未觎。洪管带、救生局员上船来见,至诞登已暮矣。护船赶道台护围先去,小船载乳妪、孩幼亦前行,夜遂相失。船人诡云小船未至,泊平塘下,待一夜,六船遂分四处。燎火取温,烛尽始眠。

廿八日　阴

巳初到城,见小船已泊牛头洲,会合同行。问芝耘,已入城,别其幼子,乘人车到家。功儿鄂馆已撤,舆儿、纯孙先去宜昌,馀俱出觐,宧芳亦来。蔡六弟亦来相寻,略问与循后事,云因田讼投诉。留其同宿。摸牌四圈。真来,夜上船宿。

廿九日　晴

宝耶、张四先生、胡婿、李生、洋和尚、杨仲子来。陈八来。叔止去。真女出辞行,还已夕。余先上船看房仓,芝耘父子正食,辍箸相迎。外孙女及婢妪均挤一仓,令移官仓待真。问知汪颂年妻亦上京,甚喜有伴,更得芝公相照料,可无虑矣。坐待至二更竟,吃烧鸭、饽饽、绍酒而还。引真见谭,遂作别上轿。

晦日　阴

乡船人来,舆儿亦还,岫孙、正旸、赵芷孙、龙研仙、邓婿、胡婿、刘江生、瞿芑孙、李砥卿、廖荪畡、何镜孙来。夜摸牌四圈。女妇均来省觐。

闰　月

辛巳初一日

早起将出，待饭遂至巳初，从西至南绕东半城，见子玖、岑抚、朱盐、刘体乾健之、苏畡、吴学、沅生、叔鸿、陆臬、尧衢，日云暮矣，雨又将至，乃还。邓翼之来，聋老龙钟，家业荡尽，欲求干馆，难矣。

二日　　阴

出盥巳，见组安，留饭，云已食矣。尧衢不待通报，径入卧室，子玖亦来，约为一集，邬师亦径入高谈。吴补松来，组安亦出同坐。问考拔，云捐贡不能考矣。叔鸿送菜，并遣其四郎来见，名博立，字达成，云有兄弟四人，分居两处。沅生旋来，要组安去，约其来晚饭，兼招龙郎。久待不至，乃与谭、席同食，饭罢龙来，又久坐而去，组安遂坐及五时。

三日　　阴

庄心盦来。胡子夷来。谭五郎泽闿与吕抚婿同至，小谢亦来。曾镜子来见，申前约，索厘馆。心盦早来谈财政，内设正副二监，亦古制也。一梧来。刘绂荣来，不似江西时形貌，几不识之矣。黄泽生来，小队传唤挡驾，湛童遵而挡焉，盖两失之，宾主殊不知也。夜看吴仲昫辑诗画卷。

四日　　晴，仍寒

苏畡来。饭后访唐蓬洲、王逸梧、陆臬。申甫招饮，久待余不到，遣马来追，至则大人满坐，有汤稚安、黄泽生、曾霖生、龙顺孙、彭文明太守，唯彭初见，不知晓杭家何人也。未正散，仍还家，将惕，龙郎来催客，复从东长街上，过消防所，未知字义。访谭璞吾，正值其孙女开容,文曲到宫,必有佳儿,询知嫁尹榜眼儿,侄从姑也。璞吾执子侄礼甚恭,殊为存古。验郎、会元亦固其所。杨仲子、胡郎均先到,泽生、二梁后来,张先生不至,云因陆四骂人,恨终不释。二更散。还欲填词,已鸡鸣矣。房妪遣甥来续假。夜微雨。

五日　晴

路潍可行,欲步访吕生,误从大门出,值尹和伯移家,见一熟人,心以为和伯,谈久之,乃悟为王心培,心能造像,真在牝牡骊黄外也。还见红伞,乃劝业道,入门迓之,璞吾亦来同坐,久不去,乃再请茶,无效力,将午始得送客。从后门出潮音里,轿来,舁至荷池东橘隐园,吕副贡恕子清,官知州出谈,与循同榜客也,不能烟视媚行,犹能存古,连姻巨族,正同弟弟。谈久之,出至祭酒家,沅生、觐虞、搢阶同为主人,觐手痛不来,荪畡为客,未正散。方欲归憩,瞿家催客,尧衢已久待,顷之一梧、组安俱至,看樱花,纵谈枢事,廙仙仓差,未知林肇延下落。以破题为酒令,俱不能分截上截下也。然入直则止奁喜,抚豫则项城危,作文自有着眼处,初更散。

六日　晴

题吴花宜辑诗图。步至郘小亭家,陈芳畹来,云烟已戒矣。黎、吕郎舅、谭三来,吕翁亦至,徐甥、匡厌同来。盐局催客乃出,藩、学先到,清谈甚快。未夕散。夜雨。

七日　阴

未朝食,舁出城,自小吴门外问梁矿局住处,颇有知者。顾一舁夫,前进三里许,至青郊墅,璧园出迎,已不似前貌,其弟更不似西湖相见时。杨报、荪畡、莘田先在,朱菊生后来,学台遣马来追,未毕业而还。周儿舁行甚竭蹶,又顾一夫,至学署,觐虞已去矣。孔搢阶、叶麻、沅生、金殿臣先在,到即入坐,席散未夜。

八日 阴

德化王咫荪子庚来相访。殿臣来，执贽，好名人也，辞不可当。谈久之，出示《潜书》及诗本，诗胜于文。三报来，题《神忏碑》还卷。刘健之、张子持、周翼云来。

九日 晴

休息一日。谭四郎来谈诗。盈孙晨往祭祠。余拥被酣眠，殊未觉其来告出否，及醒，呼之不应，乃知去久矣。周梅生来。辰溪萧知县寿昌来，执贽，谢却之。

十日 晴

晨兴将出，舁人未饭，至巳始出。答翼之、咫荪、殿臣，俱未见。见赖巡警、杨三报。杨处遇姚念慈太守，桂抚调员也。诣卝局剃发。唐蓬守来，言为政无过杀人，人来讼者，问汝敢反否，对曰敢，遂杀之。生平以此得意，但未知用何刀也。与此等人交，亦余之过。久之乃去。登楼，看风帆上下，湘水清浅。会元、三报、莘田继至。莘田亦为主人，至酉散。夜还有月。翼云来谢，未见。与书抚台，荐干馆。

十一日 晴

张生来。刘永濱通判来。王心培来。朱家来催客，往则荪畡已先至，颇怪余晚，三豹、觐虞继至，入与宇恬略谈，设坐横厅，未散。过心盦不遇。还与两孙女过宧芳家摸牌，夜还。

十二日 阴，有雨

女妇、孙女借船看新开船步，留待一日。吕蘧孙、张师耶来。荐二弁于黄总兵，托李童于王心田。童还，更索荐余肇康，张先生一流人也。两孙女托交名条，亦致之郎廷之孙。交条之风自毅皇始，醇妃、珍嫔至于赫德，请托遍五洲矣，奈何奈何！余则因以为利，又荐张子年。与书端午桥、岑抚台，荐四抚后裔及邓三弟。

十三日　晴

汤稚安来,辞以上船。窊女来送行。黎锡銮来见,云已三至矣。忘其何人,见乃知为奉节黎衡山儿也。饭后出城上冢,墟囿红桃,饶有春感。从小吴门出,过枚〔牧〕场,已无马埒,墓上有人埽草,因令刈棘。城中子孙尚未挂青,荒郊无香烛,叩拜而还。

至西湖桥,遇鬯互,避入一门,墙刻卄厂。杨生弟出,来邀,梁四和甫亦至,留晚饭,因招客。前约沙厂一饭,因兹践诺,饮啄真前定也。自午坐至酉,荪畡、朱八均来,莘田来,为主人,黄镇诺而不至,待至戌乃散。余还船,王、梁、杨送上,不坐而去,遂泊卄厂前。又约明日看新开湘渠。

十四日　阴

拥衾未起,游船已来。至巳,杨三上船,谭三继至,心田、和甫、荪畡均集。泛舟入浏口,过碧浪亭,菊尊为主人,亦登舟。从湘入浏,上新马头。遇廖德生,知美人居不远,未遑问津。同上新亭,唯存两铁蕉,杂花木尽为泥沙掩矣。聂抚台斫大树种花草,余比之舍曾、胡用聂、沈。夜雨。

十五日　乙未,清明。阴雨

晨发,帆风过昭山,船夫见覆舟,有戒心,请停船,遂泊鹞崖。大风簸荡竟夜。甘寝。

吟诗一首:“良会偶成游,回舟泛春澜。湘浏漱新渠,船步喜和安。英耆创艰巨,良牧赞工官。遂弘百年谋,成此四利端。繄余昧远图,所乐在游观。亭彼流杯池,禊饮赏风湍。宁知芳春节,别有觞咏欢。既欣山川美,未觉成功难。晤言得所适,旷望令心宽。”

十六日　晴

仍风,晨发。朝食后到湘潭,遣招陈秋嵩,托以二折。六耶来见。遽令开船入涟口，十里费两时工力。遣陈八还衡，令两佣拖纤，缆凡再断，夜始泊杉塘，船夫目眊，不能乘月。

十七日 晴

晨起问房妪，云未过姜畲，出望正到南柏塘矣。两时行十五里，一何迟也。巳正到家，异已久候，滋犹未饭，遂同朝食。史生自永兴来已数日。德裁缝来，言官事。七相公来，言谷事。海棠始花，燕子已巢。

十八日 晴

南风动地，昨宿正室，未便接客，扫除西房，坐起作京书报真。代元妇来，狗妻亦至，又有一胖女，云卅和女也。韩石泉来。谭儿、杨火同至。夕食，堂餐。复女书来，告过县，遣船迎之。

十九日 晴

戴道生弟妇为其女翁求差，说不明白，姑且应之。并托寄书吴少芝。蒋继燊亦来求官，亦不明白，则漫应之。向夕往湖口看船，云坐船已到。待轿久之，以己异让罗妪，徐步还，脚痛不良行，仍待异还。十女与婿俱先到门，小坐即睡。

廿日 晴

戴妇去，与书陈伯弢，谢炭敬。岫孙及其女婿许姓来。海会否僧来，求书解于藩台，告以不能，送黄精、桂圆而去。催复早去，遣异夫同到省。

廿一日 晴

朝食时忽小雨。午睡颇久。五相公来求书与梁、杨，依而与之。日长无事，仍当立功课。

廿二日 晴，有雨

罗濂生团总来，言讼事。萧、葛学生来，言抽捐办学。蔡六弟来，言讼田未了，允为代表。经此三接，遂竟一日。

廿三日　晴阴

未朝食，周庶长来，得黄孙书，顷之四老少来，午正皆去。寄钱陈芳畹。闻李梅痴得江西盐差，又增一窟矣。庶长去而复还，为王豫六请命。与片功儿，令荐赵芷生。

廿四日

晨兴，将往石潭，再值雷雨，乃辍行。报将军、苏三来。得景韩儿女书，求干张枢，谋开复，依而与之。并代滋女与书刘女。将军送菜。

廿五日　阴晴

朝食后舁至石潭，待渡未至，有过船辍纤渡我。将军言酒店已备饭，约以还途晚饭，遂行至岳坤周家看花。遇一刘姓，言词恍惚，又一周姓，举止偃蹇，然皆欣于见我。既在矮檐，不能不与周旋。干、杨后到，同看牡丹，千花万叶，紫者斗大。设席留饭，茶有怪味，不可啜也。刘上舍坚约过家，便许一往。刘名叙昆，字镜心，其兄叙钦，字劲松，云有画名。其妻李氏，兰士族女也，求书扇。邀干、周作陪，夜宿其帐房。

廿六日　晨有大雨，旋见烈日，朝食后阴

约至周满家，应昆叔也。邀凤枝至刘家，饭后同去，干亦同行。刘径先去，余等看地，别由山道。周氏发家“金盆养鲤”，此亦“金盆养鲤”，颇有堂局。

看毕，同至满别业，见黄册“安”字，甚似陈麓翁，款署澍恩，名□诒。周岳生季父，行辈颇长，屋亦新建。饭罢还石潭，将军乘舁，凤枝骑骡，瞬息而至。杨酒店设食，不能再进，趁日未落各还。干、杨呼船相送，船迟遣还，从古城上岸，投湖口，昏黑矣。明镫还家，坐上

客满。丁婿从兄体文，字子彬，捐知县，得萍乡煤差，特来相访。王元涣来求写字馆。俱与一见，即还内。

廿七日 晴

写字十馀纸。心培告去，崔子先行。卯金刀来。李佣还，云黄孙已归。午具馔请丁，陪客皆去。饭罢甚倦，酣寝六时，至半夜闻雨乃醒。

廿八日 阴

晨张四先生昨来未去，晨闻丁子彬已附船欲发，乃起送之，张与俱去。方僮偕王升来，得京书。

廿九日 雨竟日

安静一日。看《筠青馆消夏记》，庚子、辛丑，似是一书，然相去百廿年矣。写字数幅。竹林叔来送鸡，叔止复来，旋去。

三　月

庚戌朔 雨寒

写字十馀幅。乡人来言讼事，大要争墓地，一切不听。冬女牵率其嫂与其表嫂同来，若遭人命，喻而遣之。宝老耶来。

二日 辛亥，谷雨。晴

江西拔贡朱楙楠字晓庵来，云曾于衡州往还，日记所未载，竟忘之矣。刘少田又来。戴表侄妇专人来，为其亲家求官。人上托人，瓜棚搭柳，此之谓矣。我仓既盈，做米煮饭待之。写字数幅。

三日 晴

黄稚云孙来，黄三元孙亦来。岫孙又来言讼墓。佳节俗缘，宜于水滨祓之。至夜黄孙回。

四日　阴

三和妇来,言周妪受赇。方僮告去,王升亦去。斫芥菜二千斤,佣工手脚忙乱。廖佣夜还。得樊云门书。

五日　晴

未朝食,刘武慎孙来,言名条未交,适刘少田还城,附片汤稚安托之。客去乃饭,写字数幅。

六日　阴

邓婿专人来求书,告以不可荐。衡州专足来送卷,卷不可阅,问事随答之。

七日　晨雷雨

复谕廖、喻等。陈、邓足俱去。

八日　阴

庶长复来。邓新林负笈来,以无住处辞之。陈翊钧复来受业,偕李生为介,仿佛识之,留饭而去。世事日新,诚不知当作何应付。至夜大风。

九日　阴风

为刘女书扇。问邓生贫富,云家贫读书何益。且留住斋。宗兄来,云佃地被占,人已收押,亦令暂去,当为访之。午后雨。

十日　晴

庶长告去,宗兄已先去矣。长沙学堂专徇情面,亦欲为黄孙谋一席,托周生转告罗生,试置之,已去复呼还,黄亦同去。郑福隆来相看。陈满妹亦来,云须久住。盖诡词也。至夕果出牒求帮讼。前已来干办公人,因索门包太多,又改计也。亦笑谢之。相度空地置厕坑,亦劳指画,犹未尽妥。

十一日　大晴

看《南岳总胜集》,殊无可采。陈妹去。办公人去。以李佣升补火头军。许虹桥来，留面去。

十二日 阴，有雨

蔡六弟来，与书樊云门，并作余寿平《谏垣集序》，交其转寄。写对数幅，几案肃清。黄孙发寒热，似疟非疟。房妪勒令荐王升，与书王莘田，兼寄龙安书。

十三日 阴

所写屏联悉清理，分别存寄。七相公来求荐巡士，可谓奇想也。登楼赏蔷薇，玫瑰亦开，樱桃半熟，夜出看月，虫蛙聒耳，殊非静境。

十四日 晴阴

看杂书，始知何、李尚不及王阮亭，又增一识见。七相公去。乡人来诉讼，谢不敢问。吾门无日无讼者，拟之古人，则狱讼来归，"虞芮质成"，所当问也；巢父洗耳，伐国问仁，又当去也。其谁与正之？

十五日 阴晴

昨夜大雨，睡不甚酣，晨乃晏起，过辰正矣，不止三竿也。将军昨来。周凤枝送芍药，报以樱桃。菌值斤百钱，遣工寻之，赏以百钱，不使乡民得高价，又示不惜钱也。周亦送菌。夜得廖荪畡书。廖六子：基植壁耘、基棫次峰、基樾季海、基楙稚笙、基杰叔怡、基栋幼陶，其四子独取父字，盖爱子也。长者能诗，少者能画。夜有雨有月。

十六日 晴阴

翻日记。得唐诗钞本，唯绝句一本未见，乃在黄孙处，取来成完本矣。旧作序已不记，亦补录之。一日无客，摘樱桃，无可贻者，与书庄心安赏之，即夜发使。

十七日 丙寅，立夏

上湖南六生来受业，俱前年及门人，留住外斋，令其领费自爨，且以三日客饭待之。辅廷来送银帐，冒雨而去，赠以杏仁、橘饼。未夜早眠。

十八日　阴雨

王升来送报。得朱八少耶书,文词颇工,未知何人捉刀。闻席沅生丧。"席丰承藉不骄奢,江楚共推能,京国骅骝开道路;公献私酬多礼数,欢游未逾月,春风鹍鸠怆离忧。"

廖荪畡父子作新楼于松柏,余以金矿在彼,名曰仙云楼,并题两诗:"昔年曾宿紫宸宫,暮色堤镫望杳蒙。百尺高楼对黄鹤,归帆远浦落飞鸿。排云夜识金银气,吹笛长招松柏风。津吏应知漫郎过,平阳榜唱月明中。""石鼓峿溪鼎足三,登临胜览冠湘南。已无迁客蘋花恨,遥见诗人金碧潭。五代银场劳榷税,三层丹阁倚毵毶。凭阑更酹陈公酒,后乐先忧且漫谈。"

薄暮出看蔷薇。刘丁暗入内室寻妻,其姊挞而出之,不能不整家规矣。刘佣自城还,来往迅速。得功儿书,见伯屏劾伯浩,居然一升、樊也。然升奏是樊曲,陈奏是蔡直,事正相反,孝达令端查办,与劾冯更教陈查办,同是一舞文弄法。得江南电报。

十九日　晴

遣刘丁夫妻并出。附经笺五种与冯抚兄,并还字债。将军来。

廿日　晴

晨起得蜀书,初以为龙安信,发视乃帽顶儿鸿学,字百川,亦以道员留蜀,颇知文字。寄年谱、丛书,求作碑志,嘉其志识,当为表之。凤喈儿偕岫孙来,留饭遽去。顷之二周来,舁马盈门,并送萱草,夕食为之加餐。寄联幛与席家,交史佣去。

廿一日　晴

寅初闻人语,黄孙幞被将往盐局,坐以待旦,余亦起。花香鸟语,俄而已曙,复眠遂寐。黄孙已去,红日照窗,不复成梦矣。昨日又得江南电，告以人去不收，省译费信力银一两，犹穷外公家风也。

廿二日 晴

晨起闻书院两生来，出见之，乃李池莲、欧阳属。李生前有物议，午诒为之宛转，想尚留正课也。余叔廉、崔丁生来。一女引一妇人来，亦云族女，问其父母名姓，查无此人，譬遣而去。崔去余留，夕寐遂酣，醒已夜阑矣，闻雨。得茙闺月书，因病无书已两月矣。又得电局函，以不收电报为患，始复看之，大要以公钱为儿戏耳。金殿臣书来，呈近作，贯通经论，深入佛海，近今无此学业。

廿三日 晴

写字半日。马先棨来，意在陈小帅，以前书示之，默然无言。又费去茶叶、橙饧矣，留住对房。又得县报。夜雨。

廿四日 雨竟日

马、刘、卯金俱于雨缝去。作书复唐儿。得叔止书。

廿五日 阴，有雨

余生午去。复还内食，以堂餐诸生多拘谨故。

廿六日 晴阴

检《水经》首卷，大索不得，补点《河水》十叶。电报又来，已逾两日，未为捷也。衡阳吕生持喻教习书来，留受业，虚中栋东房居之。许生来，请作五世寿颂，留饭去，朽人又来。

廿七日 阴，有雨

学生来者已十二人，晨出堂餐，午未出矣。作许生母挽联，点《水经注》，看《后聊斋》。聊斋，蒲氏斋名，以异姓后之，法曹代刘也，与《姑苏志》无异。

廿八日 大晴

新绿浓翠，颜色奇丽，分秧功毕，正须煊日。点《水经注》。闲坐无事,案头有《鹖冠子》,试钞一叶,久无字课矣。寄许家挽联。

廿九日　阴

刘丁逃去,其姊遣儿蹑之。钞《鹖冠》一叶。蔡叔止率昇夫来请出县,即从往城,过戚里,红粉列坐,皆闻刘二嫂之风者。刘则朱楣白壁,宛然华好矣。相呼未下。到县已夕,径至九总,局改警察,闯入杂居,甘委员及郑倩士、陈巡官并来见,秋少耶为主人,价三亦来。徐甥儿声大而宏,初甚讶之,盖与其祖父语惯,忘我不聋也。

四　月

己卯朔

随丁未随,且住一日。欧侩宴我于局,请吴少芝、匡五厌作陪。吴、匡皆早来。黄孙自长沙来。水营陈千总、陆营叶教员来见。叶即赵调留湘未去者,青田人,服膺孙琴西,颇喜称道其事。久谈密室。客来无记,密切者云孙,留陪夕宴,黄孙亦与。与沈国仁谈寅谊甚亲。述唐辞不至,更有甘委员、徐财政,酉集戌散。

二日　晨雨

待昇夫不至,朝食后乃出,又误带伏冠,不能对客,已衣复解。便服出门,吊许、过欧、访翁、谒令、看朱、视妇,小坐姨家。王润卿、叔止、慈妹均留点心,不甚认亲。至欧、陈门不入,与叶亭珠密谈,夕饮舟园,杜鹃盛开,乞一盆还。曾孙来求警员,夜为关说,云须用学生。娄、尹二生求馆。六耶、宇清、庆孙均谈办公。黄云孙来报抢案。懿儿欲入翰林。无名妇人来攀亲。诸求说官事者不记。李雨人来言节孝田,已忘之矣。

三日

晨起束装,廖佣徘徊不欲去,乃自先行。陈门生来请饭,已不记识,久乃悟焉。挥袂出门,舁夫不识路,置我泥淖,船户相识,乃得呼救。谷、周均来助舁上船,廖佣乃来,黄孙继至,久待将雨,姑令开船。办公人煮饭,廖佣遂不相闻,一时许始入涟。过袁河,雨甚至,泊久之,冒雨行,风寒无衣,引被僵眠。至戌初到山塘,仅能辨路,家人已来迎。明镫上堂,索食不甘,黄孙早睡,余亦上床。

四日 大晴

今日壬午,小满。懿儿来,得杨儿、任学、江书,并送土宜,盖谋差缺也。钞书点书如程。复杨六书。

五日 晴,始煊

钞点书至午。懿去,附衣与酒家胡,并书城中三联,改陈生文一篇,遣办公人送去。日夕石珊白辫来,云刘岳生已断绝,子得警察,以债务来相诉,姑漫听之。早眠,帐开聚蚊百数,皆饱吾血,曾不觉也。

六日 大晴

白辫去。干、杨来,与论都总事,当和平了结。闻卓夫丧,即于相见次日永诀。“称心科第早登瀛,依然卅载田园,共惜大才无小用;满眼儿孙俱是幻,喜见两房嗣续,霎时脱屣便褰裳。”

嘉女来,罗女亦来见。夕得程孙书,即门限上作片复之。约与午诒同下。程言午诒久待,则谬也。本欲遣人看复女,因此同去,兼寄接礼。《水经》点毕,检少二本,未知何往。儿子书残篇断简,不寿之征与?

七日 晴凉

写对子多出一格,出联十六,对十七,可笑也。得黎俟书,降一级为友,林世侄在彼,已降而又降矣。幔亭曾孙,自笑阅世之久,随而复之。

八日　　晴,风凉

卯金父子来,已失魂矣,少时偷牛精神安在？又增一感慨。

念王耕虞交情,挽联颇难着笔,偶得两句,用藤黄写之。“五游羿彀不能伤,八十悬车,垂死尚余攀剑恨;四纪甄陶无一面,相公厚我,他生愿作扫门人。”

九日　　晴

正写对子,舆儿携赣孙来。王心培来,未欲出,且看洪文卿传。夕食乃会,略问来意,大要告穷耳。

十日　　晴

令舆儿还王十金,欣然而去。成姓来,议挑塘。黄姓来,谢保护,送蠃䱇。白辫又来呈契。

十一日　　晴

庶长来,云所谋皆虚,令检消寒诗,亦不全备,且钞数首。宗兄偕崔甥来。许外孙之甥又来穿房寻人,状似风魔。召见,谕遣之。

十二日　　晴

正在摸牌,一少年直入内室,蒲秀呼端弟,与循少子也,余不甚相识。叔止专人来,言匡厌荒唐,未云有人来,此来盖闻余欲送葬,自来赴告葬日耳,可云知礼。夜得将军书,云谭都总将甘心于我。乡曲殊不易武断,朱老前辈能压伏众邪,我不及远矣。夜报运木沉舟,又费人力。

十三日　　晴

谷三来,附朱挽联去。学生觅课本,已包置客床,大索不得。庶长不安于室,移出外榻。

十四日　　晴

舆儿将往投票,令其同船去,嫌失官体,不愿也。诡云须趁明日会期，乃听其行。要滋女往舅家，请嘉女守舍，亦云不可。用人之难如此，唯有自用耳。赣孙夕从父去。

十五日 阴，有雨

将遣船送郭女，便同往姜畬，方戒行而雨至，待之，已而又雨，已过午矣。女客不可船宿，遂定从陆，赴蔡家会葬。黄孙又欲往城，余许船送，又欲同行，久之不发，乃先舁出，过戚里、姜畬均小住。至杨家问途，笃吾出问讯，许还途过之。遂行，从石门塘渡一岭，似是蔡岭，见山道左迤，乃知非也。石门塘可半顷，尽种芙蕖，吾县罕得此景。

夕至蔡家，与循柩早出矣。堂已设主，六弟及诸内侄迎于门，哀子亦杂其班，入临吊，甚热，小坐出。见棣生妻，内侄女妇、侄孙男女均来问讯，大半不相识，十七年未来耳，已多半未曾见者。客房亦分与三房，夜宿西四层房之第二层，云与循诸子之公屋也。今日忌日，不当出门，以吊丧日迫，不能不来，蔡家特为具菜食，反非所安矣。

十六日

昨夜有雨，睡着未知也。闻炮声知已发引，即起，乃知路泥不可行，舁到圹前，晓色未分，不能辨山势。送丧者唯三子、一弟、两从子，亦太简矣。待其下圹乃还屋，待早饭。至午雨犹未止，主人无意相留，己亦不欲留，遂舁而行。至杨家待饭，过申，雨亦未止，又冒雨行至刘店，姑嫂强留晚饭，饱不能食，麻缠久之，已暮矣。雨竟不止，急行到家，始饭。刘妇云外孙已去，船人亦陆行，甚讶之。询知乃公船夫，非坐船夫也。

十七日 阴，竟不雨，天之厄我也

常宁杨生、安仁段生从书院生事，来诉教员。教员固无礼，杨、段闯入闹之，尤出理外，竟来投我，可谓懵懂，姑容之，再与理论。钞书二叶。干、杨来,为团总顾面子,留面而去。郑福隆送豚蹄。未昏便息,至寅始觉,偿昨日之睡也。镇湘来。

十八日　大晴

镇湘遍诊诸生,皆是弱证。欧阳生无病而呻,正宜针之。遣夫送郭女还城,便添桌子。钞书二叶,移居书房。正午睡,戴道生来,久之不出,已乃责其不守职,逡巡而去,周生送之俱去。夜出巡门,知大门不能讥禁,收钥纵之。

十九日　丁酉,芒种。晴热

杨、段去。代元妇率冬女来,亦好言讼事。镇湘去。写对子七联。崔、丁生来。李生问《本草》定本,即留写字。向夕,段培元孙及蒋生来。刷书人亦来。得两儿书,看报。马仰人翻,门庭辐辏,几无住处。

廿日　雨阴

段、蒋告去,遣人往衡取书版。钞书二叶。周生亦还衡,水陆并发,乡中闹热如此。

廿一日　大晴,南风

写对子十馀幅,汗出蒸衣。院生唐、樊来,吕生去。张四先生来,与黄孙同船夜至。

廿二日　阴煊

午饭谭团总家,还见彭福,不识之矣。棣生妻送菜,检对子交带去,并答以杏仁、蘑姑。

廿三日　凉雨

刘生下省,周、蔡均从,盖探考拔消息也。钞《鹖冠》又毕业。张四先生舁去。王升下省,复吴学书。

廿四日　晴

得廖教习书,诉杨、段,语不中肯,断断与辨,小矣。写字三纸。

邓生告去。夜出看水。

廿五日 晴热,南风

梁生来,问天子父在母丧。子尊不加父母,盖亦期也。又问高祖以上服。想亦无贵贱之分。然则天子绝期之说不确。夜张恺陶遣送印章七方,盖用意之作,嫌太混茫,云来相访。夜宿张佃家,其族人也,乃知细满本为名族。

廿六日 晴

招恺陶来早饭,未至,正饭时来,云已饭矣。镇湘、岫孙均来,竟日陪坐。正夕食,突一老翁入拜,自称周九,盖宁田乡人也,颇通文理,亦乡中难得者。谷三送桌子来,人客拥挤。两族孙去。送恺陶看桥,俄而大雨,客还,分宿对房,多谈卝局事。

廿七日 阴,有雨

朝食后客去,正欲休息,闻滋问船,已云书版全来,周生解送,书院出船钱,未宜也,亦带桌子来。作帽顶碑成。

廿八日 大雨半日

作西宁张氏传略,张氏所行殊有孺人之风,奇女子也。诉讼、讲学人来,皆守半日,未见。夕食不能食,啜蓼羹半碗。

廿九日 晴热

周、蔡游还,云麓山大风潮,学使将换教员。周生欣然有开复庶长之望,孜起入城矣。遣韩满换纸刷书。邓婿专人来。

晦日 阴燠

刘生亦还。王升自城来。写字五纸。夜雨。

五　月

己酉朔　雨

写扇面五幅。寻得题彭梅词,跋其故事。韩佣换纸回,夜镫担运,颇为烦扰。得茂书。刘提督孙来,遣耒阳梁生接待。

二日　阴晴

复茂书,遣人送去。将军来,言盐店,又言赛会,并云团总羞忿,欲自尽。断事之难也,本扶贫独而结怨豪强,反以为豪强欺贫独也。庄生所谓彼亦一是非,知言哉,知言哉!

三日　晴

宗兄来,丁生先到,余不知其昨夜已到,可谓糊涂矣。得复书。

“新拔滇朱配贵龙,两徽显赫傲湘东。九旗牛骥无分别,岑桂难攀黔粤洪。”己酉春督抚歌。得复书[①]。

四日　阴

午初三儿并来,云与庶长并舁行,带有《通典》、《列女传》。列女分七门:母仪、贤明、仁智、贞顺、节义、辩通、嬖孽。余误记以为八门,故特查考。张氏女归夫友枢,宜在《仁智篇》也。衡山成生来。

五日　癸丑,夏至

昨夜睡较晚,醒时已卯正矣。入书房,将军已在。因诸生早来贺,滋女起又特晏,先吃角黍、盐卵。黄孙问盐卵起□□□□□□□相见伊已退院,具面留客,余适在饭堂,与诸僧同坐,粝饭一碗,白菜豆腐一碗,尚有一盘,食两口亦可饱。见坐位帖人名,恐妨来者,遂起。心念僧食亦不恶。而寺中云和尚退院,不住寮房,卧一木柜中,称其勤俭。待面未来而醒。

---

① “得复书”,疑为衍文。

九日 阴

作恩泽《午山集叙》，发明排满之说，窃笑争满、汉者，去年哄而今已忘，犹不及缠足之常惺惺也。送轿人还。端侄来，言墓志，亦忘之矣。

十日 晴热

作与循墓志。曾省吾儿来，字杏仁，侯伯族弟也，举动有侯家气派。对客挥豪，未尝辍笔，写屏联数幅。华一领一童子来，云姓萧，军官子，有三母为族人欺陵，欲来以从学为名，为护符也。留宿一夜，俱去。丁小四专人来送对。蔡家专人来取志。彭十复还，致廖荪畡复书，云陈伯屏气死，瑞瀓得苏抚。夜早眠。

十一日

寅初起，步庭除，作墓铭，尚未辨色，仍还少睡。闻磬声，起开门，天暗风起，又睡少时，大雨至矣。复两书，遣两使去，皆不能行。朝食已至巳。曾子告去。

十二日 阴

与循墓志，端侄专人来领，以忘其何司，未能书成，以稿付之。写字觉手颤，勉书数幅。

十三日

家忌，当素食，忘告厨人，遂亦忘之，至夜乃悟焉。周天球送行作诗，为改定数句，居然名篇也。既作仇人志，不可不作友人志，又为皞臣创稿。霖生遣儿来。

十四日 晴

朝食后又得电报，端移北洋，约往送行，作书告莪。叔止来送人参。端侄来看写墓志。蜀故将李姓儿来见，初以为和合儿也，见乃知非，亦漫与焉。日暮客散，复作龙志，成。

十五日　　晴

滋女朝还,云张人骏移江督,樊护印,袁移粤,孙得东抚,又庆亲家也。即日戒行,将军、黄子来,均不暇接。又作刘景韩墓志,未及作铭,即坐滋船下湘。云孙谋黎教员,亦不暇复矣。湘水外涨,涟为让流,行一夜乃至县。泊九总,邀张恺陶同行,葛遂平、崔、丁生从行,将附轮船不得。

十六日　　晴

晨见陈秋嵩,云昨候一夜,怪其不见,候船已后期矣。乃坐己船下省,未初至。先遣黄、许孙往定湘潭船,到岸有人言三老耶即来,误以为三儿也,及来乃杨三。始遣人告家中,三儿、两孙陆续来,窊女、两妇亦来船省觐,坐至昏暮乃去。令黄孙、常、崔、葛先移轮船,余待杨子,约饭,至初更不至乃还轮船。遇杨使,云待久矣。功儿因孙女疾还城。懿儿、周生随往炼局。王心田、张恺陶早到,龙郎约来未赴,草草杯盘,二更后散,城门已闭。恒子不来,令懿儿宿湘船,余与功儿上轮船,张四先生请从,与常、崔、葛共四客,并黄孙、从人廖、许、周妪合九人东行,未携一钱,唯取史东茂廿元,借陈秋嵩四元,已用罄矣。戌初发,夜热。

十七日　　有雨

行半夜到汉口,夜凉。今日乙丑,小暑。

十八日　　阴,晨有雨,午后霁

云武昌方求晴,已廿日雨矣。功儿请少待,携廖过江。常健伯来诉被催,且移趸船。黄孙又言趸船亦不可久,且移轮船,高升栈伙乃得售其愿焉。移数丈地,去挑钱八百,房仓去十二元,半日不得食。未初廖佣还,云督辕派小轮来迎一会,陈八大人即至矣。顷之功儿偕复心来,即同乘轮过江。入文昌门,至督署,入花厅,见一红顶官，未相问讯，迎入签押房，小石便衣迎侯，入则易实甫在焉，颜色均皵腴。遣呼功儿来见。洋人又来，余与易对食，主人还坐便辞去，仍乘前船上鄱阳船，下江南，八点钟开。

十九日　阴

晨至九江舣半日。朝饥正甚，遇曾岳松、金鹤生久谈，过午始食。晚饭差早，酣卧两时许，至夜又早眠。

廿日　阴

金教员赠书二种，待饭不来。已见钟山，午初舣岸，同来客行李颇多，余不暇顾，自上移下，复自船移趸。

得东洋车，率廖佣往投藩署。自下关入城，均行平隰，十馀里不见人，又拨他车，乃渐见熟食小店。至藩署，绔袜均湿，幸云未出门，入谈久之。陈益新、杨少麓均出见，樊招二陈来陪，仲恂先至，伯严后来。坐待功儿来信，渺无下落，遣两探往寻之。雨又大至，坐池边飞溜溅衣。沈淇泉来，郭葆生仇家也，人亦浙派。黄孙来，因有客，未入询其住处，云已入城。樊将馆我袁居，袁辞不可，伯严馆我俞园，遂定移居。早饭藩署，樊亦未朝食，实过午矣。夕与伯严过访梦湘，为晚饭计，遣唤功儿来同吃洋菜。伯严、仲恂仍送余至寓。俞寿臣道台为主人。胡子靖来寻，言借钱事。亥正客去。

廿一日　阴

仲恂来，云瑞公即来，已往万福楼先欢迎矣。曾静怡出见，云天津一别，至今十年，似误记也。晨见书房一客，审知子靖早来，即留早饭。俞泰，兴都壸士族弟，以舁假我，先往督署。赵伯藏来见，李绍生儿、陈伯严、易实甫均来，乌烟涨气半日。湖南公饯，招我陪客，往督署辞公会约，密谈三数语即出。孟湘来，适睡未晤。淇泉来。瞿海虞来。藩遣车来迎，与陈、易、陈同往，李、夏先在，王、沈后至，午桥失约。送槜李十二枚,坐客分九馀三,亥正散。还寓众皆睡去,小坐即寝。

廿二日　晴

午初尚未得食。益新、翟茀侯、何诗孙、李艺渊、夏彝恂、杨少麓父子、郑又悍、舆儿、周生、刘申甫、稷初、左全孝、王克家俱来见,张子持亦同来。申初赵家遣船来迎,率两儿、周妪同泛清溪,下秦淮,步从福辰桥上,至升平园登舟,张庚三、王梦湘、又悍、海渔、岳松俱在,赵伯臧为主人,诗孙、程雒庵、陈子元后至,设嫖赌二局。报藩台来,众皆仓皇,乃李梅痴也。云藩台未便上船,一呼两唤始来。留李送樊,热不可解,费六十元,二更散。中间仲驯率黄孙来,留之不可,旋去。招伯严、实甫不至。

廿三日　阴

始得自爨一人之食,辰正得饱,足敷一日。学司陈伯陶来。兰浦私淑人也,谈往事。稷初儿来。吴广霈、金永森来,俱唊名者。吴字剑华。出洋老辈曾岳松招饮,列仲驯名,坐车往忠襄祠,岳松云甲午曾到,不忆之矣。艺渊、伯严、实甫、静诒、寿臣俱熟人,一少年姓刘,余误以为幼丹儿,询实甫,乃瑞芬儿,云大名士也,字蘧六。申正散。

欲雨,乘岳松马车至督署,实甫同行。先至仲驯室少坐,左、夏两生来见。主人速客,舁行廊庑甚窘,至一楼,人声嚣杂,俨然举场,亦不能辨谁某。室中甚热,长廊初漆,午桥邀至一凉处,设十坐,令余择客,用笔点左子翼、余寿平、程雒安、何诗孙、王孟湘、易实甫、赵伯臧、李文石八人来坐。任秉枝徘徊偃蹇,自在他处。蔡伯浩闻言陈伯屏,逡巡逃去,张次山补其阙,月卿子也。子初散。大雨骤至,两仆不预备,乃至无车,与实甫同坐,送我还寓,车夫迷道,遣人呼舁,实甫独坐以待，生平未经此孤凄也，乃雨为之。

廿四日 晴

几辈清流，选谏草，更将谏垣甄别。此生亲见，三度杨花榆荚。那禁得宫树流莺，有百般巧语，暗唤鶗鴂。不如早去，一任寄巢啼血。　江湖未须回首，向故山隐处，自寻薇蕨。渔阳鼓鼙，入破烟尘宫阙。问东风，那时帐饮，空怅望、斜阳柳隙。一掬离恨，都付与铜琵铁笛。

《梦芙蓉·题王太守戴笠图》。看谁持玉杖。是匡庐旧日，主人无恙。峡泉三叠，琴调破云浪。浩歌声自放，天风吹做凄荡。不尽吟情，有吴烟几点，摇曳白波上。　戴笠寻诗有样。瘦损何妨，呼吸通天响。牯牛平望，夷语乱樵唱。洗空山水瘴，飞流溅瀑千丈。更莫闲游，只冯阑把酒，一醉吐空旷。

《题张笠臣洁园修禊图》。春游宜园林，良气外形骸。感彼俯仰情，图此风日佳。余非濠上人，物论理无乖。鱼鸟乐仁智，琴尊寄所怀。此卷余未题跋，以别纸录小诗，因禊饮时未预也。笠臣隆盛时，广致宾客，所不能致者唯李篁仙耳。篁仙非清流，而独矫矫，其故两人自知之，余但笑，不赞词也。及今未四十年，前局尽翻，旧人皆死。翊钧世兄为张门婿，得而藏之，中有汉奸销英翁及匏叟书，至为难得，馀皆一时之彦。余大女娥芳为弥之儿妇，代笔篆书一诗，未题己名，篆不能佳，亦罕笔也。唯无我亲笔，因补记于后。

彭稷初来，意欲安顿一家，为尽吾职。夏彝恂、瞿海渔、郑幼惺设宴，镫船热不可坐。樊云门先约一聚，午帅作陪，更有李文石、陈子砺、程雒安、王、易、杨江宁、余寿平，打诗钟，无佳联。戌散，始赴秦淮，更有李艺渊、赵、张、易、王、郑幼惺，子初还寓。

廿五日 晴

县人刘执东昨以文干，请来一见，志在教员，题不称文也。匡册吾、郑又惺来,云左、蔡均往上海,楼上俞、曾亦去,胡子靖从匡亦去矣。向闻车载斗量,今乃见之。斗则云霄金斗,削弟子三花者也。会馆来传,议铁路,众皆不往,余为议长,看投票,闻拍掌而还。彭稷初来。今日谢客,不宴会。端送杨梅。

廿六日　晴

江南文士开欢迎会,设宴胡园。发起人李世由,臣典子爵之孙;刘世瑗,芝田巡抚之子。代表为缪小山,昨于云门处见,不识之矣。照片摄影,初定茶会,今乃翅席。会散赴镫船,李艺渊、翟茀侯衡玑。为主人,秦子和、王汉鹏、张庚三、何诗孙、易、陈、陈子元。先在。陈伯弢自苏来,闯席,相见甚欢,各挟一妓,惟我独无。有荐宝卿于梦湘者,伯严以为秦淮第一,余未与语,而来挑余,故为慧黠,惜无以酬之。傅苕生来。

廿七日　晴

彭稷初必欲宴客,携酒过我,沈小南、陶榘林为客。赵伯臧、张庚三再设,照相,午初舁往,王、易、陈、陈均在,待傅不至,将散乃来,还寓少愒。夕至藩署饯端,王仲孺儿在坐。福建陈子砺,伯陶[①]、安徽余寿平、王、易均集。出署,云舁夫被打,宾主皆惊,坐客俱立待。余去唤轿竟不至,樊命己车送归,已子正矣。今日府、县公饯督帅,请余为客,至火车站,久待不至,将夕乃还,夜又无轿,殊可笑也,易云退车之报。

廿八日　晴

俞厨早具,以为我必去,乃不能发。晨写字谢客。李梅庵、李艺渊均直入,久坐。沈子培遣石生来迎,并致怀人诗。令觅小船待轮,

---

① 陈伯陶,字子砺,广东东莞人。光绪己卯解元,壬辰探花。

先发行李。杨儿送衣料六卷，门包十元。稷初久坐不去，待车甚久。江西公饯制台，以我为客，设帐下关三宿崖，云虞允文采石战处也。期二点钟，未初驰往，过师范学堂，车马拥挤，车夫呼让，余告以少待，诸车感而开，我乃得径过。见程雒安、陈伯严、李梅庵、梅世兄，主人承办者张春发，革将流寓者，馀皆未遑问讯。斜日入楼，逃席先行。至学堂，监督未还，功儿先在庶长张通模处，伯严、云门踵至。过六朝松院小饮，设坐露庭，遣招伯弢、仲驯来坐，三儿亦与谈。端、樊馈赆，辞受之。宜由甫兄弟并在。夜凉人爽，宴会第一。学台当谢恩，须六十金，余云可不必。李犹疑畏，樊则赞成，老懒之分也。

廿九日 晴

写扇幅数十分，初不抬头，亦已悉了。梅艺来送。朱乔孙设饯扫叶楼，在旱西门旁，即随园南角，小车驰往，久待艺渊，本约摸牌，已无日矣。瞿海渔先至后散，余又东驰，赴半山寺之饯，道遇伯臧，云樊山已至。伯严遣舁迎于山径，易、陈、王、李先在，子靖、功儿亦与，将夕乃散。又至三元巷袁海观新屋，秦子和、唐子中、陈子元为主人，子元不至，二陈、易、王、功儿皆在，添请张庚三。九钟关城，至时驰往，又出旱西门，城尚未掩，已奔驰三十馀里。得船而息。热不可坐，令开行，不肯，及三儿来，欲往下关，又云即开，船户之狡也。子正出江，黎明舣趸船边。

六　月

戊寅朔

李艺渊、陶榘林、傅苕生来送。杨仲阁昨来坐拼，今早又来，云李仲仙亦在酒楼待发。卯正，江裕到，船人拥挤，石郎为写房舱，云已人满,苕生亦无坐处,俱坐会客仓,旋得官仓,可偃息矣。买办特别招待,不到此船已廿一年,日月如流,时事万变,颇增感触。滇督到芜湖便去,不欲见我,绕从旁上,未知其用意也。

二日

卯初至安庆,未别苕生而行。子培遣异夫来迎,上岸小雨,迎仆识我,傍轿攀谈。同行诸人张四铁、崔、丁生留宁,张恺陶、常健伯、葛遂平交石郎料理,仲驯、黄孙及两儿均入藩署。早备点心,午食均去。黄蕃周同舟来此,与王子裳同来相看。夜宴东楼,自觉气力不支,始知老矣。宿藩署西园。

三日　庚辰,初伏

晴热,不能支,卧廊下半日,犹觉恍惚。洪晴舫、周郢生、郭谷诒来谈。与藩台皆似至熟,小省亦自有联属之谊。强出访子裳,看卜女。将访王怀宁,帖包在后,遂入藩署。夜宴法政学堂,热不可坐,□□毕事早眠。

四日　晴

定移出城。同乡公请,辞谢,以照相代之。子培送赆,却之,引樊为例,仍送来,不能辞也。此行遂破费逾千,亦浪用三四百矣。写礼岳楼扁,题仇十洲《桃源图》、《陈抟像》,写二条幅,照相二片。欲待晚饭,无消息,乃出至南门驿亭,闻首县供张,藩设两席于此,若不出城,真蔽误也。子培自出饯,王新城亦至。尹杏农儿昨来见,今又来送。郑法政德谦、同乡张贡五、李文阶、蒋汉农、郭谷诒、周郢生、冯翼升均来送,亥散。

五日　晴

王怀宁来,请题阮亭文诗游稿,自还取画,又误持陆治画轴来,竟不知欲题何画也。李仲仙本不来,而电报朱抚云今日到。城官出迎，子培亦至，余移至等船。申初，江孚船到，子培复遣石生送盛庚唐，亦同还湘，周梅生先在船。先同船顾翁，携少妻、外孙复同舟，令妻见礼。夜半开行。

六日 晴

过九江少泊即行，夜至汉口，正四更矣，遂不睡。

七日

晨起，步上岸，待从者不至，乃误下行。久之试上，即遇仲驯，云石生已看吉安船仓，呼小车送余上船，车夫又误前行。余知其误，自还寻得，遂坐官仓。顷之两儿、张、常、黄孙均至，男女从者共十二人，买饭而食。午后喜仲荃道台源偕二陈来。子声老矣，携子同来。陈督部遣船来迎，以诗代面。与书谢樊、沈，遣两吏送去。顷之大谢来，言其舅欲遣子毓英从学，谊无可辞，即令从去。并周生共十五人，竟日无所得食，喜仲荃送瓜。顾翁同舟旋去。西晒如烘，湘阴游丐左右相嬲，欲避无所，至子正船开乃静。

八日 晴

南风甚壮，但睡不事。湘乡王生及潭王生来见。仓中摸牌，亦摸二圈。夜眠，风吹衣，梦在家引被扇风，屡止不听，醒乃自笑。入仓少睡，因热屡起，已过岳州，停轮片刻，又开行矣。

九日 晴

晨至磊石，未初泊西门未上。张恺陶及两儿均发行李去。懿来食瓜。三妇、两孙女来，两孙旋来，懿妇、窊女、长妇同来，杨仲子来，将夕并去。梁焕均和甫来。夜热稍减。

十日 晴

彭孙、谭生麦、周生父子、王、蒋、胡婿、唐牧六、常婿、王明望、两孙、三儿均来早饭，或吃或去，家中送菜又送粥糜。午初开行，申初至县,已先具舟相待,便移杉弯。黄、陈请由陆行,常郎独坐一船。待房妪来乃饭,日落始发,四更到姜畬,稍惕。

十一日　晴热

未明便发,到湖口卯正矣。步上断道待舁,到家,滋女已起,黄、陈未醒,令移榻南房,大睡一日。

十二日　晴热

作书寄茂,遣名静去。彭笛孙来。

十三日　庚寅,二伏

冀望有雨,至午后大风,暑气虽解,凉雨未润。方僮夕来。岫生来,旋去。

十四日

作东游宴集诗,格律不高,颇云从心,杜所云"熟精选理",疑同此境界。未正得雨,夜凉。

十五日　晴

滋女忽发黄沙,疑是南海斑证,既无医药,只得听之。韩、杨来,言刘讼。振湘来,雨后去。

十六日　晴

滋疾未愈,遣寻振湘,云已下县。东游诗成十首,与余、樊、沈寄去。未正亦雨。方僮告去。

十七日　晴

作景韩志铭,前月已当成,因热遂迟一月,可笑也。遣人往城寻医,并寻名静,出门遇静。

十八日　晴

懿与周、王、蒋三生来。黄稚孙复来,云得双生儿。适摸牌有钱,便以一元贺之。蒋好行医,令拟一方治滋,乡中无药,亦不知效否。

十九日 晴

钞诗稿成。颇热,大睡半日。黄孙昨来旋去。彭孙约昨去,不去。周生为陈孙所窘,亦不得意,维口启羞,不可不戒。三生方安居乐业,又可怪也。滋姊弟看田,田主初无脱业之说,冒昧上门,中谬人也。刘佃还借银,让半岁息以劝之。

廿日 晴热

晨起,看彭、蒋去未,门尚未启,辟阖由下门还内。作檇李诗。李佣还,得功儿书,并留诗稿,别录来还。陈芳畹书来取银,以十元与之,快便可喜。作陈伯屏挽联:"抗疏劾三公,晚伤鼷鼠千钧弩;治生付诸弟,归剩鹅羊二顷田。"

廿一日 热

周生欲干黎薇生,劝之不止,触热而去。佃户来报旱,遣懿往勘。蔡表侄昨来,留三日去。

廿二日 晴

晨起,家人犹未兴,顷之懿乃往祠,夕待其还始饭。懿已三饭矣,至夜又饭,可谓善饭者。至丑正将去又饭,盖六饭矣。

廿三日 庚子,三伏。立秋。晴热

作豆粥未食,盛暑不宜劳人,无可应节。周生夜还,得见薇生,达其目的矣。

廿四日 晴

张生来,问《易》筮法,已忘之矣。自言欲出求官,有志上进,未夕食去。周生亦告去。午后有雨,热殊未减。

廿五日 阴

昨雨之效也,亦未甚凉。岫孙引其表兄宋姓来见,云住等子桥,似是生意人。麻叔来送豆。郭五女来借钱。

廿六日　阴

炎威衰矣,但有蒸暑。竹林叔来。黄元孙引子趣儿来见,字黄生,不甚忆之。云坐船来遇雨,又坐船去。常婿自省来,云已得厘差,以官钱还之。附书廖璧耘,托买煤。夜雨。学生醵饮。

廿七日　晨雨未止,至午始歇

常婿去,为蔡生看唐诗,随笔批示。陈生来取《夏小正》,检已失矣。刘、江生来。

廿八日　晴

已秋光矣。钞诗寄李雨农,兼问名肃消息。镇湘来诊疾,遣人买药下县,便发邮信。

廿九日　晴

晨得莪、复书,即作书复复。午后为乡愚作疏祷大王。罗妪妇患虱瘤,昔闻今见,奇疾即常疾也。

卅日　晴

得邓翼之专信,指索樊书,依而与之,更不与论百金一函之例。五妇率侄女来,正逢大雨,久之始去。家中送蒲桃来。常家人来,未闻消息。

七　月

戊申朔　阴

为陈生解《春秋》,阅王生文,至午毕。有雨。叔止遣使来探。

二日　雨

看《庾信集》。五相公来换佃。今年纸钱价倍,祠例中元用七千,仅能买百斤纸,意欲省之。

三日 庚戌,出伏。晴

诸生请照像。朝食后登舟,照二片,热甚还卧。将浴,懒未及具。看庾文。

四日 晴

房妪与女妪大闹,皆不可禁止者,竟不能整家规,坐听其喧。宝孙来。邓孙榴生名良材来见,意在优拔,亦所当致力者。陈孙不告而去,亦宜任之。王生告而后去,不能止也,何独止陈。

五日 晴

晨起甚早,邓轿夫唤起,又不即去,饭后乃行。宝孙去。看庾诗。廖德生来议弟婚。

六日 晴

廖佣还,得两女书,即日请媒纳采。不独四川多女,湘潭亦多女,吾佣工取五女去矣。陈孙自还。许笃斋来谢吊。两冯来议买废地基。

七日 晴

诸女皆嫁,无人乞巧,亦不曝衣。考七夕典故起自安公,盖秦人旧俗,至成武丁乃有牛女之说,后遂成故事也。热甚,避内室,看弹词。杨振清、卯金刀均来相搅。

八日 晴

照相人复来重照,前照遂成花脸,光不定也。看旧作诗。思周荇农前后交情,颇有感叹。赠周诗叙述甚超逸,亦兴到合作。

九日 丙辰,处暑。晴

照相未毕,忽雨,遂至夕。常子告去。与书复心。

十日 晴

王兆涵专方桂来借钱,与书邬师谋之,即去。将军酒保引刘生来学讼，遂缠一日。常子、唐、曾、梁生并去。看《画录》。

十一日　　晴

昨夜湛童从后园门入，值雨不知也。正呼廖丁，乃同聋聩，岂真老耶？华一引萧生来上学，年十五矣，尚须点读，留住上房，冀与黄孙切磋。已睡，舆儿来，复起，入内小坐。

十二日　　晴。风凉

华一去，求信与干将军和官事。料理尝新，分五席，用肉十斤，他物称是。杨笃子来，旋去，云京师召才女教女学，亦召京卿妻，则非取才，取名耳。

十三日　　晴热

未长衣，不与荐，看人奔走，犹以为热，烧包时月出矣。晨写条幅二纸。

十四日　　晴

邓婿晨来，午后接脚女亦至，问其来意，茫然也。即遣令还，留邓暂住。看报。夜热。

十五日　　晴

陈、萧二生上学，陈讲《论语》，萧点《左传》"无终子"篇。靡乃后羿臣也，灭浇豷而有穷亡，又似非羿臣，而何以羿杀即奔，叙次殊不明析。《夏训》"有穷后羿"亦无下文，未知张之洞何以说之。说"巧言令色"为今外部，颇足砭专心外交者。讲《论语》三叶，便须上下五千年，纵横六万里，殊非易事。

十六日　　晴热

方逃暑，已受凉矣。点讲书传。马先生又来。王心培来。

十七日　　晴

王心培去。邹元辨荐敝同乡来，李姓，名培先，太守也。未能长衣,谢未相见。滋疾,我亦疾,困卧竟日。

十八日 晴

晨见李姓,扶山从子也。云是营混,欲求书往蜀。今日小疾,得复武陵书。

十九日 晴

晨得杨笃吾书,求信,因及马生,并干李藩。舆儿将往考拔,周生又来怂之。夜出纳凉,遇干、杨从省城来,小坐去。

廿日 晴热

唐春湖之子来见,云作教官,久未归,欲整顿宾兴田,继其先志。舆儿复还城,未行间正摸牌,吴蚣咬房妪头,飞行桌上,甚似丘蚓,遂骇散,舆亦舁去。萧儿复腹痛,告病。

廿一日 晴

邓婿晨行,马、李继去,张芝又来。周生得省信,急去。暮往茶亭看地基。宗兄、曙生及组云儿来,言退莲花塘田事。杨瑞生儿来,从译学毕业,得举人出身者。问湘孙婿,云可得最优,有直牧、主事之望。

廿二日 晴

看诸生诗论,无甚成章者,独刘生钞唐诗,颇有师法,为评阅二卷。

廿三日 晴热

团总、岫孙来。宗兄引其族外孙唐姓来见,言举报节孝,名鐕外孙也。团议遏粜,又议存谷,皆各有私心,吾无可否。夜转北风,始欲去暑。

廿四日 辛未,白露节。阴,始凉

写扇一柄。考拔四生告去。周应昆送曹梅舫书来,并寄鹿筋。

廿五日　阴凉

看陈生所校《春秋》,于内伐及执君,皆改为时例,似无区别。懒于再考,姑仍其旧。馀多改时例,以省繁碎。

廿六日　晴

欧阳伯元来访,乡中好客,留住正房。朝食后刘兰生宇清、曹侄婿、将军相继来,唯刘得陪贵客,馀皆自去。

廿七日　晴

客起甚早,饭亦较早。【阙】伯元约同至县,前后争一日,俟日斜乃行。店妇劫留小坐,黄孙随行,至立马已夜,借镫到街。伯元先发,余至警局,正二更矣。

廿八日　阴。有雨,旋晴

晨至伯元家早饭,饭后至习乐所缴帖,见徐甥。至宾兴堂访旧,见肥刘、瘦郭,问算帐事,云不知也。还至救生局,价人设酒舟园,先往绿竹街答访张元缙伯荫,曼生儿也。访旧絮谈,到园已暮,劭芝、伯元、王纯甫、翁树堂俱先在,小观察、二知县同坐,夕散还局。

廿九日　晴

唐屏臣来,言学务,以宪政京卿在省,未可专断,与书告之。乡人来者相继,皆为请托。避至城中,待饭乃行,已将午初。入书院待顾问习乐,诸公无至者,惟徐甥来,立谈。至欧家尚早,入客房稍睡,闻价人、树堂均至,出坐则有刘姜生,云欧姻家也。言周翼九中书气死,讼事未已。余欲为鲁仲连,二家皆不欲。价人早去,劭芝不能来,均老矣。留宿欧斋。石曼卿读书处云"云台摩崖",未知何人书。

八 月

丁丑朔 晴

李雨人、唐屏臣来寓相邀，朝食后至宾兴堂，前二人已不见，黄云生为主人，学界、外人均至，啧有烦言，黄亦口众我寡。出簿请看，《廿二史》从何处说起，余乃议领簿清算，遂起先出。至局料理卖地事，亦无头绪。吴、唐乃留我一日，复还伯元家宿。

二日 晴，大风

留待杨度，不来，招张恺陶、刘姜生与小观察同摸牌，未七圈，唐屏臣来，示学用。即留同出商量，辞东而行，张、刘送至城门外。余告唐，俟定议后为告学司，唐欲告县。小哉，无益也。大要在县言县，县人见耳。遂换车至杉弯，大风，夕发，到袁河风益壮，乃停。有雨，不沾衣。

三日 晴

午至南北塘，骤雨旋止，舁还家。黄孙、廖佣俱不从来，至夜乃至。午出会食，去五人矣，仍有两生告归，唯留七人。夜雨。

四日 阴凉

看陈乐光诗，未悉其人，亦好弄笔者。卜女结纳周妪，为作复书。讲"于、余、与"，未知词意。陈芳畹来索钱，以四元应之。

五日 晴

晨患气坠，遂频如厕，顷刻四五遍。杨哲子来，云前得片，合种人妄言请假即行，实未见信也。潭人无用如此，欲为谋主，难矣哉！正密谈，诸子姓来言卖地基事，令待明日。继而思之，不如速了，遂令书契。交价三百千，本买四百千，大相应也。闹至日夕始去，又三遗矢矣。夜早眠,复三起。

六日　晴热

朝食,堂餐。饭后客去。李梅痴专信来,送鸭梨、文稿。书云乘便,使云专信,未之详也。章巡捕家来,言讼事。讼棍强刁,反怨我干预拖累,文笔颇曲,与书首县讯之。杨生送洋药丸,未服。

七日　雨

陈八送《春秋表》来,蔡厨亦至。留李使一日。遣人下省,复书李,致书王镜芙,言章讼事。杨休来乞食,未能留之。

八日　晴

下血五日未愈,绝粒亦五日,昨夜吃油炒饭半瓯,反觉小愈,食忌不可信也。衡足去。黄绍甲来求信。

九日　晴

滋又发黄,唯疾之忧。绍甲欲借信骗钱。与书秦子,便问傅道台《墨子》版。连日下利,未能他事。将军来。

十日　阴

周庶长复来,云学务不委。余参议云是服勤弟子。二字甚雅,营求无成,必是命矣。留吃祭面而后去。至夜丁子彬来。纯孙夜至。

十一日　丁亥,秋分。晴

诸女当祭半山,唯滋独当其事,晨面至午,午饭改申。客来颇盛,设二席,女客则无至者,荒客亦不至。周、丁俱暮去。

十二日　晨有微雨

午后懿妇率谷孙来,云舆妇从船将至,自往山边候之,竟不见舁。还家,踵至,俱安置书房,其住室改学堂矣。

十三日　晴

大愈。周生武德求访。写扇三柄,对二幅,横幅一张。

十四日 晴

得陈完夫、复女书。周凤枝来，议分花，再砌一台种芍药。送节礼者纷纷，何乡间有此繁文？或受或否，皆足相扰。韩、杨夜来。

十五日 阴

侵晨午诒来，屣履出迎，乃与其仲弟俱具衣冠。程十一亦来，佳节佳客，又乡中所少也。杂人来者不记。摸牌半日，至夜无月有雨。萧生夜来。

十六日 阴

张生晨来，颇欲留午诒办学，亦《鹿鸣》之义也。留谈半日，遂同船去。余病未能行，纯孙亦还城。补点《史记》一本。始放砖起公屋。

十七日 阴

郑妇来诉佃租，须臾即去。作彭仁斋墓志，得银钱二百枚，以助工作。周生送牡丹。

十八日 阴

先祖母生辰，设汤饼。讲"闻韶"、"肉味"二事相妨，不食肉则不可听乐，岂有感而后用丧礼乎？君亡在外，非从臣不必用丧礼，此乃伤感致然，非正礼也，故不图至斯。

十九日 阴

遣人唤船下省。复遣匠估祠工木料。与书三、九两女。写对子六联。

廿日 阴

待船不至。韩将军来诉刘坝。冯甲等来诉凌、沈坟山。陈孙告去。

廿一日 阴

衡州炭船到，坐船犹未至，检点行李。六耶率女婿来见，胡姓，字石甫,乡人也,留宿内斋。

廿二日　阴晴

设席款新亲,请萧孙作陪,饭后客去。陈育才又来,又铭从孙也,久在水口卝厂。云廖公七十,厂员公送寿序,欲余为之。留宿内斋。

廿三日　晴

煤船回,定留一下湘,坐船以与儿妇,余与陈生同船先下,初更到城,即宿船中。

廿四日　阴

晨送陈上小轮,移船救生局马头。招陈甥料理木料事。上岸写对子,送欧阳森。适值三朝,遣异来迎,便往看戏。见新妇,众客皆赞,颇无潭派。将夕妇船到,未请示,欲坐轮船,听其自便。是夕凡设五筵,以县令为首,至亥散。余留宿旧榻。

廿五日　阴

待饭至午,乃辞登舟。逆风懒行,泊东岳港。黄孙亦先去,独与妪居外,随两佣耳。

廿六日　壬寅,寒露。晴

未明开行,到省已午初矣。步入朝宗门,访瞿相不遇,遂至家,黄孙、周生已先待,两儿亦来候问。陈生领其从兄楠来见。丫诒及其四弟、廖胖、周生、书院四生来见。尹和伯、王心培来。余参议夕来。闻孝达之丧。王赓虞长孙钰生字绳伯来求碑,云即日东下。黄孙亦附船去。

廿七日　阴

周菱生来看病。杨京卿、二夏、谭会元、瞿协办、马太耶、陈芳畹、殷默存、书院诸生、丁性泉、郑从筠翰林、丁五、蔗泉来。周梅生不复支宾，仍来直日。夜雨。陈育才来送礼。

廿八日 雨

廖荪畡来久谈。杨重子、曾重伯、六耶率超八兄子来求帮讼。子瑞来相看。闻朱京卿往蜀。写信莪女，并回复女书。邓婿来报其叔父丧。夜数起，甚不快。

廿九日 雨

看曾般庵诗，浸淫六朝，格调甚雅，湘中又一家也。胡子靖，王心田，吕、谭两生来。两儿延柳姓来诊疾，服黄耆。子玖送蟹翅，以贻四夏，午诒来，晚饭得尝也。周妪来。

晦日 阴雨

懿昨坐守，断客，因留待疾，今日小愈乃去。刘妇告归，求钱学织，许为备办。龙郎来，送于术，因言孝达死状，因婢推伤胁，遂患咯血，疑诬之也。人死不可不慎，故圣必寝疾。

九　月

丁未朔 晴阴

朱八少耶及其弟来，弟字枚勋，有似放勋，亦僻字，可配劼刚也。吕蘧孙、谭祖同来求书。作《求阙日记序》，未成。舆儿考毕，不送场稿，自唐以来所未有，诃索之，仍不送来。未正舁往尧衢家会饮，朱枚僧及从子同至。

刘健之来高谈，大不以张文襄为然，而欲以我受三拳为"武襄"，则失实矣。张乃竞争，我则和平，何文武之相反？又言宜作一词，则益证我之文也。菊尊、午诒继至。今日城中开谘议局，会元投票独后，谈笑甚欢。服二朱药一帖。家人以改服生地未服，仍进前方，亦赵高子之类也。病已大愈,夜食饼二枚。闻雨。

二日　　雨

晨起写刘定夫挽联:“二品服,卌年官,一第只虚荣,甘让赖唐先受禄;骈散文,古今体,遗编重披读,正逢风雨更悲秋。”作曾日记题跋。

将出无畀夫。朱纯卿来,言摄政事,云不宜还府,为张相所误。六耶、将军、冯屠俱来,依然乡景。待桂窊来摸牌。

三日　　阴

出拜客。马太早来,未饭。午出访子玖、震伯、荪畡、午诒兄弟。朱庆威来,岳舲孙也,云红湖绉帐中人尚在,七十四矣。金妪来,亦老丑怕人,为之怅然。

四日　　雨

曾祖忌日。两儿、四妇来,玄孙不皆至,以俱幼也。合家素食,则仍向例。臬台来谢,未见。

五日　　雨

出东路访一梧、四谭、心田、叔鸿,还过唐蓬洲、朱纯卿。

六日　　雨

庄心安来久谈。将访刘健之,盐道催客,遂往。健之、张编修启后、朱纯卿、孙仲璋先在,戌散。

七日　　雨

衣冠出答周镜渔,因过健之,见其三弟,字述之,新改湖南道员。周云南北洋改湖南,人弃我取之意也。至荪畡处会饮,午诒、震伯先在,殿香昨来求文,今亦在坐,又有梁和甫,至戌散。黎六郎薇生来。

八日　　雨

孺人生日。午诒、梅生均来,留面。谭五郎、邬小亭、吕蘧孙来。

本欲招客,因夏子鼎已去,暂缓办具。

九日 阴

蓬洲、荪畡来,问何处登高,俱云高人宅即登高矣。午出城渡湘,炮船相候,嫌三版不稳,派六勇丁为驾渡船。从大西门渡水麓洲,再渡湘水,俱汹涌。循山径至茶店小愒,云开见日,买橘。又数里过屈祠,今改景贤堂矣。书院亦离奇光怪,但工作颇壮,云油饼者冤也。入东斋至监督室,连房五六,于中坐客。曾四元、彭肃斋、谭组安先在,何璞元后至。循厨径上山,何不能步,乃呼舁还,唯至爱晚亭一坐。周儿来见。令留勇饭。二马招明午便饭,则不能留。一马云在胡文忠家曾相见,未之省也。将夕,何先告去,余与曾、谭皆留宿,张生亦至。

和陶韵为一诗:"秋霖忽逾旬,风起湘波高。轻舫渡麓洲,缘径蹑烟霄。枫林有馀青,芳桂犹未凋。礼殿启宏规,改作亦已劳。弦歌非昔年,文宴复今朝。渊明爱九日,时菊契贫交。余怀在涧阿,游赏倦金焦。晤言且永夕,谁能空郁陶。"皆促余早睡,遂踞黎床。

十日 阴晴。见日

晨起会元已先去。饭后写字一张,通身汗下,如何蝬叟也。令从南门渡,勇丁引从西门,余亦惘惘从之,见渡亭乃悟,无可奈何。仍令还家小坐,见客数班,俄忘其人矣。舁至华昌,心恬、梁、杨为主人,廖荪畡、夏午诒、曾重伯、蒋少穆同集,谈笑甚欢。久待组安不至。夕入西门,复睹升平景气,垂垂六十年矣。夜月。

十一日 丁巳。霜降。阴晴

午诒晨来,云昨夜宿城外。王心培来候事,无以应之,李培先亦然。梁璧园来,陈程初继至,均久坐。桂阳邓生候见尤久,幸不带铺盖耳。子瑞夜来,云拔案已发,舆儿取录。寻人不得,乃与午诒兄弟同宴樊西,更招其弟,不避亲嫌,又与程孙俱夺情,可怪也。宜丞参之恶之。周生夜来。胡氏两外孙亦来相看。

十二日　阴

振湘来,得茙蜀书。蒋少穆、黎薇生来。黄秉湘儿廿五岁来作知县。尹和伯来,言王心培事。

十三日　阴

答访吴道台文虎,未见。又答孙传棫,至藩署,径入寻郐师,更衣。主人俄出,邀行内堂,规制甚壮,至楼上小坐。健卿兄弟来。胡厘道出谈,不忆之矣。曾议员后至,郐师陪客,初更散。

十四日　雨

石巡捕来催信,依而与之。便催子培和诗。李馥先生来。

十五日　阴

李知府来贺望,为房妪所诃。午诒、程生、马太耶来。

十六日　阴

杨季子来,云已充教员,月得百元矣。出城答访陈提督,还过三妇家,携赣孙来。晡后至唐蓬洲劝业署会饮,水轩甚明朗,荪畡、少穆先在,郐师、赵御史旋至。赵字竹园,名炳麟,名御史也,请假省祖母,赵柳溪大令之子。得功儿京书,言京事,即有赵所不知者。郐云拔贡案发,遣问未发,至夜乃出案。爆竹声喧,三郎得隽,门人得者五人。

十七日　阴

贺客盈门,入者均接谈。遣房妪迎女,送螃蟹,四更起,五更去,独宿久之,四壁萧然,盈孙亦去矣。

十八日　阴

曾竺如晨来。赵御史、李次儿、黎监督、罗伯宜、孙英卓字钦来。

易兴生、杨锟、清涟之子均来谈。易困于家，与书朱雨田谋之。今无知清涟者矣。晚忽胸肋不适，久之乃愈。

十九日 晴

晨与刘妇私语，陈孙突入，云八叔有信。就床拆视，乃遣颜子送银票，云喜安求谀墓文，即片复。陈例不收现钱，当仍还之。安子庚芳又送鼲鼠褂材。饭后出南城扫墓。滋女已从乡来，未遑语也。朽人亦不遑语。还过碧湘宫，见亲家母及其二子，子妇未出，不便传见红香也。三吉斋作房，佃钱卅千亦不为贵。入城过荪畡，云奉差往鄂，明日即行。答访赵御史，未入，驰还。

廿日 晴

曾祖及先妣生日，设汤饼，未饭。改黎九郎论文。午诒来，告以暂不东行，惘惘而去。至夜风雨。

廿一日 雨

吴学使书来，送王礼千金，暂存未复。为四妇织局求官费，附呈呈之。周生求关说，告以不能。周大烈来，论自治局。

廿二日 阴

孺人忌日。杨生来亦论自治，许为调和讼者。叔鸿送贺仪廿元。

廿三日 雨

周大烈复来问还县期，期以天晴。

廿四日 阴

步至荷花池，访吕副贡，舁出，久谈还。余佐卿三儿来。岫孙、宗兄均来。

廿五日 阴雨

写对子条幅。周子来送黎诗，并促写诗，随草与之。连日看王文浩《苏诗注》,以其似文韶兄弟,而初未闻有此人。知世间书痴不少,又非科举学堂所可尽。

廿六日　壬申,立冬。晴

钞《孙子》,失靳一叶,取《通典》补之。谭、吕来谈诗。

廿七日　阴

拔贡生泸溪王、安仁侯均来见。周妪下乡,约必相待,未知何所顾也。丁性泉为兄先达求书,干尚藩,托彭向青转致。与书向青致之。得曾岳松书。

廿八日　阴

钞《孙子》十三篇毕。黎薇生送诗来。程九郎来,得复女书。见客无数,不能悉记。金妪来上工。

廿九日　阴晴

瞿中堂来久谈。向生来送字帖,求题签。二周生来求谱序。作廖荪畡寿文,了丁家寿礼。周妪还城。午至王心田家会饮,陪周印昆,印昆已赴潭会,招二梁、二杨同集。桐轩亦从鄂还,言曾、常事。夜散。

晦日　晴

滋女欲还山庄,自往船步看船,便至卝局还煤钱,送廖序,交高荷生转致。船人未起,复还朝食。懿及其妇来送,窊女亦来,饭后与三大娘坐东洋车出城。胡、杨先在,滋女继至,坐湘潭轮船上湘潭。遇谭提子从富,又呈新诗。午正开行,到县日斜矣。人船来接陈、任,备轿,令晢子乘去。自至湘岸看滋过船,乃舁至救生局吃午饭,见甘思禽,小坐。与张恺陶、云孙父子步至宾兴堂,已改洋装,宿朱太史轿夫房。黄云生为主人,印昆先在,不到此堂,忽六年矣。两欧阳来。

十　月

丁丑朔　晴

自治局开议，到者数十人，知名者李雨人、秦子和，不入新党者。唐信臣兄弟，齮龁劝学者。议论俱未畅达。晨已正酒，午留便饭。

伯元招夜饮，要胡、杨同往。夏子乘间来见，廿一年不面，不识之矣。恺陶亦与小道，不入坐。亥初始还。夜谈湘军起事时，五十年前旧史也。诸子弟俱来见。

二日　晴热

始换绵衣，已束装矣，晢子言宜留一日，余亦恐来和事而更生事，遂令解装。与印昆诸人步至丽泽堂，新开教育门，立教育会，到者百馀人。坐久之始发包子，又久之乃摇铃开会，讲说理由，多新名词。坐至两时许，印昆、易鼐皆欲闻余演说。余见会员无异议，遂言自治治人之理，不可有人之见存。以二会作截搭题，又入考棚过县试一回，正六十年，谓之重游泮水。

入夜将睡，李雨人、唐屏臣、李子修、宝老耶、张雨宜、尹应銮、陈朽兄联芳相继来。

三日　晴

幞被将行，又被秦子刚留待决议，凡再留，已过午矣。子刚来，仍是用钱之说，非筹款也。周、杨遂欲通算公费，以报各堂。余意皆不谓然，且归刷书。同族孙、刘、江生步从瞻岳门过烟柳堤，还至九总，仆佣已先到，遂乘车到杉弯，上船。饭后泛入涟口，至沿湘已暮，篙桨不停，子正到家，小坐便寝。

四日　晴

感寒不能饭。午间周、胡来，未料其两中书也，令诸生款接，徐步出房,则大人物来矣。云欲索两书与藩、学,借张正旸,依而与之。廖生引刻工来,刻唐诗。庸松又来。七、五相公同至,顷之皆去。昏昏睡久之,似已稍愈。

五日　晴

晨已思食,待饭乃起。改冬祭,待新屋成,未知能如期否。周生引周武德来,意在教员,谢以不能,夕去。新月依星,光影娟丽。

六日　晴

作安副统墓志铭,以了鼲鼠、兼金之请。作樊、陈二书,寄安志去,交欧阳生带至汉江。程孙来书谋事,喻以不能。

七日　晴煊

写字四幅,休息半日。刘妇遣女来看,刘丁发狂,乡人来诉。步至茶亭,看筑墙基。

八日　晴

作恩尺平碑文。将军乘舁来,与张生皆绅士矣。许女求屋,召匠与二万钱,作三间,兼筑后园二间,沈山人志也,题曰“樊榭”。遣人收租。

九日　晴煊

写字六幅,墨尽而止。作恩仁山墓碑,前作诗序无稿,不甚忆其事矣。

十日　晴

刘丁发风,众议送官,余以为不可,更约法,令住土工厂,令其妻侍之。妻伪号泣藏匿,乃夜相见,穷日之力,办此一事耳。

十一日　丁亥,小雪。晴

午后大风,写字一日,尽了俗债。夜风愈狂,排门冲户。

十二日　晴

风仍未息。周生天球考优还,云无知名者。夜月甚明,滋云宜夜行舟。余欲出,而又谏霜寒。顷之黄孙及刘婿来,张妪亦还,王、廖俱至,至子乃寝。有霜。

十三日 晴

晨起催师亭急还,云当留一日。蔡可亭孙铎来见,云孺人侄孙也。问蔡家事,皆不知。留住一夜。月明。

十四日 晴

二客治装,余亦早起,至午乃得行。遣人送刘。写字三幅。遣文柄至祠,议修建事。

十五日 晴

周、王二生来,求书与颜拔,即日便去。常孙书来,告喻谦。郑福隆来。

十六日 晴

作王文韶碑,亦颇有声色。三屠议加佃规修祠,告以不可。修樊榭复不成,且令停工。

十七日 晴

作王碑成。先府君生日,未尝称祝,与先妣有逾前之感。写字半日。

十八日 晴

将遣妪往常德,料理行装。夜闻宝老来,吾亦从此去矣。

十九日 晴

朝食后宝哥及谭生来,求书求字,为破半日工了之,并了诸字债。黄三元儿来,求阎书,天下奇想也。郭藡安子妇求诗序。觅船下湘,日午得行,以为必早到,及至已初更矣。从人从陆俱未到,遂泊杉弯。

廿日 晴

晨醒命开船,乃云借船昨夜已到,陈生亦曾来,殊未觉也。即移九总,任七来迎,云甘州同又下省,局中可去,陈生又迎我去矣。坐久之乃回。曾孙求书,船上书三联。午初开行,周生附船,两丁未来,半日乃过昭山,五里行两时许。钞文一篇,遂暮,泊朝霞司。

廿一日　晴

未明开行,将晓小停,待曙复发,到城已将午矣。饭后乃上。周生先去报果庵,久之乃来,四妇亦至,云二杨均上县矣。遣问常德船,云须待数日。周妪亦上岸,宿前房。船山诸生来见。

廿二日　晴

休息一日,懿儿同事诸员均来见,茫不知其所以酬对。喻生晨来,云欠款已缴,且呈收支收条,筠仙所云诪张为幻者也。王镜芙来,言川路开工。与书李参议,荐纯孙学习,因荐李培先,资以十金令去,殊无行意。

廿三日　晴

往瞿相家闲谈,见其新楼,平临湘川,颇胜曾楼,因约为刘健之作生日。

还送房妪上船,至马头打两架:其一不许车辗篓索,似乎有理;其一打醮不许猫过,则闻所未闻,八十老翁新增识见也。眼看行李上船,还家晚餐,又俱回矣,云船不能容,并未上也。

廿四日　雾阴

城中开戏,官收八音税,尧后又一奇也。会元来,邓婿先去。出从东路,答兵备二员,兼访杨,报曾竺如、冯星槎,过懿家,看女工厂还。午食未久,已夕。

廿五日　晴

周大烈来,瞿相、殷判、易子、谭五同来,皆世交也,新生则未令见。招心田、皙吾、乐谷来,久待汤饼不至。今日舆及孙妇生日,故为特设午面。

廿六日 晴

拔贡誊红，云须三日，未记前己酉有此否。小轮搁浅，改议由陆赴朗，请陈芳畹顾夫，因拜东路客。

廿七日 阴，寒风甚厉

藩台来。遇沈国仁，谈五十年前事。梁和甫来，常德轿定行。夜寒不寐。

廿八日 雨寒

房妪晨兴，未得起送。刘生世翯来言旧事，云靖州冷官，十七年矣，吾回忆似昨日耳。曾竺如来。瞿家约会，欲去未能。苏晐又至，不能不见，因约同至瞿家，廖复不肯。与片子久，更请之，驰往，客已集矣。庄、冯、刘先在，登楼廖至，看《庆寿图》，云张文敏所献也。内庭受赐，又命讳之。未集酉散。

廿九日 寒雨，有雪意

刘健之来求文。谭、吕、杨重来闲谈。尹和伯夜至。为周生包石灰，亦可笑也。

卅日 雨阴，仍寒

明日烝祭，斋宿，不见客。朽人、卯女闯入，郑亲家母子亦闯入，则更奇也。瞿相来，代送千金，坐谈颇久。得吴学司书，言孙氏关节，词雅意深，才子才子！

十一月

丁未朔 晴

昨夜视涤濯，寒不可立，今乃得晴，颇有吉祥止止之象。本烝祭而改为祫,兼及祔食,共十位,躬执献事,尚能成礼,惟跪起似稍难矣,盖厚底靴不便起立也。巳初行事,午正始竣。便贺拔贡,招亲族,杨、郑均到,邓、黄婿亦至,惟胡家以女忌不至。女亦有忌,前所未载,又补《檀弓》一条。李生自郴回,喻生亦来,谢来旋去,周则固坐家也。十人共五俎,未饱而食已罄,亦可谓不尽欢。

六铁新得经管,与文柄偕来。荪畡来,送京物,自云针抵、眉镊,并送蓬老。往唐处问之,未有,见蒋龙安而还。遣迎滋女,盈孙意也。

二日　晴

朝食后访尹和伯,周庶长从,即至又一村眺望,同访常汉筠,见其子。坐人车至廿局,访廖荪畡,设点心,日已斜矣。步访夏己石,未遇。欲作午诒书,未暇也。寄恩碑与复心,还遇汉筠,下车同至家。吕家送润笔、酒馔、杂物。议约客,未敢,家人云可吃,遂约明日。周荐三客,皆不用,唯荐给谏,补约之。夜微雨,旋止。

三日　阴

看扔叔《丛书》,其说梦未知何意。黎薇生来,云啫吕家,约其来饮,未至。更闻谭芝畇来,遣约亦未至。午荪畡、心田、梁和甫、冯星槎、谭会元陆续来,方食,皙子亦来,遂成大会。差亦可吃,未暮即散。卯金、三屠均来,各有以遣之。

四日　阴

陈妹、陈女均来相见。诸生来及新拔来,皆不备记。午至盐局会饮,荪畡又先在,曾、冯继至,健之已将代矣,与其弟俱作主人,戌散。

五日　阴

刘去,当饯之,乡中适送果菜来,与诸妇谋办具。郑先薪妻率其长子来见,送参桂,请题像。夜方摸牌,外报邻火,乃杨厚庵家楼火,相去虽近,砖墙封火,不能及也。促窊女早归,立门外看水龙。顷之彭受可、夏已石、杨生、邓婿均来。

六日 阴

谭祖同、邬师来看。瞿相送狐羔二裘。朱雨恬送易郎四万钱。写字三幅。永孙来。作送刘诗一篇。汤稚安来,荐木匠。

七日 阴

忌日深居。写字十馀纸。

八日 晴

朝食后往盐道,未遇即还。将待午饭,便出拜客,轿夫久不来。莘田来催,公寿荪畡七十,即过藩署,未入,至瀛洲,客已并集。夜乘月还,复过藩署,寂静无人,到家。心盦欲改一日,势不能矣。

九日 晴

闻谭芝公来,遣要一叙。顷之来谈,又与荪畡言殊,官绅之异如此。四妇来执爨,幞被留宿,勤于事也。

十日 丙辰,冬至

不朝贺客,仍素服,似亦非典,以郊日不可素也。芝畇早到,朱益斋、刘健之旋至,未初集,申正散,仅历三时,便似一日。朽人又来相嬲。

十一日 阴

曾倬如、廖荪畡并约午饭。朝食后,便出唁吕子清,孝帷无人,入与杖期生相慰,庶婿谭生陪客。出过一梧,索观墓志,则曾太守已在坐待宾,云准午刻,无须先往廖处。久待两时许,芝畇、袁幼安乃来,汤稚安不至,寻五六次,已过晡矣。吃小吃三品,不辞而出,主人觉,送出,已欲暮。本约未正,甚以为负,轿夫又故迟,青石桥又断道,到卝局诸客毕集,然皆初到,有刘健之、王心田、梁、冯、杨、谭。入坐,均次第引去,唯余我及梁耳。菜亦糊涂。乘月还。闻岳常道放人,电线忽断,不得其名。

十二日　阴

一日清静,诸生来谈者相继。袁道台送其妻集,曾彦女兄也。有作糟蛋法,似是假里手,然福过其妹,有子登科矣。

十三日　晴

张生来,余犹未起,彼已饭后又行数里矣。谭道台送贺礼、京物。朝食后出,诣谭,送刘,过梁、杨均不遇。答访张师。入城过学台,试一诣之,先有客在门,请入,复有客出,似是抚台。先客则朱九少耶也,未审何以与翰林通来往。午后亦来诣我。夜遣送谭菜把,闻其已调省道,无须路菜矣。会食王家,三更散。

十四日　晴

昨约醵贺芝畇生日,晨作一诗:“诗人长寿月长圆,袖里馀香御案烟。豸绣更移风俗便,鹤琴初返洞庭船。喜陪仙侣谈瀛岛,待续消寒擘彩笺。莫羡朱颜两开府,知非论学不论年。”

山庄诸生散学来拜生,亦且听之。独行至抚署,坐人车出城。舍车而徒至张师处,同步至灵官渡,问九皋公司,胡姓,广东人也,在楼居,遣其妻出避客,询知与廖荪畡相识,并邀荪畡来作客。顷之王、朱、胡徒皆至,芝公来,公贺设汤饼,并设摸雀开弦之会,作一日欢。群妓生硬,芝殊不满意,又但能唱二黄,初更各散。舁至城,逢迎者,改坐车还。

十五日　晴

休息一日,崔、丁生送傅书墨版。江少耶来,刺刺不休,周自治来乃免。廖生送百千刻诗,常婿百千。包木器云滋今日当发。得复女书。吴学台来。

十六日 晴

遣候滋,云未附小轮。至午乃至,云坐船橹被厘卡劫去,靳口卡殊生事。与书复女。谢兰陔送诗,随手和韵,才子也。作周氏谱序,写对子四联。唐蓬守来。

十七日 晴

周生下乡,处分钱财。得云门书。黄孙来,晡食后乘人车至懿寓,将请客,便轿入门故也。李兆蒖出见,庄外兄也。周翼云本在馆,略谈。招周妪弟妇来侍,三辞,扭捏有似商人妇。夜雨。

十八日 阴

寿孙生日,自家来拜,滋亦移来,命烧鸭庆之,且包厢看戏,挥霍之间,费万钱矣。舆夫妇均来,遣召功妇、慧孙、窊女,均往同春园。萧文昭太守送茶香、火腿。喻生来,问郭先本。四相公来诉三屠。曾太尊来夜谈。舆献烧鸭。刘妇索喜钱,初未提议及此,当问拔贡。

偶曳长裾拜戟门,故山秋草怨王孙。弹来栗里琴三叠,闲却瞻园酒一尊。料得治安询贾谊,也应冷稳学刘坤。白蘋江上风波定,唯有飞鸿爪印存。

青溪东畔谢墩前,数别金陵又十年。紫气销残神识石,红尘空老地行仙[①]。松间鹤影清炎暑,竹里蝉声咽暮天。莫笑鸣驺过樵径,淮王能赋小山篇。

文人自古喜相轻,忘势忘年折辈行。肯向红毡论故事,每遗缟纻见交情。官衫北面曾相笑,礼数南皮且莫争。手版一时参护帅,知君到处有逢迎。

十九日 晴

发江宁词筒。得莪十月书,健孙宜昌书,亦尚有文理。开菜单。寿孙来吃面。织女散工。湘潭二朽来求汲引。江少耶又来早饭。

---

① “空”字,据《湘绮楼说诗》补。

永孙来,托求张彩道。待慧孙不来。夜吃饼甚佳。闻雨梦不成,卧看天明,不觉夜长。

廿日

阴雨大风,竟日无客。至夜有人来,云蔡六老耶之妹。余意六弟无妹,姑令延入,则携一子同来,滋云四姨也。先见其子,年十五矣。云一日未饭,具馔,不肉食,饭毕入见。四姨乃云间关千里,盘费百千,来求周生盐馆,允为极力。留令久住,不可,母子均暂住一夜。

廿一日　晴

未明遣送邹侄往求福栈,久之不去,朝食时乃起送姨。舆妇、功妇、窊女均来办具,滋、庄已忙半夜矣。未午,吴补松来,云恐迟到,未早饭即来也。遣速心安,亦云待久。顷之周镜如亦至,看机房,乃过厨房,见女妇盈厨,甚为赞叹,谈饮一日。乃闻学界绳轿声,甚讶其来。俄见房妪,云十小姐已生一子,三小姐亦来矣。喜不自胜,匆匆送客,乃云不育。入见珰女,敦竹亦来见,妇女陆续回。忽已二更,吃汤圆,小坐即寝。

廿二日　雨

与书复女。珰携小女来见,慧孙亦来。方留摸牌,报云邓婿在外,出看乃有多客,一一应酬,逾时俱散,夜半乃寝。

廿三日　雨

吴道台跃金字文甫来见,懿同事,颇以知兵自负。周讲《君奭》。

廿四日　阴

往功家看珰女,窅芳亦还。寿孙出示皮袄,初不知为新制,问裘材乃知之。本欲以奖房妪,漫言留用,孙女乃分制也。昨令妪自看衣,价值五万,嫌不称,当予以银钱耳。与常婿摸牌四圈,还,大雷雨。

廿五日 辛未,小雪。阴

得云门十日书,寄示诗词。珰来,留饭摸牌。慧孙亦来。遣廖佣还北宅。滋出访曾彦姊及瞿九嫂,晡还,云未遇廖二。暮还,乃云见大少耶。因留珰摸牌,待兄。初更后功来,言道路险屯,小轮船几沉没,又遇南风数日,故迟至七日始到。舁夫久待,并催令去。

廿六日 晴

益吾招饮玉楼,云有冯星、王心,至则一人独坐,云冯疾,王吊吕去未来。忽悟失忘,还急送二元,交舆代往。吃八菜颇饱。常孙女生日,设面。还京寓,功儿亦至。

廿七日 晴

移住内房,饭后出答吴文甫,贺心安得曾孙,均未入。至北宅看铺陈。周生来见,小坐。舁至报子家,潭人醵贺生日,莘田、荪畡均与,龙、郭列名,星垞亦附,更有刘国泰,则坐客也。曾泗源率李馥先生亦来。同县三杨、二梁、一张、二周大烈、大椿、一黎,到者五人。外县廖、刘、谭、龙、郭、王佩初、曾,到者四人。谭、曾、冯三议长,冯疾未至,增入一李外省。莘田办酒,报子为地主,设三筵,召十妓,子初始散。

廿八日 晴

欧阳伯元来,作会办,絮谈张督,中堂来乃已,同坐久之。子玖先去,送礼者两宅纷纭,小生大做,亦可笑也。翁树堂特来,尤为可怪。族弟子孙来者十馀人,夜餪祝,不辨谁某。大风至晓。

廿九日 风寒不雪

晨起待房妪妆竟始出,子、女、妇、孙已毕妆矣。拜贺毕,舁至北宅,功衣冠待事,妇犹未妆也。砥帅、议长、商总均入吃面,馀人络绎,唯记周、朱耳,内设一席未坐。舁夫待面已久,仍至南宅。面客未散,翁来,当款之,并约蔡六第、欧阳子、徐、孙、二周同宴,翁云已去。窊女来,云姑生日,故来晏也。夜大雨,功儿去时余已睡矣。

十二月

丙子朔　阴雨

李道士来,送蟠桃、寿石。诸生公宴我于陈园,共廿二人。秀才好胜,动费十万钱,殊为多事。

二日　雨

答拜胡道台德立,还经贡院,遇小雹数点,旋止,过臬辕尚早,即至欧阳寓,居停余介卿出谈,秦子刚旋至,设菌面,说盐事。三司催客,即至臬署,为程生关节,廖、曾作客,饱食而还。夜雪。

三日　墙阴见雪

出答瞿协办,因答道士、刘伯卿。刘家遇谢诗人,托送名条,兼为刘婿探铁路差。余参议甚诋学生,事不谐也。过北宅,王女尚在余家,摸牌二圈而还。告常婿,以书院经费支发事不必再管。复与女妇摸牌四圈。

四日　晴

袁照藜仲卿道台来,初以为袁幼安,出见乃知误也。周自治来谋盐款,云易合种之计,新学家非钱不行,殊使日本减色。张子年来谋差。步过曾竺如。

五日　晴

夏已石昨夜来。致陈复心书。为陈小石送别敬,小石谨啬,乃于我大费,诗亦似樊云门,即以十金送夏,为饮红之资。王心培、韩元瑞、李砥卿皆皇皇有志于盐局。谭聘臣与宝老耶告行,又为刘、江生请一函，如此则百函不足了请托，且皆置之。李生干馆被裁，则宜道地。训以不可再取妾，自销英气。

六日 晴

李生来，更与小石书，令带去，谢别敬，无他事。夕赴杨家饮，汤稚安同为主人，更招胡同人滇道、孔揩阶、刘稚泉、冯辛垞。夜还，微雨甚寒。

七日 阴

女妇皆赴窊新宅，独坐凄清。写扇一柄。胡子清来，误以为胡道，未见。夜检《全唐诗》，寻《花烛词》。

八日 阴

写金屏二幅。纯孙自宜昌还，云路差已派巫小路，并致橘柚。满姑娘、六老耶均来相搅。懿妇作腊粥，功妇亦送粥来。张生来订行期。胡子阳来送名条。

唐诗《花烛词》仅五首，自作五首足之。“橙香春旖旎，梅影月横斜。已有金闺彦，亲迎玉钿车。画眉传彩笔，系臂解宫纱。五日东风早，先开并蒂花。”“画戟名门贵，鸣环习礼来。韩车金作厄，温镜玉为台。回雪迎春早，仙云待晓开。共持椒颂句，同献碧螺杯。”又七绝三首：“春气先回第一宫，荷池冰镜月明中。新居正近湘春馆，墙外新河有路通。”“何须问卜应鸣凰，旧族崔卢姓字香。齐子王姬同自出，一时唐棣有辉光。”“锦障羊车双玉人，香气满路识新春。三朝厨下镫花喜，糕嫩饧香酒麹尘。”

九日 阴，欲雪

周生次子又服毒，专人来追，异事也。其兄死未数年，又及其弟，似祟似冤，非狂非逼，不能断斯狱矣。六铁来，言祠事，大扰，用人不当至此。

十日　阴

晨起珰女已来,顷之小雪。任弁放船来迎,云大风不可行,遂留一日。两孙来,言《湘军志》写刻缘起,全非事实。张生失约不至。日本领事又约明日来见,告以当行,令明日相候。过午忽晴,遂见青天。与书臬台,言二奇案。曾竺如过谈。夜月。

十一日　丙戌,大寒。晴

与书复谭芝耘、谢生,告以不可再至船山之理。午至黎坡,携谷孙女见倭领事,并见倭医。至卝局,荪畡已归矣,何其太早。出城过杨家,送谷孙省外婆,余不更入。外间皆言杨、梁入京运动,何鬼祟如此。上船即发,初更到九总,陈生来见,欧迎未去。夜月。

十二日

晨起见雪,乃以为霜。昨夜和衣睡,四更起解衣,犹有月光,忽见积雪可三寸,奇景也。两舁来迎,上岸坐欧舁,答述堂,乃至伯元家,见其族弟及少大人言盐事,踊跃移场,大有陶守之意。朝食乃出,云今午有集,价三承办,往问无之。遇价于途,同至警局,甘判未起,与价三同坐,送燕窝,乃上船,即发。夜泊姜畬。

十三日　阴

晨待两桂,至辰乃发。朝食时至南北塘入口,待轿,到家已将午。廖生迎门,金妪铺房已毕,云盼望正切。以刘丁将死,不知办法,余告以此皆守屋人责任。专足上省,作二书寄茙、真。

十四日　晴

长日如年,午睡甚久。许女、乔子均来见。振湘来,云乡人闻当借钱,争求放利,一呼可数千金,乃知谷贵之利。责其加佃,令速已之。零用须钱,向廖生假得一万,亦多钱之证。

十五日　晴

张生来,与同至新祠验工,亦尚坚壮。崔孙来,与书傅茗生,送书十五种,晡食后去。寄真、茙书。

十六日 晴

春风扇和,大有生意。发钱廿万与三厝。得茙蜀书。看《逸周书》钞本。书廖五郎册叶八幅,论交友之道。岫孙来。夜闻獐鸣。乡人云哑獐不鸣,鸣则山神乘之。

十七日 晴

韩〔干〕将军、刘江生来,留面去。鬷侄来,云到省即还,特来求事。方作刘碑未成,辍笔待之。二更刘丁死于下室。

夜梦李家请客,舁往,欲入大门,正厅方有衣冠之会。稚琴迎于便门,引入别室,内一客云朱姓,甚似俞鹤皋。余三代同在坐,功儿及宜孙也。室中墙上嵌一联,分四段,三字一段,高下不相接,上云“芙蓉羹,曾共脍”,旁稍下云“芝兰室,有余馨”。心以为梧笙联吟处,已而传帖来,云魏允恭,衣冠在外坐,出见甚瘦,非魏状也。向我展拜,仓卒还礼,未上席而醒。思此对皆鱼事,但不知朱、魏何来。稚琴又云外宴客者听泉,亦不知何许人。鬷宿右厢房。

十八日 阴,有雨

鬷去。作刘秉璋碑成,翻书倒箧,丛不可理。

十九日 阴

写扇一柄。宇清夜来,扯皮气盛则言短声高,不可喻止。曙生则轻言细语,劳叨不休。大风吹窗,二更始去。

廿日 阴

史佣来请上船。振湘来看地址。宇清来,欲亟去,止之不可,无所用勘矣。三厝来交代帐目,令廖生发挥往取。余遂步上,诉冤人相随,云人负七十金。语以立折,岁于我取,十年而毕。彼之受累甚矣,而我初不累,犹非申冤者也。周妪步来,遂同登舟。夜至九总。

呼秋嵩来问钱,怪怪奇奇,总付一笑。夜姓。

廿一日　　阴。时有雾雨,拗霜不转,风亦无定

午初始发,夕至朝宗门,登岸入城,乃知珰疾,郑妇亦病,又闷人也。且至荷池看胡孙新妇。子正妻出见,老矣,子靖妻又太少。小坐,舆还,功、舆始相见,懿妇亦来。早眠。

廿二日　　阴

钞刘碑,送瞿转寄。懿、舆均来省问,送妪,问郑氏妇。至唐蓬守门外,问谭芝畇。午后子玖来。胡家送席,滋来相侑。芝畇暮来。饭后即寝。

廿三日　　阴

作糕送灶。作诗赠瞿。周生、马泰来。夜待爆竹声乃寝。

廿四日　　阴

晨起甚晏,朝食后携妪步行至文运街,送金信至,京腔流。看滋女,昨发血疾,今又愈矣。遣问欧阳生,云已上湘。待异至,往学院,遇会元,亦便衣,言国会事已荷谕旨,王聘三擢京尹,余寿平移陕藩。吃酱粽而还,至心安署,已暮矣。借镫至落星田,访芝畇,值其宴客,便入坐吃菜,二更还。

廿五日　　晴

晨至瞿家,约廿七日之集,还便发知单。齐大圣儿送藏香、朱炭。接脚女来,言女婿落井,携三孙往看,便至胡家,更携慈孙、窊女同步还摸牌。夜待迎春,至亥正。

廿六日　　辛丑,立春。晴阴

廖生专人送六雉,即分三妇,更以一遗芝畇,媵以燕窝、榛子、熊掌。

仿樊山体,赋一诗:“何用山梁咏色斯,德晖翔集及春时。舍鱼

从欲真良贵，客燕浮家选一枝。七子平均能正国，三元晴旭喜薰旗。去年梅蕊今犹盛，应托东洲共酒卮。”

又与书萧叔衡谢香茶。滋回摸牌，二更仍去。龙璋送润笔。宗兄来，夕去，以无宿处，令至京腔宅也。

廿七日 晴

房妪昨归，今遂早起，闲坐无事，吟诗一首：《芝畇前辈约续消寒之咏和诗未至叠前韵催之》：“十载劳君说项斯，今来重值咏梅时。青油幕下看人面，乌夜村边借我枝。击钵定须烦腊鼓，劝农何处矗春旗。闲忙那用生分别，且向平泉斗玉卮。”

袁仲卿来，谈督销。子店寿喜两酒尚未扫数，召滋谋之，更办一席，请城中士老。宗兄来，言昨投京腔不容，仍旅宿也。贤人遂至为盗，可胜慨然。夜微雨。

廿八日 阴

谭、杨馈岁。滋往京腔，余亦舁往，儿妇皆出，遂遣滋铺排。益吾、稚安均辞不暇，更约曾守、马令，张从九为明夕之集。

诗与仲方索酒：“东阁尊寒梦早醒，城中爆竹又同听。定知屋角梅花老，且醉泥头竹叶青。饯岁未妨银烛短，引杯常恐玳筝停。馀杭旧是君家地，试酌流霞乞蔡经。”又记瞿楼之集：“晴光淑气暗相催，岁晚湘滨约探梅。天上玉堂容我到，城中芝盖共春来。南厨蔬笋论乡味，北极觚棱望斗魁。更乞馀杭酒千斛，屠苏后饮不辞杯。”子玖送鞋，心安送银。懿妇还，言臬讼二事有边，遣召房妪具保。仆妪匆匆。宗兄复来。京卿又来送贺礼。夜宿南宅。

廿九日 晴

胡子威儿来借钱。与书长沙令，保鸨妇出监过年。书到即出，一快事也。鸨家无籍没之条，沈令未免偏断，疑有嫌也。马少云送糕团。未晡自来,嫌太早,请子年来摸牌。皙子来辞年,留饭不吃而去。报子、稚泉相继来,遣邀竺如,申正入席。李华卿两局先去。竺如健饮啖,酒散,犹能吃大肉三块,亦人瑞也。未二更客去,滋欲还北宅,余亦率妪车还,料理年事。心盦夜来索诗。瞿相诗来,交华卿带示谭兵备矣。

除日　晴阴

晨作谢银诗,送藩台。“咚咚腊鼓不须催,有客孤山伴老梅。自喜身无多口累,居然春自两头来。从来炭敬成佳话,共说冰花占百魁。只恐俸分仙鹤瘦,劝君留取马蹄杯。”

沈士登来诉冤。送陈、邓各五金,胡威儿廿金。谭道台送诗。待窊家,无人至。申正团年,懿儿未到,共十九人。珰出,亦未入坐,舆妇小愈,能出行矣。夜分压祟钱廿二千,佣工内外将及十千,大场面也。正辞年时,小雨,二更后祭诗,复吃面,旋睡。

宣统二年(1910)庚戌

正　月

丙午朔　微雨

晏起,三妇各送莲茶,孙妇亦送,又吃年糕,以二碗赏两女。辰正出受贺。

作诗调芝耘:"除夕诗成不待催,巧将佳句敌欧梅。落星楼远飘镫去,细雨花开送酒来。会府免朝闲枥马,文昌新入验杓魁。七年酃渌容同醉,更到长沙劝一杯。"并钞六诗送学台索和。傍晚吴诗来,云先遣送后到也。又和吴韵送去:"弄斧般门要斧斯,不防隔岁和新诗。翰林鸷集惭先辈,除夕鸡鸣未后时。险韵难工同赎帖,偏师易近早搴旗。知公不似芝田客,太史篇中问茜卮。"赣孙从妪眠,二更先寝。常女回门,诸亲均集。

二日　阴晴

杨卿、邬师均入久谈。芝畇夕来,诗战宜停,且空一日。

三日　阴晴

邓婿晨来,实朝食后也。其子亦来相见。李师来,衣冠步行,犹有古风。

吴、庄、谭又送诗来,且有诸以仁、吴道晋之作。诸,拔贡;吴,举人。押"魁"字均稳,不可示弱,又和二首。庄、谭俱送诗来,打油甚盛,亦消年好景也。当寻曾重伯和之:“夜饮愔愔咏露斯,新年刚是燕闲时。盍簪晓见林鸦散,刻烛春题火凤诗。群彦略同丞相府,离亭预认酒家旗。郎君禁近承恩渥,应挹尧尊奉寿卮。”和吴。“莫叹卑居似鸴斯,惜花人起对花时。一年自共飞蓬转,三日新题报柳诗。暂向东城听鼓角,好从南浦望船旗。寄声濠上观鱼者,可笑吾言日出卮。”

龙郎夕来。胡子正儿亦来拜年。窊还回龙。

四日　雨

本欲出行,房妪请假,遂留守房。功儿亦步出,但未衣冠,不及李耳。黄孙引陈师曾孙来见,定生孙也。

五日　阴雨

令房妪作饼,孙妇助之,家中亦具馔庆节。

芝耘又送诗来,倚马和之:“南山归息又违斯,正是衡人卧辙时。公望尽容分一席,侯封元不抵千诗。桃根渡口春圆月,薇省垣边雨洒旗。更与文翁修石室,定看时哲献兰卮。”震伯送文正日记及和韵诗来。

六日　阴

未正出行,依元旦喜方向正南行,唯见莘田、李师。闻广东兵变,攻省城,新学之效也。

看曾日记。《华山碑》三本,长垣本归刘燕庭,四明本归阮云台,华阴本归梁茝林。刘孟瞻又得扬州市肆本,李约农得南昌本,李山农本整裱归张樵野,此为后三本,馀皆未见。

人日　阴

看曾日记竟日。夜吃伊面、肉胜,食既,不能饱也。黄潜甫来。子寿第五儿。

八日 阴

出拜客。自西路出城，至杨家，适值亲家母生日，长子衣冠迎客，设汤饼。终席，梁和甫来，余乃先出。入南门，驰十馀里，不见一人而还。将夕，陈老张次子来。言其父十月病故，与余所闻不合，今柩还当入城治丧，正年节未便料理，将腾旁屋与居。又有机匠，且姑徐徐。

九日 阴

见电报，言广州事，其词支吾，盖非实也。

谭芝畇片言无吟兴，及晚又送诗来，再和一首嘲之："直愿将身作锦鞋，闲情赋就句尤佳。楼台弹指金为屋，镫火笼春月上阶。那自焚香空怅望，不妨泥饮就朋侪。南疆烽候非吾事，且免催人驿马排。"

十日 阴

滋还黄家。功出门，滋女亦出行，无人摸牌，静坐一日。雅南女婿来求书，写二联。健孙往湖北去。

十一日 阴

良孙治拐带事，送三人至警局。梁璧元来。吴学台送诗。陈仲甫来言衡州事。

十二日 雪

藩台来，召功儿出见。

作和二吴诗："寻春已办踏春鞋，却喜吟春句更佳。雅共金茎论格调，欣看玉树出庭阶。闲情肯让陶彭泽，好士还同乔鹤侪。且欲从君歌白雪，晨游新咏马蹄排。""仓鼠从来笑李斯，雕虫何技可匡时。宁知刻画无盐句，竟得赓歌白雪诗。盛业一门家有集，高科两浙旧张旗。应言未面虚襟久，待扫蓬门奉酒卮。"

十三日　雪晴

出访谭、庄,过懿寓一看。彭寿可偕二陈来,言赎屋事。子玖来谈。夜摸牌,邓婿闯入,驱之去。

十四日　晴

会元来,胡婿父子均来。窊夜来摸牌,珰发病遂散。

十五日　阴

芝畇早来。常孙女来省亲。以珰病反复焦心,遂无欢情,夜复无月,仅真人一龙来,应景而已。陈孙女、懿妇子女均来。

十六日　雨阴

请客,多不至。胡子清两来,不能待饭,趋公去矣。胡婿早来。张尉闯至。王迪庵来,颓然老矣。申集戌散,已疲于接对。夜摸牌,寿孙大负至七底,早散,遂无继者,盖皆倦矣。看苗王《说文》[①],浅学谩骂,非端士也。

十七日　阴

看钱塘梁履绳《左通》,张孝达所师也,凡不通可笑之说皆引为典据矣。尤异者不祧朱子,信乎中堂家法也。

十八日　阴,有雪

晨出答访甘思禽,便过瀛洲。司道均集席祠,绅士无显达者,入相问讯,顷之皆散,不知此集本何为也。还家少休,又至王迪庵处,杨芸轩、春山儿、何朴园、邬师、周麟生、朱稚泉皆旧识,摸牌未一圈,入坐杂谈,戌散。还,霜风颇厉。

十九日　阴

晨不欲食,至午乃散。闻有催客者,忘其先约矣。舁出西门,至

① 原文如此。或为苗夔纂、福山王氏刊《苗氏说文四种》。

灵官渡九皋公司胡南翁家，吴少板借屋请客，三张、两广、二倭、一□同集，召妓五人，各唱一曲，其声聒耳，不知何所取也。三更先还，门半掩矣。女妇听戏亦先还。

廿日 阴

刘世罶来，云推升知县，指湖北，即将入京。戴侄妇来，为亲家求差，责其抛头露面，无此办法，即与书欧阳浦告之。杨价人已死。得茙书，云丁慎五亦逝矣。财主避国债，知几之士也。

廿一日 阴

张尉来未见，邹台石来亦不能见矣。参议来，乃见之。杨三闯入，段沅在外坐待余，杨去乃见之。送客还，又见颜通判、李华卿、唐蓬洲，颜谋科员，唐言关聘，即与唐书，令荐颜乃受聘。世之以红书定人去就者多矣，此印花税所由兴也。夕待催客，催乃无轿，甚窘，立门外待之。两轿俱至，急往葵园，苏灵均亦在，芝畇待久矣。张、朱为主人，入坐，与广老言商务。昨日闻戴鸿慈死，今日闻吴彧生进，又闻唐守言岑抚以我比葵，皆异事也。镜初儿来未见，以其求馆甚急，无门达之。

廿二日 晴

黄生来，误以为均隆，见之则荒唐人也。甫送去，曾孙来见，亦荒唐人，遂未之接。写册叶数开，才女携去。唐蓬守送关来。

廿三日 晴

子玖来谈，张生直入同坐，言排饭事。写字两张。傍晚张又来，未及出谈。颜仲齐来谋科员。

廿四日 晴

蔡六弟及虔生来字仲来，便留一饭。仲妇忌辰，兄嫂为设荐。云孙来，旋去，云欲求科员，令先见谭公。午食夕散，已倦矣。

廿五日　庚午,惊蛰。晴

晨出送蓬州,言书院事。朝食后出城,上冢,从南出从东还。少息,瞿夫人来,避出,即往其家,与子玖谈久之。视周家客到,乃至菱生自治局,宪方与京卿摸牌。余待心田来,亦摸半圈,入席,饮散便还。

廿六日　晴

邹台石昨见督销,未见,今又往谒,云得周世麟遗缺矣。狮孙引一周姓来,求土工棚头。张生来,言学务。李、谭师来,言云孙科员。子玖问祭礼,检《家仪》已刻版者,未知谁失之,将重写付刊。甫作二叶,窊还摸牌遂罢。陈益新来,言午诒已去,云门不乐,江南颇肃清矣。

廿七日　阴

严受庵孙来见,名湛,年卅矣。云被举多税来省,首府不见,为书议长问之。黎薇生来。午出城至五里牌梁家看梅,重伯、周印昆已先到矣。莘田、杨生旋至,会元亦来,赶城入犹早。

廿八日　晴

写定家祭礼节。和伯来求书。梁戊生来谈衡事。村山正隆来谈倭事。张生亦来。竹林翁来,请写祠匾,留宿前房。

廿九日　晴

《家礼》写毕。倭僧引一倭生来受业,名鹤雄,不通汉语,亦不甚似学子,年卅八矣。云欲授《尚书》,取笺本示之。何镜海孙来。受庵孙亦来。重伯来,送其母诗本请序。房妪暂来复去,殊劳往返。

二　月

乙亥朔　阴

蜀客来见，纯乎鼠派，令人匿笑。宗兄与宗叔、宗女俱去。彭鼎珊来。珰女来坐。郑短辫字农伯闯入，叩见，云宜孙表兄也，请与字一张，为书二赵诗。黎薇生荐门生，有大欲存，鱼熊可兼得耶？亦妄而已矣。因此又提起丁治棠、戴子和，云子和居京师，有商业。

二日　阴

祠祭，斋戒不见客。看艺芳诗一过，初以为其子伪为，今知非也。才女来问礼单，乃知滋未读《仪礼》。夜视涤濯，俎豆未陈，陈几筵而已。

三日　丁丑，雨

晨起待事，舆、懿及三孙均朝食乃来，所谓羹定也，亦大晏矣，已正行事。宗兄复来，谭五、杨三来。胡贾来求印。慧孙生日来拜。杨皙子来，辞行入京。夕访荪畡，殊失所望。还夕食，已二更。

四日　阴，欲晴

将出拜客，闻房妪当还，留待之。

作栗诚妻诗序："重伯编修当成童时，始自京师归长沙，左季丈、郭筠兄与语，皆惊为天才，茫然不知所酬答，一时声名满湘中。数数过余，每谈辄移晷，或至夜分，必有一老仆随之，不暂离，余心知其母夫人督教之严也。既入书塾，见其两弟，则衣履朴陋，恂恂如村童，益叹母教之贤。又闻其女子皆能书画，工诗文，益心羡之。曾氏自文正公以儒臣立大功，兄弟子侄云起龙骧，并有异才，而重伯独秀逸有名士之风。余尝论之，一姓之兴，自其积累，若其脱离乡俗，苕发颖茂,超然群萃之外,必婚姻之助也。重伯母夫人,蕲水名家,幼侍宦游,以文儒之训渐,奉英杰之宏规。夫君既以算学冠中西,诸子复以材彦继勋阀,乃其家法,无异寒素,能陶成美材,使就范围,其用心尤难于养不材。既庆文正之有佳妇,又伤郎中之以诸孤累未亡,而不及见其盛也。今夫人已逾六旬,诸子奉诲,幸诒令名。思使当世传其徽音,乃最录所作诗篇,自癸酉迄今卅八年,皆纪事书怀之作,既不求工,而自然见其性真,非有学识,莫能为也。用以余所钦钦者,述于简端。二月戊寅叙。"

午出诣抚署邓炬、梁戍生处,唯梁得见。便过莘田、遇票道略谈。妇女宴女宾谭、袁、瞿。坐楼上竟日,初更乃饭,暖甚,解衣甘寝。

五日　晴

晨起甚早,和陈小石四诗:"天津桥上总师干,曾语元戎虑变端。一自北门开锁钥,几人西誓斩楼阑。老谋平远曾深计,儿戏滭阳莫例看。燕雀堂前须唤起,知君元不倚穹官。""锦城风月早相知,粉署从容接燕私。一蹴青云真自致,五旬华衮尚嫌迟。如今科第须高阁,莫道张王有去思。恩重身轻难报答,正扶羸病许驱驰。""珍重容刀佩玉瑶,远从湘汉望星轺。儒臣都统高骈笑,御史弹章李定骄。曾坐鹤楼看骇浪,不妨蜃市听奔潮。当年崇李非先□,岂独袁杨是续貂。""朝廷新数中兴年,那许西涯听杜鹃。当道貛罴难豫料,清晨猫鼠莫同眠。从来名节如林木,定有讦谟在简编。寄语海防非战事,应知修政胜修船。"

陈龙昌五次来谒,勉见之,乃知为笠唐胞弟,借差回籍也。今日更热,夜得大风。

六日　阴

公请学台,两湘潭人作陪。午至瀛洲,教员四十人均到,云设茶点,实洋菜派耳,未夕散。

七日 阴,有雨

杨生来,复寒。常婿来书,言廖胖被捶甚苦,为争公费也。写对子数幅。

八日 阴,仍寒

周大烈、曾广钧公请名士,实则矿痞耳。照像二次,未夕散。与荪畡约公请学台。钱葆青来。

九日 晴

钱仲仙约会徐氏酒楼,有吴、苏、□三客,长沙人,约议减粜。先往一看,余、刘、孔、郑诸人诋訾张、朱侵挪公款,余未赞一词而出。至青石街,诸客并集,更有叶麻,看熹平镜,午后散。至廿局尚早,与荪畡各睡一觉。看袁爽秋诗、《茶花女遗事》。将夕子修、芝畇来,宴楼上,菜殊不旨,费十金矣。夜还,女妇亦宴还。四妇候一日,为题诗文本,词旨甚超。夜作诗,房妪促睡,强坐一刻,诗未成而寝。

十日 阴晴

樱桃盛开矣,子玖约倭客赏之。四倭、四湘,吃燕窝、熊掌,俗厨熊掌如猪肉,全无香味,亦吾、觐虞、尧衢均后至。酒罢待异不至,凭丞相车茵出城。雾露神麇集,皆有求于平原君,平原君又转求赵王,可笑也。芝畇亲送千元与珰女,命退衡人。待滋来即发,盈孙送开船。

送子修一诗,并寄书午桥。"良朋乐嘉游,吉行亦伤离。矧兹善诱怀,群彦久依依。述职遵皇路,扬舲及春期。昔来秉龙节,今往旆鸾旗。国典初改官,湘州旧所司。斯民未劝功,兴学固非时。道胜息群淆,虚衷理棼丝。方陈造膝谟,不使民听疑。倭迟原隰长,四牡傥周谘。虽无清风赠,临歧咏遄归。"

从者六人,并陈孙女,分两船,夕发,乘风,三更到九总泊。

十一日　乙酉,春分。阴

滋女先发,令王、罗二佣从去。晨召陈甥备轿,饭后往舟园,吊欧阳二子,徐孙支宾。略坐还舟,闭仓谢客,来者皆不见。欧阳述再遣来迎,俱谢不往。得莪蜀书。夜雨湿衾。张恺陶来。

十二日　雨

伯元再来迎,知其生日,不可不往,未饭去,翁、吴诸人皆至,三道点心,乃得汤饼,清汤无油,亦尽一碗。留看戏,正无如何,家中送邹生信来,复舁登舟。为干袁督销,寻周印昆名纸,许为叙记,约十四日专足来接也。写欧阳挽联,并写对子十馀幅。还看戏,遇欧阳浦、沈士登、余介卿、张德瀛,张旋从登舟相谒。恺陶送橙梨、苹果。

十三日　晴

尹生赠诗,刘生赠画,又送玉佩。六耶亦来相看。宇清来,一言不发。待至未正,欧家始遣来迎,未备绿轿,依本品大装题主,礼尚简易。礼毕设酒,翁、吴、小欧、徐甥相陪。韩守备来见,广东人,能说京话。烧猪后散还船。与书龙安。夜写《郭园宴集照相记》。王、罗仍自乡来迎。

十四日　戊子,社。阴,有雨

申命早行。陈嵩相欺,欲邀我作招牌,疑其授意船人,故意不发,严饬令开船。房妪被欺,反为关说,岂其度量不如村妪,乃命移至十三总,再停一日。筠仙所云诪张为幻,幻亦甚矣。夕赴十三总天生福,庆牌抱财,十元俱进。内外二席,防营魏、陈,烟膏文,铁路徐,救生任,俱为客,官局萧、沈不到,盐局秦先在船相看,至是又来,留谈,二更散。梁哨官亦在坐。冒雨还船,有人呼舟子,云九姑太太送书版来。版在十一总,人在湘河口,两头不能相顾,余令姑去。

十五日

船仍不发，遣王大看涟口船，周妪唯恐过船，令其先发，余令待我，至夕不闻消息，仅行卅里泊姜畲，自行船来未之有也。

十六日 阴

晨复不发，因忌日未便促之。十里到家，遂行半日，行李料检，便日夕矣。船丁惰蠢如此，乃索米一斗而去。刘二嫂、萧儿均来，趁火打劫，亦自可乐。施五嫂携男女、息妇五人来吃饭，卯金刀亦还乡。纨夫妇已先到，居正室，余仍西轩安床。刘孙一年未见，稍觉老成。夕闻诟谇，房妪竟敢与小主反唇，无纲极矣。不早用六耶之言，至于如此，立遣之。

十七日 阴

唤船，诡云未有，改换轿夫，又云有船，罗三十亦侜张耶？纷纭人来，皆谢不理。作岑春暄尚书寿序一篇，下笔付纨誊清，写者犹迟于作者。文殊有欧、王之胜，付周妪寄去，并赠以钏梨，以志别念。刘婿明日下湘。萧儿来上学。

十八日 阴

祠工遣人来迎，舁往，夕至，谷仓已定，无可商办。宿西房，与镇湘对眠。

十九日 阴

早饭后仍还家，午后至，见男女行行，知为观音生日。干、刘来访，周武德亦来求信，听其寄居。夜与两女打牌。

廿日 阴风，甚寒

六休、鹤熊来，求作《云鹤记》、《藏经记》，久诺遂忘，夜分走笔成之。

廿一日 雷雹并作，寒逾腊冬

留僧住一日，写字数幅。夜仍大风。

廿二日　阴

僧去,周留,诲以本业,令还应课。周不以为然,遂去。寻梅生,夕寻学徒,均出。滋又感冒。刘敬池来寻。

廿三日　阴寒

写字十馀幅,落款加印,遂至半日。讲《左传》"叔孙氏使尽为臣,不然不舍",是舍为舍臣也。季以役邑俱入己,叔以私人俱入公,季倍征勒令入私,叔不舍,勒令入官。

廿四日　雨

刘叙昆引其老姊来,求庇护,云吴鹤年之妻。夫妻反目,一索聘物,一索奁资,儿童语也。横来相干,无计避之,亦令款接,各宿客房。盈孙来。叔止来,说盐事。

廿五日　阴雨

朝食后刘家姊妹去,纳贿十金,当与其夫家人,不直向之说,礼也。写字数纸。

廿六日　阴

上冢人今日当止。乡人云寒食不上冢,嫌不及事也。蔡侄女修幼今日十岁来拜生,小名杏儿。刘孙移就我读,野不可禁。

廿七日　辛丑,清明。雨

金妪告假看戏,亦一奇也。再觅轿夫,俱不在家,各往祠堂吃酒矣。今日宜作杏酪、范卷,已豫设,故不再设。写字数纸。周武德来,又去。盈孙上冢夜归,天黑如磐。

廿八日　晴

王凤儿来,未见,误以为雪师孙也。写字数幅。作书与复女、婿,告以将游五湖。

廿九日　晴

滋吊谕妇,午初去,未正雷雨,恐其困滞,竟无人可迎视,乡人艰贵如此。理安妻蔡携孙来，名镇藩，学南货，求盐局差，小坐去。

晦日 雷雨

涟水大涨，往来断道。懿送周妪来，似不留六姐馀地。岑三亡儿，不做寿矣。

三 月

乙巳朔 晴

两女放纸鸢。罗小敷来看，在后山颇久。夜复摸牌，至夜睡不安，展转百起，几不支矣。天不肯明，无柰何也。

二日 晴

卧疾不出。周梅生崖船来。王心培来，上客几成冤魂矣。至夜请入房一见，并招周生，廖、萧亦入。

三日 晴

出见崖船，告以先生无引进弟子之道。心培痴坐不去。振湘、岫孙、国安俱来。

四日 晴

始出堂餐。雾露神俱去。新晴不得一游，又为怅怅。携妓①登楼，聊为应景。

五日 晴

课刘孙毕，携女看公祠，行数步觉倦，乃命舁迎。步至茶亭看碑，云本王碑岭，旧苦道险泉涸，先人乃开径施茶，云湖更捐田十亩。成公即今六房公也，殊与第六房无与。滋云宜为一碑。

① “妓”，疑为“女”之讹。

六日　晴

晨出外斋,夏十儿来见,昨遣送礼,今又自送银,还半山金钗也,受以与六女充公。谈一日去,亦无甚长进。周儿来,报省城大乱,已焚抚署,打巡局,常备军入城矣。盈孙送老圃来。

七日　晴

牡丹尽开,杜鹃亦花,山中春色已盛。嘉女来求书,以抚子涂赓臣可胜管帐之任,许为问之。蔡六弟书报民变,并送米十五石,欲就来船下县,便令办行。

八日　晴煊

遣发行李。至午浓云如伏日,须臾大风。郭女欲从行,已先上船,余继往船,人云不能下,又舁还。作一诗。

九日　雨风

不可行,看牡丹已尽敛避雨,物性之灵如此。独坐高堂,啸歌自得,思城中人真如隔仙源也。至夜刘婿书来告难。

十日　阴

晨起登舟,往观世变,舟行甚迟,午后始至,呼舁送郭女到家,移舣九总,改坐己船。田二来告变,送功书,并得纯孙宜昌信。召陈秋嵩来换银。夜早眠,醒闻吹号,乃始初更,已如过一夜也。又数起数溲,始得酣眠,醒乃止三更耳。情非屈生,夜同若岁,又诗中一景也。“欢娱夜短”语亦不确,真欢夜反长耳,亦有老少之异。唐业准来送礼。

十一日　雨寒

仍是恻恻单衣之景。盐船又来求放,与片秦刚请之。正在扰乱,乃有此黑天之事,亦可笑也。待船篷,当留半日,入城至史佣家晚饭,陪欧、沈、张恺陶、周代令。惟蓉遣信相闻,夜与欧同往一见。

还船，街有月光春景。周旋来答拜。涂孙、萧咏恩来。周翼云来，云衣被已被掠矣。

十二日 丙辰，谷雨。晴

辰发，未到长沙，入城熙熙，如未乱。功儿出议团，妇女出诉乱状，刘婿尚居东床。舁出看芝昀、心安，庄处遇参议，小坐还家。芝昀生孙，逢生吉祥。窊女还，留宿旧榻。与功略谈防后之方。参议夜来。

十三日 晴

两孙女游桑局，四妇留船未去，谈其兄被围之事，颇怨会元。午后雨。孙女几不得回船，北风作浪，因泊新河。呼舁来迎，三人两轿，因留寿孙在船。

十四日 晨雨，旋霁

移至朝宗门旧泊处，朝食时功来省觐。作说帖送抚、藩，引咎自责。陈芳畹来求金。周生、廖、萧均来问讯。入城看瞿军大。旋至家摸牌。至抚辕一吊故牙，还船。

十五日 晴。北风甚壮

入城宅，樊、史两生来，皆欲求馆，陈尧翁所谓颠倒奇想也。周、廖复至船，索说帖看，本欲留稿，因令取还。新抚午至湘阴，期以申到。接两孙女来看兵轮。酉初入城，良孙来送潭电，云七都已乱。妄言也。告刘婿，宜往护妻子。

十六日 阴

刘婿告去，家人无来者，入城视之。周大烈来。迎窊女来摸牌，懿妇亦至，在家夕食。往看新抚动静，寂然无所见，云带饷百万，随员甚多，卫队亦从，盖新募也。夜雨。

十七日 雨阴，晨雷

送人参还参议，遣看日本领事及廖孙垓。入城摸牌，窊、庄均来,夕食后仍上船。

十八日　雨

从者俱无行意,己亦不欲渡湖,因功妇设饼,入城与窊议,且暂留城。添烧一鸭,窊又送汤圆,未夕食,留城宿。夜雷电。

十九日　晴

悉召仆从入城,遣船还湘,已费百千矣,作为避兵耗费可也。张生、吕蘧孙、会元、彭孙、李孙均来。夜星忽雨,中宵照闪不安。

廿日　雨

得夏午诒京书,蓬洲衡书。戴炳孙来见,酒保外孙也。乘乱求差,欲代狗儿。杨三来。

廿一日　阴

陈八去,复唐衡书,约枇杷熟时当往。复夏书,略言鹿事。梁和甫来。谭五来。

廿二日　阴

看王注苏诗,殊为可笑。书局多得翰林,吴子修亦与其列,则可怪也。遣使往武陵。

廿三日

未起,藩台来,大雨如注,坐良久去,言我宜往唁岑。余尧衢、谭大武来。张生来,言送洋人事。遣送书与日竹添。刘述之自江宁来。欧阳伯元自湘潭来,秦子刚亦来,言盐船。

廿四日　阴

陈芳畹来求金。朱盐撤任,芝畇署理。与书陈秋生,言船户脱逃事。

廿五日　阴

午出诣盐署,唁朱,云谭已受印。遂往谭处,遇吴关道肇邦,河南知府来鄂者。出城访钱平江，入南门，答刘述之。其寓宅，唐画郊旧宅也，小时熟游，今尚记识，欲寻篁仙书房，无门可入矣。道过余家，便看欧道，至岑抚寓送行，辞以头痛。谚云见则头痛，非佳语也，亦是实情。过参议、祭酒，均谈乱事。官绅龃龉，亦不知所由，总归数定而已。还家夕食。属周生送刘书，刘又申言竹石墓志，许为作之。

廿六日 阴

王心田来，言电报事。两儿往看伯弢，午后雨至，遣人迎之。宥芳来，舆儿来，言真女已到湖北。子玖来谈。

廿七日 辛未，立夏。晨晴午雨，旋霁

张、李生来。久坐。秦子刚来。岑抚辞行，有送至岳州者，亦尚非市道交。而一舁出小吴门，甚为仓皇，则太无学识，可怜笑也。

廿八日 晨雨旋晴

梁戌生来。午过懿家，步至东长街，车至小瀛洲，看莘田，旋至懿处，妇庄讲《周南》一什，日犹未晡，舁还北宅。待昏复至苏家巷，余太华设酒相邀，客有萧漱云、夏子振、莘田、伯元，戌集亥散。夏已石来。

廿九日 晴

昨闻湘藩开缺，晨步至邬师家访之，遇赖家祥，江南令也，言其父被辱事。昨见纪乱诗，乃邬所作，令送一张。闻魏督、朱道俱在城，未来相看，何也？邬师夜来。

四　月

甲戌朔 晴

钱清泉来见新抚，半月乃得见，门包太少之故。船山童生来见，

告以存古不贵童经矣。殷默存、谭象坤、杨子杏、余尧衢均来久谈。得复女书,云当还家,期此月初。留罗佣不遣,盖留作厮养也。余欲还山,而房妪不欲行,借此为辞,亦姑待之。刘婿、黄孙均来城,亦当令还山庄。以百金与舆儿入都,以十金与孙妇入蜀,盈孙送之。今日上船,妇、孙出入,流涕被面,初别小姑,离情甚挚。

二日　晴

盈孙早归,船尚未达。懿妇送黄诗来。窊女亦还。

三日　晴。午后云、雷、小雨

黄伯雨署学使来访,未相面,谢不敢见。将往答拜,轿仆俱无,又无衣袍。李师、曾守、朱乔孙来,刘婿来,夏已石来,客去已晡矣。坐手车出行,出街口,雨至又还。

四日　阴

晨至学院,黄伯雨尚居公所,入谈久之。言湖北并不亏空,为闻所未闻。将往藩署,且还吃饭,黄送至仪门外,亦新样也。晡后复至心安处,荐刘婿,遇薛叔苹,车入舁出,省费二倍。为陈伯弢书扇对,组安来,久坐,带去。芝畇夜来,言绅事甚亟,意畏瑞澂,不知其行尸走肉,不日将败也。芝畇于世故殊浅。

五日　雨

写张孝达挽联,与百金舆儿,令入京朝考。将往魏督处,无舁无从,又因雨阻而止。

六日　阴

晨过魏午庄,闻名卅年始相见,乃昔从曾沅浦攻吉安,亦老营务也,朴厚有湘将之风,但无可谈。滋女送樱桃来,分一盘送曾、懿。又至舆儿家一看,云尚无船。张生来请书扇,因并箴杨度诸生。朱乔生来。曾甥儿来。

七日 阴

魏督又来，盖谦谨殊甚。欧阳子亦来，申约陪客。看《四六丛话》，阮云台之师孙姓所作，初不知名，许心台重刻之，其中误以笏记为记，可笑也。舆夕食后上船，功往送之，待其还乃寝。

八日 阴

补写日记，误重一日，亦殷纣之流也。昨日是前日事。昨往李朝斌祠陪魏，客有袁仲青、朱乔生、余介卿，魏不能谈，菜不可吃，徒有罢官之感。龙郎来未遇。今日开展览会，又为谣言作乱之日，闭门深居，静以待之。得蔡天民讣，二月死矣，年八十七。

九日 雨

刘婿、廖生、张生均来久坐。方僮来，言叔鸿昨日未刻病故，其家未报丧，自往看之。并过孔、朱，未遇。至瞿相处，遇余参议。

十日 阴雨

孔、欧来谈。向道台来。丁性泉来，言农民颇有逃亡。湛僮送衣来，滋不入城。狗姑来求事。

十一日 阴

为向生写扇，送陆凤石，云其父为校官，以庠庭有石如凤，因取名字，其后汪又继之子皆取凤为名，即药阶兄弟是也，盖丹徒学舍矣。

夜思叔鸿，为作一联："四愁曾向桂林吟，又十载江南，饱看山色怀青琐；大梦早随仙蝶化，待重陪乡饮，无复文场照白莲。"

十二日 晴

饭后舁至徐家陪客，与陈抚儿、孔、黄同知宾。见李提儿，从广东还。又一李大人，则不知谁氏子。坐一时许还家休息，道过盐署、瞿军机家，俱小坐。夜摸牌。

十三日 晴

陶榘林、徐定生、子玖来。傅姓因黄孙来拜门，年四十矣，欲做官先求信也。写字半日。

十四日　晴

晨未起,罗儿来叩门,云十女已到,与婿偕来,遣迎未久,余又还寝。已闻复问讯,顷之赵婿亦入见,程孙适来,遂同朝食。懿儿、舆妇均相遇。余出答陶、徐,均未遇。过心安、芝畇,芝尚未饭,留点心,谈闲事。还家,询知纨女今日生,为设汤饼,招刘婿,夜饮无酒。曾重伯亦约来谈,生日有客矣。二更散,倦坐遂眠,未下帐帷。

十五日　晴

忌日谢客。未饭,仅吃豆腐拖面。一日无事。

十六日　晴

作余妾墓铭。鸿甥荒率,索稿来已费两日,又不可用,故自作之。马、杨、袁生来。刘述之来。

十七日　晴

晨报船来,笔墨缠未得去,乃令女、婿先发,遣男女三佣从去。送余志与瞿相,托其预辞发棠。曾重伯以母命送滋百金,未知何意,亦代受之。刘、胡两婿均来。刘述之送《朱竹石行状》,并以千金求文。

十八日　晴

朝食后答访邓师禹,便过伯元、印昆,不遇,至李佛翼米局小坐而还。尧衢来。夜看彗星,刘婿云近女宿,功言出太微垣,指摄提。夜月。傅梅根来。

十九日　晴

张伯圆孙依仁来见,云年四十,历当新差,求干吴文甫,又云胡道台当往辰沅。午间曾竺如来,问之则衡永,非辰沅也。云瑞督有坐省委员,随时禀撤道、府,故老蓬以聋废,并及潘清矣。夜二更,骆状元叩门来见，自桂林路过，唯见瞿相及余，申师弟之义。

廿日 晴

遣送酱油与状元，答其来意。印昆送照片来。遣房妪问讯亲家母。蔡六弟来，言讼事。频频干官，殊非其姊之意。写字落款，费半日功。舆妇及其从母来，请看戏，云诸少耶演《红楼梦》于左文襄祠。余以为未满三年，不宜于官祠演戏，辞不往看。易世兄来。

廿一日 晴

竟日无客，唯闻邓婿来，未见。书债粗了，更题周韩臣像。廖荪畡夕来久坐。

廿二日 晴

周翼云来。张生、葛遂平来。葛云郭谷诒被撤，己亦撤矣。尚有一人未暇审之，匆匆便出。坐车至盐署，大兴工作，见梁师，设君山茶。周少一从入，又从至荪畡处，亦设君山茶，并点心。坐车至四妇处，周乃未从。问曾太尊，云不在家。步访心田，始知关道已放吴生，芝畇盖为人作嫁衣矣。复步至藩署探信，云不甚佳，见朱月汀，甚讳岑事，舁还。房妪往槊梨看屋。窊来摸牌，热甚早散。

廿三日 晴

黄岐农孙来见，云出洋，得进士，用中书，欲干学司，求馆地。徐幼穆来畅谈。鸿甥来。房妪还，船亦到。荪畡来久谈。

廿四日 晴

晨起访徐幼穆不遇，所居新宅云是李提儿屋。还家早饭，京报到，庄藩开缺，王、孔、叶、杨革降，皆不用吾言至此，会元则尤不可解耳。午吊汤稚安妻丧，陪客皆不相识，今日题主，热甚早回。房妪又假归。蔡六弟来。

廿五日 晴热

吕、谭来，黄岐农孙来，亦新学之徒，说旧腐之语，云岑抚委至调查局,局宪甚妒之,不安其位而去,欲干提学云云。周达武儿来,请题《苏小妹图》,又为周韩孙题韩翁像。得王、梁书。

廿六日　晴热

书扇一柄,即写新诗:"良缙千家有律诗,苏家小妹又新词。稗官元是不刊典,画手能生绝代姿。莫把史篇勤考校,好教学士得便宜。请看展卷沉吟处,黄四娘家花满枝。石涛画苏小妹。""庄岳岑楼一瞬间,芳洲鹦鹉又藏船。叶家仁与王家义,并入当年翼教编。感事。"

子玖来。莘田来,言饯庄本约领衔,碍于王、孔,乃欲与荪畡同饯,又碍官派。子玫约在超览楼,致为妥当。梁和甫来。衡州专人来迎,事已变矣。

廿七日　晴热

晨见数客,甚倦,解衣谢客。又报梁、李两师来,延入设茶,微言芝畇不可署藩。两妇来觐,子瑞亦来,取银九百两,一百与舆妇,八百践官钱局之约。

廿八日

昨夜大雨,晨止,登舟,王明望来叩送。解缆帆风,申初到县,泊九总,唤陈秋嵩来料理诸事。两欧阳来访。小桂送菜,梁、任俱送菜。得茂三日书。与书廖世兄,荐蔡生。

廿九日　壬寅,芒种。阴

风息舟迟,辰正开行,戌初仅至。赵婿、廖生已候于南北塘,小雨密蒙,邀之上船,趁未昏先去。已而舁担来迎,匆匆上岸,三女候门,三外孙问讯,尚未夕食,遂吃枇杷,待妪来已亥正,行李半湿矣。子初移南轩宿。

五　月

癸卯朔

晨呼佣人上船送菜，遂不成寐。朝食后复莪女书。陈佩秋妻来求救，盛生云教书与东家涉讼，其辞闪烁，必丑事也。追寻半月，与书王莘田问之。善化令送书九部与庄心安，兼问行期。振湘来索钱。萧子来诉讼。

二日　雨

竟日无事，扫除前轩，登楼看雨，川溪并涨，绿阴蒙茸，不知积雨之苦也，乡农亦正望泽。萧子去。

三日　雨。午后霁

写字数幅。欧阳浦专足来诉讼，笑而置之。

四日　晴

桂儿晨来，言省船已到，唯懿妇一人来，云四孙点豆，慧孙等并留过节也。至夜捶门甚急，满屋惊醒，乃是萧子夜来，其童骙如此。

五日节

晨日甚朗，待午分粽，上下廿许人。晡时闷热，至夜遂雨。刘女来拜节，年半长，将为替人矣。卅和送苦瓜，夕食殊不旨，未饭。

六日　阴，夜雨

饭量始复常，二百七十日矣。为赵婿书册，录女事诗，作一律殿之："辛年联句梦京都，十载重惊一哄呼。各有彩丝长命缕，不劳丹篆辟兵符。桃源久住陶元亮，艾户空怀楚大夫。莫向粽中求益智，世人皆醉且阳愚。"笔墨债稍清。

七日　阴晴

干将军来，方校《八代诗》及《后汉书》，未暇陪客。顷之蔡六弟亦至,又送纸数束,颇倦于书。宗兄女云来诉父苦,令依我以终。刷书人又来,内外辐凑。奶娘涕泣求去,更不知何因也,皆与之为无町畦。待夕食甚久,饭后韩去蔡留。

八日　雨未止

蔡、云均去。讲书校史一日,颇觉劳神,至夜早寝。雨潇潇终夜。

九日　阴

讲《湘军志》毕,于营制已不甚了了矣。乡人请我平粜,无谷应之。滋女明日卌岁,夜餽饱未多食。

十日　晴

晨起待滋行礼。王妇来见,留饭去。朝吃面一碗。午饭未终席,先散。

十一日　阴

周凤枝来言官事。廖孝廉告假和官事,真方正也。校《八代诗》一本。

十二日　晴

遣湛僮还衡,与书钱仲仙。佃户来诉再七。七相公来求片与匡五,依而与之。得陈小石书。

十三日　晴

忌日忘戒,遂未素食,饭后乃悟焉。吾衰甚矣,午饭又忘之,知神明之不照。

十四日　晴

许妻来求书荐其子,一日再来,便寄健孙一函。遣文柄借谷。廖佣送时鱼,已忘节物,又提起尝新心事。

十五日　晴

祠中来议平粜,已无存谷。得署衡道书。

十六日 晴

食蒸饼不适，遂成疾。今日戊午，夏至，以为应节气也，夕遂不食。

十七日 晴热

镇、岫两孙来，盖俱谋食者，以余未食，不得尽其词。岫有奥援，竟得二千以去。

十八日 晴热

晨疾甚困，至夕忽愈，但尚未食耳。客来俱不见，而一熊姓来，固请受业于门，无词拒之。

十九日 晴热

遣人入城取电合，觅米县城，预备减粜。

廿日 晴热

疾发甚困，二日不食矣，殊不能言其苦，但不能坐立，实为狼狈。夏夜苦长，一夕数起。陈秋生送米来。夜转风。

廿一日 顿凉如深秋，可夹衣

病小愈，犹未能食。廖荣去，附书攸局。

廿二日 晴

补芳生日，为设汤饼，王小敷适来，因留作客。至午乃吃面，又非卤汁，同坐皆已饭，唯余独尽一碗。摸牌亦未认真。

廿三日 晴

晨起写京书三封。作张叔平诗钞跋，云得自畇女，以诒曾重伯妻唐氏者。滋云二人初未相见，曾伪言也。要之来历新奇，无妨附会，即以曾母赠滋银百两作石印资。庄取电合来，已不传电。张生暑假来省觐。刘、江生送茉莉。戴明来，言送庄藩爆竹甚盛。与书荪畡问讯。遣船送四妇还城。

廿四日　阴

午初庄行。旋雨,召振湘来,发减粜。至夜大雨至曙。

廿五日　雨。颇寒,仍夹衣

萧儿复来。重点《周官》。

廿六日　晴

城中专人来,言公事。告以制台恨我,不可出名。未几秦子和来见,言见都事,又云杨已补实,王聘三得其遗缺,丁乃扬尹京矣。留宿不可,坚辞去,出门见虹,暮雨潇潇,无由问其去向。

廿七日　晴

许孙来,云子和留刘二嫂家,过午未起也。为写楼记,遂停诸事。祠堂发米去,减粜。

廿八日　晴

邹姨侄来,欲换一差。纨女家来接,送粽,因以款之,令去衡州送谷来。三儿京信来,得喻谦书,又得聋信。懿妇今日始行,盖留城五日。

廿九日　晴

发减粜,了无头绪,皆饱团甲而已。写字数幅。镇湘皇皇求去,留京无益,纵令远去。

晦日　晴

南风已应,尚不甚热。邻妇闻谷到,争来求粜,各有以应之。珰女信还。榜眼送杏仁。

六　月

癸酉朔　晴

木匠来领工价,为卯金所阻,亦姑听之。梅宇携儿妇来,诉偷树事。萧子亦诉人命事。代理将替,寻事觅缝,正差役得意时也。刘婿书来,诉不得志。廖子书来,言不及卝,想无翻覆耳。为赵婿圈点赋本。

二日 晨雨。

小暑当晴,乃可收盐,雨非所宜也。午后蒸热。

三日 晴

六耶来,言唐、龚云已电巡抚,复书谩骂之。又与书周铭三代令,言再七讹诈事,兼为萧子道地。夜忽患痛如痔,甚困。

四日 晴阴暑热

得廖荪畡书,即复一函。作竹石碑成,并托转致。

五日 阴,欲雨不雨,闷热不适

支祠未完工,往看装修,唯后房与佃户居不能洁清,别作屋三间与之。再二妻来,旋去。午浴。

六日 阴,有风

周生来,值雨,坐廊下见之。遣人下县割羊。方诚自邵阳来见。振湘妻来作说客。

七日 阴,有雨

晨作书告子玖,当正绅纲,毋令鬼怪辈坏事。周生留一日不去。

八日 庚辰,初伏

史佣送羊先来,遣人竟不及事。晨晴日烈,过午乃凉如秋。看《明史》一本。

九日 阴

唐业准书来求干说,正言谢之。振湘子复来,引砌工索债。颜姓来,诉王族横强,遣湛童视之,反引卯金同去索钱,真可骇也。

十日 阴凉

以廿元遣砌工暂去。湛童还,自云不要钱,岫孙得十元矣,更怪事也。功儿来进瓜,长妇献鱼饼。谢妪得孙,送红卵。鳌石欧阳家来诉冤。

十一日　　晴,仍凉

看《明史》数本,写字数幅,积压始清。遣湛童下县。

十二日　　阴凉

干、杨来送瓜。乡人出龙禳虫。尝瓜数片。戴妇又来请托亲家,斥之甚苦。看《明史》。卯金妇子来宿,令去。代元妇与夫弟口角,盖索诈未遂也。

十三日　　阴凉,殊无夏气

设素筵四席,飨乡人卅六人,皆饱而去。丐者踵至,则未满其望也。看《明史》,无可訾议,大要皆可不载之人事,改看书目三种。

十四日　　阴晴。有雨

看《明史》已点三卷,有功儿批语,未知所自来。夜偶思石泥塘诗,取出于月下看之,笔颇跳脱。

十五日　　晴,南风

遣车至刘坤运石灰,常佣病甚,遣人代之。湛童还,得匿名书数帖,皆不与我干者。

十六日　　晴

始有伏日光景,犹可绵衫。书诗册一叶。看《书经》。

十七日　　晴,有风

才女来,送电合、纱幮,安幮半日,亦为废事,未写字。

杨钧请题张柬之墓志,未知其字,检唐诗乃得之。张志四石,其父玄弼,字神匡。内“曹”字不可识。云“缄箦秘文,委曹前记”。妻丘氏。葬安养县相城里,李行廉铭之。景之二,字仲阳。庆之三,字仲远。敬之五,字叔謇。晦之当是四,尚有弟,或晦之第六耳。柬字孟将,必庶出,而文中不见,盖不知伯孟之分耶?

十八日 庚寅,大暑。中伏

遣送茉莉三枝与三孙女,并各与书。周梅生来,议看陶斋。喻生复来送瓜、油,留住北房。

十九日

晨起与书端午桥。应秦子和请,以二百金寄之。舆儿要钱,且俟案发。写字二幅,与日本领事。群妪烧香求签而还。喻、周同船去。

午桥五十,索赠,寄一联颂之:"强仕十年名位极;平泉三月管弦清。"两妇各遣使进瓜。廖佣求苹果不得,苹果须初秋始熟也。

廿日 晴

朝食时彭寿可来求书,不惮触暑,亦不惜赀本,云汪九叔之意也。竹添井井书来,言经济,云与曹东寅论时政。复书赞之。城中两人告去。

廿一日 晴

晨作书与谭芝昀,论胡子清,即交彭孙带去。许外孙闹倡成狱,并令关说,廖佣同往。午初蔡六弟来,留模牌四圈,言陈佩秋妻侄钱债事,未午食去。颇热。

廿二日 晴

萧儿来在此两年,未读半部《论语》,可谓"化"老耶也。

廿三日 晴

与书莪女。颜通判来求书,复一片去。

廿四日 晴

看汉文,《汉书》多可不存者,知当时亦以名取,无鉴别也。"做人门生"告去,已销去四千矣。

廿五日　晴

马先棨来送羊,羊正所须,送者所需则未能副也。未申间大雨,雷电激烈,壮人神志,亦颇扰人也。刘佃吹折一树,传云雷击,往看则非。南瓜棚亦俱倾倒,瓜蔓尽折,不复可理。

廿六日　晨仍阴雨,日色甚微

马先生仿皇两湖,无地容身,吾亦莫能振之,为不夕食。

廿七日　晴

朝食后马去,崔、丁生又来,云在煤局写票,未饭而去。精神困惫,似是感寒,服肉桂稍和。

廿八日　三伏。凉

今年幸不漏伏,然秋风太早,亦反常也。

廿九日

欲雨未成,暑针退至八十度矣。初未料此月小尽,方欲逃暑,又少一日也。

七　月

壬寅朔　方改月,便成秋

遣人姜畲买菜,便求芦菔。陈秋嵩来言官事,告以不能。喻味皆来,云道台严拿,则离奇矣,末世真不可涉世。陈去喻留,且令避差。

二日　阴凉

梦乘舟渡江,问名流万。"鸣炮沧波外,天容水色清。悠悠千浪积,恻恻片帆轻。梦里舟人喜,鸥边夕照横。微风元气转,心赏寄行程。"

昨夜风凉，起令闭窗，今夜仍开窗纳风。

三日 凉

与书胡滋圃，说船山分校，交喻专人去，因雨未去。

四日 乙巳，立秋

得樊山及陈仲恂寄诗。荷花盛开，恰合诗景，新秋凉早，又嫌太早也。秋光已到野人家，而小京官尚未报，又甚迟迟。

五日 凉

晨复樊诗："老懒还山百不如，转因逃暑得闲居。芰荷早已传秋信，鱼鸟真疑畏简书。直恐西尘劳庾扇，敢开三径引陶车。侯门近日存仁义，且觅蘧庐作寓庐。"杨季子、黄稚云、两孙、宗兄均来，宗兄留我处，已苍健不得死矣。

六日 凉

岫孙来，严饬之，令往取票。包塘叔来送豆。团总来请示，送盗目。

七日 阴凉

与余明府并遣人下省，探拔贡朝考信。剖瓜二枚，夜设露盘，作一诗。

八日 雨

瓜皆败矣，不可复食。续遣廖佣送苹果往长沙。求新米未得。大雨竟夜。

九日 庚戌，出伏

服乐二剂，亦果子方也。雨势未已。

十日 晴

四老少来。岫孙送票来。宋姓来受业，问大意，云铁路亏折，欲翻本也。送门敬十三千，其朽可知。

十一日　晴

久未写字,试作数幅。比日昏睡而已,殊无精神。

十二日　晴

思《礼记》文甚纵横,取读一过。长日如年,半睡半坐,犹觉悠曼。

十三日　晴

诸女自治具荐新,刀砧盈耳,过午尚未炊熟,自往催之,将夕始食,已不欲食矣。邀喻生、宗兄一饭,饭罢久之始烧包。廖生、谭教习来,谈至子初,夜犹再起。

十四日　晴

周妪正欲受用,适得横财,大喜如意。作书拨二百元刻诗。示诸生,升降课徒。谭仲铭云芝畇已交卸藩篆,乡居劝业矣。检九经笺本交廖生,示大学诸生。午初两生俱去,余亦欲行,惮秋炎未敢也。省信还,知舆儿未取,夏子得一等,卷折犹有效也。四老少、竹林叔来,旋去。得午诒廿九日书,并功儿两信。女佣均告假去。

十五日　晴,有雨

晨至湘绮楼,乃似荒园废屋,自居楼上督理之。今年初不闻蝉,登楼乃闻之。坐至午初,遂饭楼上。王理安嗣子来,以意与语,幸而不误,无产为后,隳其家声,乂吾累也。萧儿来,云失去一皮箱。夜早眠。

十六日　阴

仍饭于楼。午看何贞翁文集,乃甚自信其诗,亦如曾侯自信其书,不足为外人道也。

十七日　晴

未出饭。晚饭已夜。洋和尚来,云军机又换人,不知何因由,留宿东房。钱店马伙来，诉史佣。

十八日

晨起，洋僧未起也，令湛童送之，便觅偷儿、买节物，至午乃去。谭象坤来，言谭仍计局。喻生云月领四百津贴，有万金矣。刘江生来，言十七都盗案，我遣人查问，告以毫无影响，留吃拌面而去。夜月甚清，裵回不寐。

十九日 晴

宇清来，求作科员，意甚怏怏，似有痰气，缠绕一日始去。夕出门纳凉。庆孙来，言铁路。

廿日 辛酉，处暑

复热至八十六度。久未作督抚歌，聊次第之：直陈黔、江张直、鄂瑞旗、浙闽增旗、越袁湘、甘长旗、蜀赵旗、东锡旗、滇李徽、东孙浙、晋宝旗、苏程川、徽朱滇、洪冯豫、湘杨滇、桂张东、黔庞苏、浙恩旗、陕恩旗，已不能举其籍矣。初更已关门，忽闻人来，云刘姑耶至，便起见之，云来候疾。

廿一日 晴热

始开扮桶。庆孙去。得端午桥、金殿臣书。金诋良知，殊为多事，云我不知佛则信然。

廿二日 晴

唐生瀛自安仁来，云印《诗经》作课本。作书复金殿臣。六耶、永生专信来。夜出纳凉。

廿三日 晴

晨闻呼门，起看门已辟矣，盖宗兄所为也。刘婿早去。滋与痴儿斗气，更痴于儿也。秋光照烁，令人不安，蝉移入内庭，盖所谓蜓、蛛、螇、螰，非蜩也。看唐诗。午热夕凉，夜眠甚早。

廿四日　阴

赵婿将往九江,邀唐生同去,将夕乃行。唐生请题父像,援彭刚直为例,似非伦也,此等又须有势利之见。

廿五日　阴凉,想不再热矣

看唐诗。得陈完夫书,知周生已到京,尚无来信。唐养吾从子来,言减粜事。蔡二嫂遣来问讯。

廿六日　晴

查检刷书事,先付卅元,印六部备用。看谱亦有脱叶。“做人生”复来,云学堂可入矣。

廿七日　晴

树生妇来,诉加佃令,告新佃不认。秋炎颇烁,纳凉陇畔。县遣捕快来,查萧子失衣,俞僮亦请乩明心。两学徒不告而去,无学规故也。

廿八日　晴

病在不欲食,颇可忧,而未知其由。喻生亦还,未得一钱,亦将去矣。王氏诸子多来相搅。

廿九日　晴凉,多阴

耒阳资生来请业,谢未能见。纨女小疾,未能摸牌,余亦沉顿无好兴,闲眠而已。喻生去。

晦日　阴

写字三纸,使笔尚健。纨小愈。都人来诉讼,未见。作梅传竟成。从谭芝畇索宣威腿,仍用“斯”字韵。“有酒年年吟兔斯,今来寂寞到秋时。知君已饫滇乡味,招隐仍怀楚桂枝。但乞宣威分臑个,绝胜普洱辨茶旗。景东旧制吾能记,取伴枯鱼侑瓦卮。”

八　月

壬申朔　　晴

晨不出食。作书与廖笙陔。俞三十家来求情,令责不合闭门,甘结,许不问窃事。王心培来烧香,未见,便留乞梦,亦姑听之,取其能送鸭也。写秦寿对。

二日　　晴

偶思熊掌,滋烹二日已熟,日久毛蠹,精华既竭,不能芳鲜矣。三女均不下箸,余亦未饱啖,掌皮未肥腴也。遣人下县取药。

三日　　晴

正在闭门,闻外喧哗,乃是张二哥闯入相争,开户延之,与凤喈子同来诉讼,为片致局团劝和,留饭而去,遂消一日。又算八字作媒。喻生又来。

四日　　晴

陈秋生又偕任七来诉讼,告以不理。亦留半日乃去,送牛羊肉。

五日　　丙子,白露

作胡麻酪,偕诸女出门采菱,又登楼久坐。李太守来,未见。钞书一叶,补《礼记》版,整理两版。紫藤满花,临阑赏之。

六日　　晴。复热,纻衣

滋令金妪看亲,饭后便去,长工作舁人。周童又出守夜,遂无一男工。夕出门,裹回亦无人问。还,唐生来,岐农孙来,均未饭,令群妪办具款之,极匆匆矣。看《仪礼》二本。

七日　　晴热

晨登楼见唐、黄,询知吴学已还,任鹿军大病,故仍用"斯"字韵寄吴一诗:“帐饮依依咏柳斯,归来城郭异前时。不惊寒食分槐火,得向明湖听竹枝。节署已看更赵帜,船关仍恐插洋旗。只应樊素重相慰,东阁门开捧玉卮。”黄送字去。

八日　晴热

一日未食,救生局三员来问病。陈送肉桂,殷殷劝服,为进二杯。湛童还,得芝畇书,言项城再起。

九日　晴

湛童重还,迎船物,唯恐天热,肉不可宿也。

十日　阴,骤凉

滋女暴疾,不能兴。纨复办具,余未过问。

夜寐不稳,作诗一首:“夜近秋分觉漏长,独眠人守合欢床。凉风入户疑花影,珪月窥庭减桂香。也料镜中生白发,偶吟诗句想霓裳。陈王情尽才难尽,不道吟成鬓已霜。”

十一日　阴凉

诸女办祭,吃面两碗。内外两席,兼有男女杂客。晚亦两席,余未食。

十二日　阴

滋小愈。向燊自京来,不可不见,延见之,并见唐瀛,未宿去。

十三日　晴

看黄小鲁《渊源录》毕。夜正摸牌,功儿来,便宿碧纱㡡。

十四日　晴热

乡中全无节物,月饼亦不似前制,不可吃也。四妇来。夜小发疟。廖笙陔来送礼。

十五日　晴

张伯圆、孙依仁专信来送礼,忘问其字,遣功儿复之。夜登堂受贺。诸生复入室。月色极明,不能坐赏。

十六日 阴,顿凉

病未能眠食,一夜屡起,甚困。夜雨。

十七日 雨

病卧无所事,唯忆李伯元诗。刘二嫂来看病。

十八日 阴

祖妣生日,未设汤饼,卧病故也。比日殊不欲食。懿来,到房犹未知。

十九日 阴

张生来看,言学堂改发官费数十万。

廿日 阴

周生来送牛肉,甚美。数日未食,未能食也。

廿一日 晴凉,可绵

喻生告去,又自省来一回,可谓不惮烦。病困殊甚,自不觉耳,小愈乃知之。作诗二首。今日壬辰,秋分。大风。

廿二日 阴

始能食粥,并作糜试之,恃牛粉敷演二日矣。心中无事,觉释家言搅扰殊甚。出看扫除客坐,以待委员。

廿三日 阴晴

仍食粥,本疾大愈,痢亦稍止。校唐七律一本。

廿四日 阴晴

晏起,懿出城迎委员。黄孙从往湖北,云盐员更换矣。

廿五日

得城中信,送吴子修诗函,并慧孙信。始食茭瓜,为之加餐。得茙贺节信,此次稍迟。看报。

廿六日　　晴

精神稍振,一日未卧床。夜作书复茂。将送懿妇还城。

廿七日　　晴

懿妇往财女处,未遣人送。懿送蔬果来。谭兵备专人来看病。

廿八日　　阴晴

作书谢芝畇送参苓,便服半枝,不甚适。功催不去,只得任之。公蘧夜归。

廿九日　　小尽,阴晴

功饭后去。与书吴学使,救喻谦。

九　月

辛丑朔　　晴

昨困卧一日,今稍愈。蒸羊殊不鲜,未可食也。

二日　　晴,稍热

杨江沐自都来,特来见,又致完夫书,送参,小坐便去,云去仍往长沙不归也。今日一日夜未上床,至子始寝。看蒲《志》七八本。

三日　　晴

得新《缙绅》,全非旧式。复陈完夫一函。又看蒲《志》。王子妇来,留饭去。花匠来,令理诸花树。

东旗、吉苏、黑鄂、直黔、苏直、川滇、西豫、粤湘、桂东、福旗、浙旗、鄂旗、湘滇、川旗、陕旗、甘旗、豫旗、晋苏、东浙、滇徽、黔苏、新苏。"苏一难容益一苏,直黔能配八旗无。蜀滇越鄂河东浙,不比湘徽富有馀。"

四日　　晨有雨

得一菌。偶忆《乐记》,全无条理,取温寻之。复完夫一书。

五日 晴

出看山桂，已过花矣。乡中备味为难，颇思入城就养。

六日 晴

祠佃送租来，未能自往，请四老少代料理。九弟女蔡氏来省觐，留住上房。

七日 丁未，寒露。阴晴

两儿送食物，始得冬笋，病亦大愈，颇能进食。空灵岸求书扁联，尚未能也。

八日

孺人生辰，设汤饼，顿食两碗。六女又进蒸雏，食而旨之。四女去，遣送之，并赐三妇芋子。四老少来，留食。午后有海参、鲦鱼、牛羊肉。竟日回龙。

九日 晴

光甚朗，重阳不凄怆，但不宜游。四老少去。振湘来，偶与造族人黑籍，得男女二十二人，计族人不满百三分之一也，王氏败如灰矣。吃桂花糕。

十日 晴

赵婿告去，云将看船还武陵。召子女清书，看船送女。

十一日 晴

船人晨至，午犹未发，步出促之乃行，复颇惜别。送租人拥至，顿形忙冗，仆从尽行，几不能办饭。蔡侄仲莱、岫孙又来，以牛肉面饷之。客去摸牌，至亥正散。黄稚孙来，未见。

十二日 晴阴

定冬祭礼节，公祠扁额。四老少来，黄绍甲亦入，痴坐。懿妇送烧鸭、新蟹，为之加餐。

书鹿滋轩挽联:“入辅拄艰危,议绌论都,空洒老臣忧国泪;披襟见肝胆,例严取友,料无同调称心人。鹿重然诺,故云。”

十三日　　阴

写字数幅,尚未颓唐。代元妇引刘江生来说官事,赇银,斥驳令去。四老少来,偷糖去,可谓犹有童心,卯金之流也。作新词〔祠〕记,检茶亭十亩租,不知所自来,退圃碑云曲尺塘五房所捐,则非四房所得擅也。余自童时已见四房两家分钱数百,则必无十亩,而今有之。

十四日　　晴阴

作祠记未毕,急须考据,遣宗兄诣茶亭钞碑,己亦率两女外孙步往。出门见异,云将军来。人之无耻,乃至如此。至茶亭遣招之,则又去矣。还令作饼,仆妪无能作者,仍待两女还自作自食。作记粗成,叙述明白而已,不足言文也。夜小雨,余聋不闻矣。

十五日　　阴,有雨

欧阳桂秋偕徐甥来,送节略,并送食物,留吃面去。湛童自县还。茶亭庄屋完工,工费繁巨,且暂停之。史东茂来,诉马火计,告徐甥转告陈秋嵩。罗卅还,云黄孙已还,报陈亦渔之丧。陈氏顿丧二人,盖衰气也。馀皆未吊问,亦为疏阙。夜雨达旦。写字三幅。

十六日

偶作阳三志文,遂成二行。

十七日　　雨

竟日喜无客至。遣人下县,略办食物。

十八日　　雨

有客叩门,以为吴道台来,出迎则黄道台之孙,前曾在四川一见,年卅矣。考职乃选潮州尉,盖有别径,非喻谦所知。留住内斋。

兵备处员弁陆续来。四儿先报胡宛生、陈觉先、濬先至,延坐外斋。吴文甫旋至,云已饭矣。其侄婿宋康恒,钺卿从子也。又彭器之族子钟吾、余联辉续来。余系正印,馀皆佐杂,设食中堂,高朋满坐,饭不能饱,初更后散。胡、陈、黄留宿,懿寝纱幮,夜蚤眠。

十九日 雨

晨起将送吴道,因雨不往,欲留胡、陈朝食,亦不能办,久无茶至,默伤中馈之虚也。辰正客去。作书交黄孙带度岭,托秦子质,兼为绍甲、诵芬先容,皆黄兆白孙行也。黄亦舁去。玉丰馆又送羊,不知何意。绍甲夜来,未见。

廿日 雨

先孺人生日,设汤饼。将午颇有晴意。夜半不寐,作书与余铁路,荐四工人。路工需人甚多,余专其事以示惠,我觊其权以市恩,皆可耻也。元妇携银来。

廿一日 雨

晨得蟹,不知其味。起作欧阳墓志成。写余书,遣送元妇,并遣桂儿同去。令两女作羊肉馅儿饼,居然京味,为之一饱。登楼看水,前庭积潦不消,督工通沟。甚热,减衣,还乃摸牌。黄孙夜还。

廿二日 壬戌,霜降

孺人忌日,两女素食。作谭四少耶挽联:"綦屦习长征,独侍锋车行万里;锦囊多秀句,忍令慈母录遗篇。"报添箱故意也。

《搢绅》刻巡抚十八缺,殊为荒谬。吉、黑、苏、徽、东、西、豫、陕、新、浙、江、湘、桂、黔、直、宁、甘、建、鄂、川、广、滇、东。督九则不谬,抚只十四耳。

廿三日 晴阴

遣湛童下县送信。看唐诗,诵《月食诗》,多错误。王大自省来,送蒸羊、报纸。

廿四日　　雨

遣看下屋,不似有人居者,当自扫除,苦无使令。七相公来,镇湘所使也。

夜诵《月蚀诗》,颇能暗记,惟脱一两处,欲呼镫检本,房妪沉睡,未便呼之。忽见镫光,则宗兄尚未睡,时夜分矣。启户点镫,乃得“弧矢”二句,接上起下,此诗一气挥洒而成,奇才也。何以有马异劣笨之作。房妪退谷,以十二元抵之。

廿五日　　晴。朝始有霜气

七子午去。校唐诗三本。四老少荐人来。

廿六日　　晨雾,大晴

马侩来求金,面斥之。湛童还,始食双柑。佃户殊无出庄意。滋又催移高主,余遂决迁,明日扫除。

廿七日　　大晴

将军指官撞骗,得三百金,代元妻发其事,追回原赃。其夫弟欲得之,横出索金,元妇来诉,杨怀德亦来诉,各谕以正,令去。乡间离奇万怪,迥异城邑,非情理所有也。遣人扫舍宇,犹未能清理,移木器两三件而已。

廿八日　　晴

始得食菌。得余尧衢书、茂家书。余再送参。率一之妹来问病,留令过冬祭,五服内兄妹也。四老少来。

廿九日　　晴

陈秋嵩来,意欲混帐,喋喋不休,喻止之。于内室摸牌,殊不清心,留陈且住。夜雨。

晦日　　雨

马先生来。常吉人孙子耕来见,过五十矣。云久在齐、晋就馆,今为抚员所招，而无枝栖。陈生又引任儿来见，与书李勉林从子正则，为马、任觅厘差，李管小泠峡局，鄂中大差也。得刘婿书，求系援。与书于晦若，转致盛康儿。又与书功儿。送陈芳畹五金。陈生夕去，令马从去，不肯，强留一宿。写对子六联。雨闷不能行事，移主当改俟晴明，乃合礼意。

十　月

辛未朔　晨雨未止，朝食后似霁

客去。本定今日移主，因雨待晴，虽见微日已晏矣。校唐诗毕，分六册，与两女照改。长妇送牛羹至。

二日　阴。午见日

衣冠奉高主入新庙，令滋送之，本滋等地主也。余先以配飨七叔父主，往恭待。旋还家清理无后诸主及当埋者，皆焚之。虔侄来，旋去。

三日　阴晴

晨起清柬诸主，多无字辨识，分四代藏之夹室。刘江生送猪羊表礼，以供冬祭。省城又送酒来。

四日　晴

舁至新祠，料理祭事，设榻斋宿。四老少携孙来，代玫又来，六耶及云孙舁来，斋房不容多人，仍还家让床。夕视涤濯，未视杀而还。

五日　晴阴

晨仍至祠看挂扁。陈玉丰、杨都司送扁来，直八横四，堂前已满。两女亦来看祭，午正羹饪，自为主人，云孙新贡亚献，六耶三献，宗兄为祝，岫孙佐食，亦勉强成礼。乞食妇孺过三百，避嚣先还。城人饺毕自去,唯四老少来宿。夜雨。

六日　雨

议修刘坤祖庙前栋,发银廿两起手,卯金营营,云镇湘油饼,同至木厂质之。周生自京还,得京物、京书,茯苓饼亦改良,两女均不赏鉴,唯余犹有馀味也。

七日　丁丑,立冬。霜晴

卯金来,言振湘偏手,往质得情。振湘又自来诉,斥不与言,且邀曙生来,嘻,其愚也!

八日　晴

黄孙定萧女,约明日纳吉,媒人今日来,仓卒铺陈,令周生知宾,余避未出。

九日　晴

滋女晨起来请书庚,衣冠上堂,与萧孙对写,并见媒人。周生及华一设食款媒,将午乃得送喜果。写王聘三信,遣湛童下县看船,检衣箱带去。

十日　晴

张子持兄弟来,求铁路,痴坐不去,点心款之。振湘、秀孙均来,留周生待媒。七相公来谋钱店,华一来送庚。

十一日　晴

晨发行李,七、周同船下县。华一求书,因写祠记一幅。午初下船,留纨陆行,携申孙先去,分二船,夕至河口无船,遂泊九总。欧阳桂秋、娄诗人、陈秋嵩皆来见。张恺陶来已睡,未见。懿来即去。

十二日　晴阴

欧阳伯元来。周昌岐来呈诗。曾省吾来求馆。朝食后独坐,小舟还杉弯,待纨女,自巳至申,裁卅二刻,已似小年。周七来,言史佣意甚不惬,因令同往新酒楼吃羊肉面。周生因请招秦子和,因并约伯元来谈,已而舟园使至,云移尊就教,主客皆来,黄孙亦来闯席,合坐十人,饱啖而散。舁还船,纨女亦移船来,同泊九总。子和、恺陶、朽人、黄稚孙均来。

十三日 阴

朝食前开船,夕食时到城。舁至家,长妇已除正房居我,房妪未上楼。窊来觐。

十四日 晴

胡婿来,懿及三、四两妇、谷孙均来见。杨重子来。午出谢余、谭馈药,兼访心田,遇蒋少穆及桐轩,云荪畡狂喜,因还家待之。湛童先至彼处待我,遂相左矣。尧衢夜来。

十五日 晴

谭祖同、荪畡来,谈半日。彭受可、周教员、周生均来。夕诣子玖。陈鸿子送其叔诗,亦自成章。

十六日 晴寒

瞿军大来,约游麓山。马继援来诉冤,值颂年,欲谈不得开口而去,卜云斋继之,可谓"虞芮质成"矣。李经诒宝淦来,武进诗人也。陈芳畹、陈叔畴、黎寿臣、周少一、梁和甫、王心田均来,应对竟日。

十七日 晴

先考生辰,忆小时初未拜庆,盖在家日甚少,即年节亦罕归也。正设荐时,会元来,即留汤饼。蒋少穆来,乃去。蒋云唐蓬老弟四儿病故,方往唁之,孙男女均来行礼。黄、李二通家来,均辞未见。周生见抚藩来,云相公厚我,已入马厩中矣。房妪携孙来,因未出游,妇、孙均往听戏,三孙女未去。作芝麻酪。待过二更乃寝。

十八日 阴晴

廖荪畡约游麓山,巳初朝食毕即舁出南门,至灵官渡,丱局船炮迎,荪畡、罗提学、蒋龙安、李经诒先在,重伯、心田后至。午后开船,绕牛头洲舣岸,至书院访黎监督,少穆同入,诸生旋至,已日斜矣。舁上爱晚亭,误循左径荒山中,至山顶乃知已至云麓宫。余先入茶坐,李、廖诸客继至。又从左下,过万寿寺,亦未见爱晚亭,山径阴幽,顷之豁朗,遂至湘岸。归舟设饮,酒肴杂陈,夜初更乃舁还。禄、谷两孙、窊女均在家相待,去已二更。

缓步寻枫林,回途入西崄。昔陟喜攀跻,今来见重掩。登峰岚气尽,倚槛晴光潋。密林疑春烟,平沙朗晴焰。竹树密冥蒙,亭馆纷飞闪。循径屡临歧,入舟惊忽黯。良朋欢合坐,嘉肴慰疲歉。宦游倦尘事,山隐忘拘检。且取一日闲,无为世情染。

十九日　晴

朝食张生来,尹和伯继至。王理安孙来求路工,即与片令去。写诗毕,出答颂年、李经诒、廖荪畡,李出廖在,留吃点心,待至一时三刻之久。李还蒋来,已过晡矣。至吴学台处一谈。至四妇家,禄孙候门,入见其师陈副榜,字莱仙,朽人也。吃羊肉面。过吴文甫道台,言遣散防营事。出已日夕,即还夕食。

廿日　阴

晨似有雨,起盥沬,见日光矣。谭象鹍来,未见。彼倚廖老师衣食数年,廖今将退,而反求进,可叹也。周生又骂张生,与骂周秉璋同,贫贱而敢咄嗟,吾见亦罕。王理安妻来送条子。张伯圆孙、叔平儿均来。

李经畦送诗来,即和一首:“湘川水涸漫扬舲,却绕重洲破雾扃。鹤涧云低常漏白,枫林霜浅有馀青。闲谈世事如观弈,返棹寒江欲钓星。杜沈前游诗壁坏,好题新句问苍冥。”

李华卿、杨江沐、常子耕、周生父子来。廖荣、树生、陈鸿子均守候相见。卜云斋来,送陈叔畴诗函。谭祖同、杨重子来。谭芝昀来乃散。作书与樊云门索诗集,谭五郎云樊全集又重刻矣。夜咽干,似感寒,将作寒热,老病久未发,今又萌芽也。宜孙病疟始愈,来见。

廿一日 晴

黄年孙来,留同朝食。午舁出,访一梧,吊蓬洲还。廖荪畡来。吴文甫、梁璧园来。

廿二日 晴

女妇并游麓山去。周生,永、云两生来,同夕食。程生从淮上专人送礼,复书受物退银,告以常文节寿业师不过钱八千。写字数幅。今日壬辰,小雪。蔡虔侄来。

廿三日 晴

珰次女今日廿岁,遣人来看女,因送我食物。梁成生、丁国兰、国桢、谭祖同、吕蘧孙来。写冯锡仁挽联。谭云有刘姓收袁枚墨迹,书我《元宵词》并跋,真佳话也,宋板《康熙字典》同此前后。

"才识冠同侪,方期直上青云,遽辍谏官随幕府;欢游续京国,正拟重开白社,忽惊西路失耆英。"又为周生寿袁仲青六十一联:"三台公望朋三寿;九府宾歌历九秋。"《历·九秋篇》有称寿语,令盈孙检之,乃茫然无处觅,金银车不乏人也。胡道台夜来,秉烛见之。《历·九秋篇》有进爵献寿语。

廿四日 阴

晨起办轿出城,梁家约饭尚未来催,乃朝食。李知府来见,坐轿中对之,亦太亵名器矣。从小吴门出,至五里牌,休于逆旅,荪畡轿过,呼令少停,不应,乃随至青郊墅,见菜担在路,知为客设也。璧园出谈,和甫旋到,心田亦来,云两学台不至。谓汪、罗也。谭会元入议场,不能来。久待震伯,已日斜矣。云开戏园,与警察绊筋。楚固失之,齐亦未得,戏园岂文正之心哉!薄暮急还,曾、王尚留,入城已上镫矣。功儿方上课还,亦戏园类也,可胜慨然。

廿五日　雨

晨看飞雨,颇有诗意,已而经畦催客,至浩园,从郑家门入,已换陈家门矣。云展堂儿居此,枕边金条已用尽耶?屋湿防跌,入北轩,吴、王、廖已先在,经畦为主人,刘、蒋后至。刘亦卝员,初未闻也。重伯继至,未夕散。异夫未来,主人当入幕,偕游长廊,坐曾轿回。

廿六日　雨

梁戍生来,未见,亦未知其住处。得彭仲远书,子茂儿也,荐其外甥李桂林。周生夕来。为接脚女赎当。

廿七日　雨

晨起作字,待周生不来,已朝食,遣人探之,云不知处。已而来,遂连书联幅,至晡乃息。重伯夜来。谭祖同来,言督销更替,叶东卿之曾孙,润臣之孙,以《华碑》得差者。

廿八日　雨

梅英杰来。嘉姑子来。出吊吕子清之丧,尚未敛,已幎面矣。大雨忽至,令舁人暂还。七相公、黎薇生来。晡仍出,答访梁师及刘道台启翰。刘处遇一胖后生,云曾相见,陈伯严党类也,不便问姓名,略谈而出。至小瀛州吴文甫处,心田已在坐,梁和甫、汪颂年、刘绂荣、沈子登续来,待会元至初更,乃入坐,散已三更。马滑霜浓,殊有冬景。四老少昨来言祠工,取五十元而去。蔡侄虔晋来辞行。

廿九日　阴雨

梁璧园来,言请宴,呈稿,词太繁多,似保折也。彭子茂次子仲远来,言湘潭水警冤屈事,剌剌不休。梁去独留,几及一时许,甚倦,对之写联幅数纸。

晦日 阴寒。始生火

马太耶来。写诗二篇,入少愒。周生来回话,久坐不去,复入少愒。出吃饭,梁和甫又来,遂同晡食。张仲旸来,周生避去。张云有荐周之功,学台不肯;周云为张所挤,此仇必报,未知谁是也。上镫后尧衢来,议消寒会,凑九人未满,瞿、廖、二王、吴、谭、余、曾、谭、李、黎,未定。廖不能终局,尚须豫备替人也。自申至戌,鏖战三时之久,亦甚惫矣。吴锡侯、道晋来。

十一月

辛丑朔 阴晴

甚寒,至夜小雪未盈寸。芸孙生日,设饼糕。

二日 晴

张生来。邬师来。四妇来讲书,其弟亦来,久坐。夕至长沙县会饮,仍前廿八日诸客,但以谭易蒋耳。二更散。夜雨。

三日 晴

午舁至卝局,寻李、廖闲谈,还已晡矣。短景匆匆,在城市乃知不暇,舁行拥挤,又讶人多。夜星甚明,忽然而雨。

四日 阴

房妪送孙还家,余亦出城,至开福寺,陪陈程初,至则诸僧法衣候门,问知迎《藏经》,方丈能悟已出,明果代东,法会甚盛。客有杨、欧、陈、王、梅、晓,欧尚无须,几不相识。程初亦聋甚,云犹能步上麓山,我不如也。设食甚晏,散已傍晚。与梅晓同至云鹤轩少坐,上胜湖亭,乘夕亟还。

五日　阴

朝食时曹子、谭生、朱稚泉来。至外斋写字。廖生、周生、郑麓生来看字。李经畦来谈鄂事。夕至邹师家,平姑子出见,已生孙矣,设果酒,登楼小坐还。

六日　阴

日本领事大藏来见,谈中国不能学外国,以民智故,盛称瞿中堂。廖荪畡来久坐。窊女、懿妇均来。寄龙安书。

七日　晴。丁未,大雪

当烝祭,以先孺人忌日,改用己酉。本日谢客素食,无事。为陈芳畹父女赎皮衣。

八日　阴晴

因祭馔,议请客,当请袁仲青,尚未往晤,宜先候之,遂及金甸丞,答曾竺如。至心田宅会饮,粟谷青为主人,吴文甫暴疾不至,沈长沙、刘监督、颂年、会元、心田同集,各饮廿杯,散已三更矣。懿家遇亲家母,言买屋事。有屋有花木,但无田租,余颇欲置之。夜雨,与庄心盦书,通候。

九日　雨阴

晨起待事,巳初妇女诸孙并集,午初行事,烝祭三献,亦尚成礼,犹未闲习也。以至简之仪行之,廿年满百回矣,犹觉生疏,何其难习。留馔未馂。廖荪畡来,言子妇病,将归。请五客而三辞,改约杨子、谭祖同以充五数。得刘晓沧儿襄阳来书,送银耳。

十日　阴

懿来视。夏管带书来,言钱债事,为复一函。七相公来,与盈孙俱至,旋去。二周生、能悟僧、金甸丞、周昌岐、黄年孙均来,以谭、杨为客,不能避客,并延接之。吴文甫、心田、荪畡、李经畦续至,促坐话言。馀客并先去，待甸丞不至①，饮啖甚饱，谭、王犹有一集，殆犹未饱也。未二更遂睡。娄生送诗。马先生送鸭、蟹。

十一日 雪势甚浓

向、崔来，适朝食，留向共饭。半山忌日，清坐竟日。孙女皆知不可摸牌，亦难得也。

遣视荪畡去未，因作一诗，亦在礼法之外。《初二日长沙县集喜雪》："霜阴五日冻云遮，散作飞英片片斜。洛社偶同良夜饮，河阳应讶满园花。红泥火暖新醅熟，绛蜡烟轻玉漏赊。明日快晴诗兴好，更看眉月映窗纱。"《十日小集客散看雪仍用遮字韵》："风紧难凭绣幕遮，夜深仍讶月光斜。起看密雪迷鸳瓦，更爇馀香剪蜡花。二白已知田父笑，滴红应就酒船赊。行人不怨关河冻，且免飞尘扑面纱。"

至夜仍局戏。周生、岫孙来。竟日雪。

十二日 晴

未朝食。沈士登来。船山弟子七人来，皆自鄂赴考还者，云朱二爹为代表，请衡道回任。安徽人乃干预宪政，亦可怪也。得李昌洵、正则书。

十三日 晴。昨夜冰，今晨大霜

盛烈县丞来。午出访叶，交地云已移寓。过蒋南卝，亦未相值，遇于卝局。李经畦已去，廖犹在局，设汤饼卷子。答访吉原鹤水，有二倭人办公，不能通词，小坐便还。

十四日 晴

题空灵杜祠一联："舟楫眇然，怀古共随颠米拜；经过偶尔，寻幽

① 上文"金甸丞"来，恐是涉误。

如到浣花居。”为倭领事书横幅。赵敬初知府偕周生来。功儿昨往麓山未回,欲出无畀夫。向生及戴文韵来。

十五日　晴

晨未朝食。袁督销来,言购书及问舍事。出城至毛桥僧楼,见列轿数乘,入见梅晓,脱履登梯,则皆倭人也,一三井,一日清,二领事,席地坐。瞿相不到,王、黄继至。久之不得食,云借陶厨。未正入坐,申正散,携南宁柚子还。汪颂年催客,本约半园,又改枣园,以曾皙嗜羊枣名之,武城祠园也。汪、谭为主人,王心田、沈长沙、刘绂荣、梁和甫、吴文甫、谭弟同集,二更散。谈廖荪畡不解酒,犹存先正典型也。得莪书。

十六日　晴

甫起滋女已入,云昨夜乘月来也。不欲居兄嫂处,将自赁宅。刘绂荣来。胡婿、女均来。午访三革绅,仅见杨巩。过杨亲家母小坐,言贤母不可为,徒令儿女妻离子散而已,吃卵而还。倭僧偕三倭人来,其一小平总治,欲治《元史》,余茫然于蒙古言,告以宜访沈子培、曾重伯。坐次又一湘潭李生来,诗人也,文笔尚畅。夜摸牌,殊未得一翻。

十七日　阴

早起待饭颇晏。谭祖同来。饭后率女妇步从贡院墙后至广场看女会,道遇周生,旋自去。李生又来送诗,坐门房候见,延入,与史生、二周生同坐久之。段沅亦来相看。马小先生自鄂还,诘其送鸭,适史生送鸡,可谓鸡鹜争食,为束脩之耻也。滋移窊家,宜孙来犹见之,四妇、谷孙来则已去矣,令往窊处看之。

十八日　阴雨

写字半幅。寿孙生日,往姑家,家人遂忘其生辰,晚乃悟焉。例支一元作饼。

十九日 阴，欲雪不雪

颜双表自桂林来。王镜芙亦来，蜀士相见，几不相识。曾太尊来。房妪假归，独坐外斋久之。请女客吃野鸡、汤饼，未夕食。两妇、两女均来。得纯孙书。

廿日 阴

周生来送朝珠，未为珍品。颜侍讲来请书。王铁珊、庄思缄皆知名，未相见。汪泉孙儿，彭四少耶孙，则久无消息者。写字五六幅。出访粟掞孝廉，未知其住处，至流水沟，则在牢巷，非意中流水沟也。刘绂荣招饮，谭会元兄弟先在，王心田、汪颂年、梁和甫继至，待沈士登，云不来，乃入席。食两菜，沈来，满廿杯乃散，已三更矣。路石欲冰，还小坐即寝。

廿一日 晨晴旋阴

写字六纸。廖生来，言怀璧之罪，欲余直之，谢不能也。乱世富人，唯深藏可免。梁咏谐来，已忘之矣，延入仍悟，云丁忧还里，新从家中来。夕诣瞿家，已张镫结彩，将办喜事，其弟三子文笔雅畅，年始十七，忘问其字，作喜联送之："一品门楣，侯相外孙枢相子；交柯玉树，云中初月雪中梅。"又"咏凤早传丹陛笔；作羹新得相门甥。"长沙约吃铁火锅，舁往，于门外登厕，轿夫与否棍大闹，县丁役来救乃入。客已毕集，仍昨旧人也，三更散。

廿二日 冬至。晴

昨伤食患泄，三遗矢矣。与书健孙戒之。黄孙忽欲窜钦州，求书干郭葆生，奇想也，既不足教，因而与之。曹子亦求馆，则无怪矣，镜初交谊，不可拒之。夕至心田处会饮，宾主皆病，坐客亦不高兴，终席而已。

廿三日　阴晴

晨兴尚腹泄,未朝食。滋女亦久未来,疑其发疾,遣视之。永孙送纸一捆请书,方欲肃清,颂年已到,一联未毕而罢。绂荣继至,和甫、咏谐、双表续至,本约未刻,已过申矣。入席食燕、翅、鹅、羊四品,会元乃至,饮啖又健,已忘腹疾,上野鸡锅时稍倦告退,遣功儿终席,客皆旋去。

廿四日　晴

朝食时齐木匠,王、颜两生,二周生来,久坐,余起入皆去。滋女来,令慰问曾懿,昨栋折,几压死才女也。吾家才女亦来。功谈家事,皆不似子弟语,盖其自大久矣。其母骄之至此,吾亦不屑与言。梁咏谐来,言官事。

廿五日　晴

写永孙求书数十纸。张海涛、颜双表来送寿联。抚辕来问团总。

廿六日　晴

晨悟吕家吊期将散,食毕而往。黎寿臣陪客,又有一相识,云新从乡中来,未忆姓字也。还即居内,不见客。得周昌岐问能所书,及卢象贤求救书。

廿七日　晴

颜通判、周崖船、周生、谢、谭、彭、常自衡来,云左全孝方留胡道,无求还谭道事也。子久来,言鹿滋轩事。云荣禄妻即灵桂女,师门交情也,为鹿求官,不关妻妹。房妪还。

廿八日　晴

家人张设,为余馔祝。张先生来,留居外斋。夜出受贺,来者数十人,但答拜,不辨谁某也。房妪送花爆,外厅甚窄,恐遗火星,止令一试而已。

廿九日 晴

晨起至外斋，笔墨全易位，日记簿亦被匿，不复能照常办事也。贺生者亦不记多少，唯偶出过龙、梁，一出见杨亲家母，皆未及谈。

晦日 晴

两儿谢客，余未亲出，见族子孙数人，亦未多谈。以五十金交四老少建祠。欧阳、徐生又特来送四百金，留饭辞去。午召衡生六人便饭，仓卒主人，竟亦立办。谭五来。

十二月

辛未朔 晴

与张生步访齐木匠，至汪学台家，旋至贡院访旧游，见刘绂荣及许算学，遇梁咏谐，同至教楼，有二妇人在门，疑台基也，未上楼而出。房媪醵金起屋，不以及我，自请输五十金，犹不敢受，欲取故与，甚得捭阖之术。张生议陕屯田，云须二千金。亦好大喜功，非得寸则寸之义，余将亲往观之。两女明日皆有交亲之请。

二日 晴

会元来。殷默存来，数十年不成一馆，殊为负之。周生欲以脩金与吾子。父所不受，子若受之，是教人不孝也。告常婿，力斥其非。常、周犹不悟，所谓晦盲否塞者与？午出贺瞿子婚，到门已进亲，坐客有张少溪、瞿镜蓉、余参议、媒人、曾霖生、朱乔生，主人衣带膝貂三十八肚，与所见带膝不同。留陪媒人，遂至夕散。陈海鹏、龙研仙、孔搢阶后至，不得送，拜见而去，余亦未入新房。

三日 晴

朝食时客来，至未乃散，已倦矣，不复记其名姓。功儿与张生出南门访朱菊泉,晡时与周坤偕来。

四日　阴

朝食时仍有客来,有杨寿春,湘阴人,欲求系援。李培先、马先棃皆无从安顿人也。午出特访刘国泰,答访叶督销,皆不遇,谒抚、藩还。过浩园,问公局人到否,云已有主人,遂入。十二人公请,补作生日,二谭、梁、杨、曾、王、刘稚泉、余尧衢、龙、汪先后到,沈士登、黎寿臣以事不会,点镫时散。得王聘三书。

五日　阴

改才女诗。写周女添装条幅,检陶集未得,从《赋汇》觅得《闲情赋》,以其十愿有伤大雅,不止微瑕,发明文词有体之义,录充四幅。欧伯元来,约夜集余家。夕往则汪、王、刘先在,吴文甫后至,二更散。

六日　阴

朝食时常婿、王生、镜芙、二周、谭、黎、尹来,咏谐旋至,论常宁财户被押湘潭,廖荣已苦求不允,乃令房妪请之,欲令人知女谒之盛。属王生书问余令。

七日　阴

朝食时客来,仍不得退,亦不记谁某矣。有丁国桢,逊卿孙也,诉贫甚切,刘管丞儿亦告苦,皆当有以恤之。湘潭四张来,送食物,求饭处,告以无钱不可送礼,殊不省悟。得完夫贺寿书,即复讯之。

八日　阴雨

例作果粥。滋女先送家中,过午乃熟,又不融洽,不及往年也。胡家不作粥,唯煮豆耳。同乡异俗,不能画一,所谓自为风气,亦势所必然。

九日

起看阶墀已湿,殊未闻夜雨声。朝食时例见来客,过午未食。

曾重伯约与余参议听戏，前日未见客单，以为改日，乃又来催，舁至东长街南头燕云台戏馆，即巡警怄气处也。客皆不至，唯梁、刘先在，又一湘乡杨教员。入门已然镫，竟不知时，未食一菜，已费万钱，二更散。

十日 阴

熊秉三来。余叔廉、谭仲铭、周翼云、梅生俱散去，约夜集瀛洲，肥白稳重，知非祭酒所能杀也。写字一幅。将夕乃出，至心田家，云未还。至吴文甫公馆，王、李二道台先在。李葆初与完夫同司，王议偿洋费，与谭芝畇反对，一减一增，乃见夷情，谭殊不了事也。欧阳伯元、熊秉三、心田、余价卿继至，散已三更。熊明日即乘轮还沅矣。

十一日 阴

梁咏谐来。待周梅生不至，写字数幅。尹和伯来，言傅梅羹取保事。李华卿、杨云舫来，言谭道台事。夜月清寒，颇思山野之游。

十二日 大晴

李佛翼、屈樵孙、唐蓬老来。任七来送炭。遣盈孙往湘潭料理钱店。二周生来，夜谈。

十三日 阴

晨出外斋，遇张伯舆。胡少卿、郭门孙、王镜芙来。沈幼岚桂抚来，诸客皆散。桂抚颜色敷腴，似胜王、聂。尹和伯来。

十四日 阴

沈居甚近，既劳先访，宜有以答之，晨往不晤。余叔廉来，不肯去，梁和甫来乃去。言荐馆事，寝食俱废。余云孔子犹皇皇求馆，宜也。杨重来，唤功儿凑成牌局。李佛翼来，乃得三人，四圈未毕已暮。颂年、心田旋来会饮，吃熊掌，胜衡不如蜀，已费经营矣。沈士登送雪花，无甚味，亦湖南新品耳。客去，又与孙女斗牌，三更睡。

欧阳述送酒,沈云乞之彼,欧又以为余乞诸财政局袁幼安,因谈袁十子俱有干才。尹和伯复来。

十五日

曾祖妣忌日,不见客。午后设奠。

十六日　晴

唐蓬洲来。答李佛翼、李起荣道台。过卄局,答胡少卿学台,封门不得入。访黄伯雨于又一村,便过袁幼安、余尧帅而还。

十七日　晴

晨写刘道台挽联:“丹桂袭庭芬,海内共知循吏子;青骢怆星驾,滇民愁送使君车。”朱雨田送酒肉。彭石如自浔送松珠、柚实。

十八日　晴

干儿求书干宁藩,遣罗某致百金,与书云门,并信寄去。写字数幅,无墨而罢。赵氏女来报喜。

十九日　晴

晨答访唐蓬洲。曾竹如、李华卿来。夕过窊女。

廿日　晴

写字数纸。文擅湖来辞行。余尧衢来夕谈。佐卿儿来求馆。

廿一日　晴

晨出吊刘道台,遇况颜山、左卄办。还,刘江生来。出城从北门至司马坤朱家,陪叶督销,杨彦圭、王心田同集,九少耶为主人。雨田更肥白腴嫩,亦一奇也。聋则更甚,不能谈。还已向暮。宗兄来。

廿二日　晴

唤常孙女来,地炮未一两桩。子玖来,谈及两时,周生出见,俄亦告去。夕至容园江家,答访袁仲青,便留会饮。孔播阶,长、善两令,郑传之。展某先在,周生亦与,二更散。

廿三日 晴

作饼送灶，本宜今日，长妇于昨已作成，正欲尝粉叶，孟纪来，吐哺延之。甫去，袁又安来，遂不朝食。会元、马生来乃设灶巴，入内饭半碗，又未午饭。夕至黎坡，倭领事界与三请客，王、黄先至，登楼设酒，四种菜，肉十馀碟，先汤后果，主意颇殷勤，副领事对坐，又有三倭人，梅、鹤及三井也。

电报张燮钧卒。昨又得黄小鲁讣闻、彭稷初丧，何岁暮之逼人也！挽小鲁云："经世即名儒，百卷书成明道统；乘轩非素志，一廛归卧乐馀年。"稷初云："孤直未伸眉，一瞑重泉恩怨了；文章无达命，荒园衰草鹡鸰寒。"前后家亦各死一人。

廿四日 晴

会元、马质来，久坐，吃糕糍。工佣过小年，设两席。滋来拜客，遂独看戏，还斗牌。得茙书。

廿五日 阴

写字落款，遂费半日。送年礼者十馀家，答礼者三家。

廿六日 雨

李经畦来，言傅梅羹事，尹和伯奔走六七转矣。傅能为人，尹亦为人，皆今之学者。王心田来，云明德学堂有求于桂抚，往居间也。

廿七日 雨

瞿相来送寿联，以太早辞之。周生来诉其子。写郑家绢幅。蔡六弟退米票，专人旋去。

廿八日 阴，有雨

出答善化何令应云，遂过子修，言开复祭酒事，巡抚不敢，改建存古学堂，则可奏也。还过卄局、瞿家，已过晡矣，未夕食。

除日 阴

长雷周庭，甚骇听闻。送接脚女、陈芳畹各八元，余佐卿儿四元。彭受可来。作记异诗一首:“已岁冬雷天听高,红镫过处盗如毛。十年危苦支残局,三月峰烟落节旄。除日幸无台避债,长雷惊似鼓鸣皋。天心人事俱难测,且酌屠苏学铺糟。”已亥冬腊日,衡州震雷,其日杨叔文电达慈禧,谏立阿哥;丙子冬雷,西洋游人不许登岸;今皆成盛时事矣。

朱雨田送梅花。写字全完。子妇、女孙均来辞年,设二席,共十六人,有外孙女二人与焉。夜与两孙言祭诗来由。滋女留楼未去,禄、宜伴我宿,子正皆寝。

宣统三年(1911)辛亥

正　月

庚子朔　　晴

比昨日有泰来之喜。晨出行礼，萧子犹未去，因设两席。三妇早来，四妇亦至。行礼毕，朝食。窅芳亦归。掷骰夺状元，得五红。出见杨仲子，适胡婿亦来，言昨电击电话柱，又正当臬接印时，此鼓妖也。周生二次来，亦出见之。馀俱谢未出。夜巡抚送京报来。

二日　　阴

抚、藩、臬、学以乡举周甲加侍讲衔，俱来贺喜，均谢未见，仍与儿女孙辈掷骰夺状元。与书彭石如，谢朝珠，交郭生幼农便带。幼农来辞行，余出送沈幼岚，亦不相值而还。

三日　　阴

沈抚来辞行，入谈颇久。写字一张。

四日　　阴

朝食未毕，子玖来，衣冠致贺，吐哺迎之。吴文甫来，言将有公局相贺，因忆左季高换顶时丑态，赖我一洗之。午出谢抚、藩、臬，均未见。唯见吴盐道，谈陈小石可谓大臣。又访瞿、汤，不入，还将夕矣。子玖送顶珠绣补，云其自用，经廿三年不迁，以祝我久用也。

五日　　大晴

会元来，研仙亦来，云当往攸。作诗谢子玖："喜闻元日降恩纶，旧笥重开拜赐新。玫石青于瑶圃玉,绣花红染御香尘。头衔远胜三年学,顶带荣加百岁人。敢道传衣得仙诀,炼丹应许廿三春。”夜掷状元,遂无所得。滋女约来,二更后乃至,不成局矣。

六日　晴

与书廖璧耘谢煤炭,与陈完夫问请封,与杨皙子笑新学。马先生、李太守、邓学界、赵太守、杨仲子、汪提学、长善两令、吴提学来。女妇来觐者久不得见,逡巡已暮,乃掷骰。吴清卿族弟大蕰来,言保折,出其手书,并朱雨田折,皆应重谢。子玖送诗来,并以送吴子修。功儿报卯初立春。

七日　丙午,立春。晴

杨叙熙来诉事,云沅江人打湘潭人,当为报仇。又龙郎生波也,以送议长决之。参议夜来,客去吃饼。张生来。

八日　晴

女妇出拜年,因未出门。吴提学送诗来,又和三首。县人来拜年,唯见树生。

老归湘浦学垂纶,不道年来宠命新。许向阁师称后辈,久从文苑挹清尘。冰条近染蓝云色,琴酒客陪绿野人。输与金鱼便三品,莫言铅汞几经春。

每笑桐城吴汝纶,老年渡海学维新。如今侍讲多前辈,还与京卿接后尘。羊爱礼存天复旦,雁归花发日逢人。消寒待续寻梅咏,已是青阳六九春。

传闻急檄召谭纶,衙鼓声中岁又新。宦拙自寻潘岳赋,楼高难望庾公尘。纵教玉案吟如昨,未免青油面向人。南馆宾僚应怅忆,临江迟客似迎春。

夜雨。

九日 阴

丁子彬来言差事。冬侄女来。仆妪均出，独留守屋，子妇亦皆出拜年。瞿公子来见。

十日 阴

将出，值客至，遂尽一日。崔孙、余儿均未暇谈，尹蓝翎亦无一语，李佛翼、谭祖同得久谈，周、张两生，七相公则尽一日，晚饭设酒待之。陈秋嵩幸先去，不然狭路相逢矣。夜掷骰，复大负。

十一日 阴

号簿不记客，余亦忘之，因国忌不便衣冠。晚过余参议，贺其妻左生日。佐卿子欲余荐馆，参议令余荐往桂林。余子实不堪吏，往徒冗食，亦与片稚安言之。又访榜眼不遇，至小瀛会饮，主客均集矣。吴、王、胡、沈为主人，二谭、汪、刘、杨为客，余送熊掌，心田加豆花，共十二品。赌酒过量，幸未儌儌，二更还。

十二日 阴

陈鸿子来，言警局。午出答袁、朱、汪、曾、刘述之、李经畦、胡、杨彦规、刘国泰、李启琛、曾、余，便至工厂，儿妇均出，唯见两孙。诸家亦惟李道台处得入，坐客有张道，未通字号也。又过臬署，复不遇，还已向夕。

十三日 阴寒

汪又安、冯永桂称年侄、李起荣道台来。出贺沈长沙儿昏，宾客甚盛，至新房一看，不于堂上拜客，免拜见礼物也。遇邬小亭，同出，亦向夕矣。"匆匆驹隙影，滚滚马头尘"，甚催人也。

十四日 雨

汤稚安、李次琴来久谈，不见李数年矣。妇女游西园，余为作一诗。冬侄女来，留宿。

十五日　寒雨竟日

滋疾未起,以为不能来,过午乃俱至,唯少舆儿耳。孙男女绕庭,二更乃贺元宵,三更月出。今日以为必无客,乃有两客来;以为必无月,乃又见月。瞿、朱俱送汤丸,汤丸谓牢丸,著汤者始见《随园诗话》,最近典也。

十六日　晴

将出拜客,李佛翼催客,仅过郘师、甘判,便到洪井曾侯故第,心田、姚寿慈已先在,觐虞旋至,待尧衢,至夕乃来,散尚未上镫。滋女来,云有事,乃武陵电报复病,欲相见,当往看之。

十七日　晴

窊、滋均来,言且待再报,懿妇亦来。余意必再有报,乃得赵家报喜蛋,以为或有转机,至酉竟报丧矣。便可不去,欲遣其侄及姨侄赴之。功儿自请行,乃摒当吊奠仪。

十八日　阴

大功丧,实期降也,当三不食,未能依礼,但不食肉减饭以哀之。看船一日,申正功行。谢客九日,亦欲还山。

十九日　雨

懿妇来相慰,子瑞亦来。独居无憀,春寒弥盛。

廿日　雪

张生来,言钱店事,同坐一日。周庶长幞被来。得彭稷初赴书。

廿一日　雨水。雨

周生来,与张、周同坐一日。庸松来。窊、滋来,宜孙讲诗。参议夜来。

廿二日　阴

写祭轴、挽联、黄对,作谭文卿像赞。得李艺渊贺信。夜雪。

廿三日 雪

两妇、两女并来省视,终日围炉。

廿四日 雨

会元来。曾彦姊来,因有男客未见。三屠父子、杨季子来。作诗答谢艺渊。张生告去,懿来旋去。

廿五日 阴

周生滑跌街砌,几至折肱,劝其休息,亦幞被去,此可为奔走之戒。黄生乘舁而亦伤跌,又为好舆辇之戒也。

廿六日 晴阴

梁和甫、周季子来。黄孙请圈汉诗,未数叶,复携之去。余朱笔无用,因作彭稷初祭文,援笔而成,词不加点。

廿七日 大晴

谭祖同送《宋稗》来。出诣聂家,吊仲芳,云不能成服,病未起也。俊威已还,人客已散,瞿锐之出陪,小坐还。看懿疾,已能起坐。至杨家,亲家母亦病,小坐即出。张生复来,竹林兄弟、周生杂谈。两女亦来。作雨田百岁诗。

廿八日 晴

盈孙往彭家,张生亦出。徐甥、瞿相、余子来。甘直判来,久谈。丁国桢来,果臣孙也。云兄弟三人仅收谷数石。方作朱雨田寿诗,未遑他及。

廿九日 晴

常子耕来,与张、周同坐。半日朱诗竟成,杨仲子欲为书之,请梅生画格。房妪假归,罗儿夜归,云功已在熊秉三船上,明日可至。已而功还,二更矣。

晦节 大晴

晨闻客待甚久,问知为戴道生,出见之,则刘少青子送书来,并炭敬百元。戴率儿来,张生领周、何学界来,孙妇弟侄来,周生送纸来,余儿来,应接不暇,已朝食矣。

往昔荷衣岁,陪游又一新。肩随十年长,诗咏两家春。君以文中伯,方为席上珍。学参周教谕,论服李诗人。未角名场艺,惊逢沴气臻。千钱谷四担,一月雨三旬。堤溃嗟鸿雁,官贪刺特鹑。自然生事废,始患富翁贫。籴粜精筹算,赢馀致襁緡。乍看云栋起,倏报土城闉。从此俱投笔,传烽尽鼓甄。关河经契阔,郊垒又嶙峋。瓦解东南郡,丸催日月轮。千金烦转饷,四海遂扬尘。我亦参军画,归来息甸畇。湘州繁货殖,江介辟荆榛。国计资禺策,淮商久困迍。改弦先用俭,为富必依仁。酬酢金刚四,招要玉馔频。牡丹从客赏,雌白守吾真。已见钱流地,还闻粟指囷。南陵垦荒亩,东作买耕犉。时议关中策,初通绝域宾。湘茶香焙火,沙碛币增银。航驮笼全利,程陶扼要津。盛名虽赫赫,儒服只逡逡。室本无倾视,星恒聚八荀。过庭诗礼教,执业子孙循。谨笃经生训,弦歌耒水滨。至今称晋梓,只益颂灵椿。定协鳣呈瑞,同欢鹿食蕡。开颜看报录,磨砚话艰辛。松树年俱老,桑田变有因。莠言重乱政,邪说敢诬民。陈赵俄持节,翁张迭秉钧。公如不闻见,世岂竟棼泯。十载藜床坐,千钟菊酿醇。傅岩迟作楫,涝水早垂纶。伊古长沙志,曾将四利询。湖壖连碧浪,船步舣朱轮。估客眠安稳,汀鸥性扰驯。雍乾工屡辍,行李到俱颦。虚牝金徒掷,豪雄气不申。幸逢来舶棹,再得静涟沦。百万私家费,涝浏二水漘。奏功如瓠子,旌善迓枫宸。正值春华茂,将陈六豆莘。彩云卿月拥,黄阁上台邻。同辈今存几,平生迹最亲。引年叨共赐,比德未堪伦。喜见童颜少,知由内养纯。未须钟乳服,宁觉玉肤皴。医理研岐伯，园林乐郤诜。仙源谁问晋，春酒共吹豳。忆昨论移粟，居人惧毁薪。雍舟浮绛邑，郑里拜黄巾。博辨臧三耳，重逢亥六身。依然归野鹤，休更骇山麇。除夕梅花赠，清樽竹叶巡。雅宜诗答谢，何假序铺陈。令子皆贤达，庠门列介僎。惟祺颂骀背，斯羽庆螽诜。楼迥心仍远，□筵舞共樽。东风日和美，燕喜及良辰。

二　月

庚午朔　大晴

熊庶常早来，昨与功儿同发武陵，将赴辽东鹾使任也。衡生莫、刘来，言试馆经费。郑孙来，言学馆。懿来就医。得茙、舆书。出城上冢，瞬息而还。王元涣来，求书与叶督销，并达卜、刘、陈甥于叶听。汤陆仙来。周儿与刘楚英之子同坐。宜昌仆妪还，云行半月始达。

二日　大晴

写朱叔彝挽联，并赙九元。马生率欧阳泠来见。郑优贡用县丞，分本省来见，名业琨，云去年八月已回，今乃到省耳。周生委管烟票，来谢委。撰一联赠桂学李守一："菁莪得士如朱郑；桂管看山想岱、衡。"常子耕、李姻侄来。

三日　晴煊

写朱诗轴。苏靖州来，以为许笃斋弟子也，见乃大人，忘其所自。今日孙女三十岁，两姑、两婶均来吃面打牌。

四日　晴煊，始绵

书复刘少青，并寄李、欧二联。郑竹嵩来。程商霖自淮告归。周生后来。夜改瞿郎文。大雨雷。

五日　阴雨

国安、岫生来。曾光曦进士署安福,来见。谭祖同、二周、张生来谈。因雨未出,至夜见星。萧生表兄来。

六日　晴,后煊

晨出答"十八破",因过姚家,已度岭矣。过芋园,有华屋之感。与稚琴久谈,还朝食。周儿来求书名片,送名条。刘二嫂夫妻来,言官事。过瞿家久谈。臬台来。瞿四公子旋来,与陈甥坐甚久。房妪假还。滋来,言当往鄂送姨侄。昨程生言陈复心中风,程子大云不知其病。盖今日不知明日事,真有如时事也。吴秀才妻刘来,求作女以敌其夫,云棰辱不可堪,当觅县人一问之。俱宿外房。夜雷雨。子初惊蛰。

七日　雨寒

女客俱去,斋居静坐。盆梅已有落瓣,犹盛开也。寓书谭芝昀。夜视滌濯,功夫妻均办,遂寝。

八日　丁丑

祠祭。本疑功服,欲不祭,嫌今不讲已久,仍旧行事。但常服不珠,似乎进退失据,老当传室,不为主耳。晨起衣冠待事,遇朱稚泉来送媒帖,罗伯宜孙女,年廿四矣,长于其姑夫。何家与良孙相当,既纳采,此当问名之节也。巳正行事,两妇、两孙女、懿儿、禄孙、赣孙均会,午馂毕。三妇均往胡家赘酒。周生来,讲《书经》。朱菊生、杨芸舫来久谈,遂至晡时,日晷颇长。

九日　阴

王镜芙当朝食时来。曾竺如旋至,言王令麻阳,杀无辜数十人,必不善终,不可令湘潭也。张生兄来诉余令,告以不必管闲事。易年侄来,言龙令已还,遣问画像。因昨馔约陈华甫、邬、王、胡、吴五师会饮,仰煦先到,陈、胡、邬继至,待迪安颇久,申初入坐,散未夕。

十日 阴雨

将往山庄,恐楼琐未往,改遣湛童持书去。周生来。袁仲清来辞行赴江,云张督当同赵督往北洋,同入觐,久无此特召矣。吴光耀送书文。唐鄂生子坚送年谱,求作碑。

十一日 晴。又雨

看唐自作年谱,殊不详核。写屏一幅,无墨而止。得胡御史书。

十二日 花朝。晴

两僧、一般来,均未见。黄年孙来,自看写屏而去。字黼馨,盖以对蓝缕也。朱送女庚,功以路人一言而云不合,既不可以正训,姑令再问于盲。夕过十发斋,遇粟谷青,见子大兄弟父子,云震伯即来,可留谈,遂待至三更。又见其姊子,不便问姓,诗画均可观。

十三日 晨晴午雨

方起盥颒,尹和伯、田静、杨都司均在庭房候见,已头晕矣。朝食后谭祖同、齐濒生来,李华卿、杨芸舫、李砥卿继至,段玉成、周崖樵来。常遣一妪迎女,为车夫拉去,不知下落,后得警兵送来,知新政之有益。

十四日 阴

晨至天然台赴益吾招,陪戴展弟、陈毅儿、萧漱云、程石巢即十发饮。还过袁仲青,值姜丧未入。

十五日 阴

程氏二士来,午至小瀛洲王心田家会饮。杨钧、汪、刘、梁、谭五主人,二王、吴、沈、胡五客,设酒甚佳。

十六日 大雨

家忌,素食,谢客。谭、吕、黎皆径入。夏生时济临荐时来,皤然老矣,云当往邬家夕食。"天下俭"亦有请客时,未知何意也。尧衢夜来。

十七日　阴。晨小雪

周生来。与书藩台,论房捐事,并荐达赵敬初,周生意也。邓氏外孙来,忘之矣,当令夏生为之位置。萧生鹤祥自京来,往桂过湘,居关道处。云已入宪政非杨度之力,杨度乃拜袁门之力,又闻所不闻也。卜、陈来探消息。二丁孙来。李生、张、周来。

十八日　晴

瞿子玖来。王心培在内斋坐待甚久。欧阳述、瞿四郎来。

十九日　晴阴。戊子,春社

治具招客,程子大、龙研仙、夏彝恂、欧阳伯元、王镜芙、朱菊生均早来,粟谷青后至,谈笑竟日,颇有聚会之乐,坐散未夜。才女来,讲《左传》。

廿日　阴

湘潭余许曾来,皇皇求而弗得,易宗夔之对也。廖春如来。彭鼎珊来,言乡居费不能节,一丧动须千金。因念邓孙,与书夏生委之。

廿一日　阴

王心培来,嗒然若丧,余亦不能为谋也。饭后出答梁、李,探芝畇消息,过卝局访李、廖,云皆在局,入谈久之。出,误循城根至乾升栈,看雨恬,九郎出陪,同入小坐,看折禀还。陈甥来,亦与心培同病,此则余能疗之而不疗也。心田来。周生来,言周武德。

廿二日　阴。辛卯,春分

晨起写字。张叔平儿来,求哨官。金妪姨侄求司事,与书足甘[①]。李生来。丁子彬来。廖荪畡来。杨重子来。

---

① "足甘",未详,疑为某人绰号。

廿三日 阴

将出未果，客来亦未记，大要混日而已。遣周生觅船，遂无回信。

廿四日 阴

晨往朱栈看客，乔生已能拜跪，与朱、吴同吃面，小坐即还。曾岳松、廖荪畡来。

廿五日 晴

卜女自怀宁来。陈甥妇亦携女来见。王心培来。出访祭酒、邬师，过子玖，谈庆邸。赵武陵函荐一买办，盛姓，云当来见。罗顺循来。

廿六日 晴

始出盥颒，内外宾客已满坐，未朝食。齐濒生来求文。盛钱塘来言买沙。李米捐催客，往则甚早，云欲久谈。资州人也，与佛翼同事，又善子大。张庶常燕昌旋至，又一委员龙姓，百川通阎姓，程最后来，坐散已夕。轿夫未至，步还。

廿七日 晴

曹、殷早来。心培又至。写字数纸。梁璧垣、张正旸来。与邓子秩谋筑室。才女来问《左传》。张生请评点《湘军志》。桂窊来摸牌，二更散。闻妈妈还，不知何人也，启门乃黄孙、滋女夜归。杨生顷来，报谭还，已知武昌消息矣。滋又云瑞必移去，不知何所取也。与书陶斋。夜雨。

廿八日 晴阴

桃花盛开。才女生日，卜女往贺，三孙女同去，滋亦从其寓去。刘二嫂携女来，旋亦同去。段孙来，言家事。倭领事来，告行，送照片。写字数幅。谭、黎、齐同步来，尚泥湿不可行。甘思禽来告去，明亦当送之。刘妇母女仍还,寄宿。

廿九日　晴

晨出答界东溪,并送土仪。过荪畡处坐待,余催请,值其朝食,因留点心。胡蕃周、湘乡冯来。十二钟至尧衢家,遇朱荷生,不识之矣。荪畡旋来。待黄、瞿至半日,黄近瞿亲,乃似贵客,瞿一不举箸,尤可异也。天气骤煊,南风大作,换绵衣犹热,未夕散。过芝畇少坐,还犹未夜。夜雨。

三　月

己亥朔　又寒

二周坐待已久,乃起出盥,讲《微子》。午睡起,至小瀛洲,朱家借地唱戏,设廿一席,所不能致者仁、义二家耳。与廖、刘、曾同坐,头汤出席,已微雨矣。邸钞芝畇送部。

二日　阴

谭幕友李、杨来。张、李生来。江南来报,庄姓掘湘军坟至千馀,实业学堂又请解散,此皆从来未有之事。

三日　阴寒

晨客来三四,曹子求科员,又送《黄山谷全集》,入内翻阅,瞿已两催,未知也。方遣湛童送族食费往湘,金妪又假去,内外无人,以舁夫作傔从。往则众宾皆集,黄、余、龙、曾、程、瞿、廖、谭、汪,唯朱非科甲家耳。看樱桃花一种,即棠梨一种,樱桃、海棠之间,梨花盛开。

四日　雨

出城至二学园,雷雨稍至,至梁家,荪畡已到矣。又有王佩初,与璧垣谈工厂,甚愤愤。和甫后来。

五日 雨

谭教员来，齐山人、王心培俱来。邓婿自江、鄂还，唯见长头，少坐而去。

六日 阴

刘氏母女来，求衣、书。为写对一副，周妪藏去，遂至猜妒，余一不敢问也。作万变，图先生一笑，亦正有乐趣。看《湘军志》一篇。晡至乾升栈，特设请我，入与雨恬谈，觐虞、心田、李幼梅儿、会元同集，荷生亦在主坐。门前拥挤，丐妇无数，颇有不〔衣〕装洁净者。至夜未散，余从人丛中出，还家少坐。西门外失火，家人纷扰，余酣眠矣。谢生自衡致道台书。

七日 阴

晨出城答金殿臣，云尚未起。扁舟将还浙，不登岸也。还朝食，李犹龙来，遣知宾谢之。谢生、王心培、张、周俱来，荪畡来，久坐，去后谢、周犹在内斋，更耐久矣。留周、谢、廖荣食，张、周、王未食，云已饭过。当唁芝畇，忽忽七日，遂舍客而往，至则已夕，又匆匆还。

八日 丙午，清明节

遣罗佣上冢，因寻水莊。大雨竟日。刘妇因周匿其堂联，纠缠不休，令觅纸还之。

九日 阴

当招齐木匠一饭，因令陪军大，兼约金、谭、吴，皆开缺人也。吴辞不至，更约余、汪，皆已下乡。为程子大看诗。日本四人来，一偕周大椿来，问诗。

十日 晴

午初过子玖，同请金、谭、齐看樱花、海棠。子玖作《樱花歌》，波澜壮阔，颇有湘绮笔仗。余不敢和，以四律了之。坐客皆和，犹未尽见。谈宴一日始散。又雨。

十一日　阴

濒生、祖同、周生来。为张生看《湘军志》,又看程诗,限日一本,便不胜其劳。夜过芝畇,值摸雀,真所谓门可罗雀也。高寿农自鄂来上冢,袁仲青、戚耀山、蒋生頫青同集。蒋,杨幕客,未问其字。

十二日　晴

始检行李还山。看《军志》、程诗。作魁按察《守宝录》叙。子玖、尧衢来,谈尧衢亦和长歌,余必不能免,乃夜作之,援笔而成,辞不加点。

高寿农送诗来,依韵和之:"落拓黄州守,重逢鬓已星。君山乱后赭,春树雨中青。未劝飞光酒,方扬极浦灵。江湘一家地,不用叹飘萍。"为才女改诗。

十三日　晴

郑、李来,已办严矣。朝食后上船。金甸丞、谭芝畇、高寿农来久谈。瞿四郎来送。砥卿复至,两妇、孙女俱来,留饭而去。甸丞夜又来谈。泊朝宗门。

十四日　大晴。始换夹衣。

樱桃海棠花貌殊,两美并见倾城姝。东瀛别种花不实,彼土矜夸天下无。水野释子持赠我,插伴五柳渊明庐。亦知平泉喜异植,超览楼前栽两株。城中土肥早作花,已见蓓蕾含丹珠。一株繁素欺棠梨,一株红艳黏蜂须。春云烘香夜始发,朝雨压叶风难扶。其时墙角双海棠,云自早岁来京都。百年远共乔木寿,一春得免缁尘污。自然妍媚斗桃李,不用着色施粉朱。世人好新多异心,如重笳笛轻笙竽。宁知尔雅棣移棠,乃别赤白分唐夫。昔年汉宫已并植,草木多识称通儒。樱花无实名未改，含桃非棣先当区。此如食瓜古所重，谬说张骞西入湖〔胡〕。又如烟草真芸香，又如菌芝号摸菰。方言未辨南朔异，譬彼周朴先郑瑜。固知琼花非玉蕊，莫将贡橘疑秦庐。曾闻牡丹移杜兰，便似槎石随海桴。凭阑一笑且浮白，主宾正可倾千觚。但令岁岁得吟赏，陆玑笺释宁非迂。我逢大敌不得遁，自惭俭腹非书厨。还山樱桃定未落，一枝寄赠看何如。

考樱桃即栘樱花，即棣栘，名常棣，又名夫棣、棠枎，皆以萼名。唐者空也，空花不实，故以花名。棠即杜也，杜，今海棠，有无数种，棠即白海棠。今苹果、花红、沙果花皆白而香，亦有无数种。含桃以荐麦，今夏至桃。樱桃，四月熟，实小似桃而名之。三代不以为桃也。

连日南风，大水，滋忽欲行，停一日待之。芝畇约摸牌，云晨遣相迎，过午不至，自上岸。欲入城，待轿不至，稍近城，坐官厅，与陈芳畹略谈。见回空车，坐以入城，迎轿已来，令从行。至谭寓，高寿农出城未还，芝畇出陪，对坐一时，朱菊生来，又谈一刻许去。寿农未回，更招蒋濒青，待高同入局。一圈未毕，金甸臣来，代主人，乃设饮。余胜半底，金胜底半，犹欲再接，已三更矣。乘月从驿步门出，滋已上船，黄孙未从。

十五日 晴煊天，衣可单

朝食，滋犹未起，令移船傍岸。船人云可行，适有小北风，帆缆并进。午发，西泊昭山对岸板石。

十六日 晴

得北风，午至观湘门，遣问长沙客，伯元遣异来迎。往则有戏局，设三席，余价藩为主人，请余首坐。以不僭客，故自请为主，请刘稚泉、心田、颂年、祖安、菊生、余价卿、欧伯元父子、翁树堂、匡省吾、萧小泉、王警察、夏管带，午集戌散。夜雨。

十七日　雨

泊九总。蔡氏侄女来。张恺陶、陈秋嵩昨到阳家相见。上岸吊欧桂秋,遇之于门。还船,欧送菜来。徐甥来见,请饭未去。舣一日无事。

十八日　昨夜雨通宵

晨未发,六爷来。午发,甚寒,入涟竟晴,夕至湖口。

十九日　晴

昨复感寒,甚困,强起,舁至山庄,樱花盛开,海棠已落矣,牡丹唯留一蕊,燕子已来。困卧半日,未饭。

廿日　晴阴

过午始起。写倭绫二幅,并作书寄荪畡。三屠来。

廿一日　晴

发省信,写条幅。将军、通公、张船子、刘南生来。文吃送鸡。

廿二日　晴

文柄六十生日,求钱四百。发衡信三封,位置陈伯魁。唁程生。写墓志。往公屋一看,湫秽不洁,当扫除之。周、史送牡丹、皮卵。遣人下县。

廿三日　辛酉,谷雨

得刘健之书,不忘祭酒,自致泽公,来谋开淮岸也。写字数幅。

廿四日　晴

清去年所刷书,始知钉工卤莽,为改装《墨子》二册。夏十子来送钱,坐半日去,云有沉香珠,可备用。

廿五日　晴

当唁蔡六弟,罗佣告假,改呼王佃舁去。谷二复昼眠,常佣愿往,即午便行。刘妇拦舁,轿夫留饭。夕至司马塘,叔止父子皆出见。李氏六嫂云王姬生日，因至浮塘，颇有贺客。夕宿蓉室。

廿六日 晴热

鼐侄晨馔，端侄夕宴。往坝子塘李家一看，长生已不能举火，堂中男妇杂坐，不可驻立，即还浮塘。与王姨侄、子庚儿、二嫂摸牌，晚更与相孙女、叔彝妾同局，误以彝妾为寡居，幸未明问耳。初更叔止自省城还，便留宿不去。

廿七日 晴热

棣生妻请饭，与叔止、鼐、砥、端、彝、七、十同往，东晒不能久坐，未饭遽散，仍摸牌四圈。稍睡，彝侄夕具，三房四宴矣。夜舁往叔止家，棣妻、三侄亦往，夜令作粥。大风。

廿八日 风霾，稍解温

昨家中遣人来，云吴与三妻坐待余归，有事面禀。晨饭后戒行，因风少留，午发，添一夫，从棋头弯小道过冈合西道，不过七里铺矣。晡至家，吴妻诉家事。元妇、卅和、卯金、许女率新妇均来见。看夏珠，吃新蚕豆，早眠。

廿九日 晴凉

五十来交祠帐，二王来言退佃，萍乡首事来言劝捐，告令寻蔡师爷。写字数幅，又管讼事二件矣。湛童下省保倡，亦一讼事也。

滋摘蚕豆寄姊，大好词料，为作一阕《玉漏迟》："好春蚕事早，竹边篱外，豆花香了。自挈筠笼，摘得绿珠圆小。城里新开菜市，应不比、家园风调。樱笋较。甘芳略胜，点盐刚好。 曾闻峡口逢仙，说姊妹相携，世尘难到。近日相煎，怕被豆根诗恼。寄与尝新一笑，想念我、晨妆眉扫。风露晓。园中芥荪将老。"

晦日 晴

吴刘招其兄来，昨夜已到，未知也。晨乃见之。饭后田雨春来。

写字数纸。得瞿协办诗函。长妇送卤肉。苃报起程。

四　月

己巳朔

刘生兄妹均去。杇人来,未见之。为百花生作《趣园记》。写字数纸。和瞿郎《樱花诗》:"春气溟蒙岛屿空,好花开日趁东风。平泉得伴玲珑石,群玉曾吟缥缈峰。唐棣秾华分赤白,海棠微雨妒香红。牡丹无子添妖艳,不用赪盘出上宫。""胡僧亲为劚苍苔,分得灵根两处栽。玉蕊开时仙女至,碧桃看罢省郎回。芳菲近欲移兰杜,枝叶谁能认杏梅。野外棠梨应自笑,不曾东渡海波来。"

二日　昨夜风寒,今日寒雨,遂重绵矣

玫瑰盛开,亲摘插瓶。宗兄舁还,盖包官事人送之来也。写字数纸。

三日　仍寒阴

出见杇人,因与同饭。写字数幅。作诗酬子玖,平平无奇。

四日　晨见日

催杇人去,饭后乃行。午后又雨。吴妇来。作齐木匠祖母墓志。看唐诗。

五日　雨

翻日记,钞挽联,未暇馀事。六耶继妻来。代元妻请女客,家中主仆均往。

六日　雨寒

钞挽联,作齐志,移茉莉,检《尔雅笺》,以髦柔英为枇杷,因思果中似枇杷核者无有,盖所见不广也。前得汪德溥书,属夏子问其爵

里，云广西监财官，实缺朔平府，因复二纸。汪字泽仁，自云年侄，曾索书，由拔儿寄去。夜雨。

七日 阴雨，仍寒

遣罗僮迎候茙女。摘樱桃仅得四斤。作齐志成。

八日 雨

湘中今夜立夏，历在明日也，吃立夏卷。钞挽联，兼温日记，集外诗亦有可钞者。

九日 晴，见日

出看秧。长日无作，欲钞书，无宋本，闲散已甚。值雨至，又借以销日，亦自笑也。

十日

昨夜有月，今又见日，以为必晴，乃午后有雨，夜遂通宵。写字一幅。

十一日 阴晴

看《丧服》稿，似胜刻本，《周官笺》则似无可增。王夫之史论似甚可厌，不知近人何以赏之。写字三幅。夜月。

十二日 午前晴，旋雨，又晴

湛童还，始知臬、学皆易人，黄伯雨又至矣。得廖、瞿书。看报。

十三日 晨雷，大雨

往，将送吴子修，复不果行矣。看唐诗。五妹女朱张来。

十四日 阴雨

朱张来言官事，与书其表妹夫料理，即携女去。

十五日 阴

忌日素食。田生来言官事，应每日一事之例。看唐诗毕。得郑妇弟书，求作碑志；完夫书，欲干余藩。看报。夜风。

十六日　阴,大风

张正旸来,尚欲开钱铺,留谈一日。待三儿不至,夕去。

十七日　阴晴

始作唐拚命墓碑,殊不简质。写字数纸。

十八日　阴晴,有雨

作唐碑。周庶长来,言莪女已至,并致陶斋书。

十九日　晴

晨起甚早,宗兄已摸牮矣。出坐门外,看新秧,浅绿盈望,一佳景也。看《道统录》,见江汉先生,不知何人,检书乃是赵复,生平未识也。遣僮入城办菜待客。

廿日　晨晴,午后雨

朝食后莪还,至门前候之。已而棣生妻及与循子妇侍其皇姑来,人客盈门,急催办饭。客冒雨去,至夜雨益甚。

廿一日

早起,舆从天津来省。朝食后雨,起行李,并沾湿矣。端午桥送新刻《苏集石记》。

廿二日

廖生昨夜来,晨始见之。看《苏集》竟日,雨意未止。

廿三日　晴

谭心儿来,云十一日已还乡,不知省城近事也。叫鸡来,求疏禳狐,云已见脚迹,此亦乡人正事。

廿四日　壬辰,小满

晨起将作唐铭,见黄纸,悟求疏甚急,因遂未伏案,已将朝食矣。廖生饭后去。丁子彬专信来,云端督主铁路膒活矣。因作唐铭成,摸牌八圈,以庆路政。至夜热甚,反风而凉。

廿五日 雨

竟日闲游，晨见杨芷生第三儿，以诗为贽，书法胜其父，诗则出韵，未讲究也。杨重子介之来，求书干樊云门，不知樊已将去也。摸牌时忽然睡去，从来所无，大似郭意城闻添票叹气时。

廿六日 阴

晨兴寄杨儿书，便加一片，为昭俊进身。又见两朽人，求差委者。写扇二柄。将还叔止米石，寻水礼送两舅嫂，并寄三妇生日食物。

廿七日 晴

舆起不盥遽去，连日正闹鬼，以为鬼呼去也。黄孙云三舅自来如此。四老少来，云播生已去，顷之与田、王同来，讲官事，意在省钱，始知乡愚之狡。老少意在索债，许以往祠算帐。夕率两女出游后山。

廿八日 晴

始食黄瓜。写扇一柄，前七十为茂书折扇，许以八十更书，竟践前言，亦可喜也。

黄孙来问“孜”字，检《尔雅》无之，仅于“哉”下旁注“孳”字，其义训始治，当补“仔”、“孜”二字于下。《说文》引《周书》“孜孜不怠”，又“孳”云汲汲生也。《诗》“佛时仔肩”，刘向引作“孜”。《孟子》书“孳孳为善”，《诗传》：“仔肩，克也。”《说文》：“仔，克也。”用毛传未谛，“子”无克意。“孜肩”当为“始肩”。

廿九日 晴热

萧团总来论田麓生窝盗。余昔以彼已诉诬良矣，大要皆争闲气，亦殊可乐。蔡六弟与端侄率其本家侄孙来，诉黎、刘争妓事，云黎子自愿退人，不要钱。薇生尚为能教，其弟亦能率取，皆有可取。

惜我不为县令,不能重惩刘也。“美人遗我茉莉花,何以报之一马挝,手无斧柯柰龟何。”为之一笑。茂骤发□。夜早眠,铺前右房,以避潮湿。

五　月

戊戌朔　昨夕雷雨,旋霁,夜又萧萧,晨乃沉阴

起还字债。发廿金了祠帐,令值年算数。午后雨止。遣罗儿去。晡时乃晴。

二日　晴。晨起日朗,旋又云阴

看古文误字甚多,未能意校。刘生率其子来。李长生又夜至,接脚女专人来,无如此黄篾快子何,且藏内室。

三日　晴

晨发五金交接脚女。为李侄写字换羊,庞姓果送羊来。

滋来,问“凯”字。初未留心,检之,乃悟无部可入,而《诗》、《雅》并未说及,疏忽难辞咎也。八十之年,不知字书无“凯”字,实为可笑。既而思之,“凯”即“豈幾”也,俗省“幾”为“几”,故遂成“凯”,此盖隶书改之。摸牌至亥。盈孙来,云三叔即至。

四日　阴晴

晨起唤人,舆儿趋至,云行李尚在后。得樊云门书。将遣人送四老少,并无人力,家中办节事亦无闲工,遂留过节,问摸牌,云不谙。卅和送鱼。杨都司又来送礼,摽之门外。

五日节　晴

将军来,羞鳖,尚未午也。正午拜贺者外来女多于男。粽不能佳,向来中馈不至此,亦八十年所无。刘女来诉官事,因遣迎郭妇,

乃遇周生，大似黎满少爷所为，儿孙均自皇皇。至夜与周生谈，倦遂寝。

六日 阴

得院生送枇杷，多枝头干，想无人料理也。闻庞蘧开缺。作五月督抚歌诀："九旗东赵、蜀赵、甘长、闽祥、湖瑞、新联、豫宝、陕恩、浙增十省徽李漠〔滇〕、直张江、东张广、黔陈直、苏丁晋、豫冯洪、粤陈吉、蜀程苏、鄂周黑、闽沈黔、湘沈桂各分疆，二赵还应胜二张。二沈双滇徽朱、湘杨差足慰，不如三女嫁亲王。"得常婿书，送煤炭九十石。乡挑长价七倍，遂不起坡，自送省城，约周生同去。遣寻盈孙，云往萧家做媒去。至午半道还，云途遇女媒，无须去也。

七日 晴

晨起家人无觉者，自出呼舁上船，乃系小拨，非红船也，已上亦遂入船。儿孙踵至，八钟遂发，午正到县，办饭。申正到小西门，问懿儿处无轿，坐人车到家。功儿亦出，女妇夜来小坐，旋各还其家。

八日 晴热

李生、杨三子、梁四哥、胡婿、周生父子均来，云尧帅遣呼周生，信升沉之反覆，可乐也。夕访芝畇，云已卖卝沙，可无官矣。小坐急还。戌亥时大风顿凉，思睡遂寝。

九日 阴

复唐、真书，交胡婿寄去。又复康侯一书，告以太守之尊，不可干求。船人来报，昨风沉船，使我悔来，不得已恤赏万钱。与书常婿令去。彭肃六、谭大五来，言组安留京不还，以避争路风潮。邓婿来。晡后过子玖谈。验郎送钞本来，俱已装贮，当以《鹖冠》酬之。谭生夜送梨汁、参苗。

十日 阴雨

周、唐二生从法政学来，告以执鞭无益之义。因作送吴子修诗，招谭议长诗,并合作也。陈澍甘儿从钱业学堂来见。子玖、芝畇来久谈,验仙、尧衢继至。邓婿父子来,接脚女来,未见。待功还夕食。永孙来。夜凉早眠。

十一日　戊申,芒种。阴雨,甚凉

上楼扫除,初祭斋戒未见客,唯写扇二柄。参议云力辞路政,政府坚留。

十二日　己酉

礿祭祖庙,晨起待事。谷孙已从母来,懿、舆亦至,三孙均会,窅芳亦回,巳初行事,午馂。邓婿来行礼,功儿答之,不以风狂废正礼,礼也。周生父子来。谭、吕、杨俱入内谈。甚凉,着夹绵。

十三日

家忌。子玖送时鱼,即以荐寝。张、李二生遂坐竟日。

书六峰夫人挽幛,春甫夫人挽联:"封鲊训廉勤,垂老江淮劳顾复;乘鸾归寂静,通家女妇失仪型。"

十四日　雨阴

尹和伯、唐曾孙、李太守、周庶长、唐凤楼、杨仲子偕方表师耶相继来。杨、方坐半日,颇疲于对。写孙女两扇,刘生一联,欲出已疲矣,少寐以休。出答参议不遇,过吴文甫,问心田亦不得值,便至芝畇处会饮,子大先在。看明、清人字卷,汪由敦《孝经》白折颇工。乔孙、尧衢、心田继至,朱儿最后,周生仇家也。设酒甚佳,馔亦精洁,唯燕菜未得法耳。明日无船开。心田又约十六一集,云陪程、朱生辰之宴,遂改归期。

十五日　阴

昨托胡子阳放出周妪侄婿,胡约今日来见,晨起待之,逾时不至,乃有刘痴父子、史佣来干非分,极可怪也。无故纠缠,不殊横逆,不待三自反，无如禽兽何，佛说此因缘风生所招而已，然亦奇也。邓婿亦来凑数，说乞丐状，眉飞色舞，正色责之，乃去。谭、周、吕、唐瀛来，蔡、端、毛二侄来，陈甥宇清来，周云欧阳森来，纷纷皆为端公。心田请客改期，正迫钦限，因此定辞。芝畇又来，请明日，难于反覆，不能挽回矣。因三遣人往探沙市，云明午定行。写扇二柄。

十六日 晴

晨起懿妇携女已来，颇能早起，幸我亦起，不然是笑柄也。舆妇、窊女旋至，俱未朝食。周生及舆、懿均来候行，饭后即发，已来催矣。午正发，申初至舟，送者两儿、一孙及周庶长，均谢令去。到县舣十三总，坐人车至杉弯，唤船即发，到袁河夜矣。至姜畲密雨，遂泊。

十七日

晨大雨冒进，遣罗儿陆行先还，船人亦不复避雨，单衣尽湿。辰初到家，莪已移我房矣，仍居西室。吴妻已去。未夕便睡，闻雨竟夜。

十八日 雨

竟日无事，微觉受凉，至夜便发热。陈生送鲥鱼来。

十九日 阴

一日减食，小咳微汗，不至大困。

廿日 晴

衡州二程来，留住内斋。作谢鲥鱼二律。

廿一日 大雨，有雷

杨孙冒雨来，未能接对，午饭而去，大约干求无理，不知世故耳。夜卧甚困。

廿二日 晴

两程去，罗小敷来，自云欲嫁抚台，不择人才貌，而但问食，不知抚台中有极不可嫁者,留饭而去。余不待夕已睡矣。蔡表侄来索钱。

廿三日　晴

看唐诗犹未霍然。卯金儿来,大约有饭吃,则须招惹此等无聊人,亦不同他斗气。华一亦于昨夜来,今始知之。闻杨儿又同周生来,亦未见。

廿四日　晴

晨起待周生不来,久之乃至,云二程生俱未见。留住一日,复隔纱幮,坐至夜乃去。

廿五日　阴

周生复饮。杨孙来求信,告以不能。衡僧行贿求田,宗兄为之介绍;恒耶以四百元买一信,由刘佃引进。宗、恒不足责,佃户有身家人,乃为此无聊,所宜整顿也,遣金妪往诘责,乃始知非。游学生伏育英献诗求馆,问其所欲,乃干端路,俟端来时谋之。感寒久不瘳,眠食颇困。

廿六日　癸亥,夏至。阴

卧读《月令》,论萤、蠲之分。萤,春分即有之。蠲,伏暑乃生,不能飞也。

廿七日　晴

卧病已久,殊不能食。刘生送茄茳,又值断屠,厨中全无料理,偶作熯面饺,又不欲食。

廿八日　大晴

杨梅生妻直入,两女迎之,殊不愿延入,卧对之,告以不可为孙子作马牛,与我姻亲,不能普及其姻亲,匆匆便去。年七十三矣,忆其十年前似老于我。

廿九日 阴

岫生、崔英孙来。懿专人来，送《玉台诗》，无眉，不可钞也。赵渭卿竟为杨抚挤去，令人不测。赵、杨本无优劣，去留乃分等级也。班孟坚《人表》以被弑者下一等，余以弑君者终下一等，盖不畏之即不弑之，操、献是也。夜雨竟夜。

六 月

丁卯朔

圳水盖田，平桥满塘，庄前顿浩渺矣。陈甥来，晡前略谈，饭后梗〔便〕睡，至亥乃起。

二日 雨

下四都傅生来谢，未见。黎拔贡书荐陈龙光来学讼，昨问陈甥，不安分人也。晨起坐外斋待之，至午乃来，又不欲去。亦因邝凤冈与为敌，假大理院反其狱，又更谬矣。

三日 阴

水仍未退，金妪请观涨，病懒未应也。滋乃舁去舟回，率王氏妇女五六人同来一饭。闰保姑妈专人来求救，当干涉邻县，令其到省谋之。程季硕专人来求信，告以不能。生员事多，镜疲于照。

四日 晴

入季夏尚无夏意。久病连月不愈，亦一奇也。蔡二嫂送蒸豚，已败，不可食。

五日 阴

端任来看，云豫藩已粤臬，聘三留郑州未行。鸿甥求书与杨抚，亦病急乱投医之意，困卧正酣，尚未理之。

六日　阴雨

鸿甥草稿不可用,自作之,并书唁赵藩。唐凤楼来求书。茷女卧病一日。郭五侄女来。

七日　阴

陈、唐去,郭留。咳久未愈,并不能坐。

八日　阴

蔡六弟来相看,作饽饽待之,摸牌四圈去。夜月。

九日　晴

岫孙来,云已断炊数日矣。乡居无钱,不能振之。张生来相看,因留讲学。常婿亦来。借千钱与岫孙令去。得小石、仲驯诗。

十日　晴

始纻衣。戏作一诗寄端。与张、常谈,未遑馀事。

十一日　晴

常婿告去,云至省有事,晨起送之。张亦午去。

十二日　晴

朝食后云客到门,遣看已从厨门入,江南生及其表弟杨仲子也。云特来销夏。留谈一日,说晋抚已放陈伯潜,二闽人作抚矣。新袁徽大化、奉赵、吉粤陈、黑鄂周、直黔陈、东浙孙、西陈、豫宝、鄂瑞、川赵、滇徽李、甘长、陕恩、黔沈、桂湘沈、粤东张、闽祥、浙增、洪豫冯、苏川程、徽朱、湘杨、江张。“声名二建胜双滇二徽,五督三巡八满联。粤鄂川湘黔浙豫,兼圻难比直东黔。”

十三日　己卯,小暑。晨晴,旋雨

周生来,言刘健之,并促作记,似无记不能见端者,初甚哂之,晚乃幡然,即命笔为一篇。

十四日　晴。亦有雨

作陶斋记成,呼周生领去。又为朗贝勒、肃王作字,更有不知姓字三人,想亦要人也。字行于京,所谓自北而南,亦天津闻杜鹃之兆。咳嗽一月,今始稍振,又得多金,甚喜。

十五日 晴。风凉

盈孙来送钱。田雨春母生日,送羊,作牢丸。夜雨。

十六日

遣盈孙往田家,答送银卅四两还叔止谷价。夜僮佣均出看花鼓。萧子来,责其荒唐,亦不敢留宿,止于公屋。两孙皆夜半始回。

十七日 雨凉

蔡二嫂又遣人来,送雌雉。片复叔止,与论台石,人人意中有一端午帅,可叹可笑。欧阳属来求书,令书所愿,文理可笑,经生不必通也。游又值雨,境亦不通。

十八日 雨

周儿来,亦以我为逋逃主,云谭教员与其父皆先来矣。与欧生论世事,彼皆懵然。谭、周果至,令设榻款之,彼来送脩金,乃我客也。为李生作书,钞稿示周。

十九日 晴

为周生作书辞差,亦以教刘健之。作示告船山诸生,申明生、监之分。谭即日去,送三百元,未便携带,即令留乡。

廿日 晴

晨书《归来庵记》,不足六幅,别作诗配之,又尽了笔债,交盈孙带去。蔡六弟复来,为土客求情,告以不能,留面而去。羊肉过五日犹鲜,亦一奇也。欧生去。詹生又来求荐,不食我粟,但求糊口,亦一奇也。令周生谕之去,又留连不去。

廿一日 晴

始有暑意,而无南风。遣盈孙送嘉女还城,周生同去。送嘉四元,附汉口买布十二元,入城买羊肉四元,盈孙路用一元,发还窊女处百六十九两票银,仍令盈孙送去。张子年衣冠来,不能接对,令便服短衣,出见之,近于野矣,亦精神不充之故。送野鸡。葛求调差,书与沈士登,云沈有首府之望,李茂斋后一人也。留饭,去已夕矣,于是雾露神稍散。刘七嫂又来,报病重求恤典,信生员之事多。

廿二日　晴

晨起求茶不得,遂不复睡。蚊子□飞。补写六日日记。六日内未读书,但看《尚书》、《军志》,亦非荒怠。周儿告去,竟不肯步行也。

廿三日　晴

得真女书,谭五郎书,寄诗来。盛女柩来,与刘丁合葬,亦业缘也。其主家乃费百金,又足愧我。看《湘军志》,先复江南,必须备载封赏诏旨,前殊草草,失此一段。

廿四日　庚寅,初伏

晨晴,俄雨,遂成滂沱。久望伏热,乃更渌冷,避暑反思避寒,亦可怪矣。终日困卧,不知何以多渴睡。

廿五日　晴

为谭郎看诗,得周生邮片,云衡道又另调林姓。午后雷雨。

廿六日　晴

张生来谈文,又言开钱店事,坐半日去。至夜无雨。乡人禾镫,设四桌待之,亦费半万钱。

廿七日　晴

始有夏意,人亦始销夏。摸牌睡觉,竟日不事。始闻稻香。

廿八日　晴

热至八十六度。得陈芳畹四月书。才女专人送碧纱蟵,并仿宋《玉台诗》,颇似元本,但字体似小。又新词四首,亦尚入格。

廿九日 晴

晨起较早，饭后张生引陈其计来，言钱店定开，留半日去，以窅芳小菜待之。至夕与两女坐幄中，健孙来，里衣汗湿，云步至也。云午诒果至汉，咄咄怪事。又云舆儿流落不能还，昨与俱归。今日晴热加二度。

晦日 晴

看《玉台诗》，校补数处。摸牌八圈。

闰六月

丁酉一日 晴，有风

夕凉，坐阶前闲谈，觉倦乃睡。写对子一幅，挥汗成之。摸牌不热，亦可异也。我视写字、摸牌无异，而实有异，此开境不开心，宋儒言诚正者，未体帖到此。

二日 晴

健孙去，与孙妇路用十元，未行时大雨，雨止乃行。作《食瓜诗序》，蚊扰而罢。

三日 晴

风颇凉，至夕将雨，雷殷殷似昼晦，出门外看雨，雨不来矣。马先生送羊肉、自炒海参，未若陆申甫。得周生邮片，旋覆一片。

四日 庚子，中伏

黄三元儿昨来，未见。戴孙女又来求信，加二纸，并寄《食瓜》诗与陶斋。昨夜闻狗吠甚急，佣人悉起，乃有三人来诉盗窃，麾令且去。晨起遣人问原委，乡人不知事如此。

五日 晴热

食瓜。周妪客来，不知招待，为摆碟子款之。团总、甲总又来诉事,正摸牌,辍戏见之。常婿又来求信,亦无以应。暑度不及廿八,而上床甚热,知度表不与人应也。谭祖同来书,已云极热矣。

六日　晴

始有温风。常婿冒暑去。摸牌未满八圈,夜于外纱幮足之,还内即寝。

七日　晨阴午晴

试钞书,笔墨均不合式,遂辍不写。城中送瓜来。

八日　晴热

日正照灼,闻朱稚泉同周生来,短衣出谈。菱生弟也,托干廖笙陔,正欲遣使,便留食瓜而去。周生自省城来,问其何故触热,云张生家作媒。留宿纱幮。

九日　晴。热至八十九度

周生饭后去,复与二田来言讼事,昨陈佃妻亦来诉讼,一拐一盗,皆不可理,谢之去。伏游学生来,坐一日,未见。

十日　晴

张、周两生来。伏游复来求见,告以游学正业,不可求馆。坐中堂久之,自云不食三日矣。与食不食。顷之东风雨来,兼有雷电,三人俱待霁而去,唯留蔡生钞书。

十一日　晴凉。热度缩至八二

看《史记》,文多未检,为批出示学子。前遣书与笙畡,夕得还书。又得陈婿书,真生一子。

十二日　晴

段孙来,亦欲干端,告以待时,旋去。看《史记》未终卷。雨至风凉,夜无暑气。

十三日　晴

写扇对,看小说,夜看月。

十四日　庚戌，中伏

滋女入城，携蜀婢同去，黄孙亦随去。夜雨。

十五日　辛亥，立秋。凉

陈甥及朱甥来，为官事。宗兄女来，亦为官事。皆不可应，俱谢令去。

十六日　阴凉

周生自武昌来，致端书及瓜，并云陈婿将到任矣。又言郑苏龕复召入都。官场汶乱，未有如今日者。郑福隆来求退佃，余非保正，乃请余随丁去。

十七日　晴

周生又还省去。检端信，送瓜意在索诗，仍和"迟"、"夸"二诗韵报之。前五叠亦久忘矣，又温一过。"临江避暑客来迟，多谢甘瓜自远贻。三日色香胜荔子，双轮驰送棹辛夷。冰园旧路霞如锦，玉井新泉雪上匙。正对百窗吟短句，思量犹似在京时。""青门休更故侯夸，已是鸣驺竞鼓笳。夜坐早安留客簟，秋光同到野人家。抱冰堂冷谁看竹，环海兵争不乱华。忆否前年吟槜李，好来重注越瓯茶。"夜坐外橱。

十八日　晴

晨起发二邮片，寄诗端、谭，谭原和诗人，故必及之。团丁查夜，仍有鼠窃，去条约警饬之。寄端片时本拟寄陈婿百金，临发忽忘之。

十九日　晴

汤丁来，致欧阳浦信，湘潭人可贱厌者，以类聚矣。尚有杨振清一流，非杀不可治也。寄诗欧阳述，稍胜一筹，亦其流与？宜陈恪勤之恨湘潭而喜尹老耶。余与尹县人交，而知常宁之更劣于吾县也，又兼怕尹老耶矣。写字五纸。出看迟荷，放两雉后山，皆入草去。

廿日　晴

卜允斋来,求张信,依而与之。张还五十元,一片价也,故片致沈士登。又书李道士扁额一纸。留宿内房。亥正黄孙还。

廿一日　晴

晨起候送允斋。朝食后小睡,午后雨。闻寿平来抚,杨移陕抚。

廿二日　晴

作《放鷸雉》诗,前无此题也。雉耿介,不笼畜,今乃驯扰,较斗鸡为雅。晨坐纱幮,点《史记》一本。

廿三日　晴

城信还,寄芦菔菹,奖从姆一瓜。周生来报事,仍居局巷,无来意也。午后雨凉。看《史记》一本。

廿四日　阴凉。末伏

写字一纸。盈孙求婚蔡氏,六弟遣人来而未言成媒,不便问之。午雨,遂至夜。未看《史记》。玉簪盛开,未知《尒雅》何种。

廿五日　阴凉,遂秋矣

看《史记》。写字七幅。珰女遣人下省,道过此,因属令还来。

廿六日　阴

每至过午,雨自然潺潺,殊令农愁。晨看《史记》,昼摸牌,夜地炮,定为工课。闲看《尔雅》。

廿七日　晴。晚雨

看《史》如额。黄孙颇来问文义,亦闲应之。

廿八日　阴,晚雨夜晴,星光甚艳

杇人来,云绝粮,留令且住。

廿九日　大晴

晨看《史》,颇有所疑,疑《说难》之不必全载,穰苴、孙武事皆无稽,白公之不足为报仇,而子长书之,为无史法。向夕,王心培来。周生来。

七 月

丙寅朔 晴。始获

朝食后王培去,欧阳小道来,送夜来香、紫微花各二本,旋去。衡足来,寄食物与纨。邓婿来报子丧,求赙补,以廿元与之。今日处暑,稍热。

二日 阴

樊非之寄梧来。昨看《史记》太迟,今晨复常课。胡婿寄学钞来,有假我名电考孝廉者,与书令查究之。电报淆乱,为害不小。广东乱党已炸死水提督矣。得瞿相寄书,贤儿寄信,言杨儿已改委善地矣。将与书云门,索和瓜诗。

三日 晴

蔡六弟送女庚来,即邮寄功儿。周佃归,言滋女未到,明日当至省城迎候矣。

四日 晴

周武德来送油,盖欲合十五元之价也。方困卧,未能接之。适张生来,言其兄被打,欲告樊藩,因并于上房见之。书致胡滋圃,送樊非之去,并豫属周生明年补课。又复张金萦一片,言打由自取。至夜未出。

五日 晴

晨晏起,一本《史记》未毕。欲作悼复女诗,未能援笔。至夜闻外有人声,周妪云六小姐还,顷之果来呼门,茙女亦起,坐谈顷之。

余还寝睡去,俄寤,两女均去矣。

六日　晴

补足昨点《史记》。樊、周去,丁子彬来。凡来者皆欲求信,不待问也。正欲与陈婿问说,因与书午桥。丁宿陈榻,余夜未出。

七日　晴

无人乞巧,瓜果遂罢。子彬去,周生又欲干樊,斯为躁矣。蔡生钞《玉台》十卷毕。

八日　晴

看《史记》。作哀诗成,依韵铺叙,竟有不能增损之妙。与书云门,索其次韵。

九日

刘家惠自衡来。遣人入城送新米,甫去,遇雨。

十日　阴,大风

周生来,言开钱铺。和葛、朱。得省信,回草庚,顷之功儿自来。罗步青自耒阳来,送《罗含祠碑》。

十一日　阴风

遣送祠堂钱纸,旧例钱数百,今十倍矣。夜雨。

十二日　阴

看《史记》毕。遣人至蔡家送庚帖。李长生来领钱,以两月付之。滋大以养烟为不然,然则当听其饿死乃明好恶,恐亦非法也。

十三日

滋晨起办具,至晡未了。张生偕程石工来,求书薛道,留共吃新,并刘、蔡、杍而五。余久待未见馔具,出见张、程。日斜乃设荐,增复一坐,奠酒而退,烧包已月出矣,余困未出也。张、程、刘饭毕去。

十四日　晴

日本二人来,以为来宿,未出见之,乃云当去,亦未出也。

十五日

晨起出见二倭客,不饭而出,云往照桥。还请照像,坐楼上照一片,令设饭,午后去。童、丁二生来,又久坐,还内已晡矣。

十六日 晴

陈小岚来,故即墨令也。云告假两月,公款未了,已解四千矣。衡州专陈八来,送唐诗样本,陈未宿去。

十七日 壬午,白露

校唐诗,并钞补毕一卷。端侄来议盈孙昏事,追论其姑来时全未办装,亦不知道光时何俭觳如彼,今乃隆隆矣。金妪亦往萧家请期,媒人华一同来。八女一日未出,端侄饭后去。

十八日 晴

校唐诗补七叶,令朽人钞之,余亦自写两叶。夜大雷雨。

十九日 晴

校唐诗。敖佣发风求去,且姑许之,令莪更顾一佣。

廿日 晴

校唐诗毕,更阅五十前年钞本,尚有两卷未圈,亦为毕之。写册叶二纸。与书教习,论船山经费,既石〔名〕船山,即当归王氏,亦如曲阜钱粮也。王镜芙长子来,未见。

廿一日 雨

见王少芙,问其所欲。当遣陈八,留之般仓。至午雨止。

廿二日 晴

王生留一日。长生来拜娘生,并偕一王姓,未饭去。寓书严雁峰。永孙来送饼卷。

廿三日 晴

王、长、黄并去。蔡六弟来,回草庚,姻议成矣。不意又成重媾,亦足慰孺人意。

廿四日　晴

寒疾始愈,天又寒矣。出外登楼,便似数月未理家事。

廿五日　晴凉

得张生急难书,告以周梅生去矣。张金萦总记得樊方伯,而不自诉,可怜亦可厌,大概樊方伯、端午帅、陈小帅为我害不少。

廿六日　晴。夜有雨

写字数张。看《痰气集》,语言不伦,似真痰也。

廿七日　阴

功儿回城,写字将附去,未暇检校也。看汉碑,因欲知前后钞元年及改元年数。鸿甥哀求五书,皆不可行,仍为与书黄道谋之。

廿八日　晴

城中人回,云蜀已焚督署,杀议员,将因路生乱,□庸人不解事至此。寄《玉台新咏》交四儿还谭家。始食茭笋。

廿九日　晴

写字数幅。遣工重筑祠墙,发银钱廿枚,又助佃户五枚。卯金来乞食,任其坐拼。

八　月

乙未朔　晴

偶思三川形势,取地图校韩地,知晋蚕食之广,卒以有郑,楚不能争也。

将夜云女客来,呼轿往接,明镫待之。四侄女携其女彩霞同来,为邀会事也。甫饭,又有女客步行来,误陷田泥,易衣乃入,云是侄女。问之乃戴姓，李女尺五嫂之侄也。言语支离，亦留住宿。

二日 晴

戴妇携其子来，分内外二席客饭。彩霞能摸牌，六女小疾，代之成局。唐团总遣卯金来致书。

三日 丁酉，秋分

竹林阿公来，言未能出祠，前言谬也。叔虞侄来，言罗正谟、泽渠兄弟成讼，许为解之。设伊面款之而去。

四日 戊戌，秋社。热过八十度

四妇来送果、笋、桶鸡。戴妇母子去。四侄女亦将告去。看《水经注》。野桂已芳，庭桂未花，盖为虫伤也。遣放米船。

五日 晴

四女携女去，遣周儿下省换钱，备祭节馔品。佃户送租，内外俱忙。

六日 晴

五十孙送租十七石，用七车，来诉再七凶横，其父亦诉之，余令沉塘，又不肯，无可奈何也。夜热不得睡，为今年第一暑，而表止八十六，不足凭也。米船送饼脯来谢。

七日 晴

作马悔初诗序，看桂注《说文》。遣仆佣往刘冲收租，公屋又请小工，颇有人少之患。夜早眠。

八日 晴

城中人还。逃荒人又来乞食，送钱不可，令郭饭店食之，一顿费二千钱。作徐子筠墓志成。夜雨。

九日 阴，风凉

田团总引一狂人来，云有鬼祟，欲求禳之。坐次殊躁动，急遣之,已发狂打人卧地矣。云系薄其前妻,死又悔之,致成疾也。窦连波亦不易为计,为作文告山神土地,乃去。

十日　阴凉

晨起作文,书侄、女妇五联,看《说文》,已不识“𦞦”字矣。弁从廾肉,训为“持弩弣”,必非古字,亦未见用处。

十一日

莫姬生日,两女办祭,并设汤饼,午正始得已事,吃面四碗。明孙为客,侄、女、妇皆来,夜摸牌。岫孙、华子均来。岫旋去。大风。

十二日　晴

华子请写对子,又补题款乃去。

写《四岳》诗一卷,并跋云:“狮子搏象用全力,必异于搏兔子力,凡登岳望海诗,必气足盖之,以不用力为力也。杜子美语必惊人,即其不及古人处。余廿时与邓弥之游祝融,邓诗语雄奇,余心愧之,怀之卅年乃得登岱诗,压倒白香亭矣。古今华山诗推魏默深,余诗较从容,亦稍胜也。本朝湘中两诗雄皆出邵阳,亦一奇云。”至夜亡羊,僮仆皆出追之。

十三日　晴

午时羊还,云在彭姓家,且免诃责。巡丁又白日获盗囊,令送团总。衡州遣人来,得胡道台及教员书。唐生又欲谋分一席,俟问斋长可否。

十四日　晴

王绍先来,船山后裔,从我廿年,入学老矣,耻事谢、谭,亦求教员。与书斋长论之,并唐事均阁起矣。昨夜舆儿来,今晨始知之。欧阳宇祥来诉霖六耶,拒虎进狼,乡人可闵。

十五日　晴

辰溪萧地师来,呈书求序,不远千里,孔子所谓可乐,今日则可笑也，笑亦乐也，或孔子亦笑之乎？

儿女摸牌。戌初拜月。谚云男不拜月，余为子时，母命拜月。乙卯岁正拜伏，后有来拊背者，则彭雪琴也。彼时两少年，今回忆犹如昨日，月亦如昨日也，久不拜月矣。受贺正堂，来者族邻佃佣数十人，亦甚盛也。登楼看月，旋下摸牌，莪犹高兴，余觉倦，先寝，已亥正矣。

十六日 晴

张生来，言天生福又将无福，因包路无效故也。城中遣船来，张乃先去。

十七日 风凉

蔡、陈均去。发行李，摸牌竟日。

十八日 雨。壬子，寒露

莪携一蜀妇甚费，蜀语以淘气为“费”。令随入城。文柄亦费，亦令入城，遣房妪督之先去。余待雨止，雨竟日不止，又铺新被蓐，留宿一夜。

十九日

晨起船人已来，乃乘辎车以行，到南北塘马头下船便开，大风寒噤，水手冻颤，又逆风浅水，至夕乃泊九总，雨密江昏，闭仓不出。岸上四家来问讯，兼迎上岸，并谢不去。

廿日 雨

欧小道又来迎，约其上船。朝食时来，云其父为朱八约去，改盐政，一梧已蒙瑞督开复，余参议亦蒙王心田开复，刘健之被劾察看，岑猛旧疾复发，定不去矣。马孙来谢序。欧三老来谒，并送菜。程天生来，言马东阳、戴、蔡女并未来。王心培早来，未见。

昨夜梦朱倬夫来，心知已死，甚惊惧，问负命耶？答云求赏饭吃。因问何罪被谴？云以坏衣骗钱，未毕词而寤。今夜又梦一少妇，避姑逃依我，携一古瓦瓶，云其从嫁物也。纨女甚惧，余许芘之，令往上房。其姑已迹至，余携此女同上，拊其背，着单纱衫，女手卷然甚细软。后又来一小女，可十二三，云其妹也。云外人犹见怜，姊妹宜相顾，故来耳。彷佛而醒。连夜梦阴魂，事甚支离，故记之。

直陈黔、徽朱滇、江张直、东赵疆、豫宝、晋陆直、蜀岑、桂新徽、滇李徽、湘余徽、陕杨滇、甘长、闽祥、浙增、鄂瑞、洪冯豫、苏程川、东孙浙、粤张东、桂沈、黔沈闽。

廿一日　晴阴

逆风橹行，小泊鸡崖。任开甲来见。饭后复行，向夕始至朝宗门，入城径至舆寓小坐，步还家，妇、孙均见。顷之舆来，言湖北兵乱。遣招功、懿来问，云非虚也。夜宿舆家。行李未至。

廿二日　晴

晨起避喧，出游门巷。行李至数十挑，房妪之侈也。黎锡銮、蔡人龙、梁韵谐、胡子瑞、江南生、卜、张二尉、盐谷温来，赠古匕首，云五百年前铸也。张松本戎服来，陈鸿子、邓幼弥均来，大、四儿均来，见报鄂革命党事。杨卿弟来。

廿三日　晴

朝食后看子玖，荪畡遣相闻，遂至黎坡，驰还，午炊。子、妇均来觐。子玖夕来，久坐，看吃饭乃去。余、郑已坐内房待久矣。懿来报鄂乱，已载黄兴先断河桥，颇有布置，胜乔耶也。陈芳畹、周少一、蔡朽均来。发信寄银，交张寄衡。

廿四日　大晴

晨出访参议、心田，驰车来往甚快。还朝食，三妇已出交灯矣。廖村愚、李华卿、陈诗人琪、杨年侄、毓衡、尧衢、戴表侄均来，晚饭颇早。异访祭酒，遇叶麻乱谈，夕还。程子大来。懿夫妇均至。庄问团长复仇，引“九世犹可”为证。余云易代时当杀戮，非不受诛也。此不过匪徒托名耳，非君子所道。得青山《古文》书。

廿五日 晴

为杨盗了题美不老室，引《庄子》以证《荀子》，发明“无欲速”之义，搭天桥骂倭学，颇有发挥。刘沧子来。蜀女已老死矣。王开文来见，托为揄扬。吕蘧孙、梁戍生来。复青山书。叶麻、梁和尚、心田均来，言鄂事。两孙女来摸牌。接脚女来。

廿六日 晴

汪兆涵晨来。会元来，约同往抚署，因时尚早，又先去。刘昌彝大令来。午至又一村，官绅数十人，殊无秩序，大致言鄂变已全安堵无惊耳。吃莲子而散。还东宅，荪畡、袁守愚踵至。张先生、周少一亦来，同吃饼而出。仍还北宅，遇张、杨二厌，闭门少息。迎窊女、慧孙来摸牌，两孙亦至，懿又来吃蟹面，颇有酒肉滂沛之概，功来已半散矣。周妪酣卧不起，自往唤之，亦不醒，如慈禧遇李莲英，无可如何也。

廿七日 晴

朝食后还东宅，步往，道遇功儿，余仍携舆至家，看两孙女房。北宅遣异来，令还，不可，必欲送余，遂乘至云泉里，看杨亲家母，少子方疾，亦强起相见，晳子妇亦出见，留点心。因其困顿，未久坐，令送其女处。至懿处小坐，果送汤饺。又见孙师、张生。还北宅，幸无人嬲。甘妪来求寄居，以旧佣，许之。

廿八日 晴

将买烧鸭，钱已用尽，官票不行使，且姑待之。检旧书，得《翠楼吟》词，久失其稿，因录存之。继莲畦为江藩，与端督龃龉，朝命移甘肃,于道令权皖抚,故为此词。“一角钟山,朝朝拄笏,官情不如归兴。君恩容卧治,且饶与、皋兰韶乘。公才须称。喜六旆红停,皖山青映。新开府,早秋衙鼓,雁声遥应。　　还认。油幕看人,问故人别后,好风谁赠。白蘋江上句,料难共、吴兴争胜。戟门香凝。有得意诗篇,赏心图幐。君知否,楚云楼阁,有人闲凭。”今端督又蹈死地矣,令人惘惘。

彭畯五、梁韵谐、邓婿均来久坐。四妇来,言和尚传洋话,明日有变。其母将去,来问行止,告以不可下乡,令归止之。遣昇迎禄、谷两孙来吃蟹、鸭,长妇、窊女亦来,功、懿及两孙亦来会,甚盛集也。乡中遣佣来。召缝工作新蟒。

廿九日　　晴

讹言今日有乱,晨往本宅探之,因过窊家,叔鸿子妇已戒严,往乡避兵矣。轿夫塞门,小坐而出,遇卜云哉。循城复至北宅,又步至东宅,尹和伯闯入,久坐。彭畯五又来,求荐农务,未能应也。胡婿来送抚台假电报,殊为可笑。窊来摸牌,初更昇还。

晦日　　晴

街市清静,步出北门,访盐谷子,云外国人已半走矣。薛副统到,未降未走未战,俱保青山也。校经堂派巡警四人守门,盖恐效去年焚校故事?不知彼仇学生,此是学生仇满人,大不同也。康、梁保皇以革命,其计甚狡,惜乎不自量也。狐媚可取天下,鼠窃岂可取耶?

九　月

乙丑朔　　阴。日食不见,午后见月

晨见邓婿、杨都司、朽人,皆背时人,此月必不利。朝食后立门

前，武夫传呵，云已围抚署，未猛攻唾手而得。须臾满城白旗，商民案堵，颇有市不易肆之概，余亦为俘矣。功儿往来蹀躞，请余移居，文襄祠已屯马兵，乃舁至本宅。尹和伯来。陈鸿子来求金，无以应之，假周妪七千应焉。初更即寝。

二日 阴

舆儿早来，云两县已被害，横尸谘议局。诚不料大兴土木，发此利市也。在城终为陷贼，乃命治行。至西门不得出，至南门已闭，循城看杨亲家，妇、孙均在，方早饭，小坐还。复步至北宅，屯兵已去，仍还本宅。子大夜遣相闻，来谈颇久，懿亦来宿。云门孙宝珩字楚材，来求寄寓。

三日 雨

晨起樊孙来见，云随余抚来，甫数日，主人遁去，一无所依。许为料理，令依舆儿以居。胡婿来，告以雨不能行，当待晴也。李砥卿来。梁韵谐亦至。两将军均在，而无斧柯。张生来，欲还办团，又欲经商，皆可行也。功访心田，云江宁亦不守。又闻京中有变怪。周生自县来，云前日易俗仓已被封矣。顾夫不得，呼僮又不至，颇困蹶也。懿儿游移不肯下乡，余甚危之。窊女又来觐，促其早归。

四日 阴雨

郭炎生来看，劝以出城。郭云谭朴吾发狂，犹有人心，余则不狂而真狂也。曾祖忌日，未出拜荐。

五日 阴

晏起。李砥卿、马太爷、樊楚材来。佣童出城，均无还者，但闻邓婿已为科员，酬其平生之志，陈甥则不知下落也。报尚未断，送来，前月廿五六王人文撤去侍郎衔矣。彭畯五、彭受可、周生来，至暮方去。遣探雨田。

与书陈完夫、樊云门:“樊山仁兄道席:前者方言进退之难,未一月而生变矣。归迹纵横,无可究诘。寿平儒缓,绝少风闻,有一范增而不能用,自误以误其师,虽曰天意,实人事也。遥想瞻园,未知经画。朝服微服,均未所安。贤孙飘萍,未能留隐,兹已附舟东下,暂令还乡,福门无灾,当可团聚。□□到城之日①,即闻鄂事,曾未十日,已作舐羊,且复归山,以待其定。欲附一诗相质,自嫌太迂,唯得一联云:‘阴谋坠文武;邦谍满东南。’当满城风雨之时,作考兴而止之句,犹可笑也。专此,敬问起居,无忧为幸。”

六日　阴

乡间人来,迎我还山,遂定出城,舁至朝宗马头久之。王佣必欲顾船,得白沙倒扒,索钱二千。因欲携孙女入乡,遣问须待一日,又入城宿本宅。

七日　晴

晨步至胡家,又循城至北宅,敖妇已与灶养大闹,令待船来仍回乡居。又步还早饭,催发行李,又步出城。今日蹀躞衢巷,不止三四里。王佣云城中消息不佳,早去为是。长妇、宜孙、两孙女均来。窊女、懿妇在城相送。未夕即发,至猴石夜矣。泊平塘。

八日　朝晴午雨

孺人生日,无汤饼,云孙妇在城设荐也。缆行一日,仅至杉湾泊焉。闻昨县中土棍巷战,伤我一哨官,旋被击毙,市中大扰。

九日　朝晴,午后雨至夜

竭蹶一日,仅得达湖口。待舁上岸,一行十一众,俱拖泥带水。到家欢迎,明灯摸牌,居然太平景象。

十日　阴

以元宝换滋洋元,遣船力迎周、罗二妪,便接舆妇、窊女。或云

① 原文如此,信函中缺字为作者自名。

窊不愿出城，吾未闻也。携来名健《国策》，钞评语多讹，为点一过。衡州信来。珰已来，复留待信。纨则未得婿音，甚悬悬也。丁子彬来问去就。

十一日 阴，有飞雨

衡足还。与书常婿。盐、煤均竭，遣人下县办当。看《国策》半本。崔孙、岫孙均来问讯，小坐去，未茶也。此时尚修聘礼，亦云整暇，所以待之者觳矣。

十二日 晴

晨未起，金报周来，云三妇、孙男女均至矣。起候之，至午乃至。与两孙女步前山迎之，三妇携子女及婢妪来，许孙舁来，未余见也。还夕食而周至，甚怨余弃之，拳拳之意，不能见谅，信未孚也。夜月。

十三日 阴

杉塘二子来，携族曾孙曰仲辛，皆云消息不佳，长沙杀贼首矣。黄孙生日，设汤饼，又为作酪。喧传有兵过境，房妪忧惧。

十四日 雨

贼军朝过，有闻无声，贤于官军也。得纨女翁刘书及纨书。华一昨夜来，朝食后去。看《国策》四卷。

十五日 晴

四老少舁迎去，宗兄徒步不能从，午后去，小孙亦步去，衡使亦去。宇清、月庆三子来，云将避兵，告以省费，不能从也。与宗兄俱往杉塘相宅去。看《国策》。

十六日 晴

晨未起，闻二小姐来，窅芳携少子、婢仆坐我坐船来，并无辎重，云箱担不能出城，夫力极贵，且来避喧也。房妪正欲下省，便令坐来船去，迎三子。

十七日　晴

周妪携子去。四妇来觐。振汉族孙被劫,来问报官。余云今无官,不可报贼也。功来探报,亦似余抚探报,尽霾言耳。《国策》点毕。得尹澍书,不解其词意,以其从翁道台处,未知为县人。

十八日　壬午,立冬。晴。大雾

周梅生还,自江南得云门书及诗,言江汉事,又致现银钱三百元。方患无钱,得此如鱼得水,以百元赏之,辞而不受,留饭而去。乃料理刷书事。湛童亦空手还。

十九日　晴

周佃下省,与书舆儿。索礼单,备冬祭。待庶长不至。振湘来,顷之周生、刘痴人同来。发卅元换铜元,留刘晚饭去。

廿日　晴

先孺人生日,未设汤饼。宜孙争钱而泣,年十三矣,犹似三岁孩也。甘思禽自榷局逃还,欲余与书谭会元,告以不与贼通,犹未悟也。科名中人如此,殊可太息,出独立表示之。夜大风雨。

廿一日　雨阴

午衡船到,珰女率其三女来,唯长女留侍其姑,云衡城亦空矣,船无下水,皆畏避也。开前房居之,亲为摒挡,但未糊窗。

廿二日　阴,有雨

将摸牌,闻滋女言是母忌日而止。蔡六弟遣人来问,报书告之。罗妪还,未问复女死状,不忍问也。马先生来,勉出一谈。

廿三日　晴

滋芳明日五十生辰,命作包子、薄饼餪之。宜孙始点《礼记》。赣孙读书声尚似能读者,差胜其四兄也。夜食饼颇佳。

廿四日　风雨顿寒,遂着鼲裘

滋女拜生,设汤饼。马先生阻雨不能去,亦作客也。夜周佃还,见贼电报，云摄王已遁。四妇来，云无京信，未知外事如何。但闻周妪仍来，想安静也。

廿五日 雨，仍风寒

黄孙纳征请媒，将夕乃至，云乡俗凡昏礼必待昏也。余未出陪，请马生、胡外孙送茶安席。夜看装台合。

廿六日 雨

遣望来船，久之不至，人还旋到，周妪仍率其子来，四妇仍去。朝命更鄂督，使魏代袁，袁代庆，两儿犹未知也。乡中传云魏不敢去。

廿七日 雨

周儿来呼门，自起开门，云将迎妇，仍还所居。令留周孙在乡。与书任七，令备船。

廿八日 阴。欲晴未霁，寒可向火

看《国策》校本，讲《礼记》，补注数条，皆不可略者。"十三舞勺"，未知其义，"勺"亦不知是"酌"否。勺象俱如武舞，何以分其难易。

廿九日 阴，又欲雨

看报，始知摄王枪法乱矣。起魏自是转机，然魏惧，均非其人，又不可用我，孔子所以叹斧柯也。

晦日 阴雨

校《国策》。摸牌。许女来求书。写倭匾，并送盐谷温一序。

十　月

乙未朔 阴寒

长妇来问船，始知宥芳欲还城，初以为须初六七，故令稍待，及询其由,均云无此说,岂余误听耶?

二日　阴

船来,云乱未已也,然可游行,乃令窅芳先去,定明日行。看《国策》。

三日　丁酉,小雪。晴

送窊姑妇往城,与书纨女。补《礼记笺》二条,校《国策》毕。

四日　晴

晨起料理烝祭。待舁夫,至夕乃来。往子碑岭宗祠斋宿,城乡人无一至者,惟戴弯诸子孙及宜孙侍祠,以乱未特杀,不视濯。

五日　晴

晨起濯概,羹定行事,觞酒陈,以次展拜,未馂即还。

六日　晴

谷二来报军情,云懿儿已到县觅宅,奇想也。实亦无安居之处,自来乱未若此,不乱之乱,乃大乱也。玉石俱焚,牛骥同皂,可怪也已。邓南湘夜来,致声魏督。

七日

晨起送黄孙入赘,至巳乃行。功、舆俱来,长妇、三女送亲,婢仆二人从,伴婆昨已去矣。

八日　晴

懿亦来觐,三子均集,烝鸡饷之。萧家送席来,夜宴,饮百年酒,微醉。摸牌至亥止。

九日　晴

送亲人还,又议取孙妇,功往蔡家请之。

十日　雨

功行已定,冒雨去,约即日还,留船待之,至暮不至,懿亦阻雨不能去，皆未事。与书朱雨田，问讯八郎。

十一日 阴

懿去功还。与书谭芝畇问讯踪迹。

十二日 雨

功夫妇率两女还城，舆亦同去料理船夫，送至大门，待舁，往还送船，遂至晡矣。谢教习自衡来，送千金。一勺廉泉，化为知时好雨，不可辞也。芝畇信来相迎，云月初已到湘东。探听不确，竟不知也。又送茶油、沙橙，亦副所须。

十三日 雨

谢生冒雨去，云往长沙卖海菜，亦可怪也。作包子未发起，食之太多，遂不夕食。复书复谭。

十四日 阴，欲晴

蜀书来，知龙安尚未乱，见丁太守《竹枝词》，大要咎赵督也。

十五日 雨

常汉筠子来，已剃发，未见。珰问其来意，云欲往湖北投效。世职从逆，知恤赏全无报也。旋去。

十六日 雨

刷工刷《礼记》，脱二叶，检数本皆然，知去年所刷书全无用，幸家本无多耳，然误人甚矣。

十七日 雨

舆儿及谢生乘船来，先府君生日，未设面。滋女议迎妇，以雨不能远行，令改俟晴日。

十八日 壬子，大雪。雨

遣迎谷孙，房妪请便往谢四妇，附舁以往。至夜大雨，冒雨笼灯还，云孙女不能来。蜀使专信来，八月杪自龙安附船至湘，云尚平安。

十九日　寒阴

船来已久,留舆在山庄过生日。刘生谋产来自首,未见也。刘婿兄晴岚来,勉出见之,云下省探信,留令同船下湘,将行被留。

廿日　阴寒

晨发行李,饭后摸牌四圈乃行。携文柄、周孙、黄海琴与刘晴岚同下湘,登舟即发。酉正至九总,先送刘兄上岸,柳树精不知神仙到也。岸上反冷于舟行,知旅行未为劳苦。

廿一日　阴

晏起,朝食后尚无人到。午初陈生来,遣问秦宅,兼告伯元。俄遣轿来迎入城,张海陶先在,留午饭,更招谢、罗、吴、翁吃汤圆。汉令来,云鄂匪已败退。余问君将何计?乃云为一县生灵被污伪官,今将高迁也。须臾罗学台来,言不可少此令。余问究竟,天遂封于此。观其言论,不复有理路,遂吃羊肉火锅而散。还至船已三更,大风。

廿二日　阴,有晴色

周生晨来,云省城万不可去。留共早饭。三族痞均来,伯元、谢涤泉、顺孙继至。

廿三日　寒雨

遣书与秦子和借屋。张海涛来,夜即还。秦宅不借。懿自城来,辫发重剪,甚有愧色。

廿四日　仍寒,作雪不成

懿船先发,今日从陵去,余令往拜兄生日,未知能去否。敖步云自省来,辫亦被翦。得功书,云盈孙病不能婚,改明年矣。今日陈、周、张经营一日,借得萧宅,方拟大办,旋作罢论。与书吴文甫唁之。

廿五日　阴,夕晴

始欲还乡,张海涛来。贺姓来送鱼,谢不能烹,则以送船人。看

《樊山集》，念其文才而逢厄运，与书慰之。张正旸夜来。

廿六日 雨

办菜果还乡，留待一日。艺堂、月生来看。艺堂流落为丐，今衣履完具，居然绅士。欲为卯金游说，未得尽词而去。

廿七日 晴

泛舟意行，颇有乐趣，乘风张帆，午至姜畬，取张兄所送两石桌，夕入湖口，便舁还家。黄孙新妇已来，纨亦还矣。

廿八日 晴

滋女治具请我，兼及房妪，遣罗妪代守船，召周妪来，匆匆复去。

廿九日 晴。风颇寒

尧衢专使送礼，并饷百金。召见来使，询其踪迹，不告，云王祭酒亦至上海，未被劫也。三妇回省检点，遣周妪同去。

十一月

甲子朔

晨起至船上，旋雨，遣告妇、子可无行。已而四妇来，云俱办装，不改期。乃还山庄，道遇轿夫，云舆儿又还到家，则三妇亦去，夕俱发矣。小倦睡，上灯乃起饭。

二日 雨

复余书："廿五日院署大集，未接清尘。至九月朔，躬见寇入，旋即披靡，城中遍立白旗，幸未及门，旋亦逋逃入乡。一时才彦皆无所措手，故家子弟半陷逆党。去岁之乱，自谓不能补救，今则真无能矣。恨愧惭沮，无所遁逃，尚敢腼颜称寿乎？因次孙昏期前定，欲迎来同患难，恐乡人犹往昔常例，责我酒肉，故往县城借屋避之，非做酒也。昨得家信,孙病改期,遂复还山,闭门待雪。风寒连日,忽承专使,贶以吉语,赠以脯脂,媵以百金,万响之声何其暇也,岂桃源人惯于暴秦衰晋时杀鸡延客耶?虽欲礼辞,无由达意,谨即拜受,以作乱典。但百金之重,当以周袁海观、萧小泉之急,□□栖迟衡泌,无所用之。尊使善词,恐怀宝为累,封留箧笥,俟便检还。承示近状,盖劳焦所致,委怀乐天,自然康健。摄王被斥,想亦民讹。朝政已淆,无从补苴。我等以专制受累,复以共和被困,其不自由,由不能自立也。瞿相、王阁皆依租界,又足告矣。独立不惧,乃真独立。立则难言,不惧其庶几乎?午桥来为我做生,今无消息,又不及公远矣。手此申谢,即颂冬福。"

至夕船人又来,云仍还入湖口,甚可怪也。顷之三妇来,云才女道陆还母家,舆从陆至县,馀皆还也。夜雪。

三日　风寒

踏雪成泥,舁行甚困,勉至船问还意,云从人多惧费也,亦可笑矣。问可不去否,又云不能。乃还看樊诗,无新作。始课两孙书。

四日　大风

刘孙读书甚难,竭蹶竟日。今日丁卯,冬至。武冈万生来。

五日　雪雷,大雨倾盆,八十年所未见也,骇怪久之

湛童屡戒不悛,令其离乡。

六日　晴

三妇携一子去,留一子一女未从,婢媪均从去,至午乃发。

七日　阴

先孺人忌日,素食。无事。夜雨。

八日　又雨

课读毕已夕,犹未晡食,晏起故也。

九日 雨

召匠漆桌子，令靠木匠必退光，其愚顽不可用如此。卅和生子求饭，以仓谷振之。

十日 阴

看樊山批判，求高抟九事不得。

十一日 晴

未起，周生来，云功已薙发矣。近报在长子，此多行无礼之咎。顷之张生亦来，言开钱店事，又货悖而入之报耶？半山忌日，三女素食。闻刘婿几死炸弹，又为一惊。

十二日 阴煊

课读毕，遂夕，不能他事也。舆送蟹四十螯，今年稀物也。大理丛书，分其部分。

十三日 阴

城人来言，舆亦薙发矣。看陶子珍词，以清空质实为极，未为善论词也。衡生专信来，云革党欲提书院经费，问所以应，复书告以不可与贼盗论理。黄孙与闰保大闹，遂至捶壁叫呼，自出责之。

十四日 晴

又逢四日，又不久晴也。夜开门见月，以为积雪，惜不得樊山赋之。

十五日 大晴

欲访荪畡，兼毕祠工，试命呼舁，轿工踊跃，本欲少待，竟不能矣。饭后即行，晡时至刘家坤。闲民毕集，纷纭半日，夜月出乃散。五、十曾孙为主人，不烦佃户。

十六日 阴

晨起以四十千买谷二十石，即用推糠泥壁，馀米供食。命向三仙坳往荪畡家,初以为甚近,及行殊漫。过袋子山,雨,望见垣墙廖家,雨大至矣。幸不透湿,然已失容。入门,其五子叔怡相迎,四子稚荪旋出,荪畡出见甚欢。登楼看田,剪烛具食,入暖密然榾柮,谈至子初乃睡。

十七日

昨雨未散,晨气浩弥,留一日,待晴。欲遣舁夫还,意又不愿,且姑任之。写字十幅。夕往廖太翁新端墓上一看,郁郁佳城也。旋还,坐荪畡书室,谈至亥正。

十八日　大晴

加夫二名,星驰还庄,改从长田坳渡岭,至朱石桥合路,昨饭处也。至三仙坳未晡,始朝食。宁乡店顿饭,潭店件儿饭,宁廉于潭,人顿七十。小愒史家坳,未夜到家。闻船到,自往看之,饭后笼灯而往,旋还地炮。

十九日　阴。壬午,小寒

复阴,晨起落联款,盖图章。

附书荪畡,示以小诗:"乱后重相见,寒灯语倍亲。仙家乐鸡犬,儿辈失冠巾。老去好奇计,闲中惜此身。斧柯犹在手,谁识两樵人。"并馈江蟹、潭油。夜雨。

廿日　雨

晏起,苓芳率两女昨日上船,势不可止,船人促发,不饭而行,至即开泛。雨竟日不歇。申初到城,苓芳先上,已又来迎,遂至十一总后,借萧怡丰大宅以居,爆竹欢迎,三儿夫妇及弟与纯孙俱在宅矣。周生亦居于此。径入相见,张灯夜饮,更召庶长来,问刷唐诗事,至亥乃寝。

廿一日　晴

足冻难行,勉巡宅垣一周。苓芳得黄梅、山茶、红梅,移至客坐厅前。刘江生亦来助办。四、七两子,陈秋生均来相看。团丁助起行李,赏以一元。纯孙误以与听差人,乃更以一元补之。

廿二日 晴

足更肿,不出房。伯元来,正朝食,即就坐久谈。遣船迎女。

廿三日 阴

欧小道来,谈保安翦辫,无异明劫。六耶、永、云孙来。杞堂来,欲伴食,以义不可,以情宜许之。

廿四日 阴,又欲雨矣

坐房摸牌至夜。有雪。

廿五日 雨雪

汪朔平泽仁来自桂林,云起〔彭〕石如已交兵还湘,己亦小住此间,不能还南昌。至夕船还,三女俱来,并携新妇兄妹。衡州三生昨来,未留。

廿六日 阴,有雪

伯元来。廖如春来。遣人下乡。午见日,旋阴。得郭述皋书。

廿七日 阴

省城船还,滋女、功儿、两孙女、孙妇、曾孙女皆至。盈孙病甚,不能来,懿妇亦率女来。

廿八日 阴

馔客纷至,不但不胜书,亦不能遍观尽识,足痛坐房中,夜勉一出,受拜,谢客。常、刘二婿均入。

廿九日 阴

晨起,伯元入房,坐待心田、子大至午,未食索面、点心。余价藩及谢统带均入谈。罗学台来,正设汤饼。萧小泉来,入谈,匆匆去。会散,竟不得食。至夕,留王、程、彭畯五、胡子靖、蔡六弟、杨仲子饭于内堂,陈鸿子适来,遂令隅坐。一饭再起,以徐松甫、功儿迭陪客,更召八妓女侑觞,至酉即散,邓婿始来。

晦日　阴

令功还城看盈孙,舆出谢客。午出看畯五,正逢陈与初大令之子元祥来,冶秋女婿,今寓电局,久谈不得起,呼舆来陪,乃入更衣。邓婿送诗联。畯五送寿文。方桂来。子年、卜允斋均为风阻,今日始至。船山来送聘。周武德送通书。

十二月

甲午朔　大晴

饬具宴客,来者寥寥,唯张、卜二尉、水师陈开云、管带翁守谦、水警廖叔怡来,见略谈。朱雨田手书来送寿礼,金酒、蜡烛,灯下作书复之,并托其退余百金。孙妇男女均回省。夜有雨。

二日　阴

再宴酬客,多辞不来。张、周两生、刘兰生均来饮,余陪坐半席,揖退。宧芳还省,借船送之。诸女复召妓听歌,余睡未闻,及醒均散。今日写对子九联,与诸女及孙女。

三日　大晴

入城谢客,循雨湖堤至燮湖头。莲耶嫁女,本欲往看,恐劳酬对,遣送四元,四女各一元。至匡家,见崔、丁生,云夏十郎已还攸,留师课子。于匡小坐即还城,至欧家吃汤圆而还。

四日　阴雨

伯元片告请唐子中,依而请之。子靖来,仍言教育,可谓不知时也。才女自瑞生家来,言其家难。

五日 阴

《唐诗选》刻版未全，再从家中觅得之。周生又不屑校对，改委三儿经理。

六日 晴

治具要客，本约未刻，方午欧、唐已到，县令谢涤泉旋至，匡省吾未坐先去，翁述唐最后来。程子大来闯席，合坐甚欢。散未上灯，已倦，稍睡，仍起地炮。

七日 复阴，甚寒，复四十度

出吊张恺陶，答唐子中，已去。与伯元父子周旋，复遇省吾，出城过萧小泉，将夕亟还。舆儿取银滥用，其妇甚焦急，遣人觅之，还乃发狂妄言，不欲正其罪，且姑置之。懿儿夫妇往杨家理财产，遂留不还。

八日 雪

作粥应腊。黄孙携妇还山庄。常婿、喻生均来食粥，遂留摸牌，陈甥与焉。舆亦自还，懿、庄并来。纨女齿痛呻吟，以为急证，令觅洋医视之，一夜未至，痛亦旋止。申孙守母不出，颇有成人之性。

九日 晴

常、喻未朝食去。何佣来，发行李。纨疾已起，云服蒺藜而愈。苓芳携女上船即发。齐滨生来。

十日 阴

倭医来诊，云牙痛有虫。未必然也，恰去马钱一元矣。懿妇女并去。

十一日 阴

出访濒生，并过翁、杨、罗、汪年侄、谢，还已将夕。

十二日 阴

李和生偕戴渔父来访，顺循亦来。得蜀书，言乱事，又云孙帝已欲逊位矣。许生率其子来。

十三日　阴

紫谷道士来,为杨延闾求书,即书一联应之。看欧阳度遗集,与汤衣谷、戴子高往还,亦短命人也。其兄述旋来。齐濒生与陈甥同来,吃汤丸。欧阳翥、陈云鵜来。鵜,梅生子也。退唐百金。

十四日　晴

将出未果。作欧阳仲棨集序,亦未成。窊女生孙女,送红卵。

十五日　晴

朝食后将出,江泽仁来久谈。客去,出访陈、欧不遇,至仁裕合,与吴少芝略谈,颓然老矣。入城答访李和生,挡驾而还。夜续成欧序。与书齐濒生,约其来饭。

十六日　阴

遣人请唐春海及濒生,云濒生已还乡矣。许生复来,言刻校《唐诗选》,今年不能开刷。刘婿夜来。

十七日　阴

程十一郎来,云仲子已至,避风潮也。写字十馀幅。仲子来,云奉都督命避地入乡。请题秦刻石,发明圆长之谊,以二李初体正圆,后乃渐长,为不及前书,盖圆体为难也。得鄂西书。今年无人迎春。

十八日　辛亥,午初立春。阴

纨女告归,留其婿饭乃去。朝食后江泽仁偕小道来,太早,且与摸牌,过三圈,唐春海亦至。请五客来三客,申初入坐,酉初散。刘婿亦下船。夜月。

十九日　大晴

李雨人来,写字一幅。复真女书,训以大义。为胡子靖题匾,亦训以大义。与曾涤公家书相类矣。

廿日 晴

妇女出游，余亦舁往四面佛，一看迥异，前游初无，仿佛当日庵额似是墨字横匾，今乃金字直额也。有无数人入庵，不见何存。又有三四少妇继至，未便伺之，即登轿而还。

廿一日 晴

遣人下省。杨季子来。郭葆生遣宋孙来相看，与张、周两生同来。翁树堂来，云又停战。与书招葆生还。

廿二日 晴

雪师孙来。陈、任来，言救生局搜床下柜，得经书史诗，登之几席，亦亵尊甚矣。

廿三日 晴

作年糕。张、周两生、蔡端侄、齐濒生、陈兰征来，俱在客坐。余入房写字，王心培闯入惊人，亟率舆出。朽人又至，余无地自容矣。即入闭门，不问其去留也。

廿四日 大晴

急欲出游，适伯元来索钱，令房妪持票往钱店，试随之去。市中泥滑不可行，乃乘车还，将至湖堤，遇危石车翻，身落粪坑，如唐伯虎。

廿五日 晨雨旋晴

朝食时外报陈五太耶家人来，乃干女也，断来往卅年矣，不知何以惠然。省城人还，报盈孙丧，年廿五，犹未授室，可伤也。宜如何成服，且从减省，但换一袭，遣舆儿赴之，并议葬事。王心培复送唐银来，欲余受之而分润彼，无此理，有此情也。因交伯元廿金，以偿其愿，而余适得八十金，又从胡婿取百金，以备年用。夜雷。

廿六日 阴

舆待懿至午不至，先去。午后懿来，旋去。伯元来报和局，袁定送清停战。又闻易仙童仍在岭南求效用,不谈忠孝矣。

廿七日　阴晴

写对二联,看樊诗过日。夜雨。黄定坚来求见,云雨农儿也。

廿八日　雨阴

刻书人来索钱,未见一叶,而云欠帐,令刷钉一本来再说。斟酌菜单,今年求远物不可得,亦无土物。陈梅生儿来,字继庄,言漳州事,云彭传胪已死。得陈完夫、宋芸子书,并郧西贺生日电。

廿九日　雨

才女携儿女冒雨来。顷之两儿归,衣履尽湿,云从火车来也。欧、吴送诗,不免和韵一首。

除日　阴

仙舟来见。出访欧阳生,云请年饭,约以三点钟,如期而往,述唐先在,殊无饭意事务。仙舟旋来,谢、罗继至,以舁迎吴少芝来,初更后犹未半,余乃起还。家人相待团年,饭罢领孙摸牌。亥初祭诗毕,饮屠苏。两小孙已睡去,子正乃寝。

民国元年(1912)壬子

正　月

甲子朔

不受贺,仍送莲子,吃年糕。欧阳伯元送诗,又取还改定,知亦费推敲也。衡船还,得刘婿书,廿六到家矣。

二日　　晴

见电报清帝逊位,袁世凯为总统,不肯来南,定为共和民国,以免立宪无程度也。清廷遂以儿戏自亡,殊为可骇,又补《廿四史》所未及防之事变,以天下为神器者可以爽然。萧鹤祥来,极颂袁公,亦船山《史论》外别有见解者。杂客数人来,俱未见。

三日　　雨,又晴

领孙摸牌一日,掷骰得幺全色。夜雨。今日丙寅,雨水,中。

四日　　雨

"北望邮尘千里昏,杜陵忧国但声吞。并无竖子能成事,坐见群儿妄自尊。元纪沐猴妖谶伏,楼烧黄鹤旧基存。请君莫洒新亭泪,且复清春指杏村。""家家守岁岁仍迁,愁对清尊画烛然。大壑藏舟警半夜,六龙回日更何年。宪期缩短难如愿,游宦思乡且未旋。若补帝京除夕记,料无珂䃭咏朝天。"欧小道来,谈袁世凯,云得之罗正钧。皆张皇之词,真所谓时无英雄也。改前诗云:"竖子无成更堪叹,群儿自贵有谁尊。”

领孙摸牌,宜孙大胜,谷孙大负,殊不相下。陈秋嵩继妻来见。

五日　晴

欲下船,适懿妇欲还母家,因令送去,懿与儿女均去。

六日　晴

无所事,偶见啸云所刻部首,为董正之。自曾涤公挑我董字,今始得董也。许生来,言刻唐诗。黄雨农儿来见。戴家女妇来见,留其午饭。真真殊不恶,黄妇嫌贫,其命又不寡,故破此婚,与罗女同无业缘也。许玉甥、周桂儿盗鱼翅,婢妪大闹,不能诃止,又思功儿家规。

人日　晴,时作微雨,似春天矣

此间羊豪绝似当年白湖、红湖,价高二十倍,亦诗料也。趣园又送诗来,兼遣浦公来,言劝捐,可谓多事也。邓婿来索钱。听赣孙读《论语》,贫与贱不去,为不以其道,言无道则终贫贱,不能去所恶也。旧解云不以道则终贫贱,是贫贱终身,岂圣人而终贫贱乎?可谓大谬,而相承不悟,可笑也。伯元夕来。

八日　雨

伯元又送诗来,诗自忠节,行自叛逆,诗言涕泪,而方庆贺新国,乃知读书人之伪,由文与行分二事也。子以四教,亦专取文,殆为此乎?桂秋来,以此语之。

九日　雨

船还,始有去意。六耶来。廖叟来,言钱店事。张海陶来谢吊。滋女将还乡,久留不发,促之使去,夜堂遂空。不知何人开门,莪女房灯灭,家人大索空屋,余遂未解衣寝,至丑正乃睡。

十日　晨大雨,俄又见日

卯金刀来求事。谭乙舟孙来见,亦意在都督。刘人熙可哀也,令其同年生见之。夜早眠,有月。

十一日 大晴

船回,始定行日。刘南生来,对摇半时许。卯金幼子名回来,留送行李。夜月。

十二日 晴

晨起将登舟,轿夫在船,因令茙先行,促发行李,坐前厅两时许。饭后茙去,余仍闭户。偶出遇宇清、陈秋嵩。令裱地图,取端对,畴孙索裱价,余亦大索畴孙不得,野心不驯也。送房租,还木器。至夜张恺陶来,退佃约押金,云萧家不取房租,仍退还二十四元,小坐而去。偶坐取笔题二诗哀陶斋,请伯元寄去。遂看近十年诗,至戌初就寝。小雨。

十三日 阴雨

有叛军将来看屋,而仍用手本求见,可怜也。整军兴学,遂令人不知顺逆,何邪教之迷人如此,惜不令孟子拒之。余方溺于周婆,亦未暇喻之。周生来,云张生已下省,昨遇我舟,在姜畬宿也。夜雷。

十四日 雨

新柳微绿,春意蒙蒙。船还,言山中牡丹、樱桃并开,应二月节也,异于常年元夕,宜水仙之早萎。

上元节 雨

发行李。徐甥、蔡侄及子庚儿并来。周生亦率廖叟来,未知诉何事也。

> 不分春来,柳条无赖,蓦地报人春信。新年才几日,便打探、花期远近。窗梅遥问。料青苔点点,落英盈寸。谁知道、碧桃开了,刘郎未省。　　长恨。花事匆匆,怕红无三日,绿阴成阵。海棠娇小惯,且先趁、东风赌俊。好春无尽。总不似今年,

暗催离怨。沙泉畔、踏青行处，夜雷惊笋。《翠楼吟·春信》。

三妇请斗牌，为携孙赌八圈。

十六日　雨

未能上船，且留朝食。过午竟无大雨，明轿登舟，坐候仆妪，至夕乃齐，即泊广东马头，听更鼓，未酣睡。新椿始芽，斤四百六十，高力士所谓论秤买者。又思唐荫云元旦有椿芽，亦非烘出，今不过迟十日耳。

十七日　雨

晨整家规，戒饬从人，冒雨开行。任开甲送椿芽。至涟口缆行，卅里过姜畲，无风仍缆行，投暮入湖口，遂宿船中。雷雨竟夜。

十八日　阴。辛巳，惊蛰

待轿过辰乃上岸，入家门，两女迎候，黄孙已往妇家。祠中族人来接，廿二日公贺八十，并接诸女，约以无雨必到。杇人来见，三屠亦来，金妪上岸来照料，夜宿正室。

十九日　雨。

竟日寻日记，已如往事，殊不忆元年在何处。

廿日　阴

晨起戒行，舁至祠屋，族人公设卅馀席，男女至者百馀人，有似郭令公，颔之而已。催饭，先设二席，穿长衣者入宴。更添一夫舁还，幸不遇雨，到家甚早，饭后上船即还。夜雨独眠，写诗一幅。

廿一日　阴，有雨

朝食后登舟，八女来看，旋去。戴弯三子来，言还粮，告以不可预闻。任仆、周姓来求荐，亦告以不可预闻。夜雨忽至，彼无宿处，遂留船上，此外从人俱先往衡矣。

廿二日　雨

晨遣人迎行李，因便至家，滋犹未盥，船已朝食矣。小坐，携周孙来,先去,余亦登舟即行,顷刻过姜畬,遂泊易俗场,久不至此矣。

廿三日 阴

缆行六十里,至株洲泊。哨官欧阳富庭来见,云昨日衡州银船被劫二万元,已获盗,正往踪迹。一夜听更鼓,未甚安眠。

廿四日 雨风

舟帆欲倾,强泊漉口。谭生仲铭自衡来迎,从山庄踪至此。入舟久谈,云谭芝畇往鄂矣。约同行,遂去。

廿五日 风雪

谭生一日不相闻,遣探已去。携仆妪犯寒,皆有慢容,仍泊漉口。

廿六日

雪未甚,风仍壮,始定回船。夜作诗二篇,欲题《七哀》,无可哀,题为《感遇》,又不甚似,改题为《悲愤》。

廿七日 有晴色,北风仍壮

回舟泛湘,行百里泊袁河,遣足上衡,船户居奇而止。作书寄诸生,附诗尾告之,并处分前置五人。

廿八日 晴

缆行上涟,姜畬早饭,午正到家,幸得平安,杏花尽开矣。半日移行李已毕,夜摸牌四圈。

廿九日 晴

发谷二上衡。看《易说》。治门外泥路。挂通山人来,未出款接。

晦节 晴

埽除前房,铺陈桌椅,看《易说》。两女俱感寒,未朝食。得龙安书,云无行资,仍寓江泊也。

二　月

甲午朔　晴

昨夜偶思"厨人语夜阑"之句,未得其意,取杜诗看之,以"语夜"对"吹灯",知夜阑字不相连,乃语夜已阑,夜深意也。盖州县亦为幕府办差故,有厨人而懈于供应,故不寐,而已闻语阑,遂促其去矣。结以世乱为解,知不安也。念此可为一笑。

得三儿书,报李生死,从我将廿年,望其大成,而竟以女惑早夭,亦可惜也。夏午诒又寻妾去矣。方撩零,因遂罢戏。将军来。

二日　晴色甚佳

桃、李、杏、梅俱花,牡丹则无消息。与书丁婿。又得衡信,云陈婿亦去官矣。懿儿来,尚不知余出游又回也。未饭旋去。

三日　丙申,春分。阴

占书言不宜晴,亦未出游。但换小毛,犹有寒气,夜大风。

四日　阴。复寒,仍羊裘

看《荔枝谱》,因昨梦与闽、广人言荔枝非佳果,其闽人似是黄伯雨,因忆蔡君谟推陈紫,吴荷屋夸挂绿也。夜雷雨。

五日　戊午,社日。雨

起甚早,看桃花。与两女言家事,始知嫌隙甚多,非意所料也。聊与书功儿戒饬之。

六日　阴

茙遣护兵夫妇去,滋遣周佃送之。午后谢生来迎,聂丁、蔡厨均至。周儿亦还,云萧鹤祥被撤。

七日　阴

朽人、闰保均来。刘荫渠孙永清同叔来,桂林守也。云并未为匪，传者误也。又云汤稚安已还长沙，邓良材为求缓颊，不知汉、贼不两立也。写条幅五纸。夜雨。

八日 阴

看杜诗，诗题《暮雨》。黄孙问周穆王子，竟忘其名谥，可笑也。因检《周纪》，考世系，传世三十二，立王卅七。武、成、康、昭、穆、共、懿、考〔孝〕、夷、厉、宣、幽、平、桓、庄、厘、惠、襄、顷、匡、定、简、灵、景、悼、敬、元、贞定、哀、思、孝〔考〕、安、烈、显、赧①。朽人妻来，晚饭去。

九日 雨

检衣箱亦费半日。看杜诗，踪迹可寻。唯仆射委员不书姓，而以梁仆射官系刘则罕见耳。买马委员何用才略，买马长沙，想是收黔、桂小马也。

十日 阴雨

修柜，得残破书，系复女所阅《广记》，蜀中旧收残本，纸腐不可上手，令滋重钉，以存遗籍。看李花全落，负此玉树也。夜大风。

十一日 阴

遣僮上县，又与片祠堂值年，料理春祭。元妇送蒸鸡。

十二日 阴

昨夜周佃还，得两儿书，无异事。金妪姨侄来，云业儒未成，求升斗养母，且令钞书。唐诗刻未成，取原本来。

黄孙问"陈锡哉周"。向未释"陈"字义，"陈锡"，盖陈九锡之仪，言为西伯始造周，故孙子皆为君也。王季受秬鬯，而文王赐弓矢，是九锡之典。必陈之者，盛其礼以示西戎。

十三日 晴

棣芳生日。检日记，失此年五月前一本，已忘当时情事矣。因

---

① "考"后漏"威烈"，"显"后漏"慎靓"

其归家,破家为设汤饼,所谓不幸之幸也。王族妇女来者九人,外客亦有三人,早面午饭,欢会一日。

十四日　阴雨

发行李,岫生来,取钱一枚作水苊团。送祭费往祠堂。

十五日　阴晴,有雨

午初登舟,留金、罗于家,携周家三代行,谢生列坐一船,夕泊洛口。夜看月食,不见。

十六日　阴,见日

家忌素食。缆行七十里,泊大石圩凿石浦上,小套也,有炮船。夜雨。

十七日　雨

帆上山门,起看滩,细雨空蒙,春色暖然。七十里泊晚洲。

十八日　阴晴

帆缆兼行,二更始泊寒林站,百卅五里。

十九日　观音生日

行七十五里过樟寺,三里泊红港铺。雨意甚浓,密云未澍,港有明山东布政赵公神道,不知何许人。

廿日　雨,竟日

晨发甚早,朝食已过巳正。至耒口稍前,见书院船,云报已被寇毁。谢生皇遽上岸,复还船,又上岸,或云专与我为难,故秘之也。周儿叱驭而进,至则寓人我室,知足斋已拆壁开窗,云为实业分校所占,开农业、蚕业、林业三科。教员见我即移避。彭冶清桂阳生来。程通判完夫旋至,谈上海避地事,云易魂亦游租界矣。留程、陈午饭乃去。

廿一日　晴

朝食后出看,已改门,题“南路农业”矣。见四农人皆土人。叔文、完夫、二程生均来。农监督来，云彝恂族子也。书告两女。夜雷雨。

廿二日 阴

客来者张尉、石金卜女前子、廖俊三段翱、周宗潢，衡阳人，贵州贡、广西判。诸生喻谦、贺锡、蔡人龙、张凤、冯燊、廖元翱，盖清[1]来四生，去年三课生，至夕乃散。看《礼笺·丧服》，盖周公定订礼所本，刊所生也，不必有其服，示其义耳。

廿三日 阴

戟传来，云复心已到。顷之完夫来，复心不能来也。喻生亦来。程谈陕乱事，云未携眷乞食，有小拨船拯其家属，在宜城巧相值，可作一出《舟会》也。陈伯葵送鼓子。程家送铣菜。

廿四日 阴

农人坐门不去，诸生焚其招牌，讲堂大哄。程七来往城中告急，团局派卅人来，农人破门入室，道署亦派人来。至夜完夫及其从子偕伯琇次子、程十一均来看闹。甫去，程九又偕蔡家儿来看，纷扰至夜乃寝。

廿五日 大雾，巳犹未散，已而大晴

余凤笙署永府，喻卓吾署衡府，均闻闹来看。曾卓如亦来久谈。黄国蕃又来排难，驱去农人。卜女携从子告去，余送之入城，便看朱德臣，云中风未起。便至屼樵家。七郎招饮，同过复心，云已至完夫家，乃还程家。须臾二陈亦来，张尉、廖俊三、彭理安、戟传继至，入坐将散，叔文乃来，已将散矣。今日自午坐至戌，舁还船，到院已二更。农人声言将攻东洲，团局曾派卅人来防堵，极可笑也。然鄂、湘若能

---

① “盖清”未详。

如此,竟可弭变。

廿六日　晴热,换春衣夹衫

胡滋甫赧于相见,拉完夫同来。完夫先携其从子来。梁镇国武举来见,团防管带也。滋圃来话旧,问外事不知,但云官不可为。程七通判来看,将夕乃散。湛僮母、妇来。

廿七日　晴。晡后阴,风更热

杨叔文、廖梓材来,廖言龙验仙杀忠臣无愧色,皞臣假道学之报也。廖荣来见。彭静卿来。

廿八日　昨夜微雨,晨晴

廖倬夫、陈芝生、二贺来见。杨鼎新来见,云曾在长沙相访,今忘之矣。程生自乡来。喻生言杨六嫂生日,遣帖往贺。

廿九日　晴

看《玉海》,知科举用功不易。颇有钞书意。刘生来,方倦未见。廖生来,谈京中学堂。

三　月

癸亥朔

朝食后出吊彭传胪,便从杨家循湘下,至王家,访芝昀,见八踌、谭子、王儿。渡湘至故府县署,又从衡阳仍还清泉,过罗心田、冯星儿。至故道署,见胡巡使。至朱嘉瑞,遇曾太尊,德臣抱出相见。张尉居其婿家,从清泉县署又还协署后访之。城中绕倦矣,过贺踌门,不能入,又将大风,亟还。周孙暴病,甚惫,余亦早睡。

二日　晴

牡丹已残,竟未一见。昨日一弁来寻,云知盈孙葬地,特来告知,今日又来,盖欲骗钱也。廖生来。程生父子均来。昨萧生来,言农人欲焚屋相胁,余将散遣戍兵,程请留之。八蹄、冯孙均来答拜。姜维亦来。

三日 晴阴

曾太尊来。真婿自郧西归,与其十一兄及喻生同来。王慧堂来,遂不得去,过午始散。杨生来,已闭门。遣房妪看女去,独坐钞《急就篇》。旧以"奇觚"为写书简,文句不通。奇觚即奇零也,单字集合,故曰奇觚。昨夜热不可被,今乃转风,有雨,殷雷。

四日 丙寅,谷雨。大风,仍热

真来觐。得茂书及午诒书。陆生来,谈广东事,张督殊不能廉,陈藩亦不能贞也。真又起用溜子奶娘,云三嫂亦用张贼婆矣。晡食后去。夜闻炮声,以为农兵来,顷之寂然。

五日 晴

晨起见彭生,知昨炮乃鱼子簰庆贺,几炸庙矣。罗心田来。廖村渔来,云屯营已到,正值大元帅出师,巧相值也。与书王莘田,为曾太尊拨烂帐,复茂一书,并去。

六日 晴热

未朝食。谭世兄来,云芝公十日内外可还。张尉及会馆首士盛、黄、胡、刘婿弟焕寅、厘局冯荃、张蟹庐、陈琪来,对客竟日。夜雨。

七日 晴

朝食后至城答访曾太尊、王京卿俱不遇。至陈婿家,遇廖村如,同至复心处,不能坐谈,出看《目连变》。复舁至张尉处,不遇。至张蟹庐处,谈段琪瑞电报有似唱戏贾充,盖袁氏之耻也。同至锦源,陈仲甫、陈尉先在,廖俊三、完夫、叔文、程七旋至,同入麻雀,兼议请客,未夜散。

八日　雨

偶忆甲申春归,连日国忌,不可以忌日宴客,与片张尉告之,使人知有礼义,然已大请群贤,几为葆芝岑所笑矣。竟日无客,早眠。

九日　雨

朱德臣送参翅。王生豫六自广西归,送荔枝半担。自来未见此累累也。

十日　雨

看《玉海》。廖生来,议农业改占公屋。余云完夫主调停,故又别生枝节,又欲别起学堂拒之,亦书生经济也。招抚使、水师营皆来访,水师林姓,云林果臣之从子。

十一日　阴晴

看《诗笺》。刘家惠自江南还,议昌明正学。方知处士横议,无义不搜,百家簧鼓,同归于乱。午后渡湘,答访林生,因问芝公未还,便至杨家晚饭,见郴陈生及三陈,设食仍精洁,云其从子复能讲究也。吃樱桃,颇忆去年宴游。"平地起风波,共叹湘东文武尽;停云昏海峤,回伤京邸酒棋欢。"夜从鱼子艑攀缆还。

十二日　朝食后雨

胡纸店来送枣。午初携房妪出城,过柴步,迎震孙、四娃同至会馆看戏。会馆请我,我复请首事。梁武举请我,我亦请梁。宾主纠纷,共设七席,客亦以我为主。我又招诸生廿人,及会馆请来曹委员、林、张管带、曾火计,谭师子唱戏,自午至亥。罗心田未去,余已先归,泛月行,三更始至。

十三日　阴晴

诸生来议主权。程生送鸭汤丸,即分与四教员尝之。周生自祁阳来,三月不见矣。午后入城,将答访衡山唐维藩,至南门外遇雨,乃入贺家。贺主事模及廖俊三为主人,招同冯药阶、周镜湖、杨叔文、二陈兄弟、程七同集,更有一人似曾相识,终席不发一言,无以测之,云春生钱号黄生也。完夫云由四哥来。揣知为文育,遣看之,令夜同舟还。至舟未见,遣异迎之,待至初更乃上。到院,喻、彭诸生复来看,余倦先眠。

十四日 阴

朝食后懿去,一日无事。邹僧送笋。晚晴。

十五日 晨雾,晴

书院起学,无人作主,派程戟传、彭理安为主人,我自为师,团练、二总、廖俊三、杨叔文、贺主事模、李主事煦东、程通判景、周庶长世麟、胡道台德立皆至,派陈球为庶长。首事释奠,余帅教员谒先圣,亦无礼之礼也。退坐内堂,胡道台见王生论法政,仓皇走出,遂去不反。午出堂餐,唯二程在,馀皆去矣。

十六日 晴

昨发家信,送笋两女,并与书六耶,问祠田,令足力速去,乃延至今日始去。出无轿夫,借练丁异焉,答访安抚使,遂看电报局收支王生,至懿室相见,又闻书声。衡城而有三百元房租,所未闻也。酉初至道署,与二陈、廖、杨、俞、余会饮,设馔亦精致,初未料也。

十七日 晨阴,云重昏,似将大雨,已而开散,至申遂霁

异至闽馆会饮,安抚使为主人,即万岁唐生兄也。胡、俞、余均至,廖、杨、二陈同集,亥初散。乘月山行,至百搭桥渡湘还。

十八日 阴雨

俞卓吾约照像,以商霖、八儿为大人,期未初至,依期而往,乃又外出。过余风笙不遇,至陈家,真女出见,云七哥柩至。复心父子亦来,待催客而往,仍昨会饮人,增二程耳。本欲从陆还,雨至水深,仍

从南门还。

十九日　晴

周历卯初立夏,民历明日立夏,竟未知何日之卯。贺子泌长子来,颓然老矣,云与功儿同岁。赵婿来,无感情。周云已历误也,正廿日卯。

廿日　壬午,立夏

作羹团。懿来午饭。陈氏外孙来,就外傅。写字数幅,忽发痔,未知是否,百疾将遍尝矣。

廿一日　晴

朝食后萧、邹、夏生均来。午后陈婿偕两从子来。仲驯久不见,亦令人喜,与震伯皆隽才也。郭葆生差近之,非易魂所能及,易多假正经,不及真荒唐也。谭芝公新从上海还,亦欲求洋人保护,何息恶木阴者之多。五陈皆余客,为设一席于内斋。

廿二日　晴

午泛湘,访谭芝畇,遇彭理安久谈,待点心,同出看绳技,日烈不可待。渡湘答曾子槐,过曹尉,便至马趾口段宅会饮。诸客毕集,仅识八踈。更有一晋斋儿,不知其姓,云曾知府子也。后询得唐小宋、段家谦,云王船山尝至其家。又有仪仲儿,因八踈知之。

廿三日　晴

常婿来,正谈次,闻呼门声,真女还,留同午食。未出堂餐,嫌太早也。酉初真去,得莪书。

廿四日　晴热

朝食后率仆妪入城,余过曾竺如,因看法政科员,至旧船山书院,张闻悍所创建者,地颇幽静,邻福音堂、怡园,对仁济院。楼窗绣娘识余相呼,云嫁女伴娘也。睡久之,至柴步门,尚未过午,复至程家看赵婿。又至陈婿家,复心诸子甥均在外厅,真女出见。申初过王慧堂,陪芝畇,朱、罗均在,散犹未昏,到门雨至。

廿五日 晴

午初出访王季棠,未起,即至容园待客。王、梁方搭戏台,芝畇出见。顷之季棠来,欲摸牌,无赌友,唯有八跰,遣招罗心田,久不至。朱三来作主人,曹法官来,起戏起牌,已过申矣。伯约殊不能办,初更尚未上席,两知事、两团练、一水营均来,会饯谭道台。余俟出菜,即与曹同出,至院已子初。

廿六日 晴

得新宁亲仁巷刘永濱书,求奉祀生,叔父云不由司委,盖各县异章,亦当询之。写字数幅。

廿七日 阴

常佣四率罗儿、六十儿同来。得两女书,一云平安,一云危疑,所见不同如此。刘儿云卅和多事,请书解之冯伯藩。

廿八日 阴,有雨,有日

晨饭特早,云试验,须办事也。学堂既立,游惰者妄称立学,索膳学费,人数十金至数金,学徒亦利毕业可索公奖,私赠至百倍之利。此风南路最盛,一招考动千数百人。今日已有二百五十,千金一日集矣,所谓发洋财者此亦其一。余则利其包子,他无利也。

廿九日 阴

曾生荣楚自黔瓮安回,云船初到此,当往白沙送茶叶、如意。昨日富贵去,今日如意来,吉兆也。曾昭吉来开盐井,亦来相见。

卅日 晴

夏子鼎兄弟、懿偕戟传来,留夏对房,未展被帐,即俱入城去。

四　月

癸巳朔　大风,雾雨

堤桑枝舞如松。常婿来,欲求曾铜匠,可笑也。邓议员来鸣不平,云谭议长欲专制,故授意兵弁,有此横暴。冯条华、何、廖、一行政员来。

二日　大晴

摘枇杷得百馀颗,不足分尝,见意而已。二夏还,完夫同来。夕坐院中纳凉。

三日　晴热

晨遣人摘邻寺枇杷,实小,不及院中者。写家书,寄四诗去。诸生公宴我于江南馆,又有廖、罗、二贺、二夏,复心亦至,并召懿儿、赵婿。汗出如雨,更延我别室,诸客亦入,不复成戏酒矣。云弟兄门来,故避之也。初更散,风凉。

四日　阴凉

晨起料理,遣人还乡。昨日曾竺如来送诗,亦自苦心耽吟,老病茕茕,步行下磴,殊可悯也。为细阅一过。

五日　晴

写字数幅。买冷布、茶油,油价倍昔,云去年无茶子,尚当长价。看报,如游异国闻怪论,世人恬不知耻,故忽然而亡也。今日多睡少事。

六日　晴

邓在书仲子来,名克全,两年曾相见。谢龙伯弟端人来,盖辛年曾数见,已不识矣。

七日　阴凉

樊生送所钞陶诗来看，云陶澍本也，所谓“愍侯”，竟未数见。联句云“思绝庆未看，徒使生迷惑”，亦不能改其误字。二师书记官来，似识其名，见乃勉林从子，长谈时事，云是京曹外调广西员，颇拳拳有故意。

八日　雨

晨起昼晦，竟未辨色，竟日潇潇。看昭梿《杂录》。

九日　阴

戟传来，吃饼。二夏已去，犹嫌饼少。

十日　晴

王豫六请开科，辞以不往，但求包子耳。凡上学必有包、粽，取“包中”之义，科举虽废，此不可废也。写字无墨，因停一日。行斋院，昼长人静，颇有林黛玉之感。

十一日　晴

写字四幅。墨尽而止。思金壶汁不得，因思老聃之流沙。又云老聃死，岂从流沙还耶？常婿来，请陪二县，而以余为首，亦颠倒之至，同于郎拜年矣。法政送包子七枚。

十二日　晴热

渔人送鲥，盖知县不送上司，而以属我，赏钱一千。周妪以为少，亦行家也。无加重之理，故未增益。蒸分四桌同之，未得饱啖。见常宁生一人，向来畏见常宁人。遂下湘，至八蹿处午饭，客久不集，邀彭理安摸牌，常婿、蒋孙同局，散已上镫。二王叔侄、二蒋兄弟皆相亲敬。到院大热，三更电雨。

十三日　雨未止，不甚凉

见宜章生二人。蔡人龙拟学报序文，亦放胆。告以立言之体，令其更作。

写《鲥鱼诗》示诸生:"江网头鱼直百金,空洲对案独沉吟。官厨已罢芳新供,时物徒伤岁月骎。多刺未输银脍美,随波何用钓钩沉。一年隽味休嫌短,貉国鲜来报好音。"谚云"来时去鲞",鲞即"鲜"字,《说文》:"出貉国。"

申初至钱铺陪客,常婿与其表兄李生作主人,邀龚官钱、余凤笙、彭二公子、戟传同宴,本以余为客,以翁婿,故为主也。未昏散,乘月还,甚凉。亦设烧猪,未知其意。

十四日　阴

晨起见帐顶落下,竟未知其由,呼房妪挂起,辞以不能。欲开门则太早,乃起不睡。看梁启超诳语。

十五日　晴

湘川暴涨,出看水。廖生招中学生,得百馀人,来院请试,以古今学说试之。唐训程、俞琢吾及三程生来,今日忌日遂被冲破,至晡始散。写字数幅。

十六日　晴热

罗佣还,得两女及日本人书。黄孙来问孔学。写字数幅。

十七日

频得杨八辟觅干馆书,期以七月,未知何处打洞也。戟传大请亲友及官场,待至午后入城,答访李竹筠不遇,遂至程家,张尉先在,三陈、丁、唐、杨、王继至,胡道台来,俞、余两知事俱至,未上镫散。至南门,乃知有雨。溯湘还,电云阴明,幸未澍雨,得上岸。

十八日　阴晴

写字,竟日看洋书消闲。

十九日　阴燠,有雨

李馥先生来,戟传亦至,久坐。入内乃知真还,无可密谈,饭后催令去。早眠。

廿日 阴

写对扇条幅,看玉山诗集。邓沅来求书,云去年书为吉林大火所焚。吉林灰乃有湘潭字,亦奇缘也。

廿一日 晴。癸丑,芒种

写字数幅。陈完夫来,言诰轴已请得,交周汉生带回。周亦潭人,尚未知其行踪。发电问夏午诒,生平第一次电费也。十字去银元一元二角。

廿二日 晴

写字数幅,昨夜作饼,欲要陈、程,皆不辞而去,改要二廖,饼不甚佳。李子政移入院斋,法政科起风潮,余以开学四日,两起风潮,办理甚为得法,传语嘉奖。张尉来。

廿三日 晴

曾太守来,取诗去。为陈、程批诗。看喻生诗,尚无章法。常少门来,仿佛识之,不发一言而去。发家书,言节后方归。

廿四日 晴

廿四元开张,群贤毕至,日出中堂,告以无钟点,不上堂,勉自勤学,吃包子而散。八蹁来片告辞,云将往衡山。夏南舫长子来觅二夏,留令同住。

廿五日 晴

写字数幅。段、冯二孙来,冯急谋食,当须略报之。子泌儿来,引一老生,云欲入院。

廿六日 晴

喻生开校,大请官师,余以总理当往,午正入城,过九角巷,至梓潼庙陪客,赵统制、胡道台、余知事来,设食时已夕,热甚,各散,还正亥夜。三儿来,言刘佃。

廿七日　晴,有风

陈仲驯、程戟传、李石、赵婿同来,写字三纸。得午诒覆电,云有详函,想难达也。

廿八日　晴

房妪入城买衣,僮仆同去,余遂独坐。子鼎亦告归,以廿元寄午诒家人。

廿九日　晴燠,有雨

写字十馀纸。胡宛生偕懿儿同来,旧同事也,前年冬一见,今年未访之。慈圃胞弟,貌殊不似,诉鄂围之苦,又言久在灵宝。留饭夕去。

五　月

壬戌朔

未辨色即起,看字不明。微雨,顷之澍雨如注,历三时始止。未昏便息,一夜三起。

二日　晴

看旧批唐诗,写字数幅。午后雨。

三日　晴。午雨

写字数幅。陈芝生送鳗。看报颇带厌矣。

四日　晴

入城答胡宛生不遇,至懿处取银钱十枚,开销节帐,所少至微,乃甚窘也。得莪朔日书,颇为迅速。又得纨婿书。

五日　晴

晨未起,闻爆竹声,即出盥漱,牌示不拜节。甫出会食,张尉及曾竺如孙来，遂不朝食，陪客吃粽，已而外学诸生皆来，数十人。王法政送百千，以还前借。两程孙及懿儿、陈婿、杨叔文、杨七孙婿陆续来去。李竹筠最后来，留午饭去，遂夕。渔船竞渡，爆竹时发。考五日始自衰周，至唐遂为佳节，早于中秋也。夜坐与廖胖闲谈。

六日 晴燠

复心晨来同早饭。完夫云当开会，待一日不来。诸生议一日，唯约廖胖，不得用公款耳。复心先去，桂阳五生夕来，余已睡矣。

七日 昨夕转风雷雨，始凉，今日仍阴

颠婆晨上楼高唱，翻墙复下，余起看，门未辟也。船亦未来。得滋书，与茂各有一佳句。为贺锡麟主事论刚，兼驳裴行俭器识之说。李馥先生去已七日，今始忆之。买帐与夏伯辰，为房妪易去，夏遂退还，所谓抹相也。午后船到，始发行李。刘传新来访，十年不见矣。

八日 己巳，夏至

晨起待发，至午始登舟，诸生既送于岸，又追于城坡。余独乘渡舟至珠琳巷，赴曾竺如之招，有廖隐士、朱三板、张、刘二尉、曾家三代，酉初散。三陈、蒋、廖生来谈，真亦舟送，夜泊福记公司。

九日 晴

水长，周妪不欲行，又闻衡山劫掠，懿亦请停，诸生皆欲留行，余亦将还舟矣，忽卜女欲从行，告以船小，不由分说，径与三毛妇上船，乃命更觅一船。喻生又为借三版护送，林生亦自来送，遂连三舟，午正开行，日落始泊油麻田，行百八十里矣。

十日 晴热

晨发，午停株洲避暑，至申正始行，到涟口昏暮矣。解维遣两船去，独泊沙洲，以十元赠小元。

十一日 阴，有雨

时行时止，午正始入湖口，循小涧入，便至我墙边，望屋门对面

耳,犹泥行里许方至,两女出迎,黄孙夫妇亦出见。久之午饭,发行李,雨中来去,惫矣,便居下栋。夏蕙盛开,无香,似广东雪兰。夜雨。

十二日　雨竟日

溪涧水溢,顿涨三四尺。船人过午不来,遣促之去,云尚须到县。许孙送鱼,麾之去。卅和又送鱼,已睡,乃受之。茙意欲吾居上头,令设一榻,夕仍早眠下床。

十三日

忌日,素食,独居,饭于外寝。复雨,水又涨二尺,再三尺便入门矣。三妇居南北塘,避水来居,余还内寝。

十四日　晴阴

昨雨一日未止,水反退落。黄孙请泛船,令往石潭、姜畲,皆不能去,绕屋一周而还。湛童自衡来,致王抚州一联。

十五日　阴晴

滋女出游南塘。周儿自长沙送卜女还,云已附汉口船去。看《民立报》。夜雨。金妪卧疾。

十六日　雨竟日

蜀书来,丁婿尚留江油。摸牌一日,报已再看矣。

十七日　雨

满屋湿漏,晨往楼上小坐。墨斗干腫,自添水调之,便致梦湘书。

十八日　雨

湛童求书,去与曾克仁转荐,因附王书与程家,交赵伯藏,未暇留稿。冯佣母丧,夜求烛去。

十九日　朝雨,旋晴

还山后全无暑气,但嫌湿耳,若在城中,殆不可过。三子来,言佃民及粮票事。

廿日 晴

晨起苦日照，馀处又湿不可坐；遂坐日光中，殊不热。

廿一日 晴

罗儿送宜孙来，兼刷唐诗样本，谬误百出。宜孙暴疾，甚惫，不能饭，夜又数起。

廿二日 晴

萧子昨来，欲求父传，留住一日，乡俗以此为亲密也。校唐诗三卷。召匠开沟。

廿三日 晴

萧子去，得卜女书，云其婿已死，尚有官亏。校唐诗三卷。小暑，无官历，或以为廿二，或以为廿四，天主教以为廿三，吾从天主。今日甲申也。

廿四日 晴

校唐诗三卷。颇有暑气，浴后稍凉。将遣僮上县，夕雨而止。

廿五日 晴

周僮晨去，瓜菜无人灌锄，欲觅工人，遂无可用。校唐诗四卷毕，当改补者千计。

廿六日 晴

晨登楼，不凉，旋下盥靧。夕报三妇来觐，明灯迎之。

廿七日 晴

罗僮还，又送唐诗来，不可开看，但就许校改本对改。

廿八日 晴。有风

校唐诗。夕行后山，甚热，滋女垂钓，余先还。

廿九日 庚寅，初伏。有风

校唐诗。强宜孙读书一日，实一时耳。为督弟书扇，觅花果稿，竟未载日记。作粽代羊,与女妇、孙过节。为郑亲家作家传。舆遣送瓜。

六　月

辛卯朔

校唐诗又一过。检《类聚》,竟不载任詹钧事,所未解也。卌年旧书,重看一过。今日晴凉。

二日　晴凉

遣船送三妇母子去,待夕乃发,乘夜泛舟也。并送诗校本去。欲作书问讯避地诸子,似甚多而又嫌其少,且姑列之:樊云门、金殿臣、李梅安、沈子培、陈小石、瞿子玖、俞廙仙、余寿平、左子异、赵渭卿、秦子质、陈伯严、易石甫、曹东瀛、李仲仙、岑尧阶、袁海观、沈幼岚。

三日　晴

罗僮还,得纨女书,云其家公生日改期,已将遣人去,仍书一联送之:"海外鸿文,新成寿颂;汉宗钟武,长乐仙乡。"寿联忌"仙",改为"家园",切姓刘也。

四日　晴。欲雨不成

三妇送羊羹。伏羊不能美,聊应节耳。

五日　晴,亦时作雨不成

夕未食,夜方欲饭,云湖北客来。遣看乃郴、桂、来〔耒〕三令,过县来看耳。刘、曾皆曾至,何乃荧初至,适移纱幮,因令同宿,夜为送被。自起写字八幅。刘生等送瓜。

六日　晴阴

晨起送三生早去,作饼应节。四妇遣人送瓜。

七日 晴雷

佣晨去，将军肩舁来，点心去。

八日 晴

舆又送瓜。窊女送莲花白、柠檬糖，云省城颇不安静。夜月。

九日

晨起写册叶一张。懿妇求教作文诗法，所谓轮扁不能喻子者，姑就可言者论之。

十日 庚子，中伏。大暑

颇欲风热。夜坐墓门看月。

十一日 晴

晨遣罗童上衡，三女各与一纸。又得丁氏外孙书。与一书康侯，令早去蜀。夜颇欲雨，至四更乃闻雨声，渐喧达晓。

十二日 雨阴。热减六度

陈鸿甥来，似有起色，且留过夏。

十三日 晴。夕风，有雨未成点

华一领一佣工周姓来，云湘乡人，其先女婿也。曾请余助葬地，送鳖、鸡为挚。且留种菜。夕热早睡。

十四日 晴。夕亦风雷无雨

看《尔雅》蝉蜩类，殊未分晰。夜梦请女客，无办，甚窘。

十五日 大晴

南风薰兮热人衣，暑度未八六也。

十六日 晴

连日为懿妇写册叶，晨限一开，彼来问学，就可言者，不过数百言，可尽而散。关尹必欲五千言，又无金壶汁，大类应课文。

十七日 晴

功儿晨来，颓然老矣。得丁子彬书，欲谋湘差。方桂亦来。夜地炮,颇热。蔡二嫂送瓜,以茶叶报之。

十八日　大晴

晨起甚早,暑度午至八八,衣已如烘,功儿云省城至九十馀度。与书丁子彬。得曾竺如书,亦复一纸。衡州送月课卷来。

十九日　晴。暮有雨意

看《尔雅》。夜作叶子戏,颇热。

廿日　庚戌,三伏

欲作饼无肉馅,以油饼代之。剖瓜皆不能佳,聊应伏节耳。夕风颇大,雨势亦猛,俄而寂然。

廿一日　晴

邓婿专人来索钱,五十九矣,全不知事,与书训饬之。

廿二日　阴晴。昨一日风,遂有秋意

七相公、张先生来,留点心去。大雨。七篋、五十同来,欲扰代耘,喻之不可。乡人眼浅,有民不聊生之叹,不待苛政也。此后世言政者之所不知,而实自尧启之。

廿三日　晴

蔡六弟遣人来看。张生正欲和官事,即复片告之。遣邓信去。余逸士来,要我作贼,谢未见。

廿四日　晴

宝老耶来,似较沉静。民变后,荒唐人皆有长进,以有袁、黎诸荒唐绝伦者,故下材皆成中驷也。

廿五日　晴

罗僮还,得衡州五书,闻常九弟之丧,作一联吊之:“垂暮泣桑田,应忆孩提离虎口;弥留对瓜使,犹胜辍食荐灵筵。”本往收帐,常婿亏空,反以我血本充还,甚无赖也。

廿六日 丙辰,立秋

王名济来诉斫树,组云次子也。其弟名渭,盗树,今年廿六矣。令功儿见之。夕欲雨未雨,功去。得贤子书,即复一纸。

廿七日 晴

晨起闻舆儿语声,乃昨夜来,弟兄相左,即在一水间,异矣。午浴。夕小雨旋止。乡人来求一饭,设五席待之。

廿八日 晴炎

懿妇遣送甘旨。写册已毕,珍重不寄。萧子来。

廿九日 晴

张生偕廖叟来,诉马东阳,令舆儿属郭葆生了之。留廖,不肯住,冒烈日而去。夕送舆往张家,家中阙工人,周佣病指。阅船山月课卷廿三本。

晦日 晴

三伏已过,夕雨报秋,夜始可被。夹竹桃盛开。

七　月

辛酉朔 晴

偶思世间闲事,宜有记录,试书一纸,将成一小说,名曰《所见录》,自道光始。

二日 晴

王友年来,言各处不靖,瓜已罢市。代元妇教子心切,亦贤母也,为照料之。师劳功倍,日不暇息,甚可笑也。

三日 晴

王升来求食,大叫化矣,令居饭店,而为偿饭钱,尚优于朽人之妻。朽妻又将生子,亦吾忧也。

四日　顿凉

岫孙来求食,亦取一元而去,其应如响,其效如神。一兜草,一兜露,言不虚也。未生岫,先生我,天之待岫,必优于我。有雨。

五日　晴

晨起作书与郭葆生,令其慈惠王升。检日记,失一日,有似商纣。

六日　阴

为代元儿理书,亦能识千馀字矣。

七日　晴

稍热。黄孙来问中山。初不知所以封,检《史记》,但记中山武公之立于《六国表》赵事中。徐广云:"定王孙,西周桓公子。"《纪》言"东、西周"在赧王时,而绝无东、西周君名谥,据《表》属赵,又不知赵何以封西周公子也。

八日　晴,有雨

洒泪,旧例也。房媪告归,殊不洒泪。

九日　晴,复热至八十度

曾泳舟来谈,误云姜畬来,后悟,乃出见之。问何以出,云劝重伯归乡。其聪明如此,留谈半日。谷大娘来诉叫鸡。

十日　阴,有雨

闻近处有劫案,遣人视之。三子来,论谷、黄事。作《所见录》成五千言,金壶墨未竭也。

十一日　阴

昨感寒,夜昏睡,辰正始起。得杨贤子及功儿书,云城中流血,杀劫贼也。一戮数十人,惧非定乱之法。叫鸡来,言吃谷甚夹箸,因来议和。张先生来，说钱店事，告以可罢论。又言作知事，告以可去。刷唐诗来。得卜女书。今日辛未，处暑。

十二日 阴晴

校唐诗。得典狱官岳障东赠诗四首，和韵四首，押韵稳妥之至，但不切题耳。岳诗亦妥。

十三日 晴，复热至八十度

得蜀书，及房山丁、陈婿衡书。申初吃新。校唐诗。

十四日 晴热

与书丁子彬，托致小石书。遣人送常例纸钱往祠，云已焚化矣。猫儿弄蛇，蛇死猫伤，又出一蛇与斗，乃为解之。

十五日 有雨，旋晴复阴

与书瞿子玖。校唐诗粗毕，交舆儿。遣周儿去。

十六日 晴风

余盖南复来，并携一冤民胡光七来诉余、吴，云得贿骗帐。未可信也，且令俱去。

十七日 晴

周儿晨还，云天下太平矣。舆往求财。采兰将嫁，求被面，遣彭十带去，并寄谭册。三妇寄小菜。夜大风，吹开房门，热气未减。

十八日 阴风

看金殿臣诗，亦自感人，作诗寄之，不古不唐不清，适成为自由诗耳。“皇纲将弛维，异人泛其流。生世不见用，聊可比柏舟。委官苦求去，吴金见机由。矧余无斧柯，坐看浮云浮。一朝广夏倾，燕雀不啁啾。焦朋翔寥寥，下视亦烦忧。乃有秦中客，羁牵为楚囚。自誓不援手，甘死蒙国羞。谁知窃国人，征书到沧洲。独于岑李外，推贤先见优。三聘那能致，却与仙童游。余怀夜耿耿，夜夜东海头。

朝读潜庐诗,翻羡长安秋。时有小朝廷,鲁连论齐柳〔聊〕。如今一簸荡,茫如万蜉蝣。百年会有终,一日安可偷。近闻升吉甫,陇上把锄耰。虚蒙庆王卵,不报端方仇。舍此无可语,岂与张勋谋。因书咄咄词,临风吐伊幽。”

《隋唐演义》以不成反王者为烟尘,其名甚当,作《烟尘表》。

十九日　昨夜雨,至晓未止,不凉

晨校唐诗一本。四川马开泰来,云丁家亲戚也。见则不识,目动言肆,云从衡寻至此,送饭店款之。

廿日　晴热

朽人晨来,蜀人又至,皆辞而去。得丁子彬书,致小石问,即作一诗复之。校唐诗二本。

廿一日　晴热

才女送词,并致果菜。三妇亦送菜,云三儿将饮盗泉矣。连日诗兴大发,皆油腔也。

廿二日　晴

为杨三子书扇。典狱官岳障东来,快谈而去。云字蔗坡,己丑举人也。四妇送果人去。

廿三日　晴热

胡氏外孙偕舆儿来,初以为必往衡州,问云来省视也。陈甥家亦专人来,李长生亦来,应接不暇。金凤来。无雨而雷。

廿四日　晴热

有船下县,将往一看,待至夕不来,又留一日。闻王铁珊来作督,恐有变,当令外孙早还。

廿五日　晴

梁咏谐来,云已朝食。出前堂卧谈。王心培来索诗本,余无能为力，令寻廖荣；云理安女已死矣。夕船来，王先去，梁与舆儿、胡孙同舟去，余未能从也。校《湘军志》一过。

廿六日 晴热

检诸葛与关书，言孟起一世之杰，犹未若髯，其忌之甚矣，然则关乃不世之材耶？与书丁子彬，寄陈诗函。

廿七日 丁亥，民历白露

周武德云是明日，未能审也。暑度至九十，露不从今夜白明矣。摸牌一局，未能终，夜尚能睡。

廿八日 大风。晴热

过午阴凉，盖应节改候，疑今日是白露日。至夕遂夹衣可被。发衡州信。

廿九日 阴。顿凉，落廿度，可绵未绵也

杜诗“绣衣黄白郎”，注引北魏“怀黄绾白”太曲，盖“白面”之误。

八　月

庚寅朔 午正日食，晨起已晴

看唐诗。柳子厚叙韦道安，苦无章法，不知轻重故也。当以不从逆在先，后叙救女，则精采矣。至午云阴不散，然日光未减，想未食也。向夜方、周送周妪来。

二日 晴

朱通公及许生麒与副校来。得丁婿书，云节后当东。

三日 晴

方、周去，刘婿来。又校唐诗。佃户送租，少收十馀石，未觉也。

四日　　晴。复热,可单衣

校唐诗。

五日　　晴

刘婿去,请做寿序。校唐诗未谛,匆匆交去。

六日　　晴

检箧见端午桥所录《石文》,为校正两处,因取而点勘之。校书人有罗振司、龚锡龄,馀皆未识也。

七日　　晴。风夜愈怒,遂雨

遣王佣上省。

八日　　雨,顿寒

校《石文》一本。又看《南子》。庭桂一夜尽花。

九日　　雨风

校《石文》。待省人未至,风寒愈甚。

十日　　雨

王佣还,得柯赴文。懿妇亦来。得黄小鲁诗集。谭仲明自衡来,云为谭芝畇所招,谭已丁忧卒哭矣。夜陈设祭器。

十一日　　阴

半山生日,岁有一祭,当设汤饼,竟未办也。许女、元妇来与祭。谭饭后去。校《石文》未一本。

十二日　　晴阴

才女讲《庄子》。得懿书,云已上省。谷二送报来。

十三日　　阴晴。壬寅,秋分

讲《庄子》。夜讲唐诗。写字数幅。

十四日　　晴

懿来。舆书来,索刷价,既屡不交书,亦未便悬帐,且与十元。

周庶长昨来，未饭，炒面待之，令且先去。

十五日 秋节

送扁人俱来贺节，厨中无办，草草款之。族妇孙女皆来，遂有六席。萧、刘均留宿。

十六日 晴

欲下县，以月食日未去。令懿舟行，与陈甥同去，乃竟即檥，盖避之也。周生云亥初月食，未戌已食甚微，稍见黑影而已。刘某求书，为作五联乃去。萧早饭后去矣。

十七日 大晴

祠佃来催纳租。庭桂左树续开，香较清远，但太瘦生。管船人来问行期，令方僮先去。

十八日 晴

五十来送租。先祖妣生日，未设汤饼。舆送诗版来。庸松父死，来求赙，与以十元。三日未校《石文》，今看一本。

十九日 晴

未起，闻窗外有人语，询云无人。讲《庄子》粗毕，未能贯串，暇当条理之。清书版。

廿日 晴

看《石记》半本。端午桥不知东武戴侯，乃言考据，可怪也。写字数幅，笔已败矣。计此管已写二万馀字，诚为佳制。

廿一日 晴

看《石记》半本，已将毕业，因舆妇在城留待，唤船出涟，携食客俱行，稍省女食。怯日未发，仍摸牌四圈，日落泛舟。三更到杉弯，月出已久，将中天矣，不克登岸。

廿二日 晴。复热

晨发甚晏，辰正始舣观湘门。入城看伯元父子，遇少大人，方短衣洗涤。至园见胡地仙、马某,与伯元略谈,即至龚宅。舆儿已往衡州,宜孙从去,三妇云当入乡,劝其往衡。钰丰馆主来。陈甥、黄孙、卅和、闰保、两桂生、侄孙女婿、陈甥帐主,俱有宽闲寂寞区以可饱饭。遣告岳典狱,须臾岳来,马开泰踵至,留点心去。湘上渔人来,言黄诚斋。周生从省来,问"温树不言"。庭桂送香,兼有雁来红之忆。居停主人父子来,非真主,族主也。字幼安,广东通判,与妾逃回,云妾几被掠。薄暮伯元、海陶、胡、马来。大经老班偕周生来。周生送鱼,自携以来。欧云子质未避。岑三猛来,招往闽,已辞却矣。近似心风,与平姑同病。

廿三日　晴

晨访岳蔗坡,先至龚家一谈,步往捕厅,还坐人车,谭象坤、陈兆銮已坐待。饭后余价藩来,言马象乾妾保节事。马子又来,意在借钱。张犴五、谢涤泉、杨桂秋来。误以杨为葆生,说梦话数百句。尹帮审来,乃散。月生、道生来。伯元与策吾同来,正在畅谈,周生送苏席、沪报来。催饭,客去。

廿四日　晴热

永孙来,问雅南生日办法,云送鸡为敬。莲弟来相看,言平银四百不可往取。周生来,同至恺陶处略谈,旋至文庙,新开文明女子学,与邑子九人同宴,见郭葆生。至午始朝食。紫谷来,云吴后学病甚,萧小泉亦刻苦戒烟。真真来,未发一言而去,遣轿送之。女学饭罢,过行政厅,又见邑子数人,皆不识也。还家稍愒,欧家催客,往则张犴五、翁树棠先在,余价藩、匡策吾、谢涤泉继至,父子两道作主人,云策安学台吐血不来。席散已暮,留晤李雨人,即同匡、谢摸牌四圈而散,将二更矣,舁还,未饱。芸孙暴疾。

廿五日　晴阴

晨起至雅南家,贺其八十生辰。子姓尚无至者,其妻女出见,亲家亦来，香铺宇清旋至，设面内堂，亦有数十人之馔。余久坐徒赘，舁人已去，步访匡四举人，还犹未朝食。午刻翁树棠、吴次侯、朱菊泉来。吴乃柈湖从曾孙也，令人有缦亭之感。马开泰复来，直言绝之。申至趣园会饮，匡为主人，小道父子、翁、谢恺雨、王心培同坐，云心培已七十六矣，亦可骇也。还有小雨。

廿六日 雨阴，颇寒

唐春明长子、任、陈同来，唐亦欲谋事，可夸可叹。徐佥事、郭都督、龚吉生来。六耶、道士送菜。钰丰馆设醴。

感事和百花韵："把酒□逢九日前，亲朋情话各欣然。说诗正喜来匡鼎，修史应难觅马迁。无蟹路愁新战舰，催租船似旧丰年。指挥刀佩知无益，细雨还如放榜天。""烈女空随东逝波，西湖改殡意云何。曾闻葛毕能倾浙，近说孙黄共馆那。秋影练江看去雁，寒霜金拆〔柝〕送明驼。知君谈笑成诗史，文武衣冠感慨多。"会元恭送秋瑾尸棺还浙，故专咏之。

廿七日 雨，不妨步

晨起看报。秋生、月生来，未遑与言。戴明来催租，云徐幼穆在此，亟往寻之，去久矣。午过吉生谈，旋过杨敞，便至趣园，翁、谢、张为主人，招同匡、欧、岳典狱，郭都督同集。匡已先至，主人未来，云有公事。将夕乃入席，郭来半酣矣。郭又与徐佥事同设花酒，仍约坐客皆往，翁独不去，余等至武壮祠，登新楼，招四技〔伎〕，唱五曲，弹四弦，未三更俱散。得柯巽庵赴，复唁其子。

廿八日 丁巳，寒露。雨，微寒

晨写字十馀幅，纸墨俱尽乃饭。王心培来。芸孙小愈，似伤寒也，脚肿壮热，服热药。竟日唯一客，颇为寂静。

廿九日 阴

正朝食，小道来，心培继至。谭乙孙、伯元携外孙何子来，云赵侍御家被劫。朽人来索钱。与书廖荣,索王钞古诗。午晴,滋异来看会,正欲还山,留夫便去。

九　月

未朔　晴

写字五纸,洋墨不可用,如不书耳。懿妇来,船亦来。龙海清来,求荐徐甥。余与之赌,以洋伞为质,遂乘路檥而行。至学坪遇葆生,至戚里遇杨女,至姜畬遇许香、张铁,皆相慰问,到家未夕食。地炮至初更。房妪睡去,余独坐,少时即寝,起不暇衣。

二日　晴

出看木器,殊无端倪,便看作坝。地炮三局,犹未尽日。桂娃来。

三日　晴

看《石记》十二本,皆已点讫。得小石郎舅书。滋言夕还,待至子夜。

四日　大晴

滋还,言省城复有劫乱,又停国庆矣。衡使陈八来。

五日　晴

赵氏来,诘刘佃事。夜大风。

六日　雨。大风,午后止

将寄真女唐诗,为校一本。滋又小疾。

七日　晴

舆妇携子女来。校唐诗。房妪诉委曲,余待之自谓极优,乃曾未少如意,乃知近不孙,远怨,犹未足形容女德也。此后当务饰于外,盖此辈不足以德感,求虚礼而已,又与刘霞仙所谓积诚者正相背也。

八日 晴

孺人生日,令作汤饼。三妇已作炊饼,甚佳,未饱食,已不须饭矣。遣陈八去,寄常幛、对去。赣孙作字,尚未及荣孙,殊可怪叹。

九日 晴

无力登高,且赏初月。自来咏九日者殊不及夜,亦诗家一别径也。得功儿书,未言乱事。

十日 晴

为代元妇写挽联,此女殊欲驱使我,亦无词拒之。刘二嫂来。朽人妻先至,诉将分娩,无容身地。昔有借门楼与丐妇生子者,聊复效之,令寄我庑下,并携子来。夜月。

十一日 晴

校唐诗一本。柴门犬吠,未问谁某,房妪已闭户睡去。

十二日 晴

苏金自衡来。周儿致岳书,云珠泉当携文银来,求黄墓碑。珰女送窝丝糖。

十三日 阴

昨夜有雨。黄孙生日,起来甚早。庶长来还钱,遂留吃面,送蟹十枚皆毙。才女又送蟹饼、菜葧来。夜雨。

十四日 雨

庶长来晚饭,蟹羹殊不鲜美。夜雨再起。

十五日 癸酉,霜降

庶长告去,便寄人参酒与朱德成,报其频年鱼翅之惠。写对屏八纸。夜月。船人来问行期。

十六日　晴

庶长仍未去,再遣令还。作牢丸,又甚似市制,殊未得其所以。岫孙、五、十均来,旋去。夜与两女出门看月。

十七日　阴晴

岳蔗坡来,本言荪畡当至,乡间不靖,彼乃代之来。为黄芎岩求作传,送千元为挚,及行述、功状数万言,并自作诗八首,长歌一篇。留宿东斋。

十八日

晨懒晏起,客已早去,留诗一首,即和韵谢之。看黄战绩,殊无伟功。

十九日　晴

晨起见持香烛入内,乃知莪女亦礼观音也。蜀书来,丁婿尚无行意。

廿日　晴

朽妻寄娩,亥正得一女。正值先孺人生日,设蟹饼。夜未安寝。

廿一日　有雨

才女专信来,告将北行。得小石和诗,及民国赴文。杨劭钦参将子传孔来,即龙璋所杀忠臣之子也。一年犹能哭泣,亦孝子也。奉状求传,亟嘉许之,不饭而去。淇童亦告去。夜坐脚冷,甚不适,真老矣。

廿二日　晨复大风,有雨

作杨传。将摸牌,莪云母忌日也,清坐夜长。

廿三日　晴

初见日,以为太早,乃竟大晴。作杨传成。昨加绵袜,乃得通畅。

廿四日 晴

读《周官·司兵》,分授兵、用兵为二,授兵谓出军,用兵盖守城,注云"守卫"是也,以不吉浑言耳。

廿五日 晴热

暖气薰窗,颇似夏景。岫孙来,议嫁女,以八元资之。乡俗所谓圆吞大善事,有百功者也。得涂胖赴文,亦七十矣。

廿六日 晴阴,热

黄清蕙求诗,甚窘于思,姑取诗笺题句,乃竟成章,不唤我作才子不得也。"仙媛清芬蕙不如,偶来尘世驻云车。两家甲第荣霜戟,一夜庚邮黯素书。箭总执笄犹倏见,瓜年参发未容梳。即今女史无彤管,刘传重坡〔披〕倍感余。"

廿七日 晴

黄少春求传,亦无头绪。偶得《项羽传》,记初起年廿四,因仿之,乃得下笔。其记战事无地名,令人无从下手,则无如何也。

廿八日 晴热

衡电来,书日为"静",无此马,盖"径"误也。附二诗与典狱。

廿九日 阴,有雨

作黄传。遍查地图,亦寻得岩寺战地地图,已无用矣。夜大风。蔡徒弟来接周妪,送新橙,甚佳。

卅日 立冬,顿寒,戊子

重裘不温,乃命生火,亦奇寒也,夜不成眠。

十　月

己丑朔 大风寒

邱云斋小儿来投,设榻居之,许为谋生计,盖以李石梧例待之,视之比黼堂尤亲也。

二日　阴,有雪

遣夫力往杉塘。岫孙女许配金妪姨侄,亦传庚下聘,起媒备礼。至暮族曾女二人随其父来,人夫阗溢,亦张灯待之。夜宿后房,寂静无声。

三日　晴雨无定

房妪送亲告去,至朝食时纷然散去,至夜更无人声,酣寝至晓。

四日　阴

斋戒,当祠高庙,以老不宿斋室,在家致斋。朝食后即往视涤濯,尚无人来,乃还。夜半见窗色,以为将明,展转不能寐,乃起盥栉,久之益暗,假寐至卯初,稍觉欲寐,知黎明矣。

五日　晓色蒙溟,知有雾当晴

舁至宗庙,戴弯子孙、华一、叔从、闰保、赣孙才八人耳。以名佑为亚献,名茂三献,名章为祝。晏朝而退,家犹未馏。顷之饭熟,陪丘甥一饭,丘遂告去。华一、叔从来宿。

六日　大晴

华一去。步至早禾塘。仅可一绵,还,夕惕已暮。

七日　晴

国安来。与书二儿,告戒用人荒唐,因以荒唐周桂生与之。周之荒唐在不知世事,不能误人事也。盛传黄兴来,有督抚巡边气派。

八日　晴

作黄传,殊无兴致。刘生夜来送钱,拒不受。黄孙旁攫而去,辞、送者皆一场空,亦可乐也,然于世法不得不诘责。

九日　阴煊

刘生又来,未见。刘缝人来诉许孙抢猪,遣人往诘问,已遁。

十日 欲雨复晴

舆儿夜来，未入见，云宜孙亦同来矣。宗兄复来。

十一日 晴

刘婿遣人来取寿序，并送菘蟹。船山收支来送钱，正需用，又留百元。留陈、周两生，不肯，送橙笋而去。

十二日 晴

三子来诉催租，将军来请保哥匪，皆为关说。送亲人还，送烧猪。陈去周留，令钞黄传。

十三日 晴

看报，作黄传成。舆儿上省。夜作传赞。

十四日 晴

孟子言仕乃猎较，则以猎禽多少相较为助祭之差等。若孔子不献禽，似违制也；与纯冕代麻，更与时忤。

十五日 壬寅，小雪。晴

清乡员陈、盛来，不饭而去，送牢丸、橙子款之。庆生来。夜月。

十六日 晴

周钞黄传来。正需现钱，得消现货，乃自入城谋之。令周唤船同去。

十七日 晴

晨点书写对屏，饭后上船，到县未夕。黄、宜两孙侍行，庶长办差，泊十三总趸船旁。诸人皆上岸去，独宿船中。夜月。

十八日

早饭甚晏。遣周生寻岳典狱还，便告雾露神，须臾俱至。与岳蔗坡登岸，招郭葆生，欲有所商，云方欢迎总司令，未暇也。招伯元、余价藩，陪庶坡，因留七相公、陈秋嵩同吃蟹、翅，午集戌散，费万钱。

求轿不得,步还船,甚不欲,然无如何。夜月。

十九日　晴

定计求财,岳生亦计求财,两计相对,财斯贵矣。萧、徐、月秋皆来。见"百花生",百花生甚诋葆生,余未知其来由,大约不同道耳。夕泊杉弯。

廿日

晨发颇早,到处辄止,早饭涟口,午饭姜畬,夕泊湖口,至家家犹未饭也。岳已遣妾坐待三日矣。女云疑是小叫天,舁夫云小姐为太太也。不相回避,余以门生妇礼见之。岳信云千元由其运动,为己谋也。

廿一日　雨

岳妾辞去,复岳书。朽妻出窝,升炮礼之,两女各贺百钱。城宅送蒸羊。得谭芝畇讣书。

廿二日　雨寒

周生来取票去,以九元与之,乃失二元,询之金毛不误。周妪亦还。咏"今日大风寒"之句,又可乐也。谭芝畇赴母丧,作一联唁之:"因母著芳型,来往板舆尊禄养;华宗钦自出,瞻依萱背感春晖。"舆儿自省城还。

廿三日　阴晴

连得邱甥两信,迫欲谋事,不知其何所见也。周三云朱雨田病终,亦当吊之,作一联:"同保百年身,再阅沧桑厌尘世;独成三徙业,谁知端木是耆儒。"

廿四日　晴

金毛入城去,朽妻子女皆同行。寄窊女廿元,以备陈粮。夜分周生送银来,须臾便去。

廿五日 阴晴

晨起分金,指挥而尽。蔡惟宝留此三日,未遇此盛,信有命也。

廿六日 晴阴

岳典狱求分润,与以二百元,并赠狐裘。遣周僮去。看《管子》。

廿七日 大晴

宗兄去。有假余名撞骗者,受害人来诉冤,派二周生往询之。周辉适自临湘还,送银鱼,故以此委之。

廿八日 晴

晨集人夫,分投舁出,二周往文洲,滋女往乌石,饭后俱发。至夜文洲人还,云文吃作孽甚矣。杨传孔来取父传,送四十金,三辞,固请,以还蔡木器。

廿九日 晴

庆生来。看《史记》。丁子彬复来求荐。今日丁巳,大雪。夜风。与书叔止,并送新橙。

晦日 阴寒,表至四十五度

黄孙自乌石还,问作祭文。

十一月

己未朔 阴

舆率妇子上衡。得蜀书、邱专使书、纨书。复遣使入城,买挽绸。未正三妇及孙儿女均去。黄孙引闲人来宿,众皆疑为赌友。恶居下流,不虚也。截发者何人,非赌友之类与?二周告去,夜风。

二日 阴。有雪

彭生苦求从学,告以非时,与以《诗经》一部而去。萧有葬期,赠以一联:“樛木颂绥成,委佩庭前冬日煦;葛覃勤浣濯,捣衣砧畔晓霜寒。”周一日不还,卅和遂怀书驰示石家,冀泄机密,其愚而胆大,非意料所及。子玖专书来,送百金,即复书谢之。

三日　阴

写挽联、小屏,先寄谭芝畇,后寄一书唁之。瞿使不宿去,送以二元。

四日　阴

黄孙游荡不家,以为我必管束,不知我正欲其流落也。阴谋三世,道家所忌,邓婿则不知其何报耳。滋夕还。

五日　阴

遣周儿吊朱家,不记乔生存没,故未便作唁。便探盐船,将附至汉口。

六日　早雨辰晴

寒光静艳,后山裵回久之。作字二纸。

七日

先孺人忌日,素食,改服,静居屏事。

八日　阴

看程允升《幼学珠玑》,今改曰《故事琼林》,当日天下通行,今不甚读矣。音“鲰”作“浅”,未得所由。

九日　阴

写对三副。夜睡后闻小儿声,周孙来,正遇雨,黄孙亦作中未归,遂展转不寐,闻雨声淅沥,子夜始睡去。

十日　阴雨

诏子年八十,寿终,往返最亲,作一联挽之:“千金致小康,槐秀族中称巨富;百年期上寿,竹林游处咽寒风。”黄孙问丧哭,乃知其无七情，真浑沌也。

十一日　阴雨

两女生母忌日，俱素食设奠，余亦清坐。橘松叔退银来，云其兄不肯借，盖欲送耳，余许送十金。彭万和来，云庶长已至县。至夜闻犬吠，云周儿来，以为刘母有故，询之，乃求扛帮，告以不可，仍为写信，托岳典狱官关说，并遣人去。

十二日　阴雨

《周官》“仇”、“雠”异字同意。凡雠敌为“雠”，仇匹为“仇”。君父之仇皆作“雠”。而又有“仇雠”，盖敌者乃相雠，君父仇不得为雠，后乃通名，故必云“仇雠”以关上下，而雠恨只可云“雠”也。《说文》则专以“仇”为雠恨字，而“雠”字用售，无恨敌义矣。近以《关雎》“好仇”为匹，以“雠”为敌，以“售”为应，又与《说文》正反。

《秋官·司民》，孟冬祭，司民之日，注未言何日，疏引天祭祈年，《月令》亦未言日，盖亦卜日。

十三日　阴

周长生引尹姓来，求帮讼。此真扛帮也。事不干己，任如何冤枉，不能直之，姑与一书与岳法官，以是其职事，又已受我贿，宜干豫也。庆生来。

十四日　壬申，冬至

作杏酪春卷，以应节景。得学场社欢迎电信，云“拒一”，不知何字误也。

十五日　阴

金妪来，问省城事犹无消息。庆生昨钞报，云已派秘书官来迎，亦未至也。至夜周少一来，云借船即至。

十六日　阴，见日

邓沅来，云将作议员，例不当差，故先来见。作蔡氏谱序。至夜秘书官黎承福来,送其都督公文,云袁世凯遣迎。正欲送女往北,怯于盘缠,即欣然应之。俟周庶长至而行,设榻东轩,留四客宿。

十七日　阴

写字数幅。应黎、邓、周请也,杀鸡为馌款之,至午乃去。周生来,已无及矣。

吴司法索和诗,走笔次韵:"空言执法惠文冠,削迹还应避宋桓。处士议横公论少,展禽道直去邦难。即令苏峻□廷尉,未必皋陶在理官。且喜量移得邻县,明年重听宓琴弹。""柈湖佳处起渔歌,孤坞川原自鞠跎。孔李通家经屡世,沧桑人事问如何。凫飞百里行踪近,雁叫清霜别恨多。莫怪临歧无饯送,清洲携酒更经过。"闻谭朴吾之丧。

十八日　阴雨

小船来,始检行装,因雨未发。周儿来,得朱纪卿赴,其母二月丧,十月后始达,亦奇事也。作一联挽之:"三子同时作考官,盛事耀儒林,棣鄂光荣传桂籍;一柱南天如敌国,教忠承母训,板舆安稳到莲花。"夜不成眠,又作谭朴吾一联:"京辇忆联镳,女贵儿佳输晚福;夷门承执辔,破秦存赵愧奇谋。"夜风雪。

十九日　大雪

坐明轿出看,至石井铺,风雪扑面,不可行,见郭廿嫂而还。朝食已过午。周绍一又来宿。

廿日　大晴。有冰

早起发行李,午正登舟。出门遇将军,同至船上小坐。分二船,女坐自船,余坐红船,携一婢、一妪、一僮、两丁、一养及周生,并雇工同行,亦一把黄篾筷矣。下水迅速,未夜泊袁河。

廿一日　阴,见日

午至十三总,欧阳百元上船,迎至其家。先访桂秋,迷道不得门，乃入城。秋嵩讯问，小道先在，余价藩旋至，更招匡、翁来，吃羊肉面。移船观湘门，二更上船。

廿二日 阴

晨起，伯元来，约同看晏学弟雅南，携云孙步行来。王心培来，桂秋特设，邀翁、匡、余、欧、周、张同集。饭后暗行，饭伯元家，摸牌四圈，二更散，还船。

廿三日 阴

欧迎吃面，往则无设，仍早饭例菜，云包火食厨馔也。好客正自不易，孟尝持饭，终是寒俭。午初开戏，还船点心，值周孙烧指娇啼，仍还欧宅。主人十人，以李雨人为客，菜不可吃，二更散。还舟，朽人来。

廿四日 晴

欧伯元父子、桂秋、曹福生、王心培、匡策吾、余价藩来送。午初开行，小轮拖带甚稳，申初到大西门。庶长上岸问消息，遣报功儿，须臾来，云有人欲尼我行，新有炸弹事，城中甚惧，不敢迎我也。不如黄兴远矣，岂非弟子之耻乎！庶长三更上船，不及面叙。

廿五日 晴

刘少青、何辉庭、邓子赤来，言我执甚屈，大有伐檀之意。周庶长、黎秘书则云无惧，已求仇鳌保护矣。入城宅，妇女均诣船矣。唯见两孙女，久之，窅芳来，子瑞亦至。

廿六日 晴

将欲长行，而为生日逗留，须四五日，留船无谓，乃移行李入城。迎候官不理事，仍自发挑夫也，办差人本领可知矣，惜不得常九骂之。客来相续。出临谭朴吾丧，遇匡小厌。夜作唁朱纯卿书。房妪入城宅，宿后房，殊不得相闻。茙女亦至夕乃得见也，可谓忙矣。我固有忙时乎,夜复摸牌以示暇。

廿七日　晴

出城临朱雨田丧,飞轿往来,未饮一杯水,三孝子均略问讯,承重孙已病归矣。入城已将夕,祖同取诗文本去。应来候者皆至。

廿八日　晴

铺陈饑寿,客来相继,不复记也。自潭来者有刘叙昆及江生、云孙、七相公。自衡来者多已发,复返,唯陈甥及收支廖村愚送寿屏来。

廿九日　晴

晨起,家人贺生日,设汤饼,亲友五十馀人,为余置酒孙都督空宅。会元复自来贺生。约九点钟集,以太早改午初,又稍愒片时,未初往。设十席,轮流来谈,凡接对谈话无虚晷,亥初乃还。宋教仁复来谈,似讲史学家,沈子培之流也,岂亦闻松筠十友之风者与?夜筹行止,南北未决。

十二月

戊子朔　晴

晨起定行计。陈婿、陈、廖、胡婿父子、瞿郎均来谈。送席无客请,夜要刘婿、二胡外孙同饮,陈婿、廖生均至,遂成一集。

二日　阴

得丁子彬书,又将改计,且姑待之。刘生言受委护送,恐又成望梅也。写字一张,云刘雨人所托。衡、桂诸生载酒吃教门一席,夜有华筵,未出坐。

三日　阴

黎秘官送电稿来,要求优待,未知何等优也。有人投诗,以莽大夫相规,诚为爱我。陈芳畹来看,云大病初起。

四日 阴,有雨

闭门谢客,写字评文,闲坐则杂客满堂,大要欲谋枝栖。邱甥每日必来,请以卅千捐免交条,渠尚踌躇,遂入避之。邓甥恃酒发风,亦严饬之。刘甥告归。

五日 阴晴

晨告茙女,不可逗留。至午丁子彬来,遂定东行。舟人告水浅胶舟,又当改计。谭五、瞿四郎夜来久谈。今日笔墨应酬粗毕。功儿暴咯血,盖吾子女皆有此根,未知谁遗种也。吾实无此病,岂墓祟与?

六日 晴阴

将下船,子彬复来,云当借浅水轮拖,再告刘从九请之。衡生复来,论去留事。及杂客数班,颇烦,避入摸牌。

七日 阴,有雨

陈主事士芑翼谋来访,云新从京城回。东邻刘髯招饮,前曾与汪颂年、吴雁舟约会,今复来集,摸牌,午往戌散。颂年先去,更有袁守愚、胡棣华、朱稚泉,设馔颇精。窊女尚在房未去,又留摸牌,今日共十圈矣。衡电来,不能译。

八日 阴

临桂张子武来,即用知县分湖南,今为军官。聂仲芳女婿与僚婿瞿兑之同来,亦谭祖同酒友也。叔平儿松本亦来见,求保险。衡电来,与陈婿,讹不能译。午熬粥,待窊女未归。

九日 雨旋止

茙女登舟。黎秘书复送千元来,以北行改东,义不可收,姑留之。祖同复来。陈婿定同行。收支、村渔均还衡。窊女及外孙来送。写字数纸,为瞿郎看诗。谭象坤来。附书廖荪畡、马太耶,送凫、鸡各一双。

十日　阴

晨起幞被将登舟,待饭而行。会元来。送二客,便乘舁。瞿郎来,未及下。出大西门,登官舫,纯孙已先在,陈秋嵩、刘镜池、周少一、七相公均先在,小轮护送,刘、周早相候矣。茙女及子彬则先在坐船,待房妪来即发。陈婿亦来,外董厚斋长女、厘卡委员之母,工佣金、罗,二周儿、卅和,并丁婢来喜,一行十九人,合囊锥之数,并我廿人,又舜功数也,有妇人焉。至青泥望停轮。

十一日　晴

晨起不甚晏,才辰初耳。已过湘阴,申过岳洲,董女自去。晚泊城陵矶。轮船藏逃女,喧闹,并送警察。周屏侯来,请留一日,游君山。

十二日　晴

晨闻水声,及问船行,乃云已发,复回接周生。午过宝塔洲,附客登岸,竟不知何人也。夜月泛江,颇有月明星稀之感,但无树可绕矣。夜泊虾蟆脑,云下有滩,在金口上卅里。

十三日　晴

巳正至汉口,巾初换坐瑞和轮船。夜谭芝畇来久谈,至亥去。闻有呼王先生者,似是恶客,徘徊往来三四,未知其由,以其言"放"曰"摆",知为江南人。

十四日　晴

晨起欲饭,房妪云丁、谭必然料理。待至过午,遂不食。午后开行,酉初乃得食。煤灯终夜不息,睡不得安,比醒已大明矣。云至九江。今日小寒。

十五日 雨

泊九江半日，不得出望，午后乃发。看小说终日。夜寝颇晏，犹觉夜长，泊芜湖乃起。

十六日 晴

至下关未舣，旋至金山，舟行未停，而程甚遥，飙驰终夜，犹未出海。

十七日 阴

巳正至上海。趸船有船未开，泊傍木桥，云一刻即开至江中，故未上岸，后竟泊半日。及移浦东拨货，竟夜喧扰，天明未止。又闻船行声，起看，来往马头旁，不知何所作也。樊山坐小艇上船，庶长导之，谈至夜半，云已丑初乃寝，实未丑也。同船金邦平、伯平来谈。

十八日 阴

樊山早去，约我一饭，因商令知会诸亲友酒楼话别。丁宅遣人来，云无住处，请住客店。余谓不可，遂欲仍还。顷之佩瑜来，云其母已至，其三兄亦来，乃送莪女率婢登岸。周妪孙病不能送，遂留船上。樊山及硕甫、伯严来。溯根及一少年来，以为丁氏子也。貌甚相似，从人云陈少耶，乃知小石子。均请登岸，余固辞之。与樊、易、陈同登岸，访亨社，裴回往来，行数里未得，后乃得之。小食粥酪，同至酌雅楼，请子玖、子培、子修、小石，小石不至，便约重伯、李梅痴九人同集。皆言宜留此度岁，遂定起行李。硕甫往来奔驰，竟未遑食。余与子玖同车，宿其寓。傅夫人□□马亦在此。小石送诗。

十九日 晴，旋阴，有微雪

刘健之来，便约同至愚园访小石，车夫不识道，问数处乃得之。寿苏、子培来，同丞相车至静安寺，子修、易、陈、李、樊同集。仙童急欲联句，竟无人附和。章一山、张让三来访，留坐不肯，上灯便散，仍还瞿寓。夜复有雪,北风颇厉。

廿日　阴,雪竟不成

刘健之、聂云台来仲芳三子,聂同早饭。丁溯根、子彬、夏生父子、程海年、杨贤子、樊、易、李来久谈,袁海观来,乃去。遣问杨少六,少六来,云未还长沙,仍留金陵,即日仍还省也。周妪抱孙来,大有怨言,云弃之不顾。余云便可先归。刘叙昆亦将同还,庶长已至新寓料理矣。齐七及少逸同来,同晚饭。仆从俱来投宿。发家信。

廿一日　阴

许少卿、袁海观、陈小石、丁子彬来,正写和韵诗,未能毕业。王绳生来。不意于此得见,真可谓不忘师谱也。夏伏雏来,言洋人欢迎。丁子彬甚惧,海观亦劝勿应,不知外交者也。写和韵诗毕。仙童送水,复送小说。始知南皮入相乃其所荐,与余分误国罪也。至夜岳凤梧来久谈,云宋芸子穷甚。余欲招来一见。张让三送诗,又和一首。

廿二日　阴。早露报雨,仅有飞点

点心后与子玖同车至辛园,始有归意。周生兢兢自明不经手银钱,不知何意。“南昌近事足嗟吁,幕府于今改秘书。独有冥鸿在寥廓,不同归鹤吊丘墟。遗民感慨兵戈后,经国文章忧患馀。闻道鄮中能避世,欲从闲写礼堂疏。”

煮芦菔根早饭,便访云门,正在对门,时午正,方起,小坐即还。遣迎茙女来。宝子申来,改名李孺,云招远人。初不知,以为其子,自称世侄子申,初称再侄,故未倒屣,姑令齐七见之,及午饭毕上楼,乃知之,邀入客坐。云门、硕甫来,同坐谈。袁海观复来。美人李州珀,因小湘绮来见,邀入会。子彬夜来,劝其早还。戌正茙去即寝。

廿三日　大晴

辰正早饭,与陈婿、周生同步访袁海观、许少卿。见袁六子及幼子。坐袁车至瞿宅大睡。子培来，乃出谈。健之、诗孙、硕甫、伯严、重伯、子修、梅庵继至，云门最后，酉正入坐，亥散。坐车还。夜胁痛不能睡，甚惫。送灶爆竹惟一家。

廿四日 晴

茙移来。余疾甚未食。适得桂浩亭儿诗，昨来未见。又和樊山"苕"字韵，出自写之。村山、节南来，不能不见。金殿臣自嘉兴只身来，真我客也。曹东寅来。硕甫又来。东寅见我病，率客俱去。夜睡稍安。

廿五日 晴

犹未能食。桂南屏早来，起即见客，云甲午翰林，截即浙守八年。询湘人数家。诗孙来，亦与相识。茙亦感寒，未朝食。松崎、柔甫来问讯，硕甫与刘五麻、陈笑三同来，李瑶琴亦来，真奇缘也。岳凤吾与二川人来，一王秉憨，一徐道恭，徐与我言，似是胡、梁兄弟，而自书徐姓，则所未审。健之遣车来迎，往则诸客未至。看《蜀石经》四册，并为题字。瞿、吴、何、陈、李、樊、易续至，子培不来，此来正为问金寓，殊所失望。席散还，正亥。刘弟慧之来，入坐。

廿六日 阴

犹不能食，但催早饭，亦不能早出。写和诗，无墨，片告子玖，并借光洋。顷之子玖自来交银，坐谈久之去。丁溯根来请，东寅来视疾，海观复来。吴炯斋来，访殿臣、硕甫，皆相识，同坐甚久。会客几三时，尚不思食，夜倦早眠。聂仲芳儿送菜。

廿七日 阴晴

犹未能食。借袁车来拜客，因晨起甚早，久之未至午，以为将夕矣。与庶长同车访樊山，眠未起，待久之，小坐出。过子培，坐客已满，云皆赴思贤会者，又不能谈。过子修父子，均出。至丁家，见佩瑜,入与通判妻相见,溯根、子彬皆在。以为将申正,驰往尚贤堂,会人已集,讲时犹早。来者一一相见,不胜其应接,亦不能记也。李佳白意极殷殷,延上坐演说,略说数句,即请英人代讲。又一江南教员续讲,金殿臣亦讲。立告辞而出,反能吃饭半瓯,夜似稍愈。

廿八日　朝阴已晴

李少笙儿莘兰来,自云在江南曾相见,仿佛忆之。云尚在杭州,其家均还衡山矣,闻余来,特自杭州来看,即乘火车还。留其早饭,亦胜芜蒌豆粥也。鹤雄与其国二士来,一为领事,谆谆以联美为惧,久坐不欲去,亦好谈者。小石来,袁车待客,乃同出,驰至马场,海观一人独坐,密谈一时。瞿、李同来,易、何、陈、樊继至,戌散。车还,重伯坐待,云明日归省母。

廿九日　丙辰,立春。晴

道士蒋国榜来,年始廿,云江宁大富人也。欲买我经注书。海观、王采臣人文来,王送诗。李伟、黎炳南、何亲义三人来谋钱,在子培处见之,以为佳客,乃流氓也,起而避之。云门来,留吃饼。石甫、伯严继至,谈至日夕乃去。宝子申、李瑶琴来,不能出矣。子培与余抚台同来,亦未出也。四人自谈,久之而去。二丁来晚饭。

夜和小石诗:“修蛇赴壑岁将尽,乾鹊报晴春又生。椒明正当添玉斝,柳条先已映青旌。辞官便似离笼窟,求友仍呼在谷莺。预祝明年共强健,江南花事共量评。”星光甚灿。

除日　晨雾

许生及其弟子袁六来。子玖、王芝圃、吴子修、岳凤吾、尹仲材、丁溯根及其从父子彬来。留丁摸牌四圈,又与蕆地炮二局。年饭后二丁去租界,恶爆竹无及万响者,然亦终夜有声。夜仍祭诗,诗本不在家,已祭六十一年,当如郊祀停止矣。

民国二年(1913)癸丑

正　月

戊午朔　晴

辰初起。宝子申、丁佩瑜来,未去。李瑶琴、桂南屏携子,袁海观携子孙,易石甫、夏生父子、李世由、王知府、樊云门、许少卿来,遂终日。晡食客去,又来三人仁和王晋孙、益阳汤、善化何,告以客满,未入。睡后又来一人陈国权,江苏人。

二日　晴

晨食甚饱。饭后梁风子来,久谈,李晓暾问其截辫,梁不欲答。子玖来。申过四马路醉沤斋,蜀生九人设宴请我,内有蓝先策未到。宝子申,蜀官子而冒蜀人。岳、李、二王、徐、王、蒋雨霖后至。食馔过多。

三日　晴

遂不思食。题《枕雷图》十馀次,皆遇客来,午乃成词一阕,并题冬心梅花。濮一乘来请客。卧看仙童诗四本。

四日　晴

卧一日。曹东寅来诊脉,岳凤梧复来议方,大要皆果子药也。

五日　晴

袁海观来问疾。樊山招饮,分题,客有一生人,是林天霖之子。

亥散。坐子培车还,疾尚未愈。报馆欢迎于爱俪园,并乃从来玉人照相。

六日　　晴

未食。赴小石请,与三丁午饭,早散,而主人云夜款宾。

有诗和之:“老去偷闲乞病身,暂将闲处作闲人。客无可语忘酬酢,老幸相逢得主宾。斗室偶为亲戚话,天涯同看岁华新。羁游足胜羁簪绂,谁识津桥去国臣。”李传胪回汉口去。

七日　　晴

未食,欲去访客,茙女止之。遂费我二元,往樊园一集,申正往,戌正还。伯严为主人,客皆前人也。中坐吴骗闯席,云门径入,乃失意而去,善哉善哉! 袁大帅来,久坐。

八日　　晴

起较早,吃饭半碗。见二丁、三曹,少虎老矣。作七日探梅诗十三韵。樊山来谈。宋生适移来,并邀齐七夜谈,自戌初至亥,正两时耳。客兴未已,余入惕乃去,殊负其意。文小坡来,坐半日而去。

九日　　阴

颇欲食,食而不健啖,勉写条幅数纸。李恩生兄来,不识之也。梁孔教来送启,欲吾废君臣,似不可画诺。子玖来看,吃晚饭而去。小石来,点镫去。岳生来告去,云当入京。夜撩零,小负。欲和樊“芹”韵,检稿未得。

十日

未起。外报有红顶朝珠客来,即梁风子也。云昨自焦山归。因闻前年我顶珠待客,客皆无顶珠者,故特来补一客。急起宾之,留面,不食而去。饭后晴,写字数幅。林开谟学台来送诗,认真大做,亦殊可敬。芸子来陪坐。夏绍笙来。得孔孟会证书,推我品行,告以不端。又欲要樊、瞿,告以无用。遣周生往谢之。小石送七十二册请题,皆一一看过,又看《交翠轩笔记》。干子来,为写四纸。松崎来约饭,为村山送坐蓐。

十一日 晴

贤子有《谷朗碑》,书体与今碑绝异,为释数字,唯“如册”,“册”字难释。又题小石《宦迹图》,成一篇,亦无格律。午往京教会应点,与宋生同车往。宋生讲过万句,甚倦于听,一僧嗣讲更多,则未听一句也。设面,与梅广同吃一碗,借车还,甚倦暂惕。云门、伯严来,小坐去。

十二日 晴

借袁车遍答客,凡入九家,唯子修处犹有年景。至曹东寅处,小雨,驰还暂愒。往云门处,赴吴招,亥散。

十三日 雨

作,看写经诗。饭后出见周生弟。王芝圃旋入,卧愒,遣伺梁客来否。凡再往还,道水湿不可行,比邻借车往,云王子展家,其父与左孟辛熟识,余不忆也。宝子申、樊、陈、易、一汪聋,未接谈,并梁父子、周庶长十人,照一相片,酉坐戌散。坐王车还,即睡。

十四日 阴

余寿平来。干子送茄。写字数幅,作诗三首。海观来。陈国权来,言林文忠。安徽人,为东装,坐久之乃去。王芝圃来。今日写字题图,竟日无招寻,最为闲静,犹有杂宾也。

十五日 阴

以午有二处应酬,改于早饭过节。令炒海参,遍觅不得,盖已化矣。撩零一局。子玖、彝恂俱送汤丸。曹东瀛父子来。彝恂父子、云门、石甫俱来。写对子不计数。宋生送罗葡饼、鳆鱼,设以款客。

坐待车迎,竟无一至,已到申正,雇车驰往宸虹园,日本客六人村鹤、长尾、宗方小太、篠崎、郁香佐、平冈小太设席专请,子玖陪我,又有一博士佐原马介为客,燕菜烧烤,不知何所取也。戌初散。借子玖车同至戈登路刘家,子玖未入,葱石为主人,客则樊、易、李、陈、吴絧斋、沈爱苍、傅苕生七人。苕生邀赵伯藏,亦来相见。正待伯藏,喜其已至。亥初散,仍坐瞿车还寓。许生坐待,致袁送三百元,受之即去。月明灯光,月景甚清。

十六日　晴

宝子申、袁海观、子玖、六休、柔甫、子修、沈爱苍、丁满、刘伯远、少六来,酬答竟日,欲罢不能。申正袁遣车来迎,便饭,诗孙、李幼梅先在,子玖后至,颇能多食,但嫌菜咸,戌散。胧月不光,知当作雨。仙童送程仪。

十七日　雨

写字还笔债。六休来,始朝食。题倭藏汉砖:“汉皇海上求仙阙,那知自有苍龙碣。铜盘不肯出宫门,渭城露冷千年月。神鱼却渡沧溟波,魏宫唐殿空嵯峨。土烧作瓦砖作砚,鸳鸯化作双苍鹅。此砖无翼来天上,徐福成文劳想像。万里蓬莱海气青,排云直入青绫障。苔文驳剥花文古,且向银台避风雨。若值神蛟破壁来,还君一片长安土。”

子彬、刘述之来。海观、云门、李佳白来,石甫继至,遂与芸子、齐七同午饭。云门、子培送二百元,讶其无因,又自送来,留受其半,且宜诘问子培。至酉客去,少惕。

十八日　阴

贤子、子柔、节南来,云已定岳阳船,廿一日子时开。明日买票。海观、子培来,坐一时许。有一不相识人亦陪坐一时。又一骗子,自云长沙都督，来办案，问我借钱。

《上元夜归和樊山步月一首》："繁灯远近光，广场夜逾空。虽非九衢游，嘉此清境同。良宴盛文娱，归途骋华骢。平逵散马蹄，毂击迅飞鸿。列树未垂阴，交枝月明中。流云影霭霭，引望春胧胧。幽人喜霄步，地寂意弥冲。迎门儿女嬉，始悟佳节逢。"

夏彝恂父子、李世由、赵伯藏父子，李梅盦偕二陈生、傅茗生、陈伯严、云门、实甫、子申、小石、子玖均来，定饯局。子申并送印章。梅广送牛肉。丁子彬晚来，茗生偕邻人同来。节广送诗扇。

十九日 阴

章一山、傅竹湘来。章请题图，极无聊诗册也。茂女去，徐妇来，周侍八小姐出游。多卧少客，方喜休息，刘生竟病死，名三日不汗之说。遣唤其族人，未来，忽闻暴惊，云死人叹气。幸徐妇知不妨，五男儿不及一妇人，可叹也。干子来，又送礼。赵伯藏请花酒，未去。

廿日 阴

昨夜未睡，饭后刘姓舁棺来，以四十元资之，令舁至会馆治丧。茂还，与同车上船。松崎为我选一仓，云公司送票，直廿元。六休亦来。徐敏丞、李恩生兄来。李世由、夏生父子、樊、易、陈伯严、袁、赵、吴剑华、郭意孙、干子、杨贤子来。六休为余办饭，李佳白、长尾、日本副领事、村山、节南来同饭。云门遣车来迎，云醉沤饯不可罢。驰往，王元常、宝子申、易、陈、袁、赵皆在，李梅广、俞恪士亦预，待傅茗生，戌正入坐，寻齐七不得，以周绍逸代之。亥散上船，二丁、小石子、宋芸子、六休、松崎均坐待，梅广亦上船送。子初乃散，关门安睡。

廿一日 晴

寅初开行，从来者犹十七人，子彬亦来。船主、大户、买办均来见。夜过镇江。

廿二日　晴

为船人作字数幅。舣下关颇久。暮至芜湖,夜船胶沙。

廿三日　晴

作字数幅,衡山王香倬字兰馨来谈,云昨来,为从者所阻。因四川会理州逃至云南,由越南绕香港至上海,回汉口,旅费亦不过千金。夜至黄州。

廿四日　晴

巳初至汉口,泊趸船,云湘轮已通,湘江丸于明日开,即令移行李,仍饭于岳阳船。松崎有信与冈幸七,冈遣人来问,夏午诒亦遣人来问,各令招呼。顷之午诒至,冈亦引公司数人至,为我写船。

约午诒回湖南,不可;欲说我北行,我亦不可。复书袁慰庭。夏必欲我遣人报聘,乃问齐七去否,云愿往,即令同夏去。谭芝公来访,约晚饭,待周生同去,夕不见来,乃独往。上岸,周来,余仍独往。至蚕头尖,丁子彬先在,程子大亦相待,周生旋至,坐散已三更。程、谭、丁均送余上船,夏午诒亦在船相待,小坐各散。学生喧哗半夜,坐客仓满,掩门自睡。

廿五日　晴

天暖,借芝畇绨袍。船主、大户、买办均来。学生曹、张来谈。卯正开行,酉至宝塔洲,未泊。写字数幅。

廿六日　晴

过岳州,至靖港已夜,舟行甚迟,半夜始至长沙。学生入城去。

廿七日　晴

遣人入城,招呼儿女。功儿来。胡氏外孙来,云其母小疾。刘晓子来。大五来。胡婿来,与以百元。

未初开行，申正到县，待红船一时许，云上水难行，秉烛移行李。雾露神散去，惟周少一求书，告以不可。伯元夜来迎，未去。

廿八日 大雾

伯元又遣舁来，船饭甚晏，乃往早饭。王心培、张海陶同饭，因成戏局，更招余价藩、周铭三、陈培心、翁树堂、王心培、曹某、郭葆生、周某、匡册吾、欧阳桂秋，起戏甚晚，二更犹未入席，乃招外班男女三人唱二出，已三更矣。河街栅闭，停舁久之，烛尽雨至，意兴顿窘，到船正子初。

廿九日 惊蛰节

停船不发，细雨湿衣。张恺陶来，言昨夜葆生遇炸弹，正我到船时也。李道士、欧润生、桂秋、余价藩、六耶、徐甥、岫孙、崔孙、周生、谷三、夏子、复甥舅、伯元、葆生来，自朝至夕，应接终日。葆生云刺客已获，共和党主使，已释之矣。又言获盗状，颇为迅密。

晦节 风雨不已

冒风张帆，甚不稳快，乃命舣舟杨梅峡中。为陈玉丰关说二事。

二　月

戊子朔

昨夜大冰雪，舣船不发。佣工皆由陆去，幸免雪行。

二日 雨

敲冰。帆风，未初乃发，葆生遣人来迎，送沉香，不佳。夜舣袁河。

三日 阴

缆行。朝食后至姜畬买面，泊一时许。至南北塘，雨至，入湖，泊炭塘待舁。到家,雨大至湿衣,便卧不问事。

四日　雨

作书寄茂女,便讯子玖。周妪来摸牌。刘七老耶孝子来,幼弱不能迎丧,令去。专人寻萧儿,取王诗,并请萧儿问刘族取钱。又为欧儿作书致刘部长。周去金来。许女来借谷。

五日　雨

朝食后阴。至船发箱担,遣散从人,令由陆去。水涨,周妪怯行,复停一日。

六日　雨

船人怯涨,再停一日。昨滋至船送,今归视之,则疾发不能兴。欲作书,无纸笔,清坐一日。理《礼记》版,将携至衡,印廿部,船不能容,命再雇一船,夕仍上船。

七日　阴晴

晨发,俄顷至姜畬。午出涟口,过易俗场,上水行迟,一时许乃至下滠,渡船甚多,旧驿步也。夜宿马家河。闻雷。

八日　雨

缆行,频舣,仅卅里宿凿石浦,杜宿处也。杜盖自湘潭至此,一日之程,明日便宿琴洲,不能卅里矣。

九日　阴

帆行,午过空舲峡,晚宿花石,行百馀里,水程最多,得风力也。

十日　雨,旋阴

缆上黄石望,泊黄田,惫矣。夜雷电,不甚炫耀。

十一日　戊戌,社日。晴

行四十五里泊雷石。南风上水,缆行甚艰。晚泊杜公浦,亦子美所宿也。自此发病,不甚有诗矣。或云即寒林站,误以为在萱洲上,船人不熟衡路,衡人今亦多知寒林,少言杜浦也。

十二日

晨雾晏发,行四十五里。

十三日 阴

得顺风,早发,至大步风息,缆行,亦时可帆。至来雁塔,逆流极迟,欲舣柴步,恐夜,便至东洲。舆儿已去矣,收支亦不在院,王、傅诸人相迎,小坐已夜,求点心不得。陈、谢、蒋、彭来见,云金妪亦至,方往迎之,将二更乃来。又陪周妪久坐。

十四日 辛丑,春分。微雨

晨起遣人入城,发上海六信樊、松、陈、瞿、袁、杨,并告儿女。饭后城中人来,王豫六先至,真女、程三子、赵婿、常次谷、懿儿、丁味如、李选青继至,常婿二妾率外孙同来,留饭摸牌,至夕并去。得功儿书言杨氏婚期,夏、陈京书言袁事。喻生夜来,言书院分钱,宜定章程。

十五日 阴雨

见老生三人。周庶长来,犹不知我到,亦反常也。杨伯琇、余凤笙来久谈。

十六日 家忌

陈复心来,少坐便去。廖拔贡开学堂,欲求利,反生害,为撤散之。诸生颇因复心招惹,盖欲领教员薪水也,郭筠仙所谓侜张者矣。

十七日 阴

养静,看报。王校长来,请开学。三学独王获利,云今年必无利矣。

十八日 阴晴

始出拜客,闻胡滋圃病甚,不敢去。从伯琇、彭理安、林管带、王容园渡湘,送余凤笙,答廖俊三俱不遇。至程家,过真女,答复心。

过懿局,遣问朱德臣,便至老书院,与萧少玉、理安、蒋蒋山、王弟、谢生同席,酉初散。过新安馆访张子年而还,已穷日力矣。诸生来论存古。狗孙自云湖逃来,并挈带屠儿,言因赌被名捕,故逃至此。暮过南郊,桃花盛开,路已无泥。

十九日　　阴晴。观音生日

云峰有面,余亦作水苊卷。邹生、贺踕、王伯约来,留食青粑。

廿日　　晴

三屠亦逃来。周佃还乡,发家信,寄牵牛花子。商霖、夏松霖、周耀奎来,坐半日。清刘《丛书》。

廿一日　　晴煊

麻十、子璋来,段孙亦来。杨八踕书来诘责,云有门生汤姓求荐,告以无此门人。牌示学生自由来去。真来,与鹤春妻同来省问,作卷款之,不待而去。与真同至杨家吃熊掌,复心、商霖、公蘧先在,蒋三水后至。将夕时微雨,夕散雨更大,须臾止。

廿二日　　晴

张子年来。玉丰馆来,求帮讼。周妪受其事,作书与余知事干之。

廿三日　　雨

朝食前阴云甚暗,意欲辍食,以小儿并急欲饭,饭后乃开朗。看《丛书》。

廿四日　　雨

桃花半落,梅叶已将成阴。院生纷纷攻讦,亦有春深之感,未遑理事,且咬菜根,惜不香耳。

廿五日　　阴

常婿来。今日戏局,幸得赶上,匆匆去。午出访王季棠、杨慕李,渡湘访罗心田、朱德臣,便至江南馆看戏。诸生公请,又有绅士、钱伙,复心亦到,便去。女倡登场,大干理法,昨属勿招,令不行也,亦无清议矣。戌还。

廿六日 阴

王季棠来。夏生大儿来。王伯约、冯洁孙、邹生、周庶长同来。

廿七日 晴

喻、陈各言经费,殊无长策,信得人之难也。杨慕李来,言门生求厘局,云门生管厘局也。郡馆团拜,携周孙同往,借花边十元以备戏赏,数十人有三四识者。曹卓如杏庄之孙来,为法官,云法服金边,法深衣,无人肯衣,盖犹有耻。戌初告归,亥初始到。珰女携女来,候门相见,少语即寝,居之对房。

廿八日 阴晴。颇煊,裁可单衣

珰出拜杨六嫂七十生辰。懿儿来,云贺客甚多。陈子声亦还,未见完夫。须臾完夫来,言宋教仁被枪死,湘教育开会,云袁世凯所为。并得教育部征诗启、戴子和《劝进笺》、茙上海书。午饭后去。胡观察病故后移文来。

廿九日 丙辰,清明。晴煊

待珰还乃有轿,午间真先来,珰携妾、女旋至,姨姐好牌,令设一局。余下湘吊胡弟,遇周、冯二教员,旋至浮桥下看周生新祠,见其弟及王伯约,二蒋、懿儿、完夫、理安继至。饭罢,日未落,舁至丁马头上船,还已昏夜,摸牌四圈乃寝。夜凡三起。

卅日 晴煊

答茙书。摸牌消日。史冬茂亦来,应两把箧筷之数。

三　月

戊午朔　晴煊,絺衣犹汗

今日起学,彭公孙作主人,廖俊三来会,外无至者。王慧堂、胡红纸来。午初彭、陈释奠,衣冠出堂,诸生列拜,主人不拜,所谓王父有礼,道台无礼者矣。喻、谢论院事,俱有意见,牌示以刘衮管收支,不用学堂规则。将夕天阴,须臾暴风雨。

二日　寒雨

重裘向火,寒煊未有若是之异者。闭门摸牌。夜有窃盗脩脯者,曾莫之觉。

三日　阴寒

悬赏格缉盗,乃富家子所为,云其人好吃,尚携修脯盈筐,惜不以问师耳。罗心田还存银六百,本利不欠毫分,果如吾所料,贤于程七多矣。午至王季棠处摸牌。夏生大儿、陈复心及主人起一局,待伯琇来,水师管带林生早到观局,陈出局去,共摸八圈,杨、陈各得三翻,余输一底。看牡丹,为雹伤,无精采。夜还复摸牌,至亥寝。

四日　晴

收支刘生辞职,改令蒋霞初。彭二公孙招饮,催客甚早,余知其尚未,方拟少待,乃又来催,因携松孙入舟,温《周官》未十叶,船已到门,令从陆还。余至彭家,程七、杨八蹁先在。待两时许,廖俊三乃来。二陈有从子丧不至。杨伯琇亦不来,云子病甚,又生日前一夕也。席散,因往餪之,坐有两医生,少坐即还。珰家来迎,云其娣死,迎归治丧也。

五日　晴

片与道幕,论浮桥捐原委。常婿携子来,云亦将归。午前珰行,送外孙女添箱七十元，并令往杨家送酒、雉，寄火腿、南鸭与亲家母，及宜萱家果合、包子。陈四郎偕赵婿来，陈云六姑到省城分家。夕阴，雷雨。

六日 雨

唐仲铭自省来，言书院宜加膏火，空为前住院生常额，仍分县每收一人，似不可行也。为水野僧写诗一幅。唐又云盐务已归淮运司矣。算火食帐，此月内冗食者五十三人。

七日 雨

七相公专人来，言开煤卝事，复书令往杉塘关之。来足即王队官，又不肯去，亦欲坐食也。

八日 雨寒

复向火。何辉庭管耒丰，闻其耒者，人人有拿签子之想。留宿外斋。

九日 雨

招何生同早饭，饭后去。洪落陈生来见，谈旧邻居。

十日 雨

李子政、懿儿来。懿将北行，并率子往青岛依杨度，大有桓禽之意。喻味皆来请饭，许以陪审判。诸生以碎牌事，纷纷来议，大约指目谢生，皆廖胖春秋之祸也。

十一日 阴

出看湘涨，遇陈完夫及其五兄同来，并率外孙子声，未六十，居然老矣，与收支同入坐。子声颊疽，炸蕨粉饴之，甚芳甘，致饱乃散。冯小华亦来。胡道台之弟来，诉姨姐，留饭而去。谢教员来告假。

十二日 晴

本欲入城，因晒菜未去，乃无锅煮，空闲一日。周庶长偕王伯约及贺生来,为王送礼,未解其意,以桂阳粽款之。夕巡两斋,东斋塞门未去,云居者皆出游矣。夜雨,半夜雷。

十三日　雨

为诸生作字,看上海报,作貂袄。因思胡雪岩貂女裤四十,亦足传也。

十四日　阴

仓庚来巢,蚕已长矣,桑犹未可把,采蘩时也。与诸生闲谈。

十五日　晴

携周孙入城,先过新安馆,子年云恒子榷税益阳,得同年之力,已亦将往,许遣人同去。答访子声,云在完夫处,入则复心亦在,又见霖生女婿。过汤叔昆不遇,至梓潼祠,喻生令学生出见,审判曹、孟衡昭、韩知事先后来,设二席,将夜散。还到院,大风雨。今日壬申,谷雨,宜雨。月出赤如日。

十六日　有雨,实晴

戏园请客,荣孙请往,令倍书乃去,后又不去。余待人还,探城中人去否,过午不来,王道台催请,乃泛舟往。花园中设一牌局,二伧人在,初不相识,云衡山李、清泉杨也。杨是伯琇儿,举止颇似。季棠、周生皆先在,午集戌散。月仍黄赤。

十七日　晴煊

女学监督康生偕夏生来访,衡山人,名和声,云自省派来,拨经费五千金,设此南路,其中西又各五千金,谭会元新政也。邹生来,寻纸未得而去。为程生书金绢一幅。夜雨。

十八日

雨,午前大注,待歇下湘。至杨家问客来未,则已集待,分二席,一为陈昆弟请我,一为我请客。陈请者更有杨、何、王,余请子声,更有罗、朱、林。摸牌八人，何生不与，王季棠大胜，亦无钱也。设坐馀滋山房，看梧桐，戌初散。夜大雷雨。

十九日 雨

女学校长康和声凤琴请客，未午来催，问何太早，云水涨改午刻。往则无客至，夏生出陪，借容园设席，遂消一日。客则王季堂、复心、宾视学、郴教员。坐散未夜，水已平堤。

廿日 丁丑，雨

写字数幅。唤船备水，时出看涨。院生皆出，无问事者，唯谭生往来数四，其所居亦将浸矣。

廿一日

水遂至门前，不可步，呼船舣后门，移行李，欲借此大去，以学生坐食，冗人亦坐食，将散之也。仍舁出前门，坐小舫至百塔桥，渡夫前年踊跃，今年畏避，盖已有身家，不可用矣。强行舣僻处，待过船，诸生多来看，请入城，辞以不便，外孙亦来请，亦令还城。子声复来迎，皆固辞，以为定不去矣。旋见船敝漏，恐雨至无干处，陈家又遣舁来，乃入城，居其客房。俄报船漏，请唤船，或登岸，皆隔水不便，乃令暂待。至夜斗雨，为之不安。

廿二日 雨不止，水不退

早起欲自看船，轿夫不来，乃令移行李。初欲往电报局，云无空房，又欲移城外船山书院，亦多牵绊，乃悉至完夫家。

廿三日 雨

与陈兄弟及夏子鼎摸牌消日。诸生纷纷来，皆指目谢生，然无以难之。得茙、滋书，即复茙一纸。程颂旭请一饭。

廿四日 晴

完夫生日，子声具馔，请余午饭，肉胜食既，遂未夕飧。张蟹庐、陈仲甫来谈。

廿五日　雨

午过蟹庐未入,遂至李选青家,与杨金城前尹及复心兄弟摸牌一局,吃饼并烧豚。未上镫归,未久即睡。

廿六日　雨

院生数人来,又增一争竞,为发文凭也。昨令闭门清宫,犹未能净。杨金城来。午至旧院,段生为收支,王生请客,余往作陪,无一至者,以省城新有文书,不许起法政学,甚张皇也。小坐仍还。送席来,与真及外孙同消夜。

廿七日　雨

邀复心、子鼎摸牌。卜女来,留饭,并摸牌一局。罗心田请法官追帐,检察官又来问文凭,告以取消,不必深问。

廿八日　雨

胡宛生来诉家事,并送新印道、咸后大官手书信笺,大半故人,亦可消日,看十馀本,至夜分。

廿九日　晴

写字数幅。珰女来告籴,其夫及从弟亦来,又有邹、王两生同入,以为一党,问乃不识,云从小学堂来也。冯小华来。洁翁孙亦来,坐久之。闻赵婿麻疹,往视之,戒以勿药。率两女地炮半日。胡宛生送烧鸭、荷叶饼。

四　月

丁亥朔　立夏。晴

房妪晏起,自出开门。写对子数联,墨尽而止。程丞参来,旋去。喻生来请,不衣冠,又阻止往胡道处题主,因发危言,告以当告胡家,胡乃不信,遂成空话。检察刘爽夫、审判曹卓夫同来,云已到书院,王、周二生适去,未得对审也。夜复潦零。

二日 晴

路潆可行。书胡挽联:"邂逅托知心,礼殿重开仍讲肄;桂零歌按堵,使君三岁只清贫。"尽署对款。

张尉、罗心田来,留与摸牌,遂废正事。伯琇亦来,子鼎让位,复心又代杨位。四圈罢,王慧堂催客,出答刘检察,不值,遂至王家。主人病不能兴,此集殊可不必。其弟子三人陪客,客即伯琇、完夫、周生,更有衡山李子,未夕散。初夜即睡。

三日 晨晴

初起,复心已来,贺幼邻亦坐待,欲为其子谋食,不然不来也。饭后珰已渡湘还。胡备小队来迎,衣冠乘舁,无绿轿矣。往则鸣炮相迎,复心、俊三、完夫、少至、颂旭、选青皆在,衣单衣犹热。午初写主,奉至几前,内陷松脱,仆于坐上,殆不祥也。设三席款宾,余与林水弁、完夫、少至、选青、伯琇同坐中厅,未夕散。

四日 晴

朝食后院生来迎,出答曹、孙,挡驾,遂上船还东洲,留冗食七人与老船山仓丁,率二妪、三孙、两工还院,食毕已夕。在斋住者犹有谭、谢、蒋、王,入内相看。发滋书。为复心书扇。

五日 晴。有雨

完夫、商霖来坐,久乃去。作亭秋诗序。陈八来,报真又生一子。老年闻生子则喜,与少年迥异,不知其所以然。君子三戒,随年而异,有旨也。

六日 阴晴

殷邦懋自常宁来,又欲谋馆,不知亡国恨之商女也。坐待饭不去,幸谭生有饭,乃与同食。遣房妪看女,周固不肯,乃遣金行。《礼记》陵乱,自检不清,书僮云少数卷。寄诗序与小石。欲作一纸与莨,未暇也。唐生凤庭来。周生云当来居庵。

七日　晴

为真女书扇。李馥先生来。周入城看洗儿。段怀堂子妇来,其夫髯也。毛娃云此大娘要得狗老耶来辨冤。

秦桧妇翁王仲山知饶州,屈膝金人。其孙熺之孙钜,曾孙浚、濯,并死节蕲州。

八日　晴

朝食后送芸孙入城,附船还乡,遣周儿送之,叙厘牛〔卡〕边待船,一时许乃得去。便舁至陈家,送会银与珰。邀子鼎、子声、常婿摸牌四圈,乃与子声、完夫步至江南馆看戏,杨、朱为主人,大会机关,热汗不止,乃还午饭。夜看报,与莨女书。

九日　晴

诸生固请甄别,乃定于十五日扃试。李子馥问李密、王世充兵机,不能记忆,取《唐书》看之。密以失食而溃,非兵弱也。世充仗顺讨逆,理宜克捷,欲以比今袁、谭,殊非其伦。陈兰征来。写扇四柄。

十日　晴,稍凉

段妇又来,周生姨也。云事急求救,为设法,复不用。

十一日　晴

杨四子来,珰来,卜女亦来,令同小住。

十二日　晴

完夫、敦竹俱来。

十三日　晴

看报遣日。看《唐书·官志》。

十四日 雨

考课报名诸人,皆冒充监生,有百馀人之卷,实为多士。

十五日 阴

晨起衣冠点名,久不见此矣。出数题,兼考试帖、八股。

十六日 晴

敦竹迎珰去,卜女亦请还,自送之到城,仍坐船还。

十七日 癸卯,小满。阴晴

珰来午饭,云明日当归,仍入城住真家。遣问杨四子,云已还湘。颠婆夜闹。

十八日 阴

看甄别卷,一望黄茅白苇,殊不必考。夜雨。

十九日 阴

阅卷毕,新取廿五卷附课,想无可造者,盖文教将晦,非人力可挽也。

廿日 阴

写条幅未毕,人来而罢。人去,看唐律一卷。

廿一日 晴

湘水复涨。携周童坐渡船往来,亦有渺茫之兴。看报。寻周生,云已去矣。

廿二日 晴阴。小凉

不思食。看唐律二本。摘枇杷,不及昨摘甘冷。

廿三日 阴

陈完夫携其弟子来。写蘋姑折扇,遂费半日工力,并唐诗一部,与完夫带去。

廿四日 阴

得纯孙书。乔木匠来。周仲元来,言孔教事,云府学宫被占去。

与书革绅言之。仲元特来,留宿外斋。夜雨。

廿五日　阴

周儿还,得茙、滋两女书,并节物。写对三幅。作胡国瑞投井记,以表忠节。纨还。

廿六日　晴

赵婿来,告去,留居楼上写胡井记与周神童,且为作铭,铭文跌宕,颇为得意。

廿七日　晴

湘水复涨,送纨入城看妹,并遣周妪寻医,得例包封而还。赵、周皆去。纨夕还。

廿八日　晴

昨蒸热,今凉。复茙书。贺子泌大儿来,云已移居台源寺乡。夜复燠。

廿九日　晴

周逸复来,云无轮船,故还。又云来往划船已去数百钱,新学滥费如此。夜雨。

晦日　晴

与纨女叶戏。湛妇来送节礼,云郭郎又下省,其子亦追郭至省矣。

五　月

丁己朔

今日复斋夫旧规,外客来者十日〔人〕。周生演说孔教,诸生列席者数十人,附课来者甚少。写字数纸。

二日 晴热

写对三付。看报。程生送节礼，即复一片。夜纻衣犹汗。

三日 雨

看陈小石近诗，其七律亦自使笔如古，盖所谓险韵能稳，难对能易者，与樊山同开和韵一派也。因为作序。

四日 雨

办节事，欲助喻生百千，竟不可得，搜集馀廿元以与之。王检察送节礼，与胡纸店，皆出望外。

五日 晴

男女来拜节者数十人，已疲于接对矣。真携八子来，遂充闾满堂，各啖枇杷而去。摸牌四圈，午饭后散。传云三猛来镇抚湖南，并有兵卫。

六日 晴

邻僧报丧，当送一联："结芳邻廿四年，蔬笋同尝，每听钟声发深省；后圭峰十八世，枇杷先折，空馀石路济行人。"遣觅褾联书之。竟日清睡。见一童生。

七日 晴热

见一老生。得滋、茙书及胡婿告行书，云京师方大集名流，文致太平，可谓奇想也。写字数纸，汗滴纸上乃罢。滋得抱孙，又不知似父祖无。小石书来，力辨与庆邱〔邸〕无往来。市虎相传，竟不知何因，此语流闻卅年矣，乃有此辨，益成疑案也。纨归，遣金妪送之。僧送席。

八日 阴风，仍热

诸生多留行者，告以且归再来，真来留亦不留也，盖自由之流弊。程孙云都督已易，小生更当还看之。

九日　晴

料量行计。得滋、茂书。寄蔡、陈书,即复小石一函,寄序去。“水流云在”,竟不知所题为何,老年健忘,亦可云健矣。金送纨还。夕甚热。

十日　阴

陈生遣船去,收支又呼船来,乃留周携金及清孙暂归。入城答王检察,并见曹、刘,过王慧堂告行。法官俱来送,完夫携外孙来,陈四少、蒋、彭、二程、谭生均来,陈仲甫、程功八于津步相值。午发,夜行未舣。

十一日　阴晴

晨待查船甚久,至黄石,又守风望上半日,日仄始行。一夜未息,至上弯已明发矣。

十二日　晴

东南风甚壮。午正至湖口,罗僮来迎,宜孙亦来,舁还家,妇女出迎,见滋孙,贺以十元。與妇云二姐思归,遣船往迎之。宿中斋。

十三日　晴

忌日。元妇送蒸鸡,未以侑食,午作点心。遣金妪送妇迎女,日晡始发。

十四日　晴热

舟中偶忆东坡常州除夜诗,取苏七集检之未得。卧看《礼记》。

十五日　晴热

将军来。戴弯子孙均归。将军送生雉,留点心而去。检苏集。

十六日　阴晴。夜雨凉

昨作外舅家传,遣送叔止,即日还。今待妇女船回,未到,想为胡婿北行耽阁,余亦不能行也。王罗紨来,云其女已嫁江西邱议员衡钱商光耀之子，女婿早入中央矣。

十七日 大雨，朝食时止

寻苏诗，得之于坡集五卷。“行歌野哭两堪悲，远火低星渐内微。病眼不眠非守岁，乡音无伴苦思归。重衾脚冷知霜重，新沐头轻感发稀。多谢残灯不嫌客，孤舟一夜许相依。”“南来三见岁云徂，直恐终年走道涂。老去怕看新历日，退归拟学旧桃符。烟花已作青春意，霜雪偏寻病客须。但把穷愁博长健，不辞最后饮屠苏。”此二诗丁果臣喜颂之，不闻土音已七十六年矣。端午桥翻刻成化本七集，于坡集得之，在癸丑年后，是甲寅年作也。坡年卅九耳，而自云老，其时自杭州迁密州。坡年六十六，赖后能老，不然此诗真笑话也。

十八日 甲戌，夏至

省船归，云窊婿病不能来，木器先来；又云功新归，功归亦不能来。

《题陈小石水流云在图》：“小石仁兄以幼时至五十外所历山川，画为《水流云在图》，凡七十二幅，绢素精美，情事宛然，洵可玩也。自蜀别至今卅馀年，凡三见，每见必论诗，不及时事。乱后相访沪上，情话益亲，出图索题，且征歌行。老废格律，不复能工，览者知君诗进而我诗退，即君得意事矣。‘人生功绩不自见，却论贤愚凭史传。看君每岁画作圆，即事非真亦非幻。自从万里观国光，锋车驰驿同腰章。中间蜀游最清壮，双飞始得排天阊。此时老臣尽凋谢，朝庭噂沓忘风雅。二张讲学引康梁，六部分曹招响马。六贵三臣无罪尸，始闻飞火射罘罳。君时省禁佐留守，鸣桴摄尹亲艰危。酬庸开府持龙节，南北十年随宦辙。锦衣一品被松楸，故乡春有儿时月。北洋移镇江汉波，兵符手握斧无柯。空张三百六十钧，宁知四十九年过。舟壑潜移鹏运息，布衣甘作咸阳客。犹从碣石望沧溟，海门日射金鳌赤。辰龙关接夔江门,中有沅湘芳草魂。不知共入秦人洞,画作神仙长子孙。'"此诗茫不记忆,故从报纸钞存。

周仲元、马太耶、张少龄、欧阳伯元同来。陈秋生以船来迎,因夜未上。

十九日

大雨半日不止,客不能去,杀鸭款之,午饭后乃行,到船夕矣。即发甚快,未二更至县。纯孙来迎,宜孙欲看欢迎,亦令同来。乘欧轿,宿欧室,至子乃得食。

廿日　晴

人客来者纷纷,以翁、吴、马、余为最熟,居停开饭五六次,傅、胡、龚三堂首士别送席,移尊设两席,朱知事亦来。

廿一日　晴

周仲元及同来人公请开会,借大娘儿工会招客,来者亦十许人,殊无效果,惟屈朱知事旁听而已。郭印生后至,颇以行走自任。夜上红船,蚊扰不得睡,四更移轮船,小睡,已天明。

廿二日　晴

辰初到省,待轿一时许,乃与周仲元及宜孙上望岳楼吃茶并包子,轿至始入府学宫,寻旧居已无爪迹。周居我桂轩,并见同社诸君及浏阳邱君送谷□书曰《律音彙〔汇〕考》,小时曾熟览之,聆其音未知其和美也,今久不闻矣。夕往胡家看病,小坐还宅,遂留宿。

廿三日　晴

朝食后仍至府学,客来多不识,亦未遑问讯,随宜答之。程十一自衡来,云看开会乃去。请李佛翼问府学田屋。陈梅生、彭鼎珊来访,二杨亦来。

廿四日

将出城,小雨遂止。又云彭理安当来,待之。衡抢江西卅馀家,以廖俊三为首，程达康、李选青为从，生员得先进士，亦幸福也。议访内容，请首士小集，李德斋、周伟斋到，陈八太耶不到。

廿五日 阴雨

出城上冢，至醴陵坡迷路，不知已过矣。复还，遇周伟斋，邀入，未敢，寻得坟围。陈梅生、彭石如均来久谈，汤稚安亦来，均乱后相见，不知从何处说起。吴雁洲来。

廿六日 朝雨

巳正舁至贡院听差遣，来者约百人，曾慕陶、龙研郎、吴、汤、萧文昭、郭印生、马、刘两太耶最熟习者。午初开讲，未正摇铃，还家小坐。滋又入城，云乡中缺米。复至府学会饮，以我为客，李德斋为主人，二陈、任、曾、萧、袁同集，夕客去。遣人还乡送米。

廿七日 晴

晨起送长生去。萧儿又来，云今日不行，欲更遣人往告，已走空矣。杨贤子、常子耕、尹和伯、日本阿田秀太郎字云谷来求书，为书四幅。夜还家。周梅生附二书还衡。

廿八日 晴

朝食时谭五督来，留饭。午睡未醒，邬师来，谈黔事。催三妇行。滋看姊疾，送八元。夕还摸牌。余佐子来见，邓子竹亦来，往东园看子异，兼同至和伯房小坐，夜留家宿。

廿九日 晴

朝食后往府学，因周仲元已来两次，答其意也。舁夫每人索三百钱，大似苏杭派，实则不能从乡佣整顿，不能成风气也。晚饭甚晏，犹不能食，夜闻雨。

六　月

丙戌朔

闻吉祥客寓炸伤一人,遣访之。曾侄孙女婿自云亲见,言殊不确。与书棣芳。廖荪畡五儿朱朴、邓三弟儿珑子祥来。唐先生与杨仲子来。余尧衢连送三书,并馈食物。功儿来宿,谭新事。今午浴。周儿反命云已减粜矣。非我意也,减粜不能济贫,徒利猾侩。复尧衢书。

二日　阴。午晴。颇有热意

十七都杨生偕谭子来见,小坐即去,未知来意。写扇两柄。陈抚台族孙、张门生儿来。杨仲子请题蝯叟家书,欧阳属欲干司法,皆久坐,得请乃去。王达鲁则未言所事也。为组同书扇二柄。

《重游泮水后四年再宿桂轩感事二首》:"昔共劳公子,龙墀践薄霜。文章楚不竞,宇宙道犹光。两继宣无望,终成梁自亡。于今文武坠,谁问两书房。""再上熊湘阁,苍然楚望楼。声金四壁静,抛火北城愁。孔教真何益,扬玄已自羞。重来弦诵地,扬觯愧公裘。"

三日　晴

晨还家,约谭祖同来,遣招王心田同往朱家,王辞不至。饭后少坐,陈芳畹来略谈,遂与谭同出城。驰五七里至朱家东轩,幼梅儿旋至,心田亦来。菊尊及弟设席相款,更有龙八郎,申散。还宿家中。

四日　晴。己丑,小暑

闻蝉。留家中看小说。酉初军装局火,遣看窎女,竟无人敢往。

五日　晴

窎女来,言火状,云子瑞不肯避,强之乃往子靖家,旋又还火宅也。收支蒋生来，行李不来，云欲迎我仍去，告以不能，乃出。朽人、张少龄皆来。夜热再起。林次煌来谈。

六日 阴凉

朝食后将出，遇汪颂年，复还小坐。同步至刘漱琴家待客，子异、雁洲、傅梅根、龚巽斋同集，未夕散。还大睡，夜起地炮，子正寝。

七日 阴

晨入府学，麻年侄、黎门生、谭伟人来见。又一革官自称门生，云浏阳王艾，高谈雄辩。一长沙谭生，云人凤本家，来谈议院。又两浏人来，请作文，送白术。

尧衢初十日生日，寄诗二首："早折东堂桂一枝，青云直上未嫌迟。重开白鹿明先德，偶遇红羊换劫棋。执法翻逢时势法，息机还似早知几。南陔归养同时少，更喜庭兰映绣衣。""岂知莞利胜金钱，百万金钱撙节存。手握智珠能照烛，蹄开轮铁早通辕。归寻松菊青山在，病却参苓绿酒温。莫谓千金久无报，田家鱼醴可重论。"写字十馀幅。

八日 晴

欧阳辅之因邓伯腾送文，且欲来谈，前已承送诗，正欲一见，即约来谈。又黄元吉同贤子亦来谈。舆儿从乡来。作意园诗序，长沙彭眉仙寿绥作，蕨同年也。张海陶来，欲更知事，将夕去。

九日 晴

作字数幅。邓五郎来谈家事，劝其且寄居我家。彭理安来。天华公司请客，有谭人凤，正欲见之，往则不至。饶石顽为主人，客有戴凤翔、陈振鹏、余兆龙、仲元、杨世昌、世杰、郭瑞麟、刘松衡，听留音京二黄，夕散。过遐龄庵未入，仍还学宫。

十日 晴

周云当开讲，待至未无坐处，遂罢。客有二彭少湘、群斋、刘锦裳、曾任、萧,俱未见。黎寿承来久谈。还家,便过林次煌,见浙馆方兴工,少坐而出。夕浴。

十一日　阴,有雨

城中大索三日。摸牌,见客四五人。夜断行人。

十二日　阴

朝食还家,吃蒸羊。未几黎秘书催客,过访谭人凤,便至明德学堂,颇似两湖书院,胡子靖不减张香涛也。吕、黎、谭、刘渊默为主人,更请林次煌、徐剑室、胡子靖,未上菜,龙八自乡来,设席楼上。申散,还学舍。功儿、纯孙均来。夜凉。

十三日　晴

黄如山增生送诗,并来谈,忠愤之气溢于词色。萧昌世字松乔亦送诗文。得茂书,并寄诗稿。纯孙来,云独立已签字,亦古今新文也。

十四日　晴

写字数纸,见客数人,看黄诗百首。

十五日　初伏,庚子

还家吃羊肉。朝食后报衡船来,自至城门候之,未到,须臾箱担累累,有十馀挑之多。担夫索现钱,家中无有,令至城外换钱开发。午令治馔款仆妪,酒馆云无鸡买,亦一奇也。

十六日　晴

留家守行李,写扇两柄,摸牌。

十七日　晴

仍留家中,寻检字迹。陈小道来谈故事,如嚼蜡。遣人送宬女上湘。

十八日　晴

摸牌,寻赌友不得。

十九日 晴

观音成道日,村妪均出烧香,余亦还府学。

廿日 乙巳,大暑

城中汹汹欲动,封二报馆,走去都督家属,金价又贵矣。还家宿。金妪仍未还。邓子溪来送京书。

廿一日 晴

纯孙还,云昨夜甚热。昪夫来迎,遂还学舍,留周三抬轿,以备移家。将夕得雷电小雨,颇凉。发莪复书。

廿二日 晴

城中挂旗,都督称万岁,云将讨袁也。袁未称兵,不知何用讨,此与何进讨十常侍不同。进尚见十常待,此并未见袁也,冒昧可知矣。夕雷,还家。觐虞来。夜起闻金鼓声,云救火。

廿三日 晴

丁孙荇泉来。朝食后至府学,议同泰赎身事,并议撤会,云须四百金,将于都督取之。留宿学舍。

廿四日

晨写字数幅。因约至左家,作荷花生日,还待至夜无消息,想因独立罢宴矣,遂不复出。夕雨雷。

廿五日 阴。庚戌,中伏

晨访邬师,还朝食。周少一来,强迫写字十幅,又写扇面。食瓜,看报。夕雨。

廿六日

遣桂生上湘唤船,乃请南谦拖来,并掳廿七号,午初即到。周仲元来取银四百,以光洋三百六十元与之,了会长义务。闻郭葆少钞家,我亦嫌疑,可以行矣。

廿七日　晴

周少一来请署款,未遑应之,遂挟书而去,又遣寻之。邓子竹来,请作墓志。午发行李,须关会门卒,乃能免查。夕上船,会友送者四人,乘北风行,泊包殿。

廿八日　阴

巳初到县,舣观湘门。入城访百花生,始闻袁海观吐血,俄招众宾,翁、余、张均至,朱、陈先在,先去,余亦还船。伯元及匡策吾、张恺陶步上船,邀上岸斗牌,更邀龚又孙来入局,榜眼儿也。至夜毕四圈,乃吃粉蒸肉而散。六耶来。

廿九日

箴妇丑时下船,葬长塘坤,晨起往送,舁至观湘马头,登舟视柩,余上船先行,细雨时至,到姜畬过午矣。柩船尚在后,遂不待而归,冒雨还家。子瑞又病痢,不能坐起,一见而出。与窊、珰两女,黄、湖外孙,宜、赣两孙,黄孙妇同饭。夜摸牌四圈。

七　月

乙卯朔　晴

起螟学。看吴光耀华峰《宦学录》,大致讥切朱注四子书。

二日　晴

看吴书,写朱方成屏对。

三日　晴

午雨。雷、罗团总来,问孔会,告以不可放飘。复吴华峰书,并与书谭会元。次庆夫妇来,以书房居之。

四日　晴

书与谭会元、郭推事、丁龙安、袁粤督。夕有雨。

五日 晴

狗老耶、两姑来，并满太太、小姐五六人，留点心而去。狗姑适郑，又三妇族兄妻也，云嫁卅年未还。书屏四幅。

六日 庚申，三伏。晴

明孙盗佃户夏布，召问不服，令卅和治之。张正旸率贺寅午稻生、萧任兆梅来，云教育会惧湖南受兵，公议请我为鲁仲连，即日请至省。以避暑辞之。

七夕 辛巳，立秋

烈日可畏。陪张、贺、萧坐谈，允为作书致黎、袁解之，并与书荀文若。食瓜乃去，已过午矣，未皇问学课。夜滋设瓜果，令芸孙、两外孙妇乞巧。

八日 晴。过午阴，颇热

城中人还。明孙盗布。

九日 晴热

许孙亦盗，二盗闹事主，众议当隐忍不校，云王大人之孙行盗，不可执也。王大人亦遂不能问。

十日 晴

周儿急欲下省。城中人还，得朱状、丁书。丁四寄书，即当复之。

十一日 晴

遣罗童买瓜，发宋芸子书，又为与书谭会元。谭人凤专人来迎，盖欲倚我更易军事厅，会元得力人也，复书约以节后。夕大雨。十三外妇来，携一女。

十二日 阴晴

周儿来告假，盖长沙有谣惊。夕雨甚凉。十三有版筑劳，拨谷养其外妇,以续绝房。

十三日　　晴

年例吃新,烧包,设四席,未能食,略坐而已。

十四日　　晴

《七夕立秋作》:“金井梧初落,银河浪正微。偶看凉月照,知共早秋归。笋簟消残暑,蓉池映夕晖。良宵倍堪惜,乌鹊莫惊飞。”

偶忆《国策》,取看数卷,错舛不堪读。

十五日　　晴。日烈无风,炎炎可畏

张生来,云谭欲委罪于谭,故未去也。且已讲矣,当为之乞命,许与书解之。留饭毕,待贺、萧犹未到,将行而至。□周船亦到,梅少耶来矣。送客后圳边看月,久之乃寝。夜起月明,乃知重门不扃,可笑人也。

十六日　　庚午,出伏

张生复来。晨起坐门外,待周妪,乃得男客。云步行来,已饭矣。商量袁书而去。周生复来,云从黄生,未知谁何人。自言居下四都,又似稚云孙也。四所推我充首士,此非常旷典,不求而得之,乃知僧口之霸,许为董之。陪客至日昃乃入,客俱去矣。遣逻人凤。云昨日已过去。朝食后船还,周、罗俱至,又添一长生。

十七日　　晴

买瓜极劣,十枚无一可食者。夜半荷池边纳凉,三更后舆儿及胡茹侯来,竟未闻知。

十八日　　晴

舆、胡来见,乃知国民党已瓦解矣。彦国欲去,又不果行。

十九日　　晴

看吾炙诗,亦有隽句,其人则皆不识,帽顶儿所刻也,从破纸堆

搜得之。张侄来，未见而去。将军来，求书与欧阳。

廿日 晴

秋炎甚烈，与书会元，论秋丁事，交彦孙带去。子瑞病愈，来谈。

廿一日 晴

将军还，云城中遣船来迎。畏日不能去，船又小，亦非我坐船也。子瑞又谈，今日云暑度至百。夜坐门外待月。

廿二日 阴

秋炎不复能烈，看小说竟日，夜至子乃寝。

廿三日 晴

金妪为周作生日，杀鸡煮肉，余忘之矣。或云非金所为，亦不复问。

廿四日 晴

孔教会尹生来，未忆其名，出则有二客，一为黄生，自云欲通中文，后乃归耕，今尚教蒙童也。尹则言论风生，告以丁祭，未宜干预孔会，但争产耳。坐久之去，黄待饭后日落乃去。

廿五日 晴

遣僮上衡。城人来，得小石、杨子、会元及八女书，即复寄邮局去。寄莪食物，不能达，即以与真。

廿六日 晴

胡誉侯告去，觅轿未得，改从夜船，与舆儿同行，二更乃发。

廿七日 晴热。过九十度

几席皆温，避暑未事。

廿八日 晴热

陈秋嵩来，云县人不欲我去，遣来探候。又得周庶长书，云当来迎。留陈小坐，未食去，告以八月朔必到。

点《诗》至“哆兮侈兮”,《释文》云“《说文》引侈、哆”,检之未得。“哆”为“弹”音,向亦未理会。夜风振林,暑气全消。

廿九日　晴凉。北风吹雨,雨去犹燥亢也

周翼云晚来,正在后山,还始知之,言城中遣船来迎,告以已办。

晦日

晨起移床上船,天阴可行,因令检点。两孙淘气,皆令随行。卅和亦自随来,戴明、二阅并从,待周妪去,已夕矣。申初开,酉正到,犹为迅速。移入九总船局料理,晚饭已子初矣。

八　月

乙酉朔

晨起拜客,多未起。道遇策吾,约同饭伯元家,诸客并集,惟树棠小病未来。曾伯在欧家办公司,旋来饭,便从此上小轮还长沙。杂谈至未散,还局。

二日　晴

昨日复烈,今犹未减,欲出被绊,不得出。遣周往吊三妇,慰问新姬,子姓闻者均来看。蔡四子、刘南生、端侄皆径入,馀不暇记。唯周仲元亦来,饭去。

三日　丁亥

正祭孔庙,未得往。众以不拜为非,余云九叩首二百年,孔亦飨之;三鞠躬三百年,未足怪也。然道之坠地久矣,岂圣之无灵与?

四日　晴

开成立大会,上下十三席,来者四十三人,自巳至申始散,无所发明。

五日 阴晴

杨季子请饭,已辞,复改日,午后往,翁、黄不至,匡亦腹疾,唯百花生、孙彬、兰菊、江海同集,未上灯散。

六日 晴

得上海、长沙儿、女书,云舆儿运动去矣。茙以风为朽人,幸王昌国之未嫁,颇为莞尔。江西银行张石琴招饮,百花、傅兰、曹谷、胡壶山同集,登楼,设坐第二层,未夕散。梁和尚欲杀拐票人,商会请我保之,陈培心意也。

七日 阴。暑顿尽矣

庶长昨夜来,衡人来,言复心病甚,其子方谋道台,往北殆不谐矣。衡钱又空,囊无一文。

八日 壬辰,白露。复热

为宜孙书《九章》。省城人来,言城中兵变,攻都督。遣人往看,动须路用,乃请庶长往看,期搭早班船去。

九日 晴,仍热

钞《九章》,有宜释字义者,借《说文》注之。唯"齑、鳖、菹"①终说不了,宜释为淹菜方合。然"惩羹吹齑",终心知而不能说也。

闻散勇上窜,又议防堵。胡外孙、蔡内侄均来相看。得瞿、樊和诗,并词。

十日 晴

和樊山《七夕·拜星月慢》:"绮思年年,离情处处,惯别浑成闲事。海上风波,惹新亭悲泪。料今岁,不似唐宫露盘花水,只是爆声传喜。那用乞灵,看群儿自贵。 叹山中、正有悲秋意。被词人、

① 按:"齑",王逸注《楚辞》作"整",云:"一作齑。"又《九章》无"鳖"字,"坠"见《广雅》,菹也。

拉入愁城底。一曲新吟,在啼螿声里。如今好、久住神仙地。岂不肯、挽尽银河水。且付与、织剩馀丝,织人间锦字。”待周生不来,将自至省城一看。

十一日　晴

公所相留过节,郭葆少久不来,亦殊悬悬。还山看月,又月食,恐不须赏,仍定下省。卅和来送。昨夜月。

十二日　【缺】

十三日　晴

连日北风,船不能下。周生昨来。功儿报省兵乱由,云尚未靖。夕上船,邀二周、蔡生同行,两孙不可留,亦令随行。任弁为致两船,余与周妪遂占一船。夜行至晓,泊牛头洲。

十四日　阴。有小雨

晨舣西湖桥,待后舟,乃反在前,遣看,并呼之来,客已登岸矣。两孙上坐船,送周妪还家,巳初发,午正还,周坐草地待迎,余遂不顾,小睡。未初到城,见朝宗门新修马头甚壮阔,遣呼舁迎,不名一钱,城中无可谋者。夜宿城宅。邓沅来。

十五日　阴

昨遣问邓生,将索债,问陈骗子,已去矣。与书杨绅谋之,并发文书告宁乡弃从祀神牌事。周仲元来,言山东孔庙大祭,征湘教徒会议,将遣功往会,无礼冠,未敢往也。重子送五十金来,云其姊寄来,适济所用,真孝感也,当以诗奖之。月食,亥初生光,阴雨不见。戌初明灯拜节,至亥乃令祀月。马太耶送乘禽。

十六日　阴

晨告会友,作文论宁乡弃从祀神牌事,又论学堂、孔庙之分。山东来征会,复电无处寄。会友杨友三及马少云久坐不去。恒子观察自北还，云张先生亦来矣。邓沅送卌金，作往曲阜盘缠，无法消受。从姆论嫁女甚切，遣问伯琇，当与商定地点。寻照帖，得三种。张生来。

十七日 阴

伯琇、杨重子均来久坐。邓子西来，论往曲阜会诞祭，送盘缠，已不及事，又懒于行，因退银还之。重子送百元，云懿所寄也。遣觅朝靴，乃买尖靴来。

十八日 阴

龙生送四品冠来，云曾霖生处转借得之，以奉祀祖妣生辰，百四十九年矣。辰正始行礼。玄孙来，已得数人，玄孙妇发亦班白，唯云孙是一女。王心田来，言谭芝畇亦在城。黎尚雯自宛平来，议员，与易鼐齐名者。云北兵驻新堤，大有驻防之制。罗僮还，周生亦来。夜雨。

十九日 阴雨

北风凉，欲上船，云已去迎周妪。静坐看报百馀纸，又买照帖数种，始得见《华山碑》三本，长垣本即商邱本，有题名"华阴本"，为郭宗昌妾所裱，谓之"黟本"，尤可爱玩，即"山史本"。毓伯何人，乃有多人谀之，唯王铎自居前辈耳。谭兵备来。

廿日 风凉

迎船还。午正出城，答访芝公不遇，即上船。夜，礼和买办来请饭，由芝公介绍，明日当往一叙。

廿一日 晴

周妪入城，独坐守船，移泊洋马头。申初礼和盛买办来催客，席设城中，舁往诸客已集，芝畇，心田，二郭，吕、黎两秘书，汪颂年，华昌买办并盛幼文与余九人，召三妓唱新曲，未夕散。还船，纯、宜两孙来,已将关城,赣孙同入城去,邻船飞翰哨官来见。

廿二日　晴

芝畇属待来谈,煮北山药待之,至巳不至,三孙亦无来者,遂令开行。无风无浪,夜泊鹞崖。

廿三日　晴

任弁留家,晏发,无风缆行。湘水暴涨,午至城,遣报伯元,并遣罗僮送鸭还乡。移船至九总,局中已相待,并遣舁迎。步至局中,朱知事、何哨官、傅、朱首事、伯元、吴少芝、陈培心、曾霖生均来。云卿子芑堂及其弟妇许氏来见。乔木匠、满老耶均来。与书余价藩,言萧磨婢事。

廿四日　阴

欧阳小道来,其父必欲招郭葆生,请电熊、黎,未知何意,亦如其意,出名电之。乃不肯出钱,以属当铺,当铺人来问,余告以已电矣。今日戊申,秋分,即社日。

廿五日　阴

罗学台来。欧道言有出山意,以每月可得冤枉薪水也。写字半日。

廿六日　晴

写字半日,钞《九章》两叶。石潭张生来,送星盘书四本,云踵门七次矣。杨梅生子妇罗氏来,言家事,云有田百亩,拟抚子,与冢妇不和,求作主,并邀周妪至龚家诉苦,遣周生往省城谋之。午出拜客朱、余,余未见。至宾兴堂,重宴于堂,议长朱菊泉为主,请顺循,余与孙蔚林、张贡吾、匡策吾等同集,戌散。邓子石长子接脚外孙来,致接脚女书,求六百元,许之。程景还银票,骂绝之。

廿七日　晴

张恺陶、小道来,为恺陶又书扇面。午后摸牌,四人忘其一,可谓健忘矣。又遣周妪往萧家。席研香庶弟来,又一呼大哥人也。戴万侄妇来求事,万见其子,并送鸡。

廿八日 雨阴

请客饮万金,未设席,余邀翁、匡、张石琴摸牌,饭独后,备见里手情状,以晏十为最厌。写字半日。

廿九日 雨

写字一日。孙蔚林来,与同至谢涤泉家,谢招饮,未能待,即往朱行政,陪盐丰丰员,未至,尽以科员充之,未能问姓名。

作唐子明母挽联:"五世协昌符,数恩荣百岁光华,不比园葵伤漆室;安贞称富媪,看儿女两家勤俭,岂徒寸草报春晖。"

卅日 阴

写字数纸。朝食后下船,开已巳正矣。行两时乃入涟口,到姜畲上,已昏黑,不见水,命泊岸边,遣佣工从陆还家。

九 月

乙卯朔

质明乃行,未数里已至南北塘。从陆还家,乃见昨佣未能行,云大雨,故舟宿,又无烛买也。问知警兵已去,贼系过路贼,未必熟路者。丹桂盛花。

作孔静皆挽联:"每持正论忤时贤,避俗山居,忍见侏儒登礼殿;幸有佳儿继科举,传家圣教,肯持彝器见陈王。"曾慕陶一联:"世禄不骄奢,依然儒素还乡井;高官历台省,遗恨衣冠毁昔时。"夜雨。

二日 雨

晨遣寻张颠《斗数》,乃得孙檵《旁鸣集》,看一过,俱为题识还之。摸牌四圈。胡婿入燕,携子俱去,候送半日,申初始发。

三日　阴

华一耶来讨盐,问盐二包俱已分去,复至县取之,遣周僮去。摸牌消日。谭儿来,欲干莘田,已在数人后,恐不及事矣。廖荪畡送诗。

四日　晴

看《后汉书》,周纡"筑墼",今曰放砖,湿泥入埴,当筑之也。刘攽不知,乃改为"筑堑"。又"陈元母诣览言元",即讼元也,而以为多一"元"字。杨升庵则知"筑墼"矣。以此知看书不可易言。

五日　晴

摸牌两圈,已过午。舁往石潭,候衡人来,云珰昨从陆还湘,计程当到,故往迎之。至则尚早,过干将军家少坐,见其妻子。又同至商会议所听议,皆言自治局之横蛮,乡人之驯懦,将夕乃还。急行到家,道逢周生持竹来迎,至家晚饭,周来略谈,乘夜色而去。又终两圈,倦矣,遂睡。

六日　阴

周生告去,周僮乘舆往县,乃云乘舆买盐,又为市井添一典故。巡丁发大急信来,亦一典故也。摸牌竟日。黄铁来。

七日

晨晏起,已报珰还,行卌里矣。始令买羊、蟹,备明日汤饼,即令在山庄设奠,不往城宅为便,已备船又遣之,但留一船上衡。夜亦馔具而不奠,示意而已。

八日

孺人八十生日也。逝十四年矣,日月如流,独余仍随流也。晨三女、一子并妇、三孙、两外孙,分班行礼,设两种汤饼,内外二席。有萧姓客。黄氏十馀年无人上门,昨始来一人,又去。陈水师遣二护勇来，云衡、湘水路时有劫掠。

九日 晴

无风，可登高，然无所往，摸牌一日，亦可谓负此佳节矣。买菊、蟹均未回。

十日 晴

长沙得蟹廿螯，剥三蟹，犹未盈一豆，颇似北方彭蜞。十七都乡人来诉自治局。

十一日 阴晴。乙丑，寒露

晨下船，周生同行，夜泊洛口，周生上岸去。

十二日

晨衣冠至唐子明家吊丧，见其二子。许、周生出陪客，子明亦出谈，老胖矣。留饭毕，辞出。唐家来船谢吊，许生亦来。杨怀生儿送礼。巳初开行，泊株洲。

十三日 晴

帆，东风，行至朱亭，夜月，晚宿。

十四日 晴

帆缆兼行，九十里至衡山泊。

十五日 晴热

单衣行百廿里，宿樟寺。大风舟荡，不甚安，每日多睡。偶看石印帖，收藏家可笑，题跋家亦多可笑。石印则甚便，比椎拓更工也。

十六日 晴

晨发，久之，望新塔一时许始过，比至城，望北门，又不识矣，方以在何家套，乃已至大马头，可笑也。入书院，见数人皆不识，唯识谭、廖、王，云且可住月馀，意亦欣然。待梁芳来一讯，未夕遣去，即宿内斋。今日一饭一面，便了日课。

十七日

起行李。与书子、婿,遣罗佣取钱与邓婿,因令功儿主之。完夫、选青、程仲旭来。看报半日。常子庚、王豫六来。

十八日　阴晴

看报半日,计字亦将数十万言,然不止一目十行也。唯龙□妹为所未闻。张子年来。

十九日　阴

写挽联交庶长寄省。得欧书,言语奇离,不意盐务有如此见识。陈推事来谈。一日未遑他事。王慧堂、廖俊三均来久谈。

廿日　阴晴

先孺人生辰,设汤饼、枣糕。欲出,忽泄十许次,遂不能去。一日未食,亦食糕数片,羊面一碗,两卧遂愈,移住前房。

廿一日　晴

真女、卜女均来。完夫咳血,当往看之。令真早还,卜女亦随去。

廿二日　晴

午出诣城,看皇会,无皇有会,尚专制制度也。至陈家,女未出见,便至程屼樵家。喻谦母丧,往吊之。过考棚,看会,赵弁留饮,招舒、何、廖及会员三人并集。出访张子年,又至皇殿看戏,提镫拥挤,已近二更,遂辞出还院,已子初矣。

廿三日　晴凉,已有霜意

秋日甚佳,尚无菊花,往湘东谋之。便看夏生病,云七日不食,非伤寒也。言袁世凯八字甚佳,尚有好运。江宁尚未血洗,不为多伤。又访彭、王未遇,还过王季棠,觅花匠,道遇罗心田、陈仲甫,未通语。甫还院,林水统及知事舒癸甲来。慈姑祖翁何教夫来。衡人喜事,枚夫初见,即言官事,余心甚愠,未夕食以消之。

廿四日 晴寒

遣人看纨女。马先生来,昨夜房媪惊蛇,并匿前房,云有碗粗,在皂荚上蟠。

陈复心。节钺启词臣,武达文通光列戟;坛山开世族,弟劝兄酬胜八龙。

廿五日 晴

贺年侄率其长子同来,请写自己寿对,为作一联。写字数纸。周老生来求事。今日己卯,霜降。

廿六日 晴

何亲家请饭,梓潼学堂亦请饭。朝食后往城,看完夫病,少坐即至梓潼庙,王慧堂为主人,并请知事,陪视学员,待至夕不到,乃入坐,三教员同坐。余与何并辞出赴何,何云夏彝恂来,恐其病不能久坐,及往则未来。何令其孙来见,外孙女婿也,年始成童。坐散,还恐闭城,取火牌以行,出城犹未闭。

廿七日

何孙约来,以诗帖、洋钱酬之,并作汤饼。夜微雨。

廿八日 阴

何生请客,午后往。舒知事、何镇守均在,未夕还。云谭生已得脱身。

廿九日 阴

舒知事请饭,待午而往。昨视学员杨生复在,紫卿先生孙也,六名士之一,曾见其子,久忘之矣,言之恍惚忆之。尊余与其大父同辈,实误也。紫翁余前辈,犹在曾、左之前,但未见面,不及何贞翁有交情也。诗孙乃以余为贞翁子姓行,则又误矣。何、赵、廖亦来,更有科员,未夕散。

十　月

癸未朔　晴

陈甥来求书,卜女亦来为父求信,皆王莘田之害,为与书王、汪。汪为陈生求馆,以关道可容人也。人来言有北书征程生、廖、易,大要四只脚所为,然不伦类。写字数纸。舒、何、杨、王夕来。

二日　阴晴

入城答访杨少云,不遇,何生要入小坐,谢、夏生出谈。还过银行,答访杨姓,已入省矣。即先舟还,留童送段碑。

三日　晴

借《北海碑》补阙字,王袒文反阙于我百许字,为之补入。真女送菊,始见新花。王慧堂因女婿吃烟求情,与书舒仙舟为缓之。

四日　晴

张子年、黄蝉秋来,意在莘田,不知其人众也。看唐碑,看报。

五日　阴

刮垢磨砖,嚣然终日。遣访螃蟹不得。卯金之子来求差。有雨。

六日　晴

王慧堂及其女婿二人来,言搜烟人同强盗,此亦会元之害也。暮夜忽传客来,云湘潭遣迎会长者,未能出见,草具待之。

七日　晴

晨出见来客王鑫,言不能即去之意,与书周生回复之。鑫字周南,莽人也,早饭后去。

八日 晴

闻齐七还，朝食后来，得两儿、一女书，云取银未得，言查办已换人，郭与谭同撤，谭即时出省矣，未知欲何为也。留饭去。

九日 大晴煊

久负文债，势当一了，适印格纸来，即作朱雨田碑数行。看未翦《华山碑》照本，未能辨其题字。夜风。

十日 雨

作朱碑半叶。程生来请饭，以为有客，乃似为余特设，何生、张尉作陪，更有彭冶青、常少民及陈氏兄弟。二更始还，又坐至子初乃寝。竟日夜雨。

十一日 雨。癸巳，巳刻立冬

雨竟日不止。冒雨入城，至完夫家饭，杨八踦、黄校长、陈郴州同集。廷〔延〕程通判同集。陈生无师弟之敬，以余不识之矣。齐七明日行，未夕散。黄孙专人来。

十二日 雨

遣黄足去，与书莘田，并论杨贤子。甚寒，夜燎薪团坐，俨然一消寒会。

十三日 阴

作朱碑，预备请客。

十四日 晴

晨起铺陈，坐客厅。程生自乡来，久坐，夏生来乃去，留饭不肯来，盖耻为晋平公也。张尉同一人来，已不识之，久乃悟为左副贡，云自省城来，见易宗议已枪毙，方捕党人也。既久不去，当请客，已七人，遂成十全大会也。张曾讥周生趁食，今乃自趁，益知不可妄议人。程生言刘生非好人，今问之，则云投神像湘流，故受沉湘之报，亦一因果。已而诸客次弟来,舒、何、杨、陈、何、王最后至,饭毕未昏,客陆续去,唯左生独留宿,云将谋食所。命院生分钞朱碑,书字佳者,当补正课。

十五日　晴

看钞文二人,字无中选者。遣人还乡,与书问滋病。夜乃大雨。已而狂风。

十六日

风雨未已,悔遣罗童,当令不去。左生求书与“四脚”,率书与之,词旨甚得,殊有陆宣公之风。罗童果还。周生夜来。

十七日

左生送寿礼、添装,以孙女未到,辞之。午后告去,亦索名片护身,与以十片,示不惜也。纨女还,申孙同来,遣报真。

十八日　晴阴

真来看姊,午饭后去。夜地炮。金妪忽发怒,以其无状,系自启侮,未能训之,默尔而已。左生亦无状。遣申孙看姨兄。

十九日　晴

遣觅盆菊,得五十馀盆。纨入城携四工人同去。何生来约预祝。彭俊儿闯入,冒冒失失,颇有学生风潮。常吉儿夕来。写字数幅。

廿日　晴

未午王慧堂催客,其弟方有子丧,而出赴宴,同集者二程孙、两王婿,及银行杨。摸牌未终局,入席,为王孙女开斋,谭芝公孙女也,外公方被押,女已生女矣。未夕散。

廿一日　晴

朝食后功儿来,云女船已到,珰亦同来矣。至马头,望见来帆,须臾长妇同三女率孙妇、两女、曾孙女、三丫头俱到，便居楼房。杨备公馆未往，在此为便也，送到岸席。

廿二日 晴

得任福黎书，到任通致绅士，有曾侯、吴抚之风，即复一函，告以正名。真女还，旋去。

廿三日 晴

周生荐一写字人，鬼画桃符，不可用也。得周逸书，倡狂恣肆，不可致诘。谢姬子来，避之外斋。午饭。

廿四日 晴

何知事、冯师耶来。何约会饮预祝，本设女戏，以观瞻不雅辞之。卜大毛来求书，与书王莘田，并荐陈甥，兼寄报任书与看，又请转送朱碑文。

廿五日 晴

孙妇丁卅岁，为设汤饼。迎常、慈孙来见母，并请看戏。樊、蒋送关聘。

廿六日 晴。戊申，小雪

彭祠乱民逃去，重理香灯，宴我于旧坐处，会者七十馀人，妇女又十馀人。午正舁往。本戒女戏，程、景固欲为之，谕不能止，所费甚巨，然不为豪举也。二更散，还院已子初矣。

廿七日 晴

王季棠送菊，颇有佳者。写字数纸。真来，携被居楼上。

廿八日 晴

写字数纸。忆"压倒元白"，《诗选》本未录，寻《全唐诗》补录之，此等皆一代故事，不可阙者。

廿九日 阴

林水师送鸭、蟹、菜脯。午出私访唐璆，一无所遇，仍去船还送珰女到湘。

晦日　雨寒

魏生持杨敞书来求见,求荐,并有马太耶书,大要注意王莘田而托名求刘、任,告以皆不可,为干廖俊三。

十一月

癸丑朔　阴

邹桂生避捕来,求住斋,云警兵侦探欲执之,仓皇求芘也,未待命已来住宿。

二日　阴

弟三孙女将嫁,姻家来请期。午后媒人陈完夫、常敦竺来,请廖泽生陪媒,旋延入内坐,自醴之,未夕媒去。天气颇寒,然火围坐。

三日　阴

王慧堂来,讶其犯寒,云访功儿也。杨少云亦来谈。谢、谭来,言唐璆将去,国民党宜公留。何辉廷请与书任福黎,许之,即令湛童求荐于唐璆。

四日　阴

功儿告当访商霖,即乘舁去。省城人还,健儿书言孔教已用周古人言,分移县学矣。作小石奏议序成,由丘三寄沪。

五日　阴,微雨

得何送任电,请即上省。前已有信正名,不以为迂,而犹待为政,是其迂也。许为一行。教育长李杰、二彭来。院中器具多散失,始令检点。摸牌赌东,为真女汤饼费。

六日　阴

写字数幅。摸牌竟日,负九千,恰敷一食万钱之用。待功儿不归,亥正乃归,已睡着矣。

忌日 晴

得省教言筹款事,即复书晓之。

八日 晴

摸牌至夜。为真女卅岁馔庆,作饼甚不佳,衡厨人不识薄饼,故令周妪杆饼,杂入不复能分,皆不可用矣,于此悟用人之方。

九日

设汤饼,致陈外孙男女来,兼为款女客。院生亦有送贺者,设汤饼款之,忙闹至夜。

十日 阴

寿孙女纳征请期,设面待媒,并请伴娘来。山西女有江南风,亦阔人也。收发礼物甚忙,至夜乃先睡。有雨。

十一日 阴,见日

半山忌日,其所生两女在我处,为设素食。今日癸亥,大雪中。

十二日 阴晴

寿春加笄,本选寅时,因太早,改于午时。何辉廷、许警察来,冯小香亦至。客尚未去,夏家催客。欲出无轿船,借得收支一破舫,令真女乘我舁,我率功坐蒋舫。往则二王、二陈已在久待,乃入坐,始昏便还。灯行湘岸甚危,到又摸牌,至亥寝。

十三日

寿孙昏期,来客颇多,百两迎者,皆是乞儿,殊多花费也。自送孙女上轿,已未初矣。妇女送亲,外孙男女亦往。

十四日 雨

未正渡浮桥至杨家会亲,设二席待我父子,陪客二王、陈、夏生。二更散,舟还,与珰女同船,余露坐,亦不觉寒。

十五日　晴

孙女回门,设二席,请常笛渔孙及外孙婿何陪女婿,何辞不到,余亦未坐,程七、八郎均来,夕散。

十六日　阴

观察使唐璆来,梁启超门人也。久坐听余纵谈,未多答。

十七日　阴

林水领来,云任福黎为顾问官,实夺其权,都督曹锟之说不确。

十八日　阴

子妇往杨家。孔教分会纷纷诉讼,周生、王、段争钱纠葛,皆不能理。张子年、黄蝉秋、胡春生来。

十九日　太阳生日。阴。北风颇壮

因携功儿坐船入城,答访唐观察,林次山先在,唐更请科员出陪,未识其意。纵谈而还,渡湘陆行,已暮矣。道遇何知事与杨视学,云从书院来,未知何事,立谈数语。还已上镫,得黄孙禀母书,知滋已来,计程必到。二更滋果来,云患头风尚未愈,携妇孙同行,安设对房。

廿日　阴,有雨欲雪

张、黄来,约会馆一集,定廿四,计日不能还家躲生日,当在衡不去矣。得京书及孔会书。周儿闯祸,请避仇先归。

廿一日　阴

汤银董来。卜乾来求荐赵统制。汤云铜元换银可占便宜。卜云鸿甥得耒阳征比。

廿二日　阴

周两儿去。七相子名柷,来见,王氏渐换世矣。作邓志成,令庶长录两分。

廿三日 阴

摸牌不问事,每至亥时啜粥乃罢。金妪作伴□还。

廿四日

举家均往会馆看戏,滋病不去,留周伴之,金仍伴往泥弯。林水营遣三版来迎,拖坐船同下,北风甚壮。长郡旅人设三席,主人一圆桌,余父子为客,并携周、萧同往,内眷别一席。演扮颇有精神,观之不倦,从来所未有也。戌散亥还,仍增一舟。

廿五日 子丑,冬至。有雨

午后议作生日,开菜单,定在城中设客,院内设面。

廿六日 雨阴

慈外孙生辰,为放喜爆,设午食,其祖、舅亦送蒸盆点心。设两牌局,聚戏竟日。写字十馀纸。

廿七日 雪竟日,到地即消,檐滴未断也

为萧儿写墓志,就便改定。近日作文,殊不费思,所谓耳顺手顺者耶? 王慧堂来,送舍利褂,以近人无服此,留之。令功儿诊其病,云服茸过多,良医也,于六疾外增一门矣。当云药淫脾疾,药淫亦食淫也。

廿八日 晴

铺设庭堂,张挂灯彩,至五十里借电灯,十里借戏台,亦奇闻也。我不能止二三子也,非我也夫。卜女来,占前房。夜放烟火,设酒。

廿九日 晴

生日受贺,设十馀席,唱戏请客,城中有名人均至,出坐,竟日不饭,幸未倦困。

十二月

壬午朔　晴

晨起视院中,已悉收卷,亦人多事办之效。遣功儿出谢客。自作黄新死事传,发誊。

二日　晴

治归装,写字数幅。得黎、秦书,均退还证书,不办孔教。王鑫先生又来。

三日　晴

摸牌至夜。作冤单,自表不拉人入会。

四日　晴

阳历卅日,而非除夕,明日乃除夕也。外间不行,唯王莽行之。袁世凯不知为此,乃倭生所教,袁不敢违耳。不值记载,记之草纸簿,所谓孔子先簿也。夜月甚丽。熟客来闲谈。

五日　晴

写字竟日,依常年除夕例也。周生求书甚迫,亦意外之横逆。遣人看船。

六日　晴

与书赵镇守,荐周生。定船下湘,并己船同行,以陈八父子主之。

七日　晴

萧儿不知何处去,诸生来者纷纷。王慧堂欲为分校游说,辞未敢见。县牌辞馆,喻生抱分校牌来缴销,庶长求援甚迫,亦未有以应也。

八日 晴

朝食后下行李，自坐船上料理，午初开，至城岸兑银钱买菜果。观察使来送。陈、程孙俱来，两女先在真家相待，亦来船送。作粥铺之，完夫家亦送粥。林水师来送，诸生来送。未正功船先发，余留送三女上岸，将夕乃行。至初更未见前船，但有陈家佣追来，云史佣受赇，未为请托，事连周妪，为致书完夫了之。卅和大喜，上岸索谢去，遂不还。昏夜乃泊樟寺。胡春生代买油二石，不取钱，许以盐酬之。林竞西必欲派船护送，余亦欲借以壮行色，遂听随行，即前看戏船不受赏之王弁也，字镇南。更鼓敝破无声。

九日 晴

晨至七里站，乃见功船，云昨夜未得食，上船吃早饭。昼夜趱行，云畏风暴，遂行至晓。

十日 晴

辰初到湘潭，留一日。至慈善局，次长邀饮，见翁、匡、杜知事，留船一日，泊局岸。

十一日 晴

待明而起，犹未辨色，功船已于昧旦发矣。余过大船，命已船送周，遂舁访陈开云，未起。便访桂猛，延入，话不投机。次长已遣舁夫来。曾抑斋来，再请留一日，移尊就教。萧小泉来，其子妇死矣，案犹未了。朝食后写字数幅。曾抑斋面请早饭，杜云湖请晚饭，今日未便去。萧约一饭，则辞以明年。欧意殷殷，而馔草草，好客其天性也。闹一日，还宿局中。桂猛来，与论势利。吴少芝于坐上发疾，有危险象，遣问之。道遇警兵，有似寇至。

十二日 晴

晨上船遂开，滋坐红船，余坐拨子。至杉弯水浅再拨，余则由陆归。至家已夕,以为船不能早到,未几亦来,纷纷起行李,遂夜分矣。

十三日　晴

看报竟日。摸牌四圈。写日记误记一日,遂至参差,其实十二日尚留城中,吃两家饭,十三日乃还船开行也,记此因明白矣。

十四日　晴

滋买田未交价,卖主母子携一童子来。将军率王姓来,云欲随同修史,送驴肉为贿,以汤饼报之。

十五日　阴

尽头十五无牙祭,忆醴陵舟中事,犹昨日也。夜遂梦与慈禧论国事,与韦孟同,为之愉快。云有雨,未之觉也。

十六日　阴

馀子入学,以毕岁事。作书与行政厅,论孔教。

十七日　晴

卜允斋来。检日记,钞集小词,适有长卷求书者,因录于上。欧阳述来,即去。

十八日　阴

呼船下湘,适值起风,留卜不及遣人,遂停。已而风息,又已约为滋兑田价,遂仍发,遣人去,并令舆监之。卜大毛来,问见父否,乃云未见。甚怪之,实则卜先到萧家,宜不相值也。

十九日　阴

周逸来,言孔教请款,监财官问何性质,余告以个人主义,为糊口计也。示以冤单,殊不耐看。钞词半日。

廿日　阴

钞词毕。复检日记七律钞集,以备闲看,并挽联钞集之。

廿一日　阴

湘船还。钞日记竟日。

廿二日 晴

将军来托官事，云警局押人，当为保释。

廿三日

作糕送灶。得茙女蜀书，报平安。颜仲齐为经略，比之龙璋巡按尤奇也，乃其聘书颇有文理。夜送灶，未作词。

廿四日 晴

佣工男、妇过小年，以二千钱与之。

廿五日 阴

罗童下省，寄压祟钱去，并买年货。大风忽起，恐船不可去。复茙书。

廿六日

钞七律毕，无多字，未能成集也，又检得二词。夜雨风。与王莘田索盐。

廿七日 雨止风停，天仍阴蒙

和瞿、樊诗各一首。晡后舆来，云廿五日船未到，周已来矣，遣迎未至。

廿八日 阴

晨闻周来，饭后纷纭，已不相认，终日未与谈也。许孙亦至。

廿九日 阴

罗僮还，功言无蟹无鱼，盖年债甚窘。

除日 阴。夜有星

得茙三次书，即复一纸。又得胡婿书，以饶孙列名士，盖时论如此，亦复一纸，并邮去。写对一副，了年债，墨浸不可书。发減粜一日，假充财主，费十二千。夜祭诗后，欲避人扰，先睡，正子初矣。家人至寅初乃静。

民国三年(1914)甲寅

正　月

壬子朔　　晴

起已巳正,光景甚丽。忆丙辰在明冈时得晴游,风景不殊,弹指六十年矣。吃莲子、鸡卵、年糕,朝食时正午。掷状元筹,宜孙得双状元。又摸牌,未终局。夜又地炮,亦未久即散。今日爆竹甚佳,客来殊未接待。

二日　　晴

曾抑斋自县来,吃年糕去。许虹桥来,言煤灶。搢子及镇南来。姜甥及邻人来。新佃来,未见。半夜有撬门入者,黄孙持灯来诉周儿。

三日　　阴

治赌钱事,告周儿宜退万钱,方可见我。

四日　　雨

周去卜留。拜年客来多谢未见。

五日　　晨大雨

无所事。宗兄、宗子均来,言挖煤事。邵阳地生杨旦来求序。

六日　　阴

竹林之弟及组荣儿来。五侄归来。常次谷及砥卿长子来。李奉汤铸新书来迎,并送参燕。

人日 阴晴

陈秋高、张凯陶来,留食饼去。复汤书,常、李先去。

八日 晴

女仆出游,独坐看屋。蔡六弟来,留饭去。

九日 阴

五嫂子又来,言官事。招摇撞骗,斥之不去。卜大毛求信与林水管,与之即去。夜俟迎春至子。周孙从罗妪去。

十日 壬戌,子初立春。雨

忆杜诗"好雨知时节",检杜集再过不得,亦依韵作一篇云:"时雨知春节,前溪夜浪生。楼中一灯影,窗外五更声。倚枕寒常在,披衣夜向明。深山独岑寂,无梦到辽城。"

十一日 雨

摸牌一日。作李生《地书》序,即寄新化去。石潭李姓来谢保释。

十二日 寒雨

夕欧阳生与严毅来,坐船夜到,明镫迎之,即入内谈,饭至夜分乃寝。得戴表侄书。

十三日 雨

客早去不饭。今日出龙,方拟接待,遣人下县办菜,至夜始到。黄朽人来求信。萧、黄所组织,谚云牵猴子者,云各得数十金。为与书杨度销之,即去。

十四日

两龙来本境,留饭八桌,亦费万钱。花爆颇可观,至亥方散。

十五日 阴,二龙来收水,至夜无月

贺节行礼,已将至亥,煮饳不能佳,旋寝。

十六日　晴

夜大月,惜迟一夜也。彭、李工来,言有船来迎。萧、黄昨去,未还。

十七日　晴

滋告往新屋。李姓来诉冤。干将军来,为"吼师"所窘,甚愠,而无如何,坐久之去,庶可以惩招摇耶? 干、萧真不顾门面。

十八日　晴

船来迎,令待明日。写字数幅。刘少青来拜年,留同船不肯。

十九日

客去未送。欲上船,"吼师"不可乃止,摸牌竟日。李黑狗儿来,言孔教,未见。

廿日　雨

李不肯去,我乃径登舟,至午开行,少泊九总,登岸乃饭,即宿所长室。

廿一日

百花生请早面,先往陈水师、曾盐员、萧怡丰、桂老耶、匡翁、六耶处拜年。六耶云将死,答以于我殡。旋至趣园,陪客踵至,面实未尝,饭亦不饱。还船暂愒,复遇杂客,闭仓小睡。与曾抑斋同上岸,复至趣园,吃扬州菜,菜实不佳,至夜乃散。

廿二日

朝食开行,得南风,午后入城,城内回潮,颇似丙戌过天津时,又一朝矣。春寒恻恻,又似拿办沈鹏翰林时景物。邓、刘两生来,请吃烧鸭。夜宿城宅。

廿三日　阴

邬师来。将出拜客,李孙来,云须约日。重伯兄弟亦来。吴雁舟来，言今日投票，须明日去。朱九郎来。许用庚警察送全席。龙验郎继妻来。杨仲子来，送庄寄茶壶并书。

廿四日 阴

张、卜、欧父子来。汤颇公来迎，入又一村，见枪督置人自防，设卫颇严，小坐出。至徐长生待主客，李孙旋至，邓、刘、功、舆并携赣孙同来，先入席，待重伯来，又烧一鸭乃散。

廿五日 阴雨

晨起，余佐卿儿在客坐待见，欲求一馆。刘少田女、接脚女均来见，接脚女婿已得馆矣，刘女不知亡国恨，犹以我为有声气也。午间汪颂年、谭芝昀两前辈来，始知汤请客，不能径入，又不再请，今日请我恐亦不得入。胡少卿来，约同往，其房师也。胡又师我，则汤为廖登廷矣。金年侄来求差，许与刘税厅言之。至又一村，重伯已至，与府寮同食，夜散，宾主未一语，唯胡醉话不休，甚无谓也。又属我为罗芝士作传。

料峭春寒夜色瞢，灯昏雨细被如冰。廿年前向阊门宿，还忆东朝遇沈鹏。

廿六日

龙验郎继妻来，请领家具，许为告之主者。曾重伯从子均叔来。唐屏臣来。

廿七日 晴

莘田、林次皇来。

廿八日 晴

邓竹郎来。许警官送菜。欧阳述父子来，欲求保举，奇想也。松崎鹤雄送熊掌、《论语》古本。

廿九日 阴

出访刘税厅，重入藩署，便访欧阳父子，过曾霖生，又一人，未甚忆识。至贺尚书故宅,访谭芝畇。刘申甫来,请题其祖父像。余尧衢送鹅、鸭,便复一片。夜饮心田局中。

卅日　雨

冯若皋请厘委,与刘少青同癖,姑许之,不能姑与之。黎九郎来。欧阳请客,无至者,余为客,仅致一刘艾唐。

二　月

壬午朔　阴

梁璧垣来,未见。和尚来,云廖荪畡有子丧。汪颂年、郭子秩、龙少舒公请,设席龙宅。芝生得此屋,余竟廿年未至,亦可讶也。入门,颇似上海夷馆。

二日　雨

将出城,竟未得霁,遂终日未出。卜、张久居无差,惘惘而去。

三日　阴

出南门上冢,兼省陈母墓,便过周伟斋,与论刘子从我无益。黎九郎为黄瑛请释,众论大哗,不知其曲直也。至碧湘街,看梁新屋,可为香畹先生吐气。因与碧垣兄弟借青郊别墅以居芝畇,余亦欲往看花,雁舟、由甫同集,待重伯来已晚。李孙请吃狗肉,以非食犬,未敢尝。督府诸人同坐,戌散。

四日　阴

朱家兄弟来谢,先送润笔,又来看脉,为六女遥拟一方。

五日　晴

祠祭斋戒。张芝岑请饭,因屡改日,未可辞,夕往一坐。洪小帆子、罗寿孙同坐,功亦随往,戌散。还设牌局,则辞之矣。

六日 丁亥，晴

祠祭祢庙。换中毛衣，尚不觉热。巳正行事。

七日 阴

写字数幅。招芝畇、松崎、由甫、赵婿馂饮，约杨钧为通事，并招村山、正农，未来，熊掌不甚香，盖鼎汁太多故。秘书、参谋等大设浩园，以余为客，子大、由甫亦与，三人同往，则来客寥寥，行径暗曲，未及待坐，兴辞而出。

八日 阴

周复庐招饮，约客甚殷。朝食后往，凌善子先在，黄麓泉、汪寿民同集，登楼待林次煌，更有彭煌，云笛仙从子，迷其族里，未便问之。任小棠来，云今日公祭蓬洲。周逸来催，云都督待我。吃翅鸭而往，道遇心田。都督不来，刘剑侯代表，程初先在，雁洲亦至，与董事论地点，不投机，草草而散。甚热。

九日 阴

东南风暖，湘船来迎，未能行也。刘南生来，正少一人，得之甚喜，彼则甚愁矣。庶长官事大输，亦足为戒。竹林妻来押租，告以须至湘潭。

易寡妇求书与梁启超，因而与之："卓如仁兄先生道席：一别廿年，风云万变。荣辱誉毁，固不足累高怀。而岁月骎骎，未得商量旧学。故人星散，徒馀熊掌，吁可悲矣。归国不得还山，神州陆沉，海水群飞，又当时所不料也。承掌明刑，袭司法独立之说，而各处法员毫无程度，恐高远未明覆盆，致多怨讟。□□孑然一身，幸不速讼，而以所闻见，颠倒实多。狱者，天下之大命，未识造福者何以救之？兹有湘乡嫠妇，入都诉枉，因感鄙心，特附一函，求达冰案，庶通幽隐。闲人干涉法官，例有应得之咎，想非言论自由所可解免。惟多年睽隔,聊志勿谖,以示涧阿尚念念硕人尔。”

夕至心远楼,与黄、龙会饮。

十日　晴

汪颂年约同船上湘,书来又不去。陈完夫及唐樊生来,请至衡甄别,未能往也。故定还山,并践百花生约。

十一日　晴热。可夹衣

乘舁出城,上船即开,已巳正矣。得北风,未夜已到县,泊观湘门,登岸至趣园,唱戏做生,甚为热闹,即宿后房。

十二日　阴。北风颇壮

与凌、雷、邱同席,吃堆翅。桂老耶特来访,昨夜一见,今致殷勤。徐甥儿亦来,殷殷致礼,谈京事。巳正登舟,乘风入涟,逆风不能行,缉私船弁萧仁贵鸣炮迎送。寒拥被眠,醒已上镫,云泊湖口矣。顷之舁至,到家门闭不得入,立待久之。

十三日　阴

看杏花色淡,不能闹春,木瓜又太红,李花乃成淡黄,映新叶故也。牡丹犹有一蕊,可谓长命。至船,云风不能出,又还,两女始起。饭后摸牌。夜分甫眠,雷周我庭,顷之炸炮一声,雨如筛,乃寐。

十四日

冻雨初歇,起视门阶,有雷迹,门木碎落,门故未损。云昨电入房似火毬,外孙妇及小婢皆惊,小儿女不知也,安眠无事,盖未凿浑沌耳。骇诧者不如孩童,知聪明之为累。登舟遂发,申正至城,入局小坐。即往欧家,遇伯元于城外,同入听戏。正约团拜,杜鼎元得家信告警,遂还船宿。欲明日早发,上船乃遇蔡儿,信背时也。夜雨雷。

十五日

船人不行,待巳乃发,逆风顺水,申正至城下。遣看城门未闭,舁入朝宗门，被搜检放入。家人云故无事，摸牌四圈而散。夜雷雨。

十六日 阴

忌日素食。晨出客坐，周生已坐待。午间杜蓉湖来。松崎送报。完夫、樊、唐来，请书与唐璆，言甄别事。夜雨，又有月。

十七日 阴

左干青两书求信于李经羲，因而与之，并复左长。料理请客。

十八日 阴

傅梅根来请饭。夏子复来，并招严受庵、孙楣桑及峻五、许绍獬、易大同、完夫会食，余未出坐，易少坐即去。

十九日 阴。观音生日

完夫请会酒，兼约伯琇、邓、刘生同会。余往稻田傅寓，登楼会食，芝畇、钱校长、由甫、尹昌龄、吴雁舟、重伯同集，子大后至，戌散。舁还家，客已散，便答警厅张竹桥。宗兄来。

廿日 雨寒

写字数幅。刘、周来，并有杂客。耒阳门下生来诉艰难。常宁谭生则不记识矣，托邓议长关说官事。胡外孙夜来。

廿一日 晴

陈完夫来谋校长，为与书汤颇公。其言办学，如不办，又与狄梁公反周为唐同意，非我所许也。

廿二日 阴

尹主事来，送曾伯隅诗文集。伯隅畸人，乃溺于文词，杨皙子应愧之也。夕至学署会饮，颇公不在，剑侯病去，重伯为主人，以我为客，同集者易、陈，熟人；南、陈，生人。二更还，雾散满街。

廿三日 晴

李孙来，致电报，覆以即行，因令告刘、陈，定行期。完夫叔侄夜来。

廿四日

晨起甚早,访刘漱琴、黄觐虞、邬师皆不遇,还与张芝岑谈,已知电报矣。欧阳属来请从行。刘少青请吃烧鸭,费钱过万。

廿五日　阴。丙申,春分

周妪告归,金来替之。汤生大宴文士,为我饯行,设五席,集四十人,不识者皆秘书、参谋之士,唯屏客从,不听入。余从者亦无樊哙,则缺典耳。申散。还,重伯来。

廿六日　晴

周妪还。邱、欧夜来,谈至亥始去。

廿七日　晴。戊戌,社日

写字数幅。张贡五来。帅生取像片寄美国,欲余题字,前云美总统生辰纲者,谬传也。桂娃惹事,巡警欲囚之,幸警长在坐得解。夜雷雨。

廿八日　阴

尹巴黎招饮曾祠,坐客初不甚相识,大要梅山人也,戌散。至盐局,莘田招饮,颂年、伯元诸君同集,亥散。

廿九日　雨

诗钟会友,约集挹爽楼,去余居一街隔,亦舁而往。三房并占,集者十馀人,取刘剑侯为状元,尚有二三不记名字者,戌散。

晦日　大雨

伯元招饮,先往,客多不至,来者左绳生、贺少元、余太华少老板,刘稚泉亦来作主人,凌盛熺后来,亥散。

三　月

壬子朔　雨

写对数幅。午后至日清公司考室，与松崎鹤雄先约定者，公司栗井为主。门户新油，误污我衣。设每人每燕菜席，甚为侈费。杨生亦在，亥散。

二日　雨

钟寄樵来，力阻北行，因送之出，便赴孔教会饯席，有照片记主客。

三日　晴

开佛住持海印招诸名士修禊。常静话卌年事，兼及寄禅，云在京示寂，海印亲敛，还柩天童，殊令人不乐。程初、子大、由六均在会，未及作诗。

张警厅约游麓山，午前已去，芒芒然往，从百搭桥溯湘岸上至书院北，丛山平田，并无幽景。至万寿寺，未及入虎岑堂，已将夕矣。急上云麓宫，吃鲟鲊白鳝，子大、由甫亦至。匆匆下山，隔岸灯明，湘上雾起，主客各不相顾，入城已及二更。珰女自衡来，彭石如坐待一日。

四日　晴

石如昨力阻我行，欲罢不能，且复一往。谭芝畇专信来干晢子，不知非我类也，亦姑与一函言之。客来送者不计数。

五日　阴

解差来约四点钟上船，并云都督遣军乐候送。㝠女船到，携子妇同来，孙女病，往子靖家就医，俄云疾发，㝠自往视。长妇、孙女、两儿、宜孙并从行。送轿发行李，纷纭一日，余上船已夕矣，行李船犹未到。客舟送者纷纷，以百花生为招待员，余但送至舱门。已罢于行，又热，可单衣，至二更后稍静。冗食从行甚可厌，无法拒之。

六日

卯正发，风雨雷并作，不碍于行，但稍迟耳。夕至新堤，浪涌船簸，颇似黑水洋，停轮久之，夜黑如磐，了无春景。写对两幅。送者荆门陈白皆、崇阳刘剑侯、长沙王启湘、陈完夫、李伯仁、泾县朱铭敬船政局长、曾重伯、刘养田、周梅生。令妇女邀曾妾来饭，以房仓甚暗不可坐也，余饭于房仓中以避之。

七日　雨风

乘涛急进，犹不能驶，过午始至汉口。一行五十馀人均至大旅馆，新开店市也。云地皮大王刘祥本家所开，名之贵狗，兼充稽查，起造三万金，卅年归地主，无地税。五层楼居第三层，复降一等，程、郑所谓降阶者与？李伯仁专供应，不费我经理。谭芝公来谈。

八日　阴

葆生送菜。方表、叶麻、桂老耶俱来，县人麇至矣。日本中久喜冈、辛七郎来。常宁有何锡蕃，领全省水警，得伯爵，任中将，殷殷来见，约归途细谈。吴文甫昨来船上，今复居此照料，肥白胜前，云为段芝贵秘书，无权有钱，方怏怏也。谈及莘田不能自保，亦惜其多此一番运动。云报馆李振、王弢庵欢迎设宴。复至商会应点，邀谭、郭同看汉倡，丑陋不堪。

九日　晴

三日风止，本欲过江，段中丞云午来相访，留待之，写字数幅。未正，段芝贵香岩、吕调元燮甫、时象晋月皆、杜锡钧均来，所谓机关上者，小坐去。段送二席，合宴同来护送人，兼请谭、吴。召妓七八人唱汉调,未三曲,俱乐部弢庵、王运江招饮,即席赋诗,招完夫父子、曾重伯同作,均能急就,胜诸女也。

十日 壬戌,清明节。晴

颜伯琴弟二子栩字宪和自北来,云伴尹昌衡看管,今往湘阴上冢,致蜀锦二端。发汤、蜀二书。汤为黎桂生关说,蜀则报莪行踪,欲凭颜寄湘物,匆匆未暇也。蔡四儿苦缠,告葆生邀四人,各出十元遣归,恋恋不肯去,戴三老耶则请安去矣。昨葆生言王金玉能烧鱼翅,今特设请我,果无馆派,殷殷自劝酒饭,为饮一杯、饭一瓯,以答其意,并写两联,又自写一扇与之。字债犹未毕,已半夜矣。

十一日

晨办装,见岔女行李累累,大斥其谬,为悉发上火车,幸不过磅。余亦与葆生、宜孙同坐马车至大智门登卧车,容四十人,云费千金,电请总统饬交通部发来者,可谓劳动大神也。王慧堂、谭芝畇均来同行。

十二日 晴

昨夜过河桥,亦未见繁盛,云特为我发电。见河水粼粼,碧净无波,大异往时。晨至彰德,自此至琉璃河,前五日程,今一日至矣,但未见往日车道及行车耳。酉初至前门停车,见重伯下车,云当急下。迎者未来,发电话寻人。余出闲看,晳子来,又寻我,同车至武功卫,见门条署"王馆长宅",入则有守屋二人,院落四处,分居同行人不够,仅可安顿亲子及刘、陈、周三私人,公人皆居客店去。晳子代东,葆生设食,午诒、戟传父子、廖倬夫均来。四川张生、衡唐生俱未面。连设四席,并杨生办送,亦太费也。子正即寝。

十三日 晴

方表电请救叶麻,即告段又告汤,犹恐无效也。午诒来,言明日有来迎者,约申初往。刘、胡二婿来见。蜀生张石卿来,言李瑶琴、岳凤梧均在此。唐乾一来,同早饭,饭罢已过午。金妪云有七八人未饭,将从夷、齐游矣。萧儿来,未交言去。刘惠农名异,旧名家惠,工商主事。曾、齐甥三人夜来。

十四日

谭芝公仲兄启绪号涤庵、宋芸子儿继彝、李瑶琴、曾岳松、丁佩瑜来。午睡甚酣,岳凤吾来未见也。未正乃起。申初杨生来迎,同至西苑,入新华门,坐船至长房小坐,午诒出陪,更有三秘书出见。用名片谒,袁世兄在客房外迎入洋坐,坐客位,谈久之,无要话,换茶乃出。坐小车行堤边出新华门,新开便门也。坐袁送车还寓。熊秉三来。张仲卣来见,已不识之矣。

十五日　晴

梁卓如率其子女来,面貌全改,亦不识矣。赠以《公羊笺》一部。皙子夜来,取《诗经》一部。凤吾来,云率印伯儿同来,余睡未见顾也。写对一幅送梁。夜与杨谈,云南北禅代,已有其功,盖与黄兴密约。夜有微雨。妇女今日出游公园,两妪均从,余独守屋。

十六日　阴

徐花农、饶石顽来,其馀熟客不计。摸牌四圈。今日欲往午桥家作吊,逡巡未果。坐待至夕,与杨生同车至虎坊桥,湖广馆,卓如为父祝寿,宾客甚盛,机关上皆至矣。见杨杏城、周自齐、罗惇曧、袁三少耶、侗五耶,至即草草设饭,八人一席,馀皆照办,不同时,亦新样也。帖称"承庆子",想系越俗。坐待侗厚斋出台,又见恽薇生串戏,至子初散。

十七日　阴晴

写扇一柄。惠师侨来,卅年不见,颓然老矣,被岑劾。陆孟孚来，亦老矣。均谈往事。洪翼升自称门生，请游工场。字晴舫，未省记也。又见其妻，请妇女游览，亦俱登畅观楼，云孝钦尝居之。夜皙子请吃烧鸭。

十八日 晴

江瀚来见，又欲做藩台耶，然已老矣。廖、程、夏、唐坤一、王梅生请游法源寺，五十七年前所居，已闭门不可得见矣，并径路亦不似前。寻云麾碑石不见，其僧房则当年来一到，知尔日无他营也。并柳杀溪[①]住处迷失。辽东鹤去，城郭是何耶？叔平儿被拘，其妻啼哭求救，招令入居。为告熊秉三及葆生，葆生云易易。即令往救，果即释出，并招其妻去，此行第一快也。皙子又请至广和居，并携周妪同往，又招程、廖来吃南菜。

十九日 晴热

大风，欲步出，怯尘而返。朝食后至石虎胡同答访议长汤化龙聚五。午正至崇效寺，芝畇大设，招集同来诸人，其兄涤广亦在，又不识之矣，幸亿中也。外延杨、夏、郭，皆吾党也。看红杏青松长卷，国初诸人及近年故人均有题记。翁覃溪八十四岁题字，余八十三，欣然继之，字更小于覃溪，亦雅于覃溪也。未入坐，谭仆传来一条，云申初期见总统，促令亟去，完夫从之，午诒为介，亦亟去，可笑也，六十元不虚花耳。涤广为主人，更有大胆陈生，凡十六人同会。申散急还，未晡食已夜。陈元祥催客，与葆生同车，复出城至陕西庵中华饭店夜饭，八十老人跋涉登楼，彼费钱而我费日，足为戒也。贝允昕、张仲卣、王小宋璟芳、沈冕士、陈葵生，王上席即去，刘幼丹、张子武不到，又一刘骧逵，则不知何人。夜二更还，摸牌三圈。

---

① “杀”字似误。

廿日　晴

朱启钤桂莘来。骆公肃状元来,言为蜀使,为议员,又改选官不扬例,陋矣。曾岳松设席观音寺街庆华春,杨、夏诸人同集,自来迎送,往大栅阑寻旧迹及皮小李店,皆迷方向矣。刘次源来,讲《大学》、《中庸》。

廿一日　晴

今日有两处宴集,初亦未知何处,午间电话来唤,云孔社博览。顷误以为刘次源所约,携功同往,误北行,入西安门,至国务院,乃知其误。回车出宣武门,至北半截,见张设棚新,入一矮屋,而内甚曲邃,云有西间,徐、饶为主任,设流水席,见宋伯鲁、赵惟熙,推我主祭,博览而释奠,所未闻也。免冠常服,实为夷礼,既至当从主人,凡三跪九叩,半时许,奏军中洋操乐乃得免。出,仍入宣武门,过寓街,令功还寓。复至国务院前内阁熊寓,主人出见,云摄政醇王府也。府未成而王失政,犹欠五十万金。顷之梁、陈、杨、郭来,云陈伯潜不至,郑叔进后来,散已将夕。还寓遗矢,舍车而舁至汤聚五议长处会饮,仍熊处诸人,多一刘幼丹。散已二更,复摸牌至子。

廿二日　晴。始换夹衣

刘仲鲁来,曾、郭借畿辅先贤祠请客,欲观藏帖,故请刘同集,待皙子同车俱往。门馆修整,字画精雅,看两池二旁棠杜、丁香,亦复有春景。设三席,多同来人,客唯熊、郑、谭耳。席散,复坐杨车至朱寓,熊、曾亦来,散犹未夕。夜请洪、陈女客,便招宥来。

廿三日　晴煊

曾传泗来,云自江西来投我。我衡无锱铢,亦有人投,可喜也。瑶林子来。湘孙夫妇来。题杨忠愍疏稿。

廿四日　晴

至下斜街畿辅祠照像,刘仲鲁、郑叔进、刘家惠、江叔海、常怡宾、玉瓒为主人。又有一曹经沅，不知何因，想系报馆人。曾、夏、陈同集，早散。

廿五日　　晴

杨亲家母到天津，懿妇从来，皙子往迎，云须住两日，不知何意。饶石女来见，曾妻赵氏同来。饮冰设饮，罗掞东先到，云介我见梅小旦，又召老小旦唐生弹琵琶，熊、夏、曾同集，至亥乃散。见其三女、四子。

廿六日　　晴热

一日无宴集，写字数幅。朱德裳来送笔。夏粮储子敬观、芝生两儿、宋钺卿子字敦甫黎秘书、叔平子妇均来见。张君立再来，令两儿均出见之。

袁珏生侍讲来，幼安长子也，年四十馀，直南斋，属题《焦山图》：“焦山闲卧海天宽，近被轮船搅欲翻。唯有莲巢旧烟墨，盘空归鹤定知还。”“端梁争欲结茅居，若比华阳恐不如。何似南斋老供奉，闲来收作卧游图。”

廿七日　　晴

一日无宴集，写字数十纸。客来不备记。午至十刹海，旧西涯也，访香涛新居，旋集会贤酒楼，李、岳公请。

廿八日　　晴

柯凤笙来，咎其不代递《谏兴学疏》，以至革命，渠犹不悟也。出其祖画像属题，画一像于镜中，吴挚甫女婿也，有吴女诗。余亦作一律：“从来循吏与儒林，总是尘埃不染心。闻道至人有将迎，唯将方寸自搜寻。即今胶岛多风浪，忍见神州坐陆沉。大隐金门太平事，为君展卷一沉吟。”

廿九日　　晴

法源寺饯春，集者百廿人，未见者有严复、姜颖生，姜善画好马。

余午初即往,酉正始照像而散。易仙童亦从太山还,介陈思来论诗,未论也。芝畇兄弟亦早来,余详图记。

四　月

辛巳朔　晴

蜀生再公请,廿六人为主,有岳、李、骆、罗,即西涯前集人。傅增湘有旧书,云当相示。席设南下洼东头张冶秋祠,名岳云别墅,未散。又闻夜有一集,亦是请我,欲留待,从仆云无此说,乃还寓。未久电话来催,乃知是张仲卣,又出顺承门,至原处,已上镫矣。坐客陈卓斋、章曼仙、郑蕉农、罗掞东先在,皙子后至,又一人云黄秋岳,未之前闻也。坐皙子车还,葆生先在。

二日　晴

章曼仙、袁幼安、柯凤笙来。郑叔进送其父书来请看,皆考证碑版者。午又至岳云处,叔进、曼仙等公请,又一陈士廉,不甚熟,未夕还。

三日　晴

午诒设酒其家,招同谭、郭同集,看钞本《史记》。皙子两弟昨到,云焕彬亦来,遣觅未得。午诒暂出,余留其家,待与同入禁城。黎副统元洪设宴瀛台,舒、汤、饶、刘心源、幼安同坐。杨惺吾新从鄂来,老矣。夜上船颇不便于行,余尚能扶之。还寓已夜,皙子为我包一马车。

四日　晴

谭芝畇昨面约再集崇效寺看牡丹,便至广和居,补午诒前赴总统之歉,其兄亦来,客即昨集诸人。遣车迎女孙看花,待车还乃往。

五日

无宴集,见客六人,有焕彬。

六日 晴

禄荷卿来,言衡州逃兵事。王炽昌来,云其妻女亦当来。令储针线花粉待之。护送四员请看花,三至崇效寺,谭、郭、程、曾同集,生客有王弢广兄弟,新自汉口来。作书荐刘寿琳于鄂段、吕。

七日 晴

徐花农请看花,唐生衢九请早去,便访柯,袁,俱小坐便去,主人皆至矣。唐无客而徐客未集,先至北屋小睡。唐便先设,既饱,至西房,客有毕斗山、李直绳、宋伯鲁、赵芝生,又吃,终席照相乃还寓。寿琳已去,细太太亦去矣。

八日 晴

县人公请,主客共廿三人,皆寻话讲者。周、张、杨、梁俱不至,三照相。

九日 晴

王文豹、郑、章公请至湖南会馆,集者卅馀人。写对子无联语,甚窘,程议员乃集一联,葆生一联则犯二大快,不便用也。

十日 晴

任寿国、贝允昕同请,至畿辅祠,熊、蔡等同集,叶焕彬亦于此设宴。先催客,往则俱无主人,独坐。顷之任、贝先至,半饮,叶乃至,已饱矣。又至叶坐,终席,任等已去乃还。葆生夜来,云酒醉未醒,至子去。

十一日 晴

诗钟会请入会,面约五点钟,午初已催客,盖仙童所为,余不能早去,恐违五钟约也。午诒来谈,未正同往,群贤吟哦,大似文场风景,知科举不易废也。上灯入席,亥正还。

十二日　壬辰,立夏

辛耀文、袁抱存与实甫公请,辛富袁贵,齐人所乞馀者也。朝食后至西华门外西安旅馆,送刘、陈还湘,不遇,与曾、陈小坐而出。便至盆儿胡同,赴杨时白招,章、郑俱在,更有刘家惠、李尧琴。同李、郑同至崇效寺,再看绿牡丹,犹未放,已不绿矣。设五席,大会名人,与陈雨人、李仲仙同坐,未夕散。

十三日

一日无招要。朝食后特访谭涤广兄弟,出前门而还。作杨容城琴记,非椒山物也,而云容城修,岂不知杨尚未成童耶?夜朱姓来募捐。

十四日　晴

完夫得评事,戟传得肃政使,来议史馆。王慧堂来,向隅,约戟传作东道以慰之。夜往韩塘,设二席,皆衡、桂人也,以余为客,谭芝昀为宾。

十五日　晴

赵抝叔儿及刘仲鲁来。更有金葆损索字而失其纸。

明日翰林公宴,预作一诗。"师吏感秦敝,文治监周衰。自无睢麟化,岂见黼黻荷。圣清备制作,鸣凤咏雍喈。翰苑储群英,流风洽埏垓。教失贿多门,横流莫能为。群言又已哤,民吪遂成灾。礼佚道未坠,兰荪在蒿莱。曰余后升堂,裴回怅无阶。邂逅从群彦,悲歌望金台。西亭倚城隅,伊昔宴所谐。谁谓风景□,蒹葭溯可怀。各勉金玉音,空谷贵能来。"

赵芝山惟熙来江西翰林,请题其妻遗像。今日忌日,未能谢客,幸未赴席耳。

十六日 晴

午至陶然亭公宴,见前辈四十五人,设七席,后照像。陈伯潜太保来,已将散,又留别设一席,散又将夕。

十七日 晴

直隶京官公请,宴于积水潭,设席高庙,云李西涯故宅也。王铁珊、刘仲鲁、李、张二公子,王恽泽,薇荪、树楠,馀五人未记,共十一主人,七照像。

十八日 晴

会客半日。午诒来,与仲驯同至铁路局看诗钟,子初散。

十九日 晴

赵芝山请饭,午初往。王铁珊、徐固卿、二齐耀珊、耀琳、徐花农、饶石顽同坐,赌酒,固卿云昨饮十斤,与葆生同量也。同徐、珊出,还寓,云袁公子催客,往入禁门,已通籍矣。坐车至流水音仙童寓处,二袁为主人,客尽湘人也。梁卓如不到,粤人惟罗掞东。未夕散。今日玓生日,早设汤饼,吃三碗而饱,后又二餐,犹未饱,还复吃饼。

廿日 晴

写字数幅。客来不记,惟宁乡周家琳,似是震麟本家,神似雅南。谭聘臣来告穷。题《流水音修禊图》:"流水音如天上琴,兰亭犹有管弦心。只应内史多尘事,不及五云深处深。"爽邵南来,言恒镇如从子欲觅食于我,许以主事,明日来见。

廿一日 晴

比日风凉,芍药未大开,云自来水不宜浇灌也。宝子武兄弟来见,适熟客继入,未得畅谈,问雨苍、裕庭子,均云不知。写字数幅。作包子甚佳。

《法源寺留春会宴集序》:"法源寺者,故唐闵忠寺也。余以己未赁庑过夏,居及两年。其时夷患初兴,朝议和战,尹杏农主战,郭筠仙主和,而俱为清流。肃裕庭依违和战之间,兼善尹、郭,而号为权臣。余为裕庭知赏,亦兼善尹、郭,而号为肃党。然清议权谋,皆必有集,则多以法源为归。长夏宴游,悲歌薄醉,虽不同荆卿之饮燕市,要不同魏其之睨两宫。盖其时湘军方盛,曾、胡掎角,天子忧勤,大臣补苴,犹喜金瓯之无缺也。俄而大沽失机,苏、杭并陷,余同郭还湘,肃从西幸。京师被寇,龙髯莫攀,顾命八臣俱从诛贬。自此东南渐定,号为中兴。余则息影山阿,不闻治乱,中间虽两至辇下,率无久留。垂暮之年,忽有游兴,越以甲寅三月重谒金台。京国同人既皆失职,其有事者又异昔时,怀刺不知所投,认启不知所问。乃访旧迹,犹识寺门,遂请导师,代通鄙志,约以春尽之日,会于寺寮。丁香盛开,净筵斯启,群英跫至,喜不遐遗。感往欣今,斐然有作,列其佳什,庶继《兰亭》,亦述所怀,以和友声云尔。诗曰:'京国多良会,春游及盛时。宁知垂老日,重作五噫词。尊酒人心醉,繁花鸟语悲。且留残照影,同照鬓毛衰。''古寺称资福,唐宗为闵忠。于今忧国少,真觉世缘空。天地悲歌里,兴亡大梦中。杜鹃知客恨,不肯怨春风。'"

廿二日　晴

叶焕彬送诗来,即和一首。岳云别业为张野秋祠,因以为其故宅,频宴于此,其后为南横街,张孝达所居也。

张侯昔寓南横街,我时布衣徒步来。风尘澒洞四十载,又见新张门馆开。两公儒官耻儒术,南海先生想蹋踤。改更祖法师吕王,误道读书先读律。六臣骈首九夷来,李相乘时然死灰。倭人和议重兴学,明诏始征天下才。先从首善立模楷,不比燕昭延郭隗。二张并命定学制,谁料求才空费财。改院为堂一反手,独饬船山可仍旧。不知新旧何异同,但怪严梁效奔走。我时作奏欲主事,请言倭利非吾利。赵公笑我同葵园,阻遏封章不邮递。二张同时得发舒,学费流沙取锱铢。舟车榷算无不有,骚然烦费如军需。学子翻然思革命,一时鼎沸皆枭獍。廿二名城枯朽摧,系组无由依晋郑。两臣先死不从亡,翻得嘉名谥达襄。共欲铸金思范蠡,居然鸣玉步文昌。前时台榭皆依旧,今我重来酹杯酒。因君感慨一长吟,北江南海空回首。南洼芦荻似前时,飞絮漫天春影稀。沉吟对此不能醉,华屋山丘多是非。

廿三日 晴

寻硕甫至果子巷,便访辛生,不遇还。懿妇来又去。

廿四日 小雨,始有凉意

至西华门访杨生,母弟均出,留面而出。至秉三处,误至徐相国政事堂,见卫兵多人,乃知其误。出过闲壁,秉三招陪房师沈子丰,刘仲鲁、宝瑞臣、志琦、瑞仲纲同集,未夕散。懿自青岛来。

廿五日 晴

写字数幅,扇三柄,为四妇写条幅四纸。夏午诒夜来。

廿六日 晴

周子廙自齐嫁妹,往看新人,至金鱼胡同,四姑娘旧居也。那桐宅最有名,故欲一看,往则如戏场,主人不见客,客入坐乃出一见。罗掞东招呼周到,送登车而后别,未见熟人。

廿七日 晴

一日无事。女妇往天坛看技击。

廿八日 晴

陈副榜送茉莉。高丽人金雀来访。往法源寺寻故居,已迷其处,见两院略似,亦未审也。孙女同往看芍药,还大睡。

廿九日　晴

写字数幅。常熟孙同康送书,诗人也,有《同光诗史》之选。诗人无我名,亦足异矣。

晦日　晴

龙蛇、连横皆来,名字诡异至此,宜《春秋》讥之。又有福州李经文颇送食物,意在修史,亦心照不见。

五　月

辛亥朔

国务院送印,无人祗领,只得代马叙伦出四元受用。即荐任谭芝公为秘书,谭欲为长,改派重伯,亦翰林有文材者。请谭纂修,谭辞言去,遂不能留之。

二日　晴

遣招宝子观作主事,又一员则以郑蕉农充之。陈完夫留与其弟,亦依而与之。欲作办事员者无数,皆不能用。袁珏生来,言赵次山将来,欲我荐人。余以修史当悉用翰林,方能截断众流,使廖经师、萧雷公无处安身也。

三日　晴

出送芝公,云尚未起,亦未拟行也。定期五日,约熟人过节,本请谭公,亦改重伯。

四日　晴

出访杨惺吾于砖塔巷龚宅,小坐而还,以老人不宜多谈,而自忘其老也。写字数幅。

五日 晴

出访叶焕彬于劈柴巷,主人蔡斗南出谈,设点心。还,待客吃粽子、盐卵则不能佳,又无蒲艾。客来者王慧、程戟、曾重、夏已、陈完、易硕、陈仲、王豫、胡玉、陈熊,胡、刘二女婿,子孙四人及杨弟仲子,凡十七人,号十八学士,以胡彦国外孙在内坐者充之,亦客中大会也。酒罢又摸牌,我均在内,三更散。财政局送开馆费五千元。亲家母、接脚孙女皆来,不饭去。

六日 晴

写字会客竟日。懿率妇去,还岛居。附书组安。得汤督电,言何生事可了。何电亦云将赴史馆。宋芸子来信争聘委,将悉以委用穷之。此家夔公心法也,尤而效之,岂无罪耶? 夜雨。

七日 雨

左台生来,言其父有寓宅在京,今将弃之。曾、左皆无故宅乔木,亦迅速也。章曼仙请功儿,因与同至瑞记,未开市,即至醒春居小酌而散。

八日 晴

出吊张国淦,初不相识,以来赴,不可不往,三点头而成礼,小坐即还。完夫来,与同访芝畇,遇慧堂,看女戏,停演,要同过寓。复还车告芝畇,遂与俱还寓,重伯亦在,摸牌四圈,烧鸭煮鱼,差胜酒楼。

九日 雨

功儿赁宅,云已定。汪大燮伯唐来访。达县吴御史之子来,忘其父名矣,四门亲家儿也。小坐去。又引一李姓来,云送茙入川者。正欲入蜀,而吴意难之,有老不入川之意。余云不足疑也,女知护女,余岂不护女,于此用得着一"痴"字,又借以为题,可舍去矣。本约明日上火车,因欲开馆而留,夜思不妥,又空行耳。夕再至瑞记,完夫牺牲四元,招午诒、刘、胡婿,并及来客朱生子佩。

十日　晴

晨见报,实甫补参事,作诗贺之,并眼镜送去。写字一日。贤子来。

十一日　晴

写字半日,笔单悉售矣。昨夜思赁馆修史,必为债主,与书袁统论之,众意似不以为然,未能洞照也。夕至灰厂陪朱、张川客饮,午诒有酬恩旧意,皙子亦至,乘月还。

十二日　晴

赵次珊来,颓然老矣。论补齿可卫生,又论修史人材,告以有马布衣。午至城隍庙一看,意可比南北之游,及至乃无所谓香车宝马者,逡巡而返。夜热。

十三日　癸亥,芒种。晴

忌日素食,不见客。夏御史同程生来,破例延之。

十四日　晴

晨至秦老巷访次珊,遇一袁姓,赵云东三省第一流也。小坐畅谈,还已午时,乃饭。

十五日　晴

晨访左台生于龙宅。周仲元病甚,有忧生之嗟,还令陈孙诊之。周不信医,改服谭进士方。旋至程生处,同吃大梁春而还。

十六日　晴

谭芝公来,言道尹事。易年侄稚清扬铸来,令馆于我。曾、程、汤、陈纷纷诉史馆人。

十七日　晴

一日未出,熟客来坐不去,颇疲于接对。易侄移来。

十八日 阴

左、龙来，言周病，请移潭馆。遣异往，料理如法。胡杏江子求委办事，依而与之。完夫为廖生求一委，吝而不与，与萧儿同妄作，不可令如意也。

十九日 晴

写扇三柄，看小说一日。汤议长率王鼎臣儿来，亦欲食于史馆。曾秘书已吃开办饭矣。

廿日 晴

功儿生日，设汤饼，客有曾、陈。食毕摸牌，至夜散。

廿一日 晴燠

财政会请讲《大学》，与刘次源完夫同往，讲后至观音寺酒楼小饮。未半席，孔教会来请，驱车入城，至衍圣公府，见李佳白，又引见一洋教习，未讲，摇铃散会。复入城至酒楼，高丽崔书葩请客，客犹未至，已申正矣。江叔海招饮福兴居，来催客，驰往南半截胡同，已散去。又驰还大栅阑，客犹未至，顷之二夏来，功儿亦到，散犹未夜。驰入城，惫矣，仍摸牌。宋生午来，已去。

廿二日 晴

午睡身如火，所谓全体热也。宋生云任命不可辄离，当改为聘请。迂哉，天下岂有掌印师耶耶？

廿三日 晴

袁大公子请入谈，令董生来迎，同至新华门，坐船至内斋，饭罢乃出。问《鸿范》，检书将赠之，自看一篇。

廿四日 晴

史馆来迎，往后王恭厂看新寓，云尚可喜裔孙其亨字惠臣新宅也。宋生不至，阔礼侍、许、邓编纂、景阁学均先到，曾重伯为主人，设三席,女妇亦有庶羞,未夕还。

廿五日　晴

欧阳属来,云从道香假赀,始得至此,同寓法源寺,责食于我,盖索还前火食也。告以廖经师未去,乃云已行,幸有脱壳计,不然殆矣。

廿六日　晴

蒋胖来,云自衡四日至此,可云迅速。得莪端午书,反言蜀人畏兵,真姜维胆也。

廿七日　晴

赴象坊桥,入参议院,听读颂答词,到者不及半,惟荫午楼红绿缠身,颇为标致。见马良,或云眉叔,或云眉叔已死,此其兄也。无童年者,亦是一缺典。申散。照像,飞雨洒面,露坐听载。俗以沾雨为渍雨,读如"在"雨,今改作"载",为将来一故实。未上席,与卓如同出,驰往十汊海会贤楼,李巡江燮和招饮,叶麻先在,皙子后至,柯凤孙不来,散犹未夕。

廿八日　晴

当邀赵次珊一饭,因约刘仲鲁、赵芝珊、熊秉三、杨皙子,杨云不来,忽又自至,刘来最早。余出城至馆,自谓太早,幸已先来,不然慢矣。余亦早降,不待催,散犹未晡也。鲁詹妇自湘来,昨至馆,今请客,妇女、女孙俱来饭,饭毕犹未夕,余先还。宋敦复来夜谈,去已将亥初。又摸牌,凉倦乃寝。

廿九日　己卯,夏至

晨书四诗,题《忆焦山》二诗,见前。又二诗新作补空者:"曾借兵船系寺门,被人看作故将军。乌珠当日输红玉,擂鼓台边枉乞恩。""从来仕隐不相关,闹处如何愿乞闲。可笑金焦双岛寺,不如湿豫一堆寒。"

闰五月

庚辰朔

晨起甚早,看家人发行李,两时犹未发。陈、夏俱来,乃与同至史馆早饭。儿、女、妇、孙俱上火车,未往送也。易年侄亦同来。陈儿油饼挨打,伤不能起,云何金拖打唾之。欲究治,而新例须质对,遂无以罪。舆儿仍还侍,宜孙亦未去。夜雨。

二日 雨未止,院中成池

谭、许、曾、岳、陈、宋并来,云到馆点卯,设酒款之,当定三日一小宴。看谤诗,有"义袍"字,未知出典,曾、宋亦不知。为金、何大生诉讼。

三日 阴

晨起甚早,与书茷女。曾、左夜来,言办铁路。寻刘婿,已出游去。始浴。

四日 晴

高丽人送诗文集,翻阅一过。有金世铎,自荐誊录。告以无事。老大章夜来。

五日 阴热

发家书。出访江翰叔海,迷道而还。欲过杨生,怯日不往。胡婿来,遣看窊女,即从之去,至夜不来,寅初雷雨,已明日矣。夜宜系日,当亦以寅正为合,盖子丑浑沌时也。看汤颇公小说。易年侄贫病,赠以廿元,报枝江赆也。

六日 晨雨

书案漂湿不可坐,移于东窗。完夫借车,命驾往,复云不要,嫌反复欺御者。乃自出访二杨,皆外出,因见晳子,吃面。复过仲鲁,略谈而别。

七日　雨凉

馆员见总统,俱洋装往,非雅服,未能止之。见巧言舜、禹事,惜未同往,乃令张元奇带领,云内史俱侍班,朝仪甚盛。骆状元来。

八日　阴凉

参政开议,未知会,故未往。夕至十刹海,黄巡江请看荷花,无所见,折二白荷还。芸子移入馆。

九日　阴晴,甚凉

门〔阔〕安甫、景、谭均到馆。夕至东厂,漆育文设宴荣相故第,请讲经。未及往,而实甫、叔进俱来,惠堂亦至。方谈话,世珙来见,无一语,亦不知何意来,又未曾识,匆匆去。与刘婿同往,见程生季硕在庭中,略谈而出。夜散,闻陈甥来,在梅生儿处,梅生得奉祀官,月支五万,可不来矣。明镫行禁城旁,颇为凄怆。

十日　阴

杨叔文来,谈热河风景。鸿甥来见,派办事员,不再求信矣。作荣文忠故宅诗。荣居一品五十年,真贵人也。晚好士,能荐达,不及曾侯者,士之咎耳。有一孟浩然而不能用,曰文忠未为忠乎?“丞相新居近御垣,当年枥马夜常喧。宫衣一品三朝贵,门客长裾四海尊。调护无惭狄仁杰,池亭今似奉诚园。只应遗恨持节使,重对茶瓜感梦痕。”岳、骆来谈。出访蔡松坡、罗掞东俱不遇。

十一日　晴

宋吉抚小濂铁梅、龚藏足镜清来访,均通材也。言东三省事尚可为,欲早整顿之。陈、夏、杨均来相看,言郭葆生事,云李宝翠来。十馀年同患难,一旦弃之非义。李昨来,余许携之归湘,而意不欲,是有外心，不必管他，但亦不必极其所往。窊女来，胡婿亦至。留夏、陈、曾摸牌四圈，仅成一牌，而反大胜，二更散。

十二日 晴

功儿来书，云陈芳畹病重。昨夜又得张子年书。二尉均当以百金了之。

十三日 雨

王慧堂来，以路折押钱，适无钱，借廿元应之，还其折。杨、郭二家妾来见，云郭妾欲来相依，作护符。写册叶半本。

十四日 阴凉

送参政月费，辞不受。来人云须告院长，片与黎宋卿言之。黄汉湘来，本拟往访，而完夫借车去，故未出游。将还湘，闻路阻不果。贤子来，云云门有行日，彼已辞聂馆矣。写字数幅，笔硬不如意，乃看《新评红楼梦》两本，大要学悟真评《西游记》者。葆生妾求去，托芘于我，令移来暂居。

十五日 晴凉

窊女来，令为李主，杨家又迎李去。看《红楼梦》。贤子来送诗。周梅生夜来，令居茅屋。电召谭都督、协撰伯严，不来，电云“刻不能来”，误作“万不能来”，一字出入甚大。

十六日 乙未，小暑。雨

将夕张正旸来，旋去。取行李。李女客游不还，余误以为张生不还，遂早眠。

十七日 晴

窊女偕胡婿暂还。黎宋卿又送薪水来，受之。遣还杨生租马钱百六十元，杨生不受，仍留公用。租马称病，令去，不再来。程愧生往湘，参谋来问情形。

十八日　阴

谭进士来,托程参谋以湘潭盐局待之,宝老耶亦可撞骗也。曹典鼐来。

十九日　晴

至象坊桥,听未闻其说,随众举手而已,欲条陈,周婆尼之而止。杨贤子移来同住。周梅生昨来,云潭人将麇至,幸有脱壳计待之。

廿日　晴燠

写字十馀纸。窊女复来,留与李女同居。余治装且还,以散胡孙。

廿一日　庚子,初伏

晨起上车,至车站。初令周庶务备驾,众阻不令预备,乃自顾定一敞车、一人车、一马车,馆员均送至站。陈、夏、杨叔文、岳生、邓炬犹为西山之说,赖周婆坚持而定。辰正开行,至顺德已夕,夜渡河桥,竟未觉也,终夜行。

廿二日　晴

朝食后过信阳,感旧游口号一绝:"马头又见汝南山,春早还应胜夏残。谁道朱冯空富贵,不如陈蔡及门班。"酉初至大智门。易年侄从行,请除馆,余未欲住,询得武陵丸明日往湘,即上行李。夜作书与吕燮甫,托易于鄂乃别。夜颇热,然尚酣睡。

廿三日

卯初开行,申初得雨,已至新堤矣。湖水浅,不得夜行,泊艑山湖口。

廿四日　阴

过铜官大雨,申正泊小西门。遣告家中,纯、赣两孙来,功儿继至,云三妇欲归,待之不至,云又改计。

廿五日 雨

日本人请大餐,写字,午初上席,船亦开行。写字两时许,正过昭山,申正泊十三总上。王升已备船迎,周、陈、任俱来迎,云欧、陈在局相候。移船至九总,欧病足未至,往看之,兼为周梅生复命,遂留石曼卿处。晚饭已过,陈培心又设酒。

廿六日 晴

罗敬则设酒,伯元亦设酒,分早晚,消一日,议振灾事。又云有狂人缢于火官殿屋顶火珠上,人迹难到处,不知何祥也。东南纷纷报水,云共出六蛟。

廿七日 晴

匡泽吾、翁树堂设酒,郭养原晚宴,又留一日。多为张海涛写字。

廿八日 晴,稍热

三堂公请早饭,徐孙又请午饭,再留一日。日必写字。至夜席未散而客皆起,余还船早眠。

廿九日 晴

红日映船,幸有凉风,缆上东岸,还船入涟口,已将午矣。缆行卅里,小睡觉热。至湖口,罗僮上岸,舁未来,黄孙来迎,待舁同还,设纱幮而寝。

晦日 晴

张金华、干石泉来,坐半日。罗小蓴亦来,夕俱去。

六　月

庚戌朔　　中伏。颇热

炰鳖烹羊以应节景。看沪上小说,聊消长日。

二日　　晴

澂子晨来,为禁烟人求援。乡人清算积谷,将讼叫鸡,告以中立。

三日　　晴,颇有薰气,但觉日长

林妇来见,盖烟人之外室,不似正妻也。为片告六一遣之。胡画师来,忘之矣。令坐书房待饭。黄家两妇来,滋嫁廿年今始有妯娌来看,未能长衣见之。

四日　　晴,日烈可畏

曾抑斋、陈继庄、陈秋生、张启英均来,南北五千里,总集一堂。得刘、宋、功、舆书。至夜周儿偕仲驯来。干女专使报芳畹丧,云二日死矣。即复书唁之。又为黄彤阶作书与汤将军说情。陪陈、周夜饭,作粥极劣。宗兄来。曾、陈辞去。

五日　　晴热

写字半日。李长生来,言蔡侄去三人,闻我到家又回矣。唐凤庭夜来。葛获农来,午饭去。谭进士及宝官来,不饭去。

六日　　晴

写手卷二轴,扇三柄,对四幅,屏四幅,均顷刻而毕。唐、李不辞而去。方桂弟兄来,欲遣船迎周,南风上水,为难而止。陈、周告去。桂儿迎母去。夜风凉,还上房。

七日　　晴

方起,外报欧阳小道来,短衣延入,云欲修史,可谓奇想也。不能与论,盖求财耳。看报,言周妈事殊有意味。王特生亦求周妈,则无影响矣,然亦裹回与亲戚同。知疲民心想之奇,何事不可为,他日定当以圜土杀之,此等人不杀,无可位置也。不知佛出何以度此,又非立达所可及。

八日 晴

与书会计,收留小道。珰专人来说积谷,其想与欧、王同,此则有法制之,而非我所及。张、韩来求书放刘盗,以二百钱牛肉欲抵卅千用费,亦奇想矣。然其事殊不必牛肉,牛肉犹过费也,但非吾职耳。写对子五幅。

九日 晴

稍得凉风,大要热数日必纾一日,张弛之道。刘佃竟死,未能治之。

十日 阴凉,竟似秋矣

颇欲治行,而无资斧。艺渠曾孙来,欲干刘督销,告以不必,且可从我。宗兄不辞而去。郭七女来,云嘉姐病甚,天遣我还料理也,亟与二万钱了之,身心泰然,然已费三千二百轿钱矣,可致八客,今仅致二人也。郭女夕来谈,颇忆旧事,余所不忆者。

十一日 庚申,三伏。晴,风凉

看律钞,未录《游仙诗》,试抽日记竟得之。将军复来相扰,郭女亦不辞而去,雾露神稍散矣,且得静坐一刻。午剖一瓜尚佳,又吃包子五枚,早睡。

十二日 晴

作彭祖胜传稿。端、虔两侄来,欲干巡按。卜云斋亦来书求系援。刘少青为彭楷求关说。王升求知事。皆随而辟之;但诸两蔡,故剑恩也。王升亦有新剑,逡巡不去。

十三日　晴

看《五灯会元》,未知其意。清理箱笼,将复北行。

十四日　阴凉

罗正威来,正炜弟也。又有兄正声,作知事,逃出被拘,与书俞寿璋言之,并问来令赎命之罪。抚台少耶披昌至此,可叹也。夜将出城而船未至,樊生船开,因坐之出涟。

十五日　阴

晨樊生与常子庚去。樊送脩金,正须用费,又朧活矣。昨夜宿救生局,今早欧阳父子均来。早饭后坐红船下湘,南风顺水,行殊不迅,申初始泊朝宗门。三孙女自衡来省,功儿先来夕去。问周妈已上湘矣,甚为失望。

十六日　阴

与书汤铸新问有事否,彼此均畏炸弹,不能通拜。汤遣秘书来迎,仲驯亦至,云已保张授馆,并遣舁来。入城,居然入抚辕与汤剧谈,伯仁亦在。夜送至浩园,宿雨珊前房,伟人已造成两房,楚寿朋为主人。

十七日　丙寅,酉正立秋

晨出待舁,出小吴门循马路行,不识方向。试上左旁山望,正在先茔旁,便舁上展视,遣看陈母墓,芳畹已附葬矣。还家一看,伯琇、葆生、子声均来,心念上船,未能留谈。胡子笏请饭,以我为知己也。往贡院看道尹,又见魏翰林、仲驯、伯仁三科员。出城船宿,周少一来,缠不休,小道亦然。

十八日　雨

冬茂还,云周妈已到。移船往迎,大雨正濡,顷之止。岳诉曾大少,周诉大少,皆不须诘问也。下水轮船皆开去,便依泊一日。唐艺曾、接脚女皆来。

观音出家日 戊辰。晴

昨夜雨似露，浏水暴长，移船送周还家，入浏口泊，至午出泊朝宗门，待轮船。周姊夫尹姓有千金产，邻人张姓恨之，谋夺其祖茔，成则使其族交讼之，不成则缠讼不休。观音不能救，非观音更无能救也，亦苛政之尤者矣。因便又为钟寡妇一诉司法，皆以知己情请之。夜宿红船。

廿日 晴

李、陈、周、黄来送。黄眼镜摇扇，犹有议员排调。慧孙来见，已移沙市轮船。汤颇公与将军庶务送千金来，不当收受者，云三世兄所交。张、卜、胡、马来。胡不畏死，欲求知事，告以不宜，而彼欲邀幸也。卜、张亦然，卜云将从陈梅生来北，寻曲友，差为雅矣。黄家二子来见，谋开释榷宪也。胡道回信，告权限不能，尹、钟沉冤不雪矣。夜宿轮船。

廿一日

卯正开行，至廿二日寅初已到汉口，可云迅速。船中颇热，与知事、考官坐楼旁杂谈。夜再起再眠，醒已泊汉口江外。

廿二日

卯初起，待明上岸寻神州馆，待快车。入门，主人白眼，有愧杨子，仆人馈浆，安砚楼房。郭葆生兄弟来候，长沙馆潭、乡两县生隙，欲余解之，谢不与也。与葆生坐小轮过江，自六马头至内栈，去银五元。至将军府借马车，访巡案吕燮甫，小坐，旋至段香岩处畅谈半日，食瓜点，夜饭。亥初始出，仍坐小轮，并车赏又七元，皆葆生所备。在段处又招吴文甫来谈，同饭。段遣吴送余车费过百元，坚辞不得。吕亦送席，已败矣。天热蒸，为今年第一日暑也。

廿三日　晴

待快车,须停一日。文甫过江来。陈特斋雨初子来访,赠诗。待文甫、葆生同访三分里王大金玉。因彼请饭,便往摸牌,意甚殷殷,不觉已夜。急坐马车至大智门,则火车未到,吴、郭、张、易均在,张妻亦来。戌正车来,坐头等仓,热气未散,香牛床皮甚温,电灯照灼,出仓取空气,犹未适也。亥正开行,过洞时已酣眠不觉。

廿四日　晴

至午买饭一碗,须百钱,然已度日,过河桥甚稳快,亦不甚热。

廿五日　晴

辰正到京,入城余犹未觉,见墙堞乃知至矣。及前门车站,见有候者,始知已来候三次,馆中人尽至,舆儿、宜孙、完夫均来,欣然相见,即坐马车入馆。

廿六日　晴

检《诗》、《礼》,送袁少耶《昏礼》,并送唐诗与袁公,告以复来。谭芝公、王慧翁、午诒、晢子均来,夏子复来。

廿七日　晴

至参政院听宣,无所闻,唯一举手。重伯夫妇与乡人斗气,几成讼狱,请张、周往解之,云当开会。

廿八日　晴

葆生送马车来,出试之,因访熊内阁、汪秘书、陈评事,因热即还。懿自青岛来。

廿九日　晴

未出坐,看西洋小说竟日。吴小谷来。

七　月

己卯朔　阴

王炽昌、蔡锷来，蔡欲徙民，亦一善计，较宋参政银行条程为高，可签字也。往议院听差，出访章曼仙、宋芝田、郑叔进，章留面，郑未遇，倦还。

独坐隐几，偶题一诗："广场百人静，秋雨四筵清。昌言万邦乂，筑室道谋成。如蜩昔嫌沸，寒蝉今愧声。构夏信无补，吹竽徒自惊。时难信逼促，政散乃骄盈。奇计实所好，横流良未宁。聊从庶人谤，知余日暮情。"

二日　晴

许、邓、仲祁招饮南河泡，曩所未至者。约完夫同车，出彰仪门，东行里许便至。有小庄三所，两可设席，先坐南轩，后移北屋。主人及宋、陈先到，夏、陈旋至，阔安甫亦来。夕驰还，甚快。

三日　晴

袁慰庭娶妇，先满请客，后又罢之，云庄总宪所尼也。正无燕尾衣，遂定不贺。先约王晋卿同往，晋卿来已罢行矣。芝畇、安甫、仲祁均来。得函信数件，皆不必复者。柯凤笙驳签魏《元史》，欧阳緔极不平，此犹承平人习气。陈、杨夜来，陈伯皆议调史科案卷，完夫云不能，余无所可否，亦书生所断断者。

四日　阴。壬午，处暑

参政院复传人，往则已散，犹在退休室。黎宋卿方在主席，就与相问。坐久之，唯闻言公债，余昨已捐二千元，心无怍也。欲问公债集后，用尽又当何如，而无人询及此，乃兴出即还。

五日　晴凉

秋虎过十七,想不再热矣。约黄侠仙一集,谢其赠马。周妪请视四少奶,约明日晚行。欧阳小道来。

六日　晴

吴小谷请史席,实无席也,不能告之,使疑推脱,乃聘为顾问,秘书以为不可,余云聘人非他人所关,不用其谏。又增派姚常熟为办事员,又派欧阳生为主事,自此有三秘书,三主事。又闻周生言胡仁舫以史馆卖差,有类李仲仙,三可怪之一,辞差而去,廉耻人也,当破格奖之。

七日　晴

佳节闲居,视己未年又一情景。本约黄、张、陈一饭在夕,侠仙来早,遂成晚饭局。黄铁臣收熊鹿失之,又往帐房取钱买以备,荒唐那,荒唐那!完夫、子复、戟传、叔文均集。潜庵、植东、程儿不请自来,程未入坐,石甫不至,以为待夕,夕亦不至。瓜果别请宋、骆、张、杨,馀俱出游,子孙亦乞巧去矣。

八日　晴

周妪呻吟,为虫鸟音,入主人心,请周生买药,遇慢郎中,至午乃还。宵芳又接去,重伯夫妻移来。夜饮陕西街,戌正还。当复书者心安、杨儿,当致谢者汤、段二将。参议院又开会,去太早,坐休息室,未正入议场,不闻何语,实当辞差,为五斗米举手耳。

九日　晴

作书谢汤复杨。得丁郎忠州书。写对子六副。

十日　晴,微热

馆中十六人公请我家四人游三贝园,午出西直门,未几入坐,席散已阴云凉飙,且将夕矣。照像两片,驰还。将至时雨至雷鸣,到门大雨,几不得入,顷之雨止,已夜。张生告去,令往访段芝贵,香岩与夜谈。

十一日 晴

晨起送张生,问其用钱欠帐,诘问舆儿,乃惹起重、梅口角。梅生大胆,乃与金德生同,亦勇将也。易由甫午至来访,即留补张缺,刘宓来无及矣。骆状元正苦作门生,幸有门生来,足申其气。

十二日 晴

董生率二袁来,云四、五公子也。无所谈。闻黄侠仙被捕,欲往问讯,殊不得暇。

十三日 晴热

尝新日无新米,唯治具召亲友以应佳节。总廿八人,女客四五家,设九席,上五下四,作包子扯糍。程生来借马,宜孙不肯,正国史馆故事也。陪客至亥,复摸牌四圈,夜热。

十四日 晴

写扇四柄。张门生女来,云其夫饶优贡被捕去,与昨黄侠仙弟来求救意同,然无可着力。与夏午诒讯之,又与蔡锷都督书,托之,皆无回信。梅生来,意气犹豪。卜允哉亦来,云曲会无吹笛者。曾、陈俱携眷去。

十五日 晴

懿往天津去,窅出看陈列,独居守屋。夜月食八分,可两时始复圆。摄政不救月食,遂以亡国,亦《五行志》一故事。

十六日 晴。晨夕皆雨

办事员公请,余以梅生初至,因增一席。参政院传至总府,期以申初,因改酉初。至申入新华门,先坐门房,旋同五六人坐船至宸堂待集,秉三、晳子、次山聚谈。顷之同入居仁堂,云即仪鸾殿,赛金花旧寓也。列三排,前二桌两总统对谈,后侍坐十人,谈不可闻,凡数百句乃退,分水陆各出。即至下斜街畿辅会馆会饮。

十七日　晴

易由甫去三日,今来告辞,云送从子南还。拔来报往,不节之咎也。夏、陈来。

十八日　丙申,秋分

遣约卜允斋来,辞以异日。窅芳亦去。罗佣又疾发,非医门而多疾,恼人也。

十九日　晴

刘仲鲁、王慧堂、宁乡人来。饶氏来求救,急甚,云埋炸弹,毒饮水,皆与知之,奇想奇谈,真乱说也。

廿日　晴

梅生、芝畇均来,约夜饮韩塘看樱花。如期而往,则粗人三两,杂花四五,陈、谭对饮甚欢,亥初始散。

廿一日　晴

黄侠仙弟来,求书与袁宫保解其事。又饶妻求书与顺天知事释其桎梏,均依而与之。

廿二日　晴

午诒来,言黄事已交法院讯办,饶案甚大,已脱梏矣。晳子借名电湘巡,请禁银出口,亦依与之。完夫来,言黄姓系买得,共值千金,余信又长价矣。樱花送菜。

廿三日　晴

与书夏午诒,问纳贿卖信事,复云无影响。遣刘婿质问重伯,颟顸而已。得尹巴螺告急书,电复不能干涉,令求郭葆生。曾泳舟来,不见十馀年,有须矣。夜雨。

廿四日 晴凉

外国小说一箱看完,无所取处,尚不及黄淳耀看《残唐》也。过秋分,犹有时行雨雷,其来无端,未测其理气。小道来。

廿五日 晴

连日研究谣言我受贿事,未知其用意。泳舟来寓,看其诔铭文句,摹湘绮楼甚似。

廿六日 晴

昨夜雨电,有不觉者。因泳舟晏起,余起甚晏,盖居家以早起为本,作客宜以晏起为本,早饭则仍宜早,今日乃极晏,学江南也。王霞轩、王初田两家孙曾均欲干粤李巡按,李亦纨绔,然高自位置,未必知二王也。

廿七日 晴

晨起诣总府拜生,挡驾。未下车,旋往塔僧孙处答拜,未起。又至西河沿,答拜李彬士穆,篁仙族孙也。昨来访,先又与黄、陈通问,言干脩事,又请序篁仙诗。回拜不遇,还即作序。

廿八日 晴

刘健之来运动,得川东道,将之任也。陈完夫夕来。

廿九日 晴凉

写对子横幅。欧阳伯元父子来,谋都转也。议院开会,往听差,坐休息室久之,乃入会,匆匆散。

晦日 晴

清史馆送《凡例》来,请教修史,而先起例,宜汗青之无日矣。派两协修往参之。

八　月

己酉朔　晴

蔡内侄来，名遂南，更有女婿彭姓，未曾相见，亦未同来见。午后出，答刘、欧两道，便至东华门内清史馆听讲。史馆而设讲堂，所谓善学外国者。严又陵言修史要精神，盖外国有无精神之事。精神与机器相对，他日文明，当有机器史也，讲堂亦精神之所存矣。酉初散。与泳舟同车过完夫，寻旧寓，篱边有新花，七八人方摸牌，入坐摸一牌而还。

二日　晴

芝畇来，报饶生枪毙。林次煌来，请写扇，为写三把，并写对子。七相公来，云云孙亦将至矣。族人无业，闻风驰骛，可闵。

三日　晴

李瑶琴来。黎寿承无钱出京，令舆儿以卅元假之。

四日　壬子，秋分。晴

饶生果枪毙，盐案之报也。云家有十四女口，以百元赙之，并遣陈熊叔为治丧。畅〔窊〕女来，旋去。看唐乾一纪乱书，不及其姊，为阙典也。唐璆来，周生云非好人。

五日　晴

治具约健之、伯元一饭，兼请黎寿承、曾泳舟，适刘艾唐来，便留之，更约硕甫同集。瑶琴迟来，唐璆不至，客散后，余待李、唐，至亥乃散。

六日　晴

芝畇招饮酒楼，云罗景湘作东，又有"樱花"，真被迷矣。因约瑶琴,至戌始至。亥散。

七日 晴

参政七十人公吊秘书林长民,约午集,往则仅二三人至,三鞠躬,礼成而还。便访刘艾唐、戴邃庵、任寿国皆不遇。宋敦甫夜来。

八日 阴

芝畇需钱甚急,为破例发文书索月费,仍不可得。黎宋卿荐左绍第协修,昨属宋告以遵依,宋乃不肯,秘书之怀密如此,自书复之。完夫、刘次源、袁伯揆、叔进来,袁云其父甚病,欲与书劝归,未皇作札也。

九日 丁巳,晴

秋丁祭孔,今年始正式行礼,冕服十二章,又一景象也。盖自汉、明以来,弟二次服章,所谓谬种流传者。仙童约不脱冕来,旋有信至,云明日往上海矣。

十日 晴

曾重伯生日,馆中俱往听戏。余往议院听差,还守屋未出。龚冰如道台来。

十一日

娥芳、六云生日,例有一诗。百花生假坐请施买办,施来相访,辞不赴席,去。请曾、陈、龚、骆、夏、余父子同饭,又不专坐,时起围棋写字,盖会食未有如此草草者,以无真主人也。本曾送余,余转送欧,以至无主,客又不到,乃罢席摸牌。又为客扰,以刘何生自湘来,偕完夫夜至,赌局亦不成也。初更俱散。

新月甚明,乃作一诗补之:"故园丛桂定馨山,新月依然绣户间。白发朱颜仍玩世,红闺绮语久从删。早知梦影终成幻,谁道悲欢总不关。犹有竟床长簟在,廿年清泪点痕班。"①

① "有"、"点痕",据《湘绮楼说诗》补。

十二日　　晴

昨出答访长尾领事侗王孙,还早饭。昨牌局草草,再留王惠堂、梅生、重伯成一局,梅、曾逃去,请卜、陈代之。程肃政禁赌,不如我之开赌为禁也。

十三日　　晴

百花生又来拉访施买办,坐待半日,参政开会不往,至酉同出。误至张勋门,幸未投刺,即还。寻陇海路,施出不遇,同伯元至东单牌楼日本俱乐部,长尾甲招饮。姜颖生车先入,余步入,伯元车去。至则蔡金台砚生先来,忠文、宝熙旋至,更有辜康生、早崎梗吉同坐,戌散。还途夜景甚丽。

十四日　　阴,午后雨

史馆分金,芝公甚皇皇,未能如愿,余已倾囊矣。会计处甚热闹。宝子观亦来百日,仅四见也。作书辞馆,秘书云当俟袁生日后,盖犹万寿不递遗折之例也。新赏二等嘉禾章,泳舟云即轻车都尉之例。章亦有等,勋则有位,惜未读"民官"耳。颇公送席,即约百花来过节。哈王送花。

十五日　　雨

中秋不便出游,殊令人闷,写对幅三纸。午设三席,而内外须四桌。汤颇公母寿,昨公送一席不受,即分大小碗为二席,并自备为四,集同馆廿五人于正厅,意欲轰饮,客殊匆匆,未醉而散。外来者龚如冰、欧阳父子。程、夏、杨不坐而去,余亦未饭。闻东安场有烟火,往看乃果市耳。废然而返。还又饭一盂,无月乃寝。儿孙均不拜节,尤可笑也。

十六日　　阴

晨出答访袁印长,知其未起也,即还。周仲元来,言垦田事。又云孙姓饥饿，报馆责我。马通伯来，未得坐谈，以余将食，匆匆去。

程康、穆庵送顾印愚相片求题。顾乃后辈中最小者，众皆“翁”之，盖又小于顾，此亦革命也。为作二诗：“五尺童今化老翁，嗟予潦倒未途穷。诗人不尽沧桑感，先死应知是善终。”“少年万里轻行履，来往津门似里门。当日摩柯同看雪，正如鸡犬在桃源。”夜大雨雷电。

十七日 阴

晨起题马通伯所藏文征明八十九岁诗册：“西苑即在禁城内，非离宫一也，朝臣皆得游览。衡山十诗，叙述宸游，实纪自游。余自己未从内臣得入一览，至甲寅重入，遂五十年矣。怀昔‘烟波钓徒’之句，何啻《麦秀》之感！既得频入，乃不欲留赏。视衡山梦玉堂于天上，感何如乎？然余年尚不及之六岁，或至八十九时重睹威仪，未可知也。辄题楷字记之。甲寅中秋节后二日。”夜集陈白皆宅。

十八日 晴

祖母生日，设汤饼。胡婿来迎宧芳去。得茙女书，尚未出蜀。看刘幼丹摹片，颇能贯通金刻字画，成一家言。吴光耀许以识字，则未也。

十九日 晴

看刘金文。欧阳父子来，酉初同伯元集哲子宅，午诒、邃庵、菱堂同集。待梅生，至亥始来，还已子夜。

廿日 戊辰，寒露。晴

惠堂来，云求黎副总统荐鄂巡，为作一书干之。惠堂最难安插，此计甚妙。伯元来，守看题顾生遗墨词，不知其趣也。亦待酉，与同至东安门陇海路施省之处晚饭，请二张、一朱俱不至。张会办出陪客，戌初入坐，周子廙、沈雨人尚书同席。鄂巡按段书云后至，杏农女婿也。

廿一日　晴

伺候周妪出游。至东安市场，见内操兵散归，人不甚多，停场门可半时，复至廊房胡同李莲英故宅打金钗。余步穿劝业场，至西河沿，访王惠堂不遇。过丁三、四郎同升寓，小坐，待车即还，已过午矣。惠堂在座，梅生旋来。前托宋卿递名条，无回信，欲面问之，即至参政院听差，至即三点头而散，未见黎也。还馆，惠堂已去。窅芳来打牌，夜复携金妪看灯，余假寐守门，忽忽睡去。醒已子正，人还未觉，起呼问乃来见，促令还寝，电灯已息。

廿二日　晴

晏起。郭春榆生日，已送对，不去。黄叔容亦送对，不去。“癸科琐院忆同门，相见何迟，沦落粗官非得意；甲族玉堂推盛事，流光易驶，耆英高会恨无缘。”

段翠喜妻丧，亦姓王，其克琴姊耶？送一联。其翁日升受吊，古礼也。“洁膳佐南陔，对入馔鱼羹，远道应悲中馈辍；成功数东伐，想亲逢犀甲，三军犹感内堂恩。”

廿三日　晴

守屋一日。二王来，皆困苦不能去，因亟见之，遂见客半日。许、邓、林、骆皆愿往曲阜，办文送去，并遣畴孙同往观孔陵，或得登岱也。主计局佥事来。

廿四日　晴

周妪言侠仙母思子发狂，与书袁公再请之，重伯云已将结案。今日又逢袁生日，不便扰之，乃持信去，又可得千元矣。宜令完夫知之。作二跋皆有典故，另钞稿。

廿五日　晴

岳生来，为丹子请粟，告以廪竭，云可代借也，许发百金。请许仲祁、汤颇公、骆状元去，并令宜孙同往观祭，约以夜寅初去。

廿六日 微雨

窕女暂还宁家。宋生还。

廿七日 晴

彻凉棚考。孔子生日前作一诗，已忘之矣。《史记》记襄廿二年孔子生，与《春秋传》差一年。《史记》不容误，《传》亦不能误，盖所据各异也。记生为张三世，孔广森知之。《公羊》用殷历，则说者不知。其差一年，则断不可合，盖《史记》用《左传》，故与二《传》异耳。十一月无庚子，则不容误。孔《诂》遂删去"十有一月"四字，云从《释文》本，盖说经者见《穀梁》在十月，因加"十有一月"四字。故当定孔子为夏正十月廿一日生，为合经史。曾文正所谓臆说家也。苏书霖来。

廿八日 阴晴

颜小夏从子来。黄侠禅来，云前书曾重伯未出相示，又可怪也。王惠堂请书与段芝桂，张百禨请书与刘幼丹，皆依而与之。王初田曾孙求派调查差。午诒来，言夫马费当移与朱生，以报救命之恩。

廿九日 晴

完夫、戟传来，公请保送刘、何四人，皆可笑。午后访徐花农于米市，云到孔社去矣。即还小坐。泳舟欲看诗钟会，周生从行，驷乘而往。会者毕集，待郭春榆为客，酉正郭至，后无来者，三唱罢会，设三席。大雨忽至，夜风甚凉，曾伯厚、郭春榆、关颖人俱送我于门，还已子初。

九　月

戊寅朔　晴

牧村儿书来,荐其弟为办事员。庭树为藤缠,呼童去之,明日想无藤矣。夜书论诗法七叶。与杨潜厂往车栈夜游。

二日　晴

丁巡卿今日开吊,今日分赴,欲不去,嫌同寅、同章二谊有妨,作一联挽之:"抱叶等寒蝉,愧我仍居参政院;嘉禾拟文虎,输君曾上大观楼。"此本拟俞荫甫而作,以其近戏,改书一联:"回雁昔停船,共说方州恢远略;弘羊非计利,要凭徐核挽颓纲。"书成即出。未逾一巷,马惊,败绩而还。众奔慰问,亦不知何因致倾覆也,平地翻车奇之奇矣。

袁珏生分赴,亦书一联:"旌旗满眼更相逢,取别匆匆,方期同看琼花,官阁开尊重赠篚;湘皖讴思争述德,横流浩浩,纵有一床牙笏,版舆还第怆居庐。"幼安妻乃曾彦姊,本其内亲,故语必及其妻,而讣云其母为左氏,则未之闻矣。

王同彝坐候一日,得移文去。懿云周儿得贿,误之甚也。流言往往无根,不及报馆有影响。

三日　晴

写字崇朝,安坐一日。许仲祁、汤颇公自曲阜还,云衍圣公并不与祭,无主人也,乃以康圣人之弟主祭。宜孙留天津未归,已登泰山。

四日　晴

问王初田曾孙领札事,云众不肯发,可谓至怪,天下奇事多,指鹿为马,犹有指也。参政院开会,议森林,亦劳口舌,语久不能辨,问李湛阳先生乃知之。会散,又论日本事,外交二长来谢过,初不问计,亦坐至一时许,亦奇事也。滋女移去,为避修造。与书三妇,交佃户自修。外孙彦华廿岁,设汤饼。

五日 晴

鄂生孙积诚,字少明,取萧小虞女,来请客,书一联送之,自往答其父礼。林次煌知宾,云徐寿蘅故宅,分花园出租。新人未至,不欲久待,便至十刹海,主人未至。访张君立不遇,裵回汉堤,日落时乃至会贤堂塔云樵处,烧羊宴同僚,来者仅孙、顾。孙似相识,顾云蜀人,今为局长,纵谈时事。万公雨今早来,亦论时事,皆空谈也,实则待尽而已。宜孙从天津夜还。

六日 晴

颜栩来看帖,误以为顾栩,疑印伯儿也。问亏空事,乃云不知。又言在鄂曾相见,心知认误颜也。复询其父叔,云皆在蜀。宋生又引张勋幕府来见,姓万,字公雨,江西省城,倜傥可谈。陈甥庶弟夜来,未见。云梅生家眷来。

七日 晴

朝食后至长椿寺吊袁珏生,其兄弟十人,似未尽来,亦未遑问之。陈卓斋知宾,将设席,辞出。东行至长郡馆,误至上湖南馆,唐、贺生延入,云何、刘均在此,未得相见。便至对门访长郡馆,已迷向矣。贺少亮粥见谈。今晨暴下,不欲久坐,乃还。孝达长子权来,答昨往访礼也,殊为客气。问莲生、伯熙后人,云莲生儿在江南,忆曾一见。收藏多散,唯午桥家皆存耳。张家亦无多藏,故不得言散失,将夕去。胡氏外孙来京。夜见初月甚丽,欲为一诗,未成而罢。

八日 晴

孺人生日,为设汤饼,年正八十一矣,逝已廿二年,可谓迅速。

赵小拗求字甚急。黄侠仙妻适来探问,对客写字数纸。常氏外孙女携女来,云其母急欲售田妥债,许为助之。盖其父欲骗,其母不肯,致参差也。

九日　雨

午诒约同乡京机十七人大议浚湖,戴邃庵先生所发起,为筑圩者反对,亦周仲元之反对也。昨问周,云皆金钱主义。倭人以财为经济,中国则以经济为金钱,此之谓通东西洋之学。未午客来,来三四人,参政院急追乃去,至则静坐,顷之熊、杨踵至,亦会客也。被追而来,来则坐待,半时无一言,及宣布又不知何事。严又陵继上台演说精神,四钟会散。与晳子同车还,客已去矣。饿甚,食面、饭各一碗。完夫犹未去,与杨同去。周妪侄女来,并一李姓送来,欲修史。

十日　晴

秘书议送徐相国寿对,请泳舟撰二联,嫌不切题,自作之,不可移一字,奇作也。“多士师为百僚长;廿年相及杖朝时。”但不对耳。徐乃不受,此非我瞎巴结,亦袁世兄骂张凤翙之过。得庄米汤书,即复一函。

十一日　晴

昨日不能登高,今乃得佳日,所谓“残花澜漫开何益”也。北中菊乃能应重阳,南中必不能,戏作一诗:“长安菊有应时花,尽入王侯将相家。紫艳黄英好颜色,不甘冷淡过生涯。”

十二日　晴

参政院又传往,坐二时而出,不知议何事,颇有里手,非余所能也。融观索书,为书一叶。

十三日　晴

王采臣与李劲风参政同来,李即天顺祥火计也。王示三诗,大有志于吟咏。

十四日 阴

午出答访吴絅斋，便出前门，至天顺祥，入陋巷，不见店面，云已至矣。还作一诗以赏秋景，微雨湿地，颇似冷露。

十五日 雨

晨起送诗采丞，午为塔云樵书徐寿联，便消一日。

十六日 雨，连夜至午未止

不出户庭，坐房中看菊花，亦无归思矣。董冰谷夜来，言馆事。卜女送菌油。

十七日

箴女去。两秘书均来，云董生问馆事意见何如。余云但令人理发钱事以省烦扰。盖本意欲调剂翰林，今乃以为当然应得，故思裁去，又未便狐埋狐搰，故反为难也。孔子以女子、小人为难养，何今女、小之多！

十八日 晴

风已一日，成冰，众议生火，又当大费，姑缓之。仙童来，言上海事。因邀往章曼仙家听曲，宋伯鲁亦在，对本宣科，共吹四套，饭罢又吹一套，夜还已亥，正月明寒轻，尚不似冬。

十九日 晴

黎宋卿生日，晨往门贺而还。道中作一联，又作二诗，记曲会。

廿日 晴。晨阴，云有雪片，未见也

先孺人生日，未设汤饼。思南中两家亦有离散之象矣，余则方欲尊周攘夷，亦可谓妄想。

廿一日 戊戌，立冬

夜卧甚暖，外有大风。曼仙来，诵所作，甚有格韵。黄侠禅与其

嫂同来求救,无以应之。窅芳夕来。

廿二日　晴

外云青岛已破,又夸张德国火器,云英夷欲迁都避之,又言俄军能战。孺人忌日,子女素食。余则出应翰林公招,亦未合礼。大集江西馆,有卅馀人,杨惺吾亦在焉。酉往亥散。夜闻外喧语,未知何事。

廿三日　晴

晨闻方僮言刘婿昨发疾甚危,夜扰扰者为疾也。今日懿儿生日,卅九岁矣,殊不觉久。

廿四日　晴

滨女生日,昨夜其子迎去,今遣妪往,作汤饼客,以鲟鲊与之,制尚未熟,仅饴以枣糕耳。萧少玉来。午前纂、协修俱来。林先辈立逼写对子五副去。

廿五日　晴

懿回天津,去未面辞也,本未留之,与张孝达回任不同,亦为朱士焕索书一幅而去。杨儿频寄食物,求信荐,前复一书,似未达,再书谕之。日本使来生事,又是一折。

廿六日　晴

作章价人墓铭,欲简之而不得,及作韵语,乃宛转如意,是吾生平长技也。"劦"字忆在《洽韵》,寻之不得,又一奇也。重伯兄弟并有新诗,词藻均丽。令作锅渣再进,浑不似,误以南厨为北厨,后乃悟焉。

廿七日　晴。大风

遣鲁瞻儿送文稿与章,章示联姻世谊也。未至参政院,人来甚多,今年第一会,所论只强奸事,殊不称此大会,待散而出。胡婿来,和诗亦自妥善。黄丙焜道台来，子寿从弟也。

廿八日 晴

风息反觉寒。酉初出城，至椿树巷答访黄道，前熟游，寻李聋处也，今迷门巷矣。又至铁门安庆馆，大会翰林，亦以余为首，实乃最后辈也，无晚于我者，亥散。宋生犹未还，云众人指目为保皇党。又有肃政使建议保皇，不知为分谤分功也。

廿九日 晴

送书袁世兄，请交印章，已三诣光苑门矣。写对子数幅，日光已匿而罢。

晦日 晴

欲出，待命未去。刘君曼来。颜达庄栩来，云其祖母遣候。尹昌衡自备资斧，可谓有姻谊也。尹于妇家虽厚，性情不足称之，盖近日伟人均无人理矣。于此知风俗之薄。所谓夷狄之行，浸淫中国，甚于洪水猛兽也。

十　月

戊申朔 晴

黄芸轩来，曾在蜀逢乱定乱，云卌年未还乡。父号子琳，子寿从子也。夜闻外扰扰，不知何事。

二日 晴

宋芸子一夜未还，云已被捕，皆言前半月已有风声，云系宗社党。社稷臣而为党，党名所未有也。孙少侯请饭，岳生云不可去。夜间警察兵来搜宋行李，谭芝公皇皇如临大敌。四妇又从天津来，当遣车迎，故未赴席。

三日　晴

夏午诒来,言外论方喧,不可即去,当待数日。陈子声自湘来。得曾岳松书。

四日　晴

参政院发会,以复辟为邪说,亦骇闻也。乃系我署名,未能驳之,坐一时许而还。

五日　晴

饭后出答来客,便过礼士胡同答孙道仁。入海岱门,久未至矣。又过锡拉胡同王莲孙旧居,未能往看。亟过子声处,亦未暇谈,因饥而还。鸿甥辞往浙。

六日　晴

写册叶,录高丽人文,因论儒术。请泳舟作诗,未得如意。今日癸丑,小雪。

七日　晴

作王欣甫诗,应陈孙婿请。即遣四妇往看接脚孙女,彼处太少往来,殊嫌疏简。

八日　晴

陈瑜无故送礼,却之,又因芝畇送来,未知何意,殆所谓未同而言者也。或云系小石文案,与舆儿有旧,曾为实缺道员。刘艮生来,改号蔚庐。

九日　晴

写字半日。庄问韵书,因《尤韵》最杂,欲为分出,草稿未就。又思写一《全韵学》,吴彩鸾复取《东韵》钞之,亦无头绪。淑官自天津来见。

十日　晴

纂、协修诸先辈来。夏、陈兄弟、杨生父女均来看,竟日谈话,至晚觉倦，初更即睡。

十一日 晴

章曼仙昨送润笔，久思请客，以芸子在禁未可。芸子谋专馆事，致此披昌，亦可惜也。纂、协修又来生事，云谭芝畇所倡。芝畇责我不当把持，不知当属谁主，此又在芸子之下，皆我所用人，我又在其下。曹孟德当复笑人，诸葛孔明得以自解，皆从孔子言宰予起。

十二日 晴

饭后答访艮生，因访王铁珊，又诣夏子复、赵春廷。还，发知单。议湖南存款宜作公用。

十三日 晴

买照帖数种。晚赴羊肉馆会饮，赵为主人，刘、王为客，王先来已去。又一军官，不知其姓，似是周家树。宋芸子儿来检行李，云明日当递解。

十四日 晴

欲送芸子月费，帐房无钱而止。遣舆儿往车站送之，又私送廿元，遣周妪送去。

十五日 晴

作张雨珊词序。正式公文辞职书，招岳生来示之，岳云与谭有碍。谭自在外宣言也，岂有是耶？理当辞别，亦不能顾谭，实非为谭辞，亦无为谭留之理也。

十六日 晴

写字数幅。廉万卿示其妻书画，不惜资本，皆付石印，或云弄钱一法也。夜赴赵春廷酒楼小集。

十七日 晴

先府君生日。适湖南开会议事，因招艮生、刘君曼一饭，并及赵春廷。会者十馀人,茶罢自去,留饭者七人,刘亦辞去,君曼往天津未还,惟黄丙昆、谢涤泉、陈子申兄弟、颜栩同集,肃政使自来。赵至夜来辞,云总府有召,归已晚矣。

十八日　晴

昨公议请存公款,推仙童主稿,今送来稿不对马嘴,为另作一稿,送熊总理定之。熊又不取,即推熊作之。观察招饮东城,张君立招饮西涯,飞车来往。便答访廉泉,因为题姚广孝画,以示君立,宋芝山、沈子封、姜颖之均在,皆云照片也,君立又出姚书《石涧》诗卷相示。设馔皆蔬笋,甚精。

十九日　晴

廉取画卷去。午送呈稿,请熊另作,便留夜饮。袁伯葵亦来,为主,客皆同乡,艮生、夏、杨、陈、程均至。高丽人金醉堂为客,此集为盛矣。

廿日　晴

史馆人索钱,作公文与财政部,请停发薪水以抵制之。写字一日。张仲卤来,言公款当分析存之,是一计也。冯公度来,履初亲家也。访段香岩不遇。

廿一日　戊辰,大雪。晴

今日当附车南旋,因无钱不果,看《楞严》一日,殊不知其用意,但文思不穷耳,若此何名为经。

廿二日　晴

为陈白皆题十八景,因及隐而达者。又为冯题《北学图》。张仲友来,请写词序,因及公款掌管事。

廿三日　晴

看《楞严》,又买韵书,价贵不要。段香岩夕来。杨桂秋及方、李建筑员同来。

廿四日 晴

欲出送桂秋,云已去矣。车正修轮,亦不能出。丁星五来看脉,舆儿病已数日。

廿五日 晴

舆儿生日,亲友俱入贺,设汤饼三席,或云九月小尽,今廿六日也。

廿六日 阴

纂、协修送席,即邀一集。谭芝畇觐见来,始知史馆为我专政,彼亦自谓衙门中人,不外调也。门生不闻不问,又欲索荐。窊女还视婿病。懿妇归,迎母车站,夜携孙女来,已长成半大人,二年未见也。

廿七日 晴

曾观察送一品锅,意在二品官,无风吹上青天,但学王凤姐,落得吃喝而已。张蟹庐肃政使来,求父铭志,先送水礼。夏午诒来,写遗属托之。孙女夜来。

廿八日 阴

作张墓志。完夫来。王正雅按察来。

廿九日 晴

张志成。出,答访张、王、陈宝书。至参政院辞职,缴还徽章,黎院长不收,乃自取回。

晦日 晴

郑探花请作墓志,并代陈兰浦孙请写"孱守斋",云陈有兄弟与同年,故来往。

十一月

戊寅朔　晴

懿妇往母家未回,孙女亦同去。作郑墓志。曾泳舟移去,饶宓生来代黎殷勤。

二日　晴

董冰谷来,请书宫绢。窅芳来。

三日　晴

看小说,写《圆明词》,作二幅。周肇祥请题图,已作一诗交袁公子,又来相寻,许再录与之,幸周生有钞稿,不然全忘之矣。曾泳舟又来辞行。

四日　晴

晨起写绢条毕,又钞郑志稿与之。召程季约问撞钱来由,程云不知,罗卅竟荒唐耶?

五日　晴

得电报,看事员丁母忧,赙以廿元,衡城无东道主矣。夜起,见庭中似月光,讶其落迟,陵晨视之,乃积雪耳。袁四公子来学诗。

六日

晨起看雪,犹有搓绵,喜冬至郊得瑞雪,天亦三年不食矣,岂喜于得礼耶?作诗志之:“夜寒忽微和,时雪曜祥霙。良辰接至日,晏处共斋明。郊坛旷高寒,懔栗惧宵升。圣相总隆礼,□□[1]肃精诚。练候岂无感,神哉沛先灵。九衢既平直,四海庆丰盈。麦苗信有孚,

① 《大中华杂志》第一卷第十期此二字作“躬躬”,其它字间有异。

荔挺伫微馨。余昔赋龙衣,徂年复自惊。幸无缁尘污,归与闭柴荆。”以示袁四公子,为发蒙学诗也。

梅生来留行。

忌日 甲申,冬至。素食

左笏卿给事来。梅生又来,即请作陪。杨、程、陈、夏俱来。便坐半日,忌节俱冲破矣。得珰报起程日,欲往迎之。夜寒。

八日 晴,稍煊,始有日气

完夫招饮酒楼,便答左给事,夕往杏花村,韩塘旧不雅会,今歌台游妓均散矣。杨、夏、杨、陈、程俱在,亥散。

九日 晴寒

写字半日。夜赴西华门杨家饯席,午诒亦为主人,客增一丁,亥散。还作一诗。闻云门来,遣探未得。

十日 晴

写字了笔债。梅生来,言印不出衙门,乃以尚家为公署也,可谓画地为狱矣,亦宜从之。昨闻杨母病,遣其女往视,乃云宜孙乘车出,命雇一车,索价二元,长沙避兵夫价也。未及雇定,杨车来迎,乃命懿妇去。探云门实未来,云今夜可到。

十一日 晴

纂、协修公饯,设席隆福寺,先往打磨厂看云门,寓居门外,以示不久留也。劳问来意,云就干馆。尚未朝食,乃辞出,到寓小坐,仍至东城寻隆福饯,乃在饭馆,共十一人,重伯不至,未夕散。

十二日 晴

料理归装,作诗一篇。众云宜夜上车,免早起霜寒,乃定夜发。戌初至车站,送者数十人。亥初车来,乃上行李,亥正开车。洋人必欲用公被,余必不肯,亦可笑也。

十三日　晴

车中甚热,过河桥,出山洞,皆睡未觉,醒时已过矣。宋敦甫来谈。

十四日　晴

过武胜关,又寐未觉。辰刻到汉口,寻神州馆暂住待周妪,已改牌天心,不知何意。

作书与袁慰庭:"前上启事,未承钧谕。缘设立史馆,本意收集馆员,以备咨访。乃承赐以月俸,遂成利途。按时支领,又不时得,纷纷问索,遂至以印领抵借券,不胜其辱。是以陈情辞职,非畏寒避事也。到馆后,日食加于家食,身体日健。方颂鸿施,故欲停止两月经费,得万馀金,买广夏一区,率诸员共听教令,方为廉雅。若此市道开自鲰生,曾叔孙通之不如,岂不为天下笑乎?前拟将颁印暂存夏内史处,又嫌以外干内,因暂送敝门人杨度家,恭候询问,必能代陈委曲。□□于小寒前由汉口还湘,待终牖下。奉启申谢,无任愧悚,敬颂福安。□□谨启。附启者,觐见礼服,夏热冬寒,众皆不便,宜饬改用中制。"

隆福寺饯席:"东门帐饮地,知足在明时。兹来值文坠,适馆慕雍熙。群公喜簪盍,翙凤复成仪。虽惭览辉德,庶无巢幕讥。朔风送南辕,暮岁告将辞。亲知惜欢会,论别始伤离。无田亦何归,旅泛信非宜。本无行藏计,会合安所期。春华有时荣,崇德或可师。□□。"

易、张两年世侄来,易仍留饭。未夕,后车已至,饶家二人、卜云斋、国安同来。夜看报,又写对子二幅。

十五日　雨

易、张照料未去,云有浅水轮船往湘潭,可附以行,省拖船费,亦足相当。乃定附载,计一行十七人,均坐官仓,所费亦不过百元,皆大欢喜。旅店送晚饭,大风上船,饭菜俱冷。

十六日

午正开行,辰见日,已而阴寒。至夜泊芦林潭,云水浅不便夜行。有雨。

十七日

午至长沙,正欲上岸,汤铸心遣轿来迎,径舁至又一村晤谈,便坐轿还家晚饭。仲驯及陈白皆子均来照料。夕至贡院,看刘幼丹前辈,已上灯矣。从行者各还其所。

十八日 阴

来客甚多,幼丹谈最久,言作五千字文,囊括世事无重字,甚得意也。卜云哉来。

十九日 阴。昨寒,今稍暖

来客仍众。彭石如幸相见,并率其从子芝承来。程子大、易由甫来。

廿日 晴

汤铸新来。将军久不出,今骑马市行,盖以巡按不深居也。梁和甫来,写挽联,便交之带上。程初、王启湘均来。邓婿时来窥阚,多言无忌,禁之不可,殊羞恼人。

廿一日 晴,晨大雾

三、九女自衡来,先遣申孙来报,罗佣亦还,云恐无住处,妇女未敢来城中。机关陶子泉、潘子臣、雷以动来。雷松滋人,云丁忧不从政,行心所安,不从夷俗也。此皆陈仲恂所招致。包塘叔来,诉雅南佃田事,云戴明德知之。即遣戴往一看。

廿二日 晴

问城中人,云是廿三日。纣不知日,今无微子矣。姑依而推班,故不书事。

廿四日　雨

昨待桂娃出城,乃一日不还,云看公馆,绅而作官,亦可笑也。遂不果出。

廿五日　大风

舁出保周女婿,特至张竹樵处,云已定罪,须回巡按。俦张为幻,乃至此耶?遂出城看先茔,神道石已复立,尚少内阑耳。八十四年忽被盗侵,思不得其理。往问萧佃,云费力办贼。有杨妪为子求事,云斯文人也,亦当诺之。唁胡道,答陶厅。叶家催客,往则已集,一谢家钰,同县诗人,一陈姓,未问其名,字叶子,出见。周印昆亦在,葆生后至。写"寿"字两个,单条一张,初更还。似酿雪。

廿六日　晴

周门生来,云史馆派杨度护理。又见长沙报,已放副长,谭芝畇得所冯依矣。张竹樵来,云豫备楠木厅,故相府,亦史馆长居也,喜而谢之。马先生书来告病。看谢诗,为作一叙,未成,有客遂辍。

廿七日　晴

三妇、外孙妇、小孙男女均自乡来,云六女不能来,亦可伤也。王氏三代来,家中铺张四灯蒸,须钱三十万,亦从来所未闻。

廿八日　阴

衡州门生来三人,常婿亦同来。将、巡为我开会,设坐作生日,今日饌祝,当往应酬,家中留吃面去。酉正往,招妓女四十二人,皆屠沽,无一个贤人,而蔡虔侄、周小门心醉焉,殊不知其所乐,真有一见甘心之癖。诸人推葆生提调,将、巡各派一人办理公事,而有女乐,此孔子所谓獿杂者,乃悟学室作戏场,即斩侏儒之报也。欣然坐视,不发一语。至宵分,问四十二人到齐,乃敢辞归。夜雪。

廿九日 雪

众以为瑞,余亦欣然。晨拜庙受贺,乃往会场对客。幼公自来,铸心在城外不至,客无新异人,惟交通银行一粤人,入谈颇久。携周妪偏至空房,皆如闹市,出坐听戏,至亥乃辞还。周桂娃婪索,周绍一命送警察惩责,乃云不受小事。民国纵容,正人甚怪。若自责,警兵又来干涉,是纵奸也。

十二月

丁未朔 雪

设戏席酬客。武学报馆送序文对联,皆酬以馔具,凡十六筵。午往听事,至亥乃还。厉责周子,殊无悛容。蔡侄亦不知愧,教育之不讲,亦时会为之,无如何也。袁海观弟二子亦来帮忙,忘问其字,大要为女戏来,或亦葆生所招。

二日 晴。朝甚冷

收拾借馆,顷刻而毕。儿女均出游,房妪亦去,留余一人守舍。尧衢书来,送土仪,即作答谢之。

三日 晴

待饭不来,云米多,釜不能胜也。赵婿、卜女来,留之,均云有事去。湘船、衡生均去,留人待行,功儿又留我在城,云省往还。周亦有怏怏之色,因此又不往衡矣。

四日 阴

常婿来告穷,告以今无所谓才不才,皆未知命尽何日,盖乱世本为挫抑贤知,示造物之权也。不肖者宜皆得意,正公等扬眉时矣。

五日 晴

写对子三幅,理安妻来,不识之矣。云欲干何寿林,告以何夫人今在此执役,不足求也。得二杨书。俊丞小女魏潄娟来见,留饭而去。

六日　晴

蔡厨亦欲资助,令周妪借廿元与之。惜罗僮还乡,未能大助之也。一夫不获,时予之辜,若已推之,我亦任公耳。

七日　晴

静坐观世,亦有可乐。昨晨邬师、张尉、林统俱来,谈笑方哗,内容各别,于诚有之,巧亦徒劳,于此乃知佛言善哉,诚有意味。纯孙自浏卡还。萧文昭、张起英均来。夏子鼎亦来,求为护官。今日癸丑,大寒节。

八日　晴

作粥不成,殊为可笑。刘督销生日,遣孙往送礼。周翼云来,言刷书事。

九日　晴煊

得京书,言冻死三百馀人。陈子声来,以误传未见,夜往寻之,并过邬师看诗。

十日　晴

写字数幅。梁辟园来。宁乡周翁来交条,及去,失之。二彭来谈。

十一日　晴

门生不闻不问,求诗稿不得,言能作语录者妄也。周翼云复来,已至湘潭一往返矣。

十二日　阴

陈仲驯每日必来一二次,常婿亦日必晨至,邓婿则日求一千而去。皆日课也。常事不书,故或略之。汤、刘并有书问,则皆报人干请。萧文昭求数十元,云可得之。张松本燕烤请客,不知其意,客半不来,惟叶焕彬畅谈往事,云曾奉诏逮,初未闻也。程子大晚至,已出头菜矣。

十三日 阴,有雨

两女看船,将还其家。幼丹请客,未去,客已半集矣。有白须翁不相识,云是黄宅安,乃老至此,又肥短不似前见时。魏、贺、吴、胡皆府寮,吴则新山长也。未夕散,还,问女仍未去。

十四日 阴

真妹婿生日,往贺,携女同去。出答督销,颇有骄色,为言谭进士,云是风子,余云风子不妨当盐差。出至臬署,张竹樵招饮,更有谢、陈二武员,及龙郎、葆生、颂年。

十五日 阴

纨、真率子女俱去。珰留度岁,助以千元,使还各姻家会本,以其婿将骗帐,珰义不可,犹有信用也。潘学海请明日集饮,陈毓华列名,亦当一往。今日曾祖忌日素食。

十六日 阴

彭石如为从子求银行,转托陈仲驯交银行总理,未知效否。夕至船山校饮,即浩园门房所改,又割水阁之半,设便坐,同集者皆不相识,尽科员也。有次青、定安两家公子,是曾相见者。

十七日 阴

汤铸心送信来,为张尉求差。财政厅又送庸松扎委来,告以庸松荒唐,不可经理银钱。送张信往湘潭,将以卜代张,故交卜去。

十八日

梦雨如尘。宗兄昨来,盖将从我过年。七相公子来,则索债也。接脚女亦索债。卜女告去,先以十元资之。计零碎开销尚当二万钱,牛郎债也,尚须弄活。

十九日　有雪霏见白,大风

报馆诬周妈受贿,遣问根由,轿夫均出,遂不得出城,亦借以避风也。周妈屡致人言,理亦宜如王赓虞之请去,惜无御史弹之,朝廷则无以飞语去人之礼,故遂不问。

廿日　雪仍未成,风又稍息

萧叔衡求信与蔡松坡,进士失路,乃求学生,斯为下矣。令作一稿,甚妥,及手写,乃尽易之。

廿一日　阴

欲待仲驯查办周妈事,彼日日来,今日乃不来。预备迎春,作煎饼至夜,功儿父子遂不睡,待鸡鸣,四屋爆竹声,余亦欲起,逡巡不果。

廿二日　戊辰,立春节。阴寒

尹和白、徐甥来。看杨哲生诗。王惠堂告归鄂,劝以当奔妻丧,不听,乃求书与段上将,依而与之。信中论不要钱,以箴其短。

廿三日　阴,有雨甚寒

雨结树叶成冰,胜于刻楮,所谓树介也。严生雁峰专人来送书,行五十日始至。周润民子求作志。至夜待送灶乃寝。

廿四日　阴

佣工过小年。卜女又来,求片与朱儿,论李氏捐田事,云周震麟能逼人交契,今朱铁夫便卡不还,皆情理外事,可广异闻。

廿五日　阴

胡师耶来,谈杨玉科家已赤贫,其次子恃典屋过年,其三妇欲分典价,皆来请托,为告财厅。又与书幼丹,令释散系,并告铸心请之。七相公妻来,携小女,啼声甚壮。

廿六日　阴

七妇去,与以十二元,未厌其望。接脚女来索钱,则与以廿元。

长妇则助以卅元，分三等以示义扬休，以为当分润。满老耶来索钱，则一无所应，于做主体制不合，于土财主例亦不合，斟酌古今，庶几温公书仪之义。

廿七日 阴，有风

试作周生墓志，未满一纸，杂事相扰而罢。看严刻《戴震集》，段玉藏〔裁〕乃非外孙，岂王伯申之误耶？

廿八日 阴

陈生来邀出城，云铸心待我。朝食毕而往，至校场前，已作大屋，小坐便设食，饱未能食，亦终席而出。同坐者五人，除陈生外皆不相识，云是参谋类也。入城又吃团子二枚，旋晚饭一碗，夜又吃包子二枚。

廿九日 晴

晨访和白，殷殷相留，恐扰之，未久谈，还已巳初，尚不得饭。复帅功诣刘淑琴、黄瑾瑜，皆未起，仍还。待饭，作糯团。

送幼丹媵一绝句："料无清水饮清官，近市传餐尚有盘。好与东坡祝长健，今年馈岁有吴团。"

除日 晴光甚丽，俄而阴沉

携周孙步出，看李道士祠，已改学堂，门外裵回，不能入看。还行数步，功率曾孙女来迎，至本街，两孙及孙女亦来迎，同至王园探梅，皮鞋累重，一步一拖，急返惕息。申正年饭，亥初辞年，行礼毕，受拜，遂至客堂祭诗，彻馔，饮屠苏，已交子正，稍倦遂睡。

民国四年(1915)乙卯

正　月

丁丑朔　　阴

将辰正始起，盥毕拜三庙，受贺。科举既停，状元筹亦未随来，坐房中摸雀。酒徒、邻女来相搅，甚不静，便出坐前庭。黎生、卜云斋、马太来，黎、马久坐，遣迎陈子声不至。又入打拖，打地炮，至子乃散。

二日　　阴

朝食时子声、邬师、黎寿承入谈，葆生、胡师、易郎旋来，至未初乃散。

三日　　晴

今日忌辰，例不拜年。凡来者皆新人也，一概不见。作周道洽志铭成，命宜孙誊写，且喜幼孙亦能书矣。

四日　　雨

写近诗寄严生，又作书复之，并命功与妹书。

五日　　阴

蜀使由陆行，未能提挈，仅答空函耳。云轮船上水须廿四元，为航路至贵之处。五中日号为佳节，未知所由，云工商结帐日，故有肴馔，吾家向无办，孺人始令犒顾工，今遂有八碗之设。红船来拜年，任、陈代表。

六日 晴

请任、陈一饭，子声适来，因并留午餐。

人日 晴

携房媪过市，看省城隍祠，头门已起墙矣。左伯侯威灵不及定湘王，亦可知神鬼犹有资望。作酪煎饼，检阅旧诗。刘南生来。

八日 晴

余子和母妻来求情，遣桂童往问警厅。蔡虔侄来，云已取消卌元矣，大快人意。林次煌书来求救，云谭已逐出，彼更冤也。

九日 阴。夜雨雷电

雨水，在惊蛰后，古历是也。看旧作竟日，又看《仪礼笺》二篇。周门生来。谭进士与宝臣来。滋送菜饵，遣五相公致之。相公又率一人来，未住宿而去。

十日 阴，有晴色

写对数副。与书杨生，荐谭拔贡入史馆。一姑娘来，不甚识之矣。

十一日 晴煊

早饭后出城，过葆生小坐，循火车路上冢，过碧湘梁家，未遇。刘南生云有干馆，待人荐，故欲我荐彼也。入城过臬署，视门牌已改警察厅矣。入问余子和，云已定案。还摸牌。午饭复庐，周伟斋请新亲家，二舒、任师、李七、陈八、程初、陈可亭、江西万生同集，八十以上人遂有三人，真朋寿也。

十二日 阴

片荐刘生去。和甫旋来问干馆，云全无影响。夜饬房妪，不听话，甚怒，叱之。不意老年犹有此怒，心头火未减也。夜雨雷雹。

十三日　阴风

胡瑞霖昨送席,正欲留徐甥一饭,因并约允斋、和伯、黄仲容、杨仲子、徐甥、易味愚同集。东洋人来,和伯入,见之,逡巡告去,云午后再来。午后客陆续来,未夕散。

十四日　阴

卜女、胡师、张金旸来。值风子闯入,语无伦次,乃避入内。彭鼎珊石如来,约其明日来过节。刘生必欲去,不能留也。龙灯颇盛,犹似太平时。日本二人来谈,云不取中国矣。真太平也,惜王赓虞不待耳。滋携妇、孙来。

上元节日　晴

作两书,一与大同干赵将军,一为胡师求刘幼丹。日本野田昨送卧单,以腊肉、汤圆报之,还云已去矣。夜受贺,看花爆。

十六日　阴

湘潭船来,请发书版,以省城不便刷印,令载还,索钱未与,适局船来迎,遂得移装。钱仲青居在它〔宅〕后,易鼐请饭,步过钱门,未入,旋至易饭,余父子、徐翁孙,又有报、学两界三人。写字数纸,入席,散复写字,则手战不成画矣。未醉而如醉,可怪也。

十七日　阴

三女、三妇均去,余为钱所留,程子大又约廿一日一集,故留船,待五日后乃行。仲仙送册图请题。舒湜生来谈,适仲驯在坐,因约明日赴幼丹公会。

十八日　阴

舒议员来,云巡按会系舒与何生发起,当往一议,遂与仲驯同去。要人皆不至,唯老朽数人与新学数人、机关数人。舒言甚详,而意在影射,与巡按同,均无着之款有着之用。余略言其早计,遂起而出。并无莲子,又一大会也。至郭园,钱与行主唐设席,郭炎生、周印昆、郭印生、米捐局同坐,二更散。

十九日 阴

梁和甫得陈沧洲像,上有何蝯叟诗,极其恭维,余为题记,证其前题人皆沧洲师友,不可去取。沧洲恶湘潭人,然湘潭人不能恶之,亦人杰也。

廿日 阴

料理行装,谢客不见,摸牌亦无人。

廿一日 丙甲,惊蛰

程子大约曾、傅、吴、黄麓泉,报馆公请。约午刻,未午来催,云在郭家,往则诸客毕集,皆机关上人,不见一主人,疑其错误,郭云不误,乃改早也。因留同集。酉初至议局后街程宅会饮,二更散。大风。

廿二日 阴

本约今日行,因余欲酬客,定今日,客请改明日,不能不从,因留二日。遣房妪押行装上船。

廿三日 阴

舒湜生设宴烈士祠,即曾文正祠俱乐部,因大风不便游览,客又怕炸弹,饭罢即散。诸客又约还席,再留二日,亦不能不从也。写字数十纸而散。

廿四日 阴

徐甥自湘来见。陶思澄求差,云无好事,又不敢相烦,徒劳请托。

廿五日 阴

上船看景。慧孙从来,曾孙女亦来,小坐仍入城。至养云山房,诸厅设宴还席,舒议员不至矣。夜仍还家宿。

廿六日　阴

未饭上船,已将午时。行久之乃至蕲口,北风将起,惧暴发,命舣枯石望。风号舟簸,竟夜未解衣,仅一食,亦不觉饥。

廿七日

北风仍壮,然不甚顺,半帆行,至申乃泊九如马头。岸上来迎,辞未上。傅、陈、戴、徐诸人来。

廿八日　阴

写字无桌案,因上岸至局写半日。局中送菜。保安局、育婴堂又公请,万娘子为代表,可怪也。晚席甚晏,待久之,甚饿。上船见女轿,云板石杨家,以为瑞生儿妇也。已而还局,见罗知事后又一女人,则梅生次妇罗氏,请我居其家,辞以异日,乃去。至夜乃得食,八人为主人,皆不记谁某。夜还船,置办米盐已了。

廿九日　阴

待买菜,雨已至。巳初陈开云派船护送,辞不可却,又送去两千,并红船过万钱矣。午后乃入涟口,觉身心俱泰,将作一诗未暇。酉初到湖口,入门则杏花、木瓜花、樱花均开,春色烂然。夜摸牌。

晦节　阴寒。雨杂作,夜有雷

刘婿弟自省追来,林竞西亦自省城来,皆求信荐。与书罗知事、郭葆生。

二　月

丙午朔

金、周大闹,不减王三姐。邹姨侄来。

二日　晴

杂客来,竟日相继,远者樊生致余联书。又周生一书,云程生不可为首士，不知其意，盖己欲得之也。今日丁未，社日。

三日 晴

女妇出踏青，独留守屋。树森新妇来见。看木瓜花深红，欲夺海棠之艳，昔少称之者。黄生来竟日。

四日 晴

许外孙来，三妇误以为小敷儿，余遣寻王儿乃知之。题木瓜花一首："唐宫最重深红色，十赋倾家卖牡丹。谁识珊瑚高一丈，诗人解道报琼难。"书复余琢如，遣樊生去。小门生刘人倬来，所谓冤魂不散赶上焰摩者也。

五日 阴

堂壁粉落，召匠补圬。房妪云石潭灰不可用，不如雷打石灰，此又闻所未闻也。桃花欲开，李杏已残。

六日 晴

看报，作书谢报馆，谢其依期邮寄，不取钱也。国安来，余召之来坐读，以其有坐性，卯金来则饬绝之，而蛮不去。张四先生来看病。

七日 壬子，春分。晴

风吹花未落，知风姨妒花之说非也。宇清来，自叹无财，如有所失。程子大专人来送百金，请为陈老十作生圹铭。胡翔卿送其祖母墓志来，余为作文，已忘之矣。求信干财厅，并复书遣去。

八日 阴。夕有雨

刘二嫂携子女来，请堂屋拜年，无以酬之，留饭而去。小雨旋止。

九日 晴

看《华山碑》，因看《龙藏寺碑》，错落不可理，检《上古文》校之。

十日 晴

看报，摸牌。省送食物，云滋日服药。

十一日　　晴

千叶桃开甚迟,红桃已零落矣。十三族孙女及宗兄来,云其婿自福建还,不能自存,欲吾谋之。黄孙来。周生来。

十二日　　晴

召周生来,食粟外堂,可成一席矣。粘贴《龙藏碑》竟日。杨参将子来看,龙璋已流落矣,杨固无恙也。

十三日　　晴

省城送京书来,有雷姓不相识,其词污蔑,似以我为诈赃者,此不止横逆,不须自返,要亦禽兽所应有之理想。与书杨生查办之。宜孙乃欲干豫,又疑宜孙知情也。四张来,言讼事。始作梁朱氏墓志。

十四日　　晴

千叶桃开。夜梦有无数红花满院,似芍药而疏粗,非贵种也。频梦见此种花,今问其名有"藓"字,不知何因想也。

十五日　　晴

作梁、朱志成。刷工来刷书,因理架簏,又得残阅数十部。

十六日　　阴

忌日废事,又得十发书,催陈圹志,寻事略,久之乃得,手续杂乱甚矣。夜雷电。

十七日　　雨

摸牌。作陈志,一笔滔滔,不古不今,亦消得百金也。

十八日　　晴阴

作陈志,看桃花,摸牌。毛桃逃学去。夜梦食点心,兆有口舌。又梦丁稚公将兵,将仍抚山东,余颇涉朝政也。韦孟所云梦争王室者矣,亦得为忠臣乎?

十九日 雨。观音生日

房妪大闹，汹汹似有拚命意，急出避之，不知整家规之法也。宜孙云宜遣一人往云峰烧香，自不争矣。余谓不如唐六少耶跪庭中之法，惜顺天报馆不知此趣史，聊书于此，以诒好事。

廿日 晴

踯躅盛开，牡丹亦放。湘乡曾卜师来，字毓贤，相余能化凶为吉，颇有所验，云自彭楚汉来。彭弟莲生曾识余南昌，今已还家，且欲干巡将，留住外斋。五十族曾孙来。

廿一日 晴煊

曾师将去，周生愿从至彭家瞻仰，彭子亦徒步去。夜雷雨。华一来，旋去。

廿二日 雨，大风，寒

今日丁卯，清明，祠祭。吾不欲观，王族已无一人，有同帝族也，听其嚣陵而已，诚意料所不及。作《五橘堂记》，又书墓志记，亦就纸起草。至夜风止。

廿三日 晴

曾、周回，请写对子。又书与汤铸心，荐相师。庶长欲改所长，亦为请之。张门生儿来，请干欧阳述，云已得督销，用六千金得之。王心培送红卵，以五两贺之。相师夕去。周逸自京来。

廿四日 晴

族孙婿杨来，又一陈姓国培尧庚，云与恒子来往，皆欲干欧阳。周生亦怦怦欲动，令从其子买之，大要一百干馆不能了，惜不从李少荃之言自据之也。

廿五日 晴

周生去。曾泳舟来，言史馆俯张，皆我办理不善，不如杨生也。

留住半日。祠内值年、经管均来诉枉，云宝老耶再七难缠，竹林亦无耻，要求有同日本。周妪亲家又求信，亦横蛮无理，皆可一笑。

廿六日　晴

芍药忽萎，自出看灌水，遇二农人来，云族人也，母死不能葬，求赙谷，宝老耶不发，欲我给之。昨适发晓单，妇女不发，既闻其言，又不知是族人否，令子姓识之，赙以一千。曾泳舟去，亦犒随人一千。还内假寐，见辛夷叶飐风似有雨者，俄而雷电大雨，睡起已夕。

廿七日　晴

看吴华甫笔记，痛恨于李、张，知天下有心人固不如我之凉血也，但不知其真恨否，毋亦能知不能行耶。

廿八日　晴

张雨珊儿家穗自陈舫仙家来，致寿嵩片。曾泳舟书求干欧阳生，不知已成仇也。说不明白，故与书令去。留点心，久不办，已行乃来。知饮啄有前定，不虚耳。凡来求欧阳者皆必求我，皆不知为仇家，殊为可趣，所谓“趣园”亦验矣。金妪留其侄，周妪亦欲留其侄婿，亦趣之一，为作书与幼丹，善遣之。懿儿寄馆金千元，而自云财利分明，与书诲之，此项宜充公。令国安作中，买杉塘馀租。

廿九日　晴。大风

牡丹、芍药均摇摇欲折，盖风姨能虐名花，又前此所未知。彭石如遣其从子来征宿诺，始忆荒唐，留住，补书与钱宝青托之。黎竹云儿信来，亦欲干心欧阳，与书告之。彭留居客房。

三　月

乙亥朔　晨雨

腌菜争缸，宜孙与周妪相持，各有其理，以宜孙不宜管家事，其理为曲。自有生以来未受此梗也，推原其由，咎在黄孙。凡事必有因，故不可生事。遣佣买缸，因送彭去。

二日 雨雷

杜鹃盛开，因登楼小坐，偶忆伯元诗，寻看一过。与书完夫，求鹿肉。

三日 去上巳二日。阴雨

易年侄来，心知其求盐馆也，幸已不在位，而求者空劳矣。

四日 阴

与书周生为易谋生计，并诲以事无不可言之说。凡求富贵皆不可言者，与外淫同。孟子以钻穴逾墙为仕不由道，盖知此矣。此义亦久不明，可慨也。遣人送之去。

五日 己卯，上巳节日。阴

周生及其妻侄田笃生来；曾祝林子来，求父诗序，即作一纸与之，均未饭去。又召见廖门生，问其来历。春寒殊甚。

六日 雨

余子和出狱来见，乃见之，油滑人也，不可充佃户，骂而去之。罗敬则来求信。留陈培心。与书幼丹。

七日 雨

周儿冒雨去，罗使亦去，黄孙去而复还。

八日 壬午，谷雨

春尽雨声中，笋多折损，作杏酪送春。夜雷。刷书人去，以一千酬之。

九日 雨连日

并看修书，限点十叶，功多于课也。宋版错落颠倒甚多，非善本。

十日　　雨

农人有求作文禳病者,云见一大蟒来饮供酒,盖蛇感酒香而来。

十一日　　雨

看修书毕,因检宜阳地,寻《水经注》及地图,开书箱,并霉湿矣。两年未理文籍,似多年荒废者,因题记以塞。《施注苏诗》,亦值千金也。

十二日　　阴

晨睡颇疲,未知其由,盖春困也。午卧外斋,看边贡诗一本。睡半时许,更无人来,乃入摸牌。黄孙迎母,与片遣船去。四侄女携子来求财,留居待时。

十三日　　晴,复雨

看《尔雅》、《水经注》,并考祝州木为今核桃,盖日有所获,学无穷也。惟闻纺车,颇令人思睡,不可并读书声。邓八嫂厌读书声,与我正同,盖彼必喜闻纺车耳。

十四日　　雨

蔡外孙去,云在警兵队,不可久失伍。看《尔雅》,又得两阒鼠,亦所忽略也。比日颇有温故知新之益。

十五日　　晴

德孙来,已不识记。金凤大娘来。南风送湿,木器俱流水,北屋波离流水,南则墙壁流水,盖地气使然。

十六日　　阴。北风,稍寒

看报,孙慕韩复出京去,盖避五洋也。日、俄、英、德、法大闹中华,中华殊不闹,惟报馆闹耳。检书,诗集已失去,亦奇事也。

十七日　　阴

看明七子诗,殊不成语,大似驴鸣犬吠,胆大如此,比清人尤可笑也。

十八日 阴,有雨

自作豆乳,无大利,不知贫叟何以度日。姜家送豚蹄、只鸡。见蟒者病得小愈,亦有谢礼。文吃病重,遣送人参、沉香少许,以报其父频馈食物之意。

十九日 晴

红药开三朵,晨看亦佳。史佣送盐卵乃胜家制,想系王宝川手制也。

廿日 晴

郭七女、张子年来,均留居,遣轿夫去。女床无多,与四侄同住。子年不能上床,以睡椅置内厢待之。黄生来,取修书去,坐竟日,留午饭。看报,袁儿开缺,恐海观逝矣。

廿一日 晴

为子年写对额十馀纸,贞节牌坊,恐伤神矣。顷之谭家栋来,不识其名,出见乃芝公子也,贵人之子降临蓬户。询芝公踪迹,云已自山西还京,贫过去年。又有女客戴氏,云是亲戚,携子来,所谓"富在深山有远亲",于传有之,留居内房。子年去,谭郎来,正相遇也。

廿二日 晴

红药盛开,亦有风香。得周生书,即复,为谭公子运动,饭后送之去。复有朱姓来,云王惠堂有信,以为还钱也。出见乃一聋人,云送午桥被炸震聋,欲干百花公主,领入书房,看告白,嗒然若丧。让我入愒,适倦假寐,外报船到,滋母子还,云大水盛涨,系拖来者。七女告去,云有人来接,近年所罕见,犹有古风也。

廿三日 丁酉,立夏。晴

女客均去。家制熊掌不能香。常家送椿,留待神仙。

廿四日　晴

写字数幅,看报,又开方略馆,记述圣武,云须招到十馀人。朱聋告去,取衣装。

廿五日　阴

周妪亲家母之妹来,蔡人龙来,所谓“深山远亲”亦有可乐,俱留客房。蔡先在外,亦令移来。夜雨,神仙假还,亦来投到。

廿六日　大雨

神仙冒雨去。与书两儿,寄十万钱与干女,以志陈母之托。

廿七日　阴晴

议往衡州,忆沙窝船,忽忘其名。蔡生、宜孙均欲分两船,不知山长到馆,不能如此热闹也。舆请写诗,提笔即误。

廿八日　晴

写屏四幅。蔡生告去,看《隶释》三本。

廿九日　晴

邓外孙及翼之子子祥来,大要为欧阳述,无暇与言,留居外斋。周生来,诉欧阳求事陶澄。文吃死三日,其父子于我殷勤廿年,宜有以酬之。夜大雨。张生来,诉贺云,与书罗令。

卅日　晨雨旋止

二邓告去。衡州专船来迎,欲寻周生,已不知方向。罗小敷来,要其同游东洲,匆匆辞去。梁莘畬儿来,求书干巡按,复书问讯。

四　月

乙巳朔　晴

始换绵鞋。月生、七相公儿来,贸贸入见,竟忘之矣。云欲从我吃饭。自归检装。

二日 晴

写对子。盈生来。贺子云来,云张已发冢置茔外,云受我指,宜如我处置。余不能教其自迁,云听官断而已。初说不信,事已无可转圜,只有吾末如何而已。

三日 阴

张金荣来,云刘姓已释出,来谢,未之见也。有如许官事,便有如许探官事人,可为三叹息。

四日 阴

舆儿来,乡中有主,可以暂出。红船因雨不来,雨止乃发,其夜亦至,余已睡矣。

五日 雨

待霁乃发行李,初欲尽室行,三儿既来,乃留其妻女与黄孙夫妇同居,余率两女一孙同行。得宋育仁书及段香岩书。

六日 晴

饭后上船,留金携周与女各一船,夜泊洛口内。

七日 晴

晨买米,米已长价,仅带石米,价八千矣,又有焚抚署之势。巳初开行,夜热,宿株洲。

八日 阴凉。电雷小雨

帆行四十五里,泊山门。

九日 癸丑,小满,阴雨

行百五里泊黄石望。

十日 晴凉

看《诗补笺》。行百五里,夜泊霞林站。过雷石,榷税已易鄂人,一朝天子一朝臣,易仙童言不虚也。夜行与红船相失,殊为劳望。

十一日　晴

行一日至何家套,船人俱不肯行,周妪又畏大水,即泊杨泗庙,望城不至,所未有也。有二人先行,至书院,恐诸生夜待,亦遣二人陆行报之。昨夜为蚊所啮,今年已惯,不觉扰矣。

十二日　晓行,晴

从东岸上,到时已将巳初,入门乃饭。首士、监学并来。遣报城中,真女及三孙女旋来。贺彝仲孙派庶务为主人,诸生在者皆入见。杨、任、萧伯康坐最久,三孙婿从之,将夕乃去。托程仲旭请医。

十三日　晴

因待医生未出。李选青及屈生、程九来。方令李看病,俞琢吾来,江瀚亦至,陪客甚惫,未夜即酣睡。喻味皆、周崖船均呈所业,皆巨制也,周历学多袭西书耳。珰女及三孙同入城去。

十四日　晴

入城拜客,邹智深来,请说官事。周儿索小费,而忘其冤单,无由关说。谒镇守使,卫兵令坐官厅,遂不禀见。从潇湘门渡,遵陆还洲。在杨家摘杏两枚,大于北产。彭家吃馒头三枚。还已夕食,程家送菜。

十五日　晴

忌辰,昨属素食,厨人忘之,乃独食,又具多品,告以素食不可致饱。客来皆谢未见。

十六日　晴

今日始开学,约巳正,俞琢吾早来,江瀚亦至,首事反后,监院最后到。释奠,以庶务行礼,余后出堂,见诸生。杨伯琇来,旋去。余〔俞〕、江待饭,至申乃设,日照灼极热,乃移内斋,酒罢惫矣。

十七日　　晴热

真女率子女均来，云毓震将入京，完夫意也。因作书问完夫病，兼谢袁世兄。

十八日　　晴热

似伏日，汗出如浆，所谓病于夏畦者与？下湘，问伯琇母病，兼访夏彝恂，不遇。周妪迎宜、萱，至夜始至，已吃过点心矣。真子女均来，珰庶子、亲女亦来四人。敦竹晏至。院生送礼，杨、常女客亦来贺。珰夜放烟合，火爆甚盛。仆从并出，无人使令。

十九日　　晴热

设十席，为珰夫妇作五十生日，今日珰生日也。城内外世交均来，午设三席，已无坐处。

廿日　　仍晴热

午至衡永道署，俞琢吾设席，请商霖、伯琇兄弟，廖、萧、萧笛坞同坐，笛坞盖其同年。酒半，登亭坐纳凉，未夕散。岳孙往京，轮船已发，宜孙送之。还城同渡湘，见城中火起，欲还难渡，遂还东洲。

廿一日　　晴，稍凉

欲寻庶务商量，云已还城。午间首事均来，云我随丁骂庶务，想未有此，而持之甚坚，理当查办。真仍来洲宿。

廿二日　　晴

尹和伯来，云为尹伯纯帐务求信，与书葆生谋之。问其何以仆仆，云常与通财，故报之也。财之能驱遣人如此。庶务既坐实我仆无礼，当并其母子遣之，令即日去。

廿三日　　阴

周船已来，院生又留之，云不可去。是仍为社鼠，益证难养之说。周生少子来求书，则无可与。程通判母丧，不以其兄主丧，而云师说不称继妣,继则三子无母,其谬如此。幸吾不生嘉靖时,否则必为璁、萼所诬矣。滋女疾,似可医,请李进士来说病,仍主一方。

廿四日　雨

看《隶释》。滋女请作程二嫂挽联,为作一联云:"淑慎早传徽,忆佩环来自仙源,湘东共识名家韵;蘋蘩能率礼,惜筐莒初终妇职,堂北俄倾寸草晖。"

廿五日　己巳,芒种

湘潭张起英少林来,云掘坟已葬,当服徒刑。求书与陈培心谋警务馆,与书即去。送刷书二簍来。

廿六日　雨

李复先生请看《论语训释》,多推之于朝政,又一家也。滋女服李方,畏寒作呕,未知是瞑眩抑是反覆。李云彼有抑郁,则其命也。邓婿来,言带债主同来,寻曾泗源去。

廿七日　晴

出城访选青问病,见其暮子。还船待周妪,遇梁笃亲,云自桂阳还安化,来求写字。

廿八日　晴

作程、赵墓铭。李薛青荐程九照料制药,云就便约束。不可不许,因令来居外斋。与书茙女,问其行止。

廿九日　晴

接脚女求金,留待邓婿问之乃可复信。扬休亦来吃饭,冗食者不可查究,只得听之。永侄来,为梁家送润笔,旋去,不知所往。

卅日　晴

学堂教员因夏钦来见,凡五人,皆未接谈,亦不能识面,犹未见也,彼盖已识我矣。俞琢吾昨来请出题,久不措意,颇窘于应。

五　月

乙亥朔　晴

陈仲驯奉将军命来求寿序，送礼六色，云有差官同来，留居外斋。周厘员来。

二日　晴热

下湘寻医，还船待周妪及选青。日炙颇热，到院已困，又陪李、程点心，客去便睡。魏允济来，以其名似世交，因出见，果槃仲子也。

三日　阴，夜雨

饭后为梁笃亲作书，因写对子数幅。诸生入者满房，乃罢不书。出知单召收支算帐。絺衣犹汗，设榻楼桥。

四日　大雨顿凉，易夹衣三重

作汤寿序，殊不及吴恪帅序，人不对也。并复铸心书，谢其拳拳。陈仲驯得文价去，云往杨家，出看已卷单矣。程亦琐门。宜孙昨夜未回，想与周桂儿同遁也。

五日　雨凉

午出堂，诸生贺节，分班拜，殊困于答，设粽卵。宜孙以划船竞渡，五六人荡桨，不能溯流，聊存其意而已。洲旧有三竞渡船，今年亦不赛，盖年歉使然。王季堂遣儿来。

六日　晴

诸生醵请，设坐彭祠。未午出答王父子并验契员蒋，均不遇。见厘卝周、魏，小坐。便至彭祠，官绅不会，惟有师生会饮，亦嫌其侈。邀魏克威作客，初更还，行几一时许乃到。

七日　晴

看课卷，写对子，李馥先生告去。

八日　晴

周妹专人来,求书与审判说官事。余佐卿儿来,求书与巡按要饭吃,均立应之。

九日　晴

余使方去,余侄又来求书与将军,曾劼刚真害人也。书院是非丛生,未知其理。余绳武字卓生,学堂人也,告以我最恨学堂。渠若有失,似知其无望,因许作书,令其早去。

十日　滋生日。甲申,夏至

设三席,女客二席,有完夫妻、妹、兄妾,真子女与珰母女,便满十六人,外则李、程。在里早面午饭,馀皆未饱,以有女客,亦未入内。夜见书房有灯,询知国安来,问其来意,亦欲觅食。

十一日　阴热

写字数纸,墨不可用而罢。诸生公请,力不能供,本当还公送火食,乃以五万钱助之。阁道纳凉,偶题八韵。

十二日　阴,有风,甚炎

偶思曾侯,夜饭时检旧诗看之,至今六十年,如眼前也。

十三日　忌日,素食

常婿来,得铸心、陈完夫荐曹生书。舆儿告困,书云欲入京,不知何所投也。八女来书,云有一信未到,丁婿又求得盗泉,不可喻矣。今日稍凉,夜雨。

十四日　雨阴

看报,无新闻。王季棠招饮,陪锰卝局、交通行朱德臣儿,颇有旧瓷。水阁不凉,未昏散。

十五日　晴

珰出省杨嫂,何教夫来,云已逝。顷之异夫还,云今早事也。

珰、真皆其干女,携真往唁。伯寿从水去,陆还,已敛矣。

十六日 晴热,有风

暗诵《西征赋》,半忘之,复检一看,并看《北征赋》。周妪出游。

十七日 晴

纨兄公来,言讼事,告以今非讼时,又钱债不可讼。乃云廖六爹已关说矣,意欲胜廖以为豪,非为钱也。乡人之愚如此,所谓夸者死权者耶,余亦愿为烈士矣,遣陈八助之。伯康来,云杨家请题名旌。忆《儒林外史》荀姓事,不觉哑然。

十八日 阴

晨闻功语,乃恍然于遣船迎已忘之矣,光阴迅速,不觉差一日也。因起见之,则慧孙亦来矣。饭后携功同至杨家,坐客厅待事,廖崖樵知宾,神似仲桷,陈卜臣、伯康均在,题旌后设八碟相款。功自去诣亲友,余独舁还。

十九日 阴

邓沅复来,云为功餪祝,具倡戏,必欲吾夜宴,告以八十不留餐,后殊坚持,盖以用钱为快,亦新派也,许为一往。程生与廖、萧来清斋,正无如傅颠何,且看其手段。比日专看日本报,又闻财政兴大狱,而湘巡卖十万元,不知谁撞木钟也,要亦可惊可喜,令人有弹冠之想。夜设鱼粉,不得尝。诸生送功花爆,繁火可观。戌正乃坐船,携功赴邓宴,廖、谢、陈、夏诸生皆在,客有王、萧及赣商数人,至子乃还。殊饿,思食不可得,瀹鸡子一瓯,犹未得饱。常婿来,已睡矣,夜深亦寝。在船遇大雨,衣衫皆湿。戏子张伞往来,亦一奇景。檐溜如瀑,数十百人皆雨,世界犹可观也。今夜有二奇观。

廿日 雨

昨夜寝殊不迟,但未闻雨,起乃见积水,雨已过矣。今日功六十生日,为设汤饼。亲友多来者,早面后留来客便饭,逡巡来者十人,坐只容八人,乃令功陪二常于内,余陪俞琢吾、彭、夏、廖、程、萧、何教夫宜萱外孙女之祖翁,设八俎,殊不烂,然已惫矣。

廿一日　晴

诸女入城,功出谢客,并诣杨家,余留守屋。杨休夜来,云黄孙明日可到。

廿二日　晴

刘家请帮讼,为告廖隽三居间,俾纨得复命,因令归家。滋欲送之,而道甚远,乃俱至真家话别,因留一宿。

廿三日　晴热

午后起风,始得解愠,计纨行必困也。等黄孙久不来,过午乃与滋、真携妇子同至。余率功坐船至魏克威局中一饭。程生本约同集,至日乃知为忌日,余亦闲有此事,然荒唐甚矣。俞、廖、彭、夏、萧同集。夜明镫牵缆还。

廿四日　晴凉

写屏对。为刘亲〈家〉索债,与片廖议和,未知和否。乡间□干至兴讼,两家均须费百千,一不肯让,人心真不可测,亦不能以礼穷之,反足穷礼也。

廿五日　晴

晨坐阶前,见一人取眼镜,已而入揖,甚似陈熊叔,讶其何自来,乃黄婿也。告以其家人俱在此,殊无感情,乃送寿对,邓婿笔也,学《聊斋》细柳联,而不知大嫂姓,可谓两奇。廖、萧公请,席设萧宅,有道尹、知事、魏令。

廿六日　庚子,小暑。阴雨

宜孙生日,十七年矣,未尝同堂,今乃随侍,为设汤饼,放爆竹。

长郡馆屡约集会，三辞三改期，今云陈禄康欲来谢师，昨正来信送罗，因许一往，与功俱去，功复邀黄婿、永侄。未设酒时，忽报朱菊尊来，已至书院矣。因其居丧，不便召之。甫上菜，便辞还，到院云已去。湘水暴涨，夜雨。作书寄唁心盦，并赙卌元。

廿七日 晴

晨未起，云菊尊来，出见之。张少林踵至，求帮讼，告以既掘人墓，当静待罪，不可再言理矣。贺云我主使，即请照律定案为是。午赴衡阳，乃至衡府，入五马门，已改题矣。朱、魏并上轮船，欲往送，云船窄不便，乃止。程生作客，与我对坐，忆与其父游宴，今乃成群纪也。周屏侯已不相识，萧、廖、吕同坐，未上镫散。还至太史马头，卝局船复来迎，仍牵缆还，几不得拢岸。

廿八日 晴

湘涨平堤，势复成浸，令觅船下湘，云俱畏水。具二舫备移行李，复因惜墨作书，未毕二联，水入院墙，亟收拾器具，写字亦未三行，仓皇登舫，水果大至。儿女登楼，余在舟，相距无一丈，地下已不可行，滋、瑃携妇女均从楼槛下船，遂已昏黑，船楼灯相映，各自酣寝至晓。

廿九日 晴

水势仍激，真遣人来问，顷之自来迎，余答不去，乃迎滋去，妇孙均从。黄婿告归，亦从楼上话别。廖、程均言宜入城，余意欲遂去，未从也，院中水已浮案矣。欲和余尧衢诗，甫得三韵，遽失其稿。

六　月

甲辰朔　晴

船人不敢下,乃从百塔桥登岸,移城外旧院,新改学堂,众方觊觎,余来乃移去。学生二人、廖、程、谢、彭、樊均来照料,早饭城馆。江、俞均来慰问,诸生来者多不识,一一接谈,惫矣。儿女俱不来,宜孙来一转即去,常婿独留相伴。夜有猫跳窗,窗纸尽破。

二日　晴

真女来看。将夕功、珰乃来,将遣人迎滋姑妇,会暮,恐隔城乃止。

三日　有雨

书院人来,云水退尽,地皆漧可行矣。告船丁,当往看之。报纸言有《清季野史》,多载轶事,遣程七觅之未得,得旧小说十馀本,聊以消日。外孙女宜萱还何家。

四日　晴

到东洲一看,将寻余尧衢诗稿,已不可觅矣。周孙云不如城中去,此处无可留也。乃惘然而还。问功何以勾留,云将往水口山看卝。

五日　晴

黄、唐来约功行,备兜子三顶去。每日看小说,亦足消日。

六日　晴。庚戌,初伏

慧孙误看历日,云已伏。真送瓜三枚,未足除渴,聊同皃呰耳,殊可笑也。黄孙仍独还东洲。

七日　初伏日也。晴,无暑气

功还,未得抵岸,盖水退行迟也。家中数人待其处分,殊为淹滞。

八日 晴

始浴。功还甚早，晨起乃知之。有王姓妇来通谒，辞以书院不宜见女客。七相公儿告去，期申正行，未至，午正船已开去，遂止。

九日 晴热

生徒数人来，谈看小说，言朝事者漫言诋毁，全非事理，可为一笑。

十日 晴

闲住无聊，将移还洲。馆中后阶尚凉，每日摸牌消夏。孔子取博弈用心，今则取不用心，又一义也。

十一日 晴

晨起见完夫所书旧扇，已而滋女来，云完夫逝矣，为之懵然。余儿女夭逝未尝如此惘惘者，伤其多一官，不便写铭旌也。既不能教，而反助之，诚余无操持之过，乃遣儿孙往视之。珰女亦往唁，则自以妹婿之谊，还云霖生妻亦病笃矣。功还家去。

十二日 晴

为李生妾书扇，复为彭理安书扇，程墨庵书扇。

十三日 晴

邓子溪送瓜，并求书与王静轩，关说官事。俞琢吾来，言考课事。

十四日 晴

闻吴仰煦曾来，正欲见之，至道署访吴，因过俞小坐，云乡民求雨，复禁屠矣。至夜遂骤雨，但不多耳。

十五日 阴

写陈郎挽联，又以银折与真，令办成服事。夜复得雨。

十六日

晨起往陈家,卓胖已先在,选青亦至。大雨颇畅。陈客女多男少,坐半时未陪一客,乃还。甫至馆,仰煦来。夕萧伯康来,云魏克威未至上海而还,亦当来谈。坐久之,魏来,云请电孙慕韩、盛杏生,依而与之。又云欧阳述随人以百金窃关防辞职,已换人矣。欧家起灭均出意外,疑周亩庄所为也。

十七日　阴凉

看宋小说,有未见者。陈九郎遣妾至弟妇家争继,其妾亦伟人也。遣迎真来避乱。完夫妻不肯来,且留观变。俊臣子乃至此,可为伤心。午后大雨。今日庚申,中伏。

十八日　晴

吴仰煦久不见,约来便饭,因请魏、萧、廖、李同会。未午程九与李先来,欲并留程,俄已去矣。尚早,因邀吴、李、魏摸牌四圈,未戌散。今日无雨,颇有暑气。功寄书来,甚似程生口气,龂龂于劣侄,亦可怪也。

十九日　晴

得茂书,并寄花椒,即欲复书,以热未作字。午后大雨。北兵捉金德生去。

廿日　晴

仰煦还席,即携馔来,客皆昨人,魏、廖、李、萧外增入程九。半酒,刘婿自京还,便邀同坐。未夕散。

廿一日

晨复茂书,遣寻刘婿,已去。看课卷,殊无佳者。

廿二日　晴

李藓青送酒,请珰、真作客。李被盗,不能来,真来旋去。

廿三日 晴

写程赵墓志，看课卷毕。夏生来久谈，云早见欧西战事，与完夫豫言之。又云周妪当有贵子。亦幻境所见也，而未知欧阳述之显达。

廿四日 晴热

写女扇一柄，送卷去。张子年无依，将特设一差位留置之。邓生来求书与汤。

廿五日 晴

魏克威招饮，过午来催客，因将遣房妪看孙女，并送精忠柏诗去，遂渡湘，而妪忽不去。余渡，则俞琢如已辞，惟夏道先至，吴、廖、萧继至，江知事最后到。散已上镫，乘风归，颇凉。警兵巡津口，云已来乱党五十馀名，正稽查水陆也。

廿六日 晴

误以为伏日，遣求羊肉不得。魏郎送瓜二担，今年足消暑矣。细三归觐，真亦来看。

廿七日 晴。庚午，三伏

宜孙始讲《春秋》，茫茫非有根柢之人，聊读未见书耳。夜热，猛雨。

廿八日 雨

饭后将出未果，午后乃至西禅寺，转弯似换方向，至则魏、程先到，廖隽三为主人，并招张尉、蒋令。今日辛未，立秋。

廿九日 晴

张尉来，意似不乐，吃空饭，无事可位置，又无饭吃，知首阳不易居也，正使饿死亦不能胜齐景公，不知圣人又何以诲之。

晦日 晴热

得功儿书，正欲唤船，陈四毓章来，言已派船来接，姑待一日。

书院后墙外棚被焚,烧及梅竹,内外孙女往看。夜雷。微雨。

七　月

甲戌朔　阴

晨出写字。贺朔客来六七人,一汤姓,初未相见,云叔昆弟兄,欲求榷局,告以非钱不行,非我所及也。令人思欧阳述、夏时济。尽墨一碗而罢,纸犹未半。看王曾氏《经子浅疏》①。

二日　大雨顿凉

程七郎送菜,遣迎真女不至,珰亦往彭家去未归,菜俱败矣。滋病又发,殊为恼人。萧子夕来,云魏已去。

三日　凉,有雨

酉至道署会饮,夏生先在,王伯约后至,未与款洽。仰煦言消夏往事,有"薇"字韵诗,不忆之矣。将夕阴云,甚欲澍雨,已而雨散,坐待甚久,还已将亥。庶长早来。

四日　阴

写字数十幅,犹未全毕。夏生次子来,云欲下省。

五日　有雨

觅船下湘,云须送租。滋先顾一永州纸船,令泊马头,珰亦觅一吹火筒往洪落庙。留行者纷纷,装已办矣。申至衡阳会饮,程生自乡来送,便约同饭。夏生、周屏侯、廖典均在,散犹未夜。萧约未至,二更来,留行请饭,不能应也。

① 按此句王某及其书均所未闻。据文意似"王曾氏"是人,"经子浅疏"是书,未能臆定,姑存疑。

六日 晴

静待上船，殊无行意，余乃先上。俞道尹来留，萧、程并来，诸生亦皆来送，竟日对客，不论开船事。至夜，滋船先发，珰上岸去。

七日 晴

晨移柴步，迎珰来上小船同发。滋船人在岸未待，云新来，恐无归，当往寻之，又舣塔下，遣二人往，则已顾船来追矣。行至萱洲，见云色有异，恐有大风，又舣一时许。夜泊老油仓。今日出伏。

八日 晴。颇有秋意

晨行至夜未舣。

九日

晨醒已入涟口，缆帆并进，人亦踊跃。晡泊三塘，稍上，至谷家小坐，待舁还家。滋姑妇均来，慧孙亦来，三妇及孙男女出迎，待饭已夕。

十日 晴

晨起至前堂，见三儿，始知昨夜已至。方办新谷，专人至城，未遑他事。

十一日 昨夜雨

今晨遣聂佣往城宅。周童及乔耶均来。周姑耶又来求帮讼。

十二日 晴

水复暴涨，至城路断，待省力不来，书梁墓铭毕，又当送袁挽联，无纸可书，但磨墨以俟。刘、胡来求退差，夕去。

十三日 晴

周生率王儿来，亦为差事也。黄生持功书来，并送果饼，告以初归未遑他事也。作朱八少母墓志，叙述颇有声色。

十四日 晴

朱、余特属记事，检已失之，遣罗儿下省问之，并送梁志去。卜太耶来,云郭葆生已免官夺权,牵及汪颂年,可怪矣。湘绅劣必三,亦故事也,当作诗张之。今日丁亥,处暑。杨笃吾来。

十五日　晴。日光甚烈,而秋风已凉

乡人烧包不及往时认真,当潜为耶苏所移也。夜月极佳,惜无人共赏。

十六日　己丑,晴

看董鸿勋四书一过,与朱晦庵戥上秤过者无异,不如博弈之有新意也。国安来,乃误以为镇南,恍忽可笑。

十七日　阴

罗童空还,惟得白绫写字,便写三大幅及挽联。向晚甚倦,陈尧根及王愒堂来,均不欲见,大睡至戌方起,客俱去矣。

十八日　晴

晨作书复尧衢,应卜尉之请,知其无益而为之。唤船,遣舆吊袁丧,并送卜去。王儿复来,卫兵佃户簇拥,似皇帝也。

十九日　晴炎

唤船入涓,遣舆吊袁海观,并送卜去。萧儿夕来,云大考书院,欲求荐书。余云特荐女一人耶?云可荐四人,且云罗知事先试乃送,如县考也。令探听明白乃来求信。王儿已去矣。

廿日　晴炎

萧去,客始暂断,拂拭床席,以待后来。作书与神州报馆,谢其送报不取钱。看报记杨度事,颇有风潮,不愧为学生。罗金夜游,晚归已过子矣,舆亦异还,均睡未闻也。

廿一日　晴炎

想又如甲午年十日炙毛发也。舆云袁二子已北归,家中犹有三子,又一子已往江南,未吃席也。

廿二日 晴

畴孙眼痛，未讲书，为乡人作求神疏。与书吴雁舟，荐萧生。得衡州转电。

廿三日 晴

周童办面四十斤，作母生日，其豪气可想，宜乎与陈漳州抗行。刘二嫂、陈二哥均来，并拜生客亦有矣。与书报馆，投稿。

廿四日 阴凉

陈生亦请书意见，为作八条。周庶长来，意欲我飞书百函，为谋一事。谋事之难，求信之易，皆可骇也，而周若固有之，人情伪之难知，晋文未必尽此。郭佩珍来，言月塘讼事，且送火腿，辞之谢之。夜凉。陈去。

廿五日 凉

待周、萧接信，一日未至，所谓相需殷，相遇疏。

廿六日 阴晴

周来，拟信稿遂至一日，自云被撤，尤为虚诬。得衡寄蜀书，三千里展转至四千里，半月而至，计日行三百里，排单八百里不过如此。

廿七日

袁世兄生日，只得遥祝万寿，纪文达不知纪述否。昨日懿同周去，萧亦偕周先去，为荐入高等学堂。复茂书。

廿八日 晴

周再晚来，云礼房人物也，欲争墓地，请帮讼。告以是翼云专政而去，纯乎乡人。

廿九日 晴

张起英来，亦求帮讼，告以已掘人坟，但当领罪，无可帮之理。偶理残书，取《直斋书目》看之。长沙侯延庆、王以宁、钟将之，并不知名,以宁曾为作传,似是湘潭人。长沙又刻《百家词》,今皆未见。

八　月

癸卯朔　晴

张成自粤来书,求关说,田、张、周又为成关说,坐谈未问来人姓字。至夕又来一女人,携子同来,疑为四女之女,询知戴李氏,李萼子也。来往五年,未为一援手,已费去水礼将万钱矣。其不知节用如此,比之一豚蹄求篝车者,孰为工拙乎?

二日

祖考生辰,未设面,作牢丸见意。晴凉。

三日　晴

寻小塘《封羊诗》未得,因欲刻近诗,试写册叶二叶。

四日　晴凉。夹衣

晨起写册叶四叶。

五日　晴

写册叶。得省信,方桂送来,云将随纯孙往辰州。

六日　晴

方童早去,余亦早起,作朱陈墓铭成。遣人下省买办。钰丰馆送茭笋。韩石泉来,云初病起,已惫矣。附书功儿。写册叶已得十八开。

七日　晴

谢涤泉专马来,为朱进士求书,云浙江参政,写浙江词应之。写朱志成,将附便去,因行者急,未能附也。

八日　阴

罗童还,功书来,言劝进事。陈秋生来,云有事,恐不能应十一日祭期，故先来。殊为多礼，留饭不吃而去。

九日 阴

奴童颇多来者，盖亦知半山有祭，来混饭者。劝进又作罢论矣，杨生徒挨一顿骂。

十日 晴

得真书，告不能来，而推九姐，可谓谬也。母生日祭本可不来，而言来不来则不可。播生来。舆行两日不至，殊不可解。

十一日 晴

昨夜待烧金银甚惫。常、陈婿来，设汤饼款之，夜竟不办，今早设面，又未饱。葆耶来午饭，亦未饱。夜乃饭，又吃粥。

十二日 阴，有微雨

日本三学生自衡山来，各长谈，无甚相关。夕乃酣睡，比醒，客已眠矣。常婿求信说官事，与之即去。

十三日 晴，复热

杨贤子自北归来看，致李梅庵书，送火腿八匣，及茶点，云告假还。留住一夜。

十四日 晴

刘二女来。贤子午饭后乃去，晨已为题画写横条。宗兄来过节，宝耶亦来。

十五日 秋节。晴。夕忽阴雷，至夜遂无月

晨起为黄生看所钞《史赞》。午前黄来。

十六日 阴

得窊、茙二女书。宗兄言祠租事，余不能问。今日戊午，秋分，社日。刘女去。

十七日 阴

写李幅，论作文法。功书来报陈程初死，当吊赙之。城中无老

于我者矣,非佳问也。

十八日　晴

祖母生日,依例设面。宗兄吃三大碗,犹能食肉。

十九日　晴,气寒

写李幅,论文法。外孙妇生母来,留居女客房。夜蚊扰人,仍张纱幮。

廿日　晴

写李幅词穷,尚馀一纸,不能满也。黄孙求书归宗,依而与之。复胡婿书。

廿一日　晴

复茂书。衡州遣船来迎。舆往祠堂问租未还。萧媪告去,女从往。携巽种豆。黄孙下船,遇浅复还。周生夜来。

廿二日　晴

舆率两子俱去,顿去七人。周请写寿对,召之不来,余亦将去矣。

廿三日

晨约周早上船,继又改早饭后行,复遣觅周,遂误以为招之饭,辞不肯至,乃不携仆妪,独身上船。巳发,酉至九总,移宿局中,舆、赣均在,宜孙又回乡寻我去矣。

廿四日

罗知事、刘明钦来访,陈、欧不至。滋觅洋虫,云可明目。李萼来,字韵仙,为姊请饭。

廿五日　晴热

晨写寿对,遣周生送去。饭后出答罗,寻戴女,有数江西商相陪同饭,徐孙亦在,饭罢还局。萧小泉来访,傅兰生请秦子和、匡策吾、曹福生陪我午饭，万艺圃云亦主人。罗又来请，则不能去，请秦、匡代辞。至夕下船。周生约来不来，想为将军门客矣。

廿六日 晴热。复纻衣

辰发，看已诗过日。夜泊白石港。

廿七日 晴，愈热

挂戗行，亦时缆行。夜至晚洲，余已睡矣。

廿八日 阴。北风顿寒

小疾不欲食，心颇不乐，频起频睡，才一食。夜泊萱洲，风摇柁甚壮。

廿九日 阴

无风送舟，多恃缆行。询杜浦，正在霞林之下，余覆舟霞林，杜中风杜浦，此路不利诗人也。夕至东洲，到院即睡。

晦日 晴

庶务、首士、二程、选青、俞道尹并来。真在房未得细谈，孙婿更未一谈，已日斜矣。写册叶数开。杨拔贡、周历生同来，常婿亦自省城来。

九　月

癸酉朔

院中昨夜办祭，今早早起待客，坐外斋。未久廖生来，二杨、冯生旋至，云首士已来，贺生父亦至。久之始行事。余未出莅，但在内坐至朝食后。魏克威来，示功儿书，已欲干世事矣。因约与魏同下湘。设酒内堂，魏、杨、冯、廖同坐，谢、贺在外，未与也。饭罢客去，卜女与兄同来，并携孤子，遣船送去。大睡，起已日夕，饭半碗，上镫矣，又睡久之。看周生《历书》。得刘生京书,中夹长沙一书,不知何自入也。杨宗稷时伯求题其父画册,为书一纸,交任公寄去。今日寒露。

二日　阴

朝食后往湘东看萧伯康,遇江知事、夏进士畅谈。因真女在院久候,从陆还。程通判亦相待,俱坐内斋,将夕,留真晚饭去。

三日　晴

彭理安来久谈,云胡定臣京卿尚未去,己亦将往长沙。刘亲家来昌沣,忘其名矣。真女又携完夫继子来见,甚似其姊,其长姊亦同来。杨孙婿又来,留饭去。萧伯康专船接周妈,余不与书,真与书,遣陈八去,又动天下之兵也。

四日　晴

刘、陈两婿均来。子年、两程、李进士来,余方看报,未暇接谈。

五日　阴

昨夜有雨。锰卝局长来访,周儿辞以睡,慢客之至。因出答拜,坐萧轿,便入城答俞、廖、李、魏,惟俞得见。又见仰煦。还见卜子,并送其父书,云欲径干王国铎,奇想有如此者,无怪欲世袭总统也。伯康来,送炒栗。

六日　晨起大雨,不雨二日矣

陈婿与常次谷来,留饭去。伯康日日送菜,殊不敢当。

七日　雨势未止

周庶长来,云后一日发,后四日到。得将军请帖,可以辟邪。夜便梦衣冠往抚辕,觅轿未得,即欲步去,又家中似有喜事,人甚喧闹,余戴毡边冬冠,是新制者,仍未出门而醒。

八日　雨

孺人生日,无面,作诗一首。

九日 雨

西禅请六钟，辞以太早，及晨起正六钟时，因出登高。泛湘入城，大雨，正见一村翁呼我未闻，舁人云程商霖也，将上湘见我，可谓更有早行人矣。街灯犹未息，至西禅寺早斋已过，坐待客来，并招程生来，至午俱集，共九人，俞琢吾复招客八人，遂尽一日。午晴。夜到院已亥初，有月。闻常霖生妻丧。

十日 晴

当往常寓唁霖生子，因于午前下湘，至其寓处，在一狭巷，喻生讹索所筑也。一小儿当门，称余外公，疑是陈女，未便问。入临殡，哭声大作，未便久留，遂问所费而出，然常氏已设燕窝点心，似有馀矣。一人知宾，未便问姓。便至陈家，则陈婿、二杨已先到，更有周屏侯、廖俊三、陈四少耶，伯康亦到，菜毕已上镫，还亦亥刻。

十一日 晴

陈八还，云妇女不能即来，正合机宜。作书与黎宋卿，为齐七干说，又作完夫序言，悔不当为干说，此所谓失其本心，非我也，二三子也。夏彝恂来，言熊放卝长。令分三考取士，有俊选上三等，斟酌古今，其最善乎？刘婿来，同饭去。黄孙送蟹廿螯，仅得二活蟹，与八月所食无异，非但不知味，亦不闻气也。唤陈八来问家事，云月半后有船来迎，令陈婿催其早来。北风骤起，真明日恐不能发。

十二日 晨起颇寒，午后密雨，不能出

遣送常九嫂奠金，写黎宋卿寿对，上楼闲看，颇觉寂寞。与书四妇，劝其还乡。诗卷破烂，装褙完好，自看一过。

十三日 雨寒。始衣襦

昨买寿对未至，陈婿送一副已送黎宋卿，周生又送一副，书与郭葆生："称觞喜重理池台花木；教子能增光将相门楣。"郭父为母寿作

屋城中,未几焚典败坏,几不能保。去年借我名驱占兵出,乃费万金重修,故为喜事。郭先在江南娶于氏,及还,父母已为聘杨氏,乃以于氏为次妻。生葆生,有文武才,除说谎外皆可取,亦可传也,惜不得何贞翁记之。待积墨不漧,强卷而去,亦何书所无也。

十四日　　雨

昨饮北极寺,萧云其母必欲接周妪来,又遣人去,告以不必,不得我信,亦必空往,乃与书告以真所言又变。今红船不必来,红人必须来,又正应送郭寿对,因遣名静去,就荐与郭卝厂作工。二程来。作《北极殿诗》与萧伯康。待周生不来,此人荒唐无心,想不可用矣。未下湘,至杨家,三孙未出,俞、吴、萧、张、程生同集,魏克威不来,招夏生来同集。

十五日　　阴晴

张味鲈来访,其兄弟皆取水族为字,亦可异也。示我所作灯谜,竟成巨册,余为序之。程通判、周生前后均来。冯洁翁孙来诉穷,云已断炊,以四元赠之,洁翁所必不料也。周买碗一席,未问其价,买毡一床,则不合用,令换羊烛,所谓以羊易牛,又一好谜料也。买铅茶船,令换锡茶船,价贵一倍。看报无新闻。

十六日　　戊子,霜降。雨

刘婿来,亦将北上,未能止之。竟日看张谜书,几十万言,亦奇书也。待廿日出,当度日如年,方知山中甲子之长。三湖町王生来,言讼事。

十七日　　阴

陈四郎来送螃蟹、水果。樊非之零陵来。写条幅四张。道署送卷,云二杨、廖、萧均去矣。

十八日　　阴

日本医来谈国事。作杨志成,誊稿殊不成行,且姑置之,写息焚之者三数矣。翻课卷，殊无佳者，尤奇在不知雁峰多高。

十九日 阴

写对幅，看《湘军志》。

廿日 阴

先孺人生日。昨烹羊肉太清，不能作汤饼，作饺应节而已。

廿一日 晴

看课卷，出城答张味鲈、陈仲叔。

廿二日 晴

孺人忌日，不出游。看卷毕送去，辞馆。看报，已备办登极，可谓荒唐。

廿三日 晴

昨出城答山本、味鲈，送还字条。今日又送来匾纸三处，何求书之多。味鲈送《鼓子诗稿》。诸生夕入者四人，周生亦来，曹永兴来求馆。夜欲作书，灯下不能成字，遂睡。

廿四日 雨

晨起颇早，写诗与张，又与俞，写大字亦不成章。罗姓入再拜，似有痴疾，亦云移入。周生亦移入。终日闷睡，大有林黛玉意思。

廿五日 晨起复雨

山中无历日，竟不知何日霜降，或云昨日，或云前日，此二日已渐寒，盖气至也。询之王生，云十六日，已十日矣。

看唐诗“蛾眉鹤发”云云，不觉有感。女宠而论年，是不知宠嬖者也。唐玄之于杨妃，庶几非好少者。武氏之控鹤，亦庶几自忘其年者。余有句云：“安得长见垂髫，如君百岁不祧”，亦庶几知论老少者。欲作一诗，发明其意，嫌于太亵，要之此千古之大惑也，登徒子其贤于宋玉乎？为之一笑。已而看昨日日记，八十老翁自比林黛玉,殆亦善言情者。长爪生云“天若有情天亦老”,彼不知情老不相干也。情自是血气中生发,无血气自无情,无情何处见性?宋人意以为性善情恶,彼不知善恶皆是情,道亦是情,血气乃是性,食色是情,故鱼见嫱、施而深潜,嫱、施见鱼而欲网钓,各用其情也。墙窥不许与疥痔七子皆与情无关,正是事理当然。文人戏言,又足论乎!武氏控鹤,与登徒差似,但控鹤非其配耳。此则武氏之不幸,彼直任性,不用情也。说来说去,乃知荀子性恶贤于孟子性善,孟子只说得习。

廿六日　晴

前占金、周当于今日来,留待十许日不至,将治装还山。写字数幅,并书匾额。选青、九长来。夜梦看课卷,一赋一诗,诗题为“困兽犹斗”,援笔为改作一首,得起三联,了了可记,比醒忽然忘之,未知何祥也。

廿七日　雨

遣送书日本人,因留书一箱与书院,有多《尚书》,送青山。古文家也。子年及西禅僧来,云弥勒已装金矣。检四十元先与之,尚须五十元。写滋女名年施装,并索我生年而去,不知何用。卜女及兄来,为父索信,与书云哉责之。为周生看诗。

夜与喻、周闲话,乃闻杨榘儿荣棍责事,甚可书,为作二诗。此事可兴大狱,暗消甚好。“小惩大诫意何深,礼教先须辨兽禽。赤棒无情同地痞,乌台有例责衔心。休言错认扬雄宅,且莫轻挑卓氏琴。多谢汪伦相送意,桃源今作放牛林。”“天台访艳叩仙岩,立地看风翠鬓毵。应念使君消髀肉,那容观察借头衔。三更鼍鼓重催客,一席豚肩未解馋。近日山城传韵事,女闾新遣火牌监。”凡职官在妓寮被获,言姓名即奏革,受笞则释,此《识小录》所宜载者。

廿八日 阴雨

杨八耶来。七郎来一日，午饭后去。俞琢吾来，留行。山本秋水及妻来。

廿九日 雨

子年又来，请弛万人缘之禁，盖团保有利，来说者皆有利，唯说者无利耳。厨人亦有辞工意，知包火食无利。

十 月

壬寅朔

料理字债将归，琢吾留行甚挚，未知于彼何利，已诺其一饭，因往城，便寻魏克威，云亦诣俞，往则四客已集。俞荐金溪秉恂子，拔贡，能诗，应先访之，亦于俞坐次同坐，更有程八、九。夜还甚暗。

二日 癸卯，立冬。雨

船尚未来，碗当先去，定遣人送银信。长生不敢携银，改派文柄，又不去，乃复遣陈八，告以遇船即还，午初果还，船亦至矣。亲人来者宜孙，并不落屋，纷纭至夜。

三日 阴霁

仍遣来船送银、碗去。卜惕之来求书与王银行，云可救命，依而与之，亦如周恩之救命也。

四日 晴

令周生检卷，将作《书院记》，卷残破不可理，犹未毁耳。

五日 晴

作记未毕，当清学产，寻贺庶务不得。张味鲈频以诗来，未暇答也。杨宗稷送琴谱，亦自可观。

六日　晴

看琴谱。宜孙讲《春秋》毕,想未能知其卓尔。干石泉来,言烟酒事,告以不管而去。

七日　阴

马先生来,饱饭。人云马太耶,误以为马太生,见之,乃求包烟税,云可岁获三百金。汤姓又来求信,令送钱三千,乃不能得,又居客寓不去,可怪也。

八日　晴

午课毕下湘看邢侯,舣舟申门半日,云衡令请早午饭,亟移舟往,乃云号房误一日。仍返东岸,舣联合甲种工业学门,待周婆来即还。饥甚,吃油炒饭,周孙恶其名,辞不食。夜雨。和八耶侄子来,送饼粑,亦言王文锦。

九日　雨

丛菊繁花可观,移入内堂。饭后又入城,至府署,江知事请饭,有陈伯屏侄、李价人、后太耶、王某、视学某。李云卌八年不见,陈、王皆言曾见,不忆之矣。归犹未上镫。得茙女九日书。宋佃来诉坟地被夺。

十日　大风

复茙书。入城渡湘,几不能抵岸。汤、余来求书,不避风雨,何其勇也。午至西禅看弥勒,已移韦驮来矣。上海镇守使被戕,此间镇守使不敢出。县、道均来,已设水陆道场,陈设颇整,饬宜孙代上香,净馔亦颇旨。

十一日　阴

作《书院记》。查田产无确数,问修建费亦与所闻不符,余所闻六万金,喻生云三万缗,程生云一万馀。

十二日 阴

周妪出看陈家,余留守屋,携周孙看渡,见张尉与李道士同来,又一人则何镜湖也。道士亦争祠地,与宋佃同。

十三日 阴

与书舆儿,令问审判。萧伯康寄蟹二对,今年始得一尝,可笑也。三寄蟹,费万钱,犹无下箸物,况持螯乎!

十四日 雨

写对数幅。作《记》成,只欲叙述本末,不遑发议论。

十五日 雨

夜卧甚冷。李道士送礼。

十六日 阴

出城答张尉,并遇二李送礼者,告以官事今无曲直,可以不讼。何教夫送鼓子。

十七日 戊午,小雪

教夫及程九长来,亦言王文映,告以官意与民意正反,不知谁为是也。总非我所宜问,留点而去。气寒可火,有炭无盆。

十八日 晴

遣人觅径尺五铁盆,乃得一旧铜盆,正似此架上者,秤之得十一斤,正百六十七两,疑是盗去而复买回者。究架所由来,必自程家,然无以证也。姑不深问,去钱八千八百,亦太侈矣。

十九日 晴

周妪看程四妇还,云甚困窘,与冯氏颇同,亦宜拯之。霖生妻将葬,后日开吊,已送廿元,再以一联挽之。

廿日 晴

乔耶来。卜女来。道尹来,言将往省城谒巡按,托为张觅涞卡,令卜女告张面求之。

廿一日　　晴

得黎宋卿书,功儿书,即复一纸。写挽联,并与书汤芗铭。

廿二日　　晴

王生请作谱序,为书一纸,言船山学派刘、王之谬。杨七耶来,言麓山蟒蛇复见。

廿三日　　晴

吴仰煦来,云蟒事无闻。段孙来,遣送冯孙干脩四元。看报。惜郑汝成以生命觅封侯,而袁慰庭报之亦甚厚。又见杨生继踵而往,亦可危也。喻生欲占文昌祠,陈姓不让,来诉于我。

廿四日　　晴

遣周妪看孙女,以其新有从姑之丧,又惜杨生不取常女,而再克妻,似有因也。

廿五日　　晴

往常家写主,欲为陪客,乃无客至。便出答仰煦,遇江知事,小坐,江去。约科员二人共摸雀,于拔贡后来入局,四川毕,负一底。午饭设四盘一锅,洋手甚佳,为饭半碗,席散还。

廿六日　　晴

课毕小惕。景副将妻率子来求卖屋,云衡人欺孤,其夫曾为长沙协,身后仅一屋契,又被骗去。令周生往访,事事牵彭姓,添派冶青查之。喻生武世家,自应出力,亦请同往,夕去遂不还,不知何故。

廿七日　　阴

舁入铁炉门,至火神巷常寓写主。午出至道署一科寻仰煦,遇江知事,小坐。江去,遂邀吴友摸牌四圈,设食有蟹鱼,散未夕。

廿八日　　晴

旧友母亲来贺。伯笏送其父书来,看一过,亦平安,杨秘书云欲刻之。

廿九日 阴

橘叔来，言雅南盗卖地，又生枝节，今有路人欲讹之，请写信与甲团，依而与之。夜雨。

晦日 阴

橘叔去。看课卷。夜燠。

十一月

壬申朔 阴

看课卷毕。得财政厅书，云我属托王姓，未知何人也。夜风。

二日 癸酉，大雪节。有风，似欲酿雪

写屏对。作《寻古斋集序》，常宁李抱雄所作也，文诗俱雅洁，无土气，雍正时人，七试不第，以县令终。其玄孙李果来求序。电灯公司三人来，云将开电灯，江知事索贿，尼之。

三日 阴

昨梦雨不成雪矣。不闻不问，人去数日不见，走失无限机缘。

四日 晴

将出看大醮，闻庶务预备而止。曹祁阳来求书，完夫遗属所托也，无以应之。方十四来从学，告以今冬将散学，非鼓箧之时。其兄送之来，盖其母意也。

五日 晴

杨孙婿来取李集序去，云其叔校中人也。

六日 晴

出城看万人缘，果有万人，舁不便行，子年、贺年侄俱在，九长亦

来迎,小立。从西门入,亦从来未到之地,入城亦仿佛矣。九长特设,不知何意,云已居丧,请薛青为主人,更有杨、吴、许、张,夕散,归已亥初。

七日　晴

晨雾,生火御瘴。厨娘往看花鼓,宜孙亦往,云院生多往,学规不立如此,余老矣,不能问也。

哲子仁弟筹席:谤议发生,知贤者不惧,然不必也。无故自疑,毫无益处。欲改专制,而仍循民意,此何理哉?尝论"弑"字,字书所无,宋人避居而改之,不知不可试也。将而诛焉,试则败矣。既不便民国,何民意之足贵。杨叔文尝引梁卓如之言,云:"民可,则使由之;不可,亦使知之。"自谓圆到,适成一专制而已。自古未闻以民主国者,一君二民。小人之道,否象也,尚何筹安之有?今日将错就错,不问安危,且申己意,乃为阴阳。怕懵懂即位,以后各长官皆有贺表,国史馆由弟以我领衔可也。如须亲身递职名,我系奉命遥领者,应由本籍请代奏,不必列名也。若先劝进,则不可也。何也?总统系民立公仆,不可使仆为帝也。弟足疾未发否?可以功成身退,奉母南归,使五妹亦一免北棺之苦乎?抑仍游羿彀耶?相见有缘,先此致复。

大总统钧座:前上一笺,知荷鉴察。筹安参议,礼宜躬与,缘天气向寒,当俟春暖。三殿扫饰事,已通知外间。传云四国忠告,殊出情理之外,想鸿谟专断,不为所惑也。但有其实,不必其名。四海乐推,曾何加于毫末?前已过虑,后不宜循。既任天下之重,亦不必广询民意,转生异论也。若必欲筹安,自在措施之宜,不在国体。且国亦无体,禅征同揆。唐、宋篡弑,未尝不治。群言淆乱，何足问乎！□□在远，未知近议所由发生，及明意之所左右。然闻群议，当摅一得，辄因湘派与议员陈毓华赍函上闻。毓华桂阳名家，文笔可观，于例派员中加以赏问，并以附陈。

八日 阴晴

朝食后李进士催客，往则程九已在，仰煦、杨贞臣旋来。看电灯公司，步往异还，公司数人，未遑通问，夕散。还，闻陈仲驯来，云杨皙子遣通问，故作二书报之。又闻四妇吐血，不能还，与书慰之。

九日 阴

仲驯与其四弟闰徐同入城去，余独在家筹安一日。绿牡丹来。考息机园来历。

十日 阴

仲驯赍奏去，云尚须一往。写《息园篇》。厘局赵芝年来，剑秋族弟也。衡知事朱奏裳来，竹石从子也，均胜江、俞人。

十一日 晴

午闻喜爆声，知三孙家报生子，出询果然，赏来使四元，即遣房妪往视。

十二日 晴

入城看琢如、仰煦，遇朱知事，便约陪饯江之局。旋至金银巷，李、杨先在，仰煦后来，皆主人也。与九长及余而五，江、朱为客，戌散亥还。发电报告儿妇，留衡做生。

十三日 晴

杨家送喜蛋，得袁电报，书名一"导"字，岂天子更名耶？程生来书，谏止北行。复书谢其厚意。得肃政送书，未遑细读。

十四日 晴

炖肺送细三，乃仅半肺，令再觅之，并作包子同送。又待一日。

十五日　晴

作书与胡婿,并送题与道尹。写字数幅。

十六日　晴

遣金妪看细三,因同船下湘,答访厘局赵芝年,便入城送江知事,答访朱知事,坐朱房,负曝甚热,还已夕矣。

十七日　戊子,冬至

平姑子送菜饵,感其应节,菜则乡派。欲作一诗未得。

十八日　晴

罗汉厂开期,大会城官,招余往陪,未午携周孙往,镇守使已至,齐,散已夕。

十九日　晴

李价人来,云卅年前相见于李竹屋处,并言坐上客今惟存两人矣。

廿日　晴

周庶长欲以戴醇士画质钱,令张之知不足斋,以滋篆屏,并长其价,因与书功儿带来。信发后计日,功已上船,想不及也。

廿一日　晴

忽感寒疾,想系夜睡太暖。和余诗押"戈"字韵,竟无良法。此月课赋限"璟"字韵,亦无法生新也。

廿二日　晴

李世楷价人招饮瑞远钱店,二知事、保管局马、丁次山。后来一陈姓,云其父乃余门生,未知谁也,又不便问其父名,亦不敢问其姓,但从坐席,知为陈老耶而已。戌散。夜望湘川似甚宽阔,散灯远映,亦助感情。

廿三日　晴

李馥先生极辨此号之诬,未知何意,云治具酬同年。李藓青请余为客，设坐旧船山书院，何镜湖、程九长均早到。未初下湘，酉正始还。

廿四日 晴

在家无事。

廿五日 阴

廖翰林学堂试验，招集外客，午往，道尹已去，小坐吃便饭还。从陆还，到院已昏。遣陈八待珰，乃先我还。功儿暮到，正我在石鼓对岸时，到不相遇，云谢、蒋收支已相见矣。

廿六日 晴

功出看女，便入城访客，闻滇事萌芽，云蔡松坡寻安歇矣。又遣孙婿探删电，云陈仲驯为我作苻命。证成莽大夫也。幸不遇朱紫阳，不至争稻桶耳。然妖诗已验矣。无名白头帖云："此去真成莽大夫。"四年前谶也。

廿七日 晴

院中预备作生日，劳民伤财，粗有头绪。程、李必欲看女班，力言不可。非我不可，定公不可也。然不能止，亦如定公浩叹而已。薛青又挟何教夫势，要十二人，唱戏一人。

廿八日 晴

道尹、知事、榷局、绅商及诸大弟子唱戏两天，今日起头，设十六席，局面大于去年，而用费反省一半，以无陈仲驯中饱也。周妪三子均来，珰、纨亦到，又有陈家外孙、卜女、李妾、湛嫂、金妇诸女客。亦于子初先寝，不问客事。

廿九日 正生朝也。阴稍寒

昨午未饭觉饿，吃海参面一碗，颇佳。借雀摸四川。唱戏至子散。

十二月

辛丑朔

掇拾铺陈,当出谢客,天忽风寒,怯出,因迟一日。黄婿夜来,云自湘来,故迟。

二日　阴。小寒

官历已过年,去岁止于廿五,不记此节,渊明甲子亦无从问。功出谢客。刘婿昨入城未归。纨轿夫畏掳,不敢至城,云城中行人多被牵去。

三日　阴

闻军书甚急,出城探之,入道署小坐,云无紧要,但民讹耳。萧送木瓜、时蔬。

四日　阴

纨去,送至铁炉门,入城,云已晏,不可行,居真家。珰临叔姑丧,亦自去。留饭,余不能待,乃还,并约客一饭。

五日　阴

周生以戴醇士山水屏八幅求售,价二百元,张之木壁,殊无可取。杨孙婿请题文信国手卷,书唐诗二律,有误字。余题云状元误书,不足怪也。

六日　阴

寒梅已花,登楼玩赏,但有花无香,尚未若袁州道上时有暗香也。

七日　阴

请客九人,两婿皆去,招孙婿补之。未午陆续来,未正入坐。

俞、程、二李、夏、贺、廖俊三、杨锦生，客多谈杂，不及正话，未夕散。坐外斋，更说书院事，乃入寝。

八日 晴

作粥甚晏，食时已过午矣，粥又未糜，聊应节物。午后至道署赴饯席，吴、程、李、程、张同集，散亦尚早。

九日 晴

将发，因待孙女出窝，未便唤船。船价甚贵，云兵差掳船夫，水陆俱避不行。珰还乡，幸已过兵，尚得逸去。

十日 晴

蒋生自京还，送馆员公分寿屏，曾文陈书，似新天子开端，则不止圣相可诃也。幸文不登选，孙、何必不见耳。张之后堂，以耀出窠。肃政使来，言立分教，留功任之。

十一日 晴

孙女来，不携月毛，从来未有也。亦煮鸡待之，留半日。

十二日 晴

功儿往岣嵝看定公，晨去。余亦唤船治归装，书院送船费，辞之。云功儿代收矣。遣周妪先上船，取银来赎，过午取得十三元。喻生云马质安求棺材，令庶务以诒之。将行，不见宜孙，乃云不去，其举动自专，不可教诲，真不才子也。新天子欲去四凶，此其一矣。至暮遂行，泊铁炉门。

十三日

晨遣周妪看外孙，并送压祟钱。外孙男女来者四人。卜女亦辞去，与之八元，冯筠则无，以其往攸，得小资助也。分二船，一往长沙，一还山塘。至夜移泊章寺，时正三更，遣寻功，云已睡。

十四日 晴

功及唐仲铭晏来，买油送鱼，朝食后发。小门生刘仁倬依依相随,亦令同行。乘月夜泊斗米洲。

十五日

晨过雷石,遂行一夜,过空灵滩。

十六日　晴

买米漉口,米甚精洁,欲多带,云无贮处,遂行。夜至河口,亦三更矣。

十七日　晴

朝食后分船各行,功待送我乃开。南风甚暖,夕至南北塘,昏不辨道。船人甚恐,告以不远,犹谓蘉言,既开,岸上来迎,乃知入港。乘月夜还,临湘婆与舆妇候门,未见滋出,甚悬悬也,已出见,则容色更腴。小坐各睡,未寐,黄孙云三舅还。顷之赣孙来见,询舆近事,云尚安静。

十八日　大风

起行李,周不能待,先还。舆、担均不稳便,至夕乃毕。夜风愈壮,遂雪。

十九日

起视竹树,皆如帽絮,风尚未止。宜孙午归,云陈八船送,亦费万钱。

廿日　晴

昨夜甚寒,想尚有雪,乃竟见日,但未冰耳。国安避捉来依,忽然又去。

廿一日　阴

书复笙畡,本欲自去,因寒故止。召荣儿温年书。元妇来告贷,故借此为犒。遣人入城办年货。

廿二日　晴

将军来,老矣,无复壮情,不饭去,反送去糕二封。

廿三日 阴

作糕祀灶，欲作一词，未得旧谱。夜深犹未闻爆竹，亦未遑问。

廿四日 阴

朱八少耶送润笔，受水礼，辞千金，作书复之。工人过小年，亦为上设五碗。余未午饭，夜乃点心。

廿五日 阴

作刘幼丹挽联："一见定深交，知专家钩考群书，七十金文通古籀；再起绥南服，更散字包罗万有，五千编类胜奇觚。"遣人觅绸，云当到县，正欲买花。因熊佃妇家漏税事求解，与书秋生问之。

廿六日 阴

熊妇夜来，云送书人已被拘押矣。正欲谢绝请托，难遇此阎罗包老也。又遣聂佣往县。罗佣去已四日，亦无消息。

廿七日 阴

晨起乃见罗佣，云昨夜还。得笙畡复书，又得上海日本学生书，即复谢之。

廿八日 阴

方桂自省城来，未知何意，以旧友，亦留之过年。欲刲羊，嫌费，与文吃家分一边。

廿九日 小尽，即除日也

计内外冗食共卅馀人，设五席待之。夜祭诗已，阅《易卦》全数，意倦未亲，肴馔不备，欲罢又不可，亦如民国厌倦共和，犹存议院立宪之名而已。夜待埽洒，众亦欲睡，乃还寝，犹再起。

民国五年(1916)丙辰

正　月

庚午朔　　元旦。大雨,遂雨一日

晏起,犹有两妇送莲子汤,待滋出已将巳初,受贺延宾皆不如故事,盖三妇初当家,尚是生手,又无姑教也。

二日　　雨小止

宝老耶来,言庸松欲卖田公家,价在四五十两一亩。自来无如此贵田,然已成例矣。未饭旋去。

三日　　阴

宗兄来。龙灯二百馀人欲来相扰,出告白辞之。今日壬申,立春,已不迎春。忆州县差役紫羔马褂,持鞭马前,大县数百人,今皆不可见矣。岳林宗云穷凶极恶不欲观者,今亦愿见而不可得,为作一诗。

四日　　阴

完夫门生曹生来,讶其能早到,云到湘潭过年,今从潭陆行来。轿夫钱每名千馀,可伤也,留住而已,作春卷待之。看报半日。

五日　　阴,稍寒

龙灯必欲来,于公所待之。

六日　　雨,似欲雪,乃旋开霁

国庵、许虹桥来,旋去。

七日

作包子应人节。摸牌无人,先打四川中、伐、北而已。

八日 阴

检书,看所遗忘,亦劳于检阅,不如终年书堆,反不劳也。

九日 阴,见日

不得蜀信,书往问之。吾八婿,两在北,两在蜀,两在乡,一死一流,流者差胜。

十日 晴

将军、通公均来。黄生来,坐半日去。团总来,言讼事。秋生、任子来,致沈子书,书言酒税,即复一片,言不与闻。陈、任旋去。设二席犒水手,兼及来客。

十一日 晴

得功儿书,言袁、蔡事,不甚的实。

十二日 阴

张金荣来诊长生,云甚危险,令还家养病,并为求神。昨夜遗溺,盖亦老衰。

十三日 阴,有雨

兵丁过境,龙灯避不敢出。得廖荪畡书,并送灰汤鸭。回思辛亥飞轿还家,犹是太平景象也。即作书复之。周三子皆去。

十四日 阴

龙灯来。刘二嫂来拜年。得林次璜书。

十五日 阴雨

龙灯来,有一龙阻雨不至。夜倦免贺,未出堂餐。

十六日 阴

刘女去。杉塘族孙女来二人,其一宝哥女,一则秀生女。久无家食,寄养无所,宝为收恤,故令其来看,因留养之。

十七日　阴。蟆学发声

金妪告假,请支六十元,无以应之,许而不与。曹祁阳请信。

十八日　风寒

船不能去,告假者均留不发。得杨贤子京书,寄鹿肉未到。

十九日　阴,犹寒

看唐诗遣日。有一赤电。

廿日　阴,风稍止

金妪去,始自关门。夜雷殷殷,电光甚微,大雨。

廿一日　阴

曹生不辞而去,盖欲办装。

廿二日　阴

张金荣继子来见,年廿七,已非少年矣,云曾从在江宁。夜大雨。

廿三日　阴

比日闲居,一无所事,惟夜梦行役,且为远游,过扬州,感赋一首,未及作成而醒。“万里闲游忆往年,重来惟见旧山川”,馀不甚记,似无结句,亦未遑补成之也。

廿四日　晴

今年第二次见日。出书房收字画。

廿五日　大雨至两日,风寒阴晦

门无来客。北军过境者亦无兴淫掠矣。惟坐房中,并摸牌亦无人,可谓至闲。

廿六日　寒。

廿七日　晴。有日景

水仙一花,大似蜡梅。蔡姓来,未悉其人,令舆见之,云似工人也。周儿病,来迎母,殆将死矣。宗兄去。

廿八日 晴

偶忆《唐诗合解》内选一诗,有"辛夷花尽杏花飞"之句,忘其人及起句,翻唐诗未得。

廿九日 阴

周妪告归,朝食后去,未能送也。去顷之,张金荣来,云其弟署沁县,欲去依之,求一护照。与书罗知事,并及酒贩事。顷之俱去。

晦节 晴

作和宋韵诗一首,寄史馆。遣陈秋生问鹿肉。

二　月

庚子朔 阴

周僮来,云省城惊疑,功妇将迁来居,并云孙妇归,未入城,已还母家矣。

二日 雨

看受庵诗赋,有感美才,惜未与晨夕,今无其人矣。

三日 雨

信局送鹿肉来。作一诗,夜书之,周孙旁侍不去,遂至三更。

四日 癸卯,惊蛰。雨

写诗寄京谢鹿肉,及煮鹿,乃全无香味,又当嘲之矣。

五日 晴

看《礼记》。

六日 阴

看少作文、赋,亦自有感,欲更作赋一篇,懒未能也。少时急自见,故文思甚勇。

七日　阴

周妪夜归,自出迎之,未至,还内乃见月。其夜盗驱三猪去。

八日　阴

佣人皆出,追放豚,得之七里外,旋皆入笠矣。云许外孙主谋,盗鱼翅者也。

九日　雨

卯金子妇来求申冤,即抢谷坐拼之故智也,敌强故不得逞。喻以卝厂人无理可言,当自安分。夜大风寒。

十日　阴

看董鸿勋《孟子说柱》,意一丝不乱,然文不足取。写数语喻卯金,遣其媳妇去。

十一日　阴,风寒

寂坐无悰,看《华山碑》题跋,殊无可取,但喜珂罗印,足传古迹耳。

十二日　雨

杉塘诸孙来写契,杉塘田半归公矣。张二哥来,已艰于行,犹望其弟寄钱,告以非佳事,乃云其四弟已去矣。黄孙云母病重,遣人入城问医。

十三日　阴

与书黄婿问医,因及功儿。写对联堂条。

十四日　阴

王名静来,言开煤卝。王名兆作假票,并为团总所吓,均来求解。所谓彼此是非,樊然淆乱,皆不置可否。

十五日　雨

樱桃盛开,芍药、牡丹并芽,雨不能妨春也。莲弟父子来求金,三年未见矣,留住数日。

十六日 雨兼雪子,似雹

忌日素食。团总来,求免捕许玉生,张家出费幷差,真可叹也。得梅生诗函,未及半月,京信已复,从来无此快便,此亦万里庭户之盛,治情于乱世得之。

十七日 雨仍似雹,有雷

始开窗。将夕城使还,接到张季衡先生,即为学产牺牲者。卜四毛复从吉林还,送大鸭,方以为头鹅,又一异味,未遑见之。比开点心,客已睡矣。夜雷微动。

十八日 阴,似欲晴

周武德来,云已朝食矣。今日丁巳,春分,犹寒似腊月。水仙五花,亦甚精神。

十九日 观音生日。晴

得茙书,云中坝已放火,其寓未烧,仍还旧馆。余前书尚未到。

廿日 晴

复蜀书,得京书,并寄到磨姑、杏仁。周印昆附书来,报汤将丁内艰。夜复小雨。

廿一日 阴

周生云日月皆地球影子,其说甚新,亦甚可取。盖西人欲天地日月皆成实质,中人欲天地日月皆是虚空,其理一也。欲省事,莫如从周。知天了无质,则日月无质不足怪矣,惟留一地球自旋转变幻。其说近理。水仙已衰,剪作瓶供。碧桃尽蕊,不日开矣。夕食后忽发风疙,其势甚猛。作周历草序。

廿二日 晴

季衡告去,桓子送之,并携两孙同去。周儿病发来告,遣周妪归。樊非之、金绣娘来。

廿三日　晴

周、金俱告去。得京、省家书,云广西起兵,袁世兄甚皇惧,恐日本乘之,亦将辞职矣。

廿四日　晴,阴

周、金去。午后两孙还,云湘潭将为战场,广西兵乘水直下,想虚声也。取消猴元,则成笑柄。将军闯入,延之外坐。

廿五日　晴

杏花盛开,樱桃叶尽黄,惟碧桃花似不欲开。黄生来问字。樊生告归。

廿六日　晴

夜雷雨,复风寒,春已过矣。五日妍华,殊为太少。

廿七日　阴风

与书杨生论馆事。杏花落尽,尚不及桃之禁雨也。外孙妇还所居,颇欲留之,以船发未便迟延,又其拜年太迟,故听其去。已而雨至,遂不果行。夜雷雨。

廿八日　雨。早起风寒,复加一衣

石潭船犹未得去。省信来,广西兵起,物情甚皇遽,此报纸之故,从来无此民讹也。狗妇来避兵。

廿九日　欲晴

桃花犹未开,杏已半落。周佃从城来,报康、汤书。时衰鬼弄,乃有大文,畅所欲言,亦自可听。

卅日　阴

黄孙往庄屋去。看《礼经》、《春秋》,写字数幅。与书甘思禽,论煤卝。

三　月

庚午朔　阴

将往横坤，意由仙女山，取径不远，久不至浮塘，因往一看。午后舁行廿馀里，过杨家，遣问瑞生妻行安稳否，云已到京。申到司马塘叔止家，轿夫饭，余未饭，即至浮塘拜年。内侄男妇子女已增多数十人。前七日长孙娶妇，客已散矣。又闻叔夷病甚，端侄小女亦病甚，皆恐不起，此来未乐也。其房室亦大改作，余居上房，旁小房亦新辟者，王氏姨亦出相见。

二日　阴

诸侄孙、女环请作字，遂如应考。又出前外姑曾夫人画四幅请题，各书四句。端固留饭，云已杀鸡鸭，乃待午餐后始出。探问横坤路，云仍须过潭坳，则不如从家中去，因令还辕。已过申初，急行，至酉正始至，计每刻行一里，实廿五里也，但去似远，还似近，则人心使然。

三日　壬申，清明

陈八自衡来迎，正当出游，且留之令候省信。遣龙青去，买杂物。

四日　晴

午后至祠算帐，人犹未散，一切不问，自无烦恼。借宿一夜，狗孙相伴。

五日

晨行至三星坳，一饭人百卅钱，恰用四百钱。又廿五里猪石桥，越一高山便到横田。廖氏父子庭迎，遣知会梅氏、童氏，均欲邀我至县城,辞不欲往,故来会也。

六日　晴

待梅、童。童午饭来,云在陕西曾望见永寿令与程生俱囚者。梅妻病甚,不能来。

七日　阴

笙畡要至对山庄屋早饭,已而又改饭后去。舁行可三里许,过珠泉,已淤壅,小有珠涌耳。至梅壑楼,在山凹,旁有庄屋。须臾大风起,飞雨横吹,浩如惊涛,几不得还。欲去仍留,雨小乃行,已泥深一尺,轿屡倾危,幸不吹倒。至乃大宴,饭后告假稍息,遂睡至戌方起。每夜待子乃散,几成例也。

八日　阴

风小可行,乃告辞。廖遣一夫送我,踏泥亦窘步,可五里许始得飞行。饭于猪桥,路人有相识者,留坐饭店,主人设茶点,问战事。舁夫饭毕催去,过炭托小愒,见移家具者,云王桂生移家。桂生来见,云设屠案于此。问淑媛,始知即被妻弃者也。先瘦后肥,全不忆识矣。未夕到家。碧桃、海棠、杜鹃均盛开。

九日　晴

留廖力一日。作书先遣陈、蔡去。周庶长来,有二要求,皆不可行,愠愠而去。为廖郎看诗三卷,写对子四付。作书致荪畡。

十日　晴

周生告去,无以慰之,且遣廖力去。看旧日记消日。

十一日　晴

看日记,亦似异书,颇足遣日。胡子靖来,为钱店求寿文。余云吾文有价,胡言已得彼万金,可作十文也。笑而许焉,不知比方望溪如何。蔡六弟专人来送茶,未遑见使,已匆匆去,使乎使乎!

十二日　阴,夕大风雨

长妇率孙女船到,仅得迎来,已昏黑矣。得诸儿女书。禄孙出洋,以为不贻羞,不知耻,人不可教化如此。

十三日　阴

周妪书告子丧,甚有文理,乡人亦大有通者。

十四日　晴

周凤枝来,请看牡丹,约以十六往,已而忘之,又遣问将军,乃得约日。正对客时,蔡六弟片来,未遑作答。

十五日　晴

斫菜得千斤,今年始咬得菜根。神仙已为讼累,不事圃工矣。看日记销日。

十六日　晴

舁至鸭家溜,因过石潭,要将军同往,又约二周及一军官相陪。军官与懿儿同事,甚习,忘其姓名矣。花不及前而粉红者一千百朵,颇似朱家繁盛。饭后急行,至石潭已昏,更呼船下,顷刻而至湖口,还始上灯耳。一日未食。

十七日　晴

得京电,窊女于十六日病故。其病信前已经外孙详报,昨胡子靖来,又云可望复元,今竟不起,年已五十五,又见孙,亦可无恨。余昨忽闷饱不思食,盖感兆也。即作书复胡,并报茙知。

十八日　晴。丁丑,谷雨

踯躅繁花,殆过千朵。闲欲作《李明惠传》,日书三四行,犹患不了。为窊女停三日,欲为位成服,嫌无故事。

十九日　晴

清坐持丧,无所事。

廿日　晴

亦持丧。

廿一日　晴

遣聂四入城买药,因吊周妪。

廿二日　阴

作李传。夜雨。

廿三日　雨

王升来报兵警。宋佃亦来,求荐郭葆生。真又用葆生矣,恐谭人凤不喜也。湖南招兵亦甚怪,盖葆生不得于赌,而为此耳。

廿四日　阴

作李传,看地图,少一罗坊,便使兵势不明。

廿五日　阴

曹祁阳舁来,亦欲干葆生,辞谢去。亦不复住①,此女子大鹘突。夜雨有雷。

廿六日　雨晴

看《素问》,伪书中最劣者,乃有似刘伯温与洪武问答。

廿七日　雨阴

出门望周,因送罗童往洞坤取杂物,滋使也。作李传已及千字。夜雨。

廿八日　晨雨便霁

金侄又来,云兵警甚慌。聂四还,云周船已到。

廿九日　阴,大风

自出迎周,顷之已至,亦不甚有戚容,未甚慰问。今日春尽日,

---

① 此句上疑有缺文。

与书茂女,误书晦日。

四　月

己亥朔　雨

作李家传。

二日　雨风,颇寒

看鱼元机诗,不似能杀人者,但以其被人杀而众怜之耳,不如李易安。

三日　阴

看报。作李传,可毕矣,殊无可叙,故反难着笔。吃饭人告假,可省饭二日。

四日　阴

乡人言宝庆已乱,恐即有战事,即败兵声言耳。迁移者纷纷。

五日　癸卯,立夏。阴

晨作李传成,并成黄氏寿文一篇。

周凤池送芍药,作诗二首谢之:"记向丰台访艳春,如今婪尾负芳辰。君家自有留春槛,不染扬州十斛尘。""数朵红香似驲来,料知蜂蝶不相猜。遥怜郑女能为谑,故背东风独自开。"

六日　晴

看报,责总统退位者词严义正,非武力不可解决,但为国史增几篇佳文耳。湘乡称兵,遣人送防军北还,又战局所无,喜多新样。遣罗童入城送传序,并询纯孙归否。

七日　阴

连得衡信,三孙女欲来避兵,云家人半去矣。又云万云亭举兵永州镇,遏军也,亦所未闻。

八日　昨夜有雨,今乃得晴

看旧日记,聊当温书。

九日　晴

罗童还,云城中不靖,但无定见。

十日　阴

李长生来,言欲得二百金取一妾,告以不可自累,意似不以为然。

十一日　阴

李去。得杨贤子书,并忘"贤人"名字矣,由日记专以"贤人"目杨也。

十二日　晴

始看分秧。检唐诗、小词。

十三日　阴

看唐诗。设纱幮,门拗不可闭,姑听之。

十四日　阴

周孙读书,未自听,便不能成诵。

十五日　阴

祖妣忌日,素食清居,未作他事。

十六日　阴

端侄来求书,写诗二首与之。岫生儿病,无死处,令移来,借公屋与之。

十七日　阴

作廖荪畡妻墓铭。寻庚戌日记未得。

十八日　晴

畴孙扰及种菜人,园丁辞工。舆妇来诉,诘责之,便匿不相见。

不意此儿蠢强如此，殆民国人耶？且宜听之。

十九日 阴

杨林病亟，家人均往茔护。适遣罗童送廖志去，便令迎宗兄来诊之，至夜不能待，遂死矣。此等人何必生，亦令人不测。

廿日 晴

宗兄来，与苏书霖姨姐同来。张金华来。正扰攘间，畴孙忽告去，云当往山西，亦未诘之。顷之功儿忽入，言汤、郭械斗。杨笃吾书来报，并发议论，有筹安说之风。其兄弟并下笔千言，倚马可待，奇才也。即复书谕之。廖荪畡复书，奖使十元，似乎太厚。

廿一日 晴

看报，所谓诸侯放恣，处士横议，亦可乐也。洞坤送枇杷，酸不可尝。衡山已屯护国军，衡州响应，永州当不虚矣，令人思谭芝公。

廿二日 晴

庸松来，颜色敷腴，不似背时人，看钞汉碑。今日庚申，小满。

廿三日 阴

玉兰开一朵。殷雷作雨。杨休妹许告去。得胡、陈婿书，即复各二纸。

廿四日 雷雨俱微，至夜雨不止

写字数纸，看汉碑。梦为塾师所窘，方欲走出，俄而忽醒。

廿五日 晴

寻《贡禹传》，求当时钱价未得，大约岁用万钱，如今百千。至月得万钱，即为富家，则太觳矣。

廿六日 晴

淑止弟来，留不肯住，午饭而去。

廿七日 晴

家人供张，为三妇生日，因及四妇四十生日，当有赏赉。转及三妇四十无办,又增两事矣。家政荒疏,无妇故也。

廿八日　晴

三妇生辰,设汤饼,发鱼翅,以异于吴香云,即十六叔母之意也。衡州遣船来迎,为退军掳去,至夜乃还。

廿九日　晴

看报,得南北两京书。

五　月

戊辰朔　阴

还军于道杀劫,遣召团总禁戢之。团总来,请示告以集团丁。

二日　晴

写字数纸。

三日　晴

遣人往城办节货,云一人不敢去,乃遣二人往。

四日　晴

李长生复来,为蔡家取对屏去,且请书扇。

五日　阴

端午,仍常预备。男客来者将军,女客来者刘二嫂,均留饭而去。常例无鱼翅,因煮鱼皮代之,但无昌歜为阙。午似欲雨,而云忽散。

六日　甲戌,芒种。阴

功夫妇携女去,从者十馀人。

七日　晴凉

看旧作状志,颇能动人。吾文定在"起衰"公之上,以其不敢起衰，故反不衰。

八日 晴凉

神仙来报总统丧。周儿亦来拜节。

九日 晴

得功书，言省城依然无恙，岳州已失守矣。文明时代固应匕鬯不惊，乃知前此之徒劳也。

十日 晴

与书史馆，属其自行解散。

十一日 晴

城中人来，云黎元洪已代总统，尚无乱信。岫生来，但言卝局多停。

十二日 晴

看旧作文，未午饭。

十三日 晴热。忌日素食

看报，云国史馆并入清史馆，恐非事实。昨已有信去，当可行矣。今日颇热，写字二纸。得神仙求救书。

十四日 晴热

闷坐，思出，又因来者纷纷，出乃绝之。因令觅船，云夕发，待至夜不来乃寝。有风无雨。

十五日 阴

午后船来，即发。夕至袁河，云南北军开枪，不能出涟口，舟人请示，余云至彼再回，及至无事，遂至九总，入局。一日不欲食，恐办饭纷纭，遂早睡。

十六日 阴

晨闻欧阳述已去，遣问之，乃云即来。傅兰生亦来。周所员来陪,同饭。谭进士、宝老耶均来,约明日移尊。今日龙璋兵奄至,欲取饷湘潭,遣遏之。

十七日　晴

谭尊过午未至,诸客先集,甚疲于接对。因时鱼不易得,故至午时始早饭。胡龚公请晚饭,亦有陈培心,云龙军无军火,已退散矣。欲请陆荣廷为都督,以桂军入境,亦须供饷也。许生少弟来。

十八日　晴

欧阳生请饭求信,云知事已逃,将委代者,代者亦上省,城中无官守,故须与书汤铸心问计。为书与汤,论练兵即用本县钱粮,众皆以为不可,但议派亩捐,可笑也,不足与言,遂不复言。谢主事请书扇,云其弟扇也。翁述唐亦来会。舟园请午饭,与百花同至保安局,见会议诸人,有会无议,一哄而散。遂至舟园,有徐松圃、陈恭吉。陈昨来访,云银行司事,秋嵩云陈汶园弟也。未夕散,还局。

十九日　阴

今日翁约饭未去,不能再赴人会。彭钱店来,请留一日。萧小泉约午饭,与百花同往,翁亦在坐。夜至趣园,余、罗、张先后三知事均在。

廿日　阴

百花来早饭,与陈开云同舁过厘局,看贵署知事,云印已送来,将迎都督去矣。汤芗铭学刘璋,陆荣廷不劳而得,皆天意也。小坐,至彭自[①]昌荣午饭,云地名韩家仓,今无仓矣。厘局即其宅所分小厅,新起尚精敞,住宅不及也。有雨,即就近至杉弯上船。

廿一日

雨竟日,亦卧竟日,水米不沾,听舟人行止。夕至湖口,从南北

① 此处疑有脱误。

塘树森觅轿，树森更遣子送到家。黄孙言子殇已葬矣。了了非福，葬之太厚。

廿二日 阴

安卧一日，腰复涨肿，殊不适。

廿三日 阴

得茙书。看报，无新事。

廿四日 晴

写字数纸。欧阳述求书与总统，约今日来，而明日至，又还取履历，晨始得去。

廿五日 晴

曹元弼来，皇皇欲有求，所谓不知世事，余亦乐得吃洞庭枇杷、山东杏子耳。匆匆去。

廿六日 阴

土匪移营对门，且听所为。

廿七日 雨

廿八日 阴

舆儿来，言遇清乡员，云已解散，书计、司事亦已至姜畬矣。

廿九日 雨

作包子待张司事，未来。

六 月

丁酉朔

萧家被劫，遣黄孙往视，轿夫不愿往，督之乃行。

二日 阴

纯孙来。午后功儿与张季衡来，云因我疾，故来视诊。

三日　晴

外孙妇萧自家来,言被劫事,云湘乡不靖。前令诉潭知事,云携银遣散,人与二金,可谓谬举也。蜀王生亦来视疾,舆所招也。

四日　晴

三医诊脉,皆未得其病源,但分遣人索肉桂于秦、朱,亦殊不得佳者。

五日　晴

偶思《蕲簟》,《诗选》本未录用,取韩诗看,亦欲作一篇。邓幼弥来,云来省觐,非求铜角。

六日　阴,有雨

天凉殊甚,不似夏时。服肉桂似相合。使人被劫钱去。萧子求书,勉作应之。

七日　晴。仍不热

腹涨用药,晕亦不觉,功云恐其上行,宜先防之,然亦无法。服药甚苦,以应酬侍疾者,实生平未有之苦矣。

八日　晴

纯孙送王生去。得省报,汤芗铭已逃去,龙璋将复作使矣。皞臣有此子,殊为可怪。邓子亦去,未入辞也。

九日　乙亥,小暑。晴

舆妇作饼,无羊肉,乡中不便学官派也。

十日　晴

连日殊苦于药医,亦苦于力,欲已之而不得,遂苦于病。

十一日　晴

凉阴殊甚,幸有南风。

十二日　晴

纯孙还。看报,黎宋卿处分颇合法,汤往广东矣。丁五郎来,孙妇弟也。

十三日 晴

看历日,干支不相合,亦无从辨之,姑以日记为止,明日初伏也。院历是今日庚戌。

十四日 庚辰,初伏

仍遣纯孙送医还,丁郎同去,定明日行,午小饯之,自病不能出。

十五日 晴阴

将夕客去,自至中堂候送,欲开中门纳凉,候久不能开。

十六日 晴

看报。懿儿已出京,寄信先来,而人未至。至晡,懿夫妇率女来,乍见甚喜。

十七日 阴

得郭葆生书,并送食物。又得杨、夏书,皆送人参,即各复之。

十八日 晴

自此后十日皆因腰腹肿不能坐,诸事尽废。周生、珰女、长妇均来省视,送终人皆至矣。宇清亦来看,然未能死,但病困耳。黎宋卿送纱未至,因思杜子美宫衣有名诗,忘其结句,取视之,奴隶性质,云"终身荷圣情",有此事耶?瞿子玖必不言此。

廿九日 阴

田禾待雨,昨始得透雨,不忧旱矣。

前得迁居会府街书,即复一函,径寄成都,想发第二封信时尚未到也。我自五月廿日到街,筹办乡勇,县人均不赞成,遂即还山。忽患腰腹肿病,一无痛苦,但两月不消,于是大哥、三哥、大嫂、四嫂凡送终者皆到,城中亦多有客来看,医生来者亦四五人,天天吃药,为生平未有之苦。余廿岁即有诗,云思欲置妻子,偃卧松柏邻,以为一人独死,其乐无极。今八十五岁受此苦境,想亦宿业所招,无可避也。女闻又可耽心数日,亦愈望家信,不知凶信到得最快,不到即是好事,杜诗云“反畏消息来”,是真能耽心人也。长沙日日可破,亦不知何日到信。此时三姊已来,真妹将至,闻九妹亦将来矣。女则陷于兵中,坐听蔡、陈、周摆布,亦可乐也。今年伏天极凉,西瓜不佳,已近七夕,全无暑气,为从来所未有。我眠食如常,一无病状,但怕进药,想逃至女处,女亦必进药。惟恨不得到北一游,坐听杨、夏定罪,议员吃花酒也。康侯可从陈二安到湘,到处横流,官兴想更高,湘安于蜀,道尹可望也。此间堂上以下均好。七月二日书①。

七　月

丙辰朔

卧病消闲,遂及七夕。遣觅瓜,两使均空返,云健孙自送,及来亦空手,城中方乱,瓜不能上市也。

《七夕喜遇彭畯五》:“山中伏日无炎气,天上佳期有别离。满地干戈起荆棘,故人交谊契兰芝。来逢银汉无波候,坐到针楼月落时。从此清秋忆良会,为君长咏碧云诗。”

---

① 此系寄其第六女茙书,时茙正在成都。

附　录

湘潭王壬秋先生，为一代儒宗，所著诗文书牍，行世已久。湘乡彭君次英，藏有先生《湘绮楼日记》遗稿，都数十巨册。先生生道光初年，登咸丰癸丑贤书。此稿起同治八年己巳，迄民国五年丙辰。凡所记载，有关学术、掌故者甚多。先生刻苦励学，寒暑无间，经史百家，靡不诵习，笺注抄校，日有定课，遇有心得，随笔记述，阐明奥义，中多前贤未发之覆。讲学湘、蜀，得士称盛。自课子女，并能通经，传其家学。其学而不厌、诲人不倦之勤劬，日记中皆纤悉靡遗。同、光之世，数参大幕。洎乎民国，总领史馆，负朝野重望，数十年如一日。其间人物消长，政治得失，先生身经目击，事实议论，厘然咸在，多有世人未知者。他若集外词章杂俎，散见日记中者尤不胜偻指。敝馆商诸彭君，今将全稿付印，以饷当世。读是书者，作日记观可，作野史观可，作讲学记观亦无不可。原稿少有间断，别叙存目于卷端。

中华民国十六年十月上海商务印书馆识